W9-BIM-209

Vicens Vives

diccionario júnior

Enrique Fontanillo Merino
María Isabel Riesco Prieto

B C D f A E

Educación Primaria

Ilustrado por:

Marcel Socias (ilustraciones)

Isabel Gallego (personajes)

Los autores agradecen su ayuda y colaboración a:

Mª. Jesús Pascual Pordomingo

Miguel Bermejo Sotillo

Mª. Teresa Riesco Prieto

Laura García Lucas

Antonio Fontanillo Regueras

José Mª. de Vicente Toribio

Fernando de Miguel Losada

Jacinto Alonso (mensajero de Seur)

Este libro está impreso en papel ecológico reciclable y con tintas exentas de elementos pesados solubles contaminantes (*Plomo, Antimonio, Arsénico, Bario, Cadmio, Cromo, Mercurio y Selenio*), que cumplen con la Directiva Europea 88/378/UE, según la norma revisada EN/71.

Segunda edición
Quinta reimpresión, 2006

Depósito Legal: B. 10.020-2006
ISBN: 84-316-6277-8
Nº de Orden V.V.: V-574

IMPRESO EN ESPAÑA
PRINTED IN SPAIN

Editorial VICENS VIVES. Avda. de Sarriá, 130. E-08017 Barcelona.
Impreso por Gráficas INSTAR, S.A.

Presentación

UN DICCIONARIO NUEVO Y DISTINTO ¿CÓMO ES?

Este diccionario no es como todos los demás. Otros diccionarios se hacen pensando en que quienes los consultan van buscando el significado de alguna palabra que no conocen. Por eso para ellos lo más importante es poner palabras y definiciones. Sin embargo, al hacer este DICCIONARIO JÚNIOR, hemos pensado que la lengua es mucho más que palabras y definiciones y que un buen diccionario tiene que servir también para aprender otras muchas cosas que son necesarias si se quiere hablar con riqueza y con propiedad.

De modo que este DICCIONARIO JÚNIOR está pensado para consultar también palabras que ya se saben y para que quien lo utilice se vaya enterando de cosas que no sabía y que ni siquiera se esperaba encontrar en un diccionario. Sí, esa es la intención de quienes lo hemos hecho: sorprender al consultante para que le guste consultarlo, hojearlo (= pasar sus hojas) y ojearlo (= mirarlo, echarle una ojeada) convencido de que siempre va a poder aprender en él algo útil.

Un diccionario así acaba convirtiéndose en un buen amigo de quien lo utiliza y un buen amigo tiene que ser fácil de entender. Por esa razón hemos hecho todo lo posible para que además de útil y muy interesante este DICCIONARIO JÚNIOR sea fácil de entender y de usar, porque la amistad está siempre basada en el buen entendimiento.

Cuando empezamos a trabajar en él, sentamos delante de nuestra mesa a un grupo de chavales y les dijimos:

"vamos a hacer un diccionario que tenga *las palabras que no sabéis y lo que no sabéis de las palabras que sabéis*".

Así, de entrada, la frase les pareció un galimatías. Pero luego, hablando, fueron entendiendo la idea.

¿CÓMO ESTÁ HECHO?

Siguiendo nuestro lema, para hacer este DICCIONARIO JÚNIOR, hemos tenido muy en cuenta esas dos cosas tan importantes que acabamos de decir: por un lado, las palabras nuevas que son necesarias para entender lo que se lee o para expresar mejor lo que se quiere decir y, por otro, los métodos que nos llevan a aprender *definitivamente* lo que ya se sabe, o se sabe a medias, y los métodos que nos ayudan a profundizar en los conocimientos. A nuestro parecer, eso es lo mejor que puede tener un diccionario escolar, porque lo importante no es sólo aprender, sino ir fortaleciendo lo que ya se sabe para que llegue a formar parte de nuestro saber de un modo natural. ¡Tan natural que haga que no se nos pueda olvidar y que lo tengamos siempre a mano cuando lo necesitemos!

Para conseguirlo, en este DICCIONARIO JÚNIOR se sigue un sistema muy útil que consiste en relacionar las palabras que se saben con las que no se saben.

Todo este planteamiento se nota en lo que se dice sobre cada palabra y en cómo se dice. Por ejemplo, a propósito de una palabra tan sencilla como **velo**, explicamos en una ampliación que "el velo o pañuelo con el que las mujeres musulmanas se tapan la cara se llama **chador**". En la palabra **bastón** se aclara que la parte de arriba del bastón se llama **empuñadura** y la de abajo **contera** y se explica la diferencia que hay entre **bastón**, **báculo**, **cacha** y **cayado**. Las palabras que están tan relacionadas entre sí por sus significados que siempre que nos viene una a la cabeza *nos quiere venir la otra* (como **blanco** y **negro**, **vanguardia** y **retaguardia**, **adosado** y **exento**, **idealista** y **pragmático**) porque forman parejas o series, en este diccionario aparecen siempre relacionadas unas con otras y, si pueden confundirse, se explican las diferencias de significado, como puede verse en **iglesia**, donde se habla de **capilla**, **santuario**, **ermita**, **parroquia**, etc. para que queden claras las ideas.

LOS CUADROS

Con la misma idea de que sin esfuerzo se vaya ampliando el vocabulario y aprendiendo a utilizar siempre la palabra más precisa en cada caso, hemos incluido, además de todos los cuadros de conjugaciones irregulares y de asuntos gramaticales (normas de acentuación, tipos de verbos, de oraciones gramaticales, etc.), una serie de cuadros relacionados con el significado de las palabras: hay un cuadro con los nombres de las crías de animales, otros con los de tipos de calzado, de recipientes, de especialidades médicas, etc.

LOS PERSONAJES

Y si puede haber confusión ortográfica, aparecen unos personajes que dan explicaciones para que quede claro en qué casos se escribe esa palabra de una manera y en qué casos de otra. Por ejemplo, en la palabra **espirar** encontrarás estos versos en boca de estos niños para quienes la ortografía no tiene ningún misterio ni ninguna dificultad porque todo lo han aprendido de esta sencilla manera:

Espirar, que es echar aire
y se hace al respirar,
se escribe siempre con ese.
¡No te confundas jamás!
Pero **expirar**, que es morir,
has de escribirlo con equis
como **exhalar** y **existir**.

Y MUCHÍSIMAS MÁS COSAS

Además de todo lo que llevamos dicho, este DICCIONARIO JÚNIOR aclara, mediante ampliaciones, observaciones y llamadas de atencion, una enorme cantidad de dudas y dificultades ortográficas, gramaticales y de otros muchos tipos. Por ejemplo, en la palabra **ganado** se explica "es nombre incontable, porque no se puede decir *un ganado, dos ganados*, etc., sino *una clase de ganado*"; en **hazmerreír** se advierte: "no se usa en plural aunque se hable de más de una persona: *Pedro y Juan son el hazmerreír de la oficina*", en **fiel** se aclara que "el superlativo es *fidelísimo*"...

Podríamos poner miles de ejemplos, pero, con lo dicho y con la muestra que verás a continuación, nos parece que es suficiente para que quien lea esta presentación se dé cuenta de por qué este diccionario no es como los demás. Usándolo, se podrá comprobar que efectivamente ayuda a aprender palabras nuevas, a precisar conceptos y a recordar cosas muy importantes sobre palabras que ya se saben.

LOS ARTÍCULOS

entrada

categoría

ejemplo de uso

número de acepción

sinónimos, intensivos, afines, antónimos

significado

cambio de categoría

breve definición de las palabras de la familia cuyo significado no se deduce con facilidad

familia de palabras

conjugación irregular

subir *[v.]* **1** ir a un sitio que está más arriba: *subió al quinto piso.* **SIN.** ascender. **ANT.** bajar. **2** hacerse mayor una cosa o una cantidad: *la temperatura sube en verano; los precios han subido.* **SIN.** aumentar, ascender, elevarse, incrementarse. **ANT.** bajar, descender. **3** montar en algo que puede moverse: *subió al tren; ha subido al caballo; sube a la bicicleta.* **SIN.** montar en. **ANT.** bajar, descender, apearse. TAMBIÉN *prnl.: se subió al tren; se ha subido al caballo; súbete a la bicicleta.* // **subirse** *[v.prnl.]* **4** ponerse en un sitio alto: *si no alcanzas, súbete en la silla.* **FAM.** subida, ***subido*** (alto: *precio subido*).

CONJUGACIÓN DEL VERBO SENTIR

Formas no personales

Infinitivo: *sentir*. Gerundio: *sintiendo*. Participio: *sentido*.

Indicativo

Presente: *siento, sientes, siente, sentimos, sentís, sienten.*

Pretérito imperfecto: *sentía, sentías, sentía, sentíamos, sentíais, sentían.*

Pretérito indefinido: *sentí, sentiste, sintió, sentimos, sentisteis, sintieron.*

Futuro imperfecto: *sentiré, sentirás, sentirá, sentiremos, sentiréis, sentirán.*

Condicional simple:

sentiría, sentirías, sentiría, sentiríamos, sentiríais, sentirían.

Subjuntivo

Presente: *sienta, sientas, sienta, sintamos, sintáis, sientan.*

Pretérito imperfecto: *sintiera/ sintiese, sintieras/ sintieses, sintiera/ sintiese, sintiéramos/ sintiésemos, sintierais/ sintieseis, sintieran/ sintiesen.*

Futuro imperfecto: *sintiere, sintieres, sintiere, sintiéremos, sintiereis, sintieren.*

Imperativo:

siente, sienta, sintamos, sentid, sientan.

respiración *[n.f.]* proceso por el que los seres vivos toman, del aire o del agua, el oxígeno que necesitan para vi-

ampliación de conceptos y de vocabulario

vir. **AMPL.** el aire se toma durante la ***inspiración*** y se expulsa durante la ***espiración***; los verbos correspondientes son ***inspirar*** o ***aspirar*** y ***espirar***; la mayor parte de los animales terrestres tienen respiración ***pulmonar*** y los acuáticos respiración ***branquial***; se llama respiración ***cutánea*** a la de algunos animales que respiran a través de la piel; existe también la respiración ***anaerobia***, o sin oxígeno, que es propia de algunas bacterias.

aunque *[conj. conc.]* **1** a pesar de que: *aunque no te lo mereces, iré a verte.* **GRAM.** introduce oraciones subordinadas adverbiales. // **aunque** *[conj. advstva.]* **2** pero: *lo tengo hecho, aunque le faltan algunos detalles.* **GRAM.** introduce oraciones coordinadas; en los dos casos es un *nexo* que relaciona dos oraciones, expresando una pequeña contradicción entre lo que significa una y lo que significa la otra.

observaciones gramaticales

LISTA DE LAS ENTRADAS EN LAS QUE HAY UN CUADRO, Y SU TÍTULO

acentuación: Normas de acentuación.
adjetivo: Grados de significación del adjetivo.
adverbio: Clases de adverbios.
artículo: Artículos.
bota: Tipos de botas.
cacharro: Cacharros para cocinar.
calzado: Tipos de calzado.
colectivo: Colectivos de animales.
conjugación: Modelos de conjugación regular.
consonante: Consonantes.
cría: Crías de animales.
determinante: Determinantes (acompañan a un nombre).
ejército: Ejército español.
estación: Estaciones del año.
estrofa: Tipos de estrofas.
forma: Formas.
historia: Periodos históricos.
instrumento: Instrumentos musicales.
médico: Especialidades médicas.
medida: 1/ Medidas; 2/ Equivalencias.
mes: Meses del año.
nexo: Nexos.
nombre: Nombres.
numeración: Numeración.
numeral: Numerales.
oración: 1/ Tipos de oraciones gramaticales. 2/ Tipos de oración simple.
parentesco: Parentescos.
posesivo: Posesivos.
pronombre: 1/ Pronombres (no acompañan al nombre). 2/ Uso de los pronombres personales.
recipiente: Recipientes para trabajos caseros.
ruido: Ruidos de animales.
significado: Tipos de palabras, según su significado.
sufijo: Sufijos.
tiempo: Periodos de tiempo.
título: Títulos nobiliarios.
tratamiento: Tratamientos.
verbo: Tipos de verbos.
viento: Vientos.
voz: 1/ Voces de animales. 2/ Voz humana.
zapatilla: Zapatillas.
zapato: Zapatos.

ABREVIATURAS

ACENT.: acentuación
adj.: adjetivo
adj.inv.: adjetivo invariable
adv.: adverbio
advstva.: adversativa
AF.: afines
AMPL.: ampliación
ANT.: antónimos
ANT.COM.: antónimos comunes
COMP.: compuestos
comp.: comparativo
conc.: concesiva
conj.: conjunción
CONJUG.: conjugación
cop.: copulativa
de d.: de duda
de t.: de tiempo
de c.: de cantidad
de neg.: de negación
de l.: de lugar
de m.: de modo
demost.: demostrativo
FAM.: familia
gén.: género
GRAM.: gramática
ilat.: ilativa
indef.: indefinido
INTENS.: intensivos
interj.: interjección
interr.: interrogativo
inv.: invariable
n.: nombre
n.f.: nombre femenino
n.f.pl.: nombre femenino plural
n.inv.: nombre invariable
n.m.: nombre masculino
n.m.pl.: nombre masculino plural
num.: numeral
núm.: número
OBS.: observaciones
PL.: plural
pl.: plural
prep.: preposición
prnl.: pronominal
pron.: pronombre
rec.: recíproco
refl.: reflexivo
relat.: relativo
SIN.: sinónimos
SIN.COM.: sinónimos comunes
v.: verbo
v.prnl.: verbo pronominal

a

a *[letra vocal]* 1 primera letra del abecedario español. // **a** *[n.f.]* 2 nombre de esta letra: *escribe una a; pon dos aes.* PL.: **aes**. // **a** *[prep.]* 3 forma, junto con nombres, complementos directos de persona (*lleva al niño contigo*), complementos indirectos (*hizo un regalo a su madre; le daré barniz a la mesa*) y complementos circunstanciales de dirección (*se fue a la ciudad*), de modo (*hecho a mano*), de tiempo (*vino a las dos de la tarde*), de lugar (*a cinco metros de aquí*), etc.

abacería *[n.f.]* tienda de comestibles.

ábaco *[n.m.]* marco en el que hay sujetos diez alambres por los que corren diez bolas y que se utiliza para hacer cuentas: *los japoneses hacen operaciones matemáticas con el ábaco.* SIN. contador, numerador.

abad, abadesa *[n.]* persona que manda en un convento de los que se llaman abadías.

abadía *[n.f.]* casa (o finca) en la que vive un grupo de monjes o de monjas mandados por un abad o una abadesa: *en las afueras del pueblo hay una abadía del siglo XVIII.* AMPL. en la actualidad, las casas de monjas o de monjes se llaman ***conventos*** o ***monasterios***; sólo se llaman *abadías* algunas en las que al superior lo llaman abad o a la superiora abadesa; esto quiere decir que todas las abadías son conventos, pero hay conventos que no son abadías. FAM. abad, abadesa, ***abadiato*** (cargo de abad), abacial, ***abadengo*** (territorio de la abadía).

abajo *[adv. de l.]* 1 hacia el suelo o debajo de él: *mira para abajo; el sótano está abajo.* ANT. arriba. 2 en dirección hacia un sitio que está a menos altura: *navegaban río abajo.* ANT. arriba. // **¡abajo!** *[con valor de interjección]* 3 se usa para expresar que se está en contra de algo: *¡Abajo la violencia!*

abalanzarse *[v.prnl.]* echarse con fuerza sobre algo o alguien: *el portero se abalanzó sobre el balón.* SIN. echarse, lanzarse, tirarse. OBS. ante e, c: *se abalancen.*

abalorio *[n.m.]* 1 bolita de vidrio con la que se fabrican collares y otros adornos: *una pulsera de abalorios.* 2 adorno de poco valor y muy llamativo: *cree que la elegancia es llevar muchos abalorios.*

abanderado, abanderada *[n.]* persona que lleva la bandera en un desfile o en una procesión: *el abanderado iba delante de la banda de música.* AMPL. si en lugar de llevar una bandera lleva un estandarte, se llama ***portaestandarte***; antiguamente, el abanderado era siempre un jefe y se llamaba ***alférez***: *el Cid fue alférez de Sancho II.* FAM. abanderar, abanderamiento, bandera.

abandonado, abandonada *[adj.]* 1 que está solo, sin que nadie lo atienda o lo cuide: *un niño abandonado; un perro abandonado* (AF. desamparado)*; una casa abandonada.* ANT. cuidado, atendido. 2 que es poco cuidadoso: *su habitación está desordenada porque es muy abandonado.* SIN. dejado, desidioso, adán. ANT. cuidadoso, ordenado.

abandonar *[v.]* 1 dejar de atender o de cuidar a una persona o a un animal: *abandonó al perro en el campo.* AF. desamparar. ANT. cuidar, atender. 2 dejar de hacer algo o de atender algo: *abandonó los estudios; si abandona la tienda, dejará de ganar dinero.* SIN. dejar. AF. descuidar, desatender. 3 irse de un sitio: *abandonó la ciudad a primera hora de la mañana.* SIN. irse de, marcharse de, dejar. // **abandonarse** *[v.prnl.]* 4 dejar uno de preocuparse de ir limpio y arreglado, de tener las cosas ordenadas o de hacer lo que tiene que hacer: *si te abandonas, te perjudicas.* 5 no hacer nada para dejar de estar triste, desanimado, preocupado, etc.: *no te abandones a la pereza.* **FAM.** abandono, abandonismo, abandonista.

abandono *[n.m.]* hecho de que uno se abandone o abandone algo o a alguien: *la casa estaba en el más absoluto abandono; hay un anuncio en contra del abandono de animales; en las carreras ciclistas hay muchos abandonos.*

abanicar *[v.]* dar aire moviendo un abanico, un cartón, un periódico o algo parecido: *abanica al bebé.* TAMBIÉN *prnl.: se abanican porque hace mucho calor.* **OBS.** ante e, qu: *abaniquemos.*

abanico *[n.m.]* objeto para darse aire que tiene forma de medio círculo, está hecho con unas varillas unidas por un extremo y una tela o un papel pegado a ellas, y se abre y se cierra: *en España, los abanicos se usan mucho en verano.* **AMPL.** el ***paipay***, propio de China y Filipinas, se utiliza para lo mismo pero tiene forma de pala redondeada con mango; el que es grande y se cuelga del techo se llama ***abano***; parecido al paipay es el ***soplillo***, que no se utiliza para darse aire sino para avivar el fuego. **FAM.** abanicar, abaniquería, abano, abanillo.

abaratamiento *[n.m.]* bajada del precio de algo: *el abaratamiento del petróleo debería hacer que bajara la gasolina.* **SIN.** bajada. **AF.** rebaja. **ANT.** encarecimiento.

abaratar *[v.]* bajar el precio de algo: *para vender más productos habría que abaratarlos.* **AF.** rebajar. **ANT.** encarecer. **FAM.** abaratamiento, barato.

abarcar *[v.]* **1** poner las manos, los brazos o cualquier cosa alrededor de algo, rodeándolo del todo: *no puedes abarcar con la mano la botella de champán.* **AF.** ceñir, abrazar. **2** tener una cosa a otras como partes suyas: *el estudio del arte abarca la pintura, la escultura y la arquitectura.* **SIN.** englobar, comprender. **AF.** incluir. **ANT.** descartar, excluir. **3** poder ver desde un sitio lo que se dice: *desde el campanario se abarcan más de 20 kilómetros a la redonda.* **OBS.** ante e, qu: *abarquemos.*

abarrotar *[v.]* llenar completamente un lugar: *la gente abarrotaba el estadio.* **SIN.** llenar, colmar. TAMBIÉN *prnl.: los alrededores del estadio se abarrotaron de coches.* **FAM.** abarrotamiento, abarrotado, barrote.

abastecimiento *[n.m.]* acción por la que se le sirve a alguien lo que pide o lo que necesita: *un panadero se encarga del abastecimiento de los pueblos de la zona; los ríos hacen posible el abastecimiento de agua.* **SIN.** provisión, suministro.

abastecer *[v.]* **1** encargarse de que alguien o algo tenga lo que necesita: *este almacén abastece de cuero a la fábrica de zapatos.* **SIN.** proveer, surtir, abastar. **AF.** suministrar, proporcionar. **AMPL.** si se abastece de alimentos o víveres también se dice ***avituallar***. **2** ser lo que hace posible que algo o alguien tenga lo que necesita: *el río Duero abastece de agua a varias provincias.* **CONJUG.** como *crecer**. **FAM.** abastecimiento, abastecedor, abasto. **COMP.** desabastecer.

abastezca, abastezco... formas irregulares de la conjugación del verbo *abastecer**.

abatible *[adj.inv. en gén.]* que se puede poner horizontal o vertical haciéndolo girar sobre un eje: *mesa abatible; cama abatible.* **FAM.** abatir.

abatido, abatida *[adj.]* muy triste y desanimado: *una persona abatida por la enfermedad.*

abatimiento *[n.m.]* tristeza y falta de interés por las cosas: *la muerte de su esposa le produjo un profundo abatimiento.* **SIN.** desaliento, desánimo. **AF.** depresión, tristeza. **ANT.** alegría, ánimo.

abatir *[v.]* **1** tirar algo: *el huracán abatió casas y árboles.* **SIN.** tumbar, derribar, tirar. **ANT.** levantar. **2** hacer que alguien se ponga triste y pierda el interés por las cosas: *las dificultades abaten a los débiles.* TAMBIÉN *prnl.: no hay que* *abatirse por un fracaso.* // **abatirse** *[v.prnl.]* 3 tirarse o echarse sobre algo o alguien desde un sitio alto: *el águila se abate sobre sus presas.* **FAM.** abatimiento, abatido, abatible.

abdicación *[n.f.]* hecho de que un rey deje de reinar para que lo haga otra persona. **AF.** renuncia.

abdicar *[v.]* dejar un rey de serlo, porque cree que es lo mejor para él o para su país: *Eduardo VIII de Inglaterra abdicó en favor de su hermano Jorge VI.* **OBS.** ante e, qu: *abdique.* **FAM.** abdicación.

abdomen *[n.m.]* parte del cuerpo de las personas y de algunos animales en la que están los intestinos: *palpando el abdomen el médico notó que tenía apendicitis; las abejas tienen el aguijón al final del abdomen.* **SIN.** vientre, barriga, panza, tripa, región abdominal. **PL.** *abdómenes.* **FAM.** abdominal.

abdominal *[adj.inv. en gén.]* de la zona del abdomen: *dolores abdominales; gimnasia abdominal.*

abecé *[n.m.]* abecedario* (acepción 1).

abecedario *[n.m.]* 1 conjunto de todas las letras de la *a* a la *z*, ordenadas alfabéticamente. **SIN.** abecé, alfabeto. **AMPL.** el *abecedario español* está formado por veintisiete letras; cinco son ***vocales***, veintiuna ***consonantes*** y una muda: *a, b, c, d, e, f, g, h, i, j, k, l, m, n, ñ, o, p, q, r, s, t, u, v, w, x, y, z.* Hasta 1994, se consideraba que en el abecedario español existían las letras *che* (ch) y *elle* (ll) que, desde el punto de vista de la escritura, son signos dobles (formados por dos letras o grafías) aunque sólo representen un sonido; desde ese momento, para estar más de acuerdo con los sistemas internacionales, la *che* se considera como *c+h* y la *elle* como *l+l* (VER *alfabeto*). 2 librito para aprender a leer. **SIN.** cartilla, catón.

abedul *[n.m.]* árbol de unos 10 metros de altura que tiene las hojas pequeñas y puntiagudas, da poca sombra y vive en los montes de Europa. **SIN.** álamo blanco. **AMPL.** los árboles que son del tipo del *abedul* forman la familia de las plantas ***betuláceas***.

abeja *[n.f.]* insecto que se alimenta del polen de las flores y fabrica miel y cera: *con la cera de las abejas se fabrican muy buenas velas.* **AMPL.** las abejas viven en ***colmenas***, agrupadas en grandes familias que se llaman ***enjambres***; en cada enjambre hay una reina y un macho; el macho se llama ***zángano*** y no trabaja; las demás abejas, que son muchas, se llaman ***obreras*** y, con cera, fabrican los ***panales***, que están formados por muchas ***celdillas*** en las que luego depositan la miel; si alguien las ataca, se defienden clavando el aguijón, que queda en la picadura, y la abeja se muere. **FAM.** abejorro, abejero, abejaruco, ***abejorreo*** (zumbido de las abejas), apicultura.

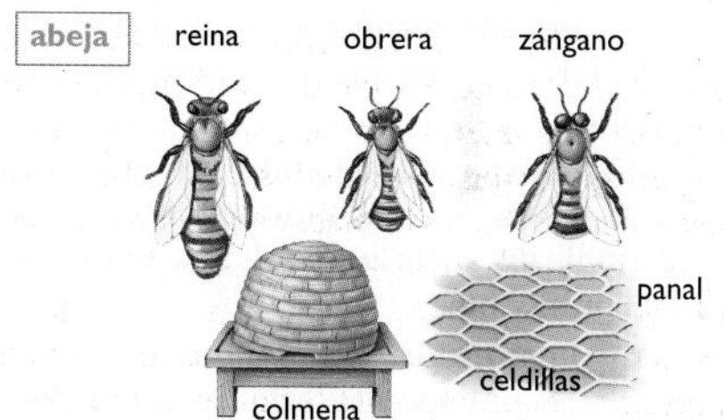

abejorro *[n.m.]* insecto un poco más grande que la abeja, que es velludo, de colores brillantes y zumba mucho al volar. **AMPL.** como todos los insectos que mastican y lamen a la vez, pertenecen al orden de los ***himenópteros***.

aberración *[n.f.]* cualquier cosa que ocurre, se dice, se hace o se piensa y que va contra las leyes naturales: *no querer a los hijos es una aberración.* **AF.** perversión, depravación. **FAM.** aberrante, aberrar.

aberrante *[adj.inv. en gén.]* que va en contra de lo que es natural: *un comportamiento aberrante; una acción aberrante.* **SIN.** monstruoso. **AF.** perverso, depravado.

abertura *[n.f.]* 1 espacio vacío que queda cuando se abre algo: *el gato se coló por la abertura de la puerta.* 2 espacio sin nada que hay en una cosa: *la boca de la cueva es una abertura en la montaña.* **SIN.** agujero*. 3 espacio sin nada entre dos cosas que están cerca: *entre los dos armarios queda una abertura de diez centímetros.* **SIN.** espacio, hueco.

abeto *[n.m.]* árbol que crece en sitios frescos y de alta montaña, puede alcanzar hasta 50 metros de altura y tiene el tronco derecho, la copa en forma de cono, las ramas horizontales y las hojas, que no se caen en ninguna estación del año, en forma de aguja.

abierto, abierta *[adj.]* 1 que está de tal manera que deja pasar o ver lo que hay dentro: *una casa abierta; un cajón abierto; un libro abierto.* **ANT.** cerrado. 2 que es un sitio al que se puede entrar: *una tienda abierta de 4 a 8.* **ANT.** cerrado. 3 que no está entero: *un queso abierto.* **SIN.** empezado, encetado. 4 que le gusta tratar con los demás, hablar con ellos, contarle sus cosas, etc.: *una persona abierta.* **SIN.** extrovertido*. // **abierto** *[forma de verbo]* 5 participio pasado irregular del verbo abrir: *ha abierto el regalo.* **OBS.** los demás tiempos y personas de abrir son regulares y siguen el modelo de la tercera conjugación. **FAM.** abiertamente, abrir.

abismal *[adj.inv. en gén.]* muy grande, sobre todo si se habla de cosas inmateriales: *diferencia abismal; distancia abismal.* **SIN.** enorme*. **ANT.** insignificante.

abismo *[n.m.]* espacio vacío que hay entre dos terrenos cuando entre ellos hay una diferencia de altura muy grande, de manera que la parte de abajo queda a muchísima distancia de la de arriba: *no te acerques al borde del abismo.* **SIN.** precipicio, despeñadero, sima. **AMPL.** si en el fondo del abismo está el mar, también se llama ***acantilado***. **FAM.** abismal, abismar.

abjurar *[v.]* dejar de tener una creencia: *abjuró de su religión.* **SIN.** apostatar, renegar de.

ablandar *[v.]* 1 poner blando o más blando algo: *ablandó el pan mojándolo con leche.* **SIN.** reblandecer, emblandecer. **ANT.** endurecer. 2 hacer que alguien deje de estar enfadado o que se deje convencer de algo a lo que no estaba dispuesto: *las caricias del nieto lo ablandaron enseguida.* **FAM.** ablandamiento, blando.

Cuando **ablando** el pan sin **hache**,
no queda sin ablandar.
Pero **hablando** pongo una hache
que queda sin pronunciar.

ablución *[n.f.]* ceremonia o rito por el que, en algunas religiones, se purifica a los creyentes echándoles agua.

abnegación *[n.f.]* lo que demuestra quien se dedica a los demás o a algo importante, aunque tenga que hacer sacrificios, vivir con incomodidades, perder lo que tiene, etc.: *para ser misionero se necesita mucha abnegación.* **AF.** renuncia, dedicación, entrega. **ANT.** egoísmo, interés. **FAM.** abnegado, abnegadamente, negar.

abocardar *[v.]* hacer más ancha la boca de un tubo: *abocardó un extremo de la tubería.* **AMPL.** si al ensanchar la boca se le da al tubo forma de bocina, se dice ***abocinar***; si lo que se ensancha es el borde de un agujero se dice ***avellanar*** y la forma que queda se llama ***avellanado***: *la cabeza del tornillo encaja en el avellanado de la madera.* **FAM.** abocardado.

abochornar *[v.]* 1 dejar a uno sin fuerzas para hacer nada: *tanto calor abochorna.* **AF.** sofocar, ahogar. 2 hacer que alguien sienta mucha vergüenza: *me abochorna que te portes tan mal.* **SIN.** avergonzar. **AF.** ruborizar. TAMBIÉN *prnl.: no te abochornes porque todos te miren.* **FAM.** abochornamiento, bochorno.

abocinar *[v.]* ensanchar un extremo de un tubo, dándole forma de bocina.

abofetear *[v.]* dar bofetadas: *lo abofeteó con rabia.* **OBS.** e + e = ee: *abofeteen.*

abogacía *[n.f.]* trabajo de los abogados: *se dedica a la abogacía.*

abogado, abogada *[n.]* persona que ha estudiado una carrera para conocer las leyes de un país y está autorizada para defender a los demás en los juicios. **SIN.** letrado. **AF.** jurista. **AMPL.** para ser abogado se estudia la carrera de ***derecho***; se llama ***picapleitos*** al abogado que tiene poco trabajo y anda buscando clientes, y ***abogado de secano*** a quien ha estudiado la carrera de *derecho* pero no trabaja como abogado.

abogar *[v.]* hablar en favor de alguien o de algo para convencer a los demás: *abogó por ella ante su padre; antes de abogar por el proyecto, estúdialo a fondo.* **AF.** interceder, mediar, defender. **OBS.** ante e, gu: *aboguen.* **FAM.** abogado, abogacía.

abolengo *[n.m.]* lo que tiene una familia o una persona por el hecho de que sus antepasados hayan sido nobles, famosos o importantes: *noble abolengo; ilustre abolengo.* **SIN.** alcurnia, linaje, estirpe.

abolición *[n.f.]* acción por la que una ley deja de valer o hecho de que desaparezca una costumbre: *la abolición de la esclavitud.* **SIN.** derogación, anulación, invalidación, revocación, supresión. **ANT.** implantación, instauración.

abolir *[v.]* hacer que deje de valer una ley o que desaparezca una costumbre: *el Parlamento abolió la pena de muerte.* **SIN.** suprimir, anular, invalidar, derogar, revocar. **ANT.** implantar, instaurar. **OBS.** es un verbo ***defectivo*** que sólo se conjuga en las formas en las que la terminación empieza por *i*: *abolimos, abolís, aboliste, abolías*, etc. **FAM.** abolición, abolicionismo, abolicionista.

abolladura *[n.f.]* lo que queda en una superficie cuando se ha hundido por haberla golpeado o haberla apretado: *la chapa del coche quedó llena de abolladuras.* **SIN.** bollo, abollón.

abollar *[v.]* hundir una superficie golpeándola o apretándola: *el golpe abolló la puerta del coche.* **FAM.** abolladura, abollón, bollo. **COMP.** desabollar.

abombarse *[v.prnl.]* ponerse curva, hacia afuera, la superficie de una cosa: *la madera se abombó con el agua.* **ANT.** aplanarse. **FAM.** abombamiento, bomba.

abominable *[adj.inv. en gén.]* que es tan malo, tan perjudicial, tan peligroso o tan feo que se merece odio y desprecio y, a veces, se le tiene miedo: *la droga es abominable; un monstruo abominable; una acción abominable.* **SIN.** odioso, detestable. **FAM.** abominar, abominación.

abonar *[v.]* 1 echar en la tierra un producto especial para que las plantas se alimenten mejor y crezcan fuertes: *el agricultor abonó el campo.* **AF.** fertilizar. // **abonarse** *[v.prnl.]* 2 apuntarse en un sitio y pagar una cantidad de dinero para poder ir las veces que uno quiera durante el tiempo que ha pagado: *se ha abonado a la piscina para todo el verano.* **SIN.** inscribirse en, apuntarse a, sacar un abono de, comprar un abono de. **ANT.** borrarse, darse de baja. **FAM.** abono, abonamiento, bueno.

abono *[n.m.]* 1 producto que se echa en la tierra para que las plantas se alimenten mejor: *el agricultor echó abono antes de sembrar.* **SIN.** fertilizante. **AMPL.** el *abono natural* se llama ***estiércol*** y se obtiene amontonando al aire libre excrementos* de animales en sitios que se llaman ***estercoleros***. 2 derecho que adquiere uno por abonarse* a algo: *si tienes abono puedes bañarte siempre que quieras.* 3 recibo o papel que le dan a quien se abona a algo: *si no llevas el abono no podrás entrar.* **SIN.** bono.

abordaje *[n.m.]* hecho de que un barco se choque con otro o se acerque tanto que queda tocándolo: *el abordaje produjo una vía de agua.*

abordar *[v.]* 1 empezar a hacer algo que es difícil o lleva bastante tiempo: *¿cuándo piensas abordar el trabajo que te encargué?* **SIN.** emprender, acometer. 2 acercarse a alguien para decirle algo: *me abordó en la calle para pedirme un favor.* 3 chocar una embarcación con otra, o atacarla: *el barco pirata abordó al navío mercante.* **FAM.** abordaje, borda. **COMP.** inabordable.

aborigen *[adj.inv. en gén.]* 1 que ha nacido en el lugar en que vive: *la cacatúa es un ave aborigen de Oceanía.* **SIN.** autóctono. **ANT.** foráneo. // **aborigen** *[n.inv. en gén.]* 2 antiguo habitante de un lugar: *los guanches eran los aborígenes de las Islas Canarias.* **SIN.** indígena. **PL.** *aborígenes.*

aborrecer *[v.]* tenerle mucha manía a una persona, a un animal o a una cosa: *aborrece el olor a frito; aborrece a los ratones.* **SIN.** odiar, destestar. **ANT.** amar; gustar mucho, encantar. **CONJUG.** como *crecer**. **FAM.** aborrecimiento, aborrecible.

aborrecible *[adj.inv. en gén.]* que no gusta nada: *un ser aborrecible; una cosa aborrecible.* **SIN.** odioso, detestable.

abortar *[v.]* 1 perder un hijo porque nace antes de que pase el tiempo de embarazo y todavía no está formado para poder vivir: *abortó al tener un accidente de coche.* 2 quedarse algo sin hacer: *el accidente abortó el viaje.* **FAM.** aborto, abortivo.

aborto *[n.m.]* lo que no llega a nacer o no llega a hacerse: *tuvo un aborto a los dos meses de embarazo; el proyecto acabó en aborto.*

abotinado, abotinada *[adj.]* que cubre el empeine del todo y tiene cordones: *zapatos abotinados.*

abotonar *[v.]* meter cada botón por su ojal: *abotónate la chaqueta.* **SIN.** abrochar, cerrar. **FAM.** abotonadura, botón. **COMP.** desabotonar.

abrasador, abrasadora *[adj.]* de muchísimo calor o que da muchísimo calor: *una tarde abrasadora; un sol abrasador.* **SIN.** achicharrante. **AF.** ardiente. **ANT.** helador.

abrasar *[v.]* **1** quemar completamente: *el incendio abrasó el bosque.* **SIN.** achicharrar. TAMBIÉN *prnl.: la carne se ha abrasado en el horno.* **2** estar algo tan caliente, que quema: *el agua hirviendo abrasa la piel.* **3** hacer el Sol o el calor que los seres vivos sufran o muferan: *el exceso de sol puede abrasar los vegetales.* TAMBIÉN *prnl.: las margaritas se han abrasado.* **SIN.** achicharrar. **FAM.** abrasador, abrasivo, abrasamiento, brasa.

abrazadera *[n.f.]* pieza que sirve para unir una cosa a otra sujetándola alrededor: *la manguera va sujeta al grifo con una abrazadera.*

abrazar *[v.]* **1** poner los brazos alrededor de una persona o de un animal para expresar el cariño que se le tiene: *corrió a abrazar a su hijo.* **SIN.** dar un abrazo, estrechar entre los brazos. TAMBIÉN *prnl.: se abrazó a ella.* **2** hacerse de una religión o doctrina: *abrazó el cristianismo.* // **abrazarse** *[v.prnl.]* **3** poner los brazos alrededor de algo: *abrázate a la rama para no caerte.* **OBS.** ante e, c: *abracen.* **FAM.** abrazo, abrazadera, brazo.

abrazo *[n.m.]* expresión de cariño que consiste en rodear con los brazos: *se dieron un fuerte abrazo.*

abrebotellas *[n.m.inv. en núm.]* objeto pensado para abrir las botellas que están cerradas con una chapa o chapete: *un abrebotellas de metal.* **SIN.** abridor. **AMPL.** para abrir las botellas que tienen un tapón de corcho completamente metido se usa un ***sacacorchos***.

abrecartas *[n.m.inv. en núm.]* objeto con una parte plana, alargada, puntiaguda y con los bordes finos, pensado para poder rasgar el borde de los sobres: *un abrecartas; tres abrecartas.*

abrelatas *[n.m.inv. en núm.]* objeto pensado para abrir latas o botes de conserva, cortando una de las bases por el borde: *un abrelatas; varios abrelatas.* **SIN.** abridor.

abrevadero *[n.m.]* sitio al que van a beber animales: *las vacas está junto al abrevadero.* **SIN.** bebedero.

abrevar *[v.]* beber agua el ganado: *las vacas abrevaban en la charca.* **FAM.** abrevadero.

abreviar *[v.]* **1** hacer que algo sea corto o más corto de lo que era: *abrevia las respuestas para tener tiempo de contestar; abreviar palabras.* **SIN.** acortar, reducir. **AF.** resumir. **ANT.** alargar, ampliar. **2** terminar pronto lo que se está haciendo: *¡abrevia, que es hora de irse!* **SIN.** apresurarse, darse prisa. **FAM.** abreviatura, abreviadamente, breve.

abreviatura *[n.f.]* letras de una palabra que se usan en lugar de la palabra completa para que ocupe menos espacio o para tardar menos en escribirla: *la abreviatura de don es D. y la de Reyes Magos, RR. MM.* **AMPL.** todas las abreviaturas llevan punto; si en la abreviatura de una palabra hay una sílaba que en la palabra completa lleva tilde, la abreviatura también tiene que llevarla: *página = pág*; algunas letras se han convertido en ***símbolos*** internacionales y en ese caso se escriben sin punto: *el símbolo de centímetro es cm, el de kilómetro Km y H el del hidrógeno.*

abridor *[n.m.]* aparato pensado para abrir botellas o latas de conserva.

abrigar *[v.]* **1** proteger del frío: *las botas forradas de borreguillo abrigan mucho.* TAMBIÉN *prnl.: si no te abrigas, puedes resfriarte.* **2** mantener ilusiones, esperanzas, etc.: *abriga la esperanza de ganar el premio.* **OBS.** ante e, gu: *abriguen.*

abrigo *[n.m.]* **1** prenda de vestir con mangas largas, abierta por delante, que llega por lo menos hasta la rodilla y que se pone encima de la otra ropa para protegerse del frío: *no salgas a la calle sin abrigo.* **SIN.** gabán, sobretodo. **2** lugar en el que uno está protegido del frío,

la lluvia, etc.: *una cueva es un buen abrigo cuando llueve.* **AMPL.** un sitio en el que uno está protegido del viento se llama ***abrigada***, ***abrigadero*** o ***brigada***. ■ **prenda de abrigo**, prenda de vestir que sirve para taparse y no tener frío. ■ **ropa de abrigo**, la que se usa para lo mismo, aunque no tenga la forma de una parte del cuerpo. ■ **ser de abrigo**, ser muy difícil de tratar (*una persona de abrigo*), de hacer (*un trabajo de abrigo*) o de llevar (*un negocio de abrigo*). ■ **estar al abrigo de** algo, estar protegido contra algo. **FAM.** abrigar, abrigada, abrigadero. **COMP.** desabrigado.

abril *[n.m.]* cuarto mes del año que está entre marzo y mayo y tiene 30 días. ■ **tener** tantos **abriles**, tener tantos años: *ha cumplido 15 abriles.* ■ **estar en el abril de la vida**, ser joven. **FAM.** abrileño.

abrillantador, abrillantadora *[adj.]* que abrillanta o sirve para abrillantar: *líquido abrillantador; espuma abrillantadora.* TAMBIÉN *n.m.: un abrillantador de metales.*

abrillantar *[v.]* 1 hacer que algo brille: *abrillantar los zapatos; abrillantar un metal.* **SIN.** lustrar, sacar lustre. 2 servir para que algo brille: *dice que el vinagre abrillanta el pelo.* **FAM.** abrillantador, brillo.

abrir *[v.]* 1 quitar o separar lo que está tapando o cerrando algo: *abrir una caja, un libro, las cortinas, una ventana...; abre la verja para que entre el coche.* **ANT.** cerrar. 2 cortar algo que está entero, de manera que se vea lo de dentro o se pueda coger, comer, etc.: *abre el sobre y lee la carta; abrió el pan para hacer un bocadillo.* 3 hacer que quede estirado lo que estaba doblado, enrollado, recogido, etc.: *abrir un mapa; abrir un paraguas.* **SIN.** extender, desplegar. 4 estar (o ir) al principio de algo: *dos militares a caballo abrían el desfile.* **SIN.** encabezar. 5 hacer que empiece a funcionar una tienda, un negocio, etc.: *abrir una nueva tienda, una nueva carretera, una exposición, un curso escolar...* **SIN.** inaugurar. **ANT.** cerrar, clausurar. // **abrirse** *[v.prnl.]* 6 separarse las partes de algo: *ya se han abierto los capullos de las rosas; la madera se ha abierto por las vetas.* 7 contarle una persona a otra sus preocupaciones o sus secretos: *se abrió a su hermano porque estaba angustiada.* ■ **abrir el apetito**, hacer que se tenga hambre. ■ **abrirse paso**, separar lo que no nos deja pasar. **OBS.** toda la conjugación de *abrir* es regular menos el participio pasado, que es ***abierto***: *han abierto la puerta.* **FAM.** abierto, abiertamente, abridor, abertura, apertura. **COMP.** entreabrir.

abrochar *[v.]* meter los botones en los ojales o cerrar las cremalleras, las trabillas o las hebillas de una prenda de vestir, un bolso, etc.: *abróchate el abrigo.* **ANT.** desabrochar. **AMPL.** cuando se abrocha con botones, también se dice ***abotonar***. **FAM.** broche. **COMP.** desabrochar.

abrumar *[v.]* 1 hacer que alguien tenga excesivo trabajo, preocupaciones, problemas, etc., de manera que no pueda estar tranquilo: *abruman a los pequeños con demasiados deberes.* **SIN.** agobiar, atosigar. **ANT.** aliviar. TAMBIÉN *prnl.: se abruma cuando tiene mucho trabajo.* 2 hacer que alguien se sienta incómodo porque es tratado con demasiadas atenciones: *la abruma con sus elogios.* **FAM.** abrumador, abrumadoramente.

abrupto, abrupta *[adj.]* que es muy desigual porque tiene rocas o desniveles: *un terreno abrupto; esa orilla del lago es muy abrupta.* **SIN.** escarpado, accidentado. **ANT.** llano.

absceso *[n.m.]* grano con pus*.

abscisa *[n.f.]* en el sistema cartesiano, coordenada horizontal: *traslada estos datos al eje de la abscisa.*

ábside *[n.m.]* parte de una iglesia que sobresale por fuera con forma de semicírculo: *el ábside de la catedral es del siglo* XII.

absolución *[n.f.]* 1 declaración de que alguien no es culpable de lo que se le acusa: *con la absolución del juez salieron en libertad.* **ANT.** condena. 2 perdón de los pecados: *el sacerdote le dio la absolución.* **SIN.** perdón.

absolutismo *[n.m.]* forma de gobierno en la que el gobernante tiene todo el poder sobre todas las personas y cosas. **AF.** autoritarismo, totalitarismo.

absoluto, absoluta *[adj.]* que es tan completo que no le falta nada: *seguridad absoluta; convencimiento absoluto.* **SIN.** total, completo. **ANT.** parcial. ■ **en absoluto**, de ninguna manera. **FAM.** absolutismo, absolutista, absolutamente.

absolver *[v.]* 1 decir que no es culpable quien estaba acusado de algo: *el juez lo absolvió.* **SIN.** exculpar. **ANT.** condenar, culpar. 2 perdonar los pecados un sacerdote. **FAM.** absolución, absuelto, absolutorio.

absorbente *[adj.inv. en gén.]* 1 que puede empaparse o llenarse de algo: *el algodón es un material absorbente.* **AF.** secante. 2 que exige mucho tiempo o mucha atención: *tiene un trabajo muy absorbente.* 3 que procura que todo el mundo esté a su disposición en cualquier momento, para cumplir sus deseos, sus órdenes o sus caprichos: *una jefa absorbente; un novio absorbente.* **SIN.** posesivo. **AF.** dominante, mandón.

absorber *[v.]* 1 llenarse una cosa de otra atrayéndola hacia dentro: *la esponja absorbe el agua; el aspirador absorbe el polvo; la piel absorbe la crema.* **SIN.** chupar. **ANT.** expulsar, despedir. 2 ocupar todo el tiempo o la atención de alguien: *la música lo absorbe; no te dejes absorber por los problemas.* **FAM.** absorbente, absorción, absorto, sorber.

absorción *[n.f.]* hecho de que una cosa absorba otra: *las esponjas tienen mucha capacidad de absorción.*

absorto, absorta *[adj.]* que está haciendo algo con tanto interés y atención que no se entera de lo que pasa a su alrededor: *estaba absorta en la lectura; no oyó el timbre porque estaba absorto en sus pensamientos.* **SIN.** concentrado, abstraído, ensimismado. **AF.** enfrascado.

abstemio, abstemia *[adj.]* que nunca bebe vino ni otras bebidas alcohólicas: *una persona abstemia.* TAMBIÉN *n.: los abstemios nunca se emborrachan.*

abstención *[n.f.]* hecho de que una o varias personas se nieguen a hacer algo o no participen en algo: *hubo mucha abstención en las últimas votaciones.*

abstenerse *[v.prnl.]* no hacer algo que uno podría hacer: *abstenerse de comer dulces, de votar, de dar uno su opinión...* **AF.** renunciar a, privarse de, prescindir de. **FAM.** abstención, abstinencia, abstencionismo, abstencionista, tener.

abstinencia *[n.f.]* lo que hace quien, por motivos religiosos o por otras razones, deja de comer, de beber o de disfrutar de algo: *los católicos hacen abstinencia y no comen carne los viernes de Cuaresma.* **AF.** privación, renuncia. **ANT.** abuso, exceso.

abstracción *[n.f.]* lo que se hace con el pensamiento para, después de ver muchas cosas parecidas, llegar a la conclusión de que todas son de la misma clase. **AMPL.** la abstracción se consigue fijándose uno en los rasgos generales de las cosas y no fijándose en los particulares; por ejemplo, cuando uno ve varios árboles, aunque cada uno tenga sus particularidades, se da cuenta de que todos son árboles y los distingue de otras clases de cosas, como farolas, matorrales, etc.

abstracto, abstracta *[adj.]* **1** que no está hecho con materia y por tanto no se puede ver, tocar, oler, etc.: *la alegría, la bondad y el amor son cosas abstractas.* **AF.** inmaterial, espiritual. **ANT.** concreto. **AMPL.** las palabras con las que nombramos cosas abstractas se llaman ***nombres abstractos***. VER *nombre* (acepción 3 y CUADRO). **2** que es solamente una idea y no se corresponde con un objeto real concreto: *una cosa es un árbol y otra la idea abstracta que yo tengo de lo que es un árbol y que me sirve para reconocer los árboles que veo.* **3** que no representa figuras o cosas reales, sino formas, colores, impresiones, ideas, etc.: *pintura abstracta; arte abstracto; escultor abstracto.* **ANT.** figurativo, realista.

abstraer *[v.]* **1** pensar en las cosas sin tener en cuenta características particulares para poder hacer clasificaciones y tener conceptos generales: *cuando consulto un diccionario me doy cuenta de si es grande, pequeño, claro o confuso, pero cuando pienso en lo que es un diccionario abstraigo la idea de que es un libro en el que se explican cosas sobre las palabras.* // **abstraerse** *[v.prnl.]* **2** llegar uno a estar tan interesado y tan atento en algo, que no se entera de lo que pasa a su alrededor: *cuando está trabajando se abstrae de tal manera que nunca me escucha.* **SIN.** ensimismarse, enfrascarse, concentrarse. **CONJUG.** como *traer**. **FAM.** abstracción, abstracto, abstraído, traer.

absuelto, absuelta *[adj.]* **1** que ha sido declarado inocente de un delito del que se le

Arte abstracto: Detrás del espejo, *de Joan Miró.*

Arte figurativo: La rendición de Breda o Las Lanzas, *de Velázquez.*

acusaba: *el acusado resultó absuelto.* **SIN.** exculpado. **ANT.** condenado. **2** que le han sido perdonados los pecados por un sacerdote.

absurdo, absurda *[adj.]* **1** que no tiene sentido porque no está bien pensado, bien razonado, etc.: *es absurdo empeñarse en conseguir un imposible; una idea absurda.* **SIN.** ilógico, irracional. **INTENS.** descabellado, disparatado. **ANT.** lógico, razonable. // **absurdo** *[n.m.]* **2** cosa que se dice o se hace y que no tiene sentido: *no digas absurdos.* **SIN.** disparate, locura, tontería. **FAM.** absurdamente, absurdidad.

abuchear *[v.]* protestar con silbidos, murmullos, siseos u otros ruidos contra algo o contra alguien: *abuchearon su conducta; los abuchearon a la salida del cine.* **OBS.** e + e = ee: *abucheen.* **FAM.** abucheo.

abuelo, abuela *[n.]* **1** padre o madre del padre o de la madre de una persona: *mi abuela paterna es la madre de mi padre.* **SIN.** yayo.

ANT. nieto. 2 hombre viejo o mujer vieja: *varios abuelos tomaban el sol en la plaza.* **SIN.** viejo, anciano. **FAM.** abolengo, abuelastro. **COMP.** bisabuelo, tatarabuelo.

abulense *[adj. y n. inv. en gén.]* de Ávila, provincia española y su capital, que pertenecen a la comunidad autónoma de Castilla y León: *calles abulenses; los abulenses.* **OBS.** *Abulense* se escribe con *b* porque viene de la palabra latina *Abula,* que es como los antiguos romanos llamaban a Ávila.

abulia *[n.f.]* lo que siente quien no está a gusto y no tiene interés por nada ni ganas de hacer nada: *si no vences la abulia, nunca harás nada de provecho.* **SIN.** apatía, desgana. **AF.** pasividad, desinterés, desánimo. **ANT.** ánimo, entusiasmo, dinamismo. **FAM.** abúlico.

abúlico, abúlica *[adj.]* que tiene o que demuestra abulia*: *una persona abúlica; un comportamiento abúlico.* **SIN.** apático, desganado. **AF.** pasivo. **ANT.** entusiasta, dinámico.

abultamiento *[n.m.]* bulto* (acepción 1): *una chepa es un abultamiento.*

abultar *[v.]* ocupar una cantidad de espacio determinada: *un grano de arena abulta muy poco.* **FAM.** abultamiento, bulto.

abundancia *[n.f.]* 1 mucho de algo: *en esa tienda hay abundancia de juguetes.* **SIN.** gran cantidad, multitud. **ANT.** escasez, parquedad. 2 situación de quien tiene mucho más de lo necesario: *es injusto que en unos países haya abundancia y en otros escasez.* ■ **en abundancia**, mucho o muchos: *agua en abundancia; juguetes en abundancia.* ■ **nadar** o **vivir en la abundancia**, ser muy rico.

abundante *[adj.inv. en gén.]* que es, está o lo hay en gran cantidad: *agua abundante; luz abundante; tiene abundantes libros.* **SIN.** mucho, cuantioso. **ANT.** poco, escaso.

abundar *[v.]* haber mucho: *en Andalucía abundan los olivos.* **SIN.** ser abundante. **ANT.** escasear, faltar. **FAM.** abundancia, abundante, abundantemente. **COMP.** superabundancia, sobreabundancia.

aburrido, aburrida *[adj.]* 1 que no entretiene o no divierte: *un sitio aburrido; una película aburrida.* **AF.** pesado, tedioso. **ANT.** divertido, entretenido. 2 que nunca tiene ganas de divertirse: *una persona aburrida.* **SIN.** soso. **ANT.** divertido, animado, marchoso, juerguista.

aburrimiento *[n.m.]* 1 lo que siente uno cuando no está a gusto porque lo que hay o lo que se hace no le interesa o no lo entretiene. **INTENS.** hastío, tedio. **ANT.** entretenimiento. 2 cosa o persona que produce ese sentimiento y esa sensación: *esa película es un aburrimiento.* **SIN.** pesadez, rollo.

aburrir *[v.]* producir aburrimiento*: *esas novelas lo aburren.* **SIN.** cansar. **INTENS.** hartar, hastiar. **ANT.** divertir, entretener, gustar. TAMBIÉN *prnl.: si te aburres, vete a dar un paseo.* **FAM.** aburrimiento, aburrido.

abusar *[v.]* 1 aprovecharse de que otro es más débil, no puede defenderse, no tiene autoridad, tiene alguna necesidad, etc.: *quien paga poco y exige mucho está abusando; el Estado abusa de los ciudadanos si cobra demasiados impuestos.* 2 usar mucho o mal algo que perjudica a uno mismo o a otros: *no abuses del alcohol; abusas de su confianza; abusa de su poder.* **FAM.** abuso, abusón, abusivo, abusivamente, uso.

abuso *[n.m.]* lo que comete quien abusa: *es un abuso exigir mucho y pagar poco; un abuso de autoridad.* **AF.** desconsideración.

abusón, abusona *[adj.]* que abusa de algo o de alguien: *una persona abusona; un gobierno abusón.* TAMBIÉN *n.: odia a los abusones.*

acá *[adv. de l.]* indica el lugar donde se encuentra el que habla o sus proximidades: *ven para acá.* TAMBIÉN *adv. de t.: de un tiempo acá ha cambiado mucho.*

acabar *[v.]* 1 llegar al final de lo que se está haciendo, de manera que ya no hay que seguir: *¿has acabado los deberes?* **SIN.** terminar, finalizar, concluir. **ANT.** empezar, comenzar, iniciar. 2 ser la parte de algo en que está su final: *la calle acaba donde empieza el parque.* **SIN.** terminar, finalizar. 3 ser de determinada manera el final de algo: *la hoja del cuchillo acaba en punta; el curso acabó muy bien.* **SIN.** terminar. **FAM.** acabado, acabose. **COMP.** inacabable.

acacia *[n.f.]* árbol o arbusto de madera bastante dura, con hojas divididas en pequeñas hojuelas y flores muy olorosas que salen formando racimos colgantes. **AMPL.** algunas especies tienen espinas en las ramas; las acacias que crecen en España dan flores blancas llamadas ***pan y quesillo***.

academia *[n.f.]* 1 centro de enseñanza particular en el que se dan clases de repaso: *da matemáticas en una academia*. **SIN.** centro de estudios. **AMPL.** en algunas academias sólo se dan clases de una cosa: *academia de baile, de música, de idiomas...* 2 centro en el que se preparan las personas que van a trabajar como miembros de algunos organismos oficiales: *la Academia militar está en Zaragoza*. 3 organismo* público dedicado a los conocimientos, la investigación y la difusión de asuntos artísticos, científicos, literarios, etc.: *Real Academia de Bellas Artes; Academia de Historia*. **AMPL.** la *Real Academia de la Lengua Española* se fundó en 1713 y fue aprobada por el rey Felipe V en 1714; desde 1870 hay también academias de la lengua en casi todos los países americanos; en España existen, además, la *Euskalzaindia* o Academia de la Lengua Vasca en Bilbao, la *Academia da Lingua Galega* en la Coruña y el *Institut d'Estudis Catalans* en Barcelona. **FAM.** académico, academicismo, academicista, académicamente.

académico, académica *[adj.]* 1 que está relacionado con la enseñanza y especialmente con las normas y los centros oficiales de enseñanza: *curso académico; actividad académica; el de bachillerato es un título académico*. 2 que sigue normas rígidas sin permitirse libertades u originalidades: *lenguaje académico; estilo académico*. // **académico, académica** *[n.]* 3 persona que forma parte de un organismo de los que se llaman academias: *Rosa Chacel era escritora y académica de la lengua*.

acaecer *[v.]* pasar algo: *los hechos acaecieron a primera hora*. **SIN.** pasar* (acepción 1). **CONJUG.** como *crecer**; es verbo ***defectivo unipersonal***. **FAM.** acaecimiento.

acaezca, acaezcan formas irregulares del presente de subjuntivo de la conjugación del verbo *acaecer*.

acalorarse *[v.prnl.]* ponerse nervioso y hablar fuerte, moverse, discutir, etc.: *se acalora cuando se enfada y cuando habla de lo que le gusta mucho*. **SIN.** alterarse, excitarse, exaltarse. **FAM.** acaloramiento, acalorado, acaloradamente, acaloro, calor.

acallar *[v.]* hacer que algo termine o que deje de oírse o de notarse: *acallar el llanto de un bebé, las protestas de alguien, la conciencia...* **AF.** silenciar, apagar. **ANT.** avivar. **FAM.** callar, callado.

acampada *[n.f.]* hecho de acampar en un sitio: *fueron a la montaña de acampada*.

acampar *[v.]* quedarse a pasar un tiempo en el campo, al aire libre o con tiendas de campaña, chozas hechas sobre la marcha, etc.: *acamparon junto al río*. **FAM.** acampada, campo.

acanalado, acanalada *[adj.]* que tiene canales o estrías: *una moldura acanalada; un jersey de punto acanalado*.

acantilado *[n.m.]* orilla del mar que es de roca y tiene un desnivel muy grande: *no te acerques al borde del acantilado*. **AF.** precipicio, despeñadero. **AMPL.** tiene este nombre porque los cortes más o menos verticales en la roca, cuando forman como escalones, se llaman ***cantiles***. **FAM.** cantil.

acaparador, acaparadora *[adj.]* que le gusta acaparar*: *una persona acaparadora*. **AF.** egoísta, abusón. **ANT.** desinteresado.

acaparar *[v.]* 1 coger o usar todo lo que se puede de algo, sin pensar que los demás también pueden querer: *acaparó casi todos los caramelos*. **AF.** cogerse. **ANT.** dejar. 2 quedarse uno con la mayor parte de algo: *acapara las mejores notas; acaparó la atención de todos*. **AF.** llevarse. **FAM.** acaparador, acaparamiento.

acariciar *[v.]* 1 pasar la mano con suavidad sobre una persona o un animal, en señal de cariño: *a los bebés les gusta que los acaricien*. 2 pasar la mano con suavidad por una superficie: *le gusta acariciar el abrigo porque es muy suave.* **SIN.** tocar. 3 ser una cosa agradable para algún sentido: *la buena música acaricia el oído.* **FAM.** acariciante, acariciador, caricia.

acarrear *[v.]* 1 llevar algo de un lugar a otro, de varias veces: *acarrearon ladrillos durante toda la tarde.* **SIN.** llevar, transportar, portear. **AMPL.** se dice *acarrear* porque, antes, la mayor parte de las cosas se transportaban en ***carros***. 2 tener algo como consecuencia, especialmente si ésta es negativa: *su mal carácter le acarreará muchos disgustos.* **SIN.** ocasionar, producir, traer consigo. **OBS.** e + e = ee: *acarreen.* **FAM.** acarreo, carro.

acaso *[adv. de d.]* 1 es posible que: *acaso venga mañana.* **SIN.** quizá, tal vez. 2 en frases interrogativas indica que uno cree que lo que pregunta no es verdad: *no hables de lo que no sabes ¿acaso estabas allí?* ■ **por si acaso**, por si pasa lo que se dice.

acatar *[v.]* cumplir una ley, una norma o una orden, aunque a uno no le parezca acertada: *todos los ciudadanos deben acatar las leyes.* **AF.** aceptar, cumplir, obedecer, observar. **ANT.** desobedecer, rebelarse contra. **FAM.** acatamiento, acatable. **COMP.** desacato.

acatarrarse *[v.prnl.]* coger un catarro. **SIN.** resfriarse. **FAM.** acatarrado, catarro.

acaudalado, acaudalada *[adj.]* que tiene mucho dinero: *un hombre acaudalado; una familia acaudalada.* **SIN.** rico, adinerado, pudiente. **AF.** millonario. **AMPL.** se dice así porque tener dinero y tener *caudales* es lo mismo; por eso se llama ***caja de caudales*** a la caja para guardar dinero. **FAM.** acaudalar, caudal.

acceder *[v.]* 1 dar permiso a alguien para que haga algo que uno preferiría que no hiciera: *accedió a que saliera.* **AF.** autorizar, permitir, consentir. 2 tener paso a un sitio: *accedieron a los jardines por la puerta sur.* **SIN.** entrar. 3 llegar a tener un cargo o una situación determinada: *hizo oposiciones para acceder al puesto de director.* **AF.** conseguir, lograr, alcanzar.

accesible *[adj.inv. en gén.]* 1 hablando de un sitio, que resulta fácil llegar a él: *es un camping muy accesible.* 2 hablando de una persona, que resulta fácil entenderse con ella porque siempre está dispuesta a escuchar a los demás: *la directora es una persona accesible.* **SIN.** tratable. **AF.** sencillo, comprensivo. **ANT.COM.** inaccesible.

acceso *[n.m.]* 1 parte de un sitio por la que se puede entrar o llegar a su interior: *el acceso al parque está en la calle Mayor.* **AF.** entrada, paso. 2 lo que le pasa a quien tiene, de repente, algo molesto o malo: *un acceso de tos, de fiebre, de rabia...* **FAM.** acceder, accesorio, accesible, accesibilidad. **COMP.** inaccesible.

accesorio, accesoria *[adj.]* 1 que no es lo más importante de una cosa: *la forma de los libros es accesoria, lo importante es que expliquen bien las cosas.* **SIN.** poco importante, secundario, irrelevante, intrascendente. **ANT.** básico, fundamental, trascendental. // **accesorio** *[n.m.]* 2 cosa que sirve para que otra quede mejor o sea más cómoda o más bonita: *un accesorio para el coche.* **SIN.** complemento.

accidentado, accidentada *[adj.]* 1 que es muy desigual porque tiene rocas o desniveles: *un terreno accidentado; una costa accidentada.* **SIN.** escarpado, abrupto, escabroso. **ANT.** liso. 2 que ha tenido muchas cosas que no suelen pasar: *una semana accidentada; una excursión accidentada.* **AF.** ajetreado, movido. **ANT.** tranquilo, normal. // **accidentado, accidentada** *[n.]* 3 persona que ha tenido un accidente: *un médico atendió a los accidentados.* TAMBIÉN *adj.*: *una persona accidentada.* **AF.** herido, lesionado.

accidente *[n.m.]* 1 lo que pasa sin que nadie lo espere y tiene malas consecuencias: *los niños pequeños pueden sufrir accidentes en la cocina.* 2 en gramática, variación que tienen algunas palabras para indicar las categorías gramaticales de género, número, tiempo verbal, etc. ■ **accidente geográfico**, irregularidad del terreno en la superficie terrestre, como las montañas, los valles y los golfos. **FAM.** accidentarse, accidental, accidentalmente.

acción *[n.f.]* 1 lo que se hace: *una aclaración es la acción de aclarar algo que no se entendía; una batalla es una acción de guerra* (**SIN.** hecho, acto); *ayudar a quien lo necesita es una buena acción* (**SIN.** obra, acto); *la acción de la película se desarrolla en Oviedo* (**AF.** trama). 2 lo que hace que algo pase: *el edificio se vino abajo por la acción del fuego.* **SIN.** causa. 3 lo que tienen las cosas que pueden influir en algo: *la acción de la lluvia en el campo, de un medicamento...*

SIN. efecto. 4 cada una de las partes iguales en que está dividido el capital de una sociedad o empresa: *un capital de un millón de euros, formado por 10 000 acciones de 100 euros.* **AMPL.** el ***capital*** es el dinero que se pone para que una empresa pueda funcionar. **FAM.** accionar, accionista, acto. **COMP.** reacción, inacción, ***coaccionar*** (no dejar decidir libremente), coacción.

accionar *[v.]* 1 hacer lo necesario para que algo empiece a funcionar, a moverse, etc.: *este botón acciona el centrifugado; accionar un pedal.* **SIN.** activar. 2 hacer gestos o mover mucho las manos al hablar: *no acciones tanto que vas a tirar las copas.* **AF.** gesticular.

accionista *[n.inv. en gén.]* persona o empresa que tiene acciones en una sociedad: *un accionista; una accionista.*

acebo *[n.m.]* árbol que tiene hojas de color verde oscuro brillante, con frutos en forma de bolitas rojas, y de cuyas ramas se hacen imitaciones para preparar adornos de Navidad.

acechar *[v.]* estar pendiente de lo que otro hace para aprovechar la ocasión que uno necesita para hacer lo que quiere: *el cazador acecha a sus posibles presas.* **AF.** vigilar, espiar. **FAM.** acecho, acechanza.

acecho *[n.m.]* hecho de que alguien esté vigilando constantemente a otro para conseguir lo que quiere de él: *los famosos sufren el acecho de los periodistas.* ■ **estar al acecho**, estar pendiente de que pase algo para actuar inmediatamente.

aceite *[n.m.]* líquido graso que se saca de algunos frutos o semillas, de algunos animales o del petróleo: *aceite de oliva, de ballena...; el aceite flota en el agua.* **FAM.** aceitero, aceitoso, aceitera, aceitada, aceituna, aceitunero, aceituno, aceitunado.

aceitera *[n.f.]* recipiente con un pitorro o un canalillo para que, al servirlo, el aceite caiga en forma de chorro fino y continuo.

aceitero, aceitera *[adj.]* 1 del aceite: *industria aceitera.* // **aceitero, aceitera** *[n.]* 2 persona que se dedica a la venta o a la fabricación de aceite: *los aceiteros han conseguido este año una buena cosecha.*

aceitoso, aceitosa *[adj.]* que tiene aceite: *por una carretera aceitosa, los coches resbalarían.*

aceituna *[n.f.]* fruto de los árboles llamados olivos: *hay aceitunas verdes y aceitunas negras.* **SIN.** oliva.

aceitunero, aceitunera *[n.]* 1 persona que recoge o vende aceitunas. // **aceitunero** *[n.m.]* 2 sitio especialmente preparado para guardar las aceitunas desde que se recogen hasta que se llevan a moler.

aceleración *[n.f.]* acción por la que algo aumenta la velocidad o pasa más deprisa: *la aceleración de un coche se consigue pisando el acelerador; la aceleración de un proceso.*

acelerador *[n.m.]* mecanismo que regula el aumento de velocidad de un vehículo.

acelerar *[v.]* aumentar la velocidad o hacer que algo pase más pronto o se desarrolle más deprisa: *acelera, que vamos a llegar tarde; el frío acelera la curación de los quesos.* **FAM.** acelerador, aceleración, aceleradamente.

acelga *[n.f.]* planta de huerta que tiene las hojas grandes y verdes y los tallos gruesos, anchos, carnosos y blancos.

acento *[n.m.]* subida del tono de voz, de la cantidad o de la intensidad que se hace sobre una vocal de una palabra. **AMPL.** la sílaba en la que se halla el acento se llama ***sílaba tónica*** y las demás ***sílabas átonas***; en la escritura, el acento se representa por una rayita que se llama acento ortográfico o ***tilde*** y se pone siguiendo las llamadas ***reglas de acentuación****. ■ **poner el acento** en algo, intentar que no pase desapercibido, porque es más importante que el resto: *puso el acento en la necesidad de llevarlo.* **FAM.** acentuar, acentuación, acentuadamente, acentuable. **COMP.** inacentuado.

acentuación *[n.f.]* acción de pronunciar con acento una sílaba, o de poner un acento en una palabra al escribirla.

acentuar *[v.]* **1** pronunciar o escribir una palabra con acento: *acentúa la "e" de "débil".* **2** hacer que algo se note más: *habla bien de la gente y acentúa sus virtudes.* **ACENT.** como *actuar*.*

acepción *[n.f.]* cada uno de los distintos significados que puede tener una palabra: *"asiento para varias personas" y "sitio donde guardan dinero" son dos acepciones de la palabra "banco".*

aceptable *[adj.inv. en gén.]* que se puede aceptar, aunque no sea estupendo, porque está bien o es suficiente: *una propuesta aceptable; la prenda tiene una calidad aceptable.* **SIN.** admisible, pasable. **ANT.** inaceptable.

aceptación *[n.f.]* hecho de que alguien acepte algo: *la aceptación de unas condiciones.*

aceptar *[v.]* **1** estar de acuerdo con lo que alguien dice, hace o quiere hacer: *aceptó ir con*

NORMAS DE ACENTUACIÓN

REGLA GENERAL

Tipo de palabras		Se acentúan...
Agudas (sílaba tónica: la última)	_ _ _ _́	cuando acaban en **vocal**, en **n** o en **s**: *dará, café, jabalí, comió, ñandú, solución, jamás.*
Llanas (sílaba tónica: la penúltima)	_ _ _́ _	cuando acaban en consonante que no sea **n** o **s**: *árbol, débil, Víctor, López.*
Esdrújulas (sílaba tónica: la antepenúltima)	_ _́ _ _	siempre: *cáscaras, óbice, súplica, hábito, lógica, lúgubre.*
Sobreesdrújulas (sílaba tónica: antes de la antepenúltima)	_́ _ _ _ _	siempre: *cómicamente.*

REGLAS ESPECIALES

1ª Las mayúsculas también se acentúan: *Ángel, África, Éufrates, Índico, PRECAUCIÓN, Órbigo.* **2ª** Siempre que se rompe el diptongo que normalmente debería formarse al encontrarse una vocal débil (u, i) con una fuerte (a, e, o), se acentúan para expresar, en la escritura, esa ruptura: *raíz, oír, reír, baúl, acentúa, acentúe, actúo.* **3ª** qué, cuál, quién, cómo, dónde, cuándo, y cuánto (siempre con tilde) son interrogativos o exclamativos: *¿qué sabes de eso?; no sabe qué quiere; ¡qué cosas pasan!; ¿cuál es mejor?; dime cuál de los dos; ¿quién ha venido?; adivina quién está aquí; ¿cómo está?; ya sé cómo es; ¡cómo llueve!; ¿dónde está?; ya sabe dónde está; ¿cuándo llegará?; di cuándo podrás; ¿cuánto vale?; sé cuánto le costó; ¡cuántos juguetes!* **4ª** Los monosílabos no se acentúan, excepto para evitar confusiones.

Monosílabos

SIN ACENTUAR	ACENTUADO
aun (incluso: *aun pudiendo, no lo hará*)	**aún** (todavía: *aún no ha llegado*)
de (preposición: *viene de Orense*)	**dé** (forma del verbo *dar*: *dé todo lo que quiera*)
el (artículo: *el niño*)	**él** (pronombre personal: *él no está*)
mas (conjunción adversativa: *no quiere, mas lo hará*)	**más** (adverbio de cantidad: *quiere un poco más*)
mi (adjetivo posesivo: *mi amigo*)	**mí** (pronombre personal: *es para mí*)
que (conjunción: *quiere que vengas*)	**qué** (exclamativo o interrogativo: *¿qué quiere?; ¡qué alegría!*)
se (pronombre personal y reflexivo: *se lo enseñé; se lavó*)	**sé** (imperativo de *ser*: *sé como creas que debes ser* y presente de indicativo de *saber*: *ya sé lo que pasó*)
si (conjunción condicional: *si te vas, avísame*)	**sí** (pronombre personal: *habla para sí* y adverbio de afirmación: *sí lo quiere*)
te (pronombre personal: *te lo dijo*)	**té** (nombre de infusión: *una taza de té*)
tu (adjetivo posesivo: *tu casa*)	**tú** (pronombre personal: *tú lo sabes*)

ellas con la condición de que volvieran pronto. **SIN.** acceder a, admitir. **ANT.** oponerse a. **2** quedarse con lo que a uno le dan o le ofrecen: *aceptar un trabajo, una oferta, un cheque...* **SIN.** admitir. **ANT.** rechazar. **FAM.** aceptable, aceptablemente, aceptación, aceptabilidad. **COMP.** inaceptable.

acequia *[n.f.]* cauce construido para llevar agua de riego a distintos sitios: *riegan la huerta con el agua de la acequia.* **SIN.** canal.

acera *[n.f.]* parte de la calle por la que deben ir los peatones: *no te bajes de la acera.*

acerca *[forma de verbo]* tercera persona del singular del presente de indicativo del verbo *acercar.* ■ **acerca de**, sobre, de: *hablaron acerca de su futuro.*

Es ***acerca***, escrito junto,
forma del verbo acercar:
"*acércame ese dibujo*".
Y también preposición:
"*se habla* ***acerca*** *de un asunto*".
Pero se ha de separar
en "***a cerca de*** *mil metros*
está el estanco del bar".

acercamiento *[n.m.]* lo que se produce cuando dos o más personas o cosas llegan a estar más cerca o mejor comunicadas: *el ferrocarril produjo un acercamiento entre ciudades distantes.*

acercar *[v.]* **1** poner más cerca: *acerca la lámpara para ver mejor.* **SIN.** arrimar, aproximar. **ANT.** alejar, distanciar. TAMBIÉN *prnl.: acércate a la lámpara para ver mejor.* **2** poner algo en un sitio en el que alguien pueda cogerlo: *acércame la sal, por favor* (**SIN.** alcanzar, pasar)*; los transportes acercan los productos a muchos puntos de venta* (**SIN.** llevar). **OBS.** ante e, qu: *acerquen.* **FAM.** acercamiento, cercanía, cerca.

acerico *[n.m.]* almohadilla que se usa para tener clavadas agujas y alfileres.

acero *[n.m.]* material metálico que se obtiene mezclando hierro y carbono en distintas proporciones. **FAM.** acería, acerería, acerado, acerar, aceración.

acertado, acertada *[adj.]* que es como uno quiere, o que resulta conveniente o apropiado: *una decisión acertada; una respuesta acertada.* **SIN.** certero. **ANT.** desacertado, erróneo.

acertar *[v.]* **1** poner (o meter, clavar, etc.) algo en el sitio en el que uno quería: *no acierto a meter el hilo por el hondón de la aguja; acertó en el blanco de la diana.* **SIN.** atinar. **ANT.** errar, fallar. **2** hacer, decir o encontrar exactamente lo que conviene: *acertó la respuesta; no acierto con la calle.* **SIN.** atinar. **ANT.** equivocarse. **3** descubrir algo que otro sabe y no ha dicho, o algo que va a pasar en el futuro: *acertó lo que estabas pensando; acertó los resultados de la quiniela.* **SIN.** adivinar. **FAM.** acierto, acertijo, acertante, acertadamente. **COMP.** desacierto.

CONJUGACIÓN DEL VERBO ACERTAR

Formas no personales
Infinitivo: *acertar.*
Gerundio: *acertando.*
Participio: *acertado.*
Indicativo
Presente: *acierto, aciertas, acierta, acertamos, acertáis, aciertan.*
Pretérito imperfecto: *acertaba, acertabas, acertaba, acertábamos, acertabais, acertaban.*
Pretérito perfecto simple: *acerté, acertaste, acertó, acertamos, acertasteis, acertaron.*
Futuro: *acertaré, acertarás, acertará, acertaremos, acertaréis, acertarán.*
Condicional simple: *acertaría, acertarías, acertaría, acertaríamos, acertaríais, acertarían.*
Subjuntivo
Presente: *acierte, aciertes, acierte, acertemos, acertéis, acierten.*
Pretérito imperfecto: *acertara/acertase, acertaras/acertases, acertara/acertase, acertáramos/acertásemos, acertarais/acertaseis, acertaran/acertasen.*
Futuro: *acertare, acertares, acertare, acertáremos, acertareis, acertaren.*
Imperativo: *acierta, acierte, acertemos, acertad, acierten.*

acertijo *[n.m.]* adivinanza*: *un acertijo fácil de resolver.*

acetona *[n.f.]* líquido de olor fuerte que se usa como disolvente y sirve, entre otras cosas, para quitarse el esmalte de las uñas.

achacar *[v.]* decir (o pensar) que la culpa de algo la tiene determinada persona, cosa, circunstancia, etc.: *achacaron el accidente al mal estado de la carretera.* **OBS.** ante e, qu: *achaquen.*

achacoso, achacosa *[adj.]* que tiene achaques*: *últimamente anda muy achacoso.* **ANT.** sano.

achaparrado, achaparrada *[adj.]* que es grueso y bajo: *un señor achaparrado.* **ANT.** espigado.

achaque *[n.m.]* molestia o problema de salud que no llega a ser enfermedad y que suelen tener las personas mayores: *tiene los achaques propios de la edad.* **SIN.** mal, dolencia. **FAM.** achacoso, achacosamente, achacosidad, achacar.

achatar *[v.]* hacer que algo quede más chato, menos puntiagudo, menos afilado, etc. **FAM.** achatado, achatamiento, chato.

achicar *[v.]* **1** hacer más pequeño algo: *achicar una prenda de vestir.* **SIN.** reducir. **2** sacar el agua que ha entrado en una embarcación o en una mina. // **achicarse** *[v.prnl.]* **3** acobardarse*: *se achica ante cualquier contratiempo.* **OBS.** ante e, qu: *achiquen.* **FAM.** achique, achicamiento, chico.

achicoria *[n.f.]* planta de flores azules, hojas comestibles y raíz carnosa y amarga, que se usa para hacer una infusión parecida al café y jarabes para tonificar el estómago.

achicharrar *[v.]* **1** quemar mucho: *el agua hirviendo achicharra la piel.* TAMBIÉN *prnl.: la comida se ha achicharrado en el horno.* **2** calentar demasiado: *este sol achicharra.* TAMBIÉN *prnl.: si sigues al sol, te achicharrarás.* **SIN.COM.** abrasar. **FAM.** chicharra, chicharrón.

achuchar *[v.]* **1** hacer fuerza sobre algo o alguien de manera que se queda con menos espacio del que necesita: *achuchó el sombrero al sentarse sobre él; los que entraban en el autobús achuchaban a los que había dentro.* **AF.** estrujar, aplastar. **2** obligar a alguien a hacer algo en menos tiempo del que necesita: *el banco lo achucha para que devuelva el préstamo.* **SIN.** atosigar. **AF.** abrumar, apremiar. **FAM.** achuchón.

aciago, aciaga *[adj.]* que trae desgracias o malas consecuencias: *aquel fue un día aciago.* **SIN.** desgraciado, infeliz, infausto. **ANT.** feliz, venturoso.

acicalarse *[v.prnl.]* arreglarse mucho: *se acicaló para ir guapa a la boda.* **FAM.** acicalado, acicalamiento.

acidez *[n.f.]* característica que hace que digamos que el sabor de algo es ácido: *la acidez del limón.* ■ **acidez de estómago**, sensación desagradable y ácida en la boca, producida por algún desarreglo del estómago.

ácido, ácida *[adj.]* **1** que produce en la boca una especie de picor del tipo del que producen los limones o el vinagre: *sabor ácido; una salsa ácida.* **SIN.** agrio, acedo. // **ácido** *[n.m.]* **2** cualquier sustancia química de las que al unirse con otras llamadas bases forman sales. **AMPL.** los conceptos de *sal, ácido* y *base* se definen siempre en relación y hay que entenderlos en conjunto. **FAM.** acidez, acidificar, acidular, acidímetro.

acierto *[n.m.]* lo que consigue quien acierta algo o con algo: *tuvo tres aciertos en el blanco; fue un acierto sacar las entradas con tiempo; en la quiniela consiguió pocos aciertos.* **ANT.** fallo.

aclamar *[v.]* hacer que alguien note, con aplausos, gritos, vítores, etc., que es bien recibido o que ha gustado lo que ha hecho: *la multitud aclamó al equipo campeón; cuando se estrenó en España "El gran dictador", en los cines, la gente aclamaba a Charlot, ya muerto.* **AF.** aplaudir, vitorear, ovacionar. **FAM.** aclamación, aclamador, clamar.

aclaración *[n.f.]* cosa que se hace o se dice para que se entienda algo que no se entendía bien: *hizo algunas aclaraciones sobre el proyecto.* **AF.** explicación, puntualización.

aclarar *[v.]* **1** hacer que algo sea más claro o menos espeso que antes: *aclara el café poniéndole nata; con un poco de leche aclaró el chocolate.* **2** hacer que quede claro algo que no se entendía bien: *su explicación aclaró todas las dudas.* **SIN.** esclarecer. **AF.** explicar. TAMBIÉN *prnl.: después de un rato de estudiarlo, ya me he aclarado.* **AF.** entender. **3** quitar con agua el jabón que queda al lavar algo: *aclarar la ropa; aclararse las manos.* **SIN.** enjuagar. **FAM.** aclaración, aclarado, aclaratorio, aclarador, claro.

aclimatarse *[v.prnl.]* llegar a estar a gusto en un sitio nuevo: *se aclimató enseguida a su nuevo barrio.* **SIN.** acostumbrarse, adaptarse. **FAM.** aclimatación, clima.

acné *[n.m.]* enfermedad de la piel que se nota en que salen granitos y espinillas: *el acné es propio de la adolescencia.*

acobardar *[v.]* hacer que uno se sienta incapaz de algo, por parecerle que es muy difícil o imposible hacerlo, solucionarlo, etc.: *tantos* *problemas lo acobardan.* **SIN.** amilanar, achicar, acoquinar. TAMBIÉN *prnl.: se acobardó al verse solo ante tanto trabajo.* **FAM.** acobardamiento, acobardado, cobarde.

acogedor, acogedora *[adj.]* 1 hablando de un sitio, que tiene los muebles, los colores, las luces, etc. de tal manera que uno se encuentra a gusto en él: *una casa acogedora; un ambiente acogedor.* **SIN.** confortable. **AF.** agradable, cómodo. **ANT.** inhóspito. 2 hablando de personas, que trata con confianza, cariño, amabilidad, etc., de manera que uno está a gusto con ella: *una familia acogedora; los habitantes de esa aldea son muy acogedores.* **SIN.** hospitalario.

acoger *[v.]* 1 dejar que alguien esté con uno y encargarse de que esté a gusto y tenga lo necesario: *lo acogió en su casa cuando se quedó huérfano.* **AF.** recibir, recoger. 2 recibir algo o a alguien de determinada manera: *acogió la oferta con desconfianza; el público acogió al artista con entusiasmo.* **SIN.** recibir. **OBS.** ante a y o, j: *acojan, acojo.* **FAM.** acogida, acogedor, acogedoramente, coger.

acogida *[n.f.]* lo que da quien acoge y lo que recibe quien es acogido de determinada manera: *fue una acogida de compromiso; tuvieron una calurosa acogida.* **SIN.** recibimiento. ■ **tener acogida** algo, ser bien recibido por la gente, porque le gusta: *el disco no tuvo acogida.* **SIN.** tener aceptación.

acometer *[v.]* 1 empezar a hacer algo que es difícil o que ocupa mucho tiempo: *acometer una tarea.* **SIN.** emprender, abordar. 2 empezar a sentir algo de repente: *a estas horas, siempre me acomete el hambre.* 3 ir hacia alguien o algo para atacarlo: *los acometió en la oscuridad.* **SIN.** arremeter contra. **AF.** atacar. **FAM.** acometida, acometimiento, cometer.

acometida *[n.f.]* 1 hecho de que alguien acometa algo o a alguien: *la acometida de un toro.* 2 punto en el que se unen dos conductos para que algo llegue a un sitio: *ya han hecho la acometida de luz para los nuevos locales.*

acomodado, acomodada *[adj.]* que tiene lo necesario para vivir cómodamente, sin problemas de dinero: *una familia acomodada.* **AF.** rico, pudiente. **ANT.** pobre, humilde.

acomodador, acomodadora *[n.]* persona que, en un teatro, un cine, etc., se encarga de acompañar a la gente para indicarle dónde debe sentarse: *le dio una propina a la acomodadora.*

acomodar *[v.]* 1 poner en un sitio las cosas que alguien necesita para estar cómodo: *acomodó a su sobrino en la habitación de invitados.* **SIN.** instalar. TAMBIÉN *prnl.: se acomodó en la nueva habitación.* 2 colocar en un sitio cosas para las que ese sitio no estaba pensado: *acomoda las herramientas en el armario ropero.* **SIN.** acoplar. **AF.** colocar, poner. // **acomodarse** *[v.prnl.]* 3 ponerse cómodo: *acomódate en el sillón que más te guste.* **AF.** instalarse, situarse, ponerse. 4 hacer lo necesario para no ir en contra de algo: *se acomodó a las costumbres del pueblo.* **SIN.** amoldarse, atenerse. **FAM.** acomodado, acomodo, acomodador, acomodable, acomodamiento, cómodo. **COMP.** desacomodar, desacomodo.

acompañamiento *[n.m.]* 1 persona o personas que acompañan a alguien: *el presidente viaja con mucho acompañamiento.* **SIN.** compañía. 2 música con que se acompaña una melodía, una canción, etc.: *canta con acompañamiento de orquesta.* 3 alimento que se sirve con un plato para completarlo y adornarlo: *pescado con acompañamiento de patatas.* **SIN.** guarnición.

acompañante *[n.inv. en gén.]* persona que acompaña a alguien: *iba con dos acompañantes.*

acompañar *[v.]* 1 ir o estar con alguien: *acompáñalo hasta su casa; pasó la tarde acompañando a su abuelo.* 2 hacer que alguien no se sienta solo: *dice que la tele la acompaña.* 3 poner con un plato otro alimento: *acompañó la carne con pimientos fritos.* 4 interpretar la música apropiada para una actuación: *en sus conciertos lo acompaña una buena orquesta.* ■ **acompañar en el sentimiento**, expresar que se siente mucho que a alguien se le haya muerto un ser querido. **SIN.** dar el pésame. **FAM.** acompañante, acompañamiento, compañía.

acompasar *[v.]* hacer que dos o más cosas vayan al mismo ritmo, se muevan a la vez, etc.: *acompasar el baile con la música; acompasar la marcha de varias personas.* **FAM.** acompasado, acompasadamente, compás. **COMP.** desacompasar.

acomplejar *[v.]* hacer que alguien sienta algún complejo: *lo acompleja su tartamudez.* TAMBIÉN *prnl.: se acompleja porque es tartamudo.*

acondicionar *[v.]* preparar algo de manera que sirva para lo que queremos: *acondicionó el jardín para la fiesta.* **SIN.** adecuar, adaptar, acoplar, preparar. **FAM.** acondicionador, acondicionamiento, condición.

acongojar *[v.]* hacer que alguien esté muy nervioso y preocupado: *lo acongoja la falta de noticias sobre su hijo.* **AF.** afligir, preocupar, angustiar. TAMBIÉN *prnl.: no te acongojes, que todo tiene solución.* **FAM.** acongojante, acongojadamente, congoja.

aconsejable *[adj.inv. en gén.]* que se puede o se debe aconsejar*: *una película aconsejable; un producto aconsejable; es aconsejable comprar cuando los precios están bajos.* **SIN.** recomendable. **AF.** bueno, interesante, conveniente.

aconsejar *[v.]* decirle a una persona lo que uno cree que debe hacer o lo que le parece bueno, interesante o conveniente para ella: *te aconsejo que lo pienses; aconsejar una obra de teatro, un libro...* **SIN.** recomendar. **ANT.** desaconsejar. **FAM.** aconsejable, consejo. **COMP.** desaconsejar.

acontecer *[v.]* pasar algo: *todo aconteció muy deprisa.* **SIN.** pasar* (acepción 1). **CONJUG.** como *crecer**; es verbo* ***defectivo unipersonal***. **FAM.** acontecimiento.

acontecimiento *[n.m.]* todo lo que pasa (o se hace) y tiene importancia: *el nacimiento de un bebé es un acontecimiento familiar.* **SIN.** evento, suceso, hecho, acaecimiento.

acontezca, acontezcan... formas irregulares del presente de subjuntivo de la conjugación del verbo *acontecer.*

acopiar *[v.]* ir reuniendo cosas que se necesitan o pueden ser necesarias en algún momento: *pasaron la tarde acopiando víveres para la expedición.* **AF.** reunir. **FAM.** acopio, copia*.

acoplar *[v.]* **1** poner dos cosas juntas, de manera que coincidan o encajen perfectamente: *acopla la pieza en ese hueco.* **SIN.** encajar. TAMBIÉN *prnl.: la puerta se acopla al marco.* **2** preparar algo de manera que sirva para lo que uno quiere: *acopló el mueble para que cada uno tuviera su espacio.* **SIN.** adecuar, acondicionar, adaptar, preparar. **3** hacer que algo o alguien quede bien en un sitio: *acopla la ropa en el armario para que quepa toda.* **SIN.** acomodar, colocar. **FAM.** acoplamiento. **COMP.** desacoplar.

acorazado *[n.m.]* barco muy grande, de guerra, forrado con placas de acero.

acorazar *[v.]* proteger algo poniéndole placas de acero o de hierro para que quede muy resistente y sea difícil destruirlo: *acorazar una puerta, un barco...* **AF.** blindar. **OBS.** ante e, c: *acoracen.* **FAM.** acorazado, acorazamiento, coraza.

acordar *[v.]* **1** decidir algo dos o más personas: *acordaron salir pronto; acordó con ella las condiciones de pago.* // **acordarse** *[v.prnl.]* **2** llegar a tener en el pensamiento o en la memoria algo que se sabe o se ha vivido: *se acordó de que tenía que hacerlo.* **SIN.** recordar. **ANT.** haber olvidado. **OBS.** *acordarse* se usa siempre con la preposición *de*, pero *recordar* se usa sin ella: *no recuerda lo que le dijo.* **CONJUG.** como *recordar**. **FAM.** acuerdo, acordado, acorde, acordemente. **COMP.** desacuerdo, discordia, concordar.

acorde *[adj.inv. en gén.]* **1** que queda bien, que es lo apropiado para algo o que no va en contra de lo que se dice: *dos colores acordes; una casa acorde con las necesidades de sus ocupantes; un comportamiento acorde con las normas de educación.* **ANT.** discorde. // **acorde** *[n.m.]* **2** sonido musical producido cuando suenan a la vez tres o más notas que combinan bien: *hizo unos acordes al piano.*

acordeón *[n.m.]* instrumento musical de viento formado por un fuelle con un teclado para tocar melodías a la derecha, y otro de acompañamiento a la izquierda. **PL.** *acordeones.* **FAM.** acordeonista.

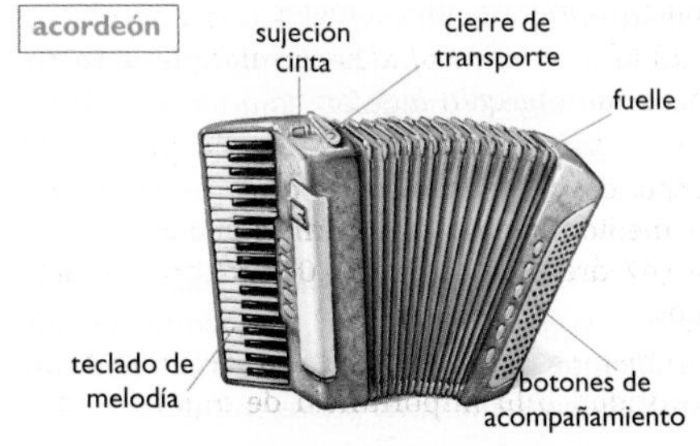

acorralar *[v.]* rodear a una persona o animal de manera que no pueda escaparse: *los lobos acorralaron a la oveja.* **SIN.** cercar, rodear. **FAM.** acorralamiento, corral.

acortar *[v.]* hacer más corto: *acortar un vestido, un discurso...* **SIN.** reducir. **ANT.** alargar. **FAM.** acortamiento, corto.

acosar *[v.]* **1** ir detrás de alguien, para cogerlo, sin dejarlo descansar: *acosar a un animal para cazarlo; la policía acosó al fugitivo.* **AF.** perseguir. **2** hacer algo que molesta mucho a una persona para conseguir algo de ella: *los acreedores suelen acosar a los deudores para que paguen.* **SIN.** asediar. **FAM.** acoso, acosamiento.

acostar *[v.]* poner a alguien tumbado o meterlo en la cama para que duerma: *acostó al bebé en el sofá.* TAMBIÉN *prnl.: se acuesta a las diez.* **FAM.** acostado, costado.

acostumbrar *[v.]* **1** hacer que alguien haga algo siempre o de la misma manera: *ha acostumbrado a sus hijos a ser ordenados.* **SIN.** habituar. TAMBIÉN *prnl.: se ha acostumbrado a lavarse los dientes todos los días.* **SIN.** habituarse, adquirir la costumbre de, adquirir el hábito de. **2** tener la costumbre que se dice: *acostumbra a dormir la siesta.* **SIN.** soler, tener la costumbre de. // **acostumbrarse** *[v.prnl.]* **3** llegar uno a encontrar normal algo que al principio le parecía raro: *se acostumbró enseguida al nuevo horario.* **SIN.** habituarse. **4** llegar a estar a gusto en un sitio nuevo o en una situación nueva: *ya se ha acostumbrado a esta ciudad.* **SIN.** habituarse, aclimatarse, adaptarse. **FAM.** acostumbrado, acostumbradamente, costumbre. **COMP.** desacostumbrar, desacostumbrado.

acotar *[v.]* señalar los límites de algo: *acotaron la parcela con una valla.* **FAM.** coto.

ácrata *[adj.inv. en gén.]* que le gustaría que en la sociedad no mandara nadie y que no hubiera gobiernos: *ideas ácratas.* TAMBIÉN *n.: los ácratas no quieren autoridad.*

acre *[adj.inv. en gén.]* **1** áspero y picante: *el sabor del ajo es acre; un olor acre.* // **acre** *[n.m.]* **2** medida inglesa de superficie que equivale a 40,47 áreas, es decir, a 4.047 metros cuadrados.

acrecentar *[v.]* hacer que sea mayor la cantidad o la importancia de algo. **SIN.** aumentar, incrementar. **ANT.** disminuir, reducir. **CONJUG.** como *acertar**.

acreditado, acreditada *[adj.]* **1** que tiene permiso para representar a alguien: *los embajadores están acreditados por su gobierno ante el país en el que trabajan.* **2** que es conocido y tiene buena fama en algo: *es un acreditado científico.* **SIN.** prestigioso. **AF.** célebre, afamado, famoso.

acreditar *[v.]* **1** darle permiso a alguien para que lo represente a uno: *el gobierno acredita a los embajadores.* **2** hacer que alguien sea conocido por algo: *sus trabajos la acreditan como extraordinaria científica.* **3** demostrar algo con pruebas, hechos o documentos: *acreditó que había pagado presentando el recibo.* **FAM.** acreditado, acreditativo, crédito. **COMP.** desacreditar.

acreedor, acreedora *[adj.]* **1** que se merece lo que se dice: *tu seriedad te ha hecho acreedor de su confianza.* **SIN.** digno, merecedor. **ANT.** indigno. // **acreedor, acreedora** *[n.]* **2** persona a la que alguien le debe dinero: *tiene varios acreedores.* **ANT.** deudor.

acribillar *[v.]* **1** hacer muchos agujeros, heridas o picaduras en algo o a alguien: *acribilló el coche a balazos; lo acribillaron los mosquitos.* **2** hacer muchas veces algo que molesta a alguien u obligar a algo constantemente: *acribillar a preguntas, con impuestos...*

acristalar *[v.]* colocar cristales donde se dice: *acristalaron la galería.* **FAM.** acristalamiento, acristalado, cristal.

acrobacia *[n.f.]* movimiento difícil que se hace en el aire con arte: *los trapecistas hacen acrobacias; un piloto hizo acrobacias con la avioneta.* **AF.** pirueta, cabriola, voltereta. **FAM.** acróbata, acrobático, acrobáticamente.

acróbata *[n.inv. en gén.]* persona que hace acrobacias. **AF.** volatinero, saltimbanqui, gimnasta, equilibrista, funambulista, titiritero.

acta *[n.f.]* escrito en el que consta algo que se ha hecho o que ha pasado: *el acta de un bautismo; el secretario redacta las actas de la asamblea.* ■ **levantar acta** un notario, escribir un notario lo que pasa en un sitio y firmarlo para que quede como un documento de que es verdad: *el notario levantó acta de la concesión de premios.* **AMPL.** este documento se llama ***acta notarial***. **OBS.** en singular lleva artículo masculino: *un acta; las actas.*

actitud *[n.f.]* manera de sentir y de comportarse una persona ante una situación determinada: *actitud rebelde; actitud de obediencia.* **SIN.** postura. **AF.** disposición.

Actitud, con ce de casa
y con te de tropezar,
es modo de comportarse
o una manera de estar.

activar *[v.]* **1** hacer que algo vaya más deprisa o funcione mejor: *el ejercicio físico activa la circulación de la sangre.* **SIN.** avivar. **AF.** acelerar, apresurar. **2** hacer que algo empiece a funcionar: *activaron el motor pero se paró enseguida.* **AF.** accionar. **FAM.** activo, actividad, activista, activamente, acto. **COMP.** desactivar, inactivo, reactivar, reactivación.

actividad *[n.f.]* **1** conjunto de las cosas que se hacen con una intención, un objetivo, etc.: *el ciclismo es una actividad deportiva; se dedica a la enseñanza como actividad profesional.* **2** lo que hay donde mucha gente trabaja o se divierte, se mueve, compra, vende, va y viene, etc.: *en verano hay mucha actividad en la costa.* **SIN.** movimiento, trajín, ajetreo. **ANT.** inactividad. **AMPL.** dependiendo de quién produce la actividad y en qué consiste, se llama *actividad turística, actividad comercial, actividad cultural,* etc. **3** lo que demuestra quien es capaz de hacer muchas cosas en poco tiempo: *con su actividad, acabará enseguida.* **SIN.** dinamismo. **AF.** diligencia, eficacia.

activo, activa *[adj.]* **1** que no está parado ni fuera de funcionamiento y mantiene vivas todas sus funciones y posibilidades: *volcán activo; obrero activo; trabajador activo.* **2** que siempre está haciendo cosas: *es una persona muy activa.* **SIN.** dinámico. **ANT.** inactivo, pasivo. **3** que hace efecto en poco tiempo: *un medicamento activo.* **SIN.** eficaz, efectivo. ■ **en activo**, trabajando o funcionando. ■ **por activa y por pasiva**, de todas las maneras posibles: *se lo dijo por activa y por pasiva.* ■ **población activa**, la que está en edad de trabajar.

acto *[n.m.]* **1** cosa que alguien hace: *prestar ayuda a los accidentados es un acto cívico.* **SIN.** acción, obra. **2** hecho público, como una ceremonia, inauguración, clausura, etc.: *el acto de presentación de su libro fue todo un éxito.* **AF.** acontecimiento. **3** cada una de las partes en que están divididas algunas obras de las que se representan en un escenario y que quedan separadas por la bajada y subida del telón: *Aida es una ópera en cuatro actos.* ■ **en el acto**, enseguida. **SIN.** inmediatamente, de inmediato. ■ **hacer acto de presencia**, ir a un sitio para estar, aunque no se participe. **FAM.** acción, acta, actuar, activar, actual. **COMP.** entreacto.

actor, actriz *[n.]* persona que actúa en el teatro, en el cine o en la televisión, interpretando algún personaje: *el actor principal tiene 80 años.* **SIN.** artista, intérprete, ejecutante.

actuación *[n.f.]* hecho de que alguien actúe: *la actuación de un artista, de los bomberos...*

actual *[adj.inv. en gén.]* del tiempo en el que está viviendo quien habla: *moda actual; momento actual; época actual.* **SIN.** moderno. **AF.** presente, contemporáneo. **FAM.** actualidad, actualmente, actualizar, actualización, acto.

actualidad *[n.f.]* **1** tiempo en el que vive quien habla: *en la actualidad se usan mucho los ordenadores.* **SIN.** presente, este momento, ahora. **ANT.** pasado o futuro. **2** cosas que están pasando: *la televisión informa de la actualidad.* ■ **ser de actualidad** o **estar de actualidad**, gustar en el momento o en la época de que se habla. **SIN.** estar de moda.

actualizar *[v.]* cambiar algo que ya no vale porque se ha quedado atrasado o anticuado: *actualizaron las tarifas de precios.* **SIN.** poner al día, renovar. **AF.** modernizar.

actuar *[v.]* **1** hacer algo, especialmente si es necesario o llama la atención: *actúa pronto o perderás la oportunidad; no actúes si no lo has pensado bien.* **SIN.** obrar, proceder. **2** hacer al-

ACENTUACIÓN DEL VERBO ACTUAR

Presente de indicativo: *actúo, actúas, actúa, actuamos, actuáis, actúan.*

Presente de subjuntivo: *actúe, actúes, actúe, actuemos, actuéis, actúen.*

Imperativo: *actúa, actúe, actuemos, actuad, actúen.*

go para el público o ser actor de una película o una serie de televisión: *actuó en el teatro durante muchos años.* **AF.** trabajar, interpretar, representar. **FAM.** actuación, actor, actriz, acto.

acuarela *[n.f.]* **1** tipo de pintura que se disuelve en agua y es apropiada para pintar sobre papel. **AMPL.** al pintar con acuarela, lo que en la figura que se hace tiene que ser del color del papel se deja sin pintar; estas zonas no pintadas se llaman ***reservas***. **2** técnica que se emplea al pintar con este tipo de pintura (*sabe mucho de acuarela*) y cuadro pintado con ella (*una exposición de acuarelas*). **FAM.** acuarelista, agua.

acuario *[n.m.]* **1** depósito de agua acristalado con la temperatura apropiada para tener vivos animales o vegetales acuáticos: *en el acuario tiene varios peces tropicales.* **2** lugar preparado para la exhibición al público de animales y vegetales acuáticos: *en una sala del acuario hay tiburones.* // **acuario** *[n.inv. en gén. y núm.]* **3** persona que ha nacido entre el 21 de enero y el 22 de febrero: *es una acuario del 8 de febrero; conozco a varios acuario.*

acuático, acuática *[adj.]* que vive en el agua, que se mueve en el agua o que se hace en el agua: *animales acuáticos; un vehículo acuático; deportes acuáticos.* **FAM.** agua. **COMP.** subacuático.

acuciante *[adj.inv. en gén.]* que es urgente o muy necesario: *unas ganas acuciantes de beber; un trabajo acuciante.* **SIN.** urgente.

acudir *[v.]* ir a un sitio, sobre todo si alguien espera que uno vaya: *no quiso acudir a la reunión.* **SIN.** ir.

acueducto *[n.m.]* construcción en forma de puente con un canal en la parte de arriba para llevar agua desde los ríos hasta las ciudades.

acuerdo *[n.m.]* decisión que toman dos o más personas: *por fin llegaron a un acuerdo; tomaron el acuerdo de ir todos.* **SIN.** decisión, determinación. ■ **estar de acuerdo** uno **con** alguien **en** algo, parecerle bien algo. ■ **de acuerdo**, expresión con la que uno dice que piensa hacer lo que se ha decidido o que le parece bien algo. ■ **de común acuerdo**, según la opinión de todos.

acumulador *[n.m.]* aparato que guarda energía para producirla cuando haga falta: *las baterías de los coches son acumuladores.*

acumular *[v.]* llegar a tener mucho de algo: *el rey Midas acumuló más riqueza de la que nadie podía imaginar.* **SIN.** reunir, juntar. **AF.** almace-

acueducto

nar, amontonar. **FAM.** acumulador, acumulación, acumulable, acumulativo, acumulativamente, cúmulo.

acunar *[v.]* mover de un lado a otro, con suavidad, una cuna o a un bebé que se tiene en brazos. **SIN.** mecer, arrullar, brizar. **FAM.** acunamiento, cuna.

acuñar *[v.]* 1 fabricar monedas o medallas: *las monedas españolas se acuñan en la Fábrica Nacional de Moneda y Timbre.* 2 hacer que una expresión o una palabra que no se usaba llegue a usarse normalmente: *el uso es quien acaba acuñando las palabras.* **SIN.** fijar, consolidar. **FAM.** acuñamiento, acuñación, ***cuño*** (molde para hacer monedas y medallas).

acupuntura *[n.f.]* método para curar ciertas enfermedades o aliviar dolores, que consiste en clavar agujas muy finas en determinadas partes del cuerpo: *algunos dolores se alivian con acupuntura.* **FAM.** acupuntor.

acurrucarse *[v.prnl.]* encogerse sobre uno mismo: *se acurrucó entre las mantas.* **OBS.** ante e, qu: *se acurruquen.*

acusación *[n.f.]* hecho de que una persona acuse a otra de algo: *no hagas acusaciones sin estar seguro de que lo que dices es cierto.* **AMPL.** si la acusación se hace ante una autoridad se llama ***denuncia*** y si es ante un juez o un tribunal, ***querella***.

acusado, acusada *[n.]* 1 persona a la que se juzga por algo que se cree que ha hecho: *el acusado dijo que era inocente.* **SIN.** reo. // **acusado, acusada** *[adj.]* 2 que se nota mucho: *tiene rasgos muy acusados.* **SIN.** marcado, sobresaliente, pronunciado.

acusar *[v.]* 1 decir que alguien ha hecho algo que no debe hacerse: *lo acusó ante su padre; los denunciantes lo acusan de estafa.* **SIN.** culpar, echar la culpa de. **AF.** delatar. 2 notar algo: *después del esfuerzo acusó mucho cansancio.* **FAM.** acusación, acusado, acusador, acusable, acuse, acusica, acusique, acusatorio, acusón. **COMP.** excusa, ***recusar*** (no aceptar algo o a alguien), recusación.

acústica *[n.f.]* 1 ciencia que trata de todo lo que se refiere al sonido. 2 característica que hace que en un sitio la voz y la música se oigan bien o mal y lleguen o no a todos los rincones: *el salón de actos tiene muy buena acústica.* **FAM.** acústico, acústicamente, oír.

acústico, acústica *[adj.]* del sonido: *condiciones acústicas; calidad acústica.*

acutángulo *[adj.]* que tiene los ángulos agudos: *un triángulo acutángulo.*

adagio *[n.m.]* 1 frase que dice la gente y explica cómo portarse en una situación determinada: *tengo un libro de adagios chinos y árabes.* **SIN.** proverbio. **AF.** refrán, máxima, sentencia. 2 composición musical o parte de una composición musical con ritmo lento y suave: *la Séptima Sinfonía de Beethoven tiene un adagio precioso.* **OBS.** en esta acepción es una palabra de origen italiano y suele pronunciarse */adayio/.*

adán, adana *[n.]* que no se cuida ni se arregla ni tiene cuidado con las cosas: *nunca va arreglada, es muy adana.* **SIN.** abandonado, dejado, desidioso. **ANT.** cuidadoso.

adaptación *[n.f.]* acción por la que se adaptan unas cosas o personas a otras: *la adaptación de un zapato a un pie, de una novela al cine, de una persona a un nuevo ambiente, de vegetales a un clima distinto...*

adaptar *[v.]* 1 hacer que una cosa tenga la forma, el tamaño, etc. que se necesita para que coincida con otra o encaje en ella: *adaptó la cajonera al hueco del armario.* **SIN.** acoplar. **AF.** encajar. TAMBIÉN *prnl.: los guantes se adaptan perfectamente a las manos.* 2 preparar algo de manera que sirva para lo que uno quiere: *adaptó la habitación para que pudieran dormir varios niños.* **SIN.** adecuar, acondicionar, acoplar, preparar. 3 convertir una obra literaria, musical, etc. en otra de otro tipo o para otro público: *adaptar una novela para hacer una película; adaptar una obra de teatro a un público infantil.* // **adaptarse** *[v.prnl.]* 4 llegar a estar a gusto en un sitio nuevo o en una situación nueva: *se adaptó enseguida a su nueva escuela.* **SIN.** aclimatarse. **AF.** habituarse, acostumbrarse. **FAM.** adaptación, adaptable, apto. **COMP.** inadaptado.

adecuado, adecuada *[adj.]* apropiado*: *la herramienta adecuada para poner un tornillo es el destornillador; busca el momento adecuado para decírselo.*

adecuar *[v.]* preparar algo de manera que sirva para lo que queremos: *adecuó la sala pa-*

ra ofrecer un concierto. **SIN.** adaptar, acondicionar, acoplar, preparar. **OBS.** es incorrecto acentuar la *u*, tanto en la pronunciación como en la escritura. **FAM.** adecuado, adecuación, adecuadamente. **COMP.** inadecuado.

adefesio *[n.m.]* persona o cosa de aspecto muy feo y ridículo: *con ese peinado va hecho un adefesio.* **SIN.** mamarracho.

adelantado, adelantada *[adj.]* 1 que va mejor que otros, en general o en algo concreto: *un niño adelantado para su edad; una alumna adelantada en matemáticas.* **SIN.** aventajado, avanzado. 2 que falta poco para que esté terminado: *las obras están muy adelantadas.* **SIN.** avanzado. **ANT.** retrasado, atrasado.

adelantamiento *[n.m.]* hecho de adelantar a alguien o de adelantarse: *un adelantamiento indebido provocó el accidente.*

adelantar *[v.]* 1 mover hacia delante: *adelanta el asiento del coche.* 2 ir hacia adelante, andando o haciendo las cosas de manera que cada vez falte menos: *durante la mañana adelantaron ocho kilómetros; ha adelantado mucho en la tarea que le encargué.* **SIN.** avanzar. **ANT.** retroceder. 3 hacer (o pasar) algo antes de lo que se tenía pensado: *adelantaron la boda unos días.* **SIN.** anticipar. **ANT.** retrasar, posponer, aplazar, postergar. TAMBIÉN *prnl.: el verano se ha adelantado.* 4 llegar a ser mejor que otro en algo, o a ponerse delante de alguien: *lo ha adelantado en los estudios; adelantó a todos y llegó la primera a la meta.* **SIN.** aventajar. TAMBIÉN *prnl.: se adelantó y llegó el primero.* 5 ser una cosa mejor de lo que era antes: *la medicina ha adelantado mucho en los últimos años.* **SIN.** progresar, avanzar, mejorar, perfeccionarse. 6 ir un reloj más deprisa de lo que debería ir: *este reloj adelanta 3 segundos diarios.* 7 poner un reloj de manera que marque más hora de la que marcaba: *en otoño adelantamos el reloj.* **ANT.** retrasar, atrasar. TAMBIÉN *prnl.: el reloj se adelanta.* // **adelantarse** *[v.prnl.]* 8 ir más deprisa que otros o ponerse por delante: *adelántate y di que ya vamos.* 9 hacer (o decir) algo antes que los demás: *te has adelantado a lo que había pensado.* **FAM.** adelante, adelanto, adelantamiento, delante.

adelante *[adv. de l.]* más allá del sitio en el que se está, o cerca del principio: *a pesar del cansancio siguieron adelante; en el cine se pone adelante.* TAMBIÉN *interj.: ¡adelante! ya puede pasar.* ■ **de ahora en adelante**, a partir de este momento.

adelanto *[n.m.]* 1 dinero que se da antes de tener que pagarlo y que se descuenta del total: *pidió un adelanto sobre el total del presupuesto de la obra.* **SIN.** anticipo. 2 cosa que hace que algo sea mejor de lo que era: *los adelantos de la medicina alargan la esperanza de vida.* **SIN.** progreso, mejora, avance. **ANT.** retroceso. 3 tiempo que va desde el momento en que algo pasa hasta el momento que se tenía previsto para que pasara: *el avión llegará con 15 minutos de adelanto.* **ANT.** retraso.

adelfa *[n.f.]* arbusto de hojas alargadas y flores que salen de varios tallos unidos, dando la impresión de que son grandes, y que suelen ser rojas, rosadas o blancas. **AMPL.** la flor también se llama *adelfa.*

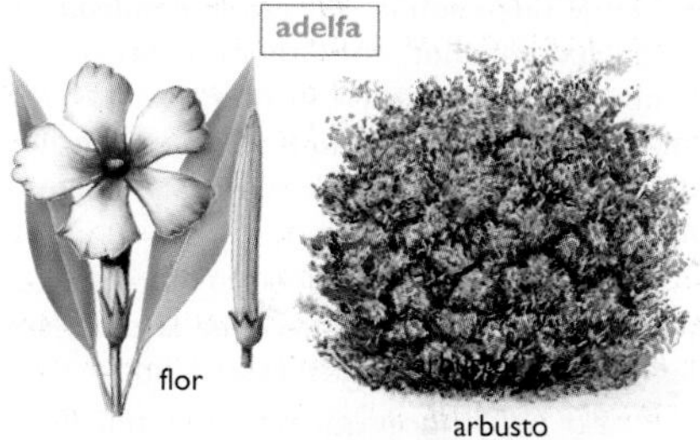

adelgazar *[v.]* 1 quedarse más delgado: *no es bueno adelgazar demasiado.* **SIN.** perder peso, perder volumen. 2 hacer que alguien se quede más delgado: *dice que hacer gimnasia adelgaza.* **ANT.COM.** engordar. **OBS.** ante e, c: *adelgacen.* **FAM.** adelgazamiento, adelgazante, delgado.

ademán *[n.m.]* movimiento del cuerpo o de alguna parte del cuerpo, con el que se expresa algo: *un ademán de desprecio.* **SIN.** gesto. ■ **hacer ademán de**, hacer como si uno fuera a hacer algo, aunque luego no lo haga. **PL.** *ademanes.*

además *[adv. de c.]* no solo lo que se dice, sino también otras cosas que se dicen después: *además de café le sirvieron bollos; además de trabajar hay que entretenerse.* **AF.** encima, también.

adentrarse *[v.prnl.]* 1 entrar en un sitio poco conocido, difícil o con peligros y no quedarse a la puerta o al principio: *adentrarse en* *la selva, en el mar...* **SIN.** internarse, meterse, entrar. 2 dedicarse a algo a fondo para conocerlo bien: *le gustaría adentrarse en el estudio del Universo.* **SIN.** ahondar.

adentro *[adv. de l.]* 1 hacia el interior: *vamos adentro, que hace frío.* **SIN.** dentro. **ANT.** fuera. 2 lejos de la orilla, del principio o de la entrada de algo: *el barco está mar adentro.* ■ **para los adentros** de uno, para uno mismo, sin que los demás se enteren. ■ **llegar** algo **muy adentro**, sentirlo mucho. **FAM.** adentrarse, dentro.

adepto, adepta *[adj.]* que está de acuerdo con algo o con alguien y lo defiende y lo apoya: *una persona adepta a un partido.* **AF.** afiliado, iniciado. TAMBIÉN *n.*: *los adeptos a la secta religiosa se reúnen los jueves.*

aderezar *[v.]* 1 poner en los alimentos algo que le dé buen sabor: *adereza la ensalada con aceite.* **SIN.** sazonar, condimentar. **AF.** aliñar, componer. 2 preparar con adornos: *aderezaron la sala para celebrar la fiesta.* **SIN.** adornar, ataviar. **OBS.** ante e, c: *aderecen.* **FAM.** aderezo, aderezado.

adeudar *[v.]* no haber pagado algo que hay que pagar: *te adeudo el precio de la cena.* **SIN.** deber. **ANT.** abonar, pagar. **FAM.** deuda.

adherir *[v.]* 1 hacer que una cosa quede pegada a otra: *adhirió la pegatina al cristal.* **SIN.** pegar. **ANT.** despegar. TAMBIÉN *prnl.: la pegatina se adhirió al cristal.* // **adherirse** *[v.prnl.]* 2 decir una persona que algo que ha dicho otra le parece bien y que está dispuesta a ayudarla en eso: *se adhirió al plan de la mayoría.* **SIN.** unirse, sumarse. **AF.** apoyar. 3 apuntarse a un partido político, a una asociación, etc.: *se ha adherido a un movimiento ecologista.* **SIN.** unirse, afiliarse. **CONJUG.** como *herir**. **FAM.** adhesión, adherencia, adherente, adhesivo.

adhesivo, adhesiva *[adj.]* 1 que se pega sin que haya que ponerle pegamento o cola, porque ya los trae de fábrica: *las pegatinas tienen un lado adhesivo; cinta adhesiva; la cola es un producto adhesivo.* **SIN.** adherente. TAMBIÉN *n.m.: una pegatina es un adhesivo.* // **adhesivo** *[n.m.]* 2 sustancia que sirve para pegar: *sujeta la foto con un poco de adhesivo.* **SIN.** pegamento, goma o cola.

adicción *[n.f.]* 1 lo que tiene una persona por el hecho de ser adicta a algo: *adicción a las drogas* (**SIN.** dependencia); *adicción a un deporte* (**SIN.** afición, entusiasmo). 2 lo que producen algunas sustancias que, si se toman alguna vez, no se pueden dejar de tomar de repente: *esta medicina crea adicción.* **FAM.** adicto.

adición *[n.f.]* suma: *adición y sustracción son sinónimos de suma y resta respectivamente.* **FAM.** adicional, aditivo, adicionar, aditamento.

Quien hace una **adición** suma,
en el papel o en la mente.
Quien cae en una **adicción**
puede verse fácilmente
sin paz, dinero ni amor
y muy cerca de la muerte.

adicto, adicta *[adj.]* 1 que no puede dejar de tomar algo, porque su organismo se ha acostumbrado a ello: *una persona adicta a las drogas.* **AF.** drogadicto. TAMBIÉN *n.*: *los adictos al alcohol tienen problemas de hígado.* // **adicto, adicta** *[n.]* 2 persona a la que le gusta mucho algo y le dedica mucho tiempo, esfuerzo, etc.: *es un adicto al ajedrez.* **SIN.** entusiasta de, forofo de. **AF.** aficionado. **FAM.** adicción.

adiestramiento *[n.m.]* ejercicios y prácticas que se hacen para aprender a hacer bien algo o para enseñar a hacer algo: *el adiestramiento de animales necesita mucha paciencia* (**SIN.** amaestramiento)*; el adiestramiento de un sentido; sabe conducir, pero le falta adiestramiento* (**SIN.** práctica, entrenamiento). **FAM.** adiestrar, adiestrador, adiestrado, diestro.

adiestrar *[v.]* 1 hacer que un animal aprenda a hacer lo que uno quiere, como uno quiere y cuando uno quiere: *adiestra perros para la defensa.* **SIN.** entrenar, amaestrar. **AF.** domar. 2 hacer algo muchas veces para que una parte del cuerpo o un sentido se desarrolle bien: *los malabaristas tienen que adiestrar las manos; escuchando mucha música adiestrarás el oído.* **SIN.** ejercitar, entrenar. TAMBIÉN *prnl.: está adiestrándose para poder llevar la empresa.*

adinerado, adinerada *[adj.]* que tiene mucho dinero: *un hombre adinerado; una familia adinerada.* **SIN.** rico, acaudalado, pudiente. **AF.** millonario. **ANT.** pobre. **FAM.** adinerar, dinero.

¡adiós! *[interj.]* se usa para despedirse de alguien (*¡adiós, hasta luego!*) o para expresar sorpresa desagradable: *¡adiós! ¡se me olvidó traer pan!*

Di ***adiós***, escrito junto,
cuando quieras saludar.
Y habla ***a Dios***, por separado,
cuando le quieras rezar.

aditivo *[n.m.]* sustancia que se añade a otras para mejorarlas: *los conservantes de los productos alimenticios son aditivos.*

adivinanza *[n.f.]* juego de palabras que consiste en hacer una frase o un verso en el que se pregunta por algo que se puede averiguar en las palabras de la frase o del verso. **SIN.** acertijo. **AF.** enigma, jeroglífico.

adivinar *[v.]* descubrir algo que otro sabe y no ha dicho, o algo que va a pasar en el futuro: *a ver si adivinas el número que he escrito en este papel.* **SIN.** acertar. **FAM.** adivinanza, adivinación, adivino, adivinatorio.

adivino, adivina *[n.]* persona que dice que sabe cosas de otra sin que se las haya dicho nadie y que es capaz de saber lo que va a pasar: *el adivino le dijo que se casaría y tendría diez hijos.* **SIN.** vate. **AMPL.** la persona que dice cosas sobre el futuro también se llama ***profeta*** o ***vaticinador***.

adjetivo *[n.m.]* clase de palabras variables en género y número que acompañan a los nombres para expresar sus características o cualidades (*mesa **grande***) o para precisar por su situación, cantidad, etc., al nombre que acompaña (***este** lápiz, **aquel** lápiz; **cuatro** sillas*). **AMPL.** esta definición es de la gramática tradicional, en la que se habla siempre de ***adjetivos calificativos***, que son los que expresan cualidades, y de ***adjetivos determinativos***, entre los que se incluyen los *demostrativos, interrogativos, numerales, indefinidos, relativos, posesivos*; la mayor parte de las gramáticas actuales consideran que los *calificativos* son los verdaderos o propios adjetivos y a los *adjetivos determinativos* los incluyen, junto al artículo, en un grupo especial de palabras llamadas ***determinantes***. **FAM.** adjetivación, adjetivar.

adjudicar *[v.]* dar a una persona lo que le corresponde porque se ha decidido así: *le adjudicaron el mejor sitio; le han adjudicado una tarea que le gusta mucho.* **SIN.** asignar. **AF.** dar, otorgar. TAMBIÉN *prnl.: te adjudicaste el lote más interesante.* **AF.** apropiarse de, coger. **OBS.** ante e, qu: *adjudiquen.* **FAM.** adjudicable, adjudicatario, adjudicación.

adjuntar *[v.]* enviar una cosa junto con otra: *con mi carta adjunto el certificado que me pediste.* **SIN.** incluir. **FAM.** adjunto, ***adjuntía*** (cargo de adjunto), junto.

adjunto, adjunta *[adj.]* **1** que va con otra cosa: *leyó la nota adjunta al documento.* **AF.** añadido. // **adjunto, adjunta** *[n.]* **2** persona encargada de ayudar a alguien en las tareas de un cargo: *el adjunto del presidente es un sinvergüenza.* **SIN.** auxiliar.

GRADOS DE SIGNIFICACIÓN DEL ADJETIVO CALIFICATIVO

POSITIVO: expresa el grado normal de significación, sin aumentarlo, disminuirlo ni compararlo (*bueno, malo, grande, pequeño, bonito*).	
COMPARATIVO: expresa comparación entre dos.	**de igualdad**: *esta casa es **tan** grande **como** aquella.*
	de superioridad: *esta casa es **más** grande **que** aquella.* • hay casos especiales: ***mejor** que, **mayor** que.*
	de inferioridad: *esta casa es **menos** grande **que** aquella.* • hay casos especiales: ***menor** que, **peor** que.*
SUPERLATIVO*: expresa el mayor grado de significación.	**relativo**: ***el más** alto, **la más** grande, **el menos** dulce, la **mejor**; el **mayor**.*
	absoluto: ***muy** alto; **muy** grande; buen**ísimo**; celeb**érrimo**.* • algunos adjetivos tienen formas especiales: *óptimo, pésimo, ínfimo.*

administración *[n.f.]* 1 conjunto de cosas que se hacen para controlar el dinero, organizar el trabajo, el tiempo, etc. de la mejor manera posible: *la administración del dinero, de la casa, de un país...* 2 conjunto de personas encargadas de administrar un país, un ayuntamiento, una comunidad autónoma, etc.: *la Administración le ha cobrado más impuestos de los que le corresponden.* **OBS.** se escribe con mayúscula cuando se refiere al organismo que se encarga de la administración de un país determinado: *"la Administración (= el Gobierno) tiene problemas con los mineros de León".* 3 acción por la que se le da a alguien algo que quiere o necesita: *la administración de una medicina, de un sacramento...* 4 oficina donde trabaja la persona encargada de administrar algo, y cargo que tiene: *en la administración de Hacienda hay muchos empleados; una administración de lotería.*

administrador, administradora *[n.]* persona encargada de administrar el dinero o los bienes de otras: *es el administrador de la comunidad de vecinos.*

administrar *[v.]* 1 encargarse de saber lo que hay, qué hace falta, en qué hay que gastar y en qué no, qué hay que hacer con cada cosa, quién tiene que hacerlo, cómo tiene que hacerlo, etc.: *yo administro el dinero y él la casa; el ayuntamiento administra la ciudad.* **SIN.** regir, gestionar. **AF.** gobernar, dirigir. TAMBIÉN *prnl.: gana poco pero sabe administrarse para tener lo necesario.* **SIN.** organizarse. 2 darle a alguien algo que quiere o necesita: *las inyecciones son una manera de administrar medicinas; los sacerdotes administran algunos sacramentos.* **FAM.** administración, administrador, administrable, administrativo, administrativamente, ministro.

admirable *[adj.inv. en gén.]* que llama la atención por algo, porque se encuentra pocas veces o porque tiene algo que no tienen otras personas o cosas: *un paisaje admirable por su belleza; una persona admirable por su enorme generosidad.* **AF.** extraordinario. **ANT.** despreciable.

admiración *[n.f.]* 1 lo que se siente hacia algo o alguien que llama la atención porque gusta, porque sabe mucho o sabe hacer algo difícil, etc.: *sus cuadros causan admiración; es digno de admiración por el entusiasmo con el que trabaja.* **ANT.** desprecio. 2 cada uno de los signos ortográficos que se ponen delante y detrás de una frase con la que se quiere expresar algún sentimiento o alguna impresión, como en *¡qué pena! ¡qué ilusión! ¡vaya maravilla! ¡cuánta gente! ¡ojalá!: las admiraciones dan énfasis a las frases.* **AMPL.** las frases que van entre signos de admiración se llaman ***admirativas*** o ***exclamativas***; el signo que se pone delante lleva el punto arriba y es el que *abre* la admiración, y el que se pone detrás lo lleva abajo y es el que la *cierra*.

admirador, admiradora *[n.]* persona a la que algo o alguien le gusta mucho y lo busca, lo sigue, lo defiende, etc.: *es un admirador de la arquitectura moderna; los admiradores de un artista.* **SIN.** entusiasta, forofo, fan. **AF.** seguidor. TAMBIÉN *adj.: un niño admirador del Pato Donald.*

admirar *[v.]* 1 ver que una persona (o una cosa) tiene algo superior o sorprendente y tenerle mucho respeto y aprecio por ello: *admira a su padre porque sabe muchas cosas; admira lo bien que toca el piano.* **ANT.** despreciar. 2 hacer, una cosa o una persona, que alguien se sienta muy sorprendido porque le gusta muchísimo (*me admira su sentido del ritmo.* **SIN.** fascinar, hechizar, deslumbrar, alucinar, maravillar) o porque no la entiende (*me admira que pueda ser tan chapucero.* **SIN.** sorprender, maravillar, alucinar). TAMBIÉN *prnl.: me admiro de la vida de los animales; se admira de que no te gusten las golosinas.* 3 quedarse mirando algo que a uno le gusta mucho: *está en la ventana admirando el paisaje.* **SIN.** contemplar. **AF.** recrearse con, admirar. **FAM.** admiración, admirable, admirador, admirablemente, admirativo, mirar.

admisión *[n.f.]* hecho de admitir* algo o a alguien: *la admisión en un centro de enseñanza, en un grupo, en una organización...* **SIN.** aceptación, acogida. **ANT.** rechazo. ■ **derecho de admisión**, derecho que tiene el dueño o encargado de un sitio a dejar entrar (o estar) en él a quien quiere y no dejar a quien no quiere.

admitir *[v.]* 1 dejar que alguien entre en un sitio, que pueda asistir a determinadas actividades, participar en algo, formar parte de una organización, etc.: *en algunos locales musulmanes no admiten mujeres; el curso que viene* *la admitirán en el colegio.* **SIN.** aceptar. **ANT.** rechazar. 2 decir que uno está de acuerdo con lo que dice otro: *admito que tienes razón.* **SIN.** aceptar, reconocer. **ANT.** negar, ignorar. 3 quedarse con lo que a uno le dan o le ofrecen: *admitió ese trabajo porque no tenía otro; si no te admiten un cheque, paga con dinero.* **SIN.** aceptar. **ANT.** rechazar. **FAM.** admisión, admisible, admisibilidad. **COMP.** inadmisible.

adobar *[v.]* meter un alimento crudo en una especie de salsa con distintos ingredientes para que coja sabor y se conserve más tiempo sin estropearse: *adobó la carne con aceite, pimentón y orégano.* **AMPL.** la salsa en la que se mete se llama ***adobo***. **FAM.** adobo, adobado, adobamiento.

adobe *[n.m.]* bloque de barro y paja secado al sol que sirve para hacer paredes: *una casa hecha con adobes.*

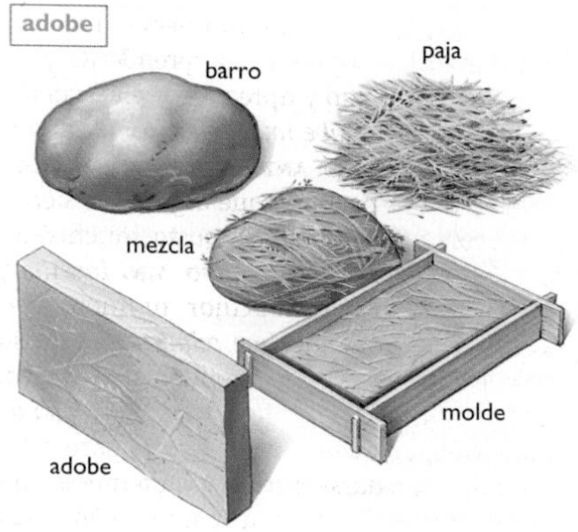

adobo *[n.m.]* especie de salsa en la que se meten alimentos crudos para darles sabor o para que duren más tiempo sin estropearse.

adolecer *[v.]* tener falta o exceso de algo: *el cuadro adolece de exceso de color.* **GRAM.** debe ir seguido de la preposición ***de***. **CONJUG.** como *crecer*.*

adolescencia *[n.f.]* parte de la vida de una persona que va desde que deja de ser niño o niña hasta que es un hombre o una mujer: *durante la adolescencia, a los chicos les sale la barba.* **SIN.** pubertad.

adolescente *[n.inv. en gén.]* persona que está en la adolescencia*: *el concierto estaba lleno de adolescentes.* **SIN.** joven, chico, muchacho, mozo, púber. TAMBIÉN *adj.*: *edad adolescente.* **SIN.** joven, púber. **FAM.** adolescencia.

adonde *[adv. relativo de l.]* hacia el sitio o al sitio que se dice: *la casa adonde fueron estaba vacía.* **GRAM.** tiene el valor de un pronombre relativo y sirve para introducir oraciones ***subordinadas adverbiales*** de lugar.

adónde *[adv. interrogativo de l.]* a qué parte, a qué sitio: *¿adónde vas?* **GRAM.** además de formar oraciones interrogativas simples o directas, como la del ejemplo, haciendo la función doble de partícula interrogativa y de complemento de lugar, sirve para introducir oraciones ***interrogativas indirectas*** (subordinadas sustantivas) con valor de complemento directo: *dime adónde vas.*

adoptar *[v.]* 1 hacer lo necesario para que quien es hijo de otras personas empiece a vivir como si fuera hijo de uno: *quien adopta a un niño le da sus apellidos.* **SIN.** prohijar. 2 sentir como propio algo que no lo era: *en Japón han adoptado algunas costumbres occidentales; adoptaron a Popeye como mascota del equipo.* **AF.** acoger. 3 ponerse de determinada manera: *adoptó postura de bailarina; adopta actitudes muy raras.* 4 tomar una forma determinada: *el agua, al congelarse, adopta la forma del recipiente.* **SIN.** adquirir, coger, tomar. **FAM.** adopción, adoptivo, adoptable.

adoptivo, adoptiva *[adj.]* que ha sido adoptado por alguien (*hijo adoptivo*) o que ha adoptado a alguien (*madre adoptiva*).

adoquín *[n.m.]* piedra no muy grande, de formas rectangulares, que se usa para cubrir suelos que están al aire libre: *los coches vibran cuando van por calles pavimentadas con adoquines.* **PL.** *adoquines.* **FAM.** adoquinar, adoquinado.

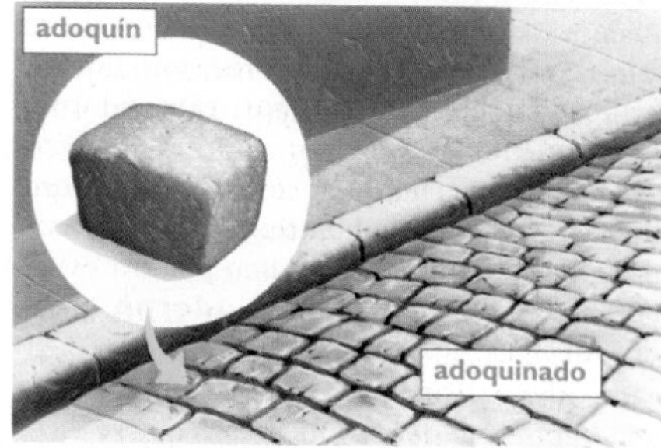

adoquinar [v.] cubrir con adoquines el suelo de un sitio: *han adoquinado la plaza Mayor.*

adorable [adj.inv. en gén.] que produce una mezcla de cariño, respeto y admiración: *una viejecita adorable.*

adoración [n.f.] mucho cariño, admiración y respeto que se siente por algo o por alguien.

adorar [v.] 1 amar, honrar y respetar a alguien (o algo) que se considera que es un ser superior: *los egipcios adoraban a los faraones y los griegos a los dioses del Olimpo.* AMPL. adorar un ídolo* es ***idolatrar***. 2 querer muchísimo a alguien (*adora a su hermano*) o gustarle a uno muchísimo algo (*adora la música*). ANT. detestar, odiar. FAM. adorable, adoración.

adormecer [v.] 1 hacer que a uno le entre sueño y se quede medio dormido: *el calor de la chimenea lo adormeció.* SIN. adormilar. AF. amodorrar. ANT. espabilarse. TAMBIÉN *prnl.: se adormeció con el calor de la chimenea.* 2 hacer que algo se note menos: *adormecer un dolor.* SIN. atenuar. 3 hacer que algo pierda sensibilidad: *el enjuague le adormeció la encía.* SIN. aletargar. TAMBIÉN *prnl.: por dormir con mala postura se me ha adormecido una mano.* SIN. entumecerse. CONJUG. como *crecer**. FAM. adormecimiento, adormecedor, adormidera, adormilarse, dormir.

adormidera [n.f.] planta originaria de Oriente que tiene flores grandes parecidas a las amapolas y con un fruto de color verde del que se saca el opio.

adormilarse [v.prnl.] quedarse medio dormido: *se adormiló a la sombra de la higuera.* SIN. adormecerse. AF. amodorrarse. ANT. espabilarse.

adornar [v.] 1 poner adornos en alguien o en algo: *le adornó las orejas con unos pendientes; adornó el salón con varios cuadros.* SIN. decorar, engalanar, ornar. 2 hacer que algo quede más bonito: *los pendientes adornan las orejas.* SIN. embellecer, decorar, engalanar, hermosear, ornar. ANT. afear. FAM. adorno, adornamiento, ornar.

adorno [n.m.] cualquier cosa que sirve para que algo quede más bonito: *la fachada tiene adornos de piedra labrada; una pulsera es un adorno para la muñeca.* ■ **de adorno**, para adornar.

adosado, adosada [adj.] que está junto (o pegado por uno de sus lados) a lo que se dice: *su jardín está adosado al mío; casas adosadas.* SIN. junto, pegado, lindante. ANT. separado, exento. FAM. adosar, dorso.

adosar [v.] poner una cosa junto a otra, sin que quede ningún espacio entre las dos: *adosando las dos mesas podremos comer todos juntos.* SIN. juntar. ANT. separar. FAM. adosado, dorso.

adquirir [v.] hacer lo necesario para llegar a tener algo: *adquirió la casa por poco dinero; estudiando se adquieren conocimientos.* SIN. obtener, conseguir. FAM. adquisición, adquisitivo, adquirible, adquisitorio.

CONJUGACIÓN DEL VERBO ADQUIRIR

Formas no personales
Infinitivo: *adquirir.*
Gerundio: *adquiriendo.*
Participio: *adquirido.*
Indicativo
Presente: *adquiero, adquieres, adquiere, adquirimos, adquirís, adquieren.*
Pretérito imperfecto: *adquiría, adquirías, adquiría, adquiríamos, adquiríais, adquirían.*
Pretérito perfecto simple: *adquirí, adquiriste, adquirió, adquirimos, adquiristeis, adquirieron.*
Futuro: *adquiriré, adquirirás, adquirirá, adquiriremos, adquiriréis, adquirirán.*
Condicional simple: *adquiriría, adquirirías, adquiriría, adquiriríamos, adquiriríais, adquirirían.*
Subjuntivo
Presente: *adquiera, adquieras, adquiera, adquiramos, adquiráis, adquieran.*
Pretérito imperfecto: *adquiriera/adquiriese, adquirieras/adquirieses, adquiriera/adquiriese, adquiriéramos/adquiriésemos, adquirierais/adquirieseis, adquirieran/adquiriesen.*
Futuro: *adquiriere, adquirieres, adquiriere, adquiriéremos, adquiriereis, adquirieren.*
Imperativo: *adquiere, adquiera, adquiramos, adquirid, adquieran.*

adquisición [n.f.] 1 acción o acciones que hacen posible que uno llegue a tener algo: *la adquisición de una buena cultura requiere mucho tiempo.* 2 cosa que se ha adquirido: *un coche que no funciona es una mala adquisición.*

adquisitivo, adquisitiva [adj.] 1 que sirve para adquirir algo: *quien tiene dinero, tiene poder adquisitivo.* 2 que demuestra que se ha adquirido algo: *documento adquisitivo.*

adrede [adv. de m.] dándose uno perfecta cuenta de lo que hace: *lo tiró adrede.* SIN. intencionadamente, deliberadamente, aposta.

aduana *[n.f.]* sitio de entrada en un país, donde se enseña la documentación y se revisan las mercancías y los equipajes: *en los aeropuertos hay aduanas.* **AMPL.** en las aduanas hay que declarar las mercancías y pagar los impuestos que corresponde por pasarlas de un país a otro; si no se declaran, se consideran ***contrabando***; algunas cosas se pueden pasar sin pagar y otras no se pueden pasar ni pagando, como la droga. **FAM.** aduanero.

adueñarse *[v.prnl.]* 1 usar una cosa como si fuera de uno: *te prestó el jersey y te has adueñado de él.* **SIN.** apropiarse, apoderarse. 2 comportarse con firmeza y soltura, controlando lo que ocurre: *se adueñó pronto de la situación; cuando sale a escena se adueña del público.* 3 ser tan fuerte un sentimiento o una sensación que no se puede dominar: *el miedo se adueñó de los excursionistas.* **SIN.** apoderarse.

adulación *[n.f.]* cosa o cosas que se hacen o se dicen para adular a alguien. **SIN.** lisonja.

adular *[v.]* decir cosas agradables a una persona para que haga lo que a uno le interesa: *adulan a su jefe para que los trate bien.* **SIN.** lisonjear. **FAM.** adulación, adulador, adulón.

adulterar *[v.]* añadir a un producto otro más barato para que su venta deje más beneficio: *adulteran el vino añadiéndole agua.* **AF.** falsear. **FAM.** adulteración, adulterado, adulterador, adulterio.

adulterio *[n.m.]* lo que hace quien, estando casado con una persona, tiene relaciones amorosas con otra. **FAM.** adúltero, adulterino, adulterar.

adulto, adulta *[adj.]* 1 que ya no es niño o cachorro porque su cuerpo ha terminado de formarse y de crecer: *una persona adulta; un animal adulto.* // **adulto** *[n.m.]* 2 persona mayor: *los adultos hacen cosas que los niños no entienden.*

advenedizo, advenediza *[n.]* persona a la que, por acabar de llegar a un sitio o a un ambiente social, no se le reconocen los derechos que tienen los demás: *los nuevos ricos son unos advenedizos para los ricos de siempre.*

advenimiento *[n.m.]* 1 llegada de algo o alguien que se esperaba: *el advenimiento del Mesías.* **SIN.** llegada, venida. 2 subida al trono de un rey. **FAM.** adviento, advenedizo, adventicio, venir.

adverbial *[adj.inv. en gén.]* del adverbio o que tiene sus características o funciones: *una oración adverbial.*

adverbio *[n.m.]* clase de palabras invariables que completan o modifican las ideas que expresan los verbos (*sí quiere; no vino; nació aquí; come poco*), los adjetivos (*un vestido no muy caro; unos zapatos siempre limpios; verde claro; menos complicado*) u otros adverbios (*no siempre es puntual; mañana temprano; demasiado cerca*). **FAM.** adverbial, adverbializar, adverbialización, adverbialmente, verbo.

CLASES DE ADVERBIOS

Por su significado:

de AFIRMACIÓN
sí, cierto, ciertamente, también, claro, seguro, siempre, efectivamente

de NEGACIÓN
no, jamás, nunca, tampoco, ni

de DUDA
acaso, quizá, tal vez, seguramente

de LUGAR
cerca, lejos, arriba, abajo, encima, debajo, aquí, acá, ahí, allí, allá, dentro, fuera, delante, detrás, enfrente, donde, adonde

de TIEMPO
mientras, todavía, aún, entonces, cuando, ahora, siempre, nunca, luego, antes, después, tarde, pronto, temprano, hoy, mañana, ayer, anteayer, pasado mañana, recién... y algunas palabras terminadas en *-mente*, como últimamente, recientemente, etc.

de CANTIDAD
más, menos, mucho, poco, bastante, algo, todo, nada, muy, demasiado, tan, tanto, cuanto

de MODO
bien, mal, como, así, adrede, despacio, deprisa, rápido, lento, etc. y muchas de las palabras que acaban en *-mente*: intencionadamente, rápidamente, precipitadamente...

Por su forma y función en la frase:

CORRELATIVOS O COMPARATIVOS
cuanto más, tanto más, más... (que), menos... (que), tan... (como), tanto... (como), así... (como)

RELATIVOS
donde, cuando, cuanto, como, cual

INTERROGATIVOS Y EXCLAMATIVOS
dónde, cuándo, cuánto, cómo, cuál

adversario, adversaria *[n.]* persona que está contra otra en una guerra, en un juego, en una discusión, en una competición deportiva, etc.: *nuestro equipo venció a su adversario; adversarios políticos.* **SIN.** contrario, rival, contrincante. **AF.** contendiente, enemigo.

adversativo, adversativa *[adj.]* que expresa oposición o contradicción: *la palabra "pero" es una conjunción adversativa.*

adversidad *[n.f.]* 1 característica que se quiere resaltar cuando se dice que algo es adverso*: *la adversidad del tiempo les impidió salir.* 2 cualquier cosa que pase en contra de los intereses o los deseos que uno tiene: *hemos sufrido muchas adversidades en el último año.* **SIN.** contratiempo, revés, percance. **AF.** desgracia.

adverso, adversa *[adj.]* que va en contra de lo que se quiere o de lo que se necesita: *el tiempo ha sido adverso para la agricultura; circunstancias adversas.* **SIN.** desfavorable. **INTENS.** perjudicial, dañino. **ANT.** favorable, propicio. **FAM.** adversidad, adversario, adversamente, adversativo.

advertencia *[n.f.]* lo que se dice para advertir* a alguien de algo: *escuchó sus advertencias sobre el riesgo que corría.* **AF.** observación, aviso, consejo.

advertir *[v.]* 1 hacer que alguien se dé cuenta de algo en lo que no había pensado o que no sabía: *le advirtió que había peligro; lo advirtió del peligro que corría.* **AF.** avisar, prevenir. 2 darse cuenta de algo: *advirtió que faltaban algunos datos.* **SIN.** notar* (acepción 2). **CONJUG.** como *sentir**. **FAM.** advertencia, advertidamente. **COMP.** inadvertido.

adviento *[n.m.]* periodo que comprende las cuatro semanas anteriores a Navidad. **AMPL.** se llama así porque conmemora la espera del advenimiento (o llegada) de Cristo.

advocación *[n.f.]* cada uno de los nombres y las representaciones que se hacen de Jesucristo y su madre: *la virgen del Pilar y el cristo de la Buena Muerte son advocaciones.*

adyacente *[adj.inv. en gén.]* que está justo al lado, sin nada en medio: *un terreno adyacente a otro; dos casas adyacentes.* **SIN.** contiguo, inmediato, colindante. ■ **ángulos adyacentes**, los que tienen un lado común.

aéreo, aérea *[adj.]* del aire, desde el aire o por el aire: *el oxígeno es un componente aéreo; fotografía aérea; un viaje aéreo.* **FAM.** aeródromo, aeroplano, aire*. **COMP.** aeropuerto, antiaéreo, aeromodelismo, aeronáutica, aeronave.

aeróbic *[n.m.]* tipo de gimnasia en la que se hacen los ejercicios al ritmo de una música.

aeródromo *[n.m.]* sitio preparado para que puedan despegar y aterrizar aviones, pero no para el tráfico normal de pasajeros y mercancías. **AMPL.** los sitios en los que sólo pueden aterrizar helicópteros se llaman ***helipuertos***.

aeromodelismo *[n.m.]* actividad que consiste en construir aviones pequeños, como de juguete, y hacerlos volar. **AMPL.** estos aviones se llaman ***aeromodelos***. **FAM.** aeromodelo, aeromodelista, aéreo.

aeronáutica *[n.f.]* ciencia que estudia la construcción de aparatos que vuelan y la manera de manejarlos. **FAM.** aeronauta, aeronáutico, aéreo.

aeronave *[n.f.]* vehículo que puede volar: *el Concorde es la aeronave de pasajeros más rápida.*

aeroplano *[n.m.]* avión*. **OBS.** aeroplano es palabra anticuada.

aeropuerto *[n.m.]* conjunto de terrenos, pistas y edificios preparados para la salida y llegada de aviones y de los pasajeros y las mercancías que van en ellos: *el aeropuerto de Barajas está en Madrid.*

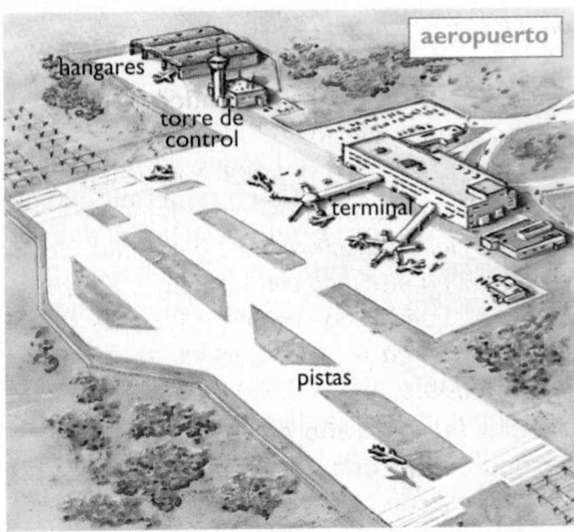

afable *[adj.inv. en gén.]* que demuestra amabilidad y deseo de ser agradable: *es muy afable* con sus vecinos; trato afable. **SIN.** cordial, atento. **FAM.** afabilidad, afablemente, afabilísimo.

afán [n.m.] 1 mucho interés, esfuerzo y dedicación que se pone al hacer algo: *trabajan con afán para conseguir sus propósitos.* **SIN.** ahínco*. 2 lo que uno quiere conseguir: *todo su afán era llegar el primero.* **SIN.** deseo, anhelo, aspiración. **PL.** *afanes.* **FAM.** afanarse, afanoso, afanosamente.

afanarse [v.prnl.] hacer todo lo posible por conseguir algo que cuesta mucho esfuerzo: *se afanan en llegar a la cima.* **AF.** esforzarse, volcarse.

afear [v.] hacer que una persona o una cosa esté más fea: *la suciedad afea las calles.* **OBS.** e + e = ee: *afeen.* **FAM.** feo, fealdad.

afectado, afectada [adj.] 1 poco natural: *movimientos afectados; es muy afectado en sus gestos.* **SIN.** rebuscado, estudiado. **AF.** fingido, amanerado, exagerado, forzado. **ANT.** natural, espontáneo. 2 que sufre las consecuencias buenas o malas de algo: *las personas afectadas por la sequía recibirán ayudas del Estado.* TAMBIÉN *n.: los afectados por el indulto quedarán libres.* 3 impresionado o triste por algo que ha pasado: *parecía muy afectado por la noticia.*

afectar [v.] 1 tener que ver con uno: *las leyes nos afectan a todos.* **SIN.** incumbir, atañer. 2 querer dar la impresión de algo: *el conferenciante afectaba seriedad.* **SIN.** fingir, simular. 3 tener algún efecto sobre algo: *las obras afectaron a los cimientos de la vivienda; el frío le afectó a la garganta.* **SIN.** repercutir en, influir en. **AF.** alterar. **FAM.** afección, afectado, afectación, afectadamente, afecto.

afectivo, afectiva [adj.] 1 que tiene que ver con los sentimientos: *entre padres e hijos hay una relación afectiva; tiene problemas afectivos porque ha discutido con un amigo.* **AF.** sentimental. 2 que le coge cariño a las personas y a las cosas: *una persona afectiva.* **AF.** sensible. **ANT.** insensible.

afecto [n.m.] cariño que se le tiene a una persona con la que no se tiene mucha confianza, pero con la que uno se entiende bien o a la que uno admira: *a algunos profesores se les coge afecto.* **SIN.** aprecio, estima. **AF.** cariño, simpatía. **ANT.** odio, desprecio. **FAM.** afectivo, afectividad, afectuosamente, afectuoso, afectuosidad, afectar.

afectuoso, afectuosa [adj.] que trata con afecto o que demuestra afecto: *un hombre afectuoso; palabras afectuosas.* **AF.** amable, cariñoso. **ANT.** antipático.

afeitado [n.m.] lo que se hace, con una maquinilla, una hoja o una máquina de afeitar, para quitarse pelo, barba o vello: *después del afeitado se da una loción.*

afeitar [v.] cortar los pelos al nivel de la piel con una maquinilla, una hoja o una máquina especial: *afeitó a su padre.* **SIN.** rasurar. TAMBIÉN *prnl.: es mejor depilarse las piernas que afeitárselas.* **FAM.** afeitado, afeitadora.

afeminado, afeminada [adj.] 1 que parece de mujer, sin serlo: *movimientos afeminados; cara afeminada.* **AF.** amanerado. **ANT.** varonil, viril. 2 que se mueve o habla como si fuera una mujer: *un hombre afeminado.* **FAM.** afeminar, afeminamiento, afeminadamente, femenino.

aferrarse [v.prnl.] 1 agarrarse a algo con mucha fuerza: *el niño se aferró al biberón.* 2 insistir mucho en una idea, opinión o actitud: *se aferra a sus ideas políticas y no se para a razonar.* **SIN.** obstinarse.

afianzar [v.] 1 hacer que algo quede bien sujeto: *afianzó las baldas de la estantería con tornillos.* **SIN.** asegurar, afirmar. **ANT.** aflojar. // **afianzarse** [v.prnl.] 2 estar más seguro de algo que antes: *se ha afianzado en sus creencias.* **SIN.** reafirmarse. **ANT.** dudar. **OBS.** ante e, c: *afiancen.* **FAM.** afianzador, afianzamiento, fiar.

afición [n.f.] 1 interés que se tiene por algo que gusta mucho: *afición a la música, a un deporte, a los toros...* **SIN.** gusto por. **AF.** inclinación. **ANT.** aversión. 2 conjunto de personas a las que les gusta una actividad y procuran asistir a los espectáculos, los partidos, etc. relacionados con ella: *la afición salió decepcionada de la corrida de toros.* **FAM.** aficionado, aficionar, aficionadamente.

aficionado, aficionada [adj.] 1 que le gusta mucho algo: *una persona aficionada al ajedrez.* TAMBIÉN *n.: los aficionados al teatro se reunieron en el salón de actos.* // **aficionado, aficionada** [n.] 2 persona que tiene poca experiencia en algo que hace: *no le encargues el mueble, que no es más que un aficionado y puede hacértelo mal.*

aficionar *[v.]* hacer que a una persona le guste algo por lo que nunca había sentido interés: *la maestra los aficionó a la lectura.* **AF.** interesar por. TAMBIÉN *prnl.: se han aficionado a la lectura.*

afijo *[n.m.]* letra o conjunto de letras que se ponen al principio, en el medio o al final de una palabra para hacer otra distinta. **AMPL.** según el lugar en que se añaden se llaman ***prefijos***, ***infijos*** o ***sufijos***.

afilador, afiladora *[adj.]* 1 que sirve para hacer que los utensilios cortantes corten mejor: *antes de afeitarlo, pasó la navaja por la correa afiladora.* // **afilador, afiladora** *[n.]* 2 persona que se dedica a afilar utensilios cortantes: *llevó las tijeras a la tienda del afilador.*

afilar *[v.]* 1 hacer que un utensilio cortante tenga el filo delgado y liso para que corte bien: *afila la navaja.* 2 hacer que la punta de algo sea más delgada: *afila el extremo de la estaca para que entre bien en la tierra.* **SIN.** afinar, aguzar. **FAM.** afilado, afilador, afiladura, filo.

afiliarse *[v.prnl.]* apuntarse como socio o como miembro de una organización: *afiliarse a un partido político.* **AF.** inscribirse en. **ANT.** borrarse, darse de baja de. **FAM.** afiliación, afiliado.

afín *[adj.inv. en gén.]* que se parece o tiene cosas en común: *la televisión y el cine son actividades afines; los amigos suelen ser personas afines en gustos e intereses; significados afines.* **SIN.** parecido, similar. **AF.** análogo. **ANT.** opuesto, contrario. **PL.** *afines.* **FAM.** afinidad.

Siempre que notes que *a fin* significa *con el fin*, a fin de no poner faltas escríbelo sin unir.

afinar *[v.]* 1 hacer más fina la superficie de algo: *afinó el trozo de hierro con una lima.* **SIN.** alisar. 2 dejar algo más delgado: *afina la punta del lápiz.* **SIN.** afilar, aguzar. 3 hacer más educado: *deberías afinar tu vocabulario.* **SIN.** refinar. 4 hacer lo necesario para que un instrumento musical suene en el tono adecuado: *las guitarras se afinan girando las clavijas.* **ANT.** desafinar. ■ **afinar la puntería**, tener mejor puntería. **FAM.** afinación, afinador, afinado, fino. **COMP.** desafinar.

afincarse *[v.prnl.]* quedarse a vivir en un sitio al que se ha ido: *son de Cádiz pero se han afincado en Oviedo.* **SIN.** establecerse, instalarse. **OBS.** ante e, qu: *se afinquen.* **FAM.** afincado, finca.

afinidad *[n.f.]* lo que tienen en común las cosas o las personas que se parecen en algo: *el gusto por la música es una de sus afinidades.* **SIN.** parecido, similitud. **ANT.** diferencia. **FAM.** afín.

afirmación *[n.f.]* 1 palabra que se usa para afirmar: *"sí" es una afirmación.* **ANT.** negación. 2 lo que se dice para que se sepa que uno cree que algo es de determinada manera: *sus afirmaciones eran ciertas.*

afirmar *[v.]* 1 decir que algo es de determinada manera: *afirmó que los había visto; afirmó que pensaba venir.* **ANT.** negar. 2 hacer que algo quede bien sujeto: *afirmó los estantes con tornillos.* **SIN.** afianzar, asegurar. **ANT.** aflojar. **FAM.** afirmación, afirmativo, afirmativamente, afirmante, firme. **COMP.** reafirmar.

afirmativo, afirmativa *[adj.]* que significa que sí: *respondió con un gesto afirmativo.* **ANT.** negativo, de negación.

aflicción *[n.f.]* tristeza.

afligir *[v.]* hacer que alguien sufra o que alguien se sienta triste o preocupado: *lo aflige la soledad.* **AF.** acongojar, entristecer. TAMBIÉN *prnl.: no te aflijas por quedarte solo.* **OBS.** ante a y o, j: *aflijan; aflijo.* **FAM.** aflicción, aflictivo, afligidamente, afligimiento.

aflojar *[v.]* 1 hacer que algo esté menos tirante o menos apretado: *aflojar un nudo; aflo-*

jar un tornillo. **AF.** distender, destensar. **ANT.** apretar. 2 perder fuerza, intensidad o importancia: *por fin aflojaron las temperaturas; la fiebre ha empezado a aflojar; en verano aflojan las ventas.* **SIN.** bajar, disminuir, remitir, ceder. **ANT.** subir, aumentar.

aflorar *[v.]* asomar a la superficie: *en el nuevo pozo, el agua aflora a los tres metros; en este terreno el cuarzo aflora con frecuencia.* **SIN.** aparecer, surgir. **FAM.** afloramiento, flor.

afluente *[n.m.]* río que desemboca en otro mayor: *el Tormes es un afluente del Duero.*

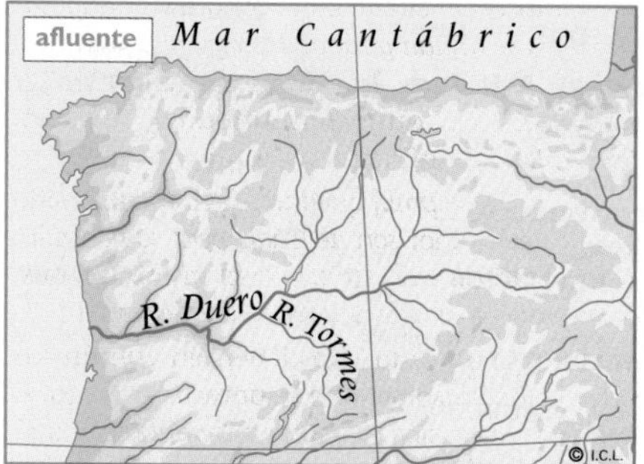

afluir *[v.]* ir personas o cosas hacia un sitio: *las aguas del Ebro afluyen en el Mediterráneo; los manifestantes afluían hacia la plaza.* **AF.** converger, concurrir. **CONJUG.** como *huir**. **FAM.** afluente, afluencia, aflujo, fluir.

afonía *[n.f.]* pérdida de voz producida por mal estado de la garganta: *el frío intenso puede producir afonía.* **AF.** ronquera. **FAM.** afónico, áfono, sinfonía, sinfónico.

afónico, afónica *[adj.]* que se ha quedado sin voz o que ha perdido voz: *se quedó afónico por cantar toda la noche.* **AF.** ronco.

aforo *[n.m.]* número total de localidades que se pueden ocupar en un recinto dedicado a espectáculos públicos: *el estadio tiene un aforo de 50.000 espectadores.* **SIN.** capacidad.

afortunado, afortunada *[adj.]* 1 que tiene suerte o que sale muy bien: *es muy afortunada en las carreras de caballos; hizo unas inversiones muy afortunadas.* 2 que es (o se siente) feliz con lo que tiene: *una persona afortunada; es afortunado en su matrimonio.* **SIN.** feliz, dichoso, venturoso. **ANT.** desdichado, desgraciado. **FAM.** afortunadamente, fortuna.

africano, africana *[adj. y n.]* de África, continente que está al sur de Europa y al oeste de Asia: *Marruecos es un país africano; muchos africanos tienen la piel negra.* **FAM.** africanismo, africanista, africanizar. (VER mapa en p. 34.)

afrontar *[v.]* dar la cara ante problemas, peligros...: *afrontar una situación difícil; los escaladores afrontaron los peligros de la montaña.* **SIN.** enfrentarse a, encarar, arrostrar. **ANT.** eludir. **FAM.** afrontamiento, frente.

afuera *[adv. de l.]* 1 más allá del sitio en el que uno está: *sal afuera.* **SIN.** fuera, al exterior. **ANT.** adentro. // **afueras** *[n.f.pl.]* 2 cada uno de los sitios que no son el que se dice, pero que están al lado de él: *el polideportivo está en las afueras de la ciudad.* **SIN.** alrededores, cercanías. **ANT.** centro.

agachar *[v.]* 1 doblar, hacia abajo, alguna parte del cuerpo: *agacha la cabeza para entrar en el coche.* **SIN.** doblar, bajar. **ANT.** levantar, estirar. // **agacharse** *[v.prnl.]* 2 doblar el cuerpo por los tobillos, las rodillas y la cintura, de manera que todas sus partes queden más cerca del suelo: *se agachó para recoger los papeles.*

agalla *[n.f.]* 1 órgano por el que respiran los peces. **SIN.** branquia. // **agallas** *[n.f.pl.]* 2 valentía*: *los conquistadores del siglo XV eran hombres con agallas.*

ágape *[n.m.]* comida especial con la que se celebra algo: *celebraron la boda con un ágape para los amigos.* **SIN.** convite, festín, banquete.

agar-agar *[n.m.]* sustancia que se obtiene de algunas algas; se usa en farmacia, en alimentación, para la preparación de medios de cultivo en bacteriología, y en ciertas industrias.

agarradera *[n.f.]* parte de algo por la que se agarra, o cosa pensada para que uno se agarre: *las asas y los mangos son agarraderas; en algunos autobuses hay una barra alta con agarraderas para los que van de pie.* **SIN.** asidero.

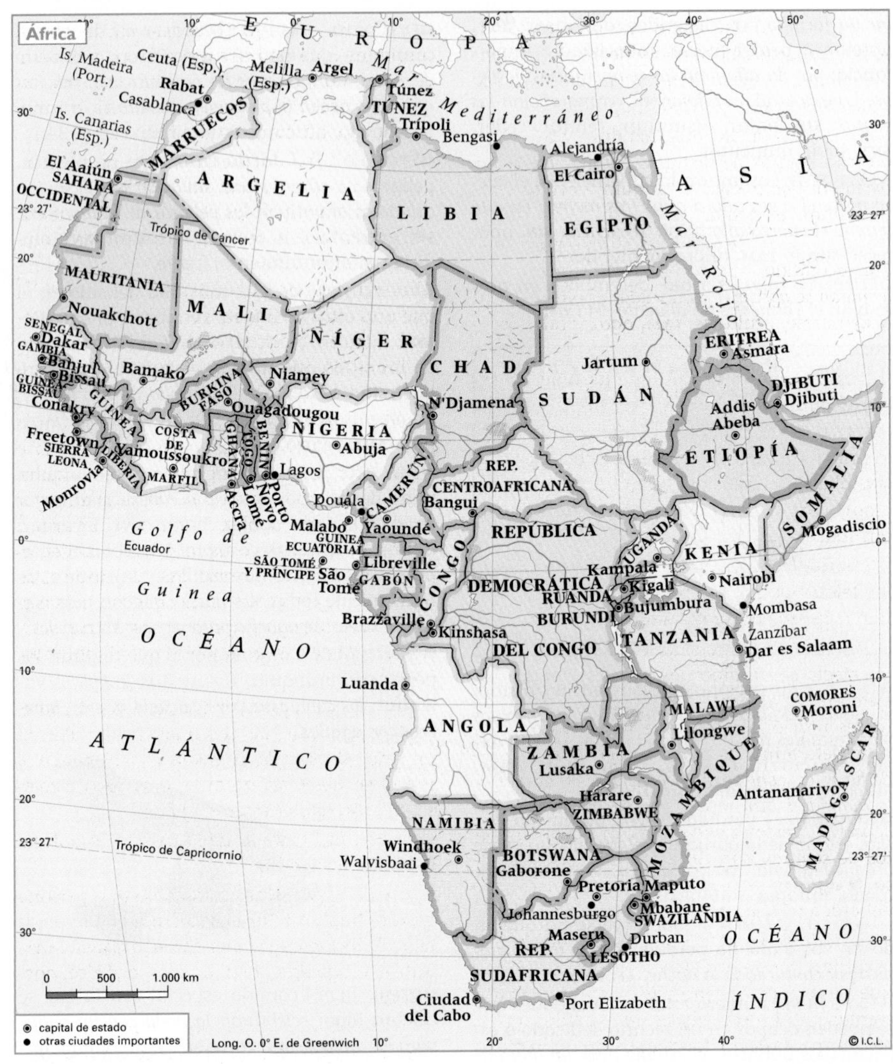

agarrar *[v.]* poner la mano (o los dedos o una herramienta) alrededor de algo o de alguien (o de una parte suya) y cerrarla: *agarró la cesta por el asa; agarra al niño para que no se caiga; saca el clavo agarrando la cabeza con unas tenazas.* **SIN.** coger, asir. **AF.** sujetar. **ANT.** soltar, dejar. **FAM.** agarrado, agarradera, agarradero, garra.

agarrotarse *[v.prnl.]* quedarse rígido un miembro o una parte del cuerpo, de manera que uno no puede moverlo como quiere: *con el frío se le agarrotaron los músculos; se despertó con el cuello agarrotado.* **SIN.** contraerse, entumecerse, acalambrarse. **ANT.** relajarse, distenderse. **FAM.** agarrotado, agarrotamiento, garrote.

agasajar *[v.]* ofrecerle a una persona lo que se ha preparado para ella y dedicarle muchas atenciones: *lo agasajaron con un homenaje.* **SIN.** obsequiar. **FAM.** agasajador, agasajo.

ágata *[n.f.]* piedra preciosa dura y translúcida, con franjas de distintos colores: *unos pendientes de ágata.* **OBS.** en singular lleva artículo masculino: *un ágata.*

agazaparse *[v.prnl.]* agacharse para quedar escondido, como lo hacen los gazapos: *el leopardo se agazapó para vigilar al cervatillo.* **AF.** acurrucarse, ocultarse. **FAM.** agazapado, gazapo.

agencia *[n.f.]* 1 oficina que da algún servicio al público: *una agencia de transportes.* **AF.** empresa. 2 oficina que depende de otra que es la principal: *los bancos tienen muchas agencias.* **SIN.** filial, sucursal. **ANT.** central, oficina principal, sede central. **FAM.** agenciar, agente, agenda.

agenda *[n.f.]* cuaderno en el que se anotan los teléfonos, las direcciones y las cosas que uno tiene que hacer cada día.

agente *[n.m.]* 1 persona o cosa que produce un efecto sobre algo: *los agentes atmosféricos estropean la madera.* 2 persona que actúa en representación de otra que le ha dado poder para determinadas cosas: *su agente se encarga de hacer los contratos; un policía es un agente de la autoridad.* **SIN.** representante. ■ **agente de seguros**, persona encargada de hacer contratos de seguros para una empresa aseguradora. ■ **agente de policía**, persona encargada del orden público. **SIN.** guardia.

ágil *[adj.inv. en gén.]* que puede moverse con facilidad y rapidez, dando la impresión de que pesa poco: *los trapecistas son muy ágiles; piernas ágiles; dedos ágiles.* **AF.** rápido, ligero. **ANT.** torpe. **FAM.** agilidad, agilizar, ágilmente.

agilidad *[n.f.]* característica que le permite a uno moverse con facilidad y rapidez: *los bailarines tienen mucha agilidad.* **AF.** rapidez, ligereza. **ANT.** torpeza.

agitar *[v.]* mover algo con rapidez varias veces seguidas: *se despidió agitando el pañuelo.* **AF.** mover, zarandear. TAMBIÉN *prnl.: la bandera se agita movida por el viento.* **FAM.** agitación, agitador, agitadamente.

aglomeración *[n.f.]* conjunto de personas, animales o cosas muy juntas: *una aglomeración de coches; no va a los conciertos de rock porque no le gustan las aglomeraciones.* **AF.** acumulación, hacinamiento. **ANT.** dispersión.

aglomerar *[v.]* 1 juntar varias cosas con alguna sustancia que las una: *aglomerando virutas con cola se hacen maderas artificiales.* **AMPL.** la sustancia que se usa para unir se llama ***aglomerante***. // **aglomerarse** *[v.prnl.]* 2 juntarse mucha gente con desorden: *los niños se aglomeran a la entrada del colegio.* **SIN.** amontonarse. **ANT.** dispersarse. **FAM.** aglomeración, aglomerado, aglomerante. **COMP.** conglomerar, conglomerado.

agobiar *[v.]* 1 ser una cosa de tal manera que a uno le preocupa no poder resolverla o terminarla: *la falta de tiempo la agobia mucho.* **SIN.** angustiar. TAMBIÉN *prnl.: se agobia porque tiene demasiado trabajo.* 2 obligar a alguien a hacer demasiadas cosas (o a hacerlas demasiado deprisa), de manera que no puede estar tranquilo: *agobia a sus empleados con continuas tareas.* **SIN.** atosigar, abrumar. **AF.** forzar. **ANT.** liberar, aliviar. **FAM.** agobio, agobiante, agobiador.

agolparse *[v.prnl.]* ir juntándose, desordenadamente, muchas personas o animales en un sitio: *los fans del cantante se agolparon a la puerta del hotel.* **AF.** amontonarse. **ANT.** dispersarse. **FAM.** agolpamiento, golpe.

agonía *[n.f.]* estado de la persona o animal que está muriéndose.

agonizar *[v.]* estar muriéndose una persona o un animal, o estar acabándose el tiempo de algo: *la dictadura cubana está agonizando.* **OBS.** ante e, c: *agonicen.* **FAM.** agonía, agónico, agonizante.

agorero, agorera *[adj.]* que anuncia o predice desgracias: *un pronóstico agorero.* **SIN.** de mal agüero.

agosto *[n.m.]* octavo mes del año, que va entre julio y septiembre y tiene treinta y un días. **FAM.** agostar, agostado, agosteño, agostamiento.

agotador, agotadora *[adj.]* que hace que uno se canse muchísimo: *una carrera agotadora; es un niño tan travieso que resulta agotador.* **SIN.** extenuante.

agotamiento *[n.m.]* lo que tiene quien está muy cansado y sin fuerza, por estar así: *el agotamiento le impide seguir trabajando.* **SIN.** extenuación. **AF.** cansancio, fatiga.

agotar *[v.]* 1 acabar algo completamente: *agotaron el papel de la impresora.* **SIN.** terminar, consumir. 2 hacer que alguien se canse muchísimo: *este trabajo agota a cualquiera.* **SIN.** extenuar, dejar exhausto, baldar, destrozar, rendir. **AF.** cansar, fatigar. TAMBIÉN *prnl.*: *se agotaron de tanto nadar.* **FAM.** agotado, agotamiento, agotador, agotadoramente, gota. **COMP.** inagotable.

agraciado, agraciada *[adj.]* 1 guapo: *una chica agraciada.* // **agraciado, agraciada** *[n.]* 2 persona que ha conseguido algún premio: *los agraciados fueron recibidos en el Ayuntamiento.* **SIN.** premiado. **FAM.** agraciadamente, gracia.

agradable *[adj.inv. en gén.]* que gusta: *una conversación con amigos siempre es agradable; un paseo agradable.* **ANT.** desagradable.

agradar *[v.]* producir gusto: *me agradan los días de lluvia.* **SIN.** gustar, placer. **AF.** satisfacer. **ANT.** desagradar, disgustar. **GRAM.** el sujeto de esas oraciones es lo que agrada y no la persona a la que algo le agrada.

agradecer *[v.]* 1 sentir ganas de hacer algo por alguien que ha hecho algo por nosotros: *las personas sensibles agradecen los favores.* 2 demostrar agradecimiento: *te agradezco tu carta.* **CONJUG.** como *crecer**. **FAM.** agradecido, agradecimiento, agradecidamente, gracia. **COMP.** desagradecido.

agradecido, agradecida *[adj.]* que siente ganas de corresponder a los favores, las atenciones, los cuidados, etc. que ha recibido: *una persona agradecida.* **ANT.** desagradecido, ingrato.

agradecimiento *[n.m.]* lo que siente uno, por el hecho de haber recibido algo bueno, hacia quien se lo ha proporcionado: *le expresó su agradecimiento en una cariñosa carta.* **SIN.** gratitud, reconocimiento. **ANT.** ingratitud, desagradecimiento.

agradezca, agradezco... formas irregulares de la conjugación del verbo *agradecer**.

agrado *[n.m.]* lo que siente uno cuando está a gusto o cuando algo le parece bien: *lo ayudó con agrado.* **SIN.** gusto, satisfacción. ■ **ser algo del agrado** de uno, gustarle. **FAM.** agradable, agradar, agradablemente. **COMP.** desagradar.

agrandar *[v.]* hacer que algo sea más grande de lo que era: *agranda el agujero para que quepa el tornillo.* **SIN.** ampliar. **ANT.** empequeñecer. **FAM.** agrandamiento, grande.

agrario, agraria *[adj.]* del campo que se cultiva: *el trigo y la cebada son productos agrarios.* **SIN.** agrícola.

agravamiento *[n.m.]* hecho de que algo o alguien se ponga peor de lo que estaba: *ante el agravamiento de la situación, tuvo que intervenir la policía; nadie esperaba el agravamiento del enfermo.* **SIN.** empeoramiento. **ANT.** mejora.

agravante *[n.m.]* detalle o circunstancia que hace que algo resulte más grave o más difícil de solucionar: *la mala intención es un agravante en cualquier delito.* **ANT.** atenuante. **OBS.** a veces se usa como femenino porque es como si se dijera *circunstancia agravante.*

agravar *[v.]* hacer que algo sea más grave o más difícil de solucionar: *sus errores agravaron el problema.* **SIN.** empeorar. TAMBIÉN *prnl.*: *el enfermo se agravó después de la operación.* **FAM.** agravamiento, agravante, agravatorio, grave.

agraviar *[v.]* hacer, con palabras o con hechos, que alguien se sienta muy molesto o disgustado con uno: *no debes agraviar a las personas que te quieren.* **SIN.** ofender. **INTENS.** injuriar, ultrajar. **ANT.** desagraviar, honrar. **FAM.** agravio, agraviante, grave. **COMP.** desagravio, desagraviar.

agravio *[n.m.]* lo que se dice o se hace y que es como un ataque o un insulto para alguien o algo: *que lo llamaras traidor fue un agravio para él; no tolera los agravios a su honor.* **SIN.** ofensa*.

agredir *[v.]* atacar a alguien físicamente o de palabra: *el ladrón agredió al policía; lo agredió con insultos.* **SIN.** atacar. **AF.** acometer, arremeter contra.

agregar *[v.]* 1 poner algo más en una cosa que ya está hecha: *agrégale un poco de harina; no agregues ni una palabra, que el escrito está perfecto.* **SIN.** añadir, poner. **ANT.** quitar. // **agregarse** *[v.prnl.]* 2 juntarse con otras personas o cosas: *nos agregamos al grupo que visitaba la catedral.* **SIN.** unirse, sumarse, incorporarse. **ANT.** separarse. **OBS.** ante e, gu: *agreguen*. **FAM.** agregado, agregación.

agresión *[n.f.]* lo que sufre la persona, el animal o la cosa que es atacado por alguien o por algo: *la agresión del ladrón le produjo graves heridas; el exceso de sol es una agresión para la piel; una agresión verbal es un ataque con palabras.* **FAM.** agredir, agresivo, agresividad, agresivamente, agresor.

agresivo, agresiva *[adj.]* que tiene tendencia a atacar sin que lo hayan atacado, o que produce (o quiere producir) algún daño: *hay animales agresivos; tiene un temperamento muy agresivo; los ácidos son sustancias agresivas.* **AF.** violento. **ANT.** pacífico, tranquilo.

agresor, agresora *[n.]* persona, animal, país, etc. que ataca a alguien: *el agresor le produjo varias heridas.* **SIN.** atacante. **ANT.** defensor. TAMBIÉN *adj.*: *un país agresor.*

agreste *[adj.inv. en gén.]* que está sin cultivar: *campo agreste; tierras agrestes.* **SIN.** salvaje. **ANT.** cultivado, labrado.

agriarse *[v.prnl.]* ponerse agrio: *la leche se agría si no está en sitio fresco.* ■ **agriarse el carácter**, cambiar el modo de ser de una persona y hacerse protestón y malhumorado. **ACENT.** como *fiar**.

agrícola *[adj.inv. en gén.]* del campo (*el trigo es un producto agrícola*) o para la agricultura (*herramientas agrícolas*).

maquinaria agrícola

tractor
cultivador
arado
sembradora
cosechadora

agricultor, agricultora *[n.]* persona que se dedica al cultivo de la tierra: *una familia de agricultores.* **SIN.** labrador, labriego, campesino.

agricultura *[n.f.]* conjunto de trabajos y conocimientos necesarios para cultivar la tierra: *los hombres se dedican a la agricultura desde la antigüedad.* **FAM.** agrícola, agricultor, agro.

agridulce *[adj.inv. en gén.]* que es agrio y dulce al mismo tiempo: *una salsa agridulce.*

agrietarse *[v.prnl.]* hacerse aberturas largas y estrechas en un material o en una superficie: *la madera se agrietó por exceso de sequedad; la pintura de la puerta se ha agrietado.* **FAM.** agrietamiento, agrietado, grieta.

agrimensor, agrimensora *[n.]* persona que se dedica a medir terrenos. **FAM.** agrimensura, agro.

agrimensura *[n.f.]* conjunto de conocimientos necesarios para poder medir terrenos con precisión.

agrio, agria *[adj.]* 1 que produce en la boca una especie de picor del tipo del que producen los limones o el vinagre: *sabor agrio; comida agria.* **SIN.** ácido, acedo. // **agrios** *[n.m.pl.]* 2 frutos del tipo del limón y la naranja: *los países mediterráneos son productores de agrios.* **SIN.** cítricos. **FAM.** agriar, agriamente. **COMP.** agridulce.

agro *[n.m.]* campo cultivado: *los productos del agro son la base de la alimentación humana.* **SIN.** tierras de labor. **FAM.** agricultura, agrimensor, agronomía, agropecuario, agrario.

agronomía *[n.f.]* conjunto de conocimientos de química, economía, matemáticas, biología, etc. aplicados al cultivo de la tierra. **FAM.** agrónomo, agro.

agrónomo, agrónoma *[n.]* persona que se dedica a la agronomía. TAMBIÉN *adj.*: *ingeniero agrónomo.*

agropecuario, agropecuaria *[adj.]* que tiene que ver con los productos del campo y con la ganadería: *una feria agropecuaria; economía agropecuaria.*

agrupación *[n.f.]* conjunto de personas que tienen una actividad común y se unen para conseguir algo: *una agrupación de poetas jóvenes.* **AF.** asociación, cofradía, grupo.

agrupar *[v.]* hacer uno o varios grupos de personas, animales o cosas teniendo en cuenta alguna característica común: *agrupó a los niños por edades; agrupa los libros por temas.* TAMBIÉN *prnl.*: *se han agrupado para trabajar en equipo.* **FAM.** agrupación, agrupamiento, agrupadamente, grupo.

agua *[n.f.]* 1 líquido que no tiene color, olor ni sabor, se solidifica con el frío y se evapora con el calor, y es el líquido más abundante de la naturaleza. // **aguas** *[n.f.pl.]* 2 dibujo que forma ondulaciones de distintos colores, a veces brillantes: *esta piedra hace bonitas aguas.* 3 zona del mar próxima a un territorio: *la regata se celebra en aguas de Mallorca.* ■ **agua bendita**, la que se utiliza en las ceremonias religiosas. ■ **agua potable**, la que se puede beber porque no contiene sustancias peligrosas para la salud. ■ **agua dulce**, la que tienen los ríos y lagos. ■ **agua salada**, la de los mares y los océanos. ■ **agua mineral**, la que tiene disueltas sales minerales que son beneficiosas para la salud. ■ **agua de colonia**, agua perfumada. ■ **agua oxigenada**, agua especialmente preparada para desinfectar heridas. ■ **hacérsele** a uno **la boca agua**, apetecerle mucho algo. ■ **estar con el agua al cuello**, estar en una situación muy difícil. ■ **estar más claro que el agua**, ser muy fácil de ver y entender. ■ **quedar** algo **en agua de borrajas**, quedarse sin hacer. ■ **estar como pez en el agua**, estar muy a gusto en un sitio o haciendo algo, porque gusta mucho o se conoce bien. **OBS.** en singular lleva artículo masculino: *el agua del mar.* **FAM.** aguar, aguador, aguarrás, aguanoso, acuario, acuoso, acuático, acuarela, aguacero. **COMP.** aguafiestas, acueducto, desagüar, enjuagar.

aguacate *[n.m.]* árbol tropical procedente de América que llega a medir ocho o diez metros de altura, y su fruto, que es de forma parecida a la de una pera, tiene la piel delgada, verde o casi negra, fuerte y rugosa y la carne clara y pastosa con un hueso gordo en el centro.

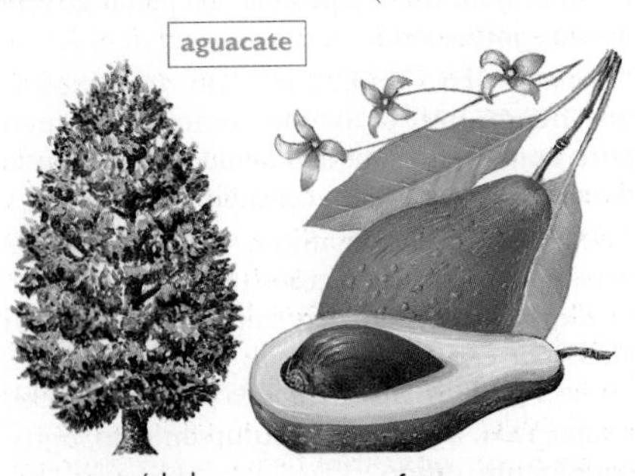

aguacero *[n.m.]* lluvia abundante y fuerte que dura poco. **SIN.** chaparrón, chubasco. **FAM.** aguaceral, agua.

aguafiestas *[n.inv. en gén. y núm.]* persona que estropea todas las diversiones: *se lo pasaron muy bien hasta que llegó la aguafiestas.* **AF.** pesimista, gruñón, cascarrabias.

aguantar *[v.]* 1 ser capaz de pasar por algo malo (o que resulta incómodo, desagradable o pesado), sin ponerse nervioso, enfadarse o quejarse: *aguanta muy bien el dolor; aguantó su conversación toda la tarde; no aguanta la falta de formalidad.* **SIN.** soportar, tolerar, resistir. 2 poder con el peso de algo (o con algo que puede ser perjudicial), sin romperse o estropearse: *esa peana no aguanta una estatua tan pesada; protege la madera para que aguante la intemperie.* **SIN.** resistir, soportar. 3 ser lo que lleva el peso de algo: *el cable aguanta el ascensor; el gato aguanta el coche mientras le cambias la rueda.* **SIN.** sujetar, sostener, sustentar. // **aguantarse** *[v.prnl.]* 4 conformarse con algo porque no queda más remedio: *tuvo que aguantarse sin ir, porque no había tren a esa hora.* **AF.** resignarse. 5 ir en contra de lo que a uno le apetece: *aguántate las ganas de gritar.* **FAM.** aguante. **COMP.** inaguantable.

aguante *[n.m.]* 1 lo que demuestra quien no se cansa, no se enfada, no se pone nervioso, etc.: *tiene mucho aguante con los funcionarios maleducados.* **AF.** paciencia, tolerancia. 2 característica de las cosas que hace que puedan aguantar algo sin romperse ni estropearse: *los cables de acero tienen mucho aguante.* **SIN.** resistencia.

aguar *[v.]* 1 echarle agua a algo, de manera que pierde parte de su consistencia o de su sabor: *aguaste demasiado la sopa; agua un poco la pintura para que quede más fluida.* **SIN.** aclarar, bautizar (uso familiar). 2 hacer que algo pierda lo bueno que tenía: *la mala noticia aguó la fiesta.* **SIN.** estropear. **INTENS.** amargar. **OBS.** ante e, gü: agüen; es incorrecto acentuar la *u*, tanto al hablar como al escribir.

aguardar *[v.]* esperar algo o a alguien: *te aguardaré hasta la hora de comer.* **SIN.** esperar.

aguardiente *[n.m.]* bebida alcohólica muy fuerte que se obtiene destilando vino. **SIN.** orujo, cazalla. **FAM.** aguardentoso, aguardentería, aguardentero.

aguarrás *[n.m.]* líquido que se utiliza para disolver algunos barnices y pinturas: *limpió las manchas de óleo con aguarrás.* **AMPL.** el aguarrás es ***esencia de trementina***; la trementina es un jugo pegajoso y de olor fuerte que se saca de algunos árboles como los pinos y los abetos.

agudeza *[n.f.]* 1 lo que tienen las herramientas de punta afilada o de corte fino, por ser así: *la agudeza de un punzón.* **ANT.** achatamiento. 2 facilidad para, fijándose y razonando, darse cuenta enseguida de cosas que no se notan a primera vista: *para ser investigador se necesita una especial agudeza; tiene agudeza para resolver jeroglíficos.* **SIN.** sagacidad, perspicacia, sutileza. **ANT.** simpleza. 3 posibilidad de notar todos los detalles de las cosas a través de los sentidos: *para jugar al golf hace falta agudeza visual y para ser director de orquesta, agudeza auditiva* (del oído). 4 característica de las sensaciones que hace que se noten mucho: *la agudeza del dolor le impedía dormir.* **SIN.** intensidad.

agudizar *[v.]* 1 hacer que algo sea más intenso de lo que era: *el ruido del agua le agudizó la sed; agudizar un dolor, la tristeza...* **SIN.** avivar, aguzar. **ANT.** atenuar, mitigar. 2 hacer mayor la posibilidad de darse cuenta de todo a través de los sentidos o de la mente: *agudizar el oído, la vista...; las dificultades agudizan el ingenio y el estudio agudiza la inteligencia.* **SIN.** estimular, aguzar, avivar. **AF.** activar. **ANT.** atrofiar, embotar. **OBS.** ante e, c: *agudicen.*

agudo, aguda *[adj.]* 1 que tiene agudeza*: *los punzones tienen una punta aguda; el filo agudo de un cuchillo* (**ANT.** chato, romo, redondeado)*; un investigador agudo* (**SIN.** fino, sagaz, perspicaz, sutil)*; vista aguda; oído agudo* (**SIN.** fino)*; un dolor agudo* (**SIN.** intenso, fuerte). 2 hablando de tipos de sonido, que es de tono alto, en oposición al bajo o grave: *los silbatos emiten sonidos agudos; la nota "si" es más aguda que el "do".* **ANT.** grave, bajo. TAMBIÉN *n.m.: en los pianos, los agudos se producen con las teclas de la derecha.* ■ **ángulo agudo**, el que mide menos de noventa grados ■ **voz aguda**, voz fina o chillona. ■ **palabra aguda**, la que se pronuncia acentuando la última sílaba. **FAM.** agudeza, agudizar, agudamente, aguzar.

agüero *[n.m.]* creencia de que va a pasar algo por haber visto una señal: *dice que el que un cuervo sobrevuele tu casa es un signo de mal agüero.* **SIN.** augurio, presagio. **FAM.** agorar, agorero.

aguijón *[n.m.]* órgano en forma de punta en que termina el abdomen de algunos insectos y con el que inyectan veneno: *los escorpiones tienen aguijón.* **PL.** *aguijones.* **FAM.** aguijonear, aguijonazo, aguijonamiento.

águila *[n.f.]* ave que mide entre 80 y 90 centímetros de altura, vuela a mucha velocidad, tiene la vista muy aguda y las uñas y el pico con la punta curvada y muy fuertes: *las águilas son buenas voladoras.* **AMPL.** es un ave ***rapaz*** que se alimenta de pájaros y de otros animales a los que caza durante el día. **OBS.** en singular lleva artículo masculino: *el águila; un águila.* **FAM.** aguilucho, aguileño, aguilón.

aguileño, aguileña *[adj.]* con forma de pico de águila. **SIN.** corvo, ganchudo, aquilino. ■ **nariz aguileña**, nariz larga, delgada y curva.

aguilucho *[n.m.]* cría del águila.

aguinaldo *[n.m.]* propina o regalo que se da o se recibe en la época de Navidad: *los niños fueron por las casas pidiendo el aguinaldo.* **AF.** propina, gratificación.

aguja *[n.f.]* 1 barrita delgada y puntiaguda de metal, hueso, madera o plástico que sirve para coser o para hacer punto: *las máquinas de coser tienen la aguja agarrada con un tornillo.* **AMPL.** las agujas de coser tienen un agujero por el que se pasa el hilo o la lana y que se llama ***hondón***; las ***de hacer punto*** son largas para poder sujetarlas debajo de los brazos y las ***de hacer ganchillo*** tienen un extremo doblado para enganchar en él el hilo o la lana y pasarlo por donde interesa. 2 barrita metálica y hueca sujeta a un soporte, que se pone en el extremo de las jeringuillas: *siempre hay que usar agujas desechables.* 3 en los relojes analógicos, pieza larga y delgada que indica las horas, los minutos o los segundos: *la aguja que marca las horas es más corta que la indica los minutos.* **SIN.** manecilla. 4 en los tocadiscos y los gramófonos, punta que va sujeta al extremo del brazo y que, al pasar sobre los surcos del disco, reproduce los sonidos grabados para que se oigan a través de los altavoces. 5 cada uno de los raíles que se pueden mover para que los trenes o los tranvías vayan por una vía o por otra cuando hay varias que coinciden en un sitio: *un ferroviario se encarga de hacer el cambio de agujas.* 6 torre alta y acabada en punta de algunos edificios: *las agujas son típicas de las iglesias góticas.* **FAM.** agujazo, ***agujar*** (picar con una aguja), agujerear, agujeta, ***agujetero*** (tubo para guardar agujas), agujetería. **COMP.** guardagujas.

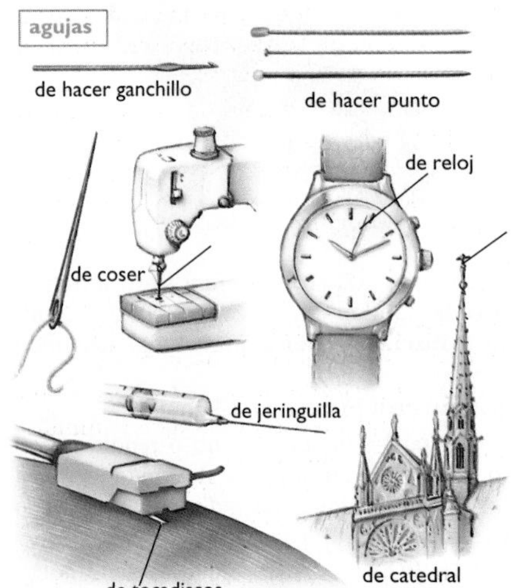

agujerear *[v.]* hacer uno o varios agujeros: *agujerearon la pared para pasar la tubería.* **SIN.** taladrar, perforar, horadar. **OBS.** e + e = ee: *agujereen.* **FAM.** agujero, agujereado, aguja.

agujero *[n.m.]* parte sin nada que va de un lado a otro de una cosa: *veían a los vecinos por un agujero de la tapia; la llave se mete en el agujero de la cerradura.* **SIN.** orificio, abertura. **AMPL.** se llama ***perforación*** el agujero o el hoyo muy profundo que se hace adrede en algo que está entero; una ***pitera*** es un agujero muy pequeño y un ***boquete***, un agujero grande; un agujero irregular en una pared o un techo es una ***brecha*** y un ***butrón***, un agujero hecho en una pared para que pueda pasar por él una persona.

agujetas *[n.f.]* dolor que se siente en los músculos por haber hecho un ejercicio físico al que no se está acostumbrado: *de tanto correr tiene agujetas en las piernas.*

aguzar *[v.]* 1 hacer que el extremo o el borde de algo quede más delgado que antes: *aguzando unos palos hicieron flechas de madera.* **SIN.** afinar, afilar. 2 agudizar*: *aguzar un dolor; aguzar el ingenio; aguzar el oído.* **OBS.** ante e, c: *agucen.* **FAM.** aguzamiento, agudo.

¡ah! *[interj.]* expresa sorpresa o alegría.

ahí *[adv. de l.]* 1 en el sitio, del sitio o por el sitio que se indica o del que se está hablando: *el ruido viene de ahí; quita eso de ahí.* 2 en una cosa concreta de la que se está hablando: *¿has puesto faltas? ahí está la causa del suspenso.* ■ **de ahí que**, esa es la causa de que: *hace mucho calor, de ahí que necesitemos más agua.* ■ **por ahí**, por sitios que no son ninguno concreto: *anda por ahí, dando un paseo.* **OBS.** en este sentido es incorrecto, aunque muy frecuente pronunciarlo sin acentuar la *í*.

Ahí, que siempre es adverbio,
lleva *hache* intercalada.
Hay, que es del verbo *haber*,
siempre la lleva de entrada...
Y ***¡ay!*** no la lleva nunca
porque el que se está quejando
no tiene tiempo de nada.

ahijado, ahijada *[n.]* lo que es una persona respecto a sus padrinos de bautizo: *eres su ahijado porque ella es tu madrina.* **SIN.** apadrinado, prohijado. **ANT.** padrino o madrina. **FAM.** ahijar, hijo.

ahínco *[n.m.]* mucho interés, esfuerzo y dedicación que se pone al hacer algo: *trabajan con ahínco para terminar a tiempo.* **SIN.** afán, empeño. **AF.** tenacidad, tesón. **INTENS.** ilusión, entusiasmo. **ANT.** desgana, apatía.

ahogado, ahogada *[n.]* persona que ha muerto por no poder respirar: *el socorrista sacó del río a un ahogado.* **AF.** asfixiado.

ahogar *[v.]* 1 matar a un ser vivo no dejándolo respirar: *si le aprietas el cuello puedes ahogarlo.* **SIN.** asfixiar. TAMBIÉN *prnl.: se ahogó en el río.* 2 hacer que alguien respire con dificultad: *tanto calor me ahoga.* TAMBIÉN *prnl.: se ahoga en cuanto corre un rato.* **OBS.** ante e, gu: *ahoguen.* **FAM.** ahogo, ahogado, ahogamiento. **COMP.** desahogarse.

ahondar *[v.]* 1 hacer que un hoyo sea más profundo: *hay que ahondar más para encontrar agua.* **SIN.** profundizar. 2 llegar al fondo de un problema: *ahondaremos en la investigación para resolver el caso.* **AF.** investigar, escudriñar. **FAM.** ahondamiento, hondo.

ahora *[adv. de t.]* 1 en el momento en que se está hablando: *ahora no hay nadie en casa.* 2 dentro de poco tiempo: *ahora iré.* // **ahora** *[conj. advstva.]* 3 pero: *no quiero ir, ahora, si me necesitas, iré.* **SIN.** sin embargo, no obstante. **FAM.** ahorita, hora.

ahorcar *[v.]* matar a una persona o a un animal pasándole un lazo por el cuello y colgándolo hasta que muera: *en el oeste americano ahorcaban a los ladrones de ganado.* **SIN.** colgar. **OBS.** ante e, qu: *ahorquen.* **FAM.** ahorcado, ahorcamiento, horca.

ahorrador, ahorradora *[adj.]* que no gasta todo lo que gana: *una persona ahorradora.* **SIN.** ahorrativo. **ANT.** gastador, dilapidador.

ahorrar *[v.]* 1 no gastar lo que se dice: *ahorra parte del sueldo.* **AF.** reservar. **ANT.** gastar. 2 gastar de algo lo menos posible para que no se acabe: *ahorra agua, que hay sequía.* **SIN.** economizar. **AF.** escatimar. **ANT.** derrochar, despilfarrar, desperdiciar, malgastar.

ahorrativo, ahorrativa *[adj.]* 1 ahorrador*: *un chico ahorrativo.* 2 que nunca gasta o usa más de lo que necesita: *si fueras más ahorrativo no tirarías los cuadernos a medio usar.* **ANT.** despilfarrador, desperdiciador. 3 que ayuda a ahorrar: *normas ahorrativas.*

ahorro *[n.m.]* 1 acción o acciones que sirven para ahorrar: *inculca en sus hijos la costumbre del ahorro.* 2 lo que no se gasta o no se ha gastado: *ir andando a trabajar es un ahorro de combustible.* **SIN.** economía. **ANT.** gasto, derroche. **FAM.** ahorrador, ahorrar, ahorrativo, ahorrativamente.

ahuecar *[v.]* 1 poner algo de manera que dentro quede un hueco: *ahueca la mano, que te doy unos caramelos.* 2 hacer que entre aire en algo que estaba apretado o aplastado, para que quede más blando o esponjoso: *golpeando la almohada, se ahueca.* **SIN.** mullir, esponjar. **ANT.** apelmazar, apretar. ■ **ahuecar el ala** (expresión vulgar), irse de donde uno está, especialmente si está molestando. **OBS.** ante e, qu: *ahuequen.* **FAM.** ahuecamiento, hueco.

ahumado, ahumada *[adj.]* 1 que ha estado en un sitio en el que había humo: *pescado ahumado; de algunas discotecas se sale ahumado.* 2 que es de color parecido al del humo: *cristales ahumados.*

ahumar *[v.]* 1 poner algo en un sitio en el que se ha preparado humo: *ahumar jamones.* **SIN.** sahumar. 2 hacer que algo se llene de humo: *para coger la miel hay que ahumar la colmena.* TAMBIÉN *prnl.: junto a la barbacoa uno se ahuma.* 3 echar humo: *la madera verde ahúma mucho al quemarse.* **ACENT.** como *aullar**. **FAM.** ahumado, ahumadero, humo.

ahuyentar *[v.]* 1 hacer que una persona o un animal se vaya para escapar de algo: *el ruido ahuyentó a los conejos.* **SIN.** espantar. **ANT.** atraer. 2 hacer que se vaya algo molesto: *diviértete y ahuyenta los malos recuerdos.* **SIN.** alejar.

airado, airada *[adj.]* que demuestra enfado: *un gesto airado; una respuesta airada.* **FAM.** airadamente, ira. **COMP.** desairar, desaire.

aire *[n.m.]* 1 mezcla de gases formada sobre todo por nitrógeno, oxígeno, argón y anhídrido carbónico y que forma la atmósfera que rodea la Tierra: *el aire es indispensable para la vida; la falta de aire produce asfixia.* 2 viento: *el aire mueve las hojas de los árboles.* ■ **darse aires**, comportarse como si se fuera superior a los demás. ■ **darse aires de** algo, comportarse como si uno fuera lo que se dice. ■ **estar en el aire**, estar emitiendo una emisora de radio o televisión. ■ **tomar el aire**, respirar fuera de un sitio cerrado. ■ **tener un aire a** alguien o a algo, parecérsele un poco. ■ **tener** el **aire** que se dice, parecer lo que se dice: *un edificio con aire renacentista.* **SIN.** apariencia, aspecto. **FAM.** airear, airoso, aéreo, orear, oreo.

airear *[v.]* 1 poner algo al aire libre para que se refresque, se le quite el olor o se seque: *antes de hacer la cama airea la ropa.* **SIN.** orear, ventilar. TAMBIÉN *prnl.: cuando hace viento, la ropa se airea enseguida.* 2 hacer que la gente se entere de algo que sólo le importa a una persona o a un grupo de personas: *no airees los problemas familiares.* **SIN.** divulgar, propagar. **ANT.** ocultar. **OBS.** e + e = ee: *aireen.* **FAM.** aireo, aireación, aire.

airoso, airosa *[adj.]* que se mueve con soltura, como si pesara poco o como si lo moviera el viento: *un andar airoso; un vestido airoso.* **AF.** vaporoso. ■ **salir airoso**, quedar bien.

aislado, aislada *[adj.]* 1 que no tiene alrededor nada del mismo tipo: *un caserío aislado en el monte.* **SIN.** solitario. 2 que no se trata con nadie: *un monje aislado en su celda.* **SIN.** solo. **AF.** retirado, apartado. 3 que no tiene posibilidad de que se entre o se salga de él: *un pueblo aislado por la nieve.* **SIN.** incomunicado.

aislante *[adj.inv. en gén.]* que no deja pasar el calor, la humedad, la electricidad, etc.: *los cables eléctricos están revestidos de plástico aislante.* TAMBIÉN *n.m.: la lana es un buen aislante térmico.*

aislar *[v.]* hacer que alguien o algo quede separado de otras personas o cosas: *aislaron de sus compañeros al preso fugado.* **SIN.** separar, apartar. **AF.** incomunicar. **ANT.** unir. TAMBIÉN *prnl.: los monjes se aíslan en conventos.* **FAM.** aislado, aislante, aislamiento, aisladamente, isla.

ACENTUACIÓN DEL VERBO AISLAR

Presente de indicativo: *aíslo, aíslas, aísla, aislamos, aisláis, aíslan.*
Presente de subjuntivo: *aísle, aísles, aísle, aislemos, aisléis, aíslen.*
Imperativo: *aísla, aísle, aislemos, aislad, aíslen.*

¡ajá! *[interj.]* expresa satisfacción o aprobación.

ajar *[v.]* hacer que un vegetal pierda su aspecto de frescura o que una cosa tenga aspecto de vieja o de estropeada: *ajó la rosa de tanto manosearla; el paso de los años aja la piel.* **SIN.** marchitar, deteriorar, estropear. **ANT.** revitalizar. TAMBIÉN *prnl.: la cartera se ha ajado de tanto usarla.*

ajedrez *[n.m.]* juego de mesa en el que dos jugadores deben mover, sobre un tablero, dieciséis piezas cada uno, avanzando hacia la zona del otro. **AMPL.** el tablero está dividido en treinta y dos cuadros blancos y treinta y dos negros llamados ***escaques***; gana la partida el jugador que consigue acorralar (dar ***jaque mate***) al rey del contrario. **PL.** *ajedreces.* **FAM.** ajedrecista, ajedrezado, ajedrecístico.

ajedrez

ajeno, ajena *[adj.]* 1 que no es de uno, sino de otra (u otras) persona: *los bienes ajenos deben respetarse.* 2 que no tiene nada que ver con uno: *no te metas en asuntos ajenos; es un problema ajeno a mí.* **ANT.COM.** propio. **FAM.COMP.** enajenable, enajenar.

ajetreo *[n.m.]* 1 lo que hay en un sitio en el que mucha gente está haciendo muchas cosas y se mueve, habla, va y viene, entra y sale, etc.: *en la redacción del periódico hay mucho ajetreo; lo cansa el ajetreo de las grandes ciudades.* **SIN.** movimiento. 2 hecho de que alguien haga muchas cosas en poco tiempo, se mueva mucho, vaya y venga, etc., y no pueda estar tranquilamente en un sitio: *el trabajo de vendedor lo obliga a un constante ajetreo.* **SIN.COM.** trajín, actividad. **ANT.COM.** tranquilidad, calma, sosiego. **FAM.** ajetrear, ajetreado.

ajo *[n.m.]* planta de hojas largas y estrechas y flores pequeñas y blancas, cuya raíz tiene un bulbo* de color blanco y olor muy fuerte y característico. **AMPL.** el bulbo se llama ***cabeza de ajo*** y está formado por gajos independientes que se llaman ***dientes de ajo*** o ***ajos*** y se usan mucho como condimento. ■ **estar en el ajo**, tener algo que ver con un asunto. **FAM.** ajete, ajiaceite.

ajuar *[n.m.]* conjunto de muebles, ropas y utensilios de una casa y, especialmente, la ropa personal y de la casa que la novia ha preparado antes de casarse. **AF.** equipo, enseres.

ajustar *[v.]* 1 tener una cosa el tamaño y la forma apropiados para que pueda quedar metida en otra sin moverse: *el agua se va porque el tapón no ajusta en el desagüe.* **SIN.** encajar en, acoplarse a. TAMBIÉN *prnl.: el tapón se ajusta al agujero del desagüe.* 2 hacer que algo que quedaba grande o estaba flojo, quede a la medida o bien apretado: *tiene que ajustar el abrigo* (**SIN.** adaptar, acoplar)*; ajusta los tornillos* (**SIN.** apretar, afianzar). 3 ponerle a algo el precio más bajo posible para que alguien lo compre sin que el que vende pierda dinero: *si ajustas los precios tendrás más clientes.* 4 ponerse de acuerdo en algo: *ajustaron el precio de la finca; ya han ajustado las condiciones del contrato.* **SIN.** acordar, concertar, pactar. // **ajustarse** *[v.prnl.]* 5 seguir exactamente, cuando se hace algo, lo que dicen las normas o las indicaciones que se tienen sobre ello: *se ajustó al reglamento y no me dejó salir; para hacer el trabajo, ajústate a las instrucciones dadas por el profesor.* **SIN.** atenerse, amoldarse. **AF.** limitarse. 6 ser igual que lo que se dice: *lo que pone aquí no se ajusta a la realidad.* **SIN.** coincidir con, encajar con. ■ **ajustarle las cuentas** a alguien, llamarle la atención por algo que ha hecho y que a uno no le parece bien. **FAM.** ajuste, ajustador, ajustadamente, justo. **COMP.** desajustar, desajuste, reajustar, reajuste.

ajusticiar *[v.]* castigar a un condenado con la muerte: *en algunos países ajustician a los criminales.* **SIN.** matar, ejecutar. **FAM.** ajusticiado, ajusticiamiento, justicia.

al *[contracción]* es la unión de la preposición ***a*** y el artículo determinado masculino ***el***: *saldrá al atardecer; fue al día siguiente; díselo al portero.*

ala *[n.f.]* 1 cada una de las partes del cuerpo de las aves (y de algunos insectos) que le sirven para volar o para ir de un lado a otro sin tocar el suelo: *las alas de un murciélago; las gallinas tienen alas pero vuelan poco.* **AMPL.** lo que tienen algunos insectos sobre las alas, y que son como alas duras que cubren las que usan para volar, se llaman ***élitros***: *los grillos y las mariquitas tienen élitros.* 2 cada una de las piezas que tienen los aviones a los lados, formando una cruz con el cuerpo central, y que los sostienen en el aire. 3 cada una de las partes laterales de un edificio grande: *el almacén está en el ala norte de la fábrica.* 4 parte de los sombreros que sobresale alrededor del borde de la copa: *una pamela es un sombrero de mujer con ala ancha y copa baja.* 5 conjunto de militares situados a los lados de una formación. **OBS.** en singular lleva artículo masculino: *el ala izquierda.* **FAM.** alado, alero, alerón, aleta, alón.

Con **alas** vuela el avión,
con **alas** vuelan las aves...
Alá es el nombre que a Dios
dedican los musulmanes...
Pero pon mucha atención
porque ***¡hala!*** o ***¡halá!***,
como buena interjección,
siempre se escribe con hache.

alabanza *[n.f.]* lo que dice uno para demostrar que algo o alguien le gusta: *lo hizo bien y recibió muchas alabanzas.* **SIN.** elogio*.

alabar *[v.]* decir algo bueno de alguien o de algo: *lo alaba cada vez que hace algo bien; su padre alabó su buen comportamiento.* **SIN.** elogiar*. **FAM.** alabanza, alabable, alabamiento, alabancioso.

alabastro *[n.m.]* especie de mármol, translúcido y blando, muy usado para hacer objetos artísticos: *una escultura de alabastro.* **FAM.** alabastrino.

alacena *[n.f.]* hueco hecho en el grosor de una pared al que se le han puesto puertas y estantes para utilizarlo como armario: *coloca los vasos en la alacena.*

alacrán *[n.m.]* escorpión*: *el alacrán es un arácnido peligroso.* **PL.** *alacranes.*

alacrán

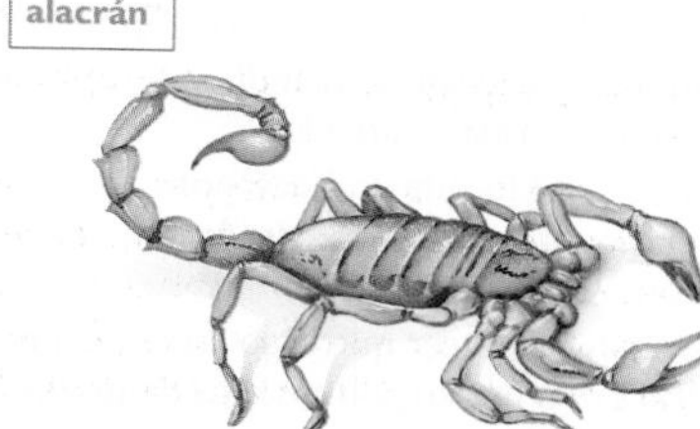

alado, alada *[adj.]* que tiene alas: *las mariposas son insectos alados.*

alambique *[n.m.]* aparato formado por un recipiente del que sale un tubo largo y enrollado en espiral (o doblado como línea quebrada), por el que van los gases que desprende el líquido que se ha calentado en el recipiente y que, al enfriarse, salen en forma líquida por el extremo del tubo: *destilando vino en un alambique se consigue aguardiente.* **SIN.** destilador, serpentín, retorta. **AMPL.** el proceso que consiste en separar sustancias en un alambique se llama ***destilación***: *el whisky se obtiene por destilación de cebada fermentada.* **FAM.** alambicar, alambicado, alambicamiento, alambicadamente.

alambique

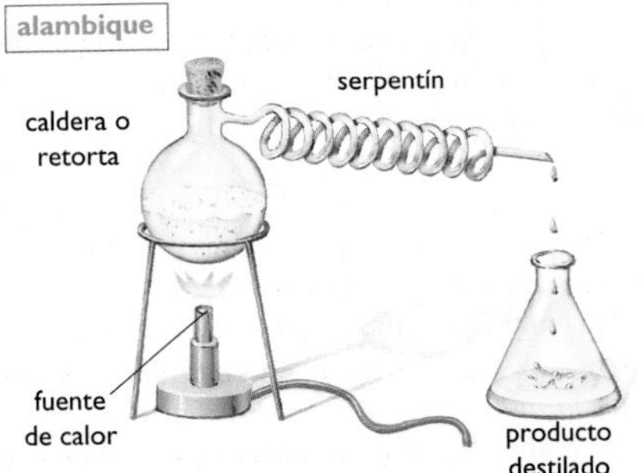

alambrada *[n.f.]* valla de alambres que rodea un terreno o separa alguno de sus lados del que está junto a él: *el perro pasó por debajo de la alambrada.* **AF.** valla, cerca.

alambre *[n.m.]* trozo de metal en forma de hilo: *un alambre de acero.* **FAM.** alambrada, alambrar, alambrado, alambrera. **COMP.** inalámbrico.

alameda *[n.f.]* 1 sitio en el que hay muchos álamos. **SIN.** chopera. 2 camino con álamos a los lados.

álamo *[n.m.]* árbol que llega a ser muy alto, crece muy deprisa, vive en sitios húmedos y tiene la madera blanca, blanda y poco pesada. **SIN.** chopo. **FAM.** alameda.

alarde *[n.m.]* lo que se hace para presumir de algo: *no hagas alarde de tu fuerza.* **SIN.** ostentación. **FAM.** alardear.

alargar *[v.]* 1 hacer que algo sea más largo de lo que era o que algo dure más de lo que se tenía previsto: *alargar unas cortinas, una reunión, un viaje...* **ANT.** acortar, reducir. // **alargarse** *[v.prnl.]* 2 durar algo el tiempo que se dice, o más tiempo de lo que se había previsto: *la fiesta se alargó hasta la madrugada; la reunión se alargó y no pudieron ir a comer.* **SIN.** prolongarse. **OBS.** ante e, gu: *alarguen.* **FAM.** alargador, alargamiento, alargado, largo.

alarido *[n.m.]* grito muy fuerte: *el oso herido dio un alarido de dolor.* **SIN.** grito, chillido.

alarma *[n.f.]* señal que avisa de algo: *la alarma de un museo; una luz de alarma.* **SIN.** alerta. TAMBIÉN se llama *alarma* al aparato que produce la señal: *ha instalado una alarma en el coche.* ■ **cundir la alarma**, llegar a preocuparse la gente por algo malo que pasa o que se ve que puede pasar. ■ **voz de alarma**, aviso de que hay un peligro. **FAM.** alarmante, alarmar, alarmista, alarmantemente.

alarmante *[adj.inv. en gén.]* que da motivos de preocupación porque es difícil de resolver, peligroso, grave, etc.: *una situación económica alarmante.* **SIN.** inquietante, preocupante. **ANT.** tranquilizador.

alarmar *[v.]* hacer que alguien se preocupe porque ve algún peligro: *la tormenta alarmó a los habitantes del caserío.* **SIN.** inquietar*. TAMBIÉN *prnl.: se alarmó al ver que no estaba en casa.*

alavés, alavesa *[adj. y n.]* de Álava, provincia española que pertenece a la comunidad autónoma del País Vasco y cuya capital es Vitoria: *un artista alavés; las alavesas.*

alba *[n.f.]* 1 luz que se ve en el cielo inmediatamente antes de que el sol empiece a aparecer en el horizonte: *el alba es una luz muy tenue.* **SIN.** aurora, alba, crepúsculo matutino. **ANT.** crepúsculo vespertino. 2 amanecer* (acepción 1): *durante el alba, el cielo se cubre de colores.* ■ **al alba**, al amanecer. **OBS.** en singular lleva artículo masculino: *el alba.* **FAM.** albear, albino, albura, albinismo, albillo, álbum, alborada.

albaceteño, albaceteña *[adj. y n.]* de Albacete, provincia española y su capital, que pertenecen a la comunidad autónoma de Castilla-La Mancha: *navajas albaceteñas; los albaceteños.* **SIN.** albacetense.

albacetense *[adj. y n.inv. en gén.]* albaceteño*.

albañil *[n.m.]* persona que se dedica a construir o arreglar cosas con ladrillos, yeso, cemento, etc.: *un albañil construyó el granero; los arquitectos y los aparejadores dicen lo que tienen que hacer los albañiles.* **FAM.** albañilería.

albañilería *[n.f.]* oficio de albañil: *una herramienta de albañilería; aprendió albañilería.*

útiles de albañilería

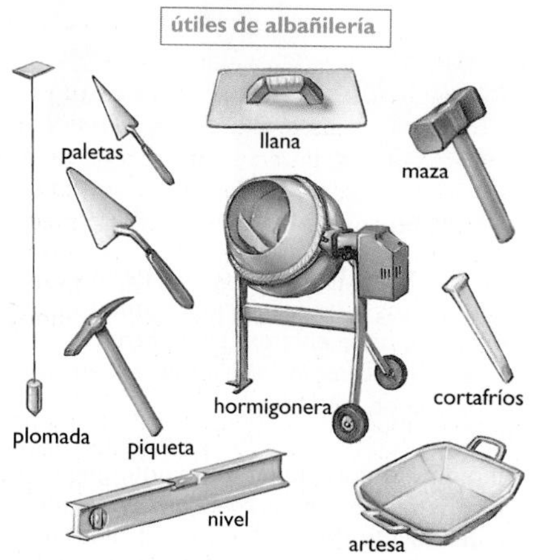

albaricoque *[n.m.]* 1 fruta casi esférica, de carne amarilla y dulce y piel amarillenta o rojiza, cubierta de una capa de pelusilla. **AMPL.** es un fruto del tipo que se llama ***drupa****. 2 albaricoquero*. **FAM.** albaricoquero.

albaricoquero *[n.m.]* árbol con las hojas en forma de corazón y flores blancas, cuyo fruto es el albaricoque. **SIN.** albaricoque.

albatros *[n.m.]* ave de color blanco, con las alas y la cola muy largas, que vive en el océano Pacífico y en el Índico.

albatros

albedrío *[n.m.]* posibilidad que tienen las personas de decidir lo que les parece más conveniente: *dejo la decisión a tu libre albedrío.* **AF.** voluntad, arbitrio.

alberca *[n.f.]* depósito que se construye con ladrillos o bloques de hormigón, para tener agua de riego: *en la huerta hay una alberca rectangular.* **SIN.** pileta, depósito, buchina.

albergar *[v.]* dar cama (y a veces también comida) a alguien: *albergaron en la escuela a los que se habían perdido.* **SIN.** hospedar, alojar, acoger, cobijar. TAMBIÉN *prnl.: cuando van de viaje se albergan en hoteles.* ■ **albergar esperanzas, ilusiones**, etc., llegar a tenerlas. **OBS.** ante e, gu: *alberguen.* **FAM.** albergue.

albergue *[n.m.]* 1 construcción sencilla que sirve para resguardarse del frío, de la lluvia, etc.: *los cazadores duermen en un albergue de la montaña.* **SIN.** refugio. 2 construcción en la que, por poco dinero, uno puede alojarse cuando va de paso, o en la que algunas instituciones acogen provisionalmente a quien no tiene dónde dormir: *viajan en bicicleta y duermen en albergues.*

albino, albina *[adj.]* que tiene la piel y el pelo mucho más claros de lo normal, porque le falta la sustancia que les da color: *las personas albinas son muy sensibles al sol.*

albóndiga *[n.f.]* bola de carne picada envuelta en harina y frita o guisada. **FAM.** albondiguilla.

alborada *[n.f.]* alba* (acepción 1): *vimos la alborada desde la torre del castillo.* **FAM.** albor, alborear, alba.

albornoz *[n.m.]* bata hecha con tela de felpa: *al salir de la ducha se pone un albornoz.* **PL.** *albornoces.*

alborotado, alborotada *[adj.]* 1 que está en desorden: *una habitación alborotada.* **SIN.** desordenado, liado, revuelto. 2 que está nervioso porque tiene muchas cosas que hacer o porque está muy ilusionado con algo: *los preparativos de la boda tienen alborotada a toda la familia.* **SIN.** alterado, excitado. **AF.** nervioso, inquieto. **ANT.** tranquilo.

alborotador, alborotadora *[adj.]* que crea desorden entre la gente: *grupos alborotadores.* TAMBIÉN *n.: el maestro castigó a los alborotadores.*

alborotar *[v.]* 1 hacer que algo quede desordenado, mezclando unas cosas con otras: *has alborotado los papeles y no encuentro lo que busco.* **SIN.** liar, enredar, revolver. 2 hacer que alguien esté nervioso: *la promesa de la fiesta alborotó a los niños.* **SIN.** excitar, alterar. **ANT.** tranquilizar*. TAMBIÉN *prnl.: los animales se alborotan cuando va a haber tormenta.* 3 crear desorden entre la gente: *los seguidores de uno de los equipos alborotaron a la entrada del estadio.* 4 moverse uno mucho, mover cosas, hacer ruido, etc., de manera que resulta molesto: *esta niña no hace más que alborotar.* **SIN.** enredar.

alboroto *[n.m.]* 1 lo que hay cuando las cosas no están en orden o se hacen sin organización: *¿cómo puedes trabajar con este alboroto de papeles?; al recoger los equipajes se produjo un gran alboroto.* **SIN.** jaleo, lío, barullo. **ANT.** orden, organización. 2 ruido que se oye cuando mucha gente habla, grita, ríe, se mueve, etc.: *no puede dormir con el alboroto de la plaza.* **SIN.** bulla, jaleo, bullicio, ruido, algarabía, guirigay. **INTENS.** escándalo. **ANT.** silencio. **FAM.** alborotar, alborotador, alborotadamente.

albufera *[n.f.]* laguna de agua salada separada del mar por un trozo largo y estrecho de tierra, que se forma en algunas playas bajas. **AF.** laguna, lago.

álbum *[n.m.]* conjunto de hojas encuadernadas en forma de libro, en las que se colocan cosas: *álbum de sellos, de fotos, de monedas...* **AF.** libro, cuaderno. **PL.** *álbumes.*

alcachofa *[n.f.]* 1 planta de huerta con tallos largos y carnosos, y su flor, que forma una especie de piña de hojas carnosas y superpuestas que se puede comer antes de que acabe de formarse. 2 pieza hueca, ancha y agujereada por un lado y estrecha y abierta por el otro, que se sujeta a un tubo por donde pasa agua, para que salga en forma de chorros finos: *las duchas y las regaderas acaban en una alcachofa.*

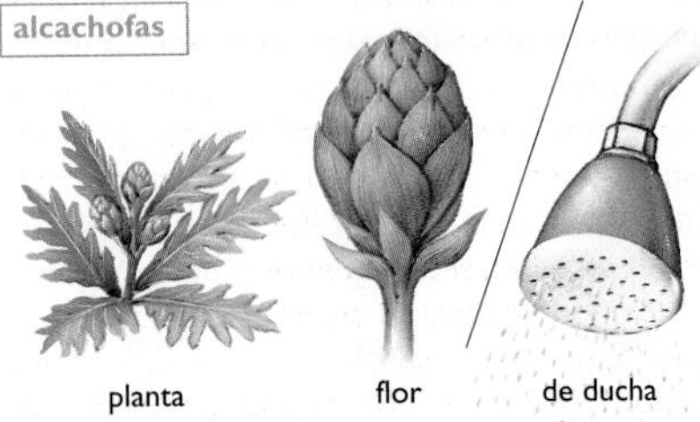

alcahuete, alcahueta *[n.]* persona que ayuda a otras a tener relaciones amorosas sin que los demás se enteren: *en la literatura picaresca son frecuentes los alcahuetes.* **AF.** encubridor, mediador, celestina.

alcalde, alcaldesa *[n.]* persona que tiene la máxima autoridad en un ayuntamiento: *el alcalde se reunió con los concejales.* **FAM.** alcaldía, ***alcaldada*** (lo que hace un alcalde cuando abusa de su autoridad).

alcaldía *[n.f.]* cargo de alcalde (*lo votaron para la alcaldía*), despacho donde trabaja el alcalde (*lo recibió en la alcaldía*) y territorio en el que un alcalde tiene autoridad (*estas tierras no pertenecen a su alcaldía.* **SIN.** municipio).

alcance *[n.m.]* 1 posibilidad que tiene algo de llegar a un sitio (o a una zona) que está a determinada distancia: *el libro está al alcance de mi mano; el misil tiene un alcance de varios cientos de kilómetros.* 2 importancia que llega a tener algo porque a la gente le interesa o es muy útil: *un descubrimiento de mucho alcance.* **SIN.** trascendencia, importancia. ■ **dar alcance**, llegar a la altura de alguien que iba delante. ■ **estar al alcance de** alguien, ser de tal manera que uno puede hacerlo o conseguirlo.

alcantarilla *[n.f.]* conducto subterráneo hecho para recoger el agua de lluvia y las aguas residuales de las ciudades. **SIN.** cloaca. **FAM.** alcantarillar, alcantarillado, alcantarillero.

alcantarillado *[n.m.]* conjunto de alcantarillas: *en el campo no hay alcantarillado.*

alcantarillar *[v.]* hacer alcantarillas en un sitio: *antes de empezar a hacer casas hay que urbanizar la zona y alcantarillarla.*

alcanzar *[v.]* 1 llegar a la altura a la que está alguien que iba delante: *echó una carrera para alcanzar a su padre.* **SIN.** pillar, igualarse con. **ANT.** distanciarse de. 2 darle a alguien algo o ponerlo en un sitio en el que pueda cogerlo: *alcánzame un plato del armario.* **SIN.** dar, pasar, acercar. 3 llegar a una altura determinada o conseguir una calificación, una categoría, etc.: *el nivel del agua alcanzó los dos metros; quiere alcanzar el puesto de director.* **SIN.** llegar a. 4 poder hacer lo que se dice: *con el griterío no alcanzo a oírte.* **SIN.** poder, conseguir, lograr. 5 ser suficiente: *la comida alcanzó para todos.* **SIN.** bastar. 6 poder coger o tocar algo que está lejos o alto: *poniéndose de puntillas alcanza hasta el quinto estante.* **SIN.** llegar. **OBS.** ante e, c: *alcancen.* **FAM.** alcance. **COMP.** inalcanzable.

alcaparra *[n.f.]* planta de hojas gruesas y redondeadas y flores blancas y grandes cuyo fruto es el *alcaparrón.* **SIN.** caparra, tápara. **AMPL.** el botón de las flores, que también se llama *alcaparra,* se usa como condimento. **FAM.** alcaparrón.

alcayata *[n.f.]* clavo en forma de ángulo recto: *cuelga el cuadro de una alcayata.* **SIN.** escarpia.

alcázar *[n.m.]* edificio bien situado y construido de manera que resulte difícil atacarlo con armas desde el exterior y que sea fácil defenderlo: *visitaron el alcázar de Segovia.* **AF.** fortaleza, fortificación.

alce *[n.m.]* animal del tipo del ciervo y del tamaño de un caballo, que tiene el cuello corto, la cabeza grande, el pelo oscuro y los cuernos como ramas grandes con los extremos aplastados.

alcoba *[n.f.]* zona de una habitación que no tiene ventanas y está separada del resto por un tabique con un hueco grande, sin puerta, muchas veces cubierto por una cortina: *la cama está en la alcoba y la mesa de trabajo junto a la ventana.*

alcohol *[n.m.]* 1 líquido incoloro, de olor fuerte, que arde con facilidad y con llama de bordes azules. 2 bebidas alcohólicas: *los abstemios no toman alcohol.* **FAM.** alcohólico, alcoholismo, alcoholizar, ***alcoholemia*** (exceso de alcohol en la sangre), alcoholímetro, alcoholero, alcoholización, alcoholera.

alcohólico, alcohólica *[adj.]* 1 que tiene alcohol: *el anís, la ginebra y el vodka son bebidas alcohólicas.* // **alcohólico, alcohólica** *[n.]* 2 persona que, aunque quisiera, no puede dejar de tomar bebidas con alcohol, si no es con un tratamiento médico, porque se ha acostumbrado a ellas.

alcoholismo *[n.m.]* enfermedad producida por la costumbre de tomar demasiadas bebidas alcohólicas.

alcornoque *[n.m.]* árbol de 8 a 10 metros de altura, copa grande, hojas siempre verdes y madera muy dura, que sólo se da en el sur de Europa (sobre todo en España y Portugal) y el norte de África. **AMPL.** el tronco está rodeado de una corteza gruesa de ***corcho**** y su fruto se llama ***bellota***.

aldaba *[n.f.]* llamador* de una puerta: *las puertas del palacio tienen grandes aldabas de bronce.* **FAM.** aldabón, aldabonazo, aldabazo.

aldea *[n.f.]* población pequeña que no tiene ayuntamiento propio. **FAM.** aldeano, aldeanismo, aldehuela.

aldeano, aldeana *[adj.]* 1 que se hace en las aldeas o es típico de las aldeas: *pan aldeano; costumbres aldeanas.* // **aldeano, aldeana** *[n.]* 2 persona que vive en una aldea: *los aldeanos sacaron en procesión la imagen de su santo patrón.* **SIN.** lugareño.

aleación *[n.f.]* mezcla de dos o más metales que se hace fundiéndolos: *las monedas de cien pesetas de 1997 son de una aleación de aluminio y bronce; el latón es una aleación de cobre y zinc.*

alegar *[v.]* explicar las razones de algo que uno defiende o quiere justificar: *el alcalde alega falta de dinero para no arreglar las calles.* **SIN.** aducir. **OBS.** ante e, gu: *aleguen.* **FAM.** alegación, alegato, alegable, alegatorio.

alegrar *[v.]* 1 hacer que alguien se ponga contento: *tus éxitos profesionales siempre me alegran.* **SIN.** producir alegría. **AF.** regocijar. **AF.** animar. **ANT.** disgustar, entristecer. TAMBIÉN *prnl.: me alegro* ***de*** *tus éxitos profesionales.* **GRAM.** como pronominal, el sujeto de la oración es la persona que se alegra y el verbo debe ir seguido de la preposición ***de***. 2 hacer que algo tenga aspecto alegre: *las flores alegran la habitación.*

alegre *[adj.inv. en gén.]* 1 que tiene alegría: *está alegre por el nacimiento de su hermano.* **SIN.** contento, feliz. **ANT.** triste. 2 que suele tener alegría: *es un niño muy alegre.* **SIN.** animado. 3 que produce alegría: *una noticia alegre; un color alegre; una habitación alegre.* 4 que demuestra alegría: *aspecto alegre; gesto alegre.* 5 que no está borracho pero, por haber bebido algo, hace cosas que no haría en estado normal: *cuando se pone alegre hace bobadas muy graciosas.*

alegría *[n.f.]* sentimiento que se tiene cuando a uno le gusta lo que pasa y que le hace fijarse en la parte buena de todo y tener ganas de hacer cosas: *le da mucha alegría ver crecer a sus nietos.* **SIN.** contento. **INTENS.** júbilo, euforia, regocijo. **AF.** satisfacción, gozo, felicidad. **ANT.** tristeza. **FAM.** alegre, alegrar, alegrón, alegremente.

alejamiento *[n.m.]* 1 lo que hay entre dos o más cosas o personas que se han separado: *el alejamiento de la familia lo pone triste.* **SIN.** separación, distancia. **ANT.** unión. 2 lo que hay entre dos o más personas que, a partir de un momento determinado, se tratan con poca confianza: *ha habido un alejamiento entre ellos.* **SIN.** distanciamiento. **ANT.** acercamiento.

alejar *[v.]* 1 poner algo o a alguien a más distancia de un sitio: *alejó la mesa de la pared; aleja al niño de la ventana.* **SIN.** apartar, separar, distanciar. **ANT.** aproximar, acercar. TAMBIÉN *prnl.: se alejaron de la casa.* 2 hacer que dos o más personas se traten con menos confianza que antes: *las discusiones los han alejado.* **SIN.** distanciar. **FAM.** alejado, alejamiento, lejos.

¡aleluya! *[interj.]* se usa como expresión de alegría.

alemán, alemana *[adj. y n.]* 1 de Alemania, país europeo cuya capital es Berlín: *coches alemanes; se casó con una alemana.* // **alemán** *[n.m.]* 2 idioma que se habla en Alemania, Austria y algunas zonas de Suiza y Bélgica: *estudia alemán.* **AMPL.** no es una lengua derivada del latín, aunque tiene algunas influencias; es una lengua *indoeuropea**, procedente de la que se hablaba en la antigua Germania.

alentar *[v.]* hacer que alguien tenga ilusión por hacer algo: *su entusiasmo me alienta a tratar de conseguirlo.* **SIN.** animar, impulsar, dar ánimos para, motivar para. **ANT.** desanimar, desalentar.

alergia *[n.f.]* reacción anormal del organismo de una persona ante algo que a otras no le produce ningún efecto extraño: *alergia al polen; la alergia al polvo lo hace estornudar.* **FAM.** alérgico, alergólogo, alérgeno.

alero *[n.m.]* borde del tejado que sobresale de la pared para protegerla del agua de lluvia: *en las zonas lluviosas los aleros son muy anchos.*

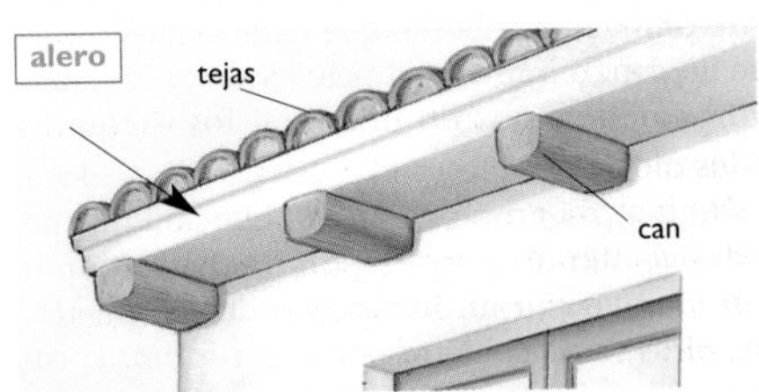

alerón *[n.m.]* pieza de las alas de los aviones que se puede mover para dirigir las subidas, las bajadas y los giros del aparato: *los alerones de la avioneta facilitan las maniobras.* **PL.** *alerones.*

alerta *[adv. de m.]* 1 con atención y cuidado para evitar algo malo: *en el bosque hay que andar alerta para no perderse; el perro siempre está alerta.* **SIN.** atento. **ANT.** distraído. // **alerta** *[n.f.]* 2 señal que avisa de algo: *la alerta sonó al abrir la puerta.* **SIN.** alarma. ■ **cundir la alerta**, cundir la alarma*. ■ **voz de alerta**, voz de alarma*. **FAM.** alertar, alertamente.

aleta *[n.f.]* 1 cada una de las membranas que sobresalen del cuerpo de los peces y que, junto con la cola, utilizan para moverse por el agua: *en la superficie del agua se veía la aleta de un tiburón.* 2 en la nariz, cada una de las partes exteriores que limitan los orificios: *cuando llora, le tiemblan las aletas de la nariz.* 3 calzado de plástico o de goma que tiene en la puntera una prolongación plana y se usa para nadar: *los buzos usan aletas.* 4 pieza del coche que cubre la rueda: *tuvo que pintar la aleta delantera izquierda.* **FAM.** aletear, aletazo, aleteo, ala.

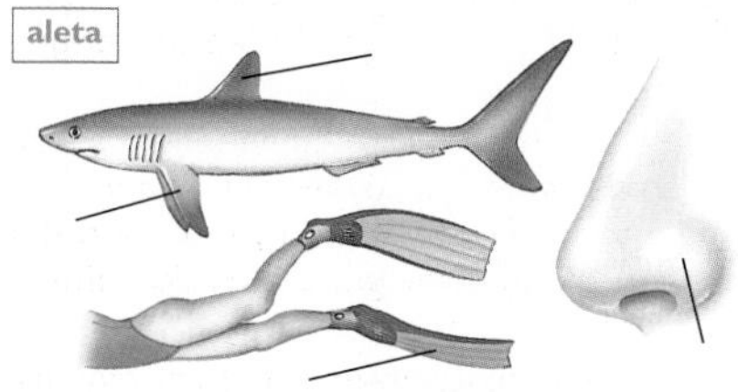

aletargar *[v.]* 1 hacer que alguien o algo esté medio dormido: *la llegada del invierno aletarga a muchos animales.* TAMBIÉN *prnl.: algunos animales se aletargan.* 2 hacer que algo pierda sensibilidad: *el humo del opio aletarga los sentidos.* **SIN.** adormecer. **OBS.** ante e, gu: *aletarguen.* **FAM.** aletargamiento, letargo.

aletazo *[n.m.]* golpe o movimiento brusco de la aleta o las alas: *la ballena dio un aletazo.*

aletear *[v.]* mover las alas sin estar volando, o las aletas sin estar nadando: *el pollo aleteaba junto a su madre; los peces aletean si los sacas del agua.* **OBS.** e + e = ee: *aleteen.*

alevín *[n.m.]* cría de algunos tipos de peces. **PL.** *alevines.*

alevosía *[n.f.]* manera de hacer algo para perjudicar a alguien, asegurándose de que no será descubierto y de que el perjudicado no pueda defenderse: *un crimen con alevosía.* **AF.** traición, felonía, perfidia. **FAM.** alevoso.

alfabético, alfabética *[adj.]* del alfabeto, o que está ordenado siguiendo el orden del alfabeto: *sistema alfabético; una lista alfabética.*

alfabetizar *[v.]* 1 enseñar a alguien a leer y escribir: *en España se alfabetiza a todos los niños.* **AF.** instruir, educar. 2 poner algo en orden alfabético: *está alfabetizando el fichero.* **OBS.** ante e, c: *alfabeticen.*

alfabeto *[n.m.]* 1 conjunto de todas las letras que se utilizan para escribir en una lengua y que se dicen siempre en el mismo orden. **SIN.** abecedario. **AMPL.** se llama *alfabeto* porque las dos primeras letras del ***alfabeto griego*** son la ***alfa*** y la ***beta***. No se utiliza el mismo alfabeto para escribir en todas las lenguas: por ejemplo, para escribir en español usamos el ***alfabeto latino***; el ruso se escribe con letras del ***alfabeto cirílico*** y las lenguas árabes, con el ***alifato*** o alfabeto árabe. 2 conjunto de signos creados para comunicarse: *el alfabeto morse está formado por una combinación de puntos y rayas.* **FAM.** alfabético, alfabetizar, alfabéticamente, alfabetización. **COMP.** analfabeto. (VER cuadro en p. 50.)

alfalfa *[n.f.]* planta que se cultiva, sobre todo, para darla como alimento a algunos animales herbívoros. **AF.** forraje, mielga.

alfarería *[n.f.]* 1 arte de fabricar cacharros de barro cocido: *la alfarería es una actividad manual.* **SIN.** cerámica. 2 taller en el que se fabrican o se venden cacharros de barro cocido: *en las alfarerías hacen botijos.* **SIN.** alfar. **FAM.** alfarero, alfar.

alfarero, alfarera *[n.]* persona que fabrica cacharros de barro cocido: *"y si nos hizo de barro, Dios fue el primer alfarero y el hombre el primer cacharro".* **SIN.** ceramista, barrero. **AF.** botijero, tinajero.

alféizar *[n.m.]* saliente de la pared alrededor de una puerta o ventana, especialmente el que está en la parte de abajo de las ventanas: *puso los tiestos en el alféizar de la ventana.*

alférez *[n.]* 1 entre los militares, oficial de grado inferior al de teniente y superior al de subteniente, cuya divisa es una estrella de 6 puntas. 2 oficial que, en un desfile, va delante llevando la bandera. **SIN.** abanderado. **PL.** *alféreces.*

alfabetos

Latino M.	Latino m.
A	a
B	b
C	c
Ch	ch
D	d
E	e
F	f
G	g
H	h
I	i
J	j
K	k
L	l
M	m
N	n
Ñ	ñ
O	o
P	p
Q	q
R	r
S	s
T	t
U	u
V	v
W	w
X	x
Y	y
Z	z

Griego M.	m.	n.	pr.
Α	α	alfa	a
Β	β	beta	b
Γ	γ	gamma	g
Δ	δ	delta	d
Ε	ϵ	épsilon	e (breve)
Ζ	ζ	dseta	z (ds)
Η	η	eta	e (larga)
Θ	θ	zeta	z
Ι	ι	yota	i
Κ	κ	kappa	c (k)
Λ	λ	lambda	l
Μ	μ	mi	m
Ν	ν	ni	n
Ξ	ξ	xi	ks
Ο	ο	ómicron	o (breve)
Π	π	pi	p
Ρ	ρ	rho	r
Σ	σ	sigma	s
Τ	τ	tau	t
Υ	υ	ípsilon	u francesa
Φ	φ	phi	f
Χ	χ	ji	j
Ψ	ψ	psi	ps
Ω	ω	omega	o (larga)

Árabe a.	f.	med.	i.	n	tr.
ا	ـا	ـا	ا	alif	
ب	ـب	ـبـ	بـ	bā'	b
ت	ـت	ـتـ	تـ	tā'	t
ث	ـث	ـثـ	ثـ	ṯā'	ṯ
ج	ـج	ـجـ	جـ	ŷīm	ŷ
ح	ـح	ـحـ	حـ	ḥā	ḥ
خ	ـخ	ـخـ	خـ	jā'	j
د	ـد	ـد	د	dāl	d
ذ	ـذ	ـذ	ذ	ḏāl	ḏ
ر	ـر	ـر	ر	rā'	r
ز	ـز	ـز	ز	zāy	z
س	ـس	ـسـ	سـ	sīn	s
ش	ـش	ـشـ	شـ	šīn	š
ص	ـص	ـصـ	صـ	ṣād	ṣ
ض	ـض	ـضـ	ضـ	ḍād	ḍ
ط	ـط	ـطـ	طـ	ṭā'	ṭ
ظ	ـظ	ـظـ	ظـ	ẓā'	ẓ
ع	ـع	ـعـ	عـ	'ayn	'
غ	ـغ	ـغـ	غـ	gayn	g
ف	ـف	ـفـ	فـ	fā'	f
ق	ـق	ـقـ	قـ	qāf	q
ك	ـك	ـكـ	كـ	kāf	k
ل	ـل	ـلـ	لـ	lām	l
م	ـم	ـمـ	مـ	mīm	m
ن	ـن	ـنـ	نـ	nūn	n
ه	ـه	ـهـ	هـ	hā'	h
و	ـو	ـو	و	wāw	w
ي	ـي	ـيـ	يـ	yā'	y

Morse	
A	·–
B	–···
C	–·–·
Ch	––––
D	–··
E	·
F	··–·
G	––·
H	····
I	··
J	·–––
K	–·–
L	·–··
M	––
N	–·
Ñ	––·––
O	–––
P	·––·
Q	––·–
R	·–·
S	···
T	–
U	··–
V	···–
W	·––
X	–··–
Y	–·––
Z	––··
1	·––––
2	··–––
3	···––
4	····–
5	·····
6	–····
7	––···
8	–––··
9	––––·
0	–––––
punto	·–·–·–
coma	––··––
dos puntos	–––···
punto y coma	–·–·–·
paréntesis	–·––·–
interrogación	··––··
apóstrofe	·––––·
raya de fracción	–··–·
fin del mensaje	·–·–·
fin de la transmisión	···–·–

M. mayúsculas; **m.** minúsculas; **n.** nombre; **pr.** pronunciación; **a.** aislada; **f.** final; **med.** medial; **i.** inicial; **tr.** transcripción.

alfil *[n.m.]* pieza del juego del ajedrez que se mueve diagonalmente sobre los cuadros de su color: *los alfiles representan a los elefantes de combate.*

alfiler *[n.m.]* 1 barrita metálica muy delgada, con un extremo acabado en punta y el otro rematado con una pieza circular o esférica que se llama *cabeza*: *sujetó las telas con varios alfileres.* 2 pieza de joyería o de bisutería que se usa como adorno o para sujetar algo en la ropa: *un alfiler de corbata.* **AF.** broche, pasador. ■ **no caber ni un alfiler** en un sitio, estar completamente lleno. **FAM.** alfiletero.

alfiletero *[n.m.]* tubo corto y estrecho para guardar agujas y alfileres.

alfombra *[n.f.]* 1 pieza de tejido especialmente hecha para ponerla en el suelo: *las alfombras aíslan del frío.* 2 conjunto de cosas puestas de manera que el suelo queda cubierto: *una alfombra de flores.* **FAM.** alfombrar, alfombrado. **COMP.** desalfombrar.

alfombrar *[v.]* cubrir el suelo con una alfombra o con otra cosa: *alfombraron el pasillo.* **AF.** enmoquetar. **ANT.** desalfombrar.

alforja *[n.f.]* tira de tela fuerte con dos grandes bolsas en los extremos para repartir el peso de lo que se carga, y que se apoya por el centro: *llevaba al hombro una alforja con dos cántaros.* **OBS.** se usa más en plural: *le puso las alforjas al burro.*

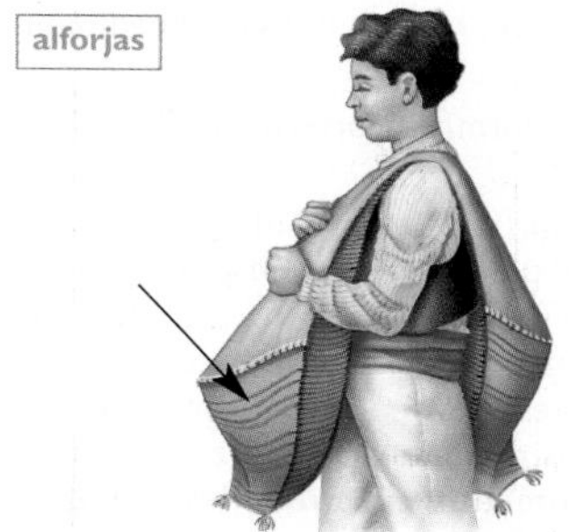

alga *[n.f.]* planta que vive en el agua del mar o en agua dulce, puede estar formada por una o varias células y tener forma de hilo, de cinta o de lámina. **OBS.** en singular lleva artículo masculino: *un alga.*

algarabía *[n.f.]* voces y gritos que se oyen cuando hay varias personas hablando, gritando, riendo, discutiendo, etc.: *la algarabía del patio de una escuela.* **SIN.** griterío, guirigay. **AF.** alboroto, jaleo, barullo.

algarroba *[n.f.]* 1 planta de flores blancas cuya semilla, que también se llama *algarroba* y es una especie de lenteja con pintas oscuras, cuando está seca se le da de comer a los animales. 2 fruto del algarrobo*, que es una vaina de color marrón con semillas muy duras que sirven para alimentar ganado. **FAM.** algarrobo, algarrobal, algarrobilla.

algarrobo *[n.m.]* árbol de ocho a diez metros de altura, que tiene las hojas brillantes y siempre verdes, las flores rojas y un fruto comestible muy dulce que se llama *algarroba.*

algo *[pron. indef.]* 1 alguna cosa, cierta cosa que no se sabe: *aquí hay algo que huele mal.* // **algo** *[adv. de c.]* 2 un poco: *vive algo ajetreado.* ■ **algo de**, un poco de: *algo de azúcar.*

algodón *[n.m.]* 1 planta de flores amarillas con manchas rojas y fruto formado por una especie de recipiente (*cápsula*) donde están las semillas. **AMPL.** las semillas están envueltas en una fibra blanca, larga y esponjosa, que sale de la cápsula cuando ésta se abre y que también se llama *algodón.* 2 tela hecha con hilos preparados con esta fibra: *un vestido de algodón.* **PL.** *algodones.* **FAM.** algodonero, algodonal, algodoncillo, algodonar, algodonoso.

algodonero, algodonera *[adj.]* 1 del algodón: *cultivo algodonero; plantación algodonera.* // **algodonero, algodonera** *[n.]* 2 persona que se dedica al cultivo del algodón.

alguacil *[n.m.]* empleado de un ayuntamiento o de un juzgado, a las órdenes del alcalde, del juez o de un tribunal. **FAM.** alguacilillo, alguacilesa, alguacilazgo, alguacilería, alguacilía, alguacilesco.

alguien *[pron. indef.]* 1 alguna persona, cierta persona que no sabemos quién es o que no queremos decir quién es: *alguien ha llamado.* **GRAM.** no tiene género ni número y el verbo que lo acompaña va siempre en 3ª persona de singular. 2 persona importante: *creerse alguien; sentirse alguien; ser alguien.*

algún *[adj. indef.]* apócope de *alguno*, que se usa ante nombres de género masculino y número singular.

alguno, alguna *[adj. indef.]* 1 uno cualquiera que no se sabe o no se quiere decir: *di que pase alguna niña de las que hay fuera.* TAMBIÉN *pron.*: *¿queda alguno?; díselo a alguno de tus amigos.* 2 unos pocos o unos cuantos, pero no todos ni muchos: *algunos soldados; algunos días.* TAMBIÉN *pron.*: *algunos no fueron.* **OBS.** como adjetivo, ante nombre masculino singular se usa *algún*: *algún niño; algún día.*

alhaja *[n.f.]* joya*: *un anillo de oro es una alhaja; este niño es una alhaja.* **FAM.** alhajado, alhajar.

alhelí *[n.m.]* planta de jardín cuyas flores pueden ser de distintos colores y que huelen muy bien. **PL.** *alhelíes* o *alhelís.*

alias *[adv. de m.]* 1 por otro nombre: *Rodrigo Díaz de Vivar, alias "El Cid".* // **alias** *[n.m.]* 2 apodo*: *en los pueblos, mucha gente tiene un alias.*

alicantino, alicantina *[adj. y n.]* de Alicante, provincia española y su capital, que pertenecen a la Comunidad Valenciana: *un niño alicantino; una alicantina de Alcoy.*

alicatar *[v.]* cubrir con azulejos: *alicataron las paredes de la cocina.*

alicates *[n.m.pl.]* herramienta formada por dos barras cruzadas y con la forma adecuada para coger y sujetar objetos pequeños: *sujeta la tuerca con los alicates mientras haces girar el tornillo.*

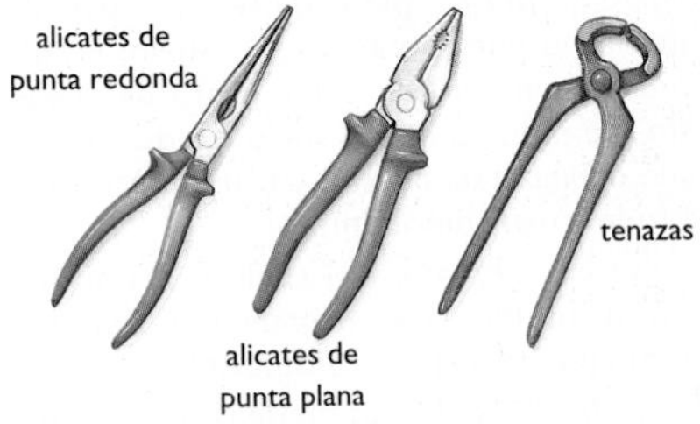

aliado, aliada *[adj.]* que se ha puesto de acuerdo con quien se dice, para ayudarse cuando cada uno lo necesite: *los integrantes de la Unión Europea son países aliados.* **AF.** amigo, asociado. **ANT.** adversario, enemigo. TAMBIÉN *n.*: *los aliados contra Hitler entraron en Francia desembarcando en Normandía.*

alianza *[n.f.]* 1 lo que forman dos o más personas, países o instituciones, cuando se han puesto de acuerdo en que se ayudarán en algo cuando cada uno lo necesite: *la OTAN es una alianza militar.* 2 documento firmado por ellos en el que figuran los datos del acuerdo: *firmaron una alianza comercial.* **SIN.** acuerdo, convenio. 3 anillo que simboliza la unión matrimonial y que los novios se ponen, uno a otro, en la ceremonia de la boda: *siempre lleva puesta la alianza.* **FAM.** aliado, aliar.

aliar *[v.]* hacer que dos o más personas se unan para defender algo, atacar algo o conseguir algo: *la amistad los alió en contra de la injusticia.* TAMBIÉN *prnl.*: *los vecinos se aliaron para conseguir mejores servicios.* **SIN.** unirse. **AF.** asociarse. **ACENT.** como *fiar*.*

aliciente *[n.m.]* aquello que le sirve a alguien para querer hacer algo o conseguirlo, aunque le cueste esfuerzo o tiempo o le resulte aburrido: *saber muchas cosas debe ser el principal aliciente de los estudiantes.* **SIN.** estímulo, acicate, incentivo. **AF.** móvil. **ANT.** impedimento, freno.

alicóptero forma incorrecta de decir *helicóptero*.*

aliento *[n.m.]* 1 aire que, al respirar, sale por la boca y por la nariz: *cuando hace mucho frío, el aliento se hiela.* **SIN.** hálito. 2 posibilidad de respirar bien: *de tanto correr, se quedó sin aliento.* **SIN.** resuello. 3 fuerza espiritual que hace que una persona siga esforzándose hasta en los momentos más difíciles: *con gran aliento consiguió sus propósitos.* **SIN.** ánimo, espíritu. **ANT.** desaliento, desánimo. **FAM.** alentar, alentado. **COMP.** desalentar.

aligerar *[v.]* 1 hacer que algo pese menos: *saca libros de la caja para aligerarla.* **SIN.** aliviar. 2 hacer que algo cueste menos esfuerzo o menos tiempo: *las máquinas aligeran el trabajo.* **AF.** suavizar. 3 hacer que algo sea más rápido:

aligerar la marcha, el paso... **SIN.** acelerar, avivar.

alimaña *[n.f.]* animal que ataca a los animales pequeños que suele cazar el hombre, como el conejo, la perdiz, etc.: *el zorro es una alimaña.*

alimentación *[n.f.]* 1 acción por la que se alimenta a alguien o a uno mismo: *la alimentación es indispensable para vivir.* **SIN.** sustento, manutención. 2 conjunto de las cosas que se comen: *la alimentación debe ser variada.* **AF.** nutrición.

alimentar *[v.]* 1 dar al organismo lo que necesita para vivir y desarrollarse: *las madres alimentan a sus hijos.* **AF.** nutrir, mantener. TAMBIÉN *prnl.: los animales herbívoros se alimentan con vegetales.* 2 servir algo como alimento: *la leche alimenta, pero las golosinas no.* **SIN.** nutrir. 3 darle a un aparato el combustible o energía que necesita para funcionar o el material con que tiene que trabajar: *alimenta la impresora con papel.*

alimenticio *[adj.]* que tiene sustancias (vitaminas, proteínas, minerales, etc.) de las que necesitan los seres vivos para vivir y desarrollarse: *las frutas son productos alimenticios.* **SIN.** nutritivo.

alimento *[n.m.]* lo que se toma para que el organismo pueda vivir y desarrollarse: *la carne y la fruta son alimentos.* **SIN.** comida. **FAM.** alimentación, alimentar, alimenticio.

alinear *[v.]* 1 poner personas o cosas en línea recta: *el profesor alineó a los alumnos.* TAMBIÉN *prnl.: se alinearon junto a la pared.* 2 hacer que un jugador forme parte de un equipo: *lo alinearon en la selección nacional.* **OBS.** e + e = ee: *alineen.* **FAM.** alineación, alineado, línea.

aliñar *[v.]* añadir a los alimentos sustancias o productos que los hagan más sabrosos: *aliñan la lechuga con sal, aceite y vinagre.* **SIN.** componer. **AF.** sazonar, condimentar, aderezar. **FAM.** aliño.

alisar *[v.]* hacer que algo quede liso o más liso de lo que estaba: *alisar un terreno, el pelo, la ropa...; alisó el tablón con el cepillo de carpintero.* **FAM.** alisamiento, alisado, liso.

alistar *[v.]* escribir el nombre de alguien en una lista: *alistaron a los participantes en la carrera.* **SIN.** apuntar, inscribir. TAMBIÉN *prnl.: se alistó en el ejército.* **FAM.** alistamiento, lista.

aliviar *[v.]* 1 hacer que algo resulte menos molesto: *aliviar el dolor.* **SIN.** atenuar, suavizar, mitigar, aplacar. 2 hacer que algo resulte menos pesado: *alivia la carga del caballo o no podrá con ella.* **SIN.** aligerar. 3 hacer que alguien se encuentre mejor que antes: *la medicina te aliviará.* **FAM.** alivio, aliviador, aliviadero.

alivio *[n.m.]* 1 lo que siente quien se encuentra mejor que antes: *al bajarle la fiebre sintió un gran alivio.* **SIN.** mejoría. **ANT.** empeoramiento. 2 lo que siente quien ha conseguido solucionar un problema o quitarse una carga: *fue un alivio poder pagar la deuda.* **SIN.** descanso.

aljibe *[n.m.]* depósito subterráneo para recoger el agua de lluvia: *muchos castillos tenían aljibe.* **SIN.** cisterna.

allá *[adv. de l.]* 1 en un lugar lejos del sitio en que está quien habla: *mira hacia allá; vive más allá del puente.* // **allá** *[adv. de t.]* 2 en un tiempo lejano, pasado o futuro: *allá por el siglo XII; allá para el 2075.*

Haya con hache e y griega
árbol de buena madera
o forma de haber será;
halla con hache y con elle
es forma del verbo hallar,
que significa encontrar,
y **allá**, sin hache y con elle,
es adverbio de lugar.

allanamiento *[n.m.]* 1 acción por la que algo queda llano: *el allanamiento del solar les llevó varios días.* 2 lo que hace quien entra en casa de otro violentamente y sin permiso: *un delito de allanamiento.*

allanar *[v.]* hacer que una cosa sea más llana de lo que era: *las apisonadoras allanaron el terreno.* **SIN.** nivelar. **AF.** alisar, aplanar. **FAM.** allanamiento, allanar, llano.

allegado, allegada *[n.]* persona a la que otra siente cerca por ser familiar suyo o amigo suyo: *invitó a todos sus allegados.* **AF.** pariente, próximo. **ANT.** extraño.

allí *[adv. de l.]* indica un sitio que se señala o del que se está hablando y que está a cierta distancia del que habla: *coloca los vasos allí; entraron por allí; salieron de allí a las 10 en punto.* **ANT.** aquí.

alma *[n.f.]* 1 parte no material del ser humano. **SIN.** espíritu, psique, ánima. 2 ser humano: *en la plaza se concentraron 10.000 almas.* **SIN.** persona, individuo. 3 persona sin la que un grupo no funcionaría tan bien como funciona: *el número 5 es el alma del equipo.* **SIN.** motor. **AF.** líder. ■ **caérsele a uno el alma a los pies**, sentir mucha tristeza y desánimo. ■ **como alma que lleva el diablo**, con tanta prisa como si se huyera de algo. ■ **con toda el alma**, con mucho interés o mucha intensidad. ■ **poner el alma** en algo, hacerlo con mucho interés y dedicando todo el esfuerzo y el tiempo que haga falta. **OBS.** en singular lleva artículo masculino: *el alma; las almas.* **FAM. COMP.** desalmar, desalmado, desalmadamente.

almacén *[n.m.]* construcción o parte de una construcción en la que se guardan cosas: *guardaron los muebles en un almacén; un almacén de patatas.* **AF.** depósito. ■ **grandes almacenes**, edificio grande en el que hay distintas secciones en las que se venden productos de todo tipo. **PL.** *almacenes.* **FAM.** almacenar, almacenista, almacenero, almacenaje, almacenamiento.

almacenar *[v.]* 1 guardar cosas en un almacén: *almacenaron los artículos recibidos.* 2 ir guardando cosas: *en el trastero almacenamos cosas inservibles.* **SIN.** acumular, amontonar.

almacenista *[n.inv. en gén.]* persona que compra productos en grandes cantidades para venderlos a las tiendas: *un almacenista de verduras; es una almacenista de calzado.* **SIN.** distribuidor. **AF.** comerciante.

almanaque *[n.m.]* calendario con datos de todos los días del año, las fiestas religiosas y civiles que se celebran cada día, las fases de la luna, etc.: *un almanaque del año 1890.* **AF.** calendario, dietario, anuario.

almeja *[n.f.]* animal que vive en el mar, es comestible, no tiene cabeza y tiene el cuerpo protegido por dos conchas de color gris verdoso. **AMPL.** los animales de este tipo se llaman ***moluscos lamelibranquios*** y sus conchas, ***valvas***.

almena *[n.f.]* cada uno de los bloques de piedra separados por huecos, que en lo alto de las murallas servían para protegerse cuando se era atacado desde el exterior.

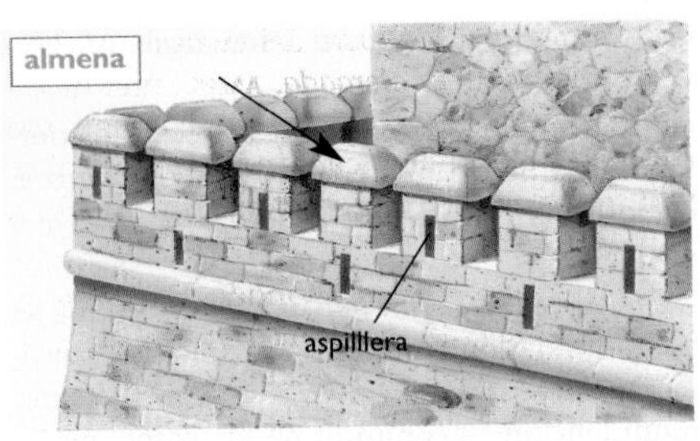

almendra *[n.f.]* fruto que da el almendro y está formado por una cáscara gruesa de madera y una semilla ovalada, plana y comestible que está dentro de la cáscara. **AMPL.** cuando la almendra no está todavía madura, está forrada con una cubierta gruesa y verde, tiene la cáscara delgada y blanda y se llama ***almendruco***. **FAM.** almendrado, almendrar, almendro, almendruco.

almendro *[n.m.]* árbol de flores blancas o rosadas que florece a principios de primavera y cuyo fruto es la almendra.

almeriense *[adj. y n.inv. en gén.]* de Almería, provincia española y su capital, que pertenecen a la comunidad autónoma de Andalucía: *sierra almeriense; se casó con un almeriense.*

almíbar *[n.m.]* azúcar disuelto en agua y cocido al fuego hasta que queda un líquido algo espeso: *bañó con almíbar las peras cocidas.* **FAM.** almibarar, almibarado.

almidón *[n.m.]* sustancia que forma parte del grano de los cereales y se usa en medicina, en la industria y, disuelta en agua, para que la ropa, al plancharla, quede más tiesa: *puso almidón en el cuello y los puños de la camisa.* **PL.** *almidones.* **FAM.** almidonar, almidonado.

almirante *[n.m.]* oficial que tiene la máxima graduación en la marina del ejército español. **FAM.** almirantazgo.

almirez *[n.m.]* recipiente de metal en el que, con una especie de mazo que se llama *mano*, se machacan y se mezclan cosas (especialmente alimentos y especias): *machaca unas avellanas en el almirez.* **AMPL.** una especie de almirez, pero de madera, es un ***mortero***. **PL.** *almireces.*

almohada *[n.f.]* bolsa cerrada de tela, rellena de algo blando, que se usa para apoyar la cabeza o cualquier parte del cuerpo: *la almohada de la cama es alargada.* **AMPL.** una almohada cuadrada o redonda también se llama ***cojín*** y una grande y cuadrada, ***almohadón***. **FAM.** almohadilla, almohadón, almohadillar, almohadillado.

almohadilla *[n.f.]* almohada o cojín muy pequeño. **AMPL.** la que se usa para tener clavadas agujas y alfileres se llama ***acerico***.

almohadón *[n.m.]* 1 funda de tela en la que se mete la almohada de la cama y que se quita y se pone para poder lavarla. 2 almohada grande y cuadrada: *apoya la espalda en almohadones.* **PL.** *almohadones.*

almóndiga forma incorrecta de decir *albóndiga*.*

almorzar *[v.]* 1 comer algo a media mañana: *almuerzan cuando salen al recreo.* 2 comer a mediodía: *almorzamos a las dos y media.* **SIN.** comer. **AMPL.** en España, para hablar de la comida de mediodía es mucho más frecuente el uso de la palabra *comer*, pero en muchos sitios de América se usa *almorzar.* **CONJUG.** como *forzar*.* **FAM.** almuerzo.

almuerzo *[n.m.]* 1 lo que se come a media mañana: *algunos niños llevan almuerzo al colegio.* **AF.** refrigerio, tentempié. 2 lo que se come al mediodía: *prepararon almuerzo para todos.* **SIN.** comida. **FAM.** almorzar.

alocado, alocada *[adj.]* que hace las cosas sin haberse parado a pensar en las consecuencias: *es tan alocado que a veces cruza la calle sin mirar si pasan coches.* **SIN.** atolondrado. **ANT.** prudente. **FAM.** alocamiento, loco.

alojamiento *[n.m.]* 1 lo que da quien aloja a alguien y lo que recibe quien se aloja en un sitio: *le dieron alojamiento en su casa.* **SIN.** hospedaje. 2 sitio en el que uno está alojado: *tiene un alojamiento muy agradable.*

alojar *[v.]* 1 dar cama (y a veces también comida) a alguien, por amistad, como suele hacerse en la propia casa, o por dinero, como hacen en los hoteles, las pensiones, etc.: *la alojaron en su casa.* **SIN.** hospedar, dar alojamiento, dar hospedaje. TAMBIÉN *prnl.: cuando están de viaje se alojan en hoteles.* **SIN.** hospedarse, albergarse, parar. 2 quedarse algo en el sitio que se dice: *la espina se le alojó en la garganta.* **FAM.** alojamiento, alojo. **COMP.** desalojar, desalojo.

alondra *[n.f.]* pájaro de 15 a 20 centímetros de largo, de color pardo, con plumas negras formando una especie de collar, que anida en los campos de cereales, se alimenta de insectos y de granos de cereal y tiene un canto suave y agradable.

alpaca *[n.f.]* 1 animal del tipo del camello pero más pequeño y sin joroba, que tiene el pelo largo, brillante y flexible y vive en algunas zonas de América (Perú y Chile). 2 tela hecha con pelo de este animal: *un traje de alpaca.* 3 material con el mismo color, brillo y dureza que la plata, que se hace por aleación de cobre, níquel y cinc: *una bandeja de alpaca.*

alpaca

alpargata *[n.f.]* calzado de tela con suela de cáñamo o de esparto, que a veces se ata al pie con unas cintas.

alpinismo *[n.m.]* deporte que consiste en escalar montañas. **SIN.** montañismo, escalada.

alpinista *[n.inv. en gén]* persona que se dedica a escalar montañas. **SIN.** montañero, escalador.

alpino, alpina *[adj.]* de los Alpes, cordillera de altas montañas que está en Europa, en territorio de Francia, Suiza, Italia y Austria: *paisaje alpino; nieve alpina.* **FAM.** alpinismo, alpinista.

alpiste *[n.m.]* planta cuyas semillas se utilizan para alimentar a los pájaros.

alquilar *[v.]* ponerse de acuerdo dos personas para que una utilice algo que es de la otra, pagando dinero por ello: *alquilar un piso, un coche...; le alquilarán el piso a unos estudiantes.* **SIN.** arrendar. **AMPL.** la persona que paga por usar lo que es de otro es el ***arrendatario***, y el dueño de la cosa alquilada el ***arrendador*** o ***alquilador***. **FAM.** alquiler, alquilado. **COMP.** realquilar, realquilado.

b c d e f g h i j k l m n ñ o p q r s t u v w x y z

alquiler *[n.m.]* 1 cantidad de dinero que se paga por utilizar algo que no es de uno: *el alquiler es alto.* **SIN.** renta. 2 acción con la que una persona le alquila algo a otra: *han firmado un contrato de alquiler.* **SIN.** arrendamiento, arriendo.

alquitrán *[n.m.]* sustancia pastosa, pegajosa y de color muy oscuro que se usa en la construcción de carreteras y para evitar que entre agua en los barcos, en los tejados de las casas, etc.: *el alquitrán se pone muy duro cuando se enfría.* **AF.** pez, brea.

alrededor *[adv. de l.]* 1 por fuera y rodeando lo que se dice: *hay una cerca alrededor de la casa; le puso una venda alrededor de la herida.* **SIN.** en torno a. // **alrededor** *[adv. de c.]* 2 poco más o poco menos de lo que se dice: *anduvieron alrededor de seis kilómetros.* **SIN.** aproximadamente, cerca de. // **alrededores** *[n.m.pl.]* 3 lo que está fuera del sitio que se dice, pero al lado: *dieron un paseo por los alrededores de la catedral.* **SIN.** cercanías. **ANT.** centro.

alta *[n.m.]* documento en el que un médico dice que uno ya está curado del problema de salud que tenía: *cuando le den el alta volverá a trabajar.* ■ **darse de alta** o **dar de alta**, apuntarse (o apuntar a alguien) en un sitio y pagar lo que corresponda para poder usar los servicios que ofrece o participar en sus actividades.

altanero, altanera *[adj.]* que demuestra altanería*: *algunos famosos son muy altaneros; un comportamiento altanero.* **SIN.** altivo, arrogante. **AF.** soberbio, orgulloso, presuntuoso. **ANT.** modesto, sencillo. **FAM.** altanería, alto.

altanería *[n.f.]* lo que demuestra quien trata a los demás como si fuera más importante o mejor que ellos: *no soporta la altanería de algunos artistas.* **SIN.** altivez, arrogancia. **AF.** soberbia, presunción, orgullo. **ANT.** modestia, sencillez.

altar *[n.m.]* especie de mesa que se usa para los cultos religiosos: *en las iglesias románicas ponían el altar de piedra; en las culturas antiguas se usaban altares para los sacrificios a los dioses.* **AMPL.** los altares católicos tienen que tener en el centro el ***ara***, que es una pieza que contiene una reliquia.

altar

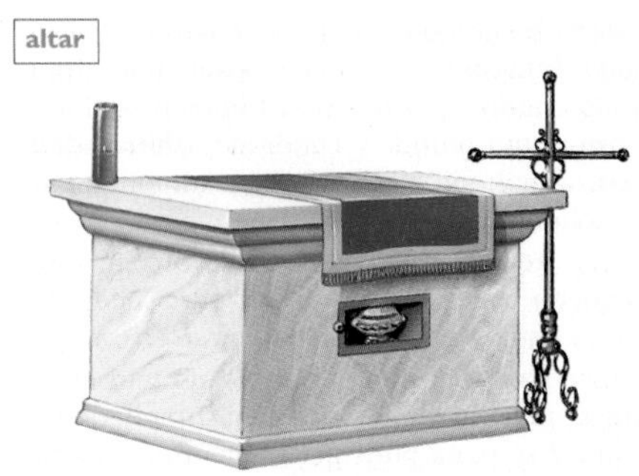

altavoz *[n.m.]* aparato que sirve para aumentar la intensidad del sonido: *anunciaban por los altavoces el inicio de las fiestas.* **SIN.** megáfono. **PL.** *altavoces.*

alteración *[n.f.]* hecho de que algo cambie: *la alteración de un itinerario; casarse supone una alteración en el tipo de vida.* **SIN.** cambio, variación, modificación. **ANT.** mantenimiento.

alterar *[v.]* 1 hacer que algo cambie: *los cambios de temperatura alteran el estado de la madera; no alteres el horario de comidas del niño.* **SIN.** cambiar, variar, modificar. **ANT.** mantener. TAMBIÉN *prnl.: la madera se altera con los cambios de temperatura.* 2 hacer que alguien deje de estar tranquilo: *la noticia del secuestro alteró a toda la familia.* **SIN.** excitar, alborotar. **ANT.** tranquilizar*. TAMBIÉN *prnl.: se altera en cuanto le llevan la contraria.* **FAM.** alteración. **COMP.** inalterable.

altercado *[n.m.]* hecho de que dos o más personas discutan con violencia o se peleen: *tuvo un altercado con su jefe; un altercado en la vía pública.* **SIN.** bronca.

alternador *[n.m.]* máquina que produce corriente eléctrica alterna: *la tormenta produjo una avería en el alternador.* **AF.** generador.

alternar *[v.]* 1 dedicarse a dos o más cosas, haciendo una después de otra y repitiéndolas sucesivamente: *alterna el trabajo con la diversión.* **SIN.** turnar. 2 poner (o usar) varias cosas de distinto tipo, unas después de otras: *coloca las hojas alternándolas por colores.* **AF.** intercalar. 3 tratar a la gente, reunirse con ella, ir a sitios, etc.: *le gusta alternar con artistas de cine.* **SIN.** relacionarse, codearse, ir de alterne. **FAM.** alternativa, alternativamente, alternativo, alterno, alterne.

alternativa *[n.f.]* 1 cada una de las dos o más posibilidades entre las que se puede elegir: *tienes dos alternativas: playa y montaña.* **SIN.** posibilidad, opción. 2 autorización que recibe un novillero para poder torear y matar toros en corridas en las que torean matadores veteranos: *le dieron la alternativa en la Maestranza de Sevilla.*

alterno, alterna *[adj.]* 1 que, entre varios, se tiene en cuenta uno sí y otro no: *va a natación en días alternos; semanas alternas.* **ANT.** seguido. 2 que se hace, pasa o se repite, una cosa después de otra, sucesivamente: *tiene clases alternas de música y de natación.* **SIN.** alternativo, sucesivo.

alteza *[n.f.]* palabra que se utiliza para hablar de los hijos de los reyes y de los infantes de España (aunque no sean hijos de reyes), o para dirigirse a ellos: *su alteza real la infanta doña Elena.*

altibajos *[n.m.pl.]* 1 desigualdad en la superficie de un terreno: *arregla los altibajos del jardín.* **SIN.** desigualdades, irregularidades. **AF.** baches, socavones. 2 cambios bruscos que se dan en cualquier cosa: *su estado de ánimo sufre muchos altibajos.*

altillo *[n.m.]* 1 especie de armario que se hace encima del techo, con las puertas en la parte de arriba de la pared. 2 parte de arriba de un armario, que tiene puertas independientes.

altitud *[n.f.]* 1 distancia que hay entre un punto de la superficie de la Tierra y la superficie del mar: *la plaza Mayor de Zamora está a 672 metros de altitud.* 2 distancia que hay entre una cosa que está en el aire y el punto más cercano de la superficie de la Tierra: *el altímetro de los aviones marca la altitud a la que vuelan.* **SIN.** altura.

altivez *[n.f.]* lo que demuestra quien trata a los demás como si fuera más importante o mejor que ellos: *su altivez lo hace antipático.* **SIN.** altanería*.

altivo, altiva *[adj.]* que demuestra altivez*: *un cantante altivo; una mirada altiva; un comportamiento altivo.* **SIN.** altanero*. **FAM.** altivez, alto.

alto, alta *[adj.]* 1 que tiene mucha altura: *un hombre alto; una casa alta.* **ANT.** bajo. 2 que está más lejos del suelo o del nivel de la calle: *coloca las maletas en la parte alta del armario; los dormitorios están en la planta alta y la bodega en el sótano.* **ANT.** bajo, inferior. 3 que tiene muchos grados, mucho volumen, mucha intensidad o mucha cantidad: *en verano hay temperaturas altas; habla en voz alta; la imagen está alta de color; el aguardiente tiene un alto contenido de alcohol.* **SIN.** elevado. **ANT.** bajo. 4 que está por encima de lo que es lo normal: *alta calidad; alto precio.* **SIN.** elevado. **ANT.** bajo, reducido. 5 que está en los primeros años de una época de la historia: *el siglo VI coincide con la alta Edad Media.* **ANT.** bajo. 6 que tiene mucha importancia o mucha categoría: *tiene un alto cargo en el gobierno.* // **alto** *[n.m.]* 7 altura: *un armario de dos metros de alto; una figura de cuarenta centímetros de alto.* **SIN.** altura. 8 parte de un terreno que está más alto que lo que la rodea: *la casa está en un alto.* **AF.** altozano. 9 parada: *hizo un alto en el camino.* // **alto** *[adv. de m.]* 10 con fuerza, con mucho volumen o con mucha intensidad: *no hables tan alto, que no somos sordos; está alto de color.* **ANT.** bajo. // **alto** *[adv. de l.]* 11 en un sitio que está lejos del suelo: *ponlo alto para que no le den un golpe.* ■ **dar el alto**, decirle a alguien que se pare. ■ **por todo lo alto**, de manera que resulte muy bien, aunque cueste mucho dinero: *celebraron la boda por todo lo alto.* **FAM.** altura, altitud, altivo, altozano, altímetro, alta, altillo, altanero, alteza, Altísimo. **COMP.** altibajos, enaltecer, enaltecimiento, exaltar, peralte.

altozano *[n.m.]* parte de un terreno que tiene más altura que el que lo rodea: *la ermita está en un altozano.* **SIN.** loma*.

altruismo *[n.m.]* actitud de quien se esfuerza, trabaja o gasta dinero o tiempo en ayudar a alguien, sin esperar nada a cambio: *trabaja como voluntario de la Cruz Roja por altruismo.* **AF.** generosidad, desinterés. **ANT.** egoísmo.

altruista *[adj.inv. en gén.]* 1 que se dedica a los demás sin esperar nada a cambio: *una persona altruista.* **AF.** generoso, desprendido. 2 que se hace por los demás sin que uno espere nada a cambio: *un acto altruista.* **SIN.** desinteresado. **ANT. COM.** egoísta, interesado. **FAM.** altruismo.

altura *[n.f.]* 1 lo que mide una cosa desde la base hasta el final de la parte de arriba o una persona desde la planta de los pies hasta la parte de arriba de la cabeza: *una montaña de 1.500 metros de altura; un niño de 90 centímetros de altura.* **SIN.** alto. 2 distancia que hay entre la base de una figura geométrica (o de un cuerpo geométrico) y el punto que está más lejos de ella, medida perpendicularmente: *la altura de un cono es la distancia entre el vértice y la base.* 3 distancia que hay entre una cosa que está en el aire y la superficie de la Tierra: *el avión volaba a 8.000 metros de altura.* **SIN.** altitud. // **alturas** *[n.f.pl.]* 4 región del aire que está a mucha distancia: *los aviones vuelan por las alturas.* ■ **a estas alturas**, en el momento por el que está pasando lo que se dice.

alubia *[n.f.]* judía* (planta, fruto y semilla) y, especialmente, aquella de la que se comen las semillas secas y cocidas, cuyo color varía entre el blanco y el rojizo y algunas tienen pintas.

alubia

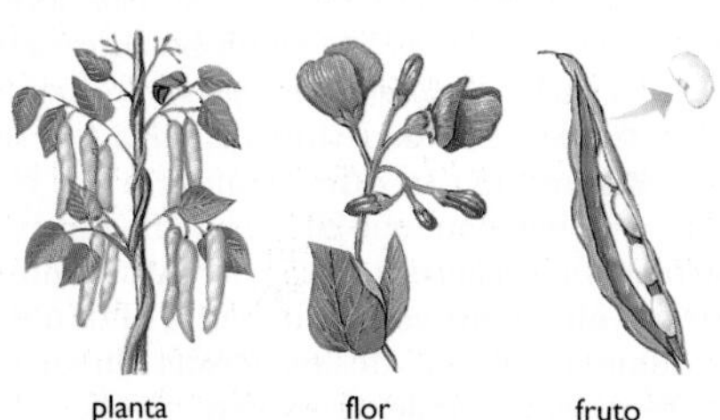

alucinar *[v.]* 1 ver cosas que no existen: *está alucinando porque tiene mucha fiebre.* **SIN.** tener visiones, tener alucinaciones. **AF.** desvariar. 2 causar mucha sorpresa o admiración: *lo alucina la vida de los animales.* **SIN.** fascinar, hechizar, deslumbrar, admirar, maravillar, sorprender. **FAM.** alucinación, alucinado, alucinante, alucinógeno.

alud *[n.m.]* masa grande de algo que cae por la ladera de una montaña con mucha fuerza: *un alud de nieve; un alud de piedras.* **SIN.** avalancha.

aludir *[v.]* hablar de una persona o de una cosa, sin nombrarla o sin decir claramente que se está hablando de ella: *en la novela, se nota que el escritor alude a su tierra.* **SIN.** referirse, hacer alusión, hacer referencia.

alumbrado *[n.m.]* conjunto de luces que iluminan un sitio: *están instalando el alumbrado de Navidad.* **SIN.** iluminación.

alumbrar *[v.]* 1 dar luz a algo o a alguien: *la lámpara alumbra el salón; alúmbrame mientras subo al desván.* **SIN.** iluminar. **ANT.** oscurecer. 2 hacer una madre lo necesario para que nazca el hijo que lleva dentro: *la gata alumbró tres diminutos gatos.* **SIN.** parir. **FAM.** alumbrado, alumbramiento, lumbre.

aluminio *[n.m.]* metal de color y brillo parecidos a los de la plata, que pesa poco, es resistente, dúctil (pueden hacerse hilos con él) y maleable (pueden hacerse láminas), y se utiliza para fabricar muchas cosas: *ventanas de aluminio; radiadores de aluminio.*

alumnado *[n.m.]* conjunto de los alumnos de un centro de enseñanza: *el alumnado dio una fiesta al profesor que se jubilaba.*

alumno, alumna *[n.]* 1 persona que asiste a un centro de enseñanza: *es alumno de una academia de baile.* 2 persona que tiene a alguien como profesor o como maestro: *le dio las notas a sus alumnos.* **SIN.** discípulo. **FAM.** alumnado.

alunizaje *[n.m.]* acción por la que una nave se posa en la Luna: *el primer alunizaje, en 1969, se vio por televisión en el mundo entero.* **FAM.** alunizar, luna.

alunizar *[v.]* posarse una nave (y sus tripulantes) en la superficie de la Luna: *los americanos fueron los primeros en alunizar.* **OBS.** ante e, c: *alunicen.*

alusión *[n.f.]* lo que hace uno cuando habla de algo o de alguien sin nombrarlo o sin decir claramente que está hablando de ello: *en su discurso hizo alusión a las dificultades que encontraba para trabajar.* **SIN.** referencia. **FAM.** aludir, alusivo.

aluvión *[n.m.]* cantidad grande de algo (o de personas o de cosas) que se mueve con fuerza en una dirección: *el aluvión de agua inundó los sembrados; un aluvión de estudiantes llegó a las puertas de la universidad.* **AF.** tromba, avalancha.

alvéolo *[n.m.]* 1 cada uno de los espacios en los que están metidas las raíces de los dientes del hombre y de los animales. 2 cada uno de los huecos en que terminan los pequeños conductos de los bronquios: *alvéolos pulmonares.*

alza *[n.f.]* hecho de que aumente una cantidad: *ha habido varias alzas en el precio de la gasolina.* **SIN.** subida, elevación. **ANT.** bajada, descenso. **OBS.** en singular lleva artículo masculino: *el alza.*

alzada *[n.f.]* altura de una caballería: *al medir la alzada no se cuenta el pescuezo ni la cabeza.*

alzamiento *[n.m.]* hecho de que un conjunto de personas utilice la violencia en contra del poder establecido: *algunos alzamientos terminan en guerra civil.* **SIN.** rebelión*.

alzar *[v.]* 1 mover o dirigir algo o a alguien hacia arriba: *alza al niño para que vea el desfile; alzó la vista y lo vio en el balcón.* **SIN.** levantar, subir. **ANT.** bajar. 2 hacer que algo se note o se oiga más: *alza la voz.* **SIN.** levantar, subir, elevar. **ANT.** bajar. 3 construir algo: *en pocos meses alzaron el edificio.* **SIN.** levantar, edificar, construir, erigir. // **alzarse** *[v.prnl.]* 4 usar la violencia contra el poder establecido: *los campesinos franceses se alzaron contra el régimen de Luis XVI en 1789.* **SIN.** sublevarse, rebelarse. **ANT.** someterse. **OBS.** ante e, c: *alcen.* **FAM.** alza, alzamiento, ***alzada*** (altura de una caballería). **COMP.** realzar.

ama *[n.f.]* mujer que cuida a un sacerdote: *su ama le hace la comida.* **SIN.** criada. ■ **ama de cría**, mujer que da de mamar a un niño que no es hijo suyo. **SIN.** nodriza. **OBS.** en singular lleva artículo masculino: *un ama; el ama.*

amabilidad *[n.f.]* lo que demuestra buen trato y deseo de atender a los demás, darles gusto, solucionarle algún problema, no molestar, etc.: *el funcionario la trató con amabilidad; tuvo la amabilidad de visitarlo en el hospital.* **SIN.** afabilidad, cordialidad, gentileza. **ANT.** grosería, rudeza. **FAM.** amable, amabilísimo, amablemente.

amable *[adj.inv. en gén.]* que trata con amabilidad o demuestra amabilidad: *una persona amable; trato amable.* **SIN.** afable, cordial, gentil. **ANT.** grosero, rudo, antipático.

amado, amada *[adj.]* 1 que se le tiene amor: *siempre está pendiente de sus amados hijos.* **SIN.** querido. **INTENS.** idolatrado. **ANT.** odiado. // **amado, amada** *[n.]* 2 persona de la que uno está enamorado: *recibió carta de su amada.*

amaestrar *[v.]* enseñar a un animal a hacer determinadas cosas cuando uno quiere que las haga: *amaestró al perro para que le llevara el periódico.* **SIN.** adiestrar. **AF.** domar, domesticar. **FAM.** amaestramiento, amaestrado, maestro.

amago *[n.m.]* principio de algo que parece que va a pasar pero que no pasa: *un amago de rebelión; un amago de infarto.* **AF.** intento, inicio.

amainar *[v.]* perder fuerza o intensidad: *amainar el viento, la lluvia...; la furia de las fieras amaina con la música.* **SIN.** disminuir, remitir, ceder. **ANT.** intensificarse.

amamantar *[v.]* dar de mamar: *amamantó a su hijo durante nueve meses.* **SIN.** dar el pecho. **AF.** criar. **FAM.** amamantamiento, mama.

amanecer *[n.m.]* 1 parte del día en que el Sol empieza a aparecer en el horizonte: *llegaron antes del amanecer.* **SIN.** alba, salida del Sol. **ANT.** ocaso, crepúsculo, atardecer, anochecer. // **amanecer** *[v.]* 2 empezar el día: *los gallos cantan cuando amanece; en verano amanece muy pronto.* **SIN.** clarear, salir el sol, despuntar el alba, rayar el alba. **ANT.** anochecer, oscurecer. 3 estar en un sitio (o de determinada manera) al llegar el día: *amanecimos en Estados Unidos; el campo amaneció cubierto de rocío.* **CONJUG.** como *crecer** pero es un verbo ***defectivo impersonal*** que sólo se construye en 3ª persona de singular.

amanerado, amanerada *[adj.]* poco natural: *gestos amanerados; andares amanerados; una persona amanerada.* **SIN.** afectado, rebuscado, estudiado. **AF.** exagerado, artificial. **ANT.** natural, espontáneo. **FAM.** amaneramiento, amanerarse, amaneradamente, manera. **COMP.** sobremanera.

amansar *[v.]* hacer que un animal deje de ser fiero: *el vaquero amansó al potro salvaje.* **AF.** domesticar. TAMBIÉN *prnl.: el potro se amansó en pocos días.* **FAM.** amansamiento, manso.

amante *[n.inv. en gén.]* 1 persona a la que algo le gusta mucho: *los amantes de la música celebran el día de santa Cecilia.* **SIN.** amigo, aficionado a. TAMBIÉN *adj.: una persona amante* *del deporte.* 2 persona con la que otra tiene relaciones amorosas: *es la amante del protagonista.* // **amantes** *[n.m.pl.]* 3 pareja de enamorados: *los amantes se miraban con dulzura.* **SIN.** enamorados.

amanuense *[n.inv. en gén.]* persona que escribe a mano cosas pensadas, redactadas o dictadas por otro. **SIN.** escribiente.

amañar *[v.]* 1 preparar algo con engaños: *amañaron el resultado de las elecciones.* 2 arreglar con maña: *con un trozo de lona amañó una vela para el barco.* **FAM.** maña*.

amapola *[n.f.]* flor de color rojo y semillas negras que sale, sin que nadie la siembre, en los campos de cereales: *las amapolas cubrían de rojo las orillas del camino.*

amapola

amar *[v.]* 1 sentir amor por alguien: *los padres aman a sus hijos; ama a su novia.* **SIN.** querer. **INTENS.** adorar. **ANT.** odiar. 2 gustarle mucho a uno una cosa: *ama la caza.*

amargar *[v.]* 1 tener sabor amargo: *la cerveza amarga.* 2 hacer que algo que podría ser agradable resulte desagradable, molesto, angustioso, etc.: *los problemas económicos le amargan la vida; con sus manías nos amargó la fiesta.* **SIN.** estropear. **AF.** aguar. // **amargarse** *[v.prnl.]* 3 llegar a estar siempre incómodo, desanimado o angustiado por las cosas que le pasan a uno: *se amarga por cualquier contratiempo.* **AF.** atormentarse. **OBS.** ante e, gu: *amarguen.*

amargo, amarga *[adj.]* 1 que tiene sabor algo parecido al de la hiel. **SIN.** acedo. **ANT.** dulce. 2 que produce amargura*: *un recuerdo amargo; en las guerras se viven momentos amargos.* **SIN.** doloroso, penoso. **FAM.** amargar, amargura, amargor, amargamente.

amargor *[n.m.]* característica a la que nos referimos para destacar que una cosa tiene sabor amargo: *el amargor de la hiel es muy intenso.* **OBS.** no es lo mismo que *amargura**.

amargura *[n.f.]* lo que siente quien está desanimado o preocupado ante algo malo o desagradable que no puede resolver: *los enfados le producen amargura.* **SIN.** pesadumbre, aflicción. **ANT.** alegría, satisfacción.

amarillento, amarillenta *[adj.]* con un color que tira a amarillo: *el papel blanco se ha puesto amarillento.*

amarillo, amarilla *[adj.]* que es del color de la piel de los limones maduros: *una tela amarilla; un coche amarillo.* TAMBIÉN *n.m.: el amarillo es uno de los colores del arco iris.* **FAM.** amarillento, amarillear.

amarillo

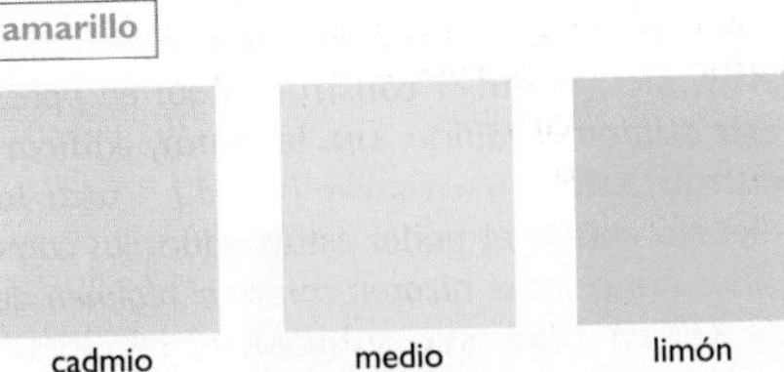

amarra *[n.f.]* cuerda gruesa que se ata al ancla o a algún sitio del puerto, para que los barcos no se desplacen: *el capitán dio orden de soltar amarras.* **SIN.** cabo. **FAM.** amarrar, amarre, amarradera.

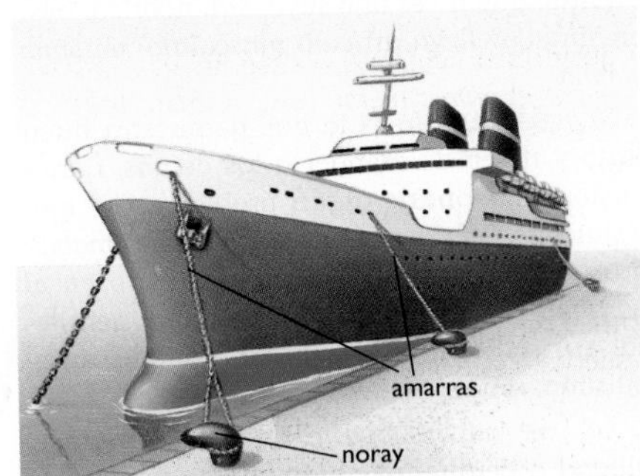

amarrar *[v.]* sujetar con cuerdas algo para que no se mueva o no se desplace: *amarraron los muebles dentro del camión; amarraron el barco al noray del puerto.* **SIN.** atar, sujetar. **AF.** asegurar. **ANT.** desatar.

amasar *[v.]* mezclar bien varias cosas hasta que queden convertidas en una masa uniforme: *amasar cemento, arena y agua; amasar harina, leche, huevos y azúcar.* **SIN.** masar. ■ **amasar una fortuna**, llegar a tener mucho dinero. **FAM.** amasamiento, amasadera, amasijo, masa.

amatista *[n.f.]* mineral transparente, brillante, muy duro y de color violeta más o menos intenso, que se utiliza en joyería.

amazona *[n.f.]* mujer que monta a caballo: *es una amazona de primera categoría.* **AMPL.** el hombre que monta a caballo es un ***jinete***.

ámbar *[n.m.]* 1 material duro, translúcido, quebradizo y de color amarillo más o menos oscuro, que pesa poco, arde con facilidad, huele bien y se usa para hacer objetos de adorno. // **ámbar** *[adj.inv. en gén.]* 2 que es del color de este material: *un vidrio ámbar; una bandeja ámbar.* TAMBIÉN *n.m.: el ámbar es como un amarillo oscurecido con un poco de marrón.* **FAM.** ambarino.

color ámbar

ambición *[n.f.]* 1 lo que tiene una persona y que le hace querer, sobre todo, conseguir mucho dinero, mucha fama o mucho poder: *su excesiva ambición echó abajo su carrera política.* **AF.** codicia, avaricia. 2 cosa que a uno le gustaría muchísimo conseguir: *su ambición es ganar el primer premio.* **SIN.** anhelo, ilusión. **AF.** deseo, aspiración. **FAM.** ambicionar, ambicioso.

ambicionar *[v.]* desear algo con mucha intensidad porque para uno tiene mucha importancia o mucho valor: *ambiciona ser presidente.* **SIN.** ansiar. **AF.** codiciar, anhelar. **ANT.** desdeñar.

ambicioso, ambiciosa *[adj.]* 1 con muchas ideas, con muchas ganas de llegar a ser importante: *el ayuntamiento tiene un ambicioso plan para el desarrollo de la ciudad; cuando se piensa en el futuro profesional conviene ser ambicioso.* 2 que lo que más le interesa es conseguir dinero, fama o poder. TAMBIÉN *n.: muchos ambiciosos son egoístas.* **AMPL.** quien es ambicioso de dinero también se llama ***avaricioso*** o ***codicioso***.

ambientar *[v.]* 1 poner en un sitio lo que hace falta para que parezca que es otro sitio o que se está en otra época de la historia, o para que se note que se está en una época determinada o celebrando algo: *ambientaron el pueblo para rodar una película sobre la revolución rusa; ambientaron el salón para la boda.* 2 hacer que se note que se está en una época determinada: *los nacimientos y los árboles de Navidad ambientan mucho.* // **ambientarse** *[v.prnl.]* 3 llegar a estar a gusto en un sitio determinado, con una gente determinada, etc.: *llegó tarde a la fiesta pero se ambientó enseguida.* **SIN.** entrar en ambiente. **AF.** aclimatarse.

ambiente *[n.m.]* 1 aire que se respira: *el ambiente del bar está muy cargado; aquí hay ambiente de humedad.* **SIN.** aire. **AF.** atmósfera. 2 conjunto de todo lo que hay en un sitio y que hace que ese sitio tenga el aspecto que tiene y que en él se esté de una manera determinada, se hable de determinadas cosas, etc.: *no le gusta el ambiente de los bares; una casa de ambiente rústico; en el pueblo había ambiente de fiesta.* 3 conjunto de las personas que se dedican a algo determinado y de los sitios por los que andan, las cosas que hacen, el tipo de vida que llevan, etc.: *le atrae el ambiente de los artistas de cine; se mueve en ambientes literarios.* **SIN.** ámbito, mundo, mundillo. **AF.** entorno. **FAM.** ambientación, ambiental, ambientar, ambientador.

ambiguo, ambigua *[adj.]* 1 que puede entenderse de varias maneras, porque tiene varios significados o porque no está claro: *lenguaje ambiguo; una expresión ambigua.* **SIN.** equívoco. **AF.** impreciso, confuso. **ANT.** inequívoco, unívoco. 2 hablando de nombres, que puede utilizarse como masculino y como femenino: *calor y mar son nombres ambiguos o de género ambiguo.* **FAM.** ambigüedad.

ámbito *[n.m.]* ambiente* (acepción 3): *ámbito artístico; ámbito literario.*

ambos, ambas *[pron.]* los dos: *repártelo entre ambos.* **GRAM.** tiene función de pronombre personal. TAMBIÉN *adj.: ambos hermanos llegaron a la vez; ambas bandejas son de plata.*

ambulancia *[n.f.]* vehículo especialmente preparado para trasladar y socorrer heridos o enfermos: *lo llevaron al hospital en una ambulancia.*

ambulante *[adj.inv. en gén.]* que se hace en distintos sitios, yendo de uno a otro, y no en uno solo: *venta ambulante; circo ambulante.* **SIN.** itinerante. **ANT.** fijo, estable.

ambular *[v.]* ir de un lado a otro, sin rumbo fijo. **SIN.** vagar, deambular. **FAM.** ambulante, ambulancia, ambulatorio. **COMP.** deambular, preámbulo, sonámbulo.

ambulatorio *[n.m.]* sitio en el que se atiende a pacientes o heridos que no necesitan estar en cama para curarse: *en los ambulatorios los médicos pasan consulta.* **SIN.** dispensario médico.

amedrentar *[v.]* hacer que alguien tenga miedo y no sepa qué hacer en una situación determinada: *los ladrones lo amedrentaron.* **SIN.** intimidar. **AF.** atemorizar, acobardar, asustar. **ANT.** envalentonar.

amén palabra hebrea que se dice al final de las oraciones y significa *así sea.* TAMBIÉN se usa en el lenguaje normal para dar a entender que uno está de acuerdo con lo que se acaba de decir. ■ **amén de**, además de. ■ **decir amén a** algo, decir que uno está de acuerdo con ello.

amenaza *[n.f.]* 1 lo que se le dice a alguien que le pasará en el caso de que no haga lo que uno le dice: *ante la amenaza de no salir ordenó su habitación.* **AF.** intimidación, coacción. 2 lo que es malo o molesto y puede pasar: *los accidentes de tráfico son una amenaza para los jóvenes.* **FAM.** amenazador, amenazar, amenazante, amenazantemente.

amenazar *[v.]* 1 decirle a alguien lo que pasará si no hace lo que se le dice: *los atracadores amenazaron a la policía con llevarse al rehén.* **AF.** intimidar, coaccionar. 2 ser señal de algo, normalmente desagradable o molesto: *las nubes amenazan tormenta.* **SIN.** anunciar, presagiar. **OBS.** ante e, c: *amenacen.*

amenizar *[v.]* hacer que algo sea entretenido: *amenizó la reunión contando chistes.* **OBS.** ante ante e, c: *amenice.* **FAM.** ameno*.

ameno, amena *[adj.]* que hace que uno pase el tiempo agradablemente: *un libro ameno; una conferencia amena.* **SIN.** entretenido. **AF.** agradable, divertido. **ANT.** pesado, aburrido. **FAM.** amenidad, amenamente, amenizar.

americana *[n.f.]* chaqueta de hombre con forro y cuello de solapa y que llega, aproximadamente, hasta el principio de los muslos: *ponte la americana del traje.*

americana

cruzada o de dos filas de botones

sin cruzar o de una fila

americanismo *[n.m.]* 1 palabra, frase o rasgo típico del español de América: *"pararse" es un americanismo que significa 'ponerse en pie'.* 2 palabra, expresión, forma de pronunciar, etc. que procede de las lenguas que había en América antes de la colonización y se usa en otras lenguas actuales: *"chocolate" es un americanismo difundido por todo el mundo.*

americano, americana *[adj. y n.]* de América, continente situado entre el océano Atlántico y el océano Pacífico: *costumbres americanas; muchos americanos hablan español.* **AMPL.** está formado por dos enormes bloques (América del Norte o ***Norteamérica*** y América del Sur o ***Suramérica***), unidos por una lengua de tierra (América Central o ***Centroamérica***).

amerizar *[v.]* posarse en el mar un hidroavión. **OBS.** ante e, c: *americen.* **FAM.** amerizaje, mar.

ametralladora *[n.f.]* arma de fuego portátil que dispara muchas balas seguidas, sin tener que cargarla entre un disparo y otro. **SIN.** metralleta. **FAM.** ametrallar, ametrallamiento, metralleta, metralla.

amianto *[n.m.]* mineral que aparece en la naturaleza en forma de fibras blancas, flexi-

América

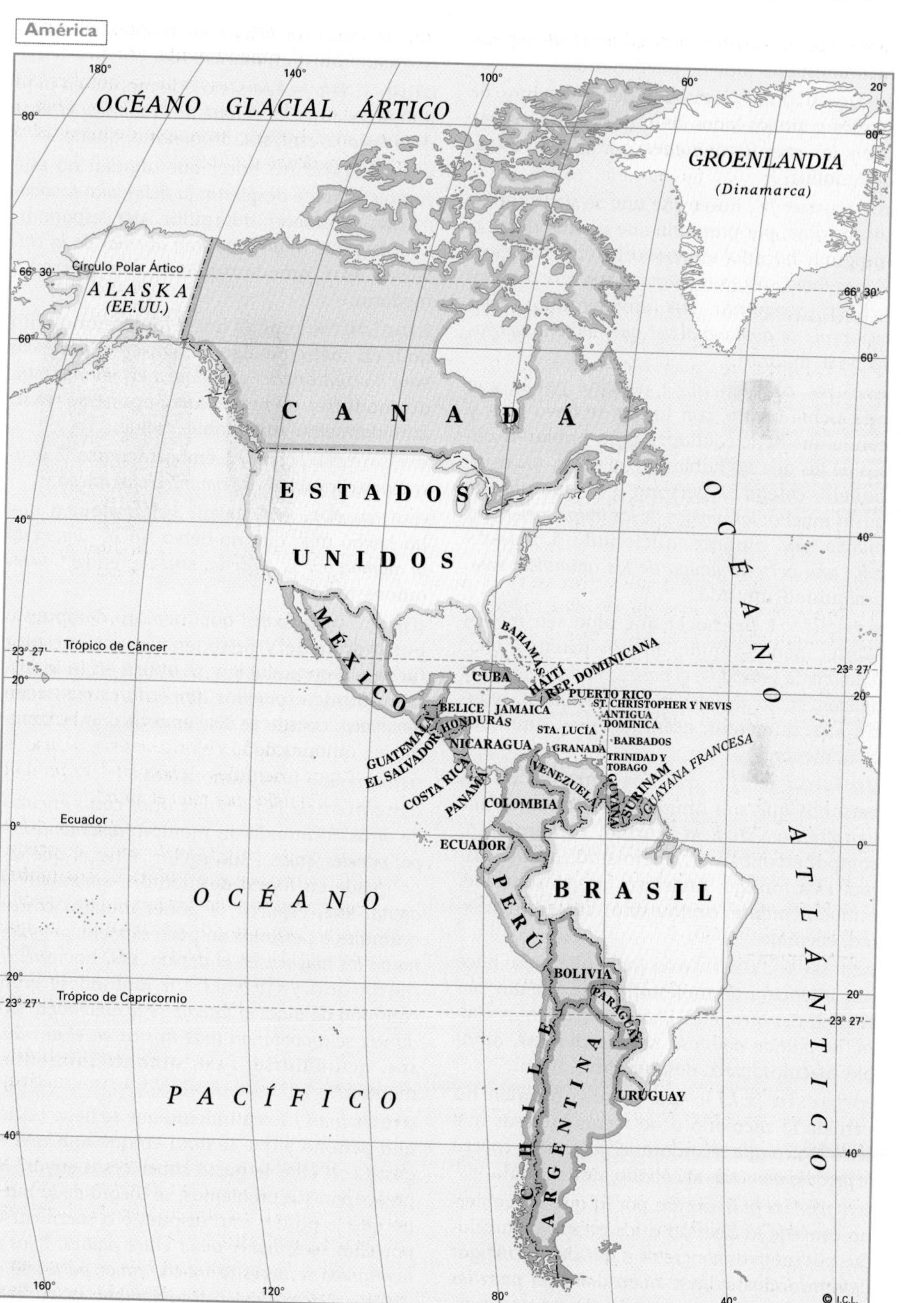
OCÉANO GLACIAL ÁRTICO
GROENLANDIA
(Dinamarca)
Círculo Polar Ártico
ALASKA
(EE.UU.)
CANADÁ
ESTADOS UNIDOS
MÉXICO
Trópico de Cáncer
BAHAMAS
CUBA
HAITÍ
REP. DOMINICANA
PUERTO RICO
ST. CHRISTOPHER Y NEVIS
ANTIGUA
DOMINICA
BELICE
JAMAICA
HONDURAS
STA. LUCÍA
BARBADOS
GUATEMALA
EL SALVADOR
NICARAGUA
GRANADA
TRINIDAD Y TOBAGO
COSTA RICA
PANAMÁ
VENEZUELA
GUYANA
SURINAM
GUAYANA FRANCESA
COLOMBIA
Ecuador
ECUADOR
OCÉANO ATLÁNTICO
PERÚ
BRASIL
OCÉANO PACÍFICO
BOLIVIA
PARAGUAY
Trópico de Capricornio
CHILE
ARGENTINA
URUGUAY
© I.C.L.

bles y suaves y con el que se fabrican tejidos incombustibles (que no pueden arder).

amígdala *[n.f.]* cada uno de los órganos situados a ambos lados de la garganta: *el hombre y los mamíferos tienen amígdalas.* **FAM.** amigdalitis.

amilanar *[v.]* hacer que uno se sienta incapaz de algo, por parecerle que es muy difícil o imposible hacerlo, solucionarlo, etc.: *las discusiones familiares lo amilanan.* **SIN.** acobardar, achicar, acoquinar. **ANT.** envalentonar. TAMBIÉN *prnl.*: *se amilanó al ver que nadie lo apoyaba.* **FAM.** milano*.

amigo, amiga *[n.]* 1 persona por la que otra siente cariño, con la que se lleva bien y con la que tiene confianza para hablar de cosas de las que no hablaría con otras. **AF.** compañero, colega. 2 persona a la que algo le gusta mucho: *los amigos de los libros suelen leer mucho.* **SIN.** amante, aficionado a. TAMBIÉN *adj.*: *una persona amiga de los animales.* **FAM.** amiguismo, amistad.

aminorar *[v.]* hacer que algo sea menos fuerte, menos rápido, menos intenso, etc.: *aminorar la velocidad, el paso...; la doble ventana aminora el frío del interior.* **SIN.** disminuir, reducir. **ANT.** aumentar, acentuar. **FAM.** aminoración, menor.

amistad *[n.f.]* lo que hay entre dos o más personas que son amigas, por serlo: *los une una gran amistad.* **AF.** cariño, camaradería, compañerismo. **ANT.** enemistad, antagonismo. **FAM.** amigo, amistoso, amistosamente, amigablemente, amiguismo. **COMP.** enemistad, enemigo.

amistoso, amistosa *[adj.]* que no se hace con intención de molestar, herir, quedar por encima del otro, etc.: *una conversación amistosa; un partido amistoso.* **SIN.** cordial. **AF.** amable, afectuoso. **ANT.** desagradable, hostil.

amnesia *[n.f.]* lo que le pasa a quien ha perdido la memoria o no recuerda cosas que sería lógico que recordara: *el golpe de la cabeza le produjo amnesia.* **AF.** olvido, desmemoria.

amnistía *[n.f.]* acción por la que un gobierno concede la libertad a los presos encarcelados por motivos concretos o decide no castigar determinados delitos: *hubo amnistía para los presos políticos; la amnistía fiscal perdona los delitos de impago de impuestos.* **AF.** perdón, indulto. **FAM.** amnistiar, amnistiado.

amo, ama *[n.]* persona que manda en algo porque es suyo: *es el amo de la fábrica; el ama de la finca no está.* **SIN.** propietario, dueño.

amodorrar *[v.]* hacer que alguien no esté completamente despierto: *la fiebre alta amodorra.* **AF.** adormecer, adormilar. **ANT.** espabilar. TAMBIÉN *prnl.*: *se amodorraron al calor de la chimenea.* **FAM.** amodorramiento, amodorrado, modorra.

amoldarse *[v.prnl.]* hacer lo necesario para no ir en contra de algo: *se amoldó a tus deseos para no contrariarte; amóldate a las normas.* **SIN.** acomodarse, atenerse. **ANT.** oponerse. **FAM.** amoldamiento, amoldable, molde.

amonarse *[v.prnl.]* 1 emborracharse. 2 acurrucarse: *se asustó y se amonó en un rincón.*

amonestar *[v.]* hacerle ver a alguien que ha hecho algo que no debía hacer: *amonestó al alumno por su grosería.* **SIN.** reprender*. **FAM.** amonestación.

amoniaco *[n.m.]* gas incoloro compuesto por hidrógeno y nitrógeno, que tiene olor fuerte y desagradable y se utiliza en la industria química: *muchos limpiadores contienen amoniaco.* TAMBIÉN se dice *amoníaco.* **FAM.** amoniacal, amoniacado.

amoníaco *[n.m.]* amoniaco*.

amontonar *[v.]* 1 poner unas cosas encima de otras, formando un montón: *amontonar ropa, papeles, cajas...* **SIN.** apilar. 2 hacer que algo quede en forma de montón: *amontonó la arena.* **ANT.** esparcir. 3 poner muchas cosas, animales o personas en poco espacio: *amontonaron los muebles en el desván.* **SIN.** hacinar. // **amontonarse** *[v.prnl.]* 4 ir juntándose gran cantidad de algo: *el trabajo se le amontona; cada vez se amontonan más trastos en el desván.* **SIN.** acumularse. **FAM.** amontonamiento, montón.

amor *[n.m.]* 1 sentimiento que se tiene hacia una persona y que se nota en que uno está a gusto con ella, le gusta saber cosas suyas, le preocupan sus problemas, se alegra de lo bueno que le pasa y está dispuesto a sacrificarse por ella: *suele haber amor entre padres, hijos y hermanos; se necesita mucho amor para irse a África a ayudar a quien pasa hambre.* **AF.** cariño.

ANT. odio. TAMBIÉN se siente amor por los animales cuando se quiere protegerlos y por algunas cosas que gustan mucho: *amor a la naturaleza, a la música, a los deportes...* 2 sentimiento que se tiene hacia la persona de la que uno está enamorado (*se casaron por amor*) y persona de la que uno está enamorado (*es su amor desde hace tres años*). ■ **amor propio**, sentimiento que hace que a uno no le guste quedar mal delante de los demás. ■ **de mil amores**, con mucho gusto. **SIN.** gustoso, gustosamente. ■ **por amor al arte**, sin cobrar nada. **SIN.** gratis, de balde. **FAM.** amado, amante, amar, amoroso, amorío, amorosamente. **COMP.** enamorar.

amoral *[adj.inv. en gén.]* que no tiene en cuenta las normas morales: *una persona amoral; un comportamiento amoral.* **OBS.**: lo que va en contra de las normas morales no es *amoral*, sino ***inmoral***. **FAM.** amoralmente, moral.

amordazar *[v.]* taparle a alguien la boca para que no pueda hablar ni gritar: *amordazó al ladrón con un esparadrapo.* **AF.** silenciar. **OBS.** ante e, c: *amordacen.* **FAM.** amordazamiento, amordazado, mordaza.

amorfo, amorfa *[adj.]* que no tiene forma determinada: *el aire y el agua son sustancias amorfas.* **SIN.** informe, disforme. **AF.** deforme, irregular.

amoroso, amorosa *[adj.]* 1 que siente amor o que está hecho con amor: *madre amorosa; trato amoroso; saludo amoroso.* **SIN.** cariñoso, tierno, afectuoso. **ANT.** hosco, hostil, odioso. 2 de amor: *palabras amorosas; novela amorosa.*

amortiguador *[n.m.]* pieza que hace disminuir el efecto de los movimientos bruscos: *cambia los amortiguadores del coche para que no salte tanto en los baches.* **AF.** suspensión, ballesta.

amortiguador

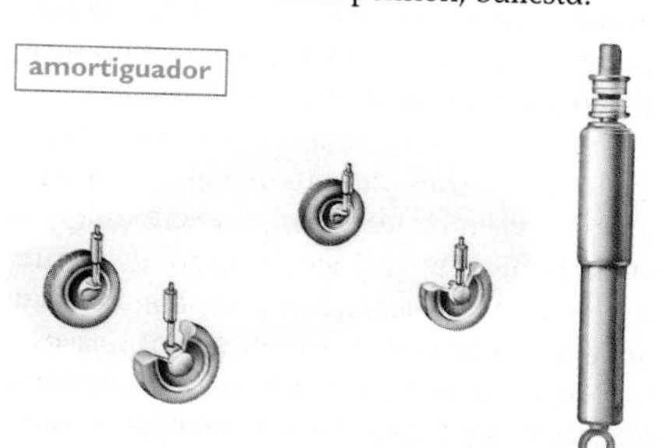

amortiguar *[v.]* hacer que algo sea menos fuerte, se note menos o tenga menos consecuencias: *la red amortiguó la caída del trapecista; amortiguar el ruido.* **SIN.** atenuar, aminorar, disminuir, suavizar. **ANT.** aumentar, acentuar. **OBS.** ante e, gü: *amortigüen.* **FAM.** amortiguador, amortiguación, amortiguamiento, muerte.

amortizar *[v.]* 1 terminar de pagar algo: *dentro de quince años amortizará el piso.* **SIN.** liquidar, saldar. 2 recuperar lo invertido: *en tres meses amortizó la inversión de maquinaria nueva para la fábrica.* **OBS.** ante e, c: *amortice.*

amotinarse *[v.prnl.]* rebelarse un grupo de personas contra quien manda: *los marineros se amotinaron y encerraron al capitán.* **AF.** sublevarse, insubordinarse, rebelarse, alzarse. **FAM.** amotinamiento, amotinado, motín.

amparar *[v.]* hacer lo necesario para que a alguien o algo no le pase nada malo, molesto, etc.: *hay organizaciones humanitarias para amparar a los niños.* **SIN.** proteger. **AF.** auxiliar, ayudar, asistir. **ANT.** desamparar. TAMBIÉN *prnl.: ampararse del frío; se ampara en el cariño de su abuelo para hacer lo que quiere.* **SIN.** cobijarse. **FAM.** amparo, amparado, amparamiento, parar. **COMP.** desamparado.

amparo *[n.m.]* 1 lo que le da una persona a otra cuando hace lo necesario para que no le pasa nada: *un fugitivo pidió amparo en el convento.* **SIN.** protección. **AF.** ayuda, auxilio, asistencia. **ANT.** desamparo, abandono. 2 lo que protege de algo: *la tienda de campaña nos sirvió de amparo durante la tormenta.* **SIN.** abrigo, protección, defensa.

ampliación *[n.f.]* 1 parte que se le añade a algo para que sea más grande o más completo: *con una ampliación de seis metros cuadrados podremos instalar aquí la biblioteca.* 2 acción por la que algo queda más amplio: *el arquitecto diseñó la ampliación de la casa.* **SIN.** aumento, agrandamiento. **ANT.** disminución, reducción.

ampliar *[v.]* hacer algo más grande de lo que era: *ampliar una fotografía.* **SIN.** agrandar, aumentar. **ANT.** reducir. **ACENT.** como *fiar**. **FAM.** amplio, ampliación, amplitud, ampliable, ampliadora, amplificador, amplificar, amplificación.

amplificador *[n.m.]* aparato que sirve para aumentar la intensidad del sonido: *baja el volumen del amplificador.*

amplio, amplia *[adj.]* que caben bien todas las personas o cosas que tienen que estar: *la sala de conciertos es amplia.* **SIN.** grande, holgado. **ANT.** reducido, pequeño.

amplitud *[n.f.]* característica que tienen las cosas o los sitios de los que decimos que son grandes y espaciosos: *me gusta la amplitud de esa plaza.* **SIN.** espaciosidad. **AF.** extensión. **ANT.** pequeñez.

ampolla *[n.f.]* 1 pequeña bolsa que se forma en la piel: *con la quemadura se ha formado una ampolla.* **SIN.** vejiga, vesícula, bolsa. 2 tubo cerrado de cristal, más estrecho por uno de los extremos, que contiene algún medicamento: *ampollas inyectables; ampollas bebibles.*

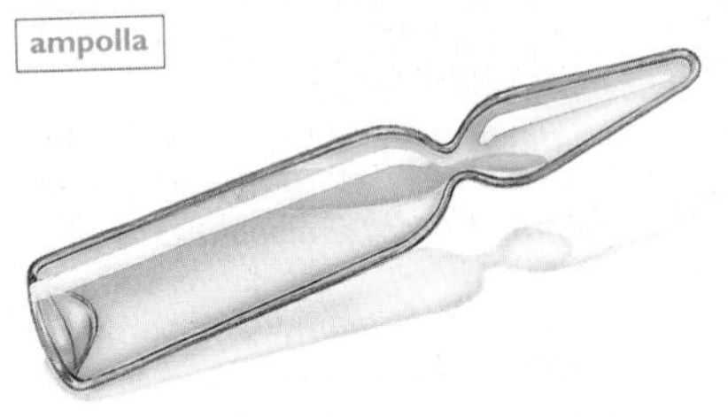
ampolla

amputar *[v.]* cortar y separar del cuerpo alguno de sus miembros: *la gangrena hizo necesario que le amputaran el brazo.* **SIN.** mutilar, cercenar, seccionar. **ANT.** unir. **FAM.** amputación.

amueblar *[v.]* poner en un sitio los muebles que necesita para que se pueda utilizar: *amueblar una casa, una oficina...* **AF.** equipar, preparar. **FAM.** desamueblar, desamoblar, mueble.

amuleto *[n.m.]* objeto que se cree que trae buena suerte: *tiene como amuleto una pata de conejo.* **SIN.** talismán. **AF.** fetiche.

amurallado, amurallada *[adj.]* que tiene murallas: *Ávila es una ciudad amurallada.* **SIN.** cercado, fortificado. **ANT.** abierto, desguarecido. **FAM.** amurallar, amurallado, muralla.

anacrónico, anacrónica *[adj.]* que es de otra época y no resulta adecuado al momento que se cuenta o que se está viviendo: *en algunas películas históricas hay detalles anacrónicos; tiene ideas anacrónicas.*

anacronismo *[n.m.]* lo que se comete cuando se sitúa algo en un momento que no le corresponde: *que un actor lleve reloj en una película que se desarrolla en la prehistoria es un anacronismo.*

anales *[n.m.pl.]* documentos que contienen los hechos ocurridos en un año.

analfabeto, analfabeta *[n.]* persona que no sabe leer: *en el tercer mundo hay muchos analfabetos.* **FAM.** analfabetismo, alfabeto.

analgésico, analgésica *[adj.]* que sirve para quitar el dolor: *una sustancia analgésica.* TAMBIÉN *n.m.: los analgésicos se venden en farmacias.*

análisis *[n.m.inv. en núm.]* 1 lo que se hace para estudiar las distintas partes, aspectos o componentes de algo por separado: *el análisis del agua dio un alto contenido en cal; el análisis de una novela, de una situación...* **SIN.** estudio, examen. **AF.** reconocimiento, observación. 2 separación de los componentes o las partes de algo para estudiarlo a fondo. **ANT.** síntesis.

analizar *[v.]* hacer un estudio detallado de algo: *analizar un problema; analizar una sustancia para ver de qué está compuesta.* **SIN.** estudiar. **ANT.** sintetizar. **OBS.** ante e, c: *analicen.* **FAM.** análisis, analista, analizable, analítico, analíticamente.

análogo, análoga *[adj.]* que es muy parecido a otro: *resultados análogos.* **SIN.** semejante, parecido, similar. **ANT.** distinto, antagónico.

anaranjado, anaranjada *[adj.]* del color de la piel de las naranjas: *un pájaro con el plumaje anaranjado.*

anarquía *[n.f.]* situación que se produce en un país, una sociedad o un grupo humano cuando nadie manda y cada uno hace lo que quiere. **SIN.** acracia. **FAM.** anarquismo, anarquista, anárquico, anárquicamente.

anarquismo *[n.m.]* teoría política (o ideología) de quienes piensan que el ser humano podría vivir muy bien si no hubiera autoridades ni gobiernos.

anarquista *[adj.inv. en gén.]* que defiende las teorías del anarquismo*: *teorías anarquistas; un grupo anarquista.* **SIN.** ácrata, libertario. TAMBIÉN *n.: un anarquista; una anarquista.*

anatomía *[n.f.]* ciencia que estudia la forma, la función y los nombres de las distintas partes del cuerpo humano, del cuerpo de los animales y de las plantas: *los estudiantes de medicina hacen prácticas de anatomía.* **FAM.** anatómico, anatomista.

anca *[n.f.]* parte de arriba de las patas traseras de un animal: *cuando montan tres en un caballo, el último va sobre las ancas.* **AF.** grupa, cuadril, muslo. **OBS.** en singular lleva artículo masculino: *el anca; un anca; las ancas.*

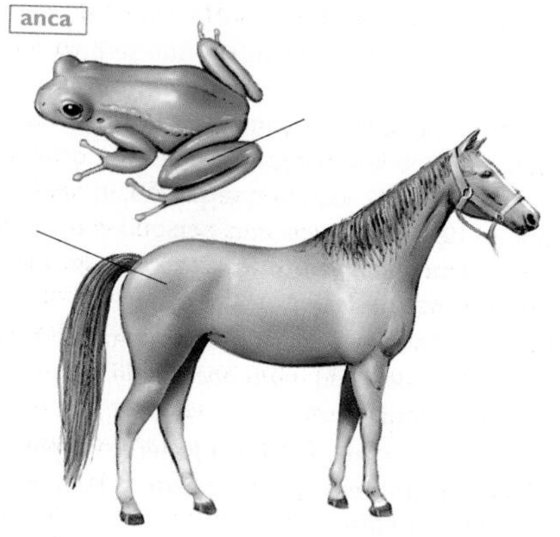

ancestral *[adj.inv. en gén.]* muy antiguo: *tradiciones ancestrales.*

ancestro *[n.m.]* antepasado, especialmente si es de hace muchas generaciones. **OBS.** se suele usar en plural: *esto es así desde la época de nuestros ancestros.* **FAM.** ancestral.

ancho, ancha *[adj.]* 1 que mide mucho de lado a lado: *una calle ancha.* **ANT.** estrecho. 2 que es demasiado grande: *esta camisa es ancha para mí.* **SIN.** holgado. **ANT.** estrecho. 3 que está satisfecho: *después del discurso se quedó tan ancho.* **SIN.** contento, ufano, orondo. // **ancho** *[n.m.]* 4 anchura: *una tela de doble ancho.* ■ **estar** o **ponerse a sus anchas**, estar cómodamente en algún sitio. **FAM.** anchura, anchuroso. **COMP.** ensanchar, ensanche.

anchoa *[n.f.]* pez pequeño comestible que se conserva en sal y aceite.

anchura *[n.f.]* medida que tiene una cosa plana por la parte que mide menos, o una cosa cualquiera por el menor de los dos lados horizontales: *la anchura de este papel no es suficiente para forrar el libro; la anchura de una habitación.*

ancía forma incorrecta de decir *encía**.

anciano, anciana *[n.]* persona que tiene muchos años: *los ancianos tomaban el sol en el parque.* **SIN.** viejo. **ANT.** joven. TAMBIÉN *adj.*: *una mujer anciana.* **FAM.** ancianidad.

ancla *[n.f.]* pieza de hierro con dos ganchos hacia los lados que se echa en el fondo del mar para que el barco no se mueva: *las anclas van sujetas a los barcos.* **OBS.** en singular lleva artículo masculino: *el ancla; un ancla; las anclas.* ■ **levar anclas**, sacar el ancla del agua para seguir navegando. **FAM.** anclar, anclaje.

andaluz, andaluza *[adj. y n.]* de Andalucía, comunidad autónoma española que está en el sur de la Península Ibérica y a la que pertenecen las provincias de Cádiz, Huelva, Sevilla, Córdoba, Jaén, Granada, Almería y Málaga: *productos andaluces; una andaluza de Algeciras.* **FAM.** andalucismo, andalucista.

andamio *[n.m.]* armazón de madera o metal que se pone para trabajar en sitios altos: *pusieron un andamio para restaurar la torre de la iglesia.* **FAM.** andamiaje.

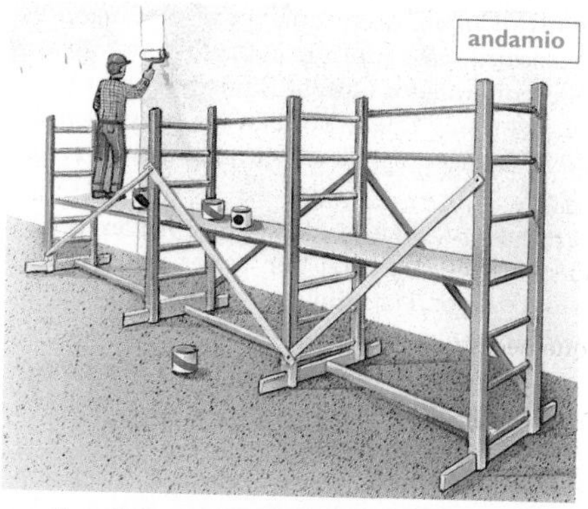

andar *[v.]* 1 ir a pie: *anduvo toda la mañana para llegar al pueblo.* **SIN.** caminar. 2 moverse un vehículo: *si pisas el acelerador empezará a andar.* 3 estar o funcionar de una manera determinada: *¿qué tal andas?; anda algo triste; la radio no anda bien.* // **andar** *[n.m.]* 4 acción por la que uno se mueve a pie de un lado a otro: *tiene un andar muy rápido.* **FAM.** andarín, andadura, andaderas, andante, andariego, andurrial, andador. **COMP.** desandar.

CONJUGACIÓN DEL VERBO ANDAR

Formas no personales
Infinitivo: *andar*. Gerundio: *andando*. Participio: *andado*.
Indicativo
Presente: *ando, andas, anda, andamos, andáis, andan.*
Pretérito imperfecto: *andaba, andabas, andaba, andábamos, andabais, andaban.*
Pretérito perfecto simple: *anduve, anduviste, anduvo, anduvimos, anduvisteis, anduvieron.*
Futuro: *andaré, andarás, andará, andaremos, andaréis, andarán.*
Condicional simple: *andaría, andarías, andaría, andaríamos, andaríais, andarían.*
Subjuntivo
Presente: *ande, andes, ande, andemos, andéis, anden.*
Pretérito imperfecto: *anduviera/ anduviese, anduvieras/ anduvieses, anduviera/ anduviese, anduviéramos/ anduviésemos, anduvierais/ anduvieseis, anduvieran/ anduviesen.*
Futuro: *anduviere, anduvieres, anduviere, anduviéremos, anduviereis, anduvieren.*
Imperativo:
anda, ande, andemos, andad, anden.

andariego, andariega *[adj.]* andarín*.

andarín, andarina *[adj.]* que le gusta andar y suele andar mucho: *es tan andarín, que todos los días da un paseo de 10 kilómetros.* **SIN.** andariego.

andén *[n.m.]* acera que, en una estación de ferrocarril, está junto a una vía y paralela a ella para que los pasajeros puedan bajar y subir del tren y andar por ella: *en la estación del Norte hay varios andenes.* **SIN.** apeadero. **PL.** *andenes.*

andino, andina *[adj.]* de los Andes, cordillera que se extiende por Venezuela, Colombia, Ecuador, Perú, Bolivia, Argentina y Chile: *paisaje andino; flora andina.*

andrajo *[n.m.]* prenda de vestir muy estropeada: *el mendigo vestía unos andrajos.* **SIN.** harapo. **FAM.** andrajoso.

androide *[n.inv. en gén.]* máquina con forma de persona: *en la película "La guerra de las galaxias" salen androides.* **AF.** autómata, robot.

anduve, anduviera... formas irregulares de la conjugación del verbo *andar**.

anécdota *[n.f.]* suceso raro, curioso o divertido: *tuvo un viaje lleno de anécdotas.* **FAM.** anecdótico, anecdotario.

anélido *[adj.]* que tiene el cuerpo casi cilíndrico, formado por anillos: *algunos gusanos son anélidos.*

anemia *[n.f.]* falta de sangre o de glóbulos rojos en la sangre: *la anemia se descubre con un análisis de sangre.* **FAM.** anémico.

anemómetro *[n.m.]* aparato que mide la velocidad del viento. **AMPL.** ***veleta*** es la pieza giratoria de metal que indica la dirección del viento.

anémona *[n.f.]* planta de raíz en forma de bulbo, de pocas hojas y grandes flores. ■ **anémona de mar** animal marino que vive fijado al suelo, de colores brillantes y forma parecida a la de una flor.

anestesia *[n.f.]* **1** sustancia que se pone para dormir a alguien durante una operación, para que no sienta dolor y deje trabajar tranquilamente a los cirujanos: *anestesia general; anestesia local.* **2** estado que producen las sustancias de este tipo en una persona o un animal: *operan mientras dura la anestesia.* **FAM.** anestesista, anestesiar.

anestesiar *[v.]* poner anestesia a alguien: *le anestesiaron la encía; para operarlo lo anestesiarán.* **AF.** dormir.

anestesista *[n.inv. en gén.]* médico especializado en anestesias y en cuidar a las personas anestesiadas.

anexionar *[v.]* hacer que uno o más países pasen a depender de otro: *al comenzar la Segunda Guerra Mundial, Alemania se anexionó la mayor parte de Europa.* **SIN.** incorporar, unir. **ANT.** separar, segregar. **FAM.** anexión, anexo, nexo.

anexo, anexa *[adj.]* que está unido a otra cosa y depende de ella: *la biblioteca está en el edificio anexo.* **SIN.** adjunto. TAMBIÉN *n.m.: las tablas de estadística están en un anexo, al final del libro.* **SIN.** apéndice.

anfibio *[n.m.]* clase de animal que puede vivir en el agua y en la tierra: *la salamandra es un anfibio.* TAMBIÉN *adj.*: *un animal anfibio.*

anfiteatro *[n.m.]* **1** edificio con forma oval o de de semicírculo, con gradas alrededor, y un escenario en que se celebraban los espectáculos en la antigüedad: *Mérida tiene un famoso anfiteatro.* **2** parte de un cine o teatro moderno que está más alta que el patio de butacas y tiene los asientos colocados sobre gradas. **3** sala semicircular o con las butacas colocadas en semicírculo en que se dan clases, conferencias, etc. **AF.** hemiciclo.

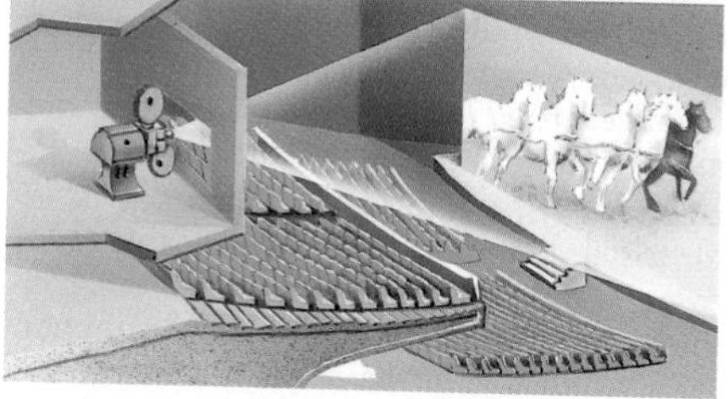

anfitrión, anfitriona *[n.]* persona que tiene invitados en su casa: *se esfuerza para ser un anfitrión agradable.*

ánfora *[n.f.]* vasija antigua de cuello largo, dos asas y fondo acabado en pico: *en el museo hay ánforas griegas.* **OBS.** en singular lleva artículo masculino: *un ánfora; el ánfora; las ánforas.*

ángel *[n.m.]* ser sobrenatural que, según algunas religiones, vive en el cielo y es mensajero de Dios: *los cristianos, los judíos y los musulmanes creen en los ángeles.* ■ **ángel custodio** o **ángel de la guarda,** en la religión católica, ángel que tiene todo ser humano para velar por su alma. ■ **tener ángel,** tener alguna gracia especial, como bondad, dulzura, etc. **FAM.** angelical, angélico, angelicalmente, angelote, ángelus.

anginas *[n.f.pl.]* inflamación de la garganta y especialmente de las amígdalas* que normalmente se produce con fiebre. ■ **angina de pecho,** dolor muy fuerte en la parte del esternón que indica que funciona mal el corazón.

anglicismo *[n.m.]* palabra (o expresión) de la lengua inglesa que se usa en otra lengua.

angora *[n.f.]* lana de pelo largo y suave: *un jersey de angora.* ■ **gato de angora,** gato de pelo largo originario de Turquía. **AMPL.** Angora es el nombre de la capital de Turquía, que ahora se escribe Ankara.

angosto, angosta *[adj.]* muy estrecho: *un pasillo angosto.* **ANT.** ancho.

anguila *[n.f.]* pez comestible, de cuerpo largo y cilíndrico de hasta un metro de longitud, que vive primero en los ríos y después en el mar para su reproducción.

angula *[n.f.]* cría de la anguila que al cocerse se pone blanca y su carne es muy apreciada en gastronomía.

ángulo *[n.m.]* **1** parte del plano limitado por dos rectas que se unen en un punto: *los ángulos rectos miden 90 grados.* **2** rincón que forman dos paredes, una pared y el techo o una pared y el suelo: *el tocadiscos está en un ángulo de la habitación.* **AF.** recodo, vértice. **3** esquina o arista exterior de cualquier cosa: *se dio contra el ángulo de la mesa.* **SIN.** canto. **4** cada una de las maneras de ver o interpretar algo: *ven los problemas desde distintos ángulos.* **SIN.** perspectiva, punto de vista. **FAM.** angular, anguloso, angulado, angulosidad. **COMP.** triangular, rectangular, cuadrangular.

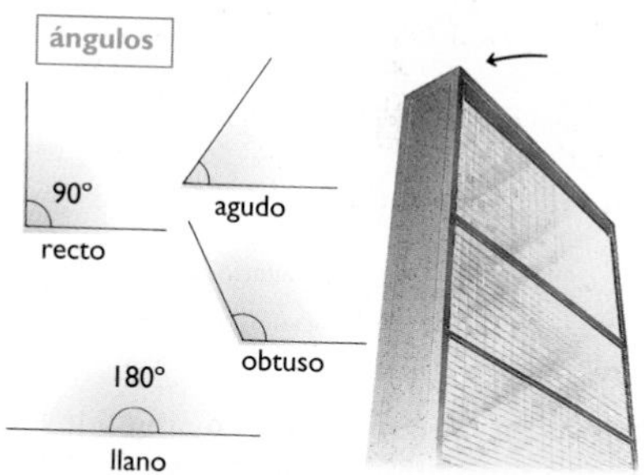

angustia *[n.f.]* sensación de nerviosismo y hasta de malestar físico que se siente cuando se está muy preocupado o se tiene miedo: *no poder resolver los problemas me provoca angustia.* **SIN.** ansiedad, congoja, aflicción. **AF.** intranquilidad, impaciencia, inquietud, preocupación, nerviosismo. **ANT.** tranquilidad, paz, sosiego. **FAM.** angustiarse, angustioso, angustiadamente, angustiosamente, angustiante.

angustiar *[v.]* hacer que alguien sienta angustia*: *angustia ver tratar mal a un niño.* TAM-

BIÉN *prnl.: no te angusties por cosas sin importancia.*

angustioso, angustiosa *[adj.]* que produce angustia: *una situación angustiosa; porvenir angustioso.*

anhelar *[v.]* tener grandes deseos de conseguir algo: *todo el mundo anhela sentirse libre.* **SIN.** ansiar, ambicionar. **FAM.** anhelo, anhelante, anheloso, anhelosamente.

anidar *[v.]* hacer nidos las aves: *las golondrinas anidan en los aleros de los tejados.*

anilla *[n.f.]* 1 aro de material rígido como metal, madera o plástico: *la lámpara está colgada de una anilla.* **SIN.** argolla. // **anillas** *[n.f.pl.]* 2 conjunto de dos aros de metal colgados cada uno de una cuerda sujeta al techo, para hacer ejercicios gimnásticos.

anillo *[n.m.]* aro que se pone en el dedo como adorno. **AF.** sortija, alianza. ■ **venir algo como anillo al dedo**, venirle algo muy bien a uno porque llega cuando más se necesita. ■ **caérsele** a alguien **los anillos**, sentir que algo es menos de lo que uno se merece: *por repartir propaganda no se te caerán los anillos.* **FAM.** anilla, anillado, anillar, anular.

ánima *[n.f.]* alma*. **OBS.** en singular lleva artículo masculino: *el ánima; un ánima; las ánimas.* **FAM.** animar, anímico, ***animosidad*** (rechazo, manía), ***animista*** (que cree que las cosas tienen alma), animismo. **COMP.** inanimado, ***animadversión*** (rechazo, manía).

animación *[n.f.]* 1 lo que hay en los sitios en que la gente está alegre y se divierte. **ANT.** aburrimiento. 2 técnica que tienen los que preparan dibujos animados para conseguir que, al proyectarlos en la pantalla, se muevan.

animado, animada *[adj.]* 1 que normalmente está contento y hace que los demás participen de su alegría: *una persona muy animada.* **AF.** jovial, alegre. **ANT.** aburrido. 2 que tiene mucha vida porque hay mucha gente: *un bar muy animado.* **SIN.** concurrido, visitado, frecuentado. **ANT.** solitario. ■ **dibujos animados**, dibujos que adquieren movimiento mediante técnicas cinematográficas. ■ **seres animados**, los que tienen vida y se mueven por sí mismos, como los animales.

animador *[n.m.]* persona que presenta un espectáculo y a veces participa en él: *trabaja como animador en una sala de fiestas.*

animal *[n.m.]* 1 ser vivo que se mueve por su propio impulso: *existen muchas especies de animales.* // **animal** *[adj.inv. en gén.]* 2 de los animales: *reino animal; vida animal.* **FAM.** animalada, animalejo, animalidad.

animar *[v.]* 1 hacer que alguien deje de estar triste, desilusionado o sin ganas de hacer cosas: *la visita de sus amigos lo animó.* **SIN.** consolar, confortar, reconfortar. **ANT.** desanimar. TAMBIÉN *prnl.: se animó al saber que venías.* 2 alentar*: *ir a Londres lo animó a seguir estudiando inglés.* 3 acompañar a quien tiene que hacer un esfuerzo o pasar por un momento difícil para que mantenga la ilusión: *animar a un equipo.* 4 hacer que algo quede más alegre: *las cortinas amarillas animan la habitación.* **SIN.** alegrar. **FAM.** ánimo, animación, animado, animador, animoso, animosamente, ánima. **COMP.** desanimar, reanimar.

anímico, anímica *[adj.]* del ánimo: *el estado anímico influye en lo que uno hace.* **AF.** espiritual, psíquico, moral. **ANT.** material, corporal, físico.

ánimo *[n.m.]* 1 fuerza espiritual que hace que una persona mantenga sus ideas, sus ilusiones y sus ganas de luchar hasta en los momentos más difíciles: *es una persona con mucho ánimo.* **SIN.** espíritu, aliento, moral. 2 ganas de vivir y de hacer cosas: *está sin ánimos; pon un poco de ánimo en lo que haces.* **AF.** interés, ganas, ilusión. 3 intención de hacer algo: *no está en mi ánimo dejarte ir a esquiar.* TAMBIÉN se dice **con ánimo de**: *no estoy con ánimo de dejarte ir a esquiar.*

animoso, animosa *[adj.]* que no se desanima ante los problemas o las dificultades: *a una persona animosa no le importa trabajar mucho para conseguir sus propósitos.* **AF.** valeroso, emprendedor.

aniñado, aniñada *[adj.]* que parece de niño, sin serlo: *cara aniñada; voz aniñada.* **SIN.** infantil, pueril. **ANT.** envejecido. **FAM.** aniñar, aniñadamente, niño.

aniquilar *[v.]* acabar con la vida o la existencia: *la peste aniquiló pueblos enteros.* **SIN.** devastar, exterminar. **FAM.** aniquilación, aniquilamiento.

anís *[n.m.]* 1 planta de pequeñas flores blancas y semillas que también se llaman *anís* y son pequeñas y ovaladas, de olor fuerte y agradable. 2 licor hecho con aguardiente y semillas de anís. **PL.** *anises.* **FAM.** anisar, anisado, anisete.

aniversario *[n.m.]* fecha en que se cumplen años de algún suceso: *aniversario del descubrimiento de América.* **AF.** conmemoración.

ano *[n.m.]* orificio en el que termina el aparato digestivo.

anoche *[adv. de t.]* durante la noche anterior al día que se está hablando: *anoche fuimos al cine.* **FAM.** anochecida, anochecer, noche. **COMP.** anteanoche.

Cené **anoche** en abundancia,
luego dormir no podía...
¿Qué me espera al
levantarme?
¡A **noche** mala, peor día!

anochecer *[n.m.]* 1 parte del día en que empieza a faltar la luz solar: *vuelve antes del anochecer.* **SIN.** ocaso, crepúsculo, atardecer. **ANT.** amanecer, alba, salida del sol. // **anochecer** *[v.]* 2 llegar la noche: *juegan en la plaza hasta que anochece.* **SIN.** atardecer, oscurecer. **ANT.** amanecer, clarear. 3 estar en un sitio cuando llega la noche: *anochecimos en plena carretera.* **CONJUG.** como *crecer** pero es un verbo ***defectivo impersonal*** que sólo se construye en 3ª persona de singular.

anomalía *[n.f.]* 1 hecho raro, poco normal: *es una anomalía que nieve en verano.* **SIN.** rareza, irregularidad, singularidad, excepción, anormalidad. 2 aquello que tiene una cosa y que hace que no sea como debería ser porque funciona mal, está rota, etc.: *la fábrica responde de las anomalías de sus productos.* **SIN.** defecto*. **FAM.** anómalo.

anómalo, anómala *[adj.]* que se sale de lo normal: *tener un ojo de cada color es algo anómalo.* **SIN.** extraño, raro, anormal, irregular, inusual. **AF.** extraordinario, singular. **ANT.** normal, usual, ordinario, habitual.

anonadado, anonadada *[adj.]* que no sabe qué hacer o qué decir porque algo le ha llamado mucho la atención, le ha sorprendido mucho o le ha parecido muy bueno o muy malo: *las excesivas atenciones me dejan anonadado.* **SIN.** desconcertado, confuso, apabullado. **FAM.** anonadar, anonadamiento.

anonimato *[n.m.]* 1 situación en la que se halla el que ha hecho algo sin que sepa nadie que ha sido él: *el autor de este cuadro seguirá en el anonimato.* 2 forma de vivir el que no es conocido o famoso: *prefiero vivir en el anonimato.*

anónimo, anónima *[adj.]* 1 que es de autor desconocido: *un libro anónimo; una pintura anónima.* // **anónimo** *[n.m.]* 2 escrito que no tiene firma, remite ni ningún dato de quien lo manda: *recibió un anónimo con amenazas.* **FAM.** anonimato, anónimamente.

anorak *[n.m.]* prenda de vestir corta y con capucha de tejido impermeable para protegerse del frío y de la lluvia.

anormal *[adj.inv. en gén.]* 1 que no es normal: *comportamiento anormal; situación anormal.* **SIN.** extraño, raro, anómalo, irregular, inusual. **ANT.** normal, usual, habitual. // **anormal** *[n.inv. en gén.]* 2 persona que tiene graves deficiencias físicas o psíquicas: *los anormales precisan educación y cuidados especiales.* **SIN.** deficiente, disminuido. **FAM.** anormalmente, anormalidad, normal.

anotar *[v.]* escribir algo para que no se olvide: *anotó en un cuaderno las características de la casa.* **SIN.** apuntar. **FAM.** anotación, nota.

anquilosarse *[v.prnl.]* 1 quedarse sin movimiento una articulación: *tiene la rodilla anquilosada.* 2 dejar de estudiar, de interesarse por las cosas, etc.: *acabó la carrera y se anquilosó.* **SIN.** abotargarse. **FAM.** anquilosamiento, anquilosis.

ansia *[n.f.]* lo que demuestra quien tiene tantas ganas de algo que no actúa con tranquilidad: *comía con ansia; tiene ansia de diver-*

sión. **AF.** deseo, anhelo. **OBS.** en singular lleva artículo masculino: *el ansia; un ansia; las ansias.* **FAM.** ansiar, ansiedad, ansioso, ansiadamente, ansiosamente.

ansiar *[v.]* tener muchas ganas de algo: *ansiaba ser independiente.* **SIN.** anhelar, desear. **ACENT.** como *fiar*.*

ansiedad *[n.f.]* sensación de nerviosismo y hasta de malestar físico que se siente cuando se está muy preocupado, se tiene miedo o se está esperando que pase algo que no pasa: *desde que se quedó en el paro tiene mucha ansiedad.* **SIN.** angustia*.

ansioso, ansiosa *[adj.]* que tiene mucha ansiedad o mucha ansia de algo: *está ansioso por empezar a trabajar.*

antagónico, antagónica *[adj.]* contrario: *capitalismo y comunismo son dos modos antagónicos de ver las cosas.* **FAM.** antagonismo, antagonista.

antagonismo *[n.m.]* lo que hay entre dos personas o cosas por el hecho de tener características, intereses o ideas opuestas: *entre rusos y americanos hubo mucho antagonismo.* **SIN.** oposición, discrepancia. **AF.** enfrentamiento, disconformidad, rivalidad. **ANT.** acuerdo.

antagonista *[n.inv. en gén.]* 1 personaje de los cuentos, novelas, películas, etc. que hace todo en contra del protagonista. 2 persona que piensa (o es) de un modo totalmente contrario a otra.

antaño *[adv. de t.]* en otros tiempos: *antaño se lavaba todo a mano.* **SIN.** antiguamente. **ANT.** actualmente. **FAM.** ***antañazo*** (hace muchísimo tiempo), ***antañón*** (muy antiguo), año.

antártico, antártica *[adj.]* propio del Polo* Sur de la Tierra: *el continente antártico se llama La Antártida.* **ANT.** ártico.

ante- prefijo que significa *anterior,* en el tiempo o en el espacio: *antediluviano.*

ante *[n.m.]* 1 piel suave de pelo muy corto y sin brillo: *zapatos de ante.* // **ante** *[prep.]* 2 delante de: *no hagas eso ante mí.* 3 respecto a: *no sé qué hacer ante esta situación.*

anteanoche *[adv. de t.]* hace dos noches.

anteayer *[adv. de t.]* hace dos días.

antebrazo *[n.m.]* parte del brazo que va desde el codo hasta la muñeca: *el cúbito y el radio son los huesos del antebrazo.*

antecedente *[n.m.]* 1 hecho ocurrido en el pasado con el que podemos comparar otro del presente: *no hay antecedentes de esa enfermedad en la familia.* **SIN.** precedente. **ANT.** consiguiente. 2 en gramática, palabra a la que se refiere un pronombre relativo y que aparece antes que él: *en la frase "Goya fue quien pintó la maja", "Goya" es el antecedente de "quien".* ■ **poner en antecedentes**, informar a alguien sobre algo.

anteceder *[v.]* ir delante: *Alfonso XII antecedió a Alfonso XIII.* **SIN.** preceder. **ANT.** suceder. **FAM.** antecedente, antecesor, ceder.

antecesor, antecesora *[n.]* 1 persona que ha estado antes que otra en un cargo: *su antecesor dejó la empresa en malas condiciones.* **SIN.** predecesor. **ANT.** sucesor. 2 persona que ha vivido antes que nosotros: *nuestros antecesores vivieron muchas guerras.* **SIN.** ascendiente, antepasado. **AF.** mayor, progenitor. **ANT.** sucesor.

antedicho, antedicha *[adj.]* que se ha dicho antes: *las circunstancias antedichas determinaron la decisión.* **SIN.** susodicho, citado, mencionado, precitado, referido.

antediluviano, antediluviana *[adj.]* anterior al Diluvio Universal que se narra en la Biblia. **AMPL.** se suele usar para resaltar el hecho de que algo es muy antiguo o está muy anticuado.

antelación *[n.f.]* anticipación*: *avisa con antelación.*

antemano palabra que nada más aparece en la expresión adverbial ■ **de antemano:** con anterioridad, con tiempo suficiente. **SIN.** previamente, antes. **ANT.** posteriormente.

antena *[n.f.]* 1 aparato que sirve para recibir y emitir ondas de radio y televisión. 2 apéndices largos articulados y móviles que tienen en la cabeza algunos animales: *los insectos tienen dos antenas.* ■ **tener la antena**

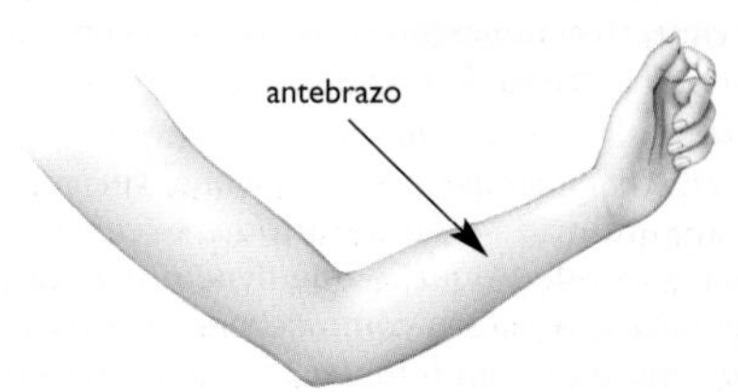

puesta, estar atento para ver y oír lo que pasa o se dice. ■ **estar en antena**, estar emitiendo un programa de radio o televisión.

anteojos *[n.m.pl.]* cualquier objeto o aparato que se pone delante de los ojos para ver mejor, ver a distancia, etc.: *las gafas son anteojos.* **FAM.** anteojera, antes.

antepasado, antepasada *[n.]* persona de la familia que ha vivido antes que nosotros: *un antepasado nuestro se fue a América.* **SIN.** ascendiente. **ANT.** descendiente.

antepenúltimo, antepenúltima *[adj.]* que está dos puestos antes que el último.

anteponer *[v.]* poner algo por delante de otras cosas o preferirlo: *antepone la felicidad de sus hijos a todo lo demás.* **ANT.** posponer. **CONJUG.** como *poner**. **FAM.** antepuesto, poner.

antera *[n.f.]* parte del estambre de las flores que contiene el polen: *las abejas se posan en las anteras de las flores.* **SIN.** saco polínico.

anterior *[adj.]* 1 que va antes: *la semana anterior.* 2 que está antes: *fila anterior.*

antes *[adv. de t.]* 1 en un momento en el que no ha pasado lo que se dice: *antes de que llegaras ya estaba aquí; antes de hablar, piensa lo que vas a decir.* **ANT.** después. // **antes** *[adv. de l.]* 2 en el lugar al que no ha llegado la persona o la cosa que se dice: *el guía va antes que los demás.* **SIN.** delante de. // **antes** *[adj.]* 3 que es el último de lo que se dice que ha pasado: *la noche antes de la boda* (**SIN.** anterior)*; una hora antes de que abran.* ■ **antes que nada**, lo primero, por ser lo más importante. **SIN.** en primer lugar. **FAM.** anterior, anterioridad, anteriormente, antesala, anteponer, antepasado, anteojos.

antesala *[n.f.]* sala pequeña que está delante de otra más grande o más importante: *la antesala de un despacho.* **SIN.** antecámara.

anti- prefijo que significa *contra.*

antiaéreo, antiaérea *[adj.]* 1 que defiende contra ataques aéreos: *refugio antiaéreo.* 2 que ataca a los aviones enemigos: *cañón antiaéreo.*

antibiótico *[n.m.]* medicina que defiende al organismo contra infecciones, porque impide el desarrollo de los gérmenes que producen las enfermedades: *la penicilina es un antibiótico.*

anticiclón *[n.m.]* zona de la atmósfera con altas presiones que proporciona buen tiempo. **PL.** *anticiclones.*

anticipación *[n.f.]* 1 hecho de que algo pase antes de lo previsto o antes de tiempo: *la anticipación de su llegada sorprendió a los anfitriones; la anticipación de las nevadas los sorprendió.* 2 tiempo que hay entre un momento y otro posterior en que pasa algo o se esperaba que pasara algo: *el tren llegó con una anticipación de 12 minutos.* **SIN.COM.** antelación, adelanto. **ANT.COM.** retraso. ■ **con anticipación**, antes de tiempo, antes del momento previsto o antes de un momento determinado. **SIN.** con antelación.

anticipar *[v.]* 1 hacer, dar, llevar, etc. algo antes del momento fijado: *han anticipado las elecciones; me han anticipado el dinero para el viaje.* **SIN.** adelantar. **ANT.** retrasar, posponer, postergar, aplazar. // **anticiparse** *[v.prnl.]* 2 llegar antes que otros o antes de lo previsto: *se anticiparon a sus competidores; las lluvias se han anticipado.* **SIN.** adelantarse. **ANT.** retrasarse. **FAM.** anticipación, anticipo, anticipadamente.

anticipo *[n.m.]* dinero que se da antes de tener que pagarlo y que se descuenta del total: *recibió un anticipo sobre el trabajo que tenía que entregar.* **SIN.** adelanto.

anticonceptivo *[n.m.]* todo lo que sirve para que una mujer no se quede embarazada. **SIN.** contraconceptivo.

anticongelante *[n.m.]* sustancia que impide que se congele el agua: *ponle anticongelante al motor del coche.*

anticonstitucional *[adj.inv. en gén.]* que está en contra de lo que dice la Constitución: *la censura es anticonstitucional en España.*

anticuado, anticuada *[adj.]* que está pasado de moda: *la levita está anticuada.* **SIN.** antiguo, obsoleto, caduco. **ANT.** actual, moderno, nuevo. **FAM.** anticuario, antiguo.

anticuario, anticuaria *[n.]* 1 persona que se dedica al comercio de objetos antiguos: *el anticuario era un experto en arte japonés.* 2 tienda de objetos antiguos: *busca el libro en un anticuario.*

antídoto *[n.m.]* sustancia que se emplea para contrarrestar los efectos de un veneno: *salvó* *su vida gracias a un antídoto.* **SIN.** contraveneno, antitóxico.

antiestético, antiestética *[adj.]* que resulta desagradable a la vista: *un cartel antiestético.* **SIN.** feo. **ANT.** bonito.

antifaz *[n.m.]* objeto pensado para cubrir la parte superior de la cara dejando al aire la parte central de los ojos para poder ver: *en los bailes de máscaras muchos llevan sólo un antifaz.* **AF.** careta, máscara. **PL.** *antifaces.*

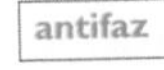

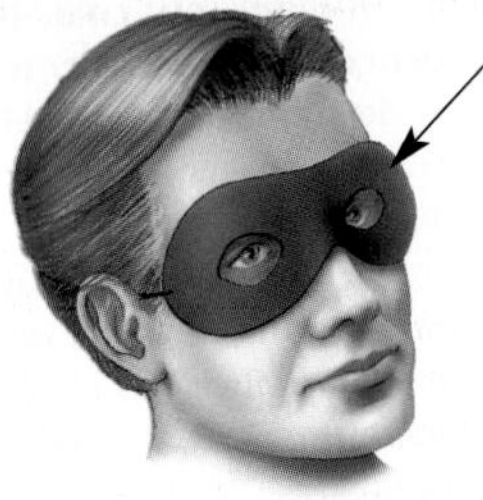

antigás *[adj.inv. en gén.]* que se utiliza para evitar la acción de los gases tóxicos: *máscara o careta antigás.*

antigualla *[n.f.]* objeto antiguo que ya no se usa: *este sombrero es una antigualla.* **AF.** reliquia, antigüedad. **ANT.** novedad.

antigüedad *[n.f.]* **1** lo que tienen las cosas que existen desde hace mucho tiempo: *hay monumentos con varios siglos de antigüedad.* **2** periodo de la historia anterior a la era cristiana: *el Imperio Romano tuvo su esplendor en la antigüedad.* **3** tiempo que lleva una persona trabajando en una empresa: *tiene ocho años de antigüedad.* **4** objeto antiguo que tiene algún valor: *un coleccionista de antigüedades.*

antiguo, antigua *[adj.]* **1** que es lo que es hace mucho tiempo: *es un empleado muy antiguo en la empresa; un reloj antiguo.* **AF.** vetusto, veterano, viejo. **ANT.** nuevo, reciente. **2** que ha dejado de ser lo que era: *el antiguo propietario de la tienda está jubilado.* ■ **chapado a la antigua**, que no está de moda. **FAM.** antigualla, antigüedad, antiquísimo, antiguamente, anticuado.

antílope *[n.m.]* animal mamífero rumiante de cornamenta ósea que se alimenta de hierba: *la gacela es un antílope.*

antinatural *[adj.inv. en gén.]* que va contra lo que es normal en la Naturaleza: *no querer a los hijos es antinatural.* **SIN.** contranatural. **ANT.** natural.

antipatía *[n.f.]* lo que se siente ante alguien o algo que a uno no le gusta nada: *le tiene antipatía a los funcionarios de ventanilla.* **SIN.** manía, ojeriza, tirria, animadversión. **INTENS.** aversión, repulsión, asco. **ANT.** simpatía. **FAM.** antipático.

antipático, antipática *[adj.]* que tiene un carácter desagradable: *por ser tan antipático no tiene amigos.*

antípoda *[n.]* lugar de la Tierra diametralmente opuesto a otro: *Nueva Zelanda está en las antípodas de España.*

antirrobo *[n.m.]* objeto o aparato que se pone en un sitio para evitar los robos: *una barra cerrada sobre el volante y el embrague es un antirrobo.* TAMBIÉN *adj.inv. en gén.*: *alarma antirrobo; sistema antirrobo.* **FAM.** robar, robo.

antitanque *[adj.inv. en gén.]* que puede destruir vehículos de guerra: *un arma antitanque.*

antítesis *[n.f.inv. en núm.]* **1** idea que es contraria a otra: *el liberalismo es la antítesis del comunismo.* **2** figura literaria que consiste en poner en relación dos ideas contrarias como, por ejemplo, *"no es más rico el que más tiene sino el que menos necesita".* **FAM.** antitético, tesis.

antojarse *[v.prnl.]* **1** querer hacer (o tener) algo por simple capricho: *se nos antojó ir al cine.* **AF.** encapricharse. **2** pensar que puede pasar lo que se dice: *se me antoja que va a nevar.* ■ **hacer lo que a uno se le antoja**, hacer siempre lo que uno quiere.

antojo *[n.m.]* **1** deseo grande, pero que dura poco, de alguna cosa: *tengo el antojo de comprar caramelos.* **SIN.** capricho. **2** mancha en la piel que tienen algunos niños al nacer. **FAM.** antojarse, antojadizo.

antología *[n.f.]* libro que contiene una selección de textos de uno o varios autores: *antología de poetas actuales.* **SIN.** recopilación, selección, compendio, miscelánea, florilegio. **FAM.** antológico.

antónimo *[n.m.]* palabra que representa una idea contraria a otra: *claro y oscuro son antónimos; el antónimo de bueno es malo.* **AMPL.** entre los *antónimos*, se consideran ***contrarios*** los términos entre los que puede haber una graduación y ***complementarios*** los que expresan conceptos no graduables, como *hijo* y *padre*. **FAM.** antonimia.

antorcha *[n.f.]* manojo de esparto untado con brea que se enciende para que la llama ilumine: *la cueva estaba iluminada por antorchas.* **SIN.** tea. **AF.** hachón.

antracita *[n.f.]* clase de carbón* vegetal.

antro *[n.m.]* local de ambiente desagradable: *ese bar es un antro.*

antropófago, antropófaga *[adj.]* que come carne humana: *tribus antropófagas.* **SIN.** caníbal. **FAM.** antropofagia. TAMBIÉN *n.*: *los antropófagos se comieron al explorador.*

antropología *[n.f.]* ciencia que estudia las costumbres y el comportamiento de los seres humanos y su evolución. **FAM.** antropológico, antropólogo.

antropólogo, antropóloga *[n.]* persona que ha estudiado antropología y se dedica a ella.

anual *[adj.inv. en gén.]* 1 que pasa o se hace una vez al año: *la Navidad es una fiesta anual.* 2 que dura o vale durante un año: *un presupuesto anual; un contrato anual.* **FAM.** anualidad, anuario, anualmente, año.

anudar *[v.]* hacer uno o varios nudos con algo: *anuda bien la cuerda; le anudó la corbata.* **AF.** atar. **ANT.** desanudar, desatar. **FAM.** anudamiento, nudo. **COMP.** desanudar.

anular *[adj.inv. en gén.]* 1 con forma de anillo: *una arandela es una pieza anular.* // **anular** *[n.m.]* 2 dedo de la mano que está al lado del meñique y que es en el que mucha gente se pone los anillos. TAMBIÉN *adj.*: *dedo anular.* // **anular** *[v.]* 3 hacer que algo deje de valer: *anular un documento, una ley...* **SIN.** invalidar. **FAM.** anillo // anulación, anulable, nulo.

anunciar *[v.]* 1 hacer lo necesario para que alguien (o la gente) se entere de algo: *nos anunció que se iba; anunciaron al rey la llegada de los ministros; en los periódicos se anuncian muchos productos* **AF.** comunicar. **ANT.** ocultar, callar. 2 ser una cosa señal de que algo va a pasar: *la caída de las hojas anuncia el otoño.* **FAM.** anuncio, anunciante, anunciación, anunciador. **COMP.** denuncia, enunciar, pronunciar, renunciar.

anuncio *[n.m.]* 1 lo que se dice o se hace para anunciar* algo: *el anuncio de su boda sorprendió a todos; un anuncio publicitario.* **AF.** notificación, aviso, comunicación. 2 lo que es señal de que algo va a pasar: *las golondrinas son anuncio del verano.* **SIN.** pronóstico, presagio.

anverso *[n.m.]* parte de la moneda en la que va impresa la cara de una persona. **SIN.** cara. **ANT.** cruz, reverso.

anzuelo *[n.m.]* pieza en forma de gancho que, atada al extremo de un hilo, sirve para pescar: *en el anzuelo se pone el cebo.* **AF.** arponcillo, gancho. **FAM.** anzolero, ***anzolar*** (poner anzuelos).

anzuelo

añadido *[n.m.]* lo que se añade a algo: *no me gusta la ropa con añadidos.* **SIN.** añadidura. **AF.** ampliación, remiendo.

añadidura *[n.f.]* añadido*. ■ **por añadidura**, además.

añadir *[v.]* 1 juntar una cosa a otra para hacerla más grande: *añadió un tablero a la mesa para que cupieran todos.* 2 poner algo más en una cosa que ya está hecha: *añade sal a la comida; añadió a la carta unas frases de agradecimiento.* **SIN.** agregar, poner, incorporar. **ANT.** quitar. 3 decir algo, además de lo que ya se ha dicho: *añadió que estaba muy contento.* **AF.** decir, manifestar. **FAM.** añadido, añadidura. **COMP.** sobreañadir, sobreañadido.

añejo, añeja *[adj.]* 1 que tiene uno o más años de curación: *vino añejo; coñac añejo.* **SIN.** envejecido, con solera. 2 que con el tiempo ha tomado un sabor desagradable: *tocino añejo; sabor añejo.* **SIN.** rancio. **ANT.** fresco. **AMPL.** decir que algo *es añejo* suele significar que es bueno porque está bien curado; si se dice que *está añejo* suele indicar que se ha pasado y no es bueno para comerlo porque sabe mal y puede estar estropeado.

añicos *[n.m.pl.]* trozos muy pequeños de algo que se ha roto: *el plato se hizo añicos.*

añil *[n.m.]* 1 color que está entre el azul y el violeta. 2 arbusto leñoso de cuyos tallos y hojas se obtiene una pasta de ese color. **FAM.** añilar.

año *[n.m.]* 1 tiempo que tarda la Tierra en dar una vuelta completa alrededor del Sol y que dura algo más de 365 días. **AMPL.** el movimiento de la Tierra alrededor del Sol se llama ***movimiento de traslación***. 2 periodo de doce meses, contado desde un día cualquiera: *entre el 12 de junio de 1823 y el mismo día de 1824 pasó un año; tardarán un año en construirla.* ■ **año bisiesto**, año que tiene 366 días. ■ **año nuevo**, primer día del año. ■ **estar de buen año**, estar gordo. ■ **entrado en años**, muy mayor. **FAM.** anual, anal, aniversario, añada, añojo, añejo, añoso, antaño. **COMP.** bienio, bianual, bienal, trienio, trianual.

añorar *[v.]* sentir pena por la ausencia de alguien o por el recuerdo de tiempos pasados: *añora la compañía de sus amigos.* **SIN.** echar de menos. **FAM.** añoranza.

aorta *[n.f.]* arteria* que sale del ventrículo izquierdo. **FAM.** aórtico, aortitis.

apabullar *[v.]* 1 hacer una demostración de fuerza o de razones ante alguien para que se calle, le dé a uno la razón o le deje salirse con la suya: *lo apabulló dando voces.* **SIN.** intimidar. // **apabullarse** *[v.prnl.]* 2 sentirse asustado o desconcertado, sin saber qué hacer: *se apabulló ante el silencio del bosque.* **SIN.** anonadarse, desconcertarse. **AF.** acobardarse. **FAM.** apabullamiento, apabullante.

apacentar *[v.]* cuidar el ganado mientras come en el campo: *el pastor apacienta a sus ovejas.* **CONJUG.** como *acertar**. **FAM.** apacentadero, apacentamiento, apacentador, pacer.

apacible *[adj.inv. en gén.]* 1 que no le gustan las situaciones violentas y nunca se mete con nadie: *una persona apacible; carácter muy apacible.* **SIN.** sosegado, tranquilo. **AF.** pacífico. 2 que pasa tranquilamente, sin problemas, preocupaciones, lluvias, vientos o tormentas: *dieron un apacible paseo; tiempo apacible.* **SIN.** tranquilo, agradable. **ANT.** turbulento. **FAM.** apacibilidad, apaciblemente, apacibilísimo, paz.

apaciguar *[v.]* hacer que alguien se quede tranquilo o que algo deje de estar violento o alterado: *apaciguó al perro que ladraba; su llegada apaciguó los ánimos.* **SIN.** aplacar, tranquilizar*. **OBS.** ante e, gu: *apacigüen.* **FAM.** apaciguamiento, apaciguador, paz.

apache *[adj.inv. en gén.]* de las tribus indias que vivían en la zona suroeste de Norteamérica cuando llegaron los conquistadores europeos: *territorio apache; Jerónimo fue un indio apache.* TAMBIÉN *n.*: *los apaches eran cazadores.*

apadrinar *[v.]* 1 hacer de padrino en un bautizo, una boda, etc.: *apadrinó a una niña.* 2 ayudar a alguien en sus negocios, proyectos o profesión, procurando protegerlo, buscándole influencias de amistades, etc.: *consiguió el puesto porque lo apadrinaba un político.* **SIN.** patrocinar, apoyar. **AF.** recomendar, enchufar. **FAM.** apadrinamiento, padrino, padrinazgo, padre.

apagado, apagada *[adj.]* 1 sin luz, sin fuego o sin conectar: *un farol apagado; una chimenea apagada; un televisor apagado.* 2 que tiene poca fuerza, poca alegría, poca intensidad, etc.: *un color apagado; un carácter apagado.*

apagar *[v.]* 1 hacer que deje de haber algo: *apagar un fuego* (**SIN.** extinguir, sofocar)*; apaga la luz; el agua apaga la sed* (**SIN.** calmar. **ANT.** avivar). TAMBIÉN *prnl.*: *los últimos rayos de luz se apagaron en el horizonte.* **SIN.** disiparse, desaparecer. 2 hacer que algo deje de funcionar: *apaga la lavadora.* **SIN.** desconectar. **ANT.** conectar. **OBS.** ante e, gu: *apaguen.* **FAM.** apagado, apagón, apagamiento. **COMP.** apagavelas.

apagón *[n.m.]* corte de energía eléctrica: *con el apagón se paralizó la ciudad.* **PL.** *apagones.*

apaisado, apaisada *[adj.]* que es más ancho que largo: *un cuadro apaisado.* **SIN.** alargado. **ANT.** vertical.

apalabrar *[v.]* hacer, dos o más personas, un acuerdo de palabra, sin firmar ningún documento: *apalabraron la compra-venta del piso.* **AF.** acordar, convenir. **FAM.** apalabramiento, palabra.

apalear *[v.]* dar golpes con un palo o con otra cosa semejante: *el arriero apaleó a las caballerías.* **SIN.** golpear, azotar, fustigar. **OBS.** e + e = ee: *apaleen.* **FAM.** apaleamiento, apaleo, apaleador, palo.

aparador *[n.m.]* mueble en el que se guardan cosas del comedor como platos, tazas, vasos, manteles, etc.

aparato *[n.m.]* 1 cualquier cosa construida por el ser humano con un fin determinado y que tiene algún mecanismo o está hecho por piezas articuladas: *una máquina es un aparato; unas espalderas son un aparato de gimnasia; unos prismáticos son un aparato para ver de lejos.* **SIN.** artilugio, artefacto. **AF.** mecanismo, utensilio, instrumento. 2 conjunto de órganos de un ser vivo que, juntos, tienen una función: *aparato digestivo.* **SIN.** sistema. 3 lujo o exageración con que se hace algo: *las fiestas se celebraron con gran aparato.* **SIN.** ostentación, suntuosidad, boato. **ANT.** sobriedad, sencillez. **FAM.** aparatoso, aparatosidad.

aparcamiento *[n.m.]* 1 sitio en el que se puede dejar un vehículo: *no encontró aparcamiento.* **SIN.** estacionamiento. 2 sitio público para dejar vehículos: *un aparcamiento subterráneo.*

aparcar *[v.]* dejar un vehículo en un sitio: *aparcó la moto junto a un árbol.* **SIN.** estacionar. **OBS.** ante e, qu: *aparquen.* **FAM.** aparcamiento, parquímetro, parque.

aparear *[v.]* juntar una hembra con un macho para que se reproduzcan: *apareó la yegua con el caballo para tener un potrillo.* **SIN.** acoplar, cubrir, emparejar, ayuntar. TAMBIÉN *prnl.: dos perros estaban apareándose.* **SIN.** acoplarse, copular. **OBS.** e + e = ee: *apareen.* **FAM.** apareamiento, apareado, par.

aparecer *[v.]* 1 empezar a verse o a notarse algo, o llegar alguien: *el Sol aparece por el este; le ha aparecido un dolor en el costado* (**SIN.** surgir)*; apareció en casa cuando nadie lo esperaba* (**SIN.** presentarse). **ANT.** desaparecer. 2 dejarse ver algo o alguien que estaba perdido: *el libro apareció debajo de los periódicos.* **CONJUG.** como *crecer*.* **FAM.** aparición, aparecido. **COMP.** desaparecer, reaparecer.

aparejador, aparejadora *[n.]* persona que ha estudiado una carrera técnica para saber cosas de construcción de edificios y poder ayudar al arquitecto*: *el aparejador controla la construcción.*

aparentar *[v.]* 1 producir una impresión determinada: *aparentaba estar contento.* **AF.** parecer. 2 tener un aspecto determinado: *aparenta unos cuarenta años.* **SIN.** representar. 3 hacer lo posible para dar la impresión de que se es importante, rico, etc.: *se arregla mucho porque le gusta aparentar.* **AF.** presumir. **FAM.** aparente, aparentemente, apariencia, parecer.

aparente *[adj.inv. en gén.]* 1 que parece lo que se dice: *a pesar de su aparente alegría estaba triste.* 2 que da buena impresión: *un vestido muy aparente.* **SIN.** lucido, resultón.

aparición *[n.f.]* 1 hecho de que algo o alguien aparezca: *contemplaron la aparición del Sol en el horizonte; la aparición de una enfermedad, de documento perdido...* **ANT.** desaparición. 2 visión de un ser sobrenatural que dicen que han tenido algunas personas: *habló de la aparición de la Virgen.*

apariencia *[n.f.]* 1 lo que se ve de algo o de alguien: *por la apariencia que tiene, la herida curará enseguida; apariencia elegante.* **SIN.** aspecto*. 2 impresión que dan las cosas o las personas cuando uno las ve y no las conoce bien: *no te fíes de las apariencias, que es un río peligroso.*

apartado, apartada *[adj.]* 1 que está lejos: *el parque está apartado de mi casa.* **SIN.** lejano, distante. **ANT.** cercano, próximo. // **apartado** *[n.m.]* 2 cada una de las partes de un texto en las que se trata un asunto. **AF.** capítulo. ■ **apartado de correos**, especie de caja numerada que hay en Correos en la que reciben correspondencia los abonados a ese servicio.

apartamento *[n.m.]* piso pequeño: *edificio de apartamentos.*

apartar *[v.]* quitar algo de donde está, para que quede separado de lo demás: *apartó un tronco del camino; aparta los libros que te han encargado.* **SIN.** separar, retirar. TAMBIÉN *prnl.: se apartaron de sus compañeros.* **FAM.** aparte, apartado, apartamento, apartamiento, parte.

aparte *[adv. de l.]* 1 en otro lugar: *pon aparte lo que no vale.* // **aparte** *[adv. de m.]* 2 sin que haya nadie más o nada más: *habló con él aparte; la película no tiene interés aparte de la música.* ■ **punto y aparte**, signo de puntuación que indica que se ha acabado de exponer una idea, por lo cual se pone un punto y se empieza en otra línea y con mayúscula.

apasionar *[v.]* 1 gustar muchísimo: *lo apasionan los deportes; me apasiona oír música.* **SIN.** entusiasmar. // **apasionarse** *[v.prnl.]* 2 poner, en algo que gusta muchísimo, esfuerzo, inteligencia e ilusión: *se apasiona cuando habla de toros.* **SIN.** entusiasmarse. **FAM.** apasionado, apasionante, apasionamiento, apasionadamente, pasión. **COMP.** desapasionado, desapasionadamente.

apatía *[n.f.]* lo que siente quien no tiene ganas de hacer nada: *su apatía le impidió continuar la carrera.* **SIN.** desgana, indiferencia. **AF.** indolencia, pereza. **ANT.** actividad, dinamismo. **FAM.** apático, apáticamente.

apeadero *[n.m.]* estación de trenes de poca importancia donde se pueden subir y bajar viajeros pero no mercancías.

apearse *[v.prnl.]* bajarse de un vehículo: *aprovecha el semáforo para apearte.* **SIN.** bajarse, descender. **ANT.** subir, montar. ■ **apearse del burro**, cambiar de idea. **FAM.** apeadero, apeamiento.

apedrear *[v.]* tirar piedras sobre algo o alguien: *unos gamberros apedrearon el escaparate.* **SIN.** lapidar. **OBS.** e + e = ee: *apedreen.* **FAM.** apedreamiento, piedra.

apego *[n.m.]* lo que siente quien está encariñado con algo o alguien: *tiene mucho apego a sus libros.* **AF.** cariño, estima, simpatía. **ANT.** desapego. **FAM.** apegarse, pegar. **COMP.** desapego.

apelar *[v.]* 1 pedir que se haga otro juicio en un tribunal superior porque no se está conforme con la sentencia que se ha dado en uno inferior. **AF.** interponer, recurrir. 2 usar algo como argumento para conseguir lo que se quiere: *apelaron a su generosidad para que los sacara del apuro.* **SIN.** recurrir a. **AF.** invocar. **FAM.** apelativo, apelación, apelable. **COMP.** inapelable.

apelativo *[n.m.]* nombre con que llamamos a las personas y que está relacionado con alguna característica suya: *a Doménico Teodocópulus le pusieron el apelativo de "El Greco" porque era de Grecia.* **AF.** apodo, alias.

apellidarse *[v.prnl.]* tener un apellido determinado: *me apellido Pérez.* **AF.** llamarse, nombrarse.

apellido *[n.m.]* nombre de familia que corresponde a las personas por línea paterna y materna: *el primer apellido es el del padre y el segundo el de la madre.* **FAM.** apellidarse.

apelotonarse *[v.prnl.]* hacerse grupos de personas desordenadamente: *la gente se apelotonaba ante las taquillas del estadio.* **SIN.** agolparse, amontonarse. **ANT.** separarse, dispersarse. **FAM.** apelotonar, apelotonamiento, apelotonadamente, pelotón.

apenar *[v.]* hacer que alguien se ponga triste: *lo apenan las desgracias ajenas.* **SIN.** afligir, entristecer, apesadumbrar. **INTENS.** desolar. **ANT.** alegrar. TAMBIÉN *prnl.: no te apenes, que todo tiene solución.* **FAM.** apenado, pena.

apenas *[adv. de neg.]* 1 casi no: *apenas tienen tiempo de hacerlo.* **SIN.** escasamente. // **apenas** *[adv. de c.]* 2 solamente: *hace apenas dos días que se fue.* **SIN.** sólo. // **apenas** *[adv. de t.]* 3 en cuanto: *apenas llegó, se puso a estudiar.* **SIN.** tan pronto como.

Apenas te vi me dije:
"hoy le digo que la quiero".
Pero pasaste sin verme
y yo de pena me muero.
¡No me castigues **a penas**
que no merece mi anhelo!

apéndice *[n.m.]* parte añadida a algo de lo que depende: *las áreas y los volúmenes están en un apéndice del libro de matemáticas.* **SIN.** anexo. ■ **apéndice vermicular**, prolongación del intestino ciego. **FAM.** apendicitis, apendicular.

apendicitis *[n.f.inv. en núm.]* inflamación del apéndice* vermicular que suele resolverse quitándolo con una operación quirúrgica.

apercibir *[v.]* 1 llamar la atención de alguien por algo que ha hecho para que no vuelva a hacerlo. // **apercibirse** *[v.prnl.]* 2 darse cuenta de algo. **FAM.** apercibimiento, percibir. **COMP.** desapercibido.

aperitivo *[n.m.]* lo que se toma antes de comer para abrir el apetito. **AF.** entrante, tapa.

aperos *[n.m.pl.]* instrumentos necesarios para la labranza: *antes de salir a sembrar prepararon los aperos.* **AF.** aparejos, herramientas. **OBS.** se usa muy poco en singular.

aperrear *[v.]* producir mucho esfuerzo o incomodidad y poco beneficio: *este trabajo aperrea a cualquiera.* TAMBIÉN *prnl.*: *con tanto trabajo se ha aperreado.*

apertura *[n.f.]* 1 acción por la que un establecimiento queda abierto al público: *la hora de apertura no es la misma para todas las tiendas.* **ANT.** cierre. 2 primera vez que se abre algo al público: *la apertura de la nueva discoteca se hará en noviembre.* **AF.** inauguración. **ANT.** clausura. 3 conjunto de movimientos que se hacen para iniciar una partida de ajedrez. **FAM.** aperturismo, aperturista, abrir.

apestar *[v.]* despedir muy mal olor: *los camiones de basura apestan.* **SIN.** heder, atufar. **FAM.** apestoso, apestado, peste.

apétalo, apétala *[adj.]* que no tiene pétalos: *flor apétala.*

apetecer *[v.]* producir en uno ganas de tenerlo, tomarlo, conseguirlo, hacerlo, etc.: *me apetece un helado; cuando se tiene sed, apetece beber; le apetece ir a Egipto.* **AF.** desear, querer. **CONJUG.** como *crecer**. **FAM.** apetecible, apetito, apetitoso, apetencia. **COMP.** inapetencia, inapetente.

apetito *[n.m.]* lo que se siente cuando se tiene hambre: *a mediodía tengo mucho apetito.* **SIN.** gana. **ANT.** desgana, inapetencia.

apetitoso, apetitosa *[adj.]* 1 que dan ganas de comerlo por lo bien que huele o por la buena pinta que tiene: *esta comida tiene un aspecto muy apetitoso.* **SIN.** apetecible, deseable. **ANT.** desagradable. 2 que tiene muy buen sabor: *una cena muy apetitosa.* **SIN.** sabroso, exquisito, rico. **ANT.** repugnante.

apiadarse *[v.prnl.]* tener compasión de alguien: *se apiadaron del niño abandonado.* **SIN.** compadecerse.

ápice *[n.m.]* 1 parte muy pequeña de algo: *no he entendido un ápice de lo que dijo.* **SIN.** pizca. 2 extremo o punta de algo: *el pararrayos está en el ápice de la torre.* **SIN.** vértice, cima, cúspide. **ANT.** base. **FAM.** apical.

apicultor, apicultora *[n.]* persona que se dedica a cuidar abejas para aprovechar sus productos. **FAM.** abeja*.

apicultura *[n.f.]* arte de cuidar abejas para aprovechar sus productos: *la actividad principal del pueblo que visitaremos es la apicultura.* **FAM.** apicultor, apícola, abeja.

apilar *[v.]* amontonar objetos poniendo unos encima de otros: *apilamos los libros sobre la mesa antes de ordenarlos en las estanterías.* **FAM.** apilamiento, pila.

apiñarse *[v.prnl.]* juntarse muchas cosas o personas, en desorden, junto a algo o alguien: *los jugadores se apiñaron en torno al entrenador.* **SIN.** agruparse. **AF.** apelotonarse, arremolinarse, amontonarse. **ANT.** separarse, dispersarse. **FAM.** apiñamiento, apiñadamente, piña.

apio *[n.m.]* planta que se cultiva en las huertas, tiene flores de color blanco verdoso y el tallo hueco y comestible, de olor y sabor fuerte.

apiparse *[v.prnl.]* comer o beber mucho. **SIN.** atracarse.

apisonadora *[n.f.]* máquina con rodillos muy grandes y pesados que se utiliza para alisar terrenos. **SIN.** aplanadora. **FAM.** apisonar, apisonamiento, pisar.

apisonadora

aplacar *[v.]* hacer que alguien se quede tranquilo o que algo deje de estar violento o alterado: *aplacó al niño que lloraba; aplacaron su enfado con buenas palabras.* **SIN.** apaciguar, tranquilizar*. **OBS.** ante e, qu: *aplaquen.* **FAM.** aplacamiento, aplacador. **COMP.** inaplacable, inaplacablemente.

aplanar *[v.]* 1 allanar un terreno: *aplanaron el jardín para sembrar césped.* **SIN.** allanar, nivelar. 2 hacer que alguien se sienta sin fuerzas o sin ganas de hacer cosas: *la falta de colaboración la ha aplanado.* **SIN.** desanimar, deprimir. TAMBIÉN *prnl.: se aplanó mucho al ver que había fracasado.* **FAM.** aplanado, aplanador, aplanamiento, aplanadera, plano.

aplastar *[v.]* 1 apretar una cosa contra otra haciéndola más plana de lo que es: *al sentarse encima aplastó el sombrero.* 2 demostrar que se es muy superior a otro en una discusión, una competición, una lucha, una guerra, etc.: *lo aplastó con sus razonamientos; el equipo local aplastó al contrario.* **SIN.** derrotar, arrollar. **AF.** vencer, ganar. **FAM.** aplastante, aplastamiento, aplastador, plasta.

aplatanado, aplatanada *[adj.]* que no tiene ganas de moverse ni de hacer cosas: *hace tanto calor que está aplatanado.* **AF.** desganado.

aplaudir *[v.]* 1 golpear entre sí las palmas de las manos en señal de que algo ha gustado: *el público aplaudió al conferenciante.* **SIN.** ovacionar. **ANT.** pitar, silbar, abuchear. 2 demostrar entusiasmo por algo que hace alguien: *aplaudimos su iniciativa para promocionar actividades culturales.* **SIN.** elogiar, ponderar, loar. **ANT.** criticar, censurar. **FAM.** aplauso, aplaudido.

aplauso *[n.m.]* golpes ruidosos producidos con las palmas de las manos para demostrar que algo ha gustado o para dar la bienvenida a alguien: *el actor fue recibido con un fuerte aplauso.*

aplazar *[v.]* 1 dejar para más adelante algo que se pensaba hacer: *aplazaron el viaje.* **SIN.** retrasar, demorar, posponer. **ANT.** anticipar, adelantar. 2 pagar en varios plazos: *si lo desea, puede aplazarlo en seis meses.* **OBS.** ante e, c: *aplacen.* **FAM.** aplazable, aplazamiento, plazo. **COMP.** inaplazable, inaplazablemente.

aplicación *[n.f.]* 1 acción con la que algo se pone en práctica: *la aplicación del nuevo horario tendrá dificultades.* **AF.** práctica, empleo, uso. 2 lo que demuestra quien estudia o trabaja con atención y constancia: *su aplicación a la música le permitió llegar a dar conciertos.* **AF.** perseverancia, tesón, constancia. **ANT.** desinterés. 3 cantidad de crema, pintura, etc. que se da sobre algo de cada vez: *desinfectó la herida con varias aplicaciones de pomada.* **AF.** capa, mano.

aplicado, aplicada *[adj.]* que pone interés, atención y esfuerzo en lo que hace: *una estudiante aplicada; un trabajador aplicado.* **AF.** estudioso, constante, laborioso. **ANT.** vago.

aplicar *[v.]* 1 poner una cantidad de crema, pintura, barniz, aceite, etc. sobre algo: *aplicó una capa barniz al marco de la ventana.* **SIN.** dar, poner. 2 utilizar en la práctica conocimientos teóricos: *aplicó su consejo.* **SIN.** utilizar. // **aplicarse** *[v.prnl.]* 3 hacer algo con interés, esfuerzo y dedicación: *se aplica mucho en la escuela.* **SIN.** esforzarse, esmerarse. **OBS.** ante e, qu: *apliquen.* **FAM.** aplicado, aplicación, aplicable, aplique. **COMP.** complicar, desaplicado, explicar, implicar.

aplique *[n.m.]* aparato de luz que se sujeta a la pared: *un aplique de bronce con pantalla de pergamino.* **AF.** lámpara.

aplique

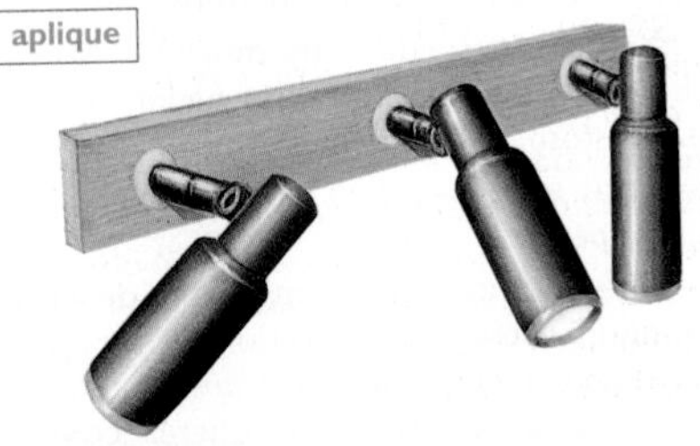

aplomo *[n.m.]* forma de comportarse que demuestra mucha seguridad en lo que se hace: *defiende sus derechos con aplomo.* **SIN.** serenidad. **AF.** objetividad. **FAM.** aplomado, plomo.

apocado, apocada *[adj.]* que no se atreve a protestar o pedir lo que es suyo: *una persona muy apocada.* **SIN.** timorato, corto, medroso. **ANT.** atrevido, resuelto, decidido. **FAM.** apocar, apocamiento, apocadamente, poco.

apócope *[n.f.]* palabra que es el resultado de haberle quitado una o más letras del final de otra, sin que cambie su significado: *"bici" es apócope de "bicicleta".* **OBS.** hay apócopes que tienen que usarse siempre en determinados casos como, por ejemplo, *un*, que es apócope de *uno* y es la palabra que hay que usar ante nombres masculinos: *siempre se dice "un libro" y no uno libro.* Es muy frecuente el uso de la palabra *apócope* en género masculino. **FAM.** apocopado, apocopar.

apoderarse *[v.prnl.]* 1 coger una persona una cosa y utilizarla como si fuera suya: *le pe-*

diste el jersey prestado y te has apoderado de él. 2 entrar en un sitio y actuar como si uno fuera el dueño: *los piratas se apoderaron del barco.* 3 ser tan fuerte un sentimiento o una sensación, que no se puede dominar: *el miedo se apoderó de los excursionistas.* **SIN.COM.** adueñarse, apropiarse. **FAM.** apoderado, apoderamiento, poder.

apodo *[n.m.]* nombre, distinto del suyo propio, por el que se conoce a una persona o a una familia: *el apodo de mi vecino es "mataliebres".* **SIN.** mote, alias, sobrenombre. **AMPL.** los apodos suelen referirse al oficio, a un defecto o a algo que hizo o que dijo la persona y que llamó la atención; el apodo con el que un artista firma sus obras para que no lo reconozcan se llama ***seudónimo***. **FAM.** apodar.

apogeo *[n.m.]* 1 momento en el que algo o alguien está mejor, tiene más importancia, etc.: *durante el Siglo de Oro se vivió el apogeo de la cultura y las artes españolas; está en el apogeo de su carrera profesional.* **SIN.** auge, plenitud, esplendor. **ANT.** decadencia, ocaso. 2 lugar de la órbita de la Luna, de un satélite artificial o de cualquier vehículo espacial, que está más lejos del centro de la Tierra.

apolillarse *[v.prnl.]* estropearse la ropa de lana porque las larvas de la polilla* han hecho agujeros en ella. **FAM.** apolillamiento, polilla.

apología *[n.f.]* lo que se dice o se escribe para defender y elogiar algo o a alguien: *la reunión se convirtió en una apología del cine; la apología del terrorismo es un delito.* **SIN.** defensa. **ANT.** censura. **FAM.** apologética, apologista, apologético.

aporrear *[v.]* dar muchos golpes fuertes y seguidos en un sitio: *aporrear una puerta.* **SIN.** porrear. **OBS.** e + e = ee: *aporreen.* **FAM.** aporreo, aporreador, aporreamiento, porra.

aportación *[n.f.]* hecho de dar o hacer algo, sin pedir nada a cambio, para que algo pueda hacerse o salga bien: *su dedicación es una valiosa aportación a la ayuda de los necesitados.* **SIN.** contribución, colaboración.

aportar *[v.]* hacer algo o dar algo, sin pedir nada a cambio, para que algo pueda hacerse o salga bien: *el colegio aportó material para la fiesta.* **SIN.** contribuir con, colaborar con. **AF.** proporcionar. **FAM.** aportación, aporte, portar.

aposentar *[v.]* preparar un sitio para que alguien pase una temporada: *aposentó a su invitado en la habitación grande.* **SIN.** instalar. **AF.** acomodar. TAMBIÉN *prnl.: se aposentó en casa de un amigo.* **FAM.** aposento, aposentamiento, posar.

aposento *[n.m.]* habitación, especialmente en palacios, castillos o casas importantes: *los aposentos del príncipe están en el ala sur.* **SIN.** estancia, cámara.

aposición *[n.f.]* construcción gramatical formada por dos nombres que aparecen juntos y sin preposición entre ellos: *"visita relámpago", es una aposición.* **AMPL.** uno de los dos nombres, sin dejar de ser nombre, hace función de adjetivo; puede escribirse sin coma (*el príncipe mendigo, la madre patria, la casa cuna, las ciudades dormitorio*) o con coma (*San José, carpintero de Nazaret; Induráin, ganador del Tour*).

apostar *[v.]* 1 decirle uno a alguien que le dará algo, si demuestra que tiene razón en una cosa de la que uno piensa lo contrario: *apostó su balón a que estarían todos y lo perdió porque dos no fueron.* **SIN.** jugarse. 2 jugarse dinero diciendo quién ganará una competición, de manera que quien acierta gana parte de lo que pierden los que no aciertan: *apostar a las quinielas; apostó por el caballo blanco.* **CONJUG.** como *contar**. **FAM.** apuesta, apostante, apostador.

apóstol *[n.m.]* 1 cada uno de los doce hombres que siguieron a Jesucristo y predicaron su Evangelio por todo el mundo: *el apóstol Santiago estuvo en España.* 2 persona que cree en algo y se dedica a darlo a conocer: *apóstol del islamismo; apóstol de la ecología.* **SIN.** propagador, divulgador, difusor. **OBS.** se dice *un apóstol*, tanto si es hombre como si es mujer. **FAM.** apostolado, apostólico.

apóstrofo *[n.m.]* signo ortográfico en forma de coma que se pone arriba y a la derecha de una letra o una palabra para indicar que se ha suprimido alguna letra: *en francés, "l'amour" lleva apóstrofo.* **AMPL.** en castellano ya no se usa.

apoteósico, apoteósica *[adj.]* que llama la atención porque resulta espectacular, muy vistoso, muy ruidoso, más intenso o más importante de lo normal, etc.: *la traca final fue* *apoteósica; la actuación de la soprano fue un éxito apoteósico.*

apoteosis *[n.f.inv. en núm.]* momento más espectacular de una película, una obra de teatro, un concierto, etc.: *la apoteosis final.* **AF.** culminación. **FAM.** apoteósico.

apoyar *[v.]* 1 poner algo sobre una cosa o una persona, de manera que su peso descargue sobre ella: *apoyé la cabeza en su hombro; para descansar, apoyó la torre de libros en la mesa.* TAMBIÉN *prnl.: se apoyó en un árbol.* 2 estar al lado de una persona para defenderla, animarla o ayudarla: *todos lo apoyaron cuando tuvo problemas.* **AF.** ayudar. 3 estar de acuerdo con algo y hacer lo posible para que se reconozca, se acepte, se haga, etc.: *apoyar una teoría; apoyar un proyecto.* **SIN.** defender. **AF.** corroborar. **ANT.** atacar, combatir. 4 servir algo para defender una teoría, una opinión o la forma de actuar de alguien: *apoya sus tesis en 10 años de investigación.* **SIN.** avalar con, basar. TAMBIÉN *prnl.: el invento se apoya en una antigua teoría.* **FAM.** apoyo, apoyatura.

apoyo *[n.m.]* cualquier cosa en la que se apoya algo o alguien: *las muletas le sirven de apoyo* (**SIN.** sostén); *el apoyo de la familia es importante en los momentos difíciles* (**AF.** ayuda); *para su proyecto, busca el apoyo del ministro* (**SIN.** defensa); *tiene el apoyo de 10 años de investigación* (**SIN.** aval, base).

apreciable *[adj.inv. en gén.]* 1 que se nota fácilmente: *la tela tiene un defecto apreciable a simple vista.* **AF.** notable, considerable. 2 que es de tal manera que merece que se tenga en cuenta o se le tenga cariño: *una virtud apreciable; una persona apreciable.* **SIN.** estimable. **ANT.** despreciable.

apreciar *[v.]* 1 parecerle a uno que algo tiene valor o importancia: *aprecio la amistad; sintió perder el anillo que tanto apreciaba.* **SIN.** valorar, estimar. **AF.** considerar. **ANT.** despreciar, menospreciar. 2 sentir aprecio* por alguien: *aprecia a sus vecinos.* **SIN.** estimar, sentir afecto por. **ANT.** despreciar. 3 decir lo que uno piensa que puede valer algo: *apreció el baúl por encima de su valor.* **SIN.** tasar, valorar. **FAM.** aprecio, apreciación, apreciable, apreciativo, precio. **COMP.** inapreciable.

aprecio *[n.m.]* 1 cariño que se le tiene a una persona con la que no se tiene mucha confianza pero con la que uno se entiende bien o a la que uno admira: *siente aprecio por el profesor de latín.* **SIN.** afecto, estima. **AF.** simpatía. **ANT.** desprecio. 2 cariño que se le coge a las cosas que uno tiene y que le gustan: *le tiene mucho aprecio a su vieja cazadora.* **SIN.** estima. ■ **tener** algo **en aprecio**, valorarlo. **SIN.** tener en estima.

apremiar *[v.]* 1 decirle a alguien que se dé prisa: *lo apremió para que acabara el examen.* **SIN.** meter prisa. 2 ser de tal manera que hay que hacerlo o resolverlo enseguida: *el trabajo apremia.* **FAM.** apremio, apremiante, apremiantemente, ***premura*** (prisa).

apremio *[n.m.]* lo que obliga a uno a hacer o resolver algo enseguida: *el apremio del profesor le impidió acabar el examen.* **SIN.** prisa.

aprender *[v.]* 1 hacer lo necesario para llegar a saber algo: *estudiando, se aprende.* 2 vivir algo que hace que uno sepa algo que no sabía (*entonces aprendió que no se puede abusar de los demás*). **FAM.** aprendiz, aprendizaje, prender.

aprendiz, aprendiza *[n.]* persona que está aprendiendo un trabajo, practicándolo a las órdenes de un maestro: *empezó de aprendiz en un taller de coches.* **ANT.** maestro.

aprendizaje *[n.m.]* 1 conjunto de las cosas que se hacen para aprender algo: *el aprendizaje de un oficio requiere paciencia.* 2 tiempo que se tarda en aprender algo: *el aprendizaje del manejo de esta máquina es corto.*

aprensión *[n.f.]* 1 miedo que siente quien se preocupa por cosas sin importancia: *sus aprensiones no lo dejan vivir tranquilo.* 2 lo que se siente hacia algo de lo que uno no se fía porque cree que puede perjudicarlo: *le dan aprensión los alimentos enlatados.* **AF.** recelo, reparo. **FAM.** aprensivo, aprensivamente. **COMP.** desaprensivo, inaprensivo.

aprensivo, aprensiva *[adj.]* que se preocupa por cosas sin importancia: *es tan aprensivo que por cualquier molestia va al médico.* **AF.** pusilánime.

apresar *[v.]* 1 cazar un animal a otro con las garras o con los colmillos: *el águila apresó un ratón.* **SIN.** capturar, atrapar. 2 detener la policía a alguien: *apresaron al ladrón.* **SIN.** arrestar*. **FAM.** apresamiento, preso.

apresurarse *[v.prnl.]* darse prisa: *se apresuró para no llegar el último.* **FAM.** apresuramiento, apresuradamente, apresurado, presuroso.

apretar *[v.]* 1 sujetar con fuerza: *apretó el libro para que no se lo quitara; la apretó contra el pecho; apretó el pañuelo en la mano.* **AF.** estrujar, apretujar. **ANT.** soltar. 2 hacer fuerza con algo o contra algo: *apretar los dientes; los zapatos le aprietan los dedos de los pies.* 3 hacer fuerza para que algo quede bien junto, bien sujeto o difícil de soltar: *aprieta los libros para que quepan más; apretar una cuerda; apretar un nudo.* **ANT.** separar o aflojar. TAMBIÉN *prnl.: si nos apretamos un poco cabremos todos.* **ANT.** separarse. 4 ser muy exigente con alguien: *el jefe nos aprieta para que trabajemos más.* 5 ser de tal manera que uno no tiene más remedio que hacer algo: *cuando la necesidad aprieta hay que trabajar.* **SIN.** imponerse. 6 hacer un esfuerzo mayor de lo normal: *tuvimos que apretar para acabar el trabajo a tiempo.* **SIN.** echar el resto. ■ **apretarse el cinturón**, gastar menos de lo que se gastaba. **CONJUG.** como *cerrar**. **FAM.** aprieto, apretón, apretura, apretamiento, apretujar, apretadamente, ***prieto*** (apretado).

apretón *[n.m.]* 1 acción que consiste en apretar algo: *se saludaron con un apretón de manos.* 2 esfuerzo mayor del que se hace normalmente: *el apretón del final me salvó el curso.* **SIN.** esfuerzo. **PL.** *apretones.*

apretujar *[v.]* hacer que algo quede muy junto: *apretujé la ropa para poder cerrar el cajón; apretujaron los conejos para meterlos en la jaula.* **AF.** comprimir. TAMBIÉN *prnl.: tuvimos que apretujarnos porque el autobús iba lleno.* **FAM.** apretujón, apretar.

aprieto *[n.m.]* lo que está pasando la persona que tiene algún problema: *está en un aprieto porque le han descubierto la trampa; tiene aprietos económicos porque no sabe vivir con lo que tiene.* **SIN.** apuro, dificultad.

aprisa *[adv. de m.]* sin perder tiempo: *¡ven aprisa!* **SIN.** rápidamente, rápido, deprisa. **AF.** ya, al momento, pronto. **ANT.** despacio.

aprisionado, aprisionada *[adj.]* que no puede moverse porque tiene encima (o alrededor) algo que le aprieta o que le pesa: *se cayó un árbol y quedó aprisionado por él.* **AF.** inmovilizado.

aprisionar *[v.]* 1 dejar algo o a alguien de manera que no puede moverse: *una excavadora aprisionó el coche.* 2 meter a alguien en la cárcel: *lo aprisionaron por robo.* **SIN.** encarcelar, encerrar, enchironar. **ANT.** liberar, soltar. **FAM.** aprisionado, aprisionamiento, prisión.

aprobado *[n.m.]* nota mínima necesaria para pasar un examen, un curso o una asignatura: *sacó un simple aprobado.* **SIN.** suficiente.

aprobar *[v.]* 1 sacar una nota suficiente para pasar un examen, un curso, etc.: *aprobó con notable.* **SIN.** pasar, superar. **ANT.** suspender. 2 estar de acuerdo con algo: *no aprueba su mal comportamiento.* **SIN.** aceptar, admitir. **ANT.** desaprobar, reprobar. **CONJUG.** como *contar**. **FAM.** aprobado, aprobación, aprobatorio, aprobatoriamente, probar. **COMP.** desaprobar, desaprobación.

apropiado, apropiada *[adj.]* 1 que sirve perfectamente para lo que se necesita: *es un libro apropiado para su edad; un sitio apropiado para instalar la tienda de campaña; un medicamento apropiado para aliviar la gripe.* **SIN.** propio, bueno. **AF.** válido, apto. **ANT.** impropio. 2 que pasa (o se hace) justo cuando viene bien: *habló en el momento apropiado.* **SIN.** oportuno, justo, conveniente. **SIN.COM.** apropiado, idóneo. **ANT.COM.** inapropiado, inadecuado. **FAM.** apropiarse, apropiación, apropiamiento, apropiadamente, propio.

apropiarse *[v.prnl.]* 1 coger una cosa y utilizarla como si fuera de uno: *te prestó el paraguas y te has apropiado de él.* **SIN.** adueñarse, apoderarse. 2 entrar en un sitio y actuar como si uno fuera el dueño: *los piratas se apropiaron del barco.* **SIN.** adueñarse, apoderarse, tomar posesión.

aprovechable *[adj.inv. en gén.]* que puede servir para algo: *no lo tires, que todavía es aprovechable.* **AF.** utilizable.

aprovechado, aprovechada *[n.]* persona que siempre intenta sacar lo más posible de los demás, sin hacer ningún esfuerzo o sin dar nada a cambio: *no tiene amigos porque es un aprovechado.* **SIN.** caradura. **AF.** gorrón, abusón. TAMBIÉN *adj.: una persona aprovechada.*

aprovechar *[v.]* 1 usar una cosa que parecía que no valía para nada: *aprovechó la rama* *rota para hacer un bastón.* **AF.** usar, utilizar. **ANT.** desaprovechar. // **aprovecharse** *[v.prnl.]* 2 servirse alguien de algo o de alguien, a veces, abusando: *se aprovechó de él para conseguir un buen puesto.* **SIN.** servirse, valerse. **AF.** utilizar. **FAM.** aprovechable, aprovechadamente, aprovechado, aprovechamiento, provecho. **COMP.** desaprovechar, desaprovechamiento.

aprovisionar *[v.]* llevar a una persona o grupo de personas los alimentos que necesita: *un helicóptero aprovisionó a los montañeros.* **SIN.** abastecer. **AF.** surtir, suministrar. **FAM.** aprovisionamiento, provisión.

aproximación *[n.f.]* acción por la que una persona o cosa se acerca a otra: *se aprovecha la aproximación de los cometas a la Tierra para observarlos.* **AF.** acercamiento.

aproximado, aproximada *[adj.]* que está bastante cerca de ser exacto, pero no lo es: *precio aproximado; peso aproximado; hora aproximada.*

aproximar *[v.]* poner más cerca: *aproxima la lámpara para ver mejor.* **SIN.** acercar, arrimar. **ANT.** alejar. TAMBIÉN *prnl.: me aproximaré a la lámpara para ver mejor.* **FAM.** aproximación, aproximado, aproximadamente, aproximativo, próximo.

aptitud *[n.f.]* facilidad que tiene alguien para hacer algo bien y con poco esfuerzo: *tiene aptitud para la pintura; ha demostrado su aptitud para cocinar.* **SIN.** capacidad, talento, dotes. **ANT.** ineptitud.

Aptitud siempre se escribe con pe de puedo y poder, porque quien la tiene puede... ¡Sólo le falta querer!

apto, apta *[adj.]* que vale (o es bueno) para algo o alguien: *este local no es apto para la reunión; la película es apta para todos los públicos.* **SIN.** válido. **AF.** apropiado, adecuado. **FAM.** aptitud, adaptar. **COMP.** inepto.

apuesta *[n.f.]* 1 lo que hace quien pone dinero en algún juego o competición para tratar de ganar más: *las quinielas son apuestas sobre los resultados de los partidos.* 2 lo que se juega una persona que piensa que tiene razón en algo, contra otra que opina lo contrario: *la apuesta era una cena que pagaba el que perdiera.*

apuesto, apuesta *[adj.]* que tiene buen tipo o buen aspecto y va bien arreglado: *una apuesta muchacha.* **AF.** elegante, guapo, bien parecido. **FAM.** apostura, apuestamente, poner.

apuntador, apuntadora *[n.]* persona que trabaja en el teatro, ayudando a los actores a recordar lo que tienen que decir durante la representación de una obra: *el apuntador le ayudó a continuar.*

apuntalar *[v.]* sujetar, con maderas o hierros clavados en el suelo, una tapia, pared o edificio que está inclinado o agrietado y se puede caer. **AMPL.** los hierros o maderas que se usan para este fin se llaman ***puntales***. **FAM.** apuntalamiento, puntal.

apuntar *[v.]* 1 escribir algo en un sitio: *apunté su número de teléfono en la agenda.* **SIN.** anotar. 2 hacer lo necesario para que alguien forme parte de una organización o pueda participar en determinadas actividades: *apuntó a su hermano en un club deportivo.* **SIN.** inscribir*. TAMBIÉN *prnl.: se ha apuntado a clases de música.* 3 poner el cañón de un arma mirando hacia alguien o algo: *apuntó al ladrón con la escopeta.* 4 señalar con el dedo o con alguna otra cosa hacia algo o hacia alguien: *apuntó hacia el mapa.* 5 recordar a los actores, durante una obra de teatro, lo que tienen que decir: *no es fácil apuntar bien desde la concha.* **AF.** soplar. 6 empezar algo a salir a la vista: *ya apuntan las primeras rosas.* **SIN.** salir, nacer, brotar, surgir. **FAM.** apunte, apuntador, apuntado, punta.

apunte *[n.m.]* 1 hecho de escribir algo en un papel para que no se olvide: *toma apuntes de las cosas importantes que dice el profesor.* **SIN.** nota, anotación. 2 dibujo que se hace rápidamente y con pocos detalles: *hizo un apunte del cuadro que iba a pintar.* **SIN.** bosquejo, boceto, esbozo. 3 escrito que tiene el apuntador* en el teatro.

apuñalar *[v.]* clavar un puñal: *Tarzán apuñaló al cocodrilo.* **AF.** acuchillar. **FAM.** apuñalamiento, puñal.

apurar *[v.]* 1 consumir algo hasta que no quede nada: *apuré el tarro de mermelada.* **SIN.** agotar. **AF.** acabar. // **apurarse** *[v.prnl.]* 2 darse prisa: *apúrate, que no llegamos.* **SIN.** apresurarse. **AF.** acelerar. 3 preocuparse: *no te apures, que no pasa nada grave.* **AF.** afligirse, acongojarse. **ANT.** tranquilizarse. **FAM.** apuro, apurado, apuradamente.

apuro *[n.m.]* 1 situación difícil por la que está pasando una persona: *tiene apuros económicos; me vi en un apuro por llegar tarde.* **SIN.** aprieto, problema, complicación. 2 vergüenza que se siente en ciertos momentos: *le da apuro hablar con el profesor.* **SIN.** reparo, vergüenza.

aquejar *[v.]* hacer sentir algo negativo: *lo aquejan muchos dolores.*

aquel, aquella *[adj. demost.]* acompaña al nombre de algo o de alguien que está lejos del que habla y del que escucha (*díselo a aquel niño; ha comprado aquella casa*) o de algo o alguien de lo que se ha hablado o que ha pasado hace tiempo (*aquel año yo no estaba aquí; aquella noche solucionaron todo*). TAMBIÉN *pron. demost.*: *coge aquel.* **OBS.** nunca lleva acento, aunque el pronombre se suele acentuar, a pesar de que, según las normas actuales, no es necesario ni está justificado.

aquél, aquélla, aquello *[pron. demost.]* el que está lejos del que habla y del que escucha o que ha pasado hace tiempo: *enséñale aquél; ponlo con aquélla; me refiero a aquello que se ve allí; aquello que dijiste no me convence.* **OBS.** se suele acentuar pero no es necesario según las normas actuales; la forma neutra (*aquello*), como sólo puede ser pronombre, nunca lleva acento.

aquí *[adv. de l.]* 1 lugar en que uno está o al que va: *aquí, en casa, no hace frío; voy aquí cerca.* **AF.** acá. **ANT.** allí. // **aquí** *[adv. de t.]* 2 momento en el que se está: *de aquí al viernes tenemos que acabar.* **SIN.** ahora.

árabe *[adj. y n.inv. en gén.]* 1 de Arabia, península del suroeste de Asia: *costumbres árabes; muchos árabes usan turbante.* // **árabe** *[n.m.]* 2 lengua hablada en Arabia, Argelia, Marruecos, Egipto, Siria, Libia y Túnez: *hay más de 120 millones de personas que hablan árabe.* **FAM.** arabesco, arábigo, arabismo, arabista, arabización, arabizar.

arado *[n.m.]* instrumento para hacer surcos en la tierra que se va a sembrar: *una de las partes del arado es la reja.*

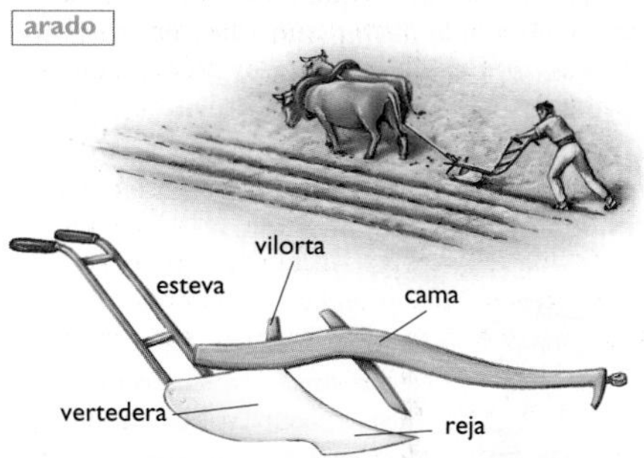

aragonés, aragonesa *[adj. y n.]* de Aragón, comunidad autónoma española formada por las provincias de Zaragoza, Huesca y Teruel: *Pirineo aragonés; los aragoneses de Huesca se llaman oscenses.* **SIN.** maño, baturro. **FAM.** aragonesismo.

arándano *[n.m.]* arbusto pequeño con hojas ovaladas y fruto comestible del mismo nombre que es una baya* negra o azulada de sabor dulce.

arandela *[n.f.]* 1 especie de anillo metálico que se usa para que queden bien apretados los tornillos y las tuercas o para que no rocen dos piezas metálicas: *se ha perdido la arandela y el tornillo queda flojo.* 2 especie de plato pequeño con un agujero en el centro que se ajusta a las velas de un candelabro para que caiga en él la cera que se va derritiendo: *la arandela de este candelabro es de cristal.*

araña *[n.f.]* 1 nombre que se le da a un tipo de animales pequeños de ocho patas que tienen el cuerpo dividido en dos partes, cefalotórax y abdomen. 2 lámpara de techo con varios brazos con una bombilla en cada una: *en la catedral hay una araña de cristal con muchas bombillas.* ■ **tela de araña**, especie de red que hacen las arañas con la seda que producen para atrapar a sus víctimas. **FAM.** arañar, arañazo, arácnido, arañuela, arañuelo.

arañar *[v.]* 1 raspar la piel, con la uña o con algo que tenga punta, haciendo una pequeña herida: *lo arañó con un alambre.* **SIN.** raspar, rasguñar. 2 hacer marcas o arañazos en la superficie de algo: *han arañado la pared con una llave.* **SIN.** rayar. **AF.** rozar.

arañazo *[n.m.]* herida o señal poco profunda que queda en lo que se ha raspado: *tiene un arañazo en la pierna* (**SIN.** rasguño, raspón); *la mesa tiene algunos arañazos* (**SIN.** rozadura, rayón, raspón).

arar *[v.]* remover con el arado* la tierra para que se airee y mejore: *al arar se hacen surcos.* **SIN.** labrar. **FAM.** arada, arado.

– **Aré** lo que pude –dijo.
– Mal dicho está –contestaron–, que no coordinan los tiempos y coordinar es sagrado...
– ¿Cómo no, si va sin hache y lo que pude **he arado**?

arbañil forma incorrecta de decir *albañil**.

arbitrar *[v.]* 1 hacer de mediador para resolver discusiones o desacuerdos entre otras personas. 2 actuar una persona como juez en una competición para vigilar que se cumplan las normas y no se hagan trampas: *para arbitrar hay que conocer bien las reglas del juego.*

arbitrariedad *[n.f.]* lo que se hace o se decide por capricho, injustamente o saltándose todas las reglas: *perdieron por una arbitrariedad del juez.* **AF.** capricho, atropello, parcialidad.

árbitro *[n.m.]* 1 persona que en una discusión o desacuerdo entre otras dice quién tiene razón. 2 persona que en una competición, en un concurso, etc., vigila a los participantes para que cumplan las reglas y no hagan trampas: *el árbitro pitó tres faltas.* **AF.** juez. **FAM.** árbitro, arbitrariedad, arbitrariamente, arbitrario.

árbol *[n.m.]* 1 planta formada por un tronco de madera del que, a cierta altura del suelo, salen ramas con hojas y que, según las especies, puede medir muchos metros de altura y vivir muchos años. **AMPL.** la diferencia entre árbol y ***arbusto*** es que al *arbusto* le salen las ramas desde abajo, por lo que no tiene un tronco fácil de ver. 2 parte de un mecanismo formado por un eje central y varias piezas que salen de él: *árbol del cigüeñal de un coche.* 3 palo o mástil que sujeta las velas de un barco. ■ **árbol genealógico**, lista que se hace, con forma de árbol, de todos los miembros de una familia, desde los más antiguos que se conocen hasta los actuales. **FAM.** arbolado, arbusto, arboleda, arbolar, arbolario, arborecer, arbóreo. **COMP.** desarbolar, enarbolar.

arbolado *[n.m.]* conjunto de árboles: *un arbolado.*

arboleda *[n.f.]* conjunto de árboles que se abarca con la vista: *cerca del río hay una arboleda.*

arborícola *[adj.inv. en gén.]* que vive en los árboles: *algunos monos son arborícolas.*

arbusto *[n.m.]* planta con ramas de madera parecida a un *árbol** pero normalmente más baja y con ramas que salen desde muy cerca de la tierra: *el enebro y la jara son arbustos.* **AF.** mata, matorral.

arca *[n.f.]* caja grande de madera con tapa y cerradura con llave: *encontré un arca con monedas antiguas.* ■ **arca de Noé**, barco que, según la Biblia, mandó construir Dios a Noé para que metiera en ella una pareja de animales de cada especie para salvarlas del diluvio que iba a inundar la Tierra. **OBS.** en singular lleva artículo masculino: *un arca; el arca; las arcas.* **FAM.** arcón, arqueta.

arcada *[n.f.]* 1 conjunto de los arcos de un edificio, un puente, etc.: *en el patio de la catedral hay una arcada muy antigua.* **SIN.** arquería. 2 sensación que le produce a uno el hecho de que se le encoja el estómago y le entren ganas de vomitar: *el olor del agua podrida me produce arcadas.* **AF.** náusea.

arcaico, arcaica *[adj.]* que es muy antiguo y ya no vale o se usa: *un aparato arcaico; un sistema de calefacción arcaico; costumbres arcaicas.* **AF.** antiguo, primitivo. **ANT.** moderno.

arcaísmo *[n.m.]* todo lo que es muy antiguo y especialmente palabra antigua que ya no se usa: *ansí es un arcaísmo, ahora se dice así.* **FAM.** arcaico, arcaizante, arcaizar.

arce *[n.m.]* árbol de madera dura y tronco recto que da flores agrupadas en racimos y frutos que tienen la semilla en el extremo de una especie de aspa y al caer giran como una hélice. **FAM.** ***arcedo*** (lugar con muchos arces).

arcedo *[n.m.]* sitio en el que hay muchos arces.

arcén *[n.m.]* cada una de las dos orillas de una carretera: *arreglamos el pinchazo en el arcén.*

archidiócesis *[n.f.inv. en núm.]* territorio que tiene a su cargo un arzobispo.

archipiélago *[n.m.]* conjunto de islas que están cerca unas de otras: *archipiélago canario; archipiélago balear.*

archivador *[n.m.]* mueble, normalmente con cajones o con guías para colgar carpetas, que sirve para guardar papeles y documentos: *en el despacho hay dos archivadores.* **SIN.** archivo. **AF.** clasificador.

archivar *[v.]* guardar papeles, facturas, fichas, documentos, etc., de forma ordenada: *mi padre archiva todos los recibos.* **AF.** clasificar, registrar.

archivero, archivera *[n.]* persona que se encarga de un archivo o que trabaja en un archivo, como técnico: *el archivero del Archivo Histórico maneja muchos documentos antiguos.*

archivo *[n.m.]* lugar en el que se guardan documentos ordenados: *busqué en el archivo del Ayuntamiento datos sobre la ciudad.* **AF.** registro. **FAM.** archivador, archivar, archivero.

arcilla *[n.f.]* barro que cuando se cuece se pone muy duro y se usa para hacer cazuelas, cántaros, jarrones, etc.: *los botijos son de arcilla.* **FAM.** arcilloso, arcillar.

arco *[n.m.]* 1 arma que está compuesta por una varilla curvada y una cuerda atada a sus extremos y sirve para disparar flechas: *los indios americanos cazaban con arcos.* 2 trozo de una línea curva. **SIN.** curva, curvatura. 3 construcción de forma curva que, apoyada en sus dos extremos, sirve para sujetar cubiertas de edificios, puentes, etc.: *el puente tiene tres arcos.* 4 vara de madera flexible que tiene unas cuerdas de extremo a extremo con las que, por frotación, se tocan algunos instrumentos musicales de cuerda: *el violín se toca con un arco.* ■ **arco iris**, arco de colores que se refleja en el cielo cuando llueve y hace sol. **AMPL.** el arco iris se produce porque al pasar los rayos de sol por las gotas de agua cambian de dirección (esto se llama ***refracción***) y se descompone la luz en sus siete colores: rojo, anaranjado, amarillo, verde, azul, añil y violeta. **FAM.** arcada, arquear, arquería, arquero.

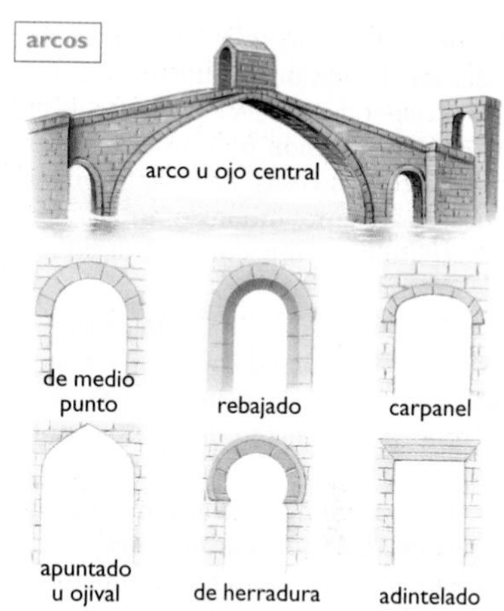

arcón *[n.m.]* cajón grande con tapa que sirve para guardar ropa o cualquier otra cosa: *en el arcón hay varios disfraces.* **PL.** arcones.

arder *[v.]* quemarse: *el bosque está ardiendo.* **SIN.** quemarse, abrasarse. ■ ***estar*** alguien ***que arde***, estar muy enfadado. **FAM.** ardiente, ardientemente, ardor.

ardiente *[adj.inv. en gén.]* 1 que está tan caliente que quema: *sol ardiente.* **SIN.** ardoroso, abrasador. 2 que pone todo su interés y muchas ganas en alguna actividad: *es una ardiente defensora de los marginados.* **SIN.** fervoroso, entusiasta, apasionado. **ANT.** frío.

ardilla *[n.f.]* animal mamífero roedor, de unos veinte centímetros, de color rojizo y con el vientre blanco, que tiene la cola larga con mucho pelo, vive en los árboles y se alimenta de semillas y frutos secos. **AMPL.** hay muchas clases de ardillas y existe una especie muy curiosa que se llama ***ardilla voladora*** porque tiene una membrana de piel entre las cuatro patas que le sirve para planear cuando salta de un árbol a otro.

ardor *[n.m.]* 1 sensación de calor en la piel o de acidez en el estómago: *siento ardor en la herida; los picantes pueden producir ardor de estómago.* 2 interés, ilusión o entusiasmo que se pone en hacer las cosas: *luchaban con ardor.* **FAM.** ardorosamente, ardoroso, arder. **COMP.** ***enardecer*** (animar mucho), enardecido, enardecidamente.

arduo, ardua *[adj.]* que cuesta mucho trabajo, esfuerzo o incomodidades: *una ardua tarea.* **SIN.** duro, espinoso, peliagudo. **AF.** difícil, complicado. **ANT.** sencillo, fácil. **FAM.** arduamente.

área *[n.f.]* 1 trozo de terreno limitado: *en las autopistas hay áreas de descanso.* **SIN.** zona. 2 unidad que se utiliza para medir superficies y equivale a 100 metros cuadrados es decir, un cuadrado de diez metros de lado: *la huerta mide veinte áreas.* **SIN.** decámetro cuadrado. 3 cada una de las partes de un asunto, de un negocio, de un curso, etc., que se dedican a un tema concreto: *se encarga del área de producción de la empresa.* **SIN.** campo. 4 zona que está cerca de la portería o de la meta en algunos deportes: *hizo una falta dentro del área.* 5 en geometría, número que indica la cantidad de espacio que hay dentro de un polígono o que ocupa la suma de los polígonos que forman un poliedro: *área del cuadrado; área de un prisma.* **SIN.** superficie. **OBS.** en singular lleva artículo masculino: *el área; un área; las áreas.*

arena *[n.f.]* 1 conjunto de trozos muy pequeños de rocas y minerales que cubren las orillas del mar y, a veces, también de los ríos: *en las playas hay arena.* 2 parte de una plaza de toros sobre la que se torea: *el toro salió a la arena.* **SIN.** ruedo, albero. **FAM.** arenal, arenero, arenoso, arenilla, arenáceo. **COMP.** enarenar.

arenal *[n.m.]* lugar en el que hay mucha arena: *junto al río hay un arenal.*

arenque *[n.m.]* pez marino pequeño, parecido a la sardina, de color azulado por arriba y plateado en el vientre, que vive en las aguas del Atlántico Norte.

argamasa *[n.f.]* mezcla de cal, arena y agua que se usa para pegar los ladrillos en las obras de albañilería. **SIN.** mortero. **AF.** cemento. **FAM.** argamasar, masa.

argelino, argelina *[adj. y n.]* de Argelia, país del norte de África cuya moneda es el *dinar*: *costumbres argelinas; la mayoría de los argelinos son musulmanes.*

argentino, argentina *[adj. y n.]* de Argentina, país suramericano en el que se habla español cuya capital es Buenos Aires: *ganadería argentina; se casó con un argentino.* **AMPL.** en el centro de Argentina hay grandes praderas que se llaman ***pampas***.

argolla *[n.f.]* aro de material rígido como metal, madera o plástico: *ató la brida del caballo en una argolla de hierro.* **SIN.** anilla.

argüir *[v.]* decir algo para que se entiendan las razones de lo que uno dice: *en contra del proyecto arguyó que le parecía poco útil.* **SIN.** argumentar. **AF.** explicar, aclarar. **CONJUG.** como *huir**; ante y, la u va sin diéresis: *arguyó.* **FAM.** argucia, argumento, argumentar, argumentación.

argumentar *[v. transitivo]* decir las razones que uno tiene para creer algo, para estar de acuerdo con algo, para hacer o no hacer algo, etc.: *argumentó su teoría con razones científicas.*

argumento *[n.m.]* 1 lo que dice una persona para explicar algo, para probar que tiene razón en lo que opina o para justificar lo que ha hecho: *dio un argumento convincente.* **SIN.** argumentación, explicación. **AF.** razonamiento. 2 asunto sobre el que trata una novela, una obra de teatro, etc: *el argumento de la película es una aventura en la selva.* **SIN.** tema, trama.

árido, árida *[adj.]* 1 seco, con poca humedad, pocas lluvias, etc.: *los terrenos áridos tienen poca vegetación.* **SIN.** seco. **AF.** estéril, yermo. 2 que resulta complicado o difícil de entender: *las matemáticas son una materia árida.* **FAM.** aridez, aridecer.

aries *[n.inv. en gén. y núm.]* persona que ha nacido entre el 20 de marzo y el 20 de abril: *es una aries del 17 de abril; conozco a varios aries.*

arisco, arisca *[adj.]* que tiene mal carácter y no se lleva bien con casi nadie: *es tan arisco que no saluda a nadie.* **SIN.** intratable, adusto, antipático, hosco. **ANT.** sociable, afable, cordial. **FAM.** ariscarse.

arista *[n.f.]* línea de unión de dos caras de una figura geométrica, la esquina que forman dos paredes al unirse, etc.: *un dado tiene doce aristas.* **AF.** intersección, esquina.

aristocracia *[n.f.]* 1 conjunto de personas y familias que tienen algún título* nobiliario, como los reyes, príncipes, condes, duques, etc.: *toda la aristocracia asistió a la boda del príncipe.* **SIN.** nobleza. 2 forma de gobierno en la que son los aristócratas* los que mandan. **FAM.** aristócrata, aristocrático.

aristócrata *[n.inv. en gén.]* 1 persona que pertenece a una familia de reyes, príncipes, condes, etc.: *algunos aristócratas viven en castillos.* **SIN.** noble. 2 persona que está a favor de la aristocracia como forma de gobierno.

aritmética *[n.f.]* parte de las matemáticas que trata de las operaciones con números: *la aritmética se ocupa de la suma, la resta, la multiplicación y la división.* **FAM.** aritméticamente.

arlequín *[n.m.]* personaje, típico del antiguo teatro italiano, que iba vestido con un traje de rombos de colores y llevaba una máscara negra: *me disfracé de arlequín.* **PL.** *arlequines.* **FAM.** arlequinado, arlequinesco.

arma *[n.f.]* 1 cualquier cosa con la que alguien puede atacar o defenderse: *la pistola es un arma de fuego; el arma con la que se defendió fue el paraguas.* **AMPL.** hay ***armas defensivas*** como el escudo y ***armas ofensivas*** como las espadas, las pistolas y los cañones; ***armas blancas*** son las espadas, cuchillos, puñales, etc. y las ***armas de fuego*** son las que disparan balas o perdigones con pólvora o cualquier otro explosivo. 2 cada una de las partes del cuerpo de los animales que les sirve para defenderse o para atacar: *las armas de las águilas son sus picos y sus fuertes patas.* 3 lo que sirve para defenderse de algo de lo que uno está acusado, para conseguir algo, etc.: *sus únicas armas para trabajar son sus manos.* **OBS.** en singular lleva artículo masculino: *un arma; el arma; las armas.* **FAM.** armamento, armería, armero, armar, armador, armadura, armada. **COMP.** desarmar, ***inerme*** (desarmado o indefenso), rearmar, rearme. (VER p. 90.)

armada *[n.f.]* conjunto de militares y barcos de la marina de un país: *visité un portaaviones de la armada.*

armador, armadora *[n.]* persona que construye o que tiene barcos y los equipa para la pesca, llevar mercancías, llevar pasajeros, etc.: *este armador tiene una flota de diez barcos pesqueros.*

armadura *[n.f.]* 1 traje metálico con el que se protegían los caballeros de la Edad Media cuando iban a luchar. **SIN.** arnés. **AMPL.** la coraza es una armadura que protege el cuerpo y se divide en ***peto*** (parte delantera) y ***espaldar*** (parte trasera). 2 conjunto de piezas unidas sobre el que se construye algo: *vigas y pilares forman la armadura de un edificio.* **SIN.** armazón, esqueleto.

armamento *[n.m.]* conjunto de las armas de un país, de un ejército, de un soldado, etc.: *repartieron el armamento entre los soldados.*

armar *[v.]* 1 colocar en orden y unidas todas las piezas que forman algo: *armar un mueble; armar un rompecabezas.* **SIN.** montar. **AF.** instalar. **ANT.** desarmar, desmontar. 2 dar armas a quienes tienen que luchar: *el capitán armó a* *sus hombres; los terroristas se armaron robando en el cuartel.* **AF.** abastecer, abastecerse.

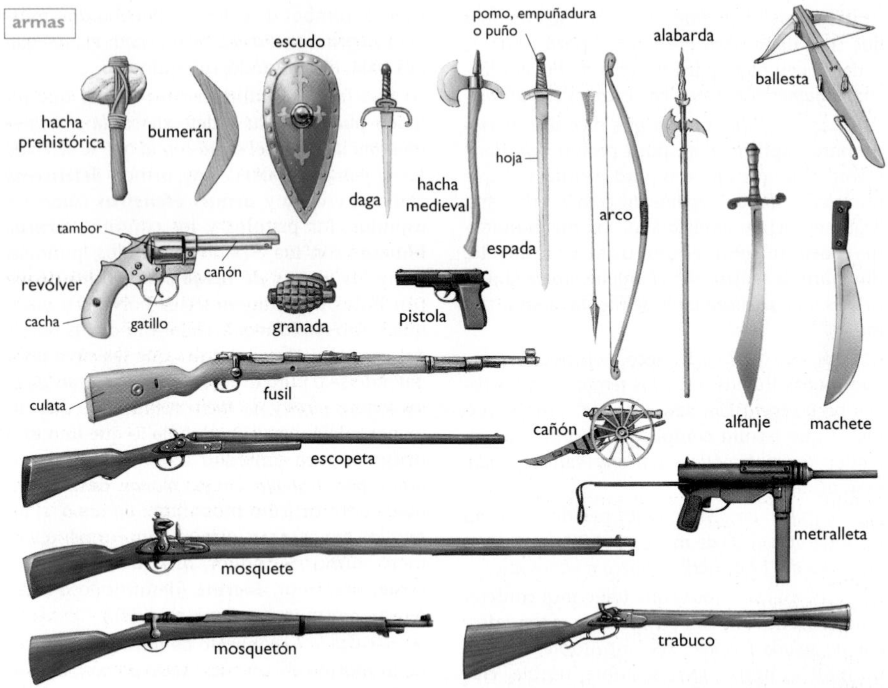

armario *[n.m.]* mueble grande con estantes y cajones y puertas que sirve para guardar cosas.

armatoste *[n.m.]* cualquier cosa que abulta mucho y es poco útil: *los ordenadores antiguos nos parecerían ahora auténticos armatostes.* **SIN.** trasto. **AF.** cachivache, cacharro.

armazón *[n.m.]* conjunto de piezas unidas sobre el que se construye algo: *al quitarle la tapicería quedó al aire el armazón del sofá.* **SIN.** armadura, esqueleto. TAMBIÉN se dice *la armazón.* **PL.** *armazones.*

armiño *[n.m.]* animal mamífero pequeño que se alimenta de carne, tiene el pelo muy suave de color rojizo en verano y blanco en invierno, que es cuando es muy apreciada para hacer abrigos y adornar prendas de vestir.

armisticio *[n.m.]* pacto que firman dos o más naciones que están en guerra para dejar de luchar, sin que ello signifique que se ha acabado la guerra.

armonía *[n.f.]* **1** relación agradable y de buen efecto que hay entre los sonidos, los colores, las formas, los tamaños, etc.: *las cortinas estaban puestas en armonía con los sillones.* **SIN.** combinación. **2** buenas relaciones y trato entre las personas: *viven en paz y armonía.* **3** parte de la música que estudia el modo de combinar los sonidos y especialmente los acordes, que son grupos de varios sonidos producidos a la vez. **OBS.** según el Diccionario de la Real

Academia, todas las palabras de esta familia pueden escribirse también con *hache inicial*. **FAM.** armonio, armónica, armónico, armónicamente, armonioso, armoniosamente, armonizar, armonización. **COMP** inarmónico.

armónica *[n.f.]* instrumento musical de viento de forma rectangular, que se toca soplando o aspirando aire por los orificios que tiene.

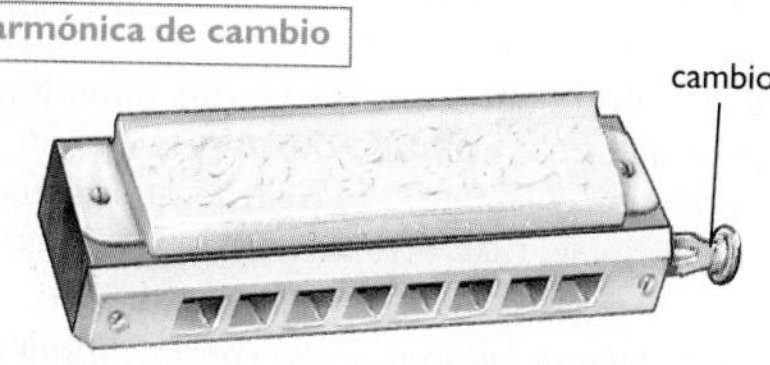

armónica de cambio

armónico, armónica *[adj.]* que tiene armonía*: *sonidos armónicos; relación armónica.* **SIN.** armonioso. **ANT.** inarmónico.

armonioso, armoniosa *[adj.]* bien combinado y agradable de ver, oír, etc.: *una armoniosa combinación de colores.* **SIN.** armónico.

armonizar *[v.]* 1 conseguir que un conjunto de cosas quede bonito y no haya nada que destaque ni desentone con el resto: *es difícil armonizar cosas muy distintas.* **SIN.** concordar. 2 llevarse bien dos o más personas: *armonizan porque tienen los mismos gustos.* **OBS.** ante e, c: *armonicen.*

arnés *[n.m.]* 1 armadura que se ponían los caballeros para luchar: *el escudero lo ayudó a ponerse el arnés.* **SIN.** armadura. // **arneses** *[n.m.pl.]* 2 correas y demás cosas que se le ponen a las caballerías para poder cargarlas o montarlas: *estoy aprendiendo a colocar los arneses al caballo.* **SIN.** arreos, jaeces.

aro *[n.m.]* 1 anillo hecho de un material duro que puede ser de distintos tamaños: *el león del circo pasó a través de un aro ardiendo.* 2 juego que consistía en hacer rodar un aro conducido por un palo o varilla metálica. ■ **entrar por el aro**, hacer algo que no se quería hacer. **FAM.** arete.

aroma *[n.m.]* olor que resulta agradable: *muchas flores y algunas plantas silvestres desprenden aroma.* **SIN.** perfume, fragancia. **FAM.** aromar, aromático, aromatizar, aromatización, aromatizador, aromatizante.

aromático, aromática *[adj.]* que despide buen olor: *el tomillo es una hierba aromática.* **SIN.** oloroso.

arpa *[n.f.]* instrumento musical de cuerda, con forma triangular, que se toca con las dos manos. **OBS.** aunque es femenino, en singular se utiliza con artículo masculino: *el arpa, un arpa.*

arpón *[n.m.]* vara de madera que tiene la punta de hierro con forma de gancho y se usa para cazar o pescar lanzándolo contra las presas: *las ballenas se pescan con arpón.* **PL.** *arpones.* **FAM.** arponero, arponear.

arquear *[v.]* dar a algo forma curva: *calentó el hierro para arquearlo.* **SIN.** curvar, combar, encorvar, alabear. **ANT.** enderezar. TAMBIÉN *prnl.:* se ha arqueado el marco de la ventana. **OBS.** e + e = ee: *arqueen.*

arqueología *[n.f.]* ciencia que estudia las ruinas, el arte y los monumentos de las civilizaciones antiguas: *estudió arqueología en la universidad.* **FAM.** arqueológico, arqueólogo.

arqueólogo, arqueóloga *[n.]* persona que se dedica a la arqueología*: *los arqueólogos estudian las pirámides de Egipto.*

arquero *[n.m.]* persona que luchaba con arco y flechas: *en la Edad Media muchos soldados eran arqueros.* **AF.** saetero.

arquitecto, arquitecta *[n.]* persona que hace proyectos para construir edificios, prepara los planos, indica las medidas y los materiales y dirige la construcción para que todo se haga como él lo ha pensado: *Gaudí fue un famoso arquitecto.*

arquitectura *[n.f.]* técnica de diseñar y construir edificios: *la arquitectura religiosa tiene obras muy importantes.* **FAM.** arquitecto, arquitectónico, arquitectónicamente.

aros

arquitrabe *[n.m.]* en un edificio, adorno horizontal que se apoya sobre columnas.

arrabal *[n.m.]* barrio que está en los alrededores de una ciudad, alejado del centro: *vive en un arrabal.* **SIN.** suburbio. **FAM.** arrabalero.

arradio forma incorrecta de decir *radio**.

arraigado, arraigada *[adj.]* que es muy fuerte y muy importante en el comportamiento de una persona: *tiene muy arraigado el respeto a los demás.*

arraigar *[v.]* 1 echar raíces una planta y agarrarse con ellas a la tierra: *el rosal ha arraigado en la maceta.* **SIN.** enraizar, prender. 2 llegar a ser una virtud, un defecto, un sentimiento, etc. muy fuerte y muy importante en el comportamiento de una persona: *ha arraigado en él la costumbre de leer todos los días.* // **arraigarse** *[v.prnl.]* 3 quedarse a vivir una persona en algún lugar: *se arraigó en Méjico.* **SIN.** establecerse, afincarse. **OBS.** ante e, gu: *arraigue.* **FAM.** arraigamiento, arraigo, raíz. **COMP.** desarraigo, desarraigado.

arramblar *[v.]* dejar los ríos o arroyos cubierto de arena el suelo por donde pasan.

arrancar *[v.]* 1 quitar una cosa del sitio en que está agarrada, procurando que salga entera: *arrancar una planta; arrancar una muela; arrancar una hoja de un libro.* **SIN.** extraer, sacar. 2 empezar a funcionar algo, especialmente los motores o los vehículos: *el tren arrancó a su hora.* **SIN.** ponerse en marcha. 3 empezar a hacer algo: *de repente, arrancó a llorar.* **SIN.** empezar, ponerse, echarse. ■ **arrancar de cuajo**, sacar algo con fuerza de algún sitio con la intención de eliminarlo. **OBS.** ante e, qu: *arranquemos.* **FAM.** arrancada, arranque.

arranque *[n.m.]* 1 momento en que una máquina o un vehículo empieza a moverse: *el arranque del autobús será a las 11.* **AF.** puesta en marcha. 2 forma violenta y repentina de demostrar una persona sus sentimientos de enfado, alegría, etc.: *tiene arranques de mal genio; un arranque de generosidad.* **SIN.** arrebato*.

arrasar *[v.]* 1 destruir todo lo que hay en un sitio: *el incendio arrasó el bosque.* **SIN.** asolar, devastar. 2 tener mucho éxito: *este libro va a arrasar.* **FAM.** arrasamiento, ras.

arrascarse *[v.prnl.]* frotar la piel con las uñas o arrimándose a una superficie áspera: *se hace heridas de tanto arrascarse; los animales se arrascan contra los troncos.* **SIN.** rascarse.

arrastrar *[v.]* 1 llevar algo o a alguien por el suelo tirando de él: *como no podía con el saco, lo llevó arrastrándolo.* 2 mover algo sin levantarlo del suelo: *arrastró la cama y rayó el suelo.* 3 tocar el suelo una cosa que está colgada o colocada sobre algo: *hace feo que las cortinas arrastren.* // **arrastrarse** *[v.prnl.]* 4 moverse una persona o un animal rozando el suelo con el cuerpo: *los reptiles se arrastran.* 5 comportarse una persona como si fuera menos importante o peor que otra, dejando que abuse de ella: *se arrastra ante él porque es más fuerte.* **SIN.** rebajarse, humillarse. **FAM.** arrastre, arrastrado, rastro.

arrastre *[n.m.]* acción con la que se arrastra algo: *la lidia de un toro acaba con el arrastre del toro muerto.* ■ **para el arrastre**, muy cansado.

¡arre! *[interj.]* se dice a las caballerías para que se muevan.

arrear *[v.]* hacer que los burros y los caballos vayan más deprisa: *arrea a las mulas con una vara.* **SIN.** azuzar, aguijar. **AMPL.** picar con las espuelas es ***espolear*** y azotar con una fusta es ***fustigar***. **OBS.** e + e = ee: *arreen.* **FAM.** arre, arrea, arreado, arreos, arriero.

arrebatar *[v.]* 1 quitar, con fuerza y decisión, algo que tiene otro: *le arrebató el balón y metió gol.* **AF.** quitar, coger. 2 producir mucha admiración y atracción: *tiene algo que arrebata.* **SIN.** atraer, seducir. **FAM.** arrebato, arrebatador, arrebatamiento.

arrebato *[n.m.]* manera violenta y repentina de demostrar un sentimiento de enfado, alegría, etc.: *en un arrebato de ira rompió el cristal; le dio un arrebato de amor y se echó en sus brazos.* **SIN.** arrebatamiento, arranque, pronto, ataque, rapto.

arreciar *[v.]* hacerse muy fuerte o violento: *arrecia la tormenta.* **SIN.** intensificarse. **ANT.** amainar.

arrecife *[n.m.]* roca (o conjunto de rocas) que está dentro del mar, muy cerca de la superficie: *el barco rodeó el arrecife.* **SIN.** escollo.

arreglar *[v.]* 1 hacer que algo o alguien esté ordenado o limpio, tenga aspecto agradable, etc.: *arregla la habitación; arregló a los niños para llevarlos a pasear.* **AF.** preparar, acicalar. TAMBIÉN *prnl.: se ha arreglado para ir a la fiesta.*

2 dejar en buen estado lo que estaba roto o estropeado: *arregló la plancha.* **SIN.** reparar, componer. **ANT.** estropear. 3 hacer que algo deje de resultar problemático: *con mucha diplomacia arregló la situación.* **SIN.** resolver, solucionar. **FAM.** arreglo, arreglado, regla. **COMP.** desarreglar, desarreglo, desarreglado.

arreglo *[n.m.]* acción o acciones por las que algo que estaba mal queda arreglado o solucionado: *la casa necesita un arreglo; el arreglo del coche ha sido bastante caro* (**SIN.** reparación)*; se reunieron para conseguir un arreglo* (**SIN.** solución. **AF.** acuerdo).

arrellanarse *[v.prnl.]* sentarse cómodamente, ocupando mucho espacio: *se arrellanó en el sofá y acabó durmiéndose.*

arremeter *[v.]* echarse contra alguien o algo para golpearlo, insultarlo, etc.: *arremetió contra el árbitro.* **SIN.** acometer, abalanzarse. **AF.** atacar. **FAM.** arremetida, arremetimiento, meter.

arremolinarse *[v.prnl.]* juntarse muchas cosas o personas alrededor de algo o formando remolinos: *las hojas secas se arremolinan movidas por el viento; los niños se arremolinaron alrededor del profesor.* **AF.** apiñarse, agruparse, apelotonarse, amontanarse. **ANT.** separarse, dispersarse. **FAM.** arremolinado, arremolinamiento, remolino.

arrendamiento *[n.m.]* acción por la que una casa, un local, una finca, etc. queda arrendada: *firmaron un contrato de arrendamiento.* **SIN.** alquiler.

arrendar *[v.]* ponerse de acuerdo dos personas para que una utilice algo que es de la otra pagando dinero por ello: *arrendamos un local para poner una tienda.* **SIN.** alquilar. **CONJUG.** como *merendar**. **FAM.** arriendo, arrendable, arrendador, arrendamiento, arrendatario. **COMP.** subarrendar.

arreos *[n.m.pl.]* conjunto de correas y demás cosas necesarias para poder montar a caballo o para enganchar el caballo a un carro: *los arreos se guardan en la cuadra.* **AF.** arneses, jaeces.

arrepentimiento *[n.m.]* lo que siente una persona que ha hecho algo que le gustaría no haber hecho: *demostró su arrepentimiento pidiéndole perdón.* **SIN.** contrición.

arrepentirse *[v.prnl.]* darse cuenta una persona de que ha hecho algo mal y sentir ganas de que vuelva a estar todo como si no lo hubiera hecho: *se arrepintió de haberlo robado y lo devolvió.* **CONJUG.** como *sentir**. **FAM.** arrepentimiento, arrepentido.

arrestar *[v.]* llevar la policía a una persona que ha cometido un delito a la comisaría o al juzgado para que sea juzgada: *lo arrestaron en la estación.* **SIN.** prender, apresar, detener. **AF.** capturar, atrapar. **ANT.** soltar, liberar, poner en libertad. **FAM.** arresto.

arresto *[n.m.]* 1 acción por la que la policía detiene a alguien. **SIN.** apresamiento, detención, prendimiento. 2 castigo que pone una autoridad a una persona y que consiste en no dejarla salir una temporada: *los arrestos a los soldados los ordena un superior.* ■ **tener arrestos**, ser una persona decidida y valiente.

arriar *[v.]* poner en la parte de abajo del palo o el mástil, una bandera o una vela de barco que estaba arriba: *los soldados arrían la bandera.* **AF.** recoger. **ANT.** izar. **ACENT.** como *fiar**.

arriba *[adv. de l.]* 1 en un lugar más separado del suelo que otro del que hablamos diciendo abajo: *la terraza está arriba; voy arriba.* **AF.** encima. 2 en la parte por donde se empieza a leer una carta o cualquier escrito: *el título del libro está escrito arriba.* **ANT.COM.** abajo. ■ **de arriba abajo**, todo entero. ■ **patas arriba**, muy desordenado.

arriesgado, arriesgada *[adj.]* 1 peligroso: *deporte arriesgado.* **AF.** expuesto. **ANT.** seguro. 2 que se atreve a hacer cosas peligrosas: *es tan arriesgado que entró solo en la selva.* **SIN.** atrevido, aventurado, temerario, osado.

arreos

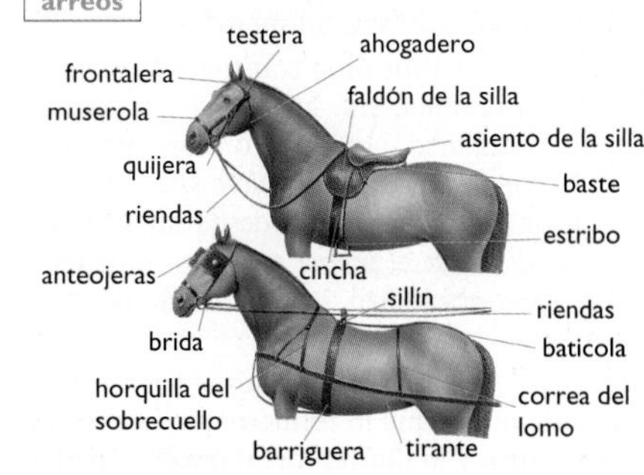

arriesgar *[v.]* poner alguien en peligro su vida o algo que es suyo: *arriesgó todos sus ahorros en ese negocio.* **SIN.** exponer. **AF.** aventurar. TAMBIÉN *prnl.: se arriesgó a que le negaran la entrada.* **OBS.** ante e, gu: *arriesguen.* **FAM.** arriesgado, arriesgadamente, riesgo.

arrimar *[v.]* 1 poner una cosa tan cerca de otra, que la toca: *no arrimes la silla a la pared, que se roza.* **SIN.** acercar. **ANT.** separar. TAMBIÉN *prnl.: no te arrimes a la pared.* 2 poner más cerca: *arrima la lámpara para ver mejor.* **SIN.** acercar, aproximar. **ANT.** alejar, separar. TAMBIÉN *prnl.: me arrimaré a la lámpara para ver mejor* ■ **arrimar el hombro**, trabajar todo lo que haga falta cuando varias personas tienen que hacer algo. **ANT.** escurrir el bulto.

arrinconar *[v.]* 1 apartar algo a algún rincón o llevarlo a un lugar en el que no estorbe: *arrinconé en el trastero la ropa vieja.* 2 ponerse en un sitio de manera que alguien no pueda escapar: *arrinconaron al ladrón en un callejón.* **SIN.** acorralar. **AF.** cercar, rodear. **FAM.** arrinconamiento, rincón.

arroba *[n.f.]* medida de peso que equivale a 11 kilogramos y medio: *compró dos arrobas de pienso para los animales.*

arrodillarse *[v.prnl.]* doblar las piernas de modo que quede apoyado el cuerpo sobre las rodillas: *se arrodilló sobre el reclinatorio.* **AF.** hincarse, postrarse. **FAM.** arrodillamiento, rodilla.

arrogancia *[n.f.]* actitud de quien se cree tan importante que desprecia a los demás como si fueran inferiores: *su arrogancia le impide tener amigos.* **SIN.** altanería*. **FAM.** arrogante, arrogantemente, arrogar, rogar.

arrogante *[adj.inv. en gén.]* que se comporta con arrogancia*. **SIN.** altanero*.

arrojar *[v.]* 1 tirar algo con fuerza: *arrojó el libro por la ventana.* **SIN.** lanzar. // **arrojarse** *[v.prnl.]* 2 lanzarse sobre algo o sobre alguien: *el portero se arrojó contra el balón.* **SIN.** echarse, abalanzarse. 3 dejarse caer desde un sitio alto: *se arrojó desde el primer piso.* **SIN.** lanzarse, tirarse. **FAM.** arrojadizo, arrojo, arrojado, arrojadamente.

arrollar *[v.]* 1 envolver una cosa sobre sí misma de modo que lo primero que se enrolla queda dentro y lo último fuera: *arrolló el póster para que no se estropeara.* **SIN.** enrollar, liar. **ANT.** desenrollar. 2 llevarse algo o a alguien por delante: *el coche arrolló a un perro.* **SIN.** atropellar, pillar. 3 demostrar que se es muy superior a otro en una discusión, una competición, una lucha, una guerra, etc.: *lo arrolló con razones aplastantes; arrollaron al equipo contrario.* **SIN.** derrotar, aplastar. **AF.** vencer, ganar. **FAM.** arrollador, arrollable, rollo.

arropar *[v.]* tapar a alguien con ropa para que no tenga frío: *arropó al niño envolviéndolo en una manta.* **AF.** tapar, cubrir, embozar. **FAM.** arropamiento, ropa. **COMP.** desarroparse.

arrostrar *[v.]* hacer frente a algo, dar la cara. **ANT.** rehuir, esquivar.

arroyo *[n.m.]* río que lleva poca agua: *en las montañas hay muchos arroyos.* **SIN.** riachuelo. **FAM.** arroyuelo, ***arroyar*** (formar arroyos).

Arroyo, fíjate bien,
es con y griega y sin hache,
que el agua se la llevó
para rellenar los baches.
Pero **arrollo**, de arrollar,
lo mismo que atropellar,
se escribe siempre con elle
como rollo, bollo y muelle.

arroz *[n.m.]* 1 planta que crece en terrenos muy húmedos y cuyo fruto es un grano blanco comestible: *en Valencia hay muchos campos de arroz.* 2 fruto de esta planta. **PL.** *arroces.* **FAM.** arrocero, arrozal.

arrozal *[n.m.]* tierra sembrada de arroz: *los arrozales suelen estar encharcados de agua.*

arruga *[n.f.]* especie de doblez marcado en la superficie de algo, de manera que deja de estar lisa o estirada: *los abuelos tienen arrugas en la cara; con la plancha se quitan las arrugas de la ropa.* **FAM.** arrugar, arrugado, arrugamiento, ***rugoso*** (no liso), rugosidad.

arrugar *[v.]* hacerle arrugas a una cosa: *si te duermes con el traje puesto, lo arrugas.* TAMBIÉN *prnl.: la ropa de lino se arruga mucho.* **OBS.** ante e, gu: *arruguen.*

arruinar *[v.]* 1 estropear algo tanto, que deja de servir para lo que servía: *una granizada arruinó la cosecha.* **SIN.** destrozar. 2 hacer que alguien pierda todo el dinero o los bienes materiales que tenía: *llevar tan mal el negocio lo* *ha arruinado.* TAMBIÉN *prnl.: se arruinó por jugar en los casinos.* **FAM.** arruinamiento, arruinante, ruina.

arrullar *[v.]* 1 atraer una paloma a su pareja con una forma particular de canto. **AF.** gorjear. 2 producir un sonido suave y continuo que ayuda a dormir: *el murmullo del agua lo arrullaba; arrulla al bebé cantándole una nana.* **FAM.** arrullo, arrullador.

arrullo *[n.m.]* 1 canto que emiten las palomas para atraer a la pareja: *desde mi ventana se escucha el arrullo de las palomas.* **AF.** gorjeo. 2 sonidos o canciones en voz baja que consiguen adormecer a alguien: *el arrullo de las olas.*

arsenal *[n.m.]* 1 taller en el que se construyen y se arreglan barcos: *en el arsenal hay un barco de guerra en reparación.* **SIN.** astillero. 2 almacén de armas: *las tropas enemigas destruyeron los arsenales.* **AF.** polvorín. 3 gran cantidad de cosas parecidas: *tiene un arsenal de discos.* **SIN.** montón, pila.

arsénico *[n.m.]* sustancia química muy venenosa que en pequeñas cantidades se usa para preparar medicamentos.

arte *[n.]* 1 actividad humana que consiste en transformar la materia o combinar los sonidos, los colores, los pensamientos y las palabras para hacer obras bellas: *la arquitectura, la literatura, la poesía y la música son artes.* 2 conjunto de conocimientos y habilidades que tienen las personas a las que se les da bien hacer algunas cosas: *tiene mucho arte para la gimnasia.* **AF.** habilidad, talento, genio, inspiración. 3 conjunto de obras artísticas de un país, de un estilo, de una época determinada, etc.: *arte español; arte románico; arte del siglo XIX.* **OBS.** en singular se suele usar como masculino (arte abstracto) y en plural como femenino (artes plásticas). **FAM.** artista, artístico, artesanía, artificial, artilugio, artefacto, ***artífice*** (persona que ha hecho algo material), artimaña.

El ***arte***, *escrito sin hache,*
es siempre expresión del alma
del genio humano inmortal.
Pero ***harte*** y ***harté***, con hache,
son formas del verbo ***hartar***,
algo que hace muchas veces
hasta el más torpe animal.

artefacto *[n.m.]* 1 cualquier máquina o aparato: *la tostadora es un artefacto muy útil.* 2 cualquier objeto formado por varias piezas y pensado para algo concreto: *un artefacto explosivo; un artefacto para abrir latas.* **SIN.** artilugio.

arteria *[n.f.]* 1 cada uno de los conductos que salen del corazón y llevan la sangre por todo el cuerpo: *la sangre limpia circula por las arterias.* **AF.** vaso, vena. 2 calle o carretera importante de la que salen otras muchas: *la Gran Vía es la arteria principal de la ciudad.* **SIN.** vía. **FAM.** arterial, arteriografía, arteriología, arteriosclerosis.

artesa *[n.f.]* especie de cajón de madera, más ancho por la boca que por el fondo, que se usa para amasar, mezclar materiales, etc.: *preparó el yeso en una artesa.* **FAM.** artesón, artesonado.

artesanía *[n.f.]* actividad en la que se trabaja a mano el hierro, la madera, el barro, el cuero, etc. para hacer, de una en una, cosas útiles y bonitas: *esta cántara es una obra de artesanía; se dedica a la artesanía del vidrio.* **FAM.** artesanado, artesano, arte.

artesano, artesana *[adj.]* 1 de artesanía*: *la alfarería, el bordado y la talla de la madera son oficios artesanos.* **SIN.** manual. // **artesano, artesana** *[n.]* 2 persona que hace obras de artesanía*: *una artesana de la encuadernación; cada vez hay menos artesanos porque casi todo se puede hacer con máquinas.*

ártico, ártica *[adj.]* del Polo* Norte de la Tierra: *frío ártico; Alaska y Laponia están en la zona ártica.* **SIN.** boreal. **ANT.** antártico.

articulación *[n.f.]* 1 punto en el que se unen dos huesos: *la rodilla es una articulación de la pierna.* 2 punto en el que se unen dos piezas de alguna cosa para que se puedan mover, abrir y cerrar: *las patillas se unen al resto de las gafas por una articulación.* 3 lo que se hace cuando se colocan y se mueven los órganos de la voz para producir un sonido determinado. **FAM.** articular, articulado, articulatorio. **COMP.** desarticular, inarticulado.

articulado, articulada *[adj.]* que sus piezas están unidas de tal manera que cada una se pueda mover por separado: *tren articulado; esqueleto articulado.*

articular *[v.]* 1 unir unas cosas (o piezas) a otras por medio de articulaciones. 2 colocar de forma correcta los órganos de la voz para poder hablar. **AF.** modular. **ANT.** desarticular.

articulista *[n.inv. en gén.]* persona que escribe artículos para uno o más periódicos. **FAM.** artículo.

artículo *[n.m.]* 1 palabra que se pone delante de un nombre cuando se refiere a algo ya conocido por los que están hablando e indica el género y el número: *el, la, los y las son artículos determinados.* **AMPL.** hay dos clases de artículos: determinados e indeterminados; el artículo *determinado* se pone cuando el nombre al que se refiere es uno concreto y ya conocido y el artículo *indeterminado* va con nombres que se citan por primera vez y no se trata de ninguno en especial: *déjame la goma; déjame una goma.* 2 cualquier objeto que se vende en una tienda: *tienda de artículos escolares.* **AF.** producto, mercancía. 3 escrito publicado en un periódico: *me gusta leer los artículos de deportes.* **AF.** sección, crónica, editorial. 4 cada una de las partes en que está dividido un texto: *artículo segundo de la Constitución.* **AF.** capítulo, apartado. 5 en un diccionario, conjunto de todo lo que se dice sobre una palabra: *este es el ejemplo de la quinta acepción de este artículo.* **AMPL.** la palabra que aparece al principio de cada artículo y que es la que se define es una ***entrada***. **FAM.** articulista.

artífice *[n.inv. en gén.]* persona que ha conseguido que se haga algo o que se ha inventado algo: *el artífice de una broma.*

artificial *[adj.inv. en gén.]* 1 que lo ha fabricado o preparado el hombre y no la naturaleza: *le han puesto un corazón artificial; luz artificial.* 2 que no es auténtico, real o sincero: *comportamiento artificial.* **AF.** falso, fingido. **ANT.COM.** natural. **FAM.** artificio, artificioso, artífice, artificiero, arte.

artificiero *[n.m.]* persona que trabaja con explosivos, balas, cartuchos, etc.: *un artificiero desactivó la bomba; los artificieros prepararon los fuegos artificiales.*

artificio *[n.m.]* 1 lo que tiene una cosa por estar hecha con muchos adornos, labores y filigranas: *un collar con mucho artificio.* 2 truco que se usa para conseguir algo, procurando que no se note que lo que uno quiere es conseguirlo: *los políticos usan muchos artificios para ganar votos.* **AF.** truco, artimaña, intriga.

artillería *[n.f.]* 1 conjunto de armas pesadas como tanques, cañones, etc., que tiene un ejército. 2 parte de un ejército que lucha con las armas pesadas: *un soldado de artillería.* **FAM.** artillero.

artillero, artillera *[adj.]* 1 de la artillería*. // **artillero, artillera** *[n.]* 2 persona que trabaja o hace el servicio militar en la artillería*: *los artilleros aprenden a conducir tanques.*

artilugio *[n.m.]* cualquier objeto formado por varias piezas y pensado para algo concreto: *un paraguas es un artilugio para protegerse de la lluvia.* **SIN.** artefacto.

artimaña *[n.f.]* lo que uno hace para conseguir algo, cuando se hace de manera que parezca que a uno no le importa conseguirlo: *usó todas sus artimañas para que el niño dejara de llorar.* **SIN.** treta, ardid, truco. **AF.** estrategia, artificio, maniobra.

artista *[n.inv. en gén.]* 1 persona que hace obras de arte o se dedica a actuar para entretener al público: *los pintores, los cantantes y los actores son artistas.* **AF.** creador. 2 persona que hace muy bien algo: *es un artista cocinando.* **SIN.** maestro, experto.

artístico, artística *[adj.]* del arte o que está hecho con arte: *hizo un estudio artístico de la arquitectura del siglo XIX; un trabajo artístico;*

ARTÍCULOS

	singular			plural	
	masculino	femenino	neutro	masculino	femenino
determinados	el	la	lo	los	las
indeterminados	un	una		unos	unas

una escultura es una obra artística. **FAM.** artísticamente, arte.

artrópodo *[n.m.]* cualquier animal invertebrado con un esqueleto externo que tenga el cuerpo dividido en anillos y patas articuladas: *las arañas son artrópodos.*

arzobispo *[n.m.]* obispo que manda sobre otros obispos: *el arzobispo presidió la procesión.* **AF.** prelado, mitrado, primado, metropolitano. **AMPL.** el territorio que tiene a su cargo un arzobispo se llama ***archidiócesis***. **FAM.** arzobispado, arzobispal, obispo.

as *[n.m.]* **1** carta de la baraja con el número uno, que es la que más vale en casi todos los juegos: *un as me dio la victoria.* **2** cara del dado que tiene un solo punto. **3** persona que hace algo muy bien: *los ases del fútbol.* **SIN.** campeón, figura.

asa *[n.f.]* parte de una cosa que sirve para agarrarla con las manos: *las tapaderas y las maletas tienen un asa y las cazuelas tienen dos.* **AMPL.** las asas son piezas de forma más o menos parecida a la de una C o una U; las piezas largas y estrechas pensadas para agarrar algo se llaman ***mangos***; cualquier cosa pensada para agarrar es un ***asidero***. **OBS.** en singular lleva artículo masculino: *el asa, un asa; las asas.*

asado, asada *[adj.]* que se ha preparado directamente al fuego (en horno o parrilla) y no en una sartén o cazuela como se hace para cocer o freír: *carne asada; pimientos asados.* TAMBIÉN *n.m.: un asado de cordero.*

asalariado, asalariada *[n.]* persona que trabaja para otro y recibe por ello un sueldo o salario. **SIN.** empleado, trabajador. **FAM.** asalariar, salario.

asaltar *[v.]* **1** atacar a una persona para robarle: *lo asaltaron en pleno día.* **SIN.** atracar. **2** atacar un castillo, una ciudad, etc., para conquistarla: *durante la noche, las tropas asaltaron el pueblo.* **AF.** invadir, saltear. **AMPL.** asaltar un barco es ***abordarlo***. **3** empezar, de repente, a sentir algo que inquieta, preocupa o es inoportuno: *iba solo y lo asaltó el miedo; a veces la asaltan dudas.* **SIN.** sobrevenir. **FAM.** asalto, asaltante, saltar.

asalto *[n.m.]* **1** ataque contra algo o alguien: *el asalto a la ciudad se produjo por sorpresa.* **2** cada una de las partes en que se divide un combate de boxeo y que están separadas por un descanso.

asamblea *[n.f.]* reunión de un grupo de personas que tienen alguna actividad en común, para hablar de algo relacionado con el grupo: *una asamblea de estudiantes.* **SIN.** reunión, junta. **FAM.** asambleario, asambleísta.

asar *[v.]* **1** poner una cosa cruda al fuego directo para que se pueda comer: *asaron unas costillas en la barbacoa.* **AF.** tostar, dorar, torrar. **2** quemar mucho: *tanto calor va a asar las plantas.* **SIN.** abrasar. // **asarse** *[v.prnl.]* **3** sentir mucho calor: *en verano, al sol se asa uno.* **FAM.** asado, asador, asadura.

ascendencia *[n.f.]* conjunto de familiares de una persona que, desde los padres hacia atrás, han vivido antes que ella: *en el árbol genealógico aparece toda tu ascendencia.* **AF.** antepasados. **ANT.** descendencia.

ascender *[v.]* **1** ir desde un sitio a otro que está más alto: *ascendió a la cima por la ladera de la montaña.* **SIN.** subir. **ANT.** descender, bajar. **2** conseguir un puesto de trabajo más importante que el que se tenía: *ascendió a encargado de personal.* **3** dar una persona un puesto de trabajo mejor a otra que trabaja para ella: *el jefe lo ha ascendido.* **4** valer algo la cantidad que se dice: *la cuenta asciende a cien euros.* **CONJUG.** como *tender**. **FAM.** ascenso, ascensión, ascendencia, ascendiente, ascensor, ascensorista, descender.

ascendiente *[n.m.]* **1** padre, madre, abuelos, bisabuelos, etc. de una persona: *mis ascendientes vinieron de América.* **SIN.** antepasado. **ANT.** descendiente. **2** poder que tiene una persona para influir en la voluntad de otra: *tiene mucho ascendiente sobre él.* **SIN.** influencia, influjo.

ascensión *[n.f.]* acción necesaria para llegar hasta un sitio que está más alto: *la ascensión a la montaña fue dura.* **SIN.** subida, ascenso. **ANT.** bajada, descenso.

ascenso *[n.m.]* **1** subida: *el ascenso al campanario le llevó media hora.* **SIN.** ascensión, subida. **ANT.** descenso, bajada. **2** aumento de la categoría del puesto de trabajo o del sueldo de una persona: *el jefe le concedió un ascenso.*

ascensor *[n.m.]* aparato en el que uno se mete para ir, en un edificio, de unas plantas a otras sin tener que subir o bajar escaleras: *el ascensor del Empire State de Nueva York llega hasta el piso 102.* **AMPL.** un ***montacargas*** es un ascensor para subir, además de personas, cosas pesadas o aparatosas.

asceta *[n.inv. en gén.]* persona que quiere mejorar su forma de ser imponiéndose sacrificios para controlar mejor su cuerpo y dedicarse más a las cosas del espíritu: *no se puede ser buen deportista sin ser algo asceta.* **FAM.** ascético, ***ascetismo*** (doctrina de los ascetas), ***ascesis*** (forma de vida de los ascetas).

asco *[n.m.]* 1 lo que siente uno cuando ve o huele algo que no le gusta nada y le entran náuseas o ganas de vomitar: *esa comida le produce asco.* **SIN.** repugnancia, repulsión. **AF.** aversión, repulsa. 2 lo que se siente hacia cosas, ideas o modos de ser que no gustan: *le tengo asco a la política.* ■ **estar hecho un asco**, estar muy sucio o muy estropeado. **FAM.** asquear, asqueroso, asquerosidad, asquerosamente.

ascua *[n.f.]* trozo de algo que está rojo porque arde, pero no hace llamas: *la carne se asa sobre ascuas de leña o carbón.* **SIN.** brasa. ■ **estar en ascuas** o **sobre ascuas**, estar muy nervioso. **OBS.** en singular lleva artículo masculino: *el ascua; un ascua; las ascuas.*

aseado, aseada *[adj.]* limpio: *siempre viene bien aseado.* **AF.** acicalado. **ANT.** desaseado, sucio.

asear *[v.]* dejar bien limpio: *aseo mi habitación todos los días.* **SIN.** limpiar. **AF.** arreglar. TAMBIÉN *prnl. refl.*: *se asea nada más levantarse.* **SIN.** lavarse. **AF.** ducharse, bañarse. **OBS.** e + e = ee: *aseen.* **FAM.** aseo, aseado, aseadamente. **COMP.** desaseado.

asediar *[v.]* 1 rodear un ejército una ciudad y no dejar entrar alimentos ni ninguna otra cosa para conseguir que se rinda: *los romanos asediaron Numancia.* **SIN.** sitiar, cercar. 2 molestar a una persona a la que se persigue para conseguir algo de ella: *algunos periodistas asedian a los famosos.* **SIN.** acosar. **FAM.** asedio, asediante, asediador.

asegurar *[v.]* 1 poner una cosa bien sujeta para que no se caiga o no se mueva: *asegura bien la estantería contra la pared.* **SIN.** fijar, afianzar, sujetar. 2 poner algo en un lugar seguro: *asegura esto donde no lo toque nadie.* **SIN.** guardar. 3 decir algo para que alguien lo crea porque uno no tiene ninguna duda de que es verdad: *te aseguro que lo he visto.* **SIN.** aseverar*. 4 firmar un contrato con una empresa a la que se paga un dinero, para recuperar lo que se pueda perder en un incendio, un robo, etc.: *han asegurado la casa.* **FAM.** asegurado, asegurador, aseguramiento, seguro.

asemejarse *[v.prnl.]* ser muy parecidas varias cosas o personas: *sus hijos se asemejan a ella.* **SIN.** parecerse. **ANT.** diferenciarse.

asentar *[v.]* 1 hacer lo necesario para que algo quede bien apoyado, sin que pueda moverse o caerse: *asentar los pilares de un puente* (**SIN.** asegurar, afirmar, afianzar)*; asentar una mesa que cojea.* 2 poner algo en un sitio: *asentaron el campamento al lado del río.* **SIN.** ubicar, situar, poner. // **asentarse** *[v.prnl.]* 3 quedarse a vivir en un sitio: *se asentó en la ciudad.* **SIN.** establecerse, afincarse. **CONJUG.** como *calentar**. **FAM.** asiento, asentado, asentaderas, asentamiento, sentar.

asentir *[v.]* dar a entender que uno está de acuerdo con lo que alguien dice o piensa: *asintió a su propuesta; asintió con un movimiento de cabeza.* **ANT.** disentir. **CONJUG.** como *sentir**. **FAM.** asenso, asentimiento.

aseo *[n.m.]* 1 acción por la que alguien limpia o lava algo, a alguien o a sí mismo: *se ocupa del aseo de su perro; el aseo personal es necesario diariamente.* 2 habitación con lavabo y retrete, que puede tener también bañera y ducha: *algunos establecimientos tienen los aseos indecentes.* **SIN.** servicio.

asépalo, asépala *[adj.]* que no tiene sépalos: *un vegetal asépalo; una flor asépala.* **FAM.** sépalo.

asepsia *[n.f.]* máxima limpieza para evitar las infecciones que causan los microbios: *la asepsia es fundamental en un hospital.* **SIN.** higiene. **AF.** esterilización. **FAM.** aséptico.

asequible *[adj.inv. en gén.]* que se puede conseguir o alcanzar: *busca un trabajo asequible; coloca los libros a una altura asequible.* **SIN.** alcanzable. **ANT.** inasequible. **OBS.** es sinónimo de *barato* cuando se habla de algo que se puede comprar porque se tiene el dinero necesario para ello. **FAM.** asequibilidad, asequiblemente. **COMP.** inasequible.

aserradero *[n.m.]* lugar en el que se sierra madera: *en las grandes explotaciones forestales suele haber aserraderos.*

aserrar *[v.]* serrar*: *aserrar un tablón.* **CONJUG.** como *cerrar**. **FAM.** serrín, aserradero, serrar.

asesinar *[v.]* matar a una persona intencionadamente: *está en la cárcel porque asesinó a un hombre.* **SIN.** matar, eliminar, liquidar. **FAM.** asesinato, asesino.

asesinato *[n.m.]* lo que comete quien asesina a alguien. **AF.** homicidio.

asesino, asesina *[n.]* 1 persona que mata a otra intencionadamente: *es un asesino y está en la cárcel.* **SIN.** criminal. **AMPL.** quien mata a alguien involuntariamente no es un *asesino* sino un ***homicida***. // **asesino, asesina** *[adj.]* 2 que asesina o ha sido utilizado en un asesinato: *encontraron el arma asesina.* **SIN.** homicida, criminal.

asesor, asesora *[n.]* persona que le dice a otra cómo conviene hacer determinadas cosas: *su asesor financiero es un economista; tiene en su madre a una buena asesora.* **SIN.** consejero. **FAM.** asesorar, asesoramiento, asesoría.

asesorar *[v.]* decirle a alguien cómo cree uno que debe hacer algo: *lo asesoró sobre la creación de empresas.* **SIN.** aconsejar.

asestar *[v.]* dar un golpe o un tiro a algo o a alguien: *le asestó un puñetazo.* **AF.** sacudir, atizar.

aseverar *[v.]* decir que algo es verdad: *aseveró que todo estaba resuelto.* **SIN.** afirmar, asegurar. **AF.** confirmar, ratificar, garantizar. **ANT.** negar. **FAM.** aseveración, aseverativo.

asexual *[adj.inv. en gén.]* que no tiene sexo o que se reproduce sin que intervengan los sexos: *una planta asexual; reproducción asexual.* **FAM.** sexo*.

asfaltar *[v.]* cubrir con asfalto*: *han asfaltado las calles del pueblo.* **FAM.** asfaltado, asfalto, asfáltico.

asfalto *[n.m.]* parte más pesada del petróleo crudo o sin refinar, de color negro, y que, mezclado con otros materiales, se usa para pavimentar carreteras: *el asfalto se derrite con el calor.* **AF.** brea, betún.

asfixia *[n.f.]* 1 falta del oxígeno que se necesita al respirar y que puede producir la muerte: *murió por asfixia dentro del garaje.* 2 sensación de falta de aire que tiene quien casi no puede respirar: *los lugares pequeños y cerrados le producen asfixia.* **SIN.** agobio, ahogo. **FAM.** asfixiante, asfixiar.

asfixiante *[adj.inv. en gén.]* que produce sensación de ahogo: *calor asfixiante.* **AF.** sofocante, agobiante.

asfixiar *[v.]* matar por asfixia*: *los gases venenosos asfixian.* TAMBIÉN *prnl.*: *se asfixió con el humo del incendio.*

asga, asgo... formas irregulares de la conjugación del verbo *asir.*

así *[adv. de m.]* de esta manera: *hazlo así, como yo.* ■ **así, así**, regular; ni bien ni mal.

asiático, asiática *[adj. y n.]* de Asia, que es el mayor continente de la Tierra: *el Himalaya es una cordillera asiática; los asiáticos del este son de raza amarilla.* (VER mapa en p. 100.)

asidero *[n.m.]* parte o pieza de una cosa pensada para agarrarla o para agarrarse a ella: *agarra el cubo por el asidero; los asideros del autobús están colgados de una barra.* **SIN.** agarradero, agarradera.

asiduo, asidua *[adj.]* que asiste a algo con mucha frecuencia: *un asiduo visitante del museo; una asidua colaboradora del periódico.* **SIN.** habitual. **AF.** frecuente, constante. **FAM.** asiduidad, asiduamente.

asiento *[n.m.]* 1 cualquier cosa hecha para sentarse en ella: *las sillas y los bancos son asientos.* 2 parte de un sillón, un banco, una silla, etc. sobre la que se pone el trasero: *el asiento y el respaldo están tapizados.* ■ **tomar asiento**, sentarse. (VER figura en p. 101.)

asignación *[n.f.]* cantidad fija de dinero que se recibe como sueldo, para gastos, etc.: *con mi asignación semanal me compro todo lo que necesito.* **SIN.** paga. **AF.** sueldo, salario.

asignar *[v.]* 1 nombrar a una o a varias personas para que se hagan cargo de algo: *nos asignaron un guía para todo el grupo.* **SIN.** designar. 2 dar a una persona lo que le corresponde en un reparto o fijar lo que es para ella: *le asignaron una habitación con vistas al mar.* **SIN.** adjudicar. **FAM.** asignación, asignatura, signo.

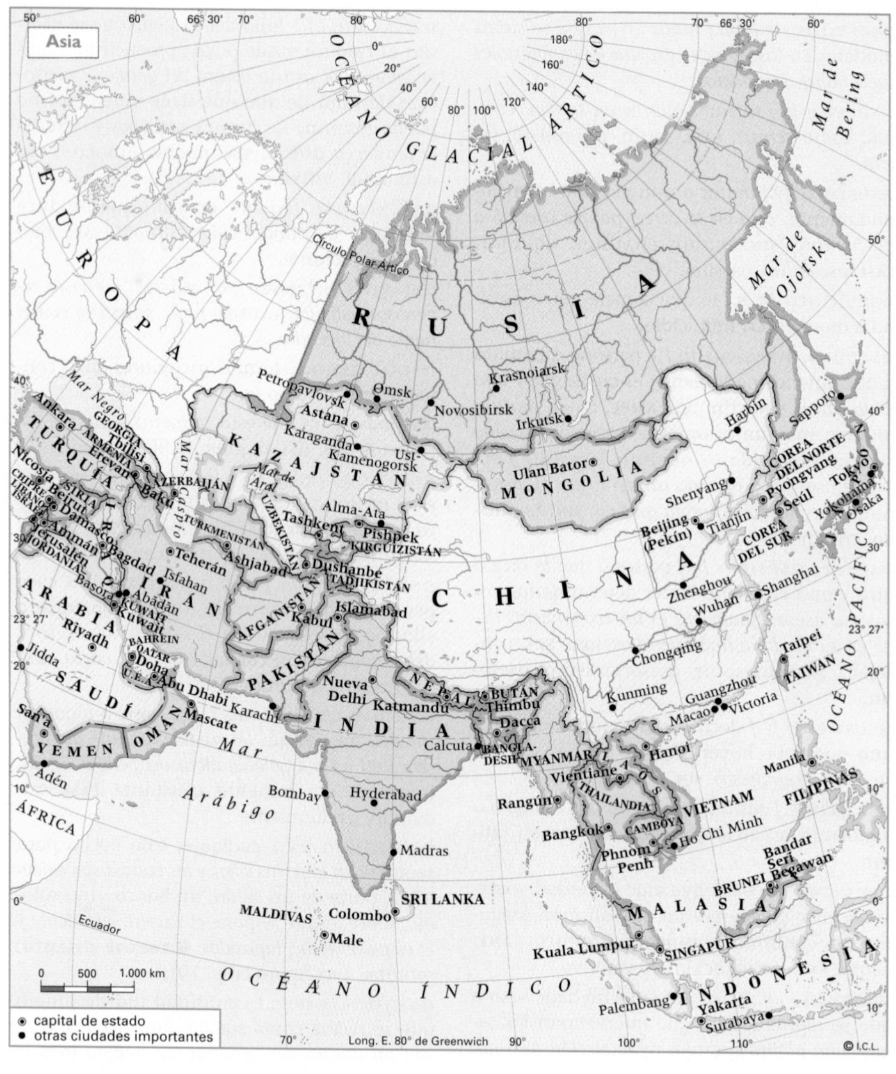

asignatura *[n.f.]* cada una de las partes en las que se divide el saber humano para ser estudiado en los centros de enseñanza: *la lengua es la asignatura que más me gusta.* **SIN.** materia.

asilo *[n.m.]* sitio en el que se les da comida y una cama para dormir a los ancianos o a personas necesitadas: *ayudo a servir la comida en un asilo.* **AF.** albergue. ■ **dar asilo**, proteger o dar alojamiento a una persona que lo necesita. **FAM.** asilado, asilar.

asimilación *[n.f.]* hecho de que algo o alguien asimile algo: *la asimilación de lo que se estudia; la asimilación de los alimentos.*

asimilar *[v.]* **1** entender y aprender bien algo, de manera que no se olvide: *asimila muy bien las explicaciones del profesor.* **2** llegar a for-

asientos

escabel

banqueta

taburete

poyo

silla de montar

silla alta para niños

silla

asiento de coche

asiento de autocar

hamaca

banco

sillín

tumbona

banco con respaldo

escaño

triclinio

sillón

canapé

sofá

respaldo

brazos

confidente

patas

asiento

butaca

rinconera

diván

otomana

hamaca

jamuga

sillón

banqueta o taburete de piano

banqueta de pie de cama

mar parte del organismo las sustancias que contienen los alimentos: *nuestro cuerpo asimila las vitaminas de los alimentos.* **SIN.** digerir, absorber. **FAM.** asimilación, asimilable, asimilativo, similar.

asimismo *[adv. de m.]* de la misma manera: *acuérdate, asimismo, de avisarlo.* **SIN.** del mismo modo, también. TAMBIÉN se puede escribir ***así mismo***.

Asimismo, una palabra,
o **así mismo**, escrito en dos,
es lo mismo que *también*.
Y **a sí mismo**, escrito en tres,
es como decir *para él*.

asín forma incorrecta de decir *así**.

asir *[v.]* agarrar con la mano: *lo asió por el mango.* **SIN.** agarrar, coger, aferrar (agarrar con mucha fuerza). **ANT.** soltar. TAMBIÉN *prnl.: se asió a la rama de un árbol.* **FAM.** asidero, asimiento. **COMP.** desasir.

CONJUGACIÓN DEL VERBO ASIR

Formas no personales
Infinitivo: *asir*. Gerundio: *asiendo*. Participio: *asido*.
Indicativo
Presente: *asgo, ases, ase, asimos, asís, asen.*
Pretérito imperfecto: *asía, asías, asía, asíamos, asíais, asían.*
Pretérito perfecto simple: *así, asiste, asió, asimos, asisteis, asieron.*
Futuro: *asiré, asirás, asirá, asiremos, asiréis, asirán.*
Condicional simple: *asiría, asirías, asiría, asiríamos, asiríais, asirían.*
Subjuntivo
Presente: *asga, asgas, asga, asgamos, asgáis, asgan.*
Pretérito imperfecto: *asiera/ asiese, asieras/ asieses, asiera/asiese, asiéramos/ asiésemos, asierais/ asieseis, asieran/ asiesen.*
Futuro: *asiere, asieres, asiere, asiéremos, asiereis, asieren.*
Imperativo: *ase, asga, asgamos, asid, asgan.*

asirio, asiria *[adj. y n.]* de Asiria, antiguo imperio de Oriente Medio que se extendía desde el río Nilo hasta el golfo Pérsico: *Assur y Nínive eran dos ciudades asirias; arte asirio; los asirios fueron un pueblo guerrero.*

asistencia *[n.f.]* **1** atención y ayuda que se presta a alguien que lo necesita: *asistencia médica.* **2** hecho de estar en un sitio en el que se hace algo y de participar en ello: *la asistencia a clase es importante.* **3** conjunto de personas que asisten a algún acto: *la asistencia al concierto fue numerosa.*

asistente *[n.inv. en gén.]* **1** persona que va a un sitio en el que se celebra algo o se hace algo: *los asistentes a la representación teatral aplaudieron entusiasmados.* // **asistente, asistenta** *[n.]* **2** persona que ayuda a otra en ciertas tareas: *el asistente del capitán es un soldado; dos asistentes ayudaron al obispo durante la ceremonia; trabaja en varias casas como asistenta.*

asistir *[v.]* **1** prestar la atención y la ayuda que alguien necesita: *en los hospitales asisten a los enfermos.* **SIN.** atender. **AF.** ayudar, auxiliar, socorrer. **2** estar presente en un sitio en el que hay algo o se hace algo: *asistieron al concierto; no pudo asistir a clase; tienes que asistir a la reunión.* **SIN.** estar en. **AF.** acudir, ir, presenciar. **FAM.** asistente, asistenta, asistencia, asistencial. **COMP.** ***desasistir*** (no atender a quien lo necesita), desasistido, desistir.

asma *[n.f.]* enfermedad de los bronquios que hace difícil la respiración y normalmente es una enfermedad alérgica: *los que tienen asma, producen una especie de silbido al respirar.* **OBS.** en singular va con artículo masculino: *el asma.* **FAM.** asmático.

asmático, asmática *[adj.]* que padece asma*.

asno *[n.m.]* animal doméstico, parecido al caballo pero más pequeño, que se usaba sobre todo para llevar cargas pequeñas y para trasladarse montado en él: *el sonido que emite el asno se llama rebuzno.* **SIN.** burro, borrico, pollino, rucio. **FAM.** asnal, asnada. **COMP.** desasnar.

asociación *[n.f.]* grupo de personas que se reúnen para defender sus intereses, trabajar sobre algún tema, practicar algún deporte, etc.: *asociación cultural, de vecinos, deportiva...*

asociado, asociada *[adj.]* que pertenece a una asociación: *un país asociado a la ONU.* **SIN.** socio, miembro. TAMBIÉN *n.: los asociados se reunieron en el club.*

asociar *[v.]* 1 encontrar alguna relación entre dos o más cosas: *asocio el cine con las palomitas.* // **asociarse** *[v.prnl.]* 2 juntarse un grupo de personas para dedicarse a alguna actividad: *se han asociado para formar un club de natación.* 3 empezar a formar parte de una asociación: *se asoció a la Cruz Roja Española.* **SIN.** afiliarse, hacerse socio de. **FAM.** asociación, asociacionismo, asociativo, socio.

asolar *[v.]* destruir totalmente: *la guerra asoló el país.* **SIN.** devastar, arrasar. **FAM.** asolador.

asomar *[v.]* 1 empezar a verse algo: *el mar asoma en la lejanía.* **AF.** aparecer, surgir, brotar. 2 dejar que se vea un poco de algo o de alguien: *el lobo asomó la pata por debajo de la puerta.* **AF.** enseñar, mostrar, manifestarse, aparecer. // **asomarse** *[v.prnl.]* 3 sacar la cabeza para ver algo: *se asomó a la ventana.* **FAM.** asomo.

asombrar *[v.]* llamar mucho la atención de alguien por ser muy bueno, muy malo, muy raro, etc.: *sus cuadros asombran a todo el mundo.* **SIN.** sorprender, pasmar. TAMBIÉN *prnl.: se asombra por cualquier cosa.*

asombro *[n.m.]* lo que siente uno ante algo que le parece muy raro, muy bueno, muy malo, etc. o ante algo que no se espera: *la obra causó asombro entre los asistentes al acto.* **SIN.** sorpresa. **FAM.** asombroso, asombrar, asombrosamente, sombra.

asombroso, asombrosa *[adj.]* que produce asombro*: *es un libro asombroso.* **SIN.** sorprendente. **AF.** portentoso, fenomenal, maravilloso.

asomo *[n.m.]* posibilidad de que ocurra algo: *no hay ni un asomo de que vaya a llover.* **SIN.** señal, atisbo. ■ **ni por asomo**, de ninguna manera.

aspa *[n.f.]* especie de pala o brazo que tienen algunos mecanismos, aparatos o máquinas (como los ventiladores, los molinos de viento o las hélices de los barcos) y que sirven para producir movimiento: *las aspas del ventilador mueven el aire.* **OBS.** en singular lleva artículo masculino: *un aspa; el aspa; las aspas.* **FAM.** aspaviento.

aspaviento *[n.m.]* gesto muy exagerado que se hace para demostrar algún sentimiento: *hizo muchos aspavientos al abrir el regalo.* **FAM.** aspa.

aspecto *[n.m.]* lo que se ve de algo o de alguien y nos da una idea de cómo puede ser: *un aspecto desaliñado; un aspecto desagradable.* **SIN.** apariencia, aire, pinta, traza, facha.

aspereza *[n.f.]* característica que tienen las cosas o las personas que son ásperas, por serlo: *la aspereza de la piel de los elefantes; aspereza de carácter.*

áspero, áspera *[adj.]* 1 que raspa al tocarlo: *la tela de saco es áspera.* **AF.** rugoso. **ANT.** liso, suave. 2 que resulta desagradable o poco amable: *tiene un carácter tan áspero que prefiero no tratarla; es muy áspero con los niños.* **SIN.** rudo, tosco. **ANT.** afable. **FAM.** aspereza, ásperamente.

aspersor *[n.m.]* aparato que echa agua en forma de gotas y sirve para regar automáticamente, pues va girando por la presión del agua. **FAM.** aspersión.

áspid *[n.m.]* 1 culebra muy venenosa que vive en los Pirineos y en el norte y el centro de Europa. 2 serpiente con la cabeza en forma de punta de flecha que puede medir hasta dos metros de largo, es muy venenosa y vive en Asia y en África, especialmente en Egipto.

aspiración *[n.f.]* 1 acción necesaria para que una cosa llegue al interior de otra: *con la aspiración del aire llenamos los pulmones.* **AF.** inspiración, inhalación. **ANT.** espirar. 2 sentimiento que hace que uno quiera conseguir algo, y cosa que a uno le gustaría conseguir: *su aspiración es llegar a ser presidente.* **SIN.** deseo, ilusión. **INTENS.** ambición, anhelo, ansia.

aspirador, aspiradora *[adj.]* 1 que aspira: *aparato aspirador.* // **aspiradora** *[n.f.]* 2 aparato eléctrico que sirve para aspirar el polvo: *pasa la aspiradora por la alfombra.*

aspirante *[n.inv. en gén.]* persona que desea y hace lo que puede para conseguir algo o que puede llegar a conseguirlo: *hay cinco aspirantes al premio.* **AF.** pretendiente.

aspirar *[v.]* 1 introducir aire en los pulmones: *aspira el aire por la nariz.* **SIN.** inspirar, inhalar. **ANT.** espirar. 2 crear una corriente de aire que va desde fuera hacia dentro arrastrando cosas: *la aspiradora aspira el polvo.* **SIN.** absorber, chupar. ■ **aspirar a**, tener ilusión o deseo grande por ser algo o conseguir algo. **SIN.** desear, querer, pretender. **INTENS.** ambicionar, anhelar. **FAM.** aspiración, aspiradora, aspirante.

aspirina *[n.f.]* nombre comercial de un medicamento en forma de pastilla que calma el dolor y baja la fiebre.

asquear *[v.]* producir asco: *me asquea que haya tanto sinvergüenza.* **SIN.** repugnar. **OBS.** e + e = ee: *asqueen*.

asqueroso, asquerosa *[adj.]* 1 que produce asco: *un olor asqueroso; una sensación asquerosa.* **SIN.** repugnante, repulsivo. **AF.** apestoso, nauseabundo. 2 que es muy sucio, feo o desagradable: *esa ropa es asquerosa.*

asta *[n.f.]* 1 palo del que se cuelga una bandera: *llevaba la bandera agarrada por el asta.* **SIN.** mástil. 2 cuerno de un animal: *los toros, los ciervos, las cabras, tienen astas.* **SIN.** cuerno, pitón. ■ **bandera a media asta**, que está sin izar del todo como señal de luto por la muerte de alguien. **OBS.** en singular lleva artículo masculino: *el asta; un asta; las astas.* **FAM.** astado, astil. **COMP.** enastar.

El **asta** del toro joven, también se llama pitón, pero debe llevar hache para ser preposición.

asterisco *[n.m.]* signo con forma de estrella (*) que se pone en los escritos para indicar que una palabra o una frase lleva alguna explicación o alguna nota en otra parte del escrito.

asteroide *[n.m.]* cada uno de los pequeños planetas que están entre Marte y Júpiter y sólo se pueden ver con un telescopio.

astilla *[n.f.]* trozo corto y delgado de madera: *convirtió la caja en astillas para quemarla en la chimenea.* **AMPL.** una astilla pequeñita que se clava en la piel también se llama ***escanda***. **FAM.** astillar, astilloso, astillero.

astillero *[n.m.]* sitio en el que se construyen y se arreglan los barcos: *en el Ferrol hay astilleros.*

astracán *[n.m.]* piel de cordero muy fina y rizada con la que se hacen prendas de abrigo: *un chaquetón de astracán.* **AMPL.** el ***astracán*** o ***cordero caracul*** es una raza originaria de Asia cuya piel se exportaba desde la ciudad de Astracán, uno de los principales puertos del mar Caspio. **PL.** *astracanes*.

astro *[n.m.]* cualquier planeta, estrella, satélite, etc. del universo: *se dice que el astro rey es el sol.* **FAM.** astral, ***astrolabio*** (antiguo aparato que representa la esfera celeste y se usaba para estudiar la posición de los astros), astrología, astrólogo, astronomía, astrónomo, astronauta. **COMP.** astrofísica.

astrolabio *[n.m.]* aparato que representa la esfera celeste y se usaba para estudiar la posición de los astros.

astrología *[n.f.]* estudio de la posición de los astros en el firmamento por el que algunas personas dicen que pueden adivinar el futuro.

astronauta *[n.inv. en gén.]* persona especialmente preparada para viajar en una nave espacial: *tres astronautas llegaron a la luna en 1969.* **SIN.** cosmonauta. **FAM.** astronáutica, astronave, astro.

astronomía *[n.f.]* ciencia que estudia los astros y, en especial, sus movimientos. **FAM.** astrónomo, astronómico, astronómicamente, astro.

astronómico, astronómica *[adj.]* 1 de la astronomía*: *estudios astronómicos.* 2 que es una cantidad muy alta o un precio exagerado: *los diamantes alcanzan precios astronómicos.* **SIN.** cuantioso, elevado, exagerado, altísimo.

astucia *[n.f.]* 1 lo que tienen las personas y algunos animales para ser capaces de conseguir algo que desean sin usar la fuerza, sino sólo la inteligencia: *con astucia consiguió seguir en el poder.* **SIN.** sagacidad. **AF.** picardía, malicia. 2 cosa que se hace o se dice para conseguir algo con engaño: *mediante una astucia se libró del castigo.* **SIN.** artimaña, treta, ardid. **FAM.** astuto, astutamente.

asturiano, asturiana *[adj. y n.]* de Asturias, provincia y comunidad autónoma española cuya capital es Oviedo: *la sidra es un pro-*

ducto típicamente asturiano; se ha casado con una asturiana.

astuto, astuta *[adj.]* que tiene ingenio para darse cuenta de muchas cosas y actuar de manera que siempre salga todo como le conviene: *una persona astuta; un animal astuto.* **SIN.** sagaz, perspicaz. **AMPL.** se llama ***ladino*** o ***zorro*** a quien, además de ser astuto, para conseguir lo que quiere actúa con engaños.

asumir *[v.]* 1 hacerse cargo de algo: *asumió el puesto de entrenador; cada uno tiene que asumir sus responsabilidades.* **SIN.** responsabilizarse, aceptar. **ANT.** rehusar. 2 hacerse a la idea de que algo es como es aunque a uno no le guste: *ya ha asumido la necesidad de cambiar de casa.* **FAM.** asunto, asunción, sumir.

asunto *[n.m.]* cualquier cosa a la que uno se dedica o sobre la que se habla, se escribe, se trabaja, se hace una obra literaria, etc.: *el asunto de los sueldos crea problemas en el gobierno; tiene muchos asuntos que resolver* (**SIN.** cuestión, cosa)*; sólo hablaron de asuntos sin importancia; en la reunión se trataron asuntos relacionados con las ventas* (**SIN.** tema, cosa, cuestión)*; el asunto de la película es un viaje en globo* (**SIN.** trama, argumento, tema).

asustadizo, asustadiza *[adj.]* que se asusta por cualquier cosa. **AF.** miedoso, aprensivo.

asustar *[v.]* 1 dar miedo: *el fuego asusta a los animales.* **SIN.** atemorizar. 2 hacer, algo inesperado, que alguien se sobresalte: *el estallido de la rueda la asustó.* **SIN.** dar un susto, sobresaltar. **INTENS.** estremecer. TAMBIÉN *prnl.: se asustó al oír el ruido.* **FAM.** asustadizo, asustado, susto.

atacar *[v.]* 1 ir hacia algo o hacia alguien para hacerle daño: *la atacó con un cuchillo.* **SIN.** asaltar, agredir. **ANT.** defender. 2 ir en contra de algo o de alguien con más o menos violencia o brusquedad: *atacó sus ideas políticas; siempre que puede lo ataca de palabra.* **AF.** contradecir, rebatir, refutar. **ANT.** defender. 3 llegarle a alguien una enfermedad o algo que resulta inoportuno: *la gripe le atacó en vacaciones; el sueño me atacó en el cine.* **SIN.** sobrevenir. ■ **atacar los nervios**, poner muy nervioso. **OBS.** ante e, qu: *ataquen.* **FAM.** ataque, atacante, atacado. **COMP.** contraataque, contraatacar, inatacable.

atadura *[n.f.]* 1 lo que se usa para atar, como una cuerda, una cadena, un alambre etc.: *se ha roto la atadura del paquete.* **SIN.** ligadura. 2 cualquier cosa o persona con la que uno está relacionado y le quita libertad para hacer lo que quiere: *las ciudades pequeñas tienen muchas ataduras; una responsabilidad es una atadura.* **AF.** sujeción.

atajar *[v.]* ir a un sitio por un camino más corto que el normal: *atajó por el bosque y llegó el primero.* **FAM.** atajo, atajamiento, tajo.

atajo *[n.m.]* camino más corto para llegar a algún sitio: *por el atajo ahorras diez minutos.*

atalaya *[n.f.]* sitio muy alto que tiene muy buenas vistas hacia el mar o hacia la tierra.

atañer *[v.]* tener una cosa algo que ver con alguien: *las leyes nos atañen a todos.* **SIN.** incumbir, afectar. **CONJUG.** como *tañer**; es verbo ***defectivo unipersonal***.

ataque *[n.m.]* 1 acción por la que alguien o algo resulta atacado: *un ataque de los piratas.* **AF.** agresión, ofensiva. 2 hecho de que alguien, de repente, se ponga enfermo o se ponga a hacer algo con mucha insistencia o fuerza, de manera que parece que no puede parar: *tuvo un ataque al corazón; un ataque de risa; un ataque de nervios; le dio un ataque de tos.* **AF.** acceso.

atar *[v.]* 1 sujetar algo con cuerdas, cintas, correas, etc. a las que se le hace un nudo para que no se suelten: *ataron la maleta a la baca del coche; lo ataron a un árbol.* **SIN.** amarrar. **ANT.** desatar. TAMBIÉN *prnl.: átate los cordones de los zapatos.* **SIN.** anudarse. 2 quitar libertad los compromisos y las responsabilidades: *la familia ata mucho.* ■ **atar corto**, no dejar que alguien haga siempre lo que quiere. ■ **atar** a alguien **de pies y manos**, no dejarle hacer nada. ■ **atar cabos**, buscar las relaciones que puede haber entre cosas distintas para descubrir algo. **FAM.** atado, atadijo, atadura. **COMP.** desatar, reata.

atardecer *[n.m.]* 1 parte del día que va desde que empieza a ponerse el sol hasta que se hace de noche: *al atardecer hay que empezar a encender las luces.* // **atardecer** *[v.]* 2 empezar a oscurecer: *en el este atardece antes que en el oeste.* **SIN.** oscurecer, anochecer. **ANT.** amanecer. **CONJUG.** como *crecer** pero es verbo ***defec-***

tivo impersonal que sólo se construye en 3ª persona de singular. **FAM.** tarde.

atareado, atareada *[adj.]* que tiene muchas cosas que hacer: *está tan atareado que no tiene tiempo libre.* **SIN.** ocupado, liado. **FAM.** atarear, tarea.

atascar *[v.]* estar en un sitio sin dejar que pase lo que tiene que pasar por él: *la suciedad atascó el desagüe; los coches atascan la calle.* **SIN.** obstruir, taponar, obturar, cegar. **ANT.** desatascar. TAMBIÉN *prnl.: se ha atascado la tubería.* **OBS.** ante e, qu: *atasque.* **FAM.** atasco, atasque, atascadero, atascamiento. **COMP.** desatascar.

atasco *[n.m.]* lo que hay en un sitio cuando no puede pasar por él lo que tiene que pasar: *desmontaron la bañera para quitar el atasco de la cañería* (**SIN.** obstrucción)*; los atascos de tráfico son frecuentes en las grandes ciudades* (**SIN.** embotellamiento).

ataúd *[n.m.]* caja de madera, en la que se mete a los muertos para enterrarlos: *llevaron el ataúd a hombros.* **SIN.** féretro.

ataviarse *[v.prnl.]* vestirse y arreglarse una persona: *los toreros se atavían con traje de luces.* **FAM.** atavío.

ateísmo *[n.m.]* creencia de las personas que piensan que Dios no existe: *el ateísmo es parte esencial de las teorías comunistas.* **AF.** agnosticismo. **FAM.** ateo.

atemorizar *[v.]* producir miedo: *los aullidos atemorizaron a las ovejas.* **AF.** asustar, amedrentar, intimidar. **ANT.** envalentonar. **OBS.** ante e, c: *atemoricen.* **FAM.** atemorizado, temor.

atemperar *[v.]* calmar, templar, apaciguar: *atemperar los ánimos.* TAMBIÉN *prnl.: se atemperaron los ánimos.*

atención *[n.f.]* **1** lo que pone de sí mismo una persona para enterarse bien de lo que pasa o de lo que hay que hacer: *el profesor pidió nuestra atención.* **AF.** interés. **2** detalle amable que una persona tiene con otra: *el médico tuvo muchas atenciones conmigo.* **AF.** consideración, deferencia. ■ **llamar la atención**, ser de tal manera una persona o cosa que todo el mundo se fija en ella.

atender *[v.]* **1** escuchar con interés una conversación o una explicación: *atender en clase; atender al guía del museo.* **AF.** fijarse. **2** conceder a alguien algo que pide o que desea: *atendieron mis ruegos.* **3** cuidar algo o a alguien: *mi hermano atiende al perro.* **CONJUG.** como *tender**. **FAM.** atención, atento, atentamente, tender. **COMP.** desatender.

ateneo *[n.m.]* centro dedicado a actividades culturales o científicas: *dio una conferencia en un ateneo.* **FAM.** ateneísta.

atenerse *[v.prnl.]* seguir exactamente, cuando se hace algo, lo que dicen las normas o las indicaciones que se tienen sobre ello: *se atuvo al reglamento y no me dejó salir.* **SIN.** ajustarse, amoldarse. **AF.** limitarse. ■ **atenerse a las consecuencias**, tener que cargar con las consecuencias de algo de lo que uno es culpable o responsable. **CONJUG.** como *tener**.

atentado *[n.m.]* delito que comete quien va en contra de algo o quien trata de matar a alguien o de destrozar algo: *un secuestro es un atentado contra el derecho a la libertad* (**SIN.** atropello, quebranto, transgresión)*; el Papa sufrió un atentado* (**AF.** agresión, ataque).

atentar *[v.]* cometer un atentado*: *la tortura atenta contra los derechos humanos; atentaron contra el presidente.* **SIN.** agredir. **FAM.** atentado, atentatorio, tentar.

atento, atenta *[adj.]* **1** que pone interés en lo que está escuchando, haciendo, viendo, etc.: *estuvo muy atento a la película.* **ANT.** distraído. **2** que demuestra amabilidad y desea dar gusto, atender las necesidades de los demás, etc.: *un dependiente muy atento; siempre se agradece el trato atento.* **AF.** cortés, amable, considerado, educado.

atenuar *[v.]* hacer que disminuya la fuerza, la intensidad o la importancia de algo: *atenuar la luz; atenuar los colores; atenuar las consecuencias de un conflicto.* **SIN.** amortiguar, suavizar. **ANT.** acentuar. **ACENT.** como *actuar**. **FAM.** atenuante, atenuación, tenue.

ateo, atea *[n.]* persona que cree que Dios no existe: *los ateos no practican ninguna religión.* TAMBIÉN *adj.: una persona atea.* **AMPL.** quien cree en Dios es un ***creyente*** y quien ni cree ni niega que exista, un ***agnóstico***. **FAM.** ateísmo.

aterciopelado, aterciopelada *[adj.]* que es suave como el terciopelo*: *tejido aterciopelado.* **FAM.** terciopelo.

aterrar *[v.]* aterrorizar*. **FAM.** aterrorizar, aterrorizado, terror.

aterrizaje *[n.m.]* acción de aterrizar. **ANT.** despegue.

aterrizar *[v.]* hacer un vehículo aéreo las maniobras necesarias para bajar a tierra y pararse en ella: *el avión aterrizó a las diez.* **SIN.** tomar tierra. **ANT.** despegar. **AMPL.** cuando un avión se posa en el mar o en un río se dice que ***ameriza***. **OBS.** ante e, c: *aterricen.* **FAM.** aterrizaje, tierra.

aterrorizar *[v.]* hacer que alguien sienta muchísimo miedo o preocupación o se asuste muchísimo: *las brujas de los cuentos aterrorizan a los niños.* **SIN.** aterrar, horrorizar, espantar, horripilar. **AF.** atemorizar, asustar. TAMBIÉN *prnl.: los vecinos se aterrorizaron al oír el estallido.* **OBS.** ante e, c: *aterroricen.*

atesorar *[v.]* 1 ir guardando dinero o cosas que tengan mucho valor: *hay quien sólo vive para atesorar riquezas.* **SIN.** acumular. 2 tener algo o alguien muchas cosas buenas: *atesora grandes virtudes.* **FAM.** atesoramiento, tesoro.

atestado *[n.m.]* 1 informe escrito que hace la policía de cómo se ha cometido un delito o cómo ha ocurrido un accidente: *retiraron los coches después de hacer el atestado.* **AF.** informe. // **atestado, atestada** *[adj.]* 2 que está demasiado lleno de gente o de cosas: *el cajón está atestado de juguetes.* **SIN.** repleto, abarrotado, atiborrado. **ANT.** vacío.

atestar *[v.]* 1 llenar demasiado un sitio: *el público atestaba la sala.* **SIN.** abarrotar, atiborrar, saturar. 2 atestiguar*. **FAM.** atestado, atestamiento.

atestiguar *[v.]* explicar una persona a un juez (o a la policía) lo que ha visto o lo que sabe de un delito que se ha cometido: *atestiguó en contra del acusado.* **SIN.** testificar, testimoniar, declarar, atestar. **OBS.** ante e, gu: *atestigüen.* **FAM.** atestiguación, testigo.

ático *[n.m.]* piso más alto de un edificio: *el ático tiene un gran terraza.*

atildado, atildada *[adj.]* que va muy arreglado, limpio y elegante: *los recibió un atildado caballero de mediana edad.* **SIN.** pulcro, acicalado. **ANT.** desaliñado. **FAM.** atildar.

atinar *[v.]* 1 poner (o meter, clavar, etc.) algo en el sitio en el que uno quería: *atinó en el centro del blanco.* **ANT.** errar, fallar. 2 hacer, decir o encontrar justo lo que conviene: *has atinado comprándolo ahora que es más barato.* **ANT.** equivocarse. **SIN.COM.** acertar. **FAM.** atinadamente, tino. **COMP.** desatinar, desatino, desatinadamente.

atípico, atípica *[adj.]* que se sale de lo normal: *un comportamiento atípico.* **AF.** anormal. **ANT.** típico.

atizar *[v.]* 1 echar más leña al fuego o removerlo para que arda más: *atizaron la fogata.* **AF.** reavivar, remover. **ANT.** sofocar, apagar. 2 darle a alguien algo con violencia y brusquedad: *le atizaron una patada.* **OBS.** ante e, c: *aticen.* **FAM.** atizador.

¡atiza! *[interj.]* indica sorpresa: *¡atiza! ya son las cinco.*

atlántico, atlántica *[adj.]* del océano Atlántico, que es el que baña las costas del oeste de Europa y de África y las del este de América: *costa atlántica; pesca atlántica.*

atlas *[n.m.]* libro de varios mapas de todo el mundo o de una parte de él: *atlas geográfico universal.* **FAM.** atlántico, atlante.

atleta *[n.inv. en gén.]* 1 persona que practica profesionalmente un deporte, sobre todo si es el atletismo*: *un atleta olímpico.* **AF.** deportista. 2 persona fuerte y muy musculosa: *se mantiene en forma, es un atleta.* **FAM.** atletismo, atlético.

atletismo *[n.m.]* deporte que comprende pruebas de velocidad, de saltos y de lanzamiento de peso, de disco y de jabalina: *correr los cien metros es una prueba de atletismo.* **AMPL.** la competición que consta de cinco pruebas de atletismo es un ***pentatlón*** y la que consta de diez, un ***decatlón***.

atmósfera *[n.f.]* 1 capa de aire que rodea la Tierra: *la atmósfera es imprescindible para que haya vida.* **AMPL.** la atmósfera se divide en varias capas a las que llamamos ***troposfera, estratosfera, mesosfera*** y ***ionosfera***. 2 ambiente que se crea en un sitio o que hay en un trabajo, una familia, etc.: *atmósfera agradable.* **FAM.** atmosférico. (VER figura en p. 108)

atmosférico, atmosférica *[adj.]* de la atmósfera: *la nieve es un fenómeno atmosférico; presión atmosférica.*

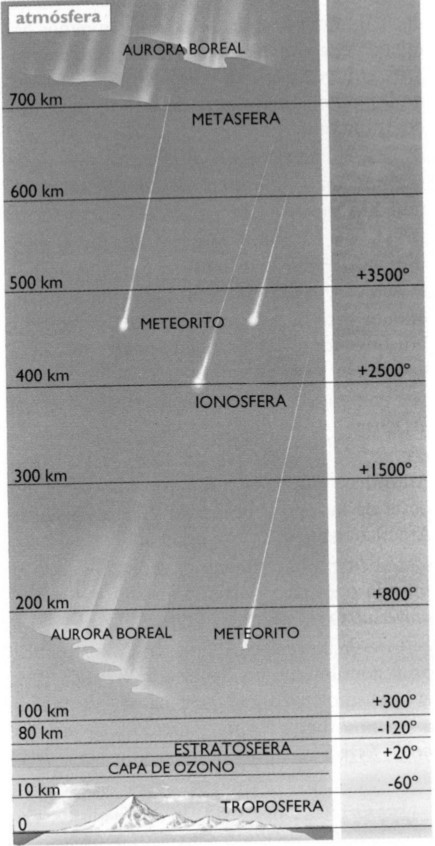

atolón *[n.m.]* especie de isla que tiene forma de anillo, con agua en medio, a la que se puede llegar por medio de unos pasos estrechos: *en los mares tropicales hay bastantes atolones de coral.* **PL.** *atolones.*

atolondrado, atolondrada *[adj.]* **1** que no se entera bien de lo que pasa y no sabe qué hacer, qué decir o qué pensar: *se quedó atolondrada cuando se golpeó la cabeza.* **SIN.** atontado, aturdido. **AF.** turbado, confuso. **2** que suele hacer las cosas a lo loco, sin pensarlas: *es tan atolondrado que puede tener un accidente.* **SIN.** alocado, irreflexivo, inconsciente. **FAM.** atolondrar, atolondradamente, atolondramiento.

atolladero *[n.m.]* **1** sitio por el que es muy difícil o casi imposible pasar: *no vayas por ahí que hay un atolladero de barro.* **2** situación muy difícil de resolver: *por gastar más de lo que tenía se ha metido en un atolladero.* **FAM.** atollar. **COMP.** desatollar.

atómico, atómica *[adj.]* **1** del átomo*: *núcleo atómico; estudio atómico.* **2** que para funcionar usa la energía que desprenden algunos átomos*: *central atómica.* ■ **bomba atómica**, bomba que está hecha con uranio y con plutonio y que al explosionar puede destruir ciudades enteras. ■ **energía atómica**, energía *nuclear**.

átomo *[n.m.]* parte más pequeña de la materia. **AF.** partícula. **AMPL.** la palabra *átomo* significa que no se puede partir y así ocurre en las reacciones químicas; pero en las reacciones nucleares sí se puede partir y en ellas se ha visto que el átomo está a su vez formado por un *núcleo* en el que hay *protones* y *neutrones* alrededor del cual giran los *electrones*. **FAM.** atómico, atomizar, atomización, atomicidad.

atónito, atónita *[adj.]* que se ha quedado tan sorprendido que no sabe qué hacer o qué decir: *su visita me dejó atónito.* **SIN.** perplejo*.

átono, átona *[adj.]* se dice de las vocales, de las sílabas o de las palabras que se pronuncian sin acento: *la sílaba átona de árbol es "-bol".* **SIN.** inacentuado, débil. **ANT.** acentuado, tónico. **FAM.** atonal, atonalidad, atonía, tono.

atontar *[v.]* hacer que alguien no se entere bien de lo que pasa y se quede sin saber qué hacer, qué decir o qué pensar: *la música de las discotecas me atonta.* **SIN.** atolondrar. **AF.** aturdir, turbar. TAMBIÉN *prnl.: cuando hay mucho ruido, se atonta.* **FAM.** atontamiento, atontado, tonto.

atormentar *[v.]* 1 hacer que alguien sufra mucho: *los dolores lo atormentan.* **SIN.** torturar, martirizar, mortificar. // **atormentarse** *[v.prnl.]* 2 preocuparse mucho por algo: *no te atormentes, que no tardará en llegar.* **SIN.** afligirse. **FAM.** atormentadamente, atormentador, tormento.

atornillador forma incorrecta de decir *destornillador*.*

atornillar *[v.]* 1 meter un tornillo en un sitio dándole vueltas hasta que entre del todo. **AF.** enroscar. **ANT.** desatornillar. 2 sujetar algo con tornillos: *atornilla bien la pata de la mesa.* **FAM.** atornillamiento, tornillo. **COMP.** desatornillar, destornillador.

atracadero *[n.m.]* lugar por el que se acercan a tierra los barcos pequeños: *el barco de vela llegó al atracadero.* **SIN.** embarcadero.

atracador, atracadora *[n.]* ladrón que comete los robos amenazando a la gente: *los atracadores se llevaron todo el dinero de la caja fuerte.* **AF.** asaltante.

atracar *[v.]* 1 robar con amenazas: *atracaron el banco con pistolas.* **SIN.** asaltar, robar, desvalijar. 2 acercar lo máximo posible un barco a tierra y echar el ancla: *el barco atracó en el puerto.* **AF.** anclar, fondear. // **atracarse** *[v.prnl.]* 3 comer mucho hasta acabar empachado: *se atracó de golosinas.* **SIN.** atiborrarse, empacharse. **OBS.** ante e, qu: *atraquen.* **FAM.** atraco, atracón, atracada, atracador. **COMP.** desatracar.

atracción *[n.f.]* 1 fuerza que tienen algunas cosas para hacer que otras se acerquen o se peguen a ellas: *el imán ejerce atracción sobre algunos metales.* **SIN.** magnetismo. 2 lo que siente una persona por algo que le gusta y le interesa: *siente una gran atracción por los animales.* 3 actuación que se hace para divertir al público y que puede formar parte de un espectáculo más grande como puede ser el circo: *la mayor atracción del circo son los payasos.* **AF.** actuación, número, espectáculo. ■ **parque de atracciones**, parque en el que hay aparatos y espectáculos para que la gente se divierta.

atraco *[n.m.]* robo con armas y amenazas: *ayer hubo un atraco en la gasolinera.* **AF.** asalto, robo.

atracón *[n.m.]* lo que se da quien come demasiado de una vez: *se dio un atracón de calamares.* **SIN.** empacho, hartada. **PL.** *atracones.*

atractivo, atractiva *[adj.]* 1 que tiene algo que lo hace interesante, bonito, etc.: *es atractivo conocer países lejanos.* **SIN.** atrayente, apetecible. 2 que tiene algo que gusta a los demás: *es un hombre muy atractivo.* **INTENS.** seductor, cautivador, encantador. **ANT.** repulsivo. // **atractivo** *[n.m.]* 3 característica que hace que una persona o una cosa resulte agradable e interesante: *ese paisaje tiene para mí un atractivo especial.* **SIN.** encanto. **INTENS.** hechizo, magnetismo.

atraer *[v.]* 1 mover hacia sí a otros, llevados por una fuerza llamada *atracción** o magnetismo: *el imán atrae el hierro.* **ANT.** repeler. 2 gustarle algo a alguien: *la atraen los ordenadores.* **SIN.** agradar, gustar. **INTENS.** seducir, cautivar, encantar. **CONJUG.** como *traer*.* **FAM.** atractivo, atracción, atrayente, traer.

atragantarse *[v.prnl.]* sentir sensación de ahogo porque algo se queda parado en la garganta: *me atraganté con una espina de pescado.* **AF.** ahogarse.

atrancar *[v.]* 1 cerrar por dentro, poniendo algo atravesado para que no se pueda abrir por fuera: *atrancó la puerta del corral con una tranca de madera.* // **atrancarse** *[v.prnl.]* 2 quedarse algo atascado, de manera que no se puede mover para ningún lado: *la cerradura se ha atrancado.* **SIN.** trabarse. **OBS.** ante e, qu: *se atranquen.* **FAM.** atrancado, atrancamiento, tranca. **COMP.** desatrancar.

atrapar *[v.]* coger algo o a alguien que está moviéndose, huyendo o corriendo: *atrapó el papel en el aire; el gato atrapó al ratón.* **SIN.** pillar, capturar, pescar.

atrás *[adv. de l.]* 1 en la parte contraria al lugar hacia el que mira o va una o varias personas, animales o cosas: *el coche tiene el maletero atrás; si llegas tarde tendrás que ponerte atrás.* 2 en un lugar por el que otros ya han pasado: *si no andas deprisa te quedarás atrás.* // **atrás** *[adv. de t.]* 3 en un tiempo ya pasado: *sus problemas vienen de atrás.* **FAM.** atraso, atrasar, atrasado, tras.

atrasar *[v.]* 1 hacer algo más tarde de lo que se había pensado: *han atrasado su visita.*

SIN. retrasar, posponer, postergar. **ANT.** adelantar. 2 mover las agujas de un reloj hacia atrás para que marque menos hora: *he atrasado unos minutos mi reloj.* **SIN.** retrasar. **ANT.** adelantar. 3 marcar un reloj menos hora de la que en realidad es: *este reloj atrasa cinco minutos.* // **atrasarse** *[v.prnl.]* 4 hacer las cosas con lentitud o después de lo que se debe: *si te atrasas preparándote, perderás el tren.* **SIN.** retrasarse, demorarse.

atraso *[n.m.]* 1 hecho de que algo pase después de lo que se pensaba o se esperaba: *siempre paga con atraso.* **SIN.** retraso. 2 algo que se hacía antes y ya no tiene sentido hacerlo porque hay otras cosas o costumbres más modernas o mejores: *es un atraso alumbrarse con velas.* 3 dinero que se tenía que haber cobrado y todavía no se ha cobrado: *si me pagan los atrasos compro un televisor nuevo.*

atravesar *[v.]* 1 pasar de un lado a otro de algo: *atravesar un puente; atravesar la calle* (**SIN.** cruzar)*; una punta me atravesó la suela del zapato* (**SIN.** traspasar, agujerear, perforar). 2 poner algo de tal manera que ocupe todo el espacio que hay de un lado a otro: *atravesaron los camiones en la carretera en señal de protesta.* TAMBIÉN *prnl.: no te atravieses, que no podemos pasar.* **CONJUG.** como *cerrar**. **FAM.** atravesadamente, través.

atrayente *[adj.inv. en gén.]* que tiene algo que lo hace interesante, bonito, etc.: *un plan atrayente.* **SIN.** atractivo, apetecible.

atreverse *[v.prnl.]* ser capaz de hacer algo sin tener miedo, vergüenza, etc.: *se atrevió a quedarse solo por la noche.* **FAM.** atrevido, atrevimiento, atrevidamente.

atrevido, atrevida *[adj.]* que tiene atrevimiento*: *es tan atrevido que se cruzó el lago a nado* (**SIN.** osado, audaz, arrojado. **AF.** arriesgado, imprudente)*; hay que ser atrevido para hablar así.* **SIN.** insolente, desvergonzado, descarado, osado.

atrevimiento *[n.m.]* 1 lo que demuestra quien no se asusta por nada, no le importa correr peligro, estar incómodo, etc.: *se necesita atrevimiento para nadar en agua tan fría.* **SIN.** audacia*. 2 lo que demuestra quien se atreve a hacer algo que no debería hacer: *tuvo el atrevimiento de pedirle dinero sin conocerla.* **SIN.** insolencia*.

atribuir *[v.]* 1 creer que algo o alguien es de una manera determinada o tiene algo concreto: *le atribuyen poderes curativos.* **AF.** asignar. 2 hacer a alguien responsable o autor de algo: *le atribuyeron el robo del banco.* **SIN.** imputar, acusar de. **CONJUG.** como *huir**. **FAM.** atributo, atribución, atribuible, atributivo. **COMP.** distribuir.

atributo *[n.m.]* 1 característica que tiene alguien o algo y que sirve para reconocerlo: *la trompa es atributo de los elefantes.* **SIN.** característica, rasgo, peculiaridad. 2 parte del predicado nominal que no es el verbo o cópula: *en la frase "lo considero muy buena persona", el atributo es "muy buena persona".* **AMPL.** el atributo puede ser un adjetivo (*este paisaje es **precioso***), un nombre (*este paisaje es **una maravilla***) o un adverbio (*ahora estoy **estupendamente***).

atril *[n.m.]* mueble o parte de un mueble que sirve para colocar partituras o libros abiertos de manera que queden inclinados para poder leerlos con comodidad: *el mueble del piano tiene un atril incorporado.* **AMPL.** un atril grande, normalmente de madera tallada, de los que se solían hacer para las catedrales y que a veces tienen varias caras para poner varios libros, es un ***facistol***.

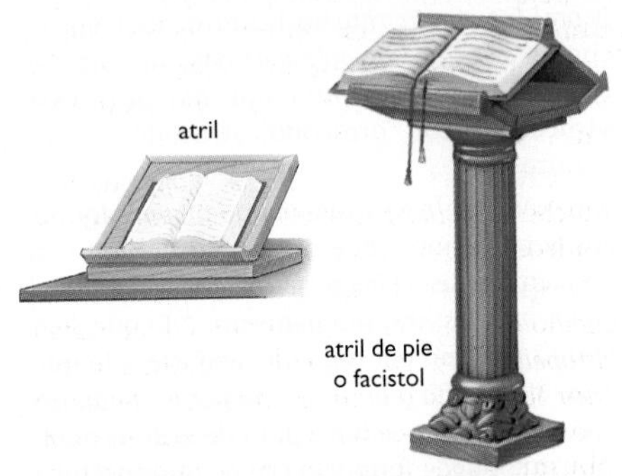

atrincherar *[v.]* 1 defender un lugar rodeándolo de obstáculos o haciendo fosos para que no pase el enemigo. // **atrincherarse** *[v.prnl.]* 2 defenderse alguien escondiéndose detrás de montones de cosas o dentro de un foso: *se atrincheró detrás de unos sacos de arena.* **SIN.** parapetarse. **FAM.** atrincheramiento, trinchera.

atrio *[n.m.]* espacio enlosado y algo más alto que el suelo de la calle que hay delante de algunas iglesias: *el atrio de la catedral está rodeado de una reja del siglo XVIII.*

atrocidad *[n.f.]* 1 cosa que se hace o se dice con violencia o crueldad o cometiendo un crimen horrible: *en las guerras se cometen muchas atrocidades.* **SIN.** salvajada, bestialidad, barbaridad, brutalidad, crueldad. **AF.** animalada, burrada. 2 dicho o hecho que no tiene ningún sentido o que puede hacer daño a alguien o a uno mismo: *dijo cantidad de atrocidades; es una atrocidad saltarse un stop.* **SIN.** disparate, burrada, barbaridad.

atrofiar *[v.]* hacer que un órgano, un tejido o cualquier parte de un ser vivo pierda fuerza, tamaño o actividad: *la falta de movimiento puede atrofiar los músculos.* TAMBIÉN *prnl.: un brazo inmovilizado puede atrofiarse.* **FAM.** atrofia.

atronador, atronadora *[adj.]* que hace mucho ruido: *una tormenta atronadora.* **SIN.** ensordecedor. **FAM.** atronar, tronar*.

atropellar *[v.]* 1 llevarse por delante un vehículo a una persona o un animal: *un camión atropelló a un ciclista.* **SIN.** arrollar, pillar. 2 usar la fuerza contra los derechos de los demás: *llegó atropellando y se puso el primero.* **AF.** abusar. **FAM.** atropello, atropelladamente, ***tropel*** (conjunto de muchos a la vez), ***tropelía*** (abuso grave).

atropello *[n.m.]* hecho de atropellar* algo o a alguien: *resultó herido en el atropello; un secuestro es un atropello intolerable.*

atroz *[adj.inv. en gén.]* 1 que produce muchos destrozos y sufrimientos: *un crimen atroz.* **SIN.** cruel, inhumano, bestial, monstruoso, salvaje. 2 que es exageradamente malo: *un momento atroz; una comida atroz; un dolor atroz.* **SIN.** malísimo, pésimo. **PL.** *atroces.* **FAM.** atrocidad, atrozmente.

atuendo *[n.m.]* conjunto de la ropa y las cosas que se llevan puestas: *ese atuendo de explorador te queda muy gracioso.* **SIN.** indumentaria, vestimenta.

atún *[n.m.]* pez marino que vive en el océano Atlántico y en el mar Mediterráneo, es de color azul oscuro y puede medir hasta dos o tres metros de longitud; se come fresco o en conserva. **PL.** *atunes.* **FAM.** atunero.

aturdir *[v.]* hacer que alguien no se entere bien de lo que pasa y se quede sin saber qué hacer, qué decir o qué pensar: *tanto ruido aturde a cualquiera; el golpe en la cabeza lo aturdió.* **SIN.** atolondrar. **AF.** atontar, turbar. TAMBIÉN *prnl.: cuando hay mucha gente, se aturde.* **FAM.** aturdimiento, aturdidamente, aturdidor.

audacia *[n.f.]* lo que demuestra quien no se asusta por nada, no le importa correr peligro, estar incómodo, etc.: *su audacia lo ha puesto en peligro muchas veces.* **SIN.** osadía, arrojo, atrevimiento, intrepidez, valor. **FAM.** audaz, audazmente.

audaz *[adj.inv. en gén.]* que demuestra decisión ante situaciones o cosas difíciles o peligrosas: *los pilotos de guerra son muy audaces; un comportamiento audaz.* **SIN.** atrevido, osado, intrépido, arrojado, valiente. **PL.** *audaces.*

audición *[n.f.]* 1 posibilidad de oír que tienen las personas y los animales: *el médico nos midió el grado de audición.* 2 espectáculo en que unos cantan, tocan o recitan y otros escuchan: *asistieron a una audición de poesía.* **FAM.** audible, audífono, auditivo, auditorio, audiencia, auricular, oír. **COMP.** inaudito, inaudible.

audiencia *[n.f.]* 1 conjunto de personas que oyen un programa de radio o ven un programa de televisión: *los programas de noticias tie-*

nen mucha audiencia. 2 especie de permiso que hay que pedir para poder hablar con el rey y con otras autoridades: *pidió audiencia al obispo.* 3 juzgado en el que se celebran los juicios de una provincia o región: *audiencia provincial; audiencia territorial.* **SIN.** sala, tribunal.

audífono *[n.m.]* aparato que se coloca en el oído de las personas que no oyen bien para que puedan oír mejor. **AF.** sonotone, trompetilla.

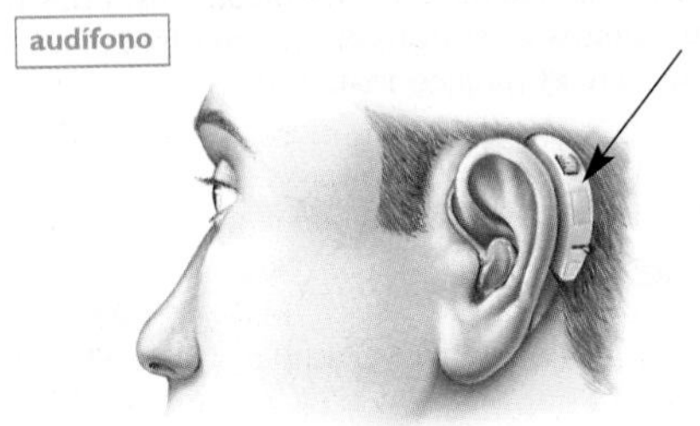

audiovisual *[adj.inv. en gén.]* que utiliza la imagen y el sonido, como el cine, el vídeo y la televisión: *enseñanza audiovisual; comunicación audiovisual.*

auditivo, auditiva *[adj.]* 1 del oído o que sirve para oír: *órganos auditivos.* **SIN.** auricular. 2 del sentido del oído: *el médico le hizo un examen auditivo.*

auditorio *[n.m.]* 1 conjunto de personas que están oyendo un concierto, un recital, etc.: *el auditorio se levantó para aplaudir.* 2 sitio cerrado que se usa para dar conciertos: *hoy han inaugurado un nuevo auditorio.*

auge *[n.m.]* fuerza o importancia que tiene algo en un determinado momento: *en los siglos XVI y XVII la literatura española tuvo mucho auge.* **SIN.** apogeo, plenitud, esplendor. **ANT.** decadencia, ocaso.

augurar *[v.]* decir una persona lo que cree o imagina que va a pasar en el futuro: *se augura una mala cosecha.* **SIN.** predecir, vaticinar, presagiar. **FAM.** augurio, augural.

aula *[n.f.]* sala en la que se dan clases: *en el aula de informática hay ordenadores.* **SIN.** clase. **OBS.** en singular lleva artículo masculino: *un aula; el aula; las aulas.*

aullar *[v.]* dar aullidos: *el perro aullaba porque lo dejaron solo.* **FAM.** aullido.

aullido *[n.m.]* sonido parecido a un grito largo y triste que hacen los lobos y los perros. **AMPL.** es una palabra *onomatopéyica* porque suena parecido al sonido que emiten los lobos al aullar. **FAM.** aullar.

aumentar *[v.]* hacer que algo sea más grande en tamaño, cantidad, volumen, etc.: *aumentarán la anchura del puente; han aumentado los precios.* **SIN.** agrandar, ampliar, subir. **ANT.** disminuir, reducir. **FAM.** aumento, aumentativo.

aumentativo *[n.m.]* palabra que expresa que el tamaño de algo es más grande de lo normal: *golpazo, grandón, casona son aumentativos de golpe, grande y casa.* **AMPL.** los aumentativos se forman añadiendo a la raíz de la palabra uno de los sufijos llamados *sufijos aumentativos* y que son *-on, -ona, -ote, -ota, -azo* y *-aza.*

aumento *[n.m.]* 1 hecho de que algo aumente: *aumento de precios, de sueldo...* **SIN.** subida, incremento. **ANT.** disminución. 2 característica que hace que los cristales de las lupas, las gafas, los prismáticos, etc. puedan agrandar más o menos las cosas que se miran a través de ellos: *unos prismáticos de 10 aumentos.*

aun *[conj. conc.]* incluso: *aun viniendo de ti, me cuesta creerlo; habla aun cuando está solo; iremos a verte, aun si llueve o nieva.* **SIN.** hasta. **OBS.** con acento (*aún**) es adverbio de tiempo.

aún *[adv. de t.]* todavía, en este momento o hasta este momento: *aún tengo tres temas sin estudiar; aún no se ha dormido.*

aunar *[v.]* unir lo que está separado para conseguir algo: *aunamos las fuerzas para empujar el coche.* **SIN.** sumar, juntar, unir. **ANT.** dividir.

aunque *[conj. conc.]* 1 a pesar de que: *aunque no te lo mereces, iré a verte.* **GRAM.** introduce oraciones subordinadas adverbiales. // **aunque** *[conj. advstva.]* 2 pero: *lo tengo hecho,*

ACENTUACIÓN DEL VERBO AULLAR

Presente de indicativo: aúllo, aúllas, aúlla, aullamos, aulláis, aúllan.
Presente de subjuntivo: aúlle, aúlles, aúlle, aullemos, aulléis, aúllen.
Imperativo: aúlla, aúlle, aullemos, aullad, aúllen.

aunque le faltan algunos detalles. **GRAM.** introduce oraciones coordinadas; en los dos casos es un *nexo* que relaciona dos oraciones, expresando una pequeña contradicción entre lo que significa una y lo que significa la otra.

aupar *[v.]* empujar hacia arriba a alguien: *aúpame para coger la maleta del altillo.* **ACENT.** como *aullar**.

aureola *[n.f.]* 1 aro de luz que, en los cuadros o en las esculturas, se pone alrededor de la cabeza de las imágenes santas. **SIN.** nimbo, corona. 2 fama que llega a tener una persona por tener alguna cualidad: *lo ven revestido de una aureola de generosidad.* TAMBIÉN se dice *auréola*. **FAM.** aureolar, auréola, oro.

auréola *[n.f.]* aureola*.

aurícula *[n.f.]* cada uno de los dos huecos de la parte de arriba del corazón a los que llega la sangre que circula por las venas: *el corazón tiene dos aurículas y dos ventrículos.*

auricular *[n.m.]* 1 parte de los teléfonos por la que se oye: *el auricular se pega a la oreja.* // **auricular** *[adj.inv. en gén.]* 2 de la aurícula*: *cavidad auricular.* 3 del oído: *órgano auricular.* **SIN.** auditivo. **FAM.** aurícula, audición.

aurora *[n.f.]* 1 primera luz que se ve cuando el Sol está saliendo. 2 primera hora de la mañana: *al llegar la aurora, cantan los gallos.* **SIN.** alba, amanecer, madrugada. **ANT.** ocaso. ■ **aurora polar**, fenómeno meteorológico eléctrico que es una especie de arco de luz que se puede ver algunas veces en las regiones polares. **AMPL.** se mueve rápidamente con resplandores, sobre todo, rojos y verdes; cuando ocurre en el Polo Norte se llama ***aurora boreal*** y si es en el Polo Sur se llama ***aurora austral***.

auscultar *[v.]* escuchar, con algún aparato o sin él, los sonidos del pecho y del corazón: *el médico auscultó al enfermo.* **AF.** reconocer, explorar. **AMPL.** para auscultar a los pacientes los médicos usan un aparato llamado ***fonendoscopio***. **FAM.** auscultación.

ausencia *[n.f.]* falta de una persona del lugar en que suele estar, debe estar o desea estar: *su ausencia de casa duró una semana; en la reunión, nadie notó su ausencia.* **SIN.** falta. **ANT.** presencia. **FAM.** ausente, ausentarse.

ausentarse *[v.prnl.]* marcharse de un sitio y estar fuera un tiempo: *se ausentó del trabajo durante dos horas; se ausenta con frecuencia porque tiene que viajar.* **AF.** abandonar, dejar.

ausente *[adj.inv. en gén.]* que no está en el momento y en el sitio del que se habla: *se refirió a los amigos ausentes.* **ANT.** presente. TAMBIÉN *n.*: *los ausentes no tendrán derecho a reclamar.*

austero, austera *[adj.]* sin lujos ni adornos, sólo con lo necesario: *la vida de los monjes es muy austera; una decoración austera.* **SIN.** sobrio, sencillo. **FAM.** austeridad, austeramente.

australiano, australiana *[adj. y n.]* de Australia, que es la isla más grande de Oceanía y cuya capital es Canberra: *Sidney y Melbourne son ciudades australianas; los australianos.*

austriaco, austriaca *[adj. y n.]* de Austria, país del centro de Europa cuya capital es Viena: *Innsbruck es una ciudad austriaca y Schubert, Mozart, Haydn y Strauss, importantes compositores austriacos; los austriacos.* TAMBIÉN se dice *austríaco*.

austríaco, austríaca *[adj. y n.]* austriaco*.

auténtico, auténtica *[adj.]* verdadero: *un reloj de oro auténtico.* **SIN.** genuino. **AF.** real, cierto, legítimo. **ANT.** falso. **FAM.** auténticamente, autenticidad, autentificar.

auto *[n.m.]* 1 forma apocopada de la palabra automóvil: *tiene un auto nuevo.* 2 obra de teatro corta en la que normalmente aparecen personajes de la Biblia: *el auto de los Reyes Magos es la obra de teatro más antigua que se conserva en lengua castellana.* **FAM.** autopista, autovía, autocar, autobús.

auto- prefijo que significa *sobre sí mismo* o *para sí mismo.*

autobiografía *[n.f.]* relato de la vida de una persona hecho por ella misma: *algunos artistas escriben su autobiografía.* **FAM.** autobiográfico, biografía.

autobús *[n.m.]* vehículo grande que hace siempre el mismo recorrido y sirve para llevar a muchas personas a la vez: *cogió el autobús de las doce; autobús escolar; autobús urbano.* **PL.** *autobuses.*

autocar *[n.m.]* vehículo grande, que no hace siempre el mismo recorrido, y sirve para llevar muchas personas a la vez: *fueron al museo en un autocar.*

autoclave *[n.m.]* aparato en el que se meten los utensilios utilizados por dentistas, cirujanos, peluqueros, etc. para destruir virus o bacterias mediante temperaturas altas y evitar que se transmitan enfermedades. **SIN.** esterilizador.

autóctono, autóctona *[adj.]* que es propio del lugar en que vive: *los canguros son autóctonos de Australia.* **SIN.** originario, natural.

autodidacto, autodidacta *[adj. y n.]* que aprende solo, sin ayuda de nadie: *pintor autodidacta; los autodidactas no han tenido maestros.* **OBS.** se suele usar la forma femenina, *autodidacta,* tanto para femenino como para masculino.

autógrafo *[n.m.]* 1 firma de una persona y especialmente la que se pide a la gente famosa como recuerdo: *el cantante le firmó un autógrafo.* // **autógrafo, autógrafa** *[adj.]* 2 que está escrito a mano por la persona que se dice: *carta autógrafa de Federico García Lorca.* **FAM.** autografiado, grafía.

autómata *[n.inv. en gén.]* 1 muñeco que lleva dentro un mecanismo para imitar los movimientos de personas o animales: *en el Tibidabo hay una colección de autómatas antiguos.* **AF.** robot. 2 persona que hace algo mecánicamente, sin enterarse muy bien de lo que hace: *leía como un autómata, sin entender nada.*

automático, automática *[adj.]* 1 que funciona por sí solo: *lavadora automática; encendido automático.* **AF.** automotriz. 2 que se hace mecánicamente, como sin darse cuenta: *levantó la mano de forma automática.* **SIN.** inconsciente, involuntario, reflejo, maquinal. **ANT.** consciente, deliberado. **FAM.** automáticamente, autómata, automatismo, automatizar, automotriz.

automóvil *[n.m.]* vehículo terrestre con ruedas cubiertas de goma y con motor casi siempre de gasolina o gasoil, que no necesita vía ni raíles para circular. **SIN.** auto. **FAM.** automovilismo, automovilista.

automovilismo *[n.m.]* 1 conjunto de conocimientos prácticos y teóricos sobre la fabricación, funcionamiento y modo de conducir los automóviles. 2 deporte en el que se utilizan automóviles para hacer carreras de velocidad, sortear obstáculos, etc.

automovilista *[n.inv. en gén.]* persona que conduce automóviles. **AMPL.** para hablar de las personas que trabajan conduciendo automóviles se suele decir ***conductor*** o ***chófer***.

autonomía *[n.f.]* 1 hecho de que una persona pueda hacer algo sin depender de otra: *tiene total autonomía para moverse por el país.* **SIN.** independencia, libertad. 2 distancia que puede recorrer un vehículo desde que se llena el depósito de combustible hasta que se le acaba: *nuestro coche tiene autonomía para recorrer 500 km.* 3 cada una de las diecisiete partes en que está dividido el territorio español y que tiene su propio presidente y parlamento. **FAM.** autonomista, autónomo, autonómico.

autónomo, autónoma *[adj.]* 1 que tiene libertad para decidir, para gobernarse, etc.: *la Universidad Autónoma dicta sus propias normas.* **SIN.** independiente, libre. 2 que trabaja por su cuenta y no depende de una empresa o de otra persona: *trabajador autónomo.* **ANT.** asalariado. ■ **comunidad autónoma**, ver *comunidad.*

autopista *[n.f.]* carretera muy ancha, sin cruces, que está dividida en dos partes, una para cada sentido de la circulación y cada uno de los sentidos con más de un carril; por ella se puede circular más rápido que por una carretera normal: *para circular por algunas autopistas hay que pagar peaje.* ■ **autopistas de la información**, grandes redes de comunicación entre ordenadores.

autopsia *[n.f.]* examen médico que se hace a los cadáveres para saber las causas de la muerte.

autor, autora *[n.]* 1 persona que ha hecho algo: *el autor de la broma estaba escondido.* 2 persona que ha escrito un libro, que ha pintado un cuadro, etc.: *Vargas Llosa es el autor de "La ciudad y los perros".* **FAM.** autoría, autoridad.

autoridad *[n.f.]* 1 derecho a mandar y a ser obedecido por alguien: *los padres tienen autoridad sobre sus hijos menores.* **SIN.** mando. 2 característica de la manera de ser de alguien, que le sirve para saber imponer respeto y hacer que lo obedezcan: *una persona con mucha autoridad.* **SIN.** don de mando. 3 persona que representa algún poder público: *el alcalde es la primera autoridad de la ciudad.* 4 persona que sabe mucho de algo: *es una autoridad en informática.* **SIN.** eminencia, genio. **FAM.** autoritario, autoritarismo, autorizar, autor.

autoritario, autoritaria *[adj.]* que impone su opinión por la fuerza: *una persona autoritaria; carácter autoritario.*

autorización *[n.f.]* lo que da una persona que tiene autoridad* a otra para que pueda hacer algo: *para salir se necesita una autorización del director.* **SIN.** permiso, licencia, consentimiento, aprobación.

autorizar *[v.]* dar permiso a alguien para hacer algo: *el Ayuntamiento autorizó las obras.* **SIN.** permitir, consentir. **ANT.** prohibir. **OBS.** ante e, c: *autoricen.* **FAM.** autorización, autorizado, autorizadamente, autoridad.

autorretrato *[n.m.]* retrato que hace un pintor de sí mismo.

autoservicio *[n.m.]* sistema de venta en que el cliente se sirve lo que va a comprar y luego paga en caja: *un autoservicio de alimentación; gasolinera de autoservicio.*

autostop *[n.m.]* forma de viajar que consiste en que una persona se pone en la carretera hasta que alguno de los vehículos que pasan por allí pare y la lleve gratis: *hizo autostop para ir al pueblo.* ■ **en autostop**, por ese sistema. **SIN.** a dedo. **FAM.** autostopista.

autostopista *[n.inv. en gén.]* persona que viaja por el sistema de autostop.

autovía *[n.f.]* carretera parecida a la autopista*, pero con menores medidas de seguridad en su trazado.

auxiliar *[adj.inv. en gén.]* 1 que se tiene por si hace falta en algún momento: *máquina auxiliar; cama auxiliar; mueble auxiliar.* // **auxiliar** *[n.inv. en gén.]* 2 persona que hace trabajos de ayuda y que, según el tipo de trabajo, es de mayor o menor categoría: *auxiliar de clínica; auxiliar de vuelo; auxiliar administrativo.* **AF.** ayudante, suplente. // **auxiliar** *[v.]* 3 ayudar a quien lo necesita: *la policía auxilió a los accidentados.* **SIN.** socorrer. **AF.** asistir, atender, ayudar. ■ **verbo auxiliar**, verbo que sirve para formar la voz pasiva o los tiempos compuestos de otros verbos: *ser y haber son los verbos auxiliares del español; en* he comido *la forma* he *funciona como verbo auxiliar.*

auxilio *[n.m.]* ayuda que se presta a quien lo necesita: *fuimos en auxilio de los accidentados.* **FAM.** auxiliar.

avalancha *[n.f.]* gran cantidad de algo que se mueve, en bloque y deprisa, hacia un sitio: *las avalanchas de nieve son peligrosas para los montañeros* (**SIN.** alud)*; una avalancha de agua; vio venir una avalancha de gente.*

avalar *[v.]* comprometerse a pagar lo que otro tendría que pagar, si él no lo hace: *avaló a su hijo cuando pidió un préstamo en el banco para comprarse un coche.* **FAM.** aval, ***avalista*** (persona que avala).

avance *[n.m.]* hecho de avanzar: *el avance de la ciencia; ya se nota el avance en las obras de la carretera* (**SIN.** adelanto, progreso)*; un avance informativo* (**SIN.** adelanto, anticipo).

avanzar *[v.]* 1 ir hacia adelante andando o haciendo las cosas de manera que cada vez falte menos: *hemos avanzado dos kilómetros; en ese trabajo avanza muy deprisa.* **SIN.** adelantar. **ANT.** retroceder. 2 estar una cosa mejor o más completa que antes: *la ciencia ha avanzado mucho* (**SIN.** progresar, adelantar, mejorar, perfeccionarse)*; la construcción de la casa avanza poco a poco* (**SIN.** adelantar, progresar). 3 decir o hacer parte de algo antes del momento previsto: *avanzar una noticia; avanzar una cantidad de dinero.* **SIN.** adelantar, anticipar. **OBS.** ante e, c: *avancen.* **FAM.** avance, avanzada, avanzadilla, avanzado.

avaricia *[n.f.]* deseo muy grande de riquezas que hace a las personas ser egoístas y tacañas con los demás: *la avaricia es mala consejera.* **SIN.** codicia. **ANT.** desprendimiento. **FAM.** avaro, avaricioso, avariento.

avaricioso, avariciosa *[adj.]* que quiere tener cada día más dinero y riquezas por el simple gusto de tenerlas: *una persona avariciosa.* **SIN.** codicioso. **ANT.** desprendido, desinteresado. TAMBIÉN *n.*: *los avariciosos tienen pocos amigos.*

avaro, avara *[adj.]* que guarda todo lo que tiene para no gastarlo y tener cada día más: *es tan avaro que vive pobremente.* **AF.** mísero, ruin, tacaño, mezquino, miserable. **ANT.**

desprendido, generoso. TAMBIÉN *n.*: *los avaros son muy tacaños.*

avasallar *[v.]* abusar del poder o de la fuerza y no respetar a los demás: *se cree que porque da buenas propinas puede avasallar a los camareros.* **FAM.** avasallamiento, avasallador, vasallo.

ave *[n.f.]* animal vertebrado que se reproduce por huevos, tiene el cuerpo cubierto de plumas, dos patas, un pico y dos alas con las que, la mayoría, vuelan: *las gallinas son aves que no vuelan.* **AF.** pájaro. **OBS.** en singular lleva artículo masculino: *el ave; un ave; las aves.*

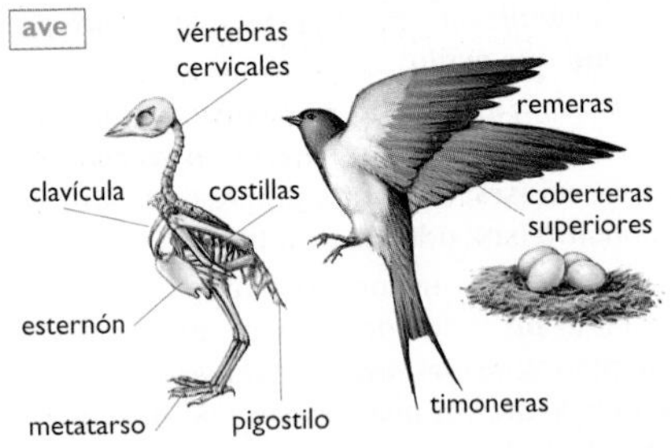

avecinarse *[v.prnl.]* acercarse algo: *se avecinan tiempos difíciles.* **SIN.** aproximarse. **ANT.** alejarse.

avejentar *[v.]* hacer que alguien o algo parezca más viejo de lo que es: *las arrugas de la cara lo avejentan mucho; el mal trato avejenta los muebles.* **SIN.** aviejar, envejecer. **ANT.** rejuvenecer. **FAM.** avejentado, viejo.

avellana *[n.f.]* fruto del avellano, pequeño y casi redondo, que está envuelto en una cáscara dura que hay que partir para poder comerlo: *a las ardillas le gustan las avellanas.* **FAM.** avellano, avellanar, avellanado.

avellanado *[n.m.]* forma que queda en un agujero cuando se ha ensanchado el borde: *la cabeza del tornillo encaja en el avellanado de la madera.* **FAM.** avellanar, avellana.

avellano *[n.m.]* arbusto que puede alcanzar hasta tres o cuatro metros de altura, tiene muchas ramas con hojas anchas en forma de corazón, su madera es dura y flexible por lo que se usa para hacer aros de toneles y cestas.

avemaría *[n.f.]* oración que los católicos rezan a la Virgen María. **OBS.** en singular lleva artículo masculino: *un avemaría; el avemaría; las avemarías.*

avena *[n.f.]* planta que se cultiva una vez al año y su fruto tiene los granos dentro de espigas que cuelgan y sirven de alimento a los animales y también a las personas. **AMPL.** es un ***cereal***, como el trigo, la cebada y el centeno, y pertenece a la familia de las *gramíneas.*

avenida *[n.f.]* **1** calle ancha y, generalmente, con árboles a los lados: *paseamos por la avenida.* **2** gran cantidad de agua con la que se desbordan ríos y arroyos, produciendo a veces catástrofes: *en invierno es frecuente que se produzcan avenidas.*

avenirse *[v.prnl.]* llegar a ponerse de acuerdo en algo en lo que se tenía distinta opinión. ■ **avenirse a razones**, aceptar los razonamientos de otro.

aventajado, aventajada *[adj.]* que es mejor o está más adelantado que otros: *un estudiante aventajado; una ciudad aventajada.* **SIN.** adelantado, avanzado. **ANT.** atrasado.

aventajar *[v.]* ser alguien o algo mejor que otros o ir por delante de otros: *dice que este detergente aventaja a los que había; en la última vuelta aventajó a los otros y ganó la carrera; el primero siempre aventaja a sus compañeros.* **SIN.** superar, adelantar. **FAM.** aventajado, ventaja.

aventar *[v.]* echar al viento los cereales trillados para que caiga el grano. **CONJUG.** como *acertar*.*

aventura *[n.f.]* **1** historia o situación peligrosa, rara o emocionante, vivida por una persona o inventada para entretener: *entrar en la cueva fue una aventura.* **SIN.** peripecia. **2** negocio, viaje, proyecto, etc. que tiene mucho

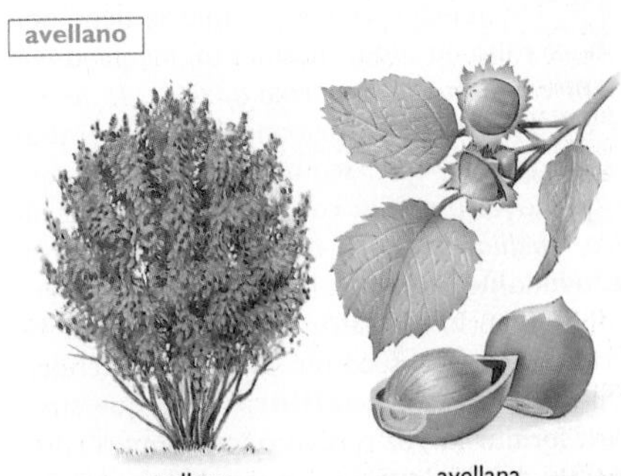

riesgo y puede salir mal: *poner una tienda aquí es una aventura.* **AF.** riesgo. **FAM.** aventurero, aventurado, aventurar.

aventurarse *[v.prnl.]* atreverse a hacer algo que puede salir mal: *se aventuró a que lo echaran de allí.* **SIN.** exponerse, arriesgarse.

aventurero, aventurera *[adj.]* que va en busca de aventuras*: *los antiguos exploradores eran personas aventureras.* **AF.** arriesgado, atrevido, osado, audaz. TAMBIÉN *n.*: *muchos aventureros acabaron siendo grandes exploradores.*

avergonzar *[v.]* **1** hacer que alguien sienta vergüenza: *lo avergonzó al reñirlo delante de todos.* **AF.** ruborizar, sonrojar, abochornar. // **avergonzarse** *[v.prnl.]* **2** sentir vergüenza: *se avergonzó cuando vio lo que había hecho.* **SIN.** abochornarse. **AF.** ruborizarse, sonrojarse. **FAM.** avergonzado, vergüenza.

CONJUGACIÓN DEL VERBO AVERGONZAR

Formas no personales
Infinitivo: *avergonzar*. Gerundio: *avergonzando*. Participio: *avergonzado*.
Indicativo
Presente: *avergüenzo, avergüenzas, avergüenza, avergonzamos, avergonzáis, avergüenzan.*
Pretérito imperfecto: *avergonzaba, avergonzabas, avergonzaba, avergonzábamos, avergonzabais, avergonzaban.*
Pretérito perfecto simple: *avergoncé, avergonzaste, avergonzó, avergonzamos, avergonzasteis, avergonzaron.*
Futuro: *avergonzaré, avergonzarás, avergonzará, avergonzaremos, avergonzaréis, avergonzarán.*
Condicional simple:
avergonzaría, avergonzarías, avergonzaría, avergonzaríamos, avergonzaríais, avergonzarían.
Subjuntivo
Presente: *avergüence, avergüences, avergüence, avergoncemos, avergoncéis, avergüencen.*
Pretérito imperfecto: *avergonzara/ avergonzase, avergonzaras/ avergonzases, avergonzara/ avergonzase, avergonzáramos/ avergonzásemos, avergonzarais/ avergonzaseis, avergonzaran/ avergonzasen.*
Futuro: *avergonzare, avergonzares, avergonzare, avergonzáremos, avergonzareis, avergonzaren.*
Imperativo:
avergüenza, avergüence, avergoncemos, avergonzad, avergüencen.

avería *[n.f.]* lo que tiene una cosa y que hace que no funcione: *están arreglando la avería del televisor.* **AF.** desperfecto, deterioro. **FAM.** averiarse, averiado.

averiarse *[v.prnl.]* dejar de funcionar un aparato o funcionar mal: *se averió la batidora.*

averiguar *[v.]* llegar a descubrir la verdad o la solución de algo: *he averiguado algo importante sobre su vida.* **SIN.** descubrir. **OBS.** ante e, gü: *averigüen.* **FAM.** averiguación.

aversión *[n.f.]* lo que se siente por algo o alguien que no gusta nada y le produce muy malas sensaciones: *tiene aversión por los anuncios; los insectos le producen aversión.* **SIN.** repulsa. **AF.** asco, repulsión, repugnancia. **ANT.** atracción.

avestruz *[n.m.]* ave muy grande que puede alcanzar hasta dos metros y medio de altura, tiene el cuello muy largo y las patas, largas y fuertes, le sirven para correr a gran velocidad porque no puede volar. **AMPL.** vive en África y en Arabia; el avestruz de América es el ***ñandú***, que se diferencia de la especie africana en que tiene tres dedos en cada pata en vez de dos. **PL.** *avestruces.*

avestruz

aviación *[n.f.]* **1** todo lo que tiene que ver con los vuelos de los aviones: *el medio de transporte más moderno es la aviación.* **AF.** aeronáutica. **2** parte del ejército de un país que trabaja con aviones: *la aviación defiende el espacio aéreo.*

aviador, aviadora *[n.]* persona que pilota un avión: *la primera aviadora que cruzó el Atlántico fue Amelia Earhart.* **SIN.** piloto.

avícola *[adj.inv. en gén.]* de la avicultura*: *granja avícola.*

avicultura *[n.f.]* actividad que consiste en criar aves para venderlas: *un negocio de avicultura vende aves y huevos.* **FAM.** avícola, avicultor, ave.

avidez *[n.f.]* ganas exageradas de algo: *avidez por aprender; avidez por la comida.* **SIN.** ansia. **FAM.** ávido, ávidamente.

ávido, ávida *[adj.]* que tiene muchas ganas de algo: *estoy ávido por saber la nota.* **SIN.** ansioso, deseoso.

avión *[n.m.]* vehículo muy grande y pesado que se mueve por el aire gracias a que tiene dos alas y motores muy potentes: *los aviones despegan y aterrizan en los aeropuertos.* **SIN.** aeronave, aeroplano. **AF.** avioneta. **AMPL.** un avión que, en lugar de ruedas, lleva flotadores para poder posarse en el agua es un ***hidroavión***. **PL.** *aviones.* **FAM.** aviación, aviador, avioneta. **COMP.** hidroavión, portaaviones.

avioneta *[n.f.]* avión pequeño y poco potente: *una avioneta vigila los bosques por si hay un incendio.*

avisar *[v.]* 1 llamar la atención de alguien sobre algo que va a pasar o que puede pasar: *me avisó del peligro que corría.* **SIN.** advertir, prevenir. 2 llamar a un profesional para que haga algo: *avisa al médico.*

aviso *[n.m.]* 1 cosa que se hace o se dice para advertir a alguien sobre los peligros que puede tener algo: *un aviso aconsejaba no utilizar el ascensor.* **SIN.** advertencia, observación. 2 escrito breve para que alguien se entere de algo: *le dejó en el buzón un aviso para que fuera a recoger un paquete.* **SIN.** mensaje, recado, nota, comunicación. **AF.** parte. ■ **andar** o **estar sobre aviso**, estar ya esperando algo que se sabe que va a pasar. **FAM.** avisado, avisar.

avispa *[n.f.]* insecto volador más grande que una mosca, que mide entre un centímetro y un centímetro y medio y tiene el cuerpo de rayas amarillas y negras, acabado en un aguijón con el que pica. **FAM.** avispero, avispado.

avispa

avispero *[n.m.]* 1 nido que hacen las avispas para vivir, normalmente en un lugar escondido: *hay un avispero dentro de ese tronco.* 2 conjunto de avispas que vuelan juntas: *el avispero iba hacia el río.*

avistar *[v.]* llegar a ver algo que no está muy cerca o que no se distingue muy bien: *el cazador avistó un conejo entre los arbustos.* **SIN.** divisar, descubrir. **FAM.** avistamiento, vista.

avituallar *[v.]* encargarse de que alguien tenga los alimentos o víveres que necesita. **SIN.** abastecer, aprovisionar. **FAM.** avituallamiento, vitualla.

avivar *[v.]* darle más actividad, movimiento, color, brillo, etc. a algo: *aviva la marcha, que no llegamos; un mago consiguió avivar la fiesta; avivamos el fuego echando más leña.* **SIN.** animar, activar. **FAM.** avivador, avivación, vivo. **COMP.** reavivar.

axila *[n.f.]* 1 hueco que queda debajo del brazo, donde se une al tronco: *se puso desodorante en la axila.* **SIN.** sobaco. 2 ángulo que forma una rama con el tronco o el tallo. **FAM.** axilar.

¡ay! *[interj.]* 1 se usa para indicar dolor: *¡ay! me he cortado.* // **ay** *[n.m.]* 2 lamento: *oí sus ayes desde mi habitación.*

ayer *[adv. de t.]* en el día anterior a hoy: *ayer fue al cine.*

ayuda *[n.f.]* lo que se hace para ayudar* a alguien: *gracias a su ayuda entendí la lección; nos prestó ayuda cuando la necesitábamos.* **AF.** colaboración, apoyo, auxilio, socorro.

ayudante *[n.inv. en gén.]* persona que tiene como trabajo ayudar a otra que es su jefe o que dirige lo que se hace: *un ayudante de quirófano; ayudante de cátedra.* **SIN.** asistente, auxiliar.

ayudar *[v.]* hacer para una persona algo que ella no puede hacer, o hacerlo con ella para que tarde menos, para que lo consiga o para que le cueste menos trabajo: *ayudé a pintar la casa; ayudó a un niño que se había perdido; acepté que ayudara ya que se ofreció.* **SIN.** prestar ayuda, echar una mano. **AF.** asistir, auxiliar, socorrer, apoyar, colaborar. **FAM.** ayuda, ayudante, ayudantía.

ayunar *[v.]* estar durante un tiempo determinado sin comer ni beber o comiendo y bebiendo muy poco por razones religiosas o médicas: *ayunó casi una semana entera.* **FAM.** ayuno. **COMP.** desayunar.

ayuno *[n.m.]* lo que hace quien pasa un tiempo sin comer ni beber, o comiendo y bebiendo poco, por razones religiosas o médicas: *el ayuno le vino bien para que el estómago le mejorara.* **AF.** dieta. **AMPL.** el ayuno es una práctica religiosa muy frecuente y a veces va acompañado de la ***abstinencia***, que consiste en privarse de algún alimento.

ayuntamiento *[n.m.]* 1 conjunto de personas formado por el alcalde y los concejales que se ocupan de gobernar una ciudad o un pueblo y de administrar los bienes comunes. **SIN.** concejo, consistorio. 2 edificio en el que el alcalde y los concejales se ocupan de los asuntos del pueblo o de la ciudad: *miró la hora en el reloj del Ayuntamiento.* **SIN.** consistorio, casa consistorial. 3 territorio sobre el que un alcalde y sus concejales tienen autoridad. **SIN.** municipio, concejo, alcaldía.

azabache *[n.m.]* piedra negra dura y muy bonita que se usa para hacer collares, pendientes, etc. y, también, esculturas: *tengo en casa una figura de azabache.*

azada *[n.f.]* herramienta usada por los agricultores y por los jardineros que es una pieza casi cuadrada de hierro, está afilada por uno de los lados y tiene un palo para agarrarla; sirve para remover y cavar la tierra. **FAM.** azadón.

azada

azadón *[n.m.]* herramienta parecida a la azada, pero más grande, que sirve para cavar en tierras duras. **PL.** *azadones.*

azafata *[n.f.]* mujer encargada de atender a los pasajeros de un avión, tren, etc. o a las personas que asisten a un congreso, reunión, etc.: *la azafata nos colocó en nuestros asientos.*

azafrán *[n.m.]* planta que da unas flores de las que se saca un polvo de color anaranjado que se llama igual que la planta y se usa para dar color a algunas comidas: *me gusta poner azafrán en el arroz.* **AMPL.** el condimento llamado azafrán es propiamente el *estigma** de la flor.

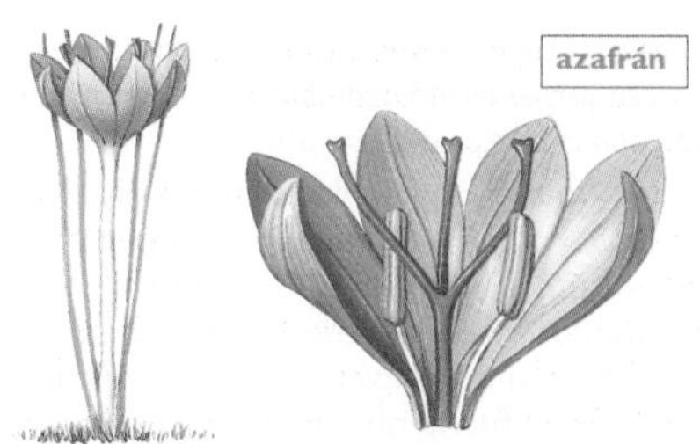
azafrán

azahar *[n.m.]* flor del naranjo, del limonero y del cidro, que es blanca y huele muy bien: *la novia llevaba un ramo de azahar.*

naranjo azahar

azar *[n.m.]* lo que hace que, sin que nadie intente nada, las cosas pasen de una manera y no de otra: *el azar hizo que Shakespeare y Cervantes murieran en la misma fecha.* **SIN.** casualidad, suerte, fortuna. ■ **juego de azar**, juego en el que es la suerte, y no la inteligencia o la habilidad del jugador, la que hace que se gane o se pierda. **FAM.** azaroso, azararse, azaramiento.

Azar, escrito sin hache,
es pura casualidad...
y **azahar**, con hache en medio,
la flor que viste al naranjo
y perfuma el naranjal.

azotaina *[n.f.]* varios azotes seguidos: *al final se llevó una azotaina.* **SIN.** zurra, tunda. **AF.** paliza.

azotar *[v.]* 1 golpear a una persona con un látigo o una vara: *algunos amos azotaban a sus esclavos.* **SIN.** latigar, flagelar. 2 dar golpes fuertes y repetidos el agua o el viento en algún lugar: *el viento azotaba las ventanas; el mar azotaba el barco.* **SIN.** sacudir.

azote *[n.m.]* **1** golpe dado en la nalga: *le dio un azote por portarse mal.* **2** instrumento parecido al látigo que está hecho con varias cuerdas atadas y se usa para hacer que los caballos corran más. **AF.** vergajo, tralla, fusta, látigo. **3** golpe fuerte que da el agua o el viento en algún sitio: *los azotes del mar desgastan las rocas.* **4** algo que hace mucho daño: *algunos insectos son un azote para las plantas.* **AF.** plaga, epidemia. **FAM.** azotar, azotaina, azotina.

azotea *[n.f.]* cubierta plana que tienen algunos edificios para tomar el sol, tender la ropa a secar, etc.: *mi casa en lugar de tejado tiene una azotea.* **AF.** terraza, terrado.

azteca *[adj. y n.inv. en gén.]* de los indios que ocupaban Méjico antes de que llegaran los españoles: *dos emperadores aztecas se llamaron Moctezuma; civilización azteca; los aztecas dividían el año en 18 meses de 20 días.*

azúcar *[n.]* sustancia blanca y dulce que se deshace en los líquidos y se usa para dar sabor dulce a los alimentos, se saca de la caña de azúcar y de la remolacha y se puede encontrar en polvo, en grano o en terrones. **OBS.** aunque es nombre de género *ambiguo* (puede usarse en masculino o femenino) se suele usar en masculino: *el azúcar.* **FAM.** azucarar, azucarera, azucarero, azucarillo.

azucarar *[v.]* poner azúcar en un alimento para que tenga sabor dulce: *azucarar el café.* **SIN.** endulzar.

azucarera *[n.f.]* **1** fábrica que se dedica a sacar el azúcar de la caña y de la remolacha y a prepararlo para que pueda utilizarse en la alimentación: *a la azucarera llegan los camiones con remolacha.* **2** recipiente para guardar el azúcar. **SIN.** azucarero.

azucarero *[n.m.]* recipiente con tapadera en el que se pone el azúcar para llevarlo a la mesa: *un azucarero de cristal.* **SIN.** azucarera.

azucena *[n.f.]* planta de hojas largas y estrechas que tiene el tallo largo y da unas grandes flores blancas que huelen muy bien y se llaman igual que la planta.

azufre *[n.m.]* elemento químico sólido de color amarillo y un olor muy fuerte, que se rompe con facilidad. **FAM.** azufrar, azufrado.

azul *[n.m.]* color que tiene el cielo, de día, cuando no está tapado por nubes o niebla: *han pintado la pared de azul.* TAMBIÉN *adj.inv. en gén.: color azul; una chaqueta azul.* **AMPL.** el azul más claro es el del cielo, por eso se llama *azul celeste* o *azul claro* y el más oscuro el *azul marino.* **FAM.** azulado, azulear, azulete.

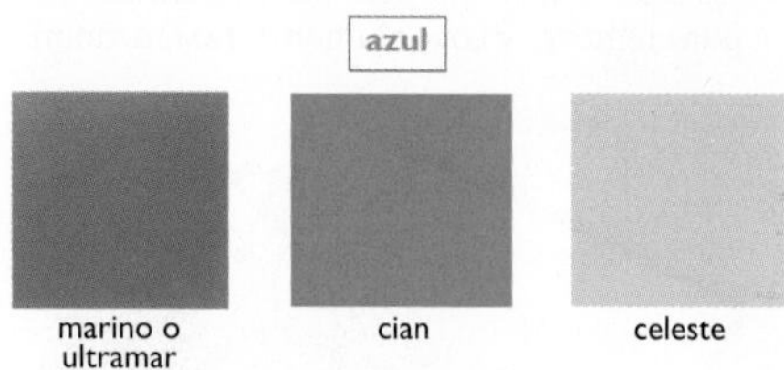

azulado, azulada *[adj.]* de color azul o que se parece bastante a él: *el agua del mar se ve azulada.*

azulejo *[n.m.]* baldosa delgada hecha con barro cocido, con una de las caras cubierta de esmalte o vidrio, que se usa para recubrir paredes. **AF.** baldosa, mosaico, baldosín. **FAM.** azulejar, azulejado.

azuzar *[v.]* animar a los perros para que ataquen. **AF.** aguijonear, excitar. **OBS.** ante e, c: *azucen.*

b *[letra consonante]* es la segunda letra del abecedario español y se llama *be*. **AMPL.** aunque su sonido antes era distinto del de la *v*, ahora es exactamente igual.

baba *[n.f.]* 1 saliva que, sin que se den cuenta, se le cae de la boca a los bebés, a algunas personas enfermas y a algunos animales: *el niño tiene el jersey mojado de baba; el perro manchó la alfombra de baba.* 2 sustancia casi líquida y transparente que van dejando por donde pasan algunos animales que andan arrastrándose: *los caracoles dejan un rastro de baba.* ■ **caérsele** a uno **la baba**, estar muy contento con alguien o con algo. **FAM.** babarse, babear, baboso, babosa, babero, babi, babosidad, ***babaza*** (baba de animales y plantas). **COMP.** rebaba.

babear *[v.]* echar baba: *los bebés babean mucho cuando les están saliendo los dientes.* **OBS.** e + e = ee: *babeen.*

babero *[n.m.]* lo que se pone a los niños sobre el pecho y atado alrededor del cuello para que no se manchen con comida o con babas: *ponle el babero antes de darle de comer.*

babi *[n.m.]* prenda de vestir que se ponen los niños en la escuela para no mancharse la ropa: *todos los babis del colegio son del mismo color.* **SIN.** bata, guardapolvo.

Babia palabra que nada más aparece en la expresión adverbial ■ **estar en Babia**, tener el pensamiento muy lejos de lo que ocurre o de lo que se dice: *no supo responder porque estaba en Babia.*

bable *[n.m.]* variedad del leonés hablada en Asturias.

babor *[n.m.]* lado izquierdo de una embarcación: *los piratas se acercaron por babor.* **ANT.** estribor.

babosa *[n.f.]* animal sin huesos, parecido a un caracol sin concha, que anda arrastrándose y dejando una baba por donde pasa: *las babosas estropean las plantas de las huertas.*

baboso, babosa *[adj.]* que echa muchas babas: *le molestan los perros babosos.* TAMBIÉN *n.: este bebé es un baboso.*

babucha *[n.f.]* zapatilla de cuero, sin talón, del tipo de las que usan los árabes: *es cómodo estar en casa con babuchas.*

baca *[n.f.]* lo que se pone encima del techo de los coches para llevar cosas que no caben dentro: *trajeron la bici en la baca del coche.* **SIN.** portaequipajes.

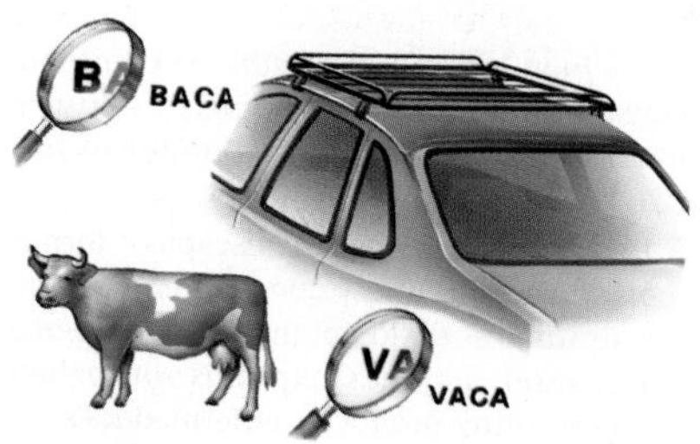

Si lo escribieras con *be*,
sería un portaequipajes
y si lo escribes con *uve*
es un animal rumiante.

bacalao *[n.m.]* pez que vive en mares de aguas muy frías y puede llegar a medir hasta dos metros de largo. **AMPL.** cuando no se quiere comer o vender recién pescado, se prensa y se mete en sal para que se seque y dure varios meses; cada pieza de bacalao prensado y seco se llama ***bacalada***; los barcos en los que se va a pescar el bacalao se llaman ***bacaladeros***. ■ **ser quien corta el bacalao**, ser la persona que más manda en un sitio. **FAM.** bacaladero, bacalada.

bacalao
bacalada

bache *[n.m.]* 1 hoyo en una carretera o en un camino: *una carretera llena de baches.* 2 época en la que se tienen muchos problemas, preocupaciones o tristeza: *están atravesando un bache desde que el padre murió; un bache económico.* **FAM.** ***bachear*** (tapar baches).

bachiller *[n.inv. en gén.]* persona que tiene el título de bachillerato*: *cuando termine este curso seré bachiller.*

bachillerato *[n.m.]* conjunto de estudios que se hacen al terminar la enseñanza obligatoria y antes de entrar en la Universidad: *empezó el bachillerato con dieciséis años.* **FAM.** bachiller.

bacilo *[n.m.]* bacteria* con forma de bastoncillo.

bacón *[n.m.]* tocino con vetas de carne que se consume ahumado. **OBS.** a veces se usa el término inglés, *bacon,* que se pronuncia */béikon/.*

bacteria *[n.f.]* ser vivo microscópico* formado por una sola célula*, que vive en el suelo, en los animales, en las plantas, en las personas, etc. **AMPL.** algunas bacterias son beneficiosas pero otras producen enfermedades; según su forma, las bacterias tienen distintos nombres: los ***cocos*** son redondos, los ***bacilos*** tienen forma de bastón y los ***espirilos*** forma de espiral. **FAM.** bacteriano, bacteriológico, bacteriología.

báculo *[n.m.]* 1 bastón para apoyarse al andar. 2 persona o cosa que ayuda en algo o que alegra algo: *los nietos son el báculo de su vejez.*

badajo *[n.m.]* pieza de metal que cuelga dentro de la campana y que, al moverse, la golpea: *una campana sin badajo no puede sonar.* **AMPL.** también tienen badajo las *esquilas* y los *cencerros*; lo que hace que suenen los *cascabeles* no es un badajo porque no está colgado, sino que es un trozo de metal que está suelto dentro del cascabel. **FAM.** badajazo.

badajocense *[adj. y n.inv. en gén.]* de Badajoz, provincia española y su capital, que pertenecen a la comunidad autónoma de Extremadura: *el Guadiana pasa por tierras badajocenses; los badajocenses.* **SIN.** pacense.

bagatela *[n.f.]* cosa de poco valor. **SIN.** baratija.

¡bah! *[interj.]* se usa cuando algo no nos importa (*¡bah! si no quiere, que no venga*) o cuando despreciamos algo (*¡bah! ¡es un juego aburrido!*).

¡Bah!, con *be*, es interjección y lleva hache final.
Pero **va**, del verbo ir, no lleva más que *uve* y *a*.

bahía *[n.f.]* parte de la costa en la que entra el mar y que tiene forma parecida a la de una C: *el barco alcanzó la bahía antes de que empezara el temporal.* **AMPL.** una especie de *bahía* grande se llama ***golfo***; lo que es como una bahía, pero más estrecha y profunda, con forma parecida a una U o a una V se llama ***ensenada***; una ***cala*** es como una *ensenada*, pero más pequeña; cuando una *ensenada* es especialmente buena para que los barcos puedan pararse sin que el viento los perjudique, se llama ***rada***.

bailaor, bailaora *[n.]* persona que baila flamenco: *el espectáculo incluía a un famoso bailaor andaluz.* **OBS.** se dice *bailaor* y no *bailador*, porque el baile flamenco es típico de Andalucía y allí esa *d* no se pronuncia.

bailar *[v.]* 1 mover el cuerpo al ritmo de la música: *esa chica baila muy bien; están bailando un vals.* **SIN.** danzar. 2 moverse algo porque no se ajusta bien al sitio en el que está puesto: *esta sortija me baila en el dedo.* 3 girar muy deprisa algo, o hacer uno que algo gire muy deprisa durante un rato: *la peonza sigue bailando; no sé bailar la peonza.* **FAM.** baile, bailarín, bailaor, bailoteo, bailotear, bailable.

bailarín, bailarina *[n.]* 1 persona que se dedica al baile como profesión: *es una famosa bailarina.* // **bailarín, bailarina** *[adj.]* 2 persona a la que le gusta mucho bailar: *va a la verbena porque es muy bailarín.* **SIN.** bailón.

baile *[n.m.]* 1 arte* de mover el cuerpo al ritmo de la música: *le encanta el baile.* **SIN.** danza. 2 cada una de las formas de bailar: *baile moderno; baile flamenco.* 3 fiesta en la que se baila: *los domingos hay baile en la plaza del pueblo.* ■ **tener el baile de San Vito**, estar siempre moviéndose.

baja *[n.f.]* 1 documento en el que un médico dice que uno tiene algún problema de salud que le impide ir a trabajar: *le dieron la baja porque le dolía la espalda.* **ANT.** alta. 2 cada una de las personas que muere en una guerra: *en la última batalla hubo muchas bajas.* **SIN.** muerte, pérdida. 3 hecho de que algo llegue a ser más bajo, menos intenso, etc.: *se espera una baja de las temperaturas.* **SIN.** bajada, caída. ■ **darse de baja**, dejar de formar parte, voluntariamente, de un equipo, de una sociedad, de una asociación, de una empresa, etc.

bajada *[n.f.]* 1 sitio por el que se va a otro que está más abajo: *la bajada hacia el embalse es muy peligrosa.* **SIN.** descenso. **AF.** pendiente, cuesta. **ANT.** subida. 2 acción necesaria para ir a un sitio que está más abajo: *hizo la bajada en muy poco tiempo.* **SIN.** descenso. **ANT.** subida, ascenso. 3 lo que hay cuando algo llega a ser menos alto, menos fuerte, menos intenso, etc.: *hubo una bajada de las temperaturas; una bajada de precios.* **SIN.** descenso, baja, caída, disminución. **INTENS.** bajón. **ANT.** subida, aumento. ■ **bajada de aguas**, en un edificio, tubo por el que baja el agua de la lluvia y de los desagües hasta la calle o hasta las alcantarillas. **SIN.** bajante.

bajamar *[n.f.]* 1 bajada del agua del mar hasta el nivel más bajo en que suele estar: *con la bajamar se ve más arena en la playa.* **AMPL.** el movimiento que hace que todos los días cambie el nivel de la superficie del agua del mar se llama ***marea****. 2 tiempo que tarda en bajar: *salieron a pescar durante la bajamar.* **ANT.** pleamar.

bajar *[v.]* 1 ir hacia un sitio que está más bajo: *bajaré al garaje a coger el coche.* **SIN.** descender. **ANT.** subir. 2 llegar a tener menos de algo, a haber menos de algo o a ser menos alta una cantidad o menos importante algo: *le ha bajado la fiebre; bajarán las temperaturas; ha bajado el interés de la gente por ese cantante; los precios bajan poco.* **SIN.** descender, disminuir, decrecer. **ANT.** subir, aumentar. 3 poner algo en un sitio que está más bajo: *baja los libros de la estantería.* **ANT.** subir. 4 inclinar hacia el suelo: *bajaba la cabeza siempre que le hablaban.* **SIN.** agachar. **ANT.** levantar, alzar. 5 dejar de estar en un vehículo o hacer que alguien deje de estar: *bajaron del tren en la estación; bajó al niño de la bicicleta.* TAMBIÉN *prnl.: se bajaron del tren en la estación; bájate de la bici.* **SIN.** apearse. **ANT.** subir, montarse. **FAM.** baja, bajada, bajo, bajeza, bajista, bajura, bajón. **COMP.** abajo, debajo, rebajar, bajamar, contrabajo.

bajeza *[n.f.]* cosa que se hace con mala intención: *engañar a un amigo es una bajeza.* **SIN.** vileza, ruindad.

bajo, baja *[adj.]* 1 que tiene poca altura: *mi abuelo es bajo y fuerte; un edificio bajo.* **AF.** pequeño. **ANT.** alto. 2 que está más cerca del suelo o al nivel de la calle: *coloca los zapatos en la parte baja del armario; la cocina está en la planta baja y la bodega en el sótano.* **ANT.** alto, superior. 3 que tiene pocos grados, poco volumen, poca intensidad, poca cantidad o menos de algo de lo que tendría que tener o de lo que suele tener: *en invierno, la temperatura es muy baja; habla en voz baja; la imagen está baja de color; tabaco con bajo contenido de nicotina; baja calidad; bajo precio.* **ANT.** alto, elevado. 4 que corresponde a los últimos años de una época de la historia: *a finales del siglo XIII empieza la baja Edad Media.* **ANT.** alto. // **bajo** *[n.m.]* 5 planta de un edificio que está a la altura de la calle: *vive en un bajo.* 6 parte de abajo de una prenda de vestir, cuando la tela está doblada hacia dentro y cosida o pegada: *se te ha descosido el bajo del pantalón.* **SIN.** dobladillo. 7 instrumento musical eléctrico con forma parecida a la del al violín, pero que es bastante más grande y emite sonidos graves: *el bajo lleva el*

bajo eléctrico de conjunto moderno

ritmo del grupo musical. 8 persona que toca este instrumento: *es el nuevo bajo de la orquesta.* **SIN.** bajista. // **bajo** *[adv. de m.]* 9 con suavidad, poco volumen o poca intensidad: *si hablas bajo, no te oirá.* **ANT.** alto. 10 en o por un lugar poco alto o que nos parece poco bueno, digno, etc.: *volar bajo; caer bajo; picar bajo.* // **bajo** *[prep.]* 11 debajo de (*caminábamos bajo la lluvia*), en la época de (*la Universidad de Salamanca se fundó bajo el reinado de Alfonso IX*) o por debajo de (*el termómetro marcaba dos grados bajo cero*). **ANT.** sobre. **GRAM.** introduce complementos circunstanciales de tiempo o lugar.

bajón *[n.m.]* hecho de que algo baje mucho y de repente: *sus notas dieron un bajón en la última evaluación.* **SIN.** descenso, caída. **PL.** *bajones.*

bala *[n.f.]* 1 pieza de metal que sale de las armas de fuego cuando son disparadas: *en un revólver caben seis balas.* **AF.** proyectil. 2 paquete muy grande formado por mucha cantidad de algo que está muy apretado: *descargaron en el puerto varias balas de algodón.* **SIN.** bulto, fardo. 3 persona irresponsable, que solo piensa en pasarlo bien: *¡menudo bala está hecho!* **FAM.** balazo, balear. **COMP.** embalar.

balance *[n.m.]* 1 cuenta de lo que se ha comprado, lo que se ha vendido y lo que se tiene, y que se hace para saber cómo va una empresa o un negocio: *el director general pidió el balance anual a su secretaria.* **SIN.** arqueo. 2 lo que se hace para saber si algo interesa o no, pensando en las ventajas y las desventajas que tiene: *antes de decidir, hagamos un balance de la situación.* **SIN.** análisis, estudio.

balancear *[v.]* mover con suavidad de un lado para otro: *balancea la cuna para que se duerma el bebé.* **SIN.** mecer. TAMBIÉN *prnl.: le gusta balancearse en la mecedora.* **OBS.** e + e = ee: *balanceen.* **FAM.** balanceo, balancín, balanza.

balanceo *[n.m.]* movimiento que hace una cosa que se mueve con suavidad de un lado para otro: *se mareó con el balanceo del barco.* **SIN.** vaivén. **AF.** bamboleo, oscilación.

balancín *[n.m.]* 1 especie de sofá colgado de un armazón y con toldo, en el que uno puede balancearse: *en la terraza hay un balancín.* 2 palo largo que llevan los equilibristas para guardar mejor el equilibrio. **PL.** *balancines.*

balandra *[n.f.]* barco con cubierta, un solo palo y dos velas.

balandro *[n.m.]* barco deportivo pequeño, con un solo palo: *una carrera de balandros.* **FAM.** balandra.

balanza *[n.f.]* aparato para pesar, formado por un soporte largo y un brazo horizontal que tiene colgado en cada extremo un platillo. **FAM.** balancear, balance. **COMP.** abalanzarse.

balar *[v.]* vocear la oveja, el cordero, la cabra, el carnero, el gamo y el ciervo: *las ovejas no dejaban de balar.* **FAM.** balido.

balasto *[n.m.]* capa de piedras picadas que se extiende sobre la vía del tren para apoyar las traviesas de los raíles.

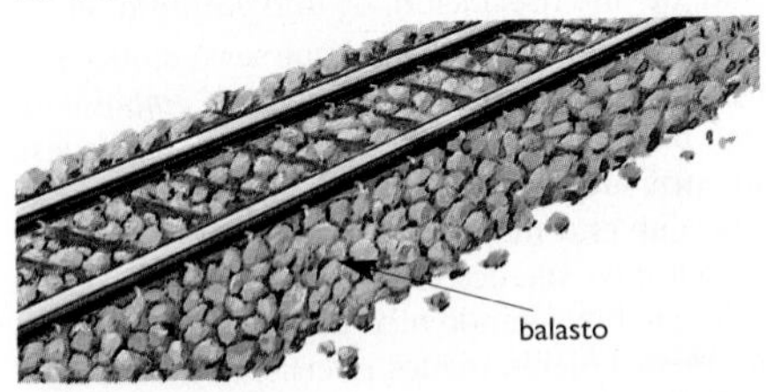

balaustrada *[n.f.]* conjunto de balaústres que tiene una barandilla.

balaústre *[n.m.]* cada uno de los hierros, palos o columnitas que tiene la barandilla*. TAMBIÉN se dice *balaustre.* **FAM.** balaustrada, balaustrado. **COMP.** abalaustrar.

balaustre *[n.m.]* balaústre*.

balazo *[n.m.]* golpe dado por un tiro de bala o herida hecha con una bala: *tenía un balazo en la espalda; se veían los balazos en la puerta.*

balbucear *[v.]* hablar de manera poco clara o con dificultad: *el bebé balbucea sus primeras palabras.* **SIN.** balbucir. **OBS.** e + e = ee: *balbuceen.* **FAM.** balbuceo, balbuciente.

balbuceo *[n.m.]* forma de hablar del que habla de manera poco clara o con dificultad: *era imposible entender los balbuceos del pequeño.*

balcánico, balcánica *[adj.]* de los Balcanes, montes de Bulgaria, y que van desde la frontera con Serbia hasta cerca del mar Negro: *la península balcánica está al sudeste de Europa.*

balcón *[n.m.]* 1 parte estrecha y abierta que sobresale de la fachada de un edificio, a la que se sale desde una o varias habitaciones y que tiene barandilla: *cuando sonó la música la niña se asomó al balcón.* 2 sitio alto y protegido desde el que se puede ver el paisaje. **SIN.** mirador. **PL.** *balcones.* **FAM.** balconada, balconcillo, ***balconaje*** (conjunto de balcones).

balda *[n.f.]* especie de tabla plana de madera, metal, cristal, etc., que se pone horizontalmente en un armario, un mueble o una pared y que sirve para colocar cosas encima: *la última balda está demasiado alta.* **SIN.** estante, anaquel. **AMPL.** una balda de obra (hecha con ladrillos, escayola, etc.) se llama ***vasar*** y una balda puesta directamente sobre la pared, sin que esté metida en ningún mueble, ***repisa***.

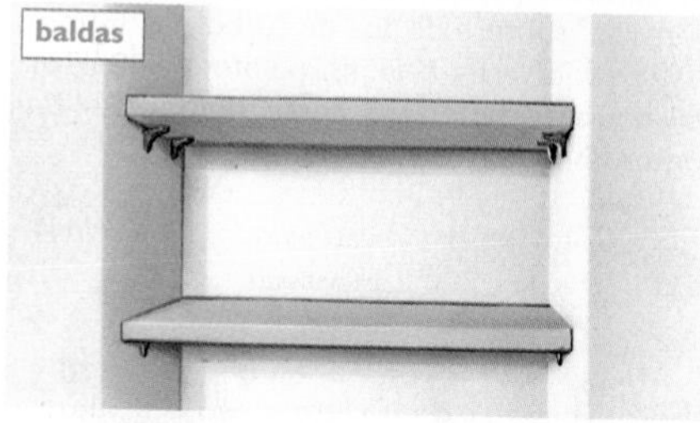

baldado, baldada *[adj.]* muy cansado: *vinieron baldados de la excursión.* **SIN.** rendido*. **FAM.** baldar.

balde *[n.m.]* cubo que se usa en los barcos para sacar el agua. ■ **de balde**, sin pagar. ■ **en balde**, sin que sirva para lo que queríamos. **SIN.** en vano, inútilmente. **FAM.** ***baldear*** (regar con baldes); ***baldío*** (inútil: *esfuerzos baldíos*), baldíamente.

baldío, baldía *[adj.]* 1 que no sirve para nada, que no es útil: *esfuerzos baldíos.* **SIN.** inútil. 2 se dice del terreno abandonado, que no se cultiva.

baldosa *[n.f.]* pieza plana de barro cocido, de cemento o de otro material, que se usa, junto con otras de la misma clase, para cubrir el suelo: *cambiaron las baldosas de la cocina; la acera está pavimentada con grandes baldosas.* **AMPL.** una baldosa rectangular se llama ***loseta***; la especie de baldosa con una superficie brillante y que es especial para cubrir paredes es un ***azulejo***. **FAM.** baldosín. **COMP.** embaldosado.

baldosín *[n.m.]* baldosa pequeña y cuadrada para cubrir suelos o paredes. **AMPL.** los baldosines pequeñitos que venden pegados por grupos en placas de papel para poder poner muchos a la vez se llaman ***gresite***: *las paredes de la piscina están recubiertas de gresite azul.* **PL.** *baldosines.*

balé manera de pronunciar la palabra *ballet**.

balear *[adj. y n.inv. en gén.]* 1 de las Baleares, que son cinco islas españolas (Mallorca, Menorca, Ibiza, Formentera y Cabrera) del mar Mediterráneo, que forman una comunidad autónoma cuya capital es Palma de Mallorca: *archipiélago balear; playas baleares; los baleares.* // **balear** *[n.m.]* 2 forma de la lengua catalana que se habla en las islas Baleares.

balet manera de pronunciar la palabra *ballet**.

balido *[n.m.]* sonido que hacen con su voz la oveja, el cordero, la cabra, el carnero, el gamo y el ciervo: *en el campo se oían los balidos de las ovejas.* **FAM.** balar.

baliza *[n.f.]* señal que se pone para avisar de algo o para llamar la atención sobre algo que tienen que saber los que conducen barcos, aviones, trenes o coches cuando están circulando: *una baliza indicaba que había rocas.* **SIN.** señal, indicación. **AMPL.** una baliza que flota en la superficie del agua se llama ***boya***; también hay balizas para indicar a los aviones dónde hay un edificio alto, una antena, cables de alta tensión, etc. **FAM.** balizar. **COMP.** abalizar.

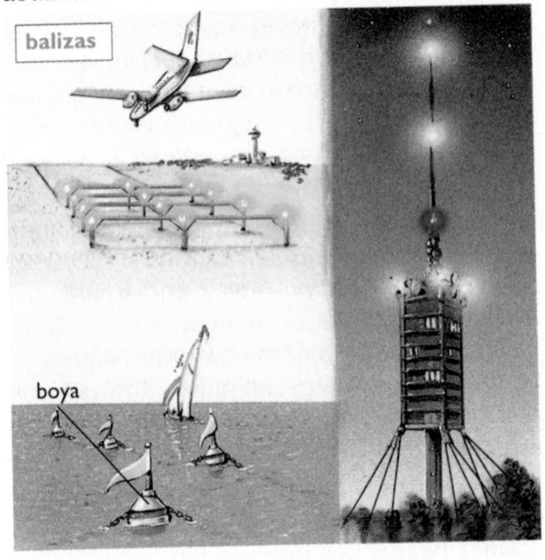

ballena *[n.f.]* **1** animal marino que puede alcanzar hasta 30 metros de longitud y 150 toneladas de peso: *las ballenas viven, sobre todo, en los mares polares.* **AMPL.** la hembra amamanta bajo el agua a su cría, que se llama ***ballenato*** y pesa 6.000 quilos al nacer. **2** tira dura y flexible que se mete en algunas prendas de tela para que estén estiradas: *una faja con ballenas.* **AMPL.** se llaman así porque antes se hacían con barbas de ballena. **FAM.** ballenato, ballenero.

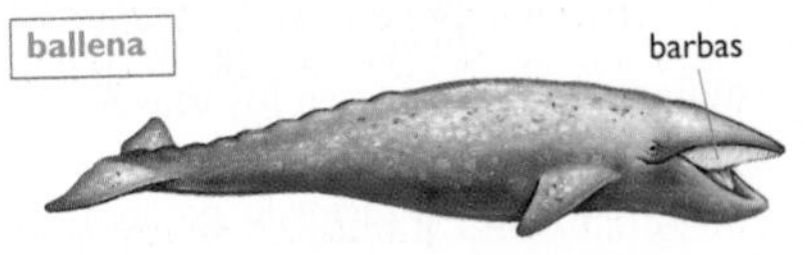

ballenato *[n.m.]* cachorro de ballena: *el ballenato mama durante siete meses.*

ballenero *[n.m.]* **1** barco especial para pescar ballenas: *en los mares polares suele haber muchos balleneros.* // **ballenero, ballenera** *[n.]* **2** pescador de ballenas. // **ballenero, ballenera** *[adj.]* **3** que tiene algo que ver con la pesca de ballenas: *los arpones balleneros son de gran tamaño.*

ballesta *[n.f.]* **1** arma que se utilizaba en la Edad Media para lanzar flechas, piedras o dardos. **2** pieza larga de metal que se coloca haciendo una curva, donde van apoyados los ejes de las ruedas de algunos vehículos, para que los movimientos, cuando el terreno no es liso, sean menos bruscos: *se rompió una ballesta del camión porque llevaba demasiado peso.*

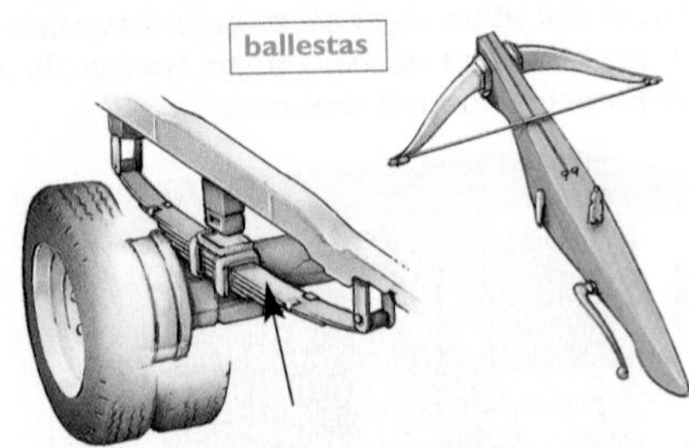

ballet *[n.m.]* **1** baile que combina los movimientos y la música para representar un argumento: *va a clase de ballet desde muy pequeño.* **SIN.** danza. **2** grupo de artistas que lo bailan: *un ballet ruso actuará en el teatro Principal.* **PL.** *ballets.*

balneario *[n.m.]* especie de hotel hecho en un lugar en el que hay algún manantial de aguas medicinales que pueden aliviar algunas enfermedades y al que va la gente para bañarse en esas aguas o para tomarlas, según tratamientos de cura: *va al balneario en verano y el reúma le molesta menos.*

balompié *[n.m.]* fútbol*. **OBS.** la palabra *balompié* es la traducción al español de la palabra inglesa *football.*

balón *[n.m.]* objeto lleno de aire que se usa en varios deportes. **SIN.** los comentaristas deportivos, sobre todo los de fútbol, lo llaman *esférico* y, a veces, *bola.* **AF.** pelota, pelotón. **PL.** *balones.* **FAM.** balonazo. **COMP.** baloncesto, balonmano, balonvolea, balompié.

baloncesto *[n.m.]* juego entre dos equipos de cinco jugadores que tienen que hacer puntos lanzando el balón con las manos y metiéndolo en una cesta que está colocada en un tablero. **AMPL.** la ***cesta*** o ***canasta*** tiene que estar a una altura de 3,05 m; cada vez que se mete un balón se dice que se ha ***encestado*** o que ha habido un ***enceste***.

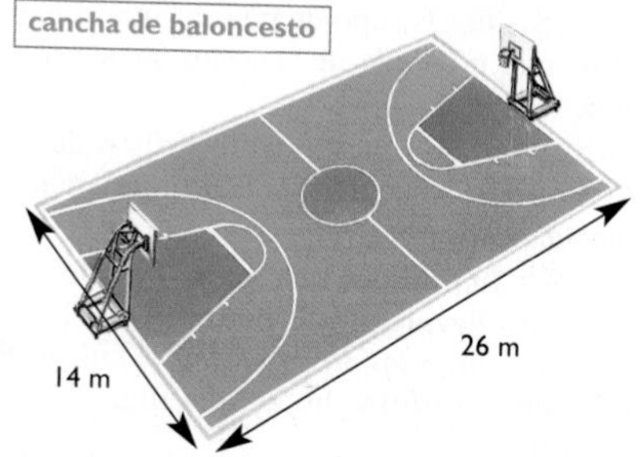

balonmano *[n.m.]* juego entre dos equipos de siete jugadores que consiste en marcar goles en la portería contraria, lanzando el balón con las manos. **AMPL.** existe también el ***balonmano a once***, que se juega en un campo casi tan grande como el de fútbol.

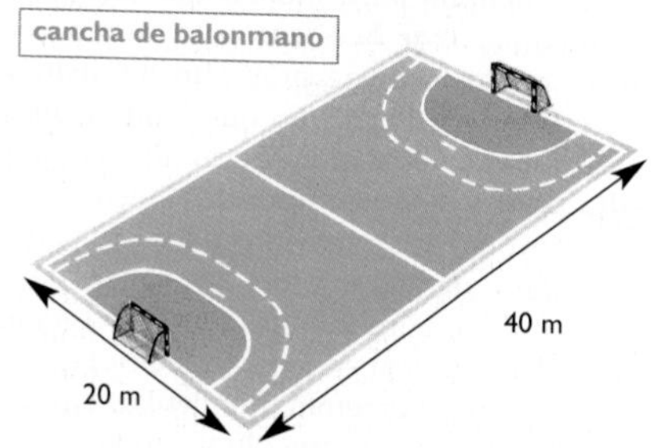

balonvolea *[n.m.]* deporte que se juega entre dos equipos de seis jugadores y consiste en lanzar el balón de un lado a otro por encima de una red. **SIN.** voleibol. **OBS.** la palabra *balonvolea* es la traducción al español de la palabra inglesa *volleyball*.

balsa *[n.f.]* conjunto de tablas o troncos unidos formando una plataforma, que se utiliza para ir sobre el agua: *el náufrago construyó una balsa.* **AMPL.** se usa, sobre todo, en ríos y albuferas* y se mueve llevada por la corriente o empujándola al apoyar un palo largo ***(pértiga)*** en el fondo del río. **FAM.** ***balsear*** (cruzar un río en balsa). **COMP.** embalsar.

bálsamo *[n.m.]* medicamento de olor agradable que se pone sobre la piel para calmar el dolor en heridas, quemaduras, inflamaciones, etc. **FAM.** balsámico. **COMP.** embalsamar.

báltico, báltica *[adj.]* que está relacionado con el mar Báltico, que está en el norte de Europa, al norte de Polonia: *Estonia, Letonia y Lituania son países bálticos.*

bambalina *[n.f.]* tela decorada y colgada en el escenario de un teatro y que sirve de fondo al decorado.

bambolearse *[v.prnl.]* moverse de un lado para otro sin llegar a caerse: *la lámpara del porche se bamboleó agitada por el viento.* **SIN.** balancearse, tambalearse. **OBS.** e + e = ee: *se bamboleen.* **FAM.** bamboleo, ***bambalina*** (tela decorada y colgada en el escenario de un teatro).

bambú *[n.m.]* planta de tronco largo, flexible y muy resistente, que se utiliza para construir cabañas, para fabricar cañas de pescar, muebles y objetos de decoración: *a los osos panda les gusta comer hojas de bambú.* **AMPL.** el bambú es una planta propia de la India y su nombre, en hindú, significa *caña.* **OBS.** en plural se puede decir ***bambúes*** o ***bambús***.

banal *[adj.inv. en gén.]* que no tiene importancia: *sólo se preocupa de asuntos banales.* **SIN.** frívolo, intrascendente, insustancial, vano, fútil. **ANT.** importante, vital. **FAM.** banalidad, banalmente.

banana *[n.f.]* nombre que se da en América a la fruta que en España se llama *plátano**. **FAM.** banano, bananero, bananar.

bananero *[n.m.]* platanero*.

banasta *[n.f.]* cesto grande, hecho con mimbres* o con tiras de madera muy finas y entrelazadas. **FAM.** banasto. **COMP.** embanastar, desembanastar.

banca *[n.f.]* **1** conjunto de las empresas que se dedican a hacer negocios con dinero: *el presidente de la banca española hablará en televisión.* **2** cosas que tienen que ver con el trabajo que se hace en los bancos: *para trabajar aquí hay que saber mucho de banca.* **3** en algunos juegos de mesa, persona encargada de las apuestas de los jugadores: *ahora te toca ser la banca.* **4** asiento de madera sin respaldo. **SIN.** banco.

bancal *[n.m.]* 1 parte de un terreno que forma un escalón en el que se pueden cultivar plantas: *en los bancales de la colina han sembrado fresas.* 2 trozo de tierra rectangular que sirve para plantar: *junto a la casa había un bancal de lechugas.* 3 lo que se forma cuando se acumula la arena a la orilla del mar.

bancal

bancario, bancaria *[adj.]* de los bancos o que tiene algo que ver con los bancos: *cuenta bancaria; crédito bancario.*

bancarrota *[n.f.]* situación en la que se halla una empresa o un negocio cuando no puede pagar sus deudas. **SIN.** quiebra, ruina.

banco *[n.m.]* 1 asiento alargado de madera, hierro o piedra, con o sin respaldo, donde pueden sentarse varias personas: en la plaza han puesto bancos nuevos. 2 empresa que se dedica a guardar dinero, a prestarlo y a hacer negocios con él: *tienen sus ahorros en un banco.* 3 grupo de peces que nadan juntos: *los pescadores vieron un banco de atunes.* 4 especie de mesa donde trabajan los carpinteros y otros artesanos*. 5 en medicina, lugar donde se guarda y se conserva algo para utilizarlo cuando haga falta: *banco de sangre; banco de órganos.* ■ **banco de arena**, montón de arena, en el mar o en un río, que llega casi hasta la superficie y que puede impedir el paso de los barcos. ■ **banco de hielo**, trozo grande de hielo que flota en el agua del mar. ■ **banco de pruebas**, sitio en el que se prueba cómo funciona una máquina, un vehículo o cualquier mecanismo, antes de ponerlo a la venta. **FAM.** bancal, banqueta, banquillo, banca, bancario, banquero. **COMP.** bancarrota.

banda *[n.f.]* 1 cinta ancha que se lleva cruzada sobre el pecho como muestra de algún honor: *le pusieron la banda a la miss ganadora.* 2 grupo de músicos que tocan instrumentos de viento y de percusión: *una banda de trompetas y tambores.* 3 grupo de personas que se juntan para cometer delitos: *la policía metió a toda la banda en la cárcel.* **SIN.** cuadrilla. 4 lado de algo: *el jugador corrió por la banda derecha del campo.* **SIN.** lado. **FAM.** bandada, bandazo, bandido. **COMP.** desbandarse, desbandada.

bandada *[n.f.]* grupo de pájaros que vuelan juntos: *una bandada de vencejos sobrevoló el pueblo.*

bandazo *[n.m.]* movimiento brusco de un lado a otro: *el barco daba bandazos debido a la tormenta.* **AF.** tumbo.

bandeja *[n.f.]* especie de plato grande que se usa para llevar cosas o para servir bebidas o comidas: *trajo los vasos en una bandeja.* ■ **poner en bandeja**, hacer que algo resulte muy fácil.

bandera *[n.f.]* 1 trozo de tela o de otro material que se sujeta por un lado a un palo que se llama ***asta*** y que representa a un país, una provincia, un organismo, etc.: *el que un barco lleve una bandera de España significa que es un barco español.* **AMPL.** la **bandera blanca** se enseña al enemigo para indicar que se quiere hablar con él; ***izar bandera*** es lo mismo que subirla hasta la parte más alta del asta y ***arriar bandera*** lo mismo que bajarla; una bandera que no está ni arriba ni abajo está ***a media asta*** y significa luto: *tras el terremoto, la bandera del ayuntamiento ondea a media asta.* 2 pieza de tela o papel que se usa para hacer señales o para llamar la atención sobre algo: *la bandera roja en la playa indica peligro.* **FAM.** banderín, banderola, banderilla, banderillear, banderillero. **COMP.** abanderado.

banderilla *[n.f.]* palo que tiene una punta de metal, está adornado con papeles de colores y se le clava al toro en las corridas: *le puso muy bien el primer par de banderillas.* **AMPL.** el que le pone las banderillas al toro se llama ***banderillero***.

banderín *[n.m.]* 1 bandera pequeña y triangular. 2 persona que, en un desfile, lleva este tipo de bandera. **PL.** *banderines.*

bandido, bandida *[n.]* 1 bandolero*. 2 persona que actúa con mala intención, se porta mal con los demás, etc.: *no es el mismo* *desde que va con esos bandidos.* **SIN.** rufián, granuja, canalla. **FAM.** bandidaje, banda.

bando *[n.m.]* 1 escrito con normas o advertencias que se publica por orden de una autoridad: *el alcalde ha publicado un bando sobre la limpieza de las calles.* 2 grupo de personas que tienen ideas o intereses parecidos: *no se tratan porque cada uno está en un bando.* **AF.** partido, facción, lado. **FAM.** bandolero, bandolerismo. **COMP.** contrabando.

bandolero, bandolera *[n.]* persona que forma parte de una banda que roba o asalta, utilizando armas: *unos bandoleros asaltaron la diligencia.* **SIN.** bandido, salteador. **AF.** malhechor.

bandurria *[n.f.]* instrumento musical de cuerda, del estilo de la guitarra pero más pequeño, con la silueta de la caja en forma de media pera. **AMPL.** tiene doce cuerdas y no se toca con los dedos, sino con una pequeña pieza triangular llamada ***púa*** o ***plectro***.

banjo *[n.m.]* instrumento musical de cuerda con la caja redonda y cubierta por una piel. TAMBIÉN se puede escribir *banyo.*

banquero, banquera *[n.]* 1 persona propietaria de un banco (negocio de dinero) o que lo dirige: *un banquero; una banquera.* 2 en algunos juegos de mesa, persona que se encarga de las apuestas de los jugadores: *en este juego, el banquero no puede hacer apuestas.*

banqueta *[n.f.]* asiento pequeño y bajo, sin respaldo ni brazos, que se usa para sentarse o para poner los pies cuando se está sentado en otro de altura normal: *hay una banqueta en el baño.* **SIN.** taburete.

banquete *[n.m.]* comida en la que hay muchas personas y que se hace para celebrar algo: *después de la boda, hubo banquete.* **SIN.** convite, comilona. **AF.** festín.

banquillo *[n.m.]* sitio en el que se ponen los jugadores y los entrenadores en un partido: *el delantero se lesionó y se retiró al banquillo.* ■ **banquillo de los acusados**, en las salas donde se hacen juicios, asiento donde se pone el acusado.

banyo *[n.m.]* banjo*.

bañador *[n.m.]* prenda de vestir que se pone uno cuando va a bañarse en un lugar público: *puedes ponerte el bañador en el vestuario.*

bañar *[v.]* 1 meter en agua o en cualquier líquido: *baña al bebé para que juegue con el agua; bañó las peras con almíbar.* **SIN.** dar un baño. **AF.** sumergir. TAMBIÉN *prnl.: nunca se baña en la piscina; dicen que Cleopatra se bañaba en leche.* 2 pasar por algún sitio un río o estar junto a algo un mar o un lago: *el Duero baña Zamora; el Mediterráneo baña la costa levantina.* 3 entrar en un sitio mucha cantidad de sol o de luz: *el sol baña la terraza por las mañanas.* **SIN.** inundar, iluminar. 4 cubrir una cosa sólida con otra líquida que al enfriarse se endurece y queda pegada a ella: *bañar en oro una joya; bañar en azúcar un dulce.* **FAM.** baño, bañera, bañista, bañador, bañaderos.

bañera *[n.f.]* recipiente grande para bañarse: *llenó la bañera de agua con espuma.* **AF.** baño, tina, pila.

bañista *[n.inv. en gén.]* persona que está bañándose en un sitio público: *en las playas, la bandera roja le indica a los bañistas que hay algún peligro; un bañista; una bañista.*

baño *[n.m.]* 1 lo que recibe quien es bañado o se da quien se baña: *las galletas tienen un baño de azúcar; llegó cansado y se dio un baño.* 2 habitación que se usa para bañarse, lavarse, ducharse, etc.: *el baño de mi casa es pequeño.* **SIN.** aseo, cuarto de baño. 3 recipiente de cinc, de plástico o de cualquier otro material que permita contener líquidos, que tiene dos asas, es más ancho que alto y con la boca más ancha que la base, y se usa en las casas para distintas cosas: *puso la ropa en el baño.* ■ **cocer** o **hacer** algo **al baño maría**, cocerlo poniéndolo en un recipiente que se mete dentro de otro en el que hay agua hirviendo.

baobab *[n.m.]* árbol africano muy grande, de flores blancas y frutos carnosos de sabor ácido. **AMPL.** su fruto se llama *baobab*, ***pan de mono*** o ***pepino del Senegal***.

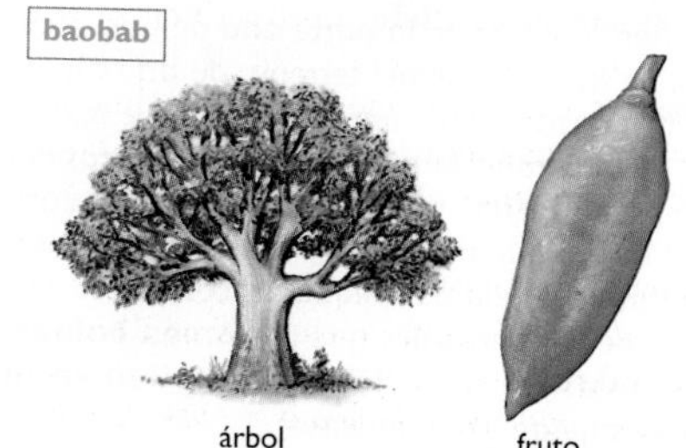

bar *[n.m.]* local en el que se toma vino y otras bebidas y, a veces, algo de comer: *tomaron un vino y una tapa en el bar de la esquina.*

barahúnda *[n.f.]* ruido y movimiento desordenado de gente y de cosas que produce confusión y aturdimiento. **AF.** alboroto, jaleo.

baraja *[n.f.]* paquete de tarjetas con dibujos que sirven para jugar a algo: *para jugar al póquer, al tute o al mus hace falta una baraja.* **SIN.** cartas, naipes. **AMPL.** en una baraja, cada conjunto de figuras de la misma clase y con distinto número se llama ***palo***; en la baraja española los palos son: *oros, copas, espadas* y *bastos.* Las figuras de la ***baraja española*** son distintas de las de la ***baraja francesa***; hay otra baraja distinta, que se llama ***de tarot***, y que utilizan los que dicen que mirándolas saben adivinar el futuro de las personas. **FAM.** barajar.

barajar *[v.]* mover las cartas metiendo varias veces unas entre otras, para que queden bien mezcladas: *hay que barajar las cartas antes de jugar.* **SIN.** entremezclar, revolver.

baranda *[n.f.]* barandilla*.

barandilla *[n.f.]* lo que sirve para que no se caiga la gente de la parte alta de una escalera, de un desnivel del terreno, de un balcón, de una terraza, etc.: *miraban el paisaje apoyados en la barandilla del mirador.* **SIN.** baranda, antepecho. **AMPL.** se llama ***pretil*** a la barandilla de los puentes y ***balaustrada*** a una barandilla formada por pequeñas columnas, palos o hierros verticales que se llaman ***balaústres***. **FAM.** baranda, ***barandal*** (pieza en la que se sujetan los balaústres).

baratija *[n.f.]* cosa de poco valor: *ese collar es una baratija.* **SIN.** bagatela.

barato, barata *[adj.]* 1 que cuesta poco dinero: *ahí venden ropa buena y barata.* **SIN.** económico, asequible. **ANT.** caro, costoso. // **barato** *[adv. de m.]* 2 por poco dinero: *ahí venden barato.* **ANT.** caro. **FAM.** baratija, ***baratillo*** (sitio donde se venden cosas baratas). **COMP.** abaratar.

barba *[n.f.]* pelos que nacen en la barbilla y en las mejillas: *con barba, pareces más viejo.* ■ **por barba**, por persona. **FAM.** barbilla, barbería, barbero, barbo, barbudo. **COMP.** imberbe.

barbacoa *[n.f.]* parrilla de hierro que se usa para asar carne o pescado al aire libre.

barbaridad *[n.f.]* cosa que se hace o se dice con violencia o crueldad (*la tortura es una barbaridad*) o que no tiene ningún sentido o puede hacer daño (*deja de decir barbaridades; es una barbaridad tocar un enchufe con las manos mojadas*). **SIN.** atrocidad*. ■ **una barbaridad**, muchísimo.

barbarismo *[n.m.]* palabra extranjera que se usa en otra lengua: *"roulotte" es un barbarismo procedente del francés.*

bárbaro, bárbara *[adj.]* 1 que tiene algo que ver con los bárbaros*: *invasiones bárbaras; los suevos, los alanos y los vándalos eran pueblos bárbaros.* 2 poco civilizado o muy cruel: *en*

barandillas

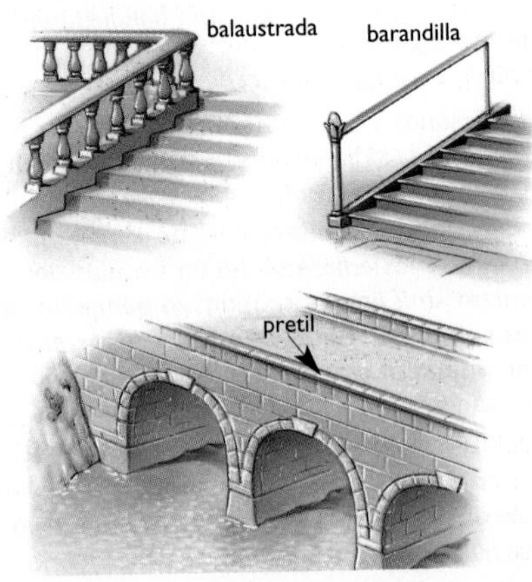

aquella tribu tenían costumbres bárbaras. **SIN.** salvaje. **ANT.** civilizado. 3 muy bueno, muy divertido, muy agradable o muy abundante: *una fiesta bárbara; un banquete bárbaro.* **SIN.** estupendo*. // **bárbaro** *[adv. de m.]* 4 muy bien: *se lo pasaron bárbaro.* **SIN.** estupendamente, de maravilla. **FAM.** barbarismo, barbarie, bárbaros, barbaridad.

bárbaros *[n.m.pl.]* pueblos que venían del norte de Europa y que invadieron los territorios del Imperio Romano en el siglo V.

barbecho *[n.m.]* tierra que se deja sin labrar durante un año o más, para que descanse y después dé mejores cosechas. ■ **en barbecho**, sin producir: *este año dejarán las tierras en barbecho.* ■ **firmar en barbecho**, firmar un papel sin haberlo leído para saber lo que pone.

barbería *[n.f.]* local en el que se afeita o se recorta la barba y se corta el pelo a los hombres.

barbero, barbera *[n.]* persona que trabaja en una barbería cortando el pelo y la barba a los hombres.

barbilla *[n.f.]* 1 parte de la cara que está debajo de la boca: *se cayó y se hizo un corte en la barbilla.* **SIN.** mentón, mamola. 2 especie de prolongación que tienen algunos peces al lado de la boca: *los barbos tienen barbillas.*

barbo *[n.m.]* pez que vive en los ríos de Europa, Asia y África, tiene el hocico puntiagudo y se pesca porque su carne es muy rica.

barbudo, barbuda *[adj.]* con barba o que tiene mucha barba. **SIN.** barbado. **ANT.** barbilampiño. TAMBIÉN *n.: un barbudo te espera en el parque.*

barca *[n.f.]* embarcación pequeña que sirve para pescar, moverse por el puerto o pasear por ríos, lagos, estanques o cerca de la playa: *las barcas de los pescadores salieron al amanecer.*

barcaza *[n.f.]* barca grande que se usa para llevar personas o cosas de una orilla a otra de un río, un lago o un estanque.

barcelonés, barcelonesa *[adj. y n.]* de Barcelona, provincia española y su capital, que también lo es de la comunidad autónoma de Cataluña: *un niño barcelonés; las barcelonesas.*

barco *[n.m.]* vehículo que flota en el agua y sirve para llevar personas y cosas por el mar y por ríos navegables: *fuimos a América en barco.* **FAM.** barca, barcaza, barquero. **COMP.** embarcar*.

barítono *[n.m.]* hombre cuyo tipo de voz está entre la de tenor y la de bajo.

barniz *[n.m.]* líquido transparente, preparado a base de alcohol y resina*, con color o sin él, que se da sobre algunos materiales: *la mesa quedó como nueva con una capa de barniz.* **AMPL.** el barniz se diferencia de la ***pintura*** en que ésta no es transparente; la ***laca*** es un barniz especial que al secarse queda muy duro porque tiene vidrio en polvo. **PL.** *barnices.* **FAM.** barnizar, barnizado.

Va con z en singular,
pero hay que poner cuidado
para cambiarla por c
al escribirlo en plural.

barnizar *[v.]* cubrir algo con barniz*: *hay que barnizar el parqué.* **OBS.** ante e, c: *barnicemos.*

barómetro *[n.m.]* aparato que sirve para medir la presión del aire: *el barómetro fue inventado por Torricelli.* **FAM.** barométrico.

barón, baronesa *[n.]* título de nobleza de menor categoría que el de vizconde y más que el de señor. **FAM.** ***baronía*** (categoría y territorios del barón).

¿Crees que te engaño si digo:
"no todo hombre es **barón**

y sí **varón** todo hombre,
aunque vista de mendigo"?

barquero, barquera *[n.]* persona que conduce una barca: *el barquero nos llevó a la isla.*

barquilla *[n.f.]* 1 molde con forma de barca para hacer pasteles. 2 cesto en el que van los tripulantes de un globo. **FAM.** barco*.

barquillero, barquillera *[n.]* persona que trabaja haciendo o vendiendo barquillos: *el barquillero siempre se pone en esta esquina.*

barquillo *[n.m.]* oblea enrollada en forma de canuto o doblada en forma de triángulo. FAM. barquillero.

barra *[n.f.]* 1 pieza larga y estrecha de cualquier material duro: *una barra de hierro.* 2 pieza de pan de forma alargada. 3 pieza rectangular de algún alimento: *una barra de turrón.* 4 en los bares y las cafeterías, especie de mesa larga y alta, donde sirven lo que se va a tomar: *nos tomamos un vino en la barra.* 5 en algunas cosas, raya de algún color: *la bandera americana tiene barras y estrellas.* SIN. lista, franja, raya. FAM. barrera, barrar, barrote.

barraca *[n.f.]* 1 caseta hecha con materiales que pesan poco y que se desmonta para poder llevarla de un sitio a otro: *en la feria había dos barracas de tiro.* SIN. caseta, puesto. 2 casa con tejado de cañas muy inclinado a dos vertientes*, típica de la huerta de Valencia y de Murcia. 3 vivienda pobre construida con materiales muy baratos o con cartones, tablas, chapas, etc. que se cogen de otro sitio y se aprovechan para eso: *aún hay familias que viven en barracas.* SIN. chabola. AF. choza, cabaña. FAM. barracón, barraquero.

barracón *[n.m.]* construcción de una sola planta, hecha con materiales sencillos y con lo imprescindible para el uso que se le da: *en el campamento juvenil, hay tiendas de campaña para dormir pero el comedor, la cocina y los aseos están en barracones.* PL. *barracones.*

barranco *[n.m.]* 1 terreno muy inclinado que está entre uno alto y otro bajo: *el coche frenó al borde del barranco.* AMPL. si el desnivel es muy grande y peligroso, se llama ***precipicio*** o ***abismo***; si hay peñas y rocas, se llama ***despeñadero***; si es un desnivel pequeño, con la pared en cuesta, lo llamamos ***terraplén***. 2 parte hundida en un terreno que, cuando llueve mucho, se llena de agua formando un arroyo o un torrente. SIN. torrentera, rambla. FAM. barrancoso, barranquera. COMP. desembarrancar, embarrancar.

barrendero, barrendera *[n.]* persona encargada de barrer las calles, recoger los papeles de los parques, vaciar las papeleras de la ciudad, etc.: *cuando el pueblo está nevado, los barrenderos no pueden barrer.* AMPL. además de barrenderos, hay personas que conducen ***máquinas barredoras*** y ***máquinas de riego*** para mantener limpias las calles.

barreño *[n.m.]* recipiente* de barro más ancho que alto y sin asas, que sirve para muchos trabajos de la casa: *puso la ropa a remojar en un barreño.* AF. baño. AMPL. el *barreño* propiamente dicho es de barro; ahora se fabrican recipientes parecidos de otros materiales como el *baño* de cinc o de plástico.

barrer *[v.]* 1 quitar la suciedad de un sitio, empujándola con una escoba o con un cepillo: *barre la casa todas las mañanas.* 2 llevarse o arrastrar todo lo que hay en un sitio: *el ladrón barrió la tienda de cosas de valor; el huracán barrió casas y árboles.* FAM. barrendero, barredura.

barrera *[n.f.]* 1 lo que separa dos cosas o dos partes de una cosa, de manera que no se puede pasar o indicando que no se puede pasar: *entre el pueblo y el lago había una barrera de montañas; la barrera de un paso a nivel, de un peaje de autopista...* 2 cosa inmaterial que hace que algo sea difícil de conseguir: *a veces, la diferencia de edad es una barrera para la amistad.* AF. obstáculo, impedimento.

barriada *[n.f.]* barrio un poco apartado de la ciudad: *vive en una barriada del sur.* **SIN.** barrio.

barrica *[n.f.]* cuba de madera en la que caben alrededor de 500 litros. **FAM.** barricada.

barricada *[n.f.]* barrera que se hace con distintos objetos o materiales para cortar el paso o para protegerse: *los soldados levantaron una barricada con sacos de arena y cajas de madera.* **AMPL.** se llama así porque antes se hacían con barricas.

barriga *[n.f.]* 1 parte del cuerpo entre el pecho y las piernas dentro de la cual están los intestinos: *le dolió la barriga por comer demasiado.* **SIN.** vientre, abdomen, tripa. 2 parte saliente y convexa (curvada hacia fuera) de algo: *los botijos son recipientes con barriga.* **SIN.** panza. **FAM.** barrigudo, barrigón.

barril *[n.m.]* 1 recipiente de madera para conservar alimentos: *hay un barril con aceitunas en la bodega.* 2 recipiente de madera o de metal, para líquidos, en el que caben entre 30 y 40 litros: *un barril de cerveza.* **FAM.** barrilete, barrilero.

barrilete *[n.m.]* barril* pequeño.

barrio *[n.m.]* zona de una ciudad: *en mi barrio hay muchos jardines.* **SIN.** barriada. **AF.** vecindad. **FAM.** barriada. **COMP.** barriobajero.

barrizal *[n.m.]* sitio lleno de barro: *el coche se atolló en un barrizal.* **SIN.** lodazal, fangal, cenagal.

barro *[n.m.]* 1 mezcla de tierra y agua: *cuando llueve, el parque se llena de barro.* **SIN.** fango, lodo. 2 material hecho mezclando agua y un tipo de tierra determinada y que se usa para hacer figuras y cacharros: *los alfareros hacen cacharros de barro.* **SIN.** arcilla, terracota. **AMPL.** para hacer figuras, hay que ***modelar*** el barro con las manos; para hacer cacharros, además de las manos se utiliza una superficie giratoria que se llama ***torno de alfarero***. 3 grano pequeño que sale en la cara: *en la adolescencia, es normal que salgan barros y espinillas.* **FAM.** barreño, barrizal, barroso. **COMP.** embarrar, guardabarros.

barroco *[n.m.]* 1 movimiento artístico y cultural que se desarrolló en Europa desde finales del siglo XVI hasta mediados del XVIII y que se caracteriza por estar cargado de adornos. // **barroco, barroca** *[adj.]* 2 que pertenece al movimiento barroco: *el retablo del altar mayor es barroco.* 3 con muchos adornos: *una decoración barroca.* **SIN.** recargado. **FAM.** barroquismo.

barrote *[n.m.]* barra de metal o de madera que sirve, con otras iguales, como protección o para guardar algo: *el león nos miraba a través de los barrotes de la jaula.* **AF.** barra. **FAM.** barra. **COMP.** abarrotar.

bartola palabra que nada más aparece en la expresión adverbial ■ **a la bartola**, sin hacer nada provechoso.

bártulos *[n.m.pl.]* conjunto de las cosas que se usan para algo determinado: *ha puesto en la caja los bártulos del bricolaje.* **SIN.** enseres, utensilios, útiles. ■ **liar los bártulos**, preparar todo para irse o para hacer una mudanza.

barullo *[n.m.]* lo que hay cuando las cosas no están en orden o en silencio: *no sé cómo puedes estudiar con este barullo.* **SIN.** jaleo, lío, alboroto. **FAM.** barullero. **COMP.** embarullar.

basa *[n.f.]* pieza sobre la que se apoya una columna o estatua.

basar *[v.]* hacer una cosa a partir de otra o hacer que una cosa sea consecuencia de otra: *la película está basada en un hecho real; basa su éxito en el trabajo bien hecho.* **SIN.** fundamentar.

báscula *[n.f.]* aparato que sirve para pesar: *el médico la pesó en la báscula.* **AMPL.** las *básculas* tienen un ***plato*** o una plataforma* para poner lo que se quiere pesar; las hay para personas mayores y para bebés ***(pesabebés)***, para pequeñas cantidades de alimentos ***(báscula de cocina)***, para pesar la carga que llevan los camiones ***(puente-báscula)***, etc. Hay otros aparatos que se utilizan para pesar: la ***balanza*** tiene dos barras iguales que se llaman ***brazos***, de los que cuelgan dos ***platillos*** para poner, en uno lo que se quiere pesar y en otro una o varias ***pesas***, hasta que los platillos queden igualados, que es cuando una especie de aguja que se llama ***fiel*** está, vertical, justo en el centro; la balanza apropiada para pesar cosas que pesan poquísimo, como pequeñas cantidades de oro se llama ***balanza de precisión***; la ***romana*** tiene un brazo largo del que cuelga un platillo o, directamente, lo que se quiere pesar, y los pesos van marcados en el brazo, que tiene una ***pesa*** que se cambia de sitio hasta que el brazo queda horizontal. **FAM.** basculante, ***bascular*** (moverse de un lado a otro, apoyado en un eje).

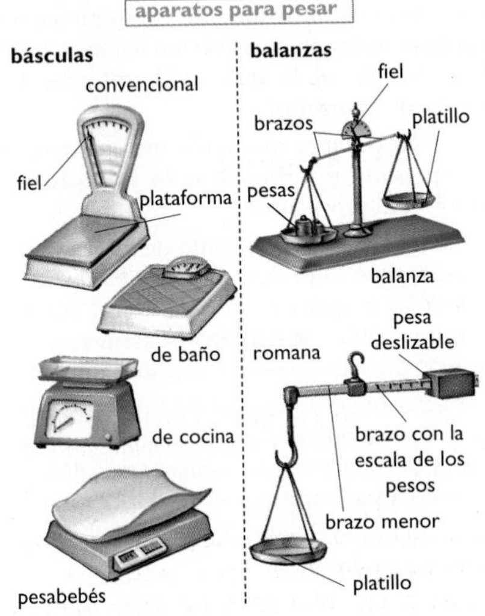

base *[n.f.]* 1 parte sobre la que una cosa se apoya: *el jarrón se volcó porque tiene la base demasiado pequeña.* **AMPL.** la parte de dentro de la base de un recipiente se llama ***fondo***. 2 lo que está hecho para apoyar algo: *la escultura está sobre una base de mármol.* **SIN.** peana, basa. 3 lo más importante de algo o para algo: *la base de la alimentación de los indios era el maíz; la base de la amistad es la comprensión.* 4 sitio del que salen y entran personas, vehículos, máquinas, etc. que hacen fuera operaciones o actividades organizadas desde dentro: *base militar, aérea, de operaciones...; la base de operaciones está en Madrid.* 5 conjunto de personas que pertenecen a un partido político pero que no tienen puestos importantes dentro de él: *un militante de base.* **OBS.** a veces se usa en plural: *la bases del partido apoyaron al nuevo presidente.* **ANT.** dirigentes. ■ **a base de**, con las cosas que se dice. ■ **a base de bien**, mucho y muy bien. ■ **base de datos**, en informática, programa que permite almacenar datos y consultarlos, agruparlos, modificarlos, etc. **FAM.** basar, básico, basa.

básico, básica *[adj.]* que es tan importante en algo, que si le faltara no podría existir: *alimentarse bien es básico para la salud.* **SIN.** imprescindible*.

basílica *[n.f.]* 1 iglesia cristiana grande, que es o ha sido importante o es muy antigua o muy lujosa: *el Papa dijo la misa en la basílica de San Pedro.* 2 edificio rectangular que en la antigua Roma servía como centro de reunión. **FAM.** basilical.

¡basta! *[interj.]* expresa el deseo de que algo se acabe: *¡basta! no quiero oír nada más.*

bastante *[adv. de c.]* 1 indica que la cantidad de la que hablamos es la que se necesita: *ya hemos comido bastante.* **SIN.** suficiente. 2 ni poco ni mucho: *están bastante cansados; llegó bastante tarde.* // **bastante** *[adj.inv. en gén.]* 3 que es lo que se necesita para algo: *¿has traído bastante dinero para ir de compras?; no tengo bastantes tablas para hacer la estantería.* **SIN.** suficiente. 4 entre normal y mucho: *había bastantes niñas.* **GRAM.** es adjetivo indefinido y tiene función de determinante.

bastar *[v.]* ser lo que se necesita o haber lo que se necesita: *tu explicación bastó para que lo entendieran* (**SIN.** ser suficiente)*; esta comida no basta para todos* (**SIN.** ser suficiente, llegar, alcanzar). **FAM.** bastante, basto. **COMP.** ***abastar*** (abastecer).

bastardo, bastarda *[adj.]* que ha nacido de padres que no están casados entre sí: *muchos reyes tenían hijos bastardos.* **SIN.** ilegítimo. **OBS.** también se usa como insulto. **FAM.** ***bastardilla*** (letra cursiva).

bastidor *[n.m.]* 1 armazón de madera en el que se sujeta una tela, un papel u otra madera: *el lienzo del cuadro está montado sobre un bastidor; bordarás mejor si sujetas la tela en el bastidor; las puertas macizas pesan más que las de bastidor.* 2 parte del coche en la que están el motor y las ruedas y que sostiene la carrocería. **SIN.** chasis. // **bastidores** *[n.m.pl.]* 3 parte del escenario de un teatro que queda tapada por los decorados y que el público no puede ver. ■ **entre bastidores**, sin que se entere la gente o alguien concreto. **SIN.** aparte, a solas.

bastidores

de automóvil

de bordar

de teatro

basto, basta *[adj.]* 1 de poca calidad, poco suave, o mal acabado: *una tela basta; una madera basta; un mueble basto.* **SIN.** tosco, burdo. **ANT.** fino, bueno. 2 que es de tal manera que resulta desagradable y demuestra mala educación: *su lenguaje es muy basto; una persona basta; modales bastos.* **SIN.** vulgar, chabacano, grosero, ordinario. **ANT.** fino, educado. // **bastos** *[n.m.pl.]* 3 palo de la baraja* española formado por las cartas en las que hay dibujado uno o varios garrotes: *un cuatro de bastos.* **FAM.** bastedad, bastamente, bastar.

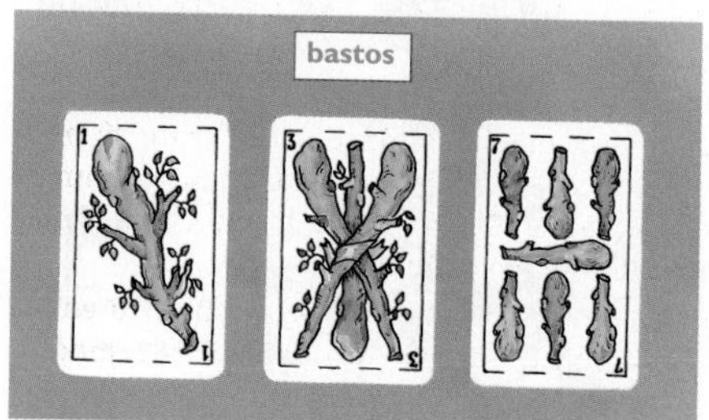
bastos

bastón *[n.m.]* palo largo y delgado que sirve para apoyarse al andar: *muchas personas mayores necesitan bastón.* **SIN.** báculo. **AMPL.** la parte de arriba, por donde se agarra, se llama ***empuñadura*** y la de abajo, ***contera***; si tiene la *empuñadura* curvada no se llama *bastón*, sino ***cachava***, ***cacha*** o ***cayado***; el ***báculo pastoral*** es una especie de bastón grande que tiene el extremo curvo y con muchos adornos y que es el que usan los obispos en las ceremonias importantes. **PL.** *bastones.* **FAM.** bastonazo, bastoncillo, bastonera.

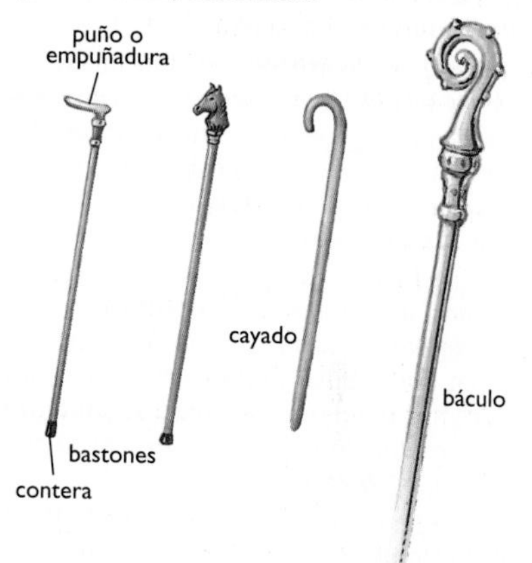

bastonazo *[n.m.]* golpe que se da con un bastón: *mi abuelo se enfadó y dio un bastonazo en la mesa.*

basura *[n.f.]* 1 restos de cosas y suciedad: *siempre que barro sale mucha basura; el patio está lleno de basura.* **SIN.** porquería, suciedad, desperdicios. 2 sitio en el que se va echando todo lo que sobra para tirarlo: *no se debe tirar las pilas a la basura.* **AF.** cubo de basura, bolsa de basura. 3 cosa de mala calidad: *este aparato es una basura.* **SIN.** porquería. **FAM.** basurero.

basurero *[n.m.]* 1 lugar al que se lleva la basura para destruirla: *el basurero municipal está a las afueras de la ciudad.* **SIN.** vertedero. // **basurero, basurera** *[n.]* 2 persona que trabaja recogiendo basura: *los basureros recogen la basura por la noche.* **FAM.** basura.

bata *[n.f.]* 1 prenda de vestir que llega más abajo de las rodillas y que se utiliza para estar cómodo en casa: *en cuanto llega a casa se pone la bata y las zapatillas.* 2 prenda de trabajo que se pone sobre la ropa de vestir: *los médicos suelen trabajar con bata blanca y los cirujanos con bata verde.* **AMPL.** la bata que se ponen algunos niños para estar en casa o en la escuela se llama ***babi*** o ***guardapolvo***. **FAM.** batín.

batacazo *[n.m.]* golpe fuerte y ruidoso dado al caerse o al chocarse: *se tropezó con la alfombra y se dio un batacazo.* **SIN.** golpe, porrazo, trastazo, trompazo, tortazo.

batalla *[n.f.]* lucha entre dos grupos armados o dos ejércitos: *el general murió en la batalla.* **SIN.** combate, lucha, contienda. **FAM.** batallar, batallón, batallador.

batallar *[v.]* 1 participar en una lucha con armas: *los soldados batallaron con valentía.* **SIN.** combatir, luchar, pelear. 2 hacer lo posible por conseguir algo, cuando cuesta mucho trabajo: *tuvo que batallar mucho para asegurar el futuro de sus hijos.* **SIN.** luchar, pelear.

batallón *[n.m.]* 1 grupo de soldados en los que manda un comandante: *el batallón recibió órdenes de atacar.* **AMPL.** el batallón está formado por dos o más ***compañías***; un conjunto de dos o más batallones se llama ***regimiento***. 2 gran cantidad de personas: *hizo comida para un batallón.* **PL.** *batallones.*

bate *[n.m.]* palo que se usa en el béisbol* para golpear la pelota. **FAM.** batear, bateador.

batería *[n.f.]* 1 especie de caja que se carga con energía eléctrica: *la cámara de vídeo funciona con una batería pequeña.* **AMPL.** una ***pila*** es como una batería pequeña que, normalmente, no se puede recargar. 2 instrumento musical formado por tambores, bombo y platillos, que tiene mecanismos con pedales para que lo pueda tocar una sola persona. 3 conjunto de cañones, ametralladoras o armas de ese tipo, colocadas una al lado de la otra: *la batería del ejército estaba lista para el combate.* // **batería** *[n.inv. en gén.]* 4 persona que toca la batería: *el batería del grupo es muy bueno.* ■ **batería de cocina**, conjunto de recipientes de diversos tamaños que pueden ponerse al fuego y se usan para cocinar. ■ **en batería**, forma de aparcar los vehículos colocando uno al lado del otro.

batida *[n.f.]* acción de buscar algo o a alguien, mirando trozo a trozo una zona determinada: *daremos una batida por el bosque, a ver si aparece.*

batido *[n.m.]* bebida que se hace mezclando leche con fruta triturada: *el batido de plátano es muy nutritivo.*

batidora *[n.f.]* aparato eléctrico que sirve para mezclar, picar, triturar o batir los alimentos: *puso las verduras en la batidora para hacer el puré.*

batín *[n.m.]* prenda de vestir parecida a una bata, pero que no llega hasta las rodillas, y que se pone uno para estar cómodo en casa: *al levantarse de la cama se puso el batín.* **PL.** *batines.*

batir *[v.]* 1 golpear o mover algo con fuerza y repetidamente, para que los componentes queden bien mezclados: *bate los huevos con un tenedor.* **AF.** mezclar, revolver, agitar. 2 golpear contra algo las olas, el viento y la lluvia: *la lluvia batía contra los cristales.* **SIN.** golpear, sacudir. 3 ganar en una competición o en una lucha: *batieron al equipo contrario.* **SIN.** vencer, derrotar. 4 recorrer un sitio tratando de encontrar algo o a alguien: *la policía batió la región buscando a los fugitivos.* **SIN.** recorrer, registrar, inspeccionar, dar una batida por, peinar. // **batirse** *[v.prnl.]* 5 pelear: *se batieron en duelo.* **SIN.** pelear, luchar, combatir, enfrentarse. ■ **batir las alas** un pájaro, moverlas. ■ **batir un récord**, conseguir el mejor resulta-

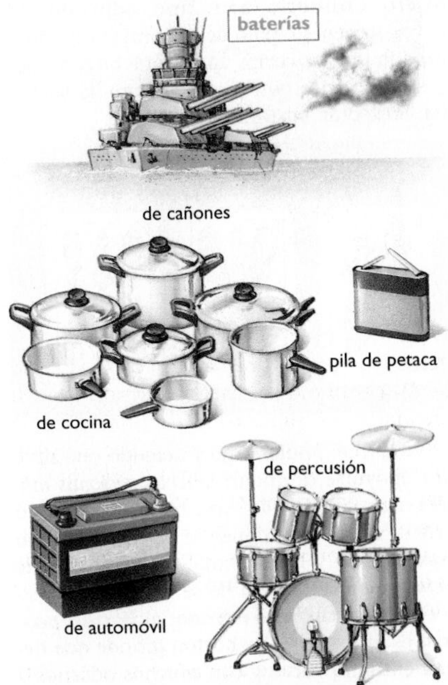

do que se ha conseguido hasta el momento. **FAM.** batido, batidora, batida. **COMP.** imbatible, combatir, debatir, abatir, rebatir.

batracio *[n.m.]* tipo de animal con la piel viscosa, que puede vivir tanto en el agua como en la tierra: *la rana y el sapo son batracios.*

batuta *[n.f.]* varilla que usan los directores de orquesta para marcar los compases e indicarle a los músicos cuándo tienen que empezar a tocar o acabar. ■ **llevar la batuta**, ser la persona que manda.

baúl *[n.m.]* especie de caja grande y rectangular, con dos asas, que se abre por arriba y se usa para guardar cosas o transportarlas: *en el trastero hay un baúl lleno de ropa antigua.* **AMPL.** los hay de distintos materiales y algunos tienen la tapa curva; un ***cofre*** es como un baúl pequeño y con cerradura, para guardar cosas de valor; el ***arca*** es parecida al baúl, pero no tiene asas y siempre es de madera y con la tapa plana; el ***arcón*** es como un arca, pero con patas y el ***baúl mundo*** o ***mundo*** es muy grande y tiene mucho fondo.

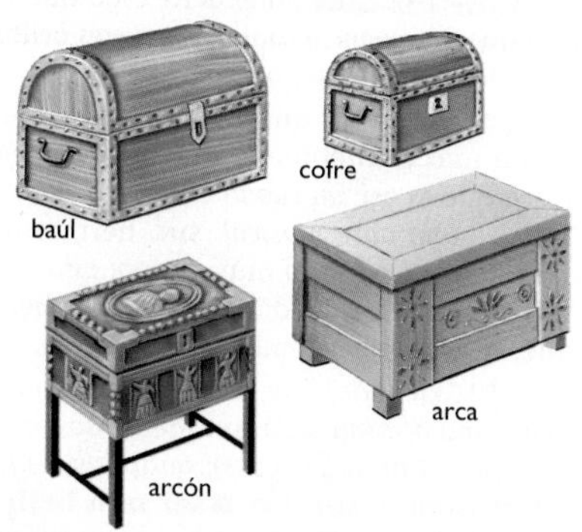

bautismo *[n.m.]* ceremonia* religiosa en la que se derrama agua sobre la cabeza de una persona y que significa que a partir de ese momento forma parte de la Iglesia: *el bautismo es el primer sacramento de la Iglesia católica.* **AMPL.** en algunas religiones los bautismos se hacen por *inmersión* (metiéndose el bautizado en agua) o por *aspersión* (echando sobre él gotas de agua). ■ **bautismo de fuego**, primera batalla en la que participa un soldado.

bautizar *[v.]* 1 hacer que una persona se convierta en cristiana echándole agua bendita sobre la cabeza: *fui bautizado en esta iglesia.* **SIN.** acristianar. 2 poner nombre a alguien o a algo: *la bautizaron con el nombre de María; bautizó la moto con el nombre de Tekasate.* **AF.** nombrar, llamar. **OBS.** ante e, c: *bauticen.* **FAM.** bautismo, bautizo, bautismal, baptisterio, bautista.

bautizo *[n.m.]* fiesta familiar en la que se celebra el bautismo* de alguien: *vinieron al bautizo de su nieto.*

baya *[n.f.]* tipo de fruto carnoso y jugoso que tiene dentro varias semillas pequeñitas y sueltas, como el tomate y la uva.

bayeta *[n.f.]* trozo de tela algo gruesa que se usa, mojada, para limpiar algo frotándolo: *fregó el suelo con una bayeta.* **SIN.** trapo. **AMPL.** una ***gamuza*** es como una bayeta suave que se utiliza, seca, para limpiar el polvo.

bayoneta *[n.f.]* especie de cuchillo largo y afilado que se pone en la punta del fusil y se utiliza como arma. **FAM.** bayonetazo.

bazar *[n.m.]* tienda en la que se venden muchas cosas de muchos tipos, como adornos, figuras, cacharros de cocina, etc.: *en los bazares no suelen vender ni comida ni zapatos.*

bazo *[n.m.]* órgano del cuerpo que ayuda a que la sangre se mantenga en buen estado. **AMPL.** de los órganos que hay en el cuerpo, el bazo es de los que se llaman ***vísceras***.

be nombre de la letra *b*.

beatificar *[v.]* declarar el Papa que un católico fallecido hizo méritos en vida para ser beato. **OBS.** ante e, qu: *beatifiquen.* **FAM.** beatífico, beatificación, beato.

beato, beata *[adj.]* 1 que es muy religioso o que lo parece, porque va mucho a la iglesia y reza mucho: *son tan beatas que no salen de la iglesia.* **SIN.** pío, piadoso. **AMPL.** a veces se usa en tono despectivo y entonces los sinónimos son *santurrón* y *mojigato.* // **beato, beata** *[n.]* 2 persona ya muerta de la que el Papa ha dicho solemnemente que está en el cielo y que se le puede rezar y venerar su imagen o sus reliquias. **AMPL.** si después de ser beato se demuestra que ha hecho dos milagros, un tribunal de Roma estudia las pruebas, presenta el caso al Papa y el Papa lo declara ***santo*** en un acto solemne. **FAM.** beatería, beatitud, beatificar.

bebé *[n.m.]* niño recién nacido o muy pequeño, hasta la edad en que empieza a andar o a hablar. **SIN.** nene, crío, niño. **OBS.** se dice *un bebé*, tanto si es niño como si es niña.

bebedero *[n.m.]* 1 recipiente que se hace o se pone para que puedan beber agua las aves domésticas u otros animales: *la jaula del canario tiene un bebedero de plástico.* 2 sitio al aire libre al que van a beber los animales. **SIN.** abrevadero.

bebedor, bebedora *[adj.]* que toma, con frecuencia, bebidas que contienen alcohol: *le gusta el buen vino, pero es una persona poco bebedora.* **ANT.** abstemio.

beber *[v.]* 1 tomar líquidos por la boca. **SIN.** tomar, ingerir. 2 tomar bebidas que contienen alcohol: *está intentando dejar de beber.* **FAM.** bebida, bebedero, ***bebido*** (algo borracho), bebedor, bebible, biberón, ***bebistrajo*** (bebida asquerosa).

bebida *[n.f.]* 1 cualquier líquido que se puede beber: *el zumo de frutas es una bebida sana.* 2 líquido que se bebe y que contiene alcohol: *no prueba la bebida.*

beca *[n.f.]* 1 cantidad de dinero que un organismo le da a alguien, como ayuda, para que se dedique a estudiar o a investigar algo: *una beca de estudios.* **AF.** ayuda, subvención. 2 banda de tela que se pone sobre el pecho y los hombros, como distintivo: *una beca de colegial; una beca de tuno.* **FAM.** becario, becar.

becerro, becerra *[n.]* cría de la vaca desde que deja de mamar hasta que cambia los dientes de leche por los definitivos. **AMPL.** el toro o vaca recién nacidos se llaman ***ternero*** o ***ternera***; desde que deja de mamar, ***becerro*** o ***becerra*** y hacia los dos años, sobre todo los bravos, ***novillo*** o ***novilla***; de adultos, a partir de los 3 o 4 años, ***toro*** o ***vaca***. **FAM.** becerrada, becerril, becerrero.

bechamel *[n.f.]* besamel*.

bedel, bedela *[n.]* persona que trabaja en un colegio, una universidad u otro centro de enseñanza y que es la encargada de que todo funcione bien fuera de las aulas: *el bedel toca el timbre a las nueve.* **FAM.** bedelía.

beige *[n.m. y adj.]* beis*.

beis *[n.m.]* color que tiene el café con leche claro: *el beis es mi color preferido.* TAMBIÉN *adj.inv. en gén.: color beis; una tela beis.* **AMPL.** viene de la palabra francesa *beige*.

color beis

béisbol *[n.m.]* juego entre dos equipos de nueve jugadores que tienen que conseguir puntos golpeando la pelota con un *bate* y dando tantas vueltas al campo como puedan antes de que el equipo contrario la recoja: *en España el béisbol no es un deporte muy popular.* **AMPL.** el ***bate*** es un palo largo, redondeado y con un extremo más delgado que el otro, por el que se agarra. **OBS.** la palabra *béisbol* viene de la inglesa *baseball*.

belén *[n.m.]* 1 representación del nacimiento de Jesucristo. **SIN.** nacimiento. **AF.** pesebre. **AMPL.** viene de Belén, que es el nombre de la ciudad donde nació Jesucristo. 2 situación poco clara. **SIN.** lío, jaleo. **PL.** *belenes*.

belga *[adj. y n.inv. en gén.]* de Bélgica, país europeo cuya capital es Bruselas: *paisaje belga; las belgas.*

bélico, bélica *[adj.]* que tiene algo que ver con la guerra: *no me gustan los juguetes bélicos.* **FAM.** belicista, belicoso, belicosidad.

belleza *[n.f.]* 1 lo que tiene una persona guapa o una cosa bonita y que hace que nos parezca que es así: *un cuadro de gran belleza; la belleza de una obra musical.* **SIN.** hermosura. **ANT.** fealdad. 2 persona muy guapa: *esta chica es una belleza.* **SIN.** beldad. **FAM.** bello, bellamente, beldad. **COMP.** embellecer.

bello, bella *[adj.]* que tiene belleza: *una cosa bella; una persona bella.* **SIN.** hermoso, lindo; bonito (si se habla de cosas); guapo (si se habla de personas). **ANT.** feo. ■ **ser una bella** o **una bellísima persona**, tener muy buenos sentimientos y portarse bien con los demás.

bellota *[n.f.]* fruto que dan la encina, el roble y otros árboles. **AMPL.** mide unos dos o tres centímetros de largo, tiene forma ovalada y una especie de caperuza que se llama ***cúpula*** o ***cascabillo***. **FAM.** bellotero.

bellota

bendecir *[v.]* 1 desear el bien: *el abuelo bendijo al matrimonio.* **ANT.** maldecir. 2 hacer con la mano una cruz en el aire mientras se dice a alguien "yo te bendigo...": *el Papa bendijo a los fieles congregados en la plaza de San Pedro.* 3 hacer, con una ceremonia de bendición, que algo se convierta en sagrado: *el cura bendijo la nueva imagen de la Virgen.*

CONJUGACIÓN DEL VERBO BENDECIR

Formas no personales
Infinitivo: *bendecir*. Gerundio: *bendiciendo*. Participio: *bendecido*.
Indicativo
Presente: *bendigo, bendices, bendice, bendecimos, bendecís, bendicen.*
Pretérito imperfecto: *bendecía, bendecías, bendecía, bendecíamos, bendecíais, bendecían.*
Pretérito perfecto simple: *bendije, bendijiste, bendijo, bendijimos, bendijisteis, bendijeron.*
Futuro: *bendeciré, bendecirás, bendecirá, bendeciremos, bendeciréis, bendecirán.*
Condicional simple: *bendeciría, bendecirías, bendeciría, bendeciríamos, bendeciríais, bendecirían.*
Subjuntivo
Presente: *bendiga, bendigas, bendiga, bendigamos, bendigáis, bendigan.*
Pretérito imperfecto: *bendijera/ bendijese, bendijeras/ bendijeses, bendijera/ bendijese, bendijéramos/ bendijésemos, bendijerais/ bendijeseis, bendijeran/ bendijesen.*
Futuro: *bendijere, bendijeres, bendijere, bendijéremos, bendijereis, bendijeren.*
Imperativo:
bendice, bendiga, bendigamos, bendecid, bendigan.

bendición *[n.f.]* 1 acción con la que alguien bendice algo o a alguien: *el sacerdote dio la bendición a la pareja.* 2 persona, animal o cosa que es buena para uno, da mucha alegría, ayuda mucho, etc.: *este niño fue una bendición para ellos; tener trabajo es una bendición.* **SIN.** don del cielo. **ANT.** maldición. **FAM.** bendecir, bendito, decir.

bendito, bendita *[adj.]* 1 que está dedicado a Dios o debe ser tratado como algo relacionado con Dios: *la iglesia es un lugar bendito.* **SIN.** sagrado. **ANT.** maldito. **OBS.** no debe usarse esta palabra para formar los tiempos compuestos del verbo *bendecir*, porque el participio pasado de *bendecir* es ***bendecido***. // **bendito, bendita** *[n.]* 2 persona muy buena y sencilla: *nunca se enfada porque es una bendita.* **SIN.** buenazo, pedazo de pan.

benefactor, benefactora *[n.]* persona que ayuda a otras: *no conoce a su benefactor.* TAMBIÉN *adj.*: *familia benefactora de las monjas.* **SIN.** bienhechor.

beneficencia *[n.f.]* virtud que tiene quien ayuda a los pobres y necesitados: *toda la vida ha practicado la beneficencia.* **SIN.** caridad. **AF.** filantropía, humanidad.

beneficiar *[v.]* 1 actuar en favor de algo o de alguien: *el jefe beneficia siempre a los empleados.* 2 ser bueno para algo o para alguien: *la lluvia beneficia el campo; fumar no te beneficia.* **SIN.** favorecer. **AF.** ayudar. **ANT.** perjudicar. // **beneficiarse** *[v.prnl.]* 3 sacar provecho de algo: *los bancos se beneficiaron de la situación.* **FAM.** beneficio, beneficioso, beneficencia, beneficiario, bien.

beneficiario, beneficiaria *[n.]* persona que tiene derecho a una herencia, al dinero de un seguro, etc.: *su mujer es la beneficiaria de toda su fortuna.*

beneficio *[n.m.]* 1 lo que es bueno para alguien o para algo: *los avances de la medicina han supuesto un gran beneficio para la humanidad.* **SIN.** provecho, bien. **ANT.** daño, perjuicio. 2 ventaja que se consigue con algo: *ella no obtiene ningún beneficio con ayudarte.* **SIN.** ventaja, ganancia, provecho. // **beneficios** *[n.m.pl.]* 3 dinero que se consigue con un negocio o con un trabajo, después de descontar lo que uno ha tenido que gastar: *esa tienda da pocos beneficios.* **SIN.** ganancias, rentabilidad, rendimiento. **ANT.** pérdidas.

beneficioso, beneficiosa *[adj.]* que es bueno para alguien o para algo: *la lluvia es beneficiosa para el campo.* **SIN.** bueno, provechoso, útil. **ANT.** perjudicial, dañino.

benéfico, benéfica *[adj.]* que se hace para conseguir dinero para los necesitados: *un concierto benéfico; una fiesta benéfica.* **SIN.** a beneficio de, en pro de. **FAM.** benéficamente, bien.

benévolo, benévola *[adj.]* que demuestra que no se es severo: *una sentencia benévola; una persona benévola.* **SIN.** indulgente. **ANT.** severo. **FAM.** benevolencia, benevolente.

bengala *[n.f.]* 1 fuego artificial muy luminoso y de varios colores: *en fiestas, se tiran bengalas y cohetes; el barco en apuros lanzó una bengala para que supieran dónde estaba.* 2 alambre recubierto de pólvora que, al prenderse, produce rayos de luz y estrellitas: *en la fiesta apagaron las luces y encendieron bengalas.*

benigno, benigna *[adj.]* 1 que trata a los demás con bondad y comprensión: *es muy benigno con sus empleados.* **SIN.** benévolo, indulgente. **ANT.** severo, riguroso. 2 que no tiene temperaturas muy altas ni muy bajas: *un clima benigno.* **SIN.** moderado, suave. **ANT.** riguroso, duro. 3 que no es peligroso para la salud: *un tumor benigno.* **SIN.** inofensivo, inocuo. **ANT.** maligno.

beodo, beoda *[adj.]* que está borracho: *una persona beoda.*

berberecho *[n.m.]* animal marino que tiene dos conchas pequeñas de color claro y vive enterrado en la arena.

berenjena *[n.f.]* planta de huerta y su fruto, que tiene forma ovalada, piel morada y pulpa suave y blanca: *comieron berenjenas rellenas.* **FAM.** berenjenal.

berenjena

berenjenal *[n.m.]* 1 sitio donde hay plantadas berenjenas. 2 situación difícil de resolver: *nos hemos metido en un buen berenjenal.* **SIN.** lío, apuro.

bergantín *[n.m.]* embarcación de dos palos y velas cuadradas. **PL.** *bergantines.*

berlinés, berlinesa *[adj. y n.]* de Berlín, que es la capital de Alemania desde 1990: *costumbres berlinesas; los berlineses hablan alemán.*

bermudas *[n.m.pl.]* pantalones que llegan hasta por encima de las rodillas: *los bermudas son cómodos en verano.* **OBS.** también se usa como femenino plural: *unas bermudas.*

berrear *[v.]* dar berridos. **OBS.** e + e = ee: *berreen.* **FAM.** berrido, berreo.

berrido *[n.m.]* 1 grito de algunos animales, como el becerro o el ciervo. 2 grito fuerte y desagradable: *despertó a toda la familia con sus berridos.* **SIN.** grito, chillido.

berrinche *[n.m.]* enfado, disgusto o llanto difícil de controlar, pero que dura poco: *se cogió un berrinche porque le quitaron las golosinas.* **SIN.** rabieta, pataleo, disgusto, enfado. **FAM.** berrenchín.

berro *[n.m.]* planta comestible de hojas pequeñas y verdes y de sabor fuerte y agradable, que se come cruda: *pon berros en la ensalada.* **FAM.** berrera.

berro

besamel *[n.f.]* salsa blanca que se hace con leche, harina, mantequilla y sal: *huevos con besamel.*

besar *[v.]* tocar con los labios como muestra de cariño, amistad o amor, o para saludar: *antes de acostarse besó a su padre.* **SIN.** dar un beso. **FAM.** beso, besuqueo, besucón, besuquear.

beso *[n.m.]* lo que se da cuando se besa: *le dio un beso en la frente.*

bestia *[n.f.]* animal de cuatro patas que se utiliza para el trabajo en el campo, para llevarlo cargado, etc.: *el burro y la mula son bestias de carga.* **AMPL.** los animales de cuatro patas, cuando son ***vertebrados*** (que tienen huesos) como el burro, se llaman ***cuadrúpedos***. **FAM.** bestial, bestialidad.

bestial *[adj.inv. en gén.]* que es tan cruel o violento que no parece propio de personas civilizadas: *fue acusado de un crimen bestial.* **SIN.** brutal, bárbaro, inhumano, salvaje.

bestialidad *[n.f.]* cosa que se hace o se dice con violencia o crueldad: *la tortura es una bestialidad.* **SIN.** atrocidad* (acepción 1).

besugo *[n.m.]* pez de mar que tiene los ojos muy grandes y abultados y la carne blanca y sabrosa. **FAM.** besuguera.

besugo

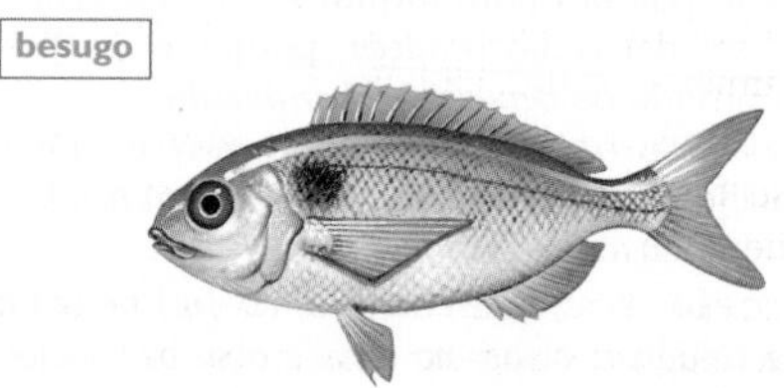

bético, bética *[adj.]* de la Bética, que es como antiguamente se llamaba lo que hoy es Andalucía.

betún *[n.m.]* crema o pasta que se usa para limpiar el calzado: *el betún se da con un cepillo o con un trapo.* ■ **quedar a la altura del betún**, quedar mal ante los demás. **FAM.** betunero, bituminoso. **COMP.** embetunar.

biberón *[n.m.]* 1 frasco tapado por una goma con forma de teta por la que los bebés y los animales pequeños toman alimento como si mamasen. 2 alimento que cabe en uno de estos frascos: *se ha tomado todo el biberón.* **PL.** *biberones.*

bíblico, bíblica *[adj.]* de la Biblia: *María* es *un nombre bíblico.* **AMPL.** la Biblia es el conjunto de los libros sagrados fundamentales para judíos y cristianos; estos libros se agrupan en lo que se llama el ***Antiguo Testamento*** y el ***Nuevo Testamento***, aunque para la religión judía sólo son sagrados los libros del Antiguo Testamento; la Biblia también se llama *Escrituras*, *Sagrada Escritura* y *Sagradas Escrituras.* **FAM.** Biblia.

bibliografía *[n.f.]* 1 conjunto de los libros que se han escrito sobre un tema: *sobre santa Teresa hay una amplia bibliografía.* 2 lista de libros que da un autor sobre un asunto que trata: *al final del artículo hay una bibliografía.* **FAM.** bibliográfico, bibliógrafo.

biblioteca *[n.f.]* sitio donde hay libros y algún mueble para poder leerlos o consultarlos. **AMPL.** cuando puede entrar todo el que quiera a leer o consultar se llama ***biblioteca pública***; si es del Ayuntamiento, ***biblioteca pública municipal*** y normalmente se pueden sacar libros para leerlos en casa, haciéndose una ***tarjeta de lector***; si es de una familia, de un particular o de una institución es una ***biblioteca privada***. **FAM.** bibliotecario.

bibliotecario, bibliotecaria *[n.]* persona responsable de la organización y el funcionamiento de una biblioteca.

bicarbonato *[n.m.]* polvo blanco que se usa como medicamento para el estómago y que es *sal de sodio.*

bíceps *[n.m.inv. en núm.]* músculo del brazo: *haciendo pesas se desarrollan los bíceps.*

bicharraco *[n.m.]* cualquier animal pequeño y desagradable: *el desván está lleno de bicharracos.* **SIN.** bicho.

bicho *[n.m.]* 1 animal pequeño, especialmente si es un reptil, un insecto o una larva: *los lagartos, los renacuajos y las cucarachas son bichos.* 2 persona que tiene malas intenciones: *te ha engañado porque es un bicho.* ■ **todo** (o **cualquier**) **bicho viviente**, todo el mundo o cualquier persona: *se enteró todo bicho viviente.* **FAM.** bicharraco.

bicicleta *[n.f.]* vehículo de dos ruedas que se mueve empujando unos pedales con los pies. **OBS.** en lenguaje familiar también se dice *bici.* **FAM.** monociclo, biciclo, triciclo. (VER figura en p. 142.)

bicolor *[adj.]* que tiene dos colores: *la bandera de España es bicolor.*

bidé *[n.m.]* especie de lavabo bajo y de forma alargada que sirve para lavarse sentándose sobre él: *el bidé está al lado del váter.*

bidón *[n.m.]* recipiente grande, normalmente de metal, aunque también puede ser de plástico, que sirve para meter y transportar líquidos: *el bidón estaba lleno de gasolina.* **PL.** *bidones.*

biela *[n.f.]* brazo metálico que sirve para convertir el movimiento de vaivén en giratorio.

biela de una locomotora

bien *[n.m.]* 1 lo que se considera que es bueno o correcto: *siempre hay que hacer el bien.* **ANT.** mal. 2 lo que es bueno para algo o para alguien: *lo hago por tu bien; por el bien de los ciudadanos hay que crear puestos de trabajo.* **SIN.** beneficio, provecho. 3 cosa que se tiene o se quiere tener: *una casa es un bien material y la alegría un bien espiritual.* // **bienes** *[n.m.pl.]* 4 conjunto de las cosas materiales que se tienen o se quiere tener: *regaló todos sus bienes y entró en un convento.* **AF.** fortuna. // **bien** *[adv. de m.]* 5 de forma buena, agradable o correcta: *el niño se portó muy bien; eso está bien hecho.* **ANT.** mal. 6 muy: *me gusta la leche bien caliente.*

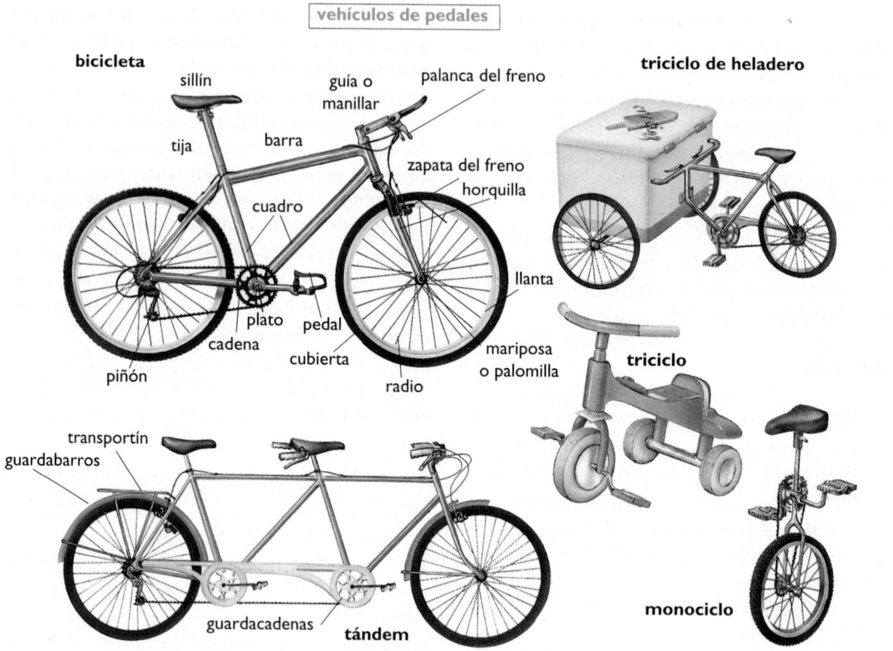

vehículos de pedales
bicicleta
sillín
guía o manillar
palanca del freno
tija
barra
zapata del freno
horquilla
cuadro
llanta
plato
pedal
cadena
cubierta
mariposa o palomilla
piñón
radio
triciclo de heladero
triciclo
transportín
guardabarros
guardacadenas
tándem
monociclo

ANT. poco. 7 de buena gana: *bien iría contigo, pero no me dejan.* **SIN.** gustosamente, con gusto. **FAM.** beneficiar, benigno, benéfico. **COMP.** bienestar, bienhechor, bienvenida, bienaventurado, bienaventuranza, requetebién.

Este año empezó ***bien***, lleno de salud y ***bienes***...
¡yo te saludo, año nuevo, que con tantas cosas ***vienes***!

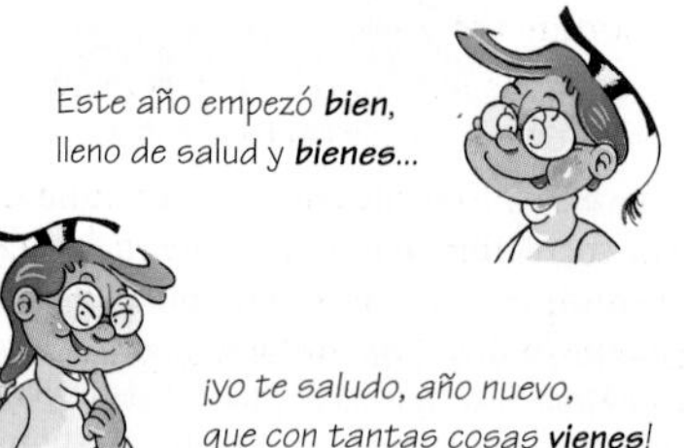

bienestar *[n.m.]* 1 sensación agradable que siente uno cuando está a gusto: *una buena ducha proporciona bienestar.* **SIN.** comodidad. **ANT.** malestar. 2 lo que tiene uno cuando no le falta lo necesario para vivir bien: *gracias a su negocio goza de cierto bienestar.* **AF.** desahogo, prosperidad. **ANT.** estrechez.

bienhechor, bienhechora *[n.]* persona que hace el bien a alguien: *es un bienhechor de los necesitados.* **SIN.** benefactor, protector. TAMBIÉN *adj.: una persona bienhechora.*

bienio *[n.m.]* período de dos años: *fue presidente durante un bienio.* **FAM.** ***bienal*** (exposición que se hace cada dos años), año.

bienvenida *[n.f.]* cosas que se hacen para demostrarle a quien llega que uno se alegra de que llegue: *la bienvenida consistió en una cena con los amigos.* ■ **dar la bienvenida**, hacerle ver a alguien que uno se alegra de que haya llegado. **AF.** recibir.

bienvenido, bienvenida *[adj.]* que es recibido con satisfacción o alegría: *siempre serás bienvenido en mi casa.*

bifocal *[adj.inv. en gén.]* que tiene dos focos: *gafas de cristales bifocales.* **FAM.** foco.

bifurcarse *[v.prnl.]* dividirse en dos un río, una carretera, un camino, etc.: *la carretera se bifurca al salir del pueblo.* **AF.** ramificarse. **OBS.** ante e, qu: *se bifurquen.* **FAM.** bifurcación.

bigamia *[n.f.]* situación que tiene una persona cuando está casada con dos a la vez: *la bigamia está prohibida en muchos países.* **AMPL.** se llama ***bígamo*** al hombre casado con dos mujeres y ***bígama*** a la mujer casada con dos hombres. La ***poligamia*** se da cuando alguien está casado con más de dos a la vez y está permitida en algunas culturas, como la musulmana. **FAM.** bígamo.

bigote *[n.m.]* conjunto de los pelos que crecen sobre el labio superior. **SIN.** mostacho. **FAM.** bigotudo, bigotera.

bigotudo, bigotuda *[adj.]* que tiene mucho bigote.

bilateral *[adj.inv. en gén.]* que tiene que ver con los dos lados, los dos países, las dos personas, etc. de que se está hablando: *han firmado varios acuerdos bilaterales.* **FAM.** bilateralmente, bilateralidad, lateral.

bilbaíno, bilbaína *[adj. y n.]* de Bilbao, que es la capital de la provincia de Vizcaya, que pertenece a la comunidad autónoma del País Vasco: *una niña bilbaína; se casó con un bilbaíno.*

bilingüe *[adj.inv. en gén.]* **1** que sabe hablar dos lenguas: *una secretaria bilingüe.* **2** que está escrito en dos lenguas: *un diccionario bilingüe inglés-español.* **FAM.** bilingüismo, bilingüista, lengua.

bilingüismo *[n.m.]* hecho de que en un sitio se hablen dos lenguas: *en Galicia, Cataluña y el País Vasco hay bilingüismo.*

bilis *[n.f.]* líquido muy amargo y amarillento producido por el hígado y que ayuda a hacer la digestión. **SIN.** hiel. **AMPL.** la bilis está en la ***vesícula biliar***. **FAM.** biliar, biliario.

billar *[n.m.]* juego en el que hay que golpear unas bolas de marfil, sobre una mesa forrada de paño verde, con unos palos largos llamados ***tacos***. **AMPL.** los dos tipos de billar más conocidos hoy son el ***clásico***, que se juega con tres bolas intentando hacer carambolas, y el ***americano*** cuya mesa tiene seis agujeros o troneras y se juega con 16 bolas.

billete *[n.m.]* **1** papel, tarjeta, etc. que hay que comprar para poder usar un transporte público: *sacó un billete de tren para Madrid; ya tiene el billete de avión.* **AMPL.** los billetes de avión y de barco también se llaman ***pasajes*** *(compró un pasaje para Australia)*; lo que se compra para poder entrar en sitios públicos se llama ***localidad*** o ***entrada*** *(una entrada de cine)*; un ***bono*** o ***abono*** es lo que se compra cuando se paga el billete o la entrada de algo para varias veces *(tiene abono para la piscina; un abono de autobús)*; para poder pasar por algunos sitios se compra un ***tique*** *(un tique de autopista)*. **2** papel que tiene valor de dinero y vale lo que pone en él que vale: *para pagar el pan entregó un billete de 10 euros.* **AMPL.** también se llama ***billete de banco***; el dinero en billetes se llama ***papel moneda***. **3** trozo de papel numerado que sirve para participar en un sorteo: *su billete de lotería estaba premiado.* **SIN.** cupón, boleto, papeleta. **FAM.** billetera, billetero, billetaje.

billetero *[n.m.]* cartera apropiada para llevar billetes de banco: *un billetero de piel.* **OBS.** también se dice billetera.

billón *[n.m.]* un millón de millones: *un billón se escribe con un uno y doce ceros.* **FAM.** billonésimo.

bimensual *[adj.inv. en gén.]* que ocurre o aparece dos veces al mes: *una revista bimensual; hacen pedidos bimensuales.* **SIN.** quincenal. **FAM.** bimensualmente, bimensualidad, mensual.

bimestral *[adj.inv. en gén.]* que ocurre o aparece cada dos meses: *tenemos evaluaciones bimestrales; un recibo bimestral.* **FAM.** bimestre, bimestralmente, mes.

bimestre *[n.m.]* período de dos meses: *el último bimestre del curso es el peor.*

binocular *[adj.inv. en gén.]* **1** de los dos ojos: *visión binocular.* // **binoculares** *[n.m.pl.]* **2** aparato que sirve para ver mejor los objetos que están lejos. **SIN.** anteojos, gemelos. **FAM.** ocular*.

binomio *[n.m.]* expresión matemática formada por dos términos unidos por un signo + o un –.

biografía *[n.f.]* historia de la vida de alguien: *le gusta leer biografías de gente famosa.* **AMPL.** cuando una persona cuenta su propia vida se llama ***autobiografía***. **FAM.** biógrafo, biográfico, biografiar. **COMP.** autobiografía.

biología *[n.f.]* ciencia que estudia los seres vivos: *una rama de la biología estudia la evolución de las especies.* **FAM.** biólogo, biológico.

biólogo, bióloga *[n.]* persona que se dedica al estudio de los seres vivos: *es un famoso biólogo.*

biombo *[n.m.]* objeto formado por dos o más paneles o armazones forrados y unidos con bisagras para que pueda doblarse, y que se usa para separar dos partes de una habitación: *se cambió de ropa detrás del biombo.* **SIN.** mampara, cancel.

biopsia *[n.f.]* prueba médica que se hace cogiendo un pequeño trozo de tejido* de un ser vivo y examinándolo a través de un microscopio: *le harán una biopsia para ver lo que tiene.*

bípedo, bípeda *[adj.]* que tiene dos pies: *el hombre es un animal bípedo.*

biquini o **bikini** *[n.m.]* traje de baño de mujer formado por dos piezas: *siempre toma el sol en biquini.*

birreta *[n.f.]* gorro cuadrado con una borla del mismo color que la tela, que usan a veces los cardenales, los obispos y los sacerdotes.

birrete *[n.m.]* gorro del que cuelga una borla negra y que usan los catedráticos, los magistrados y los abogados en ocasiones especiales: *el juez se puso la toga y el birrete.*

birria *[n.f.]* que es feo, pequeñajo, ridículo o está muy mal hecho: *ese perro es una birria; la escultura es una birria.* **FAM.** birrioso.

bis- prefijo que significa ***dos veces***.

bis *[adj.inv. en gén.]* **1** que es el segundo de algo de lo que hay dos: *busco el número quince bis de esta calle.* // **bis** *[n.m.]* **2** hecho de que alguien haga algo otra vez, especialmente en un espectáculo: *el público le pedía un bis al cantante.* **SIN.** repetición.

bisabuelo, bisabuela *[n.]* de una persona, el padre o la madre de su abuelo o de su abuela: *mi bisabuela tiene tres biznietos.* **FAM.** abuelo, tatarabuelo.

bisagra *[n.f.]* pieza de metal, formada por dos partes unidas por un eje, que hace que una puerta, una ventana, una tapa, etc. pueda girar para abrirse o cerrarse: *engrasa las bisagras del armario.* **SIN.** gozne, charnela.

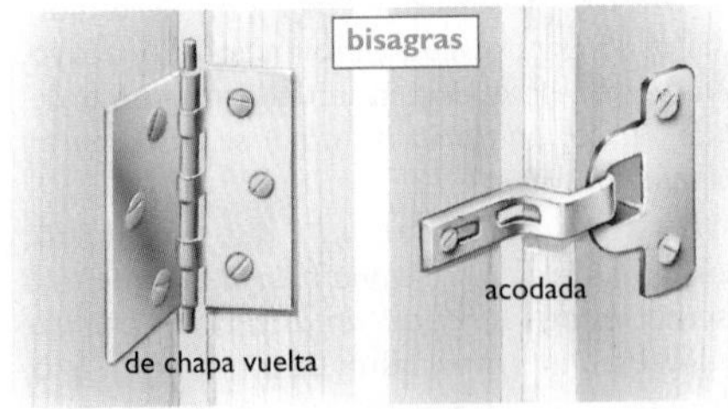

bisel *[n.m.]* corte oblicuo en el borde de una cosa plana. **FAM.** biselar, biselado.

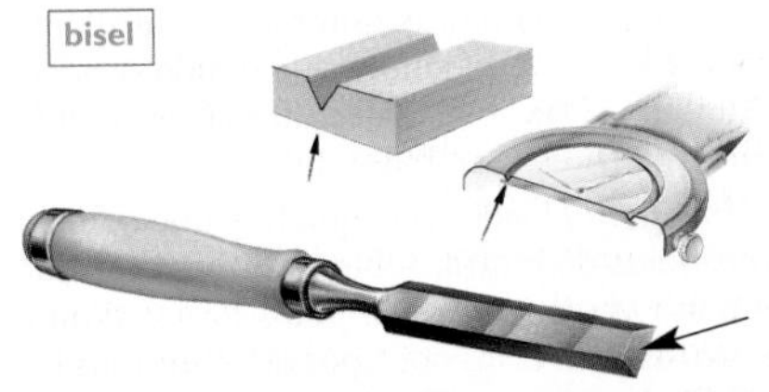

bisexual *[adj.inv. en gén.]* **1** que siente atracción sexual por hombres y mujeres: *una persona bisexual.* **2** que tiene sexo masculino y sexo femenino: *hay plantas bisexuales.* **SIN.** hermafrodita. **FAM.** bisexualidad, sexo.

bisiesto *[adj.]* decimos que un año es bisiesto si tiene 366 días, porque el mes de febrero tiene 29 en lugar de 28.

bisílabo, bisílaba *[adj.]* que tiene dos sílabas: *la palabra libro es bisílaba.*

bisnieto, bisnieta *[n.]* para una persona, hijo o hija de un nieto o una nieta suya: *tu hijo es bisnieto de tu abuelo y tu hija, bisnieta.* **ANT.** bisabuelo o bisabuela. TAMBIÉN se puede decir biznieto, biznieta. **FAM.** biznieto, nieto, tataranieto.

bisonte *[n.m.]* animal rumiante salvaje, del tipo del toro, pero más grande y con los cuernos cortos, que tiene el pelo largo y áspero y la parte delantera de la espalda muy abultada: *en las cuevas prehistóricas hay pinturas de bisontes.* **AMPL.** había muchos en Norteamérica y en Europa, pero quedan muy pocos; hay un animal muy parecido que se llama ***búfalo*** y que vive en Asia y África.

bisté *[n.m.]* loncha de carne de vaca, de ternera o de buey, que se come frita o asada a la parrilla. **SIN.** filete, bistec.

bistec *[n.m.]* bisté*.

bisturí *[n.m.]* especie de cuchillo pequeño y muy afilado que utilizan los médicos para cortar cuando van a hacer una operación: *la cirujana cogió un bisturí esterilizado.* **PL.** bisturíes.

bisutería *[n.f.]* objetos parecidos a las joyas, pero hechos con materiales baratos: *tiene una tienda de bisutería.* ■ **de bisutería**, que tiene aspecto de joya pero no lo es. **FAM.** bisutero.

bizantino, bizantina *[adj.]* de Bizancio, ciudad que cuando fue la capital del Imperio Romano de Oriente se llamó *Constantinopla* y ahora se llama *Estambul* y pertenece a Turquía: *arte bizantino.* ■ **discusión bizantina**, la que, por mucho que se discuta, se ve que no va a llevar a ninguna conclusión.

bizarro, bizarra *[adj.]* valiente*: *un bizarro soldado.* **FAM.** bizarría.

bizco, bizca *[adj.]* que tiene un problema en la vista que hace que los ojos no miren en la misma dirección: *mi perro es bizco.* **SIN.** estrábico, bisojo. **FAM.** bizquera, bizquear.

bizcocho *[n.m.]* **1** masa hecha con harina, huevo y azúcar, cocida en el horno. **2** dulce pequeño que se hace con esta masa y, especialmente, el que tiene forma alargada con los extremos redondeados y la parte de arriba curva: *merendaron chocolate con bizcochos.* **FAM.** bizcochero, bizcochada, bizcochar.

biznieto, biznieta *[n.]* bisnieto*.

blanca *[n.f.]* nota musical que dura la mitad que la redonda.

blanco, blanca *[adj.]* **1** que es del color de la nieve: *una pared blanca; un vestido blanco.* TAMBIÉN *n.m.: el blanco es el color más claro que hay.* **ANT.** negro. **2** que es de la raza originaria de Europa: *su padre es blanco y su madre negra; una mujer blanca; un hombre blanco.* TAMBIÉN *n.: los blancos europeos conquistaron América.* **AMPL.** la raza originaria de Europa se llama ***raza blanca***, ***raza occidental*** o ***raza caucásica***. // **blanco** *[n.m.]* **3** sitio u objeto al que se apunta con algo que se lanza o se tira (una flecha, una pelota, etc.): *la bala dio en el blanco.* **SIN.** diana, objetivo. ■ **vino blanco**, el que está hecho con uva verde y tiene color dorado claro. ■ **pan blanco**, el hecho con harina de trigo refinada y que es más claro que el hecho con harina integral, harina de centeno, etc. ■ **estar sin blanca**, no tener nada de dinero. ■ **dejar en blanco** algo, dejarlo sin escribir. ■ **quedarse en blanco**, no acordarse de nada. ■ **pasar la noche en blanco**, estar toda la noche sin dormir. **FAM.** blancura, blanquecino, blanquear, blancuzco, blancor. **COMP.** emblanquecer.

blancura *[n.f.]* característica que hace que digamos que algo es blanco: *la blancura de la nieve.* **SIN.** blancor. **ANT.** negrura.

blandir *[v.]* sujetar algo con la mano, agitándolo en el aire o haciéndolo vibrar: *blandió la espada.* **SIN.** enarbolar. **OBS.** es verbo defectivo que, como *abolir**, sólo se conjuga en las formas en que la terminación empieza por *i*: *blandió, blandía, blandimos.*

blando, blanda *[adj.]* 1 que cambia de forma con facilidad si lo aprietas o lo presionas: *un sofá blando.* **AF.** suave. **ANT.** duro. 2 que se corta y se come con facilidad: *carne blanda; queso blando.* **SIN.** tierno. **ANT.** duro. 3 que no tiene fuerza: *si no se hace ejercicio, los músculos se quedan blandos.* **SIN.** fláccido, fofo, flojo. **ANT.** duro, fuerte. 4 que se deja convencer fácilmente y no impone su autoridad: *es demasiado blanda con sus hijos; un profesor blando con sus alumnos.* **SIN.** tolerante, transigente, indulgente. **ANT.** duro, exigente, severo. **FAM.** blandura, blandamente, blandengue, blanducho. **COMP.** ablandar, reblandecer, emblandecer.

blanquear *[v.]* 1 hacer que algo se vuelva blanco o más blanco de lo que era: *la lejía blanquea la ropa.* **SIN.** emblanquecer. **ANT.** ennegrecer, oscurecer. 2 ponerse blanco o más blanco: *el pelo blanquea con la edad.* 3 cubrir con cal* una superficie para que esté más blanca: *en primavera blanquean la fachada de la casa.* **SIN.** encalar. **OBS.** e + e = ee: *blanqueemos.* **FAM.** blanqueo, blanqueado, blanqueador, blanco.

blanquecino, blanquecina *[adj.]* que es muy claro, tirando a blanco: *tiene la piel blanquecina.*

blasfemar *[v.]* decir blasfemias: *blasfemar es de muy mal gusto.* **AF.** maldecir, jurar.

blasfemia *[n.f.]* palabra que es un insulto contra Dios o contra cosas que son sagradas o muy respetadas. **AF.** taco, palabrota. **FAM.** blasfemar, blasfemo.

bledo *[n.m.]* planta comestible de hojas verdes y triangulares y flores rojas muy pequeñas. ■ **importar un bledo**, no importar nada.

blindar *[v.]* proteger algo poniéndole placas de acero o de hierro, cristales especiales, etc., para que quede muy resistente y sea difícil destruirlo en caso de ataque: *blindar una puerta; blindar un coche.* **AF.** acorazar. **FAM.** blindaje, blindado.

bloc *[n.m.]* cuaderno cuyas hojas se pueden arrancar fácilmente sin que se suelten otras: *un bloc de dibujo.* **SIN.** libreta, cuaderno. **PL.** blocs.

bloque *[n.m.]* 1 trozo grande de algún material duro (piedra, mármol, hielo, etc.): *el camión iba cargado de bloques de cemento.* 2 conjunto de cosas relacionadas entre sí: *el gobierno elaboró un bloque de medidas antiterroristas.* **SIN.** conjunto, paquete. 3 edificio, normalmente alto, donde hay varias viviendas u oficinas: *es un bloque de seis plantas.* **FAM.** bloquear, bloqueo. **COMP.** desbloqueo, desbloquear.

bloquear *[v.]* hacer que algo no pueda seguir o que por un sitio no se pueda pasar: *el atentado bloqueó las negociaciones de paz; la nieve bloqueó las carreteras de montaña.* **AF.** interrumpir, obstaculizar. **OBS.** e + e = ee: *bloqueen.*

blusa *[n.f.]* prenda de vestir parecida a una camisa, con o sin mangas, que usan las mujeres: *una blusa de encaje.* **FAM.** blusón. **COMP.** ablusar, ablusado.

blusón *[n.m.]* blusa larga y amplia: *las embarazadas suelen llevar blusones.* **PL.** *blusones.*

boa *[n.f.]* serpiente no venenosa, pero muy fuerte, que puede llegar a medir hasta diez metros y que mata a sus presas enrollándose alrededor de ellas antes de devorarlas; vive en las selvas de América del Sur y Central y se alimenta de pequeños animales. **SIN.** anaconda.

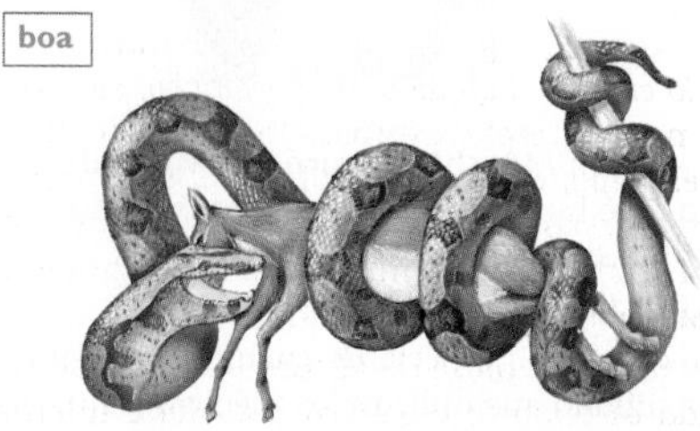
boa

boato *[n.m.]* lujo: *fiesta con mucho boato.*

bobada *[n.f.]* cosa que se hace o se dice y que no tiene sentido: *es una bobada regar el césped cuando está lloviendo; deja de decir bobadas.* **SIN.** estupidez, tontería, majadería, necedad, idiotez, sandez, memez, simpleza, patochada. **ANT.** agudeza.

bobalicón, bobalicona *[n.]* persona poco inteligente, que no se entera de lo que pasa a su alrededor, tarda en entender lo que le dicen, etc.: *tiene cara de bobalicón.* TAMBIÉN *adj.*: una persona bobalicona. **SIN.** bobo, simple, tonto, necio. **ANT.** listo, espabilado, avispado.

bobina *[n.f.]* 1 tubo hueco que sirve para enrollar algo: *casi no quedaba hilo en la bobina.* **SIN.** canuto. **AMPL.** el ***carrete*** se usa para lo mismo, pero en los extremos tiene bordes para que lo que está enrollado no se salga por los lados; el carrete pequeñito, de metal, especial para el hilo de las máquinas de coser, se llama ***canilla***. 2 conjunto del tubo para enrollar y lo que está enrollado: *bobina de hilo, de papel, de película de cine...* 3 parte de un sistema eléctrico que lleva enrollado un hilo metálico, a veces con miles de vueltas, para conducir electricidad: *si se quema la bobina, el coche no funciona.* **FAM.** bobinar, bobinado. **COMP.** rebobinar.

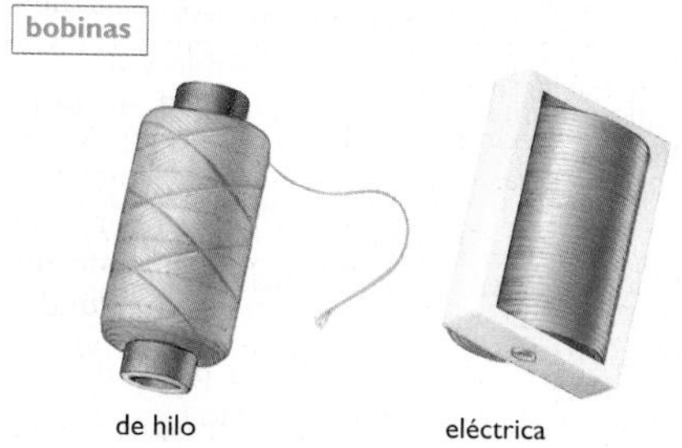

bobo, boba *[adj.]* 1 que es poco inteligente: *no lo entiende porque es un poco bobo.* **SIN.** tonto, necio, simple, estúpido, idiota. **ANT.** listo, inteligente, agudo, espabilado. 2 que hace o dice muchas cosas sin sentido. **SIN.** majadero*. **FAM.** bobada, bobalicón, bobería, bobear. **COMP.** abobado, abobar, embobar.

boca *[n.f.]* 1 parte de la cara que sirve de entrada al aparato digestivo y cavidad interior en la que están la lengua, los dientes, el paladar, etc.: *abre la boca; no hables con la boca llena.* 2 abertura por la que se entra a un sitio o por la que se ve el interior de un sitio: *quedaron en la boca del metro; el artista saludaba desde la boca del escenario.* **SIN.** embocadura. **AF.** entrada. 3 desembocadura de un río. ■ **boca abajo**, tumbado sobre el pecho o con la parte de arriba mirando hacia abajo. **SIN.** tendido prono. ■ **boca arriba**, tumbado sobre la espalda. **SIN.** tendido supino. ■ **boca a boca**, tipo de respiración que se hace en caso de emergencia poniendo la boca sobre la de otra persona y echándole el aire a los pulmones para que empiece de nuevo a respirar. ■ **a boca de jarro** o **a bocajarro**, directamente, sin rodeos. ■ **de boca en boca**, de unas personas a otras, de manera que se entera todo el mundo: *la noticia corrió de boca en boca.* ■ **con la boca abierta**, con cara de sorpresa, de admiración o de incredulidad. ■ **no abrir la boca** o **no decir esta boca es mía**, no decir nada. **FAM.** bocado, bocadillo, bocanada, bocazas, boquete, boquilla, bucal, bozal. **COMP.** bocacalle, boquiabierto, embocadura, desbocarse, desembocar, emboquillar.

bocacalle *[n.f.]* parte por la que una calle se une a otra con la que se cruza: *vaya por la primera bocacalle a la derecha.* **SIN.** travesía.

bocadillo *[n.m.]* 1 trozo de pan abierto longitudinalmente en el que se ha metido comida: *un bocadillo de queso.* **AMPL.** el ***emparedado*** es una especie de bocadillo frito, hecho con dos rebanadas finas de pan; el ***sándwich*** se hace con dos rebanadas de pan de molde y el ***canapé*** es una rebanadita de pan con algo de comida encima. 2 especie de globo dibujado que sale de la boca de los personajes de los cómics en el que están escritas las palabras que dicen.

bocado *[n.m.]* 1 cantidad pequeña de comida: *tomó un bocado y se fue a la cama.* **SIN.** tentempié, refrigerio. 2 cantidad de comida que se puede meter de una vez en la boca: *no tomó más que un bocado de la tarta.* 3 cantidad de algo que se muerde de una vez: *le dio tres bocados a la manzana.* **SIN.** muerdo, mordisco. 4 pieza de metal que va en la boca del caballo y se utiliza como freno: *para parar el caballo se tira del bocado.*

bocanada *[n.f.]* 1 cantidad de aire o humo que se traga o se echa de una sola vez: *echó una bocanada de humo.* 2 gran cantidad de algo que entra o sale de una sola vez: *de la puerta de la discoteca salió una bocanada de aire caliente.* **SIN.** ráfaga.

boceto *[n.m.]* dibujo o figura hecho con rapidez y que da idea de lo que va a ser algo cuando esté terminado: *el pintor hizo varios bo-*

cetos del cuadro. **SIN.** borrador, esbozo, bosquejo, apunte, croquis. **FAM.** abocetar.

bochorno *[n.m.]* 1 aire muy caliente e incómodo, sin nada de viento que refresque: *con este bochorno es difícil respirar.* **AF.** calor. **ANT.** fresco. 2 lo que siente quien está pasando mucha vergüenza: *sintió un gran bochorno cuando se cayó en la calle.* **SIN.** vergüenza, turbación. **FAM.** bochornoso. **COMP.** abochornar.

bocina *[n.f.]* tubo más ancho por un extremo que por otro, que amplía la voz o los sonidos. **AMPL.** la bocina de los coches actuales es eléctrica y se llama ***claxon***; las bocinas grandes que se usan para aumentar el volumen de la voz, cuando llevan un amplificador eléctrico de sonido se llaman ***megáfonos*** o ***altavoces***. **FAM.** bocinazo. **COMP.** abocinar, abocinado.

boda *[n.f.]* ceremonia y celebración que se hace cuando una pareja se casa: *ya tiene el vestido para la boda.* **SIN.** enlace, enlace matrimonial, casamiento, nupcias. **ANT.** divorcio. **AMPL.** cuando una pareja lleva veinticinco años casada celebra sus ***bodas de plata***; a los cincuenta años se celebran las ***bodas de oro*** y a los sesenta y cinco las ***bodas de diamante***; cuando una persona viuda se casa otra vez, se dice que se casa en segundas, terceras, etc. ***nupcias***. **FAM.** bodorrio.

bodega *[n.f.]* 1 espacio que está bajo tierra, mantiene durante todo el año la misma temperatura y es muy apropiado para guardar y criar vino: *en la bodega hay varias cubas.* 2 almacén o tienda de vinos y otros bebidas. **SIN.** taberna, cantina. 3 parte de una casa o de un barco que está normalmente por debajo del nivel de la calle (o de la superficie del mar) y se usa de almacén: *las patatas están en la bodega.* **FAM.** bodegón, bodeguero.

bodegón *[n.m.]* pintura que representa un conjunto de objetos de cocina, alimentos, como frutas o aves, etc. **PL.** *bodegones.*

bodeguero, bodeguera *[n.]* dueño o encargado de una bodega en la que se sirven bebidas al público: *el bodeguero trajo una botella de vino.*

bodrio *[n.m.]* cosa de muy mala calidad: *algunos programas de televisión son un bodrio.* **SIN.** porquería, basura.

body *[n.m.]* 1 prenda de vestir ajustada, de una sola pieza, como si fuera un bañador de mujer pero que puede tener mangas y perneras cortas o largas: *se pone un body para hacer gimnasia.* **SIN.** maillot, malla. 2 prenda de vestir interior, de una sola pieza, que usan las mujeres: *usa body en lugar de braga y sujetador.*

B.O.E. siglas de *Boletín Oficial del Estado*, publicación en que aparecen todas las leyes que se aprueban, las modificaciones y muchas cosas de carácter oficial.

bofetada *[n.f.]* golpe fuerte que se da en la cara con la mano abierta: *el niño no dejaba de chillar y se llevó una bofetada.* **SIN.** bofetón, tortazo, sopapo, guantazo. **AMPL.** una bofetada suave no se llama así, sino ***cachete*** o ***torta***. ■ **darse de bofetadas**, ser dos cosas que, juntas, hacen mal efecto. **FAM.** bofetón. **COMP.** abofetear.

bofetón *[n.m.]* bofetada*. **PL.** *bofetones.*

boga *[n.f.]* pez de río comestible y de color azulado, muy común en España. ■ **en boga**, de moda.

bogar *[v.]* avanzar en el agua con la ayuda de los remos: *bogaban con todas sus fuerzas.* **SIN.** remar. **AF.** navegar. **OBS.** ante e, gu: *boguen.* **FAM.** boga, bogavante.

bogavante *[n.m.]* marisco parecido a la langosta, de carne muy apreciada, que tiene ocho patas y dos grandes pinzas.

bohemio, bohemia *[adj. y n.]* 1 de Bohemia, región del oeste de la República Checa: *productos bohemios; una niña bohemia; los bohemios.* 2 que no coincide con las costumbres de la mayoría de la gente: *muchos pintores hacen vida bohemia; cuando se casó, dejó de ser un bohemio.* **AF.** inconformista. **ANT.** burgués, convencional, tradicional.

boicot *[n.m.]* acción o acciones con las que se boicotea algo o a alguien (VER *boicotear*): *si un país no respeta los derechos humanos, los demás le hacen el boicot.* **ANT.** apoyo. **AMPL.** si el boicot de un país a otro consiste en no venderle cosas que necesita ni comprarle lo que produce, también se llama ***bloqueo***. **PL.** *boicots.* **FAM.** boicotear, boicoteo.

boicotear *[v.]* intentar que otros dejen de hacer algo o que no consigan algo, entorpeciendo las gestiones, rompiendo las relaciones, consiguiendo que no tengan lo que necesitan, etc.: *los estadounidenses boicotearon los Juegos Olímpicos de Moscú.* **ANT.** apoyar. **OBS.** e + e = ee: *boicoteen.*

boina *[n.f.]* gorra redonda, sin visera, normalmente de tela de lana, y hecha de una sola pieza: *muchos campesinos usan boina.* **SIN.** gorra. **AMPL.** la boina que tiene tanta tela que sobresale mucho alrededor de la cabeza se llama ***chapela***.

boj *[n.m.]* arbusto de ramas duras y derechas, hojas fuertes, pequeñas y brillantes y flores casi blancas que no huelen bien; se usa mucho en los jardines, sobre todo para hacer setos. **FAM.** bojedal.

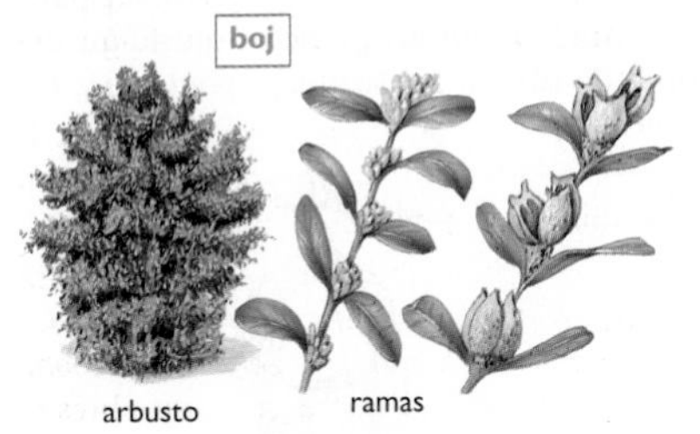

bola *[n.f.]* **1** objeto con forma de esfera o, al menos, redondeado: *el billar se juega con bolas de marfil; no hagas bolas con la miga del pan; le tiró una bola de papel.* **2** mentira*: *cuenta muchas bolas.* **FAM.** bolo, bolazo, bolero, boleo, bolear, bolera, boliche. **COMP.** embolado.

boleadoras *[n.f.pl.]* aparato hecho con dos o tres bolas unidas por unas cuerdas o correas que se tira a las patas de los animales para capturarlos o detenerlos.

bolera *[n.f.]* sitio preparado para jugar a los bolos: *han abierto una bolera con siete pistas.*

boletín *[n.m.]* **1** papel en el que se ponen las notas de un alumno: *hay que devolver el boletín firmado por los padres.* **2** revista que trata de algún tema determinado: *recibo todos los meses un boletín literario.* **SIN.** revista, gaceta. **PL.** *boletines.*

boleto *[n.m.]* papel con un número, para participar en una rifa, un sorteo, etc.: *un boleto de lotería.* **SIN.** papeleta, billete, cupón. **FAM.** boletín, boleta, boletero.

boliche *[n.m.]* **1** bola pequeña: *en el juego de la petanca se acercan las bolas a un boliche.* **2** bola de adorno en muebles, rejas, balcones, etc.: *el pasamanos está rematado con un boliche de metal dorado.*

bólido *[n.m.]* **1** coche muy rápido para carreras: *su sueño era pilotar un bólido.* **2** meteorito* muy grande que pasa a gran velocidad.

bolígrafo *[n.m.]* objeto con un tubo de tinta y una bolita de acero en la punta, que sirve para escribir. TAMBIÉN se dice, familiarmente, ***boli***.

bolívar *[n.m.]* moneda venezolana: *le costó tres bolívares.*

boliviano, boliviana *[adj. y n.]* de Bolivia, país suramericano cuya capital es La Paz: *una mujer boliviana; los bolivianos hablan español.*

bollería *[n.f.]* **1** sitio donde hacen y venden bollos y pan. **AF.** pastelería, horno, panadería. **2** conjunto de dulces que se hacen con masa

a b c d e f g h i j k l m n ñ o p q r s t u v w x y z

de bollo: *el desayuno consiste en café o té con bollería.*

bollo *[n.m.]* 1 especie de panecillo dulce que puede tener varias formas y tamaños y está hecho con harina, leche, azúcar, huevos y mantequilla: *mi bollo preferido es el suizo.* AF. panecillo, bizcocho. 2 parte de una superficie que queda hundida después de un golpe: *esta olla está llena de bollos.* SIN. abolladura. ■ **no estar el horno para bollos**, no ser el momento apropiado para decir o hacer algo, porque hay ambiente de mal humor, de preocupación, de disgusto, etc. FAM. bollería. COMP. abollar.

bolo *[n.m.]* objeto alargado y de superficie redondeada, con la base plana, que se pone de pie en algunos juegos para derribarlo con una bola que se lanza a cierta distancia: *no tiró ni un bolo en toda la partida.*

bolsa *[n.f.]* 1 todo lo que es de material flexible y sirve para meter cosas y llevarlas de un sitio a otro: *metí la compra en una bolsa.* AMPL. si una bolsa es grande y sin asas se llama ***saco***: *un saco de cemento*; si es grande, sin asas y de tela áspera, ***costal***: *un costal de trigo*; si es de tela, larga y estrecha, ***talego***; y si es de tela, corta y ancha, ***talega***. 2 sitio en el que se compran y se venden acciones de algunas empresas grandes: *trabaja en la bolsa de Madrid.* AMPL. una ***acción*** es como una parte de lo que vale una sociedad (empresa); cuando una empresa tiene acciones para que la gente las compre o las venda, se dice que esa empresa ***cotiza en bolsa***. FAM. bolso, bolsillo, bolsista (persona que trabaja en la bolsa). COMP. abolsarse, embolsar.

bolsillo *[n.m.]* espacio con fondo que tienen las prendas de vestir y algunas cosas de material flexible para meter cosas: *llevaba las manos metidas en los bolsillos; la cartera tiene un bolsillo interior con cremallera.* ■ **de bolsillo**, de tal tamaño, que se podría llevar en algunos bolsillos: *un diccionario de bolsillo.* AF. pequeño.

bolso *[n.m.]* especie de bolsa para llevar cosas, especialmente el que usan las mujeres para llevar lo que necesitan: *en el bolso lleva las llaves, el dinero y el carné de identidad.* ■ **bolso de viaje**, el que es grande y se utiliza en los viajes, pero no tiene forma de maleta.

bomba *[n.f.]* 1 objeto que tiene dentro un explosivo: *una bomba destruyó el edificio.* SIN. explosivo. AF. proyectil. 2 aparato que sirve para empujar el agua o cualquier otro líquido y llevarlo por tubos hasta donde queremos: *sacó agua del pozo con la bomba.* ■ **pasarlo bomba**, divertirse mucho. FAM. bombo, bombear, bombona, bombardear, bombazo, bombacho, bombilla, bombín. COMP. abombarse.

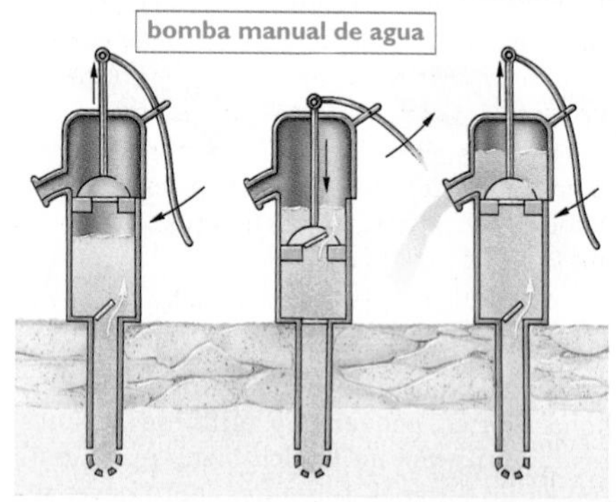

bombacho o **bombachos** *[n.m.]* pantalones anchos con las perneras ajustadas en el borde de abajo. TAMBIÉN *adj.*: *pantalones bombachos.*

bombardear *[v.]* 1 lanzar bombas sobre un sitio para destruirlo: *los enemigos bombardearon el campamento.* 2 dirigirse a alguien insistiendo mucho en algo: *los periodistas lo bombardearon a preguntas; la publicidad nos bombardea constantemente.* OBS. e + e = ee: *bombardeen.* FAM. bombardeo, bombardero, bomba.

bombardeo *[n.m.]* ataque con bombas: *los bombardeos son frecuentes en las guerras.*

bombardero *[n.m.]* barco o avión que lanza bombas: *es un bombardero de la Segunda Guerra Mundial.*

bombazo *[n.m.]* 1 explosión de una bomba y golpe que da la bomba donde cae: *un bombazo destruyó su casa.* **AF.** estallido, impacto. 2 noticia importante que impresiona a la gente.

bombear *[v.]* hacer que un líquido salga de un sitio, usando una bomba: *un motor eléctrico bombea el agua del pozo.* **OBS.** e + e = ee: *bombeemos.* **FAM.** bombeo, bombero, bomba.

bombero, bombera *[n.]* persona que trabaja apagando fuegos y ayudando a los ciudadanos en situaciones peligrosas: *los bomberos la bajaron del tejado.*

bombilla *[n.f.]* especie de globo de cristal que tiene dentro un hilo muy fino de cobre, platino o algún metal apropiado y que sirve para dar luz eléctrica: *se ha fundido la bombilla.* **SIN.** lámpara. **AMPL.** dentro de una bombilla está hecho el vacío y el hilo al que llega la electricidad se llama ***filamento***; la bombilla ilumina porque la electricidad calienta tanto el filamento, que se pone al rojo (***incandescente***).

bombín *[n.m.]* 1 sombrero con ala estrecha y algo curvada hacia arriba y la copa alta y semiesférica: *Charlot usaba bombín.* **SIN.** hongo, sombrero hongo. 2 aparato portátil formado por un tubo con émbolo que sirve para hinchar de aire las ruedas de las bicicletas y los balones: *lleva el bombín sujeto a la barra de la bici.* **PL.** *bombines.*

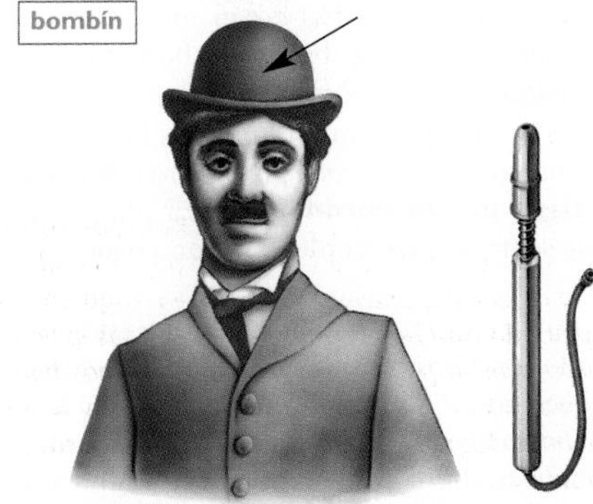

bombo *[n.m.]* 1 instrumento musical parecido al tambor, pero más grande, que se toca golpeando con una maza: *toca el bombo muy bien.* TAMBIÉN se llama bombo a la persona que lo toca: *es el bombo de la banda municipal.* 2 esfera o cilindro dentro del cual se ponen los números o papeletas de un sorteo y que se hace girar para que el número o papeleta que salga premiado salga por casualidad sin que nadie pueda prepararlo: *en los sorteos de lotería las bolas con los números van saliendo de distintos bombos.* ■ **a bombo y platillo**, dándole mucha importancia para que todo el mundo se entere. ■ **dar bombo**, decir cosas buenas de alguien o de algo.

bombón *[n.m.]* dulce pequeño hecho con chocolate y que puede estar relleno de algo: *le regaló una caja de bombones de licor.* **PL.** *bombones.* **FAM.** bombonera, bombonería.

bombona *[n.f.]* especie de botella de metal que sirve para llevar gas de un lado a otro. Se abre y se cierra el paso del gas con una válvula que tiene en la parte de arriba: *una bombona de butano.*

bombonera *[n.f.]* caja para guardar bombones o bandeja para servirlos.

bonachón, bonachona *[adj.]* que es muy buena persona y tiene muy buen carácter: *una persona bonachona.* TAMBIÉN *n.*: *es un bonachón.* **SIN.** buenazo, buenote.

bonaerense *[adj.inv. en gén.]* de Buenos Aires, capital de Argentina: *un barrio bonaerense.* TAMBIÉN *n.*: *los bonaerenses.*

bondad *[n.f.]* lo que tienen las personas de las que decimos que son buenas y que hace que nos parezcan así: *su bondad hace que todo el mundo lo quiera.* **AF.** virtud, humanidad. **ANT.** maldad. ■ **tener la bondad de algo**, hacer algo que otro quiere, aunque uno no esté interesado. **FAM.** bondadoso, bondadosamente, bueno.

bondadoso, bondadosa *[adj.]* bueno* (acepción 2): *una persona bondadosa.*

bonete *[n.m.]* gorro redondo con cuatro picos hacia arriba usado antiguamente por los seminaristas, sacerdotes, obispos y cardenales. **FAM.** bonetería, bonetero.

boniato *[n.m.]* planta parecida a la de la patata, que tiene raíces gruesas, dulces y comestibles que también se llaman boniatos. **AMPL.** las raíces o tallos que engordan así para retener sustancias de reserva se llaman ***tubérculos***.

boniato

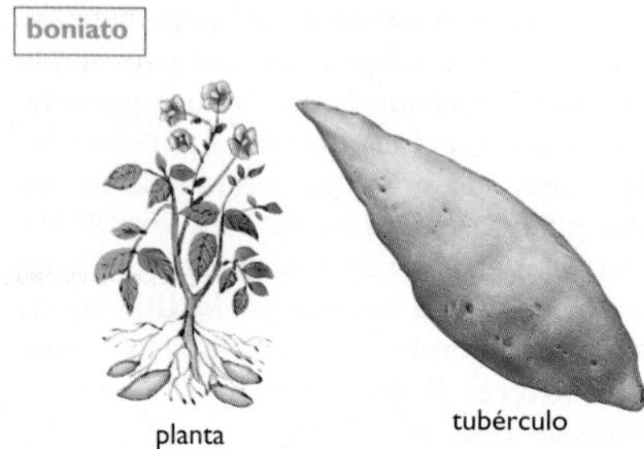

bonificación *[n.f.]* **1** dinero extra que se recibe por algo que se ha hecho: *trabajó bien y le dieron una bonificación.* **SIN.** premio, gratificación. **2** cantidad que se descuenta de algo que hay que pagar: *le hicieron una bonificación del diez por ciento.* **SIN.** descuento, rebaja. **FAM.** bonificar, bono, bueno.

bonito, bonita *[adj.]* **1** que resulta agradable al oído, a la vista o a los sentimientos: *una música bonita; una bonita poesía; un paisaje bonito.* **SIN.** hermoso, bello, lindo. **INTENS.** precioso. **ANT.** feo. // **bonito** *[n.m.]* **2** pez parecido al atún, pero más pequeño, que vive en el Mediterráneo y en el Atlántico. **FAM.** bonitero.

bonito

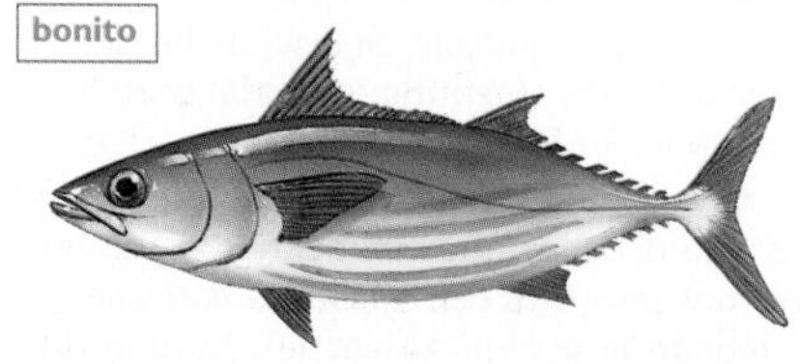

bono *[n.m.]* **1** papel que se puede cambiar por algo: *en vez de devolverle el dinero le dieron un bono.* **SIN.** vale. **2** papel que se usa para poder disfrutar de algún servicio más de una vez: *tengo un bono de quince baños para la piscina.* **SIN.** abono.

boñiga *[n.f.]* cada uno de los trozos de excremento de las vacas y otros animales: *las boñigas sirven de abono para la tierra.* **AF.** excremento, estiércol.

boom *[n.m.]* éxito rápido que dura poco: *el boom de la falda larga duró una temporada.* **AF.** éxito, moda. TAMBIÉN se llama así a la persona o cosa a la que le pasa eso: *ese cantante fue un boom hace dos años.*

boomerang palabra inglesa de la que viene la española *bumerán**.

boquerón *[n.m.]* pez parecido a la sardina, pero más pequeño y delgado, que vive en el Atlántico y en el Mediterráneo. **AMPL.** cuando se sala y se conserva en aceite se llama ***anchoa***. **PL.** *boquerones.*

boquete *[n.m.]* **1** entrada muy estrecha: *había que entrar en la gruta por un boquete.* **2** agujero de forma irregular en una pared, un muro, una puerta, etc.: *los ladrones hicieron un boquete en la tapia del patio.* **SIN.** agujero, brecha.

boquiabierto, boquiabierta *[adj.]* con la boca abierta o con cara de sorpresa, de admiración o de susto: *se quedó boquiabierta al verlo entrar.* **SIN.** atónito, estupefacto. **AF.** asombrado, sorprendido.

boquilla *[n.f.]* **1** tubo pequeño en el que se mete un extremo del cigarrillo para fumar a través de él: *la actriz fumaba con una larga boquilla.* **SIN.** pipa. **2** pieza pequeña y hueca que tienen algunos instrumentos musicales de viento en la que se apoyan los labios para soplar: *le cambió la boquilla a la trompeta.* **SIN.** embocadura.

borbónico, borbónica *[adj.]* que es de la familia de los Borbones: *la familia real española es borbónica.*

borbotón *[n.m.]* burbuja que se hace en la superficie de una sustancia líquida o algo espesa: *cuando el chocolate haga borbotones, retíralo del fuego.* **SIN.** borbollón. ■ **a borbotones**, en gran cantidad o con mucha fuerza. **PL.** *borbotones.* **FAM.** borboteo, borbotar, borboteante.

borda *[n.f.]* parte más alta de los laterales de un barco: *tiró el pescado por la borda.* ■ **echar** o **tirar por la borda**, estropear algo bueno que se tiene. **FAM.** borde, bordear. **COMP.** abordar.

bordado, bordada *[adj.]* **1** que está adornado con hilos cosidos sobre la tela: *una camisa bordada.* **2** sin ningún fallo: *el trabajo le salió bordado.* **SIN.** perfecto. // **bordado** *[n.m.]* **3** dibujo hecho con hilo cosido sobre una tela:

una sábana con bordado en tonos rojos. **AF.** labor.

bordador, bordadora *[n.]* persona que trabaja haciendo bordados: *la bordadora usa hilos de muchos colores.*

bordar *[v.]* hacer adornos de hilos en una tela: *está bordando unas servilletas.* **FAM.** bordado, bordador.

borde *[n.m.]* parte donde empieza o acaba una cosa: *llenó las copas hasta el borde; no te acerques al borde del terraplén, porque puedes caerte.* **SIN.** orilla. **AF.** límite, extremo. ■ **estar al borde de**, estar muy cerca de algo desagradable. **FAM.** bordear, bordillo, borda, bordo. **COMP.** reborde, desbordar, transbordar.

bordear *[v.]* ir por la orilla de algo: *cogeremos el camino que bordea el río; bordearon la finca con el coche.* **SIN.** rodear. **OBS.** e + e = ee: *bordeemos.*

bordillo *[n.m.]* borde de la acera, que queda como un escalón sobre la calle: *la rueda del coche chocó con el bordillo.*

bordo *[n.m.]* cada uno de los lados de fuera de un barco: *el capitán mandó pintar los bordos.* ■ **a bordo de**, dentro de un barco o un avión.

boreal *[adj.inv. en gén.]* del Norte: *viento boreal.* ■ **aurora boreal**, fenómeno luminoso que se ve en el cielo cerca del Polo Norte. **FAM.** ***bóreas*** (viento del norte).

borla *[n.f.]* adorno que se hace con muchos hilos de la misma longitud unidos por un extremo: *los cordones de las cortinas acaban en una borla de seda.* **AMPL.** cuando los hilos están atados por el centro, de manera que el conjunto queda con forma de bola, se llama ***pompón***.

borra *[n.f.]* 1 parte corta de la lana, que no es fina, o pelusa de algodón o de lana: *dentro de los dobladillos de la ropa se forma borra.* 2 pelo de cabra, cuando se usa para rellenar algo: *antes se hacían pelotas de borra.*

borrachera *[n.f.]* lo que tiene la persona que está borracha, por el hecho de estarlo: *cuando duerma, se le pasará la borrachera.* **SIN.** mona, moña, cogorza, tajada, curda, tranca.

borracho, borracha *[n.]* 1 persona que ha bebido tanto vino o licor que ya no puede controlar lo que hace: *un borracho estaba hablando con una farola.* TAMBIÉN *adj.*: *una mujer borracha; un hombre borracho.* **SIN.** ebrio, beodo, bebido. **ANT.** sobrio. // **borracho** *[n.m.]* 2 dulce hecho con masa de harina y empapado en algún licor: *mi abuela hace unos borrachos de ponche muy ricos.* **FAM.** borrachera, borrachuzo, borrachín. **COMP.** emborrachar.

borrador *[n.m.]* 1 lo que se usa para borrar la pizarra: *dejó el borrador sobre la repisa del encerado.* 2 lo que se escribe en sucio para, después, pasarlo a limpio escribiéndolo otra vez sin errores ni tachaduras: *te enseñaré el borrador del cuento que estoy escribiendo.*

borrar *[v.]* 1 hacer que algo desaparezca: *lo escrito a lápiz se puede borrar con goma; la plancha borra las arrugas de la ropa.* **SIN.** eliminar, suprimir. TAMBIÉN *prnl.*: *los dibujos en la arena se borran con el agua.* // **borrarse** *[v.prnl.]* 2 quitarse de una lista o dejar de ir a un sitio en el que se está apuntado: *se ha borrado del club.* **SIN.** darse de baja. **ANT.** inscribirse, apuntarse. **FAM.** borrador, borroso, borradura. **COMP.** imborrable.

borrasca *[n.f.]* 1 en la atmósfera, zona de bajas presiones que trae mal tiempo: *por el norte se acerca una borrasca.* **ANT.** anticiclón. 2 tormenta fuerte en el mar. **SIN.** temporal, tempestad. **FAM.** borrascoso. **COMP.** aborrascarse, emborrascarse.

borrego, borrega *[n.]* 1 cría de la oveja cuando tiene de uno a dos años de edad. 2 persona que se deja llevar por la opinión de los demás: *si no fuéramos unos borregos, los gobernantes nos tratarían de otra manera.* **AF.** apocado, infeliz. **FAM.** borregada, borreguil, borreguero. **COMP.** aborregarse.

borrico, borrica *[n.]* burro*. **FAM.** borrica, borricada.

borrón *[n.m.]* mancha o tachadura que se hace al escribir o dibujar: *le cayó un borrón de tinta.* ■ **hacer borrón y cuenta nueva**, olvidar deudas, errores o enfados y empezar de nuevo como si no hubiese ocurrido nada. *pl.* *borrones.* **FAM.** borronear. **COMP.** emborronar.

borroso, borrosa *[adj.]* que no se ve, no se recuerda o no se entiende con claridad: *la foto está borrosa; tiene una idea borrosa de lo que ocurrió.* **SIN.** oscuro, confuso. **ANT.** claro, nítido.

bosque *[n.m.]* terreno grande en el que hay muchos árboles, muy cerca unos de otros: *un bosque de robles.* AMPL. si el sitio en el que hay árboles juntos es pequeño, se llama ***arboleda***; cuando además de muchos árboles hay muchas plantas de otro tipo, de manera que todo está lleno de vegetación, se llama ***selva***. FAM. boscoso, boscaje. COMP. emboscada, guardabosques.

bosquejar *[v.]* dar una idea general de cómo es o va a ser algo: *bosquejó el plan para que supiéramos lo que pensaba hacer.* FAM. bosquejo.

bostezar *[v.]* abrir mucho la boca, aunque no se quiera y respirando más profundamente de lo normal, generalmente por estar aburrido, cansado o con sueño: *se pasó la clase bostezando.* OBS. ante e, c: *bostecé.*

bostezo *[n.m.]* acción que consiste en bostezar: *en medio de la reunión se le escapó un bostezo.* FAM. bostezar.

bota *[n.f.]* 1 calzado que cubre el pie y parte de la pierna: *en invierno usa botas.* 2 recipiente pequeño de cuero, de forma parecida a la de una pera, con la boca en la parte más estrecha para poder llenarla de vino y una boquilla con pitorro para beber a chorro: *no sabe beber por la bota.* AMPL. la parte interior de las botas está recubierta de una capa de *brea** o *pez** para que el cuero no se cale. Un recipiente grande de cuero, hecho con la piel entera de un animal y que se usa para vino o aceite, se llama ***odre***, ***cuero*** o ***pellejo***. FAM. botero, botín. COMP. abotinado.

TIPOS DE BOTAS

nombre	*cubre...*	*particularidades*
de media caña	parte de la pierna	
de caña alta	más de media pierna	
botín	un poquito de pierna	ajustada; para mayores
chiruca	un poquito de pierna	con el piso de goma muy grueso; para campo y montaña
de esquí	un poquito de pierna	de plástico muy duro
katiusca	media pierna	de goma; para cuando llueve
de montar	más de media pierna	de cuero fuerte; para montar a caballo
boto o **bota campera**	más de media pierna	de cuero fuerte y con tacón ancho de 5 centímetros de altura; para fincas de ganado
de pescar	la pierna y la rodilla	de goma

botánica *[n.f.]* ciencia* que se ocupa del estudio de los vegetales: *sabe mucho de botánica.* FAM. botánico.

botánico, botánica *[n.]* 1 persona que se dedica al estudio de los vegetales. // **botánico, botánica** *[adj.]* 2 que tiene algo que ver con los vegetales o con el estudio de los vegetales: *en el Jardín Botánico hay plantas de muchos tipos.*

botar *[v.]* 1 salir una cosa en dirección distinta de la que lleva, después de chocar contra algo: *las pelotas de goma botan muy bien.* 2 dar muchos saltos seguidos: *los niños botaron de alegría al verlo.* SIN. brincar, saltar. 3 echar de un sitio: *lo botaron del colegio.* SIN. expulsar. 4 echar al agua un barco por primera vez: *botaron el buque el día de San Enrique.* FAM. bote, botadura. COMP. rebotar.

Botar, escrito con *be*,
es lo mismo que saltar,
o echar un barco a la mar.
Pero quien *vota* con *uve*
por su derecho a opinar
echa su voto en la urna...
¡Eso es lo que es ***votar***!

bote *[n.m.]* 1 recipiente cilíndrico*, de metal, pequeño y cerrado, que se usa para guardar o conservar cosas, principalmente alimentos: *un bote de leche condensada.* AMPL. un bote de los que venden con refrescos o cerveza, también se llama ***lata***; un recipiente de metal, para conservas, que sea más ancho que alto, se llama ***lata***, no bote. 2 embarcación que se mueve con remos y se lleva en los barcos grandes para acercarse a la costa y para salvarse en caso de naufragio: *cruzó el río en un bote.* 3 salto que da una persona o una cosa que bota: *la pelota dio diez botes seguidos.* SIN. salto, brinco. ■ **bote salvavidas**, barca que llevan los barcos grandes para que la gente se salve en caso de naufragio. ■ **chupar del bote**, aprovecharse de un cargo que se tiene o de una situación, sacando de ellos más dinero o ventajas de las que se debe. ■ **darse el bote**, irse de un sitio. ■ **estar algo** o **alguien** en el bote o tener a alguien en el bote, tener conseguido algo sin necesidad de hacer más esfuerzos. ■ **tonto del bote**, muy tonto.

un ***bote*** es un salto no muy alto
y también una lata de hojalata...
Se escribe siempre con *be*,
aunque el bote sea de plata.

botella *[n.f.]* **1** recipiente para líquidos, más alto que ancho, que tiene la parte de la boca mucho más estrecha que la base. **AMPL.** se llama ***cuello*** a la parte estrecha de una botella cuando esta parte es larga. **2** líquido que hay o cabe dentro de una botella: *se bebió una botella de agua.* ■ **cuello de botella**, sitio estrecho por el que pueden pasar pocas cosas o pocas personas. **FAM.** botellazo, botellín, botellero. **COMP.** embotellar, abrebotellas.

botellazo *[n.m.]* golpe dado con una botella: *le dieron un botellazo en la cabeza.*

botellín *[n.m.]* botella en la que no cabe más que la quinta parte de un litro de líquido: *un botellín de cerveza.* **PL.** *botellines.*

botica *[n.f.]* farmacia*. **FAM.** boticario, botiquín. **COMP.** rebotica.

boticario, boticaria *[n.]* persona que trabaja preparando y vendiendo medicamentos: *le expliqué al boticario lo que me pasaba.* **SIN.** farmacéutico.

botijo *[n.m.]* recipiente de barro en el que se mantiene el agua fresca y que tiene en la parte superior un asa, una ***boca*** para llenarlo y un ***pitón*** o ***pitorro*** para beber a chorro. **FAM.** botija, botijero.

botijo

botín *[n.m.]* **1** calzado que cubre el pie y el tobillo. **2** conjunto de armas o de cosas de valor del enemigo que se llevan los soldados que han salido vencedores: *después de la batalla se repartieron el botín.* **3** lo que se saca de un robo: *los ladrones se llevaron un buen botín.* **PL.** *botines.*

botiquín *[n.m.]* **1** maletín, estuche o armario donde se guardan algunas medicinas y lo necesario para poder curar heridas (alcohol, tiritas, vendas, etc.): *siempre lleva un botiquín en el coche.* **2** en sitios a los que puede ir mucha gente, habitación donde está el botiquín y se curan las heridas que se hace la gente que va allí: *se resbaló en la piscina y lo llevaron al botiquín.* **SIN.** enfermería. **PL.** *botiquines.*

botón *[n.m.]* **1** objeto pequeño, cosido a la ropa o sujeto con un remache, que se mete por un ojal para sujetar dos partes de una prenda: *a esta camisa le falta un botón.* **2** pieza que se pulsa para hacer que un aparato haga lo que queremos que haga: *para rebobinar la cinta de vídeo hay que apretar el botón de la derecha.* **AF.** interruptor, tecla. **3** en los vegetales, bulto del que saldrá una rama, una hoja o una flor: *este rosal ya tiene un botón.* **SIN.** brote, yema. **4** flor que todavía tiene los pétalos unidos. **AMPL.** cuando los pétalos ya están sueltos pero todavía no se han separado como están cuando ya es una flor, se llama ***capullo***. **PL.** *botones. fam.* botonería, botones. **COMP.** abotonar.

botones *[n. pl. inv. en gén.]* persona que trabaja en un hotel haciendo los recados, subiendo las maletas, etc.: *la botones nos acompañó a la habitación; le dio propina al botones.* **SIN.** mozo.

bou *[n.m.]* forma de pescar en la que dos barcas que navegan separadas tiran de una red arrastrándola por el fondo del mar. **AMPL.** la barca y la red también se llaman *bou.*

bóveda *[n.f.]* techo que en vez de ser plano es curvo hacia arriba: *la catedral tiene una preciosa bóveda central.* **AMPL.** hay distintas clases de bóveda, dependiendo de la forma que hagan las paredes o las columnas en la que está apoyada; si hacen un rectángulo, se llama ***bóveda de cañón***; si hacen un cuadrado y la bóveda está sujeta por arcos que se cruzan en el centro se llama ***bóveda de crucería***; si hacen un redondel, la parte de fuera, que es como media esfera o medio melón, se llama ***cúpula***. ■ **bóveda celeste**, espacio del cielo en el que vemos los astros. **SIN**. firmamento. ■ **bóveda craneal**, parte de dentro de cráneo. **SIN**. cavidad craneal. **FAM**. bovedilla. **COMP**. abovedado, abovedar.

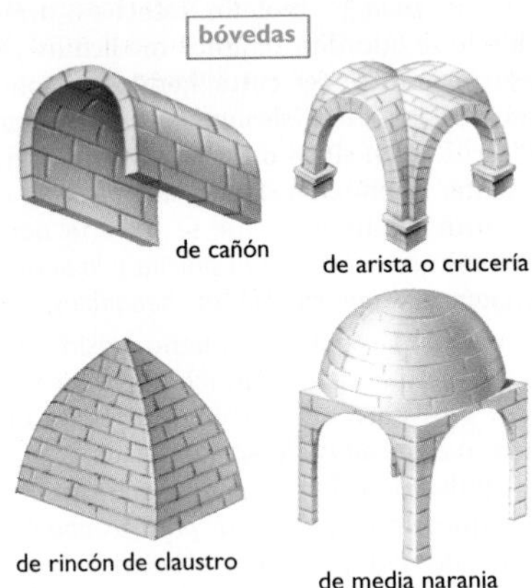

bovino, bovina *[adj.]* que es de la misma familia de animales que el buey, la vaca y el toro: *ganado bovino; ganadería bovina*. **SIN**. vacuno, boyal.

boxeador, boxeadora *[n.]* persona que practica el boxeo*. **SIN**. púgil.

boxear *[v.]* practicar el boxeo*.

boxeo *[n.m.]* deporte en el que dos personas se pelean dándose golpes con las manos metidas en unos guantes especiales y siguiendo unas reglas: *un combate de boxeo*. **SIN**. pugilismo. **FAM**. boxear, boxeador.

boya *[n.f.]* cosa de color llamativo que va sujeta al fondo del mar, de un río o de un lago y flota en la superficie del agua para indicar a los barcos por dónde tienen que ir o para avisarlos de un peligro: *el recorrido de la carrera estaba indicado con boyas*.

bozal *[n.m.]* pieza hecha con tiras de cuero o plástico, que se pone alrededor del hocico de algunos animales para que no puedan morder: *los perros deben ir por la calle con bozal*.

bracear *[v.]* mover los brazos varias veces seguidas: *la profesora de natación lo enseñó a bracear*. **OBS**. e + e = ee: *bracees*.

braga *[n.f.]* prenda de vestir femenina, de tela suave, que se pone debajo de la ropa para cubrir la parte de abajo del tronco. TAMBIÉN se usa en plural incluso para referirse a una sola prenda: *se puso bragas y sujetador*. **FAM**. bragueta, braguero.

bragueta *[n.f.]* abertura que tienen los pantalones por delante: *el niño llevaba la bragueta abierta*.

bramar *[v.]* **1** hacer un ruido característico, con su voz, algunos animales salvajes. **2** gritar por rabia, miedo o dolor: *la gente bramaba asustada*. **FAM**. bramido.

bramido *[n.m.]* **1** sonido que producen con la garganta algunos animales salvajes. **2** grito de rabia, de miedo o de dolor: *dio un bramido al intentar levantarse*. **SIN**. berrido, alarido, grito. **3** ruido fuerte del viento o del mar: *les daba miedo el bramido del viento*. **SIN**. rugido. **FAM**. bramar.

brandy *[n.m.]* coñá: *una copa de brandy*.

branquia *[n.f.]* órgano por el que respiran la mayoría de animales que viven bajo el agua: *los peces, los moluscos, los renacuajos y los cangrejos respiran por branquias*. **SIN**. agalla. **FAM**. branquial.

brasa *[n.f.]* trozo de leña o de carbón que sigue encendido después de que se ha apagado la llama: *todavía hay brasas en la chimenea*. **SIN**. ascua. **AMPL**. las brasas que quedan cuando el fuego ha consumido la leña y hay mucha ceniza se llaman ***rescoldo***. ■ **a la brasa**, asado directamente sobre brasas o sobre una parrilla. **FAM**. brasero. **COMP**. abrasar.

brasero *[n.m.]* plato grande de metal en el que se hace lumbre o se ponen brasas para calentarse. **AMPL**. los braseros antiguos eran de hierro o latón y en ellos se hacía lumbre con cisco (carbón fino) y se tapaban con una ***alambrera***; la herramienta que se usaba para mover el cisco se llama ***badila***.

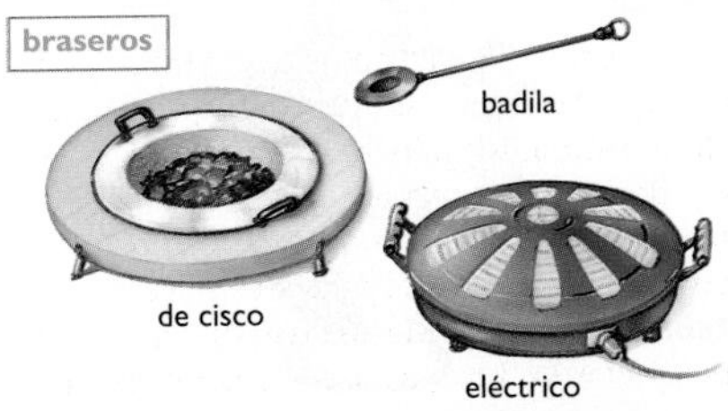

brasileño, brasileña *[adj. y n.]* de Brasil, país suramericano cuya capital es Brasilia: *música brasileña; los brasileños hablan portugués.*

bravío, bravía *[adj.]* que es difícil de domar, de amansar o de domesticar: *un caballo bravío.* **AF.** salvaje. **ANT.** manso, dócil, sumiso.

bravo, brava *[adj.]* 1 que no está domesticado o no se puede domesticar: *lo embistió un toro bravo.* **AF.** salvaje, fiero. **ANT.** manso, doméstico. 2 que no tiene miedo de nada: *un bravo soldado.* **SIN.** valiente, intrépido. **ANT.** cobarde. // **¡bravo!** *[interj.]* 3 se usa para expresar que algo gusta mucho: *en el concierto, la gente aplaudía y decía ¡bravo!* ■ **mar brava**, mar agitada o revuelta. **FAM.** bravío, bravura, bravucón, bravata. **COMP.** desbravar, embravecer.

bravura *[n.f.]* característica que hace que digamos que un animal es bravo (*al toro le faltaba bravura.* **SIN.** fiereza), que el mar está agitado (*la bravura del mar impresiona.* **SIN.** fiereza, violencia, furia) o que alguien es valiente y atrevido (*es un torero famoso por su bravura.* **SIN.** valentía*).

braza *[n.f.]* forma de nadar que consiste en estirar y encoger los brazos y las piernas a la vez: *el estilo mariposa es una variante de la braza.*

brazada *[n.f.]* movimiento que se hace con los brazos cuando se nada o se rema: *con pocas brazadas llega al otro lado de la piscina.*

brazalete *[n.m.]* 1 tira de tela que se pone alrededor del brazo: *llevaban un brazalete de la Cruz Roja.* **AMPL.** un brazalete negro indica que la persona que lo lleva está *de luto.* 2 pulsera ancha y rígida: *le regaló un brazalete de oro.*

brazo *[n.m.]* 1 cada una de las extremidades del cuerpo humano que van desde el hombro hasta la mano: las personas tenemos dos brazos y dos piernas. **AMPL.** también se llama brazo a la parte que va del hombro al codo; la parte que va del codo a la muñeca se llama ***antebrazo***. 2 parte de un asiento que sirve para apoyar los brazos: *no te sientes en el brazo del sillón.* 3 pieza larga que sale de algunas cosas: *los brazos de un candelabro; los brazos de una lámpara.* ■ **brazo de gitano**, tarta alargada que se hace enrollando una capa de bizcocho que se unta con chocolate, crema, etc. ■ **brazo de mar**, canal largo de mar que entra en la tierra. ■ **con los brazos abiertos**, con mucho gusto y cariño. ■ **cruzarse de brazos**, no hacer nada o no querer actuar. ■ **no dar uno su brazo a torcer**, no querer reconocer un error ante otra persona. **FAM.** bracear, braza, brazada, brazalete, bracero. **COMP.** abrazar, antebrazo.

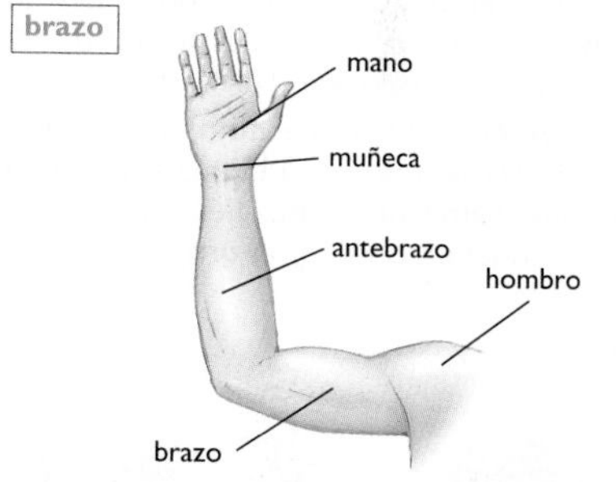

brea *[n.f.]* sustancia pastosa, de tono rojizo muy oscuro, que se obtiene destilando maderas de árboles resinosos: *la brea se pone muy dura cuando se enfría.* **AF.** alquitrán, pez.

brebaje *[n.m.]* bebida que sabe muy mal. **SIN.** bebistrajo.

breca *[n.f.]* pez comestible parecido al besugo que vive en los ríos. **SIN.** albur, pagel.

brecha *[n.f.]* 1 herida en la cabeza o en la frente: *le hicieron una brecha de una pedrada.* 2 abertura que se hace en un muro, una pared, etc.: *los albañiles taparon la brecha de la tapia.* **SIN.** boquete, agujero.

breva *[n.f.]* fruto dulce y sabroso que da la higuera breval. **AMPL.** las higueras dan fruto dos veces al año: *primero dan brevas y después higos.* ■ **caerle a alguien esa breva**, pasarle algo bueno que le gustaría que le pasara.

breve *[adj.inv. en gén.]* que dura poco o se tarda poco en hacer o en decir: *hizo un viaje breve; quiere respuestas breves.* SIN. corto, rápido. ANT. largo, extenso. ■ **en breve**, dentro de poco tiempo. FAM. brevedad, brevemente, breviario. COMP. abreviar.

brevedad *[n.f.]* característica que hace que digamos que algo dura poco o se tarda poco en hacer o en decir: *la claridad y la brevedad son dos virtudes del bien hablar.* AF. concisión.

breviario *[n.m.]* 1 libro pequeño que resume alguna materia: *el profesor les dio un breviario de gramática.* SIN. manual, resumen, compendio. 2 libro en el que están las oraciones que tienen que rezar los sacerdotes a lo largo del año: *el cura estaba leyendo el breviario.*

brezo *[n.m.]* arbusto de hojas pequeñas y flores violáceas, rosadas o blancas, que mide hasta dos metros de altura, tiene muchas ramas de madera dura y raíces gruesas.

brezo

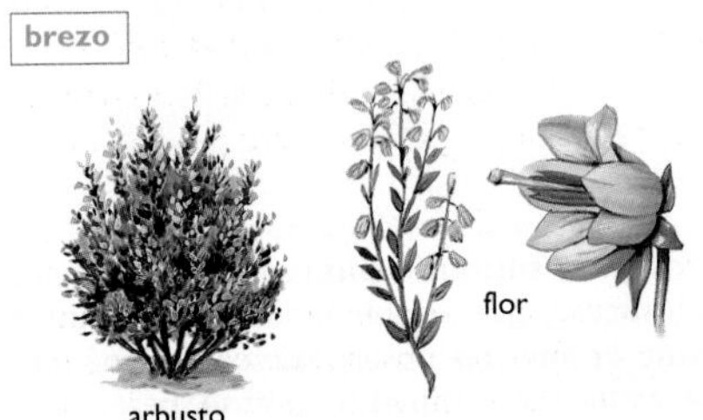

bribón, bribona *[n.]* persona que se aprovecha de una situación, más para vivir sin hacer nada que por hacer daño. SIN. pillo, pícaro, tunante, granuja. OBS. muchas veces se usa de forma cariñosa. FAM. bribonada, bribonería.

brida *[n.f.]* conjunto de correas que se ponen alrededor de la cabeza de un caballo y que sirven para frenarlo o controlarlo: *tiró de las bridas y el caballo se paró.* SIN. rienda. FAM. embridar, desbridar, desembridar.

brida

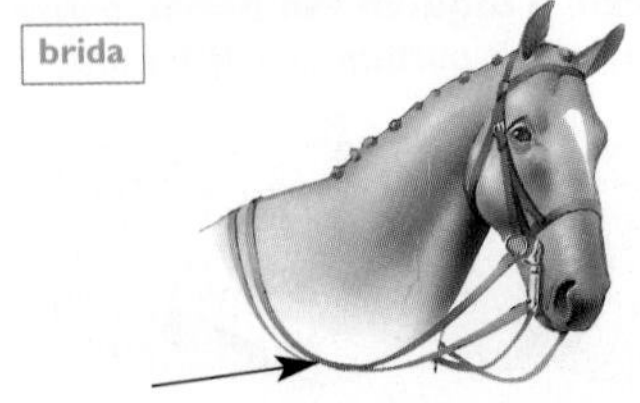

brigada *[n.f.]* 1 uno de los grupos en los que se divide un ejército: *el general pasó revista a la brigada antes del desfile.* AMPL. una brigada está formada por dos o más ***regimientos***; dos o más brigadas forman una ***división***. 2 conjunto de personas que tienen una misma misión: *han llamado a la brigada antiincendios.* // **brigada** *[n.m.]* 3 entre los militares, suboficial que manda más que el sargento 1º y menos que el subteniente. FAM. brigadier.

brillante *[adj.inv. en gén.]* 1 que refleja la luz: *tiene el pelo muy brillante.* SIN. lustroso. INTENS. reluciente, resplandeciente, refulgente, rutilante, radiante. ANT. opaco, mate. 2 que llama la atención porque hace muy bien las cosas y destaca sobre los demás: *es un alumno brillante.* AF. excelente, sobresaliente, destacado. ANT. mediocre, corriente, ordinario. // **brillante** *[n.m.]* 3 piedra preciosa de mucho valor que se obtiene de un diamante* que ha sido trabajado de forma especial: *un anillo de brillantes.* SIN. diamante.

brillantina *[n.f.]* producto que se pone en el pelo para que brille mucho: *se unta el pelo con brillantina.*

brillar *[v.]* 1 reflejar la luz o despedir luz: *el suelo brilla como un espejo; las estrellas brillan en el cielo.* INTENS. relucir, resplandecer, relumbrar, refulgir. 2 destacar por algo bueno: *ese chico brilla por su inteligencia.* SIN. destacar, sobresalir. ANT. pasar desapercibido. ■ **brillar algo** o **alguien por su ausencia**, notarse mucho que no está.

brillo *[n.m.]* 1 reflejo de la luz en las superficies brillantes: *le sacó brillo a la plata.* SIN. lustre. 2 luz que vemos de las cosas que brillan: *el brillo de las estrellas.* SIN. fulgor. FAM. brillar, brillante, brillantina, brillantez, brillantemente. COMP. abrillantar.

brincar *[v.]* dar saltos: *cuando vieron los juguetes brincaron de alegría.* SIN. botar, saltar. OBS. ante e, qu: *brinquen.*

brinco *[n.m.]* salto: *para jugar a la comba hay que dar brincos.* SIN. salto, bote. FAM. brincar.

brindar *[v.]* 1 poner las copas en alto y beber, deseando el bien de algo o de alguien: *brindemos por nuestra amistad.* SIN. echar un brindis. 2 ofrecerle algo a alguien: *me brindó su ayuda.* SIN. ofrecer. ANT. negar. TAMBIÉN *prnl.*: *se brindó a colaborar con nosotros.* **FAM.** brindis.

brindis *[n.m.inv. en núm.]* gestos y palabras con las que se brinda: *¡un brindis por los novios!*

brío *[n.m.]* característica que hace que uno sea capaz de esforzarse, de tomar decisiones y de hacer cosas pesadas o difíciles con rapidez y ánimo: *si trabajaras con más brío tardarías menos; es muy mayor pero tiene mucho brío.* **SIN.** vitalidad, energía, vigor, empuje, dinamismo. **AF.** ímpetu, vehemencia, fuerza. **ANT.** desgana, apatía. **FAM.** brioso.

brisa *[n.f.]* viento muy suave y fresco: *por la tarde se levantó una brisa muy agradable.* **SIN.** airecillo. **FAM. COMP.** parabrisas, limpiaparabrisas.

británico, británica *[adj. y n.]* de Gran Bretaña, isla del norte de Europa en la que hay tres países que pertenecen al *Reino Unido de Gran Bretaña* (Inglaterra, Escocia y el País de Gales): *habla inglés con acento británico; los británicos.* ■ **islas británicas**, archipiélago* formado por Gran Bretaña, Irlanda y las islas pequeñas que hay alrededor.

broca *[n.f.]* barrita de metal con rosca que se pone en un aparato eléctrico o manual para hacer agujeros en paredes, suelos, maderas, hierros, etc.: *para hacer el agujero para ese taco, vale una broca del número 6.* **AMPL.** el aparato se llama ***berbiquí***, ***taladradora*** o ***taladro***.

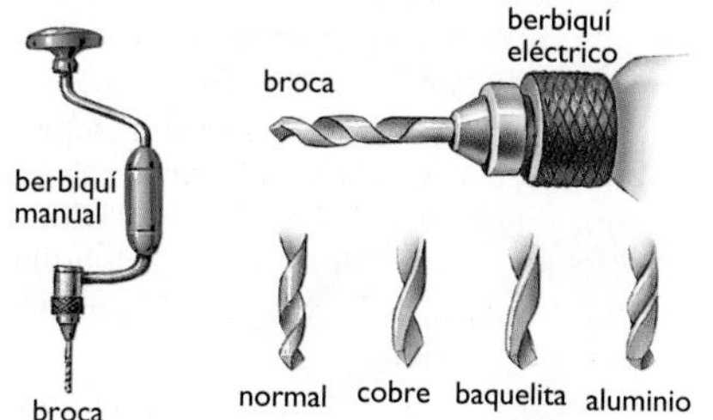

brocado *[n.m.]* tela fuerte de seda que tiene dibujos que sobresalen del fondo y que pueden estar hechos con hilos de oro o plata: *la Virgen lleva un manto de brocado.*

brocal *[n.m.]* especie de pared, casi siempre redonda, que rodea la boca de un pozo para evitar que algo o alguien se caiga dentro. **AF.** pretil, barandilla.

brocha *[n.f.]* utensilio para pintar hecho con un conjunto de pelos unidos por un extremo y sujetos a un mango: *pinté la valla con una brocha; extiende la espuma con la brocha de afeitar.* **AMPL.** los pelos con los que se hacen las brochas se llaman ***cerdas***; una brocha delgada se llama ***pincel***. ■ **pintor de brocha gorda**, el que pinta paredes, puertas, ventanas, etc., y no cuadros. **FAM.** brochazo.

brochazo *[n.m.]* acción necesaria para pasar, una vez, una brocha por una superficie: *la pared necesita unos brochazos de* pintura. **OBS.** se dice *dar brochazos*, no *hacer brochazos*.

broche *[n.m.]* 1 objeto compuesto por dos piezas que se enganchan para cerrar o abrochar algo: *perdió el reloj porque se le rompió el broche de la cadena.* **SIN.** cierre, enganche. 2 adorno o joya que se prende en la ropa: *el broche hace juego con los pendientes.* **SIN.** prendedor, alfiler. ■ **broche de oro**, lo último que se hace o se dice y que es el final de algo que ha estado muy bien. **FAM. COMP.** abrochar.

broma *[n.f.]* lo que se dice o se hace para reírse de alguien, pero sin mala intención: *le gastaron una broma.* **SIN.** chanza. **AF.** inocentada. ■ **broma de mal gusto**, la que ofende o molesta. ■ **tomarse algo a broma**, no darle importancia o hacer bromas sobre ello. ■ **estar de broma**, estar pasándolo bien sin tomarse las cosas muy en serio. **FAM.** bromear, bromista.

bromear *[v.]* hacer o decir cosas para divertirse o divertir a los demás: *con las cosas serias no se debe bromear.* **SIN.** hacer bromas. **AF.** jugar. **OBS.** e + e = ee: *bromeemos.*

bromista *[n.inv. en gén.]* persona a la que le gusta hacer bromas: *un bromista; una bromista.* TAMBIÉN *adj.*: una persona bromista. **SIN.** guasón, burlón. **ANT.** serio, adusto.

brocal

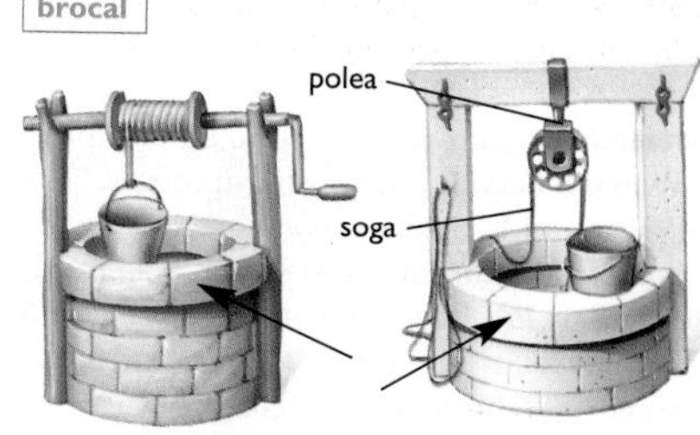

bronca *[n.f.]* 1 lo que una persona le dice a otra con enfado porque ha hecho algo mal: *su padre le echó una bronca por haber perdido el abrigo.* **SIN.** reprimenda. **AF.** riña, regañina. 2 discusión fuerte o violenta entre dos o más personas: *en este bar siempre hay alguna bronca.* **SIN.** riña, altercado, disputa, pelotera. **FAM.** bronco (tosco, áspero). **COMP.** abroncar.

bronce *[n.m.]* 1 material de color amarillento rojizo hecho con cobre y estaño: *ganó una medalla de bronce.* **AMPL.** las mezclas que se hacen con dos o más metales se llaman ***aleaciones***: el bronce es una aleación de cobre y estaño. 2 figura de bronce: *ha comprado un bronce de un escultor famoso.* **AMPL.** para hacer un bronce, primero hay que hacer la figura en barro o en otro material blando; después se hace un molde que se recubre de bronce líquido y se deja enfriar; este proceso se llama ***vaciado de bronce***. ■ **edad de bronce**, época de la prehistoria en que se utilizaba el bronce para hacer armas y otros objetos. **FAM.** broncista, broncería, broncíneo (con aspecto de bronce), broncear.

bronceado *[n.m.]* 1 color del bronce: *el trofeo ha perdido el bronceado.* // **bronceado, bronceada** *[adj.]* 2 que tiene el color que se consigue tomando el sol: *piel bronceada.* **SIN.** moreno. TAMBIÉN *n.m.: tiene un bronceado muy bonito.*

broncear *[v.]* hacer que algo tenga el color del bronce: *han bronceado una estatua de escayola; el sol broncea la piel.* TAMBIÉN *prnl.: la piel se broncea con el sol.* **SIN.** ponerse moreno, tostarse. obs. e + e = ee: *bronceemos.* **FAM.** bronceador, bronceado, bronce.

bronquio *[n.m.]* cada uno de los dos conductos que llevan el aire que respiramos desde la tráquea hasta los pulmones. **FAM.** bronquitis, bronquial.

bronquitis *[n.f.inv. en núm.]* inflamación de los bronquios*: *tiene bronquitis.*

brotar *[v.]* 1 salir de la tierra o de una planta: *están brotando las flores.* **SIN.** aparecer. 2 salir algún líquido: *bebió el agua que brotaba del manantial.* **SIN.** manar, fluir, surgir. 3 salir a la superficie de la piel: *cuando tienes la varicela te brotan ampollitas por todo el cuerpo.* **SIN.** surgir, aparecer. **FAM.** brote. **COMP.** rebrotar.

brote *[n.m.]* 1 planta recién salida de la tierra: *ya hay brotes de lechuga en el huerto.* **SIN.** pimpollo. 2 en los vegetales, bulto del que saldrá una rama, una hoja o una flor: *el rosal está lleno de brotes.* **SIN.** botón, yema. 3 aparición repentina de algo (normalmente una enfermedad): *los médicos controlaron el brote de meningitis.* **SIN.** principio, manifestación.

broza *[n.f.]* 1 conjunto de hojas y ramas secas o cortadas: *cuando arregló los geranios sacó una bolsa de broza.* 2 restos de cualquier cosa que se depositan en un sitio: *el desagüe no traga porque está lleno de broza.* **FAM. COMP.** desbrozar, desbrozamiento.

bruja *[n.f.]* 1 mujer de la que se dice que tiene poderes mágicos: *en los cuentos, las brujas son malas y las hadas buenas.* **AF.** hechicera, maga. 2 mujer muy mala: *tu vecina es una bruja.* **SIN.** arpía. **FAM.** brujería, brujo. **COMP.** embrujar, embrujado.

brujería *[n.f.]* conjunto de palabras misteriosas y recetas usadas por las brujas y los hechiceros para hacer sus hechizos: *está leyendo un libro sobre brujería.* **SIN.** magia, hechicería.

brujo *[n.m.]* hombre del que se dice que tiene poderes mágicos y que sabe cosas que no saben los demás: *el brujo de la tribu le recetó unas hierbas.* **SIN.** hechicero, chamán.

brújula *[n.f.]* aparato en el que una aguja imantada indica dónde está el norte: *se cree que los chinos inventaron la brújula.* **FAM.** brujulear.

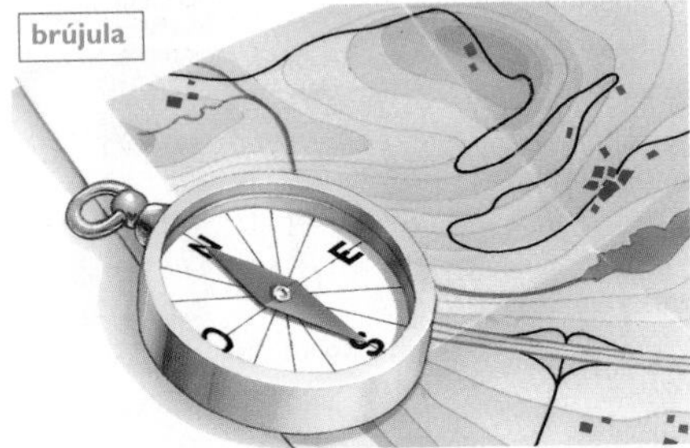

bruma *[n.f.]* niebla poco densa y grisácea que se forma sobre el mar o los lagos: *la bruma no nos dejaba ver la isla.* **FAM.** brumoso. **COMP.** abrumarse.

bruñir *[v.]* hacer que brille un metal o una piedra: *bruñó la pieza de mármol.* **SIN.** pulir, lustrar, abrillantar. **FAM.** bruñidor, bruñido.

brusco, brusca *[adj.]* 1 que ocurre de repente y con violencia: *el coche hizo una parada brusca.* SIN. violento, súbito, repentino. ANT. suave. 2 sin suavidad, delicadeza o respeto: *tiene una manera de hablar muy brusca; es muy brusco con los demás.* SIN. rudo. ANT. delicado, respetuoso. FAM. brusquedad, bruscamente.

brusquedad *[n.f.]* característica que tienen las cosas que decimos que son bruscas: *cuando vio el perro, frenó con brusquedad* (SIN. violencia); *trata a sus hijos con brusquedad* (SIN. rudeza). ANT. suavidad, delicadeza.

brutal *[adj.inv. en gén.]* muy violento o cruel: *cometió un crimen brutal.* SIN. inhumano, salvaje, bestial.

brutalidad *[n.f.]* lo que se dice o se hace con crueldad o violencia: *maltratar a los animales es una brutalidad.* SIN. atrocidad* (acepción 1).

bruto, bruta *[adj.]* 1 que le resulta difícil entender las cosas: *es tan bruto que repitió curso tres veces.* SIN. torpe, zoquete, incapaz. ANT. listo, inteligente. TAMBIÉN *n.: no sabe nada porque es un pobre bruto.* 2 que usa mucho la fuerza o la violencia o no sabe tratar con respeto y delicadeza: *estos luchadores son muy brutos.* SIN. violento. TAMBIÉN *n.: ten cuidado con él porque es un bruto.* 3 hablando de una cantidad, que no se le ha hecho ningún descuento: *al sueldo bruto hay que descontarle los impuestos; beneficio bruto.* ANT. neto. ■ **en bruto**, que está tal y como es, sin que nadie lo haya trabajado o pulido: *es un diamante en bruto.* ■ **peso bruto**, peso total de un producto con su envase. ANT. peso neto. FAM. brutal, brutalidad, brutalmente.

bucal *[adj.inv. en gén.]* que tiene algo que ver con la boca: *cepillarse los dientes evita enfermedades bucales.* SIN. oral.

búcaro *[n.m.]* florero.

buceador, buceadora *[n.]* persona que bucea. AF. buzo, submarinista. AMPL. el buceador nada por debajo del agua; el ***buzo*** usa un traje con escafandra y no nada, sino que anda por debajo del agua; el ***submarinista*** lleva un traje que le permite nadar y moverse con agilidad.

bucear *[v.]* nadar por debajo de la superficie del agua, por deporte, por juego o por profesión: *aprende a bucear en la piscina.* OBS. e + e = ee: *buceemos.* FAM. buceo, buceador, buzo.

buceo *[n.m.]* natación que se hace por debajo del agua: *el buceo profesional requiere mucho entrenamiento.* AMPL. el buceo en el mar, a bastante distancia de la superficie del agua también se llama ***submarinismo***.

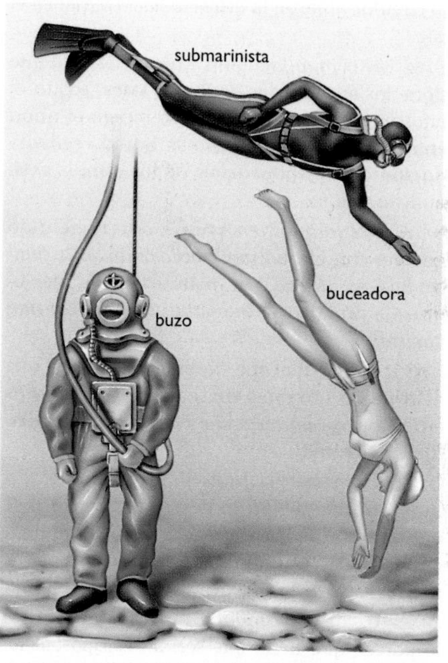

buche *[n.m.]* 1 especie de bolsa que tienen las aves en la garganta para almacenar la comida antes de que pase al estómago: *las aves alimentan a sus polluelos poniéndoles en el pico la comida que han guardado en el buche.* 2 estómago: llenó el buche y se marchó. OBS. se uti-

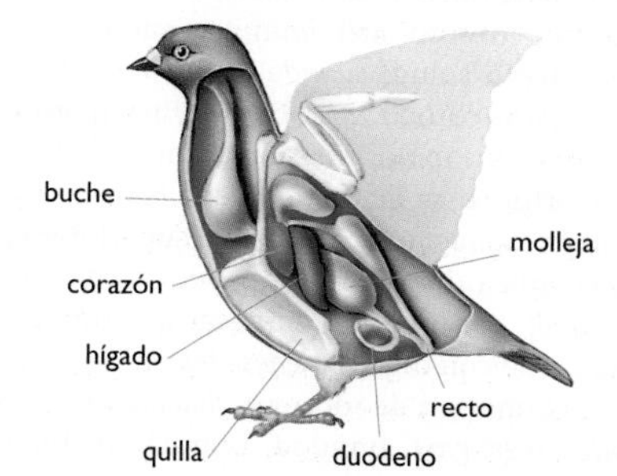

a b c d e f g h i j k l m n ñ o p q r s t u v w x y z

liza en lenguaje familiar. **FAM.** **COMP.** embuchar, desembuchar.

bucle *[n.m.]* 1 mechón de pelo en forma de onda retorcida: *tiene unos preciosos bucles rubios.* **AMPL.** cualquier onda en el pelo se llama ***rizo***; un bucle alargado es un ***tirabuzón*** y un rizo con forma de C, un ***caracol***. 2 movimiento circular abierto: *la avioneta hacía bucles en el aire.*

budismo *[n.m.]* religión y forma de vida que sigue las enseñanzas de Buda. **AMPL.** según el budismo, cuando el cuerpo se muere el alma entra en otro cuerpo; esto se llama ***reencarnación*** o ***transmigración*** de las almas. **FAM.** budista, búdico.

budista *[adj.inv. en gén.]* 1 que tiene algo que ver con el budismo*: *religión budista; templo budista.* // **budista** *[n.inv. en gén.]* 2 persona que practica el budismo: *un budista; una budista.*

buen *[adj.]* apócope de bueno*, que se usa delante de nombres masculinos y de verbos en infinitivo: *un buen día; buen humor; el buen comer.* **ANT.** mal.

buenaventura *[n.f.]* palabra que nada más aparece en la expresión adverbial ■ **echar** o **decir la buenaventura** a alguien, adivinarle el futuro mirándole las rayas de las manos.

bueno, buena *[adj.]* 1 que es como a uno le parece que tiene que ser: *un colegio bueno; una casa buena; una novela buena; un aparato bueno.* **INTENS.** óptimo. **ANT.** malo. 2 que procura ayudar a los demás y se preocupa de no hacer daño a nadie: *un hombre bueno; fue muy buena con nosotros.* **SIN.** bondadoso. **ANT.** malo. 3 apropiado*: *un jarabe bueno para curar la tos.* 4 que tiene buen sabor: *¡qué helado tan bueno!* **SIN.** rico, sabroso. **ANT.** malo. 5 que otra vez tiene buena salud: *cuando estés bueno irás al colegio.* **SIN.** curado, restablecido, recuperado. **AF.** sano. **ANT.** malo, enfermo. 6 grande, fuerte o importante: *se llevó una buena bronca.* **ANT.** pequeño, suave. **OBS.** el adjetivo superlativo es ***buenísimo*** o ***bonísimo***. // **bueno** [*con valor adverbial*] 7 se usa para expresar que uno está de acuerdo con algo: *(¿vienes? bueno, iré)*, y como exclamación de sorpresa: *¡bueno! ¡no me lo puedo creer!* **FAM.** bondad, bonachón, buen, buenazo, buenote, buenamente, bonificación. **COMP.** abonar.

buey *[n.m.]* toro castrado (VER castrar). **AMPL.** el buey es un animal doméstico preparado por el hombre mediante la castración y no se da espontáneamente en la naturaleza; se usaba mucho para trabajar en el campo, tirando de los arados o las carretas en parejas que forman lo que se llama una ***yunta*** y ***uncidos*** (= unidos) por un ***yugo***.

buey

búfalo *[n.m.]* animal salvaje, del tipo del toro pero más grande, con cuernos largos y curvados, que vive, en grupo, en los bosques de Asia y África. **AMPL.** el ***bisonte*** es un animal americano al que también llaman búfalo.

bufanda *[n.f.]* tira de tela de lana o de tejido que abrigue, con la que se protegen contra el frío el cuello y la boca. **AMPL.** un ***fular*** es como una bufanda, pero de seda o de tejido fino y suave.

bufido *[n.m.]* ruido que hacen algunos animales al echar el aire por la boca o por la nariz, cuando se enfadan: *el toro salió dando bufidos.* **SIN.** resoplido. **AMPL.** a veces se llama bufido a cualquier ruido parecido que hacen algunas personas cuando están muy enfadadas. **FAM.** bufar, bufador. **COMP.** rebufar.

bufón, bufona *[n.]* persona que hace cosas graciosas para divertir a los demás. **SIN.** payaso, bromista. **FAM.** bufonada, bufonería, bufonesco.

buhardilla *[n.f.]* parte de un edificio que tiene el techo inclinado porque está justo debajo del tejado: *tiene el estudio en la buhardilla.*

AMPL. cuando una buhardilla se usa de trastero, se llama ***desván*** o ***sobrado***. **FAM. COMP.** abuhardillar, abuhardillado.

buhardilla

búho *[n.m.]* pájaro con los ojos muy grandes, la cara aplastada, el pico pequeño y dos mechones de plumas sobre los ojos.

buitre *[n.m.]* pájaro grande, con la cabeza y el cuello sin plumas, que puede medir hasta tres metros con las alas abiertas. **FAM.** buitrero.

buitre

bujía *[n.f.]* pieza de motor en la que se produce una chispa que hace que los gases del cilindro explosionen para que el motor funcione: *el coche no arranca porque las bujías están sucias.*

bujía

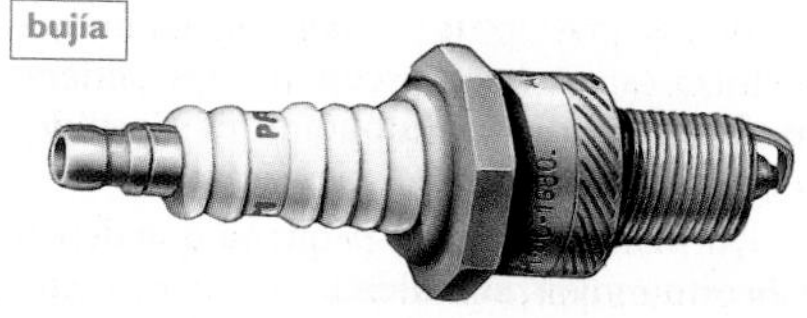

bulbo *[n.m.]* tallo o parte de la raíz de algunas plantas que crece bajo tierra, es más gruesa que el resto y de la que pueden salir flores: *las cebollas y los puerros son bulbos; los bulbos de azucena se plantan en otoño.* ■ **bulbo raquídeo**, parte superior de la médula espinal, que es abultada y sirve de unión con el cerebro.

bulbo

bulbo de cebolla

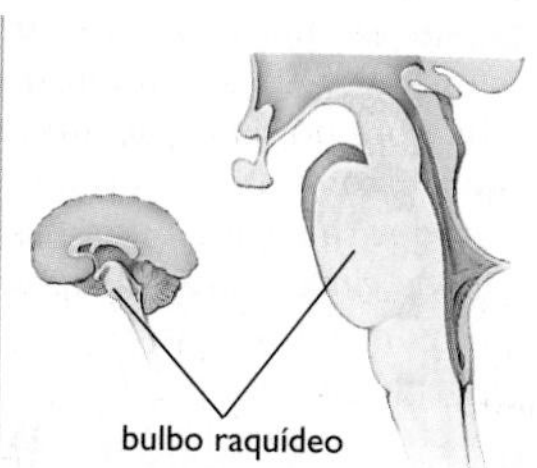

bulevar *[n.m.]* calle ancha con una parte en el centro que tiene árboles y por la que no circulan los coches: la gente pasea por el bulevar. **SIN.** rambla. **AF.** avenida, paseo.

búlgaro, búlgara *[adj. y n.]* 1 de Bulgaria, país europeo cuya capital es Sofía: *costumbres búlgaras; los búlgaros.* // **búlgaro** *[n.m.]* 2 lengua propia de Bulgaria: *sabe hablar búlgaro.*

bulla *[n.f.]* ruido producido por movimiento o funcionamiento de cosas y por gente que habla, grita, ríe, etc., a la vez: *en el taller hay mucha bulla; los niños arman mucha bulla.* **SIN.** alboroto, jaleo, ruido. **AF.** bullicio, algarabía. **INTENS.** escándalo. **ANT.** silencio. **FAM.** bullanga, bullanguero.

bullicio *[n.m.]* lo que se nota en un sitio donde mucha gente habla, va y viene, etc.: *en fiestas, en la plaza hay mucho bullicio.* **SIN.** jaleo, algarabía. **AF.** ajetreo, bulla. **ANT.** calma, silencio, sosiego.

bullicioso, bulliciosa *[adj.]* 1 que está lleno de gente, de voces y de ruido: *el mercado es un sitio bullicioso.* **SIN.** ruidoso, animado. **ANT.** silencioso, tranquilo. 2 que se mueve, habla, ríe, juega, etc., haciendo mucho ruido: *una niña bulliciosa.* **ANT.** tranquilo, sosegado.

bullir *[v.]* 1 moverse un líquido haciendo burbujas y ruido porque se ha calentado mucho: *el agua bulle al llegar a los cien grados centígrados.* **SIN.** hervir. **AMPL.** la temperatura que necesita un líquido para llegar a hervir se llama ***punto de ebullición***. 2 moverse de forma nerviosa o agitada: *el público bullía en las gra-*

das. **SIN**. agitarse, hormiguear. **FAM**. bullicio, bullicioso. **COMP**. ebullición, rebullir.

bulto *[n.m.]* **1** lo que sobresale en una superficie o en una parte del cuerpo: *este colchón está lleno de bultos; le ha salido un bulto en la pierna*. **SIN**. abultamiento, protuberancia. **AMPL**. si es un bulto en la cabeza o en la frente y ha salido por un golpe, se llama ***chinchón*** o ***chichón***. **2** cada uno de los paquetes, cajas o maletas que se llevan a algún sitio: *llevan un equipaje de cinco bultos*. *af*. paquete, fardo. **3** lo que parecen las cosas que no se distinguen bien porque están lejos o en la oscuridad o por otro motivo: *los recién nacidos sólo ven bultos*. **SIN**. silueta, forma. **4** lo que hace que se note cuánto ocupa algo: *esto me hará mucho bulto en el bolso*. ■ **a bulto**, sin estar seguro de que está bien lo que se hace o lo que se dice: *echó la sal a bulto*. ■ **hacer bulto**, estar en un sitio sólo por estar, para que haya gente y no por otro motivo. ■ **de bulto redondo**, hablando de una escultura, que está tallada por todas partes y no como los relieves o bajorrelieves que sólo lo están por la parte que se ve de frente. **FAM**. **COMP**. abultar.

Abulto, así, todo junto,
es forma del verbo abultar
... y ***a bulto***, separado,
es más o menos decir
que algo se hace ***sin contar***.

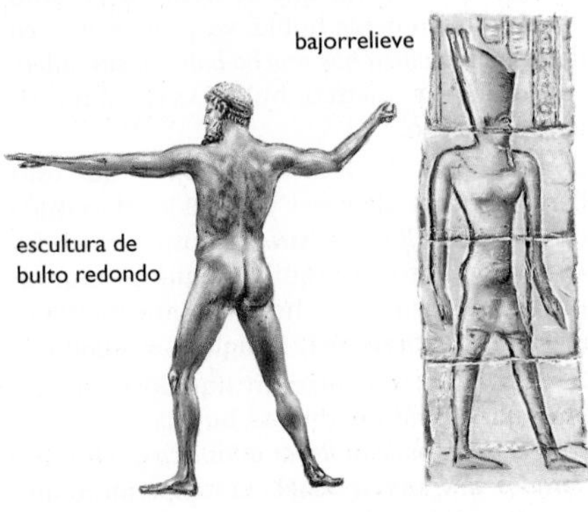

bum forma castellanizada de la palabra inglesa boom*, que se pronuncia /*bum*/.

bumerán *[n.m.]* pieza en forma de v muy abierta que cuando se lanza lejos, si se sabe lanzar bien, vuelve a la persona que lo lanzó. **PL**. *bumeranes*.

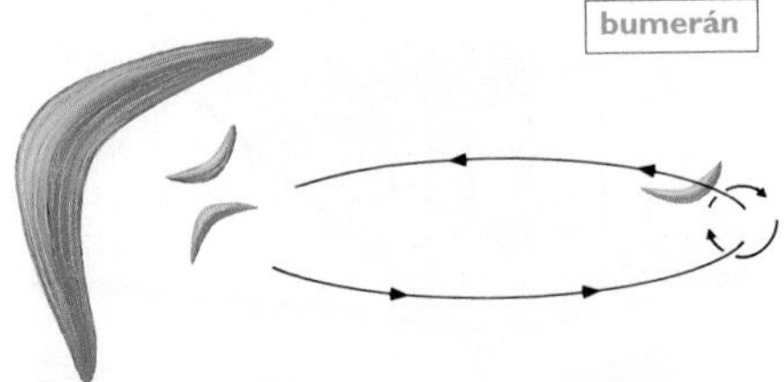

bungaló *[n.m.]* casa pequeña de una sola planta que suele estar en sitios a los que la gente va a descansar: *tiene un bungaló junto a la playa*.

búnker *[n.m.]* refugio que se hace debajo de tierra para defenderse de los bombardeos.

buñuelo *[n.m.]* especie de bollo pequeño hecho con una masa muy esponjosa que queda hueca por dentro y puede rellenarse: *buñuelos de crema, de chocolate, de bacalao...* **FAM**. buñolería, buñolero.

buque *[n.m.]* barco muy grande que se usa en las guerras o para llevar viajeros o mercancías en viajes largos: *un buque de guerra; un buque mercante*. **SIN.** barco, navío.

burbuja *[n.f.]* especie de globo de aire o de gas que se forma en un líquido: *muchos refrescos tienen burbujas; el agua con jabón hace burbujas*. **AMPL**. las pompas de jabón son burbujas totalmente esféricas. **FAM**. burbujear, burbujeante, burbujeo.

burbujeante *[adj.inv. en gén.]* que hace burbujas: *un refresco burbujeante*.

burbujear *[v.]* hacer burbujas: *el agua, al hervir, burbujea*. **OBS**. e + e = ee: *burbujeen*.

burgalés, burgalesa *[adj. y n.]* de Burgos, provincia española y su capital, que pertenecen a la comunidad autónoma de Castilla y León: *un niño burgalés; las burgalesas*.

burgo *[n.m.]* población pequeña que depende de otra mayor. **SIN**. aldea.

burgués, burguesa *[n.]* persona que no tiene problemas económicos, no le preocupa la gente que sí los tiene y no le parece mal cómo está organizado el mundo: *los burgueses viven bien*. **AF**. acomodado, adinerado. **ANT**.

proletario. TAMBIÉN *adj.: una persona burguesa; estilo de vida burgués.*

burguesía *[n.f.]* clase social a la que pertenecen las personas con dinero: *la alta burguesía de la ciudad.* **ANT.** proletariado. **FAM.** burgués, burgo. **COMP.** aburguesarse, aburguesamiento.

buril *[n.m.]* herramienta de acero que sirve para grabar madera, piedra o metales: *utilizó un buril para hacer la escultura.* **AF.** punzón. **FAM.** burilar (grabar con buril).

buril

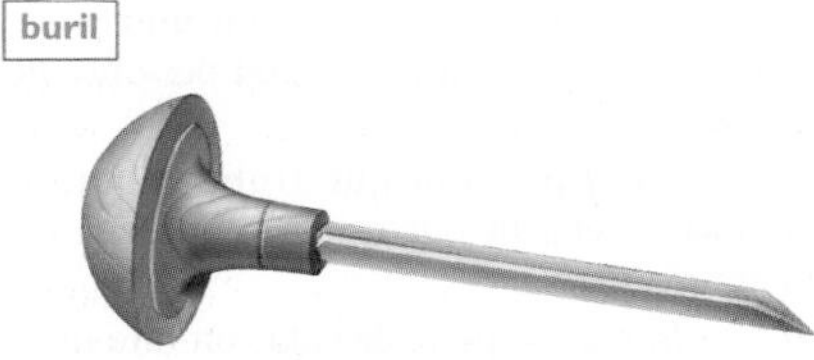

burla *[n.f.]* lo que, por ser como no debería ser, perjudica a alguien: *el referéndum fue una burla.* **SIN.** tomadura de pelo, mofa. ■ **hacer burla a una persona,** reírse de ella o ponerla en ridículo. **FAM.** burlar, burlón, burladero, burlesco, burlescamente.

burladero *[n.m.]* especie de valla de madera que hay delante de la barrera de las plazas de toros para que se protejan los toreros: *el toro embistió contra el burladero.*

burlar *[v.]* 1 conseguir librarse de algo: *burlaron la vigilancia.* **SIN.** esquivar, evitar, eludir. 2 engañar: *nos burló a todos.* **SIN.** embaucar, mentir. // **burlarse** *[v.prnl.]* 3 reírse de alguien: no te burles de ella. **SIN.** mofarse.

burlón, burlona *[adj.]* 1 que es poco serio o que está siempre haciendo bromas: *no le hagas caso, porque es muy burlona.* **SIN.** bromista, guasón. **ANT.** serio, adusto. 2 que molesta porque demuestra que uno no se toma en serio algo: *un ademán burlón; una sonrisa burlona.* **SIN.** sarcástico.

burocracia *[n.f.]* 1 conjunto de personas que trabajan en las oficinas públicas (las del Estado, autonomías, ayuntamientos, etc.) y especialmente las que llevan el control de los ciudadanos, de los documentos y de los papeles. 2 modo de hacer las cosas que exige muchos papeles, impresos, documentos, justificantes, etc.: *la burocracia te hace perder mucho tiempo.* **FAM.** burócrata, burocrático.

burrada *[n.f.]* 1 dicho o hecho que no tiene sentido o es un disparate: *dice tantas burradas que no se puede hablar con él.* **SIN.** disparate, estupidez, barbaridad. 2 gran cantidad de algo: *el coche le costó una burrada de dinero.* **SIN.** barbaridad.

burro, burra *[n.]* 1 animal parecido al caballo, pero más pequeño y con las orejas largas, que se usa para trabajar. **SIN.** asno, borrico, jumento. **AMPL.** el hijo de un burro y una yegua o de una burra y un caballo es un ***mulo***. 2 persona poco inteligente o que dice o hace cosas que no tienen sentido o que son un disparate: *se lo expliqué, pero es un burro y no lo entendió.* **SIN.** borrico, tonto, necio. **ANT.** listo, inteligente, espabilado. TAMBIÉN *adj.: hay que ser muy burro para no darse cuenta.* **FAM.** burrada, burrero, borrico.

busca *[n.f.]* 1 búsqueda*: *la busca duró varias horas.* 2 buscapersonas*. ■ **en busca de**, para buscar.

buscador, buscadora *[n.]* persona que se dedica a buscar algo donde cree que lo hay: *un buscador de tesoros.*

buscapersonas *[n.m.inv. en núm.]* aparato conectado con una emisora y que sirve para recibir mensajes: *el médico de guardia lleva un buscapersonas.* **SIN.** busca.

buscar *[v.]* 1 hacer lo posible por encontrar algo o a alguien: *estoy buscando mis llaves.* 2 ir a reunirse con una persona o a recoger una cosa al sitio en el que está: *fue a buscarlo a la salida del cine; pasaré a buscar los zapatos cuan-*

do estén arreglados. **SIN.** recoger. **OBS.** ante e, qu: *busquemos.* **FAM.** busca, búsqueda, buscón. **COMP.** rebuscar, buscapersonas.

búsqueda *[n.f.]* conjunto de las cosas que se hacen para tratar de encontrar algo o a alguien: *continúa la búsqueda del niño desaparecido.* **SIN.** busca.

busto *[n.m.]* **1** parte del cuerpo humano que está entre el cuello y la cintura. **SIN.** torso, tórax. **2** escultura o pintura que representa la cabeza y la mitad del pecho de una persona, sin brazos: *un busto de Beethoven.*

busto

butaca *[n.f.]* asiento con respaldo y brazos, para una sola persona. **SIN.** sillón. ■ **patio de butacas**, parte de abajo de un cine o un teatro en la que hay asientos para los espectadores. **SIN.** platea. **FAM.** butacón.

butano *[n.m.]* gas que sirve como combustible* para las casas y que se vende en bombonas de color anaranjado. ■ **color butano**, color de las bombonas de butano.

color butano

butifarra *[n.f.]* especie de salchicha gruesa, hecha con carne de cerdo y que es típica de Cataluña, Valencia y Baleares.

butrón *[n.m.]* agujero hecho en una pared para que pueda pasar por él una persona. **PL.** *butrones.*

buzo *[n.m.]* persona que trabaja bajo el agua. **AMPL.** el traje que usan los buzos se llama ***escafandra***.

buzón *[n.m.]* **1** especie de caja con una abertura en la que el cartero deja las cartas que van dirigidas a la casa. **2** sitio en el que se echan las cartas que queremos enviar, para que el servicio de correos se encargue de que lleguen a su destino: *echó las postales en el buzón de correos.* **PL.** *buzones.* **FAM.** buzonear, buzoneo.

buzonear *[v.]* repartir propaganda por los buzones. **OBS.** e + e = ee: *buzoneen.*

c *[letra consonante]* tercera letra del abecedario español, que se llama *ce*. **AMPL.** delante de las vocales *a, o, u,* suena como una *k*: *caja, comer, curso*; delante de las vocales *e, i,* suena como si fuera una *z* (*cero, cine*) pero hay muchas zonas de habla española en las que la *c* ante *e, i* se pronuncia como si fuera *s*. Como número romano, la *c* mayúscula (**C**) vale 100: *200, en números romanos, se escribe CC.*

cabal *[adj.inv. en gén.]* 1 que nunca engaña a nadie, siempre cumple con sus obligaciones y sabe reconocer sus errores: *confío en lo que dice porque es un chico cabal; una mujer cabal.* **SIN.** honesto*. 2 que es exactamente lo que se dice, ni un poco más ni un poco menos: *pesa 50 kilos cabales.* ■ **no estar** una persona **en sus cabales**, estar loca. **FAM.** cabalmente. **COMP.** descabalar.

cabalgar *[v.]* ir a caballo: *el jinete cabalgó toda la noche.* **OBS.** ante e, gu: *cabalguen*. **FAM.** cabalgadura, cabalgada, cabalgata.

cabalgata *[n.f.]* 1 conjunto de personas que van a caballo: *fueron en cabalgata a la montaña.* 2 conjunto de carrozas, de personas a caballo, en moto, en coche y andando, de bandas de música, etc., que desfilan por las calles: *la cabalgata de los Reyes Magos; una cabalgata de carnaval.*

caballa *[n.f.]* pez de mar, parecido a la sardina pero más grande, que es de color azul y verde con rayas negras.

caballar *[adj.inv. en gén.]* que es del mismo tipo que el caballo: *el caballo, el burro y el asno son ganado caballar.*

caballeresco, caballeresca *[adj.]* 1 de los caballeros, de su manera de comportarse, etc.: *dejar pasar delante a los demás es una actitud caballeresca.* 2 que tiene algo que ver con los temas de las novelas de caballerías, típicas de la literatura de la Edad Media, en la que había caballeros andantes que iban por el mundo buscando aventuras y defendiendo la justicia: *defender a los débiles era una costumbre caballeresca.*

caballería *[n.f.]* 1 animal doméstico que se usa o se usaba para cabalgar, para cargar, para trabajar en el campo, etc.: *el caballo y el asno son caballerías; en el establo había seis caballerías.* 2 parte de un ejército formada por el conjunto de los militares que van a caballo y el material de guerra que utilizan: *en las películas, la caballería siempre salva a los buenos.* ■ **caballería andante,** conjunto de antiguos caballeros protagonistas de los libros típicos de la Edad Media que contaban las aventuras que corrían cuando iban por el mundo defendiendo a los débiles, la justicia y otras cosas parecidas. ■ **libro de caballería,** el que contaba estas aventuras.

caballeriza *[n.f.]* lugar cubierto donde se guardan los caballos y otros animales parecidos: *los caballos duermen en las caballerizas.*

caballero *[n.m.]* 1 hombre muy educado y amable: *es agradable tratar con caballeros.* **SIN.** señor. 2 hombre: *un caballero de 50 años.* **SIN.** señor, hombre. ■ **caballero andante,** personaje que pertenecía a la caballería* andante y que iba por el mundo buscando aventuras: *Don Quijote era un caballero andante.* **FAM.** caballeroso, caballerosidad, caballerete, caballeresco, caballerosamente, caballo.

caballete *[n.m.]* 1 artilugio* con tres patas que tiene a media altura un borde horizontal para apoyar algo plano de manera que quede casi vertical y, especialmente, el que usan los pintores para colocar el cuadro que están pintando. 2 forma curva y sobresaliente del hueso de algunas narices.

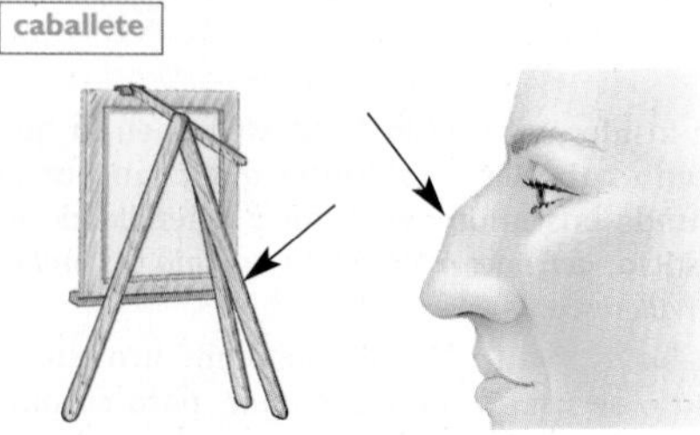

caballito *[n.m.]* 1 caballo pequeño: *un caballito de madera es un juguete.* // **caballitos** *[n.m.pl.]* 2 plataforma giratoria con figuras de caballos, de otros animales y de otras cosas, que suben y bajan para que los niños se diviertan montándose en ellos: *es divertido montarse en los caballitos.* **SIN.** tiovivo, carrusel. ■ **caballito de mar,** animal que vive en el mar, tiene la cabeza y el hocico parecidos a los de un caballo y la cola un poco enroscada que le sirve para atrapar cosas.

caballo *[n.m.]* 1 animal mamífero*, grande, herbívoro, de cuatro patas, con la cola y el cuello lleno de pelos fuertes, llamados crines, y que es fácil de domesticar y muy útil para el hombre: *carrera de caballos.* **SIN.** corcel. **AMPL.** la hembra del caballo se llama ***yegua***. 2 en la baraja y el ajedrez, carta o pieza con figura de caballo. 3 aparato para ejercicios de gimnasia más grande que el potro. **FAM.** caballero, caballar, caballeriza, caballada, caballería, caballa, caballete, caballito, caballista, caballuno.

caballón *[n.m.]* parte alta de la tierra que hay entre cada dos surcos. **PL.** *caballones.*

cabaña *[n.f.]* 1 casa pequeña que se construye en el campo con ramas, palos, cañas, etc.: *los pastores se refugian en las cabañas.* 2 ganado con que cuenta una zona: *la cabaña española de ovejas.* **FAM.** cabañal, cabañero.

cabecear *[v.]* 1 mover la cabeza, especialmente cuando uno se está quedando dormido. 2 moverse la parte delantera de algo: *había tormenta y el barco cabeceaba.* **OBS.** e + e = ee: *cabeceen.*

cabecera *[n.f.]* 1 parte de la cama en que se pone la cabeza y la almohada: *se sentó a la cabecera de su cama.* 2 parte más importante de un lugar: *el invitado de honor estaba en la cabecera de la mesa.* 3 principio o parte más importante de una cosa. 4 título de un periódico y parte de la primera página en que éste aparece. ■ **médico de cabecera,** el que atiende habitualmente a una familia o una persona.

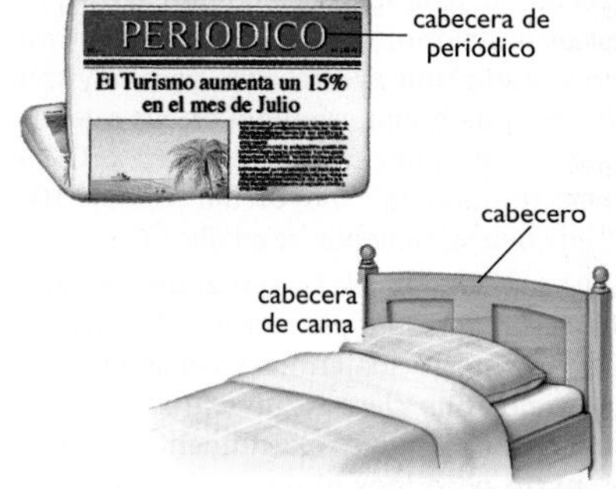

cabecilla *[n.inv. en gén.]* persona que piensa, dice y organiza lo que tiene que hacer un grupo: *la cabecilla de una revolución; el cabecilla de una banda de delincuentes.* **SIN.** jefe, jefecillo, instigador.

cabellera *[n.f.]* pelo de la cabeza, sobre todo si es largo y cae sobre la espalda: *tiene una hermosa cabellera rubia.*

cabello *[n.m.]* cada uno de los pelos que hay en la cabeza y el conjunto de todos ellos: *un champú para cabellos delicados.* **SIN.** pelo. **FAM.** cabellera, cabelludo, capilar, capilaridad. **COMP.** descabellado.

cabelludo, cabelluda *[adj.]* que tiene mucho cabello. ■ **cuero cabelludo,** piel de la cabeza de la que nace el cabello.

caber *[v.]* 1 ser algo de tamaño o volumen más pequeño que el espacio por el que hay que pasar o en el que se tiene que meter: *un elefante no cabe en el bolsillo de una chaqueta.* 2 poder meter una cosa dentro de otra porque hay sitio suficiente: *echó toda la gasolina que cabía en el depósito.* 3 ser posible: *cabe la posibilidad de que llegue tarde.* 4 tocarle a uno o tener el honor, la felicidad, el placer, etc., de hacer algo: *nos cabe el placer de darle tan buena noticia.* ■ **no caberle** a uno algo **en la cabeza**, no entenderlo. **FAM.** cabida, cupo.

CONJUGACIÓN DEL VERBO CABER

Formas no personales
Infinitivo: *caber*. Gerundio: *cabiendo*. Participio: *cabido*.
Indicativo
Presente: *quepo, cabes, cabe, cabemos, cabéis, caben.*
Pretérito imperfecto: *cabía, cabías, cabía, cabíamos, cabíais, cabían.*
Pretérito perfecto simple: *cupe, cupiste, cupo, cupimos, cupisteis, cupieron.*
Futuro: *cabré, cabrás, cabrá, cabremos, cabréis, cabrán.*
Condicional simple: *cabría, cabrías, cabría, cabríamos, cabríais, cabrían.*
Subjuntivo
Presente: *quepa, quepas, quepa, quepamos, quepáis, quepan.*
Pretérito imperfecto: *cupiera/cupiese, cupieras/cupiese, cupiéramos/ cupiésemos, cupierais/cupieseis, cupieran/ cupiesen.*
Futuro: *cupiere, cupieres, cupiere, cupiéremos, cupiereis, cupieren.*
Imperativo:
cabe, quepa, quepamos, cabed, quepan.

cabestrillo *[n.m.]* tira de tela o aparato que se cuelga del cuello para llevar una mano o un brazo roto o herido: *lleva el brazo en cabestrillo.*

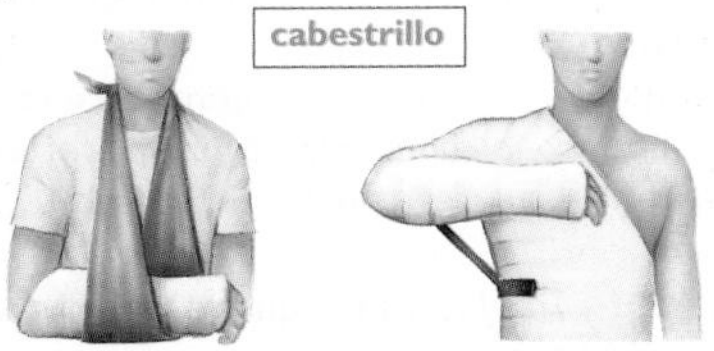

cabestro *[n.m.]* 1 buey* manso que guía los toros: *algunos cabestros llevan cencerro.* 2 tira de cuero o correa que se coloca en la cabeza de los caballos y otros animales parecidos para conducirlos o sujetarlos: *si vas a coger el caballo ponle el cabestro.* **FAM.** cabestrillo.

cabeza *[n.f.]* 1 parte superior del cuerpo humano y anterior del de los animales. **AMPL.** en los vertebrados está formada por el ***cráneo*** la ***cara*** y el ***encéfalo***. 2 jefe o persona que manda o representa a un grupo: *el capitán es la cabeza de este equipo.* **AF.** superior, director. 3 parte de arriba o delantera de algo: *la cabeza de un clavo; la cabeza de un alfiler.* 4 cada uno de los animales del mismo tipo que forman parte de un rebaño: *tiene cien cabezas de ganado vacuno.* **SIN.** res. 5 parte con la que se piensa: *utiliza la cabeza antes de tomar esa decisión; ¿es que no tienes cabeza?* **SIN.** cerebro, juicio, inteligencia. ■ **tener buena cabeza**, tener buena memoria, saber pensar y hacer las cosas inteligentemente. ■ **ir en cabeza o ir a la cabeza**, ir el primero. ■ **cabeza de ajo**, conjunto de dientes de ajo unidos entre sí. ■ **cabeza de chorlito**, quien piensa poco, olvida las cosas y a menudo hace tonterías. ■ **cabeza de familia**, persona que ante la ley es el jefe o representante de la familia. ■ **metérsele a uno algo en la cabeza**, tener una idea fija. ■ **sentar la cabeza**, hacerse sensato. ■ **tener la cabeza a pájaros**, tener poco sentido común. **FAM.** cabecilla, cabecear, cabezada, cabecera, cabezal, cabezazo, cabezota, cabezudo, cabezón, cabezonada, capital. **COMP.** encabezar, descabezar, cabizbajo.

cabezada *[n.f.]* 1 movimiento de la cabeza, especialmente los que hace el que se está quedando dormido: *se dio una cabezada contra la pared.* 2 correas que se ponen en la cabeza de las caballerías, para conducirlas: *no subas al caballo sin ponerle antes la cabezada.* ■ **dar una cabezada**, dormir un rato corto, normalmente sentado.

cabezal *[n.m.]* 1 almohada pequeña de forma cuadrada. 2 almohada larga y grande que ocupa toda la cabecera de la cama. 3 prenda superior de un chándal. **SIN.** sudadera.

cabezazo *[n.m.]* golpe fuerte que se da con la cabeza.

cabezón, cabezona *[n.]* 1 persona con la cabeza muy grande. **SIN.** cabezudo. 2 persona que siempre quiere tener la razón aunque no la tenga: *este cabezón siempre quiere que hagamos lo que él dice.* **SIN.** terco, cabezota, testarudo.

cabezonada *[n.f.]* idea fija o difícil de cambiar: *sé sensato y no te dejes llevar por tus cabezonadas.* **SIN.** terquedad.

cabezudo, cabezuda *[n.]* 1 cabezón* (acepción 1). 2 persona que se disfraza con una cabeza muy grande de cartón y desfila por las calles durante las fiestas populares. **SIN.** gigantilla.

cabezuela *[n.f.]* grupo de flores que nacen juntas.

cabida *[n.f.]* capacidad o volumen de una cosa: *tiene cabida para doscientas personas; su cabida es de 8 litros.* **FAM.** caber, cupo.

cabildo *[n.m.]* 1 conjunto de los sacerdotes de una catedral o colegiata: *se reunió el cabildo de la catedral para tomar decisiones.* 2 grupo formado por el alcalde y los concejales de un ayuntamiento*: *mañana se reúne el cabildo.* **SIN.** concejo.

cabillo *[n.m.]* ramita que sostiene la hoja, la flor o el fruto de una planta. **SIN.** pezón.

cabina *[n.f.]* 1 parte de un vehículo en la que se hallan los mandos para conducirlo, especialmente si están separados del resto: *cabina de un avión; cabina de un camión.* 2 habitación pequeña o caseta aislada generalmente dedicada a un uso muy concreto: *cabina de teléfonos; cabina de máquinas de un cine; cabina de playa.*

cabizbajo, cabizbaja *[adj.]* que lleva la cabeza baja.

cable *[n.m.]* hilo metálico grueso o conjunto de hilos metálicos trenzados: *cable de acero; los cables de la luz; los cables de teléfonos.* ■ **cable eléctrico**, cordón formado por hilos metálicos, aislados unos de otros, y forrado con un plástico, por donde pasa la electricidad. ■ **echar un cable**, ayudar a alguien. **FAM.** cableado, cablear, cablegrafiar.

cablegrama *[n.m.]* telegrama enviado por cable submarino.

cabo *[n.m.]* 1 extremo de una cosa: *agarre el cable por el cabo.* **SIN.** punta. 2 porción de tierra de la costa que entra en el mar: *el Cabo de Peñas está en Asturias.* 3 cuerda que se usa sobre todo en los barcos: *ató las velas con un cabo.* 4 trozo o hebra de hilo: *dame un cabo de hilo para coser esto.* 5 militar que manda más que los soldados y menos que el sargento, puede dar órdenes a una patrulla y su divisa es un galón ancho de color rojo. ■ **cabo 1º**, el que tiene un grado más que el cabo, y su divisa es un galón estrecho de color amarillo. ■ **al cabo de**, pasado un tiempo. ■ **de cabo a rabo**, todo, desde el principio al fin. **FAM.** cabotaje.

Cabo, con *be*, es el que manda
en un grupo de soldados
y la tierra que se interna
en las olas del mar bravo...
también un trozo de cuerda
o una maroma de un barco...
Y de esta poesía, por ser final,
este verso es su cabo.

cabra *[n.f.]* animal doméstico rumiante*, de pelo corto y áspero, cola corta y cuernos gruesos y vueltos hacia atrás que es muy ágil y sube con facilidad montañas y lugares difíciles: *cuida cabras en el monte.* ■ **cabra montés**, cabra salvaje que vive en las montañas: *en los Pirineos hay cabras monteses.* ■ **estar como una cabra**, estar loco. **FAM.** cabrero, cabrito, cabritero, cabritilla, cabrío, cabruno, cabrón, cabrear, caprino. **COMP.** encabritarse.

cabrero, cabrera *[n.]* pastor que cuida cabras.

cabrío, cabría *[adj.]* de cabras o de las cabras: *un rebaño cabrío.* **SIN.** caprino, cabruno. ■ **macho cabrío**, macho de la cabra. **SIN.** cabrón.

cabriola *[n.f.]* 1 brinco que se da en el aire cruzando las piernas varias veces: *hizo varias cabriolas antes de caer al suelo.* **AF.** salto, pirueta, voltereta. 2 salto de los caballos sacudiendo las patas en el aire: *entrenaron al caballo para hacer cabriolas.* **FAM.** cabriolear.

cabrito, cabrita *[n.]* cría de la cabra hasta que deja de mamar.

cabrón *[n.m.]* macho de la cabra. **SIN.** macho cabrío.

cacahuete *[n.m.]* planta que da un fruto con el mismo nombre y que tiene una cáscara no muy dura de color marrón claro y dentro una o más semillas comestibles: *de los cacahuetes se puede sacar aceite y también se pueden comer tostados.* **PL.** *cacahuetes.* TAMBIÉN se puede decir también ***cacahués***, y su plural sería *cacahueses*.

cacao *[n.m.]* árbol tropical de América que da unos frutos con semillas grandes, también llamadas así, que son el principal ingrediente del chocolate y de otros productos parecidos a él: *leche con cacao; bebida de cacao.* **FAM.** cacahuatal, cacaotal.

cacarear *[v.]* **1** producir sonidos un gallo o una gallina: *la gallina nos despertó cacareando.* **2** hablar exagerando y en exceso de las cosas propias: *cada vez que algo le sale bien lo cacarea por todas partes.* **OBS.** e + e = ee: *cacareen*. **FAM.** cacareo.

cacatúa *[n.f.]* ave que procede de Oceanía, de plumas blancas o amarillas, pico fuerte y encorvado, cola corta y en la cabeza plumas en forma de cresta; se domestica fácilmente y es capaz de aprender a repetir algunas palabras o frases.

cacereño, cacereña *[adj. y n.]* de Cáceres, provincia española y su capital, que pertenecen a la comunidad autónoma de Extremadura: *pueblo cacereño; una niña cacereña; los cacereños son extremeños.*

cacería *[n.f.]* **1** reunión de personas que van a cazar: *está invitado a una cacería con perros.* **2** conjunto de animales que se han cazado: *prepararon una merienda con la cacería que habían conseguido.*

cacerola *[n.f.]* recipiente redondo, de metal, con dos asas y una tapadera, que sirve para cocer y guisar.

cacha *[n.f.]* **1** pieza que cubre la empuñadura de un puñal o de una pistola o el mango de una navaja: *una pistola con cachas de nácar.* **2** palo largo y delgado con un extremo curvado, que se usa, sobre todo, para apoyarse al andar: *muchos pastores llevan una cacha.* **SIN.** cachava, cayado. **FAM.** cachaza, cachazudo, cachete, cachetada.

cachalote *[n.m.]* animal marino parecido a la ballena, que mide de 15 a 20 metros y tiene la cabeza muy grande y alargada.

cacharro *[n.m.]* **1** cualquier recipiente de los que se usan para cocinar: *un cacharro de barro.* **2** aparato que no está bien, ya no es

CACHARROS PARA COCINAR

nombre	es...	tiene...	PUNTOS
caldero	de hierro o de cobre, con la boca algo más ancha que la base, que es algo curva; más ancho que alto	un asa central para colgarlo sobre el fuego de la cocina baja	10
cazo	cilíndrico; más ancho que alto	un mango	5
cazuela, cacerola	cilíndrico; más ancho que alto	dos asas paralelas a la base	5
cueceleches	cilíndrico, con un estrechamiento para apoyar, dentro, una tapadera con agujeros; más alto que ancho	un asa perpendicular a la base	8
olla	cilíndrico; más alto que ancho	dos asas paralelas a la base	7
olla exprés	de aluminio o acero, con tapadera de cierre hermético	dos asas o un mango	5
paellera	de hierro, poco profundo; con mucho diámetro	dos asas paralelas a la base	5
perol	muy abombado y más alto que ancho	dos asas paralelas a la base	8
perola	un perol pequeño		8
pote	muy abombado, con cuello cilíndrico y tapadera que encaja en la boca; de hierro o cobre; más ancho que alto	un asa central y tres patas para ponerlo al fuego de la cocina baja	10
puchero	abombado; más alto que ancho	dos asas paralelas a la base; el pequeño, un asa perpendicular	7
sartén	poco profundo	un mango	5

útil o no funciona: *esta televisión es un cacharro que se ve fatal.* **AF.** trasto. **FAM.** cacharrazo, cacharrería, cacharrero. **COMP.** escacharrar, escacharrado.

cachava *[n.f.]* palo largo y delgado con un extremo curvado, que se usa, sobre todo, para apoyarse al andar: *el pastor llevaba una cachava.* **SIN.** cacha, cayado.

cachear *[v.]* pasar las manos por encima de la ropa de una persona para ver si esconde algún arma u otras cosas: *cachearon a varias personas antes de subir al avión.* **OBS.** e + e = ee: *cacheen.* **FAM.** cacheo.

cachete *[n.m.]* golpe que se da en la cara o en la cabeza con la mano abierta: *se portó mal y su padre le dio un cachete.* **AF.** bofetada, tortazo.

cachetero *[n.m.]* puñal corto y puntiagudo.

cachivache *[n.m.]* mueble, objeto o utensilio que ya no vale o no se usa: *en el desván hay muchos cachivaches.* **SIN.** trasto, chisme.

cachorro *[n.m.]* cría de los animales mamíferos terrestres: *la perra ha tenido tres cachorros.* **OBS.** se puede llamar cachorro a la cría de las ballenas, pero nunca a la de los murciélagos.

cacique *[n.m.]* 1 persona que tiene poder e influencia política y actúa como si fuera el dueño del lugar en que vive: *antes de hacer algo en el pueblo hay que preguntar al cacique.* 2 jefe o señor de algunas tribus indias de América Central y del Sur. **FAM.** caciquismo, caciquil.

caco *[n.m.]* ladrón: *unos cacos me robaron el bolso.*

cacofonía *[n.f.]* repetición de uno o más sonidos que juntos suenan mal: *para evitar la cacofonía se dice "el agua", con artículo en masculino, y no "la agua" que es lo que morfológicamente le correspondería.* **FAM.** cacofónico.

cacto *[n.m.]* planta con el tallo verde cubierto de espinas o pinchos que guarda agua en su interior y vive en sitios muy secos: *los cactus aguantan mucho tiempo sin regar.* **FAM.** cácteo, cactáceo.

cactus *[n.m.]* cacto*.

cada *[adj. indef.]* 1 uno por uno o uno a uno, es decir *todos* desde el primero hasta el último de una serie, de un grupo o de un conjunto: *cada invitado trajo un regalo; cada uno de nosotros hará un trabajo.* 2 uno detrás de otro, día tras día, persona tras persona, etc.: *cada mañana amanece más tarde; cada 24 de noviembre celebramos una reunión familiar; ¡dice cada bobada...!; ¡tiene cada idea...!; cada vez hay más problemas.*

cadalso *[n.m.]* lugar más alto que el suelo y hecho con tablas, sobre el que se hacía morir a los condenados a muerte: *muchos hombres perdieron la vida en el cadalso.*

cadáver *[n.m.]* cuerpo muerto: *depósito de cadáveres.* **FAM.** cadavérico.

cadavérico, cadavérica *[adj.]* que parece de un cadáver: *aspecto cadavérico.*

cadena *[n.f.]* 1 conjunto de eslabones de metal o de otros materiales, enlazados unos con otros: *cadena de oro; cadena del perro; etc.* 2 conjunto de establecimientos comerciales de la misma empresa: *cadena de supermercados; cadena de hoteles;* etc. 3 hechos que se suceden o pasan unos tras otros y que tienen alguna relación entre ellos: *cadena de sucesos; cadena de desgracias; cadena de atracos.* **SIN.** serie, sucesión. 4 conjunto de medios técnicos, tanto en radio como en televisión que organizados transmiten el mismo programa: *cadena de radio.* ■ **cadena montañosa**, conjunto de montañas. **SIN.** cordillera. ■ **cadena perpetua**, castigo máximo que el juez puede poner a un delincuente, que consiste en estar toda la vida en la cárcel. ■ **cadena humana**, conjunto de personas que se unen unas a otras cogiéndose de las manos. ■ **cadena de montaje** o **de fabricación**, parte de un sistema de fabricación en serie donde las cosas van pasando de un sitio a otro y en cada uno hay un obrero especializado. **FAM.** cadeneta, cadenilla, cadenero. **COMP.** encadenar.

cadencia *[n.f.]* repetición de sonidos o de movimientos iguales cada cierto tiempo que producen un efecto normalmente agradable: *la cadencia de un verso.* **SIN.** compás, medida. **FAM.** cadencioso, cadente.

cadera *[n.f.]* cada una de las dos partes del cuerpo situadas a los lados, debajo de la cintura, que se corresponden con los huesos superiores de la pelvis: *lleva el cinturón ajustado en las caderas.*

caducar *[v.]* acabarse la validez de una ley, de un derecho, de una costumbre, de un producto, etc.: *el contrato caducó; la leche caducó hace dos días.* **OBS.** ante e, qu: *caduquen.* **FAM.** caducidad, caduco.

caducidad *[n.f.]* lo que tienen las cosas que dejan de valer después de un plazo determinado de tiempo: *la caducidad de una ley, de un derecho, de un contrato; la caducidad de los productos de alimentación.*

caducifolio, caducifolia *[adj.]* que es un árbol o una planta que pierde la hoja al llegar el frío: *el nogal es un árbol caducifolio.* **SIN.** de hoja caduca. **ANT.** perennifolio.

caduco, caduca *[adj.]* 1 que deja de valer después de un tiempo: *los medicamentos son productos caducos porque pierden propiedades con el tiempo.* 2 que dura un tiempo determinado: *árbol de hoja caduca.* 3 que ya no vale porque con el tiempo ha quedado viejo o sin valor: *hombre caduco; ideas caducas.*

caer *[v.]* 1 ir hacia abajo algo que está arriba, por su propio peso y sin que nadie lo empuje: *el granizo caía con fuerza; si tienes en la mano un lápiz y lo sueltas, cae al suelo.* 2 perder el equilibrio y no parar hasta ser detenido por algo: *cayó dando vueltas por las escaleras.* 3 ir a parar a una trampa o a un engaño: *si no tiene cuidado caerá en una emboscada.* 4 pasar algo en una fecha o en un momento determinado: *las vacaciones caen en verano.* **AF.** coincidir. 5 dejar de existir, desaparecer o morir: *cayó el antiguo gobierno; el soldado cayó en la guerra.* **AF.** desaparecer, sucumbir, perecer. 6 entender algo después de haberlo pensado, darse cuenta de algo: *ya caigo, no me lo expliques más.* 7 venirle a alguien, sin esperarla, una desgracia o algo malo: *caer en la pobreza.* 8 quedarle o irle bien o mal una cosa a alguien: *el abrigo te cae muy bien; el café me cayó mal en el estómago.* 9 tocarle algo a alguien: *el primer premio cayó en tu barrio.* 10 estar situado en el sitio que se dice después del verbo: *el colegio cae enfrente de mi casa.* **SIN.** hallarse, estar, encontrarse. 11 acabarse el día o la tarde, empezar a oscurecer: *salió al caer la tarde.* // **caerse** *[v.prnl.]* 12 separarse, soltarse o desprenderse algo de donde estaba sujeto: *las hojas se caen de los árboles en otoño; se le cayó un botón.* ■ **caer enfermo** o **malo**, enfermar. ■ **caer de espaldas, de cabeza, etc.**, perder el equilibrio y dar en el suelo con la parte del cuerpo que se indica. ■ **estar al caer**, estar a punto de pasar algo o de llegar alguien. **FAM.** caída, caído, caedizo. **COMP.** decaer, recaer.

CONJUGACIÓN DEL VERBO CAER

Formas no personales
Infinitivo: *caer.* Gerundio: *cayendo.* Participio: *caído.*
Indicativo
Presente: *caigo, caes, cae, caemos, caéis, caen.*
Pretérito imperfecto: *caía, caías, caía, caíamos, caíais, caían.*
Pretérito perfecto simple: *caí, caíste, cayó, caímos, caísteis, cayeron.*
Futuro: *caeré, caerás, caerá, caeremos, caeréis, caerán.*
Condicional simple: *caería, caerías, caería, caeríamos, caeríais, caerían.*
Subjuntivo
Presente: *caiga, caigas, caiga, caigamos, caigáis, caigan.*
Pretérito imperfecto: *cayera/cayese, cayeras/cayeses, cayera/cayese, cayéramos/cayésemos, cayerais/cayeseis, cayeran/cayesen.*
Futuro: *cayere, cayeres, cayere, cayéremos, cayereis, cayeren.*
Imperativo:
cae, caiga, caigamos, caed, caigan.

Si me dices que caer
se ha de escribir con y griega
me dejas muy sorprendido
pues no sé dónde ponerla.

Échala para que caiga
en formas como cayera
o como cayó y cayeron
o en cayesen y en cayeran.

café *[n.m.]* 1 semilla que se saca de una planta llamada ***cafeto*** o *café*: *café molido.* 2 bebida de color oscuro y sabor amargo que se hace con esta semilla tostada y agua caliente: *el café no me deja dormir.* 3 lugar donde va la gente a tomar esta bebida y otras y a pasar el tiempo: *te espero en el café.* **SIN.** cafetería. **FAM.** cafetera, cafetería, cafetero, cafeto, cafeína, cafetal, cafetín.

cafeína *[n.f.]* lo que tiene el café, el té y algunas otras bebidas que estimula el sistema nervioso: *la cafeína quita el* sueño.

cafetera *[n.f.]* aparato que se usa para preparar o servir el café: *se ha roto la cafetera.*

cafetería *[n.f.]* lugar donde sirven café y otras bebidas y en algunas de ellas también se puede comer: *tomó café y un bollo en la cafetería.* **SIN.** café.

cafeto *[n.m.]* árbol originario de África que da unas flores blancas y su fruto, que es una baya* roja, tiene dentro una semilla que es el café.

caída *[n.f.]* 1 lo que pasa cuando alguien o algo se cae: *tropezó y se dio una buena caída; la caída de la hoja.* 2 fin, desaparición o destrucción de algo: *la caída de un imperio, de un gobierno...; en verano gusta salir a la caída del día.* 3 forma en que cae una tela: *el vestido tiene mucha caída.* 4 parte inclinada de algo.

caído, caída *[adj.]* 1 que no está donde o como debería estar, sino más abajo, en el suelo o en posición horizontal: *un árbol caído; tiene los hombros caídos; un poste caído hacia un lado.* // **caído** *[n.m.]* 2 muerto en la guerra, en un atentado o en circunstancias de ese tipo: *son muchos los caídos por culpa del terrorismo.*

caimán *[n.m.]* animal reptil, parecido al cocodrilo pero un poco más pequeño, que puede vivir en el agua y en la tierra: *en los ríos de América abundan los caimanes.* **PL.** *caimanes.*

caja *[n.f.]* 1 recipiente de cartón o de otro material, generalmente con tapadera, que puede tener distintas formas y tamaños y sirve para meter o guardar cosas o llevarlas de un sitio a otro: *caja de zapatos; caja de galletas.* **AMPL.** una caja grande de madera, con tapadera o sin ella, es un ***cajón***. 2 lugar de tiendas, oficinas, bancos y en general de todos los establecimientos donde se cobra y se paga: *pagué las compras en caja; cobra el cheque en la caja.* ■ **caja de ahorros**, negocio, parecido a un banco, donde la gente guarda el dinero. ■ **caja fuerte**, caja de hierro o lugar cerrado hecho con materiales muy fuertes que se usa para guardar cosas de valor. **FAM.** cajero, cajón, cajonera, cajonería, cajetilla, cajetín, cajista. **COMP.** encajar, encajonar, encajonamiento.

cajero, cajera *[n.]* 1 el que trabaja cobrando o pagando en la caja de un banco, de una tienda, etc.: *el cajero contó el dinero antes de cerrar.* 2 máquina que tienen los bancos y las cajas de ahorros para poder sacar dinero, metiéndole una tarjeta de plástico y marcando una serie de números secretos que conoce cada cliente: *sacaron dinero del cajero.*

cajetilla *[n.f.]* paquete de cigarrillos.

cajista *[n.inv. en gén.]* persona que trabajaba en las antiguas imprentas preparando las letras necesarias para imprimir algo.

cajón *[n.m.]* 1 caja grande de madera que sirve para embalar y transportar cosas. 2 especie de caja que tienen los muebles en un hueco hecho a propósito de manera que se puede sacar y meter, y que sirve para guardar cosas: *los cajones de un armario.* **PL.** *cajones.*

cal *[n.f.]* materia mineral blanca y ligera que puede producir quemaduras e irritación en la piel cuando es pura; se usa para la fabricación de cementos y mezclada con agua sirve para blanquear paredes. **FAM.** calcáreo, calcio, calífero, calero, calera, calizo, calcinar, calcinación. **COMP.** encalar, encalado.

cala *[n.f.]* 1 entrada pequeña del mar en la tierra que forma una playa: *siempre nos bañamos en la misma cala.* 2 lo que se hace cuando se corta una fruta para probarla y el trozo cortado: *hice una cala a la sandía y no estaba buena.* **FAM.** caleta.

calabacín *[n.m.]* calabaza pequeña, con la cáscara verde y el interior blanco con semillas: *el calabacín se parece a un pepino grande.* **PL.** *calabacines.*

calabaza *[n.f.]* 1 fruto de una planta llamada ***calabacera*** que es comestible, redondo, grande, con la piel dura de color naranja, verde o amarilla, que tiene dentro unas pipas blancas muy grandes: *pipas de calabaza; dulce de calabaza.* 2 suspenso: *ha tenido dos calabazas.* **FAM.** calabacín, calabazada, calabazar, calabacera.

calabozo *[n.m.]* lugar cerrado, pequeño y seguro donde se encierra a los presos o a las personas que están arrestadas. **AF.** cárcel, celda. **FAM.** calabocero.

calado *[n.m.]* 1 adorno que se hace en una tela sacando hilos o separándolos: *mantelería con calados.* 2 labor o adorno que se hace en algún tipo de material formando un dibujo: *jersey con calados; calados en la madera.* 3 parte del barco que va dentro del agua: *el calado de este barco es tan grande que solo navega en aguas profundas.* 4 profundidad o distancia que hay desde el fondo hasta la superficie del agua: *los barcos no navegan en este río porque tiene poco calado y darían en el fondo.*

calamar *[n.m.]* animal marino comestible que tiene el cuerpo alargado y diez brazos o tentáculos que le salen directamente de la cabeza: *el calamar suelta la tinta cuando alguien lo ataca.*

calambre *[n.m.]* 1 contracción brusca de un músculo y que produce dolor durante un breve período de tiempo: *sufrió un calambre cuando nadaba.* 2 lo que siente una persona o un animal al darle una pequeña descarga eléctrica: *si metes los dedos en el enchufe te dará calambre.*

calamidad *[n.f.]* 1 desgracia que afecta a muchas personas: *un terremoto es una gran calamidad.* **SIN.** desastre, catástrofe. 2 persona que no hace o no sabe hacer nada bien: *eres una calamidad, nunca entiendes nada.* **SIN.** desastre. **FAM.** calamitoso.

calar *[v.]* 1 pasar un líquido a través de algo. 2 hacer calados en las telas, los metales, la madera, etc.: *caló varias veces la chapa con el taladro.* **AF.** perforar. 3 cortar un trozo de una fruta para probarla: *calé el melón con el cuchillo.* 4 dejar algo o alguien un buen recuerdo en una persona: *sus palabras calaron en su corazón.* // **calarse** *[v.prnl.]* 5 mojarse el cuerpo de una persona porque el agua ha traspasado la ropa: *no llevaba paraguas y se caló hasta los huesos.* **SIN.** empaparse. 6 pararse un motor de repente: *se le caló el coche.* **FAM.** cala, calado, caladura, calada. **COMP.** intercalar, recalar.

calavera *[n.f.]* huesos de la cabeza tal como están unidos, pero sin la carne ni la piel: *en Évora hay una capilla decorada con calaveras de verdad.* **SIN.** cráneo.

calcamonía forma incorrecta de decir *calcomanía**.

calcar *[v.]* 1 copiar un dibujo, una inscripción, etc. poniendo un papel encima o utilizando papel de calco. **AF.** reproducir. 2 copiar o imitar algo o a alguien: *es un buen imitador que calca los gestos de todos sus compañeros.* **OBS.** ante e, qu: *calquen.* **FAM.** calco, calcado, calcomanía. **COMP.** inculcar, recalcar.

calcáreo, calcárea *[adj.]* que tiene cal: *rocas calcáreas; agua calcárea.*

calce *[n.m.]* llanta de las ruedas.

calcetín *[n.m.]* prenda de vestir ajustada que se pone en el pie y llega hasta la mitad de la pierna. **PL.** *calcetines.* **FAM.** calceta, calcetero, calcetería.

calcinar *[v.]* quemar algo hasta dejarlo hecho cenizas: *el fuego calcinó los árboles del bosque.*

calcio *[n.m.]* elemento químico de color blanco, blando, que se altera fácilmente en contacto con el agua o con el aire, aparece mezclado con otros elementos y se puede encontrar en el mármol, la caliza y en los huesos. **FAM.** calcificar, calcificación, cálcico, cal.

calco *[n.m.]* 1 papel que sirve para calcar dibujos o escritos. 2 copia o imitación de algo: *el profesor notará que tu examen es un calco del mío.* **AF.** plagio.

calcomanía *[n.f.]* papel con un dibujo, que se puede poner en otra superficie mojándolo y apretando: *puse calcomanías de flores en los cristales.*

calculador, calculadora *[adj.]* que piensa las cosas antes de hacerlas para conseguir todos los beneficios o las ventajas posibles: *persona calculadora; pensamiento calculador.*

calculadora *[n.f.]* máquina que suma, resta, multiplica, divide y hace otras operaciones matemáticas automáticamente.

calcular *[v.]* 1 hacer sumas, restas, multiplicaciones, divisiones y otras operaciones matemáticas para resolver un problema: *calcula la capacidad de un recipiente que mide...* 2 reflexionar sobre algo para no equivocarse y obtener los mejores resultados: *calculó lo que tenía que decir para que no lo riñeran.* **SIN.** pensar, meditar. 3 creer o suponer algo después de haber tenido en cuenta algún dato que se conoce: *calculo que llegará hoy; calculo que tendrá menos años que tú.* **SIN.** deducir. **FAM.** cálculo, calculadora, calculador. **COMP.** incalculable.

cálculo *[n.m.]* 1 conjunto de las sumas, restas, divisiones, multiplicaciones o cualquier operación que hay que hacer para obtener un resultado matemático: *haz el cálculo de lo que cabe en un recipiente que mide...* **AF.** cuenta, cómputo. 2 lo que se piensa o se deduce después de comparar algunos datos conocidos: *según mis cálculos aprobaré todas las asignatu-*

ras. **3** piedra que se va formando en algunos órganos del cuerpo humano porque se acumulan sustancias sólidas que no puede eliminar: *cálculos en la vesícula; cálculos en el riñón.*

caldear *[v.]* calentar un poco algo que está frío: *puse la calefacción para caldear la casa.* ■ **caldearse los ánimos**, ponerse la gente nerviosa. **OBS.** e + e = ee: *caldeen.* **FAM.** caldeamiento, caldera, calderilla, cálido, caldo, caldero, calderada, calderero.

caldera *[n.f.]* **1** recipiente de metal que tiene un asa grande por la que se cuelga al fuego para calentar agua u otros líquidos. **2** parte de un sistema de calefacción, agua caliente, etc. en que se calienta el líquido.

calderilla *[n.f.]* monedas sueltas de poco valor: *la calderilla pesa mucho y no vale nada.* **AF.** suelto, cambio.

caldero *[n.m.]* recipiente de metal con el fondo semiesférico y un asa de un lado a otro de la boca, y líquido que cabe en él: *echa aquí unos calderos de agua.*

caldo *[n.m.]* líquido que queda después de cocinar con agua o al vapor algunos alimentos: *caldo de pescado; caldo de carne.* **FAM.** caldoso, caldear.

caldoso, caldosa *[adj.]* que tiene mucho caldo: *sopa caldosa.*

calé *[n.inv. en gén.]* gitano*: *un calé de raza.* TAMBIÉN *adj.: raza calé.*

calefacción *[n.f.]* conjunto de aparatos, tuberías y mecanismos que sirven para calentar un lugar o un vehículo: *calefacción eléctrica, de gas...* ■ **calefacción central**, la que sirve para calentar a la vez todos los pisos de un mismo edificio. **FAM.** calefactor.

calefactor, calefactora *[adj.]* **1** que sirve para calentar: *un aparato calefactor.* TAMBIÉN *n.m.: calefactor eléctrico.* **2** persona que se dedica a instalar o a arreglar aparatos de calefacción.

caleidoscopio *[n.m.]* tubo que tiene dentro unos espejos inclinados y varios trozos de vidrio de colores en un extremo; al mirar por el otro extremo se ven figuras geométricas que al girar el tubo van cambiando. **OBS.** también se dice *calidoscopio.*

calendar *[v.]* poner la fecha en un escrito. **SIN.** fechar.

calendario *[n.m.]* **1** división del tiempo en años, meses, semanas y días y su representación en papel o en otro material. **SIN.** almanaque. **2** lo que se hace para dividir el tiempo cuando se organiza algo: *calendario de actividades; calendario escolar.*

calentador *[n.m.]* aparato que sirve para calentar algo y especialmente agua: *un calentador de gas.*

calentar *[v.]* **1** hacer que aumente la temperatura de un cuerpo o de un lugar, dándole calor: *el radiador calentó la habitación.* **ANT.** enfriar. TAMBIÉN *prnl.: la arena se calienta con el sol.* **2** hacer ejercicios físicos para preparar los músculos antes de actuar un deportista, un cantante, etc.: *calentar la garganta.* ■ **calentarse la cabeza**, pensar mucho en algún problema. **FAM.** calentador, caliente, calentamiento, calentón, calentura, calenturiento. **COMP.** recalentar, recalentamiento.

CONJUGACIÓN DEL VERBO CALENTAR

Formas no personales
Infinitivo: *calentar.* Gerundio: *calentando.* Participio: *calentado.*
Indicativo
Presente: *caliento, calientas, calienta, calentamos, calentáis, calientan.*
Pretérito imperfecto: *calentaba, calentabas, calentaba, calentábamos, calentabais, calentaban.*
Pretérito perfecto simple: *calenté, calentaste, calentó, calentamos, calentasteis, calentaron.*
Futuro: *calentaré, calentarás, calentará, calentaremos, calentaréis, calentarán.*
Condicional simple: *calentaría, calentarías, calentaría, calentaríamos, calentaríais, calentarían.*
Subjuntivo
Presente: *caliente, calientes, caliente, calentemos, calentéis, calienten.*
Pretérito imperfecto: *calentara/ calentase, calentaras/ calentases, calentara/ calentase, calentáramos/ calentásemos, calentarais/ calentaseis, calentaran/ calentasen.*
Futuro: *calentare, calentares, calentare, calentáremos, calentareis, calentaren.*
Imperativo:
calienta, caliente, calentemos, calentad, calienten.

calentura *[n.f.]* **1** fiebre*: *la enfermedad le produjo una gran calentura.* **2** herida o ampolla que sale en los labios: *tengo una calentura que casi no me deja comer.*

calera *[n.f.]* terreno del que se saca cal.

calesa *[n.f.]* coche de caballos descapotable, de dos ruedas. **FAM.** calesero.

calesera *[n.f.]* chaqueta corta con muchos adornos.

calibrar *[v.]* 1 pensar con tranquilidad la importancia que tiene algo: *no hables sin calibrar el alcance de tus palabras.* 2 medir o calcular el calibre* de las armas de fuego, de los tubos, etc. y también lo gordas o lo delgadas que son las chapas metálicas y otras cosas como los alambres, etc.: *el pie de rey es una herramienta que sirve para calibrar.* **FAM.** calibre, calibrador.

calibre *[n.m.]* 1 lo que mide de grueso una cosa o lo que mide el diámetro interior de un tubo: *un alambre de dos milímetros de calibre; el calibre de una pistola.* **AF.** grosor, diámetro, tamaño. 2 importancia de algo: *un problema de gran calibre.*

calidad *[n.f.]* lo que hace que una cosa (o una persona) nos parezca buena, mala, mejor, peor, regular, etc.: *la tela del pantalón es de buena calidad; un hombre de gran calidad humana.* ■ **calidad de vida**, conjunto de cosas materiales e inmateriales que se nota cuando se vive bien. ■ **en calidad de**, como: *asistió en calidad de invitado.*

cálido, cálida *[adj.]* 1 que da calor o es caliente y agradable: *ropa cálida; un día cálido.* **SIN.** caliente. 2 que es tan agradable que hace que uno se sienta a gusto: *un ambiente cálido; un cálido recibimiento.* **SIN.** caluroso, afectuoso. 3 que es un color que está entre el rojo y el amarillo: *predominan los colores cálidos.* **FAM.** cálidamente, calidez, caldear.

caliente *[adj.inv. en gén.]* que tiene calor (*comida caliente*) o que conserva bien el calor (*unas zapatillas calientes*).

califa *[n.m.]* príncipe mahometano con poder religioso y civil. **AMPL.** el territorio en el que manda un califa y el tiempo que dura su mandato se llama ***califato***.

calificación *[n.f.]* palabra, frase o número con que una persona o un tribunal expresa el valor que le da a otra persona o al trabajo o examen que alguien ha hecho: *las notas de los exámenes son calificaciones.*

calificar *[v.]* 1 decir y valorar las cualidades buenas o malas de una persona o de una cosa: *la calificaron de mala persona; calificar una situación de agradable.* **AMPL.** normalmente, para calificar se usan adjetivos que, por esa misma razón, se llaman *calificativos.* 2 expresar con números o palabras el resultado de una prueba, de un examen, de un comportamiento, etc.: *calificaron el examen con notable.* **OBS.** ante e, qu: *califiquen.* **FAM.** calificativo, calificación, calificable, calificado, calificador. **COMP.** descalificar, incalificable.

calificativo, calificativa *[adj.]* 1 que califica o dice las cualidades de alguien o de algo: *expresión calificativa; reunión calificativa.* // **calificativo** *[n.m.]* 2 palabra que se usa para decir algo bueno o malo de alguien: *le soltó un calificativo desagradable.* ■ **adjetivo calificativo**, palabra que dice, del nombre al que se refiere, una característica o una cualidad: *bueno, malo, blanco, suave y limpio son adjetivos calificativos.*

caligrafía *[n.f.]* 1 escritura hecha a mano con buena letra: *me gusta tu caligrafía.* 2 ejercicios de escritura: *cuaderno de caligrafía; clase de caligrafía.* **FAM.** caligrafiar, calígrafo, caligráfico, grafía*.

calígrafo, calígrafa *[n.]* persona que entiende de tipos de escritura a mano y sabe hacer distintos tipos de letra.

calima *[n.f.]* niebla poco densa: *a mediodía se disipó la calima.* **OBS.** también se llama *calina.*

cáliz *[n.m.]* 1 parte exterior de una flor que está formada por varias hojas, generalmente verdes, que se unen al tallo y que se rompen cuando se abre la flor. 2 copa en la que el sacerdote echa el vino para consagrarlo en la misa. **PL.** *cálices.* **FAM.** caliciforme.

cáliz

calizo, caliza *[adj.]* que tiene cal: *roca caliza.*

callado, callada *[adj.]* que habla poco o que no cuenta las cosas que sabe: *una persona callada.* **SIN.** reservado.

callar *[v.]* 1 no hablar, estar en silencio: *cuando habla, todo el mundo calla.* **ANT.** hablar. 2 dejar de hablar, de hacer ruido, de cantar, etc.: *¡cállate ya, por favor!* 3 no decir lo que se sabe o lo que se piensa: *ha callado su secreto durante mucho tiempo.* **SIN.** ocultar, silenciar. **ANT.** contar. **FAM.** callado. **COMP.** acallar.

Callar es verbo con elle,
igual que desfallecer.
Ya que es tan cansado hablar,
no desfallece quien calla
y aprovecha el tiempo bien.

calle *[n.f.]* espacio entre dos filas de casas: *desde mi casa no veo la calle, porque mira al campo.* **SIN.** vía, rúa. ■ **hombre de la calle**, ciudadano o persona normal. **FAM.** calleja, callejear, callejeo, callejero, callejón, callejuela.

calleja *[n.f.]* calle estrecha y corta.

callejear *[v.]* andar por las calles de una ciudad sin rumbo fijo: *salí a callejear para tomar el aire.* **AF.** vagar. **OBS.** e + e = ee: *callejeen.*

callejero, callejera *[adj.]* 1 que está en la calle o que le gusta andar por ella: *un perro callejero.* // **callejero** *[n.m.]* 2 lista ordenada de las calles de una ciudad: *si no sabes la calle búscala en el callejero.*

callejón *[n.m.]* calle o paso largo y estrecho: *este coche no cabe por el callejón.* **PL.** *callejones.*

callista *[n.inv. en gén.]* persona que se dedica a cuidar y a curar los pies a los demás.

callo *[n.m.]* 1 dureza que se forma en los pies, en las manos o en otras partes del cuerpo cuando rozan mucho con algo: *de tanto rezar, tiene callos en las rodillas.* // **callos** *[n.m.pl.]* 2 trozos de estómago de vaca, ternera o cordero que se comen guisados: *cazuela de callos; tapa de callos.* **FAM.** callista, calloso, callosidad, callicida. **COMP.** encallecer.

Callo tiene dos palotes
que sobresalen muy bien
para que nadie lo pise
y evitar que duela el pie.

calma *[n.f.]* 1 lo que hay en un sitio cuando no hay movimiento, ni ruido, ni tormentas, ni viento, etc.: *después de la tempestad llega la calma; el mar está en calma; cuando se fueron, todo quedó en calma.* 2 lo que tiene quien es capaz de aguantar situaciones difíciles sin ponerse nervioso: *ten calma y no te enfades.* **SIN.** paciencia, tranquilidad. ■ **con calma**, sin prisa. **FAM.** calmar, calmante, calmoso. **COMP.** encalmar.

calmante *[adj.inv. en gén.]* que ayuda a tranquilizar o a quitar un dolor: *masaje calmante; medicina calmante.* TAMBIÉN *n.*: *tómate un calmante antes de dormir.*

calmar *[v.]* hacer que alguien deje de estar nervioso o intranquilo: *sus palabras lo calmaron.* **SIN.** tranquilizar, sosegar, serenar. TAMBIÉN *prnl.*: *pasó un rato muy malo, pero luego se calmó; el tiempo se ha calmado.*

calor *[n.m.]* 1 lo que sentimos en el cuerpo cuando las temperaturas de un sitio o de una época del año son muy altas: *en verano se pasa mucho calor.* **AF.** agobio, sofoco, bochorno. **ANT.** frío. 2 trato amable y cariñoso: *nos recibieron con calor.* **SIN.** amabilidad. **ANT.** frialdad, distancia. 3 energía que se pasa de unos cuerpos a otros cuando están cerca y que se mide en grados de temperatura. **FAM.** caloría, caluroso, calórico, calorífero, calorífico. **COMP.** acalorarse*.

caloría *[n.f.]* unidad con la que se miden el calor y la cantidad de energía que los alimentos proporcionan al cuerpo.

calorífugo, calorífuga *[adj.]* que no transmite el calor: *un traje calorífugo.* **FAM.** calor*.

calumnia *[n.f.]* acusación falsa contra alguien, inventada para hacerle daño: *en los tiempos de la Inquisición muchos murieron víctimas de calumnias.*

calumniar *[v.]* hacer acusaciones falsas contra alguien para hacerle daño o perjudicarlo: *Avellaneda calumnió a Cervantes en el prólogo de su falso Quijote.* **SIN.** difamar. **FAM.** calumnia, calumnioso.

caluroso, calurosa *[adj.]* 1 que siente, tiene o da mucho calor: *nunca usa chaqueta porque es muy caluroso; estamos pasando unos días calurosos.* 2 que demuestra cariño: *un caluroso recibimiento.*

calva *[n.f.]* 1 parte de la cabeza que ya no tiene pelo: *su calva cada día es más grande.* 2 parte que ya no tiene pelo en una tela, en la piel, etc. y también parte del campo que no tiene plantas: *esta manta está llena de calvas.* **FAM.** calvo, calvicie.

calvario *[n.m.]* serie de calamidades, penas y sufrimientos que vienen seguidos: *su enfermedad ha sido un calvario.* **SIN.** tormento, suplicio, tortura, martirio. **ANT.** placer, deleite.

calvero *[n.m.]* parte de un bosque que está sin árboles.

calvicie *[n.f.]* falta de pelo donde debe haberlo naturalmente y sobre todo si falta en la cabeza: *producto contra la calvicie.*

calvo, calva *[adj.]* que no tiene pelo en la parte de arriba de la cabeza: *un señor muy calvo.* TAMBIÉN *n.*: *había cuatro calvos delante de mí.*

calza *[n.f.]* cuña para calzar algo.

calzada *[n.f.]* parte de una calle o de la carretera por la que deben circular los coches, los autobuses, las motos, etc.: *hay baches en la calzada.*

calzado *[n.m.]* lo que uno se pone en los pies para protegerlos: *los zapatos, las zapatillas, las botas y las sandalias son calzado pero los calcetines y las medias no.* **FAM.** calzar, calzador, calzo, calzada, ***calza*** (cuña para calzar algo). **COMP.** descalzar.

calzador *[n.m.]* palita que tiene la curvatura necesaria para meterla entre el pie y el talón de los zapatos y poder así ponérselos con facilidad: *en las zapaterías utilizan calzadores para probar los zapatos.*

calzar *[v.]* 1 poner una cuña o alguna otra cosa debajo de las patas de un mueble o de las ruedas de un vehículo para que no se mueva: *calza esa mesa porque cojea.* // **calzarse** *[v.prnl.]* 2 ponerse cualquier tipo de calzado en los pies: *se calzó para salir.* **OBS.** ante e, c: *calcen.*

calzón *[n.m.]* prenda de vestir de hombre que cubre desde la cintura hasta por encima de las rodillas: *los deportistas llevan calzones de colores.* **PL.** *calzones.* **FAM.** calzoncillo, calzoncillos, calzonazos.

calzoncillo *[n.m.]* prenda de ropa interior que los hombres llevan debajo de los pantalones. **OBS.** suele usarse en plural: *se cambió los calzoncillos.*

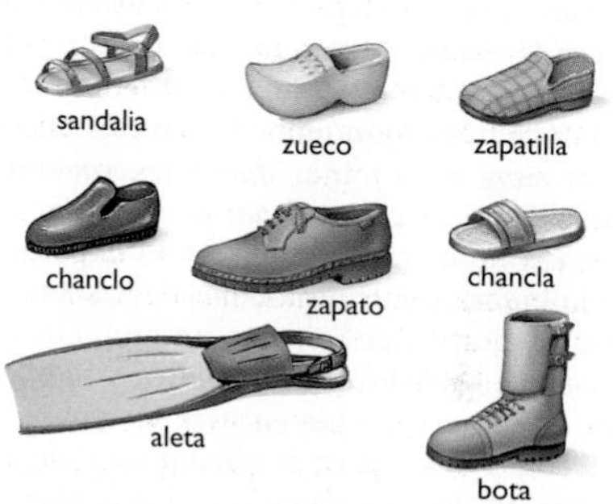

TIPOS DE CALZADO NORMALES Y ESPECIALES			
nombre	*cubre...*	*particularidades*	*uso*
zapato*	el pie	de piel, cuero o similar	para andar por la calle
sandalia	el pie	de tiras de tela, piel, etc.	para andar por la calle
zapatilla*	el pie	de tela o de piel blanda	para estar cómodo
bota*	el pie y parte de la pierna	de piel, cuero o similar	para andar por la calle
zueco	el empeine	no tiene talón; el piso es de una pieza, más alto por detrás	para trabajar de pie
zueco, zoco, almadreña	el calzado que se lleva puesto	de una pieza de madera, con patitas	para andar por barro y nieve
chanclo	el calzado que se lleva puesto	de goma	para cuando hay charcos
aleta	el pie	de goma, con una prolongación plana por delante	para nadar y bucear

cama *[n.f.]* mueble sobre el que se ponen el colchón, las sábanas, la almohada, etc. para dormir y descansar: *cuando llegó del trabajo se fue a la cama porque tenía sueño.* **SIN.** lecho. ■ **cama turca**, cama estrecha parecida a un sofá sin brazos ni respaldo. ■ **caer en cama**, ponerse enfermo. ■ **estar en cama**, estar enfermo. **FAM.** camada, camastro, camilla, camillero. **COMP.** encamar, encamado.

camaleón *[n.m.]* animal reptil* pequeño, de cuatro patas, ojos grandes, salientes e independientes, lengua larga y pegajosa con la que caza insectos y una cola con la que se agarra a las ramas; su piel, dura, cambia de color según el lugar donde esté. **PL.** *camaleones.* **FAM.** camaleónico.

cámara *[n.f.]* 1 espacio vacío en el interior de algunas cosas: *se ha pinchado la cámara de la bicicleta; los balones de cuero tienen cámara; algunas armas de fuego tienen una cámara donde van las balas.* 2 aparato que consiste, sobre todo, en una lente y una zona interior oscura en la que hay algún material sensible a la luz y que sirve para tomar imágenes: *cámara de fotos; cámara de cine; cámara de vídeo.* **SIN.** máquina. 3 habitación grande o sala importante de un lugar: *en este palacio hay dos cámaras reales.* 4 lugar donde se reúne un grupo de personas que se dedican a la política y se encargan de hacer las leyes en algunos países: *los diputados se reúnen en la cámara del Congreso.* TAMBIÉN se llama *cámara* a la institución: *en España hay dos cámaras, la del Congreso y la del Senado.* // **cámara** *[n.inv. en gén.]* 5 persona que trabaja en el cine o la televisión manejando la *cámara* (acepción 2): *el cámara de televisión tomó las mejores imágenes.* ■ **a cámara lenta** o **a cámara rápida**, modo de reproducir o grabar imágenes a ritmo más lento o más rápido de lo normal. ■ **cámara frigorífica**, habitación o armario en cuyo interior hace mucho frío y se usa para conservar alimentos. **FAM.** camarada, camaradería, camarote, camerino, camarero, camarilla, camarín. **COMP.** antecámara, recámara.

camarada *[n.inv. en gén.]* persona con la que se comparte alguna actividad o con la que uno coincide ideológicamente: *reunió a sus camaradas para la fiesta.* **SIN.** colega, compañero.

camaradería *[n.f.]* buen trato entre compañeros y amigos: *en esta pandilla hay gran camaradería.*

camarera *[n.f.]* carrito para servir la mesa.

camarero, camarera *[n.]* persona que trabaja en un bar, en un restaurante, etc. sirviendo bebidas o comidas: *el camarero sirvió el café.*

camarín *[n.m.]* habitación muy pequeña para guardar algunas cosas. **PL.** *camarines.* **FAM.** cámara.

camarón *[n.m.]* animal marino, comestible, parecido a la gamba pero mucho más pequeño y con las antenas muy largas. **SIN.** quisquilla, esquila. **PL.** *camarones.*

camarote *[n.m.]* en un barco, cada una de las habitaciones en las que están las camas o las literas: *el camarote del capitán.*

camastro *[n.m.]* cama muy mala e incómoda: *no se puede descansar bien durmiendo en un camastro.* **AF.** jergón, catre. **FAM.** cama*.

cambiar *[v.]* 1 dar una cosa y recibir otra en su lugar: *cambió la colección de sellos por una de monedas; cambió un billete de cien por dos monedas de cincuenta; cambiaron pesetas por euros.* **SIN.** canjear, permutar. 2 quitar una cosa y poner otra en su lugar: *hay que cambiar las sábanas.* **SIN.** mudar. TAMBIÉN *prnl.: se ha cambiado de ropa.* 3 hacer que algo sea distinto de como era: *los nuevos muebles cambian el aspecto del salón; la vida le ha cambiado el carácter.* **SIN.** variar, modificar, transformar. **AF.** reformar. **FAM.** cambio, cambiante, cambista, cambiazo. **COMP.** descambiar, intercambiar, recambiar.

cambio *[n.m.]* 1 lo que se hace cuando se cambia una cosa por otra: *un cambio de opinión; un cambio de peinado; el cambio de sábanas; el cambio de ropa interior.* 2 dinero que a uno le dan cuando, al pagar, sobra algo o cuando cambia una clase de moneda por otra: *¿a cómo está hoy el cambio del dólar?* 3 mecanismo que tienen los vehículos para cambiar de marcha o velocidad: *se ha estropeado el cambio del camión.* ■ **en cambio**, por el contrario.

camelar *[v.]* convencer a alguien de que haga algo, a base de caricias o elogios. **FAM.** camelo.

camelia *[n.f.]* arbusto originario de China y Japón que tiene unas flores muy bonitas, pero que no huelen a nada, de color blanco, rojo o rosa.

camello *[n.m.]* animal mamífero*, más grande que el caballo, que tiene el cuello muy largo y dos bultos o jorobas en la espalda, y que se utiliza en el desierto como medio de transporte: *en Marruecos se hacen carreras de camellos.* **FAM.** camellero, camélido.

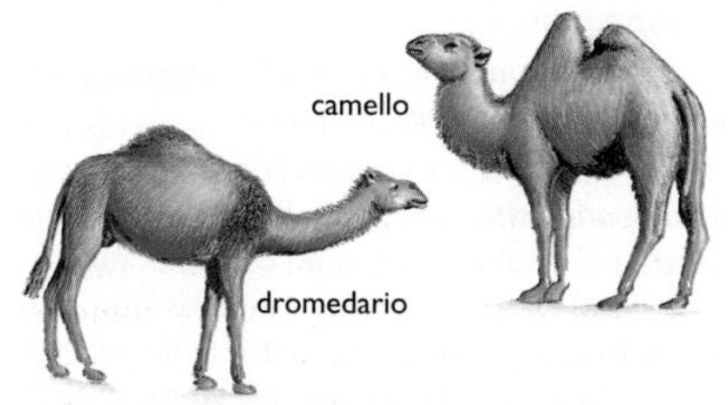

camerino *[n.m.]* habitación pequeña que hay en los teatros o en otros lugares donde se hacen espectáculos, para que los actores y los artistas se cambien: *le hicieron una entrevista en su camerino.*

camilla *[n.f.]* 1 cama estrecha y poco pesada que se usa para llevar de un sitio a otro a los enfermos y a los heridos: *lo llevaron al hospital en una camilla.* 2 mesa redonda de cuatro patas que se cubre con una tela larga, llamada ***faldilla,*** que llega casi hasta el suelo: *las camillas de antes tenían siempre una tabla para el brasero.*

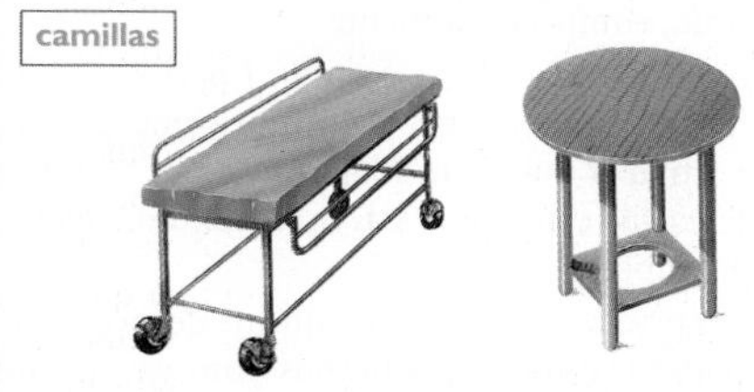

camillero, camillera *[n.]* persona que lleva a los heridos o enfermos en una camilla: *el camillero metió al enfermo en la ambulancia.*

caminante *[n.inv. en gén.]* persona que anda o viaja a pie: *llegó al pueblo un caminante que venía de muy lejos.*

caminar *[v.]* andar a pie: *ha caminado cinco kilómetros.* **AF.** marchar, pasear.

caminata *[n.f.]* paseo o recorrido largo: *no llevamos el coche y nos dimos una buena caminata.*

camino *[n.m.]* 1 sitio de tierra pisada que va de un lugar a otro y se ha hecho de tanto ir por él las personas y los animales: *a la ermita se sube por un camino entre zarzas.* 2 sitios por los que hay que pasar para ir de un lugar a otro: *dile el camino para llegar hasta aquí.* **SIN.** recorrido. 3 viaje: *ya está de camino; lleva bocadillos para el camino.* ■ **de camino**, de paso. ■ **abrirse camino**, ir venciendo los problemas para conseguir algo o ganarse la vida. ■ **ir por buen o mal camino**, hacer algo bien o mal en la vida. **FAM.** caminar, caminante, caminata, caminero. **COMP.** encaminar.

camión *[n.m.]* vehículo grande, normalmente de más de cuatro ruedas, que se usa para llevar cargas pesadas: *llevamos los muebles en un camión.* **PL.** *camiones.* **FAM.** camionero, camioneta.

camionero, camionera *[n.]* persona que conduce un camión.

camioneta *[n.f.]* especie de camión pero más pequeño que sirve para llevar cosas: *llevamos las cajas en la camioneta.* **AF.** furgoneta.

camisa *[n.f.]* prenda de vestir con mangas y cuello, generalmente de hombre, que se abrocha por la parte delantera: *camisa de manga corta; camisa de manga larga.* ■ **camisa de fuerza**, especie de camisa de tela muy fuerte que tiene unas mangas muy largas que se enrollan alrededor del cuerpo para no dejar mover los brazos y sirve para sujetar a enfermos mentales que se comportan con violencia. **FAM.** camiseta, camisón, camisero, camisería, camisola. **COMP.** descamisado.

camisería *[n.f.]* tienda en que se venden camisas.

camiseta *[n.f.]* prenda de vestir sin cuello, con manga larga o corta, que se pone debajo del jersey o de la camisa como ropa interior, o que se usa para hacer deporte: *camiseta de fútbol.*

camisón *[n.m.]* prenda parecida a una camisa larga, muchas veces sin cuello, que se usa para dormir. **PL.** *camisones.*

campamento *[n.m.]* lugar al aire libre donde se han plantado tiendas de campaña para pasar algún tiempo.

campana *[n.f.]* 1 instrumento metálico de base redonda, abierta por debajo y más estrecha y cerrada por arriba, que suena al golpear contra ella una pieza que cuelga en su interior y que se llama ***badajo***. **AMPL.** cuando se toca la campana se dice que se ***tañe*** o se ***hiere***; si suenan dos campanadas separadas por ciertos espacios de tiempo se dice que ***doblan*** o *tocan a muerto*; si suenan muy seguidas, como con alegría, se dice que ***repican***; en la religión católica era tradicional bendecir las campanas en una ceremonia con padrinos y hasta se le imponía un nombre por lo que se llamó ***bautizo de la campana***. 2 espacio cerrado por los lados con ladrillos, chapa, etc., más ancho por abajo que por arriba: *campana de gases; campana de la chimenea; campana extractora.* ■ **echar las campanas al vuelo**, alegrarse mucho y pensar que algo no dará ya más problemas. ■ **vuelta de campana**, la que da una persona, animal o cosa quedando un instante boca abajo para volver a caer de pie. **FAM.** campanada, campanario, campanero, campanilla, campanillero, campanilleo, campanil, campaneo, campaniforme. **COMP.** acampanado, encampanarse.

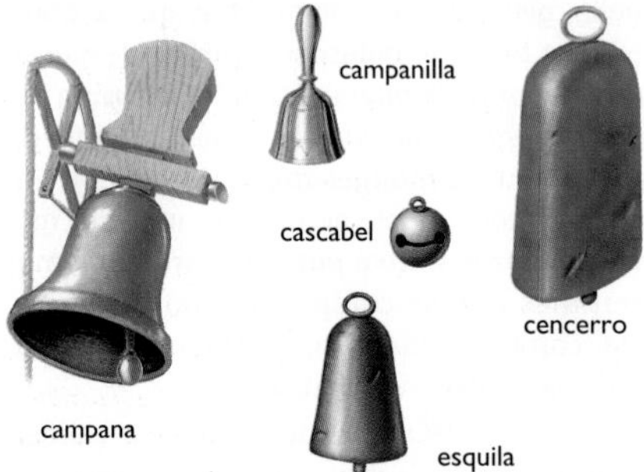

campanada *[n.f.]* sonido de la campana, cada vez que la golpea el badajo. ■ **dar la campanada**, sorprender mucho a la gente.

campanario *[n.m.]* lugar en que se colocan las campanas y que suele ser una torre: *la torre de Pisa es un bonito campanario.*

campanero, campanera *[n.]* persona que toca las campanas.

campanilla *[n.f.]* 1 campana pequeña que tiene un mango para agarrarla y hacerla sonar con la mano: *tocó la campanilla y apareció el camarero.* **AF.** esquila, cencerro. 2 parte del cuerpo humano que está en el fondo de la boca, al principio de la garganta, y que tiene forma de badajo de campana: *abre la boca, que te vea la campanilla.* **SIN.** úvula. 3 flor pequeña que puede ser de distintos colores y tiene los pétalos unidos formando una especie de campanita.

campante *[adj.inv. en gén.]* tranquilo y alegre: *iba al dentista tan campante.*

campaña *[n.f.]* 1 campo llano: *paseaba por la campaña.* **SIN.** campiña, llanura. 2 tiempo durante el cual se hace algo con más fuerza e intensidad de lo normal y trabajos que para ello se hacen: *la campaña contra la droga, campaña política; campaña electoral; campaña de invierno; campaña de la uva; campaña publicitaria.*

campar *[v.]* sobresalir, destacar, distinguirse, descollar: *como era el mayor, campaba entre sus compañeros.* **ANT.** pasar desapercibido. **FAM.** campo. ■ **campar por sus respetos**, hacer uno lo que quiere, sin tener en cuenta consejos ni advertencias.

campear *[v.]* andar por el campo los animales. **FAM.** campo.

campechano, campechana *[adj.]* de trato amable, sencillo y agradable: *es muy campechano y habla con todo el mundo.* **SIN.** afable, natural. **ANT.** distante. **FAM.** campechanía, campechanamente.

campeón, campeona *[n.]* persona que vence en un concurso o en una competición deportiva o que es la mejor en algo. TAMBIÉN *adj.: equipo campeón.* **FAM.** campeonato. **COMP.** subcampeón.

campeonato *[n.m.]* conjunto de pruebas deportivas o de juegos hechos para ver quién gana: *campeonato de tenis; campeonato de billar.* **SIN.** competición.

campero, campera *[adj.]* de campo: *botas camperas.*

campesino, campesina *[adj.]* 1 del campo: *vida campesina; mundo campesino.* **SIN.** campestre, rural. // **campesino, campesina** *[n.]* 2 persona que trabaja en las labores del campo: *los campesinos tienen una vida muy dura.* **SIN.** agricultor, labrador, labriego.

campestre *[adj.]* del campo: *flores campestres; vida campestre.*

camping *[n.m.]* lugar preparado al aire libre al que va la gente a pasar unos días de descanso o de vacaciones en tiendas de campaña o caravanas: *iremos al camping el fin de semana.*

campiña *[n.f.]* campo de cultivo grande y llano.

campo *[n.m.]* **1** parte de la superficie terrestre que no está ocupada por el mar ni por poblaciones: *en los pueblos y en las ciudades pequeñas el campo está muy cerca.* **2** terreno en el que se cultivan plantas: *un campo de lechugas.* **SIN.** sembrado, cultivo, tierra de labor. **3** terreno preparado para practicar algún deporte: *campo de fútbol; campo de golf.* **AF.** terreno de juego. **4** ciencia, o parte de una ciencia, y conjunto de conocimientos y actividades que sobre ella se realizan: *es un experto en ese campo; las matemáticas y la física tratan campos similares; la medicina y la lingüística son campos diferentes del saber humano; campo ideológico; campo artístico.* **5** zona del espacio en la que se producen ciertos fenómenos físicos o que está bajo la influencia de un fenómeno físico: *campo gravitatorio; campo magnético; campo eléctrico.* ■ **campo de batalla**, espacio en el que se desarrolla o se ha desarrollado una guerra, una batalla, una riña acalorada, etc. **FAM.** campal, campaña, campesino, campesinado, campamento, campero, campestre, campante, campiña, campeador. **COMP.** acampar, descampado, escampar, camposanto.

camposanto *[n.m.]* cementerio*.

campus *[n.m.]* conjunto de terrenos y de edificios de las universidades: *el Ayuntamiento ha adquirido terrenos para hacer un nuevo campus.*

camuflaje *[n.m.]* lo que se pone encima de las personas o las cosas (o lo que se hace) para lograr que no se note su presencia: *uniforme de camuflaje.*

camuflar *[v.]* hacer que algo no se vea o que parezca otra cosa: *camuflaron el camión cubriéndolo con ramas.* **FAM.** camuflaje.

can *[n.m.]* perro. **FAM.** canino, canódromo.

cana *[n.f.]* pelo blanco: *le han salido varias canas.* **FAM.** canoso, cano, canicie. **COMP.** entrecano.

canadiense *[adj. y n.inv. en gén.]* de Canadá, país norteamericano cuya capital es Ottawa: *productos canadienses; costumbres canadienses; una mujer canadiense; los canadienses.*

canal *[n.m.]* **1** cauce* de aguas hecho por el hombre que sirve para llevarlas de un sitio a otro: *canal de riego; canal de desagüe.* **2** paso o conducto estrecho, natural o hecho por el hombre, que comunica dos mares: *el canal de la Mancha; canal de Suez.* **FAM.** canalón, canaladura, canalado, canalizar, canalización. **COMP.** acanalar, acanalado.

canalización *[n.f.]* obra de albañilería o ingeniería que se hace para encauzar un río o un arroyo o para fabricar canales: *la canalización del río evitó que volviera a haber desbordamientos.*

canalizar *[v.]* **1** hacer canales* para llevar agua u otros líquidos hasta donde se quiere: *han canalizado el agua del río para que llegue al pueblo.* **2** controlar la corriente de un río: *canalizaron el río para que no se desbordara.* **3** hacer lo posible para que todos los esfuerzos, las opiniones, los trabajos, etc. se unan y se consiga lo que se quiere: *la Cruz Roja canaliza esfuerzos para ayudar a los necesitados.* **OBS.** ante e, c: *canalicen.*

canalón *[n.m.]* tubo que va desde el *alero** de los tejados hasta el suelo para conducir y desaguar el agua de la lluvia. **AMPL.** estas aguas se llaman ***pluviales***. **PL.** *canalones.*

No me sea usted torpón
y no confunda al hablar
el tubo de chapa o cinc
que llamamos ***canalón***
con el de pasta italiana
que se llama ***canelón***.

canalla *[n.inv. en gén.]* persona que tiene malos sentimientos y le gusta hacer daño, físico o moral, a los demás: *unos canallas torturaron al gato; hay que ser canalla para hacer daño porque sí.* **SIN.** malvado, miserable, desalmado, indeseable. **AF.** monstruo, desaprensivo. **FAM.** canallada, canallesco.

canallada *[n.f.]* daño que se hace intencionadamente.

canallesco, canallesca *[adj.]* hecho con mala intención para causar mucho daño.

canapé *[n.m.]* 1 mueble que es como un banco, pero con el asiento y el respaldo mullidos. 2 rebanada pequeña de pan en la que se unta o se coloca algún alimento y se toma como aperitivo: *en la fiesta sirvieron canapés antes de cenar.*

canario, canaria *[adj. y n.]* 1 de Canarias, islas españolas que están en el océano Atlántico, a unos 100 km de la costa africana y forman una comunidad autónoma con dos provincias (Santa Cruz de Tenerife y Las Palmas): *archipiélago canario; playas canarias; un niño canario; los canarios.* // **canario** *[n.m.]* 2 pájaro pequeño que tiene las alas puntiagudas de color amarillo, blanco o verdoso y canta muy bien: *tiene un canario en la jaula.*

canasta *[n.f.]* 1 cesto grande más ancho que alto y más grande en la boca que en el fondo, con dos asas: *coloca las uvas en la canasta.* 2 aro de metal, colocado en un tablero, del que cuelga una red abierta por arriba y por abajo por donde hay que meter el balón en el deporte del baloncesto. ■ **hacer una canasta o meter canasta**, acertar a meter el balón por la canasta en baloncesto.

canasta

canastero, canastera *[n.]* persona que hace o vende canastos.

canastilla *[n.f.]* 1 cesta pequeña: *la canastilla de la labor.* 2 ropa que se va preparando para cuando nazca un niño.

canasto *[n.m.]* cesta más alta que ancha y con dos asas. **FAM.** canasta, canastero, canastilla, canastillo.

cancela *[n.f.]* reja de hierro que se utiliza como puerta, especialmente en los jardines: *en Andalucía muchas casas tienen cancelas.*

cancelar *[v.]* 1 dejar sin valor un documento, un contrato o un compromiso cualquiera: *el cantante canceló su concierto; cancelaron la reserva de entradas; canceló el contrato.* 2 decir que no se hace algo que se iba a hacer: *cancelar una visita; cancelar una cita.* **FAM.** cancelación.

cáncer *[n.m.]* 1 enfermedad grave que consiste en que un conjunto de células anormales se reproducen con facilidad y sin control, haciendo daño a otras células normales y a otros tejidos del cuerpo humano: *colabora en la lucha contra el cáncer.* // **cáncer** *[n.inv. en gén. y núm.]* 2 persona que ha nacido entre el 21 de junio y el 22 de julio: *es una cáncer de finales de junio; dicen que los cáncer son personas muy románticas.* **FAM.** cancerígeno, canceroso.

cancha *[n.f.]* lugar preparado para practicar deportes: *cancha de tenis; cancha de baloncesto.*

canción *[n.f.]* composición* en verso a la que se le pone música para cantarla: *suena una canción en la radio.* **SIN.** cantar. **AMPL.** las canciones que cantan los protagonistas de las zarzuelas se llaman ***romanzas*** y las que cantan los de las óperas, ***arias***. **FAM.** cancionero, cantar.

cancionero *[n.m.]* libro que contiene una selección de canciones de un autor, de un país, de una época, etc.

candado *[n.m.]* especie de caja de metal que tiene dentro una cerradura desde donde sale un pequeño gancho que sirve para cerrar y asegurar puertas, ventanas, maletas y otras cosas. **FAM.** candar.

candela *[n.f.]* vela que sirve para dar luz: *enciende las candelas.* **FAM.** candelabro, candelaria, candelero.

candelabro *[n.m.]* utensilio para colocar las velas, que puede sujetarse sobre su propio pie o en la pared: *el candelabro de siete brazos es un símbolo judío.*

candelero *[n.m.]* utensilio formado por un tubo y un pie que sirve para sujetar una vela. ■ **estar en candelero**, ser muy popular y estar de moda.

candente *[adj.inv. en gén.]* 1 que está al rojo por efecto del calor: *hierro candente; un metal candente.* **SIN.** incandescente. 2 que es muy actual e interesa a la gente: *esa noticia tiene un interés candente.* **FAM.** candencia. **COMP.** incandescente, incandescencia.

candidato, candidata *[n.]* persona que se presenta a un concurso, a un premio, a una oposición o a pedir un trabajo para ver si lo consigue: *hay doscientos candidatos para un puesto de trabajo en el Ayuntamiento.* **SIN.** pretendiente, aspirante. **AF.** opositor. **FAM.** candidatura.

candidatura *[n.f.]* **1** grupo de personas que se presentan juntas como candidatos a algo: *la candidatura estaba formada por el presidente, el tesorero y el secretario.* **2** petición o proposición de una persona para conseguir un trabajo, un título, un premio, etc.: *presentó su candidatura para jefe de departamento.*

cándido, cándida *[adj.]* que no tiene malicia: *es tan cándido que se deja engañar por un niño.* **SIN.** ingenuo*. **FAM.** candidez, cándidamente.

candil *[n.m.]* lámpara de aceite con un pico por el que sale la mecha que hay que encender para que dé luz: *los candiles tienen un gancho para agarrarlo con la mano o para colgarlo.* **FAM.** candileja. **COMP.** encandilar.

candil candelero candelabro

candilejas *[n.f.pl.]* fila de luces bajas que hay en el borde de los escenarios de los teatros.

candor *[n.m.]* lo que tienen las personas buenas e inocentes por ser así: *su cara refleja candor.* **SIN.** ingenuidad*. **FAM.** candoroso.

canela *[n.f.]* condimento* de color marrón claro que se le echa a algunos postres como el arroz con leche para darle más sabor, y que se saca de las ramas de un árbol llamado ***canelo***.

canelón *[n.m.]* comida que se hace con un trozo rectangular de pasta de harina que se enrolla y se rellena de carne picada o de otros alimentos: *los canelones son típicos de Italia.* **PL.** *canelones.*

cangilón *[n.m.]* recipiente grande y especialmente los que tiene la noria para sacar agua. **PL.** *cangilones.*

cangrejera *[n.f.]* nido de cangrejos. **FAM.** cangrejo.

cangrejo *[n.m.]* crustáceo pequeño con un caparazón duro que recubre su cuerpo y cinco patas a cada lado, las dos delanteras tienen al final una especie de pinza: *los cangrejos de río son alargados y los de mar redondos.* **FAM.** cangrejero, cangrejera.

canguro *[n.m.]* animal mamífero* de Australia que tiene las patas de atrás mucho más grandes y camina dando saltos; la hembra tiene una bolsa en el vientre donde lleva a los hijos o crías: *los canguros se alimentan de hierbas.*

caníbal *[n.inv. en gén.]* persona que come carne humana. **SIN.** antropófago. **FAM.** canibalismo.

canica *[n.f.]* bola pequeña de barro, china, cristal o plástico que se utiliza para jugar.

canijo, canija *[adj.]* que es más pequeño y débil de lo que debería ser.

canilla *[n.f.]* **1** carrete interior de las máquinas de coser. **2** hueso largo del brazo o de la pierna y especialmente la tibia. **SIN.** espinilla. **FAM.** canillera.

canino, canina *[adj.]* **1** de los perros o parecido a algo que tienen los perros: *hambre canina; olfato canino; clínica canina.* // **canino** *[n.m.]* **2** diente con forma puntiaguda: *los caninos son dientes para desgarrar.* **SIN.** colmillo.

canjear *[v.]* cambiar, dar una cosa y recibir otra: *los atracadores pidieron canjear al rehén por un helicóptero.* **OBS.** e + e = ee: *canjeen.* **FAM.** canje.

cano, cana *[adj.]* con muchas canas: *un señor cano; pelo cano.* **SIN.** canoso.

canoa *[n.f.]* barco de remos pequeño, estrecho y alargado, poco pesado y sin quilla: *bajaron el río en canoa.*

canódromo *[n.m.]* lugar preparado para hacer carreras de galgos, al que va la gente a ver las carreras y a hacer apuestas.

canon *[n.m.]* 1 norma que se sigue o que se toma como modelo de algo: *sigue el canon de la moda.* 2 canción en que todos cantan lo mismo, pero unos empiezan a cantar antes que otros. 3 dinero que se paga al estado, municipio, etc. por explotar tierras de su propiedad, por tener una mina, una central hidroeléctrica, etc. **PL.** *cánones.* **FAM.** canónico, canónigo, canongía, canonizar.

canónico, canónica *[adj.]* que tiene que ver con las leyes de la Iglesia: *derecho canónico.*

canónigo *[n.m.]* sacerdote católico que forma parte del ***cabildo**** de una catedral o una colegiata.

canonizar *[v.]* hacer santo a alguien en una ceremonia solemne en la que así lo declara el Papa. **OBS.** ante e, c: *canonicen.* **FAM.** canon, canonización.

canoso, canosa *[adj.]* que tiene muchas canas: *pelo canoso.* **SIN.** cano.

cansancio *[n.m.]* lo que siente quien no tiene fuerzas, está débil o ha hecho algo muy trabajoso: *después de la carrera sintió mucho cansancio.* **SIN.** fatiga. **INTENS.** agotamiento, extenuación. **ANT.** descanso.

cansar *[v.]* producir cansancio* o aburrimiento: *andar mucho cansa* (**SIN.** fatigar. **INTENS.** agotar, rendir, extenuar)*; me cansa que siempre diga lo mismo* (**SIN.** aburrir. **INTENS.** hartar, hastiar). TAMBIÉN *prnl.: se cansó de esperar.* **FAM.** cansancio, cansado, cansino. **COMP.** descansar, incansable.

cansino, cansina *[adj.]* que se mueve lentamente, por cansancio o por cualquier otra causa: *andar cansino; paso cansino.*

cantábrico, cantábrica *[adj.]* de la Cordillera Cantábrica (*Peña Urbiña es un monte cantábrico*), del mar Cantábrico (*la costa cantábrica está al norte de la Península Ibérica*) o de Cantabria (*Torrelavega es un pueblo cantábrico*).

cántabro, cántabra *[adj. y n.]* de Cantabria, provincia y comunidad autónoma españolas cuya capital es Santander: *montes cántabros; una niña cántabra; los cántabros.* **SIN.** cantábrico. **FAM.** cantábrico.

cantante *[n.inv. en gén.]* persona cuyo trabajo consiste en cantar en público: *un cantante de ópera.* ■ **llevar la voz cantante** mandar y organizar todo lo que hay que hacer.

cantaor, cantaora *[n.]* persona que se dedica a cantar flamenco: *entre los gitanos hay magníficos cantaores.* **OBS.** se dice *cantaor* y no *cantador*, porque el baile flamenco es típico de Andalucía y allí esa *d* no se pronuncia.

cantar *[v.]* 1 hacer con la voz sonidos musicales y armoniosos: *canta cuando está alegre.* **AF.** interpretar. 2 producir o emitir sonidos los animales: *el canario canta en su jaula y el gallo en el corral.* // **cantar** *[n.m.]* 3 lo que se canta: *interpretó un conocido cantar.* **SIN.** canción. **FAM.** canción, cancionero, canto, cantante, cantable, cantor, cantaor, cante, cántico, cantarín, canturrear. **COMP.** cantautor.

cantarín, cantarina *[adj.]* que canta mucho o que resulta alegre o agradable al oído: *un chico cantarín; tiene un hablar muy cantarín; risa cantarina; aguas cantarinas.*

cántaro *[n.m.]* recipiente grande de barro o de metal que tiene la boca y la base estrecha, el centro muy ancho y una o dos asas: *un cántaro de agua.* **SIN.** cántara. ■ **llover a cántaros**, llover mucho. **FAM.** cántara, cantarero, cantarería, cantarera.

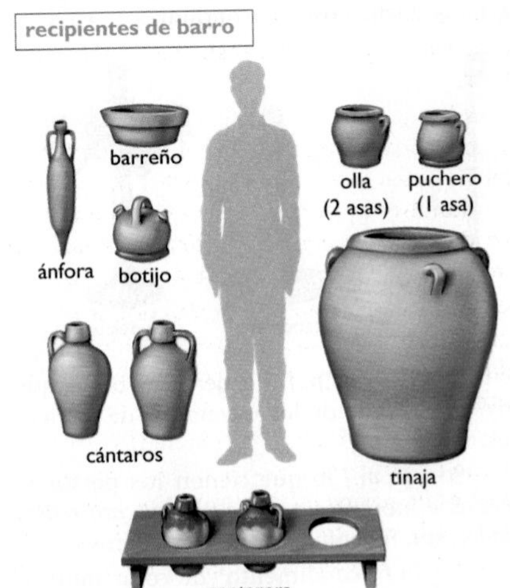

cantata *[n.f.]* composición poética larga, escrita para ser cantada. **FAM.** cantar.

cantautor, cantautora *[n.]* cantante que escribe y compone las canciones que canta.

cante [n.m.] canto popular y especialmente el andaluz: *cante flamenco; cante hondo.* **SIN.** canto.

cantera [n.f.] 1 sitio del que se saca piedra, mármol y otros materiales que se utilizan en la construcción: *cantera de pizarra.* 2 lugar en el que nacen o se hacen muchas personas bien preparadas para algo o con condiciones innatas: *España es una cantera de grandes cantantes.*

cantero, cantera [n.] persona que se dedica a labrar piedras o a extraerlas de una cantera. **FAM.** canto.

cántico [n.m.] composición poética de tema religioso, con música o sin ella, en la que se alaba a Dios o se le dan gracias por algo: *cántico espiritual.*

cantidad [n.f.] 1 lo que aún no está contado ni medido o no se quiere decir exactamente: *dame una cantidad a cuenta.* 2 suma de dinero: *nos pagaron una buena cantidad.* 3 cifra: *340 es una cantidad.* // **cantidad** [adv. de c.] 4 mucho: *ha hablado cantidad; tiene cantidad de amigos.*

cantil [n.m.] 1 terreno que forma un escalón grande en la costa o en el fondo del mar. 2 borde de un precipicio. **FAM.** acantilado, acantilar.

cantimplora [n.f.] recipiente de entre uno y dos litros de capacidad que está forrado de tela o cuero y suele ser de metal ligero como el aluminio para llevarlo colgado cuando se va de marcha: *algunas cantimploras están forradas por fuera para conservar fresco el* interior.

cantina [n.f.] establecimiento donde se venden bebidas y algunas cosas de comer: *la cantina de la estación; la cantina del cuartel.* **FAM.** cantinero.

canto [n.m.] 1 composición poética o parte de una composición poética: *"La Divina Comedia" es un poema en cien cantos de Dante Alighieri.* 2 lo que se canta: *nos dedicó un bonito canto.* **SIN.** canción. **AMPL.** el ser humano canta produciendo los sonidos en un órgano llamado ***laringe***; el canto de los pájaros brota de la ***siringe***; hay además algunos animales que producen un ruido al que también llamamos *canto*, pero que no se produce, como en la ***laringe*** y la ***siringe*** al pasar el aire, sino frotando una parte contra otra, como en el caso de los grillos que frotan la zona llamada ***lima*** contra la llamada ***raspador***, que está en sus élitros*. 3 arte, técnica y conocimientos necesarios para cantar profesionalmente: *estudia canto en el Conservatorio del Liceo.* 4 borde o esquina de alguna cosa: *me he dado un golpe contra el canto de la mesa.* **SIN.** borde, arista. **AMPL.** en un libro, el ***canto*** es la parte opuesta al ***lomo*** y en un cuchillo, navaja, etc., la parte opuesta al ***filo***. 5 piedra o trozo de piedra de un tamaño que quepa en la mano: *los muchachos tiraban cantos contra el tejado de una casa vieja.* ■ **canto rodado**, piedra redondeada, desgastada y de superficie lisa. **FAM.** cantar // cantera, cantero // cantear.

cantor, cantora [adj.] 1 que canta o emite sonidos musicales: *pájaro cantor.* // **cantor, cantora** [n.] 2 persona que canta o que se dedica a cantar: *es un gran cantor.* 3 poeta que compone cantos o que ha compuesto algún canto famoso: *a Pablo Neruda lo llaman el cantor de América.*

cantoral [n.m.] libro grande con hojas de pergamino, en que están escritas la letra y la música de los himnos que se cantan en la iglesia y que se coloca sobre un atril en el coro.

canturrear [v.] cantar o repetir en voz baja una música o una canción: *canturrea mientras trabaja.* **SIN.** tararear. **OBS.** e + e = ee: *canturreen.*

canuto [n.m.] tubo cerrado por uno de los extremos: *enrolló el plano y lo guardó en un canuto de cartón.*

caña [n.f.] 1 tallo de algunas plantas, grueso y hueco por dentro pero generalmente relleno de una médula esponjosa: *caña de azúcar; caña de bambú.* 2 vaso estrecho y alto: *en muchos sitios te sirven la cerveza y el vino en una caña.* 3 parte de la bota alta que cubre la pierna. ■ **caña de azúcar**, planta de hojas largas y tallo lleno de un tejido suave y dulce del que se saca el azúcar. ■ **caña de pescar**, utensilio hecho normalmente de caña o de tubo de aluminio. **FAM.** caño, cañada, cañería, cañaveral, cañizal, ***cañizo*** (armazón de cañas).

cañada [n.f.] camino para el ganado.

cañamazo *[n.m.]* tejido formado por hilos gruesos muy separados entre sí, sobre el que se borda muy bien.

cáñamo *[n.m.]* planta de alrededor de dos metros de altura, con el tallo muy recto, hueco, verdoso, con hojas alargadas y puntiagudas y flores verdosas. **FAM.** cañamar, ***cañamón*** (semilla del cáñamo), cañamero, cañamazo.

cañamón *[n.m.]* semilla del cáñamo. **PL.** *cañamones*. **FAM.** cáñamo.

cañaveral *[n.m.]* plantación de cañas o lugar poblado de cañas: *los patos se metieron en el cañaveral.*

cañería *[n.f.]* conjunto de tubos o conductos por donde pasa el agua o el gas: *algunas veces se atascan las cañerías de desagüe.* **SIN.** tubería.

cañizo *[n.m.]* armazón de cañas: *el techo de la cabaña era de cañizo.* **FAM.** caña.

caño *[n.m.]* tubo sin grifo, de metal o de otro material, por el que sale el agua de las fuentes o los pozos.

cañón *[n.m.]* **1** tubo por el que, en las armas de fuego, sale el proyectil: *el cañón de la escopeta.* **2** arma de fuego grande que no se puede coger en las manos. **3** paso estrecho entre dos montañas altas por donde suele pasar un río. **SIN.** desfiladero, garganta. **PL.** *cañones*. **FAM.** cañonazo, cañonero. **COMP.** encañonar.

cañonazo *[n.m.]* disparo de un cañón y ruido que hace: *se oyó un gran cañonazo.* **AF.** descarga.

cañuto *[n.m.]* **1** trozo de caña que está entre dos nudos. **2** canuto*.

caoba *[n.f.]* **1** árbol de América de gran altura con el tronco muy recto y grueso, flores blancas y frutos pequeños del que se saca una de las maderas más apreciadas en trabajos de ebanistería. **2** madera del árbol del mismo nombre: *mueble de caoba.* **3** color rojizo parecido al de esta madera: *pelo de color caoba.*

caos *[n.m.inv. en núm.]* desorden o confusión muy grande: *su habitación es un caos; su cabeza es un caos.* **FAM.** caótico.

caótico, caótica *[adj.]* que está muy desordenado y difícil de organizar: *los primeros ensayos de la obra teatral son caóticos.* **FAM.** caos.

capa *[n.f.]* **1** prenda de vestir suelta, y sin mangas, y abierta por delante que se lleva sobre los hombros encima de la ropa: *los tres mosqueteros llevaban capas y sombreros.* **2** lo que cubre o baña una cosa: *una capa de pintura; un pastel con una capa de chocolate.* **3** cada una de las láminas, hojas o zonas que, pegadas unas a otras, forman una cosa: *las capas de la atmósfera; estudiando las capas de la corteza de un árbol, se sabe su edad.* **FAM.** capote, capotazo, capota, caparazón, caperuza, capear, capea.

capacho *[n.m.]* cesta flexible hecha de esparto o de palma, con dos asas y con la boca más grande que la base.

capacidad *[n.f.]* **1** conjunto de cualidades que tiene una persona para hacer bien algo: *capacidad de estudio; capacidad de trabajo.* **AF.** talento, disposición. **ANT.** incapacidad. **2** espacio interior de una cosa expresado en una cantidad y sobre todo el que se expresa en litros o metros cúbicos: *un coche con capacidad para cinco personas; una garrafa con cuatro litros de capacidad.* **SIN.** cabida, espacio.

capacitar *[v.]* enseñar a alguien a hacer algo o desarrollar sus cualidades naturales para que pueda hacerlo: *en los centros de formación te capacitan para ejercer un oficio.*

capar *[v.]* inutilizar o quitar los órganos sexuales a un animal macho. **SIN.** castrar. **FAM.** capador, capadura.

caparazón *[n.m.]* lo que protege el cuerpo de algunos animales: *el caparazón de la tortuga; caparazón de la langosta.* **AF.** concha. **PL.** *caparazones.*

capataz *[n.inv. en gén.]* el que manda o dirige a un grupo de trabajadores y controla su trabajo: *el capataz de una obra.* **SIN.** encargado. **PL.** *capataces.*

capaz *[adj.inv. en gén.]* **1** que puede o sabe hacer algo: *es capaz de hacer ese dibujo sin mirar.* **AF.** hábil. **2** que se atreve a hacer algo: *es capaz de volver andando desde la ciudad.* **ANT.** incapaz. **PL.** *capaces.* **FAM.** capacidad, capacitar, capacitación. **COMP.** incapaz, recapacitar.

capellán *[n.m.]* sacerdote que hace sus funciones en un lugar concreto, un convento, un hospital, etc.: *el capellán del hospital.*

caperuza *[n.f.]* **1** prenda de vestir de forma más o menos triangular, con pico hacia arriba, que sirve para cubrir la cabeza: *me quité la* *caperuza porque me llegaba hasta los ojos.* 2 cualquier otro instrumento que tenga parecida forma, como la funda de un lápiz, bolígrafo, etc.: *pon la caperuza al bolígrafo.*

capicúa *[n.m.]* número que es igual leyéndolo de derecha a izquierda que de izquierda a derecha: *el 1221 es un capicúa.* TAMBIÉN *adj.inv. en gén.: número capicúa; cifra capicúa.*

capilar *[adj.inv. en gén.]* del cabello o para el cabello: *masaje capilar.* **FAM.** capilaridad, cabello.

capilla *[n.f.]* 1 sala dedicada a ritos religiosos en un colegio, un hospital o una vivienda particular: *al salir de clase fui a la capilla a rezar.* **SIN.** oratorio. 2 parte de una iglesia dedicada a un santo, una virgen, etc. con altar e imagen. **FAM.** capellán, capellanía, capillero.

capital *[n.f.]* 1 ciudad en la que se hallan los centros administrativos y de gobierno de una provincia, región, distrito o estado: *Madrid es tres veces capital.* 2 ciudad que destaca por algo: *París es la capital de la moda.* 3 dinero y propiedades de una persona: *tiene mucho capital.* // **capital** *[adj.inv. en gén.]* 4 que es lo más importante o de lo más importante: *un problema capital; una decisión capital.* **FAM.** capitalidad, capitalismo, capitalista, capitalizar, capitalización, capitalmente, cabeza.

capitalismo *[n.m.]* sistema político, económico y social basado en la propiedad privada de las industrias y negocios (medios de producción) y en el contrato libre de los trabajadores, lo cual significa que hay una clase de propietarios y otra de asalariados.

capitán, capitana *[n.]* 1 persona que manda o dirige un grupo de personas: *es la capitana del equipo; el capitán del barco dio la orden de zarpar.* // **capitán** *[n.m.]* 2 entre los militares, oficial que manda más que el teniente y menos que el comandante, puede dar órdenes a una compañía y su divisa son 3 estrellas de 6 puntas. ■ **capitán general**, en España, militar que tiene autoridad sobre los tres ejércitos y cuya divisa está formada por 2 bastones y 4 estrellas de 4 puntas. **FAM.** capitanear, capitanía.

capitanear *[v.]* ser quien manda, gobierna y dirige a un grupo de personas, empresa, negocio, barco, avión, etc. **OBS.** e + e = ee: *capitaneen.*

capitel *[n.m.]* parte de arriba de una columna que en cada estilo arquitectónico tiene una forma y una decoración distinta.

capítulo *[n.m.]* 1 cada una de las divisiones que se hacen en los libros o en los escritos: *la primera parte del Quijote tiene 52 capítulos.* **AF.** episodio. 2 tema o asunto del que se trata: *si no hay nada más que decir sobre este capítulo, pasaremos al siguiente.* **FAM.** capitular, capitulación. **COMP.** ***recapitular*** (hacer un repaso de lo que se ha dicho), recapitulación.

capó *[n.m.]* parte de la carrocería que cubre el motor del coche.

capota *[n.f.]* techo o cubierta de coche que se puede quitar y poner: *capota plegable; capota rígida.* **FAM.** descapotar, encapotar, capa.

capote *[n.m.]* 1 prenda de abrigo parecida a la capa* pero con mangas y menos vuelo: *se puso el capote porque tenía frío.* 2 capa hecha con dos telas que se usa para torear: *el capote suele ser rojo por un lado y amarillo por otro.*

capricho *[n.m.]* lo que se hace o se quiere hacer por puro gusto, sin tener necesidad de ello: *fue un capricho venir a vivir aquí.* **SIN.** antojo. **FAM.** caprichosamente, caprichoso. **COMP.** encapricharse.

caprichoso, caprichosa *[adj.]* que tiene muchos caprichos: *un niño caprichoso.* TAMBIÉN *n.: un caprichoso quiere todo lo que ve.*

capricornio *[n.inv. en gén. y núm.]* persona que ha nacido entre el 21 de diciembre y el 20 de enero: *es una capricornio del 13 de enero; conozco a varios capricornio.*

caprino, caprina *[adj.]* de las cabras: *ganado caprino; ganadería caprina.* **FAM.** cabra.

cápsula *[n.f.]* 1 estuche pequeñito, hecho con un material que se disuelve en el estómago y que contiene una medicina: *los antibióticos suelen venir en cápsulas.* 2 parte de una nave o un cohete donde están las personas que la dirigen: *los astronautas subieron a la cápsula.*

captar *[v.]* 1 recibir alguna sensación los sentidos: *está tan sordo que no capta el setenta por ciento de los sonidos normales.* 2 entender el sentido de lo que se lee o se oye: *si no lo habéis captado os lo vuelvo a explicar.* 3 llamar la atención de alguien o despertar interés: *este programa capta la atención de los niños.* **FAM.** captación, captador, captatorio.

captura *[n.f.]* lo que se hace cuando se coge (o se atrapa) algo o a alguien: *la captura de los ladrones fue difícil.* **FAM.** capturar, capturador, captor.

capturar *[v.]* hacer preso a un delincuente o a alguien que ha hecho algo malo: *capturaron a los culpables.* **SIN.** aprehender, aprisionar. **ANT.** soltar.

capucha *[n.f.]* 1 prenda para la cabeza, de forma triangular, que puede ir suelta o unida a otra prenda de vestir: *un abrigo con capucha.* **SIN.** caperuza. 2 funda de un bolígrafo, pluma, lápiz, etc. que tapa la parte con la que se escribe. **FAM.** capuchón, capucha, capuchino. **COMP.** encapuchado, encapuchar.

capuchino *[n.m.]* 1 religioso franciscano de la norma llamada reformada. 2 café con leche hecho al estilo de las cafeterías italianas, es decir, con espuma.

capullo *[n.m.]* 1 flor que todavía no está abierta: *capullos de rosa.* 2 envoltura, parecida a un huevo pequeño, que fabrican algunos insectos con hilo de seda, en el que se quedan metidos hasta que se hacen adultos.

caqui *[n.m.]* 1 color mezcla de verde y marrón claro: *los trajes de los soldados son de color caqui.* TAMBIÉN *adj.inv. en gén.: un uniforme caqui; una blusa caqui.* 2 árbol cuyo fruto, que tiene el mismo nombre, tiene forma de tomate y es de color naranja y sabor muy dulce.

color caqui

cara *[n.f.]* 1 parte delantera de la cabeza que va desde la frente hasta la barbilla. **SIN.** rostro, faz, semblante. 2 cada uno de los lados de una cosa plana: *los papeles y las telas tienen dos caras; las monedas tienen cara y cruz.* **SIN.** lado, haz. 3 cada una de las partes planas de un objeto: *el dado del parchís tiene seis caras.* **AMPL.** en geometría se llama ***lado*** de un ***poliedro***. ■ **dar la cara**, hacerse responsable de lo que uno ha hecho. ■ **de cara**, de frente a algo o pensando en algo: *de cara a la puerta; estudia de cara a los exámenes.* ■ **echar en cara**, acusar o reprochar algo a una persona. ■ **poner buena o mala cara**, hacer gestos para indicar si algo gusta o no. ■ **tener cara** o **tener mucha cara**, no tener vergüenza, que sólo busca su beneficio o que hace lo que él quiere. **FAM.** careta, carota, cariz, carear, careo, carátula. **COMP.** caradura, descaro, encarar, encarado.

carabela *[n.f.]* embarcación antigua de tres palos y velas alargadas y estrechas: *las carabelas sólo tenían una cubierta.*

carabina *[n.f.]* arma de fuego de la misma forma y mecanismo que el fusil, pero que pesa menos y es más corta. **AF.** fusil. **FAM.** carabinero.

caracol *[n.m.]* 1 molusco* que guarda el cuerpo en una concha con forma de espiral y tiene cuatro cuernos en la cabeza que puede sacar y meter; se mueve lentamente: *eres más lento que un caracol.* 2 rizo de pelo: *caracoles rubios; caracoles morenos.* **FAM.** caracola, caracolada, caracolear, caracoleo. **COMP.** acaracolado, encaracolar.

caracola *[n.f.]* concha grande de un caracol de mar: *si pones una caracola en el oído parece que se oye el mar.*

carácter *[n.m.]* 1 forma de ser o de actuar que tiene una persona y que la diferencia de las demás: *tiene mucho genio y muy mal carácter.* **AF.** personalidad. 2 conjunto de características de una cosa inmaterial que hacen que sea de una manera determinada, que dé problemas o no, que resulte interesante, bonito, etc. o no: *las fiestas tienen carácter alegre.* 3 letra, signo o número: *este libro tiene unos caracteres muy grandes.* **PL.** *caracteres.* **FAM.** característica, caracterizar, caracterización, característico, característicamente.

característico, característica *[adj.]* 1 que es propio de alguien o de algo que lo hace distinto de los demás: *el saludo es su gesto más característico.* // **característica** *[n.f.]* 2 cada uno de los rasgos o de las cualidades que tiene alguien o algo y lo diferencia de los demás: *la característica más importante de un balón es su redondez.* **SIN.** cualidad, propiedad.

caracterizar *[v.]* 1 ser algo lo que más se nota en alguien: *la trompa caracteriza al elefante.* TAMBIÉN *prnl.: este hombre se caracteriza por su amabilidad.* // **caracterizarse** *[v.prnl.]* 2 ponerse un actor las ropas, pelucas y maquillajes necesarios para el personaje que tiene que interpretar. **OBS.** ante e, c: *caractericen.*

caradura *[n.inv. en gén.]* persona que no tiene vergüenza y se aprovecha de los demás o de las circunstancias. **SIN.** aprovechado.

caramba *[interj.]* se usa para expresar extrañeza, desacuerdo, contrariedad o enfado: *¡caramba, qué frío hace!*

carámbano *[n.m.]* hielo que se produce en la calle o en el campo en invierno. **AMPL.** cuando cuelga de los tejados o de las plantas en forma de gotas que escurren se llaman ***pinganillos***, ***canalones*** o ***cerriones***.

carambola *[n.f.]* 1 jugada que se hace en el billar cuando la bola a la que se le da con el taco toca a las otras dos. 2 lo que sale bien por casualidad: *aprobó de carambola.*

caramelo *[n.m.]* azúcar derretido con calor y dejado enfriar luego, especialmente si se le añaden esencias de frutas o hierbas y se trocean para que quepa en la boca. **FAM.** caramelizar. **COMP.** acaramelar.

carantoña *[n.f.]* caricia u otra manifestación de cariño, especialmente si se hace para conseguir algo.

caraqueño, caraqueña *[adj.]* de Caracas, capital de Venezuela: *un barrio caraqueño; una niña caraqueña.* TAMBIÉN *n.: los caraqueños.*

carátula *[n.f.]* portada o cubierta de un libro, disco, etc.: *en la carátula del disco aparece la foto del grupo.*

caravana *[n.f.]* 1 fila de vehículos que van muy despacio porque hay mucho tráfico: *había caravana y tardamos una hora más en llegar.* 2 fila de personas con caballerías o de vehículos que viajan juntos: *una caravana de nómadas del desierto.* 3 camioneta, furgón o remolque preparado para vivir en él: *en el camping hay muchas caravanas.* **AF.** roulotte. **FAM.** caravanero.

carbón *[n.m.]* materia sólida de color negro que se quema con facilidad y produce mucho calor. **AMPL.** el carbón natural se extrae en minas, se ha formado durante millones de años y es madera fosilizada; su calidad depende del porcentaje de carbono que tenga: la ***antracita*** tiene el 90%, la ***hulla*** el 80%, el ***lignito*** el 70% y la ***turba*** el 60%. **FAM.** carbonera, carbonería, carbonero, carboncillo, carbonilla, carbonizar, carbonización, carbono, carbónico.

carboncillo *[n.m.]* especie de palito de carbón que sirve para dibujar: *retrato hecho con carboncillo.*

carbonera *[n.f.]* lugar donde se guarda el carbón.

carbonería *[n.f.]* tienda o almacén de carbón.

carbonero, carbonera *[n.]* persona que vende o hace carbón.

carbonilla *[n.f.]* trocitos pequeños de carbón que quedan sin quemar o a medio quemar: *en la posguerra los pobres buscaban carbonilla para calentarse.*

carbonizar *[v.]* dejar algo tan quemado que parece carbón: *el incendio carbonizó varios árboles.* TAMBIÉN *prnl.: los árboles se carbonizaron.* **OBS.** ante e, c: *carbonicen.*

carbono *[n.m.]* elemento no metálico sólido, incoloro y sin sabor que se halla en la naturaleza: *el diamante está compuesto por carbono.*

carburador *[n.m.]* vaso o cazoleta que tienen los motores de explosión en el que por un lado entra gasolina y por otro aire que pasan a los cilindros.

carburante *[n.m.]* líquido que, como la gasolina y el gasoil, se usan de combustible para hacer funcionar motores.

carburar *[v.]* funcionar un motor o una máquina: *¡que bien carbura tu coche!* **FAM.** carburo, carburante, carburador, carburación.

carcaj *[n.m.]* especie de tubo o caja, abierto por un lado y cerrado por el otro, que se cuelga a la espalda para llevar flechas. **SIN.** aljaba.

carcajada *[n.f.]* risa fuerte y ruidosa: *le pareció gracioso y soltó una carcajada.* **SIN.** risotada. **FAM.** carcajearse.

cárcel *[n.f.]* edificio cerrado y vigilado en el que se encierra a las personas que han cometido un delito, para que cumplan su condena. **SIN.** prisión, penal. **FAM.** carcelario, carcelero. **COMP.** encarcelar.

carcelario, carcelaria *[adj.]* de la cárcel: *reglamento carcelario.*

carcelero, carcelera *[n.]* persona que vigila y se ocupa de las personas que están en la cárcel: *el carcelero llevó al preso a la enfermería.*

carcoma *[n.f.]* insecto muy pequeño de color oscuro cuyas larvas comen la madera: *la carcoma deja en la madera pequeñas galerías largas y redondas.* **FAM.** carcomer.

cardenal *[n.m.]* 1 sacerdote de la Iglesia Católica, que ayuda y aconseja al Papa, y que puede votar cuando hay que elegir uno nuevo: *todos los cardenales juntos forman un cónclave.* 2 mancha morada que sale en la piel cuando uno se da un golpe. **FAM.** cardenalicio, cardenalato.

cardenalicio, cardenalicia *[adj.]* de los cardenales de la Iglesia Católica: *sotana cardenalicia.*

cardiaco, cardiaca *[adj.]* 1 del corazón: *enfermedad cardiaca.* // **cardiaco, cardiaca** *[n.]* 2 enfermo del corazón: *los cardiacos no pueden hacer esfuerzos.* **FAM.** cardiología, cardiólogo, cardiógrafo, cardiograma, cardiografía.

cardíaco, cardíaca *[adj. y n.]* cardiaco*.

cardinal *[adj.inv. en gén.]* que expresa una cantidad: *1, 2 y 3 son números cardinales.* ■ **punto cardinal**, cada uno de los cuatro puntos que dividen el horizonte en partes iguales, sirven para orientarse en un lugar o en un mapa y se llaman *norte, sur, este* y *oeste.*

puntos cardinales

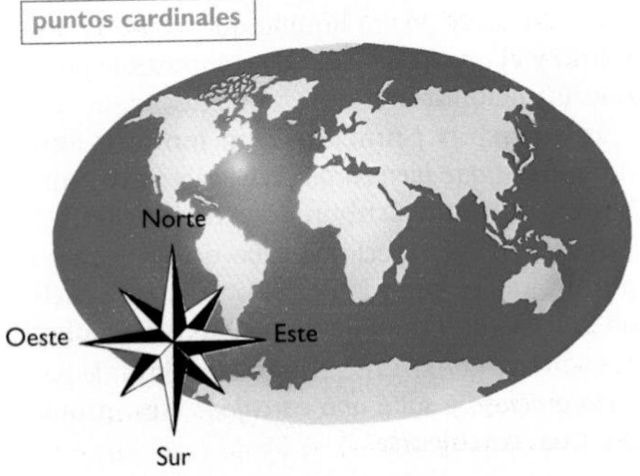

cardiología *[n.f.]* ciencia* que estudia el corazón y sus enfermedades: *médico especialista en cardiología.*

cardiólogo, cardióloga *[n.]* médico especializado en las enfermedades del corazón: *el cardiólogo colocó una válvula en el corazón del enfermo.*

cardo *[n.m.]* 1 género de plantas con hojas grandes y con espinas o pinchos que crece libremente en el campo. 2 planta que se cultiva en las huertas y tiene unos tallos anchos y carnosos, llamados *pencas*, que se comen cocidos. **FAM.** cardar, cardadura. **COMP.** escardar.

carecer *[v.]* no tener de algo: *carecen de alimentos; el pueblo carece de teatro.* **ANT.** poseer, tener. **CONJUG.** como *crecer**. **FAM.** carente, carencia, carecimiento.

carencia *[n.f.]* falta de algo: *este verano ha habido carencia de agua.* **SIN.** escasez, falta.

carestía *[n.f.]* hecho de que algo sea caro o más caro de lo normal: *la carestía de la vida se nota en los productos de primera necesidad.*

careta *[n.f.]* objeto que se pone en la cara, cubriéndola, con el fin de disfrazarse o protegerse: *careta antigás; careta de carnaval; careta de esgrima.* **AF.** máscara.

careto, careta *[adj.]* hablando de animales, que tiene la cara blanca y la frente y el resto de la cabeza de color oscuro: *un toro careto.* **FAM.** cara.

carga *[n.f.]* 1 lo que se transporta o se lleva de un sitio a otro: *una carga de plátanos; llevó la carga al hombro.* **SIN.** cargamento. 2 peso que aguanta o soporta una cosa: *las piernas aguantan la carga de todo el cuerpo.* 3 recambio de algo que se acaba con el uso: *la carga de un bolígrafo; carga de una pluma.* 4 cantidad de explosivo que tiene una bomba, un barreno, un cohete, etc.: *pusieron una carga para volar la mina.* 5 ataque con fuerza que se hace contra algo o alguien: *la carga de los enemigos fue muy dura.* 6 obligaciones costosas, preocupaciones, gastos, etc. que produce una persona o una situación: *vivir cada uno en un sitio es una carga económica; una enfermedad es una carga pesada para una persona.* **FAM.** cargo, cargador, carguero, cargamento, cargante, carguero, cargar. **COMP.** encargo, descargar, recargar, sobrecargar.

cargado, cargada *[adj.]* 1 que lleva carga: *el camión iba cargado de naranjas.* 2 que tiene mucho o demasiado de algo bueno o malo: *un ambiente cargado de humo; le gusta el café cargado; atmósfera cargada.* **AF.** denso, fuerte, espeso.

cargador, cargadora *[n.]* 1 persona que trabaja cargando mercancías: *es un cargador del puerto.* TAMBIÉN *adj.*: *una máquina cargadora.* // **cargador** *[n.m.]* 2 parte de un arma donde se colocan las balas: *el cargador del revólver estaba lleno.*

cargamento *[n.m.]* lo que transporta un vehículo: *el camión traía un cargamento de naranjas.* **SIN.** carga.

cargante *[adj.inv. en gén.]* que es molesto o que cansa mucho: *un vendedor cargante.* **SIN.** pesado.

cargar *[v.]* 1 poner una carga sobre algo o sobre alguien: *cargó el camión de naranjas.* **AF.** llenar. **ANT.** descargar. 2 meter la bala en un arma: *antes de disparar hay que cargar la escopeta.* 3 colocar el recambio de un utensilio o llenarlo de lo que necesita para funcionar: *carga la pluma de tinta.* **SIN.** recargar. 4 aburrir o molestar: *habla tanto que acaba cargando a la gente.* 5 poner impuestos: *el gobierno anunció que este año cargaría nuevos tributos.* **SIN.** imponer. 6 hacer a alguien culpable o responsable de algo: *le cargaron el robo por estar allí.* **SIN.** atribuir. 7 atacar a alguien: *la policía cargó contra los manifestantes.* **OBS.** ante e, gu: *carguen.*

cargo *[n.m.]* conjunto determinado de tareas y responsabilidades que, dentro de una organización, tiene que llevar una persona: *consiguió el cargo de presidente.* **SIN.** puesto. **AF.** plaza, empleo, trabajo. ■ **estar al cargo de** alguien o de algo, ser el encargado o responsable de ello. ■ **hacerse cargo**, encargarse.

carguero *[n.m.]* barco o tren que lleva mercancías: *subimos el coche al carguero.*

cariátide *[n.f.]* estatua de mujer que hace de columna en una construcción.

caribeño, caribeña *[adj. y n.]* del mar Caribe o de la zona del Caribe, que está entre Norteamérica y Suramérica: *Cuba y Jamaica son islas caribeñas; un habitante caribeño; los caribeños.*

caricatura *[n.f.]* 1 dibujo en que se exageran mucho los rasgos de una persona: *en su caricatura tiene orejas de elefante.* 2 obra de arte en que se exageran las cosas, los rasgos, las situaciones, etc. **FAM.** caricaturesco, caricaturista, caricaturizar, caricaturización.

caricaturizar *[v.]* exagerar las cosas para hacer reír cuando se cuenta algo o se hace una obra de arte sobre algo: *Quevedo caricaturizaba las costumbres de su época.* **OBS.** ante e, c: *caricaturicen.*

caricia *[n.f.]* lo que se hace al pasar la mano con cariño por encima de alguien o de algo: *le hizo una caricia al gato.* **FAM. COMP.** acariciar.

caridad *[n.f.]* sentimiento de amor hacia los demás que nos empuja a ayudarles en sus necesidades. **AF.** solidaridad. **FAM.** caritativo.

caries *[n.f.]* enfermedad que destruye partes duras del organismo como dientes, huesos etc. **AMPL.** la más frecuente es la ***caries dental***, causada por bacterias que producen ácidos que destruyen el esmalte, la dentina y la pulpa de los dientes. **FAM.** cariarse, cariado.

carillón *[n.m.]* grupo de campanas, de tubos o de planchas de acero que producen un sonido musical: *en el Ayuntamiento hay un reloj con carillón.* **PL.** *carillones.*

cariño *[n.m.]* 1 sentimiento que se tiene hacia una persona animal o cosa que nos hace estar pendientes de ella, alegrándonos de todo lo bueno que le pasa y disgustándonos con lo malo: *hay gente que parece que le tiene más cariño a los animales que a las personas.* **SIN.** amor. **AF.** aprecio, estima, simpatía. **ANT.** odio, aborrecimiento. 2 cuidado con que se hace algo: *pon cariño en lo que haces y te saldrá mucho mejor.* **FAM.** cariñoso, cariñosamente. **COMP.** encariñarse.

cariñoso, cariñosa *[adj.]* que trata a los demás con cariño: *me sentí como en casa, son muy cariñosos.*

caritativo, caritativa *[adj.]* que ayuda a los necesitados: *un alma caritativa; persona caritativa.*

carmesí *[adj.inv. en gén.]* de color rojo oscuro: *un vestido carmesí.* **PL.** *carmesíes* o *carmesís.*

carmín *[n.m.]* 1 color rojo vivo. 2 pintura de ese color, especialmente la que se vende en una barrita para pintarse los labios. **PL.** *carmines.*

carnada *[n.f.]* carne que se pone como cebo en un anzuelo o en una trampa.

carnal *[adj.inv. en gén.]* que es pariente muy cercano: *tío carnal; primo carnal.*

carnaval *[n.m.]* fiesta que se celebra durante los tres días anteriores al miércoles de ceniza en la que se hacen bailes de disfraces, desfiles, etc.: *es famoso el carnaval de Río de Janeiro.* **FAM.** carnavalada, carnavalesco, carne.

carne *[n.f.]* 1 tejido muscular que está debajo de la piel y cubre los huesos. 2 parte blanda y jugosa de las frutas. **SIN.** pulpa. ■ **carne de gallina**, la de una persona cuando, por miedo o por frío, se abultan los poros de la piel y se parece a la de una gallina a la que se le han quitado las plumas. ■ **en carne viva**, sin piel y con sangre. **FAM.** carnal, carnaza, carnicería, carnicero, cárnico, carnoso, carnívoro, carnaval. **COMP.** descarnar, encarnar.

carné *[n.m.]* tarjeta en la que figuran los datos de un persona y sirve para identificarse como ciudadano de un país, socio de un club, institución, etc.: *carné de la biblioteca, carné de identidad.* **AMPL.** como esta palabra viene de la francesa *carnet*, todavía hay quien utiliza *carnet* en lugar de *carné*, que es la forma española.

carnero *[n.m.]* animal de sexo masculino con el cuerpo cubierto de lana espesa y cuernos huecos enrollados en forma de espiral: *el carnero es el macho de la oveja.*

carnicería *[n.f.]* 1 tienda en la que venden carne de vaca, ternera, cordero, cerdo, etc. 2 asesinato, guerra, etc. en que hay muchas muertes o mucha sangre.

carnicero, carnicera *[n.]* 1 el que vende carne de animales grandes como cerdo, cordero, vaca, etc.: *el carnicero del supermercado.* // **carnicero, carnicera** *[adj.]* 2 que come la carne de los animales que mata: *el lobo es un animal carnicero.*

carnívoro, carnívora *[adj.]* que se alimenta con carne: *el león es un animal carnívoro; las plantas carnívoras digieren los insectos que capturan.* TAMBIÉN n.: *algunos carnívoros son grandes cazadores.*

carnoso, carnosa *[adj.]* de carne o con mucha carne: *tejido carnoso; fruta carnosa.*

caro, cara *[adj.]* 1 que cuesta más de lo que se puede pagar o de lo que debería costar: *un vestido caro.* **SIN.** costoso. **ANT.** barato. // **caro** *[adv. de m.]* 2 a un precio elevado: *esta tienda vende caro.* **FAM.** carero, carestía. **COMP.** encarecer.

carpa *[n.f.]* 1 pez de río comestible, de color rojizo o dorado por encima y amarillento por debajo con la boca pequeña sin dientes y escamas muy grandes. 2 construcción que se puede montar y desmontar, formada por un armazón cubierto por una gran lona o plástico: *la carpa de un circo.*

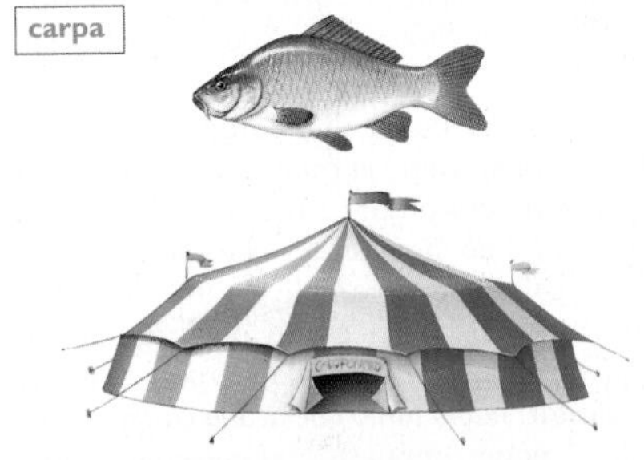

carpeta *[n.f.]* cartón doblado por la mitad, normalmente cerrado con unas gomas, que sirve para guardar papeles. **AF.** archivador. **FAM.** carpetazo. **COMP.** encarpetar.

carpintería *[n.f.]* 1 lugar donde se hacen trabajos de madera, especialmente si son para la construcción: encargamos las puertas en una carpintería. 2 trabajo u oficio de carpintero: *se ha dedicado siempre a la carpintería.* **FAM.** carpintero.

carpintero, carpintera *[n.]* persona que hace trabajos con maderas normales o para la construcción: *el carpintero hizo los marcos y las puertas.* **AMPL.** si trabaja con maderas finas se llama ***ebanista***.

carraca *[n.f.]* instrumento que consiste en una rueda dentada que al girar sobre un eje pasa por una lengüeta de madera y hace ruido.

carraspera *[n.f.]* picor de garganta que obliga a toser un poco para limpiar las flemas: *fumar da carraspera.* **FAM.** carraspeo, carraspear.

carrera *[n.f.]* 1 lo que hace quien va corriendo de un sitio a otro y especialmente si es una competición de personas, animales o vehículos para ver quién llega el primero: *voy de una carrera al colegio porque llego tarde; carrera de galgos; carrera de coches.* 2 espacio recorrido por una persona, vehículo, etc.: *la carrera del taxi me costó cien euros.* **AF.** recorrido, trayecto. 3 conjunto de estudios que debe hacer una persona para conseguir un título y poder trabajar en determinadas profesiones: *carrera de medicina; carrera de derecho.* **AF.** licenciatura. 4 trabajo o profesión de una persona: *está en el mejor momento de su carrera.* **FAM.** carrerilla, carrerista, carro.

carreta *[n.f.]* carro de madera, largo y estrecho con un madero largo que sale hacia delante donde se enganchan los bueyes o las caballerías* que tiran de ella: *las carretas suelen tener dos ruedas grandes de madera.*

carrete *[n.m.]* 1 cilindro sobre el que se enrolla un hilo para que no se enrede: *carrete de hilo; carrete de sedal; carrete de la caña de pescar.* 2 rollo de película que se pone en las cámaras para hacer fotografías: *lleva a revelar el carrete.*

carretera *[n.f.]* camino, generalmente ancho, preparado para que puedan circular por él coches, camiones, motos, etc. **AMPL.** hay ***carreteras nacionales***, que son las construidas por el Estado y unen entre sí ciudades importantes o capitales de provincia, ***comarcales*** (las que unen centros de comarcas importantes y ***locales*** (para ir de unos pueblos a otros); las ***autopistas*** y ***autovías*** son carreteras especiales con muchos carriles para circular con más seguridad y a mayor velocidad.

carretero, carretera *[n.]* persona que conduce un carro o que se dedica a hacer carros. ■ **fumar como un carretero**, fumar mucho. ■ **hablar como un carretero**, decir muchas palabras malsonantes.

carretilla *[n.f.]* carrito pequeño, con una o dos ruedas en la parte delantera y dos barras hacia atrás para llevarlo con las manos, que se usa para transportar equipajes, materiales de construcción, etc.

carricoche *[n.m.]* 1 vehículo que tenía partes de carro y partes de coche de caballos. 2 cualquier vehículo que tenga mal aspecto o que haya sido construido o reformado con poca habilidad, mal acabado, etc.

carril *[n.m.]* 1 separaciones marcadas con rayas a lo largo de una calle o carretera para que los coches circulen ordenadamente: *en muchas cuestas hay un carril para vehículos lentos.* 2 raíl de una vía de tren o de tranvía. **FAM.** carrilera. **COMP.** descarrilar, encarrilar.

carrilera *[n.f.]* huella que dejan las ruedas.

carrillo *[n.m.]* parte blanda de la cara, que está por debajo de los ojos a cada uno de los lados de la nariz: *siempre tiene los carrillos colorados.* **SIN.** moflete, mejilla. **FAM.** carrillada, carrilludo.

carro *[n.m.]* vehículo de carga formado por una plataforma de madera con una o dos varas largas a las que se atan los animales de tiro: *hasta mediados del siglo veinte el carro fue un importante medio de transporte.* **AMPL.** en la actualidad se llama carro o carrito a pequeños aparatos formados por un armazón con ruedas que sirven para llevar cosas, como el ***carro de la compra*** (que sobre el armazón lleva una bolsa o una cesta), el ***carrito portaequipajes*** (sobre el que se apoyan directamente las maletas) o los carros que hay en los supermercados o en las llamadas ***grandes superficies*** para llevar la compra hasta el aparcamiento. **FAM.** carrero, carretero, carreta, carretillo, carretilla, carretón, carroza, carruaje, carromato, carricoche, carretera, carrete, carril, carrocería, carrocero, carrera. **COMP.** acarrear, descarriarse.

carrocería *[n.f.]* parte exterior de un vehículo que lo cubre todo y le da la forma y el color por los que lo reconocemos: *este coche tiene la carrocería de color verde.*

carromato *[n.m.]* carro grande de cuatro ruedas con dos varas para enganchar los animales que tiran de él y que se puede cubrir por arriba con una tela fuerte o toldo.

carroña *[n.f.]* carne de un animal que lleva muerto horas o días: *muchos animales se alimentan de carroña.* **FAM.** carroñero, carroñoso.

carroza *[n.f.]* 1 coche de caballos grande y lujoso: *los reyes iban en carroza.* 2 camión, remolque o carro con muchos adornos y con gente disfrazada o vestida de fiesta que desfila por las calles en algunas fiestas: *en la cabalgata de reyes y en carnavales salen carrozas.*

carruaje *[n.m.]* cualquier vehículo de madera o de hierro con ruedas que va tirado por animales, especialmente si sirve para llevar personas.

carrusel *[n.m.]* tiovivo.

carta *[n.f.]* 1 escrito que envía una persona a otra, generalmente a través del correo: *a esta carta le falta el sello.* **SIN.** misiva, epístola. 2 cada una de las tarjetas que forman una baraja: *tocamos a cinco cartas cada uno para empezar a jugar*.* 3 lista de platos y bebidas que se pueden pedir en un restaurante: *carta de vinos; carta de postres.* ■ **carta de navegación**, mapa* que usan los marinos. ■ **tomar cartas en el asunto**, enterarse bien de lo que pasa y tomar alguna decisión. **FAM.** cartearse, carteo, cartero, cartel, cartelera, cartera, carterista, cartilla, cartografía, cartógrafo, cartografiar, cartón, cartulina. **COMP.** descartar, encartar, encarte, acartonar, abrecartas.

cartabón *[n.m.]* utensilio de dibujo en forma de triángulo rectángulo con los tres lados desiguales. **PL.** *cartabones.*

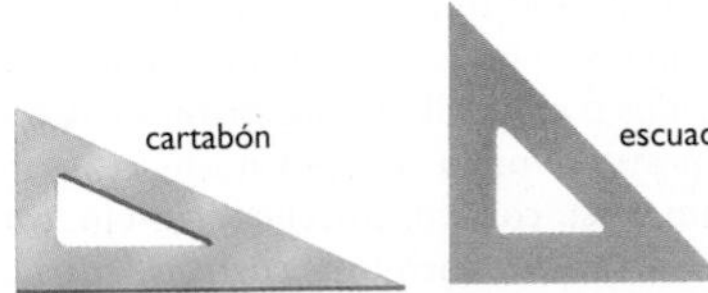

cartearse *[v.]* mandarse cartas dos o más personas: *nos conocimos el verano pasado y ahora nos carteamos.* **OBS.** e + e = ee: *se carteen.*

cartel *[n.m.]* cartón, chapa, papel, etc. en el que se anuncia algo con letras grandes y a veces también con algún dibujo. ■ **tener buen** o **mal cartel**, tener buena o mala fama.

cartelera *[n.f.]* 1 espacio reservado, y a veces especialmente preparado, para poner carteles y anuncios: *puse el anuncio en la cartelera del colegio.* **AF.** tablón. 2 lista de cines o teatros que aparecen en periódicos o prospectos de propaganda para que se pueda saber las películas y representaciones teatrales que se hacen en una ciudad.

cartelero, cartelera *[adj.]* que atrae a mucho público: *un espectáculo cartelero.* **SIN.** taquillero.

cárter *[n.m.]* parte del motor de un vehículo en que está el depósito del aceite.

cartera *[n.f.]* bolsa o carpeta pequeña para llevar papeles, documentos o billetes de banco: *cartera de bolsillo; cartera de mano.* **AF.** billetera, monedero (si es para dinero), portafolios (si es para papeles).

carterista *[n.inv. en gén.]* ladrón de carteras.

cartero *[n.m.]* empleado de correos que reparte las cartas por las casas.

cartílago *[n.m.]* tejido que no es tan duro como los huesos ni tan blando como la carne y que forma parte del esqueleto humano y del de algunos animales: *el extremo del tabique nasal es un cartílago; el esqueleto de la raya está formado por cartílagos.* **FAM.** cartilaginoso.

cartilla *[n.f.]* 1 libro pequeño con letras grandes en que los niños aprenden a leer. 2 libreta en que se anota el dinero que se ingresa o se saca de una cuenta: *cartilla de ahorros.*

cartografía *[n.f.]* ciencia que estudia cómo hacer o interpretar los mapas.

cartomancia *[n.f.]* arte de adivinación que se hace usando una baraja.

cartón *[n.m.]* material hecho con pasta de papel, de mayor grosor que el papel y la cartulina, que se utiliza para hacer cajas, estuches, archivadores, etc. **PL.** *cartones.*

cartuchera *[n.f.]* 1 cinturón con muchos compartimentos para llevar cartuchos. **SIN.** canana. 2 caja para llevar y guardar cartuchos.

cartucho *[n.m.]* 1 tubo, generalmente de cartón o plástico y con la base de metal, que se llena de pólvora, perdigones, etc., y sirve de munición para las escopetas. 2 tubo en el que hay algo (como tinta, gas o polvo de tinta) que es necesario para que funcione una máquina o un utensilio: *ponle un cartucho de tinta a la impresora.* **FAM.** cartuchera. **COMP.** encartuchar.

cartulina *[n.f.]* lámina de hoja fabricada con pasta de papel que es más gruesa que el papel y menos que el cartón.

casa *[n.f.]* 1 cualquier edificio que tenga aspecto de estar hecho para ser habitado: *vive en la segunda casa de esa calle; una casa en el campo.* **SIN.** edificio, construcción. 2 sitio en que se vive: *mi casa está en el quinto piso.* **SIN.** domicilio, vivienda. 3 familia real o de la nobleza de la que se sabe su historia: *la casa de los Austrias; la casa de los Borbones.* **SIN.** dinastía (si es de reyes), estirpe, linaje. 4 empresa o negocio: *casa fundada en 1878.* **SIN.** sociedad, empresa, negocio, razón social. ■ **casa consistorial** edificio en que está el ayuntamiento de un pueblo o ciudad. ■ **tirar la casa por la ventana**, gastar mucho dinero en algo. **FAM.** caserío, casero, caserón, caseto, caseta, casilla, casillero, casino, casona. **COMP.** encasillar, encasillamiento.

casaca *[n.f.]* chaqueta ajustada y larga que hoy en día se usa sobre todo como prenda de algunos uniformes: *la policía montada del Canadá usa casacas rojas.*

casadero, casadera *[adj.]* que está en edad de casarse: *mozos casaderos.* **FAM.** casar.

casamiento *[n.m.]* boda y celebración que de ella se hace: *el casamiento será en septiembre.* **SIN.** boda, enlace.

casar *[v.]* 1 representar a la Iglesia o al Estado en la ceremonia pública en que un hombre y una mujer contraen matrimonio: *los casó el alcalde.* 2 unir dos o más cosas, haciendo coincidir sus dibujos, sus colores, etc.: *al coser los bolsillos haz que casen las rayas.* **SIN.** cuadrar. **AF.** ajustar, encajar. 3 ir bien una cosa con otra: *este jersey no casa con ese pantalón.* **SIN.** combinar. // **casarse** *[v.prnl.]* 4 unirse en matrimonio. **SIN.** desposarse. **ANT.** divorciarse, separarse. **FAM.** casado, casamentero, casamiento, casorio, casadero.

cascabel *[n.m.]* bola hueca y pequeña de metal que tiene dentro un trocito de hierro o latón para que suene al moverlo: *los trajes de los bufones llevan cascabeles.* ■ **serpiente de cascabel**, culebra venenosa que se llama así porque tiene en la punta de la cola unos anillos que suenan al moverlos. **FAM.** cascabelero, cascabelear.

cascado, cascada *[adj.]* 1 que está muy gastado, en malas condiciones físicas o no funciona: *la lavadora está cascada; voz cascada.* **OBS.** sólo se usa con gente de confianza. // **cascada** *[n.f.]* 2 agua que cae continuamente desde bastante altura.

cascanueces *[n.m.inv. en núm.]* aparato que se usa para abrir las nueces, almendras, avellanas, etc. o romper su cáscara.

cascar *[v.]* 1 romper algo, especialmente la cáscara leñosa de los frutos secos. 2 golpear a alguien. **OBS.** sólo se usa con gente de confianza. **OBS.** ante e, qu: *casquen.* **FAM.** cascado, cáscara, cascarilla, cascarón, cascajo, cascajal, casco. **COMP.** cascanueces, descascarillar.

cáscara *[n.f.]* parte exterior de huevos, frutos y otras cosas que es más dura que lo de dentro: *cáscara de nuez; cáscara de plátano.*

cascarón *[n.m.]* cáscara de huevo de ave: *los pollos nacen cuando salen del cascarón.* **PL.** *cascarones.*

cascarrabias *[n.inv. en núm.]* persona que siempre está enfadada o de mal humor: *nunca está contento, es un cascarrabias.*

casco *[n.m.]* 1 protección para la cabeza hecha de metal, fibra de vidrio o cualquier otro material duro que aguante bien los golpes: *para entrar en una mina hay que ponerse un casco.* 2 botella vacía: *lleva los cascos al contenedor de vidrios.* **SIN.** botella, envase. 3 parte final de la pata de los caballos o de otros animales parecidos: *el caballo apoya los cascos al andar.* **SIN.** pezuña. 4 parte del barco que va directamente sobre el agua y contiene todo lo demás: *el casco hay que limpiarlo con frecuencia.* ■ **casco urbano**, conjunto de edificios de una ciudad y especialmente los del centro. **FAM.** cascote, casquete, casquillo, casquivano, cascar.

cascote *[n.m.]* cada uno de los trozos de ladrillo, piedra, cemento, cal, etc. que quedan al derribar un edificio: *le pusieron unas cargas de dinamita y en un minuto quedó hecho cascotes.* **AMPL.** los cascotes, en conjunto, son ***escombros***.

caserío *[n.m.]* 1 grupo pequeño y aislado de casas: *en Guipúzcoa hay muchos caseríos.* **AF.** aldea. 2 casa con naves, cuadras, etc. rodeada de tierras de labor: *paramos en un caserío en el que nos dieron agua y fruta.*

casero, casera *[adj.]* 1 que se hace en casa: *comida casera.* 2 que le gusta estar en casa y sale poco: *un muchacho muy casero.* **SIN.** familiar, hogareño. // **casero, casera** *[n.]* 3

dueño de una casa alquilada: *el casero vino a cobrar el alquiler.*

caserón *[n.m.]* casa muy grande y un poco vieja o destartalada: *en este caserón hay más de diez habitaciones.* **PL.** *caserones.*

caseta *[n.f.]* construcción pequeña para meter herramientas, trastos, etc. o para protegerse del frío y del calor un vigilante, un centinela, etc.

casete *[n.f.]* 1 cinta magnetofónica que viene de fábrica preparada dentro de un estuche para no tener que tocarla con las manos: *pon una casete de los Beatles.* // **casete** *[n.m.]* 2 aparato para grabar y reproducir estas cintas: *este casete funciona con pilas.* **FAM. COMP.** radiocasete, videocasete.

casi *[adv. de c.]* 1 cerca de, con poca diferencia, aproximadamente: *tiene casi doce años.* 2 por poco: *iba tan despistado que casi se cae por las escaleras.*

casilla *[n.f.]* 1 cada una de las divisiones pequeñas que hay en algunos muebles o cajas: *en el mueble de recepción hay una casilla para cada llave.* 2 cada uno de los espacios en que se divide un papel o cualquier superficie, marcando rayas que se cruzan, especialmente en los tableros de juego: *casillas del ajedrez, del parchís, etc.* **SIN.** recuadro. ■ **sacar a alguien de sus casillas**, hacer que se enfade y pierda la paciencia.

casillero *[n.m.]* mueble sin puertas y con pequeñas divisiones que sirve para tener cosas ordenadas o clasificadas: *nos había dejado una nota en el casillero del hotel.*

casino *[n.m.]* 1 sitio donde va la gente a probar fortuna en los juegos de azar y en el que también se hacen espectáculos, bailes etc.: *en Las Vegas hay muchos casinos.* 2 edificio privado donde se reúne un grupo de personas, normalmente socios de ese casino, para hablar, jugar, leer, hacer deporte, etc.: *para ser socio del casino hay que pagar una cuota mensual.* **AF.** círculo, club.

caso *[n.m.]* 1 suceso extraño: *nos han contado un caso increíble.* **AF.** suceso, incidente. 2 sucesos o hechos que se registran para llevar cuenta de ellos: *en el hospital hubo un caso de meningitis y tres de paperas.* ■ **en caso de que**, si ocurre. ■ **en todo caso**, a pesar de algo, por si acaso. ■ **no hacer ni caso**, no prestar atención. ■ **no venir al caso**, no tener nada que ver con lo que se habla. **FAM.** casual, casualidad.

caspa *[n.f.]* partículas blancas que se desprenden de la piel de la cabeza o cuero cabelludo: *es desagradable ver caspa sobre la ropa.*

casta *[n.f.]* 1 familia y linaje al que pertenece una persona o animal y del que se heredan una serie de características, particularidades o rasgos: *pertenece a una gran casta de actores; este chico es de una casta especial.* **AF.** raza, clase. 2 grupo de personas de un país que tienden a vivir separadas de los demás por motivos de dinero, religión, raza, etc.: *los parias son una casta de la India.* **AF.** clase social. **FAM.** castizo **COMP.** descastar, descastado.

castaña *[n.f.]* fruto del castaño, que tiene una cáscara delgada y dura de color marrón y una piel fina que envuelve el fruto. **AMPL.** cuando están verdes se hallan recubiertas por una envoltura espinosa que se llama ***erizo***. ■ **sacar a alguien las castañas del fuego**, solucionarle algún problema. **FAM.** castaño, castañero, castañar, castañal, castañeda, castañada, castañuela, castañetear, castañeteo.

castañero, castañera *[n.]* persona que vende castañas, sobre todo si las vende asadas en la calle.

castañetear *[v.]* golpear los dientes de arriba contra los de abajo, haciendo ruido: *el miedo y el frío hacen castañetear los dientes.* **AF.** temblar, tiritar. **OBS.** e + e = ee: *castañetee.*

castaño *[n.m.]* 1 árbol alto, de tronco grueso, hojas grandes y alargadas y flores blancas que da como fruto la castaña; crece con facilidad principalmente en lugares húmedos. // **castaño, castaña** *[adj.]* 2 de color marrón, parecido al de la cáscara de una castaña: *pelo castaño.* ■ **pasar de castaño oscuro**, ser algo demasiado malo, perjudicial o insoportable.

castañuela *[n.f.]* instrumento musical formado por dos piezas de madera con forma de concha que, unidos por un hilo o cordón, se cuelga del dedo corazón o del pulgar y con los otros se hace sonar golpeando una contra la otra. **SIN.** castañeta. **AF.** crótalo.

castellano, castellana *[adj. y n.]* 1 de Castilla, región española y antiguo reino de la Península ibérica: *comida castellana; paisaje castellano; los castellanos.* **AMPL.** Castilla es la región situada en el centro de la Península Ibérica y estaba dividida, antes de 1978, en ***Castilla la Vieja*** y ***Castilla la Nueva***; actualmente hay dos comunidades autónomas en la región de Castilla: ***Castilla y León*** y ***Castilla-La Mancha***. // **castellano** *[n.m.]* 2 lengua que se hablaba en el antiguo reino de Castilla y hoy es lengua oficial de toda España y de la mayor parte de los países de América Central y del Sur: *el castellano es una de las lenguas más importantes del mundo.* **SIN.** español. **AMPL.** fuera de España siempre se llama ***español*** porque, aunque en España hay otras lenguas como el *catalán*, el *gallego* y el *vasco* o *euskera*, se identifica a España con su lengua oficial más difundida, como ocurre con otros países en los que también se habla más de una lengua. **FAM.** castellanismo, castellanizar, castellanía, castillo.

castellonense *[adj. y n.inv. en gén.]* de Castellón, provincia española que pertenece a la comunidad autónoma Valenciana y cuya capital es Castellón de la Plana: *una mujer castellonense; los castellonenses.*

castidad *[n.f.]* virtud o compromiso de renunciar a los placeres sexuales: *los religiosos hacen voto de castidad.* **AF.** pureza, continencia. **ANT.** lujuria.

castigar *[v.]* poner un castigo o una pena a alguien por haber cometido una falta o un delito: *lo castigaron a diez años de prisión.* **ANT.** perdonar. **OBS.** ante e, gu: *castiguen.* **FAM.** castigo, castigador.

castigo *[n.m.]* pena que tiene que cumplir una persona que ha hecho algo malo para que se dé cuenta de que eso no se debe hacer: *le pusieron un castigo por llegar tarde a casa.* **AF.** sanción. **ANT.** perdón.

castillo *[n.m.]* edificio antiguo, de piedra, muy grande, rodeado de murallas, foso, etc. que servía para defenderse de los ataques del enemigo: *los nobles de la Edad Media vivían en castillos.* **AF.** fortaleza, alcázar.

castizo, castiza *[adj.]* 1 que es típico de un lugar: *un personaje castizo.* 2 que no tiene palabras ni expresiones extranjeras: *usa un lenguaje castizo; habla castiza.* **SIN.** puro, auténtico. **FAM.** casticismo, casticista, castizamente, casta.

casto, casta *[adj.]* que no tiene relaciones sexuales ni las provoca: *un hombre casto; una mujer casta.* **FAM.** castidad, castamente.

castor *[n.m.]* animal mamífero*, pequeño y con unos dientes muy largos que le sirven para roer; tiene el cuerpo grueso, cubierto de pelo fino, patas cortas y cola aplastada que utiliza como timón cuando nada y es capaz de aguantar hasta dos minutos bajo el agua.

castrar *[v.]* inutilizar o cortar los órganos sexuales: *algunos animales se castran para que engorden más.* **SIN.** capar. **AF.** esterilizar. **FAM.** castración, castrador.

casual *[adj.inv. en gén.]* que pasa sin haberlo preparado ni previsto: *un encuentro casual; situación casual.* **SIN.** fortuito, imprevisto, accidental. **ANT.** previsto. **FAM.** casualidad, caso.

casualidad *[n.f.]* lo que hace que, sin que nadie intente nada, las cosas pasen de una manera y no de otra (*se encontraron por casualidad.* **SIN.** azar, chiripa) y cosa que pasa sin haberlo preparado ni previsto (*fue una casualidad que nos encontráramos.* **SIN.** coincidencia).

casuística *[n.f.]* estudio que se hace de casos concretos relacionados con un asunto. **FAM.** caso.

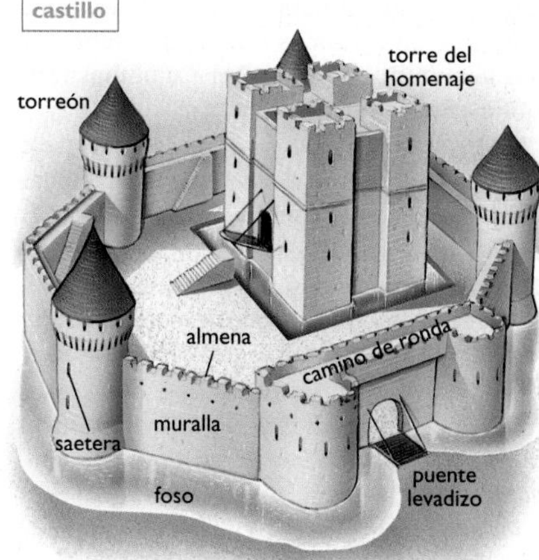

casulla *[n.f.]* prenda de vestir que se pone el sacerdote católico sobre todas las demás para celebrar la misa y que consiste en una pieza de tela con una abertura central por la que se introduce la cabeza.

cataclismo *[n.m.]* 1 inundación, terremoto o cualquier otro fenómeno natural que produce grandes daños y cambios en la tierra o en algunas partes de ella: *un terremoto es un cataclismo geológico.* 2 situación muy mala que se produce en la política, en la economía o en la vida social: *si la moneda no se estabiliza se va a producir un cataclismo.* **SIN.COM.** catástrofe, desastre, hecatombe.

catacumba *[n.f.]* galería excavada bajo tierra en que los primeros cristianos enterraban a los muertos y tenían sus templos secretos: *las catacumbas de Roma.* **AMPL.** en las paredes de las galerías hay huecos o ***nichos*** donde enterraban a los muertos.

catalán, catalana *[adj. y n.]* 1 de Cataluña, comunidad autónoma del nordeste de España: *Tarrasa es una ciudad catalana; los catalanes.* **AMPL.** Cataluña está formada por las provincias de Gerona (*Girona* en catalán), Barcelona (que es la capital), Tarragona y Lérida (en catalán, *Lleida*). // **catalán** *[n.m.]* 2 lengua de origen latino que se habla en Cataluña, Baleares, Valencia y en algunas zonas del sur de Francia. **AMPL.** es lengua oficial en Andorra y, junto al español, en las zonas españolas en que se habla, pero no lo es, junto al francés, en las zonas francesas. 3 forma de esta lengua que se habla en Cataluña. **FAM.** catalanismo, catalanista.

catalejo *[n.m.]* aparato, formado por dos o tres tubos y un juego de lentes, que sirve para ver lo que está lejos como si estuviera cerca.

catálogo *[n.m.]* lista ordenada de cosas que sirve para informar sobre ellas, sus precios, características, etc.: *catálogo de muebles.* **AF.** inventario, lista. **FAM.** catalogar, catalogación.

catamarán *[n.m.]* barco con dos cascos unidos por una plataforma: *los catamaranes de vela son embarcaciones deportivas.* **PL.** *catamaranes.*

catar *[v.]* tomar un poco de una bebida o de una comida para probarla: *cata el jamón, a ver qué tal es.* **SIN.** probar, degustar. **FAM.** cata, catador, catadura.

catarata *[n.f.]* 1 desnivel grande en el curso de un río que hace que el agua caiga con fuerza: *las cataratas del Iguazú están entre Argentina, Paraguay y Brasil.* **AF.** cascada. 2 enfermedad del cristalino de los ojos que consiste en que se forma una especie de telilla que no deja ver bien: *una operación de cataratas.*

catarro *[n.m.]* enfermedad leve que produce inflamación y congestión de las vías respiratorias, secreción de moco, tos y estornudos. **SIN.** resfriado, constipado. **FAM.** catarral, catarroso. **COMP.** acatarrarse.

catástrofe *[n.f.]* desgracia muy grande y de muy malas consecuencias: *el terremoto fue una catástrofe.* **AF.** desastre. **FAM.** catastrófico, catastróficamente, catastrofismo, catastrofista.

catecismo *[n.m.]* libro en que se explica lo que tienen que saber y creer los cristianos, escrito en forma de preguntas y de respuestas: *para hacer la primera comunión tuvimos que aprender el catecismo.* **FAM.** catequizar, catequesis, catecúmeno, catequista.

cátedra *[n.f.]* puesto que ocupa un catedrático de instituto o de universidad: *Antonio Machado obtuvo la cátedra de francés del instituto de Soria en 1907.* **FAM.** catedrático, catedral, catedralicio.

catedral *[n.f.]* iglesia principal de una diócesis: *la catedral de Burgos es de estilo gótico.* **AMPL.** una ***diócesis*** es el territorio en el que manda un obispo y varias diócesis forman una ***provincia*** eclesiástica en la que manda un ***arzobispo***.

catedrático, catedrática *[n.]* profesor que tiene la categoría más alta en un instituto o en una universidad: *en este instituto hay dos catedráticos de lengua.*

categoría *[n.f.]* 1 cada uno de los grupos en que se divide un conjunto de personas o cosas, dependiendo de su importancia o de las características que tengan en común: *un equipo de categoría infantil.* **AF.** nivel. 2 en gramática, cada una de las clases en que se agrupan las palabras y otros componentes de las lenguas, según sus características morfológicas, sus significados o sus funciones. **AMPL.** se llaman ***categorías léxicas*** o ***primarias*** o *clases de palabras* o *partes de la oración* las que agrupan las palabras por la función que desempeñan en la oración y son *nombre, pronombre, adjetivo, artículo, verbo, adverbio, conjunción y preposición* (la *interjección* a veces se ha incluido y a veces no, porque se considera que no es una palabra, sino una oración completa) y ***categorías gramaticales*** o ***secundarias*** o *accidentes gramaticales* a las que, dentro de cada categoría primaria, expresan relaciones especiales de *género, número, persona, voz, modo, tiempo, etc.*, y se reconocen en la concordancia. ■ **de categoría**, de mucha importancia o valor. **FAM.** categórico, categóricamente, categorizar, categorización.

catenaria *[n.f.]* 1 curva que hace una cadena, un cable, etc., cuando están colgados de dos puntos uno separado del otro: *los cables que se ven en el campo, que van de una torre a otra, forman catenarias.* 2 cable eléctrico que da la corriente a los trenes para que funcionen.

cateto, cateta *[n.]* 1 persona de poca cultura o poca educación: *un cateto no sabe andar por el mundo.* **SIN.** paleto, palurdo. TAMBIÉN *adj.*: *es un hombre muy cateto.* // **cateto** *[n.m.]* 2 cada uno de los dos lados que forman el ángulo recto de un triángulo rectángulo. **FAM.** catetada.

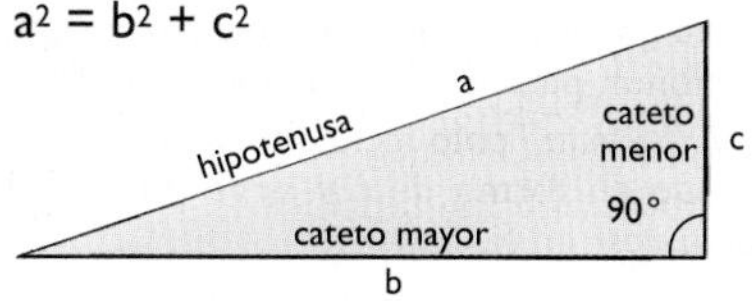

catolicismo *[n.m.]* forma de religión cristiana que profesa la Iglesia presidida por el Papa: *uno de los mandamientos del catolicismo es el amor al prójimo.*

católico, católica *[adj.]* del catolicismo o que sigue esa doctrina religiosa: *dogmas católicos.* TAMBIÉN *n.*: *un católico practicante cumple siempre con la Iglesia.* ■ **no estar muy católico**, no estar bien de salud. **FAM.** catolicismo, catolizar, catolicidad.

catorce *[num. inv. en gén.]* es el numeral cardinal correspondiente al número 14.

catorceavo, catorceava *[num.]* es el numeral fraccionario correspondiente al cardinal catorce.

cauce *[n.m.]* 1 lugar por donde va el agua de un río o de un arroyo: *el camino va paralelo al cauce del río.* **SIN.** lecho. 2 camino que hay que seguir para conseguir algo: *la razón, y no la guerra, debería ser el cauce de entendimiento entre los hombres.* **SIN.** vía. **FAM. COMP.** encauzar.

caucho *[n.m.]* sustancia elástica, resistente e impermeable, con la que se fabrican las cubiertas de las ruedas de automóvil y muchos otros productos. **AMPL.** algunos árboles (como la *hevea de Brasil*) segregan una sustancia parecida a la resina de los pinos que se llama ***látex*** de la que se obtiene el caucho; actualmente se obtiene también caucho sintético de los derivados del petróleo. **FAM.** cauchero. **COMP.** ***recauchutar*** (cubrir de caucho una rueda desgastada), recauchutado.

caudal *[n.m.]* 1 cantidad de agua que lleva un río, arroyo, etc., o que pasa por una tubería u otro lugar: *el río tenía poco caudal.* 2 conjunto de dinero y de riquezas: *su caudal es tan grande que no se puede calcular.* **SIN.** riqueza, fortuna. **AF.** hacienda, patrimonio. // **caudal** *[adj.inv. en gén.]* 3 de la zona de la cola: *aleta caudal.* **FAM.** caudaloso. **COMP.** acaudalar, recaudar.

caudaloso, caudalosa *[adj.]* que tiene mucha agua: *el Amazonas es el río más caudaloso del mundo.*

caudillo *[n.m.]* persona que manda y dirige a un grupo de gente, principalmente en tiempo de guerra: *los soldados obedecían siempre las órdenes de su caudillo.* **AF.** jefe, cabecilla. **FAM.** caudillaje. **COMP.** acaudillar.

causa *[n.f.]* 1 lo que hace que algo pase o se produzca: *no se ha averiguado la causa del accidente.* **SIN.** razón, motivo. 2 idea principal en la que uno cree y por la que lucha: *nuestra causa es acabar con la injusticia.* **AF.** ideal, objetivo. **FAM.** causar, causante, causal, causalidad.

causar *[v.]* hacer que pase algo o ser origen o motivo de algo: *un cigarrillo mal apagado puede causar un incendio; el accidente causó muchas víctimas.* **SIN.** ocasionar, originar, provocar, dar lugar a.

cáustico, cáustica [adj.] 1 que quema o destruye los tejidos: *el ácido sulfúrico es muy cáustico.* **AF.** corrosivo. 2 que tiene mala intención: *un discurso cáustico; un escrito cáustico.* **SIN.** mordaz. **FAM.** causticidad.

cautela [n.f.] lo que tiene quien hace las cosas con cuidado para evitar problemas o para que los demás no se enteren de lo que hace: *las malas noticias hay que darlas con cautela; la cautela es imprescindible en un buen espía.* **AF.** prudencia, precaución.

cauteloso, cautelosa [adj.] que hace las cosas con cuidado y con prudencia: *un conductor cauteloso.* **SIN.** prudente, precavido. **ANT.** alocado.

cautivar [v.] 1 hacer prisionero a alguien, especialmente en tiempo de guerra: *cautivaron al capitán enemigo.* **SIN.** apresar, prender, capturar. **ANT.** libertar, liberar. 2 hacer que alguien se interese mucho por algo, por lo que uno hace, por cómo es o por las ideas que tiene: *el conferenciante cautivó enseguida la atención de los oyentes.* **SIN.** atraer, conquistar. **FAM.** cautivo, cautiverio, cautividad, cautivador.

cautiverio [n.m.] 1 situación en la que está un prisionero: *los terroristas lo tuvieron en cautiverio mucho tiempo.* 2 situación de los animales que han perdido su libertad porque están en jaulas o en un zoológico: *los animales en cautiverio cambian de conducta.* **SIN.COM.** cautividad. **ANT.COM.** libertad.

cautividad [n.f.] cautiverio*: *pasó diez años de su vida en cautividad.*

cautivo, cautiva [adj.] que está prisionero o no tiene libertad: *algunos poetas estuvieron cautivos durante la guerra civil.* **SIN.** preso, prisionero. **ANT.** libre. TAMBIÉN *n.*: *los cautivos se escaparon.*

cauto, cauta [adj.] que actúa con cuidado para evitar problemas: *una persona cauta; un inversor cauto.* **SIN.** cauteloso, precavido. **FAM.** cautela, cauteloso, cautelosamente, cautamente, cautelar, cautelarmente. **COMP.** incauto, incautamente, precaución.

cava [n.f.] 1 bodega en la que se crían vinos espumosos del tipo del champán: *las cavas catalanas.* // **cava** [n.m.] 2 vino del tipo del champán: *los cavas catalanes.* **AMPL.** antes este vino se llamaba ***champán***, pero los franceses reclamaron este nombre como denominación de origen de los vinos de la región de La Champagne y se cambió por *cava.*

cavar [v.] levantar la tierra para hacer hoyos o zanjas o simplemente removerla para cultivar algo en ella: *cavar el huerto; cavar una zanja.* **AMPL.** las herramientas que se usan para cavar en una huerta son la ***azada*** y el ***azadón*** y para cavar zanjas el **pico** y la **pala**. **FAM.** cavidad, caverna, cavernícola, cavernario, **COMP.** excavación, recavar, socavón.

Es ***cavar*** verbo del campo
con la uve como reja
que abre la tierra y se queja
si alguien lo escribe con *be.*

caverna [n.f.] lugar hueco y profundo que está bajo tierra o entre rocas: *en algunas cavernas se han encontrado pinturas que hicieron los hombres primitivos.* **SIN.** cueva, gruta.

caviar [n.m.] alimento exquisito consistente en huevas de esturión, pez que vive sobre todo en los ríos rusos: *el caviar auténtico es carísimo, pero hay sucedáneos más baratos.*

cavidad [n.f.] espacio hueco que queda dentro de algo: *la nariz tiene dos cavidades.* **SIN.** concavidad.

cavilar [v.] pensar algo mucho, especialmente si es buscando soluciones: *hay que cavilar para ganarse la vida.* **SIN.** discurrir, meditar, reflexionar, pensar. **FAM.** cavilación, caviloso.

cayado [n.m.] palo recto que tiene el mango curvado en forma de c y sirve para andar apoyándose en él.

cayera, cayó... formas irregulares de la conjugación del verbo *caer**.

caza [n.f.] 1 actividad que consiste en salir a buscar animales para capturarlos (cogerlos) o matarlos: *pronto comienza la temporada de caza.* **SIN.** cinegética. **AMPL.** el tiempo en que no se puede cazar se llama ***veda*** y cuando comienza la temporada de caza se dice que *se ha abierto la veda*; se llama ***caza mayor*** a la de animales grandes como lobos, jabalíes o ciervos y ***caza menor*** a la de animales pequeños como los conejos, las liebres, las perdices, etc. 2 animales que se cazan o que se han cazado: *por aquí hay mucha caza; con la caza de* *hoy tenemos para hacer una buena merienda.* // **caza** *[n.m.]* 3 avión de guerra, pequeño y veloz, que se utiliza para reconocer el terreno y para combatir. ■ **dar caza**, llegar hasta donde está alguien o algo que se persigue y cogerlo o matarlo. **AF.** alcanzar, capturar. **FAM.** cazar, cacería, cazadora, cazador.

cazador, cazadora *[n.]* 1 persona o animal que caza: *el cazador soltó los perros cuando cayó la pieza; el león es un buen cazador.* TAMBIÉN *adj.*: *un animal cazador.* // **cazadora** *[n.f.]* 2 especie de chaqueta corta que se ajusta a la cintura: *los motoristas usan cazadoras de cuero.*

cazar *[v.]* salir a buscar animales para cogerlos vivos o matarlos: *ha cazado dos perdices.*

cazo *[n.m.]* 1 cacharro de cocina con mango largo, que se emplea para calentar o cocer alimentos: *en el cazo hay leche caliente.* 2 cubierto grande con forma de media esfera que se usa para servir comidas caldosas: *ponme dos cazos de lentejas, por favor.* **AMPL.** el ***cucharón*** es como una cuchara grande. **FAM.** cacerola, cazuela, cazolada, cazoleta.

cazuela *[n.f.]* recipiente cilíndrico, más ancho que alto, con dos asas y una tapadera que sirve para cocer y para guisar: *hicimos la comida en una cazuela.* **SIN.** cacerola.

C.E. siglas de *Comunidad Europea.*

cebada *[n.f.]* planta con un tallo largo y fino que termina en una espiga de color amarillenta cuando está seca, y es parecida al trigo: *la cebada es un cereal.* **AMPL.** sirve para alimentar al ganado y para preparar la ***malta*** con la que se hace la cerveza.

cebar *[v.]* 1 dar mucha comida a los animales para que engorden pronto: *los animales que se ceban se llaman cebones.* **SIN.** engordar. 2 poner comida (cebo) en una trampa, anzuelo, etc.: *cebar el anzuelo.* 3 hacer que un líquido o un combustible ocupe el recorrido necesario para que una máquina o un aparato funcione: *hay que cebar el carburador porque está seco; cebar los radiadores.* // **cebarse** *[v.prnl.]* 4 abusar, haciéndole daño a alguien, cuando no puede defenderse: *los criminales sádicos se ceban con sus víctimas.*

cebo *[n.m.]* 1 comida que se pone en una trampa o en un anzuelo para llamar la atención de un animal y cazarlo o pescarlo. 2 lo que sirve para llamar la atención de alguien: *los anuncios son cebos para animarnos a comprar.* **FAM.** cebar, cebón, cebador, cebadura.

cebolla *[n.f.]* planta de huerta que tiene una parte redonda y blanca enterrada en la tierra y formada por varias capas finas de olor fuerte y sabor más o menos picante, que se come guisada o en ensalada. **AMPL.** la parte esférica de este tipo de planta se llama ***bulbo***. **FAM.** cebollar, cebollero, cebolleta, cebollino. **COMP.** encebollar, encebollado.

cebolleta *[n.f.]* 1 planta de huerta del tipo de la cebolla pero con el bulbo pequeñito, de la que pueden comerse el bulbo y parte de las hojas. 2 cebolla que se come tierna, antes de florecer, cuando el bulbo todavía no se ha hecho redondo.

cebra *[n.f.]* animal parecido al asno, pero con el pelo formando rayas blancas o amarillas y negras o pardas, que vive en África en grandes manadas. ■ **paso de cebra**, zona de la calzada por donde tienen que pasar los peatones y que está marcada con rayas paralelas blancas o amarillas. **FAM.** cebrado.

cebrado, cebrada *[adj.]* que tiene rayas oscuras, como las de las cebras, en alguna parte del cuerpo: *un caballo cebrado.* **FAM.** cebra.

cebú *[n.m.]* animal del tipo del toro, que tiene una giba de grasa sobre el lomo y una gran papada. **PL.** *cebúes* o *cebús.*

cecear *[v.]* pronunciar la *ese* como si fuera *ce* o *zeta*: *en algunas zonas de Andalucía se cecea.* **FAM.** ceceo.

ceder *[v.]* 1 dar o dejar algo a alguien: *me cedió su moto cuando compró el coche.* 2 acabar haciendo algo que a uno le piden y que no quería hacer: *no quería darnos permiso, pero luego cedió.* **SIN.** transigir, acceder. 3 bajar o disminuir la fuerza de algo: *ha cedido el temporal.* 4 hundirse, deformarse, estirarse o romperse algo por el peso, la presión, la tirantez, etc.: *cedió una viga y se hundió media casa; la goma cede mucho.* **FAM.** cesión, cesionario. **COMP.** acceso, anteceder, interceder, conceder, preceder, proceder, retroceder, suceder.

cedro *[n.m.]* árbol muy alto y derecho con tronco grueso, hojas parecidas a las de los pinos y fruto en forma de piña; su madera huele muy bien y dura mucho tiempo: *la piña del cedro es ovalada.* **FAM.** cedrino.

cegar *[v.]* 1 dejar a alguien sin vista para siempre o sin poder ver un rato: *el exceso de luz nos ciega.* 2 no pensar las cosas con claridad o perder la razón por un momento: *no escuchaba a nadie porque el enfado lo cegó.* 3 tapar la salida o el paso de un conducto: *las hojas cegaron el desagüe.* **CONJUG.** como *negar*.* **FAM.** ciego, ceguera, cegador, cegato, ceguedad.

ceguera *[n.f.]* 1 pérdida de la vista: *el desprendimiento de retina puede producir ceguera.* 2 situación en que no vemos las cosas con claridad porque no queremos o porque estamos equivocados: *el amor produce ceguera a los enamorados.* **SIN.** ofuscación.

C.E.I. siglas de *Comunidad de Estados Independientes*, que son los que pertenecían a la antigua U.R.S.S. (Unión de Repúblicas Socialistas Soviéticas; VER *soviético*).

ceja *[n.f.]* conjunto de pelos pequeños y cortos que forman una línea curva encima de cada uno de los ojos: *las cejas no dejan que el sudor de la frente entre en los ojos.* ■ **tener entre ceja y ceja,** tener mucha antipatía por alguien o por algo. ■ **meterse** algo **entre ceja y ceja**, querer hacerlo y no parar hasta conseguirlo. **FAM.** cejudo, cejilla. **COMP.** entrecejo, cejijunto.

celador, celadora *[n.]* empleado que cuida o vigila personas e instalaciones, especialmente en cárceles y hospitales. **AF.** vigilante, bedel. **FAM.** celar, celadamente.

celda *[n.f.]* habitación pequeña, amueblada sólo con lo más necesario, especialmente las de las cárceles y conventos. **FAM.** celdilla.

celdilla *[n.f.]* hueco que fabrican las abejas para poner la miel.

celebración *[n.f.]* fiesta que se hace para recordar una fecha importante o disfrutar de un acontecimiento: *celebración de un cumpleaños, de una boda, de un aniversario; celebración de una misa.*

celebrar *[v.]* 1 hacer una fiesta por algo: *el próximo mes celebrarán su aniversario.* **SIN.** festejar. 2 alegrarse por algo que ha ocurrido: *todos celebramos que hayas aprobado.* 3 hacer algo en que participa mucha gente: *celebrar la misa; celebrar unas olimpiadas.* **FAM.** celebración, celebrante, celebrado, célebre, celebridad, celebérrimo. **COMP.** concelebrar, concelebración.

célebre *[adj.inv. en gén.]* muy conocido por todos: *Picasso es un pintor célebre; una célebre actriz.* **OBS.** el superlativo es ***celebérrimo***.

celebridad *[n.f.]* 1 lo que tienen las personas o las cosas que son muy conocidas y famosas: *sus canciones han conseguido gran celebridad.* 2 persona famosa o muy conocida: *Ramón y Cajal es una celebridad médica.*

celeridad *[n.f.]* rapidez.

celeste *[adj.inv. en gén.]* del cielo: *las estrellas son cuerpos celestes; un color azul celeste.*

celestial *[adj.inv. en gén.]* del cielo como paraíso: *ángeles celestiales; asuntos celestiales.* **FAM.** cielo.

celestina *[n.inv. en gén.]* persona que hace lo necesario para que una pareja llegue a enamorarse. **AF.** alcahueta. **AMPL.** el nombre de *celestina* se debe al personaje de la *Tragicomedia de Calixto y Melibea* que cuenta cómo Celestina se las ingenia para que se enamoren los protagonistas.

cello *[n.m.]* cinta de plástico fino y transparente que tiene pegamento por un lado: *pega con cello el papel del regalo.* TAMBIÉN se dice *celo.*

celo *[n.m.]* 1 ganas de hacer las cosas bien y cuidado que se pone en ello: *hace los deberes con mucho celo.* **SIN.** cuidado, esmero. **ANT.** descuido. 2 tiempo durante el que las hembras sienten la necesidad de unirse a los machos para tener crías: *una gata en celo.* // **celos** *[n.m.pl.]* 3 lo que siente quien piensa que una persona a la que quiere prefiere a otra: *los celos son malos consejeros.* **FAM.** celoso, celosía, celosamente.

celofán *[n.m.]* papel fino, transparente y resistente que se usa para envolver algunas cosas: *en las floristerías envuelven las plantas en papel de celofán.* **PL.** *celofanes.*

celosía *[n.f.]* cierre calado, de madera o ladrillo, en un hueco de un edificio, para que entre el aire y se vea el exterior sin que desde fuera se vea lo de dentro.

celoso, celosa *[adj.]* 1 que tiene muchos celos: *un novio celoso.* 2 que hace las cosas con cuidado o interés: *es muy celoso en su trabajo.*

celta *[adj. y n.inv. en gén.]* **1** de los celtas, pueblo que vivía en Europa Central alrededor del siglo VI antes de Cristo y que se fue extendiendo por el oeste de Europa: *cultura celta; los celtas llegaron hasta Irlanda y Galicia.* // **celta** *[n.m.]* **2** idioma del mismo origen que el latín y el griego, del que quedan derivaciones en Irlanda, Gran Bretaña y noroeste de Francia. **FAM.** céltico. **COMP.** celtíbero, celtibérico.

celtíbero, celtíbera *[adj. y n.]* de los celtíberos, antiguo pueblo que vivió en la Península Ibérica antes de que llegaran los romanos y era una mezcla entre los celtas y los habitantes de los pueblos íberos que estaban ya en la península: *cerámica celtíbera; los celtíberos hacían viviendas subterráneas.*

céltico, céltica *[adj.]* del pueblo celta*.

célula *[n.f.]* parte viva más pequeña que hay en las personas, en los animales y en las plantas y que sólo se puede ver con microscopio: *nuestro cuerpo está formado por millones de células.* ■ **célula fotoeléctrica**, aparato formado por dos placas que envían una señal cuando se pone algo entre ellas. **FAM.** celular, celulosa, celulitis.

celulosa *[n.f.]* materia blanquecina que se saca principalmente de la madera de los árboles y se usa para hacer papel, plásticos, tejidos, etc.: *en esta fábrica transforman la celulosa en papel.*

cementerio *[n.m.]* lugar, generalmente cercado, donde se entierra a los muertos: *los cementerios suelen estar a las afueras de las ciudades.* **SIN.** camposanto.

cemento *[n.m.]* material de construcción que se hace moliendo muy bien arcilla con cal y que, mezclado con agua, sirve para pegar ladrillos, dar planos, etc. ■ **cemento armado**, cemento al que se le meten barras de metal antes de que se ponga duro, es muy resistente. **FAM.** cementar, cementación.

cena *[n.f.]* última comida del día que se hace al atardecer o por la noche: *es aconsejable hacer una cena ligera para dormir mejor.* **FAM.** cenar, cenador.

cenar *[v.]* hacer la última comida del día: *en España se cena muy tarde.*

cenador *[n.m.]* mesa con bancos o asientos, normalmente de piedra, cemento, etc., en un jardín.

cencerro *[n.m.]* especie de campana que se coloca en el cuello de algunos animales para que suene cuando se mueven y saber dónde están: *la vaca llevaba un gran cencerro.* ■ **estar como un cencerro**, estar loco. **FAM.** cencerrada, cencerrear, cencerreo.

cenefa *[n.f.]* **1** lista en los bordes de un vestido, cortina, etc.: *la cortina de la cocina tiene una cenefa con dibujos de objetos de cocina.* **2** dibujo hecho a lo largo de una pared, techo, suelo, etc. como adorno.

cenicero *[n.m.]* especie de plato pequeño en que se echan la ceniza y las colillas cuando se fuma: *dejó el puro en el cenicero mientras hablaba.*

ceniciento, cenicienta *[adj.]* del color de la ceniza: *caballo ceniciento.* **FAM.** ceniza.

ceniza *[n.f.]* polvo gris que queda después de que algo se quema totalmente. **FAM.** cenicero, ceniciento.

censo *[n.m.]* lista de personas, edificios o tierras que se hace normalmente cada diez años en casi todos los países del mundo para tener datos sobre la población y la riqueza que hay. **AF.** padrón. ■ **censo electoral**, lista en que aparecen los nombres de las personas que tienen derecho a votar. **FAM.** censar, censual.

censura *[n.f.]* **1** opinión o crítica negativa que se hace sobre algo o sobre alguien: *hizo una censura dura de su modo de comportarse.* **2** organismo que, en algunos estados, se encarga de prohibir las películas, obras literarias y teatrales, etc. que les parecen inmorales o contrarias a sus ideas políticas: *la censura cortó algunas escenas de la película.* **FAM.** censurar, censurable, censor.

censurar *[v.]* **1** dar una opinión mala sobre algo: *los ciudadanos censuraron al gobierno.* **SIN.** criticar. **ANT.** alabar. **2** prohibir algo la censura (VER censura 2).

centavo *[num.]* es el numeral fraccionario correspondiente al cardinal ciento.

centella *[n.f.]* chispa que salta del fuego o de una carga eléctrica: *de la hoguera se desprendían centellas.* ■ **como una centella**, rápidamente. **FAM.** centellear, centelleo, centelleante.

centellear *[v.]* brillar una cosa como si le salieran pequeñas luces: *los botones metálicos centelleaban con el sol.*

centena *[n.f.]* conjunto de cien: *una centena de folios.* **SIN.** centenar.

centenar *[n.m.]* conjunto de cien: *había un centenar de personas esperando al cantante.* **SIN.** centena.

centenario, centenaria *[adj.]* 1 que tiene cien años o más: *un árbol centenario.* // **centenario** *[n.m.]* 2 día en el que se cumplen cien, doscientos, trescientos... años de algo: *el 2.005 es el V centenario de la publicación de El Quijote.*

centeno *[n.m.]* planta parecida al trigo pero con una espiga más larga y estrecha que se utiliza para la alimentación del hombre y de los animales: *la harina de centeno es más oscura que la harina de trigo.*

centesimal *[adj.inv. en gén.]* que está dividido en cien partes iguales: *el termómetro centígrado está basado en una escala centesimal.*

centésimo, centésima *[num.]* es el numeral ordinal y fraccionario correspondiente al cardinal ciento. **FAM.** centesimal, ciento.

centígrado, centígrada *[adj.]* que parte de una división centesimal (*escala centígrada; termómetro centígrado*) o forma parte de ella (*grados centígrados*). **AMPL.** la ***escala centígrada***, también llamada *centesimal* o de ***Celsius***, marca con 0 grados el punto en que el agua se convierte en hielo y con 100° el punto en que se evapora; además de la escala centígrada hay otros tipos de escalas como la de ***Reaumur***, que ya no se usa y estaba graduada de 0° a 80°, y la de ***Fahrenheit***, en la que los 32° coinciden con el 0 centígrado y los 212° equivalen al 100 centígrado.

centigramo *[n.m.]* medida de peso que equivale a una de las cien partes de un gramo: *el kilo tiene cien mil centigramos.*

centilitro *[n.m.]* medida de capacidad que equivale a una de las cien partes en que se divide un litro: *los botellines de refrescos tienen veinte centilitros.*

centímetro *[n.m.]* medida de longitud que equivale a una de las cien partes de un metro: *una pulgada tiene 2'3 centímetros.*

céntimo *[n.m.]* moneda que vale la centésima parte de la unidad.

centinela *[n.inv. en gén.]* soldado que está vigilando o cuidando algo: *hay dos centinelas en el polvorín.* **AMPL.** la caseta del centinela se llama ***garita***.

centollo, centolla *[n.]* animal de mar, comestible, que tiene una concha redonda muy dura cubierta de pelusa y diez patas muy largas, dos de ellas acabadas en pinzas.

central *[adj.inv. en gén.]* 1 que está en el centro: *un patio central.* 2 principal o más importante: *tema central; oficina central.* TAMBIÉN *n.f.: para hablar con el director llame a la central.* 3 que sirve para todo un edificio o para todas las casas de una zona, etc: *calefacción central.* ■ **central eléctrica**, lugar en que se produce energía eléctrica. ■ **central nuclear**, lugar en que se produce energía eléctrica a partir de la energía nuclear. **FAM.** centralita, centralizar, centro. **COMP.** descentralizar, descentralización.

centralita *[n.f.]* sistema del que dependen una serie de teléfonos en un edificio, oficina, etc.: *desde la centralita se pueden pasar llamadas.*

centrar *[v.]* 1 poner una cosa en el centro de algo: *centré el dibujo en el papel.* 2 poner todos los sentidos, intenciones y esfuerzos en algo que interesa: *debes centrar tus esfuerzos en ganar la carrera.* **SIN.** concentrar. 3 en deportes, enviar el balón hacia un jugador que se halle hacia el centro del campo, cerca de la portería contraria. // **centrarse** *[v.prnl.]* 4 encontrarse bien, acomodarse o acostumbrarse a una situación, a un lugar, etc.: *andaba un poco despistado, pero ya se ha centrado.*

céntrico, céntrica *[adj.]* que está hacia el centro: *vive en una zona céntrica de la ciudad.* **ANT.** alejado, apartado.

centrifugar *[v.]* secar la ropa haciendo girar el tambor de la máquina a gran velocidad. **OBS.** ante e, gu: *centrifugue.*

centro *[n.m.]* 1 parte de algo que ocupa una zona interior o un punto situado a la misma distancia de todos los bordes, si es figura regular, o a similar distancia si no lo es: *los radios de la bici salen del centro de la rueda.* **SIN.** medio. **ANT.** extremo. 2 parte de una ciudad en la que están los edificios más importantes, alrededor de la cual ha ido creciendo la población: *ha ido al centro a hacer unas gestiones.* **ANT.** afueras. 3 edificio o parte de un edificio dedicado a una actividad muy concreta: *centro industrial; centro comercial; centro de enseñanza secundaria.* **FAM.** centrado, céntrico, central, centrar, centrismo. **COMP.** concentrar, circuncentro, excéntrico, concéntrico, descentrar.

centroamericano, centroamericana *[adj.]* de Centroamérica, que es el conjunto formado por la lengua de tierra que une Norteamérica y Suramérica y las islas que hay al este: *El Salvador y Cuba son países centroamericanos; la mayoría de los centroamericanos hablan español.*

centuria *[n.f.]* 1 cien años: *este edificio se construyó hace una centuria.* **SIN.** siglo. 2 parte del ejército romano formada por cien soldados.

ceñir *[v.]* 1 estar una cosa alrededor de otra, muy ajustada a ella o apretándola: *el cinturón ciñe el pantalón a la cintura.* **SIN.** ajustar, rodear. // **ceñirse** *[v.prnl.]* 2 hacer lo que se debe dentro de unos límites o de unas reglas: *al contestar, cíñete a lo que te preguntan.* **SIN.** amoldarse, limitarse. **CONJUG.** como *reñir*.* **FAM.** ceñido, ceñidor. **COMP.** desceñir.

ceño *[n.m.]* parte de la frente que está entre las cejas. **SIN.** entrecejo. ■ **fruncir el ceño,** hacer un gesto de enfado o sorpresa, arrugando esta parte de la cara y juntando las cejas. **FAM.** ceñudo.

cepa *[n.f.]* 1 parte baja del tronco de un árbol, de la que salen las raíces. 2 cada una de las plantas de una viña. **FAM.** ***cepeda*** (lugar con muchas cepas), cepellón.

cepillar *[v.]* 1 frotar algo con un cepillo: *cepillar la ropa, cepillar el pelo, cepillar los zapatos.* **AF.** limpiar. 2 alisar o rebajar la madera con la herramienta llamada cepillo*: *cepillaron la puerta para ajustarla al marco.*

cepillo *[n.m.]* 1 instrumento formado por una plancha de madera u otro material de la que salen cerdas de pelo o púas metálicas o de plástico, colocadas todas al mismo nivel, y que se usa para labores de limpieza: *cepillo de barrer, cepillo de dientes, cepillo del pelo, cepillo de uñas.* 2 herramienta de carpintería que tiene una cuchilla que asoma un poco por la parte de abajo y sirve para alisar la madera. 3 caja que hay en las iglesias y que tiene una ranura para que la gente eche en ella las limosnas: *junto a la imagen de San Antonio hay un cepillo.* **FAM.** cepillar.

cepo *[n.m.]* instrumento que tiene un mecanismo que hace que se cierre al tocarlo y sirve

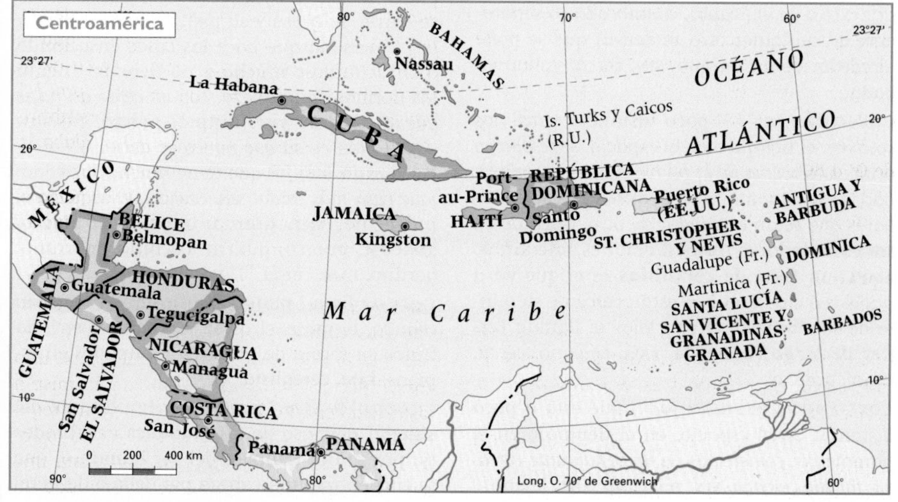

para cazar animales: *el zorro pisó el cepo y quedó atrapado.* **AF.** trampa.

cera *[n.f.]* sustancia blanda de color blanco o amarillento que se derrite con el calor y se emplea, entre otras cosas, para fabricar velas. **AMPL.** la cera es un compuesto químico que aparece en muchos animales y vegetales, formando una película que protege los tejidos (por ejemplo el ***cerumen*** del oído); las abejas la producen en grandes cantidades y fabrican con ella los ***panales*** de los que el ser humano, después de quitarle la miel, aprovecha también la cera. **FAM.** cerero, céreo, cerumen, cerilla, cerillero, cirio. **COMP.** encerar, encerado.

cerámica *[n.f.]* 1 actividad que consiste en hacer objetos de barro, de porcelana o de loza: *taller de cerámica; clase de cerámica.* **AMPL.** si se hacen objetos de barro cocido también se llama ***alfarería***. 2 material hecho con arcilla calcinada. **FAM.** cerámico, ceramista.

ceramista *[n.inv. en gén.]* persona que hace o fabrica tejas, azulejos, ladrillos o cualquier tipo de objetos de barro o porcelana. **AF.** alfarero.

cerca *[n.f.]* 1 cercado*: *el perro saltó la cerca del jardín.* // **cerca** *[adv. de l. o de t.]* 2 a poca distancia en el tiempo o en el espacio: *he aparcado el coche cerca del tuyo; ya está cerca el fin de curso.* **GRAM.** introduce complementos de tiempo o lugar. **FAM.** cerco // cercanía.

cercado *[n.m.]* tapia, alambrada (o separación de cualquier otro material) que se pone alrededor de un terreno. **SIN.** cerca, valla, vallado.

cercanía *[n.f.]* 1 poca distancia entre dos cosas en el tiempo o en el espacio: *se respira en el aire la cercanía de la primavera.* **SIN.** proximidad. **ANT.** lejanía. // **cercanías** *[n.f.pl.]* 2 lugares que están alrededor de otro, cerca de él. **SIN.** alrededores, inmediaciones, aledaños. **AMPL.** un ***tren de cercanías*** es el que va a pueblos o ciudades que están cerca de su punto de salida; los que van lejos se llaman ***trenes de largo recorrido***. **FAM.** cercano, cerca. **COMP.** acercar.

cercano, cercana *[adj.]* que está a poca distancia en el espacio, en el tiempo o en el parentesco: *comeremos en un restaurante cercano; familia cercana.* **SIN.** próximo. **ANT.** lejano.

cercar *[v.]* 1 poner una valla, tapia o cerca alrededor de algo para protegerlo o señalar hasta dónde llega: *el vecino cercó su jardín.* **SIN.** vallar. 2 ponerse un grupo de personas alrededor de alguien o de algo con una intención determinada: *los indios cercaron el fuerte.* **SIN.** rodear. **AF.** asediar, sitiar. **OBS.** ante e, qu: *cerquen.*

cerciorarse *[v.prnl.]* asegurarse de que algo es de una manera determinada: *antes de juzgar, cerciórate de que es verdad lo que se rumorea.*

cerco *[n.m.]* 1 cualquier cosa que rodea a otra: *un cerco de policías; un cerco de alambre; el foso de un castillo es un cerco de agua; el marco de una puerta es un cerco de madera, hierro, aluminio, etc.; la gente que se agrupa haciendo un corro para ver algo forma un cerco; lo que hace un ejército al sitiar una ciudad para que nadie entre ni salga también es un cerco.* 2 marca de suciedad que dejan los bordes de una cosa al apoyarla sobre otra: *el plato dejó un cerco sobre el mantel.* **FAM.** cerca, cercar, cercamiento, cercado, círculo.

cerda *[n.f.]* 1 cada uno de los pelos gruesos y duros que tienen algunos animales: *cerdas de jabalí; las cerdas de la crin de un caballo.* 2 pelo, natural o artificial, de algunos utensilios como los cepillos, las brochas, los pinceles, etc. 3 hembra del cerdo*: *la cerda parió 10 cerditos.*

cerdo *[n.m.]* 1 animal doméstico de cuatro patas que se cría y engorda para aprovechar su carne, su grasa y su piel. // **cerdo, cerda** *[n.]* 2 persona que hace las cosas ensuciando o ensuciándose mucho y no tiene en cuenta las normas de limpieza: *con un cerdo así no se puede convivir.* **ANT.** limpio, pulcro. TAMBIÉN *adj.*: *es tan cerda que nunca se ducha.* // **cerdo, cerda** *[adj.]* 3 que tiene mucha suciedad: *¡qué casa más cerda!* **SIN.** sucio. **AF.** asqueroso, indecente. **ANT.** limpio, impecable, pulcro. **SIN.COM.** puerco, guarro, cochino, marrano, gorrino. **FAM.** cerda.

cereal *[n.m.]* planta que, como el trigo, la cebada, el maíz, el arroz, el centeno, etc., da frutos en forma de granos y agrupados en espigas. **FAM.** cerealista.

cerebelo *[n.m.]* parte muy importante del sistema nervioso de los animales vertebrados (y, por tanto, también del ser humano), que se encuentra en la cabeza por debajo del cerebro y por encima del bulbo raquídeo, y se encarga de coordinar los movimientos y mantener el equilibrio.

cerebral *[adj.inv. en gén.]* 1 del cerebro: *enfermedad cerebral; lesión cerebral.* 2 que piensa las cosas mucho antes de hacerlas: *nunca se deja llevar por sus sentimientos, es una mujer muy cerebral.* **AF.** frío, calculador.

cerebro *[n.m.]* parte muy importante del sistema nervioso central de los animales vertebrados (y por tanto también del ser humano) que se encuentra en la cabeza, encima del cerebelo. **AF.** sesos, encéfalo. ■ **ser el cerebro de algo**, ser quien dirige una organización, un proyecto o un grupo cualquiera de personas y actividades o quien tiene las mejores ideas para que funcione. **FAM.** cerebral.

ceremonia *[n.f.]* lo que se hace para celebrar algún acontecimiento, religioso o no, siguiendo determinadas normas o costumbres: *ceremonia de entrega de trofeos; una ceremonia de boda.* **SIN.** celebración. ■ **con ceremonia**, cuidando mucho las formas: *lo tratan con mucha ceremonia.* **SIN.** con ceremonial, con solemnidad. **FAM.** ceremonial, ceremonioso, ceremoniosamente.

ceremonioso, ceremoniosa *[adj.]* que se hace con mucha ceremonia o que se comporta con mucha ceremonia: *un acto muy ceremonioso; una persona muy ceremoniosa.* **SIN.** solemne.

cereza *[n.f.]* fruto del cerezo que es pequeño, redondo, carnoso, de piel fina de color rojo, granate, rosado e incluso a veces amarillo, que en su interior tiene una semilla pequeña envuelta en una cáscara muy dura. **AMPL.** este tipo de fruto carnoso con una semilla dura se llama ***drupa***.

cerezo *[n.m.]* árbol frutal de tronco liso, hojas en forma de lanza y flores blancas, cuyo fruto es la cereza: *la madera de cerezo es buena para la fabricación de muebles.* **FAM.** cereza, cerezal.

cerilla *[n.f.]* varilla de madera o de papel enrollado que tiene en un extremo un material llamado ***fósforo*** que se enciende al frotarlo en una superficie rugosa. **SIN.** fósforo, mixto.

cerillero, cerillera *[n.]* persona que vende cerillas y tabaco en bares, cafeterías, etc.: *el cuento de "la cerillera" es muy triste.* **FAM.** cerilla.

cernícalo *[n.m.]* ave de rapiña pequeña con el pico y las patas negras y fuertes, plumas de colores rojos y negros que vive en los huecos de los árboles: *el cernícalo es un ave común en España.*

cero *[adj.]* numeral cardinal con que se representa la falta de valor o cantidad: *número cero.* TAMBIÉN *n.m.: el cero es un número.* ■ **ser un cero a la izquierda**, no ser valorado por los demás.

cerrado, cerrada *[adj.]* 1 que no está abierto: *ventanas cerradas; establecimiento cerrado.* **ANT.** abierto. 2 que no acepta las ideas de los demás ni cuenta las suyas: *un carácter cerrado; una persona cerrada.* **INTENS.** hermético. **AF.** introvertido. **ANT.** abierto. ■ **cerrado de mollera**, torpe. ■ **acento cerrado**, forma de hablar que es distinta de otras de la misma lengua y resulta difícil de entender.

cerradura *[n.f.]* mecanismo, hecho normalmente de hierro, que se acciona con una llave y sirve para que una cosa cerrada no se abra fácilmente: *muchas puertas, cajones y maletas tienen cerradura.*

cerrajero, cerrajera *[n.]* persona que hace o repara cerraduras, llaves, candados, etc.

cerrar *[v.]* 1 hacer algo o poner algo de manera que no se pueda pasar por un sitio, no se pueda coger lo que hay dentro de una cosa, no se vea la parte de dentro de una cosa o algo que está así no se pueda abrir con facilidad: *cerrando la puerta no entrará el perro; cierra la ventana para que no entre frío; cierra el cajón; cerrar la boca; cerrar los ojos; cerrar un paraguas; cierra las tijeras; no cierres el libro; al cerrar la mano los dedos tapan la palma; cerró la maleta con llave.* 2 no dejar pasar por un sitio, no dejar ver lo que hay al otro lado o no dejar que algo se abra fácilmente: *la policía cerraba la entrada de la calle; los tejados cierran la parte superior de las construcciones; una valla cierra la finca; el cerrojo cierra la puerta.* 3 ir o estar en el último lugar, o ser (o hacer) lo último de algo: *la banda de música cerraba el desfile; los apellidos que empiezan por Z cierran la lista; su respuesta cerró el debate; cerraron el trato con un apretón de manos.* 4 dejar de atender al público o no atenderlo cuando se dice: *las tiendas cierran a las 8; el museo cierra los lunes.* // **cerrarse** *[v.prnl.]* 5 juntarse las partes de algo:

la herida se cerrará en pocos días; la puerta se cerró de golpe; tiene tanto sueño que se le cierran los ojos. **FAM.** cierre, cerramiento, cerrado, cerrazón, cerradura, cerrajero, cerrajería. **COMP.** encerrar.

CONJUGACIÓN DEL VERBO CERRAR

Formas no personales
Infinitivo: *cerrar*. Gerundio: *cerrando*. Participio: *cerrado*.
Indicativo
Presente: *cierro, cierras, cierra, cerramos, cerráis, cierran.*
Pretérito imperfecto: *cerraba, cerrabas, cerraba, cerrábamos, cerrabais, cerraban.*
Pretérito perfecto simple: *cerré, cerraste, cerró, cerramos, cerrasteis, cerraron.*
Futuro: *cerraré, cerrarás, cerrará, cerraremos, cerraréis, cerrarán.*
Condicional simple: *cerraría, cerrarías, cerraría, cerraríamos, cerraríais, cerrarían.*
Subjuntivo
Presente: *cierre, cierres, cierre, cerremos, cerréis, cierren.*
Pretérito imperfecto: *cerrara/ cerrase, cerraras/ cerrases, cerrara/ cerrase, cerráramos/ cerrásemos, cerrarais/ cerraseis, cerraran/ cerrasen.*
Futuro: *cerrare, cerrares, cerrare, cerráremos, cerrareis, cerraren.*
Imperativo:
cierra, cierre, cerremos, cerrad, cierren.

cerro *[n.m.]* parte de terreno que está más alta que el resto, sin llegar a ser un monte o una montaña: *desde el cerro se veía la aldea.* **SIN.** loma*.

cerrojo *[n.m.]* barra de hierro con forma de T que se puede mover a derecha e izquierda para cerrar o abrir una puerta, una ventana, la tapa de un arca, etc.: *la puerta que tiene el cerrojo corrido no se puede abrir desde fuera.* **AF.** pestillo. **FAM.** cerrojazo.

certamen *[n.m.]* concurso o competición científica, literaria, deportiva, etc. en que se participa para conseguir un premio: *certamen de cuentos.* **PL.** *certámenes.*

certero, certera *[adj.]* que es como uno quiere o que resulta conveniente: *un disparo certero; comentarios certeros; opinión certera; pruebas certeras.* **SIN.** acertado. **ANT.** desacertado, erróneo.

certeza *[n.f.]* seguridad que tiene alguien de que una cosa es verdad o es cierta: *la certeza de que lo podía hacer la ayudó a seguir luchando.* **SIN.** certidumbre. **AF.** convicción. **ANT.** duda, incertidumbre.

certificado *[n.m.]* 1 escrito en que alguien asegura algo sobre alguna persona, cosa, situación, etc. y responde de ello con su firma: *certificado de estudios; certificado de nacimiento.* 2 envío hecho por correo rellenando un impreso para que quede constancia de que se ha enviado y se pueda reclamar si no llega: *ayer recibí dos certificados.* TAMBIÉN *adj.*: *paquete certificado; carta certificada.* **FAM.** certificar, certificación.

certificar *[v.]* 1 asegurar que algo es cierto y decirlo por escrito para que quede constancia: *certificó que había trabajado en su empresa; el médico certifica que alguien está sano o enfermo.* **SIN.** confirmar. 2 mandar por correo un paquete o carta, rellenando un impreso que sellan en la oficina de correos para que queda constancia de que se ha enviado. **OBS.** ante e, qu: *certifiquen.*

cerumen *[n.m.]* cera que producen los oídos: *el cerumen formó un tapón.*

cervato *[n.m.]* cría del ciervo. **FAM.** ciervo.

cerveza *[n.f.]* bebida alcohólica de poca graduación y sabor amargo que se hace con la malta de la cebada o con otros cereales. **FAM.** cervecería, cervecero.

cervical *[adj.inv. en gén.]* de la cerviz: *lesión cervical; vértebras cervicales.* **FAM.** cerviz.

cerviz *[n.f.]* parte de atrás del cuello, tanto de las personas como de los animales: *la cerviz está formada por siete vértebras y varios músculos.* **PL.** *cervices.* **FAM.** cervical.

cesar *[v.]* 1 dejar de hacer o de ocurrir algo: *cuando acabó la guerra cesaron las hostilidades.* **SIN.** acabar, finalizar, terminar, concluir. **ANT.** comenzar, empezar, iniciarse. 2 dejar de ocupar un empleo o un cargo: *el ministro cesó en su cargo.* **AF.** dimitir de, renunciar a. **FAM.** cese, cesación, cesante. **COMP.** incesante.

cesárea *[n.f.]* operación que se hace para sacar una cría del vientre de su madre cuando no puede nacer de modo natural: *parto con cesárea.*

cese *[n.m.]* lo que ocurre cuando alguien deja de ocupar su empleo o su cargo: *sus compañeros de trabajo comprendieron su cese.* **AF.** dimisión.

césped *[n.m.]* hierba cultivada que se siembra para cubrir el suelo de jardines, campos de golf o de fútbol, etc.

cesta *[n.f.]* 1 recipiente, hecho con mimbre, ramas flexibles u otros materiales parecidos entrelazados, que sirve para llevar o guardar cosas. 2 aro con red que hay en las porterías de baloncesto. **SIN.** canasta. ■ **cesta de la compra** cantidad de dinero que gasta a diario una familia para comprar los alimentos que necesita. **FAM.** cesto, cestería, cestero. **COMP.** encestar.

cesto *[n.m.]* recipiente hecho con los mismos materiales que la cesta, más alto que ancho y con un asa a cada lado: *un cesto de uvas.*

cetáceo *[n.m.]* animal marino de gran tamaño que tiene forma de pez, como las ballenas, los delfines y los cachalotes. **AMPL.** en la clasificación de seres vivos, los *cetáceos* constituyen un orden que se halla dentro de la clase de los *mamíferos.*

cetrería *[n.f.]* caza de aves que se hacía con halcones, azores y otros pájaros que perseguían la presa hasta herirla o matarla. **AF.** altanería.

cetrino, cetrina *[adj.]* de color amarillo verdoso: *piel cetrina.*

cetro *[n.m.]* bastón hecho con materiales preciosos que es el signo de la autoridad y de la dignidad de emperadores y reyes.

ceutí *[adj. y n.inv. en gén.]* de Ceuta, ciudad española que está en el norte de África: *población ceutí; muchos ceutíes viven del comercio.* **PL.** *ceutíes* o *ceutís.*

ch grupo formado por las letras *c* y *h*. **AMPL.** se llama *che* y representa un solo sonido o fonema; antes se consideraba la cuarta letra del abecedario español, pero en la actualidad, por estar formada por dos letras o grafías, la mayoría de los diccionarios la han incorporado dentro de la letra *c* para seguir las normas internacionales de ordenación alfabética.

chabacanería *[n.f.]* mal gusto en la forma de vestir, de hablar o de hacer las cosas (*hoy día abunda la chabacanería*) y dicho o hecho que demuestra falta de buen gusto o mala educación (*eructar en público es una chabacanería*). **SIN.** ordinariez, vulgaridad, grosería. **ANT.** elegancia, delicadeza, finura.

chabacano, chabacana *[adj.]* que demuestra mal gusto o falta de educación: *una expresión chabacana; un individuo chabacano; modales chabacanos.* **SIN.** vulgar, basto, ordinario, grosero. **ANT.** elegante, distinguido, fino, delicado. **FAM.** chabacanería.

chabola *[n.f.]* vivienda pequeña y pobre, construida con materiales de desecho en zonas que no tienen servicios de agua corriente, alcantarillado, etc.: *en las afueras de algunas ciudades hay chabolas.* **AF.** barraca, choza, casucha. **FAM.** chabolismo.

chacal *[n.m.]* animal parecido al lobo, que vive en manadas en las regiones templadas de Asia y África.

chacina *[n.f.]* carne de cerdo picada y adobada para hacer embutidos: *los chorizos están hechos de chacina.* **FAM.** chacinería, chacinero.

chacha *[n.f.]* muchacha empleada en el servicio doméstico: *la chacha sacó a pasear a los* *niños.* **SIN.** chica, muchacha, criada, sirvienta. **AF.** niñera.

cháchara *[n.f.]* conversación sobre cosas sin importancia: *me aburrí con la cháchara de las vecinas.* **SIN.** palique.

chafar *[v.]* 1 aplastar: *no pises el césped, que lo chafas.* **AF.** estrujar, arrugar. 2 estropear un plan, un proyecto, etc.: *la visita nos chafó el fin de semana.* **AF.** fastidiar. **FAM.** chafadura.

chaflán *[n.m.]* parte de la fachada de un edificio formada por una pared que une otras dos sin hacer ángulo recto: *la puerta del banco está en el chaflán.* **PL.** *chaflanes.* **FAM. COMP.** achaflanar, achaflanado.

chal *[n.m.]* prenda de tela rectangular que usan las mujeres como complemento para vestir, poniéndosela por encima de los hombros: *un chal de seda.* **AF.** mantón, toquilla.

chalado, chalada *[adj.]* que hace (o dice) cosas tan raras que parece que está un poco loco: *es un buen pintor, pero está chalado.* **SIN.** chiflado, grillado, pirado. **ANT.** cuerdo. **FAM.** chaladura.

chalé *[n.m.]* vivienda de una o dos plantas, rodeada de jardín. TAMBIÉN se dice *chalet.* **PL.** *chalés.*

chaleco *[n.m.]* prenda de vestir que cubre el pecho y la espalda y no tiene mangas ni cuello: *un traje con chaleco.*

chalet *[n.m.]* chalé*. **PL.** *chalets.*

chalina *[n.f.]* tipo de corbata en la que se ven las dos partes de tela que cuelgan desde el nudo.

chalupa *[n.f.]* embarcación de vela pequeña y con dos palos para las velas.

champán *[n.m.]* vino blanco espumoso de origen francés.

champaña *[n.m.]* champán*.

champiñón *[n.m.]* hongo comestible que se cultiva artificialmente en sitios húmedos. **AF.** seta. **PL.** *champiñones.*

champú *[n.m.]* jabón, líquido o pastoso, especial para lavar el pelo. **PL.** *champús.*

chamuscarse *[v.prnl.]* quemarse una cosa un poco: *se acercó a la hoguera y se le chamuscó el pelo.* **OBS.** ante e, qu: *se chamusquen.* **FAM.** chamusquina.

chancleta *[n.f.]* calzado sin talón que hace ruido al andar porque va suelta la parte de atrás y golpea con el talón del pie. **SIN.** chancla. **FAM.** chanclo, chancleta, chancleteo, chancletear.

chanclo *[n.m.]* calzado de goma que se pone sobre otro calzado normal para protegerse del barro y del agua.

chanchullo *[n.m.]* negocio sucio que hace alguien para beneficiarse o para beneficiar a familiares o amigos: *hay políticos que montan chanchullos para cobrar comisiones.* **SIN.** embrollo, enredo, manejo. **FAM.** chanchullero.

chándal *[n.m.]* conjunto de pantalón largo y sudadera que se usa para hacer deporte.

chantaje *[n.m.]* lo que hace quien amenaza a otro con contar algo de él o perjudicarlo gravemente si no le hace un favor, le da un dinero, etc.: *el chantaje es un delito.* **SIN.** extorsión. **FAM.** chantajista, chantajear.

chantajista *[n.inv. en gén.]* persona que hace chantaje*: *el chantajista fue detenido por la policía.* **SIN.** extorsionador.

chapa *[n.f.]* 1 plancha delgada de metal o de madera: *la pared está recubierta de chapa de roble.* 2 tapa metálica con que se cierran algunas botellas de refrescos y que los niños usan para jugar. **SIN.** chapete. **FAM.** chapete, chapar, chapado, chapista, chapear.

chaparrón *[n.m.]* lluvia abundante y fuerte que dura poco: *ha caído un chaparrón.* **SIN.** aguacero, chubasco. **PL.** *chaparrones.*

chapista *[n.inv. en gén.]* persona que arregla las carrocerías de los vehículos: *llevó el coche al chapista.*

chapotear *[v.]* salpicar en el agua moviendo las piernas y brazos: *el niño chapotea en la bañera.* **SIN.** chapalear, chapaletear. **OBS.** e + e = ee: *chapotee.* **FAM.** chapoteo.

chapucero, chapucera *[adj.]* que hace las cosas mal y sin cuidado, sin importarle que queden mal.

chapurrear *[v.]* hablar una lengua con poca soltura, con errores en la pronunciación, falta de vocabulario, etc.: *no hablo inglés pero lo chapurreo un poco.* **AF.** farfullar. **OBS.** e + e = ee: *chapurreen* **FAM.** chapurreo.

chapuza *[n.f.]* 1 trabajo mal hecho: *ese dibujo es una chapuza.* **SIN.** churro. 2 trabajo de poca importancia: *no tiene trabajo fijo y hace las chapuzas que le salen.* **FAM.** chapucero, chapucería, chapucear.

chapuzón *[n.m.]* mojadura, sobre todo la que se da quien se tira al agua y sale enseguida: *se dieron un chapuzón para refrescarse.* **SIN.** zambullida. **AF.** baño. **PL.** *chapuzones.* **FAM.** chapuzar.

chaqué *[n.m.]* traje de etiqueta que usan los hombres para algunas ceremonias y que está compuesto por una chaqueta negra que cae hacia atrás formando dos faldones y unos pantalones de listas grises. **AF.** frac, levita.

chaqué

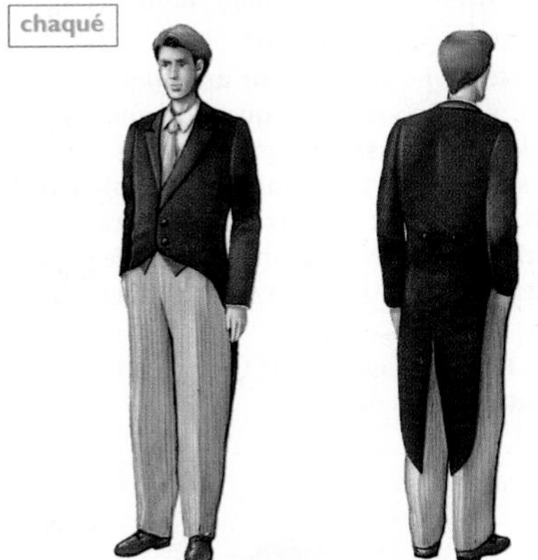

chaqueta *[n.f.]* prenda exterior de vestir, con mangas y abierta por delante que llega por debajo de la cintura: *una chaqueta de punto; una chaqueta cruzada.* **AMPL.** la chaqueta de un traje también se llama ***americana***. **FAM.** chaqué, chaquetilla, chaquetón.

chaquetero, chaquetera *[n.]* persona que cambia de ideas cuando le conviene, aunque no esté convencida de ellas.

chaquetón *[n.m.]* prenda de vestir de invierno, más fuerte y larga que la chaqueta y más corta que el abrigo: *un chaquetón de piel.* **PL.** *chaquetones.*

charca *[n.f.]* charco grande formado de manera natural o artificial: *en la charca había patos.* **AF.** laguna. **FAM.** charco, charcal. **COMP.** encharcar.

charco *[n.m.]* agua detenida en un hoyo o en un bache del terreno: *después de la lluvia el camino estaba lleno de charcos.* **SIN.** charca.

charcutería *[n.f.]* tienda donde se venden embutidos, quesos y patés. **AF.** salchichería. **FAM.** charcutero.

charla *[n.f.]* **1** conversación poco importante: *estuvieron de charla mientras esperaban.* **AF.** tertulia, plática. **2** lo que hace (o da) quien habla en público sobre algo sin tratarlo muy a fondo: *he asistido a una charla muy interesante sobre arte moderno.* **AF.** disertación, conferencia.

charlar *[v.]* hablar dos o más personas sobre algo que no es muy importante: *al salir del cine nos quedamos un buen rato charlando.* **SIN.** conversar, hablar, parlotear, platicar. **FAM.** charla, charlotear, charlatán, charloteo, charlatanear, charlatanería.

charlatán, charlatana *[adj.]* **1** que habla mucho: *una niña muy charlatana.* **SIN.** parlanchín. TAMBIÉN *n.*: *los charlatanes son molestos.* // **charlatán** *[n.]* **2** vendedor que se pone en los sitios por los que pasa mucha gente y no deja de hablar en voz muy alta sobre lo que vende: *a la puerta del mercado había un charlatán.*

charlestón *[n.m.]* baile creado en Estados Unidos que estuvo de moda en Europa hacia 1920 y los años siguientes. **PL.** *charlestones.*

charol *[n.m.]* **1** barniz muy brillante y permanente que se aplica sobre el cuero. **2** cuero tratado con este barniz: *zapatos de charol; bolso de charol.* **FAM.** charolar, charolado. **COMP.** acharolar.

chárter *[n.m.inv. en núm.]* vuelo especial que organizan las agencias de viajes y que es más barato que los de las líneas aéreas regulares: *fueron a Nueva York en un chárter.* TAMBIÉN *adj.*: *vuelo chárter.*

chasco *[n.m.]* desilusión que se produce cuando algo no sale como se esperaba: *se llevó un buen chasco al ver que no había entradas.* **SIN.** desilusión. **AF.** desengaño. **FAM.** chascar, chasquido, chasquear.

chasis *[n.m.inv. en núm.]* armazón metálico horizontal sobre el que se montan todas las demás piezas o componentes de un vehículo, de una máquina o de un aparato: *el chasis de un automóvil.*

chasquido *[n.m.]* ruido seco y agudo, como el que produce un latigazo dado en el aire o la madera al romperse. **SIN.** restallido, crujido.

chatarra *[n.f.]* restos de metales, sobre todo de hierro, que se recogen para volver a fundirlos: *un almacén de chatarra.* **FAM.** chatarrero, chatarrería.

chatarrero, chatarrera *[n.]* persona que se dedica a comprar y vender chatarra.

chato, chata *[adj.]* 1 que tiene la nariz como aplastada: *los perros bóxer son chatos.* 2 que no acaba en punta: *un zapato chato; una nariz chata.* **SIN.** achatado. // **chato** *[n.m.]* 3 vaso bajo y ancho y lo que se pone en él: *un chato de vino.* **FAM. COMP.** achatar.

chaval, chavala *[n.]* persona joven: *los chavales jugaban en la plazuela.* **SIN.** chico* (acepción 2).

che nombre del grupo formado por las grafías *c* y *h*.

checo, checa *[adj. y n.]* de la República Checa (país europeo) o de Checoslovaquia (estado al que pertenecía la República Checa): *cultura checa; los checos.*

chepa *[n.f.]* abultamiento de la espalda. **SIN.** joroba, giba, corcova. **FAM.** cheposo, chepudo.

cheque *[n.m.]* papel que rellena y firma una persona para que otra pueda sacar un determinado dinero de su cuenta: *en alguna tiendas no admiten cheques.* **SIN.** talón.

chequeo *[n.m.]* reconocimiento médico que se le hace a alguien para saber como está: *todos los años me someto a un chequeo.* **SIN.** reconocimiento, revisión. **FAM.** chequear.

chérif *[n.m.]* persona que en los poblados del oeste americano se encargaba de mantener el orden y hacer cumplir la ley. **OBS.** es forma castellanizada de la palabra inglesa *sheriff.*

chicano, chicana *[n.]* emigrante mejicano establecido en los Estados Unidos.

chicle *[n.m.]* goma de mascar. **AMPL.** el chicle se hace con resina de un árbol llamado ***chicozapote***.

chicharrón *[n.m.]* trozo seco y duro que queda después de freír la manteca del cerdo: *he comprado una torta de chicharrones.* **PL.** *chicharrones.* **FAM.** chicharra.

chichón *[n.m.]* chinchón*: *se cayó y le salió un chichón en la frente.* **PL.** *chichones.* **FAM.** chichonera.

chico, chica *[adj.]* 1 de pequeño tamaño: *una habitación muy chica.* **SIN.** pequeño. **ANT.** grande. // **chico, chica** *[n.]* 2 persona joven: *una chica de diecisiete años.* **SIN.** joven, chaval, mozalbete, muchacho, adolescente, mozo. 3 empleado que ocupa un puesto propio de persona joven o de poca importancia: *el chico de los recados; la chica de servicio.* **FAM.** chiquillo, chiquillería, chiquillada, chicarrón, chiquitín. **COMP.** achicar.

chiflado, chiflada *[adj.]* chalado*.

chifladura *[n.f.]* locura*.

chiflar *[v.]* 1 hacer sonar un silbato. **SIN.** silbar. 2 ser algo muy del gusto de uno: *me chiflan las novelas.* **SIN.** encantar, pirrar. // **chiflarse** *[v.prnl.]* 3 burlarse de alguien o de algo. 4 perder la razón, volverse loco. ■ **chiflarse por**, estar enamorado de alguien o estar deseando algo. **FAM.** chiflado, chifladura.

chilaba *[n.f.]* especie de túnica con capucha que utilizan los árabes.

chilaba

chileno, chilena *[adj. y n.]* de Chile, país suramericano cuya capital es Santiago de Chile: *una ciudad chilena; los chilenos hablan español.*

chillar *[v.]* dar gritos, especialmente si son agudos y molestos: *los niños chillaban en el patio del colegio.* **SIN.** gritar, vocear, vociferar. **FAM.** chillido, chillón.

chillido *[n.m.]* grito agudo y molesto.

chillón chillona *[adj.]* 1 que chilla mucho: *un niño muy chillón.* **SIN.** gritón. 2 que suena demasiado agudo y desagradable: *esta música es muy chillona.* **SIN.** estridente. 3 que tiene un color muy fuerte: *pintura chillona; colores chillones.* **SIN.** llamativo, estridente.

chimenea *[n.f.]* 1 tubo, o hueco hecho en la pared, por el que salen los humos de un horno, de una caldera, etc.: *la chimenea de una fábrica; la chimenea de una estufa.* 2 construcción hecha dentro de una casa para poder hacer fuego y calentarse: *salón con chimenea.* **AMPL.** la parte sobre la que se pone la leña para hacer el fuego se llama ***hogar***, la que recoge los humos, ***campana*** y el tubo o hueco por el que sale el humo hacia fuera también se llama ***chimenea***; la corriente de aire que se produce dentro de la chimenea y que empuja el humo hacia fuera se llama ***tiro***. 3 hueco por el que sube hacia fuera la lava de un volcán*.

chimpancé *[n.m.]* mono un poco más bajo que el hombre, procedente del centro de África, de brazos largos, cabeza grande y todo el cuerpo cubierto de pelo pardo negruzco, que es muy inteligente y fácil de domesticar. **SIN.** simio.

china *[n.f.]* 1 piedra pequeña, dura y más o menos brillante: *esta arena tiene muchas chinas.* **SIN.** piedrecita, guijarro. 2 porcelana*: *una vajilla de china.* **FAM.** chino, chinesco.

chinchar *[v.]* hacer algo para molestar a alguien: *le gusta chinchar a sus hermanos.* **SIN.** hacer rabiar. **FAM.** chinche, chincheta, chinchorrero, chinchoso.

chinche *[n.f.]* insecto de cuerpo rojizo que es parásito del hombre y vive en lugares húmedos y sucios.

chincheta *[n.f.]* especie de clavo pequeño con la cabeza grande y aplastada: *he colocado unas láminas con chinchetas en la pared.* **SIN.** tachuela.

chinchilla *[n.f.]* animal originario de la cordillera de los Andes, que vive en madrigueras, mide alrededor de 30 cm, es parecido a la ardilla, y su piel, de color gris claro, es muy apreciada en peletería.

chinchón *[n.m.]* bulto que se forma en la cabeza como consecuencia de un golpe. **SIN.** chichón, tolondro, tolondrón. **PL.** *chinchones.*

chinela *[n.f.]* calzado sin talón que suele usarse para estar en casa.

chinero *[n.m.]* armario para guardar objetos de porcelana: *coloca la vajilla en el chinero.*

chino, china *[adj. y n.]* 1 de China, país asiático de gran extensión cuya capital es Pekín: *Shanghai es una ciudad china; los chinos son muchos millones de personas.* // **chino** *[n.m.]* 2 lengua que habla la mayoría de los habitantes de China.

chipirón *[n.m.]* calamar pequeño. **PL.** *chipirones.*

chipriota *[adj. y n.inv. en gén.]* de Chipre, isla del mar Mediterráneo cuya capital es Nicosia: *playas chipriotas; los chipriotas.*

chiquillada *[n.f.]* cosa de niños: *no hagas chiquilladas, que ya eres mayor.* **SIN.** travesura.

chiquillería *[n.f.]* los niños: *la chiquillería rodeaba al payaso.*

chiquillo, chiquilla *[n.]* niño.

chirimbolo *[n.m.]* adorno redondo de madera o metal que suele utilizarse como remate de muebles, barandillas, etc.

chirimoya *[n.f.]* fruta tropical de color verde por fuera y carne blanca muy dulce con pepitas negras. **AMPL.** la chirimoya es una *baya* y el árbol que la produce se llama ***chirimoyo***. **FAM.** chirimoyo.

chiripa *[n.f.]* casualidad*: *acertó de chiripa.*

chirla *[n.f.]* molusco parecido a la almeja de menor tamaño y concha blanca.

chirriar *[v.]* producir chirridos: *la puerta chirrió al cerrarse.* **ACENT.** como *fiar**. **FAM.** chirrido, chirriante.

chirrido *[n.m.]* ruido agudo y molesto que producen las cosas duras y resecas cuando rozan unas con otras: *el chirrido de una bisagra se quita engrasándola.*

chisme *[n.m.]* 1 lo que se cuenta de alguien: *la portera siempre está contando chismes de los vecinos.* **SIN.** habladuría. 2 cosa: *déjame ver ese chisme.* **OBS.** estas palabras que (como *cosa, chisme, trasto, cachivache* y *cacharro*) se usan cuando no sabemos la palabra exacta se llaman ***comodines*** porque valen para todo y como, lo mismo que las ***muletillas***, no tienen significado preciso, no se debe abusar de ellas hablando y mucho menos escribiendo. // **chismes** *[n.m.pl.]* 3 cosas inútiles que generalmente estorban donde están: *quita todos estos chismes de la habitación.* **SIN.** trastos, cacharros, cachivaches, bártulos. **FAM.** chismoso, chismorrear, chismorreo.

chismorrear *[v.]* hablar mal de alguien o contarle a unos las cosas de otros: *despidieron a la portera porque le gustaba chismorrear.* **SIN.** cotillear. **OBS.** e + e = ee: *chismorreen.*

chismoso, chismosa *[adj.]* que es aficionado a contar chismes: *una persona chismosa.* **SIN.** cotilla*.

chispa *[n.f.]* 1 parte muy pequeña y encendida que salta de las cosas que se queman o arden: *al quemar madera verde saltan chispas.* **AF.** centella, chiribita, morcella. 2 un poquito de algo: *una chispa de vino; una chispa de inteligencia.* **SIN.** miaja, pizca. 3 lo que tienen las personas graciosas, simpáticas e ingeniosas: *un humorista con mucha chispa.* **AF.** gracia, salero, garbo. ■ **chispa eléctrica**, descarga luminosa entre dos conductores eléctricos. ■ **echar chispas**, estar muy enfadado. **FAM.** chispazo, chispear, chisporrotear, chisporroteo.

chispazo *[n.m.]* chispa eléctrica: *al enchufar la televisión saltó un chispazo.*

chispear *[v.]* 1 despedir chispas: *la leña encendida chispea.* **SIN.** chisporrotear. 2 empezar a caer lentamente una lluvia muy fina: *está empezando a chispear.* **SIN.** lloviznar. **OBS.** e + e = ee: *chispeen.*

chisporrotear *[v.]* despedir chispas: *el fuego de la chimenea chisporrotea.* **SIN.** chispear. **OBS.** e + e = ee: *chisporrotee.*

chistar *[v.]* 1 llamar a alguien diciendo *¡chist!* en lugar de decir su nombre: *es de mala educación llamar chistando.* 2 hablar o decir algo en contra de algo: *se fue sin chistar.* **SIN.** rechistar.

chiste *[n.m.]* frase, cuento breve o historieta contada o dibujada que contiene algún doble sentido o disparate que provoca la risa: *pasamos la tarde contando chistes.* **AF.** cuento, historieta, chanza. **FAM.** chistoso.

chistera *[n.f.]* sombrero de copa alta y cilíndrica que se usa en algunas ceremonias o espectáculos: *el mago vestía frac y chistera.*

chistoso, chistosa *[adj.]* persona que hace reír a los demás con sus chistes u ocurrencias: *nos gusta estar con él porque es muy chistoso.* **SIN.** bromista, gracioso, divertido. **AF.** ocurrente, ingenioso, simpático. **ANT.** aburrido, soso.

¡chitón! *[interj.]* se usa para mandar callar a alguien: *¡chitón, que ya es hora de dormir!*

chivarse *[v.prnl.]* acusar a alguien de algo, especialmente entre los muchachos. **FAM.** chivato, chivatada.

chivato, chivata *[n.]* 1 persona que cuenta algo que otro ha hecho mal: *el chivato de la* *clase está hablando con el profesor.* **SIN.** acusica, soplón, piante. 2 cría de cabra entre seis meses y un año de edad. **AF.** chivo. // **chivato** *[n.m.]* 3 alarma luminosa o sonora que indica que algo funciona mal: *se ha encendido el chivato de la gasolina.* **AF.** piloto.

chivo, chiva *[n.]* cría de la cabra desde que deja de mamar hasta que es adulto: *los chivos pastan en la pradera.*

chocante *[adj.inv. en gén.]* que llama la atención porque resulta raro: *lleva un sombrero muy chocante.* **SIN.** extraño, raro. **ANT.** corriente, normal.

chocar *[v.]* 1 dar una cosa contra otra, con mayor o menor fuerza: *el coche chocó contra la pared.* **SIN.** colisionar. 2 tener un enfrentamiento con otra persona: *tiene un carácter muy difícil y choca con todos sus compañeros.* 3 llamar la atención algo porque a uno le resulta raro: *me ha chocado tu respuesta.* **SIN.** extrañar, sorprender. **OBS.** ante e, qu: *choquen.* **FAM.** choque, chocante. **COMP.** entrechocar, parachoques.

chochear *[v.]* tener disminuidas las facultades mentales: *con la edad empezó a chochear.* **OBS.** e + e = ee: *chochee.* **FAM.** chocho, chochez.

chocolate *[n.m.]* alimento hecho con semillas de cacao molidas y mezcladas con azúcar y aromatizantes que se toma en pastillas, bombones, etc. o, como bebida, disuelto y cocido en agua o leche: *una taza de chocolate.* **FAM.** chocolatero, chocolatería, chocolatera, chocolatina.

chocolatería *[n.f.]* 1 fábrica de chocolate y tienda especializada en la venta de chocolates. 2 lugar, parecido a un bar o a una cafetería, en que se puede tomar chocolate en taza.

chocolatina *[n.f.]* barrita o pastilla de chocolate. **AF.** bombón.

chofer *[n.m.]* chófer*.

chófer *[n.m.]* persona cuyo trabajo es conducir vehículos: *el chófer del autobús conduce muy bien.* **SIN.** conductor. TAMBIÉN se dice *chofer.*

chollo *[n.m.]* lo que se consigue con poco dinero o con poco trabajo: *en las rebajas, a veces se encuentran muy buenos chollos.* **SIN.** ganga, bicoca.

chopo *[n.m.]* árbol alto y esbelto de hoja ancha, muy común en España, que crece en las orillas de los ríos. **SIN.** álamo. **FAM.** chopera, chopal.

choque *[n.m.]* lo que hay cuando dos personas, animales o cosas dan una contra otra: *el choque de los dos camiones fue muy violento.* **SIN.** colisión. **AF.** encontronazo, trompazo.

chorizo *[n.m.]* embutido preparado con carne de cerdo picada y pimentón: *los chorizos de Salamanca son famosos.* **FAM.** choricero, choricería.

chorlito *[n.m.]* ave zancuda de unos treinta centímetros de longitud y plumaje gris con rayas pardas. ■ **cabeza de chorlito**, persona distraída o desmemoriada.

chorrear *[v.]* 1 caer un líquido a chorros de algún sitio: *el agua chorreaba por el canalón.* 2 soltar algo el agua o líquido que contiene: *la herida chorrea sangre; la ropa chorrea agua cuando está empapada.* **OBS.** e + e = ee: *chorree.*

chorro *[n.m.]* líquido o gas que, mientras sale o cae de un sitio, tiene la forma del tubo, agujero o parte estrecha por la que sale: *por la espita del tonel salía un chorro de vino.* **AMPL.** cuando la cantidad de líquido que sale es muy pequeña se dice que sale un ***hilo***. ■ **a chorros**, en abundancia. **SIN.** mucho, copiosamente. **FAM.** chorrear, chorreo, chorrera.

choza *[n.f.]* refugio de personas hecho en el campo y generalmente cubierto por ramas, cañas, etc.: *una choza de pastores.*

chozo *[n.m.]* choza pequeña.

chubasco *[n.m.]* lluvia abundante y fuerte que dura poco: *en el norte de España caen frecuentes chubascos.* **SIN.** aguacero, chaparrón. **FAM.** chubasquero, chubascoso. **COMP.** achubascarse, achubascado.

chubasquero *[n.m.]* prenda de vestir impermeable que se utiliza para protegerse de la lluvia: *los pescadores llevaban chubasqueros.* **AF.** impermeable.

chuchería *[n.f.]* cualquier cosa de poca importancia que se pueda comer o regalar o comprar por capricho: *tiene la vitrina llena de chucherías que compra en los viajes; los niños comen muchas chucherías.*

chucho *[n.m.]* perro, especialmente si es callejero y no tiene una raza determinada.

chufa *[n.f.]* planta, de tallos triangulares, de cuyas raíces nacen unos tubérculos pequeñitos, también llamados chufas, con los que se fabrica la horchata.

chuleta *[n.f.]* 1 trozo de carne de las costillas de algún animal (especialmente cerdo, cordero o ternera) que se suele servir con el hueso: *unas chuletas con patatas.* 2 papel con notas que se utiliza para copiar en los exámenes escritos: *tenía una chuleta enrollada en el lapicero.* 3 chulo* (acepción 1): *es un chuleta insoportable.*

chulo, chula *[n.]* 1 persona que presume de guapa, de fuerte o de lista y anda siempre queriendo dejar a los demás por debajo para demostrar que es lo que se cree: *no me gusta tratar con chulos.* **SIN.** chuleta. **AF.** fanfarrón. // **chulo, chula** *[adj.]* 2 bonito: *un vestido muy chulo.* **FAM.** chulear, chuleta, chulada, chulapo, chulería. **COMP.** achularse.

chumbera *[n.f.]* planta que vive en los países cálidos, con grandes tallos formados por una especie de hojas gruesas y planas que están llenas de espinas. **AMPL.** la chumbera es un tipo de ***cactus*** (por eso el nombre de la familia es *cactáceas*), se llama también ***nopal*** y su fruto es el ***higo chumbo***, de forma ovalada, corteza espinosa y carne dulce y comestible. **FAM.** chumbo.

chupado, chupada *[adj.]* muy delgado: *después de su enfermedad se ha quedado muy chupado.* **SIN.** flaco, consumido.

chupar *[v.]* 1 pasar la lengua por algún sitio: *el perro chupaba la pelota.* **SIN.** lamer. 2 sacar el líquido o jugo que tenga una cosa con los labios: *chupaba la horchata por la pajita.* **SIN.** sorber, succionar. 3 poner algo en la boca para que se disuelva: *chupar un caramelo.* 4 quedarse una materia sólida con el líquido, agua o sustancias que hay en otra: *las raíces chupan la humedad de la tierra; la esponja chupa los líquidos.* **SIN.** absorber. **FAM.** chupado, chupete, chupón.

chupete *[n.m.]* objeto de goma que se da a chupar a los niños pequeños: *le pusieron el chupete para que dejara de llorar.*

churrería *[n.f.]* lugar donde se hacen y venden churros.

churrero, churrera *[n.]* persona que se dedica a hacer y vender churros.

churro *[n.m.]* 1 alimento hecho con una pasta de agua, harina y sal que se amasa y se fríe según va cayendo el chorro de masa en la sartén o la freidora: *tomaron chocolate con churros.* 2 cosa muy mal hecha: *este cuadro es un churro.* **SIN.** chapuza. **FAM.** churrero, churrería.

chusma *[n.f.]* gente de la que se habla con desprecio: *la chusma asaltó la comisaría de policía.* **SIN.** gentuza, populacho.

cicatriz *[n.f.]* marca que queda en la piel después de que una herida está curada: *las heridas y las operaciones suelen dejar cicatrices.* **AF.** señal. **PL.** *cicatrices.* **FAM.** cicatrización, cicatrizar.

cicatrizar *[v.]* cerrarse una herida porque está ya curada. **OBS.** ante e, c: *cicatricen.*

cicerone *[n.inv. en gén.]* persona que guía a otras, especialmente en una visita turística, explicándoles lo que van viendo. **SIN.** guía.

ciclismo *[n.m.]* deporte que se hace sobre bicicleta. **FAM.** ciclista. **COMP.** bicicleta, triciclo, ciclomotor.

ciclista *[adj.inv. en gén.]* 1 de ciclismo: *carrera ciclista.* // **ciclista** *[n.inv. en gén.]* 2 persona que va en bicicleta y especialmente quien se dedica profesionalmente al ciclismo: *han pasado dos ciclistas; Induráin es un gran ciclista.*

ciclo *[n.m.]* 1 conjunto de cosas que pasan cada cierto tiempo y se repiten siempre en el mismo orden: *los años son ciclos de doce meses.* **AF.** periodo. 2 conjunto de actos, películas, conferencias, etc. que tienen un tema en común o alguna relación entre ellos: *en la filmoteca están haciendo un ciclo de cine de terror.* **FAM.** cíclico, cíclicamente, ciclón, ciclónico. **COMP.** reciclaje, anticiclón, anticiclónico.

ciclón *[n.m.]* viento muy fuerte que suele ir acompañado de grandes lluvias y tormentas, se produce en forma de círculo, causando grandes daños y destrozos. **PL.** *ciclones.*

cíclope *[n.m.]* gigante de la mitología griega con un solo ojo en medio de la frente.

ciego, ciega *[adj.]* 1 que no ve: *una niña ciega.* **SIN.** invidente. TAMBIÉN *n.: en "El Lazarillo de Tormes" se cuenta la vida de un ciego.* 2 que no puede pensar claramente: *está ciego de odio.* **SIN.** ofuscado. 3 que está cerrado o tapado por algo: *un pozo ciego; ventanas ciegas.* **SIN.** cegado. ■ ***a ciegas***, sin ver o sin saber nada.

cielo *[n.m.]* 1 espacio que rodea la Tierra, que parece una esfera, según lo vemos, y en el que se hallan las nubes, las estrellas, etc.: *esta mañana el cielo estaba muy azul.* **SIN.** firmamento. **AF.** atmósfera. 2 lugar al que, según algunas religiones, van los seres humanos que fueron justos durante su vida. **SIN.** gloria, paraíso. **ANT.** infierno. ■ **cielo de la boca**, parte superior de dentro de la boca. **SIN.** paladar. ■ **llovido del cielo**, que llega cuando más se necesita. **FAM.** celeste, celestial.

ciempiés *[n.m.inv. en núm.]* animal terrestre pequeño (de entre 0,5 y 30 centímetros), con el cuerpo alargado dividido en muchos anillos y un par de patas en cada uno, que se alimenta de insectos y tiene en la parte delantera unas pinzas con las que les inyecta veneno para cazarlos.

cien *[num.inv. en gén.]* es el numeral cardinal correspondiente al número 100.

ciénaga *[n.f.]* lugar lleno de cieno (barro blando). **SIN.** pantano, cenagal. **AF.** lodazal, barrizal. **FAM.** cieno, cenagoso, cenagal. **COMP.** encenagarse.

ciencia *[n.f.]* 1 conjunto de conocimientos organizados o de cosas que se saben mediante el estudio y la experiencia: *ha dedicado toda su vida a la ciencia.* 2 cada una de las partes en que se pueden dividir estos conocimientos de acuerdo con lo que estudian o quieren conocer: *la biología es la ciencia que estudia los seres vivos.* **AF.** disciplina, materia. **AMPL.** las *ciencias tradicionales* son las matemáticas, la física, la química y las llamadas ciencias naturales; por eso se llaman facultades de ***ciencias*** a las de estas carreras y facultades de ***letras*** a las de filología, historia, geografía, pedagogía y psicología. **FAM.** científico, científicamente, cientificismo.

cieno *[n.m.]* barro blando.

científico, científica *[adj.]* 1 de la ciencia o que cumple todo lo que exige una ciencia: *estudio científico; investigación científica.* // **científico, científica** *[n.]* 2 persona que se dedica al estudio de alguna ciencia: *los científicos hacen experimentos.* **SIN.** investigador.

ciento *[n.m.]* 1 conjunto de cien unidades de algo: *varios cientos de niños.* **SIN.** centenar. // **ciento** *[num.]* 2 es el numeral cardinal correspondiente al número 100. **OBS.** a veces se usa el apócope *cien* sin que aparezca al lado un sustantivo (*iba a cien por hora; de cien en cien*) porque se considera omitido: *a cien kilómetros por hora; de cien en cien euros.* **FAM.** cien, centenar, centésimo, centesimal, centenario, centígramo, centígrado, centilitro, centímetro, céntimo, centuria, centavo. **COMP.** porcentaje.

cierre *[n.m.]* 1 hecho de cerrar o el momento en que se cierra o acaba un trabajo, una obra o una actividad, etc.: *el cierre de la edición del periódico se hace a las doce; nos vemos al cierre.* **ANT.** apertura. 2 mecanismo que sirve para dejar algo bien cerrado: *se me ha estropeado el cierre de la mochila.* **AF.** cerradura.

cierto, cierta *[adj.]* 1 que es verdad: *lo que te dijo es cierto.* **SIN.** real, verdadero. **ANT.** falso. 2 un, alguno, algo de: *dijo ciertas palabras que molestaron a muchos; dedica cierto dinero a limosnas.* **GRAM.** es adjetivo indefinido y se usa delante de nombres cuando no se sabe o no se quiere decir el calificativo o la cantidad exacta. ■ **por cierto** se usa cuando se quiere decir algo que tiene que ver con lo que se está hablando. **SIN.** a propósito. **FAM.** certero, certeza, certidumbre, ciertamente. **COMP.** incierto.

ciervo *[n.]* animal de cerca de metro y medio de altura, cuatro patas largas y delgadas, pelo corto y áspero de color marrón y cola corta, cuyos machos tienen unos cuernos muy grandes que se asemejan a las ramas de los árboles. **SIN.** venado. **FAM.** cervato, cervatillo.

cifra *[n.f.]* signo que representa un número: *0, 1, 2, 3, 4, 5, 6, 7, 8 y 9 son cifras; 17 es un número formado por dos cifras.* **SIN.** guarismo. **AF.** dígito. **FAM.** cifrar. **COMP.** descifrar.

cigala *[n.f.]* animal marino comestible, parecido al langostino pero con la cáscara más dura y las dos patas delanteras terminadas en pinzas.

cigarra *[n.f.]* animal terrestre pequeño de color verdoso, que mide de dos a cinco centímetros de longitud, con cuatro alas membranosas que cubren su cuerpo, cuyos machos hacen un ruido especial haciendo vibrar unos órganos que tienen a los lados del cuerpo. **SIN.** chicharra. **FAM.** cigarral, cigarrón.

cigarrillo *[n.m.]* tabaco picado y envuelto en papel de fumar. **SIN.** pitillo.

cigarro *[n.m.]* hojas de tabaco enrolladas para fumarlas. **SIN.** puro. **AF.** habano. **FAM.** cigarrillo, cigarrería, cigarrero.

cigoñino *[n.m.]* cría de la cigüeña.

cigoto *[n.m.]* óvulo fecundado.

cigüeña *[n.f.]* ave con las patas y el pico muy largos y un poco rojizos, el cuerpo blanco y la mitad de las alas negra, que suele hacer su nido en las torres de las iglesias. **AMPL.** lo que hace, al golpear una parte del pico contra otra, produciendo un ruido muy característico, se llama ***crotorar***. **FAM.** cigoñino.

cigüeñal *[n.m.]* doble codo en el eje de una máquina.

cilíndrico, cilíndrica *[adj.]* que tiene forma de cilindro: *los tubos, los botes y los tambores tienen forma cilíndrica.*

cilindro *[n.m.]* cuerpo geométrico en forma de tubo que está limitado por dos bases circulares: *los botes de refrescos tienen forma de cilindro.* **AMPL.** el ***cilindro recto*** se forma al girar un rectángulo alrededor de uno de sus lados, cuya medida coincide con la altura del cilindro; la altura de los ***cilindros oblicuos*** es la perpendicular de una base a otra. **FAM.** cilindrada, cilíndrico.

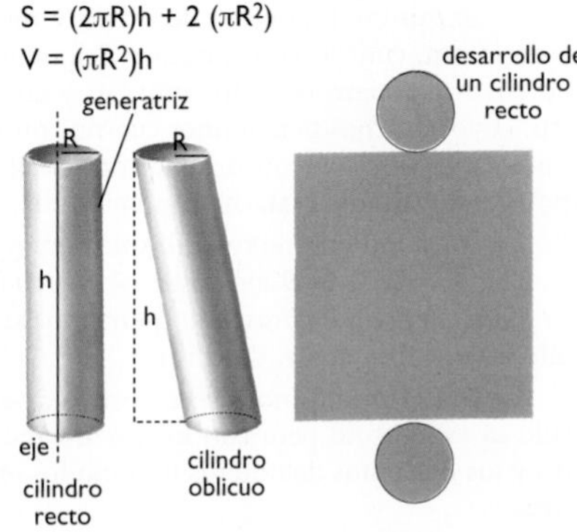

cima *[n.f.]* lo más alto, más importante o mejor de algo: *la cima de una montaña; está en la cima de su carrera deportiva.* **SIN.** cumbre, cúspide. **FAM.** cimero. **COMP.** encima, encimera.

cimbrear *[v.]* 1 mover algo largo, delgado y flexible, de modo que se mueve más la punta o parte suelta que la que está agarrada: *la tormenta cimbreaba la antena de televisión.* TAMBIÉN *prnl.: los árboles se cimbrean con el viento.* 2 mover el cuerpo con gracia al andar. **OBS.** e + e = ee: *cimbreen.* **FAM.** cimbreo, cimbreante, cimbreño.

cimiento *[n.m.]* 1 parte de las paredes de un edificio que está bajo tierra para dar mayor resistencia a la construcción. **AF.** base. 2 principio o idea más importante de algo, sobre la que se sostienen todas las demás: *los cimientos de una religión.* **SIN.** base, fundamento. **FAM.** cimentar, cimentación.

cinc *[n.m.]* metal de color blanco azulado, blando, ligero y brillante, que tiene muchas aplicaciones: *el cinc se utiliza mucho para revestir el hierro y evitar que se oxide.* TAMBIÉN se puede escribir *zinc.*

cincha *[n.f.]* cinto que sirve para sujetar la silla de montar o la albarda a los caballos, los burros, etc. **FAM.** cinchar, cinchera, cincho.

cincho *[n.m.]* tira ancha que se usa de cinturón o para llevar la espada.

cinco *[num.inv. en gén.]* es el numeral cardinal correspondiente al número 5. **FAM.** cinquillo.

cincuenta *[num.inv. en gén.]* es el numeral cardinal correspondiente al número 50. **FAM.** cincuentenario, cincuentavo, cincuentena, cincuentón.

cine *[n.m.]* 1 técnica, arte e industria dedicada a hacer películas: *me gusta el cine español.* **SIN.** cinematografía. **AMPL.** es abreviatura de ***cinematógrafo***, que es como se llamó en sus comienzos a la máquina de proyectar. 2 lugar público donde se proyectan películas: *todos los domingos voy al cine.* **FAM.** cineasta, cinematografía, cinematógrafo, cinematográfico, cinerama, cinemascope.

cineasta *[n.inv. en gén.]* persona que se dedica al cine: *los directores, los actores y los productores de películas son cineastas.*

cinematografía *[n.m.]* arte y conjunto de conocimientos, reglas y métodos que se utilizan para hacer películas. **SIN.** cine.

cinematográfico, cinematográfica *[adj.]* del cine: *industria cinematográfica.*

cinematógrafo *[n.m.]* nombre antiguo del proyector de cine. **SIN.** proyector.

cínico, cínica *[adj.]* que miente con descaro y disimulando. **AF.** descarado, falso, mentiroso. **FAM.** cinismo.

cinismo *[n.m.]* desvergüenza con la que actúa quien miente descaradamente.

cinta *[n.f.]* tira larga y estrecha de tela, de papel o de otro material flexible. ■ **cinta magnética**, cinta de plástico que tiene un recubrimiento de polvillo magnético gracias al cual se pueden grabar o registrar en ella, electrónicamente, sonidos, imágenes o datos. ■ **cinta magnetofónica**, cinta magnética que sirve para grabar y reproducir sonidos. ■ **cinta de vídeo**, cinta magnética que sirve para grabar sonidos e imágenes. ■ **cinta aislante**, cinta fina de plástico que tiene pegamento por uno de sus lados y sirve para forrar trozos de cable. ■ **cinta métrica**, cinta que sirve para medir. **FAM.** cintura, cinturón, cinto. **COMP.** encintar, precintar.

cintura *[n.f.]* **1** estrechamiento del cuerpo entre las caderas y las costillas: *las mujeres tienen la cintura más estrecha que los hombres.* **2** parte de una prenda de vestir que va sobre esta zona del cuerpo. **SIN.COM.** talle.

cinturón *[n.m.]* cinta de piel, tela, plástico, etc., que suele tener una hebilla en un extremo y sirve para sujetar o ajustar a la cintura las prendas de vestir. **SIN.** cinto. ■ **cinturón de seguridad**, banda de material fuerte y flexible que sujeta a las personas en los asientos de los vehículos para protegerlas de los movimientos bruscos. **PL.** *cinturones.*

ciprés *[n.m.]* árbol muy alto y estrecho acabado en punta, con hojas de color verde oscuro. **PL.** *cipreses.*

circense *[adj.inv. en gén.]* del circo: *un espectáculo circense.* **FAM.** circo.

circo *[n.m.]* espectáculo en el que participan muchos artistas, haciendo números muy diferentes (domadores, payasos, malabaristas, trapecistas, equilibristas, magos) y que suele hacerse bajo una carpa desmontable en la que se ponen una o más pistas circulares y gradas para que se siente la gente. **AMPL.** el nombre le viene del ***circo romano***, que era un lugar al aire libre y con gradas en el que se hacían carreras de carros o caballos. **FAM.** circense.

circuito *[n.m.]* recorrido que empieza y termina en el mismo lugar: *un circuito turístico; circuito ciclista; circuito automovilístico de Le Mans.* ■ **circuito eléctrico**, conjunto de cables y mecanismos (interruptores, fusibles, etc.) que forman una instalación eléctrica.

circulación *[n.f.]* cualquier movimiento de líquidos, de cosas, de vehículos, de gente, de dinero, etc. que pasan de un lugar a otro o de unas personas a otras: *la circulación de libros en una biblioteca; la circulación de noticias; la circulación de trenes, de coches, de mercancías, etc.* **SIN.** tráfico, tránsito. ■ **circulación de la sangre**, movimiento continuo que hace la sangre para recorrer el cuerpo de los seres humanos y de los animales llamados superiores. **AMPL.** la circulación sanguínea se produce gracias a un sistema formado por un órgano motor (el ***corazón***) y una serie de ***vasos*** (las ***arterias***, que distribuyen la sangre oxigenada, y las ***venas***, que devuelven la sangre con impurezas al corazón). **FAM.** circular, circulatorio.

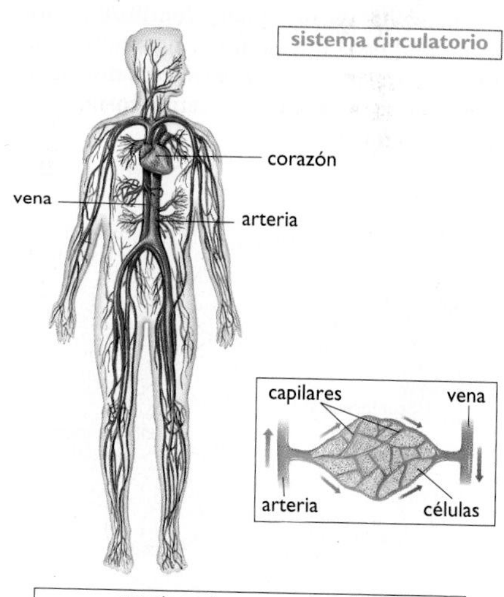

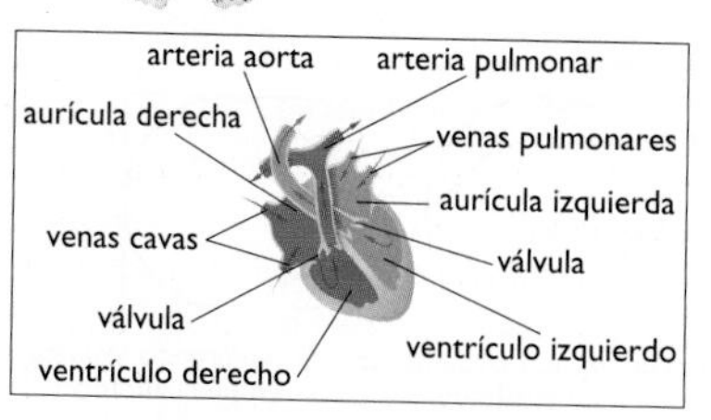

circular *[v.]* 1 moverse las personas, los animales, los vehículos, los líquidos, etc., de un lugar a otro o pasar las cosas, las noticias, los conocimientos, el dinero y las propiedades de unas personas a otras: *por Madrid circulan demasiados coches; el agua circula por las cañerías; ¡cómo circulan las noticias!; últimamente circula poco dinero.* **AF.** transitar, recorrer, correr, propagarse, extenderse. // **circular** *[adj.]* 2 con forma de círculo: *el ruedo de una plaza de toros es un espacio circular.* **SIN.** redondo. // **circular** *[n.f.]* 3 copia de una misma carta o comunicación que se manda a varias personas para informar de algo: *el director del banco mandó una circular a todas las sucursales.* **AF.** comunicado, aviso, notificación. **FAM.** circulación, cerco.

circulatorio, circulatoria *[adj.]* de la circulación o para la circulación: *sistema circulatorio; aparato circulatorio de la sangre.*

círculo *[n.m.]* 1 espacio, perfectamente redondo y plano, que queda dentro de una circunferencia. **AMPL.** el círculo es una superficie y por tanto tiene ***área***; la circunferencia es el perímetro del círculo y tiene ***longitud***. 2 grupo de personas que se unen por motivos de trabajo, amistad, etc.: *su círculo de amistades es muy reducido.* **FAM.** circular, cerco. **COMP.** semicircular, semicírculo.

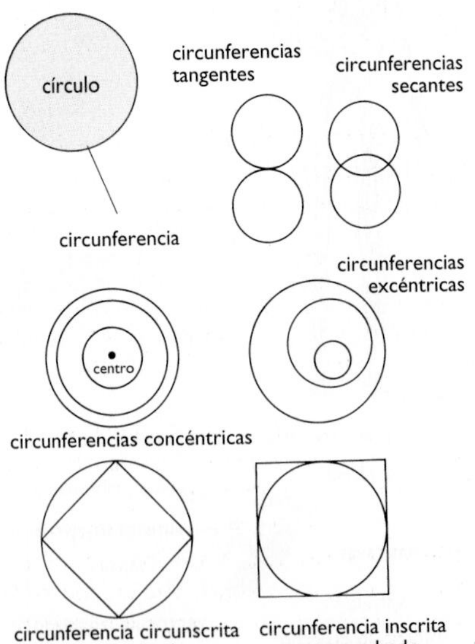

circundar *[v.]* rodear*: *las carreteras de circunvalación circundan las ciudades.* **FAM.** circundante.

circunferencia *[n.f.]* curva redonda, cerrada y plana que tiene todos sus puntos a la misma distancia de un punto interior que se llama centro. **AF.** redondel. **AMPL.** la circunferencia forma el ***perímetro*** del círculo. **FAM. COMP.** semicircunferencia.

circunscribir *[v.]* trazar una figura geométrica alrededor de otra: *circunscribir una circunferencia a un triángulo.* **OBS.** el participio pasado es irregular: ***circunscrito***.

circunstancia *[n.f.]* cualquier cosa, buena o mala, que influye en la vida de una persona: *los problemas, las situaciones y las ventajas son circunstancias de la vida.* **FAM.** circunstancial.

circunstancial *[adj.inv. en gén.]* que depende de alguna circunstancia: *la crisis económica es circunstancial.* ■ **complemento circunstancial**, el complemento del verbo que indica tiempo, modo, lugar, instrumento, compañía, etc. **AMPL.** todos los complementos que no son el ***directo***, el ***indirecto*** o el ***agente*** son circunstanciales (**VER** *complemento*).

circunvalación *[n.f.]* carretera que rodea una población con varias entradas para llegar a ella: *por la circunvalación, aunque se rodea, se tarda menos.*

cirio *[n.m.]* vela de cera grande y gruesa: *encendieron el cirio que había en el altar.* **SIN.** vela. **FAM.** cirial, cera.

ciruela *[n.f.]* fruto del ciruelo, de forma redondeada o alargada, color amarillo, verde o morado, piel fina y lisa y sabor dulce o agridulce.

ciruelo *[n.m.]* árbol frutal pequeño con hojas alargadas terminadas en punta y flores blancas que da ciruelas. **SIN.** cirolero. **FAM.** ciruela.

cirugía *[n.f.]* especialidad de la medicina que intenta resolver los problemas del cuerpo quitando las partes enfermas o cambiándolas por otras sanas: *un trasplante de corazón es una operación de cirugía cardiovascular.* ■ **cirugía estética**, cirugía que tiene como fin embellecer alguna parte del cuerpo. **FAM.** cirujano.

cirujano, cirujana *[n.]* médico que está especializado en cirugía. **AMPL.** la sala en la que trabajan los cirujanos se llama ***quirófano***.

cisne *[n.m.]* ave grande que vive en el agua, es de color blanco o negro, tiene la cabeza pequeña, el cuello muy largo y las alas grandes y fuertes.

cisterna *[n.f.]* **1** depósito para el agua, sobre todo los que antiguamente servían para recoger el agua de lluvia. **AF.** aljibe. **2** depósito muy grande que tienen algunos vehículos para llevar líquidos de un sitio a otro: *la cisterna del camión iba cargada de gasóleo.* **AF.** depósito. **AMPL.** también se dice ***camión cisterna, avión cisterna*** o ***barco cisterna***, cuando se trata de vehículos especialmente fabricados para el transporte de líquidos.

cita *[n.f.]* **1** acuerdo entre dos o más personas para reunirse un día a una hora y en un lugar determinado: *hay que ser puntual en las citas.* **2** palabras, dichas o escritas por alguien, que otro repite, indicando quién las dijo o de qué obra las ha sacado: *el profesor nos dictó varias citas de la Biblia.*

citar *[v.]* **1** decirle a alguien que vaya a algún sitio, normalmente a una hora determinada: *el juez citó a los testigos; nos ha citado el médico para las cuatro.* **AF.** emplazar, convocar. TAMBIÉN *prnl.: nos hemos citado en el bar de la esquina.* **2** repetir palabras o frases dichas o escritas por otra persona: *dijo "Yo no busco, encuentro", citando a Picasso.* **SIN.** parafrasear. **3** hablar de algo o decir el nombre de alguien: *citó lo sucedido ayer; citó a varios pintores.* **SIN.** nombrar, mencionar, aludir a. **FAM.** cita, citación. **COMP.** recitar.

citoplasma *[n.m.]* parte de la célula que rodea al núcleo.

cítrico *[n.m.]* fruta agria o agridulce de piel más o menos gruesa: *las naranjas y los limones son cítricos.*

ciudad *[n.f.]* población en la que la mayor parte de sus habitantes se dedican a trabajos que no son del campo: *Madrid es una ciudad muy importante.* ■ **ciudad universitaria**, conjunto de edificios e instalaciones (facultades, campos de deportes, calles, escuelas técnicas superiores, etc.) de una universidad que ocupan una zona de una ciudad o del campo. **SIN.** campus. **FAM.** ciudadanía, ciudadano, ciudadela, cívico, civil.

ciudadano, ciudadana *[adj.]* **1** de la ciudad o de la gente de la ciudad: *actividad ciudadana; comportamiento ciudadano.* **SIN.** urbano, cívico. // **ciudadano, ciudadana** *[n.]* **2** habitante de una ciudad: *los ciudadanos de Buenos Aires.* **3** cualquier persona que, por el mero hecho de serlo y de haber nacido en un determinado país, tiene los mismos derechos y obligaciones que todos los demás: *un ciudadano paraguayo.*

ciudadrealeño, ciudadrealeña *[adj. y n.]* de Ciudad Real, provincia española y su capital, que pertenecen a la comunidad autónoma de Castilla-La Mancha: *una abogada ciudadrealeña; los ciudadrealeños.*

cívico, cívica *[adj.]* **1** de la ciudad o del ciudadano: *el servicio de bomberos es un servicio cívico.* **SIN.** urbano. **2** propio de un buen ciudadano: *comportamiento cívico.* **SIN.** civilizado. **FAM.** civismo, cívicamente, ciudad. **COMP.** incívico, incivismo.

civil *[adj. inv. en gén.]* que no es militar ni religioso ni tiene que ver con el ejército, con lo militar o con lo religioso: *población civil; un tribunal civil.* TAMBIÉN *n.: los civiles y los militares.* **FAM.** civilizar, civilización, civilizadamente, ciudad.

civilización *[n.f.]* conjunto de conocimientos, costumbres, ideas, creencias, artes, etc. de un pueblo, nación o época: *civilización romana; civilización antigua.* **SIN.** cultura. **AF.** sociedad.

civilizar *[v.]* enseñar a una persona o a un pueblo modos de ser y de vivir modernos que se consideran mejores porque hacen la vida más fácil y cómoda. **AF.** culturizar. **OBS.** ante e, c: *civilicen.*

civismo *[n.m.]* manera de comportarse un buen ciudadano: *romper las papeleras es una falta de civismo.* **SIN.** urbanidad.

cizaña *[n.f.]* hierba que nace espontáneamente y es perjudicial para los sembrados porque no los deja crecer: *la cizaña estropeó la cebada.* ■ **meter cizaña**, hacer una persona que otras riñan o se enemisten. **FAM.** cizañero.

clamar *[v.]* pedir algo con mucha fuerza, muchas veces o a voces: *el herido clamaba ayuda; las víctimas claman justicia.* **AF.** implorar, suplicar, exigir, reclamar. **FAM.** clamor, clamoroso. **COMP.** aclamar, declamar, reclamar, proclamar.

clamor *[n.m.]* gritos o voces con que se anima a alguien o se protesta por algo: *el clamor del público no dejaba oír el discurso.*

clan *[n.m.]* grupo de personas que están muy unidas entre sí y se defienden unos a otros: *un clan familiar.*

clandestino, clandestina *[adj.]* que se hace en secreto por miedo a la ley o para evitarla: *una reunión clandestina.* **SIN.** secreto, ilegal. **FAM.** clandestinidad, clandestinamente.

clara *[n.f.]* parte del huevo que rodea a la yema y es transparente: *el merengue se hace con clara y azúcar.*

claraboya *[n.f.]* ventana o hueco hecho en la parte de arriba de una construcción para que entre luz: *en la buhardilla hay dos claraboyas.* **SIN.** tragaluz, lucernario, lucerna, lumbrera.

clarear *[v.]* 1 tener más luz o claridad y especialmente el día cuando empieza a amanecer: *añadiendo blanco se clarean los colores; se levanta al clarear el día.* **ANT.** oscurecerse. 2 quitarse las nubes del cielo: *no va a llover porque empieza a clarear.* // **clarearse** *[v.prnl.]* 3 transparentarse una tela, un papel, etc.: *el jersey estaba tan usado que se clareaba en los codos.* **OBS.** e + e = ee: *clareen.*

claridad *[n.f.]* 1 luz que permite ver lo que hay: *esta es la habitación con más claridad de la casa.* 2 lo que tienen las cosas fáciles de comprender: *me gusta este libro de texto por su sencillez y claridad.* 3 lo que tienen los sonidos cuando se oyen bien y las cosas cuando se ven bien: *oí con toda claridad lo que decía; no se lee con claridad lo que pone.*

clarificar *[v.]* aclarar las cosas, explicarlas: *clarificar un asunto; clarificar una situación.* **OBS.** ante e, qu: *clarifiquen.*

clarín *[n.m.]* instrumento musical de viento, parecido a la trompeta, pero más pequeño: *el clarín está hecho de metal y tiene un sonido agudo.* **PL.** *clarines.* **FAM.** clarinete.

clarinete *[n.m.]* instrumento musical de viento, formado por un tubo de madera con agujeros que tiene en la parte de arriba una boquilla con lengüeta y acaba en forma de bocina pequeña.

claro, clara *[adj.]* 1 con mucha luz: *una habitación muy clara.* **SIN.** luminoso. **ANT.** oscuro. 2 que se ve, se oye o se entiende perfectamente o que no se puede dudar: *una voz clara; una letra clara; un sonido claro; una explicación clara.* **SIN.** nítido, limpio, definido. **ANT.** confuso. 3 con el cielo despejado, limpio, sin nubes: *un día claro; una noche clara.* **ANT.** nublado. 4 que tiene mucha cantidad de blanco, de agua, de leche, etc. y queda menos oscuro o menos espeso de lo normal: *color claro; café claro; chocolate claro.* 5 transparente y limpio: *agua clara.* **SIN.** cristalino. // **claro** *[adv. de m.]* 6 sin engaño ni mentira: *háblame claro.* **SIN.** claramente. // **claro** *[n.m.]* 7 zona vacía o despoblada que queda dentro de algo lleno o poblado: *un claro del bosque; un claro entre las nubes.* // **¡claro!** *[interj.]* 8 sirve para indicar sorpresa o para asegurar algo: *¡claro, por eso no me lo contabas!* ■ **estar claro** algo, ser indudable. ■ **sacar en claro**, llegar a una conclusión, a una solución o a un acuerdo. **FAM.** clara, clarear, claramente, clarecer, clarete, claridad, clarificar. **COMP.** aclarar, declarar, esclarecer, preclaro, claroscuro.

claroscuro *[n.m.]* juego que se consigue entre luz, oscuridad y sombras en un cuadro, en un dibujo, en una fotografía, etc.: *El Greco era un maestro del claroscuro.*

clase *[n.f.]* 1 cada uno de los grupos que pueden hacerse con personas, animales o cosas, teniendo en cuenta lo que tienen en común, su importancia, sus características, etc.: *los electrodomésticos son una clase de aparatos eléctricos.* **SIN.** tipo, especie, género. 2 en ciencias naturales, grupo de seres vivos que tienen algunas características comunes muy generales por las que se distinguen de otras clases del mismo tipo o filum: *los lagartos pertenecen a la clase de los **reptiles**, los perros a la de los **mamíferos**, los salmones a la de los **peces** y las águilas a la de las **aves**.* **AMPL.** cada clase se halla dentro de un ***tipo*** (también llamado *filum* o *tronco*) y está formada por uno o más ***órdenes***. 3 conjunto de estudiantes que están en la misma aula y reciben las mismas enseñanzas: *la clase de 3ºB.* 4 lección o asignatura que da un profesor: *la clase de hoy ha estado dedicada al acento.* 5 sala en que los profesores enseñan y los alumnos aprenden: *es la clase más soleada del colegio.* **SIN.** aula. 6 buenas maneras en el comportamiento, en la forma de vestir, en el trato, etc.: *un señor con mucha clase.* 7 calidad que tiene un servicio o un producto dentro de una clasificación: *un billete de tren de primera clase.* ■ **clase de palabras**, cada uno de los grupos que, según su función, características morfológicas y significados, se pueden hacer con las palabras: *el verbo, el nombre y el adverbio son tres clases distintas de palabras.* VER AMPL. EN *categorías* léxicas.* ■ **clase social**, conjunto de personas que tienen unas condiciones de vida semejantes y unas características comunes como el nivel económico, las costumbres, los intereses, etc.: *las clases sociales se suelen dividir en alta, media y baja.* ■ **clase baja**, conjunto de las personas que tienen poco dinero para vivir y no pueden estudiar ni dedicar tiempo a aprender cosas porque tienen que empezar a trabajar cuando son muy jóvenes. **SIN.** clase humilde, clase modesta. **ANT.** clase alta. **FAM.** clasismo, clasista, clásico, clasicismo, clasicista, clasificar. **COMP.** subclase.

clásico, clásica *[adj.]* 1 que es considerado bueno y sirve de modelo a los demás: *autor clásico; literatura clásica.* TAMBIÉN *n.: este director es un clásico en su género.* 2 que no se ve, o no parece, ni anticuado ni moderno porque nos da la impresión de que es de una manera que gusta siempre: *ropa clásica.* **SIN.** tradicional. ■ **lenguas clásicas**, el latín y el griego, porque son básicas para la cultura occidental.

clasificación *[n.f.]* modo de ordenar las cosas, haciendo grupos entre ellas, según las características que tengan: *clasificación de los seres vivos; clasificación de los equipos según los resultados.*

clasificar *[v.]* 1 ordenar por grupos o por clases: *clasificó los libros por asignaturas.* **ANT.** desordenar. // **clasificarse** *[v.prnl.]* 2 seguir participando en un concurso o en una competición por haber conseguido un buen puesto: *nuestro equipo se clasificó para la final.* **OBS.** ante e, qu: *clasifiquen.* **FAM.** clasificación, clasificable, clasificador, clase. **COMP.** desclasificar.

claustro *[n.m.]* 1 parte de un edificio formada por cuatro pasillos, cerrados con arcos y columnas, que rodean un patio. 2 conjunto de profesores de un colegio, de un instituto o de una universidad: *se ha reunido el claustro de profesores* **FAM.** claustral. **COMP.** enclaustrar, enclaustrado.

claustro

claustrofobia *[n.f.]* angustia que sienten algunas personas cuando están en lugares cerrados: *no puede montar en el ascensor porque le da claustrofobia.* **FAM.** claustrofóbico.

clausura *[n.f.]* 1 acto solemne que se celebra al final de un curso, congreso, exposición, etc.: *la clausura de las olimpiadas.* **AF.** cierre, fin. **ANT.** apertura. 2 cierre, provisional o definitivo, de un local o negocio por razones legales: *el juez decretó la clausura de la fábrica por embargo.* 3 forma de vida de algunas personas que siguen una religión y se comprometen a pasar su vida dentro de un convento sin salir: *monjas de clausura, convento de clausura.* **FAM.** clausurar.

clausurar *[v.]* acabar algo con un acto solemne. **ANT.** abrir.

clavar *[v.]* 1 hacer que una cosa con punta entre en otra: *clavar una estaca en la tierra; clavar una alcayata o una escarpia en la pared.* **ANT.** desclavar. TAMBIÉN *prnl.: se clavó una espina del rosal.* **SIN.** pincharse con. 2 sujetar una cosa a otra con clavos o puntas: *clava las tablas del cajón.*

clave *[n.f.]* 1 conjunto de signos o palabras que forman un lenguaje que sólo conocen algunas personas: *un mensaje en clave.* 2 letras, números o signos especiales con los que se pone en marcha un aparato, se abre una caja fuerte, etc.: *si no sabes la clave no podrás trabajar con este ordenador.* **SIN.** código. **AF.** combinación. 3 razón o hecho que es necesario conocer para entender algo: *la clave de todo la dio el último testigo; la clave de su éxito es su simpatía.* **SIN.** explicación, secreto. 4 signo musical que se pone al principio del pentagrama para indicar la nota que corresponde a cada línea o espacio: *clave de sol.* **FAM.** clavícula, clavija, clavecín, clavicémbalo, clavicordio.

De izquierda a derecha, claves de sol , de fa y de do.

clavel *[n.m.]* 1 planta de tallo alto y nudoso del que salen hojas largas y estrechas de color verde y flores de distintos colores con pétalos terminados en pequeños picos. 2 flor de esta planta. **FAM.** clavelina.

clavícula *[n.f.]* cada uno de los dos huesos largos que van desde debajo del cuello hasta los hombros.

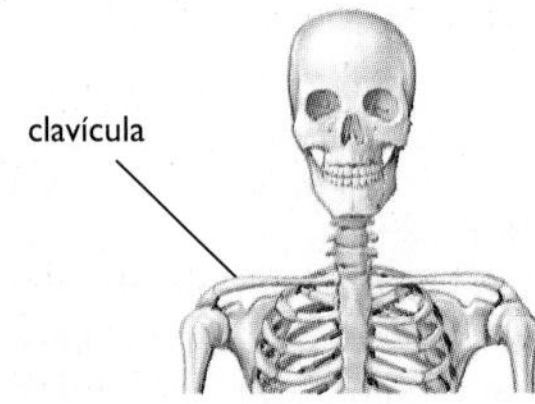

clavija *[n.f.]* 1 pieza de metal o de otros materiales que se mete en un agujero para sujetar algo, para unirlo o para conectarlo: *al cable del teléfono le falta la clavija; el enchufe tiene dos clavijas.* 2 cada una de las piezas que tienen algunos instrumentos musicales que sirven para tensar las cuerdas: *para afinar la guitarra hay que girar las clavijas.* ■ **apretarle a uno las clavijas**, reñir a alguien o castigarlo para que haga las cosas bien.

clavo *[n.m.]* 1 barrita de metal que puede ser de diferentes tamaños, tiene un extremo afilado y en el otro un ensanchamiento (llamado *cabeza*) sobre el que se golpea para clavarla donde se necesita. **SIN.** punta. 2 flor seca de un árbol llamado ***clavero*** que se usa para darle sabor a algunas comidas: *su madre le echa clavo a los callos.* ■ **dar en el clavo**, acertar o dar la respuesta correcta a algo. ■ **ser como un clavo**, ser muy puntual o llegar en el momento preciso. **FAM.** clavar, clavado, clavazón, clavetear, claveteado. **COMP.** desclavar.

claxon *[n.m.]* bocina de los automóviles.

clemencia *[n.f.]* paciencia y comprensión que tiene una persona que puede castigar a otra y no lo hace: *el acusado pedía clemencia.* **FAM.** clemente, clementemente. **COMP.** inclemencia.

clerical *[adj.inv. en gén.]* de los clérigos: *hábito clerical.*

clérigo *[n.m.]* persona que se ha comprometido a dedicar su vida a la Iglesia, a obedecer a sus superiores y a cumplir sus normas: *un sacerdote es un clérigo.* **SIN.** eclesiástico, cura.

clero *[n.m.]* conjunto de personas que dedican su vida a la religión: *los curas y los obispos pertenecen al clero.* **FAM.** clérigo, clerical, clericalismo. **COMP.** anticlerical.

cliché *[n.m.]* película revelada con las imágenes en negativo: *el cliché de una fotografía.*

cliente, clienta *[n.]* persona que compra lo que otro vende o que utiliza los servicios que otro ofrece: *hay cuatro clientes en la sala de espera; es clienta de mi tienda.* **SIN.** parroquiano. **AF.** comprador, consumidor. **FAM.** clientela.

clientela *[n.f.]* conjunto de los clientes que tiene una persona, una tienda, una empresa: *esta peluquería tiene clientela fija.* **SIN.** parroquia.

clima *[n.m.]* conjunto de características y condiciones que presenta el tiempo atmosférico en un lugar: *un clima húmedo y frío.* **FAM.** climático, climatológico, climatología, climatizar, climatización. **COMP.** aclimatar.

climatizado, climatizada *[adj.]* que tiene instalado un sistema de aire acondicionado: *local climatizado.*

clínica *[n.f.]* hospital, generalmente pequeño y privado. **AF.** sanatorio. **FAM.** clínico.

clínico, clínica *[adj.]* que está dedicado a la enseñanza práctica de la medicina o es necesario para la atención directa de los enfermos: *hospital clínico; análisis clínico; instrumental clínico.*

clítoris *[n.m.inv. en núm.]* órgano pequeño y carnoso que está en el exterior del órgano sexual femenino.

cloaca *[n.f.]* 1 conducto, generalmente subterráneo, por el que circulan las aguas sucias de una población: *las cloacas desprenden mal olor.* **SIN.** alcantarilla, sumidero. 2 parte final del intestino de las aves y de los reptiles.

cloro *[n.m.]* sustancia gaseosa de color amarillo o verde y olor fuerte: *el cloro sirve como desinfectante.* **FAM.** clórico, cloruro, clorita.

clorofila *[n.f.]* sustancia de las plantas que, en contacto con la luz, hace que tengan el color verde: *con clorofila se fabrican algunos productos de belleza.* **FAM.** clorofílico.

cloroformo *[n.m.]* líquido incoloro, de olor fuerte que se utiliza como disolvente: *antes el cloroformo se usaba como anestésico.*

club *[n.m.]* asociación de personas para hacer un deporte o para cualquier otra actividad y lugar en que se reúnen: *club de tenis.* **AF.** asociación.

coaccionar *[v.]* hacer o decir algo que hace que alguien no pueda decidir libremente: *lo coaccionaron para que no declarara como testigo.* **AF.** presionar.

coagularse *[v.prnl.]* hacerse sólidos algunos líquidos: *la sangre se coagula.* **SIN.** cuajarse, espesarse. **FAM.** coagulación, coágulo.

coartada *[n.f.]* medio por el que un acusado intenta demostrar que no pudo cometer un delito porque en ese momento estaba en otro lugar: *el presunto ladrón quedó libre porque tenía una buena coartada.*

coba *[n.f.]* adulación. ■ **dar coba**, adular. **FAM.** cobista.

cobarde *[adj.]* que no tiene valor: *persona cobarde; acto cobarde.* **AF.** miedoso. **ANT.** valiente. TAMBIÉN *n.*: *los cobardes huyen de las dificultades.* **FAM.** cobardía, cobardemente. **COMP.** acobardar.

cobardía *[n.f.]* lo que tienen las personas que no son valientes ante un peligro o una situación difícil. **AF.** miedo. **ANT.** valentía, arrestos, coraje.

cobayo, cobaya *[n.]* animal terrestre, con las orejas cortas, parecido a un conejo pequeño, que utilizan los investigadores de biología y medicina para hacer experimentos. **SIN.** conejillo de Indias.

cobertizo *[n.m.]* lugar cubierto con un pequeño tejado: *aparcaron los coches en un cobertizo.* **AF.** porche, marquesina.

cobijar *[v.]* proteger a personas o animales o llevarlos a un sitio donde estén protegidos: *el pastor cobijó las ovejas en el cobertizo porque llovía.* **SIN.** resguardar, refugiar. TAMBIÉN *prnl.*: *el banderillero se cobijó en el burladero cuando salió el toro.* **FAM.** cobijo.

cobra *[n.f.]* serpiente venenosa, grande, que ensancha el cuello cuando ataca, cuya picadura puede producir la muerte y vive en zonas cálidas de África, Asia y Oceanía.

cobrador, cobradora *[n.]* persona que trabaja cobrando el dinero que otras tienen que pagar: *un cobrador de autobús.*

cobrar *[v.]* 1 recibir una cantidad de dinero de alguien que la debe: *el fontanero cobró después de arreglar la avería.* **ANT.** pagar. 2 empezar a tener (o a sentir) algo: *el proyecto va cobrando forma; acabaron por cobrarle cariño.* **SIN.** tomar. 3 hacerse con una presa cuando se está cazando o pescando: *cobraron muchas perdices.* **FAM.** cobrador, cobro. **COMP.** recobrar.

cobre *[n.m.]* metal de color rojo pardo que se trabaja con facilidad y tiene múltiples utilidades: *los cables eléctricos están hechos de cobre.* **AMPL.** en aleación con el estaño forma el ***bronce*** y con el cinc forma el ***latón***. **FAM.** cobrizo, cúprico, cobreño.

coca *[n.f.]* 1 arbusto que se cultiva principalmente en América del Sur, de cuyas hojas secas se saca la cocaína: *la coca se utiliza también en la fabricación de productos farmacéuticos.* 2 especie de torta dulce que se hace con azúcar, huevos, aceite, harina, etc., y que puede llevar piñones, almendras, etc. **FAM.** cocaína, cocainómano.

cocaína *[n.f.]* droga en forma de polvo blanco que se saca de las hojas del arbusto llamado coca: *la cocaína es una droga muy peligrosa.*

cocción *[n.f.]* hecho de que algo se cueza: *la verdura tiene una cocción rápida.*

cocear *[v.]* dar coces o patadas los animales: *el caballo coceó la puerta de la cuadra.* **OBS.** e + e = ee: *cocee.*

cocer *[v.]* 1 poner los alimentos crudos al fuego, normalmente con un caldo de agua y algo más, para que se ablanden, tomen otro sabor y se puedan comer: *coció las patatas para hacer puré.* **AF.** cocinar. 2 calentar un líquido hasta que hierva: *cocer el agua; cocer la leche.* **SIN.** hervir. 3 poner al fuego objetos de barro, porcelana, etc., para que se pongan duros y puedan usarse normalmente: *los ladrillos se cuecen en hornos especiales.* **FAM.** cocción, cocedero, cocido, cocina, cocinar, cocinero. **COMP.** escocer.

CONJUGACIÓN DEL VERBO COCER

Formas no personales
Infinitivo: *cocer*. Gerundio: *cociendo*. Participio: *cocido*.
Indicativo
Presente: *cuezo, cueces, cuece, cocemos, cocéis, cuecen.*
Pretérito imperfecto: *cocía, cocías, cocía, cocíamos, cocíais, cocían.*
Pretérito perfecto simple: *cocí, cociste, coció, cocimos, cocisteis, cocieron.*
Futuro: *coceré, cocerás, cocerá, coceremos, coceréis, cocerán.*
Condicional simple: *cocería, cocerías, cocería, coceríamos, coceríais, cocerían.*
Subjuntivo
Presente: *cueza, cuezas, cueza, cozamos, cozáis, cuezan.*
Pretérito imperfecto: *cociera/ cociese, cocieras/ cocieses, cociera/ cociese, cociéramos/ cociésemos, cocierais/ cocieseis, cocieran/ cociesen.*
Futuro: *cociere, cocieres, cociere, cociéremos, cociereis, cocieren.*
Imperativo:
cuece, cueza, cozamos, coced, cuezan.

coche *[n.m.]* 1 vehículo con ruedas y motor, especialmente el que puede transportar entre dos y nueve personas: *coche deportivo; coche familiar.* **SIN.** automóvil. 2 vagón de tren que lleva viajeros: *tenemos billete para el coche número dos.* **SIN.** vagón. ■ **coche de caballos**, vehículo sin motor arrastrado por caballos. ■ **coche cama**, vagón de tren en el que hay compartimentos con camas. **FAM.** cochera, cochero.

cochera *[n.f.]* lugar en el que se guardan coches o autobuses.

cochero *[n.m.]* el que conduce un coche de caballos: *el cochero nos llevó a los sitios típicos de la ciudad.*

cochinilla *[n.f.]* insecto mejicano del que se obtiene una materia colorante de color rojo.

cochinillo *[n.m.]* cerdo pequeño que se alimenta sólo de leche.

cochino, cochina *[n.]* cerdo*: *una piara de cochinos; la muy cochina nunca limpia; ¡vaya libro más cochino!* **FAM.** cochinillo, cochinada, cochinería, cochiquera.

cocido *[n.m.]* comida hecha con garbanzos, carne, chorizo, etc.: *el cocido es una comida típica castellana.*

cociente *[n.m.]* resultado de una división: *si multiplicas el cociente por el divisor da el número que dividías.*

cocina *[n.f.]* 1 lugar de una casa, un restaurante, etc., donde se prepara la comida: *la cocina está al lado del comedor.* 2 aparato de gas, electricidad, leña, etc., que sirve para cocinar los alimentos: *enciende el fuego de la cocina para freír el filete.* 3 técnica de cocinar los alimentos: *la cocina no se le da bien.* 4 conjunto de comidas típicas de un lugar: *cocina española; cocina francesa.*

cocinar *[v.]* guisar o preparar los alimentos: *hay que cocinar la carne para consumirla.*

cocinero, cocinera *[n.]* persona que trabaja en una cocina preparando comidas: *el cocinero del restaurante; en casa soy yo el cocinero.*

coco *[n.m.]* 1 fruto de forma parecida a la del melón, con la cáscara marrón fibrosa y muy dura, que tiene la carne o pulpa de color blanco y un agua de sabor dulce. **AMPL.** el árbol que lo produce se llama ***cocotero, palmera cocotera*** o ***palma americana***. 2 personaje inventado para meterle miedo a los niños: *le dijo que el coco no existe.* **FAM.** cocotero, cocada, cocotal.

cocodrilo *[n.m.]* animal con forma de lagarto, pero de enorme tamaño, que vive en las orillas de los ríos tropicales, tiene la boca muy grande, llena de dientes afilados, piel dura con escamas de color verdoso y cola muy larga, y se reproduce por huevos.

cocotero *[n.m.]* árbol tropical, alto, de tronco delgado, parecido a una palmera, cuyo fruto es el coco*.

cocreta forma incorrecta de decir *croqueta**.

cóctel *[n.m.]* 1 bebida que se prepara mezclando licores con zumos de frutas o refrescos. 2 fiesta en que los invitados suelen permanecer en pie mientras charlan y consumen las comidas y bebidas que se sirven. ■ **cóctel molotov**, explosivo de fabricación casera compuesto por gasolina y otros productos químicos que se suelen meter en una botella de cristal con una mecha. **FAM.** coctelera.

codazo *[n.m.]* golpe que se da con el codo.

codearse *[v.]* tener relación normal o habitual con otras personas: *se codea con gente famosa.* **SIN.** tratarse. **OBS.** e + e = ee: *se codeen.*

codera *[n.f.]* **1** trozo de tela o de otro material que se pone en las prendas de vestir sobre la parte que coincide con el codo para tapar un roto o para adornar. **2** desgaste o deformación que se le hace con el uso a algunas prendas de vestir en la parte de los codos.

códice *[n.m.]* libro antiguo escrito a mano y que tiene importancia histórica o literaria.

codicia *[n.f.]* deseo muy grande de riquezas, de manera que lo que más importa es tener cada día más dinero y más bienes materiales: *la codicia hizo que perdiera a sus mejores amigos.* **SIN.** avaricia. **ANT.** desprendimiento. **FAM.** codicioso, codiciar, codiciable, codiciosamente.

codiciar *[v.]* querer o desear riquezas u otras cosas con mucha fuerza: *no se deben codiciar los bienes de los demás.* **SIN.** ambicionar, ansiar.

codicioso, codiciosa *[adj.]* que quiere tener cada día más dinero y riquezas por el simple gusto de tenerlas: *una persona codiciosa.* **SIN.** avaricioso. **ANT.** desprendido, desinteresado. TAMBIÉN *n.*: *los codiciosos sólo piensan en el dinero.*

código *[n.m.]* **1** conjunto ordenado de leyes o reglas: *código de circulación; código civil.* **2** conjunto de signos y de reglas que sirven para hacer y entender mensajes: *las lenguas son códigos que nos permiten comunicarnos.* **3** letras, números o signos especiales con los que se pone en marcha un aparato, se abre una caja fuerte, un maletín, etc.: *si no sabes el código no podrás abrir la caja.* **SIN.** clave. **AF.** combinación. ■ **código postal**, conjunto de números que corresponden a una población o a una zona y que facilitan la clasificación y distribución del correo. **FAM.** codificar, codificación. **COMP.** descodificar, descodificación, decodificar, decodificación.

codo *[n.m.]* **1** articulación por la que se dobla el brazo: *no apoyes los codos sobre la mesa.* **2** trozo de tubo doblado en ángulo: *los codos permiten cambiar la dirección de las tuberías.* ■ **alzar o empinar el codo**, beber mucho alcohol. ■ **hablar por los codos**, hablar mucho. **FAM.** codera, codazo, codearse, codillo. **COMP.** recodo, acodar, acodado.

codorniz *[n.f.]* ave pequeña, de color marrón con rayitas blancas y negras en el pecho, y cola corta, que vive en las praderas y en los campos, y que come semillas. **PL.** *codornices.*

coeficiente *[n.m.]* número o letra que, escrito a la izquierda, hace de multiplicador. **AMPL.** se usa en álgebra y aparece formando parte de un ***monomio***; por ejemplo, en el monomio ax^2 la letra *a* es el coeficiente. ■ **coeficiente intelectual**, número con que se expresa el grado de inteligencia de una persona. **FAM.** coeficiencia.

coexistir *[v.]* existir a la vez distintas personas, animales o cosas: *la monarquía y la república no pueden coexistir en un país.* **FAM.** coexistencia, coexistente, existir.

cofia *[n.f.]* especie de gorro pequeño de tela que forma parte del uniforme de algunos oficios de mujer: *una cofia de enfermera; una cofia de camarera.*

cofre *[n.m.]* caja de material resistente y con cerradura que se usa para guardar cosas de valor: *guarda las joyas en un cofre.* **AF.** arca.

cogedor *[n.m.]* especie de pala pequeña que se usa para recoger la basura cuando se barre. **AMPL.** el cogedor de hierro que se usa para recoger la ceniza de las chimeneas se llama ***badil*** y la palita pequeña y redonda ***badila***.

coger *[v.]* **1** agarrar con las manos para mover, sujetar o tener algo: *cogió los libros y se fue a clase; cogió al niño de la mano para que cruzara la calle.* **SIN.** asir. **ANT.** soltar. **2** llegar hasta donde está quien va delante y ponerse a su nivel: *vete andando, que yo te cojo enseguida.* **SIN.** alcanzar. **3** golpear o herir un toro con los cuernos a alguien: *el toro cogió al banderillero.* **4** llegar a tener algo o a alguien: *coger* *un resfriado; cogieron varios prisioneros.* **SIN.** pillar. **ANT.** soltar. 5 montar en un vehículo: *mañana cogeré el tren de las ocho.* **SIN.** subir a. 6 hacer la cosecha de algo: *ya es época de coger las manzanas.* **SIN.** cosechar, recoger, recolectar. ■ **coger con las manos en la masa**, descubrir o sorprender a alguien haciendo o diciendo algo. **SIN.** pillar, sorprender. **OBS.** ante a y o, j: *cojan; cojo.* **FAM.** cogedor. **COMP.** acoger, encoger, escoger, recoger, sobrecoger.

cognición *[n.f.]* conocimiento.

cogollo *[n.m.]* parte central y apretada de algunas verduras: *cogollo de coliflor.* **SIN.** corazón, centro.

cogote *[n.m.]* parte posterior del cuello: *te han cortado tanto el pelo que se te ve el cogote.* **SIN.** nuca.

cohabitar *[v.]* vivir con alguien. **SIN.** convivir.

coheredar *[v.]* heredar algo entre varios: *los tres hermanos coheredaron la casa de sus padres.* **FAM.** heredar.

coherente *[adj.inv. en gén.]* 1 que demuestra que se actúa sin contradecir lo que se dice o lo que se piensa: *una persona coherente.* **SIN.** consecuente. 2 que mantiene una buena relación entre todas sus partes y no se contradicen unas con otras: *un escrito coherente; un planteamiento coherente.* **SIN.** lógico, racional. **FAM.** coherencia, cohesión. **COMP.** incoherencia.

cohesión *[n.f.]* unión o relación de dos o más cosas entre sí.

cohete *[n.m.]* 1 tubo lleno de pólvora y sujeto a una varilla, que se eleva a gran velocidad y estalla en el aire: *cuando los cohetes estallan la vara cae a tierra.* 2 vehículo aéreo formado por una cabeza cónica, un cuerpo cilíndrico y varias aletas triangulares, que se mueve a gran velocidad gracias a que expulsa por la cola con mucha fuerza un chorro de gases: *cohete espacial.*

cohibir *[v.]* hacer que alguien no pueda actuar con libertad: *lo cohíbe hablar en público.* **AF.** coartar, refrenar. **FAM.** cohibición, cohibido. **ACENT.** como *prohibir**.

coincidencia *[n.f.]* 1 situación que se da cuando varias cosas ocurren al mismo tiempo por casualidad o cuando varias personas se encuentran en un lugar sin haberse puesto de acuerdo: *¡qué grata coincidencia vernos aquí!* **SIN.** casualidad. 2 hecho de que dos o más cosas o personas estén a la vez en el mismo sitio o sean iguales: *coincidencia de caminos* (**SIN.** cruce, confluencia, concurrencia)*; coincidencia de ideas; coincidencia de intereses* (**SIN.** convergencia, igualdad). **FAM.** coincidente, coincidentemente, coincidir.

coincidir *[v.]* 1 pasar dos o más cosas al mismo tiempo o estar dos personas en el mismo sitio: *su boda coincidió con mis vacaciones; coincidieron en el ascensor.* 2 ser una cosa de la misma forma, tamaño, tipo o estilo que otra: *esta pieza coincide con el hueco que queda en el puzzle; mi opinión coincide con la tuya.* **FAM.** coincidencia, incidente.

cojear *[v.]* 1 mover las piernas o las patas con distinto ritmo al andar: *el perro cojea.* 2 estar un mueble mal apoyado en el suelo: *hay que calzar este armario porque cojea.* ■ **saber de qué pie cojea** alguien, conocerlo bien y especialmente sus defectos. **OBS.** e + e = ee: *cojeen.* **FAM.** cojo, cojera.

cojera *[n.f.]* defecto del que cojea: *tiene una leve cojera en el pie izquierdo.*

cojín *[n.m.]* almohada pequeña, generalmente cuadrada o redonda: *apoya la espalda en un cojín.* **PL.** *cojines.* **FAM.** cojinete.

cojinete *[n.m.]* pieza en la que se apoya el eje giratorio de una rueda o máquina.

cojo, coja *[adj.]* que cojea.

col *[n.f.]* planta de huerta con las hojas anchas, blancas las de dentro y verdes las de fuera, y el centro redondo y apretado: *las coles huelen muy mal al cocerlas.* **FAM. COMP.** coliflor.

cola *[n.f.]* 1 prolongación de la parte de atrás del cuerpo de un animal. **AMPL.** en los animales vertebrados es una prolongación de la columna vertebral (en los mamíferos se llama ***rabo***); en los peces, una aleta (llamada ***aleta caudal***); en las aves, un manojo de plumas y en otros animales, como el escorpión, una prolongación del abdomen. 2 parte de atrás, prolongación o parte final de algo: *la cola del avión; el vagón de la cola del tren; la cola de un cometa; la cola de un vestido.* 3 fila de personas o de cosas que esperan su turno: *estuvo en la cola más de media hora.* 4 pasta o líquido que sirve para pegar unas cosas a otras. **AF.** pegamento, adhesivo. ■ **tener cola** o **traer cola**, producir problemas algo que ha pasado o que se ha hecho mal. **FAM.** coleta, colear, colilla. **COMP.** encolar.

colaboración *[n.f.]* ayuda que se presta al colaborar* en algo.

colaborador, colaboradora *[adj.]* que colabora: *persona colaboradora.* TAMBIÉN *n.*: *los colaboradores de un periódico.*

colaborar *[v.]* **1** ser uno de los que trabajan o han trabajado en algo que se hace entre varios o muchos: *en la fabricación de automóviles colaboran muchos profesionales.* **SIN.** participar, cooperar. **2** hacer algo para lograr alguna cosa que beneficia a alguien o a todos: *hay que colaborar en la lucha contra la droga.* **SIN.** cooperar, ayudar. **3** hacer trabajos para una empresa, pero sin estar en plantilla: *en este periódico colaboran varios profesores universitarios.* **FAM.** colaboración, colaborador, colaboracionismo, colaboracionista.

colación *[n.f.]* comida ligera: *fuimos al teatro y, al salir, tomamos una colación.* ■ **sacar a colación**, mencionar algo o a alguien en una conversación.

colada *[n.f.]* ropa que se lava de una vez.

colador *[n.m.]* utensilio de cocina que tiene una tela o una superficie con agujeritos para que pasen los líquidos y no pasen otras sustancias: *con el colador se separan los posos del café.* **SIN.** coladera, manga (si es de tela).

colar *[v.]* **1** pasar un líquido por un colador* o un filtro: *cuela la leche porque no le gusta la nata.* **AF.** filtrar. **2** hacer algo burlando la vigilancia o la atención de alguien: *contó una mentira para ver si colaba.* TAMBIÉN *prnl.*: *se colaron en el cine sin entrada.* **CONJUG.** como *contar**. **FAM.** colador, colada, colación, coladera, coladero, coladura.

colcha *[n.f.]* pieza de tela con la que se cubre la ropa de la cama: *una colcha de seda.* **SIN.** sobrecama, cubrecama, cobertor. **AF.** edredón. **FAM.** colchón, colchoneta, colchonería, colchonero. **COMP.** acolchar, acolchado.

colchón *[n.m.]* especie de saco rectangular, cerrado por todos sus lados y relleno de un material blando y mullido como lana, plumas o esponja, que suele ponerse sobre una cama, una cuna, etc. para acostarse sobre él. **PL.** *colchones.*

colchonería *[n.f.]* tienda (o fábrica) de colchones, almohadas, cojines, etc.

colchonero, colchonera *[n.]* persona que hace o vende colchones.

colchoneta *[n.f.]* colchón* sencillo, de poco peso y delgado, que se usa para tumbarse en la playa, para dormir en tiendas de campaña, etc.

colección *[n.f.]* conjunto de cosas de la misma clase que normalmente se han ido consiguiendo poco a poco: *colección de sellos, de monedas.* **FAM.** coleccionar, coleccionista. **COMP.** recolección.

coleccionar *[v.]* buscar y guardar cosas que a uno le gustan para llegar a tener una buena muestra de ellas.

coleccionista *[n.inv. en gén.]* persona que colecciona cosas: *un coleccionista de ediciones de El Quijote.*

colecta *[n.f.]* recaudación de dinero o de cosas con fines benéficos: *hicieron una colecta para los perjudicados por las inundaciones.* **FAM.** colectar, colector, colectividad, colectivo, colectivamente. **COMP.** recolección.

colectividad *[n.f.]* grupo de personas que tienen ideas o intereses en común: *los mineros son una colectividad muy fuerte.* **SIN.** comunidad, grupo.

colectivo, colectiva *[adj.]* **1** que no es de uno solo, sino de muchos o de todos: *esfuerzo colectivo; trabajo colectivo.* **SIN.** común. // **co-**

COLECTIVOS DE ANIMALES

animales	grupo	P.
abejas	enjambre	8
animales de carga (mulos)	recua	10
caballos atados en fila	reata	10
cabras (muchas, del mismo dueño)	rebaño	8
cabras (pocas)	manada, hato	10
cachorros hermanos	camada	9
cerdos	piara	9
lobos	manada	8
mosquitos (muchos, volando)	nube	9
ovejas (muchas, del mismo dueño)	rebaño	5
ovejas de distintos dueños	rehala, reala	10
ovejas (pocas)	manada, hato	10
pájaros volando	bandada	8
pavos	manada	9
peces	banco	8
perros	jauría	9
perros de caza	rehala	10
toros	vacada	9
vacas	vacada	8

lectivo *[n.m.]* 2 grupo de personas que tienen algo en común: *un sindicato es un colectivo de trabajadores.* **GRAM.** siempre concuerda en singular: se dice *una nube de mosquitos volaba,* no *volaban.* ■ **nombre colectivo**, VER *nombre* (acepción 3 y CUADRO).

colega *[n.inv. en gén.]* persona que tiene el mismo trabajo o la misma profesión que otra: *en la reunión conoció a muchos colegas.* **SIN.** compañero.

colegial, colegiala *[n.]* niño o niña que va al colegio: *los colegiales ya están de vacaciones.* **SIN.** escolar.

colegiata *[n.f.]* iglesia en la que se celebran algunos cultos como en las catedrales; tiene un cabildo que se compone de abad y clérigos regulares.

colegio *[n.m.]* 1 edificio dedicado a la enseñanza: *colegio público; colegio privado.* **SIN.** escuela. 2 asociación de personas de profesiones liberales (como médicos, abogados, arquitectos, etc.) que defiende los intereses de sus asociados: *los proyectos de construcción tienen que pasar por el Colegio de Arquitectos.* ■ **colegio electoral**, cada uno de los sitios a los que se puede ir a votar cuando hay elecciones. **FAM.** colegial, colegiado, colega, colegiarse.

cólera *[n.f.]* 1 sentimiento muy fuerte de enfado: *conviene controlar la cólera y actuar con calma.* **SIN.** ira*. // **cólera** *[n.m.]* 2 enfermedad grave que se contagia con facilidad y produce fuertes dolores de tripa, diarreas y vómitos: *el cólera ha provocado en la historia grandes epidemias y muchas muertes.* **FAM.** colérico, coléricamente. **COMP.** encolerizarse.

colérico, colérica *[adj.]* muy enfadado: *estaba colérico porque no lo avisó con tiempo suficiente.* **SIN.** furioso, iracundo, enfurecido, encolerizado, rabioso. **AF.** enfadado, irritado, crispado. **ANT.** sereno.

coleta *[n.f.]* peinado que se puede hacer cuando se tiene el pelo largo, recogiendo parte de él en su raíz con una cinta y dejando suelto el resto o trenzándolo: *antiguamente los toreros llevaban coleta.* **AMPL.** cuando sólo se lleva una coleta suelta en la parte de la coronilla se llama ***cola de caballo***; una coleta trenzada es una ***trenza***. **FAM.** coletazo, coletilla, cola.

coletazo *[n.m.]* 1 movimiento brusco de la cola y golpe que se puede dar con ella: *el pez dio un fuerte coletazo y salió nadando a toda velocidad.* 2 últimas pruebas de estar vivo que da un animal o un negocio que se acaba o cualquier cosa que está a punto de desaparecer: *el verano está dando ya los últimos coletazos.*

colgante *[adj.inv. en gén.]* 1 que cuelga o parece que cuelga: *un puente colgante; las casas colgantes de Cuenca.* // **colgante** *[n.m.]* 2 adorno que se cuelga de una cadena, de una pulsera o de un collar: *un colgante de oro.*

colgar *[v.]* 1 estar una cosa sujeta a otra de modo que quede en el aire: *las cortinas cuelgan de una barra.* **SIN.** pender. 2 poner una cosa de esa manera: *cuelga las cortinas de la barra; colgó la lámpara del gancho del techo.* **SIN.** suspender. 3 dejar de hacer algo o de dedicarse a algo: *cuando estaba en tercero de derecho colgó sus estudios.* **SIN.** dejar, abandonar. 4 cortar una comunicación telefónica: *se enfadó con él y le colgó el teléfono.* **CONJUG.** como *rogar**. **FAM.** colgante, colgajo, colgador, colgadura, colgadizo. **COMP.** descolgar.

colibrí *[n.m.]* pájaro pequeño de pico largo, fino y curvado, con plumas de colores muy vivos y alegres que vive en los países tropicales de América: *el colibrí se alimenta de insectos y de néctar de las flores.* **PL.** *colibríes* o *colibrís.*

cólico *[n.m.]* enfermedad que produce fuertes dolores, vómitos, diarreas, etc.: *cólico de riñón; cólico intestinal.*

coliflor *[n.f.]* tipo de col con el centro blanco en forma de una especie de piña rodeado por hojas verdes.

colilla *[n.f.]* trozo de cigarrillo que queda después de haber fumado su mayor parte: *las colillas no se deben tirar encendidas.*

colina *[n.f.]* monte pequeño o pequeña elevación del terreno: *el castillo estaba sobre una colina.* **SIN.** loma*.

colirio *[n.m.]* medicina líquida para los ojos: *algunos colirios se aplican con cuentagotas.*

coliseo *[n.m.]* 1 lugar donde los antiguos romanos hacían representaciones teatrales: *en Roma se puede ver todavía cómo era un coliseo.* 2 forma de llamar a un cine como dándole más importancia.

colisión *[n.f.]* choque entre dos o más cosas: *el accidente se produjo por una colisión frontal.* **SIN.** golpe, encontronazo, choque. **PL.** *colisiones.* **FAM.** colisionar.

colitis *[n.f.inv. en núm.]* inflamación del intestino que produce diarreas: *sigue una dieta blanda para curar la colitis.* **ANT.** estreñimiento.

collado *[n.m.]* **1** monte pequeño, colina, loma. **2** paso natural entre montañas. **AF.** puerto.

collage *[n.m.]* técnica artística que consiste en pegar sobre un lienzo o tabla trozos de papel, tela, plástico, etc. y cuadro hecho así. **OBS.** es una palabra francesa y la palabra castellanizada es ***colage***.

collar *[n.m.]* **1** adorno que se pone alrededor del cuello: *un collar de perlas.* **AMPL.** el collar pequeño, que casi no cuelga, se llama ***gargantilla***. **2** especie de cinta de cuero o de metal que llevan algunos animales. **FAM.** collarín, cuello. **COMP.** ***descollar*** (sobresalir).

collera *[n.f.]* collar de cuero o lona relleno de borra o paja, que se le pone a los caballos o a los bueyes. **FAM.** cuello.

collerón *[n.m.]* collera* adornada. **PL.** *collerones.* **FAM.** cuello.

colmado, colmada *[adj.]* **1** totalmente lleno: *una bolsa colmada de harina; un hombre colmado de alegría.* **SIN.** rebosante. // **colmado** *[n.m.]* **2** tienda de comestibles.

colmar *[v.]* **1** llenar: *si colmas la taza no podrás beber; tu éxito me colma de alegría.* **2** dar con abundancia: *colmar de bendiciones; colmar de besos.* ■ **ser la gota que colma el vaso**, ser lo que faltaba en una situación desagradable. **FAM.** colmado, colmo.

colmena *[n.f.]* nido en el que viven y trabajan las abejas: *cada cierto tiempo hay que recoger los panales de las colmenas.* **FAM.** colmenar, colmenero.

colmillo *[n.m.]* **1** diente puntiagudo y fuerte que está entre las muelas y los dientes centrales o incisivos: *los colmillos sirven para desgarrar.* **2** cada uno de los dos dientes largos y puntiagudos en forma de cuerno que tienen los elefantes a los lados de la boca: *el marfil se saca de los colmillos de los elefantes.*

colocación *[n.f.]* **1** puesto de trabajo: *está buscando colocación.* **SIN.** empleo, trabajo. **2** manera de estar puestas las cosas: *cambió la colocación de los muebles.* **AF.** orden, situación, posición.

colocar *[v.]* **1** poner algo o a alguien en su sitio, o en un determinado orden: *coloca los papeles en la carpeta; nada más llegar nos colocaron a todos* (**SIN.** poner, situar)*; coloca los libros por autores* (**SIN.** ordenar). TAMBIÉN *prnl.: me coloqué en la mejor butaca del cine.* **2** dar un trabajo a alguien: *se metió en política para colocar bien a toda la familia.* **SIN.** emplear. TAMBIÉN *prnl.: se ha colocado de profesor.* **OBS.** ante e, qu: *coloquen.* **FAM.** colocación. **COMP.** descolocar.

colombiano, colombiana *[adj. y n.]* de Colombia, país suramericano cuya capital es Bogotá: *una ciudad colombiana; un colombiano llamado García Márquez fue premio Nobel de literatura.*

colon *[n.m.]* parte del intestino grueso de las personas y de algunos animales: *cáncer de colon.* **AMPL.** el intestino grueso está formado por el ***ciego***, el ***colon*** y el ***recto***, que termina en el ano. **FAM.** cólico, colitis.

colonia *[n.f.]* **1** líquido que se prepara con alcohol y esencias de plantas (o preparadas artificialmente) que tienen buen olor: *le gusta perfumar al bebé con una colonia fresca.* TAMBIÉN se llama agua de colonia. **AF.** perfume. **2** conjunto de personas de un país, una región o una ciudad que viven en otro país, región o ciudad: *la colonia africana de Europa aumenta constantemente.* **3** territorio o lugar que está bajo el control político y económico de un país extranjero: *Cuba fue colonia española hasta 1898.* 4 grupo de animales o de plantas que viven en la misma zona y tienen características semejantes: *hemos visto una colonia de pingüinos.* 5 lugar preparado para que los niños pasen las vacaciones: *una colonia de verano.* **FAM.** colonial, colonialismo, colonialista, colonizar, colonización, colonizador, colono.

colonial *[adj.inv. en gén.]* de las colonias de un país: *imperio colonial; territorio colonial.* ■ **almacén de coloniales** tienda o almacén que vendía sobre todo comestibles producidos en la colonias, llamados también ***ultramarinos***.

colonización *[n.f.]* ocupación y cambios culturales que hace un país al colonizar a otro: *Colón fue quien inició la colonización española en América.*

colonizar *[v.]* 1 entrar gentes de un país en otro, normalmente por la fuerza de las armas o del poder económico, y llegar a influir en él de tal manera que acaban cambiando sus costumbres, su cultura y a veces su lengua y su sistema político: *los franceses colonizaron gran parte de África.* **AMPL.** las personas que colonizan así se llaman ***colonizadores***. 2 ocupar territorios en los que no hay nadie, para vivir en ellos, trabajar y aprovechar sus recursos: *el oeste americano fue colonizado por gentes de muy distinta procedencia.* **AMPL.** quienes colonizan así se llaman ***colonos***. **OBS.** ante e, c: *colonice.*

colono *[n.m.]* 1 el que coloniza tierras que no están ocupadas: *América atrajo a muchos colonos.* 2 agricultor que trabaja las tierras de otra persona y paga por ello un alquiler: *el colono pagaba al dueño con los frutos de la tierra.*

coloquial *[adj.inv. en gén.]* que es propio de la conversación, más que de escritos o discursos: *siempre habla en términos coloquiales.* **FAM.** coloquio.

coloquio *[n.m.]* conversación entre varias personas, especialmente cuando se trata sobre temas culturales, sociales, científicos, etc.: *coloquio literario; coloquio sobre la problemática juvenil.* **AF.** debate. **FAM.** coloquial, coloquialmente, locución.

color *[n.m.]* 1 lo que, además del tamaño y la forma, ven los ojos en las cosas y que se produce porque la luz se refleja en ellas: *el rojo y el verde son mis colores favoritos.* 2 pintura, polvos o cualquier otro producto de los que se usan para pintar o teñir: *el pintor mezcló varios colores para pintar la habitación.* ■ **de color**, de raza negra. ■ **en color** o **de color**, que además del blanco y el negro tiene otros colores: *fotos en color.* ■ **sacar los colores**, poner rojo de vergüenza a alguien. **FAM.** coloración, colorado, colorante, colorido, colorete, colorear, colorín, colorista, colorismo, colorar. **COMP.** descolorido, incoloro, bicolor, tricolor, multicolor.

colorado, colorada *[adj.]* de color rojo.

colorante *[adj.inv. en gén.]* que sirve para dar color: *líquido colorante; una sustancia colorante.* TAMBIÉN *n.m.: preparó el tinte con agua y un colorante.*

colorear *[v.]* dar color a una cosa: *colorea el dibujo sin salirte de las líneas.* **SIN.** pintar. **OBS.** e + e = ee: *coloreen.*

colorido *[n.m.]* manera en que están combinados los colores de una cosa o fuerza e intensidad del color de algo: *le gustó el colorido de la tela; un colorido suave; un colorido fuerte.*

colorín *[n.m.]* color que llama la atención porque es muy vivo o intenso: *resulta feo con tanto colorín.* **PL.** *colorines.*

colosal *[adj.inv. en gén.]* 1 que es muy grande: *una obra colosal; un monumento colosal.* **SIN.** enorme*. 2 que es muy bueno: *una película colosal.* **SIN.** estupendo*.

columbio forma incorrecta de decir *columpio**.

columna *[n.f.]* 1 pieza vertical de las construcciones, normalmente de forma cilíndrica, en la que se apoyan vigas, extremos de arcos, etc. **AMPL.** a veces la columna está apoyada sobre una pieza algo más ancha que se llama ***basa***; el ***capitel*** es la parte de arriba y suele ser también más ancha y estar adornada; la parte de la columna que está entre la *basa* y el *capitel* se llama ***fuste*** o ***caña***; el elemento de apoyo del mismo tipo que la columna que en lugar de ser redondo es cuadrado o poligonal, sin basa ni capitel y más grueso, se llama ***pilar*** y si es del tamaño de una columna, pero de base cuadrangular, y está pegado a una pared se llama ***pilastra***. 2 cualquier cosa (humo, gas, vapor, polvo) que sube hacia el cielo con forma más o menos cilíndrica: *de la chimenea sale una columna de humo.* 3 cosas que están colocadas unas encima de otras, especialmente si son las líneas cortas que forman las páginas de algunos impresos como los periódicos, los diccionarios, las revistas, etc. ■ **columna vertebral**, conjunto de huesos, unidos unos a otros, que forman el eje del esqueleto de los animales vertebrados y, en el ser humano, van desde la base del cráneo hasta el principio de las piernas, ocupando el centro de la espalda: *los huesos que forman la columna vertebral se llaman* ***vértebras***. **FAM.** columnista, columnata.

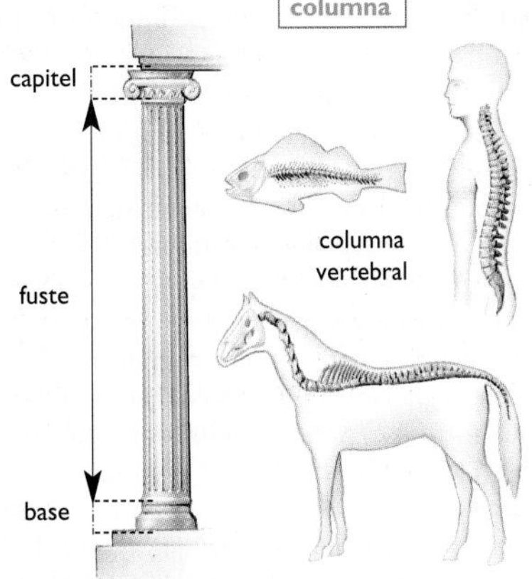

columnista *[n.inv. en gén.]* persona que trabaja para un periódico, escribiendo con regularidad un artículo que suele aparecer publicado siempre en la misma página o sección: *es columnista del ABC.* **SIN.** articulista.

columpiar *[v.]* empujar a alguien que está sentado en un columpio para que se mueva. TAMBIÉN *prnl.: los niños se columpian.*

columpio *[n.m.]* aparato que hace un movimiento de vaivén y tiene un sitio para sentarse y jugar, distrayéndose con ese movimiento. **FAM.** columpiar.

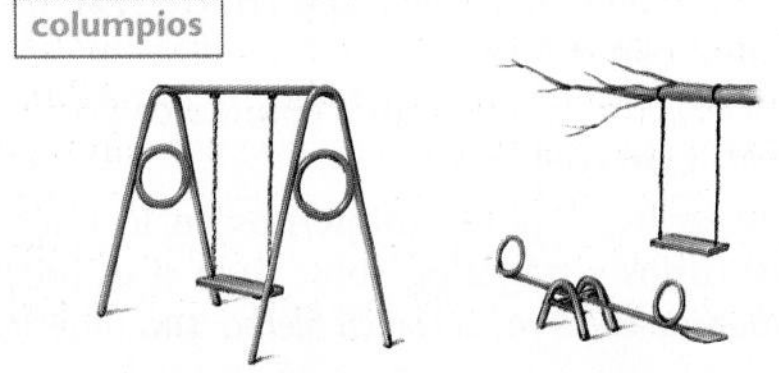

coma *[n.f.]* 1 signo de puntuación (,) que en ortografía sirve para separar palabras o grupos de palabras e indicar una pausa cuando se lee y en aritmética para separar los decimales. // **coma** *[n.m.]* 2 situación en la que está una persona cuando por un accidente o enfermedad deja de hablar, de moverse y de razonar: *está en coma, un coma diabético, un coma etílico.* **FAM.** comillas, entrecomillar, entrecomillado, comatoso.

comadre *[n.f.]* 1 lo que es la madrina de bautismo de una persona, para el padre, la madre o el padrino de esa persona. 2 vecina con la que una mujer tiene más trato y confianza, sobre todo cuando entre ellas murmuran de los demás. **FAM.** comadrear, comadreo, madre.

comadreja *[n.f.]* animal pequeño, de cuerpo largo y delgado de color marrón por arriba y blanco por debajo que caza topos, ratones, etc.

comadrona *[n.f.]* enfermera que ayuda en los partos. **SIN.** matrona, partera.

comandante *[n.]* entre los militares, jefe que manda más que el capitán y menos que el teniente coronel, puede dar órdenes a un batallón y su divisa es una estrella de 8 puntas.

comando *[n.m.]* grupo de personas armadas y preparadas para hacer misiones especiales o peligrosas: *un comando del ejército; un comando terrorista.* **FAM.** comandante, comandancia, comandar, mandar.

comarca *[n.f.]* zona geográfica que tiene varias poblaciones entre las que hay mucha relación y productos de cultivos o industrias de la misma clase: *la Tierra de Campos es una comarca cerealista de Castilla.* **AF.** circunscripción. **AMPL.** la población más importante de una comarca se llama ***centro comarcal***. **FAM.** comarcal.

comarcal *[adj.inv. en gén.]* de una comarca: *división comarcal; colegio comarcal.*

comba *[n.f.]* 1 juego infantil que consiste en saltar una cuerda que se mueve haciéndola pasar por debajo de los pies y por encima de la cabeza de los que saltan. 2 forma que toman algunas cosas derechas cuando, por el uso o el peso, se curvan. **FAM.** combar, combadura.

combar *[v.]* torcer ligeramente una tabla, una barra de hierro, etc.: *la humedad comba la madera.* **SIN.** curvar*. TAMBIÉN *prnl.: las baldas de las estanterías se comban con el peso de los libros.*

combate *[n.m.]* 1 lucha entre ejércitos: *muchos soldados murieron en el combate.* **SIN.** batalla. 2 lucha entre personas o animales: *los leones sostuvieron un duro combate para defender sus territorios.* **SIN.** lucha, lid, pugna, contienda, pelea.

combatiente *[n.inv. en gén.]* persona que combate o que lucha: *hicieron prisioneros a varios combatientes.* TAMBIÉN *adj.: los ejércitos combatientes.*

combatir *[v.]* 1 enfrentarse y luchar por algo dos o más personas o animales: *en las guerras civiles combaten hermanos contra hermanos.* **SIN.** luchar, pelear, guerrear. 2 ser una cosa buena y eficaz contra otra: *una medicina para combatir la gripe.* **SIN.** luchar contra, atacar. **FAM.** combate, combatiente, cambatividad, combativo, batir.

combinación *[n.f.]* 1 mezcla que se hace al combinar* cosas distintas: *combinación de sabores; combinación de colores; combinación de números.* 2 prenda de vestir que las mujeres se ponen encima de la ropa interior y debajo del vestido: *se le ve la combinación por debajo de la falda.* 3 conjunto ordenado de números, letras o signos que sirven para que funcionen algunos mecanismos: *la combinación de un candado; la combinación de una caja fuerte.* **SIN.** clave, código.

combinar *[v.]* mezclar cosas distintas para conseguir un determinado aspecto, o una cantidad determinada de varias cosas para obtener un color, un sabor o un producto: *combinar ropas, muebles, colores, sabores.* **AF.** unir, mezclar. **FAM.** combinación, combinatorio, combinable, combinado, combinadamente.

combustible *[n.m.]* 1 material o sustancia que al quemarse produce calor y energía: *el carbón, la leña y el petróleo son combustibles naturales.* // **combustible** *[adj.inv. en gén.]* 2 que arde con facilidad: *materiales combustibles.* **SIN.** inflamable. **ANT.** ignífugo, incombustible.

combustión *[n.f.]* lo que se produce en el momento en que algo arde o se quema: *la combustión del carbón hace funcionar la caldera.* **FAM.** combustibilidad, combustible. **COMP.** incombustible.

comedia *[n.f.]* 1 obra de teatro o película en que todo acaba bien: *un gran autor de comedias.* 2 forma de comportarse ante los demás para engañarlos: *hizo la comedia para conseguir lo que quería.* **SIN.** farsa. **FAM.** comediante, comediógrafo, cómico.

comediante, comedianta *[n.]* 1 actor o actriz de cine o de teatro: *en este país hay grandes comediantes.* **AMPL.** suele usarse en general, pues el actor que sólo hace comedias o papeles graciosos suele llamarse ***actor cómico***. 2 persona que finge, engaña o aparenta lo que no es: *no creas lo que dice porque es un comediante.* **AF.** farsante, mentiroso.

comedido, comedida *[adj.]* que no es nada exagerado: *una petición muy comedida; has sido muy comedido exigiendo sólo la mitad de lo que te corresponde.* **SIN.** discreto.

comedor, comedora *[adj.]* 1 que come mucho: *es un gran comedor.* // **comedor** *[n.m.]* 2 lugar para comer: *el comedor de una casa; el comedor de un hotel.* 3 conjunto de muebles (mesa, sillas y aparador) que se ponen en la sala de comer: *han comprado un nuevo comedor.*

comensal *[n.inv. en gén.]* cada una de las personas que están comiendo en la misma mesa: *una cena de doscientos comensales.*

comentar *[v.]* 1 hablar acerca de algo o de alguien: *comentaron su problema largo rato.* **SIN.** hablar de, tratar. 2 aclarar el contenido de algo para que se entienda mejor: *comentar un texto, un escrito, etc.* **AF.** interpretar, analizar, estudiar.

comentario *[n.m.]* 1 lo que se dice de alguien o de algo: *hizo un comentario de la película a la salida del cine.* 2 trabajo escrito con análisis, opiniones y juicios acerca de un libro, una obra de arte, etc.: *hizo un buen comentario sobre La Regenta.* **SIN.** crítica. **FAM.** comentar, comentarista.

comenzar *[v.]* empezar*. **CONJUG.** como *empezar**. **FAM.** comienzo.

comer *[v.]* 1 poner alimentos en la boca, masticarlos y tragarlos, sobre todo si es para alimentarse: *las vacas comen hierba.* **SIN.** ingerir.

AF. alimentarse, nutrirse. **ANT.** ayunar. 2 hacer la comida principal del día: *¿a qué hora coméis?* 3 gastar las cosas con el uso, sobre todo si es un desgaste poco normal o si se produce por la acción de los agentes atmosféricos: *este coche come muchos neumáticos; la luz come los colores.* 4 retirar del juego una pieza o una ficha de otro jugador: *le comió la reina.* // **comerse** *[v.prnl.]* 5 saltarse una parte de lo que se está diciendo o escribiendo: *me he comido una pregunta del examen; comerse letras.* **SIN.** omitir, saltarse, olvidarse. ■ **sin comerlo ni beberlo**, sin tener nada que ver con lo que pasa. **FAM.** comedor, comestible, comilón, comida, comidilla, comistrajo, comensal, comedero.

comercial *[adj.inv. en gén.]* del comercio o que está relacionado con el comercio: *un centro comercial; una operación comercial.* **SIN.** mercantil.

comerciante *[n.inv. en gén.]* persona que se dedica a comprar y vender cosas para ganar dinero: *he conocido a un comerciante de pieles; una comerciante de antigüedades.* **AF.** negociante, mercader, traficante.

comerciar *[v.]* comprar y vender cosas para ganar dinero: *mi hermano se dedica a comerciar con materiales de construcción.* **AF.** negociar, traficar, mercadear.

comercio *[n.m.]* 1 local en el que se venden cosas: *un comercio de ropa.* **SIN.** tienda, establecimiento. **AF.** negocio. 2 actividad humana que consiste en comprar y vender cosas para ganar dinero: *comercio minorista; comercio mayorista.* **SIN.** negocio. **FAM.** comerciar, comerciante, comercial, comercialmente, comercializar, comercialización.

comestible *[adj.]* que se puede comer: *las patatas son tubérculos comestibles.* **ANT.** incomestible. ■ **tienda de comestibles**, tienda en la que se venden alimentos de diversos tipos.

cometa *[n.m.]* 1 astro formado por un núcleo y una estela luminosa que lo sigue. **cometa** *[n.f.]* 2 objeto formado por un armazón plano recubierto de tela o papel y sujeto por una cuerda que puede hacerse volar como entretenimiento cuando hay viento.

cometer *[v.]* hacer, cuando lo que se hace está mal o está prohibido: *cometer un error; cometer un fallo; cometer un delito.* **SIN.** perpetrar. **FAM.** cometido, comisión, meter. **COMP.** acometer.

cometido *[n.m.]* lo que hace o tiene que hacer una persona o una cosa: *el cometido de un médico es curar; el cometido del esqueleto es sujetar el cuerpo.* **SIN.** misión, función, tarea. **AF.** trabajo, deber, obligación.

comicios *[n.m.pl.]* elecciones*: *los próximos comicios serán en marzo.*

cómico, cómica *[adj.]* 1 que hace reír: *una obra cómica; una situación cómica.* **SIN.** divertido, gracioso. **ANT.** trágico. // **cómico, cómica** *[n.]* 2 actor especializado en papeles graciosos. **AF.** comediante, humorista. **FAM.** comicidad, cómicamente, comedia.

comida *[n.f.]* 1 todo lo que puede servir como alimento: *la comida es necesaria para vivir.* **SIN.** alimentos. 2 alimento que se toma a unas horas determinadas: *el desayuno es la primera comida del día.* 3 alimento principal que se toma al mediodía: *llámame durante la comida.* **AMPL.** en algunos sitios, sobre todo en América, esta comida se llama ***almuerzo***.

comienzo *[n.m.]* principio: *el comienzo del día es el amanecer; no vio el comienzo de la película.* **SIN.** principio, inicio. **ANT.** final, fin, término. **FAM.** comenzar.

comillas *[n.f. pl.]* signo ortográfico (" ") que se pone al principio y al final de una frase que se cita: *ponlo entre comillas.* **FAM.** coma, entrecomillar, entrecomillado.

comilón, comilona *[adj.]* que suele comer mucho: *una persona comilona.* **SIN.** glotón, tragón, voraz. **ANT.** inapetente, comisquín.

comilona *[n.f.]* comida muy abundante y variada. **SIN.** banquete, festín.

comino *[n.m.]* 1 planta de semilla pequeña y aromática que se utiliza como condimento: *los callos a la madrileña llevan cominos.* 2 persona, animal o cosa muy pequeña: *mi primo es un comino.* ■ **importar un comino**, no importar nada.

comisaría *[n.f.]* oficina de la policía: *a todos los que arrestaron se los llevaron a comisaría.*

comisario, comisaria *[n.]* 1 persona a la que una autoridad le ha dado poder para hacer algo: *los comisarios culturales informaron de sus gestiones.* **SIN.** comisionado. **AF.** delegado, encargado. 2 jefe de la policía de una determinada zona: *el comisario dio órdenes a los policías.*

comisión *[n.f.]* 1 grupo de personas a las que se les ha encargado hacer algo: *la comisión de urbanismo informó al Ayuntamiento.* **SIN.** comité. 2 cantidad de dinero que un vendedor cobra por hacer una venta y que suele ser un porcentaje del precio de lo que se vende: *se lleva una comisión del tres por ciento por cada apartamento que vende.* **SIN.** porcentaje, prima, participación. **PL.** *comisiones.* **FAM.** comisionado, comisaría, comisario, comisionista.

comitiva *[n.f.]* conjunto de personas que acompañan a alguien: *siempre va con una comitiva de cuatro o cinco.* **SIN.** séquito, cortejo, acompañamiento.

como *[adv. de m.]* 1 de la manera que: *hazlo como quieras.* 2 igual que: *mis zapatos son como los tuyos.* 3 haciendo la función o papel que se dice: *declaró como testigo.* 4 según: *como puedes ver, no es lo que esperábamos.* 5 aproximadamente: *he dormido como doce horas.* **OBS.** escrito con acento (*cómo*) es interrogativo o admirativo. // **como** *[conj.]* 6 por causa de: *como vendrá pronto, iremos al cine.*

cómo *[adv. interr.]* 1 de qué manera: *¿cómo has hecho el trabajo?* 2 refuerza la exclamación: *¡cómo me gusta!* 3 por qué: *¿cómo no viniste a la cena?* **GRAM.** sirve a veces para introducir ***oraciones interrogativas indirectas*** subordinadas: *cuéntanos cómo te lo has pasado.*

Como no me digas claro,
cómo tengo que ponerme,
nunca sabré si estoy puesto
del modo que quieres verme.

cómoda *[n.f.]* mueble de tres o cuatro cajones grandes que sirve para guardar ropa: *en el dormitorio de matrimonio hay una cómoda.* **AMPL.** el mueble parecido a la cómoda y de menor tamaño se llama ***comodín*** y el que tiene muchos cajones y es más estrecho y alto, ***chifonnier***.

comodidad *[n.f.]* 1 lo que se siente cuando se está a gusto: *siéntate con toda comodidad.* **SIN.** confort, bienestar. **ANT.** incomodidad, malestar. // **comodidades** *[n.f.pl.]* 2 conjunto de cosas que hacen que se esté a gusto: *este hotel tiene muchas comodidades.* **ANT.** incomodidades.

comodín *[n.m.]* 1 carta que en ciertos juegos se puede utilizar en lugar de cualquiera de las otras: *no he tenido el comodín en toda la partida.* 2 persona o cosa que sirve para diferentes usos: *el entrenador utilizará a este jugador como comodín.* 3 cómoda* pequeña. **PL.** *comodines.*

cómodo, cómoda *[adj.]* que está a gusto (*estoy muy cómodo aquí*) o que hace que uno esté a gusto (*un sillón cómodo; unos pantalones cómodos; este programa de ordenador es muy cómodo*). **FAM.** comodidad, comodón, cómodamente, cómoda, comodín. **COMP.** incómodo.

comodón, comodona *[adj.]* que intenta evitar cualquier esfuerzo: *no estudia porque es un comodón.* **AF.** holgazán, vago, perezoso. **ANT.** diligente, activo.

compact *[n.m.]* palabra inglesa que ha dado nombre a los discos compactos (VER *compacto*, acepción 3). TAMBIÉN se dice *compact disc.*

compacto, compacta *[adj.]* 1 que es muy apretado o muy denso: *el hierro es un material muy compacto; una madera compacta.* **SIN.** macizo, denso. **ANT.** esponjoso, ahuecado, poroso. 2 que está hecho de tal manera que resulta muy sólido o tiene muy pocos huecos en su forma y en su estructura, o que en lugar de ir por piezas está todo en uno: *un mueble compacto; un equipo de música compacto.* // **compacto** *[n.m.]* 3 disco cuya información se lee con rayos láser y, especialmente, el que tiene grabada música: *ha comprado un compacto de Alfredo Kraus.* TAMBIÉN *adj.*: *un disco compacto.* **FAM.** compactar, compactación, compactibilidad.

compadecer *[v.]* sentir pena por los males que sufre otro o comprender y compartir el dolor de otros: *compadezco tu mala suerte.* **SIN.** condolerse de, sentir. TAMBIÉN *prnl.: se compadece de todo.* **CONJUG.** como *crecer**.

compadre *[n.m.]* lo que es el padrino de bautismo de una persona, para el padre, la madre o la madrina de esa persona. **FAM.** compadreo, padre.

compaginar *[v.]* combinar dos o más cosas de manera que puedan hacerse bien a la vez:

compagina los estudios con el deporte. **FAM.** compaginación. **COMP.** descompaginar.

compañerismo *[n.m.]* buena relación entre compañeros: *en nuestra clase hay un gran compañerismo.* **SIN.** camaradería. **AF.** amistad. **ANT.** enemistad, desconfianza.

compañero, compañera *[n.]* **1** persona con la que se comparten juegos, trabajos, viajes, etc.: *Roberto Alcázar y Pedrín eran compañeros de aventuras.* **SIN.** camarada, colega. **2** cosas que van normalmente juntas: *se me ha perdido el compañero de este calcetín.*

compañía *[n.f.]* **1** persona o animal que hace que uno no se sienta solo: *tener compañía; la televisión es mi única compañía.* **ANT.** soledad. **2** lo que hace la persona, animal o cosa que acompaña a alguien: *los perros hacen mucha compañía; viajé con él para hacerle compañía.* **SIN.** acompañamiento. **3** empresa o sociedad comercial: *una compañía telefónica; una compañía de seguros.* **SIN.** empresa, sociedad, corporación, entidad. **4** grupo de actores que se unen para hacer teatro: *una compañía de zarzuela.* **5** grupo de soldados mandados por un capitán: *un batallón está formado por varias compañías.* **FAM.** compañero, compañerismo. **COMP.** acompañar.

comparable *[adj.inv. en gén.]* que se puede comparar con otra cosa porque las dos tienen algo en común: *nuestros sueldos son comparables.* **SIN.** similar, semejante. **ANT.** incomparable.

comparación *[n.f.]* lo que se hace cuando se miran, se estudian o se analizan dos o más cosas para ver las diferencias y las semejanzas que hay entre ellas: *hicimos una comparación entre nuestros ordenadores y resultó mejor el suyo.* **SIN.** cotejo.

comparar *[v.]* ver o analizar las semejanzas y diferencias que hay entre dos o más cosas: *comparamos dos ofertas de viajes y nos gustó más la primera.* **SIN.** cotejar. **FAM.** comparación, comparable, comparativo, comparativamente. **COMP.** incomparable.

comparativo, comparativa *[adj.]* **1** que hace una comparación: *tengo que hacer un estudio comparativo entre estos dos libros; un análisis comparativo; un adjetivo comparativo; una frase comparativa.* **2** en gramática, grado del adjetivo con que se expresa una comparación.

comparecer *[v.]* presentarse uno en algún sitio porque ha sido llamado o porque le conviene estar: *comparecieron los testigos de la defensa.* **SIN.** acudir, presentarse. **ANT.** faltar. **CONJUG.** como *crecer**. **FAM.** comparecencia, comparecimiento, parecer.

compartimento *[n.m.]* parte de un espacio separada del resto: *ocupamos un compartimento en el tren; mi estuche tiene varios compartimentos.* **SIN.** departamento. TAMBIÉN se dice *compartimiento.*

compartimiento *[n.m.]* compartimento*.

compartir *[v.]* **1** usar varias personas una misma cosa o, si se puede partir, dar a cada uno una parte o cantidad: *comparten una habitación; compartió los caramelos con todos.* **2** tener las mismas ideas, gustos, aficiones, etc. que otros: *compartir un punto de vista.* **FAM.** compartimento, compartimiento, partir.

compás *[n.m.]* **1** utensilio de dibujo que sirve para trazar circunferencias. **2** ritmo de una pieza musical y especialmente el que se indica con números o signos en el pentagrama y que hace referencia a la duración que tiene que tener cada nota y a cuáles han de llevar el acento: *compás de tres por cuatro.* **AF.** ritmo, cadencia, medida. **PL.** *compases.* **FAM.** compasar, compasillo. **COMP.** acompasar, desacompasado.

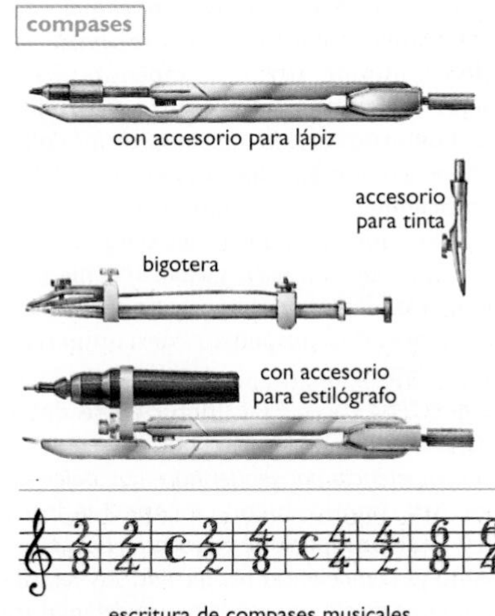

escritura de compases musicales

compasión *[n.f.]* lo que siente la persona a quien le da pena de alguien y le gustaría ayudarlo: *los países en guerra dan compasión.* **SIN.** misericordia, piedad. **AF.** pena, lástima. **FAM.** compadecer, compasivo, compasivamente, pasión.

compasivo, compasiva *[adj.]* que siente mucha compasión por los males que sufren otros y le gustaría ayudarles a remediarlos: *es compasivo con los pobres.* **SIN.** misericordioso, misericorde. **ANT.** desaprensivo.

compatible *[adj.inv. en gén.]* que puede estar en el mismo sitio que otro, ocurrir a la vez o ser hecho por la misma persona: *hay que hacer compatibles el trabajo y la diversión.* **AF.** armonizable. **ANT.** incompatible. **FAM.** compatibilidad. **COMP.** incompatible, incompatibilidad.

compatriota *[n.inv. en gén.]* persona del mismo país que otra: *me encontré en París con un compatriota.* **AF.** paisano, conciudadano.

compendio *[n.m.]* libro, escrito o charla en que se resume lo que se sabe de algo: *un compendio de derecho.* **SIN.** resumen, síntesis, extracto. **FAM.** compendiar.

compenetrarse *[v.prnl.]* entenderse bien dos o más personas: *son amigos porque se compenetran.* **SIN.** sintonizar, identificarse, entenderse, avenirse. **ANT.** discrepar. **FAM.** compenetración, penetrar.

compensar *[v.]* **1** hacer que haya equilibrio entre dos cosas: *hay que compensar el mal estado de la carretera disminuyendo la velocidad.* **AF.** equilibrar, nivelar. **ANT.** descompensar. **2** hacer algún bien para contrarrestar un perjuicio que se haya causado: *le compensaron los daños con una indemnización.* **SIN.** resarcir de. **3** tener algo suficiente beneficio o ganancia como para hacerlo o meterse en ello: *me compensa trabajar porque gano un buen sueldo.* **SIN.** merecer la pena. **FAM.** compensación, compensatorio, pesar. **COMP.** descompensar, descompensación, recompensar.

competencia *[n.f.]* **1** lucha entre dos o más personas, empresas, etc. por conseguir algo: *la competencia por vender hace que bajen los precios.* **SIN.** pugna, lucha. **2** capacidad que por ley tiene una persona para hacer algo: *este asunto es competencia del alcalde; las relaciones con otros países son competencia del ministro de asuntos exteriores.* **SIN.** jurisdicción. **3** grado de preparación o capacidad de una persona para hacer bien algo: *el gerente de la empresa es de una gran competencia en los asuntos financieros.* **SIN.** eficacia, capacidad. **ANT.** ineficacia, incapacidad.

competente *[adj.inv. en gén.]* que puede o sabe hacer algo: *este profesor es muy competente en matemáticas.* **SIN.** capaz, eficaz. **ANT.** incompetente.

competer *[v.]* corresponder a alguien hacer algo determinado: *a los médicos les compete la cura de los enfermos.* **SIN.** incumbir, corresponder.

competición *[n.f.]* lucha entre personas, equipos, etc., por ser los mejores o los que consiguen aquello por lo que luchan: *una competición deportiva; hubo una dura competición por lograr el puesto de presidente.* **SIN.** enfrentamiento.

competidor, competidora *[adj.]* que compite: *los equipos competidores se saludaron antes de comenzar las pruebas.* **SIN.** contrincante*. TAMBIÉN *n.*: *en ese negocio tiene muchos competidores.*

competir *[v.]* **1** luchar dos o más personas para conseguir algo: *competían por el primer puesto; los laboratorios compiten por hallar una vacuna contra el SIDA.* **SIN.** rivalizar, pugnar. **2** igualar una cosa a otra en sus propiedades: *este fósil compite en antigüedad con el último que encontramos.* **CONJUG.** como *pedir**. **FAM.** competición, competidor, competencia, competente, competentemente, competer. **COMP.** incompetencia, incompetente.

compilar *[v.]* reunir obras, escritos o documentos: *ha compilado en un libro las mejores poesías del siglo XX.* **AF.** recopilar, compendiar.

compinche *[n.inv. en gén.]* **1** compañero de diversiones: *se ha ido de juerga con su compinche.* **SIN.** amigote, camarada, colega. **2** compañero de malas acciones: *el asesino tenía un compinche.* **SIN.** cómplice.

complacer *[v.]* darle a alguien una satisfacción: *complace a tus padres haciendo lo que te piden.* TAMBIÉN *prnl.*: *me complazco en ayudarte.* **CONJUG.** como *nacer**. **FAM.** complacidamente, complacencia, complaciente, complacientemente, placer.

complaciente *[adj.inv. en gén.]* que intenta dar gusto a los demás: *un camarero complaciente; te veo muy complaciente ¿qué vas a pedirme?* **SIN.** servicial, amable, atento.

complejo, compleja *[adj.]* **1** que tiene tantos aspectos, piezas, etc. que resulta difícil de entender o resolver: *un asunto muy complejo; una situación compleja; un mecanismo complejo.* **SIN.** complicado*. // **complejo** *[n.m.]* **2** conjunto de empresas, negocios o instalaciones dedicadas normalmente al mismo tipo de actividades: *un complejo industrial; un complejo deportivo; un complejo hotelero.* **3** sentimiento que influye en la forma de ser de las personas: *esa chica tiene complejo de inferioridad.* **FAM.** complejidad, complejamente, complexión. **COMP.** acomplejar.

complemento *[n.m.]* **1** lo que completa algo: *estos zapatos son el complemento de tu vestido.* **2** en gramática, palabra o frase que añade algo al significado de otra. **AMPL.** los complementos son elementos sintácticos que cumplen funciones que no son la de sujeto ni la de verbo en la formación de oraciones; los más importantes son el ***directo***, el ***indirecto*** y el ***circunstancial*** (en la frase *Vicente vende helados a los niños en la avenida de Portugal, helados* es complemento directo, *a los niños* es indirecto y *en la avenida de Portugal* es complemento circunstancial). **FAM.** complementar, complementario.

completar *[v.]* añadirle a algo la parte que le falta para estar entero: *ha completado los deberes; con este cromo completarás el álbum.* **AF.** terminar.

completo, completa *[adj.]* **1** que no cabe nada más: *el salón de actos está completo.* **SIN.** lleno. **ANT.** vacío. **2** que no le falta nada de lo que tiene que tener: *las obras completas de Unamuno.* **ANT.** incompleto. **FAM.** completar, completamente. **COMP.** incompleto.

complexión *[n.f.]* forma y volumen del conjunto de los huesos y los músculos de una persona: *una complexión fuerte.* **AF.** constitución.

complicación *[n.f.]* lo que hace que algo sea más difícil de lo normal: *las complicaciones me impidieron terminar el trabajo.* **SIN.** dificultad.

complicado, complicada *[adj.]* difícil de entender o de resolver: *un problema complicado; una situación complicada; una persona complicada.* **SIN.** complejo, difícil. **INTENS.** enrevesado. **ANT.** sencillo, simple, fácil.

complicar *[v.]* **1** hacer que algo sea más difícil de hacer o de entender. **SIN.** enredar, enmarañar, embrollar, dificultar. **ANT.** facilitar. **2** mezclar a alguien en un asunto feo: *han complicado al presidente en lo de la estafa.* **SIN.** implicar, involucrar. **OBS.** ante e, qu: *compliquen.* **FAM.** complicación, complicado, cómplice, complicidad.

cómplice *[n.inv. en gén.]* persona que, junto a otras, comete un delito o que ayuda a ello: *los dos fueron cómplices en el asesinato; el atracador tenía un cómplice en el banco.* **SIN.** compinche.

complot *[n.m.]* unión de varias personas para perjudicar a alguien, especialmente en asuntos políticos: *hay un complot contra el alcalde.* **SIN.** confabulación, conspiración.

componer *[v.]* **1** reunir varias cosas y colocarlas de una manera determinada para formar una nueva: *componer un centro de mesa; componer un escenario.* **SIN.** preparar. **2** formar varias personas o cosas parte de algo: *cinco instrumentistas componen un quinteto.* **SIN.** integrar, formar. TAMBIÉN *prnl.: la enciclopedia se compone de veinticuatro volúmenes.* **SIN.** estar formado por, constar de. **3** usar condimentos para dar sabor a un plato: *componemos la ensalada con aceite, sal y vinagre.* **SIN.** aderezar, aliñar. **4** crear una obra musical o literaria: *componer música; componer poesía.* **SIN.** crear. ■ **componérselas**, actuar de la manera adecuada para conseguir algo difícil. **SIN.** ingeniárselas, arreglárselas. **CONJUG.** como *poner** **FAM.** componente, composición, compositor, compuesto, compostura, componenda, poner. **COMP.** descomponer, recomponer, recomposición.

comportamiento *[n.m.]* manera de actuar de una persona: *su buen comportamiento en clase satisface a los profesores.* **SIN.** proceder, conducta.

comportar *[v.]* **1** tener algo determinadas consecuencias: *el viaje nos comportó grandes satisfacciones.* **SIN.** traer consigo. // **comportarse** *[v.prnl.]* **2** actuar una persona de una determinada manera: *nos sorprendió su forma de comportarse.* **SIN.** portarse, actuar, proceder, obrar. **FAM.** comportamiento, portar.

composición *[n.f.]* 1 obra artística, sobre todo si es de música o poesía: *una composición pictórica; hemos leído una composición de Wagner.* **SIN.** obra. 2 conjunto de elementos que forman una sustancia: *la composición del agua es hidrógeno y oxígeno.* 3 en gramática, sistema por el que se forman palabras uniendo dos distintas o añadiéndole a una raíz un prefijo. **AMPL.** las ***palabras*** así formadas se llaman ***compuestas*** (como sacacorchos, motocarro, antediluviano, recomponer, etc.); el otro sistema importante de formación de palabras es la ***derivación****.

compositor, compositora *[n.]* persona que compone música: *Beethoven fue un gran compositor.* **AF.** maestro, músico.

compra *[n.f.]* 1 lo que se hace al comprar algo: *la compra de una casa requiere tiempo.* 2 cosa que se ha comprado: *esa bicicleta fue una buena compra.* **SIN.COM.** adquisición. **ANT.COM.** venta.

comprador, compradora *[n.]* persona que compra: *tengo un comprador para este cuadro.* **AF.** cliente, consumidor. **ANT.** vendedor.

comprar *[v.]* dar dinero a cambio de algo: *he comprado una moto.* **SIN.** adquirir, mercar. **ANT.** vender. **FAM.** compra, comprador. **COMP.** compraventa.

comprender *[v.]* 1 tener dentro las cosas que se dicen: *este libro comprende quince capítulos.* **SIN.** constar de, incluir, tener. 2 llegar a saber lo que quiere decir algo o cómo es una cosa o una persona: *comprendo tu forma de actuar.* **SIN.** entender. **FAM.** comprensión, comprensivo, comprensible, comprensiblemente, comprensibilidad. **COMP.** incomprensión.

comprensible *[adj.inv. en gén.]* que se puede comprender: *un texto comprensible.* **ANT.** incomprensible.

comprensión *[n.f.]* capacidad para entender las cosas y especialmente los modos de ser y de actuar los demás: *demostró mucha comprensión hacia sus enemigos.* **SIN.** entendimiento, tolerancia, benevolencia. **ANT.** incomprensión.

comprensivo, comprensiva *[adj.]* que se da cuenta de lo que le pasa a los demás, y entiende que le pase: *es muy comprensivo con los problemas ajenos.* **SIN.** benevolente, tolerante. **ANT.** intolerante.

compresa *[n.f.]* paquete pequeño, hecho con tela fina o algodón, que sirve para taponar heridas, aplicar frío o calor, etc.: *con una compresa le contuvieron la hemorragia.* **SIN.** apósito.

compresor *[n.m.]* máquina que sirve para comprimir un gas o un líquido: *un compresor de aire.* **AF.** émbolo. **ANT.** descompresor.

comprimido *[n.m.]* pastilla pequeña que se obtiene comprimiendo ciertas sustancias: *muchos medicamentos se presentan en forma de comprimidos.*

comprimir *[v.]* 1 hacer que algo ocupe menos espacio: *para comprimir el aire hay que utilizar un compresor.* **SIN.** reducir. **ANT.** dilatar, expandir. // **comprimirse** *[v.prnl.]* 2 apretarse varias personas para ocupar menos espacio: *tuvieron que comprimirse para entrar en el ascensor.* **SIN.** apretarse, apretujarse. **FAM.** comprimido, compresa, compresor, compresión, oprimir.

comprobable *[adj.inv. en gén.]* que se puede comprobar: *hechos comprobables.* **SIN.** verificable.

comprobación *[n.f.]* lo que se hace cuando se comprueba algo: *haz una comprobación de las cuentas; necesito hacer una comprobación de las luces del coche.* **SIN.** verificación, control.

comprobante *[n.m.]* papel que demuestra que se ha hecho una determinada operación: *el comprobante de un gasto, de un chequeo médico, de una revisión de un vehículo, de un ingreso en el banco.* **SIN.** justificante.

comprobar *[v.]* ver o examinar algo para asegurarse de que es como se cree que debe ser o está como se cree que debe estar: *antes de concederte el crédito el banco comprobará tu solvencia; comprueba todos los datos.* **SIN.** confirmar, verificar, constatar, contrastar, corroborar. **FAM.** comprobación, comprobable, comprobante, probar.

comprometer *[v.]* 1 hacer a alguien responsable de algo: *no me comprometas en un asunto con el que no tengo nada que ver.* **SIN.** responsabilizar de. 2 ser algo un riesgo para una persona, su carrera, su futuro, etc.: *los ca-*

sos de corrupción comprometen gravemente la carrera de los políticos. **SIN.** poner en peligro. // **comprometerse** *[v.prnl.]* 3 quedar con alguien en que uno va a hacer una cosa: *se comprometió a pagar en cuanto tuviera el dinero.* **SIN.** quedar en. **AF.** obligarse. **FAM.** compromiso, comprometedor, comprometido, compromisario, prometer.

comprometido, comprometida *[adj.]* 1 que quedó con alguien en hacer algo y tiene que hacerlo: *no puedo quedarme porque estoy comprometido en ir a ayudar a mi padre.* TAMBIÉN se usa con cosas sobre las que uno se ha comprometido: *no puedo alquilarte el piso porque lo tengo comprometido con otra persona.* **SIN.** prometido. 2 que resulta difícil de resolver: *una situación comprometida.* **SIN.** difícil.

compromiso *[n.m.]* 1 lo que uno tiene que hacer porque se ha comprometido a ello: *tiene el compromiso de trabajar aquí hasta final de curso.* **SIN.** obligación, deber. 2 situación difícil: *me pusiste en un compromiso al tener que explicar lo que habías hecho.* **SIN.** aprieto, apuro, dificultad.

compuerta *[n.f.]* plancha, normalmente metálica, que se monta sobre correderas laterales y permite graduar el paso del agua en canales y diques: *las compuertas del canal estaban abiertas.* **AF.** esclusa.

compuesto, compuesta *[adj.]* 1 que tiene varias partes: *sacapuntas es una palabra compuesta.* **ANT.** simple. // **compuesto** *[n.m.]* 2 conjunto de varias cosas que forman una sola: *las proteínas son compuestos orgánicos.* **AMPL.** se usa sobre todo en química y se refiere a sustancias que están formadas por varios elementos químicos que sólo pueden separarse por reacciones químicas, mientras que las ***mezclas*** pueden separarse por procedimientos físicos.

computador *[n.m.]* ordenador electrónico.

computadora *[n.f.]* ordenador electrónico.

cómputo *[n.m.]* lo que se hace para saber la cantidad de algo que hay: *el cómputo de los votos electorales se hace informáticamente.* **AF.** cálculo. **FAM.** computar, computación, computador, computadora, computable.

comulgar *[v.]* 1 recibir la comunión: *comulgó en la catedral de León.* 2 tener las mismas ideas o sentimientos que otro u otros: *no comulgo con las ideas de este partido político.* **SIN.** coincidir, estar de acuerdo. **ANT.** discrepar, disentir. **OBS.** ante e, gu: *comulguen.*

común *[adj.inv. en gén.]* que sirve para todos, que pasa muchas veces o que lo tiene todo el mundo: *un ascensor de uso común* (**SIN.** colectivo. **ANT.** individual, particular); *su forma de vestir es muy común* (**SIN.** corriente, frecuente. **ANT.** original); *una característica común a todos los miembros de una especie* (**SIN.** general). ■ ***nombre común***, VER *nombre* (acepción 3 y CUADRO). **PL.** *comunes.* **FAM.** comúnmente, comunal, comuna, comunidad, comunitario, comunismo, comunista, comunero, comulgar, comulgante, comulgatorio, comunión. **COMP.** descomunal, excomunión, excomulgar, descomulgar.

comunicación *[n.f.]* 1 lo que hay entre dos seres vivos cuando se relacionan entre sí y especialmente cuando se transmiten o comunican sensaciones, sentimientos, órdenes, mensajes, etc.: *el domador logra una buena comunicación con sus animales; la lengua es un sistema de comunicación humana.* **ANT.** incomunicación. 2 sitio por el que se puede pasar de un lugar a otro: *un camino es la única comunicación entre los dos pueblos.* 3 escrito en el que se dice o se comunica algo a alguien: *he recibido una comunicación del ejército.* **SIN.** comunicado, notificación. ■ **medios de comunicación**, todo lo que se utiliza para difundir informaciones, especialmente la prensa, la radio y la televisión.

comunicar *[v.]* 1 decirle algo a alguien para que lo sepa: *me ha comunicado su nueva dirección.* **SIN.** notificar, decir. 2 ser lo que permite que se pueda ir o pasar de un sitio a otro (*las carreteras comunican pueblos y ciudades; la puerta comunica el despacho con la biblioteca*) o tener dos lugares paso entre ellos (*el dormitorio*

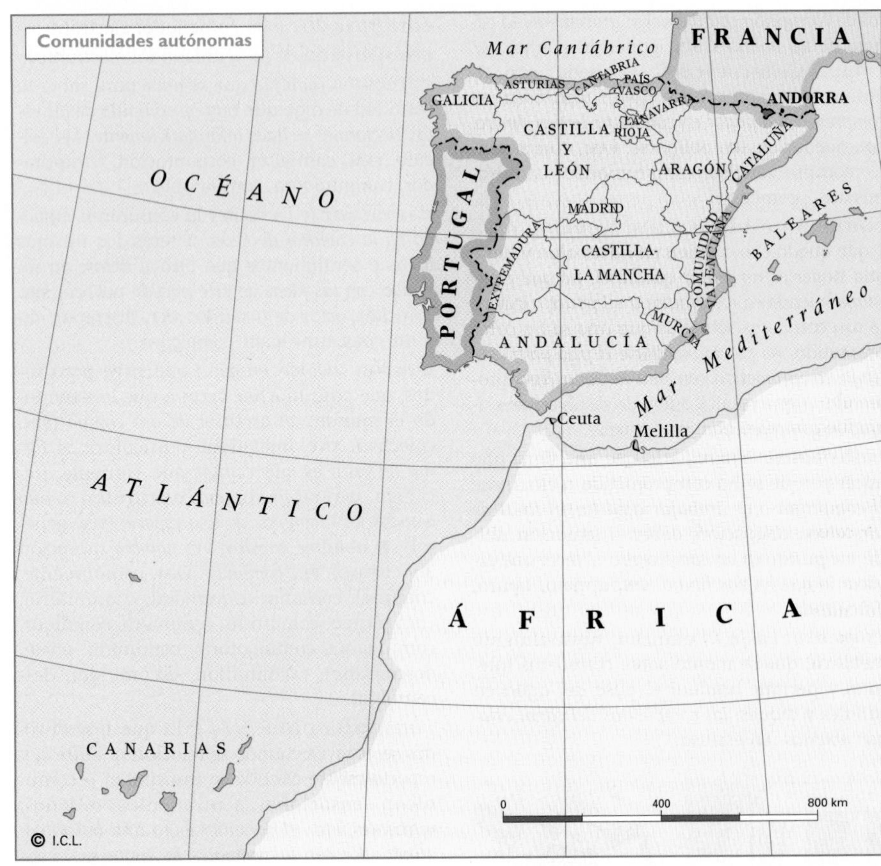

comunica con el baño). TAMBIÉN *prnl.*, cambiando el sujeto: *los pueblos se comunican por carretera; el despacho y la biblioteca se comunican.* 3 dar un teléfono la señal de que está ocupado cuando se llama a él desde otro: *te he llamado varias veces, pero tu teléfono comunicaba.* // **comunicarse** *[v.prnl.]* 4 estar en relación con otras personas con las que se intercambian conocimientos, ayudas, sensaciones, sentimientos, etc.: *es malo no comunicarse.* **AF.** relacionarse. **ANT.** aislarse. **OBS.** ante e, qu: *comuniq̲u̲en.* **FAM.** comunicación, comunicable, comunicado, comunicativo, comunicabilidad, comunicante. **COMP.** incomunicación.

comunida̲d̲ *[n.f.]* agrupación de personas o países que se unen con algún fin determinado: *una comunidad de monjes; una comunidad de propietarios; la Comunidad Europea.* ■ **comunidad de propietarios**, conjunto de las personas que tienen propiedades en un edificio o urbanización. ■ **comunidad autónoma**, cada una de las diecisiete partes en que está dividido el territorio español.

comunió̲n̲ *[n.f.]* 1 momento de la misa en el que los fieles toman de manos del sacerdote la hostia consagrada. 2 unión espiritual o de ideas entre distintas personas: *entre los miembros de un partido debe haber comunión de ideas.* **PL.** *comunio̲nes.*

comunismo *[n.m.]* doctrina que pretende que los medios de producción (las tierras, las fábricas, etc.) de un país dejen de ser propiedad privada y pasen a ser propiedad del Estado: *Carlos Marx fue uno de los ideólogos del comunismo.*

comunista *[adj.inv. en gén.]* **1** que está organizado por partidarios del comunismo, basado en sus ideas, etc.: *asociación comunista; un país comunista; planteamiento comunista.* // **comunista** *[n.inv. en gén.]* **2** persona partidaria del comunismo.

con *[prep.]* **1** acompañando a o junto a: *va con su hermano; filete con patatas.* **GRAM.** forma complementos circunstanciales de compañía. **2** sirviéndose de: *lo arregló con las manos.* **GRAM.** forma complementos circunstanciales de instrumento. **3** pacientemente, rápidamente, libremente, etc. según la palabra que venga luego: *lo hizo con paciencia, con rapidez, con libertad.* **GRAM.** introduce así complementos circunstanciales de modo.

concatenar *[v.]* unir o relacionar cosas: *concatenando teorías llegó a una conclusión.*

cóncavo, cóncava *[adj.]* que, desde el punto de vista de quien lo mira, tiene el centro más bajo que los bordes: *un cuenco boca arriba es un objeto cóncavo.* **ANT.** convexo. **FAM.** concavidad. **COMP.** bicóncavo.

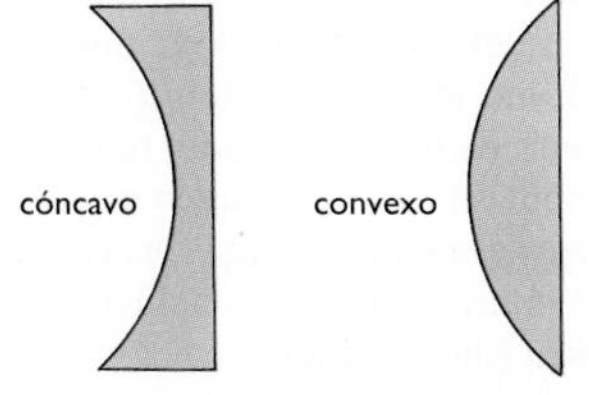

concebir *[v.]* **1** quedar embarazada una mujer o una hembra de animal mamífero: *ha concebido su segundo hijo.* **SIN.** engendrar. **2** tener una idea nueva sobre algo (*ha concebido un sistema de desalinización de las aguas completamente innovador.* **SIN.** crear, idear) o empezar a tener un sentimiento distinto por algo (*concebir ilusiones*). **3** tener una determinada forma de entender algo: *concibe la vida como un juego.* **SIN.** entender. **CONJUG.** como *pedir**. **FAM.** concepción, concebible. **COMP.** inconcebible, anticonceptivo.

conceder *[v.]* dar a alguien algo que ha pedido (*el presidente le concedió la dimisión; le han concedido una beca* **SIN.** otorgar **ANT.** denegar) o, simplemente, dar (*no le concedas importancia a cosas que no la tienen; le concedieron el primer premio*). **FAM.** concesión, concesionario, ceder.

concejal *[n.m.]* cada una de las personas que, junto con el alcalde, que es el presidente, forman el equipo directivo de un ayuntamiento: *el concejal de cultura organizó un ciclo de conciertos.* **AMPL.** esta junta directiva también se llama ***concejo*** o ***cabildo***.

concejo *[n.m.]* **1** zona sobre la que tienen poder un alcalde y sus concejales. **SIN.** municipio, ayuntamiento, alcaldía. **2** equipo que dirige un ayuntamiento. **SIN.** cabildo. **3** reunión celebrada por los miembros de un ayuntamiento: *el alcalde convocó a concejo.* **FAM.** concejal, concejalía.

concentración *[n.f.]* **1** reunión en una ciudad o un edificio de gente que normalmente no vive o trabaja en él: *hubo una concentración multitudinaria a favor de la paz; una concentración de deportistas olímpicos.* **2** atención que presta una persona a algo sin distraerse con otras cosas: *me falta concentración para resolver este problema.*

concentrar *[v.]* **1** reunir personas o cosas en un espacio menor que el que ocupaban: *el sargento concentró a los soldados en el patio del cuartel.* **SIN.** reunir, agrupar. **ANT.** dispersar. **2** hacer más denso algo. **AF.** espesar. // **concentrarse** *[v.prnl.]* **3** fijar la atención en algo sin distraerse: *para jugar al ajedrez debes concentrarte.* **SIN.** abstraerse, ensimismarse. **ANT.** distraerse. **FAM.** concentración, concentrado, centro. **COMP.** reconcentrar.

concéntrico, concéntrica *[adj.]* figura geométrica que tiene el mismo centro que otro: *círculos concéntricos.*

concepto *[n.m.]* **1** idea que se tiene sobre algo y que viene a la cabeza cuando se oye la palabra que lo representa: *no es lo mismo un lapicero que el concepto que se tiene sobre lo que es.* **SIN.** idea. **2** opinión que se tiene sobre si algo es bueno o malo: *su profesores tienen muy buen concepto de él.* **SIN.** opinión. ■ **en concepto de**, como: *recibió dinero en concepto de anticipo.* **FAM.** conceptual, conceptuar.

concertina *[n.f.]* acordeón pequeño de forma hexagonal u octogonal.

concesión *[n.f.]* 1 acción de conceder algo a alguien: *la concesión de un premio, de una beca.* **SIN.** adjudicación. 2 permiso que da un estado, un ayuntamiento, etc. a un particular para hacer negocio con un bien o con un servicio público: *la concesión de la explotación de una mina; la concesión del servicio de recogida de basura.* **SIN.** cesión, adjudicación. **FAM.** concesionario, concesivo, concesivamente, conceder.

concha *[n.f.]* 1 caparazón* que protege las partes blandas de algunos moluscos: *los mejillones tienen dos conchas.* **SIN.** valva. 2 cubierta que oculta al apuntador de los teatros. **FAM.** **COMP.** desconchar, desconchón.

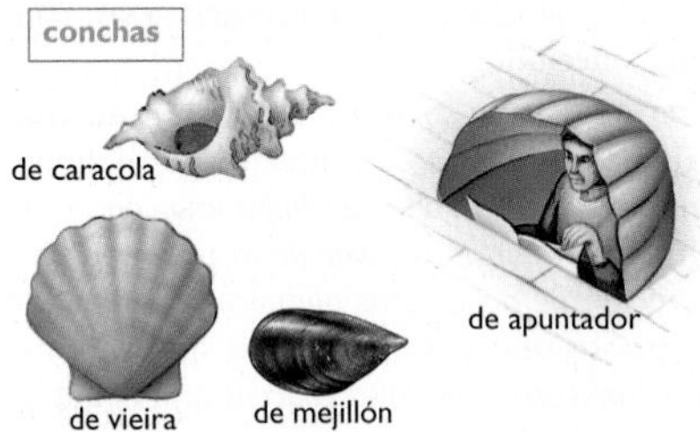

conciencia *[n.f.]* 1 conocimiento que las personas tenemos de nuestra propia existencia: *solamente los humanos tenemos conciencia.* 2 sentido que tiene una persona sobre lo que está bien o mal hecho: *su conciencia no le permite hacer daño a los demás.* ■ **a conciencia**, esforzándose por hacerlo bien. **FAM.** concienzudo, concienzudamente.

concierto *[n.m.]* 1 obra musical para varios instrumentos en que normalmente uno lleva la parte principal: *concierto para piano y orquesta.* 2 actuación de una orquesta, un solista, un coro, etc. en que se interpretan diversas obras. 3 acuerdo, sobre todo si es entre países o instituciones: *un concierto de cooperación cultural.* **SIN.** convenio, acuerdo. ■ **sin orden ni concierto**, desordenadamente. **FAM.** concertar, concertista, concertación, concertadamente. **COMP.** desconcertar.

conciliar *[v.]* 1 poner de acuerdo a dos personas que discuten por algo: *el intermediario concilió al comprador y al vendedor.* **SIN.** avenir, apaciguar. **ANT.** desunir. 2 demostrar que dos ideas que parecen contrarias no lo son. ■ **conciliar el sueño**, poder dormir.

concilio *[n.m.]* reunión, especialmente las que hacen los obispos y cardenales de la Iglesia Católica. ■ **concilio ecuménico**, reunión de todos los obispos con el Papa para tratar asuntos importantes de la doctrina de la Iglesia Católica. **AF.** cónclave. **FAM.** conciliar, conciliación, conciliador, conciliatorio. **COMP.** reconciliarse, inconciliable.

conciso, concisa *[adj.]* que dice algo brevemente, con pocas palabras: *tus propuestas han sido muy concisas.* **SIN.** preciso, lacónico, parco, sucinto. **ANT.** prolijo, extenso, detallado. **FAM.** concisión.

conciudadano, conciudadana *[n.]* que es de la misma ciudad que otro. **SIN.** paisano.

concluir *[v.]* 1 acabar algo que se estaba haciendo: *hemos concluido el curso; el congreso concluirá mañana.* **SIN.** terminar, acabar, finalizar. **ANT.** empezar, iniciar, comenzar. 2 llegar a un acuerdo o conclusión después de haber pensado o hablado sobre algo: *concluyeron que empezarían al día siguiente.* **CONJUG.** como *huir**.

conclusión *[n.f.]* 1 terminación o final de algo: *esperé hasta la conclusión del partido para salir del estadio.* **SIN.** final. **ANT.** inicio, principio. 2 última idea, que se toma como la mejor, después de haber pensado, hablado o discutido sobre un asunto: *llegaron a la conclusión de que era mejor anular el viaje.* **PL.** *conclusiones.* **FAM.** concluir, concluso, concluyente. **COMP.** ***inconcluso*** (sin terminar).

concordancia *[n.f.]* coincidencia o parecido que hay entre distintas ideas, palabras o cosas: *si entre varias opiniones no hay ninguna concordancia nunca se llega a un acuerdo.* **SIN.** correspondencia. **ANT.** discordancia. **AMPL.** en gramática, la concordancia es la coincidencia de accidentes gramaticales entre dos palabras; en español, tiene que haber concordancia *de género y número* entre artículo, nombre o sustantivo y adjetivo y *de número y persona* entre sujeto y verbo.

concordar *[v.]* encajar bien entre sí varias cosas: *en la película había algo que no concordaba con lo demás; las distintas versiones de los hechos no concuerdan.* **AF.** coincidir, casar. **AF.** avenirse, armonizar. **ANT.** discordar, contradecirse. **FAM.** concordancia, concordante, concordia, concordato.

concretar *[v.]* hablar sobre lo más importante de un asunto o empezar a tomar decisiones resumiendo lo que se ha hablado: *concretemos lo que hay que hacer; ya podemos concretar el día de salida.* **SIN.** precisar, puntualizar.

concreto, concreta *[adj.]* **1** que puede verse y tocarse: *los muebles son objetos concretos.* **SIN.** tangible, material. **ANT.** abstracto, intangible, inmaterial. **2** que habla o trata de lo más importante de algo, sin perderse en comentarios: *hazme un informe muy concreto sobre lo que ha pasado.* ■ **en concreto**, refiriéndose a una cosa nada más. ■ **nombre concreto**, VER *nombre* (acepción 3 y CUADRO). **FAM.** concretar, concretamente, concreción. **COMP.** inconcreto, inconcreción.

conculcar *[v.]* ir contra un derecho o una ley.

concurrencia *[n.f.]* conjunto de sucesos que se dan a la vez, de personas que asisten a un mismo sitio, de circunstancias que coinciden, etc.: *la concurrencia de algunos problemas nos hizo anular el viaje* (**SIN.** coincidencia)*; en la presentación del libro hubo mucha concurrencia* (**SIN.** asistencia).

concurrido, concurrida *[adj.]* que ha ido mucha gente o que suele estar lleno de gente: *un concierto muy concurrido; una calle muy concurrida; un bar muy concurrido.* **AF.** visitado, frecuentado. **ANT.** vacío.

concurrir *[v.]* coincidir en un mismo momento o lugar personas, circunstancias del mismo tipo, problemas, etc.: *en este asunto concurren varios aspectos.* **SIN.** coincidir. **FAM.** concurrencia, concurrido, concursar, correr.

concursante *[n.inv. en gén.]* persona que participa en un concurso: *un concursante; una concursante.* **SIN.** participante.

concursar *[v.]* participar en un concurso: *concursó en un baile de disfraces.* **SIN.** participar. **AF.** competir. **FAM.** concurso, concursante, concurrir.

concurso *[n.m.]* prueba que se hace para seleccionar a algunas personas entre todas las que desean obtener algo que se ofrece, normalmente un premio o un empleo: *un concurso de televisión; la plaza de profesor de dibujo ha salido a concurso.* **SIN.** oposición, certamen, examen.

conde, condesa *[n.]* título nobiliario que tiene más categoría que el de vizconde y menos que el de marqués. **FAM.** condado, condal. **COMP.** vizconde.

condecoración *[n.f.]* cruz, medalla o insignia que es signo de distinción y honor y suele concederla el estado o sus instituciones para reconocer los méritos civiles o militares de algunas personas: *por su valor en la batalla le dieron una condecoración.* **SIN.** medalla, distinción.

condecorar *[v.]* distinguir a alguien con una condecoración: *el soldado fue condecorado por sus superiores.* **SIN.** galardonar. **AF.** recompensar, premiar. **FAM.** condecoración, decorar.

condena *[n.f.]* **1** palabras que dice un juez cuando declara culpable a un acusado y pena que le impone: *escuchó la condena puesto en pie* (**SIN.** sentencia. **ANT.** absolución)*; cumplirá una condena de dos años en la cárcel* (**SIN.** castigo, pena). **FAM.** condenar, condenado, condenadamente, condenación.

condenar *[v.]* **1** decir que alguien es culpable y qué pena tiene que cumplir por el delito: *el juez condenó al acusado.* **AF.** sentenciar, sancionar, castigar. **ANT.** indultar. **2** decir alguien en público que le parece mal lo que otro u otros hacen: *condenamos los actos violentos.* **SIN.** desaprobar, censurar. **ANT.** aprobar, bendecir.

condensar *[v.]* **1** hacer más denso o espeso algo, por ejemplo convertir un vapor en líquido o un líquido en sólido: *el frío condensa el vapor.* TAMBIÉN *prnl.: el vapor se condensa en la tapadera de la cazuela.* **2** resumir, dejando sólo lo mas importante: *para hacer un buen examen hay que saber condensar las ideas.* **SIN.** compendiar, sintetizar. **FAM.** condensador, condensación, condensabilidad, condensado, denso.

condescendiente *[adj.inv. en gén.]* que suele adaptarse a los deseos de los demás: *es tan condescendiente que nunca dice no.* **SIN.** tolerante. **ANT.** intolerante. **FAM.** condescender, condescendencia, condescendientemente, descender.

condición *[n.f.]* 1 manera de ser: *la condición humana es creativa.* **SIN.** naturaleza, índole. 2 clase social: *una familia de condición sencilla.* 3 lo que se necesita o se exige para poder hacer algo: *tener más de dieciocho años es condición imprescindible para sacar el permiso de conducir.* **SIN.** requisito, exigencia. // **condiciones** *[n.f.pl.]* 4 conjunto de las cualidades o características que tiene una persona o cosa para algo determinado: *tiene condiciones de deportista; esta casa no reúne condiciones para ser habitada.* **FAM.** condicionar, condicionante, condicional, condicionamiento. **COMP.** acondicionar, incondicional, incondicionalmente.

condicionar *[v.]* depender una cosa de otra; es decir, que la una sea condición necesaria para que ocurra o deje de ocurrir la otra: *el tiempo condiciona que un espectáculo al aire libre se haga o no.*

condimentar *[v.]* añadir condimentos a las comidas: *condimentó la carne con ajo y perejil.* **AF.** aliñar, arreglar, preparar, adobar, sazonar.

condimento *[n.m.]* sustancia que se le pone a las comidas para darles más sabor: *el laurel es un condimento.* **AF.** especia. **FAM.** condimentar, condimentación.

cóndor *[n.m.]* ave, de un metro de largo y tres de extremo a extremo de las alas, que vive en los Andes y es la mayor de las aves que vuelan.

conducción *[n.f.]* 1 hecho de conducir* o llevar algo: *la conducción de un automóvil; la conducción de un cadáver al cementerio.* 2 conjunto de tuberías por las que circula un líquido o un gas: *hay una fuga en la conducción de propano.* **SIN.** instalación.

conducir *[v.]* 1 ser el que va delante o al lado de otro o de otros para decir por dónde hay que ir: *el pastor conduce el rebaño hasta el prado; el cicerone conduce a los turistas por el museo.* 2 ser el que dice cómo hay que hacer las cosas y el que toma las decisiones más importantes en un negocio, empresa, etc.: *ha conducido su negocio con mano dura.* 3 manejar un vehículo: *conducir un camión.* 4 tener algo tanta importancia que influye decisivamente en que las cosas salgan bien o mal: *su desorganización lo condujo a la ruina.* **SIN. COM.** guiar, llevar. **FAM.** conducción, conducta, conducto, conductor, conductibilidad. **COMP.** reconducir.

CONJUGACIÓN DEL VERBO CONDUCIR

Formas no personales
Infinitivo: *conducir.* Gerundio: *conduciendo.* Participio: *conducido.*
Indicativo
Presente: *conduzco, conduces, conduce, conducimos, conducís, conducen.*
Pretérito imperfecto: *conducía, conducías, conducía, conducíamos, conducíais, conducían.*
Pretérito perfecto simple: *conduje, condujiste, condujo, condujimos, condujisteis, condujeron.*
Futuro: *conduciré, conducirás, conducirá, conduciremos, conduciréis, conducirán.*
Condicional simple: *conduciría, conducirías, conduciría, conduciríamos, conduciríais, conducirían.*
Subjuntivo
Presente: *conduzca, conduzcas, conduzca, conduzcamos, conduzcáis, conduzcan.*
Pretérito imperfecto: *condujera/condujese, condujeras/condujeses, condujera/condujese, condujéramos/condujésemos, condujerais/condujeseis, condujeran/condujesen.*
Futuro: *condujere, condujeres, condujere, condujéremos, condujereis, condujeren.*
Imperativo:
conduce, conduzca, conduzcamos, conducid, conduzcan.

conducta *[n.f.]* modo de actuar o comportarse los seres vivos y especialmente las personas: *una buena conducta; una conducta extraña.* **SIN.** comportamiento, actuación, proceder.

conducto *[n.m.]* 1 tubería por la que circula un líquido o un gas: *el conducto del agua se ha roto.* **SIN.** tubería, cañería. 2 camino que es necesario seguir para conseguir un objetivo: *tu propuesta debe seguir el conducto reglamentario.* **SIN.** procedimiento, cauce.

conductor, conductora *[n.]* persona que conduce un vehículo: *los conductores deben superar un test psicológico.* **SIN.** chófer.

conduje, condujimos... formas irregulares de la conjugación del verbo *conducir*.*

conduzca, conduzco... formas irregulares de la conjugación del verbo *conducir*.*

conectar *[v.]* 1 unir dos cosas entre sí para que lo que hay en una pueda llegar o pasar a la otra: *conectando la radio a la red eléctrica le llega corriente para funcionar; conectando cañerías pasa el agua o el gas de unas a otras.* **AF.** enchufar, empalmar, ensamblar. 2 estar en comunicación con alguien: *conectamos frecuentemente con nuestros amigos para interesarnos por* *sus cosas.* **SIN.** comunicar. **FAM.** conexión, conectador. **COMP.** desconectar.

conejera *[n.f.]* cueva estrecha y larga donde viven los conejos. **SIN.** hura, madriguera.

conejo *[n.]* animal pequeño, de entre treinta y cuarenta centímetro de largo, que tiene el pelo espeso de color gris o marrón, orejas muy grandes y carne comestible. **AMPL.** es un mamífero roedor, vive en el campo en ***madrigueras*** y también se cría en granjas; de su pelo se hace un ***fieltro**** de gran calidad. **FAM.** conejera, conejero, conejillo.

conexión *[n.f.]* 1 el conectar* o poner en contacto o en comunicación a dos personas o dos cosas: *la conexión entre dos emisoras de radio; la conexión de dos tubos.* 2 cable o pieza que se usa para poner en contacto (o conectar) dos aparatos: *el ordenador está unido a la impresora por una conexión especial.* **FAM.** conexionar, conexo, conectar. **COMP.** inconexo.

confección *[n.f.]* el confeccionar*, hacer, preparar o fabricar cosas: *la confección de un diccionario lleva mucho tiempo.* **SIN.** preparación, elaboración. ■ **ropa de confección**, la que se fabrica en serie y no está hecha a medida.

confeccionar *[v.]* hacer cosas, normalmente pequeñas y con materiales blandos o poco pesados, que cuestan cierto trabajo y exigen ciertos conocimientos: *un coche se hace o se fabrica, pero el proyecto para fabricar un nuevo coche se confecciona detenidamente.* **SIN.** elaborar. **AF.** fabricar, hacer, realizar. **FAM.** confección, confeccionista.

conferencia *[n.f.]* 1 charla o lección que se da ante un público que no está formado por alumnos habituales, sino por gente que va porque le interesa el tema. **SIN.** disertación, charla, exposición hablada. 2 reunión de gente importante para tratar asuntos importantes: *una conferencia internacional sobre el desarme.* **AF.** reunión, congreso, negociación. 3 llamada telefónica desde una ciudad a otra. **FAM.** conferenciar, conferenciante.

conferenciante *[n.inv. en gén.]* persona que habla en público de un determinado tema: *el conferenciante pronunció un discurso sobre psicología de la educación.* **SIN.** orador.

confesar *[v.]* decir o reconocer ante otros una culpa o un error: *confieso que estaba equivocado.* TAMBIÉN *prnl.: los católicos se confiesan ante un sacerdote para que se le perdonen los pecados.* **CONJUG.** como *acertar**. **FAM.** confesión, confesor, confesonario, confesionario, confesional, confeso. **COMP.** inconfesable, inconfesablemente.

confesión *[n.f.]* 1 declaración que hace una persona ante otras, especialmente ante un juez o un sacerdote: *el juez oyó la confesión del acusado.* 2 sacramento de la Iglesia, administrado por los sacerdotes, por el que se perdonan los pecados. **PL.** *confesiones.*

confesionario *[n.m.]* confesonario*.

confesonario *[n.m.]* mueble o construcción en el que se coloca el sacerdote para oír las confesiones: *en el lateral de la iglesia había dos confesonarios.* TAMBIÉN se dice *confesionario.*

confesor *[n.m.]* sacerdote que confiesa a alguien: *es su confesor desde hace muchos años.*

confeti *[n.m.]* pedacitos de papel de colores que se tiran en las fiestas, cabalgatas, bailes de carnaval, etc.

confiado, confiada *[adj.]* 1 que nunca piensa que los demás puedan querer perjudicarlo: *la timaron por ser tan confiada.* **SIN.** crédulo. **AF.** incauto, ingenuo*. **ANT.** desconfiado. 2 que está demasiado seguro de sí mismo: *es tan confiado que cualquier día tendrá un accidente.* **ANT.** inseguro.

confianza *[n.f.]* 1 seguridad que tiene uno de que alguien no engaña ni traiciona: *tengo confianza en mis amigos.* **ANT.** desconfianza. 2 lo que hay entre personas que se tratan con familiaridad: *tengo confianza con mis amigos.* **SIN.** intimidad, familiaridad.

confiar *[v.]* 1 estar seguro de que una cosa va a ser o a salir como uno piensa, espera y desea: *confía en acabar la carrera este año.* TAMBIÉN *prnl.: se confió demasiado y le salió mal.* 2 tener la seguridad de que se conoce a una persona y de que siempre se va a portar bien: *confío en mi familia.* **SIN.** fiarse de. **ANT.** desconfiar. 3 poner una cosa en manos de otro, pensando que la va a tratar, cuidar o llevar bien: *confió el negocio a su hijo.* **ACENT.** como *fiar**. **FAM.** confiado, confianza, confiadamente, confidencia, confidente, confidencial, confidencialmente, fiar. **COMP.** desconfiar.

confidencia *[n.f.]* lo que se cuenta a una persona y no se quiere que se lo diga a nadie más: *le cuenta sus confidencias a su hermana.* **SIN.** secreto.

confidencial *[adj.inv. en gén.]* que la gente no debe saberlo: *le dio una noticia confidencial.*

confidente *[n.inv. en gén.]* **1** persona a quien otra le cuenta sus secretos: *mi amigo es mi confidente.* **2** persona que está metida en un grupo o un ambiente y le cuenta a la policía lo que pasa en él. **SIN.** chivato, soplón.

configurar *[v.]* darle forma a algo: *configurar un libro con los cuentos presentados al concurso.* **AF.** modelar. **FAM.** figura.

confín *[n.m.]* límite de un territorio muy grande. **PL.** *confines.* **SIN.** horizonte, extremo, frontera.

confirmar *[v.]* **1** asegurarse de que algo es como se piensa o como le han dicho: *quiero confirmar la fecha del viaje; confirma que estás en la lista.* **SIN.** comprobar*. **2** administrar el sacramento de la confirmación, que consiste en el reconocimiento de la fe recibida en el bautismo: *el obispo confirmó a los niños de la parroquia.* TAMBIÉN *prnl.: se confirmó el año pasado.* **FAM.** confirmación, confirmativo, confirmatorio, firme.

confiscar *[v.]* apropiarse el estado, o alguno de sus organismos, de algo que pertenecía a particulares: *la Guardia Civil confiscó las escopetas a los cazadores furtivos.* **SIN.** decomisar, incautar. **OBS.** ante e, qu: *confisquen.* **FAM.** confiscación, fiscal.

confite *[n.m.]* bolita de dulce muy pequeña que normalmente lleva dentro un grano de anís. **FAM.** confitería, confitero, confitar, confitura, confitada.

confitería *[n.f.]* sitio donde se hacen o se venden caramelos y otras clases de dulces: *en las confiterías venden bombones.* **AF.** pastelería.

confitura *[n.f.]* dulce hecho de frutas cocidas con azúcar: *confitura de melocotón.*

conflictivo, conflictiva *[adj.]* que da problemas o es especialmente difícil y complicado: *un alumno conflictivo; una situación conflictiva.* **SIN.** problemático. **AF.** preocupante.

conflicto *[n.m.]* situación complicada o difícil de resolver: *todos los años hay conflictos por la pesca; es un conflicto moral saber si hay que dar limosna a los pobres o no.* **SIN.** problema. **AF.** dificultad. **FAM.** conflictivo, conflictividad, conflictivamente.

confluencia *[n.f.]* lugar donde se juntan dos ríos o dos caminos. **SIN.** cruce, unión.

confluir *[v.]* juntarse dos o más cosas o personas en un mismo lugar: *todas las carreteras nacionales confluyen en Madrid.* **SIN.** coincidir, converger, encontrarse. **CONJUG.** como *huir**. **FAM.** confluencia, confluyente, fluir.

conformarse *[v.prnl.]* **1** llevar bien la falta de suerte en la vida o parecerle a uno que no está tan mal porque siempre hay alguien que está peor. **SIN.** resignarse, contentarse. **ANT.** rebelarse. **2** parecerle a uno suficiente algo: *me conformo con lo que me toque en el reparto.* **SIN.** contentarse.

conforme *[adj.inv. en gén.]* **1** que está de acuerdo: *una persona conforme con su situación.* **AF.** satisfecho. // **conforme** *[adv. de m.]* **2** de la misma manera o según sea o se haga algo: *conforme vino se fue; conforme te portes te tratarán.* **FAM.** conformidad, conformista, conformarse, conformador. **COMP.** disconforme, disconformidad.

conformidad *[n.f.]* **1** aprobación que se da a algo que otros han hecho o pedido: *el delegado dio la conformidad a la solicitud presentada.* **SIN.** aprobación, visto bueno, consentimiento. **2** lo que tiene una persona que se adapta con facilidad a su situación: *aceptó sus problemas con conformidad.* **SIN.** adaptabilidad. **ANT.** rebeldía. ■ **de conformidad**, de acuerdo con.

confort *[n.m.]* comodidad. **ANT.** incomodidad.

confortable *[adj.inv. en gén.]* que hace que uno esté a gusto: *la casa tiene un salón confortable.* **SIN.** acogedor. **AF.** cómodo, agradable. **ANT.** incómodo.

confortar *[v.]* hacer que una persona se sienta mejor: *nos conforta oír palabras de ayuda en momentos difíciles.* **SIN.** animar, alentar, consolar. **ANT.** desanimar. **FAM.** confort, confortable, confortabilidad, confortablemente, confortador, confortante, fuerza. **COMP.** reconfortar.

confrontar *[v.]* hacer una comparación entre dos cosas para ver en qué se parecen y en qué se diferencian: *confrontar dos textos; confrontar dos análisis.* **SIN.** cotejar, comparar. **FAM.** confrontación, frente.

confundir *[v.]* **1** no distinguir bien dos cosas o tomar una por otra: *he confundido algunas cifras al calcular los gastos; confundes la realidad con la fantasía.* **SIN.** mezclar. **2** hacer que alguien deje de saber cómo debe seguir con algo o cómo debe entender algo: *el ladrón consiguió confundir a la policía.* **SIN.** desorientar, despistar. **ANT.** orientar. // **confundirse** *[v.prnl.]* **3** cometer errores o faltas al hacer algo: *si escribes deprisa te confundirás.* **SIN.** equivocarse. **4** juntarse dos o más cosas o personas de manera que no se distingan: *al salir del cine nos confundimos con la multitud; el mar y el cielo se confunden en el horizonte.* **SIN.** mezclarse, entremezclarse. **ANT.** distinguirse, diferenciarse. **FAM.** confundible, confusión, confuso, confusamente, fundir. **COMP.** inconfundible.

confusión *[n.f.]* **1** lo que hay cuando las cosas no están claras o hay mucho desorden: *la confusión se produjo por hablar todos a la vez.* **SIN.** desbarajuste, caos. **ANT.** orden, claridad. **2** error que se comete al tomar una cosa por otra: *ha sido una confusión marcar este número de teléfono.* **SIN.** error, equivocación. **ANT.** acierto.

confuso, confusa *[adj.]* **1** poco o nada claro: *letra confusa; situación confusa.* **AF.** turbio, oscuro. **ANT.** preciso, claro. **2** que no sabe muy bien qué hacer: *se sintió confuso ante tantas atenciones.* **SIN.** turbado, aturdido, desconcertado.

congelación *[n.f.]* **1** cambio del estado líquido al sólido al disminuir la temperatura: *la congelación del agua se produce a cero grados centígrados.* **2** método para la conservación de alimentos a bajas temperaturas.

congelador *[n.m.]* electrodoméstico (o parte de un frigorífico) que produce frío y mantiene temperaturas inferiores a cero grados: *guarda los helados en el congelador.*

congelar *[v.]* **1** hacer que un líquido pase al estado sólido disminuyendo su temperatura: *si congelas agua tendrás hielo.* **SIN.** helar, solidificar. **ANT.** descongelar, fundir. **2** enfriar los alimentos para conservarlos: *en los barcos factoría congelan el pescado.* **FAM.** congelación, congelado, congelador, congelamiento. **COMP.** descongelar, anticongelante.

congénere *[adj.inv. en gén.]* que tiene el mismo género o el mismo origen. TAMBIÉN *n.inv. en gén.: el mundo rico debe ayudar a sus congéneres de los países pobres.*

congeniar *[v.]* tener dos personas formas de ser parecidas y llevarse bien: *nada más conocernos nos dimos cuenta de que congeniábamos.* **AF.** simpatizar, confraternizar. **ANT.** discrepar.

congénito, congénita *[adj.]* que es de nacimiento: *una enfermedad congénita.* **SIN.** innato. **ANT.** adquirido.

congestión *[n.f.]* exceso de algo que impide el buen funcionamiento: *el catarro produce congestión de las vías respiratorias* (**SIN.** inflamación, hinchazón)*; en la calle había una gran congestión después del partido de fútbol* (**SIN.** atasco, embotellamiento). **FAM.** congestionar, congestivo. **COMP.** descongestionar, descongestión, descongestivo.

conglomerado *[n.m.]* conjunto de fragmentos de una o varias sustancias, unidos de tal manera que resulte una masa compacta: *conglomerado de virutas de madera.*

congoja *[n.f.]* preocupación, miedo o pena muy grandes: *produce congoja ver lo que son capaces de hacer las mafias políticas.* **SIN.** angustia*. **FAM. COMP.** acongojar.

congoleño, congoleña *[adj. y n.]* del Congo, país del centro de África cuya capital es Brazzaville: *una ciudad congoleña; los congoleños.*

congregar *[v.]* hacer que mucha gente esté a la vez en un sitio: *congregaron a toda la familia para hablar de negocios.* **SIN.** reunir, juntar. **ANT.** dispersar. TAMBIÉN *prnl.: la multitud se congregó para ver los fuegos artificiales.* **OBS.** ante e, gu: *congreguen.*

congreso *[n.m.]* **1** serie de reuniones y otras actividades que suelen hacerse durante dos o tres días para tratar sobre temas científicos, culturales, etc.: *un congreso de cirugía cardiovascular; un congreso de estudiosos del Quijote.* **AF.** reunión, encuentro, convención. **2** edificio donde los diputados celebran las sesiones parlamentarias. **SIN.** cortes. 3 conjunto de los diputados de una legislatura. **SIN.** cámara, parlamento. **FAM.** congresista, congregar, congregación.

congrio *[n.m.]* pez marino de cuerpo cilíndrico, de color gris oscuro, carne blanca y comestible, que puede medir de uno a dos metros de largo.

cónico, cónica *[adj.]* que tiene forma de cono: *los cucuruchos de los helados son cónicos.*

conífera *[n.]* tipo de planta de hoja perenne, acicular o con forma de escama, y fruto en forma de cono o piña: *el pino es una conífera.*

conjugación *[n.f.]* 1 serie ordenada de todas las formas de un verbo, expresando número, persona, tiempo, modo, aspecto y voz. 2 cada uno de los modelos a que se ajustan los verbos de una lengua. **AMPL.** en español son tres, y dependen de que el infinitivo acabe en *-ar, -er* o *-ir.*

conjugar *[v.]* decir de forma ordenada todas las formas de un verbo, según sus distintos modos, tiempos, números y personas. **OBS.** ante e, gu: *conjuguen.* **FAM.** conjugación, conjugable.

conjunción *[n.f.]* 1 en gramática, clase de palabras (o parte invariable de la oración) que sirve para unir frases o palabras: *que, ya, ni y pero son conjunciones.* 2 situación relativa de dos o más planetas que se encuentran alineados respecto al punto desde el que se miran: *conjunción de Marte y Venus.*

conjuntivitis *[n.f.inv. en núm.]* inflamación de la parte del ojo llamada conjuntiva: *le recetaron unas gotas para la conjuntivitis.*

conjunto *[n.m.]* todas las cosas que, por tener algo en común, pueden considerarse de la misma clase, del mismo grupo, de la misma familia, etc. **FAM.** conjunción, conjuntar, conjuntamente, junto.

conjura *[n.f.]* acuerdo secreto contra el estado o una autoridad: *se descubrió una conjura contra el presidente del gobierno.*

conmemoración *[n.f.]* recuerdo que se dedica a una persona, suceso, etc. y que a veces se celebra con una fiesta o un acto especial. **SIN.** recuerdo, celebración. **FAM.** conmemorar, conmemorativo.

MODELOS DE CONJUGACIÓN REGULAR

	1ª conjuga.	2ª conjuga.	3ª conjuga.
Formas no personales			
Infinitivo	amar	temer	partir
Gerundio	am-ando	tem-iendo	part-iendo
participio	am-ado	tem-ido	part-ido
Indicativo			
presente	am-o am-as am-a am-amos am-áis am-an	tem-o tem-es tem-e tem-emos tem-éis tem-en	part-o part-es part-e part-imos part-ís part-en
pretérito imperfecto	am-aba am-abas am-aba am-ábamos am-abais am-aban	tem-ía tem-ías tem-ían tem-íamos tem-íais tem-ían	part-ía part-ías part-ía part-íamos part-íais part-ían
pretérito perfecto simple o pretérito indefinido	am-é am-aste am-ó am-amos am-asteis am-aron	tem-í tem-iste tem-ió tem-imos tem-isteis tem-ieron	part-í part-iste part-ió part-imos part-isteis part-ieron
futuro	am-aré am-arás am-ará am-aremos am-aréis am-arán	tem-eré tem-erás tem-erá tem-eremos tem-eréis tem-erán	part-iré part-irás part-irá part-iremos part-iréis part-irán
Condicional simple			
	am-aría am-arías am-aría am-aríamos am-aríais am-arían	tem-ería tem-erías tem-ería tem-eríamos tem-eríais tem-erían	part-iría part-irías part-iría part-iríamos part-iríais part-irían
Subjuntivo			
presente	am-e am-es am-e am-emos am-éis am-en	tem-a tem-as tem-a tem-amos tem-áis tem-an	part-a part-as part-a part-amos part-áis part-an
pretérito imperfecto	am-ara am-aras am-ara am-áramos am-arais am-aran	tem-iera tem-ieras tem-iera tem-iéramos tem-ierais tem-ieran	part-iera part-ieras part-iera part-iéramos part-ierais part-ieran
futuro	am-are am-are am-are am-áremos am-areis am-aren	tem-iere tem-ieres tem-iere tem-iéremos tem-iereis tem-ieren	part-iere part-ieres part-iere part-iéremos part-iereis part-ieren
Imperativo			
	am-a (tú) am-e am-emos am-ad am-en	tem-e tem-a tem-amos tem-ed tem-an	part-e part-a part-amos part-id part-an

conmemorar *[v.]* celebrar un día señalado por el recuerdo de algo que pasó: *conmemoran sus bodas de plata.* **SIN.** recordar, celebrar.

conmigo *[pron.]* acompañando al que habla: *vino conmigo; trabaja conmigo.* **GRAM.** es pronombre personal de primera persona que hace función de complemento circunstancial.

conmoción *[n.f.]* susto que produce un suceso importante en la gente: *el golpe militar produjo gran conmoción en el país.* **SIN.** impresión. ■ **conmoción cerebral**, pérdida de conocimiento que se produce por haber recibido un golpe en la cabeza.

conmovedor, conmovedora *[adj.]* que emociona: *una despedida conmovedora.* **SIN.** emotivo.

conmover *[v.]* hacer sentir emoción: *me conmovió ver el cariño con que tratan a la abuela.* **SIN.** emocionar, impresionar. **CONJUG.** como *volver**. **FAM.** conmovedor, conmovible, conmoción, mover. **COMP.** inconmovible.

conmutar *[v.]* cambiar una cosa por otra: *le conmutaron la pena de muerte por la de cadena perpetua.* **SIN.** permutar, cambiar. **FAM.** conmutador, conmutación, conmutabilidad, conmutativo, mutación.

cono *[n.m.]* cuerpo geométrico de base circular plana y terminado en punta: *los cucuruchos de los helados tienen forma de cono.* **AMPL.** es generado por la rotación de un triángulo rectángulo sobre uno de sus catetos. **FAM.** cónico, conoideo, conífera.

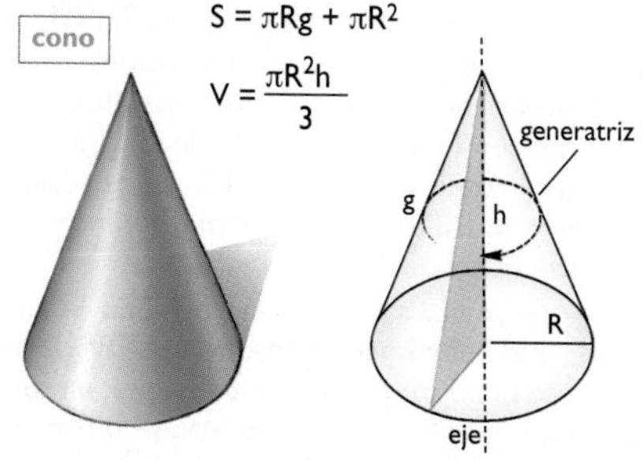

conocedor, conocedora *[adj.]* entendido en algo: *un artesano conocedor de su oficio.* **SIN.** experto.

conocer *[v.]* **1** saber cómo es algo y ser capaz de distinguirlo entre otras cosas: *no se perderá porque conoce bien la ciudad; ¿conoces su coche?* **ANT.** desconocer. **2** saber quién es una persona, por haberla visto o haberla tratado: *la conocí ayer.* TAMBIÉN *prnl. rec.*: *nos conocemos desde hace años.* **3** ser entendido en alguna ciencia, lengua, oficio o saber: *conoce a fondo las matemáticas; conoce el inglés desde muy niño.* **ANT.** ignorar, desconocer. **FAM.** conocedor, conocido, conocimiento. **COMP.** desconocer, incógnita, irreconocible.

CONJUGACIÓN DEL VERBO CONOCER

Formas no personales
Infinitivo: *conocer.* Gerundio: *conociendo.* Participio: *conocido.*
Indicativo
Presente: *conozco, conoces, conoce, conocemos, conocéis, conocen.*
Pretérito imperfecto: *conocía, conocías, conocía, conocíamos, conocíais, conocían.*
Pretérito perfecto simple: *conocí, conociste, conoció, conocimos, conocisteis, conocieron.*
Futuro: *conoceré, conocerás, conocerá, conoceremos, conoceréis, conocerán.*
Condicional simple: *conocería, conocerías, conocería, conoceríamos, conoceríais, conocerían.*
Subjuntivo:
Presente: *conozca, conozcas, conozca, conozcamos, conozcáis, conozcan.*
Pretérito imperfecto: *conociera/ conociese, conocieras/ conocieses, conociera/ conociese, conociéramos/ conociésemos, conocierais/ conocieseis, conocieran/ conociesen.*
Futuro: *conociere, conocieres, conociere, conociéremos, conociereis, conocieren.*
Imperativo:
conoce, conozca, conozcamos, conoced, conozcan.

conocido, conocida *[adj.]* **1** que mucha gente sabe que existe, quién es o lo que es: *un conocido actor; un muchacho conocido en todo el barrio; una tienda muy conocida; una marca conocida.* **SIN.** popular, afamado. **ANT.** desconocido. // **conocido, conocida** *[n.]* **2** persona a la que se conoce, pero con la que no se tiene mucho trato: *me llamaron por teléfono unos conocidos.*

conocimiento *[n.m.]* **1** capacidad que tienen algunos seres vivos para ver cómo son las cosas, entenderlas, aprender acerca de ellas y relacionarse con los demás: *a pesar de su corta edad, tiene mucho conocimiento.* **SIN.** juicio, sentido. **AF.** inteligencia, razón. **2** lo que se sabe acerca de algo: *tiene grandes conocimientos de filosofía; tiene algún conocimiento de eso, pero no mucho.*

conozca, conozco... formas irregulares de la conjugación del verbo *conocer*.

conquense *[adj. y n.inv. en gén.]* de Cuenca, provincia española y su capital, que pertenecen a la comunidad autónoma de Castilla-La Mancha: *una ciudad conquense; los conquenses; las conquenses.*

conquista *[n.f.]* **1** lo que hace quien ocupa un nuevo territorio por la fuerza: *los alemanes intentaron la conquista de Europa en la Segunda Guerra Mundial.* **AF.** invasión, ocupación. **2** cualquier cosa que se consigue después de haber trabajado o luchado por ella: *las vacunas son conquistas de la medicina; una conquista amorosa.* **SIN.** logro, victoria.

conquistador, conquistadora *[n.]* **1** persona que descubre y ocupa nuevos territorios para su país: *el conquistador de Venezuela fue Diego de Losada.* **AF.** invasor, ocupador, descubridor. **2** persona que enamora fácilmente a otras. **SIN.** ligón, seductor.

conquistar *[v.]* **1** entrar los ejércitos de un país en territorios ocupados por otros países o por otras gentes y adueñarse de ellos por la fuerza: *Inglaterra conquistó muchos países.* **AF.** dominar, invadir. **ANT.** independizar, liberar. **2** conseguir algo por lo que se ha luchado o trabajado y especialmente la simpatía o el afecto de los demás: *conquistó el segundo premio en la carrera; conquistar a un hombre; conquistar a una mujer; conquista a la gente con su amabilidad.* **SIN.** ganarse. **ANT.** perder. **FAM.** conquista, conquistable, conquistador. **COMP.** inconquistable, reconquista.

consabido, consabida *[adj.]* que se hace siempre y se sabe cómo o cuándo va a ser: *en la cena se pronunció el consabido discurso de bienvenida.* **SIN.** usual, acostumbrado.

consagrar *[v.]* **1** hacer sagrado a alguien o a algo: *el obispo consagró la capilla.* **2** dedicarse totalmente a algo de forma absorbente y sacrificada: *consagró su vida a la medicina.* **SIN.** dedicar, emplear, entregar. **3** tener prestigio por lo que se ha hecho: *la novela "Cien años de soledad" consagró a García Márquez como escritor.* **SIN.** acreditar, confirmar. **ANT.** desacreditar. **FAM.** consagración, sagrado.

consciente *[adj.inv. en gén.]* **1** que hace las cosas con mucho sentido y sabe lo que le conviene hacer: *a pesar de su corta edad es una chica muy consciente.* **SIN.** sensato, juicioso. **AF.** responsable, prudente. **ANT.** inconsciente, insensato. **2** que es capaz de ver y entender lo que ocurre a su alrededor: *estuvo consciente durante la operación.* **AF.** despierto. **ANT.** inconsciente. ■ **ser consciente de** algo, saberlo. **FAM.** consciencia, conscientemente. **COMP.** inconsciente, subconsciente, subconsciencia.

consecuencia *[n.f.]* lo que pasa porque antes ha pasado otra cosa: *las imprudencias pueden traer malas consecuencias.* **SIN.** efecto, resultado. **FAM.** consecuente, consecuentemente, seguir. **COMP.** inconsecuencia, inconsecuente, inconsecuentemente.

consecuente *[adj.inv. en gén.]* **1** que demuestra que se actúa sin contradecir lo que se dice o lo que se piensa: *una persona consecuente con sus ideas; una decisión consecuente.* **SIN.** coherente. **2** que es consecuencia de lo que se dice: *si bebes demasiado tendrás que sufrir el consecuente malestar.* **SIN.** consiguiente. **AF.** natural, lógico.

consecutivo, consecutiva *[adj.]* que, cuando siguen un orden, van siempre juntos, uno detrás de otro: *la A y la B son letras consecutivas.* **SIN.** sucesivo, seguido. **AF.** inmediato, contiguo.

conseguir *[v.]* llegar a tener algo: *consiguió plaza en el conservatorio.* **SIN.** lograr, obtener. **ANT.** perder. **CONJUG.** como *seguir**. **FAM.** consecución, consecutivo, consecutivamente, consiguiente, seguir.

consejero, consejera *[n.]* **1** persona de la que se reciben consejos y orientación: *su padre es su mejor consejero.* **AF.** guía, consultor, asesor. **2** persona que forma parte de una junta o consejo y cargo que como tal le corresponde: *consejero de cultura del gobierno autonómico; consejero delegado de una sociedad.*

consejo *[n.m.]* **1** lo que una persona le dice a otra que debe hacer, pensando en ayudarla y en que haga lo que más le conviene: *mi consejo es que aceptes este trabajo.* **SIN.** recomendación, sugerencia. **AF.** advertencia, indicación. **OBS.** aunque los sinónimos no, la palabra *consejo* se usa mucho con el verbo *dar*: *le dio un buen consejo.* **2** conjunto de personas que dirigen algo y forman una junta en la que se toman las decisiones más importantes: *el conse-*

jo escolar se reunió para programar las actividades. **FAM.** consejero, consejería, ***conseja*** (refrán). **COMP.** aconsejar.

consentimiento *[n.m.]* permiso para hacer algo: *no hagas eso sin el consentimiento de tu padre.* **SIN.** permiso, beneplácito, asentimiento. **ANT.** denegación.

consentir *[v.]* dejar que alguien haga algo: *le consienten salir de noche; le consienten demasiadas cosas a los hijos.* **SIN.** permitir. **ANT.** impedir. **CONJUG.** como *sentir**. **FAM.** consentir, consentimiento, consentido, sentir.

conserje *[n.m.]* persona que tiene la obligación de abrir, cerrar y cuidar un edificio: *el conserje nos abrió la puerta.* **FAM.** conserjería.

conserjería *[n.f.]* lugar donde está el conserje: *pasé por la conserjería para recoger una llave.* **SIN.** portería.

conserva *[n.f.]* alimentos que se venden en frascos, botes o latas y están preparados para que duren mucho tiempo. **AMPL.** las conservas se envasan ***al vacío*** (sin aire) y sus envases se cierran ***herméticamente***.

conservación *[n.f.]* mantenimiento de algo en buenas condiciones de uso, de vida, etc.: *la conservación de los alimentos puede hacerse de forma natural o industrial.* **ANT.** deterioro.

conservador, conservadora *[adj.]* 1 que defiende que las cosas sigan como están y no se produzcan grandes cambios en la sociedad: *un hombre muy conservador; actitud conservadora.* **SIN.** tradicionalista, reaccionario. **ANT.** progresista, liberal. TAMBIÉN *n.: los conservadores se enfrentaron a los progresistas en el parlamento.* // **conservador, conservadora** *[n.]* 2 persona que cuida del mantenimiento de un centro público: *el conservador de la biblioteca nos enseñó unos manuscritos antiguos.* **SIN.** cuidador, mantenedor.

conservante *[n.m.]* sustancia que se añade a los alimentos para que duren más tiempo sin estropearse: *la sal es un conservante natural.* TAMBIÉN *adj.inv. en gén.: producto conservante.*

conservar *[v.]* mantener algo en buen estado o sin cambios: *el frío conserva los alimentos; algunas costumbres se han conservado durante siglos.* TAMBIÉN *prnl.: se conserva perfectamente.* **FAM.** conserva, conservación, conservador, conservatorio, conservadurismo, conservera.

conservatorio *[n.m.]* centro de enseñanza oficial en el que se enseña música.

conservera *[n.f.]* fábrica de conservas.

considerable *[adj.inv. en gén.]* que debe tenerse en cuenta por su tamaño, cantidad o importancia: *tenía que pagar una cantidad considerable.* **SIN.** significativo, grande, cuantioso, importante. **ANT.** insignificante, despreciable, desdeñable.

consideración *[n.f.]* 1 lo que demuestra quien tiene en cuenta a los demás y los trata con comprensión y respeto: *trata a los clientes con mucha consideración.* **SIN.** miramiento, deferencia, respeto. **ANT.** desconsideración, grosería. 2 lo que tiene quien es respetado y querido por los demás: *goza de gran consideración entre sus compañeros.* **SIN.** prestigio, aprecio. **AF.** respeto, cariño. 3 palabras que alguien dice para llamar la atención sobre algo, dar un consejo, etc.: *Don Quijote hizo unas consideraciones a Sancho antes de que lo nombraran gobernador.* **SIN.** observación.

considerado, considerada *[adj.]* 1 que trata con respeto: *es muy considerado con sus empleados.* **SIN.** deferente, respetuoso, atento. **ANT.** desconsiderado, déspota. 2 que tiene buena fama: *es un profesional muy considerado en su trabajo.* **SIN.** prestigiado, apreciado. **ANT.** despreciado, odiado.

considerar *[v.]* 1 pararse a pensar algo o tenerlo en cuenta: *considera mi propuesta para trabajar.* **SIN.** examinar, meditar, estudiar. **ANT.** despreciar, menospreciar. 2 darse cuenta del mérito o los valores de alguien: *sus compañeros la consideran mucho.* **SIN.** valorar. **ANT.** desdeñar. 3 parecerle a uno que algo es de determinada manera: *considero que debes esforzarte más.* **SIN.** opinar, creer. **FAM.** consideración, considerado, consideradamente, considerable, considerablemente. **COMP.** desconsideración, desconsiderado, reconsiderar.

consigna *[n.f.]* 1 en las estaciones, sitio en el que se pueden dejar bultos y equipajes para no andar cargado con ellos: *mientras visitamos la ciudad dejamos los equipajes en consigna.* 2 orden o mandato que dan los altos dirigentes y todo el mundo tiene que cumplir: *recibieron la consigna de permanecer en sus posiciones.* **FAM.** consignación, consignatario, signo.

consigo *[pron.]* acompañando a aquel de quien se habla: *se lo llevó consigo; se los llevaron consigo (con ellos).* **GRAM.** es pronombre personal de tercera persona con función de complemento circunstancial. **OBS.** se dice *cuento (yo) contigo* y *cuenta (tú) conmigo*, pero no "cuento consigo", sino *cuento con él* o *él cuenta sólo consigo mismo.*

consiguiente *[adj.inv. en gén.]* que está producido por lo que se dice: *recibió el premio con la consiguiente alegría.* **SIN.** consecuente. **AF.** natural, lógico.

consistencia *[n.f.]* **1** capacidad de los materiales y de las construcciones para soportar el uso, el paso del tiempo, los cambios de clima, el peso, etc. y de las cosas inmateriales, como las ideas y las razones, para mantenerse frente a sus enemigos: *la consistencia de un edificio; el hormigón armado tiene mucha consistencia* (**SIN.** resistencia)*; las teorías de Darwin son de gran consistencia.* **ANT.** inconsistencia, fragilidad. **2** lo que hace que los elementos de una mezcla o de una masa estén unidos. **SIN.** cohesión.

consistente *[adj.inv. en gén.]* que tiene consistencia*: *una silla consistente; un razonamiento consistente.* **FAM.** consistencia, consistentemente, consistir. **COMP.** inconsistente, inconsistencia.

consistir *[v.]* ser una cosa la parte fundamental de otra: *el trabajo consiste en cuidar niños; su libro consiste en una serie de relatos.*

consola *[n.f.]* **1** mueble con forma de mesa de dos tableros que se suele colocar pegado a la pared: *coloqué los candelabros encima de la consola.* **2** tablero o panel de mandos desde el que pueden manejarse algunas máquinas electrónicas: *una consola de videojuegos.*

consolador, consoladora *[adj.]* que consuela: *palabras consoladoras.* **SIN.** confortante, alentador.

consolar *[v.]* hacer más llevaderas las penas de alguien: *trataba de consolarla con sus palabras.* **SIN.** confortar, animar, alentar.

consolidar *[v.]* hacer que algo sea más resistente: *consolidar una construcción; consolidar negocios, ideas, etc.* **SIN.** fortalecer. **ANT.** debilitar. **FAM.** consolidación, consolidado, sólido.

consomé *[n.m.]* caldo que queda al cocer alimentos: *consomé de pollo.*

consonante *[n.f.]* **1** letra que representa un sonido consonántico: *todas las letras, menos la a, la e, la i, la o, la u y la h, en español son consonantes.* **AMPL.** el sonido consonántico se pronuncia cerrando el paso al aire en alguna parte del aparato fonador: *la b es una consonante bilabial.* **2** rima de los versos que tienen todos los sonidos iguales a partir de la última vocal acentuada. **FAM.** consonancia, consonántico.

CONSONANTES

	LABIALES		DENTALES		ALVEOLARES		PALATALES		VELARES	
	sorda	sonora	sorda	sonora	sorda	sonora	sorda	sonora	sorda	sonora
oclusivas	**p**	**b**	**t**	**d**					**k**	**g**[1]
fricativas			**f**	**z**	**s**			**y**	**j**	
africadas							**ch**			
nasales		**m**				**n**				
laterales						**l**				
monovibrante						**r**				
multivibrante						**rr**				

(1) **g** con sonido suave, como en *guerra, guinda, gallo, gozo, gusto...* **OBS.** no se deben confundir sonidos y letras; para evitarlo, en lingüística se hacen ***transcripciones*** con signos especiales distintos de las letras.

consorte *[n.inv. en gén.]* lo que es el marido respecto a la mujer y la mujer respecto al marido. **SIN.** esposo o esposa, cónyuge. **FAM.** consorcio.

conspiración *[n.f.]* lo que se hace al conspirar*: *se ha descubierto una conspiración contra el gobierno.* **SIN.** conjura.

conspirar *[v.]* unirse varias personas para hacer daño a otras, sobre todo si es para quitarle el poder a quien lo tiene: *en el despacho del director financiero conspiran contra el director general.* **SIN.** conjurar. **AF.** intrigar, confabularse. **FAM.** conspirador, conspiración.

constancia *[n.f.]* lo que tiene quien hace las cosas de forma continuada hasta terminarlas: *la constancia es imprescindible para aprender idiomas.* **SIN.** perseverancia, tenacidad, tesón. **ANT.** inconstancia.

constante *[adj.inv. en gén.]* **1** que hace las cosas de forma continuada, con constancia*: *es muy constante en sus estudios.* **2** que no cambia, que ocurre mucho o que es muy frecuente: *el nivel del agua del río ha sido constante las últimas semanas; tiene una preocupación constante.* **SIN.** permanente. ■ ***constantes vitales***, serie de características del cuerpo humano (pulso o tensión, azúcar en sangre, etc.) que tienen que mantenerse entre un mínimo y un máximo para que todo vaya bien. **FAM.** constancia, constar, constantemente. **COMP.** inconstancia, inconstante.

constar *[v.]* **1** ser seguro para alguien que algo es de determinada manera porque hay pruebas de ello: *me consta que usted no lo dijo.* **2** estar escrito en algún sitio: *la venta del piso consta ya en el registro de la propiedad.* **SIN.** estar, aparecer. **3** estar formado por lo que se dice: *este edificio consta de tres plantas.* **SIN.** estar constituido por. **AF.** tener.

constatar *[v.]* ver o revisar algo para comprobar cómo está: *hemos constatado que la instalación estaba mal.* **SIN.** comprobar*. **FAM.** constatación.

constelación *[n.f.]* grupo de estrellas que recibe un nombre determinado y que, muchas veces, forman una figura: *los signos del Zodiaco tienen nombre de constelaciones; la "Osa Mayor" es una constelación con forma de carro sin ruedas.*

consternación *[n.f.]* lo que se siente cuando se sufre una gran pena: *la noticia le produjo gran consternación.* **FAM.** consternar.

constipado *[n.m.]* enfermedad leve que se produce por infección de las vías respiratorias: *toser y estornudar son síntomas de constipado.* **SIN.** catarro, resfriado. **FAM.** constiparse.

constiparse *[v.prnl.]* contraer un constipado: *con los cambios bruscos de temperatura es fácil resfriarse.* **SIN.** acatarrarse, resfriarse.

constitución *[n.f.]* **1** conjunto de leyes que determinan los derechos y deberes fundamentales de los ciudadanos y las instituciones de un país. **SIN.** carta magna, ley fundamental. **2** conjunto de rasgos físicos o características del cuerpo de un ser vivo: *los atletas tienen una constitución fuerte.* **SIN.** conformación, complexión. **FAM.** constitución, constitucionalmente, constituir, constitutivo, constituyente, constitucional. **COMP.** inconstitucional, anticonstitucional, reconstituyente.

constitucional *[adj.inv. en gén.]* **1** que cumple con lo que manda la Constitución o que está escrito en ella: *la libertad de expresión es un derecho constitucional.* **ANT.** inconstitucional. **2** que es propio de la constitución de una persona: *la fuerza es un rasgo constitucional.*

constituir *[v.]* **1** crear u organizar algo que no existe: *hemos constituido una asociación de antiguos alumnos.* **SIN.** formar, crear. **2** ser lo que luego se dice, o ser parte importante de lo que se dice: *los hispanos constituyen una enorme fuerza social en Estados Unidos.* **SIN.** formar, ser. **CONJUG.** como *huir.*

constituyente *[adj.inv. en gén.]* que establece o constituye algo: *la primera reunión de la asociación fue constituyente.* ■ **Cortes Constituyentes**, las que establecen o modifican la Constitución de un Estado.

construcción *[n.f.]* **1** conjunto de trabajos que se hacen para construir* o edificar algo y trabajo o actividad profesional de quienes se dedican a ello: *la construcción de un puente* (**ANT.** destrucción, derribo)*; un profesional de la construcción.* **2** edificio construido: *este hotel es una construcción antigua.* **3** forma de ordenar las palabras en una frase: *la construcción de estas frases es muy sencilla.*

construcciones

constructivo, constructiva *[adj.]* que es útil o quiere ser útil: *la experiencia con los grupos de alumnos ha sido muy constructiva; una crítica constructiva.* **SIN.** edificante. **ANT.** destructivo.

constructor, constructora *[n.]* persona que construye o que se dedica al negocio de la construcción: *el constructor vigila diariamente la obra.*

construir *[v.]* **1** hacer cosas nuevas, normalmente grandes y con materiales duros y pesados como la piedra, el hierro, el hormigón, etc.: *en los astilleros construyen barcos* (**SIN.** fabricar, hacer, montar)*; construir una casa* (**SIN.** edificar, levantar, hacer). **ANT.** destruir. **2** ordenar las palabras en frases según las leyes gramaticales: *hemos construido frases en voz pasiva.* **CONJUG.** como *huir.* **FAM.** construcción, constructora, constructor, constructivo, constructivamente. **COMP.** destruir, reconstruir.

consuegro, consuegra *[n.]* lo que son los padres de uno de los cónyuges respecto a los del otro.

consuelo *[n.m.]* lo que se siente cuando se alivian las penas: *hablar contigo ha sido un consuelo para mí.* **AF.** alivio. **FAM.** consolar, consolador, consolación. **COMP.** desconsuelo, inconsolable.

cónsul *[n.inv. en gén.]* persona que representa los intereses de un país en una ciudad extranjera. **FAM.** consulado, consular. **COMP.** procónsul.

consulado *[n.m.]* despacho u oficina de un cónsul.

consulta *[n.f.]* **1** pregunta o búsqueda de datos que se hace en libros, diccionarios etc. para resolver una duda: *le hice una consulta al abogado.* **2** lugar en el que algunos profesionales reciben a sus clientes: *consulta médica.*

consultar *[v.]* preguntar o buscar datos para enterarse de algo o resolver una duda: *consulta al asesor; consulta la enciclopedia.* **AF.** preguntar, asesorarse, informarse. **FAM.** consulta, consultante, consultor, consultivo, consultorio.

consultorio *[n.m.]* 1 lugar donde uno o varios médicos pasan consulta. **SIN.** dispensario. 2 espacio que dedican los periódicos y las emisoras de radio a responder las preguntas del público: *consultorio sentimental.*

consumar *[v.]* hacer algo del todo: *consumar un delito* **AF.** terminar, acabar, concluir. **FAM.** consumación, consumadamente.

consumidor, consumidora *[n.]* persona que compra algo, sobre todo si es algo que se gasta: *la publicidad de los productos va dirigida a los consumidores.*

consumir *[v.]* 1 usar o comprar cosas que se gastan: *consumimos dos litros de leche diarios.* **SIN.** gastar, usar. // **consumirse** *[v.prnl.]* 2 gastarse una cosa: *las velas se consumen poco a poco.* **FAM.** consumo, consumidor, consumido, consumismo, consumista, sumir.

consumismo *[n.m.]* afán o manía de comprar cosas y gastar dinero: *el consumismo es típico de las sociedades muy desarrolladas.*

consumo *[n.m.]* gasto de algo: *el consumo de gas es más elevado en invierno.* **SIN.** uso, utilización. ■ **sociedad de consumo**, la que se caracteriza por tener gastos muy elevados en bienes y servicios.

contabilidad *[n.f.]* conjunto de anotaciones de gastos e ingresos que se hacen para controlar la marcha de un negocio: *todos lo negocios necesitan llevar al día su contabilidad.* **SIN.** contaduría, cuentas. **FAM.** contable, contablemente, contabilizar, contabilización, contar.

contable *[adj.inv. en gén.]* 1 que puede contarse o numerarse: *los lapiceros son contables, la alegría no.* **ANT.** incontable. // **contable** *[n.inv. en gén.]* 2 persona que se encarga de llevar contabilidades: *todos los meses el contable hace un balance de situación.*

contactar *[v.]* ponerse en comunicación con alguien: *he contactado con mi antiguo profesor.* **SIN.** ponerse en contacto, comunicarse.

contacto *[n.m.]* 1 proximidad entre dos cosas que llegan a tocarse: *el contacto entre dos cables produce chispazos.* **SIN.** roce. 2 relación y comunicación que existe entre dos personas, empresas, organismos, etc.: *hay mucho contacto entre los dos institutos.* **SIN.** relación, trato. 3 persona que proporciona información a una empresa, país o persona sobre otros países, empresas o personas: *tenemos un contacto en Rusia.* **SIN.** enlace. **FAM.** contactar.

contado, contada *[adj.]* muy escaso, poco: *tengo el tiempo contado para terminar el trabajo; nos visita en contadas ocasiones.* ■ **al contado**, de una sola vez y no a plazos: *pagó al contado.*

contador *[n.m.]* aparato que sirve para medir algo, por ejemplo la cantidad de agua, gas o electricidad que se gasta.

contagiar *[v.]* ser la causa de que a otros le dé lo que uno tiene: *cogió una gripe y se la contagió a media clase* (**SIN.** pasar, transmitir, pegar)*; me contagió la risa.* TAMBIÉN *prnl.: me contagié de varicela.* **FAM.** contagio, contagioso, contagiosamente.

contagio *[n.m.]* lo que hay cuando algo se contagia: *la gripe se transmite por contagio.*

contagioso, contagiosa *[adj.]* que se pasa de unos a otros con facilidad: *una enfermedad contagiosa; una costumbre contagiosa.* **SIN.** transmisible, pegadizo.

container *[n.m.]* palabra inglesa que en español es *contenedor*.*

contaminación *[n.f.]* suciedad en el aire, en el agua o en el medio ambiente: *algunos vertidos industriales producen mucha contaminación; la contaminación de los ríos puede ser peligrosa para los peces.* **SIN.** polución.

contaminar *[v.]* 1 ensuciar el medio ambiente: *los vertidos de las industrias contaminan los ríos.* 2 llenarse algo de elementos extraños a su naturaleza: *los virus contaminan los hospitales* (**SIN.** infectar)*; el inglés ha contaminado a todas las demás lenguas.* **ANT.** purificar, limpiar. **FAM.** contaminación, contaminante, contaminable. **COMP.** incontaminado.

contante *[adj.inv. en gén.]* en efectivo, en billetes o monedas: *dinero contante.*

contar *[v.]* 1 numerar las cosas una por una para saber cuántas hay: *cuenta los platos para ver si falta alguno.* 2 decir cómo han ocurrido historias o sucesos reales o imaginados: *contar cuentos.* **SIN.** relatar, narrar. 3 tener: *cuenta con unas magníficas instalaciones deportivas; cuéntame entre tus amigos.* 4 ser importante:

cuenta mucho en la empresa. ■ **contar con**, tener en cuenta por si se necesita. **FAM.** cuenta, cuento, contabilidad, contado, contador, contante. **COMP.** descontar, incontable, recuento.

CONJUGACIÓN DEL VERBO CONTAR

Formas no personales
Infinitivo: *contar*. Gerundio: *contando*. Participio: *contado*.
Indicativo
Presente: *cuento, cuentas, cuenta, contamos, contáis, cuentan.*
Pretérito imperfecto: *contaba, contabas, contaba, contábamos, contabais, contaban.*
Pretérito perfecto simple: *conté, contaste, contó, contamos, contasteis, contaron.*
Futuro: *contaré, contarás, contará, contaremos, contaréis, contarán.*
Condicional simple: *contaría, contarías, contaría, contaríamos, contaríais, contarían.*
Subjuntivo
Presente: *cuente, cuentes, cuente, contemos, contéis, cuenten.*
Pretérito imperfecto: *contara/ contase, contaras/ contases, contara/ contase, contáramos/ contásemos, contarais/ contaseis, contaran/ contasen.*
Futuro: *contare, contares, contare, contáremos, contareis, contaren.*
Imperativo:
cuenta, cuente, contemos, contad, cuenten.

contemplación *[n.f.]* 1 hecho de contemplar algo: *la contemplación de un cuadro.* 2 cuidado con que se trata a alguien: *lo trata con demasiadas contemplaciones.* **SIN.** miramiento, mimo.

contemplar *[v.]* 1 quedarse mirando algo con gusto y con atención: *le gusta contemplar el atardecer.* **AF.** admirar. 2 estudiar distintas posibilidades de algo: *contempló varias ofertas antes de decidirse a comprar.* **SIN.** considerar. **FAM.** contemplación, contemplativo.

contemporáneo, contemporánea *[adj.]* 1 que existe al mismo tiempo que otra persona o cosa: *Colón y los Reyes Católicos fueron contemporáneos.* **SIN.** coetáneo. 2 que ocurre o existe en la actualidad: *historia contemporánea; personajes contemporáneos.* **SIN.** actual. **FAM.** contemporaneidad, tiempo.

contemporizar *[v.]* aceptar el gusto o la opinión de otro, por respeto o porque es conveniente para algo. **SIN.** amoldarse, avenirse. **OBS.** ante e, c: *contemporice.*

contendiente *[n.inv. en gén.]* persona que se enfrenta a otra u otras en una pelea, una discusión o una competición: *durante las partidas de ajedrez los contendientes guardan absoluto silencio.*

contenedor *[n.m.]* recipiente grande que se deja en un sitio para que se vaya llenando de residuos o mercancías: *un contenedor de escombros; un contenedor de basuras; en los barcos ya no cargan mercancías sueltas, sino metidas en contenedores.* **SIN.** contáiner.

contener *[v.]* 1 tener algo dentro: *esta cartera contiene valiosos documentos.* // **contenerse** *[v.prnl.]* 2 conseguir dominarse para no hacer algo: *logró contenerse para no gritar a pesar de su enfado.* **SIN.** refrenarse, dominarse, reprimirse. **ANT.** excederse, propasarse. **FAM.** contenedor, contención, contenido, continente, continencia, tener. **COMP.** incontenible, incontinencia.

contenido *[n.m.]* lo que hay dentro de algo: *el contenido de este envase es mermelada.*

contentar *[v.]* 1 hacer que alguien deje de estar triste o enfadado: *contenta a tu madre, que la tienes muy disgustada.* **AF.** alegrar. // **contentarse** *[v.prnl.]* 2 sentirse satisfecho o suficientemente conforme con algo: *me contento con ganar un segundo premio.* **SIN.** conformarse.

contento, contenta *[adj.]* que siente alegría porque le gusta lo que pasa o cómo es algo: *se puso muy contento al ver a la recién nacida; desde que va a ese colegio siempre está contenta.* **SIN.** alegre. **AF.** satisfecho. **INTENS.** eufórico, encantado, feliz. **ANT.** triste, enfadado o preocupado. ■ **estar contento con** algo, gustarle del todo. **SIN.** estar satisfecho. **FAM.** contentar, contentísimo. **COMP.** descontento.

contera *[n.f.]* pieza que va en la parte de abajo de un bastón o un paraguas, y que es la que se apoya en el suelo.

contestación *[n.f.]* lo que se dice (o se hace) para mantener la comunicación o la conversación con alguien y sobre todo si es después de una pregunta: *la contestación a nuestra propuesta ha sido muy favorable.* **SIN.** respuesta, réplica. **ANT.** pregunta, interrogante.

contestar *[v.]* continuar la comunicación o la conversación que alguien ha empezado, diciéndole (o escribiendo o haciendo) algo que tenga que ver con lo que nos ha dicho: *contes-*

tar la correspondencia; contestar al teléfono. **SIN.** responder. **ANT.** interrogar, preguntar. **FAM.** contestación, contestatario.

contestatario, contestataria *[adj.]* que no está conforme con el sistema político o social y protesta o critica lo que no le gusta: *los cantautores suelen ser contestatarios.* **SIN.** rebelde. **ANT.** conformista.

contexto *[n.m.]* 1 palabras que acompañan a una palabra y ayudan a concretar su significado: *el significado de una palabra cambia según el contexto.* 2 circunstancias que rodean un hecho, la vida de una persona, etc.: *contexto social, cultural, político, etc.* **FAM.** contextual, contextualizado, texto.

contienda *[n.f.]* 1 enfrentamiento armado entre dos o más países: *la contienda más importante del siglo XX ha sido la Segunda Guerra Mundial.* **SIN.** guerra, lucha. 2 discusión violenta entre dos o más personas: *los seguidores de los dos equipos mantuvieron una contienda en la calle.* **SIN.** pelea, disputa, altercado. **FAM.** contender.

contigo *[pron.]* con la persona que escucha: *que vaya contigo; tráelo contigo.* **GRAM.** es pronombre personal de tercera persona que hace función de complemento circunstancial.

contiguo, contigua *[adj.]* que está al lado: *habitaciones contiguas.* **SIN.** adyacente, pegado, inmediato. **ANT.** separado. **FAM.** contiguamente, contigüidad.

continental *[adj.inv. en gén.]* propio del continente o que está en un continente: *países continentales; clima continental.*

continente *[n.m.]* gran extensión de tierra que sobresale de los océanos. **AMPL.** tradicionalmente se dice que hay cinco continentes: Europa, Asia, África, América y Oceanía. **FAM.** continental, contener. **COMP.** intercontinental.

continuación *[n.f.]* parte que va después de otra: *la película de hoy es continuación de la de ayer.* **AF.** prolongación.

continuar *[v.]* 1 seguir haciendo lo que ya se ha empezado: *después de comer continuó la lectura del libro; continúa trabajando, que no quiero molestar.* **SIN.** proseguir, seguir. **ANT.** interrumpir. 2 seguir ocurriendo lo mismo: *continúa lloviendo.* **SIN.** seguir. **ANT.** cesar. **ACENT.** como *actuar**. **FAM.** continuo, continuación, continuidad, continuamente. **COMP.** discontinuidad, discontinuo.

continuidad *[n.f.]* lo que tienen las cosas, trabajos, acciones, etc. que no se cortan o se interrumpen: *la continuidad en el estudio le facilitó aprender el idioma.* **AF.** persistencia, constancia. **ANT.** interrupción, cese.

continuo, continua *[adj.]* 1 que no se interrumpe o se corta: *hace un trabajo continuo.* **SIN.** incesante, constante. **ANT.** discontinuo, interrumpido. 2 que se repite con cierta frecuencia: *un cine de sesión continua; tiene que resolver continuos problemas.* **ANT.** esporádico.

contonearse *[v.prnl.]* mover mucho los hombros y las caderas al andar. **OBS.** e + e = ee: *se contoneen.* **FAM.** contoneo.

contorno *[n.m.]* 1 línea que limita una figura: *el contorno de la Tierra es redondo y se ve en el horizonte.* **SIN.** perfil, silueta. 2 alrededores de algo: *en el contorno de la ciudad hay zonas industriales.* **SIN.** periferia, alrededores. **FAM.** contornear, torno.

contorsión *[n.f.]* movimiento del cuerpo en que se fuerza la elasticidad de los músculos y puede ser voluntario (como en los gimnastas y contorsionistas) o involuntario: *hace unas contorsiones que parece que es de goma.* **AF.** contracción, retorcimiento. **ANT.** distensión, relajación. **FAM.** contorsionista, contorsionarse, torcer.

contorsionista *[n.inv. en gén.]* persona que hace contorsiones en público, como espectáculo: *en los circos suelen actuar contorsionistas.*

contra *[prep.]* 1 enfrente, mirando a: *ponte contra la pared.* 2 en dirección opuesta o con intereses opuestos a los de alguien: *va contra la corriente; actúa contra su voluntad; la tortura va contra los derechos humanos.* 3 hacia la persona o cosa que se dice: *tiró la piedra contra el escaparate; se lanzó contra ella.* **GRAM.** introduce complementos circunstanciales de lugar.

contraataque *[n.m.]* lo que hace para defenderse quien ha sido atacado: *marcaron su primer gol en un contraataque.* **SIN.** contraofensiva. **FAM.** contraatacar, atacar.

contrabajo *[n.m.]* instrumento musical de cuerda muy parecido al violín pero mucho más grande, que se toca con arco y la persona que lo toca suele estar de pie y con el instrumento apoyado en el suelo. **SIN.** violón.

contrabandista *[n.inv. en gén.]* persona que lleva mercancías de un país a otro sin pasar por la aduanas: *los contrabandistas introdujeron gran cantidad de tabaco.*

contrabando *[n.m.]* **1** lo que hace quien pasa por la frontera mercancías por las que hay que pagar derechos de aduana, sin pagarlos: *el contrabando está penalizado por la ley.* **2** mercancías prohibidas por la ley: *un barco con contrabando; le quitaron el contrabando.* **SIN.** alijo. **FAM.** contrabandista, bando.

contracción *[n.f.]* **1** pérdida de tamaño o volumen que tienen algunos materiales cuando se enfrían. **ANT.** dilatación. **2** movimiento reflejo e involuntario de un músculo: *después de la carrera tuve una contracción en la pierna.* **SIN.** espasmo, calambre.

contrachapado *[n.m.]* tablero formado por varios muy delgados de distintas maderas, pegados entre sí.

contractura *[n.f.]* contracción involuntaria de un músculo.

contradecir *[v.]* **1** decir lo contrario que otro: *a algunas personas les gusta contradecir siempre a los demás.* **AF.** discutir, replicar. **ANT.** asentir. // **contradecirse** *[v.prnl.]* **2** decir alguien lo contrario de lo que ha dicho antes: *en su conversación se contradecía constantemente.* **SIN.** desdecirse. **CONJUG.** como *decir**. **FAM.** contradicción, contradictorio, decir.

contradicción *[n.f.]* afirmación y negación de la misma cosa: *la vida está llena de contradicciones.* **SIN.** contrasentido, incoherencia. **ANT.** coherencia, lógica.

contraer *[v.]* **1** hacer que algo se encoja: *el frío contrae algunos materiales.* TAMBIÉN *prnl.: los metales se contraen con el frío; se me contrajo un músculo.* **2** llegar a tener una enfermedad (*contrajo una enfermedad contagiosa.* **SIN.** coger) o una obligación (*contrajeron el compromiso de escribirse.* **SIN.** adquirir, asumir. **ANT.** desentenderse). **CONJUG.** como *traer**. **FAM.** contracción, contrayente, contraído, contractura, traer.

contrafuerte *[n.m.]* **1** especie de pilar exterior con que se refuerza un muro para contrarrestar el peso de la cubierta: *las iglesias románicas suelen tener contrafuertes.* **AF.** machón, pilar. **2** pieza de cuero que sirve para reforzar el talón del calzado: *el contrafuerte de los zapatos me produjo una rozadura.* **AF.** refuerzo.

contrapartida *[n.f.]* parte buena de las cosas malas o parte mala de las cosas buenas: *se divirtió durante el curso, pero como contrapartida tiene que estudiar en verano.* **SIN.** compensación.

contrapeso *[n.m.]* peso que se coloca para contrarrestar o equilibrar otro peso: *el brazo de la grúa tiene un contrapeso.* **FAM.** contrapesar, pesar.

contraponer *[v.]* poner una cosa frente a otra para compararlas o para contrarrestar con una los efectos de la otra: *para tomar la decisión, contrapuso los intereses personales a los de su familia; a su poca experiencia contrapone un extraordinario interés.* **CONJUG.** como *poner**. **FAM.** contraposición, contrapuesto, poner.

contraproducente *[adj.inv. en gén.]* que tiene un efecto contrario al que se pretendía: *comprar muy barato puede ser contraproducente.* **SIN.** perjudicial. **ANT.** beneficioso, ventajoso, favorable.

contrariar *[v.]* **1** producir algo incomodidad, malestar o disgusto porque va en contra de lo que a uno le gustaría o porque le hace cambiar los planes: *me contraría que sea tan poco generoso; lo contrarió no poder ir con ella.* **SIN.** molestar, fastidiar. **ANT.** alegrar, gustar, complacer. **2** actuar en contra de alguien o de sus planes: *le gusta contrariar al director.* **SIN.** contradecir, oponerse. **ANT.** apoyar. **ACENT.** como *fiar**.

contrariedad *[n.f.]* **1** lo que va contra los planes, los gustos o los deseos de uno: *es una* *contrariedad que no puedas venir.* **SIN.** contratiempo, revés. **AF.** fastidio. 2 disgusto que produce el que las cosas no salgan como uno quiere: *la imposibilidad de hacerlo me produce contrariedad.* **SIN.** decepción, desilusión.

contrario, contraria *[adj.]* 1 que por su significado, por sus intereses o por su modo de ser se enfrenta a otro hasta el punto de que no pueden aparecer, estar o existir a la vez en la misma persona, animal o cosa: *palabras contrarias; equipos contrarios; personas contrarias; caracteres contrarios; alto y bajo, frío y calor, húmedo y seco son conceptos contrarios.* **SIN.** antagónico. 2 que daña o perjudica: *la falta de higiene es contraria a la salud.* **SIN.** nocivo, perjudicial. **ANT.** favorable, beneficioso. // **contrario, contraria** *[n.]* 3 persona que actúa en contra de otra: *el boxeador derribó a su contrario en el segundo asalto.* **SIN.** contrincante*. ■ **al contrario**, al revés, en contra de. ■ **llevar la contraria**, oponerse a lo que dice otra persona. **FAM.** contrariar, contrariedad.

contraseña *[n.f.]* palabra o señal secreta cuyo significado sólo entienden las personas de un grupo: *la contraseña era llamar a la puerta con cuatro golpes cortos.* **SIN.** santo y seña, consigna.

contrastar *[v.]* 1 ser algo de tal manera que se nota mucho que hay cerca otra cosa muy distinta: *el negro y el azul marino no contrastan; su indiferencia contrastaba con el entusiasmo de los demás.* **AF.** chocar. 2 buscar las diferencias que pueda haber entre dos o más cosas, comparando unas con otras: *contrasta las dos listas por si hay algún error.* **SIN.** comprobar*. **FAM.** contraste, contrastable, contrastadamente. **COMP.** incontrastable, incontrastablemente.

contraste *[n.m.]* 1 lo que hace que nos demos cuenta de la diferencia que hay entre dos o más cosas: *el contraste entre lo que dice y lo que hace es considerable.* **SIN.** antagonismo, oposición. **ANT.** semejanza, igualdad. 2 lo que se hace para comprobar la pureza de un metal o la exactitud de los pesos y medidas. 3 marca que se graba en los objetos de oro y plata para que se sepa que se ha comprobado su pureza: *esta bandeja de plata tiene contraste.*

contratar *[v.]* acordar con alguien la realización de un trabajo o un servicio: *contrataron a un socorrista para la piscina; contrataron los servicios de una empresa de limpieza.* **AF.** concertar, convenir. **FAM.** contrato, contratante, contratista, contrata, tratar.

contratiempo *[n.m.]* lo que hace que algo sea más difícil o más largo de lo que se pensaba, o que no se pueda hacer: *tener un pinchazo siempre es un contratiempo.* **SIN.** contrariedad, revés, trastorno.

contratista *[n.inv. en gén.]* persona que, por contrato, se dedica a hacer obras: *el contratista hizo la piscina en el plazo acordado.*

contrato *[n.m.]* 1 acuerdo entre personas que se obligan a hacer algo en un tiempo determinado y por un precio determinado: *contrato de alquiler; contrato de compraventa; contrato laboral.* **AF.** convenio, acuerdo, pacto, trato. 2 documento en que se escribe lo que dos o más personas han acordado, lo firman y cada uno se queda con una copia: *un contrato de compraventa; un contrato de trabajo.*

contraventana *[n.f.]* puerta que se cierra sobre una ventana, cubriéndola entera o cubriendo sólo los cristales o vidrieras y que unas veces se pone por dentro y otras por fuera: *la casa tiene contraventanas de madera.* **SIN.** postigo, cuarterón.

contrayente *[n.inv. en gén.]* persona que contrae matrimonio: *los contrayentes firmaron en la sacristía.*

contribución *[n.f.]* 1 hecho de contribuir o ayudar, con trabajo o con dinero, a que se haga algo: *su contribución al desarrollo de la ciudad ha sido considerable.* **SIN.** aportación, colaboración. 2 dinero que se paga como impuesto por tener tierras o pisos: *la contribución ha aumentado mucho los últimos años.* **SIN.** tributo, tasa, gravamen. **FAM.** contribuir, contribuyente.

contribuir *[v.]* ayudar, junto con otros, a conseguir algo: *contribuyeron con su trabajo a restaurar la iglesia del pueblo; los ciudadanos contribuyen al mantenimiento del estado pagando impuestos.* **SIN.** colaborar en. **CONJUG.** como *huir*.*

contribuyente *[n.inv. en gén.]* persona que paga impuestos.

contrincante *[n.inv. en gén.]* persona o grupo de personas que pretende conseguir una cosa en competencia con otras: *los con-*

a b c d e f g h i j k l m n ñ o p q r s t u v w x y z

trincantes se dispusieron a comenzar las pruebas. **SIN.** adversario, oponente, contrario, antagonista, competidor, rival. **ANT.** aliado, compañero.

control *[n.m.]* 1 hecho de controlar: *se encarga del control de calidad; nos han hecho un control médico, un control de matemáticas; lleva muy bien el control.* **SIN.** comprobación, examen. 2 lugar desde el que se controla o en el que se controla algo: *torre de control de vuelos; control de pasaportes.* 3 autoridad, dominio o habilidad que tiene una persona para mantener el orden y la calma: *la policía controla la calle.* ■ **control remoto**, mando a distancia. **FAM.** controlar, controlador, controlable. **COMP.** descontrol, incontrolable.

controlador, controladora *[n.]* persona o cosa que comprueba y asegura el buen funcionamiento de algo: *los controladores aéreos dan seguridad al tráfico de aviones.*

controlar *[v.]* 1 enterarse de cómo se está haciendo algo para saber si se está haciendo bien o mal o comprobar cómo está alguien o algo: *la policía controla las aduanas; los médicos controlan la salud y el estado de sus pacientes.* **AF.** vigilar. // **controlarse** *[v.prnl.]* 2 dominar los propios nervios y actuar con tranquilidad: *no hay quien lo ponga nervioso, se controla muy bien.* **SIN.** dominarse, contenerse.

contusión *[n.f.]* lesión, sin herida exterior, causada por un golpe: *la caída le produjo una contusión en la rodilla.* **SIN.** magulladura, lesión.

convaleciente *[adj.inv. en gén.]* que está recuperándose de una enfermedad ya pasada: *está convaleciente de una gripe.* **FAM.** convalecencia, convalecer.

convalidar *[v.]* hacer que los estudios realizados en un sitio valgan en otro: *al cambiar de carrera le convalidaron varias asignaturas.* **SIN.** revalidar. **FAM.** convalidación, validez.

convencer *[v.]* 1 demostrar algo tan bien que no se pueda negar: *un planteamiento que convence.* 2 conseguir, con razones, que alguien cambie de opinión: *lo convencieron para que continuara estudiando.* **SIN.** persuadir. TAMBIÉN *prnl.: me convencí de que estaba equivocado.* **OBS.** ante a y o, z: *convenzan; convenzo.* **FAM.** convencimiento, convincente, convicción, vencer.

convencimiento *[n.m.]* lo que tiene quien está seguro de algo: *tiene el convencimiento de que aprobará.* **SIN.** seguridad, certeza, convicción.

convención *[n.f.]* 1 reunión de personas para ponerse de acuerdo sobre algo: *se ha celebrado una convención de consumidores.* **AF.** congreso, encuentro. 2 acuerdo por el que se le da a algo un determinado valor o significado: *las reglas ortográficas son una convención.*

convencional *[adj.inv. en gén.]* que es el resultado de un convenio* o de la costumbre: *las señales de tráfico son signos convencionales* (**SIN.** establecido, acordado)*; su forma de actuar es muy convencional; lleva ropa convencional* (**SIN.** tradicional, clásico). **ANT.** natural. **FAM.** convención, convencionalismo, convencionalmente.

conveniencia *[n.f.]* 1 lo que es bueno o interesante para algo o alguien: *veo clara la conveniencia de actuar enseguida* **SIN.** interés, utilidad. **ANT.** inconveniencia, perjuicio. 2 lo que hace que alguien sólo se esfuerce si, a cambio, va a conseguir algo bueno: *es tan egoísta que sólo piensa en su conveniencia.* **SIN.** provecho, beneficio, interés.

conveniente *[adj.inv. en gén.]* que es bueno o interesante para algo o alguien: *hacer deporte es conveniente para la salud; toma la decisión más conveniente para ti.* **SIN.** útil, provechoso, beneficioso.

convenio *[n.m.]* acuerdo o trato que se comprometen a cumplir dos colectivos de personas: *los trabajadores han firmado un convenio de productividad con la empresa.* **SIN.** pacto, acuerdo. **AMPL.** cuando es un convenio internacional se llama ***tratado***.

convenir *[v.]* 1 llegar a un acuerdo: *convinieron repartir los gastos del viaje.* **SIN.** acordar, pactar. 2 ser bueno o interesante para algo o alguien: *conviene hacer ejercicio.* **SIN.** interesar, ser conveniente. **FAM.** convenio, conveniente, conveniencia, convenientemente, venir. **COMP.** inconveniente.

convento *[n.m.]* casa en la que vive un grupo de monjes o de monjas: *en los conventos se trabaja y se reza.* **SIN.** monasterio, cenobio. **AMPL.** los conventos en los que el superior se llama *abad* o la superiora *abadesa* se llaman

abadías; los conventos en los que hay una zona de la que no pueden salir los monjes o las monjas ni entrar la gente de fuera se llaman ***conventos de clausura*** y los conventos que están apartados de los pueblos se llaman ***monasterios***; el conjunto de frailes o monjas que viven en un convento forman una ***comunidad religiosa***, pertenecen a la misma ***orden*** y están bajo las mismas normas o ***regla***. **FAM.** conventual, conventualmente.

convergencia *[n.f.]* lo que pasa cuando dos o más cosas se juntan en un punto (*la convergencia de dos calles)* o coinciden en algo (*convergencia de ideas*). **SIN.** coincidencia, confluencia.

converger *[v.]* 1 llegar dos o más cosas al mismo sitio: *varias calles convergen en la plaza.* **SIN.** coincidir, juntarse. 2 coincidir en algo dos teorías, ideas, etc.: *las dos ideologías convergen en el bien común.* **SIN.** tender a. **OBS.** ante a y o, j: *converjan.* **FAM.** convergencia, convergente, convergir.

convergir *[v.]* converger*. **OBS.** ante a y o, j: *converjan.*

conversación *[n.f.]* el hablar entre sí dos o más personas: *tuve una agradable conversación con mis amigos.* **SIN.** charla.

conversar *[v.]* hablar dos o más personas entre sí: *conversaba con mi hijo.* **SIN.** hablar, charlar, departir, dialogar. **FAM.** conversación.

conversión *[n.f.]* el convertirse una cosa en otra o pasarse una persona de una religión a otra: *el calor produce la conversión del agua en vapor; la conversión de un incrédulo.* **AF.** transformación, mutación.

convertir *[v.]* 1 hacer que algo deje de ser lo que es para ser otra cosa: *he convertido esta habitación en almacén.* **SIN.** transformar. 2 hacer que alguien cambie de religión o de costumbres o que llegue a ser lo que se dice: *los años lo han convertido en un hombre sensato.* TAMBIÉN *prnl.: se ha convertido al budismo; se convirtió en el campeón del mundo.* **CONJUG.** como *sentir.* **FAM.** conversión, converso, convertibilidad, verter. **COMP.** reconvertir, reconversión.

convexo, convexa *[adj.]* que, desde el punto de vista de quien lo mira, tiene el centro más alto que los bordes: *las montañas tienen forma convexa; una línea convexa.* **ANT.** cóncavo. **FAM.** convexidad. **COMP.** biconvexo.

convicción *[n.f.]* 1 lo que se tiene cuando se está seguro de algo que se piensa o se cree: *tenía la convicción de que ganaría el primer premio.* **SIN.** convencimiento, certeza, seguridad. **ANT.** duda, inseguridad. // **convicciones** *[n.f.pl.]* 2 todo aquello en lo que cree firmemente una persona: *sus convicciones no le permiten hacer el servicio militar.* **SIN.** creencias, principios.

convicto, convicta *[n.]* persona de la que se ha demostrado que es culpable de un delito.

convidado, convidada *[n.]* persona llamada a participar en un acto de forma gratuita, en especial un comida: *los convidados al banquete comienzan a llegar.* **SIN.** invitado, comensal.

convidar *[v.]* pedir a alguien que nos acompañe a comer o a cualquier otro acto, sin tener que pagar nada: *me convidó a su cumpleaños.* **SIN.** invitar. **FAM.** convite, convidado.

convincente *[adj.inv. en gén.]* que convence: *me dio una razón convincente para no hacer lo que le pedía.* **SIN.** persuasivo.

convite *[n.m.]* comida que se organiza para celebrar algo: *al convite asistieron 50 personas.* **SIN.** ágape, banquete.

convivencia *[n.f.]* hecho de convivir y relación que hay entre las personas que viven juntas: *la convivencia entre muchas personas es difícil.* **AF.** trato.

convivir *[v.]* vivir en compañía de otra u otras personas: *convive en un piso con tres estudiantes más.* **SIN.** cohabitar. **FAM.** convivencia, vivir.

convocar *[v.]* llamar a una o varias personas para que vayan a un sitio o hagan algo: *los convocó en su despacho a las diez* (**SIN.** citar)*; convocar una reunión; convocar un examen.* **ANT.** desconvocar. **OBS.** ante e, qu: *convoquen.* **FAM.** convocatoria, convocado. **COMP.** desconvocar.

convocatoria *[n.f.]* anuncio o aviso, por escrito o de palabra, por el que se convoca a alguien para algo: *la convocatoria de los exámenes está en el tablón de anuncios.* **SIN.** anuncio, aviso.

convulsión *[n.f.]* movimiento involuntario de contracción y estiramiento de algún músculo: *la lesión cerebral le provocaba fuertes convulsiones.* **SIN.** contracción, espasmo. **FAM.** convulsionar, convulsivo.

conyugal *[adj.inv. en gén.]* del matrimonio: *domicilio conyugal.* **SIN.** matrimonial, marital.

cónyuge *[n.inv. en gén.]* lo que es el marido respecto a la mujer y la mujer respecto al marido: *los cónyuges deben compartir las obligaciones.* **SIN.** casado, desposado, consorte. **FAM.** conyugal.

coñá *[n.m.]* bebida alcohólica muy fuerte que se hace destilando vino y dejándolo un tiempo en cubas de roble. **AMPL.** el nombre viene de la región francesa de Cognac y sólo se puede denominar así a los de esta procedencia; los fabricados en otros países se llaman ***brandys***. TAMBIÉN se dice *coñac*.

coñac *[n.m.]* coñá*.

cooperación *[n.f.]* ayuda, especialmente la que se presta trabajando en algo con otros: *cuenta con mi cooperación para hacer el inventario de los libros.* **SIN.** colaboración.

cooperar *[v.]* hacer algo, juntamente con otros, para un mismo fin: *hemos cooperado en la realización de este trabajo.* **SIN.** colaborar. **AF.** ayudar, participar. **FAM.** cooperador, cooperación, cooperativa, cooperativismo, cooperativista, cooperativamente, cooperativo.

cooperativa *[n.f.]* conjunto de personas que forman una sociedad de trabajadores, comerciantes o consumidores para obtener una utilidad común: *los productores de vino han formado una cooperativa.* **SIN.** mutualidad.

coordinador, coordinadora *[adj.]* que pone en orden, para un fin común, el trabajo diferente de varias personas: *habla con el profesor coordinador del curso.* **SIN.** organizador. TAMBIÉN *n.*: *el coordinador informó de los cambios en el programa.*

coordinar *[v.]* ordenar y controlar diferentes trabajos que van encaminados a un mismo fin: *la edición de una enciclopedia es un trabajo difícil de coordinar.* **SIN.** organizar, regular. **FAM.** coordinador, coordinadamente, coordinado, coordinación, coordinante, orden.

copa *[n.f.]* **1** recipiente para beber que tiene pie: *una copa de cristal.* **2** todo el líquido que cabe en una copa: *bebieron unas copas de vino.* **3** conjunto de ramas y hojas que forman la parte superior de un árbol: *la copa de los cipreses es alargada.* **4** parte hueca del sombrero en la que entra la cabeza: *la copa de las chisteras es cilíndrica.* **5** premio que se concede en algunas competiciones deportivas: *ganó una copa en natación.* **AF.** trofeo, galardón. **FAM.** copero, copear, copete, copón, copo.

copia *[n.f.]* **1** cualquier cosa que se hace siguiendo paso a paso o punto por punto otra que ya estaba hecha: *aprendió a pintar haciendo copias de cuadros de pintores buenos.* **SIN.** reproducción. **ANT.** original. **AMPL.** las personas que hacen copias de obras de arte, una a una, se llaman ***copistas*** y a veces son magníficos pintores o escultores. **2** repetición de una cosa que se hace por medios industriales para que haya cientos o miles iguales y pueda disfrutar de ellas mucha gente. **AMPL.** para hacer muchas cosa iguales, normalmente se hace primero un ***molde***, ***matriz*** o ***prototipo*** que sirve para sacar varios o muchos iguales; esto es lo que se hace con los discos, con los libros, periódicos, etc. y cada una de esas copias se dice que es un ***ejemplar***; si se trata de imágenes (como las películas o las fotografías) o de cintas magnéticas, se reproducen directamente y se llaman ***copias***; cuando son esculturas, que se reproducen por molde se llaman ***múltiples***; la técnica de reproducción automática, como la de las ***fotocopiadoras***, se llama ***reprografía***. **3** trabajo que debería ser original y no lo es porque se ha hecho siguiendo demasiado de cerca un modelo: *esta silla es copia de una que diseñó Gaudí.* **AMPL.** cuando la copia es intencionadamente parecida al modelo, también se llama ***imitación***; cuando se hace una copia exactamente igual a algo para engañar y que la gente se crea que es el original, se llama ***falsificación***: *le vendieron una falsificación de un cuadro de Velázquez*; si se hace una cosa fijándose en otra pero tratando de que no se note que se ha copiado, se llama ***plagio***: *esta poesía es un plagio de una de García Lorca.* **FAM.** copiar, copista, copión, copioso. **COMP.** ***acopiar*** (reunir cosas), acopio, multicopista.

copiar *[v.]* hacer una cosa fijándose en otra para que queden iguales o muy parecidas: *copia las direcciones en la agenda* (**SIN.** transcribir. **AF.** apuntar); *en el museo había un pintor copiando un cuadro* (**SIN.** reproducir); *no se le ocu-*

rre nada nuevo, todo lo copia (**SIN.** imitar, plagiar).

copiloto *[n.inv. en gén.]* piloto auxiliar del avión que, bajo las órdenes del 1º, llamado comandante, le ayuda en las maniobras más importantes del vuelo: *cuando el comandante inició el descenso el copiloto sacó el tren de aterrizaje.*

copioso, copiosa *[adj.]* muy abundante: *una copiosa comida; la copiosa nevada nos impidió salir del refugio.* **SIN.** abundante. **AF.** cuantioso. **ANT.** escaso. **FAM.** copiosamente, copiosidad, copia.

copla *[n.f.]* composición poética corta, que sirve de letra en las canciones populares. **SIN.** trova, tonadilla. **FAM.** coplero, coplista.

copo *[n.m.]* **1** cada una de las pequeñas porciones de nieve que caen cuando nieva. **2** porción de lino, algodón o lana sin hilar.

copón *[n.m.]* copa grande de metal con baño de oro por dentro, en la que se guardan las hostias consagradas. **PL.** *copones.*

coproducción *[n.f.]* trabajo artístico o industrial que se ha hecho entre dos o más personas, entidades o países: *algunas películas y programas de televisión son coproducciones.* **FAM.** coproducir, producción.

copropietario, copropietaria *[n.]* persona que, junto con otras, es dueña de algo: *a la reunión de la comunidad asistieron casi todos los copropietarios.* **SIN.** condueño. **FAM.** copropiedad, propietario.

cópula *[n.f.]* **1** unión sexual de dos seres de distinto sexo. **2** palabra que sirve de unión entre dos palabras o entre dos oraciones, aportando al lenguaje flexibilidad y dinámica, como las conjunciones, verbos copulativos, etc. **3** cúpula* de un edificio. **FAM.** copulativo, copulación, copular.

copular *[v.]* unirse sexualmente.

copulativo, copulativa *[adj.]* **1** se llama así a los verbos que sirven de unión entre el sujeto y su atributo y a las oraciones que se construyen con estos verbos: *ser, estar y parecer son verbos copulativos; "la casa es blanca" es una oración copulativa.* **2** se llama así a las conjunciones que unen oraciones o palabras, relacionándolas directamente, y a las oraciones que se forman utilizando esas conjunciones: *y, u, e, o, ni, ora, etc. son conjunciones copulativas; "ora llueve, ora hace sol" es una oración copulativa.*

coqueta *[n.f.]* mueble parecido a una cómoda, pero más pequeño, que se usa de tocador. **SIN.** comodín, tocador.

coquetear *[v.]* intentar llamar la atención de alguien, para gustarle, haciendo gestos muy ensayados: *le gusta coquetear con sus compañeras.* **OBS.** e + e = ee: *coqueteen.* **FAM.** coqueteo, coqueto, coquetería, coquetón, coqueta.

coqueto, coqueta *[adj.]* **1** que le gusta coquetear*. **2** que es muy presumido: *se arregla mucho porque es muy coqueto.*

coraje *[n.m.]* **1** lo que tiene una persona que hace las cosas con decisión y valor: *el paracaidismo requiere coraje.* **SIN.** valentía*. **2** lo que siente quien está muy enfadado: *su falta de interés me llenó de coraje.* **SIN.** ira*. **FAM.** corajina, corajudo. **COMP.** encorajinar.

coral *[n.f.]* **1** grupo de personas que interpretan música a varias voces con o sin acompañamiento de instrumentos. **SIN.** orfeón, coro. TAMBIÉN *adj.: grupo coral; música coral.* // **coral** *[adj.inv. en gén.]* **2** para ser cantado por un coro (*música coral*) o que canta este tipo de canciones (*un grupo coral*). **AMPL.** una ***masa coral*** es una coral de muchos componentes. // **coral** *[n.m.]* **3** animal que vive agrupado en colonias en los mares cálidos y que segrega una sustancia caliza de color rojo o rosado que forma su esqueleto externo con forma de árbol. **AMPL.** la materia de este esqueleto externo se usa en joyería. **FAM.** coralino, coralífero.

coraza *[n.f.]* parte de la armadura de hierro o acero que cubría el pecho y la espalda y servía como protección en la guerra: *los guerreros medievales utilizaban coraza.* **AMPL.** la parte que cubre el pecho se llama ***peto*** y la que cubre la espalda, ***espaldar***. **FAM.** coriáceo, coráceo, coracero. **COMP.** acorazar.

corazón *[n.m.]* **1** órgano situado dentro del tórax y que se encarga de impulsar la sangre para que recorra todo el cuerpo: *todos los mamíferos tienen corazón.* **AMPL.** el corazón es un músculo cuyas paredes se mueven hacia dentro (***contracción*** o ***sístole***) y hacia fuera (***dilatación*** o ***diástole***) para impulsar la sangre y que está dividido en cuatro huecos; los dos

a b c d e f g h i j k l m n ñ o p q r s t u v w x y z

huecos de la parte superior se llaman ***aurículas*** y a ellos llega la sangre de las venas; los de la parte inferior se llaman ***ventrículos*** y reciben la sangre de las *aurículas* para que, a través de las ***arterias***, recorra todo el cuerpo. 2 dedo central de la mano: *el corazón es el más largo de los dedos.* 3 lo que está en el centro de algo: *la plaza está en el corazón del pueblo.* 4 objeto que tiene forma de corazón: *tenía un colgante con un corazón de oro.* ■ **encogérsele** a uno **el corazón**, sentir angustia. ■ **con el corazón en la mano**, con absoluta sinceridad. ■ **ser todo corazón**, ser muy generoso. ■ **tener buen corazón**, ser muy buena persona. ■ **tener el corazón en un puño**, estar muy preocupado y angustiado. ■ **partir el corazón**, producir mucha pena. ■ **romper corazones**, enamorar a mucha gente. **PL.** *corazones.* **FAM.** corazonada, cordial. **COMP.** descorazonar, descorazonador.

corazonada *[n.f.]* impresión de que va a pasar algo: *tengo la corazonada de que recibiré buenas noticias.* **SIN.** presentimiento.

corbata *[n.f.]* pieza de tela que se anuda al cuello de la camisa colgando los extremos sobre el pecho: *siempre viste de traje y corbata.* **FAM.** corbatín.

corbeta *[n.f.]* barco de guerra más pequeño que la fragata: *vimos la llegada de una corbeta al puerto.*

corcel *[n.m.]* caballo ligero y veloz de mucha alzada: *el corcel negro ganó la carrera.*

corchea *[n.f.]* nota musical que dura la octava parte del compasillo.

corchete *[n.m.]* 1 signo ortográfico ([ ]) de función parecida a la del paréntesis: *las categorías gramaticales las escribimos entre corchetes.* 2 enganche metálico de dos piezas que se enlazan, sirviendo como abotonadura para cerrar algunas prendas de vestir: *esta falda se cierra con un corchete.* **AF.** broche.

corcho *[n.m.]* 1 material de que está hecha la corteza del alcornoque. 2 objetos que se hacen con este material, como tapones, tablones de anuncios, etc.: *ponle un corcho a la botella; clava este anuncio en el corcho.* **FAM.** corchera, corchoso. **COMP.** acorchar, acorchado, descorchar.

cordel *[n.m.]* cuerda delgada: *ata la caja con un cordel.* **FAM.** cordelería, cordelero.

cordero *[n.m.]* cría de la oveja, antes de cumplir un año, de carne muy apreciada. **SIN.** borrego.

cordial *[adj.inv. en gén.]* de corazón, sincero y afectuoso: *un cordial saludo; un cordial amigo.* **FAM.** cordialidad, cordialmente, corazón.

cordillera *[n.f.]* conjunto de montañas unidas entre sí: *los Andes forman una cordillera.* **SIN.** cadena montañosa. **AF.** sierra, macizo.

cordobés, cordobesa *[adj. y n.]* de Córdoba, provincia española y su capital, que pertenecen a la comunidad autónoma de Andalucía: *una ciudad cordobesa; los cordobeses.*

cordón *[n.m.]* 1 cuerda redonda fina y bien tejida, especialmente si está hecha con hilos de lino, seda o lana: *la tapicería está rematada con un cordón.* 2 conjunto de personas (normalmente soldados o policías) que, colocadas a poca distancia unas de otras, impiden el paso por un lugar. ■ **cordón umbilical**, conjunto de vasos que, en los mamíferos y durante la gestación, comunican la sangre entre la madre y el embrión o feto y debe cortarse en el nacimiento. **PL.** *cordones.* **FAM.** cordonería, cordonero, cordoncillo, cuerda. **COMP.** acordonar.

cordura *[n.f.]* lo que tiene quien es equilibrado, razona lógicamente y actúa con normalidad. **SIN.** juicio, sensatez. **ANT.** locura, insensatez.

corear *[v.]* repetir varias personas en voz alta lo que otra dice o canta: *los niños coreaban la tabla de multiplicar.* **SIN.** cantar. **OBS.** e + e = ee: *coreen.*

coreografía *[n.f.]* arte de crear bailes o espectáculos de danza y representar sus movimientos por medio de signos escritos. **FAM.** coreógrafo, coreográfico.

corista *[n.f.]* artista que canta y baila, especialmente en comedias musicales.

cornada *[n.f.]* 1 golpe dado por un animal con los cuernos: *los ciervos luchaban dándose cornadas.* **SIN.** puntazo. 2 herida que produce el cuerno de un toro: *el caballo recibió una cornada.*

cornamenta *[n.f.]* cuernos grandes: *la cornamenta de los ciervos es ramificada.*

córnea *[n.f.]* especie de membrana dura y transparente que recubre la parte anterior del globo del ojo. **FAM.** córneo, cuerno.

córneo, córnea *[adj.]* de cuerno o con aspecto de cuerno. **FAM.** cuerno.

córner *[n.m.]* **1** cada una de las esquinas de un campo de fútbol. **2** lanzamiento que se hace desde una esquina del campo cuando sale el balón por el lateral de la portería tocado por uno de los jugadores del equipo que la defiende.

corneta *[n.f.]* instrumento metálico de viento, de forma parecida a la del clarín, pero más grande y de sonido más grave. **FAM.** cornetín.

cornetín *[n.m.]* instrumento musical de viento, de metal, con tres pistones. **PL.** *cornetines.*

cornisa *[n.f.]* parte de un edificio que forma el voladizo que sobresale del tejado: *la cornisa tiene molduras de piedra.*

cornudo, cornuda *[adj.]* que tiene cuernos: *el toro es un animal cornudo.* **SIN.** astado.

coro *[n.m.]* **1** conjunto de personas que cantan juntas: *el coro ensaya una vez a la semana.* **SIN.** coral, orfeón. **2** parte de una iglesia, donde suele estar situado el órgano, en la que actúan los músicos o los cantantes y donde antiguamente se reunían los sacerdotes para cantar los oficios. ■ **a coro**, al mismo tiempo. **FAM.** corista, corear, coral.

corola *[n.f.]* conjunto de los pétalos de una flor: *la corola de la amapola es roja.*

corona *[n.f.]* **1** adorno de flores o de metales preciosos que se pone sobre la cabeza en señal de distinción: *los héroes de la antigüedad llevaban coronas de laurel.* **2** aro de luz que, en los cuadros o en las esculturas, se pone alrededor de la cabeza de las imágenes santas. **SIN.** aureola, nimbo. **3** máxima institución del estado en los países monárquicos: *Corona española; Corona británica.* **SIN.** monarquía. **FAM.** coronación, coronar, coronamiento, coronario, coronilla.

coronación *[n.f.]* acto de coronar a un nuevo rey: *la coronación es una ceremonia muy solemne.*

coronar *[v.]* **1** poner una corona en la cabeza como símbolo del inicio de un nuevo reinado: *coronaron a la reina de las fiestas.* **2** acabar de hacer algo: *coronó sus estudios en junio.* **SIN.** terminar.

coronel *[n.m.]* jefe militar que manda un regimiento, está por encima del teniente coronel y por debajo del general de brigada y su divisa está formada por 3 estrellas de 8 puntas.

coronilla *[n.f.]* parte posterior y superior de la cabeza. ■ **estar hasta la coronilla**, estar muy harto.

corporación *[n.f.]* conjunto de personas que forman una comunidad de interés público: *el colegio de abogados es una corporación.* **SIN.** organismo, entidad, ente, institución. **FAM.** corporativo, corporativismo.

corporal *[adj.inv. en gén.]* **1** del cuerpo o con el cuerpo: *es conveniente hacer ejercicios corporales para mantenerse en forma.* **SIN.** corpóreo. **AF.** físico. // **corporal** *[n.m.]* **2** paño que se extiende en el altar para poner sobre él la hostia y el cáliz.

corpóreo, corpórea *[adj.]* **1** que está formado por materia: *la parte corpórea de un libro son el papel y las letras, no las ideas.* **SIN.** material, físico, tangible. **ANT.** inmaterial. **2** del cuerpo: *forma corpórea.* **SIN.** corporal. **FAM.** cuerpo.

corpulento, corpulenta *[adj.]* que es alto y fuerte: *el oso es un animal corpulento.* **AF.** voluminoso.

corral *[n.m.]* lugar cerrado por paredes, unido a la casa o aislado en el campo que se usa para encerrar ganado: *las casas de pueblo tienen corral.* **SIN.** corraliza. **AF.** patio. **FAM.** corraliza, corro. **COMP.** acorralar, encorralar.

correa *[n.f.]* tira de cuero estrecha y larga: *la cartera está sujeta con correas.* **FAM.** correaje, correoso.

corrección *[n.f.]* **1** lo que se hace para arreglar o corregir algo que está mal hecho: *el profesor hace correcciones en los cuadernos de los alumnos.* **SIN.** enmienda. **2** buena manera de ser o comportarse alguien o de estar hecho algo: *destaca por la corrección de sus modales* (**SIN.** educación, rectitud); *la corrección de un trabajo* (**AF.** pulcritud, perfección).

correccional *[n.m.]* centro en el que se internaba a los delincuentes menores de edad. **SIN.** reformatorio.

correcto, correcta *[adj.]* **1** que está bien hecho y no tiene errores: *un ejercicio de gimnasia correcto.* **ANT.** incorrecto. **2** de buenas formas en el trato: *es una persona muy correcta.* **SIN.** educado. **FAM.** corrección, corrector, correccional, correctivo, correctamente, corregir. **COMP.** incorrección, incorrecto.

corredera *[adj.]* que corre o se desliza en lugar de girar o abatirse: *puerta corredera; ventana corredera.* **SIN.** raíl, ranura.

corredor, corredora *[n.]* **1** persona que corre en una competición deportiva: *algunos corredores abandonaron la carrera.* // **corredor** *[n.m.]* **2** parte de la casa que comunica las distintas habitaciones: *esta casa tiene un corredor muy largo.* **SIN.** pasillo. **AMPL.** si es un corredor con cristaleras también se llama ***galería***. ■ **corredor de bolsa**, persona que realiza compras y ventas en la bolsa en nombre de otros. ■ **corredor de fincas**, persona que se dedica a alquilar y vender propiedades inmobiliarias de otros.

corregir *[v.]* **1** cambiar lo que estaba mal en algo, para que quede bien: *corregir un error* (**SIN.** rectificar, enmendar, subsanar. **AF.** reparar)*; corregir el estilo de un escrito* (**SIN.** enmendar, mejorar). **2** llamar la atención a alguien sobre lo que hace mal para que aprenda a hacerlo bien: *los educadores corrigen a los alumnos.* **AF.** reprender. **CONJUG.** como *regir**. **FAM.** correcto, corrección, corregidor. **COMP.** incorregible.

correlación *[n.f.]* relación apropiada o lógica entre dos cosas que dependen una de la otra: *no siempre hay correlación entre lo que se trabaja y lo que se gana.* **SIN.** correspondencia, reciprocidad. **FAM.** correlacionar, correlativo, correlativamente, relación.

correo *[n.m.]* **1** servicio público que se encarga del transporte de la correspondencia: *el correo no funciona los domingos.* **SIN.** servicio postal. **2** conjunto de cartas que se despachan o se reciben: *he contestado el correo esta mañana.* **SIN.** correspondencia. **3** edificio u oficina en que se recibe y se distribuye la correspondencia: *correos está en la plaza mayor.* **AF.** estafeta.

correoso, correosa *[adj.]* que es flexible, consistente y difícil de romper: *el pan de hoy es crujiente pero el de ayer está correoso.*

correr *[v.]* **1** andar con pasos largos y rápidos, levantando los pies del suelo para ir con más velocidad: *corría para no llegar tarde a clase.* **2** hacer algo muy deprisa: *corre, que nos vamos; no corras, que luego no se entiende la letra; si corres te saldrá mal.* **OBS.** el verbo *correr* sustituye en estos casos al verbo que expresaría lo que *se está haciendo deprisa* (arreglarse, escribir, coser). **3** moverse algo por su cuenta con cierta rapidez: *el agua corre por el canal o por las cañerías y los ríos; las horas corren muy deprisa; corrió la noticia de que habían tenido un accidente.* TAMBIÉN *prnl.: la tinta se corre con la humedad.* **4** mover algo un poco en una dirección o por una guía: *corre la mesa; corre las cortinas para que no entre el sol; corre el cerrojo de la puerta.* **5** vivir acontecimientos algo especiales o peligrosos: *ha corrido una gran aventura; se corrió una juerga; corres el riesgo de ahogarte si te bañas en esa zona.* ■ **correr con**, hacerse cargo de algo: *él corre con los gastos.* ■ **correr por cuenta de** o **de cuenta de** ir los gastos o responsabilidades a cuenta de quien se dice. ■ **a todo correr**, lo más rápidamente posible. ■ **dejar correr**, olvidar algo intencionadamente. ■ **el que no corre vuela**, cada uno hace lo que más le conviene. **FAM.** corredor, corredera, corrida, correo, correría, corretear, correteo, corriente, corredizo, corrientemente. **COMP.** recorrer, concurrir, discurrir, ocurrir.

correspondencia *[n.f.]* **1** relación entre dos cosas: *no siempre existe correspondencia entre letras y sonidos.* **SIN.** correlación, reciprocidad. **2** relación por correo entre personas o entidades y conjunto de cartas que se escriben o se reciben: *mantiene correspondencia con sus primos; recibimos mucha correspondencia* (**SIN.** correo).

corresponder *[v.]* **1** ser atento con quien es atento, agradecido con quien es generoso, hospitalario con quien es hospitalario, etc.: *correspondimos a sus atenciones con un ramo de flores.* TAMBIÉN *prnl.: se corresponden en su amistad.* **2** ser algo parte de los derechos, obligaciones o propiedades de una persona: *me corresponde una parte de la casa; hoy te corresponde hacer* *guardia*. **SIN.** tocar. **FAM.** correspondencia, correspondientemente, correspondiente, corresponsal, corresponsalía, responder.

correspondiente *[adj.inv. en gén.]* que es lo que tiene que ser en relación con otra cosa: *recibió la recompensa correspondiente a su esfuerzo*. **AF.** adecuado.

corresponsal *[n.inv. en gén.]* persona que está en otro país o ciudad que la empresa para la que trabaja y se encarga de mantener las relaciones, enviar información, etc.: *hemos llamado a nuestro corresponsal en París*. **SIN.** enviado.

corretear *[v.]* andar de un lado para otro sin demasiado sentido: *los niños corretean en la calle*. **AF.** trotar, callejear. **OBS.** e + e = ee: *correteen*.

correveidile *[n.inv. en gén.]* persona que va de un lado a otro con cuentos y chismorreos. **SIN.** cotilla*.

corrida *[n.f.]* 1 carrera rápida y corta. 2 fiesta que consiste en lidiar toros en una plaza cerrada. **AMPL.** si se torean toros se llama ***corrida de toros*** y si se torean novillos, ***novillada***.

corriente *[adj.inv. en gén.]* 1 que no para o que está constantemente moviéndose: *agua corriente*. **SIN.** fluyente. **ANT.** estancado. 2 que es como muchos y no tiene nada de particular: *es un frigorífico corriente*. **SIN.** normal. **ANT.** excepcional, extraordinario. // **corriente** *[n.f.]* 3 energía eléctrica: *este enchufe no tiene corriente*. **SIN.** electricidad. 4 movimiento del aire en una dirección: *cierra la puerta para que no haya corriente*. 5 líquido en movimiento: *la corriente del río arrastraba un tronco*. ■ **estar al corriente** de algo, tener noticias recientes de algo. ■ **contra corriente**, al revés que la mayoría de la gente. ■ **seguir la corriente**, dejarse llevar por las circunstancias. ■ **corriente y moliente**, ordinario, vulgar, sin nada de particular.

corrillo *[n.m.]* pequeño grupo de personas que hablan apartadas de los demás: *al terminar la conferencia se formaron varios corrillos*. **SIN.** grupo.

corro *[n.m.]* 1 grupo de personas que se reúnen en círculo para hablar. 2 juego de niños que cantan cogidos de la mano y formando un círculo: *jugar al corro*. **FAM.** corrillo, corral.

corroborar *[v.]* 1 comprobar si es verdad algo que se piensa o se sospecha: *se ha corroborado que en el accidente no hubo víctimas*. **SIN.** comprobar*. 2 hacer o decir algo que demuestra lo que se había dicho: *lo que dices corrobora mi teoría*. **AF.** demostrar, hacer hincapié en. **FAM.** corroboración.

corroer *[v.]* 1 estropear una cosa destruyendo la materia de que está hecha: *el óxido corroe el hierro; las termitas corroen la madera*. **SIN.** carcomer. 2 sentir los efectos de una gran pena o del remordimiento: *los odios corroen el alma*. **SIN.** remorder, atormentar. **FAM.** corrosivo, corrosión, roer.

corromper *[v.]* 1 hacer que algo se pudra: *la humedad corrompe las maderas*. **SIN.** pudrir, descomponer. 2 conseguir con dinero o favores que una persona actúe fuera de la legalidad: *corrompió a los funcionarios para hacer importaciones ilegales*. **SIN.** sobornar, comprar. **AMPL.** a los que se corrompen se les llama ***corruptos***. 3 dañar moralmente a alguien, haciéndole cambiar costumbres buenas y sanas por costumbres malas e insanas: *la droga corrompe*. **SIN.** pervertir. **FAM.** corrupción, corruptible, corruptor, corruptela, romper. **COMP.** incorruptible.

corrosivo, corrosiva *[adj.]* que estropea o deteriora lo que toca: *ten cuidado con este ácido que es corrosivo*. **SIN.** cáustico.

corrupción *[n.f.]* lo que hay cuando alguien o algo se corrompe y especialmente cuando políticos o funcionarios hacen trampas por dinero: *dicen que hay más corrupción que nunca*. **AF.** soborno, inmoralidad.

corrusco *[n.m.]* trozo de pan más tostado, cortado de un extremo o del borde.

corsario *[n.m.]* barco o marinero que tenía un permiso especial de su gobierno para atacar y saquear barcos de países enemigos: *al regresar de América muchos barcos eran atacados por los corsarios*. **SIN.** pirata, bucanero. **AMPL.** el permiso que les daban se llamaba ***patente de corso***.

corsé *[n.m.]* faja más o menos rígida y muy ajustada que usan algunas mujeres o quien tiene problemas de columna vertebral. **FAM.** **COMP.** encorsetar, encorsetado.

corsetería *[n.f.]* 1 fábrica o tienda de prendas interiores femeninas. 2 conjunto de estas prendas.

cortacésped *[n.m.]* máquina que sirve para cortar el césped. **AF.** segadora.

cortacircuitos *[n.m. inv. en núm.]* aparato que interrumpe la corriente eléctrica cuando es excesiva o peligrosa.

cortado, cortada *[adj.]* 1 que está separado en dos o más partes: *una tarta cortada.* **SIN.** partido, troceado, dividido. 2 que está construido a base de frases breves y sueltas: *escribe con un estilo cortado.* 3 que se han separado sus componentes: *leche cortada; mayonesa cortada.* **SIN.** coagulado. // **cortado** *[n.m.]* 4 café con un poco de leche: *le sirvieron un cortado.* ■ **cortados por el mismo patrón**, que se parecen mucho.

cortafuego *[n.m.]* camino hecho en un monte o en un sembrado para que no se propaguen los incendios.

cortante *[adj.inv. en gén.]* 1 que corta bien porque está afilado: *este cuchillo es muy cortante.* **SIN.** afilado. **ANT.** romo. 2 que interrumpe algo o no deja que los demás digan lo que piensan: *una respuesta cortante.* **SIN.** tajante.

cortar *[v.]* 1 dividir o separar algo en dos o más partes con cuchillo, con tijeras o con un instrumento similar: *la tela se corta con tijeras, la carne con cuchillo y el cartón con guillotina.* 2 preparar un sastre o una modista las piezas que hay que coser para hacer una prenda de vestir: *sabe cortar muy bien.* 3 hacer que deje de pasar algo que está pasando: *la manifestación cortó el tráfico* (**SIN.** detener, interrumpir, parar); *su presencia cortó la pelea* (**SIN.** parar). 4 atravesar la superficie del agua, el aire, etc.: *el barco corta el agua; la flecha corta el aire.* // **cortarse** *[v.prnl.]* 5 hacerse una herida con algo que tiene filo: *se cortó con las tijeras; se cortó un dedo.* 6 separarse los componentes de una mezcla o de un compuesto: *se cortó la mayonesa.* **FAM.** cortado, cortante, corte, cortadora, cortadura. **COMP.** cortaplumas, cortapapeles, cortaúñas, acortar, recortar, entrecortado, cortacésped.

cortaúñas *[n.m.inv. en núm.]* utensilio metálico que acaba en dos piezas con filo curvado y sirve para cortar las uñas.

corte *[n.m.]* 1 borde afilado de un instrumento: *el corte de un cuchillo.* **SIN.** filo. 2 lo que se hace al cortar algo con un instrumento cortante, y lo que queda en lo cortado: *se hizo un corte en la mano; la tela tiene un corte.* **AMPL.** se llama ***corte transversal*** el que va de un lado a otro y a lo ancho de una cosa y ***corte longitudinal*** el que se hace de un lado a otro y a lo largo: *el corte transversal de un huevo da una superficie plana y redonda, y el longitudinal una superficie oval*; un corte profundo también se llama ***tajo***. // **corte** *[n.f.]* 3 población en la que viven un rey que reina y sus colaboradores, su familia, etc.: *Valladolid fue corte con Felipe II.* **SIN.** capital. 4 conjunto de personas que componen la familia y acompañantes del rey: *la corte se desplazó a Sevilla para la boda de la Infanta.* ■ **dar corte algo**, producir vergüenza. ■ **dar un corte**, dar una mala respuesta.

cortejo *[n.m.]* personas que forman el acompañamiento en una ceremonia: *el cortejo fúnebre acompañó el cadáver hasta el cementerio.* **SIN.** comitiva. **AF.** séquito, escolta. **FAM.** cortejar.

cortés *[adj.inv. en gén.]* que es atento y se comporta respetuosamente: *actitud cortés; persona cortés.* **SIN.** correcto, educado. **ANT.** grosero, maleducado. **PL.** *corteses.* **FAM.** cortesía, cortésmente. **COMP.** descortés.

cortesano, cortesana *[n.]* persona que antiguamente servía al rey y a su familia en la corte: *los cortesanos vivían en el palacio real.* **AF.** palaciego.

cortesía *[n.f.]* 1 demostración, en el trato, del respeto que siente una persona por otra: *el maestro actuó con cortesía.* **AF.** amabilidad, atención. **ANT.** grosería. 2 obsequio que hace una empresa a sus clientes, visitantes, etc.: *este reloj es cortesía de la casa.* **SIN.** regalo.

corteza *[n.f.]* 1 parte externa de los árboles: *el corcho es la corteza de los alcornoques.* 2 parte externa de algunos alimentos: *el queso manchego tiene corteza.* **FAM.** cortical. **COMP.** descortezar.

cortijo *[n.m.]* conjunto formado por una extensión grande de terreno, casa de labor y otras dependencias dedicadas a la agricultura y la ganadería: *visitaron un cortijo extremeño.* **AF.** finca, granja, hacienda, dehesa.

cortina *[n.f.]* tela grande con la que se cubren y adornan los huecos, como puertas y ventanas, en el interior de los edificios: *las cortinas del salón son de seda.* **AF.** visillo, estor. **FAM.** cortinaje.

corto, corta *[adj.]* 1 que tiene menos longitud de la que le corresponde o de la que tienen otras cosas de su estilo: *un vestido muy corto.* **ANT.** largo. 2 que dura poco tiempo: *el concierto fue muy corto.* **SIN.** breve. **ANT.** largo. 3 que es poco abundante o no cubre las necesidades: *la bebida de la fiesta resultó corta.* **SIN.** escaso, insuficiente. **ANT.** abundante. 4 que es poco inteligente: *es tan corto que no entiende ningún chiste.* **SIN.** torpe. **ANT.** listo. 5 que no tiene facilidad para expresarse o para relacionarse: *es muy corto explicándose.* **SIN.** apocado. ■ **ni corto ni perezoso**, sin pararse mucho a pensarlo. ■ **quedarse corto**, calcular menos de lo que es o de lo que hace falta. **FAM.** cortedad. **COMP.** cortocircuito, cortometraje, acortar.

cortocircuito *[n.m.]* avería que se produce en los circuitos eléctricos: *el cortocircuito produjo un apagón.*

cortometraje *[n.m.]* película de cine o de televisión que dura menos de una hora.

coruñés, coruñesa *[adj. y n.]* de La Coruña, provincia española y su capital, que pertenecen a la comunidad autónoma de Galicia: *una ciudad coruñesa; los coruñeses son gallegos.*

corvino, corvina *[adj.]* del cuervo: *graznidos corvinos.*

corvo, corva *[adj.]* curvo.

corzo *[n.m.]* animal parecido al ciervo, algo más pequeño que él y poco más grande que una cabra, de pelo rojizo en verano y gris en invierno, que tiene cuernos pequeños y abunda en Europa.

cosa *[n.f.]* 1 lo que hay o existe y no es un ser vivo: *sobre la mesa hay muchas cosas.* **SIN.** objeto. 2 lo que se dice: *me contó cosas extraordinarias de su viaje a África.* 3 lo que se piensa: *se imagina cosas terribles.* **AF.** idea, ocurrencia. 4 lo que se hace: *tengo que hacer muchas cosas.* ■ **como si tal cosa**, con naturalidad, sin darle importancia. ■ **como quien no quiere la cosa**, con disimulo o sin darle importancia.

cosaco, cosaca *[n.]* habitante nómada de las estepas rusas: *los cosacos eran famosos como soldados de infantería y caballería.* ■ **beber como un cosaco**, beber mucho.

coscorrón *[n.m.]* golpe en la cabeza: *al asomarme a la ventana se dio un coscorrón.* **SIN.** cabezazo, testarazo.

cosecha *[n.f.]* 1 trabajo propio de las labores del campo que consiste en recoger los frutos que da la tierra: *el verano es el tiempo de la cosecha de cereales y el otoño el de la de la vid.* **SIN.** recolección, recogida. 2 conjunto de frutos que se recogen de la tierra: *la cosecha de maíz ha sido muy abundante.* **FAM.** cosechar, cosechadora, cosechero.

cosechadora *[n.f.]* máquina que sirve para segar y limpiar los cereales: *las cosechadoras facilitan mucho el trabajo del campo.* **SIN.** recolectadora.

cosechar *[v.]* 1 recoger los frutos de la tierra: *cosechar cereales; cosechar la aceituna.* **SIN.** recolectar, recoger. 2 llegar a tener algo como resultado de un trabajo o una gestión: *con su inversión ha cosechado grandes beneficios.* **SIN.** lograr, obtener, conseguir.

coser *[v.]* 1 unir con hilo de cualquier clase, y con la ayuda de una aguja, dos trozos de tela, cuero, piel, etc.: *cose el dobladillo de los pantalones; el zapatero cose las suelas con cabo.* **AF.** hilvanar, pespuntear, zurcir. **ANT.** descoser. 2 sujetar unos papeles a otros con grapas: *cose juntas todas las facturas para que no se pierdan.* ■ **ser** una cosa **como coser y cantar**, ser muy fácil de hacer. **FAM.** cosido, costura, costurero. **COMP.** descoser, recoser.

cosmética *[n.f.]* cuidado de la piel.

cosmético *[n.m.]* 1 cualquier producto que sirve para mantener la piel y el cabello en buen estado o para mejorar su aspecto: *una crema hidratante es un cosmético.* **AF.** maquillaje, afeite. // **cosmético, cosmética** *[adj.]* 2 para el cuidado de la piel: *productos cosméticos.* **FAM.** ***cosmética*** (cuidado de la piel), cosmetología, cosmetólogo.

cosmología *[n.f.]* estudio de las leyes que rigen el universo o cosmos.

cosmonauta *[n.inv. en gén.]* astronauta*.

cosmopolita *[adj.inv. en gén.]* 1 que conoce las costumbres de muchos países y gentes: *una persona cosmopolita.* **SIN.** internacional. 2 que puede vivir en todos los lugares y climas: *el hombre es cosmopolita.* **FAM.** cosmopolitismo, cosmos.

cosmos *[n.m.]* universo* **FAM.** cosmológico, cosmólogo, cosmonauta, cosmopolita.

coso *[n.m.]* plaza de toros.

cosquillas *[n.f.pl.]* risa nerviosa que se produce cuando se tocan determinadas partes del cuerpo especialmente sensibles como las axilas, las plantas de los pies, etc.: *tiene muchas cosquillas en la espalda.* ■ **buscarle** a uno **las cosquillas**, provocarlo. **FAM.** cosquilleo, cosquillear, cosquilleante.

cosquilleo *[n.m.]* sensación poco intensa parecida a las cosquillas. **SIN.** hormigueo.

costa *[n.f.]* parte en la que acaba la tierra y empieza el mar. **SIN.** litoral. ■ **a toda costa**, sin que importe el trabajo o el esfuerzo para conseguirlo. ■ **a costa de**, a base de *(consiguió triunfar a costa de mucho sacrificio)* o por cuenta de *(vive a costa de los demás)*. **FAM.** costero, costeño, costado. **COMP.** guardacostas.

costado *[n.m.]* parte lateral de algo y especialmente las que están entre la cintura y las axilas del cuerpo humano. **SIN.** lado. ■ **por los cuatro costados**, por todas partes. **FAM.** costilla, costillar, costal, costalada, costalero, costa. **COMP.** intercostal, acostar, recostar.

costar *[v.]* 1 tener las cosas un precio determinado, en dinero o en esfuerzos que hay que hacer para conseguirlas: *un piso cuesta muchos millones y ganar el dinero para pagarlo cuesta tiempo y esfuerzo.* 2 ser algo la causa de ciertos daños, perjuicios o enfermedades: *no saber elegir a sus colaboradores le costó el cargo; te puede costar un disgusto.* **CONJUG.** como *contar**. **FAM.** coste, costo, costoso, costosamente, costear.

costarricense *[adj. y n.inv. en gén.]* de Costa Rica, país centroamericano cuya capital es San José: *playas costarricenses; los costarricenses; las costarricenses.* **SIN.** costarriqueño.

costarriqueño, costarriqueña *[adj. y n.]* costarricense*.

costas *[n.f.pl.]* cantidad de dinero que cuestan algunos servicios: *perdió el pleito y tuvo que pagar las costas del juicio.*

coste *[n.m.]* lo que hay que pagar por algo, y especialmente por lo que se fabrica o se compra para volver a venderlo: *algunas cosas hay que venderlas caras porque tienen costes muy altos.* **SIN.** costo.

costear *[v.]* 1 encargarse de pagar los gastos de algo: *mis padres costean mis estudios.* **SIN.** pagar, sufragar. TAMBIÉN *prnl.: trabajando me costeo los estudios.* 2 ir navegando sin perder de vista la costa: *costeamos la isla en un pequeño barco.* **SIN.** circunnavegar, bordear, rodear. **OBS.** e + e = ee: *costeen.*

costero, costera *[adj.]* que esta en la costa o cerca de ella: *en España hay muchas ciudades costeras.* **SIN.** litoral.

costilla *[n.f.]* 1 cada uno de los huesos largos y curvos que nacen de la columna vertebral y vienen hacia el pecho. 2 pieza de madera u otro material que tiene forma de costillas, como las del armazón de un barco o de una techumbre. **AMPL.** hay tres tipos de costillas, las ***verdaderas***, que se apoyan en el esternón; las ***falsas***, que no están apoyadas en el esternón, sino en el cartílago intercostal y las ***flotantes*** que están totalmente en el aire porque no alcanzan ni siquiera el cartílago intercostal.

costo *[n.m.]* coste*.

costoso, costosa *[adj.]* que tiene un precio muy elevado: *un perfume muy costoso.* **SIN.** caro. **ANT.** barato.

costra *[n.f.]* **1** parte externa y dura de algo: *algunos quesos tienen costra.* **AF.** corteza. **2** lo que se forma sobre las heridas cuando se secan: *tiene una costra en la mano.* **SIN.** postilla.

costumbre *[n.f.]* lo que se hace siempre a la misma hora, de la misma manera, en el mismo sitio o cada tanto tiempo: *tiene la costumbre de acostarse tarde* (**SIN.** hábito. **AF.** norma)*; cada país tiene sus costumbres; es una costumbre islámica* (**SIN.** tradición, usanza). **FAM.** costumbrismo, costumbrista. **COMP.** acostumbrar.

costura *[n.f.]* **1** trabajo que consiste en coser, cortar, arreglar ropa, etc.: *hace un rato de costura por las tardes.* **SIN.** labor. **2** conjunto de puntadas que unen dos piezas de tela o de cuero: *se me ha descosido la costura del pantalón, la costura del contrafuerte de un zapato.*

costurera *[n.f.]* mujer cuyo trabajo consiste en coser y cortar ropa. **SIN.** modista.

costurero *[n.m.]* mueble con cajones o departamentos para guardar las cosas de la costura: *guarda las tijeras y las agujas en el costurero.*

cota *[n.f.]* en mapas y planos, indicación de la altura de un punto.

cotarro *[n.m.]* **1** lugar donde se reúne un grupo de personas para pasar el rato: *con su llegada se animó el cotarro.* **AF.** corro, tertulia, reunión. **2** asunto o negocio de cualquier tipo, en términos familiares: *¿quién dirige este cotarro?* **AF.** tinglado.

cotejar *[v.]* hacer una comparación detallada entre dos cosas, teniéndolas a la vista: *coteja las medidas del plano con las de la casa.* **SIN.** comparar. **FAM.** cotejo.

coterráneo, coterránea *[adj.]* que es de la misma tierra que otro. **SIN.** paisano. **FAM.** tierra.

cotidiano, cotidiana *[adj.]* de todos los días: *el paseo cotidiano de ida y vuelta al trabajo.* **SIN.** diario. **FAM.** cotidianamente, cotidianidad, día.

cotiledón *[n.m.]* en las plantas, hoja modificada que protege el embrión de la semilla. **PL.** *cotiledones.*

cotilla *[n.inv. en gén.]* persona aficionada a enterarse de cosas de la vida de los demás y a contarlas y hablar de ellas: *no le cuentes nada, que es un cotilla.* **SIN.** correveidile, chismoso. **AF.** fisgón, meticón, entrometido. **FAM.** cotillear, cotilleo.

cotizar *[v.]* **1** pagar una cantidad fija o una cuota por algo: *¿cuánto cotizas por el seguro del coche?* **SIN.** abonar, pagar. **2** alcanzar un precio en el mercado, sobre todo si ese precio se fija y publica en un tablón, boletín, etc.: *este año el trigo cotizó más que el anterior.* TAMBIÉN *prnl.: el marco se cotiza muy alto; los buenos ingenieros se cotizan mucho.* **OBS.** ante e, c: *coticen.* **FAM.** cotización, cotizante.

coto *[n.m.]* terreno que se destina a un uso determinado, indicándolo por medio de señales, alambradas, etc.: *coto de caza; hemos ido de excursión al coto de Gredos; el coto de Doñana es una reserva natural.* ■ **poner coto**, poner límites a algo. **FAM.** acotar, acotado, acotamiento, ***cota*** (en mapas y planos, indicación de la altura de un punto).

cotorra *[n.f.]* **1** ave de colores vivos que puede repetir algunos sonidos similares a los humanos, parecido al loro y al papagayo. **2** persona que habla demasiado: *esta chica es una cotorra.* **SIN.** parlanchina. **FAM.** cotorreo, cotorrear.

coxis *[n.m.inv. en núm.]* conjunto de huesos que forman el extremo inferior de la columna vertebral. **SIN.** rabadilla.

coyote *[n.m.]* animal del tipo del lobo y de tamaño parecido al del perro mastín, que tiene el pelo de color gris amarillento.

coz *[n.f.]* golpe violento que dan algunos animales con las patas traseras: *el burro le dio una coz.* **AF.** patada **PL.** *coces.* **FAM.** cocear.

crac *[n.m.]* crisis económica o quiebra comercial de una persona, una empresa o un país: *el crac de 1929 arruinó la bolsa de Nueva York.* **SIN.** bancarrota.

cráneo *[n.m.]* conjunto de huesos que forman la parte superior y posterior de la cabeza, protegiendo el cerebro y los demás centros nerviosos. **AMPL.** los huesos del cráneo son ***frontal, etmoides, esfenoide, occipital***, dos ***temporales*** y dos ***parietales***. **FAM.** craneal.

cráter *[n.m.]* abertura por la que los volcanes arrojan lava y ceniza cuando están en erupción: *el Teide tiene un cráter muy grande.*

creación *[n.f.]* **1** hecho de crear o de hacer algo: *la creación del mundo; la creación de una obra de arte.* **SIN.** génesis, generación. **ANT.** destrucción. **2** lo que queda hecho cuando se crea algo y muy especialmente el mundo y todos los seres que en el viven: *el mundo es una creación divina; el Don Juan Tenorio es una crea-*

ción de Zorrilla; los animales forman parte de la creación. **AF.** naturaleza, mundo, obra.

creador, creadora *[n.]* 1 Dios. **AMPL.** cuando se habla de Dios como el Creador se escribe con mayúscula. 2 persona que crea algo: *Mozart fue un magnífico creador de óperas y sinfonías.* **SIN.** autor.

crear *[v.]* 1 hacer algo, propiamente de la nada, en cuyo caso sólo Dios puede crear: *Dios creó el mundo.* 2 hacer algo nuevo a partir de cosas que ya existen: *crear un partido político; crear nuevos puestos de trabajo; crear una novela, una sinfonía.* **SIN.** hacer. **AF.** fundar, montar, organizar, componer. **OBS.** e + e = ee: *creen.* **FAM.** creación, creador, creativo, criar. **COMP.** procrear, recrear.

creativo, creativa *[adj.]* que tiene mucha imaginación y lo demuestra inventando o haciendo muchas cosas: *un escritor muy creativo.* **SIN.** imaginativo.

crecer *[v.]* 1 hacerse más alto, más largo o más grande: *los niños crecen mucho; te ha crecido el pelo; ese árbol crece muy deprisa; la ciudad ha crecido mucho.* **SIN.** desarrollarse. **ANT.** mermar, menguar. 2 hacerse mayor en edad: *cuando crezca seré médico.* 3 llegar a haber más de algo en algún sitio (*el paro ha crecido; con las lluvias crecen los ríos.* **SIN.** aumentar, incrementarse. **ANT.** disminuir) o llegar a tener alguien más de algo (*con el paso de los años va creciendo en bondad; crecer en sabiduría*). 4 hacerse más grande la parte de la luna que se ve desde la tierra, es decir, la parte iluminada: *cuando está en cuarto creciente la luna crece un poco cada día.* 5 salir vegetales en un sitio: *entre los trigales crecen amapolas.* **SIN.** brotar, nacer, salir. // **crecerse** *[v.prnl.]* 6 sentirse más importante, más seguro o más fuerte: *cuando hay peligro, en vez de asustarse, se crece.* **SIN.** envalentonarse. **ANT.** apocarse. **FAM.** creces, creciente, crecida, crecimiento, crecedero. **COMP.** crecepelo, decrecer.

creces *[n.f.pl.]* palabra que nada más aparece en la expresión adverbial ■ **con creces**, sobradamente.

crecida *[n.f.]* aumento de la cantidad de agua que lleva un río: *con la crecida se inundaron las riberas.* **AF.** desbordamiento, riada.

creciente *[adj.inv. en gén.]* 1 que es cada vez mayor: *ventas crecientes de ordenadores.* **SIN.** progresivo, ascendente. **ANT.** decreciente, descendente, regresivo. 2 fase lunar de catorce días que comienza en la luna nueva y termina con la luna llena: *la luna está en cuarto creciente.*

crecimiento *[n.m.]* hecho de crecer o de aumentar algo: *el crecimiento de la vegetación; el crecimiento de la población.* **SIN.** aumento. **ANT.** disminución, decrecimiento.

credencial *[n.f.]* documento con el que una persona acredita o demuestra algo, por ejemplo el cargo que ocupa o debe ocupar, su identidad, un privilegio o permiso especial, etc.: *los embajadores muestran sus credenciales al rey.* **AF.** título, comprobante, justificante.

crédito *[n.m.]* 1 lo que tiene una persona para permitirse obtener, de otros, dinero o mercancías: *tiene crédito en la panadería.* **AF.** solvencia, garantía. 2 cantidad de dinero de la que puede disponerse con un compromiso de pago: *he pedido un crédito para comprar un coche.* **SIN.** préstamo. **FAM.** crediticio, creer. **COMP.** acreditar, descrédito.

credo *[n.m.]* 1 oración que contiene las principales creencias de la fe católica. 2 conjunto de creencias comunes a una colectividad: *todas las religiones tienen su credo.* **SIN.** doctrina.

crédulo, crédula *[adj.]* que se cree todo lo que le cuentan: *una persona crédula.* **SIN.** confiado. **AF.** ingenuo*.

CONJUGACIÓN DEL VERBO CRECER

Formas no personales
Infinitivo: *crecer.* Gerundio: *creciendo.* Participio: *crecido.*
Indicativo
Presente: *crezco, creces, crece, crecemos, crecéis, crecen.*
Pretérito imperfecto: *crecía, crecías, crecía, crecíamos, crecíais, crecían.*
Pretérito perfecto simple: *crecí, creciste, creció, crecimos, crecisteis, crecieron.*
Futuro: *creceré, crecerás, crecerá, creceremos, creceréis, crecerán.*
Condicional simple: *crecería, crecerías, crecería, creceríamos, creceríais, crecerían.*
Subjuntivo
Presente: *crezca, crezcas, crezca, crezcamos, crezcáis, crezcan.*
Pretérito imperfecto: *creciera/ creciese, crecieras/ crecieses, creciera/ creciese, creciéramos/ creciésemos, crecierais/ crecieseis, crecieran/ creciesen.*
Futuro: *creciere, crecieres, creciere, creciéremos, creciereis, crecieren.*
Imperativo:
crece, crezca, crezcamos, creced, crezcan.

creencia *[n.f.]* idea en la que una persona cree: *cada uno tiene sus propias creencias.* **SIN.** convicción.

creer *[v.]* 1 tener algo por cierto y verdadero: *creo lo que me cuentas.* 2 suponer algo que no se sabe pero parece muy posible: *creo que mañana no va a llover.* 3 tener por cierto algo que no se puede demostrar: *un cristiano cree firmemente que Cristo es Dios.* **SIN.** tener fe. **FAM.** creencia, creíble, credibilidad, creyente, crédulo, credulidad, crédito, credencial, credo. **COMP.** incrédulo, increíble.

creíble *[adj.inv. en gén.]* que se puede creer porque no parece absurdo ni imposible: *todo lo que me cuentas es muy creíble.* **SIN.** verosímil. **ANT.** increíble, inverosímil.

crema *[n.f.]* 1 pasta de leche, huevos y azúcar batidos que se usa para rellenar pasteles: *la crema se estropea con el calor.* 2 comida más espesa que el caldo y menos que el puré: *crema de champiñones.* 3 cualquier producto de los que se venden en tubos o tarros que sea suave y blando como la mantequilla y se extienda con facilidad: *crema hidratante; crema para limpiar calzado; crema para limpiar la cara.* **FAM.** cremoso, cremosidad.

cremallera *[n.f.]* sistema de cierre formado por dos tiras dentadas que encajan entre sí al tirar de una piececita que sirve de guía.

cremoso, cremosa *[adj.]* que parece una crema porque es suave y pastoso: *una salsa cremosa.* **AF.** suave, espeso.

crepitar *[v.]* dar chasquidos: *la madera crepita al arder.* **SIN.** crujir, chisporrotear. **FAM.** crepitación, crepitante.

crepúsculo *[n.m.]* media luz, muchas veces de tono rojizo, que hay al amanecer y al oscurecer. **AF.** atardecer, ocaso, amanecer, alba. **FAM.** crepuscular.

crespo, crespa *[adj.]* 1 rizado: *pelo crespo.* 2 enfadado, irritado: *se puso crespo cuando le hablaron de aquello.*

cresta *[n.f.]* 1 parte carnosa y roja que tienen sobre la cabeza el gallo y otras aves: *los gallos viejos tienen la cresta muy grande.* 2 parte superior y encrespada de algunas cosas: *la cresta de una montaña; la cresta de las olas.* **FAM.** crestería. **COMP.** encrestarse.

crestería *[n.f.]* adorno que tienen algunos edificios, especialmente las iglesias góticas, en la parte más alta de la fachada, al borde del tejado o cubierta.

creyente *[adj.inv. en gén.]* que tiene algún tipo de creencia religiosa. **ANT.** ateo.

cría *[n.f.]* 1 trabajo de cuidar y alimentar animales, sobre todo antes de que sean adultos: *la cría de toros bravos se realiza en las dehesas.* 2 animal pequeño, desde que nace hasta que empieza a vivir por su cuenta: *la yegua da de mamar a su cría; la gata tuvo cinco crías.*

CRÍAS DE ANIMALES

animal	cría	P.
águila	aguilucho	6
anguila	angula	8
asno	pollino	8
aves (en general)	pollo	5
ballena	ballenato	6
caballo	potro	6
cabra	cabrito	5
cerdo	lechón, tostón	8
ciervo	cervatillo	7
cigüeña	cigoñino	9
conejo	gazapo	10
gallina	pollo	5
golondrina	golondrino	7
gorrión	gurriato	9
jabalí	jabato	7
liebre	lebrato, lebratillo	7
lobo	lobezno, lobato	7
mamíferos (terrestres, en general)	cachorro	7
oso	osezno	6
oveja	borrego, cordero	7
pájaro	pollo	6
paloma salvaje	palomino	6
paloma doméstica	pichón	7
pato	pollo	7
pavo	pollo	7
peces (en general)	alevín	9
perdiz	perdigón	9
vaca	becerro, ternero	8

criadero *[n.m.]* 1 sitio en el que se cultivan plantas y árboles para llevarlos a otros sitios cuando hayan crecido un poco: *compramos varios árboles en un criadero.* **SIN.** vivero, semillero. 2 lugar destinado a la cría de animales: *un criadero de cangrejos.*

criado, criada *[n.]* persona que se dedica a hacer los trabajos domésticos: *la criada limpia los dormitorios.*

criar *[v.]* 1 dar de mamar: *la madre cría a su hijo.* **SIN.** amamantar, lactar. 2 alimentar y cuidar animales: *he criado cinco caballos.* **AF.** alimentar. **ACENT.** como *fiar**. **FAM.** cría, criatura, crío, criado, criadero, crianza, crear.

criatura *[n.f.]* 1 cualquier ser creado por Dios. **SIN.** ser, creatura. 2 niño pequeño. **SIN.** crío, niño.

criba *[n.f.]* utensilio formado por un armazón en el que va tensada una tela metálica o una piel con agujeros y sirve para colar granos o arena, separando lo gordo de lo fino: *pasa la arena por la criba para quitarle las piedras.* **SIN.** tamiz, cernedor, cedazo. **FAM.** cribar, cribado. **FAM. COMP.** acribillar, acribillamiento.

criba

crimen *[n.m.]* delito grave: *el asesinato es un crimen.* **PL.** *crímenes.* **FAM.** criminal, criminalista, criminalmente, criminología. **COMP.** ***incriminar*** (acusar), incriminatorio, incriminación, recriminar.

criminal *[adj.inv. en gén.]* 1 que ha cometido un crimen, ha sido utilizado para cometer un crimen o está relacionado con un crimen: *un atentado criminal; el arma criminal; investigación criminal.* // **criminal** *[n.inv. en gén.]* 2 persona que ha cometido un crimen: *la policía detuvo al criminal.* **AMPL.** un *criminal* es un *asesino*, sólo si su crimen ha consistido en matar a alguien.

crin *[n.f.]* conjunto de pelos que tienen algunos animales sobre el cuello. **OBS.** se usa más en plural: *un caballo de largas crines.*

crío, cría *[n.]* niño pequeño: *tu hermano es un crío.* **SIN.** criatura, niño.

criollo, criolla *[n.]* 1 persona nacida de padres europeos en cualquier otra parte del mundo: *en América hay muchos criollos.* 2 lengua nacida en un país colonizado, por la necesidad de entenderse entre nativos y colonizadores o entre señores y esclavos: *el francés dio origen al criollo de Haití.* TAMBIÉN *adj.*: *una lengua criolla.*

crisis *[n.f.inv. en núm.]* 1 situación en la que hay problemas porque se están produciendo cambios: *después de varias crisis el enfermo empeoró.* 2 época de muchos problemas y dificultades: *la empresa no pudo superar la crisis y tuvo que cerrar.* **FAM.** crítico, criterio, criticar.

crisma *[n.f.]* aceite y bálsamo que consagran los obispos el día de Jueves Santo. ■ **romper la crisma**, descalabrar, herir en la cabeza.

crispar *[v.]* hacer que se contraiga bruscamente un músculo. **SIN.** tensar, contraer. **ANT.** relajar, distender. ■ **crispar los nervios**, hacer que alguien se ponga muy nervioso. **SIN.** sacar de quicio. **FAM.** crispación, crispamiento.

cristal *[n.m.]* material transparente que se fabrica fundiendo en un horno, a muy alta temperatura, una mezcla de arena, óxido de plomo y potasa. **SIN.** vidrio. **AMPL.** en ciencias se llama *cristales* a las formas geométricas que tienen algunas cosas, especialmente los minerales; el proceso por el que las cosas llegan a tener esa forma se llama ***cristalización*** y la ciencia que lo estudia, ***cristalografía***: *los cristales de cuarzo tienen forma de prisma hexagonal.* Todos los cuerpos químicos que cristalizan se llaman sustancias ***cristalinas*** y los que no, sustancias ***amorfas***. **FAM.** cristalera, cristalería, cristalero, cristalino, cristalizar, cristalización. **COMP.** acristalar, encristalar.

cristalera *[n.f.]* conjunto de muchos cristales colocados en puertas o ventanas que cierran un hueco de un edificio: *la galería está ce-*

rrada con una gran cristalera. **SIN.** acristalamiento, vidriera, ventanal.

cristalería *[n.f.]* 1 tienda donde se fabrican o se venden objetos de cristal: *en las cristalerías venden espejos.* 2 juego de copas y vasos de diferentes tamaños y usos, pero del mismo modelo.

cristalino, cristalina *[adj.]* 1 formado por cristales: *el cuarzo es un mineral cristalino.* 2 limpio y transparente: *agua cristalina.* **SIN.** vítreo. **AF.** limpio, translúcido. **ANT.** opaco. // **cristalino** *[n.m.]* 3 parte transparente del ojo que está situada en el centro y actúa como lente para formar las imágenes en la retina. **AMPL.** el *cristalino* es una lente *biconvexa* (con dos caras convexas y opuestas) que cambia ligeramente de forma para enfocar bien los objetos según la distancia a la que estén.

cristalizar *[v.]* 1 tomar forma o aspecto de cristal: *el agua cristaliza en hielo.* 2 hacer que se concreten las ideas, los sentimientos o los deseos: *cristalizó sus ideas en una novela.* **OBS.** ante e, c: *cristalicen.*

cristalografía *[n.f.]* ciencia que estudia las formas que toman los cuerpos al cristalizar. **FAM.** cristal.

cristiandad *[n.f.]* conjunto de personas y países que creen en Cristo: *la cristiandad alcanza el 37% de la población mundial.*

cristianismo *[n.m.]* religión de los cristianos, predicada por Jesucristo y plasmada en los Evangelios. **AMPL.** las ramas actuales del cristianismo son el ***catolicismo***, el ***protestantismo*** y la ***iglesia ortodoxa***. **FAM.** Cristo, cristo, cristiano, cristiandad, cristianizar, cristianizador. **COMP.** acristianar.

cristiano, cristiana *[adj.]* que cree en Cristo: *el catolicismo y el protestantismo son religiones cristianas.* TAMBIÉN *n.*: *un cristiano verdadero.*

cristo *[n.m.]* figura que representa a Jesucristo clavado en la cruz. **SIN.** crucifijo. ■ **armar un cristo**, organizar un escándalo. ■ **donde Cristo dio las tres voces**, en un lugar muy lejano. ■ **hecho un cristo**, con aspecto de haber sido muy maltratado.

criterio *[n.m.]* 1 capacidad de una persona para juzgar acertadamente: *un hombre con criterio.* **SIN.** juicio, sentido, discernimiento. 2 norma o costumbre que se sigue para hacer algo: *el criterio de la empresa es no contratar personal de más de cincuenta años.* **SIN.** regla, pauta, norma. 3 opinión o manera de ver las cosas: *según mi criterio, es una novela magnífica.* **SIN.** entender, parecer, opinión, punto de vista.

crítica *[n.f.]* 1 trabajo y actividad profesional que se basa en hacer estudios, análisis y juicios sobre las obras de arte: *la crítica literaria requiere muchos conocimientos.* 2 comentarios en los que se demuestra que no se está conforme con lo que otro hace: *recibió una crítica dura por su comportamiento.* **SIN.** censura. **ANT.** alabanza. 3 conjunto de opiniones sobre algo: *las propuestas de la asociación tuvieron una crítica muy favorable.* **AF.** comentarios.

criticar *[v.]* 1 comentar algo dando razones sobre sus aciertos o errores: *un grupo de expertos ha criticado los programas educativos actuales.* **SIN.** enjuiciar, juzgar, evaluar. 2 decir que está mal algo que ha hecho o ha dicho alguien: *los liberales han criticado duramente a los conservadores.* **SIN.** censurar. **OBS.** ante e, qu: *critiquen.* **FAM.** crítica, criticón, crítico, crisis.

crítico, crítica *[adj.]* 1 con muchas dificultades y problemas: *su situación económica es crítica.* **SIN.** comprometido, preocupante. 2 que de lo que ocurra depende todo lo demás: *está en un momento crítico de su carrera; si supera la fase crítica de la enfermedad, se salvará.* **SIN.** crucial*. // **crítico** *[n.inv. en gén.]* 3 persona que se dedica profesionalmente a hacer crítica literaria, cinematográfica o artística: *el crítico elogió las dotes del pintor.* **AF.** comentarista.

criticón, criticona *[adj.]* que todo lo censura o comenta en plan negativo: *un alumno criticón.* TAMBIÉN *n.*: *los criticones encuentran faltas en todo.* **AF.** murmurador, maledicente.

croar *[v.]* cantar las ranas: *en la charca croaban las ranas.*

cromático, cromática *[adj.]* de color: *gama cromática.*

cromo *[n.m.]* 1 trozo de papel con dibujos de colores con el que juegan los niños y hacen colecciones. 2 metal duro de color blanco grisáceo que se usa en aleaciones y para revestir otros metales y darles un acabado brillante y plateado. ■ **estar hecho un cromo**, ir demasiado arreglado. **FAM.** cromático, ***cromar*** (dar un baño de cromo), cromado.

crónica *[n.f.]* 1 libro en el que se cuentan cosas que han pasado siguiendo el orden temporal: *crónicas de la conquista de América.* **SIN.** historia. 2 artículo periodístico sobre temas de actualidad: *crónica política; crónica de un corresponsal.* **FAM.** crónico, cronista, cronología, cronológico. **COMP.** ***anacronismo*** (hecho de situar un hecho en un momento que no le corresponde), anacrónico, ***diacronía*** (estudio de algo a través del tiempo), diacrónico, ***sincronía*** (estudio de algo en un momento determinado), sincrónico.

crónico, crónica *[adj.]* que se tiene durante mucho tiempo: *una enfermedad crónica; un defecto crónico.*

cronista *[n.inv. en gén.]* 1 persona que escribe crónicas en un periódico: *los cronistas narran la actualidad.* 2 historiador oficial de una ciudad, de un reino, etc.: *los reyes antiguos tenían su propio cronista.* **SIN.** historiador.

cronológico, cronológica *[adj.]* que sigue el orden temporal: *la historia se estudia por orden cronológico.*

cronometrar *[v.]* contar o medir el tiempo con un cronómetro: *el entrenador cronometra los tiempos de los nadadores.*

cronómetro *[n.m.]* reloj de gran precisión con el que se pueden medir fracciones de segundo. **SIN.** crono. **FAM.** cronometrar, cronometrador, cronométrico.

croqueta *[n.f.]* masa que se prepara mezclando y cociendo carne o pescado con harina y leche, y se fríe rebozándola en huevo y pan rallado.

croquis *[n.m.inv. en núm.]* dibujo rápido que se hace sin instrumentos de medida: *le llevó al arquitecto un croquis de cómo quiere que le haga la casa.* **SIN.** boceto, esbozo, bosquejo, apunte.

cruce *[n.m.]* lugar donde se encuentran dos o más caminos. **SIN.** intersección, confluencia.

crucero *[n.m.]* 1 viaje de recreo o diversión en un barco que visita varias ciudades: *hicieron un crucero por el Mediterráneo.* **AF.** travesía. 2 parte de una iglesia en la que se cruzan la nave mayor y la transversal. 3 cruz de piedra que se ponía en los cruces de caminos, en las plazas o a la entrada de algunas iglesias: *en Galicia hay muchos cruceros.*

crucial *[adj.inv. en gén.]* que es muy importante en la vida de alguien o en el desarrollo de algo: *está en un momento crucial de su carrera.* **SIN.** decisivo, crítico. **ANT.** irrelevante, intranscendente.

crucificar *[v.]* clavar o sujetar a una persona en una cruz y dejarla morir: *los romanos crucificaban a sus enemigos.* **OBS.** ante e, qu: *crucifiquen.* **FAM.** crucifixión, crucificado, crucifijo, cruz.

crucifijo *[n.m.]* representación de la imagen de Cristo clavado en la cruz. **SIN.** cristo.

crucifixión *[n.f.]* 1 pena de muerte con que los romanos castigaban a los delincuentes y rebeldes que no eran ciudadanos romanos, clavándolos en una cruz. 2 pintura o escultura que representa la muerte de Cristo en la cruz.

crucigrama *[n.m.]* entretenimiento que consiste en ir averiguando las palabras que hay que poner en un casillero cuadriculado a partir de unas definiciones y cruzando las verticales con las horizontales.

crudo, cruda *[adj.]* 1 que no está nada o suficientemente asado, cocido o frito: *esta carne está cruda.* 2 que es muy duro para nuestros sentidos: *una escena muy cruda; un trato crudo; un clima crudo.* **SIN.** duro. **AF.** cruel. // **crudo** *[n.m.]* 3 mineral del que en las refinerías se obtienen el petróleo, el asfalto y otros muchos productos: *los países desarrollados consumen demasiado crudo.* **FAM.** crudeza. **COMP.** recrudecer, recrudecimiento.

cruel *[adj.inv. en gén.]* 1 que le gusta ver sufrir a los demás: *un individuo cruel.* **SIN.** despiadado, inhumano, salvaje, **AF.** bárbaro, insensible, malvado. **ANT.** compasivo. 2 que produce mucho daño o hace sufrir mucho: *un delito cruel; una escena cruel; un comportamiento cruel; una diversión cruel.* **SIN.** salvaje, brutal, bárbaro, atroz. **OBS.** el superlativo es ***crudelísimo***. **FAM.** crueldad, cruelmente.

crueldad *[n.f.]* 1 lo que tienen las acciones y las personas y que hace que resulten crueles: *en la guerra hay mucha crueldad.* **SIN.** brutalidad, barbarie, inhumanidad. 2 acción cruel: *matar es siempre una crueldad.* **SIN.** atrocidad* (acepción 1).

cruento, cruenta *[adj.]* que produce salida o derramamiento de sangre: *un accidente* *cruento; guerras cruentas.* **SIN.** sangriento. **ANT.** incruento.

crujido *[n.m.]* ruido como el que hace la madera al romperse. **SIN.** chasquido.

crujiente *[adj.inv. en gén.]* que no está correoso o pasado y hace ruido al apretarlo, al masticarlo o al romperlo: *unas galletas crujientes* **AF.** crepitante.

crujir *[v.]* hacer un ruido como el que hace la madera al romperse: *la lámpara cruje al apagarla porque con el frío se contrae el hierro.* **AF.** chirriar, crepitar. **FAM.** crujido, crujiente.

crustáceo *[n.m.]* clase de animal, generalmente acuático, que tiene dos antenas, el cuerpo cubierto por un caparazón duro y flexible y respira por branquias: *los cangrejos son crustáceos.*

cruz *[n.f.]* **1** dibujo de dos líneas que se cortan en ángulo recto: *marca con una cruz las respuestas que consideres correctas.* **2** instrumento de tortura formado por dos maderos, uno vertical, clavado en el suelo y el otro horizontal en la parte superior: *algunos mártires cristianos murieron en la cruz.* **3** imagen o figura de este antiguo suplicio que se convirtió en el símbolo del cristianismo. **AMPL.** la cruz, como símbolo, ha sido muy importante en la civilización occidental y muchas construcciones tienen planta de cruz; se llama ***cruz latina*** cuando el palo o trazo vertical es más largo y ***cruz griega*** cuando los dos brazos son iguales. **4** reverso de una moneda: *en la cruz tiene el escudo real.* **ANT.** cara, reverso. **5** todo lo que produce sufrimiento: *esa enfermedad es una cruz.* ■ **señal de la cruz**, signo que se hace con la mano derecha desde la frente hasta el pecho y del hombro izquierdo al derecho.

cruces

griega | latina | trebolada | egipcia

de Lorena | gamada | ancorada | de San Andrés

■ **hacerse cruces**, sorprenderse mucho por algo. **PL.** *cruces.* **FAM.** cruce, crucero, cruzar, cruzado, crucificar, crucigrama, cruzada. **COMP.** encrucijada, entrecruzar.

cruzada *[n.f.]* expedición militar de cristianos que iban a Palestina para luchar contar los infieles y conquistar los Santos Lugares.

cruzado, cruzada *[adj.]* **1** que va de un lado a otro y a veces en diagonal: *una chaqueta cruzada; un camión cruzado en la carretera interrumpía el paso.* // **cruzado** *[n.m.]* **2** cristiano que participaba en las cruzadas.

cruzar *[v.]* **1** poner una cosa sobre otra, atravesada en forma de cruz: *cruzar dos espadas; cruzar los brazos.* **2** ir desde un lado hasta el otro de algo: *cruzar la calle.* **3** ir dos personas, dos vehículos o dos mensajes en direcciones distintas: *se cruzaron en la calle; los trenes se cruzan en el trayecto; cruzarse un saludo, unas palabras, etc.* ■ **estar cruzado de brazos**, estar sin hacer nada. **OBS.** ante e, c: *crucen.*

cuaderno *[n.m.]* conjunto de hojas de papel dobladas y cosidas por el centro, especialmente si son de papel en blanco y se usan para escribir sobre ellas. **AF.** bloc, libreta. **FAM.** cuadernillo. **COMP.** encuadernar.

cuadra *[n.f.]* **1** lugar preparado para recoger y guardar animales: *cuadra de vacas, cuadra de caballos.* **SIN.** establo. **AMPL.** una cuadra de caballos es una ***caballeriza*** y una cuadra de cerdos, una ***pocilga***. **2** conjunto de caballos de carreras que pertenecen al mismo dueño y suele llevar su nombre: *es de la cuadra de los Domecq.*

cuadrado *[n.m.]* **1** figura geométrica formada por cuatro lados iguales unidos en ángulos rectos. // **cuadrado, cuadrada** *[adj.]* **2** que tiene forma de cuadrado: *una ventana cuadrada; un mantel cuadrado.* **ANT.** redondo.

cuadragésimo, cuadragésima *[num.]* es el numeral ordinal correspondiente al cardinal cuarenta.

cuadrar *[v.]* **1** ser dos cosas iguales o muy parecidas o hacerlas iguales para que coincidan: *no me cuadra que Fulano haya hecho tal cosa; el contable tiene que cuadrar las cuentas.* **AF.** igualar, casar. **2** irle bien algo a alguien: *si te cuadra, puedes venir a la reunión.* **AF.** convenir. // **cuadrarse** *[n.prnl.]* **3** ponerse en pie, con los brazos pegados a los costados, los pies unidos por los talones formando ángulo, la espalda recta y la mirada al frente: *los militares se cuadran ante un superior.* **AF.** ponerse firme. 4 enfadarse con alguien: *hasta que no me cuadro no haces los deberes.*

cuadrícula *[n.f.]* conjunto de cuadrados que resultan del corte perpendicular de dos series de rectas paralelas: *la cuadrícula del cuaderno es pequeña.* **AF.** ajedrezado.

cuadricular *[v.]* trazar sobre un papel líneas paralelas y perpendiculares que se corten formando cuadrados.

cuadrilátero *[n.m.]* figura geométrica de cuatro lados. **AMPL.** son cuadriláteros el ***cuadrado***, el ***rectángulo***, el ***rombo*** y el ***trapecio***.

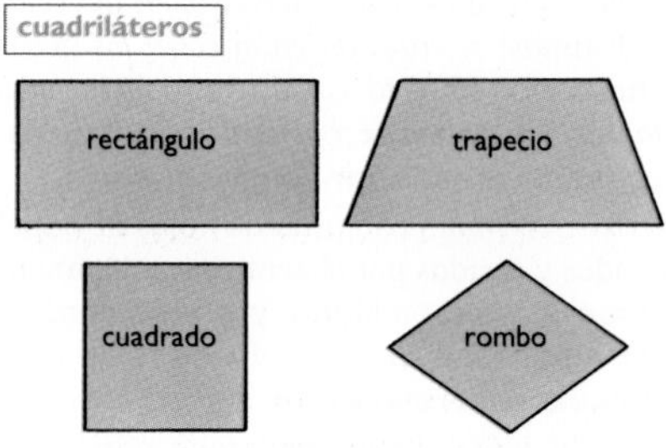

cuadrilla *[n.f.]* conjunto de personas que trabajan juntas en algo: *una cuadrilla de segadores; una cuadrilla de albañiles.* **SIN.** grupo, equipo.

cuadro *[n.m.]* 1 figura geométrica que forman cuatro lados iguales cuando se cortan formando un cuadrado. 2 lienzo o lámina en la que hay algo pintado y se cuelga como adorno: *un cuadro de Goya; en el salón hay varios cuadros.* **FAM.** cuadra, cuadrado, cuadrar, cuadratura, cuadrante, cuadrícula, cuadricular, cuadriculado, cuadrilátero, cuadrilla. **COMP.** recuadro.

cuadrúpedo *[adj.]* que tiene cuatro patas: *el caballo es un animal cuadrúpedo.*

cuádruple *[adj.inv. en gén.]* que es cuatro veces mayor: *una cantidad cuádruple.* TAMBIÉN *n.*: *cuarenta es el cuádruple (o el cuádruplo) de diez.*

cuádruplo *[adj.]* cuádruple*.

cuajar *[v.]* 1 hacer que una cosa líquida se convierta en sólida o pastosa a base de calentarla o batirla o añadiéndole alguna otra sustancia: *si bates con fuerza la clara de huevo hasta cuajarla, tendrás merengue.* **AF.** condensar, solidificar. 2 quedarse la nieve en su estado sólido cuando cae: *como hacía frío y el suelo estaba seco, cuajó la nieve.* **FAM.** cuajo, cuajada.

cual, cuales *[pron.]* 1 pronombre relativo: *una persona, a la cual no conozco, te está buscando; tu razonamiento, con el cual estoy de acuerdo, no ha convencido a todos.* **GRAM.** es invariable en género y admite preposiciones y artículos delante. **OBS.** se escribe sin acento, pues sólo se debe poner acento cuando se trata del interrogativo o exclamativo. // **cual** *[adv. de m.]* 2 como: *lo trata cual si fuera tonto.* **OBS.** es de uso literario y no se usa en la conversación. **FAM.** cualquier, cualquiera, cualesquiera.

cuál, cuáles *[pron.]* 1 pronombre interrogativo: *¿cuál quieres?; ¿a cuáles has ido?; dime cuál es mejor.* 2 pronombre exclamativo: *¡cuál no sería mi sorpresa, que me quedé aturdido!* **GRAM.** es invariable en género **OBS.** siempre se escribe y se pronuncia con acento.

cualesquiera *[pron. indef.]* plural de cualquiera*.

cualidad *[n.f.]* característica importante y buena o útil de una persona o de una cosa: *su cualidad más destacada es la generosidad; el hierro es un metal con muchas cualidades.* **SIN.** virtud. **ANT.** defecto, deficiencia. **FAM.** cualitativo, cualitativamente.

cualificado, cualificada *[adj.]* que tiene experiencia y está preparado para hacer muy bien una tarea determinada: *un cirujano cualificado en operaciones del aparato digestivo.*

cualitativo, cualitativa *[adj.]* 1 de las cualidades: *análisis cualitativo.* 2 que se refiere a la calidad y no a la cantidad: *un dato cualitativo.*

cualquier *[adj. indef.]* forma apocopada de cualquiera*: *cualquier día; cualquier cosa.*

cualquiera *[pron.]* no importa cual: *dame cualquiera.* TAMBIÉN *adj.*: *una cosa cualquiera.* **GRAM.** es pronombre o adjetivo indefinido. **OBS.** cuando, como adjetivo, va delante del nombre sólo se usa la forma apocopada ***cualquier***: *cualquier día voy a verte.* ■ **ser** uno **un**

cualquiera, ser una persona vulgar y poco importante. **PL.** *cualesquiera.*

cuan *[adv. de c.]* aparece en comparaciones de igualdad como segundo término después de *tan* (*el resultado será tan bueno cuan grande haya sido el esfuerzo*) y sin relación con *tan* en algunas expresiones (*cayó cuan largo era*). **GRAM.** es forma apocopada del adverbio *cuanto** y se usa cuando va delante de un adjetivo o de otro adverbio, excepto mejor, peor, mayor, menor, más y menos.

cuán *[adv. exclamativo]* se usa en expresiones exclamativas delante de adjetivos (*¡cuán triste está!*) o de otros adverbios (*¡cuán tristemente pasó todo!*) **GRAM.** es apócope del adverbio interrogativo y exclamativo *cuánto** y se usa en los mismos casos dichos para *cuan*.

cuando *[adv. de t.]* en el momento que se dice: *cuando vengas, llámame; estaba escribiendo cuando sonó el teléfono.* **OBS.** se escribe sin acento, pues sólo se debe poner acento cuando es interrogativo o exclamativo. ■ **de cuando en cuando**, algunas veces.

cuándo *[adv. interr.]* en qué momento: *¿cuándo estará listo?; ya te diré cuándo llega; no sé cuándo podré; ¡cuándo aprenderás!*

Cuando se oculta el sol,
me gusta verlo y lo vivo,
pero no sé *cuándo* sale
porque me pilla dormido.

cuantía *[n.f.]* cantidad a la que asciende una cuenta, unos gastos, unos daños, etc.: *hay que fijar la cuantía de los daños para reclamar a la compañía de seguros.* **SIN.** importe, total. **FAM.** cuantioso, cuantitativo, cuantitativamente, cuanto.

cuantioso, cuantiosa *[adj.]* importante por la cantidad: *una cuantiosa fortuna.* **SIN.** abundante, grande. **ANT.** escaso, pequeño.

cuantitativo, cuantitativa *[adj.]* que se refiere a la cantidad de algo: *se ha hecho un estudio cuantitativo de la población rural.*

cuanto *[adv. relat.]* **1** todo lo que: *lleva cuanto puedas.* TAMBIÉN aparece como correlativo o comparativo en relación con *tanto* o con *más*: *cuanto más tiene más quiere; lleva tanto cuanto puedas.* // **cuanto, cuanta** *[pron. relat.]* **2** todo lo que, toda la que, todos los que, todas las que: *entregó cuanto tenía; cuantos lo sepan, que vengan; avisa a cuantos estén; es la mejor de cuantas hay en la tienda.* // **cuanto, cuanta** *[adj. relat.]* **3** todo lo que se dice con el sustantivo al que acompaña: *dale cuanto tiempo quiera; enséñale cuantas iglesias haya.* **FAM.** cuánto, cuan, cuán, cuantía.

cuánto *[adv. interr.]* **1** qué cantidad o número: *¿cuánto vivió en Madrid?* TAMBIÉN *exclamativo*, con el sentido de "en qué grado" o "hasta qué punto": *¡cuánto lo siento!* // **cuánto, cuánta** *[pron. interr.]* **2** qué cantidad o número de unidades de aquello de que se habla: *¿cuánta tiene?; no sé cuántos hay.* // **cuánto, cuánta** *[adj. interr.]* **3** qué cantidad o número de lo que se dice con el sustantivo al que acompaña: *¿cuántos días?; ¿cuántas páginas tiene el libro?; ¡cuánta necesidad hay en el mundo!; ¿cuánta ayuda pide?; ¡cuánto dolor!; ¡cuánta alegría!; ¡cuántas satisfacciones!; ¡cuántos regalos!*

Cuanto tengo es para ti,
nunca pienses *cuánto* vale.
No quieras saber el precio
de lo que del alma sale.

cuarenta *[num.inv. en gén.]* es el numeral cardinal correspondiente al número 40. **FAM.** cuarentena, cuarentón, cuadragésimo.

cuarentena *[n.f.]* **1** conjunto de cuarenta unidades: *no hay más de una cuarentena de árboles.* **2** tiempo de cuarenta días, meses o años: *los amigos de mi padre andan por la cuarentena.* ■ **estar, tener** o **poner en cuarentena,** estar aislado durante un tiempo.

cuaresma *[n.f.]* tiempo de cuarenta y seis días comprendidos entre el miércoles de ceniza y el domingo de Resurrección. **FAM.** cuaresmal.

cuarta *[n.f.]* medida que equivale a lo que mide la mano, abierta y extendida, desde el dedo pulgar hasta el meñique: *la cuarta de un niño es mucho más pequeña que la de un jugador de baloncesto.*

cuartel *[n.m.]* edificio donde se alojan los soldados de un regimiento. **FAM.** cuartelero. **COMP.** acuartelar, acuartelamiento.

cuartilla *[n.f.]* hoja de papel cuyo tamaño es la cuarta parte de un pliego y la mitad de un folio.

cuarto, cuarta *[num.]* **1** numeral ordinal y fraccionario correspondiente al cardinal cuatro. // **cuarto** *[n.m.]* **2** habitación pequeña: *este cuarto tiene mucha luz.* **FAM.** cuartilla, cuartear, cuarteamiento, cuarterón, cuarteto.

cuarzo *[n.m.]* mineral que en estado puro es incoloro y tiene tanta dureza que raya el acero. **FAM.** cuarcita, cuarzoso.

cuatrianal forma incorrecta de decir *cuatrienal**.

cuatrienal *[adj.inv. en gén.]* que pasa (o se hace) cada cuatro años (*una reunión cuatrienal*) o que dura cuatro años (*un gobierno cuatrienal*).

cuatrimestral *[adj.inv. en gén.]* **1** que pasa cada cuatro meses. **2** que dura cuatro meses.

cuatro *[num.inv. en gén.]* es el numeral cardinal correspondiente al número 4. **FAM.** cuatrero, cuatrocientos, cuadriga, cuatrillo, cuadrúpedo, cuatrienal, cuádruple, cuádruplo, cuadriplicar.

cuatrocientos, cuatrocientas *[num.]* es el numeral cardinal correspondiente al número 400.

cuba *[n.f.]* recipiente grande, cerrado, de madera o de metal, con las bases redondas y el cuerpo abombado, que se usa para guardar vino, sidra, aceite, etc.: *una cuba de madera de roble.* **AMPL.** las cubas de madera están hechas de tablas que son más anchas en el centro que en los extremos, se llaman ***duelas*** y están sujetas con aros de hierro; el grifo o canuto por el que sale el líquido que contiene una cuba se llama ***espita***; la cuba en la que caben más de mil litros se llama ***tonel*** y una cuba más pequeña, para alrededor de 500 litros, se llama ***barrica***; la que tiene cabida para cerca de 40 litros y se puede llevar rodando es un ***barril***: *los barriles de cerveza de los bares son metálicos*; un barril pequeño se llama ***barrilete*** o ***pipa***. ■ **como una cuba**, muy borracho. **FAM.** cubo, cubero, cubeta, cúpula. **COMP.** encubar.

cubano, cubana *[adj. y n.]* de Cuba, isla que está en el mar Caribe y cuya capital es La Habana: *playas cubanas; los cubanos hablan español.*

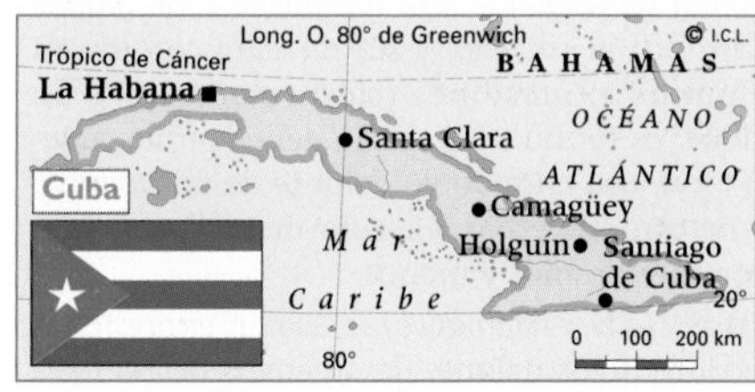

cubertería *[n.f.]* conjunto de cucharas, tenedores, cuchillos y demás utensilios que se usan para comer o para servir la comida.

cubierta *[n.f.]* **1** parte de fuera de algo, que lo tapa o lo protege: *las tapas son la cubierta de un libro; el tejado es la cubierta de la casa; la cubierta de una rueda es la goma exterior.* **2** cada uno de los pisos de un barco y especialmente el superior: *subió a cubierta a pasear un poco.*

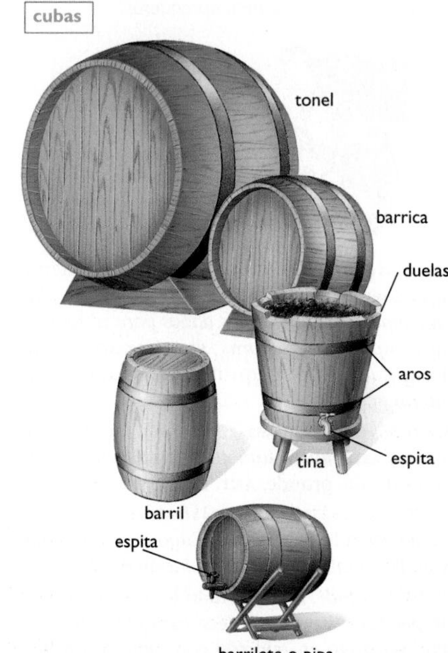

cubierto *[n.m.]* 1 conjunto de cuchara, tenedor y cuchillo: *un cubierto de plata.* 2 comida que se da en los restaurantes por un precio fijo. **SIN.** menú, plato del día. // **cubierto, cubierta** *[adj.]* 3 que está tapado o cerrado por arriba: *una piscina cubierta.* ■ **a cubierto,** protegido de las inclemencias del tiempo. **SIN.** bajo techo.

cubilete *[n.m.]* 1 vaso de hojalata o de cobre más ancho en la boca que en la base que se utiliza como molde en cocina y pastelería: *hicieron pastelitos de carne con un cubilete.* **AF.** molde. 2 vaso de cuero o madera que se usa para jugar a los dados.

cúbito *[n.m.]* hueso más largo y grueso de los dos que forman el antebrazo.

cubo *[n.m.]* 1 recipiente grande, en forma de vaso, con un asa de lado a lado: *trajo el cubo lleno de agua.* 2 cuerpo geométrico limitado por seis cuadrados iguales: *todas las aristas del cubo son iguales; un dado de seis caras es un cubo.* **FAM.** cúbico, cubicar, cubicación, cubículo, cubilete, cuba.

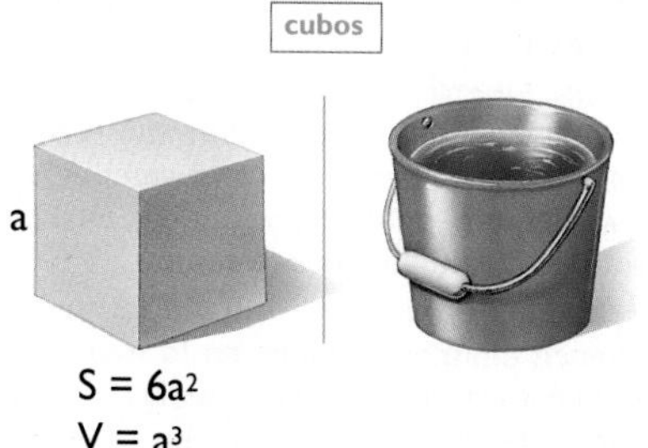

cubrir *[v.]* 1 poner una cosa encima o delante de otra, de manera que la tape o la proteja: *cubre la cama con la colcha; el tejado cubre la casa.* **AF.** tapar, ocultar, esconder. 2 ponerse una o más personas en lugar adecuado para defender a otras o defender una posición: *la artillería cubrió la retirada de la infantería.* 3 ocupar los puestos de trabajo que había disponibles: *el puesto de ordenanza ya está cubierto.* 4 ser un dinero suficiente para pagar algo: *cubrió los gastos con lo que ganó trabajando.* // **cubrirse** *[v.prnl.]* 5 ponerse algo en la cabeza como adorno o protección: *los hombres se cubrieron con sombreros y gorras y las mujeres con pañuelos.* 6 defenderse de algo metiéndose en algún sitio o detrás de algo: *los soldados se cubren en las trincheras.* **SIN.** guarecerse, ponerse a cubierto. **FAM.** cubierta, cobertizo, cobertura, cobertor, cubierto. **COMP.** encubrir, descubrir, recubrir.

cucaracha *[n.f.]* insecto común de cuerpo negro rojizo aplanado, que tiene seis patas, antenas largas en la cabeza y vive en los sitios húmedos.

cuclillas *[n.f.pl.]* diminutivo de clueca del cual, según los diccionarios etimológicos, deriva la expresión adverbial ■ **estar** o **ponerse en cuclillas** que significa estar agachado y sentado sobre los propios talones.

cuclillo *[n.m.]* pájaro de unos treinta centímetros de longitud, de color gris azulado por arriba, blanco con listas pardas en pecho y vientre y cola de tono gris oscuro. **SIN.** cuco.

cuco, cuca *[adj.]* 1 que saca provecho de todo y sabe engañar cuando lo necesita. **SIN.** pícaro. // **cuco** *[n.m.]* 2 cuclillo*. **FAM.** cuquería.

cucurucho *[n.m.]* papel o cartón enrollado en forma de cono: *un cucurucho de churros.*

cuchara *[n.f.]* pieza de cubertería que está formada por una palita cóncava y un mango y que sirve para comer las cosas blandas o líquidas. **FAM.** cucharón, cucharilla, cucharada.

cucharada *[n.f.]* cantidad que cabe en una cuchara: *toma la sopa a cucharadas.*

cucharilla *[n.f.]* cuchara pequeña: *una cucharilla de café.*

cucharón *[n.m.]* cuchara grande que se utiliza para servir la comida. **PL.** *cucharones.*

cuchichear *[v.]* hablar en voz baja con alguien para que los demás no se enteren: *me molesta que cuchicheen en el cine.* **SIN.** susurrar, murmurar. **OBS.** e + e = ee: *cuchicheen.* **FAM.** cuchicheo.

cuchilla *[n.f.]* 1 hoja de metal muy afilada que se usa para cortar: *una cuchilla de afeitar; la cuchilla del cepillo de carpintero; la cuchilla de una navaja.* **SIN.** hoja. 2 especie de cuchillo, usado por los carniceros, que tiene la hoja muy ancha, con un solo filo, y un mango para manejarla.

cuchillo *[n.m.]* instrumento formado por un mango y una hoja de acero estrecha y larga afilada por un lado. **AMPL.** la persona que se dedica a arreglar y afilar cuchillos y otros objetos cortantes es un ***vaciador***. **FAM.** cuchilla, cuchillada, cuchillería, cuchillero. **COMP.** acuchillar, acuchillamiento.

cuchitril *[n.m.]* vivienda o cuarto pequeño y con malas condiciones para vivir en él: *se aprovechan de la escasez de vivienda y te ofrecen cuchitriles a precio de palacios.* **AF.** tugurio, cuartucho.

cuello *[n.m.]* **1** parte del cuerpo que une la cabeza con el tronco: *llevaba un pañuelo alrededor del cuello.* **SIN.** pescuezo. **2** parte estrecha de un recipiente, en cuyo extremo está la boca: *agarró la botella por el cuello.* **3** pieza de tela que, en las camisas, chaquetas etc. queda a la altura del cuello de quien las usa.

cuenca *[n.f.]* **1** tierras que están alrededor de un río y de los afluentes que van a dar a él: *la cuenca del Duero; la cuenca del Ebro.* **2** hueco en que está cada uno de los ojos: *tiene las cuencas de los ojos muy hundidas.* **FAM.** cuenco.

cuenco *[n.m.]* recipiente hondo y ancho parecido a un tazón sin pie: *pon la macedonia en los cuencos.* **SIN.** bol.

cuenta *[n.f.]* **1** operación que se hace con números para saber un resultado: *cuenta de multiplicar, cuenta de dividir; lleva las cuentas de su negocio.* **AF.** cálculo. **2** papel en el que se anota el importe de varias cosas y el total de lo que cuestan: *déme la cuenta, por favor; pagó la cuenta del supermercado.* **AF.** nota, factura, recibo. **3** cada una de las bolitas ensartadas que componen un collar: *cuentas de cristal.*

cuentagotas *[n.m.inv. en núm.]* utensilio, formado por un tubito y una goma, que sirve para verter los líquidos gota a gota. **AF.** gotero, dosificador.

cuentakilómetros *[n.m.inv. en núm.]* aparato que sirve para contar los kilómetros recorridos por un vehículo.

cuentista *[n.inv. en gén.]* **1** escritor de cuentos. **2** persona que exagera mucho lo que le pasa, o se lo inventa, para conseguir algo: *no le hagas caso porque es un cuentista.*

cuento *[n.m.]* **1** historia inventada de sucesos sencillos que se cuenta o se escribe para entretener: *he leído un cuento de brujas y duendes.* **AF.** fábula, relato, narración, historieta. **2** mentira que se dice para disculparse o conseguir algo: *no nos cuentes más cuentos porque no vamos a creerte.* **SIN.** embuste, engaño, historia. **3** lo que se cuenta de otros para hablar mal de ellos: *siempre viene con cuentos de los demás.* **SIN.** chisme, habladuría. ■ **tener cuento**, aparentar lo que no es o andar siempre con disculpas inventadas. **FAM.** cuentista, contar.

cuerda *[n.f.]* **1** conjunto de hilos torcidos que forman un solo cuerpo largo y flexible de cierto grosor: *una cuerda de atar; las cuerdas de un piano o de una guitarra.* **AMPL.** las cuerdas de atar paquetes, que son delgadas y finas, se llaman ***cordeles***; las de atar fardos, caballerías y cosas de cierto peso y volumen se llaman ***sogas*** y son más gruesas y de materiales menos finos (como el esparto o el cáñamo); las más gordas, que se usan en poleas y grúas o para mover muebles y cosas de mucho peso se llaman ***maromas***; las gentes del mar no las llaman cuerdas sino ***cabos***. **2** mecanismo que consiste en un muelle o espiral de acero que se enrolla y produce movimiento al ir desenrollándose: *la cuerda de un reloj; un juguete de cuerda.* **FAM.** cordel, cordón. **COMP.** encordar.

cuerdo, cuerda *[adj.]* que está en su sano juicio, que no está loco: *una mujer muy cuerda; un hombre cuerdo piensa las cosas antes de actuar.* **AF.** sensato, prudente, razonable. **ANT.** insensato, loco, chiflado. **FAM.** cordura.

cuerno *[n.m.]* hueso terminado en punta que tienen algunos animales en la frente: *los toros y las vacas tienen cuernos.* **AMPL.** a algunos animales (como las cabras, los toros, las vacas, los antílopes, los bueyes, etc.) los cuernos les duran toda la vida y entonces se llaman cuernos o ***astas***; sin embargo a otros (como los ciervos, los renos o los alces) se les caen normalmente al empezar el invierno y se llaman ***cuernas***; los cuernos de los toros también se llaman ***pitones***. **FAM.** cornada, cornamenta, cornear, córneo, córnea, cornudo. **COMP.** descornar, ***bicornio*** (sombrero de dos picos), ***tricornio*** (sombrero de tres picos).

cuero *[n.m.]* **1** piel gruesa que recubre la carne de los animales: *el cuero se utiliza, después de curtido, para hacer prendas de vestir.* **SIN.** pellejo, piel. **2** piel entera de un animal preparada como recipiente para contener líquidos: *un cuero de vino.* **SIN.** pellejo, odre. **FAM.** coriáceo.

instrumentos de cuerda
clavijero
mástil
trastes
caja
puente
guitarra española
laúd
banjo
bandurria
lira
guitarra eléctrica
violín
viola
violonchelo
arco
contrabajo
arpa
piano de cola
clavicémbalo

cuerpo *[n.m.]* 1 parte material de cualquier cosa que existe y especialmente de los seres vivos: *el cuerpo de las aves está recubierto de plumas.* 2 tronco de los animales a diferencia de la cabeza y las extremidades. **SIN.** tronco, tórax. 3 parte de un vestido que cubre desde el cuello hasta la cintura: *un vestido con cuerpo de terciopelo.* 4 conjunto de personas que forman una comunidad o asociación y especialmente el que forman los de la misma profesión o grupo profesional: *cuerpo de bomberos; cuerpo de policía; cuerpo diplomático; cuerpo de funcionarios.* **FAM.** corporal, corpulento, corpulencia, corporalmente, corpóreo, corporeidad, corpachón, corpiño, corpúsculo. **COMP.** anticuerpo, incorporar.

cuervo *[n.m.]* pájaro de alrededor de sesenta centímetros, de plumaje negro con reflejos metálicos, pico cónico y cola redondeada, que se alimenta de frutos del campo y de pequeños animales. **AF.** corneja, grajo. **FAM.** córvido, corvino.

cuesta *[n.f.]* parte inclinada de una calle, camino, carretera o terreno. **SIN.** pendiente, repecho, costanilla. **FAM.** costanilla.

cuestión *[n.f.]* 1 pregunta que se hace para saber más acerca de algo: *pidió que le respondieran a algunas cuestiones.* **AF.** pregunta, duda. 2 punto o asunto sobre el que hay que tratar, hablar o discutir: *puso sobre la mesa varias cuestiones; algunas cuestiones no son negociables.* **PL.** *cuestiones.* **FAM.** cuestionar, cuestionario, cuestionable. **COMP.** incuestionable.

cuestionario *[n.m.]* conjunto de preguntas que hay que contestar o de temas que hay que estudiar: *el cuestionario de una encuesta; se ha publicado el cuestionario de las oposiciones.*

cueva *[n.f.]* cavidad subterránea natural o construida por el hombre: *las cuevas de Altamira.* **SIN.** caverna, gruta. **FAM.** covacha, covachuela.

cuidado *[n.m.]* 1 atención que se pone para hacer bien una cosa (*hace su trabajo con mucho cuidado.* **SIN.** esmero) o para que algo no se estropee (*trata los libros con cuidado.* **INTENS.** mimo, delicadeza). **ANT.** descuido. 2 responsabilidad que se tiene sobre algo: *tiene a su cuidado la dirección nacional de ventas.* 3 miedo de que algo pueda salir mal o de que alguien pueda hacer daño: *no tengas cuidado, que yo me encargo del niño.* **SIN.** temor, recelo, desconfianza, preocupación.

cuidadoso, cuidadosa *[adj.]* que procura que las cosas no se estropeen o trata de hacer las cosas bien: *un muchacho muy cuidadoso.* **ANT.** descuidado, abandonado, dejado.

cuidar *[v.]* 1 encargarse de atender a una persona que lo necesita: *cuidar a un enfermo; cuidar a un niño.* **SIN.** atender, asistir. **ANT.** desatender. 2 preocuparse de mantener algo en buen estado: *cuando vamos de viaje, los vecinos nos cuidan la casa; es muy destrozón, no cuida sus cosas.* **AF.** vigilar. // **cuidarse** *[v.prnl.]* 3 preocuparse uno por su propia salud: *cuídate y no comas grasas.* **ANT.** abandonarse. **FAM.** cuidado, cuidadoso, cuidadosamente, cuidadamente. **COMP.** descuidar.

culata *[n.f.]* parte posterior de un arma de fuego: *para disparar, agarra la pistola por la culata.*

culebra *[n.f.]* cualquier animal de cuerpo cilíndrico sin patas, de cabeza aplanada, boca grande y piel con escamas que anda arrastrándose: *la víbora es una culebra venenosa.* **AMPL.** las culebras, como los lagartos, las tortugas y los cocodrilos, pertenecen a la clase de los ***reptiles***; a las culebras grandes se las suele llamar ***serpientes***. **FAM.** culebrear, culebreo.

culinario, culinaria *[adj.]* que tiene que ver con la cocina: *los romanos cultivaban el arte culinario.* **SIN.** gastronómico.

culminante *[adj.inv. en gén.]* que es la parte o el momento más importante: *fue el momento culminante de su carrera artística.*

culo *[n.m.]* parte posterior e inferior del cuerpo, que va desde el final del espinazo hasta el nacimiento de los muslos: *resbaló y se dio un golpe en el culo.* **SIN.** trasero* (acepción 2). **FAM.** culera, culón, culata, culatazo. **COMP.** recular.

culpa *[n.f.]* responsabilidad que tiene una persona por haber hecho algo mal: *tú tienes la culpa de lo que te pasa.* **FAM.** culpar, culpabilidad, culpable. **COMP.** disculpar.

culpable *[adj.inv. en gén.]* que es o se le considera autor de una falta, de un delito o de un simple error: *fue declarada culpable de un delito contra la propiedad.* **ANT.** inocente. TAMBIÉN *n.*: *están buscando un culpable.*

culpar *[v.]* echar a alguien la culpa de algo: *culpó a los alumnos de varios destrozos.* **SIN.** acusar.

cultivar *[v.]* **1** trabajar y cuidar la tierra y las plantas para que den frutos: *cultivar la tierra; cultivar maíz; cultivar frutales.* **2** hacer lo necesario para mantener y mejorar las buenas relaciones con los demás y los conocimientos que se tienen de algo: *cultiva sus amistades con frecuentes visitas; cultiva las bellas artes.* **SIN.** cuidar, mantener. **ANT.** descuidar. **FAM.** cultivo, cultivador, culto.

cultivo *[n.m.]* **1** hecho de cultivar, cuidar o mantener algo: *vive del cultivo de la aceituna.* **2** tierras y plantas que se cultivan: *el pueblo está rodeado de cultivos.*

culto, culta *[adj.]* **1** que sabe muchas cosas porque se ha preocupado de estudiar, pensar y cultivarse: *el profesor de literatura es muy culto.* **AF.** instruido, ilustrado, erudito. **ANT.** ignorante, inculto. **AMPL.** se llama ***erudito*** a quien sabe muchos datos, fechas, nombres o citas de historia, de literatura, de una ciencia, etc. // **culto** *[n.m.]* **2** conjunto de actos y ceremonias que se hacen en honor de Dios, de la Virgen, de los santos, etc.: *en las iglesias se rinde culto a Dios.* **FAM.** cultura, cultural, culturalmente, cultismo, cultivar. **COMP.** inculto.

cultura *[n.f.]* lo que sabe una persona o un pueblo de sí mismo y de todo lo que lo rodea o hay en el mundo: *la cultura occidental se basa en el desarrollo científico.* **SIN.** saber, sabiduría, civilización.

cultural *[adj.inv. en gén.]* que está dentro de lo que se considera cultura: *el programa de actividades culturales incluye varios conciertos.*

culturismo *[n.m.]* práctica de ejercicios gimnásticos para desarrollar los músculos. **AMPL.** la persona que practica el culturismo se llama ***culturista***.

cumbre *[n.f.]* **1** parte más alta de algo que acaba en punta, especialmente de un monte: *en la cumbre hay nieve.* **SIN.** cúspide, cima, punta. **ANT.** base. **2** etapa más importante de una carrera profesional o de la vida de algo: *el pintor está en la cumbre de su carrera.* **SIN.** apogeo, esplendor, plenitud, apogeo, cúspide, cima. **ANT.** decadencia, ocaso. **FAM. COMP.** encumbrar, desencumbrar.

cumpleaños *[n.m.inv. en núm.]* día en que cumple los años una persona. **AF.** aniversario.

cumplidor, cumplidora *[adj.]* que hace lo que promete y cumple siempre sus compromisos y obligaciones: *una mujer muy cumplidora.* **SIN.** formal, serio. **ANT.** informal, incumplidor.

cumplir *[v.]* **1** dejar hecho algo que se tenía que hacer: *cumplir una orden; cumplir un encargo; cumplir una obligación.* **SIN.** realizar, llevar a cabo. **ANT.** incumplir. **2** terminar un periodo de tiempo determinado: *acaba de cumplir veinte años.* TAMBIÉN *prnl.: se ha cumplido el plazo para pagar; se ha cumplido el tiempo del contrato.* **SIN.** concluir, expirar, acabar. **3** hacer algo sin demasiado interés o sólo para quedar bien ante los demás: *fue a la fiesta por cumplir.* **SIN.** salir del paso, quedar bien. // **cumplirse** *[v.prnl.]* **4** hacerse realidad lo que queremos: *este año se han cumplido nuestros deseos.* **SIN.** realizarse. **ANT.** incumplirse. **FAM.** cumplidor, cumplimiento, cumplimentar. **COMP.** incumplir, incumplimiento, cumpleaños.

cúmulo *[n.m.]* **1** conjunto de muchas cosas amontonadas: *tengo un cúmulo de papeles encima de la mesa.* **SIN.** montón, pila, montaña. **2** nubes propias del verano, de aspecto algodonoso.

cúmulo

cuna *[n.f.]* cama pequeña con barandillas laterales, apropiada para que los niños pequeños no se caigan de ella y que, muchas veces, se puede mover hacia los lados: *mece la cuna para que no llore el bebé.* **AMPL.** un ***moisés*** es una especie de cuna de mimbre o de palma y un ***cuco***, una especie de cuna sin patas y con dos asas para poder llevarlo de un sitio a otro. **FAM.** cuneta, acunar, acunamiento.

cundir *[v.]* 1 extenderse entre la gente: *hubo una explosión y cundió el pánico entre los vecinos.* 2 tener más o menos eficacia o rendimiento: *esta tarde el trabajo me ha cundido mucho.*

cuneiforme *[adj.inv. en gén.]* que tiene forma de cuña o de clavo: *escritura cuneiforme.*

cuneta *[n.f.]* cada una de las zanjas que se hacen a los lados de un camino para recoger el agua de la lluvia: *el caminero quitaba las malas hierbas de las cunetas.*

cuña *[n.f.]* pieza de metal o madera, delgada o puntiaguda por un lado y más ancha por el otro, que sirve para dividir o ajustar distintos objetos: *parte la madera con la cuña; ajusta el marco de la ventana con una cuña.* **AF.** calza, zapata. **FAM.** cuneiforme.

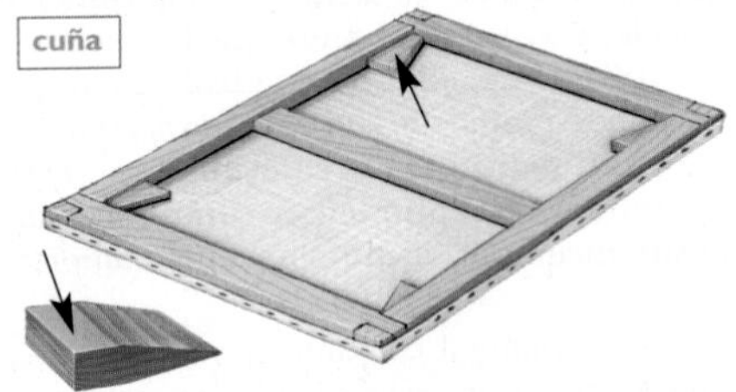

cuñado, cuñada *[n.]* hermano o hermana del marido respecto a la mujer y de la mujer respecto al marido. **SIN.** hermano político. **FAM. COMP.** concuñado.

cuño *[n.m.]* molde para hacer monedas y medallas.

cuota *[n.f.]* cantidad fija, normalmente proporcional, que se paga para mantener una asociación, una comunidad, etc.

cupe, cupieron... formas irregulares de la conjugación del verbo *caber*.*

cupón *[n.m.]* trozo de papel que se corta de otro mayor y sirve para participar en un concurso o sorteo o para tener un descuento o derecho en algo. **PL.** *cupones.*

cúpula *[n.f.]* elemento arquitectónico en forma de media esfera o de medio melón, que cubre parte de un edificio: *la cúpula de la basílica de San Pedro fue diseñada por Miguel Ángel.* **SIN.** cúpula. **AMPL.** la parte interior de una cúpula se llama ***bóveda***.

cura *[n.m.]* 1 hombre que ha estudiado la carrera de teología y recibido el orden sacerdotal en la Iglesia Católica: *los curas dicen misa.* **SIN.** sacerdote. **AMPL.** el cura encargado de una parroquia es un ***párroco***, el que ayuda a un párroco, un ***coadjutor*** y el que atiende el culto de un convento, un colegio, un cuartel, etc., un ***capellán***. // **cura** *[n.f.]* 2 lo que se hace para sanar una herida: *la cura consistió en lavar la herida y cambiar las vendas.* **AF.** tratamiento, vendaje.

curación *[n.f.]* hecho de curarse una enfermedad: *la curación de su bronquitis ha sido total.*

curandero, curandera *[n.]* persona que se dedica a curar sin título reconocido para ejercer como médico o sanitario: *algunos curanderos aplican remedios naturales.*

curar *[v.]* 1 hacer que una persona que está enferma deje de estarlo, quitándole la enfermedad que tiene, o que una herida se cierre: *los antibióticos curan las infecciones.* **SIN.** sanar. **ANT.** empeorar. TAMBIÉN *prnl.: se ha curado muy pronto.* **SIN.** sanar, restablecerse. **ANT.** enfermar. 2 dejar ciertos alimentos durante un tiempo al aire para que se sequen y se puedan comer crudos: *curar jamones; curar chorizos.* **SIN.** secar. 3 curtir* las pieles para usos industriales: *los curtidores curan las pieles para fabricar zapatos.* **SIN.** curtir, secar. **FAM.** cura, curación, curandero, curativo. **COMP.** incurable, procurar.

curiosear *[v.]* fijarse en lo que otros hacen o dicen, o mirar cosas de otros para enterarse de sus cosas: *la niña curioseaba asomada a la puerta.* **SIN.** fisgar, husmear, cotillear. **OBS.** e + e = ee: *curioseen.*

curiosidad *[n.f.]* sensación que se tiene cuando uno tiene interés en enterarse de algo: *sentí curiosidad por saber lo que pasaba.* **SIN.** interés. **ANT.** desinterés.

curioso, curiosa *[adj.]* 1 que quiere saberlo todo: *los niños suelen ser muy curiosos.* **AMPL.** si uno quiere saber cosas que no le incumben, también se dice que es un ***fisgón*** o un ***cotilla***. 2 que llama la atención porque es especialmente raro o interesante: *nos contaron cosas muy curiosas de su país; sigue un sistema de trabajo muy curioso.* **SIN.** singular, peculiar, particular. **INTENS.** insólito, extraordinario. **ANT.** normal, corriente. **FAM.** curiosidad, curiosear, curiosamente.

cursar *[v.]* estar estudiando algo en un centro oficial o privado: *está cursando estudios de ingeniería.* **SIN.** seguir, hacer.

cursi *[adj.inv. en gén.]* que se pasa de fino y elegante: *una persona cursi; un gusto cursi; ropa cursi.* **SIN.** pretencioso, amanerado, afectado. **ANT.** sencillo, elegante. **FAM.** cursilería, cursilón.

cursillo *[n.m.]* curso intensivo que dura poco: *un cursillo de natación.*

cursiva *[n.f.]* tipo de letra que queda inclinada hacia la derecha: *los ejemplos de este diccionario van escritos en cursiva.* TAMBIÉN *adj.*: *letra cursiva.*

curso *[n.m.]* **1** tiempo que va desde que comienzan las clases en los centros escolares y universitarios hasta que acaban, y que suele ocupar parte de dos años naturales seguidos: *el curso académico comprende mas de 200 días lectivos.* **SIN.** año académico, año escolar. **2** parte de la carrera o del conjunto de enseñanzas que se reciben normalmente en un año escolar: *segundo curso de derecho; tercero de bachillerato.* **SIN.** año. **3** conjunto de lecciones de un determinado tema: *curso de alemán; curso de anatomía.* **AF.** método, manual. **4** movimiento natural de las cosas y dirección o sentido que llevan o deben llevar: *en nuestro paseo seguimos el curso del río; todo debe seguir su curso; el Estado debe dar curso a todas las peticiones y propuestas.* **AF.** trayectoria. **FAM.** cursar, cursillo, cursillista, cursiva.

curtir *[v.]* **1** preparar las pieles de animales para que al secarse no se pongan duras ni se pudran y se puedan usar para fabricar cosas. **SIN.** curar, secar. // **curtirse** *[v.prnl.]* **2** aprender a aguantar las situaciones difíciles de la vida: *el espíritu se curte a base de privaciones.* **SIN.** fortalecerse. **FAM.** curtido, curtidor, curtiduría, curtimiento.

curva *[n.f.]* **1** línea que va cambiando sucesivamente su dirección: *la circunferencia es una curva cerrada y plana.* **ANT.** recta, quebrada. **2** parte de cualquier cosa que tiene forma de curva: *una carretera con muchas curvas.* **FAM.** curvado, curvo, curvar, curvatura, curvilíneo. **COMP.** encorvar.

curvado, curvada *[adj.]* que tiene forma de curva: *el alfange es una espada de hoja curvada.* **SIN.** arqueado, curvo.

curvar *[v.]* dar forma de curva a algo que era recto: *curvar un hierro.* **SIN.** encorvar, arquear, combar, combear, alabear, abarquillar. **ANT.** enderezar. TAMBIÉN *prnl.*: *los cables de la luz se curvan por su propio peso.*

curvo, curva *[adj.]* curvado*.

cuscurro *[n.m.]* trozo de pan más tostado, cortado de un extremo o del borde.

cúspide *[n.f.]* cumbre*: *en la cúspide de la montaña hay nieve; el pintor está en la cúspide de su carrera.*

custodiar *[v.]* encargarse de cuidar algo para que no le pase nada o no lo roben: *los vigilantes custodiaban las obras de arte del museo.* **SIN.** cuidar. **AF.** vigilar, guardar, proteger. **FAM.** custodia, custodio.

cutáneo, cutánea *[adj.]* de la piel: *con el sol le ha salido una erupción cutánea.* **SIN.** dérmico.

cutis *[n.m.inv. en núm.]* piel del cuerpo humano, especialmente la de la cara. **FAM.** cutáneo, cutícula. **COMP.** subcutáneo.

cuyo, cuya *[adj.]* es adjetivo relativo que indica relación con la persona o cosa de la que es alguien o algo: *la casa, cuya instalación eléctrica es deficiente...; la niña, a cuyo padre te presenté ayer...; la finca, cuyos perros son peligrosos...* **GRAM.** tiene función de determinante*.

Yo es pronombre personal,
posesivos ***tuyo*** y ***suyo***,
los tres siempre con y griega,
como el relativo ***cuyo***.

Red y usted, verdad y edad,
libertad y habilidad...
siempre se escriben con de
y se nota en sus plurales,
pues hay que escribir verdades,
ustedes, redes y edades,
respetar las libertades
y mostrar al escribir
todas las habilidades.

d *[letra consonante]* cuarta letra del abecedario español, que se llama *de.* **AMPL.** ***D.*** es la abreviatura de *don*: *lo dijo D. Quijote*; como número romano, la *d* mayúscula (***D***) vale 500.

dactilar *[adj.inv. en gén.]* de los dedos: *huellas dactilares.* **SIN.** digital.

dado *[n.m.]* pieza con varias caras, en cada una de las cuales hay uno o varios puntos (o un número), que se utiliza en muchos juegos para que sea la casualidad la que diga qué tiene que hacer cada jugador: *tiró el dado y le salió un 5.*

dalia *[n.f.]* planta de jardín de 12 a 15 centímetros de altura, con hojas divididas en 5 o 7 hojuelas y flores de muy diversos colores, con botón central amarillo y corola grande, circular y con muchos pétalos, que también se llaman *dalias.*

daltonismo *[n.m.]* defecto de la vista que consiste en no percibir ciertos colores o confundirlos con otros: *el daltonismo impide distinguir el rojo y el verde.* **FAM.** daltónico.

dama *[n.f.]* 1 señora: *damas y caballeros, les agradezco su asistencia.* // **damas** *[n.f.pl.]* 2 juego de mesa para dos jugadores, que consiste en ir eliminando las fichas del contrario saltando sobre ellas para llegar a la última fila del tablero: *una partida de damas.*

damnificado, damnificada *[n.]* persona que ha sido gravemente perjudicada por algo: *los damnificados por el terremoto recibirán ayuda.* **SIN.** perjudicado, afectado. **AF.** víctima. **ANT.** favorecido, beneficiado. TAMBIÉN *adj.*: *personas damnificadas.*

danés, danesa *[adj. y n.]* 1 de Dinamarca, península situada al norte de Alemania y cuya capital es Copenhague: *una ciudad danesa; los daneses.* // **danés** *[n.m.].* 2 idioma propio de Dinamarca.

danza *[n.f.]* 1 arte de mover el cuerpo al ritmo de la música: *le encanta la danza.* **SIN.** baile. 2 conjunto de movimientos que tienen una forma determinada de baile: *la jota es una danza aragonesa.* **SIN.** ritmo. **FAM.** danzar, danzarín, danzante.

danzar *[v.]* 1 mover el cuerpo al ritmo de la música: *ese chico danza muy bien.* **SIN.** bailar. 2 andar de un lado para otro: *está todo el día danzando.* **OBS.** ante e, c: *dancen.*

dañar *[v.]* producir algún mal en algo: *el tabaco daña la salud; el granizo dañó los frutales.* **SIN.** perjudicar, estropear, deteriorar. **ANT.** beneficiar.

dañino, dañina *[adj.]* que es malo para algo o para alguien: *las drogas son muy dañinas.* **SIN.** perjudicial, nocivo, malo, maligno, lesivo. **INTENS.** pernicioso, nefasto, malísimo. **AF.** peligroso. **ANT.** beneficioso o inofensivo.

daño *[n.m.]* lo que hace la persona o la cosa que le produce algún mal a algo o a alguien: *el daño causado por las inundaciones es muy grande.* **SIN.** perjuicio, mal. **AF.** deterioro. **ANT.** beneficio. ■ **hacer daño**, producir dolor. ■ **hacerse daño**, sentir dolor por un golpe, un movimiento brusco, etc. **FAM.** dañar, dañino, dañado. **COMP.** indemnizar.

dar *[v.]* 1 hacer que alguien tenga algo que no tenía, sin que le cueste nada: *me ha dado varios libros.* **SIN.** regalar, donar. **ANT.** quitar. 2 poner algo en las manos de alguien o en un sitio en el que pueda cogerlo: *le di los libros para que te los llevara* (**SIN.** entregar)*; dame la sal, por favor* (**SIN.** pasar, acercar, alcanzar). 3 hacer que algo salga de uno mismo: *la tierra ha dado una buena cosecha.* **SIN.** producir. 4 decirle a alguien algo concreto en situaciones determinadas: *dar el pésame; dar la enhorabuena; dar los buenos días.* **AF.** comunicar. 5 hacer lo necesario para que haya algo o se produzca algo: *dar un susto; dar brillo a los zapatos; dar un grito; dar un paseo.* 6 estar algo mirando en una dirección determinada: *la ventana da a la plaza; la puerta da al norte.* **SIN.** mirar. 7 chocar con algo: *la piedra ha dado en el cristal.* **SIN.** pegar, chocar. TAMBIÉN *prnl.: se dio con el marco de la puerta.* 8 sonar el reloj con las campanadas correspondientes a la hora que marca: *han dado las cinco.* // **darse** *[v.prnl.]* 9 dedicar tiempo y esfuerzos a algo o a alguien: *se da a los amigos; darse al trabajo; darse a la bebida.* 10 hacerse más grande o perder su forma: *se le ha dado el jersey de lana; la piel de los zapatos se da un poco.* TAMBIÉN se dice ***darse de sí.*** **SIN.** estirarse, deformarse. ■ **dar a entender**, hacer que otro comprenda lo que uno quiere decir, sin explicarlo claramente. ■ **dar pie** a algo, dar motivo a alguien para que haga algo. ■ **dar de sí**, ser muy aprovechable. ■ **no dar una**, confundirse muchas veces. ■ **dar por bien empleado**, conformarse con algo desagradable para obtener otra ventaja. ■ **dar que hablar**, ser una persona o una cosa de tal manera que los demás hablan de ella. ■ **darse por vencido**, rendirse.

CONJUGACIÓN DEL VERBO DAR

Formas no personales
Infinitivo: *dar*. Gerundio: *dando*. Participio: *dado*.
Indicativo
Presente: *doy, das, da, damos, dais, dan.*
Pretérito imperfecto: *daba, dabas, daba, dábamos, dabais, daban.*
Pretérito perfecto simple: *di, diste, dio, dimos, disteis, dieron.*
Futuro: *daré, darás, dará, daremos, daréis, darán.*
Condicional simple: *daría, darías, daría, daríamos, daríais, darían.*
Subjuntivo
Presente: *dé, des, dé, demos, deis, den.*
Pretérito imperfecto: *diera/ diese, dieras/ dieses, diera/ diese, diéramos/ diésemos, dierais/ dieseis, dieran/ diesen.*
Futuro: *diere, dieres, diere, diéremos, diereis, dieren.*
Imperativo:
da, dé, demos, dad, den.

dardo *[n.m.]* 1 flecha pequeña: *dicen que Cupido lanza dardos al corazón de los enamorados.* 2 objeto pequeño que tiene una punta en un extremo y se lanza contra una diana para clavarlo en ella y probar la puntería: *en los bares ingleses se juega mucho a los dardos.*

datar *[v.]* 1 escribir la fecha en un escrito: *es necesario datar la correspondencia.* **SIN.** fechar. 2 ser de la época o de la fecha que se dice: *data de los tiempos de Cristo.*

dátil *[n.m.]* fruto de la palmera datilera, que es comestible y tiene forma ovalada y color anaranjado oscuro, mide unos cuatro centímetros de largo y cerca de dos de grueso y tiene en su interior un hueso de madera, también alargado.

dato *[n.m.]* información concreta sobre algo: *el tamaño, la fecha, la distancia, el nombre, etc. son datos sobre las personas y las cosas.*

de *[prep.]* 1 hecho con el material que se dice: *jarra de cristal.* TAMBIÉN en sentido figurado: *tiene voluntad de hierro.* 2 nacido, hecho o con origen donde se dice: *naranjas de Valencia; yemas de Ávila; tren de Alicante.* 3 que tiene dentro lo que se dice: *un vaso de vino; una caja de bombones.* 4 que es propiedad de la persona que se dice: *el sombrero de mi abuelo.* 5 que es como se dice, o que se hace de la manera que se dice: *anda de puntillas; loco de atar.* 6 por la causa que se dice: *cansado de andar.* 7 en el momento que se dice: *llegó de madrugada; los sucesos de diciembre.* **GRAM.** la preposición *de* establece una relación de dependencia entre dos nombres o entre dos sintagmas con valor nominal, y en muchos casos forma con el segundo nombre una expresión de valor adjetivo (*de Valencia = valenciano; de hierro = férreo*).

de, cuando es preposición, no se debe acentuar, pero hay que ponerle tilde cuando es ***dé*** del verbo *dar*.

deambular *[v.]* ir de un lugar a otro, sin rumbo fijo: *deambularon por el bosque buscando setas.* **SIN.** vagar, ambular.

a b c d e f g h i j k l m n ñ o p q r s t u v w x y z

debajo *[adv. de l.]* en lugar más cercano al suelo o a la superficie en la que se apoyan las cosas de las que se está hablando: *ponlo ahí debajo.* **ANT.** encima. **OBS.** cuando le sigue un nombre se dice *debajo de*: *pasó por debajo del puente; pon un periódico debajo de las herramientas.*

debate *[n.m.]* reunión en la que cada uno dice lo que piensa sobre un tema determinado y discute con quien tiene opiniones distintas: *asistió a un debate sobre la situación política.* **AF.** discusión, polémica. **FAM.** debatir, batir.

debatir *[v.]* hablar de un tema determinado, discutiendo sus ventajas e inconvenientes: *las cuestiones más importantes de la política nacional se debaten en el parlamento.* **SIN.** tratar, discutir, deliberar.

deber *[n.m.]* **1** lo que hay que hacer: *el deber de los padres es cuidar a los hijos.* **SIN.** obligación. **AF.** responsabilidad. **ANT.** derecho. // **deber** *[v.]* **2** tener que hacer algo o estar obligado a algo: *debes estudiar.* **SIN.** tener que, haber de. **3** tener una deuda con alguien: *le debo el dinero que me prestó.* **SIN.** adeudar. ■ **deber de** se usa cuando uno supone algo que no sabe con seguridad: *debe de hacer mucho frío; deben de haber salido de casa.* **FAM.** debe, debidamente, debido, débito, deuda. **COMP.** indebido.

debido, debida *[adj.]* que es lo que necesita, lo que se merece o lo que le corresponde a la persona o cosa de la que se habla: *hay que presentar los trabajos con la debida limpieza.* ■ **debido a**, por el motivo que se dice. ■ **como es debido**, como se sabe que tiene que ser.

débil *[adj.inv. en gén.]* **1** que tiene poca fuerza física o poca salud: *una persona débil; un animal débil.* **SIN.** flojo. **ANT.** fuerte. **2** que tiene poca energía o poca intensidad: *una luz débil; un sonido débil; un color débil.* **SIN.** suave, tenue. **3** que puede romperse o desarmarse con facilidad: *la paja es un material débil; un mueble débil.* **SIN.** endeble, flojo. **ANT.** resistente, fuerte. **4** que no sabe enfrentarse a las cosas o a las personas que le perjudican o que le causan problemas: *un carácter débil; una persona débil de carácter.* **ANT.** enérgico, fuerte. **FAM.** debilidad, debilitar, debilitación. **COMP.** endeble.

debilidad *[n.f.]* lo que tienen las personas, los animales o las cosas débiles, por ser así o por estar así: *la debilidad de una persona que no ha comido* (**SIN.** flojedad, flojera. **ANT.** fortaleza)*; la debilidad de una luz poco intensa* (**SIN.** suavidad. **ANT.** intensidad)*; la debilidad de un material que se rompe con facilidad* (**SIN.** endeblez. **ANT.** resistencia); *debilidad de carácter* (**ANT.** energía).

debilitar *[v.]* hacer que algo o alguien sea más débil* o esté más débil: *la enfermedad la ha debilitado mucho; la niebla debilita la intensidad de la luz.* **ANT.** fortalecer.

debut *[n.m.]* primera actuación en público de alguien: *asistimos a su debut como cantante de ópera.* **FAM.** debutante, debutar.

debutar *[v.]* actuar en público por primera vez: *Julián Gayarre debutó como tenor en Varesse (Italia) en 1869.*

década *[n.f.]* **1** periodo de diez años seguidos: *gobernó durante una década.* **SIN.** decenio. **2** periodo de diez días seguidos: *la primera década de diciembre.*

decadencia *[n.f.]* lo que le pasa a la persona o a la cosa que va perdiendo algo que tenía de bueno: *lleva bastante tiempo de decadencia económica.* **SIN.** ocaso. **ANT.** auge, plenitud. ■ **estar en decadencia**, haber perdido importancia o tener cada vez menos.

decaedro *[n.m.]* cuerpo geométrico que tiene diez caras.

decaer *[v.]* ser algo o alguien peor de lo que era porque ha perdido o está perdiendo algo bueno que tenía: *la fiesta comenzó a decaer a última hora.* **SIN.** declinar, empeorar. **ANT.** mejorar, progresar. **CONJUG.** como *caer**. **FAM.** decadencia, decaimiento, decadente, decaído.

decágono *[n.m.]* polígono que tiene diez lados.

decagramo *[n.m.]* medida de peso equivalente a diez gramos. **FAM.** gramo.

decalitro *[n.m.]* medida de capacidad equivalente a diez litros.

decámetro *[n.m.]* medida de longitud equivalente a diez metros.

decantarse *[v.prnl.]* decidirse por algo entre varias cosas o posibilidades: *el jurado se decantó por una novela española.* **FAM.** decantamiento.

decapitar *[v.]* cortarle a alguien la cabeza: *en 1793, durante la revolución francesa, decapitaron a Luis XVI.* **FAM.** decapitación, cabeza.

decatlón *[n.m.]* competición deportiva que consta de diez pruebas de atletismo: *el decatlón consta de pruebas de velocidad, salto y lanzamiento de disco y de pértiga.* **PL.** *decatlones.*

decena *[n.f.]* conjunto de diez unidades: *una decena de libros.*

decenio *[n.m.]* periodo de diez años: *lleva un decenio dedicado a la investigación.*

decente *[adj.inv. en gén.]* 1 que hace las cosas bien, de acuerdo con la moral y las costumbres: *una persona decente nunca traiciona.* 2 que es suficiente en cantidad, presentación, calidad, limpieza, etc.: *un sueldo decente; una casa decente.* **SIN.** digno. **FAM.** decencia, decentemente. **COMP.** adecentar, adecentamiento, indecente.

decepción *[n.f.]* sentimiento de tristeza, desánimo o rabia que produce el que una cosa sea peor de lo que se esperaba o el que no ocurra lo que uno quería que ocurriera: *le produjo decepción que no lo felicitaras.* **SIN.** chasco, desilusión, frustración. **INTENS.** trauma. **ANT.** satisfacción. **FAM.** decepcionar, decepcionante.

decepcionar *[v.]* producir decepción*: *la película lo decepcionó.* **SIN.** defraudar, desilusionar. **ANT.** satisfacer. TAMBIÉN *prnl.: se decepciona porque se ilusiona demasiado.*

decidido, decidida *[adj.]* que actúa con seguridad, sin demostrar vacilación o duda: *es un joven muy decidido; una respuesta decidida.* **SIN.** resuelto, firme, seguro. **AF.** enérgico. **ANT.** indeciso.

decidir *[v.]* elegir una posibilidad entre varias: *decidió quedarse a trabajar; decidió cerrar el negocio.* **SIN.** optar por, determinar. ■ **decidirse por**, elegir una cosa entre varias. **SIN.** optar por. **FAM.** decidido, decididamente, decisión.

decigramo *[n.m.]* medida de masa que equivale a la décima parte de un gramo.

decilitro *[n.m.]* medida de capacidad que equivale a la décima parte de un litro.

décima *[n.f.]* combinación poética de diez versos octosílabos. **SIN.** espinela.

decimal *[adj.inv. en gén.]* 1 que cuenta sus unidades de diez en diez: *sistema métrico decimal.* 2 que no es un número entero: *número decimal.* TAMBIÉN *n.m.: 0,784 tiene tres decimales.*

decímetro *[n.m.]* medida de longitud que equivale a diez centímetros.

décimo, décima *[num.]* es el numeral ordinal y fraccionario correspondiente al cardinal diez.

decimoctavo, decimoctava *[num.]* es el numeral ordinal correspondiente al cardinal dieciocho.

decimocuarto, decimocuarta *[num.]* es el numeral ordinal correspondiente al cardinal catorce.

decimonoveno, decimonovena *[num.]* es el numeral ordinal correspondiente al cardinal diecinueve. **SIN.** decimonono.

decimoquinto, decimoquinta *[num.]* es el numeral ordinal correspondiente al cardinal quince. TAMBIÉN se puede decir ***décimo quinto*** y ***décima quinta***, pero estas formas se usan poco.

decimoséptimo, decimoséptima *[num.]* es el numeral ordinal correspondiente al cardinal diecisiete. TAMBIÉN se puede decir ***décimo séptimo*** y ***décima séptima***, pero estas formas se usan poco.

decimosexto, decimosexta *[num.]* es el numeral ordinal correspondiente al cardinal dieciséis. TAMBIÉN se puede decir ***décimo sexto*** y ***décima sexta***, pero estas formas se usan poco.

decimotercero, decimotercera *[num.]* es el numeral ordinal correspondiente al cardinal trece. **AMPL.** delante de nombre masculino se apocopa en ***decimotercer***: *el decimotercer día.* TAMBIÉN se puede decir ***decimotercio***, ***decimotercia***, ***décimo tercero*** y ***décima tercera***, pero estas formas se usan poco.

decir *[v.]* 1 hablar o escribir para que alguien se entere de algo: *dice que no lo sabe; en la carta dijo que no se había enterado.* **SIN.** manifestar. **ANT.** silenciar. 2 estar escrito: *en el periódico dice que va a llover.* **SIN.** poner, rezar. 3 llamar algo la atención de uno porque le gusta o no: *ese tipo de escultura no me dice nada.* ■ **cualquiera diría**, expresión con la que se da a entender que algo no es tan importante o tan grave como a otro le parece. ■ **ser algo un decir**, no ser exactamente como se dice, pero servir como ejemplo sobre algo de lo que se está hablando. ■ **es decir** se emplea como preámbulo de una aclaración de algo que se ha dicho. **FAM.** dicho, dicción. **COMP.** predecir, contradecir, desdecirse, maldecir, indecible, redicho, bendecir, antedicho, ***susodicho*** (que ya se ha nombrado).

CONJUGACIÓN DEL VERBO DECIR

Formas no personales
Infinitivo: *decir.* Gerundio: *diciendo.* Participio: *dicho.*
Indicativo
Presente: *digo, dices, dice, decimos, decís, dicen.*
Pretérito imperfecto: *decía, decías, decía, decíamos, decíais, decían.*
Pretérito perfecto simple: *dije, dijiste, dijo, dijimos, dijisteis, dijeron.*
Futuro: *diré, dirás, dirá, diremos, diréis, dirán.*
Condicional simple: *diría, dirías, diría, diríamos, diríais, dirían.*
Subjuntivo
Presente: *diga, digas, diga, digamos, digáis, digan.*
Pretérito imperfecto: *dijera/ dijese, dijeras/ dijeses, dijera/ dijese, dijéramos/ dijésemos, dijerais/ dijeseis, dijeran/ dijesen.*
Futuro: *dijere, dijeres, dijere, dijéremos, dijereis, dijeren.*
Imperativo:
di, diga, digamos, decid, digan.

decisión *[n.f.]* 1 hecho de que alguien elija una posibilidad entre varias: *una decisión acertada; tomó la decisión de irse.* **SIN.** determinación, resolución. 2 manera de hacer algo cuando uno demuestra que lo tiene claro: *actuó con decisión.* **SIN.** determinación, seguridad, firmeza. **ANT.** indecisión, inseguridad. **FAM.** decisivo, decisivamente, decidir. **COMP.** indecisión.

decisivo, decisiva *[adj.]* que influye mucho en algo o en el resultado de algo: *la buena alimentación es decisiva para tener buena salud.* **SIN.** determinante, definitivo, trascendental, esencial, vital, fundamental. **AF.** importante. **ANT.** irrelevante, intrascendente.

declamar *[v.]* decir algo o leerlo en voz alta, teniendo cuidado de entonar bien, hacer los gestos apropiados, etc.: *es aficionada a declamar poesía.* **SIN.** recitar. **FAM.** declamación, clamar.

declaración *[n.f.]* 1 lo que hace quien explica en público (o por escrito) lo que piensa de un asunto o las razones de algo: *las declaraciones del ministro no convencieron a nadie.* **SIN.** manifestación. 2 lo que dicen ante una autoridad las personas a las que le preguntan lo que cada uno sabe o cree que ha pasado: *la declaración de los testigos aclaró muchas cosas.* **SIN.** testimonio.

declarar *[v.]* 1 decir algo que no saben otros o explicar las razones de algo: *declaró que subirían los impuestos.* **SIN.** manifestar, expresar. **AF.** anunciar, notificar, decir. 2 decirle a una autoridad lo que uno sabe o lo que piensa de un asunto: *tuvieron que declarar en la comisaría.* **AF.** testificar. 3 en las aduanas, decir si uno lleva algo de otro país por lo que tenga que pagar impuestos: *al volver del Japón no teníamos nada que declarar.* 4 decidir algo sobre un asunto, una persona con la autoridad o el derecho que se necesita: *el documento fue declarado falso; lo declaró su heredero.* // **declararse** *[v.prnl.]* 5 decir uno lo que piensa de algo, lo que es, etc.: *se declaró a favor de la privatización de empresas; se declara católico practicante.* **AF.** definirse. 6 empezar a haber algo: *se declaró un incendio.* 7 decirle una persona a otra que está enamorada de ella: *se le declaró en un parque.* **FAM.** declaración, declarante, declaratorio, claro.

declinar *[v.]* 1 estar algo o alguien llegando a su fin: *declinar la tarde; declinar la belleza.* **SIN.** decaer. **AF.** acabarse. 2 no aceptar algo: *declinar responsabilidades; declinar un ofrecimiento.* **AF.** rechazar, rehusar. **ANT.** aceptar. 3 poner la terminación de una palabra dentro de una oración según el caso o la función que desempeñe: *declinar en latín.* **FAM.** declinable, declinación.

decolorar *[v.]* hacer que algo pierda el color: *el agua caliente ha decolorado la camiseta.* TAMBIÉN *prnl.*: *la camiseta se ha decolorado por lavarla en agua caliente.* **SIN.** descolorar, descolorir. **AF.** desteñir. **FAM** color.

decomisar *[v.]* quedarse la policía con algo que alguien tenía ilegalmente: *la policía le decomisó los documentos que había robado a la empresa.*

decoración *[n.f.]* 1 conjunto de cosas que amueblan o adornan una habitación, una casa y, en general, cualquier espacio: *una decoración muy sencilla.* 2 arte y buen gusto con que se adorna o decora un espacio: *sabe mucho de decoración.*

decorado *[n.m.]* conjunto de telones, paisajes, muebles y objetos con que se monta un escenario en las representaciones teatrales, cinematográficas, etc.: *los decorados de la ópera eran espectaculares.*

decorador, decoradora *[n.]* persona que se dedica profesionalmente a la decoración.

decorar *[v.]* hacer que un sitio quede bonito colocando en él muebles y objetos de adorno: *decoraron el salón con unos tapices.* **SIN.** adornar, embellecer, engalanar, hermosear, ornar. **FAM.** decoración, decorado, decorador, decorativo, decoroso, decorosamente. **COMP.** condecorar, indecoroso, indecorosamente.

decoro *[n.m.]* sentimiento de quien no quiere que se sepan sus asuntos personales o que se vean sus partes íntimas. **SIN.** pudor.

decrecer *[v.]* disminuir algo en tamaño, cantidad, fuerza, etc.: *el interés de la novela decrece en la segunda parte.* **SIN.** bajar, disminuir. **ANT.** crecer, aumentar. **CONJUG.** como *crecer**. **FAM.** decreciente, decrecimiento, crecer.

decrépito, decrépita *[adj.]* que está viejo y ha perdido capacidades físicas o psíquicas: *el abuelo está totalmente decrépito.*

decretar *[v.]* 1 mandar una autoridad que se haga algo: *el alcalde decretó el cierre del local.* **AF.** ordenar. 2 decidir un juez sobre el resultado de un juicio: *el juez ha decretado el pago de una indemnización.*

decreto *[n.m.]* 1 decisión que toma una autoridad sobre un asunto: *el gobernador ha dictado un decreto.* 2 decisión del gobierno que tiene tanta validez como una ley: *el gobierno firmó un decreto.* **FAM.** decretar.

dedal *[n.m.]* objeto que se pone en el dedo para no pincharse al empujar la aguja cuando se cose: *en la caja de costura hay varios dedales.* **FAM.** dedil, dedo.

dedal

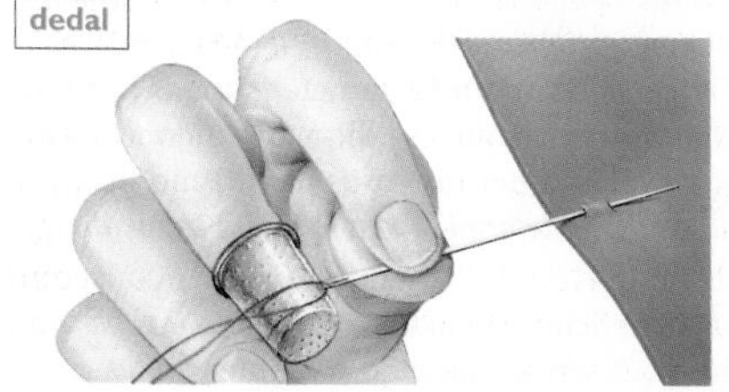

dedicar *[v.]* 1 destinar algo a un fin determinado: *dedica una parte de la finca a pastos; dedica parte de su tiempo a la lectura.* **SIN.** emplear en. 2 hacer algo pensando en alguien u ofreciéndoselo a alguien: *el autor dedica la obra a sus hijos.* **AF.** ofrecer. **OBS.** ante e, qu: *dediquen.* **FAM.** dedicación, dedicatoria, dedicado.

dedicatoria *[n.f.]* frase con la que se dedica algo a alguien: *Vargas Llosa le puso una dedicatoria.*

dedo *[n.m.]* cada una de las partes en que se divide el extremo de la mano o del pie de las personas y las pezuñas de algunos animales: *pulgar, índice, corazón, anular y meñique son los nombres de los cinco dedos de la mano.* ■ **a dedo**, por enchufe o influencia de alguien. ■ **viajar a dedo**, viajar haciendo autostop. ■ **estar a dos dedos de algo**, estar muy cerca de conseguirlo. ■ **chuparse el dedo**, ser tonto o ingenuo. ■ **estar para chuparse los dedos**, tener sabor muy rico. ■ **no tener dos dedos de frente**, ser poco inteligente. **FAM.** dedal, dígito, dactilar.

dedos

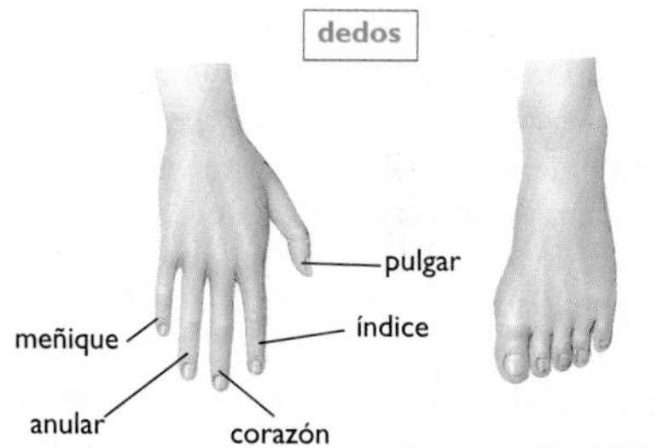

deducir *[v.]* 1 ser capaz de saber, a partir de una idea general, cuáles son los casos concretos: *como no abrió la puerta, deduje que no estaba.* 2 descontar una parte de una cantidad: *tengo que deducir los impuestos del sueldo.* **SIN.** restar. **ANT.** sumar. **CONJUG.** como *conducir**. **FAM.** deducción, deductivo.

defecar *[v.]* hacer salir los excrementos del organismo. **OBS.** ante e, qu: *defeque.*

defectivo *[adj.]* hablando de verbos, que no se conjuga en todas sus formas o personas: *"acaecer" es un verbo defectivo.*

defecto *[n.m.]* lo que hace que algo no esté bien o no sea como debe ser: *la tela tiene un defecto; un defecto en la vista.* **SIN.** deficiencia, fallo, imperfección, anomalía. **AF.** falta, tara, error, incorrección. **ANT.** virtud. **FAM.** defectuoso, defectuosamente, defectivo, deficiencia, deficiente, deficientemente, déficit, deficitario.

defectuoso, defectuosa *[adj.]* que tiene algún defecto: *un jersey defectuoso; un trabajo defectuoso.* **SIN.** imperfecto. **AF.** deficiente.

defender *[v.]* 1 hacer lo necesario para que algo o alguien no sufra un peligro o un daño: *siempre defiende a su hermano pequeño.* **AF.** proteger. **ANT.** atacar. 2 decir o hacer cosas en favor de algo o alguien: *defendía sus principios.* **AF.** sostener. **ANT.** atacar. **CONJUG.** como *tender**.

defensa *[n.f.]* 1 lo que sirve para defender o defenderse de ataques, daños o peligros: *su defensa consistió en atacar primero; una barandilla es una defensa para no caerse; un abogado hace la defensa de su cliente.* **ANT.** ataque. 2 conjunto de jugadores que se sitúan cerca del portero en el fútbol y otros deportes: *la defensa impidió que marcaran otro gol.* 3 lo que se dice para demostrar que lo que uno dice es cierto: *su defensa ante el tribunal estaba bien argumentada.* **ANT.** acusación. **FAM.** defensivo, defensor, defender, defendido, defendible. **COMP.** indefenso.

defensivo, defensiva *[adj.]* que sirve para defender o defenderse: *la armadura es un arma defensiva.* ■ **estar a la defensiva**, estar preparado para defenderse porque uno piensa que puede ser atacado.

defensor, defensora *[adj.]* que defiende: *el pastor alemán es un buen perro defensor.* ■ **abogado defensor**, abogado que defiende profesionalmente a los acusados en los juicios. **ANT.** acusador. ■ **defensor del pueblo**, persona nombrada por las Cortes a la que los ciudadanos envían sus quejas cuando creen que la Administración pública los trata mal o comete injusticias con ellos.

deferencia *[n.f.]* dicho o hecho que demuestra que se tiene en cuenta a alguien: *tuvieron la deferencia de invitarnos a su boda.* **SIN.** atención, consideración, delicadeza. **ANT.** desconsideración. **FAM.** deferente.

deficiencia *[n.f.]* cosa que hace que algo no esté bien hecho o no sea como debe ser: *su redacción tiene muchas deficiencias.* **SIN.** defecto*. ■ **deficiencia mental**, enfermedad que hace que quien la tiene no pueda razonar como la mayoría de la gente.

deficiente *[adj.inv. en gén.]* que le falta algo para estar bien o ser bueno: *esta compañía aérea tiene un servicio deficiente.* **SIN.** imperfecto. **AF.** defectuoso.

déficit *[n.m.]* lo que falta para que haya lo suficiente o lo necesario de algo: *este año hay déficit de trigo.* **SIN.** carencia, falta. **ANT.** superávit, excedente, abundancia.

definición *[n.f.]* 1 frase con la que se explica lo que es algo o lo que significa una palabra: *las definiciones deben ser claras.* **AF.** explicación, descripción. 2 explicación del significado de una palabra en el diccionario: *si no entiendes una palabra, busca su definición en el diccionario.*

definir *[v.]* 1 explicar algo en pocas palabras y con claridad: *definir un sentimiento es difícil.* **AF.** precisar, especificar. // **definirse** *[v.prnl.]* 2 explicar con claridad lo que se piensa sobre algo o sobre uno mismo: *se definió como un amante del arte.* **FAM.** definición, definible, definido, definidor, definitorio, definitivo, definitivamente, fin. **COMP.** indefinido.

definitivo, definitiva *[adj.]* 1 que es para siempre o que se va a quedar para siempre como está o donde está: *este es tu sitio definitivo.* **ANT.** provisional. 2 que es tan importante que todo lo demás saldrá bien o mal dependiendo de ello: *la actuación del abogado fue definitiva.* **SIN.** decisivo*.

deformar *[v.]* 1 cambiar la forma normal de una cosa: *el calor deformó los discos.* 2 cambiar la forma de ser de alguien haciéndolo peor: *deformar el carácter de un niño.* **SIN.** torcer. **AF.** alterar. **FAM.** deformación, deforme, deformidad, deformable, forma.

deforme *[adj.inv. en gén.]* que tiene una forma que no es normal: *un pollo con tres patas es un pollo deforme.* **SIN.** anormal. **ANT.** normal.

deformidad *[n.f.]* característica o parte de algo que hace que ese algo no tenga la forma que suelen tener las cosas del mismo tipo: *nació con una deformidad en la mano izquierda.*

defraudar *[v.]* 1 engañar para conseguir un beneficio: *defraudar a Hacienda.* **AF.** estafar, timar. 2 sentir que algo o alguien no es como uno creía que era: *lo defraudó su mal comportamiento.* **SIN.** desilusionar, decepcionar. **FAM.** fraude.

defunción *[n.f.]* muerte, fallecimiento: *cerrado por defunción.* **PL.** *defunciones.*

degenerar *[v.]* perder buenas cualidades, dejar de ser bueno: *la relación entre ellos ha degenerado mucho.* **SIN.** empeorar. **ANT.** mejorar.

deglución *[n.f.]* lo que se hace al tragar: *para que la deglución sea fácil hay que masticar bien los alimentos.* **PL.** *degluciones.*

degollar *[v.]* cortar el cuello o la garganta. **AF.** decapitar. **CONJUG.** como *contar**. **FAM.** degolladero, degollina, degüello.

degradar *[v.]* hacer perder categoría o calidad: *la suciedad degrada el medio ambiente.*

degustar *[v.]* probar alimentos: *degustaron jamón y queso.* **SIN.** catar, probar, gustar. **FAM.** degustación, gustar.

dehesa *[n.f.]* finca muy grande dedicada a la ganadería y a la agricultura: *los toros pastaban en la dehesa.*

dejadez *[n.f.]* falta de interés y cuidado al hacer algo o atender algo: *con esa dejadez nunca podrá sacar el negocio adelante.* **SIN.** desidia, negligencia.

dejar *[v.]* **1** hacer lo necesario para que alguien pueda usar algo de uno durante un tiempo, sin cobrar nada por ello: *le ha dejado dos libros.* **SIN.** prestar. **2** no prohibirle a alguien que haga algo: *les deja que jueguen en la calle.* **SIN.** permitir, consentir, autorizar a. **ANT.** prohibir. **3** no hacer nada para evitar algo: *se distrajo y dejó que se cayera.* **ANT.** impedir. **4** hacer que alguien o algo quede de una manera determinada: *sus palabras lo dejaron tranquilo; dejó el coche mal aparcado; deja las cosas como estaban.* **5** poner algo en un sitio: *deja la ropa sobre la cama.* **SIN.** poner. **AF.** depositar. **6** ir con una persona, una cosa o un animal hasta un sitio y marcharse sin él: *dejó a su amigo en la reunión; el cartero deja la correspondencia en los buzones.* **7** irse de un sitio: *dejó su pueblo.* **SIN.** abandonar, marcharse de, irse de. **AF.** ausentarse de. **8** decir uno que, cuando muera, algo suyo será para alguien: *su abuela le dejó una finca.* **AF.** legar. ■ **dejar de + infinitivo**, no seguir haciendo lo que se estaba haciendo: *deja de llorar; ha dejado de nevar.* **SIN.** parar de, cesar de. **ANT.** continuar, seguir. ■ **dejar + participio**, haber hecho lo que se dice: *antes de irse, dejó dicho lo que necesitaba.*

deje *[n.m.]* entonación característica propia de la manera de hablar de cada región: *se le nota el deje aragonés.* **SIN.** acento.

del *[contracción]* es la unión de la preposición ***de*** y el artículo determinado masculino ***el***: *una casa del barrio; el niño del vecino.*

delantal *[n.m.]* prenda que se pone encima de otras prendas de vestir para no mancharlas por delante: *se puso un delantal para cocinar.* **SIN.** mandil.

delantal

delante *[adv. de l.]* **1** más cerca del principio: *tienes que esperar porque hay varios delante de ti.* **SIN.** antes. **2** más cerca del que mira o del sitio desde el que se mira: *se pusieron delante los más pequeños; la casa no tiene ningún edificio delante.* **AF.** primero. **ANT.** detrás. ■ **delante de**, en presencia de alguien o enfrente de algo. **GRAM.** tiene el mismo valor que *ante* y funciona como locución preposicional. **FAM.** delantal, delantera, delantero. **COMP.** adelantar.

delantera *[n.f.]* **1** parte de algunas cosas que está en la parte de adelante: *la delantera de la casa está orientada al norte.* **2** asientos colocados en primer lugar de cualquier sitio: *se sentó en la delantera del autobús.* ■ **tomar la delantera**, ponerse por delante. **SIN.** adelantarse. **ANT.** atrasarse.

delantero, delantera *[adj.]* que va antes de otros o de otras cosas: *los caballos delanteros del carruaje eran blancos.* **AF.** primero. **ANT.** trasero.

delatar *[v.]* decir que alguien ha cometido una falta o delito: *uno de los ladrones delató a sus compañeros.* **AF.** acusar, denunciar. **ANT.** encubrir. **FAM.** delación, delator.

delegado, delegada *[n.]* persona que representa a otros en algún asunto: *el delegado* *del gobierno habló con el presidente.* **SIN.** representante.

delegar *[v.]* dar permiso a otra persona para que actúe representando a alguien: *el ministro delegó en el director general.* **OBS.** ante e, gu: *deleguen.* **FAM.** delegado, delegación, legar.

deleitarse *[v.prnl.]* fijarse uno en todos los detalles de algo que le gusta mucho, o pensar con calma y minuciosamente en algo que ha vivido y disfrutar intensamente de ello: *se deleita con la contemplación de los cuadros.* **SIN.** recrearse. **AF.** disfrutar, gozar. **FAM.** deleite.

deletrear *[v.]* decir cada una de las letras que forman una palabra: *deletreó su apellido.* **OBS.** e + e = ee: *deletreen.* **FAM.** deletreo, letra.

delfín *[n.m.]* 1 mamífero marino de dos metros y medio a tres de longitud, con la boca en forma de pico, negro por encima y blanquecino por debajo, muy inteligente y amigo del ser humano: *los delfines viven en los mares tropicales.* 2 título que se le daba al heredero de la corona de Francia. **PL.** *delfines.* **FAM.** delfinario.

delgadez *[n.f.]* lo que tienen las cosas o personas que son delgadas por ser delgadas: *la delgadez es el rasgo característico de las maniquíes.* **AF.** flaqueza. **ANT.** gordura, obesidad.

delgado, delgada *[adj.]* que tiene poco grosor: *persona delgada, animal delgado, tabla delgada.* **AF.** flaco, fino. **ANT.** gordo. **FAM.** delgadez, delgaducho. **COMP.** adelgazar.

deliberar *[v.]* hablar varias personas sobre algo antes de tomar una decisión: *el jurado deliberó durante tres horas.* **AF.** discutir, debatir. **FAM.** deliberación, deliberadamente, deliberativo.

delicadeza *[n.f.]* 1 lo que demuestra quien hace las cosas con cuidado y suavidad, sin violencia ni brusquedad: *coloca las copas con delicadeza, que son muy frágiles.* **SIN.** mimo, cuidado. 2 lo que demuestra quien actúa con educación y cortesía, teniendo siempre en cuenta a los demás: *trata a sus amigos con delicadeza; tuvo la delicadeza de no hablar de aquel desagradable asunto.* **SIN.** atención, consideración, deferencia, tacto. **ANT.** desconsideración, grosería. **FAM.** delicado.

delicado, delicada *[adj.]* 1 que se puede estropear o romper con facilidad: *un mecanismo delicado.* **SIN.** frágil. **ANT.** resistente, fuerte. 2 que no resulta brusco, fuerte, intenso, etc.: *modales delicados; un color delicado; una persona delicada.* **SIN.** fino. 3 que no está enfermo pero con frecuencia se encuentra mal y cualquier cosa puede hacer que se ponga enfermo: *mi abuela está muy delicada.* **AF.** pachucho, débil. **ANT.** sano. 4 que sufre o se molesta por cualquier cosa que le pasa: *ten cuidado con lo que le dices, porque es muy delicado.* **SIN.** susceptible, sensible.

delicioso, deliciosa *[adj.]* que sabe muy bien: *una merienda deliciosa.* **SIN.** exquisito, riquísimo, buenísimo. **AF.** rico, sabroso. **ANT.** malo, desagradable, repugnante. **FAM.** delicia, deliciosamente.

delimitar *[v.]* poner límites a algo: *delimitaron la pradera con una cerca.* **SIN.** limitar, acotar. **FAM.** delimitación, límite.

delincuencia *[n.f.]* conjunto de delitos que se cometen: *la delincuencia juvenil es un problema social.* **AF.** criminalidad.

delincuente *[n.inv. en gén.]* persona que ha cometido uno o más delitos: *hay delincuentes que no están en la cárcel.* **AF.** criminal, malhechor. **FAM.** delincuencia, delito.

delineante *[n.inv. en gén.]* persona que se dedica a dibujar planos: *el delineante trabaja con un arquitecto.* **AF.** proyectista. **FAM.** delinear, delineación, línea.

delinquir *[v.]* cometer algún delito: *estaba arrepentido y juró no volver a delinquir.* **OBS.** ante a y o, c: *delinca, delinco.*

delirar *[v.]* decir cosas sin sentido por causa de una enfermedad, una medicina, etc.: *la fiebre lo hizo delirar.* **SIN.** desvariar. **FAM.** delirante, delirio.

delito *[n.m.]* lo que se hace cuando se incumple gravemente la ley: *el asesinato es un delito.* **AMPL.** cuando se incumple la ley y no llega a ser delito se llama ***falta***; un delito muy grave es un ***crimen***. **FAM.** delictivo, delinquir, delincuente.

delta *[n.m.]* desembocadura de un río de forma triangular en la que, por llegar éste con poca fuerza, se abre en dos o más ramas formando una o más islas: *el río Nilo desemboca formando un delta.* **AMPL.** cuando al abrirse un río no se forman islas y todo es agua se llama ***estuario***.

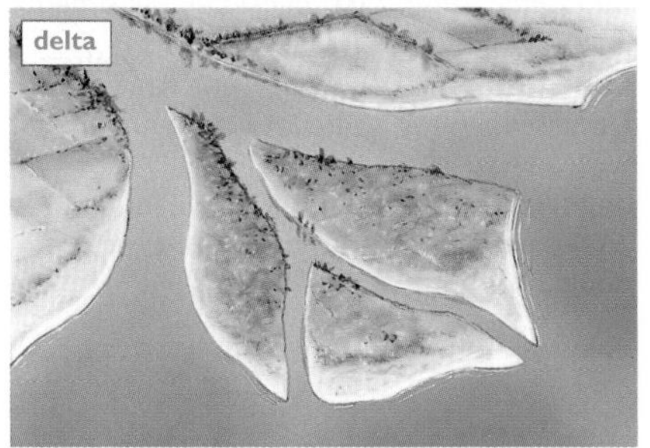

demandar *[v.]* **1** pedir algo que se quiere o se necesita: *los parados demandan trabajo.* **2** hacer una reclamación por vía judicial: *demandaron al vecino por romper los cristales.* **FAM.** demanda, demandado, demandante, mandar.

demarcar *[v.]* señalar los límites de un territorio: *demarcar los límites de una provincia.* **OBS.** ante e, qu: *demarquen.*

demás *[adj.]* restantes, otros (personas o cosas): *los demás libros; las demás compañeras.* TAMBIÉN *pron.*: *los demás no pudieron venir; lo demás no me importa.* **FAM.** demasía, demasiado, más, además.

Nada tengo que decirte
si me das algo ***de más***
pero debo advertirte
que no es justo que me des
más que das a los ***demás***.

demasiado, demasiada *[adj.]* **1** que es más de lo normal: *demasiados problemas; demasiada nieve.* **SIN.** mucho. **ANT.** poco. // **demasiado** *[adv. de c.]* **2** más de lo necesario o conveniente: *llovía demasiado.*

demencia *[n.f.]* enfermedad de la mente que consiste en una pérdida progresiva de la memoria y de la capacidad para razonar: *el abuelo tiene demencia senil.* **AF.** locura. **FAM.** demente, demencial, mente.

demente *[n.inv. en gén.]* persona que tiene las facultades mentales perturbadas: *algunos dementes están internados.* **SIN.** loco, enajenado. **ANT.** cuerdo.

democracia *[n.f.]* sistema de gobierno basado en la elección de los gobernantes por medio de votación: *Estados Unidos es una democracia.* **FAM.** demócrata, democrático, democratizar, democráticamente.

demócrata *[adj.inv. en gén.]* que es partidario de la democracia: *una ciudadana demócrata.* TAMBIÉN *n.*: *los demócratas aceptan la mayoría.*

democrático, democrática *[adj.]* con democracia: *España es un país democrático; una decisión democrática es la que toma la mayoría.*

demografía *[n.f.]* parte de la geografía que estudia la población humana. **FAM.** demográfico.

demográfico, demográfica *[adj.]* que tiene que ver con el número de habitantes de un sitio: *datos demográficos.*

demoler *[v.]* destruir una construcción: *en 1989 fue demolido el muro de Berlín.* **SIN.** derribar, derruir, tirar, destruir. **AF.** derrumbar. **ANT.** construir, edificar, levantar. **CONJUG.** como *volver**. **FAM.** demoledor, demolición, moler.

demonio *[n.m.]* diablo*. ■ **ser un demonio**, ser una persona muy traviesa o mala. **FAM.** demoniaco, demoníaco.

demora *[n.f.]* retraso: *el tren viene con media hora de demora.* **ANT.** adelanto.

demostración *[n.f.]* **1** prueba que se hace para ver cómo funciona algo, por qué se cree algo, etc.: *la demostración de un teorema.* **2** espectáculo deportivo que no se hace para ver quién gana, sino para que se vea: *una demostración de kárate.* **SIN.** exhibición. **3** lo que se hace para demostrar algo o lo que hace que se note algo: *un beso es una demostración de cariño.* **SIN.** muestra, manifestación, expresión, exteriorización. **AF.** reflejo, síntoma, señal.

demostrar *[v.]* hacer lo necesario, utilizando hechos o razones, para que algo resulte indudable: *demostró que tenía razón; demuestra el teorema de Pitágoras.* **SIN.** probar. **CONJUG.** como *contar**. **FAM.** demostración, demostrable, demostrativo, mostrar.

demostrativo, demostrativa *[adj.]* **1** que demuestra algo o que sirve para demostrar algo: *me puso un ejemplo demostrativo de lo que se decía.* // **demostrativo** *[n.m.]* **2** palabra que se dice, casi siempre, haciendo un gesto con la mano o con la cara para señalar, indicar o mostrar a qué nos referimos: *este, ese y aquel son demostrativos.* **AMPL.** en gramática, los demostrativos son una clase de adjetivos o pronombres que sirven para indicar proximidad o lejanía respecto de la persona que habla; así, *este* indica el más cercano, *ese* ni el más cercano ni el más lejano y *aquel* el más lejano.

denegar *[v.]* no conceder lo que se pide: *el banco le denegó el crédito que había solicitado.* **SIN.** negar. **ANT.** conceder. **CONJUG.** como *negar**. **FAM.** denegación, denegado, negar.

denigrar *[v.]* ir en contra de la dignidad de alguien: *lo denigró con insultos injustificados.*

denominación *[n.f.]* nombre que se da a una persona o cosa: *las cosas distintas reciben distintas denominaciones.* **SIN.** nombre. ■ **denominación de origen**, nombre que sólo pueden recibir los productos que son de un determinado sitio: *manchego y rioja son denominaciones de origen de quesos y vinos de La Mancha y La Rioja.*

denominador *[n.m.]* parte de una fracción que indica el número de partes en que se ha dividido la unidad: *el denominador de 2/7 es 7.* **SIN.** divisor.

denominar *[v.]* poner nombre a una cosa: *denominamos* ***pluma*** *a un instrumento que sirve para escribir.* **SIN.** nombrar, llamar. **FAM.** denominación, denominador, denominado, nombrar.

densidad *[n.f.]* **1** lo que tienen las cosas densas, es decir las que se consideran más espesas, duras o apretadas de lo normal, o las que tienen mucha materia en poco espacio: *la densidad de la madera es menor que la del hierro; la densidad de la niebla impedía ver.* **2** cantidad de materia, de personas o de cosas que hay en un determinado espacio: *la densidad de población en Tokio es muy alta.* **SIN.** concentración. **AMPL.** en Física, *la densidad* es la relación que existe entre la masa de un cuerpo sólido o líquido y la masa que tendría ese mismo volumen ocupado por agua, o la masa de un gas o vapor y el mismo volumen ocupado por aire; se expresa con un número: *la densidad del agua es 1.*

denso, densa *[adj.]* **1** que pesa mucho: *el plomo es muy denso.* **SIN.** pesado. **AF.** compacto. **ANT.** ligero. **2** que tiene mucho de algo en poco espacio: *un bosque denso; una población densa.* **AF.** tupido, concentrado. **3** que tiene muchas ideas, cuenta muchas cosas, etc.: *este libro es muy denso.* **FAM.** densidad, densímetro. **COMP.** condensar.

dentado, dentada *[adj.]* que tiene dientes o muescas: *rueda dentada; hoja dentada.* **SIN.** denticulado.

dentadura *[n.f.]* conjunto de dientes, muelas y colmillos de los mamíferos: *tiene dentadura postiza.*

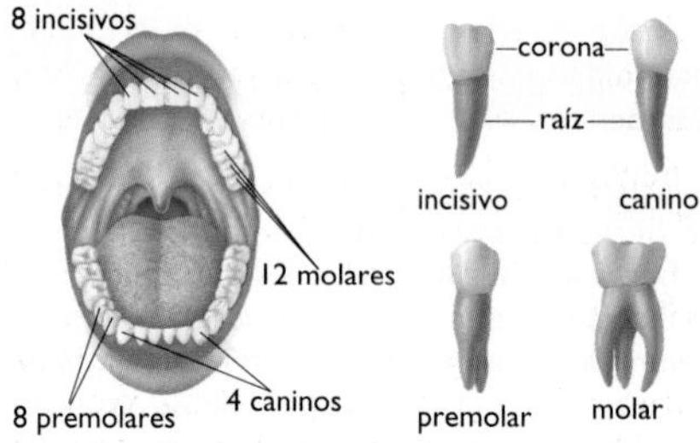

dental *[adj.inv. en gén.]* de la dentadura o para la dentadura: *los boxeadores llevan un protector dental; crema dental.*

dentellada *[n.f.]* mordisco que deja marcados los dientes en algo: *el lobo le dio una dentellada a un cordero.* **SIN.** mordisco, mordedura.

dentera *[n.f.]* sensación muy desagradable que se nota en los dientes al oír algunos ruidos, tocar algunos materiales o comer algunas cosas agrias o ásperas: *la piel de los melocotones le da dentera.*

dentífrico *[n.m.]* producto que se pone sobre el cepillo de dientes para frotarse con él y limpiarlos: *muchos dentífricos tienen flúor.* **SIN.** pasta de dientes; pasta, polvos, gel o crema dental. TAMBIÉN *adj.*: *un producto dentífrico; pasta dentífrica.*

dentista *[n.inv. en gén.]* persona que, por profesión, cura y arregla la dentadura. **SIN.** odontólogo. **AF.** estomatólogo.

dentro *[adv. de l.]* 1 en el espacio que hay entre los lados de una cosa: *pon el nombre dentro del recuadro; el regalo está dentro de la caja; para andar por dentro de tu país no necesitas pasaporte.* **SIN.** en el interior. 2 después de donde empieza algo y antes de donde acaba: *dentro de la prehistoria podemos distinguir varios períodos.* **SIN.** en. **OBS.** se usa lo mismo para cosas reales o concretas como para las abstractas o imaginarias: *dentro de la ley; dentro del alma; desde dentro de su corazón.* **FAM.** adentrarse, adentro.

denuncia *[n.f.]* lo que se hace cuando se dice en público, o ante la autoridad, que se ha cometido un delito: *hicieron una denuncia en la comisaría.* **FAM.** denunciar, denunciable, denunciante, anunciar.

denunciar *[v.]* decir en público, o ante la policía, ante el juez o ante cualquier autoridad, algo malo que ha hecho alguien, y especialmente si es un delito: *denunció el robo en la comisaría; los periodistas han hecho graves denuncias contra el gobierno.* **AF.** acusar.

deparar *[v.]* traer consigo: *¿qué nos deparará el futuro?*

departamento *[n.m.]* 1 cada una de las partes en que se divide un edificio, vehículo, mueble, etc.: *este armario tiene tres departamentos.* **SIN.** compartimento, compartimiento. 2 cada una de las secciones especializadas en que se divide una empresa, una organización, etc.: *trabaja en el departamento comercial; departamento de contabilidad.* **SIN.** sección. **FAM.** departamental, parte.

departir *[v.]* hablar dos o más personas entre sí: *departieron durante media hora.* **SIN.** charlar, conversar, hablar, dialogar.

dependencia *[n.f.]* 1 relación que hay entre dos personas o cosas que dependen una de otra: *lo peor de las drogas es que crean dependencia.* 2 oficina o territorio dependiente de otro principal: *trabaja en una dependencia del Ministerio de Hacienda* (**SIN.** sucursal, delegación); *Gibraltar es una dependencia británica.* 3 cada uno de los espacios en que está dividida una construcción: *el museo tiene amplias dependencias.* **SIN.** sala, habitación.

depender *[v.]* 1 estar una persona o cosa bajo la autoridad de otra: *los empleados dependen del jefe.* 2 necesitar una persona el apoyo económico de otra para vivir: *depende todavía de sus padres.* 3 estar una cosa en relación con otra: *el agua de los embalses depende de la lluvia.* **FAM.** dependencia, dependiente, pender. **COMP.** independencia.

dependiente *[adj.inv. en gén.]* 1 que depende de otro, especialmente si lo necesita para vivir: *los niños son dependientes de sus padres.* **ANT.** independiente. // **dependiente, dependienta** *[n.]* 2 persona que trabaja en una tienda atendiendo a los clientes: *el dependiente de la panadería es muy simpático.* **SIN.** vendedor, empleado.

depilar *[v.]* quitar el vello de la piel con alguna sustancia o arrancándolo con pinzas: *le depilaron las piernas en el salón de belleza.* TAMBIÉN *prnl.: se depila las piernas con cera.* **FAM.** depilación, depilatorio, depilador, pelo.

deplorar *[v.]* sentir alguien pena o disgusto por algo: *deplora su forma de actuar.* **SIN.** lamentar.

deponer *[v.]* 1 quitarle a alguien el cargo que tiene: *han depuesto al gobernador.* **SIN.** destituir, derrocar. **ANT.** nombrar. 2 cambiar de comportamiento ante algo: *depusieron su actitud después de la huelga.* **CONJUG.** como *poner**. **FAM.** deposición, depuesto, poner.

deportar *[v.]* llevar a alguien a otro lugar como castigo: *han deportado a varios terroristas.* **SIN.** expulsar, desterrar. **ANT.** repatriar. **FAM.** deportación, deportado, portar.

deporte *[n.m.]* ejercicio físico o juego de competición que se hace siguiendo unas reglas: *hacen deporte en la piscina; un deporte olímpico.* **FAM.** deportista, deportividad, deportivo. **COMP.** polideportivo.

deportista *[n.inv. en gén.]* persona que hace deporte como profesional o que practica cualquier deporte: *los deportistas españoles consiguieron varias medallas.* **AF.** jugador, atleta.

deportividad *[n.f.]* actitud de respeto y corrección que debe tener un buen deportista: *al final del partido se saludaron con deportividad.*

deportivo, deportiva *[adj.]* de algún deporte o para hacer deporte: *competiciones deportivas; instalación deportiva; una prenda deportiva.*

depositar *[v.]* 1 dejar algo en un sitio, sobre todo si es para que lo guarden: *depositó las joyas en la caja fuerte y la maleta en consigna; deposita dinero en el banco.* **AF.** dejar. 2 poner en alguien o en algo la esperanza, la confianza, las ilusiones, etc.: *depositó sus ilusiones en el proyecto.* **SIN.** poner. // **depositarse** *[v.prnl.]* 3 ir quedándose algo en un sitio por su propio peso: *el polvo se deposita sobre los muebles.* **FAM.** depositante, depositario, depósito, poner.

depósito *[n.m.]* 1 sitio donde se guardan algunas cosas: *depósito de vehículos recogidos por la grúa.* 2 recipiente para guardar líquidos o gases: *depósito de gasolina; depósito de gas.* **AF.** cisterna, tanque. 3 dinero que se deposita en un banco: *hizo un depósito en su cartilla de ahorros.* **SIN.** ingreso.

depreciación *[n.f.]* pérdida de valor: *la depreciación de la moneda.* **SIN.** devaluación. **ANT.** revalorización. **PL.** *depreciaciones.*

depredador, depredadora *[adj.]* hablando de animales, que caza a otros para alimentarse: *el águila es depredador de conejos y perdices.* TAMBIÉN *n.*: *el león es un depredador.*

depresión *[n.f.]* 1 estado de una persona que no tiene ganas de hacer nada, está triste, desilusionada y ve todo un poco negro. **AF.** decaimiento. **ANT.** euforia. 2 superficie de un terreno que está más baja que el resto: *un valle es una depresión entre montañas.* **SIN.** hondonada. **ANT.** cima, altura, meseta. ■ **depresión económica**, período en el que la economía de un país va mal. **FAM.** depresivo, depresor, deprimir.

deprimente *[adj.inv. en gén.]* que da pena o deprime: *la situación de los niños de países en guerra es deprimente.* **AF.** penoso, lamentable. **FAM.** deprimir.

deprimir *[v.]* quitarle a alguien la alegría o las ganas de hacer cosas: *esta película deprime.* **SIN.** entristecer, desanimar. **ANT.** animar, alegrar. TAMBIÉN *prnl.*: *se deprime cuando las cosas no le salen como esperaba.* **FAM.** deprimido, depresión, oprimir.

deprisa *[adv. de m.]* en muy poco tiempo o a mucha velocidad: *come muy deprisa.* **SIN.** rápidamente. **ANT.** despacio.

depurar *[v.]* quitar lo que hace que algo no sea puro: *depurar el agua.* **SIN.** limpiar, purificar.

derecha *[n.f.]* conjunto de las personas que tienen ideas políticas próximas al capitalismo: *la derecha ganó las elecciones.* **ANT.** izquierda. TAMBIÉN se dice *derechas.* ■ **mano derecha**, mano con que las personas que no son zurdas suelen hacer más cosas.

derecho, derecha *[adj.]* 1 que no se tuerce ni se inclina hacia ningún lado: *un camino derecho; una tapia derecha.* **SIN.** recto. **ANT.** torcido. 2 que está al mismo lado que la mano derecha: *el costado derecho; el pie derecho; se sentó en la parte derecha.* **AF.** diestro. **ANT.** izquierdo, siniestro. TAMBIÉN *n.f.*: *cede la derecha porque tienen preferencia; escribe con la derecha.* 3 que se hace en línea recta o sin entretenerse. **GRAM.** antes se usaba también como adverbio (*niña, vete derecho a lo que te han mandado*), pero actualmente se hace concordar con el sustantivo y se le da valor de adjetivo: *niña, vete derecha a lo que te han mandado.* // **derecho** *[n.m.]* 4 razón que tenemos para hacer o pedir algo porque la ley o el sentido común están a nuestro favor en ello: *tiene derecho a matricularse en la universidad; no hay derecho a que me digas eso.* **ANT.** obligación, deber. 5 conjunto de leyes y reglas con que se organiza la sociedad y que rigen las relaciones entre los seres humanos: *derecho romano; derecho político.* 6 carrera universitaria en que se estudian leyes: *facultad de derecho; estudia derecho.* 7 cara o lado principal de una cosa: *en esta tela no se distingue el derecho del revés.* **SIN.** anverso. **ANT.** reverso, revés. // **derechos** *[n.m.pl.]* 8 impuestos que hay que pagar al hacer ciertos papeleos que nos obligan a hacer los ayuntamientos, organismos estatales y demás poderes públicos: *pagaron los derechos de matriculación del coche.* **SIN.** tasas. **FAM.** derecha, derechista, derechamente, dirigir.

deriva *[n.f.]* desviación del rumbo de una embarcación producida por el viento o la corriente. ■ **a la deriva**, sin control o sin rumbo fijo.

derivación *[n.f.]* sistema por el que se forman palabras añadiéndole a una raíz un sufijo. **AMPL.** las palabras formadas por derivación se llaman *derivados* o ***palabras derivadas***: *amoroso* es una palabra derivada de *amor*; el otro sistema o procedimiento para formar palabras se llama ***composición****.

derivado, derivada *[adj.]* que se saca de otro o está hecho a partir de otro: *el plástico es un producto derivado del petróleo; palabra derivada; sustancia derivada.* TAMBIÉN *n.m.*: *el plástico es un derivado del petróleo; ¿sabes algún derivado de derivar?* **AMPL.** en gramática, los *derivados* o *palabras derivadas* son términos que se forman sobre una misma raíz, por lo que propiamente no se debe decir que *derivado* es un derivado de *derivar*, sino de la raíz *deriv-*.

derivar *[v.]* **1** cambiar la dirección de una corriente, conducto, etc.: *derivaron agua del río por un canal.* **2** acabar algo de determinada manera: *la fiesta derivó en tragedia.* **FAM.** deriva, derivado, derivación, derivativo.

dermatólogo, dermatóloga *[n.]* médico especialista en enfermedades de la piel.

dermis *[n.f.]* capa intermedia de las tres que forman la piel. **AMPL.** por encima se halla la ***epidermis*** y por debajo la ***hipodermis***. **FAM.** dérmico, dermatología, dermatólogo, dermatológico. **COMP.** epidermis.

derramar *[v.]* dejar caer un líquido: *no derrames el vino.* **SIN.** verter. TAMBIÉN *prnl.*: *el vino se derramó sobre el mantel; en las guerras se derrama mucha sangre.* **FAM.** derrama, derramamiento, derrame.

derrapar *[v.]* resbalar un vehículo hacia un lado: *el coche derrapó al tomar la curva.* **AF.** resbalar, patinar. **FAM.** derrape.

derretirse *[v.prnl.]* ablandarse una cosa, a veces hasta convertirse en líquido: *la mantequilla y la nieve se derriten con el calor.* **SIN.** deshacerse, fundirse. **ANT.** solidificarse, endurecerse. **FAM.** derretimiento.

derribar *[v.]* **1** hacer caer algo o a alguien que está en pie o que está derecho: *los fuertes vientos derribaron varios árboles; el caballo derribó al jinete.* **SIN.** tirar, derrumbar, tumbar. **2** destruir una construcción: *derribaron una casa en ruinas.* **SIN.** demoler*. **FAM.** derribo.

derribo *[n.m.]* lo que se hace cuando se derriba algo: *para el derribo del muro utilizaron una excavadora.*

derrocar *[v.]* quitar de su puesto, por la fuerza, a una persona que manda: *Luis XVI de Francia fue derrocado por los revolucionarios.* **SIN.** deponer, destituir. **OBS.** ante e, qu: *derroquen.* **FAM.** derrocamiento.

derrochar *[v.]* gastar más de lo necesario y sin sentido: *derrocha el tiempo viendo la televisión; si en lugar de bañarte te duchas, no derrochas agua.* **SIN.** malgastar*. **FAM.** derrochador, derroche.

derrota *[n.f.]* lo que sufre, aguanta, soporta, etc. quien es vencido por otro: *la flota franco-española sufrió una derrota en la batalla de Trafalgar, en 1805.* **AF.** fracaso. **ANT.** victoria, triunfo.

derrotar *[v.]* ganar a otro en una batalla, en una discusión, en una competición deportiva, etc.: *Wellington derrotó a las tropas de Napoleón Bonaparte en 1812.* **SIN.** vencer, ganar. **FAM.** derrota, derrotero, derrotismo, derrotista.

derruir *[v.]* echar abajo una construcción: *derruyeron la escuela porque estaba a punto de caerse.* **SIN.** demoler*. **CONJUG.** como *huir**.

derrumbamiento *[n.m.]* lo que pasa cuando algo se derrumba: *el derrumbamiento del hotel provocó varios heridos.* **AF.** hundimiento, derrumbe.

derrumbar *[v.]* hacer caer algo que está en pie y sobre todo una construcción: *la explosión derrumbó la casa.* **SIN.** derribar, tirar. **AF.** destruir. **FAM.** derrumbadero, derrumbamiento, derrumbe.

desabrochar *[v.]* quitar los broches, botones, cremalleras, hebillas, etc. que mantienen cerrada una prenda de vestir u otra cosa: *desabrochar una chaqueta.* **ANT.** abrochar. **FAM.** abrochar.

desacato *[n.m.]* falta que comete quien no obedece a quien manda o a una autoridad: *lo multaron por desacato al juez.* **FAM.** desacatar, acatar.

desacierto *[n.m.]* hecho o dicho que resulta perjudicial o poco conveniente: *fue un desacierto gastar tanto en eso.* **SIN.** equivocación, error, desatino. **ANT.** acierto. **FAM.** desacertar, desacertado, acertar.

desaconsejar *[v.]* decirle a alguien que uno cree que no le conviene hacer lo que tenía pensado hacer: *le desaconsejé que saliera.* **AF.** disuadir de. **ANT.** aconsejar. **FAM.** desaconsejable, aconsejar.

desacuerdo *[n.m.]* lo que hay entre dos personas por el hecho de que no piensen lo mismo sobre algo: *entre ellos hay un total desacuerdo en ideas políticas.* **SIN.** discrepancia, oposición, antagonismo, disensión, divergencia, controversia. **ANT.** acuerdo. **FAM.** desacorde, acordar.

desafiante *[adj.inv. en gén.]* que provoca a alguien para luchar o competir: *nos molesta su actitud desafiante.* **SIN.** provocador.

desafiar *[v.]* **1** invitar o provocar a una persona para que compita o luche con otra: *me desafió a una partida de ajedrez.* **SIN.** retar. **2** hacer frente a algo sin pararse ante las dificultades: *escalaron la montaña desafiando todos los peligros.* **SIN.** afrontar. **ACENT.** como *fiar*.* **FAM.** desafiante, desafío, desafiantemente, fiar.

desafinar *[v.]* producir sonidos inadecuados: *el trompeta de la orquesta desafinaba.* **AF.** desentonar. **ANT.** afinar. **FAM.** desafinado, desafinadamente, fino.

desafío *[n.m.]* hecho de que una persona le diga a otra que le demuestre que es capaz de algo: *el desafío consistió en correr 1.000 metros.* **SIN.** reto.

desafortunado, desafortunada *[adj.]* que tiene mala suerte en algo: *fue desafortunado en el juego.* **ANT.** afortunado. **FAM.** desafortunadamente, fortuna.

desagradable *[adj.inv. en gén.]* que es molesto o causa mala impresión: *un sonido desagradable; aspecto desagradable.* **ANT.** agradable, atractivo.

desagradar *[v.]* ser molesto o causar mala impresión: *me desagrada la gente que habla a gritos.* **SIN.** disgustar, molestar. **ANT.** agradar, gustar. **FAM.** desagradable, desagrado, desagradablemente, agrado.

desagradecido, desagradecida *[adj.]* que no agradece los favores que se le hacen: *una persona desagradecida.* **SIN.** ingrato. **ANT.** agradecido. **FAM.** desagradecer, desagradecidamente, desagradecimiento, agradecer.

desagrado *[n.m.]* sensación que causan las cosas que no gustan. **SIN.** disgusto, descontento. **ANT.** agrado.

desaguar *[v.]* dejar que el agua salga de un sitio por su propio peso: *la terraza desagua por el sumidero.* **AF.** vaciarse. **AMPL.** si el agua se saca con una bomba o con cubos se usa el verbo ***achicar***. **OBS.** ante e, gü: *desagüen*; es incorrecto acentuar la *u*, tanto al hablar como al escribir. **FAM.** desaguadero, desagüe, agua.

desagüe *[n.m.]* orificio, canal o conducto por donde sale el agua de un lugar: *el desagüe del lavabo está atascado.* **AF.** sumidero.

desahogarse *[v.prnl.]* **1** hablar con alguien para sentir menos preocupación por algo: *le conté mis problemas para desahogarme.* **SIN.** desfogarse. **2** salir de apuros económicos o de trabajo: *después de los primeros años de dificultades empiezan a desahogarse.* **OBS.** ante e, gu: *se desahoguen.* **FAM.** desahogo, desahogadamente, ahogar.

desahogo *[n.m.]* lo que siente quien resuelve problemas, se quita preocupaciones, deudas, etc. y especialmente quien puede vivir sin dificultades o agobios: *desde que trabaja, todos viven con desahogo.* **ANT.** agobio, ahogo.

desahuciar *[v.]* **1** decir los médicos que un enfermo no se puede curar y va a morir: *tiene una enfermedad incurable y lo han desahuciado.* **2** echar a un inquilino porque se ha terminado el contrato o por otra causa: *lo desahuciaron por no pagar la renta.* **FAM.** desahucio.

desaire *[n.m.]* lo que siente la persona a la que no se ha tenido en cuenta: *le hizo un desaire al no invitarlo.* **AF.** desprecio.

desalentar *[v.]* quitarle a alguien las ganas de hacer algo que pensaba hacer o que está haciendo: *la escasez de ventas desalentó al comerciante.* **SIN.** desanimar*. TAMBIÉN *prnl.: se desalentó y no acabó la carrera.* **CONJUG.** como *calentar*.* **FAM.** desalentador, desaliento, aliento.

desaliento *[n.m.]* lo que tiene quien está desanimado: *el desaliento de los montañeros creció al aproximarse la tormenta.* **SIN.** desánimo, decaimiento. **ANT.** ánimo.

desalojar *[v.]* dejar vacío de personas o de cosas un lugar: *desalojaron el local a causa del incendio.* **AF.** vaciar. **FAM.** desalojo, desaloje, alojar.

desamparado, desamparada [adj.] que no está atendido o protegido: *desde que se marchó su hija vive desamparada.* **SIN.** desasistido, desatendido. **ANT.** amparado. **FAM.** desamparo, desamparar, amparar.

desandar [v.] andar por el mismo sitio que se había andado antes, pero en dirección contraria: *tuvieron que desandar el camino porque el monasterio estaba cerrado.* **AF.** retroceder. **CONJUG.** como *andar**. **FAM.** desandado, andar.

desangrarse [v.prnl.] perder mucha o toda la sangre: *el herido se desangraba en la carretera.* **FAM.** desangramiento, sangre.

desanimar [v.] hacer que alguien pierda la ilusión que tenía por conseguir algo: *la falta de ayuda lo desanimó.* **SIN.** desalentar, desmoralizar, abatir. **ANT.** animar, alentar. TAMBIÉN *prnl.: se desanimó al ver que a nadie le interesaba.* **FAM.** desánimo, animar.

desánimo [n.m.] lo que siente quien ha perdido la ilusión y no tiene fuerzas para seguir luchando: *tras la derrota se produjo el desánimo.* **SIN.** desaliento, abatimiento, desmoralización. **ANT.** ánimo.

desaparecer [v.] dejar de verse o de estar: *me ha desaparecido una maleta; el Sol desapareció por detrás de las montañas; desapareció de la fiesta sin decir adiós.* **AF.** perderse, irse. **ANT.** aparecer. **CONJUG.** como *crecer**. **FAM.** desaparición, desaparecido, aparecer.

desaparición [n.f.] lo que pasa cuando alguien o algo desaparece: *la desaparición del mago fue sorprendente.* **ANT.** aparición.

desarmar [v.] **1** quitar las armas a alguien: *la policía desarmó al ladrón.* **ANT.** armar. **2** separar las piezas que forman una cosa: *el mecánico desarmó el motor.* **SIN.** desmontar. **ANT.** armar, montar. **FAM.** desarme, arma.

desarme [n.m.] acuerdo que hacen dos o más países para reducir su armamento y mantener la paz: *el desarme mundial parece una tarea imposible.*

desarrollar [v.] **1** hacer que un organismo, un miembro, etc. aumente su fuerza o su tamaño: *los deportes desarrollan la musculatura.* **AF.** hacer crecer, agrandar. **ANT.** disminuir, reducir. **2** ir viendo o explicando cada uno de los detalles de algo: *desarrollar un tema; desarrollar una teoría.* **3** hacer las operaciones matemáticas necesarias para resolver un problema. // **desarrollarse** [v.prnl.] **4** ir creciendo un ser vivo hasta alcanzar su estado adulto: *desarrollarse una planta.* **5** ir pasando las cosas y el tiempo: *la reunión se desarrolló sin incidentes.* **FAM.** desarrollo, desarrollable, rollo. **COMP.** subdesarrollo, subdesarrollado.

desarrollo [n.m.] **1** cada una de las etapas por las que pasa un ser vivo mientras está creciendo (*el desarrollo de los niños.* **SIN.** crecimiento), o por las que pasan las cosas cuando se están haciendo o están ocurriendo (*el desarrollo de un proyecto, de una reunión, de los acontecimientos...* **SIN.** evolución). **2** crecimiento social y económico de un país: *el desarrollo japonés ha sido muy rápido.* **SIN.** progreso, expansión.

desarroparse [v.prnl.] quedarse con menos ropa de la necesaria: *en invierno no conviene desarroparse.* **SIN.** desabrigarse. **ANT.** arroparse, abrigarse. **FAM.** desarropado, arropar.

desarticular [v.] **1** separar dos o más cosas articuladas entre sí: *desarticular un mecano.* **AF.** desarmar, desmontar. **ANT.** articular. **2** deshacer algo que está organizado y funciona, especialmente una banda de malhechores: *la policía desarticuló un comando terrorista.* **FAM.** desarticulación, articulación.

desasistir [v.] no atender a quien lo necesita: *lo acusan de desasistir a los heridos en un accidente.* **AF.** desatender. **ANT.** asistir, atender.

desastre [n.m.] **1** desgracia grande, sobre todo si causa daño a mucha gente: *la guerra siempre produce desastres.* **SIN.** calamidad, tragedia, catástrofe, desgracia. **2** persona que hace las cosas mal o cosa que no funciona o que funciona mal: *un desastre de persona; un desastre de negocio.* **SIN.** calamidad. **FAM.** desastrado, desastradamente, desastroso, desastrosamente.

desastroso, desastrosa [adj.] que es muy malo o está muy mal: *este coche es desastroso; la casa estaba en un estado desastroso.* **SIN.** lamentable, deplorable, penoso, lastimoso. **ANT.** perfecto, impecable.

desatar [v.] **1** soltar los nudos o las ataduras que tiene algo: *desatar los zapatos.* **SIN.** desanudar. **ANT.** atar. // **desatarse** [v.prnl.] **2** empezar la lluvia, la tormenta, etc.: *se desató un temporal de viento.* **FAM.** atar.

desatascar *[v.]* quitar lo que está atascando un conducto: *el fontanero desatascó el desagüe.* **SIN.** desobstruir, desatorar. **ANT.** atascar, obstruir. **OBS.** ante e, qu: *desatasquen.* **FAM.** desatasco, desatascamiento, atascar.

desatornillador forma incorrecta de decir *destornillador*.*

desatornillar *[v.]* quitar un tornillo. **SIN.** destornillar. **AF.** desenroscar. **ANT.** atornillar.

desavenencia *[n.f.]* lo que hay entre dos o más personas por el hecho de no llevarse bien, no estar de acuerdo en lo que hay que hacer o en cómo hay que hacer las cosas, etc.: *sus desavenencias hicieron que se separaran.* **SIN.** discordia. **AF.** discrepancia, desacuerdo. **ANT.** avenencia, concordia. **FAM.** desavenir, ***avenirse*** (ponerse de acuerdo), avenencia, venir.

desayunar *[v.]* tomar el desayuno. **FAM.** desayuno, ayunar.

desayuno *[n.m.]* primera comida del día: *el desayuno se servirá a las ocho de la mañana.*

desazón *[n.f.]* 1 nerviosismo que se tiene por alguna preocupación. **SIN.** intranquilidad*. 2 nerviosismo que produce el picor. **SIN.** comezón, picazón. **PL.** *desazones.*

desbarajuste *[n.m.]* aquello en lo que hay mucho desorden de cosas, de funcionamiento, de organización, etc.: *esa empresa es un desbarajuste; su vida es un desbarajuste.* **SIN.** desorden, caos, desorganización, barullo. **FAM.** desbarajustar.

desbocarse *[v.prnl.]* soltarse y correr sin control una caballería: *los caballos se desbocaron porque se asustaron.* **AF.** espantarse. **FAM.** desbocamiento, boca.

desbordamiento *[n.m.]* hecho de que algo se salga por los bordes de donde está o por donde va: *el desbordamiento de una piscina; las lluvias provocaron el desbordamiento del río.*

desbordante *[adj.inv. en gén.]* 1 que se nota mucho porque es muy intenso: *alegría desbordante.* 2 que se tiene tanto, que se nota mucho: *llegó desbordante de alegría.* **SIN.** rebosante.

desbordar *[v.]* 1 salirse por los bordes de algo: *el agua desborda la bañera.* **SIN.** rebosar. TAMBIÉN *prnl.: se desbordó la bañera.* 2 tener de algo más de lo normal o más de lo que un persona puede hacer, entender, etc.: *me desborda el trabajo; lo que dices desborda mis conocimientos.* **SIN.** superar, sobrepasar. **FAM.** desbordamiento, desbordante, borde.

descabalar *[v.]* quitar o perder alguna de las piezas que son necesarias para que algo esté completo: *se llevó el rey y la reina blancos y descabaló el ajedrez.* TAMBIÉN *prnl.: se perdieron dos fichas y se descabaló el juego.*

descabellado, descabellada *[adj.]* sin sentido: *sus descabellados negocios lo llevaron a la ruina.* **SIN.** absurdo, disparatado. **ANT.** sensato. **FAM.** descabellar, descabello, cabello.

descalificar *[v.]* 1 hablar mal de alguien para quitarle la buena fama: *siempre intenta descalificar a los que saben más que él.* **SIN.** desprestigiar, desacreditar. **ANT.** acreditar. 2 hacer que alguien no pueda participar en una competición deportiva por una sanción o castigo: *lo descalificaron por juego violento.* **SIN.** eliminar. **OBS.** ante e, qu: *descalifiquen.* **FAM.** descalificación, descalificado, calificar.

descalzar *[v.]* quitar el calzado: *descalza al niño para acostarlo.* **ANT.** calzar. TAMBIÉN *prnl.: no te descalces, que el suelo está frío.* **OBS.** ante e, c: *descalcen.* **FAM.** descalzo, descalzadora, calzado.

descalzo, descalza *[adj.]* con los pies desnudos: *me gusta caminar descalzo por la playa.* **ANT.** calzado.

descampado *[n.m.]* lugar descubierto, sin árboles ni casas: *montamos la tienda en un descampado.*

descansar *[v.]* 1 dejar de trabajar para recuperar las fuerzas: *los domingos descansamos.* 2 dejar de estar cansado: *esta noche he descansado bien.* **SIN.** reposar. 3 servir para que uno deje de estar cansado: *una buena siesta descansa mucho.* 4 quitarse una preocupación: *quien paga sus deudas descansa.* 5 estar apoyado sobre algo: *el arco descansa sobre columnas.* **SIN.** cargar, asentarse, apoyarse. **FAM.** descansillo, descanso, cansar.

descansillo *[n.m.]* espacio llano entre dos tramos de escalera: *en el descansillo hay una planta.* **SIN.** rellano.

descanso *[n.m.]* 1 espacio de tiempo en el que no se trabaja: *he tomado la tarde de descanso.* **ANT.** trabajo. 2 lo que siente quien ha conseguido solucionar un problema o quitarse una preocupación: *fue un descanso cumplir el compromiso.* **SIN.** alivio.

descapotable *[adj.inv. en gén.]* que tiene un tipo de techo que se puede quitar o doblar: *un coche descapotable.* **AMPL.** los techos de este tipo se llaman ***capotas***. **FAM.** descapotar, capota.

descarado, descarada *[adj.]* que demuestra falta de respeto y de sentido de la vergüenza, haciendo cosas que sabe que no debería hacer: *una persona descarada; un comportamiento descarado.* **SIN.** desvergonzado, fresco, insolente. **AF.** caradura, maleducado, irrespetuoso. **ANT.** correcto, respetuoso. TAMBIÉN *n.*: *¡el descarado se iba sin pagar!*

descarga *[n.f.]* lo que se hace cuando se bajan mercancías de un medio de transporte: *la descarga de coches hizo que el tren se detuviera media hora.* **ANT.** carga. ■ **descarga eléctrica**, lo que se produce cuando una corriente eléctrica pasa de un conductor a otro, como por ejemplo de un cable a una persona o de las nubes a la tierra a través del aire.

descargador, descargadora *[n.]* persona cuyo trabajo consiste en descargar mercancías: *los descargadores manejaban las grúas del puerto.* **AMPL.** un ***estibador*** es un descargador de barcos.

descargar *[v.]* 1 bajar lo que hay en un camión, un tren, un carro, etc.: *aparca junto a la puerta, que hay que descargar las maletas.* **ANT.** cargar. 2 dejar sin munición un arma de fuego o sin energía una pila eléctrica o una batería: *descargó la escopeta disparando dos tiros; la humedad descargó las pilas del transistor.* **ANT.** cargar. TAMBIÉN *prnl.: se descargaron las pilas.* 3 quitar responsabilidades, problemas, obligaciones o preocupaciones a una persona: *lo han descargado de responsabilidades.* **SIN.** eximir, liberar. **OBS.** ante e, gu: *descarguen.* **FAM.** descarga, descargadero, descargador, descargo, descargue, cargar.

descaro *[n.m.]* lo que demuestra quien hace lo que no debe sin avergonzarse por ello: *hay funcionarios que tienen el descaro de pasarse la mañana leyendo el periódico en la oficina.* **SIN.** insolencia*. **FAM.** descarado, descaradamente, cara.

descarriarse *[v.prnl.]* hacer cosas que perjudican gravemente a quien las hace, como drogarse, beber, jugar, robar, etc. **ACENT.** como *fiar**. **FAM.** descarrío, carro.

descarrilamiento *[n.m.]* lo que pasa cuando un tren se sale de las vías.

descarrilar *[v.]* salirse de la vía: *un tronco hizo descarrilar el tren.* **FAM.** descarrilamiento, descarriladura, carril.

descartar *[v.]* no hacer algo porque no conviene, no gusta, etc. o no tener en cuenta a una persona para algo: *descartaron la posibilidad de ir a Japón; lo descartaron como testigo.* **SIN.** desechar, desestimar. **FAM.** descarte, carta.

descendencia *[n.f.]* conjunto de personas que tienen los mismos antepasados: *la descendencia de mis abuelos es muy numerosa.* **AF.** prole, familia. **ANT.** ascendencia.

descender *[v.]* 1 ir de un sitio a otro que está más bajo: *el montañero descendió por una ladera.* **SIN.** bajar. **ANT.** ascender, subir. 2 ser menor que antes la cantidad, el precio, la altura, etc. de algo: *ha descendido el nivel de las aguas; los precios descendieron en febrero.* **SIN.** disminuir, decrecer, bajar. **ANT.** crecer, aumentar. 3 perder categoría, puntos o algún puesto en una clasificación: *ha descendido en la lista de discos más vendidos.* **SIN.** bajar. **ANT.** ascender, subir. 4 venir directamente (por ser hijo, nieto, etc.) de la persona o familia que se dice: *desciende de una familia del norte.* **SIN.** provenir. **CONJUG.** como *tender**. **FAM.** descendencia, descendiente, descendente, descendimiento, descenso. **COMP.** ascender, condescendiente, trascendental.

descendiente *[n.inv. en gén.]* persona que viene directamente de otra, por ser su hijo, su nieto, su biznieto, etc.: *es un descendiente de castellanos.* **ANT.** ascendiente. TAMBIÉN *adj.*: *una persona descendiente de otra.*

descenso *[n.m.]* acción por la que algo o alguien pasa de un sitio (o de una situación, una cantidad, etc.) a otro más bajo: *los escaladores iniciaron el descenso; pocas veces hay descensos de precios.* **SIN.** bajada. **ANT.** ascenso, subida.

descifrar *[v.]* averiguar lo que significa algo que está hecho o escrito para que no se entienda directamente: *descifrar un mensaje escrito en clave; descifrar un jeroglífico.* **AF.** traducir.

FAM. descifrable, descifrador, cifra. **COMP.** indescifrable.

desclavar *[v.]* hacer que algo deje de estar clavado: *desclava las puntas; desclavó los tablones.* **ANT.** clavar.

descolgar *[v.]* **1** quitar algo de donde está colgado: *descolgaron los cuadros para pintar las paredes.* **ANT.** colgar. **2** bajar algo poco a poco, generalmente con cuerdas, desde un sitio alto: *descolgaron la mesa desde el sexto piso.* **SIN.** bajar. **ANT.** subir. **ANT.** subir. TAMBIÉN *prnl.: los ladrones se descolgaron con cuerdas desde la terraza.* **SIN.** bajar, descender. **3** coger el teléfono para contestar una llamada: *no descuelgues, que estamos ocupados.* // **descolgarse** *[v.prnl.]* **4** separarse del grupo, ya sea por ir más rápido o mejor o por ir más lento o peor: *el ciclista se descolgó del pelotón.* **SIN.** distanciarse. **CONJUG.** como *rogar**. **FAM.** descuelgue, descolgamiento, colgar.

descollar *[v.]* sobresalir, destacar, distinguirse. **ANT.** pasar desapercibido. **CONJUG.** como *contar**.

descolocado, descolocada *[adj.]* **1** que no está en su sitio: *los muebles están descolocados; metieron gol porque la defensa estaba descolocada.* **AF.** desordenado. **2** que no tiene trabajo: *desde que está descolocado las cosas le van mal.* **SIN.** desempleado, parado. **ANT.COM.** colocado. **FAM.** descolocar, descolocación, colocar.

descolorido, descolorida *[adj.]* que ha perdido el color: *descolorido por el sol.* **AF.** desvaído. **FAM.** descolorar, descolorir, descolorimiento, decolorar, decoloración, color.

descomponer *[v.]* **1** separar las piezas que componen algo: *el mecánico descompuso la máquina.* **SIN.** desmontar. **ANT.** montar, componer. **2** dividir algo en distintas partes teniendo en cuenta sus características: *descompusimos el texto en tres partes.* **SIN.** separar. **ANT.** unir, sintetizar. // **descomponerse** *[v.prnl.]* **3** pudrirse un cuerpo, una planta o un alimento: *el pescado se descompone fácilmente.* **SIN.** corromperse. **ANT.** conservarse. **4** encontrarse uno mal o ponerse muy nervioso por algo que ha pasado: *al ver el accidente se descompuso; cuando ve una injusticia se descompone.* **SIN.** alterarse. **CONJUG.** como *poner**. **FAM.** descomposición, descompostura, descompuesto, componer.

descomunal *[adj.inv. en gén.]* mucho más grande de lo normal: *vive en una casa descomunal.* **SIN.** enorme*. **FAM.** descomunalmente, común.

desconcertar *[v.]* hacer que alguien se quede sin saber qué hacer ni qué decir: *desconcertó a todos presentándose sin avisar.* **AF.** aturdir, sorprender. **CONJUG.** como *acertar**. **FAM.** desconcertante, desconcierto, concierto.

desconectar *[v.]* cortar el paso de corriente eléctrica: *desconecta la radio.* **SIN.** desenchufar, apagar. **ANT.** conectar, encender. **FAM.** desconexión, conectar.

desconfiado, desconfiada *[adj.]* que suele pensar que los demás lo engañan o quieren engañarlo: *no hace negocios con nadie porque es un desconfiado.* **AF.** receloso. **ANT.** confiado, ingenuo.

desconfianza *[n.f.]* lo que se siente cuando se sospecha que algo no es cierto o que alguien no es lo que parece: *recibieron la noticia con desconfianza; me inspira desconfianza.* **SIN.** recelo. **ANT.** confianza.

desconfiar *[v.]* sospechar que algo no es cierto o que alguien no es lo que parece: *desconfía de los políticos.* **SIN.** recelar. **ANT.** confiar, fiarse. **ACENT.** como *fiar**. **FAM.** desconfiado, desconfianza, desconfiadamente, confiar.

descongelar *[v.]* aumentar la temperatura de algo hasta que deje de estar congelado: *descongela el pescado antes de freírlo.* **SIN.** deshelar. **ANT.** congelar, helar. **FAM.** descongelación, congelar.

desconocer *[v.]* no saber algo: *desconozco la fecha del examen.* **SIN.** ignorar. **ANT.** conocer. **CONJUG.** como *conocer**. **FAM.** desconocido, desconocimiento, conocer.

desconocido, desconocida *[adj.]* que no es conocido por alguien o que no es famoso: *son cuadros de un pintor desconocido.* **AF.** anónimo. TAMBIÉN *n.: un desconocido me preguntó la hora.* **SIN.** extraño. **ANT.** conocido.

desconsuelo *[n.m.]* lo que se siente cuando se está muy triste por algo que no tiene solución o a uno le parece que no la tiene: *hay cosas que producen desconsuelo.* **SIN.** desolación, aflicción. **AF.** pena, tristeza. **ANT.** consuelo, alegría. **FAM.** desconsolar, desconsolación, desconsoladamente, consuelo.

descontar *[v.]* restar una cantidad de otra: *me descontaron el diez por ciento del precio de la compra.* **SIN.** rebajar, reducir, quitar. **ANT.** añadir, sumar. **CONJUG.** como *contar**. **FAM.** descuento, contar.

descontento, descontenta *[adj.]* 1 que no está contento con algo propio o de otro, porque no le gusta o le parece injusto, inadecuado, etc.: *está descontento con las condiciones del contrato.* **SIN.** insatisfecho. **ANT.** conforme, satisfecho. // **descontento** *[n.m.]* 2 situación del que no está contento con algo: *las medidas del gobierno provocaron descontento entre los funcionarios.* **AF.** disgusto. **ANT.** alegría, satisfacción. **FAM.** descontentar, contento.

descorchar *[v.]* quitarle el corcho a una botella: *descorcha el vino.* **AF.** abrir, destaponar. **FAM.** descorchador, descorche, descorchamiento, corcho.

descortés *[adj.inv. en gén.]* que se comporta de forma poco educada: *un señor muy descortés.* TAMBIÉN *n.*: *fue un descortés al no saludar a su profesor.* **SIN.** maleducado, grosero. **ANT.** cortés, educado. **PL.** *descorteses.* **FAM.** descortesía, descortésmente, cortés.

descoser *[v.]* soltar algo que estaba cosido, cortando el hilo: *descosió los botones.* **ANT.** coser. TAMBIÉN *prnl.*: *se le descosió el dobladillo.* **FAM.** descosedura, descosido, coser.

descosido *[n.m.]* parte por la que se ha deshecho una costura: *se le hizo un descosido en el bajo del pantalón.* ■ **como un descosido**, mucho o con muchas ganas.

describir *[v.]* 1 explicar cómo es algo: *en su carta describe detalladamente el paisaje.* **AF.** detallar. 2 trazar un cuerpo, al moverse, una figura o una trayectoria: *la peonza describía círculos sobre la arena.* **OBS.** toda la conjugación es regular, menos el participio, que es ***descrito***. **FAM.** descripción, descriptivo, descrito, escribir. **COMP.** indescriptible.

descuartizar *[v.]* dividir algo en cuatro trozos o más: *descuartizaron el conejo para cocinarlo.* **SIN.** despedazar, trocear, partir. **OBS.** ante e, c: *descuarticen.* **FAM.** descuartizamiento.

descubridor, descubridora *[n.]* persona que descubre algo: *Cristóbal Colón fue el descubridor de América y Newton el de la ley de la gravedad.*

descubrimiento *[n.m.]* 1 hecho de que alguien descubra algo: *el descubrimiento del Polo Sur se debe a Amundsen.* 2 lo que se ha encontrado o se ha descubierto y es muy importante: *el descubrimiento de una vacuna.* **SIN.** hallazgo.

descubrir *[v.]* 1 darse cuenta de que existe algo que no se sabía que existía: *Fleming descubrió los efectos benéficos de la penicilina y Servet la circulación de la sangre; han descubierto una estafa.* 2 llegar a saber algo por uno mismo: *descubrí el placer de la lectura; descubrió quién era el ladrón.* 3 llegar a ver algo oculto o a alguien que no quería ser visto: *descubrí unos libros en el desván; descubrieron a un ladrón robando.* **SIN.** encontrar, hallar. 4 hacer que se vea lo que estaba oculto: *descubrió el brazo para que le pusieran una inyección.* **SIN.** destapar, dejar al aire. **ANT.** cubrir, tapar, ocultar. // **descubrirse** *[v.prnl.]* 5 quitarse de la cabeza lo que se lleva puesto, sobre todo en señal de respeto: *para entrar en la iglesia hay que descubrirse.* **ANT.** cubrirse. **OBS.** toda la conjugación es regular menos el participio, que es ***descubierto***. **FAM.** descubierto, descubridor, descubrimiento, cubrir.

descuento *[n.m.]* cantidad que se le resta a otra: *con la tarjeta de estudiante le hacen descuento.* **SIN.** rebaja, reducción. **ANT.** aumento.

descuidado, descuidada *[adj.]* 1 que no pone atención en lo que hace: *es tan descuidado que llevaba un calcetín de cada color.* **SIN.** despistado. **ANT.** atento. 2 que demuestra falta de cuidado de uno mismo o de las propias cosas: *aspecto descuidado; tiene la casa muy descuidada.* **SIN.** dejado, abandonado.

descuidar *[v.]* no preocuparse por algo o dejar de hacer algo como se debería: *descuida su trabajo.* **SIN.** desatender. **ANT.** atender, cuidar. TAMBIÉN *prnl.*: *no te descuides y apaga el termo cuando acabes de ducharte.* **SIN.** despistarse. **FAM.** descuidado, descuido, descuidadamente, cuidar.

descuido *[n.m.]* falta de atención: *sus descuidos lo llevan a cometer muchos errores; no conectó la alarma por descuido.* **SIN.** distracción, despiste, olvido. **ANT.** atención.

desde *[prep.]* se expresa con ella el lugar o tiempo en que se empieza algo: *pinta una raya desde aquí hasta allí; desde el 1 de enero no ha fumado nada.*

desdecirse *[v.prnl.]* decir lo contrario de lo que se ha dicho antes: *es capaz de desdecirse para dar la razón a los demás.* **SIN.** rectificar, retractarse. **ANT.** reafirmarse. **CONJUG.** como *decir**.

desdentado, desdentada *[adj.]* que ha perdido todos o parte de los dientes. **FAM.** desdentar, diente.

desdibujado, desdibujada *[adj.]* que no se distingue bien o no está claro: *en las fotos movidas los contornos quedan desdibujados.* **SIN.** difuso. **ANT.** claro.

desdicha *[n.f.]* hecho o situación que causa pena: *es una desdicha que le diera por la bebida.* **SIN.** desgracia. **AF.** mala suerte, adversidad. **ANT.** dicha, fortuna. **FAM.** desdichadamente, desdichado, dicha.

desdichado, desdichada *[adj.]* que tiene muy mala suerte o está muy triste: *su soledad lo hace desdichado.* **SIN.** desgraciado, infeliz. **ANT.** dichoso, feliz.

desdoblar *[v.]* 1 extender algo que estaba doblado: *desdoblar un alambre; desdoblar un mantel.* **SIN.** desplegar, estirar. **ANT.** doblar, plegar. 2 hacer dos de uno: *desdoblaron el grupo.* **AF.** dividir. **FAM.** desdoblamiento, doblar.

desear *[v.]* 1 tener ganas de algo que no se tiene: *deseo un nuevo ordenador.* **SIN.** querer. **INTENS.** anhelar, ansiar. 2 querer algo bueno para otro: *te deseo mucha suerte.* **OBS.** e + e = ee: *deseen.* **FAM.** deseable, deseo, desiderativo. **COMP.** indeseable.

desechar *[v.]* dejar de usar una cosa que se tiene o no querer una cosa que se puede tener: *he desechado los zapatos viejos* (**AF.** dejar, arrinconar); *desechó la oferta de trabajo* (**SIN.** rechazar, desestimar, descartar). **FAM.** desechable, desecho, echar.

desembarazar *[v.]* quitar lo que sobra, lo que estorba o lo que molesta: *desembarazó de trastos su habitación.* **AF.** despejar, desocupar. TAMBIÉN *prnl.: a los famosos les cuesta mucho desembarazarse de los fotógrafos.* **SIN.** liberarse, deshacerse. **OBS.** ante e, c: *desembaracen.* **FAM.** desembarazo, embarazo.

desembarcar *[v.]* 1 descargar mercancías de un barco o un avión: *están desembarcando contenedores con una grúa.* 2 bajar los pasajeros de un barco o un avión: *desembarcaron en un puerto deportivo.* **ANT.COM.** embarcar. **OBS.** ante e, qu: *desembarquen.* **FAM.** desembarco, desembarque, desembarcadero, embarcar.

desembarco *[n.m.]* 1 lo que se hace cuando se desembarca: *el desembarco de los pasajeros fue rápido.* **ANT.** embarque. 2 llegada de gran cantidad de tropas militares en barcos o en aviones: *con el desembarco de Normandía comenzó el final de la Segunda Guerra Mundial.*

desembocadura *[n.f.]* 1 lugar por donde un río vierte su agua en el mar, en un lago o en otro río: *el Ebro forma un delta en su desembocadura.* 2 lugar donde una calle, camino, conducto, etc. se une con otro: *el cine está en la desembocadura de esta calle.* **SIN.** confluencia.

desembocar *[v.]* 1 llegar las aguas de un río al mar, a un lago o a otro río: *el Duero desemboca en el Atlántico.* **SIN.** desaguar, afluir. 2 tener un camino, calle, conducto, etc. salida a otro: *la calle donde vivo desemboca en una plaza.* **OBS.** ante e, qu: *desemboquen.* **FAM.** desembocadura, desemboque, boca.

desembolsar *[v.]* pagar una cantidad de dinero: *tuvo que desembolsar la mitad del precio del piso.* **SIN.** abonar, pagar, entregar. **FAM.** desembolso, embolsar.

desempatar *[v.]* deshacer la igualdad que hay entre dos personas o equipos en tantos, puntos, etc.: *para desempatar necesitan meter un gol.* **ANT.** empatar. **FAM.** desempate, empate.

desempate *[n.m.]* hecho de que un equipo (o una persona) consiga la diferencia necesaria para dejar de tener el mismo número de puntos que otro en un juego, una competición, etc.: *el desempate se hizo por penaltis.* **ANT.** empate.

desempeñar *[v.]* 1 cumplir las obligaciones de una profesión: *desempeña muy bien su trabajo; Groucho Marx desempeñaba papeles cómicos.* **SIN.** hacer, realizar. 2 recuperar un objeto que estaba empeñado pagando el préstamo y los intereses acordados para ello: *en cuanto tuvo dinero desempeñó el reloj.* **FAM.** desempeño, desempeñamiento, empeño.

desempleo *[n.m.]* situación de la persona que está en edad de trabajar, quiere trabajar y no encuentra dónde: *en Europa hay mucho desempleo.* **SIN.** paro. **FAM.** desempleado, empleo.

desencadenar *[v.]* 1 soltar las cadenas que sujetan algo o a alguien: *D. Quijote desencadenó a los condenados a galeras.* **ANT.** encadenar. 2 ser el motivo o la causa de que pase algo: *con lo que dijo desencadenó una discusión.* **SIN.** desatar. // **desencadenarse** *[v.prnl.]* 3 producirse con fuerza un fenómeno atmosférico: *se desencadenó una fuerte tormenta.* **SIN.** desatarse. **FAM.** desencadenamiento, encadenar.

desenchufar *[v.]* soltar el enchufe de algún aparato eléctrico: *desenchufa la lavadora.* **AF.** desconectar. **ANT.** enchufar, conectar. **FAM.** desenchufado, enchufe.

desencuadernar *[v.]* hacer que se suelten las páginas de lo que está encuadernado: *desencuadernó el libro para restaurarlo.* **ANT.** encuadernar. **FAM.** desencuadernado, encuadernar.

desenfundar *[v.]* quitar la funda o sacar algo de su funda: *el tenista desenfundó la raqueta.* **ANT.** enfundar. **FAM.** desenfundado, enfundar.

desenganchar *[v.]* soltar algo que está enganchado: *desenganchó el coche de la grúa; desenganchó las mulas del carro.* **ANT.** enganchar. **FAM.** desenganche, enganchar.

desengañar *[v.]* hacer que alguien se dé cuenta de que está en un error o de que lo están engañando: *desengáñate, que sólo quiere aprovecharse de ti.* **FAM.** desengaño, engaño.

desengaño *[n.m.]* lo que sufre quien se entera de que hasta ese momento estaba equivocado o engañado en algo: *se llevó un desengaño al ver que nadie quería ayudarlo.* **SIN.** decepción, desencanto, desilusión, chasco.

desenlace *[n.m.]* final o fin de algo: *la película tuvo un desenlace feliz.* **AF.** terminación. **ANT.** inicio, comienzo. **FAM.** desenlazar, enlazar.

desenmascarar *[v.]* descubrir las intenciones ocultas de alguien: *no es difícil desenmascarar a un tramposo.* **AF.** descubrir. **FAM.** desenmascaramiento, enmascarado.

desenredar *[v.]* 1 quitar los nudos o enredos de algo: *desenredar un hilo; desenredar una cuerda.* **SIN.** desliar, desenmarañar. **AF.** desatar. **ANT.** enredar, liar. 2 aclarar algún asunto confuso: *por fin desenredaron las cuentas de la herencia.* **SIN.** desembrollar. **ANT.** enredar, embrollar. **FAM.** desenredo, enredo.

desenrollar *[v.]* estirar algo que está enrollado: *desenrolló el carrete de fotografías.* **SIN.** extender. **ANT.** enrollar. **FAM.** enrollar.

desenroscar *[v.]* sacar, haciéndola girar, cualquier cosa que está metida a rosca: *desenroscó la pata de la mesa.* **ANT.** enroscar. **OBS.** ante e, qu: *desenrosquen.* **FAM.** enroscar.

desentenderse *[v.prnl.]* 1 no hacer caso alguien de lo que se le dice, se le pide o se le reclama: *se desentendió de las quejas de sus alumnos.* **AF.** despreocuparse, desinteresarse. **ANT.** interesarse, atender. 2 no hacer o atender algo: *se fue de viaje desentendiéndose del trabajo.* **SIN.** despreocuparse. **CONJUG.** como *tender*.* **FAM.** desentendido, desentendimiento, entender.

desenterrar *[v.]* sacar de debajo de la tierra lo que estaba enterrado: *los piratas desenterraron un tesoro.* **ANT.** enterrar. **CONJUG.** como *cerrar*.* **FAM.** desenterramiento, enterrar.

desentonar *[v.]* 1 desafinar al cantar o al tocar un instrumento: *cállate, que desentonas.* **SIN.** disonar, discordar. **ANT.** afinar. 2 no ir bien una cosa con otra: *esa corbata desentona con la camisa.* **ANT.** armonizar, entonar. **FAM.** desentonación, desentono, entonar.

desentrañar *[v.]* llegar al interior de algo desconocido: *desentrañar un misterio.* **FAM.** entraña.

desenvainar *[v.]* sacar la espada de su funda. **AF.** desenfundar. **ANT.** envainar. **FAM.** vaina.

desenvoltura *[n.f.]* lo que demuestra quien hace las cosas con facilidad, con poco esfuerzo o sin ponerse nervioso: *habla en público con desenvoltura.* **SIN.** naturalidad, soltura, desparpajo. **AF.** seguridad. **ANT.** torpeza.

desenvolver *[v.]* 1 sacar algo de su envoltorio: *desenvolvió el regalo.* **AF.** desempaquetar. **ANT.** envolver. // **desenvolverse** *[v.prnl.]* 2 saber cómo actuar: *se desenvuelve muy bien como dependienta.* **SIN.** arreglárselas, manejarse. **CONJUG.** como *volver*.* **FAM.** desenvoltura, desenvolvimiento, desenvuelto, desenvueltamente, envolver.

desenzarzar *[v.]* sacar de las zarzas lo que está enredado. **FAM.** zarza.

deseo *[n.m.]* sentimiento que hace que uno quiera conseguir algo: *su deseo es aprender francés.* **SIN.** aspiración. **INTENS.** ansia, anhelo. **FAM.** deseoso, desear.

desertar *[v.]* 1 abandonar el ejército, antes de tiempo, un soldado: *desertó y fue detenido.* 2 abandonar alguien lo que antes defendía: *desertó de su partido político.* **AF.** renegar. **FAM.** deserción, desertor.

desértico, desértica *[adj.]* igual que un desierto o parecido a él porque no tiene agua ni vegetación: *los camellos viven en regiones desérticas.* **SIN.** árido. **AF.** yermo, estéril. **ANT.** fértil.

desertor, desertora *[n.]* persona que abandona las ideas que profesaba, el trabajo que hacía, etc. y, sobre todo, soldado que abandona el ejército antes de acabar su compromiso con él.

desesperación *[n.f.]* lo que se siente y se tiene cuando se pierde la esperanza: *como era incapaz de resolver sus problemas, cayó en la desesperación.* **SIN.** desesperanza, desaliento, desánimo.

desesperado, desesperada *[adj.]* que está muy preocupado o sin esperanzas de que se le resuelvan los problemas: *desde que se quedó sin vivienda está desesperado.* **AF.** angustiado. **ANT.** sereno, tranquilo.

desesperar *[v.]* 1 perder la esperanza: *no desesperes, que pronto encontrarás trabajo.* **SIN.** desesperanzarse. **AF.** desanimarse. **ANT.** esperar. // **desesperarse** *[v.prnl.]* 2 estar muy impaciente o intranquilo: *se desespera cuando le toca esperar.* **SIN.** impacientarse. **ANT.** tranquilizarse, calmarse. **FAM.** desesperación, desesperante, desespero, desesperadamente, esperar.

desestimar *[v.]* no tener en cuenta: *desestimaron tu propuesta.* **SIN.** rechazar, rehusar. **ANT.** aceptar.

desfachatez *[n.f.]* lo que demuestra quien se atreve a hacer algo que sabe que no debería hacer: *se necesita desfachatez para utilizar algo sin permiso del dueño.* **SIN.** insolencia*. **FAM.** facha.

desfallecer *[v.]* 1 perder las fuerzas: *el deportista empezó a desfallecer.* **AF.** flojear, flaquear. 2 perder el conocimiento: *desfalleció de cansancio y hambre.* **SIN.** desmayarse. **CONJUG.** como *crecer**. **FAM.** desfallecimiento, fallecer.

desfavorable *[adj.inv. en gén.]* que no ayuda en nada sino que entorpece y perjudica: *el tiempo desfavorable impidió subir a la cima.* **SIN.** contrario, adverso, inadecuado. **ANT.** favorable, propicio. **FAM.** desfavorablemente, desfavorecedor, favor.

desfigurar *[v.]* cambiar el aspecto de algo, estropeándolo: *la expresión de dolor le desfigura la cara.* **AF.** deformar. **FAM.** figura.

desfiladero *[n.m.]* paso estrecho entre montañas: *para llegar al lago atravesamos un desfiladero.* **SIN.** cañón, garganta.

desfiladero

desfilar *[v.]* pasar personas o cosas por delante de otras que están mirando, para hacer una demostración de algo o por simple espectáculo: *al final de la actuación desfilaron todos los artistas.* **FAM.** desfiladero, desfile, fila.

desfile *[n.m.]* espectáculo o demostración que consiste en ir pasando personas o cosas por delante de otras para que las vean: *un desfile de modelos.* **AMPL.** si el desfile es de soldados también se llama ***parada militar***; si es de modelos en una pasarela, ***pase*** y el que hacen los toreros antes de la corrida, ***paseíllo***.

desfogar *[v.]* 1 dar salida al fuego. // **desfogarse** *[v. prnl.]* 2 hablar con alguien para sentir menos preocupación por algo: *le contó sus problemas para desfogarse.* **SIN.** desahogarse.

desgana *[n.f.]* 1 falta de apetito: *siempre come mal y con desgana.* **SIN.** inapetencia. **ANT.** gana, apetito, hambre. 2 lo que siente quien ha perdido el interés por algo: *trabaja con desgana.* **SIN.** apatía, desinterés, abulia. **ANT.** interés, motivación. **FAM.** desganado, gana.

desgarrar *[v.]* romper de un tirón una tela, un plástico o cualquier tejido o material: *el* *viento desgarró varias ramas de árbol.* **SIN.** rasgar. **FAM.** desgarrador, desgarradura, desgarro, desgarrón, garra.

desgarrón *[n.m.]* roto grande producido al rasgarse algo: *del tirón se le hizo un desgarrón en la camisa.* **SIN.** rasgón, desgarradura. **PL.** *desgarrones.*

desgastar *[v.]* gastar algo poco a poco por el uso o el roce: *los codos de las chaquetas se desgastan mucho.* **SIN.** gastar. **FAM.** desgaste, desgastamiento, gastar.

desgaste *[n.m.]* lo que pasa cuando algo se gasta por el uso o el roce: *las ruedas de los coches sufren mucho desgaste.*

desgracia *[n.f.]* **1** catástrofe natural: *las inundaciones fueron una desgracia para la zona.* **SIN.** desastre, calamidad. **2** lo que produce mucha tristeza o preocupaciones: *las enfermedades graves son siempre una desgracia.* **SIN.** mal, desdicha, fatalidad. **FAM.** desgraciadamente, desgraciado, desgraciar, gracia.

desgraciado, desgraciada *[adj.]* **1** que tiene mala suerte y le salen las cosas mal: *una persona desgraciada.* **SIN.** desafortunado. **ANT.** afortunado. **2** que da pena verlo o saber cómo vive: *es un pobre desgraciado.* **SIN.** desdichado. **3** que ha traído muchas desgracias o daños: *un día desgraciado; un suceso desgraciado.* **SIN.** malo. **INTENS.** aciago, funesto, fatal. **ANT.** dichoso, feliz.

deshabitado, deshabitada *[adj.]* que está vacío o no vive nadie en él: *derribaron la casa deshabitada; un pueblo deshabitado.* **ANT.** habitado.

deshabitar *[v.]* dejar de vivir en un lugar: *deshabitaron la casa porque estaba en ruinas.* **SIN.** desocupar, vaciar. **ANT.** habitar, ocupar. **FAM.** deshabitado, habitar.

deshacer *[v.]* **1** hacer que algo quede como estaba antes de hacerlo: *deshacer la cama; deshacer el campamento; se reunieron para deshacer el pacto.* **2** separar por piezas algo que está montado: *he deshecho el mecano para guardarlo.* **SIN.** desmontar, desarmar. **ANT.** montar, armar. **3** convertir un sólido en líquido: *el sol deshace la nieve.* **SIN.** derretir, fundir. **ANT.** solidificar. TAMBIÉN *prnl.: se deshizo la nieve.* **4** machacar algo hasta convertirlo en polvo: *deshacer una pastilla.* **AF.** desmenuzar. //

deshacerse *[v.prnl.]* **5** estar muy impaciente: *se deshacía por ver a su hijo.* **6** desaparecer de la vista o perder algo la forma y el color que tenía: *el arco iris se deshizo muy pronto; los anillos de humo se deshacen enseguida.* **SIN.** desvanecerse. ■ **deshacerse en cumplidos**, ser muy amable con alguien. ■ **deshacerse de**, desprenderse de: *se deshizo de los discos viejos.* **CONJUG.** como *hacer**. **FAM.** deshecho, hacer.

Deshecho viene de ***hacer***,
siempre con hache se escribe...
¡No vayas a ***deshacer***
lo que tan bien se concibe!

deshelarse *[v.prnl.]* hacerse líquido lo que estaba helado: *la nieve se deshelό con el sol.* **SIN.** derretirse, fundirse, descongelarse. **ANT.** helarse, congelarse. **CONJUG.** como *cerrar**. **FAM.** deshielo, helar.

desheredar *[v.]* dejar a alguien sin la herencia que le correspondería: *su padre lo desheredó por sinvergüenza.* **FAM.** desheredado, heredar.

deshidratar *[v.]* hacer que un cuerpo o un tejido pierdan el agua que contiene: *el sol deshidrata la piel.* **AF.** secar. **ANT.** hidratar. TAMBIÉN *prnl.: dale líquidos para que no se deshidrate.* **FAM.** deshidratación, deshidratamiento, hidratar.

deshielo *[n.m.]* lo que pasa cuando el hielo (o la nieve) se convierte en agua: *con el deshielo aumenta el caudal de los ríos.* **SIN.** descongelación. **ANT.** congelación. **FAM.** deshelar, helar.

deshilar *[v.]* sacar hilos del borde de una tela para que queden flecos: *deshiló el bajo de su pantalón vaquero.* **SIN.** deshilachar. **FAM.** deshilado, hilo.

deshinchar *[v.]* **1** quitar el aire o el gas que hay dentro de algo: *deshinchar un globo, una rueda.* **SIN.** desinflar. TAMBIÉN *prnl.: el globo se deshinchó.* **2** hacer que baje una inflamación: *deshinchó el tobillo poniéndole hielo.* **SIN.** desinflamar. **ANT.** hinchar, inflamar. TAMBIÉN *prnl.: el tobillo se deshincha solo con el tiempo.* **FAM.** deshinchado, deshinchamiento, hinchar.

deshojar *[v.]* dejar una planta sin hojas o una flor sin pétalos. **FAM.** deshojado, deshoje, hoja.

Deshojar es quitar hojas
de un libro o de un vegetal;
se escribe con hache ***hoja***
y con hache ***deshojar***.

deshollinador, deshollinadora *[n.]* persona que se dedica a limpiar el interior de las chimeneas: *Mary Poppins era amiga de un deshollinador.* **SIN.** limpiachimeneas. **FAM.** deshollinar, hollín.

deshonra *[n.f.]* todo lo que va contra la honra, el honor y la buena consideración de alguien: *un delincuente es una deshonra para su familia.* **SIN.** deshonor, vergüenza. **ANT.** honra, honor. **FAM.** deshonrar, deshonroso, honra.

deshora palabra que nada más aparece en la expresión adverbial ■ **a deshora**, fuera del tiempo previsto.

deshuesar *[v.]* quitar los huesos a la carne de un animal o a la fruta para prepararlos mejor como alimento: *hemos deshuesado el jamón para cocerlo.* **SIN.** desosar. **FAM.** deshuesamiento, deshuese, hueso.

desierto, desierta *[adj.]* 1 que está vacío de gente: *al amanecer, la calle estaba desierta.* **SIN.** solitario. **AF.** deshabitado, despoblado. // **desierto** *[n.m.]* 2 extensión muy grande de arena y piedras, sin vegetación y con mucha diferencia de temperatura entre el día y la noche: *el desierto de Gobi está en Asia.* **FAM.** desértico, desertizar, desertización.

designar *[v.]* nombrar a una persona para que haga algo: *designaron como representante a un abogado.* **FAM.** designación, designio, signo.

desigual *[adj.inv. en gén.]* 1 que no es igual a otro con el que se compara: *obtuvieron resultados desiguales; ser desiguales ante la ley.* **SIN.** distinto, diferente. **ANT.** igual, idéntico. 2 que hay diferencia entre las distintas partes de una cosa en forma, color, altura, etc.: *terreno desigual; pintura desigual en una superficie.* **SIN.** irregular. **ANT.** regular. 3 que cambia muchas veces: *tiene un humor muy desigual.* **SIN.** voluble, inconstante. **AF.** caprichoso. **ANT.** constante, regular. **FAM.** desigualar, desigualdad, igual.

desigualdad *[n.f.]* 1 lo que hace que dos o más personas o cosas sean distintas entre sí: *desigualdad de color, de forma, de medios económicos...* **SIN.** diferencia. **ANT.** igualdad. 2 relación matemática formada por dos expresiones unidas por los signos ≠ (no igual), < (menor que) o > (mayor que).

desilusión *[n.f.]* lo que siente uno al darse cuenta de que algo o alguien no es como creía que era: *al ver que no llegaba sufrió una gran desilusión.* **SIN.** chasco, decepción, desengaño. **ANT.** ilusión.

desilusionar *[v.]* hacer que alguien pierda las ilusiones: *la adversidad desilusiona a cualquiera.* **SIN.** decepcionar, desencantar. **ANT.** ilusionar. TAMBIÉN *prnl.: se desilusionó al ver que no podía.* **FAM.** desilusión, desilusionante, ilusión.

desinfectante *[n.m.]* sustancia que sirve para eliminar los gérmenes de las heridas, de los utensilios, ropas, etc.: *el agua oxigenada es un desinfectante para heridas.* **SIN.** antiséptico, esterilizador.

desinfectar *[v.]* hacer que algo quede limpio de gérmenes: *la enfermera desinfectó las pinzas con alcohol.* **SIN.** esterilizar. **ANT.** infectar, contaminar. **FAM.** desinfectante, infectar.

desinflamar *[v.]* hacer que baje la inflamación de algo: *las pomadas que sirven para desinflamar se llaman antiinflamatorias.* **SIN.** deshinchar. **ANT.** inflamar, hinchar. **FAM.** inflamar.

desinflar *[v.]* 1 sacar el aire que hay dentro de algo: *desinflar un globo.* **SIN.** deshinchar. **ANT.** inflar, hinchar // **desinflarse** *[v.prnl.]* 2 perder la ilusión por algo: *comenzó a trabajar con interés, pero enseguida se desinfló.* **SIN.** desanimarse. **FAM.** desinflamiento, inflar.

desinsectar *[v.]* limpiar de insectos. **FAM.** insecto.

desinterés *[n.m.]* 1 generosidad que demuestra quien hace algo sin esperar nada a cambio: *siempre me ha ayudado con desinterés.* **SIN.** desprendimiento, generosidad. **AF.** altruismo. **ANT.** interés, egoísmo. 2 falta de ganas o dejadez de una persona al hacer las cosas: *trabajaba con desinterés.* **SIN.** desgana, apatía, abulia. **AF.** indiferencia, dejadez. **ANT.** interés. **FAM.** desinteresado, desinteresadamente, desinteresarse, interés.

desinteresado, desinteresada *[adj.]* que hace las cosas sin pedir ni esperar nada a cambio: *las personas desinteresadas suelen ser buenas.* **SIN.** generoso, desprendido. **AF.** altruista. **ANT.** interesado, egoísta.

desinteresarse *[v.prnl.]* perder el interés que se tenía por algo: *se ha desinteresado por* *los problemas familiares.* **AF.** desentenderse de, despreocuparse de. **ANT.** interesarse, preocuparse.

desistir *[v.]* dejar de hacer algo que se está haciendo porque resulta difícil, o no intentar más veces lo que ya se ha intentado: *le iba tan mal que desistió de estudiar.* **SIN.** renunciar a. **AF.** abandonar. **FAM.** desistimiento, asistir.

deslenguado, deslenguada *[adj.]* que dice palabras mal sonantes o cosas inconvenientes. **SIN.** malhablado. **FAM.** lengua.

desliar *[v.]* **1** quitar lo que ataba, sujetaba o envolvía algo: *desliar un paquete.* **SIN.** desatar, soltar, desenvolver, deshacer. **ANT.** liar, atar. **2** desenredar algo o aclarar algo que estaba confuso: *desliar una cuerda; desliar una situación.* **ACENT.** como *fiar**.

deslindar *[v.]* marcar los límites de un territorio: *deslindar una finca.* **FAM.** linde.

deslizamiento *[n.m.]* hecho de que algo o alguien se deslice por una superficie: *en una carretera helada pueden producirse deslizamientos peligrosos.*

deslizar *[v.]* hacer que algo pase suave o rápidamente y con un movimiento continuo, sobre una superficie mojada o lisa: *deslizó el patín sobre el hielo.* TAMBIÉN *prnl.: los niños se deslizan por el tobogán.* **AF.** resbalar. **OBS.** ante e, c: *deslicen.* **FAM.** deslizamiento, deslizante, desliz, deslizable.

deslumbrante *[adj.inv. en gén.]* **1** que produce una luz tan intensa que molesta a los ojos: *un sol deslumbrante.* **SIN.** cegador. **2** que llama mucho la atención y produce admiración: *un coche deslumbrante; una actuación deslumbrante.* **SIN.** impresionante.

deslumbrar *[v.]* ser una luz tan fuerte que no deja ver: *la luz de los focos deslumbra.* **SIN.** cegar. **FAM.** deslumbrador, deslumbramiento, deslumbrante, lumbre.

desmayarse *[v.prnl.]* perder el conocimiento: *la actriz se desmayó en el escenario.* **SIN.** desvanecerse.

Desmayarse *es con y griega,*
porque aquel que se desmaya
necesita recostarse
en una hamaca de playa.

desmayo *[n.m.]* pérdida momentánea del conocimiento: *sufrió un desmayo por el calor.* **SIN.** desvanecimiento. **FAM.** desmayarse.

desmedido, desmedida *[adj.]* que es más de lo que hace falta o de lo que sería lógico o normal: *un gasto desmedido; un castigo desmedido.* **SIN.** excesivo, exagerado, desmesurado, desproporcionado, exorbitante, desorbitante. **ANT.** insuficiente, escaso.

desmejorar *[v.]* empeorar la salud, la situación o el aspecto de algo: *el paso del tiempo ha desmejorado la fachada.* **SIN.** empeorar. **ANT.** mejorar. TAMBIÉN *prnl.: se ha desmejorado mucho después de su operación.* **FAM.** desmejora, desmejoramiento, mejorar.

desmemoriado, desmemoriada *[adj.]* que no se acuerda de las cosas: *es tan desmemoriado que nunca sabe dónde ha dejado las llaves.* **SIN.** olvidadizo, distraído. **FAM.** desmemoriarse, memoria.

desmentir *[v.]* decir que alguien miente o que algo es mentira: *el telediario desmintió la noticia.* **AF.** negar. **ANT.** confirmar. **CONJUG.** como *sentir**. **FAM.** desmentido, mentir.

desmenuzar *[v.]* partir algo en trozos pequeños: *desmenuzar un mendrugo de pan.* **AF.** desmigar. **OBS.** ante e, c: *desmenucen.* **FAM.** desmenuzamiento, desmenuzadamente.

desmontar *[v.]* **1** separar las piezas que forman algo: *desmontar un motor, un andamio...* **AF.** descomponer. **ANT.** montar, armar. **2** bajar de una caballería. **SIN.** descabalgar. **ANT.** montar, subir. **FAM.** desmontable, montar.

desmonte *[n.m.]* corte de árboles o de matas en un monte: *el desmonte de una ladera de la montaña ha cambiado el paisaje.*

desmoralizar *[v.]* hacer que alguien pierda la ilusión que tenía por conseguir algo: *la falta de ayuda lo desmoralizó.* **SIN.** desanimar, desalentar, abatir. **ANT.** animar, alentar. TAMBIÉN *prnl.: se desmoralizó al ver que a nadie le interesaba.* **OBS.** ante e, c: *desmoralice.*

desmoronar *[v.]* deshacer algo que está formado por granos o trozos de algo: *el agricultor desmorona los terrones con la azada.* TAMBIÉN *prnl.: las construcciones abandonadas se desmoronan poco a poco.* **FAM.** desmoronamiento.

desnatado, desnatada *[adj.]* hablando

de la leche y de sus derivados, que se le ha quitado la grasa o nata: *yogur desnatado.* **SIN.** descremado.

desnivel *[n.m.]* diferencia de altura entre dos o más puntos, dos o más cosas, etc.: *el desnivel entre un piso y otro se salva con las escaleras; este terreno tiene muchos desniveles.* **FAM.** desnivelar, nivel.

desnudar *[v.]* quitarle a alguien toda la ropa que tiene puesta o parte de ella: *la enfermera desnudó al anciano.* TAMBIÉN *prnl.: se desnudó de cintura para arriba.* **FAM.** desnudo, desnudismo, desnudez, nudismo.

desnudo, desnuda *[adj.]* 1 sin ropa: *nos bañamos desnudos.* 2 que está vacío, sin adornos: *los ladrones dejaron las paredes desnudas.* // **desnudo** *[n.m.]* 3 pintura o escultura en la que se representa a una persona sin ropa o con poca ropa: *Rubens pintó muchos desnudos.*

desnutrición *[n.f.]* lo que tiene una persona (o un animal) cuando no está bien alimentada: *su desnutrición se debe a problemas digestivos.* **FAM.** desnutrido, nutrir.

desobedecer *[v.]* no hacer lo que otro manda que se haga: *desobedecer a una persona; desobedecer una orden.* **ANT.** obedecer. **CONJUG.** como *crecer**. **FAM.** desobediente, desobediencia, obedecer.

desobediente *[adj.inv. en gén.]* que no hace caso de lo que le mandan.

desocupar *[v.]* sacar lo que hay en un sitio para dejarlo vacío: *la secretaria desocupó las estanterías.* **SIN.** vaciar. **ANT.** ocupar. **FAM.** desocupación, desocupado, ocupar.

desodorante *[n.m.]* producto que evita los malos olores. **FAM.** desodorizar, olor.

desolación *[n.f.]* 1 lo que siente quien está muy impresionado por algo triste o preocupante: *ver el accidente le produjo desolación.* **SIN.** desconsuelo*. 2 ruina y pobreza producidas por la guerra, los temporales, la sequía, etc.: *reinaba la desolación.* **AF.** devastación, ruina. **FAM.** desolar.

desorbitante *[adj.inv. en gén.]* desmedido*, exagerado, excesivo.

desorden *[n.m.]* falta de orden en las personas o en las cosas: *el desorden entre los alumnos comenzó al irse el profesor; colocó los libros para evitar el desorden.* **SIN.** desbarajuste, desorganización, barullo. **INTENS.** caos. **ANT.** orden. **FAM.** desordenar, desordenadamente, orden.

desordenar *[v.]* dejar las cosas fuera de su sitio: *para encontrar sus papeles ha desordenado todas las carpetas.* **SIN.** descolocar, desorganizar, revolver. **ANT.** ordenar, organizar.

desorganización *[n.f.]* falta de organización: *aquí hay un orden aparente, pero reina la desorganización.* **SIN.** desorden. **ANT.** organización, orden.

desorganizar *[v.]* estropear el orden profundo de algo que es el que hace que cada cosa y cada persona estén donde le corresponde respecto de los demás: *con tantos cambios han desorganizado todo.* **AF.** desordenar. **ANT.** organizar. **OBS.** ante e, c: *desorganicen.* **FAM.** desorganización, desorganizadamente, organizar.

desorientar *[v.]* 1 hacer que alguien pierda el sentido de las cosas y se confunda: *tus explicaciones me han desorientado.* **SIN.** desconcertar, despistar, desencaminar. **ANT.** orientar, guiar. // **desorientarse** *[v.prnl.]* 2 perder la orientación en el espacio: *en el cruce de carreteras me he desorientado.* **AF.** extraviarse, perderse. **ANT.** orientarse. **FAM.** desorientación, orientar.

desovar *[v.]* poner los peces y los anfibios los huevos: *los salmones van a desovar a los ríos; algunas tortugas marinas desovan en las playas.*

despachar *[v.]* 1 atender a los clientes en una tienda: *un dependiente despachaba la fruta.* **SIN.** vender. 2 despedir a alguien de un empleo: *despacharon al dependiente de la frutería.* **SIN.** echar, despedir. **ANT.** contratar. 3 resolver un asunto: *esta mañana he despachado varios asuntos pendientes.* 4 tratar sobre cosas profesionales en el despacho de un jefe o superior: *está despachando con el director.* **FAM.** despacho.

despacho *[n.m.]* 1 habitación donde se trabaja o se estudia: *tiene en casa un pequeño despacho.* **SIN.** oficina, estudio. **AF.** gabinete. 2 oficina de un profesional: *un despacho de abogados.* 3 tienda pequeña: *un despacho de pan.*

despacio *[adv. de m.]* 1 poco a poco: *me gusta caminar despacio.* **SIN.** lentamente, pausadamente, sin prisa. **ANT.** deprisa, rápidamente. 2 con más tiempo: *la próxima vez hablaremos más despacio.* **SIN.** con calma, tranquilamente.

despampanante *[adj.inv. en gén.]* que llama mucho la atención por muy bonito, muy grande, etc.: *un coche despampanante.* **SIN.** impresionante, deslumbrante.

desparpajo *[n.m.]* facilidad para hablar o moverse: *en la obra de teatro los niños actuaron con desparpajo.* **SIN.** desenvoltura, soltura.

despectivo, despectiva *[adj.]* que demuestra desprecio: *hablaba de forma despectiva.* **FAM.** despectivamente, despreciar.

despedazar *[v.]* hacer pedazos algo: *la fiera despedazó a su presa.* **SIN.** destrozar. **OBS.** ante e, c: *despedacen.* **FAM.** despedazamiento, pedazo.

despedida *[n.f.]* gestos o palabras con las que le decimos adiós a alguien que se va: *una despedida muy emotiva.* **SIN.** adiós. **ANT.** bienvenida, recibimiento, acogida.

despedir *[v.]* **1** estar con alguien cuando se va, o decirle adiós: *se despidieron con un abrazo.* **AF.** separarse. **ANT.** recibir. **2** echar a alguien de un trabajo: *han despedido al dependiente de la frutería.* **SIN.** echar, expulsar, despachar. **3** tener dentro algo inmaterial que sale al exterior: *el tomillo despide buen olor.* **SIN.** irradiar*. **4** lanzar con fuerza algo que se tiene dentro: *los volcanes despiden lava y ceniza.* **SIN.** arrojar, expulsar, echar. **CONJUG.** como *pedir**. **FAM.** despedida, despido.

despegar *[v.]* **1** separar algo de donde está pegado: *despegó los cromos del álbum.* **SIN.** desprender. **ANT.** pegar. **2** separarse un avión de la tierra para empezar a volar. **AF.** salir. **ANT.** aterrizar. **OBS.** ante e, gu: *despeguen.* **FAM.** despegue, despegable, pegar.

despegue *[n.m.]* hecho de que un avión empiece a volar: *el despegue se produjo con normalidad.* **ANT.** aterrizaje.

despeinar *[v.]* deshacer el peinado: *el viento la despeinó.* **ANT.** peinar. TAMBIÉN *prnl.: se despeinaron con el viento.* **FAM.** peinar.

despejar *[v.]* **1** quitar lo que hay en un sitio para dejarlo libre: *despejaron la habitación para colocar la alfombra.* **AF.** desalojar, desocupar. **2** aclarar una duda, una situación, mejorar el tiempo, etc.: *por fin despejamos la incógnita.* TAMBIÉN *prnl.: el día se ha despejado.* **3** dar un golpe a un balón para lanzarlo lejos. // **despejarse** *[v.prnl.]* **4** descansar y recuperarse mentalmente: *después de dormir un rato me despejé.* **SIN.** espabilarse. **FAM.** despeje.

despellejar *[v.]* **1** quitar la piel a un animal: *el cazador despellejó un ciervo.* **SIN.** desollar. **2** hablar muy mal de alguien: *en cuanto te vas, te despellejan.* **SIN.** criticar, murmurar de, poner verde. **FAM.** despellejadura, despelleje, despellejamiento, pellejo.

despensa *[n.f.]* cuarto, generalmente pequeño, que se utiliza para guardar alimentos: *la despensa está junto a la cocina.* **FAM.** despensero.

despeñadero *[n.m.]* desnivel profundo y vertical en un terreno: *desde el despeñadero se ve todo el valle.* **AF.** barranco, precipicio. **FAM.** despeñarse, despeñamiento, peña.

despeñarse *[v.prnl.]* caerse por un precipicio: *el automóvil se despeñó por el acantilado.*

desperdiciar *[v.]* usar mal una cosa, gastando más de lo necesario o no aprovechándolo bien: *desperdicia el dinero en el juego.* **SIN.** malgastar, derrochar, despilfarrar. **FAM.** desperdicio, perder.

desperdicio *[n.m.]* lo que sobra de algo que no se usa o lo que no se come de los alimentos: *tiró los desperdicios de la comida.* **SIN.** residuo, resto, desecho.

desperdigar *[v.]* **1** ir dejando cosas desordenadamente en distintos sitios: *desperdigó la ropa por la habitación.* **SIN.** desparramar, esparcir. // **desperdigarse** *[v.prnl.]* **2** separarse o extenderse algo desordenadamente por un sitio: *las cabras se desperdigaron por el monte.* **SIN.** dispersarse. **ANT.** reunirse. **OBS.** ante e, gu: *desperdiguen.* **FAM.** desperdigadamente, perdiz.

desperezarse *[v.prnl.]* estirar los brazos y las piernas para quitarse la pereza y activar los músculos. **SIN.** estirarse. **FAM.** desperezamiento, pereza.

desperfecto *[n.m.]* daño producido en cualquier cosa o en una cosa nueva que llega con un defecto de acabado o con un golpe dado al transportarlo: *el granizo causó desperfectos en la persiana; esta mesa tiene un desperfecto en una pata.* **SIN.** deterioro, daño, defecto. **AF.** avería, tara.

despertador *[n.m.]* reloj que tiene una alarma que suena a la hora que se le marca.

despertar *[v.]* interrumpir el sueño de quien está dormido: *los ruidos despertaron al niño.* TAMBIÉN *prnl.: el niño se despertó al oír ruidos.* **CONJUG.** como *acertar*.* **FAM.** despertador, despierto.

despido *[n.m.]* lo que se hace cuando se expulsa a alguien de un trabajo: *el cierre de la fábrica ocasionó 500 despidos.* **AF.** expulsión, cese.

despierto, despierta *[adj.]* **1** que no está dormido: *las preocupaciones me tuvieron despierto toda la noche.* **2** que tiene la mente ágil y no se le escapa nada de lo que ve o de lo que oye: *un muchacho muy despierto.* **SIN.** espabilado, avispado. **ANT.** torpe.

despilfarro *[n.m.]* gasto inútil o innecesario de algo: *ver tanto la televisión es un despilfarro de tiempo.* **SIN.** derroche. **ANT.** ahorro. **FAM.** despilfarrador, despilfarrar.

despistado, despistada *[adj.]* que no se da cuenta de lo que pasa a su alrededor o se olvida de lo que tiene que hacer: *siempre es la última en enterarse porque es muy despistada.* **SIN.** distraído, olvidadizo.

despistar *[v.]* **1** hacer que alguien no sepa por dónde ir para conseguir lo que quiere: *el ladrón despistó a sus perseguidores.* **SIN.** desorientar. **ANT.** orientar. // **despistarse** *[v.prnl.]* **2** olvidarse de lo que se tiene que hacer y no hacerlo. **3** perderse en un sitio, en una explicación, en una conversación, etc.: *se despistó y no entendió nada.* **AF.** extraviarse, perderse, distraerse. **FAM.** despistado, despiste, despistadamente, pista.

despiste *[n.m.]* lo que tiene quien se olvida de algo, o pierde la atención y comete un error: *¡vaya despiste, me dejé el paraguas en el cine!* **SIN.** distracción.

desplazar *[v.]* mover una cosa del lugar en el que está: *desplazó la mesa para hacer sitio.* **AF.** trasladar, correr, mover. **OBS.** ante e, c: *desplacen.* **FAM.** desplazamiento, plaza.

desplegar *[v.]* extender lo que está enrollado o plegado: *desplegaron las pancartas de bienvenida.* **SIN.** desdoblar, extender. **AF.** desenvolver, desenrollar. **ANT.** plegar, doblar, enrollar. **CONJUG.** como *negar*.* **FAM.** despliegue, plegar.

desplomarse *[v.prnl.]* caerse, de repente, una construcción o una persona que se ha desmayado: *la pared se ha desplomado.* **AMPL.** cuando un edificio se va estropeando poco a poco, por ejemplo por efecto de la lluvia, se dice que se ***arruina*** o que se ***desmorona***. **FAM.** desplome, plomo.

desplumar *[v.]* **1** quitar las plumas: *desplumó las codornices para cocinarlas.* **SIN.** pelar. **2** dejar a alguien sin nada de dinero: *lo desplumaron unos atracadores.* **FAM.** desplume, pluma.

despoblado, despoblada *[adj.]* que no tiene habitantes: *en invierno el pueblo se queda despoblado.* **SIN.** vacío, desierto, deshabitado. **ANT.** poblado.

despoblar *[v.]* dejar un sitio sin los seres vivos que lo poblaban y especialmente si se trata de los que más se veían o de seres humanos: *las talas han despoblado el bosque de árboles; la caza despobló de osos los Montes de León.* **ANT.** poblar, repoblar. TAMBIÉN *prnl.: muchos pueblos se han despoblado por la emigración.* **SIN.** deshabitar. **ANT.** poblar. **CONJUG.** como *contar*.* **FAM.** despoblado, despoblación, despoblamiento, poblar.

despojar *[v.]* **1** quitarle violentamente a alguien lo que tiene: *los atracadores los despojaron de los objetos valiosos.* **AF.** desplumar. // **despojarse** *[v.prnl.]* **2** quitarse ropa: *al entrar, se despojaron de las prendas de abrigo.* **3** dejar de ser dueño de algo voluntariamente: *antes de irse al convento se despojó de sus posesiones.* **SIN.** renunciar a, privarse. **ANT.** aferrarse. **FAM.** despojo.

desposar *[v.]* unir en matrimonio: *el juez desposó a los contrayentes.* **SIN.** casar. TAMBIÉN *prnl.: los novios se han desposado.* **SIN.** casarse, contraer matrimonio. **ANT.** separarse, divorciarse. **FAM.** desposorio, esposo.

despreciar *[v.]* 1 no querer tener amistad o trato con una persona que no nos gusta o que pensamos que no lo merece: *los militares desprecian a los desertores.* **SIN.** menospreciar. 2 hacer poco caso de algo: *el niño despreció los juguetes.* **SIN.** menospreciar, desdeñar. **AF.** desechar. **ANT.COM.** apreciar. **FAM.** desprecio, despreciable, despectivo, precio.

desprecio *[n.m.]* 1 lo que se siente hacia una persona con la que no se quiere tener trato o hacia una cosa que no interesa: *el desprecio por los corruptos es general.* **SIN.** menosprecio, rechazo. **ANT.** aprecio, estima. 2 falta de respeto: *trataron con desprecio a los inmigrantes.* **AF.** desdén, descortesía. **ANT.** respeto, consideración.

desprender *[v.]* 1 separar algo que está unido a otra cosa: *desprendió la primera página del libro.* **SIN.** soltar, separar. **AF.** despegar, arrancar. **ANT.** prender, unir, pegar. TAMBIÉN *prnl.: la pegatina se ha desprendido del cristal.* 2 echar hacia fuera algo inmaterial: *la rosa desprende un aroma suave.* **SIN.** irradiar*. TAMBIÉN *prnl.: de las brasas se desprenden chispas.* **SIN.** salir. // **desprenderse** *[v.prnl.]* 3 dejar de ser dueño de algo por haberlo vendido o regalado: *se desprendió del piso porque necesitaba dinero; se desprendió de sus bienes en favor de los hijos.* **SIN.** despojarse. 4 llegar a tener una idea a partir de algo: *de lo que dijo se desprende que no quiere venir.* **SIN.** deducirse, inferirse. **FAM.** desprendido, desprendimiento, prender.

desprendimiento *[n.m.]* 1 lo que pasa cuando una cosa se desprende o se suelta de otra: *la lluvia produjo desprendimientos de piedras en las murallas.* **AF.** derrumbamiento. 2 lo que demuestra quien actúa con generosidad: *donó sus obras de arte con desprendimiento.* **SIN.** desinterés, generosidad. **AF.** filantropía. **ANT.** tacañería, miseria.

despreocuparse *[v.prnl.]* 1 librarse de una preocupación: *despreocúpate, que de esto me encargo yo.* **SIN.** desentenderse. **ANT.** preocuparse, ocuparse. 2 poner poco cuidado en algo: *se despreocupó del negocio y se arruinó.* **SIN.** desatender. **ANT.** preocuparse, atender. **FAM.** despreocupación, despreocupadamente, preocupar.

desprovisto, desprovista *[adj.]* que no tiene algo necesario o conveniente: *este parque está desprovisto de fuentes y farolas.* **SIN.** falto, carente. **AF.** desabastecido. **ANT.** provisto, dotado. **FAM.** desproveer, proveer.

después *[adv.]* 1 más lejos en el tiempo o en el espacio: *ven después del trabajo; mi casa está después de la tuya.* **AF.** luego. **ANT.** antes. 2 detrás en orden o preferencia: *el segundo va después del primero.*

despuntar *[v.]* 1 hacer algo mejor que los demás por tener cualidades especiales para ello: *Miguel Ángel despuntó como escultor.* **SIN.** sobresalir, destacar. **AF.** distinguirse. 2 empezar a brotar las plantas o los árboles: *ya despuntan los capullos de los rosales.* **SIN.** salir, brotar. **AF.** germinar, florecer. // **despuntarse** *[v.prnl.]* 3 estropearse la punta de algo: *la pluma se ha despuntado por escribir mal.* ■ **despuntar el día**, empezar a amanecer. **FAM.** despunte, despuntamiento, punta.

desquitarse *[v.prnl.]* 1 recuperar lo perdido o compensar algo: *quería desquitarse de lo que había perdido; hoy he dormido más para desquitarme de lo poco que dormí ayer.* **SIN.** resarcirse. 2 pagar un daño con otro daño, una broma con otra broma, una trampa con otra trampa, etc. **SIN.** vengarse. **FAM.** desquite, quitar.

destacado, destacada *[adj.]* que es importante en algo: *Wright fue un destacado arquitecto.* **SIN.** ilustre, célebre, renombrado, afamado, eminente.

destacamento *[n.m.]* grupo de soldados destacado en alguna misión: *el capitán llevó al destacamento hasta la colina.* **AF.** patrulla, pelotón.

destacar *[v.]* 1 ser, en algo, mucho mejor o mucho peor que los demás: *destaca en clase por su simpatía.* **SIN.** sobresalir, distinguirse. 2 llamar la atención sobre las cualidades de alguien: *el presidente destacó los méritos del nuevo académico.* **SIN.** realzar, subrayar, resaltar. 3 enviar a alguien a hacer algo especial: *destacaron a cinco soldados para explorar el terreno.* **AF.** destinar a, enviar. **OBS.** ante e, qu: *destaquen.* **FAM.** destacable, destacablemente, destacamento.

destapar *[v.]* 1 quitar la tapadera de algo: *destapa el tarro de mermelada; destapó la caja.*

SIN. abrir. **ANT.** cerrar, tapar. // **destaparse** *[v.prnl.]* 2 quitarse ropa: *no te destapes, que hace frío.* **SIN.** desarroparse. **AF.** desabrigarse. **ANT.** arroparse, abrigarse. **FAM.** destape, tapar.

destartalado, destartalada *[adj.]* muy viejo o estropeado: *un coche destartalado.* **SIN.** desvencijado. **AF.** ruinoso. **FAM.** destartalar, destartalamiento.

destellar *[v.]* dar o producir destellos de luz: *los fuegos artificiales destellaban en la noche.* **SIN.** brillar, resplandecer. **FAM.** destello.

destello *[n.m.]* luz fuerte que dura poco: *apretando el mando hacia ti, los faros del coche dan destellos.* **AF.** fulgor, centelleo, resplandor. **FAM.** destellar.

desteñir *[v.]* 1 hacer que una tela pierda su color: *la lejía destiñe la ropa; el sol destiñe las tapicerías.* **SIN.** decolorar. TAMBIÉN *prnl.: las tapicerías se destiñen con el sol.* 2 manchar una cosa con el tinte o color que suelta otra al lavarla: *no laves la ropa de color con la blanca por si algo destiñe.* **AMPL.** cuando se mezclan los distintos colores de una prenda al lavarla, se dice que ***se han emborrachado*** los colores. **CONJUG.** como *reñir*.* **FAM.** desteñimiento, teñir.

desternillante *[adj.inv. en gén.]* que produce mucha risa: *un chiste desternillante.*

desterrado, desterrada *[adj.]* que ha sido expulsado de un territorio: *Unamuno estuvo desterrado en Fuerteventura.* **AF.** exiliado, expatriado. **ANT.** repatriado.

desterrar *[v.]* castigar a una persona a vivir donde se le dice, lejos de donde vive o quiere vivir: *Unamuno fue desterrado en 1924 por la dictadura de Primo de Rivera.* **AF.** exiliar, expatriar. **ANT.** repatriar. **CONJUG.** como *cerrar*.* **FAM.** destierro, tierra.

destetar *[v.]* dejar de dar de mamar definitivamente: *destetó al bebé a los seis meses.*

destiempo palabra que nada más aparece en la expresión adverbial ■ **a destiempo**, cuando no es normal, oportuno o conveniente. **ANT.** a tiempo.

destierro *[n.m.]* castigo que sufren los desterrados, situación y lugar en que se vive ese castigo: *Napoleón murió en el destierro.* **SIN.** exilio.

destilar *[v.]* separar una sustancia que se halla en un líquido, haciendo que se evapore con calor y recogiéndolo luego en otro recipiente frío para que vuelva a ser líquido separado así de las otras sustancias. **AMPL.** el aparato en el que se hacen las destilaciones se llama ***alambique***. **FAM.** destilación.

destinar *[v.]* 1 hacer que una cosa se use para algo determinado: *destinaron su dinero a obras de caridad.* **SIN.** dedicar. 2 mandar a una persona a trabajar en un determinado sitio: *lo destinaron a Zaragoza.* **FAM.** destinatario, destino.

destinatario, destinataria *[n.]* persona a quien va dirigida una cosa que se envía: *el destinatario de una carta.* **ANT.** remitente.

destino *[n.m.]* 1 puesto de trabajo y lugar en el que se tiene que hacer ese trabajo: *le dieron un destino en Tarragona.* **AF.** empleo, cargo. 2 fin al que se dedica algo: *el destino de estas tierras es convertirse en bosque.* **AF.** utilización, aplicación. 3 lugar hacia donde se dirigen las personas que viajan y las cosas que transportan: *los viajeros con destino a Ceuta pueden embarcar.* **AF.** dirección.

destituir *[v.]* echar a alguien de un cargo o empleo: *destituyeron a los directivos de la empresa.* **SIN.** deponer. **AF.** despedir. **ANT.** nombrar. **CONJUG.** como *huir*.* **FAM.** destitución.

destornillador *[n.m.]* herramienta para poner y quitar tornillos: *para desmontar la bicicleta necesito un destornillador de estrella y otro plano.* **FAM.** desatornillar, destornillamiento, atornillar.

destornilladores

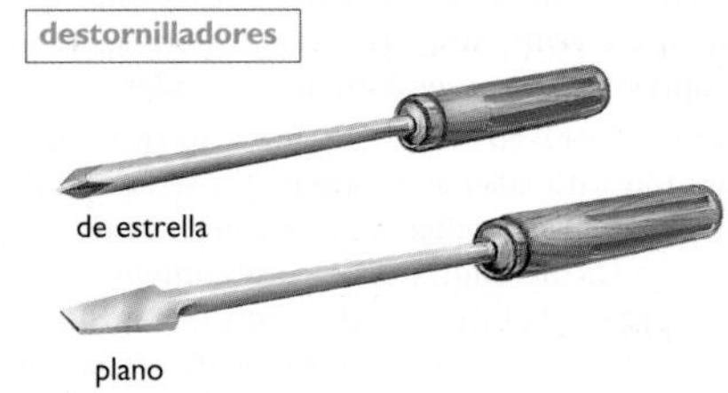

destornillante forma incorrecta de decir *desternillante*.*

destornillar *[v.]* desatornillar.

destreza *[n.f.]* conocimientos y habilidad para hacer algo muy bien: *su destreza con el arco le permitió ganar varios premios.* **SIN.** pericia, maestría. **AF.** habilidad, maña. **ANT.** torpeza.

destripar *[v.]* 1 sacar las tripas a un animal: *destripa las sardinas antes de asarlas.* **AF.** limpiar. 2 sacar el interior de algo: *el mecánico destripó el motor del coche.* **AF.** desarmar, desmontar. **ANT.** armar, montar. **FAM.** destripamiento, tripa. **COMP.** destripaterrones.

destronar *[v.]* 1 hacer que un rey deje de reinar: *el zar Nicolás II fue destronado por los revolucionarios.* **SIN.** derrocar. **AF.** destituir, deponer. **ANT.** coronar, entronizar. 2 hacer que alguien deje de ser el más importante en algo: *el joven jugador de ajedrez destronó al antiguo maestro.* **SIN.** desbancar. **AF.** vencer, derrotar. **FAM.** destronamiento, trono.

destrozar *[v.]* 1 romper o estropear algo tanto que no se puede arreglar: *el perro destrozó la sábana.* **SIN.** destruir, despedazar. **AF.** estropear, desbaratar. **ANT.** arreglar. 2 hacer mucho daño a alguien: *la pérdida de su amigo la ha destrozado.* **SIN.** hundir. **ANT.** animar. **OBS.** ante e, c: *destrocen.* **FAM.** destrozo, destrozón, trozo.

destrozo *[n.m.]* lo que hay cuando algo se estropea tanto que no se puede arreglar: *la tormenta provocó destrozos en las cosechas.* **SIN.** desastre, estropicio.

destrozón, destrozona *[adj.]* que estropea mucho las cosas al usarlas, porque las trata con poco cuidado: *tiene los libros estropeados porque es un destrozón.* **ANT.** cuidadoso.

destrucción *[n.f.]* acción por la que algo queda destruido: *la destrucción del edificio levantó mucho polvo.* **ANT.** construcción, creación.

destructivo, destructiva *[adj.]* que destruye: *la dinamita es muy destructiva; las termitas son destructivas para la madera.* **SIN.** destructor. **ANT.** constructivo.

destructor *[n.m.]* barco de guerra muy rápido, armado con cañones y torpedos, que se emplea para dar protección a otros barcos de ataque. **AF.** torpedero.

destruir *[v.]* deshacer algo por completo o casi por completo: *los bombardeos destruyeron la ciudad; ha destruido los juguetes.* **ANT.** construir. **CONJUG.** como *huir**. **FAM.** destrucción, destructivo, destructor, destructivamente. **COMP.** indestructible.

desunir *[v.prnl.]* 1 separar cosas que estaban unidas: *no es fácil desunir dos tablas encoladas.* **SIN.** separar. 2 hacer que unas personas se enemisten con otras: *los intereses económicos han desunido muchas familias.* **SIN.** enemistar. **FAM.** desunión, unir.

desuso *[n.m.]* situación en que se hallan las cosas que no se usan: *los tranvías están en desuso.* **ANT.** uso. **FAM.** desusado, desusar, uso.

desvalido, desvalida *[adj.]* que necesita ayuda y no tiene quien se la preste: *hay organizaciones de voluntarios para ayudar a personas desvalidas.* **SIN.** desamparado, desprotegido. **FAM.** desvalimiento, valer.

desvalijar *[v.]* quitarle a uno todo lo que lleva o lo que tiene en algún sitio: *los ladrones desvalijaron a los viajeros del tren; le han desvalijado la casa.* **SIN.** saquear. **AF.** robar, atracar. **FAM.** desvalijamiento, valija.

desván *[n.m.]* parte de una casa que está entre el tejado y el techo de la última planta y a veces se usa para guardar cosas: *en el desván hay un baúl con ropa vieja.* **SIN.** sobrado. **AF.** buhardilla. **PL.** *desvanes.*

desvanecerse *[v.prnl.]* 1 ir desapareciendo una cosa como si se deshiciera: *la nube de humo se desvaneció en el aire.* **SIN.** diluirse, esfumarse, disiparse. 2 perder el sentido: *se desvaneció a causa del calor.* **SIN.** desmayarse. **CONJUG.** como *crecer**. **FAM.** desvanecedor, desvanecimiento.

desvelar *[v.]* 1 no dejar dormir: *la preocupación lo desveló.* TAMBIÉN *prnl.: se desvela por cualquier motivo.* 2 descubrir algún secreto: *la policía desveló la identidad del asesino.* // **desvelarse** *[v.prnl.]* 3 preocuparse mucho por alguien: *se desvela por atender a sus padres.* **SIN.** desvivirse. **FAM.** desvelo, velar.

desventaja *[n.f.]* 1 lo que hace que algo no sea del todo bueno o claramente mejor que otros: *este camino es más corto pero tiene la desventaja de su mal estado.* **SIN.** inconveniente, pega. **ANT.** ventaja. 2 diferencia que hay entre dos cosas y que perjudica a una de ellas: *salimos con desventaja, pero llegamos a la vez.* **FAM.** desventajoso, desventajosamente, ventaja.

desvergonzado, desvergonzada *[adj.]* que demuestra falta del sentido de la vergüenza: *actitud desvergonzada.* **SIN.** descarado*.

FAM. desvergüenza, desvergonzonería, vergüenza.

desvestir *[v.]* quitar la ropa: *desvistió a la niña.* **SIN.** desnudar. **ANT.** vestir. TAMBIÉN *prnl.: se desvistió en un instante.* **CONJUG.** como *vestir**. **FAM.** vestir.

desviación *[n.f.]* 1 separación de algo de su sitio normal: *tiene una desviación de columna.* **SIN.** desplazamiento, dislocación. 2 camino o carretera provisional por el que circulan los vehículos: *las desviaciones de la carretera nos han retrasado.* **SIN.** desvío, variante.

desviar *[v.]* 1 cambiar de dirección: *el autobús desvió su ruta a causa de las obras.* // **desviarse** *[v.prnl.]* 2 dejar de ir por donde se iba: *se desvió de la carretera para descansar un rato.* **SIN.** separarse. **ACENT.** como *fiar**. **FAM.** desviación, desvío, vía.

desvío *[n.m.]* desviación*. **SIN.** desviación, variante.

desvivirse *[v.prnl.]* hacer todo lo posible para lograr algo: *se desvive por tenernos a todos contentos.* **SIN.** desvelarse. **AF.** esforzarse. **ANT.** desentenderse. **FAM.** vivir.

detalle *[n.m.]* 1 lo que forma parte de algo pero que no tiene mucha importancia: *nos contó la película con todos los detalles.* **SIN.** pormenor. **ANT.** generalidad. 2 parte pequeña de una cosa que normalmente sirve para adornarla: *la bandeja tiene unos detalles en plata.* **SIN.** adorno. 3 lo que se hace por alguien o se le regala, sin estar obligado a ello y sin darle importancia: *tuvo el detalle de dejarme su silla; me trajo un detalle de su viaje.* **SIN.** delicadeza, atención. **FAM.** detallar, detallista.

detallista *[adj.inv. en gén.]* que está pendiente de lo que le gusta a los demás y lo tiene en cuenta para facilitárselo: *es muy detallista y siempre trae flores.* **SIN.** delicado, atento.

detectar *[v.]* descubrir algo que no se puede ver a simple vista o en lo que uno no suele fijarse: *han detectado el fallo del motor; detectó un ruido raro.* **FAM.** detección, detector.

detective *[n.inv. en gén.]* persona que se dedica a investigar delitos, buscar pistas, vigilar personas, etc.: *el cuerpo de policía tiene detectives.* **SIN.** investigador. **FAM.** detectivesco.

detención *[n.f.]* 1 hecho de que algo se pare: *una detención del tráfico le impidió llegar a tiempo.* **SIN.** parada. 2 acción con la que la policía detiene a alguien: *la detención de un terrorista.* **SIN.** captura, arresto. **ANT.** liberación.

detener *[v.]* 1 hacer que algo o alguien deje de moverse, de hacerse, de crecer, etc.: *detener un tren, el progreso, una enfermedad...* **SIN.** parar. TAMBIÉN *prnl.: se detuvo a descansar.* 2 coger la policía a una persona para llevarla a la comisaría, al juzgado o a la cárcel: *han detenido a los ladrones.* **SIN.** arrestar*. **CONJUG.** como *tener**. **FAM.** detención, detenido, detenimiento, tener.

detenido, detenida *[n.]* persona a la que la policía ha cogido, por creer que ha cometido un delito: *los detenidos están en la comisaría.* **SIN.** arrestado. **AF.** preso.

detenimiento *[n.m.]* hecho de que algo o alguien se pare o haga algo más despacio que antes: *tanto detenimiento me pone nervioso.* ■ **con detenimiento**, poniendo mucha atención y dedicando el tiempo que sea necesario. **SIN.** detenidamente. **ANT.** apresuradamente.

detergente *[n.m.]* tipo de jabón apropiado para la limpieza de ropa, recipientes, etc.

deteriorar *[v.]* hacer que algo se estropee o pierda vitalidad: *la humedad deteriora los libros.* **SIN.** estropear, dañar, perjudicar. **ANT.** reparar. TAMBIÉN *prnl.: la piel se deteriora con el exceso de sol.* **FAM.** deterioro.

determinación *[n.f.]* decisión*: *tomó la determinación de no dejar pasar a nadie; actuó con determinación.*

determinado, determinada *[adj.]* que es uno concreto y no cualquiera de los que podrían ser: *cada uno se comporta de una manera determinada; busca un libro determinado sobre arquitectura.* **SIN.** concreto, específico. ■ **artículo determinado**, VER *artículo*.

determinante *[adj.inv. en gén.]* 1 decisivo*: *la rapidez fue determinante en la salvación de los accidentados.* // **determinante** *[n.m.]* 2 en gramática, palabra que va con el nombre para decir de él el número, la cantidad, la relación que tiene con otros nombres, etc.: *los artículos son determinantes.*

determinar *[v.]* 1 calcular el valor exacto, el tamaño exacto, la edad exacta, etc. de algo: *el joyero determinó el precio del reloj.* **SIN.** establecer, fijar. 2 elegir una posibilidad entre varias: *determinó quedarse a trabajar; determinaron salir por la noche.* **SIN.** optar por, decidir. 3 decidir de qué manera, en qué condiciones o en qué momento se hará algo: *está sin determinar la fecha de salida; se reunieron para determinar las cláusulas del contrato.* **SIN.** fijar, establecer, precisar. **AF.** decidir. **FAM.** determinación, determinado, determinante, determinativo, terminar. **COMP.** predeterminado, indeterminado.

detestar *[v.]* odiar*: *detesto la mentira; detesta a su vecino.* **FAM.** detestable.

detrás *[adv. de l.]* 1 se refiere al sitio por el que ya ha pasado otro: *los demás vienen detrás de mí.* **ANT.** delante, antes. 2 en la parte de atrás: *la etiqueta está detrás.* **SIN.** atrás. **ANT.** delante. ■ **por detrás** de alguien, cuando no está.

DETERMINANTES
(acompañan a un nombre)

ARTÍCULOS

determinados: el, la, lo, los, las

indeterminados: un, una, unos, unas

ADJETIVOS DETERMINATIVOS

relativos:
cuyo, cuya, cuyos, cuyas
cuanto, cuanta, cuantos, cuantas

indefinidos:
un, una, unos, unas
algún, alguno, alguna, algunos, algunas
ningún, ninguno, ninguna, ningunos, ningunas
mucho, mucha, muchos, muchas
cierto, cierta, ciertos, ciertas
varios, varias
otro, otra, otros, otras
bastante, bastantes
cualquier, cualquiera, cualesquiera

interrogativos y exclamativos:
qué
cuánto, cuánta, cuántos, cuántas

demostrativos:
este, esta, estos, estas
ese, esa, esos, esas
aquel, aquella, aquellos, aquellas

posesivos:
mi, mío, mía, míos, mías
nuestro, nuestra, nuestros, nuestros
tu, tuyo, tuya, tuyos, tuyas
vuestro, vuestra, vuestros, vuestras
su, suyo, suya, suyos, suyas

numerales:
un, uno, dos, tres, cuatro...; primer, primero, segundo, tercero, cuarto... (VER numeral)

deuda *[n.f.]* cantidad de dinero que una persona debe y tiene que pagar a otra: *su deuda asciende a 10.000 euros.* **FAM.** deudor, deudo, deber. **COMP.** endeudarse, adeudar.

devaluarse *[v.prnl.]* perder valor: *por un piso que se ha devaluado pagan menos.* **SIN.** desvalorizarse, depreciarse. **ANT.** revalorizarse. **FAM.** devaluación, valor.

devastar *[v.]* destruir todo o la mayor parte de lo que hay en un lugar: *un incendio devastó el bosque.* **SIN.** arrasar, asolar, destruir. **FAM.** devastación, devastador.

devoción *[n.f.]* 1 sentimiento religioso por un ser al que se le reza con especial interés: *tiene mucha devoción a la Virgen del Carmen.* **SIN.** fervor. 2 sentimiento de admiración y respeto por alguien: *siente devoción por Miguel de Cervantes.* **ANT.** desprecio. **FAM.** devoto, devotamente, devocionario.

devolución *[n.f.]* lo que se hace para devolver algo: *la devolución de un libro a la biblioteca.* **SIN.** restitución, reintegro.

devolver *[v.]* 1 llevar alguna cosa al sitio del que salió o a la persona que lo tenía antes: *devolvió el disco que le habían prestado; devolvió en la tienda el jersey defectuoso.* **AF.** reintegrar. **ANT.** quedarse con. 2 salirle a uno, por la boca, lo que tenía en el estómago: *devolvió porque estaba mareado.* **SIN.** vomitar. ■ **devolver un favor, una visita,** etc., hacer algo para corresponder a lo que otro le ha hecho a uno. **SIN.** corresponder. **CONJUG.** como *volver**. **FAM.** devolución, devuelto, volver.

devorador, devoradora *[adj.]* que devora: *una fiera devoradora.* TAMBIÉN *n.*: *es un devorador de chocolate.*

devorar *[v.]* 1 comer un animal a otro que ha cazado: *el león devoró a su presa.* **SIN.** engullir. 2 tragar algo muy deprisa y sin haberlo masticado: *devoró el pastel en dos minutos.* **SIN.** engullir, tragarse. 3 hacer algo que gusta mucho, muy deprisa y poniendo mucha atención: *devoró en una noche el libro que leí yo en una semana.* **FAM.** devorador.

devoto, devota *[adj.]* 1 que es muy religioso: *un hombre devoto.* **SIN.** piadoso, fervoroso, pío. 2 que siente especial devoción* por algún ser religioso: *es devoto de San Antonio.* TAMBIÉN *n.*: *en Zaragoza hay muchos devotos de la Virgen del Pilar.*

día *[n.m.]* 1 tiempo que tarda la Tierra en dar una vuelta sobre sí misma y que es igual a 24 horas: *una semana tiene siete días.* **AMPL.** el movimiento que realiza la Tierra sobre sí misma, y que da lugar a los días y las noches, se llama ***movimiento de rotación***. 2 cada uno de los períodos de tiempo que hay desde que sale el Sol hasta que se hace de noche: *el Sol luce durante el día; tenemos un día lluvioso.* **ANT.** noche. ■ **de día**, cuando en la Tierra hay luz del Sol. ■ **día festivo**, el que se celebra alguna fiesta y no hay que trabajar. ■ **día laborable**, el que hay que trabajar. ■ **el día de mañana**, en el futuro. ■ **estar al día**, estar enterado de las últimas noticias, de los últimos productos que han salido a la venta, etc. ■ **el día menos pensado**, cualquier día no previsto. **FAM.** diario, diariamente, diurno, dial, dieta. **COMP.** cotidiano.

diablo *[n.m.]* según la Biblia, ángel echado del paraíso y enviado al infierno por su rebeldía contra Dios: *pintan al diablo con cuernos y un tridente en la mano.* **SIN.** demonio, espíritu maligno, maligno. **AMPL.** al diablo se le dan varios nombres: Satán, Satanás, Lucifer, Luzbel. **OBS.** el femenino es *diablesa.* **FAM.** diablesa, diablura, diabólico. **COMP.** endiablado, endiabladamente.

diablura *[n.f.]* travesura*: *fue una diablura esconder las llaves del coche.*

diábolo *[n.m.]* juguete formado por dos troncos de cono unidos por la base más pequeña y una cuerda manejada con las dos manos por la que se desliza y desde la que se tira al alto para que caiga otra vez en ella.

diábolo

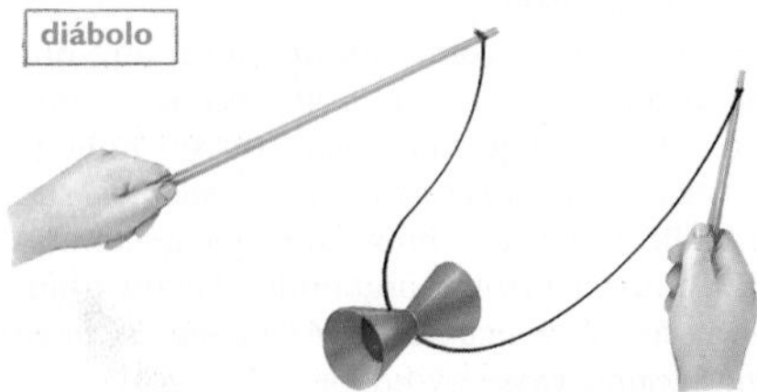

diacronía *[n.f.]* estudio de algo a través del tiempo.

diadema *[n.f.]* adorno en forma de circunferencia incompleta que se pone en la cabeza para sujetar el pelo: *una diadema de flores le sujetaba la melena.*

diadema

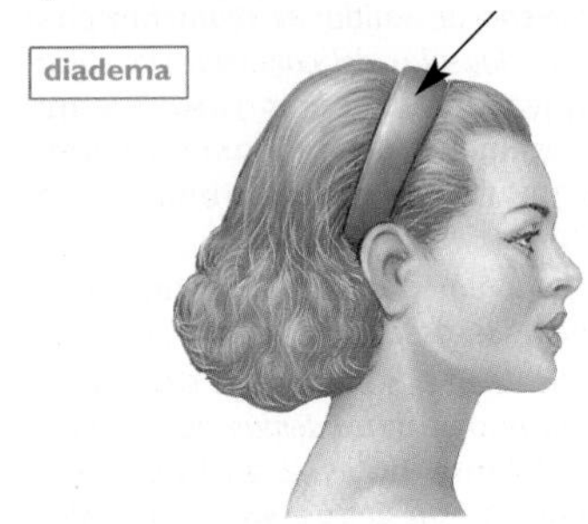

diáfano, diáfana *[adj.]* 1 que deja pasar la luz: *el cristal es un cuerpo diáfano.* **AF.** transparente. 2 que no tiene nada que impida ver: *un local sin columnas ni tabiques es un local diáfano.*

diafragma *[n.m.]* músculo del cuerpo del hombre y de los animales mamíferos que tiene forma de arco y que está, paralelo al plano de los pies, en la base de los pulmones, y que tiene una función muy importante en la respiración. **FAM.** diafragmático.

diagnosticar *[v.]* llegar a saber qué enfermedad tiene una persona por haberla ha examinado y haber estudiado los síntomas: *el médico le diagnosticó una infección de garganta.* **AF.** determinar. **OBS.** ante e, qu: *diagnostiquen.* **FAM.** diagnóstico.

diagnóstico *[n.m.]* lo que dice un médico después de estudiar a un enfermo sobre si tiene o no una enfermedad y cuál es: *cuando vea los análisis nos dirá el diagnóstico.* **SIN.** dictamen.

diagonal *[n.f.]* línea recta que une dos vértices que no están seguidos: *un heptágono tiene cuatro diagonales.* TAMBIÉN *adj.*: *una recta diagonal.*

diagonal

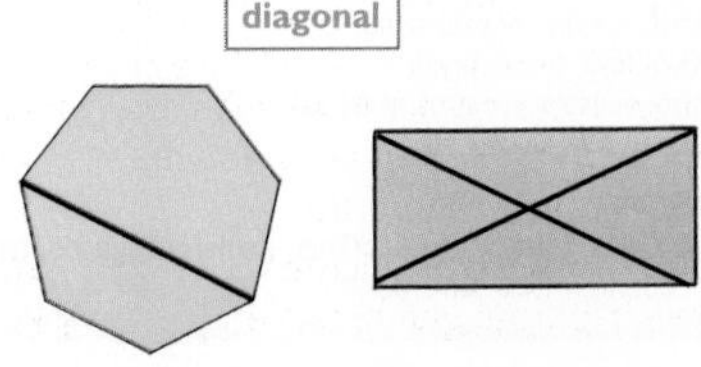

diagrama *[n.m.]* dibujo hecho con líneas rectas o curvas y que representa datos estadísticos, algunas funciones matemáticas, etc.: *el diagrama muestra el aumento de la población de la Tierra; representa los conjuntos en un diagrama.*

dial *[n.m.]* parte de un aparato de radio en que aparecen los números de las frecuencias y sirve para buscar las emisoras: *con el dial en el 96.7 se oye una emisora de música clásica.*

dialéctica *[n.f.]* 1 ciencia que estudia los modos de expresión: *el uso de la dialéctica hace los discursos coherentes y amenos.* 2 rama de la lógica* que enseña las reglas del razonamiento.

dialecto *[n.m.]* forma de hablar una lengua en una región determinada: *el andaluz es un dialecto del español y el castellano también; el catalán de Barcelona y el mallorquín son dialectos del catalán.* **AMPL.** sabemos que un conjunto de dialectos pertenecen a la misma lengua porque tienen en común: el mismo ***vocabulario*** (aunque haya algunas palabras distintas), el mismo conjunto de fonemas o ***esquema fonológico*** (aunque haya algunos sonidos diferentes sin valor significativo) y la misma ***gramática***, que incluye la ***morfología*** (con todas las palabras del tipo de los pronombres, los artículos, las preposiciones, etc. y las reglas para usarlos) y la ***sintaxis*** (con las reglas para ordenar las palabras y formar frases). **FAM.** dialectal, dialectalismo, ***dialéctica*** (ciencia que estudia los modos de expresión), dialéctico, dialécticamente.

dialogar *[v.]* hablar dos o más personas entre sí: *dialogaron un rato sobre arte.* **SIN.** conversar, departir, charlar. **OBS.** ante e, gu: *dialoguen.*

diálogo *[n.m.]* 1 conversación entre dos o más personas que hablan y se escuchan alternativamente: *tuvieron un diálogo sobre las ventajas e inconvenientes del proyecto.* **SIN.** conversación. **AMPL.** un ***monólogo*** es lo que hace quien habla sin que nadie lo escuche o sin dejar que nadie intervenga y un ***soliloquio*** lo que hace quien habla para sí mismo. 2 obra literaria o parte de ella en la que aparecen dos o más personajes hablando entre sí: *representaron el diálogo entre Caperucita y el Lobo.* **FAM.** dialogar, dialogante.

diamante *[n.m.]* piedra preciosa transparente y brillante que se usa en joyería y en industria. **AMPL.** un ***diamante en bruto*** es un diamante sin tallar y un ***brillante*** un diamante que ha sido tallado por todas sus caras. **FAM.** diamantino, diamantífero, diamantista.

diámetro *[n.m.]* línea recta que une dos puntos cualquiera de una circunferencia pasando por su centro y que divide a la circunferencia en dos partes iguales: *la mitad de un diámetro es un radio.* **FAM.** diametral, diametralmente.

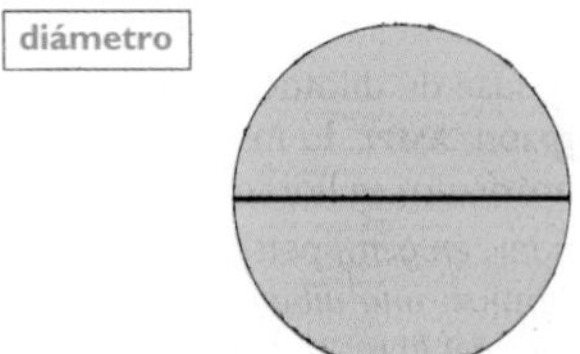
diámetro

diana *[n.f.]* dibujo formado por una serie de círculos concéntricos sobre el que se dispara con balas, flechas, dardos, etc. tratando de dar en el centro. **AF.** blanco, objetivo.

diapasón *[n.m.]* instrumento musical que da siempre la misma nota para afinar, a partir de él, las voces y los otros instrumentos. **AMPL.** hay diapasones ***de lengüeta*** (que se hacen sonar soplando) y ***de horquilla*** (que vibran al darle un golpe); normalmente la nota que da el diapasón es el *la* natural. **PL.** *diapasones.*

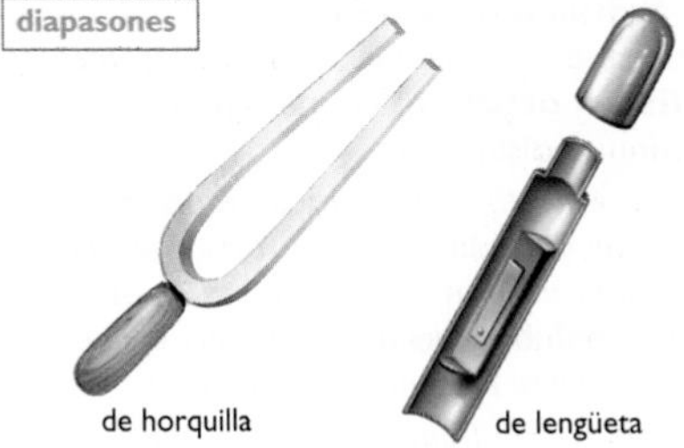

diapasones

diapositiva *[n.f.]* fotografía revelada en película translúcida que sólo se puede ver al trasluz, con un visor especial o proyectada en una pantalla: *conectaron el proyector para ver las diapositivas.*

diario, diaria *[adj.]* 1 que se hace todos los días: *ducha diaria; trabajo diario.* // **diario**

[n.m.] 2 libro en que uno va escribiendo lo que le pasa o lo que piensa sobre distintas cosas: *no se te ocurra leer su diario si no te da permiso.* 3 periódico que sale a la venta todos los días: *leyó la noticia en el diario.* **AMPL.** aunque la palabra ***periódico*** se refiere a cualquier publicación que sale cada cierto tiempo, también se usa como sinónimo de *diario*: *lee el periódico todos los días.*

diarrea *[n.f.]* desarreglo del vientre que obliga a ir al váter con mucha más frecuencia de lo normal.

diástole *[n.f.]* fase de dilatación de los ventrículos del corazón. **AMPL.** la fase en la que se contraen los ventrículos se llama ***sístole***.

dibujante *[n.inv. en gén.]* persona que se dedica a hacer dibujos: *una dibujante se encarga de las ilustraciones del libro; el dibujante de Mortadelo es Ibáñez.*

dibujar *[v.]* marcar en una superficie líneas o sombras que representen algo real o imaginario: *dibujó un árbol sobre la arena; dibuja con lápiz; ha dibujado un pentágono; dibujar el plano de una casa; dibujar un mapa.* **FAM.** dibujante, dibujo. **COMP.** desdibujado, desdibujar.

dibujo *[n.m.]* lo que queda en una superficie cuando alguien dibuja sobre ella (*el dibujo de un paisaje*), arte de dibujar (*el dibujo le resulta fácil*) y técnica que se usa para dibujar (*va a clase de dibujo*). ■ **dibujo lineal**, el que se hace usando regla, compás, escuadra, tiralíneas, etc. ■ **dibujo a mano alzada**, el que se hace sin utilizar ninguno de estos instrumentos. ■ **dibujo artístico**, el que representa cosas, personas, paisajes, etc.

dicción *[n.f.]* 1 manera de pronunciar las palabras cuando se habla: *los actores van a clase para mejorar su dicción.* **SIN.** pronunciación. 2 palabra, vocablo*: *un diccionario contiene dicciones.* **FAM.** diccionario, decir.

diccionario *[n.m.]* libro en el que se recogen palabras de una o más lenguas, explicando lo que significan, la relación que existe entre ellas etc.: *si no entiendes una palabra, busca su significado en el diccionario; un diccionario de inglés-español es un diccionario bilingüe.*

dicha *[n.f.]* 1 lo que siente una persona cuando está contenta: *su regreso me llenó de dicha.* **SIN.** alegría, felicidad, ventura. **ANT.** tristeza, desventura, infelicidad. 2 buena suerte: *tuvo la dicha de conseguir el premio.* **SIN.** ventura, fortuna. **ANT.** desdicha, desgracia, desventura. **FAM.** dichoso, dichosamente. **COMP.** desdicha.

dicharachero, dicharachera *[adj.]* que resulta divertido hablando porque dice cosas graciosas.

dicho *[n.m.]* 1 frase popular repetida tradicionalmente siempre de la misma manera y que refleja cosas que el ser humano ha ido aprendiendo y le parecen grandes verdades: *un dicho muy conocido es "más vale pájaro en mano que ciento volando".* **SIN.** refrán. **AF.** proverbio, máxima, sentencia. // **dicho, dicha** *[adj.]* 2 que ya ha salido antes en el escrito o en la conversación: *dicha persona no podrá volver por aquí; el refrán dicho por él se refiere a la vida en el campo.* // **dicho** *[forma de verbo]* 3 participio del verbo *decir.* ■ **dicho y hecho** expresa que se ha hecho algo nada más decirlo. **FAM.** dicharachero, decir.

dichoso, dichosa *[adj.]* 1 que vive contento con lo que tiene y con lo que le pasa: *es un hombre dichoso.* **SIN.** feliz, afortunado, satisfecho. **ANT.** desdichado, infeliz, desgraciado. 2 muy contento: *está dichoso con su juguete nuevo.* **SIN.** feliz, encantado. **ANT.** triste, enfadado, disgustado. TAMBIÉN se usa a veces para indicar que algo molesta mucho: *¡dichoso perro, que no deja de ladrar!*

diciembre *[n.m.]* último de los doce meses de un año que va después de noviembre: *el 25 de diciembre es Navidad.*

dicotiledóneo, dicotiledónea *[adj.]* que tiene dos cotiledones*: *una planta dicotiledónea.*

dictado *[n.m.]* escrito que se hace copiando totalmente lo que otro lee en voz alta: *el examen de ortografía consistió en un dictado.*

dictador *[n.m.]* persona que gobierna un país o dirige algo haciendo lo que a él le parece y sin contar con las opiniones ni con los derechos de los demás: *el dictador llegó al poder asesinando al presidente; mi jefe es un dictador.* **SIN.** autócrata, opresor, déspota, tirano. **ANT.** demócrata.

dictadura *[n.f.]* forma de gobernar un país, contraria a la democracia, en la que una persona, el dictador*, tiene todo el poder en sus manos, no deja que se celebren elecciones* y castiga a todo el que tenga ideas contrarias a las suyas: *la dictadura obligó a huir del país a mucha gente.* **SIN.** autocracia, tiranía. **ANT.** democracia. **AMPL.** si la dictadura es de un grupo de personas se llama ***oligarquía***.

dictamen *[n.m.]* opinión que se da sobre algo que se ha analizado: *el médico dio su dictamen sobre lo que le pasaba.* **SIN.** diagnóstico, opinión. **PL.** *dictámenes.*

dictar *[v.]* 1 leer o decir algo despacio para que otra persona pueda ir escribiéndolo: *escribí la carta que me dictó mi jefe.* 2 publicar una ley, una sentencia, etc.: *se han dictado tres leyes nuevas; el juez dictó sentencia.* **FAM.** dictado, dictadura, dictador, dictatorial, dictamen, dictaminar.

didáctica *[n.f.]* ciencia que estudia la manera de enseñar para que quien tiene que aprender aprenda bien.

didáctico, didáctica *[adj.]* que sirve para enseñar o para aprender: *un sistema didáctico; un juguete didáctico.* **SIN.** pedagógico, instructivo.

diecinueve *[num.inv. en gén.]* es el numeral cardinal correspondiente al número 19.

diecinueveavo, diecinueveava *[num.]* es el numeral fraccionario correspondiente al cardinal diecinueve.

dieciocho *[num.inv. en gén.]* es el numeral cardinal correspondiente al número 18.

dieciochavo, dieciochava *[num.]* es el numeral fraccionario correspondiente al cardinal dieciocho.

dieciséis *[num.inv. en gén.]* es el numeral cardinal correspondiente al número 16.

dieciseisavo, dieciseisava *[num.]* es el numeral fraccionario correspondiente al cardinal dieciséis.

diecisiete *[num.inv. en gén.]* es el numeral cardinal correspondiente al número 17.

diecisieteavo, diecisieteava *[num.]* es el numeral fraccionario correspondiente al cardinal diecisiete.

diedro *[n.m.]* ángulo que se forma al cortarse dos planos.

diente *[n.m.]* 1 cada una de las piezas blancas y duras que sobresalen de las encías de algunos animales y sirven para morder y masticar los alimentos: *después de comer me lavo los dientes.* **AMPL.** la dentadura del ser humano la forman 32 dientes que reciben distintos nombres: *incisivos* o *dientes* que son los que cortan los alimentos, *caninos* o *colmillos* que desgarran los alimentos y *muelas* o *molares* que los trituran. Los ***dientes de leche*** son los primeros que salen y que se caen a partir de los seis o siete años. 2 puntas duras y en fila que sobresalen de algunas cosas: *los dientes de una sierra; los dientes de un peine.* ■ **diente de ajo**, cada una de las partes de un ajo que, envueltas en su cáscara por separado, están unidas por otra cáscara fina y juntas forman una cabeza de ajo. ■ **enseñar los dientes**, dejar ver una persona a otra o a otras que puede hacer mucho daño si la hacen enfadar. ■ **hablar entre dientes**, hablar tan bajo que casi no se puede oír ni entender. **FAM.** dentado, dentadura, dental, dentellada, dentera, dentición, dentista, dentudo, dentífrico. **COMP.** desdentado, interdental, odontología, tridente.

diéresis *[n.f.inv. en núm.]* signo ortográfico que consiste en dos puntos que, en español, se ponen encima de la ü cuando va después de la g y antes de la e o de la i, para indicar que hay que pronunciarla, porque sin ella no se pronunciaría: *desagüe lleva diéresis pero agua, no.*

diesel *[n.m.]* motor o automóvil que funciona con gasoil: *se ha comprado un diesel porque hace muchos kilómetros al año.*

diestro, diestra *[adj.]* 1 que maneja mejor la mano derecha que la izquierda: *las personas diestras escriben y comen con la mano derecha.* **ANT.** zurdo. 2 que maneja muy bien algo o sabe hacer algo muy bien: *es muy diestro con el pincel.* **SIN.** hábil. **AF.** habilidoso, mañoso. **ANT.** torpe. // **diestro** *[n.m.]* 3 torero: *tres diestros torearán seis toros.* ■ **a su diestra**, hacia el lado de la mano derecha. **FAM.** destreza, diestramente. **COMP.** adiestramiento.

dieta *[n.f.]* 1 conjunto de los alimentos que come o que puede comer una persona: *una dieta sana debe ser variada; el médico le ha puesto una dieta sin grasas ni dulces.* **SIN.** régimen alimenticio. 2 dinero que se le da a una persona que tiene que viajar para hacer un trabajo, para que pague los gastos de comida que tenga: *le pagaron la gasolina y las dietas de dos días.* ■ **estar a dieta**, estar sin comer o comiendo muy poco. **FAM.** dietético, dietario, dietética, día.

diez *[num.inv. en gén.]* es el numeral cardinal correspondiente al número 10. **PL.** *dieces*. **FAM.** década, decena, decenio, décima, décimo, decalitro, decámetro, decagramo, decilitro, decalitro, decímetro, decimal.

diezmar *[v.]* causar gran mortalidad o destrucción la guerra, las epidemias, el hambre y otras calamidades: *la peste diezmó la población.*

diezmilésimo, diezmilésima *[num.]* es el numeral ordinal y fraccionario correspondiente al cardinal diez mil.

diezmo *[n.m.]* décima parte del valor de las mercancías con que se traficaba, de las cosechas, productos... y que se pagaba al rey o a la iglesia.

difamar *[v.]* hablar mal de una persona para hacerle daño, sabiendo que lo que se dice es mentira: *no dudaron en difamarlo para quitarle el puesto.* **SIN.** calumniar. **AF.** desacreditar, infamar, deshonrar. **ANT.** elogiar, alabar. **FAM.** difamación, difamatorio, difamador, fama.

diferencia *[n.f.]* **1** lo que hay entre dos o más personas o cosas por el hecho de que no sean iguales: *la diferencia está en su tamaño; diferencia de opiniones; diferencia de gustos.* **SIN.** desigualdad, disparidad. **ANT.** igualdad. **2** cantidad que se obtiene al hacer una resta de dos números: *la diferencia entre 9 y 5 es 4.* **SIN.** resta. **ANT.** suma. **FAM.** diferenciar, diferenciación, diferencial, diferente, diferentemente, diferir, diferido. **COMP.** indiferencia.

diferenciar *[v.]* **1** hacer notar o ver las diferencias que hay entre dos o más cosas: *diferencié mi cazadora de la suya por la talla.* **SIN.** distinguir. **ANT.** confundir. // **diferenciarse** *[v.prnl.]* **2** tener algo distinto una cosa de otra: *mi abrigo se diferencia del tuyo en que tiene capucha.* **SIN.** distinguirse. **ANT.** parecerse.

diferente *[adj.inv. en gén.]* que no es igual que aquel con el que se compara: *la bici de mi hermano es diferente de la mía.* **SIN.** distinto. **ANT.** igual, idéntico.

diferido *[adj.]* se dice de los programas de televisión y de radio que se ven o se escuchan un tiempo después de que hayan sido grabados: *el partido diferido acabó en empate.* **ANT.** directo.

diferiencia forma incorrecta de decir *diferencia**.

difícil *[adj.inv. en gén.]* **1** que cuesta mucho trabajo hacerlo, entenderlo, resolverlo o conseguirlo: *un problema muy difícil.* **SIN.** dificultoso, complicado, trabajoso, laborioso. **ANT.** fácil, sencillo. **2** que tiene muy mal carácter o un comportamiento extraño: *da muchos problemas en clase porque es un chico difícil.* **AF.** raro. **FAM.** difícilmente, dificultar, dificultad, dificultoso, dificultosamente.

dificultad *[n.f.]* lo que hace que algo sea difícil de hacer, de solucionar o de conseguir: *el anciano tenía dificultad para andar; tuvo muchas dificultades para que le dieran el empleo.* **SIN.** problema. **AF.** obstáculo, complicación. **ANT.** facilidad. ■ **con dificultad**, con más esfuerzo de lo normal.

dificultar *[v.]* hacer que algo sea más difícil de lo normal: *la espesa niebla dificultaba la visión de la carretera.* **SIN.** entorpecer, obstaculizar. **ANT.** facilitar, favorecer.

dificultoso, dificultosa *[adj.]* difícil, con muchos problemas: *un viaje dificultoso.*

difundir *[v.]* hacer que algo lleguen a tenerlo o a saberlo muchas personas: *difundir una noticia; difundir una enfermedad.* **SIN.** propagar, extender. **AF.** divulgar, transmitir. TAMBIÉN *prnl.: la enfermedad se difundió en poco tiempo.* **FAM.** difusión, difusor, ***difuso*** (que no se distingue bien), fundir.

difunto, difunta *[n.]* persona que ha muerto: *el día de los difuntos; recordar a los difuntos.* **SIN.** fallecido. **ANT.** vivo. TAMBIÉN *adj.*: *llegó difunto al hospital.* **SIN.** cadáver, muerto.

difusión *[n.f.]* hecho de que algo se difunda: *hay que evitar la difusión de enfermedades contagiosas; la difusión de anuncios es muy rápida a través de la televisión.* **SIN.** transmisión, propagación. **AF.** divulgación. ■ **medios de difusión**, los que hacen que la gente se entere de las noticias: *la prensa escrita, la radio y la televisión son los principales medios de difusión.* **SIN.** medios de comunicación.

difuso, difusa *[adj.]* que no se distingue bien o no está claro: *un recuerdo difuso.* **SIN.** desdibujado.

digerir *[v.]* convertir lo que se come en sustancias que sirvan de alimento a las células del cuerpo: *para digerir bien los alimentos hay que masticarlos mucho.* **SIN.** absorber, asimilar. **CONJUG.** como *herir**. **FAM.** digestión, digestivo, digerible. **COMP.** indigestión, ingerir.

digestión *[n.f.]* lo que pasa en el cuerpo cuando el aparato digestivo* está convirtiendo los alimentos que hemos tomado en las sustancias que necesita para estar bien: *la digestión empieza en el estómago.*

digestivo, digestiva *[adj.]* que tiene que ver con la digestión* de los alimentos: *tiene un trastorno digestivo y no puede tomar leche.* ■ **aparato digestivo**, el que se encarga de transformar los alimentos en sustancias aprovechables para el organismo. **AMPL.** empieza en la ***boca***, que es donde los alimentos se mezclan con la saliva y se forma un *bolo alimenticio* que pasa por la ***faringe*** y el ***esófago*** y llega al ***estómago***, donde el bolo alimenticio se convierte en el ***quimo*** por la acción de los jugos gástricos; finalmente pasa al ***intestino***, donde el quimo se transforma en el ***quilo*** y es en este momento cuando el organismo toma las sustancias que necesita y expulsa por el ano las que no le sirven.

aparato digestivo

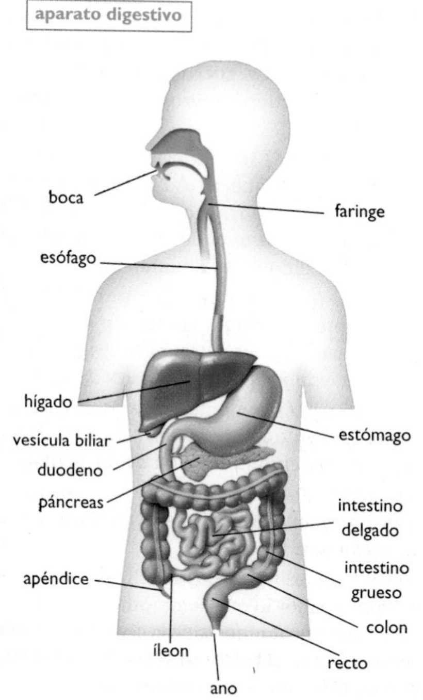

digital *[adj.inv. en gén.]* **1** de los dedos: *huella digital.* **SIN.** dactilar. **2** que está escrito con dígitos o que da los datos con dígitos: *reloj digital; calculadora digital.*

dígito *[n.m.]* cada uno de los números del 0 al 9: *el número 341 tiene tres dígitos.* **FAM.** digital, digitalizar, digitalización, dedo.

dignarse *[v.prnl.]* tener un detalle de consideración o cortesía con alguien: *se dignó visitarnos.*

dignidad *[n.f.]* **1** lo que demuestra quien se respeta profundamente a sí mismo y a los demás: *el soborno va contra la dignidad del ser humano.* **AF.** integridad, honor, honra, honestidad, honradez. **2** nombre que reciben algunos cargos elevados: *alcanzó la dignidad de obispo, de juez, etc.*

digno, digna *[adj.]* **1** que se merece lo que se dice: *una persona digna de respeto; es digno de confianza; es digno del peor de los castigos.* **SIN.** merecedor, acreedor. **2** que por su forma de actuar se ha ganado el respeto de los demás: *siempre ha sido tenido por persona muy digna.* **SIN.** honesto, honrado, íntegro. **ANT.** indigno, deshonesto. **3** que no va en contra de la dignidad de las personas: *un sueldo digno; una vivienda digna; trabajo digno.* **FAM.** dignidad, dignarse, dignamente, dignatario, dignificar, dignificación. **COMP.** indigno.

dijera, dijimos... formas irregulares de la conjugación del verbo *decir**.

dilapidar *[v.]* gastar dinero o cualquier otra cosa sin prudencia y sin medida: *dilapidó la herencia en poco tiempo.* **SIN.** derrochar, malgastar, despilfarrar.

dilatación *[n.f.]* lo que le pasa a las cosas que, por el calor, por la humedad, etc., se hacen más grandes: *la dilatación de la madera impide cerrar la puerta.* **AF.** aumento, ampliación, expansión. **ANT.** contracción, reducción.

dilatar *[v.]* hacer que algo ocupe más espacio o que aumente su tamaño: *la humedad dilata la madera; dilató la goma tirando de ella.* **SIN.** ampliar, expandir, agrandar, aumentar. **ANT.** reducir, contraer. TAMBIÉN *prnl.: los cuerpos* *se dilatan con el calor; un globo se dilata hinchándolo; la goma se dilata si tiras de ella.* **FAM.** dilatación, dilatadamente.

dilema *[n.m.]* situación en la que una persona debe decidirse por una de las dos posibilidades que tiene y no sabe cuál de las dos elegir: *resolvió el dilema echándolo a suertes.* **SIN.** alternativa, conflicto, disyuntiva.

diligencia *[n.f.]* 1 atención y cuidado que pone una persona cuando hace algo: *trabaja con diligencia.* **SIN.** dedicación, afán, solicitud. **ANT.** negligencia. 2 prisa que se da una persona en hacer algo: *en los accidentes hay que actuar con diligencia.* **SIN.** agilidad, rapidez, prontitud. **ANT.** lentitud, pereza. 3 coche de caballos que antiguamente se usaba para transportar personas y mercancías: *los bandidos asaltaron la diligencia.* **FAM.** diligente, diligenciar, diligentemente.

diligente *[adj.inv. en gén.]* que hace las cosas bien y pronto: *un empleado muy diligente.* **SIN.** rápido, dinámico, activo. **ANT.** negligente, perezoso, lento.

dilucidar *[v.]* aclarar, explicar: *se hará una reunión para dilucidar las razones del cambio de director.*

diluir *[v.]* hacer que una sustancia llegue a ser más líquida o hacerla líquida mezclándola con agua o con cualquier otro líquido: *diluyó los polvos en agua para hacer una masa.* **SIN.** disolver, desleír. **ANT.** concentrar, espesar. TAMBIÉN *prnl.: el azúcar se diluye en el agua.* **CONJUG.** como *huir**. **FAM.** dilución, diluyente.

diluviar *[v.]* llover mucho: *está diluviando.*

diluvio *[n.m.]* lluvia muy fuerte y abundante: *está cayendo un diluvio.* **FAM.** diluviar, diluviano. **COMP.** antediluviano.

dimensión *[n.f.]* 1 cada una de las medidas de una cosa, a lo largo, a lo ancho y a lo alto: *las dimensiones del salón son 8 m de largo por 4 m de ancho por 3 m de alto.* **SIN.** medida. **AF.** magnitud, tamaño, volumen, medida, capacidad. 2 tamaño que, a la vista, tiene una cosa: *un vehículo de grandes dimensiones.* **FAM.** dimensional.

diminutivo, diminutiva *[adj.]* palabra que se forma al añadirle a otra alguno de los sufijos *-illo, -ito, -ico, -uelo,* para indicar que la cosa a la que se refiere es más pequeña de lo normal: *son nombres diminutivos arbolillo, perrito, polluelo.* **ANT.** aumentativo. TAMBIÉN *n.: los diminutivos son también formas cariñosas de decir las cosas.*

diminuto, diminuta *[adj.]* muy pequeño: *un agujero tan diminuto que casi no se ve.* **SIN.** minúsculo, insignificante, ínfimo, pequeñísimo, mínimo. **ANT.** enorme*. **FAM.** diminutivo, disminuir.

dimisión *[n.f.]* hecho de que una persona deje el trabajo o el cargo que estaba desempeñando: *la dimisión del entrenador sorprendió al equipo.* **SIN.** cese, renuncia. ■ **presentar la dimisión**, decir de palabra o por escrito que uno quiere dejar el trabajo o el cargo que tenía. **FAM.** dimitir, dimisionario, admitir.

dimitir *[v.]* dejar una persona el cargo que tenía: *el presidente ha dimitido.* **SIN.** renunciar, cesar.

dinámica *[n.f.]* parte de la física mecánica que estudia el movimiento y las fuerzas que lo producen.

dinámico, dinámica *[adj.]* que no le gusta estar sin hacer nada y hace lo que tiene que hacer enseguida: *una persona dinámica; un trabajador dinámico.* **SIN.** activo, diligente, rápido. **ANT.** inactivo, perezoso. **FAM.** dinamismo.

dinamita *[n.f.]* sustancia explosiva, inventada por Nobel, que se usa para derrumbar construcciones, para hacer túneles en las montañas, etc.: *usaron dinamita para volar el puente.* **FAM.** dinamitar, dinamitero.

dinamo *[n.f.]* máquina que transforma el movimiento en energía eléctrica o al contrario: *los motores de los automóviles tienen una dinamo que recarga la batería.* TAMBIÉN *dínamo.*

dinastía *[n.f.]* conjunto de reyes de la misma familia en un país: *los reyes actuales de España pertenecen a la dinastía de los Borbones.* **FAM.** dinástico.

dineral *[n.m.]* mucho dinero: *un barco cuesta un dineral.* **SIN.** fortuna.

dinero *[n.m.]* monedas o billetes que usamos para pagar lo que compramos y para poder entrar en algunos sitios: *llevé dinero para comprar el pan.* ■ **tener dinero**, ser rico. **FAM.** dineral, dinerario. **COMP.** adinerado.

dinosaurios

diplodocus (25 m)

pterosaurio (8 m de envergadura máxima)

triceratops (7 m)

tiranosaurio rex (14 m)

anquilosaurio (10 m)

velociraptor (1,8 m)

dinosaurio *[n.m.]* nombre que se le da a los animales voladores, acuáticos y terrestres de las más de 350 especies conocidas que vivieron en la prehistoria* y que se extinguieron hace 65 millones de años, antes de que apareciera el hombre en la Tierra: *el diplodocus, el triceratops y el tiranosaurus eran dinosaurios.*

dintel *[n.m.]* parte de arriba del marco de las puertas y de las ventanas: *si salto toco con la mano el dintel de la puerta.* **ANT.** umbral.

dióc̲esis *[n.f.inv. en núm.]* conjunto de pueblos y de ciudades que tiene a su cargo un obispo* de la Iglesia Católica: *el obispo visitó una iglesia de su diócesis; en España hay 63 diócesis.* **FAM.** diocesano. **COMP.** archidiócesis.

diop̲tri̲a *[n.f.]* unidad que usan los oculistas para medir la cantidad de visión que le falta a alguien y los aumentos que hay que ponerle en los cristales de las gafas para que vea bien: *tengo dos dioptrías de miopía en cada ojo.*

dios, diosa *[n.]* cualquiera de los seres que los hombres adoran porque creen que son superiores a ellos y tienen poder para premiarlos o para castigarlos: *hay religiones que tienen muchos dioses.* **SIN.** divinidad, deidad. **AMPL.** las religiones ***monoteístas*** son las que creen en un solo Dios (con mayúscula); las que creen en varios son ***politeístas***. ■ **hacer algo a la buena de Dios**, hacerlo sin poner cuidado, sin que importe que quede bien o mal. ■ **hacer algo como Dios manda**, hacerlo bien. ■ **¡vaya por Dios!** expresa que uno se conforma con lo que hay o con lo que le ha pasado, aunque no le guste. ■ **dejado de la mano de Dios** expresa que algo o alguien está descuidado, casi abandonado. ■ **la de Dios es Cristo**, gran riña o alboroto. **FAM.** divino, deidad, divo. **COMP.** adiós, endiosado, endiosamiento, pordiosero.

diploma *[n.m.]* papel en el que el director de un colegio, de una academia, el rector de una universidad, etc., pone por escrito que una persona ha aprobado un curso, ha participado en un cursillo, ha ganado un premio, etc.: *al acabar el cursillo de natación nos dieron un diploma.* **SIN.** certificado, certificación, título. **FAM.** diplomado, diplomatura, diplomacia, diplomático, diplomáticamente.

diplomacia *[n.f.]* 1 conjunto de las personas de un país que se ocupan de que haya buenas relaciones entre su país y otros extranjeros: *los embajadores y los cónsules forman parte de la diplomacia.* 2 lo que demuestra quien sabe tratar los asuntos desagradables o difíciles con mucha habilidad para conseguir lo que quiere y que todos queden conformes: *le falta diplomacia para tratar algunos asuntos.* **AF.** tacto, habilidad, tiento. **ANT.** brusquedad, rudeza. ■ **con diplomacia**, de buena manera.

diplomático, diplomática *[adj.]* 1 que hace las cosas con diplomacia*: *es tan diplomático, que a veces miente para no hacer daño.* // **diplomático, diplomática** *[n.]* 2 persona que trabaja representando a su país en el extranjero y tratando de mantener buenas relaciones entre su país y el país en el que trabaja: *diplomáticos de varios países visitaron al presidente del gobierno.*

diptongo *[n.m.]* conjunto de dos vocales que aparecen juntas en una palabra y se pronuncian en la misma sílaba: *hay diptongo en: puer-ta y tiem-po.* **AMPL.** hay un diptongo cuando aparecen, dentro de la misma palabra, una vocal abierta (a, e, o) delante o detrás de una vocal cerrada (i, u) que se pronuncian en la misma sílaba; si son tres las vocales que van juntas en la misma sílaba forman un ***triptongo***: *buey; estu-diéis*; si hay dos vocales juntas dentro de la misma palabra pero se pronuncian en sílabas distintas es un ***hiato***: *ba-úl; existí-a.* **FAM.** diptongación.

diputado, diputada *[n.]* persona que representa a otras que la han elegido para que forme parte de los órganos de gobierno de un país, de una región, de una provincia, etc. y actúa en nombre de ellos: *se presentó a las elecciones para ser diputado.* **AF.** representante, delegado.

dique *[n.m.]* 1 pared que se construye para no dejar pasar el agua del mar, de un río, etc.: *en Holanda han construido diques para ganarle terreno al mar.* 2 sitio de un puerto, fuera del agua, en el que se arreglan los barcos estropeados: *llevaron el barco al dique para ponerlo a punto y pintarlo.*

dirección *[n.f.]* 1 persona o grupo de personas que organizan y toman las decisiones importantes en una empresa, un banco, una asociación, etc. (**SIN.** directiva*) y actividad que desempeñan (*lleva la dirección del hotel.* **SIN.** gestión). 2 datos que indican la calle, el número, el piso y el pueblo o ciudad, etc. en el que vive una persona: *la carta no le llegó porque puse mal su dirección.* **SIN.** señas. 3 lugar hacia el que se mueve algo o alguien: *el coche iba en dirección al hospital.* **AF.** rumbo, camino. **FAM.** director, directiva, directivo, dirigir. **COMP.** subdirector.

directiva *[n.f.]* conjunto de personas que dirigen una organización: *la directiva del club se reúne todas las semanas.* **SIN.** dirección, gerencia, jefatura, junta directiva.

directivo, directiva *[n.]* persona que trabaja en la dirección* de una empresa, de un colegio, etc.: *los nuevos directivos se reunieron con los empleados.* ■ **junta directiva**, grupo de personas que lleva la dirección de algo.

directo, directa *[adj.]* 1 que va de un sitio a otro sin hacer paradas por el camino: *si coges un tren directo llegarás antes a tu destino.* 2 que hace o dice algo sin dar rodeos: *una pregunta directa; venta directa.* **ANT.** indirecto. // **directo, directa** *[adv. de m.]* 3 que va en línea recta: *el balón fue directo a la portería.* **SIN.** derecho. **ANT.** indirecto. ■ **en directo**, que se está oyendo o viendo a la vez que se hace: *el telediario se hace en directo.* **ANT.** en diferido. **FAM.** directamente, directa, dirección, dirigir.

director, directora *[n.]* 1 persona encargada de dirigir una empresa: *director de un hospital; director de un colegio; director de una fábrica.* **AF.** gerente, jefe. 2 persona que manda en los actores de una película, de una obra de teatro, en los músicos de una orquesta, etc.: *el director de la obra eligió a los actores.*

dirigible *[n.m.]* globo grande y alargado, lleno de gas o de aire caliente, que consigue avanzar en el aire por el impulso de motores y hélices.

dirigir *[v.]* 1 hacer o decir lo necesario para que algo llegue a su destino o para que alguien vaya hacia un sitio: *dirige la carta a su nuevo domicilio* (**AF.** enviar)*; dirigió el caballo hacia la cuadra; los dirigió a su casa* (**SIN.** encaminar, conducir, guiar). TAMBIÉN *prnl.: se dirige al cine; las ovejas se dirigen al prado.* **SIN.** encaminarse, ir. 2 encargarse de mandar y de decidir sobre los temas importantes de una empresa, un colegio, una asociación, una institución, etc.: *dirige el banco desde hace años; llegó a dirigir varias empresas a la vez.* **SIN.** regir, regentar, gobernar. **AF.** administrar. **OBS.** ante a y o, j: *dirijan.* **FAM.** dirigente, dirigible, directorio, directriz, dirección, directo, derecho. **COMP.** indirecto, enderezar.

discernir *[v.]* saber entre varias cosas cuál es cada una: *discernir entre el bien y el mal.* **SIN.** distinguir. **ANT.** confundir.

CONJUGACIÓN DEL VERBO DISCERNIR

Indicativo
Presente: *discierno, disciernes, discierne, discernimos, discernís, disciernen.*
Subjuntivo
Presente: *discierna, disciernas, discierna, discernamos, discernáis, disciernan.*
Imperativo:
discierne, discierna, discernamos, discernid, disciernan.

disciplina *[n.f.]* 1 sentido del orden, del trabajo y de la responsabilidad que tiene una persona: *trabaja con mucha disciplina.* **AF.** orden, seriedad, rigor. 2 lo que hay en un sitio cuando todo el mundo cumple las normas de comportamiento y hace lo que se debe hacer: *parece que en los cuarteles hay mucha disciplina; adáptate a la disciplina del nuevo colegio.* **FAM.** disciplinado, disciplinar, disciplinario, disciplinadamente, discípulo. **COMP.** indisciplinado, condiscípulo.

disciplinado, disciplinada *[adj.]* que actúa de acuerdo con las normas.

discípulo, discípula *[n.]* 1 persona que recibe clases de un profesor: *fui discípulo del profesor que se jubila hoy.* **SIN.** alumno. 2 persona que sigue las teorías y las enseñanzas de un maestro que creó una manera nueva de pintar, de escribir, de ser, de vivir, de pensar, etc.: *algunos cuadros de los discípulos de Goya se pueden confundir con los suyos; los cristianos son discípulos de Cristo.*

disco *[n.m.]* 1 cualquier cosa que tenga forma redonda y plana: *muchas señales de tráfico tienen forma de disco; lanzamiento de disco; disco de música.* 2 especie de plato de metal que se lanza con la mano en la prueba de atletismo que consiste en mandarlo lo más lejos posible: *ganó la prueba de lanzamiento de disco.* **AMPL.** el atleta que lanza el disco se llama ***discóbolo***. **FAM.** discal, discoteca, discotequero, disquete, disquetera.

díscolo, díscola *[adj.]* que es rebelde y desobediente: *un niño díscolo.* **ANT.** dócil.

discordia *[n.f.]* lo que hay entre dos o más personas por el hecho de no llevarse bien, no estar de acuerdo en lo que hay que hacer o en cómo hay que hacer las cosas, etc.: *entre los vecinos reina la discordia.* **SIN.** desavenencia. **AF.** desacuerdo, discrepancia. **ANT.** concordia, avenencia. **FAM.** discordante, dicordancia, discorde, discordar, acordar.

discoteca *[n.f.]* 1 sitio cerrado, normalmente bastante oscuro y adornado con luces de colores, al que la gente va a bailar para divertirse: *es muy incómodo vivir cerca de una discoteca.* 2 colección de discos de música: *las emisoras de música tienen grandes discotecas.*

discreción *[n.f.]* lo que demuestra quien hace las cosas sin llamar la atención de los demás y sabe guardar secretos. **AF.** moderación, prudencia, sensatez. ■ **a discreción** de alguien, como él quiera. ■ **con discreción**, sin llamar la atención. **SIN.** discretamente. **FAM.** discreto, discretamente, discrecional, discrecionalmente. **COMP.** indiscreción.

Discreción, con una *ce*,
y sin *ce* ante *te*, *discreta*.
Pero *dirección* con dos
y con *ce* ante *te*, *directa*.

discrepar *[v.]* no estar de acuerdo con algo o con las ideas o la manera de hacer las cosas otra persona: *muchos discreparon y se quejaron* *del nuevo horario.* **SIN.** disentir, discordar. **ANT.** coincidir. **FAM.** discrepancia, discrepante.

discreto, discreta *[adj.]* 1 que actúa con discreción*: *fue muy discreto y no dijo nada del premio hasta que no lo supo seguro.* **SIN.** prudente, sensato, juicioso. **ANT.** indiscreto, imprudente. 2 que no destaca, ni es muy bueno ni muy malo: *saca notas discretas, sin suspensos ni sobresalientes.*

discriminar *[v.]* hacer diferencias entre las personas y tratar como si fueran inferiores a las que son de otra raza, practican otra religión, tiene otras ideas políticas, son de otro sexo, etc.: *lo discriminaban por ser extranjero.* **SIN.** marginar, rechazar. **ANT.** integrar. **FAM.** discriminación, discriminado, discriminadamente, discriminatorio. **COMP.** indiscriminación, indiscriminadamente.

disculpa *[n.f.]* 1 lo que se dice para pedir perdón y tratar de explicar las razones de lo que se ha hecho: *no quiso escuchar su disculpa y siguió enfadado con él.* 2 lo que se dice, sea verdad o no, para quedar bien y no hacer algo que uno no quiere hacer: *puso como disculpa, para no acompañarlo, que tenía que estudiar.* **SIN.** excusa, pretexto. ■ **pedir disculpas**, pedir perdón, disculparse*.

disculpar *[v.]* 1 entender y olvidar algo malo que ha hecho alguien: *lo disculpé porque lo había hecho sin querer; disculpe las molestias.* **SIN.** excusar, perdonar, dispensar. // **disculparse** *[v.prnl.]* 2 pedir perdón y dar explicaciones para que se entienda por qué se ha hecho algo que no gusta o perjudica a alguien: *se disculpó por haber llegado tarde.* **SIN.** excusarse, pedir perdón, pedir disculpas, pedir excusas, justificarse. **FAM.** disculpa, disculpable, culpa.

discurrir *[v.]* 1 pensar algo mucho, especialmente si es buscando soluciones: *discurrimos un rato hasta resolver la adivinanza.* **SIN.** cavilar, meditar, reflexionar, pensar. 2 seguir un recorrido: *la procesión discurre por las calles de la ciudad; el río discurre por el valle.* **SIN.** pasar, ir. 3 pasar el tiempo: *si uno se aburre, las horas discurren lentamente.* **SIN.** transcurrir, pasar. **FAM.** discurso, discursear, discursivo, discurrimiento, correr.

discurso *[n.m.]* palabras, normalmente preparadas, que lee o dice una autoridad o persona destacada en un acto más o menos solemne, como la inauguración de un monumento, la apertura de un curso, una celebración, etc.

discusión *[n.f.]* hecho de que dos o más personas discutan sobre algo o por algo: *hay una discusión sobre el desarme mundial* (**SIN.** debate, deliberación)*; tuvieron una discusión por un juguete* (**SIN.** pelea, riña, disputa).

discutible *[adj.inv. en gén.]* que no se afirma o no se debe afirmar con seguridad porque puede haber quien tenga otra opinión. **SIN.** dudoso. **ANT.** indiscutible, seguro.

discutir *[v.]* 1 decir uno lo contrario de lo que dice otro e intentar demostrarlo: *discutían si el árbitro tenía razón o no.* **SIN.** debatir, deliberar. 2 querer dos o más personas que la opinión de cada uno sea la que vale: *discuten porque los dos quieren el balón.* **SIN.** reñir, pelearse, disputar. **FAM.** discusión, discutible. **COMP.** indiscutible.

disecar *[v.]* secar y preparar una planta o el cuerpo de un animal muerto para que no se pudra: *disecaron la cabeza del ciervo que cazaron.* **AMPL.** la actividad de disecar animales se llama ***taxidermia*** y las personas que se dedican a ella, ***taxidermistas***. **OBS.** ante e, qu: *disequen.* **FAM.** disecación.

disentir *[v.]* no estar de acuerdo con alguien en algo: *disiento de tu opinión en este asunto.* **SIN.** discrepar, discordar. **ANT.** coincidir. **CONJUG.** como *sentir**.

diseñador, diseñadora *[n.]* persona que trabaja inventando modelos nuevos de cosas que dibuja con todo detalle para que se puedan fabricar: *diseñador de moda; diseñador de muebles.*

diseñar *[n.m.]* hacer el dibujo detallado de algo para que pueda fabricarse tal y como ha sido pensado: *han diseñado un uniforme nuevo.* **AF.** proyectar, idear.

diseño *[n.m.]* 1 dibujo detallado de algo que se va a hacer o fabricar: *diseño de ropas; diseño de automóviles.* 2 forma y aspecto que tienen las cosas: *esta máquina tiene un diseño muy moderno.* **FAM.** diseñador, diseñar.

disertación *[n.f.]* discurso: *en su disertación habló de arte moderno.* **PL.** *disertaciones.*

disfraz *[n.m.]* ropa, pelucas, sombreros, gafas, etc. que, por diversión o por cualquier otra razón, se pone una persona para parecer otra: *un disfraz de carnaval.* **AF.** máscara, careta. **PL.** *disfraces.* **FAM.** disfrazar.

disfrazar *[v.]* 1 poner un disfraz*: *la disfrazó de caperucita roja.* TAMBIÉN *prnl.: en Carnaval se disfrazó de Batman.* 2 hacer lo necesario para que una cosa parezca lo que no es: *algunas sustancias disfrazan el aspecto de los alimentos.* **SIN.** falsear. **AF.** modificar, distorsionar. **OBS.** ante e, c: *disfracen.*

disfrutar *[v.]* 1 pasarlo bien: *disfruté mucho en la fiesta.* **SIN.** divertirse, gozar. **ANT.** aburrirse. 2 usar algo con gusto: *disfrutó ese coche mucho tiempo.* **SIN.** aprovechar, usar, utilizar. 3 tener alguien algo bueno: *disfruta de buena salud.* **SIN.** gozar. **GRAM.** se usa siempre seguido de la preposición *de.* **FAM.** disfrute, fruto.

disgustado, disgustada *[adj.]* 1 que no está a gusto porque algo no le gusta o le preocupa: *está disgustado por las notas.* **SIN.** pesaroso, apesadumbrado. **ANT.** contento. 2 que le ha parecido mal algo que ha hecho o ha dicho alguien: *está disgustada con su hermano.* **SIN.** molesto, dolido. **AF.** enfadado.

disgustar *[v.]* 1 darle un disgusto a alguien: *no disgustes a tus padres por una cabezonada.* TAMBIÉN *prnl.: se disgustó al ver que había perdido el reloj.* 2 producir sensaciones desagradables: *me disgusta este sitio.* **OBS.** se usa mucho en negativo: *no me disgusta nada el traje que te has comprado.* **FAM.** disgusto, gustar.

disgusto *[n.m.]* lo que siente uno por haberle pasado algo malo o porque le han hecho algo que no le gusta: *¡qué disgusto que se haya roto!; se llevó un disgusto al darse cuenta del engaño.* **AF.** pena, lástima. **ANT.** alegría. ■ **dar disgustos**, portarse mal con alguien o hacerlo sufrir. ■ **a disgusto**, de mala gana.

disímil *[adj.inv. en gén.]* distinto, diferente.

disimular *[v.]* hacer lo posible para que los demás no se den cuenta de algo: *disimuló su pena y rió con ellos; disimuló el roto poniendo una pegatina.* **AF.** ocultar, camuflar, encubrir. **FAM.** disimulo, disimuladamente, simular.

disimulo *[n.m.]* lo que hace una persona para que los demás no se enteren de algo que le ha pasado, de algo que está haciendo, de algo que sabe, etc.: *a pesar de su disimulo, todos se enteraron de que le había tocado la lotería.* ■ **con disimulo**, intentando que no se entere nadie. **SIN.** disimuladamente.

dislocarse *[v.prnl.]* salirse un hueso de su sitio: *haciendo gimnasia se me dislocó la clavícula.* **SIN.** desencajarse. **OBS.** ante e, qu: *se disloque.* **FAM.** dislocación.

disminución *[n.f.]* lo que hay o se produce cuando de algo llega a haber menos cantidad o algo se hace más pequeño: *ha habido una disminución de accidentes este fin de semana; todo el mundo desea la disminución del número de parados.* **SIN.** descenso, reducción. **ANT.** crecimiento, aumento.

disminuir *[v.]* bajar la cantidad de algo o hacerse algo más pequeño: *en verano disminuye el agua de los pantanos.* **SIN.** reducirse, bajar, decrecer. **ANT.** aumentar, crecer. **CONJUG.** como *huir*.* **FAM.** disminución, disminuido, diminuto.

disociar *[v.]* 1 separar una cosa de otra a la que estaba unida: *disociar la vida real de los sueños.* 2 separar los componentes de una sustancia.

disolvente *[n.m.]* líquido que sirve para deshacer algunas sustancias: *con disolvente, la pintura quedará más líquida; quita la mancha con un disolvente.*

disolver *[v.]* 1 deshacer una sustancia en un líquido: *disolver el azúcar en la leche.* **SIN.** diluir, desleír. 2 hacer que se separen las personas que estaban juntas o formaban un grupo: *la policía disolvió la manifestación.* **SIN.** separar, disgregar. TAMBIÉN *prnl.: ese conjunto musical se disolvió hace dos años.* **CONJUG.** como *volver*.* **FAM.** disolvente, disolución, disuelto, soluble.

dispar *[v.]* distinto: *opiniones dispares.* **ANT.** igual.

disparar *[v.]* 1 lanzar algo con fuerza para que llegue lejos: *disparó su arma al aire; disparó dos flechas con el arco; este cañón dispara obuses; de un puntapié disparó el balón desde la mitad del campo.* 2 hacer que funcione una cámara fotográfica para sacar una fotografía: *disparar una foto.* // **dispararse** *[v.prnl.]* 3 aumentar mucho y muy deprisa algo: *dispararse los precios; dispararse el número de parados.* **FAM.** disparo, disparador, disparadero, parar.

disparatado, disparatada *[adj.]* que no tiene sentido: *su idea de estudiar mientras* *duerme me pareció disparatada.* **SIN.** descabellado, absurdo. **ANT.** sensato.

disparate *[n.m.]* 1 cualquier cosa absurda o sin sentido que se hace o que se dice: *contestó a la pregunta con un disparate.* **SIN.** desatino, locura. **AF.** extravagancia. 2 cosa que es tan exagerada que parece cosa de locos: *fue un disparate que gastaras 400 euros en golosinas.* **SIN.** exageración, barbaridad. **FAM.** disparatado, disparatadamente, disparatar.

disparo *[n.m.]* acción por la que se dispara algo, y ruido que hace, si lo hace: *un disparo al aire; un disparo de la cámara de fotos; se oyó un disparo.*

dispensar *[v.]* 1 dar lo que se pide, lo que se necesita o algo que uno agradece: *en la farmacia dispensan medicamentos; el profesor me dispensó su atención; en las clínicas dispensan cuidados a los enfermos; le dispensaron una calurosa bienvenida.* **SIN.** conceder, otorgar. 2 permitir que alguien no cumpla lo que sería una obligación suya: *por tener los pies planos lo dispensaron de ir a la mili.* **SIN.** eximir, liberar. **ANT.** obligar a, exigir. 3 perdonar, disculpar*: *el árbitro dispensó muchas faltas a los contrarios.* **FAM.** dispensario, dispensa. **COMP.** indispensable.

dispensario *[n.m.]* lugar en que se atiende a los enfermos y a los heridos que no necesitan ingresar en un hospital: *cuando se cayó lo llevaron al dispensario.* **SIN.** ambulatorio.

dispersar *[v.]* 1 hacer que se separen las personas de un grupo: *la tormenta dispersó a los excursionistas; la guerra dispersó a muchas familias.* **SIN.** separar, disgregar. 2 dejar las cosas repartidas por sitios distintos: *dispersó los libros por toda la habitación.* **SIN.** esparcir, diseminar, desperdigar. **ANT.COM.** agrupar, reunir, juntar. **FAM.** dispersión, disperso.

disponer *[v.]* 1 poner algo siguiendo un orden determinado: *dispuse los apuntes por asignaturas.* **SIN.** ordenar, colocar. 2 decidir, quien tiene autoridad, que hay que hacer algo: *ha dispuesto que cada uno haga su cama.* **AF.** ordenar, mandar. 3 preparar lo necesario para algo: *dispuso las maletas para el viaje.* TAMBIÉN *prnl.: en estos momentos se disponen a abrir los paquetes.* **CONJUG.** como *poner**. **FAM.** dispuesto, disposición, disponible, disponibilidad, dispositivo, poner. **COMP.** predispuesto, indispuesto.

disponible *[adj.inv. en gén.]* que está preparado y libre para que se pueda usar: *no hay camas disponibles.*

disposición *[n.f.]* 1 manera de estar algo colocado: *han cambiado la disposición de todos los libros de la biblioteca.* **SIN.** orden, colocación. **AF.** distribución. 2 lo que decide, quien tiene autoridad, que hay que hacer: *los castigó por no cumplir sus disposiciones.* **AF.** orden, mandato. 3 lo que hace que una persona pueda hacer o aprender algo con poco esfuerzo: *tiene especial disposición para la pintura.* **SIN.** facilidad, aptitud, capacidad. ■ **estar en disposición de**, estar preparado para hacer algo. ■ **estar a disposición** de alguien, estar dispuesto a ayudarlo en lo que sea.

dispositivo *[n.m.]* mecanismo que sirve para que un aparato empiece a funcionar o se pare, para abrir o cerrar, a distancia, una puerta, para que algo suene en un momento determinado, etc.: *si golpeas el coche salta el dispositivo de la alarma.*

dispués forma incorrecta de decir *después**.

dispuesto, dispuesta *[adj.]* 1 que está decidido y preparado para hacer algo: *viene dispuesto a quedarse a vivir aquí.* 2 que se le da muy bien hacer algo: *es una persona muy dispuesta para cualquier trabajo.* **SIN.** capaz, hábil. **ANT.** inepto. // **dispuesto** *[forma de verbo]* 3 participio del verbo *disponer.*

disputa *[n.f.]* discusión o lucha entre dos o más personas que quieren lo mismo: *entre los partidos políticos hay una constante disputa por el poder.* **SIN.** pugna*.

disputar *[v.]* intentar conseguir, dos o más personas o equipos, algo que quieren todos y sólo puede ser para uno: *disputan por el primer puesto de la liga; disputaron por quedarse con la mejor habitación.* **SIN.** pugnar, luchar. **AF.** competir, pelear, reñir. TAMBIÉN *prnl.: se disputan el primer puesto.* **FAM.** disputa. **COMP.** indisputable.

disquete *[n.m.]* disco magnético que viene montado en una cajita plana de plástico y se mete en el ordenador para grabar algo o para que el ordenador lea lo que tiene grabado.

distancia *[n.f.]* cantidad de espacio o de tiempo que hay entre dos personas o cosas: *entre las dos casas hay una distancia de cien metros; los separa una distancia de edad de cinco años.* **AF.** trecho, intervalo. **ANT.** proximidad.

■ **a distancia**, lejos o desde lejos. **ANT.** cerca. **FAM.** distanciar, distanciamiento, distar, distante. **COMP.** equidistar, equidistante.

distanciar *[v.]* 1 hacer que dos o más personas o cosas queden a más distancia que antes, dejando más espacio entre ellas: *distancia la mesa de la pared.* **SIN.** espaciar, separar, alejar. **ANT.** juntar. 2 dejar que pase más tiempo desde que se hace una cosa hasta que se hace la siguiente: *distanciaron los viajes a la montaña.* **SIN.** espaciar.

distante *[adj.inv. en gén.]* 1 que no tiene trato de amistad con la gente que conoce: *es muy distante y no da confianzas a nadie.* **ANT.** cordial, abierto. 2 que no está cerca: *América está muy distante de España.* **SIN.** alejado. **ANT.** cercano, próximo.

distar *[v.]* 1 estar a la distancia que se dice: *Madrid dista 600 kilómetros de Barcelona.* 2 ser muy distinta una cosa de otra: *lo que me has traído dista mucho de lo que te pedí.* **SIN.** diferenciarse. **ANT.** aproximarse.

distender *[v.]* 1 hacer que algo deje de estar tenso: *acercar los extremos distiende la cuerda.* **SIN.** aflojar, destensar. **ANT.** tensar. 2 hacer que alguien deje de estar en tensión: *después del trabajo, un paseo distiende mucho.* **SIN.** relajar. **CONJUG.** como *tender*.*

distinción *[n.f.]* 1 lo que hace uno cuando se da cuenta de las diferencias que hay entre dos o más cosas, personas o animales: *por más que los miré no pude hacer ninguna distinción entre los dos.* **SIN.** diferenciación. 2 lo que demuestra quien sabe ser elegante y educado con los demás: *es conocido por su distinción.* **SIN.** finura. **AF.** elegancia, educación.

distinguido, distinguida *[adj.]* 1 que está entre los mejores en lo que hace: *un distinguido arquitecto.* **SIN.** destacado, relevante. **AF.** ilustre, eminente. **ANT.** irrelevante. 2 elegante y bien educado: *una señora distinguida; trato distinguido.* **SIN.** fino, refinado. **INTENS.** exquisito. **AF.** elegante. **ANT.** vulgar, ordinario, tosco.

distinguir *[v.]* 1 darse uno cuenta de las diferencias que hay entre dos o más cosas: *¿distingues un burro de un caballo?* **SIN.** diferenciar. **AF.** reconocer. **ANT.** confundir. 2 conseguir ver alguna cosa aunque esté muy lejos, haya algo que estorbe, etc.: *a pesar de la niebla pude distinguir la señal de stop.* **SIN.** divisar, vislumbrar, ver. // **distinguirse** *[v.prnl.]* 3 ponerse o hacer algo para no ser igual que los demás: *como todos van con vaqueros, yo me pongo traje para distinguirme.* 4 tener una cosa algo que la hace diferente de otra parecida: *se distinguen por el color.* **SIN.** diferenciarse. 5 destacar una persona sobre las demás por algo bueno que tiene o que sabe hacer: *se distingue por su honradez.* **SIN.** sobresalir, resaltar. **OBS.** ante a y o pierde la u: *distingan; distingo.* **FAM.** distinguido, distinguible, distinción, distinto, distintivo. **COMP.** indistinto.

distintivo, distintiva *[adj.]* 1 que hace que se puedan distinguir unas cosas de otras: *la única parte distintiva entre las dos bicis es el manillar.* 2 que hace a algo distinto de otros: *la melena es una característica distintiva de los leones.* **SIN.** característico. **ANT.** general. // **distintivo** *[n.m.]* 3 lo que se pone en las cosas para distinguirlas de las de los demás o lo que lleva un grupo de personas para distinguirse de otros: *puso en su ropa una etiqueta amarilla como distintivo.* **SIN.** marca, insignia. **AMPL.** el distintivo que llevan los militares para indicar su categoría se llama ***divisa***.

distinto, distinta *[adj.]* 1 que no es igual a otro: *puso un examen distinto a cada grupo.* **SIN.** diferente. **ANT.** igual. 2 que no es el mismo: *se trataron temas distintos; un jersey de distintos colores; distintos tipos de plantas.* **SIN.** diferente, diverso, vario, dispar.

distorsionar *[v.]* hacer que algo parezca distinto de lo que es: *las luces de las discotecas distorsionan los colores.* **SIN.** deformar. **AF.** modificar, falsear. **FAM.** distorsión, distorsionante, distorsionadamente.

distracción *[n.f.]* 1 falta de cuidado o atención: *una distracción mientras conduces puede costarte la vida.* **SIN.** despiste, descuido. 2 cosa que hace que el tiempo pase sin que uno se dé cuenta: *ir a pescar le sirve de distracción.* **SIN.** entretenimiento*.

distraer *[v.]* 1 hacer que alguien deje de atender algo o a alguien: *distrajeron al profesor para que no nos viera salir.* TAMBIÉN *prnl.: se distrajo un momento y se le quemó la comida.* 2 hacer que alguien se lo pase bien: *los payasos distraen a los niños.* TAMBIÉN *prnl.: se distrae pescando.* **ANT.** aburrir. **SIN.COM.** entretener.

CONJUG. como *traer**. **FAM.** distracción, distraído, distraídamente, traer.

distraído, distraída *[adj.]* que se despista con cualquier cosa y no presta atención a lo que hace: *es tan distraído que nunca se acuerda del sitio en el que deja las cosas.* **SIN.** despistado, olvidadizo. **ANT.** atento.

distribución *[n.f.]* 1 acción por la que algo queda repartido entre varias cosas o personas: *distribución de tareas; distribución de productos.* **SIN.** reparto. 2 manera de estar colocadas las cosas o los espacios en un sitio: *si mejoras la distribución de los muebles te quedará más espacio libre; el piso tiene una distribución muy práctica.*

distribuir *[v.]* 1 hacer que las cosas lleguen a las personas a las que tienen que llegar o decir qué tiene que hacer cada uno: *las distribuidoras distribuyen los libros a las librerías para que la gente pueda comprarlos; distribuyó los juguetes entre sus hermanos pequeños; distribuyó el trabajo entre los cinco.* 2 colocar cada cosa en un sitio, de una manera determinada: *distribuye los libros entre las dos estanterías.* **SIN.COM.** repartir. **CONJUG.** como *huir**. **FAM.** distribución, distributivo, distribuidor, atribuir.

distrito *[n.m.]* cada una de las zonas en que las autoridades dividen una ciudad o territorio para facilitar su trabajo, correspondiendo a cada una unos colegios públicos, unos centros de salud, unos colegios electorales, etc. determinados: *en el distrito centro hay dos comisarías de policía.*

disturbio *[n.m.]* desorden que se produce cuando se enfrentan violentamente dos grupos de personas. **AF.** altercado.

disuadir *[v.]* convencer a una persona para que cambie la opinión que tiene sobre algo o para que deje de hacer algo que pensaba, explicándole las razones que hay para ello: *lo disuadieron de su idea de irse.* **AF.** desaconsejar, desanimar. **FAM.** disuasión, disuasorio, disuasivo, persuadir.

diurno, diurna *[adj.]* que se hace o que pasa cuando es de día: *clases diurnas; programa diurno.* **ANT.** nocturno.

divagar *[v.]* decir cosas que no tienen sentido o que no tienen nada que ver con el tema que se está tratando: *en los exámenes no hay que divagar, sino ir al grano.* **AF.** desviarse. **OBS.** ante e, gu: *divaguen.* **FAM.** divagación, vagar.

divergente *[adj.inv. en gén.]* que está cada vez más separado de otro: *los radios de una rueda son divergentes a partir del centro.*

diversidad *[n.f.]* lo que hay cuando en un conjunto de cosas del mismo tipo se encuentran muchas distintas: *hay diversidad de modelos porque hay diversidad de gustos; diversidad de opiniones; diversidad de colores.* **SIN.** variedad, disparidad. **ANT.** igualdad, semejanza. **FAM.** diverso, diversificación, diversificar, verter.

diversión *[n.f.]* lo que uno hace para pasarlo bien y cosas que sirven para pasarlo bien: *el cine es una diversión y jugar y viajar también.* **AF.** entretenimiento, pasatiempo, distracción. **PL.** *diversiones.*

diverso, diversa *[adj.]* que no es igual: *tiene un modo muy diverso de entender las cosas.* **SIN.** distinto, diferente. **OBS.** se usa muy poco en singular y mucho en plural: *tiene diversas aficiones; se habló de cosas diversas; una prenda de diversos colores; diversos tipos de flores.*

divertido, divertida *[adj.]* 1 que se lo pasa bien o que hace que uno se lo pase bien: *una persona divertida.* **SIN.** gracioso. **AF.** simpático. 2 que hace que uno se lo pase bien: *hay dibujos animados muy divertidos.* **AF.** ameno, entretenido. **ANT.COM.** aburrido.

divertir *[v.]* hacer que alguien se lo pase bien: *los titiriteros divertían al público.* **AF.** entretener, distraer. **ANT.** aburrir, cansar. TAMBIÉN *prnl.: se divierte con cualquier cosa.* **CONJUG.** como *sentir**. **FAM.** diversión, divertido, divertimento, verter.

dividendo *[n.m.]* en una división, cantidad que divide: *si dividimos 25 entre 5, el dividendo es 25.* **AMPL.** el número por el que se divide se llama ***divisor***.

dividir *[v.]* 1 partir: *dividimos la tortilla en cuatro partes iguales.* **SIN.** fraccionar, cortar. **ANT.** unir. 2 hacer que dos o más personas dejen de estar unidas: *la elección del delegado de curso dividió a la clase.* **SIN.** desunir. **AF.** enemistar. 3 hacer una operación matemática para repartir una cantidad en partes iguales: *divide 10 entre dos.* **ANT.** multiplicar. **FAM.** dividendo, división, divisor, divisible, divisorio. **COMP.** individuo, subdivisión, indivisible.

divino, divina *[adj.]* de Dios o de los dioses: *palabra divina; Adán y Eva recibieron el castigo divino.* **FAM.** divinidad, divinamente, dios.

divisar *[v.]* ver algo que está lejos, aunque no se vea claramente: *divisamos un barco en el horizonte.* **SIN.** distinguir, vislumbrar, ver.

divisible *[adj.inv. en gén.]* hablando de un número, que al dividirlo por otro el resto es cero: *diez es divisible por cinco.* **AMPL.** cuando un número es divisible por otro también es ***múltiplo*** de él.

división *[n.f.]* **1** acción por la que algo queda dividido en varias partes: *hicimos la división de la cartulina en tres trozos.* **ANT.** unión. **2** operación matemática que consiste en partir un número entre otro para hallar el número de partes iguales que salen de él: *la división se indica con el signo ":".* **ANT.** multiplicación.

divisor *[n.m.]* en una operación de división, número por el que se divide el otro: *si dividimos 15 entre 5, el divisor es 5.* **AMPL.** el número que se divide se llama ***dividendo***.

divorciarse *[v.prnl.]* separarse, legalmente, un hombre y una mujer que estaban casados.

divorcio *[n.m.]* separación legal de dos personas que estaban casadas y que, a partir del momento en que lo dice el juez, dejan de estarlo: *pidió el divorcio para poder casarse con otra persona.* **AF.** separación. **FAM.** divorciarse, divorciado.

divulgar *[v.]* hacer que una noticia llegue a mucha gente: *la televisión divulgó la noticia de la boda del presidente.* **SIN.** difundir, publicar. **ANT.** ocultar. **OBS.** ante e, gu: *divulguen.* **FAM.** divulgación, divulgador, divulgativo, vulgar.

do *[n.m.]* primera nota de la escala musical: *do, re, mi, fa, sol, la y si son las siete notas de la escala musical.*

La nota do en clave de sol y en clave de fa.

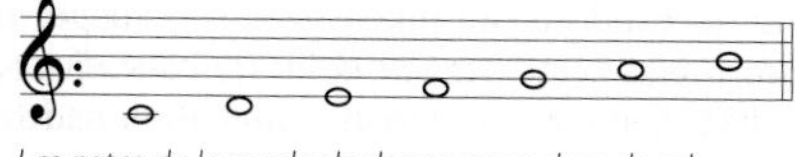

Las notas de la escala de do mayor en clave de sol.

Las notas de la escala de do mayor en clave de fa.

dobladillo *[n.m.]* borde de la ropa que está doblado o cosido hacia dentro: *se le descosió el dobladillo de la falda.*

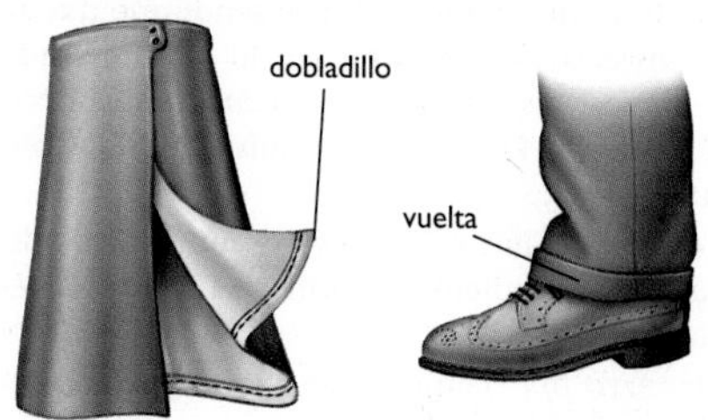

doblaje *[n.m.]* traducción y grabación de los diálogos de una película, un reportaje, etc. en otra lengua: *se dedica al doblaje de películas de cine y de televisión.*

doblar *[v.]* **1** hacer que el tamaño, la cantidad o el valor de algo llegue a ser dos veces más grande: *tenía 200 euros y, como los he doblado, tengo 400.* **SIN.** duplicar, redoblar. **2** hacer que una cosa ocupe menos extensión poniendo, sin romperla, una parte encima de otra: *doblar una carta; doblar una sábana.* **SIN.** plegar. **ANT.** desdoblar. **3** hacer fuerza para darle forma curva a algo que es recto: *doblar una barra de metal; doblar una rama.* **SIN.** curvar, arquear, torcer. **ANT.** enderezar. **4** poner una persona su voz en una película porque es mejor que la del actor que sale en ella o para traducirla a otra lengua: *dobla a actores famosos.* **5** cambiar la dirección de la marcha que se lleva, torciendo a la derecha o a la izquierda, dando la vuelta a una esquina, etc.: *en el cruce doblé a la derecha.* **6** tocar las campanas para avisar de que alguien ha muerto: *siento escalofríos cuando oigo doblar las campanas.* **FAM.** doblaje, doblez, dobladillo, doble, doblemente, doblete, doblegar. **COMP.** desdoblar, duplicar, redoblar.

doble *[adj.inv. en gén.]* **1** que es un número o una cantidad dos veces mayor que otra: *tenía 10 y ahora tengo doble cantidad, 20.* **ANT.** mitad. TAMBIÉN *n.m.: el doble de 5 es 10.* **2** que está formado por dos iguales: *doble ventana; doble ración.* // **doble** *[n.inv. en gén.]* **3** persona que se parece al actor que interpreta una película y hace las escenas peligrosas en lugar de él: *la protagonista no dejó que ningún doble rodara las escenas del incendio.* **4** persona que se parece muchísimo a otra: *hay quien dice que todos tenemos un doble.*

doblez *[n.m.]* forma que queda en una cosa por la parte que se dobla, y señal que queda en las cosas en la parte por la que han sido dobladas: *las tablas de las faldas son dobleces; al desdoblar la camisa se notaban los dobleces.* **PL.** *dobleces.*

doce *[num.inv. en gén.]* es el numeral cardinal correspondiente al número 12. **FAM.** docena.

docena *[n.f.]* conjunto de doce cosas: *una docena de huevos.*

docente *[adj.inv. en gén.]* que enseña o que se usa para enseñar: *el personal docente de un colegio son los profesores; un colegio es un centro docente.* **SIN.** educativo. **FAM.** docencia, doctor.

dócil *[adj.inv. en gén.]* que es obediente y fácil de manejar: *persona dócil; perro dócil.* **SIN.** sumiso, manejable, manso. **ANT.** desobediente, díscolo, rebelde. **FAM.** docilidad, dócilmente.

docto, docta *[adj.]* que ha estudiado mucho y sabe muchas cosas: *un docto abogado.* **AF.** sabio, culto, erudito.

doctor, doctora *[n.]* **1** título universitario más alto que existe y que pueden obtener las personas que, después de haber terminado una carrera en la universidad, hacen y aprueban un curso especial y un trabajo sobre algún tema de los que han estudiado: *doctor en derecho; doctora en arquitectura.* **OBS.** cuando se trata de doctores en arquitectura y en ingeniería se dice también *doctor arquitecto* y *doctor ingeniero.* **2** médico: *fue a ver al doctor.* **FAM.** doctorado, doctoral, doctoralmente, docencia.

doctorado *[n.m.]* últimos estudios que se pueden hacer en una universidad después de ser licenciado: *estuvo dos años haciendo el doctorado.*

doctrina *[n.f.]* conjunto de las ideas o de las opiniones que sobre un tema importante tiene y defiende una persona o un grupo de personas: *la doctrina cristiana tiene muchos seguidores.* **FAM.** doctrinal, doctrinalmente. **COMP.** adoctrinar, adoctrinamiento.

documental *[n.m.]* conjunto de imágenes grabadas en vídeo o película de cine que se han tomado directamente de la realidad: *un documental sobre las costumbres de un país; un documental sobre la vida de los animales.*

documento *[n.m.]* **1** escrito que contiene datos importantes para la historia: *en el archivo de Simancas hay muchos documentos medievales.* **2** cualquier escrito que contiene datos verdaderos o que sirven para demostrar algo: *un pasaporte es un documento de identificación; tengo el documento que prueba que la finca es mía.* **FAM.** documentación, documentado, documentalmente, documental, documentar. **COMP.** indocumentado.

dodecaedro *[n.m.]* cuerpo geométrico que tiene doce caras.

dogma *[n.m.]* idea en la que cree firmemente una persona y especialmente las que son fundamentales para una religión: *la infalibilidad del Papa es un dogma católico.* **FAM.** dogmático, dogmatizar, dogmatismo, dogmáticamente.

dólar *[n.m.]* nombre que reciben las unidades monetarias de los Estados Unidos de América, de Canadá, de Australia, de Liberia y de Nueva Zelanda: *si quieres comprar algo en Nueva York tienes que llevar dólares.*

doler *[v.]* **1** producir dolor alguna parte del cuerpo: *me duele la cabeza.* **2** producir disgusto algo: *me dolió tener que castigarte; me dolió que no me dejaran salir.* **SIN.** molestar, disgustar. **ANT.** alegrar. // **dolerse** *[v.prnl.]* **3** quejarse por algo: *se duele de lo mal que tratan los funcionarios.* **SIN.** lamentarse. **ANT.** alegrarse. **CONJUG.** como *volver*.*

dolmen *[n.m.]* monumento que hacían los hombres prehistóricos y que es como una gran mesa de piedra que tiene como patas dos o más piedras grandes puestas de pie: *se cree que los dólmenes eran monumentos religiosos.* **PL.** *dólmenes.*

dolor *[n.m.]* **1** sensación desagradable que se tiene en una parte del cuerpo por causa de una quemadura, un pinchazo, un golpe, una enfermedad, etc.: *tengo dolor de cabeza.* **AF.** malestar, molestia. **2** pena que una cosa le hace sentir a alguien: *la muerte de su padre le produjo mucho dolor.* **SIN.** pena, tristeza, aflicción. **ANT.** alegría. **FAM.** doler, dolorido, doloroso, dolencia, doliente, duelo. **COMP.** adolecer, condolerse, indoloro.

dolorido, dolorida *[adj.]* que tiene o produce un dolor que no es fuerte pero sí continuo: *la caída me ha dejado el cuerpo dolorido.* **SIN.** lastimado, resentido.

doloroso, dolorosa *[adj.]* **1** que hace sentir dolor: *una inyección dolorosa.* **2** que hace sentir pena: *una despedida dolorosa.*

domador, domadora *[n.]* persona que se dedica a domar* animales salvajes: *es domadora y actúa en un circo; un domador de caballos.*

domar *[v.]* conseguir una persona que un animal salvaje se vuelva manso y la obedezca: *no se puede montar un caballo salvaje sin haberlo domado antes.* **SIN.** amansar. **AF.** domesticar, amaestrar. **FAM.** domable, domador. **COMP.** indomable, redomado.

domesticar *[v.]* conseguir que un animal se acostumbre a vivir entre las personas: *ha domesticado un lobo.* **AF.** domar, amaestrar. **OBS.** ante e, qu: *domestiquen.*

doméstico, doméstica *[adj.]* **1** que vive entre las personas: *las ovejas y las gallinas son animales domésticos.* **ANT.** salvaje. **2** de la casa: *hacer las camas es una tarea doméstica.* **SIN.** casero. **AF.** hogareño. **FAM.** domesticar, domesticable, domesticación, domésticamente. **COMP.** indomesticable.

domicilio *[n.m.]* casa en la que vive alguien: *los periodistas lo siguieron hasta su domicilio.* **SIN.** residencia, hogar, casa. ■ **a domicilio**, que lo llevan a casa de uno o lo hacen en casa de uno. **FAM.** domiciliar, domiciliario, domiciliación.

dominación *[n.f.]* fuerza o poder que tiene una persona sobre otras o un país sobre otro: *Europa estuvo bajo la dominación romana hasta el siglo V.* **SIN.** sometimiento.

dominar *[v.]* **1** hacer que otras personas (o los animales) hagan lo que uno quiere o que una cosa funcione o se mueva como uno quiere: *domina a todos los que la rodean; dominar un caballo; dominar un coche en una curva.* **AF.** someter, sujetar, contener. **2** ver desde un sitio alto: *desde el mirador domino todo el pueblo.* **3** saber hacer algo muy bien o saber mucho de algo: *domina la historia; domina la cocina.* **4** sobresalir algo entre otras cosas por ser más grande, por ser mejor, etc.: *la torre de la iglesia domina el pueblo.* **AF.** destacarse. // **dominarse** *[v.prnl.]* **5** mandar en uno mismo para no hacer cosas que no se deben hacer: *consiguió dominarse y no le pegó.* **SIN.** reprimirse, contenerse, controlarse. **FAM.** dominio, dominación, dominante, dueño. **COMP.** predominar.

domingo *[n.m.]* día de la semana que está entre el sábado y el lunes. **FAM.** dominical, dominguero.

dominical *[adj.inv. en gén.]* del domingo: *descanso dominical.*

dominicano, dominicana *[adj. y n.]* de la República Dominicana, país centroamericano cuya capital es Santo Domingo: *costumbres dominicanas; los dominicanos hablan español.*

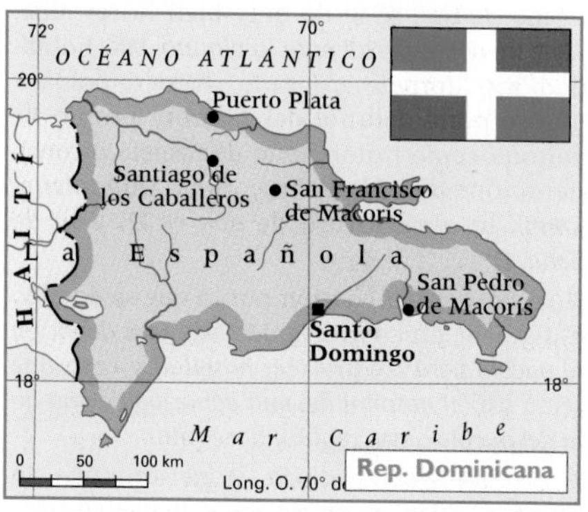

dominio *[n.m.]* **1** derecho que tiene una persona sobre las cosas que son suyas. **2** fuerza o poder que tiene una persona para mandar en otros y hacer que la obedezcan: *tiene mucho dominio sobre sus alumnos.* **AF.** poder, autoridad, control. **3** gran conocimiento de una ciencia, de un arte, técnica, etc.: *tiene un gran dominio de la informática.* **4** conjunto de materias que forman parte de una ciencia, de un arte, etc.: *el dominio de la pintura abarca la acuarela, el óleo, etc.* **SIN.** ámbito, campo. // **dominios** *[n.m.pl.]* **5** conjunto de territorios que pertenecen a una persona, una institución o un país: *los dominios de la corona de Castilla llegaban hasta América y Filipinas.* ■ **ser** algo **de dominio público**, conocerlo mucha gente.

dominó *[n.m.]* juego de mesa, para dos o más jugadores, que se juega con 28 fichas rectangulares, blancas por la cara que llevan el número puesto con puntos negros, y negras por la otra. **PL.** *dominós.*

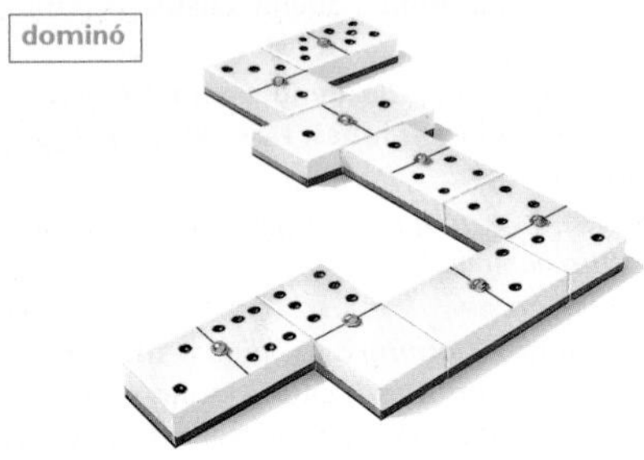

dominó

don *[n.m.]* **1** lo que tiene una persona por el hecho de que se le dé muy bien hacer algo: *tiene un don especial para la pintura.* **SIN.** habilidad. **ANT.** torpeza. // **don, doña 2** palabra que se pone delante del nombre propio de persona como tratamiento de respeto o consideración: *don Marcelino; doña Magdalena.* **AMPL.** la abreviatura de *don* es ***D.*** y la de *doña*, ***Dª***.

donación *[n.f.]* acción por la que se da algo a alguien, sin cobrar nada (*hizo una donación al pueblo para construir un hospital*) y cosa que se da así (*el hospital fue una donación de una hija del pueblo*). **SIN.** regalo, obsequio.

donante *[n.inv. en gén.]* **1** persona que da algo a alguien: *es un regalo de un donante desconocido.* **2** persona que da sangre o alguno de sus órganos a quien lo necesite: *donante de riñón; donante de sangre.*

donar *[v.]* dar algo sin cobrar nada por ello: *donó sus bienes a la Iglesia.* **SIN.** regalar, dar. **FAM.** donación, donante, donativo, dueño.

donativo *[n.m.]* dinero o cosas que se dan para ayudar a alguien que lo necesita: *me pidieron un donativo para los pobres.* **SIN.** limosna, dádiva.

doncella *[n.f.]* **1** mujer joven. **2** mujer que trabaja sirviendo en una casa: *la doncella saca de paseo a los niños.* **SIN.** sirvienta, criada, chica, chica de servicio.

donde *[adv. de l.]* en el lugar en que: *donde yo vivo hay pocas industrias.* **GRAM.** tiene valor de adverbio relativo y puede ir, por tanto, después de un antecedente: *la ciudad donde vivo tiene pocas industrias.*

Donde estás yo no te veo
¿por qué no te acercas más
o me dices ***dónde*** estás?

dónde *[adv. interr.]* en qué lugar: *¿dónde están las llaves del coche?* **OBS.** aparece mucho en interrogaciones indirectas: *dime dónde están las llaves del coche.*

dondequiera *[adv. de l.]* en cualquier lugar o a cualquier lugar: *hay que encontrarlo dondequiera que esté; irá dondequiera que tú vayas.*

donjuán *[n.m.]* hombre que enamora a muchas mujeres: *es un donjuán.* **SIN.** conquistador, seductor. **AMPL.** esta palabra viene del personaje principal de la obra de teatro *Don Juan Tenorio.*

donostiarra *[adj. y n.inv. en gén.]* de Donostia, nombre vasco de San Sebastián, que es la capital de Guipúzcoa: *una niña donostiarra; muchos donostiarras hablan vasco.*

doña VER *don* (acepción 2).

doparse *[v.prnl.]* tomar drogas que ayudan a aguantar los esfuerzos físicos: *está prohibido doparse en una competición.* **AMPL.** es una palabra de origen inglés que es igual a la española *drogarse*, pero que se usa en los ambientes deportivos cuando los deportistas toman alguna sustancia para que les resulte más fácil ganar en las competiciones; el análisis médico que se le hace a los deportistas para saber si se han dopado se llama ***control de doping***.

dorada *[n.f.]* pez de mar que puede llegar a medir un metro de largo y tiene una mancha dorada en la cabeza.

dorada

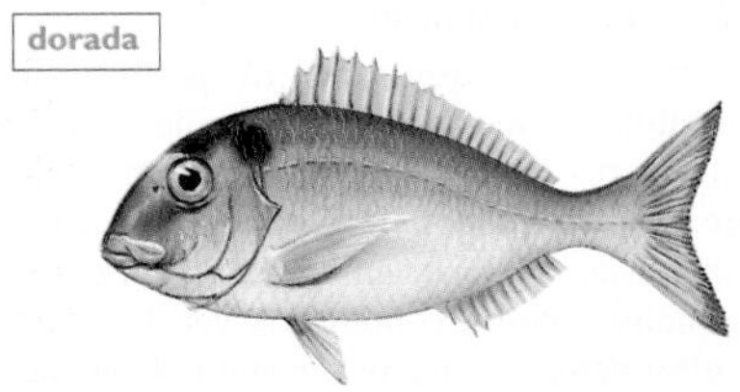

dorado, dorada *[adj.]* **1** que parece de oro o que es de un color parecido al del oro: *un reloj dorado.* **2** que es la mejor época de algo: *la* *edad dorada del cine.* // **dorado** *[n.m.]* 3 adorno de metal que parece de oro: *el baúl tiene muchos dorados en la tapa.*

dorar *[v.]* 1 hacer que algo parezca de oro, dándole un baño en oro o pintándolo del color del oro: *mandé dorar un reloj.* 2 poner o ponerse la piel morena por acción del sol: *el sol dora la piel.* TAMBIÉN *prnl.: la gente se dora en la playa.* 3 tostar un poco en el horno (o al fuego) una comida: *dora la carne antes de guisarla.* TAMBIÉN *prnl.: la carne ya se ha dorado.* **FAM.** dorada, dorado, oro. **COMP.** desdorar, desdoro.

dormilón, dormilona *[adj.]* que duerme mucho o que le gusta mucho dormir: *una persona dormilona.* TAMBIÉN *n.: es un dormilón.*

dormir *[v.]* 1 estar con los ojos cerrados y sin enterarse de lo que pasa alrededor de uno: *duerme ocho horas diarias; los animales también duermen.* **ANT.** estar despierto. // **dormirse** *[v.prnl.]* 2 quedarse dormido: *se durmió en el cine.* **ANT.** despertarse. 3 quedarse una parte del cuerpo de manera que uno no puede moverla normalmente porque ha estado mucho rato en la misma postura: *se me durmió el brazo.* **SIN.** entumecerse. **AF.** agarrotarse. **FAM.** dormilón, dormitar, dormitorio, durmiente. **COMP.** adormecer, adormilarse.

CONJUGACIÓN DEL VERBO DORMIR

Formas no personales
Infinitivo: *dormir.* Gerundio: *durmiendo.* Participio: *dormido.*
Indicativo
Presente: *duermo, duermes, duermes, dormimos, dormís, duermen.*
Pretérito imperfecto: *dormía, dormías, dormía, dormíamos, dormíais, dormían.*
Pretérito perfecto simple: *dormí, dormiste, durmió, dormimos, dormisteis, durmieron.*
Futuro: *dormiré, dormirás, dormirá, dormiremos, dormiréis, dormirán.*
Condicional simple: *dormiría, dormirías, dormiría, dormiríamos, dormiríais, dormirían.*
Subjuntivo
Presente: *duerma, duermas, duerma, durmamos, durmáis, duerman.*
Pretérito imperfecto: *durmiera/ durmiese, durmieras/ durmieses, durmiera/ durmiese, durmiéramos/ durmiésemos, durmierais/ durmieseis, durmieran/ durmiesen.*
Futuro: *durmiere, durmieres, durmiere, durmiéremos, durmiereis, durmieren.*
Imperativo:
duerme, duerma, durmamos, dormid, duerman.

dormitar *[v.]* estar una persona medio dormida: *dormitaba delante de la televisión.*

dormitorio *[n.m.]* habitación preparada para dormir: *en cada dormitorio hay dos camas.*

dorsal *[adj.inv. en gén.]* 1 del dorso* o de la espalda: *la aleta dorsal de un pez.* // **dorsal** *[n.m.]* 2 tela con un número que llevan en la espalda los participantes en una competición deportiva: *para participar hay que ponerse el dorsal.*

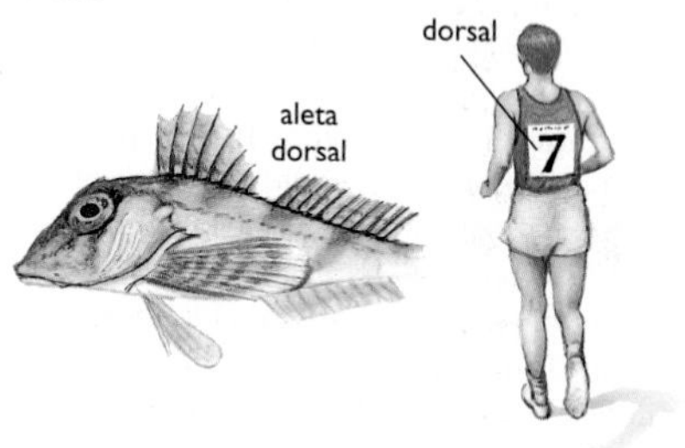

dorso *[n.m.]* parte de atrás de algo: *el dorso de la mano es la parte opuesta a la palma; hizo algunas anotaciones en el dorso del folio.* **SIN.** reverso. **ANT.** anverso. ■ **al dorso**, al otro lado: *tiene el precio al dorso.* **FAM.** dorsal. **COMP.** adosar, predorso.

dos *[num.inv. en gén.]* es el numeral cardinal correspondiente al número 2.

doscientos, doscientas *[num.]* es el numeral cardinal correspondiente al número 200.

dosificar *[v.]* 1 repartir algo que se bebe, se come o se toma en cantidades pequeñas: *las medicinas se dosifican; cuando algo escasea, como el agua, se dosifica para que dure más.* **AF.** racionar. 2 hacer algo poco a poco: *dosificar esfuerzos.* **AF.** graduar. **OBS.** ante e, qu: *dosifiquen.*

dosis *[n.f.inv. en núm.]* cantidad de algo que se toma cada vez que toca tomarlo, sobre todo si es una medicina: *tengo que tomar una dosis al día.* **FAM.** dosificar, dosificación.

dotar *[v.]* encargarse de que un centro, una institución, etc. tenga lo que necesita: *el gobierno dota a los hospitales públicos del material sanitario.* **SIN.** proveer, suministrar.

dote *[n.f.]* cantidad de dinero o de bienes que un padre daba a su hija cuando iba a casarse o cuando entraba en un convento: *la novia llevaba una buena dote.* ■ **tener dotes**, tener facilidad para algo. **FAM.** dotar, dotación.

dragón *[n.m.]* 1 animal fantástico muy grande que tiene forma de serpiente, dos alas que usa para volar y que echa fuego por la boca: *en algunos cuentos salen dragones.* 2 animal parecido al lagarto que mide unos 20 centímetros y tiene unas membranas entre las patas delanteras y las traseras que le sirven para planear cuando salta de un lado a otro. **PL.** *dragones.* **FAM.** dragontino.

drama *[n.m.]* 1 obra de teatro, y especialmente la que tiene episodios tristes, pero no graves, porque entonces se llamaría tragedia. 2 cualquier desgracia que le pasa a alguien: *vivieron el drama de un terrible accidente; su vida es un drama porque todo le sale mal.* **FAM.** dramatismo, dramaturgo, dramón, dramatizar, dramático, dramáticamente. **COMP.** melodrama, melodramático.

dramático, dramática *[adj.]* 1 de teatro: *Fuenteovejuna es una obra dramática y Antonio Gala, un autor dramático.* **SIN.** teatral. 2 que impresiona mucho porque es muy triste: *las imágenes de la guerra son dramáticas.* **SIN.** trágico. **ANT.** alegre, gracioso, divertido.

dramatizar *[v.]* 1 darle demasiada importancia a un problema o a algo que ha pasado y ponerlo peor de lo que es: *no dramatices, que no es para tanto.* **SIN.** exagerar. 2 convertir en obra de teatro una novela, un cuento, una poesía, etc.: *han dramatizado el poema del Cid.* **SIN.** escenificar. **OBS.** ante e, c: *dramaticen.*

dramaturgo, dramaturga *[n.]* escritor de obras de teatro.

droga *[n.f.]* 1 cualquier sustancia natural o hecha en un laboratorio, que produce en quien la toma reacciones raras como sentirse muy bien o muy mal, sentir que flota, ver la realidad de otra manera, aguantar mejor los esfuerzos, etc.: *la cocaína es una droga que puede matar.* **SIN.** estimulante, narcótico. 2 sustancia natural o preparada por el hombre que se usa en medicina, en la industria, etc.: *muchos medicamentos se preparan con drogas.* **FAM.** drogar, droguería, droguero, drogadicto, drogadicción.

drogadicto, drogadicta *[n.]* persona que se droga: *algunos drogadictos llegan a robar para conseguir la droga.* **SIN.** toxicómano.

drogar *[v.]* administrar una droga: *lo drogaron para que no se enterara de nada.* TAMBIÉN *prnl.: lo eliminaron del campeonato porque se había drogado.* **AF.** doparse. **OBS.** ante e, gu: *se droguen.*

droguería *[n.f.]* tienda en la que venden productos de limpieza, pinturas, etc.: *en las droguerías venden jabón.*

dromedario *[n.m.]* animal mamífero rumiante, muy parecido al camello pero con una sola joroba, que vive en los desiertos de Arabia y del norte de África y resiste mucho tiempo sin beber agua.

drupa *[n.f.]* tipo de fruto carnoso que tiene dentro una semilla envuelta en cáscara dura, como la ciruela, el melocotón y la cereza.

dubitativo, dubitativa *[adj.]* que demuestra duda: *un gesto dubitativo.* **FAM.** duda.

ducado *[n.m.]* título que conceden los reyes por agradecimiento y que convierte en duque a quien lo recibe: *el rey de España le concedió un ducado a D. Adolfo Suárez.* **FAM.** duque.

ducha *[n.f.]* sistema de lavado que consiste en echar agua sobre algo o alguien con un aparato, también llamado ducha, que echa el agua en forma de muchos chorros finos. **FAM.** duchar.

duchar *[v.]* lavar algo o a alguien con una ducha: *ducha al niño.* TAMBIÉN *prnl. refl.: hay que ducharse todos los días.*

dúctil *[adj.inv. en gén.]* 1 hablando de metales, que puede ser trabajado en frío o que se puede convertir en alambre. 2 que es fácil de doblar o de moldear: *la arcilla es un material muy dúctil.*

duda *[n.f.]* 1 lo que tiene una persona por el hecho de no estar segura de algo o de no saber qué debe decidir: *mi duda era si coger el rojo* *o el azul.* **AF.** indecisión, inseguridad, incertidumbre, vacilación, titubeo. **ANT.** certeza, seguridad. **2** lo que tiene una persona por el hecho de que haya algo que no entiende: *tiene algunas dudas sobre las declinaciones latinas.* **AF.** problema. **ANT.** solución. ■ **sin duda**, con toda seguridad. **FAM.** dudar, dudoso, dubitativo. **COMP.** indudable, indubitable.

dudar *[v.]* **1** no saber si hay que decir sí o no a algo o si conviene hacer una cosa u otra: *dudé entre ir al cine o quedarme en casa.* **SIN.** vacilar, titubear. **ANT.** decidirse, determinar. **2** no estar seguro de algo: *dudo que haya sido él.*

dudoso, dudosa *[adj.]* que no está claro: *opinión dudosa; suceso dudoso; dato dudoso.* **SIN.** discutible, cuestionable. **AF.** incierto, equívoco, ambiguo. **ANT.** indiscutible.

duelo *[n.m.]* lucha entre dos personas y especialmente cuando se hacía con pistolas o espadas, porque uno de los dos se había sentido ofendido, insultado o herido en el honor: *en la película había un duelo a muerte.*

duende *[n.m.]* personaje imaginario que aparece en los cuentos, suele tener figura de hombre pequeño o de viejo y se dedica a hacer travesuras.

dueño, dueña *[n.]* persona que manda en algo porque es suyo: *es el dueño de la casa.* **SIN.** propietario, amo. ■ **ser dueño de sí mismo**, saber controlarse y no perder los nervios. **FAM.** dominar. **COMP.** adueñarse.

dulce *[adj.inv. en gén.]* **1** que tiene el sabor parecido al del azúcar y la miel: *el pastel está dulce.* **ANT.** amargo. **2** que tiene un carácter agradable y cariñoso y trata muy bien a los demás: *es una chica muy dulce.* **AF.** amable, afable, complaciente. **ANT.** desagradable, arisco. // **dulce** *[n.m.]* **3** cualquier alimento o golosina preparado con azúcar y algún ingrediente más: *comer demasiados dulces estropea la dentadura; los pasteles, las galletas, las pastas y los caramelos se llaman dulces.* **4** alimento que se hace cociendo fruta con azúcar hasta que se deshaga del todo y dejándolo enfriar para que quede una pasta sólida: *dulce de membrillo; dulce de pera.* **FAM.** dulcemente, dulzaina, dulzón, dulzor, dulzura, dulcificar, dulcificación. **COMP.** edulcorar, edulcorante, endulzar.

dulcificar *[v.]* hacer que algo resulte más agradable, suave o llevadero: *el cariño dulcifica la vida.* **OBS.** ante e, qu: *dulcifiquen.*

dulzor *[n.m.]* sabor dulce: *el dulzor de un caramelo.*

dulzura *[n.f.]* lo que demuestra quien es agradable, cariñoso y amable con los demás: *trata a los niños con dulzura.* **AF.** amabilidad, ternura.

duna *[n.f.]* especie de montaña pequeña que forma la arena de las playas y de los desiertos cuando sopla el viento: *las dunas tienen forma de media luna.*

dúo *[n.m.]* conjunto formado por dos: *un dúo de cantantes.* ■ **a dúo**, entre dos.

duodécimo, duodécima *[num.]* es el numeral ordinal correspondiente al cardinal doce.

duodeno *[n.m.]* primera parte del intestino delgado de los mamíferos que sale del estómago y acaba en el yeyuno.

dúplex *[n.m.inv. en núm.]* en un edificio de varios pisos, vivienda de dos plantas unidas por una escalera interior: *en el edificio hay dos dúplex y seis pisos de cuatro habitaciones.*

duplicar *[v.]* multiplicar por dos: *30 es el resultado de duplicar 15; lo duplica en edad.* **SIN.** doblar. **OBS.** ante e, qu: *dupliquen.* **FAM.** duplicado, duplicidad, duplo, doblar. **COMP.** reduplicar.

duque, duquesa *[n.]* título de nobleza que tiene más categoría que el de marqués y menos que el de archiduque. **FAM.** ducado, ducal. **COMP.** archiduque.

duración *[n.f.]* tiempo que pasa desde que algo empieza, nace o se hace hasta que acaba, muere o se estropea: *la duración de una película es de hora y media o dos horas; un yogur tiene una duración de una o dos semanas; la duración de la vida.*

duradero, duradera *[adj.]* que tarda mucho tiempo en estropearse, en romperse, en cambiar o en acabarse: *material duradero; flores duraderas.* **AF.** perdurable, fuerte, resistente. **ANT.** corto, inestable.

durante *[prep.]* en el tiempo en que ocurre algo: *durante el partido llovió mucho.* **GRAM.** nunca hace función de adverbio y sí de preposición, aunque no se incluya normalmente en la lista de preposiciones.

durar *[v.]* **1** ser lo que se es un tiempo determinado: *mientras se es, se dura.* **AF.** permanecer. **2** tardar en estropearse: *las flores duraron bien una semana; los pasteles de crema duran poco.* **SIN.** resistir, aguantar. **FAM.** duración, duradero, durante. **COMP.** perdurar.

dureza *[n.f.]* **1** lo que tienen las cosas duras, por serlo: *la dureza del hierro lo hace apropiado para la fabricación de muchas cosas.* **SIN.** resistencia, consistencia, fortaleza. **2** zona, sobre todo de las palmas de las manos y de los pies, que se pone muy dura: *al andar me molestan las durezas.* **SIN.** callosidad.

duro, dura *[adj.]* **1** que aguanta los golpes, los roces y el uso sin deformarse, romperse o estropearse con facilidad: *la piedra es un material duro.* **SIN.** consistente, fuerte, resistente. **AF.** compacto, sólido. **ANT.** débil, blando. **2** que aguanta mucho los dolores, las incomodidades, los momentos difíciles, etc.: *es muy duro, no llora aunque se haga daño.* **SIN.** fuerte, recio. **ANT.** débil. **3** que no está lo blando que debería estar para que se pueda usar o manejar: *pan duro; la manivela está dura.* **4** hablando de actividades, que resulta peligroso, difícil, incómodo, etc.: *los bomberos tienen un trabajo muy duro.* **AF.** penoso. **5** que exige mucho a los demás: *es muy duro con sus empleados.* **SIN.** severo*. // **duro** *[n.m.]* **6** moneda española de cinco pesetas. ■ **ser duro de cabeza**, ser muy cabezota. **FAM.** dureza, duramente. **COMP.** endurecer.

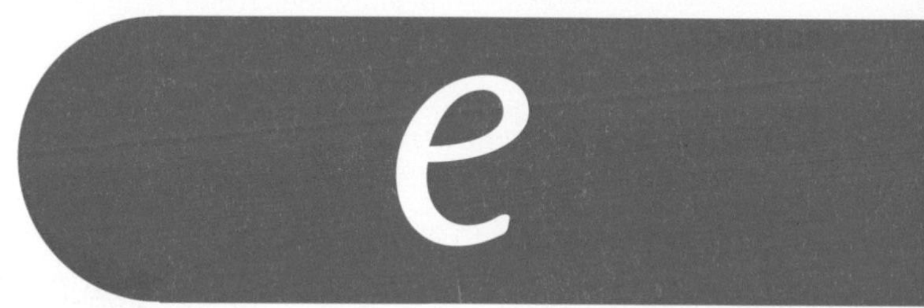

e *[letra vocal]* 1 quinta letra del abecedario español. // **e** *[n.f.]* 2 nombre de esta letra: *la e va después de la d y antes de la* f. // **e** *[conj. cop.]* 3 es un *nexo* que se usa en lugar de la *y** cuando la palabra que sigue empieza por el sonido *i*: *aguja e hilo.*

¡ea! *[interj.]* se usa para dar ánimos.

ebanista *[n.inv. en gén.]* persona que trabaja haciendo muebles con maderas buenas: *una ebanista nos hizo una mesa de roble; un ebanista.* **AMPL.** el ebanista se distingue del ***carpintero*** en que el ebanista hace sobre todo muebles y el carpintero puertas, ventanas, etc.

ebanistería *[n.f.]* 1 taller en el que trabaja el ebanista*: *en la ebanistería tienen maderas de muchas clases.* 2 oficio de los ebanistas: *está aprendiendo ebanistería.*

ébano *[n.m.]* árbol que vive en zonas de clima tropical, tiene el tronco grueso, de corteza gris y la madera negra y muy dura. **FAM.** ebanista, ebanistería, ebenáceo.

ebrio, ebria *[adj.]* que está borracho*: *una persona ebria.* **FAM.** ebriedad.

ebullición *[n.f.]* lo que pasa cuando un líquido se calienta tanto que empieza a hervir: *la ebullición del agua empieza cuando alcanza los 100 grados centígrados.* **ANT.** congelación.

eccema *[n.m.]* manchas rojas que salen en la piel: *le ha salido un eccema en el brazo.*

ecétera forma incorrecta de escribir la palabra *etcétera*.*

echar *[v.]* 1 dejar caer algo en un sitio apropiado: *echa las cáscaras de pipas en la basura; echó la leche en una jarra.* **AF.** poner, meter. 2 salirle a las personas, a los animales o a las plantas algo de su cuerpo: *el bebé está echando los dientes; el perro echaba sangre por la herida de la pata; el rosal ya ha echado flores.* **AF.** nacer, salir, brotar. 3 obligar a alguien a irse de un sitio del que no quiere irse: *lo echaron de la biblioteca porque estaba hablando.* **SIN.** expulsar. **ANT.** admitir. 4 cuando va con palabras relacionadas con alguna cantidad significa lo mismo que calcular: *siempre me echan menos edad de la que tengo.* **SIN.** calcular. // **echarse** *[v.prnl.]* 5 tumbarse: *llegó muy cansado y se echó un rato en el sofá.* **SIN.** tenderse. 6 tirarse encima de alguien o de algo: *el perro se echó sobre el gato.* **SIN.** abalanzarse, lanzarse. ■ **echar** el cerrojo, el pestillo, la llave, etc., moverlos para que las puertas queden cerradas: *cuando salgas, no olvides echar la llave.* ■ **echar de menos**, notar uno que necesita algo o a alguien y no lo tiene o no está con él. **SIN.** añorar. ■ **echar raíces**, quedarse a vivir en un sitio. ■ **echar a suerte** o **echar a suertes**, sortear, rifar. ■ **echar una bronca**, reñir. ■ **echar un trago**, beber. ■ **echar a** o **echarse a**, con verbos en infinitivo como andar, correr, reír, llorar, etc. significa que se empieza a hacerlo: *echar a correr; echarse a reír.* ■ **echarse a perder**, estropearse. ■ **echar la cuenta** de algo, calcularlo.

Siempre con hache es **hacer;**
siempre sin hache es **echar;**
no **eches en saco* roto**
esta norma general.

echo *[forma verbal]* primera persona del singular del presente de indicativo del verbo *echar*: *enseguida lo echo en la botella.*

eclesiástico, eclesiástica *[adj.]* 1 de la Iglesia o de las personas que trabajan para la Iglesia: *trabajo eclesiástico; leyes eclesiásticas; ropa eclesiástica.* **SIN.** eclesial. // **eclesiástico, eclesiástica** *[n.]* 2 persona que trabaja para la iglesia: *un sacerdote es un eclesiástico y una*

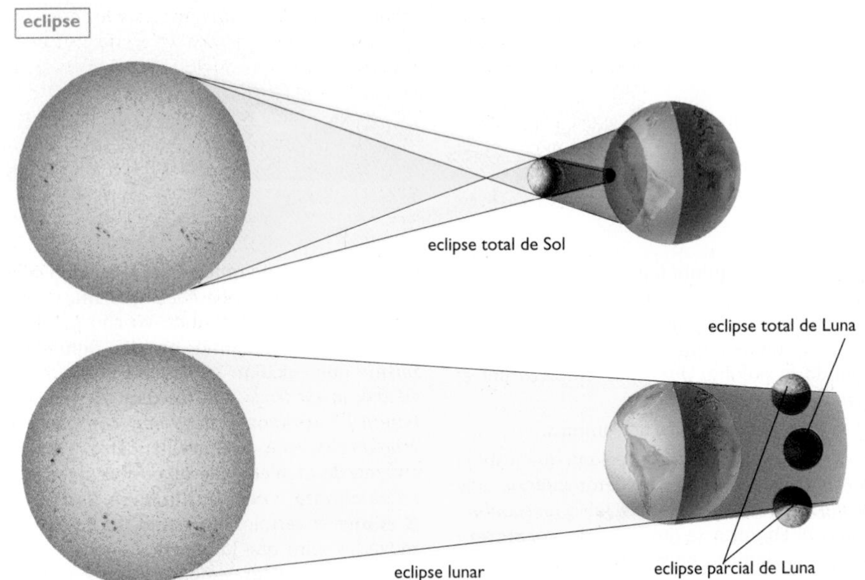

monja, una eclesiástica. **FAM.** eclesial, eclesiásticamente, iglesia.

eclipsar *[v.]* **1** ser tan importante por algo una persona, que donde ella está nadie se fija en los demás: *eclipsa a sus compañeros porque habla muy bien.* **SIN.** dejar pequeño. **2** ponerse un astro delante de otro, tapándolo, de manera que no se ve desde la Tierra. **SIN.** ocultar.

eclipse *[n.m.]* lo que hay cuando un astro se pone delante de otro de manera que éste no se vea desde la Tierra: *el eclipse de Luna duró una hora.* **AMPL.** si un astro tapa al otro del todo, se dice que hay ***eclipse total*** y si sólo tapa una parte, ***eclipse parcial***; cuando la Luna se pone entre el Sol y la Tierra decimos que es un ***eclipse de Sol*** o un ***eclipse solar***, y llamamos ***eclipse de Luna*** o ***eclipse lunar*** al que se produce cuando la Tierra se pone entre el Sol y la Luna. **FAM.** eclipsar.

eco *[n.m.]* lo que se produce cuando uno vocea y, al rato, oye lo que ha dicho porque el sonido ha chocado en algún sitio y ha vuelto: *si hablas en una habitación grande y vacía, oyes el eco de tu voz; en esta cueva hay eco.* ■ **tener eco**, ser tan importante o tan curiosa una cosa que todo el mundo se entera y habla de ella. ■ **hacerse eco de** algo, repetir algo para que se enteren los demás. **SIN.** divulgar, difundir.

ecografía *[n.f.]* técnica usada en medicina para examinar el interior del cuerpo por medio de ultrasonidos e imagen obtenida con esta técnica: *a las mujeres embarazadas se le hacen ecografías para controlar el desarrollo del feto; en la ecografía se ve que es una niña.*

ecología *[n.f.]* ciencia que estudia las relaciones que hay entre los seres vivos y el sitio en que viven, para que los hombres sepamos lo que hay que hacer para no romper el equilibrio de la naturaleza. **AMPL.** las personas que se dedican a esta ciencia se llaman ***ecólogos*** y las que intentan que el ser humano no estropee la naturaleza, ***ecologistas***. **FAM.** ecológico, ecologista, ecologismo, ecólogo.

ecológico, ecológica *[adj.]* **1** de la ecología* y del intento de proteger la naturaleza: *estudio ecológico; tratado ecológico.* **2** que está hecho de manera que no se estropea la naturaleza ni al hacerlo ni al usarlo: *detergente ecológico; alimentos ecológicos.*

ecologista *[n.inv. en gén.]* persona que protege el medio ambiente: *los ecologistas protestaron por los vertidos contaminantes.* TAMBIÉN *adj.: joven ecologista.*

economato *[n.m.]* tienda que tienen algunas empresas para que sus empleados puedan comprar los productos más baratos que en las tiendas normales: *en la fábrica donde trabaja han abierto un economato.*

economía *[n.f.]* **1** manera de usar bien el dinero y las cosas que tienen las personas, las empresas, los países, etc.: *mejorando la economía de un país se mejora la vida de sus habitantes.* **2** situación de una persona en relación con la cantidad de dinero que puede gastar: *cuando trabaje, mejorará mi economía.* **SIN.** situación económica. **3** lo que se hace para dedicar a una cosa menos cantidad de algo: *economía de dinero; economía de tiempo; economía de trabajo.* **SIN.** ahorro. ■ **hacer economías**, gastar menos de lo que se gastaba. **SIN.** economizar, ahorrar. **FAM.** económico, economista, economizar, ecónomo, economato, económicamente.

económico, económica *[adj.]* **1** de la economía: *mi situación económica mejoró cuando vendí la moto.* **2** que no cuesta mucho dinero: *mi madre compró en el mercadillo un reloj muy económico.* **SIN.** barato, asequible. **ANT.** caro, costoso.

economizar *[v.]* gastar de algo lo menos posible para que no se acabe: *debemos economizar agua porque hay sequía.* **SIN.** ahorrar. **ANT.** derrochar, despilfarrar, malgastar. **OBS.** ante e, c: *economicen.*

ecosistema *[n.m.]* conjunto que forman la naturaleza, los animales y las plantas que viven en un sitio determinado porque necesitan, para vivir, ese tipo de naturaleza, de clima, de humedad, etc.: *algunas especies animales y vegetales pueden desaparecer si se daña el ecosistema.* **SIN.** medio, medio ambiente.

ecuación *[n.f.]* igualdad entre expresiones matemáticas que contienen una o más incógnitas: *$3x + 2y = 24$ es una ecuación.* **PL.** *ecuaciones.*

ecuador *[n.m.]* línea que divide la Tierra en dos partes iguales porque se traza a la misma distancia de cada uno de los polos. **AMPL.** el *ecuador* es una línea imaginaria y las dos partes en que queda dividida la Tierra por él se llaman ***hemisferio norte*** y ***hemisferio sur***; las líneas imaginarias paralelas al *ecuador* se llaman ***paralelos*** y se numeran de 1 a 90 por encima de él (los del *hemisferio norte*) y de 1 a 90 por debajo de él (los del *hemisferio sur*); el *ecuador*, junto con los *paralelos* y los ***meridianos****** sirve para indicar la posición de cada punto de la superficie de la Tierra, diciendo qué *meridiano* y qué *paralelo* se cruzan en cada punto; para ello se dice, en grados de circunferencia, la distancia que hay entre un punto y el *meridiano 0°* (esta distancia se llama ***longitud***) y la que hay entre ese punto y el *ecuador* (la ***latitud***): *Tarancón está a 3° longitud oeste y 40° latitud norte, porque es donde se cruzan el meridiano que está a 3° al oeste y el paralelo que está a 40° al norte.* **FAM.** ecuatorial.

NOTA: ver también **mapamundi**

ecuatorial *[adj.inv. en gén.]* que tiene algo que ver con el ecuador*, por estar cerca de él o porque se parece en algo a lo que hay cerca de él: *en los países ecuatoriales llueve mucho y hace mucho calor; clima ecuatorial; selva ecuatorial.* **OBS.** es distinto *ecuatorial* y ***ecuatoriano*** (de Ecuador, país sudamericano). **FAM.** *ecuador.*

ecuatoriano, ecuatoriana *[adj. y n.]* de Ecuador, país suramericano cuya capital es Quito: *costumbres ecuatorianas; los ecuatorianos hablan español.* **OBS.** es distinto *ecuatoriano* y ***ecuatorial*** (del ecuador*). (VER mapa en página siguiente.)

ecuestre *[adj.inv. en gén.]* **1** de los caballos o del deporte de montar a caballo: *adiestramiento ecuestre; una escuela ecuestre.* **SIN.** hípico. **2** que representa a una persona montada a caballo: *en el parque hay una estatua ecuestre del Cid.*

edad *[n.f.]* **1** tiempo que ha vivido una persona, un animal o un vegetal desde que nació: *tiene catorce años de edad.* **2** cada una de las etapas en que se divide la vida de las personas: *la edad infantil; la edad adulta.* **AMPL.** la edad infantil se llama también ***infancia*** o ***niñez***; la etapa en que uno es joven se llama ***juventud*** y la del que es adulto, ***madurez***; cuando uno es viejo se dice que está en la ***vejez***. **3** periodo de tiempo, que dura cientos de años, en el que el hombre ha dividido la historia y la prehistoria: *la historia está dividida en Edad Antigua, Edad Media, Edad Moderna y Edad Contemporánea; la Edad de los Metales.* **SIN.** era. **AMPL.** aunque se puede decir *era* hablando de la Antigua, la Moderna y la Contemporánea, la *Edad Media* siempre se llama así: *en la Edad Media los caballeros luchaban en torneos*; cuando se habla de estos periodos históricos se escriben las dos palabras con mayúscula. ■ **mayor de edad**, persona que ha cumplido la edad en la que la ley le reconoce ciertos derechos de independencia: *en España se es mayor de edad a los 18 años.* **ANT.** menor de edad. ■ **tercera edad**, expresión que se utiliza para no decir vejez o ancianidad. **FAM.** coetáneo.

edelváis manera de pronunciar la palabra *edelweis**.

edelweis *[n.f.]* planta que crece entre la nieve, en lo alto de las montañas de Europa y de Asia, que da flores blancas, con forma de estrella y como de tercipelo. **OBS.** aunque se escribe así se dice */edelváis/* porque es una palabra alemana.

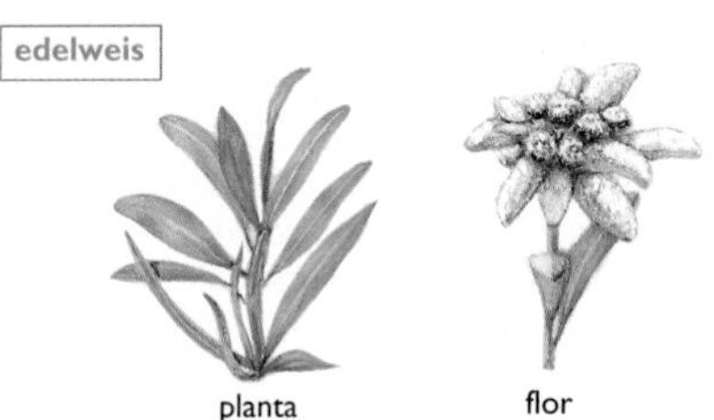
edelweis
planta flor

edén *[n.m.]* lugar maravilloso donde se vive feliz. **SIN.** paraíso.

edición *[n.f.]* **1** conjunto de trabajos que se hacen para publicar un libro, un periódico, etc.: *están ocupados en la edición de un Quijote para niños.* **2** conjunto de libros, revistas, periódicos, folletos, etc. que son iguales y se imprimen, se encuadernan y salen a la venta a la vez: *ya ha salido la 2ª edición de la novela.* **SIN.** tirada. **3** número de veces que ha tenido lugar una feria, un festival, un congreso, etc. de los que se hacen cada cierto tiempo: *el jueves empieza la 8ª edición del festival de teatro.* **SIN.** celebración.

edicto *[n.m.]* aviso hecho por las autoridades, sobre todo los alcaldes, sobre un tema que interesa a la mayoría de la población: *en el ayuntamiento leí un edicto que prohíbe la venta ambulante.* **SIN.** bando.

edificar *[v.]* hacer una casa o cualquier edificio: *están edificando un cine.* **SIN.** construir, levantar, hacer. **ANT.** demoler, derribar, derruir. **OBS.** ante e, qu: *edifiquen.* **FAM.** edificio, edificación, edificable, edificante. **COMP.** reedificar, reedificación.

edificio *[n.m.]* sitio cerrado, con paredes, techo y suelo y que se construye para vivir o para otros usos: *hay edificios antiguos muy bonitos.* **SIN.** construcción, edificación.

edil, edila *[n.]* persona que forma parte del equipo que gobierna un ayuntamiento. **SIN.** concejal.

editar *[v.]* hacer muchos ejemplares de un libro, periódico, revista, disco, etc.: *esta editorial edita novelas.* **SIN.** publicar. **FAM.** edición, editorial, editor. **COMP.** reeditar, reedición.

editor, editora *[n.]* **1** propietario o propietaria de una empresa dedicada a la publicación de libros, discos, periódicos, etc. **2** persona responsable de la edición de un libro escrito por otro u otros o que dirige la edición de libros, discos, revistas, etc. en una empresa editorial. // **editora** *[n.f.]* **3** empresa editorial: *la Deutsche Grammophon es una importante editora de discos.*

editorial *[n.f.]* **1** empresa que se dedica a editar libros, revistas, periódicos o grabaciones musicales: *pidió a la editorial el fascículo que le faltaba.* // **editorial** *[n.m.]* **2** escrito que aparece en un periódico o revista y en el que se refleja la opinión del director sobre algún asunto: *el editorial de hoy condena abiertamente el terrorismo.* // **editorial** *[adj.inv. en gén.]* **3** de la edición o de la publicación de libros: *la nueva revista ha tenido un gran éxito editorial.*

edredón *[n.m.]* funda de tela, rellena de plumas o de otros materiales que dan calor, que se usa para taparse cuando uno está en la cama: *en verano no ponen edredón en la cama.* **PL.** *edredones.*

educación *[n.f.]* **1** lo que demuestra quien sigue las normas de comportamiento que se deben tener, tratando de no molestar a los demás y cuidando sus cosas y las de todos: *pídelo con educación; es de mala educación hablar a la vez que otras personas; una persona sin educación es rechazada en muchos sitios.* **AF.** urbanidad, cortesía. **ANT.** falta de educación, grosería. **AMPL.** lo que demuestra quien respeta las cosas de todos se llama ***civismo*** y se dice que es ***incívica*** la persona que no las respeta. **2** conjunto de las cosas que se le enseñan a una persona, sobre todo durante la infancia y la juventud, para que entienda el mundo en que vivimos y sepa las cosas que se cree que hay que saber: *todos los ciudadanos tienen derecho a recibir educación.* **SIN.** formación, instrucción. **3** conjunto de personas, asignaturas, colegios, leyes, etc., que tienen algo que ver con la formación de los ciudadanos: *han aprobado un nuevo plan de educación.* **SIN.** enseñanza. **FAM.** educar, educado, educativo, educador, educacional.

educado, educada *[adj.]* que trata con respeto a los demás y procura no molestar a nadie y cuidar bien las cosas: *me atendió un señor muy educado; da gusto tratar con gente educada.* **SIN.** con educación. **AF.** cortés, amable, fino. **ANT.** mal educado, ineducado, grosero.

educador, educadora *[n.]* persona que trabaja en un sitio en el que viven niños o jóvenes, encargándose de vigilar su comportamiento: *el nuevo educador sabe música.*

educando, educanda *[n.]* que está siendo educado: *los educandos de este colegio están de fiesta.* **AF.** alumno.

educar *[v.]* **1** enseñarle a una persona cómo debe comportarse y hacer las cosas para que sepa aprovechar bien sus cualidades como ser humano: *es importante educar bien a los niños desde pequeños.* **SIN.** enseñar, formar. **2** hacer que se desarrolle muy bien un sentido: *para tocar en una orquesta hay que educar el oído.* **SIN.** entrenar. **OBS.** ante e, qu: *eduquen.*

EE.UU. abreviatura de *Estados Unidos* (país norteamericano).

efe *[n.f.]* nombre de la letra *f*: *escribe una efe.*

efectista *[adj.inv. en gén.]* que intenta causar mucha impresión: *un discurso efectista.* **AF.** impactante.

efectivo, efectiva *[adj.]* que consigue los resultados que se buscaban al hacerlo: *un medicamento efectivo; medidas efectivas contra el paro.* **SIN.** eficaz, bueno. **ANT.** ineficaz. ■ **en efectivo**, con dinero, y no con tarjetas de crédito, ni con cheques o talones: *pago en efectivo.* **SIN.** al contado, en metálico, a tocateja.

efecto *[n.m.]* **1** lo que queda después de que ha ocurrido algo, por haber ocurrido: *todavía se notan los efectos del incendio en el bosque.* **SIN.** consecuencia. **2** resultado de lo que se hace para conseguir algo: *su protesta surtió efecto y le quitaron la multa.* **3** sensación que producen las cosas, las personas, los hechos, etc., y especialmente si uno no está acostumbrado a ello: *ver a su abuelo enfermo le causó mucho efecto; esa combinación de colores hace buen efecto; las palabras malsonantes producen un efecto desagradable.* **SIN.** impresión, sensación. **4** manera de lanzar algo para que el recorrido que haga se desvíe de la curva normal: *sabe darle a la bola de billar con efecto.* ■ **efectos personales**, conjunto de las cosas que son de una persona. ■ **en efecto** se usa algunas veces para decir que sí, que es verdad algo de lo que se está hablando. **SIN.** efectivamente. **FAM.** efectuar, efectivo, efectivamente, efectividad.

efectuar *[v.]* hacer algo: *la policía efectuó varias detenciones; efectuar un registro; efectuar un viaje.* **SIN.** hacer, llevar a cabo, realizar. **AMPL.** el verbo *efectuar* no se usa cuando se habla de hacer cosas materiales: por ejemplo, las casas, los aparatos, los coches y los muebles no se efectúan, se hacen, se construyen o se fabrican. **ACENT.** COMO *actuar**.

efeméride *[n.f.]* 1 hecho importante que se recuerda o se celebra todos los años el mismo día que pasó: *la firma de la Constitución fue una efeméride para España.* **AF.** acontecimiento, evento. 2 día que hace los años que pasó algo importante y en el que se celebra que pasara: *el 6 de diciembre es la efeméride de la Constitución española.* **SIN.** aniversario, conmemoración. **AMPL.** aunque esta es la palabra más apropiada, también se dice ***la efemérides***, en plural, que es como decir *el cumpleaños.* **FAM.** efímero, efímeramente, efemérides.

efervescente *[adj.inv. en gén.]* que, cuando se echa en un líquido, se deshace formando burbujas: *pastillas efervescentes; un producto efervescente.* **FAM.** efervescencia.

eficacia *[n.f.]* 1 eficiencia*: *ha demostrado eficacia en el trabajo.* 2 buen resultado de algo que se hace: *un anuncio publicitario tiene eficacia si la gente compra lo que se anuncia.* **FAM.** eficaz, eficazmente. **COMP.** ineficaz, ineficacia, ineficazmente.

eficaz *[adj.inv. en gén.]* 1 que hace las cosas bien y en poco tiempo: *un fontanero eficaz; una abogada eficaz.* **SIN.** competente, eficiente. **ANT.** ineficaz, incompetente. 2 que consigue los resultados que se buscaban al hacerlo: *un insecticida eficaz contra los mosquitos; una medicina eficaz; una gestión eficaz.* **SIN.** efectivo, activo, operativo. **ANT.** ineficaz. **PL.** *eficaces.*

eficiencia *[n.f.]* lo que demuestra quien sabe hacer las cosas bien y en poco tiempo: *fue premiado por su eficiencia en el trabajo.* **SIN.** eficacia, competencia. **ANT.** ineficacia. **FAM.** eficiente, eficientemente.

eficiente *[adj.inv. en gén.]* que hace las cosas bien y en poco tiempo: *un trabajador eficiente.* **SIN.** eficaz, competente. **ANT.** ineficaz, incompetente.

efímero, efímera *[adj.]* que dura poco: *la vida de las mariposas es efímera.* **SIN.** fugaz, breve, corto. **ANT.** largo.

egipcio, egipcia *[adj. y n.]* de Egipto, país que está en el nordeste de África y cuya capital es El Cairo: *arte egipcio; las egipcias.* **AMPL.** en el antiguo Egipto los reyes se llamaban ***faraones***; los antiguos egipcios utilizaban ***escritura jeroglífica*** (en vez de letras, dibujos). **FAM.** egiptología, egiptólogo.

egoísmo *[n.m.]* lo que demuestra quien quiere todo para él, no le importa perjudicar a los demás con tal de tenerlo y nunca hace nada por nadie: *su egoísmo le impide pensar en los demás.* **AF.** interés. **ANT.** generosidad, altruismo. **FAM.** egoísta, egoístamente.

egoísta *[adj.inv. en gén.]* persona que no da nada a nadie ni hace nada por nadie: *un hombre egoísta; una mujer egoísta.* **AF.** interesado. **ANT.** generoso, altruista.

egnomo forma incorrecta de decir *gnomo**.

¡eh! *[interj.]* se usa para llamar la atención de alguien: *¡eh! ¿venís?*

eje *[n.m.]* 1 barra alrededor de la que gira algo: *el eje de las ruedas de un coche; el eje de las aspas de un molino; el eje de algunas bisagras.* 2 tema principal del que se habla o se escribe: *la nueva ley ha sido el eje del discurso del presidente.* ■ **eje de la Tierra**, línea imaginaria que atraviesa la Tierra desde el Polo Norte hasta el Polo Sur y alrededor de la que giraría si fuera un eje material.

ejecución *[n.f.]* 1 conjunto de las cosas que se hacen para que algo quede hecho: *la ejecución de la carretera llevará varios meses.* **SIN.** realización. 2 manera de estar hecha una cosa: *la ejecución de esta escultura demuestra que la autora conoce el oficio.* **SIN.** factura. 3 manera de interpretar una obra musical o de teatro: *la ejecución del papel protagonista fue perfecta.* **SIN.** interpretación. 4 lo que se hace para quitarle la vida a quien ha sido juzgado y condenado a muerte: *en los Estados Unidos hay ejecuciones pero en Europa no.*

ejecutar *[v.]* 1 hacer algo que hay que hacer: *ejecutó su trabajo en muy poco tiempo.* **SIN.** hacer, realizar, efectuar, llevar a cabo. 2 hacer que se cumpla una ley o un mandato de una autoridad: *la policía ejecutará el cierre del local.* **SIN.** efectuar, llevar a cabo. 3 interpretar una obra de teatro, de música, etc.: *el pianista ejecutó una obra de Albéniz.* **SIN.** interpretar. 4 quitarle la vida a una persona que ha sido juzgada y condenada a muerte: *lo ejecutaron al amanecer.* **FAM.** ejecución, ejecutivo, ejecutor, ejecutiva, ejecutable.

ejecutiva *[n.f.]* conjunto de las personas que dirigen una organización: *la ejecutiva de la empresa se reunirá mañana.*

ejecutivo, ejecutiva *[n.]* 1 persona que puede tomar decisiones en la dirección de una empresa o una organización: *los ejecutivos están estudiando un aumento de la producción.* // **ejecutivo, ejecutiva** *[adj.]* 2 que hay que hacerlo o aplicarlo enseguida: *normas ejecutivas.* // **ejecutivo** *[n.m.]* 3 conjunto de las personas que forman el gobierno de un país: *el ejecutivo se reunió en consejo de ministros.* **SIN.** gobierno.

ejemplar *[adj.inv. en gén.]* 1 que es tan bueno que los demás deberían tomarlo como ejemplo: *un comportamiento ejemplar; una persona ejemplar.* **SIN.** modélico. // **ejemplar** *[n.m.]* 2 cada uno de los libros, revistas, etc. que son iguales y salen a la venta a la vez: *se han vendido 10.000 ejemplares del periódico del lunes.* **SIN.** unidad. 3 cada uno de los animales o vegetales de una misma especie: *en España quedan muy pocos ejemplares del oso pardo.*

ejemplo *[n.m.]* 1 lo que se dice para que se entienda bien algo que se ha explicado: *si le pones un ejemplo, lo entenderá mejor; esto es un ejemplo de cómo se usa la palabra "ejemplo".* 2 persona, animal o cosa que hace que los demás se den cuenta de cómo hay que ser o cómo se debe hacer algo: *mi madre es un ejemplo de generosidad; las hormigas son un ejemplo de laboriosidad; su valiente comportamiento fue un ejemplo para todos.* **SIN.** modelo, patrón, paradigma. **FAM.** ejemplar, ejemplarmente, ejemplificar, ejemplificante, ejemplificación, ejemplificador.

ejercer *[v.]* dedicarse una persona al trabajo para el que se ha preparado: *ejerce de profesor en un instituto.* **SIN.** trabajar. **OBS.** ante a y o, z: *ejerzan; ejerzo.*

ejercicio *[n.m.]* 1 lo que tienen que hacer los estudiantes para practicar lo que han aprendido: *un ejercicio de matemáticas.* **SIN.** problema, actividad. 2 conjunto de cosas que tiene que hacer alguien para demostrar que sabe algo: *en las oposiciones hay que hacer dos ejercicios escritos y uno oral.* **SIN.** examen, prueba. 3 hecho de que alguien se dedique a algo: *el ejercicio de algunas profesiones resulta difícil.* **SIN.** desempeño, práctica. ■ **ejercicio físico**, lo que se hace para que trabajen los músculos del cuerpo. **AF.** gimnasia. **FAM.** ejercer, ejercitar, ejército.

ejercitar *[v.]* 1 hacer algo muchas veces para que una parte del cuerpo o un sentido se desarrolle bien: *los malabaristas tienen que ejercitar las manos; escuchando mucha música ejercitarás el oído.* **SIN.** adiestrar, entrenar. // **ejercitarse** *[v.prnl.]* 2 hacer algo muchas veces para aprender a hacerlo bien: *se ejercita en varios deportes.* **SIN.** practicar, entrenarse.

ejército *[n.m.]* 1 conjunto de las personas, las armas y los vehículos que tiene un país para defenderlo de los ataques de los enemigos. **AMPL.** en España hay tres ejércitos, el ***Ejército de Tierra***, el ***Ejército del Mar*** (que también se llama ***Armada***) y el ***Ejército del Aire***: *el rey de España es el jefe de los tres ejércitos;* dentro del ejército, cada clase de cargo se llama ***grado*** (*tiene grado de comandante*), y a cada grado le corresponde un distintivo que llevan los militares en el uniforme y que se llama ***divisa***; cada grupo de militares mandado por un jefe se llama ***unidad*** (*un regimiento es una unidad militar*) y cada unidad está formada por dos o más unidades más pequeñas (*un batallón está formado por varias compañías*). (VER cuadro en p. 356.) 2 gran cantidad de animales o de personas que se ven a la vez: *un ejército de moscas; un ejército de mujeres avanzaba en manifestación.*

el *[art. det.]* acompaña a los nombres de género masculino y número singular: *el día; el niño; el oso.* **GRAM.** tiene función de determinante.

él *[pron.]* aquel o aquello de que se habla: *dijo que él no vendría; sal con él; limpia el mueble y pon la figura sobre él.* **GRAM.** es masculino sin-

EJÉRCITO ESPAÑOL			
EJÉRCITOS DE TIERRA Y DEL AIRE		**EJÉRCITO DEL MAR**	
categorías	grados	categorías	grados
capitán general: el jefe del Estado			
generales	teniente general general de división general de brigada	almirantes	almirante vicealmirante contralmirante
jefes	coronel teniente coronel comandante	jefes	capitán de navío capitán de fragata capitán de corbeta
oficiales	capitán teniente alférez	oficiales	teniente de navío alférez de navío alférez de fragata
suboficiales	subteniente brigada sargento 1° sargento	suboficiales	mayor subteniente brigada sargento 1° sargento
tropa	cabo 1° cabo soldado de 1ª soldado	marinería	cabo 1° cabo 2° marinero distinguido marinero

gular del pronombre personal de tercera persona.

elaborar *[v.]* hacer algo que necesita preparación, mezcla de cosas, relación de ideas, etc.: *elaborar una comida; elaborar un plan.* **SIN.** preparar, hacer. **FAM.** elaboración, elaborador, labor.

elástico, elástica *[adj.]* **1** que se puede estirar y encoger y vuelve a su forma cuando se suelta: *la goma es un material elástico y un muelle, un objeto elástico; es divertido saltar en la cama elástica.* **AF.** flexible. **2** que puede entenderse de varias maneras: *lo que dices es muy elástico.* // **elástico** *[n.m.]* **3** parte de una prenda de vestir que puede estirarse y encogerse para ajustarse al cuerpo: *le aprieta el elástico de los calcetines.* **FAM.** elasticidad.

ele *[n.f.]* nombre de la letra *l*: *escribe una ele.*

elección *[n.f.]* **1** lo que se hace para elegir entre varias cosas o personas: *se encargó de la elección de la película; la elección de un delegado de curso.* **SIN.** selección. // **elecciones** *[n.f.pl.]* **2** lo que se hace cada cierto tiempo para elegir a quienes van a gobernar: *se presenta a las elecciones para alcalde.* **SIN.** votaciones, comicios electorales, comicios. **AMPL.** hay elecciones para distintas cosas: en las ***elecciones generales*** se elige al presidente del gobierno de un país; en las ***autonómicas***, al de las comunidades autónomas; en las ***municipales***, a los alcaldes de los pueblos y las ciudades y en las ***sindicales*** a los representantes de los trabajadores; en los países en los que no hay democracia no se hacen elecciones.

electo, electa *[adj.]* que ha sido elegido pero todavía no actúa: *el presidente electo tomará posesión de su cargo el próximo mes.*

elector, electora *[n.]* persona que puede votar en unas elecciones: *muchos electores no han votado.* **AMPL.** el conjunto de las personas que pueden votar se llama ***electorado***. **FAM.** electoral, electorado, electoralista, electoralmente, elección, elegir.

electoral *[adj.inv. en gén.]* de los electores, de las elecciones o que se usa en las elecciones: *distrito electoral; campaña electoral; colegio electoral.*

electricidad *[n.f.]* energía que se transmite por cables, normalmente de cobre, y que se utiliza para tener luz o calor, hacer funcionar las máquinas, etc.: *antes del descubrimiento de la electricidad la gente se alumbraba con velas, con lámparas de aceite y con candiles de petróleo.* **FAM.** eléctrico, eléctricamente, electricista, electrificar, ***electrón*** (partícula más pequeña con carga eléctrica negativa), electrónica, electrónicamente. **COMP.** electrodoméstico, electroimán, electromagnetismo, electromagnético, electroquímica.

electricista *[n.inv. en gén.]* persona que sabe de electricidad y se dedica a hacer instalaciones eléctricas, a arreglar aparatos eléctricos, etc.: *es una experta electricista.* **SIN.** técnico electricista.

eléctrico, eléctrica *[adj.]* de electricidad, para electricidad o que funciona o se produce con electricidad: *corriente eléctrica; un cable eléctrico; un aparato eléctrico; luz eléctrica.*

electrodo *[n.m.]* cada uno de los extremos positivo y negativo de una pila eléctrica. **AMPL.** el electrodo positivo se llama ***ánodo*** y el negativo ***cátodo***.

electrodoméstico *[n.m.]* aparato que funciona con electricidad y que se utiliza en las casas: *los frigoríficos, las lavadoras y las planchas son electrodomésticos.*

electrólisis *[n.f.inv. en núm.]* procedimiento químico para separar los componentes de un compuesto por medio de electricidad.

electrón *[n.m.]* partícula más pequeña con carga eléctrica negativa, que forma parte de los átomos. **PL.** *electrones.*

electrónica *[n.f.]* ciencia que estudia el aprovechamiento de las propiedades electromagnéticas de la materia para recoger, guardar y transmitir información: *los ingenieros industriales estudian electrónica.*

electrónico, electrónica *[adj.]* de la electrónica*, basado en la electrónica o que utiliza la electrónica: *un estudio electrónico; los ordenadores son aparatos electrónicos; imagen electrónica; música electrónica.*

elefante *[n.m.]* animal muy grande con la piel muy gruesa de color gris, dos largos colmillos para defenderse y una nariz muy larga que se llama ***trompa*** y que usa como si fuera una mano. **AMPL.** es un mamífero y cuando chilla se dice que *barrita.* ■ **elefante marino**, animal parecido a la foca pero mucho más grande. **FAM.** elefantino.

elegancia *[n.f.]* característica que hace que algo o alguien resulte elegante*: *elegancia en el trato; la elegancia de un traje.* **SIN.** distinción, clase, buen gusto, finura. **ANT.** vulgaridad. **FAM.** elegante, elegantemente.

elegante *[adj.inv. en gén.]* **1** que va bien vestido y es muy educado: *una persona elegante.* **AF.** distinguido, fino. **ANT.** vulgar, basto. **2** que es bonito y está bien hecho y con buenos materiales: *un vestido elegante.* **SIN.** fino. **ANT.** vulgar, corriente. **3** que demuestra buena educación y consideración hacia los demás: *intenté decírselo de una manera elegante.* **SIN.** delicado, fino. **ANT.** vulgar, grosero.

elegir *[v.]* **1** decidir qué personas o qué cosas, entre un conjunto, son las mejores, las más convenientes o las que más gustan: *eligió el amarillo; la eligieron para el coro porque canta muy bien.* **SIN.** escoger, seleccionar. **ANT.** rechazar. **2** decidir qué persona se encargará de algo y nombrarla para ello: *mañana elegirán al nuevo presidente.* **AF.** nombrar, designar. **CONJUG.** como *regir**. **FAM.** elector. **COMP.** reelegir, reelección.

elemental *[adj.inv. en gén.]* **1** que es muy fácil de entender: *las cosas elementales no necesitan explicación.* **SIN.** fácil, sencillo, simple. **ANT.** complicado. **2** que es lo mínimo que hay que saber de algo para conocerlo un poco: *las operaciones elementales de matemáticas son la suma, la resta, la multiplicación y la división.* **SIN.** básico, fundamental. **FAM.** elemento, elementalmente, elementalidad.

elemento *[n.m.]* **1** cada una de las materias de las que está hecho algo: *la harina, el agua y la levadura son los tres elementos con los que se hace el pan; el agua es un elemento de los seres vivos.* **SIN.** componente. **2** persona, cuando se habla de su forma de ser o de si vale o no para algo: *Juan es un buen elemento para ese trabajo.* **SIN.** persona, tipo, individuo.

elevación *[n.f.]* lo que hay cuando algo está o se pone más alto que lo que lo rodea (*una elevación del terreno*) o cuando una cantidad se hace mayor (*una elevación de precios*). **SIN.** subida. **ANT.** bajada, descenso.

elevado, elevada *[adj.]* que está más alto que lo que lo rodea o es más alto que otros: *un lugar elevado; una elevada cantidad; el precio del oro es muy elevado.* **SIN.** alto. **ANT.** bajo.

elevar *[v.]* **1** poner algo más arriba o hacerlo más alto: *eleva los brazos un poco; hemos ele-*

vado la verja para que no salte el perro. **SIN.** subir, levantar. **ANT.** bajar. **2** hacer que algo sea más importante o mayor: *elevar a alguien de categoría; elevarle los sueldos.* **SIN.** ascender, subir. **ANT.** descender, bajar. // **elevarse** *[v.prnl.]* **3** ir hacia arriba por sí mismo: *el avión se elevó en pocos minutos.* **SIN.** alzarse, subir. **ANT.** bajar, descender. **FAM.** elevación, elevador.

eliminar *[v.]* **1** hacer que algo deje de estar donde estaba: *han eliminado las vallas del estadio.* **SIN.** quitar, suprimir. **ANT.** poner. **2** dejar a alguien fuera de algo que hacía o que quería hacer: *eliminaron al equipo en la semifinal; lo eliminaron en el primer examen de las oposiciones.* **SIN.** excluir. **FAM.** eliminatorio, eliminación, eliminatoria, eliminador.

eliminatorio, eliminatoria *[adj.]* que se hace para que queden sólo el mejor o los mejores: *una competición eliminatoria; un examen eliminatorio.* TAMBIÉN *n.f.: una eliminatoria para cubrir una plaza vacante; la eliminatoria de un campeonato deportivo.*

elipse *[n.f.]* figura geométrica curva que parece que es una circunferencia que se ha alargado: *si cortas un cilindro al bies, el corte tiene forma de elipse.* **FAM.** elíptico, elipsoidal.

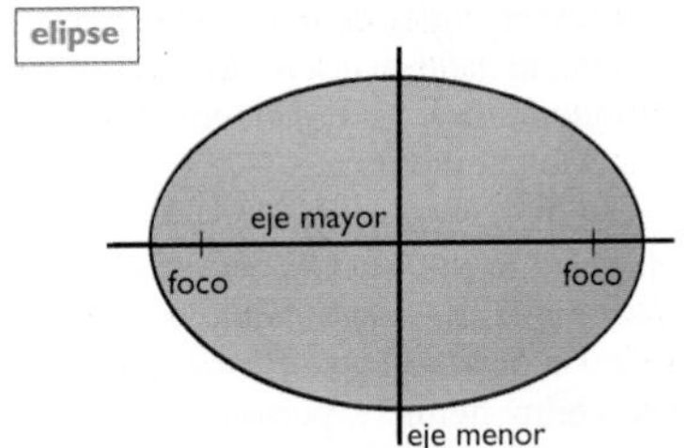

élitro *[n.m.]* cada una de las alas duras que tienen algunos insectos encima de las que usan para volar: *los grillos y las mariquitas tienen élitros.*

elixir *[n.m.]* **1** medicamento líquido compuesto, generalmente, de una substancia aromática disuelta en alcohol: *un elixir para enjuagarse la boca.* **2** bebida a la que se le atribuían propiedades maravillosas: *los químicos de la Edad Media buscaban el elixir de la eterna juventud.*

ella *[pron.]* aquella de la que se habla: *no se lo digas a ella; colocó la mesa y puso sobre ella un florero.* **GRAM.** es femenino singular del pronombre personal de tercera persona.

ellas *[pron.]* aquellas de las que se habla o no son del mismo grupo que quien habla: *a ellas no les ha gustado.* **GRAM.** es femenino plural del pronombre personal de tercera persona.

elle *[n.f.]* nombre de la grafía formada por l + l (ver *ll*).

ello *[pron.]* aquello de lo que se habla: *ello facilitará las cosas; gracias a ello lo consiguieron pronto.* **GRAM.** es la forma neutra del pronombre personal de tercera persona.

ellos *[pron.]* aquellos de los que se habla, que no están en la conversación o no son del mismo grupo que quien habla: *es fácil que ellos no quieran ir.* **GRAM.** es masculino plural del pronombre personal de tercera persona.

elocuente *[adj.inv. en gén.]* que se expresa bien o que convence: *una persona elocuente; un razonamiento elocuente.*

elogiar *[v.]* decir algo bueno de alguien o de algo: *lo elogió por su comportamiento generoso; el profesor elogió tu trabajo.* **SIN.** alabar, ensalzar, enaltecer, loar. **ANT.** criticar, desaprobar. **FAM.** elogio, elogioso, elogiable, elogiosamente.

elogio *[n.m.]* palabras que dice uno para demostrar que algo o alguien le gusta: *lo hizo bien y recibió muchos elogios.* **SIN.** alabanza, loa, loor. **ANT.** crítica. **AMPL.** si es un elogio en verso a una persona o una cosa, se llama ***oda***; un elogio para conseguir algo que a uno le interesa se llama ***lisonja*** o ***adulación***; un ***panegírico*** es un discurso en el que se elogia a una persona, y una ***apología***, las palabras o el escrito que elogian y defienden una cosa o a una persona; lo que se le dice a una persona de ella y que hace que se sienta orgullosa se llama ***halago*** y las palabras agradables que se le dicen a alguien porque a uno le apetece decírselas, ***piropo***.

eludir *[v.]* no hacer, no solucionar o no cumplir algo porque resulta difícil, no gusta o no apetece: *eludir una responsabilidad; eludir un problema; eludir un compromiso.* **SIN.** rehuir, soslayar. **ANT.** afrontar. **FAM.** elusión, elusivo, eludible. **COMP.** ineludible, ineludiblemente.

emanar *[v.]* soltar, desprender: *el Sol emana calor.*

emanciparse *[v.prnl.]* dejar de depender de los padres: *se emancipó cuando empezó a trabajar.* **SIN.** independizarse.

embajada *[n.f.]* **1** edificio en el que están la vivienda del embajador* y las oficinas en las que un país representa a otro: *la embajada de los Estados Unidos en España está en Madrid.* **2** conjunto de las personas que trabajan en una embajada: *el presidente fue recibido por la embajada de su país.* **SIN.** representación, legación. **3** mensaje importante, enviado por un presidente de un país a otro, que suelen llevar los embajadores: *al Parlamento llegó una embajada de París que trataba un problema de fronteras.* **SIN.** mensaje. **FAM.** embajador.

embajador, embajadora *[n.]* persona nombrada por el gobierno de un país para que trabaje en otro representando al suyo: *los alemanes que viven en España se reunieron con el embajador alemán.*

embalar *[v.]* **1** meter en cajas o envolver con papel, cartón, madera, etc. algo que hay que transportar: *embaló la bici para mandarla al pueblo.* **SIN.** empaquetar, envolver. **ANT.** desembalar, desempaquetar, desenvolver. // **embalarse** *[v.prnl.]* **2** empezar a ir a demasiada velocidad: *se embaló con la bici y casi se cae.* **SIN.** lanzarse. **3** hacer algo muy deprisa, sin pararse a pensarlo: *no te embales, que vas a confundirte.* **FAM.** embalaje, embalador, bala. **COMP.** desembalar.

embaldosado *[n.m.]* suelo de baldosas: *el embaldosado del dormitorio es marrón.* **FAM.** embaldosar, baldosa, baldosín.

embalsadero *[n.m.]* lugar hondo preparado para recoger agua de lluvia o de un río cuando crece demasiado.

embalsamar *[v.]* poner productos especiales en el cuerpo de las personas muertas para que no se pudra: *los antiguos egipcios embalsamaban a sus muertos.* **FAM.** embalsamamiento, embalsamador, bálsamo.

embalse *[n.m.]* especie de lago hecho por el hombre, cortándole el paso a un río, para almacenar agua. **SIN.** pantano. **FAM.** embalsar, embalsamiento.

embarazada *[adj.]* que tiene en su vientre el hijo que va a nacer: *una mujer embarazada.* **SIN.** encinta, preñada, gestante. TAMBIÉN *n.f.: las embarazadas deben llevar una alimentación equilibrada.* **AMPL.** aunque *preñada* significa lo mismo, si se habla de mujeres se dice *embarazada* y si se habla de hembras de animales, **preñada**.

embarazo *[n.m.]* tiempo durante el que se forma un hijo dentro del cuerpo de las mujeres y de las hembras de algunos animales, hasta que nacen. **SIN.** gestación, preñez. **FAM.** embarazar, embarazada, embarazoso, embarazosamente. **COMP.** desembarazar.

embarazoso, embarazosa *[adj.]* que no gusta o resulta difícil y hace que uno se sienta incómodo: *resulta embarazoso no poder cumplir una promesa; la situación era embarazosa porque nadie sabía qué decir.* **AF.** molesto, desagradable. **ANT.** agradable.

embarcación *[n.f.]* lo que se ha construido para poder ir por el agua: *en el puerto había embarcaciones de vela, de motor y de remo.* (VER figura en p. 360.)

embarcadero *[n.m.]* sitio en un puerto junto al que están parados los barcos y desde el que se sube a ellos. **SIN.** muelle.

embarcar *[v.]* **1** entrar las personas o subir las mercancías y equipajes a un barco, a un tren o a un avión: *embarcaron rumbo a los países del trópico.* **2** influir en alguien para que participe en un asunto arriesgado, difícil o en el que no tenía intención de participar: *lo embarcaron en un asunto de contrabando.* TAMBIÉN *prnl.: se embarcó en la compra de un piso.* **OBS.** ante e, qu: *embarquen.* **FAM.** embarcación, embarco, embarque, embarcadero, barco. **COMP.** desembarcar.

embargo *[n.m.]* acción por la que alguien se queda con algo de otro porque éste no le ha pagado lo que le debe: *el banco procedió al embargo de la casa.* ■ **sin embargo**, a pesar de todo. **SIN.** no obstante. **FAM.** embargar, embargable, embargador, embargamiento. **COMP.** desembargo, desembargar.

embarrar *[v.]* manchar de barro. **FAM.** embarramiento, barro.

embarullar *[v.]* **1** mezclar cosas o mezclar las cosas que hay en un sitio, de manera que queden desordenadas: *ha embarullado todos los hilos; no embarulléis la habitación.* **SIN.** desordenar, liar, revolver. **ANT.** ordenar. // **embaru-**

a b c d e f g h i j k l m n ñ o p q r s t u v w x y z

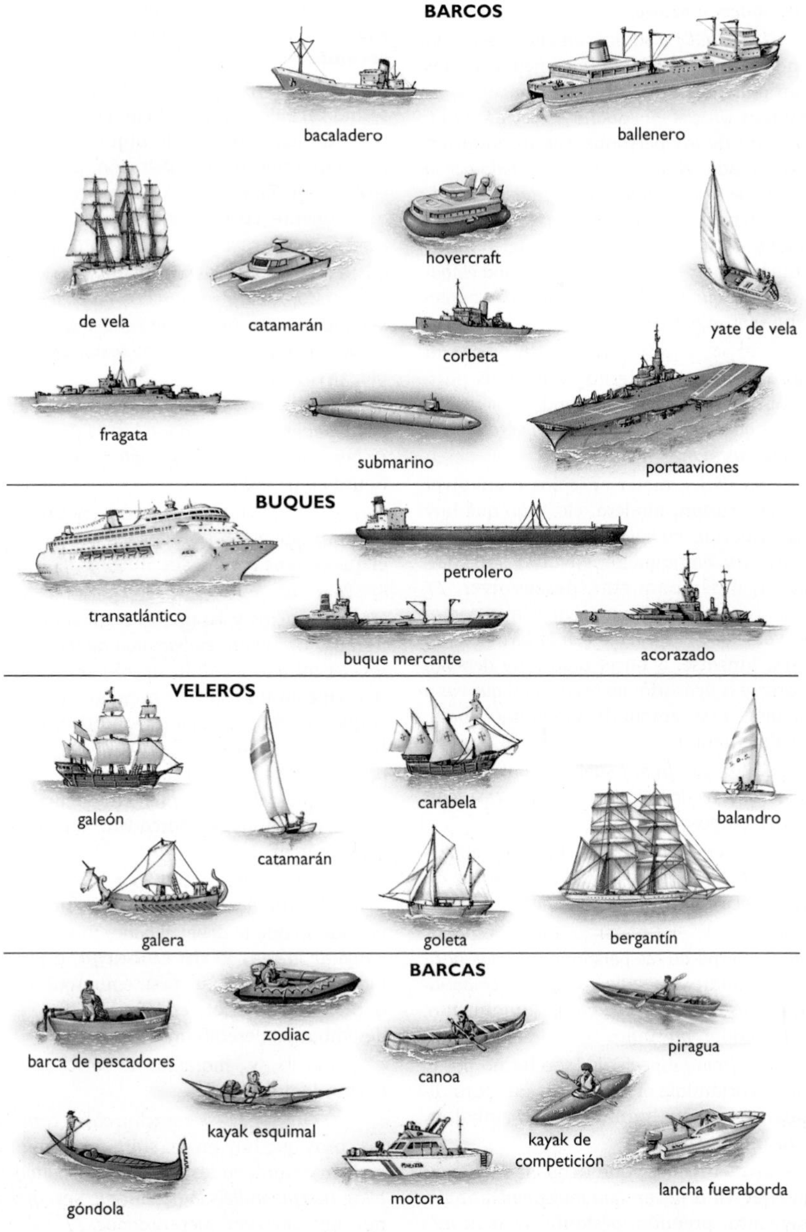
BARCOS
bacaladero
ballenero
de vela
catamarán
hovercraft
corbeta
yate de vela
fragata
submarino
portaaviones
BUQUES
transatlántico
petrolero
buque mercante
acorazado
VELEROS
galeón
catamarán
carabela
balandro
galera
goleta
bergantín
BARCAS
barca de pescadores
zodiac
canoa
piragua
kayak esquimal
kayak de
competición
góndola
motora
lancha fueraborda

llarse *[v.prnl.]* 2 confundirse por hacer o decir las cosas muy deprisa y sin pensarlas bien: *estudia con calma si no quieres embarullarte.* **SIN.** liarse, confundirse. **FAM.** barullo, barullero.

embaucar *[v.]* engañar a alguien aprovechando su admiración, su confianza o su ingenuidad: *muchos políticos embaucan a la gente con promesas que no cumplen.* **AF.** engatusar. **OBS.** ante e, qu: *embauquen.*

embellecer *[v.]* hacer que algo sea más bonito: *las flores embellecen la habitación.* **SIN.** adornar, hermosear. **AF.** decorar, engalanar. **ANT.** afear. **CONJUG.** como *crecer**. **FAM.** embellecimiento, embellecedor, belleza.

embestir *[v.]* lanzarse al ataque, con fuerza, contra algo o alguien: *el toro embistió al torero.* **SIN.** arremeter contra, abalanzarse sobre. **CONJUG.** como *vestir**. **FAM.** embestida.

emblema *[n.m.]* lo que representa a un partido político, un colegio, una institución, etc., para que se distinga de los demás: *el emblema del equipo de natación tiene un delfín.* **SIN.** símbolo, insignia. **AMPL.** el conjunto de dibujos o letras que forman un emblema se llama ***anagrama*** o ***logotipo***. **FAM.** emblemático, emblemáticamente.

embobar *[v.]* llamar tanto la atención de alguien, que no se entera de nada más: *el mago embobó a todo el mundo.* **SIN.** embelesar, pasmar. **AF.** maravillar, admirar. TAMBIÉN *prnl.: se emboba escuchando música.* **FAM.** embobamiento, bobo.

embocadura *[n.f.]* 1 parte abierta de un sitio por la que se puede entrar o por la que se puede ver el interior: *los barcos entran por la embocadura del puerto; el telón cubre la embocadura del escenario.* **SIN.** boca. 2 parte de un instrumento de viento por la que se sopla. **SIN.** boquilla. **FAM.** embocar, boca.

émbolo *[n.m.]* pieza que se coloca dentro de un tubo y se aprieta para que empuje el líquido que hay en su interior: *el émbolo de una jeringuilla.*

embolsar *[v.]* 1 meter en bolsas: *embolsa los caramelos.* // **embolsarse** *[v.prnl.]* 2 ganar dinero: *con ese trabajo se ha embolsado una buena cantidad.* **SIN.** ganar. **ANT.** desembolsar. **FAM.** embolsamiento, bolsa. **COMP.** desembolsar, reembolso.

emborrachar *[v.]* 1 hacer que alguien llegue a estar borracho: *lo emborracharon obligándolo a beber vino.* **SIN.** embriagar. TAMBIÉN *prnl.: se emborrachó bebiendo cerveza.* **SIN.** embriagarse, amonarse. 2 empapar con licor algún alimento: *emborrachar un pastel.* **FAM.** emborrachamiento, borracho.

emborronar *[v.]* 1 manchar con borrones o con garabatos: *si pasas la mano por la tinta fresca, emborronas el papel; emborronó el dibujo porque no le gustaba.* **AF.** garabatear, tachar. 2 escribir muy deprisa y sin cuidado: *emborroné su dirección en un papel que encontré.* **FAM.** emborronamiento, borrón.

emboscada *[n.f.]* lo que prepara quien se esconde para atacar a alguien por sorpresa, sin ser visto: *en las guerras se tienden emboscadas.* **AF.** trampa, encerrona. **FAM.** emboscado, emboscar, bosque.

embotellamiento *[n.m.]* 1 parada de la circulación porque hay más vehículos de los que pueden pasar por un sitio: *en las grandes ciudades hay muchos embotellamientos.* **SIN.** atasco, tapón, obstrucción. 2 lo que se hace para meter algo en botellas. **SIN.** embotellado.

embotellar *[v.]* meter en botellas: *embotellar vino; ambotellar agua.* **SIN.** envasar. **FAM.** embotellamiento, botella.

embrague *[n.m.]* mecanismo que tienen los vehículos para ayudar a cambiar las marchas y pieza con la que entra en funcionamiento este mecanismo: *en los coches, el pedal del embrague es el de la izquierda.* **FAM.** embragar.

embriagarse *[v.]* emborracharse*. **OBS.** ante e, gu: *se embriaguen.*

embriaguez *[n.f.]* estado de quien está borracho.

embrión *[n.m.]* ser vivo en el momento en que empieza a formarse. **AMPL.** cuando el embrión empieza a tener forma, y hasta que nace, se llama ***feto***. **PL.** *embriones.* **FAM.** embrionario, embriología.

embrollo *[n.m.]* lo que hay cuando algo es difícil de entender o de hacer o cuando algo está desordenado: *no puedo resolverlo porque hay mucho embrollo de datos; no encuentro nada en este embrollo de papeles.* **SIN.** desorden, barullo, lío, jaleo. **FAM.** embrollar, embrolloso. **COMP.** desembrollar.

embrujar *[v.]* hechizar, encantar.

embudo *[n.m.]* utensilio que tiene una parte en forma de cono unida a un tubo estrecho y que sirve para echar líquidos en recipientes de boca estrecha sin que se derramen: *usa el embudo para llenar la botella de agua.*

embuste *[n.m.]* mentira*. **FAM.** embustero.

embustero, embustera *[adj. y n.]* mentiroso*: *una persona embustera; es un embustero.*

embutido *[n.m.]* alimento que se hace metiendo carne picada en una tripa y dejándolo secar: *el chorizo y el salchichón son embutidos.* **AMPL.** el tiempo que se deja para que el embutido se seque se llama *tiempo de* ***curación***. **FAM.** embutir.

eme *[n.f.]* nombre de la letra *m*: *escribe una eme.*

emergencia *[n.f.]* lo que hay cuando ha ocurrido algo que tiene que solucionarse rápidamente: *en el hospital hubo una emergencia y pidieron sangre a los donantes.* **AF.** urgencia. ■ **puerta** o **salida de emergencia**, la que tienen que tener los lugares públicos para que, si pasa algo, la gente pueda salir rápidamente.

emerger *[v.]* salir del agua algo que estaba dentro: *el submarino emergió a la superficie en pocos minutos.* **SIN.** subir. **ANT.** sumergirse. **OBS.** ante a y o, j: *emerjan; emerjo.* **FAM.** emergente, emergencia.

emigración *[n.f.]* **1** lo que hay en un país (o en una región, una ciudad, etc.) cuando hay gente que se va a vivir y a trabajar a otro, normalmente porque en el suyo no encuentra trabajo: *hay mucha emigración de los países pobres a los ricos.* **2** viaje que hacen todos los años algunos animales, sobre todo aves, para pasar el invierno en sitios donde no hace frío.

emigrante *[n.inv. en gén.]* persona que ha emigrado: *un emigrante; una emigrante.* **ANT.** inmigrante. TAMBIÉN *adj.*: *población emigrante.*

emigrar *[v.]* **1** dejar alguien su país para irse a vivir a otro, durante un tiempo o para siempre: *algunos africanos emigran a Europa porque en su país no tienen trabajo.* **ANT.** inmigrar. **2** irse un animal a pasar el invierno a lugares calurosos, para volver en primavera: *cuando llega el frío las cigüeñas emigran.* **AMPL.** las aves que emigran se llaman ***aves migratorias***. **FAM.** emigración, emigrante, emigratorio, migración.

eminente *[adj.inv. en gén.]* que es sabio o importante: *un eminente escritor.* **SIN.** ilustre, eximio.

emisario, emisaria *[n.]* persona que lleva mensajes: *un emisario del rey.* **SIN.** mensajero.

emisión *[n.f.]* **1** lo que se hace cuando se emite algo: *la emisión de un partido de fútbol.* **SIN.** difusión. **ANT.** recepción. **2** conjunto de cosas que salen al público a la vez: *emisión de sellos; emisión de monedas.*

emisor, emisora *[adj.]* **1** que emite algo: *un altavoz es un aparato emisor de voz.* TAMBIÉN *n.*: *la persona que habla es el emisor.* **ANT.** receptor. // **emisora** *[n.f.]* **2** lugar en el que hay todo lo necesario para que los programas de radio y de televisión lleguen a los aparatos de la gente: *una emisora de radio.*

emitir *[v.]* **1** tener dentro algo inmaterial que sale al exterior: *la lámpara emite luz.* **SIN.** irradiar*. **2** hacer algo que sale al exterior: *la voz se emite con la garganta; las emisoras emiten noticias de todo el mundo.* **3** hacer que llegue al público un conjunto de cosas iguales: *han emitido una nueva serie de billetes de 100 euros.* **SIN.** sacar. ■ **emitir sentencia**, decir un juez lo que ha decidido cuando termina un juicio. **FAM.** emisión, emisor, emisario.

emoción *[n.f.]* **1** lo que siente quien está tan contento, tan triste o tan impresionado por algo que ocurre, que ve o que recuerda, que no puede controlar lo que le pasa: *la emoción de estar con todos le impedía hablar.* **2** estado de ánimo: *la tristeza y la alegría son emociones.* **SIN.** sentimiento. **FAM.** emocionar, emocional, emocionante, emotivo, emotividad.

emocionante *[adj.inv. en gén.]* que produce algún sentimiento fuerte de alegría, de pena, de miedo, de suspense, etc.: *una película emocionante.* **AF.** apasionante.

emocionar *[v.]* hacer que alguien sienta emoción*: *el concierto emocionó al público.* **SIN.** conmover. TAMBIÉN *prnl.*: *se emocionó cuando le dieron el regalo.*

emotivo, emotiva *[adj.]* **1** que hace sentir emoción*: *le hicieron un recibimiento muy emotivo; emotivas palabras.* **SIN.** conmovedor. **2** que se emociona con facilidad: *una persona emotiva.* **SIN.** sentimental. **AF.** sensible. **ANT.COM.** frío.

empacharse *[v.prnl.]* llegar a sentirse mal por haber comido demasiado: *se empachó de calamares y ya no le gustan.* **SIN.** hartarse. **FAM.** empacho.

empacho *[n.m.]* lo que le pasa a quien ha comido tanto que se encuentra mal: *después del empacho estuvo dos días sin comer.* **SIN.** indigestión.

empadronar *[v.]* apuntar a alguien como persona que vive en un pueblo o una ciudad. TAMBIÉN *prnl.: ha ido al ayuntamiento para empadronarse.* **AMPL.** la lista que tienen en los ayuntamientos con los nombres y las direcciones de quienes viven en su población se llama ***padrón***. **FAM.** empadronamiento, padrón.

empalagar *[v.]* **1** no gustar algo por ser demasiado dulce: *el merengue me empalaga.* **2** resultar muy pesada una persona por comportarse con exagerada amabilidad, dulzura, atención, etc. **SIN.** cansar, hartar. **OBS.** ante e, gu: *empalaguen.* **FAM.** empalagoso, empalago, empalagamiento.

empalizada *[n.f.]* valla hecha con palos.

empalmar *[v.]* **1** unir dos cosas para que quede una más larga: *empalmar dos cables; empalmar varios tubos.* **SIN.** unir. **ANT.** desempalmar, separar. **2** bajar de un medio de transporte público y subir a otro para seguir el viaje: *para ir a París empalmó dos veces.* **SIN.** hacer transbordo. **3** hacer una cosa inmediatamente después de otra: *vimos una película y empalmamos con la siguiente.* **SIN.** enlazar. **FAM.** empalme.

empalme *[n.m.]* parte por la que se unen o están unidas dos cosas: *casi no se nota el empalme de las dos piezas.* **SIN.** unión, junta.

empanada *[n.f.]* masa de pan rellena de alimentos cortados en trozos pequeños y cocida en el horno: *una empanada de bonito, pimiento y cebolla.* **FAM.** empanadilla, empanar, pan.

empanadilla *[n.f.]* masa fina de pan con algún relleno dentro y frita.

empanar *[v.]* rebozar en pan rallado: *antes de freír las croquetas hay que empanarlas.*

empañar *[v.]* hacer que algo pierda el brillo, la transparencia o la claridad: *el vapor empaña los cristales.* TAMBIÉN *prnl.: en invierno se empañan los cristales.* **AF.** enturbiar. **FAM.** empañamiento, paño. **COMP.** desempañar.

empapar *[v.]* mojar completamente: *se le cayó leche y empapó el mantel.* **SIN.** calar. TAMBIÉN *prnl.: se empapó porque llovía mucho.* **FAM.** empapamiento.

empapelado *[n.m.]* **1** papel pegado a una pared de manera que queda cubierta: *un empapelado con dibujos de flores.* **2** lo que se hace para que algo quede cubierto de papel: *el empapelado de la habitación le llevó toda la tarde.*

empapelar *[v.]* cubrir con papel: *empapela el suelo para que no se manche de pintura; piensa empapelar la pared del salón.* **FAM.** empapelado, empapelador, papel.

empaquetar *[v.]* hacer uno o varios paquetes con algo: *empaquetó la ropa para mandársela.* **SIN.** embalar, envolver. **ANT.** desempaquetar, desenvolver. **FAM.** empaquetado, empaquetador, empaquetamiento, paquete. **COMP.** desempaquetar.

emparedar *[v.]* meter entre dos paredes.

emparejar *[v.]* poner juntas dos cosas iguales o dos personas para formar pareja: *empareja los calcetines; emparejó a los alumnos para hacer el trabajo.* TAMBIÉN *prnl.: las personas que se casan se emparejan.* **FAM.** emparejamiento, pareja. **COMP.** desemparejar, desparejar.

emparentar *[v.]* llegar a formar parte de la familia de alguien: *al casarse emparentó con un conde.* **FAM.** emparentamiento, pariente.

empastar *[v.]* arreglar los dientes o las muelas que tienen caries*, rellenándolos con una pasta especial: *me han empastado tres muelas.* **FAM.** empaste, empastamiento, pasta.

empatar *[v.]* conseguir el mismo resultado que otro en un concurso, una competición, una votación, un juego, etc.: *empataron en el segundo tiempo.* **ANT.** desempatar.

empate *[n.m.]* lo que hay por el hecho de que dos o más personas o equipos consigan el mismo resultado en cualquier competición: *hubo un empate y repartieron el premio.* **ANT.** desempate. **FAM.** empatar. **COMP.** desempatar.

empedrado, empedrada *[adj.]* **1** que está cubierto de piedras o hecho con piedras:

una calle empedrada. // **empedrado** *[n.m.]* 2 suelo hecho con piedras: *el empedrado del paseo es bonito pero incómodo.*

empedrar *[v.]* cubrir con piedras o hacer con piedras: *empedrar una calle.* **FAM.** empedrado, empedrador, piedra.

empeine *[n.m.]* parte de arriba del pie, que va desde el final de la pierna hasta el principio de los dedos.

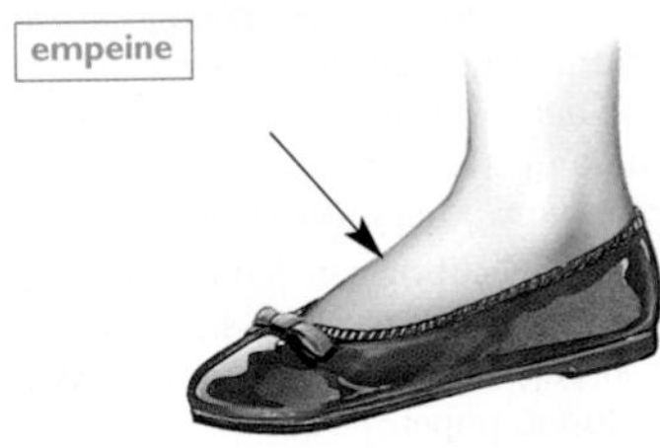

empeñar *[v.]* 1 dejar una cosa en un sitio, a cambio de dinero, para poder recuperarla cuando se tenga dinero: *empeñó el reloj hasta que cobró el trabajo.* // **empeñarse** *[v.prnl.]* 2 estar decidido a hacer o a conseguir algo, pase lo que pase: *se empeñó en ser el primero y lo logró; no te empeñes en lo que es imposible.* **SIN.** emperrarse. **AF.** encapricharse con. 3 llegar a deber todo lo que uno tiene por haber gastado más de lo que podía: *se empeñó para comprar un coche.* **SIN.** endeudarse.

empeño *[n.m.]* 1 lo que demuestra uno cuando hace todo lo posible por conseguir algo: *tiene mucho empeño en que vayamos juntos.* **SIN.** afán, interés. **INTENS.** ilusión, entusiasmo. **AF.** ganas. **ANT.** indiferencia, desinterés. 2 mucho interés, esfuerzo y dedicación que se pone al hacer algo: *si trabajas con empeño te quedará a tu gusto.* **SIN.** ahínco*. ■ **casa de empeño**, especie de tienda en la que se pueden dejar cosas a cambio de dinero para recuperarlas después pagando algo más de lo que le dieron a uno. **FAM.** empeñar, empeñamiento. **COMP.** desempeñar.

empeoramiento *[n.m.]* lo que ha habido cuando algo o alguien se pone peor de lo que estaba: *el empeoramiento de la situación económica de un país; un empeoramiento de la salud de una persona.* **SIN.** agravamiento. **ANT.** mejoría.

empeorar *[v.]* estar o ponerse algo o alguien peor de lo que estaba: *empeorar el tiempo; empeorar una situación; empeorar una persona enferma; empeorar el aspecto de algo.* **ANT.** mejorar. **FAM.** empeoramiento, peor.

empequeñecer *[v.]* hacer que algo sea más pequeño, menos importante o peor: *empequeñecieron el parque para hacer una carretera; la envidia empequeñece a las personas.* **AMPL.** si se habla de cosas materiales también se dice ***achicar*** (*achicar el parque*) y los contrarios son agrandar, aumentar y ampliar; si se habla de personas o cosas inmateriales, también se dice ***empobrecer***, y los contrarios son engrandecer y enriquecer. **CONJUG.** como *crecer**. **FAM.** empequeñecimiento, pequeño, pequeñez.

emperador *[n.m.]* hombre que reina en un imperio o en varios estados en los que hay otros reyes o príncipes que son sus vasallos: *Carlos I de España fue emperador de Alemania con el nombre de Carlos V.* **OBS.** nunca se dice emperadora, sino *emperatriz.* **FAM.** emperatriz, imperio.

emperatriz *[n.f.]* mujer que reina en un imperio o en varios estados en los que hay otros reyes o príncipes que son sus vasallos. TAMBIÉN se llama emperatriz a la esposa del emperador.

emperejilar *[v.]* arreglar a alguien adornándolo mucho. TAMBIÉN *prnl.: se emperejiló para la fiesta.*

emperifollar *[v.]* vestir a alguien muy bien y con muchos adornos: *emperifolló a los niños para la fiesta.* TAMBIÉN *prnl.: todos se emperifollaron para ir a la boda.* **SIN.** emperejilarse. **FAM.** perifollo.

emperrarse *[v.prnl.]* 1 tener muchas ganas de algo y querer conseguirlo por todos los medios: *se emperró con una bici nueva.* **SIN.** encapricharse. 2 estar decidido a hacer algo o a conseguir algo, pase lo que pase: *se emperra en casarse aunque le falten documentos.* **SIN.** empeñarse. **FAM.** emperramiento, emperradamente, perra.

empezar *[v.]* 1 hacer algo por primera vez: *el bebé ha empezado a andar.* **SIN.** comenzar. 2 hacer lo primero de algo: *empezar a escribir; el profesor empezó la clase hablando de los rinocerontes.* **SIN.** comenzar, iniciar. **ANT.** terminar, acabar, finalizar. 3 usar algo por primera vez: *empezar un cuaderno; empezar un queso.* **SIN.** comenzar. **ANT.** terminar, acabar. 4 pasar lo primero de algo: *el partido empieza a las ocho.* **SIN.** comenzar. **ANT.** terminar, acabar, concluir, finalizar. ■ **empezar a,** hacer (o pasar) lo primero de cada vez: *empezar a llorar; empezar a llover.* **SIN.** comenzar a. **ANT.** terminar de, acabar de, dejar de. **FAM.** empiece.

CONJUGACIÓN DEL VERBO EMPEZAR

Formas no personales
Infinitivo: *empezar*. Gerundio: *empezando*. Participio: *empezado*.
Indicativo
Presente: *empiezo, empiezas, empieza, empezamos, empezáis, empiezan.*
Pretérito imperfecto: *empezaba, empezabas, empezaba, empezábamos, empezabais, empezaban.*
Pretérito perfecto simple: *empecé, empezaste, empezó, empezamos, empezasteis, empezaron.*
Futuro: *empezaré, empezarás, empezará, empezaremos, empezaréis, empezarán.*
Condicional simple: *empezaría, empezarías, empezaría, empezaríamos, empezaríais, empezarían.*
Subjuntivo
Presente: *empiece, empieces, empiece, empecemos, empecéis, empiecen.*
Pretérito imperfecto: *empezara/ empezase, empezaras/ empezases, empezara/ empezase, empezáramos/ empezásemos, empezarais/ empezaseis, empezaran/ empezasen.*
Futuro: *empezare, empezares, empezare, empezáremos, empezareis, empezaren.*
Imperativo:
empieza, empiece, empecemos, empezad, empiecen.

empinado, empinada *[adj.]* que tiene una parte más alta que la otra: *un tobogán es una superficie empinada; un camino empinado.* **SIN.** inclinado, en cuesta.

empinar *[v.]* 1 poner a distinta altura los extremos de una cosa: *empina la botella para beber; empinar un botijo.* **SIN.** inclinar. // **empinarse** *[v.prnl.]* 2 subir el cuerpo, apoyándose en los dedos de los pies: *para mirar por la ventana tiene que empinarse.* **SIN.** ponerse de puntillas. **ANT.** agacharse. ■ **empinar el codo**, beber vino, licor o cualquier bebida alcohólica. **FAM.** empinado, empinamiento, ***pino*** (muy derecho).

emplazar *[v.]* 1 poner en un sitio: *emplazaron el monumento en el centro del parque.* **SIN.** colocar, ubicar, situar. **AF.** instalar. 2 quedar con alguien para un momento determinado: *lo emplazó para el día siguiente en su oficina.* **SIN.** citar. **OBS.** ante e, c: *emplacemos.*

empleado, empleada *[n.]* persona que trabaja para una empresa o para otra persona: *es el empleado más joven de la oficina.* **SIN.** trabajador.

emplear *[v.]* 1 hacer algo con una cosa: *emplea el destornillador de estrella; emplean la terraza como comedor; siempre emplean harina integral.* **SIN.** usar, utilizar. 2 gastar algo: *empleó 150 euros en un libro; emplea primero la harina del paquete abierto.* **SIN.** gastar, usar, utilizar. 3 dar trabajo a alguien: *en la nueva fábrica emplearán a cincuenta personas.* **SIN.** contratar, ocupar, colocar. **OBS.** e + e = ee: *empleen.*

empleo *[n.m.]* 1 trabajo con el que uno se gana la vida: *ha conseguido un empleo para el verano.* **SIN.** trabajo, colocación. 2 lo que se hace cuando se usa algo: *el empleo de algunos productos químicos puede ser peligroso.* **SIN.** uso, utilización. **FAM.** emplear, empleado. **COMP.** desempleo, pluriempleo.

empobrecer *[v.]* 1 hacer que algo o alguien sea más pobre: *la crisis económica empobreció el país.* **INTENS.** arruinar. **ANT.** enriquecer. TAMBIÉN *prnl.: el país se ha empobrecido en los últimos años.* 2 hacer que alguien sea peor: *la envidia empobrece a las personas.* **SIN.** empequeñecer. **ANT.** enriquecer, engrandecer. TAMBIÉN *prnl.: se ha empobrecido por falta de interés, de actividad y de relaciones.* **CONJUG.** como *crecer**. **FAM.** empobrecedor, empobrecimiento, pobre.

empolvar *[v.]* 1 cubrir o llenar de polvo: *la obra de construcción del cine empolva la calle.* TAMBIÉN *prnl.: por estos caminos se empolvan los zapatos.* 2 poner sobre la piel polvos que dan color, disimulan los defectos, exageran los rasgos, etc.: *le empolvó la nariz.* **AF.** maquillar. TAMBIÉN *prnl.: los actores se empolvan la cara antes de salir al escenario.* **FAM.** empolvamiento, polvo. **COMP.** desempolvar.

empollar *[v.]* 1 calentar un ave los huevos, con su cuerpo, hasta que nazcan los pollos. **SIN.** incubar. 2 estudiar mucho: *en mayo se pasa el día empollando.* **FAM.** empolladura, empollón, pollo.

empollón, empollona *[n.]* estudiante que dedica mucho tiempo a estudiar: *los empollones suelen sacar buenas notas.* **SIN.** estudioso. TAMBIÉN *adj.: una chica empollona.*

emporcar *[v.]* ensuciar mucho. **OBS.** ante e, qu: *empuerquen.*

empotrar *[v.]* meter algo en la pared o en el suelo, de manera que quede encajado y sujeto por los ladrillos, el cemento, el yeso, etc.: *empotrar un armario; empotrar una caja fuerte.* **FAM.** empotramiento, empotrado. **COMP.** desempotrar.

emprender *[v.]* empezar a hacer algo, especialmente si es largo o difícil: *emprender un viaje; emprender un trabajo.* **SIN.** empezar, comenzar, iniciar. **ANT.** acabar, terminar, finalizar. **FAM.** empresa, empresario, empresarial, empresariado, emprendedor.

empresa *[n.f.]* **1** conjunto de personas organizadas para hacer negocios de un tipo determinado: *una empresa de construcción; una empresa de muebles; una empresa de seguros.* **SIN.** negocio, compañía. **AF.** sociedad, firma. **2** lo que una o varias personas se proponen hacer: *ganar una medalla en las olimpiadas es una empresa difícil.*

empresario, empresaria *[n.]* persona que tiene una empresa y se encarga de dirigirla: *los empresarios tienen mucha responsabilidad.*

empujar *[v.]* **1** hacer fuerza sobre algo o alguien para que se mueva o para que cambie de sitio o de posición: *si empujas la mesa podrás pasar; el niño se cayó porque lo empujaste.* **ANT.** tirar de. **2** hacer que alguien se decida a hacer algo: *ver su situación lo empujó a ayudarlos.* **SIN.** incitar*. **FAM.** empujón, empuje.

empuje *[n.m.]* **1** fuerza que se hace sobre algo: *el empuje de la gente rompió las vallas.* **SIN.** fuerza, presión. **2** lo que tiene uno y que hace que sea capaz de esforzarse, de tomar decisiones y de hacer cosas pesadas o difíciles: *tiene mucho empuje y se encarga de todo.* **SIN.** brío*.

empujón *[n.m.]* golpe fuerte que se da a algo o a alguien y que hace que se mueva: *le dieron un empujón y casi lo tiran.* **PL.** *empujones.*

empuñadura *[n.f.]* parte que tienen algunas cosas como los paraguas, las espadas, etc., para agarrarlas: *un bastón con empuñadura de plata.* **SIN.** puño. **AF.** mango.

empuñar *[v.]* agarrar una cosa cogiéndola por la empuñadura*: *empuñar una espada; empuñar un bastón.* **SIN.** agarrar, coger, asir. **FAM.** empuñadura, empuñador, puño.

en *[prep.]* **1** dentro de un espacio cerrado o dentro de los límites de un espacio abierto o de un tiempo determinado: *juegan en el parque; en el cajón hay folios; en otoño refresca.* **GRAM.** introduce complementos circunstanciales de lugar o de tiempo. **2** como, a modo de, en lugar de: *se lo dejó en prenda.* **GRAM.** introduce complementos circunstanciales de modo.

enagua *[n.f.]* prenda interior de vestir que se ponen las mujeres debajo de la falda: *se le ve la enagua por debajo del vestido.* **OBS.** se usa igual en singular que en plural: *se le ven las enaguas.* **FAM.** enagüillas.

enajenado, enajenada *[n.]* que ha perdido la razón, loco: *un hospital para enajenados.* TAMBIÉN *adj.*: *una persona enajenada.*

enamorado, enamorada *[adj.]* que siente mucho amor por una persona y le gusta estar con ella, compartir su vida y tener relaciones amorosas: *un hombre enamorado de una mujer.* TAMBIÉN *n.*: *los enamorados estaban deseando casarse.*

enamorar *[v.]* **1** hacer que alguien llegue a estar enamorado de uno: *enamoró a su novia en el primer encuentro.* **SIN.** conquistar. **ANT.** desenamorar. // **enamorarse** *[v.prnl.]* **2** llegar a estar enamorado de alguien: *se enamoró de ella en cuanto la vio.* **AF.** prendarse. **ANT.** desenamorarse. **3** llegar a gustarle mucho a alguien una cosa: *se enamoró de África cuando vio esa película.* **FAM.** enamorado, enamoramiento, enamoradizo, enamoradamente, enamoriscado, amor. **COMP.** desenamorarse, desenamoramiento.

enano, enana *[n.]* persona, animal o vegetal que es mucho más baja de lo normal: *en los cuentos, los enanos suelen ser buenos; el poni es un caballo enano; un peral enano.* **ANT.** gigante. **AMPL.** en las personas, el ***enanismo*** es una enfermedad que impide el crecimiento normal. **FAM.** enanismo.

enardecer *[v.]* hacer que sea más fuerte de lo que era un sentimiento, una discusión o cualquier cosa inmaterial: *su discurso enardeció los ánimos de los asistentes.* **SIN.** exaltar, excitar, avivar. **ANT.** calmar. **CONJUG.** como *crecer*.*

encabezamiento *[n.m.]* lo primero que se escribe en una carta, un libro, un documento, etc., como principio, saludo o presentación: *el encabezamiento de muchos cuentos es "érase una vez"*. **AF.** cabecera.

encabezar *[v.]* estar delante, ir delante o poner delante de todo lo demás: *una bonita frase encabezaba la carta; el cura encabezó la procesión; encabezó la carta con una bonita frase.* **OBS.** ante e, c: *encabecen.* **FAM.** encabezamiento, encabezado, cabeza.

encabritarse *[v.prnl.]* levantar de repente un caballo las patas delanteras, quedándose apoyado en las de atrás: *el caballo se encabritó porque se había asustado.* **FAM.** encabritado, encabritamiento, cabra.

encadenar *[v.]* **1** unir con cadenas: *encadenó la moto a una farola.* **SIN.** atar, amarrar. **ANT.** desencadenar, soltar. TAMBIÉN *prnl.: los manifestantes se encadenaron en señal de protesta.* **2** relacionar unas cosas con otras que tienen algo que ver con ellas: *el detective resolvió el misterio encadenando las pistas que había encontrado.* **SIN.** enlazar, relacionar, engarzar. **FAM.** encadenamiento, cadena. **COMP.** desencadenar.

encajar *[v.]* **1** poner una cosa dentro de otra de manera que no pueda moverse: *encajó la pieza del rompecabezas en su sitio.* **AF.** ajustar, meter, empotrar, incrustar. **ANT.** desencajar. **2** tener una cosa el tamaño y la forma apropiada para que pueda quedar metida en otra sin moverse: *el tapón encaja en el desagüe del lavabo.* **SIN.** ajustar, ajustarse a, acoplarse a. **3** estar dos o más cosas relacionadas de una manera lógica: *tu versión no encaja con lo que él me dijo.* **SIN.** concordar, coincidir. **4** actuar bien una persona cuando le pasa algo malo o que no le gusta: *encajar una broma; encajar un golpe; encajar la muerte de alguien.* **SIN.** aceptar, asumir, admitir, tolerar. **ANT.** rechazar. **FAM.** encaje, encajero, caja. **COMP.** desencajar, desencajamiento.

encaje *[n.m.]* tejido hecho con hilos entrelazados de manera que queden agujeritos que forman dibujos: *unos visillos de encaje.* **SIN.** blonda, puntilla. **AMPL.** aunque ya se puede hacer con máquinas, todavía hay quien sabe hacer encaje a mano, cruzando los hilos sujetos a unos palitos que se llaman ***bolillos*** y sujetándolos con alfileres en una especie de almohada; un ***encajero*** es una persona que hace encaje.

encallar *[v.]* quedar parado un barco por haber chocado con la arena del fondo, con rocas, etc.: *el barco encalló cerca del acantilado.* **SIN.** embarrancar, atollarse. **FAM.** encalladero, encalladura. **COMP.** desencallar.

encaminar *[v.]* **1** decirle a alguien qué camino tiene que seguir: *salió con él y lo encaminó hacia Correos.* **SIN.** dirigir, guiar. **2** hacer que alguien quiera hacer algo: *sus estudios lo encaminaron hacia la investigación médica; su padre lo encaminó hacia los negocios.* **SIN.** orientar, encauzar, encarrilar. // **encaminarse** *[v.prnl.]* **3** ir hacia un sitio: *se encaminaron a la catedral.* **SIN.** dirigirse. **FAM.** camino. **COMP.** desencaminar, desencaminado.

encandilar *[v.]* **1** dejar a alguien sorprendido y admirado con algo que le gusta mucho: *cuando baila encandila a todo el mundo.* **SIN.** deslumbrar, impresionar, fascinar, embelesar. // **encandilarse** *[v.prnl.]* **2** llegar a estar muy ilusionado con algo: *no te encandiles con esa idea, que es irrealizable.* **FAM.** encandilamiento, candil.

encantado, encantada *[adj.]* **1** que está muy contento con algo que le gusta mucho: *está encantado con el coche nuevo.* **ANT.** disgustado, contrariado. **2** que hay quien cree que tiene algo de magia porque ocurren cosas misteriosas: *un bosque encantado; una casa encantada.* **SIN.** misterioso, embrujado. **3** es una fórmula de cortesía que se usa cuando nos presentan a alguien.

encantador, encantadora *[adj.]* **1** que resulta muy agradable: *un lugar encantador; una persona encantadora.* **ANT.** desagradable, repugnante. // **encantador, encantadora** *[n.]* **2** persona que consigue, por algún sistema misterioso, que otra o un animal haga lo que ella quiere: *en la India hay encantadores de serpientes.*

encantamiento *[n.m.]* acción por la que las personas o los personajes de los cuentos consiguen cosas misteriosa: *La Cenicienta se convirtió en princesa por un encantamiento.* **SIN.** hechizo, embrujo, magia.

encantar *[v.]* **1** gustar muchísimo: *le encanta el fútbol; le encantan los garbanzos.* **SIN.** entusiasmar. **2** hacer algo para que a alguien le pasen cosas misteriosas: *la bruja encantó a La Bella Durmiente.* **SIN.** hechizar, embrujar. **FAM.** encanto, encantamiento, encantador. **COMP.** desencantar, desencanto.

encanto *[n.m.]* **1** lo que tienen las cosas y que hace que resulten especialmente agradables: *este pueblo tiene mucho encanto.* **SIN.** atractivo. **2** lo que tiene una persona y que hace que resulte atractiva: *uno de sus encantos es que siempre está alegre.* **SIN.** atractivo. **AF.** valor, cualidad.

encañonar *[v.]* apuntar con un arma de fuego: *el cazador encañonó al león antes de disparar.* **SIN.** apuntar. **FAM.** encañonamiento, cañón.

encapotar *[v.]* **1** poner la capota* a un vehículo: *hacía frío y encapotamos el coche.* **ANT.** descapotar. // **encapotarse** *[v.prnl.]* **2** cubrirse el cielo de nubes oscuras. **SIN.** nublarse, oscurecerse. **ANT.** despejarse. **FAM.** descapotar, capota.

encapricharse *[v.prnl.]* tener muchas ganas de algo que uno no necesita y hacer todo lo posible para conseguirlo: *se encaprichó con una bici carísima.* **SIN.** emperrarse. **AF.** empecinarse, obstinarse. **FAM.** encaprichamiento, capricho.

encarar *[v.]* **1** poner una cosa delante de otra: *encaró el coche hacia la puerta del garaje.* **2** poner a dos personas mirándose: *encararon al acusado con el testigo.* // **encararse** *[v.prnl.]* **3** hacer frente a algo: *se encaró al problema para solucionarlo.* **SIN.** afrontar, arrostrar. **4** ponerse delante de alguien atacándolo o defendiéndose: *se encaró al atracador.* **SIN.** enfrentarse.

encarcelar *[v.]* meter en la cárcel: *lo encarcelaron por atracar un banco.* **SIN.** recluir, encerrar. **ANT.** liberar, soltar, excarcelar. **FAM.** encarcelamiento, encarcelación, cárcel.

encarecer *[v.]* hacer que algo sea más caro: *la subida de la gasolina encarece los transportes.* **SIN.** subir el precio de. **ANT.** abaratar. **CONJUG.** como *crecer**. **FAM.** encarecimiento, encarecidamente, caro.

encargado, encargada *[n.]* **1** persona que tiene como trabajo cuidar de una fábrica, de una tienda, de otros trabajadores, etc. para que todo funcione bien: *el encargado le dio permiso para salir antes.* // **encargado, encargada** *[adj.]* **2** que tiene que hacer algo, atender algo o cuidar algo: *es la persona encargada del jardín.*

encargar *[v.]* **1** decirle a alguien que haga algo, de manera que nadie más tenga que ocuparse de ello: *le encargaron que arreglara la persiana.* **SIN.** encomendar. **AF.** ordenar, mandar, pedir. **2** decir uno que le traigan algo: *ha encargado una bombona de gas.* **SIN.** pedir. // **encargarse** *[v.prnl.]* **3** ocuparse de hacer algo, de manera que los demás no tienen que hacerlo: *yo me encargo de llevar las bebidas.* **SIN.** ocuparse, responsabilizarse. **OBS.** ante e, gu: *encarguen.*

encargo *[n.m.]* **1** lo que uno tiene que hacer porque alguien se lo ha encargado: *tengo el encargo de recogerle las notas.* **SIN.** encomienda. **AF.** tarea, cometido, misión, función. **2** lo que uno ha pedido que le lleven: *han traído el encargo de la tienda; hicieron un encargo de libros de texto.* **SIN.** pedido. **FAM.** encargar, encargado, cargar.

encariñarse *[v.]* cogerle cariño a alguien o a algo: *se ha encariñado con los vecinos.* **FAM.** encariñamiento, encariñado, cariño. **COMP.** desencariñarse.

encarnado, encarnada *[n.m. y adj.]* rojo*: *caperucita encarnada.*

encarnar *[v.]* hacer una persona lo que haría otra o ser algo o alguien quien mejor representa algo por ser un ejemplo claro de ese algo: *la actriz encarna a la reina de la obra; el demonio encarna el mal.* **SIN.** representar, personificar. **FAM.** encarnación, encarnado, encarnadura, carne. **COMP.** reencarnar.

encarnizar *[v.]* hacer más violento o intenso: *su intervención encarnizó la pelea.* **OBS.** ante e, c: *encarnicen.*

encarrilar *[v.]* **1** poner algo sobre carriles para que vaya por ellos: *encarrilar un tren.* **2** hacer que alguien quiera hacer algo: *sus estudios lo encarrilaron hacia la investigación médica; su padre lo encarriló hacia los negocios.* **SIN.** dirigir, guiar, encauzar, encaminar, orientar. **FAM.** encarrilado, encarrilamiento, carril.

encausar *[v.]* llevar a alguien a juicio: *tienen pruebas para encausarlos por el robo del museo.*

encauzar *[v.]* 1 hacer que algo vaya por un sitio concreto: *encauzaron el río desde el pueblo hasta el camping.* 2 hacer que alguien quiera hacer algo y sepa cómo hacerlo bien: *después de algunos problemas consiguió encauzar su carrera.* **SIN.** encaminar, encarrilar. 3 hacer que algo salga bien: *no ha sabido encauzar el negocio.* **SIN.** orientar. **OBS.** ante e, c: *encaucen* **FAM.** encauzamiento, cauce.

encéfalo *[n.m.]* parte del sistema nervioso que está protegida por el cráneo y formada por el cerebro, el cerebelo y el bulbo raquídeo.

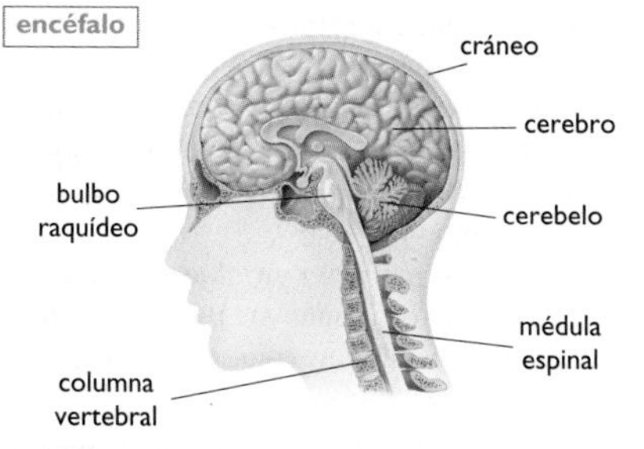

encendedor *[n.m.]* objeto pensado para encender fuego: *un encendedor de cocina.* **AMPL.** cuando el sistema de encendido es una chispa producida por el roce de una piedrecita que prende en una mecha y que se aviva con el aire, se llama ***mechero*** o ***chisquero***.

encender *[v.]* 1 mover una tecla o apretar un botón para que haya luz, funcione un electrodoméstico, etc.: *encender la luz; encender la televisión; encender la calefacción.* **SIN.** conectar. **AF.** enchufar. **ANT.** apagar, desconectar. 2 hacer que algo empiece a arder: *encender una hoguera; encender un fuego; encender un cigarrillo.* **SIN.** prender. **ANT.** apagar. // **encenderse** *[v.prnl.]* 3 ponerse alguien tan enfadado o tan nervioso que se le pone la cara roja: *se encendió porque aquello le parecía muy injusto.* **SIN.** excitarse, exaltarse, acalorarse. **ANT.** calmarse, tranquilizarse. **FAM.** encendedor, incendio.

encendido, encendida *[adj.]* 1 que está funcionando, luciendo o ardiendo: *pon la carne en el horno encendido; una lámpara encendida; el fuego de la chimenea ya está encendido.* **ANT.** apagado. // **encendido** *[n.m.]* 2 conjunto de las piezas de un motor que hace que éste empiece a funcionar: *se ha estropeado el encendido del coche.*

encerado *[n.m.]* superficie grande de color oscuro que se usa en los centros de enseñanza para escribir en ella con tiza y que se borra fácilmente para poder escribir muchas veces. **AMPL.** se llama así porque antes se hacían dándole a una tela o a una madera una capa de cera; también se llama ***pizarra*** porque había otros que eran un trozo de pizarra con la superficie muy fina.

encerar *[v.]* dar cera a los suelos, los muebles, las puertas, etc. **FAM.** encerado, enceradora, cera.

encerrar *[v.]* 1 meter a alguien en un sitio de manera que no pueda salir: *encerraron al perro en una habitación.* **SIN.** recluir. **AF.** enjaular, enclaustrar, encarcelar. **ANT.** sacar, soltar, liberar. 2 tener una cosa dentro a otra: *esta caja encierra mis tesoros.* **SIN.** contener, tener. ■ **encerrarse** uno **en sí mismo**, no querer hablar con nadie de las cosas que le preocupan. **FAM.** encierro, encerrona, encerramiento, cerrar. **COMP.** desencerrar.

encestar *[v.]* 1 meter en una cesta. 2 en baloncesto, meter el balón en la cesta o canasta para conseguir puntos: *ha encestado cinco veces.* **FAM.** enceste, cesta.

encharcar *[v.]* llenar de agua o de otro líquido algo, de manera que queden charcos: *el agua de la cañería rota encharcó el suelo del garaje.* TAMBIÉN *prnl.: con la lluvia se encharcan las calles.* **FAM.** encharcamiento, charco, charca.

enchufar *[v.]* 1 meter la clavija del enchufe de un aparato en la base del enchufe para que le llegue la corriente eléctrica y pueda funcionar: *la lavadora no funciona porque no la has enchufado.* **SIN.** conectar. **AF.** encender, poner. **ANT.** desenchufar, desconectar. 2 usar alguien su poder para que otra persona consiga algo que no se ha ganado o que quieren varias personas: *su prima lo enchufó y le dieron a él el trabajo.* **SIN.** recomendar.

enchufe *[n.m.]* cada una de las piezas que se usan para conectar un aparato a la corriente eléctrica. **AMPL.** además de *enchufe*, se llama ***base*** o ***hembra*** a la pieza que tiene corriente eléctrica y unos agujeros en los que se encajan las clavijas del ***macho*** (que también se llama *enchufe*) y va unido a un cable que sale del aparato. ■ **tener enchufe** una persona, conocer a alguien que puede ayudarla a conseguir algo que no se ha ganado o que quieren varias personas. **FAM.** enchufar, enchufado, enchufismo. **COMP.** desenchufar.

encía *[n.f.]* parte carnosa de la boca que tapa las raíces de los dientes.

enciclopedia *[n.f.]* libro en el que se tratan conocimientos de muchas materias distintas y que puede estar editado en un solo volumen o en varios. **AMPL.** cuando está organizada por temas o materias se llama ***enciclopedia temática*** y si está organizada en orden alfabético, como los diccionarios, se llama ***enciclopedia alfabética***; los diccionarios sólo explican palabras comunes, mientras que las enciclopedias recogen y explican palabras muy técnicas y nombres propios; si se trata de una obra que es a la vez diccionario y enciclopedia se llama ***diccionario enciclopédico***. **FAM.** enciclopédico, enciclopedismo, enciclopedista.

encierro *[n.m.]* **1** lo que vive quien está encerrado o quien está alejado de la gente que hace vida normal: *el encierro de un preso; el encierro de un monje.* **AF.** clausura. **2** sitio en el que uno está encerrado o alejado de todo: *pasó unos días en su encierro de la montaña.* **SIN.COM.** reclusión.

encima *[adv. de l.]* **1** más lejos del suelo que lo que se dice: *encima del segundo piso está el tercero.* **SIN.** arriba. **ANT.** debajo. **2** en la parte que está más separada del suelo: *ponlo encima de la mesa.* **SIN.** sobre, en la parte superior. **ANT.** debajo. // **encima** *[adv. de c.]* **3** además de lo que se dice: *estudia y trabaja y, encima, atiende la casa.* ■ **por encima**, muy deprisa, sin prestar mucha atención. **SIN.** superficialmente. ■ **estar por encima de todo**, ser lo más importante. **FAM.** encimera, cima.

encina *[n.f.]* árbol de hoja perenne, típico de la Península Ibérica, de madera muy dura y cuyo fruto es la bellota. **FAM.** encinar, encinal.

encinar *[n.m.]* terreno en el que hay muchas encinas. **SIN.** encinal.

encinta *[adj.]* embarazada*: *una mujer encinta; está encinta.*

enclenque *[adj.inv. en gén.]* que tiene poca fuerza: *una persona enclenque; un animal enclenque.* **SIN.** débil, flojo. **ANT.** fuerte.

encoger *[v.]* **1** doblar algo o alguna parte del cuerpo: *para estar en la cueva teníamos que encoger las piernas.* **SIN.** doblar, contraer, plegar. **ANT.** estirar, extender. **2** hacerse más pequeño: *el jersey encogió en la lavadora.* **SIN.** disminuir, menguar, mermar. **ANT.** agrandarse, estirarse. ■ **encogerse de hombros**, subir los hombros hacia la cabeza para indicar que algo no se sabe o que a uno le da igual. **OBS.** ante a y o, j: *encojan; encojo.* **FAM.** encogimiento, coger. **COMP.** desencoger.

encolar *[v.]* poner cola en algo para pegarlo: *encoló la pata de la silla.* **AF.** pegar. **ANT.** desencolar. **FAM.** encolador, cola. **COMP.** desencolar.

encolerizarse *[v.prnl.]* enfadarse muchísimo: *se encolerizó cuando vio que le habían robado la cartera.* **SIN.** enfurecerse*. **OBS.** ante e, c: *se encolericen.* **FAM.** cólera.

encomendar *[v.]* **1** encargar a alguien que haga algo o que cuide de alguien o de algo: *siempre le encomiendan los trabajos delicados; le encomendaron el perro durante el viaje.* **SIN.** encargar, confiar, responsabilizar de. // **encomendarse** *[v.prnl.]* **2** pedir ayuda para algo que uno no puede resolver o conseguir: *encomendarse a Dios; encomendarse a un médico.* **SIN.** confiarse, abandonarse. **CONJUG.** como *merendar**. **FAM.** encomienda.

encontrar *[v.]* **1** llegar a saber dónde está la persona o la cosa que se está buscando: *encontré el reloj que había perdido; ya encontré a Pablo.* **SIN.** hallar, dar con, localizar. **ANT.** perder, extraviar. **2** ver algo o a alguien: *encontró un bolígrafo en la escalera; encontré a Pablo cuando iba al colegio.* TAMBIÉN *prnl.: se encontró un bolígrafo; se encontró a Pablo; se encontró con Pablo; nos encontramos en la calle.* // **encontrarse** *[v.prnl.]* **3** juntarse varias personas en un sitio: *nos encontraremos en el cine.* **SIN.** juntarse, reunirse. **4** estar alguien de una manera concreta: *me encuentro bien; se encuentra solo.*

SIN. estar, sentirse. **CONJUG.** como *contar**. **FAM.** encuentro, encontronazo, encontradizo, encontrón. **COMP.** reencontrar, reencuentro.

encontronazo *[n.m.]* **1** lo que pasa cuando dos o más personas o cosas coinciden en un sitio y llegan a chocar: *al doblar la esquina tuvo un encontronazo con su vecino.* **SIN.** choque, colisión, topetazo, encontrón. **2** lo que hay entre dos o más personas por el hecho de que discutan enfadadas y no lleguen a ponerse de acuerdo: *de su encontronazo con el jefe se enteraron todos los compañeros.* **SIN.** enfrentamiento.

encorvar *[v.]* **1** dar a algo forma curva: *encorvando un extremo de una vara hicieron una cacha.* **SIN.** curvar, combar, arquear. **ANT.** enderezar. TAMBIÉN *prnl.: los estantes se han encorvado por el peso de los libros.* **2** inclinarse hacia adelante doblando la espalda: *si te encorvas al andar, llegarás a tener chepa.* **FAM.** encorvamiento, curva.

encrespar *[v.]* poner rizado el pelo, muy enfadada y alterada a una persona, o con olas el agua del mar: *la humedad le encrespó la melena* (**SIN.** rizar)*; las nuevas normas encresparon a los ciudadanos* (**AF.** enfurecer, encolerizar)*; los temporales encrespan el mar* (**SIN.** agitar, embravecer). TAMBIÉN *prnl.: encresparse el pelo; encresparse los ciudadanos; encresparse el mar.* **FAM.** encrespamiento, encrespadura, ***crespo*** (rizado o enfadado).

encrucijada *[n.f.]* lugar en el que se cruzan dos o más caminos. **SIN.** cruce. ■ **estar en una encrucijada**, no saber qué hacer para solucionar un problema, cuando hay varias posibilidades y ninguna parece buena del todo.

encuadernación *[n.f.]* lo que se hace para encuadernar algo (*la encuadernación del libro le llevó varias horas*) y manera de estar encuadernado algo (*una buena encua dernación; una encuadernación en piel*).

encuadernador, encuadernadora *[n.]* persona que se dedica a hacer encuadernaciones: *llevó los fascículos al encuadernador.*

encuadernar *[v.]* unir varias hojas de papel, pegándolas o cosiéndolas y poniéndole tapas, para que sean un libro o para arreglar uno que está estropeado: *llevó a encuadernar el atlas que había comprado en fascículos.* **FAM.** encuadernación, encuadernador, encuadernable, cuaderno. **COMP.** desencuadernar.

encuadre *[n.m.]* lo que se ve por el visor* de una máquina de fotos, de vídeo o de cine y cuya imagen saldrá en la fotografía o en la película: *el encuadre era perfecto, pero la foto salió movida.* **FAM.** encuadrar, encuadramiento, cuadro.

encubrir *[v.]* hacer que los demás no se enteren de algo malo que ha hecho otra persona: *encubrir un robo; encubrir a un ladrón.* **AF.** esconder, tapar. **ANT.** delatar, descubrir. **OBS.** el participio pasado, irregular, es *encubierto: han encubierto al ladrón.* **FAM.** encubridor, encubrimiento, encubierto, cubrir.

encuentro *[n.m.]* **1** lo que se produce en el momento en que coinciden en un sitio dos o más personas o cosas: *nuestro encuentro tuvo lugar por casualidad; el encuentro de dos trenes en una estación.* **SIN.** coincidencia. **2** reunión de varias personas o equipos para competir, para pasar un tiempo juntos o para tratar algún asunto: *un encuentro de motoristas; un encuentro familiar; un encuentro de empresarios.* **SIN.** reunión; competición y partido, si es para competir. ■ **ir** o **salir al encuentro de** alguien, ir a buscarlo hasta coincidir en un sitio.

encuesta *[n.f.]* conjunto de preguntas que se le hacen a muchas personas por separado para saber lo que piensa la gente de algún asunto, conocer su forma de vida, etc.: *están haciendo una encuesta sobre los políticos.* **SIN.** sondeo. **FAM.** encuestar, encuestador.

endeble *[adj.inv. en gén.]* que puede romperse o desarmarse con facilidad porque es débil o está mal hecho o hecho con materiales flojos: *una planta endeble; un mueble endeble.* **SIN.** débil, flojo. **ANT.** fuerte, resistente, consistente. **FAM.** endeblez, débil.

endecasílabo, endecasílaba *[adj.]* que tiene once sílabas: *un verso endecasílabo.*

enderezar *[v.]* **1** poner derecho o volver a su forma algo que estaba torcido o deformado: *después de la caída, tuvo que enderezar el manillar de la bici.* **ANT.** torcer. **2** poner de pie algo que está caído: *enderezó el mástil de la tienda de campaña.* **SIN.** levantar, erguir. **ANT.** tirar. **OBS.** ante e, c: *enderecéis.* **FAM.** enderezamiento, dirigir.

endeudarse *[v.prnl.]* llegar a deber tanto dinero que cuesta mucho devolverlo: *se endeudó para comprar un piso.* **SIN.** empeñarse. **FAM.** endeudamiento, deuda.

endibia *[n.f.]* endivia*.

endición forma incorrecta de decir *inyección**.

endivia *[n.f.]* planta comestible, de hojas alargadas de color casi blanco con los bordes amarillentos o verdosos y que salen tapándose unas a otras.

endo- prefijo que significa *dentro.*

endosfera *[n.f.]* parte central y más interna de la esfera terrestre.

endulzar *[v.]* **1** hacer que algo tenga sabor dulce, poniéndole azúcar, sacarina, miel, etc.: *endulza el zumo de naranja.* **SIN.** azucarar, edulcorar. **2** hacer que algo sea menos triste, menos preocupante, menos angustioso, etc.: *la visita de su hermano endulzó el mal momento que estaba pasando.* **SIN.** dulcificar, suavizar, mitigar, atenuar. **ANT.** amargar, endurecer. **OBS.** ante e, c: *endulcen.* **FAM.** endulzamiento, dulce.

endurecer *[v.]* **1** hacer que algo se ponga duro o más duro de lo que estaba: *para endurecer la arcilla hay que cocerla en el horno.* **ANT.** ablandar. TAMBIÉN *prnl.: la arcilla se endurece al cocerla en el horno.* **2** hacer que algo sea más fuerte de lo que era: *la gimnasia endurece los músculos.* **SIN.** fortalecer, robustecer, vigorizar. **ANT.** debilitar. TAMBIÉN *prnl.: haciendo gimnasia se endurecen los músculos.* **3** cambiar la manera de ser de una persona, haciendo que sea menos sensible, menos cariñosa, etc.: *los malos tratos que sufrió endurecieron su carácter.* **CONJUG.** como *crecer**. **FAM.** endurecimiento, endurecedor, duro.

ene *[n.f.]* nombre de la letra *n*: *escribe una ene.*

enemigo, enemiga *[n.]* **1** persona que quiere hacerle daño a otra: *las buenas personas no tiene enemigos.* **ANT.** amigo. **2** persona o conjunto de personas contra las que otros luchan: *muchos soldados fueron capturados por el enemigo.* **AF.** adversario, contrincante, rival. **ANT.** compañero. TAMBIÉN *adj.: las tropas enemigas invadieron la ciudad.* **AMPL.** el ***Enemigo***, para los católicos, es el Diablo. ■ **ser uno enemigo de** algo, no gustarle nada. **SIN.** ser opuesto a, ser contrario a, ser reacio a. **ANT.** ser partidario.

enemistad *[n.f.]* lo que hay entre dos personas que se llevan mal y procuran molestarse: *la enemistad entre ellos nació hace mucho tiempo.* **SIN.** hostilidad. **AF.** rivalidad. **ANT.** amistad. **FAM.** enemigo, enemistar.

enemistar *[v.]* hacer que entre dos o más personas haya enemistad: *un malentendido los enemistó.* TAMBIÉN *prnl.: se enemistaron por un malentendido; no te enemistes con los vecinos.* **AF.** enfadarse, indisponerse. **ANT.** reconciliarse.

energía *[n.f.]* **1** lo que necesitan las máquinas y los aparatos, además de los mecanismos y los componentes de cada uno, para ponerse en marcha y funcionar: *la radio funciona con energía eléctrica.* **AMPL.** el hombre obtiene la energía de lo que llamamos ***fuentes de energía***: el Sol, el viento, el agua, el carbón, el petróleo y sus derivados, etc.; además, hay distintas ***formas de energía***: mecánica, térmica (producida por calor), eléctrica, atómica (producida en las centrales nucleares), etc. **2** lo que necesita una persona para poder moverse, andar, trabajar, etc.: *para trabajar se necesita energía.* **AF.** fuerzas, vigor, vitalidad. TAMBIÉN se usa en plural con el mismo significado: *cuando comemos recuperamos las energías perdidas.* **3** fuerza interior que hace que uno sea capaz de esforzarse, de tomar decisiones y de hacer cosas pesadas o difíciles: *no tiene energía para enfrentarse a los problemas; trabaja con energía.* **SIN.** brío*. ■ ***energía nuclear***, VER *nuclear.* **FAM.** enérgico, energético, enérgicamente.

enérgico, enérgica *[adj.]* **1** que actúa de manera que lo que hace o dice es eficaz: *una persona enérgica; un modo enérgico de hablar* **SIN.** firme, fuerte. **2** que se hace con energía: *hizo un movimiento tan enérgico que tiró el vaso; una respuesta enérgica.* **SIN.** vivo. **ANT.COM.** débil.

enero *[n.m.]* primer mes del año, que va antes de febrero y tiene treinta y un días.

enfadar *[v.]* **1** hacer que alguien se ponga de mal humor porque algo le parece mal: *me enfada que sea desobediente.* **SIN.** enojar. **AF.** molestar, contrariar. TAMBIÉN *prnl.: siempre que pierde un partido, se enfada; no te enfades por lo que te ha dicho.* // **enfadarse** *[v.prnl.]* **2** no querer una persona seguir siendo amiga de otra porque algo que ha hecho o que ha dicho le ha parecido mal: *se enfadó con ella porque no quiso ayudarlo.* **FAM.** enfado, enfadadizo. **COMP.** desenfado, desenfadadamente.

enfado *[n.m.]* lo que siente quien está de mal humor por algo que le ha parecido mal: *los enfados le duran poco.* **SIN.** enojo. **INTENS.** ira*. **AF.** disgusto.

énfasis *[n.m.]* subida del tono de voz cuando se quiere llamar la atención del que escucha o darle más importancia a algo que se está diciendo: *habló con énfasis de la necesidad de ayudar a los países pobres.* **AF.** intensidad. **OBS.** no se usa en plural. **FAM.** enfatizar, enfático, enfáticamente.

enfermar *[v.]* 1 ponerse enfermo: *ha enfermado de varicela.* **SIN.** ponerse malo. **ANT.** curarse, sanar, recuperarse. 2 hacer que alguien se ponga enfermo: *el frío del invierno enferma a mucha gente.* **AF.** indisponer. **ANT.** sanar, curar, mejorar.

enfermedad *[n.f.]* lo que tiene el ser vivo al que algo de su organismo no le funciona bien: *tiene una enfermedad de hígado; la gripe es una enfermedad producida por un virus; la rabia es una enfermedad propia de los perros.* **AF.** mal, dolencia, afección. **ANT.** salud. **FAM.** enfermo, enfermar, enfermería, enfermero, enfermizo.

enfermería *[n.f.]* 1 parte de un centro, un colegio, una plaza de toros, etc., a la que se lleva a los enfermos o a los heridos para curarlos: *se cortó en la piscina y lo curaron en la enfermería.* 2 conjunto de conocimientos que se necesitan para poder ser enfermero: *está estudiando enfermería.*

enfermero, enfermera *[n.]* persona que trabaja ayudando a los médicos y cuidando a los enfermos: *en los hospitales trabajan muchos enfermeros.*

enfermo, enferma *[adj.]* que tiene una enfermedad: *una persona enferma; un animal enfermo.* **SIN.** malo. **AF.** indispuesto. **ANT.** sano. TAMBIÉN *n.*: *fue a visitar a un enfermo.*

enfilar *[v.]* 1 meter cosas, una detrás de otra, por un hilo, una cuerda o un alambre: *se hizo un collar enfilando macarrones.* **SIN.** ensartar, enhebrar, enhilar. 2 empezar la marcha por el sitio que se dice: *el coche enfiló la carretera y dejamos de verlo.* 3 poner cosas en fila, una detrás de otra: *enfiló todas las monedas que tenía.* **FAM.** enfilamiento, enfilado, fila.

enfocar *[v.]* 1 hacer lo necesario para que por un aparato por el que se puede mirar a través de una lente, se vea la imagen deseada con total nitidez: *enfocaron la imagen para sacar un primer plano de la presentadora.* 2 dirigir hacia algún sitio un foco o una cámara de cine o de vídeo, un microscopio, etc.: *enfoca el camino con la linterna.* 3 tratar o entender algo de una manera determinada: *enfoca el asunto para no salir perjudicado.* **OBS.** ante e, qu: *enfoquen.* **FAM.** enfoque, foco. **COMP.** desenfocar, desenfoque.

enfoque *[n.m.]* 1 lo que se hace cuando se prepara la cámara para que las imágenes de la fotografía o la película que se va a hacer se vean bien y no queden borrosas o movidas: *esta foto tiene un fallo de enfoque.* 2 forma que tiene una persona de entender algo: *con un enfoque equivocado no resolverás el problema.* **SIN.** punto de vista.

enfrentamiento *[n.m.]* lucha, competición o discusión entre varias personas: *un enfrentamiento deportivo; un enfrentamiento de tropas; un enfrentamiento político.* **SIN.** confrontación, lucha. **AF.** pelea, combate.

enfrentarse *[v.prnl.]* 1 luchar, competir o discutir una o varias personas contra otras: *el héroe se enfrentó a los asesinos; no dijo nada, porque no quería enfrentarse con su hermano; los equipos se enfrentaron en un partido amistoso.* **SIN.** luchar contra. **AF.** combatir, competir. 2 salir a dar la cara cuando se corre peligro, o tratar de solucionar algo que le afecta a uno: *no sabe enfrentarse con los problemas.* **SIN.** afrontar. **ANT.** eludir, evitar.

enfrente *[adv. de l.]* en el lugar hacia el que mira algo o alguien: *la tienda está enfrente de mi casa; aparcó enfrente del ayuntamiento; se sentó a la mesa enfrente de mí.* **SIN.** frente a. **ANT.** detrás de, a la espalda de, de espaldas a. **FAM.** enfrentamiento, enfrentarse, frente.

enfriamiento *[n.m.]* 1 lo que hay cuando algo se enfría: *un enfriamiento del tiempo.* **ANT.** calentamiento. 2 enfermedad producida por haber pasado frío. **SIN.** resfriado, catarro, constipado.

enfriar *[v.]* 1 hacer que baje la temperatura de algo: *el frigorífico enfría los alimentos.* **AF.** refrescar, refrigerar. **ANT.** calentar. TAMBIÉN *prnl.: en el frigorífico se enfrían los alimentos.* // **enfriarse** *[v.prnl.]* 2 ponerse enferma una persona por haber pasado frío: *abrígate, no vayas a enfriarte.* **SIN.** resfriarse, acatarrarse, constiparse. 3 dejar de ser tan fuerte como era un sentimiento, una discusión o cualquier cosa inmaterial: *enfriarse los ánimos en una discusión; enfriarse un ambiente de fiesta.* **SIN.** calmarse, apaciguarse. **ANT.** avivarse, animarse. **ACENT.** como *fiar**. **FAM.** enfriamiento, frío.

enfundar *[v.]* meter en una funda: *enfundar una guitarra.* **AF.** guardar. **ANT.** desenfundar, sacar. **FAM.** funda. **COMP.** desenfundar.

enfurecer *[v.]* 1 hacer que una persona o un animal se enfade muchísimo y quiera atacar o destruir a quien lo ha enfurecido: *las injusticias lo enfurecen.* **SIN.** encolerizar, exasperar, encorajinar, sulfurar. **AF.** irritar. **ANT.** calmar, apaciguar. TAMBIÉN *prnl.: se enfurece ante las injusticias.* // **enfurecerse** *[v.prnl.]* 2 moverse mucho el mar o ir muy rápido el viento hasta llegar a ser peligroso: *el mar se enfureció y partió el barco en dos.* **SIN.** agitarse, alborotarse. **ANT.** calmarse. **CONJUG.** como *crecer**. **FAM.** enfurecimiento, furia.

enfurecimiento *[n.m.]* lo que siente quien está enfadadísimo, con ganas de atacar o destruir a la persona o la cosa que le ha producido el enfado: *el enfurecimiento de un oso herido.* **SIN.** furia, ira, cólera, coraje.

enfurruñarse *[v.prnl.]* poner cara de enfado para que los demás se den cuenta de que uno está enfadado y le hagan caso: *te pones muy feo cuando te enfurruñas.* **FAM.** enfurruñamiento.

engalanar *[v.]* poner adornos para que algo o alguien quede más bonito: *engalanaron las calles para las fiestas.* **SIN.** adornar. **FAM.** engalanamiento, gala.

enganchar *[v.]* 1 unir una cosa con otra usando un gancho o algo parecido: *enganchó la caravana al coche.* **AF.** enlazar. **ANT.** desenganchar, soltar. 2 colgar de un gancho: *enganchar una lámpara de techo.* **SIN.** colgar. **ANT.** desenganchar, soltar. 3 conseguir que alguien haga lo que uno quiere: *no dejes que esa secta te enganche.* **SIN.** captar. // **engancharse** *[v.prnl.]* 4 quedarse agarrada una cosa de algo que acaba en punta: *se me enganchó el jersey en un hierro de la verja.* **SIN.** prenderse. **ANT.** desengancharse, soltarse. 5 llegar a tener necesidad de algo o de hacer algo y no ser capaz de dejarlo: *engancharse a la droga; engancharse a un juego de ordenador.* **SIN.** enviciarse con. **FAM.** enganche, enganchón, enganchamiento, gancho. **COMP.** desenganchar, reenganchar.

enganche *[n.m.]* 1 lo que se hace para que una cosa quede enganchada a otra: *el enganche de la caravana al coche es fácil.* **AF.** amarre. 2 pieza que sirve para meter un gancho y poder unir dos o más cosas o dos partes de una cosa: *se ha estropeado el enganche de la pulsera.*

engañar *[v.]* 1 decir o hacer algo para que alguien se crea una cosa que no es verdad: *me engañó al decirme que no lo había visto.* **AF.** mentir. 2 decirle a alguien que algo es mejor de lo que es, para salir beneficiado: *lo engañaron al venderle el jarrón como una antigüedad.* **SIN.** estafar, timar. 3 hacer que alguien se olvide de algo que no le gusta y que piense en otra cosa: *para que coma todo, lo engaño con algún juguete.* **SIN.** entretener, distraer. // **engañarse** *[v.prnl.]* 4 no querer una persona saber la verdad sobre algo, porque le gustaría que fuera mentira: *se engaña si cree que aprobará sin estudiar.*

engaño *[n.m.]* lo que uno hace o dice para salir beneficiado, haciendo creer que algo es como no es: *la venta del jarrón como si fuera antiguo fue un engaño.* **SIN.** estafa, timo. **AF.** falsedad, farsa. **FAM.** engañar, engañoso, engañifa, engañosamente. **COMP.** desengañar.

engañoso, engañosa *[adj.]* que parece lo que no es: *es un río engañoso porque parece manso pero tiene remolinos; un comportamiento engañoso.* **AF.** falso.

engarzar *[v.]* 1 unir varias piezas de modo que formen una cadena: *engarzar eslabones.* 2 unir una piedra a un objeto de metal: *engarzar un diamante en un anillo.* **SIN.** engastar. **OBS.** ante e, c: *engarcemos.*

engatusar *[v.]* conseguir que alguien haga lo que uno quiere diciéndole, para convencerlo, cosas que le gusta oír: *lo engatusó con promesas que luego no cumplió.* **AF.** engañar. **FAM.** engatusador, engatusamiento.

engendrar *[v.]* 1 dar origen dos seres de distinto sexo y la misma especie a un nuevo ser: *engendrar un hijo.* 2 ser la causa de algo: *su mal carácter engendra muchos momentos desagradables.* **SIN.** producir, crear. **FAM.** engendramiento, engendro, generar.

englobar *[v.]* tener dentro las cosas que se dicen: *este curso las matemáticas engloban aritmética y geometría.* **SIN.** abarcar, comprender, encerrar. **ANT.** excluir.

engordar *[v.]* 1 ponerse más gordo de lo que se estaba: *has engordado.* **SIN.** engrosar (casi no se usa). **ANT.** adelgazar. 2 dar mucho de comer a un animal para que esté más gordo: *engordar pollos; engordar cerdos; engordar gallinas.* **SIN.** cebar. 3 hacer que algo parezca más grande o más importante de lo que es: *engordaron el presupuesto para que les dieran más dinero.* **FAM.** engorde, engordamiento, gordo.

engorro *[n.m.]* cosa que hace más difícil o pesado algo que hay que hacer: *es un engorro tener que comprobar todo antes de archivarlo.* **AF.** molestia, lata. **FAM.** engorroso.

engrandecer *[v.]* hacer que algo sea más importante o más grande de lo que era: *el cuadro de Picasso engrandece la exposición; han engrandecido la caseta del perro.* **ANT.** empequeñecer, disminuir. **AMPL.** normalmente, se usa *engrandecer* para hablar de cosas inmateriales, y *agrandar* para las cosas que se pueden medir. **CONJUG.** como *crecer**. **FAM.** engrandecimiento, grande.

engrasar *[v.]* ponerle grasa a algo: *engrasar una cerradura; engrasar una máquina.* **SIN.** lubricar, lubrificar. **ANT.** desengrasar. **FAM.** engrase, engrasador, grasa. **COMP.** desengrasar.

engrase *[n.m.]* lo que se hace para que algo tenga la grasa necesaria para que funcione bien: *el engrase del motor de un coche; la cadena de la bici necesita un buen engrase.* **SIN.** lubricación, lubrificación.

engrosar *[v.]* 1 hacer más grande la cantidad de algo: *veinte personas más engrosaron la lista de invitados.* **SIN.** aumentar, incrementar. **ANT.** disminuir. 2 engordar* 1: *engrosó en poco tiempo.* **FAM.** engrosamiento, grueso.

engullir *[v.]* tragar algo muy deprisa y sin haberlo masticado: *la serpiente engulló al ratón; engulló el pastel en dos minutos.* **SIN.** devorar, tragarse. **CONJUG.** como *mullir**.

enhebrar *[v.]* 1 pasar un hilo por el agujero de una aguja: *si usas hebras largas, tienes que enhebrar menos veces.* **ANT.** desenhebrar. **AMPL.** el trozo de hilo o de lana que se enhebra en la aguja se llama ***hebra***. 2 pasar un hilo por varias cosas que tienen un agujerito, para que queden unidas: *enhebraron conchas para hacer un collar.* **SIN.** ensartar, enfilar, enhilar. **FAM.** enhebradura, hebra. **COMP.** desenhebrar.

enhorabuena *[n.f.]* lo que se dice para demostrarle a una persona que uno se alegra de algo bueno que ha hecho o de algo que le ha pasado y que desea que sea bueno para ella: *le dio la enhorabuena por haberse casado.* **SIN.** felicitación, parabién.

enigma *[n.m.]* cosa que no se sabe o que no se puede entender: *el principio del universo es un enigma; para él, la física es un enigma.* **SIN.** misterio, incógnita. **ANT.** evidencia. **FAM.** enigmático, enigmáticamente.

enjabonado, enjabonada *[adj.]* que tiene jabón: *toallitas de papel enjabonadas.* **SIN.** jabonado.

enjabonar *[v.]* darle jabón a algo: *enjabonar la ropa; le enjabonó las manos.* **FAM.** enjabonado, enjabonadura, jabón.

enjambre *[n.m.]* 1 conjunto de las abejas que viven juntas o que salen de una colmena para irse a vivir a otro sitio. 2 conjunto de muchas personas o animales: *un enjambre de personas tomaba el sol en la playa.* **SIN.** muchedumbre, multitud, hervidero.

enjaular *[v.]* meter en una jaula o en la cárcel: *en el zoo enjaulan a los animales; lo enjaularon por ladrón.*

enjuagar *[v.]* pasar por agua limpia lo que se está lavando, para quitarle el jabón: *enjuagar la ropa; enjuagar los platos; enjuagarse las manos.* **SIN.** aclarar. ■ **enjuagarse** la boca, los dientes, etc., hacer pasar un líquido por la boca, sin tragarlo. **OBS.** ante e, gu: *enjuaguen.* **FAM.** enjuague, agua.

enjugar *[v.]* poner contra algo mojado una cosa que absorba la humedad: *se enjugó las lágrimas con un pañuelo.* **AF.** secar. **OBS.** ante e, gu: *enjuguen.*

enjuiciar *[v.]* 1 decir si algo le parece a uno bueno o malo o qué ventajas o inconvenientes tiene: *enjuiciaron su trabajo positivamente.* **SIN.** valorar, evaluar. 2 hacer un juicio para saber si una persona es inocente o culpable de algo: *enjuiciaron a los sospechosos del robo.* **FAM.** enjuiciamiento, enjuiciable, juicio.

enjuto, enjuta *[adj.]* que está tan delgado que casi parece que la piel está pegada a los huesos: *Don Quijote era un hombre enjuto.* **AF.** delgado, flaco, seco. **ANT.** gordo, obeso.

enlace *[n.m.]* 1 lo que sirve para que dos o más cosas estén unidas o comunicadas: *la escalera es el enlace entre el piso superior y el inferior.* **SIN.** unión, conexión. 2 sitio en el que uno puede bajar de un medio de transporte y subirse a otro que va a donde uno quiere ir: *el enlace con el tren de Madrid se hace en Burgos.* **SIN.** transbordo, empalme. ■ **enlace matrimonial**, boda. **SIN.** boda, casamiento, matrimonio.

enlatar *[v.]* meter en latas: *algunos pescados se enlatan para que duren mucho tiempo.* **FAM.** enlatado, lata.

enlazar *[v.]* 1 poner una detrás de otra varias cosas parecidas o que tienen algo que ver entre sí: *jugaban a enlazar palabras cuya primera sílaba sea igual a la última de la anterior.* **AF.** relacionar. 2 sujetar varias cosas con un lazo o algo parecido: *enlazó los cromos repetidos con una cinta.* **SIN.** atar, sujetar. **ANT.** desenlazar, desatar. 3 bajar de un medio de transporte y subir a otro que va a donde uno quiere: *cogiendo ese autobús, enlazo en la plaza Mayor con el que va a la playa.* **SIN.** hacer transbordo, empalmar. **OBS.** ante e, c: *enlacen.* **FAM.** enlace, lazo. **COMP.** desenlace.

enloquecer *[v.]* 1 hacer que alguien se vuelva loco: *la mala noticia lo enloqueció.* **SIN.** trastornar, perturbar. 2 volverse uno loco: *cuando enloqueció no sabía dónde estaba.* **SIN.** perder la razón, trastornarse. 3 gustar muchísimo: *esa música me enloquece.* **SIN.** volver loco. **CONJUG.** como *crecer**. **FAM.** enloquecimiento, enloquecedor, enloquecidamente, loco.

enmarañar *[v.]* 1 hacer que algo quede mezclado y desordenado: *has enmarañado los hilos del costurero.* **SIN.** liar, enredar. TAMBIÉN *prnl.: en la piscina se le enmaraña el pelo.* 2 hacer que algo sea más difícil de resolver o de entender o más complicado de lo que era: *el nuevo personaje enmarañó el argumento de la película.* **SIN.** complicar, liar. TAMBIÉN *prnl.: las relaciones familiares pueden enmarañarse por culpa del dinero.* **FAM.** enmarañamiento, maraña.

enmarcar *[v.]* 1 poner alrededor de algo un marco o algo que dé la impresión de que lo es: *enmarcar un cuadro; enmarcó la ventana con unas cortinas.* 2 estar alrededor de algo dando la impresión de que es un marco: *la ventana enmarca el paisaje exterior.* **OBS.** ante e, qu: *enmarquen.* **FAM.** marco. **COMP.** desenmarcar.

enmascarado, enmascarada *[adj.]* que tiene la cara tapada con una máscara: *un actor enmascarado.* TAMBIÉN *n.: el enmascarado fue el protagonista de la fiesta.* **FAM.** enmascarar, enmascaramiento, máscara. **COMP.** desenmascarar.

enmendar *[v.]* 1 hacer que quede bien algo que estaba mal: *enmienda la costura, que está torcida.* **SIN.** corregir* (acepción 1). 2 cambiar un juez lo que había decidido en un juicio: *el juez enmendó la sentencia al encontrar nuevas pruebas.* ■ **enmendar la plana**, poner pegas a lo que dice alguien que manda más. **CONJUG.** como *merendar**. **FAM.** enmienda.

enmienda *[n.f.]* 1 lo que se hace para corregir algo que estaba mal hecho: *con una pequeña enmienda el trabajo quedará perfecto.* **SIN.** corrección. 2 cambio que quiere hacer alguien en una ley, una norma o cualquier escrito con el que no está de acuerdo: *la oposición presentó tres enmiendas al proyecto de ley.*

enmohecer *[v.]* hacer que salga moho: *la humedad enmoheció el queso.* TAMBIÉN *prnl.: el queso se ha enmohecido.* **CONJUG.** como *crecer**. **FAM.** enmohecimiento, moho.

enmudecer *[v.]* 1 hacer que alguien se calle: *la sorpresa enmudeció a los reunidos.* 2 quedarse sin voz: *enmudeció de repente.* **CONJUG.** como *crecer**. **FAM.** enmudecimiento, mudo.

ennegrecer *[v.]* hacer que algo se quede negro o se ponga más oscuro de lo que estaba: *el carbón ennegrece todo lo que toca.* TAMBIÉN *prnl.: el cielo se ennegrece cuando va a llover.* **CONJUG.** como *crecer**. **FAM.** ennegrecimiento, negro.

ennoblecer *[v.]* 1 hacer que alguien sea mejor o que algo tenga mejor aspecto o más categoría: *los buenos sentimientos ennoblecen a las personas; estos muebles ennoblecen la habitación.* 2 hacer que alguien entre a formar parte de la nobleza: *el rey ennobleció al presidente concediéndole el título de conde.* **CONJUG.** como *crecer**. **FAM.** ennoblecimiento, noble.

enojar *[v.]* hacer que alguien se enfade: *su comportamiento enojó a su padre.* TAMBIÉN *prnl.: no me enojo fácilmente.*

enojo *[n.m.]* enfado*: *no entendimos el motivo de su enojo.* **FAM.** enojar.

enorgullecer *[v.]* hacer que alguien se sienta orgulloso*: *una ciudad limpia y cuidada enorgullece a sus habitantes.* TAMBIÉN *prnl.: se enorgullece de su trabajo porque está muy bien hecho.* **CONJUG.** como *crecer**. **FAM.** enorgullecimiento, orgullo.

enorme *[adj.inv. en gén.]* muy grande: *un edificio enorme; una finca enorme; una diferencia enorme.* **SIN.** grandísimo, colosal, inmenso, descomunal, gigantesco, abismal, monumental, formidable, mayúsculo. **AF.** desmesurado, impresionante, inconmensurable, ilimitado, infinito. **ANT.** diminuto*. **FAM.** enormidad, enormemente.

enormidad *[n.f.]* cosa muy grande: *cuando era pequeño, el parque me parecía una enormidad.*

enraizar *[v.]* salirle las raíces a una planta o fijarse bien en la tierra las que tenía, de manera que puede vivir en el sitio donde la han puesto: *un árbol tropical no suele enraizar en un clima frío.* **SIN.** arraigar, echar raíces. **OBS.** ante e, c: *enraícen.* **ACENT.** como *aislar**. **FAM.** enraizamiento, raíz.

Enraizar y enroscar,
enredar y enrollar
sólo llevan una erre
porque va después de ene.

enramado *[n.m.]* conjunto de ramas que adornan o dan sombra: *bajo el enramado hay un cenador.*

enranciarse *[v.prnl.]* perder un alimento la frescura, cogiendo olor y sabor más fuertes de lo normal, debido al paso del tiempo: *el jamón se ha enranciado en la despensa.* **SIN.** ponerse rancio. **FAM.** rancio, ranciedumbre.

enrarecer *[v.]* hacer más raro, desagradable o molesto de lo que era: *el humo enrarece el aire.* TAMBIÉN *prnl.: enrarecerse el carácter de una persona; enrarecerse una situación.* **CONJUG.** como *crecer**. **FAM.** enrarecimiento, raro.

enredadera *[n.f.]* planta de tallo muy largo que, a medida que crece, va quedándose agarrada a palos, rejas de ventanas, balcones, etc.: *la hiedra es una enredadera.*

enredar *[v.]* 1 mezclar una cosa, o unas cosas con otras, de manera que queden desordenadas: *ha enredado los papeles de la mesa; no enredes los hilos del costurero.* **SIN.** liar, revolver, embrollar, alborotar. **ANT.** desenredar. TAMBIÉN *prnl.: la cuerda se ha enredado.* **SIN.** liarse, embrollarse. 2 hacer que algo sea difícil de hacer, de entender o de resolver: *no enredes el asunto, que todos sabemos lo que ha pasado.* **SIN.** liar, embrollar. 3 convencer a alguien de algo que no le conviene o no le interesaba: *lo enredó para que se metiera en el negocio.* **SIN.** liar. 4 moverse mucho, mover cosas, hacer ruido, etc., de manera que uno resulta molesto: *hay niños que no hacen más que enredar.* **SIN.** alborotar. **FAM.** enredadera, enredo, enredoso, enredador, red. **COMP.** desenredar.

enredo *[n.m.]* 1 conjunto de hilos, lanas, cuerdas, pelo, etc., mezclados o desordenados. 2 asunto que se ha complicado y del que no se sabe cómo salir: *está metido en un enredo de corrupción política.* **SIN.COM.** lío, embrollo.

enredoso, enredosa *[adj.]* difícil de ordenar, de entender o de solucionar: *un laberinto enredoso; un asunto enredoso.* **SIN.** complicado, lioso, enrevesado.

enrejado *[n.m.]* conjunto de barras de hierro, de tablas de madera, de cañas, etc. que forman una valla o cierran una ventana: *el enrejado de un jardín.* **FAM.** enrejar, reja.

enrejar *[v.]* poner rejas a una ventana o alrededor de algo: *las ventanas se enrejan para que no entren ladrones.*

enriquecedor, enriquecedora *[adj.]* 1 que ayuda a ser mejor, a saber más y a tener más experiencia: *los viajes a otros países suelen ser enriquecedores.* 2 que puede hacer rico a alguien: *un negocio enriquecedor.*

enriquecer *[v.]* 1 hacer rico a alguien: *una mina de oro enriqueció a toda la familia.* **ANT.** empobrecer. TAMBIÉN *prnl.: se enriqueció vendiendo su invento.* 2 hacer que algo sea mejor o que alguien sea mejor, sepa más y tenga más experiencia: *la sinceridad enriquece la amistad; la variedad de colores enriquece el cuadro; la lectura enriquece.* **AF.** mejorar. **CONJUG.** como *crecer**. **FAM.** enriquecimiento, enriquecedor, enriquecedoramente, rico.

enrojecer *[v.]* 1 poner de color rojo o rojizo: *los caramelos de fresa enrojecen la lengua.* TAMBIÉN *prnl.: el cielo se enrojece al atardecer.* 2 ponérsele a una persona la cara roja por vergüenza, porque tiene mucho calor, porque está enfadada, etc.: *enrojeció cuando la insultaron.* **SIN.** ruborizarse, sonrojarse. **CONJUG.** como *crecer**. **FAM.** enrojecimiento, rojo.

enrojecimiento *[n.m.]* lo que le pasa a una persona o una cosa cuando se pone roja: *la picadura de avispa produce un enrojecimiento en la piel.*

enrollar *[v.]* 1 envolver una cosa flexible dándole vueltas sobre sí misma, de manera que quede con forma de rollo: *enrolla la cartulina; enrolló la alfombra para guardarla.* **ANT.** desenrollar, extender. // **enrollarse** *[v.prnl.]* 2 hablar mucho para decir algo que puede decirse con pocas palabras: *para darme el recado se enrolló media hora.* **FAM.** enrollamiento, rollo. **COMP.** desenrollar.

enronquecer *[v.]* ponerse ronco: *enronqueció de tanto cantar en la excursión.* **CONJUG.** como *crecer**. **FAM.** enronquecimiento, ronco.

enroscar *[v.]* 1 darle vueltas a una cosa que tiene rosca para que entre, ajustada, en otra: *enroscar un tornillo; enroscar una tuerca.* **ANT.** desenroscar. 2 poner una cosa larga alrededor de otra o sobre sí misma, dándole vueltas en el mismo sentido: *si enroscas un cable en un tubo, al sacarlo tiene forma de espiral.* **SIN.** arrollar. **AF.** liar. TAMBIÉN *prnl.: los gusanos saben enroscarse.* **OBS.** ante e, qu: *enrosquen.* **FAM.** enroscamiento, enroscadura, rosca. **COMP.** desenroscar.

ensaimada *[n.f.]* bollo que se hace con una tira de masa de hojaldre que se va enrollando sobre sí misma en forma de espiral: *las ensaimadas son típicas de Mallorca.*

ensalada *[n.f.]* plato que se prepara sobre todo con hortalizas crudas y que se come frío, normalmente compuesto con aceite, vinagre y sal: *una ensalada de lechuga y tomate.* **FAM.** ensaladera, ensaladilla.

ensaladera *[n.f.]* cuenco grande que viene bien para preparar y servir ensaladas.

ensaladilla *[n.f.]* ensalada hecha mezclando patatas, judías verdes, guisantes, zanahoria y huevos cocidos y troceados con atún, aceitunas y pimiento, y que se toma fría con salsa mahonesa. **SIN.** ensaladilla rusa.

ensalzar *[v.]* llamar la atención sobre lo bueno que a uno le parece algo o alguien: *ensalzó delante de todos las virtudes de su padre.* **SIN.** enaltecer. **AF.** alabar, elogiar. **OBS.** ante e, c: *ensalcen.* **FAM.** ensalzamiento.

ensanchamiento *[n.m.]* parte de algo que es más ancha que el resto: *paramos el coche en un ensanchamiento de la carretera.* **ANT.** estrechamiento.

ensanchar *[v.]* hacer que una cosa sea más ancha: *ensanchar una falda; ensanchar un camino.* **SIN.** ampliar. **ANT.** estrechar. **FAM.** ensanchamiento, ensanche, ancho.

ensanche *[n.m.]* 1 lo que se hace para que algo tenga mayor anchura: *el ensanche de la avenida era necesario.* **SIN.** ampliación. 2 zona de las afueras de una ciudad en la que se empiezan a construir nuevos edificios y que pasa a formar parte de ella: *se ha ido a vivir al ensanche; el ensanche de Barcelona es de principios del siglo* XX.

ensangrentar *[v.]* manchar de sangre: *la herida le ensangrentó la camisa.* **CONJUG.** como *acertar**. **FAM.** ensangrentamiento, sangre.

ensayar *[v.]* hacer sin espectadores lo que se va a hacer ante el público: *la orquesta ensaya una vez a la semana.* **FAM.** ensayo, ensayista.

ensayo *[n.m.]* 1 lo que se hace para aprender algo y llegar a hacerlo bien, o para probar el funcionamiento de algo: *los espectáculos de baile requieren muchos ensayos; antes de poner a la venta un electrodoméstico, hacen varios ensayos.* **SIN.** prueba. 2 obra escrita, no muy larga, en la que el autor dice lo que piensa sobre un tema determinado, analiza un problema, propone soluciones, etc.: *ha publicado un ensayo sobre el fracaso escolar.* **AMPL.** la obra del mismo tipo, pero larga y en la que el tema y lo relacionado con él se analizan en profundidad se llama ***tratado***.

enseguida *[adv. de m.]* 1 sin perder tiempo: *lo hizo enseguida.* **SIN.** rápidamente. // **ense-**

guida *[adv. de t.]* 2 en el momento siguiente: *enseguida empiezo.* **SIN.** inmediatamente. TAMBIÉN se puede escribir ***en seguida***.

ensenada *[n.f.]* parte de la costa en la que entra el mar y que tiene forma parecida a la de una V.

enseñanza *[n.f.]* 1 conjunto de las cosas que se hacen para ayudar a alguien a tener más conocimientos: *los mapas son necesarios para la enseñanza de la geografía.* 2 conjunto de personas, asignaturas, colegios, leyes, etc., que tienen algo que ver con la educación de los ciudadanos: *han aprobado un nuevo plan de enseñanza.* **SIN.** educación. 3 manera de enseñar: *enseñanza a distancia; enseñanza teórica; enseñanza práctica.* 4 lo que sirve para que uno aprenda algo de la vida, haciéndole pensar en algo en lo que no había pensado: *muchos cuentos encierran alguna enseñanza moral.* **AF.** moraleja, lección.

enseñar *[v.]* 1 hacer lo necesario para que alguien aprenda algo: *enseñar a leer; enseñar matemáticas; enseñar a cocinar.* 2 dedicarse a dar clases: *enseña historia en un instituto.* 3 hacer que una persona vea algo que no ha visto: *le enseñó la casa; enséñale los dibujos que hiciste ayer.* **SIN.** mostrar. **AF.** exhibir. **ANT.** ocultar. 4 explicar a alguien cómo encontrar algo: *sobre un mapa le enseñó el camino del aeropuerto.* **SIN.** indicar, mostrar. **FAM.** enseñanza, enseñante.

enseñorearse *[v. prnl.]* hacerse el dueño de algo: *el gallo más fuerte se enseñoreó del corral.*

enseres *[n.m.pl.]* conjunto de las cosas que se usan en las casas o en los lugares de trabajo: *los muebles, la ropa y los cacharros de cocina son enseres del hogar.* **SIN.** efectos. **AF.** utensilios.

ensillar *[v.]* poner sobre un caballo una silla de montar y sujetarla con las correas que tiene para ello. **FAM.** ensilladura, silla. **COMP.** desensillar.

ensimismarse *[v.]* llegar uno a estar tan interesado en algo y tan atento, que no se entera de lo que pasa a su alrededor: *cuando está trabajando se ensimisma de tal manera que no me oye cuando le hablo.* **SIN.** abstraerse, enfrascarse, concentrarse. **FAM.** ensimismamiento, mismo.

ensombrecer *[v.]* 1 hacer que algo pierda luz o brillo: *las nubes ensombrecen el cielo; el exceso de colores oscuros ensombrece el dibujo.* **SIN.** oscurecer. **ANT.** iluminar. TAMBIÉN *prnl.*: *el cielo se ha oscurecido.* 2 hacer que algo pierda alegría: *su marcha ensombreció la fiesta; la noticia ensombreció su mirada.* **SIN.** entristecer. **ANT.** alegrar, avivar. **CONJUG.** como *crecer**. **FAM.** ensombrecimiento, sombra.

ensordecer *[v.]* 1 dejar sordo: *el exceso de ruido puede llegar a ensordecer a alguien.* 2 quedarse sordo: *ensordeció por una enfermedad.* 3 hacer que un sonido se oiga menos: *el aislamiento ensordece el ruido del motor.* **SIN.** amortiguar. **CONJUG.** como *crecer**. **FAM.** ensordecimiento, ensordecedor, sordo.

ensuciar *[v.]* hacer que algo quede sucio: *ensució el mantel con salsa de tomate; el polvo ensucia los muebles.* **ANT.** limpiar. TAMBIÉN *prnl.*: *se ensució de barro.* **AMPL.** cuando algo se ensucia con manchas también se dice ***manchar***.

ensueño *[n.m.]* cosa en la que uno piensa como algo que le gustaría conseguir pero que se sabe que es muy difícil. **SIN.** fantasía, ilusión, sueño. ■ **de ensueño**, tan maravilloso que no parece real. **SIN.** fantástico. **FAM.** ensoñación, ensoñamiento, sueño.

entablar *[v.]* 1 poner tablas de madera en algún sitio: *han entablado las paredes de la sala de reuniones.* 2 empezar dos o más personas algo inmaterial que llega a durar: *entablar relaciones comerciales; entablar una amistad; se saludaron pero no llegaron a entablar conversación.* **SIN.** comenzar, iniciar. **ANT.** terminar, concluir. **FAM.** entablado, entabladura, entablamento, tabla.

entablillar *[v.]* poner tablillas alrededor de una parte del cuerpo en la que hay un hueso roto, y sujetarlas con un vendaje. **FAM.** entablillado, tablilla, entablillamiento, tabla.

entender *[n.m.]* 1 manera de pensar que tiene uno sobre algo: *según mi entender, ir ahora sería un error.* **SIN.** criterio, parecer. // **entender** *[v.]* 2 llegar a saber lo que quiere decir algo o cómo es una cosa o una persona: *entender un chiste; entender lo que le dicen a uno en otro idioma; entender el funcionamiento de una máquina; entiende muy bien a los niños.* **SIN.** comprender. 3 tener conocimientos sobre algo: *entiende mucho de arte.* **SIN.** saber. 4 llegar a tener una idea concreta sobre algo, después de ver datos relacionados con ello o de pensar en ello: *a la vista de las notas, entiendo que ha estudiado; entendieron que era lo mejor para él.* **SIN.** comprender, llegar a la conclusión de. **AF.** deducir, interpretar. // **entenderse** *[v.prnl.]* 5 llevarse bien dos o más personas: *se entienden muy bien; siempre están discutiendo porque no se entienden.* 6 ponerse de acuerdo dos o más personas que están negociando algo: *enseguida se entendieron en el precio y le compró la finca.* **SIN.** avenirse. ■ **dar a entender**, conseguir que una persona se entere de algo sin decírselo claramente. **AF.** insinuar. ■ **al entender** de uno, según lo que uno cree: *a mi entender, esto tiene mucho valor.* **CONJUG.** como *tender**. **FAM.** entendimiento, entendido, entendederas. **COMP.** malentendido, malentender, sobreentender, desentenderse.

entendido, entendida *[adj.]* que sabe mucho de algo: *es una persona entendida en fotografía.* **SIN.** experto, conocedor de. **ANT.** profano. TAMBIÉN *n.*: *es un entendido en fotografía.*

entendimiento *[n.m.]* 1 lo que tienen las personas para poder pensar y darse cuenta de cómo es el mundo en general y las cosas en particular: *el hombre ha progresado gracias a su entendimiento.* **SIN.** razón, intelecto, raciocinio, inteligencia. **AMPL.** el entendimiento es una ***facultad*** o ***capacidad*** del ser humano. 2 lo que hay entre dos o más personas que se ponen de acuerdo en algo o que se llevan bien: *llegaron a un entendimiento en el precio de la finca* (**SIN.** acuerdo)*; el entendimiento entre los hermanos es ejemplar* (**SIN.** avenencia). **ANT.** desacuerdo, desavenencia.

enterarse *[v.]* 1 darse cuenta de algo: *para enterarte de lo que ves tienes que mirar con atención.* 2 llegar a saber algo: *antes de comprar, entérate del precio; ya se han enterado de la noticia.*

entereza *[n.f.]* lo que demuestra quien sabe aguantar, sin desesperarse, los momentos malos: *soportó la muerte de su mujer con gran entereza.* **SIN.** fortaleza.

enternecer *[v.]* hacer que alguien sienta ternura: *las demostraciones de cariño lo enternecen enseguida.* **SIN.** conmover. **AF.** emocionar. TAMBIÉN *prnl.*: *se enterneció ante el detalle de sus hijos.* **CONJUG.** como *crecer**. **FAM.** enternecimiento, enternecedor, enternecedoramente, tierno.

entero, entera *[adj.]* que no le falta nada: *se comió el bocadillo entero.* **SIN.** íntegro, completo. **ANT.** incompleto. ■ **por entero**, completamente. **SIN.** íntegramente, enteramente. **FAM.** entereza, enteramente, enterizo.

enterrador, enterradora *[n.m.]* persona que tiene como trabajo enterrar a los muertos en el cementerio. **SIN.** sepulturero.

enterrar *[v.]* 1 meter algo debajo de la tierra: *al trasplantar una planta hay que enterrar bien las raíces.* **SIN.** soterrar. **ANT.** desenterrar. 2 meter en una sepultura un ataúd con el cuerpo de una persona muerta: *lo enterrarán mañana.* **SIN.** sepultar, inhumar. **ANT.** desenterrar, exhumar. 3 vivir una persona más tiempo que otra: *era el mayor, pero enterró a todos sus hermanos.* **SIN.** sobrevivir. **CONJUG.** como *cerrar**. **FAM.** enterrador, entierro, enterramiento, tierra. **COMP.** desenterrar.

entidad *[n.f.]* organización encargada de alguna función necesaria o conveniente para los ciudadanos: *los ayuntamientos son entidades públicas; una entidad deportiva; la Cruz Roja es una entidad de ayuda internacional.* **SIN.** corporación*.

entierro *[n.m.]* 1 lo que se hace para enterrar el cuerpo de una persona que ha muerto: *el entierro será a las cinco.* **SIN.** sepelio, inhumación. 2 lo que forman un muerto y todas las personas que lo acompañan hasta el cementerio: *un entierro es una comitiva fúnebre.*

entonación *[n.f.]* 1 conjunto de cambios de voz que se hacen para darle expresión a lo que se dice, de modo que se note en ella el estado de ánimo o si se trata de una pregunta o de una admiración. 2 característica del sonido musical que es apropiado en relación con los que van junto a él.

entonar *[v.]* 1 empezar a hablar o a cantar: *los soldados entonaron una marcha militar.* 2 producir los sonidos apropiados cuando se está interpretando una obra musical: *quien no entona bien no puede estar en un coro.* **SIN.** afinar. **ANT.** desafinar, desentonar. 3 mejorar el estado de una persona que está cansada, tiene frío, está triste, etc.: *una tacita de caldo te entonará.* **SIN.** reconfortar, reanimar, restablecer, fortalecer. **ANT.** debilitar. TAMBIÉN *prnl.*:

duerme un rato y te entonarás. 4 quedar bien los colores, la forma, el estilo, etc. de las cosas que van juntas: *la camisa beis entona con el traje marrón.* **FAM.** entonación, tono. **COMP.** desentonar.

entonces *[adv. de t.]* 1 en el momento del que se está hablando: *fue entonces cuando llegó.* // **entonces** *[adv. de m.]* 2 teniendo en cuenta lo que se ha dicho: *entonces ¿no lo sabías?* 3 siendo así: *¿estás de acuerdo? entonces, ya podemos empezar.* **SIN.** en tal caso. ■ **en aquel entonces**, en aquel momento del que se está hablando y que es de hace mucho tiempo: *en aquel entonces no había aviones.*

entornar *[v.]* poner una puerta, una ventana o una contraventana de manera que no esté abierta del todo ni cerrada del todo: *entorné la puerta para que entrara menos luz.* **AF.** entreabrir, entrecerrar. TAMBIÉN se usa este verbo cuando se habla de los ojos: *entornó los párpados porque le molestaba la luz.* **FAM.** entorno, torno.

entorno *[n.m.]* 1 lo que rodea a un ser vivo y que influye en su manera de vivir: *la familia, los amigos y el sitio en el que se vive forman parte del entorno de una persona; el entorno familiar condiciona la educación de los niños* (**SIN.** ambiente)*; los animales y las plantas necesitan un entorno adecuado a sus características* (**SIN.** hábitat). 2 sitio en el que está algo: *los museos son un buen entorno para exhibir objetos de otras civilizaciones* (**SIN.** ámbito)*; la casa es buena pero el entorno está mal cuidado* (**SIN.** alrededores).

entorpecer *[v.]* hacer que algo sea más difícil de hacer o de conseguir o que se tarde más tiempo en hacer: *entorpecer el movimiento; entorpecer el tráfico; los trámites administrativos entorpecen la tarea de las empresas.* **SIN.** dificultar. **ANT.** facilitar, agilizar. **CONJUG.** como *crecer**. **FAM.** entorpecimiento, entorpecedor, torpe.

entrada *[n.f.]* 1 parte de un sitio por la que se entra a él: *la entrada de la casa está en la fachada norte.* **SIN.** puerta. **AF.** paso, acceso. **ANT.** salida. 2 lo que se hace al entrar a un sitio: *su entrada al teatro fue muy aplaudida.* **ANT.** salida. 3 papel, cartulina, etc. que hay que comprar para poder entrar en algunos sitios públicos: *para entrar a un cine, a un estadio y a un teatro se necesita entrada.* **SIN.** localidad. 4 cada una de las dos zonas de la cabeza, a los lados de la frente, de las que se ha caído el pelo: *se deja flequillo para que no se le vean las entradas.* 5 primera cantidad de dinero que hay que entregar cuando se compra algo que se va a pagar de varias veces: *dio la entrada del piso y pagará el resto en cinco años.* **AMPL.** cada pago que se hace después se llama ***plazo***. ■ **de entrada**, al principio. **FAM.** entrar, entrante.

entramado *[n.m.]* conjunto de cosas que por estar cruzadas quedan unidas: *un entramado de juncos.*

entraña *[n.f.]* 1 cada uno de los órganos que están dentro del cuerpo humano y de algunos animales: *el hígado, el intestino y los riñones son entrañas.* **SIN.** víscera. // **entrañas** *[n.f.pl.]* 2 parte profunda y oscura de una cosa que no se puede ver desde fuera: *la lava del volcán sale de las entrañas de la tierra.* **SIN.** interior. 3 parte de algo que no se puede conocer a primera vista: *investigando, llegarán a las entrañas del asunto.* **SIN.** fondo. ■ **sin entrañas**, hablando de personas, que no siente pena ni compasión por nadie: *un asesino sin entrañas.* **ANT.** sensible. **FAM.** entrañable, entrañablemente, entrañar. **COMP.** ***desentrañar*** (llegar al interior de algo desconocido).

entrañable *[adj.inv. en gén.]* 1 que provoca sentimientos de cariño porque es delicado y cariñoso: *una persona entrañable; un recibimiento entrañable.* 2 que resulta bonito porque es íntimo y acogedor: *una fiesta entrañable.*

entrar *[v.]* 1 pasar al interior de algo: *entró en la casa por la puerta del jardín.* **SIN.** introducirse, meterse, acceder a. **ANT.** salir. 2 tener el tamaño adecuado para poder estar dentro de algo: *en la mochila entra toda la ropa.* **SIN.** caber. 3 tener la forma y el tamaño adecuado para poder estar dentro de algo: *la llave entra en la cerradura.* 4 empezar a formar parte de algo: *entrar en un club; entrar en una pandilla.* **SIN.** ingresar. 5 empezar las estaciones y otras partes del año: *el invierno entra el 21 de diciembre.* **SIN.** comenzar, empezar. **ANT.** terminar. ■ **entrar en** algo, empezar a dar, a hacer, a sentir, etc. lo que se dice: *entrar en explicaciones; entrar en calor.* ■ **entrarle** algo a alguien, empezar a notarlo: *le entró sed; me entra sueño.* **SIN.** acometer, asaltar. ■ **no entrar** algo o **no entrar** algo **en la cabeza**, resultar muy difícil de aprender o de entender. **FAM.** entrada, entrante.

entre *[prep.]* 1 en medio de dos o más cosas: *vive entre la iglesia y la escuela; se perdió entre la multitud.* **GRAM.** introduce complementos circunstanciales de lugar. 2 que no es claramente lo uno ni lo otro pero se parece a los dos: *tiene el pelo entre blanco y negro.* **GRAM.** introduce complementos circunstanciales de modo. 3 en grupo, en colaboración, formando grupo con quien se dice: *lo hicieron entre varios; hablan entre ellos.* **GRAM.** introduce complementos circunstanciales de compañía.

entreabrir *[v.]* abrir un poco: *entreabrió la puerta para que corriera el aire.* **FAM.** entreabierto, abrir.

entreacto *[n.m.]* tiempo sin actuación dentro de una obra de teatro: *durante el entreacto salieron al vestíbulo.* **AMPL.** en cine, conciertos, etc., se usa la palabra ***intermedio***.

entrecejo *[n.m.]* zona de la cara que está entre las cejas. **AF.** ceño. **FAM.** ceja.

entrecomillar *[v.]* poner entre comillas una o más palabras de un escrito: *entrecomilló los párrafos que había sacado del periódico.* **OBS.** se debe entrecomillar lo que se escribe con las mismas palabras que ha dicho o que ha escrito otra persona, para que quede claro que no se lo ha inventado quien está escribiendo. **FAM.** entrecomillado, comillas, coma.

entrecortado, entrecortada *[adj.]* que no sale seguido: *voz entrecortada; palabras entrecortadas por la emoción.* **FAM.** entrecortadamente, cortar.

entrega *[n.f.]* 1 lo que se hace al darle algo a alguien: *el cartero acabó pronto la entrega de paquetes.* 2 conjunto de cosas que llegan a la vez a un sitio: *tu pedido llegará en la próxima entrega.* 3 lo que demuestra quien se esfuerza por algo o alguien: *trabaja con entrega; se dedica a los niños con mucha entrega.* ■ **por entregas**, por partes y no todo a la vez. **FAM.** entregado, entregar.

entregar *[v.]* 1 darle algo a alguien: *ya entregué el trabajo de historia.* **SIN.** dar. // **entregarse** *[v.prnl.]* 2 ir a la policía quien ha cometido un delito para confesar o rendirse para que lo arresten: *dejó en libertad a los rehenes y se entregó.* 3 dedicarle mucho tiempo y esfuerzo a algo: *se entregó a su trabajo descuidando a su familia.* **SIN.** dedicarse, volcarse en. **ANT.** desentenderse, descuidar. **OBS.** ante e, gu: *entreguen.*

entrelazar *[v.]* unir varias cosas cruzando unas con otras: *entrelazando tiras de mimbre se hacen cestos.* **SIN.** entrecruzar. **OBS.** ante e, c: *entrelacemos.*

entremés *[n.m.]* 1 plato que suele comerse al principio de una comida y que suele estar formado por pequeñas cantidades de distintos alimentos: *los entremeses tenían embutidos, fritos y un poco de ensaladilla.* 2 obra de teatro corta, normalmente de risa: *representaron un entremés de Cervantes.* **PL.** *entremeses.*

entremeter *[v.]* meter una cosa entre otras: *no encuentro el papel que entremetí en el libro.* **AF.** intercalar. **FAM.** entremetido, entremetimiento, meter.

entremetido, entremetida *[n. y adj.]* entrometido*.

entrenador, entrenadora *[n.]* persona que trabaja enseñando y preparando a otras que practican algún deporte: *el entrenador de un equipo de baloncesto.* **SIN.** preparador.

entrenamiento *[n.m.]* tiempo que dedica una persona a prepararse y a tratar de mejorar en la práctica de un deporte: *tienen entrenamiento dos veces por semana.*

entrenar *[v.]* 1 enseñar y preparar a una persona en la práctica de un deporte: *nos entrena el profesor de gimnasia.* **SIN.** adiestrar. // **entrenarse** *[v.prnl.]* 2 hacer ejercicio físico para tener el cuerpo preparado y practicar muchas veces un deporte para poder hacerlo bien: *se entrenan para el campeonato nacional.* **SIN.** prepararse. **FAM.** entrenamiento, entrenador. **COMP.** desentrenado.

entreplanta *[n.f.]* planta de un edificio que se hace quitándole altura a los locales bajos: *en la entreplanta hay varias oficinas.*

entresacar *[v.]* sacar algunas cosas de entre otras: *entresacó varias plantas del jardín para que las demás tuvieran más espacio.* **OBS.** ante e, qu: *entresaquen.*

entresuelo *[n.m.]* planta de un edificio situada entre el nivel de la calle y el primer piso: *en el entresuelo hay una peluquería.*

entretanto *[adv. de t.]* mientras tanto: *estuvo en el dentista y, entretanto, yo paseé.*

entretela *[n.f.]* tejido fuerte colocado entre la tela y el forro de una prenda: *la entretela de un traje de caballero.*

entretener *[v.]* 1 hacer perder el tiempo a alguien que tiene que hacer algo o que tiene prisa: *no la entretengas, que tiene mucho que hacer.* TAMBIÉN *prnl.: se entretuvo con unos amigos y llegó tarde.* 2 hacer que alguien se lo pase bien: *el cine entretiene a mucha gente.* **ANT.** aburrir. TAMBIÉN *prnl.: se entretiene haciendo solitarios.* **SIN.COM.** distraer. **CONJUG.** como *tener**. **FAM.** entretenido, entretenimiento, tener.

entretenido, entretenida *[adj.]* 1 que hace que uno esté a gusto, sin darse cuenta de que pasa el tiempo: *las películas de aventuras suelen ser entretenidas; un juego entretenido.* **SIN.** ameno, distraído. **AF.** divertido. **ANT.** aburrido, pesado. 2 que se tarda en hacer: *un trabajo entretenido.* **SIN.** lento. **ANT.** rápido.

entretenimiento *[n.m.]* cosa que hace que el tiempo pase sin que uno se dé cuenta: *jugar con los amigos es un buen entretenimiento.* **SIN.** distracción, pasatiempo. **AF.** diversión, divertimento. **ANT.** aburrimiento, pesadez, rollo.

entretiempo *[n.m.]* tiempo de primavera o de otoño, próximo al verano, con temperaturas suaves: *la chaqueta es una prenda de entretiempo.*

entrever *[v.]* 1 ver algo o a alguien, pero sin distinguirlo bien: *entrevieron la casa detrás de los árboles.* 2 pensar que es posible que pase algo: *por lo poco que me ha dicho entreveo que se irá.* **SIN.** sospechar, conjeturar. **CONJUG.** como *ver**.

entrevista *[n.f.]* 1 lo que hace un periodista reuniéndose con una persona para preguntarle cosas sobre su trabajo o sobre su vida y publicar lo que le diga: *emitieron por televisión una entrevista con el presidente del gobierno.* 2 lo que hay entre dos o más personas que se reúnen para hablar de algo sobre lo que hay que tomar alguna decisión: *durante la entrevista acordaron la fecha del partido.* **SIN.** encuentro, reunión.

entrevistar *[v.]* 1 reunirse con alguien para hacerle preguntas y publicar lo que diga: *los periodistas entrevistan a los famosos.* // **entrevistarse** *[v.prnl.]* 2 reunirse para hablar de algo sobre lo que hay que tomar alguna decisión: *se entrevistó con el director del campamento.* **SIN.** reunirse. **FAM.** entrevista, entrevistador, entrevistado, vista.

entristecer *[v.]* hacer que alguien se ponga triste: *la derrota del equipo entristeció a sus seguidores.* **SIN.** apenar, afligir. **INTENS.** desconsolar. **ANT.** alegrar. TAMBIÉN *prnl.: siempre se entristece cuando tiene que marcharse.* **CONJUG.** como *crecer**. **FAM.** entristecimiento, entristecedor, triste.

entrometerse *[v.prnl.]* meterse una persona en asuntos que no tienen nada que ver con ella: *acabó mal por entrometerse en la discusión.* **SIN.** inmiscuirse, entremeterse.

entrometido, entrometida *[n.]* persona que se mete en asuntos en los que no debe meterse porque no le afectan: *no le expliques nada porque es un entrometido.* **SIN.** meticón, entremetido. **AF.** cotilla. TAMBIÉN *adj.: una persona entrometida.* **FAM.** entrometerse, entrometimiento, intromisión, meter.

entumecer *[v.]* hacer que un miembro pierda sensibilidad y la capacidad normal de movimiento: *el frío le entumeció las manos.* TAMBIÉN *prnl.: con el frío se le entumecieron las manos.* **SIN.** agarrotar, envarar. **CONJUG.** como *crecer**.

enturbiar *[v.]* hacer que algo deje de estar claro o transparente: *si agitas la botella los posos enturbiarán el vino.* **SIN.** revolver. **FAM.** enturbiamiento, turbio.

entusiasmar *[v.]* 1 gustar muchísimo: *la película entusiasmó a los niños.* **SIN.** encantar, fascinar. **ANT.** decepcionar. // **entusiasmarse** *[v.prnl.]* 2 llegar a tener muchísima ilusión por algo: *se entusiasmó con la idea de aprender a tocar el violín.* **SIN.** apasionarse. **FAM.** entusiasmo, entusiasta.

entusiasmo *[n.m.]* 1 lo que siente uno por algo que le gusta mucho o le apetece mucho: *creo que exagera su entusiasmo por el fútbol.* **AF.** admiración. **ANT.** indiferencia. 2 lo que uno pone de sí mismo cuando hace algo con alegría y muchas ganas de que salga bien, sin importarle hacer esfuerzos o dedicarle mucho tiempo: *ha empezado a trabajar con entusiasmo.* **SIN.** ilusión. **ANT.** indiferencia, apatía.

entusiasta *[n.inv. en gén.]* persona a la que le gusta mucho algo y le dedica mucho tiempo, esfuerzo, etc.: *es un entusiasta de los cómics.* **SIN.** apasionado, forofo. **AF.** aficionado.

enumeración *[n.f.]* lo que se hace diciendo, uno por uno, los números o los nombres de las personas, animales o cosas que pertenecen a un grupo o que son parte de algo: *procedió a la enumeración de los premiados.*

enumerar *[v.]* decir el número o el nombre de cada una de las partes en que se divide una cosa, de cada una de las cosas o personas que pertenecen a un mismo grupo, etc.: *tuvieron que enumerar todos los huesos del cuerpo humano.* **FAM.** enumeración, enumerativo, número.

enunciado *[n.m.]* conjunto de frases, operaciones o fórmulas que expresan datos que hay que tener en cuenta para solucionar un problema o para desarrollar un tema: *si al enunciado le faltan datos, el problema no se puede resolver.* **SIN.** planteamiento.

enunciar *[v.]* expresar una idea, pero sin entrar en detalles ni explicaciones: *enunció un tema para que los alumnos lo desarrollaran.* **AF.** formular. **FAM.** enunciado, enunciación, enunciativo, anunciar.

envanecerse *[v. prnl.]* sentir vanidad: *se envanece si le echan piropos.* **SIN.** engreírse. **CONJUG.** como *crecer*.*

envasado *[n.m.]* lo que se hace para envasar: *el envasado del vino se hace en la bodega.*

envasar *[v.]* meter en un envase: *envasaron la mermelada en tarros de cristal.* **AMPL.** si el recipiente es una lata, también se dice ***enlatar***. **FAM.** envase, envasadora, envasador, vaso.

envase *[n.m.]* recipiente o envoltorio con cierre hermético*, para guardar o transportar algunas cosas, especialmente alimentos. **AMPL.** los envases de cristal para líquidos también se llaman ***cascos***: *llevó a la tienda los cascos de las gaseosas.*

envejecer *[v.]* 1 hacer que algo o alguien sea o esté más viejo: *los numerosos lavados envejecen la ropa; los disgustos lo han envejecido antes de tiempo.* 2 hacerse viejo: *envejeció rodeado de sus nietos.* **ANT.COM.** rejuvenecer. **CONJUG.** como *crecer*.* **FAM.** envejecimiento, viejo.

envejecimiento *[n.m.]* lo que le pasa a las personas, a las cosas y a los animales cuando se hacen viejos: *el sol y la lluvia producen el envejecimiento de la madera de las ventanas.*

envenenamiento *[n.m.]* lo que sufre quien ha sido envenenado o lo que se hace al envenenar algo o a alguien: *el envenenamiento del agua mató a miles de peces.*

envenenar *[v.]* echar en algo (o hacer que alguien tome) una sustancia que puede producir la muerte de las personas o los animales: *envenenaron el agua del pozo* (**SIN.** contaminar)*; un desaprensivo envenenó al gato* (**AF.** intoxicar). TAMBIÉN *prnl.: se envenenó comiendo setas.* **FAM.** envenenamiento, veneno.

envergadura *[n.f.]* 1 lo que mide un pájaro con las alas extendidas (o un avión) desde la punta de un ala hasta la punta de la otra: *la envergadura del cóndor es de las mayores que existen.* 2 importancia que tiene algo, cuando es mucha: *tiene un problema de gran envergadura; es un trabajo de envergadura.*

enviado, enviada *[n.]* persona encargada por alguien de ir a un sitio a hacer algo: *un enviado del director entregó las notas.* **SIN.** mensajero.

enviar *[v.]* 1 hacer lo necesario para que algo llegue a un sitio o para que alguien reciba algo: *envió el paquete por tren; envíale una nota.* **SIN.** mandar, remitir. **AF.** expedir. **ANT.** recibir. 2 decirle a alguien que vaya a un sitio a hacer algo: *envió a su hermano a recoger el paquete.* **ACENT.** como *fiar*.* **FAM.** envío, enviado, vía. **COMP.** reenviar, reenvío.

enviciar *[v.]* hacer que alguien dedique más tiempo del conveniente a hacer algo que le gusta demasiado: *algunos juegos llegan a enviciar.* **SIN.** enganchar. TAMBIÉN *prnl.: se ha enviciado con los juegos de ordenador.* **SIN.** engancharse a. **FAM.** enviciamiento, enviciante, vicio.

envidia *[n.f.]* lo que siente la persona a la que no le gusta que los demás vivan bien o que le pasen cosas buenas: *le dio envidia que te dieran el premio; te tiene envidia.* **FAM.** envidiar, envidioso, envidiable.

envidiar *[v.]* tener envidia: *envidia su buena suerte; te envidiará cuando vea tu coche nuevo.*

envidioso, envidiosa *[adj.]* que tiene envidia: *una persona envidiosa.*

envío *[n.m.]* 1 lo que se hace para que algo vaya de un sitio a otro: *hará un envío de libros por correo.* **SIN.** expedición. 2 cosa que se manda de un sitio a otro: *ya está preparado el envío de libros; el envío llegará el lunes.*

enviudar *[v.]* quedarse sin el marido o sin la mujer porque se muere: *enviudó hace dos años.* **FAM.** viudo.

envoltorio *[n.m.]* 1 lo que se ha usado para envolver algo: *colecciona envoltorios de chicles.* **SIN.** envoltura. 2 conjunto formado por una cosa envuelta y lo que la envuelve: *llevaba dos grandes envoltorios.* **SIN.** paquete. 3 conjunto de prendas o telas envueltas y atadas: *llevó a la lavandería dos envoltorios de ropa.*

envoltura *[n.f.]* lo que está por fuera de una o varias cosas, envolviéndolas: *guardó la envoltura de la chocolatina porque tenía forma de moneda.* **AMPL.** las envolturas pueden ser naturales (*la envoltura de los guisantes es una vaina*); las que no son naturales también se llaman ***envoltorios***.

envolver *[v.]* 1 poner alrededor de algo o de alguien una cosa de material flexible, para taparlo o protegerlo: *envuelve los filetes en papel parafinado; envolvió al bebé en una manta.* **AF.** cubrir con. **ANT.** desenvolver. TAMBIÉN *prnl.: al salir del agua se envolvió en la toalla.* 2 estar alrededor de algo o de alguien una cosa inmaterial: *en las salas de conciertos, la música te envuelve.* 3 hacer que alguien esté relacionado con un asunto: *lo envolvieron en un negocio de drogas.* **SIN.** involucrar. **CONJUG.** como *volver**. **FAM.** envoltura, envoltorio, envuelto, envolvente, envolvimiento, volver. **COMP.** desenvolver.

enyesar *[v.]* 1 cubrir con una capa de yeso: *después de hacer el tabique con ladrillos, lo enyesan; enyesar el techo.* 2 escayolar*: *le enyesaron la pierna rota.* **FAM.** enyesado, yeso.

enzarzar *[v.]* hacer que alguien tome parte, activamente, en algo que dura bastante o es violento: *lo enzarzó en la discusión haciendo alusiones a su persona.* TAMBIÉN *prnl.: se enzarzaron en una pelea sin sentido.* **OBS.** ante e, c: *enzarcen.* **FAM.** enzarzamiento, zarza.

eñe *[n.f.]* nombre de la letra ñ: *escribe una eñe.*

eólico, eólica *[adj.]* del viento: *la energía eólica es la producida por el viento.*

épica *[n.f.]* conjunto de los poemas y de las novelas que cuentan las hazañas de los héroes antiguos que luchaban contra monstruos o contra ejércitos enemigos a los que, casi siempre, conseguían vencer: *la épica es un género literario.* **FAM.** épico.

épico, épica *[adj.]* de la épica* o de la epopeya*: *el "Cantar de Mío Cid" es un poema épico.*

epidemia *[n.f.]* lo que hay cuando muchas personas de un sitio tienen la misma enfermedad al mismo tiempo porque se contagian unas a otras: *epidemia de gripe; epidemia de cólera.* **AMPL.** cuando una epidemia ataca a casi todas las personas de un país o se extiende por varios países se llama ***pandemia***. **FAM.** epidémico, epidemiología, epidemiológico, epidemiólogo.

epidermis *[n.f.inv. en núm.]* capa exterior de la piel: *la quemadura no pasó de la epidermis.* **FAM.** epidérmico, dermis.

epifanía *[n.f.]* fiesta de los Reyes Magos.

epilogar *[v.]* resumir un escrito. **AF.** concluir. **ANT.** prologar. **FAM.** epílogo.

epílogo *[n.m.]* parte final de una novela o de cualquier obra literaria, en la que el autor hace un resumen de toda la obra, cuenta el final de la historia, lo que le pasó a cada personaje o cómo viven varios años después. **AF.** conclusión, final. **ANT.** prólogo, prefacio. **FAM.** epilogal.

episcopal *[adj.inv. en gén.]* del obispo: *un mensaje episcopal.* **AMPL.** si se trata de asuntos que tienen que ver con la diócesis del obispo se dice ***diocesano***.

episodio *[n.m.]* 1 parte de una novela o de una serie de televisión que cuenta una aventura completa de los protagonistas, pero que forma parte del tema principal de la obra: *el quinto episodio transcurre en la India.* **AF.** capítulo, pasaje. 2 lo que ha pasado en algún momento de la vida de alguien o en algún momento de la historia: *procura olvidar los episodios desagradables de su vida.* **SIN.** acontecimiento, incidente, suceso, hecho. **FAM.** episódico.

epístola *[n.f.]* 1 carta, especialmente las que escribieron los apóstoles a grupos cristianos: *San Pablo escribió varias epístolas.* 2 parte de la misa en que se lee alguna de las epístolas de los apóstoles. **FAM.** epistolar, epistolario.

epíteto *[n.m.]* adjetivo que expresa una característica propia del nombre al que acompaña: *en "cielo azul", "azul" es un epíteto.*

época *[n.f.]* 1 período de tiempo con alguna característica determinada: *el verano es la época más calurosa del año; recuerda con frecuencia su época de estudiante.* **SIN.** etapa, temporada. 2 período de tiempo que comprende varios años y que se conoce por el nombre de algo importante relacionado con ellos: *la época de los romanos; época clásica; época árabe.*

epopeya *[n.f.]* 1 poema largo que cuenta las aventuras de héroes reales o imaginarios: *"La Ilíada" es una epopeya.* 2 cosa nada frecuente y fantástica, casi increíble, que le pasa a alguien: *aquella noche vivieron una epopeya que recordarán toda su vida.*

equi- prefijo que significa *igual.*

equilátero, equilátera *[adj.]* que tiene todos los lados iguales: *triángulo equilátero; el cuadrado es un polígono equilátero; una figura equilátera.* **FAM.** compuesto formado por *equi* (igual) y *later* (lado).

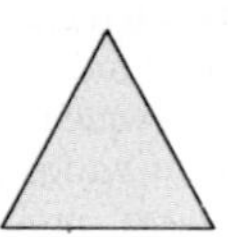
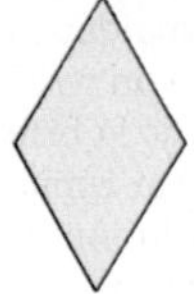

equilibrado, equilibrada *[adj.]* que actúa teniendo en cuenta cómo son las cosas y las personas, trata de solucionar los problemas y no suele ponerse nervioso: *ser tan equilibrado lo ayudó en los momentos difíciles; un carácter equilibrado.* **AF.** sensato. **ANT.** desequilibrado, inestable.

equilibrar *[v.]* poner algo en equilibrio*: *equilibró los dos montones para que no discutieran; hay que equilibrar las puertas del armario.* **SIN.** igualar, nivelar. **ANT.** desequilibrar.

equilibrio *[n.m.]* 1 manera de estar una persona o una cosa que tiene alguna parte en el aire y no se cae: *perdió el equilibrio y se cayó del árbol; el lápiz está en equilibrio sobre el borde de la mesa.* **SIN.** estabilidad. 2 lo que hay entre dos o más personas o cosas cuando no hay ninguna que destaque sobre las demás: *el equilibrio de la balanza se consigue poniendo el mismo peso en los dos platillos; había un gran equilibrio entre los músicos; equilibrio de fuerzas.* 3 lo que demuestra quien es capaz de razonar correctamente, teniendo en cuenta cómo son las cosas y las personas y no se deja arrastrar por los sentimientos más de lo normal: *su equilibrio emocional le permite actuar con justicia.* **AF.** sensatez. **ANT.** desequilibrio, inestabilidad. **FAM.** equilibrar, equilibrista, equilibrismo. **COMP.** desequilibrio, desequilibrar, desequilibrado.

equilibrista *[n.inv. en gén.]* persona que actúa en público haciendo ejercicios en los que es difícil no caerse: *la equilibrista se paseaba por la cuerda floja.* **AF.** acróbata.

equino, equina *[adj.]* de los caballos: *las crines son una característica equina.* **AF.** caballar. **FAM.** equitación.

equinoccio *[n.m.]* lo que se produce, dos veces al año, cuando el día y la noche duran lo mismo en toda la Tierra, porque es cuando el Sol está más cerca del ecuador. **AMPL.** con el primer equinoccio (entre el 20 y el 21 de marzo) empieza la *primavera* en el hemisferio norte y el *otoño* en el hemisferio sur; con el segundo (entre el 22 y el 23 de septiembre) empieza el *otoño* en el hemisferio norte y la *primavera* en el hemisferio sur; a partir del ***equinoccio de primavera***, los días van siendo cada vez más largos y las noches más cortas; a partir del ***equinoccio de otoño***, las noches empiezan a ser más largas que los días. **FAM.** equinoccial.

equinodermo *[n.m.]* cualquiera de los animales marinos de cuerpo radiado que tienen debajo de la piel placas duras o espinas, que viven en el fondo del mar y se mueven arrastrándose: *las estrellas y los erizos de mar son equinodermos.* **OBS.** se usa en plural para referirse al grupo de animales que tienen estas características, *los equinodermos.*

equipaje *[n.m.]* conjunto de todos las maletas, paquetes, bolsas, etc. que se llevan en un viaje: *tanto equipaje no cabe en el maletero del coche.*

equipar *[v.]* hacer que alguien tenga todo lo que necesita para algo: *los equipó con prendas de abrigo para ir a la montaña.* TAMBIÉN *prnl.: antes de esquiar hay que equiparse conveniente-*

mente. **FAM.** equipaje, equipo, equipamiento. **COMP.** portaequipajes.

equiparar *[v.]* hacer que una cosa sea equivalente a otra o considerar que vale lo mismo: *equiparar sueldos de distintos trabajadores.*

equipo *[n.m.]* 1 conjunto de todas las cosas que se necesitan para hacer algo: *alquilaron el equipo de esquí.* 2 conjunto de personas que trabajan en lo mismo o que compiten juntas contra otras: *un equipo de científicos viajó al Polo Norte; un equipo de fútbol.*

equis *[n.f.]* nombre de la letra *x*: *escribe una equis.*

equitación *[n.f.]* deporte que consiste en montar bien a caballo: *aprendió equitación cuando era muy pequeño.* **AF.** hípica. **FAM.** ***equino*** (de caballo).

equitativo, equitativa *[adj.]* justo y razonable: *un reparto equitativo.*

equivalente *[adj.inv. en gén.]* que es igual o que vale lo mismo que otra cosa: *un día es equivalente a 24 horas.*

equivaler *[v.]* tener dos cosas el mismo valor o valer dos cosas para lo mismo: *una moneda de 20 duros equivale a 100 pesetas.* **CONJUG.** como *valer**. **FAM.** equivalencia, equivalente, valer.

equivocación *[n.f.]* lo que se hace o se dice mal, creyendo que está bien: *tuvo una equivocación al copiar la lista; se quedó con mi libro por equivocación.* **SIN.** error.

equivocar *[v.]* 1 creer que una cosa es otra: *si equivocas los datos, el resultado de la operación será erróneo; equivocó los paraguas y se llevó el tuyo.* **SIN.** confundir. TAMBIÉN *prnl.: se equivocó de paraguas.* // **equivocarse** *[v.prnl.]* 2 hacer, decir o entender algo mal, creyendo que está bien: *se equivocó al copiar los datos; te equivocas al pensar que todo está resuelto.* **SIN.** confundirse, cometer un error, errar. **OBS.** ante e, qu: *equivoquen.* **FAM.** equivocación, equívoco, equívocamente, equivocadamente. **COMP.** inequívoco, inequívocamente.

equívoco, equívoca *[adj.]* 1 que puede entenderse de varias maneras, porque tiene varios significados o porque no está claro: *"banco" es una palabra equívoca; un anuncio equívoco.* **SIN.** ambiguo. **AF.** impreciso, confuso. **ANT.** inequívoco, unívoco. // **equívoco** *[n.m.]* 2 situación que se produce entre dos o más personas cuando alguna de ellas actúa teniendo en cuenta algo que ha entendido mal: *algunas películas de risa se basan en equívocos divertidos.* **SIN.** malentendido, interpretación errónea. **AF.** error, confusión.

era *[n.f.]* 1 cada uno de los períodos de tiempo por los que ha pasado la formación de la Tierra: *era primaria; era terciaria.* 2 período de tiempo que se empieza a contar a partir de un hecho importante: *la era cristiana; la era atómica.* **AF.** época. 3 periodo de tiempo, que dura cientos de años, en el que el hombre ha dividido la historia y la prehistoria: *la era antigua; la era de los metales.* 4 sitio llano, con suelo de piedras o de cantos, usado por los agricultores para trillar* los cereales. **FAM.** erial.

erguir *[v.]* poner derecho algo que estaba caído, inclinado o torcido: *irguió la cabeza para verlo mejor.* **SIN.** enderezar. TAMBIÉN *prnl.: si no te yergues te saldrá chepa.* **FAM.** erguimiento, erección, erecto, erigir.

CONJUGACIÓN DEL VERBO ERGUIR

Formas no personales
Infinitivo: *erguir.* Gerundio: *irguiendo.* Participio: *erguido.*
Indicativo
Presente: *irgo/ yergo, irgues/ yergues, irgue/ yergue, erguimos, erguís, yerguen.*
Pretérito imperfecto: *erguía, erguías, erguía, erguíamos, erguíais, erguían.*
Pretérito perfecto simple: *erguí, erguiste, irguió, erguimos, erguisteis, irguieron.*
Futuro: *erguiré, erguirás, erguirá, erguiremos, erguiréis, erguirán.*
Condicional simple: *erguiría, erguirías, erguiría, erguiríamos, erguiríais, erguirían.*
Subjuntivo
Presente: *irga/ yerga, irgas/ yergas, irga/ yerga, irgamos, irgáis, irgan/ yergan.*
Pretérito imperfecto: *irguiera/ irguiese, irguieras/ irguieses, irguiera/ irguiese, irguiéramos/ irguiésemos, irguierais/ irguieseis, irguieran/ irguiesen.*
Futuro: *irguiere, irguieres, irguiere, irguiéremos, irguiereis, irguieren.*
Imperativo:
yergue, irga/ yerga, irgamos, erguid, irgan/ yergan.

erigir *[v.]* construir o poner algo que se levanta desde el suelo: *erigir un edificio; erigir un monumento.* **SIN.** levantar. **ANT.** derruir, tirar. **AMPL.** *se erige* un edificio importante, un monumento o una estatua y *se construye, se levanta* o *se edifica* una casa o un edificio normal. **OBS.** ante a y o, j: *erijan; erijo.*

erizar *[v.]* ponerse de punta: *el miedo le erizó el pelo.* TAMBIÉN *prnl.: se le erizó el pelo.* **OBS.** ante e, c: *ericen.*

erizo *[n.m.]* animal mamífero pequeño con el cuerpo cubierto de púas, la cabeza pequeña, el hocico alargado y las patas cortas y que sale de noche y cuando se ve en peligro se enrosca, convirtiéndose en una bola. ■ **erizo de mar** o **erizo marino**, animal marino de forma redonda que vive dentro de una concha cubierta de púas. **FAM.** erizar.

ermita *[n.f.]* iglesia pequeña que solía construirse a las afueras de los pueblos o las ciudades y que no es parroquia. **AF.** santuario. **FAM.** ermitaño.

ermitaño, ermitaña *[n.]* 1 persona que cuida una ermita. 2 persona que se ha apartado de la gente para vivir pobremente en un lugar solitario: *los ermitaños dedican mucho tiempo a la meditación.* **SIN.** eremita, anacoreta. // **ermitaño** *[n.m.]* 3 cangrejo de mar que vive en conchas de caracol abandonadas. TAMBIÉN se llama ***cangrejo ermitaño.***

erosión *[n.f.]* desgaste que se produce en la corteza de la Tierra a lo largo de los años por el roce continuo del agua y el viento: *la erosión cambia muy lentamente el paisaje de un lugar.* **FAM.** erosionar, erosivo, erosionable.

erradicar *[v.]* hacer que algo desaparezca del todo: *erradicar la violencia; erradicar el hambre del mundo.* **SIN.** eliminar, arrancar de raíz, extinguir, extirpar, acabar con. **OBS.** ante e, qu: *erradiquen.* **FAM.** erradicación, raíz.

errante *[adj.inv. en gén.]* que va de un sitio a otro, sin quedarse en ninguno: *un hombre errante; no soportaría la vida errante de los nómadas del desierto.* **SIN.** nómada, ambulante. **FAM.** errabundo, errar.

errar *[v.]* 1 hacer algo de manera que no resulte como uno quería: *erró el disparo; erró al contestar.* **SIN.** fallar. **ANT.** acertar. 2 hacer, decir o entender algo mal, creyendo que está bien: *erró al hacer los cálculos; erraste al pensar que todo estaba resuelto.* **SIN.** equivocarse, confundirse, cometer un error. 3 ir de un lugar a otro, sin rumbo fijo y sin saber qué hacer: *erraron toda la noche porque no tenían dónde dormir.* **SIN.** vagabundear, vagar, deambular, ambular. **FAM.** errante, error, errata.

errata *[n.f.]* error en la manera de estar escrito algo: *es una errata si pone "pentana" en lugar de "ventana".*

erre *[n.f.]* nombre de la letra r: *escribe una erre.*

erróneo, errónea *[adj.]* que no está como debería estar o no es como debería ser, porque alguien se ha confundido: *un dato erróneo; una respuesta errónea.* **SIN.** incorrecto, equivocado. **ANT.** correcto.

error *[n.m.]* 1 cosa que se hace o se dice mal, creyendo que está bien: *cometió un error al hacer el cálculo; se fue por la otra calle por error.* **SIN.** equivocación. 2 lo que queda cuando algo se hace mal creyendo que se hacía bien: *hay un error en la numeración de las páginas.* **SIN.** fallo. **FAM.** erróneo, erróneamente, errar.

Los errores y erratas,
que vienen de tanto errar,
confundir y equivocar,
no llevan hache jamás.

eructar *[v.]* hacer ruido al echar por la boca los gases del estómago: *eructar delante de los demás es una falta de educación.* **FAM.** eructo.

eructo *[n.m.]* lo que uno hace para eructar. **FAM.** eructar.

erupción *[n.f.]* 1 manchas rojas o granitos que salen en la piel debido a una enfermedad o al contacto con algo: *la erupción de la varice-*

CONJUGACIÓN DEL VERBO ERRAR

Formas no personales
Infinitivo: *errar.* Gerundio: *errando.* Participio: *errado.*
Indicativo
Presente: *yerro, yerras, yerra, erramos, erráis, yerran.*
Pretérito imperfecto: *erraba, errabas, erraba, errábamos, errabais, erraban.*
Pretérito perfecto simple: *erré, erraste, erró, erramos, errasteis, erraron.*
Futuro: *erraré, errarás, errará, erraremos, erraréis, errarán.*
Condicional simple: *erraría, errarías, erraría, erraríamos, erraríais, errarían.*
Subjuntivo
Presente: *yerre, yerres, yerre, erremos, erréis, yerren.*
Pretérito imperfecto: *errara/ errase, erraras/ errases, errara/ errase, erráramos/ errásemos, errarais/ erraseis, erraran/ errasen.*
Futuro: *errare, errares, errare, erráremos, errareis, erraren.*
Imperativo:
yerra, yerre, erremos, errad, yerren.

la dura dos semanas. **SIN.** sarpullido. **2** hecho de que un volcán expulse materia del interior de la Tierra: *la erupción del volcán hizo huir a la gente.* **FAM.** eruptivo, erupcionar.

esa *[adj.]* femenino singular del adjetivo demostrativo, que acompaña al nombre de una que está más cerca del que escucha que del que habla: *esa libreta; esa niña.* **GRAM.** tiene función de determinante*. **OBS.** como es adjetivo, nunca lleva acento.

ésa *[pron.]* femenino singular del pronombre demostrativo, que se refiere a la que está más cerca del que escucha que del que habla: *ésa te queda corta.* **OBS.** puede escribirse sin acento.

esas *[adj.]* femenino plural del adjetivo demostrativo, que acompaña al nombre de unas que están más cerca del que escucha que del que habla: *esas señoras; esas flores.* **GRAM.** tiene función de determinante*. **OBS.** como es adjetivo, nunca lleva acento.

ésas *[pron.]* femenino plural del pronombre demostrativo que se refiere a las que están más cerca del que escucha que del que habla: *ésas son bonitas.* **OBS.** puede escribirse sin acento.

esbelto, esbelta *[adj.]* alto, delgado y bien proporcionado: *buscan jóvenes esbeltos para un desfile de modelos; una escultura esbelta.* **SIN.** estilizado. **FAM.** esbeltez.

esbozar *[v.]* **1** hacer con rapidez y sin detalles un dibujo o una figura, para que dé idea de lo que será cuando esté terminado: *esbozar un cuadro; esbozar una escultura.* **SIN.** bosquejar. **2** explicar algo sin pararse a dar detalles: *esbozar un proyecto; esbozar un tema.* **3** empezar a hacer algo y no acabarlo del todo: *estaba triste, pero esbozó una sonrisa.* **OBS.** ante e, c: *esbocen.* **FAM.** esbozo.

esbozo *[n.m.]* dibujo rápido para dar una idea de cómo será la obra definitiva: *el pintor hizo un esbozo de la obra que proyecta.* **SIN.** bosquejo.

escabeche *[n.m.]* salsa hecha con aceite, vinagre, sal y laurel, que sirve para conservar carnes y pescados (*sardinas en escabeche*), y pescado preparado así (*escabeche de bonito*). **FAM.** escabechar, escabechina.

escabroso, escabrosa *[adj.]* **1** que es muy desigual porque tiene rocas o desniveles: *un terreno escabroso; esa orilla del lago es muy escabrosa.* **SIN.** escarpado, abrupto, accidentado. **ANT.** llano. **2** que resulta difícil de tratar porque puede molestar a alguien: *un asunto escabroso.* **SIN.** *delicado.* **3** que trata temas que pueden molestar a alguien: *una película escabrosa.* **AF.** duro. **FAM.** escabrosidad, escabrosamente.

escabullirse *[v.prnl.]* **1** irse de un sitio tratando de que los demás no se den cuenta: *se escabulló de la fiesta; el ladrón se escabulló por una ventana.* **AF.** esfumarse, desaparecer. **2** escurrirse algo que se tenía cogido: *el pez se me escabulló de las manos.* **SIN.** escaparse, deslizarse. **CONJUG.** como *mullir**. **FAM.** escabullimiento.

escafandra *[n.f.]* equipo de bucear compuesto de un traje impermeable y un casco que cubre toda la cabeza y tiene el frente transparente, conectado a una bombona de oxígeno para que el buzo pueda respirar. **AMPL.** mucha gente usa la palabra *escafandra* para referirse sólo al casco de buzo o al que usan los astronautas.

escafandra

escala *[n.f.]* **1** escalera flexible que se puede llevar de un sitio a otro: *los trapecistas subían al trapecio por una escala de cuerda y madera.* **SIN.** escalerilla. **2** relación que hay entre las medidas de una cosa y las de la cosa real que representa: *las maquetas y los mapas se hacen siguiendo una escala.* **3** conjunto de cosas distintas, pero del mismo tipo, puestas en orden: *escala de colores.* **SIN.** gama. **4** cada una de las paradas que hacen los aviones y los barcos en algunos sitios situados entre el punto de salida y el de destino: *el vuelo de Barcelona a Canarias hizo escala en Cádiz.* ■ **escala musical**, conjunto ordenado de las notas musicales. **AMPL.** las notas de la escala musical son *do, re, mi, fa, sol, la* y *si*, en este orden. **FAM.** escalar, escalada, escalador, escalera, escalerilla, escalinata, escalón, escalafón. **COMP.** escalonar.

escalada *[n.f.]* 1 lo que se hace para ir a pie hacia la cima de una montaña: *la escalada duró varias horas.* **SIN.** subida, ascenso. **ANT.** bajada, descenso. **AMPL.** el deporte que consiste en escalar montañas altas se llama ***alpinismo***. 2 aumento demasiado grande y demasiado rápido de algo, casi siempre malo: *escalada de los precios; una escalada de violencia.*

escalador, escaladora *[n.]* persona que escala por una montaña: *los escaladores llegaron a la cima tras varias horas de esfuerzo.* **AF.** alpinista. TAMBIÉN *adj.*: *tiene un amigo escalador.*

escalar *[v.]* subir por una montaña o por cualquier lugar alto, trepando: *piensan escalar el Everest; escaló el muro para ver lo que había al otro lado.* **SIN.** ascender por.

escaldar *[v.]* mojar con agua hirviendo: *escaldó el pollo antes de quitarle las plumas.*

escaleno *[adj.]* hablando de triángulos, que tiene los tres lados desiguales y hablando de conos, que el eje no es perpendicular a la base.

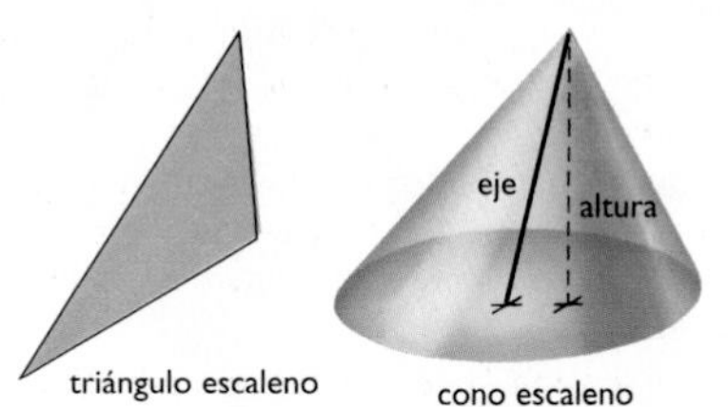

escalera *[n.f.]* conjunto de planos horizontales separados entre sí por una distancia determinada y por los que se puede ir desde un sitio hasta otro que está a distinta altura: *del portal sale la escalera que lleva a las distintas plantas; baja de la litera por una escalera de madera.* **AMPL.** hay escaleras fijas y ***escaleras de mano***; las *de mano* son un armazón con escalones que se puede llevar de un sitio a otro. ■ **escalera de caracol**, la que tiene forma de espiral. ■ **en escalera**, que no está en línea recta: *un flequillo cortado en escalera.*

escalerilla *[n.f.]* escalera con pocos escalones: *la escalerilla de una piscina.*

escalinata *[n.f.]* escalera muy ancha de piedra, de obra o de madera: *se encontraron en la escalinata de la catedral; una preciosa escalinata arranca del vestíbulo del palacio.*

escalofriante *[adj.inv. en gén.]* que da tanto miedo que produce escalofríos: *una película escalofriante.* **SIN.** espeluznante, terrorífico.

escalofrío *[n.m.]* 1 lo que siente uno cuando de repente nota frío y movimientos involuntarios de los músculos, por no encontrarse bien de salud: *la fiebre produce escalofríos.* 2 sensación parecida producida por el miedo. **FAM.** escalofriante.

escalón *[n.m.]* cada una de las partes de una escalera formada por un plano horizontal y el vertical en que se apoya: *del portal al primer piso hay quince escalones.* **SIN.** peldaño. **PL.** *escalones.*

escalope *[n.m.]* filete fino de carne o de pescado que se reboza en huevo batido y pan rallado antes de freírlo.

escama *[n.f.]* cada una de las láminas pequeñas y casi transparentes que cubren y protegen el cuerpo de los peces y de los reptiles. **FAM.** escamar, escamoso, escamado. **COMP.** desescamar.

escamoso, escamosa *[adj.]* que tiene escamas: *piel escamosa.*

escampar *[v.]* dejar de llover: *cuando escampó salió el sol.*

escándalo *[n.m.]* 1 efecto que produce en la gente el enterarse de que alguien que parecía honrado y respetable ha cometido algún delito: *los gobernantes corruptos producen grandes escándalos.* 2 delito cometido por personas que parecían respetables: *es un escándalo que un presidente esté implicado en negocios sucios.* **SIN.** inmoralidad, desvergüenza. 3 lo que hay cuando se ha alterado la tranquilidad con mucho ruido y desorden: *con este escándalo no se puede dormir.* **SIN.** alboroto. **FAM.** escandalizar, escandaloso, escandalera.

escandaloso, escandalosa *[adj.]* 1 que produce escándalo: *un descubrimiento escandaloso.* 2 que llama mucho la atención porque resulta desproporcionado: *precios escandalosos.* **AF.** exagerado, excesivo. **ANT.** razonable, moderado. 3 que altera la tranquilidad, produciendo mucho ruido y desorden: *unos ladridos escandalosos.* **AF.** estrepitoso.

escandinavo, escandinava *[adj.]* de Escandinavia, península del norte de Europa en la que hay dos países (Suecia y Noruega): *una mujer escandinava; los escandinavos.*

escáner *[n.m.]* aparato que capta imágenes que pueden meterse en el ordenador: *pasó varias fotografías por el escáner.* **PL.** *escáneres.*

escaño *[n.m.]* 1 asiento de madera con respaldo y brazos, en el que pueden sentarse más de dos personas a la vez. 2 lugar que ocupa un diputado o un senador en el Congreso o en el Senado: *en el Congreso de los Diputados hay 350 escaños.*

escapada *[n.f.]* 1 lo que se hace para irse de un sitio sin que los demás se enteren: *la escapada de los presos sorprendió a los vigilantes.* **SIN.** fuga, huida. 2 lo que hace quien dedica un tiempo corto a algo distinto de lo que suele hacer: *de vez en cuando hace una escapada a Santiago de Compostela; fui a verlo en una escapada.*

escapar *[v.]* 1 irse de donde se está encerrado o vigilado sin que los demás se enteren: *escaparon de la cárcel.* **SIN.** huir, fugarse, evadirse. TAMBIÉN se usa como prnl.: *se escaparon de la cárcel.* 2 salir bien después de haber estado en peligro: *escapó de la muerte.* **SIN.** librarse, salvarse. // **escaparse** *[v.prnl.]* 3 salirse un líquido o un gas del sitio en el que está o por donde pasa: *el agua se escapa por una pitera que tiene la tubería.* **SIN.** irse, salirse. 4 irse un medio de transporte antes de que llegue alguien que quería utilizarlo: *se le escapó el autobús.* **FAM.** escapada, escape, escapatoria.

escaparate *[n.m.]* parte de una tienda, con cristal a la calle, en la que se ponen los productos que se venden para que los vea la gente. **FAM.** escaparatista.

escape *[n.m.]* 1 lo que hay cuando un líquido o un gas se sale del sitio en el que está o por el que va: *en la rueda hay un escape de aire.* **SIN.** fuga. 2 lo que está preparado para que salga un líquido o un gas: *tubo de escape; válvula de escape.*

escapulario *[n.m.]* colgante formado por una cinta o un cordón del que cuelgan dos trozos de tela entre los que va la imagen de una figura religiosa: *un escapulario de la Virgen del Pilar.*

escapulario

escarabajo *[n.m.]* insecto de color negro que tiene el cuerpo ovalado, las alas lisas y las patas cortas.

escarbar *[v.]* arañar la superficie de algo o retirar la tierra del suelo haciendo hoyo: *escarbó con los dedos para hacer el gua.* **AF.** arañar, excavar.

escarcha *[n.f.]* capa muy fina de hielo que se forma en el campo cuando se congela el rocío* que ha caído durante la noche: *el jardín amaneció cubierto de escarcha.* **FAM.** escarchar.

escardar *[v.]* 1 quitar los cardos y las malas hierbas que salen en los sembrados. 2 separar las partes de algo para quitarle la suciedad o lo malo que tiene: *escaradar lana.* **FAM.** escardador, escarda, escardadera, cardar.

escarlatina *[n.f.]* enfermedad contagiosa que produce fiebre, dolor de garganta y manchas rojas en la piel.

escarmentar *[v.]* 1 castigar a alguien para que no se le olvide que no puede volver a hacer algo que ha hecho: *lo escarmentó no dejándolo salir.* 2 aprender que no conviene hacer algo, fijándose en un error cometido por uno mismo o por otro: *la suspendió para que escarmentara y no volviera a intentar copiar.* **CONJUG.** como *merendar**. **FAM.** escarmiento.

escarmiento *[n.m.]* 1 castigo que se le pone a alguien para que no vuelva a hacer algo: *le dio un escarmiento para que no volviera a llegar tarde.* **SIN.** castigo. 2 lo que se aprende de un error cometido por uno mismo o por otro: *el suspenso le sirvió de escarmiento.* **SIN.** lección.

escarola *[n.f.]* planta de huerta con hojas rizadas, finas y de color verde claro o amarillo que salen envolviéndose unas a otras y que se suele comer cruda: *una ensalada de escarola.* **FAM.** escarolar.

escarpado, escarpada *[adj.]* que es muy desigual porque tiene rocas o desniveles: *un terreno escarpado; una costa escarpada.* **SIN.** escabroso, abrupto, accidentado. **ANT.** llano. **FAM.** ***escarpe*** (desnivel en un terreno).

escarpe *[n.m.]* desnivel en un terreno.

escasear *[v.]* haber de algo menos de lo necesario: *en la fiesta escaseó la bebida; cuando hay sequía el agua escasea.* **SIN.** faltar. **ANT.** abundar. **OBS.** e + e = ee: *escaseen.*

escasez *[n.f.]* lo que hay cuando de algo se tiene menos de lo que se necesita: *muchos niños pasan hambre porque en su país hay escasez de alimentos.* **SIN.** falta, insuficiencia. **AF.** carencia. **ANT.** abundancia. **OBS.** no suele usarse en plural.

escaso, escasa *[adj.]* 1 que hay menos de lo que se necesita: *cuando la nieve es escasa no se puede esquiar.* **SIN.** insuficiente. **ANT.** abundante, suficiente. 2 que le falta un poco para llegar a la cantidad que se ha dicho: *la cuerda mide tres metros escasos.* ■ **andar escaso** o **estar escaso** de algo, tener poco: *andan escasos de agua.* **FAM.** escasez, escasear, escasamente.

escayola *[n.f.]* polvo blanco que se mezcla con agua para formar una pasta que al secarse queda dura y que se usa en la construcción, para hacer esculturas, para hacer moldes, etc.: *el techo tiene adornos de escayola; una figura de escayola.* **FAM.** escayolar, escayolista.

escayolar *[v.]* poner una venda mojada en escayola en la parte del cuerpo en la que hay un hueso roto: *tuvieron que escayolarle un brazo.* **SIN.** enyesar.

escena *[n.f.]* 1 cada una de las partes de una obra de teatro (o de una película) en la que actúan los mismos personajes: *en la última escena se casaban los protagonistas.* 2 escenario* 1: *desde el palco central se ve toda la escena.* ■ **poner en escena**, preparar una obra para representarla en el teatro. ■ **montar una escena**, reaccionar con violencia. **FAM.** escenario, escenificar, escénico, escenificación, escenografía, escenógrafo.

escenario *[n.m.]* 1 parte de un teatro en la que están el decorado y los actores cuando se representa una obra: *los actores saludaron desde el escenario.* **SIN.** escena. 2 sitio por el que se mueven y actúan los actores cuando se está rodando una película: *el escenario es un castillo medieval.* **AMPL.** un ***plató*** es un sitio preparado para rodar escenas interiores o programas de televisión que no se ruedan en escenarios que ya existen.

escenificar *[v.]* actuar de manera que parezca que algo es lo que se quiere contar, representando un papel, una obra de teatro, etc.: *los alumnos escenificaron el cuento de Blancanieves.* **SIN.** representar. **OBS.** ante e, qu: *escenifiquen.*

escenografía *[n.f.]* 1 conjunto de los muebles, los decorados y todas las cosas con las que se prepara un escenario para representar una obra: *en el teatro y en el cine es importante que la escenografía sea la adecuada.* 2 arte de pensar, proyectar y preparar los escenarios: *es la encargada de la escenografía de la obra.*

esclavina *[n.f.]* pieza de tela que va sujeta al cuello de una prenda y cae sobre los hombros: *la gabardina del detective tenía esclavina.*

esclavitud *[n.f.]* 1 situación en la que estaban las personas a las que otras, que se creían sus dueños, le quitaban la libertad y las obligaban a trabajar para ellas, a obedecerlas en todo y a vivir en condiciones infrahumanas: *la esclavitud está prohibida porque va contra los derechos humanos.* **ANT.** libertad. 2 aquello de lo que uno no puede librarse y que, aunque tenga algo positivo, le supone esfuerzo, tiempo, problemas, etc.: *los famosos sufren la esclavitud de la fama; la droga es una esclavitud.*

esclavizar *[v.]* convertir a alguien en esclavo: *en el siglo* XVIII *algunos americanos y europeos capturaban negros en África para esclavizarlos; las relaciones sociales esclavizan a los famosos.* **OBS.** ante e, c: *esclavicen.*

esclavo, esclava *[n.]* **1** persona que no tiene libertad y que puede ser comprada o vendida para trabajar para otro: *la vida de un esclavo pertenecía a su amo.* **2** persona que no puede librarse de algo: *es un esclavo de la moda.* **SIN.** sometido a, tiranizado por. TAMBIÉN *adj.*: *una persona esclava de la droga.* **FAM.** esclavitud, esclavizar, esclavizado, esclavizante.

esclusa *[n.f.]* obra que se construye en un río o en un canal para que los barcos puedan pasar de un tramo a otro que está a distinto nivel.

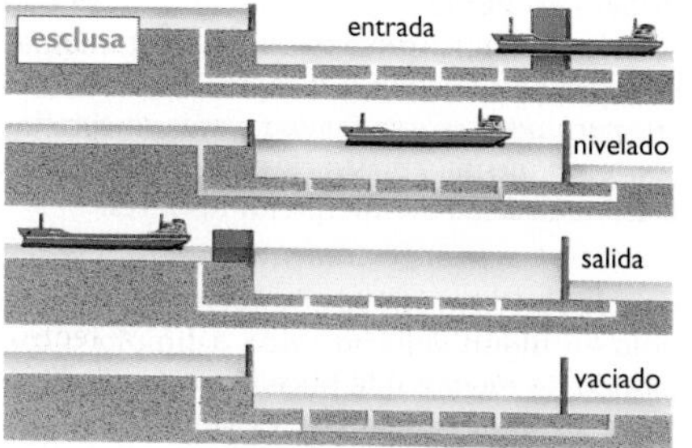

escoba *[n.f.]* utensilio pensado para barrer los suelos, que está formado por un palo en uno de cuyos extremos hay atado un manojo de hojas de palmito, que son largas y flexibles, o de ramas más o menos flexibles. **FAM.** escobilla, escobón, escobazo, escobajo.

escobilla *[n.f.]* escoba pequeña.

escobón *[n.m.]* escoba con el palo muy largo pensado para limpiar los sitios altos: *limpiaron el techo con un escobón.*

escocedura *[n.f.]* herida que produce en la piel un dolor que se alivia con aire fresco: *el zapato le ha hecho una escocedura.* **AF.** rozadura.

escocer *[v.]* producir en la piel un dolor que se alivia con aire fresco: *para que el alcohol no te escueza, sopla en la herida mientras te lo pones.* **AF.** picar. **CONJUG.** como *cocer**. **FAM.** escozor, escocedura, cocer.

escocés, escocesa *[adj.]* **1** de Escocia, país del norte de Europa que pertenece al Reino Unido de Gran Bretaña y cuya capital es Edimburgo: *tiene un amigo escocés; las escocesas.* **AMPL.** la tela de listas de colores formando cuadros, con la que se hace la falda del traje regional de los hombres escoceses se llama ***tartán***. **2** con los cuadros de colores típicos del *tartán*: *una tela escocesa; un chaquetón escocés.* // **escocés** *[n.m.]* **3** dialecto de origen irlandés que se habla en Escocia: *no sabe escocés.*

escoger *[v.]* decidir, entre dos más cosas, cuál de ellas se prefiere: *escogió la maleta grande.* **SIN.** elegir, decidirse por, optar por. **OBS.** ante a y o, j: *escojan; escojo.* **FAM.** coger.

escolar *[adj.inv. en gén.]* **1** de la escuela, de los estudiantes o para estudiantes: *curso escolar; edad escolar; cuaderno escolar.* // **escolar** *[n.inv. en gén.]* **2** estudiante que va a la escuela: *los escolares llevan muchos libros.*

escolaridad *[n.f.]* conjunto de cursos que una persona tiene que hacer obligatoriamente y tiempo que duran estos cursos: *la escolaridad es obligatoria hasta los dieciséis años.*

escolarizar *[v.]* hacer que un niño vaya a la escuela hasta que acabe la enseñanza obligatoria: *es obligatorio escolarizar a todos los niños españoles.* **OBS.** ante e, c: *escolaricen.*

escolta *[n.f.]* persona (o conjunto de personas) que va con un personaje importante para protegerlo: *los reyes siempre llevan escolta.* TAMBIÉN se llama *escolta* al vehículo o vehículos que protegen a otro: *dos barcos formaban la escolta del petrolero.* **FAM.** escoltar.

escoltar *[v.]* ir junto a alguien (o junto a algo) para protegerlo: *varios policías de paisano escoltan al rey; dos barcos escoltaban al petrolero.*

escollera *[n.f.]* especie de muralla hecha con piedras muy grandes, que se construye en el mar, al lado de un puerto, para que las olas no entren con mucha fuerza.

escollo *[n.m.]* **1** roca grande que asoma sobre la superficie del mar y es un peligro para los barcos porque no se ve fácilmente. **2** lo que impide algo o hace que algo resulte más difícil: *los trámites burocráticos son un escollo para la vida normal.* **SIN.** obstáculo, dificultad. **FAM.** escollera.

escombro *[n.m.]* conjunto de trozos de ladrillos, cemento, madera, etc., que quedan cuando se tira un edificio o cuando se ha hecho una obra: *se llevaron los escombros en un camión.* **AMPL.** el sitio destinado a echar los escombros se llama ***escombrera***. **FAM.** escombrera, escombrar. **COMP.** desescombrar.

esconder *[v.]* 1 poner algo en un sitio en el que nadie pueda verlo o encontrarlo: *escondió los regalos detrás de la cortina.* **SIN.** ocultar. **ANT.** dejar a la vista. TAMBIÉN *prnl.: se escondió en la bodega.* 2 tener una cosa algo que es difícil de ver o de entender: *la tarta esconde una sorpresa; tanta amabilidad esconde alguna extraña intención.* **AF.** ocultar, encubrir. **ANT.** mostrar. **FAM.** escondite, escondrijo, escondidas.

escondidas palabra que nada más aparece en la expresión adverbial ■ **a escondidas**, procurando que no lo vean a uno. **SIN.** a hurtadillas, furtivamente. **ANT.** abiertamente.

escondite *[n.m.]* 1 sitio en el que alguien se esconde o en el que alguien esconde algo: *guarda las canicas en un buen escondite.* **SIN.** escondrijo. 2 juego que consiste en que unos cuantos niños se escondan y otro trate de encontrarlos.

escondrijo *[n.m.]* escondite* (acepción 1): *el escondrijo de los ladrones era un sótano.*

escopeta *[n.f.]* arma de fuego de cañón largo que se suele usar para cazar. **FAM.** escopetazo, escopetero.

escorar *[v.]* hacer que una embarcación se ladee: *el viento escoró el barco.* TAMBIÉN *prnl.: el barco se escoró peligrosamente.*

escoria *[n.f.]* material poroso y duro que queda cuando un mineral se ha quemado: *representan las montañas del nacimiento con trozos de escoria de carbón.* ■ **ser la escoria** de un grupo, ser lo peor de ese grupo. **SIN.** ser el deshecho.

escorpio *[n.inv. en gén. y núm.]* persona que ha nacido entre el 23 de octubre y el 22 de noviembre: *es una escorpio del 30 de octubre; conozco a varios escorpio.* **SIN.** escorpión.

escorpión *[n.m.]* 1 insecto de la familia de las arañas, que tiene unas pinzas que le salen de la cabeza y un aguijón venenoso al final del abdomen: *el escorpión es un arácnido peligroso.* **SIN.** alacrán. 2 escorpio*. **PL.** *escorpiones.* **FAM.** escorpio.

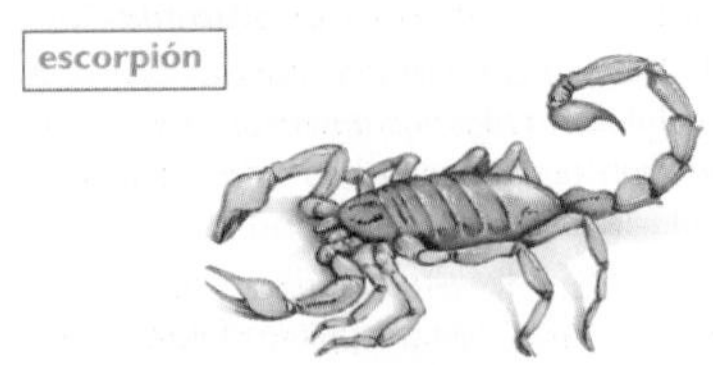

escorpión

escote *[n.m.]* corte que se hace en la ropa, alrededor del cuello, que puede ser más o menos grande hacia el pecho o hacia la espalda: *un vestido con escote en pico.* **FAM.** escotar, escotadura.

escotilla *[n.f.]* abertura en la cubierta de un barco que la comunica con la parte de abajo: *a los camarotes se baja por la escotilla.*

escozor *[n.m.]* dolor en la piel que se alivia con aire fresco: *el alcohol produce escozor en las heridas.* **AF.** picor.

escriba *[n.m.]* 1 persona que, antiguamente, se dedicaba a escribir o a copiar libros: *el "Escriba sentado" es una famosa escultura egipcia.* **SIN.** amanuense, copista. 2 entre los hebreos, persona dedicada a interpretar las leyes.

escribano *[n.m.]* escribiente*.

escribiente *[n.inv. en gén.]* persona que trabaja en algún sitio pasando a limpio o copiando los escritos que hacen otros: *es la escribiente de un abogado.* **SIN.** escribano. **AF.** pasante, copista.

escribir *[v.]* 1 hacer la forma de letras que formen palabras o frases, o de signos que signifiquen algo: *escribió a máquina los datos que le dictaba; con el dedo escribió en el aire la palabra "no"; Miguel Delibes escribió "El camino"; los guionistas escriben los guiones de las películas; escribe la fórmula en el encerado.* 2 decirle algo a alguien por escrito: *me escribió para felicitarme; escríbele una nota.* **OBS.** toda la conjugación es regular, menos el participio, que es ***escrito***. **FAM.** escrito, escritura, escritorio, escritor, escriba, escribano, escribiente, escribanía. **COMP.** ***circunscribir*** (trazar una figura geométrica alrededor de otra), circunscrito, describir, inscribir, suscribir, transcribir.

escrito *[n.m.]* 1 papel o cualquier material con palabras, frases o signos que significan algo: *encontró un escrito con la receta; un docu-*

mento es un escrito en el que se reflejan datos o acuerdos. **AF.** texto, nota, apunte, carta. **AMPL.** un escrito hecho a mano es un ***manuscrito***. 2 obra de un escritor, un periodista, etc.: *una editorial le publica todos sus escritos; tiene algunos de sus escritos metidos en el ordenador.* **SIN.** texto, obra. **AF.** libro.

escritor, escritora *[n.]* persona que escribe novelas, poesías, ensayos, etc.: *Mario Vargas Llosa es un escritor de novelas.*

escritorio *[n.m.]* 1 mueble con cajones o compartimentos para guardar papeles y una superficie apropiada para escribir. **SIN.** pupitre, escribanía. 2 habitación que se usa para estudiar, para escribir, etc.: *pasa mucho tiempo en su escritorio.* **AF.** estudio, despacho, biblioteca.

escritura *[n.f.]* 1 sistema mediante el cual se representan sobre una superficie los sonidos o las palabras de una lengua. **AMPL.** cuando la escritura representa directamente las cosas, mediante dibujos, se llama ***escritura jeroglífica*** (*los egipcios utilizaban escritura jeroglífica*) y la que tiene un signo o letra para cada sonido se llama ***alfabética***; la escritura que tiene un signo para cada palabra o idea se llama ***ideográfica*** (*los chinos y japoneses usan escrituras ideográficas*) y cada uno de sus signos se dice que es un ***ideograma***. 2 forma que tiene lo que escribe cada persona cuando lo hace a mano: *tiene una escritura muy clara; no entiendo su escritura.* **SIN.** letra. 3 documento con la firma de un notario, que demuestra de quién es algo, en qué condiciones se ha hecho o se ha comprado algo, etc.: *la escritura de un piso; la escritura de la creación de una empresa.* ■ **escritura cuneiforme,** la que está formada por rasgos en forma de cuña o de clavo. ■ **Sagradas Escrituras**, Biblia (VER *bíblico*).

escritura

alfabética

IMPCAESARI

literatura actual

cuneiforme

ideográfica

的、的 名 以 願 你
直 債、爲 先 人 們
到 娟 聖 你 都 沒

jeroglífica

escrúpulo *[n.m.]* 1 sentimiento que impide que uno haga lo que sabe que no debe hacer, aunque le apetezca o le parezca interesante: *lo asaltaron los escrúpulos y no se atrevió a robar.* **AF.** principio. 2 lo que siente uno cuando le da asco comer algunas cosas, estar en sitios que cree que están sucios, usar algo de otros, etc.: *no bebe por el vaso de su hermano porque tiene escrúpulos.* **SIN.** asco, repugnancia. **OBS.** casi siempre se usa en plural. **FAM.** escrupuloso, escrupulosamente, escrupulosidad.

escrupuloso, escrupulosa *[adj.]* 1 que tiene escrúpulos: *a una persona escrupulosa no se le ocurre quedarse con lo que no es suyo; es tan escrupuloso que nunca usa nada de otro.* 2 que hace las cosas con mucho cuidado, sin dejar pasar ningún detalle, para que todo quede perfecto. **SIN.** minucioso*.

escrutar *[v.]* 1 mirar con mucha atención, escudriñar*. 2 contar los votos que ha obtenido cada candidato en unas elecciones. **OBS.** aunque *escrutar los votos* es una expresión correcta, se utiliza más ***hacer el escrutinio*** *de los votos.* **FAM.** escrutador, escrutinio. **COMP.** inescrutable.

escrutinio *[n.m.]* recuento de votos, de apuestas, etc.: *cuando finalice el escrutinio se sabrá qué partido ha ganado las elecciones.* **AF.** recuento, cómputo.

escuadra *[n.f.]* 1 utensilio de dibujo, de material duro muchas veces transparente, que tiene forma de triángulo rectángulo isósceles: *en clase de dibujo usan escuadra y cartabón.* 2 utensilio con forma de ángulo recto y normalmente de metal, que se usa en carpintería. 3 conjunto de barcos de guerra que navegan juntos: *una escuadra de la Armada salió del puerto.* **FAM.** escuadrilla, escuadrón.

escuadra de dibujo cartabón
escuadra de carpintero

escuadrilla *[n.f.]* 1 conjunto de barcos pequeños de guerra que navegan juntos. 2 conjunto de aviones que vuelan juntos haciendo en el aire las mismas cosas.

escuálido, escuálida *[adj.]* demasiado delgado: *una persona escuálida.* **SIN.** esquelético. **ANT.** gordo.

escuchar *[v.]* 1 estar atento a lo que se oye o a lo que se puede oír: *escuchó la canción para aprender la letra; escucha ¿no has oído un ruido?* // **escucharse** *[v.prnl.]* 2 hablar una persona pensando más en lo bien que lo que hace que en lo que pueda interesarle a quien la escucha: *le encanta escucharse y aburre a cualquiera.* **FAM.** escucha.

escudero *[n.m.]* criado que le llevaba el escudo a los antiguos caballeros cuando éstos no tenían que usarlo, y los atendía y los ayudaba en todo lo que necesitaran: *el escudero de D. Quijote era Sancho Panza.*

escudilla *[n.f.]* recipiente pequeño semiesférico: *puso la comida del perro en una escudilla.*

escudo *[n.m.]* 1 objeto rígido y más o menos plano que, sujeto con un brazo, protege el cuerpo de los ataques directos: *los caballeros de la Edad Media llevaban escudo en los torneos; el escudo es un arma defensiva.* 2 unidad monetaria de Portugal: *en el banco cambiaron escudos por euros.* ■ **escudo de armas**, el que lleva las figuras que sirven para reconocer un país, una ciudad, una familia, etc. **FAM.** escudero, escudar, escudería.

escudriñar *[v.]* mirar algo con mucha atención para averiguar algo: *le gusta escudriñar los documentos antiguos buscando datos históricos; escudriñó la cerradura estropeada buscando el fallo.* **SIN.** escrutar. **AF.** examinar, explorar. **FAM.** escudriñador, escudriñamiento.

escuela *[n.f.]* 1 edificio en el que se enseña y se educa a los niños: *en las escuelas se aprende a leer y a escribir.* **SIN.** colegio. 2 centro de enseñanza en el que se dan clases de alguna materia concreta: *escuela de música; escuela de bellas artes; la Escuela Nacional de la policía española está en Ávila.* **SIN.** academia. 3 conjunto de personas que siguen las enseñanzas o las teorías de otra que las ha creado: *un pintor de la escuela de Velázquez.* ■ **autoescuela**, centro en el que se enseña a conducir coches, motos, camiones y autobuses. **FAM.** escolar, escolaridad, escolarización, escolarizar.

escueto, escueta *[adj.]* que es corto y sólo tiene lo necesario: *una carta escueta; su escueta respuesta fue "sí".* **SIN.** conciso. **ANT.** largo. **FAM.** escuetamente.

esculpir *[v.]* darle forma a la piedra: *Miguel Ángel Buonarroti hizo la "Pietá" esculpiendo un bloque de mármol.* **SIN.** labrar, tallar.

escultor, escultora *[n.]* persona que se dedica a hacer esculturas: *Chillida es un escultor español del siglo* XX.

escultura *[n.f.]* 1 arte de hacer figuras esculpiendo piedra, modelando barro, tallando madera o forjando el hierro: *la escultura en piedra es un arte muy difícil.* 2 obra hecha de cualquiera de estas maneras: *el "Discóbolo" es una escultura hecha por el escultor griego Mirón.* TAMBIÉN es una *escultura* la que se hace en otro material usando un molde sacado de una que se ha hecho a mano: *una escultura de bronce.* **AMPL.** las esculturas pueden representar algo real o algo imaginario; una ***estatua*** es una escultura grande que representa a una persona o un animal; una ***figura*** es una *estatua* pequeña. **FAM.** escultor, escultórico, escultural, esculpir.

escupidera *[n.f.]* recipiente pensado para escupir en él: *en las consultas de los dentistas hay escupideras para poder escupir cuando a uno le arreglan la dentadura.*

escupir *[v.]* echar con fuerza saliva u otra cosa que se tenga en la boca: *escupió en el ascensor; escupió el hueso de la aceituna.* **FAM.** escupidera, escupitajo.

escurreplatos *[n.m.inv. en núm.]* rejilla para poner los cacharros de cocina recién fregados y dejar que escurra el agua: *el escurreplatos está encima del fregadero.* **SIN.** escurridor.

escurridizo, escurridiza *[adj.]* que es muy difícil agarrarlo porque se escapa de entre las manos: *una pastilla de jabón mojada es escurridiza.* **SIN.** resbaladizo.

escurridor *[n.m.]* 1 utensilio de cocina que es un recipiente con agujeros para poner verduras lavadas o cocidas y dejar que escurran el agua. 2 escurreplatos*.

escurrir *[v.]* 1 hacer que algo suelte el líquido que le sobra: *antes de tender la ropa la escurrió en la pila.* 2 hacer que caiga hasta la última gota del líquido que hay en un recipiente: *escurrió en la ensalada el aceite que quedaba en la botella.* 3 soltar una cosa el líquido que le sobra: *el paraguas está escurriendo sobre la alfombra.* **AF.** gotear. // **escurrirse** *[v.prnl.]* 4 escaparse algo de las manos: *la botella estaba grasienta y se me escurrió.* **SIN.** resbalar. **AF.** deslizarse. ■ **escurrir el bulto**, hacer lo posible por no comprometerse en algo o por no tomar parte en un trabajo que hay que hacer. **ANT.** arrimar el hombro. **FAM.** escurridor, escurridizo. **COMP.** escurreplatos.

esdrújulo, esdrújula *[adj.]* que lleva el acento en la antepenúltima sílaba: *lámpara es una palabra esdrújula; un término esdrújulo.* **FAM.** sobresdrújulo.

ese *[adj.]* 1 que está ahí, más cerca del que escucha que del que habla: *ese coche; ese trasto.* **GRAM.** es la forma de masculino singular del adjetivo demostrativo, tiene función de determinante* y su plural es *esos.* **OBS.** como es adjetivo, nunca lleva acento. // **ese** *[n.f.]* 2 nombre de la letra *s*: *escribe una ese.*

ése *[pron.]* el que está ahí, más cerca del que escucha que del que habla: *ése no me gusta.* **GRAM.** es la forma de masculino singular del pronombre demostrativo y su plural es *ésos.* **OBS.** aunque se acentúa para distinguirlo del adjetivo, puede escribirse sin acento.

esencia *[n.f.]* 1 lo que hace que algo pueda ser y que sea de una manera y no de otra: *la esencia del pan es la harina; la comprensión es la esencia de la amistad.* **SIN.** base, fundamento. 2 líquido que tiene el olor o el sabor de algún producto natural y que, mezclado con determinadas cosas se usa para hacer perfumes, para darle sabor a ciertos alimentos, etc.: *este perfume tiene esencia de rosas; un helado con esencia de fresas.* **SIN.** concentrado. **FAM.** esencial, esencialmente, esenciero.

esencial *[adj.inv. en gén.]* 1 que es tan importante en algo, que si le faltara dejaría de existir o de ser como es: *el agua es esencial para la vida; los elementos esenciales del agua son el hidrógeno y el oxígeno.* **SIN.** imprescindible*. 2 que influye mucho en algo o en el resultado de algo: *su actuación fue esencial en el salvamento de los montañeros.* **SIN.** determinante, decisivo, fundamental. **AF.** importante. **ANT.** irrelevante, intrascendente.

esfera *[n.f.]* 1 cuerpo que ocupa un espacio curvo y en el que la distancia que hay entre un punto interior que se llama *centro* y cualquiera de los puntos exteriores es siempre la misma: *un balón de fútbol tiene forma de esfera.* 2 parte de los relojes sobre la que giran las agujas: *una esfera blanca con números negros y agujas fosforescentes.* ■ **esfera terrestre**, esfera en la que está representada la superficie de la Tierra. **SIN.** globo terráqueo. **FAM.** esférico, ***esferoide*** (objeto con forma de esfera), esferoidal. **COMP.** endosfera.

esfera

$S = 4\pi R^2$

$V = \frac{4}{3}\pi R^3$

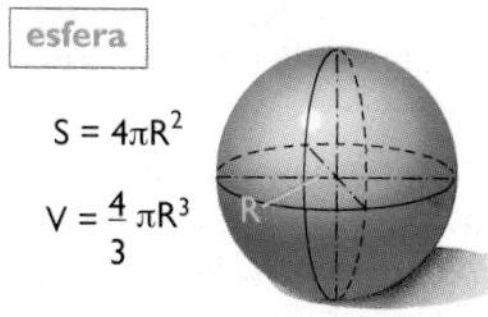

esférico, esférica *[adj.]* de esfera (*forma esférica; superficie esférica*) o con forma de esfera (*las canicas son esféricas*).

esforzarse *[v.prnl.]* hacer esfuerzos para conseguir algo: *si quieres aprobar tendrás que esforzarte.* **SIN.** afanarse. **CONJUG.** como *forzar**.

esfuerzo *[n.m.]* 1 lo que se hace cuando se saca del cuerpo toda la fuerza que se puede para conseguir algo: *tuvo que hacer un gran esfuerzo para mover el coche.* 2 lo que uno tiene que poner de su parte para llegar a conseguir algo que no le resulta fácil: *hizo un esfuerzo para quedarse en casa a estudiar.* **AF.** empeño, voluntad. **FAM.** esforzarse, esforzadamente, fuerza.

esfumarse *[v.prnl.]* dejar de verse o dejar de estar, sin que se note cómo ha pasado: *la niebla se esfumó por la tarde.* **SIN.** desvanecerse, disiparse, evaporarse. TAMBIÉN se usa en sentido figurado: *el dinero que tenía aquí se ha esfumado; la policía busca al estafador, pero se ha esfumado.*

esgrima *[n.f.]* deporte que consiste en luchar dos personas con una espada, con un sable o con un florete: *hay un campeonato de esgrima.* **FAM.** esgrimista, esgrimir.

esgrimir *[v.]* 1 manejar un arma blanca. 2 usar algo para conseguir un fin: *esgrime argumentos convincentes.* **FAM.** esgrima.

esguince *[n.m.]* lesión que se produce cuando, por un golpe o un movimiento brusco, se rompen o se estiran demasiado algunos de los ligamentos o de los músculos de una articulación del cuerpo: *al caerse se hizo un esguince en el pie izquierdo.*

eslabón *[n.m.]* cada una de las piezas que va enganchada en otra y que, con todas las demás, forma una cadena: *los eslabones de la pulsera son de oro.* **PL.** *eslabones.* **FAM.** eslabonar, eslabonamiento.

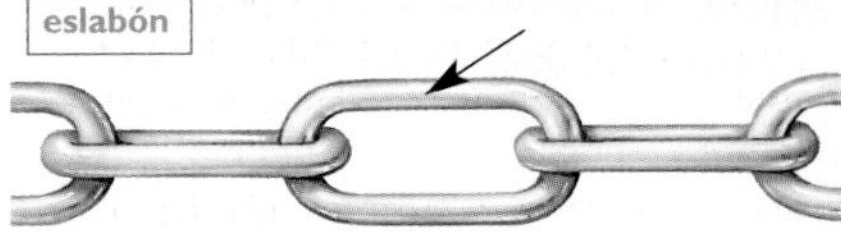

eslalon *[n.m.inv. en núm.]* carrera de esquí que consiste en bajar una montaña siguiendo un recorrido marcado en el que se han colocado unos obstáculos que los esquiadores deben ir esquivando.

eslavo, eslava *[adj.]* de los pueblos y naciones que ocupan la zona oriental de Europa y que tienen características comunes de raza y de lenguas. **AMPL.** esta palabra incluye varias nacionalidades: rusos, polacos, checos, serbios (o servios), croatas, búlgaros, ucranianos, eslovacos y eslovenos; todos ellos tienen un mismo origen, son alrededor de 300 millones de personas y hablan lenguas de origen *indoeuropeo** que forman una de las más grandes familias ligüísticas (la mayoría de ellas se escriben con un alfabeto especial, distinto del griego y del latino, que se llama ***alfabeto cirílico***).

eslogan *[n.m.]* frase corta y fácil de memorizar con la que se anuncia algo o alguien: *el eslogan de la campaña publicitaria es "bienvenidos al futuro".* **PL.** *eslóganes.*

esmaltar *[v.]* cubrir con esmalte*: *el jarrón es tan brillante porque lo han esmaltado.*

esmalte *[n.m.]* 1 sustancia más o menos líquida que, puesta sobre una superficie y dejándola endurecer, crea una capa resistente y brillante que protege y embellece: *esmalte de uñas; esmalte para objetos de cerámica.* TAMBIÉN se llama ***esmalte*** al cuadro hecho pintando con esmaltes sobre una chapa de metal y cociéndola en un horno especial: *en la subasta de arte había esmaltes del siglo* XIX. 2 sustancia muy dura que cubre y protege los dientes de las personas y de los animales vertebrados. **FAM.** esmaltar, esmaltador.

esmeralda *[n.f.]* piedra preciosa de color verde que se usa en joyería: *un collar de esmeraldas.*

esmerarse *[v.prnl.]* poner mucha atención y cuidado al hacer algo, para que quede muy bien: *se ha esmerado para presentar un trabajo perfecto.*

esmero *[n.m.]* interés y cuidado que se pone al hacer algo que uno quiere que quede muy bien: *en el acabado del cuadro se nota el esmero del autor.* **SIN.** celo. **AF.** atención, escrupulosidad. **FAM.** esmerarse, esmeradamente.

esmoquin *[n.m.]* traje de fiesta para hombre, compuesto de pantalón y chaqueta de la misma tela y con solapas redondeadas, normalmente de seda o de raso: *los invitados llevaban esmoquin.* **PL.** *esmóquines.*

eso *[pron.]* es el neutro singular del pronombre demostrativo (*enséñame eso*) y no tiene plural. **OBS.** no necesita acento, porque no existe adjetivo neutro y no se puede confundir.

esófago *[n.m.]* conducto que va de la faringe al estómago y por el que pasan los alimentos: *en el esófago de las aves está el buche.*

esos *[adj.]* masculino plural del adjetivo demostrativo, que acompaña al nombre de unos que están más cerca del que escucha que del que habla: *esos niños; esos muebles; esos perros.* **GRAM.** tiene función de determinante* y su singular es *ese*. **OBS.** como es adjetivo, nunca lleva acento.

ésos *[pron.]* masculino plural del pronombre demostrativo, que se refiere a los que están más cerca del que escucha que del que habla (*ésos son suficientes*) y su singular es *ése*. **OBS.** puede ir sin acento.

espabilar *[v.]* 1 hacer que quien estaba medio dormido se despierte del todo: *el aire fresco de la mañana te espabilará enseguida*. **SIN.** despabilar. TAMBIÉN *prnl.: para espabilarse se dio una ducha*. 2 darse prisa en lo que se está haciendo: *espabila, que se acaba el tiempo*. **SIN.** apresurarse. 3 hacer que alguien se dé prisa: *espabílalo, o llegará tarde*. **SIN.** despabilar, apresurar. TAMBIÉN *prnl.: se espabiló para no llegar el último*. **FAM.** espabilado.

espacial *[adj.inv. en gén.]* del espacio (*la concepción espacial permite hacerse idea de las medidas y los volúmenes*), por el espacio (*viaje espacial*) o apropiado para moverse por el espacio (*nave espacial; traje espacial*).

espaciar *[v.]* hacer que dos o más personas o cosas queden separadas en el espacio o en el tiempo: *espacias demasiado las letras y ocupas muchos folios* (**SIN.** distanciar, separar. **ANT.** juntar); *espaciaron los viajes a la montaña* (**SIN.** distanciar).

espacio *[n.m.]* 1 lugar infinito en el que están la Tierra, todos los planetas y las estrellas: *los astronautas viajan por el espacio*. **SIN.** cosmos, universo. 2 cantidad de sitio que ocupa una cosa: *en la estantería falta espacio para estos libros*. 3 cantidad de sitio libre que queda entre dos o más cosas: *si aparcas ahí no quedará espacio para pasar*. **SIN.** distancia. 4 tiempo que pasa desde que algo empieza hasta que acaba: *estaré aquí por espacio de una hora*. **AF.** intervalo. **FAM.** espacial, espacioso, espaciosamente, espaciosidad, espaciar, espaciamiento, espaciadamente.

espacioso, espaciosa *[adj.]* que tiene espacio de sobra para lo que hace falta: *un piso espacioso; un coche espacioso*. **SIN.** amplio. **ANT.** pequeño, reducido.

espada *[n.f.]* 1 arma blanca con la hoja larga, de bordes muy afilados y acabada en punta: *los mosqueteros luchaban con espada*. **AF.** acero, estoque. 2 torero matador de toros: *los tres espadas torearon seis toros*. // **espadas** *[n.f.pl.]* 3 palo de la baraja española que tiene dibujos de una o más espadas: *cinco de espadas; caballo de espadas*. ■ **pez espada**, pez marino que puede llegar a medir hasta cuatro metros de largo y tiene la parte de arriba de la boca acabada en una especie de espada larga y plana. ■ **entre la espada y la pared**, en una situación en la que no se sabe qué hacer porque ninguna solución convence ni es especialmente buena. **FAM.** espadachín, espadín, espadaña.

espagueti *[n.m.]* alimento hecho con pasta de harina de trigo que tiene forma de hilos largos y se come cocido: *un plato de espaguetis*.

espalda *[n.f.]* 1 parte de atrás del cuerpo humano que va desde los hombros hasta la cintura: *la melena le cubre la espalda*. 2 parte de atrás de las prendas de vestir que cubre desde los hombros hasta la cintura: *la espalda de la chaqueta te queda estrecha*. 3 parte de atrás de cualquier cosa: *el precio está a la espalda*. ■ **dar la espalda**, no ayudar a alguien cuando lo necesita. ■ **echarse** algo **a la espalda**, hacerse responsable de algo. ■ **hablar a espaldas** de una persona, hablar mal de una persona cuando ella no está delante. **FAM.** espaldar, espaldarazo, espalderas. **COMP.** respaldo, guardaespaldas.

espantapájaros *[n.m.inv. en núm.]* muñeco del tamaño de una persona que se pone en los campos sembrados y entre los árboles frutales para que los pájaros se asusten y no coman los frutos: *un espantapájaros relleno de paja*.

espantar *[v.]* 1 dar muchísimo miedo: *el fuego espanta a las fieras; lo espantan las tormentas*. **SIN.** aterrorizar*. TAMBIÉN *prnl.: se espantó al ver un toro suelto*. 2 asustar a un animal para echarlo de algún sitio: *espantó al gato que había entrado en casa*. **ANT.** atraer. **FAM.** espanto, espantoso, espantada, espantajo. **COMP.** espantapájaros.

espanto *[n.m.]* muchísimo miedo: *los tiburones me producen espanto*. **SIN.** terror, horror, pánico, pavor.

espantoso, espantosa *[adj.]* que da mucho miedo, es muy feo, muy perjudicial, muy molesto o muy malo, o que está lleno de disgustos, produce desgracias, etc.: *un monstruo* *espantoso; una tarde espantosa; un calor espantoso; un terremoto espantoso.* **SIN.** horrible*.

español, española *[adj. y n.]* **1** de España, país formado por la Península Ibérica excepto Portugal, las islas Baleares, las islas Canarias, Ceuta y Melilla: *cultura española; un niño español; una española.* **AMPL.** administrativamente, España está dividida en 17 comunidades autónomas y su capital es Madrid; la lengua oficial de toda España es el español, pero en algunas comunidades autónomas tienen además otra lengua oficial: el *catalán* en Cataluña, Baleares y Valencia, el *vascuence* (o *eusquera*) en el País Vasco y el *gallego* en Galicia. // **español** *[n.m.]* **2** lengua hablada en España, Hispanoamérica y Guinea Ecuatorial. **AMPL.** es la lengua románica (derivada del latín) más hablada en el mundo; contiene, especialmente en su léxico, elementos de origen árabe (que se incorporaron en la Edad Media), de las lenguas americanas precolombinas (que se han ido incorporando tras el descubrimiento de América), italianismos (sobre todo del renacimiento), galicismos (de los siglos XVIII y XIX) y, modernamente, anglicismos de origen norteamericano. **FAM.** españolada, españolear, españolismo, españolista, españolización, españolizar.

esparadrapo *[n.m.]* tira de tela o de papel que por un lado tiene un pegamento suave que no perjudica la piel: *le sujetaron la gasa con esparadrapo.*

esparcir *[v.]* hacer que algo ocupe más superficie de la que ocupaba: *esparció azúcar por encima de la tarta; esparció los juguetes por toda la habitación y se puso a jugar.* **SIN.** extender. **ANT.** juntar, amontonar. TAMBIÉN *prnl.: el agua se esparció por el suelo de la cocina.* **AMPL.** si se esparce algo que estaba amontonado, también se dice ***desparramar*** y si lo que se esparce son cosas, ***diseminar*** o ***desperdigar***. **OBS.** ante a y o, z: *esparzan; esparzo.* **FAM.** esparcimiento.

espárrago *[n.m.]* planta con muchas ramas de la que brotan, en primavera, unas yemas comestibles que tienen el tallo alargado y blando y que también se llaman *espárragos*: *ha plantado varios espárragos; le gustan los espá-*

rragos con mahonesa. **AMPL.** la planta también se llama ***esparraguera***. **FAM.** esparraguera.

esparraguera *[n.f.]* 1 planta que da espárragos. 2 fuente con el tamaño y la forma apropiados para llevar los espárragos a la mesa.

esparto *[n.m.]* planta de hojas duras y largas que se usan para hacer cuerdas, cestas, alfombras y pasta de papel: *la suela de las zapatillas es de esparto.* **FAM.** espartero, espartería, espartal.

espasmo *[n.m.]* lo que pasa cuando, sin querer y de repente, se encoge un músculo: *los espasmos son dolorosos.* **AF.** calambre. **FAM.** espasmódico. **COMP.** antiespasmódico.

espátula *[n.f.]* herramienta que consiste en un mango y una parte plana con borde delgado o afilado: *raspó la pintura sobrante con la espátula.*

especia *[n.f.]* parte de un vegetal (o sustancia preparada con alguna parte de un vegetal) que se usa para que las comidas queden más sabrosas: *la pimienta, el clavo, el azafrán y la canela son especias.*

especial *[adj.inv. en gén.]* 1 que tiene algo que lo hace distinto de los demás de su clase: *el de Navidad es un día especial.* **SIN.** peculiar, particular. 2 que está pensado para algo concreto o que va bien para algo: *un champú especial para el cabello graso.* **SIN.** específico. ■ **en especial**, sobre todo. **SIN.** especialmente, particularmente.

especialidad *[n.f.]* parte de una ciencia, un oficio, un arte, etc. a la que alguien se dedica más y que es de la que más sabe: *su especialidad es la geografía española; vende todo tipo de ropa, pero su especialidad es la ropa de bebé.* **FAM.** especial, especialmente, especialista, especializarse, especialización, especie.

especialista *[n.inv. en gén.]* persona que se dedica a una cosa concreta, de la que sabe mucho más que de otras o que hace mucho mejor que otras: *los especialistas en enfermedades de la piel se llaman dermatólogos.* TAMBIÉN *adj.*: *un médico especialista en enfermedades de la piel.*

especializarse *[v.prnl.]* dedicarse una persona a una parte de una ciencia, un oficio o un arte, estudiándola o practicándola más que lo demás: *se ha especializado en historia medieval.*

especie *[n.f.]* 1 en ciencias naturales, conjunto de seres vivos que tienen características comunes que los distinguen de otros que pertenecen al mismo género: ***imperial*** *y* ***real*** *son dos especies del género águila.* 2 conjunto de cosas que tienen características comunes: *lavadora y friegaplatos son máquinas de la misma especie.* ■ **ser una especie de**, ser parecido a algo: *una babosa es una especie de caracol pero no tiene concha.* ■ **en especie**, forma de pagar en la que no se usa dinero, sino cosas que le valen al vendedor: *pagó en especie con un saco de patatas.* **FAM.** especia, especiero, especial.

especificar *[v.]* explicar algo con todo detalle o decir algo concreto sobre algo: *la etiqueta especifica que no se debe meter en la lavadora.* **SIN.** precisar, puntualizar. **AF.** detallar, pormenorizar. **OBS.** ante e, qu: *especifiquen.* **FAM.** específico, especificativo, específicamente.

específico, específica *[adj.]* 1 que es propio de alguien, de algo o de un grupo, y no de otros: *las plumas son una característica específica de las aves.* **SIN.** característico, propio. 2 que está pensado para algo concreto o que va bien para algo: *un examen específico para entrar en la Universidad; un medicamento específico para la tos.* **SIN.** especial.

espécimen *[n.m.]* persona, animal o cosa que sirve como muestra de cómo es la especie a la que pertenece, porque tiene todas las características propias de ella y ninguna otra: *en la granja había un buen espécimen de oveja merina.* **SIN.** ejemplar. **PL.** *especímenes.*

espectacular *[adj.inv. en gén.]* tan bueno, tan grande, tan bonito, tan poco normal, etc., que llama la atención: *una fiesta espectacular; un coche espectacular.* **AF.** asombroso, llamativo, impresionante. **ANT.** sencillo, normal.

espectáculo *[n.m.]* 1 lo que hacen una o varias personas para que otras se diviertan viéndolo: *el cine, el teatro, el circo y el ballet son espectáculos.* 2 cosa que llama la atención porque es muy bonito o porque se sale de lo normal: *es un espectáculo ver subir a los salmones por el río.* **FAM.** espectacular, espectador, espectacularidad, espectacularmente.

espectador, espectadora *[n.]* 1 persona que ha ido a un sitio a ver un espectáculo: *el* *mago sacó al escenario a un espectador.* **AMPL.** el conjunto de personas que están viendo un espectáculo es el ***público*** o los ***asistentes***; la persona que está viendo un programa de televisión se llama ***telespectador***. 2 persona que está mirando cómo se hace algo: *todos los días hay varios espectadores de las obras del puente.*

espectro *[n.m.]* 1 fantasma: *en las películas de miedo aparecen espectros.* 2 conjunto de todos los colores que se pueden ver por la descomposición de la luz: *el espectro luminoso se puede ver en el arco iris.* **FAM.** espectral, espectografía, espectógrafo, espectroscopio.

espejismo *[n.m.]* 1 efecto que produce algunas veces la luz y que hace que se vean las cosas lejanas del revés, como si se reflejaran en una superficie de agua: *es un espejismo ver a lo lejos la carretera mojada cuando está seca.* 2 cosa que se ve como si fuera real, pero que sólo existe en la imaginación: *el monstruo que ves no es más que un espejismo.* **SIN.** ilusión.

espejo *[n.m.]* trozo de cristal que tiene por una cara una capa de mercurio, para que la otra refleje las imágenes de todo lo que se ponga delante: *mírate en un espejo y verás qué pinta llevas.* **AMPL.** el mercurio que recubre la cara posterior de los espejos se llama ***azogue***. **FAM.** espejismo, ***especular*** (de los espejos).

espeleología *[n.f.]* ciencia que estudia el interior de las cuevas naturales: *en la facultad hay un departamento de espeleología.* **FAM.** espeleólogo.

espeluznante *[adj.inv. en gén.]* que da tanto miedo que pone los pelos de punta: *nos contó una historia espeluznante.* **SIN.** escalofriante, terrorífico. **FAM.** espeluznar, espeluzno, espeluznantemente.

espera *[n.f.]* tiempo que pasa uno esperando algo o a alguien: *las esperas largas lo ponen nervioso.* ■ **sala de espera**, habitación que hay en algunos sitios para que esté quien tiene que esperar a que le toque turno, hasta que salga el medio de transporte que va a utilizar, etc.

esperanto *[n.m.]* idioma inventado en 1887 por Zamenhof, con la idea de que se utilizara como lengua universal.

esperanza *[n.f.]* sensación que tiene quien está casi seguro de que va a conseguir algo o de que se va a cumplir algo que desea: *se mantiene la esperanza de encontrarlo con vida.* **AF.** confianza.

esperar *[v.]* 1 estar en un sitio hasta que llegue alguien o algo, hasta que pase algo o hasta el momento que se dice: *está esperando el autobús; te esperará hasta las tres.* **SIN.** aguardar. 2 estar casi segura una persona de que va a pasar lo que le gustaría que pasara: *espero poder solucionarlo.* **SIN.** confiar en. **FAM.** espera, esperanza, esperanzar. **COMP.** desesperar, inesperado, desesperanza, desesperanzador.

esperma *[n.m.]* líquido que segregan las glándulas genitales de los hombres y de los animales machos. **FAM.** espermatozoide.

espermatozoo *[n.m.]* célula masculina que puede unirse a un óvulo* y formar un nuevo ser.

espesar *[v.]* hacer que un líquido quede más espeso* de lo que estaba: *espesó la salsa poniéndole un poco de harina.* **ANT.** diluir, aclarar.

espeso, espesa *[adj.]* 1 hablando de líquidos que, si se mueve, lo hace con más lentitud que los que no son así, porque sus moléculas están más juntas: *las papillas son espesas y el agua no.* **SIN.** denso, compacto. **ANT.** fluido, ralo. 2 que las cosas que lo forman o lo cubren están muy juntas: *un monte de espesa vegetación.* **SIN.** tupido, denso. **ANT.** ralo, disperso. **FAM.** espesor, espesar, espesura.

espesor *[n.m.]* grosor* de una cosa: *un tablero de diez centímetros de espesor.*

espesura *[n.f.]* lo que hay en un sitio cuando las cosas que lo forman o lo cubren están muy juntas: *la espesura de la selva.*

espía *[n.inv. en gén.]* persona que trabaja para una empresa, un ejército, un país, etc., y se mete en otro para enterarse de sus secretos y contarlos en el suyo: *los espías tienen mucha importancia cuando hay guerra.* **SIN.** agente secreto.

espiar *[v.]* 1 seguir a alguien, sin ser visto, para enterarse de todo lo que hace: *dice que alguien lo espía.* 2 enterarse una persona, sin que nadie se dé cuenta, de los secretos de una empresa, de un país, etc. para contarlo a sus enemigos: *espiaba para la competencia.* **ACENT.** como *fiar**. **FAM.** espía, espionaje.

espiga *[n.f.]* conjunto de los granos de los cereales, que salen juntos alrededor de la parte de arriba del tallo: *hizo un ramo con espigas de trigo.* **FAM.** espigado, espigar, espigador.

espiga

espina *[n.f.]* **1** cada uno de los huesos finos y puntiagudos que forman el esqueleto de los peces: *las sardinas tienen muchas espinas.* **2** cada una de las piececitas puntiagudas que tienen los tallos de algunas plantas y que, si se agarran, pinchan: *los rosales tienen espinas.* **SIN.** pincho. **3** sentimiento de pena o de dolor que dura mucho tiempo: *su fracaso es para él una espina difícil de arrancar.* **SIN.** pesar. ■ **espina dorsal**, columna* vertebral. ■ **darle** a uno **mala espina** algo, notar que algo va mal o que puede pasar algo malo. **FAM.** espinoso, espinal, espinazo, espinilla, espino, espinar.

espina

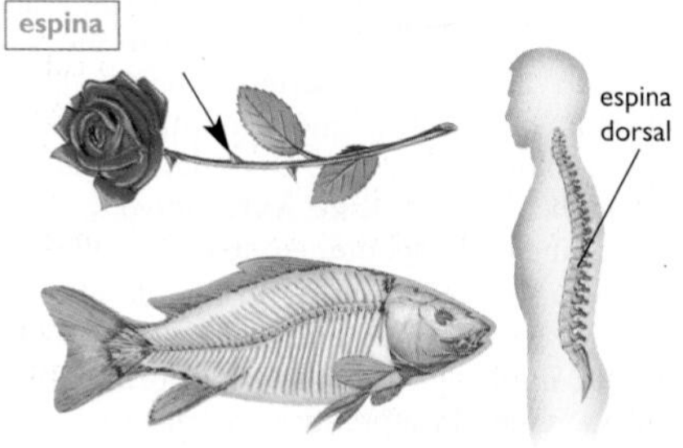

espinaca *[n.f.]* planta de hojas verdes y delgadas y tallo rojizo, que se cultiva en huertas para comerla, normalmente cocida.

espinilla *[n.f.]* **1** parte delantera del hueso de la pierna: *los golpes en la espinilla duelen mucho.* **AMPL.** el hueso correspondiente a esa parte de la pierna se llama ***tibia***. **2** punto de grasa que ocupa un poro de la piel y tiene negra la parte que se ve: *tiene espinillas en la nariz.*

espino *[n.m.]* arbusto pequeño que tiene espinas en las ramas y da unas flores pequeñas y blancas que huelen muy bien.

espinoso, espinosa *[adj.]* **1** que tiene espinas o pinchos: *el cactus es una planta espinosa.* **2** que resulta difícil de tratar porque puede molestar a alguien, porque está muy liado o porque no se encuentra la solución: *un problema familiar espinoso; el tráfico de drogas es un asunto espinoso.* **AF.** escabroso.

espionaje *[n.m.]* actividad que lleva a cabo quien espía: *ha ganado mucho dinero dedicándose al espionaje.* ■ **espionaje industrial**, el que se hace entre industrias para enterarse de las nuevas técnicas, de los últimos descubrimientos, de los nuevos modelos, etc. que van a salir a la venta y poder copiarlos.

espiral *[n.f.]* línea curva que empieza en un punto y va dando vueltas, de manera que cada vez está más lejos de ese punto: *dibujó la concha del caracol como una espiral.*

espirar *[v.]* echar por la boca o por la nariz el aire que se ha cogido: *inspira por la nariz y espira por la boca.* **ANT.** inspirar. **FAM.** espiración. **COMP.** ***transpirar*** (dejar salir la humedad), transpiración, respirar, suspirar.

Espirar, que es echar aire
y se hace al *respirar*,
se escribe siempre con ese,
¡no te confundas jamás!
Pero ***expirar***, que es morir,
has de escribirlo con equis
como *exhalar* y *existir*.

espiritismo *[n.m.]* intento de comunicación con el espíritu de los muertos. **FAM.** espíritu.

espíritu *[n.m.]* **1** parte no material del ser humano y que es la que tiene que ver con los sentimientos, con la manera de comportarse,

espino

etc. **SIN.** alma, psique, ánima. **ANT.** cuerpo, materia. 2 lo que hace que una persona actúe y vea la vida de una manera determinada: *tiene 30 años pero espíritu de viejo; no tiene espíritu para ese trabajo.* **FAM.** espiritual, espiritualidad, espiritualismo, espiritualizar, espiritualmente.

espiritual *[adj.inv. en gén.]* 1 que no está formado por materia: *el cariño es algo espiritual.* 2 que se dedica, sobre todo, a la parte inmaterial del ser humano: *ejercicios espirituales; vida espiritual.* **ANT. COM.** material, corporal, físico.

espita *[n.f.]* tubo con un grifo o una válvula, que se mete en un agujero de un recipiente para que salga por él el líquido que hay dentro: *para servir el vino tienes que abrir la espita de la cuba.*

espléndido, espléndida *[adj.]* 1 muy generoso*: *es tan espléndido que regala todo.* 2 muy bueno: *un trabajo espléndido; una fiesta espléndida.* **SIN.** estupendo*.

esplendor *[n.m.]* 1 lo que se nota en las cosas que tienen mucho lujo, mucha belleza, mucha luz, etc.: *el esplendor de una boda de reyes.* **SIN.** grandeza, magnificencia. **ANT.** miseria. 2 momento en el que algo o alguien está de la mejor manera posible: *el campo muestra su esplendor en primavera; conoció a la actriz en todo su esplendor.* **SIN.** apogeo, auge. **ANT.** ocaso, decadencia. **FAM.** esplendoroso, espléndido, espléndidamente.

espliego *[n.m.]* planta de tronco leñoso y flores azules que salen formando espiga y que da muy buen olor. **SIN.** lavanda.

espliego

espolear *[v.]* picar con las espuelas a un caballo. **OBS.** e + e = ee: *espoleen.*

espolvorear *[v.]* echar una cosa en forma de polvo, granitos, etc., repartiéndola por la superficie de otra: *espolvorea la tarta con azúcar; espolvoreó queso rallado sobre los macarrones.* **OBS.** e + e = ee: *espolvoreen.* **FAM.** espolvoreo, polvo.

espongiario *[n.m.]* esponja* (acepción 1).

esponja *[n.f.]* 1 animal que vive en grupos (*colonias*) sobre el fondo del mar y se alimenta empapándose de agua y soltándola después de haberse quedado con las sustancias alimenticias que el agua tiene. **SIN.** espongiario. 2 esqueleto de uno de estos animales, que se usa para lavar cosas, frotándolas con él. 3 pieza de material blando y absorbente: *al ducharte, frótate con la esponja; entre los muelles y la tela del colchón hay una capa de esponja.* **FAM.** esponjoso, esponjar, espongiario.

esponjoso, esponjosa *[adj.]* blando y suave como una esponja: *el bizcocho ha quedado muy esponjoso.* **ANT.** amazacotado, duro.

espontaneidad *[n.f.]* lo que demuestra quien hace o dice las cosas como le salen, sin haber pensado si le convienen o no (*siempre se comporta con espontaneidad*), y lo que tienen las cosas que se hacen así (*valoraron la espontaneidad de lo que dijo*). **AF.** naturalidad. **ANT.** premeditación.

espontáneo, espontánea *[adj.]* 1 que hace las cosas como le salen, sin pararse a pensar si le convienen o no (*una persona espontánea*), o que está hecho o dicho así (*una reacción espontánea*). 2 que se hace porque uno quiere, sin que nadie lo haya obligado: *salió al escenario de forma espontánea.* **SIN.** voluntario, libre. **ANT.** obligado. 3 hablando de plantas, que no hay que sembrarlas porque nacen solas en el campo: *los cardos son plantas espontáneas.* **SIN.** silvestre. **ANT.** cultivado. **FAM.** espontaneidad, espontáneamente.

espora *[n.f.]* parte de cierto tipo de plantas que consiste en una célula que se separa de la planta madre y se divide para formar una nueva. **AMPL.** la reproducción por esporas es un sistema de ***reproducción asexual*** que no necesita que haya unión de elementos masculinos y femeninos.

esporádico, esporádica *[adj.]* que no pasa o que no se hace siempre, sino alguna vez suelta, muy de vez en cuando: *nieva de forma esporádica; hacen viajes esporádicos a la capital.* **SIN.** eventual. **ANT.** frecuente, fijo, sistemático. **FAM.** esporádicamente.

esposar *[v.]* sujetar juntas las manos (o los pies) de alguien, o atarlo a un sitio, con unas esposas*: *la policía esposó a los delincuentes; lo esposó a un poste.*

esposas *[n.f.pl.]* aros de metal unidos por una cadena, que se colocan en las muñecas de alguien para que no pueda usar las manos: *lo detuvieron por robar y le pusieron las esposas.*

esposo, esposa *[n.]* marido de una mujer o mujer de un hombre: *María es la esposa de Juan y Juan es el esposo de María.* **SIN.** consorte, cónyuge. **FAM.** esposar, esposas, esponsales. **COMP.** desposar.

espray manera de pronunciar en español la palabra inglesa *spray**.

espuela *[n.f.]* pieza de metal que se engancha en la bota y de la que sale una rueda pequeña, en forma de estrella, con la que se pica al caballo para que corra más: *lo presionó con las espuelas y el caballo salió disparado.* **FAM.** espolear, espolón.

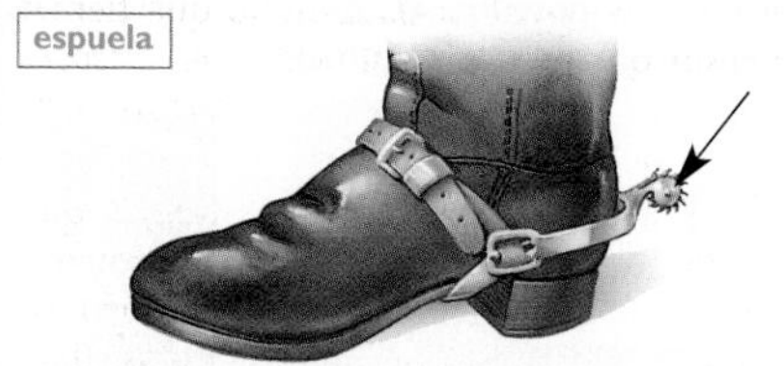

espuma *[n.f.]* **1** conjunto de burbujas que se forman a veces en la superficie de algunos líquidos: *las olas formaban espuma; la cerveza tiene espuma.* **2** conjunto de burbujas que forman algunas sustancias al mezclarse con algunos líquidos: *el jabón hace espuma con el agua.* **FAM.** espumoso, espumadera, espumarajo.

espumadera *[n.f.]* utensilio de cocina formado por un mango y una pala redonda y con agujeros, que sirve para coger alimentos sin el líquido en el que se han cocinado.

espumoso, espumosa *[adj.]* que hace espuma: *la cerveza es espumosa; vino espumoso.*

esqueje *[n.m.]* tallo de una planta que se introduce en el suelo o se une a otra planta para que salga una nueva: *plantó varios esquejes de rosal.*

esquela *[n.f.]* papel con un escrito corto en el que se avisa de algo y, especialmente, el que se publica para que la gente se entere de que alguien ha muerto y del día, el lugar y la hora del funeral y del entierro: *pusieron la esquela en el periódico y en algunas tiendas del barrio.* **AMPL.** este tipo de esquela también se llama ***esquela mortuoria***.

esquelético, esquelética *[adj.]* que está tan delgado que se le notan todos los huesos: *una persona esquelética.* **SIN.** escuálido, muy flaco. **ANT.** gordo, obeso.

esqueleto *[n.m.]* conjunto de todos los huesos del cuerpo humano y del de muchos ani-

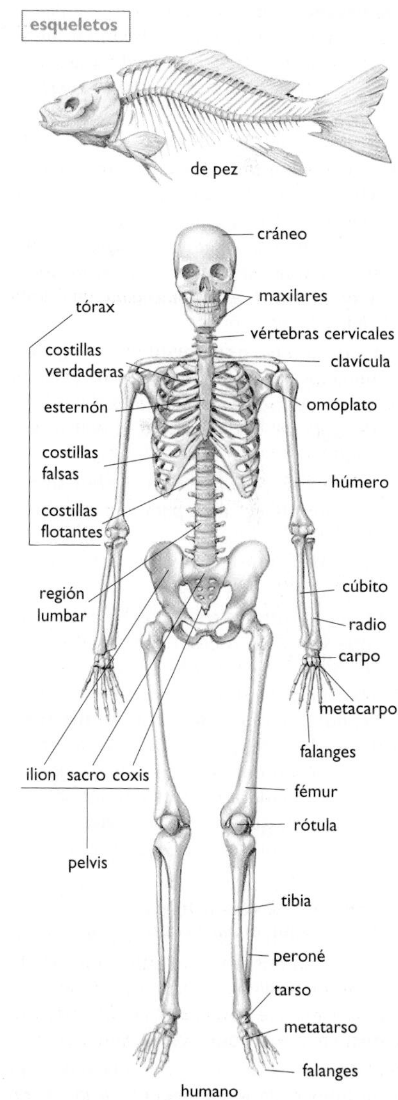

males. **AMPL.** los huesos del esqueleto están unidos entre sí por las ***articulaciones***, que funcionan como las bisagras de las puertas y permiten el movimiento de las distintas partes del cuerpo; los animales que tienen esqueleto con columna vertebral son ***animales vertebrados*** y los que no lo tienen, ***animales invertebrados***: *los peces, las jirafas y los pájaros son animales vertebrados y las abejas, los cangrejos y las esponjas, invertebrados*; el esqueleto de los peces está formado por espinas. **FAM.** esquelético.

esquema *[n.m.]* escrito que se hace con los datos más importantes de algo, para poder tener, en poco espacio, una idea general: *hizo un esquema de los reinados, las guerras y las fechas importantes de la Europa del siglo XVIII.* **SIN.** sinopsis, síntesis. **AF.** resumen. **FAM.** esquemático, esquematizar, esquemáticamente, esquematismo.

esquemático, esquemática *[adj.]* que sólo tiene los datos importantes y no los detalles: *un estudio esquemático de la literatura española del siglo XIX.* **SIN.** resumido, sintético. **ANT.** detallado.

esquematizar *[v.]* decir o escribir sólo lo más importante de algo: *para explicar algo en poco tiempo hay que esquematizar.* **SIN.** resumir, sintetizar. **OBS.** ante e, c: *esquematice.*

esquí *[n.m.]* 1 tabla larga y estrecha que va sujeta al pie calzado con unas botas especiales y que se usa para deslizarse por la nieve o por el agua. 2 deporte que consiste en deslizarse por la nieve sobre ese tipo de tablas: *un campeonato de esquí.* ■ **esquí acuático** o **náutico**, deporte que consiste en deslizarse por el agua sobre uno o dos esquís, agarrándose a una cuerda larga que está atada a un barco de motor que avanza a gran velocidad. **PL.** *esquíes* o *esquís.* **FAM.** esquiar, esquiador. **COMP.** telesquí.

esquiador, esquiadora *[n.]* persona que practica el esquí: *es buena esquiadora.*

esquiar *[v.]* practicar el esquí*: *todos los inviernos van a esquiar.*

esquilador, esquiladora *[n.]* persona que tiene por oficio esquilar* ganado.

esquilar *[v.]* cortar la lana o el pelo de algunos animales: *en verano esquilan a las ovejas.* **SIN.** trasquilar. **FAM.** esquilador, esquileo. **COMP.** trasquilar, trasquilador, trasquilón.

esquimal *[adj. y n.inv. en gén.]* 1 de las regiones que están cerca del Polo Norte, en las costas del océano Glacial Ártico (norte del Canadá, Groenlandia y norte de Asia): *vida esquimal; un niño esquimal; los esquimales tienen los ojos rasgados.* **AMPL.** las casas de hielo que usan se llaman ***iglús***. // **esquimal** *[n.m.]* 2 conjunto de las lenguas que hablan los pueblos que viven en las regiones cercanas al Polo Norte: *anorak y kajak son palabras que vienen del esquimal.*

esquina *[n.f.]* parte de fuera del sitio en que se unen dos paredes o dos bordes que forman ángulo. **OBS.** no es lo mismo que *rincón*, que es el espacio que queda dentro del ángulo que forman las paredes. **AF.** ángulo, arista. **FAM.** esquinazo, esquinar, esquinera.

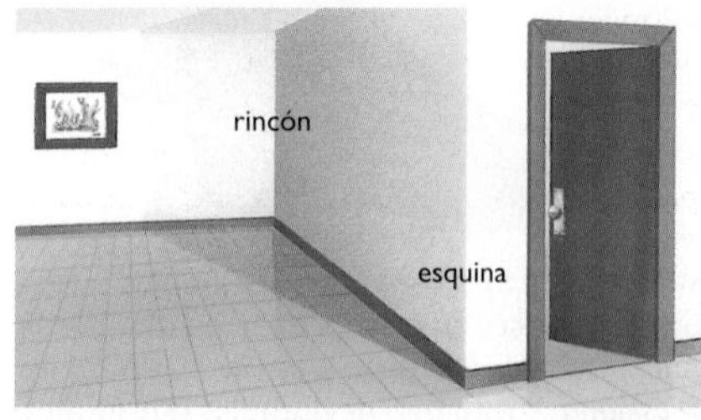

esquivar *[v.]* moverse para tratar de que a uno no lo alcance algo que puede ser peligroso o molesto, para no pasar por un sitio determinado o para no encontrarse con alguien: *se echó a un lado para esquivar la maceta que caía; se metió en una tienda para esquivar a su vecina.* **SIN.** evitar, rehuir, sortear. **ANT.** afrontar, enfrentarse a. **FAM.** esquivo, esquivez.

esquivo, esquiva *[adj.]* 1 que procura no tratar mucho a la gente, no dejar que los demás se enteren de sus cosas, no contestar a preguntas que no le gustan, etc.: *una persona esquiva.* **SIN.** huidizo. **AF.** huraño. 2 que demuestra que uno no quiere tratar algún asunto: *respuesta esquiva; actitud esquiva.*

esta *[adj.]* femenino singular del adjetivo demostrativo, que acompaña al nombre de una que está más cerca del que habla que del que escucha: *esta mujer; esta planta.* **GRAM.** tiene función de determinante*. **OBS.** como es adjetivo, nunca lleva acento.

ésta *[pron.]* femenino singular del pronombre demostrativo, que se refiere a la que está más cerca del que habla que del que del que escucha: *ésta te queda corta.* **OBS.** puede escribirse sin acento.

estabilidad *[n.f.]* característica propia de las cosas que no cambian (*estabilidad de los precios; estabilidad de carácter*) o que están bien sujetas o apoyadas de manera que no pueden moverse peligrosamente (*las patas fuertes dan estabilidad a la mesa*). **AF.** firmeza, equilibrio. **ANT.** inestabilidad.

estabilizador *[n.m.]* mecanismo que llevan los aviones y los barcos para mantener el equilibrio y evitar que vuelquen o se caigan.

estabilizar *[v.]* hacer lo necesario para que algo sea estable*: *estabilizó la temperatura de la caldera.* **AF.** equilibrar, fijar. **ANT.** desestabilizar. TAMBIÉN *prnl.: las temperaturas se han estabilizado; los precios se estabilizarán después de Navidad.* **ANT.** variar, cambiar. **OBS.** ante e, c: *estabilice.*

estable *[adj.inv. en gén.]* 1 que no cambia: *precios estables; tiempo estable; tiene un humor muy estable.* **SIN.** invariable, constante, inmutable. **ANT.** variable, cambiante, inestable. 2 que es difícil que se mueva de manera que corra peligro: *los coches grandes son más estables que los pequeños.* **ANT.** inestable. **FAM.** estabilidad, estabilizar, estabilización, estabilizador, establemente. **COMP.** inestabilidad, inestable, desestabilizar.

establecer *[v.]* 1 decidir de qué manera, en qué condiciones o en qué momento se hará algo: *establecieron la fecha y la hora de la reunión; establecer las claúsulas de un contrato.* **SIN.** fijar, determinar, precisar. 2 decir lo que hay que hacer: *las normas establecen que hay que llegar a una hora determinada.* **SIN.** mandar. // **establecerse** *[v.prnl.]* 3 irse a vivir a un sitio con la intención de quedarse: *se establecieron en Granada hace 10 años.* **SIN.** afincarse. **AF.** instalarse. 4 empezar a trabajar en algo para ganarse la vida: *se estableció por su cuenta abriendo una librería.* **CONJUG.** como *crecer**. **FAM.** establecimiento. **COMP.** restablecer.

establecimiento *[n.m.]* local en el que la gente puede comprar cosas, tomar algo a cambio de dinero, etc.: *los quioscos, las tiendas, los supermercados y los bares son establecimientos.* **AMPL.** también se llaman ***establecimientos comerciales*** o ***establecimientos públicos***.

establo *[n.m.]* sitio con techo en el que se guardan animales cuadrúpedos de granja: *las vacas duermen en el establo.* **SIN.** cuadra. **AMPL.** los establos para caballos se llaman ***caballerizas***, los que son para cerdos, ***pocilgas***, ***porquerizas*** o ***cochiqueras*** y los de bueyes, ***boyeras***. **FAM.** ***estabular*** (criar en establos), estabulación.

estabular *[v.]* criar en establos: *han estabulado 200 vacas.* **FAM.** establo.

estaca *[n.f.]* 1 palo de madera acabado en punta para que se pueda clavar en suelo de tierra: *ató el caballo a una estaca que había junto a la cuadra.* 2 cualquier palo que se use como bastón o para atacar o defenderse: *los amenazó con una estaca.* **AF.** garrote. **FAM.** estacazo, estacada.

estacazo *[n.m.]* golpe dado con una estaca: *con unos cuantos estacazos hizo huir a los atracadores.* **SIN.** garrotazo*.

estación *[n.f.]* 1 cada uno de los cuatro periodos de tiempo en que se divide un año: *primavera, verano, otoño e invierno son las estaciones del año.* **AMPL.** las distintas estaciones se deben al movimiento que hace la Tierra alrededor del Sol (***movimiento de traslación***): la Tierra tarda un año en dar una vuelta completa y en este tiempo va cambiando su posición respecto al Sol; por eso, los rayos del Sol llegan a las distintas zonas de la Tierra con más o menos inclinación; a medida que cambia la inclinación van cambiando las estaciones: en un *hemisferio** es *verano* cuando a él llega más luz y más calor y es invierno cuando recibe menos luz y calor porque está más lejos del Sol; la primavera y el otoño empiezan en los ***equinoccios**** de primavera y de otoño y el verano y el invierno en los ***solsticios**** de verano y de invierno; en los polos sólo hay dos estaciones: seis meses de verano y seis meses de invierno. 2 edificio ante el que siempre paran los trenes para que los viajeros suban y bajen, o al que llegan y de donde salen los autobuses: *a lo largo de la vía que une la Coruña y Almería hay muchas estaciones.* **AMPL.** los sitios en los que paran los autobuses urbanos a lo largo de su recorrido se llaman ***paradas***. ■ **estación de servicio**, gasolinera.

a b c d e f g h i j k l m n ñ o p q r s t u v w x y z

ESTACIONES DEL AÑO					
		hemisferio norte		*hemisferio sur*	
nombre	*características*	*meses*	*empieza*	*meses*	*empieza*
INVIERNO	las temperaturas más bajas del año	enero, febrero y marzo (hasta el 19)	entre el 21 y el 22 de diciembre (**solsticio de invierno**)	julio, agosto y septiembre (hasta el 21)	entre el 21 y el 22 de junio (**solsticio de invierno**)
PRIMAVERA	temperaturas suaves; florecen los vegetales	abril, mayo y junio (hasta el 20)	entre el 20 y el 21 de marzo (**equinoccio* de primavera**)	octubre, noviembre y diciembre (hasta el 20)	entre el 22 y el 23 de septiembre (**equinoccio de primavera**)
VERANO	las temperaturas más altas del año; fructifican los vegetales	julio, agosto y septiembre (hasta el 21)	entre el 21 y el 22 de junio (**solsticio de verano**)	enero, febrero y marzo (hasta el 19)	entre el 21 y el 22 de diciembre (**solsticio de verano**)
OTOÑO	temperaturas suaves; los vegetales pierden las hojas (hasta el 20)	octubre, noviembre y diciembre	entre el 22 y el 23 de septiembre (**equinoccio de otoño**)	abril, mayo y junio (hasta el 20)	entre el 20 y el 21 de marzo (**equinoccio de otoño**)

FAM. estacional, estacionar, estacionamiento, estacionario.

estacionamiento *[n.m.]* sitio en la calle en el que está permitido aparcar vehículos: *está buscando un estacionamiento libre.* SIN. aparcamiento.

estacionar *[v.]* dejar un vehículo en un sitio: *no estaciones en los pasos de peatones; estacionó la moto sobre la acera.* SIN. aparcar.

estacionario, estacionaria *[adj.]* que sigue tal y como estaba, sin haber cambiado: *el tiempo será estacionario durante toda la semana.* SIN. invariable, fijo. ANT. variable, cambiante.

estadio *[n.m.]* 1 lugar preparado para celebrar competiciones deportivas y en el que hay una zona con asientos para los espectadores: *en los estadios olímpicos hay campo de fútbol, pistas de atletismo, vestuarios, oficinas, etc.* SIN. estadium. 2 cada una de las etapas que tiene que pasar algo hasta llegar a su desarrollo total: *entre un renacuajo y una rana hay varios estadios intermedios.* SIN. fase.

estadística *[n.f.]* 1 lo que se hace cuando se tiene en cuenta gran cantidad de datos sobre asuntos relacionados entre sí, para sacar determinadas conclusiones: *muchas estadísticas se hacen a partir de encuestas; una estadística del número de parados; una estadística de resultados escolares.* 2 ciencia que estudia la manera de recoger datos y analizarlos: *la estadística es una rama de las matemáticas.*

estado *[n.m.]* 1 manera de estar algo o alguien en un momento determinado: *su estado de salud es bueno; el mal estado de las carreteras puede provocar accidentes; el hielo es agua en estado sólido; el estado gaseoso de una materia impide cogerla con las manos.* 2 conjunto de territorios y personas que están bajo un mismo gobierno y unas mismas leyes: *gran parte de la Península Ibérica pertenece al Estado español.* SIN. país, nación. ■ **estado civil**, forma de vivir legalmente, con o sin pareja. ■ **estar en estado**, estar embarazada. ■ **golpe de estado**, VER *golpe*. FAM. estatal, ***estadista*** (persona experta en cuestiones de Estado), estadística, estadístico, estadísticamente.

estadounidense *[adj.inv. en gén.]* de Estados Unidos, país de América del Norte cuya capital es Washington: *la moneda estadounidense es el dólar; un médico estadounidense; una estadounidense.* SIN. yanqui*. OBS. es un error usar *norteamericano* como sinónimo de *estadounidense*, porque los *canadienses* también son norteamericanos.

estafa *[n.f.]* lo que comete quien engaña a alguien para sacarle dinero u otro tipo de beneficios: *el "timo de la estampita" es un tipo de estafa.*

estafador, estafadora *[n.]* persona que roba a otra engañándola y haciendo que crea lo que no es: *un estafador le vendió un reloj dorado como si fuera de oro.* SIN. timador. AF. ladrón, embaucador.

estafar *[v.]* engañar a alguien para cobrarle más de lo debido o robarle: *quiso estafarlo cobrándole doce euros de más.* SIN. timar. AF. embaucar, robar. FAM. estafa, estafador.

estafeta *[n.f.]* oficina de correos que hay en algunos barrios de las ciudades.

estalactita *[n.f.]* parte del techo de algunas cuevas que cuelga como si fuera un chorro de agua petrificado. AMPL. como el interior de las cuevas rezuma mucha humedad, ésta se concentra y va cayendo, lenta y constantemente, en forma de gotas; cuando el agua de estas gotas se evapora, quedan, unos sobre otros, los restos de cal y de sal que contenía cada una, formando las *estalactitas*; las gotas que llegan al suelo y se hacen sólidas unas sobre otras, van formando una especie de columnas que se llaman ***estalagmitas***.

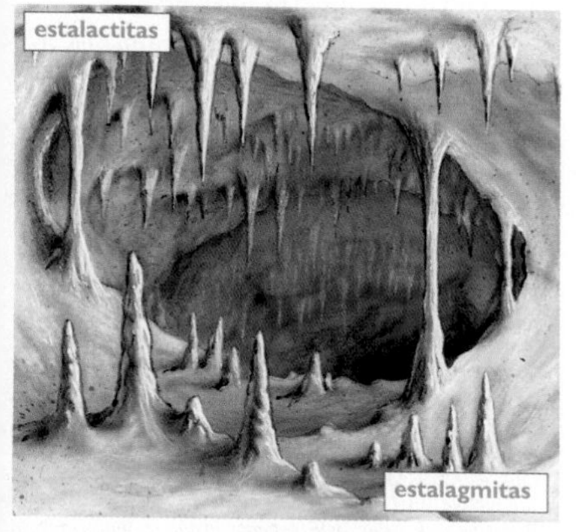

estalagmita *[n.f.]* VER *estalactita.*

estallar *[v.]* 1 romperse la parte exterior de algo, de manera que se sale lo que tiene dentro: *el balón estalló porque la rueda del camión le pasó por encima.* SIN. reventar, explotar. 2 romperse de repente algo frágil: *el agua hirviendo hizo estallar el vaso.* 3 empezar algo violento o ruidoso: *estallar una guerra; estallar una tormenta.* AF. empezar, producirse. 4 empezar, de repente y con ruidos, a hacer algo como reír o llorar: *miró a su hermano y estallaron en carcajadas.* FAM. estallido. COMP. restallar, restallido.

estallido *[n.m.]* hecho de que algo estalle, y ruido que produce: *el estallido de la tormenta los cogió en pleno bosque* (SIN. inicio, principio); *lo despertó el estallido de los cohetes* (SIN. estampido, estampida).

estambre *[n.m.]* cada uno de los filamentos (especie de hilos), que hay dentro de las flores y forman el órgano reproductor masculino de la planta. AMPL. en la punta de los estambres, que se llama ***antera***, se forma el ***polen****.

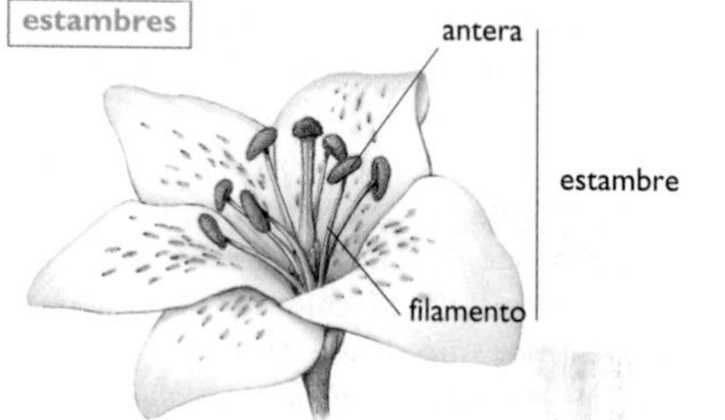

estampa *[n.f.]* trozo de papel o de cartón que tiene impreso un dibujo o una imagen, especialmente si se trata de imágenes religiosas: *colecciona estampas de santos.* FAM. estampilla, estampillar, estampado, estampación, estampar, estampida, estampido.

estampado, estampada *[adj.]* 1 de dos o más colores que forman dibujos: *una tela estampada; el papel de la pared es estampado.* AF. pintado. // **estampado** *[n.m.]* 2 conjunto de dibujos que forman los colores de un material decorado: *los estampados de flores suelen ser alegres.*

estampar *[v.]* imprimir dibujos o colores sobre un material: *estampar una tela.* FAM. estampa.

estampido *[n.m.]* ruido muy fuerte y seco que se oye cuando hay una explosión: *el estampido de los fuegos artificiales se oía en todo el pueblo.* SIN. estallido, estampida.

estancarse *[v.prnl.]* 1 quedarse en un sitio y no pasar a otro, un líquido o cualquier otra cosa: *el agua se estanca al llegar a la presa.* 2 no saber cómo seguir con algo que se está haciendo: *se estancó en el quinto nombre porque no se sabía la lista de memoria.* **OBS.** ante e, qu: *se estanque.* **FAM.** estancamiento, estanque, estanco, estanquero.

estancia *[n.f.]* 1 habitación que tiene algo especial, por ser grande, lujosa, usarse para actos importantes, etc.: *las estancias de un palacio.* **SIN.** cámara, sala. 2 tiempo que se pasa viviendo en un sitio: *su estancia en el hotel será de una semana; fue una estancia muy agradable.* **SIN.** permanencia.

estanco *[n.m.]* tienda en la que se venden cerillas, tabaco, encendedores, sellos y algunos impresos oficiales.

estándar *[adj.inv. en gén.]* que está hecho como todos los demás, sin tener nada distinto o especial: *un modelo estándar de automóvil.*

estandarte *[n.m.]* especie de bandera con el emblema o el escudo que distingue a los militares de caballería, a un grupo religioso, una institución, etc., y que suele ser cuadrado o rectangular y llevarse colgado de una barra horizontal por uno de sus bordes: *en la procesión sacan el estandarte de la parroquia.* **AF.** enseña, bandera.

estanque *[n.m.]* especie de piscina más o menos profunda que se suele construir en los parques para adornar, para que el ambiente sea menos caluroso en verano, etc.: *en el centro del estanque hay una fuente; es un estanque tan grande que se puede pasear en barca.* **AMPL.** una especie de estanque construido en una finca para almacenar agua para el riego se llama ***alberca***.

estanquero, estanquera *[n.]* persona que tiene un estanco o que atiende un estanco.

estante *[n.m.]* especie de tabla plana colocada horizontalmente en un mueble o en la pared para colocar cosas encima: *una librería con diez estantes.* **SIN.** balda*. **FAM.** estantería.

estantería *[n.f.]* mueble sin puertas y con varios estantes. **SIN.** librería.

estaño *[n.m.]* metal de color gris oscuro plateado que sirve, entre otras cosas, para hacer soldaduras, fabricar recipientes y forrar objetos. **FAM.** estañar, estañero, estannífero. **COMP.** restañar.

estar *[v.]* 1 vivir, existir o hallarse en el lugar o situación que se dice (*Barcelona está en España; su casa está en Soria; ha estado en el cine; estamos a cinco grados bajo cero; estamos a siete de agosto*) o con quien se dice (*está con sus abuelos*). 2 ser durante un tiempo (o de una manera determinada) algo que no se es siempre: *estar enfermo, cansado, dormido...; no está para bromas; el jersey le está estrecho; está de niñera; está de exámenes.* **GRAM.** funciona como verbo *copulativo* y forma parte del predicado* nominal. ■ **estar de más**, no ser necesario (*ese mueble ahí está de más*) o no tener que hacer (*estaba de más y salió a pasear*). ■ **estar en todo**, darse cuenta de todo lo que pasa, de si hace falta algo, de si hay algo que solucionar, etc. ■ **estar por ver**, no estar muy claro cómo va a ser algo o si se va a hacer o no. ■ **estar a la que salta**, estar al tanto para no dejar escapar ninguna de las oportunidades que se puedan presentar para conseguir algo bueno. ■ **estar a bien** o **estar a mal**, llevarse bien o mal con alguien. ■ **estar bien** o **estar mal de** algo, tener lo suficiente o no tenerlo: *está bien de salud; está mal de dinero.* **FAM.** estancia, estado, estatal, estadista, estatua, estatura, estatuto, estatutario.

estas *[adj.]* femenino plural del adjetivo demostrativo. VER *este* (acepción 3).

CONJUGACIÓN DEL VERBO ESTAR

Formas no personales
Infinitivo: *estar*. Gerundio: *estando*. Participio: *estado*.
Indicativo
Presente: *estoy, estás, está, estamos, estáis, están.*
Pretérito imperfecto: *estaba, estabas, estaba, estábamos, estabais, estaban.*
Pretérito perfecto simple: *estuve, estuviste, estuvo, estuvimos, estuvisteis, estuvieron.*
Futuro: *estaré, estarás, estará, estaremos, estaréis, estarán.*
Condicional simple: *estaría, estarías, estaría, estaríamos, estaríais, estarían.*
Subjuntivo
Presente: *esté, estés, esté, estemos, estéis, estén.*
Pretérito imperfecto: *estuviera/ estuviese, estuvieras/ estuvieses, estuviera/ estuviese, estuviéramos/ estuviésemos, estuvierais/ estuvieseis, estuvieran/ estuviesen.*
Futuro: *estuviere, estuvieres, estuviere, estuviéremos, estuviereis, estuvieren.*
Imperativo:
está, esté, estemos, estad, estén.

éstas *[pron.]* femenino plural del pronombre demostrativo. VER *éste.*

estatal *[adj.inv. en gén.]* que lo administra el estado y depende de él y no es de ninguna persona en particular: *colegios estatales; un hospital estatal; una empresa estatal.* **SIN.** público. **ANT.** privado, particular.

estático, estática *[adj.]* que está completamente quieto, sin moverse nada: *el actor se quedó un rato estático.* **SIN.** parado, quieto, inmóvil. **ANT.** dinámico.

estatua *[n.f.]* escultura grande de piedra, de bronce, etc., que representa algo o a alguien que existe o que ha existido en la realidad: *en el colegio hay una estatua del fundador.* **SIN.** escultura. **AMPL.** cuando se representa algo que no existe en la realidad, no se llama *estatua* sino ***escultura***.

estatura *[n.f.]* lo que mide una persona entre la planta de los pies y la parte más alta de la cabeza: *su estatura es normal para su edad.* **SIN.** altura. **AF.** talla. **AMPL.** lo que mide un animal de los pies a la cabeza no se llama *estatura* sino ***altura***; la altura de las caballerías también se llama ***alzada***.

estatuto *[n.m.]* cada una de las normas de funcionamiento de una asociación, un club, un colegio, etc. que deben cumplir todos los que pertenecen a él: *los estatutos de una comunidad de vecinos.* ■ **estatuto de autonomía**, conjunto de las leyes dictadas por el Estado para que una comunidad autónoma sea gobernada de acuerdo con él.

este *[n.m.]* 1 parte del horizonte por donde el Sol aparece cuando empieza el día. **SIN.** levante, oriente, naciente. **ANT.** oeste, poniente. // **este** *[adj.inv. en gén.]* 2 que está situado en el espacio correspondiente a este punto cardinal u orientado hacia él: *el lado este de la ciudad; la fachada este de la catedral.* **SIN.** oriental. // **este** *[adj.]* 3 que está aquí, cerca del que habla: *este bolígrafo es mío.* **GRAM.** es la forma de masculino singular del adjetivo demostrativo, tiene función de determinante* y su plural es *estos.* **OBS.** como es adjetivo, nunca lleva acento.

éste *[pron.]* el que está aquí, cerca de quien habla: *éste es el mejor.* **GRAM.** es la forma de masculino singular del pronombre demostrativo, cuyo plural es *éstos.* **OBS.** puede ir sin acento.

estela *[n.f.]* rastro que deja por donde pasa, en el aire o en el agua, algo que se mueve: *el avión dejó una estela blanca.*

estelar *[adj.inv. en gén.]* 1 de las estrellas: *un viaje estelar.* 2 que destaca sobre los demás: *los protagonistas se encargan de los papeles estelares.* **SIN.** principal, importante, central. **ANT.** secundario, irrelevante.

estepa *[n.f.]* zona grande de tierra llana, seca y con poca vegetación (sólo algunos arbustos y matorrales): *en Siberia hay grandes estepas.* **FAM.** estepario.

estercolero *[n.m.]* sitio al aire libre en el que se va amontonando excremento de animales. **SIN.** muladar. **FAM.** estiércol.

estéril *[adj.inv. en gén.]* 1 hablando de terrenos, que no da frutos porque es muy seco, no tiene las sustancias necesarias para que los vegetales se alimenten, etc.: *una tierra con muchas rocas es estéril.* **SIN.** improductivo, yermo. **ANT.** fértil, productivo, fructífero. 2 que no puede tener hijos: *una persona estéril.* **SIN.** infecundo. **ANT.** fecundo, fértil. 3 que está desinfectado y no tiene gérmenes perjudiciales para la salud: *los quirófanos deben ser salas estériles.* **SIN.** aséptico. **ANT.** infectado. **FAM.** esterilizar, esterilidad, esterilizador, esterilización.

esterilizador *[n.m.]* aparato que sirve para desinfectar y matar los microbios de los utensilios que usan los médicos, de los biberones de los niños y de todas las cosas que puedan transmitir enfermedades: *el médico metió sus instrumentos en el esterilizador.*

esterilizar *[v.]* 1 conseguir, por medios médicos, que una persona o un animal no pueda tener hijos: *el veterinario esterilizó a la gata.* **AF.** capar, castrar. **ANT.** fertilizar. 2 desinfectar: *esterilizó el chupete hirviéndolo en agua.* **ANT.** infectar. **OBS.** ante e, c: *esterilice.*

esternón *[n.m.]* hueso alargado y plano del pecho al que están unidas las diez primeras costillas. **PL.** *esternones.*

estética *[n.f.]* ciencia que estudia la belleza y el arte: *estudia estética.* **FAM.** esteticismo, esteticista, estético. **COMP.** antiestético.

estético, estética *[adj.]* que es agradable a la vista y está hecho o colocado con buen gusto: *con pocos muebles hizo un conjunto muy estético.* **SIN.** bello, artístico, bonito. **AF.** decorativo. **ANT.** anitestético, feo.

estetoscopio *[n.m.]* aparato que consiste en un tubo rígido acabado en forma de trompetilla y sirve para poder oír con claridad los latidos del corazón y los demás sonidos del pecho de las personas: *en el despacho del médico había un estetoscopio.* **AMPL.** actualmente, para auscultar a los enfermos se usa el ***fonendoscopio***, porque permite escuchar los sonidos por los dos oídos a la vez.

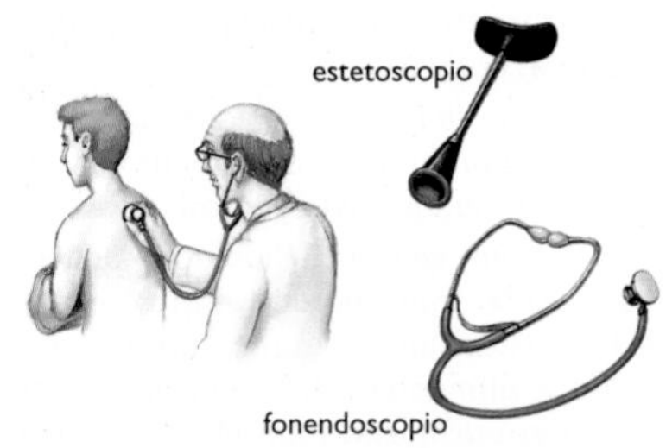

estiaje *[n.m.]* nivel más bajo al que descienden las aguas de un río, lago, etc. a causa de la sequía y tiempo que se mantienen en ese nivel.

estiércol *[n.m.]* **1** excremento de los animales: *el estiércol se usa como abono.* **2** abono preparado con materias naturales descompuestas: *compró un saco de estiércol para la huerta.* **SIN.** abono. **FAM.** estercolero.

estigma *[n.m.]* parte de arriba del pistilo* de las flores y que recoge el polen.

estilizado, estilizada *[adj.]* alto, delgado y bien proporcionado: *una estatua estilizada.* **SIN.** esbelto.

estilo *[n.m.]* **1** conjunto formado por las características de una cosa y que hace que tenga el aspecto que tiene o que sea como es: *una casa de estilo antiguo; su estilo de vida ha cambiado desde que trabaja.* **2** conjunto de los gustos y las costumbres de una persona y que demuestra en su manera de vestir, de vivir, de comportarse, de hablar, de tratar a los demás, etc.: *tiene un estilo muy vulgar.* **3** conjunto de las características particulares de las obras de un artista determinado, de una época determinada, etc., y que, normalmente, permite que mirando cualquier obra se sepa quién es su autor, a qué época o escuela pertenece, etc.: *muchos cuadros de Dalí son de estilo surrealista; estilo gótico; estilo renacentista.* ■ **por el estilo**, muy parecido. ■ **tener estilo**, tener buen gusto o estar hecho con buen gusto. **FAM.** estilista, estilismo, estilarse, ***estilizado*** (esbelto), estilización, estilizar.

estilográfica *[n.f.]* instrumento pensado para escribir con la tinta que lleva dentro. **SIN.** pluma, pluma estilográfica.

estima *[n.f.]* cariño, aprecio*: *siente estima por sus vecinos; le tiene mucha estima a su colección de sellos; tiene en gran estima su vieja cazadora.*

estimación *[n.f.]* lo que se hace para decidir lo que uno cree que vale algo: *están haciendo la estimación de los daños de la tormenta.* **SIN.** valoración, evaluación, tasación.

estimar *[v.]* **1** parecerle a uno que algo tiene valor o importancia: *estima la amistad; sintió perder el anillo que tanto estimaba.* **SIN.** valorar, apreciar. **AF.** considerar. **ANT.** despreciar. **2** sentir aprecio* por alguien: *estima a sus vecinos.* **SIN.** apreciar, sentir afecto por. **ANT.** despreciar, menospreciar. **3** parecerle a uno que algo es de determinada manera: *estimó que tu trabajo estaba muy bien hecho; estimo que debes esforzarte más.* **SIN.** considerar, creer, opinar. **FAM.** estima, estimación, estimable, estimado. **COMP.** desestimar, inestimable, sobreestimar, subestimar.

estimular *[v.]* animar a alguien a hacer algo, a que siga haciéndolo o a que lo haga mejor: *la promesa de unas vacaciones lo estimuló a trabajar más.* **SIN.** alentar, incitar. **ANT.** desanimar.

estímulo *[n.m.]* lo que anima a alguien a hacer algo, a seguir haciéndolo o a hacerlo mejor: *el premio le sirvió de estímulo para seguir pintando.* **SIN.** aliciente, acicate, incentivo. **ANT.** freno. **FAM.** estimular, estimulante, estimulación.

estío *[n.m.]* verano: *el estío es caluroso.* **SIN.** canícula. **ANT.** invierno. **FAM.** estival, estiaje.

estirar *[v.]* **1** tirar de algo para que deje de estar arrugado, doblado, encogido, enrollado, etc.: *estira el cable del teléfono.* **SIN.** extender. **AF.** desplegar, tensar. **ANT.** encoger, doblar. **2** hacer que algo sea más largo o que dure más: *estirar una goma; estirar el dinero.* // **estirarse** *[v.prnl.]* 3 poner tensos los músculos, extendiendo los brazos y todo el cuerpo a la vez: *se estiró sentado en la cama.* **SIN.** desperezarse. ■ **estirar las piernas**, ponerse de pie, o andar, después de haber estado mucho rato en la misma posición. **FAM.** estirón, estiramiento, tirar.

estirón *[n.m.]* 1 acción por la que alguien estira algo de golpe: *de un estirón le colocó el hueso dislocado.* **SIN.** tirón. 2 crecimiento rápido de algo y especialmente de una persona en edad de crecer: *este invierno ha dado un estirón.* **PL.** *estirones.*

estirpe *[n.f.]* linaje*.

estival *[adj.inv. en gén.]* del verano: *los días estivales son los más largos y calurosos del año.* **SIN.** veraniego.

esto *[pron.]* lo que está aquí, cerca de quien habla, o lo que se está viendo, haciendo o tratando en el momento en que se habla: *¿qué hace aquí esto?; esto no tiene nada que ver con lo que estamos diciendo.* **GRAM.** es el neutro singular del pronombre demostrativo. **OBS.** como no existe el adjetivo neutro, este pronombre nunca se acentúa.

estofado *[n.m.]* plato de carne o de pescado que se cocina con aceite, cebolla, ajo, vino o vinagre y especias, durante bastante tiempo y a fuego lento: *un estofado de ternera.* **FAM.** estofar.

estomacal *[adj.inv. en gén.]* del estómago*: *dolor estomacal.* **SIN.** gástrico.

estómago *[n.m.]* parte más ancha del tubo digestivo que tiene forma de bolsa y está entre el esófago y el intestino. **AMPL.** se encarga de mezclar y descomponer los alimentos por medio de unos jugos que produce y que se llaman ***jugos gástricos***; los alimentos salen del estómago transformados en una especie de papilla que se llama ***quimo***. **FAM.** estomacal, estomagar, estomagante.

estop manera de pronunciar en español la palabra inglesa *stop**. **FAM.** autostop, autostopista.

estoque *[n.m.]* espada estrecha que usan los toreros para matar al toro. **FAM.** estocada, estoquear.

estorbar *[v.]* estar algo o alguien de manera que algo resulte más difícil de hacer o de conseguir o que resulte más incómodo: *la multitud estorbaba el paso de los coches.* **SIN.** dificultar, entorpecer, obstaculizar. **ANT.** facilitar, ayudar. **FAM.** estorbo.

estorbo *[n.m.]* cualquier cosa o persona que hace que algo sea más difícil de hacer o de conseguir o que resulte más incómodo: *no encontró ningún estorbo en su camino.* **SIN.** impedimento, dificultad, obstáculo. **ANT.** ayuda, facilidad.

estornudar *[v.]* echar el aire de los pulmones por la nariz y por la boca, con fuerza, de repente y por un movimiento involuntario: *está constipado y no para de estornudar.* **FAM.** estornudo.

estornudo *[n.m.]* lo que se hace cuando se estornuda.

estos *[adj.]* masculino plural del adjetivo demostrativo, que acompaña al nombre de unos que están más cerca del que habla que del que escucha: *estos sillones; estos niños.* **GRAM.** tiene función de determinante* y su singular es *este.* **OBS.** como es adjetivo, nunca lleva acento.

éstos *[pron.]* masculino plural del pronombre demostrativo, que se refiere a los que están más cerca del que habla que del que escucha (*ponla sobre éstos; enséñaselo a éstos*) y cuyo singular es *éste.* **OBS.** puede escribirse sin acento.

estrabismo *[n.f.]* problema de la vista que consiste en que los dos ojos no se dirigen en la misma dirección.

estrafalario, estrafalaria *[adj.]* que es tan raro que llama mucho la atención: *una persona estrafalaria; un atuendo estrafalario.* **SIN.** extravagante*. **FAM.** estrafalariamente.

estrago *[n.m.]* consecuencias muy perjudiciales de algo que sufren las personas o las cosas: *el pueblo tardará en olvidar los estragos de la guerra; el alcoholismo produce estragos en la salud y las drogas hacen estragos entre los jóvenes.* **AF.** destrucción, devastación, ruina, catástrofe.

estragón *[n.m.]* hierba aromática de tallos delgados y flores pequeñas y amarillentas que se usa como condimento en la cocina.

estrambótico, estrambótica *[adj.]* extravagante*: *llevaba un sombrero estrambótico.* **FAM.** estrambóticamente.

estrangular *[v.]* matar a una persona o a un animal apretándole el cuello hasta que deje de respirar: *lo estrangularon con una bufanda.* **AF.** ahogar. **FAM.** estrangulador, estrangulación, estrangulamiento.

estratagema *[n.f.]* plan que se hace para conseguir lo que uno quiere, cuando es necesaria la actuación de alguien que puede salir perjudicado y que no debe enterarse de lo que uno intenta: *una estratagema militar para vencer al enemigo; ideó una estratagema para enterarse de la preguntas del examen.* **SIN.** ardid, treta. **AF.** artimaña, maniobra, engaño, trampa.

estrategia *[n.f.]* plan que se hace para que algo salga o funcione como uno quiere: *en las academias militares se estudian distintas estrategias bélicas; el entrenador cambió la estrategia de juego; una estrategia de ventas.* **SIN.** táctica. **AF.** maniobra. **FAM.** estratega, estratégico, estratagema.

estratosfera *[n.f.]* capa más alta de la atmósfera que rodea la Tierra, que está entre la troposfera y la mesosfera, entre los 12 y los 100 kilómetros de altura.

estrechamiento *[n.m.]* acción por la que algo se hace más estrecho (*el estrechamiento de la falda le llevó poco tiempo*) y parte más estrecha de algo: *en un estrechamiento de la carretera no se puede parar.* **ANT.** ensanchamiento.

estrechar *[v.]* **1** hacer que algo quede menos ancho: *han estrechado la acera; adelgazó y tuvo que estrechar la ropa.* **SIN.** reducir. **AF.** ceñir, ajustar, encoger. **ANT.** ensanchar, dilatar, ampliar. **2** hacer que algo sea más intenso: *durante el verano estrecharon su amistad.* **3** hacer que no haya distancia (o que haya menos de la que había) entre unas personas o cosas y otras: *estrecha los libros para que quepan todos en ese estante; se saludaron estrechándose las manos.* **SIN.** apretar. **ANT.** separar, distanciar. TAMBIÉN *prnl.: se estrecharon un poco para hacerle un sitio.*

estrechez *[n.f.]* **1** lo que tienen las cosas que son estrechas (o menos anchas de lo necesario), por serlo: *la estrechez del pasillo dificulta el paso.* **ANT.** anchura. **2** lo que pasa quien no tiene lo necesario para vivir: *cuando estuvo en paro pasó muchas estrecheces.* **SIN.** escasez, privación. **ANT.** abundancia, comodidad. **PL.** *estrecheces.*

estrecho, estrecha *[adj.]* **1** que tiene poca anchura o menos anchura de la que se necesita: *un camino estrecho* (**SIN.** angosto. **ANT.** ancho); *esta falda es estrecha para ti.* (**ANT.** ancho, amplio, holgado). **2** hablando de la relación entre personas, que la hay con mucho trato y mucha confianza: *tiene una estrecha relación con sus compañeros; los une una estrecha amistad.* **SIN.** íntimo. **ANT.** distante. // **estrecho** *[n.m.]* **3** trozo de mar que hay entre dos tierras y que comunica dos mares: *la distancia más corta entre Europa y África está en el estrecho de Gibraltar, y entre Asia y América, en el estrecho de Bering.* **AMPL.** algunos estrechos se llaman ***pasos*** (*el paso de Calais está entre Inglaterra y Francia*) y otros, especialmente los que ha hecho el hombre, ***canales*** (*el canal de Panamá comunica el mar Caribe y el océano Pacífico*). **FAM.** estrechar, estrechez, estrechamiento, estrechamente, estrechura.

estrella *[n.f.]* **1** cualquier astro que tiene luz propia: *se pasa horas mirando las estrellas.* **SIN.** lucero. **2** dibujo con que representamos estos astros: *la categoría de los hoteles se indica con estrellas.* **3** personaje o artista muy famoso que tiene mucho éxito en su trabajo: *Elvis Presley fue una estrella de la música rock.* ■ **estrella de mar**, animal que vive en el mar y tiene el cuerpo aplanado con la forma parecida a la representación que hacemos de las estrellas de cinco puntas (que son los brazos del animal). ■ **estrella fugaz**, la que se ve, solo un momento, cruzando el cielo a gran velocidad. ■ **tener buena estrella** o **haber nacido con estrella**, tener buena suerte en la vida. ■ **ver las estrellas**, sentir un dolor muy fuerte. **FAM.** estrellar, estrellado, estelar.

estrellar *[v.]* hacer que algo se choque con fuerza contra algo: *estrelló la hucha contra el suelo.* TAMBIÉN *prnl.: el camión se estrelló contra un árbol.*

estremecer *[v.]* 1 hacer que algo tiemble: *la explosión estremeció todo el edificio.* **AF.** trepidar. 2 causar una impresión muy fuerte: *el trágico accidente estremeció a todos.* **SIN.** conmover, impresionar, sobrecoger. TAMBIÉN *prnl.: se estremeció al oír los gritos de socorro.* **CONJUG.** como *crecer**. **FAM.** estremecedor, estremecimiento.

estrenar *[v.]* 1 usar algo por primera vez: *el primer día de clase estrenará la cartera.* 2 representar por primera vez un espectáculo o poner por primera vez una película: *Els Joglars estrenaron "Ubú president" en Barcelona; la película "Casablanca" se estrenó en 1942.* // **estrenarse** *[v.prnl.]* 3 empezar a hacer algo que uno no ha hecho nunca: *mañana se estrena como camarero.* **SIN.** debutar. **FAM.** estreno.

estreno *[n.m.]* lo que se hace cuando se usa algo por primera vez, cuando se representa por primera vez una obra de teatro o se pone una película en el cine por primera vez: *celebraron el estreno de la nueva casa; está al tanto de todos los estrenos de cine.*

estreñimiento *[n.m.]* lo que le pasa a quien tiene dificultad para evacuar los excrementos sólidos: *toma zumo de naranja para evitar el estreñimiento.*

estreñir *[v.]* hacer que resulte difícil evacuar los excrementos sólidos: *comer zanahorias estriñe.* **FAM.** estreñimiento, estreñido.

estrépito *[n.m.]* ruido muy fuerte: *cuando se estrelló el coche se oyó un gran estrépito.* **SIN.** estruendo. **ANT.** silencio. **FAM.** estrepitoso, estrepitosamente.

estrepitoso, estrepitosa *[adj.]* que se oye tanto que molesta o asusta: *música estrepitosa; un ruido estrepitoso.*

estrés *[n.m.]* nerviosismo intenso que tiene quien quiere hacer más cosas de las que puede.

estribillo *[n.m.]* verso o conjunto de versos que se repite varias veces en un poema o en una canción, normalmente al final de cada estrofa*: *la canción tiene un estribillo muy pegadizo.* **SIN.** bordón.

estribo *[n.m.]* 1 pieza que cuelga de la silla de los caballos y que sirve para que la persona que se monta pueda apoyar el pie. **SIN.** estribera. 2 especie de escalón que hay en algunos vehículos para que sea más fácil subir a ellos: *al abrir la puerta del autobús, el estribo se desplaza hacia fuera.* ■ **perder los estribos**, ponerse tan nervioso o enfadado que uno llega a hacer cosas que normalmente no haría. **FAM.** estribar, estribación, estribillo.

estribor *[n.m.]* parte derecha de un barco, si se mira de atrás a adelante: *¡tierra a estribor!* **ANT.** babor.

estricto, estricta *[adj.]* 1 que se hace (o debe cumplirse) exactamente como debe hacerse: *le resulta difícil cumplir normas tan estrictas.* **SIN.** riguroso. **AF.** preciso, exacto. 2 que no permite que las cosas no se hagan como deben hacerse: *un profesor muy estricto.* **SIN.** severo*. **FAM.** estrictamente, estrictez.

estridente *[adj.inv. en gén.]* hablando de sonidos, que es tan agudo que molesta: *de la trompeta salía un sonido estridente.* **AF.** penetrante, chirriante. **ANT.** armonioso. **FAM.** estridencia, estridentemente.

estrofa *[n.f.]* cada uno de los conjuntos de versos que forman una composición poética y tienen una unidad de rima: *un soneto es una composición de cuatro estrofas.* **AMPL.** si una estrofa determinada se repite varias veces dentro de un poema o una canción, se llama ***estribillo***: *es una canción de tres estrofas y un estribillo que se repite dos veces*; cuando un verso es de ***arte mayor*** (más de 8 sílabas), la rima se representa con mayúscula y cuando es de ***arte menor*** (8 sílabas o menos), su rima se representa con letras minúsculas. (VER p. 416.)

estropajo *[n.m.]* manojo de hilos vegetales, sintéticos o metálicos que se usa para frotar cuando se quiere quitar la suciedad que está pegada o incrustada: *un estropajo de esparto.* **FAM.** estropajoso.

estropear *[v.]* 1 hacer que algo deje de servir para lo que servía o deje de estar en buenas condiciones: *el calor estropeó la carne; el agua ha estropeado los libros.* **SIN.** deteriorar, dañar. **AF.** averiar, inutilizar. **ANT.** arreglar. TAMBIÉN *prnl.: la lavadora se ha estropeado.* 2 hacer que algo no sea tan bonito o tan bueno como era o como tenía que ser: *la lluvia estro-*

TIPOS DE ESTROFAS			
NOMBRE DE LA ESTROFA	NÚMERO DE VERSOS	NÚMERO DE SÍLABAS	TIPO DE RIMA
PAREADO	2	arte mayor	AA, consonante
ALELUYA	2	arte menor	aa, asonante
TERCETO	3	11	ABA, consonante
TERCETILLO O SOLEÁ	3	arte menor	aba, asonante
CUARTETO	4	arte mayor	ABBA, consonante
SERVENTESIO	4	11	ABAB, consonante
CUADERNA VÍA	4	14	AAAA, asonante
REDONDILLA	4	8	abba, consonante
COPLA	4	8	abcb, asonante
CUARTETA	4	8	abab, consonante
SEGUIDILLA	4	2 de 7 y 2 de 5	abcb, asonante
QUINTETO	5	arte mayor	ABBAB, consonante
QUINTILLA	5	arte menor	abbab, consonante
SEXTILLA	6	arte menor	aabccb, consonante
SEXTINA	6	11	ABABCC, consonante
OCTAVA	8	12	ABBA ACCA/ABAB BCCB, consonante
OCTAVA REAL	8	11	ABABABCC, consonante
OCTAVA ITALIANA	8	6 de 11 y 2 de 7	ABBé CDDé, consonante
OCTAVILLA	8	arte menor	abbé cddé, consonante
COPLA DE ARTE MAYOR	8	arte mayor	ABBCDEEC, consonante
COPLA DE ARTE MENOR	8	arte menor	abbcdeec, consonante
DÉCIMA O ESPINELA	10	8	abbaaccddc, consonante

peó el concierto al aire libre; su rabieta estropeó la fiesta. **SIN.** arruinar. **ANT.** mejorar. **OBS.** e + e = ee: *estropeen.* **FAM.** estropicio, estropeado.

estructura *[n.f.]* **1** parte interior y más fuerte que sujeta el conjunto de algo: *la estructura del edificio es de hormigón.* **SIN.** armazón, esqueleto. **2** manera de estar ordenadas las distintas partes de una cosa: *la estructura de una novela.* **SIN.** organización. **FAM.** estructurar, estructuración, estructural, estructuralista, estructuralismo. **COMP.** infraestructura, superestructura.

estruendo *[n.m.]* ruido muy fuerte: *se pone nervioso con el estruendo de la tormenta.* **SIN.** estrépito. **ANT.** silencio. **FAM.** estruendoso, estruendosamente.

estrujar *[v.]* **1** apretar algo con tanta fuerza que queda deformado: *estrujó los papeles y los tiró a la papelera; estruja bien la naranja para sacarle todo el zumo.* **AF.** comprimir. **2** tratar de sacar el máximo provecho de algo o de alguien: *se estrujó la mente hasta dar con la fórmula adecuada.* **FAM.** estrujón, estrujamiento.

estuario *[n.m.]* lo que forma un río caudaloso cuando, al desembocar en el mar, se ensancha tanto que las mareas hacen que el

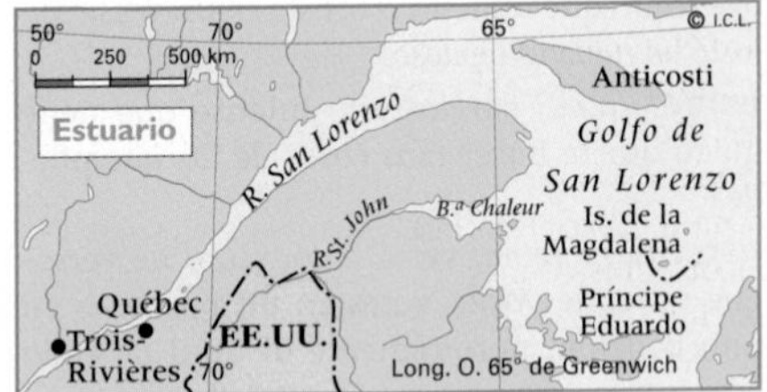

Estuario del río San Lorenzo, en Canadá.

agua del mar se mezcle con la del río: *el estuario que forma el Tajo se llama "mar de la Paja".*

estuche *[n.m.]* objeto hecho con la forma, el tamaño y el material adecuado para guardar dentro algo de manera que quede protegido: *el estuche de unas gafas; el estuche de un violín* (**SIN.** funda)*; un estuche de compases* (**SIN.** caja). **AMPL.** el estuche pensado para llevar los lapiceros, las plumas, etc., que se necesitan para los trabajos escolares también se llama ***plumier***. **FAM.** estuchar, estuchado.

estudiante *[n.inv. en gén.]* persona que se dedica a estudiar: *los estudiantes tienen más de dos meses de vacaciones; una estudiante de medicina.* **AMPL.** es ***escolar*** el estudiante que va a la escuela (*los escolares llevan muchos libros*), ***colegial***, la persona que vive o estudia en un colegio (*los padres de los colegiales asistieron a la fiesta*), ***alumno***, la que asiste a un centro de enseñanza (*es alumno de una academia de baile*) y ***alumno*** o ***discípulo***, la que tiene a alguien como profesor o como maestro (*le dio las notas a sus alumnos*).

estudiar *[v.]* **1** leer algo para entenderlo y aprenderlo: *estudió historia durante dos horas.* **2** estar matriculado en un centro de enseñanza para aprender lo que allí se enseña: *estudia 3º de Primaria en un colegio público.* **SIN.** cursar. **3** dedicarse a tratar de conocer y de aprender todo lo que uno pueda de un asunto determinado: *estudia las enfermedades de las plantas.* **SIN.** investigar. **4** pensar en un asunto para llegar a entenderlo, descubrir problemas, ventajas e inconvenientes, encontrar soluciones, etc.: *está estudiando la posibilidad de montar un negocio.* **SIN.** analizar.

estudio *[n.m.]* **1** actividad por la que una persona llega a entender y a aprender algo: *dedica mucho tiempo al estudio.* **AF.** aprendizaje, instrucción. **2** lo que se hace para enterarse de cómo es algo, de las posibilidades que hay, los problemas, las ventajas, los inconvenientes, etc.: *hizo un estudio de las preferencias del grupo; el estudio de la situación nos permitirá encontrar soluciones.* **SIN.** análisis, examen. **AF.** reconocimiento, observación. **3** habitación (u oficina) en la que se estudia o se trabaja: *hace los deberes en el estudio de su padre; el estudio del pintor está en una buhardilla; han abierto un estudio de arquitectura.* **SIN.** despacho. **AF.** oficina, taller. **4** lugar preparado para grabar películas y programas de televisión: *en este estudio graban algunos concursos.* **FAM.** estudiar, estudiante, estudioso, estudiantil, estudiantina.

estudioso, estudiosa *[adj.]* **1** que estudia mucho: *un alumno estudioso.* **2** que se dedica a estudiar algún asunto: *una persona estudiosa de los animales.* TAMBIÉN *n.*: *un congreso de estudiosos del cine.*

estufa *[n.f.]* aparato que produce calor y sirve para calentar una habitación: *una estufa eléctrica; una estufa de gas; estufa de leña.* **AMPL.** una instalación que calienta una casa o un edificio entero es una ***calefacción*** y cada uno de los aparatos que forman parte de ella y dan calor en zonas concretas es un ***radiador***.

estupefaciente *[n.m.]* droga.

estupefacto, estupefacta *[adj.]* que se ha quedado tan sorprendido que no sabe qué hacer o qué decir: *su visita nos dejó estupefactos.* **SIN.** perplejo*. **FAM.** estupefacción, ***estupefaciente*** (droga).

estupendo, estupenda *[adj.]* muy bueno: *una película estupenda; un día estupendo; hace un tiempo estupendo.* **SIN.** buenísimo, excelente, magnífico, espléndido, soberbio, formidable, fenomenal, colosal, bárbaro, fabuloso, fantástico, sensacional. **AF.** extraordinario, excepcional, genial, maravilloso, superior, insuperable, inmejorable, único, óptimo. **ANT.** malísimo, pésimo, horrible. **FAM.** estupendamente.

estupidez *[n.f.]* **1** lo que se nota en las personas a las que le cuesta mucho entender y darse cuenta de las cosas: *perdieron la partida por su estupidez.* **SIN.** torpeza, necedad, simpleza. **ANT.** agudeza, sagacidad, inteligencia. **2** bobada*: *las historias de monstruos son estupideces.* **PL.** *estupideces.* **FAM.** estúpido, estúpidamente.

estúpido, estúpida *[adj.]* **1** que es poco inteligente: *no lo entiende porque es un poco estúpido.* **SIN.** bobo* (acepción 1). **2** que demuestra poca inteligencia: *un comportamiento estúpido; es estúpido que trate de engañarnos.* **SIN.** tonto, necio, idiota, de bobos, de imbéciles, de majaderos. **ANT.COM.** inteligente, agudo, sagaz.

estupor *[n.m.]* lo que siente quien se asusta tanto por algo malo e inesperado que no puede pensar y actuar normalmente: *sintió estupor al ver la catástrofe.*

esturión *[n.m.]* pez grande que vive en el mar, es de color gris con pintas negras en el lomo y el vientre blanco y puede llegar a medir hasta cinco metros de largo y a pesar hasta 200 kilos. **PL.** *esturiones.*

esturión

etapa *[n.f.]* **1** camino que se recorre de una vez, sin hacer paradas: *cada etapa es de 100 kilómetros.* **SIN.** trayecto. **2** cada uno de los períodos de tiempo que pasa una persona dedicándose a algo o de una manera determinada (*etapa escolar; la adolescencia es una etapa de cambio*), o en que una cosa es o está de una manera determinada (*fue una etapa buena para la economía nacional*). **SIN.** fase, época.

etc. abreviatura de la palabra *etcétera**.

etcétera expresión latina que significa "y lo demás" y se usa para indicar que se refiere uno a todo aunque no se diga: *peral, manzano, ciruelo, membrillo, etcétera son nombres de frutales.* **AMPL.** suele usarse su abreviatura, que es ***etc.***

éter *[n.m.]* líquido transparente que tiene olor muy fuerte y sabor picante. **FAM.** etéreo.

eternidad *[n.f.]* **1** lo que tienen las cosas que no empiezan ni acaban en ningún sitio o en ningún momento: *la eternidad del universo.* **SIN.** infinitud. **2** período de tiempo que es (o que nos parece) muy largo: *el examen duró una eternidad.*

eterno, eterna *[adj.]* **1** que no tiene principio ni fin: *la vida no es eterna.* **SIN.** infinito, inacabable, interminable. **ANT.** caduco, finito, efímero. **2** que dura mucho tiempo: *en la tienda le dijeron que ese reloj sería eterno.* **SIN.** indestructible, imperecedero. **ANT.** perecedero, temporal. **FAM.** eternidad, eternizar, eternamente, eternal, eternalmente.

ética *[n.f.]* parte de la filosofía* que estudia el comportamiento humano y trata de dar las normas morales que deben tenerse en cuenta para vivir. **FAM.** éticamente.

etimología *[n.f.]* historia del origen y la formación de una palabra y estudio del origen y la formación de las palabras.

etiqueta *[n.f.]* **1** trozo de papel, cartón, tela, etc. que se pone en algunas cosas para que se sepan determinados datos: *según la etiqueta, esta prenda no se puede lavar; puso en la mochila una etiqueta con su nombre.* **2** conjunto de normas que hay que seguir en algunas ceremonias y actos sociales elegantes: *la etiqueta obliga a servir la mesa por la derecha.* **SIN.** protocolo, ceremonial. ■ **de etiqueta**, del tipo necesario para asistir a determinadas ceremonias: *traje de etiqueta; iba vestido de etiqueta.* **SIN.** de gala. **FAM.** etiquetar, etiquetado.

eucalipto *[n.m.]* árbol muy alto que procede de Australia, tiene el tronco derecho, la copa con forma de cono, hojas que huelen bien y flores amarillas.

eucalipto

eucaristía *[n.f.]* sacramento por el que, en la religión católica, el sacerdote convierte pan y vino en el cuerpo y la sangre de Cristo. **FAM.** eucarístico.

euforia *[n.f.]* mucha alegría: *la buena noticia le produjo euforia.* **SIN.** júbilo, alborozo. **FAM.** eufórico, eufóricamente.

euro *[n.m.]* moneda creada para sustituir a las de los países europeos de la Unión Económica Monetaria.

europeo, europea *[adj. y n.]* de Europa, uno de los cinco continentes de la Tierra: *España es un país europeo; la mayoría de los europeos son blancos.* **FAM.** Europa, europeización, europeizar, europeizante, europeísmo, europeísta.

eusquera *[n.m.]* lengua que se habla en el País Vasco: *es bilbaíno y habla eusquera y español.*

evacuación *[n.f.]* lo que se hace para sacar o hacer salir a todas las personas de un sitio en que corren peligro: *ante la amenaza de bomba, ordenaron la evacuación del edificio.* **SIN.** desalojo.

evacuar *[v.]* **1** hacer que salgan todas las personas que hay en un sitio porque pueden sufrir algún daño o porque están heridos o enfermos: *cuando estalló la tormenta evacuaron a los campistas.* **SIN.** desalojar. **AF.** trasladar. **2** expulsar los excrementos por el ano. **SIN.** defecar, cagar (uso familiar). **FAM.** evacuación, evacuatorio, evacuativo.

evadir *[v.]* **1** escapar de un peligro, un compromiso, una incomodidad, etc. o de algo que uno no quiere hacer: *consiguió evadir el bache; lo buscan por evadir impuestos.* **SIN.** librarse de. **AF.** eludir, rehuir, evitar, esquivar. **ANT.** afrontar, enfrentarse a. // **evadirse** *[v.prnl.]* **2** escaparse de un sitio: *varios presos se evadieron de la cárcel.* **SIN.** fugarse, huir. **3** librarse de algo: *no pudo evadirse de pagar impuestos.* **SIN.** librarse, escabullirse.

evaluación *[n.f.]* **1** lo que se hace para llegar a saber cuánto vale algo: *la evaluación de las pérdidas de una empresa; la evaluación de los daños producidos por un ciclón.* **SIN.** valoración, tasación. **2** lo que se hace para valorar, poniendo una nota, lo que ha aprendido un estudiante durante un trimestre o durante todo un curso: *este examen no cuenta para la evaluación final; aprobó todas las evaluaciones.* **SIN.** calificación, puntuación.

evaluar *[v.]* calcular lo que vale algo o lo que uno cree que puede valer: *es pronto para evaluar los efectos de la sequía.* **SIN.** valorar, tasar. **ACENT.** como *actuar**. **FAM.** evaluación, evaluador, valor.

evangélico, evangélica *[adj.]* del Evangelio, que es la historia de la vida y las enseñanzas de Jesucristo: *escritos evangélicos; enseñanzas evangélicas.* **FAM.** evangelio, evangelizar, evangelista, evangelización, evangelizador.

evangelista *[n.m.]* cada uno de los cuatro apóstoles que escribieron los cuatro evangelios: *los evangelistas son Mateo, Marcos, Lucas y Juan.*

evaporación *[n.f.]* lo que pasa al convertirse un líquido en vapor: *la sal marina se obtiene por la evaporación del agua del mar.*

evaporar *[v.]* convertir un líquido en vapor: *el calor del sol evapora el agua.* **SIN.** vaporizar. TAMBIÉN *prnl.: el alcohol se evapora en contacto con el aire.* **FAM.** evaporación, vapor.

evaporizar *[v.]* convertir un líquido en vapor por la acción del calor. **SIN.** evaporar, vaporizar. **OBS.** ante e, c: *evaporicen.*

evasión *[n.f.]* 1 lo que se hace para escapar de un sitio (*la evasión de los presos se produjo al amanecer.* **SIN.** fuga, huida), o para librarse de algo incómodo, perjudicial, agobiante o que uno no quiere hacer (*evasión de impuestos*). 2 cosa que sirve para que uno se olvide de las preocupaciones o los problemas: *el cine le sirve de evasión; cuando se trabaja mucho se necesitan ratos de evasión.* **SIN.** distracción, expansión, distensión, esparcimiento, solaz. **AF.** entretenimiento, diversión, recreo. **FAM.** evasor, ***evasiva*** (disculpa para no enfrentarse a algo), evasivo, evasivamente, evadir.

evasiva *[n.f.]* disculpa que pone alguien para no enfrentarse a algo que no le gusta o no le interesa: *le propusieron un negocio y contestó con evasivas.* **FAM.** evasión, evadir.

eventual *[adj.inv. en gén.]* que no es algo fijo, sino para un tiempo más o menos corto: *trabajo eventual; alojamiento eventual.* **SIN.** temporal, ocasional, provisional. **ANT.** fijo. **FAM.** evento, eventualidad, eventualmente.

evidente *[adj.inv. en gén.]* que se ve a simple vista con toda claridad, sin necesidad de explicaciones o averiguaciones: *para ella, era evidente que no convenía hacerlo.* **SIN.** claro, patente, obvio, manifiesto. **AF.** indudable, innegable, indiscutible. **ANT.** dudoso, incierto. **FAM.** evidencia, evidentemente, evidenciar, ver.

evitar *[v.]* 1 conseguir que algo no pase: *las lluvias evitan que se sequen los pantanos.* **SIN.** impedir. **ANT.** provocar, favorecer. 2 hacer lo posible para librarse de algo o de alguien que resulta molesto o peligroso: *no le caen bien y evita encontrarse con ellos; debes evitar coger frío.* **SIN.** rehuir. **AF.** esquivar, eludir. **ANT.** procurar, intentar. **FAM.** evitable. **COMP.** inevitable.

evocar *[v.]* 1 acordarse de tiempos pasados: *pasaron la tarde evocando aventuras de su infancia.* **SIN.** rememorar, recordar. **AF.** revivir. 2 hacer que alguien recuerde cosas del pasado: *este olor me evoca momentos familiares.* **SIN.** recordar, traer a la memoria. **OBS.** ante e, qu: *evoquen.* **FAM.** evocación, evocador, evocativo, voz.

evolución *[n.f.]* conjunto de los cambios que se van produciendo en algo o en alguien: *la evolución de la moda; la evolución de la sociedad a través de la historia; la evolución de una enfermedad; la evolución de su personalidad ha sido muy positiva.* **SIN.** cambio, transformación, modificación. **AMPL.** cuando la evolución hace que algo sea mejor, más completo o más perfecto, también se llama ***desarrollo, progreso, avance*** o ***adelantos***; si es perjudicial, ***retroceso*** o ***involución***. **FAM.** evolucionar, evolucionismo, evolucionista, evolutivo, volver. **COMP.** involución, involucionismo, circunvolución.

evolucionar *[v.]* ir cambiando: *la informática ha evolucionado mucho en los últimos años; evolucionar una enfermedad.* **SIN.** progresar, avanzar, desarrollarse.

ex- prefijo que significa *fuera* (*excéntrico*) o *sin* (*exculpado* = sin culpa).

ex *[prep.]* indica que lo que se dice ya no es: *ex presidente; ex marido.*

exabrupto *[n.m.]* dicho o hecho que resulta brusco e inoportuno: *le contestó con un exabrupto.*

exactitud *[n.f.]* característica que hace que digamos que algo es exacto*: *la exactitud de un peso; la exactitud con que un reloj marca la hora; la exactitud de una respuesta.* **SIN.** precisión.

ANT. inexactitud, imprecisión. ■ **con exactitud**, seguro, sin ninguna duda ni error. **SIN.** exactamente.

exacto, exacta *[adj.]* **1** que es lo que se dice, sin que sobre ni falte nada: *quiero un kilo exacto; el reloj marca la hora exacta.* **SIN.** justo, cabal. **ANT.** inexacto. **2** que coincide por completo con lo que se dice (*el lugar exacto está marcado en el mapa; entérate de la hora exacta de llegada*) o se corresponde, punto por punto, con algo (*le dio la respuesta exacta; es una copia exacta del original*). **SIN.** preciso, justo. **ANT.** impreciso, inexacto. **FAM.** exactitud, exactamente. **COMP.** inexacto.

exageración *[n.f.]* característica que hace que digamos que algo es exagerado (*no me gusta la exageración con que cuenta las cosas*), y cosa que resulta exagerada (*le pareció una exageración pagar tanto por ese juego.* **SIN.** exceso, desmesura, despropósito).

exagerado, exagerada *[adj.]* **1** que hace que las cosas parezcan más importantes o más grandes de lo que son en realidad: *es tan exagerado que nadie cree lo que cuenta.* TAMBIÉN *n.: es un exagerado cuando dice que puede ganar a todos.* **ANT.** exacto, preciso. **2** que es mucho más grande, más alto, más caro, etc. de lo que hace falta o de lo que sería lógico o normal: *un gasto exagerado; un precio exagerado; un número exagerado de personas.* **SIN.** excesivo*.

exagerar *[v.]* hacer que algo parezca más importante o más grande de lo que es en realidad: *exageró al decir que había pescado un atún de diez metros.* **AF.** abultar, hinchar **ANT.** ponderar. **FAM.** exageración, exagerado.

exágono *[n.m.]* hexágono*.

exagonal *[adj.inv. en gén.]* hexagonal*.

exaltar *[v.]* **1** hablar con entusiasmo de lo bueno que tiene alguien o algo, sin decir nada de lo malo que pueda tener: *exaltó las cualidades de su jefe; le gusta exaltar la belleza del paisaje.* **SIN.** enaltecer, ensalzar. **ANT.** despreciar. // **exaltarse** *[v.prnl.]* **2** ponerse nervioso y hablar fuerte, moverse, discutir, etc.: *se exalta cuando se enfada y cuando habla de lo que le gusta mucho.* **SIN.** alterarse, excitarse, acalorarse. **ANT.** tranquilizarse, calmarse, serenarse. **FAM.** exaltación, alto.

examen *[n.m.]* **1** lo que se hace para demostrarle a quien lo exige qué es lo que uno sabe sobre algo (*ya ha hecho el examen de historia*) o para enterarse uno de lo que otro sabe (*les puso un examen oral*). **SIN.** ejercicio, prueba. **2** lo que se hace para enterarse de cómo está algo o alguien o de cómo funciona algo: *un examen médico; el examen de un motor.* **SIN.** observación. **AF.** análisis, estudio, inspección. **PL.** *exámenes.*

examinador, examinadora *[n.]* persona encargada de hacer un examen: *el examinador le dijo que aparcara.*

examinar *[v.]* **1** preguntarle a alguien unas cuantas cosas (o decirle que haga algo) para que demuestre lo que sabe de algo: *el profesor los examinó de matemáticas.* TAMBIÉN *prnl.: se ha examinado para obtener el carnet de conducir.* **2** mirar algo o a alguien con atención para enterarse de cómo está, de cómo es, de lo que tiene o de cómo funciona: *examinar a un paciente; examinar un lugar.* **SIN.** observar. **AF.** estudiar, analizar, inspeccionar. **FAM.** examen, examinador, ***examinando*** (persona que se examina).

exánime *[adj.inv. en gén.]* **1** que está agotado, sin fuerzas: *llegó exánime a la cumbre.* **2** que se ha desmayado.

exasperar *[v.]* hacer que alguien se enfade mucho o que se ponga muy nervioso: *lo exaspera que pierdas el tiempo.* **SIN.** enfurecer*. TAMBIÉN *prnl.: se exaspera cuando no puede hacer lo que quiere.* **FAM.** exasperación, exasperante.

excavación *[n.f.]* lo que se hace para excavar* (*ya acabaron las excavaciones para construir el túnel*) y hoyo o agujero que queda cuando se ha excavado algo (*en las excavaciones arqueológicas se encuentran objetos del pasado*). **FAM.** excavar, excavadora, cavar.

excavadora *[n.f.]* máquina que se usa para excavar*: *hicieron el hoyo para la piscina con una excavadora.*

excavar *[v.]* quitar parte de lo que forma algo, para que quede un hueco: *el perro excavó el jardín buscando un hueso; para hacer el túnel excavaron la montaña.* **AF.** cavar, horadar.

exceder *[v.]* **1** ser más de lo posible, necesario o conveniente: *el número de persona excede la capacidad del local.* **SIN.** pasar, sobrepasar, rebasar. // **excederse** *[v.prnl.]* 2 hacer o decir algo de manera que resulta desproporcionado porque es más de lo que hace falta o de lo que sería lógico o normal: *se excedió con el castigo que les impuso; no te excedas en los gastos.* **SIN.** propasarse, extralimitarse. **FAM.** excedencia, excedente, exceso. **COMP.** sobreexceder.

excelente *[adj.inv. en gén.]* muy bueno: *un programa excelente; notas excelentes; una tela excelente; un trabajo excelente; una persona excelente.* **SIN.** estupendo*. **FAM.** excelencia, excelentísimo, excelso, excelsitud.

excéntrico, excéntrica *[adj.]* 1 que tiene una manera tan rara de ser, de vestir o de hacer las cosas, que llama mucho la atención: *es tan excéntrico que siempre duerme en una silla.* **SIN.** estrafalario, extravagante. **AF.** original. **ANT.** normal, corriente. 2 que tienen centros distintos: *circunferencias excéntricas.* **FAM.** excentricidad, excéntricamente, céntrico.

excepción *[n.f.]* 1 lo que, dentro de un conjunto de cosas del mismo tipo, es distinto de las demás: *las anomalías son excepciones.* **SIN.** rareza, anomalía. 2 lo que se hace como no se suele hacer o cuando no se suele hacer: *fue una excepción que salieran antes de la hora.* ■ **la excepción confirma la regla** significa que el que algo no cumpla una regla es una prueba de que la regla existe. **FAM.** excepcional, excepcionalmente, exceptuar.

excepcional *[adj.inv. en gén.]* 1 que se sale de lo normal: *tener un león como mascota es algo excepcional.* **SIN.** anómalo*. 2 tan bueno, que es mucho mejor que la mayoría: *una película excepcional.* **SIN.** extraordinario*.

excepto *[prep.]* todo menos lo que se dice o todos menos los que se dicen: *iremos todos excepto tú.* **SIN.** menos, salvo, a excepción de. **ANT.** incluso. **GRAM.** algunos diccionarios dicen que es adverbio, pero lonormal es que haga función preposicional.

exceptuar *[v.]* no tener en cuenta a la persona o la cosa que se dice, cuando se habla de un conjunto: *si exceptuamos estos zapatos, todos me hacen daño; exceptuando al pequeño, conozco a todos tus hermanos.* **SIN.** excluir, quitar. **AF.** omitir. **ANT.** incluir. **ACENT.** como *actuar**. **FAM.** excepto, excepción, exceptuación.

excesivo, excesiva *[adj.]* que es más de lo que hace falta o de lo que sería lógico o normal: *160 kilos es un peso excesivo para una persona; es un gasto excesivo para él.* **SIN.** exagerado, desmesurado, desmedido, desproporcionado, exorbitante, desorbitante. **ANT.** insuficiente, escaso.

exceso *[n.m.]* 1 lo que le sobra a algo porque, con ello, no es como convendría que fuera: *retiró el exceso de grasa de las lentejas; el exceso de datos estadísticos hizo que el discurso resultara aburrido.* **SIN.** sobra. **ANT.** escasez. 2 lo que hace alguien saliéndose de lo normal o de lo que suele hacer: *me parece un exceso gastar tanto en una fiesta de cumpleaños.* **SIN.** exageración, despropósito, desmesura. **FAM.** excesivo, excesivamente, exceder.

excitación *[n.f.]* lo que le pasa a quien se pone muy nervioso: *tomar mucho café produce excitación.* **SIN.** nerviosismo, agitación. **ANT.** tranquilidad, sosiego.

excitar *[v.]* hacer que alguien deje de estar tranquilo: *la promesa de una excursión excitó a los niños; el fuego excita a los animales.* **SIN.** alborotar, alterar. **ANT.** tranquilizar*. TAMBIÉN *prnl.: se excitó mucho con la buena noticia.* **FAM.** excitación, excitable, excitante, excitabilidad. **COMP.** incitar, sobreexcitar.

exclamación *[n.f.]* lo que se dice con voz más alta de lo normal y usando un tono especial para expresar alegría, sorpresa, enfado, etc.: *¡ay! es una exclamación de dolor.*

exclamar *[v.]* decir algo de una manera especial que indica alguna emoción o para llamar la atención sobre algo: *al verlo llegar exclamó "¡qué alegría!".* **FAM.** exclamación, exclamativo, exclamatorio.

excluir *[v.]* 1 no tener en cuenta a la persona o la cosa que se dice, cuando se habla de un conjunto: *han excluido a los mayores de 20 años; excluyendo el domingo, trabaja todos los días de la semana.* **SIN.** exceptuar, quitar. 2 no dejar que alguien forme parte de algo o que participe en algo: *excluyeron de la lista a todos los suspensos; lo ha excluido del concurso.* **AF.** eliminar, quitar, suprimir. **ANT.** incluir. **CONJUG.** como *huir**. **FAM.** excluyente, excluyentemente, exclusivo, exclusive, exclusivamente, exclusivismo, exclusivista.

exclusivo, exclusiva *[adj.]* que no hay otro de lo mismo o que no hay otro igual: *lo dijo con la exclusiva intención de ayudarte; el diseño de la mesa es exclusivo.* **SIN.** único. **AF.** especial.

excomulgar *[v.]* decidir la Iglesia que alguien ya no pertenece a ella. **OBS.** ante e, gu: *excomulgue.* **FAM.** excomunión, comunión.

excremento *[n.m.]* materia sólida que expulsa el organismo de las personas y los animales por el ano, después de hacer la digestión de los alimentos. **SIN.** heces. **FAM.** excretor, excretar.

excretar *[v.]* hacer salir los excrementos del organismo.

excursión *[n.f.]* paseo largo o viaje corto que se hace para conocer un sitio o para divertirse: *el domingo pasado hicieron una excursión al zoológico.* **FAM.** excursionista, excursionismo.

excursionista *[n.inv. en gén.]* persona que va de excursión: *unos excursionistas se perdieron en la montaña.*

excusa *[n.f.]* lo que se dice, sea verdad o no, para quedar bien y no hacer algo que uno no quiere hacer: *puso una excusa para no asistir a la fiesta; no encontró excusas a su mal comportamiento.* **SIN.** pretexto, disculpa. **AF.** justificación. ■ **pedir excusas**, excusarse, pedir perdón, disculparse*. **FAM.** excusar, excusable. **COMP.** inexcusable.

excusar *[v.]* 1 entender y olvidar algo malo que ha hecho alguien: *te ruego que me excuses.* **SIN.** disculpar, perdonar, dispensar. // **excusarse** *[v.prnl.]* 2 pedir perdón y dar explicaciones para que se entienda por qué se ha hecho algo que no gusta o perjudica a alguien: *se excusó por haber llegado tarde.* **SIN.** disculparse*.

exhalar *[v.]* despedir gases, olores o sonidos: *las flores exhalan perfume; la abuela exhaló un suspiro.*

exhausto, exhausta *[adj.]* muy cansado: *el esfuerzo la dejó exhausta.* **SIN.** agotado, extenuado.

exhibición *[n.f.]* lo que se hace para que la gente conozca un arte, un deporte, algún producto nuevo, etc. o para que se divierta viendo algo curioso, bonito o difícil de hacer: *una exhibición de gimnasia; una exhibición de trucos de magia.* **SIN.** demostración. **AF.** exposición, muestra.

exhibir *[v.]* 1 poner algo en un sitio para que la gente lo vea: *en los museos se exhiben obras de arte, objetos curiosos o de otras civilizaciones, etc.* **SIN.** exponer, mostrar, enseñar. 2 enseñarle a alguien algo que uno tiene (o que sabe hacer) y de lo que está orgulloso: *en todas las reuniones exhibe las medallas que ganó; el prestidigitador exhibió sus habilidades.* **SIN.** mostrar, enseñar. TAMBIÉN *prnl.: va al gimnasio para exhibirse porque se cree muy guapa.* **SIN.** presumir. **ANT.** esconder, ocultar. **FAM.** exhibición, exhibicionismo, exhibicionista.

exigencia *[n.f.]* lo que una persona le dice a otra que tiene que darle, porque cree que se lo merece o que le corresponde, o porque sabe que a la otra no le queda más remedio: *su primera exigencia fue que le dejaran las tardes libres; las exigencias de los secuestradores fueron muy precisas.* **SIN.** pretensión. **ANT.** concesión.

exigente *[adj.inv. en gén.]* que pide demasiado y no se conforma con cualquier cosa: *un jefe exigente; es exigente con los demás pero también se exige mucho a sí misma.* **SIN.** severo*.

exigir *[v.]* 1 pedir algo dando a entender que uno no está dispuesto a aceptar que se lo nieguen, porque cree que lo merece o que le corresponde o porque sabe que no tendrán más remedio que dárselo: *exigió que le devolvieran lo que le habían cobrado de más.* **SIN.** reclamar. **ANT.** renunciar a. 2 decirle a alguien que haga algo, sin dejarle la posibilidad de negarse: *le exigió que volviera inmediatamente.* **AF.** ordenar, mandar, imponer. **OBS.** ante a y o, j: *exijan, exijo.* **FAM.** exigencia, exigente, exigible, exigentemente.

exiliado, exiliada *[n.]* persona que se ha ido de su país porque no está de acuerdo con su régimen político o porque la persiguen las autoridades: *muchos exiliados volvieron cuando se instauró la democracia.* **SIN.** expatriado. TAMBIÉN *adj.: después de la guerra civil había muchas personas exiliadas.* **AMPL.** los que se van porque las autoridades de su país los obligan a irse son ***desterrados***.

exiliar *[v.]* 1 expulsar a alguien de su país porque quien gobierna piensa que es su enemigo: *el rey exilió al Cid Campeador.* **SIN.** desterrar, expatriar, deportar. // **exiliarse** *[v.prnl.]*

2 irse a vivir a otro país por motivos políticos: *durante la dictadura mucha gente se exilió.* **FAM.** exilio, exiliado, exilado.

exilio *[n.m.]* lo que vive quien ha tenido que marcharse de su país porque no está de acuerdo con su gobierno o porque está perseguido por las autoridades: *su exilio duró diez años.* **SIN.** destierro, expatriación.

eximio, eximia *[adj.]* que es muy sabio, famoso e importante: *un eximio científico.* **SIN.** ilustre, eminente, insigne. **FAM.** eximir.

eximir *[v.]* permitir que alguien no cumpla lo que sería una obligación suya: *lo eximió de hacer el examen porque estaba enfermo.* **SIN.** liberar, dispensar. **ANT.** obligar a, exigir. **FAM.** exención, exento, eximente, ***eximio*** (ilustre).

existencia *[n.f.]* 1 tiempo que vive un ser desde que nace hasta que muere, o tiempo que dura una cosa: *dedicó su existencia a los demás; la existencia de los mosquitos es corta; este aparato ha tenido cinco años de existencia.* **SIN.** vida. 2 lo que tiene lo que existe, por el hecho de existir: *cree en la existencia de Dios; la existencia de tantas clases de insectos dificulta su estudio.* // **existencias** *[n.f.pl.]* 3 conjunto de los productos que hay en una tienda o en un almacén para ponerlos a la venta: *hicieron rebajas para agotar las existencias.* **SIN.** género, mercancía, artículos, productos.

existir *[v.]* formar parte de todo lo que hay en la realidad: *existen estrellas mucho más grandes que el Sol; no existe ningún genio de la lámpara; existen novelistas porque existen lectores de novelas.* **SIN.** haber. **FAM.** existencia, existente, existencialismo, existencialista. **COMP.** coexistir, inexistente, preexistir, preexistencia, preexistente, ***subsistir*** (seguir viviendo), subsistencia.

éxito *[n.m.]* 1 lo que se tiene por el hecho de gustarle a la gente o de que algo salga como uno quería que saliera: *es un cantante con mucho éxito entre los jóvenes; no tuvo éxito con el experimento; consiguió mucho éxito en su carrera.* 2 lo que consiguen las cosas que salen como se quería que salieran, o que le gustan a la gente y son buen negocio: *la llegada a la luna fue un éxito para la NASA; su experimento ha sido un éxito* (**SIN.** logro, victoria, triunfo. **ANT.** fracaso, chasco, descalabro)*; la película tuvo mucho éxito* (**AF.** acogida). **FAM.** exitoso, exitazo.

éxodo *[n.m.]* 1 lo que pasa cuando mucha gente se va de un sitio por razones de trabajo, de guerra, etc.: *el éxodo de los campesinos ha dejado casi vacíos los pueblos.* **SIN.** diáspora, huida, emigración. 2 salida temporal de mucha gente del lugar en que normalmente vive: *en vacaciones se produce el éxodo hacia las playas.* **SIN.** marcha, salida.

exorbitante *[adj.inv. en gén.]* exagerado, excesivo*: *un precio exorbitante.* **FAM.** exorbitar, órbita.

exótico, exótica *[adj.]* que llama la atención en un país porque procede de otro con clima, costumbres, cultura y gustos completamente distintos a los que uno está acostumbrado: *el koala es un animal exótico en España; la India es un país exótico para los europeos.* **AF.** insólito, lejano, extraño, extranjero. **ANT.** normal, autóctono. **FAM.** exotismo, exoticidad.

expandir *[v.]* 1 hacer que algo llegue a muchos sitios o a muchas personas: *los medios de comunicación expanden las noticias por todo el mundo; expandir una enfermedad.* **SIN.** extender, difundir, propagar. **AF.** divulgar, transmitir. TAMBIÉN *prnl.: la noticia se expandió por la ciudad.* 2 hacer que algo ocupe más espacio del que ocupaba: *la humedad expande la madera.* **SIN.** dilatar. **AF.** ampliar, agrandar. **ANT.** contraer, reducir. TAMBIÉN *prnl.: los cuerpos se expanden con el calor; un globo se expande si lo hinchas.*

expansión *[n.f.]* 1 hecho de que algo llegue a muchos sitios o a muchas personas: *la expansión de una enfermedad o de una noticia.* **SIN.** difusión, propagación. **ANT.** regresión. 2 hecho de que algo llegue a ocupar más espacio que antes: *la expansión de la ciudad se ha producido por la zona norte.* **SIN.** aumento, crecimiento, desarrollo, extensión. **ANT.** disminución, reducción. 3 distracción, evasión* (acepción 2): *tiene muy pocos ratos de expansión.* **FAM.** expandir, expansivo, expansionarse, expansionismo.

expatriar *[v.]* echar a uno de su patria. **SIN.** desterrar, exiliar, deportar. TAMBIÉN *prnl.: se expatrió por motivos políticos.* **SIN.** exiliarse. **FAM.** patria.

expedición *[n.f.]* 1 viaje que hace un grupo de personas para hacer estudios o investigaciones, para participar en alguna prueba deportiva, etc.: *la expedición de científicos saldrá mañana.* 2 acción necesaria para que algo vaya de un sitio a otro: *hizo la expedición del nuevo producto por ferrocarril.* **SIN.** envío. **FAM.** expedicionario, ***expedir*** (enviar algo, o hacer un documento), ***expediente*** (conjunto de documentos sobre algo o alguien), ***expeditivo*** (rápido y eficaz). **COMP.** reexpedir.

expediente *[n.m.]* conjunto de documentos sobre algo o sobre alguien.

expedir *[v.]* enviar algo o hacer un documento: *expedir un paquete.*

experiencia *[n.f.]* 1 lo que tiene en una actividad quien la conoce bien porque se ha dedicado bastante a ella: *adquirió mucha experiencia trabajando de aprendiz; tiene experiencia como vendedor.* **SIN.** práctica. **ANT.** inexperiencia. 2 lo que se vive intensamente y se recuerda durante mucho tiempo o le sirve a uno para aprender algo importante: *la muerte de un ser querido es una experiencia dolorosa; nos contó sus experiencias en la selva.* **SIN.** vivencia.

experimental *[adj.inv. en gén.]* 1 que se aprende con la práctica: *sigue un método experimental para aprender a tocar la guitarra.* **SIN.** práctico. **ANT.** teórico. 2 que se está probando para ver si resulta útil, ver las ventajas e inconvenientes, resolver los problemas que surjan, etc.: *este coche eléctrico es un modelo experimental.*

experimentar *[v.]* 1 hacer pruebas con algo para ver si su uso puede resultar útil: *están experimentando un nuevo sistema de comunicación.* **SIN.** probar, ensayar, hacer experimentos con. 2 sentir una emoción, una sensación, un cambio de situación o de estado, etc.: *no experimenta ningún placer con ese tipo de distracciones; experimentar tristeza, alegría, dolor...; el enfermo ha experimentado una notable mejoría.* **SIN.** tener, sentir, notar, percibir. **FAM.** experimento, experimentación, experimental, experimentalmente, experto, expertamente, experiencia*. **COMP.** inexperiencia*.

experimento *[n.m.]* lo que se hace para ver si algo funciona, si puede ser útil, qué resultados produce, cómo reacciona con otras sustancias o en unas condiciones determinadas, etc.: *el experimento del nuevo avión ha sido un éxito; un experimento con sustancias químicas.* **SIN.** ensayo, prueba.

experto, experta *[adj.]* que sabe mucho de algo porque lo ha estudiado a fondo o porque lo ha practicado: *es un mecánico experto; un médico experto en enfermedades del corazón.* **SIN.** experimentado, entendido, conocedor, especialista, ducho. **ANT.** inexperto. TAMBIÉN *n.*: *pregúntaselo a un experto en Historia.*

expirar *[v.]* 1 morir: *expiró en el hospital.* **SIN.** fallecer, fenecer, finar. **ANT.** nacer. 2 acabarse algo, sobre todo el tiempo que se tiene para hacer algo: *el plazo de matrícula expira el viernes.* **SIN.** terminar, concluir, finalizar. **ANT.** empezar, comenzar. **FAM.** expiración.

explanada *[n.f.]* terreno llano: *delante de la plaza de toros hay una gran explanada.* **FAM.** explanar, explanación, plano.

explayar *[v.]* 1 hacer más ancho un espacio. // **explayarse** *[v.prnl.]* 2 desahogarse hablando libremente: *se explayó con su hermano contándole lo que le pasaba.*

explicación *[n.f.]* lo que se dice o se hace para que algo se entienda: *su explicación fue suficiente para que los muchachos se dieran cuenta del funcionamiento del motor de explosión; los castigó sin dar explicaciones; le pidió una explicación sobre su comportamiento.* **AF.** aclaración, exposición.

explicar *[v.]* 1 decir o hacer lo necesario para que algo se entienda: *explicó el funcionamiento de la máquina; no quiso explicar su retraso.* **AF.** aclarar, exponer. // **explicarse** *[v.prnl.]* 2 llegar a entender algo: *no se explica cómo pudieron entrar sin ser vistos.* **SIN.** comprender, entender. **OBS.** ante e, qu: *expliquen.* **FAM.** explicación, explicable, explicativo, explícito, explícitamente. **COMP.** inexplicable.

explícito, explícita *[adj.]* que se dice con toda claridad o que se expresa con toda claridad: *lo venden con notas explícitas sobre su funcionamiento; fue muy explícito en cuanto a las condiciones que pensaba poner.* **SIN.** claro, manifiesto. **ANT.** implícito.

exploración *[n.f.]* lo que se hace, mirando con atención, para enterarse de algo, descubrir algo o conocer algo: *el médico le hizo una exploración de los pulmones; procedieron a la exploración de la cueva.* **SIN.** inspección, reconocimiento, examen. **AF.** sondeo, observación.

explorador, exploradora *[n.]* persona que se dedica a recorrer algunos lugares para conocerlos bien o tratar de descubrir cosas nuevas: *varios exploradores se adentraron en la selva.*

explorar *[v.]* mirar algo atentamente para conocerlo bien, descubrir algo nuevo o saber cómo es o cómo está: *los astronautas exploran el espacio.* **SIN.** reconocer, examinar. **AF.** observar, inspeccionar. **FAM.** exploración, explorador. **COMP.** inexplorado.

explosión *[n.f.]* 1 hecho de que la parte exterior de algo se rompa con violencia, de manera que lo que tiene dentro salga con mucha fuerza y haciendo muchísimo ruido: *la explosión del depósito de gasolina no produjo heridos.* 2 hecho de que alguien exprese, de repente, un sentimiento: *una explosión de alegría.* **FAM.** explosivo, explosionar.

explosionar *[v.]* hacer explosión*: *explosionar una bomba.* **OBS.** con este sentido se usa también el verbo *explotar*, pero es más correcto usar *explosionar.*

explosivo, explosiva *[adj.]* que puede hacer explosión*: *la dinamita es una sustancia explosiva.* TAMBIÉN *n.m.: en las fábricas de explosivos hay muchas medidas de seguridad para evitar accidentes.*

explotación *[n.f.]* 1 industria que se monta para ganar dinero aprovechando los productos que hay en la naturaleza: *la explotación de una mina; una explotación ganadera; la explotación de los bosques.* **SIN.** aprovechamiento, industria. 2 situación que vive una persona cuando otra la obliga a hacer algo sin pagarle lo que corresponde: *a finales del siglo XIX muchos niños eran sometidos a explotación obligados a trabajar en minas.*

explotar *[v.]* 1 tratar de ganar dinero trabajando los productos que hay en la naturaleza: *vendiendo madera se explotan los bosques.* **SIN.** aprovechar, sacar provecho de. 2 reventar, estallar*: *todos los globos explotaron a la vez.* 3 obligar a alguien a hacer más de lo que debería hacer por lo que se le paga: *explotar a un empleado.* **AF.** abusar de. **FAM.** explotación, explotador, explotable.

exponer *[v.]* 1 poner algo en un sitio para que la gente lo vea: *muchos artistas exponen sus obras en galerías de arte; en los escaparates de las tiendas se exponen los productos que están a la venta.* **SIN.** exhibir, mostrar. **AF.** presentar. 2 hablar en público sobre algún tema: *el profesor expuso su teoría.* **AF.** explicar, expresar. 3 hacer que algo o alguien esté en peligro o que quede de manera que algo pueda afectarle: *expuso sus ahorros en una apuesta; si expones los cojines a los rayos del Sol, perderán el color.* **SIN.** arriesgar. **ANT.** asegurar. TAMBIÉN *prnl.: no te expongas a corrientes de aire.* **CONJUG.** como *poner**. **FAM.** exposición, expuesto, expositor, exponente, poner.

exportación *[n.f.]* hecho de que se vendan productos a un país extranjero y actividad de quien se dedica a eso: *exportación de aceite de oliva.* **AF.** venta. **ANT.** importación, compra.

exportar *[v.]* vender productos a países extranjeros: *España exporta juguetes.* **AF.** vender. **ANT.** importar, comprar. **FAM.** exportación, exportador, exportable, portar.

exposición *[n.f.]* hecho de que haya algo expuesto para ser visto o de que alguien exponga algo o se exponga a algo: *una exposición de fotografías antiguas* (**SIN.** exhibición, muestra); *la exposición de sus teorías produjo una fuerte discusión; la exposición prolongada a los rayos del Sol puede perjudicar la piel.*

expositor *[n.m.]* objeto o mueble especialmente pensado para colocar, de manera que se vea bien, un producto determinado: *el expositor de revistas está junto a la sección de libros.*

expresar *[v.]* hacer que alguien se entere de lo que uno piensa, de lo que uno siente o de lo que uno quiere que sepa: *con pocas palabras expresó su opinión; se dirigió a ella para expresarle su agradecimiento.* **SIN.** manifestar. **AF.** declarar, demostrar, exteriorizar, mostrar. TAMBIÉN *prnl.: los mudos se expresan con gestos; no sabe expresarse en inglés.* **SIN.** comunicarse, hablar. **FAM.** expresión, expresionismo, expresionista, expreso, expresivo, expresivamente, expresividad. **COMP.** inexpresivo.

expresión *[n.f.]* 1 característica que hace que se note cómo es una persona o qué le ocurre en un momento determinado: *su cara tiene una expresión muy pacífica; ese gesto es una expresión de dolor.* 2 palabra o frase con la que se quiere decir algo: *usa expresiones muy difíciles de entender.* **AF.** locución, dicho.

expresivo, expresiva *[adj.]* que hace que se noten con claridad los sentimientos, las sensaciones o lo que se quiere decir: *una persona expresiva; un gesto expresivo.* **SIN.** elocuente. **AF.** significativo. **ANT.** inexpresivo.

expreso, expresa *[adj.]* 1 que está escrito o dicho claramente para que no haya dudas: *dio órdenes expresas sobre la manera de hacerlo; fue con el expreso deseo de ayudarlos.* **SIN.** claro, explícito. **ANT.** tácito. // **expreso** *[n.m.]* 2 tren (o autobús de línea) que llega a su destino antes que los demás porque no hace paradas: *para llegar a tiempo cogió el expreso.* // **expreso** *[forma de verbo]* 3 participo irregular del verbo expresar, que casi no se usa.

exprimidor *[n.m.]* aparato especialmente pensado para sacar el zumo de las naranjas, los limones, los pomelos, etc.

exprimir *[v.]* 1 apretar algo para que salga el líquido que tiene dentro: *exprimir naranjas; antes de sacar la bolsita de manzanilla, exprímela bien con la cucharilla.* **AF.** comprimir, estrujar. 2 sacar el máximo provecho de algo o de alguien: *exprimió a su familia hasta dejarla sin dinero.* **FAM.** exprimidor, oprimir.

expropiar *[v.]* quedarse las autoridades con lo que es de alguien, a cambio de menos dinero del que vale, porque consideran que hace falta para algún servicio público: *le expropiaron la finca para hacer un aeropuerto.* **FAM.** expropiación, propio.

expuesto, expuesta *[adj.]* 1 peligroso: *la de minero es una profesión expuesta.* **SIN.** arriesgado. // **expuesto** *[forma de verbo]* 2 participio irregular del verbo exponer.

expulsar *[v.]* 1 echar a alguien de un sitio: *lo expulsaron de la biblioteca porque estaba hablando.* **SIN.** echar. **ANT.** admitir. 2 echar una cosa algo, con fuerza, de su interior: *los volcanes expulsan materias incandescentes.* **SIN.** arrojar, despedir, expeler, echar. **FAM.** expulsión.

expulsión *[n.f.]* lo que se hace cuando se obliga a alguien a irse de un sitio o cuando algo sale con fuerza del interior: *el director ordenó su expulsión; la expulsión de materia volcánica.*

exquisito, exquisita *[adj.]* 1 que demuestra mucho gusto y elegancia (*una decoración exquisita; es un hombre exquisito en el trato a los demás*) o que no soporta las cosas vulgares, mal hechas, mal presentadas, poco limpias, etc. (*no seas tan exquisito y come lo que te pongan*). **AF.** delicado, fino, distinguido. **ANT.** ordinario, vulgar, tosco. 2 que sabe extraordinariamente bien: *un postre exquisito.* **SIN.** delicioso, riquísimo, buenísimo. **FAM.** exquisitez.

extemporáneo, extemporánea *[adj.]* 1 que no es propio de su época. 2 inoportuno: *respuesta extemporánea.*

extender *[v.]* 1 poner algo de manera que ocupe más superficie de la que ocupaba: *extendió las fotos sobre la mesa.* **SIN.** esparcir. 2 tirar de algo para que deje de estar arrugado, doblado, encogido, enrollado, etc.: *extiende la manta.* **SIN.** estirar. **AF.** alargar, desplegar, desdoblar. **ANT.** encoger, doblar. 3 hacer que algo llegue a muchos sitios o a muchas personas: *la falta de higiene extendió la enfermedad.* **SIN.** expandir, difundir, propagar. TAMBIÉN *prnl.: la noticia se extendió en pocos minutos.* // **extenderse** *[v.prnl.]* 4 escribir o decir algo dando más explicaciones de las que hacen falta: *se extendió mucho en la respuesta.* **SIN.** alargarse. **CONJUG.** como *tender*.*

extensión *[n.f.]* cantidad de espacio o de tiempo que ocupa algo: *midieron la extensión de la finca; los cuentos son narraciones de poca extensión.* **AF.** magnitud, amplitud.

extenso, extensa *[adj.]* 1 que ocupa mucho espacio: *un terreno extenso.* **SIN.** amplio, vasto. 2 que dura mucho tiempo: *una obra de teatro extensa.* **ANT.** corto, pequeño, escaso, reducido. **FAM.** extensión, extensamente, extensible, extender.

exterior *[adj.inv. en gén.]* 1 que está por fuera de algo: *la parte exterior del libro es de cartón.* **SIN.** externo. **ANT.** interior, interno. 2 que da hacia fuera: *desde la habitación exterior se ve el mar.* **ANT.** interior. // **exterior** *[n.m.]* 3 parte de fuera de las cosas: *el exterior del coche es azul metalizado.* **SIN.** parte externa. **ANT.** interior. **FAM.** exteriorización, exteriorizable, externo, externamente, exteriorizar, exteriormente.

exteriorizar *[v.]* dejar que los demás noten lo que uno lleva dentro: *no le gusta exteriorizar sus emociones.* **SIN.** manifestar, mostrar, expresar. **AF.** descubrir, revelar. **ANT.** ocultar, interiorizar, disimular. **OBS.** ante e, c: *exteriori<u>c</u>en.*

exterminar *[v.]* hacer que un conjunto de muchos seres desaparezca totalmente: *quiere exterminar las hormigas que le invaden la casa; exterminar las malas hierbas.* **SIN.** eliminar, extinguir. **FAM.** exterminio, exterminación, exterminador, terminar.

exterminio *[n.m.]* lo que se hace para que un conjunto de muchos seres desaparezca totalmente: *el exterminio de las ratas es muy difícil.* **SIN.** eliminación, extinción, aniquilamiento.

externo, externa *[adj.]* que está por fuera de algo: *la parte externa de una manzana es la piel.* **SIN.** exterior. **ANT.** interno, interior.

extinguir *[v.]* hacer que algo se acabe: *extinguir un incendio; extinguir la violencia.* **SIN.** erradicar*. TAMBIÉN *prnl.: los dinosaurios se extinguieron hace miles de años; algunas costumbres se han extinguido.* **SIN.** desaparecer. **AF.** terminarse. **OBS.** ante a y o pierde la u: *extingan; extingo.* **FAM.** extintor, extinción, extinto. **COMP.** inextinguible.

extintor *[n.m.]* aparato del que sale a presión un producto especialmente preparado para apagar incendios: *en todos los hospitales hay extintores.*

extirpar *[v.]* 1 arrancar algo de raíz o hacerlo desaparecer, de manera que no quede nada ni pueda volver a salir: *extirpar un grano; extirpar la violencia callejera.* **SIN.** erradicar*. 2 quitar, con una operación, algún órgano del cuerpo: *tienen que extirparle un riñón.* **SIN.** extraer, quitar. **ANT.** implantar. **FAM.** extirpación.

extra *[adj.inv. en gén.]* 1 que es (o está o se hace) además de lo que se pensaba o además de lo normal: *necesitaron un camarero extra; recibieron una paga extra.* **SIN.** extraordinario. 2 que es mejor de lo normal: *calidad extra.* **SIN.** extraordinario, excepcional. **ANT.** bajo, malo. // **extra** *[n.inv. en gén.]* 3 persona que no tiene ningún papel en una película, pero aparece en ella para dar ambiente o hacer bulto: *en las películas de romanos salen muchos extras.* // **extra** *[n.f.]* 4 sueldo que cobran los trabajadores determinadas veces al año, además del que cobran siempre: *con la extra de Navidad compraron los turrones.* **SIN.** extraordinaria. ■ **hora extra**, la que se trabaja fuera del horario normal.

extraer *[v.]* 1 sacar algo de donde está: *el dentista le extrajo una muela; extrae el cajón de la mesa para llevarlo a arreglar.* **SIN.** sacar, quitar. **ANT.** poner, meter. 2 sacar de algo las partes o las sustancias que pueden servir para algo: *de las aceitunas se extrae el aceite.* **SIN.** obtener, sacar. 3 calcular el resultado de una raíz cuadrada. **CONJUG.** como *traer**. **FAM.** extracción, traer.

extralimitarse *[v.prnl.]* actuar sin respetar los límites de algo: *se extralimitó en sus funciones, porque no tenía derecho a despedirlo.* **FAM.** límite.

extranjerismo *[n.m.]* palabra o frase de un idioma que se usa en otra lengua.

extranjero, extranjera *[adj.]* 1 que no es del país de la persona que habla: *tiene amigos extranjeros; costumbres extranjeras* (**SIN.** foráneo. **ANT.** nativo)*; Francia es tierra extranjera para los demás países* (**ANT.** propio). TAMBIÉN *n.: conoce a algunos extranjeros.* // **extranjero** *[n.m.]* 2 cualquiera de los países que no son el de la persona que habla: *ha viajado dos veces al extranjero.* **FAM.** extranjerismo, extranjerizar, extranjería, extrañar.

extrañar *[v.]* 1 echar de menos algo a lo que uno está acostumbrado o a alguien con quien suele estar: *extraña su casa cuando está de viaje; en el campamento extrañaba a sus padres.* **SIN.** añorar. 2 resultarle a uno raro lo que se dice: *me extraña que no hayan llegado.* **SIN.** sorprender, parecer raro. TAMBIÉN *prnl.: me extrañé de que no hubieran llegado.* **SIN.** sorprenderse. **FAM.** extraño, extrañamente, extrañeza, extrañado, extranjero.

extraño, extraña *[adj.]* raro*: *un comportamiento extraño; una casa extraña.*

extraordinario, extraordinaria *[adj.]* 1 tan bueno, que es mucho mejor que la mayoría: *una tarta extraordinaria; un espectáculo extraordinario; una novela extraordinaria.* **SIN.** excepcional, fuera de lo común. **INTENS.** maravilloso, fantástico, fabuloso, soberbio. **AF.** estupendo. **ANT.** malísimo, pésimo. 2 que no es como todos o que no se hace siempre: *con motivo del nacimiento hicieron una comida extraordinaria; un sorteo extraordinario de lotería.* **SIN.** excepcional, extra. **ANT.** normal, habitual. ■ **paga extraordinaria**, la que reciben los trabajadores algunos meses del año, además de la que cobran normalmente. **SIN**. paga extra. **FAM**. extraordinariamente.

extravagante *[adj.inv. en gén.]* que es tan raro que llama mucho la atención: *lleva ropa muy extravagante; es un hombre extravagante.* **SIN**. estrambótico, estrafalario, excéntrico. **ANT**. normal, corriente, común. **FAM**. extravagancia, extravagantemente, vagar.

extravertido, extravertida *[adj.]* extrovertido*. **FAM**. extraversión, verter.

extraviar *[v.]* perder algo: *extravió el paraguas.* **ANT**. encontrar. **FAM**. extraviado, extravío, vía.

extremeño, extremeña *[adj. y n.]* de Extremadura, comunidad autónoma española formada por las provincias de Cáceres y Badajoz: *pueblo extremeño; una artista extremeña; los extremeños.*

extremidad *[n.f.]* cada uno de los brazos y las piernas de una persona y de las patas de los animales. **AMPL**. en el cuerpo humano los brazos son las *extremidades superiores* y las piernas las *extremidades inferiores.*

extremo, extrema *[adj.]* 1 que es lo más intenso que se puede encontrar: *en los polos el frío es extremo.* **AF**. excesivo, exagerado. **ANT**. moderado, normal. // **extremo** *[n.m.]* 2 parte que es el principio o el final de una cosa: *uno de los extremos de la espada acaba en punta; agarra la cuerda por los dos extremos.* **SIN**. punta. **ANT**. centro. ■ **llegar al extremo de**, hacer algo que uno no haría normalmente, cuando está en una situación muy difícil. **SIN**. llegar al límite de. ■ **en último extremo**, si no queda otro remedio. ■ **ir o pasar de un extremo a otro**, estar haciendo o diciendo algo y, de repente, hacer o decir lo contrario. **FAM**. extremar, extremado, extremidad, extremismo, extremista, ***extremeño*** (de los extremos), extremadamente.

extrovertido, extrovertida *[adj.]* que le gusta tratar con los demás, hablar con ellos, contarle sus cosas, etc.: *una persona extrovertida.* **SIN**. abierto, comunicativo. **AF.**. natural, campechano, llano. **ANT**. cerrado, reservado, introvertido. **FAM**. extroversión, verter.

exuberante *[adj.inv. en gén.]* tan intenso o abundante que se nota enseguida, especialmente si es algo que transmite vitalidad: *la vegetación exuberante es propia de las zonas tropicales.* **FAM**. exuberancia, exuberantemente.

f *[letra consonante]* es la sexta letra del abecedario español y se llama *efe*.

fa *[n.m.]* cuarta nota de la escala musical: *empieza con un fa.*

La nota fa en clave de sol y en clave de fa.

fabada *[n.f.]* plato típico de la gastronomía asturiana, que se prepara guisando judías con tocino, chorizo y morcilla.

fábrica *[n.f.]* edificio con máquinas en el que se hacen muchas cosas iguales: *una fábrica de lavadoras; una fábrica de bolsos.* **SIN.** factoría, industria. **AMPL.** el sitio con pocas máquinas en el que no se hacen muchas cosas iguales es un ***taller***. **FAM.** fabricar, fabricación, fabricante, fabril. **COMP.** prefabricado.

fabricación *[n.f.]* lo que se hace para fabricar algo: *en la fabricación de quesos se utiliza leche.* **AF.** elaboración, manufacturación.

fabricante *[n.inv. en gén.]* persona que tiene una fábrica o que se dedica a fabricar algo: *una fabricante de calzado.*

fabricar *[v.]* **1** hacer muchas cosas iguales con máquinas: *fabrican motores para coches.* **SIN.** hacer, producir. **AF.** elaborar, manufacturar. **2** construir algo: *hemos fabricado un barco de vela.* **SIN.** construir, hacer. **OBS.** ante e, qu: *fabriquen.*

fábula *[n.f.]* cuento en el que los personajes son animales que actúan como personas y que está escrito con la intención de que uno se dé cuenta de lo que está bien o mal, de que los malos siempre son castigados, etc.: *en la fábula, la hormiga representa a las personas trabajadoras.* ■ **de fábula**, tan bueno o tan bonito que podría ser de un cuento. **SIN.** fabuloso*. **FAM.** fabulista, fabular, fabuloso, fabulosamente.

fabuloso, fabulosa *[adj.]* **1** que llama la atención porque se considera muy bueno, muy bonito, muy interesante, etc.: *una moto fabulosa.* **SIN.** fantástico, de fábula, estupendo*. **2** que no es real, sino algo que se ha inventado alguien: *una historia fabulosa.* **SIN.** fantástico, irreal, inventado.

faceta *[n.f.]* cada uno de los aspectos que se pueden ver o analizar en una persona o en una cosa: *el mal genio es su faceta más desagradable.* **AF.** lado, rasgo. **FAM.** polifacético, faz.

facha *[n.f.]* aspecto de una persona: *vestido así, tienes facha de vaquero del oeste.* **SIN.** aspecto, pinta, apariencia. ■ **hecho una facha**, con mal aspecto por estar mal vestido o mal arreglado. **SIN.** ridículo, hecho un mamarracho, hecho un adefesio. **FAM.** fachada, fachoso. **COMP.** desfachatez.

fachada *[n.f.]* **1** pared de un edificio que da a la calle: *la puerta del garaje está en la fachada posterior y la del portal en la fachada principal; el edificio tiene la fachada de piedra.* **AF.** pared. **2** lo que se ve de una persona o una cosa: *es un coche con buena fachada, pero el motor es flojo.* **SIN.** apariencia, aspecto, pinta. **3** lo que una persona deja ver de sí misma para que los demás crean que es de determinada manera: *parece que sabe mucho, pero todo es fachada.* **SIN.** apariencia.

facial *[adj.inv. en gén.]* de la cara o para la cara: *rasgos faciales; una crema facial.*

fácil *[adj.inv. en gén.]* que se hace o se aprende con poco esfuerzo: *montar en bici es fácil; una lección fácil.* **SIN.** sencillo. **AF.** simple. **ANT.** difícil, complicado. ■ **ser fácil**, haber muchas posibilidades de que pase. **SIN.** ser probable, ser posible. **FAM.** facilidad, facilitar, fácilmente.

facilidad *[n.f.]* **1** lo que hace que algo pueda hacerse o aprenderse con poco esfuerzo: *la facilidad de un trabajo; la facilidad de una lección.* **SIN.** sencillez. **AF.** simplicidad. **ANT.** dificultad. **2** característica de una persona que hace que pueda hacer o aprender algo con poco esfuerzo: *tiene facilidad para la música.* **SIN.** aptitudes, capacidad, disposición. // **facilidades** *[n.f.pl.]* **3** conjunto de cosas que hacen que algo sea fácil de hacer o de pagar: *le dio todas las facilidades para que trabajara a gusto; en algunas tiendas dan facilidades de pago.* ■ **con facilidad**, con poco esfuerzo. **SIN.** fácilmente. **ANT.** con dificultad, con esfuerzo, con trabajo.

facilitar *[v.]* **1** hacer que algo sea más fácil: *saber idiomas facilita la comunicación en los viajes al extranjero.* **SIN.** simplificar. **ANT.** complicar. **2** hacer lo necesario para que uno tenga algo: *el portero nos facilitó la llave.* **SIN.** proporcionar. **AF.** dar, entregar.

facistol *[n.m.]* atril grande, normalmente de madera tallada, que a veces tiene varias caras para poner varios libros: *en el coro de la catedral hay un facistol.*

factible *[adj.inv. en gén.]* que se puede hacer: *un proyecto factible.* **SIN.** realizable. **AF.** posible. **ANT.** irrealizable, inviable. **FAM.** factibilidad, hacer.

factor *[n.m.]* **1** cada una de las cosas que influyen en el resultado de algo: *el factor principal de su éxito es la constancia en el trabajo.* **SIN.** elemento. **2** cada una de las cantidades que se multiplican entre sí: *el orden de factores no altera el producto.* **FAM.** factoría, hacer.

factoría *[n.f.]* fábrica*: *una factoría de maquinaria agrícola.*

factótum *[n.m.]* persona que puede decidir todo: *es el factótum de la empresa.*

factura *[n.f.]* **1** papel en el que aparecen los datos de quien ha hecho un trabajo o ha vendido algo y la cantidad de dinero que tiene que cobrar por ello: *la factura del teléfono es muy alta.* **AF.** nota, cuenta. **AMPL.** el ***recibo*** es el documento que se entrega a quien paga una factura o cualquier cosa, para que pueda demostrar que ha pagado. **2** manera de estar hecha una cosa: *el cuadro tiene muy buena factura.* **SIN.** ejecución.

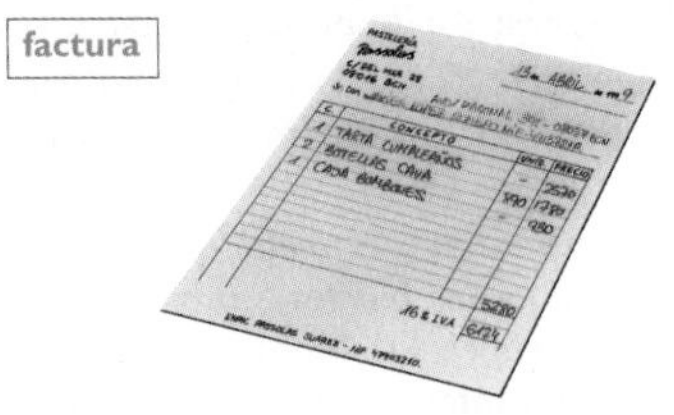
factura

facturación *[n.f.]* entrega del equipaje en una estación o en un aeropuerto para que llegue al lugar que uno quiere: *el horario de facturación coincide con el de las taquillas.*

facturar *[v.]* **1** hacer las facturas de lo que se ha vendido: *facturan a fin de mes.* **2** haber vendido cosas por una cantidad de dinero: *este mes han facturado 2 millones.* **3** entregar el equipaje en un aeropuerto o una estación para que llegue al lugar que uno quiere. **AF.** expedir. **FAM.** factura, facturación.

facultad *[n.f.]* **1** lo que tiene quien, por ser como es, es capaz de hacer algo: *la facultad de hablar es exclusiva del ser humano; tiene la facultad de cantar muy bien.* **SIN.** capacidad, don. **2** lo que tiene quien, por ser lo que es, puede hacer algo: *el Parlamento tiene facultad para modificar las leyes; un policía no tiene facultad para juzgar a un detenido.* **SIN.** capacidad, potestad. **AF.** derecho, poder. **3** parte de una universidad en la que se estudia una carrera determinada: *en la facultad de filología se estudian carreras de lenguas; es licenciada por la facultad de derecho de la universidad de Salamanca.* **FAM.** facultar, facultativo.

facultativo, facultativa *[n.]* **1** médico: *el facultativo le recetó un jarabe.* // *[adj.]* **2** que no es obligatorio: *actividad facultativa.* **FAM.** facultad.

faena *[n.f.]* **1** cada una de las cosas que hay que hacer: *las faenas de la casa le resultan aburridas.* **SIN.** tarea, labor, trabajo. **2** lo que pasa (o lo que se hace) y que perjudica a alguien: *fue una faena que no te dejaran entrar.* **ANT.** beneficio. **AMPL.** ***jugarreta, jugada*** y ***mala pasada*** son faenas que se hacen adrede.

faenar *[v.]* hacer los trabajos propios de la pesca en el mar: *los pescadores faenaron toda la noche.*

fagot *[n.m.]* instrumento musical de viento formado por un tubo grueso y otro muy delgadito por el que se sopla. **PL.** *fagot* o *fagots.*

faisán *[n.m.]* ave parecida a un gallo pero más grande y con la cola muy larga. **PL.** *faisanes.*

faja *[n.f.]* 1 tira larga y estrecha que se pone alrededor de algo: *los billetes estaban sujetos por una faja de papel.* **AF.** banda, tira, cinta. 2 prenda de ropa interior que se pone alrededor del tronco, en la zona de la cintura y el vientre: *la faja va bien para evitar que se enfríen los riñones.* **AMPL.** la cinta ancha que se pone alrededor de la cintura, sobre la ropa, se llama ***fajín*** y la tira de tela que se pone alrededor del vientre de los bebés para protegerles el ombligo, ***fajero***. **FAM.** fajín, fajar, fajero, fajadura.

fajo *[n.m.]* montón de cosas alargadas puestas unas encima de otras y sujetas más o menos por el centro. **AF.** atado, montón, taco. **AMPL.** se usa, sobre todo, cuando se habla de papeles: *un fajo de billetes*; si se habla de leña, paja, etc., se dice ***haz***; un montón de haces es una ***fajina***. **FAM.** fajina.

falange *[n.f.]* cada una de las partes de los dedos que está entre dos nudillos. **FAM.** falangeta, ***falangina*** (segunda falange).

falangeta *[n.f.]* tercera falange de los dedos (la que tiene la uña).

falda *[n.f.]* 1 prenda de vestir que se pone alrededor de la cintura y cae sobre las piernas: *el traje típico de los hombres escoceses lleva falda.* 2 en una montaña, parte baja: *el pueblo está en la falda de la montaña.* **FAM.** faldón, faldillas, faldero.

faldón *[n.m.]* prenda de vestir para bebés, que va desde los hombros o desde la cintura hasta los pies. **PL.** *faldones.*

falible *[adj.inv. en gén.]* que puede equivocarse o fallar: *todos somos falibles.* **ANT.** infalible.

falla *[n.f.]* 1 rotura que se produce en la corteza terrestre al hundirse o levantarse una parte. **AF.** fractura, rotura, grieta. 2 grupo de muñecos de cartón y papel que se construyen en Valencia para quemarlos la noche de San José: *vimos cómo ardía la falla más grande.* **AMPL.** en valenciano, los muñecos se llaman ***ninots***.

fallar *[v.]* 1 no hacer algo como se quería: *falló el disparo.* **SIN.** errar. **ANT.** acertar. 2 perder fuerza o resistencia o no funcionar bien: *la madera falló por el nudo; le falló la rodilla y se cayó; el nuevo ordenador falla a menudo.* 3 comportarse de manera distinta de lo que otro esperaba: *le fallaste al no llevárselo a tiempo.* 4 decidir el resultado de un juicio, de un concurso, etc.: *el jurado falló a favor del equipo local.* **SIN.** resolver, dictaminar. **FAM.** fallo, falla, fallido. **COMP.** infalible.

fallecer *[v.]* morir una persona: *falleció al amanecer.* **SIN.** morir* (acepción 1). **CONJUG.** como *crecer**. **FAM.** fallecimiento, fallecido. **COMP.** desfallecer.

fallecimiento *[n.m.]* hecho de que muera una persona: *el fallecimiento se produjo al amanecer.* **SIN.** muerte* (acepción 1).

fallo *[n.m.]* 1 lo que hay cuando algo se ha hecho mal creyendo que se hacía bien: *un fallo de cálculo; un fallo en la numeración de las páginas.* **SIN.** error. 2 cosa que debería hacerse y no se hace, por error o por despiste: *fue un fallo no avisarlo.* 3 lo que hace que algo no esté completamente bien: *el trabajo tiene bastantes fallos.* **SIN.** defecto, imperfección, falta, deficiencia.

falsario, falsaria *[n.]* mentiroso. TAMBIÉN *adj.: una persona falsaria.*

falsear *[v.]* hacer que una cosa parezca lo que no es: *los datos erróneos falsean el resultado del análisis.* **SIN.** disfrazar. **AF.** modificar, adulterar. **OBS.** e + e = ee: *falseen.*

falsedad *[n.f.]* 1 característica que hace que una cosa no sea verdad o que parezca lo que no es: *la falsedad de una noticia; una lámpara especial detecta la falsedad de los billetes; no tardé en descubrir la falsedad de los sentimientos que pregonaba.* **ANT.** autenticidad. 2 cosa que no es verdad: *lo que cuenta el periódico es una falsedad.* **SIN.** mentira*. 3 característica de alguien que hace que le guste dar la impresión de que es mejor de lo que es: *se nota su falsedad en los comentarios que hace.*

falsete *[n.m.]* voz forzada para que resulte más aguda que la natural.

falsificación *[n.f.]* 1 lo que se hace para falsificar algo: *se dedica a la falsificación de cuadros.* 2 cosa falsificada: *vendió una falsificación de un cuadro de Picasso.*

falsificador, falsificadora *[n.]* persona que ha falsificado algo o se dedica a la falsificación de algo: *un falsificador de tarjetas de crédito.*

falsificar *[v.]* hacer una cosa igual a otra para hacer creer que es la original y usarla en su lugar, venderla como si fuera ella, etc.: *falsificar un cuadro; falsificar billetes; falsificar una firma.* **OBS.** ante e, qu: *falsifiquen.* **FAM.** falsificación, falsificador, falso.

falso, falsa *[adj.]* 1 que no se corresponde con la realidad: *en el juicio presentaron pruebas falsas; lo que dices es falso.* **ANT.** verdadero, auténtico. 2 que es una copia y se quiere hacer creer que es el original: *le vendieron una moneda falsa como si fuera antigua.* **ANT.** auténtico, original. 3 que quiere dar la impresión de que es mejor de lo que es: *una persona falsa; falsos sentimientos.* **ANT.** sincero. ■ **pisar en falso**, pisar apoyando mal el pie. ■ **jurar en falso**, jurar algo sabiendo que no es verdad. **FAM.** falsear, falsamente, falsedad, falsificar falseamiento, ***falsilla*** (papel con rayas que se pone debajo de otro para escribir sin torcerse).

falta *[n.f.]* 1 hecho de que alguien no esté: *la falta del presidente impidió tomar decisiones.* **SIN.** ausencia. **ANT.** presencia. 2 hecho de que no se tenga algo o se tenga menos de lo necesario: *no lo compró por falta de dinero; la falta de lluvia perjudica la agricultura.* **SIN.** carencia. **AF.** escasez. 3 lo que hace quien hace algo que va en contra de alguna norma: *una falta de ortografía; una falta de respeto; una falta de asistencia; el árbitro pitó una falta.* **AMPL.** un ***error*** es una falta que se comete por poner poca atención. 4 lo que hace que algo no esté completamente bien: *esta tela tiene una falta donde más se ve.* **SIN.** defecto, imperfección, tara, fallo. ■ **echar en falta**, sentir que alguien no está, que se necesita algo que no se tiene o que algo no está donde estaba. **SIN.** echar de menos. ■ **hacer falta**, ser necesario.

faltar *[v.]* 1 no haber algo o no tener algo: *en esta clase faltan dos pupitres; para hacerlo bien me falta un compás.* 2 haber de algo menos de lo necesario: *en la fiesta faltó bebida; cuando hay sequía falta agua.* **SIN.** escasear. **ANT.** abundar. 3 tener que pasar un tiempo determinado: *falta una hora para salir; faltan cinco días para su cumpleaños; falta una hora de viaje.* **SIN.** quedar, restar. TAMBIEN se usa si se habla de espacio: *faltan cinco kilómetros para llegar a Murcia.* 4 no estar en un sitio o no ir a donde se tenía que ir: *falta de casa desde ayer; faltó a la oficina dos días seguidos.* 5 haber muerto: *está triste desde que falta su esposa.* **AF.** morir, fallecer. 6 decir algo que molesta a alguien: *faltar al respeto.* **AF.** insultar. ■ **faltar poco**, estar algo a punto de pasar. ■ **¡no faltaba más!** o **¡faltaría más!** se usa para dar más fuerza a algo que se ha dicho. **FAM.** falta, falto, faltón.

falto, falta *[adj.]* que no tiene lo que necesita de algo: *es una niña falta de cariño.*

fama *[n.f.]* 1 idea que la gente tiene de cómo es algo o alguien: *tiene fama de buen estudiante.* **SIN.** reputación. 2 lo que tiene quien es muy conocido, por serlo: *un actor de fama mundial.* **SIN.** popularidad, celebridad, renombre. **FAM.** famoso. **COMP.** afamar, afamado, difamar.

famélico, famélica *[adj.]* que pasa hambre (*una persona famélica*) o que hace que parezca que uno pasa hambre (*tiene aspecto famélico*). **OBS.** a veces se confunde *famélico* con *muy delgado* porque el que pasa hambre suele estar delgado.

familia *[n.f.]* 1 conjunto de personas formado por los padres y los hijos: *la familia se reúne para comer.* 2 conjunto de personas que son parientes entre sí: *tu primo forma parte de tu familia.* 3 en ciencias naturales, grupo de seres vivos que tienen algunas características comunes que los distinguen de otras familias que pertenecen al mismo orden: *el lince es un mamífero del orden de los carnívoros y de la familia de los **félidos** y el lobo un mamífero del orden de los carnívoros y de la familia de los **cánidos**.* ■ **en familia**, sólo con los parientes. ■ **tener familia**, tener algún hijo: *está casado pero no tiene familia.* **SIN.** tener hijos, tener descendencia. ■ **ser familia** de uno, tener alguna relación de parentesco: *es familia tuya desde que se casó con tu hermana.* **SIN.** ser familiar, ser pariente. **FAM.** familiar, familiarmente, familiaridad, familiarizar.

familiar *[adj.inv. en gén.]* 1 de la familia (*una cena familiar*), que es como se hace con la familia (*trato familiar*) o que sirve para una familia (*una caja de galletas de tamaño familiar*). // **familiar** *[n.m.]* 2 persona que es de la misma familia que uno: *se reunió con sus familiares.* **SIN.** pariente. ■ **resultar familiar** una persona o una cosa, parecerle a uno que la conoce.

familiaridad *[n.f.]* lo que hay entre personas que se tratan con confianza: *le habla con mucha familiaridad; no tiene familiaridad con ellos como para pedirles favores.* **AF.** confianza, intimidad.

famoso, famosa *[adj. y n.]* que lo conoce mucha gente o que mucha gente sabe quién es: *un actor famoso; los famosos salen en las revistas.* **SIN.** conocido, afamado, popular, célebre. **ANT.** desconocido.

fan *[n.inv. en gén.]* admirador exagerado de un grupo, una tendencia, un artista, etc.: *los fans del grupo musical gritaban como locos.* **PL.** *fans.*

fanático, fanática *[adj.]* 1 que demuestra ideas fijas y no admite otra forma de ver las cosas: *una persona fanática; un planteamiento fanático.* **SIN.** intolerante, intransigente. TAMBIÉN *n.*: *los fanáticos son insoportables.* // **fanático, fanática** *[n.]* 2 persona a la que le gusta tanto algo que le dedica mucho tiempo y esfuerzo y no consiente que nadie vaya en contra de ello: *un fanático del fútbol; una fanática de la música.* **AF.** apasionado, forofo. **FAM.** fanatismo, fanáticamente.

fanatismo *[n.m.]* defensa exagerada de las propias creencias u opiniones, sin admitir las de los demás: *el fanatismo impide que la gente se entienda con facilidad.* **SIN.** intolerancia, intransigencia.

fandango *[n.m.]* tipo de baile y música típicos de Andalucía: *los fandangos se acompañan con palmas.* **FAM.** fandanguillo.

fanerógamo, fanerógama *[adj.]* que tiene flores: *una planta fanerógama.* // **fanerógamas** *[n.f.pl.]* 2 tipo de estas plantas.

fanfarrón, fanfarrona *[adj.]* que hace y dice cosas para hacer creer a los demás que es superior a ellos, aunque no lo sea. **SIN.** fantasma. **AF.** presumido, chulo, bravucón. **ANT.** humilde. **FAM.** fanfarronear, fanfarronada, fanfarronería.

fanfarronear *[v.]* decir cosas para que los demás se crean que uno es superior en algo o hace cosas que los demás no se atreven a hacer: *deja de fanfarronear, que ella tiene más fuerza que tú.* **SIN.** presumir, jactarse, alardear. **OBS.** e + e = ee: *fanfarroneen.*

fango *[n.m.]* barro con mucha agua. **SIN.** lodo. **FAM.** fangoso, fangosidad, fangal. **COMP.** enfangar.

fantasía *[n.f.]* 1 lo que hace que uno pueda inventarse e imaginarse cosas: *los niños tienen mucha fantasía.* **SIN.** imaginación. 2 cosa que uno se inventa o se imagina: *un cuento es una fantasía del autor.* **SIN.** invento, invención, ficción. **FAM.** fantástico, fantasear, fantasioso, fantaseador.

fantasioso, fantasiosa *[adj.]* que tiene mucha imaginación y se deja llevar por las fantasías: *una niña fantasiosa.*

fantasma *[n.m.]* 1 ser imaginario que aparece en muchos cuentos y leyendas. **SIN.** espectro, aparecido, aparición. 2 persona que presume exagerando las cosas para que parezca que es más que nadie: *este chico es un fantasma.* **SIN.** fanfarrón*. **FAM.** fantasmal, ***fantasmagórico*** (que parece de fantasmas), fantasmada.

fantasmal *[adj.inv. en gén.]* de fantasmas: *aspecto fantasmal; aparición fantasmal.* **SIN.** fantasmagórico, espectral.

fantástico, fantástica *[adj.]* 1 que es poco o nada real: *una narración fantástica.* **SIN.** imaginario. 2 que es muy bueno: *una aventura fantástica; un resultado fantástico.* **SIN.** estupendo*.

fantoche *[n.]* 1 persona de aspecto ridículo: *con esa ropa tiene pinta de fantoche.* **SIN.** espantajo, mamarracho, adefesio. 2 muñeco que se mueve por medio de hilos. **SIN.** marioneta, títere.

faraón, faraona *[n.]* rey del antiguo Egipto: *los faraones eran muy poderosos.* **FAM.** faraónico.

fardel *[n.m.]* saco que llevan los pobres con las cosas que usan.

fardo *[n.m.]* conjunto de ropa, telas, papeles, etc. que se amontonan y se atan o se envuelven para poder transportarlos: *un fardo de ropa usada; un fardo de papel.* **FAM.** fardar, fardón.

faringe *[n.f.]* conducto del aparato digestivo* que va de la boca al esófago. **FAM.** faringitis, faríngeo.

faringe

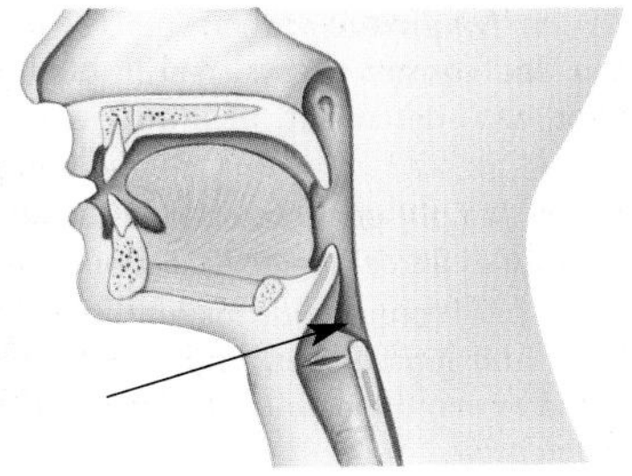

faringitis *[n.f.inv. en núm.]* inflamación de la faringe*: *el catarro puede producir faringitis.*

farmacéutico, farmacéutica *[adj.]* 1 de la farmacia o de farmacia: *productos farmacéuticos; una empleada farmacéutica.* // **farmacéutico, farmacéutica** *[n.]* 2 persona que ha estudiado la carrera de farmacia para hacer y vender medicamentos: *la farmacéutica puede aconsejarte algo para la tos.* **SIN.** boticario.

farmacia *[n.f.]* 1 tienda donde se preparan y se venden medicamentos. **SIN.** botica. 2 ciencia que se estudia para saber cómo se preparan medicamentos y para qué sirven: *está estudiando farmacia.* **SIN.** farmacología. **FAM.** fármaco, farmacéutico, farmacología.

farmaciáutico forma incorrecta de decir *farmacéutico**.

fármaco *[n.m.]* medicamento.

farmacopea *[n.f.]* libro en que vienen los medicamentos y la manera de prepararlos.

faro *[n.m.]* 1 torre con una luz giratoria que está en las costas y que sirve para que los barcos puedan saber, por la noche, dónde está la costa. 2 luz que llevan los vehículos en la parte delantera para ver por dónde van y para que los vean por la noche: *la bicicleta tiene solo un faro.* **AMPL.** las luces que llevan en la parte trasera para que los vean por detrás son ***pilotos***.

farol *[n.m.]* 1 caja de cristal o de otro material translúcido que tiene dentro una bombilla o una vela: *la zona antigua está iluminada por faroles.* 2 mentira con la que alguien quiere darse importancia o parecer más que los demás: *lo de que no tuvo miedo es un farol.* **AF.** mentira. **FAM.** farola, faro, farolillo, farolear, farolero.

farola *[n.f.]* lámpara de pie muy largo, o sujeta en la parte alta de una pared, para iluminar calles, carreteras, jardines, etc.

farolero, farolera *[n.]* 1 persona que hace o vende faroles. 2 persona que apaga, enciende o cuida los faroles: *hace muchos años los faroleros encendían los faroles uno por uno.* 3 persona que dice mentiras para darse importancia: *no la creas, que es una farolera.* TAMBIÉN *adj.*: *un hombre farolero.*

farra *[n.f.]* juerga*: *el sábado van de farra.*

farragoso, farragosa *[adj.]* que es complicado, mal organizado y difícil de entender: *un discurso farragoso.*

farsa *[n.f.]* 1 obra de teatro en que se exageran o ridiculizan algunas situaciones o personajes: *Valle Inclán era un genio de la farsa.* **AF.** comedia. 2 engaño que unoprepara para que algo parezca lo que no es: *inventó una farsa para que no lo acusaran de traidor.* **AF.** enredo, falsedad. **FAM.** farsante.

farsante *[n.inv. en gén.]* persona que, con engaños, quiere dar la impresión de que es lo que, en realidad, no es: *se las da de buen amigo pero sólo es un farsante.* **AF.** comediante, mentiroso. TAMBIÉN *adj.*: *una mujer farsante.*

fascículo *[n.m.]* conjunto de hojas de papel impresas y cosidas que forman parte de una obra o colección y se van publicando y vendiendo por separado: *compró la enciclopedia por fascículos.* **AF.** cuadernillo.

fascinar *[v.]* atraer mucho una cosa por tener algo especial que sorprende y gusta mucho: *el cine la fascina.* **SIN.** hechizar, cautivar, maravillar. **AF.** atraer, encantar, entusiasmar. **ANT.** horrorizar. **FAM.** fascinación, fascinante.

fascismo *[n.m.]* movimiento político y social que nació en Italia después de la Primera Guerra Mundial: *el creador del fascismo fue Mussolini.* **FAM.** fascista.

fascista *[adj. y n.inv. en gén.]* del fascismo o que defiende las ideas del fascismo: *teorías fascistas; un político fascista; los fascistas son dictadores.*

fase *[n.f.]* cada una de las etapas, partes o formas por las que pasa algo que cambia: *la infancia es una fase de crecimiento; las fases de la Luna son cuatro; los insectos pasan por varias fases durante la metamorfosis.* **SIN.** etapa. **AF.** época, periodo.

fastidiar *[v.]* 1 producir molestia o incomodidad: *me fastidia tener que salir ahora.* **SIN.** molestar* (acepción 1). 2 hacer que algo o alguien sufra algún daño: *se fastidió un pie; la falta de aceite fastidió el motor.* TAMBIÉN *prnl.*: *la máquina se ha fastidiado.* **FAM.** fastidio, fastidioso.

fastidio *[n.m.]* cosa que no gusta o que resulta molesta: *fue un fastidio no poder estar allí; es un fastidio tener que madrugar tanto.* **AF.** molestia, contrariedad.

fastuoso, fastuosa *[adj.]* muy lujoso: *una boda fastuosa.*

fatal *[adj.inv. en gén.]* 1 muy malo por cualquier razón: *fue un día fatal; consecuencias fatales; un resultado fatal.* **SIN.** nefasto*. // **fatal** *[adv. de m.]* 2 muy mal: *lo hiciste fatal.* **SIN.** de pena. **ANT.** estupendamente. **FAM.** fatalidad, fatalismo, fatalista, fatalmente.

fatalidad *[n.f.]* mala suerte, infortunio.

fatiga *[n.f.]* cansancio*: *el esfuerzo físico produce fatiga.* **FAM.** fatigar, fatigoso, fatigosamente. **COMP.** infatigable.

fatigar *[v.]* producir fatiga: *subir escaleras lo fatiga.* **SIN.** cansar. **INTENS.** rendir, agotar, extenuar. **ANT.** descansar. **OBS.** ante e, gu: *fatiguen.*

fauces *[n.f.pl.]* parte interior de la boca de los animales fieros: *el tigre tiene grandes fauces.*

fauna *[n.f.]* conjunto de los animales que viven en una región o en una época: *la fauna africana es muy variada; el pingüino pertenece a la fauna polar.*

favor *[n.m.]* 1 lo que se hace, sin querer nada a cambio, para ayudar a alguien: *le hiciste un gran favor prestándole el coche.* **AF.** servicio, ayuda. 2 apoyo que se recibe de alguien: *tiene el favor de los miembros del jurado.* ■ **a favor de** algo o de alguien, de acuerdo con ello. **FAM.** favorecer, favorable, favorecedor, favorito, favorablemente, favoritismo. **COMP.** desfavorable.

favorable *[adj.inv. en gén.]* 1 que es bueno para algo o para alguien: *tiempo favorable para viajar.* **SIN.** propicio. 2 que sirve de apoyo o ayuda para algo o que está dispuesto a defender algo: *una opinión favorable a la subida de los sueldos; es favorable a la realización de la obra.*

favorecer *[v.]* 1 hacer más fácil que algo sea como tiene que ser o que alguien pueda hacer algo: *la comprensión favorece las relaciones humanas; su opinión favoreció tus planes.* **SIN.** beneficiar, facilitar. **AF.** ayudar, contribuir a. **ANT.** obstaculizar, dificultar, impedir. 2 hacer que mejore el aspecto de alguien: *el pelo corto te favorece.* **SIN.** mejorar, embellecer. **ANT.** afear. **CONJUG.** como *crecer**.

favorito, favorita *[adj.]* 1 que es el que más gusta de todos: *su camisa favorita.* **SIN.** predilecto, preferido. 2 que tiene posibilidades de ser el mejor o de ganar algo: *es la atleta favorita de la carrera.* TAMBIÉN *n.*: *el favorito ganó el campeonato.*

fax *[n.m.]* aparato para enviar textos e imágenes por vía telefónica. **PL.** *faxes.*

faz *[n.f.]* 1 cara de una persona. **SIN.** cara, rostro, semblante. 2 parte de fuera de algo: *millones de seres viven sobre la faz de la Tierra.* **PL.** *faces.* **FAM.** facial, faceta. **COMP.** antifaz, polifacético.

fe *[n.f.]* 1 lo que tiene uno y que hace que crea en cosas que no puede comprobar y, sobre todo, si se trata de asuntos religiosos: *cree en Dios porque tiene fe; hace falta fe para esperar resultados imposibles.* 2 esperanza que uno tiene de que algo sea como quiere o dé los resultados que le convienen: *tiene fe en sus posibilidades.* **AF.** confianza, seguridad. **ANT.** desconfianza. ■ **de buena** o, con buena o mala intención. ■ **dar fe**, asegurar que algo es verdadero. ■ **fe de erratas**, lista en la que aparecen los errores de imprenta de un libro.

fealdad *[n.f.]* característica que hace que digamos que algo o alguien es feo.

febrero *[n.m.]* segundo mes del año, que va entre enero y marzo y tiene 28 días cuando no es *año bisiesto* y 29 cuando sí lo es.

febril *[adj.inv. en gén.]* 1 de la fiebre: *un ataque febril.* 2 que tiene fiebre: *está febril.*

fecha *[n.f.]* expresión del día, el mes o el año en el que se está o en el que pasa o se hace algo: *¿cuál es tu fecha de nacimiento? ¿qué fecha es hoy?* **SIN.** data. **FAM.** fechar.

fechar *[v.]* poner la fecha: *hay que fechar todos los documentos.* **SIN.** datar.

fechoría *[n.f.]* acción de una persona que perjudica a otra: *fue una fechoría que le rompieras el álbum.* **AF.** faena, trastada.

fécula *[n.f.]* sustancia que forma parte de la composición de las células de las raíces, las semillas y los tubérculos de muchas plantas: *las lentejas y las patatas tienen mucha fécula.* **FAM.** feculento.

fecundación *[n.f.]* resultado de la unión de una célula masculina y una femenina, para crear una nueva vida o un nuevo fruto.

fecundar *[v.]* hacer que una célula masculina se una con una femenina para formar una nueva vida o un nuevo fruto. **FAM.** fecundo, fecundación, fecundidad.

fecundidad *[n.f.]* fertilidad*: *la fecundidad de una hembra; la fecundidad de la tierra.*

fecundo, fecunda *[adj.]* 1 que puede dar frutos o que puede tener hijos: *tierra fecunda* (**SIN.** fértil, fructífero)*; un matrimonio fecundo* (**SIN.** fértil, prolífico). 2 que produce dinero: *trabajo fecundo; empresa fecunda.* **SIN.** productivo, fructífero.

federación *[n.f.]* conjunto de varios grupos, organizaciones o países que se unen con el compromiso de cumplir unas normas, para tener más fuerza ante los demás, ayudarse, etc.: *una federación de equipos de fútbol.* **FAM.** federal, federar, federalismo, federativo, federalista. **COMP.** confederación, confederar.

feldespato *[n.m.]* tipo de minerales duros, brillantes, de color blanco, amarillo o rojizo y que forman parte de muchas rocas.

felicidad *[n.f.]* 1 lo que siente quien está contento con lo que tiene y con lo que le pasa y no se empeña en querer lo que no puede llegar a tener. **SIN.** dicha. **ANT.** infelicidad, desdicha. 2 mucha alegría que produce algo: *¡qué felicidad que estemos todos reunidos!* **SIN.** alegría, satisfacción, gozo. **ANT.** pena, pesar.

felicitación *[n.f.]* lo que se dice para demostrarle a alguien que uno se alegra de algo bueno que le ha pasado o para desearle que todo le vaya bien: *los ganadores recibieron la felicitación del jurado* (**SIN.** enhorabuena)*; en Navidades recibe muchas felicitaciones.*

felicitar *[v.]* decirle algo a alguien para demostrarle que uno se alegra de algo bueno que le ha pasado o que desea que todo le vaya bien: *sus compañeros la felicitaron por el premio literario* (**SIN.** dar la enhorabuena)*; la felicito el día de su santo.*

felino, felina *[adj.]* que pertenece a la misma familia zoológica que el gato: *el león es un animal felino.* **SIN.** félido. TAMBIÉN *n.*: *el felino atacó al domador.* (VER p. 438.)

feliz *[adj.inv. en gén.]* 1 que está contento con lo que tiene y con lo que le pasa y sólo quiere conseguir lo que puede llegar a tener: *desde que nació su hijo es un hombre feliz.* **SIN.** dichoso. **ANT.** infeliz, desdichado. 2 muy contento: *está feliz con su juguete nuevo.* **SIN.** encantado, dichoso. **ANT.** triste. 3 que acaba como conviene o como gusta que acabe: *el problema tuvo una feliz solución.* **SIN.** bueno. **PL.** *felices.* **FAM.**

felinos

felicidad, felicitar, felicitación, felizmente. **COMP.** infeliz.

felpa *[n.f.]* tipo de tela con hilos de la misma longitud que sobresalen del tejido cubriendo toda la superficie: *las toallas y los albornoces son de felpa.* **FAM.** felpudo. **COMP.** afelpar, afelpado.

felpudo *[n.m.]* alfombra de material vegetal formada por un tejido del que sobresalen muchos hilos muy juntos de manera que queda como un cepillo: *en el portal hay un felpudo para limpiarse las suelas de los zapatos.* **AF.** estera, esterilla.

femenino, femenina *[adj.]* 1 de mujer, de las mujeres o para las mujeres: *un peinado femenino; las mamas son órganos femeninos; ropa femenina.* 2 que tiene lo necesario para ser fecundado: *aparato reproductor femenino.* 3 en gramática, género de las palabras a las que le corresponden los artículos *la* y *una*: *silla y flor son palabras de género femenino.* **FAM.** feminismo, feminista, feminidad, femineidad. **COMP.** afeminado.

feminidad *[n.f.]* conjunto de cosas que tienen en común la manera de ser, de sentir y de comportarse de la mayoría de las mujeres: *su forma de hablar refleja su feminidad.* **ANT.** masculinidad.

feminista *[adj. y n.inv. en gén.]* que defiende la igualdad entre hombres y mujeres: *un hombre feminista; una asociación feminista; los feministas; las feministas.*

fémur *[n.m.]* hueso del muslo que se une al de la cadera por la parte superior y al de la rodilla por la inferior. **FAM.** femoral.

fenecer *[v.]* morir. **CONJUG.** como *crecer**.

fenicio, fenicia *[adj. y n.]* de Fenicia, antiguo país mediterráneo de Asia: *el alfabeto fenicio tenía veintidós signos; los fenicios se dedicaban al comercio.*

fenomenal *[adj.inv. en gén.]* muy bueno: *una casa fenomenal.* **SIN.** estupendo*. **FAM.** fenómeno, fenomenalmente.

fenómeno *[n.m.]* 1 cosa que pasa en la naturaleza, en las personas, en las sociedades, etc.: *las tormentas son fenómenos naturales; la gravedad es un fenómeno físico; su éxito es un fenómeno difícil de explicar.* 2 persona que sabe algo o hace algo extraordinariamente bien: *es un fenómeno para las matemáticas; es un fenómeno del ciclismo.* **SIN.** genio, fuera de serie. **OBS.** también se dice *un fenómeno* cuando se habla de una mujer: *su tía es un fenómeno de las finanzas.*

feo, fea *[adj.]* 1 que no gusta verlo porque no es bonito o no es guapo: *una casa fea; un gesto feo; un baile feo* (**SIN.** antiestético)*; un hombre feo* (**SIN.** mal parecido). **INTENS.** horroroso, horrible, espantoso. **ANT.** bonito o guapo. 2 que se considera que no está bien, no es correcto, no debe hacerse, etc.: *un comportamiento feo; está feo que te quedes con todo.* **FAM.** fealdad. **COMP.** afear.

féretro *[n.m.]* caja en la que se mete a los muertos para enterrarlos: *llevaron el féretro al cementerio.* **SIN.** ataúd, caja de muerto.

feria *[n.f.]* 1 mercado que se celebra unos días concretos: *en la feria de ganado puedes comprar o vender caballos, vacas, etc.* **AF.** mercado, mercadillo. 2 fiesta que se celebra en pueblos y ciudades: *las ferias de este año duraron una semana.* **SIN.** fiestas. 3 lugar y conjunto de instalaciones como carruseles, circos, casetas de tiro, etc., que se montan para que la gente vaya a divertirse: *subimos a la noria de la feria.* **SIN.** caballitos. **FAM.** ferial, feriante, feriar.

fermentar *[v.]* cambiar una sustancia de naturaleza por un proceso químico: *cuando* *fermenta, el zumo de uva se convierte en vino.* **FAM.** fermento, fermentación.

ferocidad *[n.f.]* lo que tienen algunos animales y que hace que resulten feroces: *el domador temía la ferocidad de la pantera.* **SIN.** fiereza.

feroz *[adj.inv. en gén.]* que, por su naturaleza, puede atacar y producir muchísimo daño: *los leones y las panteras son animales feroces.* **SIN.** fiero. **AF.** sanguinario. **ANT.** manso, pacífico. **PL.** *feroces.* **FAM.** ferocidad.

férreo, férrea *[adj.]* **1** de hierro: *los trenes van sobre vías férreas; dureza férrea; color férreo.* **2** tan fuerte o tan duro como el hierro: *tiene una voluntad férrea.* **SIN.** de hierro, pétreo. **FAM.** férrico, ferroso, ferrugiento, ferruginoso, ferretería, hierro.

ferretería *[n.f.]* tienda donde se venden herramientas, clavos, alambres y otras cosas, sobre todo de metal o de hierro. **FAM.** ferretero, férreo.

ferretero, ferretera *[n.]* **1** persona que tiene o atiende una ferretería. // **ferretero, ferretera** *[adj.]* **2** que está relacionado con el hierro o con utensilios fabricados en hierro, acero u otros metales: *industria ferretera.*

ferrocarril *[n.m.]* **1** camino formado por dos filas paralelas de hierro sobre las que van las ruedas de los trenes. **SIN.** vías, raíles. **2** conjunto de trenes que circulan por ese camino y servicio que prestan: *trabaja en el ferrocarril.* **SIN.** tren. **FAM.** compuesto de *ferro* (hierro) y *carril.*

ferroviario, ferroviaria *[adj.]* del ferrocarril o de los trenes: *guía ferroviaria; un trabajador ferroviario.* TAMBIÉN *n.*: *el ferroviario dio la salida al tren.* **FAM.** compuesto de *ferro* (hierro) y *vía* (camino).

fértil *[adj.inv. en gén.]* **1** que produce buenas cosechas o da muchos frutos: *campo fértil; tierra fértil.* **SIN.** fecundo, fructífero, productivo. **ANT.** yermo, estéril, improductivo. **2** que puede tener hijos: *las conejas son hembras muy fértiles.* **SIN.** prolífico, fecundo. **ANT.** estéril. **FAM.** fertilidad, fertilizar, fertilizante.

fertilidad *[n.f.]* lo que tienen los seres vivos que pueden reproducirse, para poder hacerlo, y las cosas que dan fruto, para poder darlo: *los animales tienen fertilidad hasta una edad determinada; el agricultor vive de la fertilidad del campo.* **SIN.** fecundidad. **ANT.** esterilidad.

fertilizante *[n.m.]* producto que se echa en la tierra para que produzca más frutos o mejores: *los fertilizantes mejoran las cosechas.* **SIN.** abono.

fertilizar *[v.]* hacer que la tierra dé más frutos o mejores: *antes de sembrar hay que fertilizar el terreno.* **AF.** abonar. **OBS.** ante e, c: *fertilicen.*

fervor *[n.m.]* sentimiento religioso muy profundo: *reza con fervor.* **SIN.** devoción. **FAM.** fervoroso, ferviente.

festejar *[v.]* hacer una fiesta para celebrar algo: *piensan festejar el cumpleaños.* **SIN.** celebrar. **FAM.** festejo, fiesta.

festejo *[n.m.]* **1** lo que se hace para celebrar algún acontecimiento: *organizó un festejo cuando aprobó.* **SIN.** fiesta, celebración. **2** cada una de las cosas que se hacen en una ciudad o un pueblo para que la gente participe y se divierta: *entre los festejos de este año hay un campeonato de ajedrez y una carrera de sacos.*

festín *[n.m.]* fiesta para varias personas en la que hay mucha comida y bebida: *organizaron un festín para celebrar la boda.* **AF.** banquete. **PL.** *festines.*

festival *[n.m.]* conjunto de actuaciones musicales, deportivas o artísticas que se organizan juntas y que, muchas veces, se hace para premiar las mejores: *un festival de canción moderna; un festival de teatro; en el festival de cine de San Sebastián se presentan películas de todo el mundo.* **AF.** certamen, concurso.

festividad *[n.f.]* día dedicado a un santo o a un acontecimiento religioso: *el 29 de junio es la festividad de San Pedro y San Pablo.* **AF.** fiesta. **FAM.** festival, festivo, fiesta.

festivo, festiva *[adj.]* **1** que se hace para divertirse o entretenerse, olvidando las preocupaciones o los problemas: *una reunión festiva.* **AF.** alegre, divertido, jovial, animado. **2** hablando de días, el que no hay que trabajar: *los días festivos no se va a clase.*

feto *[n.m.]* hijo que todavía está en el vientre de la madre. **AMPL.** desde que el nuevo ser es concebido hasta que empieza a tener forma se llama ***embrión***.

feudalismo *[n.m.]* forma de vida y organización económica, política y social que había en Europa durante la Edad Media. **AMPL.** en el feudalismo, un rey o un noble concedía un territorio llamado ***feudo*** a otro (llamado ***señor feudal***) para que lo administrara a cambio de que lo defendiera de sus enemigos. **FAM.** feudal, feudo.

fiambre *[n.m.]* alimento preparado con carne y envasado o metido en una tripa, de manera que dure mucho tiempo y se pueda comer frío: *el jamón york, el chorizo y la mortadela son fiambres.* **FAM.** fiambrera, frío.

fiambrera *[n.f.]* recipiente para meter alimentos, con tapadera que se ajusta perfectamente para que no se salga nada y se conserve bien: *al campo llevan la comida en fiambreras de aluminio.* **SIN.** tartera.

fiambrera

fiar *[v.]* **1** vender algo y no cobrarlo hasta pasado un tiempo: *olvidé el dinero pero me fiaron en la tienda.* // **fiarse** *[v.prnl.]* **2** tener la seguridad de que alguien siempre se porta bien, siempre dice la verdad, etc., o de que se sabe cómo es algo: *se fía de sus amigos; fíate de lo que pone, que no hay ningún error.* **SIN.** confiar en. **ANT.** desconfiar. **FAM.** fianza, fiable, fiabilidad, fiado, fiador. **COMP.** desafiar, confiar, afianzar.

ACENTUACIÓN DEL VERBO FIAR
Presente de indicativo: *fío, fías, fía, fiamos, fiáis, fían.*
Presente de subjuntivo: *fíe, fíes, fíe, fiemos, fiéis, fíen.*
Imperativo: *fía, fíe, fiemos, fiad, fíen.*

fibra *[n.f.]* **1** especie de hilos que forman los músculos y algunos tejidos de los animales y de las plantas: *fibra muscular; con fibras vegetales se hacen tejidos.* **2** hilo artificial que se utiliza para hacer tejidos: *esta prenda tiene un 50% de algodón y un 50% de fibra.* **FAM.** fibroso.

ficción *[n.f.]* cosa que alguien se ha inventado o se ha imaginado: *lo que cuenta es una ficción; los cuentos son ficciones.* **SIN.** invento, invención, fantasía. **FAM.** ficticio, fingir.

ficha *[n.f.]* **1** pieza pequeña, rígida y plana: *en los casinos se juega con fichas que tienen un valor determinado; los teléfonos públicos funcionaban con fichas.* **2** trozo de papel o de cartulina que sirve para anotar datos y clasificarlos con un orden concreto para poder consultarlos con facilidad: *tiene una colección de fichas de animales salvajes.* **3** pieza pequeña de algún material duro que se utiliza en algunos juegos y que los jugadores deben mover, colocar de una forma determinada, etc.: *las fichas del parchís; una ficha de dominó.* **FAM.** fichero, fichaje, fichar.

fichaje *[n.m.]* **1** lo que se hace para seleccionar a un equipo, a un deportista, a un trabajador, etc. y contratarlo: *está estudiando el fichaje de los nuevos empleados.* **2** persona a la que se ha contratado, especialmente si resulta muy buena en su trabajo: *el portero es el fichaje del año; la nueva directora es un buen fichaje.*

fichar *[v.]* **1** escribir en fichas lo que interesa de alguien o de algo: *la policía ficha a los delincuentes; ha fichado todos los libros de la biblioteca.* **2** contratar a alguien para un trabajo: *ficharon a una secretaria que sabe cinco idiomas.* **SIN.** contratar. **3** meter, en un aparato que tiene un reloj, una ficha con los datos de uno para que quede marcada la hora a la que uno entra o sale del trabajo: *siempre ficha a las 8 en punto.*

fichero *[n.m.]* **1** caja o mueble pensado para guardar en él fichas o papeles con un orden determinado: *mete en el fichero los documentos de la empresa.* **SIN.** archivo. **2** conjunto de fichas con datos: *su fichero de libros tiene 10.000 títulos.* **3** conjunto de datos informáticos que se archivan con un nombre determinado: *el fichero de la letra A se llama «JÚNIORA.DIC».* **SIN.** archivo, documento.

ficticio, ficticia *[adj.]* que no es real, sino que alguien lo ha imaginado: *las novelas cuentan historias ficticias.* **SIN.** irreal, imaginario, fantástico. **ANT.** real.

fidedigno, fidedigna *[adj.]* 1 que es igual que el original: *una copia fidedigna.* 2 que se puede creer: *información fidedigna; una noticia fidedigna.*

fidelidad *[n.f.]* característica que hace que digamos que algo o alguien es fiel*: *este aparato consigue copias de gran fidelidad* (**SIN.** exactitud)*; la fidelidad de un amigo; mantiene fidelidad a sus ideas políticas; admira la fidelidad de algunos perros hacia sus dueños* (**SIN.** lealtad. **ANT.** infidelidad, deslealtad, traición, perfidia).

fideo *[n.m.]* alimento hecho con pasta de harina de trigo que tiene forma de trozo corto de hilo y se come cocido: *sopa de fideos.*

fiebre *[n.f.]* 1 temperatura del cuerpo más alta de lo normal, provocada por una enfermedad: *lleva tres días en cama con fiebre.* **SIN.** hipertermia, calentura. **ANT.** hipotermia. 2 moda que se impone durante un tiempo, o afición muy grande por algo: *ha llegado la fiebre del monopatín; está con la fiebre de las discotecas y va todos los días.* **FAM.** febril, febrífugo.

fiel *[adj.inv. en gén.]* 1 que es digno de confianza porque nunca engaña ni traiciona: *amigo fiel; trabajador fiel; perro fiel.* **SIN.** leal. **ANT.** infiel. 2 que es cumplidor y se ajusta a unos principios por los que se guía: *es fiel a sus ideas y siempre obra en consecuencia.* **SIN.** leal, consecuente. 3 que es igual al modelo original: *es una copia fiel de un cuadro de Miró.* **AF.** idéntico, exacto, fidedigno. **OBS.** el superlativo es ***fidelísimo***. // **fiel** *[n.m.]* 4 aguja de las balanzas que señala el peso: *el fiel marca dos kilos.* 5 remache o clavito que une las dos partes de unas tijeras, permitiendo su funcionamiento: *llevó las tijeras al vaciador para que le pusiera un fiel nuevo.* 6 persona que pertenece a una religión y sigue sus reglas: *el sacerdote se dirigió a los fieles allí reunidos.* **AF.** feligrés. **FAM.** fidelidad, fielmente, fidelísimo. **COMP.** infiel.

fieltro *[n.m.]* material del tipo de las telas pero que no se hace tejiendo hilos, sino comprimiendo lana o pelo de manera que queda fuerte y grueso y, al cortarlo, no se deshilacha: *un sombrero de fieltro; llevaba una capa negra de fieltro muy suave.*

fiera *[n.f.]* 1 animal mamífero, con garras, que se caracteriza por su agresividad: *las fieras del circo están en jaulas.* 2 persona que hace muy bien trabajos, actividades o deportes: *es una fiera metiendo goles.* **SIN.** genio, monstruo, fuera de serie.

fiero, fiera *[adj.]* que, por su naturaleza, puede atacar y producir muchísimo daño: *un animal fiero.* **SIN.** feroz*. **FAM.** fiera, fiereza, fieramente.

fiesta *[n.f.]* 1 día en que se celebra algo y generalmente no se trabaja: *pasaron la fiesta en la montaña.* **SIN.** día festivo. 2 reunión de personas que se juntan para celebrar algo o para divertirse: *una fiesta de fin de curso.* 3 conjunto de diversiones y de actividades culturales y deportivas que se organizan en un pueblo o una ciudad en una fecha determinada: *con las fiestas de los pueblos se celebraba el final de la cosecha.* ■ **aguar la fiesta**, estropear una diversión. **FAM.** festividad, festivo, festín, festival, festejar, festejo.

figura *[n.f.]* 1 forma exterior de algo o de alguien: *figura esbelta; figura circular.* **AF.** tipo, forma. 2 cualquier cosa que tiene forma de algo o de alguien: *una muñeca es un objeto con figura de niña o de mujer; una figura de chocolate.* 3 persona que sobresale en alguna actividad: *es una figura del baile flamenco.* **SIN.** as. 4 manera especial de expresarse que se usa para hacer más bonito o llamativo lo que se dice o se escribe: *las metáforas son figuras poéticas; abusa de las figuras retóricas.* **FAM.** figurar, figurado, figuraciones, figurativo, ***figurón*** (persona que se da mucha importancia). **COMP.** ***desfigurar*** (empeorar el aspecto de algo), desfiguración.

figuraciones *[n.f.pl.]* conjunto de ideas que no se corresponden con la realidad y que uno se forma en la mente porque hay algo que le hace sospechar sobre ello o porque se lo imagina: *lo que dice no es cierto, son figuraciones suyas.* **SIN.** imaginaciones. **AF.** fantasías, inventos.

figurante *[n.inv. en gén.]* actor que sale a escena pero no habla: *en su primera película fue un simple figurante.*

figurar *[v.]* 1 estar, junto con otros, dentro de un grupo: *su nombre figura en la lista de admitidos.* **SIN.** estar, formar parte de. 2 formar la figura de alguien o de algo: *la falla valenciana figuraba un edificio destruido.* **SIN.** representar. // **figurarse** *[v.prnl.]* 3 creer que algo que no se sabe con certeza es o será de una manera determinada: *me figuro que llegarán tarde.* **SIN.** imaginar, suponer.

figurín *[n.m.]* revista con patrones para sacar modelos de vestidos. **PL.** *figurines.*

figurón, figurona *[n.]* persona que se da mucha importancia.

fijar *[v.]* **1** poner una cosa bien sujeta para que no se caiga o no se mueva: *fijó el póster a la pared con chinchetas.* **SIN.** asegurar, sujetar. **2** decidir de qué manera, en qué condiciones o en qué momento se hará algo: *fijar una fecha; fijar un objetivo; fijar una hora.* **SIN.** determinar, establecer, concretar, precisar. **AF.** decidir. **3** poner la mirada atenta en un punto concreto: *fijó los ojos en la mancha de la pared.* // **fijarse** *[v.prnl.]* **4** prestar atención a algo: *fíjate en la forma de aquella nube.* **FAM.** fijo, fijación, fijeza, fijador, fijamente. **COMP.** afijo, prefijo, sufijo, infijo.

fijo, fija *[adj.]* **1** que, por estar unido a otra cosa, no se puede mover: *el mueble está fijo a la pared.* **2** que no cambia o es para siempre: *un trabajo fijo; plaza fija.* **AF.** estable, seguro.

fila *[n.f.]* conjunto de personas o de cosas colocadas una detrás de otra o una al lado de la otra: *ponte en la fila de la izquierda; una fila de asientos; una fila de árboles.* **SIN.** hilera. **FAM.** desfilar, enfilar.

filamento *[n.m.]* hilo muy delgado de cualquier material: *el filamento de las bombillas se calienta mucho; un manto bordado con filamentos de oro.* **AF.** hilo. **FAM.** filamentoso, hilo.

filatelia *[n.f.]* estudio de los distintos tipos de sellos de correos y afición a coleccionarlos: *sabe mucho de filatelia.* **FAM.** filatélico.

filatélico, filatélica *[adj. y n.]* de la filatelia, de los sellos o de los coleccionistas de sellos: *reunión filatélica; los filatélicos se reúnen en la plaza Mayor.*

filete *[n.m.]* **1** trozo delgado y plano de carne o de pescado, que se corta de otro más grande: *filete de cerdo; filete de merluza.* **2** línea delgada que se pone como adorno o como separación: *la encuadernación del libro lleva un filete en el lomo; el borde de los platos tiene un filete dorado.*

filial *[adj.inv. en gén.]* **1** propio de los hijos: *los hijos sienten por los padres amor filial.* // **filial** *[n.f.]* **2** empresa, fábrica, equipo, etc. que depende de otro mayor: *los bancos tienen filiales en muchas ciudades.* **SIN.** sucursal.

filipino, filipina *[adj. y n.]* de Filipinas, archipiélago del sudeste de Asia cuya capital es Manila: *economía filipina; los filipinos cultivan arroz y maíz.*

filmar *[v.]* recoger imágenes en movimiento, paisajes, sitios, etc. con una cámara de cine o de vídeo: *ya filmaron la última escena de la película.* **SIN.** grabar, rodar. **FAM.** film, filme, filmación, fílmico, filmoteca.

film *[n.m.]* filme*.

filme *[n.m.]* película con imágenes grabadas con una cámara de cine: *un filme de aventuras.* **SIN.** película, cinta, film.

filmoteca *[n.f.]* **1** sitio donde se guardan ordenadas películas antiguas. **2** conjunto o colección de películas.

filo *[n.m.]* borde afilado de una hoja metálica o de un objeto que corta: *el filo de una navaja.* **SIN.** corte. **FAM.** filoso, hilo. **COMP.** afilar.

filología *[n.f.]* ciencia que estudia la lengua y la literatura, principalmente en los textos escritos: *filología española; filología alemana.* **FAM.** filológico, filólogo.

filólogo, filóloga *[n.]* persona especializada en filología: *este filólogo ha escrito un libro sobre la literatura del siglo XX.* **AF.** lingüista.

filón *[n.m.]* **1** grieta más o menos ancha e irregular del terreno o de las rocas, que está rellena de algún mineral: *un filón de oro.* **2** persona o cosa que da muchos beneficios: *este negocio es un filón; un buen torero es un filón para su apoderado.* **SIN.** chollo, negocio. **PL.** *filones.*

filosofía *[n.f.]* **1** ciencia que estudia el pensamiento del hombre, el origen, las propiedades y las causas de las cosas. **AF.** metafísica, ontología. **2** manera tranquila de tomarse las cosas y sobre todo las contrariedades: *se toma la vida con mucha filosofía.* **FAM.** filósofo, filosófico, filosofar, filosóficamente, filosofal.

filtrar *[v.]* pasar algo a través de un filtro* o de un cuerpo sólido: *filtra el café para que no tenga posos.* **AF.** colar. TAMBIÉN *prnl.: el agua se filtra por la pared porque la cañería tiene una pitera; la luz se filtra a través de las cortinas.* **FAM.** filtro, filtración. **COMP.** ***infiltrar*** (meter en la materia de algo, o en un grupo sin que se note), infiltración, infiltrado.

filtro *[n.m.]* 1 papel, tela, etc., por el que se hacen pasar los líquidos para separarlos de las cosas sólidas que contengan: *los posos del café se quedan en el filtro.* **AF.** colador. 2 lo que se utiliza para eliminar, reducir o modificar algo que perjudica o que no interesa: *los bronceadores tienen algún filtro de protección solar; pon un filtro en el objetivo de la máquina de fotos.*

fin *[n.m.]* 1 momento, estado, situación o parte de algo con que se acaba: *el fin del verano; fin de la película.* **SIN.** final, término, terminación. **ANT.** comienzo, principio. 2 finalidad*: *aprendió a dibujar con el fin de hacer caricaturas.* ■ **a fin de**, para. ■ **dar fin a** algo o **poner fin a** algo, acabarlo. ■ **por fin**, en resumen o finalmente. **FAM.** final, finalizar, finalidad, ***finado*** (muerto), finar. **COMP.** definir, infinito, sinfín.

finado, finada *[n.]* muerto: *enterraron al finado.*

final *[adj.inv. en gén.]* 1 que es lo que cierra o acaba algo: *parte final; capítulo final.* // **final** *[n.m.]* 2 momento, estado, situación o parte de algo con que se acaba: *el final de una discusión.* **SIN.** fin, término. **ANT.** comienzo, principio. // **final** *[n.f.]* 3 última parte de una competición o un concurso de donde sale el ganador: *quedó el segundo en la final de atletismo.* **FAM.** finalmente, finalizar, finalista, fin. **COMP.** semifinal.

finalidad *[n.f.]* lo que se quiere conseguir cuando se hace algo: *la finalidad de su esfuerzo es ganar.* **SIN.** fin, objetivo. **AF.** objeto, meta, intención, propósito.

finalista *[n.inv. en gén.]* persona que llega a la última fase de una competición o un concurso y que puede conseguir el triunfo: *un finalista; una finalista.* TAMBIÉN *adj.*: *participante finalista.*

finalizar *[v.]* 1 llegar al final de lo que se está haciendo: *ya ha finalizado la novela que estaba escribiendo.* 2 acabarse: *el verano finaliza cuando empieza el otoño.* **SIN.COM.** acabar, terminar, concluir. **ANT.COM.** empezar, comenzar. **OBS.** ante e, c: *finalicé.*

financiar *[v.]* poner el dinero necesario para crear, comprar o mantener algo: *el banco financió la construcción de nuevas viviendas.* **FAM.** financiero, financiación, finanzas.

finca *[n.f.]* terreno, con casa o sin ella, en el campo o en la ciudad: *pasan el verano en una finca; en la finca cultivan maíz.* **AMPL.** las fincas en el campo se llaman ***fincas rústicas*** y las que están en una ciudad, ***fincas urbanas***; una parte en la que se ha dividido un terreno es una ***parcela*** y un terreno sin construir, dentro de una ciudad, un ***solar***. **FAM.** afincarse, afincamiento.

fingir *[v.]* hacer creer a los demás, con palabras, gestos, etc., una cosa que no es verdad: *fingió que se encontraba mal.* **SIN.** hacer como, aparentar, simular. **OBS.** ante a y o, j: *finjamos, finjo.* **FAM.** ficción, fingimiento, ficticio.

finlandés, finlandesa *[adj. y n.]* de Finlandia, país del norte de Europa cuya capital es Helsinki: *comida finlandesa; los finlandeses hablan finés.* **SIN.** finés.

fino, fina *[adj.]* 1 que tiene poco grosor: *papel fino; tela fina; un pincel fino; los hilos de seda son muy finos.* **SIN.** delgado. **ANT.** grueso. 2 que demuestra buena educación, consideración hacia los demás, mucho gusto, elegancia, etc.: *una persona fina; trato fino; decoración fina; un traje fino.* **SIN.** distinguido. **INTENS.** exquisito. **AF.** delicado, elegante. **ANT.** vulgar. 3 de buena calidad: *la caoba es una madera fina; pescado fino.* **SIN.** bueno. 4 suave: *los bebés tienen la piel muy fina.* **SIN.** suave, sedoso. **ANT.** áspero. 5 que puede notar todos los detalles de las cosas: *oído fino; olfato fino.* **SIN.** agudo. 6 que trabaja muy bien, con habilidad y cuidado, para que lo que hace quede perfecto: *es un fontanero muy fino.* **FAM.** finura, fineza, finolis. **COMP.** afinar, desafinar, refinar.

finura *[n.f.]* característica que se quiere resaltar cuando se dice que algo o alguien es fino*: *la finura del filamento de una bombilla, de una tela, de la piel de los bebés, de las personas educadas, etc.*

fiordo *[n.m.]* parte estrecha y profunda del mar que entra en la tierra y queda entre laderas muy irregulares: *en las costas noruegas hay muchos fiordos.*

firma *[n.f.]* 1 nombre, señal o garabato que hace cada uno al final de un escrito hecho por él, o en impresos o escritos hechos por otros para que quede constancia de que se está de acuerdo con lo que pone en ellos: *en esta firma no se lee ningún nombre; un documento sin firma no vale nada.* **AF.** signatura, autógrafo, rúbrica. 2 empresa comercial: *una firma deportiva; una firma discográfica.* **AF.** compañía, marca. **FAM.** firmar, firmante, firme. **COMP.** confirmar.

firmamento *[n.m.]* parte del cielo en el que vemos las nubes, las estrellas, la Luna, el Sol, etc.: *observan el firmamento con un telescopio.* **SIN.** cielo, bóveda celeste.

firmar *[v.]* poner uno su firma: *con ocho años firmaba autógrafos.* **AF.** rubricar.

firme *[adj.inv. en gén.]* 1 que no se mueve porque está bien sujeto, bien armado, etc.: *esta mesa es muy firme.* **SIN.** sólido, estable. **ANT.** inestable. 2 que ya no cambia o que demuestra seguridad: *una firme decisión; una respuesta firme.* **SIN.** definitivo, invariable. // **firme** *[n.m.]* 3 capa con que se cubre el suelo de los sitios al aire libre por los que hay que pasar, para evitar charcos, desniveles, polvo, etc.: *el firme de la carretera está deteriorado.* **SIN.** piso. **FAM.** firmeza, firmemente, firma. **COMP.** afirmar, confirmar, reafirmar.

firmeza *[n.f.]* 1 característica que hace que algo no se mueva, no se desarme, no se caiga, etc.: *gracias a la firmeza de los cimientos, la casa resistió el terremoto.* **SIN.** estabilidad, solidez. 2 característica propia de las personas que están muy seguras de lo que hacen, de las cosas que hacen estas personas y de su forma de ser: *la firmeza de una decisión; firmeza de carácter; actúa con firmeza.* **SIN.** seguridad, resolución. **ANT.** inseguridad.

fiscal *[n.inv. en gén.]* 1 persona cuyo trabajo consiste en defender la ley frente a los delincuentes y los acusados, en los juicios que se hacen contra ellos: *el fiscal pidió treinta años de cárcel para el asesino.* // **fiscal** *[adj.inv. en gén.]* 2 que tiene relación con los impuestos que hay que pagar: *deuda fiscal.* **FAM.** fisco, fiscalizar, fiscalía, fiscalización. **COMP.** confiscar.

fisgar *[v.]* intentar enterarse de las cosas de los demás sin su permiso: *lo pillaron fisgando en la mesa del director.* **SIN.** curiosear, fisgonear, husmear, cucear. **OBS.** ante e, gu: *fisguen.* **FAM.** fisgón, fisgonear, fisgoneo.

fisgón, fisgona *[n.]* persona que procura enterarse de las cosas de los demás que a ella no le incumben: *esta portera es una fisgona.* **SIN.** cuzo, curioso. **AMPL.** si además le gusta contar las cosas de las que se entera, se llama ***cotilla*** o ***chismoso***.

fisgonear *[v.]* fisgar*: *este chico lo fisgonea todo.* **OBS.** e + e = ee: *fisgoneen.*

física *[n.f.]* ciencia que estudia las propiedades de la materia y de la energía, sus cambios y las leyes que modifican su estado.

físico, física *[adj.]* 1 de la física (*leyes físicas*) o del cuerpo (*aspecto físico; salud física*). // **físico, física** *[n.]* 2 persona que se dedica a estudiar o a enseñar física: *en los experimentos espaciales trabajan muchos físicos.* // **físico** *[n.m.]* 3 forma o aspecto exterior de una persona: *tiene un físico agradable.* ■ **mapa físico**, el que representa accidentes geográficos como lagos, montañas, cabos, golfos, mares, ríos, etc. **FAM.** físicamente.

fisiología *[n.f.]* ciencia que estudia las funciones de los órganos de los seres vivos.

fisioterapia *[n.f.]* tratamiento de los problemas físicos mediante procedimientos mecánicos naturales y sin tomar medicamentos: *los masajes y los ejercicios forman parte de los tratamientos de la fisioterapia.* **AMPL.** la persona que se dedica a la fisioterapia se llama ***fisioterapeuta***.

fisonomía *[n.f.]* 1 aspecto exterior de la cara de una persona que la hace diferente de otras: *lo conocí hace tiempo y no recuerdo su fisonomía.* **AF.** apariencia, aspecto. 2 forma exterior de otras cosas: *la fisonomía de Italia se asemeja a la de una bota.* **SIN.** forma, aspecto. **FAM.** fisonómico, ***fisonomista*** (que recuerda fácilmente la cara de las personas).

fisonomista *[adj.inv. en gén.]* que recuerda fácilmente la cara de las personas: *un joven fisonomista ayudó a la policía a detener al atracador.* TAMBIÉN *n.inv. en gén.*: *es un buen fisonomista.* **FAM.** fisonomía.

fisura *[n.f.]* grieta o abertura larga y estrecha que se hace en alguna cosa: *una fisura en un hueso; el terremoto produjo graves fisuras en* *los cimientos del edificio.* **SIN.** grieta, raja, resquebrajadura.

flácido, flácida *[adj.]* blando, sin consistencia ni fuerza: *si no se hace ejercicio, los músculos se quedan flácidos.* TAMBIÉN *fláccido, fláccida.*

flaco, flaca *[adj.]* que está muy delgado: *está tan flaco que se le notan todos los huesos.* **SIN.** delgado, seco. **ANT.** gordo, obeso. ■ **punto flaco**, parte más débil de una cosa o del carácter, los conocimientos, etc. de una persona. ■ **flaco favor**, favor que perjudica en lugar de beneficiar. **FAM.** flaqueza, flaquear, flacucho. **COMP.** enflaquecer, enflaquecimiento.

flagelar *[v.]* dar latigazos, azotar.

flamante *[adj.inv. en gén.]* que es nuevo, que tiene muy buen aspecto o que es de muy buena calidad: *se pasea en una flamante moto; le tocó un flamante apartamento en la playa.* **AF.** bonito. **FAM.** ***flama*** (llama), flamear, llama.

flamenco, flamenca *[adj.]* 1 que se comporta con chulería: *se puso flamenco y casi le dan una paliza.* **SIN.** chulo. **AF.** insolente. 2 de Flandes, región de Bélgica: *un pintor flamenco.* TAMBIÉN *n.: las flamencas.* // **flamenco** *[n.m.]* 3 tipo de música propia de Andalucía y del pueblo gitano español, que tiene un cante con una melodía muy especial y un baile en que se tocan las palmas y se taconea. **AF.** cante hondo (se pronuncia *cante jondo*). 4 ave que mide algo más de un metro, parecida a la cigüeña pero con las patas, el cuello y el pico más largos y el plumaje de color blanco y rosa. **FAM.** flamenquería, flamencología, flamencólogo.

flamígero, flamígera *[adj.]* que echa llamas o tiene forma de llama.

flan *[n.m.]* postre blando, muy dulce, que se hace en un molde con huevos batidos, leche y azúcar y se suele recubrir con caramelo líquido. **FAM.** flanera.

flanco *[n.m.]* parte de algo que no sea la de atrás ni la de delante: *picó con las espuelas los flancos del caballo; atacaron el flanco izquierdo del ejército.* **SIN.** costado, lado.

flaquear *[v.]* faltar o disminuir las fuerzas, el ánimo o la resistencia: *le flaquean las piernas; la tristeza lo hizo flaquear.* **SIN.** ceder. **AF.** decaer, desanimarse. **OBS.** e + e = ee: *flaqueen.*

flash palabra inglesa que en español se escribe *flas.*

flas *[n.m.]* 1 aparato con el que se produce una luz breve y muy intensa y se usa para hacer fotografías en lugares o momentos oscuros: *el estadio se llenó de destellos de flases.* 2 noticia de última hora: *un flas informativo.*

flauta *[n.f.]* instrumento musical de viento, de madera o de metal, que está formado por un tubo con agujeros y se hace sonar soplando por una boquilla y tapando y abriendo los agujeros con los dedos. **FAM.** flautista, flautín. **COMP.** aflautado.

flautista *[n.inv. en gén.]* persona que toca la flauta.

flecha *[n.f.]* 1 varilla que tiene un extremo con una muesca para sujetar en ella la cuerda elástica del arco y en el otro una punta triangular afilada. **SIN.** saeta. 2 dibujo con la misma forma que se usa para indicar una dirección o para llamar la atención sobre algo: *siga la flecha.* **FAM.** flechazo, flechero.

flechar *[v.]* estirar la cuerda del arco para disparar la flecha.

flechazo *[n.m.]* 1 herida de flecha o marca que deja en algún lugar: *recibió un flechazo en el costado.* 2 enamoramiento que una persona siente por otra al verla por primera vez: *en cuanto la vio surgió el flechazo.*

fleco *[n.m.]* 1 conjunto de hilos o cordoncillos que cuelgan de una tela como adorno o remate: *un poncho con flecos.* 2 hilos que cuelgan de una tela que se ha deshilachado o desgastado por el uso. **FAM.** flequillo.

fleco

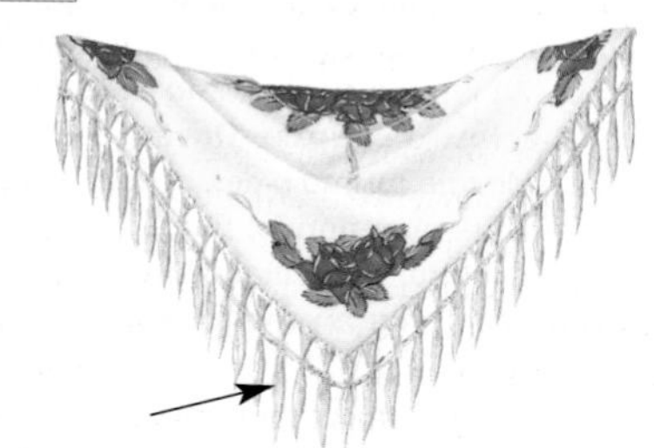

flemón *[n.m.]* bulto causado por una infección de las encías: *tenía la mejilla hinchada por un flemón.* **AF.** inflamación. **PL.** *flemones.*

flequillo *[n.m.]* parte del pelo que cae sobre la frente: *lleva el flequillo tan largo que le tapa los ojos.*

flexible *[adj.inv. en gén.]* 1 que se dobla o se estira sin romperse: *la goma es flexible; un muelle es una pieza flexible.* **SIN.** elástico. **ANT.** inflexible, rígido. 2 que puede variar sus normas o su conducta aceptando las opiniones de otros, si se le convence o si se decide por mayoría: *persona flexible; ley flexible.* **SIN.** transigente, tolerante. **ANT.** inflexible, rígido, intransigente, intolerante.

flexión *[n.f.]* hecho de doblar las personas o los animales una parte de su cuerpo por una articulación: *flexión de tronco; flexiones de piernas.* **FAM.** flexible, flexibilidad, flexo. **COMP.** inflexible.

flexo *[n.m.]* lámpara de mesa con brazo flexible o articulado.

flojear *[v.]* disminuir la capacidad para hacer algo o ir perdiéndola progresivamente: *flojeó en los exámenes.* **SIN.** flaquear, aflojar. **OBS.** e + e = ee: *flojeen.*

flojo, floja *[adj.]* 1 que no está suficientemente apretado: *se te caen los pantalones porque llevas el cinturón flojo.* **AF.** suelto. **ANT.** apretado. 2 que no tiene fuerza o que tiene poca intensidad: *está flojo después de la enfermedad.* **SIN.** débil, apagado, decaído. **ANT.** fuerte. 3 que no marcha al ritmo deseado: *un alumno flojo.* 4 insuficiente, escaso: *ventas flojas; comida floja.* **FAM.** flojear, flojedad, flojera. **COMP.** aflojar.

flor *[n.f.]* 1 parte de las plantas donde se encuentran los órganos reproductores, que es normalmente de atractivos colores y despide buen olor. 2 lo mejor de algo: *está en la flor de la vida.* ■ **echar** o **echarse flores**, decir cosas buenas de uno mismo o de otro. **SIN.** echar piropos. **FAM.** florero, florido, flora, floral, floración, floricultura, floricultor, florecer, florista, ***floresta*** (sitio con muchos árboles). **COMP.** aflorar, desflorar.

flora *[n.f.]* conjunto de plantas que crecen en una zona, país o región: *la flora de este país es muy variada.*

floral *[adj.inv. en gén.]* de flores: *un adorno floral.* **FAM.** flor.

florecer *[v.]* 1 salir o brotar las flores de una planta: *el rosal ha florecido.* **SIN.** germinar, brotar, aflorar. 2 crecer y desarrollarse bien algo: *los negocios florecen gracias al trabajo.* **SIN.** progresar, salir adelante. **CONJUG.** como *crecer**. **FAM.** floreciente, florecimiento, florecientemente, flor.

floreciente *[adj.inv. en gén.]* que están saliéndole flores o que se desarrolla bien: *campo floreciente; un negocio floreciente.*

florero *[n.m.]* recipiente para colocar las flores que han sido cortadas. **AF.** jarrón.

florete *[n.m.]* espada muy delgada y flexible, sin filo, que se usa en el deporte de la esgrima: *le hizo un "tocado" con el florete.*

florido, florida *[adj.]* que está repleto de flores o que acaba de florecer: *un árbol florido.*

florista *[n.inv. en gén.]* persona que vende plantas y flores: *el florista preparó un bonito ramo.* **AMPL.** quien se dedica a cultivarlas es un ***floricultor*** y el arte de cultivarlas se llama ***floricultura***. **FAM.** floristería, flor.

floristería *[n.f.]* tienda donde se venden flores y plantas.

floritura *[n.f.]* cosa que se hace con la voz para que una canción quede más bonita o palabras que se dicen para adornar: *leyó un discurso lleno de florituras.* **FAM.** flor.

florón *[n.m.]* adorno con forma de flor: *la lámpara cuelga del centro de un florón en el techo.* **PL.** *florones.*

flota *[n.f.]* conjunto de barcos o de cualquier otro medio de transporte que pertenecen a un

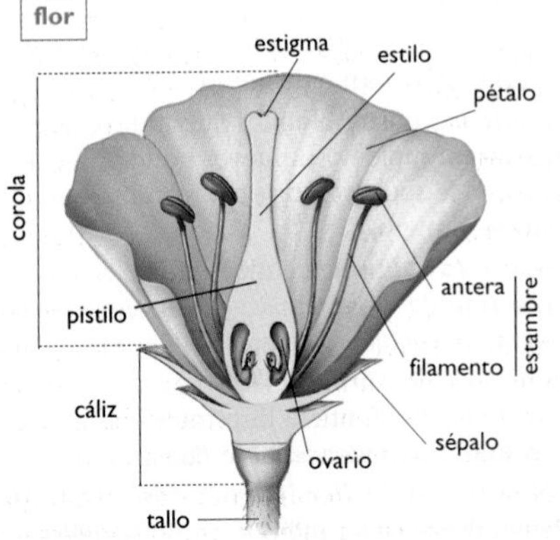

mismo dueño: *flota pesquera; flota de autobuses.*

flotador *[n.m.]* objeto menos pesado que el agua que se usa para que algo o alguien no se hunda: *lleva un flotador a la cintura porque no sabe nadar; la cisterna tiene un flotador para que, cuando está llena, deje de entrar agua.*

flotadura *[n.f.]* hecho de echar un barco al agua. **SIN.** botadura.

flotante *[adj.inv. en gén.]* que se mantiene en el agua y no se hunde: *material flotante.*

flotar *[v.]* 1 estar sobre un líquido sin hundirse o en el aire o un gas sin tocar el suelo: *la balsa todavía flotaba; los astronautas flotan en el espacio.* **SIN.** mantenerse a flote. **ANT.** hundirse. 2 notar que hay algo que no se ve: *el nerviosismo flotaba en el ambiente.* **FAM.** flote, flotador, flotante.

flote palabra que se usa en expresiones como ■ **estar, poner** o **sacar a flote** y significa flotando o impidiendo que algo se hunda.

fluctuar *[v.]* aumentar y disminuir alternativamente: *los precios de la fruta fluctúan con los cambios de temporada.* **SIN.** oscilar, variar, cambiar.

fluido, fluida *[adj.]* 1 que no es sólido y adapta su forma al recipiente o el lugar en que está, como los líquidos, los gases, la espuma, etc.: *una materia fluida.* TAMBIÉN *n.m.: el gas es un fluido.* 2 que dice lo que pretende con facilidad y claridad: *expresión fluida; lenguaje fluido.* 3 que se mueve con la velocidad adecuada y sin atascos: *tráfico fluido.* ■ **fluido eléctrico**, energía eléctrica.

fluir *[v.]* 1 salir un líquido o un gas de algún lugar: *el agua fluye del manantial.* **SIN.** salir, manar, brotar. 2 ir un líquido por el sitio que se dice: *el arroyo fluye por la ladera.* **SIN.** correr, discurrir. 3 surgir las palabras y las ideas con mucha facilidad: *las ideas fluían sin cesar.* **SIN.** salir. **CONJ.** como *huir**. **FAM.** fluido, fluidez. **COMP.** afluir, confluir, influir, reflujo.

flúor *[n.m.]* gas de color amarillo verdoso capaz de destruir casi todos los metales y que tiene muchas utilidades, como el fortalecimiento de los dientes y la prevención de la caries. **FAM.** fluorescencia, fluorescente.

fluorescente *[n.m.]* 1 tubo de cristal que tiene un gas en su interior, como por ejemplo el flúor o el neón, y al pasar la corriente eléctrica por él se enciende y da una luz bastante intensa: *se fundió el fluorescente de la cocina.* // **fluorescente** *[adj.inv. en gén.]* 2 que refleja la luz que le llega y se hace muy visible en la oscuridad: *sus zapatillas tienen franjas fluorescentes.* **AF.** fosforescente.

fluvial *[adj.inv. en gén.]* de los ríos o que se hace en los ríos: *caudal fluvial; deporte fluvial; navegación fluvial.*

fobia *[n.f.]* 1 miedo exagerado o irracional: *montar en avión le produce fobia.* **AF.** miedo, temor. 2 odio o manía: *le tiene fobia a los parisinos.* **SIN.** aversión.

foca *[n.f.]* animal nadador, con el cuerpo muy gordo cubierto de pelo corto, espeso y brillante, patas en forma de aletas y una capa de grasa bajo la piel que lo protege del frío. **AMPL.** es un mamífero marino; la especie mayor es el ***elefante marino***, que tiene el morro prolongado como si fuera una trompa.

foco *[n.m.]* 1 lámpara eléctrica que da luz potente: *dos focos iluminan la piscina.* **SIN.** reflector. 2 punto central de algo: *foco de atención; foco de infección.* **SIN.** centro. **FAM.** focal. **COMP.** enfocar.

fofo, fofa *[adj.]* blando o sin fuerza: *ese balón está fofo; tiene la barriga fofa.* **SIN.** fláccido. **AF.** blando. **ANT.** consistente, duro.

fogata *[n.f.]* fuego que se hace al aire libre: *hicieron una fogata para calentarse.* **SIN.** hoguera, fuego, lumbre.

fogón *[n.m.]* 1 lugar de una cocina en que se enciende el fuego para guisar: *puso la cazuela sobre el fogón.* 2 parte de un horno o de una caldera en la que se echa el carbón: *el fogonero del tren echó dos paladas de carbón al fogón.* **PL.** *fogones.* **FAM.** fogonero, fuego.

folclor *[n.m.]* folclore*.

folclore *[n.m.]* conjunto de costumbres, tradiciones, cantos, bailes, etc., típicos de una región, pueblo o país: *las muñeiras pertenecen al folclore gallego.* TAMBIÉN se dice ***folclor***. **FAM.** folclórico, folclorista.

foliáceo, foliácea *[adj.]* de las hojas de las plantas: *una característica foliácea.* **SIN.** foliar.

foliación *[n.f.]* 1 hecho de que las plantas echen hojas. 2 numeración de los folios de un escrito. **PL.** *foliaciones.*

a b c d e f g h i j k l m n ñ o p q r s t u v w x y z

folio *[n.m.]* hoja grande de papel: *compra folios para tomar apuntes.* **AF.** hoja. **AMPL.** un folio es la cuarta parte de un pliego y mide algo más de 30 cm de alto; es como dos ***cuartillas*** o cuatro ***octavillas*** y algo mayor que la ***holandesa*** (también llamada ***A4***). **FAM.** foliado, ***foliar*** (numerar los folios). **COMP.** portafolios.

follaje *[n.m.]* ramas y hojas de los árboles, o vegetación espesa de un lugar: *llevaban machetes para abrirse paso entre el follaje de la selva.*

folleto *[n.m.]* conjunto de hojas impresas que dan una información sobre algo. **AMPL.** se considera folleto cuando tiene más de cuatro páginas y menos de cincuenta. **AF.** catálogo, prospecto. **FAM.** folletín, folletinesco.

follón *[n.m.]* **1** alboroto de personas que discuten o hacen ruido: *armaron un gran follón.* **2** lío de cosas o ideas que están revueltas o desordenadas: *esta habitación es un follón.* **SIN.** desorden, barullo, desbarajuste.

fomentar *[v.]* dar a conocer mejor algo o acercarlo a un público distinto, para impulsar su actividad: *regalaron libros para fomentar la lectura.* **AF.** impulsar. **FAM.** fomento.

fonda *[n.f.]* casa en la que se puede comer y dormir pagando menos que en un hotel porque es más sencilla y pequeña: *en el pueblo sólo había una fonda.* **SIN.** pensión, casa de huéspedes.

fondear *[v.]* sujetar una embarcación en un sitio, echando anclas o pesos hasta el fondo: *fondearon el barco cerca de la playa.* **OBS.** e + e = e: *fondeen.* **FAM.** fondo.

fondo *[n.m.]* **1** parte de abajo e interior de un recipiente o una cosa hueca: *en el fondo de la taza había posos de café.* **2** parte de abajo del mar, de los ríos, de los lagos, etc.: *fondo marino.* **SIN.** lecho. **AF.** profundidad. **3** color de una superficie sobre la que están dibujados o pintados otros colores o dibujos: *una tela de fondo negro con lunares blancos.* **4** lo más importante de algo: *no conocemos el fondo del problema.* **SIN.** meollo. **5** dinero que recaudan varias personas, entidades o naciones para un fin común: *fondo social; fondos reservados; fondos comunitarios.* **6** profundidad: *este depósito tiene dos metros de fondo.* **7** distancia que hay entre la fachada de un edificio o la puerta de un local y la pared en que acaba: *tiene cien metros de fondo.* // **fondos** *[n.m.pl.]* **8** dinero que se tiene y del que se puede disponer cuando sea necesario: *sacar los fondos; estar sin fondos.* ■ **en el fondo**, en lo que las personas o las cosas son y no en lo que parecen. ■ **a fondo**, del todo, con profundidad, fijándose en todos los detalles. **FAM.** fondear, fondeadero.

fonema *[n.m.]* unidad más pequeña, con valor significativo, de una lengua. **AMPL.** el concepto de fonema es abstracto y resulta de sumar a los sonidos que se utilizan en una lengua su valor significativo; en español, por ejemplo, el que se pronuncie una vocal más abierta o más cerrada no tiene ningún valor significativo, porque nunca se distinguen dos palabras en que una tenga *e abierta* y otra *e cerrada* (sin embargo, sí ocurre en francés); pueden por tanto existir en la pronunciación española estos sonidos pero no existen como fonemas; la ciencia que estudia el valor significativo de los sonidos de una lengua se llama ***fonología*** y el conjunto de fonemas de una lengua constituye su ***esquema fonológico***.

fonendoscopio *[n.m.]* aparato que se utiliza en medicina para oír los latidos del corazón y otros sonidos que indican problemas propios del aparato respiratorio (como el asma, la bronquitis, etc.) y que consiste en dos tubos flexibles unidos a otro que acaba en una membrana muy sensible que amplifica los sonidos.

fonética *[n.f.]* parte de la lingüística que estudia los sonidos desde el punto de vista material (cómo se forman o producen, de qué tipo de ondas físicas están formados, etc.)

fonología *[n.f.]* parte de la lingüística que estudia el valor significativo de los sonidos que se utilizan en el lenguaje hablado y especialmente en cada una de las lenguas. **AMPL.** la fonética estudia los ***sonidos*** del lenguaje como realidad física que se puede analizar con aparatos especiales porque está formada por ondas sonoras y la ***fonología*** el valor significativo de los sonidos; para ello ha creado el concepto de ***fonema****.

fonoteca *[n.f.]* **1** sitio donde se guardan, ordenados, discos y otras grabaciones sonoras. **2** conjunto o colección de discos y otras grabaciones sonoras. **AF.** discoteca.

fontanero, fontanera *[n.]* persona que trabaja poniendo tuberías, grifos, etc. para hacer instalaciones de agua o de calefacción y que las arregla cuando hay averías. **FAM.** fontanería, fuente.

foque *[n.m.]* cualquiera de las velas en forma de triángulo que lleva un barco, pero sobre todo la principal de ellas.

forajido, forajida *[n.]* persona que huye porque la persigue la justicia: *los forajidos se escondieron en las montañas.* **SIN.** bandido, bandolero, malhechor.

forastero, forastera *[n.]* persona que es (o viene) de otro país o de otro lugar: *llegaron forasteros de todas las ciudades.* **AF.** foráneo, extranjero.

forcejear *[v.]* hacer fuerza para vencer a alguien o para liberarse de alguien o de algo: *los dos forcejearon antes de soltarse.* **AF.** luchar, pelear, pugnar. **OBS.** e + e = ee: *forcejeen.* **FAM.** forcejeo, forcejeante, fuerza.

forense *[n.inv. en gén.]* **1** médico que trabaja para un juzgado y hace informes sobre las causas últimas de la muerte de una persona, daños producidos en accidentes, etc.: *el forense dijo que había muerto a las 11 de la noche.* TAMBIÉN *adj.: médico forense.* **2** se dice de todo aquello que está relacionado con este trabajo: *instituto anatómico forense.*

forestal *[adj.inv. en gén.]* de los bosques o que tienen algo que ver con ellos: *incendio forestal; guarda forestal.*

forjar *[v.]* **1** dar diferentes formas al hierro golpeándolo con un martillo, sobre un yunque, cuando está al rojo vivo: *el herrero forja el hierro en la fragua.* **2** crear algo con la mente: *han forjado un plan perfecto.* **SIN.** concebir, hacer, crear. **AF.** inventar, idear. TAMBIÉN *prnl.: se forjó demasiadas ilusiones.* **FAM.** forja, forjador, forjado.

forma *[n.f.]* **1** característica de cada persona, animal o cosa que percibimos gracias a la línea que forma, por contraste con lo que lo rodea, todo alrededor de su volumen o su contorno: *los guantes tienen forma de mano; en la oscuridad no se ven las formas de los muebles.* **AF.** figura, contorno. **2** manera de hacer algo o de actuar: *nos enseñó la forma más fácil de nadar; no me gusta su forma de ser.* **SIN.** modo, manera. **AF.** sistema, método, procedimiento. ■ **estar en forma**, estar bien física y mentalmente una persona. **FAM.** formar, formación, formativo, formalizar, formato, formal, formalidad, formalmente, formalismo, formalista, fórmula. **COMP.** uniformar, conformar, deformar, informar, informal, malformación, reformar, transformar.

FORMAS

	decimos que algo es...	*cuando tiene forma igual o parecida a la de...*	
Relacionadas con **COSAS**:			
	acicular	una aguja	10
	acampanado	una campana	6
	acorazonado	un corazón	6
	aovado	un huevo	8
	arriñonado	un riñón	6
	almendrado	una almendra	6
	caliciforme	un cáliz	7
	campaniforme	una campana	6
	catenular	una cadena	9
	cordiforme	un corazón	10
	ensiforme	la hoja de una espada	10
	fusiforme	un huso	10
	helicoidal	una hélice	10
	oval, ovalado	el corte longitudinal de un huevo	8
	ovoide, ovoideo	un huevo	7
	lanceolado	una punta de lanza	10
	pisciforme	un pez	9
	tabular	una tabla	10
	tubular	un tubo	7
	vermiforme	un gusano	10
Relacionadas con **FIGURAS GEOMÉTRICAS**:			
	circular	un círculo	5
	cuadrado	un cuadrado	5
	elíptico	una elipse	6
	rectangular	un rectángulo	5
	semicircular	medio círculo	5
	trapezoidal	un trapecio	5
	triangular	un triángulo	5
Relacionadas con **CUERPOS GEOMÉTRICOS**:			
	cilíndrico	un cilindro	5
	cónico	un cono	5
	esférico	una esfera	5
	piramidal	una pirámide	5
	semiesférico	media esfera	5
	troncocónico	un tronco de cono	6
	troncopiramidal	un tronco de pirámide	6

formación *[n.f.]* 1 hecho de formarse, hacerse o tomar algo una forma determinada: *la formación de la corteza terrestre.* 2 conjunto de las cosas que se le enseñan a alguien porque se cree que hay que saberlas: *en ese colegio dan una formación muy completa.* SIN. educación, instrucción. 3 conjunto de personas organizadas y ordenadas en filas: *los soldados rompieron la formación.* AF. fila, línea, columna. 4 conocimientos o estudios que tiene una persona: *tiene formación universitaria; le falta formación musical.* SIN. cultura.

formal *[adj.inv. en gén.]* 1 que cumple lo que promete y nunca hace trampas ni engaña: *es una persona formal.* SIN. serio. AF. recto, responsable, consciente. ANT. informal. 2 que sigue las normas establecidas o está hecho, pactado, escrito, etc., de acuerdo con ellas: *un contrato formal; novio formal.*

formalidad *[n.f.]* 1 característica a la que nos referimos cuando queremos resaltar que alguien es formal*: *todos conocen su formalidad.* SIN. seriedad. ANT. informalidad. 2 cada uno de los trámites burocráticos o administrativos que hay que seguir necesariamente para conseguir algo muy costoso o cualquier cosa para la que se exige mucho papeleo: *para conseguir audiencia del ministro hay que cumplimentar muchas formalidades.* SIN. requisito. AF. trámite.

formalizar *[v.]* 1 hacer que algo sea como dicen las normas: *han formalizado sus relaciones como novios; formalizar un contrato.* // **formalizarse** *[v.prnl.]* 2 hacerse una persona más seria y formal. OBS. ante e, c: *formalicemos.*

formar *[v.]* 1 dar forma a una cosa: *moldeando el barro con las manos formó una escultura.* AF. hacer, realizar. 2 hacer algo juntando varias personas o cosas: *el entrenador formó un gran equipo.* AF. crear, hacer, componer. 3 poner en orden, por lista o en filas, a personas o cosas: *el capitán mandó formar a la compañía; los aviones formaban en grupos de cuatro.* SIN. alinearse. 4 preparar a alguien para que haga bien algo, dándole los conocimientos necesarios: *las empresas forman profesionales* TAMBIÉN *prnl.: se formó en la universidad de Sevilla.* SIN. educar, instruir. // **formarse** *[v.prnl.]* 5 llegar a haber algo: *se formaron nubes negras que amenazaban tormenta; sobre los muebles se ha formado una capa de polvo.* ■ **formar parte** pertenecer a algo: *las hojas forman parte del libro.*

formato *[n.m.]* forma y tamaño de algo, especialmente de un libro, de un cuadro o de una fotografía: *un libro con formato de bolsillo; una foto de formato reducido.*

formidable *[adj.inv. en gén.]* 1 que es muy bueno: *un coche formidable.* SIN. estupendo*. 2 que es más grande de lo normal: *un tamaño formidable.* SIN. enorme*.

fórmula *[n.f.]* 1 manera de hacer algo de modo práctico y rápido: *encontraron una fórmula para duplicar las ventas.* SIN. manera, modo, forma, método, sistema. 2 receta para preparar una medicina o parar hacer alguna cosa: *el farmacéutico preparó la pomada siguiendo la fórmula.* AF. composición, combinación. 3 expresión que representa una regla matemática o física o una combinación química: *b·h/2 es la fórmula que se emplea para hallar el área de un triángulo.* FAM. formular, formulación, formulario, forma.

formular *[v.]* 1 expresar o decir algo: *formular una pregunta; formular una duda.* SIN. expresar, exponer. 2 trabajar con fórmulas o aprenderlas: *estudiaron las valencias de los elementos químicos y empezaron a formular.*

formulario *[n.m.]* papel que hay que rellenar con respuestas o datos para conseguir algo: *formulario para trabajar en una empresa; formulario para pedir un crédito.* SIN. impreso.

fornido, fornida *[adj.]* fuerte y sano: *un fornido boxeador.* SIN. robusto. ANT. enclenque.

forrar *[v.]* poner papel, tela, plástico, piel o algo parecido por encima o por dentro de una cosa para protegerla, reforzarla, etc.: *forró el cajón por dentro porque iba a guardar cosas delicadas.* AF. cubrir, revestir.

forro *[n.m.]* lo que se pone por dentro o por fuera de una cosa, cubriéndola, para protegerla, reforzarla, etc.: *el forro de la falda es muy suave.* FAM. forrar.

fortalecer *[v.]* dar fuerza o hacer fuerte: *el deporte fortalece físicamente.* SIN. fortificar, robustecer, vigorizar. ANT. debilitar. CONJUG. como *crecer*.

fortaleza *[n.f.]* 1 fuerza física de los seres vivos gracias a la cual aguantan enfermedades o situaciones difíciles como el frío, el calor, los esfuerzos, etc.: *gracias a su gran fortaleza mejoró de la enfermedad.* **SIN.** robustez, vitalidad. 2 construcción que tiene muros gruesos y resistentes y sirve para protegerse de los ataques de los enemigos. **SIN.** fortificación. **FAM.** fortalecer, fortalecimiento, fuerza.

fortificar *[v.]* 1 dar fuerza o hacer fuerte: *el deporte fortifica el cuerpo.* **SIN.** fortalecer, robustecer, vigorizar. 2 construir obras de defensa para proteger un lugar: *en la Edad Media fortificaban las ciudades construyendo murallas.* **FAM.** fortificación.

fortuito, fortuita *[adj.]* que ocurre sin que se pueda prever o sin que se espere: *un encuentro fortuito.* **SIN.** accidental, casual, imprevisto.

fortuna *[n.f.]* 1 conjunto de todos los bienes y riquezas que tiene una persona: *con su trabajo ha ganado una fortuna.* **AF.** riqueza, capital. **SIN.** dineral. 2 suerte o algo casual que hace que pasen las cosas como uno desea: *tuvo mucha fortuna y le tocó el coche.* **SIN.** suerte, azar, ventura. **FAM.** afortunado, desafortunado, ***infortunio*** (mala suerte).

forzar *[v.]* 1 abrir algo por la fuerza y no con la llave o con los sistemas normales: *los ladrones forzaron la cerradura.* **SIN.** violentar. 2 obligar a alguien, por la fuerza, a hacer algo que no quiere: *lo forzaron a abrir la caja fuerte.* 3 hacer que algo vaya más rápido o con más fuerza de lo recomendable: *si fuerzas el motor, se puede quemar; forzar la marcha en una carrera.* **SIN.** obligar. **AF.** imponer. **FAM.** forzoso, forzosamente, forzudo, fuerza.

forzoso, forzosa *[adj.]* que es necesario hacerlo y no se puede evitar: *en la carretera había un desvío forzoso.* **SIN.** obligatorio.

forzudo, forzuda *[adj.]* que tiene mucha fuerza: *hombre forzudo; mujer forzuda.* **SIN.** fortachón.

fosa *[n.f.]* 1 hoyo que sirve para enterrar a los muertos: *el sepulturero del cementehizo una fosa.* **SIN.** sepultura, tumba. 2 algunas cavidades o espacios huecos del cuerpo humano: *fosas nasales.* **SIN.** cavidad. 3 hueco muy profundo que hay en la superficie terrestre o en los fondos marinos: *fosa marítima.*

fosforescente *[adj.inv. en gén.]* que brilla en la oscuridad.

fósforo *[n.m.]* 1 elemento químico venenoso que arde con mucha facilidad, brilla en la oscuridad y forma parte del organismo de muchos seres vivos. 2 cerilla*: *una caja de fósforos.* **FAM.** fosforero, fosforoso, ***fosforescer*** (brillar en la oscuridad), fosforescente.

fósil *[n.m.]* restos, huellas, etc. de animales y plantas que vivieron hace millones de años y se han conservado petrificados en distintas capas de la tierra o del fondo marino: *gracias a los fósiles conocemos la existencia de algunas especies animales.* **FAM.** fosilización, fosilizarse.

foso *[n.m.]* 1 hoyo o agujero grande: *cavaron un foso para recoger el agua de lluvia.* 2 zanja grande que se hacía alrededor de los castillos y se llenaba de agua para que fuera más difícil asaltarlos: *bajaron el puente levadizo para pasar el foso.* 3 en un teatro, lugar que está delante del escenario y más bajo que el patio de butacas, donde se coloca la orquesta. 4 sitio lleno de arena extendida y alisada para que quede la marca y pueda ser medida cuando

CONJUGACIÓN DEL VERBO FORZAR

Formas no personales

Infinitivo: *forzar*. Gerundio: *forzando*. Participio: *forzado*.

Indicativo

Presente: *fuerzo, fuerzas, fuerza, forzamos, forzáis, fuerzan.*

Pretérito imperfecto: *forzaba, forzabas, forzaba, forzábamos, forzabais, forzaban.*

Pretérito perfecto simple: *forcé, forzaste, forzó, forzamos, forzasteis, forzaron.*

Futuro: *forzaré, forzarás, forzará, forzaremos, forzaréis, forzarán.*

Condicional simple:

forzaría, forzarías, forzaría, forzaríamos, forzaríais, forzarían.

Subjuntivo

Presente: *fuerce, fuerces, fuerce, forcemos, forcéis, fuercen.*

Pretérito imperfecto: *forzara/ forzase, forzaras/ forzases, forzara/ forzase, forzáramos/ forzásemos, forzarais/ forzaseis, forzaran/ forzasen.*

Futuro: *forzare, forzares, forzare, forzáremos, forzareis, forzaren.*

Imperativo:

fuerza, fuerce, forcemos, forzad, fuercen.

a b c d e f g h i j k l m n ñ o p q r s t u v w x y z

cae el atleta después de hacer el salto de longitud.

foto *[n.f.]* imagen que se saca con una cámara fotográfica y queda impresa en papel. **SIN.** fotografía.

fotocopia *[n.f.]* reproducción de un escrito o de una imagen, que se hace sobre un papel y con una máquina que se llama ***fotocopiadora*** y utiliza, para reproducir, sistemas fotográficos. **FAM.** fotocopiar, fotocopiadora.

fotocopiar *[v.]* hacer una fotocopia* de algo: *fotocopió el plano de la casa.*

fotografía *[n.f.]* **1** arte y técnica que consiste en captar imágenes mediante una máquina en cuyo interior hay una cámara oscura y una placa o película con un producto especial que graba las imágenes al entrar la luz: *un curso de fotografía.* **2** reproducción en papel de las imágenes que se han tomado con una máquina fotográfica: *le han salido doce fotografías de ese carrete.* **SIN.** foto. **AF.** retrato. **FAM.** fotografiar, fotográfico, fotógrafo.

fotografiar *[v.]* hacer una fotografía de algo: *fotografió el castillo para llevarse un recuerdo.* **SIN.** retratar.

fotográfico, fotográfica *[adj.]* de la fotografía o para fotografías: *arte fotográfico; álbum fotográfico; cámara fotográfica.*

fotógrafo, fotógrafa *[n.]* persona que trabaja haciendo fotos: *es fotógrafa de un periódico.*

fotonovela *[n.f.]* publicación que cuenta una historia a base de fotografías sobre las que aparecen textos con los diálogos de los personajes.

fotosíntesis *[n.f.inv. en núm.]* proceso por el cual las plantas verdes, gracias a la acción de los rayos solares, convierten en alimento las sustancias que obtienen de la tierra.

frac *[n.m.]* traje que lleva una chaqueta cortada por delante a la altura de la cintura y acabada por detrás en dos colas que llegan hasta media pierna: *Groucho Marx usaba frac.* **PL.** *fracs* o *fraques.*

fracasar *[v.]* **1** no conseguir lo que uno se propone: *fracasó en las elecciones.* **ANT.** triunfar. **2** salir mal un negocio o algo que se está haciendo: *fracasar un proyecto.* **FAM.** fracaso, fracasado.

fracaso *[n.m.]* lo que sufre la persona a la que algo no le sale como esperaba (*un fracaso profesional; un fracaso deportivo; un fracaso económico*), y cosa que sale mal (*el experimento fue un fracaso*).

fracción *[n.f.]* **1** división que se hace de algo para que queden varias partes: *hay que hacer la fracción de los bienes.* **SIN.** reparto, partición, división. **2** cada una de las partes en que dividimos una cosa: *cada vecino abonó la fracción correspondiente de los gastos de comunidad.* **SIN.** parte, porción. **3** número quebrado que nos dice en cuántas partes se ha dividido una cosa y cuántas partes se toman de ella: *la fracción 3/4 quiere decir que se toman tres partes de las cuatro en que se divide algo.* **AMPL.** el número que indica las partes que se toman se llama ***numerador*** y el que indica las partes en que se divide, ***denominador***. **SIN.** quebrado. **FAM.** fraccionar, fraccionario, fraccionamiento.

fraccionar *[v.]* dividir una cosa en partes iguales, desiguales o proporcionales. **SIN.** dividir, partir.

fractura *[n.f.]* hecho de romperse algo duro, sobre todo los huesos: *una fractura de tibia.* **SIN.** rotura. **FAM.** fracturar.

fracturar *[v.]* romper algo dándole un golpe o forzándolo: *si intentas doblar un material rígido puedes fracturarlo.* **SIN.** romper, quebrar, partir. TAMBIÉN *prnl.: se fracturó dos costillas en el accidente.*

fragancia *[n.f.]* olor bueno y suave: *la fragancia de una flor.* **SIN.** aroma, perfume. **FAM.** fragante.

fragante *[adj.inv. en gén.]* que tiene o despide un olor bueno y suave: *el fragante olor de las flores.* **SIN.** aromático, perfumado. **ANT.** hediondo, nauseabundo.

fragata *[n.f.]* **1** barco antiguo de guerra, de tamaño medio, con tres palos y velas cuadradas. **2** barco de guerra moderno, más pequeño que el destructor.

frágil *[adj.inv. en gén.]* **1** que se rompe con facilidad: *hay que embalar muy bien las mercancías frágiles.* **AF.** quebradizo, delicado. **ANT.** fuerte, duro, resistente. **2** poco fuerte: *carácter frágil; salud frágil.* **FAM.** fragilidad, frágilmente.

fragilidad *[n.f.]* característica propia de las cosas frágiles o delicadas: *la fragilidad del vidrio.*

fragmento *[n.m.]* 1 cada uno de los trozos que queda de algo que se ha roto: *las piedras que se utilizan en la construcción son fragmentos de rocas.* **SIN.** trozo, pedazo. 2 parte de una obra artística que no existe entera, o parte que se ve, se lee o se oye separada del resto: *este disco recoge varios fragmentos de óperas.* **SIN.** parte, retazo, trozo. **FAM.** fragmentar, fragmentación, fragmentario.

fragua *[n.f.]* taller donde se trabajan los metales, utilizando fuego para calentarlos y poder darles forma: *el herrero trabaja en la fragua.*

fraile *[n.m.]* religioso perteneciente a alguna orden de las que se dedican a la oración, el trabajo y el estudio en conventos: *un fraile capuchino.* **SIN.** monje, religioso. **AMPL.** para hablar de un fraile o dirigirse a él, se utiliza el apócope ***fray*** colocado delante de su nombre: *fray Luis.* **FAM.** fray, frailesco, frailuno.

frambuesa *[n.f.]* fruta dulce y un poco ácida, de color rojo, parecida a la mora. **AMPL.** la planta que produce frambuesas se llama ***frambueso***.

francés, francesa *[adj. y n.]* 1 de Francia, país europeo cuya capital es París: *queso francés; los franceses.* **SIN.** galo. // **francés** *[n.m.]* 2 lengua que se habla en Francia y algunos otros países. **AMPL.** es una lengua románica, derivada de uno de los dialectos del latín que se hablaban en la antigua Galia; en la actualidad se habla, sobre todo, en Francia, parte de Suiza, Bélgica, Luxemburgo y una pequeña zona de Canadá. **FAM.** afrancesado, afrancesamiento.

franco, franca *[adj.]* 1 que dice con claridad lo que piensa o siente y no trata de ocultarlo: *me fío de él porque es un hombre franco.* **SIN.** sincero. **ANT.** falso. 2 que se nota mucho: *el dólar experimentó una franca bajada en su cotización.* **SIN.** evidente, claro. 3 hablando de puertos y fronteras, que no hay que pagar impuestos para pasar mercancías por ellos: *puerto franco.* **AF.** libre, exento. // **franco** *[n.m.]* 4 moneda de Francia, Suiza, Bélgica y Luxemburgo: *el franco suizo vale más que el francés.* **FAM.** franqueza, franquear, franquicia.

franela *[n.f.]* clase de tela fina de lana o algodón que tiene pelo muy corto y suave por un lado: *una camisa de franela.*

franja *[n.f.]* parte larga y estrecha de algo que se distingue del resto: *una franja de color; una franja de cuero.* **AF.** lista, tira, faja, banda.

franquear *[v.]* 1 abrir paso: *les franqueó la entrada.* 2 poner sellos en un sobre o paquete que se va a enviar por correo: *franquéeme esta carta, por favor.* ■ **a franquear en destino**, indicación que se pone en algunas cartas que se envían sin sellos para que lo pague quien la reciba. **OBS.** e + e = ee: *franqueen.* **FAM.** franqueo, franqueable, franco. **COMP.** infranqueable.

franqueo *[n.m.]* sellos que tiene que llevar una carta enviada por correo y el hecho de ponerlos: *franqueo urgente; franqueo ordinario.*

franqueza *[n.f.]* característica que distingue a las personas que siempre dicen lo que piensan o sienten: *su franqueza la honra.* **SIN.** sinceridad. **AF.** claridad. **FAM.** francamente, franco.

frasco *[n.m.]* recipiente de cristal, con boca estrecha o ancha y tapón o tapadera, que sirve para contener líquidos u otras cosas: *frasco de colonia; frasco de pastillas.* **AF.** botella. **FAM.** enfrascar.

frase *[n.f.]* conjunto de palabras con significado que expresan algo: *dijo una frase que no entendí.* **AF.** oración. **FAM.** frasear.

fraternal *[adj.inv. en gén.]* propio de hermanos: *amor fraternal; relación fraternal; convivencia fraternal.* **SIN.** fraterno.

fraternidad *[n.f.]* lo que hay cuando existe unión, amistad y cariño entre hermanos, o entre personas que se quieren como si lo fueran: *en la fiesta había ambiente de fraternidad.*

fraterno, fraterna *[adj.]* propio de hermanos: *amor fraterno; convivencia fraterna.* **SIN.** fraternal. **FAM.** fraternal, fraternidad, fraternalmente, fraternizar. **COMP.** confraternizar, confraternidad.

fraude *[n.m.]* engaño que hace alguien para conseguir un beneficio: *fraude fiscal; fraude amoroso.* **SIN.** engaño, estafa, timo. **FAM.** fraudulento. **COMP.** ***defraudar*** (cometer fraude o desilusionar).

fray *[n.m.]* forma abreviada de fraile*, que se usa delante del nombre de los religiosos de algunas órdenes: *fray Antonio.*

frecuencia *[n.f.]* cantidad de veces que ocurre una cosa en un determinado tiempo: *al hacer ejercicio aumenta la frecuencia de los latidos del corazón.* **AF.** repetición. ■ **con frecuencia**, varias o muchas veces en poco tiempo. **SIN.** frecuentemente, a menudo. **FAM.** frecuentar, frecuente, frecuentemente. **COMP.** infrecuente.

frecuentar *[v.]* 1 ir muchas veces al mismo sitio: *frecuenta demasiado el bar.* 2 tratar mucho a alguien: *sigue frecuentando a sus antiguos compañeros.*

frecuente *[adj.inv. en gén.]* que se pasa (o se hace) varias veces en poco tiempo: *son frecuentes sus viajes al extranjero; lluvias frecuentes.* **SIN.** habitual, abundante. **INTENS.** constante, continuo. **AF.** acostumbrado, normal. **ANT.** infrecuente, inusual, insólito, raro, excepcional.

fregadero *[n.m.]* pila donde se friegan platos, cubiertos y cacharros de cocina.

fregaplatos forma incorrecta de decir *friegaplatos**.

fregar *[v.]* limpiar, frotando con agua, jabón, estropajo, etc., los suelos, cacharros u otras cosas: *fregar los platos; fregar el suelo.* **AF.** limpiar, lavar. **CONJUG.** como *negar**. **FAM.** fregadero, fregona, fregotear, fregoteo. **COMP.** refregar.

fregasuelos forma incorrecta de decir *friegasuelos**.

freidora *[n.f.]* recipiente apropiado para freír alimentos que necesitan mucho aceite: *puso los calamares en la freidora.*

freír *[v.]* 1 cocinar un alimento crudo, poniéndolo en aceite muy caliente: *freír patatas; freír calamares.* 2 dirigir algo contra alguien muchas veces seguidas: *freír a preguntas; freír a picotazos.* **SIN.** abrumar, agobiar. **CONJUG.** como *reír**; además del participio *freído* tiene el irregular *frito*. **FAM.** freidora, frito, freiduría, fritada, fritura. **COMP.** refreír, sofrito, sofreír.

frenar *[v.]* 1 disminuir la velocidad o parar del todo algo que está funcionando o moviéndose: *frena la moto.* 2 no dejar que algo siga avanzando: *sus palabras frenaron la discusión.* **SIN.COM.** parar, detener, contener, retener. **FAM.** freno, frenazo. **COMP.** desenfreno, desenfrenadamente, refrenar.

frenético, frenética *[adj.]* muy enfadado y de mal humor: *los atascos de tráfico la ponen frenética.*

freno *[n.m.]* 1 mecanismo que sirve para hacer que algo que se está moviéndose, especialmente los vehículos, vaya más despacio o se pare: *pedal de freno; freno de mano; frenos de disco; frenos de zapata.* 2 pieza de hierro que se introduce en la boca de los caballos y, unida a la brida, sirve para detenerlos o sujetarlos. 3 motivo por el que se detiene algún impulso, sentimiento o actuación de alguien: *la falta de dinero puso freno a sus caprichos.*

mecanismo de freno hidráulico de un automóvil

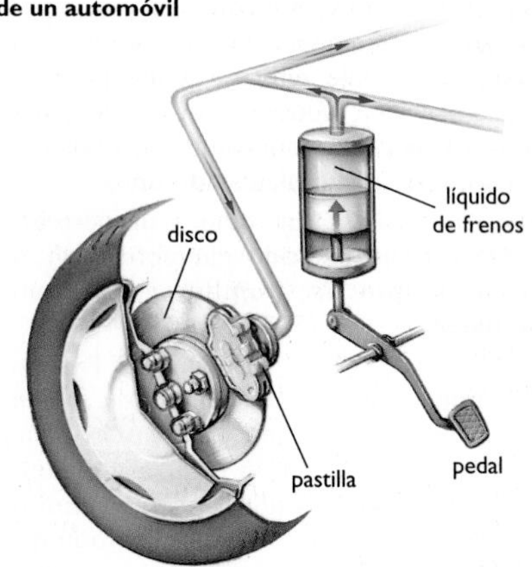

frente *[n.f.]* 1 parte de la cara que está entre las cejas y el comienzo del cuero cabelludo: *tiene arrugas en la frente.* // **frente** *[n.m.]* 2 parte delantera de una cosa: *el frente de un coche.* **SIN.** delantera, frontal. 3 zona donde se combate en las guerras: *los soldados estaban en el frente.* **AF.** campo de batalla, línea de fuego. // **frente** *[adv. de l.]* 4 en el lugar opuesto: *mi casa está frente al colegio.* ■ **frente a frente**, cara a cara. ■ **hacer frente a**, intentar resolver un problema o hacer algo que hay que hacer. ■ **estar al frente**, ser el director o el responsable de algo. ■ **no tener dos dedos de frente**, ser poco inteligente. **FAM.** frontal, frontera, frontón. **COMP.** enfrente, afrontar, confrontar.

fresa *[n.f.]* 1 planta de flores blancas que crece a ras del suelo y da una fruta dulce y sabrosa, de color rojo con puntos negros y forma de corazón, que también se llama *fresa*. **SIN.** fresera. 2 herramienta de acero muy duro que se utiliza para trabajar metales. **AMPL.** las fresas son piezas de distintas formas que tienen bordes que cortan, parecidos a los de las brocas, y se ponen en una máquina que se llama ***fresadora***. **FAM.** fresal, fresón, fresera, fresadora, fresador.

fresadora *[n.f.]* máquina de movimiento circular en la que se colocan las fresas que van arrancando virutas de los metales que se trabajan, para darles forma o labrarlos.

fresco, fresca *[adj.]* 1 que está un poco frío: *agua fresca*. **SIN.** frío. 2 que está recién hecho o recién cogido o que acaba de pasar: *pescado fresco; noticia fresca*. **SIN.** reciente. 3 que no está cansado: *ha venido corriendo y está tan fresco*. 4 que no da calor: *la tela de este vestido es fresca*. 5 que no se preocupa ni se asusta por nada: *soltó una barbaridad y se quedó tan fresco*. // **fresco, fresca** *[n.]* 6 persona que demuestra falta de respeto y de sentido de la vergüenza, haciendo cosas que sabe que no debería hacer: *es un fresco que pide dinero a todo el mundo*. **SIN.** descarado*. // **fresco** *[n.m.]* 7 frío ligero: *hoy hace fresco para salir sin chaqueta*. **ANT.** calor. 8 pintura que se hace sobre paredes y techos con colores disueltos en agua de cal: *los frescos de la Capilla Sixtina son célebres*. **FAM.** frescor, frescura, fresquera, frescales. **COMP.** refrescar.

frescor *[n.m.]* 1 frío poco intenso o ligero: *en verano, es agradable viajar con el frescor de la mañana*. 2 lo que se nota en las cosas frescas y especialmente en los alimentos que mantienen sus buenas condiciones: *el frescor de la fruta invitaba a comerla*. **SIN.** frescura. 3 sensación agradable que producen las cosas que no cansan al verlas, oírlas, olerlas, etc.: *el frescor de un perfume, de un color*. **SIN.** frescura. **ANT.** empalago.

frescura *[n.f.]* 1 frescor* (acepciones 2 y 3). 2 lo que demuestra quien hace lo que no debe sin avergonzarse por ello: *se coló al cine con toda la frescura*. **SIN.** insolencia*.

fresno *[n.m.]* árbol de 25 a 30 metros de altura, de tronco grueso y hojas anchas y verdes, cuya madera, que es muy flexible y de color blanco amarillento, se utiliza para la fabricación de muebles.

fresón *[n.m.]* fruto parecido a la fresa pero más grande y un poco ácido. **PL.** *fresones*.

frialdad *[n.f.]* 1 sensación de frío que producen ciertas cosas o ciertas situaciones: *la frialdad de una casa abandonada; la frialdad de una pared sin pintar*. **ANT.** calor. 2 lo que demuestran, al actuar, las personas que son capaces de hacer algo difícil o cruel sin ponerse nerviosas: *el asesino demostró frialdad*. **AF.** impasibilidad.

fricción *[n.f.]* 1 hecho de frotar algo: *el masajista da fricciones con pomadas*. **AF.** masaje. 2 situación difícil entre dos o más personas que no están de acuerdo en algo: *hay que evitar fricciones con los amigos*. **AF.** tirantez. **FAM.** friccionar, frotar.

friegaplatos *[n.m.inv. en núm.]* electrodoméstico para lavar la vajilla.

friegasuelos *[n.m.inv. en núm.]* producto para fregar el suelo: *un friegasuelos líquido*.

frigorífico *[n.m.]* 1 electrodoméstico que produce frío de manera artificial y sirve para conservar los alimentos frescos y enfriar las bebidas. **SIN.** nevera, refrigerador. // **frigorífico, frigorífica** *[adj.]* 2 que produce frío y lo mantiene artificialmente: *cámaras frigoríficas; camión frigorífico*.

frío, fría *[adj.]* 1 que tiene una temperatura más baja de lo normal: *noche fría*. **INTENS.** gélido, helado. **ANT.** caliente, cálido, caluroso. 2 que no manifiesta los sentimientos o parece que no los tiene: *un carácter frío; un trato frío*. **SIN.** reservado, distante. **ANT.** comunicativo, amistoso. // **frío** *[n.m.]* 3 lo que hay cuando las temperaturas son bajas, y lo que se siente en el cuerpo por ese motivo o, a veces, porque se está enfermo: *en la montaña hace frío; tiene mucho frío*. **ANT.** calor. **FAM.** friolero, frialdad, frigidez, frigorífico, fríamente. **COMP.** enfriar, fiambre, refrigeración, resfriado.

friolero, friolera *[adj.]* que siente mucho el frío: *mujer friolera; hombre friolero*.

frito, frita *[adj.]* 1 cocinado en aceite hirviendo: *patatas fritas*. TAMBIÉN *n.m.: no me gustan los fritos*. // **frito** *[forma de verbo]* 2 participio pasado irregular del verbo *freír*.

frívolo, frívola *[adj.]* que es poco serio, sólo le preocupa divertirse, reflexiona poco y se toma las cosas a la ligera, sin darle la importancia que tienen: *es tan frívolo que sólo piensa en mujeres y fiestas con los amigos.* **SIN.** insustancial, superficial. **ANT.** serio, reflexivo, profundo. **FAM.** frivolidad.

fronda *[n.f.]* conjunto de muchas plantas.

frondoso, frondosa *[adj.]* que tiene muchas hojas o mucha vegetación: *un bosque frondoso; un árbol frondoso.* **FAM.** frondosidad.

frontal *[adj.inv. en gén.]* 1 de la frente de una persona o un animal, o de la parte de delante de algo: *hueso frontal; músculos frontales; entrada frontal; fachada frontal.* **ANT.** dorsal, lateral. // **frontal** *[n.m.]* 2 parte delantera de algo: *este coche tiene un bonito frontal.* **SIN.** frente, delantera.

frontera *[n.f.]* límite que separa dos cosas, especialmente el que separa dos territorios o países: *cruzó la frontera entre Méjico y Estados Unidos; sus acciones rozan la frontera entre el bien y el mal.* **AF.** límite, raya. **FAM.** fronterizo, frente.

frontón *[n.m.]* 1 juego que consiste en lanzar una pelota de cuero contra una pared muy alta, dándole golpes con la mano o con una paleta. 2 pared y terreno preparados para practicar este juego: *en casi todos los pueblos de Castilla y León hay un frontón.* 3 remate en forma de triángulo que tienen en la parte alta algunas fachadas, puertas o ventanas. **AMPL.** el espacio triangular que queda dentro del remate se llama ***tímpano***. **PL.** *frontones.*

frontón

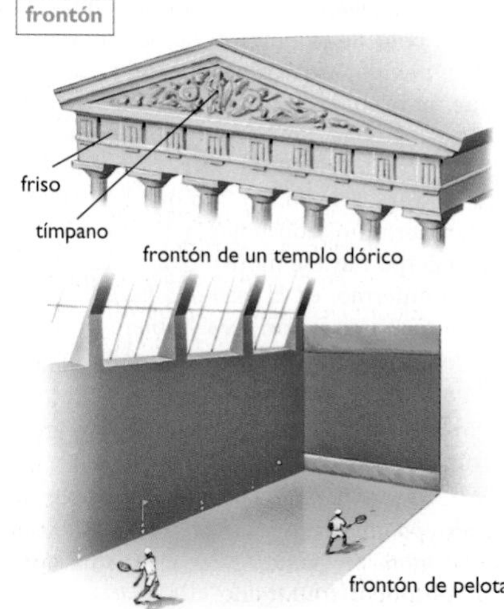

frontón de un templo dórico

frontón de pelota

frotar *[v.]* pasar algo, apretando y varias veces seguidas, sobre una superficie: *frótale la pierna con una pomada; frota bien la tela para quitarle la mancha.* **SIN.** friccionar. **FAM.** frote, frotación, frotamiento, fricción.

fructífero, fructífera *[adj.]* 1 que produce frutos: *una tierra fructífera.* **SIN.** fecundo, fértil, productivo. **ANT.** yermo, estéril, improductivo, infecundo. 2 que produce los resultados que se esperan: *un negocio fructífero; un esfuerzo fructífero.* **SIN.** fecundo, productivo, provechoso, beneficioso, fructuoso. **ANT.** infructífero, improductivo, infructuoso.

fructificar *[v.]* 1 dar sus frutos los árboles o las plantas: *los cerezos fructifican en primavera.* 2 dar algo el resultado que se espera: *las gestiones para encontrar trabajo fructificaron en poco tiempo.* **OBS.** ante e, qu: *fructifiquen.* **FAM.** fructífero, fructificación, fructificante, fructíferamente, fruto. **COMP.** infructífero.

fruncir *[v.]* hacer pequeños dobleces en una tela con una goma elástica, una cinta, etc.: *frunció la cintura del vestido.* **AF.** plegar, tablear. ■ **fruncir el ceño**, arrugar la frente y las cejas para mostrar enfado, duda, preocupación, etc. **OBS.** ante a y o, z: *frunzan, frunzo.* **FAM.** fruncido.

frustración *[n.f.]* sentimiento que se tiene cuando algo no sale como se pretendía: *los fracasos producen frustración.* **SIN.** decepción*.

frustrarse *[v.prnl.]* 1 quedarse triste porque no se ha conseguido lo que se esperaba: *se frustraron por el fallo del jurado.* **SIN.** desilusionarse, decepcionarse. **INTENS.** traumatizarse. 2 no poder hacer una cosa por surgir algo inesperado: *los planes de los ladrones se frustraron porque llegó la policía.* **SIN.** malograrse, fracasar. **FAM.** frustración.

fruta *[n.f.]* fruto carnoso, comestible y generalmente dulce o agridulce que producen algunos árboles o plantas: *el melón, la pera, la manzana, etc. son frutas.* **FAM.** frutal, frutero, frutería, fruticultura, fruto.

frutal *[n.m.]* árbol que produce fruta: *en la finca hay muchos frutales.* TAMBIÉN *adj.*: *un árbol frutal.*

frutería *[n.f.]* tienda en que se venden frutas.

frutero, frutera *[n.]* **1** persona que se dedica a vender fruta. // **frutero** *[n.m.]* **2** recipiente donde se colocan y se sirven las frutas.

fruto *[n.m.]* **1** parte de las plantas o de los árboles que contiene las semillas: *la naranja es el fruto del naranjo.* **AMPL.** hay ***frutos secos***, como la almendra y la avellana, y ***frutos carnosos*** que son los que en alimentación se llaman ***fruta*** y en botánica se clasifican en tres tipos: ***drupa**** (como el melocotón), ***baya**** (como la uva) y ***pomo**** (como la pera). **2** lo que se produce como resultado de algo: *cometió un error, fruto de su inexperiencia.* **SIN.** resultado. **FAM.** fruta, fructuoso, fructificar. **COMP.** infructuoso, infructuosamente, disfrutar.

fue, fueron terceras personas del pretérito perfecto simple del verbo *ir**.

fuego *[n.m.]* **1** lo que hay cuando algo arde o se quema, desprendiendo luz y calor: *para calentarse, prepararon un fuego con leña.* **2** desastre que se produce cuando algo se quema con pérdidas y daños para las personas o las cosas: *los hidroaviones tardaron una semana en sofocar el fuego.* **SIN.** incendio. **3** en las cocinas, cualquier punto que puede ser encendido manual o eléctricamente, para colocar encima ollas, sartenes, cazuelas, etc. y hacer la comida: *puso la olla al fuego; una cocina de cuatro fuegos.* // **¡fuego!** *[interj.]* **4** orden que se da para empezar a disparar: *preparados, apunten... ¡fuego!* ■ **fuegos artificiales**, espectáculo que consiste en lanzar o hacer explosionar cohetes y bombas de artificio que desprenden luces de colores. ■ **dar fuego**, darle cerillas, encendedor, etc. a una persona para que encienda un puro, cigarrilo o cachimba. ■ **abrir** o **hacer fuego**, disparar un arma de fuego. **FAM.** fogón, fogoso. **COMP.** ***desfogarse*** (desahogarse).

fuel o fuel-oil *[n.m.]* combustible líquido, derivado del petróleo, de color pardo oscuro y un poco espeso que se emplea como combustible para las calefacciones.

fuelle *[n.m.]* **1** instrumento compuesto por dos palas de madera que se unen por una membrana de piel, a modo de acordeón, donde se acumula aire que es lanzado con fuerza por una boquilla de metal larga y estrecha para avivar el fuego: *en las fraguas antiguas había un fuelle enorme para mantener el fuego.* **2** especie de bolsa que permite que entre y salga el aire en algunos instrumentos musicales, o conjunto de pliegues que permiten que algo ocupe más o menos, según las necesidades: *el fuelle de una gaita; el fuelle de un acordeón; esta maleta tiene fuelle.* **3** capacidad de los pulmones: *al atleta le faltó fuelle para acabar la carrera.*

fuente *[n.f.]* **1** corriente de agua que brota de la Tierra: *las fuentes del Duero.* **SIN.** manantial*. **2** tubo que deja salir el agua que llega por medio de tuberías o conductos, desde un manantial o un depósito, hasta calles, plazas, parques, casas, etc. **AF.** surtidor, caño, grifo. **3** plato grande en el que se sirven alimentos: *una fuente para ensalada.* **4** cantidad de comida que se pone en ese plato: *se comió una fuente de carne.* **5** temas, estilos, datos, etc., que sirven de inspiración o información para alguien: *recurrió a diversas fuentes informativas antes de dar la noticia.* **6** lugar del que se saca algo, o negocio, actividad, etc., de la que se obtiene algún beneficio: *la industria minera es la principal fuente de riqueza de León.* **FAM.** fontana, fontanero, fontanería.

a b c d e f g h i j k l m n ñ o p q r s t u v w x y z

fuera, fuese, fueron... formas irregulares de la conjugación de los verbos *ir** y *ser**.

fuera *[adv. de l.]* en la parte exterior de algo: *el coche está fuera del garaje; salimos fuera a tomar el aire.* ■ **fuera de**, además de, excepto (*fuera de nosotros no había nadie más en el cine*) o antes o después del tiempo indicado (*fuera de plazo*). **FAM.** afuera.

fueraborda *[n.m.]* 1 motor que va fuera del casco de un barco. 2 barco pequeño que lleva un motor de este tipo. **SIN.** lancha, motora.

fuerte *[adj.inv. en gén.]* 1 que aguanta los golpes, los roces y el uso sin deformarse, romperse o estropearse con facilidad: *un material fuerte; un mueble fuerte.* **SIN.** consistente, duro, resistente. **AF.** compacto, sólido. **ANT.** débil, blando. 2 que aguanta mucho los dolores, las incomodidades, los momentos difíciles, etc.: *una persona de naturaleza fuerte; carácter fuerte.* **SIN.** duro, recio. **ANT.** débil. 3 grande, abundante: *un fuerte vendaval; una nevada fuerte.* 4 de digestión pesada, o que produce mucho efecto: *comida fuerte; plato fuerte; bebida fuerte.* 5 muy importante o poderoso: *tiene fuertes razones para enfadarse con él; un estado fuerte; un país fuerte.* // **fuerte** *[n.m.]* 6 lugar protegido con muros que sirve para defenderse de los ataques de los enemigos: *se refugiaron en el fuerte.* **SIN.** fortificación, fortaleza.

fuerza *[n.f.]* 1 lo que hace que alguien pueda mover o levantar algo que pesa mucho: *tiene tanta fuerza que es capaz de levantar un piano.* **AMPL.** es una ***facultad*** o ***capacidad*** que tienen las personas, los animales y las cosas. **AF.** vigor, robustez, fortaleza, poder. **ANT.** debilidad. 2 poder que tiene una persona (o un grupo de personas) para que se haga lo que ella quiere: *es un partido con mucha fuerza.* 3 empuje con que se produce algo o ganas e intensidad con que se hace, se siente o se demuestra algo: *el agua sale con fuerza; la juventud pide paso con fuerza; quiere a los hijos con todas sus fuerzas.* **AF.** ánimo, empuje, vitalidad, ímpetu. // **fuerzas** *[n.f.pl.]* 4 gente organizada y con armas, especialmente el ejército de un país: *las fuerzas rebeldes lograron la independencia.* **SIN.** tropas, ejército. **AMPL.** para referirse al ejército se usa la expresión ***fuerzas armadas***. ■ **fuerza bruta**, fuerza física de las personas, cuando se usa para obligar a otros a hacer algo. ■ **fuerza de voluntad**, energía o ánimo que se tiene para conseguir algo difícil. **SIN.** tesón, constancia. ■ **fuerza mayor**, cualquier cosa que se tiene que hacer por necesidad y que a veces impide que se haga otra. ■ **fuerza pública** o **fuerzas de orden público**, la policía. ■ **a la fuerza**, en contra de lo que alguien quiere. **FAM.** fuerte, fortachón, forzudo, fortaleza, fortificar, forzar, fortín, fuertemente, forcejear. **COMP.** contrafuerte, esfuerzo, reforzar, confortar.

fuga *[n.f.]* 1 huida rápida de un lugar donde se está retenido: *la fuga de los prisioneros se produjo durante la noche.* **SIN.** evasión, huida. 2 salida o escape accidental de un líquido o de un gas del depósito o tubería en que está: *la cañería del lavabo tiene una fuga.* **SIN.** escape, filtración. **FAM.** fugarse, fugaz, fugitivo, fugacidad. **COMP.** refugio.

fugarse *[v.prnl.]* escaparse o huir de un lugar: *los presos se fugaron de la cárcel.* **SIN.** escaparse, evadirse, huir, irse. **OBS.** ante e, gu: *se fuguen.*

fugaz *[adj.inv. en gén.]* que dura poco tiempo o que desaparece rápidamente: *estrellas fugaces; momento fugaz.* **SIN.** pasajero, breve, efímero. **PL.** *fugaces.*

fugitivo, fugitiva *[adj. y n.]* que huye o se esconde de algo o de alguien: *un preso fugitivo; la policía encontró al fugitivo.* **SIN.** evadido, huido.

fui, fuimos, fuiste... formas irregulares del pretérito perfecto simple de los verbos *ir** y *ser**.

fulano, fulana *[n.]* 1 cualquier persona real o imaginaria de la que se desconoce el nombre o no se quiere decir: *me lo dijo fulano.* **AF.** mengano, perengano, zutano. 2 persona con malas pintas o de la que uno piensa que no puede fiarse: *procura alejarte de ese fulano.*

fúlbol forma incorrecta de decir *fútbol**.

fulgor *[n.m.]* brillo muy intenso: *el fulgor de los diamantes.* **SIN.** resplandor, brillo.

fulminante *[adj.inv. en gén.]* que es muy rápido o tiene un efecto muy rápido: *una enfermedad fulminante; un veneno fulminante.* **SIN.** rápido, instantáneo. **FAM.** fulminar, fulminación, fulminantemente.

fumador, fumadora *[adj. y n.]* que fuma: *hombre fumador; mujer fumadora; los fumadores.*

fumar *[v.]* aspirar y echar el humo del tabaco o de las drogas por la nariz o por la boca: *se prohíbe fumar.* **FAM.** fumador, fumadero, fumarola, humo.

fumigar *[v.]* echar humo, gas o insecticida en un lugar, esparciéndolo: *la patrulla forestal fumigó los árboles para acabar con las orugas.* **OBS.** ante e, gu: *fumiguen.* **FAM.** fumigación, fumigador.

funámbulo, funámbula *[n.]* persona que anda a gran altura, sobre una cuerda o un alambre, haciendo ejercicios de equilibrio: *un espectáculo de funámbulos.* **SIN.** funambulista, equilibrista. **AF.** volatinero, trapecista. **FAM.** funambulismo, funambulista.

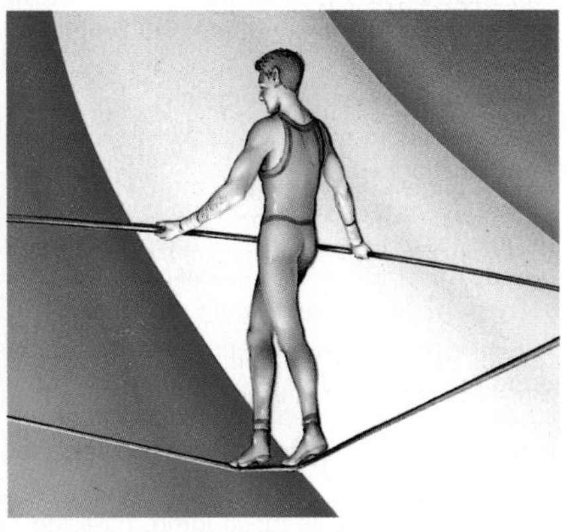

función *[n.f.]* 1 lo que hace o tiene que hacer una persona o una cosa: *aquí cada uno cumple con su función; el corazón realiza la función de mover la sangre.* **SIN.** cometido*. 2 representación de una obra de teatro o de un espectáculo, o proyección de una película: *una función de circo.* **AF.** representación, actuación, pase. **FAM.** funcionar, funcional, funcionamiento, funcionario.

funcionamiento *[n.m.]* manera de funcionar algo: *el técnico nos explicó el funcionamiento del ordenador.*

funcionar *[v.]* hacer su función* cada cosa o cada persona: *la lavadora funciona sin problemas; ese empleado funciona bien en su puesto.*

funcionario, funcionaria *[n.]* persona que tiene un empleo en las administraciones públicas: *el profesor es funcionario del Ministerio de Educación.* **AF.** empleado del Estado.

funda *[n.f.]* especie de bolsa o de cubierta de tela, plástico u otros materiales que envuelve algo para conservarlo y protegerlo: *la funda de las gafas; la funda de la almohada; la funda de la guitarra.* **AF.** cubierta, estuche.

fundación *[n.f.]* 1 creación o principio de una cosa: *la fundación de una empresa; la fundación de una cooperativa.* **SIN.** formación, creación, institución. 2 asociación desinteresada con fines culturales, benéficos, etc.: *esta fundación ayuda a los ancianos.* **AF.** institución, organización.

fundador, fundadora *[adj.]* que funda o crea algo: *socia fundadora; miembro fundador.* **AF.** creador. TAMBIÉN *n.*: *los fundadores del colegio.*

fundamental *[adj.inv. en gén.]* que es muy importante, que es la base de algo o que influye mucho en el resultado de algo: *es fundamental llegar pronto; una alimentación adecuada es fundamental para la salud* (**SIN.** imprescindible*)*; su idea fue fundamental para encontrar la solución* (**SIN.** esencial, determinante, decisivo. **AF.** importante). **ANT.** irrelevante, intrascendente.

fundamento *[n.m.]* 1 principio o idea más importante de algo, en la que se basa todo lo demás: *el fundamento de una teoría; el fundamento de una religión; las supersticiones son creencias sin fundamento.* **SIN.** base, cimientos. 2 conocimientos básicos o más importantes de una ciencia, un arte, etc.: *este libro contiene los fundamentos de la física.* **SIN.** principio, rudimento. **FAM.** fundamental, fundamentar, fundamentalmente.

fundar *[v.]* 1 hacer o crear algo: *esta sociedad la fundaron dos hermanos.* **SIN.** hacer, crear, instituir. 2 hacer una cosa a partir de otra o hacer que una cosa sea consecuencia de otra: *los científicos fundan sus descubrimientos en las investigaciones.* **SIN.** basar, fundamentar, apoyar. **FAM.** fundación, fundador, fundacional. **COMP.** infundado.

fundición *[n.f.]* 1 fábrica o taller donde se ablandan los metales por medio de calor hasta hacerlos líquidos, para mezclarlos con otros o darles forma: *en la fundición hacen vigas de hierro.* 2 hecho de que un metal se vuelva líquido: *la fundición del hierro se hace en los altos hornos.* **SIN.** licuación.

fundir *[v.]* 1 hacer que un cuerpo sólido se ablande, se vuelva líquido, se rompa o se estropee por efecto del calor: *el fuego funde la mantequilla; para hacer un anillo hay que fundir el oro* (**SIN.** derretir, deshacer, licuar)*; una subida de tensión fundió la instalación eléctrica.* TAMBIÉN *prnl.: se fundió el filamento de la bombilla.* 2 dar forma, en moldes, a los metales que ya están líquidos: *una vez preparado el bronce fundieron la campana.* **AF.** hacer, formar. 3 unir dos o más cosas para que queden como una sola: *fundieron los dos equipos en uno; fundieron sus esfuerzos para conseguir el objetivo.* **SIN.** aunar, unir, juntar, fusionar. **ANT.** dividir, separar. **FAM.** fundición, fundidor, fusión. **COMP.** refundir, refundición, confundir, difundir, infusión.

fúnebre *[adj.inv. en gén.]* 1 que tiene que ver con los difuntos: *coche fúnebre; cortejo fúnebre.* 2 que es muy triste: *día fúnebre; vestido fúnebre.* **SIN.** sombrío, triste. **ANT.** alegre. **FAM.** funeral, funeraria, funerario.

funeral *[n.m.]* acto religioso en que se pide por una persona fallecida. **SIN.** exequias.

funeraria *[n.f.]* empresa que se encarga de preparar lo necesario para enterrar a los muertos. **AF.** tanatorio.

funesto, funesta *[adj.]* 1 muy malo porque perjudica mucho o tiene muy malas consecuencias: *un suceso funesto; es un empleado funesto para el negocio.* **SIN.** nefasto*. 2 que es muy desgraciado y triste: *una persona funesta.* **SIN.** luctuoso, desgraciado, infausto. **ANT.** alegre.

funicular *[n.f.]* tren pequeño (o cabina) tirado por cadenas o cables, que sube pendientes en línea recta: *a Montserrat se puede subir en funicular.*

fúrbol forma incorrecta de decir *fútbol**.

furgón *[n.m.]* 1 vagón de tren que se usa para llevar equipajes y otras cosas. **AF.** vagón. 2 vehículo cerrado, parecido a un camión pero más pequeño, que se utiliza para transportar cosas y a veces personas: *un furgón de mudanzas; furgón policial.* **AF.** furgoneta, camioneta. **PL.** *furgones.* **FAM.** furgoneta.

furgoneta *[n.f.]* vehículo cubierto, más pequeño que un camión y más grande que un coche, que sirve para transportar mercancías: *furgoneta de reparto.* **AF.** furgón, camioneta.

furia *[n.f.]* 1 fuerza o violencia que tiene o demuestra alguien o algo: *tiró el libro con furia* (**SIN.** ira*)*; la furia de un huracán* (**SIN.** furor, violencia). 2 persona que demuestra un gran enfado: *se puso hecho una furia.* **SIN.** basilisco, fiera. 3 entusiasmo o coraje que se pone al hacer algo: *jugaron con furia y ganaron.* **FAM.** furioso, furor, furibundo. **COMP.** enfurecer.

furioso, furiosa *[adj.]* que está muy enfadado: *estaba tan furioso que no podía hablar.* **SIN.** colérico*.

furtivo, furtiva *[adj.]* 1 que hace algo que está fuera de la ley, sobre todo pescar o cazar a escondidas en sitios en que está prohibido: *cazador furtivo.* 2 que se hace con disimulo: *mirada furtiva.* **FAM.** furtivamente.

fusa *[n.f.]* nota musical que vale la mitad de una semicorchea.

fuselaje *[n.m.]* parte o cuerpo metálico que recubre los aviones, al que se unen las alas, el tren de aterrizaje, etc.: *el fuselaje de los aviones se construye con un metal duro y resistente.*

fusible *[n.m.]* hilo o chapa metálica que se pone en los circuitos eléctricos y se funde cuando hay un aumento de tensión para impedir que se quemen los cables y los aparatos eléctricos.

fusil *[n.m.]* arma de fuego larga, parecida a una escopeta pero con un solo cañón, que usan generalmente los soldados. **FAM.** fusilar, fusilamiento, fusilazo.

fusilamiento *[n.m.]* hecho de ejecutar a alguien con fusiles o armas de fuego: *Goya tiene un cuadro representando los fusilamientos del dos de mayo.*

fusilar *[v.]* 1 matar con disparos de fusil a una persona a la que se ha condenado a morir. 2 copiar una obra de otro e intentar pasar como autor de ella: *un compañero le fusiló el proyecto de fin de carrera.*

fusión *[n.f.]* 1 lo que pasa cuando un sólido se vuelve líquido por la acción del calor: *la fusión de algunos metales se consigue a altísimas* *temperaturas.* **SIN.** licuación, licuefacción. **ANT.** solidificación. 2 unión de dos cosas distintas para formar una sola: *la fusión de dos colores da un color distinto.* **FAM.** fusionar, fundir.

fusionar *[v.]* unir dos o más cosas distintas o iguales para crear una mejor, más grande o más potente: *fusionar dos empresas.* **SIN.** fundir, juntar. TAMBIÉN *prnl.: últimamente se han fusionado muchos bancos.*

fusta *[n.f.]* vara larga, delgada y flexible con una correa trenzada en uno de sus extremos, que se usa para estimular a los caballos golpeándolos o haciendo restallar la cuerda.

fustigar *[v.]* azotar con una fusta*. **OBS.** ante e, gu: *fustiguen.*

fútbol *[n.m.]* deporte que se practica entre dos equipos de once jugadores que tienen que pasarse un balón con los pies y con la cabeza con el fin de meterlo en la portería del equipo contrario: *los jugadores de fútbol quieren meter goles.* **SIN.** balompié. **FAM.** futbolista, futbolín.

futbolín *[n.m.]* juego de mesa en que se imita el juego de un partido de fútbol, moviendo pequeñas figuras que representan a los futbolistas. **PL.** *futbolines.*

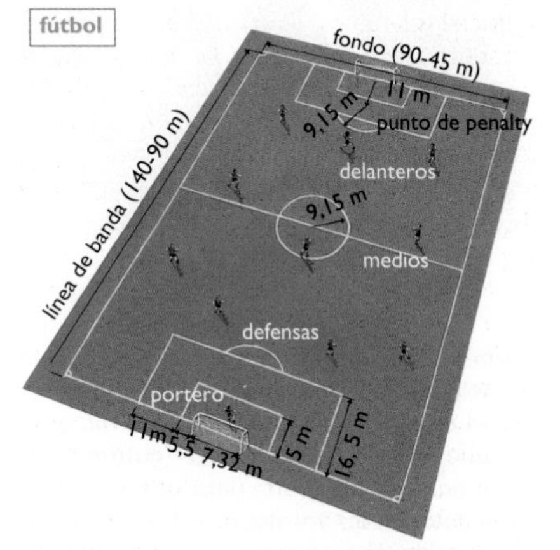

futbolista *[n.inv. en gén.]* persona que juega al fútbol. **AF.** jugador.

futuro, futura *[adj.]* 1 que todavía no ha pasado: *iremos de vacaciones en días futuros.* **SIN.** venidero, próximo. **ANT.** pasado. // **futuro** *[n.m.]* 2 tiempo que todavía no ha llegado: *no sé lo que haré en el futuro.* 3 tiempo de los verbos que indica que la acción todavía no ha tenido lugar. **FAM.** futurólogo, futurista, futurología, futurible.

g *[letra consonante]* séptima letra del alfabeto español, que se llama *ge*. **AMPL.** delante de las vocales *i* y *e* tiene sonido fuerte: *general, ginebra*; ante *a, o* y *u*, sonido suave (gutural), como en *gato, gozo* y *gusto*; para que suene como en *gato* con las vocales *i* y *e*, hay que escribirla seguida de *u*: *guerrero, guía*; si entre la *g* y la *e* (o la *i*) hay una *u* que tiene que sonar, se le pone a la *u* una diéresis: *vergüenza*.

gabán *[n.m.]* abrigo*: *un gabán de paño*. **PL.** *gabanes*.

gabardina *[n.f.]* 1 prenda de una tela especial, fuerte pero delgada, que no deja que cale el agua de la lluvia: *los detectives de las películas suelen llevar gabardina*. 2 tela fuerte y delgada, en la que se ven los hilos como cordones muy delgados: *una falda de gabardina*.

gabinete *[n.m.]* 1 conjunto de ministros que forman el gobierno de un país: *el gabinete aprobó la ley de presupuestos*. 2 despacho donde trabaja un médico, un abogado, etc.: *un gabinete de dentista*.

gacela *[n.f.]* animal mamífero*, ágil y muy rápido, que tiene la cola corta, los cuernos finos y largos, el vientre blanco y el cuerpo marrón.

gaceta *[n.f.]* revista dedicada a noticias culturales o científicas: *una gaceta literaria*.

gacho, gacha *[adj.]* inclinado hacia el suelo: *escuchó la reprimenda con la cabeza gacha*. **SIN.** agachado, bajo.

gaditano, gaditana *[adj. y n.]* de Cádiz, provincia española y su capital, que pertenecen a la comunidad autónoma de Andalucía: *una profesora gaditana; los gaditanos*.

gafas *[n.f.pl.]* objeto que se lleva ante los ojos para ver mejor o para protegerlos: *sin gafas ve muy mal; gafas de sol; gafas de bucear; gafas para la nieve; gafas para la ventisca*. **AMPL.** las que son para corregir algún defecto de la visión se dice que son ***graduadas*** y están formadas por un armazón que se llama ***montura*** (en el que van sujetos dos ***cristales***) y dos ***patillas*** que se apoyan en las orejas.

gag *[n.m.]* situación que produce risa en una película o en una obra de teatro: *las películas de Buster Keaton tienen muchos gags*. **OBS.** es una palabra inglesa y su plural es *gags*.

gaita *[n.f.]* 1 instrumento musical de viento formado por una bolsa de cuero unida a tres tubos. 2 cosa que molesta: *es una gaita tener que madrugar*. **SIN.** lata. **FAM.** gaitero.

gaitero, gaitera *[n.]* persona que toca la gaita: *un gaitero escocés; una gaitera gallega*.

gajo *[n.m.]* 1 cada una de las partes, en forma de media luna, en las que está dividido el interior de algunas frutas: *le dio dos gajos de su naranja; los gajos se separan fácilmente porque están recubiertos de una fina piel*. 2 cada uno de

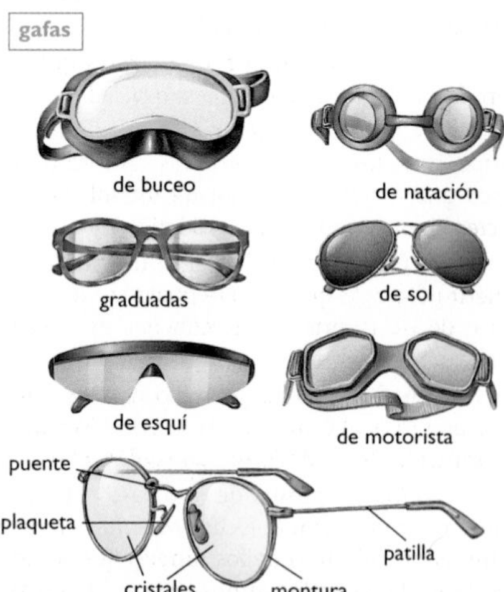

los pequeños grupitos de uvas que salen del tronco de un racimo. **SIN.** presa. **FAM.** desgajar.

gala *[n.f.]* 1 fiesta en la que se viste elegantemente: *la gala de nochevieja; ropa de gala.* 2 actuación en público: *en verano hay muchas galas musicales.* ■ **hacer gala de** algo, presumir de algo. ■ **ropa de gala**, ropa muy elegante. ■ **las mejores galas**, la mejor ropa que tiene uno. **FAM.** galán, galante. **COMP.** engalanar.

galán *[n.m.]* 1 hombre guapo y bien vestido: *el baile está lleno de galanes.* 2 actor que hace un papel principal en el cine o en el teatro: *Rodolfo Valentino fue un galán cinematográfico.* **PL.** *galanes.*

galante *[adj.inv. en gén.]* que es atento, amable y bien educado: *una actitud galante; un hombre galante.* **FAM.** galantear, galantería, galanteo, galantemente, gala.

galantería *[n.f.]* 1 lo que demuestran las personas atentas, amables y bien educadas al tratar con los demás: *la galantería hace la vida más agradable.* **SIN.** cortesía, amabilidad, atención. **ANT.** grosería. 2 detalle de buena educación y amabilidad que tiene una persona con otra: *ceder el paso es una galantería; le dijo una galantería al cruzarse con ella.*

galápago *[n.m.]* tortuga generalmente pequeña y de agua dulce, que tiene membranas entre los dedos para nadar mejor.

galardón *[n.m.]* premio. **PL.** *galardones.* **FAM.** galardonar, galardonado.

galardonar *[v.]* darle a alguien un galardón: *lo galardonaron con el premio Nobel.*

galaxia *[n.f.]* conjunto enorme de estrellas, astros, nebulosas, etc., reunidas en forma de disco grandísimo alrededor de un sol: *la Vía Láctea es una galaxia.* **FAM.** galáctico.

galeón *[n.m.]* barco de vela parecido a la galera pero más grande que podía ser de guerra o de transporte de mercancías. **PL.** *galeones.*

galera *[n.f.]* barco de guerra con velas y remos que se usaba al final de la Edad Media y al principio de la Moderna: *una galera pirata.*

galería *[n.f.]* 1 pasillo de una casa con muchas ventanas o con el techo sostenido por columnas. 2 cada uno de los túneles que se hacen bajo tierra en las minas, para ir de un sitio a otro y poder ir extrayendo el mineral: *se derrumbó una galería de la mina de carbón.* ■ **galería de arte**, local en el que se exponen y venden obras de arte o de artesanía.

galgo *[n.m.]* perro de cuerpo largo y delgado, cabeza pequeña, hocico alargado y patas largas, que corre mucho y es bueno para hacer carreras y para cazar: *en el canódromo hay carreras de galgos.*

galicismo *[n.m.]* palabra (o expresión) francesa que se usa en otra lengua.

galimatías *[n.m.]* cosa tan complicada que resulta difícil de entender: *esa frase es un galimatías.*

gallardo, gallarda *[adj.]* 1 valiente*: *un gallardo soldado.* 2 que demuestra buena educación y elegancia: *una actitud gallarda.* **FAM.** gallardía, gallardamente.

gallego, gallega *[adj. y n.]* 1 de Galicia, comunidad autónoma española formada por las provincias de La Coruña, Lugo, Orense y Pontevedra: *gaita gallega; los gallegos.* // **gallego** *[n.m.]* 2 lengua que, además del español, se habla en Galicia. **AMPL.** es lengua derivada del latín que tiene el mismo tronco u origen que el portugués*.

galleta *[n.f.]* 1 dulce seco muy plano, hecho con una masa de harina, azúcar y otros ingredientes, que se cuece en el horno. 2 golpe dado en la cara con la mano abierta: *el profesor le dio una galleta.* **SIN.** cachete, torta. **FAM.** galletería, galletero.

gallina *[n.f.]* ave doméstica que, aunque tiene alas, no puede volar, vive en corrales o granjas y pone huevos que el ser humano utiliza como alimento. **AMPL.** en zoología se llaman ***gallináceas*** y en economía, ***aves de corral***. ■ **carne de gallina** o **piel de gallina**, ver *carne.* ■ **ser gallina** o **ser un gallina**, ser cobarde o miedoso. **FAM.** gallináceo, gallinero, gallo.

gallináceo, gallinácea *[adj.]* de las gallinas u otras aves de la misma especie. TAMBIÉN *n.f.: el urogallo es una gallinácea.*

gallinero *[n.m.]* sitio donde están y duermen las aves de corral.

gallo *[n.m.]* 1 ave de corral, macho de la gallina, que tiene cresta grande, pico y patas fuertes y cola larga, y que canta al amanecer.

2 pez que vive en el mar, tiene el cuerpo aplastado, parecido al lenguado pero con la piel fina y de color claro, y es comestible. 3 sonido desafinado que sale a veces cuando se canta: *se le escapó un gallo en pleno concierto.* ■ **gallo de pelea**, gallo criado y entrenado para pelear con otro. ■ **hacer** algo **en menos que canta un gallo**, hacerlo en muy poco tiempo. ■ **patas de gallo**, arrugas que se forman alrededor de los ojos. **FAM.** gallina, galliforme.

galo, gala *[adj. y n.]* 1 de la Galia, antigua nación que fue conquistada por los romanos y que estaba donde hoy están Francia y Bélgica: *Astérix es un personaje de ficción galo; los galos.* 2 francés. **FAM.** galicismo, galicista.

galón *[n.m.]* 1 cinta que llevan en la manga algunos militares para indicar su grado: *los sargentos llevan un galón ancho de color dorado.* 2 medida de capacidad que en Estados Unidos equivale a 3,8 litros y en Gran Bretaña a 4,6 litros. **PL.** *galones.*

galopar *[v.]* 1 ir corriendo un caballo o cualquier cuadrúpedo*. **AMPL.** ir ***al paso*** un caballo es ir andando, ***trotar*** es ir un poco deprisa y ***galopar***, ir muy deprisa. 2 ir una persona montada en un caballo o en un animal que va muy deprisa: *galoparon todo el camino.* **FAM.** galope, galopada, galopante.

galope *[n.m.]* manera de correr un caballo o cualquier cuadrúpedo*: *los caballos venían al galope.*

galvanizar *[v.]* bañar el hierro con una capa de cinc para que no se oxide. **OBS.** ante e, c: *galvanicen.*

gama *[n.f.]* 1 conjunto de los distintos tonos de un color: *al atardecer, en el cielo se veía toda la gama de rojos.* **SIN.** escala. 2 conjunto de cosas de la misma clase, pero con algunas diferencias entre unas y otras: *han fabricado una nueva gama de televisores.*

gamba *[n.f.]* animal marino de cuerpo alargado con caparazón flexible, cabeza alargada con ojos muy salientes, dos antenas muy finas y largas y muchos pares de patas delgadas.

gamberrada *[n.f.]* lo que hace quien destruye algo o molesta a los demás para divertirse: *romper papeleras es una gamberrada.*

gamberro, gamberra *[n.]* persona que hace gamberradas: *unos gamberros rompieron las farolas.* TAMBIEN *adj.*: *es una chica muy gamberra.* **FAM.** gamberrada, gamberrismo.

gamo *[n.m.]* animal cuadrúpedo que come hierba, tiene cuernos con forma de pala y el pelo oscuro con manchas blancas pequeñitas. ■ **correr como un gamo**, correr muy deprisa.

gamuza *[n.f.]* 1 animal parecido al ciervo pero del tamaño de una cabra, con los cuernos negros, lisos y con la punta torcida hacia atrás, en forma de gancho. 2 trozo de piel curtida de ese animal, que es de color amarillo claro, o trozo de tela suave y esponjosa que se usa para limpiar el polvo: *limpia la mesa con una gamuza.*

gana *[n.f.]* lo que siente uno cuando quiere hacer algo: *come aunque no tenga gana.* TAMBIÉN, y más frecuentemente, se usa en plural: *se me han pasado las ganas de estudiar.* ■ **de buena gana**, con mucho gusto. ■ **de mala gana**, sin que a uno le apetezca. **FAM.** desgana, desganado.

ganadería *[n.f.]* 1 conjunto de negocios dedicados a cuidar ganado y animales: *la ganadería argentina es muy próspera; ha disminuido el número de cabezas de la ganadería española.* 2 trabajo y negocio de quien cuida animales para poder ganar dinero con ellos: *se dedica a la ganadería; tiene una ganadería de reses bravas.*

ganadero, ganadera *[n.]* persona que cría y cuida ganado o que tiene ganado: *en Extremadura hay muchos ganaderos.*

ganado *[n.m.]* conjunto de los animales de cuatro patas que cría el ser humano para sacar provecho de ellos. **AMPL.** el ganado se cría para hacerlo trabajar o para vender la carne, la piel, la leche, la lana, etc. Los caballos son ***ganado caballar***, las cabras ***ganado caprino***, los cerdos ***ganado de cerda*** o ***porcino***, las ovejas ***ganado lanar*** y las vacas y los toros ***ganado vacuno*** o ***bovino***. Para hablar de número de animales, se habla de ***cabezas***, ***cabezas de ganado o reses***: *tiene una ganadería de 1000 cabezas de ganado vacuno.* **OBS.** es nombre incontable, porque no se puede decir un ganado, dos ganados, etc., sino una clase de ganado. **FAM.** ganadería, ganadero.

ganador, ganadora *[n.]* persona (o equipo) que ha ganado en un concurso, una competición, etc.: *la ganadora se subió al podio.* **SIN.** vencedor, campeón. **ANT.** perdedor. TAMBIÉN *adj.: el equipo ganador quedará seleccionado.*

ganancia *[n.f.]* 1 dinero que se consigue con un negocio o con un trabajo, después de descontar lo que uno ha tenido que gastar: *esa tienda da pocas ganancias.* **SIN.** beneficios, rentabilidad, rendimiento. **ANT.** pérdidas. 2 ventaja que se consigue con algo: *¿qué ganancia saca ella si te ayuda?* **SIN.** ventaja, beneficio.

ganar *[v.]* 1 conseguir algo trabajando, con suerte, por portarse de una manera determinada, etc.: *ganar dinero; ganar un premio; gana un buen sueldo; se ha ganado la amistad de sus compañeros.* **ANT.** perder. 2 mejorar en algún aspecto: *con el cambio de casa han ganado en número de habitaciones.* **SIN.** mejorar, salir ganando. **ANT.** salir perdiendo, perder. 3 conseguir más puntos o más tantos en un juego, una competición, etc.: *ganaron al equipo contrario.* **SIN.** vencer. 4 ser mejor que otro en algo: *lo gana en facilidad de palabra.* **SIN.** superar, aventajar. 5 llegar a mandar en un sitio después de una batalla o una guerra: *el Cid le ganó Valencia a los moros.* **SIN.** conquistar. 6 llegar a un sitio, sobre todo si cuesta algún esfuerzo: *ganaron la cima tras dos días de escalada.* **FAM.** ganador, ganancia, ganancioso, ganancial.

ganchillo *[n.m.]* tejido o labor de lana, hilo, etc., que se hace con una aguja que tiene un extremo en forma de gancho: *una colcha de ganchillo.* ■ **aguja de ganchillo**, la que se usa para hacer este tejido.

gancho *[n.m.]* 1 objeto curvo por un extremo o por los dos y, a veces, puntiagudo: *un anzuelo es un gancho; colgaron los jamones de los ganchos que hay en las vigas del techo.* **SIN.** garfio. **AF.** pincho. 2 persona o cosa que hace que la gente se decida a comprar algo o a hacer algo: *el vídeo de regalo es un gancho para vender las películas.* **SIN.** reclamo, cebo. ■ **tener gancho**, tener algo especial que hace que guste a los demás: *tiene gancho hablando.* **SIN.** tener garra. **FAM.** ganchillo, ganchudo. **COMP.** enganchar.

gandul, gandula *[n.]* persona que no hace lo que tiene que hacer porque nunca tiene ganas de esforzarse: *es un gandul que se pasa el día tirado en el sofá.* TAMBIÉN *adj.: es muy gandula.* **SIN.** holgazán* **FAM.** gandulería, gandulear.

ganga *[n.f.]* 1 mineral sin valor que se saca de las minas y que está mezclado con el que sí vale: *después de seleccionar el mineral, la ganga se tira.* 2 cosa que se consigue muy barata o sin esfuerzo: *por ese precio, esa casa es una ganga.* **SIN.** bicoca, momio, chollo. **AF.** ocasión, oportunidad.

gangrena *[n.f.]* muerte de una parte del cuerpo de un animal o una persona por falta de riego sanguíneo, infección, etc.: *la congelación de los dedos le produjo gangrena.* **FAM.** gangrenarse, gangrenoso.

gansada *[n.f.]* cosa que se dice o se hace en broma, para divertirse o por hacer gracia.

ganso *[n.m.]* 1 ave grande, de plumaje gris rayado, más oscuro en la cabeza y en el cuello y amarillento en el pecho y en el vientre, que tiene el pico de color anaranjado y los pies rojizos. **SIN.** oca. **AMPL.** se cría en países húmedos y es muy apreciado por su carne y por su hígado; es un ave ***palmípeda***, como todas las que, para poder nadar, tienen las patas con los dedos unidos entre sí por una membrana; el sonido característico que hace con la garganta se llama ***graznido***. // **ganso, gansa** *[n.]* 2 persona que suele tener ocurrencias graciosas, incluso cuando se está tratando asuntos serios. **SIN.** zángano. **AF.** guasón, chistoso. **FAM.** gansear, gansada.

ganzúa *[n.f.]* alambre o varilla doblada en un extremo de manera que sirve para abrir las cerraduras si no se tiene llave: *los ladrones abrieron la puerta con una ganzúa.*

garabatear *[v.]* dibujar rayas que no significan nada: *mientras hablaba, garabateó los márgenes del periódico.* **SIN.** hacer garabatos en. **OBS.** e + e = ee: *garabateen.*

garabato *[n.m.]* dibujo o rayas que no significan nada o que no se entienden: *al niño le gusta hacer garabatos; esto, más que letras, son garabatos.* **FAM.** garabatear, garabateo.

garaje *[n.m.]* local para guardar coches y otros vehículos: *en este edificio no hay garaje.* **AMPL.** la palabra ***cochera*** se usa más para referirse al garaje de un chalet o una casa pequeña; ***aparcamiento*** y la palabra inglesa ***parking*** se usan, sobre todo, para lugares públicos en que se pueden dejar los coches por horas; la primera letra de *parking*, ***P***, es un símbolo internacional que indica dónde hay un garaje público. No hay que confundir *garaje* y *parking* con ***taller***, que es el sitio donde se arreglan coches.

garantía *[n.f.]* 1 lo que hace que uno pueda estar seguro de algo o de que alguien va a hacer lo que dice: *le dejó el carné de identidad como garantía de que volvería para pagar.* 2 compromiso por el que quien fabrica o vende algo se compromete a cambiarlo o arreglarlo, si se estropea dentro de un plazo determinado: *la plancha tiene garantía durante seis meses.* 3 documento en que está escrito el compromiso de la garantía: *necesitas la garantía firmada por el vendedor.* ■ **dar garantías** de algo, asegurar algo, comprometiéndose a que se cumpla. **SIN.** garantizar. ■ **garantías constitucionales**, derechos que la constitución* de un país ofrece a los ciudadanos y a las instituciones. **FAM.** garantizar, garantizado, garante.

garantizar *[v.]* 1 comprometerse a cumplir algo: *te garantizo que, si apruebas, te regalo la moto.* **SIN.** dar garantías de. **AF.** asegurar, prometer. 2 dar seguridad de algo: *el trabajo garantiza la estabilidad económica; las vigas de hierro garantizan que el techo no se hundirá.* **OBS.** ante e, c: *garanticen.*

garbanzo *[n.m.]* planta con el tallo duro y flores blancas, cuyo fruto es una especie de funda alargada que se llama ***vaina***, dentro de la que hay una o dos semillas amarillentas, redondeadas y comestibles que también se llaman *garbanzos.* **AMPL.** las plantas que tienen las semillas metidas en *vainas* se llaman ***leguminosas*** y sus frutos y semillas son ***legumbres.*** ■ **ser** uno **el garbanzo negro**, ser considerado el peor de un grupo. **FAM.** garbancero, garbanzal.

garbo *[n.m.]* lo que demuestra uno cuando hace algo con soltura y de manera que resulta agradable y armonioso: *camina con mucho garbo.* **SIN.** salero, gracia. **FAM.** garboso, garbeo.

garboso, garbosa *[adj.]* que tiene garbo* o que demuestra garbo: *una persona garbosa; un gesto garboso.*

gardenia *[n.f.]* planta en forma de arbusto originaria de Asia, que puede medir hasta dos metros de altura, tiene las hojas grandes, lisas y ovaladas y da flores (que también se llaman *gardenias*) de color blanco, con pétalos gruesos y buen olor.

garduña *[n.f.]* animal de unos 75 centímetros de largo, de color pardo y con el pecho blanco, que tiene la cabeza pequeña, el cuello largo, las patas cortas y las orejas redondas.

garfio *[n.m.]* pieza de hierro con forma curva y puntiaguda que se pone en el extremo de algo para poder coger cosas con él: *en las películas, muchos piratas tienen un garfio en vez de una mano.* **SIN.** gancho.

garganta *[n.f.]* 1 parte del aparato digestivo que está entre la boca y el esófago: *se le ha clavado una espina en la garganta.* 2 espacio estrecho entre montañas: *la batalla se desarrolló en una garganta.* ■ **hacérsele** a uno **un nudo en la garganta**, sentir en la garganta algo que parece que no deja tragar, hablar o respirar bien, como cuando se tienen ganas de llorar, se está emocionado o asustado, etc. ■ **tener buena garganta**, tener buena voz para cantar. **FAM.** gargantilla.

gargantilla *[n.f.]* adorno que se pone alrededor del cuello, sin que cuelgue sobre el pecho: *lleva una gargantilla de oro.* **AF.** collar. **FAM.** garganta.

gárgaras *[n.f.pl.]* lo que se hace con un líquido en la boca y la cabeza hacia atrás, expulsando aire para que el líquido se mueva en la garganta: *las gárgaras de zumo de limón suavizan la garganta.* ■ **mandar** a alguien **a hacer gárgaras**, decirle que se vaya o hacerle entender que uno no seguirá haciéndole caso. **FAM.** gargarizar, gargarismo.

garita *[n.f.]* 1 caseta pequeña en la que se ponen los centinelas para estar protegidos mientras vigilan: *hay dos garitas a la puerta del cuartel.* 2 cualquier espacio pequeño en el que está quien vigila: *la garita del portero está en el portal.* **FAM.** garito.

garra *[n.f.]* mano o pie de un animal, cuando tiene uñas fuertes y afiladas que le sirven para atrapar o desgarrar: *el león destrozó a su presa con las garras.* ■ **tener garra**, tener algo especial que hace que guste a los demás: *esa película tiene garra.* **SIN.** tener gancho. ■ **caer** alguien **en las garras de** alguien, llegar a ser dominado por alguien, de manera que uno queda sin libertad para actuar: *ha caído en las garras de una secta.* **FAM.** agarrar, desgarrar.

garra

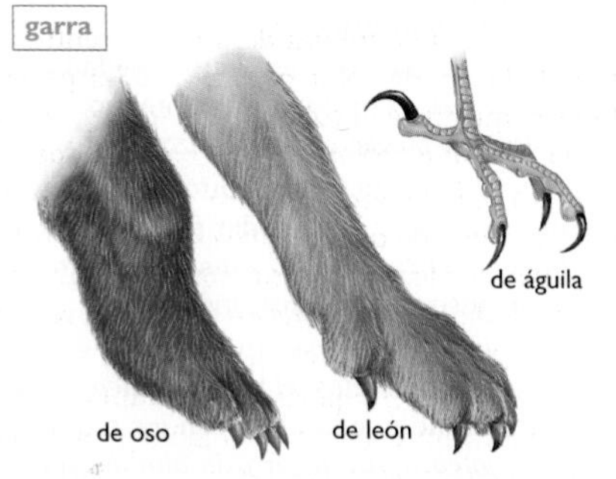

garrafa *[n.f.]* recipiente para líquidos con el cuerpo grande y redondeado y el cuello estrecho: *una garrafa de ocho litros.* **FAM.** garrafón.

garrafa

garrafal *[adj.inv. en gén.]* que no se puede permitir porque va en contra de las normas o de la lógica, o porque puede tener consecuencias serias: *escribir burro con uve es un error garrafal; saltarse un stop es una infracción garrafal.* **AF.** grave, serio, imperdonable.

garrafón *[n.m.]* garrafa* muy grande. **PL.** *garrafones.*

garrapata *[n.f.]* animal que mide entre cuatro y seis milímetros, tiene forma ovalada y vive entre el pelo de otros animales a los que les chupa la sangre: *este perro está lleno de garrapatas.* **AMPL.** los animales que viven en el cuerpo de otros, alimentándose de ellos, se llaman ***parásitos***.

garrota *[n.f.]* garrote*.

garrotazo *[n.m.]* golpe dado con un garrote, un palo o algo parecido: *acabaron la discusión a garrotazos.* **SIN.** porrazo, estacazo, bastonazo, cachiporrazo.

garrote *[n.m.]* palo grueso y fuerte que se puede usar como bastón o para golpear: *le golpearon la cabeza con un garrote.* **SIN.** garrota. ■ ***garrote vil***, instrumento que consiste en un aro que se pone alrededor del cuello y un tornillo que se aprieta contra la nuca y que se inventó para matar a los condenados a muerte. **FAM.** garrotazo, garrota. **COMP.** agarrotar.

gas *[n.m.]* materia que, como el aire, no es ni líquida ni sólida, sino que tiende a esparcirse en todas las direcciones y a veces pesa menos que el aire: *los coches echan gases por el tubo de escape; el oxígeno que hay en el aire es un gas.* **AMPL.** hay muchos gases que no tiene color ni olor y algunos son peligrosos porque producen asfixia a quien los respira; algunos gases, como el ***gas ciudad***, el ***gas butano***, el ***gas propano*** y el ***gas natural*** se usan como combustible para las cocinas, las calefacciones, los calentadores, etc. ■ **a todo gas**, muy de prisa. **FAM.** gaseoso, gasear, gaseosa, gasificar, gasificación, gaseiforme, gasómetro. **COMP.** antigás.

gasa *[n.f.]* 1 tela formada por hilos muy delgados, de manera que se puede ver a través de ella: *un vestido con las mangas de gasa.* 2 trozo de tela formada por hilos separados, a la que se le han quitado todos los microbios* y que se utiliza para cubrir heridas: *ponle una* *gasa debajo de la venda.* **AMPL.** también se llama ***gasa estéril*** porque lo que se hace para destruir los microbios y que no pueda producir infecciones es ***esterilizarla***.

gaseosa *[n.f.]* bebida incolora y dulce con burbujas: *beben vino con gaseosa.*

gaseoso, gaseosa *[adj.]* que está en forma de gas o que tiene gas: *un cuerpo gaseoso; una bebida gaseosa.*

gasoducto *[n.m.]* tubería por la que se transporta gas a grandes distancias.

gas-oil palabra inglesa que significa lo mismo que *gasóleo** y que se usa mucho en español.

gasóleo *[n.m.]* combustible* que sirve para que funcionen algunos motores y algunas calderas de calefacción: *llenó de gasóleo el depósito del barco.*

gasolina *[n.f.]* combustible* que hace que funcionen algunos motores: *este coche gasta mucha gasolina.* **FAM.** gasolinera.

gasolinera *[n.f.]* sitio donde venden gasolina y gasóleo para los automóviles. **AMPL.** en las gasolineras, la gasolina se guarda en depósitos grandes que están bajo tierra y se extrae mediante bombas eléctricas a través de los ***expendedores*** o ***surtidores***.

gasómetro *[n.m.]* 1 aparato que sirve para medir la cantidad de gas que hay en un sitio: *según el gasómetro, el depósito está vacío.* 2 aparato que hace que salga siempre la misma cantidad de gas de un depósito: *se ha estropeado el gasómetro de la fábrica.*

gastado, gastada *[adj.]* que no está como estaba cuando era nuevo, porque se ha usado mucho: *un traje gastado; una pieza de motor gastada.* **AF.** estropeado, viejo.

gastador, gastadora *[adj.]* que gasta mucho dinero: *ha resultado ser una persona muy gastadora.* TAMBIÉN *n.: los gastadores necesitan mucho dinero para vivir.*

gastar *[v.]* 1 usar dinero en algo: *ha gastado medio sueldo en ropa.* **SIN.** usar, emplear, desembolsar. **AMPL.** ***malgastar***, ***derrochar*** y ***despilfarrar*** es gastar dinero en algo que no se necesita o que no vale. 2 necesitar algo para funcionar: *ese coche gasta poca gasolina; las bombillas gastan electricidad.* **SIN.** usar, consumir. 3 usar hasta que se acaba: *has gastado todo el aceite.* **SIN.** usar, consumir, agotar, terminar. 4 tener la costumbre de usar algo, por necesidad o por gusto: *gasta gafas; no gasta corbata; siempre gasta colonia.* **SIN.** usar, llevar, ponerse. // **gastarse** *[v.prnl.]* 5 ponerse viejo por el uso: *las suelas de los zapatos se gastan.* **SIN.** desgastarse. **AF.** estropearse, envejecer. **FAM.** gastador, gasto, gastado. **COMP.** desgastar, malgastar.

gasto *[n.m.]* 1 lo que se hace cuando se usa algo: *hay que procurar que el gasto de agua sea mínimo; la compra de un piso es un gasto de dinero importante.* 2 cada una de las cosas que hay que pagar: *esta casa tiene muchos gastos.* ■ **gastos fijos**, conjunto de las cosas que uno tiene que pagar siempre: *los recibos de agua y teléfono son gastos fijos.* ■ **cubrir gastos**, tener el dinero necesario para pagar lo imprescindible. ■ **hacer gasto**, comprar algo para que el que vende gane.

gástrico, gástrica *[adj.]* del estómago: *dolores gástricos.* ■ **jugos gástricos**, líquidos que se producen en el estómago para hacer la digestión. **FAM.** gastritis.

gastritis *[n.f.inv. en núm.]* enfermedad que se tiene cuando se inflama el estómago: *si tienes gastritis no puedes comer chorizo.*

gastronomía *[n.f.]* conjunto de las cosas que hay que saber para poder preparar comidas buenas: *el cocinero ha estudiado gastronomía.* **FAM.** gastrónomo, gastronómico.

gatear *[v.]* 1 moverse apoyándose en las manos y en las rodillas: *el bebé ya gatea.* 2 trepar por un palo ayudándose con las manos y los pies: *gateó hasta llegar a lo alto del árbol.* **OBS.** e + e = ee: *gateen.*

gatillo *[n.m.]* parte de un arma de fuego que se aprieta con un dedo para que el arma dispare: *los rifles tienen gatillo.*

gato *[n.m.]* 1 animal mamífero que vive en las casas y por las ciudades, mide casi medio metro desde la nariz hasta la punta de la cola, el pelo espeso y suave, las uñas (que puede sacar o esconder) muy afiladas y los ojos muy brillantes que le permiten moverse en la oscuridad. 2 aparato para levantar cosas muy pesadas: *para cambiar la rueda hay que levantar el coche con el gato.* // **gato, gata** *[n.]* 3 persona nacida en Madrid. **SIN.** madrileño. ■ **cua-**

tro gatos, pocas personas. ■ **dar gato por liebre**, dar o vender algo que no es bueno, haciendo creer que sí lo es. ■ **haber gato encerrado**, haber en un asunto algo que no se entiende y que puede ser una trampa de alguien o un secreto que beneficia a alguien sin que los demás lo sepan. ■ **llevarse** uno **el gato al agua**, conseguir lo que se quería. ■ **ponerle el cascabel al gato**, decirle a alguien algo que interesa a varios y que resulta muy difícil. **FAM.** gata, gatera, gatear, gatuno, gatillo.

gaucho, gaucha *[n.]* campesino de la pampa argentina, Uruguay y sur del Brasil, que montaba muy bien a caballo y entendía mucho de ganado: *en la obra "Martín Fierro", cuenta José Hernández los avatares y peripecias de la vida de un gaucho.*

gavilán *[n.m.]* pájaro parecido al águila, pero más pequeño, con las garras y el pico muy fuertes y afilados y las plumas de color gris azulado. **AMPL.** los pájaros que comen carne cazando animales con el pico y las garras se llaman ***aves rapaces*** o ***aves de rapiña***. **PL.** *gavilanes.*

gaviota *[n.f.]* ave de color blanco y gris, que vive en la costa, se alimenta de peces y tiene los pies rojizos y el pico anaranjado. **AMPL.** los pájaros que, como las gaviotas, tienen las patas con los dedos unidos entre sí por una membrana*, para poder nadar, se llaman ***aves palmípedas***.

gazapo *[n.m.]* 1 cría del conejo. 2 error que, por despiste, se comete al hablar o al escribir: *en este periódico hay muchos gazapos.* **FAM.** gazapera. **COMP.** agazaparse.

gazpacho *[n.m.]* sopa fría que se hace triturando pan, pepino, tomate y pimientos, y añadiéndole aceite, sal y vinagre: *el gazpacho es un plato típico de Andalucía.*

ge *[n.f.]* nombre de la letra *g*: *escribe una ge.*

géiser *[n.m.]* chorro de agua caliente que sale hacia arriba, con fuerza, del interior de la tierra.

gel *[n.m.]* jabón que es como una crema: *gel para ducha y baño.*

gelatina *[n.f.]* sustancia sólida muy blanda y transparente que se produce al cocer algunas partes blandas o huesos de animales: *el jamón de York tiene gelatina.* **FAM.** gelatinoso.

gemelo, gemela *[adj.]* 1 que ha nacido a la vez que otro hermano: *los hermanos gemelos son idénticos.* TAMBIÉN *n.*: *ha ido al cine con las gemelas.* **AMPL.** los gemelos se parecen tanto porque proceden del mismo óvulo*; los ***mellizos***, sin embargo, pueden no parecerse porque son de dos óvulos distintos, aunque fueron fecundados a la vez y se han formado juntos. 2 que son iguales: *ha comprado dos figuras gemelas.* // **gemelo** *[n.m.]* 3 músculo de la parte de atrás de la pantorrilla. 4 pasador que se usa para cerrar los puños de las camisas que en vez de tener un ojal y un botón tienen dos ojales: *unos gemelos de oro.* // **gemelos** *[n.m.pl.]* 5 aparato que sirve para aumentar y mejorar la visión de lo que está lejos. **AMPL.** los gemelos son dos tubos unidos, con ***lentes*** (cristales especiales curvos) en cada uno de los extremos, que se ponen delante de los ojos. Hay otro aparato que se llama ***catalejo*** y sirve para lo mismo, pero que es un solo tubo que hay que poner delante de un ojo a la vez que se guiña el otro; los ***prismáticos*** son como los gemelos, dobles, pero tienen dentro unos prismas con los que se consigue hacerlos más pequeños y tener mejor imagen.

gemido *[n.m.]* sonido suave y apagado que expresa dolor, pena, preocupación o gusto: *se oían los gemidos del enfermo.* **AF.** lamento, quejido, suspiro.

géminis *[n.inv. en gén. y núm.]* persona que ha nacido entre el 21 de mayo y el 21 de junio: *es una géminis del 3 de junio; conozco a varios géminis.*

gemir *[v.]* dar gemidos: *el enfermo estuvo gimiendo toda la noche.* **CONJUG.** como *pedir**. **FAM.** gemido.

genealogía *[n.f.]* 1 conjunto de los antepasados de una persona o de un animal: *está buscando documentos para estudiar su genealogía.* **SIN.** ascendientes. **AF.** antepasados, ancestros. 2 escrito en el que aparecen sus nombres, ordenados. **AMPL.** la genealogía de un animal de raza también se llama ***pedigrí***. **FAM.** genealógico, genealogista.

genealógico, genealógica *[adj.]* de la genealogía*: *estudio genealógico.* ■ **árbol genealógico**, esquema con forma de árbol que representa la genealogía de una persona.

árbol genealógico

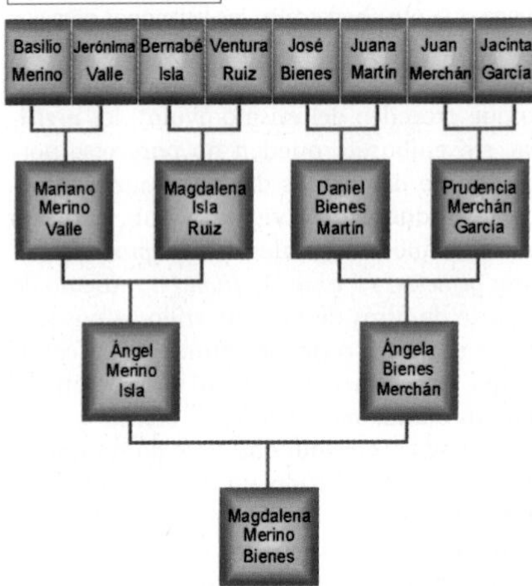

generación *[n.f.]* 1 lo que se hace para que haya algo: *la generación de electricidad es imprescindible en la vida moderna.* **SIN.** producción. 2 conjunto de las personas que nacen con pocos años de diferencia: *los muchachos de la generación actual manejan muy bien los ordenadores.* 3 conjunto de las personas que han nacido con pocos años de diferencia y tienen ideas, preocupaciones, gustos o maneras de vivir parecidas: *los escritores de la generación del 98 escribían sobre su preocupación por España.* **FAM.** generacional, generar.

generador, generadora *[adj.]* 1 que hace que haya algo: *el Sol es un astro generador de luz y calor.* // **generador** *[n.m.]* 2 aparato que sirve para producir energía: *este generador de electricidad funciona con gasolina.*

general *[adj.inv. en gén.]* 1 que le pasa a la mayoría o a todos los de un grupo: *el paro produce malestar general en el país.* 2 que se refiere a todo un conjunto y no sólo a una parte: *un análisis general de la situación.* **SIN.** global, completo. **ANT.** parcial. // **general** *[n.m.]* 3 entre los militares, persona de categoría superior a la de los jefes y cuya divisa está formada por 2 sables cruzados y una estrella de 4 puntas (*general de brigada*) o por 2 sables cruzados y 2 estrellas de de 4 puntas (*general de división*). ■ **en general** o **por lo general**, casi siempre. TAMBIÉN se usan estas expresiones para hablar de algo en conjunto, sin fijarse en los detalles o en personas o cosas que tienen poca importancia: *por lo general, los actores de esa película son buenos.* **FAM.** generalidad, generalmente, generalizar, generalización, género, ***generalato*** (cargo de general), generalísimo.

generala *[n.f.]* toque militar para que se preparen las armas.

generalato *[n.m.]* cargo de general.

generalidad *[n.f.]* 1 mayoría de las personas o de las cosas de un conjunto: *la generalidad de los niños españoles va a la escuela.* 2 lo que se dice cuando, al hablar de algo, no se entra en detalles: *en el discurso sólo habló de generalidades que todos sabemos.* **OBS.** escrito con mayúscula es el nombre, en español, de los gobiernos autonómicos de Cataluña y de Valencia, que en catalán se llaman ***Generalitat***.

generalización *[n.f.]* lo que hace quien generaliza o lo que pasa cuando algo se generaliza: *la generalización de la asistencia a la escuela evita el analfabetismo.*

generalizar *[v.]* 1 hacer que algo se extienda a gran número de personas o lugares: *generalizar el uso del teléfono.* 2 hablar diciendo que todas las cosas o las personas de un grupo son iguales, hacen lo mismo, etc.: *no generalices, que no es verdad que todos los políticos sean corruptos.* 3 hablar de algo sin entrar en detalles: *contestó generalizando.* **OBS.** ante e, c: *generalicen.*

generar *[v.]* hacer que exista algo: *las centrales hidroeléctricas generan electricidad* (**SIN.** producir. **AF.** crear); *las imprudencias pueden generar accidentes* (**SIN.** producir, provocar, causar, dar lugar a). **FAM.** generación, generador, generatriz. **COMP.** congénito, engendrar, progenitor, primogénito, ***degenerar*** (perder buenas cualidades), degeneración, regenerar.

genérico, genérica *[adj.]* que sirve para referirse en general a varias cosas distintas: *arte es un término genérico y pintura, escultura, etc. son términos específicos.*

género *[n.m.]* 1 conjunto de cosas o de seres vivos que se parecen entre ellos y se distinguen de otros: *no me gusta ese género de muebles.* **SIN.** clase, tipo. 2 en ciencias naturales, grupo de seres vivos que tienen algunas características comunes por las que se distinguen de otros géneros que pertenecen a la misma familia: *el zorro es un mamífero carnívoro de la familia de los cánidos y el género* ***vulpes****, y el lobo, un mamífero carnívoro de la familia de los cánidos y el género* ***canis****.* 3 cada una de las distintas clases de obras artísticas: *la poesía es un género literario, las películas de terror, un género cinematógráfico y la ópera, un género musical.* 4 cosas para vender: *tengo el almacén lleno de género para vender la temporada que viene.* **SIN.** mercancía*. 5 cualquier tipo de tela: *el género de los pantalones vaqueros es muy fuerte; un género de algodón.* **SIN.** tela, tejido. 6 en gramática, característica por la que decimos que un nombre, un adjetivo o un artículo es masculino, femenino o neutro: *la palabra plátano es del género masculino.* **GRAM.** cuando nombres, adjetivos y artículos se hallan relacionados dentro de una misma frase, tienen que tener el mismo género y se dice entonces que ***concuerdan en género*** o que entre ellos hay ***concordancia de género***; si un nombre o un adjetivo vale para masculino y femenino, decimos que es ***invariable en género***: *la palabra "grande" es un adjetivo invariable en género, y "acróbata" un nombre invariable en género.* **FAM.** genéricamente, genérico, general. **COMP.** ***congénere*** (del mismo género o con el mismo origen), subgénero.

generosidad *[n.f.]* lo que demuestran las personas que son generosas: *hay que tener mucha generosidad para dedicarse a cuidar a los enfermos.* **SIN.** desprendimiento, dadivosidad, liberalidad. **INTENS.** esplendidez. **ANT.** egoísmo, tacañería, miseria.

generoso, generosa *[adj.]* que le gusta ayudar a los demás, sin preocuparse de sí mismo, y compartir con ellos lo que tiene: *una persona generosa.* **SIN.** desprendido, dadivoso. **INTENS.** espléndido. **AF.** desinteresado, altruista. **ANT.** egoísta, tacaño. **FAM.** generosidad, generosamente.

genética *[n.f.]* 1 parte de la biología que estudia cómo se transmiten de padres a hijos los rasgos físicos, de comportamiento, etc.: *la genética estudia las enfermedades hereditarias.* **AMPL.** los ***genes*** se encuentran en las células reproductoras y son las unidades más pequeñas con información hereditaria. // **genético, genética** *[adj.]* 2 de la herencia: *estudios genéticos; mutaciones genéticas.*

genial *[adj.inv. en gén.]* 1 que es tan inteligente, tan ingenioso, tan original o tan imaginativo, que hace o dice cosas mejores que la mayoría de la gente: *una inventora genial; un hombre genial.* 2 que es mucho mejor que la mayoría: *un chiste genial; una novela genial.* **SIN.** extraordinario, superior. **AF.** estupendo*.

genialidad *[n.f.]* característica que hace que digamos que algo o alguien es genial*: *la genialidad de don Quijote está en el contraste que existe entre la realidad y su idealismo.*

genio *[n.m.]* 1 manera de ser de una persona: *es de genio apacible.* 2 persona muy inteligente, que sabe hacer, pensar o imaginar cosas que no se le ocurren a las demás: *ese científico es un genio.* **SIN.** talento. 3 persona que hace algo extraordinariamente bien: *es un genio de la literatura.* **SIN.** fenómeno, fuera de serie. **OBS.** también se dice *un genio* cuando se habla de una mujer: *su hermana es un genio de las finanzas.* 4 ser imaginario que tiene poderes mágicos para conceder deseos: *Aladino es el genio de la lámpara.* ■ **mal genio**, lo que demuestra quien se enfada mucho y muchas veces. **FAM.** genial, genialidad. **COMP.** ingenio, congeniar.

genital *[adj.inv. en gén.]* 1 que tiene algo que ver con las partes del cuerpo que sirven para reproducirse: *órganos genitales; función genital.* **AMPL.** el conjunto de las partes del cuerpo que intervienen en la reproducción se llama ***aparato genital*** o ***aparato reproductor***. // **genitales** *[n.m.pl.]* 2 parte exterior del aparato reproductor de las personas y los animales: *los genitales de los niños y los de las niñas son distintos.*

gente *[n.f.]* personas: *aquí hay mucha gente; a la gente le gustan los concursos de televisión.* **OBS.** se utiliza la palabra *gente* para hablar de un conjunto de personas o de la mayoría de las personas, sin tener en cuenta características individuales. ■ **gente menuda**, niños: *a la gente menuda le gustan los payasos.* ■ **tener don de gentes**, saber alguien tratar a los demás de tal manera que le cae bien a todos. **FAM.** gentío, gentuza, gentil, gentilmente, gentileza, gentilicio.

gentileza *[n.f.]* amabilidad*: *tuvo la gentileza de firmarme el libro.*

gentilicio *[n.m.]* palabra que indica de qué lugar es una persona o una cosa: *la palabra español es el gentilicio de los que han nacido en España.*

gentío *[n.m.]* conjunto de mucha gente: *el gentío llenaba la plaza.* **SIN.** multitud, muchedumbre.

genuino, genuina *[adj.]* que no tiene nada falso ni nada que no deba tener: *habla en genuino español; un genuino producto de la tierra.* **SIN.** auténtico, puro.

geografía *[n.f.]* ciencia que estudia la Tierra, los ríos, las montañas, los mares, el clima, etc. y cómo influyen en la vida de los hombres, de los animales y de los vegetales. **AMPL.** la parte de la *geografía* que estudia cómo es la superficie de la Tierra (ríos, volcanes, cordilleras...) se llama ***geografía física***; la que estudia la distribución de los estados, los países, etc. que ha formado el hombre, ***geografía política***; la que estudia la distribución de las razas sobre la Tierra, las costumbres, los distintos tipos de sociedad, etc., ***geografía humana*** y la que analiza las distintas cosas a las que se dedican los hombres para vivir, en las distintas partes de la Tierra, ***geografía económica***. **FAM.** geográfico, geógrafo, geográficamente.

geográfico, geográfica *[adj.]* de geografía o de la geografía: *un diccionario geográfico; el estudio geográfico de una provincia.*

geógrafo, geógrafa *[n.]* persona que se ha especializado en el estudio de la geografía*.

geología *[n.f.]* ciencia que estudia las rocas y todo lo relacionado con la formación de la corteza terrestre: *el estudio de los volcanes corresponde a la geología.* **FAM.** geológico, geólogo, geológicamente.

geólogo, geóloga *[n.]* persona especializada en el estudio de la geología*.

geómetra *[n.inv. en gén.]* persona que tiene muchos conocimientos de geometría o que se dedica a ella.

geometría *[n.f.]* parte de las matemáticas que estudia las medidas y las formas de las figuras y los cuerpos que pueden trazarse en el espacio: *el triángulo y el cilindro se estudian en geometría.* **FAM.** geométrico, geométricamente, geómetra.

geométrico, geométrica *[adj.]* de la geometría: *el cálculo de las áreas es un problema geométrico; una figura geométrica.*

geranio *[n.m.]* planta con tallos carnosos y flores de distintos colores que se cultiva en tiestos y jardines: *tiene la ventana llena de geranios.*

gerente *[n.inv. en gén.]* persona encargada de dirigir un negocio o una empresa: *la gerente está de viaje.* **FAM.** gerencia, gerenciar.

geriatría *[n.f.]* parte de la medicina que estudia las enfermedades de las personas mayores. **AMPL.** el médico especialista en geriatría es el ***geriatra***.

germánico, germánica *[adj.]* de Germania, región histórica europea coincidente en gran parte con lo que hoy es Alemania: *habla con acento germánico.* **SIN.** alemán. **FAM.** germanismo, germanista, germanizar, germanización.

germen *[n.m.]* **1** ser vivo en su primera fase de desarrollo: *un óvulo fecundado es el germen de un nuevo ser.* **2** parte de una semilla de la que sale una planta nueva. **SIN.** embrión. **3** lo que es causa o motivo de algo: *la pobreza fue el germen de la revolución.* **SIN.** origen, desencadenante. ■ **germen patógeno**, microbio que puede producir enfermedades. **PL.** *gérmenes.* **FAM.** germinar, germinación, germicida.

germinar *[v.]* **1** empezar a crecer una semilla para convertirse en planta: *el trigo germina en primavera.* **2** empezar a formarse algo: *la idea germinó en su mente.*

gerundense *[adj. y n.inv. en gén.]* de Gerona, provincia española y su capital, que pertenecen a la comunidad autónoma de Cataluña: *playas gerundenses; los gerundenses.* **AMPL.** el nombre de Gerona, en catalán, es *Girona.*

gerundio *[n.m.]* forma no personal del verbo, que acaba en *ando* o en *iendo*: *caminando y bebiendo son gerundios* (VER *nominal*). **OBS.** el gerundio expresa una acción que ocurre a la vez que la del verbo principal (*hablando con él me di cuenta de lo ocurrido*); no es por tanto correcto decir frases del tipo de *"nació en León,* *estudiando bachillerato en Salamanca"*, pues eso quiere decir que a la vez que estudiaba en Salamanca estaba naciendo en León.

gesta *[n.f.]* conjunto de hechos importantes de la vida de un héroe o de una nación: *el Cantar del Mío Cid cuenta las gestas de Rodrigo Díaz de Vivar.*

gestación *[n.f.]* **1** formación de un nuevo ser: *la gestación de un niño dura nueve meses.* **2** preparación de una obra, un proyecto, una idea, etc., desde que uno empieza a pensar en ella hasta que está acabada: *la gestación de esa novela le dio mucho trabajo.* **SIN.** preparación, elaboración. **FAM.** gestar, gestatorio.

gesticulación *[n.f.]* lo que hace quien mueve mucho las manos, la cara, el cuerpo, etc.: *en el cine mudo hay mucha gesticulación.*

gesticular *[v.]* hacer gestos y mover mucho el cuerpo, las manos, etc.: *siempre habla gesticulando.*

gestionar *[v.]* hacer cada una de las cosas que hay hacer para resolver determinados asuntos: *se dedica a gestionar la venta de solares.* **AF.** tramitar. **FAM.** gestión, gestor, gestoría.

gesto *[n.m.]* **1** movimiento de los músculos de la cara, de los brazos o de las manos, que expresa algo: *hizo un gesto de dolor; con un gesto le indicó el momento de empezar.* **SIN.** ademán. **2** acción con la que se demuestra un sentimiento hacia los demás: *tuvo un gesto de generosidad.* **FAM.** gesticular, gesticulación, gesticulero.

gestoría *[n.f.]* oficina en la que, por encargo de sus clientes, llevan, traen y preparan los papeles y los documentos que necesitan para conseguir algo: *el chaval de la gestoría llevará las escrituras al ayuntamiento.*

giba *[n.f.]* bulto que tienen algunos animales en el lomo: *los camellos guardan agua en la giba.* **SIN.** joroba. **FAM.** giboso, gibosidad.

giganta *[n.f.]* mujer mucho más grande que la gente normal.

gigante *[adj.inv. en gén.]* **1** que es mucho más grande de lo normal: *ha salido una calabaza gigante.* // **gigante** *[n.m.]* **2** personaje de cuento que es un hombre muy grande y muy fuerte que da miedo: *don Quijote creía que luchaba contra los gigantes.* **3** muñeco hueco y muy grande, dentro del que se mete una persona para transportarlo y que parezca que el muñeco anda: *los gigantes y los cabezudos pasean por la ciudad durante las fiestas.* **SIN.** gigantón. **AF.** gigantilla, cabezudo. **4** hombre mucho más grande que la gente normal. **ANT.** enano. **FAM.** gigantilla, gigantón, giganta, gigantesco, ***gigantismo*** (enfermedad que hace que se crezca excesivamente). **COMP.** agigantar, agigantado, agigantamiento.

gigantesco, gigantesca *[adj.]* grandísimo: *un árbol gigantesco; una torre gigantesca.* **SIN.** enorme*.

gigantón, gigantona *[n.]* gigante* (acepción 3).

gimnasia *[n.f.]* deporte que consiste en hacer diferentes ejercicios con el cuerpo para fortalecer los músculos y estar en forma: *hace gimnasia todos los días.* **FAM.** gimnasio, gimnasta, gimnástico. (VER p. 474.)

gimnasio *[n.m.]* local preparado para hacer gimnasia: *el gimnasio de un colegio.*

gimnasta *[n.inv. en gén.]* persona que entrena y se dedica a hacer gimnasia rítmica o deportiva: *el gimnasta realizó un brillante ejercicio de anillas.* **AF.** atleta, acróbata.

gimotear *[v.]* llorar poco y sin pena, haciendo ruiditos: *gimoteaba para ver si le daban el capricho.* **SIN.** lloriquear. **OBS.** e + e = ee: *gimoteen.* **FAM.** gimoteo.

ginebra *[n.f.]* bebida alcohólica transparente que se hace a partir de cereales como el maíz, el centeno o la malta y a la que se le da aroma con bayas de una planta que se llama *enebro.*

ginecología *[n.f.]* parte de la medicina que estudia las enfermedades específicas de la mujer. **FAM.** ginecológico, ginecólogo.

ginecólogo, ginecóloga *[n.]* médico especialista en ginecología*. **AMPL.** el especialista en embarazos, partos y postpartos se llama ***tocólogo*** y la enfermera que asiste a la embarazada en el parto se llama ***comadrona*** o ***matrona***.

gira *[n.f.]* **1** viaje por diferentes sitios hasta volver al punto de partida: *una gira por España.* **SIN.** viaje, recorrido. **2** conjunto de las actuaciones de un artista o de una compañía por distintas ciudades: *el circo lleva un año de gira.*

girar *[v.]* 1 moverse (o mover algo) trazando, con el movimiento, una circunferencia o parte de ella: *la peonza gira sobre sí misma; la Tierra gira alrededor del Sol; no gires la cabeza.* 2 poner algo mirando para otro lado: *gira el folio y escribe por la otra cara; giró la cabeza para ver lo que ocurría.* **SIN.** volver. TAMBIÉN *prnl.: se giró para ver lo que ocurría.* **SIN.** volverse, darse la vuelta. 3 cambiar de dirección: *giró al llegar a la esquina; a dos kilómetros, la carretera gira a la derecha.* **SIN.** torcer, virar, volver. 4 ser de lo que trata una conversación, un estudio, etc.: *la discusión giró en torno al problema de la droga.* **AF.** versar, tratar. 5 enviar dinero por correo: *su padre le giró la paga del mes.*

girasol *[n.m.]* planta formada por un tallo grueso que sujeta una flor grande llena de pepitas o semillas y con una corona de pétalos amarillos.

giratorio, giratoria *[adj.]* 1 que gira o puede girar: *un taburete con el asiento giratorio; una puerta giratoria.* **SIN.** rotatorio. 2 en forma de círculo: *movimiento giratorio.* **SIN.** rotativo, rotatorio, circulante.

giro *[n.m.]* 1 lo que se hace para cambiar de posición sin cambiar de sitio. **OBS.** se dice *dar un giro.* **SIN.** vuelta y rotación (si es una vuelta completa); media vuelta y viraje (si es media vuelta). 2 cambio en la manera de ir un asunto o en lo que se está tratando en una conversación: *sus relaciones han dado un giro positivo.* 3 envío de dinero por correo: *recibió un giro de sus padres.* 4 grupo de palabras que siempre van juntas y tienen distinto significado que si se pensara en las mismas palabras por separado: *"tomar el pelo" es un giro.* **SIN.** modismo*. **FAM.** girar, giratorio. **COMP.** girasol.

gitano, gitana *[n.]* persona de una raza que se reconoce por la piel morena, el pelo negro y los ojos muy oscuros. **SIN.** calé. TAMBIÉN *adj.: el pueblo gitano; raza gitana; costumbres gitanas.* **AMPL.** muchos gitanos tienen la costumbre de no quedarse a vivir en ningún sitio, sino ir de un lado para otro (esta manera de vivir se llama ***vida nómada***). **FAM.** gitanería.

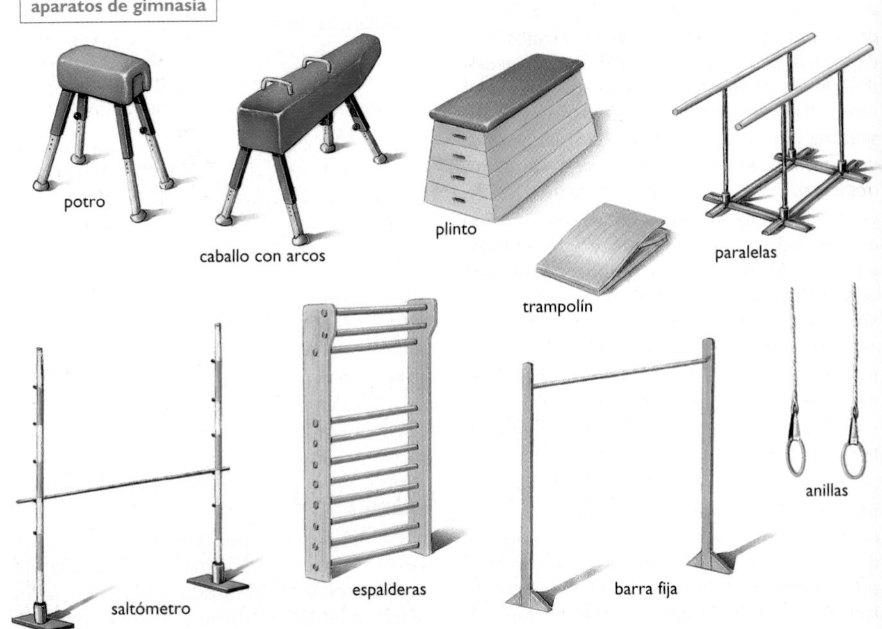

glaciación *[n.f.]* periodo de la evolución de la corteza terrestre en el que las temperaturas fueron muy bajas durante mucho tiempo y aumentó mucho el hielo de la superficie de la Tierra: *durante las glaciaciones cuaternarias, el hielo llegó a cubrir la tercera parte de los continentes.*

glacial *[adj.inv. en gén.]* 1 que está cerca de las zonas heladas de los polos de la Tierra o que es parecido a lo que hay allí: *en las zonas glaciales hace muchísimo frío; clima glacial.* **SIN.** polar. 2 muy frío: *temperaturas glaciales.* **SIN.** gélido, helador. **OBS.** no confundir con *glaciar**. **FAM.** glaciar, glaciación.

glaciar *[n.m.]* masa de hielo muy grande que baja lentamente desde lo alto de las montañas como si fuera un río: *en los Alpes se forman enormes glaciares.* **OBS.** no confundir con *glacial**.

gladiador *[n.m.]* entre los antiguos romanos, hombre que luchaba contra otro o contra las fieras en espectáculos públicos.

glándula *[n.f.]* órgano del cuerpo que fabrica las sustancias necesarias para el funcionamiento del organismo: *glándula lagrimal; glándula mamaria; glándula salivar.* **FAM.** glandular.

global *[adj.inv. en gén.]* que se refiere a todo un conjunto y no sólo a una parte: *planteamiento global de una situación; estudio global.* **SIN.** general, completo. **ANT.** parcial.

globo *[n.m.]* 1 objeto hueco de forma esférica: *un globo de cristal cubre la bombilla de la farola.* 2 bolsa de goma que se hincha y se ata: *a los niños pequeños les hacen mucha ilusión los globos.* 3 planeta Tierra: *el globo está habitado por millones de seres vivos.* ■ **globo terráqueo** o **globo terrestre**, esfera en la que está representada la superficie de la Tierra. ■ **globo aerostático**, vehículo para ir por el aire, formado por un globo que se infla con gas o aire caliente y una ***cesta*** o ***barquilla*** en la que van los viajeros. **OBS.** aunque no se diga la palabra *aerostático*, se suele entender que se habla de él: *hicieron un viaje en globo.* **FAM.** global, globalmente, globalizar, glóbulo. **COMP.** englobar.

glóbulo *[n.m.]* cualquier cuerpo esférico muy pequeño. ■ **glóbulos rojos**, células microscópicas que le dan a la sangre el color rojo. TAMBIÉN se llaman ***hematíes***. ■ **glóbulos blancos**, células microscópicas encargadas de mantener la sangre limpia de microbios y de crear defensas ante las infecciones. TAMBIÉN se llaman ***leucocitos***. **FAM.** globular, globo.

gloria *[n.f.]* 1 lo que consigue quien tiene éxito y se hace famoso: *con su tercera película alcanzó la gloria.* 2 lugar al que, según algunas religiones, va la gente buena después de morir. **SIN.** cielo. 3 persona de la que alguien puede sentirse orgulloso: *una gloria de las letras españolas.* ■ **estar en la gloria**, estar muy a gusto. ■ **saber a gloria**, tener muy buen sabor. **FAM.** glorioso, gloriosamente, glorificar, glorificación, glorieta. **COMP.** ***vanagloriarse*** (presumir), vanagloria.

glorieta *[n.f.]* 1 en un parque o en un jardín, sitio con forma de redondel: *la glorieta está rodeada de setos.* 2 plaza de la que salen varias calles.

glorioso, gloriosa *[adj.]* 1 que da éxito y fama: *una actuación gloriosa.* 2 que tiene algo que ver con el Cielo, con Dios o con cosas sagradas: *la gloriosa venida de Cristo al mundo.*

glosa *[n.f.]* explicación con la que se aclara lo que dice un texto que se no se entiende bien: *hay una glosa a pie de página.* **SIN.** nota, comentario, anotación. **AF.** aclaración, explicación. **FAM.** glosario, glosar. **COMP.** desglosar, desglose.

glosario *[n.m.]* en un escrito o publicación, conjunto de las palabras difíciles de entender que se han utilizado, con su explicación: *en las páginas finales hay un glosario de términos de informática.* **SIN.** vocabulario.

glotonería *[n.f.]* lo que tiene quien siempre está con ganas de comer: *no puede controlar su glotonería.*

glotón, glotona *[adj.]* que siempre tiene hambre y come mucho: *una persona glotona.* TAMBIÉN *n.*: *es un glotón.* **FAM.** glotonería, glotonamente.

glucosa *[n.f.]* sustancia dulce que hay en la sangre y en algunas frutas: *las uvas tienen mucha glucosa.*

glúteo *[n.m.]* 1 cada uno de los tres músculos que forman una nalga. TAMBIÉN *adj.*: *región glútea; músculos glúteos.* 2 conjunto de los tres músculos que forman una nalga: *nos sentamos sobre los glúteos.* **SIN.** nalga.

gnomo *[n.m.]* personaje fantástico muy pequeño que aparece en muchos cuentos infantiles y suele ser simpático. **SIN.** geniecillo, duende. **OBS.** la ***g*** no se pronuncia; también se puede escribir ***nomo***.

gobernador, gobernadora *[n.]* persona que representa al Gobierno del país en una provincia o región de ese país. ■ **gobernador civil**, el que representa al Gobierno de la nación en cada provincia. ■ **gobernador militar**, el que representa al poder militar.

gobernanta *[n.f.]* jefa del servicio de limpieza, cuidado y conservación de habitaciones y ropas de un hotel o residencia.

gobernante *[adj.inv. en gén.]* que gobierna: *el partido gobernante volverá a presentarse en las próximas elecciones; la coalición gobernante.* TAMBIÉN *n.*: *¡necesitamos gobernantes honrados!*

gobernar *[v.]* **1** dirigir o controlar la marcha de algo: *el timonel gobierna el rumbo de la nave.* **2** ser responsable de la organización y el funcionamiento de un país, una institución, una empresa, etc.: *el partido que obtenga la mayoría de los votos será el que gobierne el país; gobierna el negocio con mucho acierto.* **SIN.** dirigir, regentar, regir. **AF.** administrar. **CONJUG.** como *acertar**. **FAM.** gobernador, gobernante, gobernanta, gobernación, gobierno. **COMP.** ingobernable.

gobierno *[n.m.]* **1** conjunto de las cosas que hay que hacer para gobernar algo: *se encarga del gobierno de la casa.* **2** conjunto de las personas encargadas de gobernar: *los ministros forman parte del gobierno del país y los concejales del gobierno del ayuntamiento.* **FAM.** gubernativo, gubernamental, gobernar. **COMP.** desgobierno.

goce *[n.m.]* gozo*, placer, gusto: *es un goce tomar el sol.*

godo, goda *[adj. y n.]* de un antiguo pueblo que vivía en el centro de Europa y, luchando contra los romanos a partir del siglo III, llegó hasta las penínsulas Ibérica e Itálica: *invasiones godas; reyes godos; en el siglo IV, los godos se dividieron en dos grupos llamados visigodos y ostrogodos.*

gol *[n.m.]* en el fútbol y otros deportes parecidos, entrada del balón o la pelota en la portería. **FAM.** golear, goleador, goleada.

goleada *[n.f.]* conjunto de muchos goles.

golear *[v.]* marcar muchos goles en los deportes en los que hay que introducir un balón, un pequeño disco, etc., en una portería: *España goleó a Malta por 12 a 1 el 21 de diciembre de 1983.* **OBS.** e + e = ee: *goleen.*

golf *[n.m.]* deporte que consiste en meter una pelota en unos agujeros hechos en el suelo, golpeándola con palos especiales. **AMPL.** los agujeros en los que hay que meter la pelota se llaman ***hoyos***. **FAM.** golfista.

golfo *[n.m.]* **1** curva que hace el mar al entrar en la tierra y que es tan grande que, desde el mismo sitio, no se ve toda la costa: *el golfo de Valencia está en el Mediterráneo.* // **golfo, golfa** *[n.]* **2** delincuente* joven: *un golfo le robó la cartera.* **FAM.** golfear, golfería, golfante. **COMP.** engolfar.

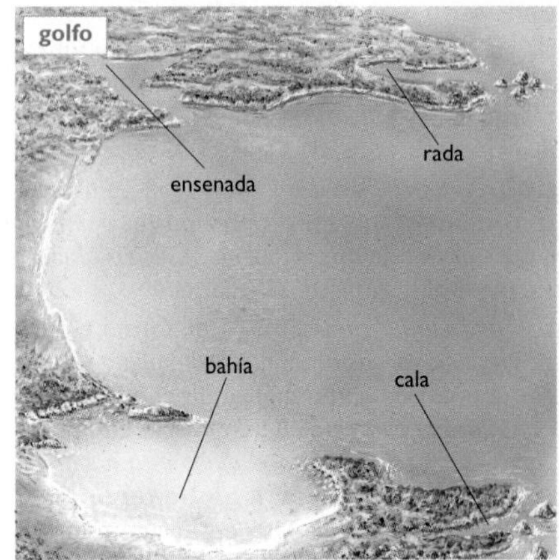

golondrina *[n.f.]* **1** pájaro de unos 20 centímetros de longitud y unos 33 de una punta a otra de las alas y que tiene el cuerpo negro por encima y blanco por debajo. **2** en algunos sitios, barca pequeña, de motor, para llevar pasajeros por el puerto: *dieron un paseo en la golondrina.* **FAM.** golondrino.

golosina *[n.f.]* cosa dulce que se come más para disfrutar que para alimentarse: *el abuso de golosinas perjudica la dentadura.* **SIN.** chuchería. **FAM.** goloso. **COMP.** engolosinar.

Península Ibérica: golfos y bahías

Mar Cantábrico
Bahía de Santander
Golfo de Vizcaya
Golfo de León
Golfo de Rosas
OCÉANO ATLÁNTICO
R. Miño
R. Duero
R. Ebro
Golfo de San Jorge
R. Tajo
Golfo de Valencia
R. Guadiana
Bahía de Setúbal
R. Guadalquivir
Mar Mediterráneo
Bahía de Lagos
Golfo de Cádiz
Bahía de Cádiz
Bahía de Málaga
Golfo de Almería
Bahía de Algeciras
0 100 200 km
© I.C.L.

goloso, golosa *[adj.]* que le gusta comer cosas dulces: *una persona golosa; es muy goloso.*

golpe *[n.m.]* **1** lo que pasa cuando una persona, un animal o una cosa da contra algo o alguien: *los dos coches se dieron un golpe; llamó dando golpes en la puerta; se dio un golpe contra la pared.* **AF.** choque, encontronazo. **2** daño producido por un choque: *tiene que curarse el golpe de la pierna.* **3** cosa mala que le ocurre a alguien: *la muerte de su mujer fue un duro golpe.* **4** cosa graciosa que dice alguien: *tiene golpes muy divertidos.* **SIN.** ocurrencia, salida. **5** lo que pasa de repente o por casualidad: *un golpe de tos; un golpe de suerte.* **6** robo importante, preparado con cuidado por los ladrones: *el atraco del tren de Glasgow fue un gran golpe.* ■ **golpe de Estado**, cambio del gobierno de un país hecho por la fuerza, generalmente por militares y con armas. ■ **golpe de vista**, mirada rápida sobre algo. ■ **de golpe**, de repente. ■ **de un golpe** o **de golpe y porrazo**, de una sola vez. ■ **no dar golpe** o **no pegar golpe**, no hacer nada provechoso. **FAM.** golpear, golpazo, golpetazo, golpetear, golpeteo, golpista. **COMP.** agolparse.

golpear *[v.]* dar con algo sobre alguien o sobre algo: *deja de golpear la puerta con el pie.* **OBS.** e + e = ee: *golpeemos.*

golpista *[n.inv. en gén.]* persona que interviene en un golpe* de Estado: *los golpistas se apoderaron de la emisora de radio.*

goma *[n.f.]* **1** materia blanda y flexible que se hace con el jugo que se saca de algunas plantas y se usa para fabricar muchas cosas: *el caucho, el chicle y los pegamentos se hacen con goma.* **AMPL.** muchas plantas producen un líquido llamado ***látex*** que al secarse puede producir ***gomas***, ***resinas*** o ***caucho***. **2** tira elástica fabricada con un tipo de goma: *sujetó el fajo de billetes con una goma; los elásticos de los calcetines tienen, entre el tejido, hilos de goma.* ■ **goma arábiga**, la que se saca de algunas acacias, es amarillenta y transparente y sirve para pegar algunos materiales como el papel. ■ **goma de borrar**, material hecho a base de caucho que sirve para borrar lo escrito en papel. ■ **goma de mascar**, chicle. FAM. gomoso. COMP. engomar, engomado.

góndola *[n.f.]* barca alargada y estrecha con los extremos curvos hacia arriba, típica de los canales de Venecia, y que la maneja una persona yendo de pie y apoyando en el fondo del canal un palo largo (pértiga). FAM. gondolero.

gondolero, gondolera *[n.]* persona que trabaja conduciendo una góndola*: *los gondoleros venecianos llevan camiseta de rayas.* FAM. góndola.

gong *[n.m.]* disco grande de metal que cuelga de un armazón y, para que suene, se golpea con un mazo forrado de fieltro o de seda: *los monjes acudieron al oír el sonido del gong.*

gordinflón, gordinflona *[n.]* persona gorda y mofletuda: *un gordinflón.* TAMBIÉN *adj.*: *una persona gordinflona.*

gordo, gorda *[adj.]* 1 con más volumen o más peso de lo normal: *una persona gorda; un animal gordo.* SIN. grueso, obeso. ANT. delgado. 2 que abulta mucho: *un libro gordo; una cuerda gorda.* SIN. grueso. ANT. delgado, fino. ■ **premio gordo**, premio de la lotería al que le corresponde más dinero. ■ **hacer la vista gorda**, hacer como si uno no se hubiera enterado de algo. FAM. gordura, gordinflón, gordote. COMP. engordar, regordete.

gordura *[n.f.]* lo que tienen las personas y los animales que están gordos, por estar así.

gorgojo *[n.m.]* insecto que puede destruir cosechas enteras porque come las semillas de los cereales y las legumbres: *hubo una plaga de gorgojos.*

gorila *[n.m.]* mono muy grande, que puede medir hasta 2 metros y pesar 200 kilos y tiene el cuerpo cubierto de pelo oscuro y áspero, es muy fiero, vive en grupos en la selva africana y se alimenta de frutas y vegetales.

gorra *[n.f.]* prenda para la cabeza, sin ala: *una boina es una gorra.* ■ **de gorra** (uso vulgar), sin pagar. FAM. gorro, gorrón.

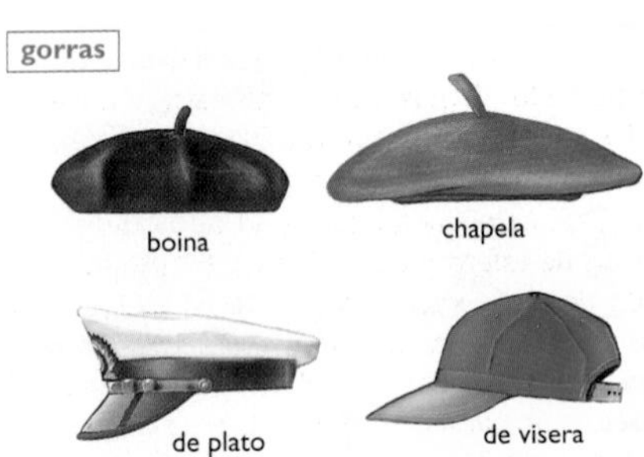

gorrino, gorrina *[n. y adj.]* cerdo*: *los gorrinos están en la pocilga; no seas gorrino y limpia tu habitación; ¡qué casa más gorrina!* FAM. gorrinera, gorrinada, gorrinón. COMP. engorrinar.

gorrión *[n.m.]* pájaro de plumas pardas y con el pico muy corto, que se alimenta de granos e insectos y es muy común en toda España: *el canto del gorrión no es agradable.* PL. *gorriones.*

gorro *[n.m.]* prenda para la cabeza, ajustada, sin ala ni visera: *un pasamontañas es un gorro.*

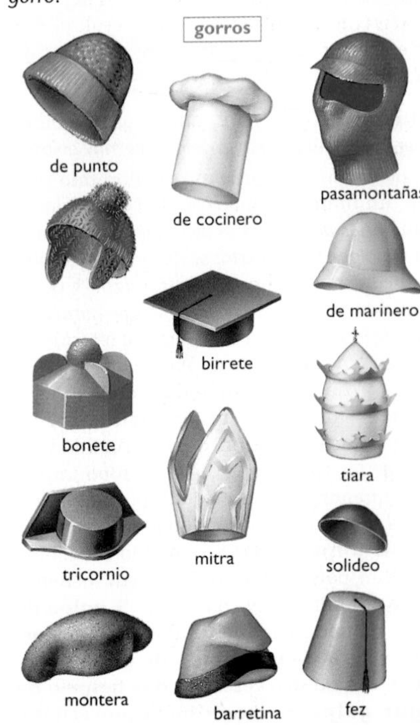

gorrón, gorrona *[n.]* persona que se aprovecha de los demás usando sus cosas y haciéndoles pagar lo que se toma: *es un gorrón que se invita solo.* **FAM.** gorronear, gorronería, gorra.

gota *[n.f.]* pequeña cantidad de líquido con forma de esfera y que, al caer, se alarga: *una gota de vino; gotas de rocío.* ■ **ni gota** o **ni una gota**, nada. **SIN.** ni pizca. ■ **cuatro gotas**, muy poca cantidad de líquido. ■ **gota a gota**, una gota detrás de otra. **FAM.** gotear, goteo, gotera, goterón. **COMP.** cuentagotas, agotar.

gotear *[v.]* caer un líquido gota a gota: *el grifo gotea porque está mal cerrado.* **OBS.** e + e = ee: *goteen.*

goteo *[n.m.]* lo que hay cuando un líquido cae gota a gota: *el goteo del grifo hace ruido.*

gotera *[n.f.]* zona de un techo por la que entra agua del tejado y en la que se forman manchas de humedad: *si no arreglas el tejado tendrás goteras.*

gótico *[n.m.]* 1 estilo del arte que se hizo en Europa desde el siglo XII hasta el Renacimiento. **AMPL.** la arquitectura de este estilo se caracteriza por el uso de ***arco apuntado*** u ***ojival***, ***bóveda de crucería***, ***arbotantes*** y ***vidrieras*** de colores. // **gótico, gótica** *[adj.]* 2 que es de ese estilo: *una catedral gótica; arte gótico.*

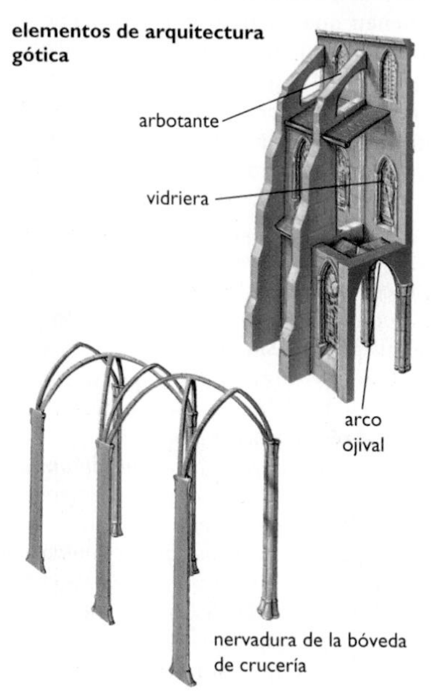

gozar *[v.]* pasarlo bien o sentir que a uno le gusta algo: *goza montando en bicicleta; gozan viendo jugar a los niños.* **SIN.** disfrutar. **ANT.** sufrir, padecer. ■ **gozar de**, tener lo que se dice: *goza de excelente salud.* **OBS.** ante e, c: *gocen.* **FAM.** gozo, goce, gozoso. **COMP.** regocijar.

gozne *[n.m.]* bisagra*: *hay que engrasar los goznes de la ventana.*

gozo *[n.m.]* lo que siente uno ante algo que le parece muy bueno: *es un gozo ver jugar a los niños.* **SIN.** placer, satisfacción. **AF.** alegría, felicidad. **ANT.** sufrimiento, pena, pesar. ■ **todo mi gozo metido en un pozo** es una expresión que indica que uno se ha desilusionado porque no ha conseguido lo que esperaba.

grabación *[n.f.]* 1 lo que se hace para que queden en una cinta o en un disco las imágenes o los sonidos que podrán verse o escucharse en otro momento: *es una grabación muy bien hecha.* 2 disco o cinta grabados: *una grabación de Alfredo Kraus.*

grabado *[n.m.]* 1 lo que se hace con un instrumento afilado para que algo quede marcado en una superficie: *el joyero se encargó del grabado de la pulsera.* **AMPL.** los grabados en madera, cuando la punta del instrumento está caliente y quema la superficie, se llaman ***pirograbados*** y el aparato para hacerlos, ***pirograbador***. 2 marca que queda al dibujar en una superficie con un instrumento afilado: *el grabado de la pulsera quedó perfecto.* 3 dibujo que queda impreso al presionar sobre una superficie una plancha grabada y mojada en tinta: *el libro tiene grabados de paisajes madrileños del siglo XIX.*

grabar *[v.]* 1 hacer letras o figuras con un instrumento afilado: *grabaron la fecha en la pulsera; no grabes nada en el tronco de los árboles.* 2 hacer que queden imágenes o sonidos en una cinta o un disco para poder verlas o escucharlas en otro momento: *grabar una cinta de vídeo; grabar imágenes; grabar un disco; grabar una canción.* // **grabarse** *[v.prnl.]* 3 quedar algo en la memoria de manera que nunca se olvida: *me cuesta estudiar Historia porque no se me graban las fechas.* **FAM.** grabado, grabador, grabadora, grabación.

gracia *[n.f.]* 1 ese algo que hace que una persona o una cosa guste a los demás: *baila con mucha gracia; es un jardín hecho con gracia.* **SIN.** atractivo, encanto. 2 lo que nos hace reír de una persona, una situación, un suceso, etc.: *tiene mucha gracia contando chistes; no todas las bromas tienen gracia.* 3 cosa que se hace o se dice para hacer reír: *aplaudieron las gracias del payaso.* 4 lo que se le concede a alguien sin que haya hecho méritos especiales: *el genio le concedió tres gracias.* **AF.** favor, regalo, don. 5 perdón que se concede a un condenado: *llegó la gracia cuando iban a ejecutarlo.* **SIN.** perdón, indulto. ■ **gracias**, palabra con la que se expresa agradecimiento. ■ **dar las gracias**, agradecer algo. ■ **gracias a** una persona o una cosa expresa que algo ha sucedido porque alguien o algo lo ha hecho posible. ■ **hacer gracia**, hacer reír. **FAM.** gracioso, gratuito. **COMP.** agraciado, desgracia, congraciarse, agradecer.

gracioso, graciosa *[adj.]* que tiene gracia o hace gracia: *una persona graciosa; un chiste gracioso.*

grada *[n.f.]* 1 cada uno de los escalones que sirven para que se siente la gente en los estadios, los circos, las plazas de toros, etc. 2 escalón de una escalinata: *se sentó en las gradas de la catedral.* **FAM.** graderío, grado.

graderío *[n.m.]* conjunto de las gradas de un estadio, un circo, etc.: *el graderío estaba lleno.* **FAM.** grada, grado.

grado *[n.m.]* 1 unidad que sirve para medir ángulos, temperaturas, cantidad de un líquido contenido en otro, etc. **AMPL.** los grados de circunferencia son la unidad de medida de los ángulos y se representan con un cerito alto a la derecha del número: *un ángulo recto mide 90 grados (90°)*; los grados de temperatura se miden en distintas escalas (VER *centígrado*). **OBS.** si se pone una raya horizontal debajo del cerito, indica número de orden: *3º = tercero y 3°= tres grados.* 2 cantidad de algo inmaterial que no se puede medir con precisión pero se puede decir si es mucho o poco: *su grado de eficacia es muy bajo; tiene un alto grado de generosidad.* **SIN.** nivel. 3 entre los militares, cada tipo de cargo dentro de una categoría: *es oficial con grado de capitán.* ■ **de buen grado**, con interés y sin que resulte una molestia. **SIN.** de buena gana, gustosamente, con gusto. **ANT.** de mala gana, a regañadientes. ■ **grados del adjetivo**, VER *adjetivo.* **FAM.** graduar, gradual, gradualmente, gradación, grada. **COMP.** ***degradar*** (hacer perder categoría o calidad), degradación, degradable.

graduado, graduada *[adj.]* 1 que ha sido graduado o tiene los grados marcados: *gafas graduadas; un semicírculo graduado.* // **graduado, graduada** *[n.]* 2 persona que ha acabado una carrera universitaria: *un graduado en Filosofía.* **SIN.** licenciado.

gradual *[adj.inv. en gén.]* que pasa poco a poco pero seguido, sin interrupciones: *la llegada de los invitados fue gradual; el aumento de precios es gradual.*

graduar *[v.]* 1 medir los grados que tiene algo: *graduar la vista; graduar la densidad de la leche.* 2 hacer que algo tenga la medida o la cantidad que le corresponde: *hay que graduar la salida del agua.* **SIN.** regularizar, regular. 3 marcar, en algo, grados o divisiones: *graduar una regla.* // **graduarse** *[v.prnl.]* 4 conseguir un título de instituto o universidad: *se ha graduado en la facultad de Historia.* ■ **graduar la vista**, estudiar la vista de una persona para saber si necesita usar gafas o lentillas y cómo tienen que ser para que vea mejor. **FAM.** graduado, graduable, graduación, grado*.

grafía *[n.f.]* signo escrito: *la grafía h no se pronuncia en español.* **FAM.** gráfica, gráfico, gráficamente. **COMP.** autógrafo, ortografía, caligrafía, mecanografía, xilografía, taquigrafía.

gráfica *[n.f.]* dibujo o representación esquemática de algo, especialmente si se representan cifras con líneas, rayas, partes de círculo, etc.: *una gráfica del número de nacimientos en distintas ciudades.* **SIN.** gráfico.

gráfico, gráfica *[adj.]* 1 que se refiere a los dibujos, las letras, las fotografías, el diseño, etc.: *el planteamiento gráfico de un periódico; solución gráfica para una página de un libro.* 2 que tiene tanta claridad que se entiende como si uno estuviera viendo las cosas: *una explicación gráfica; estuvo muy gráfico contándonos la anécdota.* // **gráfico** *[n.m.]* 3 gráfica*: *un gráfico de los resultados de las elecciones.*

gragea *[n.f.]* bolita que tiene dentro algún medicamento y que se toma entera con un poco de agua: *hay grageas de todos los colores.* **SIN.** perla.

grajo *[n.m.]* pájaro de color negro brillante con el pico y los pies rojos, la cabeza calva y alrededor de 20 centímetros de altura.

gramática *[n.f.]* 1 conjunto de conocimientos que nos permiten hablar y escribir bien una lengua. 2 parte de la lingüística que nos enseña a entender cómo funciona la lengua para poder usarla y conocerla mejor. **AMPL.** en la lingüística moderna, la gramática está formada por la ***morfología*** y la ***sintaxis***. **FAM.** gramatical, gramático, gramaticalmente.

gramatical *[adj.inv. en gén.]* que tiene que ver con la gramática: *un análisis gramatical; relaciones gramaticales.*

gramático, gramática *[n.]* persona que sabe mucha gramática y se dedica a la gramática: *es un famoso gramático.*

gramínea *[n.f.]* cualquiera de las plantas que tienen el tallo hueco y flores en espiga como el trigo, el arroz, etc. **AMPL.** en plural da nombre al grupo de estas plantas.

gramo *[n.m.]* unidad de medida del peso de las cosas: *un kilogramo pesa mil gramos.* **AMPL.** es el peso de un centímetro cúbico de agua destilada y se representa con una *g* que es el símbolo internacional (por ser símbolo, y no abreviatura, se escribe sin punto). **FAM.** kilogramo, hectogramo, decagramo, centigramo, miligramo, miriagramo.

gramófono *[n.m.]* aparato que sirve para reproducir el sonido grabado en un disco antiguo (de los primeros que se inventaron).

gran *[adj.inv. en gén.]* 1 apócope de grande*, que se usa delante del nombre: *Nueva York es una gran ciudad; un gran hombre.* 2 que hace algo especialmente bien o tiene mucha importancia, mucho valor, mucha belleza, etc.: *una gran oradora; un gran cuadro.* **OBS.** es el apócope* de grande y se usa sólo delante del nombre: *un gran hombre; una gran alegría.*

grana *[n.f.]* 1 semillas pequeñas: *la grana de los tomates.* // **grana** *[n. y adj.]* 2 granate*: *un traje de torero de color grana y oro.* **FAM.** grano // granate.

granada *[n.f.]* 1 fruta esférica con la piel lisa, fuerte y rojiza y el interior formado por granos rojos, brillantes y dulces. **AMPL.** el árbol que produce granadas se llama ***granado*** y su flor, ***granadino***. 2 bomba de tamaño parecido al fruto del granado, que puede ser lanzada por un arma o con la mano y que hace explosión después de tirar de una anilla. **FAM.** granado, granadino, grano, grana.

granadino, granadina *[adj. y n.]* de Granada, provincia española y su capital, que pertenecen a la comunidad autónoma de Andalucía: *la Alhambra es un monumento granadino; los granadinos.*

granar *[v.]* formarse el grano de una planta: *granar el trigo.* **FAM.** grano.

granate *[n.m.]* color rojo oscuro: *el granate es un color bonito.* **SIN.** grana. TAMBIÉN *adj.inv. en gén.: el vino tinto es de color granate.*

grande *[adj.inv. en gén.]* 1 que mide mucho, que tiene mucha capacidad o que ocupa o cubre mucho espacio: *un animal grande; un coche grande; una casa grande; una alfombra grande.* **INTENS.** enorme*. 2 que tiene muchas cosas buenas: *¡es un tío grande!* ■ **a lo grande**, con mucho lujo. **FAM.** gran, grandioso, grandeza, grandullón, grandón, grandote. **COMP.** agrandar, grandilocuente, grandilocuencia, engrandecer.

grandioso, grandiosa *[adj.]* que impresiona mucho o que produce admiración por su gran tamaño, por su importancia, por su aspecto, por su calidad, etc.: *un grandioso imperio; un palacio grandioso; una actuación grandiosa.* **SIN.** magno, colosal, regio, monumental. **ANT.** insignificante. **FAM.** grandiosidad, grandiosamente, grande.

grandón, grandona *[adj.]* 1 grande y poco ágil: *un hombre grandón.* **SIN.** grandullón. 2 grande y poco acogedor o poco bonito: *una casa grandona.* **SIN.** grandote.

granel *[n.m.]* manera de vender por peso o por litros cosas que también se pueden vender envasadas: *lentejas a granel; en la bodega venden vino a granel.*

granero *[n.m.]* sitio cerrado que sirve para guardar y conservar cereales. **SIN.** silo, troj, troje, panera. **AMPL.** cuando un sobrado se destina a guardar cereales se llama ***algorfa***; en Galicia y Asturias son típicos los graneros construidos sobre columnas de piedra y se llaman ***hórreos***.

granito *[n.m.]* roca muy dura formada por granos blancos o negros, y grises, rojos o marrones y que existe en la naturaleza en grandes bloques o en rocas grandes y redondeadas. **FAM.** granítico, grano.

granívoro, granívora *[adj.]* que se alimenta de granos de cereales: *un pájaro granívoro.* **FAM.** grano.

granizada *[n.f.]* lo que hay cuando cae mucho granizo: *la granizada lo pilló en medio del campo.*

granizar *[v.]* caer granizo: *granizó durante media hora.* **OBS.** ante e, c: *granice*; por ser un verbo ***defectivo impersonal***, sólo se construye en 3ª persona de singular.

granizo *[n.m.]* agua que cae de las nubes en forma de bolitas de hielo: *el granizo destruyó la cosecha de maíz.* **AMPL.** cuando las bolas de granizo son gruesas también se llama ***piedra***; el granizo, la lluvia y la nieve son ***precipitaciones atmosféricas***. **FAM.** granizada, granizar, grano.

granja *[n.f.]* finca y casa de campo, en la que se crían animales para venderlos: *una granja de aves de corral.* **AMPL.** una finca muy grande, con prados para que los animales pasten, se llama ***dehesa***. **FAM.** granjero, granjear.

granjear *[v.]* hacer que alguien consiga de los demás algo no material: *su mal carácter le granjea muchas enemistades.* TAMBIÉN *prnl.: se granjeó la antipatía de los vecinos; granjearse el afecto de alguien.* **OBS.** e + e = ee: *granjeen.*

granjero, granjera *[n.]* encargado o propietario de una granja: *es una familia de granjeros.*

grano *[n.m.]* **1** semilla pequeña: *un grano de café; granos de anís; granos de trigo.* **OBS.** cuando se habla de una gran cantidad de semillas, también se dice en singular: *compró dos sacos de grano.* **2** cosa pequeña y redondeada: *un grano de arena.* **3** bulto pequeño en la piel, producido por infección, grasa o picadura de mosquito: *en la adolescencia salen granos en la cara.* ■ **poner** uno **su granito de arena**, hacer lo que uno puede hacer para conseguir algo, aunque sea poco. ■ **al grano**, a lo que interesa, sin prestar atención a otras cosas. **FAM.** granero, granular, granulado, granuloso, grana, granada, granito, granizo. **COMP.** desgranar.

granuja *[n.inv. en gén.]* persona que se aprovecha de una situación, más para vivir sin hacer nada que por hacer daño: *un granuja; una granuja.* **SIN.** pillo, pícaro, tunante, bribón. **OBS.** muchas veces se usa de forma cariñosa. **FAM.** granujada, granujería. **COMP.** engranujarse.

granulado, granulada *[adj.]* con granos y no liso (*la fachada tiene una pintura granulada*) o en forma de granos o bolitas pequeñas y no en polvo o líquido (*un medicamento granulado*).

grapa *[n.f.]* alambre en forma de U que se pone, con una grapadora, para sujetar algo. **FAM.** grapar, grapadora.

grapadora *[n.f.]* aparato en el que se ponen grapas para que sea fácil clavarlas.

grapar *[v.]* sujetar con grapas: *grapó los folios.*

grasa *[n.f.]* **1** sustancia de color blanquecino o amarillento que se encuentra en los tejidos animales y en las semillas de algunas plantas: *la carne de cerdo tiene mucha grasa.* **2** sustancia que se usa para que dos o más piezas que están en contacto se muevan con suavidad: *hay que ponerle grasa a la cerradura.* **SIN.** lubricante. **FAM.** grasiento, graso, grasilla, grasoso. **COMP.** engrasar.

grasiento, grasienta *[adj.]* que tiene demasiada grasa o está manchado de grasa: *carne grasienta; un alimento grasiento; un papel grasiento.*

graso, grasa *[adj.]* que tiene grasa: *las pepitas de girasol son semillas grasas.*

gratificación *[n.f.]* lo que se da para agradecer algo a alguien: *recibió una gratificación por encontrar un objeto perdido.* **SIN.** recompensa, premio. **AF.** propina. **ANT.** castigo, sanción. **AMPL.** si lo que se da es dinero, a veces se llama ***bonificación***. **FAM.** gratificar.

gratificar *[v.]* agradecer algo a alguien dándole dinero: *gratificarán a quien encuentre el perro perdido.* **OBS.** ante e, qu: *gratifiquen.*

gratis *[adj. inv. en gén. y núm.]* que se consigue sin dar dinero a cambio: *entradas gratis.* **SIN.** gratuito, de balde. **ANT.** de pago. TAMBIÉN *adverbio: viajamos gratis.*

gratitud *[n.f.]* lo que siente la persona que se da cuenta de que alguien ha hecho algo por ella o la ha ayudado en algo, sin pedir nada a cambio: *siente gratitud hacia sus padres.*

grato, grata *[adj.]* que nos gusta: *es muy grato conversar con los amigos.* **SIN.** agradable. **AF.** gratificante, satisfactorio. **ANT.** desagradable, molesto. **FAM.** gratitud. **COMP.** ingrato.

gratuito, gratuita *[adj.]* 1 que no cuesta dinero: *la entrada al parque es gratuita.* **SIN.** gratis*. 2 que no se basa en nada justificado: *una sospecha gratuita; una acusación gratuita.* **SIN.** infundado, arbitrario, caprichoso, inmotivado. **FAM.** gratuitamente, gratis, gratuidad, gracia.

grava *[n.f.]* piedra machacada de manera que quedan muchas piedras pequeñas: *a la orilla de la carretera hay grava; rellenaron con grava los baches del camino.* **AMPL.** la grava que se pone para apoyar las traviesas de las vías del tren se llama ***balasto***. **FAM.** gravera.

grave *[adj.inv. en gén.]* 1 que resulta muy difícil de resolver o de curar: *un problema grave; graves consecuencias; una enfermedad grave.* **SIN.** importante, serio. **ANT.** leve, trivial, intrascendente, insignificante. **OBS.** el superlativo es ***gravísimo*** o ***gravérrimo***. 2 hablando de sonidos, que es de tono bajo, como el que tiene la voz masculina en comparación con la femenina: *el sonido del violonchelo es más grave que el del violín; en un piano, las teclas de la izquierda producen sonidos graves y las de la derecha, sonidos agudos.* **SIN.** bajo. **ANT.** agudo. TAMBIÉN *n.m.: ajustó los graves del equipo de música.* 3 hablando de palabras, que lleva el acento en la penúltima sílaba: *libro es una palabra grave.* **SIN.** llana. **FAM.** gravedad, gravemente, gravitación. **COMP.** agravar, agraviar.

gravedad *[n.f.]* 1 característica que hace que digamos que algo es grave*; *la gravedad de una enfermedad; la gravedad de un problema.* 2 atracción que los cuerpos de mucha masa, como los planetas, ejercen sobre los demás cuerpos: *Newton descubrió la fuerza de la gravedad de la Tierra.*

gravitación *[n.f.]* equilibrio que hay en el universo gracias a que todos los cuerpos celestes se atraen unos a otros: *en clase hablaron de la gravitación de la Luna alrededor de la Tierra.* **FAM.** gravitar, grave.

graznar *[v.]* dar graznidos: *el cuervo grazna para atraer a la hembra.* **FAM.** graznido.

graznido *[n.m.]* ruido que hacen con la garganta los cuervos, los grajos y otros pájaros grandes: *se oyen los graznidos desde muy lejos.*

gremio *[n.m.]* conjunto de personas que tienen la misma profesión: *pertenece al gremio de los hosteleros.*

greña *[n.f.]* conjunto de cabellos despeinados y sucios: *con esas greñas no salgas de casa.* **OBS.** suele usarse en plural. ■ **andar a la greña**, llevarse muy mal y discutir con frecuencia. **FAM.** greñudo. **COMP.** desgreñado, desgreñar.

gresca *[n.f.]* pelea entre personas que discuten y hacen mucho ruido: *hay una gresca en el portal.*

griego, griega *[adj. y n.]* 1 de Grecia, país europeo cuya capital es Atenas: *monumentos griegos; los griegos.* // **griego** *[n.m.]* 2 idioma que se hablaba en la Grecia antigua (griego antiguo) y, tras siglos de evolución, se sigue hablando en la Grecia actual (griego moderno): *muchas palabras españolas proceden del griego antiguo.*

grieta *[n.f.]* 1 abertura larga y estrecha que se hace en algunos materiales como la madera, el yeso y el cemento, o que se forma al separarse las piedras, los ladrillos o los adobes de una construcción: *la casa vieja está llena de grietas.* 2 rotura alargada, delgada y poco profunda de la piel: *tiene grietas en los labios.*

grifo *[n.m.]* aparato que sirve para abrir, cerrar y regular un chorro de agua: *este grifo gotea.* **FAM.** grifería.

grillete *[n.m.]* aro de hierro para sujetar una cadena: *antiguamente los presos llevaban grilletes en los tobillos.*

grillo *[n.m.]* insecto* de color negro y unos tres centímetros de longitud, que tiene la cabeza redonda y los ojos salientes: *en verano se oyen muchos grillos.* **FAM.** grillera.

gripal *[adj.inv. en gén.]* de gripe o que produce gripe: *una epidemia gripal; virus gripal.*

gripe *[n.f.]* enfermedad provocada por un virus* y que produce fiebre, tos, dolor de cabeza, etc. **FAM.** gripal, griposo.

gris *[n.m.]* **1** color de la ceniza: *el gris se consigue mezclando blanco y negro.* TAMBIÉN *adj.inv. en gén.*: *un abrigo gris; una camiseta gris.* **AMPL.** dependiendo del tono, los grises se llaman de distinta manera: el ***gris marengo*** es un gris muy oscuro y el ***gris perla***, un gris muy clarito. // **gris** *[adj.inv. en gén.]* **2** que no destaca nada, porque no es ni bueno ni malo, ni alegre ni triste, etc.: *es una persona muy gris en su trabajo.* **3** sin sol: *una tarde gris; tiempo gris; cielo gris.* **FAM.** grisáceo. **COMP.** agrisado, agrisar.

color gris

grisáceo, grisácea *[adj.]* que tira a gris: *un azul grisáceo; una tela grisácea.*

gritar *[v.]* hablar en voz muy alta por alegría, enfado o costumbre: *deja de gritar, que me dejas sordo; a mí no tienes por qué gritarme.*

griterío *[n.m.]* voces y gritos que se oyen cuando hay varias personas hablando, gritando, riendo, discutiendo, etc.: *desde aquí se oye el griterío del patio de la escuela.* **SIN.** jaleo, barullo, algarabía. **ANT.** silencio.

grito *[n.m.]* **1** ruido fuerte y sin significado que sale de la garganta, por dolor, sorpresa, miedo, etc.: *dio un grito de dolor.* **SIN.** chillido. **2** palabras dichas en voz muy alta: *deja de dar gritos que no soy sordo.* ■ **a grito pelado** o **a grito limpio**, dando muchos gritos. ■ **pedir** algo **a gritos**, necesitarlo mucho: *esta ciudad pide a gritos más escuelas.* ■ **poner el grito en el cielo**, protestar mucho y con mucho enfado. **FAM.** gritar, griterío, gritón.

grosella *[n.f.]* fruto del *grosellero*, que es una baya* de color rojo formada por muchos granitos pegados y que tiene sabor agridulce. **FAM.** grosellero.

grosería *[n.f.]* lo que se hace o se dice y demuestra falta de buen gusto o mala educación: *decir tacos es una grosería.* **SIN.** chabacanería*.

grosero, grosera *[adj.]* que demuestra mal gusto o falta de educación: *una persona grosera; modales groseros; lenguaje grosero.* **SIN.** chabacano*. **FAM.** grosería, groseramente, grueso.

grosor *[n.m.]* medida que tiene una cosa plana por la parte que mide menos, o lo que mide el diámetro* de una cosa cilíndrica: *el grosor del tablero es de tres centímetros y el de las patas, de siete.* **SIN.** grueso, espesor.

grotesco, grotesca *[adj.]* que llama la atención porque es tan exagerado o desproporcionado que resulta ridículo: *lleva un sombrero grotesco.*

grúa *[n.f.]* **1** máquina que sirve para levantar y mover cosas que pesan mucho: *en todas las obras hay una grúa.* **2** vehículo con una máquina de este tipo, que se usa para arrastrar coches: *llevaron el coche al taller con una grúa.*

grueso, gruesa *[adj.]* **1** que está gordo: *una persona gruesa.* // **grueso** *[n.m.]* **2** grosor*: *tiene seis centímetros de grueso.* **3** parte más importante de una cosa: *el grueso de sus ingresos le viene de las rentas.* ■ **intestino grueso**, parte final del aparato digestivo. ■ **mar gruesa**, mar revuelto, con muchas olas grandes. **FAM.** grosor, grosero. **COMP.** engrosar, engruesar.

grulla *[n.f.]* ave parecida a la cigüeña, con el cuello y las patas muy largas, las plumas de color gris oscuro y una especie de moño en la cabeza.

grumete *[n.m.]* muchacho joven que trabaja en un barco y aprende el oficio de marinero ayudando en distintas tareas: *el protagonista es un grumete de 12 años.*

grumo *[n.m.]* parte de algo que se ha disuelto o batido y no ha quedado bien disuelto o bien batido: *la papilla tiene grumos; grumos de chocolate.* **FAM.** grumoso, grumosidad.

grumoso, grumosa *[adj.]* que tiene grumos: *una papilla grumosa.*

gruñido *[n.m.]* **1** ruido que hace el cerdo con la garganta. **2** sonido de enfado de algunos animales: *el perro dio un gruñido mientras enseñaba los dientes.* TAMBIÉN se llaman *gruñidos* los ruidos que hacen algunas personas cuando están enfadadas. **FAM.** gruñir, gruñón.

gruñir *[v.]* **1** hacer su ruido el cerdo y otros animales. **2** protestar de algo, con muy mal humor, hablando como para uno mismo: *aunque gruñas no te levantaré el castigo.*

gruñón, gruñona *[adj.]* que muchas veces está de mal humor y protesta mucho: *una persona gruñona.*

grupo *[n.m.]* conjunto de personas, de animales o de cosas que están juntas o hacen algo juntas: *viaja con un grupo de compañeros; un grupo de árboles.* ■ **grupo sanguíneo**, cada uno de los tipos de sangre de las personas (A, B, AB y 0 (*cero* o *universal*). **FAM.** grupúsculo. **COMP.** agrupar.

gruta *[n.f.]* cueva natural o construida por el hombre: *debajo del acantilado había una gruta.* **SIN.** cueva, caverna.

gua *[n.m.]* hoyo pequeño que se hace en el suelo para jugar a meter en él bolas o canicas (*hizo un gua con la punta del lápiz*) y juego que consiste en eso (*en el recreo juegan al gua*).

guadalajarense *[adj. y n.inv. en gén.]* de Guadalajara, capital de Jalisco (Méjico).

guadalajareño, guadalajareña *[adj. y n.]* de Guadalajara, provincia española y su capital, que pertenecen a la comunidad autónoma de Castilla-La Mancha: *productos guadalajareños; los guadalajareños.*

guadaña *[n.f.]* herramienta que sirve para segar y está formada por una hoja de hierro grande y curva y un mango largo: *una figura encapuchada y con guadaña es la representación de la muerte.*

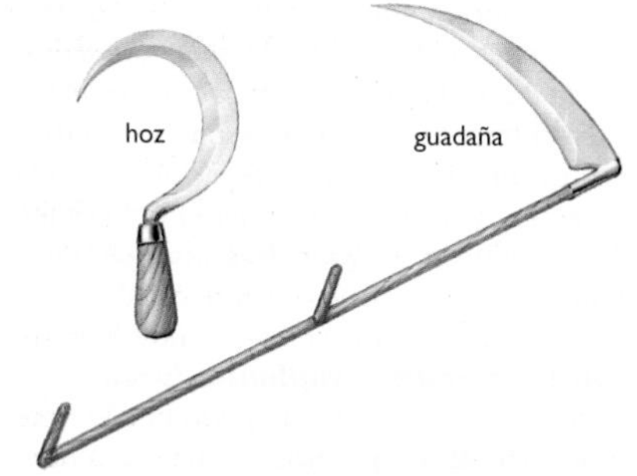

guanche *[adj. y n.inv. en gén.]* del pueblo que habitaba las islas Canarias cuando fueron conquistadas por España: *cultura guanche; los guanches; las guanches.*

guantazo *[n.m.]* bofetada*: *le dio un guantazo.*

guante *[n.m.]* prenda con forma de mano que sirve para abrigar o proteger las manos: *guantes de lana; guantes de goma; guantes de jardinero.* ■ **echar el guante**, coger a quien se estaba persiguiendo o buscando. **FAM.** guantazo, guantada, guantera, guantería, guantero.

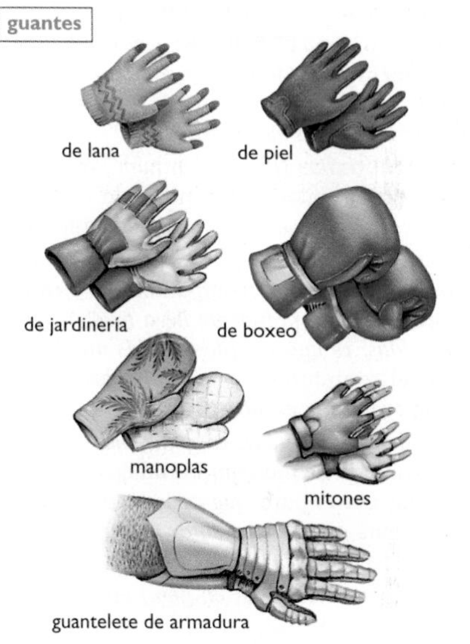

guantelete *[n.m.]* pieza de la armadura para proteger la mano.

guantera *[n.f.]* hueco que hay en algunos vehículos para guardar cosas pequeñas: *guarda las gafas y los guantes en la guantera; las bicis no tienen guantera.*

guapo, guapa *[adj.]* que tiene la cara bonita: *una persona guapa.* **FAM.** guapetón, guapamente.

guarda, guardesa *[n.]* persona encargada de vigilar y cuidar un sitio: *el guarda de la fábrica impidió el robo.* **SIN.** vigilante, centinela. **OBS.** el femenino es *guardesa* y el plural, ***guardas***, no guardeses; no hay que confundir a los *guardas* con los *guardias* (VER *guardia*, acepción 3). **AMPL.** la persona encargada de vigilar una zona desde un sitio alto se llama ***vigía***; el encargado de cuidar una cosa es un ***guardián***.

guardabarrera *[n.inv. en gén.]* persona que trabaja vigilando el paso de trenes en un paso a nivel y, cada vez que va a pasar un tren, pone una barrera para que no puedan cruzarlo personas o vehículos.

guardabarros *[n.m.inv. en núm.]* pieza curva que va sobre las ruedas de un vehículo para que el barro se quede en ella y no manche nada más: *las bicicletas de paseo tienen dos guardabarros.*

guardabosques *[n.inv. en gén. y núm.]* persona encargada de cuidar un bosque para evitar que se queme o que se cace en él: *la guardabosques; los guardabosques.*

guardacostas *[n.m.inv. en núm.]* barco pequeño para vigilar una zona de la costa: *un guardacostas persiguió a los contrabandistas.*

guardaespaldas *[n.inv. en gén. y núm.]* persona que trabaja acompañando a otra para protegerla: *el presidente lleva muchos guardaespaldas; es una guardaespaldas muy joven.* **AMPL.** el conjunto de *guardaespaldas* de una persona se llama ***escolta***.

guardagujas *[n.inv. en gén. y núm.]* persona encargada de manejar las agujas de las vías de los trenes para que cada uno vaya por donde tiene que ir: *los guardagujas hacían turnos de ocho horas.*

guardameta *[n.inv. en gén.]* en deportes, portero*.

guardamuebles *[n.m.inv. en núm.]* sitio en el que, a cambio de dinero, tienen guardados muebles y cosas de otros: *un guardamuebles; varios guardamuebles.*

guardapolvo *[n.m.]* prenda de vestir que se pone encima de la ropa para que no se manche. **SIN.** babi, bata.

guardar *[v.]* 1 estar en un sitio para vigilarlo, cuidarlo y, si hace falta, defenderlo: *los soldados guardan el castillo.* **SIN.** cuidar. **AF.** vigilar, custodiar. 2 hacer que algo no quede a la vista: *guarda los papeles en el cajón.* **AF.** recoger. 3 tener: *el mar guarda tesoros; guardo aún las entradas de la primera vez que fui al cine; no le guardo rencor.* 4 no permitir que nadie ocupe el lugar de otro cuando éste no está: *le guardan el trabajo hasta que acabe la mili; guárdame el sitio.* **SIN.** reservar. ■ **guardar cama**, quedarse en la cama debido a una enfermedad. **FAM.** guarda, guardia, guardián, guardería. **COMP.** aguardar, resguardar, vanguardia, retaguardia, guardarropa, guardagujas, guardameta, guardacostas, guardaespaldas.

guardarropa *[n.m.]* 1 en un local al que va gente a pasar un rato, sitio en el que se dejan la ropa de abrigo y otras cosas hasta el momento de irse: *dejó el paraguas en el guardarropa.* // **guardarropa** *[n.inv. en gén.]* 2 persona encargada de recoger, cuidar y entregar lo que se deja allí.

guardarropía *[n.f.]* 1 conjunto de ropa y cosas que se ponen los actores en una representación. 2 lugar donde se guarda la ropa de los actores.

guardería *[n.f.]* sitio al que van los niños antes de empezar a ir al colegio y, durante unas horas al día, los cuidan y les enseñan cosas sencillas: *en la guardería ha aprendido los colores, los tamaños y los nombres de algunos animales.* **SIN.** jardín de infancia, escuela maternal.

guardia *[n.f.]* 1 trabajo que consiste en vigilar algo o atender algo o a alguien, durante un tiempo determinado y cuando a uno le toca: *dos soldados montan guardia a la puerta del cuartel; hace guardia dos noches a la semana; tiene guardia en el hospital.* **AF.** vigilancia. 2 conjunto de los soldados que protegen un lugar o a una persona: *la guardia del rey; la guardia de palacio.* **SIN.** guarnición. **AF.** escolta. // **guardia** *[n.inv. en gén.]* 3 persona encargada por un Estado o un Ayuntamiento de vigilar, de hacer cumplir las leyes o las normas y de detener a los delincuentes: *los guardias civiles llevan uniforme verde; un guardia municipal dirigía el tráfico.* **AF.** agente. **AMPL.** la ***Guardia Civil*** es un cuerpo militar especial creado en España en 1844 para defender el orden fuera de las ciudades; los ***guardias municipales*** o ***urbanos*** son los policías encargados del orden y la vigilancia de las ciudades; hay también ***guardias jurados*** o ***vigilantes jurados*** que son de empresas privadas y vigilan bancos, tiendas, etc. ■ **de guardia**, dispuesto a atender a quien necesite algo fuera del horario normal. ■ **estar en guardia** o **ponerse en guardia**, estar atento y dispuesto a defenderse, por si ocurre algo o alguien intenta perjudicarlo o atacarlo. **SIN.** estar alerta, estar a la defensiva.

guardián, guardiana *[n.]* persona encargada de vigilar y cuidar algo: *es el guardián del tesoro real.* **AMPL.** el encargado de vigilar un sitio se llama ***guarda*** y el de vigilar una cosa, ***guardián***.

guarecer *[v.]* hacer que algo o alguien esté fuera de peligro o que no sufra molestias: *en el convento los guarecieron del enemigo; la cueva los guarece de la lluvia.* **CONJUG.** como *crecer**.

guarida *[n.f.]* sitio oculto donde se esconden los animales y los delincuentes: *una guarida de lobos; una guarida de ladrones.* **FAM.** guarecer.

guarnición *[n.f.]* 1 conjunto de soldados que defienden un lugar: *la guarnición de un cuartel.* **SIN.** guardia. 2 cosas que se ponen para completar un plato de carne o de pescado: *un filete con guarnición de patatas fritas.* **SIN.** acompañamiento. **FAM.** guarnicionero, guarnicionería.

guarrería *[n.f.]* 1 todo lo que se hace sin limpieza o contra la limpieza: *escupir es una guarrería.* **SIN.** cochinada, guarrada, cerdada, marranada. 2 sitio sucio: *este cine es una guarrería.*

guarro, guarra *[n. y adj.]* cerdo*: *cría guarros en un corral; es un guarro comiendo; el coche está muy guarro.* **FAM.** guarrería, guarrada.

guasa *[n.f.]* falta de seriedad, de consideración, de respeto, etc.: *es una guasa que nos tengan esperando.* **AF.** burla, mofa. ■ **decir algo con guasa**, decirlo como dando a entender que se piensa lo contrario. ■ **estar de guasa**, estar de broma*. ■ **tomarse** algo **a guasa**, tomárselo a broma*. **FAM.** guasón, guasearse.

guasearse *[v.prnl.]* reírse de algo o de alguien: *¡no te guasees de él!* **OBS.** e + e = ee: *se guaseen.*

guasón, guasona *[n.]* persona que hace muchas bromas: *es un guasón.* TAMBIÉN *adj.*: *una persona guasona.* **SIN.** bromista.

guatemalteco, guatemalteca *[adj. y n.]* de Guatemala, país centroamericano y su capital: *costumbre guatemalteca; los guatemaltecos hablan español.*

guateque *[n.m.]* reunión de amigos, en un sitio privado, para bailar, tomar algo y divertirse: *organizan los guateques en la cochera de un chalet.*

gubernamental *[adj.inv. en gén.]* del gobierno, o que defiende al gobierno: *una orden gubernamental; un periódico gubernamental.*

guerra *[n.f.]* lucha con armas entre dos o más países o bandos: *estar en guerra; estallar una guerra.* ■ **guerra civil**, la que se produce entre dos o más bandos de ciudadanos del mismo país. ■ **dar guerra**, hacer cosas que molestan o que entorpecen lo que alguien está haciendo. **FAM.** guerrero, guerrear, guerrera, guerrilla. **COMP.** posguerra.

guerrear *[v.]* estar en guerra con alguien: *en la Edad Media, moros y cristianos guerreaban constantemente.* **OBS.** e + e = ee: *guerreen.*

guerrera *[n.f.]* chaqueta de uniforme militar: *el general llevaba guerrera de gala.*

guerrero, guerrera *[adj.]* 1 que participa con frecuencia en guerras: *los bárbaros eran pueblos guerreros.* 2 que da guerra: *es un niño muy guerrero.* // **guerrero, guerrera** *[n.]* 3 persona que luchaba en las guerras antes de que se inventaran las armas de fuego: *los guerreros asaltaron el castillo.*

guerrilla *[n.f.]* grupo de personas que no son militares pero que luchan, con armas, contra el enemigo: *las guerrillas luchaban contra el ejército invasor.* **FAM.** guerrillero, guerra.

guerrillero, guerrillera *[n.]* persona que forma parte de una guerrilla: *los guerrilleros se ocultaron en el monte.*

guía *[n.inv. en gén.]* 1 persona que acompaña a otras por sitios que éstas no conocen, para que no se pierdan y, a veces, para que aprendan cosas: *un guía turístico; una guía de museo; para ir por la selva se necesita un buen guía.* // **guía** *[n.f.]* 2 libro o folleto con nombres, datos, planos, etc. sobre algo: *la guía urbana de Madrid tiene 300 páginas; una guía telefónica; una guía de funcionamiento.* // **guía** *[n.m.]* 3 manillar de una bicicleta.

guiar *[v.]* 1 acompañar a alguien o decirle por dónde se va a donde quiere ir: *los guiaron a través de las montañas.* 2 aconsejar o servir de modelo a alguien: *la guió mientras hacía la carrera.* ■ **guiarse por**, fijarse en algo o en alguien para ir a un sitio o para hacer algo. **FAM.** guía, guión.

guijarro *[n.m.]* piedra pequeña y redondeada que suele haber junto a los ríos. **FAM.** guijarral.

guillotina *[n.f.]* 1 aparato que se usaba para matar a los condenados a muerte cortándoles la cabeza: *durante la Revolución Francesa pasaron a mucha gente por la guillotina.* 2 aparato para cortar papeles o cartones de manera que el corte sea completamente recto. **FAM.** guillotinar.

guillotinar *[v.]* cortar con una guillotina: *los libros suelen guillotinarse antes de encuadernarlos.*

guinda *[n.f.]* fruta roja y del tamaño de una canica que tiene dentro una cuña muy dura. **AMPL.** es el fruto del árbol que se llama ***guindo*** y se parece a la cereza pero tiene el sabor más ácido. **FAM.** guindo, guindilla, guindalera.

guindilla *[n.f.]* pimiento pequeño, alargado y muy picante. **SIN.** ñora.

guindo *[n.m.]* árbol frutal parecido al cerezo pero con las hojas más pequeñas: *el fruto del guindo es la guinda.*

guineano, guineana *[adj. y n.]* de Guinea, región africana: *costas guineanas; los guineanos son negros.* **AMPL.** Guinea está en la costa del golfo de Guinea, en el océano Atlántico; en ella tres países que se llaman *Guinea*: Guinea-Bissau (que antes era de Portugal), Guinea (que era de Francia) y Guinea Ecuatorial (que era de España).

guiñar *[v.]* cerrar un ojo dejando el otro abierto: *para mirar por un catalejo hay que guiñar un ojo.* **FAM.** guiño.

guiño *[n.m.]* lo que se hace al guiñar un ojo: *me avisó con un guiño.*

guiñol *[n.m.]* tipo de teatro que consiste en manejar unos muñecos ocultando la mano entre su ropa y hablar como si hablaran ellos, pero sin que el público vea a quien los mueve: *teatro de guiñol; muñecos de guiñol.*

guión *[n.m.]* 1 escrito por el que se guía, para que no se le olvide nada, quien da una conferencia, una clase, un discurso, etc.: *no leyó el discurso, pero llevaba un guión que siguió punto por punto.* **AF.** esquema. 2 escrito en el que aparece todo lo que tienen que decir y hacer los personajes de una película o de un programa de televisión o de radio: *los actores leen el guión antes de aceptar un papel.* 3 signo ortográfico consistente en una rayita horizontal. **AMPL.** hay dos tipos de guión: el ***corto***, que se usa cuando hay que partir una palabra al final de un línea o para separar elementos de una palabra compuesta, y el guión ***largo***, que se usa en imprenta para indicar que habla un personaje en los diálogos y para sustituir el paréntesis. **PL.** *guiones.* **FAM.** guionista, guía.

guionista *[n.inv. en gén.]* persona que escribe guiones de películas o de programas de radio o televisión: *un guionista; una guionista.*

guipuzcoano, guipuzcoana *[adj. y n.]* de Guipúzcoa, provincia española que pertenece a la comunidad autónoma del País Vas-

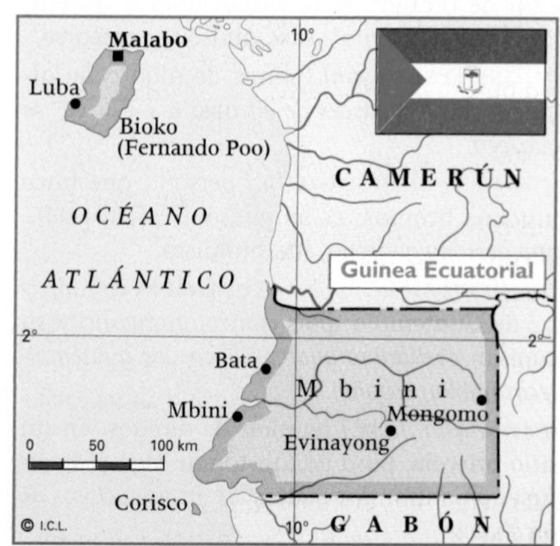

co y cuya capital es San Sebastián: *ciudades guipuzcoanas; los guipuzcoanos.*

guirigay *[n.m.]* ruido que se oye cuando hay mucha gente hablando, discutiendo o riendo a la vez, de manera que no se entiende lo que dice ninguna: *con este guirigay, yo no hablo.* **SIN.** algarabía, griterío. **AF.** barullo, alboroto, jaleo.

guirnalda *[n.f.]* tira larga de hojas y flores o de papeles de colores sujetos a lo largo de una cuerda, un hilo, un alambre, etc., que se usa como adorno: *adornó la terraza con guirnaldas de flores.*

guisado *[n.m.]* plato de carne o de pescado que se prepara cociéndolo con cebolla y otros ingredientes como guisantes, zanahorias, alcachofas, etc.

guisante *[n.m.]* semilla pequeña, esférica y de color verde, que sale dentro de una vaina*, junto con otras cuantas (entre cuatro y diez).

guisar *[v.]* preparar los alimentos que no se pueden comer crudos, añadiéndoles ingredientes que les den sabor o los completen y haciendo que cuezan, se frían o se asen: *los cocineros se pasan el día guisando.* **FAM.** guisado, guiso, guisote.

guiso *[n.m.]* plato preparado a base de varias cosas que se cocinan juntas: *un guiso de carne con patatas.*

güisqui *[n.m.]* forma castellanizada de la palabra inglesa *whisky**.

guitarra *[n.f.]* instrumento musical con caja de madera en forma de ocho y con seis cuerdas. **AMPL.** se toca rasgando las cuerdas con los dedos de una mano, mientras con los de la otra se pisan los ***trastes*** del ***mástil*** para conseguir las distintas tonalidades. **FAM.** guitarrista, guitarrero, guitarrería.

guitarrista *[n.inv. en gén.]* persona que toca la guitarra y especialmente si se dedica a ello como profesión: *Narciso Yepes fue un gran guitarrista español.*

gula *[n.f.]* lo que hace que una persona siga comiendo cuando ya no tiene hambre, sólo por el gusto que le da comer: *para algunas religiones, la gula es un pecado.*

gusano *[n.m.]* animal invertebrado* que tiene el cuerpo alargado con forma de cilindro o formado por varios anillos unidos, y que se mueve arrastrándose: *la lombriz es un gusano; los gusanos de seda comen hojas de morera.* **FAM.** gusanera.

gustar *[v.]* **1** producir las cosas que existen (o que ocurren) buenas sensaciones en las personas o en los animales: *le gusta el cine; me gusta lo que me dices; le gustó ir contigo; al perro le gusta correr por el campo.* **SIN.** agradar, placer. **INTENS.** encantar, entusiasmar, apasionar. **AF.** satisfacer. **ANT.** desagradar, disgustar. **GRAM.** el sujeto de esas oraciones es lo que gusta y no la persona a la que le gusta: por ejemplo, en *me gusta el cine* el sujeto es *el cine* y en *me gusta tu prima* el sujeto es *tu prima.* **2** parecerle a uno bien cómo es algo o alguien: *le gustan las clases de ese profesor.* **3** probar el sabor de algo: *gustaron todos los platos.* **SIN.** degustar, probar, catar. **FAM.** gusto. **COMP.** degustar, disgustar.

gustazo *[n.m.]* sensación muy agradable: *para él, es un gustazo pasear por la playa.* **SIN.** placer.

gusto *[n.m.]* **1** sentido que le permite a las personas y a los animales notar el sabor de las cosas. **2** sensación agradable: *¡qué gusto tomar el sol!* **SIN.** placer, deleite. **3** sentimiento que se tiene ante algo que a uno le parece muy bueno: *da gusto ver jugar a los niños.* **SIN.** satisfacción, alegría. **AF.** placer, gozo. **4** sensación que tiene uno cuando hace algo que le gusta: *te ayuda con gusto.* **SIN.** satisfacción, agrado. **5** lo que demuestra quien sabe combinar cosas, materiales y colores para que el conjunto quede bonito o elegante: *decoró la casa con mucho gusto.* ■ **a gusto**, muy bien. ■ **al gusto** de uno, como uno quiere. ■ **coger el gusto a** algo, querer hacer más veces lo que se ha probado. ■ **con gusto**, gustosamente, gustoso. ■ **por gusto**, porque apetece. ■ **sobre gustos no hay nada escrito** es una expresión que se dice para indicar que todo el mundo tiene derecho a que le guste cualquier cosa, aunque a los demás les parezca raro. **FAM.** gustativo, gustazo, gustar, gustoso.

gustoso, gustosa *[adj.]* **1** que tiene mucho sabor y bueno. **SIN.** rico, sabroso. **2** que hace con gusto lo que se dice: *aceptamos gustosos la invitación.* **SIN.** encantado. **OBS.** *con gusto* y *de buena gana* son adverbios que significan lo mismo. **FAM.** gustosamente, gusto.

h *[letra]* octava letra del abecedario español. **AMPL.** se llama *hache* y en español se considera ***muda*** porque no se pronuncia; puede ser la primera letra de una palabra (***h inicial***: *hada*) o estar colocada entre dos vocales o entre una consonante y una vocal (***h intercalada***: *alcohol, coherente, inherente*); también aparece formando parte, junto con la *c*, del grupo ***ch*** que representa un fonema* distinto.

ha tercera persona del singular del presente de indicativo del verbo *haber*: *ha llamado tu hermano.*

haba *[n.f.]* planta de alrededor de un metro de altura que crece muy derecha y da un fruto alargado en forma de vaina* con cinco o seis semillas que también se llaman *habas.*

habano, habana *[adj.]* **1** de La Habana, que es la capital de Cuba, isla del mar Caribe: *tabaco habano; costumbres habanas; puro habano.* // **habano** *[n.m.]* **2** puro hecho en Cuba con tabaco de allí: *le gusta fumar habanos.* **AF.** puro, cigarro puro. **FAM.** habanero.

haber *[n.m.]* **1** parte de una cuenta en la que se apunta lo que se tiene: *los ingresos se anotan en el haber.* **ANT.** debe. // **haberes** *[n.m.pl.]* **2** conjunto de propiedades, dinero y derechos sobre cosas que tiene una persona, una sociedad, etc.: *hizo una declaración con la lista de sus haberes.* **3** ingresos que recibe una persona por su trabajo o servicios: *no han cobrado aún los haberes del mes.* // **haber** *[v.]* **4** ser, existir, ocurrir, suceder, producirse, estar, etc.: *mañana habrá eclipse; hay cincuenta niños en el patio; no hay nada en la nevera.* **GRAM.** es un verbo más importante por sus funciones que por sus significados: como ***verbo auxiliar*** se usa para formar los tiempos compuestos de otros verbos: *había venido; ha terminado; han estado; hemos comido*; como ***verbo impersonal*** tiene el significado de ser, estar o existir, pero aunque se refiera a varias cosas o personas va siempre en singular, porque al ser impersonal no se construye con sujeto: *hay un árbol; hay tres árboles; había un niño; había tres niños; ha habido una fiesta; ha habido tres fiestas.* **OBS.** es incorrecto usar a continuación de este verbo un artículo determinado: debe decirse *allí había un coche* o *allí estaba el coche de tu padre* y no *allí había* el *coche de tu padre.* ■ **tener** algo **en el haber**, haberlo conseguido, ser parte de uno o de su vida: *tiene en su haber muchos años de experiencia profesional.* ■ **haber de**, tener que. ■ **haber que**, ser necesario. ■ **he aquí, heme aquí, henos aquí**, etc., aquí está, aquí estoy, aquí estamos, etc.: *he aquí lo que buscabas; heme aquí, dispuesto a lo que haga falta.*

CONJUGACIÓN DEL VERBO HABER

Formas no personales
Infinitivo: *haber.* Gerundio: *habiendo.* Participio: *habido.*

Indicativo
Presente: *he, has, ha, hemos, habéis, han.*
Pretérito imperfecto: *había, habías, había, habíamos, habíais, habían.*
Pretérito perfecto simple: *hube, hubiste, hubo, hubimos, hubisteis, hubieron.*
Futuro: *habré, habrás, habrá, habremos, habréis, habrán.*

Condicional simple:
habría, habrías, habría, habríamos, habríais, habrían.

Subjuntivo
Presente: *haya, hayas, haya, hayamos, hayáis, hayan.*
Pretérito imperfecto: *hubiera/ hubiese, hubieras/ hubieses, hubiera/ hubiese, hubiéramos/ hubiésemos, hubierais/ hubieseis, hubieran/ hubiesen.*
Futuro: *hubiere, hubieres, hubiere, hubiéremos, hubiereis, hubieren.*

Imperativo:
habe (tú), haya (usted), habed (vosotros), hayan (ustedes).
OBS. el imperativo no se usa porque no forma tiempos compuestos y en el caso de querer usarlo con significado se sustituye siempre por el verbo tener.

Es *haber* verbo importante
en la lengua castellana,
ponle siempre *hache* y *be*
que es una costumbre sana.

hábil *[adj.inv. en gén.]* que sabe hacer (o manejar) algo bien, sin que le cueste mucho trabajo: *es muy hábil para el dibujo; un hábil ebanista; una hábil vendedora; un artista hábil con los pinceles.* **SIN.** diestro. **AF.** habilidoso. **ANT.** torpe. **FAM.** habilidad, habilidoso, hábilmente, habilitar.

habilidad *[n.f.]* 1 lo que demuestra que tiene quien puede hacer (o conseguir) algo bien y pronto, sin que le cueste mucho trabajo: *tiene mucha habilidad para el dibujo.* **SIN.** maña, buena mano. **INTENS.** maestría, pericia, destreza. **ANT.** torpeza. 2 cosa que uno sabe hacer, especialmente si lo hace muy bien: *el dibujo es una de sus habilidades.* **SIN.** capacidades.

habilidoso, habilidosa *[adj.]* que sabe hacer bien muchas cosas manuales: *un sastre habilidoso; una jardinera habilidosa.* **SIN.** mañoso, manitas. **ANT.** torpe, patoso, manazas.

habilitar *[v.]* hacer que un sitio se pueda usar para algo que no es lo suyo: *han habilitado el garaje para la fiesta; el pueblo quedó aislado por la nieve y habilitaron la escuela para que durmieran los forasteros.* **SIN.** acondicionar, preparar. **FAM.** habilitación, habilitamiento, hábil. **COMP.** rehabilitar.

habitable *[adj.inv. en gén.]* que puede ser usado para vivir: *una casa tan vieja no es habitable; un lugar habitable.* **ANT.** inhabitable. **FAM.** habitabilidad, hábitat, habitar. **COMP.** inhabitable.

habitación *[n.f.]* parte de una casa separada de las demás y que no es cocina, ni cuarto de baño, ni vestíbulo, ni pasillo. **SIN.** cuarto. **AF.** estancia, aposento.

habitante *[n.inv. en gén.]* persona que vive normalmente en un sitio: *un pueblo de 10.000 habitantes; las habitantes del tercer piso hacen mucho ruido.* **AF.** residente.

habitar *[v.]* 1 vivir en un sitio: *en este edificio habitan diez familias.* **SIN.** residir, morar. 2 ser quien ocupa un sitio o quien vive en él: *diez familias habitan este edificio.* **SIN.** ocupar. **FAM.** habitación, habitante, habitáculo, habitable. **COMP.** deshabitar.

hábitat *[n.m.]* sitio en el que viven unas determinadas especies de animales o plantas porque tienen todo lo que necesitan para vivir: *el hábitat del león es la selva.* **SIN.** ambiente, medio.

hábito *[n.m.]* 1 ropa especial que se ponen los monjes o las monjas y que no es como la que llevan las demás personas: *el hábito de las monjas carmelitas es de color marrón.* 2 costumbre: *tiene el hábito de tomar café después de las comidas; el hábito de fumar es malo para la salud.* **FAM.** habituar, habitual, habitualmente.

habitual *[adj.inv. en gén.]* que pasa normalmente o que se hace normalmente: *ya han empezado las habituales lluvias de verano; es habitual dormir por la noche; un hecho habitual.* **SIN.** normal, cotidiano, ordinario.

habituar *[v.]* 1 hacer que alguien se acostumbre a hacer algo: *lo habituó a hacerse la cama.* **SIN.** acostumbrar. TAMBIÉN *prnl.: se ha habituado a tomar café.* **SIN.** acostumbrarse, adquirir la costumbre de. // **habituarse** *[v.prnl.]* 2 llegar a encontrar normal lo que parecía raro, o a estar a gusto en un sitio extraño: *habituarse a un nuevo horario; habituarse a un nuevo colegio.* **SIN.** acostumbrarse, adaptarse, aclimatarse. **ACENT.** como *actuar**.

habla *[n.f.]* 1 posibilidad que tienen los seres humanos de decir palabras y frases con sentido: *los animales no tienen habla.* **SIN.** facultad de hablar. 2 modo de hablar de una persona o de un grupo de personas: *el habla de los niños; el habla de los campesinos.* **SIN.** lenguaje, hablar. **OBS.** en singular lleva artículo masculino: *el habla andaluza.*

hablador, habladora *[adj.]* 1 que habla mucho: *es muy habladora.* **SIN.** parlanchín, charlatán. **ANT.** callado. 2 que, porque le gusta hablar de todo, dice cosas que no tendría que decir: *si no fueras tan hablador te contaría algo que no sabes.*

habladuría *[n.f.]* lo que dice la gente de algo o de alguien como si fuera verdad, aunque sea mentira: *eso de que va a casarse no es más que una habladuría.* **SIN.** rumor, chisme. TAMBIÉN se usa mucho en plural y significa lo mismo: *no son más que habladurías.* **AMPL.** cuando alguien dice una mentira sobre una persona para perjudicarla, está diciendo una ***calumnia***.

hablante *[n.inv. en gén.]* persona que habla (*el hablante cometió errores de bulto en su discurso*) o que habla una lengua determinada (*hay más de 300 millones de hablantes de español*).

hablar *[v.]* **1** pronunciar palabras: *los loros que hablan no dicen nada, sólo repiten palabras; los mudos no pueden hablar.* **2** hacer que alguien se entere de lo que uno quiere que sepa: *los mudos hablan por señas; los estadounidenses hablan en inglés.* **SIN.** comunicarse, expresarse. **3** estar diciéndole algo a alguien y escuchando lo que él dice: *habló con su amigo.* **SIN.** conversar, charlar, dialogar. // **hablar** *[n.m.]* **4** manera de pronunciar y de expresarse que tiene una persona o un grupo de personas: *tiene un hablar muy gracioso.* **SIN.** lenguaje, habla. ■ **hablar de** algo, decir cosas sobre algo. **SIN.** tratar. **FAM.** habla, hablante, hablador, habladuría.

hacendoso, hacendosa *[adj.]* que hace muy bien las cosas de la casa para que esté siempre limpia y ordenada: *es un chico muy hacendoso.*

hacer *[v.]* **1** uno *hace* los deberes cuando escribe lo que le han mandado en el colegio. **2** uno *hace* su cama cuando coloca las sábanas y el resto de la ropa bien estiradas. **ANT.** deshacer. **3** un carpintero *hace* una cama o cualquier otro mueble cuando corta, coloca y sujeta las maderas, para que lo que eran maderas sea una cama o un mueble. **SIN.** construir. **ANT.** deshacer, desarmar, desmontar. **4** un libro *se hace* escribiendo lo que se quiere decir, eligiendo las fotografías o los dibujos que tiene que tener, imprimiéndolo todo en hojas de papel y encuadernando todas las hojas con las tapas que tiene que llevar. **SIN.** editar, publicar. **5** un sastre *hace* un traje cuando corta la tela y cose las distintas partes para que lo que era una tela sea un traje. **SIN.** confeccionar. **ANT.** deshacer, descoser, desarmar. **6** en una fábrica de juguetes *se hacen* los juguetes cortando las piezas con máquinas, pintándolas si es necesario y montándolas para que lo que era madera, plástico o chapa se convierta en juguete. **SIN.** fabricar, producir. **ANT.** deshacer, destruir. **7** en una fábrica de chorizos *se hacen* chorizos picando la carne y metiéndola en tripas. **SIN.** fabricar, producir, elaborar. **8** los albañiles *hacen* una casa cuando colocan y pegan los ladrillos y ponen el tejado, las ventanas, las puertas y el suelo. **SIN.** construir, edificar, levantar. **ANT.** derruir, demoler, tirar, derribar. **9** uno *hace* un proyecto o un plan de algo cuando piensa y escribe o dibuja lo que es necesario para que lo que quiere salga a su gusto: *el arquitecto hizo el proyecto del colegio.* **SIN.** elaborar, confeccionar. **AMPL.** cuando se hace lo que el proyecto dice que hay que hacer, se dice que *se realiza, se ejecuta o se lleva a cabo*: *los obreros hicieron el colegio.* TAMBIÉN se usa este verbo para hablar del tiempo: *hace buen o mal tiempo; hace frío, calor o viento; hace buen o mal día, buena o mala tarde, etc.*; en este caso funciona como *verbo* ***defectivo impersonal***. ■ **hacer de** algo, representar un papel un actor o hacer un trabajo que no es el que se hace siempre. ■ **hacer las paces,** dejar de estar enfadadas dos personas. ■ **hacerse el** tonto, el enfermo, etc., querer que parezca que uno está como se dice. ■ **hacerse con** algo,

CONJUGACIÓN DEL VERBO HACER

Formas no personales

Infinitivo: *hacer*. Gerundio: *haciendo*. Participio: *hecho*.

Indicativo

Presente: *hago, haces, hace, hacemos, hacéis, hacen.*

Pretérito imperfecto: *hacía, hacías, hacía, hacíamos, hacíais, hacían.*

Pretérito perfecto simple: *hice, hiciste, hizo, hicimos, hicisteis, hicieron.*

Futuro: *haré, harás, hará, haremos, haréis, harán.*

Condicional simple:

haría, harías, haría, haríamos, haríais, harían.

Subjuntivo

Presente: *haga, hagas, haga, hagamos, hagáis, hagan.*

Pretérito imperfecto: *hiciera/ hiciese, hicieras/ hicieses, hiciera/ hiciese, hiciéramos/ hiciésemos, hicierais/ hicieseis, hicieran/ hiciesen.*

Futuro: *hiciere, hicieres, hiciere, hiciéremos, hiciereis, hicieren.*

Imperativo:

haz, haga, hagamos, haced, hagan.

conseguirlo. ■ **hacer la comida**, preparar los alimentos para que se puedan comer. **SIN.** cocinar. ■ **hacer un viaje**, montar en un medio de transporte e ir a un sitio que está lejos de donde uno vive. **SIN.** viajar. **FAM.** hecho, hacienda, hazaña, hacedor, factible, factor, facsímil, fechoría. **COMP.** deshacer, quehacer, rehacer, contrahecho, hazmerreír.

Aréis, sin hache, es de **arar** y **haréis**, con hache, de **hacer**. Pensando en su ortografía siempre sabrás qué verbo es.

hacha *[n.f.]* herramienta formada por un mango de madera y una hoja de hierro, más ancha por la parte del filo, que sirve para cortar madera o cosas duras golpeándolas con el filo de la hoja: *corta leña con el hacha.* **OBS.** en singular lleva artículo masculino: *el hacha; un hacha; las hachas.* **FAM.** hachazo, hachuela.

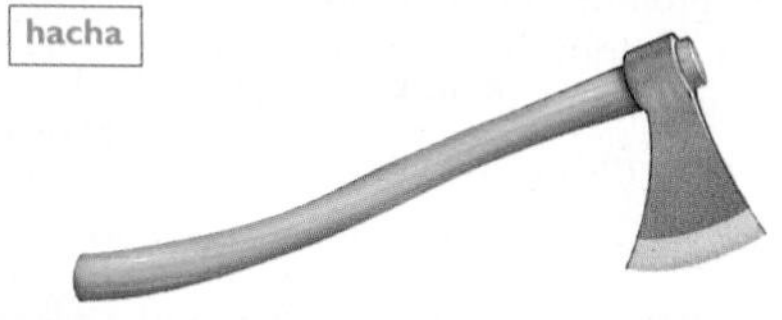

hachazo *[n.m.]* corte hecho con un hacha: *cortó la rama de un hachazo.*

hache nombre de la letra *h*: *escribe una hache.*

hachís *[n.m.]* droga que se saca de una planta que se llama ***cáñamo índico***: *el hachís.* **OBS.** a veces se pronuncia la *h* como si fuera una *j* muy suave (*h* aspirada).

hacia *[prep.]* junto a nombres de lugar indica dirección (*iba hacia su casa*), junto a fechas, horas, días, etc., indica falta de precisión (*llegará hacia las tres de la tarde*). **GRAM.** introduce complementos circunstanciales de lugar y de tiempo.

Sólo dos preposiciones llevan hache al escribirlas y son éstas ***hacia*** y ***hasta*** ¡a ver si nunca lo olvidas!

hacienda *[n.f.]* finca grande dedicada a la agricultura o a criar ganado: *tiene una hacienda a dos kilómetros de la ciudad.* **SIN.** finca. **AF.** dehesa. ■ **Hacienda Pública**, organismo que se encarga de recoger el dinero que tienen que pagar los ciudadanos al Estado cada vez que cobran, compran o venden algo. **AMPL.** estas cantidades que cobra Hacienda para el Estado se llaman ***impuestos***. **FAM.** hacendado, hacendoso, hacer.

hada *[n.f.]* personaje de los cuentos que es una mujer muy guapa y muy buena y tiene poderes mágicos: *el hada convirtió las zapatillas en zapatos de cristal.* **OBS.** en singular lleva artículo masculino: *el hada; un hada; las hadas.* **FAM.** hado.

haitiano, haitiana *[adj. y n.]* de Haití, país centroamericano situado en la isla La Española, cuya capital es Puerto Príncipe: *música haitiana; los haitianos.*

¡hala! o **¡hale!** *[interj.]* se usa como exclamación de sorpresa.

halagador, halagadora *[adj.]* **1** que hace que uno se sienta orgulloso: *una frase halagadora; un resultado halagador.* **2** que muchas veces le dice a otros cosas que les gusta oír: *una persona halagadora.* **AF.** adulador, pelotillero.

halagar *[v.]* **1** hacer que una persona se sienta orgullosa: *lo halaga que hables bien de sus hijos; me halaga que confíes en mí para ese trabajo.* **SIN.** enorgullecer. **AF.** satisfacer, gustar. **2** decirle a una persona cosas que le gusta oír: *no lo halagues tanto, que va a hacerse un creído.* **SIN.** alabar. **AF.** adular, lisonjear. **OBS.** ante e, gu: halaguen. **FAM.** halagador, halago, halagüeño.

halago *[n.m.]* lo que se hace o se le dice a una persona y que le produce satisfacción: *tu invitación es un halago para él.*

halcón *[n.m.]* pájaro con las uñas y el pico muy fuertes y curvos que se alimenta de la carne de otros animales y caza durante el día. **AMPL.** las aves que se alimentan de otros animales se llaman ***aves rapaces*** o ***aves de rapiña***. **PL.** *halcones.*

halo *[n.m.]* **1** borde de luz alrededor de un cuerpo: *hoy la Luna tiene halo.* **SIN.** círculo luminoso, aureola. **2** lo que se pone en la parte de atrás de la cabeza de las imágenes de los santos para dar a entender que son tan santos que despiden luz. **SIN.** aureola, corona.

halterofilia *[n.f.]* deporte que consiste en levantar pesos: *los que practican la halterofilia tienen mucha fuerza.* **FAM.** halterofílico.

hallar *[v.]* 1 encontrar: *halló lo que buscaba; hallar la solución de algo; hallar el resultado de un problema.* **SIN.** encontrar, dar con. **AF.** descubrir, averiguar. // **hallarse** *[v.prnl.]* 2 estar en un sitio o de una manera determinada: *la fuente de la Cibeles se halla en Madrid; se halla algo enfermo.* **SIN.** estar, encontrarse. **FAM.** hallazgo.

Hallar *es con hache y elle*
y significa encontrar.
No falles al escribirlo
si es que quieres aprobar.

hallazgo *[n.m.]* 1 hecho de que se encuentre algo o a alguien: *el hallazgo de unos documentos; el hallazgo de unas cuevas prehistóricas* (**SIN.** descubrimiento)*; el hallazgo de una persona perdida* (**SIN.** localización). 2 lo que se ha encontrado o se ha descubierto y es muy importante: *las vacunas son valiosos hallazgos científicos.* **SIN.** descubrimiento.

hamaca *[n.f.]* 1 red o lona alargada que se sujeta por los extremos de modo que quede colgando y se usa para tumbarse sobre ella. 2 mueble hecho con un armazón de hierro o madera y una lona sobre la que uno puede tumbarse. **AF.** tumbona.

hambre *[n.f.]* 1 lo que uno siente en el estómago cuando necesita comer: *tener hambre; sentir hambre.* **SIN.** gana, ganas de comer. 2 lo que hay cuando las personas y los animales no tienen suficiente comida para alimentarse: *en los países pobres hay mucha hambre; hay niños que mueren de hambre.* **SIN.** hambruna. ■ **pasar hambre**, no tener comida suficiente para alimentarse. ■ **ser un muerto de hambre** es una expresión que usa quien habla con desprecio de alguien que no tiene un buen trabajo, una buena casa, un buen coche, etc. ■ **ser más listo que el hambre**, ser muy listo. **OBS.** en singular lleva artículo masculino: *tengo un hambre canina.* **FAM.** hambriento, hambruna, hambrear, hambrón.

hambriento, hambrienta *[adj.]* 1 que tiene hambre o que pasa hambre: *llegó hambriento; hay niños hambrientos en el mundo.* 2 que tiene muchas ganas o mucha necesidad de algo: *está hambriento de diversión.*

hamburguesa *[n.f.]* alimento hecho con carne picada y apretada, de manera que queda en un bloque plano y que se cocina a la plancha o se fríe: *las hamburguesas suelen ser redondas.* TAMBIÉN se llama así al bocadillo que se prepara metiendo una hamburguesa en un bollo de pan redondo y blando; la hamburguesa que se prepara en casa y se envuelve en huevo batido antes de freírla se llama ***filete ruso***.

hámster *[n.m.inv. en núm.]* animal roedor parecido al ratón, que mide alrededor de veinte centímetros de largo, tiene las orejas grandes, los ojos pequeños y las patas y la cola también pequeñas. **OBS.** aunque en español no se pronuncia la *h* inicial, como esta palabra es de origen alemán se dice como si la *h* fuera una *j* muy suave (*h aspirada*).

hangar *[n.m.]* sitio cubierto donde se guardan aviones.

haragán, haragana *[adj.]* que no le gusta encargarse de nada y no le importa tener las cosas desordenadas o mal cuidadas: *no seas haragán y coloca tu ropa en el armario.* **SIN.** adán, dejado. **AF.** holgazán*. **FAM.** haraganear, haraganería, haraganamente.

harapiento, harapienta *[adj.]* 1 que está muy viejo y roto: *un traje harapiento.* 2 que va vestido con ropa vieja y rota: *una persona harapienta.* **SIN.COM.** andrajoso, haraposo.

harapo *[n.m.]* prenda muy vieja y rota: *iba vestido con harapos.* **SIN.** andrajo. **FAM.** harapiento, haraposo. **COMP.** desharrapado.

harén *[n.m.]* 1 parte de las casas de los musulmanes en la que viven las mujeres: *en el harén no podían entrar los hombres.* 2 conjunto de las mujeres de un musulmán: *los musulmanes ricos suelen tener un harén.* **SIN.** serrallo. **PL.** *harenes.*

harina *[n.f.]* polvo que se consigue al moler semillas de cereales como el trigo, el centeno, el arroz, etc.: *con harina de trigo se hace pan.* **FAM.** harinero, harinoso. **COMP.** enharinar.

harinero, harinera *[n.]* 1 persona que se dedica a comerciar con harina: *el panadero es cliente del harinero.* // **harinero, harinera** *[adj.]* 2 de harina: *productos harineros; fábrica harinera.*

harinoso, harinosa *[adj.]* hecho con harina, que tiene mucha harina, o que tiene aspecto o tacto de harina: *las galletas son productos harinosos; son más ricos los tomates crujientes que los harinosos.*

harmonía *[n.f.]* armonía*.

hartar *[v.]* 1 hacer que alguien coma más de lo que quiere: *lo hartó a pasteles.* **SIN.** atiborrar. 2 hacer que alguien no quiera más de algo o no aguante más algo: *esa música me harta; lo has hartado con tanto hablarle de lo mismo.* **SIN.** aburrir, cansar, hastiar. TAMBIÉN *prnl.: hartarse de comida; hartarse de dormir; hartarse de jugar.* **SIN.** hastiarse, saciarse. **FAM.** harto, hartura, hartada, hartazgo.

harto, harta *[adj.]* 1 que ha comido tanto que no puede comer más: *no le des nada, que ya está harto.* **SIN.** lleno, saciado. 2 muy cansado o aburrido de algo: *está harta de tus protestas; estoy harto de tanto ruido.* **SIN.** aburrido, cansado, hastiado.

has *[forma de verbo]* segunda persona del singular del presente de indicativo del verbo *haber.*

hasta *[prep.]* 1 se expresa con ella el lugar al que se llega (*llegó hasta la meta*), el momento en que acaba algo (*estuvo aquí hasta las diez de la noche*) o la acción en que termina algo (*corrió hasta agotarse*). // **hasta** *[conj. copulativa]* 2 incluso: *protesta hasta cuando está contento.* **SIN.** aun.

hastío *[n.m.]* lo que siente quien está tan cansado o tan aburrido de algo que no puede aguantar más: *tanto tiempo sin hacer nada me produce hastío.* **SIN.** hartura, hartazgo. **AF.** cansancio, aburrimiento. **FAM.** hastiar, hastioso.

hay, haya, hayamos... formas irregulares de la conjugación del verbo *haber.*

haya *[n.f.]* árbol de hoja caduca, de corteza fina, lisa y grisácea con bandas horizontales de color más claro, y madera dura: *una silla de madera de haya.* **AMPL.** el fruto del haya se llama ***hayuco***. **OBS.** en singular lleva artículo masculino: *el haya; un haya; las hayas.* **FAM.** hayal, hayedo, hayuco.

hayedo *[n.m.]* sitio en el que hay muchas hayas.

haz *[n.m.]* 1 conjunto de cosas largas y delgadas sujetas o atadas por el centro: *fue al bosque y volvió con un haz de leña.* **SIN.** manojo. 2 conjunto de líneas, rayas, rayos, etc. que salen de un sitio: *la linterna produce un haz de luz.* **PL.** *haces.* // **haz** *[forma de verbo]* 3 segunda persona del singular del imperativo del verbo *hacer.*

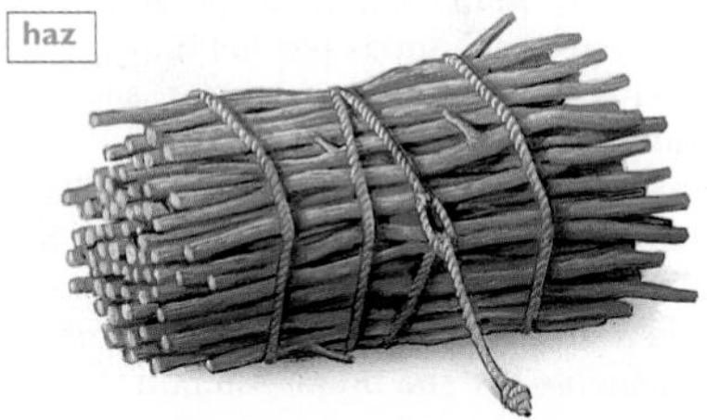

hazaña *[n.f.]* acción difícil y peligrosa como las que han hecho famosos a los héroes: *escalar el Himalaya es una hazaña.* **SIN.** proeza. **AF.** heroicidad.

hazmerreír *[n.m.]* persona de la que la gente se ríe por su manera de vestir o de comportarse: *esa chica es el hazmerreír del barrio.* **OBS.** no se usa en plural, aunque se hable de más de una persona: *Pedro y Juan son el hazmerreír de la oficina.*

he *[forma de verbo]* primera persona del singular del presente de indicativo del verbo *haber.* ■ **he aquí**, aquí está: *he aquí todo lo que tengo.*

hebilla *[n.f.]* pieza que sirve para sujetar los dos extremos de un cinturón, una cinta, una correa, etc. **FAM.** hebillaje.

hebra *[n.f.]* 1 trozo de hilo que se mete por el agujero de la aguja para coser con él: *si usas hebras muy largas se te harán nudos.* 2 cualquier cosa que tenga forma parecida a la de los hilos: *hebra de carne; tabaco de hebra.* **FAM.** hebroso, hebrudo. **COMP.** enhebrar.

hebreo, hebrea *[adj. y n.]* 1 de un antiguo pueblo de Oriente que se estableció en Hebrón (Palestina), cuya historia se cuenta en la Biblia: *tradiciones hebreas; lengua hebrea; los he-*

breos. **AMPL.** los hebreos, en el siglo x antes de Jesucristo, formaron dos reinos llamados Israel y Judá, y ellos y sus descendientes se conocen también con los nombres de ***israelitas*** y ***judíos***. // **hebreo** *[n.m.]* 2 idioma propio de los antiguos reinos de Judá e Israel, que es en la actualidad lengua oficial del nuevo estado de Israel. **FAM.** hebraico, hebraísmo, hebraizar, hebraizante.

hecatombe *[n.f.]* accidente o catástrofe que produce muchas muertes: *el descarrilamiento del tren fue una hecatombe.* **SIN.** catástrofe, desastre.

hechicería *[n.f.]* conjunto de palabras misteriosas y recetas usadas por las brujas y los hechiceros para hacer sus hechizos. **SIN.** magia, brujería.

hechicero, hechicera *[n.]* persona de la que se dice que tiene poderes mágicos, que hace cosas misteriosas y que sabe cosas que no saben los demás: *el hechicero de la tribu le recetó unas hierbas.* **SIN.** brujo, chamán.

hechizar *[v.]* 1 conseguir que alguien pierda su voluntad y su capacidad de razonar: *las brujas de los cuentos hechizan a la gente buena.* **SIN.** encantar. 2 hacer que algo guste tanto o sea tan interesante que uno se olvida de todo lo demás: *hechiza a los niños contándoles preciosas historias.* **SIN.** cautivar, fascinar. **OBS.** ante e, c: *hechicen.*

hechizo *[n.m.]* 1 lo que hace quien consigue, por sistemas misteriosos, que a una persona o una cosa le pase algo: *un hechizo convirtió una nuez en carroza para Cenicienta.* **SIN.** encantamiento. **AMPL.** los hechizos perjudiciales se llaman ***maleficios***. 2 lo que tienen las personas y las cosas que gustan muchísimo sin que uno sepa explicarse por qué: *el hechizo de un cuadro; el hechizo de unos ojos.* **SIN.** magia. **AF.** encanto, atractivo. **FAM.** hechicero, hechizar, hechizamiento, hechicería.

hecho *[n.m.]* 1 lo que pasa o lo que se hace: *un terremoto es un hecho desgraciado y una celebración un hecho alegre.* **SIN.** suceso, acontecimiento, evento, acaecimiento. // **hecho** *[forma de verbo]* 2 participio del verbo *hacer*: *ya lo he hecho.* // **hecho, hecha** *[adj.]* 3 que ya está preparado o a punto para lo que es o para lo que se necesita: *ha comprado comida hecha.* **SIN.** preparado, listo. ■ **a lo hecho, pecho** quiere decir que si se ha hecho algo mal y no se puede cambiar, hay que hacerse a la idea y sufrir las consecuencias. ■ **lugar de los hechos**, sitio en el que ha pasado algo. **FAM.** hechura, hacer.

Hecho, con hache, de hacer;
echo, sin ella, de echar.
No eches en saco roto
esta norma general.

hechura *[n.f.]* manera de estar hecho algo: *no le gusta la hechura del vestido.*

hecto- o **hect-** prefijo que significa ***cien***.

hectárea *[n.f.]* medida de superficie que es igual a 10.000 metros cuadrados: *el terreno de juego de un campo de fútbol mide casi una hectárea.*

hectogramo *[n.m.]* medida de peso que es igual a cien gramos.

hectolitro *[n.m.]* medida de capacidad que es igual a cien litros.

hectómetro *[n.m.]* medida de longitud que es igual a cien metros.

heder *[v.]* oler muy mal: *en verano, a veces hieden las alcantarillas.* **SIN.** apestar. **CONJUG.** como *tender**.

hediondo, hedionda *[adj.]* que huele muy mal. **SIN.** pestilente, apestoso, fétido.

hedor *[n.m.]* olor muy malo y fuerte: *en verano, el hedor de la basura es insoportable.* **SIN.** mal olor, pestilencia, peste, pestazo, tufo. **FAM.** heder, hediondo, hediondez.

helada *[n.f.]* lo que hay cuando hace tanto frío (temperatura inferior a 0°) que se forma hielo en el campo y en la calle: *cayó una helada y se estropeó la fruta de los árboles.*

heladería *[n.f.]* sitio en el que se hacen o se venden helados.

heladero, heladera *[n.]* persona que fabrica o vende helados.

helado *[n.m.]* 1 crema dulce hecha con leche y otros ingredientes, que se toma muy fría y que, si se deja un rato fuera del congelador, se derrite y se convierte en líquido: *helado en cucurucho; helado de corte.* **AF.** sorbete. // **helado, helada** *[adj.]* 2 que se ha convertido en hielo: *patinaban sobre el lago helado.* **SIN.** congelado. 3 que está muy frío: *le gusta beber agua helada; cuando llegamos estaba la casa helada.* 4 que está tan sorprendido que no sabe qué hacer ni qué decir: *se quedó helada al oír la noticia.* **SIN.** aturdido, estupefacto. ■ **estar helado**, tener mucho frío.

helar *[v.]* 1 haber heladas: *muchas noches de invierno, hiela.* **SIN.** caer una helada. 2 convertir en hielo: *el congelador hiela el agua.* **SIN.** congelar. TAMBIÉN *prnl.: el agua de la charca se ha helado.* 3 estropear algo el exceso de frío. TAMBIÉN *prnl.: la fruta se ha helado.* **CONJUG.** como *acertar**. **FAM.** helada, helador, helado, heladería, heladero, hielo. **COMP.** deshelarse, congelar.

helecho *[n.m.]* planta sin flores que necesita mucha humedad y tiene las hojas distribuidas de dos en dos a lo largo del tallo en la parte más baja las grandes y arriba las más pequeñas.

hélice *[n.f.]* mecanismo formado por una especie de palas que giran sobre un eje o un punto central y que sirve para hacer avanzar barcos, aviones, etc. **AMPL.** una cosa con forma de hélice es una cosa ***helicoidal***. **FAM.** helicoidal, helicóptero.

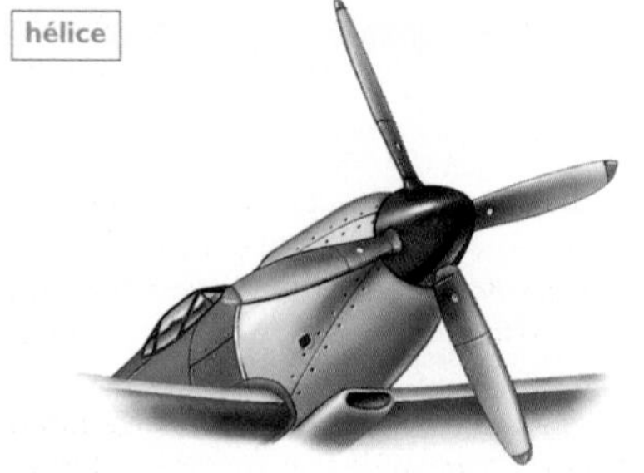
hélice

helicóptero *[n.m.]* vehículo que vuela y que despega y aterriza en vertical y puede pararse en el aire gracias a que tiene unas hélices muy grandes sobre el techo. **AMPL.** el terreno especialmente preparado para que puedan aterrizar y despegar helicópteros se llama ***helipuerto***.

helipuerto *[n.m.]* sitio preparado para que puedan aterrizar y despegar helicópteros.

hematoma *[n.m.]* mancha oscura que sale en una parte del cuerpo por haber recibido un golpe. **SIN.** cardenal, moratón.

hembra *[n.f.]* 1 animal de sexo femenino: *un caballo es un macho y una yegua es una hembra.* **ANT.** macho. **AMPL.** hablando de animales se dice *hembra* y *macho*; hablando de personas también se puede decir lo mismo pero es más educado hablar de *mujer* y *varón*. 2 parte de cualquier cosa que tiene alguna abertura o algún agujero en el que encaja algo de la otra parte: *la hembra de un enchufe.*

hembra
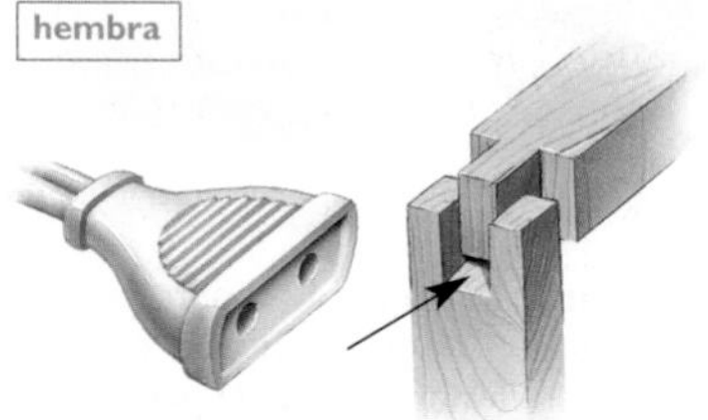

hemeroteca *[n.f.]* sitio en que se van guardando, ordenados, los periódicos y las revistas a medida que salen: *consultó en la hemeroteca un periódico del año 1900.*

hemi- prefijo que significa ***medio***.

hemiciclo *[n.m.]* 1 mitad de un círculo. **SIN.** semicírculo. 2 espacio, sala o edificio que tiene forma semicircular.

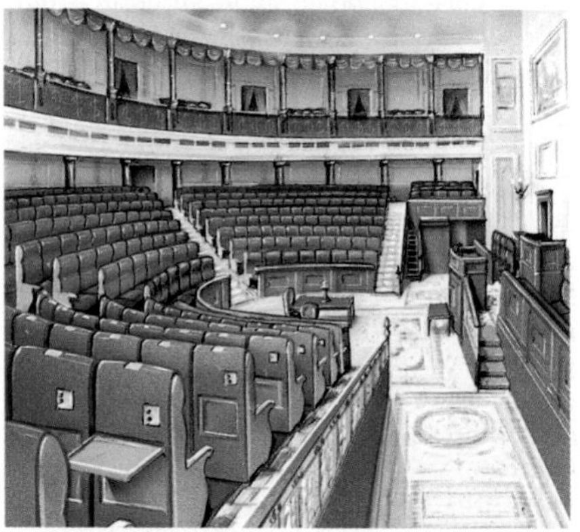

hemisferio *[n.m.]* cada una de las dos partes iguales en que puede quedar dividida una esfera. **AMPL.** sobre una esfera terrestre, si tomamos como línea divisoria el ecuador, arriba tenemos el ***hemisferio norte*** y abajo el ***hemisferio sur***; si tomamos como divisoria el *meridiano* cero*, a la derecha tenemos el ***he-***

misferio este y a la izquierda el ***hemisferio oeste***. **FAM.** hemisférico.

hemisferio

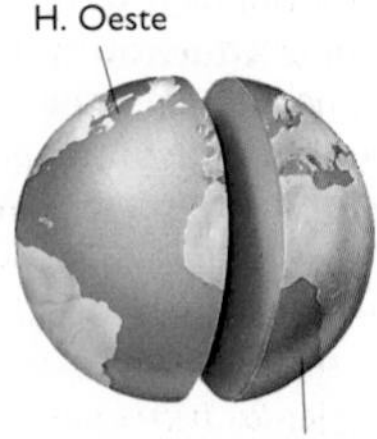

hemorragia *[n.f.]* salida de sangre por alguna herida o por alguna parte del cuerpo: *tuvo una pequeña hemorragia por la nariz; se le produjo una hemorragia en el estómago.* **AMPL.** cuando la sangre sale fuera del cuerpo se llama ***hemorragia externa***; y cuando no, ***hemorragia interna***.

hender *[v.]* hacer una hendidura: *el arado va hendiendo la tierra; el barco hiende el mar.* **SIN.** hendir. **CONJUG.** como *tender**. **FAM.** hendir, hendido, hendedura, hendidura.

hendidura *[n.f.]* corte estrecho y alargado que se hace sobre algo sin llegar hasta el otro lado: *un surco es una hendidura en la tierra.*

hendir *[v.]* hender*.

heno *[n.m.]* planta con el tallo delgado, de alrededor de 30 centímetros de altura, y hojas cortas y estrechas.

hepta- o **hept-** prefijo que significa ***siete***.

heptaedro *[n.m.]* cuerpo geométrico que tiene siete caras.

heptagonal *[adj.inv. en gén.]* que tiene forma de heptágono: *una mesa heptagonal; un objeto heptagonal.*

heptágono *[n.m.]* figura geométrica de siete lados. **FAM.** heptagonal.

heptasílabo, heptasílaba *[adj.]* que tiene siete sílabas: *verso heptasílabo; "automáticamente" es una palabra heptasílaba.*

herbáceo, herbácea *[adj.]* de hierba o parecido a la hierba: *aspecto herbáceo; plantas herbáceas.*

herbívoro, herbívora *[adj.]* que se alimenta de hierba: *un animal herbívoro.* TAMBIÉN *n.m.: un herbívoro.*

heredar *[v.]* **1** pasar a ser el dueño de lo que tenía una persona que ha muerto: *heredó la finca de su abuela.* **2** nacer con algo parecido a los padres o los abuelos: *ha heredado los ojos de su madre.* **3** tener algo de culturas, lenguas o conocimientos anteriores: *el español ha heredado mucho del latín; heredó el oficio de sus padres.* **FAM.** heredero, herencia, hereditario, heredad. **COMP.** desheredar.

heredero, heredera *[n.]* persona que pasa a ser la dueña de algo que tenía otra que ha muerto: *murió sin dejar herederos.*

herejía *[n.f.]* **1** lo que se piensa (o se dice) sobre algo y que va en contra de lo que, para una religión, es verdadero y debe creerse por la fe: *decir que Jesucristo no es Dios es una herejía para los católicos.* **AMPL.** las personas que dicen herejías se llaman ***herejes***. **2** opinión contraria a lo que piensa la mayoría de la gente en cualquier ciencia o arte: *las opiniones de Darwin fueron herejías en su época.* **FAM.** hereje, herético.

herencia *[n.f.]* **1** conjunto de propiedades de una persona que pasan a pertenecer a otra u otras cuando ella muere: *esta finca es herencia de su abuela.* **2** conjunto de características,

CONJUGACIÓN DEL VERBO HENDIR

Formas no personales

Infinitivo: *hendir*. Gerundio: *hendiendo*. Participio: *hendido*.

Indicativo

Presente: *hiendo, hiendes, hiende, hendimos, hendís, hienden.*

Pretérito imperfecto: *hendía, hendías, hendía, hendíamos, hendíais, hendían.*

Pretérito perfecto simple: *hendí, hendiste, hendió, hendimos, hendisteis, hendieron.*

Futuro: *hendiré, hendirás, hendirá, hendiremos, hendiréis, hendirán.*

Condicional simple:

hendiría, hendirías, hendiría, hendiríamos, hendiríais, hendirían.

Subjuntivo

Presente: *hienda, hiendas, hienda, hendamos, hendáis, hiendan.*

Pretérito imperfecto: *hendiera/ hendiese, hendieras/ hendieses, hendiera/ hendiese, hendiéramos/ hendiésemos, hendierais/ hendieseis, hendieran/ hendiesen.*

Futuro: *hendiere, hendieres, hendiere, hendiéremos, hendiereis, hendieren.*

Imperativo:

hiende, hienda, hendamos, hendid, hiendan.

rasgos, modos de vida, etc. que tiene una persona o sociedad por pertenecer a una determinada familia, raza, etc.: *sus ojos son herencia materna; la palabra "etcétera" es herencia del latín.* ■ **recibir en herencia**, heredar*.

herida *[n.f.]* corte en alguna parte del cuerpo, por la que sale o ha salido sangre: *se hizo una herida en la cabeza.* **AMPL.** la señal que queda en la piel cuando una herida se ha curado se llama ***cicatriz***.

herido, herida *[adj.]* que, como consecuencia de un golpe o de un accidente, ha sufrido algún daño: *una persona herida; tiene el brazo herido.* TAMBIÉN *n.*: *llevaron a los heridos al hospital.*

herir *[v.]* 1 hacer una o varias heridas: *lo hirieron en la cabeza con una piedra.* 2 hacer que alguien se sienta disgustado por creerse injustamente tratado: *me hiere que me digas eso.* **SIN.** doler, parecer mal, ofender, molestar. **FAM.** herida, herido, hiriente. **COMP.** malherir.

CONJUGACIÓN DEL VERBO HERIR

Formas no personales
Infinitivo: *herir*. Gerundio: *hiriendo*. Participio: *herido*.
Indicativo
Presente: *hiero, hieres, hiere, herimos, herís, hieren.*
Pretérito imperfecto: *hería, herías, hería, heríamos, heríais, herían.*
Pretérito perfecto simple: *herí, heriste, hirió, herimos, heristeis, hirieron.*
Futuro: *heriré, herirás, herirá, heriremos, heriréis, herirán.*
Condicional simple:
heriría, herirías, heriría, heriríamos, heriríais, herirían.
Subjuntivo
Presente: *hiera, hieras, hiera, hiramos, hiráis, hieran.*
Pretérito imperfecto: *hiriera/ hiriese, hirieras/ hirieses, hiriera/ hiriese, hiriéramos/ hiriésemos, hirierais/ hirieseis, hirieran/ hiriesen.*
Futuro: *hiriere, hirieres, hiriere, hiriéremos, hiriereis, hirieren.*
Imperativo:
hiere, hiera, hiramos, herid, hieran.

hermafrodita *[adj.inv. en gén.]* individuo que tiene los dos sexos, masculino y femenino: *planta hermafrodita; persona hermafrodita; animal hermafrodita.* TAMBIÉN *n.inv. en gén.*: *un hermafrodita; una hermafrodita.*

hermanastro, hermanastra *[n.]* hijo del padre de una persona, pero no de su madre, o al revés: *Cenicienta tenía dos hermanastras.* **SIN.** medio hermano.

hermandad *[n.f.]* 1 relación entre personas o instituciones que procuran ayudarse: *entre los compañeros hay una gran hermandad; se busca la hermandad entre los distintos países.* **SIN.** fraternidad. 2 conjunto de personas que se unen para defender sus intereses y ayudarse: *una hermandad de pescadores.*

hermano, hermana *[n.]* 1 respecto a una persona, otra que tiene el mismo padre y la misma madre: *los hijos únicos no tienen hermanos.* **AMPL.** los hermanos que nacen el mismo día se llaman ***gemelos*** o ***mellizos***. 2 monja o monje: *los hermanos rezan en la capilla del monasterio.* **FAM.** hermanastro, hermandad, hermanar, hermanamiento. **COMP.** deshermanar.

hermético, hermética *[adj.]* 1 que cierra de tal manera que no deja entrar ni salir el aire: *un frasco hermético; un cierre hermético.* 2 nada comunicativo en su manera de ser: *es una persona muy amable pero hermética; un carácter hermético.* **SIN.** cerrado, introvertido. **FAM.** hermetismo, herméticamente.

hermoso, hermosa *[adj.]* 1 que da gusto verlo, oírlo o vivirlo: *hermosa voz; una escultura muy hermosa; un día hermoso.* **SIN.** bello, bonito. **ANT.** feo, desagradable. 2 que tiene espacio para muchas cosas: *una habitación hermosa; un armario hermoso.* **SIN.** grande, espacioso, amplio. **ANT.** pequeño. 3 que está sano y fuerte: *tiene unos hijos hermosos.* **FAM.** hermosura, hermosear, hermosamente, hermoseamiento.

hermosura *[n.f.]* 1 característica que hace que digamos que algo o alguien es hermoso*: *la hermosura de su voz está en el timbre.* 2 persona, animal o cosa hermosa: *¡qué hermosura de flor!; esta casa es una hermosura.*

hernia *[n.f.]* órgano o parte de él que se ha salido de su sitio: *hernia discal; hernia de hiato.* **FAM.** herniar.

héroe *[n.m.]* hombre valiente que ha hecho algo peligroso y de mucho mérito (*un héroe de guerra*), o que es el personaje más importante de un libro, una película, etc. (*el héroe venció todos los obstáculos.* **SIN.** protagonista). **AMPL.** si se habla de una mujer o de una niña se dice ***heroína***. **FAM.** heroína, heroicidad, heroico, heroicamente, heroísmo.

heroicidad *[n.f.]* cosa muy difícil de hacer, peligrosa o de mucho mérito: *Tensing y Hillary* *hicieron la heroicidad de alcanzar la cima del Everest en 1953.*

heroico, heroica *[adj.]* que no es propio de la gente normal, sino de los héroes: *una acción heroica; carácter heroico.*

heroína *[n.f.]* 1 mujer valiente que ha hecho algo peligroso y de mucho mérito (*Agustina de Aragón fue una famosa heroína*), o que es el personaje más importante de un libro, una película, etc. (*la heroína de la película descubrió al asesino.* **SIN.** protagonista). **AMPL.** si se habla de un hombre o un niño se dice ***héroe***. 2 droga en forma de polvo blanco y sin olor.

heroísmo *[n.m.]* lo que demuestra quien es capaz de hacer cosas muy peligrosas y de mucho mérito para salvar a alguien, defender unas ideas, etc.: *los soldados lucharon con heroísmo.*

herrada *[n.f.]* 1 cubo para agua hecho con tablas sujetas por aros de hierro y con la boca más pequeña que la base. 2 cubo de metal: *llenó de agua la herrada.* **FAM.** hierro.

herradura *[n.f.]* objeto de hierro con forma parecida a la de una C, que se sujeta con clavos en la parte de abajo de las pezuñas de los caballos y los burros para que puedan andar y correr sin hacerse daño: *las herraduras las ponen los herreros.* **AMPL.** los hierros que se le ponen a los bueyes para lo mismo se llaman ***callos***.

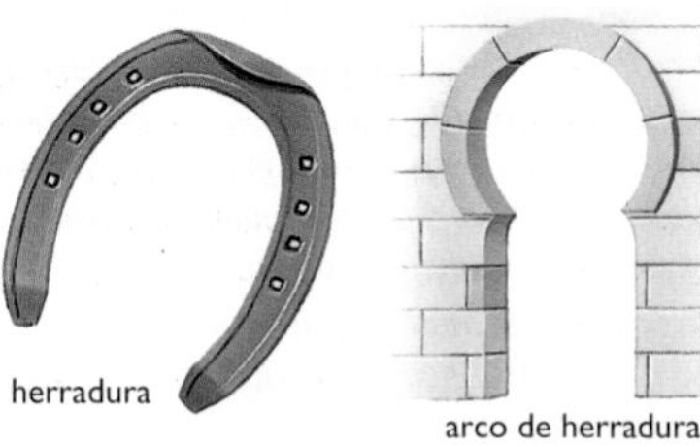
herradura

arco de herradura

herramienta *[n.f.]* 1 objeto que tiene la forma apropiada para facilitar determinados trabajos: *el martillo y el serrucho son herramientas de carpintería.* 2 cualquier objeto, máquina, aparato, etc. que sirve para hacer algo con más facilidad: *los libros son herramientas de estudio.* **SIN.** útil, instrumento, utensilio.

herrar *[v.]* poner herraduras*: *un buen herrero hierra a los caballos sin hacerles daño.* **CONJUG.** como *cerrar**. **FAM.** herrero, herrería, herradura, hierro.

Cuantos ***hierros*** y ***herraduras***
pone el herrero al ***herrar***,
los pone siempre con hache;
no se equivoca jamás.

herrería *[n.f.]* lugar de trabajo de los herreros*: *las rejas se hacen en las herrerías.*

herrero, herrera *[n.]* persona que se dedica a darle forma al hierro para hacer cosas con él: *los herreros hacen verjas, herraduras, herramientas, etc.* **AMPL.** el taller del herrero y el fogón en el que calienta el hierro se llaman ***fragua*** y el sitio en el que lo apoya para golpearlo, ***yunque***; el trabajo que consiste en darle forma al hierro se llama ***forja*** y una cosa hecha así se dice que es de ***hierro forjado***.

herrete *[n.m.]* pieza de metal para rematar agujeros en tela o cuero: *las botas tienen herretes en los agujeros por donde pasan los cordones.*

hervir *[v.]* 1 hacer burbujas un líquido que está calentándose: *ya hierve el agua.* **AMPL.** como al hervir un líquido se mueve formando burbujas, también se dice que ***bulle***; la temperatura que necesita un líquido para llegar a hervir se llama ***punto de ebullición***. 2 meter

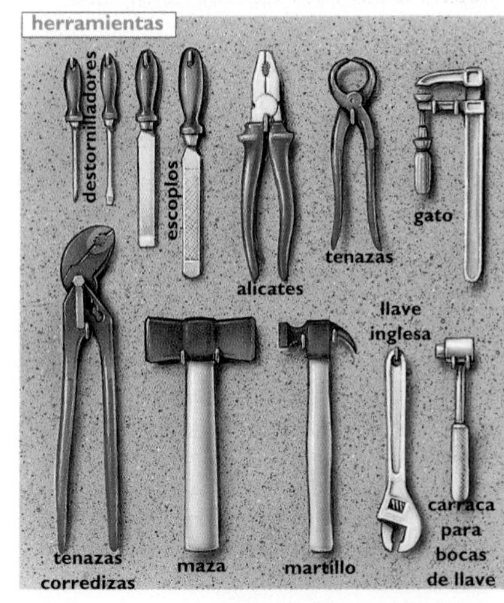

algo en un líquido y calentarlo para que quede cocido: *hay que hervir el pescado.* **SIN.** cocer. **AF.** cocinar. ■ **hervirle la sangre** a uno, estar muy enfadado. **CONJUG.** como *herir**. **FAM.** hervidero, hirviente, hervor.

hetero- o **heter-** prefijo que significa ***distinto***.

heterogéneo, heterogénea *[adj.]* que está formado por cosas o personas de distinta clase: *una manzana, dos peras y cinco naranjas forman un grupo heterogéneo de fruta.* **FAM.** heterogeneidad, heterogéneamente.

heterosexual *[adj.inv. en gén.]* que le gustan las personas del sexo contrario: *a un hombre heterosexual le gustan las mujeres; una mujer heterosexual.* **FAM.** heterosexualidad, sexual.

hexa- o **hex-** prefijo que significa ***seis***.

hexaedro *[n.m.]* cuerpo geométrico que tiene seis caras: *el cubo es un hexaedro regular.*

hexagonal *[adj.inv. en gén.]* que tiene forma de hexágono: *una casa hexagonal; un cenicero hexagonal.* TAMBIÉN se puede escribir ***exagonal***.

hexágono *[n.m.]* figura geométrica que tiene seis lados. TAMBIÉN se puede escribir ***exágono***. **FAM.** hexagonal.

hez *[n.f.]* **1** lo que se forma en algunos líquidos y que se va al fondo del recipiente donde están: *a veces, el vino cría hez.* // **heces** *[n.f.pl.]* **2** materia sólida que expulsa el organismo de las personas y los animales por el ano, después de hacer la digestión de los alimentos: *las heces huelen mal.* **SIN.** excrementos.

hiato *[n.m.]* lo que forman dos vocales que van juntas en una palabra y pertenecen a sílabas distintas: *la palabra beata tiene un hiato.* **AMPL.** si dos vocales juntas son de la misma sílaba forman un ***diptongo***.

hibernación *[n.f.]* estado en que quedan algunos animales como los lagartos, los topos y los murciélagos durante el invierno, y que consiste en estar como dormidos sin tener necesidad de comer. **SIN.** letargo invernal. **FAM.** hibernar, hibernal.

hidalgo, hidalga *[n.m.]* en la Edad Media, persona que pertenecía al escalón más bajo de la nobleza. **AMPL.** quienes no pertenecían a la nobleza o al clero eran ***plebeyos*** o ***villanos***. **FAM.** hidalguía.

hidratar *[v.]* hacer que algo tenga el agua o la humedad que necesita: *hay cremas para hidratar la piel.* **FAM.** hidratación, hidrato, hidratante, hidratamiento. **COMP.** deshidratar.

hidráulica *[n.f.]* ciencia que estudia la manera de moverse el agua, según la cantidad, la inclinación, la fuerza, etc., para poder utilizarla bien: *para hacer canales de riego hay que saber hidráulica.*

hidráulico, hidráulica *[adj.]* que funciona o se produce gracias al movimiento de agua: *energía hidráulica; un gato hidráulico.*

hidro- o **hidr-** prefijo que significa ***agua***.

hidroavión *[n.m.]* avión que tiene unos flotadores para poder posarse sobre el agua: *un hidroavión se paró en el lago.*

hidroeléctrico, hidroeléctrica *[adj.]* del tipo de energía eléctrica que se obtiene gracias al movimiento o la fuerza del agua: *una central hidroeléctrica.*

hidrógeno *[n.m.]* gas que pesa catorce veces menos que el aire, es inflamable, incoloro e inodoro y, combinado con oxígeno, forma agua. **FAM.** hidrogenar, hidrogenación.

hidrografía *[n.f.]* parte de la geografía que estudia los ríos, los mares, los lagos, las corrientes subterráneas y todo lo relacionado con el agua que hay en la Tierra: *expertos en hidrografía están estudiando el río Amazonas.* **FAM.** hidrográfico, hidrógrafo. (VER mapa en p.502)

hiedra *[n.f.]* planta que siempre está verde, da flores amarillas, tiene las hojas de forma parecida a un corazón y trepa por las paredes a medida que crece: *muchas fachadas asturianas están cubiertas de hiedra.* **OBS.** también se puede escribir ***yedra***.

hiel *[n.f.]* bilis*, líquido que segrega el hígado.

hielo *[n.m.]* agua convertida en sólido porque se ha enfriado por debajo de los cero grados centígrados: *los glaciares son ríos de hielo.* ■ **ser de hielo** una persona, comportarse como si no tuviera sentimientos.

hiena *[n.f.]* animal salvaje parecido al perro, que mide alrededor de 70 centímetros de altura, tiene el pelo duro, áspero y de color gris con rayas o manchas oscuras, y crines a lo largo de todo el espinazo.

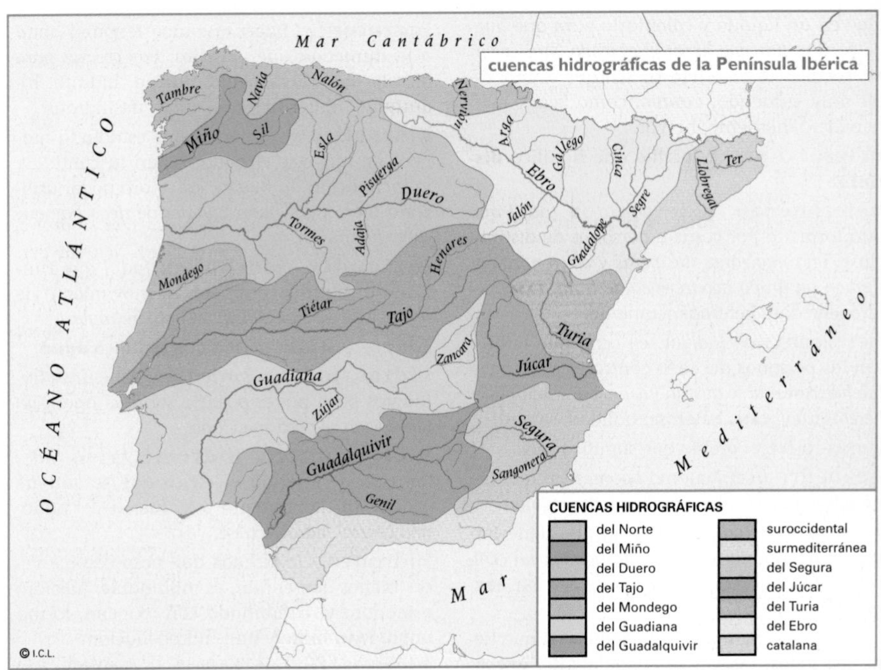

hiera, hiere... formas irregulares de la conjugación del verbo *herir**.

hierba *[n.f.]* 1 planta pequeña de tallo tierno que, generalmente, muere en invierno, aunque hay algunas que duran dos años. 2 conjunto de hierbas que salen en un sitio: *una pradera es un terreno cubierto de hierba; tendió la ropa sobre la hierba.* **SIN.** verde. **OBS.** también se puede escribir ***yerba***. **FAM.** herbáceo, herbívoro, herbario, herbolario, hierbajo. **COMP.** hierbabuena.

hierbabuena *[n.f.]* planta de olor muy fuerte y agradable, que tiene las hojas fuertes y ásperas y se usa para hacer infusiones, darle sabor a las comidas, etc.

hierro *[n.m.]* metal duro y resistente de color gris brillante y fácil de fundir. **AMPL.** para hacer piezas grandes para la industria, el hierro se funde en los ***altos hornos***, que son torres de alrededor de 50 metros de altura recubiertas de ladrillos que aguantan altas temperaturas (***ladrillos refractarios***). ■ **tener salud de hierro**, tener una persona la salud tan buena que nunca se pone enferma. **FAM.** herrar, herramienta, herraje, herrumbre, ***herrada*** (cubo para agua hecho con tablas sujetas por aros de hierro), férreo, ferretería, ferrocarril, ferroviario.

hierva, hiervo... formas irregulares de la conjugación del verbo *hervir**.

hígado *[n.m.]* órgano del cuerpo de las personas y de algunos animales que es de color rojo muy oscuro, está en la parte derecha del tronco y es muy importante para que el organismo asimile los alimentos. **AMPL.** el hígado es una ***víscera*** y segrega una sustancia que se llama ***bilis***.

higiene *[n.f.]* 1 conjunto de cosas que hay que hacer para mantener la limpieza: *ducharse es parte de la higiene del cuerpo.* 2 parte de la medicina que estudia las normas que hay que seguir para que el ambiente en el que viven las personas no perjudique la salud y, de este modo, evitar algunas enfermedades. **FAM.** higiénico, higienizar, higiénicamente. **COMP.** antihigiénico.

higiénico, higiénica *[adj.]* de la higiene*, o que ayuda a seguir las normas de la higiene: *lavarse las manos antes de comer es una medida higiénica; papel higiénico.*

higo *[n.m.]* segundo fruto de la higuera*, que tiene la piel fina, de color verde, negro o morado y el interior blanco, con muchas semillas pequeñas y sabor dulce. ■ **higo chumbo**, fruto de un cactus llamado ***chumbera**** o ***nopal***; se puede comer, pero con mucho cuidado porque está cubierto de pinchos. **FAM.** higuera.

higuera *[n.f.]* árbol de hojas grandes y madera blanda, que tiene un olor muy característico y da fruto dos veces al año: primero *brevas* y después *higos*.

hijastro, hijastra *[n.]* respecto a una persona, hijo o hija de la que está casada con ella: *Cenicienta era hijastra de la segunda mujer de su padre.*

hijo, hija *[n.]* todo ser que nace de otro es hijo suyo: *cada uno es el hijo de su padre y de su madre; la acacia ha echado varios hijos.* **AMPL.** a veces se utiliza para dirigirse cariñosamente a alguien, aunque uno no sea ni su padre ni su madre: *anda, hijo, ayúdame a cruzar la calle.* ■ **hijo político**, marido de una hija. **SIN.** yerno. ■ **hija política**, mujer de un hijo. **SIN.** nuera. ■ **hijo adoptivo** o **hija adoptiva**, persona de la que se encarga otra como si fuera hijo suyo. **FAM.** hijastro. **COMP.** ahijado.

hilar *[v.]* convertir en hilos o fabricar hilos: *hilar lana; hilar algodón; los gusanos hacen el capullo hilando la seda que fabrican.*

hilera *[n.f.]* conjunto de personas o de cosas que están puestas una detrás de otra o una junto a otra: *una hilera de árboles; una hilera de ladrillos.* **SIN.** fila, hilada. **AMPL.** cuando varias personas están en hilera, una detrás de otra, se dice que están en ***fila india***.

hilo *[n.m.]* 1 todo lo que es largo, delgado y flexible y sirve para coser o hacer algún tipo de tejido: *lo cosió con hilo rojo de algodón; con hilo de alambre se hacen telas metálicas.* 2 cualquier cosa con forma muy delgada y larga: *los hilos de cobre se usan en instalaciones eléctricas; de la fuente sale un hilo de agua.* 3 tela hecha con hilos de lino*: *un mantel de hilo.* ■ **perder el hilo**, dejar de enterarse de algo. ■ **hilo de voz**, voz tan débil que casi no se oye. **FAM.** hilar, hilandero, hilacha, hilada, hilera, filamento, filo. **COMP.** deshilar, deshilachar, deshilachado.

hilvanar *[v.]* 1 sujetar algo con puntadas largas de hilo, antes de coserlo definitivamente: *hilvanó el traje para probárselo.* **AMPL.** se hilvana con hilo más flojo y barato que el que se usa para coser y las puntadas que se dan se llaman ***hilvanes***. 2 ordenar o relacionar pensamientos, palabras o ideas, para explicar algo siguiendo una lógica: *el abuelo iba hilvanando bonitas historias.* **FAM.** hilván, hilvanado. **COMP.** deshilvanar.

himno *[n.m.]* música que representa a un país, una organización, etc.: *antes del partido, sonaron los himnos nacionales de los equipos participantes.*

hincapié palabra que nada más aparece en la expresión ■ **hacer hincapié en** algo, insistir en ello para que todo el mundo preste atención y se dé cuenta de la importancia que tiene en lo que se está tratando.

hincar *[v.]* hundir una cosa en el cuerpo, en la masa o en la materia de otra: *hincaron las estacas en la tierra para montar la tienda de campaña; hincó los dientes en la manzana.* **SIN.** clavar. ■ **hincar el diente** a un asunto, empezar a resolverlo, a tratarlo, etc. ■ **hincarse de rodillas**, ponerse de rodillas. **OBS.** ante e, qu: *hinquen.* **FAM.** hincapié.

hincha *[n.inv. en gén.]* persona muy aficionada a un deporte o que defiende y anima a un equipo determinado: *los hinchas del equipo local gritaban entusiasmados; una hincha del equipo.* **SIN.** fan, seguidor. **AF.** defensor, partidario. ■ **tenerle hincha** a alguien, tenerle manía.

hinchar *[v.]* 1 hacer que algo aumente de tamaño (o se ponga más duro) metiéndole un gas: *hinchar un globo; hinchar una rueda; hinchar un balón.* **SIN.** inflar. **ANT.** deshinchar. // **hincharse** *[v.prnl.]* 2 aumentar de tamaño una parte del cuerpo debido a un golpe o a cualquier alteración: *después de la caída se le hinchó un pie.* **SIN.** inflamarse. **ANT.** deshincharse. ■ **hincharse a** algo, hacerlo mucho: *hincharse a jugar.* **FAM.** hinchazón, hincha. **COMP.** deshinchar.

hinchazón *[n.f.]* lo que tiene una parte del cuerpo por haberse hinchado: *la picadura de avispa le produjo hinchazón.* **PL.** *hinchazones.*

hindú *[adj. y n.inv. en gén.]* de la India, país del sur de Asia formado por 18 estados y cuya capital es Nueva Delhi: *cultura hindú; un hindú; una hindú.* **SIN.** indio. **AMPL.** la religión mayoritaria de la India es el ***hinduísmo***; el traje típico de las mujeres indias se llama ***sari***; además de las lenguas que se hablan en los distintos estados, hay una oficial (el ***hindi***). **PL.** *hindúes.* **FAM.** hinduismo, hinduista.

hiper- prefijo que expresa superioridad, grandeza, exageración, etc.: *hipermercado,* ***hipersensible*** (demasiado sensible), ***hipercrítico*** (demasiado crítico), ***hipertenso*** (muy tenso).

hipérbaton *[n.m.]* cambio del orden normal de las palabras de una frase: *"estos que ves, restos de la batalla son" es una frase con hipérbaton.* **PL.** *hipérbatos.*

hipérbola *[n.f.]* figura geométrica formada por dos curvas opuestas, separadas y simétricas respecto a un eje. **OBS.** no confundir con *hipérbole*.*

hipérbola

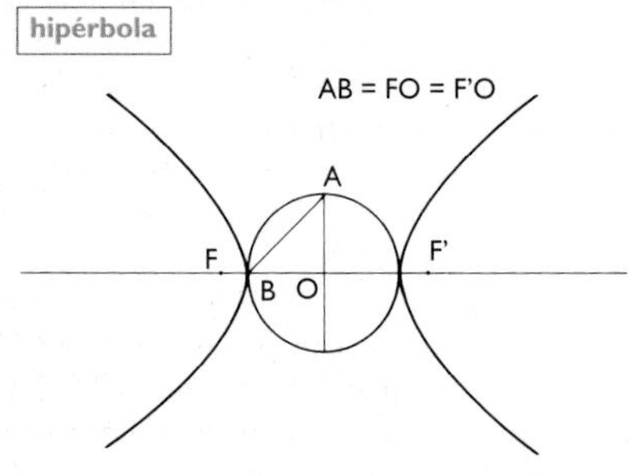

hipérbole *[n.f.]* exageración de lo que se dice: *la frase "tiene los pies como trasatlánticos" es una hipérbole.* **OBS.** no confundir con *hipérbola*.* **FAM.** hiperbólico, hiperbólicamente.

hípica *[n.f.]* deporte olímpico que consiste en ir montado en un caballo saltando obstáculos, en hacer ejercicios de doma y en participar en carreras: *la hípica es un deporte minoritario.* **AF.** equitación. **FAM.** hípico, hipódromo.

hípico, hípica *[adj.]* del deporte de montar a caballo: *una escuela hípica; ejercicios hípicos.*

hipnotismo *[n.m.]* método para conseguir que alguien se quede como dormido y haga lo que uno le manda. **FAM.** hipnosis, hipnótico, hipnotizar, hipnotización, hipnotizador.

hipnotizador, hipnotizadora *[n.]* persona que sabe hipnotizar: *en el teatro actúa un hipnotizador.*

hipnotizar *[v.]* hacer que una persona se quede como dormida y obedezca todo lo que uno le manda. **OBS.** ante e, c: *hipnoticen.*

hipo- prefijo que indica inferioridad o pequeñez.

hipo *[n.m.]* lo que tiene quien pierde durante un rato el ritmo de la respiración y se le producen contracciones bruscas del diafragma* que hacen un ruido característico parecido a ¡hip!: *el hipo es muy molesto.* **FAM.** hipar, hipido.

hipocresía *[n.f.]* lo que demuestra quien es hipócrita*: *la hipocresía no es propia de gente de bien.* **AF.** cinismo. **ANT.** sinceridad. **FAM.** hipócrita, hipócritamente.

hipócrita *[n.inv. en gén.]* persona que se comporta como si tuviera buenos sentimientos que, en realidad, no tiene: *dijo que era su amigo pero luego vieron que era un hipócrita.* TAMBIÉN *adj.*: *una mujer hipócrita.*

hipódromo *[n.m.]* sitio preparado para hacer carreras de caballos: *en el hipódromo se hacen apuestas.*

hipopótamo *[n.m.]* animal cuadrúpedo de piel gruesa, lisa y oscura, que pesa alrededor de 3.000 kilos y tiene las patas cortas y la cabeza y la boca muy grandes.

hipoteca *[n.f.]* **1** tipo de préstamo en el que, si no se devuelve el dinero, el que lo ha prestado se queda con algo del que lo ha pedido: *si no paga la hipoteca, el banco se queda con la casa; ha pedido una hipoteca sobre la casa.* **AMPL.** también se llama ***préstamo hipotecario***. ■ **tener** algo **una hipoteca**, ser lo que responde del pago de un préstamo, de manera que, si no se paga, pasa a ser de quien ha hecho el préstamo. **FAM.** hipotecar, hipotecario.

hipotecario, hipotecaria *[adj.]* de una hipoteca* o que se hace como hipoteca: *una operación hipotecaria; un préstamo hipotecario.*

hipotenusa *[n.f.]* lado más largo de un triángulo rectángulo: *la hipotenusa es el lado opuesto al ángulo recto.*

hipótesis *[n.f.inv. en núm.]* idea a partir de la cual se trata de explicar algo porque es una forma nueva de verlo o ayuda a entenderlo mejor: *una hipótesis sobre la formación del universo.* **SIN.** supuesto. **AF.** suposición, explicación. **FAM.** hipotético.

hipotético, hipotética *[adj.]* que se supone, pero no es seguro: *una solución hipotética.* **SIN.** supuesto. **AF.** dudoso.

hiramos, hirieron... formas irregulares de la conjugación del verbo *herir**.

hiriente *[adj.inv. en gén.]* que hace daño o produce heridas: *palabras hirientes; un instrumento hiriente.*

hirvamos, hirvieran... formas irregulares de la conjugación del verbo *hervir**.

hirviente *[adj.inv. en gén.]* que está hirviendo: *aceite hirviente; leche hirviente.*

hispánico, hispánica *[adj.]* español*: *productos hispánicos; música hispánica.* **AMPL.** se llama así porque, en la época de los romanos, la Península Ibérica se llamaba *Hispania.*

hispanidad *[n.f.]* lo que tienen en común las personas y las culturas de habla española: *la hispanidad une España y América a través del Atlántico.*

hispano, hispana *[adj. y n.]* de origen español: *pueblos hispanos; cultura hispana; en Miami viven muchos hispanos.* **FAM.** hispánico, hispanidad, hispanismo, hispanista, hispanizar, hispanización. **COMP.** hispanohablante, hispanoamericano, hispanoárabe.

hispanoamericano, hispanoamericana *[adj. y n.]* de Hispanoamérica, que es el conjunto de los países de América Central y América del Sur en los que se habla español: *Argentina es un país hispanoamericano; los hispanoamericanos.*

hispanohablante *[n.inv. en gén.]* persona que aprendió a hablar en español, aunque luego haya aprendido otras lenguas: *hay más*

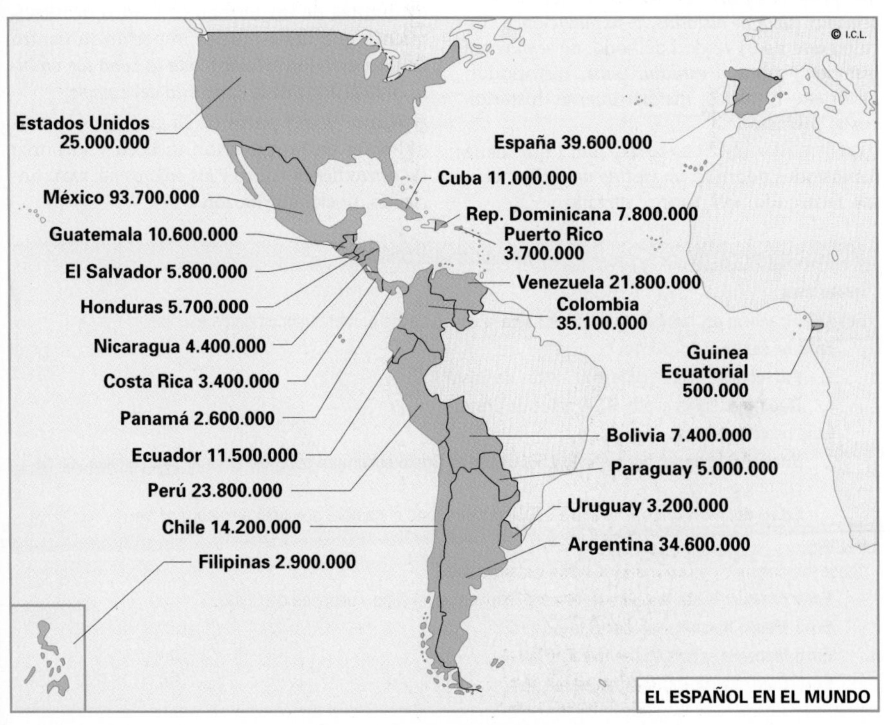

EL ESPAÑOL EN EL MUNDO

de 300 millones de hispanohablantes; una hispanohablante. TAMBIÉN *adj.*: *Perú es un país hispanohablante.*

histeria *[n.f.]* 1 manera de reaccionar que tiene quien se pone tan nervioso que chilla, llora, se ríe, salta, da patadas, se tira al suelo o hace cosas sin sentido: *le dio un ataque de histeria porque se quedó atrapado en el ascensor.* 2 enfermedad nerviosa que hace que uno no pueda dominarse, tenga ataques de nervios, de calor, etc. **FAM.** histérico, histerismo.

histérico, histérica *[adj.]* de histeria, o que tiene histeria*: *un ataque histérico; una persona histérica.*

historia *[n.f.]* 1 conjunto de las cosas importantes que han hecho o le han pasado a los seres humanos y a los pueblos a lo largo del tiempo: *en la historia de Europa hay muchas guerras.* TAMBIÉN se llama *historia* a la ciencia que estudia el pasado y, en este caso, se puede escribir con mayúscula. 2 suceso o serie de sucesos que se cuentan y que, generalmente, tienen principio y fin: *las novelas, los cuentos y las películas cuentan historias.* 3 explicación o disculpa que no es verdad del todo: *no vengas con historias y ponte a estudiar.* **FAM.** historiador, historieta, histórico, históricamente, historial. **COMP.** prehistoria.

historiado, historiada *[adj.]* que tiene demasiados adornos: *un vestido muy historiado.* **SIN.** recargado. **ANT.** sobrio, sencillo.

historiador, historiadora *[n.]* persona que se dedica al estudio de la Historia.

historial *[n.m.]* conjunto de las cosas que ha hecho o le han pasado a una persona en un aspecto determinado: *un historial médico; un historial profesional.*

histórico, histórica *[adj.]* 1 de la historia de algo: *un estudio histórico de los avances de la medicina.* 2 que es tan importante para la humanidad o para un país que se estudia o se estudiará cuando se estudie su historia: *el descubrimiento de América fue un acontecimiento histórico; un personaje histórico.* 3 que ha ocurrido en la realidad: *no es un chiste, sino un hecho histórico.*

historieta *[n.f.]* 1 cuento corto: *les cuenta historietas muy entretenidas.* 2 serie de dibujos o viñetas* que cuentan una historia: *un libro de historietas.*

hito *[n.m.]* 1 bloque de piedra que indica distancias en caminos y carreteras o que señala los límites de un terreno. 2 cosa o acontecimiento que tiene mucha importancia dentro de una actividad: *la llegadaa la Luna fue un hito en la historia de la conquista del espacio.*

hocico *[n.m.]* parte de la cara de algunos animales en la que están la boca y la nariz: *los perros tienen hocico y los pájaros no.* **FAM.** hocicudo, hociquear, hozar.

PERIODOS HISTÓRICOS

PREHISTORIA

Desde la aparición del hombre en la Tierra hasta la época de los primeros documentos escritos:

EDAD DE PIEDRA

Paleolítico: hasta el año 8000 antes de Cristo.

Neolítico: hasta el año 3000 antes de Cristo.

EDAD DE LOS METALES

Edad del bronce: hacia el año 1500 antes de Cristo el hombre aprendió a hacer bronce (aleación de cobre y estaño).

Edad del hierro: hacia el año 1100 antes de Cristo el hombre aprendió a trabajar el hierro.

HISTORIA

Desde los orígenes de la civilización hasta nuestros días:

EDAD ANTIGUA: hasta la caída del Imperio Romano, en el siglo V después de Cristo.

EDAD MEDIA: hasta finales del siglo XV.

EDAD MODERNA: hasta finales del siglo XVIII.

EDAD CONTEMPORÁNEA: hasta nuestros días.

hockey *[n.m.]* deporte en el que los jugadores de cada equipo tienen que meter una pelota en la portería contraria, golpeándola con unos palos especiales que tienen un extremo curvo y plano. **AMPL.** hay varias modalidades: ***sobre hierba, sobre hielo*** (con patines de cuchilla) o ***sobre cemento*** (con patines de ruedas). **OBS.** es palabra inglesa y la *h* se pronuncia como si fuera una *j* muy suave.

hogar *[n.m.]* **1** vivienda de una persona, una pareja, una familia, etc.: *los novios están preparando su futuro hogar.* **SIN.** casa. **2** en una casa, una herrería, etc., sitio donde se enciende el fuego: *en las casas antiguas de pueblo, el hogar está en la cocina.* **AF.** chimenea, cocina baja. **FAM.** hogareño, hoguera, ***hogaza*** (pan grande y redondo).

hogaza *[n.f.]* pan grande y redondo.

hoguera *[n.f.]* fuego preparado al aire libre, haciendo arder cosas que se han amontonado: *los vaqueros dormían alrededor de una hoguera.* **SIN.** fogata, lumbre.

hoja *[n.f.]* **1** cada una de las partes planas y delgadas que salen del tallo de las plantas. **AMPL.** las hojas de los árboles que se quedan sin ellas en otoño y vuelven a salirle en primavera se llaman ***hojas caducas***; las de los árboles que tienen hojas durante todo el año son ***hojas perennes***; las hojas verdes del *cáliz* de las flores se llaman ***sépalos*** y las de color, de la *corola*, ***pétalos***. **2** cualquier cosa plana y muy delgada: *una hoja de metal; una hoja de afeitar; una hoja de papel.* **AMPL.** cada uno de los lados de una hoja de libro o de cuaderno se llama ***página*** y es un error llamarlo *hoja.* **3** parte de un instrumento cortante que es la que sirve para cortar: *un cuchillo está formado por una hoja y un mango.* **4** en una ventana o una puerta, parte que se abre y se cierra: *una ventana de dos hojas.* **FAM.** hojarasca, hojuela, hojear, hojalata, hojalatero, hojalatería, follaje, folio. **COMP.** deshojar, desfoliación, desfoliante.

hojalata *[n.f.]* trozo de hierro o de acero muy delgado, y cubierto de una capa finísima de estaño* por las dos caras: *las latas de conserva son de hojalata.*

hojaldre *[n.m.]* masa de harina y manteca cortada en hojas muy finas que se ponen una sobre otra y se meten en el horno: *un pastel de hojaldre; un hojaldre con carne picada.* **FAM.** hojaldrar, hojaldrado.

hojarasca *[n.f.]* **1** conjunto de las hojas secas que en otoño caen de los árboles y cubren el suelo. **2** exceso de hojas y ramas que tienen algunos árboles y arbustos.

hojear *[v.]* pasar rápidamente las hojas de un libro, una revista, un periódico, etc. **OBS.** e + e = ee: *hojeemos.*

¡hola! *[interj.]* se utiliza como saludo: *¡hola! ¿qué tal?*

La ***ola*** escrita sin hache
es una onda de mar.
El ***¡hola!*** escrito con hache
es *¡hola!* de saludar.

holandés, holandesa *[adj. y n.]* de Holanda, que es una parte de los Países Bajos, que están en Europa: *la capital holandesa es Amsterdam; las holandesas.*

holgado, holgada *[adj.]* suficientemente grande: *un abrigo holgado; una casa holgada.* **SIN.** amplio. **ANT.** justo, estrecho. ■ **estar, ir,** etc. **holgado**, tener espacio más que suficiente. **FAM.** holgura, holgadamente, holgazán, huelga.

holgar *[v.]* estar sin hacer nada. **OBS.** ante e, gu: *huelguen.*

hojas

lanceolada · lobulada · dentada · palmeada · dentada · hendida · acorazonada · aovada · palminervia

a b c d e f g h i j k l m n ñ o p q r s t u v w x y z

holgazán, holgazana *[n.]* persona que no hace lo que tiene que hacer porque le molesta trabajar y nunca tiene ganas de esforzarse: *el negocio le va mal porque es un holgazán.* TAMBIÉN *adj.*: *una persona holgazana.* **SIN.** vago, perezoso, gandul. **AF.** zángano, haragán. **ANT.** trabajador, diligente, activo. **FAM.** holgazanear, holgazanería, holganza, holgado.

holgazanear *[v.]* dejar pasar el tiempo sin hacer nada útil: *lleva toda la tarde holgazaneando.* **OBS.** e + e = ee: *holgazaneen.*

holgazanería *[n.f.]* lo que demuestra quien es holgazán*: *con su holgazanería nunca tendrá una profesión.* **SIN.** gandulería, vaguería. **ANT.** diligencia, aplicación.

hollejo *[n.m.]* piel de algunas frutas y legumbres: *los garbanzos y las uvas tienen hollejo.*

hollín *[n.m.]* polvo negro que deja el humo sobre la superficie de las cosas: *los deshollinadores limpian el hollín de las chimeneas.* **FAM.** holliniento. **COMP.** deshollinador, deshollinar.

hombre *[n.m.]* **1** ser de la especie humana. **SIN.** persona, ser humano. **2** conjunto de seres de la especie humana: *el hombre domina la Tierra.* **SIN.** humanidad, género humano. **3** persona de sexo masculino cuando ya ha pasado la pubertad*. **SIN.** varón. **AF.** macho. **FAM.** hombría, hombruno, hombrada, humano. **COMP.** prohombre, superhombre.

hombrera *[n.f.]* **1** almohadilla que llevan por la parte interior algunas prendas, para que los hombros parezcan más altos: *a esta chaqueta le falta una hombrera.* **2** tira de tela que llevan algunas prendas sobre la costura del hombro: *se puso la boina en la hombrera de la camisa; algunos uniformes militares llevan hombreras.*

hombro *[n.m.]* cada uno de los lados de la parte superior del tronco del cuerpo humano: *en el hombro se unen la clavícula, el omóplato y el húmero.* ■ **arrimar el hombro**, tomar parte en un trabajo que hay que hacer. ■ **encogerse de hombros**, levantar los hombros como expresión de que uno no sabe algo o que algo le da igual. ■ **mirar por encima del hombro** a una persona, creerse superior a ella. **FAM.** hombrera.

homenaje *[n.m.]* reunión o fiesta que se hace para reconocer públicamente los méritos de alguien: *le hicieron un homenaje por sus años de dedicación al teatro.* **FAM.** homenajear, homenajeado.

homenajear *[v.]* hacer un homenaje* en honor de alguien: *la homenajearon cuando se jubiló.* **OBS.** e + e = ee: *homenajeen.*

homicida *[n.inv. en gén.]* persona que mata a alguien, aunque sea sin querer. TAMBIÉN *adj.inv. en gén.*: *arma homicida.*

homicidio *[n.m.]* muerte de una persona por culpa de otra: *detuvieron al autor del homicidio.* **AMPL.** cuando una persona mata a otra intencionadamente comete un ***asesinato***. **FAM.** homicida, humano.

homo- prefijo que significa *igual.*

homófono, homófona *[adj.]* que se pronuncia igual pero se escribe de distinta manera: *vaca y baca son palabras homófonas.* TAMBIÉN *n.m.*: *vaca es un homófono de baca.* **FAM.** homofonía.

homogéneo, homogénea *[adj.]* que está formado por cosas o personas de la misma clase (*un saco de zanahorias es un conjunto homogéneo de hortalizas.* **ANT.** heterogéneo), o que es todo igual (*la masa hecha con batidora queda muy homogénea*). **FAM.** homogeneizar, homogeneidad, homogeneización, homogéneamente.

homónimo, homónima *[adj.]* **1** que se escribe y se pronuncia igual, pero tiene significado distinto: *granada* (fruta) *y Granada* (ciudad) *son palabras homónimas.* **2** que tienen el mismo nombre o el mismo título: *una novela y una película homónimas.* **FAM.** homonimia, homonímico, homonímicamente.

homosexual *[adj.inv. en gén.]* que le gustan las personas de su mismo sexo: *tiene una hermana homosexual; un amigo homosexual.* TAMBIÉN *n.*: *una homosexual.* **FAM.** homosexualidad, sexual.

honda *[n.f.]* tira de cuero o de otro material que se usa para tirar piedras con fuerza: *David derribó a Goliat con una honda.*

hondo, honda *[adj.]* **1** que tiene mucha distancia entre los bordes y el fondo: *una piscina honda; un pozo hondo; una cazuela honda; un plato hondo; una bolsa honda; un armario hondo.* **SIN.** profundo. **2** que se siente con mucha intensidad: *una honda alegría; un hondo* *pesar.* **SIN.** profundo, intenso, fuerte. **ANT.** ligero, superficial. ■ **lo hondo**, parte que está más abajo o más lejos de los bordes de algo que es hueco o cóncavo*: *el pueblo está en lo hondo del valle.* **FAM.** hondura, hondonada, hondamente, hundir. **COMP.** ahondar.

Es la ***honda*** arma sencilla
con que derribó David
al temible Goliat,
debe escribirse con hache
si es que es honda de verdad.
También se escribe con hache
honda de profundidad.

hondonada *[n.f.]* terreno hondo: *el lago está en una hondonada.*

hondura *[n.f.]* distancia entre los bordes y el fondo de algo: *en este tramo, el río tiene mucha hondura.* **SIN.** profundidad.

hondureño, hondureña *[adj. y n.]* de Honduras, país centroamericano cuya capital es Tegucigalpa: *costumbres hondureñas; los hondureños hablan español.*

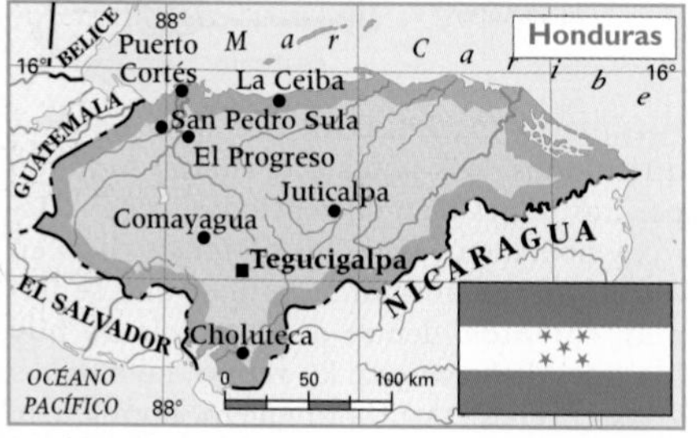

honestidad *[n.f.]* lo que tiene y demuestra con su comportamiento quien es honesto*, por serlo.

honesto, honesta *[adj.]* que nunca engaña a nadie ni se queda con nada que no le corresponda, siempre cumple con sus obligaciones y sabe reconocer sus errores: *un científico honesto; una juez honesta.* **SIN.** íntegro, recto, cabal, intachable, incorruptible. **AF.** honrado, serio, formal, justo. **ANT.** deshonesto, inmoral. **FAM.** honestidad, honestamente. **COMP.** deshonesto, deshonestidad, deshonestamente.

hongo *[n.m.]* clase de vegetal que no tiene flores ni clorofila* y que se reproduce por esporas*: *las setas y la levadura son hongos.* ■ **sombrero hongo**, sombrero con ala estrecha y algo curvada hacia arriba y la copa semiesférica.

honor *[n.m.]* **1** sentimiento que hace que uno siga unas normas de comportamiento basadas en el respeto, el cumplimiento del deber y el amor a la verdad y a la justicia: *la traición va en contra del honor; quien se aprovecha de un cargo no tiene honor profesional.* **AF.** dignidad, honra, integridad. **ANT.** deshonor. **2** lo que hace que uno se sienta muy satisfecho por algo que pasa gracias a que alguien le reconoce sus méritos, su esfuerzo, sus conocimientos, etc.: *es un honor recibir un premio Nobel.* // **honores** *[n.m.pl.]* **3** todo lo que se hace para atender bien a alguien: *recibieron a su amigo con todos los honores.* ■ **dar uno su palabra de honor**, prometer seriamente algo, dando absoluta seguridad de que se cumplirá el compromiso. **FAM.** honorario, honorarios, honorable, honorífico, honoríficamente. **COMP.** deshonor, pundonor.

honorable *[adj.inv. en gén.]* que es respetado y considerado por los demás, porque siempre se comporta con honor*: *un hombre honorable; una mujer honorable.* **FAM.** honorabilidad, honorablemente, honor.

honorario, honoraria *[adj.]* **1** que no manda ni tiene las responsabilidades del cargo, pero sí el respeto y los honores: *un presidente honorario.* // **honorarios** *[n.m.pl.]* **2** dinero que cobra, por un trabajo, un profesional* liberal: *los honorarios de un abogado.* **AMPL.** la cuenta en la que figuran los *honorarios* se llama ***minuta***.

honra *[n.f.]* lo que demuestra quien actúa, pase lo que pase, siguiendo las normas de comportamiento que cree correctas y en las que basa su manera de ser: *perdió dinero, pero mantuvo su honra.* **SIN.** dignidad. **AF.** honor. **ANT.** deshonra. ■ **honras fúnebres**, ceremonia o ceremonias religiosas que se celebran por una persona que ha muerto. **SIN.** funeral, funerales, pompas fúnebres. **FAM.** honrar, honroso, honrosamente, honrado. **COMP.** deshonra.

honradez *[n.f.]* lo que demuestra quien es honrado*, por serlo: *su vida es un ejemplo de honradez.*

honrado, honrada *[adj.]* 1 que nunca engaña a nadie, cumple siempre con sus obligaciones y nunca se queda con nada que no le corresponda: *quien hace trampas no es honrado.* **AF.** honesto, íntegro, cabal, serio, formal. 2 que se hace sin engañar a nadie y dándole a cada uno lo que le corresponde: *un negocio honrado; un comportamiento honrado.* **AF.** honesto, serio. **FAM.** honradez, honradamente, honra.

honrar *[v.]* 1 ser algo motivo de que los demás se den cuenta del mérito de una persona: *tu sinceridad te honra.* 2 hacer algo para resaltar o agradecer los méritos de alguien: *honraron a los campeones con un caluroso recibimiento.* // **honrarse** *[v.prnl.]* 3 sentirse orgulloso de algo: *se honra de ser el más trabajador.*

hora *[n.f.]* 1 cada una de las 24 partes iguales en que se divide un día completo: *lleva dos horas esperando.* **AMPL.** cada hora tiene 60 minutos y cada minuto 60 segundos; los meridianos* dividen la superficie de la Tierra en 24 partes o ***husos horarios*** de 15 grados de circunferencia, para saber la hora que es en cada sitio: si se va hacia el este, cada huso que se pasa es una hora más tarde y si se va hacia el oeste, una hora menos. 2 momento en que hay que hacer algo: *es la hora de comer.* ■ **a buenas horas**, demasiado tarde. ■ **a estas horas**, en este momento. ■ **a última hora**, cuando el tiempo que se tiene (o que dura algo) está a punto de acabar. **FAM.** horario. **COMP.** deshora, ahora, enhorabuena.

horadar *[v.]* agujerear: *horadan la montaña para hacer un túnel.*

horario *[n.m.]* 1 planificación de lo que hay o de lo que hay que hacer a cada hora del día: *horario de trenes; horario de clases; horario de cierre y apertura de las tiendas.* // **horario, horaria** *[adj.]* 2 que tiene que ver con la hora o con las horas: *la aguja horaria de los relojes analógicos indica las horas.*

horca *[n.f.]* armazón que tiene un palo horizontal del que cuelga una soga con un nudo corredizo y que se usaba para ahorcar a algunos condenados a muerte. **FAM.** horquilla, horcajadas, horcadura. **COMP.** ahorcar.

horcadura *[n.f.]* parte del tronco de los árboles donde empiezan a salir las ramas.

horchata *[n.f.]* bebida sin alcohol hecha con almendras o chufas, agua y azúcar. **FAM.** horchatería, horchatero.

horizontal *[adj.inv. en gén.]* paralelo a la línea del horizonte*: *lo que está paralelo al suelo tiene posición horizontal; una línea horizontal; un palo horizontal.* **ANT.** vertical. **FAM.** horizontalidad, horizontalmente, horizonte.

horizonte *[n.m.]* línea que forma la unión del cielo con la tierra o el mar: *desde el centro de las grandes ciudades no se ve el horizonte; el barco desapareció en el horizonte.*

horma *[n.f.]* 1 molde*, especialmente el que se usa para fabricar zapatos o sombreros. 2 pieza con forma parecida a la de un pie, que se mete en los zapatos para que no se deformen o para que se agranden un poco. **FAM.** hormero. **COMP.** ahormar.

horma

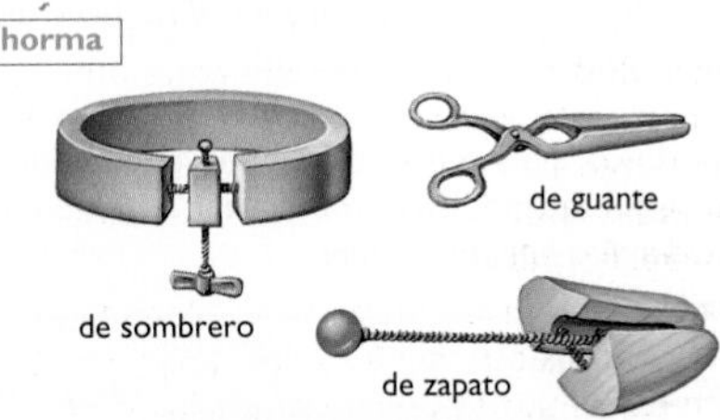

hormiga *[n.f.]* insecto* que tiene antenas articuladas, seis patas y el cuerpo formado por tres partes bien diferenciadas (cabeza, tórax y abdomen). **AMPL.** las hormigas viven en ***hormigueros***, formando grupos que se llaman ***colonias***; dentro de cada colonia hay tres tipos de ***hormigas***: las ***reinas***, los ***machos*** y las ***obreras***. **FAM.** hormiguero, hormigueo, hormiguear.

hormigón *[n.m.]* material de construcción que se hace mezclando piedras pequeñas, arena, cemento y agua. **FAM.** hormigonera, hormigonar.

hormigonera *[n.f.]* 1 aparato para hacer hormigón, que es un recipiente de metal que gira y mezcla los componentes del hormigón según se van echando dentro. 2 camión que lleva un aparato de éstos.

hormigueo *[n.m.]* sensación parecida a la que producirían muchas hormigas andando por alguna parte del cuerpo.

hormiguero *[n.m.]* lugar en el que las hormigas viven, cuidan a sus crías y almacenan la comida.

hormona *[n.f.]* sustancia que producen algunos órganos del cuerpo como el hígado, que son transportadas por la sangre y que pueden variar el comportamiento de las personas o el funcionamiento del cuerpo: *ciertas hormonas provocan el nerviosismo de los jóvenes.* **FAM.** hormonal.

hornada *[n.f.]* conjunto de piezas de algo que se cuecen de una vez en un horno: *una hornada de pan; una hornada de galletas; una hornada de ladrilllos.*

hornilla *[n.f.]* en las cocinas antiguas, hueco con una rejilla sobre la que se pone la lumbre.

hornillo *[n.m.]* aparato pequeño para calentar cosas, fundirlas, cocerlas, etc., que se puede cambiar de sitio: *el químico calienta las probetas en un hornillo de gas.* **SIN.** infiernillo.

horno *[n.m.]* hueco cerrado en el que se consiguen altas temperaturas para cocer alimentos, barro, etc. o fundir metales: *mete el pollo en el horno; las ladrillos se cuecen en hornos industriales.* **FAM.** hornear, hornada, hornazo, hornero, hornillo.

horóscopo *[n.m.]* manera de estar situados en el cielo los astros y los doce signos del Zodiaco en un momento determinado: *los astrólogos dicen que el horóscopo influye en la vida de las personas.* VER *zodiacal.*

horquilla *[n.f.]* **1** alambre doblado que sirve para sujetarse el pelo. **2** palo o pieza de cualquier material en forma de Y: *con una horquilla de rama de árbol se hizo un tirachinas; sujetaron con horquillas las ramas cargadas de fruta.*

horquillas

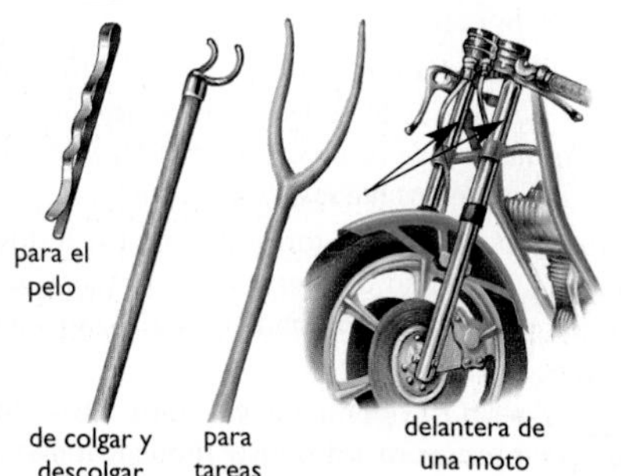

horrendo, horrenda *[adj.]* que da mucho miedo o que es muy feo: *lo que cuentas es horrendo.* **SIN.** horrible, horripilante, espantoso, horroroso.

hórreo *[n.m.]* granero* de madera o de piedra construido sobre pilares, típico de Asturias y Galicia.

horrible *[adj.inv. en gén.]* que da mucho miedo, es muy feo, muy perjudicial o muy molesto, o que está lleno de disgustos, produce desgracias, etc.: *una casa horrible; las drogas son horribles; un frío horrible; un accidente horrible.* **SIN.** terrible, espantoso, horroroso, pavoroso. **AF.** horrendo, horripilante. **ANT.** maravilloso.

horripilar *[v.]* aterrorizar* (producir muchísimo miedo): *lo horripilan las situaciones violentas.* **FAM.** horripilante, horror.

horror *[n.m.]* **1** sentimiento muy fuerte de miedo o de preocupación: *las serpientes le dan horror.* **SIN.** pánico, espanto, pavor. **AF.** terror. **2** cosa que produce sentimientos de este tipo (*las guerras son un horror*), y lo que tienen las cosas que lo producen (*tuvo que vivir el horror de una guerra*). **ANT.** maravilla. **FAM.** horrorizar, horrendo, horroroso, horrible, horriblemente, horrorosamente, horripilar.

horrorizar *[v.]* producir muchísimo miedo, preocupación, etc.: *las ratas lo horrorizan; me horrorizan las guerras.* **SIN.** aterrorizar*. TAMBIÉN *prnl.: el pueblo se horrorizó al enterarse del crimen.* **OBS.** ante e, c: *horroricen.*

horroroso, horrorosa *[adj.]* horrible*.

hortaliza *[n.f.]* vegetal con alguna parte comestible que se cultiva en huertos: *los espárragos, las cebollas y los pimientos son hortalizas.* **AMPL.** dependiendo del tipo de raíz, las hortalizas reciben distintos nombres: las patatas son ***tubérculos*** y las cebollas, los ajos y los puerros, ***bulbos***; el tallo alrededor del que salen las hojas de las hortalizas se llama ***troncho***.

hortelano, hortelana *[n.]* persona que se dedica a atender un huerto. **SIN.** huertero.

hortensia *[n.f.]* planta de jardín que mide alrededor de un metro de altura y tiene flores de color azulado, rosado o blanco. **AMPL.** las flores son pequeñas, pero de cada tallo salen muchas muy juntas formando una especie de media esfera que parece que es una flor grande; los grupos de flores pequeñas que forman como una grande se llaman ***inflorescencias***.

hortera *[adj.inv. en gén.]* de mal gusto: *una persona hortera; un traje hortera.* **FAM.** horterada.

hospedaje *[n.m.]* **1** lo que da quien hospeda a alguien y lo que recibe quien se hospeda en un sitio (VER *hospedar*): *le dieron hospedaje mientras buscaba piso.* **SIN.** alojamiento. **2** lo que se paga por estar hospedado en un sitio: *en algunos hoteles, el hospedaje se paga por adelantado.*

hospedar *[v.]* dar cama (y a veces también comida) a alguien, por amistad, como suele hacerse en la propia casa o por dinero, como hacen en los hoteles, las pensiones, etc.: *la hospedaron en su casa.* **SIN.** alojar, albergar, dar alojamiento, dar hospedaje. TAMBIÉN *prnl.: cuando están de viaje se hospedan en hoteles.* **SIN.** alojarse, albergarse, parar. **AMPL.** la persona que está hospedada en un sitio es ***huésped*** de ese sitio. **FAM.** hospedería, hospedaje, hospedero, huésped, hospitalidad, hospicio, hospital, hostal, hotel.

hospicio *[n.m.]* edificio en el que viven niños que no tienen quien los atienda en otro sitio. **SIN.** orfanato, orfelinato, inclusa. **FAM.** hospiciano, hospedar.

hospital *[n.m.]* edificio dedicado a cuidar, curar y atender enfermos y heridos. **AMPL.** en los hospitales, además de habitaciones con camas hay ***quirófanos*** (salas donde se hacen operaciones ***quirúrgicas***), ***laboratorios*** para hacer análisis, aparatos que ayudan a saber qué tiene cada enfermo, etc. **FAM.** hospitalizar, hospitalización, hospitalario, hospedar.

hospitalidad *[n.f.]* buen trato que se le da a los invitados y forasteros: *lo atendieron con exquisita hospitalidad.* **ANT.** hostilidad. **FAM.** hospitalario, hospitalariamente, hospedar. **COMP.** inhóspito.

hospitalizar *[v.]* dejar a un herido o un enfermo en un hospital para que lo atiendan y lo curen: *lo hospitalizaron para operarlo de apendicitis.* **OBS.** ante e, c: *hospitalicen.*

hostal *[n.m.]* hotel* de categoría mediana. **FAM.** hostelería, hostelero, hostería, hospedar.

hostia *[n.f.]* lámina de pan sin levadura que el sacerdote consagra en la misa.

hostil *[adj.inv. en gén.]* que siente y demuestra rechazo hacia algo o alguien: *es hostil a todo lo relacionado con los impuestos; una actitud hostil; un comportamiento hostil.* **FAM.** hostilidad, hostilizar, hostilmente.

hostilidad *[n.f.]* sentimiento de quien está en contra de algo o de alguien: *entre los enemigos hay hostilidad; no disimula su hostilidad hacia los periodistas.*

hotel *[n.m.]* edificio o parte de un edificio que tiene habitaciones para dormir, salones, cafetería, restaurantes, etc. y que se dedica al negocio de hospedar* gente de paso: *un hotel de cinco estrellas tiene todas las comodidades.* **AMPL.** un ***hostal*** es un hotel de categoría mediana, una ***pensión*** o ***fonda***, una casa en la que se puede comer y dormir por mucho menos dinero que en un hotel, una ***hospedería***, la zona que tienen algunos conventos para alojar huéspedes, y un ***albergue***, un sitio en el que, por poco dinero, se puede dormir cuando se va de paso; las ***posadas*** eran casas de pueblo en las que se podía comer, dormir y guardar los caballos, y las ***ventas***, las que estaban en los caminos para lo mismo. **FAM.** hotelero, hotelería, hospedar.

hotelero, hotelera *[n.]* **1** encargado o dueño de un hotel. // **hotelero, hotelera** *[adj.]* **2** de los hoteles: *la industria hotelera es muy importante en España.*

hoy *[adv. de t.]* **1** día en que estamos. **2** época que se está viviendo: *hoy nadie se preocupa por los demás.* TAMBIÉN se dice *hoy día* y *el día de hoy.* **SIN.** actualmente, en la actualidad, en el momento actual, en estos momentos, en estos tiempos.

hoya *[n.f.]* hoyo grande en la tierra.

hoyo *[n.m.]* parte de algo que está más hundida que lo que la rodea: *el golpe dejó un hoyo en la madera de la mesa; el perro hizo un hoyo para esconder los huesos.* **FAM.** hoyuelo.

hoz *[n.f.]* utensilio formado por un mango corto y una hoja de hierro en forma de C que sirve para segar hierba, cereales, etc. **PL.** *hoces.*

hucha *[n.f.]* objeto hueco y sin boca, con una ranura para introducir monedas: *guarda en la hucha el dinero que no quiere gastar.*

hueco, hueca *[adj.]* 1 que tiene dentro un espacio vacío: *un tubo es un cilindro hueco y un globo una esfera hueca.* **ANT.** macizo. 2 que parece importante o bonito pero no significa nada o no tiene ningún interés: *un discurso hueco; palabras huecas.* **SIN.** vacío, huero. // **hueco** *[n.m.]* 3 sitio vacío entre varias personas o cosas o en una cosa: *no había ni un hueco donde sentarse; en ese hueco no cabe la enciclopedia; al hacer los tabiques dejan los huecos para colocar las puertas.* **SIN.** espacio, sitio. 4 tiempo libre: *cuando tenga un hueco te explicaré lo que no entiendes.* 5 espacio vacío dentro de una cosa: *el nido está en un hueco del tronco.* **SIN.** oquedad, concavidad. **AF.** agujero. **FAM.** huecamente. **COMP.** ahuecar.

huecograbado *[n.m.]* sistema para imprimir en que lo que se imprime va en hueco en lugar de sobresalir.

huela, huelo... formas irregulares de la conjugación del verbo *oler**.

huelga *[n.f.]* lo que hace quien deja de trabajar para que todo el mundo se entere de que ha pedido algo que cree justo y no le han hecho caso: *hicieron huelga para conseguir un aumento de sueldo; están en huelga desde la semana pasada.* ■ **huelga de hambre**, protesta que consiste en dejar de comer durante varios días. **FAM.** huelguista, huelguístico, huelguear, holgado.

huelguista *[n.inv. en gén.]* persona que hace huelga: *un huelguista; una huelguista.*

huella *[n.f.]* señal que queda en una superficie cuando ha pasado algo o alguien: *en el barro se ven las huellas de un coche; huellas de zapatos; huellas de pezuñas.* ■ **huellas dactilares**, dibujos que tienen las yemas de los dedos y que quedan marcados en las superficies que tocamos, aunque no se vean a simple vista. ■ **seguir las huellas** de alguien, hacer las mismas cosas que otro ha hecho antes.

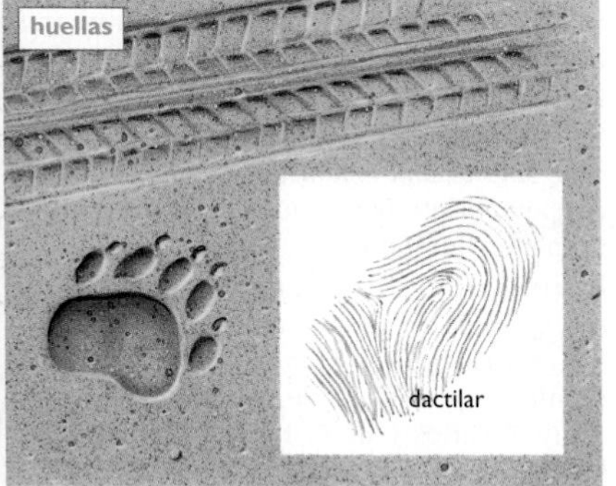

huérfano, huérfana *[adj.]* que no tiene padres porque han muerto: *una persona huérfana.* TAMBIÉN *n.*: *un huérfano.* **AMPL.** si sólo ha muerto el padre se dice *huérfano de padre*; si ha muerto la madre, *huérfano de madre.* **FAM.** orfandad, orfanato, orfelinato.

Son ***hueso*** y ***hueco*** palabras que como ***huérfano*** y ***huevo*** toman hache al diptongar. Pero se escriben sin ella ***orfanato*** y ***orfandad***, ***osario, osamenta, oval***, ***oquedad*** y ***orfelinato***, ***ovalado*** y ***ovalar***.

huerta *[n.f.]* 1 huerto* grande en el que además de hortalizas se cultivan árboles frutales. 2 conjunto de huertas: *son famosas las naranjas de la huerta valenciana.*

huerto *[n.m.]* terreno en el que se cultivan vegetales de los que tienen alguna parte comestible y que necesitan un cuidado especial y mucho riego: *en el huerto tiene tomates, lechugas y cebollas.* **AMPL.** los vegetales que se cultivan en huertos se llaman ***hortalizas****. **FAM.** huerta, hortaliza, hortelano, hortense.

hueso *[n.m.]* 1 cada una de las piezas duras que hay en el interior del cuerpo de las personas y de algunos animales. **AMPL.** el conjunto de todos los huesos del cuerpo se llama ***esqueleto***; las piezas duras que hay dentro de los peces se llaman ***espinas***; los animales que tienen huesos y columna vertebral son animales ***vertebrados*** y los que no tienen columna vertebral, ***invertebrados***. 2 parte dura que hay dentro de algunos frutos: *los melocotones, las aceitunas y las ciruelas tienen hueso.* **SIN.** cuña, tito, güito. 3 persona antipática y muy exigente: *la profesora de física es un hueso.* **FAM.** huesudo, huesoso, óseo. **COMP.** deshuesar.

huésped, huéspeda *[n.]* persona que está viviendo en casa de otra, en un hotel, en una pensión, etc. *en verano, el hotel está lleno de huéspedes.*

a b c d e f g h i j k l m n ñ o p q r s t u v w x y z

huesudo, huesuda *[adj.]* tan delgado que se le notan los huesos: *una cara huesuda; un animal huesudo.* **SIN.** huesoso.

hueva *[n.f.]* conjunto de huevos pequeñitos de algunos peces, recubierto por una membrana.

huevería *[n.f.]* tienda en que venden huevos de ave.

huevera *[n.f.]* recipiente especialmente pensado para meter huevos de ave y que no se rompan.

huevero, huevera *[n.]* persona que vende huevos de ave.

huevo *[n.m.]* cuerpo que expulsan las hembras de algunos animales: *una tortilla de huevos de gallina.* **AMPL.** el huevo contiene la célula de la que saldrá un nuevo ser y el alimento necesario para que la célula vaya creciendo: *los reptiles y las aves se reproducen por huevos*; los animales que se reproducen por huevos son animales ***ovíparos***. **FAM.** huevera, huevería, huevero, hueva. **COMP.** aovado, desovar.

huida *[n.f.]* lo que vive quien huye. **SIN.** fuga, evasión.

huir *[v.]* irse de un sitio en el que hay algún peligro o en el que se está a la fuerza: *los perros los obligaron a huir; varios presos huyeron de la cárcel.* **SIN.** escapar. ■ **huir de**, hacer lo posible por no tener que sufrir algo. **FAM.** huida, huidizo. **COMP.** rehuir, ahuyentar.

CONJUGACIÓN DEL VERBO HUIR

Formas no personales

Infinitivo: *huir.* Gerundio: *huyendo.* Participio: *huido.*

Indicativo

Presente: *huyo, huyes, huye, huimos, huís, huyen.*

Pretérito imperfecto: *huía, huías, huía, huíamos, huíais, huían.*

Pretérito perfecto simple: *huí, huiste, huyó, huimos, huisteis, huyeron.*

Futuro: *huiré, huirás, huirá, huiremos, huiréis, huirán.*

Condicional simple:

huiría, huirías, huiría, huiríamos, huiríais, huirían.

Subjuntivo

Presente: *huya, huyas, huya, huyamos, huyáis, huyan.*

Pretérito imperfecto: *huyera/ huyese, huyeras/ huyeses, huyera/ huyese, huyéramos/ huyésemos, huyerais/ huyeseis, huyeran/ huyesen.*

Futuro: *huyere, huyeres, huyere, huyéremos, huyereis, huyeren.*

Imperativo:

huye, huya, huyamos, huid, huyan.

hule *[n.m.]* tela fuerte con un barniz especial por una de las caras, que la impermeabiliza, la endurece, le da mucho brillo y se puede limpiar muy fácilmente (*un mantel de hule*), y mantel de este material (*tenía sobre la camilla un hule con el dibujo del mapa de España*).

hulla *[n.f.]* carbón de origen vegetal, que se ha formado en el interior de la Tierra al transformarse en piedra, a lo largo de los siglos, los vegetales que quedaron cubiertos por los cambios geológicos: *la hulla es un combustible que produce mucho calor.* **FAM.** hullero.

humanidad *[n.f.]* **1** conjunto de todas las personas de la Tierra: *la humanidad es muy numerosa.* **SIN.** género humano, seres humanos, hombres, especie humana. **2** lo que demuestra quien se preocupa por los problemas y el sufrimiento de los demás y trata de evitarlos: *quien es capaz de torturar no tiene humanidad.* // **humanidades** *[n.f.pl.]* **3** conjunto de las ciencias que, como la historia, la filosofía, la lingüística, etc., estudian al hombre como ser que piensa, siente, habla, escribe y vive en sociedad. **SIN.** ciencias humanas. **AMPL.** las personas que se dedican a estudiar humanidades o a defender el *humanismo** se llaman ***humanistas*** y lo relacionado con las humanidades o el humanismo es ***humanístico***. **FAM.** humanidades, humano.

humanismo *[n.m.]* movimiento cultural que se desarrolló durante el Renacimiento y que estudiaba las culturas clásicas de Grecia y Roma, consideraba al hombre como lo más importante y buscaba el desarrollo de las facultades humanas. **FAM.** humanista, humanístico, humano.

humanista *[n.inv. en gén.]* persona que estudia humanidades* o defiende el humanismo*. **FAM.** humano.

humanitario, humanitaria *[adj.]* que intenta ayudar a las personas que sufren: *la Cruz Roja es una organización humanitaria; un comportamiento humanitario.* **FAM.** humanitariamente, humano.

humano, humana *[adj.]* **1** de las personas o propio de ellas: *el cuerpo humano; el habla es una facultad humana.* **2** que tiene en cuenta los problemas de los demás y trata de comprenderlos y de evitar que sufran: *todas las personas se merecen un trato humano.* **AF.** benevolente, comprensivo. **ANT.** inhumano, cruel. ■ **ser humano**, persona. ■ **género humano** o **especie humana**, conjunto de todas las personas que existen, han existido y existirán. **SIN.** humanidad* (acepción 1). **FAM.** humanamente, humanización, humanizar, humanitario, humanismo, humanidad, homicidio, hombre. **COMP.** inhumano, deshumanizar, deshumanizado, infrahumano, sobrehumano.

humareda *[n.f.]* humo denso y muy abundante.

humear *[v.]* echar humo o vapor de agua: *humear una hoguera; humear el agua que hierve.* **OBS.** e + e = ee: *humee.* **FAM.** humareda, humeante, humo.

humectar *[v.]* humedecer.

humedad *[n.f.]* agua que, en menor o mayor cantidad, hay en algo: *en las ciudades costeras, la humedad del aire suele ser alta; en la pared hay humedad porque se rompió una cañería; la ropa mojada tiene humedad.* **AMPL.** la humedad del aire está en forma de ***vapor de agua***. **FAM.** húmedo, humedecer, humedecimiento.

humedal *[n.m.]* terreno muy húmedo o con muchas lagunas.

humedecer *[v.]* mojar un poco: *humedeció el algodón con alcohol.* **CONJUG.** como *crecer**.

húmedo, húmeda *[adj.]* 1 que está un poco mojado de cualquier líquido: *una esponja húmeda; la tierra de la maceta está húmeda.* 2 con mucha humedad en el aire o con muchas lluvias: *una ciudad húmeda; clima húmedo.*

húmero *[n.m.]* hueso del brazo que va del codo al hombro. **AMPL.** entre el codo y la muñeca hay dos huesos: el ***cúbito*** y el ***radio***. **FAM.** humeral.

humildad *[n.f.]* característica a la que nos referimos cuando decimos que alguien es humilde*: *escuchó a su jefe con humildad; viven con humildad.* **ANT.** soberbia, altanería; opulencia, lujo. **FAM.** humilde, humildemente, humillar.

humilde *[adj.inv. en gén.]* 1 que demuestra que no se cree superior a nadie, no le da importancia a sus méritos y sabe reconocer sus errores: *una persona humilde; actitud humilde.* **AF.** modesto, sencillo. **ANT.** soberbio, altanero, creído. 2 que tiene lo justo para vivir, sin poder permitirse ningún lujo: *una familia humilde; un barrio humilde; una vida humilde.* **SIN.** modesto, sencillo. **ANT.** rico, pudiente, opulento.

humillación *[n.f.]* lo que siente uno cuando alguien lo trata mal o descubre un error o una falta que uno no había querido reconocer: *sería una humillación que lo pillaran mintiendo.*

humilladero *[n.m.]* en un camino, sitio con una cruz, para rezar.

humillar *[v.]* hacer que alguien se sienta inferior: *es injusto humillar a los subordinados.* **FAM.** humillación, humillante, humildad.

humo *[n.m.]* 1 gas que desprende lo que está quemándose: *el humo de una hoguera; el humo de un cigarrillo; el humo de la chimenea de una fábrica.* // **humos** *[n.m.pl.]* 2 lo que demuestra quien se comporta como si fuera superior a los demás: *tiene muchos humos porque se cree importante.* ■ **bajarle los humos** a alguien, hacer que sea menos soberbio. **FAM.** humear, humoso, fumar. **COMP.** ahumar, esfumarse.

humor *[n.m.]* 1 manera agradable o desagradable de reaccionar las personas ante las cosas normales de la vida: *está de un humor insoportable.* 2 lo que demuestra quien sabe encontrar la parte divertida de la vida: *es mejor tomarse las cosas con humor.* ■ **buen humor**, el que tiene quien está tranquilo y a gusto y no ve motivos de enfado o de disgusto. ■ **mal humor**, el de quien no está a gusto y cualquier cosa normal le molesta. ■ **estar de humor para** algo, tener ganas de ello. **FAM.** humorístico, humorismo, humorista. **COMP.** malhumorado.

humorada *[n.f.]* dicho o hecho gracioso.

humorismo *[n.m.]* forma de hablar o de escribir que tienen las personas capaces de mostrar a los demás la parte divertida de la vida: *un autor de inteligente humorismo.*

humorista *[n.inv. en gén.]* persona que trabaja contando chistes o historias que hacen reír al público: *una humorista que imita a los políticos.* **AF.** cómico.

humorístico, humorística *[adj.]* que demuestra humor: *comentarios humorísticos.*

humus *[n.m.]* conjunto formado por tierra, materia orgánica en descomposición, vegetales y raíces que forma el suelo en los sitios en los que crece la vegetación: *en esta tierra el humus es negro.*

hundimiento *[n.m.]* 1 caída de una cosa: *el terremoto provocó el hundimiento de varias casas.* 2 lo que pasa cuando una cosa entra del todo en la masa de otra: *un iceberg provocó el hundimiento del Titánic.*

hundir *[v.]* 1 hacer que algo entre en un líquido o en la masa de algo, de manera que quede totalmente cubierto o rodeado por él (*hundieron un barco; hundió la cara en la almohada; hundir un clavo en la madera*), o hacer que algo se vaya abajo (*el terremoto hundió varios edificios; la crisis ha hundido muchas empresas). también prnl.: el Titánic se hundió en su primer viaje.* 2 hacer que parte de la superficie de algo quede más abajo que el resto: *el golpe hundió la chapa del capó.* **FAM.** hundimiento, hondo.

húngaro, húngara *[adj. y n.]* 1 de Hungría, país europeo cuya capital es Budapest: *música húngara; un húngaro.* // **húngaro** *[n.m.]* 2 idioma propio de Hungría.

huracán *[n.m.]* viento muy fuerte que provoca grandes destrucciones y sopla en la zona del mar Caribe. **SIN.** tifón, tornado, ciclón. **PL.** *huracanes.* **FAM.** huracanado.

huraño, huraña *[adj.]* que no le gusta tratar con la gente: *una persona huraña.* TAMBIÉN se usa para hablar de lo relacionado con las personas que son así: *tiene un carácter muy huraño.* **SIN.** hosco, seco, áspero. **AF.** distante. **ANT.** amable, comunicativo. **FAM.** hurañamente, hurañía.

hurgar *[v.]* 1 tocar y mover con insistencia en el interior de algo: *hurgó en el cajón buscando un bolígrafo.* **AF.** revolver, remover. TAMBIÉN *prnl.: hurgarse la nariz; hurgarse los dientes con un palillo; hurgarse en una herida.* 2 tratar de enterarse de algo que se había dado por resuelto: *hurgó en los documentos secretos y pudo esclarecer la verdad.* **AF.** husmear. **OBS.** ante e, gu: *hurguen.*

¡hurra! *[interj.]* se usa cuando se está muy contento o se quiere animar a alguien: *¡hurra! hemos ganado.*

hurtadillas palabra que nada más aparece en la expresión adverbial ■ **a hurtadillas**, tratando de que nadie se entere.

hurtar *[v.]* 1 robarle algo a alguien: *le hurtaron la cartera.* 2 cobrar más o dar menos de lo que corresponde: *siempre hurta unos gramos en el peso.* **FAM.** hurto, hurtadillas.

husmear *[v.]* 1 tratar de saber por dónde ha pasado una persona o un animal, olfateando: *el perro husmea para seguir el rastro.* 2 tratar de enterarse de algo: *siempre está husmeando lo que hacen los vecinos.* **OBS.** e + e = ee: *husmeen.* **FAM.** husmeador, husmeo.

¡huy! *[interj.]* expresa dolor o susto: *¡huy, qué daño¡; ¡huy, casi se cae!*

huya, huyeron... formas irregulares de la conjugación del verbo *huir**.

i *[letra vocal]* 1 novena letra del abecedario español, que se llama *i* o *i latina* para distinguirla de la letra *y*, que se llama *griega*. **AMPL.** en la numeración romana, la *i* mayúscula (***I***) vale 1: *el siglo I después de Cristo;* si va colocada a la izquierda de *V* (5) o *X* (10) resta y si va a la derecha, suma: *IV = 4, VI = 6, IX = 9, XI = 11.* // **i** *[n.f.]* 2 nombre de esta letra: *escribe una i.* **PL.** *íes.* ■ **poner los puntos sobre las íes,** explicar algo con claridad cuando alguien no ha querido entenderlo porque no le conviene o porque tiene mala intención.

iba, íbamos... formas de la conjugación del verbo *ir**.

ibérico, ibérica *[adj.]* 1 de la Península Ibérica, que ocupa el suroeste de Europa y en la que hay territorio de dos países (España y Portugal): *el Duero es un río ibérico.* 2 ibero* (acepción 1): *costumbres ibéricas; idioma ibérico.*

ibero, ibera *[adj.]* 1 de la antigua Iberia, que era lo que ahora es España y Portugal: *cultura ibera; idioma ibero; un poblado ibero.* **SIN.** íbero, ibérico. **AMPL.** la Península Ibérica se llamó ***Iberia***, nombre griego, hasta que fue conquistada por los romanos, en el siglo III antes de Cristo; a partir de entonces empezó a llamarse ***Hispania***. // **iberos** *[n.m.pl.]* 2 conjunto de los distintos pueblos con la misma lengua que vivieron en algunos sitios de Iberia desde el siglo VI antes de Cristo hasta que llegaron los romanos. **SIN.** íberos. **FAM.** íbero, ibérico. **COMP.** iberoamericano.

íbero, íbera *[adj.]* ibero*.

iberoamericano, iberoamericana *[adj. y n.]* de Iberoamérica, que es el conjunto de los países americanos donde se habla español o portugués: *productos iberoamericanos; los iberoamericanos.* **AF.** latinoamericano.

ibicenco, ibicenca *[adj. y n.]* de Ibiza, isla mediterránea española y su capital, que pertenecen a la comunidad autónoma de Baleares: *moda ibicenca; los ibicencos.*

iceberg *[n.m.]* trozo muy grande de hielo que flota en el mar: *en el Polo Norte hay muchos icebergs.* **PL.** *icebergs.*

icosaedro *[n.m.]* cuerpo geométrico que tiene veinte caras.

ictiología *[n.f.]* parte de la zoología que estudia los peces.

ida *[n.f.]* lo que se hace, tiempo que se tarda y camino que se recorre cuando se va a algún sitio: *el viaje de ida lo hicimos por la noche; me lo contó durante la ida al instituto.* **ANT.** vuelta, regreso.

idea *[n.f.]* 1 lo que se le ocurre a una persona para solucionar un problema, para hacer algo mejor, para entretenerse, etc.: *no fue suya la idea de comprarlo; tuvo una idea genial.* **AF.** ocurrencia, pensamiento. 2 lo que se piensa de algo o de alguien: *tengo la idea de que es una buena persona.* **SIN.** opinión. **AF.** concepto, juicio. 3 mucho o poco que se sabe de algo: *tiene poca idea de cine.* **SIN.** conocimientos, nociones. 4 lo que una persona piensa hacer: *su* *idea es cambiarse a una casa más grande.* **SIN.** intención, propósito. **AF.** plan, proyecto. // **ideas** *[n.f.pl.]* 5 conjunto de todo lo que piensa una persona sobre religión, sobre política, sobre la vida, sobre la sociedad, etc.: *sus ideas políticas son muy radicales.* **SIN.** ideología, concepción, puntos de vista. **AF.** creencia, convicción. ■ **hacer** o **decir** algo **con mala idea**, hacerlo para hacer daño. ■ **hacerse a la idea** de algo, llegar a conformarse con algo que no gusta pero que no tiene remedio, o hacerse uno un plan y no querer que se cambie. **FAM.** idear, ideal, idealismo, idealista, idealizar, idealización, idealmente, ideología.

ideal *[adj.inv. en gén.]* 1 que es lo mejor para algo o para alguien: *peso ideal; alimentación ideal.* **SIN.** perfecto, mejor. **AF.** ejemplar, modélico. 2 que no se puede tocar o disfrutar porque sólo existe en el pensamiento: *el paraíso es un lugar ideal.* **SIN.** irreal, imaginario. // **ideal** *[n.m.]* 3 lo que se quiere conseguir porque es lo mejor para algo o para alguien: *su ideal es ser astrónomo.* **AF.** aspiración, ambición, ilusión. // **ideales** *[n.m.pl.]* 4 conjunto de las ideas de bondad, esfuerzo, mejora, entrega, perfección, etc. que pueden hacer que las personas vivan con una ilusión determinada: *no se esfuerza porque no tiene ideales.* **AF.** inquietudes, aspiraciones, ilusiones. ■ **lo ideal**, lo mejor.

idealismo *[n.m.]* lo que hace que uno viva teniendo en cuenta unas determinadas ideas que muchas veces no se pueden cumplir pero que ayudarían a que el mundo fuera mejor: *sin idealismo el mundo no progresaría.*

idealista *[n.inv. en gén.]* persona que vive de acuerdo con unas ideas sobre el funcionamiento del mundo y el comportamiento de las personas que, muchas veces, no se corresponden con la realidad. **ANT.** pragmático.

idealizar *[v.]* pensar que algo o alguien es mejor de lo que es en realidad: *está desilusionado porque había idealizado su profesión.* **OBS.** ante e, c: *idealicen.*

idear *[v.]* 1 pensar alguna solución para algo: *ideó un plan para salir sin ser visto.* 2 inventar* algo: *han ideado un nuevo sistema de calefacción.* **OBS.** e + e = ee: *ideen.*

ideario *[n.m.]* conjunto de las ideas de un autor, de un partido político, etc.: *ideario moral; ideario político.* **FAM.** idea.

ídem *[pron.]* lo mismo que se ha dicho o se ha escrito antes: *provincia de Zamora, municipio de ídem.* **AMPL.** es una palabra latina que se acentúa al castellanizarla; a veces se usa la expresión ***ídem de ídem*** que tiene el mismo significado.

idéntico, idéntica *[adj.]* que es exactamente igual que otro, sin que haya ninguna diferencia: *su lápiz es idéntico al mío.*

identidad *[n.f.]* lo que hay entre dos o más cosas que son iguales, por el hecho de serlo: *la identidad entre los dos es total.* ■ **carné de identidad**, documento que tiene todos los datos de una persona (nombre, apellidos, fecha de nacimiento, domicilio, etc.) y que se utiliza para demostrar que uno es quien dice que es. **FAM.** idéntico, idénticamente, identificar, ídem.

identificar *[v.]* 1 llegar a saber el nombre y todos los datos de una persona: *han identificado al niño que encontraron.* // **identificarse** *[v.prnl.]* 2 decir uno quién es y, si hace falta, presentar algún documento que lo demuestre: *el policía le pidió que se identificara.* 3 sentirse alguien totalmente de acuerdo con las ideas de un partido político, de una religión, de un movimiento social, etc.: *se identifica con los ecologistas.* **OBS.** ante e, qu: *identifiquen.* **FAM.** identificación, identificativo, identidad.

ideología *[n.f.]* conjunto de las ideas de un partido político, de una religión, de una forma de entender la vida, etc.: *ideología cristiana; ideología comunista.* **FAM.** ideólogo, ideológico, ideológicamente, idea.

idilio *[n.m.]* lo que hay entre dos personas que están enamoradas una de la otra, por el hecho de estarlo: *mantiene un idilio con mi hermano.* **FAM.** idílico.

idioma *[n.m.]* conjunto de palabras y reglas de uso con las que se expresa un grupo de personas y se comunican unas con otras: *idioma español; idioma gallego; idioma inglés.* **SIN.** lengua. **AMPL.** las distintas formas de hablar el mismo idioma en cada zona se llaman ***dialectos****. **FAM.** idiomático.

idiota *[n.inv. en gén.]* persona cuya inteligencia no le permite entender las cosas como las entiende la mayoría de la gente: *un idiota* *es un retrasado mental.* **SIN.** bobo* (acepción 1). **FAM.** idiotez, idiotismo.

idiotez *[n.f.]* cosa que se dice o se hace y que no es lógica, razonable, bien pensada, etc.: *es una idiotez tener la luz encendida cuando está entrando el sol en la habitación.* **SIN.** bobada*. **PL.** *idioteces.*

ido, ida *[adj.]* **1** que no se entera bien de lo que pasa porque tiene algún problema en el funcionamiento del cerebro: *desde que sufrió el accidente, a veces está ido.* **2** que no se entera de lo que pasa porque está distraído, sin poder concentrarse, pensando en otras cosas, etc.: *no entiendes lo que te explico porque estás ida.* **SIN.** ausente, distraído.

idolatrar *[v.]* **1** adorar a un ídolo: *algunas tribus primitivas idolatraban al Sol.* **2** querer muchísimo a alguien: *idolatra a sus nietos.* **FAM.** ídolo.

ídolo *[n.m.]* **1** pintura o escultura de un dios a la que la gente adora como si fuera el mismo dios: *encontraron un ídolo romano.* **2** persona famosa a la que la gente admira y a la que quisiera parecerse: *para la juventud, ese actor es un ídolo.* **FAM.** idolatrar, idolatría, idólatra.

idóneo, idónea *[adj.]* que sirve para lo que se necesita o que pasa cuando viene bien: *es el vestido idóneo para la fiesta; hay que trabajar con las herramientas idóneas.* **SIN.** apropiado*. **FAM.** idóneamente, idoneidad.

iglesia *[n.f.]* **1** edificio en el que los cristianos celebran actos religiosos: *lo bautizaron en la iglesia.* **SIN.** templo. **AMPL.** un ***santuario*** es una iglesia construida en honor a alguna virgen, a un cristo o a algún santo y una ***ermita***, un santuario pequeño que se solía construir a las afueras de las ciudades o los pueblos; las iglesias pequeñas de los colegios, los conventos, las plazas de toros, los cuarteles, etc., se llaman ***capillas***: *el obispo dijo misa en la capilla del palacio*; también se llama ***capilla*** a una parte de una iglesia que está dedicada a alguien y en la que hay un altar más pequeño que el altar mayor: *en una capilla de la catedral está enterrado el primer obispo que tuvo la ciudad*; una ***parroquia*** es la iglesia que le corresponde a los habitantes de una zona de la ciudad y una ***catedral***, la iglesia en la que manda el obispo de la ciudad. **2** cada una de las distintas religiones basadas en las enseñanzas de Cristo: *la católica, la ortodoxa y la protestante son iglesias cristianas.* **AF.** religión. **FAM.** eclesiástico, eclesial.

iglú *[n.m.]* casa construida con bloques de hielo y forma de media naranja, en la que viven los esquimales: *los iglús ayudan a resguardarse del frío.*

iglú

ignorancia *[n.f.]* lo que demuestran las personas que no saben nada de algún tema o de todos los temas: *mi ignorancia de la lengua china es total.* **SIN.** desconocimiento. **AF.** incultura. **ANT.** sabiduría, cultura, conocimiento.

ignorante *[adj.inv. en gén.]* que no sabe cosas que debería saber: *es tan ignorante que cree que la electricidad es cosa de magia; una mujer ignorante; un hombre ignorante.* **SIN.** analfabeto, necio. **AF.** inculto. **ANT.** culto, sabio, docto. TAMBIÉN *n.*: *un ignorante; una ignorante.*

ignorar *[v.]* no saber algo: *ignoro la respuesta correcta.* **SIN.** desconocer. **ANT.** conocer, saber. **FAM.** ignorancia, ignorante.

ignoto, ignota *[adj.]* desconocido: *un lugar ignoto.*

igual *[adj.inv. en gén.]* **1** que no se diferencia en nada: *dos libros iguales; tres motos iguales.* **SIN.** idéntico, exacto. **AF.** parecido, equivalente. **ANT.** distinto, diferente, desigual. **2** que es muy parecido a otro: *es igual que su hermano.* **AF.** parecido, semejante. **ANT.** distinto, diferente, desigual. **3** que es un terreno liso, sin baches ni cuestas: *el camino era muy igual.* **AF.** liso, llano. **ANT.** desigual, escarpado. // **igual** *[adv. de m.]* **4** sin cambios: *el pueblo sigue igual.* **SIN.** invariable. **ANT.** cambiado, distinto. // **igual** *[adv. de d.]* **5** a lo mejor: *igual vuelve hoy.* **SIN.** quizá, tal vez. ■ **dar igual** algo a alguien, ser algo que no le importa. ■ **de igual a igual**, como si la persona con la que uno trata fuera lo mismo que ella. ■ **sin igual**, que es tan bueno que no hay otros mejores ni parecidos. **FAM.** igualdad, igualar, igualación, igualitario, igualmente. **COMP.** inigualable, desigual.

igualar *[v.]* 1 hacer que una cosa sea igual a otra: *han igualado mi propina con la de mi hermano.* **AF.** equilibrar, nivelar. **ANT.** desigualar. 2 alisar lo que tenía baches, montículos, asperezas, bultos, etc.: *igualaron el terreno para poner la tienda de campaña.* **SIN.** nivelar, allanar. 3 ser igual que otro en algo, o conseguir lo mismo que otro: *lo iguala en velocidad; igualaron los resultados en el segundo tiempo.* **AF.** equilibrar, nivelar. TAMBIÉN *prnl.: los resultados se igualaron en el último minuto.*

igualdad *[n.f.]* 1 lo que hay entre dos o más cosas que son iguales, por el hecho de serlo: *igualdad de tamaño; igualdad de color; igualdad de forma.* **SIN.** identidad. **AF.** similitud, equivalencia. **ANT.** desigualdad, diferencia. 2 situación producida cuando no hay diferencia entre unas personas y otras a la hora de reconocer sus derechos como seres humanos: *luchan por la igualdad entre blancos y negros.* **AF.** equidad.

iguana *[n.f.]* animal parecido a un lagarto que puede alcanzar hasta un metro de longitud, tiene una cresta que va desde la cabeza hasta el principio de la cola, come vegetales y se reproduce por huevos.

ilegal *[adj.inv. en gén.]* que va en contra de alguna ley: *robar es ilegal; una acción ilegal; un acto ilegal.* **ANT.** legal. **FAM.** ilegalidad, ilegalmente, legal.

ilegible *[adj.inv. en gén.]* que no se puede leer porque no se entiende la letra, porque está sucio el papel, porque se ha emborronado la tinta, etc.: *un examen ilegible; una carta ilegible.* **AF.** indescifrable, ininteligible. **ANT.** legible. **FAM.** ilegibilidad, ilegiblemente, legible.

ileso, ilesa *[adj.]* que no está herido, aunque ha pasado algo por lo que podría estarlo: *el conductor salió ileso del accidente.* **SIN.** sin heridas, indemne, sano y salvo.

iletrado, iletrada *[adj.]* inculto, analfabeto: *un joven iletrado quería darle lecciones a un maestro.* **ANT.** culto, docto.

ilícito, ilícita *[adj.]* que hay algo que lo prohíbe o va en contra de lo que es razonable o justo: *es ilícito copiar en un examen.* **SIN.** ilegítimo. **ANT.** lícito, legítimo. **FAM.** ilícitamente, ilicitud, lícito.

ilimitado, ilimitada *[adj.]* que no tiene límites porque no se acaba o parece que nunca va a acabarse: *su paciencia es ilimitada.* **SIN.** infinito, inacabable, incalculable. **ANT.** limitado, acotado. **FAM.** ilimitable, ilimitadamente, límite.

iluminación *[n.f.]* 1 cantidad de luz que hay en un sitio: *en esta escalera la iluminación es insuficiente.* **SIN.** luz, claridad. 2 conjunto de luces que hay en un sitio: *la iluminación del árbol de Navidad es de colores.* **SIN.** alumbrado.

iluminar *[v.]* 1 poner luces, encender las luces o hacer, con luz, que algo se vea: *han iluminado la catedral.* 2 dar luz a algo: *el Sol ilumina la Tierra.* **SIN.** alumbrar. **FAM.** iluminación, iluminado, iluminador, luminoso.

ilusión *[n.f.]* 1 cosa que no existe de verdad, sino que está en la imaginación y nunca va a existir: *ese mundo de chocolate es sólo una ilusión.* **SIN.** ficción, sueño, utopía. **AF.** espejismo. **ANT.** realidad. 2 sentimiento que hace que uno se esfuerce, con alegría, por conseguir algo: *trabaja con ilusión; tiene mucha ilusión con ese viaje.* **INTENS.** entusiasmo. **ANT.** indiferencia, apatía. 3 cosa que a uno le gustaría muchísimo conseguir: *la ilusión de su vida es visitar Egipto.* **SIN.** anhelo, ambición. **AF.** sueño, deseo, aspiración. ■ **hacerse ilusiones**, estar muy contenta una persona porque cree que va a conseguir algo que le apetece mucho. **SIN.** ilusionarse. ■ **poner** uno **sus ilusiones en** algo, confiar en que algo será como uno quiere que sea. **PL.** *ilusiones.* **FAM.** ilusionar, ilusionado, ilusionante, ilusionadamente, ilusionista, ilusionismo. **COMP.** desilusión.

ilusionar *[v.]* hacer que alguien se sienta contento, esperanzado y con ganas de hacer cosas o de conseguir algo: *la nueva casa lo ha ilusionado.* **AF.** alegrar, animar. **INTENS.** entusiasmar. **ANT.** desilusionar, desanimar, decepcionar, desencantar. TAMBIÉN *prnl.: se ilusionó mucho cuando le encargaron el trabajo.*

ilusionismo *[n.m.]* lo que hacen las personas que saben trucos para conseguir que a la gente le parezca que ve cosas imposibles: *hace* *ilusionismo en un teatro.* **SIN.** magia, prestidigitación.

ilusionista *[n.inv. en gén.]* persona que sabe hacer algunas cosas, utilizando trucos que dan la impresión de resultados incomprensibles y sorprendentes: *en el circo, un ilusionista cortó a una mujer con una sierra; es una famosa ilusionista.* **SIN.** mago, prestidigitador.

iluso, ilusa *[adj.]* que se ilusiona con facilidad y cree en cosas imposibles: *es tan iluso que piensa que todos los hombres son buenos.* **AF.** idealista, optimista. **FAM.** ilusoriamente, ilusorio, ilusamente.

ilustración *[n.f.]* **1** dibujo o foto que va en un libro y que tiene que ver con el tema del libro: *el cuento tiene muchas ilustraciones.* **AF.** dibujo, foto, grabado, imagen, lámina. **2** conjunto de esos dibujos o fotos: *se encarga de la ilustración de los libros de texto.*

ilustrar *[v.]* **1** hacer dibujos o poner fotografías en un libro, un periódico, una revista, etc.: *ilustraron el trabajo con recortes de revistas.* **2** hacer que alguien sepa cosas de algo: *en la escuela se ilustra a los niños sobre historia, lengua, etc.* **SIN.** instruir. **AF.** educar, enseñar, formar. **3** hacer que algo se entienda mejor, poniendo ejemplos, enseñando fotografías, etc.: *ilustraron el tema con un vídeo.* **FAM.** ilustrado, ilustrador, ilustrativo, ilustración, ilustre, lustrar.

ilustre *[adj.inv. en gén.]* que es sabio, famoso, importante, de una familia noble, etc.: *una ilustre abogada; un escritor ilustre.* **SIN.** eminente, preclaro, eximio. **AF.** distinguido, destacado, relevante, famoso, célebre. **ANT.** irrelevante, desconocido, del montón. **FAM.** ilustremente, ***ilustrísimo*** (tratamiento que se da a obispos y alcaldes), ilustrar.

ilustrísimo, ilustrísima *[adj.]* tratamiento que se le da a obispos y alcaldes: *Ilmo. Sr. alcalde.* **AMPL.** la abreviatura es ***Ilmo***.

imagen *[n.f.]* **1** lo que se puede ver, a simple vista, de una persona, un animal o una cosa. **2** dibujo, pintura, fotografía, etc., que representa algo o a alguien: *en la televisión se ven imágenes luminosas.* **AF.** figura, representación. **3** estatua o pintura de un personaje religioso: *una imagen de la Virgen María.* **AF.** estampa, figura. **PL.** *imágenes.* **FAM.** imaginería, ***imaginero*** (artista que hace imágenes de santos), imaginación.

imaginable *[adj.inv. en gén.]* **1** que es fácil imaginárselo porque está dentro de lo lógico, normal o razonable: *es imaginable que haya vida en otros planetas.* **SIN.** verosímil, posible, concebible. **ANT.** inimaginable, impensable, increíble, inverosímil. **2** que se puede prever porque hay datos para llegar a pensarlo: *el resultado de las elecciones era imaginable.* **SIN.** previsible, predecible, diagnosticable. **ANT.** inimaginable, imprevisible, impredecible.

imaginación *[n.f.]* **1** lo que demuestra quien es capaz de inventar historias, lugares, personajes, etc., o de encontrar soluciones a problemas que parece que no tienen ninguna: *usa la imaginación para crear novelas.* **SIN.** inventiva. **2** lo que hace que uno vea o crea cosas que no existen en la realidad, sino sólo en su mente: *las sombras en la oscuridad son producto de su imaginación.* **SIN.** fantasía. // **imaginaciones** *[n.f.pl.]* **3** lo que uno se cree que existe (o que pasa) y no existe en realidad: *eso de que te tiene manía son imaginaciones tuyas.* **SIN.** figuraciones. **FAM.** imaginar, imaginable, imaginario, imaginativo, imagen. **COMP.** inimaginable.

imaginar *[v.]* **1** entretenerse pensando cosas que no son verdad: *imaginó que era un gran científico.* **AF.** idear, inventar. **2** tener la idea de que algo es o será de una manera determinada: *imagino que le gustará.* **SIN.** figurarse, suponer. // **imaginarse** *[v.prnl.]* **3** pensar en algo como si fuera verdad, sabiendo que no lo es: *para hacer ese papel, tienes que imaginarte que eres un rey.* **SIN.** pensar.

imaginario, imaginaria *[adj.]* que es inventado y no existe en la realidad: *los personajes de los cuentos son imaginarios.* **SIN.** inventado, fantástico, irreal. **ANT.** real.

imaginativo, imaginativa *[adj.]* que se le da muy bien inventar cosas: *es un escritor muy imaginativo.* **AF.** creativo.

imaginero, imaginera *[n.]* escultor que hace imágenes de santos o escenas que representan pasajes del evangelio: *los imagineros hacen pasos de Semana Santa.*

imán *[n.m.]* mineral de color negro que atrae el hierro: *pasando un imán por el suelo, encontré el tornillo que se me había caído.* **PL.**

imanes. **FAM.** imantar, imantado, imantación. **COMP.** desimantar, electroimán.

imanar *[v.]* imantar: *imanar una aguja.* **FAM.** imán.

imantar *[v.]* hacer que algo funcione como un imán: *he imantado una aguja, dejándola durante un rato sobre un imán.*

imbatible *[adj.inv. en gén.]* invencible*. **FAM.** imbatibilidad, batir.

imbécil *[n.inv. en gén.]* persona cuya inteligencia no le permite entender las cosas como las entiende la mayoría de la gente: *no lo entiende porque es algo imbécil.* **SIN.** bobo* (acepción 1). **FAM.** imbecilidad, imbécilmente.

imberbe *[adj. m.]* 1 que todavía no le ha salido la barba: *a sus 20 años es imberbe.* **SIN.** barbilampiño. **ANT.** barbudo. 2 que no es suficientemente mayor para algo, porque no tiene experiencia: *no puedes darle ese trabajo a un imberbe.*

imborrable *[adj.inv. en gén.]* que no se puede borrar: *un rotulador con tinta imborrable.* **SIN.** indeleble. **AF.** permanente. ■ **recuerdo imborrable**, el que se tiene de algo que ha impresionado tanto que uno no puede olvidarlo. **FAM.** imborrablemente, borrar.

imitación *[n.f.]* 1 cosa que se hace fijándose en otra y procurando que quede igual: *esta joya es una imitación de la del museo.* 2 acción con la que alguien intenta hacer algo, igual que lo hacen otros: *hace imitaciones de voces de gente famosa.*

imitador, imitadora *[n.]* persona que trabaja en un espectáculo cantando, bailando, hablando, etc., igual que algún personaje famoso: *salió un imitador de Julio Iglesias.*

imitar *[v.]* 1 hacer lo que hacen otros, tratando de hacerlo igual: *imita a su abuelo en la manera de andar; sabe imitar el ladrido de los perros.* **AF.** copiar. **ANT.** crear, inventar. 2 parecerse a algo: *los muebles de la zapatería imitan a algunos del siglo pasado.* **FAM.** imitación, imitador, imitativo. **COMP.** inimitable.

impaciencia *[n.f.]* lo que demuestra quien no sabe estar tranquilo cuando tiene que esperar o aguantar algo: *con su impaciencia nunca acabará el puzzle.* **AF.** ansiedad, desasosiego, intranquilidad, inquietud, nerviosismo. **ANT.** paciencia, sosiego, tranquilidad. **FAM.** impacientar, impaciente, impacientemente, paciencia.

impacientar *[v.]* hacer que alguien se ponga nervioso o enfadado por estar esperando algo: *el retraso del tren impacientó a todos.* **AF.** intranquilizar, inquietar. TAMBIÉN *prnl.: sus padres se impacientaron al ver que no llegaba.*

impaciente *[adj.inv. en gén.]* que está tan nervioso que parece que no puede esperar más: *está impaciente por saber la nota; una persona impaciente.* **AF.** nervioso, intranquilo, inquieto, ansioso. **ANT.** paciente, tranquilo, sosegado.

impacto *[n.m.]* 1 choque de una cosa contra otra: *el impacto entre los coches fue grande.* **SIN.** choque, colisión. 2 señales que quedan después de que ha habido un choque: *se podía ver el impacto del coche en la valla.* **AF.** señal, marca, huella. 3 impresión que produce en la gente una noticia que no se espera: *la noticia del secuestro causó un gran impacto.* **SIN.** impresión, efecto, sensación. **FAM.** impactar, impactante.

impar *[adj.inv. en gén.]* hablando de números, cantidades, etc., que, al dividirlo entre dos, el resto no es cero: *1, 3 y 5 son números impares.* **ANT.** par.

imparcial *[adj.inv. en gén.]* 1 que, cuando tiene que juzgar algo o dar su opinión sobre algo o alguien, no piensa en lo que le interesa a él o en lo que prefieren sus amigos, sino en lo que es justo: *los árbitros tienen que ser imparciales; un juez imparcial; una mujer imparcial.* 2 que se ha hecho o se ha decidido sin pensar en lo que le interesa a uno: *una opinión imparcial.* **SIN.COM.** neutral, objetivo. **ANT.COM.** parcial. **FAM.** imparcialidad, imparcialmente, parcial.

imparcialidad *[n.f.]* lo que demuestra quien juzga o decide sin pensar en lo que más le interesa a él o a sus amigos (*en un juez, la imparcialidad es imprescindible*), y lo que tienen las cosas que se deciden así (*se alegraron de la imparcialidad de la sentencia*). **SIN.** neutralidad, objetividad. **AF.** equidad, justicia. **ANT.** parcialidad.

impartir *[v.]* dar lo que se dice: *los profesores imparten clases.* **SIN.** dar.

impasible *[adj.inv. en gén.]* que está tranquilo en situaciones en las que otros se pondrían nerviosos o demostrarían alguna emoción: *se quedó impasible cuando vio al lobo.* **SIN.** imperturbable, impertérrito. **AF.** indiferente, inmutable, inalterable. **ANT.** nervioso, inquieto. **FAM.** impasibilidad, impasiblemente, pasión.

impecable *[adj.inv. en gén.]* 1 sin la más mínima mancha y sin ninguna arruga: *lleva un traje impecable.* **SIN.** impoluto. 2 sin ningún defecto o ningún error: *un comportamiento impecable; un trabajo impecable; una presentación impecable.* **SIN.** intachable, perfecto. **FAM.** impecabilidad, impecablemente, pecar.

impedido, impedida *[adj.]* que no puede usar los brazos o las piernas porque está enfermo o tiene algún defecto físico: *una persona impedida.* **SIN.** imposibilitado.

impedimento *[n.m.]* lo que hace que algo sea más difícil de conseguir o que sea imposible hacerlo: *la alarma es un impedimento para los ladrones; un impedimento para casarse es estar ya casado.* **SIN.** obstáculo. **AF.** dificultad.

impedir *[v.]* hacer que algo sea imposible: *la nieve les impidió pasar.* **AF.** dificultar, entorpecer. **ANT.** facilitar. **CONJUG.** como *pedir**. **FAM.** impedido, impedimento.

impenetrable *[adj.inv. en gén.]* 1 que está tan cerrado, tan duro, tan espeso, etc., que es muy difícil entrar: *una selva impenetrable.* **SIN.** inaccesible. **ANT.** abierto, accesible. 2 que es imposible llegar a conocerlo o a entenderlo: *un misterio impenetrable; una mente impenetrable.* **SIN.** incomprensible. **ANT.** claro, comprensible. **FAM.** impenetrabilidad, penetrar.

impensable *[adj.inv. en gén.]* que es tan absurdo, tan exagerado, tan increíble, etc., que no se puede ni imaginar: *es impensable que aguantes una hora sin respirar.* **SIN.** inimaginable, increíble. **AF.** imposible. **ANT.** posible. **FAM.** impensado, pensar.

imperar *[v.]* ser lo más importante, lo que más se nota o lo que más se ve: *en esa casa impera el desorden.* **AF.** predominar, reinar, prevalecer. **FAM.** imperante, imperativo, imperioso, imperio.

imperativo *[n.m.]* lo que hay que hacer porque alguien lo manda o porque es necesario: *tenemos el imperativo de no abrir la puerta.* **AF.** mandato. ■ **imperativo legal**, lo que hay que hacer porque lo manda la ley. ■ **modo imperativo** de un verbo, el que se usa para dar una orden: *"ven" es una forma del modo imperativo del verbo "ir".*

imperceptible *[adj.inv. en gén.]* que es tan pequeño o tan poco importante que es difícil notarlo: *un defecto imperceptible; un detalle imperceptible.* **SIN.** inapreciable, insignificante. **AF.** desdeñable, mínimo. **ANT.** notable, visible. **FAM.** imperceptibilidad, imperceptiblemente, percibir.

imperdible *[n.m.]* tipo de alfiler doblado por la mitad formando un círculo en el doblez, que tiene en un extremo una protección en la que se mete el otro para que quede cerrado de manera que no pueda abrirse solo: *antes, a los bebés se les sujetaban los pañales con imperdibles.* TAMBIEN *adj.*: *un alfiler imperdible.*

imperdonable *[adj.inv. en gén.]* que no se puede o no se debe perdonar porque es muy grave o ha hecho mucho daño: *matar a alguien es un delito imperdonable.* **AF.** condenable, inexcusable. **ANT.** perdonable. **FAM.** imperdonablemente, perdón.

imperecedero, imperecedera *[adj.]* que nunca se muere, se estropea o se acaba, eterno: *fama imperecedera.* **ANT.** perecedero.

imperfección *[n.f.]* defecto o error que hace que algo no sea perfecto: *el invento tiene algunas imperfecciones.* **SIN.** deficiencia, fallo, defecto. **FAM.** imperfecto, imperfectamente, perfección.

imperfecto, imperfecta *[adj.]* que no es exactamente como debería ser, porque tiene algún defecto o algún error: *un trabajo imperfecto.* **SIN.** deficiente. **AF.** defectuoso. **ANT.** perfecto, intachable, impecable.

imperial *[adj.inv. en gén.]* del imperio* o del emperador: *carroza imperial; territorios imperiales; leyes imperiales.*

imperialismo *[n.m.]* forma de gobierno que consiste en hacer cada vez más grande y poderoso al estado, conquistando nuevos territorios, mejorando su economía, etc.

imperialista *[adj.inv. en gén.]* que busca el imperialismo* o se basa en el imperialismo: *el gobierno imperialista de los romanos.*

impericia *[n.f.]* falta de soltura y habilidad al hacer algo: *con su impericia no conseguirá* *arreglarlo.* **SIN.** torpeza. **AF.** inexperiencia. **ANT.** pericia, destreza.

imperio *[n.m.]* 1 conjunto de los territorios sobre los que manda un emperador* o un estado que tiene mucho poder y posesiones en el mundo: *el Imperio Romano llegó a ocupar casi toda Europa y parte de África.* 2 cualquier cosa que tenga mucha influencia o mucha fuerza en una sociedad: *el imperio de la moda.* **FAM.** imperial, imperialismo, imperialista, imperar, emperador.

imperioso, imperiosa *[adj.]* que tiene tanta fuerza o tanta intensidad que hay que hacerle caso o tenerlo en cuenta inmediatamente: *una orden imperiosa; el tono imperioso de su voz no admitía réplica* (**SIN.** tajante, autoritario, inapelable)*; tengo una imperiosa necesidad de beber agua* (**SIN.** inapelable, urgente).

impermeable *[adj.inv. en gén.]* 1 que, por ser como es, no deja que los líquidos pasen a través de ello: *la piel es impermeable; el plástico es un material impermeable.* **ANT.** permeable. // **impermeable** *[n.m.]* 2 especie de abrigo de plástico, apropiado para no mojarse cuando llueve. **AF.** chubasquero, gabardina. **FAM.** impermeabilizar, impermeabilidad, impermeabilización, permeable.

impersonal *[adj.inv. en gén.]* que vale para cualquiera, porque no tiene nada que haga pensar que lo ha hecho alguien (o que es de alguien) con un gusto o un estilo concreto: *una decoración impersonal.* **SIN.** corriente, anodino. **ANT.** personal, original. ■ **verbo impersonal**, el que no tiene sujeto y sólo se conjuga en la tercera persona del singular: *llover y nevar son verbos impersonales.* ■ **forma impersonal** de un verbo, la que no se refiere a ninguna persona gramatical: *el infinitivo, el participio y el gerundio son las formas impersonales de los verbos españoles.* **FAM.** impersonalidad, impersonalizar, persona.

impertinente *[adj.inv. en gén.]* 1 que molesta porque resulta pesado o no es apropiado para el momento, la situación, etc.: *una mosca impertinente; una pregunta impertinente; un comportamiento impertinente.* **SIN.** molesto, fastidioso. **AF.** indiscreto, inoportuno. TAMBIÉN se dice que es *impertinente* la persona que hace cosas de este tipo: *un niño impertinente.* // **impertinentes** *[n.m.pl.]* 2 especie de gafas que, en lugar de patillas, tenían a un lado una varilla para sujetarlas con la mano de manera que los cristales quedaran delante de los ojos. **FAM.** impertinencia, impertinentemente.

impertinentes

imperturbable *[adj.inv. en gén.]* que no se pone nervioso, impasible*. **FAM.** imperturbabilidad, imperturbablemente, perturbar.

ímpetu *[n.m.]* mucha fuerza o mucha intensidad en un movimiento, una actividad, etc.: *cerró la puerta con mucho ímpetu; se puso a trabajar con ímpetu; el ímpetu de la tormenta los asustó.* **SIN.** energía, vehemencia, brío. **AF.** vitalidad, vigor, fuerza, violencia. **FAM.** impetuoso, impetuosidad, impetuosamente.

impetuoso, impetuosa *[adj.]* 1 que tiene ímpetu*: *un movimiento impetuoso.* **SIN.** enérgico, vehemente. **AF.** brusco. 2 impulsivo*: *una persona impetuosa se equivoca muchas veces.*

implantar *[v.]* empezar a tener valor una ley o una norma o a seguir una costumbre o una moda mucha gente: *ya se ha implantado la nueva ley de educación; se ha vuelto a implantar la moda de los tacones altos.* **SIN.** instaurar. **AF.** establecer, introducir. **ANT.** anular. **FAM.** implantación, implante, plantar.

implicar *[v.]* 1 hacer que alguien tenga algo que ver con un asunto o que parezca que ha intervenido en él: *lo implicaron en el robo.* **AF.** relacionar, involucrar. 2 no poder ser una cosa sin otra, porque tienen que ir unidas: *exigir derechos implica cumplir los deberes; comprar algo implica pagarlo.* **SIN.** suponer. **AF.** incluir. **OBS.** ante e, qu: *impliquen.* **FAM.** implicación, implicatorio, implícito, implícitamente.

implícito, implícita *[adj.]* que va unido a otra cosa, aunque no se diga o no se vea claramente: *tener un perro lleva implícita la obligación de cuidarlo.* **AF.** tácito, sobreentendido. **ANT.** explícito, expreso.

implorar *[v.]* pedir algo sin exigirlo, con humildad, pero con mucha fuerza e interés, recurriendo, incluso, al llanto: *imploraba perdón; imploró ayuda a los que pasaban.* **SIN.** suplicar. **AF.** rogar. **FAM.** imploración, implorante, implorantemente.

impoluto, impoluta *[adj.]* limpísimo, impecable: *un vestido blanco impoluto.*

imponente *[adj.inv. en gén.]* impresionante*: *las cataratas del Niágara son un espectáculo imponente.* **FAM.** imponencia, imponentemente, imponer.

imponer *[v.]* **1** hacer que alguien tenga que hacer algo o cumplir algo: *imponer un castigo; imponer una norma.* **SIN.** poner. TAMBIÉN *prnl.*: *me he impuesto la obligación de hacer gimnasia todos los días.* **2** hacer lo necesario para que haya algo inmaterial (*el juez impuso orden en la sala; si no impones autoridad, acabarán volviéndote loco*) o para que algo de uno sea lo más importante o destaque sobre lo demás (*no trates de imponer tu voluntad; los grandes modistos imponen la moda*). TAMBIÉN *prnl.*: *si no te impones, no conseguirás que trabajen; el equipo local se impuso sobre el visitante.* **3** ser alguien o algo de tal manera que los demás tienen una actitud o un sentimiento determinado (*tu padre me impone mucho respeto*) o que uno se sienta acobardado o impresionado (*desde abajo, las grandes montañas imponen; es un trabajo tan difícil, que impone*). **SIN.** impresionar. **AF.** amedrentar, acobardar. // **imponerse** *[v.prnl.]* **4** ser absolutamente necesario: *se impone un cambio en el método de trabajo.* **CONJUG.** como *poner**. **FAM.** impuesto, imponente, imposición, poner.

impopular *[adj.inv. en gén.]* que no le gusta a la mayoría de la gente: *las multas son impopulares; un político impopular.* **AF.** antipático, molesto, desagradable. **ANT.** popular. **FAM.** impopularidad, impopularmente, impopularizar, popular.

importación *[n.f.]* lo que se hace cuando se meten en un país productos, modas, etc. de países extranjeros: *importación de petróleo; importación de una costumbre; importación de maquinaria.* **ANT.** exportación. **FAM.** importador, importar.

importador, importadora *[adj.]* que se dedica a meter en su país productos extranjeros para venderlos: *una empresa importadora de ordenadores.* **ANT.** exportador. TAMBIÉN *n.*: *los importadores se encargan de los trámites legales de las compras en el extranjero.*

importancia *[n.f.]* lo que tienen las cosas y las personas que son importantes para algo o para alguien, por el hecho de serlo: *elegir bien los estudios tiene mucha importancia.* **SIN.** trascendencia. **AF.** valor, interés. **ANT.** intrascendencia. ■ **darse importancia**, portarse como si uno fuera mejor o valiera más que los demás. **SIN.** presumir. **FAM.** importante, importar.

importante *[adj.inv. en gén.]* que es necesario, útil, conveniente, valioso o poderoso: *la salud, el dinero y el amor es lo más importante de la vida; la asistencia a clase es importante para aprender; han encontrado importantes documentos de la época de Jesucristo; la literatura española tiene obras muy importantes; es una persona importante en el mundo científico; la marcha de la economía es importante en el desarrollo de un país; tiene un cargo importante en un ministerio.* **INTENS.** trascendental. **AF.** fundamental, esencial, valioso, interesante. **ANT.** intrascendente, banal, insignificante.

importar *[v.]* **1** ser importante para alguien o para algo: *le importa mucho el futuro de su hijo; no importa el aspecto físico, sino la calidad humana.* **2** comprar para un país cosas que vienen de países extranjeros: *España importa petróleo.* **ANT.** exportar. **3** tener un precio determinado: *la entrada importa 6 euros.* **SIN.** costar, valer. **FAM.** importación, importe, importancia, portar. **COMP.** reimportar.

importe *[n.m.]* cantidad de dinero que hay que pagar por algo: *dígame el importe de la compra.* **SIN.** precio, valor.

importunar *[v.]* molestar a alguien por hacer algo en un momento que no es el apropiado: *si vas ahora, la importunarás.* **AF.** molestar, fastidiar. **FAM.** importuno, importunar, oportuno.

imposibilidad *[n.f.]* lo que hay, con relación a algo, por el hecho de que sea imposible hacerlo: *la imposibilidad de llegar a tiempo lo desanimó mucho.* **AF.** impotencia, incapacidad. **ANT.** posibilidad.

imposible *[adj.inv. en gén.]* que no puede ser, no se puede hacer o no puede pasar: *es imposible meter un elefante en un coche; un proyecto imposible; es imposible que nieve cuando se está a 40° centígrados.* **AF.** irrealizable, utópico. **ANT.** posible. TAMBIÉN *n.m.: me pidió un imposible.* ■ **estar** o **ponerse imposible**, estar o ponerse insoportable. **FAM.** imposibilitar, imposibilidad, imposibilitado, posible.

imposición *[n.f.]* 1 hecho de que a uno lo obliguen a hacer o a cumplir algo: *la imposición de una norma; la imposición de un castigo; la imposición de una obligación.* **AF.** exigencia. 2 lo que se hace para conseguir que haya algo o que algo sea lo más importante o lo que más destaca: *la imposición del orden; imposición de la autoridad o de la voluntad de alguien; la imposición de una moda.* 3 cantidad de dinero que se mete de una vez en la cuenta de un banco: *hizo una imposición de mil euros.* **SIN.** ingreso. **FAM.** impositor, impositivo, imponible, imponer.

impostor, impostora *[n.]* persona que quiere engañar a los demás haciéndose pasar por otra: *le entregaron los documentos a un impostor.* **FAM.** impostura.

impotencia *[n.f.]* lo que siente quien quiere hacer o resolver algo, al ver que le resulta imposible hacerlo o resolverlo: *uno siente impotencia ante la terrible situación de los países pobres.* **AF.** incapacidad, imposibilidad, ineptitud. **FAM.** impotente, impotentemente, potencia.

impotente *[adj.inv. en gén.]* que siente impotencia*: *se sintió impotente para solucionar el problema.* **AF.** incapaz, inepto, inútil. **ANT.** apto, capaz.

impreciso, imprecisa *[adj.]* que no tiene los detalles necesarios para que se vea bien o se entienda bien: *una imagen imprecisa; un proyecto impreciso; una explicación imprecisa; una respuesta imprecisa.* **SIN.** indefinido, vago, difuso. **AF.** ambiguo, confuso. **ANT.** preciso, definido, claro. **FAM.** imprecisión, imprecisamente, precisión.

impregnar *[v.]* hacer lo necesario para que un líquido moje algo: *impregnó el pañuelo con colonia.* **AF.** empapar, mojar, humedecer. **FAM.** impregnación.

imprenta *[n.f.]* 1 conjunto de máquinas, medios y conocimientos necesarios para imprimir* libros, periódicos, folletos, etc.: *la imprenta moderna fue inventada por Gutenberg en el siglo* XV. **AMPL.** se considera que la imprenta nació en el siglo XV porque fue cuando comenzaron a utilizarse los llamados ***tipos móviles*** (letras separadas que se iban juntando para componer los textos en lugar de un grabado único por página); con este sistema, los libros llegaron a más gente y fueron desapareciendo los ***amanuenses*** o ***copistas*** (personas que copiaban los libros a mano). VER *imprimir.* 2 taller en el que se imprimen libros, revistas, folletos, etc.: *la 1ª edición del Quijote se hizo en la imprenta de Juan de la Cuesta.* **FAM.** impresión, imprimir.

imprescindible *[adj.inv. en gén.]* que es tan importante para algo, que si le faltara dejaría de existir o sería imposible hacerlo: *el agua es imprescindible para la vida; para distinguir los colores es imprescindible ver; una herramienta imprescindible para un trabajo determinado.* **SIN.** indispensable, insustituible, esencial, básico, fundamental, vital, primordial. **AF.** necesario, importante, trascendental. **ANT.** secundario, innecesario, superfluo.

impresión *[n.f.]* 1 sensación que producen en uno las cosas, las personas, los hechos, etc., y especialmente si no está acostumbrado a ello: *ver el accidente le causó una fuerte impresión; las cosas mal presentadas producen mala impresión; esta plaza da impresión de gran ciudad.* **SIN.** sensación, efecto. 2 lo que se hace para imprimir algo (*están acabando la impresión del cartel*) y manera de estar algo impreso (*con la técnica actual salen impresiones perfectas*). 3 marca que queda al apretar una cosa contra otra: *dejó la impresión de su mano en el cemento blando.* **SIN.** huella, marca, señal. ■ **cambiar impresiones**, hablar varias personas dando cada una su opinión. ■ **darle** a uno **la impresión de** algo o **tener** uno **la impresión de** algo, creer uno que algo es de determinada manera o que pasará algo. **AF.** corazonada. **FAM.** *imprimir* e *impresionar.*

impresionable *[adj.inv. en gén.]* que se emociona o se asusta con cualquier cosa: *es* *tan impresionable que se marea cuando ve sangre.* **AF.** sensible, emotivo. **ANT.** imperturbable, insensible.

impresionante *[adj.inv. en gén.]* que es tan grande, tan bonito, tan importante, tan valioso, tan terrible, etc. que impresiona mucho: *un edificio impresionante; una película impresionante; un accidente impresionante.* **SIN.** imponente. **ANT.** anodino, insignificante.

impresionar *[v.]* 1 producir una impresión determinada: *su trabajo me impresionó muy favorablemente.* 2 hacer que alguien sienta sorpresa, admiración, miedo, preocupación, etc.: *quiso impresionar al público con trucos nunca vistos; las imágenes de las guerras impresionan mucho.* **AF.** conmover, afectar. TAMBIÉN *prnl.: se impresionó con el accidente.* **FAM.** impresión, impresionante, impresionable, impresionantemente, impresionabilidad, impresionismo, impresionista.

impresionismo *[n.m.]* movimiento artístico y literario surgido en Francia a finales del siglo XIX y caracterizado por la reproducción de las impresiones que la naturaleza o cualquier objeto causaban en el artista.

impreso *[n.m.]* 1 papel en el que se ha imprimido algo, y especialmente el que deja huecos en blanco que hay que rellenar a mano: *el Estado edita los impresos para el pago de impuestos.* **AF.** instancia, formulario. // **impreso** *[forma de verbo]* 2 participio irregular del verbo *imprimir,* que tiene otro regular (*imprimido*). **FAM.** imprimir.

impresor, impresora *[n.]* 1 persona que se dedica a imprimir o que tiene una imprenta: *los impresores compran papel en grandes cantidades.* // **impresora** *[n.f.]* 2 máquina para imprimir: *ha comprado una impresora para el ordenador.*

imprevisible *[adj.inv. en gén.]* 1 que no se puede suponer cuándo o cómo va a ser (o va a pasar): *sus viajes de trabajo son imprevisibles; un comportamiento imprevisible; muchos efectos de las investigaciones son imprevisibles.* **AF.** imprevisto. **ANT.** previsible. 2 que casi nunca actúa como uno cree que sería lo normal: *una persona imprevisible siempre te sorprende.* **AF.** sorprendente.

imprevisto, imprevista *[adj.]* que uno no lo tenía pensado, o que es como uno no había pensado que fuera: *tuvo que hacer un viaje imprevisto; un resultado imprevisto.* **SIN.** inesperado, improviso. **ANT.** previsto, planeado. TAMBIÉN *n.m.: si vas con el tiempo justo, cualquier imprevisto puede hacerte perder el tren.* **AF.** contratiempo, incidente. **FAM.** imprevisible, imprevisión, imprevisiblemente, prever.

imprimir *[v.]* hacer ejemplares iguales de un escrito o dibujo con máquinas especialmente preparadas para ello: *los periódicos se suelen imprimir en máquinas rotativas.* **AMPL.** las máquinas que se usan para imprimir en las imprentas se llaman ***prensas*** porque aprietan la ***plancha*** (soporte en el que está grabado lo que hay que imprimir) contra el papel o material sobre el que hay que imprimir; estas máquinas pueden ser ***planas***, que imprimen sobre papel cortado, o ***rotativas***, que imprimen con rodillos sobre papel enrollado en una ***bobina*** y trabajan mucho más deprisa; desde que se consiguió analizar las imágenes por procedimientos fotográficos y electrónicos (ésto se llama ***digitalizar la imagen***), se imprime también sin planchas (a partir de los datos guardados en un disquete o en una cinta magnéticos) y estas máquinas se llaman ***impresoras***. VER *imprenta.* **OBS.** tiene dos participios, uno regular (*imprimido*) y otro irregular (*impreso*). **FAM.** imprenta, impresora, impresor, impreso, impresión, oprimir. **COMP.** reimprimir, reimpresión.

improbable *[adj.inv. en gén.]* que es casi seguro que no ocurrirá, que no se hará, etc.: *es improbable que regrese hoy.* **AF.** difícil. **ANT.** probable, posible, fácil. **FAM.** improbabilidad, improbablemente, probable.

improductivo, improductiva *[adj.]* que de ello no se saca ningún provecho o un tipo de provecho determinado: *una tierra improductiva; un trabajo económicamente improductivo puede ser útil si proporciona experiencia.* **SIN.** baldío, infructuoso. **ANT.** productivo, fructífero. **FAM.** improductivamente, producto.

impropio, impropia *[adj.]* 1 que no es bueno para algo: *un traje impropio para trabajar.* **SIN.** inadecuado, inapropiado. **ANT.** apropiado, idóneo. 2 que no se corresponde con la manera de ser de quien se dice: *esa rabieta es impropia de él; la mala educación es impropia de un buen diplomático.* **AF.** ajeno a, indigno. **ANT.**

propio, característico. **FAM.** impropiamente, impropiedad, propio.

improvisar *[v.]* hacer (o decir) algo sin haberlo preparado o sin haberlo pensado antes: *improvisó una fiesta en el jardín; en la cena improvisó un discurso; tuvo que improvisar la respuesta.* **ANT.** preparar. **FAM.** improvisación, improvisado, improvisadamente, improvisador, improviso.

improviso, improvisa *[adj.]* imprevisto*. ■ **de improviso**, de repente y sin avisar: *llegó de improviso.*

imprudencia *[n.f.]* lo que demuestra quien hace algo sin tener en cuenta cómo debe hacerse para que no tenga consecuencias graves o inconvenientes (*su imprudencia le ocasiona muchos problemas en el trabajo*) y cosa que puede tener malas consecuencias (*saltarse un stop es una grave imprudencia*). **SIN.** temeridad, insensatez. **AF.** inconsciencia, ligereza, irresponsabilidad, locura, disparate. **ANT.** prudencia, sensatez. **FAM.** imprudente, imprudentemente, prudencia.

imprudente *[adj.inv. en gén.]* que tiene o demuestra imprudencia*: *es imprudente quien deja solo a un bebé; una acción imprudente.* **SIN.** temerario, insensato. **AF.** inconsciente, irresponsable. **ANT.** prudente, sensato, consciente. TAMBIÉN *n.*: *sólo un imprudente dejaría la casa abierta.*

impuesto *[n.m.]* dinero que hay que pagar al Estado para que se encargue de administrar los servicios que los ciudadanos tienen derecho a disfrutar: *los impuestos bien utilizados crearían una sociedad justa, con buena medicina, buena educación y buenos servicios públicos.* **SIN.** tributo. **AF.** contribución, arbitrio, tasa.

impulsar *[v.]* **1** hacer fuerza sobre algo de manera que llegue a moverse: *el viento impulsa el velero.* **SIN.** impeler. **AF.** empujar. **ANT.** detener, frenar. **2** hacer que alguien se decida a hacer algo: *las facilidades de pago lo impulsaron a comprarlo.* **SIN.** incitar*. **FAM.** impulso, impulsivo, impulsivamente, impulsividad, impulsión, impulsor, pulsar.

impulsivo, impulsiva *[adj.]* que hace las cosas como le salen o como se le van ocurriendo en cada momento, sin pararse a pensar en las consecuencias: *es demasiado impulsivo para llevar el negocio.* **SIN.** impetuoso. **AF.** vehemente, precipitado. **ANT.** sosegado, reflexivo.

impulso *[n.m.]* **1** fuerza que se le da a algo y que hace que se mueva: *para saltar hay que dar un fuerte impulso.* **2** ayuda que alguien necesita para continuar o empezar a hacer algo: *los aplausos le dieron el impulso necesario para llegar hasta el final.* **AF.** estímulo.

impune *[adj.inv. en gén.]* que no se castiga: *el crimen quedó impune.*

impureza *[n.f.]* cualquier cosa que, mezclada con otra, hace que ésta no sea como tiene que ser: *en el agua del río hay muchas impurezas.* **AF.** suciedad. **ANT.** pureza.

impuro, impura *[adj.]* que tiene impurezas: *un metal impuro; agua impura; aire impuro.* **AF.** sucio, contaminado. **ANT.** puro. **FAM.** impureza, puro.

in- prefijo que significa ***dentro*** (*inflar*) o ***falta de*** (*incompleto*). **OBS.** se convierte en ***im-*** cuando le sigue una *p* o una *b* (*imparable, imbatible*) y en ***i-*** cuando le sigue una *r* o una *l* (*irreal; ilimitado*).

inacabable *[adj.inv. en gén.]* interminable*: *una tarea inacabable.* **FAM.** inacabado, acabar.

inaccesible *[adj.inv. en gén.]* **1** hablando de un sitio, que resulta imposible llegar a él o entrar en él: *la espesa vegetación hace inaccesible la puerta del castillo; un camino inaccesible.* **AF.** inalcanzable. **2** hablando de una persona, que resulta imposible tratar con ella porque nunca puede escucharlo a uno o atenderlo: *el presidente es inaccesible para la gente normal.* **ANT.COM.** accesible. **FAM.** inaccesibilidad, inaccesiblemente, acceso.

inaceptable *[adj.inv. en gén.]* que está tan mal hecho o es tan poco apropiado, que uno no puede darlo por bueno: *es inaceptable que pierdas el tiempo miserablemente; un trabajo inaceptable; un comportamiento inaceptable.* **SIN.** inadmisible, intolerable. **ANT.** aceptable, admisible, tolerable. **FAM.** inaceptablemente, aceptar.

inactivo, inactiva *[adj.]* que no está haciendo nada o que no está funcionando: *lleva toda la tarde inactivo; una máquina inactiva.* **AF.** parado, ocioso. **ANT.** activo. **FAM.** inactividad, activar.

inadecuado, inadecuada *[adj.]* 1 que no es lo que se necesita o lo que va bien para algo: *un martillo es una herramienta inadecuada para poner tornillos; un traje de boda es inadecuado para ponerse a cavar la tierra.* **SIN.** inapropiado, impropio. **ANT.** adecuado, apropiado, idóneo. 2 que puede tener efectos molestos, o que no es como debería ser: *tu inadecuada respuesta la puso de mal humor; un comportamiento inadecuado.* **SIN.** inconveniente, inapropiado, desacertado. **AF.** incorrecto. **ANT.** conveniente, acertado. **FAM.** inadecuadamente, adecuar.

inadmisible *[adj.inv. en gén.]* inaceptable*: *es inadmisible que trates de aprovecharte de su situación.* **FAM.** inadmisiblemente, admitir.

inagotable *[adj.inv. en gén.]* 1 que tiene mucho aguante físico y nunca se cansa: *una persona inagotable.* **SIN.** incansable, infatigable. 2 que nunca se acaba, interminable*: *el petróleo no es inagotable.* **FAM.** inagotablemente, agotar.

inaguantable *[adj.inv. en gén.]* que es tan molesto o desagradable que no se puede aguantar: *un dolor inaguantable; un ruido inaguantable.* **SIN.** insoportable, insufrible. **AF.** intolerable. **ANT.** soportable, tolerable. **FAM.** inaguantablemente, aguantar.

inalcanzable *[adj.inv. en gén.]* que está tan lejos o es tan caro o tan difícil, que no se puede alcanzar o conseguir: *volver a ser joven es algo inalcanzable; un objetivo inalcanzable.* **AF.** inaccesible, inasequible. **ANT.** posible.

inalterable *[adj.inv. en gén.]* que siempre está igual porque no se estropea o es muy difícil que se estropee, o porque nunca demuestra nerviosismo: *el acero inoxidable es un material inalterable; estuvo inalterable durante toda la discusión; un comportamiento inalterable.* **SIN.** inmutable. **AF.** estable, invariable. **ANT.** alterable, inestable. **FAM.** inalterabilidad, alterar.

inanimado, inanimada *[adj.]* que no tiene alma o vida: *los minerales y los metales son seres inanimados.* **SIN.** inánime. **AMPL.** además, llamamos ***seres vivos*** a los tienen vida (animales y plantas) y ***seres animados*** a los que la tienen y se mueven por sí mismos (los animales). **FAM.** inánime, ánima.

inapreciable *[adj.inv. en gén.]* 1 que casi no se nota: *un defecto inapreciable.* **SIN.** imperceptible*. 2 que vale tanto que no se le puede poner precio: *inapreciable ayuda; inapreciable amistad.* **SIN.** inestimable*. **FAM.** inapreciablemente, apreciar.

inauguración *[n.f.]* acto más o menos solemne que se hace para celebrar que algo empieza, se estrena o se abre al público por primera vez: *la inauguración del curso escolar; a la inauguración del teatro asistió la reina.* **AF.** apertura, comienzo. **ANT.** clausura, cierre.

inaugural *[adj.inv. en gén.]* de la inauguración* de algo o que se hace con motivo de una inauguración: *ceremonia inaugural; oferta inaugural.*

inaugurar *[v.]* hacer una fiesta o algún acto especial para celebrar que algo empieza, se estrena o se abre al público por primera vez: *inaugurar un congreso; inaugurar una escuela.* **AF.** abrir, estrenar. **ANT.** cerrar, clausurar. **FAM.** inauguración, inaugural.

inca *[adj. y n.inv. en gén.]* del pueblo que habitaba el oeste de América del Sur cuando llegaron los españoles: *cultura inca; los incas; las incas.*

incalculable *[adj.inv. en gén.]* que hay tanto o vale tanto, que no se puede contar o calcular: *un diamante de incalculable valor; el terremoto produjo daños incalculables.* **AF.** inestimable, inmenso, enorme. **ANT.** insignificante, mínimo. **FAM.** incalculablemente, calcular.

incalificable *[adj.inv. en gén.]* que es tan malo que no se le puede dar ningún valor: *un comportamiento incalificable; una acción incalificable.* **AF.** despreciable, detestable. **ANT.** admirable, elogiable. **FAM.** incalificablemente, calificar.

incandescente *[adj.inv. en gén.]* que se ha calentado tanto que se ha puesto al rojo vivo: *el filamento de las bombillas se pone incandescente.* **SIN.** candente. **FAM.** incandescencia.

incansable *[adj.inv. en gén.]* que nunca se cansa, inagotable*: *un trabajador incansable.* **FAM.** incansablemente, cansar.

incapacidad *[n.f.]* 1 característica que hace que uno no pueda hacer o entender algo: *en la fiesta se vio su incapacidad para el baile.* **SIN.** ineptitud, incompetencia. **AF.** torpeza.

ANT. capacidad, competencia, aptitud. 2 enfermedad o defecto físico que impide hacer determinadas cosas: *los ciegos tienen incapacidad para conducir.* **ANT.** capacidad.

incapacitar *[v.]* ser una cosa la causa de que algo le resulte imposible a quien la tiene: *la ceguera lo incapacita para conducir.* **SIN.** imposibilitar, inhabilitar. **AF.** impedir. **ANT.** capacitar.

incapaz *[adj.inv. en gén.]* que no puede hacer lo que se dice: *es incapaz de saltar esa valla; es incapaz de escribir una novela; una buena persona es incapaz de engañar.* **AF.** inepto, torpe. **ANT.** capaz, apto. **PL.** *incapaces.* **FAM.** incapacidad, incapacitar, incapacitado, capaz.

incendiar *[v.]* hacer que empiece a arder algo que no debería quemarse: *incendiar un bosque; incendiar un edificio.* **ANT.** apagar, sofocar, extinguir. TAMBIÉN *prnl.: la biblioteca se incendió por un cortocircuito.*

incendio *[n.m.]* fuego que quema algo que no debería quemarse: *hubo un incendio en un cine.* **SIN.** fuego. **FAM.** incendiar, incendiario, encender.

incensario *[n.m.]* recipiente metálico con tapadera calada, que cuelga de unas cadenas y se mueve de un lado a otro para que el humo y el olor del incienso que se quema dentro se extiendan por el aire. **SIN.** pebetero.

incertidumbre *[n.f.]* lo que se siente por no saber algo que uno querría saber o por no estar seguro de algo: *la incertidumbre sobre el estado de su hijo le impidió dormir* (**SIN.** duda); *tras un rato de incertidumbre decidió salir* (**SIN.** indecisión*). **ANT.** certeza, seguridad.

incesante *[adj.inv. en gén.]* que no para: *un ruido incesante; la incesante actividad de las grandes ciudades.* **SIN.** constante, continuo. **AF.** persistente. **ANT.** intermitente. **FAM.** incesantemente, incesable, incesablemente, cesar.

incidente *[n.m.]* lo que pasa, sin que uno lo espere, cuando se está haciendo algo: *durante las elecciones hubo algunos incidentes sin importancia; que se cayera de la silla en plena ceremonia fue un incidente gracioso.* **SIN.** hecho, contingencia, suceso, episodio. **AF.** acontecimiento. **AMPL.** un incidente desagradable pero sin malas consecuencias es un ***percance*** y uno que hace que algo sea más largo o más difícil, un ***contratiempo***, una ***contrariedad*** o un ***revés***. **FAM.** incidencia, incidental, incidentalmente, ***incidir*** (repercutir, tener influencia en algo). **COMP.** coincidir, reincidir.

incidir *[v.]* influir una cosa en otra: *el paro incide en el número de robos.* **SIN.** repercutir, tener influencia. **FAM.** incidente.

incienso *[n.m.]* sustancia que se saca de algunos árboles que crecen en Arabia, la India y África y que cuando se quema despide buen olor: *en las ceremonias religiosas importantes se quema incienso.* **FAM.** incensario.

incierto, incierta *[adj.]* que no se sabe con seguridad cuándo será o si es verdad del todo o no: *la fecha de las elecciones todavía es incierta; una noticia incierta.* **AF.** dudoso, inseguro. **ANT.** seguro, fijo. **FAM.** incertidumbre, inciertamente, cierto.

incisión *[n.f.]* corte hecho con un instrumento cortante: *para limpiar la herida le hizo una pequeña incisión con el bisturí.* **PL.** *incisiones.*

incisivo, incisiva *[adj.]* 1 que puede abrir o cortar algo: *el cuchillo tiene una parte incisiva.* **SIN.** cortante. **AF.** punzante. // **incisivo** *[n.m.]* 2 cada uno de los dientes delanteros que sirven para cortar los alimentos: *tenemos cuatro incisivos en cada mandíbula.* **FAM.** inciso, ***incisión*** (corte).

incitar *[v.]* hacer que alguien se decida a hacer algo o que le entren ganas de algo: *lo incitó a tirarse en paracaídas; el agua cristalina incita a beber.* **SIN.** inducir, impulsar, empujar, mover, estimular para. **AF.** alentar. **ANT.** desanimar. **FAM.** incitación, incitador, incitante.

inclemencia *[n.f.]* lo que hay cuando el tiempo es muy malo porque hace mucho frío, llueve o nieva mucho, etc.: *suspendieron la excursión por las inclemencias del tiempo.* **AF.** rigor, dureza. **ANT.** clemencia, suavidad. **FAM.** inclemente, inclementemente, clemencia.

inclinación *[n.f.]* 1 lo que tienen las cosas o las superficies que no están totalmente horizontales ni totalmente verticales, por el hecho de estar así: *la torre de Pisa tiene una inclinación muy acusada; la inclinación del terreno dificultaba la marcha.* 2 lo que se hace para inclinar algo: *respondió con una inclinación de cabeza.* 3 interés especial que demuestra una persona por algo que le gusta: *tiene inclinación por la* *pintura.* **SIN.** afición, disposición. **AF.** predisposición, tendencia.

inclinar *[v.]* poner algo de manera que no quede totalmente vertical ni totalmente horizontal: *para beber hay que inclinar el vaso; inclinó la cabeza para hablarle al oído.* **ANT.** enderezar, erguir. TAMBIÉN *prnl.: se inclinó para ayudarlo a levantarse.* **AMPL.** si algo se inclina hacia un lado también se dice ***ladear***. ■ **inclinarse a** algo o **por** algo, creer que algo es lo más acertado. **FAM.** inclinación, inclinado. **COMP.** declinar, reclinar.

incluir *[v.]* 1 tener una cosa dentro a otra: *el premio incluye un viaje a Finlandia.* **SIN.** comprender, contener. **AF.** abarcar. **ANT.** excluir. 2 meter una cosa dentro de otra más grande: *he incluido en el paquete un libro más.* **AF.** introducir. **ANT.** sacar, quitar. **CONJUG.** como *huir*.* **FAM.** incluso, inclusión, inclusive, ***inclusa*** (hospicio).

inclusa *[n.f.]* edificio en el que viven niños que no tienen quien los atienda en otro sitio. **SIN.** orfanato, orfelinato, hospicio, casa cuna.

inclusive *[adv. de afirmación]* indica que lo que se dice sirve también para lo que va al lado de este adverbio: *abrimos inclusive por las noches.* **SIN.** incluso. **ANT.** exclusive. ■ **ambos inclusive**, teniendo en cuenta las dos cosas que se dicen: *de lunes a viernes, ambos inclusive.* **OBS.** nunca debe decirse *ambos inclusives*, porque los adverbios son palabras invariables, aunque sí puede decirse, con el mismo sentido, *ambos incluidos.*

incluso *[conj. copulativa]* 1 y además, y también: *estaban Julio, Manolo, incluso Pedro.* // **incluso** *[adv. de afirmación]* 2 inclusive*: *abrimos incluso de noche.*

incógnita *[n.f.]* 1 cosa que no se sabe o que no se puede entender: *ese robo presenta muchas incógnitas; para ella, la astrología es una incógnita.* **SIN.** misterio, enigma. 2 en matemáticas, cantidad que hay que averiguar haciendo las operaciones que indica cada ecuación: *en "5 + x = 208", la incógnita es la x.* **AMPL.** la incógnitas suelen representarse por las letras *y, x* o *z.* **FAM.** incógnito, incognoscible, conocer.

incoherencia *[n.f.]* lo que se nota (y cosa que se hace o se dice) cuando una persona no actúa de acuerdo con lo que piensa o con lo que dice, o cuando entre las partes de una cosa hay alguna contradicción: *es una incoherencia que compres lo que no te gusta; la incoherencia del discurso nos dejó sorprendidos; la fiebre le hacía decir incoherencias.* **SIN.** incongruencia. **AF.** disparate, tontería. **ANT.** coherencia. **FAM.** incoherente, incoherentemente, coherente.

incoloro, incolora *[adj.]* que no tiene color: *limpia los zapatos con crema incolora; el forro transparente de estos libros es incoloro.* **ANT.** colorista, multicolor.

incombustible *[adj.inv. en gén.]* que no se puede quemar: *el agua es incombustible.* **FAM.** incombustibilidad, combustión.

incomodar *[v.]* molestar*: *me incomoda llevar corbata; la incomoda que no se fíe de ella.* TAMBIÉN *prnl.: se incomodó porque no se lo advertimos.*

incomodidad *[n.f.]* 1 lo que siente quien está incómodo: *la incomodidad no lo deja dormir.* **AF.** malestar. **ANT.** comodidad, bienestar. 2 cosa que hace que uno esté incómodo: *dormir en el suelo es una incomodidad.* **AF.** molestia.

incómodo, incómoda *[adj.]* que no deja estar a gusto (*una ropa incómoda; es incómodo dormir sobre una piedra*) o que no está a gusto (*se siente incómodo con gente desconocida*). **SIN.** molesto. **ANT.** cómodo. **FAM.** incomodidad, incomodar, incómodamente, cómodo.

incomparable *[adj.inv. en gén.]* que es tan bueno, tan bonito, tan valioso, etc., que no se puede comparar con otro porque parece que no hay nada parecido: *un cuadro de incomparable belleza; una persona de incomparable generosidad.* **SIN.** insuperable, excepcional, extraordinario. **FAM.** incomparablemente, comparar.

incompleto, incompleta *[adj.]* que le falta algo para estar entero o totalmente acabado: *el álbum de cromos está incompleto.* **SIN.** inacabado. **ANT.** completo, acabado, entero. **FAM.** completo.

incomprendido, incomprendida *[adj.]* que no se le reconocen los méritos que tiene o nadie entiende lo que le pasa: *un músico incomprendido; una adolescente incomprendida.*

incomprensible *[adj.inv. en gén.]* que es tan poco lógico o razonable que no se puede entender: *un comportamiento incomprensible; una actitud incomprensible; un discurso incomprensible.* **SIN.** inconcebible, inexplicable, ininteligible. **ANT.** comprensible.

incomprensión *[n.f.]* lo que hay cuando alguien no entiende algo o a alguien: *los jóvenes se quejan de la incomprensión de los mayores.* **ANT.** comprensión, entendimiento. **FAM.** incomprendido, incomprensible, incomprensiblemente, comprensión.

incomunicación *[n.f.]* **1** lo que hay entre personas o cosas por el hecho de que estén incomunicadas: *la incomunicación de un pueblo aislado por la nieve; la incomunicación de un monje que vive solo en la montaña.* **SIN.** aislamiento. **ANT.** comunicación. **2** lo que hay entre personas que, aunque se traten, no se entienden bien: *incomunicación entre profesores y alumnos.* **AF.** incomprensión. **ANT.** entendimiento, comunicación, comprensión. **FAM.** incomunicar, incomunicabilidad, incomunicable, comunicar.

incomunicado, incomunicada *[adj.]* **1** que no tiene posibilidad de que se entre o se salga de él: *un pueblo incomunicado por la nieve.* **2** que está solo y no puede hablar con nadie: *un preso incomunicado en una celda de castigo.* **SIN.COM.** aislado. **ANT.COM.** comunicado.

incomunicar *[v.]* no dejarle a una persona estar con otras: *como castigo, lo incomunicaron en el sótano.* **SIN.** aislar. **OBS.** ante e, qu: *incomuniquen.*

inconcebible *[adj.inv. en gén.]* que es tan poco lógico o razonable o se sale tanto de lo normal, que no se puede entender: *su absoluta falta de seriedad me resulta inconcebible; es inconcebible que a los 20 años use chupete.* **SIN.** incomprensible, inexplicable, increíble. **AF.** inimaginable, impensable. **ANT.** comprensible. **FAM.** inconcebiblemente, concebir.

inconcluso, inconclusa *[adj.]* que está sin terminar: *cuando murió tenía una novela inconclusa.* **SIN.** inacabado.

inconformista *[adj.inv. en gén.]* que está en contra de las normas políticas, sociales, morales, etc. establecidas: *jóvenes inconformistas.* TAMBIÉN *n.inv. en gén.: los inconformistas.*

inconfundible *[adj.inv. en gén.]* que es tan distinto a todos que no se puede confundir con otro: *su voz es inconfundible.* **AF.** característico, distinto. **FAM.** inconfundiblemente, confundir.

inconsciente *[adj.inv. en gén.]* **1** que ha perdido el conocimiento, de manera que no se entera de nada, no puede hablar y parece que está dormido: *se dio un golpe en la cabeza y quedó inconsciente.* **AF.** desmayado. **ANT.** consciente, lúcido. **2** que hace las cosas sin pararse a pensar en las consecuencias: *una persona inconsciente puede crear muchos problemas.* **SIN.** irresponsable*. TAMBIÉN *n.: quien tira en el monte una cerilla encendida es un inconsciente.* **3** que se hace sin haberlo decidido antes, porque a uno le sale: *un movimiento inconsciente.* **SIN.** instintivo*. **FAM.** inconsciencia, inconscientemente, consciente.

inconsolable *[adj.inv. en gén.]* que está tan triste que no hay nada ni nadie que pueda quitarle la tristeza: *está inconsolable desde que se perdió su perro.* **AF.** triste. **ANT.** contento. **FAM.** inconsolablemente, consuelo.

incontable *[adj.inv. en gén.]* **1** tipo de cosas que no se pueden contar porque no están formadas por unidades: *la belleza, la amistad y la luz son cosas incontables.* **ANT.** contable. **2** que lo hay en tanta cantidad que no se puede contar: *ha recibido un número incontable de cartas; tiene incontables proyectos.* **SIN.** innumerable, incalculable. **ANT.** escaso, poco. **AMPL.** decimos que es ***inconmensurable*** lo que es tan fuerte o tan grande que no se puede medir: *un amor inconmensurable.*

incontrolable *[adj.inv. en gén.]* que se mueve, funciona o se desarrolla solo, sin que nadie pueda hacer nada para cambiarlo o dirigirlo: *los efectos de la violencia son incontrolables; un barco incontrolable durante una tempestad.* **FAM.** incontrolablemente, control.

inconveniente *[n.m.]* **1** lo que hace que algo no sea del todo bueno o claramente mejor que otros: *el trabajo es bonito pero tiene el inconveniente de que lleva mucho tiempo.* **SIN.** desventaja, pega. **AF.** problema. **ANT.** ventaja. **2** lo que hace que sea difícil o imposible conseguir algo: *encontramos muchos inconvenientes para montar la empresa.* **SIN.** obstáculo, dificultad, impedimento, traba. **ANT.** facilidad. // **inconveniente** *[adj.inv. en gén.]* **3** que puede tener efectos molestos, o que no es como debería ser: *una pregunta inconveniente.* **SIN.** inadecuado* (acepción 2). **FAM.** inconveniencia, inconvenientemente, convenir.

incordiar *[v.]* molestar* (acepción 1): *no lo incordies mientras trabaja.* **FAM.** incordio, incordiante.

incorporar *[v.]* 1 poner algo en una cosa que ya está hecha: *incorporó al trabajo unos esquemas aclaratorios.* **SIN.** añadir, agregar. **ANT.** quitar. // **incorporarse** *[v.prnl.]* 2 levantar la parte de arriba del cuerpo cuando se está tumbado: *se incorporó para mirar la hora.* **ANT.** tenderse, tumbarse. 3 juntarse con otras personas que forman un grupo: *incorporarse al ejército; incorporarse a un equipo.* **SIN.** unirse, sumarse, agregarse. **ANT.** separarse. **FAM.** incorporación, incorporable, cuerpo. **COMP.** reincorporar.

incorrección *[n.f.]* 1 cosa que hace que algo no esté bien hecho o no sea como debe ser: *el documento tiene algunas incorrecciones.* **SIN.** deficiencia, fallo. 2 cosa que se hace o se dice y resulta de mala educación: *es una incorrección levantarse de la mesa sin pedir permiso.* **SIN.** falta de educación, descortesía. **INTENS.** grosería. **FAM.** incorrecto, incorrectamente, incorregible, incorregiblemente, corrección.

incorrecto, incorrecta *[adj.]* 1 que no está bien: *una respuesta incorrecta; el resultado del problema es incorrecto.* **SIN.** erróneo, fallido. 2 que demuestra mala educación: *es incorrecto comer con las manos.* **INTENS.** grosero, maleducado. **ANT.** correcto, educado.

incorregible *[adj.inv. en gén.]* que no se puede arreglar, mejorar, eliminar, etc.: *un fallo incorregible en una máquina; una persona con manías incorregibles.* **AF.** irremediable. **ANT.** recuperable.

incrédulo, incrédula *[adj.]* que no se cree nada que no pueda comprobar por sí mismo: *un persona incrédula se reiría si oyera esa historia.* **AF.** desconfiado, receloso. **ANT.** crédulo, confiado. **FAM.** incredulidad, incrédulamente, crédulo.

increíble *[adj.inv. en gén.]* 1 que no se puede creer porque va contra la lógica: *las aventuras de Supermán son increíbles.* **SIN.** inverosímil. **AF.** inconcebible. **ANT.** creíble, verosímil. 2 que cuesta creerlo porque parece imposible: *es increíble que pueda comer tanto.* **SIN.** inconcebible*. **FAM.** increíblemente, creíble.

incrementar *[v.]* aumentar la cantidad o la intensidad de algo: *la policía incrementará la vigilancia en el barrio.* TAMBIÉN *prnl.*: *se ha incrementado el consumo de gasolina.* **ANT.** disminuir.

incriminar *[v.]* acusar de un delito o de una falta: *lo incriminaron en un robo que no cometió.* **FAM.** crimen.

incrustar *[v.]* meter una cosa dentro del material de otra, de manera que quede muy ajustada: *incrustó piececitas de marfil en la madera del bargueño.* **AF.** encajar, embutir. TAMBIÉN *prnl.*: *la piedra se incrustó en el cemento tierno.* **FAM.** incrustación. **COMP.** desincrustar.

incubadora *[n.f.]* 1 máquina que da calor a los huevos de las aves para que puedan nacer los pollos: *en algunas granjas hay incubadoras.* 2 especie de caja de cristal en la que se mete a los niños que nacen antes de tiempo para que alcancen el desarrollo normal: *estuvo un mes en la incubadora.*

incubar *[v.]* 1 dar calor a los huevos para que puedan nacer los pollos: *la gallina incuba los huevos colocándose sobre ellos.* **SIN.** empollar. 2 empezar a formarse en el organismo una enfermedad, aunque no hayan aparecido los síntomas: *se tarda varios día en incubar la varicela.* **FAM.** incubadora, incubación.

inculcar *[v.]* poner mucho interés en hacer que alguien aprenda algo, repitiéndoselo muchas veces, dando ejemplo, etc.: *inculcó a sus hijos el respeto por los demás.* **SIN.** infundir en. **OBS.** ante e, qu: *inculquen.* **FAM.** inculcación, inculcable.

inculpar *[v.]* echarle a alguien la culpa de algo: *cuando la interrogaron, inculpó a sus socios.* **SIN.** culpar. **FAM.** culpa.

inculto, inculta *[adj.]* 1 que está sin cultivar: *una finca inculta.* **SIN.** baldío. **ANT.** cultivado. 2 que no tiene los conocimientos generales que tiene la mayoría de la gente de la sociedad y el tiempo en que vive: *es una persona inculta que no se preocupa por aprender.* **AF.** ignorante, analfabeto. **ANT.** culto, instruido, educado. **FAM.** incultura, culto.

incultura *[n.f.]* falta de conocimientos generales: *demostró una gran incultura al decir que* *no sabía quién era Shakespeare.* **SIN.** ignorancia. **AF.** analfabetismo. **ANT.** cultura, educación, sabiduría.

incumbir *[v.]* 1 ser algo de lo que uno tiene que ocuparse: *me incumbe a mí el cuidado de mi perro.* **SIN.** corresponder, concernir, competer. **AF.** tocar. 2 tener que ver con uno: *los problemas sociales nos incumben a todos.* **SIN.** afectar, atañer. **FAM.** incumbencia.

incurable *[adj.inv. en gén.]* que no se puede curar: *una enfermedad incurable; un mal incurable.* **AF.** irremediable, irreparable. **ANT.** curable.

incurrir *[v.]* hacer algo que no se debe hacer: *incurrir en un error; incurrir en una falta; incurrir en un delito.* **AF.** caer. **GRAM.** siempre va con la preposición *en,* aunque su sinónimo, *cometer,* va sin ella. **FAM.** incursión, incurrimiento.

indagar *[v.]* hacer lo necesario para encontrar la solución de algo o la respuesta a algo que no se sabe: *indaga en documentos antiguos para hacer el árbol genealógico.* **AF.** investigar, buscar, averiguar. **OBS.** ante e, gu: *indaguen.* **FAM.** indagación, indagatorio.

indebido, indebida *[adj.]* que no es como debería ser porque va contra alguna norma, contra lo que es normal o razonable, etc.: *un aparcamiento indebido; un castigo indebido.* **AF.** incorrecto. **ANT.** correcto, justo. **FAM.** indebidamente, deber.

indecente *[adj.inv. en gén.]* 1 que va en contra de lo que se considera moralmente bueno: *es indecente abusar de la buena fe de los demás.* **SIN.** inmoral, indigno. **AF.** indecoroso. **ANT.** decente. 2 que está muy sucio, muy viejo, muy estropeado, etc.: *esa cartera está indecente.* **SIN.** asqueroso. **ANT.** impecable. **FAM.** indecencia, indecentemente, decente.

indecisión *[n.f.]* lo que demuestra una persona cuando no sabe qué hacer respecto a algo: *su indecisión le hizo perder la mejor oportunidad.* **SIN.** duda, vacilación, incertidumbre, titubeo, irresolución. **ANT.** decisión, determinación. **FAM.** indeciso, indecisamente, decisión.

indeciso, indecisa *[adj.]* que le resulta muy difícil tomar decisiones: *estoy indeciso entre el rojo y el verde.* **SIN.** titubeante, irresoluto, vacilante. **ANT.** decidido, resuelto. TAMBIÉN *n.*: *los indecisos pierden muchas oportunidades.*

indefenso, indefensa *[adj.]* que no puede o no sabe defenderse: *un niño indefenso.* **AF.** débil, desvalido, desamparado. **ANT.** fuerte. **FAM.** indefensión, indefendible, defensa.

indefinido, indefinida *[adj.]* 1 que no tiene lo necesario para que se vea bien o se sepa cómo es o qué es exactamente: *un color indefinido; una imagen indefinida; una idea indefinida; un plan indefinido.* **SIN.** impreciso, indeterminado, vago, difuso. **ANT.** definido, determinado, concreto. 2 que no se sabe cuándo acabará: *por tiempo indefinido; una huelga indefinida.* **SIN.** indeterminado. **ANT.** limitado, fijo. **FAM.** indefinidamente, indefinible, definir.

indemne *[adj.inv. en gén.]* que no le ha pasado nada: *tuvo un accidente pero salió indemne.* **SIN.** ileso.

indemnizar *[v.]* darle a una persona una cantidad de dinero para compensar el daño que se le ha hecho: *lo indemnizaron por el robo de su coche.* **SIN.** resarcir, compensar. **AF.** reparar, satisfacer. **OBS.** ante e, c: *indemnicen.* **FAM.** indemnización, daño.

independencia *[n.f.]* 1 lo que tiene un territorio por el hecho de ser libre para gobernarse y no estar dominado por otros: *muchos países han luchado por su independencia.* **SIN.** autonomía, soberanía. 2 lo que tiene una persona por el hecho de ser libre para decidir sobre cosas de su vida, sin estar obligada a hacerle caso a quien le diga lo que tiene que hacer: *por fin consiguió independencia económica.* **SIN.** emancipación. **ANT.COM.** dependencia, sometimiento. **FAM.** independiente, independizarse, independientemente, independentismo, independentista, depender.

independiente *[adj.inv. en gén.]* que tiene independencia*: *España es un país independiente* (**SIN.** autónomo, soberano)*; una persona económicamente independiente* (**SIN.** emancipado). **ANT.** dependiente, sometido.

independizarse *[v.prnl.]* conseguir independencia*: *independizarse un pueblo; independizarse de los padres.* **AF.** emanciparse, liberarse.

indeseable *[adj.inv. en gén.]* 1 malvado*: *un asesino es una persona indeseable; un comportamiento indeseable.* // **indeseable** *[n.inv. en* *gén.]* 2 canalla*: *es de indeseables maltratar a los animales.* **FAM.** indeseablemente, desear.

indestructible *[adj.inv. en gén.]* que es tan resistente que no se puede destruir o resultaría muy difícil destruirlo: *dicen que es un edificio indestructible.* **AF.** irrompible, inalterable. **ANT.** débil, delicado. **FAM.** indestructibilidad, destruir.

indeterminado, indeterminada *[adj.]* que no se sabe cuál es exactamente: *vendrá un día indeterminado del próximo mes.* **SIN.** cualquiera. **AF.** impreciso. **ANT.** determinado, preciso, concreto. ■ **artículo indeterminado**, VER *artículo.* **FAM.** indeterminación, indeterminable, determinar.

indicación *[n.f.]* 1 lo que se hace o se dice para explicarle a alguien la manera de hacer algo o de ir a un sitio: *me dio las indicaciones necesarias para que pudiera montar la pista.* **AF.** instrucción, advertencia. 2 señal que advierte de algo o indica algo: *fíjate en las indicaciones de la carretera.* **AF.** señal, letrero, aviso.

indicador, indicadora *[adj.]* que indica algo: *luces indicadoras de freno.*

indicar *[v.]* 1 hacer que alguien se dé cuenta de algo o se entere de algo: *la luz roja indica que ya está caliente; el termómetro indica la temperatura.* **SIN.** señalar. 2 decirle a alguien lo que tiene que hacer para ir a un sitio o para conseguir algo: *indícale el camino del hospital; le indicó qué papeles tenía que presentar.* **SIN.** mostrar, señalar. **AF.** orientar. **OBS.** ante e, qu: *indiquen.* **FAM.** indicación, indicador, indicativo, índice. **COMP.** contraindicado, contraindicación.

indicativo, indicativa *[adj.]* que indica algo: *en las playas ponen banderas indicativas de peligro.* ■ **modo indicativo**, modo de los verbos que se usa para hablar de acciones reales: *"yo barro" es presente del modo indicativo.*

índice *[n.m.]* 1 dedo de la mano que está entre el pulgar y el corazón. **AMPL.** se llama así porque es el que se suele usar para hacer indicaciones. TAMBIÉN *adj.*: *me tricé el dedo índice.* 2 lista de los temas que se tratan en un libro, de los títulos de cada capítulo, de los ejemplares de una colección, etc.: *búscalo en el índice y tardarás menos.* **FAM.** indicio, indicar.

indicio *[n.m.]* cualquier cosa que hace pensar en otra o en que algo es de una manera determinada: *las sábanas calientes son un indicio de que alguien acaba de levantarse.* **SIN.** síntoma*.

indición forma incorrecta de decir *inyección*.*

indiferencia *[n.f.]* lo que uno siente por algo o por alguien que no le interesa nada y que no le produce ninguna emoción: *mostró su indiferencia por el asunto marchándose de allí.* **SIN.** desinterés. **AF.** frialdad, impasibilidad, apatía. **ANT.** interés, entusiasmo. **FAM.** indiferente, indiferentemente, indiferenciado, diferencia.

indiferente *[adj.inv. en gén.]* 1 que da igual que sea de una manera o de otra: *es indiferente que cojas uno u otro.* **SIN.** indistinto. 2 que no se interesa por algo: *en clase se muestra indiferente; una actitud indiferente.* **SIN.** desinteresado. **AF.** apático. **ANT.** entusiasmado.

indígena *[n.inv. en gén.]* 1 antiguo habitante de un lugar: *los indígenas de Méjico eran aztecas.* **SIN.** aborigen. 2 persona que ha nacido en el país del que se habla, y especialmente si se trata de un pueblo primitivo: *varios indígenas salieron a recibirlos.* **SIN.** nativo. TAMBIÉN *adj.*: *población indígena; un ritual indígena.* **ANT.** forastero, extranjero.

indigente *[adj.inv. en gén.]* que es tan pobre que tiene mucho menos de lo necesario para vivir: *una familia indigente.* **AF.** pobre, necesitado. **ANT.** rico. TAMBIÉN *n.*: *en el albergue dan cobijo a los indigentes.* **SIN.** mendigo. **FAM.** indigencia.

indigestarse *[v.prnl.]* sentar mal algo que se ha comido: *no pudo dormir porque se le indigestó la cena.*

indigestión *[n.f.]* lo que tiene uno por haberle sentado mal algo que ha comido: *los calamares me produjeron indigestión.* **FAM.** indigestarse, indigesto, digerir.

indigesto, indigesta *[adj.]* que puede indigestarse* porque cuesta digerirlo: *los pepinillos en vinagre le resultan indigestos.*

indignación *[n.f.]* sentimiento muy fuerte de enfado que producen las personas o las cosas que van contra la dignidad humana, la honradez, la justicia, etc.: *demostró su indigna-*

ción por el mal trato recibido. **AF.** irritación, ira. **ANT.** satisfacción.

indignante *[adj.inv. en gén.]* que produce indignación*: *es indignante que haya políticos corruptos.* **AF.** irritante.

indignar *[v.]* producir indignación*: *me indigna que lo trate mal.* **SIN.** sublevar, rebelar. **AF.** enfurecer*. TAMBIÉN *prnl.: no te indignes por tan poca cosa.*

indigno, indigna *[adj.]* 1 que, por su comportamiento, no se merece lo que se dice: *ha sido indigno de la confianza que le dieron.* **ANT.** digno, acreedor, merecedor. 2 que va contra la dignidad humana, la honradez, la justicia, etc.: *es indigno que abusen de los débiles; un comportamiento indigno.* **SIN.** ruin, vil, despreciable. **ANT.** digno. 3 que va en contra de la manera normal de actuar de quien se dice: *esa respuesta es indigna de ti.* **AF.** impropio. **FAM.** indignación, indignante, indignidad, digno.

indio, india *[adj. y n.]* 1 de la India, país asiático: *gobierno indio; se ha casado con una india.* 2 de los antiguos habitantes de América, que era conocida como las Indias Occidentales: *una tribu india; los indios tienen lengua y cultura propias.* **AMPL.** cuando los conquistadores llegaron a América llamaron *indios* a sus habitantes porque creían que habían llegado a la India por occidente; allí había muchos pueblos distintos a los que ahora llamamos ***amerindios***. ■ **hacer el indio**, hacer el tonto. **FAM.** indiano, índico.

indirecta *[n.f.]* cosa que se hace o se dice para dar a entender algo sin decirlo claramente: *con una indirecta me echó de allí.*

indirecto, indirecta *[adj.]* que se hace (o pasa) dando un rodeo, en lugar de utilizar el camino más corto o el sistema más rápido: *me enteré de forma indirecta, a través de un amigo.* **ANT.** directo. **FAM.** indirectamente, dirigir.

indisciplinado, indisciplinada *[adj.]* que no cumple las normas que se han establecido para el sitio en el que está: *un alumno indisciplinado.* **AF.** díscolo, rebelde. **ANT.** disciplinado. **FAM.** indisciplina, indisciplinadamente, disciplina.

indiscreción *[n.f.]* cosa que se dice (o se hace) y va en contra de las normas de educación relacionadas con el respeto a la intimidad de los demás: *fue una indiscreción que entraras sin llamar.* **AF.** inconveniencia, imprudencia. **ANT.** discreción, tacto, prudencia. **FAM.** indiscreto, indiscretamente, discreción.

indiscreto, indiscreta *[adj.]* que no tiene en cuenta la confianza que se le tiene o lo que puede molestar a otros, o que intenta enterarse de cosas de los demás que no le importan: *no le cuentes nada, que es muy indiscreto; hizo comentarios indiscretos acerca de su familia; es tan indiscreta que nada más conocerlo le preguntó cuánto ganaba.* **SIN.** indelicado, impertinente, imprudente. **AF.** entrometido, descarado. **ANT.** discreto, prudente.

indiscutible *[adj.inv. en gén.]* que está tan claro que no ofrece posibilidad de discutirlo: *es indiscutible que si te apoyas en una brasa te quemas.* **SIN.** incuestionable, indudable, innegable. **AF.** evidente, patente, manifiesto, claro. **ANT.** discutible, cuestionable, dudoso, incierto. **FAM.** indiscutiblemente, discutir.

indisoluble *[adj.inv. en gén.]* 1 que no se puede disolver: *una sustancia indisoluble en agua.* **SIN.** insoluble. **ANT.** soluble. 2 que no se puede separar: *una unión indisoluble.*

indispensable *[adj.inv. en gén.]* imprescindible*: *dormir es indispensable para vivir.* **FAM.** indispensablemente, dispensar.

indisposición *[n.f.]* lo que tiene quien no se encuentra bien aunque no esté enfermo: *se quedó en casa por una pequeña indisposición.* **SIN.** malestar. **PL.** *indisposiciones.*

indispuesto, indispuesta *[adj.]* 1 que no está enfermo pero tampoco se encuentra bien: *no salió porque estaba indispuesto.* **SIN.** pachucho. **INTENS.** malo, enfermo. **ANT.** sano. // **indispuesto** *[forma de verbo]* 2 participio del verbo *indisponer.* **FAM.** indisponer, indisposición, disponer.

indistinto, indistinta *[adj.]* 1 que no se distingue de otro: *si son indistintos, no dudes tanto.* 2 que da igual que sea de una manera o de otra: *es indistinto que gane él o ella, porque comparten todo.* **SIN.COM.** indiferente. **FAM.** indistinguible, indistintamente, distinguir.

individual *[adj.inv. en gén.]* que es para una sola persona: *un armario individual.* **AF.** particular, personal. **ANT.** colectivo, común.

individuo *[n.m.]* 1 cada una de las personas, de los animales o de los vegetales de una especie: *en el zoo hay dos individuos de oso pardo.* // **individuo, individua** *[n.]* 2 cualquier persona desconocida para el que habla: *se lo llevaron dos individuos.* **SIN.COM.** sujeto. **FAM.** individual, individualista, individualismo, individualidad, individualizar, individualmente, dividir.

indivisible *[adj.inv. en gén.]* que no se puede dividir o partir: *el aire es indivisible.* **AF.** inseparable. **ANT.** divisible. **FAM.** indivisibilidad, indivisiblemente, dividir.

indocumentado, indocumentada *[adj.]* 1 que no tiene los papeles oficiales en los que están sus datos personales como el nombre, los apellidos, la fecha de nacimiento, la dirección, etc.: *perdió el carné de identidad y está indocumentado.* **ANT.** documentado, identificado. 2 que no sabe nada o casi nada de algo: *hablando de política soy una persona indocumentada.* TAMBIÉN *n.*: *en arte es un indocumentado.*

indoeuropeo, indoeuropea *[adj.]* lengua que se supone que existió en la parte del sureste de Europa y el suroeste de Asia hacia el año 2000 antes de Cristo.

indomable *[adj.inv. en gén.]* que resulta difícil o imposible domarlo: *tienen un caballo indomable.* **SIN.** indómito. **AF.** rebelde. **ANT.** domable, dócil. **FAM.** indómito, indomabilidad, domar.

indómito, indómita *[adj.]* 1 que está sin domar o que es muy difícil de domar: *el león llegó indómito al circo.* **SIN.** indomable. **AF.** salvaje, bravo. 2 que es difícil de tratar porque hace lo que quiere y no obedece a nadie: *cuando llegó era un chico indómito.* **SIN.** rebelde, indisciplinado, indócil. **ANT.** disciplinado, dócil.

indudable *[adj.inv. en gén.]* que está tan claro que no ofrece posibilidad de duda: *es indudable que estoy aquí.* **SIN.** indiscutible*. **FAM.** indudablemente, duda.

indultar *[v.]* perdonar el castigo o la pena que alguien tenía que cumplir: *el rey indultó al condenado.* **ANT.** condenar, inculpar, sentenciar. **FAM.** indulto.

indulto *[n.m.]* perdón que una autoridad concede a quien había sido condenado a cumplir una pena: *está en la cárcel, pero espera el indulto.* **ANT.** castigo, condena.

indumentaria *[n.f.]* conjunto de la ropa y las cosas que se llevan puestas: *los cinturones, los sombreros, los collares y los zapatos forman parte de la indumentaria.* **SIN.** atuendo, vestimenta.

industria *[n.f.]* 1 conjunto de todos los trabajos que se hacen para convertir los productos que hay en la naturaleza en otros productos nuevos, con la ayuda de máquinas y de distintas técnicas: *la industria papelera transforma la madera en papel.* 2 empresa que se dedica a fabricar productos para venderlos: *ha montado una industria de zapatos.* **SIN.** fábrica. **FAM.** industrial, industrializar, industrialización.

industrial *[adj.inv. en gén.]* 1 de la industria (*técnicas industriales; un proceso industrial*), que sale de una industria (*un producto industrial*) o que tiene muchas industrias (*una ciudad industrial*). // **industrial** *[n.inv. en gén.]* 2 persona que tiene una industria y trabaja en ella: *los industriales de la región se reúnen cada cierto tiempo.* **SIN.** empresario.

industrializar *[v.]* poner industrias en una zona determinada (*industrializar una región*) o pasar a hacer un trabajo manual con métodos industriales (*industrializar la fabricación de alfombras*). **OBS.** ante e, c: *industrialice.* **FAM.** industria.

industrioso, industriosa *[adj.]* que es trabajador e ingenioso. **FAM.** industria.

inepto, inepta *[adj.]* que se le da muy mal hacer algo o que no es capaz de hacerlo: *una persona inepta para las matemáticas.* **SIN.** inútil, incompetente. **AF.** torpe, incapaz. **ANT.** competente, apto, hábil. TAMBIÉN *n.*: *en esta empresa no se admiten ineptos.* **FAM.** ineptitud, ineptamente, apto.

inercia *[n.f.]* fuerza que lleva un cuerpo y que le impide, durante un tiempo, dejar de moverse o cambiar el movimiento que lleva cuando otra fuerza lo obliga a hacerlo: *aunque frenó, salió lanzado por la inercia.* **FAM.** inerte.

inerme *[adj.inv. en gén.]* que no tiene armas y no puede defenderse: *estaba inerme ante el atracador.* **SIN.** desarmado, indefenso.

inerte *[adj.inv. en gén.]* que no tiene vida: *los minerales son seres inertes.*

inesperado, inesperada *[adj.]* que uno no lo espera: *una visita inesperada; un resultado inesperado.* **SIN.** imprevisto. **ANT.** esperado, previsto. **FAM.** inesperadamente, esperar.

inestimable *[adj.inv. en gén.]* que para uno tiene muchísimo valor: *una colaboración inestimable; riquezas inestimables.* **SIN.** inapreciable, valiosísimo. **ANT.** insignificante, desdeñable. **FAM.** inestimabilidad, inestimado, estimar.

inevitable *[adj.inv. en gén.]* que no se puede hacer nada para que no pase o que no hay más remedio que hacerlo: *la operación es inevitable.* **SIN.** ineludible, inexcusable, forzoso. **ANT.** evitable. **FAM.** inevitablemente, evitar.

inexacto, inexacta *[adj.]* que no coincide o no se corresponde exactamente con lo que se dice o con lo que es: *la noticia es inexacta porque los hechos no ocurrieron así; el resultado del problema es inexacto.* **AF.** erróneo, equivocado, impreciso, incorrecto. **ANT.** exacto, preciso. **FAM.** inexactitud, inexactamente, exacto.

inexistente *[adj.inv. en gén.]* que no existe o que hay tan poco que no es como si no hubiera nada: *los dinosaurios son animales inexistentes; la limpieza aquí es inexistente.* **FAM.** inexistencia, existir.

inexperiencia *[n.f.]* lo que demuestra quien todavía sabe poco de algo porque está haciéndolo por primera vez o porque lleva haciéndolo muy poco tiempo: *se nota su inexperiencia como conductor.* **AF.** torpeza, impericia. **ANT.** experiencia, práctica. **FAM.** inexperto, inexpertamente, experiencia.

inexperto, inexperta *[adj.]* que tiene poca práctica en algo: *un mecánico inexperto; una abogada inexperta.* **AF.** novato, novel, principiante. **ANT.** experto, experimentado. TAMBIÉN *n.: jugando al tenis es un inexperto.*

inexplicable *[adj.inv. en gén.]* que es tan poco lógico que uno no se lo puede explicar: *es inexplicable que haya desaparecido; un comportamiento inexplicable.* **SIN.** incomprensible. **AF.** misterioso, extraño. **ANT.** comprensible, lógico. **FAM.** inexplicablemente, explicar.

inexpresivo, inexpresiva *[adj.]* que no expresa nada o no deja que se note ninguna emoción: *un gesto inexpresivo; una cara inexpresiva.* **AF.** inmutable, inalterable. **ANT.** expresivo. **FAM.** inexpresividad, inexpresivamente, expresivo.

infalible *[adj.inv. en gén.]* que nunca se equivoca o nunca falla: *cuando habla de matemáticas se cree infalible; un insecticida infalible contra los mosquitos.* **FAM.** infalibilidad, infaliblemente, fallar.

infamar *[v.]* quitar la buena fama. **FAM.** infamador, infamación, infamatorio, fama.

infame *[adj.inv. en gén.]* muy malo, malísimo, pésimo: *un comportamiento infame; un día infame.*

infancia *[n.f.]* **1** primera etapa de la vida de las personas que acaba en la adolescencia: *durante la infancia se aprende jugando.* **SIN.** niñez. **2** conjunto de todos los niños de un país, de todos los niños del mundo, etc.: *Unicef es una organización internacional de ayuda a la infancia.* **FAM.** infantil, infante, infantilismo, infantería, infanticidio, infanticida.

infante, infanta *[n.]* **1** hermano o hermana de un príncipe o de una princesa: *la infanta visitó un hospital.* **2** en general, niño: *los infantes no van a la guerra.*

infantería *[n.f.]* en un ejército, conjunto de los soldados que luchan a pie: *hizo la mili en infantería.*

infantil *[adj.inv. en gén.]* de los niños o para los niños: *educación infantil; edad infantil; juegos infantiles.* **AMPL.** llamamos ***pueriles*** a las cosas que parecen de niño y tendrían que ser de mayores: *a pesar de su edad tiene un comportamiento demasiado pueril.*

infarto *[n.m.]* fallo grave del funcionamiento de alguno de los órganos más importantes del cuerpo, que se produce cuando la sangre no llega bien a él: *los infartos de miocardio dañan el corazón.*

infatigable *[adj.inv. en gén.]* incansable*: *una persona infatigable.* **FAM.** infatigablemente, fatiga.

infección *[n.f.]* lo que produce un germen* patógeno cuando entra en el organismo de una persona o de un animal que no tiene las defensas suficientes para destruirlo: *las infecciones producen fiebre y se combaten con antibióticos.*

infeccioso, infecciosa *[adj.]* producido por una infección: *las enfermedades infecciosas se contagian con facilidad.* **AF.** contagioso.

infectar *[v.]* hacer que un germen* patógeno se extienda por el organismo o por alguna parte del cuerpo, de manera que provoca una enfermedad o una infección: *la suciedad puede infectar las heridas.* TAMBIÉN *prnl.: si no te la cuidas se infectará.* **FAM.** infección, infeccioso. **COMP.** desinfectar.

infeliz *[adj.inv. en gén.]* 1 que no está contento con lo que tiene: *se siente infeliz porque está solo en la vida.* **SIN.** desgraciado, desdichado. **ANT.** feliz, dichoso. // **infeliz** *[n.inv. en gén.]* 2 persona que es tan buena que se conforma con todo y no sabe defenderse: *no te metas con ella porque es una infeliz.* **PL.** *infelices.* **FAM.** infelicidad, infelizmente, feliz.

inferior *[adj.inv. en gén.]* 1 que está debajo o más abajo (*busca en el cajón inferior*) o que es el que tiene menos categoría, importancia, etc. (*en un ejército, el puesto inferior es el de soldado*). **ANT.** superior. 2 que es peor que otro o que vale menos que otro: *es de calidad inferior; su sueldo es inferior al mío.* **SIN.** peor. **ANT.** superior, mejor. **FAM.** inferioridad, inferiormente.

inferioridad *[n.f.]* lo que se tiene, respecto a algo o alguien, por el hecho de ser peor, tener menos importancia o menos posibilidades, o de estar por debajo de él: *en el campo se comprobó la inferioridad de su equipo; trabajan con inferioridad de condiciones porque tienen menos maquinaria.* **ANT.** superioridad.

infernal *[adj.inv. en gén.]* que es tan malo o molesto, o que produce tanto sufrimiento, que parece que viene del infierno: *un tiempo infernal; un ruido infernal; las guerras son infernales.* **AF.** diabólico.

infiel *[adj.inv. en gén.]* 1 que no cumple lo que ha prometido: *ha sido infiel al contar tu secreto.* **SIN.** desleal, traidor. **ANT.** fiel, leal. // **infiel** *[n.inv. en gén.]* 2 para los antiguos cristianos, persona de otra religión: *en las cruzadas, los caballeros luchaban contra los infieles.* **FAM.** infidelidad, infielmente, fiel.

infiernillo *[n.m.]* aparato pequeño para calentar cosas, fundirlas, cocerlas, etc., que se puede cambiar de sitio: *en el camping cocinan con un infiernillo.* **SIN.** hornillo.

infierno *[n.m.]* sitio o situación de muchísimo sufrimiento, fuego, ruido, etc.: *para los cristianos, el alma de quien muere en pecado mortal va al infierno; después del terremoto la ciudad era un infierno.* **FAM.** infernal, infiernillo, infernillo.

infijo *[n.m.]* letra o conjunto de letras que se ponen dentro de una palabra para hacer otra distinta.

infiltrar *[v.]* 1 meter un líquido en la materia de algo: *le infiltran medicamentos con una jeringuilla.* 2 meter a alguien en un grupo sin que los del grupo noten que no es uno de ellos: *infiltraron a un policía en la banda de delincuentes para que se enterara de lo que tramaban.* TAMBIÉN *prnl.: se infiltró en una banda de contrabandistas.*

infinidad *[n.f.]* muchísima cantidad de algo: *a la orilla del río hay infinidad de mosquitos.* **SIN.** multitud, un sinfín, un sinnúmero. **ANT.** escasez.

infinitivo *[n.m.]* forma que da nombre a los verbos, no tiene tiempo, número ni persona y siempre acaba en *-ar, -er* o *-ir*: *escribir, leer y jugar son infinitivos.* VER *nominal.*

infinito, infinita *[adj.]* 1 que no tiene principio ni fin: *el universo es infinito; una línea infinita.* **SIN.** ilimitado. **ANT.** limitado. 2 que es muy grande, muy fuerte, muy intenso, etc. (*tenía infinitas ganas de divertirse*) o que lo hay en gran cantidad (*en esa tienda hay infinitos juguetes.* **SIN.** infinidad de, multitud de). **ANT.** poco, escaso. ■ **mirar al infinito**, fijar la mirada en un punto que está tan lejos que uno no lo ve. **FAM.** infinidad, infinitivo, infinitud, infinitamente, infinitesimal, fin.

inflamable *[adj.inv. en gén.]* que puede arder sólo con que se acerque una llama o una chispa: *el butano es un gas inflamable.* **ANT.** ininflamable, ignífugo.

inflamación *[n.f.]* 1 hecho de que un cuerpo arda produciendo llamas: *la inflamación del combustible fue la causa de la explosión.* 2 abultamiento en una parte del cuerpo, a consecuencia de una infección o de un golpe: *se le ha reducido bastante la inflamación del tobillo.* **SIN.** hinchazón, abultamiento. **FAM.** inflamatorio, inflamarse. **COMP.** antiinflamatorio.

inflamarse *[v.prnl.]* 1 empezar a arder: *al acercar la cerilla se inflamó el alcohol.* **AF.** arder, prenderse. 2 aumentar el tamaño de una parte del cuerpo por un golpe, una lesión, etc.: *se le ha inflamado el tobillo.* **SIN.** hinchar. **ANT.** desinflamar. **FAM.** inflamable, inflamabilidad, inflamación. **COMP.** desinflamar.

inflar *[v.]* hacer que algo aumente de tamaño o se ponga más duro, metiéndole un gas: *infla el globo.* **SIN.** hinchar. **ANT.** desinflar. **FAM.** inflador, inflamiento. **COMP.** desinflar.

inflexible *[adj.inv. en gén.]* 1 que tal y como está no se puede doblar: *el vidrio frío es un material inflexible.* **SIN.** rígido, duro. **ANT.** flexible, moldeable. 2 que demuestra mucha exigencia y ningún cambio de opinión: *una actitud inflexible; se mantuvo inflexible durante toda la discusión.* **SIN.** firme, inquebrantable. **AF.** rígido, duro. **ANT.** flexible. **FAM.** inflexibilidad, inflexiblemente, inflexión, flexión.

inflorescencia *[n.f.]* grupo de flores pequeñas que salen juntas y dan la impresión de que es una grande: *las flores de las hortensias forman inflorescencias.*

influencia *[n.f.]* poder o fuerza que tiene una persona o cosa para producir un efecto en otra: *la influencia del clima en la vegetación es indudable; los periódicos y la televisión tienen influencia en la opinión de los ciudadanos* (**SIN.** repercusión)*; tiene mucha influencia sobre su hijo* (**SIN.** ascendencia). **AF.** influjo, efecto.

influenciar *[v.]* influir*.

influir *[v.]* ser una persona o cosa capaz de producir efectos en otra: *las lluvias influyen en las cosechas; la televisión influye mucho en los niños.* **SIN.** repercutir. **AF.** afectar a. **CONJUG.** como *huir**. **FAM.** influencia, influenciar, influjo, influyente, fluir.

información *[n.f.]* lo que tiene sobre algo quien lo sabe, por el hecho de saberlo: *pidió información sobre el horario de aviones; el telediario dio la información sobre el terremoto; hay una oficina de información al consumidor.* **AF.** noticia, datos, referencias.

informal *[adj.inv. en gén.]* 1 que no suele hacer lo que ha dicho que hará, no cumple plazos, no es puntual, etcétera: *una persona informal.* **SIN.** incumplidor. **AF.** inconsecuente. **ANT.** cumplidor, formal, serio. TAMBIÉN *n.: no le encargues nada, que es un informal.* 2 que se hace entre amigos, sin ceremonias especiales: *una cena informal; un debate informal.* **ANT.** formal. **FAM.** informalidad, informalmente, formal.

informar *[v.]* 1 dar noticias o hacer que se sepa algo: *la prensa nos informa de lo que ocurre en el mundo; en secretaría te informarán de los requisitos necesarios.* **AF.** comunicar, notificar, explicar. **ANT.** silenciar. TAMBIÉN *prnl.: infórmate de cómo funciona.* **GRAM.** con este significado, deber ir siempre seguido de la preposición ***de***. 2 dar forma: *el lenguaje informa nuestro modo de pensar.* **FAM.** información, informe, informador, informante, informativo, forma.

informática *[n.f.]* conjunto de estudios y de técnicas que permiten almacenar y manejar información por ordenador: *la informática facilita el trabajo.* **FAM.** informatizado, informatización, informatizar.

informativo, informativa *[adj.]* dedicado a la información: *un programa informativo; normas informativas del funcionamiento de un aparato.* **AF.** explicativo.

informe *[n.m.]* escrito que se hace para explicar y dar a conocer lo que se sabe de algo o de alguien: *un informe sobre los problemas de la agricultura; tengo buenos informes de él.* **SIN.** datos, referencias. **AF.** información.

infortunio *[n.m.]* mala suerte, desgracia: *tuvo el infortunio de lesionarse antes de la final.* **ANT.** fortuna, buena suerte. **FAM.** fortuna.

infracción *[n.f.]* lo que comete quien no cumple una ley, una norma o un compromiso: *una infracción de tráfico; la infracción de las normas de un colegio.* **SIN.** quebrantamiento, transgresión. **FAM.** infractor.

infundado, infundada *[adj.]* que no hay razones para decirlo ni se puede demostrar que sea como se dice que es: *rumores infundados; teorías infundadas.* **AF.** injustificado, falso. **ANT.** fundado, comprobado. **FAM.** infundadamente, fundar.

infundir *[v.]* hacer que alguien sienta miedo, alegría, tristeza, etc.: *le infunde miedo.* **SIN.** inspirar.

infusión *[n.f.]* bebida que se prepara echando en agua hirviendo alguna hierba aromática como té, café, manzanilla, etc.

ingeniería *[n.f.]* carrera que hay que estudiar para poder trabajar como ingeniero*.

ingeniero, ingeniera *[n.]* persona que ha estudiado la carrera de ingeniería que le permite trabajar haciendo proyectos de construcción de puentes, aviones, puertos, instalaciones agrícolas, etc.: *ingeniero de minas; ingeniero aeronáutico; ingeniero agrónomo; ingeniero de telecomunicaciones.*

ingenio *[n.m.]* inteligencia especial para inventar cosas, encontrar soluciones a problemas difíciles, relacionar bien las ideas o hacerlo con gracia, etc.: *usó su ingenio para fabricarse un abrelatas; tiene mucho ingenio para contar chistes.* **SIN.** agudeza, inventiva, creatividad, imaginación. **AF.** inteligencia, talento. **ANT.** torpeza. **FAM.** ingeniar, ingenioso, ingeniosamente, ingeniosidad, ingeniero, ingeniería, genio.

ingenioso, ingeniosa *[adj.]* que demuestra ingenio*: *una persona ingeniosa; un aparato ingenioso; una solución ingeniosa; una respuesta ingeniosa.* **AF.** agudo, ocurrente. **ANT.** torpe.

ingenuidad *[n.f.]* **1** lo que demuestra quien, como no se imagina que la gente engañe o haga trampas, se cree todo por muy absurdo que sea y nunca tiene doble intención: *su ingenuidad le impide pensar mal de nadie.* **2** lo que tienen las cosas hechas o dichas por personas así: *la ingenuidad de su pregunta nos hizo gracia.* **SIN.COM.** candor, candidez, inocencia. **AF.COM.** sencillez, llaneza. **ANT.COM.** picardía, malicia.

ingenuo, ingenua *[adj.]* que demuestra ingenuidad*: *es tan ingenuo que creyó que venía de otro planeta; un comportamiento ingenuo; actitud ingenua.* **SIN.** cándido, candoroso, inocente. **AF.** incauto, crédulo, confiado, simple. **ANT.** pícaro, malicioso. **FAM.** ingenuidad, ingenuamente.

ingerir *[v.]* hacer llegar algo desde la boca hasta el estómago: *ingirió el jarabe medio dormido; es peligrosísimo ingerir lejía.* **SIN.** tomar. **AF.** tragar, engullir. **CONJUG.** como *sentir**. **FAM.** ingestión, indigestión, digerir.

ingle *[n.f.]* zona del cuerpo que está donde se unen el vientre y el muslo.

inglés, inglesa *[adj. y n.]* **1** de Inglaterra, país europeo que pertenece al Reino Unido de Gran Bretaña, es la parte sur de la isla de Gran Bretaña y cuya capital es Londres: *ciudades inglesas; los ingleses conducen por la izquierda.* **OBS.** lo relacionado con el Reino Unido debe llamarse *británico*, y no *inglés*, salvo que se refiera concretamente a algo de Inglaterra. // **inglés** *[n.m.]* **2** lengua propia de Inglaterra que en la actualidad se habla en el Reino Unido de Gran Bretaña, Estados Unidos y Australia: *el inglés es, después del chino, la lengua más hablada en el mundo.* **AMPL.** es de origen germánico* y se instaló en Inglaterra al ser invadida ésta por los "bárbaros" llamados ***anglosajones*** en el siglo V después de Cristo.

ingratitud *[n.f.]* lo que demuestra quien no sabe agradecer los favores o las atenciones que recibe de otros: *lo ayudó en lo que pudo y sólo recibió ingratitud.* **SIN.** desagradecimiento. **ANT.** gratitud, agradecimiento.

ingrato, ingrata *[adj.]* **1** que no demuestra agradecimiento por los favores o atenciones que recibe: *fue muy ingrato contigo.* **SIN.** desagradecido. **ANT.** agradecido. **2** que es desagradable, o que cuesta tiempo y esfuerzo y no se nota mucho o dura muy poco: *el oficio de basurero es ingrato; las tareas de la casa son ingratas.* **AF.** desagradable, duro, sacrificado. **ANT.** grato, agradecido. **FAM.** ingratitud, ingratamente, grato.

ingrediente *[n.m.]* cada uno de los productos o de las sustancias que se mezclan para preparar algo: *carne y pimentón son ingredientes necesarios para hacer chorizos.* **AF.** componente.

ingresar *[v.]* **1** entrar en un sitio del que no se va a salir durante un tiempo (*los condenados ingresan en cárceles y los enfermos en hospitales*) o empezar a formar parte de algo (*ingresar en la universidad; ingresar en un club*). **SIN.** entrar. **ANT.** abandonar, salir de. **2** meter una cantidad de dinero en un banco: *ingresó doscientos euros en su cuenta corriente.* **3** llegar a tener una cantidad de dinero: *con la venta de la finca ingresará bastante dinero.* **FAM.** ingreso, ingrediente. **COMP.** progreso, regresar, reingresar.

ingreso *[n.m.]* **1** hecho de que alguien ingrese en un sitio, en un grupo, etc. (*rellenó los papeles para su ingreso en el club*) o de que ingrese dinero en un banco (*hizo un ingreso de diez mil euros*). // **ingresos** *[n.m.pl.]* **2** lo que gana una persona: *el negocio le proporciona suficientes ingresos para vivir.*

inhabitable *[adj.inv. en gén.]* que es (o está) de tal manera que no se puede usar para vivir: *una casa inhabitable.* **ANT.** habitable. **FAM.** inhabitabilidad, habitable.

inhalar *[v.]* dejar que entre por la nariz un líquido o un gas: *inhaló vapores de eucalipto; en la montaña se inhala aire puro; es peligroso inhalar gases tóxicos.* **AF.** inspirar, aspirar. **FAM.** inhalador, inhalación.

inhóspito, inhóspita *[adj.]* que no tiene las cosas necesarias o el ambiente apropiado para que uno se encuentre a gusto: *un castillo abandonado es un lugar inhóspito.* **AF.** desolador, frío. **ANT.** acogedor, agradable. **FAM.** hospitalidad.

inhumano, inhumana *[adj.]* que es tan malo, que parece que no pueden hacerlo o aguantarlo las personas: *las torturas son acciones inhumanas; fue inhumano que lo abandonaran en el desierto; le dio un trato inhumano.* **SIN.** despiadado, cruel, brutal, bárbaro, atroz. **FAM.** inhumanidad, inhumanamente, humano.

iniciación *[n.f.]* lo primero que hay que saber para entender algo y poder empezar a usarlo, practicarlo, etc.: *un libro de iniciación a la informática; va a clases de iniciación a las artes marciales.* **SIN.** introducción. **AF.** principios, rudimentos.

inicial *[adj.inv. en gén.]* **1** del principio o de los primeros momentos de algo: *está en el ciclo inicial de sus estudios.* **AF.** primero, preliminar. **ANT.** final, último. // **inicial** *[n.f.]* **2** primera letra de una palabra o del nombre y los apellidos de alguien: *la inicial de los nombres propios se escribe con mayúscula; marcó la ropa con sus iniciales.*

iniciar *[v.]* empezar algo: *la cabalgata iniciará su recorrido a las siete; debes iniciar el trabajo poniendo los datos esenciales.* **SIN.** empezar, comenzar, dar comienzo a. **AF.** emprender. **ANT.** terminar, acabar. **FAM.** inicio, iniciación, iniciativa, iniciado, inicial, inicialmente.

iniciativa *[n.f.]* **1** lo que demuestra uno cuando se decide enseguida a hacer lo que se le ocurre que conviene hacer: *para llevar un negocio hace falta iniciativa.* **AF.** decisión, determinación, resolución. **2** idea de hacer algo que se le ocurre a alguien: *el alcalde ha puesto en marcha varias iniciativas para mejorar la ciudad.* **AF.** idea, proyecto.

inicio *[n.m.]* principio de algo: *el inicio de un partido; el inicio de un viaje.* **SIN.** principio, comienzo. **ANT.** final, término.

injertar *[v.]* hacer lo necesario para que un trozo de ser vivo quede unido a otro (o a otra parte del mismo) y crezca con él: *injertaron en un manzano una rama de peral; para curar la quemadura le injertaron en la mano piel del muslo.* **FAM.** injerto.

injerto *[n.m.]* trozo de piel, rama, etc. que se pone para injertar* algo: *el injerto del manzano se ha secado.*

injusticia *[n.f.]* lo que comete quien es culpable de que alguien no reciba lo que se merece o reciba lo que no se merece (*fue una injusticia que le dieran el premio a él*) y situación que se produce cuando no se le da a cada uno lo que le corresponde (*en algunos países reina la injusticia*). **AF.** arbitrariedad, atropello, abuso. **ANT.** justicia, equidad. **FAM.** injusto, injustamente, justicia.

injustificado, injustificada *[adj.]* que pasa, que es o que se hace sin que haya razones para ello: *una rabieta injustificada; un precio injustificado.* **AF.** infundado. **ANT.** justificado, fundado. **FAM.** injustificable, injustificadamente, justificar.

injusto, injusta *[adj.]* que se ha hecho con injusticia (*un reparto injusto*), que demuestra injusticia (*una situación injusta*) o que comete injusticias (*una persona injusta*).

inmaterial *[adj.inv. en gén.]* que no se puede tocar porque no tiene cuerpo: *la salud, la belleza, el espíritu y la amistad son cosas inmateriales.* **SIN.** incorpóreo, intangible. **AF.** abstracto, espiritual. **ANT.** material, físico.

inmediato, inmediata *[adj.]* que no tarda en notarse, en hacerse, etc.: *quiere resultados inmediatos; el problema requiere una solución inmediata.* **AF.** rápido. **ANT.** lento, retardado. ■ **de inmediato**, ya, ahora mismo. **SIN.** inmediatamente. **FAM.** inmediatez, inmediatamente, inmediación, medio.

inmejorable *[adj.inv. en gén.]* que es tan bueno que no puede llegar a ser mejor: *resultados inmejorables; calidad inmejorable; un tra-*

bajo inmejorable; salud inmejorable. **SIN.** insuperable, excelente, óptimo, perfecto. **AF.** estupendo. **ANT.** pésimo. **FAM.** inmejorablemente, mejorar.

inmemoriable forma incorrecta de decir *inmemorial**.

inmemorial *[adj.inv. en gén.]* de épocas tan antiguas que nadie las recuerda: *hay tradiciones de tiempos inmemoriales.* **FAM.** inmemorable, inmemorablemente, memoria.

inmenso, inmensa *[adj.]* 1 que es tan grande que no se puede medir: *el universo es inmenso.* **SIN.** inconmensurable. **AF.** ilimitado, infinito. 2 muy grande o demasiado grande: *una casa inmensa.* **SIN.** enorme*. **ANT.COM.** diminuto*. **FAM.** inmensidad, inmensamente.

inmersión *[n.f.]* lo que se hace para meter algo o a alguien en un líquido: *antes de la inmersión hay que cerrar todas las escotillas del submarino.* **SIN.** sumersión. **FAM.** inmerso, emerger.

inmigración *[n.f.]* lo que hay en un país (o en una región, una ciudad, etc.) cuando gente que no es de allí va a vivir y a trabajar en él, normalmente porque en el suyo no hay trabajo: *la inmigración se produce en los países ricos.* **ANT.** emigración.

inmigrante *[n.inv. en gén.]* persona que ha inmigrado: *en España hay muchos inmigrantes del norte de África.* **ANT.** emigrante.

inmigrar *[v.]* llegar a un país extranjero para trabajar en él porque en el de uno no hay trabajo. **ANT.** emigrar. **FAM.** inmigración, inmigrante, inmigratorio, migración.

inmobiliaria *[n.f.]* empresa que se dedica a construir, a comprar, a alquilar y a vender edificios, pisos, locales, fincas, etc., suyas o por encargo de otros: *las inmobiliarias ponen muchos anuncios de venta de pisos.*

inmoral *[adj.inv. en gén.]* que va en contra de las normas morales: *la traición, el soborno, el abuso y el robo son prácticas inmorales.* **SIN.** deshonesto. **INTENS.** indecente, vergonzoso. **ANT.** moral, honesto. **FAM.** inmoralidad, inmoralmente, moral.

inmortal *[adj.inv. en gén.]* 1 que nunca muere: *las hadas de los cuentos son inmortales.* **SIN.** eterno, perpetuo. **ANT.** mortal. 2 que siempre vale, siempre gusta o siempre se recuerda o se tiene en cuenta: *"El Quijote" y la novena sinfonía de Beethoven son obras inmortales.* **FAM.** inmortalidad, inmortalizar, mortal.

inmortalizar *[v.]* hacer lo necesario para que algo o alguien se pueda recordar siempre: *inmortalizó al rey en una estatua de bronce.* **AF.** perpetuar. **OBS.** ante e, c: *inmortalicen.*

inmóvil *[adj.inv. en gén.]* que no se mueve absolutamente nada: *la escayola le mantiene el brazo inmóvil.* **SIN.** quieto, parado. **ANT.** en movimiento. **FAM.** inmovilidad, inmovilizar, inmovilización, inamovible, mover.

inmueble *[n.m.]* edificio: *ese inmueble será un cine.* **AMPL.** llamamos ***bienes inmuebles*** a las cosas que no se pueden mover, como las casas, las fincas, etc. **FAM.** inmobiliaria, inmobiliario, mueble.

inmune *[adj.inv. en gén.]* que no va a padecer determinadas enfermedades: *el perro es inmune a la rabia porque ha sido vacunado; es inmune a la varicela porque ya la pasó.*

inmunidad *[n.f.]* lo que hace que una persona o un animal no pueda coger una enfermedad determinada: *la vacuna proporciona inmunidad.* **AF.** protección. **ANT.** vulnerabilidad. **FAM.** inmune, inmunizar, inmunización.

inmunizar *[v.]* hacer que un organismo sea inmune: *la vacuna antitetánica lo ha inmunizado contra el tétanos.* **OBS.** ante e, c: *inmunice.*

inmutable *[adj.inv. en gén.]* 1 que no cambia: *el pasado es inmutable.* 2 que no demuestra ninguna emoción o sentimiento: *permaneció inmutable mientras lo interrogaba la policía.* **SIN.** impasible.

innato, innata *[adj.]* que se tiene cuando se nace: *tiene una facilidad innata para dibujar.* **AF.** natural. **ANT.** adquirido.

innecesario, innecesaria *[adj.]* que no hace falta: *tantos juguetes son innecesarios.* **SIN.** superfluo. **AF.** inútil. **ANT.** necesario, imprescindible. **FAM.** innecesariamente, necesidad.

innegable *[adj.inv. en gén.]* que nadie puede decir que no es como se dice: *es innegable que estás aquí conmigo.* **SIN.** indiscutible*. **FAM.** innegablemente, negar.

innovación *[n.f.]* lo que tiene de nuevo una cosa: *este modelo de coche tiene algunas innovaciones sobre el anterior.* **SIN.** novedad. **AF.** mejora. **FAM.** innovar, innovador, nuevo.

innumerable *[adj.inv. en gén.]* que lo hay en tanta cantidad que no se puede numerar: *innumerables cartas.* **SIN.** incontable, incalculable. **ANT.** poco, escaso. **FAM.** innumerablemente, número.

inocencia *[n.f.]* **1** lo que tiene una persona por el hecho de no ser culpable de lo que se le acusa: *en el juicio se demostró su inocencia.* **ANT.** culpabilidad. **2** lo que se nota en las personas y las cosas que no tienen doble intención: *la edad de la inocencia es la niñez.* **AF.** ingenuidad, candor, candidez. **ANT.** malicia, picardía. **FAM.** inocente, inocentada, inocentemente.

inocente *[adj.inv. en gén.]* **1** que no es culpable de algo: *era inocente del robo.* **ANT.** culpable. **2** que se cree todo lo que le dicen y nunca piensa mal de nadie: *es tan inocente que cualquiera lo engaña.* **SIN.** ingenuo*.

inocuo, inocua *[adj.]* que no hace daño: *producto inocuo para el medio ambiente.* **SIN.** inofensivo. **ANT.** perjudicial, nocivo.

inodoro, inodora *[adj.]* **1** que no tiene olor: *el agua limpia es inodora.* **ANT.** oloroso. // **inodoro** *[n.m.]* **2** aparato instalado en un sitio para que las personas hagan en él sus necesidades fisiológicas. **SIN.** váter, taza de váter.

inofensivo, inofensiva *[adj.]* que no hace daño, no es peligroso o no puede molestar a nadie: *un juguete inofensivo; un discurso inofensivo.* **SIN.** inocuo. **AF.** inocente. **ANT.** dañino. **FAM.** inofensivamente, ofensa.

inolvidable *[adj.inv. en gén.]* que ha impresionado tanto que uno no lo olvida: *un viaje inolvidable.*

inoportuno, inoportuna *[adj.]* que pasa (o se hace) en un momento en que a uno le molesta o le perjudica: *una gripe inoportuna lo dejó sin fiesta; una visita inoportuna; una pregunta inoportuna.* **SIN.** importuno. **AF.** inconveniente, impertinente. **ANT.** oportuno, pertinente. **FAM.** inoportunamente, inoportunidad, oportuno.

inoxidable *[adj.inv. en gén.]* que no se puede oxidar: *una cazuela de acero inoxidable.* **ANT.** oxidable.

inquietar *[v.]* hacer que alguien se ponga nervioso o se preocupe: *ese ruido extraño me inquieta.* **SIN.** intranquilizar, preocupar, alarmar, desasosegar. **ANT.** tranquilizar, calmar, sosegar. TAMBIÉN *prnl.: no te inquietes, que están a punto de llegar.* **FAM.** inquieto, inquietud, inquietante, quieto.

inquieto, inquieta *[adj.]* que tiene alguna inquietud*: *está inquieto porque tiene que ir al médico* (**SIN.** intranquilo, nervioso, desasosegado. **ANT.** tranquilo)*; una persona inquieta siempre está pensando en la manera de resolver problemas ajenos* (**SIN.** comprometido).

inquietud *[n.f.]* **1** lo que siente quien está preocupado o nervioso por algo y no puede pensar o actuar normalmente: *tu retraso le produjo mucha inquietud.* **SIN.** intranquilidad*. **2** interés y preocupación por asuntos sociales, intelectuales o artísticos: *tiene mucha inquietud musical; a una persona con inquietudes sociales le molesta la injusticia aunque a ella no le afecte.*

inquilino, inquilina *[n.]* persona que utiliza una vivienda o un local que no es suyo y por el que le paga al dueño una cantidad de dinero: *los inquilinos se van a otro piso más grande.* **SIN.** arrendatario.

insaciable *[adj.inv. en gén.]* que nunca está contento con lo que tiene o con lo que consigue y siempre quiere más (*una persona insaciable de poder; a la hora de comer es insaciable*) o que nunca se acaba porque nada es suficiente para satisfacerlo (*ambición insaciable; sed insaciable*). **ANT.** satisfecho, saciado. **FAM.** insaciabilidad, insaciablemente, saciar.

inscribir *[v.]* apuntar a alguien para que participe en algo o forme parte de algo: *inscribió a su hijo en un club deportivo.* **SIN.** apuntar, registrar. **ANT.** borrar, dar de baja. TAMBIÉN *prnl.: se ha inscrito para participar en el concurso de pesca.* **AMPL.** si uno se inscribe en una organización política se usa el verbo ***afiliarse***, si lo hace en un ejército, ***alistarse*** y si es en un centro de enseñanza, ***matricularse***. **OBS.** el participio pasado es irregular: ***inscrito***. **FAM.** inscripción, inscrito, escribir.

inscripción *[n.f.]* **1** lo que hace uno cuando se inscribe en algo (*la inscripción en el campeonato es gratuita*) y lista de las personas apuntadas para realizar una actividad (*se cerró la inscripción porque se agotaron las plazas*). **AF.** matrícula. **2** escrito grabado en piedra, metal, etc. para recordar algo o a alguien: *en la inscripción del puente está la fecha de su inauguración; la casa en la que nació el poeta tiene una inscripción.* **PL.** *inscripciones.*

insecticida *[n.m.]* sustancia que sirve para matar insectos. TAMBIÉN *adj.inv. en gén.: un producto insecticida.*

insectívoro, insectívora *[adj.]* que se alimenta de insectos: *las ranas son insectívoras.*

insecto *[n.m.]* animal pequeño, sin esqueleto, que tiene antenas, patas muy delgadas, el cuerpo dividido en cabeza, tórax y abdomen y, algunos, alas: *las arañas son insectos con ocho patas y las moscas insectos voladores.* **AMPL.** desde que nacen hasta que llegan a adultos, los insectos pasan por distintas fases en las que van cambiando de forma: primero son ***larvas***, después ***ninfas*** y por último, *adultos*; el conjunto de estos cambios se llama ***metamorfosis***. **FAM.** insectívoro, insecticida.

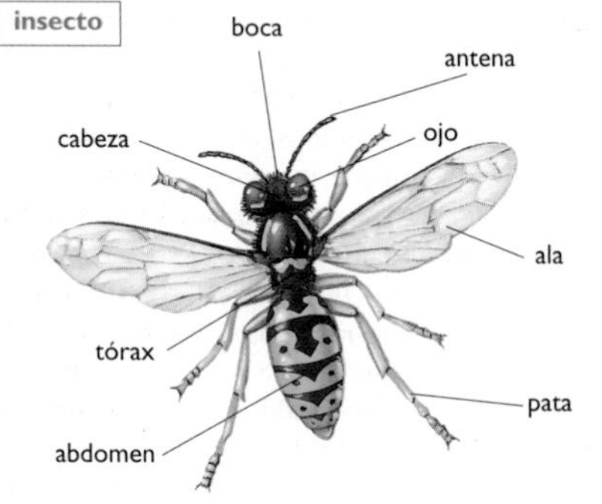

inseguridad *[n.f.]* lo que tienen o demuestran las cosas o las personas por el hecho de ser inseguras: *los atracos producen inseguridad ciudadana; debido a su inseguridad no debes usar el ascensor* (**AF.** peligro, riesgo)*; la inseguridad le produce timidez; en esas respuestas se nota inseguridad* (**AF.** indecisión, vacilación, incertidumbre). **FAM.** inseguro, seguro.

inseguro, insegura *[adj.]* 1 que corre algún peligro o puede producir algún daño: *se siente inseguro en un barrio con tantos atracos; este coche es inseguro.* **ANT.** seguro. 2 que no confía en sus posibilidades y tiene miedo a confundirse y a hacer las cosas mal: *una persona insegura; un carácter inseguro; se siente inseguro y acabará fallando.* **AF.** débil, indeciso. **ANT.** seguro, decidido.

insensato, insensata *[adj.]* 1 que hace las cosas sin tener en cuenta cómo deben hacerse para que no tengan consecuencias graves o inconvenientes: *es tan insensato que tiene la escopeta al alcance de los niños.* TAMBIÉN *n.: para la gente normal, don Quijote es un insensato.* 2 que puede tener malas consecuencias: *un comportamiento insensato; es insensato saltarse un stop.* **SIN.COM.** imprudente*. **FAM.** insensatez, insensatamente, sensato.

insensibilidad *[n.f.]* lo que tiene o demuestra quien es insensible*, por el hecho de serlo: *su insensibilidad ante los problemas ajenos lo hace egoísta; tiene insensibilidad a los olores.* **ANT.** sensibilidad.

insensible *[adj.inv. en gén.]* 1 que no es capaz de sentir emociones ni de darse cuenta de lo que las personas sienten o de lo que las cosas pueden hacer disfrutar: *es insensible al dolor de los demás; una persona insensible a la belleza de la música.* **AF.** indiferente, frío. 2 que no nota alguna sensación determinada: *es insensible al frío.* **ANT.COM.** sensible. **FAM.** insensibilidad, insensibilizar, insensibilizador, insensiblemente, sensible.

inseparable *[adj.inv. en gén.]* 1 que no se puede separar o dividir: *los prefijos son como preposiciones inseparables.* 2 que pasan mucho tiempo juntos: *un matrimonio inseparable; tres amigos inseparables.* **FAM.** inseparablemente, separar.

insepulto, insepulta *[adj.]* que está sin enterrar.

insertar *[v.]* meter una cosa en otra, sobre todo si se trata de escritos: *insertar una fotografía en un reportaje; insertar las conjugaciones verbales en un diccionario.* **SIN.** incluir. **OBS.** tiene dos participios: uno regular, *insertado* y otro irregular, *inserto.*

inservible *[adj.inv. en gén.]* que no sirve para nada o que ya no sirve para lo que servía: *un paraguas agujereado es un objeto inservible.* **SIN.** inútil. **ANT.** útil, provechoso.

insignia *[n.f.]* 1 cualquier símbolo, signo o dibujo que sirve como distintivo o representación de algo: *la insignia de un partido político, de un colegio, de una institución.* **SIN.** símbolo, emblema, distintivo. 2 pieza pequeña, normalmente de metal, que se prende en la ropa y tiene un dibujo representativo de una marca, equipo de fútbol, colegio, etc.: *lleva en la mochila la insignia del colegio.* **AF.** pin, chapa.

insignificante *[adj.inv. en gén.]* que es tan pequeño o tan poco importante, o que tiene tan poco valor, que no merece la pena tenerlo en cuenta: *un defecto insignificante; una diferencia insignificante; la cantidad de oro encontrada es insignificante.* **SIN.** mínimo, inapreciable, imperceptible, desdeñable, baladí, despreciable. **ANT.** notable, considerable, significativo. **FAM.** insignificancia, insignificantemente, significar.

insinuar *[v.]* hacer que alguien se entere de lo que uno piensa o quiere que sepa, pero sin decírselo claramente: *¿estás insinuando que tengo la culpa?; insinuó que necesitaba ayuda.* **AF.** sugerir, apuntar. **FAM.** insinuación, insinuante.

insípido, insípida *[adj.]* que no tiene sabor (*el agua es insípida*) o que tiene poco sabor (*los espárragos solos resultan insípidos.* **SIN.** insulso, soso. **ANT.** sabroso).

insistente *[adj.inv. en gén.]* que se repite tanto que llega a ser pesado: *me cansa con sus insistentes llamadas.* **AF.** reiterativo, persistente.

insistir *[v.]* repetir algo muchas veces: *insisto en la explicación porque quiero que lo entiendas bien; no insistas, que no pienso dártelo.* **AF.** reiterar, persistir. **ANT.** desistir. **FAM.** insistente, insistencia, insistentemente, asistir.

insolación *[n.f.]* dolor de cabeza y fiebre que se produce por haber tomado el sol demasiado tiempo.

insolencia *[n.f.]* lo que demuestra quien trata a alguien sin respeto o se atreve a hacer algo que no debería hacer: *tuvo la insolencia de insultarlo.* **SIN.** atrevimiento, descaro, osadía, desvergüenza, frescura, desfachatez, cara dura. **FAM.** insolente, insolentemente.

insólito, insólita *[adj.]* que es muy raro porque se ve pocas veces o porque no pasa (o no se hace) casi nunca: *una conducta insólita; aquí es insólito que nieve; es insólito que él llegue tarde.* **SIN.** extraordinario, excepcional. **AF.** raro, extraño, inusual, infrecuente. **ANT.** normal, corriente, habitual. **FAM.** insólitamente, soler.

insoluble *[adj.inv. en gén.]* **1** que no se puede disolver: *una sustancia insoluble en agua.* **SIN.** indisoluble. **ANT.** soluble. **2** que no tiene solución: *un problema insoluble.* **SIN.** irresoluble.

insomnio *[n.m.]* lo que tiene quien, por la noche, no puede dormir aunque quiera: *tiene insomnio porque está muy nervioso.* **FAM.** insomne, sueño.

insoportable *[adj.inv. en gén.]* que es tan molesto o desagradable que no se puede aguantar: *este ruido es insoportable; cuando se enfada se pone insoportable.* **SIN.** inaguantable, insufrible, irresistible. **AF.** intolerable. **ANT.** soportable, tolerable. **FAM.** insoportablemente, soportar.

inspeccionar *[v.]* mirar algo con atención para enterarse bien de cómo es, cómo funciona, qué le pasa, qué cosas o personas hay, etc.: *inspeccionaron las cañerías buscando la avería; los bomberos inspeccionaron el edificio.* **SIN.** examinar, reconocer. **AF.** supervisar, comprobar, revisar. **FAM.** inspección, inspector. **COMP.** subinspector.

inspector, inspectora *[n.]* persona que se dedica a revisar y vigilar algo para que todo el mundo cumpla las normas que hay: *un inspector de enseñanza; un inspector de hacienda; una inspectora de banco.*

inspiración *[n.f.]* **1** lo que se hace cuando se toma aire por la nariz para que llegue a los pulmones: *cada vez que se respira se hace una inspiración y una espiración.* **AF.** aspiración, inhalación. **ANT.** espiración. **2** lo que demuestra una persona (o una obra) cuando en ella se ven ideas buenas y originales bien expresadas: *le vino la inspiración y escribió una buena poesía; le falta inspiración para escribir novelas; es un cuadro lleno de inspiración.* **AF.** talento.

inspirar *[v.]* **1** hacer llegar aire hasta los pulmones: *al nadar, inspiramos por la boca.* **ANT.** espirar. **2** hacer que alguien sienta lo que se dice: *me inspira miedo; me inspira confianza.* **SIN.** dar. **AF.** merecer. // **inspirarse** *[v.prnl.]* **3** fijarse en algo que ya existe para hacer algo nuevo: *para hacer el edificio se inspiraron en uno antiguo.* **AF.** basarse. **4** servirse un artista de lo que siente por alguien, de lo que le hace sentir un paisaje, un recuerdo, etc., para hacer una obra de arte: *se inspiró en su amada para escribir el poema.* **FAM.** inspiración, inspiradamente, inspirador.

instalación *[n.f.]* conjunto de cosas que se necesitan y que, colocadas convenientemente, sirven para hacer algo o para que algo funcione: *las fábricas son instalaciones industriales y los polideportivos instalaciones para hacer deportes; en los edificios se ponen instalaciones telefónicas, eléctricas y de fontanería.*

instalar *[v.]* 1 poner algo con todo lo que necesita, de una manera determinada, para que funcione: *ya han instalado la lavadora.* **SIN.** montar. // **instalarse** *[v.prnl.]* 2 llevar uno sus cosas al sitio en el que va a quedarse a vivir, y colocarlas en él: *en junio se instalarán en la nueva casa.* **AF.** establecerse. **FAM.** instalación, instalador. **COMP.** reinstalar, reinstalación.

instancia *[n.f.]* papel que, siguiendo determinadas normas de forma, hay que entregar cuando se quieren pedir algunas cosas a un organismo público: *para solicitar una beca hay que presentar una instancia en el Ministerio de Educación.* ■ **en última instancia**, si no queda otro remedio.

instancia

D. Teodomiro Reguilón Chato, con domicilio en la calle San Torcuato, nº 4 de Barataria y D.N.I. nº 44.444.444

EXPONE:
Que está a punto de cerrarse el plazo de matrícula y se halla en trámite el traslado de su expediente académico.
Por lo cual,

SOLICITA:
Que se admita la documentación que presenta y se acepte su matrícula condicional mientras se resuelven los demás trámites.

Barataria, 4 de septiembre del 2004

AL SR. DIRECTOR DEL INSTITUTO DE ENSEÑANZA SECUNDARIA "ÍNSULA BARATARIA". BARATARIA

instantáneo, instantánea *[adj.]* que dura un instante*: *el rayo fue instantáneo.* **SIN.** momentáneo. **AF.** fugaz, rápido. **ANT.** prolongado.

instante *[n.m.]* período de tiempo muy pequeño: *voy en un instante.* **SIN.** momento. **ANT.** eternidad. ■ **a cada instante**, cada muy poco tiempo. ■ **al instante**, enseguida. **FAM.** instantáneo, instantáneamente.

instintivo, instintiva *[adj.]* que se hace (o le pasa a uno) sin haberlo decidido antes, sólo porque le sale: *se agachó de forma instintiva; protegerse del peligro es algo instintivo.* **SIN.** inconsciente, automático, maquinal, involuntario. **AF.** espontáneo, irreflexivo. **ANT.** consciente, premeditado, voluntario.

instinto *[n.m.]* 1 lo que tienen todos los seres vivos y que les permite, sin haber tenido que aprenderlo, saber lo que deben hacer para conservar la vida y para que no se extinga su especie: *todos los animales tienen instinto de conservación; instinto cazador.* 2 sentido especial que tiene quien puede notar algunas cosas sin que, aparentemente, haya razones para ello: *su instinto le dijo que tendría problemas.* **SIN.** intuición, olfato. **FAM.** instintivo, instintivamente.

institución *[n.f.]* organización encargada de alguna función necesaria o conveniente para los ciudadanos: *los colegios son instituciones de enseñanza y los bancos instituciones bancarias.* **SIN.** corporación*.

instituir *[v.]* hacer los documentos necesarios y decidir las normas de funcionamiento de una institución*: *instituyeron una asociación de lucha contra el hambre.* **SIN.** fundar, constituir. **CONJUG.** como *huir**. **FAM.** institución, instituto, institucional, instituyente.

instituto *[n.m.]* 1 centro público en el que se cursa la enseñanza secundaria. 2 organismo que se crea para que un grupo de personas trabajen juntas en un asunto concreto: *instituto de la moda; instituto de investigación; instituto de la lengua.* **AF.** fundación, corporación.

institutriz *[n.f.]* mujer que trabaja en una casa particular y se ocupa de la educación y el cuidado de los niños: *la institutriz lo obliga a estudiar toda la tarde.* **AF.** educadora, instructora. **PL.** *institutrices.*

instrucción *[n.f.]* 1 conjunto de las cosas que se le enseñan a alguien para que entienda el mundo y sepa las cosas que se cree que hay que saber: *una buena instrucción en la infancia facilita la vida de adulto.* **SIN.** formación, educación. **AF.** cultura. 2 cada una de las cosas que hay que cumplir cuando se hace algo o cuando se maneja algo: *tengo instrucciones de no dejar pasar a nadie; libro de instrucciones de uso de un aparato.* **AF.** norma, precepto.

instructivo, instructiva *[adj.]* que sirve para aprender cosas interesantes: *en televisión ponen documentales muy instructivos; un juguete instructivo.* **SIN.** educativo, formativo.

instructor, instructora *[n.]* persona que conoce a fondo una actividad y trabaja enseñando a otros, que pagan por su servicio: *instructor de esgrima; instructor de esquí.* **SIN.** monitor.

instruido, instruida *[adj.]* que sabe muchas cosas: *los profesores son personas instruidas.* **AF.** culto, ilustrado, erudito, sabio. **ANT.** inculto, ignorante.

instruir *[v.]* enseñar: *los capitanes instruyen a los soldados; me instruyó sobre el funcionamiento de la máquina.* **AF.** formar, educar. **CONJUG.** como *huir**. **FAM.** instrucción, instructivo, instruido, instructor, instructivamente.

instrumental *[adj.inv. en gén.]* 1 de instrumentos: *la banda toca música instrumental.* // **instrumental** *[n.m.]* 2 conjunto de las cosas que se usan en una profesión: *el instrumental médico es muy distinto del de los mecánicos.* **AF.** utensilios, herramientas.

instrumento *[n.m.]* cosa que sirve para hacer algo: *un bolígrafo es un instrumento de escritura.* **SIN.** útil, utensilio, herramienta. ■ **instrumento musical**, artilugio pensado para hacer música. **AMPL.** los instrumentos musicales pueden ser ***de viento****, que suenan al meterles aire, ***de cuerda****, que suenan haciendo vibrar unas cuerdas y ***de percusión****, que suenan al golpearlos. **FAM.** instrumental, instrumentar, instrumentista.

INSTRUMENTOS MUSICALES	
Tipo	*Grupo*
DE VIENTO:	Madera Metal Teclado
DE CUERDA:	Frotada Pulsada Percutida
DE PERCUSIÓN:	Tambores De láminas Pequeña percusión

insuficiencia *[n.f.]* lo que hay por el hecho de tener de algo menos de lo que se necesita: *insuficiencia de alimentos; insuficiencia de asientos.* **SIN.** escasez*.

insuficiente *[adj.inv. en gén.]* 1 que hay (o es) menos de lo que se necesita: *una luz insuficiente para leer; un desayuno insuficiente.* **SIN.** escaso. **ANT.** abundante, suficiente. // **insuficiente** *[n.m.]* 2 suspenso: *ha tenido dos insuficientes y un notable.* **FAM.** insuficiencia, insuficientemente, suficiente.

insular *[adj.inv. en gén.]* de una isla: *ciudad insular.*

insulina *[n.f.]* 1 sustancia producida por el páncreas que regula la cantidad de azúcar que lleva la sangre. **AMPL.** la ***diabetes*** es una enfermedad que aparece cuando el páncreas no produce insulina suficiente. 2 medicamento hecho con esta sustancia.

insulso, insulsa *[adj.]* 1 que tiene poco sabor: *una comida insulsa.* **SIN.** soso, insípido. **ANT.** sabroso. 2 que resulta poco interesante, poco divertido, etc.: *una conversación insulsa; una fiesta insulsa; una persona insulsa.* **SIN.** soso. **AF.** aburrido. **FAM.** insulsez, insulsamente.

insultar *[v.]* decirle a alguien algo que le molesta o decir de alguien algo desagradable: *la insultó porque no lo dejó entrar; aunque él no esté no tienes por qué insultarlo.* **AF.** ofender, injuriar, agraviar. **ANT.** alabar, elogiar. **FAM.** insulto, insultante.

insulto *[n.m.]* cosa que se dice o se hace para molestar a alguien o atacar algo: *es un insulto llamar "traidor" a quien no lo es; un insulto al honor; un insulto a la bandera.* **AF.** ofensa. **ANT.** alabanza, elogio.

insuperable *[adj.inv. en gén.]* que es tan bueno que no se puede mejorar: *calidad insuperable.* **SIN.** inmejorable*. **FAM.** insuperablemente, superar.

intachable *[adj.inv. en gén.]* que no tiene ningún defecto que haga que se diga que está mal: *una conducta intachable.* **SIN.** irreprochable. **FAM.** tachar.

intacto, intacta *[adj.]* que está en perfecto estado, como si nadie lo hubiera tocado, o entero porque nadie lo ha usado: *a pesar del golpe, el jarrón está intacto; tengo la propina intacta.* **SIN.** íntegro.

integrar *[v.]* 1 ser una de las partes de algo: *diez capítulos integran el libro; 500 piezas integran el puzzle.* **SIN.** formar, componer. // **integrarse** *[v.prnl.]* 2 llegar algo o alguien a ser uno más de un grupo: *tres niños nuevos se han integrado al curso.* **SIN.** unirse. **FAM.** integral, íntegro, integrante, íntegramente, integralmente, integridad. **COMP.** desintegrar, desintegración, reintegrar.

íntegro, íntegra *[adj.]* 1 que no le falta nada: *ha dejado íntegra la comida.* **SIN.** entero, completo, intacto. 2 que nunca engaña a nadie, siempre cumple con sus obligaciones y sabe reconocer sus errores: *una persona íntegra no se queda con lo que no es suyo.* **SIN.** honesto*.

intelecto *[n.m.]* inteligencia*. **FAM.** intelectual, intelectualidad, intelectualizar, intelectualmente, inteligencia.

intelectual *[adj.inv. en gén.]* 1 de la inteligencia: *estudiar es un trabajo intelectual.* **ANT.** manual. // **intelectual** *[n.inv. en gén.]* 2 persona que se dedica a estudiar una ciencia o un arte, a pensar, a escribir, etc.: *varios intelectuales participaron en el debate.*

inteligencia *[n.f.]* lo que tienen las personas y que les permite pensar y darse cuenta de cómo es el mundo en general y las cosas en particular: *el hombre ha progresado gracias a su inteligencia; usa la inteligencia para arreglar la situación.* **SIN.** razón, intelecto. **AF.** juicio, raciocinio, entendimiento, conocimiento, talento. **AMPL.** la inteligencia es una ***facultad*** o ***capacidad*** del ser humano. **FAM.** inteligente, inteligentemente, inteligible, intelecto.

inteligente *[adj.inv. en gén.]* que tiene inteligencia* o mucha inteligencia: *las personas son seres inteligentes; es un chico inteligente.* **AF.** listo. **ANT.** torpe.

inteligible *[adj.inv. en gén.]* que se puede entender: *un escrito inteligible; una explicación inteligible para cualquiera.* **SIN.** comprensible, claro. **ANT.** ininteligible, incomprensible, confuso. **FAM.** inteligibilidad, inteligencia. **COMP.** ininteligible.

intemperie *[n.f.]* situación de todo lo que está al aire libre, sin protección. ■ **a la intemperie**, al aire libre, sin nada que proteja de las inclemencias del tiempo.

intención *[n.f.]* idea que tiene uno al hacer algo: *su intención es acabar hoy.* **SIN.** deseo, voluntad, propósito. ■ **tener intención de**, haber pensado y decidido hacer algo. **FAM.** intencionadamente, intentar, tender.

intencionado, intencionada *[adj.]* que está hecho adrede: *una omisión intencionada.* **SIN.** consciente, deliberado, voluntario. **ANT.** involuntario. ■ **bien** o **mal intencionado**, con buena o mala intención.

intensidad *[n.f.]* lo que tienen las cosas inmateriales y que hace que se noten más o menos: *la intensidad de una luz, de un dolor, de un color, de brillo, de un sentimiento, etc.* **SIN.** fuerza. **AF.** potencia, energía. **FAM.** intenso, intensivo, intensivamente, intensificar.

intensificar *[v.]* hacer que algo tenga más intensidad: *intensificó la luz de la lámpara; han intensificado la vigilancia en el parque.* **SIN.** aumentar. **ANT.** debilitar, disminuir. **OBS.** ante e, qu: *intensifiquen.*

intensivo, intensiva *[adj.]* que se le dedican más horas de lo normal para conseguir lo mismo en menos días: *hizo un cursillo intensivo de diez horas diarias.*

intenso, intensa *[adj.]* que tiene mucha intensidad: *un luz intensa; frío intenso; un dolor intenso.* **AF.** enérgico. **ANT.** débil, suave.

intentar *[v.]* hacer lo posible para conseguir algo: *intentaré llegar a tiempo; intentó arreglar la avería.* **SIN.** tratar de, procurar. **FAM.** intento, intentona, intención.

intento *[n.m.]* conjunto de las cosas que se hacen para tratar de conseguir algo: *el experimento nos salió al segundo intento.* **SIN.** intentona, tentativa. **AF.** ensayo, prueba.

inter- prefijo que significa ***en medio de*** (*intercostal*) o ***entre varios*** (*internacional, intercambio*).

intercalar *[v.]* poner unas cosas entre otras: *en el jardín intercaló rosales y geranios.* **AF.** alternar, interponer. **FAM.** intercalado, calar.

intercambiar *[v.]* darle algo a una o varias personas y recibir algo de ellas: *intercambiaron varios cromos; intercambiar saludos; intercambiar opiniones.* **AF.** cambiar, canjear.

intercambio *[n.m.]* lo que hacen dos o más personas para intercambiar algo: *en el in-*

tercambio de opiniones se aclararon varias cosas. **FAM.** intercambiar, intercambiable, cambiar.

interceder *[v.]* hablar con quien tiene que decidir algo sobre una persona, para que decida a su favor: *intercedió por ti para que no te castigaran.* **SIN.** abogar, mediar. **FAM.** intercesión, intercesor, ceder.

interceptar *[v.]* no dejar que algo o alguien llegue al sitio al que se dirigía: *han interceptado el coche de los ladrones; la manifestación interceptó el tráfico.* **AF.** obstaculizar, interrumpir. **FAM.** intercepción.

interés *[n.m.]* 1 lo que se siente por algo o por alguien que para uno es importante: *tiene mucho interés por ese piso; tengo especial interés en que esto llegue mañana.* 2 lo que demuestra uno cuando hace lo posible por conseguir algo: *no pierdas el tiempo en explicárselo porque no tiene interés.* **SIN.** afán, empeño. **AF.** ganas. **INTENS.** ilusión, entusiasmo. **ANT.** indiferencia, desinterés. 3 cantidad de dinero que cobra quien hace un préstamo, por haberlo hecho: *al devolver el dinero prestado hay que pagar el préstamo y los intereses; si le dejas dinero a un banco tienen que pagarte intereses.* 4 lo que hace que alguien sólo se esfuerce si, a cambio, va a conseguir algo bueno: *una persona egoísta sólo piensa en su interés.* **SIN.** provecho, beneficio, conveniencia. **PL.** *intereses.* **FAM.** interesar, interesante, interesado, interesadamente. **COMP.** desinterés.

interesado, interesada *[adj.]* 1 que siente interés por algo que le parece importante o le gusta: *una persona interesada por la historia.* 2 que sólo hace algo por alguien para conseguir, a cambio, un beneficio: *a una persona interesada no le importan los problemas ajenos.* **AF.** egoísta. **ANT.** desinteresado, generoso.

interesante *[adj.inv. en gén.]* que tiene algo que llama la atención porque es bueno, distinto, ameno, desconocido, entretenido, etc.: *una conversación interesante; hay programas de televisión interesantes porque se aprenden muchas cosas.* **AF.** atractivo, atrayente, curioso. **ANT.** insulso, soso.

interesar *[v.]* 1 ser importante para uno: *tener buenos amigos le interesa a casi todo el mundo.* **SIN.** importar. **AF.** convenir. TAMBIÉN *prnl.: se interesa por tus cosas porque te quiere mucho.* **SIN.** preocuparse. **ANT.** despreocuparse. 2 resultar interesante*: *le interesa todo lo relacionado con la naturaleza; los dibujos animados interesan a muchos niños.* **SIN.** atraer, gustar. **ANT.** desinteresar, aburrir.

interior *[adj.inv. en gén.]* 1 que está dentro de lo que se dice: *el corazón es un órgano interior del cuerpo.* **SIN.** interno. **ANT.** exterior, externo. 2 que no tiene ventanas o salida a la calle: *un piso interior; una habitación interior; patio interior.* **ANT.** exterior. // **interior** *[n.m.]* 3 parte de una cosa que no se ve desde fuera, a no ser que sea transparente o esté abierta: *el interior de la tarta es de nata; el interior del armario está forrado de madera clara.* **SIN.** parte interna. **ANT.** exterior. **FAM.** interioridad, interiormente.

interjección *[n.f.]* clase de palabras que se usan para expresar sorpresa, dolor, alegría, para llamar a alguien, etc.: *¡ay!, ¡eh!, ¡oh! y ¡olé! son interjecciones.*

interlineal *[adj.inv. en gén.]* que está entre dos líneas: *espacio interlineal.*

interlocutor, interlocutora *[n.]* cada una de las personas que toman parte en una conversación: *los tres interlocutores acabaron discutiendo; no estaba de acuerdo con su interlocutor.* **FAM.** interlocución, locución.

intermediario, intermediaria *[n.]* persona que trata con otras asuntos que les interesan a ellas, para sacar un beneficio o porque le parece conveniente: *los intermediarios comerciales compran a los fabricantes y venden a los tenderos* (**SIN.** distribuidor)*; hizo de intermediario para que no siguieran enfadados* (**SIN.** mediador).

intermedio, intermedia *[adj.]* 1 que no es ni uno ni el siguiente, sino el que está entre ellos: *necesito una talla intermedia; el rojo es un color intermedio entre el granate y el rosa.* // **intermedio** *[n.m.]* 2 tiempo en que un espectáculo se interrumpe para continuar al cabo de un rato: *en el intermedio tomó un refresco.* **SIN.** descanso. **AMPL.** el intermedio de una obra de teatro se llama ***entreacto***. **FAM.** intermediar, intermediario, medio.

interminable *[adj.inv. en gén.]* que no termina nunca o que se hace tan largo o tan pesado que a uno le parece que no se acabará nunca: *este trabajo es interminable; las noches* *sin dormir resultan interminables.* **SIN.** inacabable, eterno. **ANT.** corto, breve.

intermitente *[adj.inv. en gén.]* que empieza y se para, vuelve a empezar y se vuelve a parar y así todo el tiempo que dura: *luz intermitente; lluvia intermitente.* **SIN.** alterno, discontinuo. **ANT.** continuo, ininterrumpido. **FAM.** intermitencia, intermitentemente.

internacional *[adj.inv. en gén.]* de dos o más países: *un concurso internacional; un cantante de fama internacional.* **ANT.** nacional o local. **AMPL.** si es de todos o de casi todos los países del mundo se dice que es ***mundial*** o ***universal*** y si es de países que están en distintos continentes, ***intercontinental***. **FAM.** internacionalizar, internacionalidad, internacionalización, internacionalmente, nación.

internado *[n.m.]* centro de enseñanza en el que, además de ir a clase, se vive: *pasa el curso en un internado.*

internar *[v.]* 1 dejar a un enfermo en un hospital para que lo curen: *lo internaron en el clínico para operarlo.* **SIN.** ingresar, hospitalizar. // **internarse** *[v.prnl.]* 2 ir hacia la parte de dentro de un sitio: *se internó en el bosque y se perdió.* **SIN.** meterse, entrar, adentrarse. **FAM.** interno, internado, internamiento, internamente.

internista *[n.inv. en gén.]* médico que trata las enfermedades de los órganos internos del cuerpo. TAMBIÉN *adj.: médico internista.*

interno, interna *[adj.]* 1 que está dentro de lo que se dice: *la parte interna del mueble es de pino.* **SIN.** interior. **ANT.** exterior, externo. 2 que es para los de dentro y no para los de fuera: *en una empresa hay que cumplir las normas internas.* 3 que vive (y duerme) donde se dice: *un estudiante interno en un colegio.* **ANT.** externo. TAMBIÉN *n.: los internos de la prisión salen todos los días al patio.*

interponer *[v.]* poner una cosa o a una persona en medio de otras: *entre la casa y la tapia interpuso un seto.* **AF.** intercalar. TAMBIÉN *prnl.: la nieve se interpuso entre nosotros y el hotel al que íbamos; se interpuso entre ellos para que no se pelearan.* **SIN.** interferirse. **CONJUG.** como *poner**. **FAM.** interposición, interpuesto, poner.

interpretación *[n.f.]* 1 lo que ha entendido una persona de algo: *tu interpretación de lo ocurrido me parece acertada.* **AF.** versión. 2 lo que hacen los actores de cine o de teatro cuando actúan (*la interpretación del protagonista es muy difícil.* **SIN.** representación) y manera de hacerlo (*la interpretación fue muy buena.* **SIN.** ejecución).

interpretar *[v.]* 1 entender algo de una manera determinada: *el espía interpretó mal el mensaje en clave.* **AF.** descifrar, deducir. 2 actuar como actor, como músico o como cantante: *los alumnos interpretaron una obra de teatro* (**SIN.** representar)*; el concertista interpretó una obra de Falla* (**SIN.** ejecutar). **FAM.** interpretación, intérprete, interpretativo.

intérprete *[n.inv. en gén.]* 1 persona que actúa como actor, como músico o como cantante: *todos los intérpretes salieron a saludar al público.* 2 persona que se dedica a decir en una lengua lo que va oyendo en otra: *para entender a los rusos necesité un intérprete.* **AMPL.** la persona que se dedica a escribir en una lengua lo que está escrito en otra es un ***traductor***.

interrogación *[n.f.]* 1 manera de expresar una pregunta. **ANT.** respuesta, contestación. 2 cada uno de los dos signos ortográficos (¿ y ?) con que se indica, en la escritura, el principio y el final de una pregunta: *marca las preguntas con interrogaciones.*

interrogar *[v.]* hacer preguntas a alguien para averiguar algo: *el abogado interrogó al testigo.* **ANT.** contestar, responder. **OBS.** ante e, gu: *interroguen.* **FAM.** interrogación, interrogante, interrogatorio, interrogador, interrogativo, rogar.

interrogativo, interrogativa *[adj.]* que expresa, representa o introduce una pregunta: *frases interrogativas; pronombre interrogativo.*

interrogatorio *[n.m.]* conjunto de preguntas que se le hacen a alguien para averiguar algo: *el interrogatorio del acusado duró algo menos de dos horas.*

interrumpir *[v.]* hacer, antes de que acabe, que algo deje de pasar, de moverse, de funcionar, etc., o que alguien deje de hacer lo que está haciendo: *interrumpen las películas para* *poner publicidad; lo interrumpió cuando estaba contando un chiste; al oír el ruido interrumpió su trabajo.* **SIN.** cortar. **AF.** parar, detener. TAMBIÉN *prnl.: se interrumpió al oír el ruido.* **FAM.** interrupción, interruptor, interrumpidamente, romper. **COMP.** ininterrumpido.

interrupción *[n.f.]* lo que hay (o se hace) cuando algo o alguien se interrumpe: *la interrupción de la energía eléctrica duró dos horas.* **SIN.** corte.

interruptor *[n.m.]* mecanismo que interrumpe y posibilita el paso de electricidad por un circuito y que es el que se acciona para que los aparatos eléctricos se paren o empiecen a funcionar: *con este interruptor se encienden las dos lámparas; se ha quemado el interruptor del timbre.*

intervalo *[n.m.]* cantidad de espacio o de tiempo que hay entre cada dos personas, cosas o acciones que van (o están) seguidas: *entre cada árbol hay un intervalo de cinco metros* (**SIN.** tramo, trecho)*; le da el biberón con intervalos de tres horas.* **AF.** distancia.

intervención *[n.f.]* 1 lo que hace quien, en un momento determinado, toma parte en un asunto: *la intervención del profesor impidió la pelea; la intervención de la policía evitó el robo.* **SIN.** participación. 2 en medicina, operación* quirúrgica: *la intervención de estómago duró tres horas.*

intervenir *[v.]* 1 tomar parte en algo que se hace entre varios: *en la organización del viaje intervinieron profesores y alumnos; en el debate intervendrán varios abogados.* **SIN.** participar. 2 hacer o decir algo cuando otros ya están haciendo algo o tratando un asunto: *si intervienes, que sea para resolver la situación y no para empeorarla.* **SIN.** mediar. **AF.** interceder, interponerse. 3 coger una cosa de manera que su dueño no pueda usarla (*el profesor le intervino la radio durante la clase*) o participar en el uso de algo que es de otro (*intervenir un teléfono*). 4 operar a un enfermo: *lo intervinieron para quitarle el tumor.* **CONJUG.** como *venir**. **FAM.** intervención, interventor, intervencionismo, intervencionista, venir.

interventor, interventora *[n.]* persona que se dedica a controlar que lo que se hace sea legal: *en los billetes españoles aparece la firma del interventor del Banco de España; en las mesas electorales hay un presidente y un interventor.*

intestino *[n.m.]* conducto del aparato digestivo que va del estómago al ano. **AMPL.** es un conducto largo que, doblado en varias vueltas, ocupa el interior del vientre y consta de tres partes: el ***intestino delgado***, que sale del estómago y es estrecho, el ***intestino grueso*** o ***colon*** que es más ancho y termina en el recto o ano y el ***intestino ciego***, que es la parte que une los dos anteriores. **FAM.** intestinal.

intimidad *[n.f.]* 1 parte de la vida de una persona relacionada con los asuntos que sólo le interesan a ella y en la que nadie debe meterse sin su permiso: *que sea cristiano o judío es algo que afecta a su intimidad.* **SIN.** vida privada. 2 lo que hay entre dos o más personas por el hecho de tener mucha relación y mucha confianza: *los une una gran intimidad.* **AF.** confianza. ■ **en la intimidad**, sin que haya gente con la que no se tiene confianza. **FAM.** íntimo, intimar, intimismo, intimista, íntimamente.

íntimo, íntima *[adj.]* 1 de la intimidad: *nadie tiene por qué enterarse de tus asuntos íntimos.* **SIN.** personal, privado. 2 que, entre ellos, hay intimidad: *tiene dos amigas íntimas.* TAMBIÉN *n.: solo los íntimos saben que se casa.* **ANT.** extraño, ajeno.

intolerante *[adj.inv. en gén.]* que no acepta a quien es distinto por su estilo, sus opiniones políticas, su religión, su raza, etc.: *es tan intolerante que está quedándose sin amigos.* **AF.** intransigente, fanático, obstinado. **ANT.** tolerante, comprensivo. **FAM.** intolerancia, intolerable, intolerabilidad, tolerar.

intoxicación *[n.f.]* lo que se produce en el organismo cuando algo venenoso o perjudicial se extiende por él: *el escape de gas le produjo una intoxicación.* **AF.** envenenamiento.

intoxicar *[v.]* producir intoxicación*: *la suciedad del agua puede intoxicar a los peces.* **AF.** envenenar. TAMBIÉN *prnl.: se intoxicó por tomar muchas pastillas a la vez.* **OBS.** ante e, qu: *intoxiquen.* **FAM.** intoxicación, tóxico*. **COMP.** desintoxicar, desintoxicación.

intranquilidad *[n.f.]* lo que siente quien está preocupado o nervioso por algo y no puede pensar o actuar normalmente: *tanto silencio le producía intranquilidad.* **SIN.** inquietud, desasosiego, preocupación, nerviosismo. **INTENS.** angustia, ansiedad. **ANT.** despreocupación, tranquilidad, paz, sosiego.

intranquilo, intranquila *[adj.]* que tiene intranquilidad*: *estará intranquilo hasta que los vea en casa.* **SIN.** inquieto, nervioso, desasosegado. **ANT.** tranquilo, sereno. **FAM.** intranquilidad, intranquilizar, tranquilidad.

intransigente *[adj.inv. en gén.]* que no le da la razón a nadie que le lleve la contraria, o no está dispuesto a permitir lo que no le gusta: *cuando habla de fútbol es muy intransigente; se puso intransigente y no los dejó salir.* **AF.** intolerante, obstinado. **ANT.** transigente, tolerante. **FAM.** intransigencia, transigente, transigencia.

intransitable *[adj.inv. en gén.]* que está en tan mal estado que no se puede pasar por él: *la nieve dejó la carretera intransitable; un camino intransitable.* **ANT.** transitable.

intransitivo, intransitiva *[adj.]* que no lleva complemento directo: *andar, saltar, ir y venir son verbos intransitivos; "Gabriel corre mucho" es una oración intransitiva.* **ANT.** transitivo.

intratable *[adj.inv. en gén.]* que tiene tan mal carácter o está de tan mal humor que es difícil de tratar: *una persona intratable.* **AF.** insoportable, insociable, huraño, arisco. **ANT.** tratable, agradable.

intrépido, intrépida *[adj.]* que es muy atrevido: *aventurero intrépido.* **SIN.** audaz, osado.

intriga *[n.f.]* **1** interés que produce lo que pasa o lo que a uno le cuentan, porque van pasando cosas que uno quiere saber cómo se resuelven: *tengo intriga por saber en qué acabó la discusión; las películas y las novelas de intriga son entretenidas.* **2** preparación de lo que a uno le interesa, mintiendo o haciendo daño a otros, con tal de conseguir lo que quiere: *se valió de intrigas para que expulsaran a su adversario.* **SIN.** maquinación, manejo, conspiración.

intrigar *[v.]* **1** ser algo de tal manera que uno tiene muchas ganas de saberlo o descubrirlo: *me intriga cómo pudo abrir sin llave.* **2** preparar confusión en un asunto para conseguir lo que uno quiere, mintiendo o perjudicando a otros: *se dedica a intrigar para llegar a ser director.* **SIN.** maquinar, conspirar. **OBS.** ante e, gu: *intriguen.* **FAM.** intriga, intrigante, intrigado.

introducción *[n.f.]* **1** parte que va al principio de una película, un libro, etc. y sirve para presentarlo y explicar algo sobre él: *en una pequeña introducción presentan a los personajes de la obra.* **SIN.** prefacio*. **2** lo que se hace para introducir* algo: *la introducción de los votos en las urnas; la introducción de un nuevo medicamento en el mercado.*

introducir *[v.]* **1** meter algo o a alguien en un sitio: *introdujo el dinero en el monedero; introdujo al bebé en la cuna.* **SIN.** meter, poner. **ANT.** sacar. TAMBIÉN *prnl.: se introdujo en el jardín saltando la valla.* **SIN.** entrar. **ANT.** salir. **2** decir, al principio, algo que sirva para que la gente se entere de qué va a tratar algo: *introdujo el discurso con una breve explicación de sus intenciones.* **SIN.** presentar, iniciar, empezar. **ANT.** terminar, acabar, concluir, finalizar. **3** hacer que la gente conozca, practique o use algo nuevo: *introducir una moda; introducir un nuevo producto en el mercado.* **CONJUG.** como *conducir*.* **FAM.** introducción, introductor.

intromisión *[n.f.]* lo que comete quien procura participar, sin permiso, en algo que no le importa: *no admite intromisiones en su vida privada.* **SIN.** entrometimiento. **AF.** indiscreción, fisgoneo.

introvertido, introvertida *[adj.]* que le cuesta tratar con los demás, hablar con ellos, contarle sus cosas, etc.: *sufre en silencio porque es muy introvertido.* **SIN.** cerrado, reservado. **AF.** tímido. **ANT.** extrovertido, comunicativo, abierto. **FAM.** introversión, introvertidamente.

intruso, intrusa *[n.]* persona que ha entrado en un sitio sin que lo hayan invitado (*en la fiesta había dos intrusos*) o que se dedica a una profesión sin tener la preparación y las autorizaciones legales necesarias (*ha habido muchos intrusos en cirugía estética*). TAMBIÉN *adj.: una persona intrusa.* **FAM.** intrusión, intrusamente.

intuición *[n.f.]* sentido especial que hace que uno se dé cuenta de las cosas sin haberlas razonado: *mi intuición me dice que será un éxito.* **SIN.** olfato, instinto.

intuir *[v.]* notar uno que algo es de una manera determinada o que va a pasar algo, sin tener datos para razonarlo: *intuyo que vamos a tener problemas con los que no contábamos.* **SIN.**

presentir. **AF.** sospechar. **CONJUG.** como *huir**. **FAM.** intuición, intuitivo, intuitivamente.

inundación *[n.f.]* lo que se produce cuando algo que debe estar seco se llena de agua: *las lluvias de otoño produjeron la inundación de muchos garajes.*

inundar *[v.]* llenar de agua lo que debe estar seco: *la rotura de la tubería inundó la casa.* **SIN.** anegar. TAMBIÉN *prnl.: con las lluvias se inundó el valle.* **FAM.** inundación, inundado, onda.

inútil *[adj.inv. en gén.]* **1** que no sirve para nada: *una radio estropeada es un trasto inútil.* **SIN.** inservible. **ANT.** útil, provechoso. **2** que no sabe hacer nada o no hace nada bien: *hay que ser inútil para no poder hacer una cama.* **ANT.** útil. **FAM.** inutilidad, inutilizar, inutilización, inútilmente, útil.

inutilizar *[v.]* hacer que algo deje de servir para lo que servía, o hacer que deje de funcionar: *inutilizó la batidora al mojar el motor.* **AF.** estropear, invalidar. **OBS.** ante e, c: *inutilicen.*

invadir *[v.]* entrar muchas personas, animales o cosas en un sitio y apoderarse de él o molestar o perjudicar a quien estaba antes: *los árabes invadieron España en la Edad Media* (**AF.** ocupar)*; los mosquitos han invadido la habitación* (**SIN.** plagar)*; las malas hierbas invaden el jardín* (**SIN.** llenar, plagar, cubrir). **FAM.** invasión, invasor.

invalidar *[v.]* hacer que algo no valga: *invalidar una norma; invalidar un pasaporte.* **SIN.** anular.

inválido, inválida *[adj.]* que necesita ayuda para hacer las cosas normales de la vida porque tiene algún problema físico que le impide hacerlas solo: *va en silla de ruedas porque está inválida.* **SIN.** imposibilitado, impedido. **AF.** minusválido. TAMBIÉN *n.: algunos inválidos no pueden moverse.* **FAM.** invalidez, invalidar, invalidación, valer.

invariable *[adj.inv. en gén.]* que no cambia o no ha cambiado desde la última vez que se habló de ello: *tiempo invariable; situación invariable.* **SIN.** estable, inmutable. **AF.** inalterable. **ANT.** variable, inestable, cambiante, voluble. ■ **palabra invariable**, la que no cambia porque no tiene género ni número (como los adverbios, las conjunciones y las preposiciones), o porque tiene la misma forma en masculino y en femenino o en singular y en plural: *"breve" es un adjetivo* ***invariable en género****; "crisis" es un nombre femenino* ***invariable en número***. **FAM.** invariabilidad, invariablemente, variable.

invasión *[n.f.]* acción por la que un sitio es invadido por algo o por alguien: *después de la invasión mucha gente huyó del país; una invasión de insectos.* **AF.** ocupación, conquista.

invasor, invasora *[adj.]* que ha invadido algo: *tropas invasoras; un país invasor.* TAMBIÉN *n.: los invasores destruyeron la ciudad.*

invencible *[adj.inv. en gén.]* que nada ni nadie puede vencerlo: *soñó que era invencible.* **SIN.** imbatible. **AF.** insuperable. **FAM.** invicto, vencer.

inventar *[v.]* **1** tener las ideas necesarias para hacer algo que antes no existía: *Gutenberg inventó la imprenta.* **SIN.** idear. **AMPL.** cuando una persona se da cuenta de que existe algo que no se conocía, se usa el verbo ***descubrir***: *los hombres primitivos descubrieron el fuego.* **2** imaginar cosas que no son verdad: *inventa historias maravillosas.* **AF.** imaginar, idear. **FAM.** invención, invento, inventor, inventiva.

inventario *[n.m.]* lista de todas las cosas que hay en un sitio o que tiene alguien: *en el almacén hacen inventario de las existencias una vez al año.* **FAM.** inventariar.

invento *[n.m.]* **1** cualquier producto o sistema que inventa alguien: *el teléfono fue un gran invento.* **AF.** invención, hallazgo. **2** mentira: *lo que cuenta es un invento suyo.*

inventor, inventora *[n.]* persona que inventa algo: *Gutenberg, Edison y Bell fueron los inventores de la imprenta, la luz eléctrica y el teléfono respectivamente.*

invernadero *[n.m.]* sitio cerrado de manera que pueda pasar la luz del Sol, para que las plantas que no aguantan el frío se desarrollen bien: *en algunos países fríos cultivan tomates en invernaderos.*

invernal *[adj.inv. en gén.]* de invierno o para el invierno: *un día invernal; temperaturas invernales; ropa invernal.* **ANT.** veraniego.

invernar *[v.]* ir a pasar el invierno de un sitio en el que hace mucho frío a otro de temperaturas cálidas: *las cigüeñas invernan en África; sus abuelos invernan en Alicante.* **ANT.** veranear.

AMPL. no hay que confundir *invernar* con ***hibernar***, que es lo que hacen los animales que pasan el invierno dormidos o aletargados.

inverosímil *[adj.inv. en gén.]* que no se puede creer porque va contra la lógica: *su aventura con los extraterrestres es inverosímil.* **SIN.** increíble. **AF.** inconcebible, inimaginable. **ANT.** verosímil, creíble, posible. **FAM.** inverosimilitud, inverosímilmente, verosímil.

inversión *[n.f.]* lo que se hace al invertir* algo: *la inversión de los multiplicadores no altera el resultado de la multiplicación; la inversión en el nuevo negocio le ha dado muchos beneficios.*

inverso, inversa *[adj.]* **1** contrario: *se cruzaron con el autobús, que iba en sentido inverso.* **SIN.** contrario, opuesto. // **inverso** *[n.m.]* **2** en matemáticas, número que multiplicado por otro es igual a 1: *el inverso de 8 es 1/8, porque 8 X 1/8 = 8/8 = 1.* TAMBIÉN *adj.*: *8 y 1/8 son números inversos.* ■ **a la inversa**, al contrario. **SIN.** al revés.

invertebrado, invertebrada *[adj.]* que no tiene esqueleto con columna vertebral: *los insectos, los gusanos y los cangrejos son animales invertebrados.* **ANT.** vertebrado.

invertido, invertida *[adj.]* que está colocado al revés: *el libro tiene invertidas algunas páginas.*

invertir *[v.]* **1** cambiar el orden o la posición de algo, de manera que una cosa ocupe el lugar que ocupaba otra: *invirtiendo el orden de las letras de "gusano" sale "onasug"; invierte el dibujo, que estás mirándolo al revés.* **SIN.** dar la vuelta. **2** gastar una cantidad de dinero en algo, con la intención de ganar más: *invirtió sus ahorros en una pizzería.* **AF.** gastar, meter. **CONJUG.** como *sentir**. **FAM.** inverso, inversión, inversionista, invertidamente, verter.

investigación *[n.f.]* conjunto de las cosas que se hacen para tratar de averiguar algo o descubrir algo: *gracias a la investigación, la medicina ha avanzado mucho; encargó a los mejores detectives la investigación del crimen.*

investigador, investigadora *[n.]* persona que se dedica a la investigación*: *un investigador de física nuclear* (**AF.** científico)*; la policía tiene varios investigadores* (**SIN.** detective).

investigar *[v.]* hacer preguntas, estudios, etc. para averiguar algo o descubrir algo: *investigarán el robo del museo; los laboratorios investigan para encontrar nuevas sustancias curativas.* **AF.** buscar, indagar. **OBS.** ante e, gu: *investiguen.* **FAM.** investigación, investigador.

inviable *[adj.inv. en gén.]* que es imposible o muy difícil que se pueda llegar a hacer: *proyecto inviable.* **SIN.** irrealizable. **ANT.** viable.

invierno *[n.m.]* estación del año en la que las temperaturas son más bajas. **FAM.** invernal, invernadero, invernar.

invisible *[adj.inv. en gén.]* que no se puede ver: *el aire es invisible; los virus son invisibles a simple vista.* **SIN.** imperceptible. **ANT.** visible. **FAM.** invisiblemente, invisibilidad, visible.

invitación *[n.f.]* **1** lo que se hace para invitar a alguien a algo, o lo que se nota cuando algo invita a algo: *la invitación a una fiesta; el discurso fue una invitación a participar en la campaña contra el hambre.* **2** tarjeta con la que se invita a algo: *ya han enviado las invitaciones de boda.*

invitado, invitada *[n.]* persona que ha recibido una invitación para participar en algo: *en la boda había trescientos invitados.* **SIN.** convidado. TAMBIÉN *adj.*: *no asistieron todas las personas invitadas.*

invitar *[v.]* **1** ofrecerle a alguien la posibilidad de hacer algo, normalmente agradable o divertido, sin tener que pagar nada: *nos invitó a merendar; te invito al cine.* **SIN.** convidar. **2** hacer que a uno le entren ganas de algo: *el olor a comida invita a comer.* **SIN.** animar, inducir, incitar. **FAM.** invitación, invitado.

invocar *[v.]* dirigirse a alguien para pedir ayuda, o hablar de algo para conseguirla: *invocar a Dios; invocó su antigua amistad para que cediera a su petición.* **SIN.** apelar, recurrir a. **OBS.** ante e, qu: *invoquen.* **FAM.** invocación, voz.

involuntario, involuntaria *[adj.]* que se hace sin querer (*lo rompió de forma involuntaria*) o sin haberlo pensado (*hizo un gesto involuntario de asco.* **SIN.** instintivo*). **FAM.** involuntariamente, involuntariedad, voluntario.

inyección *[n.f.]* acción por la que se inyecta algo y cosa que se inyecta: *con la primera inyección de penicilina se encontró mucho mejor.* **OBS.** se dice *poner una inyección.*

inyectar *[v.]* meter una sustancia en el interior de algo o de un cuerpo, a través de un agujero pequeño y con un aparato especial: *los medicamentos líquidos se inyectan con jeringuilla; inyectar aire en un balón; inyectan silicona en los huecos de alrededor de las ventanas.* **FAM.** inyección, inyectable, inyector.

ir *[v.]* **1** hacer lo necesario para llegar a un sitio, o hacerlo de una manera determinada: *voy al cine; a Jaén vamos en coche; van muy despacio.* **AF.** dirigirse, trasladarse, desplazarse. **ANT.** volver, venir. **2** sentarle a uno algo de una manera determinada: *te iría bien descansar unos días; esa camisa te va estrecha.* **3** ocupar el espacio que hay entre los dos sitios que se dicen: *el parque va desde la avenida hasta el río.* **SIN.** abarcar, extenderse. **4** pasar (o ser) las cosas inmateriales de una manera determinada, o funcionar las máquinas como se dice: *su matrimonio va perfectamente; la lavadora va mal.* **SIN.** marchar, andar, funcionar. **5** tener algo una intención o un sentido determinado: *lo que te dijo iba en serio; la traición va contra las normas morales.* **6** seguido de un verbo en gerundio, significa que se está haciendo despacio: *los chicos van entrando en clase; los problemas van solucionándose.* // **irse** *[v.prnl.]* **7** hacer uno lo necesario para dejar de estar donde estaba: *se fue de casa a las diez; se ha ido a trabajar*: **SIN.** marcharse. **ANT.** quedarse. **8** dejar de estar algo donde debía estar: *la harina se va por el agujero de la bolsa; el agua se fue del friegaplatos.* **SIN.** derramarse, salirse. ■ **ir a**, estar a punto de hacer algo: *voy a salir.* **SIN.** disponerse a. ■ **ir de**, querer aparentar lo que no se es. **SIN.** dárselas de. ■ **ir por**, haber llegado a ese punto: *voy por la página 300.* ■ **irse abajo** algo, derrumbarse. ■ **írsele** a uno **la mano**, pasarse al hacer algo. **SIN.** propasarse. ■ **no irle** algo a uno, no gustarle: *esa música no me va.* ■ **no irle ni venirle** a uno una cosa, no tener que ver con uno. **FAM.** ida, ido.

CONJUGACIÓN DEL VERBO IR

Formas no personales
Infinitivo: *ir.* Gerundio: *yendo.* Participio: *ido.*

Indicativo
Presente: *voy, vas, va, vamos, vais, van.*
Pretérito imperfecto: *iba, ibas, iba, íbamos, ibais, iban.*
Pretérito perfecto simple: *fui, fuiste, fue, fuimos, fuisteis, fueron.*
Futuro: *iré, irás, irá, iremos, iréis, irán.*

Condicional simple:
iría, irías, iría, iríamos, iríais, irían.

Subjuntivo
Presente: *vaya, vayas, vaya, vayamos, vayáis, vayan.*
Pretérito imperfecto: *fuera/ fuese, fueras/ fueses, fuera/ fuese, fuéramos/ fuésemos, fuerais/ fueseis, fueran/ fuesen.*
Futuro: *fuere, fueres, fuere, fuéremos, fuereis, fueren.*

Imperativo:
ve, vaya, vayamos, id, vayan.

Vaya es con uve e y griega,
si es forma del verbo *ir*.
También se escribe con uve
su contrario que es ***venir***.

ira *[n.f.]* sentimiento muy fuerte de enfado: *la ira le impide razonar.* **SIN.** cólera, furia, enfurecimiento, coraje, rabia, cabreo (vulgar). **AF.** irritación, crispación, enfado. **ANT.** serenidad. **FAM.** iracundo, irascibilidad, irascible. **COMP.** ***desaire*** (desprecio), desairado, desairar.

irguiera, irguió... formas irregulares de la conjugación del verbo *erguir**.

iraní *[adj. y n.inv. en gén.]* de Irán, país del oeste de Asia cuya capital es Teherán: *una ciudad iraní; está casada con un iraní.* **PL.** *iraníes* o *iranís.*

iraquí *[adj. y n.inv. en gén.]* de Iraq (o *Irak*), país del oeste de Asia cuya capital es Bagdad: *costumbres iraquíes; los iraquíes hablan un dialecto árabe.* **PL.** *iraquíes* o *iraquís.*

irascible *[adj.inv. en gén.]* que se enfada mucho y muchas veces: *una persona irascible; temperamento irascible.* **SIN.** irritable, colérico. **AF.** violento. **ANT.** apacible, tranquilo.

iris *[n.m.inv. en núm.]* parte coloreada del ojo, cuya superficie tiene forma de círculo y en cuyo centro está la *pupila*: *cuando decimos que alguien tiene los ojos verdes es porque tiene el iris de color verde.* ■ **arco iris**, VER *arco.* **FAM.** ***irisación*** (reflejo de luz con colores del arco iris), irisar.

irisación *[n.f.]* reflejo de luz con colores del arco iris. **PL.** *irisaciones.* **FAM.** iris.

irlandés, irlandesa *[adj. y n.]* 1 de Irlanda, isla del noroeste de Europa en la que están Irlanda del Norte (capital, Belfast) y el Estado de Irlanda (capital, Dublín): *el pueblo irlandés; ciudades irlandesas; los irlandeses.* // **irlandés** *[n.m.]* 2 lengua celta hablada en Irlanda.

ironía *[n.f.]* lo que demuestra quien dice algo de manera que se entienda lo contrario: *dijo con ironía "¡qué buen conductor eres; hoy sólo llevas tres golpes".* **SIN.** sarcasmo, retintín, guasa. **FAM.** irónico, irónicamente, ironizar.

irónico, irónica *[adj.]* que está dicho con ironía*: *una frase irónica; ¿has notado su tono irónico?* **AF.** guasón, burlón, sarcástico.

irracional *[adj.inv. en gén.]* 1 que no tiene inteligencia como la de los seres humanos: *los animales son seres irracionales.* **ANT.** racional. 2 que no está bien pensado, porque va en contra de la lógica: *es irracional que quieras llevar el piano tú solo; un comportamiento irracional.* **SIN.** ilógico, absurdo. **AF.** incongruente, insensato. **ANT.** racional, lógico, razonable. **FAM.** irracionalidad, irracionalmente, racional.

irradiar *[v.]* tener dentro algo inmaterial que sale libremente al exterior: *el Sol irradia luz y calor.* **SIN.** despedir, emitir, desprender, emanar, radiar. **AF.** echar, soltar, producir, difundir. **ANT.** absorber. **FAM.** irradiación, radiar.

irreal *[adj.inv. en gén.]* que no existe en la realidad: *las sirenas son seres irreales.* **SIN.** fantástico, ficticio, imaginario. **ANT.** real. **FAM.** irrealidad, irrealmente, real.

irregular *[adj.inv. en gén.]* 1 que no tiene la misma altura en todos los puntos de su superficie: *un terreno irregular; una roca de forma irregular.* **SIN.** desigual. 2 que se sale de lo que es normal: *que salga sin avisar es algo irregular en él.* **SIN.** anómalo*. 3 en gramática se llama así a los verbos que no siguen los modelos de conjugación establecidos, porque introducen algunos cambios en las raíces o desinencias. 4 hablando de figuras o cuerpos geométricos, que no tiene todos los lados o todas las caras iguales: *el trapezoide es un polígono irregular; un icosaedro irregular.* **ANT.COM.** regular. **FAM.** irregularidad, irregularmente, regular.

irremediable *[adj.inv. en gén.]* que no hay posibilidad de remediarlo: *ha sufrido un daño irremediable; la muerte es irremediable.* **AF.** irreparable. **ANT.** remediable, reparable. **FAM.** irremediablemente, remedio.

irreparable *[adj.inv. en gén.]* que no se puede arreglar: *una avería irreparable.* **AF.** irrremediable. **ANT.** reparable, remediable. **FAM.** irreparablemente, reparar.

irreprochable *[adj.inv. en gén.]* que no tienen ningún defecto que haga que se diga que está mal: *un comportamiento irreprochable.* **SIN.** intachable.

irresistible *[adj.inv. en gén.]* 1 que es tan molesto, tan perjudicial o tan fuerte que uno no puede resistirlo: *un dolor irresistible; estar un mes sin dormir es algo irresistible; una sed irresistible* (**SIN.** inaguantable*)*; un deseo irresistible* (**SIN.** irrefrenable, incontenible, irreprimible). 2 que tiene algo que atrae mucho aunque uno no quiera: *el esquí tiene para él un atractivo irresistible; una persona irresistible.* **FAM.** irresistiblemente, resistir.

irresoluble *[adj.inv. en gén.]* que no se puede resolver: *un problema irresoluble.* **SIN.** insoluble.

irresoluto, irresoluta *[adj.]* 1 que le resulta muy difícil tomar decisiones: *es tan irresoluta jugando al ajedrez que ya nadie quiere jugar con ella.* **SIN.** indeciso. **ANT.** decidido. 2 que está sin resolver: *un problema irresoluto.*

irrespetuoso, irrespetuosa *[adj.]* que demuestra falta de respeto: *no seas irrespetuosa con tus profesores; un comportamiento irrespetuoso.* **SIN.** desconsiderado. **AF.** descarado. **AMPL.** lo irrespetuoso con cosas sagradas es ***irreverente***. **FAM.** irrespetuosamente, respeto.

irrespirable *[adj.inv. en gén.]* que hace que resulte difícil respirar normalmente: *el aire de este basurero es irrespirable.* **AF.** asfixiante.

irresponsable *[adj.inv. en gén.]* que hace las cosas sin pararse a pensar en las consecuencias o que puede tener malas consecuencias: *es irresponsable abandonar un puesto de vigilancia; un comportamiento irresponsable.* **SIN.** negligente, inconsciente. **AF.** imprudente, insensato, loco. **ANT.** responsable, consciente, prudente, sensato. TAMBIÉN *n.*: *es un irresponsable.* **FAM.** irresponsabilidad, irresponsablemente, responsable.

irreverencia *[n.f.]* falta de respeto contra algo que se considera sagrado: *es una irreverencia comer en una iglesia.* **AF.** profanación. **FAM.** irreverente, irreverentemente, reverencia.

irrevocable *[adj.inv. en gén.]* que no se puede anular: *una orden irrevocable; una decisión irrevocable.* **SIN.** inapelable, indiscutible, inamovible. **ANT.** revocable, anulable. **FAM.** irrevocabilidad, irrevocablemente, revocar.

irrigar *[v.]* distribuir un líquido: *el corazón irriga la sangre por todo el cuerpo; con los aspersores se irriga el césped con agua.* **AF.** regar. **OBS.** ante e, gu: *irriguen.* **FAM.** irrigación, regar.

irrisorio, irrisoria *[adj.]* que es tan pequeño o tan poco importante que hace reír: *el bocadillo tiene una cantidad irrisoria de jamón.* **SIN.** ridículo, insignificante. **ANT.** significativo. **FAM.** irrisión, risa.

irritación *[n.f.]* lo que tiene la persona o la cosa que se ha irritado: *irritación de garganta* (**AF.** alteración)*; le produjo irritación ver que no le hacían caso* (**SIN.** nerviosismo, excitación, alteración).

irritar *[v.]* **1** dañar algo superficialmente: *algunas cremas irritan la piel; chillar irrita la garganta.* **AF.** alterar, atacar, dañar, perjudicar. TAMBIÉN *prnl.: las pieles sensibles se irritan con facilidad.* **AF.** alterarse. **2** hacer que alguien se ponga muy nervioso: *los ruidos lo irritan; su mala educación irritó a los presentes.* **SIN.** alterar, poner nervioso, excitar. **INTENS.** exasperar, crispar, sulfurar, sacar de quicio. **ANT.** tranquilizar. TAMBIÉN *prnl.: se irritó al ver que no funcionaba.* **FAM.** irritabilidad, irritación, irritable, irritante.

irrompible *[adj.inv. en gén.]* que es tan resistente que no se puede romper: *los cristales de los coches blindados son irrompibles.* **AF.** indestructible. **ANT.** frágil.

irrumpir *[v.]* entrar en sitio de manera violenta, interrumpiendo lo que allí había: *irrumpió en la fiesta amenazando a todos.* **AF.** entrar. **FAM.** irrupción, romper.

irrupción *[n.f.]* hecho de que alguien entre violentamente en un sitio: *la irrupción de los niños alborotó toda la casa.* **SIN.** incursión. **AF.** entrada, llegada.

isla *[n.f.]* terreno rodeado de agua por todas partes: *Mallorca es una isla mediterránea.* **AMPL.** el conjunto de varias islas que están cerca es un ***archipiélago***. **FAM.** islote, isleño. **COMP.** aislar.

islamismo *[n.m.]* religión fundada por el profeta Mahoma: *el islamismo tiene más de 400 millones de fieles.* **SIN.** mahometismo.

islandés, islandesa *[adj. y n.]* **1** de Islandia, isla del noroeste de Europa cuya capital es Reykjavik: *la policía islandesa no lleva pistola; un islandés.* // **islandés** *[n.m.]* **2** lengua hablada en Islandia.

isleño, isleña *[adj. y n.]* que tiene que ver con las islas porque suele darse en las islas o es de una isla: *costumbres isleñas; paisaje isleño; los isleños de Tenerife son canarios.*

islote *[n.m.]* isla pequeña en la que no vive nadie: *fueron nadando hasta un islote del río.*

isósceles *[adj.inv. en gén. y núm.]* hablando de triángulos, que tiene dos lados iguales.

israelí *[adj. y n.inv. en gén.]* de Israel, estado mediterráneo del oeste de Asia cuya capital es Jerusalén: *una mujer israelí; los israelíes hablan hebreo.* **PL.** *israelíes.*

israelita *[adj. y n.inv. en gén.]* del antiguo reino de Israel, situado en Palestina: *pueblo israelita; los israelitas eran descendientes de Jacob.*

istmo *[n.m.]* parte estrecha y larga de tierra que une dos continentes o una península y un continente: *el istmo de Panamá.* **FAM.** ístmico.

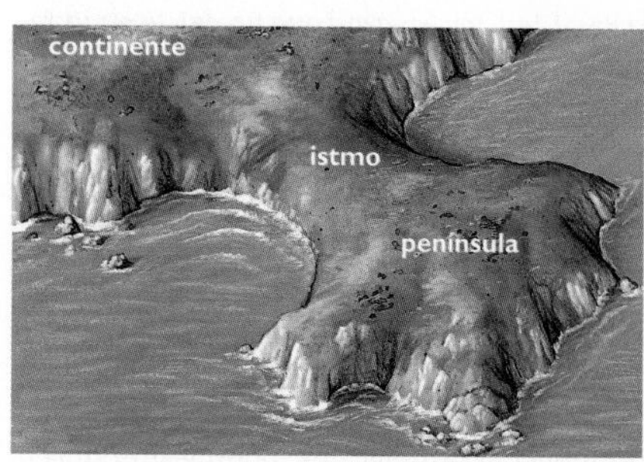

italiano, italiana *[adj. y n.]* **1** de Italia, país del sur de Europa cuya capital es Roma: *Venecia es una ciudad italiana; los italianos.* // **italiano** *[n.m.]* **2** lengua hablada en Italia: *el italiano deriva del latín.* **AMPL.** es una lengua románica derivada del dialecto toscano, que se impuso como lengua de cultura gracias a los grandes escritores que la cultivaron en la época del Renacimiento (Dante y Petrarca, por ejemplo). **FAM.** itálico, italianismo, italianizar.

itinerario *[n.m.]* conjunto de los sitios por los que se va pasando: *el itinerario de una vuelta ciclista, de un viaje, de una cabalgata...* **SIN.** ruta, recorrido. **AF.** trayecto. **FAM.** itinerante.

izar *[v.]* levantar algo, sobre todo si se hace tirando de una cuerda a la que está enganchado: *izar una bandera; izar las velas de un barco.* **ANT.** arriar. **OBS.** ante e, c: *icen.* **FAM.** izada.

izquierda *[n.f.]* conjunto de las personas que tienen ideas políticas próximas al socialismo: *la izquierda perdió las elecciones.* **ANT.** derecha. TAMBIÉN se dice *izquierdas.* **FAM.** izquierdismo, izquierdista.

izquierdo, izquierda *[adj.]* que está al lado contrario de la mano con que las personas que no son zurdas suelen hacer más cosas: *el corazón está en el lado izquierdo del pecho; metió el gol con el pie izquierdo.* **SIN.** siniestro. **ANT.** derecho, diestro. TAMBIÉN *n.f.: en los mapas, el oeste está a la izquierda; los zurdos escriben con la izquierda.* ■ **ser** uno **un cero a la izquierda**, no tener ninguna importancia para alguien: *en la directiva del club, es un cero a la izquierda.*

j *[letra consonante]* décima letra del abecedario español, que se llama *jota*.

jabalí *[n.m.]* animal salvaje, parecido al cerdo, que vive en los bosques, tiene el hocico muy alargado, el pelo fuerte de color gris oscuro y dos colmillos que le sobresalen del hocico y le sirven para defenderse. **PL.** *jabalíes* o *jabalís*. **FAM.** jabalina, jabato.

jabalí

jabalina *[n.f.]* **1** hembra del jabalí*. **2** vara larga y acabada en punta que se usa en la prueba deportiva que consiste en lanzarla lo más lejos posible: *es campeón de lanzamiento de jabalina*.

jabalina

jabato, jabata *[n.]* cachorro* de jabalí: *los jabatos correteaban por el bosque*. ■ **ser un jabato**, ser uno tan valiente que se atreve a hacer cosas muy difíciles.

jabón *[n.m.]* producto que forma espuma en contacto con el agua y limpia la suciedad: *una pastilla de jabón; jabón líquido; pasta de jabón*. **AMPL.** el jabón especial para la limpieza del pelo se llama ***champú*** y el preparado para lavar la ropa o los cacharros, ***detergente***; llamamos ***gel*** al jabón que es como una crema algo transparente. **PL.** *jabones*. **FAM.** jabonar, jabonada, jabonera, jabonoso, jabonadura, jaboncillo. **COMP.** enjabonar.

jabonada *[n.f.]* lo que hacemos cuando nos damos jabón o se lo damos a algo: *con una buena jabonada se te quitará la pintura*.

jabonar *[v.]* dar jabón: *jabonar la ropa*. **SIN.** enjabonar. TAMBIÉN *prnl.*: *jabonarse las manos*.

jabonera *[n.f.]* recipiente para guardar una pastilla de jabón o para ponerla en el lavabo, la bañera, etc.

jabonoso, jabonosa *[adj.]* que tiene jabón: *agua jabonosa; toallitas jabonosas*.

jaca *[n.f.]* **1** caballo que mide menos de metro y medio de altura: *aprendí a montar a caballo en una jaca*. **AMPL.** la altura de los caballos se llama ***alzada***: *mide 1,70 de alzada*. **2** hembra del caballo. **SIN.** yegua.

jacinto *[n.m.]* planta con hojas largas y estrechas que da flores muy olorosas con forma de campanilla, que se llaman igual, y pueden ser de color blanco, azul, rosa o amarillo.

jactancia *[n.f.]* lo que demuestra quien presume de lo que es o de lo que tiene. **SIN.** presunción.

jactarse *[v.prnl.]* presumir de algo: *se jacta de ser el mejor futbolista*. **SIN.** presumir, vanagloriarse, alardear, pavonearse. **FAM.** jactancia, jactancioso, jactanciosamente.

jade *[n.m.]* piedra preciosa de color blanquecino o verdoso, con manchas rojas o moradas.

jadear *[v.]* hacer ruido por respirar con dificultad: *llegó a la meta jadeando.* **SIN.** resollar. **AF.** sofocarse, ahogarse. **OBS.** e + e = ee: *jadeen.* **FAM.** jadeo, jadeante.

jaez *[n.m.]* adorno para los caballos: *los caballos desfilaban con jaeces de cintas de colores en las crines.* **AF.** arreos, guarnición, aderezo. **PL.** *jaeces.* **FAM.** jaezar, jaecero. **COMP.** enjaezar, desjaezar.

caballo con jaeces

jaguar *[n.]* animal mamífero parecido al tigre, que puede medir hasta dos metros de largo y casi un metro de alto.

jalea *[n.f.]* **1** especie de gelatina dulce y transparente que se hace con el zumo de algunas frutas. **2** medicamento muy dulce y gelatinoso. ■ **jalea real**, sustancia blanquecina, rica en vitaminas, con la que las abejas alimentan a sus larvas.

jaleo *[n.m.]* lo que hay cuando las cosas no están en orden o en silencio: *en fiestas hay mucho jaleo en la plaza; ¡vaya jaleo de papeles!* **SIN.** barullo, lío, alboroto.

jamás *[adv. de t.]* nunca: *jamás toques un enchufe con las manos mojadas.* **SIN.** nunca, en la vida. **ANT.** siempre. **AMPL.** a veces se dice *nunca jamás* para dar más fuerza a la expresión.

jamelgo *[n.m.]* caballo flaco, débil y que no sirve para casi nada: *don Quijote cabalgaba a lomos de un jamelgo llamado Rocinante.* **SIN.** rocín.

jamón *[n.m.]* pata del cerdo y su carne: *todos los cerdos tienen dos jamones; unas lonchas de jamón.* **AMPL.** el jamón que se cura en climas de montaña se llama *jamón* ***serrano***; el *jamón* ***de pata negra***, es el de cerdos de una raza que tienen la piel negra y el ***ibérico***, el de cerdos de raza ibérica; el *jamón* ***de York*** es jamón deshuesado y cocido y el *jamón* ***en dulce***, el cocido en vino blanco. **PL.** *jamones.*

japonés, japonesa *[adj. y n.]* **1** del Japón, país asiático formado por 1.042 islas y cuya capital es Tokio: *la moneda japonesa es el yen; los japoneses tienen los ojos rasgados.* **SIN.** nipón. // **japonés** *[n.m.]* **2** lengua propia de Japón: *el japonés se escribe de arriba a abajo y de derecha a izquierda.*

jaque *[n.m.]* palabra que se dice en una partida de ajedrez, como aviso de que si el contrario no mueve o defiende el rey o la reina, en la jugada siguiente la perderá: *jaque a la reina.* TAMBIÉN se llama así la jugada en la que pasa esto. ■ **jaque mate**, final de una partida de ajedrez, que se consigue cuando uno de los jugadores come el rey del otro. ■ **tener** o **traer** a alguien **en jaque**, obligarlo a ir de un lado para otro y a hacer muchas cosas.

jaqueca *[n.f.]* dolor de cabeza que dura bastante tiempo y es difícil de calmar. **AF.** migraña.

jara *[n.f.]* arbusto de ramas rojizas, hojas de color verde oscuro, estrechas y pegajosas y que da flores blancas. **FAM.** jaral.

jarabe *[n.m.]* líquido muy dulce que se hace mezclando agua, azúcar y sustancias medicinales curativas: *un jarabe contra la tos.*

jarana *[n.f.]* juerga*, diversión: *estuvo toda la noche de jarana.* **FAM.** jaranero, jaranear.

jardín *[n.m.]* **1** terreno en el que se cuidan flores, árboles o cualquier tipo de plantas de adorno: *tienen en el patio un pequeño jardín con rosales y enredaderas.* **AMPL.** un jardín grande y bonito con muchísima vegetación se llama ***vergel***; el sitio en el que se cultivan muchas clases de plantas para estudiarlas, clasificarlas, etc. es un ***jardín botánico*** y el que se dedica a sembrar y cultivar plantas y árboles para venderlos y que los planten en otro sitio, ***vivero***. // **jardines** *[n.m.pl.]* **2** terreno muy grande con plantas, flores, árboles, fuentes, estatuas, paseos, bancos, etc.: *los jardines de la Alhambra de Granada.* **AMPL.** los jardines de las ciudades en los que la gente puede pasear, los niños jugar, etc. se llaman ***parques***: *el parque del Retiro de Madrid.* ■ **jardín de infancia**, guardería*. **PL.** *jardines.* **FAM.** jardinería, jardinera, jardinero. **COMP.** ajardinar, ajardinado.

jardinería *[n.f.]* arte y oficio de cultivar plantas, flores y árboles de jardín: *en sus días libres se dedica a la jardinería.*

jardinera *[n.f.]* recipiente, más grande que una maceta, para tener flores y plantas de adorno: *en la terraza tiene varias jardineras.*

jardinero, jardinera *[n.]* persona que se dedica a cuidar jardines: *los jardineros están podando los árboles del parque.*

jarra *[n.f.]* recipiente que tiene un asa y la boca ancha con un pico en el borde para que sea fácil servir líquidos: *tienen una jarra para la leche y otra para el agua.* **SIN.** jarro. ■ **en jarras**, con las manos apoyadas en la cintura, sobre las caderas. **FAM.** jarro, jarrón, jarrero.

jarra

jarrón

jarrear *[v.]* **1** sacar agua o vino con una jarra. // **2** llover abundantemente.

jarro *[n.m.]* jarra*. ■ **echar** a alguien **un jarro de agua de fría**, quitarle la alegría o la ilusión que tenía, dándole una mala noticia.

jarrón *[n.m.]* recipiente más alto que ancho, sin asas, que se suele usar para adornar o para poner ramos de flores: *un jarrón de porcelana china.* **AF.** florero. **PL.** *jarrones.*

jaspe *[n.m.]* mineral opaco, muy duro pero suave y que puede ser de varios colores que, normalmente, forman dibujos de rayas o pintas irregulares: *la base de la escultura es de jaspe.* **FAM.** jaspeado, jaspear.

jaspeado, jaspeada *[adj.]* con listas o pintas irregulares de colores: *una tela jaspeada.*

jauja *[n.f.]* sitio imaginario en el que se está muy bien y todo es muy bonito: *esto es jauja, aquí nadie trabaja y todos se divierten.*

jaula *[n.f.]* especie de caja hecha con barrotes que sirve para tener animales encerrados de manera que sólo puedan salir de ella por una puerta pequeña: *en el circo, los leones están en jaulas; la jaula del canario es dorada.* **FAM. COMP.** enjaulado, enjaulamiento, desenjaular.

jauría *[n.f.]* conjunto de perros que se llevan a una cacería: *la jauría perseguía al zorro por el bosque.*

jazmín *[n.m.]* arbusto originario de Persia que se cultiva en jardines y da flores blancas muy olorosas que se usan para hacer perfumes. Pertenece a la familia de las ***oleáceas***. **PL.** *jazmines.* **FAM.** jazmíneo.

jazz *[n.m.]* tipo de música nacida en Estados Unidos a finales del siglo XIX y que está inspirada en la música tradicional de los negros africanos: *Louis Armstrong es uno de los grandes mitos del jazz.* **OBS.** es una palabra estadounidense que se pronuncia */yas/.*

jeep *[n.m.]* vehículo preparado para moverse por caminos en mal estado y por sitios de difícil acceso por los que un coche normal no podría pasar. **AMPL.** es una palabra inglesa que se pronuncia */yip/* y cada vez se usa menos porque es el nombre de un modelo de coche de una marca, y ahora hay muchas marcas que fabrican coches de este tipo que se llaman ***todo terreno***.

jefatura *[n.f.]* puesto de trabajo de las personas que son jefes de un departamento, una empresa, una oficina, etc.: *ha conseguido la jefatura de ventas.* **AF.** dirección.

jefe, jefa *[n.]* persona que se encarga de dirigir el trabajo de las personas que tiene a sus órdenes, de dirigir una empresa, un departamento, etc.: *la jefa lo mandó revisar el pedido; el jefe del grupo habló con el alcalde.* **AF.** director, patrón, encargado. **FAM.** jefatura, jefazo. **COMP.** subjefe.

jengibre *[n.m.]* planta que procede de la India, da flores rojizas en forma de espiga, tiene la raíz gruesa, muy aromática y de sabor picante y se usa en medicina y para dar sabor a las comidas.

jerarquía *[n.f.]* **1** organización de un determinado grupo de personas, en la que cada una tiene un cargo y una responsabilidad, según el grado y la categoría que tenga: *la jerarquía militar empieza en soldado y acaba en capitán general.* **SIN.** escalafón. **2** persona que es una autoridad dentro de la organización a la que pertenece: *las más altas jerarquías de la Iglesia presidieron la procesión.* **SIN.** autoridad, personalidad. **FAM.** jerárquico, jerárquicamente, jerarca, jerarquizar.

jerez *[n.m.]* vino blanco, seco y fino, elaborado en la comarca española de Jerez, que está en la provincia de Cádiz: *el jerez es un vino suave.*

jerga *[n.f.]* manera de hablar de un grupo determinado de personas que resulta difícil de entender a quien no pertenece a ese grupo: *la jerga de los jóvenes; la jerga de los mecánicos.* **SIN.** argot. **FAM.** jergal, ***jerigonza*** (jerga que no se entiende nada).

jergón *[n.m.]* colchón relleno de hierba, paja u otras cosas parecidas: *el lacayo se acostó en un jergón en el granero.* **PL.** *jergones.*

jerigonza *[n.f.]* manera de hablar que no se entiende nada: *entre ellos hablaban una extraña jerigonza.*

jeringuilla *[n.f.]* objeto para poner inyecciones, formado por un tubo en cuyo interior encaja una pieza cilíndrica que puede moverse dentro y empujar el líquido que haya dentro de él. **SIN.** jeringa. **AMPL.** la pieza cilíndrica se llama ***émbolo***. **FAM.** jeringa, jeringar.

jeringuilla

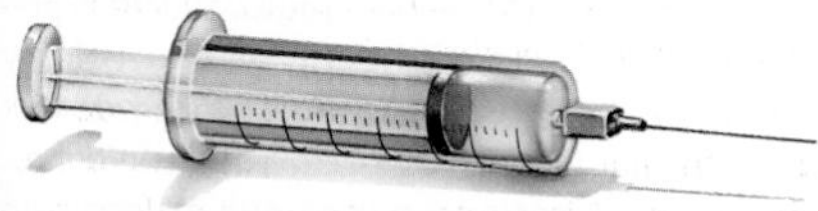

jeroglífico, jeroglífica *[adj.]* **1** hecho con dibujos en lugar de letras: *la escritura jeroglífica más conocida es la de los antiguos egipcios.* // **jeroglífico** *[n.m.]* **2** pasatiempo que consiste en adivinar el significado de una serie de dibujos y de símbolos: *los jeroglíficos me resultan difíciles de resolver.*

jersey *[n.m.]* prenda de vestir de punto y con mangas, que protege el cuerpo del frío desde el cuello hasta la cintura: *un jersey de lana.* **PL.** *jerséis.*

jesuita *[n.m.]* religioso que pertenece a la Compañía de Jesús, orden religiosa fundada por San Ignacio de Loyola. **FAM.** jesuítico, jesuitismo.

jibia *[n.f.]* sepia* (animal parecido al calamar).

jienense *[adj. y n.inv. en gén.]* de Jaén, provincia española y su capital, que pertenecen a la comunidad autónoma de Andalucía: *fiestas jienenses; los jienenses.* TAMBIÉN se dice *jiennense.*

jilguero *[n.m.]* pájaro más bien pequeño, con plumas de color pardo en el lomo, la cabeza blanca con manchas rojas y la cola y las alas negras con las puntas blancas y amarillas. **FAM.** jilguera.

jilguero

jineta *[n.f.]* **1** manera de montar a caballo que consiste en llevar los estribos cortos y las piernas dobladas. 2 animal mamífero pequeño parecido al gato que tiene el pelo gris con manchas negras y una larga cola de rayas blancas y negras, y se alimenta de los pequeños animales que caza. **OBS.** también se puede escribir con g: ***gineta***.

jinete *[n.m.]* hombre que monta a caballo o que sabe montar a caballo: *los vaqueros de las películas eran buenos jinetes.* **AMPL.** la mujer que monta a caballo es una ***amazona***. **FAM.** ***jineta*** (manera de montar con los estribos cortos), jinetear.

jirafa *[n.f.]* animal que puede medir hasta cinco metros de altura y tiene el cuello muy largo, la cabeza pequeña, dos cuernos cortos y chatos cubiertos por la piel, y las patas traseras más cortas que las delanteras.

jirón *[n.m.]* 1 trozo de tela arrancado o roto de cualquier prenda de ropa. **AF.** desgarrón. 2 tipo de bandera acabada en punta: *en el desfile salen todas las banderas, pendones, estandartes y jirones de la zona.* **PL.** *jirones.* **FAM.** ***jira*** (tira rasgada de una tela), jironado.

jockey *[n.m.]* yóquey* (jinete profesional).

jocoso, jocosa *[adj.]* que se dice o se hace en broma: *una frase jocosa; un gesto jocoso.* **SIN.** burlesco. **AF.** gracioso, chistoso, humorístico. **ANT.** serio. **FAM.** jocosidad, jocosamente.

jolgorio *[n.m.]* ruido de gente que está divirtiéndose. **SIN.** bullicio, algazara, holgorio.

jornada *[n.f.]* tiempo que se dedica, dentro de un día, a un trabajo o a una actividad: *su jornada laboral es de siete horas; en la primera jornada del viaje recorrimos 200 kilómetros; jornadas gastronómicas; jornadas deportivas.* **FAM.** jornal, jornalero.

jornal *[n.m.]* sueldo que gana una persona por cada día de trabajo: *tiene un jornal muy bajo.* **AF.** paga, sueldo, salario.

jornalero, jornalera *[n.]* trabajador que se contrata para trabajar los días que dure un trabajo determinado y cobra por cada día que trabaja: *necesitan jornaleros para recoger la cosecha de aceitunas.*

joroba *[n.f.]* 1 bulto grande que tienen en el lomo algunos animales: *los dromedarios tienen una joroba y los camellos dos.* **SIN.** giba. 2 bulto que sale en la espalda por algún defecto en la columna vertebral: *si no te pones derecho, puedes acabar con joroba.* **SIN.** chepa, giba. **FAM.** jorobar, jorobado.

jorobado, jorobada *[n.]* persona que tiene joroba*: *el jorobado de la película era un personaje siniestro.* TAMBIÉN *adj.*: *una persona jorobada.*

jota *[n.f.]* 1 nombre de la décima letra del abecedario español: *escribe una jota.* 2 baile y música popular de algunas regiones de España pero, especialmente, la que es típica de Aragón: *bailaron la jota ante la Virgen del Pilar.* ■ **no entender** o **no saber ni jota**, no tener ni la más mínima idea. **FAM.** jotero.

joven *[n.inv. en gén.]* 1 persona que está entre la adolescencia y la madurez: *los jóvenes no encuentran trabajo por falta de experiencia.* **SIN.** chico o chica, muchacho o muchacha. TAMBIÉN *adj.*: *gente joven.* // **joven** *[adj.inv. en gén.]* 2 que no es viejo o que no está viejo: *un hombre joven; una mujer joven; a pesar de su edad, se mantiene joven.* **ANT.** viejo, mayor. ■ **los jóvenes**, conjunto de las personas jóvenes. **SIN.** la juventud, la gente joven. **PL.** *jóvenes.* **FAM.** juventud, juvenil. **COMP.** rejuvenecer.

jovial *[adj.inv. en gén.]* que demuestra la alegría y la falta de preocupaciones propias de la gente joven: *tiene un carácter jovial; una persona jovial.* **AF.** alegre, optimista, animado. **FAM.** jovialidad, jovialmente.

joya *[n.f.]* 1 objeto de oro, plata, platino, piedras preciosas, etc. que tiene mucho valor y normalmente lo usan las mujeres de adorno: *las joyas que lució en la fiesta valían millones.* **SIN.** alhaja. 2 persona o cosa que es (o a uno le parece) muy valiosa: *este chico es una joya; algunos libros antiguos son auténticas joyas; la Alhambra de Granada es una joya del arte musulmán.* **SIN.** alhaja, tesoro, maravilla. **FAM.** joyería, joyero. **COMP.** enjoyado.

joyería *[n.f.]* 1 tienda o taller en la que se hacen, se venden y se arreglan joyas. 2 arte y oficio joyero: *sabe mucho de joyería.*

joyero, joyera *[n.]* 1 persona que se dedica a hacer o vender joyas. // **joyero** *[n.m.]* 2 caja o estuche para guardar joyas: *un joyero de piel.*

juanete *[n.m.]* bulto en el hueso de un dedo del pie, que sobresale y puede doler: *los zapatos le hacen daño porque tiene juanetes.*

jubilación *[n.f.]* 1 momento en que uno se jubila: *le dieron la jubilación al cumplir 65 años.* **SIN.** retiro, retiro laboral. 2 situación de quien se ha jubilado: *aprovecha la jubilación para dedicarse a lo que le gusta.* 3 dinero que cobra quien está jubilado: *cobra la jubilación a través del banco.* **SIN.** pensión.

jubilar *[v.]* reconocer el derecho a dejar de trabajar por haber llegado a la edad en la que uno debe vivir sin preocupaciones de trabajo o por tener alguna enfermedad que impide seguir trabajando: *lo jubilaron por haber tenido varios infartos.* **SIN.** retirar. TAMBIÉN *prnl.: tiene 70 años y no quiere jubilarse.* **FAM.** jubilación, jubilado.

júbilo *[n.m.]* sentimiento de alegría muy fuerte que se expresa con gestos, gritos, saltos, etc.: *bailó de júbilo cuando le tocó la lotería.* **SIN.** euforia, regocijo, alborozo. **AF.** alegría. **ANT.** tristeza, pena. **FAM.** jubiloso, jubilosamente.

judaísmo *[n.m.]* religión del pueblo judío*, basada en las leyes de Moisés. **SIN.** hebraísmo.

judería *[n.f.]* barrio judío: *la judería de Toledo fue muy importante en la Edad Media.* **FAM.** judío.

judía *[n.f.]* planta con tallos débiles y largos y hojas grandes, que da flores blancas o amarillas y cuyo fruto, que es comestible y también se llama *judía*, es una vaina* alargada y plana que tiene dentro varias semillas. **AMPL.** hay muchas clases de judías que se diferencian entre sí por el color y el tamaño y todas se cultivan en huertas; de algunas se come el fruto completo, con vaina y todo, y se llaman ***judías verdes*** o ***fréjoles*** y de otras sólo las semillas, verdes (***habas, habichuelas***) o secas (***judías secas, alubias, judiones, frijoles***...). **FAM.** judión.

judiar *[n.m.]* huerta de judías. **FAM.** judía.

judicial *[adj.inv. en gén.]* del juez o de la justicia: *el secretario judicial trabaja en el juzgado; un proceso judicial; una orden judicial.* **FAM.** judicialmente, juez.

judío, judía *[adj. y n.]* que por la religión o la cultura está relacionado con el antiguo pueblo hebreo: *pueblo judío; en Estados Unidos viven muchos judíos.* **AMPL.** el nombre de judío viene de Judá (uno de los doce hijos de Jacob o Israel); el pueblo que ahora llamamos sobre todo judío fue llamado en primer lugar ***hebreo***, luego ***israelita*** y, mucho después, ***judío***; son un pueblo con una cultura y una religión (el ***judaísmo****) comunes que los mantiene unidos, a pesar de que viven repartidos por todo el mundo; los habitantes del actual Estado de Israel son ***israelíes***. **FAM.** judaísmo, judaizante, judaizar, judaico, ***judería*** (barrio judío).

judo *[n.m.]* yudo* (deporte de lucha japonesa). **FAM.** judoca.

judoca *[n.inv. en gén.]* persona que practica judo*.

juego *[n.m.]* 1 cualquier actividad que se hace para entretenerse: *los niños se inventan juegos*. **SIN.** distracción, entretenimiento. 2 entretenimiento en el que hay que seguir unas reglas: *el parchís es un juego de mesa*. 3 manera de divertirse de algunas personas que consiste en jugar dinero a las cartas, en el bingo, a la lotería, etc. **AMPL.** las personas que juegan sin poder controlar el dinero que pueden gastar son ***ludópatas***. 4 lo que hace que dos cosas que están unidas puedan moverse: *el juego de las rodillas es necesario para andar*. **SIN.** articulación. 5 conjunto de cosas que se suelen vender, comprar y usar juntas: *un juego de café; un juego de herramientas; un juego de sábanas*. ■ **juego de azar**, juego en el que para ganar o perder sólo hace falta suerte: *la lotería es un juego de azar*. ■ **juego de manos**, lo que hacen los magos para dar la impresión de que aparecen y desaparecen cosas. ■ **juego de niños**, cosa muy fácil. ■ **juegos olímpicos**, olimpiadas*. ■ **juego de palabras**, lo que se hace cuando se consiguen frases ingeniosas usando palabras que tienen doble sentido: *algunas adivininanzas y algunos chistes son juegos de palabras*. ■ **entrar en juego**, ser importante en un asunto. ■ **estar en juego**, estar en peligro un asunto porque algo de lo que depende puede no salir bien. ■ **hacer juego**, ser del mismo estilo, del mismo color, etc. dos o más cosas. **FAM.** jugar, jugarreta, juguete.

juerga *[n.f.]* lo que viven varias personas que se divierten juntas, cantando, bailando, bebiendo, etc.: *salió de juerga con sus amigos; estuvieron de juerga hasta las 2 de la mañana*. **SIN.** jarana, parranda, farra. **AF.** diversión, fiesta. **ANT.** aburrimiento. **FAM.** juerguista.

juerguista *[n.inv. en gén.]* persona a la que le gusta mucho ir de juerga.

jueves *[n.m.inv. en núm.]* día de la semana que va después del miércoles y antes del viernes: *un jueves; los jueves*.

juez *[n.inv. en gén.]* 1 persona que se dedica, por profesión, a decidir en los juicios quién tiene razón, si uno es o no culpable de un delito, etc.: *el juez lo declaró inocente*. **SIN.** magistrado. **AMPL.** a los jueces, cuando están juzgando a alguien, se les da tratamiento de ***señoría***. 2 persona que decide en un concurso o una competición sobre el cumplimiento de las normas: *el juez descalificó a dos nadadores*. **AF.** árbitro. **AMPL.** el conjunto de varias personas que deciden el resultado de un concurso se llama ***jurado***. **PL.** *jueces*. **FAM.** judicial, judicatura, juicio.

jugada *[n.f.]* 1 cada una de las tiradas o de los movimientos que hace un jugador cuando le toca el turno: *en una jugada avanzó veinte casillas*. 2 jugarreta*: *está pagando las consecuencias de la jugada que le hicieron*.

jugador, jugadora *[n.]* 1 persona que participa en un juego o que sabe jugar: *les falta un jugador para la partida de mus; es un buen jugador de ajedrez*. **AF.** competidor, participante. 2 persona que se dedica a apostar su dinero en juegos de azar: *era jugador y acabó arruinando a su familia*. 3 persona que forma parte de un equipo deportivo: *un jugador de baloncesto*.

jugar *[v.]* 1 hacer algo para divertirse: *está en la calle jugando con sus amigos*. **AF.** divertirse, distraerse, entretenerse. 2 participar en un juego o en un deporte en el que intervienen equipos: *jugar a las cartas; jugar al baloncesto*. **AF.** participar, competir. 3 apostar dinero en algún juego: *jugó parte del sueldo a la lotería*. **SIN.** apostar. 4 tratar algo que es importante o frágil sin el cuidado necesario: *con la salud no se juega*. ■ **jugar limpio**, no hacer trampas en el juego o portarse bien, sin engaños, en la vida normal. **ANT.** jugar sucio. **FAM.** jugada, jugador, juguetón, juguetear, jugueteo, juguete, juguetería, juguetero, juego.

jugarreta *[n.f.]* actuación de una persona que produce daño a otra: *fue una jugarreta dejarlo encerrado*. **SIN.** faena, jugada, mala pasada.

juglar *[n.m.]* artista de la Edad Media que iba de pueblo en pueblo recitando poemas, cantando canciones, bailando y haciendo juegos a cambio de dinero o de regalos.

jugo *[n.m.]* 1 líquido que se saca de algunas frutas: *jugo de naranja; jugo de uva*. **SIN.** zumo.

2 líquido que tienen la carne, el pescado y los vegetales: *un plato de carne en su jugo.* **AF.** sustancia. ■ **jugo gástrico**, líquido que segrega el estómago para facilitar la digestión de los alimentos. ■ **sacar jugo** a algo, sacarle el máximo provecho. **FAM.** jugoso, jugosidad. **COMP.** enjugar.

jugoso, jugosa *[adj.]* 1 que tiene jugo o no es seco: *una fruta jugosa; un pescado jugoso.* **ANT.** seco, estoposo. 2 que merece la pena porque tiene mucho valor o le interesa a alguien: *un premio jugoso; una noticia jugosa.* **SIN.** importante, sustancioso. **ANT.** insignificante.

juguete *[n.m.]* cualquier cosa que sirva para jugar, especialmente las que se hacen para que jueguen los niños y suelen ser representación de cosas reales: *ese camión es un juguete; hay niños que desarman los juguetes para ver qué tienen dentro.*

juguetear *[v.]* entretenerse moviendo, girando, mirando, etc., cualquier cosa: *deja de juguetear con las llaves, que haces ruido.* **OBS.** e + e = ee: *jugueteemos.*

juguetería *[n.f.]* tienda en la que venden juguetes.

juguetón, juguetona *[adj.]* que le gusta jugar, moverse, correr, etc., y quiere que alguien más haga lo mismo: *un perro juguetón.*

CONJUGACIÓN DEL VERBO JUGAR

Formas no personales

Infinitivo: *jugar.* Gerundio: *jugando.* Participio: *jugado.*

Indicativo

Presente: *juego, juegas, juega, jugamos, jugáis, juegan.*

Pretérito imperfecto: *jugaba, jugabas, jugaba, jugábamos, jugabais, jugaban.*

Pretérito perfecto simple: *jugué, jugaste, jugó, jugamos, jugasteis, jugaron.*

Futuro: *jugaré, jugarás, jugará, jugaremos, jugaréis, jugarán.*

Condicional simple:

jugaría, jugarías, jugaría, jugaríamos, jugaríais, jugarían.

Subjuntivo

Presente: *juegue, juegues, juegue, juguemos, juguéis, jueguen.*

Pretérito imperfecto: *jugara/ jugase, jugaras/ jugases, jugara/ jugase, jugáramos/ jugásemos, jugarais/ jugaseis, jugaran/ jugasen.*

Futuro: *jugare, jugares, jugare, jugáremos, jugareis, jugaren.*

Imperativo:

juega, juegue, juguemos, jugad, jueguen.

AF. movido, activo, revoltoso, travieso. **ANT.** tranquilo.

juicio *[n.m.]* 1 lo que se hace para que un juez pueda decidir si alguien que ha sido acusado de algo es culpable o inocente: *en el juicio, dos testigos declararon que lo habían visto robando.* **AF.** proceso, causa. 2 capacidad de las personas para saber lo que tienen que hacer en cada momento, lo que más conviene, lo que está bien y lo que está mal: *tiene mucho juicio y suele actuar correctamente.* **SIN.** sensatez*. 3 opinión que una persona tiene de algo o de alguien: *tenía un juicio equivocado de mi vecino.* **SIN.** opinión, idea, concepto. ■ **perder el juicio**, volverse loco o dejar de ser prudente y sensato. ■ **poner** algo **en tela de juicio**, decir uno que no está seguro de que algo sea de una manera determinada. **SIN.** dudar de. **FAM.** juicioso, juiciosamente, juez, juzgar. **COMP.** prejuicio, enjuiciar.

juicioso, juiciosa *[adj.]* que demuestra que se ha pensado en lo que es conveniente, razonable, justo, etc.: *un chico juicioso; una decisión juiciosa.* **SIN.** sensato. **AF.** prudente, responsable, reflexivo. **ANT.** alocado, atolondrado, irreflexivo.

julio *[n.m.]* séptimo mes del año, que está entre junio y agosto y tiene 31 días.

jumento *[n.m.]* burro, asno*.

junco *[n.m.]* 1 planta de hojas muy cortas que crece en sitios húmedos y cuyos tallos, que son largos, lisos, flexibles, duros y puntiagudos, también se llaman *juncos*: *en las orillas de los ríos hay muchos juncos.* 2 barco de vela oriental. **FAM.** juncáceo, junquera, junqueral, juncal, junquillo.

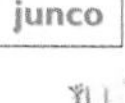

jungla *[n.f.]* sitio con mucha vegetación de árboles y plantas muy grandes y muy juntas: *Tarzán vivía en la jungla.* **SIN.** selva.

junio *[n.m.]* sexto mes del año, que está entre mayo y julio y tiene 30 días.

júnior *[adj.inv. en gén.]* que forma parte de la categoría a la que pertenecen los deportistas más jóvenes, que son los que tienen entre 17 y 21 años: *está en el equipo júnior de baloncesto; categoría júnior.* **AF.** juvenil. TAMBIÉN se usa esta palabra a continuación del nombre del hijo que se llama igual que su padre, para diferenciarlos, y se suele escribir en abreviatura (**jr**.): *Miguel Rodríguez jr.*

junta *[n.f.]* 1 reunión de un grupo de personas que forman parte de una sociedad, una asociación o cualquier organismo, para tratar algún asunto: *junta escolar; junta de comunidad de propietarios.* **SIN.** reunión. **AF.** asamblea, consejo. 2 conjunto de personas que dirigen una empresa, una asociación, un partido político, etc.: *la junta directiva del banco se reúne una vez al mes.* **SIN.** dirección, directiva, ejecutiva. 3 parte de una cosa por la que está unida a otra, o pieza que las une: *se ha roto la junta de las mangueras.* **SIN.** empalme, unión.

juntar *[v.]* 1 poner dos o más cosas tan cerca que queden tocándose: *juntaron dos mesas para que cupieran todos.* **SIN.** unir, adosar. **AF.** acercar, arrimar, aproximar. **ANT.** separar, alejar, distanciar. 2 llegar a tener una cantidad de algo: *juntó el dinero suficiente para el viaje; ha juntado 100 pegatinas.* **SIN.** reunir, acopiar. **AF.** acumular. TAMBIÉN *prnl.: se ha juntado con una buena colección.* // **juntarse** *[v.prnl.]* 3 reunirse varias pesonas: *en Navidades se juntan todos los hermanos.* **SIN.** reunirse. 4 tratar con frecuencia a alguien: *se junta con los chicos del barrio.* **SIN.** tratarse, relacionarse.

junto, junta *[adj.]* 1 que está al lado, cerca o unido a otro: *hay varias casas juntas.* 2 que está muy cerca: *no me gustan los cuadros tan juntos.* **SIN.** pegado, próximo. **ANT.** separado, distante. 3 que está con lo que se dice o se hace en el mismo sitio o a la vez: *viven juntas; pon los libros juntos; lo compró todo junto; salieron juntos de clase.* ■ **junto a**, al lado de. **FAM.** junta, juntar, juntamente. **COMP.** adjuntar, conjunto.

jura *[n.f.]* acto o ceremonia en la que alguien promete cumplir con sus obligaciones: *el rey asistió a la jura del presidente.* **SIN.** juramento. ■ **jura de bandera**, ceremonia en la que los soldados prometen defender y servir a su país.

jurado *[n.m.]* conjunto de personas encargadas de juzgar o de calificar algo o a alguien: *lo examinó un jurado de siete catedráticos.* **SIN.** tribunal.

juramento *[n.m.]* hecho de que alguien se comprometa a algo jurándolo: *hay que cumplir los juramentos.* **AF.** promesa, compromiso, voto.

jurar *[v.]* decir, con absoluta seguridad, que lo que se dice es verdad o que uno se compromete a cumplir algo pase lo que pase: *le juró que lo había visto; no quiso jurar que lo haría.* **AF.** asegurar, prometer. ■ **jurársela** a alguien, decidir hacerle daño cuando se tenga ocasión. ■ **jurar** uno **su cargo**, comprometerse, en una ceremonia pública, ante Dios o ante la Constitución, que uno cumplirá los deberes del cargo para el que ha sido elegido. **FAM.** jurado, juramento, jura, jurista. **COMP.** conjura.

jurel *[n.m.]* pez marino, comestible, de alrededor de 50 centímetros de largo, de color azul por el lomo y entre blanco y rojo por el vientre.

jurídico, jurídica *[adj.]* que tiene que ver con las leyes o con el derecho: *cuando termine la carrera jurídica será abogado.* **FAM.** jurídicamente, jurisdicción, jurisdiccional.

jurisdicción *[n.f.]* 1 posibilidad de actuar en determinados asuntos porque se tiene el poder o la autoridad necesarios: *el arreglo de las calles es jurisdicción de los ayuntamientos.* **SIN.** competencia. **AF.** función, obligación. 2 territorio sobre el que tiene poder un cargo o un organismo: *Lugo está dentro de la jurisdicción de la Junta de Galicia.* **SIN.** circunscripción, demarcación.

justicia *[n.f.]* 1 virtud de quien actúa teniendo en cuenta lo que le corresponde a cada uno. **SIN.** equidad, ecuanimidad. **ANT.** injusticia. 2 lo que hay donde se castiga a quien no cumple las leyes: *un país sin justicia es un caos.* 3 conjunto de las personas y de los organismos que se encargan de defender la ley y de castigar a quien no la cumple: *en los juzgados se imparte justicia; su caso está en manos de la justicia.* ■ **ser** algo **de justicia**, ser justo. ■ **hacer justicia**, aplicar las leyes o dar a cada uno lo que le corresponde. **FAM.** justiciero, justo, justamente. **COMP.** ajusticiar, injusticia.

justiciero, justiciera *[adj.]* que hace cumplir firmemente las leyes: *es tan justiciero que no deja pasar una.* **SIN.** estricto, riguroso.

justificación *[n.f.]* lo que explica que se haya hecho algo o se haya actuado de determinada manera: *su ausencia no tiene justificación.* **SIN.** explicación. **AF.** disculpa, excusa.

justificante *[n.m.]* lo que sirve para que alguien compruebe que algo se ha hecho, dónde se ha estado, lo que ha ocurrido, etc.: *un recibo es un justificante de pago.* **SIN.** comprobante.

justificar *[v.]* **1** ser una cosa lo que hace que otra tenga explicación: *que esté tan bien hecho justifica que haya tardado tanto; dice que el fin justifica los medios.* **SIN.** explicar. **AF.** disculpar, excusar. **2** explicar las razones o tratar de disculpar algo que se ha hecho: *justificó su ausencia diciendo que había estado enfermo.* **SIN.** explicar. **AF.** alegar. **OBS.** ante e, qu: *justifiquen.* **FAM.** justificación, justificable, justificante, justificativo, justificadamente. **COMP.** injustificado.

justo, justa *[adj.]* **1** que actúa tratando de dar a cada uno lo que le corresponde o de aplicar las leyes o los reglamentos: *un árbitro justo.* TAMBIÉN se usa para hablar de cosas hechas con justicia: *una distribución justa; un juicio justo.* **SIN.** imparcial, ecuánime, neutral. **ANT.** injusto, parcial. **2** que es exactamente lo que se dice (ni un poco más ni un poco menos): *dime la cantidad justa que necesitas; tengo el tiempo justo para hacerlo.* **SIN.** exacto, cabal. **ANT.** inexacto. **3** que resulta un poco pequeño o escaso: *los zapatos le quedan muy justos; la comida es algo justa para tantos.* **ANT.** amplio, holgado, grande. // **justo** *[adv. de m.]* **4** exactamente: *llegó justo cuando iba a llamarlo; tiene justo lo que necesita.* **SIN.** justamente. **FAM.** justicia // ajustar, ajuste.

juvenil *[adj.inv. en gén.]* de los jóvenes, o que parece o hace parecer joven: *ropa juvenil; gustos juveniles; peinado juvenil.* **SIN.** joven. **ANT.** senil.

juventud *[n.f.]* **1** etapa de la vida que está entre la niñez y la madurez: *lo aprendió en su juventud.* **2** lo que se tiene cuando se es joven, por el hecho de serlo: *la juventud permite hacer cosas que los ancianos no pueden hacer.* **3** conjunto de las personas jóvenes: *a la juventud le gustan las comidas rápidas.* **SIN.** jóvenes, gente joven.

juzgado *[n.m.]* **1** edificio en el que se celebran los juicios: *el acusado entró esposado en el juzgado.* **2** conjunto de las personas encargadas de aplicar la justicia en un territorio o una zona determinada: *es juez del juzgado de Soria.*

juzgar *[v.]* **1** comprobar y decidir si una persona que está acusada de algún delito es culpable o inocente: *lo juzgarán por atraco.* **AF.** enjuiciar. **2** tener una opinión sobre algo: *el electricista juzga que no hay que cambiar la instalación.* **SIN.** opinar, creer, estimar, considerar. **OBS.** ante e, gu: *juzguen.* **FAM.** juzgado, juez, juicio. **COMP.** prejuzgar.

k *[letra consonante]* undécima letra del abecedario español que se llama *ka*.

ka nombre de la letra *k*.

káiser *[n.m.]* emperador de Alemania.

kappa *[n.f.]* nombre de la décima letra del alfabeto griego, correspondiente a nuestra *k*.

kárate *[n.m.]* tipo de lucha japonesa en la que dos luchadores se golpean con el borde de las manos, los codos y los pies, para tratar de derribar al contrario: *si sabes kárate podrás defenderte de un ataque inesperado.* **FAM.** karateca.

karateca *[n.inv. en gén.]* persona que practica kárate: *un karateca; una karateca.*

kayac *[n.m.]* **1** embarcación de remos, de una sola plaza, formada por un armazón de madera forrado de pieles que también tapan al remero de la cintura para abajo: *los esquimales usan kayacs.* **2** canoa cubierta por una lona impermeable que se usa en competiciones deportivas. **PL.** *kayacs.*

kayac

de competición

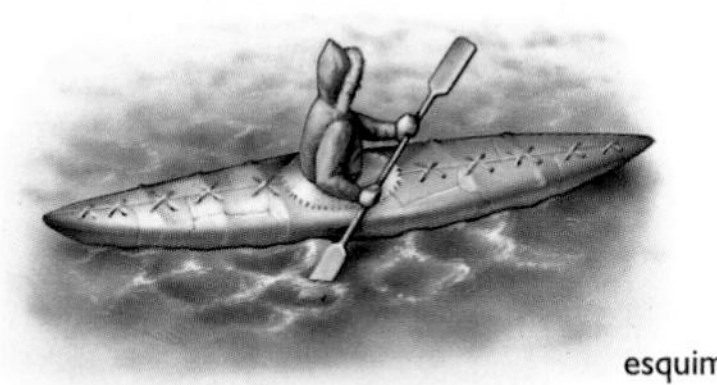

esquimal

kilo- prefijo que significa mil. TAMBIÉN se puede escribir ***quilo-***.

kilo *[n.m.]* apócope* de kilogramo. TAMBIÉN se puede escribir ***quilo***.

kilogramo *[n.m.]* medida de peso que es igual a mil gramos. TAMBIÉN ***quilogramo***. **AMPL.** se representa por ***Kg***: *2 Kg.*

kilolitro *[n.m.]* medida que equivale a 1.000 litros. TAMBIÉN ***quilolitro***.

kilométrico, kilométrica *[adj.]* de varios kilómetros, muy largo o expresado en kilómetros: *una cuerda kilométrica; un cuadro de distancias kilómetricas entre distintas ciudades.* TAMBIÉN ***quilométrico***.

kilómetro *[n.m.]* medida de longitud que es igual a mil metros: *entre Barcelona y Zaragoza hay 300 kilómetros.* TAMBIÉN ***quilómetro***. **AMPL.** se representa por ***Km***: *180 Km.* **FAM.** kilométrico, metro.

kilovatio *[n.m.]* unidad de medida de la electricidad que es igual a mil vatios* y expresa la potencia de los aparatos eléctricos. **AMPL.** se representa por ***Kw***: *12 Kw.*

kimono *[n.m.]* quimono*.

kiosco *[n.m.]* quiosco*.

kirie *[n.m.]* oración que se hace en la misa, llamando a Dios con esta palabra griega que significa *Señor*. **SIN.** kirieleisón.

kirieleisón *[n.m.]* **1** kirie*. **2** canto religioso que se hace en los entierros y en los oficios de difuntos.

kivi *[n.m.]* ave con plumas de color pardo y alas muy pequeñas, originaria de Nueva Zelanda.

kiwi *[n.m.]* **1** kivi* (ave). **2** quivi* (fruto).

k.o. fuera de combate: *lo dejó k.o.; perdió por k.o.; está k.o.* **AMPL.** se lee */kao/* y es una expresión inglesa que se dice cuando en un combate de boxeo uno de los boxeadores gana el combate derribando al contrario.

kiwi

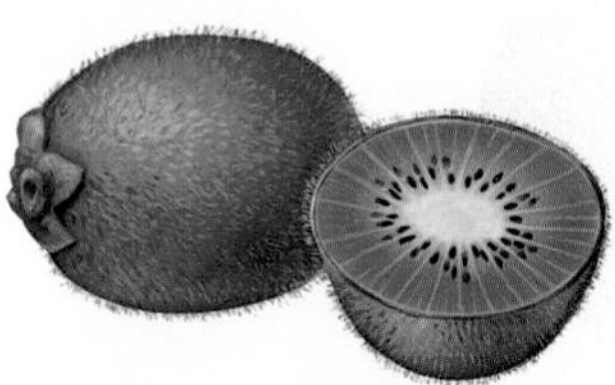

koala

koala *[n.m.]* animal mamífero que vive en Australia, se alimenta de hojas de eucalipto y, como el canguro, lleva a sus crías en una bolsa hasta que pueden andar solas.

l *[letra consonante]* letra que ocupa el duodécimo (12º) lugar en el abecedario español y se llama *ele*. **AMPL.** como número romano, la *l* mayúscula (***L***) vale cincuenta; dos eles juntas forman el grupo ***ll*** que representa un fonema distinto.

la *[artículo determinado]* 1 acompaña a los nombres de género femenino y número singular: *la roca; la mujer; la cigarra*. **GRAM.** tiene función de determinante*. // **la** *[pron.]* 2 tercera persona de singular del pronombre personal femenino que funciona como complemento directo de personas y de cosas: *la llamó ayer; dásela; la ha comprado; se la llevaré yo*. **OBS.** es incorrecto usar, en su lugar, el pronombre *le*; esta incorrección se llama ***leísmo***; también es incorrecto usar *la* cuando no es complemento directo; por ejemplo, *escríbe**la** con letra clara* (si se está hablando de una carta) está bien dicho porque *la* sustituye a *carta* y es complemento directo; pero cuando se trata de un complemento indirecto se usa *le*: *escríbe**le** a tu madre*; usar *la* en este caso es incorrecto y se llama ***laísmo***. // **la** *[n.m.]* 3 sexta nota de la escala musical: *dio un la potentísimo*.

La nota la en clave de sol y en clave de fa.

laberinto *[n.m.]* 1 conjunto de muchos caminos, pasillos o galerías iguales o parecidos, que se cruzan entre sí de manera que, si uno está dentro, le resulta muy difícil encontrar la salida: *los setos del jardín forman un laberinto*. **SIN.** dédalo. 2 parte del oído interno en la que están las terminaciones nerviosas que permiten oír y guardar el equilibrio. **FAM.** laberíntico.

labia *[n.f.]* facilidad para hablar y para convencer a los demás de lo que a uno le interesa: *es un político con mucha labia*. **SIN.** pico (uso familiar). **AF.** facilidad de palabra.

labial *[adj.inv. en gén.]* 1 de los labios o para los labios: *forma labial; crema labial*. 2 que se pronuncia juntando los labios: *la "p" es una consonante labial; un sonido labial*.

labio *[n.m.]* cada una de las dos partes carnosas y móviles de la cara, que son la parte exterior de la boca y cubren la dentadura. **AMPL.** el labio que está más cerca de la nariz se llama ***labio superior*** y el otro ***labio inferior***. **FAM.** labia, labial, labializar, labialización. **COMP.** bilabial.

labor *[n.f.]* 1 trabajo: *la labor de los maestros es educativa; la siembra y la cosecha son labores del campo*. **SIN.** trabajo, tarea. 2 lo que se hace con hilos, cruzándolos, cosiendo, cortándolos, etc., para conseguir un tejido o un adorno: *las puntillas son labores de encaje; un bordado es una labor sobre tela; le gusta hacer labores de ganchillo*. **AF.** costura. ■ **tierra de labor**, terreno dedicado a la agricultura. **SIN.** labrantío. ■ **labores del hogar**, tareas que hay que hacer en la casa para mantenerla limpia, tener preparada la comida, etc. **FAM.** laborioso, laboriosidad, laborable, laboral, laboratorio, **COMP.** elaborar.

laborable *[adj.inv. en gén.]* que se puede cultivar: *una tierra laborable*. ■ **día laborable**, día de trabajo. **ANT.** día festivo.

laboral *[adj.inv. en gén.]* de trabajo: *una jornada laboral de siete horas; un contrato laboral*.

laboralista *[n.inv. en gén.]* que entiende de asuntos de los trabajadores: *los laboralistas*. TAMBIÉN *adj.*: *abogada laboralista*.

laborar *[v.]* trabajar: *laborar la tierra*. **FAM.** labor.

laboratorio *[n.m.]* lugar en el que hay aparatos especiales para hacer experimentos o análisis, preparar productos, etc.: *un laboratorio de química; un laboratorio de investigaciones físicas.* ■ **laboratorio fotográfico**, el dedicado a revelar fotografías. ■ **laboratorio de idiomas**, local con cabinas y aparatos especiales para poder oír a quien habla bien el idioma que uno está aprendiendo, grabar lo que uno dice, comparar, etc.

laboreo *[n.m.]* cultivo de la tierra.

laborioso, laboriosa *[adj.]* 1 que hay que dedicarle mucho tiempo y tener en cuenta muchas cosas para que quede bien: *escribir un diccionario es una tarea muy laboriosa.* **SIN.** trabajoso. **AF.** complicado, difícil. **ANT.** sencillo, fácil. 2 que trabaja mucho y bien: *las abejas son insectos laboriosos.* **SIN.** trabajador. **ANT.** vago, holgazán.

labrador, labradora *[n.]* 1 persona que se dedica a cultivar la tierra: *en verano, los labradores trabajan todo el día.* **SIN.** agricultor, campesino, labriego. 2 persona que tiene tierras dedicadas a la agricultura: *el gobierno ofrece subvenciones a los labradores afectados por la sequía.* **AMPL.** los labradores que son propietarios de fincas muy grandes se llaman ***latifundistas*** y los que tienen fincas pequeñas, ***minifundistas***.

labrantío *[n.m.]* tierra dedicada a la agricultura. **FAM.** labrar.

labranza *[n.f.]* trabajo que consiste en cultivar la tierra. **SIN.** cultivo, laboreo.

labrar *[v.]* 1 trabajar la tierra para que dé productos agrícolas: *quien ara y siembra está labrando la tierra.* **SIN.** cultivar, laborar. 2 darle forma a la piedra o a la madera o hacer dibujos en relieve sobre plata, cuero, etc. **AMPL.** labrar la piedra para hacer figuras también se llama ***esculpir*** o ***tallar***; si se hacen figuras o dibujos labrando madera, ***tallar*** y si se labra metal o cuero, ***grabar***. **FAM.** labrado, labrador, labranza, labriego.

labriego, labriega *[n.]* labrador* (acepción 1): *los labriegos aran el campo.*

laca *[n.f.]* 1 barniz* especial que al secarse queda muy duro porque está hecho, entre otras cosas, con vidrio en polvo. 2 líquido que se pulveriza sobre el pelo para que el peinado dure más. **AF.** fijador. 3 pintura especial para las uñas, que les da color, brillo o las dos cosas. **SIN.** esmalte, pintaúñas. **FAM.** lacado, lacar.

lacayo *[n.m.]* criado encargado de acompañar a su señor y de ayudarlo en algunas cosas personales: *en la Edad Media todos los señores tenían lacayos.* **AF.** criado, sirviente, mozo.

lacio, lacia *[adj.]* 1 sin fuerza ni vitalidad: *las plantas están lacias; pon la mano lacia.* **SIN.** flojo. 2 que es muy liso, sin ondas ni rizos: *pelo lacio.* **SIN.** liso. **ANT.** ondulado, rizado, ensortijado.

lacrar *[v.]* poner un pegote de lacre a una carta o un paquete para que no se pueda abrir.

lacre *[n.m.]* pasta que se derrite para precintar paquetes, sobres, etc.

lacrimal *[n.m.]* 1 lagrimal*. **FAM.** lacrimoso, lacrimosamente, lacrimógeno, lágrima. // **lacrimal** *[adj.inv. en gén.]* 2 de las lágrimas: *glándulas lacrimales.* **SIN.** lagrimal.

lacrimógeno, lacrimógena *[adj.]* que produce picor en los ojos y hace llorar: *cortar cebolla es lacrimógeno; gases lacrimógenos.*

lactancia *[n.f.]* fase de la vida de los mamíferos en que la criatura se alimenta sólo de leche. **AMPL.** la alimentación a base de leche de la madre se llama ***lactancia materna***; la que es con leche preparada, que se suele dar con biberón, ***lactancia artificial***; quien está en la lactancia es ***lactante***.

lactar *[v.]* mamar*: *lactó hasta los cinco meses.* **FAM.** lácteo, lactancia, lactante, láctico, lacteado, leche.

lácteo, láctea *[adj.]* de la leche o hecho con leche: *industrias lácteas; productos lácteos.*

lactosa *[n.f.]* azúcar de la leche.

lacustre *[adj.inv. en gén.]* de los lagos o con lagos: *vegetación lacustre; una zona lacustre.*

ladear *[v.]* mover algo hacia un lado, inclinando la base: *no ladees la lámpara.* **SIN.** inclinar. **ANT.** enderezar. **OBS.** e + e = ee: *ladeen.*

ladera *[n.f.]* parte inclinada de un monte o una montaña: *la ladera sur.* **SIN.** falda, cara. **AMPL.** cuando el lado de una montaña es vertical se llama ***pared***.

ladino, ladina *[n.]* 1 persona que, para conseguir lo que quiere, actúa con engaños. // **ladino** *[n.m.]* 2 castellano antiguo: *los judíos expulsados de España en 1492 hablaban ladino.*

lado *[n.m.]* 1 cada una de las partes exteriores de algo que no es la de delante ni la de atrás: *a ambos lados de la cabeza tenemos las orejas; la torre está en el lado derecho de la catedral; el vestido lleva cremallera en un lado.* SIN. lateral. AMPL. los lados del tronco del cuerpo humano y de algunas otras cosas también se llaman ***costados***. 2 parte izquierda o derecha de algo: *la cerradura está en el lado derecho de la puerta.* SIN. parte. 3 cada una de las líneas que forman un ángulo o limitan un polígono: *un pentágono tiene cinco lados.* 4 cada una de las partes de una cosa plana: *una hoja de papel tiene dos lados.* SIN. cara, plana. 5 cada uno de los aspectos que se pueden considerar de algo: *por un lado me parece interesante pero por otro lo veo demasiado difícil.* SIN. parte. ■ **al lado**, muy cerca: *viven al lado.* ■ **al lado de**, junto a. ■ **dar de lado**, no hacerle caso a alguien. ■ **estar al lado de** alguien, ayudarlo o defenderlo. FAM. ladear, ladera, lateral.

ladrador, ladradora *[adj.]* que ladra mucho: *perro ladrador poco mordedor.*

ladrar *[v.]* dar ladridos: *siempre ladra a los desconocidos.* FAM. ladrido, ladrador.

ladrido *[n.m.]* especie de grito que dan los perros.

ladrillo *[n.m.]* pieza de barro cocido, casi siempre rectangular, que se usa en la construcción para hacer superficies planas: *un tabique de ladrillo.* AMPL. para dejar al aire se usa ***ladrillo visto***; los ladrillos que pueden estar en contacto con fuego, como los que se usan para hacer chimeneas, se llaman ***ladrillos refractarios***. FAM. ladrillar, ladrillado, ladrillazo. COMP. enladrillar, enladrillado.

ladrón, ladrona *[n.]* 1 persona que roba: *un ladrón le quitó el bolso.* AMPL. un ladrón de cosas de poco valor se llama también ***caco*** o ***ratero***; el que le roba a la gente la cartera del dinero es un ***carterista*** y el que roba amenazando con un arma, un ***atracador***. // **ladrón** *[n.m.]* 2 enchufe que tiene varias tomas y se conecta al que tiene electricidad para poder enchufar varios aparatos en el mismo sitio: *en un ladrón enchufó el tocadiscos y la lámpara.* FAM. ladronzuelo, ladronería, ladronear.

ladrón

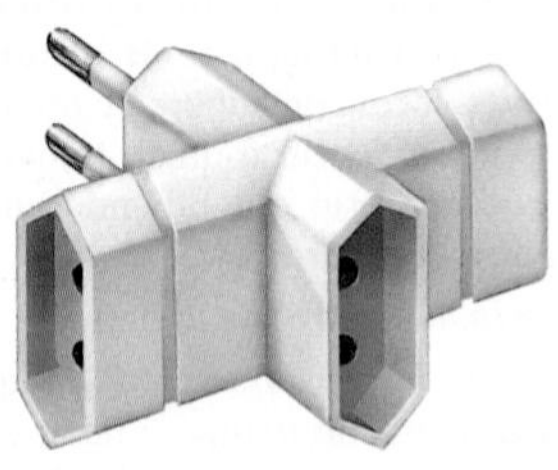

lagar *[n.m.]* sitio donde se pisa la uva.

lagartera *[n.f.]* agujero donde se esconden los lagartos.

lagartija *[n.f.]* lagarto* de alrededor de veinte centímetros de longitud que se alimenta de insectos, vive en los huecos de las rocas y se mueve muy rápidamente.

lagarto *[n.m.]* animal terrestre más grande que la lagartija, que tiene cuatro patas cortas, cola larga y piel cubierta de laminillas escamosas: *los lagartos comen insectos.* AMPL. la hembra del lagarto se llama ***lagarta***; los lagartos son animales ***reptiles*** porque, como tienen las patas muy cortas, al andar arrastran el vientre y eso se llama ***reptar***. FAM. lagarta, lagartija, lagartón.

lagartón, lagartona *[n.]* persona a la que se le da bien conseguir de los demás lo que quiere, haciéndoles creer que son ellos los beneficiados: *se dejó engañar por una lagartona.*

lago *[n.m.]* masa grande de agua no salada y rodeada de tierra, que se acumula de forma natural en la superficie o en el interior de la Tierra: *en Suiza hay muchos lagos; un lago subterráneo.* FAM. laguna, lacustre, lagunero.

lágrima *[n.f.]* cada una de las gotas que segregan las glándulas lacrimales y que salen por el lagrimal: *con tanta emoción se le saltaron las lágrimas.* ■ **deshacerse en lágrimas**, llorar mucho. FAM. lagrimal, lagrimoso, lagrimear, lagrimón, lacrimal.

lagrimal *[adj.inv. en gén.]* 1 de las lágrimas: *conducto lagrimal.* SIN. lacrimal. // **lagrimal** *[n.m.]* 2 parte del ojo más cercana a la nariz, que es donde está el extremo del conducto por donde salen las lágrimas: *tenía los lagrimales irritados de tanto llorar.*

lagrimal

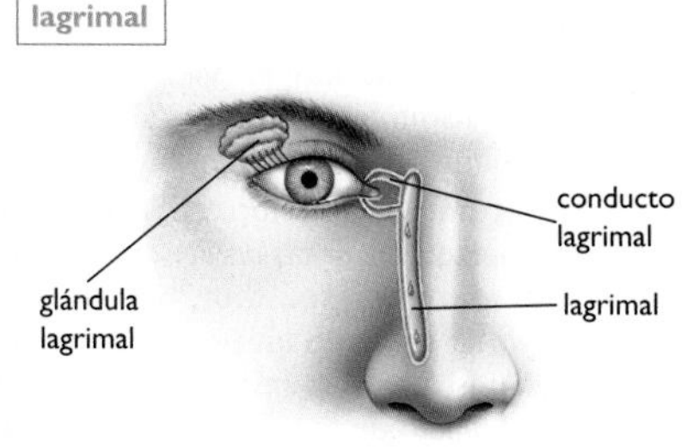

laguna *[n.f.]* 1 lago pequeño. 2 parte de un asunto que no se sabe o se ha olvidado: *mis conocimientos de historia tienen muchas lagunas.*

laico, laica *[adj.]* que no tiene que ver con la Iglesia o con la religión: *enseñanza laica.* **SIN.** seglar. **AF.** civil. **ANT.** religioso, clerical. **FAM.** laical, laicismo, laicalización, laicalizar.

laísmo *[n.m.]* error que se comete cuando se usan los pronombres *la* o *las* en lugar de *le* o *les.* **FAM.** laísta.

laísta *[n.inv. en gén.]* persona que usa los pronombres *la* o *las* cuando debe utilizar *le* o *les.* TAMBIÉN *adj.*: *un locutor laísta.* **FAM.** laísmo.

lamentable *[adj.inv. en gén.]* 1 que es malo, perjudicial, etc. y no debería pasar, pero pasa: *es lamentable que todavía haya guerras.* **SIN.** deplorable, vergonzoso. 2 que da pena porque está muy mal: *la paliza lo dejó en un estado lamentable; su aspecto era lamentable.* **SIN.** lastimoso*. **FAM.** lamentablemente, lamentar.

lamentación *[n.f.]* lamento*.

lamentar *[v.]* 1 sentir disgusto o pena por algo: *lamento que hayan fracasado.* **SIN.** sentir. // **lamentarse** *[v.prnl.]* 2 protestar por algo que no gusta: *se lamenta de su mala suerte.* **SIN.** quejarse. **FAM.** lamento, lamentación, lamentable.

lamento *[n.m.]* sonido o palabra que le sale a quien se queja: *sus lamentos se oían en toda la casa.* **SIN.** lamentación. **AF.** quejido, queja.

lamer *[v.]* pasar la lengua varias veces seguidas por una cosa: *el gato se lamía la pata.* **SIN.** lamiscar. **AF.** chupar, lengüetear. **FAM.** lametada, lametazo, lametón, lamido. **COMP.** relamer.

lametón *[n.m.]* cada una de las pasadas de la lengua por un sitio: *de dos lametones dejó la escudilla limpia de leche.* **SIN.** lametazo, lengüetazo. **AF.** chupada. **PL.** *lametones.*

lámina *[n.f.]* 1 trozo delgado y plano de algo: *la tarta está cubierta de láminas de chocolate.* **SIN.** hoja. **AF.** placa. **AMPL.** una lámina larga y estrecha de metal es una ***pletina***; se dice que son ***maleables*** los metales que se pueden convertir en láminas con facilidad. 2 hoja de papel que tiene impreso o dibujado algo que no es texto: *tiene que entregar varias láminas de dibujo geométrico; compró una lámina con la reproducción de un cuadro de Fortuny.* **FAM.** laminar, laminación, laminado.

lámpara *[n.f.]* 1 objeto preparado para alumbrar con luz artificial: *lámpara de aceite; lámpara de gas; lámpara eléctrica; lámpara halógena.* 2 mancha: *lleva en la blusa una lámpara de chocolate.* **SIN.** mancha. **FAM.** lamparilla, lamparería, lamparero, lamparón, lampista, lampistería.

lamparón *[n.m.]* mancha grande: *el folio tiene un lamparón de grasa.* **PL.** *lamparones.*

lana *[n.f.]* pelo que recubre la piel de algunos animales y que se puede convertir en hilos para hacer tejidos: *un abrigo de lana; un jersey de lana.* **AMPL.** ***esquilar*** a un animal es quitarle la lana; el conjunto de la lana que se saca de un animal cada vez que se esquila se llama ***vellón***; un mechón de lana se llama ***vedija*** o ***vellón***. **FAM.** lanar, lanilla, lanudo, lanoso, lanero, lanosidad.

lanar *[adj.inv. en gén.]* que da lana o tiene que ver con la lana: *las ovejas son ganado lanar; industria lanar.*

lanceolado, lanceolada *[adj.]* con forma de punta de lanza: *hojas lanceoladas.*

lancha *[n.f.]* embarcación pequeña que se mueve con motor: *los guardacostas se acercaron en una lancha.* **SIN.** motora. **FAM.** lanchero.

lanero, lanera *[adj.]* 1 de la lana: *productos laneros; industria lanera.* **SIN.** lanar. // **lanero, lanera** *[n.]* 2 persona que se dedica a vender lana.

langosta *[n.f.]* 1 insecto saltador que se alimenta de vegetales y se traslada en grupos enormes que forman espesas nubes y destruyen cosechas enteras. 2 animal marino con caparazón duro y cabeza alargada, de la que salen diez patas que acaban en pinza y cuatro antenas. **FAM.** langostino, langostín.

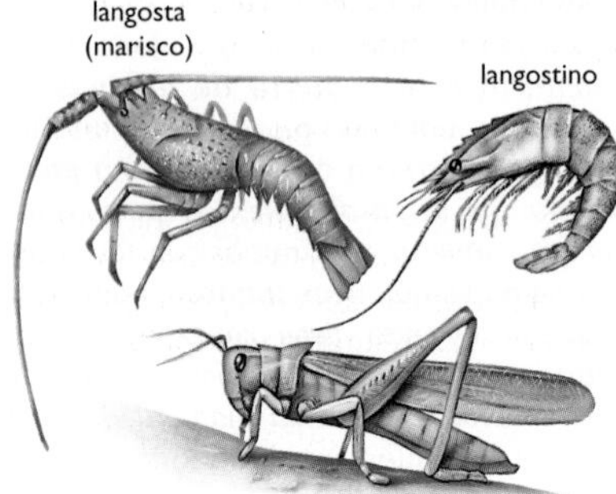

langostín *[n.m.]* langostino*. **PL.** *langostines.*

langostino *[n.m.]* animal marino con el caparazón blando y la cabeza alargada, que mide entre doce y catorce centímetros de largo. **SIN.** langostín.

lánguido, lánguida *[adj.]* que demuestra falta de fuerza, energía, viveza, etc.: *un gesto lánguido; aspecto lánguido.* **AF.** flojo, desmadejado. **ANT.** enérgico, vivo. **FAM.** languidez, languidecer, lánguidamente.

lanudo, lanuda *[adj.]* que tiene mucha lana: *las ovejas merinas son muy lanudas.*

lanza *[n.f.]* arma formada por un asta (palo) larga y un hierro afilado y puntiagudo sujeto en uno de sus extremos: *los caballeros de la Edad Media luchaban con lanzas.* **AMPL.** la pieza de hierro de las lanzas se llama ***punta de lanza***; una lanza que además de la punta normal lleva otra atravesada que tiene un extremo en forma de media luna se llama ***alabarda***; la lanza corta y de mango grueso se llama ***lanzón***, y el arma que mide más que un hombre y la punta es un pincho pequeño de hierro se llama ***pica***; el ***rejón*** es una especie de *pica* de metro y medio de largo que usan los toreros a caballo para herir al toro.

lanzada *[n.f.]* golpe dado con una lanza o herida hecha con una lanza.

lanzador, lanzadora *[n.]* deportista que se dedica a lanzar determinados objetos como prueba de fuerza y habilidad: *lanzador de jabalina; lanzador de disco.*

lanzamiento *[n.m.]* **1** lo que se hace para lanzar algo: *lanzamiento de jabalina; el lanzamiento de un satélite de comunicaciones.* **2** conjunto de las cosas que se hacen para que la gente se entere de que hay en venta un producto o un servicio nuevo: *los anuncios en televisión forman parte del lanzamiento del disco.*

lanzar *[v.]* **1** hacer que una cosa salga despedida con fuerza: *lanzar un dardo; lanzar una piedra; lanzar un cohete.* **SIN.** tirar, arrojar. **AF.** disparar. **2** poner en venta un producto nuevo en muchos sitios a la vez: *en noviembre lanzarán el primer número de la revista.* **SIN.** sacar a la calle, sacar a la venta, poner en venta. // **lanzarse** *[v.prnl.]* **3** ir con fuerza hacia un sitio: *se lanzó al agua.* **SIN.** tirarse, arrojarse. **4** ir con fuerza contra algo o alguien: *se lanzó contra el atracador.* **SIN.** echarse, abalanzarse, precipitarse. **OBS.** ante e, c: *lancemos.* **FAM.** lanzador, lanzamiento, lance, lanzadera, lanza, lancero, lanzada, lanzazo.

lapa *[n.f.]* animal marino con concha en forma de cono y que vive pegado a las rocas de las costas. ■ **ser como una lapa** una persona, resultar pesada porque está con uno más de lo que uno quiere y en momentos en que a uno le molesta.

lapicero *[n.m.]* utensilio de madera con una mina de grafito o de carbón dentro, pensado para escribir y dibujar sobre papel o cartón: *lo escrito con lapicero se puede borrar.* **SIN.** lápiz. **AMPL.** los objetos en los que se meten minas y que se usan para lo mismo se llaman ***portaminas***; los lapiceros que tienen la mina de color se llaman ***pinturas***. **FAM.** lápiz.

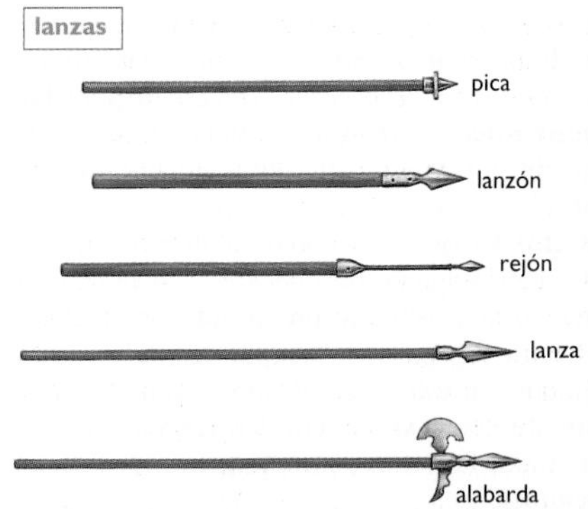

lápida *[n.f.]* piedra plana en la que se puede poner una inscripción: *las tumbas suelen estar cubiertas con una lápida.* **SIN.** losa. **FAM.** lapidario, lapidar, lapidación.

lápiz *[n.m.]* lapicero*. ■ **lápiz de labios**, barra especial para pintarse los labios. ■ **lápiz óptico**, aparato para leer códigos que capta las señales y las transmite a un ordenador o un vídeo. **PL.** *lápices.* **FAM.** lapicero.

lapsus *[n.m.]* equivocación u olvido al hablar o al escribir: *tuvo un lapsus y no nombró al director.* **SIN.** lapso. **AF.** despiste.

largar *[v.]* 1 soltar, poco a poco, una cuerda, un cable, etc.: *larga un cabo para atar la barca.* **SIN.** soltar. 2 (uso vulgar) decir algo inconveniente, molesto o pesado: *le largó una repuesta grosera; nos largará uno de sus aburridos discursos.* **SIN.** soltar. // **largarse** *[v.prnl.]* 3 (uso vulgar) irse* : *lárgate y déjanos en paz.* **OBS.** ante e, gu: *larguen.*

largo, larga *[adj.]* 1 que tiene mucha o demasiada longitud: *una calle larga; el vestido le queda largo.* **ANT.** corto. 2 que dura mucho o dura más de lo normal: *una película de tres horas es una película larga.* **ANT.** corto, breve. 3 que se tarda en hacer, en leer, etc.: *una tarea larga; "La Regenta" es una novela larga.* **SIN.** extenso. **ANT.** corto, breve. // **largo** *[n.m.]* 4 medida horizontal de algunas cosas por la parte que mide más (*el largo del tablero es de dos metros; una habitación de cuatro metros de largo por tres de ancho*) o medida vertical de otras (*el largo de una falda*). **SIN.** longitud. // **¡largo!** *[interj.]* 5 se usa para decirle a alguien, de malas maneras, que se vaya. ■ **a la larga**, dentro de un tiempo. **SIN.** tarde o temprano, antes o después. ■ **a lo largo**, ocupando o recorriendo toda la longitud de una cosa. ■ **hablar largo y tendido**, hablar tranquilamente, sin preocuparse del tiempo que pasa y tratando muchos detalles o muchos asuntos. ■ **dar largas**, dejar pasar el tiempo, adrede, sin resolver algo o sin decirle al interesado ni que sí ni que no. ■ **pasar de largo**, pasar delante de alguien o de algo, sin pararse. **FAM.** largar, larguero, larguirucho, largura, largamente. **COMP.** largometraje, alargar.

largometraje *[n.m.]* película de más de una hora de duración: *es director de largometrajes.* **AMPL.** una película que dura menos de una hora se llama ***cortometraje*** o ***corto***.

larguero *[n.m.]* palo horizontal de la portería del fútbol, balonmano, etc.: *el balón dio en el larguero.* **FAM.** largo.

larguirucho, larguirucha *[adj.]* que es alto, delgado y desgarbado: *D. Quijote es un personaje larguirucho.*

laringe *[n.f.]* parte del aparato respiratorio en la que están las cuerdas vocales, que son las que producen los sonidos: *la laringe es el órgano de la voz.* **FAM.** laríngeo, laringitis.

laringe

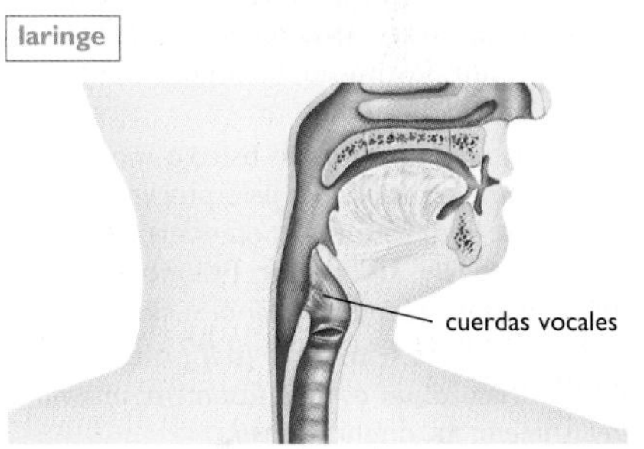

laringitis *[n.f. inv. en núm.]* inflamación de la laringe*.

larva *[n.f.]* bicho que se convertirá en insecto, en pez, en anfibio, etc.: *las larvas de abeja se alimentan de jalea real; la larva de mariposa es un gusano que se llama oruga; la larva de la rana, que es el renacuajo, tiene cola y no tiene patas.* **AMPL.** las larvas salen de los huevos o del cuerpo de las hembras antes de tener la forma que tendrán cuando acaben de formarse; los cambios que hacen que una larva llegue a tener la forma definitiva cuando sea un animal adulto se llaman ***metamorfosis***. **FAM.** larvado, larval.

las *[art. determinado]* 1 acompaña a los nombres de género femenino y número plural: *las flores; las niñas; las hormigas.* **GRAM.** tiene función de determinante*. // **las** *[pron.]* 2 tercera persona de plural del pronombre personal femenino que funciona como complemento directo de personas y de cosas: *las llamó ayer; dáselas; las quiere mucho.*

láser *[n.m.inv. en núm.]* conjunto de rayos de luz muy concentrada y con mucha energía que sale de un aparato especial y que se usa en medicina, en las industrias, en telecomunicación, etc.: *el láser ayuda a cicatrizar las heridas.* TAMBIÉN *adj.*: *rayos láser.*

lástima *[n.f.]* 1 sentimiento que tiene uno cuando alguien le da pena y le entran ganas de ayudarlo: *me dan lástima los animales abandonados.* **SIN.** pena, compasión. **AF.** misericordia. 2 lo que siente uno ante algo que le gustaría que fuera de otra manera: *le da lástima que no puedan venir.* **SIN.** pena. **AF.** disgusto. **ANT.** satisfacción. 3 lo que no es como a uno le gustaría que fuera: *es una lástima que tenga que quedarse; ¡qué lástima que se haya roto!* **SIN.** pena. **AF.** disgusto. **ANT.** alegría, satisfacción. **FAM.** lastimar, lastimoso, lastimosamente, lastimero, lastimeramente.

lastimar *[v.]* hacer daño físico o moral a alguien: *habla con claridad, pero procura no lastimarlo* (**SIN.** herir, molestar, ofender); *el golpe le lastimó la rodilla.* **SIN.** dañar, lesionar). TAMBIÉN *prnl.*: *se lastimó el codo al caer al suelo.*

lastimero, lastimera *[adj.]* que expresa dolor o tristeza: *un gemido lastimero; una mirada lastimera.* **AF.** quejumbroso.

lastimoso, lastimosa *[adj.]* que da pena porque está muy mal: *estado lastimoso; aspecto lastimoso.* **SIN.** penoso, lamentable. **INTENS.** desastroso, deplorable. **ANT.** perfecto, impecable.

lata *[n.f.]* 1 lámina delgada de hierro: *en los años 50, muchos juguetes eran de lata.* **SIN.** hojalata. 2 recipiente de metal, para conservas, más ancho que alto: *una lata de espárragos; una lata de mejillones.* **AMPL.** si es cilíndrico y más alto que ancho se llama ***bote***. 3 recipiente de metal, cilíndrico, normalmente de refrescos o de cerveza: *una lata de cocacola.* **SIN.** bote. 4 cosa que resulta pesada o molesta: *es una lata tener que aguantar su conversación.* **SIN.** pesadez, rollo, fastidio, latazo. ■ **dar la lata**, molestar haciendo ruidos, preguntas, movimientos cerca de uno, etc. **SIN.** dar la murga, molestar, incordiar. **FAM.** latazo, latoso. **COMP.** enlatar.

lateral *[adj.inv. en gén.]* 1 que no está en el centro, ni delante, ni atrás, sino a un lado: *las puertas están en las partes laterales del coche; una fachada lateral.* 2 en un lado: *recibió un golpe lateral.* // **lateral** *[n.m.]* 3 parte que no está en el centro, ni arriba, ni abajo, ni delante, ni atrás: *un lateral del coche quedó abollado.* **SIN.** lado, costado. 4 deportista que juega en las bandas del campo: *después del segundo gol, el entrenador cambió al lateral izquierdo.* **FAM.** lateralmente, lado. **COMP.** unilateral, unilateralmente, bilateral, colateral, colateralmente.

látex *[n.m.inv. en núm.]* jugo de algunos vegetales que se espesa al salir de la planta y se utiliza en la fabricación de cosas distintas: *el caucho y el chicle se hacen con látex.*

latido *[n.m.]* cada uno de los movimientos de las paredes del corazón que impulsa la sangre para que circule por todo el cuerpo: *con el fonendoscopio se oyen los latidos del corazón.* **AMPL.** el ritmo de los latidos del corazón se nota tocando las muñecas, las sienes, el cuello y la ingle, porque se notan los golpecitos que da la sangre al pasar por las arterias; el conjunto de estos golpecitos se llama ***pulso*** y cada uno de ellos, ***pulsación*** o ***palpitación***. **FAM.** latir.

latifundio *[n.m.]* terreno muy grande dedicado a la agricultura o a la ganadería y que es de un solo propietario: *algunos latifundios extremeños tienen más de dos mil hectáreas.* **ANT.** minifundio. **FAM.** latifundismo, latifundista.

latigazo *[n.m.]* golpe dado con un látigo*. **SIN.** trallazo, azote.

látigo *[n.m.]* cuerda o tira de cuero larga, atada a un palo por el que se agarra, que se usa para golpear: *el látigo de un domador de fieras; el cochero golpeaba con el látigo a los caballos que tiraban de la diligencia.* **SIN.** tralla. **AMPL.** el látigo que tiene más de una cuerda o más de una tira de cuero se llama también ***azote*** y si tiene una cuerda trenzada, ***tralla***; el que se usa cuando se monta a caballo y que es una vara flexible acabada en una trenza de cuero se llama ***fusta***. **FAM.** latigazo, latiguear, latiguillo.

latín *[n.m.]* lengua que hablaban los antiguos romanos, de la que se derivan el italiano, el español, el portugués, el francés, el rumano, el catalán y el gallego: *las lenguas derivadas del latín se llaman lenguas romances.* ■ **saber latín**, ser muy espabilado para algo. **FAM.** latinizar, latinidad, latinismo, latinista, latinización, latinizador, latinizante, latino. **COMP.** latinoamericano.

latino, latina *[adj.]* 1 que está en latín: *literatura latina.* 2 de la región italiana que se llama Lacio, o de la antigua Roma y las regiones que le pertenecían: *dioses latinos; cultura latina; lengua latina.* 3 de los países europeos en los que se hablan lenguas derivadas del latín: *carácter latino; costumbres latinas; los españoles y los italianos somos latinos.* TAMBIÉN *n.*: *los latinos suelen ser comunicativos.*

latinoamericano, latinoamericana *[adj. y n.]* de Latinoamérica, conjunto de los países cuyas tierras fueron conquistadas, por España, Portugal o Francia: *culturas latinoamericanas; un niño latinoamericano; muchos latinoamericanos hablan español.*

latir *[v.]* dar latidos: *el corazón late.* **SIN.** palpitar. **FAM.** latido.

latitud *[n.f.]* 1 distancia que hay desde cualquier punto de la superficie terrestre al punto del ecuador que está más cerca de él y que se mide en grados de circunferencia. // **latitudes** *[n.f.pl.]* 2 parte de la Tierra de la que se está hablando: *en estas latitudes vivieron los romanos.* **SIN.** zona, región. **FAM.** latitudinal.

latón *[n.m.]* metal dorado y brillante que es una aleación de cobre y cinc: *la manilla de la puerta es de latón.* **SIN.** metal.

latoso, latosa *[adj.]* que resulta incómodo porque molesta, porque dura bastante y es desagradable, porque se tarda en hacer o hay que fijarse en muchas cosas, etc.: *un niño latoso; una enfermedad latosa; una tarea latosa.* **SIN.** pesado. **AF.** molesto.

laúd *[n.m.]* instrumento musical de cuerda que tiene la caja en forma de media pera cortada longitudinalmente, las cuerdas agrupadas de dos en dos y el clavijero formando ángulo con el mástil, hacia atrás. **AMPL.** se toca con las puntas de los dedos; la persona que toca el laúd se llama ***laudista***.

laurel *[n.m.]* árbol con hojas perennes de olor fuerte y agradable y flores blancas y olorosas. ■ **dormirse en los laureles**, creerse que por haber tenido éxito en algo no hay que seguir esforzándose. **FAM.** laurear, laureado, lauráceo.

lava *[n.f.]* materia espesa y muy caliente que sale de los volcanes en actividad y que cuando se enfría se convierte en piedra: *la lava llegó hasta el poblado.*

lavable *[adj.inv. en gén.]* que no se estropea por lavarlo: *una tela lavable; los abrigos de lana no son lavables.*

lavabo *[n.m.]* 1 recipiente de cuarto de baño adecuado para lavarse la cara y las manos: *los lavabos antiguos no tenían grifos y se llenaban echando el agua con una jarra grande.* 2 habitación en la que, por lo menos, hay un lavabo: *el lavabo de una cafetería.* **SIN.** servicio, aseo. **AF.** retrete, váter, cuarto de baño.

lavadero *[n.m.]* sitio en el que se lava algo: *en algunas casas hay lavadero; en la fábrica de queso hay un lavadero donde una máquina lava los bidones de leche; un lavadero de coches.*

lavadora *[n.f.]* máquina para lavar ropa.

lavanda *[n.f.]* planta de tronco leñoso y flores azules que huelen muy bien y salen en forma de espiga. **SIN.** lavándula, espliego. **FAM.** lavándula.

lavandería *[n.f.]* local en el que hay máquinas para que la gente lave la ropa, o zona de un sitio en la que se lava la ropa: *las lavadoras de la lavandería funcionan con monedas; la lavandería del hotel está en el sótano.*

lavandero, lavandera *[n.]* persona que lava ropa o que se dedica a llevar una lavandería: *en algunas fotos antiguas salen lavanderas a la orilla del río.*

lavaplatos *[n.inv. en gén. y núm.]* 1 persona encargada de lavar los platos y los utensilios de la cocina en un sitio: *está de lavaplatos en un restaurante.* // **lavaplatos** *[n.m.inv. en núm.]* 2 máquina eléctrica para lavar los utensilios que se utilizan para comer y cocinar. **SIN.** lavavajillas, friegaplatos.

lavar *[v.]* quitar la suciedad con agua, o con agua y jabón: *lavar la ropa; lavarse las manos; lavar un coche.* **AMPL.** ***fregar*** es lavar frotando con un estropajo o una fregona. **FAM.** lavadero, lavabo, lavado, lavadora, lavable, lavandero, lavandería, lavotear. **COMP.** lavaplatos, lavavajillas, lavacoches.

lavativa *[n.f.]* aparato para limpiar el intestino metiendo líquido por el ano.

lavavajillas *[n.m.inv. en núm.]* 1 lavaplatos* (acepción 2): *mete los vasos en el lavavajillas.* 2 detergente especial para fregar los utensilios de cocina: *este lavavajillas quita bien la grasa.* **AF.** detergente, jabón.

laxante *[n.m.]* sustancia que sirve para corregir el estreñimiento: *le recetaron un laxante de hierbas medicinales.* TAMBIÉN *adj.inv. en gén.: un producto laxante.* **SIN.** purgante, evacuante, lavativo. **ANT.** astringente.

laxo, laxa *[adj.]* que no tiene fuerza o que no está tirante: *para hacer yoga hay que dejar los músculos laxos.* **SIN.** flojo, relajado. **FAM.** laxitud, laxante, laxar.

lazada *[n.f.]* nudo en el que se deja una parte de la cinta, el hilo, la cuerda, etc., haciendo un adorno en forma de ocho y que se deshace tirando de uno de los extremos: *se le ha deshecho la lazada del cordón de los zapatos.* **AF.** lazo.

lazarillo *[n.m.]* persona que acompaña y sirve de guía a un ciego: *el protagonista de la novela "El lazarillo de Tormes" es un lazarillo famoso.* ■ **perro lazarillo**, perro que guía a un ciego.

lazo *[n.m.]* 1 lazada que se hace para adornar, o adorno con forma de lazada: *el cinturón del vestido es una cinta de seda sujeta con un gran lazo; el cierre del bolso está tapado con un lazo de piel.* **AF.** lazada. 2 cuerda larga con un nudo corredizo en un extremo, que se aprieta al tirar del otro cuando se ha lanzado desde lejos y ha enganchado algo: *los vaqueros manejaban muy bien el lazo.* **FAM.** lacear, lazada. **COMP.** enlazar, desenlace.

le *[pron.]* es siempre tercera persona singular de pronombre personal con función de complemento indirecto: *le dio a su hijo lo que le pedía; le dijo a la niña que lo esperara; a esa mesa hay que ponerle un mantel; le puso al coche faros nuevos; no le hagas caso; pégale un sello a la carta.* **AMPL.** si se usa en su lugar *lo* o *los*, se comete un error que se llama ***loísmo***; si se usa *la* o *las* el error se llama ***laísmo***; el error que consiste en usar *le* o *les* como complemento directo, en lugar de *lo, los, la* o *las*, se llama ***leísmo***: por ejemplo, hay que decir *dámelo, dámelos, dámela* y *dámelas* y no *dámele* o *dámeles.*

leal *[adj.inv. en gén.]* que siempre que uno lo necesita está dispuesto a ayudar y nunca engaña ni traiciona o nunca va en contra de lo que se dice: *un amigo leal; un criado leal; es leal a la Constitución.* **SIN.** fiel. **ANT.** desleal, traidor, infiel. **FAM.** lealdad, lealmente. **COMP.** desleal, deslealtad, deslealmente.

lealtad *[n.f.]* lo que demuestra quien nunca traiciona a nadie o nunca va en contra de lo que se dice: *la lealtad a sus ideales le impide aceptar privilegios.* **SIN.** fidelidad. **ANT.** deslealtad, traición.

lebrato *[n.m.]* cría de la liebre.

lebrel *[n.m.]* perro que tiene el cuerpo largo, el hocico puntiagudo y las patas largas y que es bueno para cazar liebres.

lección *[n.f.]* 1 lo que se dice de algo concreto para que los demás lo aprendan o lo entiendan: *una lección de matemáticas; el conferenciante dio una lección sobre la literatura actual.* **AF.** clase, enseñanza. 2 cada uno de los apartados de una asignatura que los alumnos tienen que aprender: *no se sabía la lección de los vertebrados; una lección de historia.* **SIN.** tema. **AF.** apartado, capítulo. 3 lo que se aprende de un error cometido por uno mismo o por otro: *esto te servirá de lección para que no desprecies a los demás.* **SIN.** escarmiento. ■ **darle** uno **una lección** a alguien, hacer algo para que aprenda que lo que ha hecho no se puede hacer y no lo repita. **FAM.** lectivo, leer. **COMP.** aleccionar, aleccionador.

lechal *[adj.inv. en gén.]* hablando de animales, que está en la época de mamar: *cordero lechal.*

lechazo *[n.m.]* cordero que todavía mama. **FAM.** leche.

leche *[n.f.]* 1 líquido blanco que segregan las hembras de los mamíferos después del parto y que sirve de alimento para las crías: *leche de vaca; hacen quesos con leche de oveja; al mamar, toma leche de su madre.* 2 crema poco espesa que se pone en la piel para limpiarla, protegerla o suavizarla: *leche limpiadora; leche solar.* **AF.** crema. **FAM.** lechería, lechero, lechal, lechón, lechoso, ***lechazo*** (cordero que todavía mama), lactar.

lechera *[n.f.]* cacharro alto, cilíndrico y con un asa central, para transportar leche. **FAM.** leche.

lechería *[n.f.]* sitio en el que se vende leche: *en la esquina hay una lechería.*

lechero, lechera *[adj.]* 1 que produce leche: *vaca lechera; ganado lechero.* // **lechero, lechera** *[n.]* 2 persona que vende leche.

lecho *[n.m.]* 1 cama con colchón y sábanas para descansar y dormir. **SIN.** cama. 2 terreno por donde corre agua: *en el lecho del río hay cantos rodados.* **SIN.** cauce.

lechón, lechona *[n.]* cerdo que todavía está en la época de mamar. **SIN.** tostón, cochinillo.

lechoso, lechosa *[adj.]* que recuerda a la leche porque tira a blanco: *aspecto lechoso; color lechoso; jarabe lechoso.* **AF.** blanquecino.

lechuga *[n.f.]* planta de huerta con hojas grandes y verdes que salen envolviéndose unas a otras y que se suele comer cruda: *una ensalada de lechuga.* **FAM.** lechuguero, lechuguino.

lechuguilla *[n.f.]* lechuga silvestre.

lechuguino *[n.m.]* lechuga pequeña que se va a trasplantar.

lechuza *[n.f.]* ave de unos treinta y cinco centímetros de largo y aproximadamente el doble de un extremo a otro de las alas extendidas, que tiene las plumas muy suaves, la cabeza redonda, el pico corto y con la punta curva y los ojos grandes y brillantes.

lectivo, lectiva *[adj.]* dedicado a las clases de enseñanza: *un curso suele tener doscientos veinte días lectivos; tiene cinco horas lectivas al día.*

lector, lectora *[n.]* persona que lee algo (*cada vez hay más lectores de libros*) o persona a la que le gusta leer (*es una gran lectora*). **FAM.** lectura, leer.

lectura *[n.f.]* 1 actividad que consiste en leer: *todas las tardes dedica un rato a la lectura.* 2 lo que se lee: *un libro de lecturas; las novelas son lecturas más largas que los cuentos.*

leer *[v.]* 1 ir pasando la vista sobre lo que está escrito para enterarse de lo que pone: *leer un libro; leer poesía; leer novelas; leer una partitura musical.* 2 ser capaz de entender lo que está escrito en un idioma extranjero: *lee italiano pero no lo habla.* **AF.** traducir. **FAM.** legible, lector, lección, leyenda. **COMP.** releer.

CONJUGACIÓN DEL VERBO LEER

Formas no personales
Infinitivo: *leer*. Gerundio: *leyendo*. Participio: leído.
Indicativo
Presente: *leo, lees, lee, leemos, leéis, leen.*
Pretérito imperfecto: *leía, leías, leía, leíamos, leíais, leían.*
Pretérito perfecto simple: *leí, leíste, leyó, leímos, leísteis, leyeron.*
Futuro: *leeré, leerás, leerá, leeremos, leeréis, leerán.*
Condicional simple: *leería, leerías, leería, leeríamos, leeríais, leerían.*
Subjuntivo
Presente: *lea, leas, lea, leamos, leáis, lean.*
Pretérito imperfecto: *leyera/ leyese, leyeras/ leyeses, leyera/ leyese, leyéramos/ leyésemos, leyerais/ leyeseis, leyeran/ leyesen.*
Futuro: *leyere, leyeres, leyere, leyéremos, leyereis, leyeren.*
Imperativo:
lee, lea, leamos, leed, lean.

legación *[n.f.]* conjunto de personas que hacen algo en nombre de otra, de un grupo, de una institución, etc.: *una legación de la Universidad ante el Ministerio de Educación; una legación de España ante la Comunidad Europea.* **SIN.** delegación, representación.

legal *[adj.inv. en gén.]* 1 que lo mandan las leyes o está hecho como dicen las leyes: *al comprar un coche hay que seguir unos trámites legales; un contrato legal.* **AF.** reglamentario. 2 que no va en contra de ninguna ley: *todo lo que ha hecho ha sido legal; un negocio legal.* **ANT.** ilegal. **FAM.** legalidad, legalmente, legalista, legalizar, ley. **COMP.** ilegal.

legalidad *[n.f.]* 1 característica propia de las cosas que se hacen de acuerdo con las leyes: *la legalidad de un contrato; la legalidad de una actuación.* **SIN.** carácter legal. **ANT.** ilegalidad. 2 conjunto de todas las leyes o de las leyes relacionadas con algo: *los procesos electorales deben atenerse a la legalidad.* **SIN.** ley, legislación.

legalizar *[v.]* hacer que algo esté reconocido por las leyes: *legalizaron su situación de pareja casándose en el juzgado.* **OBS.** ante e, c: *legalicen.* **FAM.** legalizable, legalización, legal.

legaña *[n.f.]* sustancia que segregan a veces los ojos y que se acumula y se seca en el borde de los párpados. **OBS.** muchas veces se usa en plural: *tenía legañas.* **FAM.** legañoso.

legañoso, legañosa *[adj.]* con legañas: *un ojo legañoso.*

legar *[v.]* 1 dejar uno escrito que, cuando muera, algo suyo pasará a ser de determinada persona: *su abuelo le legó una valiosa colección de manuscritos antiguos.* **SIN.** dejar, dejar en herencia. 2 ser la causa de que alguien tenga algo inmaterial como ideas, tradiciones, arte, etc.: *el Imperio Romano legó a Occidente importantes características culturales.* **OBS.** ante e, gu: *leguen.* **FAM.** legado, legación, ley. **COMP.** delegar.

legendario, legendaria *[adj.]* 1 que no es real, sino propio de leyendas o de cuentos: *las hadas y los duendes son seres legendarios.* **SIN.** fabuloso, fantástico, irreal. **AF.** mitológico. 2 que ha sido tan importante por algo que sigue siendo conocido después de muchos años: *El Cid es un héroe legendario.* **AF.** mítico, célebre. **FAM.** leyenda.

legible *[adj.inv. en gén.]* que sí se puede leer porque se entiende: *letra legible; un documento legible.* **SIN.** leíble. **AF.** comprensible, inteligible. **ANT.** ilegible, indescifrable. **FAM.** legibilidad, legiblemente, leer. **COMP.** ilegible.

legislación *[n.f.]* conjunto de las leyes de un sitio o sobre un asunto determinado: *legislación española; la legislación laboral regula las relaciones entre los trabajadores y las empresas.* **FAM.** legislar, legislador, legislable, legislativo, legislatura, ley.

legislar *[v.]* hacer las leyes o hacer leyes sobre algo concreto: *el Parlamento legisla; han legislado la entrada de inmigrantes.*

legislativo, legislativa *[adj.]* que puede hacer leyes, que es el encargado de hacerlas, o que tiene que ver con las leyes: *una comisión legislativa; poder legislativo; sabe mucho de asuntos legislativos.*

legislatura *[n.f.]* cada uno de los periodos de tiempo que puede gobernar alguien por haber sido elegido democráticamente: *en España, cada legislatura dura cuatro años.*

legítimo, legítima *[adj.]* 1 que no hay nada que lo prohíba ni va en contra de lo razonable o lo justo: *es legítimo defender lo que es de uno; una aspiración legítima; un deseo legítimo.* **SIN.** lícito*. 2 que está reconocido por la ley: *es el propietario legítimo; los hijos de dos personas casadas legalmente son hijos legítimos.* 3 que es lo que se dice y no una imitación: *perlas legítimas; oro legítimo; piel legítima.* **SIN.** genuino, auténtico. **ANT.** falso. **FAM.** legitimar, legitimación, legítimamente, ley.

legua *[n.f.]* medida de longitud que equivale a 5.572 metros: *Cervantes mide en leguas las distancias recorridas por don Quijote.*

legumbre *[n.f.]* fruto y semilla de las plantas que se llaman ***leguminosas***: *las alubias, los garbanzos y las lentejas son legumbres.* **AMPL.** cada fruto es una especie de funda alargada que se llama ***vaina*** y en la que hay unas cuantas semillas colocadas en fila. **FAM.** leguminoso.

legumbres

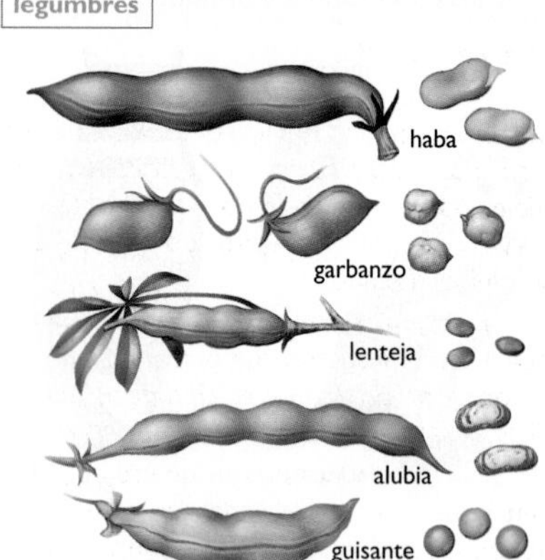

leísmo *[n.m.]* error que se comete cuando se usan los pronombres *le* o *les* en función de complemento directo en lugar de *lo, los, la* o *las* que son los correctos. **FAM.** leísta.

leísta *[n.inv. en gén.]* persona que usa los pronombres *le* o *les* cuando debe utilizar *lo,* *los, la* o *las.* TAMBIÉN *adj.*: *un locutor leísta; una escritora leísta.* **FAM.** leísmo.

lejanía *[n.f.]* 1 mucha distancia en el tiempo o en el espacio: *la lejanía de sus casas les impide verse con frecuencia.* **SIN.** gran distancia. **ANT.** cercanía, proximidad. 2 sitio que se ve pero está muy lejos: *en la lejanía se distingue el color blanco de la nieve de las montañas.* **AF.** distancia, lontananza.

lejano, lejana *[adj.]* que está a mucha distancia en el espacio, en el tiempo o en el parentesco: *América y Europa son continentes lejanos; es primo lejano.* **SIN.** distante, remoto. **ANT.** cercano, próximo.

lejía *[n.f.]* agua a la que se le han añadido determinadas sustancias químicas para que limpie con eficacia: *la lejía desinfecta y blanquea pero no desengrasa.*

lejos *[adv. de l.]* a mucha distancia (*Cádiz y Gerona están lejos; Nueva York está muy lejos de Teruel*) o a más distancia (*lejos de la puerta no notarás frío*). **SIN.** distante, alejado. **ANT.** cerca. TAMBIÉN *adv. de t.*: *está lejos la época en la que no había luz eléctrica; todavía están lejos las Navidades.* **OBS.** el superlativo es ***lejísimos***. ■ **a lo lejos**, a mucha distancia. ■ **desde lejos**, separándose: *los cuadros grandes hay que mirarlos desde lejos.* **FAM.** lejanía, lejano, lejanamente. **COMP.** alejar.

lelo, lela *[adj.]* que no se entera de lo que pasa o no reacciona como sería normal: *es tan lelo que no se daba cuenta de que estaban insultándolo.* **SIN.** pasmado, atontado, simple, memo. **ANT.** despierto, espabilado, avispado. **FAM.** alelar, alelado.

lema *[n.m.]* frase que expresa lo que siempre deben tener en cuenta las personas que forman parte de un grupo: *el lema de la Guardia Civil es "Todo por la Patria".* **SIN.** consigna.

lencería *[n.f.]* ropa interior de mujer y tienda en la que se vende: *en las lencerías venden camisones.* **AMPL.** antes se llamaban también *lencerías* a las tiendas en las que se vendían lienzos para hacer sábanas, manteles, fundas de colchón, etc.

lengua *[n.f.]* 1 pieza carnosa que hay dentro de la boca de las personas y de algunos animales y se mueve al comer y al emitir sonidos. **AMPL.** en la lengua se notan los sabores gracias a las ***papilas gustativas***. 2 conjunto de palabras y reglas de uso con las que se expresa un grupo de personas y se comunican unas con otras: *lengua española; lengua alemana; lengua inglesa.* **SIN.** idioma. **AMPL.** las distintas formas de hablar una lengua en cada zona se llaman ***dialectos****: *el dialecto español de Andalucía es más melodioso que el de Castilla.* ■ **lengua materna**, la que uno utiliza al aprender a hablar porque es la que se habla en su casa: *la lengua materna de algunos españoles es el gallego.* ■ **decir** algo **las malas lenguas**, decirlo la gente, en general, sin que se sepa en concreto qué personas lo dicen. ■ **lengua muerta**, la que ya no se habla: *el latín es una lengua muerta.* ■ **irse de la lengua**, decir algo delante de personas que no tendrían que enterarse. ■ **tirar de la lengua**, hacer que alguien hable más de lo que le conviene y diga lo que uno quiere saber. ■ **no tener pelos en la lengua**, no importarle a uno decir lo que piensa delante de alguien a quien puede molestarle. ■ **tener** algo **en la punta de la lengua**, estar a punto de acordarse de algo que uno no consigue recordar. **FAM.** lenguaje, lengüeta, lengüetada, lengüetazo, lingüística, lenguado. **COMP.** deslenguado, bilingüe.

lenguado *[n.m.]* pez marino de cuerpo plano que tiene los ojos y la boca en el mismo lado del cuerpo y la piel dura, gris oscura por un lado y casi blanca por el otro.

lenguaje *[n.m.]* 1 conjunto de signos, gestos o sonidos que se utilizan para comunicarse o para expresar algo: *el lenguaje de los sordomudos; el lenguaje de la danza; el lenguaje de los delfines; la música es un lenguaje universal.* **SIN.** forma de expresión. 2 modo de hablar de una persona o de un grupo de personas: *el lenguaje de los niños; el lenguaje de los campesinos.* **SIN.** habla, hablar.

lenguaraz *[adj.inv. en gén.]* que habla sin respeto: *una chica lenguaraz.* **AF.** deslenguado. **PL.** *lenguaraces.* **FAM.** lengua.

lengüeta *[n.f.]* 1 trozo de piel o de tela con forma de lengua que a veces tiene el calzado debajo de los cordones: *la lengüeta de las botas se ajusta muy bien al empeine.* 2 lámina de metal que tienen algunos instrumentos musicales de viento para regular la entrada del aire.

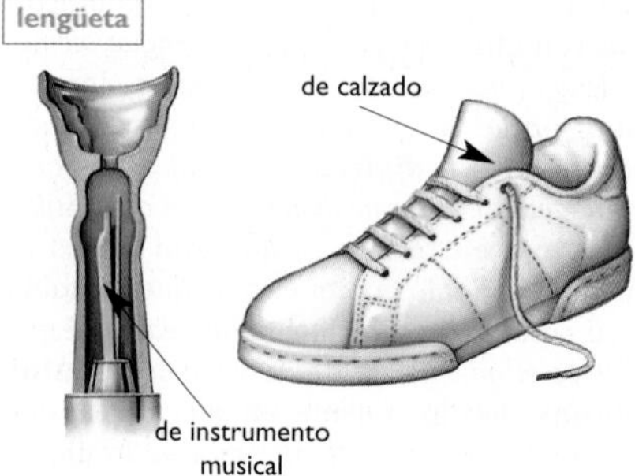

lente *[n.f.]* cristal o material transparente con la forma adecuada para modificar la visión de lo que se ve a través de él: *los microscopios tienen lentes de aumento; las lentillas son lentes que corrigen los defectos de la vista.* **FAM.** lentilla.

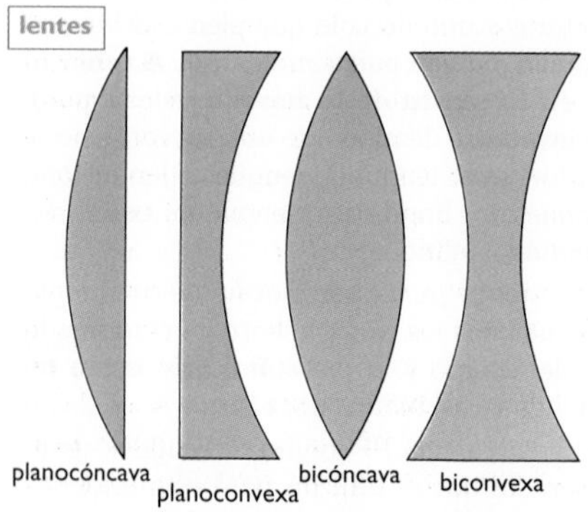

lenteja *[n.f.]* planta trepadora de flores blancas, cuyos frutos contienen una semilla llamada también *lenteja*, muy apreciada como alimento. **FAM.** lentejuela, lentejar, ***lenticular*** (con forma de lenteja).

lentejuela *[n.f.]* lámina redonda, brillante, del tamaño de una lenteja y con un agujerito en el centro, que se cose, como adorno, en algunas cosas: *algunos trajes regionales llevan lentejuelas de colores.*

lenticular *[adj.inv. en gén.]* con forma de lenteja: *una pieza lenticular.*

lentilla *[n.f.]* trocito de cristal o de plástico muy fino, con la forma y el tamaño del iris* del ojo, que se pone directamente sobre él para corregir algún defecto de la vista: *las lentillas son más cómodas que las gafas.* **SIN.** lente de contacto. **FAM.** lente.

lentitud *[n.f.]* manera de moverse o de hacer algo empleando mucho tiempo en ello: *la lentitud de los tractores hace que no sirvan para viajar; la lentitud de este trabajo lo pone nervioso; se mueve con lentitud.* **INTENS.** parsimonia. **AF.** calma. **ANT.** prisa, rapidez.

lento, lenta *[adj.]* que va despacio (*los tractores son vehículos lentos*), que hace las cosas despacio (*una persona lenta; es muy lento haciendo los deberes*) o que se tarda en hacer (*los trabajos minuciosos suelen ser lentos*). **ANT.** rápido. **FAM.** lentamente, lentitud.

leña *[n.f.]* madera que se quema para tener fuego: *algunas estufas funcionan con leña; le añadió leña a la chimenea.* ■ **echar más leña al fuego**, hacer o decir algo que empeora una situación o aumenta el disgusto o el enfado de alguien. **FAM.** leño, leñador, leñera, leñoso, leñero, leñazo.

leñador, leñadora *[n.]* persona que se dedica a cortar leña: *el leñador trabaja todo el día en el monte.*

leñazo *[n.m.]* golpe muy fuerte.

leñera *[n.f.]* lugar en el que se guarda la leña.

leño *[n.m.]* trozo de tronco o de rama gruesa, sin ramas: *una cabaña hecha con leños.*

leñoso, leñosa *[adj.]* que es apretado y duro como la madera: *tallo leñoso.*

leo *[n.inv. en gén. y núm.]* persona que ha nacido entre el 22 de julio y el 22 de agosto: *es una leo del 5 de agosto; conozco a varios leo.*

león *[n.m.]* animal cuadrúpedo de cabeza grande y orejas pequeñas, el pelo de color pardo amarillento y los dientes y las uñas muy fuertes. **AMPL.** se alimenta de la carne de los animales que caza; el macho tiene melena y la hembra, que se llama ***leona***, no; es un mamífero que pertenece a la familia de los ***félidos*** o ***felinos*** y vive en los bosques y en las sabanas*. **PL.** *leones.* **FAM.** leona, leonera, leonino.

leonado, leonada *[adj.]* de color dorado oscuro como el pelo del león.

leonera *[n.f.]* lugar apropiado para tener leones encerrados. ■ **parecer** o **estar hecho una leonera** un sitio, estar muy desordenado.

leonés, leonesa *[adj. y n.]* de León, provincia y capital españolas y antiguo reino de la Península Ibérica: *montañas leonesas; los leoneses.* **AMPL.** la provincia de León pertenece a la comunidad autónoma de Castilla y León.

leopardo *[n.m.]* animal cuadrúpedo salvaje de cabeza grande, cuello corto, patas más bien cortas, pelo negro o marrón claro con manchas oscuras y redondeadas y dientes y uñas muy fuertes. **SIN.** pantera.

leotardos *[n.m.pl.]* medias de tejido grueso, unidas por la parte superior de manera que cubren hasta la cintura: *unos leotardos de lana.* **AMPL.** los ***pantis*** tienen la misma forma que los leotardos pero son de tejido fino.

lepra *[n.f.]* enfermedad infecciosa que produce en la piel manchas, falta de sensibilidad y úlceras, y altera el sistema nervioso: *en el pasado, la lepra era una enfermedad muy temida.* **FAM.** leproso, leprosería.

leproso, leprosa *[n.]* persona que está enferma de lepra*: *los leprosos vivían apartados de los demás.* TAMBIÉN *adj.*: *una persona leprosa.*

lerdo, lerda *[adj.]* que le cuesta entender las cosas. **SIN.** torpe, cerrado, bruto. **ANT.** despierto, espabilado, listo.

leridano, leridana *[adj. y n.]* de Lérida, provincia española y su capital, que pertenecen a la comunidad autónoma de Cataluña: *una amiga leridana; los leridanos.* **SIN.** ilerdense. **AMPL.** el nombre catalán de Lérida es *Lleida.*

les *[pron.]* es siempre tercera persona del plural de pronombre personal para masculino y femenino y funciona como complemento indirecto de personas, animales y cosas: *les dijo lo que sabía; les enseñó el museo; pégales sellos a las cartas.*

lesión *[n.f.]* daño en alguna parte del cuerpo, sin que haya herida, que impide o hace difícil su funcionamiento normal: *las lesiones de rodilla son frecuentes entre los futbolistas; los infartos de miocardio producen lesiones en el corazón.*

lesionar *[v.]* producir una lesión*: *el golpe le lesionó el codo.* TAMBIÉN *prnl.*: *al caerse se lesionó el codo.* **FAM.** lesión, lesionado, ***lesivo*** (que perjudica).

lesivo, lesiva *[adj.]* que hace daño o perjudica: *la contaminación es lesiva para el medio ambiente y para la salud de las personas; ejercicio lesivo para la espalda.* **SIN.** perjudicial, nocivo, dañino, malo, maligno. **ANT.** beneficioso.

letal *[adj.inv. en gén.]* que mata o puede matar: *veneno letal.* **SIN.** mortífero, mortal.

letargo *[n.m.]* manera de estar, durante un tiempo, como dormido y sin tener necesidad de comer: *algunos animales pasan varios meses de letargo invernal.* **FAM.** letárgico, letargoso. **COMP.** aletargar.

letra *[n.f.]* **1** cada uno de los signos que forman parte de un alfabeto y representan sonidos o fonemas: *para escribir en español utilizamos letras del alfabeto latino.* **SIN.** carácter, grafía. **AMPL.** de cada letra hay dos formas distintas, la ***mayúscula*** y la ***minúscula***; hay escrituras, como la china, que en lugar de utilizar signos que representan sonidos utilizan signos que representan ideas y que se llaman ***ideogramas***. **2** forma que tiene lo que escribe cada persona cuando lo hace a mano: *tiene buena letra; no entiendo su letra.* **SIN.** escritura. **3** palabras que forman el texto de una canción: *esta canción tiene una letra muy bonita.* **AMPL.** el texto completo de una ópera o una zarzuela se llama ***libreto***. ■ **al pie de la letra**, haciendo exactamente lo que se ha dicho o está escrito, sin añadir ni quitar nada. **FAM.** letrero, literatura. **COMP.** ***iletrado*** (inculto), deletrear.

letrado, letrada *[adj.]* **1** culto, instruido: *escritor letrado.* **ANT.** iletrado. // *[n.]* **2** persona que ha estudiado derecho. **SIN.** abogado. **FAM.** letra.

letrero *[n.m.]* conjunto de letras que sirve para anunciar algo o avisar de algo: *el nombre de la fábrica está en un letrero de bronce; según el letrero, el horario es de 4 a 8.* **SIN.** rótulo. **AMPL.** cuando un letrero anuncia algo que se vende se llama ***anuncio***.

leva *[n.f.]* **1** salida de un barco. **2** reclutamiento de soldados.

levadura *[n.f.]* sustancia que se usa para hacer que una masa hecha con harina quede esponjosa: *el pan se hace con harina, agua, sal y levadura.*

levantar *[v.]* 1 mover o dirigir hacia arriba algo o a alguien: *en el gimnasio levantan pesas; se despidieron levantando la mano; levanta al niño para que vea el desfile; levanta la ropa, que vas arrastrando las sábanas; levantó la vista y lo vio en el balcón.* **SIN.** subir, alzar, elevar. **ANT.** bajar. TAMBIÉN *prnl.: los aviones se levantan en el aire.* 2 poner derecho lo que estaba inclinado o tirado: *el electricista levantó el poste derribado por la tormenta.* **AF.** izar, enderezar. 3 hacer que alguien deje de estar sentado, acostado o en el suelo: *levanta al bebé a media mañana; lo levantó porque se había caído.* TAMBIÉN *prnl.: al verlo entrar, se levantó para saludarlo; se levanta al amanecer.* 4 coger lo que está en el suelo: *levanta los libros y coloca cada uno en su sitio.* **SIN.** recoger. 5 construir algo: *en pocos meses levantaron un edificio de diez plantas.* **SIN.** edificar, construir, erigir, alzar. 6 quitar las cosas que, formando un todo, están sobre algo: *después de la representación levantaron los decorados; el último día levantarán el campamento.* **SIN.** retirar, desmontar, quitar. **ANT.** poner, instalar. 7 dejar que alguien no tenga que cumplir algo: *levantar un castigo; levantar una prohibición.* **SIN.** suprimir, anular, quitar. **ANT.** poner. 8 hacer que algo se note o se oiga más: *levantar la voz.* **SIN.** alzar, subir, elevar. **ANT.** bajar. 9 separar una cosa de otra a la que está pegada: *con una espátula levantó la pintura vieja.* **SIN.** desprender, quitar, despegar. 10 hacer que la gente se crea algo y hable de ello: *levantar un rumor; levantar una calumnia.* // **levantarse** *[v.prnl.]* 11 empezar a notarse algún fenómeno atmosférico: *levantarse viento; levantarse una tormenta.* 12 ir en contra de algo o de alguien con violencia: *los empleados se levantaron contra la bajada de los sueldos; los soldados se levantaron contra sus superiores.* **SIN.** rebelarse, sublevarse. **FAM.** levantador, levantamiento, levante, levantino, levar.

levante *[n.m.]* 1 el este (punto cardinal): *el Sol sale por levante.* **SIN.** naciente, oriente. 2 viento que sopla del este: *mañana soplará levante.* **SIN.** oriente.

levantino, levantina *[adj. y n.]* de Levante, región mediterránea española que corresponde a las comunidades autónomas de Valencia y Murcia: *productos levantinos; una levantina.*

levantisco, levantisca *[adj.]* indisciplinado: *soldados levantiscos.* **AF.** díscolo, rebelde. **ANT.** disciplinado.

levar *[v.]* levantar, elevar. ■ **levar anclas**, recoger el ancla que mantenía el barco sujeto al fondo. **FAM.** levadizo, levador, levadura, levantar. **COMP.** relevar, sublevar.

leve *[adj.inv. en gén.]* que tiene poca importancia: *una enfermedad leve; un problema leve.* **SIN.** trivial, intrascendente. **INTENS.** insignificante. **ANT.** importante, serio, grave, trascendental. **FAM.** levedad, levemente, levitar.

levita *[n.f.]* prenda de vestir de hombre, parecida a una chaqueta cruzada, ajustada en la cintura y que llega casi hasta la rodilla: *las levitas estaban de moda en el siglo* XIX.

levitación *[n.f.]* lo que hace quien se separa del suelo sin apoyarse en ningún sitio: *la actuación del mago incluía un número de levitación.* **PL.** *levitaciones.*

lexema *[n.m.]* unidad sobre la que se forman palabras añadiendo los morfemas: *amor* es, además de una palabra, un lexema sobre el que se forman otras como *amor*oso, en*amor*ado, en*amor*amiento, etc. **AF.** raíz, radical.

léxico *[n.m.]* 1 conjunto de las palabras y expresiones de una lengua o que utiliza una persona o un conjunto de personas: *si no estudias más léxico, nunca sabrás bien inglés; tiene un léxico muy rico; el léxico de los médicos; léxico de medicina; léxico técnico.* **SIN.** vocabulario, terminología. 2 lista de las palabras de una lengua o que se utilizan al hablar de una materia determinada o en un ambiente determinado: *ha publicado un léxico de plantas medicinales.* **SIN.** vocabulario. **AMPL.** si junto a las palabras aparece su significado también se llama ***diccionario***. **FAM.** lexema, ***lexicografía*** (técnica de hacer diccionarios), lexicográfico, lexicógrafo, ***lexicología*** (estudio del léxico de una lengua), lexicológico.

lexicografía *[n.f.]* técnica de hacer diccionarios. **AMPL.** la persona que hace diccionarios se llama ***lexicógrafo***.

lexicología *[n.f.]* estudio del léxico de una lengua. **AMPL.** un ***lexicólogo*** es una persona que se dedica a la lexicología.

ley *[n.f.]* 1 lo que se cumple siempre que en las mismas condiciones pasa lo mismo: *la ley de la gravedad; leyes físicas; leyes de la naturaleza.* 2 cada una de las cosas que las autoridades dicen que los ciudadanos tienen que cumplir: *según esa ley, todos los niños tienen que ir a la escuela.* 3 conjunto de las leyes de un sitio o sobre un asunto determinado: *la ley española; la ley de educación.* **SIN.** legislación. ■ **de ley**, con la cantidad de metal puro que hace que sea de la calidad que exigen las leyes. **FAM.** legal, legar, legislación, legítimo.

leyenda *[n.f.]* 1 historia que se cuenta sobre algo del pasado, en la que hay un poco de verdad y mucho de la imaginación de quienes han ido contándolo a lo largo del tiempo: *cuenta la leyenda que el ladrón de la iglesia se convirtió en piedra.* 2 lo que pone en una moneda, una medalla o un escudo: *en la leyenda figura su fecha de nacimiento.* **SIN.** inscripción. 3 en los mapas y en los gráficos, explicación de lo que significa cada dibujo o cada símbolo: *según la leyenda, las cruces indican la localización de ermitas.* **FAM.** legendario, legendariamente, leer.

leyera, leyó... formas irregulares de la conjugación del verbo *leer**.

lezna *[n.f.]* herramienta formada por un mango y un hierro de quince o veinte centímetros acabado en punta, que sirve para agujerear o coser telas fuertes, cuero, etc.: *una lezna de zapatero.*

lezna

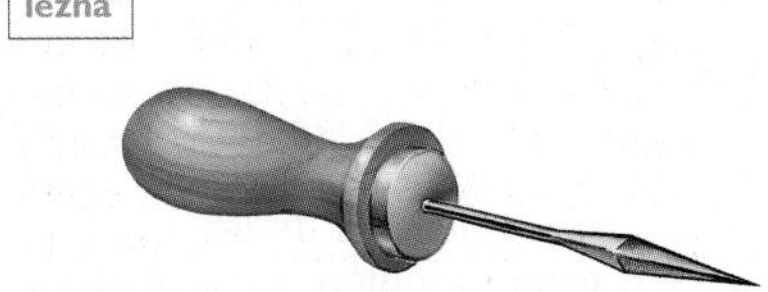

lía *[n.f.]* cuerda gruesa de esparto trenzado.

liana *[n.f.]* tallo largo y resistente de las enredaderas, que va trepando hasta la parte alta de los árboles y cuelga desde allí: *en los bosques tropicales abundan las lianas.*

liante *[n.inv. en gén.]* persona que suele complicar las cosas o crear problemas entre los demás: *siempre anda con mentiras y cotilleos porque es un liante.* TAMBIÉN *adj.inv. en gén.*: *una persona liante.*

liar *[v.]* 1 envolver algo para que quede sujeto: *lió picadura de tabaco en papel de fumar.* **SIN.** enrollar, envolver. **ANT.** desliar, desenrollar. **AMPL.** si algo se envuelve en desorden también se dice ***enrebujar***. 2 sujetar con cuerdas, cintas, etc.: *lió los cartones con una cuerda.* **SIN.** atar. 3 convencer a alguien de algo que no le conviene o no le interesaba: *lo lió para que se metiera en el negocio.* **SIN.** enredar. 4 hacer que algo sea difícil de hacer, de entender o de resolver: *no líes el asunto, que todos sabemos lo que ha pasado.* **SIN.** enredar, embrollar. 5 hacer que algo quede desordenado, mezclándolo o mezclando unas cosas con otras: *no líes la cuerda; has liado los papeles y no encuentro lo que busco.* **SIN.** alborotar, enredar, revolver, embrollar. **ANT.** desenredar. TAMBIÉN *prnl.*: *la madeja de lana se ha liado.* **SIN.** enredarse, embrollarse. // **liarse** *[v.prnl.]* 6 llegar a no tener claro algo: *se ha liado con el problema y no sabe cómo resolverlo.* **SIN.** embarullarse, hacerse un lío. **ACENT.** como *fiar**. **FAM.** lío, lioso, liante. **COMP.** desliar.

libanés, libanesa *[adj. y n.]* del Líbano, país asiático: *la capital libanesa es Beirut; los libaneses.*

libélula *[n.f.]* insecto de color azul que tiene cuatro alas iguales, muy largas y transparentes y vuela con rapidez. **SIN.** caballito del diablo.

liberación *[n.f.]* lo que se hace para que alguien recupere la libertad: *piden la liberación de los presos políticos.* **SIN.** puesta en libertad.

liberal *[adj.inv. en gén.]* 1 que está de acuerdo con que cada uno tenga sus propias opiniones y actúe de acuerdo con ellas, aunque sean distintas de las suyas: *una persona liberal; una actitud liberal.* **SIN.** abierto, tolerante, progresista. 2 generoso. **AMPL.** generosidad y ***liberalidad*** significan lo mismo. 3 que sigue doctrinas políticas y económicas basadas en que el individuo es libre y el Estado debe dejarlo actuar sin intervenir demasiado: *política liberal; partido liberal.* TAMBIÉN *n.*: *los liberales consiguieron llegar a gobernar.* **ANT.** conservador, absolutista. ■ **profesional liberal**, VER *profesional.*

liberar *[v.]* 1 hacer que alguien deje de estar prisionero: *la policía consiguió liberar a los rehenes; los secuestradores lo liberaron al día siguien-*

te. 2 hacer que alguien deje de tener una obligación o algo que le da preocupaciones o problemas o le lleva mucho tiempo: *lo liberó del compromiso que tenía con él.* TAMBIÉN *prnl.: debes liberarte del exceso de trabajo; libérate de prejuicios y actúa con libertad.*

libertad *[n.f.]* 1 lo que tiene uno por el hecho de poder actuar como le parece, sin que nadie le imponga nada por la fuerza ni le impida expresar lo que piensa: *los presos no tienen libertad; puedes hablar con libertad, que nadie nos oye.* **AF.** independencia, autodeterminación. 2 situación que hace posible que los derechos de los ciudadanos estén protegidos por la ley: *las democracias garantizan la libertad de pensamiento.* ■ **tomarse la libertad de** hacer algo, hacer algo a lo que uno no tiene derecho o para lo que uno cree que necesitaría permiso. **SIN.** tomarse la licencia de. **FAM.** libertar, libertador, libertinaje, libertino, libre.

libertador, libertadora *[n.]* persona que libra a alguien de algo: *el libertador de un pueblo oprimido.* **SIN.** liberador.

libertinaje *[n.m.]* lo que practica quien abusa de su libertad no respetando la de los demás.

liberto, liberta *[n.]* esclavo que ha sido liberado. **FAM.** libertad.

libio, libia *[adj. y n.]* de Libia, país del norte de África: *la capital libia es Trípoli; los libios.*

libra *[n.f.]* 1 medida de peso que en Castilla era igual a 460 gramos. 2 unidad de moneda inglesa: *cambió libras por euros.* **AMPL.** también se llama ***libra esterlina***. // **libra** *[n.inv. en gén. y núm.]* 3 persona que ha nacido entre el 22 de septiembre y el 23 de octubre: *es un libra del 1 de octubre.*

librar *[v.]* 1 salvar a uno de un peligro o hacer que uno no tenga una obligación que podría tocarle: *lo libró de caerse por la escalera; el excedente de cupo lo libró de hacer el servicio militar.* **SIN.** salvar. TAMBIÉN *prnl.: se libró del accidente por casualidad; se ha librado de la mili.* 2 no tener que trabajar un tiempo determinado: *es camarero y libra los jueves.* **SIN.** descansar, estar libre.

libre *[adj.inv. en gén.]* 1 que puede actuar como le parece, sin que nadie le imponga nada por la fuerza ni le impida expresar lo que piensa: *eres libre para decidir tu futuro; los presos no son libres; es libre de vestirse como quiera.* **AF.** independiente. **OBS.** el superlativo es ***libérrimo***. 2 que no tiene obligaciones durante un tiempo determinado: *mañana estoy libre.* **SIN.** desocupado. **ANT.** ocupado. 3 que no está ocupado por nadie: *un taxi libre; un asiento libre; cuando se jubiló, su puesto de trabajo quedó libre.* **SIN.** vacante, disponible. **ANT.** ocupado. **FAM.** libremente, libérrimo, libertad, liberar, liberación, libertador, librar, liberal, liberalismo, liberalizar, liberalidad.

librería *[n.f.]* 1 tienda en la que se venden libros: *en las librerías venden libros y en las papelerías material escolar y de oficina.* **AMPL.** las librerías en las que se venden libros antiguos se llaman ***librerías de viejo***. 2 mueble pensado para colocar libros: *una librería de madera.* **SIN.** estantería.

librero, librera *[n.]* persona que vende libros.

libreta *[n.f.]* cuaderno pequeño. **AF.** cuadernillo, bloc.

libreto *[n.m.]* parte escrita de una ópera o una zarzuela en la que pone lo que deben hacer, decir o cantar los personajes: *Ramos Carrión escribió muchos libretos de zarzuela.* **AMPL.** la parte musical figura en la ***partitura***.

libro *[n.m.]* 1 conjunto de hojas de papel impresas y encuadernadas: *este libro es un diccionario.* 2 obra escrita sobre alguna materia: *un libro de medicina.* **SIN.** tratado. 3 conjunto de escritos de un tipo determinado: *un libro de poesías; ha escrito un libro de cuentos pero no lo ha publicado.* **FAM.** librería, librero, libreta, libreto, libretista, librillo.

licencia *[n.f.]* permiso que se necesita para hacer algunas cosas: *tiene licencia de caza; el soldado solicitó unos días de licencia para casarse.* **SIN.** permiso, autorización. ■ **licencia poética** o **licencia literaria**, uso de la lengua sin ajustarse exactamente a las normas gramaticales o léxicas, para conseguir un efecto poético: *las metáforas son licencias poéticas.* ■ **tomarse la licencia de hacer** algo, tomarse la libertad* de hacer algo. ■ **tomarse demasiadas licencias**, abusar de la confianza de alguien faltando al respeto o a las normas de educación. **FAM.** licenciar, licenciamiento, licenciatura, licenciado, ***licencioso*** (demasiado atrevido), licenciosamente.

licenciado, licenciada *[n.]* persona que ha terminado una carrera universitaria superior y le han dado el título que le permite trabajar en cosas para las que se necesita tener esos estudios: *los licenciados en Derecho pueden ejercer como abogados.* **SIN.** graduado.

licenciar *[v.]* 1 dar por terminado el servicio militar de un soldado: *lo licenciaron por enfermedad.* TAMBIÉN *prnl.: se licenciará el mes que viene.* // **licenciarse** *[v.prnl.]* 2 terminar una carrera universitaria superior, con lo que se obtiene el título de licenciado: *se licenció en Filosofía.*

licenciatura *[n.f.]* 1 título de licenciado* universitario: *tiene la licenciatura de Filología.* **SIN.** graduación. 2 estudios necesarios para obtener este título: *la licenciatura en Historia consta de cinco cursos académicos.*

licencioso, licenciosa *[adj.]* demasiado atrevido: *comportamiento licencioso.* **SIN.** disoluto. **FAM.** licencia.

lícito, lícita *[adj.]* que no hay nada que lo prohíba ni va en contra de lo razonable o lo justo: *es lícito defender lo que es de uno; una aspiración lícita; un deseo lícito.* **SIN.** legítimo. **ANT.** ilícito, ilegítimo. **FAM.** lícitamente, licitud. **COMP.** ilícito.

licor *[n.m.]* bebida alcohólica dulce: *licor de café; licor de manzana.* **FAM.** licorería, licorero, licorera.

licorera *[n.f.]* botella para licor que es especialmente bonita.

licuadora *[n.f.]* aparato eléctrico que sirve para convertir en líquido frutas y verduras.

licuar *[v.]* convertir en líquido un sólido o un gas: *el hielo se licúa con el calor.* **SIN.** fluidificar, licuefacer. **ANT.** solidificar. **ACENT.** como *actuar**. **FAM.** licuable, licuante, licuación.

líder *[n.inv. en gén.]* 1 director o jefe de un determinado grupo de personas: *el líder de algunos partidos políticos es el secretario general.* **SIN.** dirigente, jefe. 2 el que va el primero en una competición deportiva: *el líder de esta carrera es un ciclista español.* **FAM.** liderar, liderato, liderazgo.

lidia *[n.f.]* toreo.

lidiar *[v.]* 1 torear*: *cada torero lidió dos toros.* 2 hacer frente a alguien o algo que causa problemas o molestias: *tuvo que lidiar con dos proveedores informales.* **SIN.** batallar, pelear. **FAM.** lidia, lidiador.

liebre *[n.f.]* animal mamífero y roedor que tiene las orejas muy largas, las patas delanteras más cortas que las traseras y la cola corta, y que puede llegar a correr a 80 km por hora. **AMPL.** la cría se llama ***lebrato*** o ***lebratillo***. **FAM.** lebrel, lebrato, lebratillo.

lienzo *[n.m.]* 1 tela fuerte que se fabrica con lino, cáñamo o algodón: *unas sábanas de lienzo.* **AF.** tela, tejido. 2 cuadro pintado sobre tela: *han subastado varios lienzos de Van Gogh.* **SIN.** cuadro, pintura. 3 trozo completo de pared, de tabique, de muralla, etc., entre dos ángulos: *en el lienzo de la derecha hay una estantería con diccionarios antiguos.* **SIN.** paño. **FAM.** lencería, lencero.

lifting *[n.m.]* palabra inglesa con que se designa la operación de cirugía* estética que se hace para estirar la piel.

liga *[n.f.]* 1 unión de varias personas, ciudades o estados para defender intereses comunes: *una liga antitabaco.* **SIN.** coalición, alianza. 2 competición deportiva anual en la que todos los equipos van jugando entre ellos de forma rotatoria: *la liga de fútbol.* 3 cinta elástica para sujetar las medias o los calcetines, poniéndola en el borde de arriba: *ya casi nadie usa ligas.*

ligadura *[n.f.]* 1 cinta, cuerda, correa, etc. que está atando algo: *corta las ligaduras del paquete.* **SIN.** atadura. 2 lo que hace que dos o más personas estén relacionadas y tengan determinados compromisos: *el amor es una ligadura sentimental.* **SIN.** vínculo.

ligamento *[n.m.]* en el cuerpo humano y en el de algunos animales, conjunto de fibras que forman una especie de cordón y une las articulaciones.

ligar *[v.]* 1 relacionar o unir cosas o personas: *ligar ideas; ligar intereses; los liga una gran amistad.* **SIN.** unir, vincular, relacionar. **ANT.** desligar, separar. 2 empezar a tratar a una persona con la idea de divertirse, bailar, dar un paseo, etc.: *en el baile ligaron con dos chicos muy agradables.* 3 atar: *liga el paquete con una cinta.* **OBS.** ante e, gu: *liguen.* **FAM.** liga, ligazón, ligadura, ligamento, liguero, ligue, ligón. **COMP.** desligar.

ligereza *[n.f.]* 1 característica propia de las cosas que pesan poco: *la ligereza del aluminio lo hace apropiado para muchas cosas.* **SIN.** liviandad. 2 lo que demuestra quien hace algo deprisa: *ligereza al nadar; escribe a máquina con ligereza.* **SIN.** rapidez, celeridad. **AF.** agilidad, soltura. **ANT.** lentitud, parsimonia. 3 lo que se hace o se dice sin pensar suficientemente en las consecuencias: *fue una ligereza empezar un viaje tan arriesgado.* **SIN.** imprudencia, temeridad.

ligero, ligera *[adj.]* 1 que pesa poco: *la paja es un material ligero.* **SIN.** liviano. **ANT.** pesado. 2 que se hace deprisa o que hace las cosas deprisa: *un andar ligero; paso ligero; es muy ligero haciendo los deberes.* **SIN.** rápido. **AF.** ágil, suelto. **ANT.** lento, parsimonioso. 3 hablando de la manera de estar dormido, que uno se despierta con facilidad, con cualquier ruido, etc.: *tiene el sueño ligero.* **ANT.** profundo. 4 que se digiere pronto: *la fruta es un alimento ligero.* **ANT.** pesado. ■ **hacer** algo **a la ligera**, hacerlo sin haberlo pensado suficientemente. **FAM.** ligereza, ligeramente. **COMP.** aligerar.

ligón, ligona *[n.]* persona que busca relaciones amorosas poco duraderas y que tiene facilidad para conseguirlas. **AF.** conquistador.

ligue *[n.m.]* persona con la que se tiene una relación amorosa por entretenimiento, sin pensar en vivir con ella, tener hijos, etc.: *nos presentó a su nuevo ligue.* ■ **ir de ligue**, salir con la intención de ligar.

lija *[n.f.]* hoja, cinta o disco de papel fuerte que sirve para gastar o suavizar superficies de madera, de metal o pintadas. **AMPL.** tiene una cara cubierta de trocitos diminutos de piedra de esmeril o vidrio molido que se llaman ***grano*** y que es distinto en cada tipo de lija.

lijar *[v.]* frotar con lija* la superficie de algo para quitarle irregularidades o asperezas o gastarla un poco: *antes de barnizar el parqué lo acuchillan y lo lijan; para que la ventana no roce, líjale un poco el canto.* **AMPL.** no es lo mismo *lijar* que *limar**. **FAM.** lija, lijadora, lijado.

lila *[n.f.]* 1 flor del lilo*: *las lilas salen a principios de primavera.* // **lila** *[adj.inv. en gén.]* 2 de color morado claro, como la flor del lilo: *una tela lila; un lazo lila.* TAMBIÉN *n.m.*: *el lila es un color suave.*

lilo *[n.m.]* arbusto que puede medir hasta cuatro metros de altura, tiene muchas ramas, hojas en forma de corazón y flores de color morado claro que se llaman *lilas* y salen formando racimos. **AMPL.** en algunos sitios llaman ***lila*** al arbusto y a la flor. **FAM.** lila.

lima *[n.f.]* 1 herramienta formada por un mango y una barra de acero con muchas hendiduras de bordes cortantes en la superficie, que sirve para gastar cosas de madera o de metal: *afiló los dientes del serrucho con una lima.* 2 instrumento especialmente pensado para limar las uñas: *hay limas de acero y limas de cartón.* **FAM.** limar, limadura, limatón.

limas

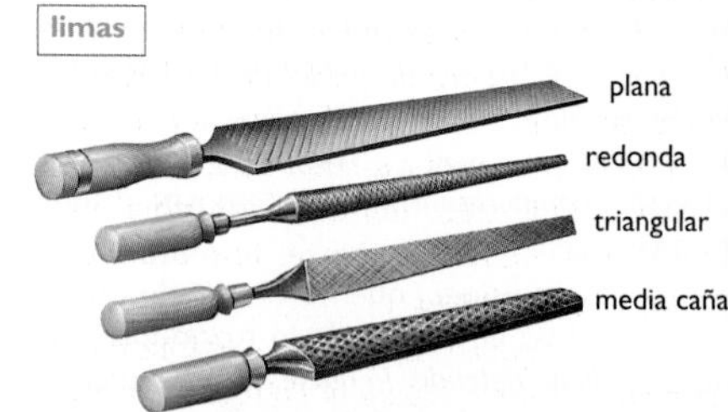

limar *[v.]* pasar una lima* por una superficie para desgastarla o para quitarle irregularidades o asperezas: *limó la llave porque tenía rebabas.* **AF.** desgastar, desbastar.

limatón *[n.m.]* lima gruesa y redonda: *el limatón es una herramienta de los cerrajeros.* **PL.** *limatones.*

limitado, limitada *[adj.]* 1 que tiene límites que le impiden actuar o desarrollarse como si no los tuviera: *el poder del Gobierno está limitado por el Parlamento; es bastante limitado para las matemáticas.* 2 que tiene poco de lo que se dice o poca cantidad: *la sala de conciertos tiene una capacidad muy limitada; un número limitado de personas.* **SIN.** reducido, pequeño. **ANT.** ilimitado, grande.

limitar *[v.]* 1 estar una cosa donde acaba otra o poner una cosa donde acaba otra: *el camino limita la finca; limitaron el huerto con una valla.* **SIN.** acotar, delimitar. 2 hacer que algo no pase de donde no debe pasar o que algo no llegue más allá de donde uno quiere: *el Parlamento limita el poder del Gobierno; debes limitar los gastos; la policía limita la velocidad en* *carretera.* **SIN.** restringir, reducir. **ANT.** ampliar, aumentar. 3 acabar una cosa donde empieza otra: *por el oeste, España limita con Portugal y el océano Atlántico.* // **limitarse** *[v.prnl.]* 4 no hacer nada más que lo que se dice: *me limité a observar lo que ocurría.*

límite *[n.m.]* 1 lugar, línea o punto en que acaba una cosa y empieza otra: *el límite entre España y Francia está en los Pirineos; el camino está en el límite de la finca.* **AMPL.** el límite entre países, provincias, etc. suele llamarse ***frontera*** y el de tierras o fincas, ***linde*** o ***lindero***. 2 momento, circunstancia, punto, etc. en que acaba algo o del que no se puede pasar: *la mayoría de las películas comerciales tiene el límite en hora y media de duración; corrió hasta el límite de sus fuerzas; mi paciencia ha llegado al límite.* **SIN.** tope, máximo. TAMBIÉN *adj.*: *no tiene hora límite para volver a casa.* **FAM.** limitar, limitable, limitación, limitado, limítrofe, limitadamente, limitativo. **COMP.** ilimitado, delimitar, extralimitarse.

limítrofe *[adj.inv. en gén.]* que empieza donde acaba el otro: *España y Portugal son países limítrofes; dos fincas limítrofes.* **SIN.** colindante, vecino. **AMPL.** si se habla de países, provincias, etc., también se dice ***fronterizo***.

limón *[n.m.]* fruto del limonero, que tiene forma ovalada, la piel de color amarillo y la pulpa dividida en ***gajos*** con mucho zumo y sabor ácido. **PL.** *limones.* **FAM.** limonero, limonar, limonada.

limonada *[n.f.]* bebida que se hace mezclando agua, azúcar y zumo de limón y que se toma fría. **AMPL.** en algunos sitios se llama *limonada* a la ***sangría***, que se hace igual pero se le pone, además, vino y trozos de fruta.

limonar *[n.m.]* terreno en el que hay plantados limoneros.

limoncillo *[n.m.]* árbol con madera de color amarillo y olor a limón: *la madera del limoncillo se usa en ebanistería.*

limonero *[n.m.]* árbol propio de climas cálidos, que da flores que huelen bien y son blancas por dentro y rosadas por fuera y unos frutos comestibles que se llaman limones. **AMPL.** es un árbol de hojas ***perennes*** (no se caen en invierno) y pertenece a la familia de las ***rutáceas***, aunque en comercio la naranja y el limón se llaman ***cítricos***.

limosna *[n.f.]* cantidad pequeña de dinero que se da a una persona necesitada: *un pobre pedía limosna a la puerta de la iglesia.* **SIN.** donativo. **AF.** caridad, ayuda. **FAM.** limosnear, limosneo, limosnero.

limpiabotas *[n.inv. en gén. y núm.]* persona que se dedica a limpiar, a cambio de dinero, el calzado que lleva puesto la gente: *en los soportales de la plaza hay un limpiabotas.*

limpiador, limpiadora *[adj.]* producto que sirve para limpiar: *un líquido limpiador.* TAMBIÉN *n.m.*: *un limpiador de calzado.*

limpiaparabrisas *[n.m.inv. en núm.]* mecanismo formado por una varilla con borde de goma que al pasar por el cristal delantero de un vehículo retira el agua de lluvia y quita la suciedad: *muchos coches tiene dos limpiaparabrisas.*

limpiar *[v.]* 1 quitar la suciedad de algo: *limpiar los muebles; limpiar los cristales; limpiar el polvo.* **ANT.** manchar, ensuciar. **AMPL.** ***lavar*** es limpiar con agua y jabón y ***fregar***, limpiar con agua o con agua y jabón, frotando con algo como un estropajo, una fregona, etc. 2 quitar lo que perjudica, lo que hace feo, etc.: *limpió el jardín de malas hierbas.* 3 robar algo que lleva alguien o robar cosas que hay en un sitio: *de un tirón le limpiaron el bolso; los ladrones le limpiaron el piso.* **SIN.** robar*. **FAM.** limpio, limpieza, limpiamente, limpiador. **COMP.** limpiabotas, limpiacristales, limpiaparabrisas.

límpido, límpida *[adj.]* muy limpio y transparente: *playas de aguas límpidas.* **FAM.** limpiar.

limpieza *[n.f.]* 1 característica que hace que digamos que algo está limpio: *la limpieza del agua permite ver el fondo del río.* **INTENS.** pulcritud. **ANT.** suciedad. 2 lo que se hace para quitar la suciedad: *cada uno se encarga de la limpieza de su habitación.* **SIN.** aseo.

limpio, limpia *[adj.]* 1 que no tiene manchas, polvo o cualquier cosa que no tenga que tener para estar como es: *papel limpio; calles limpias; un despacho limpio; ropa limpia; uñas limpias.* **INTENS.** pulcro. **ANT.** sucio. 2 que se preocupa de la limpieza de su cuerpo y de sus cosas y, si tiene que limpiar, limpia muy bien porque le molesta la suciedad: *una persona limpia.* **ANT.** marrano, cochino, guarro. 3 que no tiene mezcla de otras cosas: *en el campo, el aire es limpio.* **SIN.** puro. 4 que no tiene nada que ocultar porque todo es correcto, honrado, legal, etc.: *un comportamiento limpio; limpias intenciones; juego limpio.* **ANT.** sucio. // **limpio** *[adv. de m.]* 5 sin hacer trampas: *hay que jugar limpio.* **SIN.** limpiamente. ■ **pasar a limpio**, escribir otra vez, sin tachaduras, borrones o errores, lo que se tiene escrito.

limusina *[n.f.]* coche de lujo mucho más largo que los normales grandes.

linaje *[n.m.]* lo que se tiene por el hecho de tener determinados antepasados: *linaje de toreros; pertenecen a un antiguo linaje castellano.* **SIN.** estirpe, familia. **AF.** casta. **AMPL.** si los antepasados fueron nobles, famosos o importantes, también se llama ***abolengo*** y ***alcurnia***: *alta alcurnia; ilustre abolengo.*

lince *[n.m.]* 1 animal que tiene las patas largas, la cola corta, las orejas anchas y muy puntiagudas y el pelo largo y suave de color gris rojizo con manchas oscuras. 2 persona que se da cuenta de todo y siempre sabe lo que le conviene en algún asunto determinado: *es un lince para los negocios.*

linchar *[v.]* matar mucha gente a una persona, sin haberle hecho juicio: *en el oeste americano solían linchar a los cuatreros.* **FAM.** linchamiento, linchador.

lindar *[v.]* estar al lado del sitio que se dice: *Extremadura linda con Portugal, Castilla y León, Castilla-La Mancha y Andalucía; la finca linda con la carretera.* **SIN.** limitar.

linde *[n.f.]* línea en la que acaba un terreno: *la linde de su prado coincide con la carretera.* **FAM.** lindar, lindero, lindante. **COMP.** colindar, colindante, deslindar.

lindo, linda *[adj.]* bonito*: *una casa linda.* **AMPL.** se usa, sobre todo, en Hispanoamérica. ■ **de lo lindo**, mucho. **FAM.** lindeza, lindamente.

línea *[n.f.]* 1 conjunto de puntos puestos uno a continuación de otro, tocándose cada uno con el anterior y el siguiente: *una circunferencia es una línea curva cerrada; los dibujos se hacen con líneas.* **SIN.** raya. **AF.** trazo. **AMPL.** las líneas que no están en ningún sitio pero hablamos de ellas para entendernos en algunos momentos se llaman ***líneas imaginarias***: *el ecuador es una línea imaginaria sobre la superficie de la Tierra.* 2 cada uno de los conjuntos de palabras escritas entre la parte izquierda y la derecha de un papel: *en la quinta línea hay una falta de ortografía.* **SIN.** renglón. 3 recorrido que hace normalmente un tren, un autobús, un avión o un barco: *la línea Madrid-Sevilla pasa por Ciudad Real; algunas líneas de metro están comunicadas entre sí.* **SIN.** ruta, trayecto. 4 servicio de transporte: *líneas aéreas; líneas marítimas; líneas de ferrocarril.* ■ **línea telefónica**, conjunto de hilos que hacen que pueda haber comunicación entre unos teléfonos y otros. ■ **guardar la línea**, no engordar. ■ **leer entre líneas**, darse cuenta de la intención que tiene alguien al decir o escribir algo. **FAM.** lineal, linealmente, linear. **COMP.** desalinear, interlineal, interlineado, alinear, delineante.

lineal *[adj.inv. en gén.]* con líneas o de las líneas: *representación lineal; la sucesión de puntos es una característica lineal.* ■ **dibujo lineal**, VER *dibujo.*

lingote *[n.m.]* trozo o barra de metal que se hace metiendo en un molde un metal fundido y esperando a que se enfríe: *un lingote de oro.*

lingotera *[n.f.]* molde para hacer lingotes.

lingual *[adj.inv. en gén.]* de la lengua: *músculo lingual.* **FAM.** lengua.

lingüística *[n.f.]* ciencia que estudia el lenguaje en general y las lenguas en particular: *me interesa mucho la lingüística contemporánea.* **AF.** filología. **FAM.** lingüista, lingüístico, lengua.

linimento *[n.m.]* producto poco espeso especialmente preparado para aliviar algunos dolores a través de la piel: *se frotó con linimento porque se había torcido el tobillo.* **AF.** ungüento, pomada, bálsamo.

lino *[n.m.]* planta que da flores con cinco pétalos azules, mide alrededor de un metro de altura y de cuyo tallo, que es recto y hueco, se sacan unas fibras especiales con las que se fabrican tejidos. TAMBIÉN se llama *lino* el tejido que se fabrica con estas fibras: *un traje de lino.* **FAM.** ***linaza*** (semilla del lino), lináceo.

linterna *[n.f.]* aparato portátil que da luz y funciona con pilas.

linternón *[n.m.]* farol que va en la parte de atrás de las embarcaciones: *desde la playa se veía oscilar la luz del linternón de popa.* **PL.** *linternones.* **FAM.** linterna.

lío *[n.m.]* 1 conjunto de cosas juntas y desordenadas: *un lío de ropa; un lío de hilos.* **AF.** rebujo. 2 conjunto de cosas juntas y atadas: *un lío de cartones.* **SIN.** atado. 3 lo que hay por el hecho de que algo sea difícil de entender o de hacer o de que algo esté desordenado: *no puedo resolverlo porque hay mucho lío de datos; con este lío de voces no sé lo que dices; no encuentro nada en este lío de papeles.* **SIN.** desorden, barullo, embrollo, jaleo, enredo, confusión. **ANT.** orden, claridad. 4 asunto que se ha complicado y del que no se sabe cómo salir: *está metido en un lío de corrupción política.* **SIN.** enredo. ■ **hacerse un lío**, confundir unas cosas con otras. ■ **meterse en un lío**, buscarse problemas o complicaciones.

lioso, liosa *[adj.]* que no se entiende bien o que es difícil de hacer o de resolver: *una lección liosa; un asunto lioso.*

lipotimia *[n.f.]* lo que pasa quien pierde el conocimiento durante un rato: *sufrió una lipotimia en el escenario.* **SIN.** desmayo, mareo.

liquen *[n.m.]* conjunto formado por hongos y algas que crece en sitios húmedos y no tiene flores, hojas ni raíces: *los líquenes crecen en las rocas y en las cortezas de algunos árboles.* **PL.** *líquenes.*

liquidación *[n.f.]* 1 lo que se hace para liquidar* algo: *la liquidación de una deuda; liquidación de productos.* 2 cuenta que se hace para cobrar o pagar algo que se ha hecho durante un tiempo: *al despedirse de la empresa le hicieron la liquidación.*

liquidar *[v.]* 1 pagar lo que hay que pagar o lo que se debía: *liquidar una factura; liquidar una deuda.* **SIN.** pagar, abonar. **AMPL.** si se paga una deuda también se dice ***saldar***. 2 resolver algo que está pendiente: *liquidar un asunto; liquidar una situación; quiero que liquidemos nuestras diferencias.* **SIN.** resolver, solucionar. 3 vender algo a precio bastante más bajo del normal para que no quede nada: *liquidan los modelos anticuados; liquidaron todos los productos antes de cerrar el negocio.* **SIN.** saldar, rebajar. 4 dar algo por terminado: *hace tiempo que liquidamos nuestra relación.* **SIN.** concluir, terminar con, acabar con.

líquido *[n.m.]* materia que no tiene forma concreta, sino que coge la de la parte del recipiente que ocupa: *casi todos los líquidos mojan; el aceite es un líquido más denso que el agua.* TAMBIÉN *adj.: un cuerpo en estado líquido.* **FAM.** liquidez, liquidar, liquidación, liquidador.

lira *[n.f.]* 1 instrumento musical antiguo formado por un marco y varias cuerdas que se tocaban con las dos manos: *Nerón tocaba la lira.* 2 unidad de moneda italiana y turca: *cambiaron liras por euros.*

lirado, lirada *[adj.]* con forma de lira: *planta de hoja lirada.*

lírica *[n.f.]* arte de escribir obras en verso en las que el autor no trata de héroes o de historias dramáticas, sino que expresa sus sentimientos: *la lírica es un género poético.* **AMPL.** se llama así porque antiguamente se cantaban los versos con acompañamiento de música de lira*. ■ **música lírica**, la que, como la *ópera* y la *zarzuela*, acompaña representaciones teatrales.

lírico, lírica *[adj.]* que se dedica a la lírica* o está relacionado con la lírica: *España tiene grandes poetas líricos; el Adonais es un premio de poesía lírica.* **FAM.** lira, lirismo.

lirio *[n.m.]* planta que da flores grandes de seis pétalos azules, morados o blancos y se cultiva en jardinería. **AMPL.** la flor también se llama *lirio.*

lirón *[n.m.]* animal que mide alrededor de treinta centímetros de largo, es parecido a la ardilla, tiene la cola larga y peluda y la piel muy suave. **PL.** *lirones.* ■ **dormir como un lirón**, dormir muy profundamente.

lisboeta *[adj. y n.inv. en gén.]* de Lisboa, capital de Portugal: *una niña lisboeta; los lisboetas.*

lisiado, lisiada *[n.]* persona que por algún problema físico, sobre todo en los brazos o las piernas, no puede hacer determinados movimientos. TAMBIÉN *adj.: una persona lisiada.* **SIN.** tullido, impedido, imposibilitado. **FAM.** lisiar.

liso, lisa *[adj.]* 1 que no tiene asperezas: *los cristales de las ventanas son lisos.* **ANT.** rugoso.

2 que no tiene irregularidades o desniveles: *un terreno liso.* **SIN.** plano, regular. **ANT.** irregular, accidentado. **AMPL.** si además de liso es horizontal también se dice ***llano***. 3 que no tiene adornos ni dibujos: *una tela lisa; un color liso.* 4 que no tiene ondas ni rizos: *pelo liso.* **SIN.** lacio. **ANT.** ondulado, rizado, acaracolado. **FAM.** lisura, lisamente.

lisonja *[n.f.]* palabras agradables que se le dicen a una persona para conseguir que haga lo que uno quiere: *no le gustan las lisonjas.* **SIN.** adulación. **FAM.** lisonjero, lisonjear, lisonjeramente.

lista *[n.f.]* 1 dibujo largo y estrecho, que es una línea más o menos ancha: *una tela de listas rojas sobre fondo blanco; un traje de listas.* **SIN.** raya. 2 conjunto de nombres o datos colocados en columna: *una lista de precios; una lista de alumnos.* **SIN.** relación, listado. **AF.** nómina. ■ **pasar lista**, decir en voz alta los nombres de los que tienen que estar para que contesten y se vea si están todos. ■ **lista de correos**, oficina de correos que recibe los envíos que no se entregan en los domicilios. **FAM.** listado, listar, listín. **COMP.** alistar.

listado, listada *[adj.]* 1 con listas: *una tela listada.* // **listado** *[n.m.]* 2 lista* (acepción 2): *un listado de precios.*

listín *[n.m.]* lista pequeña de datos o nombres que se ha sacado de una grande. **PL.** *listines.*

listo, lista *[adj.]* 1 que entiende las cosas con rapidez: *una persona lista; un animal listo.* **SIN.** inteligente, despierto, avispado, sagaz. **ANT.** torpe. 2 que está preparado para algo: *la mesa está lista para comer; cuando estés listo, nos vamos.* **SIN.** preparado, dispuesto, a punto. **FAM.** listeza, listura.

listón *[n.m.]* trozo de madera largo, estrecho y de corte cuadrangular: *buscaba un listón para hacer una espada.* **AMPL.** si el corte es cuadrado también se llama ***cuadradillo*** y si una de las caras tiene formas de adorno y está pulida se llama ***moldura***. **PL.** *listones.* **FAM.** listonado, listonería. **COMP.** enlistonar.

litera *[n.f.]* cada una de las camas que están colocadas una encima de la otra: *en algunos trenes hay vagones con literas.*

literal *[adj.inv. en gén.]* que se hace fijándose exactamente en lo que dice o en lo que pone, sin cambiar nada ni hacer ninguna interpretación: *una copia literal, a máquina, de un manuscrito*.* **SIN.** textual, fiel, exacto, al pie de la letra. ■ **traducción literal**, la que se hace traduciendo palabra por palabra, sin tener en cuenta los distintos sentidos y maneras de construir las frases en cada lengua: *"to pull leg" equivale a "tomar el pelo", pero la traducción literal sería "tirar pierna", que en español no significa nada.* **FAM.** literalmente, literalidad.

literario, literaria *[adj.]* que tiene que ver con la literatura o que forma parte de la literatura: *hizo un estudio literario del texto, sin fijarse en las ideas que el autor quería transmitir; la poesía es un género literario y una novela, una obra literaria.*

literato, literata *[n.]* persona que se dedica a escribir algún tipo de obras de literatura: *una literata dedicada a la novela.* **SIN.** escritor.

literatura *[n.f.]* 1 lo que hace quien escribe novelas, cuentos, poesías, obras de teatro, etc.: *la literatura es un arte que se expresa con palabras; le gustaría dedicarse a la literatura.* 2 conjunto de las obras literarias de una época, un estilo, un país, etc., y estudio que se hace de ellas: *literatura española; literatura del Siglo de Oro; da clases de literatura.* **FAM.** literato, literario, literariamente, letra.

litoral *[adj.inv. en gén.]* 1 de la orilla del mar, de la zona cercana a ella o que está al lado del mar: *pesca litoral; una ciudad litoral.* **SIN.** costero. **AMPL.** lo relacionado con la orilla de los ríos o los lagos es ***ribereño***. // **litoral** *[n.m.]* 2 parte en la que acaba la tierra y empieza el mar: *el litoral español tiene 3.904 km de longitud.* **SIN.** costa.

litro *[n.m.]* unidad de medida de capacidad que se usa para medir los líquidos: *un litro es lo que cabe en un recipiente cúbico que mide un decímetro de lado.*

liturgia *[n.f.]* 1 modo de hacer las cosas en las celebraciones de una religión: *liturgia católica.* **SIN.** ritual, ceremonial. 2 conjunto de las cosas que se hacen siempre igual en cada acto religioso: *la liturgia de la misa.* **SIN.** ceremonia. **FAM.** litúrgico.

lívido, lívida *[adj.]* que está muy pálido: *se puso lívida del susto.* **FAM.** lividez, lividecer.

ll grupo formado por dos *eles*. **AMPL.** se llama *elle* y representa un solo fonema*; antes se consideraba la decimocuarta letra del abecedario español, pero en la actualidad, por estar formada por dos letras o grafías, la mayoría de los diccionarios la han incorporado dentro de la *ele* para seguir las normas internacionales de ordenación alfabética.

Cuando no tengas muy claro
lo que va con **elle** o **y**,
míralo en el diccionario
que él te lo podrá decir.

llaga *[n.f.]* especie de herida que se hace sola en la piel de alguna parte interior o exterior del cuerpo: *le ha salido una llaga en el paladar.* **SIN.** úlcera. **FAM.** llagar, llagado.

llama *[n.f.]* gases ardiendo que salen hacia arriba, desprendidos por algo que está quemándose, con forma parecida a una lengua de colores: *las llamas de una hoguera; la llama de un mechero.* **FAM.** llamarada, llamear, llameante, flamante.

llamada *[n.f.]* 1 lo que se hace para llamar a alguien: *su llamada telefónica fue muy oportuna.* 2 lo que se hace para que la gente se dé cuenta de alguna necesidad y actúe en consecuencia: *las campañas contra el hambre son una llamada a la solidaridad.* **SIN.** llamamiento.

llamador *[n.m.]* pieza de metal que va sujeta a una puerta y sirve para llamar golpeándola contra ella: *un llamador con forma de mano.* **SIN.** aldaba, picaporte.

llamar *[v.]* 1 decir el nombre de alguien de manera que lo oiga: *se acercaban a la mesa según iba llamándolos.* **SIN.** nombrar. 2 ponerse en contacto con alguien para decirle algo: *llámalo por teléfono para que venga; llamaron al médico.* **AF.** avisar. 3 darle a alguien un nombre determinado: *se llama Luis pero lo llaman "el botas".* 4 hacer algo para que alguien se entere de que uno está, quiere hablar, etc.: *llamaron a la puerta; el teléfono está llamando.* // **llamarse** *[v.prnl.]* 5 tener un nombre determinado: *se llama Guillermo; eso se llama engañar; la costa también se llama litoral.* ■ **llamar la atención**, hacer que los demás se fijen en uno. ■ **llamar la atención a** alguien, decirle que ha hecho mal algo. **SIN.** reñir, reprender. ■ **llamar la atención sobre** algo, hacer que los demás se den cuenta de algo. **FAM.** llamada, llamador, llamamiento, llamativo, llamativamente.

llamarada *[n.f.]* llama o llamas que suben con fuerza de repente y desaparecen enseguida.

llamativo, llamativa *[adj.]* que, por ser como es, la gente lo mira: *un peinado llamativo.* **SIN.** que llama la atención.

llana *[n.f.]* utensilio de albañilería formado por una superficie plana con un asa en el centro: *con la llana se extienden el yeso y el cemento.*

llaneza *[n.f.]* lo que demuestra quien trata a los demás con naturalidad, sin darse importancia. **SIN.** sencillez.

llano, llana *[adj.]* 1 horizontal y sin desniveles ni irregularidades: *es más cómodo ir por sitios llanos que cuesta arriba; una finca llana.* **AF.** liso, plano. TAMBIÉN *n.m.: al llegar al llano se pararon a descansar.* 2 que trata a los demás con naturalidad, sin darse importancia: *una persona llana.* **SIN.** sencillo, abierto, natural. **ANT.** estirado, altanero. 3 hablando de palabras, que se acentúa en la penúltima sílaba: *"coche" es una palabra llana.* **SIN.** grave. **FAM.** llanura, llanero, llaneza, llanamente. **COMP.** rellano, allanar.

llanta *[n.f.]* aro en el que van los neumáticos de los vehículos: *los radios de las bicicletas van de la llanta al eje.*

llanto *[n.m.]* sonidos y lágrimas que produce quien está llorando: *el llanto de un bebé; la tristeza puede producir llanto.* **SIN.** lloro. **FAM.** llantina, llantera.

llanura *[n.f.]* extensión grande de terreno horizontal, sin desniveles ni irregularidades: *en La Mancha hay muchas llanuras.* **SIN.** planicie.

llave *[n.f.]* 1 instrumento hecho para mover distintos mecanismos: *la llave de una cerradura; la llave de paso del gas; la llave de un reloj de cuerda.* 2 herramienta pensada para apretar y aflojar cosas con rosca que no tienen una cabeza con hendidura para poder usar destornillador. 3 en luchas o artes marciales, movimiento que inmoviliza al contrario. ■ **bajo**

llave, en un sitio que está cerrado con llave. ■ **echar la llave**, cerrar con llave. ■ **ser** una cosa **la llave de** algo, ser necesaria para conseguirlo. **FAM.** llavero, llavín.

llaves

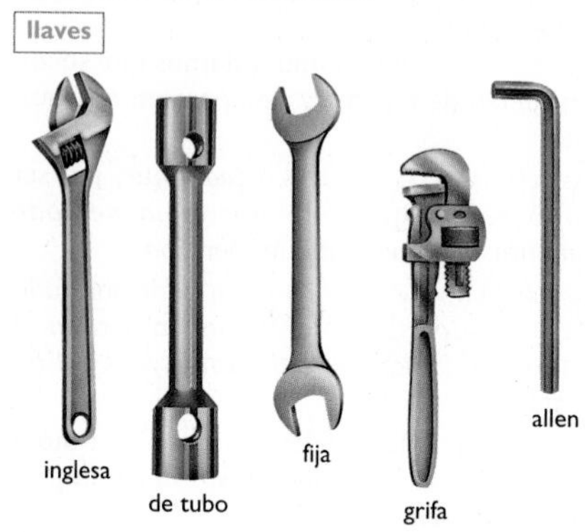

llavero *[n.m.]* objeto pensado para llevar una o varias llaves de cerradura.

llavín *[n.m.]* llave pequeña y plana como la que se utiliza para los candados, pequeños cofres, etc. **PL.** *llavines.*

llegada *[n.f.]* hecho de que algo o alguien llegue a un sitio: *la llegada del autobús está prevista para las 12 en punto; esperan la llegada de los excursionistas.*

llegar *[v.]* 1 haber recorrido una persona, un animal o una cosa, todo el camino que había desde donde estaba hasta el sitio al que ha ido o al que lo han llevado: *llegó a la meta en tercer lugar; los leones llegaron en un camión; la noticia llegará mañana.* 2 ocupar o cubrir justo hasta el sitio que se dice: *la mesa llega hasta la ventana; las cortinas llegan hasta el suelo.* 3 haber hecho lo necesario para tener un puesto, una categoría, etc.: *llegó a jefe de servicio tras varios años de experiencia; a algunos puestos sólo se llega haciendo oposiciones.* 4 hablando de cosas que pasan siempre en determinados momentos o situaciones, empezar: *llegar el verano; llegar las lluvias; llegar la noche; llegar las vacaciones.* ■ **llegar** algo **al alma**, sentir mucha alegría o mucha tristeza por algo. ■ **llegar a las manos**, pegarse. ■ **llegar** algo **a oídos de** uno, enterarse uno de algo. **OBS.** ante e, gu: *lleguen.* **FAM.** llegada. **COMP.** allegado.

llenar *[v.]* 1 hacer que en un recipiente o en un sitio no quepan más cosas o más personas: *llenó de fruta la fuente; la fruta llena la fuente; el público llenaba la sala de conciertos.* **SIN.** colmar. TAMBIÉN *prnl.: la sala se llenó de gente.* 2 poner muchas cosas de algo: *llenó el escrito de faltas de ortografía; llenó la casa de adornos de Navidad.* 3 haber muchas cosas de algo en un sitio: *los adornos de Navidad llenan la casa.* **FAM.** lleno, llenazo. **COMP.** rellenar.

lleno, llena *[adj.]* 1 que no tiene espacio para más personas, animales o cosas: *un camión lleno de ganado; una jarra llena de agua; un estadio lleno de espectadores.* **SIN.** repleto, a rebosar, completo. 2 que tiene mucho de algo: *una plaza llena de gente; un plato lleno de comida.* 3 que ya ha comido mucho: *no quiero postre porque estoy lleno.* ■ **luna llena**, la de los días en que desde la Tierra se ve completamente redonda. **SIN.** plenilunio. ■ **conseguir, registrar,** etc. **un lleno**, llenarse el sitio en el que hay un espectáculo público.

llevadero, llevadera *[adj.]* que no resulta demasiado pesado, cansado, etc.: *un trabajo llevadero.*

llevar *[v.]* 1 ir con algo o con alguien: *lleva la carta a correos; llevaba una carpeta roja; el camión lleva patatas y el autobús treinta pasajeros; lleva a los niños al colegio; llevó a varios amigos a su casa.* **ANT.** traer. 2 tener: *el vestido lleva bolsillos de plastón.* 3 tener algo en el cuerpo o sobre él: *lleva dentadura postiza; llevaba gafas de sol.* 4 ser el encargado de algo: *lleva una tienda de coches.* 5 conducir un vehículo: *no sabe llevar un camión.* 6 hacer algo, vivir algo o pasar algo de determinada manera: *lleva el trabajo con alegría; lleva mal que los hijos se hayan ido; lleva muy bien la enfermedad.* 7 necesitar el tiempo que se dice: *llevará varios días hacer todo el trabajo.* 8 haber estado uno el tiempo que se dice haciendo algo: *lleva varios días estudiando.* // **llevarse** *[v.prnl.]* 9 irse con algo: *se llevó varios premios; los ladrones se llevaron varias cosas.* 10 sentir algo: *llevarse una alegría; llevarse un disgusto.* 11 estar de moda: *ahora se llevan los pendientes grandes.* ■ **llevar las de perder**, salir perdiendo. ■ **llevarse bien**, congeniar, hacer buenas migas, entenderse. **ANT.** ***llevarse mal***. **FAM.** llevadero.

llorar *[v.]* salirle a uno lágrimas: *llora porque está triste; el picor de ojos lo hacía llorar.* **AMPL.** ***sollozar*** es llorar mucho, suspirando y haciendo ruidos de vez en cuando y ***gimotear*** es lo mismo que lloriquear*. **FAM.** lloro, llorera, llorón, lloroso, llorosamente, llorica, lloriqueo, lloriquear.

llorera *[n.f.]* lágrimas y ruidos que hace quien llora mucho rato seguido, sin poder dejar de llorar: *la llorera le duró un buen rato.* **SIN.** llantina, llantera, llanto.

llorica *[n.inv. en gén.]* persona que llora por cualquier motivo: *no le hagas caso que es un llorica.* TAMBIÉN *adj.inv. en gén.: una niña llorica; un niño llorica.* **SIN.** llorón.

lloriquear *[v.]* llorar sin pena y haciendo ruiditos, para que los demás crean que uno está llorando de verdad. **SIN.** gimotear. **OBS.** e + e = ee: *lloriqueen.*

lloro *[n.m.]* llanto*.

llorón, llorona *[adj.]* que suele llorar mucho y por cualquier cosa: *una niña llorona.* TAMBIÉN *n.: estoy harto de este llorón.*

lloroso, llorosa *[adj.]* con aspecto de haber llorado: *tenía los ojos llorosos.*

llover *[v.]* caer lluvia. **CONJUG.** como *volver** pero es verbo defectivo impersonal que sólo se construye en 3ª persona de singular: *llueve, ha llovido, llovió, lloverá...* **FAM.** lluvia, lluvioso, lloviznar, llovizna.

llovizna *[n.f.]* lluvia poco abundante y de gotas pequeñitas.

lloviznar *[v.]* caer llovizna. **OBS.** es verbo* defectivo impersonal.

lluvia *[n.f.]* agua que cae de las nubes en forma de gotas.

lluvioso, lluviosa *[adj.]* con lluvia: *clima lluvioso; una tarde lluviosa.*

lo *[artículo determinado]* 1 acompaña a nombres de género neutro: *lo bueno; lo grave; lo normal.* **GRAM.** tiene función de determinante*. // **lo** *[pron.]* 2 tercera persona de singular del pronombre personal masculino que funciona como complemento directo de personas, animales y de cosas: *lo llamó ayer; lo ha comprado; dáselo, díselo.* **AMPL.** es incorrecto usar, en su lugar, el pronombre *le*; esta incorrección se llama ***leísmo***; el error que se comete al usar *lo* en lugar de *le* (por ser complemento indirecto) se llama ***loísmo***.

loa *[n.f.]* elogio*: *recibió muchas loas por su extraordinario trabajo.* **FAM.** loable, loablemente, loar.

loar *[v.]* elogiar: *todos lo felicitaron y loaron su trabajo.* **SIN.** alabar, ensalzar, enaltecer. **FAM.** loa.

lobato *[n.m.]* cría del lobo. **SIN.** lobezno.

lobera *[n.f.]* cueva en la que viven lobos.

lobezno *[n.m.]* lobato*.

lobo *[n.m.]* animal cuadrúpedo que puede medir hasta 85 cm de altura y más de metro y medio de largo, y corre mucho, tiene la cabeza grande y fuerte, el hocico alargado, las orejas derechas, las patas largas y delgadas y la cola larga y peluda. ■ **lobo de mar**, marinero con mucha experiencia. **FAM.** lobato, lobezno, lobera, lobero, lobuno.

lóbrego, lóbrega *[adj.]* lúgubre*: *una casa lóbrega; aspecto lóbrego.* **FAM.** lóbregamente, lobreguecer.

lóbulo *[n.m.]* parte redondeada en el borde de algo: *el lóbulo de la oreja; los lóbulos de las hojas de algunas plantas; los lóbulos de un arco de iglesia románica.* **FAM.** lobulado.

local *[n.m.]* 1 parte de una construcción que está a la altura de la calle y no se dedica a vivienda: *en los locales del edificio hay varias tiendas; un local con máquinas recreativas.* // **local** *[adj.inv. en gén.]* 2 que es de la zona o del sitio del que se está hablando: *varios artistas locales tienen fama nacional; los ayuntamientos se encargan de los asuntos locales; en la provincia quieren favorecer la industria local.* **ANT.** nacional, internacional, etc. 3 que está (o que se hace) sólo en una parte y no en todo: *un dolor local; anestesia local.* **SIN.** localizado. **ANT.** general. **FAM.** localidad, localismo, localista, localizar, localización, lugar.

localidad *[n.f.]* 1 conjunto de edificios, calles y otras cosas donde vive gente: *en esta comarca hay varias localidades cuyos habitantes viven de la ganadería.* **SIN.** población, lugar. 2 en los sitios en los que se hacen espectáculos, cada uno de los asientos que hay para que se siente el público: *el estadio tiene veinte mil localidades.* **SIN.** plaza, asiento; butaca (en los cines y los teatros). 3 papel o cartulina que se compra para poder entrar a un sitio en el que hay un espectáculo: *en las taquillas venden las localidades.* **SIN.** entrada.

localización *[n.f.]* lo que consigue quien se entera de dónde hay algo o dónde está alguien que estaba buscando: *la localización de un camino; la localización de una ciudad en el mapa; la localización de una persona.* **SIN.** hallazgo.

localizar *[v.]* llegar a saber dónde hay algo o dónde está alguien que uno buscaba: *tratan de localizar los restos del avión; localizamos un camino más cómodo; localízalo por teléfono.* **SIN.** encontrar, hallar. **OBS.** ante e, c: *localicen.*

loción *[n.f.]* líquido que uno se da en la piel para distintas cosas: *loción para después del afeitado; las lociones capilares son para el cuero cabelludo.*

loco, loca *[n.]* 1 persona que tiene una enfermedad de la mente que le impide razonar bien y hace o dice cosas que a la gente normal le parecen raras, ilógicas o peligrosas: *algunos locos viven en manicomios.* **SIN.** demente, enajenado, perturbado, chiflado (uso familiar y despectivo). **ANT.** cuerdo. TAMBIÉN *adj.*: *una persona loca; volverse loco; estar loco.* 2 persona que hace las cosas sin pararse a pensar en las consecuencias o peligros que pueden tener y debe evitar: *es un loco patinando.* **SIN.** imprudente, alocado, insensato, inconsciente. **ANT.** prudente, sensato. ■ **loco de contento**, muy contento. ■ **cada loco con su tema** es una expresión que se usa cuando alguien habla sólo de lo que le interesa y sin escuchar a los demás. ■ **a lo loco**, sin pararse a pensar o sin tomar las precauciones necesarias. ■ **hacerse el loco**, hacer uno como que no se ha enterado de algo. **SIN.** no darse por aludido, disimular. **FAM.** locura, loquero, locamente, locatis, locuelo, loquería. **COMP.** alocado, enloquecer.

locomoción *[n.f.]* hecho de ir de un sitio a otro en un vehículo: *prefiere la locomoción por carretera; el ferrocarril es un medio de locomoción.* **SIN.** transporte. **FAM.** locomotor, locomotora, locomotriz, locomotividad.

locomotora *[n.f.]* máquina que tira de los vagones de un tren: *las locomotoras actuales alcanzan grandes velocidades.* **SIN.** máquina de tren.

locuaz *[adj.inv. en gén.]* que habla mucho: *hoy está muy locuaz; un hombre locuaz; una mujer locuaz.* **SIN.** hablador, parlanchín. **ANT.** callado. **PL.** *locuaces.* **FAM.** locuacidad, locuazmente, locución.

locución *[n.f.]* grupo de palabras que siempre van juntas en una frase y tienen distinto significado que si se pensara en las mismas palabras por separado: *"dar la lata", "echar una mano" y "comer con los ojos" son locuciones.* **SIN.** giro, expresión, frase hecha. **FAM.** locutor, locuaz. **COMP.** coloquio, interlocutor, elocuente, elocuencia.

locura *[n.f.]* 1 enfermedad que hace que uno haga o diga cosas que a la gente normal le parecen raras, ilógicas o peligrosas: *la locura es una enfermedad mental.* **SIN.** enajenación, demencia. **ANT.** cordura. 2 cosa que se hace sin pensar bien en las consecuencias o los peligros que pueda tener: *fue una locura meterse en un negocio que no conocían.* **SIN.** imprudencia, insensatez, disparate. ■ **con locura**, muchísimo. **SIN.** con frenesí, con delirio.

locutor, locutora *[n.]* persona que presenta un programa de radio. **AMPL.** la persona que presenta un programa de televisión se llama ***presentador***.

locutorio *[n.m.]* 1 en las emisoras de radio, sitio en el que están los locutores. 2 en los conventos y las cárceles, sitio para hablar con las visitas. **FAM.** locución.

lodazal *[n.m.]* sitio donde hay mucho lodo: *el carro se atascó en un lodazal.* **SIN.** barrizal, fangal, cenagal, lodachar.

lodo *[n.m.]* mezcla de tierra y agua que se forma en el suelo: *la lluvia dejó el terreno lleno de lodo.* **SIN.** barro, fango. **FAM.** lodazal, lodoso. **COMP.** enlodar.

lógica *[n.f.]* ciencia que estudia la manera de hacer razonamientos válidos: *la lógica es una parte de la filosofía.*

lógico, lógica *[adj.]* 1 que está bien pensado, sin que haya nada que se contradiga: *un razonamiento lógico; una explicación lógica.* **SIN.** coherente, racional. **AF.** razonable. **ANT.** ilógico, irracional, incoherente. 2 que es (o que pasa) porque las personas, los animales y las cosas son de una manera determinada: *es lógico que no se comprometa si no puede cumplir;*

lo lógico es que, si le pisas el rabo, ladre; es lógico que se rompa la copa si la tiras al suelo. **SIN.** natural, normal. **ANT.** ilógico. **FAM.** lógicamente. **COMP.** ilógico, ilógicamente.

logotipo *[n.m.]* conjunto de dibujos o letras que representa a un equipo, una empresa, una institución, etc., y que es distinto de todos los demás: *una corona dorada es el logotipo de una marca de camisas.* **SIN.** anagrama. **AF.** símbolo, emblema.

logrado, lograda *[adj.]* bien pensado y bien hecho: *los ordenadores son máquinas muy logradas.* **SIN.** conseguido.

lograr *[v.]* llegar a tener o llegar a hacer lo que se quería: *logró el primer premio; ha logrado aprobar.* **SIN.** conseguir. **AF.** alcanzar. **FAM.** logro, logrado.

logro *[n.m.]* buen resultado de algo que se ha hecho: *conseguir que publicaran su novela fue un logro.* **SIN.** éxito, triunfo. **ANT.** fracaso.

logroñés, logroñesa *[adj. y n.]* de Logroño, capital de la provincia española de La Rioja: *una niña logroñesa; los logroñeses.*

loísmo *[n.m.]* error que se comete cuando se usan los pronombres *lo* o *los* en función de complemento indirecto en lugar de *le* o *les* que son los correctos. **FAM.** loísta.

loísta *[n.inv. en gén.]* persona que usa los pronombres *lo* o *los* cuando debe utilizar *le* o *les*. TAMBIÉN *adj.*: *un locutor loísta.* **FAM.** loísmo.

loma *[n.f.]* parte de un terreno que va teniendo poco a poco más altura que el que la rodea: *en lo alto de la loma hay una ermita.* **SIN.** altozano, colina, cerro, teso, otero, montículo, promontorio, collado.

lombriz *[n.f.]* gusano que vive en la tierra húmeda, es de color blanco o rojizo y tiene el cuerpo cilíndrico formado por más de cien anillos delgadísimos. **PL.** *lombrices.*

lomear *[v.]* levantar el lomo los caballos. **FAM.** lomo. **OBS.** e + e = ee: *lomeen.*

lomo *[n.m.]* **1** parte del cuerpo de los animales cuadrúpedos que está entre el cuello y las ancas: *los osos se frotan el lomo contra el tronco de los árboles.* **2** parte de la tapa de los libros que cubre la unión de las hojas: *en el lomo suele poner el título.* **AMPL.** la piel o la tela que cubre el lomo de un libro cuando la pasta es de otro material se llama ***lomera***. **FAM.** loma, lomillo, lomera, lomudo. **COMP.** deslomarse, solomillo.

lona *[n.f.]* tela de algodón muy fuerte y tupida que se utiliza para hacer toldos, tiendas de campaña, etc.: *la lona de la hamaca es de listas.* **FAM.** loneta.

loncha *[n.f.]* trozo plano y delgado que se ha cortado de algo: *no le gusta el queso en tacos, sino en lonchas finas; una loncha de jamón.* **SIN.** lonja. **AMPL.** si es una loncha redondeada se llama ***rodaja*** (*rodaja de chorizo; rodaja de merluza*); si se ha cortado regularmente, siguiendo la forma de lo que se corta, ***raja*** (*una raja de sandía*); si es *de pan*, ***rebanada***; los ***filetes*** son trozos planos y delgados de carne o pescado.

londinense *[adj. y n.inv. en gén.]* de Londres, capital de Inglaterra y del Reino Unido de Gran Bretaña (VER *británico*): *un grupo musical londinense; las londinenses.*

longaniza *[n.f.]* embutido largo y delgado relleno de carne de cerdo picada y adobada.

longitud *[n.f.]* **1** medida que tiene una cosa plana por la parte que mide más, o una cosa cualquiera por el mayor de los dos lados horizontales: *la mesa tiene 2 m de longitud; mide la longitud de la línea con una regla; la longitud de una habitación.* **SIN.** largo, largura. **AMPL.** la unidad de medida de longitud es el metro (*m*). **2** distancia que hay desde cualquier punto de la superficie terrestre hasta el punto del meridiano 0° que está más cerca de él, y que se mide en grados de circunferencia. **FAM.** longitudinal, longitudinalmente.

lonja *[n.f.]* edificio público donde van los comerciantes a comprar productos, especialmente alimentos frescos, para venderlos en las tiendas y mercados: *lonja de pescado.*

loor *[n.m.]* elogio, alabanza, loa: *un discurso en loor de un gran escritor.* **FAM.** loa.

loro *[n.m.]* **1** pájaro que tiene el pico curvo y muy fuerte, las alas pequeñas, las plumas de colores muy vistosos y dos dedos que miran hacia adelante y dos hacia atrás, con los que se agarra a las ramas y coge la comida: *los papagayos, las cacatúas y las cotorras son loros.* **2** persona que habla mucho sin escuchar a los demás o que dice lo que ha oído a otros sin entenderlo. **OBS.** se dice *un loro,* tanto si es hombre como si es mujer.

los *[artículo determinado]* **1** acompaña a los nombres de género masculino y número plural: *los hombres; los osos; los faros.* **GRAM.** tiene función de determinante*. // **los** *[pron.]* **2** tercera persona de plural del pronombre personal masculino que funciona como complemento directo de personas, animales y cosas: *los llamó ayer; dáselos; los puso sobre la mesa.*

losa *[n.f.]* piedra plana y grande: *un pavimento de losas de pizarra; una losa de mármol cubre la sepultura.* **AMPL.** si es una losa lisa y delgada también se llama ***laja***; una losa con alguna inscripción es una ***lápida***. **FAM.** loseta, losar, losado. **COMP.** enlosar, enlosado.

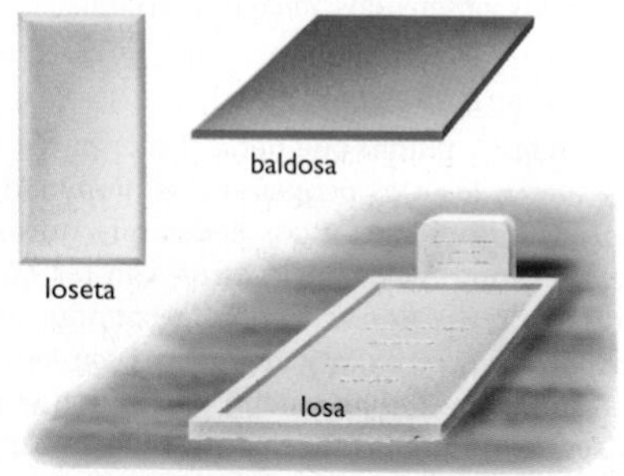

loseta *[n.f.]* baldosa* rectangular que se usa para cubrir paredes o suelos.

lote *[n.m.]* conjunto de cosas que por alguna razón se consideran como una unidad: *sólo vendían los libros por lotes; hicieron varios lotes para repartir los objetos de la casa.*

lotería *[n.f.]* **1** juego en el que se premian con dinero algunos de los muchos números que se han vendido: *los premios de la lotería de Navidad los deciden las bolas que van saliendo de un bombo.* **SIN.** sorteo, rifa. **2** cosa que no se sabe si saldrá bien o mal: *muchos negocios son una lotería.* **FAM.** lotero, lote.

loto *[n.m.]* planta que crece en el agua, tiene flores muy olorosas de color blanco azulado y hojas grandes y brillantes: *a orillas del río Nilo hay muchos lotos.* **FAM.** lotiforme.

loza *[n.f.]* **1** barro blanco y fino que se usa para fabricar platos, tazones, soperas, etc. **AF.** porcelana, china. **2** cosas hechas con este barro: *guarda la loza en el aparador.*

lozanía *[n.f.]* lo que se nota en los seres vivos jóvenes y sanos, por ser así: *la lozanía de una flor; la lozanía de la piel de los niños.* **SIN.** frescura. **AF.** juventud, vigor. **FAM.** lozano, lozanamente.

lubina *[n.f.]* pez marino de entre ochenta centímetros y un metro de longitud que tiene el dorso azulado y el vientre blanco, y las aletas con radios espinosos. **SIN.** róbalo.

lubricante *[n.m.]* líquido más o menos espeso que sirve para que las piezas de metal que se mueven juntas no se estropeen con el roce y no hagan ruido: *una gota de aceite es un buen lubricante para las bisagras; los motores mecánicos necesitan lubricantes.* **FAM.** lubricar, lubricación, lubricador, lubrificar, lubrificación, lubrificante.

lubrificante *[n.m.]* lubricante*.

lucense *[adj. y n.inv. en gén.]* de Lugo, provincia española y su capital, que pertenecen a la comunidad autónoma de Galicia: *fiestas lucenses; los lucenses.*

lucerna *[n.f.]* ventana en la parte alta de una pared. **FAM.** luz.

lucernario *[n.m.]* abertura en el techo por la que entra luz. **FAM.** luz.

lucero *[n.m.]* estrella que brilla mucho. **SIN.** estrella.

lucha *[n.f.]* lo que hay entre quienes están luchando contra algo o alguien o por algo, y hecho de que alguien esté luchando: *la lucha entre dos ejércitos; una lucha deportiva; la lucha contra la droga; la lucha por el poder.* **SIN.** lid. **AMPL.** si la lucha es entre personas que quieren lo mismo, también se llama ***pugna, disputa, contienda*** o ***pelea***; si es entre personas que se pegan, ***pelea, reyerta*** o ***pendencia***; si es una lucha con armas entre dos o más países o bandos, ***guerra*** o ***conflicto bélico***; la lucha de quien tiene que solucionar muchos problemas para conseguir algo también se llama ***brega*** o ***pelea***. **FAM.** luchador, luchar.

luchador, luchadora *[n.]* 1 persona que se esfuerza por conseguir lo que quiere, aunque tenga muchos problemas o dificultades: *saldrá adelante porque es un luchador.* **SIN.** batallador, combativo. TAMBIÉN *adj.*: *una persona luchadora.* 2 atleta que practica algún deporte de lucha.

luchar *[v.]* 1 atacar y defenderse dos o más personas o animales entre sí: *los boxeadores lucharon duramente; los ejércitos enemigos luchan para conseguir la victoria.* **SIN.** combatir, pelear, contender. 2 hacer lo necesario para conseguir lo que también quieren otros: *los deportistas luchan por el primer puesto y los políticos por alcanzar el poder; lucha por defender sus intereses.* **SIN.** enfrentarse, pelear, competir, contender, pugnar. 3 hacer lo posible por conseguir algo o para acabar con algo, cuando esto cuesta esfuerzo, tiempo, disgustos, etc.: *lucha por defender sus derechos; está luchando para superar su enfermedad; luchar contra la droga.* **SIN.** pelear, batallar. 4 ir solucionando todos los problemas que van apareciendo cuando se quiere algo: *luchando mucho pudo darle estudios a sus hijos.* **SIN.** esforzarse, batallar, bregar.

lucidura *[n.f.]* blanqueo que se da a las paredes. **FAM.** lucir.

lucido, lucida *[adj.]* que produce muy bien la impresión que se quiere, o que ha salido muy bien: *los actores tuvieron una actuación muy lucida; un despacho lucido; una fiesta lucida.* **SIN.** resultón, aparente.

lúcido, lúcida *[adj.]* que tiene la mente bien y puede razonar con normalidad: *cuando acaba de despertarse no está lúcido.* TAMBIÉN se usa para hablar de cosas: *un razonamiento lúcido.*

luciérnaga *[n.f.]* insecto que mide alrededor de doce milímetros de largo, tiene el cuerpo formado por anillos y la hembra, que no tiene alas, por la noche emite luz fosforescente.

lucio *[n.m.]* pez que vive en ríos y lagos, es de color verdoso con rayas pardas y tiene las aletas fuertes y la cola triangular.

lucir *[v.]* 1 despedir luz: *el Sol luce mucho; las bombillas lucen.* **AF.** iluminar, alumbrar, brillar. 2 verse una cosa de manera que sea fácil apreciar sus cualidades: *es una mesa bonita pero ahí luce poco.* 3 llevar algo que a uno le gusta para que los demás lo vean: *le gusta lucir las joyas.* **SIN.** exhibir, enseñar. 4 dejar, adrede o sin querer, que los demás vean algo de uno: *se le cayó la peluca y lució una hermosa calva.* **SIN.** dejar ver. 5 tener algo el resultado que se quiere: *a uno le gusta trabajar en cosas que luzcan; el negocio le luce porque trabaja mucho.* // **lucirse** *[v.prnl.]* 6 dar buena impresión ante los demás cuando se hace algo: *le gusta lucirse ante los amigos; se lució tocando el piano maravillosamente.* **OBS.** ante a y o, zc: *luzcan.* **FAM.** luciente, lucimiento, lucido, lucidamente, luz. **COMP.** relucir, deslucir, deslucido.

lucrativo, lucrativa *[adj.]* que produce dinero: *los negocios son actividades lucrativas.*

lucro *[n.m.]* dinero que se saca de algo: *lo que interesa de los negocios es el lucro.* **SIN.** beneficio, ganancia. ■ **afán de lucro**, ganas de ganar de dinero. **FAM.** lucrar, lucrativo.

lúdico, lúdica *[adj.]* del juego: *actividades lúdicas.* **AMPL.** el sitio en el que hay muchos juegos para poder jugar o para llevarlos a casa durante cierto tiempo se llama ***ludoteca***.

luego *[adv. de t.]* 1 cuando haya pasado un rato: *luego voy a verte.* **SIN.** después, más tarde, dentro de un rato. 2 después de hacer lo que se dice: *primero lee y luego reflexiona.* // **luego** *[conj. ilat.]* 3 es un *nexo* que indica relación de consecuencia entre las frases que relaciona: *no sabes lo que pasó, luego no opines.* **SIN.** conque, por tanto, por consiguiente, como consecuencia. ■ **desde luego**, por supuesto. ■ **hasta luego**, adiós.

lugar *[n.m.]* 1 punto o zona en el espacio: *un bosque es un lugar con muchos árboles; vive en* *un lugar próximo al pueblo; hay lugares con preciosos paisajes.* **SIN.** sitio. 2 número de orden: *ocupa el quinto lugar entre los seleccionados.* **SIN.** posición, puesto. ■ **dar lugar a** algo, hacer que pase algo. ■ **en lugar de**, en vez de, en sustitución de. ■ **estar fuera de lugar**, no ser oportuno o conveniente. ■ **tener lugar** algo, hacerse o pasar. **FAM.** lugareño, local.

lugareño, lugareña *[adj.]* persona que vive en un pueblo pequeño: *los lugareños los recibieron en la plaza.* **AF.** aldeano.

lúgubre *[adj.inv. en gén.]* 1 que resulta triste porque tiene poca luz y no es cómodo ni acogedor: *una habitación lúgubre; un ambiente lúgubre.* **SIN.** lóbrego, tenebroso. **AF.** desangelado, oscuro, sombrío. **ANT.** alegre. 2 que lo produce la tristeza o el desánimo: *en el entierro, todos tenían expresión lúgubre; pensamientos lúgubres.* **SIN.** lóbrego, triste. **FAM.** lúgubremente.

lujo *[n.m.]* conjunto de cosas, necesarias o no, pero siempre buenas y caras: *celebraron la boda con mucho lujo; el palacio está amueblado con lujo; tienen lo necesario para vivir sin lujo.* **SIN.** suntuosidad, fausto, magnificencia. **AF.** esplendidez, riqueza. **ANT.** pobreza. ■ **de lujo**, mejor y más caro de lo necesario. ■ **permitirse** uno **el lujo de** algo, hacer uno algo que le gusta y normalmente no puede hacer. ■ **con todo lujo de detalles**, con muchos detalles, sin escatimar tiempo o dedicación. **FAM.** lujoso, lujosamente.

lujoso, lujosa *[adj.]* que está hecho, preparado o puesto con lujo*: *un palacio lujoso; una celebración lujosa.* **SIN.** suntuoso, fastuoso. **AF.** rico, espléndido.

lumbago *[n.m.]* dolor intenso en la parte de la espalda que está entre la cintura y las nalgas: *cuando tiene lumbago no puede levantarse de la cama.* **AMPL.** se llama así porque esa parte de la espalda es la región ***lumbar***, donde están las ***vértebras lumbares***. **FAM.** lumbar.

lumbre *[n.f.]* fuego preparado haciendo arder algo: *todavía hay lumbre en la chimenea; hicieron una lumbre de leña para asar las chuletas.* **SIN.** fuego. **AMPL.** si la lumbre se prepara al aire libre, también se llama ***hoguera*** o ***fogata***. **FAM.** lumbrera, luminoso. **COMP.** alumbrar, deslumbrar, relumbrar.

lumbrera *[n.f.]* 1 persona muy inteligente que entiende enseguida las cosas, le gusta investigarlas y sabe de algo mucho más que la gente normal: *es una lumbrera para las matemáticas.* **AF.** genio, sabio. 2 abertura en un techo que comunica con el exterior y da luz y ventilación: *la lumbrera de una azotea; la lumbrera de una cúpula.* **SIN.** claraboya*.

luminiscencia *[n.f.]* luz que no da calor y se ve en la oscuridad: *la luciérnaga emite luminiscencia.* **FAM.** luminoso.

luminosidad *[n.f.]* lo que tiene lo que es luminoso*: *le encanta la luminosidad de las luciérnagas.*

luminoso, luminosa *[adj.]* 1 que despide luz: *las estrellas son cuerpos luminosos y las luciérnagas, insectos luminosos.* 2 que tiene mucha luz: *una habitación luminosa.* **SIN.** claro. **ANT.** oscuro. **FAM.** luminosidad, lumínico, luminosamente, luminiscente. **COMP.** iluminar.

luna *[n.f.]* 1 astro sin luz propia que gira alrededor de un planeta: *Júpiter tiene varias lunas.* **SIN.** satélite. **OBS.** cuando se habla de la luna que gira alrededor de la Tierra es nombre propio y se escribe con mayúscula: *la luz de la Luna es un reflejo de la del Sol.* **AMPL.** además de girar alrededor de la Tierra (***movimiento de traslación***), la Luna gira sobre sí misma (***movimiento de rotación***) y tarda algo más de 27 días en dar una vuelta completa; durante este tiempo, desde la Tierra se ve de distintas maneras que llamamos ***fases de la Luna***: desde la Tierra se ve redonda, totalmente iluminada, cuando hay ***luna llena*** o ***plenilunio***; cuando está en ***cuarto menguante*** cada día se ve un poco más pequeña hasta que llega la ***luna nueva***, que es la que no se ve; entonces empieza el ***cuarto creciente*** y cada día se ve un poco más grande. 2 cristal o espejo grande: *la luna de un escaparate; la luna de un armario.* **AMPL.** el cristal de atrás de los coches se llama ***luneta***. ■ **estar en la luna**, estar pensando en algo que no tiene nada que ver con lo que pasa alrededor. ■ **pedir la luna o querer la luna**, pedir o querer algo imposible. ■ **luna de miel**, primeros días de los recién casados. **FAM.** lunar, lunático, lunes, luneta. **COMP.** alunizar.

lunar *[adj.inv. en gén.]* 1 de la Luna: *el mes lunar dura aproximadamente veintiocho días; el plenilunio es una fase lunar.* // **lunar** *[n.m.]* 2 parte pequeña y más o menos redonda de

fases de la Luna

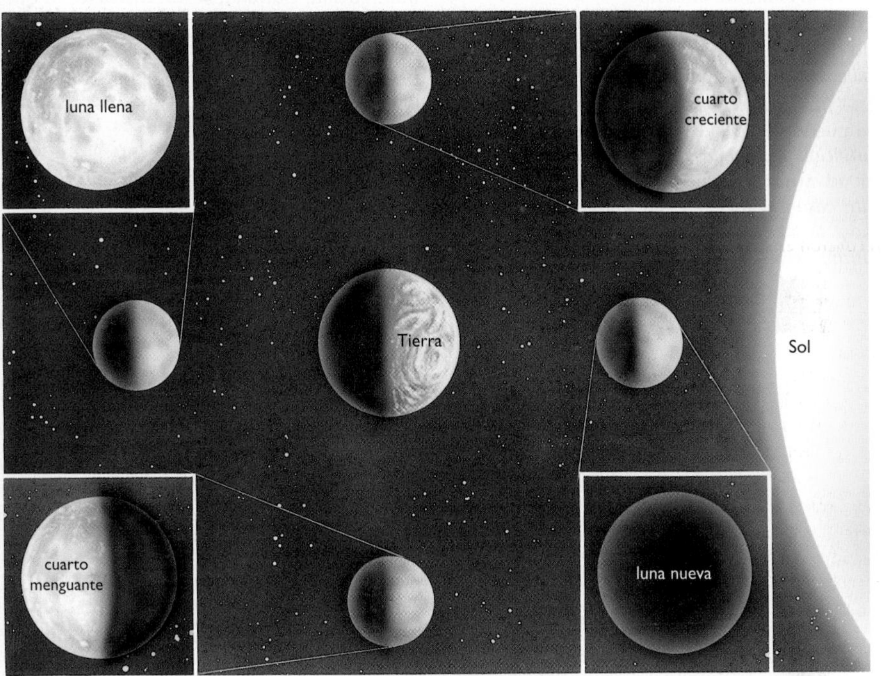

la piel, que es más oscura que el resto: *tiene un lunar en el brazo.* **AMPL.** los lunares pequeños en la cara, cuando hay varios juntos, se llaman ***pecas***. 3 en una tela u otro material, círculo de distinto color que el resto: *la cortina tiene grandes lunares azules.* **SIN.** topo.

lunático, lunática *[adj.]* que cambia de humor muchas veces: *como es muy lunático, no sé si te recibirá bien o mal.* **SIN.** inestable.

lunes *[n.m.inv. en núm.]* día de la semana que está entre el domingo y el martes: *un lunes de abril; los lunes no trabaja.*

luneta *[n.f.]* cristal que cubre la ventanilla trasera de un vehículo. **FAM.** luna.

lunilla *[n.f.]* joya con forma de media luna. **FAM.** luna.

lúnula *[n.f.]* parte más clara de las uñas, junto a su nacimiento. **FAM.** luna.

lupa *[n.f.]* lente (cristal) a través de la cual se ven los objetos más grandes de lo que son: *mira los detalles de los sellos con una lupa.* ■ **mirar** algo **con lupa**, fijarse bien en todos sus detalles.

lustrar *[v.]* hacer que algo brille, frotándolo: *lustrar los zapatos.* **SIN.** abrillantar. **AMPL.** hacer que brille un metal o una piedra es ***bruñir*** o ***pulir***. **FAM.** lustrador, lustre, lustroso, lustrosamente. **COMP.** ilustrar, deslustrar.

lustre *[n.m.]* brillo: *saca lustre a los zapatos.* **SIN.** brillo.

lustro *[n.m.]* periodo de tiempo de cinco años: *una década es lo mismo que dos lustros.* **SIN.** quinquenio.

lustroso, lustrosa *[adj.]* que tiene brillo: *una cabellera lustrosa.* **SIN.** brillante. **ANT.** mate, opaco.

luto *[n.m.]* situación de la persona a la que se le ha muerto un familiar: *antiguamente, el luto impedía asistir a cualquier tipo de fiesta; en*

España, el color de luto es el negro. **FAM.** luctuoso. **COMP.** enlutar, enlutado.

luxación *[n.f.]* lesión que se produce cuando se sale un hueso de su sitio: *luxación de tobillo.* **SIN.** dislocación. **PL.** *luxaciones.*

luz *[n.f.]* **1** lo que hace posible que en un sitio se pueda ver lo que hay en él: *luz natural; luz artificial; una habitación con mucha luz.* **SIN.** claridad. **ANT.** oscuridad. **2** lo que producen algunas cosas y gracias a ello se puede ver lo que hay: *la luz del Sol; la luz de una linterna.* **SIN.** iluminación. **3** lo que hace posible que algo se vea: *ahí, la escultura tiene suficiente luz.* **SIN.** iluminación, claridad. ■ **luz natural**, la que hay durante el día producida por el Sol. ■ **luz cenital**, la que llega desde el techo. ■ **dar a luz**, parir. ■ **salir a la luz**, hacerse público algo que era secreto. ■ **a todas luces**, se mire como se mire. ■ **tener pocas luces** una persona, ser poco inteligente. **PL.** *luces.* **FAM.** luciérnaga, lucero, lúcido, lucidez, lúcidamente, lucir. **COMP.** contraluz, trasluz.

luzca, luzco... formas irregulares de la conjugación del verbo *lucir**.

m *[letra consonante]* letra que ocupa el decimotercer (13er) lugar en el abecedario español y que se llama *eme*. **AMPL.** en números romanos, la *m* mayúscula (***M***) vale mil.

macarrón *[n.m.]* alimento hecho con pasta de harina de trigo que tiene forma de tubo y se come cocido: *un plato de macarrones*. **PL.** *macarrones.*

macedonia *[n.f.]* mezcla de frutas cortadas en trozos pequeños y cubierta con zumo: *la macedonia es un postre.*

macerar *[v.]* hacer que algo se ablande, dejándolo en remojo en un líquido: *pon a macerar las frutas de la macedonia.* **SIN.** ablandar. **AF.** remojar. **FAM.** maceración, maceramiento.

maceta *[n.f.]* recipiente que se llena de tierra para cultivar plantas y tiene forma de vaso y un agujero en el fondo para que salga el agua sobrante del riego: *los balcones de Sevilla están llenos de macetas.* **SIN.** tiesto. TAMBIÉN se llama *maceta* al conjunto formado por el recipiente, la tierra y la planta. **FAM.** macetero, macetón.

macetero *[n.m.]* recipiente pensado para colocar en él una o varias macetas.

machacar *[v.]* **1** golpear algo para que quede en trozos pequeños: *el ajo se machaca en el mortero.* **SIN.** macear, mazar, majar, machar. **AF.** triturar. **2** insistir demasiado en algo: *por mucho que machaques, no me harás cambiar de opinión.* **SIN.** insistir, porfiar, ponerse pesado. **3** estropear mucho: *el mal trato machaca las cosas.* **SIN.** destrozar. ■ **machacar en hierro frío**, intentar con insistencia algo que no se puede conseguir, esforzándose inútilmente. **AMPL.** se dice así porque el hierro, si no se calienta, no se puede trabajar y el trabajo resulta inútil. **OBS.** ante e, qu: *machaquen.* **FAM.** machacón, machaconería, machacante, machaqueo, machacadera, machacador.

machacón, machacona *[adj.]* que repite muchas veces las mismas cosas: *un profesor machacón.* **SIN.** insistente. **AF.** pesado, cargante.

machete *[n.m.]* cuchillo grande, de hoja ancha y sin punta, muy utilizado en zonas tropicales para abrirse paso en la selva, cortar la caña de azúcar, etc. **AF.** cuchillo.

macho *[n.m.]* **1** animal de sexo masculino: *el toro es un macho y la vaca una hembra.* **AMPL.** hablando de animales se dice *macho* y *hembra*; hablando de personas es más educado hablar de *mujer* y *varón*. **2** parte de cualquier cosa que tiene algo saliente que encaja en un hueco o una ranura: *el macho de un enchufe.* **3** planta que sólo tiene flores masculinas. **4** hombre en el que, en su forma de comportarse o en su aspecto físico, resaltan las características atribuidas tradicionalmente a los hombres, como distintas de las de las mujeres. **ANT.COM.** hembra. **5** en las herrerías, banco en el que está fijado el yunque* y mazo grande con el que se golpea el hierro para forjarlo. **FAM.** machón, machote, machismo, machista.

macizo, maciza *[adj.]* **1** que no tiene huecos y es todo de una misma materia: *madera maciza; oro macizo.* **AF.** sólido, compacto. **2** que es fuerte o que está fuerte: *tiene las piernas macizas porque juega mucho al fútbol.* **SIN.** fuerte, robusto. **ANT.** debilucho. // **macizo** *[n.m.]* **3** conjunto de montañas que están unas junto a otras: *el Macizo Pirenaico.* **SIN.** cordillera. **4** conjunto de plantas del mismo tipo que se plantan juntas en un jardín: *un macizo de arbustos.* **FAM.** macizamente, ***macizar*** (rellenar algo hueco).

macuto *[n.m.]* bolso de base redonda, más alto que ancho y con una cinta, una cuerda o una correa que va de la base a la boca y sirve para cerrarlo y para llevarlo colgado del hombro: *el ejército da un macuto a cada soldado.* **AF.** mochila, petate.

madeja *[n.f.]* forma de recoger el hilo (de lana, alambre, etc.) enrollándolo alrededor de dos puntos (por ejemplo, la mano y el codo) de modo que quede un rollo alargado: *una madeja de lana.* ■ **liar la madeja**, complicar las cosas. **SIN.** liar el ovillo. **FAM.** desmadejar.

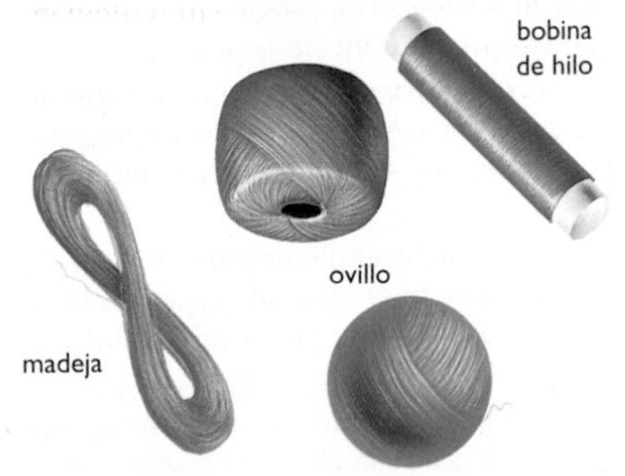

madera *[n.f.]* materia de la que son los troncos y las ramas de los árboles y que se usa para la construcción de casas, muebles, etc.: *una mesa de madera.* **AMPL.** muchas veces, a la madera de los árboles se le da el nombre del árbol que es: *una mesa de pino; un mueble de nogal.* ■ **tener madera de algo**, tener mucha facilidad para ello. **FAM.** madero, maderero, maderería, maderable.

maderero, maderera *[n.]* 1 persona que comercia con madera. // **maderero, maderera** *[adj.]* 2 de la madera: *industria maderera.*

madero *[n.m.]* pieza de madera larga y gruesa: *en el desván hay un madero suelto.* **AF.** tablón, tabla, viga, vigueta, tablero.

madrastra *[n.f.]* mujer casada con el padre de una persona, pero que no es madre suya.

madre *[n.f.]* 1 mujer que ha tenido hijos: *es madre de tres hijas.* **SIN.** mamá (uso familiar). 2 para una persona o un animal, mujer o hembra del que es hijo: *las vacas son las madres de los terneros.* **SIN.** progenitora. **ANT.** hijo. 3 en algunas órdenes religiosas, monja: *la madre superiora.* **AF.** sor, hermana. ■ **sacar las cosas de madre**, entender las cosas como no son, defórmandolas, y sacar conclusiones exageradas. **FAM.** madrastra, madraza, materno, maternal, madrina, madrinazgo, madrero. **COMP.** comadre, comadrona.

madreperla *[n.f.]* animal marino que produce perlas; tiene el cuerpo protegido por dos conchas de las que se saca el nácar*.

madriguera *[n.f.]* lugar donde viven y se esconden algunos animales: *los conejos viven en madrigueras.* **AF.** vivienda, escondrijo, refugio.

madrileño, madrileña *[adj.]* de Madrid, provincia y comunidad autónoma española y su capital, que es, además, la capital de España desde 1561: *la Cibeles es una fuente madrileña; un cantante madrileño.* TAMBIÉN *n.*: *los madrileños son españoles.* **FAM.** madrileñismo, madrileñista, madridista.

madrina *[n.f.]* mujer que acompaña a otra a recibir algunos sacramentos tomando parte en la ceremonia: *madrina de bautismo, de boda...* **AMPL.** el hombre que hace lo mismo se llama ***padrino***. **ANT.** ahijado.

madroño *[n.m.]* arbusto cuyo fruto, comestible, es una bolita roja parecida a la fresa.

madrugada *[n.f.]* primera hora de la mañana: *las madrugadas de verano son muy bonitas.* ■ **de madrugada**, por la mañana temprano.

madrugar *[v.]* levantarse pronto: *en verano me gusta madrugar.* **AF.** mañanear, alborear. **OBS.** ante e, gu: *madruguen.* **FAM.** madrugada, madrugador, madrugón.

madrugón *[n.m.]* hecho de levantarse muy temprano: *levantarse a las cinco es un madrugón.* ■ **darse un madrugón**, madrugar mucho. **PL.** *madrugones.*

madurar *[v.]* 1 ir alcanzando los frutos el tamaño, la consistencia, el sabor y el color que tienen cuando están hechos del todo y todavía no han empezado a estropearse: *las manzanas ya han madurado.* 2 hacerse una persona más sensata: *uno va madurando con la edad.* 3 pensar detenidamente en algo, hasta verlo claro: *madurar una idea, una decisión...* **AF.** meditar, reflexionar sobre. **FAM.** maduro, maduración, madurez, madurativo, maduramente. **COMP.** prematuro, inmaduro, inmadurez.

madurez *[n.f.]* lo que llegan a tener los seres vivos y las cosas inmateriales por estar completamente formados y no haber empezado a envejecer o a deteriorarse: *la madurez en los frutos se nota en el color, la blandura y el sabor; a esa edad los chicos no tienen la madurez suficiente para decidir su futuro* (**SIN.** sensatez)*; la madurez de una relación* (**AF.** poso, serenidad)*; la madurez de una idea.* **ANT.** inmadurez.

maduro, madura *[adj.]* 1 hablando de frutos, que está totalmente hecho y ya se puede comer: *los tomates maduros son muy sabrosos.* **AF.** hecho, formado. **ANT.** verde. 2 que ya está formado y demuestra sentido común: *tiene una personalidad muy madura para su edad; una persona madura no coge rabietas* (**SIN.** formado, sensato, juicioso)*; hasta que el proyecto no esté maduro no intentes ponerlo en práctica* (**SIN.** claro). **ANT.** inmaduro.

maestría *[n.f.]* 1 conocimientos y habilidad para hacer o manejar algo muy bien: *en los muebles se nota la maestría del ebanista; tiene maestría en el manejo de los pinceles.* **SIN.** destreza, pericia. **AF.** habilidad, maña. **ANT.** torpeza, impericia. 2 título de maestro en alguna materia: *maestría industrial.* **SIN.** peritaje.

maestro, maestra *[n.]* 1 persona que se dedica a enseñar algo a otras: *el maestro los enseña a leer* (**ANT.** alumno)*; los aprendices aprendían un oficio trabajando en el taller de un maestro* (**ANT.** aprendiz). **AF.** instructor, profesor. 2 persona que hace algo extraordinariamente bien: *es una maestra jugando al ajedrez; Velázquez es uno de los grandes maestros de la pintura.* **AF.** experto, genio, fuera de serie. // **maestro, maestra** *[adj.]* 3 que tiene mucho valor o es muy importante dentro de la clase de cosas a la que pertenece: *una obra maestra de la arquitectura; si tiran la pared maestra, el edificio se caerá.* **FAM.** magisterio, maestría, magistral, magistrado, magistratura, magistralmente.

mafia *[n.f.]* grupo de personas que utilizan la amenaza y el chantaje* para conseguir lo que quieren y hacer negocios ilegales. **FAM.** mafioso.

magdalena *[n.f.]* bollo pequeño que se hace con una masa de huevos, harina, leche y azúcar que se pone sobre cazuelitas de papel y se mete en el horno. ■ **llorar como una Magdalena**, llorar mucho.

magia *[n.f.]* 1 manera de hacer algunas cosas, utilizando trucos que producen resultados incomprensibles y sorprendentes: *sacar un conejo de un sombrero es un truco de magia.* **SIN.** prestidigitación, ilusionismo. 2 conjunto de palabras misteriosas y recetas usadas por las brujas y los hechiceros para hacer sus hechizos: *se cree que las tribus indias de América usaban la magia para curar enfermedades.* **SIN.** hechicería, brujería. **AMPL.** se llama ***magia blanca*** al conjunto de técnicas misteriosas para hacer el bien, y ***magia negra*** a la que se hace con la intención de perjudicar a alguien. 3 lo que hace que algo o alguien guste muchísimo sin que uno sepa explicarse por qué: *la magia de una música, de una noche de luna...* **SIN.** hechizo. **AF.** encanto, atractivo. **FAM.** mago, mágico, mágicamente.

mágico, mágica *[adj.]* 1 que se usa para hacer magia o se dice que tiene propiedades misteriosas: *palabras mágicas; espejo mágico.* 2 que tiene algo inexplicable, misterioso y que gusta mucho: *un momento mágico; una noche mágica; un efecto mágico.*

magisterio *[n.m.]* 1 actividad que consiste en enseñar para que otros aprendan: *dedicó su vida al magisterio.* **SIN.** docencia, enseñanza. 2 estudios que se necesitan para poder ser maestro de escuela o profesor de enseñanza primaria: *en magisterio se estudia psicología de la educación.*

magistral *[adj.inv. en gén.]* tan bien hecho o dicho y que sirve tan perfectamente para lo que es, que es propio de un maestro en el asunto: *dio una lección magistral; un trabajo magistral.* **SIN.** perfecto, impecable. **AF.** estupendo.

magnate *[n. inv. en gén.]* persona que tiene mucho dinero y mucho poder: *un magnate de la prensa; una magnate del petróleo.* **SIN.** potentado.

magnesia *[n.f.]* óxido de magnesio.

magnesio *[n.m.]* metal de número atómico 12 y símbolo Mg.

magnético, magnética *[adj.]* del magnetismo o que tiene magnetismo: *un estudio magnético del interior de la Tierra; los imanes son cuerpos magnéticos.*

magnetismo *[n.m.]* propiedad que tienen algunos cuerpos de atraerse y repelerse entre sí: *los imanes tienen magnetismo.* **FAM.** magnético, magnetizar, magnetización, magnetizador.

magnetizar *[v.]* hacer que un cuerpo tenga magnetismo: *si acercas un imán a un clavo de hierro, lo magnetizas temporalmente.* **SIN.** imantar. **ANT.** desimantar, desmagnetizar. **OBS.** ante e, c: *magneticen.*

magnetofón *[n.m.]* aparato que sirve para grabar sonidos en una cinta magnética y reproducirlos de manera que se puedan oír: *grabó el concierto en un magnetofón portátil.* **AMPL.** un ***casete*** es un magnetofón pequeño que graba en cintas pequeñas que vienen montadas en una cajita plana de plástico. **FAM.** magnetofónico.

magnetófono *[n.m.]* magnetofón*.

magnicidio *[n.m.]* asesinato de una persona importante: *quien mata a un rey comete un magnicidio.* **FAM.** magno.

magnificar *[v.]* dar mucha importancia o solemnidad a algo: *magnificaron los hechos y no fue para tanto.* **OBS.** ante e, qu: *magnifiquemos.* **FAM.** magno.

magnificencia *[n.f.]* solemnidad y lujo. **FAM.** magno.

magnífico, magnífica *[adj.]* muy bueno, estupendo*: *una música magnífica.*

magnitud *[n.f.]* **1** lo que se puede medir de las cosas y expresarlo con números: *el peso, el tamaño y la capacidad son magnitudes.* **AF.** dimensión, medida. **2** importancia o trascendencia de algo: *un accidente de gran magnitud.* **SIN.** importancia, consideración.

magno, magna *[adj.]* muy grande, muy extenso o muy importante: *magna victoria; magna región; magno acontecimiento.* **FAM.** magnífico, magníficamente, ***magnificar*** (dar mucha importancia o solemnidad), magnificador, magnificencia, ***magnicidio*** (asesinato de una persona importante), magnicida.

magnolia *[n.f.]* flor del magnolio*.

magnolio *[n.m.]* árbol que alcanza 15 o 20 metros de altura, tiene grandes flores blancas o rosas de olor agradable y es originario de América. **AMPL.** en algunas regiones también se llama *magnolia.*

mago, maga *[n.]* persona que sabe hacer algunas cosas, utilizando trucos que producen resultados incomprensibles y sorprendentes: *el mago sacó un conejo del sombrero.* **SIN.** ilusionista, prestidigitador.

magro, magra *[adj.]* **1** que no tiene grasa: *carne magra.* **2** que está muy delgado, pero es fuerte: *un chico magro.* **SIN.** recio. // **magro** *[n.m.]* **3** carne del cerdo que está cerca del lomo: *compró medio kilo de magro.*

magulladura *[n.f.]* daño fuerte pero sin herida, que se produce en el cuerpo por un golpe violento. **SIN.** contusión.

magullar *[v.]* hacer una o varias magulladuras: *el golpe le magulló la pierna.* **SIN.** contusionar. **AF.** lesionar, lastimar. TAMBIÉN *prnl.: al caerse se magulló la pierna.* **FAM.** magulladura, magullamiento.

mahometano, mahometana *[adj.]* que sigue la religión que predicó Mahoma: *muchos árabes son mahometanos.* **SIN.** musulmán. TAMBIÉN *n.: los mahometanos no suelen comer carne de cerdo.* **FAM.** mahometismo, mahometizar.

mahometismo *[n.m.]* religión fundada por Mahoma (VER *musulmán*). **SIN.** islamismo.

mahonesa *[n.f.]* salsa espesa que se hace en crudo, batiendo huevo, aceite, vinagre y sal. **SIN.** mayonesa. **AMPL.** se llama así porque es una salsa inventada en Mahón (capital de la isla de Menorca). **OBS.** no debe llamarse *bayonesa,* que es un tipo de pastel.

maicena *[n.f.]* harina muy fina hecha de maíz. **FAM.** maíz.

maíz *[n.m.]* planta de tallo grueso que alcanza dos o tres metros de altura, tiene hojas grandes y alargadas y su fruto es una mazorca rodeada de granos gruesos y amarillos que son comestibles y muy nutritivos. **AMPL.** con los granos de maíz se hace una harina muy fina que se llama ***maicena***. **PL.** *maíces.* **FAM.** maizal, maicero, maicena.

maizal *[n.m.]* campo sembrado de maíz.

majadería *[n.f.]* bobada*: *sólo dijo majaderías.*

majadero, majadera *[adj.]* que piensa, hace o dice muchas cosas sin sentido: *es tan majadero que presume de tonterías.* **SIN.** necio, bobo, tonto, memo, estúpido, idiota, cretino, imbécil, sandio. **FAM.** majadería.

majestad *[n.f.]* palabra con la que uno se refiere a reyes o emperadores al hablar de ellos o al dirigirse a ellos: *su majestad el rey sa-*

lió de viaje. **AMPL.** suele escribirse con mayúscula y puede abreviarse en S.M. *(= Su Majestad)* o M *(= Majestad).* **FAM.** majestuoso, majestuosidad, majestuosamente.

majestuoso, majestuosa *[adj.]* tan elegante o lujoso, que es propio de reyes o a uno le parece que lo es: *un andar majestuoso; una casa majestuosa.* **SIN.** augusto, regio.

majo, maja *[adj.]* que es amable y muy buena persona: *hay mucha gente maja.* **AF.** bueno, agradable.

mal *[adj.]* 1 apócope de *malo,* que se usa delante de nombres masculinos y de verbos en infinitivo: *un mal día; mal humor; el mal dormir lo tiene agotado.* **ANT.** buen. // **mal** *[n.m.]* 2 lo que se considera que es malo o incorrecto: *se debe evitar el mal.* **ANT.** bien. 3 lo que hace que algo o alguien esté (o se sienta) peor de lo que estaba: *con sus palabras le hizo mucho mal* (**SIN.** daño. **ANT.** bien)*; a veces todos los males vienen juntos* (**SIN.** desgracia, fatalidad). // **mal** *[adv. de m.]* 4 de manera contraria a como debería ser: *lo hace todo mal; no te portes mal.* **SIN.** incorrectamente, indebidamente. **ANT.** bien, correctamente. ■ **no hay mal que por bien no venga** se dice cuando algo que ha traído problemas tiene también alguna consecuencia buena. ■ **de mal en peor**, cada vez peor. **FAM.** malo, malicia, maleficio, malvado, malamente, malhechor. **COMP.** malestar, malsonante, malograr, malcriar, malcriado, maldecir, malsano, maloliente, malhumorado, malhablado, malgastar, malentendido, malformación, maltratar.

malabarista *[n.inv. en gén.]* persona que hace juegos de habilidad lanzando y recogiendo varios objetos en el aire, sin que ninguno se le caiga: *el malabarista hacía juegos con cinco bolos.* **FAM.** malabares, malabarismo.

malagueño, malagueña *[adj.]* de Málaga, provincia española y su capital, que pertenecen a la comunidad autónoma de Andalucía: *Estepona es una ciudad malagueña; Picasso fue un pintor malagueño.* **SIN.** malacitano. TAMBIÉN *n.*: *los malagueños son andaluces.*

malaquita *[n.f.]* mineral de color verde intenso con vetas suaves, que se puede pulir y se usa en joyería y para revestir objetos de lujo.

malaria *[n.f.]* enfermedad transmitida por un tipo de mosquito que se llama *anofeles* y que produce mucha fiebre y es propia de zonas tropicales. **SIN.** paludismo.

malcriado, malcriada *[adj.]* que está mal educado: *un niño malcriado.* **SIN.** maleducado, consentido. **AF.** mimado.

malcriar *[v.]* educar mal, consintiendo todos los caprichos: *quien mima en exceso malcría a sus hijos.* **SIN.** maleducar, malacostumbrar. **AF.** mimar. **ANT.** educar.

maldad *[n.f.]* lo que se demuestra al hacer daño a los demás intencionadamente: *su maldad será castigada.* **INTENS.** perversidad, vileza. **ANT.** bondad.

maldecir *[v.]* decir palabras que expresan odio, rabia o malos deseos: *maldecía su suerte; deja de maldecir, que con eso no solucionas nada.* **AF.** renegar de, blasfemar, echar pestes contra. **CONJUG.** como *bendecir*.* **FAM.** maldición, maldito, maledicente, maledicencia, mal.

maldición *[n.f.]* palabras que se dicen contra algo o alguien, especialmente si con ellas se desea que le ocurra alguna desgracia.

maldito, maldita *[adj.]* 1 que trae mala suerte: *esta casa está maldita.* **AF.** condenado, embrujado. **ANT.** bendito. 2 que da problemas, molesta, causa daños o trae malos recuerdos: *la maldita excavadora no deja de hacer ruido.* **AF.** detestable. **ANT.** bendito. ■ **¡maldita sea!**, exclamación que se dice cuando ocurre algo que no gusta.

maleable *[adj.inv. en gén.]* que es un metal que puede extenderse en láminas finas: *el oro es un metal maleable.*

maledicente *[adj.inv. en gén.]* 1 que habla mal de los demás: *no le gustan las personas maledicentes.* 2 que maldice. **FAM.** maldecir.

maleficio *[n.m.]* lo que hace quien consigue, por sistemas misteriosos, que a una persona o una cosa le pase alguna desgracia: *La Bella Durmiente fue encantada por el maleficio de una bruja.* **SIN.** hechizo, encantamiento. **FAM.** maléfico, maleficencia, maleficiar, mal.

malentendido *[n.m.]* situación que se produce entre dos o más personas cuando alguna de ellas actúa teniendo en cuenta algo que ha entendido mal: *un malentendido le hizo perder* *la amistad.* **SIN.** equívoco, interpretación errónea. **AF.** error, confusión.

malestar *[n.m.]* lo que nota quien no se encuentra bien aunque no esté enfermo: *su malestar le impidió continuar en la reunión.* **SIN.** indisposición. **ANT.** bienestar.

maleta *[n.f.]* especie de caja de lona, cuero, plástico, metal, etc., que tiene asa y está pensada para llevar ropa y cosas personales en los viajes: *en una maleta metió lo imprescindible para dos días de viaje.* **FAM.** maletero, maletín, ***maletilla*** (aprendiz de torero).

maletero *[n.m.]* espacio destinado en los coches para llevar maletas, bolsas y otras cosas: *metió la compra en el maletero.*

maletilla *[n.f.]* aprendiz de torero.

maletín *[n.m.]* maleta pequeña que se usa para viajes de poco tiempo o para llevar papeles. **PL.** *maletines.*

maleza *[n.f.]* 1 conjunto de plantas silvestres que crecen entre los cultivos o que invaden los caminos: *los senderos que no se usan desaparecen bajo la maleza.* **AF.** hierbajos. 2 conjunto de plantas herbáceas y arbustos (unas y otros son más bajos que los árboles) que han salido en el interior de un bosque: *si no se quita la maleza, los bosques corren mayor riesgo de incendio.* **SIN.** sotobosque. **AF.** espesura.

malformación *[n.f.]* forma distinta a la que por su naturaleza le corresponde y que tiene, desde que nace, alguna parte de un ser vivo: *tener seis dedos en una mano es una malformación.* **SIN.** deformación congénita. **AMPL.** si no es de nacimiento, sino como consecuencia de algún accidente o enfermedad se llama ***deformación***.

malgastar *[v.]* gastar algo sin aprovecharlo del todo o para lo que debe ser, o en un momento no conveniente: *no se debe malgastar el agua, ni el dinero, ni el tiempo, ni las oportunidades que la vida ofrece.* **SIN.** derrochar, desaprovechar, desperdiciar, tirar, despilfarrar. **ANT.** ahorrar, aprovechar, hacer buen uso de.

malhablado, malhablada *[adj.]* que emplea muchas palabrotas o dice muchas groserías: *una persona malhablada.* **SIN.** deslenguado. **AF.** desvergonzado, maleducado. TAMBIÉN *n.*: *es un malhablado.*

malhechor, malhechora *[n.]* persona que se dedica a cometer delitos: *una banda de malhechores.* **SIN.** facineroso. **INTENS.** criminal. **AF.** delincuente. **ANT.** bienhechor. TAMBIÉN *adj.*: *una persona malhechora.*

malherir *[v.]* hacer heridas graves: *el toro malhirió al banderillero.* **CONJUG.** como *herir*.* **FAM.** malherido, herir.

malhumorado, malhumorada *[adj.]* que tiene mal humor o está de mal humor: *está malhumorado porque no puede salir.* **SIN.** de mal humor. **AF.** enfadado, disgustado. **ANT.** de buen humor. **FAM.** malhumorar, humor.

malicia *[n.f.]* lo que demuestra quien piensa y actúa con alguna mala intención y tratando de que los demás no la noten: *actuó con malicia al darle los datos que no eran.* **SIN.** doblez, mala intención, malignidad. **INTENS.** maldad, vileza, bajeza. **ANT.** ingenuidad, buena intención. **FAM.** maliciosamente, malicioso, maliciar, mal.

malicioso, maliciosa *[adj.]* que tiene malicia: *una persona maliciosa; una pregunta maliciosa.* **SIN.** malintencionado, maligno. TAMBIÉN *n.*: *no confíes en los maliciosos.*

maligno, maligna *[adj.]* 1 que tiene (o demuestra) alguna mala intención y tendencia a hacer daño a los demás: *una persona maligna; una pregunta maligna.* **SIN.** malicioso, malintencionado. **INTENS.** perverso. **ANT.** bienintencionado, bondadoso. 2 que produce daños cada vez mayores y difíciles de reparar: *una enfermedad maligna; su presencia es maligna para el trabajo* (**SIN.** dañino*)*; fiebres malignas.* ■ **el maligno** o **el espíritu maligno**, el diablo*. **FAM.** malignamente, malignidad, mal.

malintencionado, malintencionada *[adj.]* que tiene (o demuestra) alguna mala intención: *un chico malintencionado; una pregunta malintencionada.* **SIN.** malicioso. **AF.** maligno. **ANT.** bienintencionado.

malla *[n.f.]* 1 prenda de vestir de tejido muy fino, ajustada al cuerpo y apropiada para bailar, hacer gimnasia, etc.: *las bailarinas llevaban mallas brillantes.* 2 tejido formado por eslabones metálicos que se usaba en la Edad Media debajo de la armadura, y hoy para hacer bolsos y algún otro objeto. 3 red, y cada uno de los eslabones que forman el tejido de red: *esta red tiene algunas mallas sueltas.*

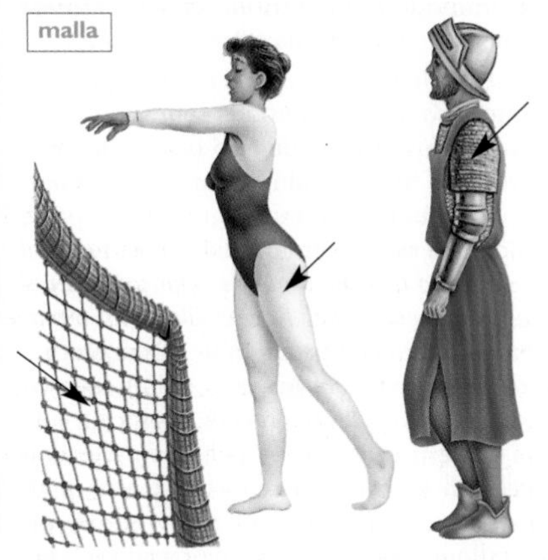

mallorquín, mallorquina *[adj.]* 1 de Mallorca, isla española situada en el mar Mediterráneo y cuya capital es Palma de Mallorca: *Manacor es una ciudad mallorquina; productos mallorquines.* TAMBIÉN *n.*: *las mallorquinas.* // **mallorquín** *[n.m.]* 2 dialecto* catalán que se habla, además del español, en la isla de Mallorca.

malo, mala *[adj.]* 1 que es como a uno le parece que no tendría que ser: *un colegio malo; un edificio malo; un mueble malo; un trabajo malo; una película mala; una lavadora mala.* **ANT.** bueno. **OBS.** el superlativo de *malo* es ***pésimo***. 2 que no tiene buenos sentimientos y no le importa hacer daño a los demás: *una persona mala.* **SIN.** malvado, mala persona. **INTENS.** perverso. **ANT.** bueno, bondadoso. TAMBIÉN *n.*: *en las películas, los malos siempre pierden.* 3 que hace daño o que perjudica: *es malo no alimentarse bien.* **SIN.** dañino*. 4 que tiene mal sabor: *¡qué comida más mala!* **ANT.** bueno, rico, sabroso. 5 que no tiene buena salud: *cuando está malo no va a trabajar.* **SIN.** enfermo. **AF.** indispuesto, pachucho. **ANT.** bueno, sano. 6 que tiene problemas o que da problemas: *una mala situación económica* (**SIN.** difícil, problemático); *mala salud.* ■ **estar de malas**, estar de mal humor. ■ **por las malas**, por la fuerza. ■ **ser** algo **lo malo**, ser el problema o la dificultad más importante. **FAM.** malucho, maldad, maleza, mal.

malograr *[v.]* hacer que algo se estropee, o impedir el buen desarrollo de algo: *el granizo malogró la cosecha.* **SIN.** estropear, frustrar, abortar, echar a perder. TAMBIÉN *prnl.*: *aquella oportunidad se malogró.*

maloliente *[adj.inv. en gén.]* que despide mal olor: *los basureros son lugares malolientes.* **INTENS.** hediondo*. **AF.** nauseabundo.

malsano, malsana *[adj.]* que es malo para la salud: *tiene la malsana costumbre de comer con las manos sucias.* **SIN.** insalubre, insano. **ANT.** saludable.

malsonante *[adj.inv. en gén.]* que suena mal: *los tacos son palabras malsonantes.*

malta *[n.f.]* cebada preparada para hacer cerveza.

maltratar *[v.]* tratar sin cuidado ni cariño algo o a alguien: *no maltrates los libros; lo vi maltratar al perro.* **SIN.** tratar mal. **ANT.** tratar bien, mimar. **FAM.** maltrato, maltrecho, tratar.

maltrecho, maltrecha *[adj.]* que está en mal estado por haber sido maltratado: *quedó maltrecho después de la paliza.* **AF.** herido.

malva *[n.f.]* 1 planta de unos 50 cm de altura y flores de un color entre rosa claro y morado. // **malva** *[adj.inv. en gén.]* 2 que tiene el color de las flores de esta planta: *una blusa malva; un jersey malva.* TAMBIÉN *n.m.*: *el malva es un color.* **FAM.** malváceo.

malvado, malvada *[adj.]* 1 con tan malos sentimientos que tiene tendencia a hacer daño físico o moral, y procura hacerlo (*una persona malvada*) o que demuestra que se es así (*un comportamiento malvado*). **SIN.** muy malo, perverso, malévolo, vil, diabólico, indeseable. **AF.** cruel, despiadado, inhumano. **ANT.** bueno, bondadoso. // **malvado, malvada** *[n.]* 2 canalla*: *los malvados huyeron dejándolo herido.*

mama *[n.f.]* parte del cuerpo de las mujeres y de las hembras de los animales mamíferos que produce leche para amamantar a los bebés o a los cachorros: *las mujeres tienen dos mamas.* **SIN.** pecho, seno, teta.

mamá *[n.f.]* palabra que se usa muchas veces en lugar de *madre*: *está con su mamá.* **SIN.** madre, mama, mami.

mamar *[v.]* 1 sacar la leche de la mama* de la madre, absorbiéndola con la boca: *los animales mamíferos maman.* **SIN.** lactar. **AMPL.** los animales mamíferos, al nacer, ya saben mamar porque tienen lo que se llama ***instinto de succión***. 2 aprender algo en la infancia por vivir en un ambiente en el que eso se practica: *es buen jardinero porque ha mamado el oficio.* **FAM.** mamadera, mamón, mama, mamá, mamífero, mamario. **COMP.** amamantar.

mamarracho *[n.m.]* 1 persona que no se hace respetar y con la que los demás hacen lo que quieren: *es un mamarracho al que nadie tiene en cuenta.* **SIN.** marioneta, títere, botarate. **OBS.** se dice *un mamarracho* aunque sea una mujer: *su hermana es un mamarracho.* 2 representación extraña y fea de la figura humana y que parece que está sin terminar: *dibujó un mamarracho.* **SIN.** adefesio, fantoche. ■ **ir hecho un mamarracho**, ir muy mal vestido o muy mal arreglado. **FAM.** mamarrachada.

mamífero *[n.m.]* clase de animal cuya hembra tiene mamas que producen leche para amamantar a sus crías: *la ballena es un mamífero; los mamíferos son animales vertebrados.* TAMBIÉN *adj.*: *los gatos son animales mamíferos.*

mamotreto *[n.m.]* 1 objeto grande y de poca utilidad: *este mueble es un mamotreto.* **SIN.** armatoste, muerto. **AF.** trasto. 2 libro, cuaderno, etc., muy grande.

mampara *[n.f.]* objeto rígido, grande y plano, formado por un marco en el que están montadas una o varias piezas, que se coloca verticalmente para separar espacios y se monta y se desmonta con facilidad: *los despachos están separados por mamparas de cristal.* **AF.** biombo.

mamut *[n.m.]* animal prehistórico del tipo del elefante, muy grande y con el pelo largo y áspero: *en el museo hay un esqueleto de mamut.* **PL.** *mamuts* o *mamutes.*

manada *[n.f.]* conjunto de animales de la misma especie que viven o se desplazan juntos: *una manada de lobos.*

manantial *[n.m.]* lugar donde el agua brota por sí sola del interior de la Tierra: *en esta sierra hay muchos manantiales.* **SIN.** fuente, fontana, venero, manadero.

manar *[v.]* salir algo del interior: *el agua que mana de este pozo está muy fría.* **SIN.** brotar. **FAM.** manadero, manantial. **COMP.** ***emanar*** (desprender: *el Sol emana calor*), emanación.

mancha *[n.f.]* 1 señal de suciedad que deja en una cosa lo que ha estado sobre ella y que se nota porque queda de otro color: *una mancha de tinta.* **SIN.** mácula, lámpara (uso familiar), manchón (= mancha grande). 2 parte de algo que es de distinto color que el resto: *el caballo negro tiene una mancha blanca en la cabeza; la mancha plateada del valle es un olivar.* **AMPL.** una mancha pequeña se llama ***pinta*** o ***mota*** y una redonda, ***lunar***. 3 todo lo que va contra el honor y la buena consideración que se le tiene a alguien: *un delincuente es una mancha en la familia; un error así es una mancha en su carrera profesional.* **SIN.** sombra, tacha, estigma. **AF.** descrédito, desprestigio. **ANT.** honor. **FAM.** manchar, manchón.

manchar *[v.]* 1 ensuciar algo dejándole una señal de otro color: *manchó la pared con el zapato.* **SIN.** ensuciar. **AF.** tiznar, pringar. **ANT.** limpiar. TAMBIÉN *prnl. refl.*: *se manchó las manos de barro.* 2 hacer que el concepto que la gente tiene sobre alguien sea peor de lo que era: *esos rumores mancharon su prestigio de hombre serio.* **SIN.** oscurecer, deslucir, empañar. **AF.** desacreditar, desprestigiar.

manchego, manchega *[adj.]* de La Mancha, región española que forma parte de la comunidad autónoma de Castilla-La Mancha: *paisaje manchego; una niña manchega.* TAMBIÉN *n.*: *los manchegos.*

manco, manca *[adj.]* que no tiene un brazo o una mano, o que no puede mover alguno de ellos: *estará manco hasta que se le cure el brazo roto.* TAMBIÉN *n.*: *Miguel de Cervantes es un manco famoso.* **FAM.** manquera, mancar, manquedad.

mandamiento *[n.m.]* orden que da un superior y, especialmente, cada una de las diez normas de vida que, según la Biblia, dictó Dios a Moisés: *el quinto mandamiento ordena no matar.* ■ **mandamiento judicial**, orden escrita que firma un juez para que se haga algo. ■ **los cinco mandamientos**, los dedos de la mano, o las manos: *puso los cinco mandamientos en el cristal limpio.*

mandar *[v.]* 1 decirle a quien tiene que obedecer que haga algo: *el director mandó pintar las aulas.* **SIN.** ordenar. **ANT.** obedecer. 2 hacer lo necesario para que algo llegue a un sitio o para que alguien reciba algo: *mandaron los libros por correo; le mandó un regalo.* **SIN.** enviar, remitir. **ANT.** llegar o recibir. 3 ser la persona que tiene la máxima autoridad: *en el barco manda el capitán.* **AF.** gobernar, dirigir. **FAM.** mando, mandamiento, mandón, mandado, mandato, mandatario. **COMP.** comando, demandar.

mandarín *[n.m.]* antiguo gobernante de algunas ciudades chinas. **PL.** *mandarines.*

mandarina *[n.f.]* fruto del mandarino, que es una naranja pequeña con la cáscara menos pegada que otros tipos de naranja, de manera que es fácil pelarla sin utilizar cuchillo. TAMBIÉN *adj.*: *naranja mandarina.* **FAM.** mandarino, mandarinero.

mandatario *[n.m.]* persona que tiene un cargo político en un país, o que representa a otra y puede hacer negocios en su nombre: *los mandatarios de los países europeos se reúnen en Bruselas.* **SIN.** representante. **AF.** responsable, delegado.

mandato *[n.m.]* 1 orden que se recibe de un superior: *recibió el mandato de acompañar al ministro.* **SIN.** orden. **AF.** encargo. 2 tiempo que dura el gobierno de alguien: *el jefe sindical fue reelegido para un nuevo mandato.* **AMPL.** cuando se trata del mandato del gobierno de un país, un ayuntamiento o una comunidad autónoma, también se llama ***legislatura***.

mandíbula *[n.f.]* cada uno de los dos huesos de la boca donde están insertados los dientes: *los caballos tienen grandes mandíbulas.* **SIN.** maxilar, quijada. **AMPL.** se llaman ***mandíbula superior*** y ***mandíbula inferior***. ■ **reír a mandíbula batiente**, reírse muchísimo, con grandes carcajadas. **FAM.** mandibular.

mando *[n.m.]* 1 autoridad y responsabilidad que alguien tiene sobre personas o cosas: *tiene a su mando diez trabajadores.* **SIN.** cargo. 2 persona que tiene esta autoridad: *los mandos de una empresa; un alto mando del ejército.* 3 botones, teclas o palancas que sirven para hacer funcionar las máquinas, o aparato con varios de ellos: *el tablero de mandos de un avión; un mando a distancia.*

manecilla *[n.f.]* aguja de los relojes analógicos: *las manecillas señalan las cinco.* **SIN.** aguja.

manejable *[adj.inv. en gén.]* 1 que es fácil de utilizar, o que no pesa ni ocupa mucho: *este ordenador es muy manejable.* **AF.** manipulable, ligero, portátil. 2 que es fácil de convencer y de entender y suele hacer lo que se le dice: *una persona manejable; un grupo de alumnos manejable.* **AF.** dócil, obediente, sumiso.

manejar *[v.]* 1 usar algo con las manos, o usarlo como debe usarse para conseguir aquello para lo que ha sido pensado: *es una experta manejando herramientas de carpintería; está aprendiendo a manejar la nueva máquina.* **SIN.** manipular. **AF.** usar, utilizar. 2 usar (o tener en cuenta) lo que se dice: *en esa casa manejan mucho dinero; en las empresas de estadística manejan datos.* **SIN.** moverse con. // **manejarse** *[v.prnl.]* 3 poder hacer algo con facilidad, porque a uno le gusta, sabe cómo se hace, cuándo hay que hacer o decir cada cosa, qué herramientas o utensilios son los apropiados en cada momento, etc.: *se maneja muy bien como vendedor.* **SIN.** desenvolverse, defenderse. 4 poder moverse y hacer las cosas normales de la vida, sin problemas: *es anciano, pero se maneja bien sin necesidad de ayuda.* **SIN.** defenderse, desenvolverse. **FAM.** manejable, manejo, manejabilidad, mano. **COMP.** tejemaneje.

manejo *[n.m.]* 1 lo que se hace al manejar algo: *el manejo de esta máquina es sencillo; manejo de dinero; manejo de datos.* **SIN.** manipulación. **AF.** uso, utilización. 2 lo que se hace cuando, para conseguir algo, uno se aprovecha de su situación o de las personas que conoce, procurando que no se note lo que quiere conseguir: *con sus manejos ha enemistado a varios compañeros.* **SIN.** maquinación, intriga. **AF.** maniobra, manipulación.

manera *[n.f.]* 1 cada una de las posibilidades que se tienen de hacer algo o de usar algo, y de las que depende el resultado que se consigue, el efecto que hace, el aspecto que da, etc.: *la mejor manera de aprender es practicar; tiene una manera muy rara de andar; su manera de comportarse es correcta; esa manera de peinarse la hace más joven.* **SIN.** forma, modo. **AF.** sistema, método, procedimiento. // **maneras**

[n.f.pl.] 2 conjunto de las cosas que hace uno cuando habla, cuando está con los demás, cuando come, cuando se mueve, etc.: *se distingue por sus maneras de persona bien educada.* SIN. modales, comportamiento, estilo, modos. ■ **de cualquier manera**, sin poner mucha atención ni cuidado. ■ **de todas maneras**, a pesar de todo, en cualquier caso. ■ **de malas** o **de buenas maneras**, con grosería o con delicadeza. FAM.COMP. amanerado, amanerarse, amaneradamente, amaneramiento, ***sobremanera*** (mucho).

manga *[n.f.]* 1 parte de una prenda de vestir en la que queda metido el brazo: *una camisa de manga corta.* 2 manguera*: *se rompió la manga de riego.* ■ **tener la manga ancha**, ser demasiado tolerante con los errores de uno o con los de los demás. FAM. manguera, manguerazo, mango, manguito, ***mangar*** (poner mango). COMP. remangar, arremangar, desmangar.

mangar *[v.]* ponerle mango a algo.

mango *[n.m.]* parte larga y estrecha de un utensilio, pensado para agarrarlo con facilidad: *el mango de una azada, de una sartén...*

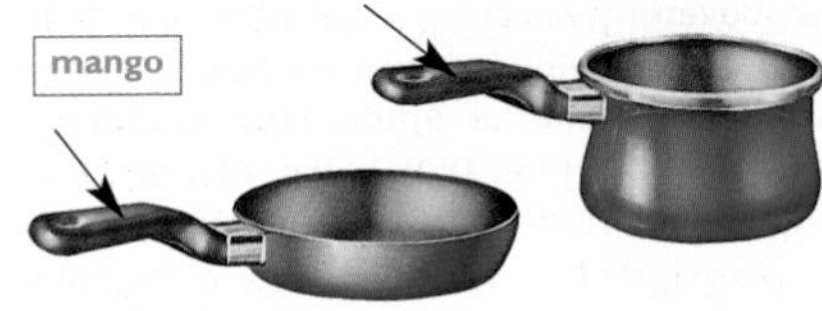

manguera *[n.f.]* tubo largo y flexible por el que se hace pasar un líquido: *riegan el jardín con una manguera conectada a un grifo.* SIN. manga.

manguito *[n.m.]* 1 tubo de tela para cubrir la manga entre el codo y la muñeca. 2 tubo de piel para meter las dos manos y protegerlas del frío.

manía *[n.f.]* 1 costumbre que tiene alguien de hacer algo que no tiene sentido o es perjudicial, pero que lo hace sin darse cuenta, o quiere hacerlo aunque sea absurdo o exagerado: *es una manía no dejar que nadie más que ella coja el teléfono; con su manía de morderse las uñas tiene los dedos horribles; su manía por la limpieza lo hace estar siempre con la bayeta en la mano.* AF. obsesión, costumbre, hábito. 2 ganas muy fuertes de algo: *ha cogido una manía con montar en bici, que no piensa en otra cosa.* SIN. obsesión. 3 lo que uno siente ante alguien o algo que no le gusta nada: *le tiene manía a su vecino; le ha cogido manía a los fideos.* SIN. antipatía*. FAM. maníaco, maniático, manicomio.

maniático, maniática *[adj.]* que tiene manías o alguna manía: *una chica maniática; un hombre maniático del orden.* SIN. maníaco. TAMBIÉN *n.*: *los maniáticos tienen comportamientos raros.*

manicomio *[n.m.]* hospital para enfermos mentales: *actualmente, los manicomios se llaman hospitales psiquiátricos.* SIN. psiquiátrico. AMPL. la palabra *manicomio* sugiere más el sitio donde se encierra a los locos; la palabra ***psiquiátrico*** se relaciona con un sitio en el que se hospitaliza a los enfermos mentales para curarlos.

manicura *[n.f.]* cuidado y arreglo de las manos, y especialmente el de las uñas: *en el salón de belleza hacen la manicura.* FAM. manicurista, manicuro, mano.

manicuro, manicura *[n.]* persona que trabaja atendiendo el cuidado de las manos, y especialmente de las uñas: *es buen manicuro.* SIN. manicurista.

manifestación *[n.f.]* 1 lo que se hace al explicar en público (o por escrito) lo que uno piensa de un asunto o las razones de algo: *las manifestaciones del presidente causaron sorpresa.* SIN. declaración. 2 lo que sirve para demostrar o expresar algo, o lo que hace que se note algo: *las huelgas son manifestaciones de descontento; el llanto es una manifestación de pena o de dolor, y la risa una manifestación de alegría o de diversión.* SIN. demostración* (acepción 3). 3 conjunto de personas que van por la calle (o se reúnen en público) para protestar por algo o exigir algo: *los olivareros fueron en manifestación hasta el Ministerio de Agricultura.*

manifestante *[n.inv. en gén.]* persona que participa en una manifestación de protesta: *los manifestantes llevaban pancartas exigiendo justicia.*

manifestar *[v.]* 1 decir lo que uno piensa sobre un asunto o explicar las razones de algo: *el alcalde manifestó ante los concejales su intención de dimitir.* SIN. declarar, dar a conocer, expresar, exponer. **AF.** anunciar, notificar, revelar, decir. **ANT.** callar, ocultar. 2 hacer que se note un sentimiento: *manifestó su descontento delante de todos; manifestaba su alegría cantando.* **SIN.** expresar, exteriorizar, mostrar. **ANT.** disimular, ocultar. // **manifestarse** *[v.prnl.]* 3 reunirse varias personas para pedir algo públicamente o protestar de algo: *se manifestaron ante el Ministerio de Educación.* **CONJUG.** como *acertar**. **FAM.** manifestación, manifiesto, manifestante, manifiestamente manifestativo.

manilla *[n.f.]* pieza larga y estrecha por la que se agarran las puertas y las ventanas para abrirlas y cerrarlas. **SIN.** picaporte. **AMPL.** la pieza que sirve para lo mismo pero tiene forma de esfera o de media esfera es un ***pomo***.

manillar *[n.m.]* pieza de la bicicleta que se coge con las manos por cada uno de los extremos, para guiarla: *los frenos están sujetos al manillar.*

maniobra *[n.f.]* 1 cada uno de los movimientos necesarios para cambiar algo de posición o de sitio, si hay que hacer varios movimientos con las manos: *aparcó el camión con una sola maniobra; después de muchas maniobras, consiguió meter la mesa en la habitación.* **AF.** movimiento, manipulación. 2 lo que se hace para que algo salga o funcione como uno quiere, cuando ello depende de lo que hagan otras personas: *una maniobra comercial; una maniobra política para cobrar más impuestos sin perder votos.* **AF.** estrategia, manejo, artimaña. // **maniobras** *[n.f.pl.]* 3 ejercicios que realiza un grupo militar para entrenarse: *los soldados fueron al campo a hacer maniobras.* **SIN.** ejercicios, prácticas. **FAM.** maniobrar, maniobrero, mano.

maniobrar *[v.]* hacer una o varias cosas con las manos, cogiendo, moviendo, cambiando, arreglando, etc.: *el relojero maniobra sobre la maquinaria con mucha habilidad* (**AF.** manipular); *el timonel maniobró rápidamente para evitar el choque.*

manipulador, manipuladora *[n.]* 1 persona que maneja determinadas cosas: *los cocineros de restaurantes necesitan un permiso de manipulador de alimentos.* 2 persona que intenta, con disimulo o sin él, dirigir los pensamientos y la conducta de los demás: *ese político es un manipulador.* **AF.** mangoneante, liante. TAMBIÉN *adj.*: *es tan manipulador, que conseguirá que todos digan que es el mejor.*

manipular *[v.]* 1 trabajar con las manos sobre algo: *el ceramista manipula el barro antes de ponerlo en el torno; los cocineros manipulan los alimentos.* 2 cambiar algo para que parezca lo que a uno le interesa: *manipular la información; manipular los resultados de unas eleciones.* **SIN.** alterar, falsear, tergiversar. 3 dirigir, con disimulo o sin él, los pensamientos y la conducta de alguien: *los medios de comunicación pueden manipular la opinión pública; la publicidad manipula las necesidades de la gente para que compre cosas.* **SIN.** influir en. **AF.** controlar, dirigir. **FAM.** manipulador, manipulación, mano.

maniquí *[n.m.]* 1 figura que representa el cuerpo humano (o sólo el tronco) en tamaño natural y se usa para ponerle prendas de vestir: *los maniquíes de los escaparates ya llevan ropa de invierno; la modista prepara los vestidos sobre un maniquí.* // **maniquí** *[n.inv. en gén.]* 2 persona que trabaja desfilando en público con las prendas de vestir que los fabricantes o diseñadores quieren que compre la gente. **SIN.** modelo. **PL.** *maniquíes* o *maniquís.*

manivela *[n.f.]* barra metálica doblada en forma parecida a la de un número cuatro y que sirve para hacer girar algo: *los coches antiguos se arrancaban con manivela; algunas persianas se mueven con manivela.* **AF.** manubrio.

manjar *[n.m.]* comida más rica de lo normal: *algunas frutas tropicales son verdaderos manjares.*

mano *[n.f.]* 1 parte del cuerpo humano que está al final del brazo y comprende desde la muñeca hasta el extremo de los dedos: *cada mano tiene cinco dedos.* **AMPL.** la parte hacia la que se doblan los dedos se llama ***palma*** y la parte opuesta a ella, ***dorso***. 2 cada uno de los dos pies delanteros de los animales de cuatro patas: *el perro levantaba la mano.* 3 cada una de las veces que se da pintura, barniz, crema, etc. sobre una superficie: *dale a la puerta dos manos de pintura; con una mano de betún, los zapatos quedarán como nuevos.* **SIN.** capa. ■ **a mano**, cerca (*siempre tengo a mano varios lápices*), o hecho con las manos y no con máquinas (*un bordado a mano*). ■ **a mano izquierda** o **a mano derecha**, de ese lado. ■ **echar una mano**, ayudar. ■ **lavarse las manos**, no hacerse responsable de algo. ■ **tener buena mano** para algo, tener habilidad para ello. ■ **a manos llenas**, con generosidad, en abundancia. ■ **llegar a las manos**, pelearse. ■ **tener la mano larga**, ser muy pegón. ■ **con mano dura**, con mucha exigencia. ■ **de segunda mano**, usado: *ropa de segunda mano*. ■ **echar unas manos**, hablando de algunos juegos de mesa, jugar un rato. ■ **ser mano**, ser el que hace la primera jugada en una partida de alguno de estos juegos. **FAM.** manotear, manotazo, manotada, manual, manualmente, manualidad, manosear, manoseo, maniobra, manipular, manopla, manecilla, manilla, manillar, manojo, manicura, manuscrito, manivela, manufactura. **COMP.** trasmano, desmano, manirroto.

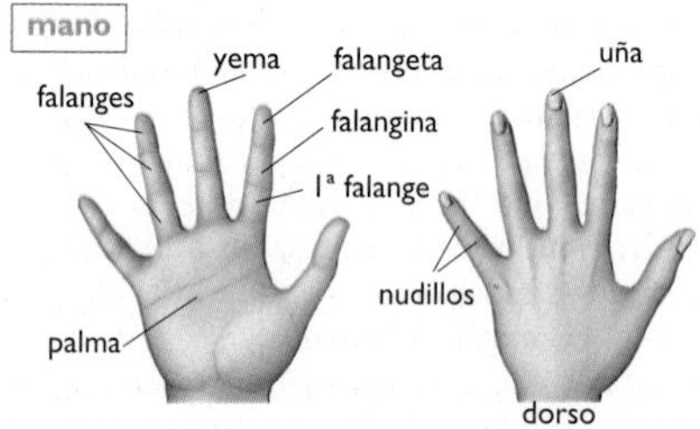

manojo *[n.m.]* conjunto de cosas largas y delgadas que se pueden coger con una mano: *un manojo de rosas; un manojo de perejil.* **SIN.** manada. **AF.** haz, ramillete. ■ **a manojos**, en gran cantidad, a montones, a puñados.

manopla *[n.f.]* guante que envuelve todos los dedos juntos menos el pulgar, que queda envuelto por separado.

manosear *[v.]* tocar mucho algo con las manos, ensuciándolo o desgastándolo: *de tanto manosear la cartera, ya parece vieja.* **SIN.** sobar. **OBS.** e + e = ee: *manoseen.*

manotada *[n.f.]* manotazo*.

manotazo *[n.m.]* golpe fuerte que se da con la mano: *tiró todo de un manotazo.* **SIN.** manotada, manotón.

mansedumbre *[n.f.]* lo que algunas personas o animales tienen y que las hace ser tranquilas y no atacar ni enfadarse nunca: *el cordero es el símbolo de la mansedumbre.* **SIN.** apacibilidad, tranquilidad. **AF.** docilidad. **ANT.** fiereza, agresividad, bravura.

mansión *[n.f.]* casa grande y lujosa.

manso, mansa *[adj.]* que tiene mansedumbre*: *un toro manso; es manso como un cordero.* **SIN.** tranquilo, apacible, pacífico. **AF.** dócil. **ANT.** fiero, agresivo, bravo. **FAM.** mansedumbre, mansurrón, mansamente. **COMP.** amansar, remanso.

manta *[n.f.]* pieza de tela que abriga, normalmente rectangular o cuadrada: *una manta de cama; una manta de viaje; las mantas de lana abrigan mucho.* **AMPL.** las mantas grandes de lana peluda, para poner en las camas, también se llaman ***frazadas***; las piezas parecidas, hechas con dos capas de tela entre las que hay un relleno de fibra o de plumas son ***edredones***. ■ **ser un manta**, ser muy malo en algo: *es un manta para los trabajos manuales.* ■ **liarse la manta a la cabeza**, tomar una decisión después de mucho dudar y sin saber si la decisión tomada es la correcta. **FAM.** manteo, mantear, manteamiento, manto, mantón, mantilla, mantillo.

mantear *[v.]* lanzar al aire, varias veces seguidas, a alguien que está encima de una manta, agarrándola por los bordes entre varios: *a Sancho Panza lo mantearon en el corral de una venta.* **AF.** voltear. **OBS.** e + e = ee: *manteen.*

manteca *[n.f.]* grasa sólida y pastosa de algunos animales o frutos: *manteca de cerdo; manteca de cacao.* **AF.** grasa. **FAM.** mantecada, mantecoso, mantequería, mantequero, mantequilla, mantecado.

mantecada *[n.f.]* bollo pequeño que se hace con una masa de harina, azúcar, huevos y manteca de vaca, que se pone sobre cazuelitas de papel y se mete en el horno: *las mantecadas de Astorga son famosas.*

mantecado *[n.m.]* 1 bollo amasado con manteca de cerdo: *los mantecados son dulces típicos de Navidad.* 2 masa hecha con leche, huevos y azúcar con la que se hacen helados: *un helado de mantecado.*

mantecoso, mantecosa *[adj.]* 1 que tiene mucha manteca: *un queso mantecoso.* **SIN.** graso. 2 que, al comerlo, resulta suave y esponjoso: *un bizcocho mantecoso.* **ANT.** amazacotado.

mantel *[n.m.]* pieza de tela lavable (o de plástico o papel) que se pone sobre la mesa antes de poner encima los platos y todo lo necesario para comer: *el mantel y las servilletas hacen juego.* **AMPL.** una tela que cubre el tablero de la mesa para protegerlo o adornarlo cuando no se está comiendo es un ***tapete***. **FAM.** mantelería.

mantelería *[n.f.]* conjunto de mantel y servilletas: *una mantelería de lino.*

mantener *[v.]* **1** encargarse de conseguir lo que hace falta para que alguien tenga los alimentos que necesita para vivir: *trabaja mucho para mantener a sus hermanos.* **AF.** alimentar. TAMBIÉN *prnl.: se mantiene con muy poca comida.* **2** tener algo de una manera determinada o en el sitio que se dice, o no cambiar algo: *ha mantenido la casa de sus padres como ellos la dejaron; mantuvo su opinión a pesar de todos.* **SIN.** conservar, tener. TAMBIÉN *prnl.: se cuida mucho para mantenerse joven; sujetándola con unos clavos, la cuerda se mantendrá tirante; se mantuvo firme en sus decisiones.* **SIN.** permanecer, seguir. **3** hacer lo necesario para que algo o alguien siga como está, donde está, como es o como se dice: *mantener buenas relaciones; mantener la paz; mantén al niño junto al borde de la piscina; el trabajo lo mantiene ocupado todo el día.* ■ **mantenerse en sus trece**, no cambiar de opinión. **FAM.** mantenimiento, manutención, mantenedor, tener.

mantenimiento *[n.m.]* conjunto de las cosas que hay que hacer para que algo no cambie, no se estropee, funcione siempre bien, etc.: *luchan por el mantenimiento de la paz; el mantenimiento de los ascensores requiere inspecciones periódicas.*

mantequería *[n.f.]* tienda donde se venden productos derivados de la leche y del cerdo: *la mantequilla y los fiambres se compran en las mantequerías.*

mantequilla *[n.f.]* alimento que se obtiene batiendo mucho la nata de la leche: *la mantequilla tiene mucha vitamina A.* **AMPL.** la ***margarina*** se hace con grasas vegetales.

mantilla *[n.f.]* **1** tela de seda, tul, raso o encaje que utilizan las mujeres para cubrirse la cabeza y los hombros. **AMPL.** la ***mantilla española*** es una mantilla de encaje que llega a veces hasta el borde del vestido y se puede sujetar a la cabeza con una gran peineta. **2** pieza de tela de algodón para envolver a los bebés, por encima de los pañales, de la cintura a los pies. ■ **estar en mantillas**, estar una ciencia o una técnica al principio, o saber uno muy pocas cosas de algo.

mantillo *[n.m.]* tierra que forma la capa superior del suelo y que procede de la descomposición de restos de hojas, ramas, insectos muertos, etc.: *echó mantillo en el jardín para preparar la siembra.*

manto *[n.m.]* capa que se ponía sobre la ropa y cubría de la cabeza a los pies o de los hombros a los pies: *el manto de la Virgen; el manto de los reyes.*

virgen con manto

mujer con mantilla española

rey medieval con manto

mujer con mantón de Manila

mantón *[n.m.]* pieza grande rectangular o cuadrada, de tela o de lana, que se dobla en pico, se pone sobre los hombros y se sujeta con los codos o sobre el pecho. **AMPL.** la prenda parecida, pero más pequeña y de lana, se llama ***toquilla***; el ***mantón de Manila*** es un mantón de seda con bordados y largos flecos.

manual *[adj.inv. en gén.]* **1** que se hace con las manos: *trabajo manual.* **AF.** artesano. // **manual** *[n.m.]* **2** libro que explica las ideas en las que se basa una materia, para que quien no sepa nada pueda aprender lo más importante de ella: *un manual de alfarería.* **SIN.** guía, compendio, breviario. ■ **manual de instrucciones**, libro en el que se explica cómo funciona un aparato o una máquina, cómo se monta algo que viene desmontado, etc.

manufactura *[n.f.]* **1** acción necesaria para hacer un objeto a partir de un material (*la manufactura de esos bolsos necesita el uso de cuero*) y objeto hecho a mano o con ayuda de máquinas (*Ibi, pueblo de Alicante, produce buenas manufacturas en el sector del juguete*). **2** instalaciones donde se fabrican cosas: *en esta región no hay manufacturas de tejidos.* **SIN.** fábrica, industria, factoría. **FAM.** manufacturar, manufacturado, mano.

manuscrito, manuscrita *[adj.]* que está escrito a mano: *una carta manuscrita.* TAMBIÉN *n.m.: en algunos monasterios se guardan manuscritos de la Edad Media.*

manutención *[n.f.]* hecho de mantener a una persona o un animal proporcionándole los alimentos que necesita.

manzana *[n.f.]* **1** fruto del manzano, de forma redondeada y agradable sabor, y de color verde, amarillo o rojo, dependiendo de la variedad de que se trate: *las reinetas son manzanas de color verde.* **AMPL.** las manzanas son un fruto del tipo que se llama ***pomo****. **2** conjunto de casas separadas del resto por las calles que lo rodean: *en esta manzana hay dos cafeterías.* **AF.** bloque. **FAM.** manzano, manzanilla, manzanar, manzanal.

manzanilla *[n.f.]* **1** planta de tallos débiles que tiene flores olorosas y medicinales, amarillas en el centro con pétalos blancos alrededor. **2** flor de esta planta. **3** líquido medicinal que se obtiene al cocer las flores de manzanilla: *la manzanilla alivia el dolor de estómago.*

manzano *[n.m.]* árbol cuyo fruto es la manzana: *el manzano pertenece a la familia vegetal de las rosáceas.*

maña *[n.f.]* **1** lo que demuestra que tiene quien puede hacer algo bien y pronto sin que le cueste mucho trabajo: *tiene maña para los trabajos de albañilería; más vale maña que fuerza.* **SIN.** habilidad, buena mano. **INTENS.** pericia, maestría, destreza. // **mañas** *[n.f.pl.]* **2** conjunto de las cosas que se hacen o se dicen para conseguir algo que no depende de uno y que le interesa mucho: *utilizó toda clase de mañas para que lo dejaran ir.* **SIN.** artimañas, trucos, triquiñuelas, estratagemas. **FAM.** mañoso, mañosamente. **COMP.** ***amañar*** (preparar con engaños), artimaña, desmañado.

mañana *[n.f.]* **1** espacio de tiempo comprendido entre el amanecer y el mediodía: *en verano las mañanas son muy largas.* **2** teniendo en cuenta las horas del reloj, espacio de tiempo entre las 12 de la noche y el mediodía: *se levantó a las cuatro de la mañana.* **3** tiempo que pasa entre el momento en que uno se levanta y el momento en que come: *sólo trabaja por la mañana.* // **mañana** *[n.m.]* **4** tiempo que todavía no ha llegado: *no sabemos lo que nos reserva el mañana; piensa tenerlo acabado en un mañana no lejano.* **SIN.** futuro, porvenir, día de mañana. **OBS.** en este caso siempre lleva delante un artículo. // **mañana** *[adv. de t.]* **5** día que sigue a hoy: *mañana iremos al cine.* **FAM.** mañanero, mañanear, mañanita.

maño, maña *[adj. y n.]* aragonés*.

mañoso, mañosa *[adj.]* que sabe hacer bien muchas cosas manuales: *es muy mañoso y te lo arreglará enseguida.* **SIN.** manitas, habilidoso. **AF.** diestro, hábil.

mapa *[n.m.]* representación de la superficie de la Tierra (o de parte de ella) sobre cualquier superficie plana, o de datos relacionados con alguna parte de ella: *un mapa de Canadá, de la provincia de Pontevedra, de las carreteras de España y Portugal...; un mapa lingüístico, de la producción de cereales...* **AMPL.** los mapas que representan las montañas, los ríos, las llanuras, etc. (*accidentes geográficos*) son ***mapas físicos***; los que indican las fronteras y los países, ***mapas políticos*** y el mapa que representa toda la superficie de la Tierra, ***mapamundi***; un ***atlas*** es un libro formado por una colección de mapas y la ciencia que estudia el arte de trazar mapas se llama ***cartografía***. ■ **no estar en el mapa**, ser un lugar muy pequeño y desconocido. **FAM.COMP.** mapamundi. (VER pp. 620-621.)

mapamundi *[n.m.]* mapa* que representa toda la superficie de la Tierra.

maqueta *[n.f.]* **1** construcción que representa en pequeño, como si fuera de juguete, un edificio, una plaza, un vehículo, un monumento o cualquier otra cosa: *en el ayuntamiento está expuesta la maqueta del futuro instituto; una maqueta de barco.* **AF.** modelo. **2** trabajo que consiste en distribuir por páginas los textos y las ilustraciones de un libro o de cualquier otra publicación antes de imprimirla: *el maquetista monta diariamente la maqueta del periódico.* **FAM.** maquetista.

maquillaje *[n.m.]* conjunto de cremas, polvos, pinturas, etc. que se da uno sobre la piel para conseguir un aspecto o un efecto determinado: *el maquillaje de los actores de teatro resalta sus rasgos para que se distingan bien desde el patio de butacas.* TAMBIÉN se llama *maquillaje* sólo a los polvos o la crema de este tipo que se pone sobre la piel: *un poco de maquillaje te disimulará los granos.* **FAM.** maquillar, maquillador.

maquillar *[v.]* poner polvos, cremas y pinturas sobre la piel de la cara o de cualquier parte del cuerpo: *en esa peluquería también maquillan.* **AF.** pintar. TAMBIÉN *prnl.*: *los payasos se maquillan antes de actuar.*

máquina *[n.f.]* conjunto de piezas unidas de una manera determinada para que haga (o facilite) un trabajo o consiga un resultado concreto, aprovechando una energía: *una máquina de tren, de tejer, de escribir, de juegos.* **AF.** aparato, mecanismo, artefacto, ingenio, artilugio. **FAM.** maquinaria, maquinilla, maquinista, maquinizar, ***maquinal*** (sin pensar), maquinalmente.

maquinal *[adj.inv. en gén.]* que se hace sin pensar: *un gesto maquinal.* **SIN.** inconsciente, involuntario, reflejo, automático. **ANT.** voluntario. **FAM.** máquina.

maquinaria *[n.f.]* **1** conjunto de máquinas del mismo tipo o que sirven para hacer distintas cosas relacionadas con una actividad: *las segadoras y las cosechadoras son maquinaria agrícola; maquinaria de precisión.* **2** conjunto de las piezas que producen un movimiento: *el reloj tiene estropeada la maquinaria.* **SIN.** mecanismo.

maquinilla *[n.f.]* aparato para afeitar, que consiste en un mango y un soporte donde va metida una cuchilla: *hay maquinillas de usar y tirar.* **SIN.** máquina de afeitar.

maquinista *[n.inv. en gén.]* persona que conduce una máquina: *maquinista de tren.*

mar *[n.]* **1** masa de agua salada que cubre la mayor parte de la superficie de la Tierra: *¡qué grande es el mar!* **2** cada una de las distintas zonas de esta masa de agua, a las que llamamos con un nombre concreto por estar separadas por tierra o tener una costa determinada: *el mar Mediterráneo está entre Europa, África y Asia.* TAMBIÉN se llama *mar* a algunos lagos (son de agua dulce) grandes: *mar Caspio; mar de Aral.* **AMPL.** los grandes mares que están entre los continentes reciben el nombre de ***océanos***. **OBS.** se puede usar como masculino y como femenino: *el mar; la mar.* ■ **alta mar**, zona del mar a gran distancia de la costa. ■ **a mares**, hablando de líquidos, en gran cantidad. ■ **hacerse a la mar**, separarse de la costa y entrar en el mar. ■ **un mar de** algo, mucho de algo: *un mar de dudas; un mar de lágrimas.* **FAM.** marítimo, marino, marear, mareo, marisco, marisquería, marisquero, mariscar, marejada, maremoto, ***maremagno*** (conjunto desordenado de muchas cosas). **COMP.** amerizar, amerizaje, pleamar, bajamar.

maratón *[n.m.]* competición deportiva que consiste en correr 42,2 km. **AMPL.** la ***media maratón*** consiste en correr 21 km. **OBS.** a veces se usa como femenino. **PL.** *maratones.* **FAM.** maratoniano.

maravilla *[n.f.]* **1** persona o cosa que gusta mucho y causa admiración porque se sale de lo normal por su belleza, su valor, lo que sabe o lo que hace, su precisión, la dificultad que encierra, etc.: *la Alhambra es una maravilla; ese profesor es una maravilla enseñando matemáticas.* **SIN.** prodigio, portento. **AF.** alhaja, tesoro. **ANT.** horror. **2** planta herbácea de unos treinta centímetros de altura cuyas flores parecen margaritas de color naranja; su nombre botánico es ***caléndula*** y se usa mucho en jardines. ■ **a las mil maravillas**, extraordinaria-

mapamundi
1 LIECHTENSTEIN
2 ESLOVENIA
3 ESLOVAQUIA
4 BOSNIA-HERCEGOVINA
5 YUGOSLAVIA
6 MACEDONIA
7 ALBANIA
8 CISJORDANIA
9 GAZA
10 ARMENIA
11 AZERBAIJÁN
100°
60°
20°
GROENLANDIA
(Dinamarca)
66° 30'
Círculo Polar Ártico
ALASKA
(EE.UU.)
ISLANDIA
60°
CANADÁ
IRLANDA
PORTUGAL
MARRUECOS
ESTADOS UNIDOS
40°
OCÉANO ATLÁNTICO
MÉXICO
BAHAMAS
CUBA
HAITÍ
REP. DOMINICANA
PUERTO RICO
ST. CHRISTOPHER Y NEVIS
ANTIGUA
DOMINICA
BARBADOS
TRINIDAD Y TOBAGO
STA. LUCÍA
GRANADA
JAMAICA
BELICE
HONDURAS
GUATEMALA
EL SALVADOR
NICARAGUA
COSTA RICA
PANAMÁ
23° 27'
Trópico de Cáncer
20°
CABO VERDE
MAURITANIA
SAHARA OCC.
SENEGAL
GAMBIA
GUINEA-BISSAU
SIERRA LEONA
LIBERIA
VENEZUELA
GUYANA
SURINAM
GUAYANA FRANCESA
COLOMBIA
ECUADOR
OCÉANO PACÍFICO
Ecuador
0°
BRASIL
PERÚ
BOLIVIA
PARAGUAY
CHILE
ARGENTINA
URUGUAY
20°
23° 27'
Trópico de Capricornio
40°
0
1.500
3.000 km
60°
OCÉANO
66° 30'
Círculo Polar Antártico
120°
80°
40°
Meridiano 0°

a b c d e f g h i j k l **m** n ñ o p q r s t u v w x y z

mente bien. **FAM.** maravilloso, maravillosamente, maravillar.

maravillar *[v.]* hacer que alguien se sorprenda mucho y muy agradablemente: *maravilló a los asistentes con su interpretación al piano.* **SIN.** hechizar, cautivar, fascinar*. TAMBIÉN *prnl.: se maravilló ante la belleza de la bahía.*

maravilloso, maravillosa *[adj.]* 1 que es extraordinamente bonito, bueno, valioso, etc.: *las puestas de sol de verano son maravillosas; una voz maravillosa; un hombre maravilloso.* **SIN.** extraordinario, fantástico, fabuloso, soberbio. **AF.** admirable, estupendo. **ANT.** horrible, espantoso. 2 que es tan extraordinariamente bueno que hace maravillas: *una medicina maravillosa; Aladino y la lámpara maravillosa.* **SIN.** extraordinario, portentoso, prodigioso. **ANT.** malísimo, horrible.

marca *[n.f.]* 1 señal que se pone a una cosa para distinguirla de las demás: *hizo una marca en su bolígrafo.* **SIN.** señal. 2 nombre que pone cada fabricante a todas las cosas que él hace para vender, y que las distingue de las demás del mismo tipo: *Carbonell, Pascual, Sony y Adidas son marcas de aceite, leche, televisores y ropa deportiva, respectivamente.* 3 mejor resultado obtenido por un deportista: *hizo una buena marca en la prueba de los 100 metros lisos.* **SIN.** tiempo, crono. ■ **marca registrada**, marca comercial inscrita en un registro oficial para que nadie más pueda utilizarla: *Coca Cola es una marca registrada.*

marcador *[n.m.]* aparato en el que van apareciendo los resultados de una competición deportiva: *el marcador estaba igualado.*

marcar *[v.]* 1 poner una marca en una cosa para distinguirla de otra: *tiene que marcar todas las prendas que lleve al campamento.* 2 llegar hasta una marca o señal determinada: *el termómetro marca 30 grados.* **SIN.** señalar, indicar. 3 teclear un número de teléfono. 4 obtener un resultado deportivo: *el equipo marcó tres goles.* **SIN.** anotar. **OBS.** ante e, qu: *marquen.* **FAM.** marca, marqués, marquesado, marcador, marcaje, marcadamente. **COMP.** desmarcar, ***demarcar*** (señalar límites), demarcación.

marcha *[n.f.]* 1 desplazamiento de personas o animales de un lugar a otro, andando: *hicieron una marcha hasta el río.* **SIN.** recorrido, andadura, caminata. 2 lo que se hace para irse de un sitio en el momento en que uno se va: *la marcha está prevista para el lunes, en la plaza Mayor.* **SIN.** partida, salida. **ANT.** regreso, vuelta. 3 lo que hay cuando una o varias personas o animales se van de un sitio: *la marcha de su amigo los entristeció* (**SIN.** partida)*; la marcha de los campesinos a las ciudades es cada vez mayor.* (**AF.** éxodo, abandono). 4 manera de pasar (o de hacerse) las cosas: *sigue bien la marcha del curso; no le gusta la marcha de los negocios.* **SIN.** funcionamiento. **AF.** ritmo, proceso. 5 pieza musical solemne y con ritmo muy marcado, que permite seguirlo al andar: *marcha nupcial, militar, fúnebre...* 6 cada una de las posiciones en las que se puede poner el cambio de los vehículos y que coloca los engranajes o los piñones que relacionan las vueltas del motor o de los pedales con las vueltas de las ruedas: *un coche de cinco marchas.* **SIN.** velocidad. ■ **a marchas forzadas**, muy deprisa, forzando el ritmo o la velocidad al hacer algo. ■ **hacer** algo **sobre la marcha**, hacerlo según va surgiendo, sin haber previsto cómo se hará. ■ **dar marcha atrás**, decidir no seguir con lo que se estaba haciendo o no hacer lo que se pensaba hacer. ■ **tener poca o mucha marcha**, tener poca o mucha energía, capacidad y ganas de hacer cosas o divertirse. ■ **ir de marcha**, ir andando a un sitio. ■ **poner o ponerse en marcha**, poner en movimiento una máquina, un negocio, etc. o ponerse uno a hacer algo.

marchar *[v.]* 1 pasar (o ser) las cosas de una manera determinada: *la relación con sus amigos no marcha bien; sus negocios marchan de maravilla.* **SIN.** ir, andar, funcionar, desarrollarse. // **marcharse** *[v.prnl.]* 2 irse de un sitio: *se marchan mañana; se marchó del pueblo hace 10 años.* **SIN.** irse, partir. **ANT.** quedarse. **FAM.** marcha, marchoso.

marchitar *[v.]* hacer que algo vivo pierda su aspecto de frescura y juventud: *el exceso de calor marchita las plantas; el paso de los años marchita la piel.* **SIN.** mustiar, ajar. **AF.** secar, deteriorar, envejecer. **ANT.** revitalizar. TAMBIÉN *prnl.: las flores cortadas se marchitan en pocos días.* **FAM.** marchito, marchitamiento, marchitez.

marchito, marchita *[adj.]* que ha perdido su aspecto de frescura y juventud: *flores marchitas.* **SIN.** mustio, ajado. **AF.** seco, envejecido.

marciano, marciana *[adj.]* de Marte, cuarto planeta de los nueve que se sabe que giran alrededor del Sol: *órbita marciana; superficie marciana.* TAMBIÉN *n.*: *se sabe que no hay marcianos.* **FAM.** marte.

marco *[n.m.]* **1** borde de material rígido que se pone alrededor de pinturas, dibujos, fotos, etc. para realzarlos: *colgó en la pared un cuadro con marco de plata.* **AMPL.** los ***portarretratos*** pueden tener marco o no, pero siempre se pueden abrir y cerrar para poner fotos y tienen algún sistema para apoyarlos sin que se caigan. **2** estructura de madera o de metal que se mete en la pared y en la que se ponen las bisagras para sujetar las puertas y las ventanas. **3** moneda alemana y finlandesa: *en las tiendas de Alemania se paga con marcos.* **FAM.COMP.** enmarcar, desenmarcar.

marea *[n.f.]* movimiento de subida y de bajada del nivel de la superficie del mar: *la cueva queda al descubierto cuando baja la marea.* **AMPL.** las mareas están motivadas por la atracción que el Sol y la Luna ejercen sobre las grandes masas de agua, y son mucho más fuertes en los océanos que en los mares pequeños; cuando hay ***marea creciente*** el nivel del agua sube hasta la ***pleamar*** (que es el momento de máxima subida del agua) y cuando hay ***marea menguante***, baja hasta alcanzar el punto de ***bajamar*** (cuando más superficie de tierra queda al aire); cada veinticuatro horas hay dos pleamares y dos bajamares.

mareal *[adj.inv. en gén.]* de las mareas.

marear *[v.]* **1** producir malestar en el estómago y la cabeza, de manera que uno tiene sensación de que las cosas se mueven y puede llegar a desmayarse o vomitar: *el movimiento del barco me marea.* TAMBIÉN *prnl.*: *se marea cuando viaja en avión.* **OBS.** también se dice que algunas cosas *se marean*, cuando se estropean por exceso de movimiento: *el vino se mareó durante el viaje.* **2** producirle a alguien malestar o incomodidad por insistir demasiado en algo, moverse o hablar mucho, cambiar continuamente de opinión, etc.: *no me marees, que te he dicho que no; estate quieto, que mareas a tu abuela.* **SIN.** aturdir. **AF.** agobiar, abrumar, molestar. **OBS.** e + e = ee: *mareen.* **FAM.** mareo, mareante, marea, mar.

marejada *[n.f.]* movimiento muy agitado de olas grandes: *hoy hay marejada en el Cantábrico.*

maremagno *[n.m.]* conjunto desordenado de muchas cosas: *encontró el reloj entre un maremagno de ropa y papeles.* **SIN.** mare mágnum.

maremoto *[n.m.]* terremoto en el mar, que provoca olas gigantescas y muy agitadas: *el maremoto inundó la isla.*

mareo *[n.m.]* sensación de malestar en la cabeza y el estómago que puede producir desmayo y vómitos: *le dio un mareo y se cayó.*

marfil *[n.m.]* material muy duro y bonito, de color casi blanco, del que están formados los colmillos de algunos animales como el elefante y el hipopótamo, y que recubre los dientes de los animales vertebrados: *se han matado muchos elefantes para conseguir marfil; un ajedrez de marfil.* **AMPL.** un objeto hecho con marfil es un objeto ***elefantino*** y, si además de marfil está hecho con maderas o metales preciosos, ***crisoelefantino***; el arte de trabajar el marfil se llama ***eboraria***. **FAM.** marfileño.

margarina *[n.f.]* sustancia del tipo de la mantequilla, que se prepara con grasas vegetales.

margarita *[n.f.]* planta herbácea cuyas flores tienen muchos pétalos alargados y blancos alrededor de un círculo amarillo.

margen *[n.m.]* **1** espacio que está a los lados de algo, pero por fuera: *te espera en el margen del camino; deja un margen de tres centímetros a cada lado del escrito.* **SIN.** orilla, borde. **OBS.** cuando se trata de los márgenes de un río se usa, sobre todo, en femenino: *la margen derecha del río es más soleada.* **2** tiempo (o espacio) que uno tiene además del que tenía para hacer algo, y que lo facilita: *le dio un mes de plazo con un margen de tres días para entregarlo; de este lado no hay margen para mover el mueble.* **3** posibilidad que uno tiene, dentro de unos límites, de actuar, equivocarse o comportarse con cierta libertad: *todos los estudios estadísticos admiten un margen de error; dale un margen de confianza para que decida según sus gustos.* **AF.** tolerancia. ■ **margen comercial**, diferencia entre el precio de costo y el máximo de venta. **SIN.** beneficio. ■ **al margen de** algo, sin tenerlo en cuenta: *al margen de esos proble-*

mas, el viaje fue divertido. **SIN.** aparte de, fuera de. **PL.** *márgenes.* **FAM.** marginar, marginación, marginado, marginal, marginalmente.

marginar *[v.]* 1 no permitirle a alguien pertenecer a algo o participar en algo, o hacerle difícil o imposible su utilización: *esta norma marginará a los más pequeños; muchos edificios marginan a los minusválidos.* **SIN.** excluir, dejar fuera. **AF.** aislar, ignorar, olvidar. 2 no prestar atención a algo: *marginando los detalles tendremos tiempo para decidir sobre lo más urgente.* **SIN.** dejar de lado, despreciar, ignorar.

maridaje *[n.m.]* unión o armonía: *su obra es fruto del maridaje entre fantasía y realidad.*

marido *[n.m.]* lo que es un hombre para la mujer con la que está casado. **SIN.** esposo, cónyuge, consorte. **ANT.** esposa, mujer. **FAM.** marital, ***maridaje*** (unión o armonía).

marina *[n.f.]* 1 conjunto de los conocimientos que se necesitan para dirigir embarcaciones y navegar bien: *ha empezado los estudios de marina.* **SIN.** náutica. **AF.** navegación. 2 conjunto de los buques de una nación y de las personas que sirven en ellos: *marina mercante; marina de guerra.* **SIN.** flota. **AMPL.** la marina de guerra también se llama ***armada***. 3 pintura que representa el mar o la costa: *Sorolla pintó muchas marinas.* **SIN.** paisaje marino.

marinero, marinera *[adj.]* 1 de los barcos o de los que utilizan barcos: *una costumbre marinera; un nudo marinero.* **SIN.** naútico, naval. // **marinero, marinera** *[n.]* 2 persona que trabaja en un barco o que, si pertenece al ejército del mar, tiene la graduación más baja: *los marineros desplegaron las velas; es marinero desde los 18 años.* **AF.** navegante, lobo de mar.

marino, marina *[adj.]* 1 del mar: *corrientes marinas; azul marino; sal marina.* **SIN.** marítimo. // **marino** *[n.m.]* 2 persona que trabaja en la marina: *fue marino mercante.* **FAM.** marinero, marina, marinería, marinesco, mar. **COMP.** submarino.

marioneta *[n.f.]* muñeco que se mueve haciendo mover unos hilos atados a distintas partes de su cuerpo: *un teatro de marionetas.* **SIN.** títere, fantoche. **AF.** muñeco.

mariposa *[n.f.]* 1 insecto adulto de cuatro alas, con colores muy variados y muchas veces muy bonitos: *el gusano de la mariposa de la seda se llama oruga.* **AMPL.** desde que nacen hasta que son adultos, el cuerpo de estos insectos va cambiando de forma; el conjunto de estos cambios se llama ***metamorfosis***: cuando sale del huevo es una ***larva*** y tiene forma de gusano; después pasa a tener casi forma de mariposa pero más pequeña y con las alas sin desarrollar, y se llama ***ninfa***; algunas especies pasan esta fase dentro de un capullo o ***crisálida***, como la mariposa de la seda, cuyo capullo lo hace la *larva* segregando un largo hilo de seda que va enrollando sobre sí misma. 2 cada una de las dos piezas con una rueda pequeña que, unidas al eje de la rueda trasera, se ponen en las bicicletas para que los niños pequeños puedan montar sin caerse. 3 tuerca con dos salientes que permiten enroscarla y desenroscarla sin necesidad de herramientas: *la rueda de la bici está sujeta con mariposas.* **FAM.** mariposear, mariposeo, mariposón.

mariquita *[n.f.]* 1 insecto con el cuerpo casi semiesférico, de medio centímetro de largo, cuyas alas están protegidas por una especie de alas duras (***élitros***) de color rojo con siete manchas negras redondas. 2 muñeco dibujado en papel para recortarlo: *tiene mariquitas antiguas con muchos vestidos.* **FAM.** marica, mariconada, mariconería.

marisco *[n.m.]* animal que vive en el mar y no tiene espinas y, especialmente, los que son comestibles y tienen el cuerpo protegido por un caparazón (*crustáceos*) o por una o dos conchas (*moluscos*): *las gambas, los mejillones y las ostras son mariscos.*

marisma *[n.f.]* terreno bajo y frecuentemente inundado por las aguas del mar: *en las marismas viven muchos peces y aves.* **FAM.** marismeño.

marítimo, marítima *[adj.]* en el mar, por el mar o que está al lado del mar: *pesca marítima; un viaje marítimo; paseo marítimo.* **SIN.** marino.

mármol *[n.m.]* mineral no muy duro que puede ser de distintos colores (blanco, negro, rosado) y tiene vetas más claras o más oscuras: *suelo de mármol; una escultura en mármol.* **FAM.** marmolería, marmolista, marmóreo.

marmoleño, marmoleña *[adj.]* de mármol.

marmolista *[n.inv. en gén.]* persona que se dedica a trabajar el mármol o a vender mármol.

marmóreo, marmórea *[adj.]* de mármol o parecido al mármol: *escultura marmórea.* **SIN.** marmoleño, marmoroso.

marmota *[n.f.]* animal del tipo del ratón, con orejas pequeñas y pelaje espeso de color pardo rojizo, que pasa los inviernos durmiendo: *duerme como una marmota.*

maroma *[n.f.]* cuerda muy gruesa: *el barco está atado al muelle con una maroma.*

marqués, marquesa *[n.]* persona que tiene un título de nobleza que es de más categoría que el de conde y de menos que el de duque.

marquesado *[n.m.]* territorio de un marqués.

marquesina *[n.f.]* tejado largo y estrecho que protege de la lluvia un andén, un puerta, una escalinata o todo el lateral de un edificio por fuera: *bajo la marquesina del mercado venden verduras.* **SIN.** tejadillo. **AF.** porche.

marquetería *[n.f.]* trabajo que se hace incrustando tablillas finas de madera o marfil en maderas más gruesas o en otros materiales: *un mueble con adornos de marquetería.*

marrano, marrana *[n. y adj.]* cerdo*: *cría marranos para hacer chorizos; su habitación huele fatal porque es un marrano; ¿no te da asco una cartera tan marrana?* **FAM.** marranada, marranería, marranchón.

marrón *[adj.inv. en gén.]* que es del color de la cáscara de las castañas: *un coche marrón; una tela marrón.* **SIN.** castaño. TAMBIÉN *n.m.: el marrón es su color preferido.*

color marrón

beis | marrón claro | marrón oscuro

marroquí *[adj.inv. en gén.]* de Marruecos, país del norte de África cuya capital es Rabat: *Casablanca es una ciudad marroquí; un recuerdo marroquí.* TAMBIÉN *n.: un marroquí.* **PL.** *marroquíes.* **FAM.** marroquinería.

marta *[n.f.]* animal de unos veinticinco centímetros de altura y cincuenta de longitud, que tiene la cabeza pequeña, el hocico puntiagudo, la cola larga (unos treinta centímetros) y la piel con mucho pelo muy suave.

martes *[n.m.inv. en núm.]* día de la semana que está entre el lunes y el miércoles: *se reúnen todos los martes.*

martillazo *[n.m.]* golpe dado con un martillo: *clavó la punta de un martillazo.*

martillear *[v.]* dar varios golpes seguidos con un martillo: *el herrero martillea la herradura sobre el yunque.* **SIN.** martillar, amartillar. **OBS.** e + e = ee: *martilleen.*

martilleo *[n.m.]* ruido molesto que se repite continuamente siguiendo algún ritmo, y que recuerda al que se hace cuando alguien está martilleando algo: *siento un martilleo en los oídos.*

martillo *[n.m.]* herramienta formada por una pieza fuerte (de hierro, goma, etc.) con la que se golpea y un mango para agarrarla: *clava las puntas con el martillo.* **AF.** mazo, marra. **FAM.** martilleo, martillear, martillazo, martillar. **COMP.** amartillar.

mártir *[n.inv. en gén.]* persona que muere en defensa de una religión o un ideal (*los mártires del cristianismo; un mártir de la revolución*) o que se sacrifica mucho por algo o por alguien (*es el mártir de la familia; no te hagas la mártir.* **AF.** víctima). **FAM.** martirio, martirizar, martirizante, martirizador. **COMP.** ***protomártir*** (primer mártir).

martirio *[n.m.]* **1** conjunto de sufrimientos que pueden llevar a la muerte y que le hacen pasar a alguien por defender una religión o unos ideales: *el martirio de San Pedro consistió en morir crucificado.* **AF.** tortura, tormento, suplicio. **2** conjunto de penalidades físicas o psíquicas que resultan insoportables: *el viaje fue un martirio; esta enfermedad es un martirio.* **SIN.** calvario*.

martirizar *[v.]* hacer sufrir mucho: *los antiguos romanos martirizaron a muchos cristianos; deja de martirizar al gato echándole agua; estos zapatos me martirizan.* **SIN.** torturar, atormentar, mortificar. **OBS.** ante e, c: *martiricen.*

martirologio *[n.m.]* lista de mártires.

marxismo *[n.m.]* teoría sobre el funcionamiento de la sociedad ideada por Carlos Marx y que fue la base del *socialismo* y el *comunismo.* **SIN.** materialismo histórico. **FAM.** marxista.

marxista *[adj.inv. en gén.]* del marxismo, o que defiende el marxismo: *pensamiento marxista; concepción marxista de la vida.* TAMBIÉN *n.*: *un marxista; una marxista.*

marzo *[n.m.]* tercer mes del año, que va de febrero a abril y tiene 31 días. **FAM.** marcear, marceño.

mas *[conj. advstva.]* pero: *llueve, mas no hace frío.* **OBS.** con acento (*más**) sería un adverbio.

más *[adv. de c.]* 1 en mayor cantidad o intensidad, o mayor número de personas, animales o cosas materiales o inmateriales: *quiere más tarta; aquí hay más luz; llama a más niños; vienen más gatos; necesita más folios; no hay más posibilidades; quiere más eficacia.* **ANT.** menos. 2 en frases exclamativas expresa intensidad: *¡qué vestido más bonito!* **SIN.** tan. // **más** *[adv. comp.]* 3 forma el grado *superlativo relativo* de los adjetivos calificativos (*el chocolate más dulce; el amigo más divertido*) y es primer término del *comparativo de superioridad*, aunque no aparezca el segundo término (*este chocolate es más dulce que el otro; ahora hace más frío*) // **más** *[n.m.]* 4 signo matemático de la suma, que se representa por "+": *aquí falta un más.* ■ **los más**, la mayoría. ■ **sus más y sus menos**, ventajas e inconvenientes (*este invento tiene sus más y sus menos*) o discusiones o diferencia de opiniones (*entre ellos tuvieron sus más y sus menos*). ■ **no ... más que**, solamente: *no se lo dijo más que a él.* ■ **más bien**, no exactamente, pero casi. ■ **ni más ni menos**, exactamente. ■ **por más que**, aunque. ■ **de más**, de sobra (*había pasteles de más*) o sin hacer nada (*me voy porque estoy de más*). ■ **más o menos**, casi bien (*¿qué tal lo ha hecho? más o menos.* **SIN.** regular) o casi igual (*qué tal su salud? más o menos.* **SIN.** por el estilo). **OBS.** sin acento (*mas**) significaría *pero.* **FAM.** además, demás, demasía, demasiado.

La fortuna, caprichosa,
le da ***más*** a quien más tiene...
...***mas*** no vive tan dichoso
aquel que acumula bienes.

masa *[n.f.]* 1 conjunto espeso y blando formado por ingredientes mezclados y unidos entre sí, de manera que no se pueden separar ni diferenciar: *preparó una masa con agua, arena y cemento; las albóndigas se preparan con una masa de carne picada y huevo.* 2 conjunto numeroso de personas o de cosas en el que cada una no destaca ni tiene importancia por sí misma: *desde la ventana veían la masa de gente acercándose al estadio; de lejos, un bosque es una masa de árboles.* **SIN.** conglomerado. **AF.** multitud. 3 cantidad de materia que tiene un cuerpo. **AMPL.** como de la cantidad de materia depende la atracción que la Tierra ejerce sobre un cuerpo, en el lenguaje normal se usa la palabra ***peso***. **FAM.** masilla. **COMP.** amasar, argamasa.

masaje *[n.m.]* presión que se hace con las manos (o con otra cosa), pasándolas con fuerza sobre alguna parte del cuerpo: *los masajes ayudan a relajar los músculos.* **AF.** friega, fricción. **FAM.** masajista, masajear.

masajista *[n.inv. en gén.]* persona que sabe dar masajes y se dedica a ello: *el equipo de fútbol tiene un masajista.* **AF.** fisioterapeuta.

mascar *[v.]* masticar*. **OBS.** ante e, qu: *masquen.* **FAM.** mascador, mascadura.

máscara *[n.f.]* objeto pensado para cubrir la cara, dejando al aire la parte central de los ojos para poder ver: *en el baile de disfraces todos llevaban máscara; para coger la miel de las*

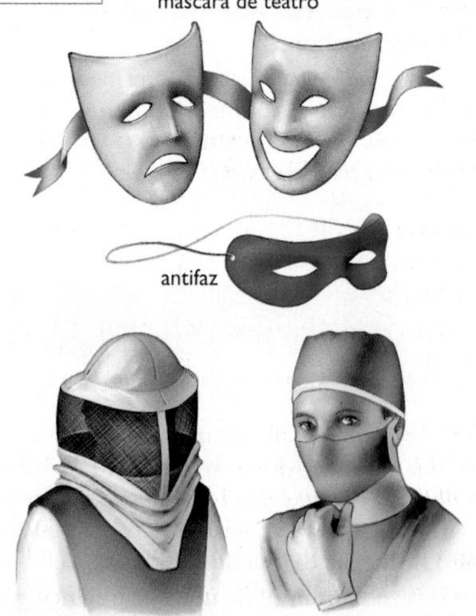

colmenas y para trabajar con productos tóxicos hay que utilizar una máscara protectora. **SIN.** careta. **AMPL.** la pieza que sólo oculta los ojos es un ***antifaz*** y la que sólo cubre la boca y la nariz, una ***mascarilla***. **FAM.** mascarilla, mascarada, mascarón. **COMP.** enmascarado.

mascota *[n.f.]* persona, animal o cosa que a una persona (o a un grupo) le gusta tener consigo porque le da la impresión de que le trae suerte: *las mascotas de las olimpiadas suelen ser muñecos.* **AF.** talismán.

masculino, masculina *[adj.]* propio de hombres y no de mujeres: *ropa masculina; gestos masculinos.* **SIN.** viril, varonil. **ANT.** femenino. ■ **género masculino**, el de las palabras a las que corresponden los artículos *el* y *un*. **FAM.** masculinidad, masculinizar, masculinización.

masera *[n.f.]* recipiente grande para amasar.

masía *[n.f.]* casa de campo típica de Cataluña, con tierras de cultivo y establos para el ganado.

masilla *[n.f.]* masa espesa, preparada con tiza y aceite de linaza, pensada para que los cristales queden fijos a los marcos de madera y no vibren: *las cristales del desván están sujetos con puntas y masilla.*

masticar *[v.]* hacer chocar los dientes de arriba y los de abajo contra algo que se tiene dentro de la boca: *mastica bien la comida antes de tragarla.* **SIN.** mascar. **AF.** triturar, roer, morder. **OBS.** ante e, qu: *mastiquen.* **FAM.** masticación, masticador, masticatorio.

mástil *[n.m.]* palo o tubo largo en el que se sujetan o se apoyan algunas cosas: *el mástil de una bandera, de tienda de campaña, de la vela de un barco...; las clavijas de las guitarras ajustan las cuerdas en el extremo del mástil.* **SIN.** asta, astil, palo.

mastín *[n.m.]* perro grande y fuerte con mucho pelo, que es el mejor para guardar el ganado: *dos mastines cuidaban el rebaño de ovejas.* TAMBIÉN *adj.: perro mastín.* **PL.** *mastines.*

mata *[n.f.]* planta de tallo bajo y ramificado: *una mata de tomate; una mata de romero.* **AMPL.** un ***arbusto*** es una mata que tiene el tallo leñoso y que vive varios años, como la retama o el romero; los arbustos que son silvestres también se llaman ***matorrales*** o ***matojos***. ■ **mata de pelo**, grupo de pelos de la cabeza más grande que un mechón. ■ **a salto de mata**, sobre la marcha, sin organizar ni prever las cosas. **FAM.** matorral, matojo.

matadero *[n.m.]* sitio en el que se mata y se le quita la piel a los animales cuya carne se vende para comer: *un matadero municipal.*

matador *[n.m.]* torero que, en las corridas, además de torear al toro lo mata: *en muchas corridas de toros participan tres matadores.* **SIN.** torero, maestro, diestro, espada.

matamoscas *[n.m.inv. en núm.]* utensilio o producto pensado para matar moscas.

matanza *[n.f.]* **1** conjunto de los trabajos que se hacen desde que se mata el cerdo hasta que se han preparado todas sus partes para poder comerlas (*hacen la matanza en noviembre*), y todo lo que se prepara, como jamones, embutidos de salchichón, chorizo, etc. (*la matanza ya está casi curada; tienen chorizo de matanza*). **2** lo que resulta de haber matado a mucha gente o muchos animales: *aquella batalla fue una matanza.* **SIN.** carnicería.

matar *[v.]* **1** quitar la vida a una persona o un animal: *el león mató a la gacela.* **SIN.** dar muerte. **AMPL.** ***suicidarse*** es matarse uno a sí mismo. **2** hacer soportar a alguien demasiado esfuerzo, disgustos, preocupaciones, tensión, etc.: *este trabajo la mata; lo mata a disgustos.* **SIN.** machacar, acabar con uno. // **matarse** *[v.prnl.]* **3** hacer algo con muchísimo interés y

esfuerzo y dedicándole mucho tiempo: *se mata a estudiar.* ■ **estar a matar**, llevarse muy mal. **FAM.** matadero, matón, matador, matanza, matarife. **COMP.** rematar.

matasellos *[n.m.inv. en núm.]* marca de tinta que ponen en las oficinas de correos encima de los sellos de los envíos y que indica la fecha y el nombre del pueblo o la ciudad desde donde se envía: *la carta viene con matasellos de París.* TAMBIÉN se llama así el aparato con el que se pone esta marca: *se estropeó el matasellos.* **FAM.** matasellar, sello.

matasuegras *[n.m.inv. en núm.]* tubo de papel enroscado y cerrado por un extremo y que al soplar por el otro se extiende.

mate *[adj.inv. en gén.]* 1 que no tiene brillo: *pintura mate; oro mate.* **ANT.** brillante. // **mate** *[n.m.]* 2 jugada de ajedrez con la que termina una partida porque un jugador ha atacado al rey del otro cuando éste no puede defenderlo: *le dio mate con un alfil.* **SIN.** jaque mate. **AMPL.** antes de producirse el *mate* se da el ***jaque***, que consiste en atacar al rey y avisar al adversario. 3 planta con la que se prepara una bebida que es típica de algunas zonas de América del Sur. 4 bebida preparada con esta hierba o con otras: *mate de menta; mate de hierba mate.* 5 recipiente en el que se toman estas infusiones, que es una calabaza vaciada.

matemáticas *[n.f.pl.]* ciencia que estudia los números, las cantidades, las operaciones que se pueden hacer con ellos y las figuras geométricas: *las matemáticas nunca fallan.* TAMBIÉN se dice ***matemática***: *la aritmética, el cálculo, la geometría y el álgebra son distintas ramas de la matemática.*

matemático, matemática *[adj.]* 1 de matemáticas o que se resuelve con matemáticas: *problemas matemáticos; un error matemático; cálculo matemático; razonamiento matemático.* 2 que tiene en cuenta todo, de manera que no pueda haber ningún error: *este trabajo necesita una precisión matemática.* **AF.** exacto, riguroso. // **matemático, matemática** *[n.]* 3 persona especialista en matemáticas: *es un gran matemático.* **FAM.** matemáticamente, matemáticas.

materia *[n.f.]* 1 aquello de lo que está hecho lo que se puede tocar o percibir por los sentidos, directamente o con ayuda de algún aparato: *el agua es una materia líquida; la madera y el cuero son materias sólidas; el cuerpo humano está formado por materia.* **AMPL.** se suelen diferenciar dos tipos de materia: materia ***inerte*** (sin vida, como la de las rocas) y materia ***viva*** o materia ***orgánica*** (la de los animales, las plantas y los vegetales). 2 aquello de lo que trata algo o a lo que se refiere algo: *la materia del derecho son las leyes; la historia, la geografía y las matemáticas son distintas materias del saber.* **AF.** asunto, rama. ■ **materia prima**, elemento o sustancia con la que se fabrica o se hace algo: *la materia prima del chocolate es el cacao.* ■ **entrar en materia**, centrarse en el tema que interesa. **FAM.** material, materializar, materialización, materialidad, materialismo, materialista, materialmente. **COMP.** inmaterial.

material *[adj.inv. en gén.]* 1 que está formado por materia: *en las tiendas venden cosas materiales.* **SIN.** físico, tangible, corpóreo. **ANT.** inmaterial, intangible. 2 que tiene que ver con cosas formadas por materia: *los terremotos producen muchos daños materiales.* **ANT.** inmaterial, espiritual. // **material** *[n.m.]* 3 materia de la que está hecho algo o con la que se puede hacer algo: *¿de qué material es la mesa? de madera; el hierro es un material duro.* **AF.** materia. 4 conjunto de cosas que se necesitan para hacer algo: *los ladrillos y el cemento son materiales de construcción y el papel y el bolígrafo, materiales de escritura.* **AMPL.** cuando las cosas que se necesitan para hacer algo son sustancias o productos que se mezclan se llaman ***ingredientes***: *los ingredientes necesarios para hacer pan son harina, agua y levadura.* 5 piel de animal curtida: *un bolso de material.* **SIN.** cuero.

materialismo *[n.m.]* 1 tendencia a dar mucha más importancia a las cosas materiales que a las espirituales: *su materialismo le impide disfrutar con las cosas sencillas de la vida.* 2 doctrina según la cual la única realidad verdadera es la materia.

maternal *[adj.inv. en gén.]* que es del estilo del comportamiento o de los sentimientos que suelen tener las madres hacia sus hijos: *cuidado maternal; relación maternal.* **SIN.** materno.

maternidad *[n.f.]* 1 conjunto de sentimientos y deberes que tiene una madre hacia su hijo por ser su madre: *la maternidad es algo im-*

portante en la vida de muchas mujeres. 2 hospital (o parte de él) donde se atiende a las mujeres que dan a luz: *nació en una maternidad de Cuenca; está de enfermera en maternidad.*

materno, materna *[adj.]* 1 maternal*: *cariño materno.* 2 que lo es por parte de la madre: *abuela materna.* ■ **lengua materna**, VER *lengua.* **FAM.** maternidad, maternalmente, madre.

matinal *[adj.inv. en gén.]* que pasa por la mañana o que se hace por la mañana: *una sesión matinal de cine.* **SIN.** matutino. **AMPL.** lo que pasa por la tarde es ***vespertino*** y si es por la noche, ***nocturno***. **FAM.** matutino.

matiz *[n.m.]* 1 cada uno de los tonos de un determinado color: *su pintura tiene una gran riqueza de matices; diferentes matices de verde.* **SIN.** tono, grado. 2 pequeña cantidad de algo que se nota en una cosa y que hace que sea distinta de otras del mismo tipo: *le da a sus explicaciones un matiz demasiado infantil; un vino con cierto matiz dulce; noté en sus palabras un cierto matiz irónico.* **SIN.** tono, cariz, toque, tinte, aire. **AF.** rasgo, aspecto, deje, visos. ■ **ser cuestión de matices**, ser cuestión de detalles. ■ **sin entrar en matices**, sin pararse en los detalles. **PL.** *matices.* **FAM.** matizar, matización.

matón *[n.m.]* hombre que se las da de más fuerte que nadie y amenaza a los demás: *los matones siempre buscan pelea.* **SIN.** pendenciero, tragahombres, camorrista, matasiete. **PL.** *matones.*

matorral *[n.m.]* 1 planta silvestre de tronco leñoso, bajo y ramificado, que vive varios años: *la liebre se escondió detrás de un matorral.* **SIN.** matojo. 2 conjunto de vegetales de tronco bajo que cubren algunos terrenos: *el romero y la retama forman parte del matorral mediterráneo.* **AMPL.** si el matorral está cubriendo el suelo de un bosque, bajo las copas de sus árboles, se llama ***sotobosque***.

matrícula *[n.f.]* 1 lista de personas que se apuntan para realizar una actividad: *la matrícula para el curso de inglés ya está completa.* **SIN.** inscripción. 2 placa con números y letras que llevan los vehículos para poder identificarlos: *la moto tiene matrícula de Soria.* **SIN.** placa. **FAM.** matricular, matriculación.

matricular *[v.]* 1 apuntar a una persona para que pueda realizar una actividad concreta: *matriculó a su hijo en un curso de natación.* **SIN.** inscribir, apuntar. TAMBIÉN *prnl. refl.*: *se ha matriculado en la escuela de idiomas.* 2 hacer los papeles necesarios para que los datos de un vehículo queden registrados legalmente y se le ponga la matrícula que le corresponda: *antes de utilizar un coche hay que matricularlo.*

matrimonio *[n.m.]* 1 pareja normalmente formada por un hombre y una mujer que se han inscrito en un registro para que la sociedad sepa que conviven y comparten todo: *los vecinos son un matrimonio joven.* **SIN.** esposos, cónyuges, pareja. **AMPL.** si se inscriben en un registro civil es un ***matrimonio civil*** y si lo hacen en la iglesia, ***un matrimonio eclesiástico***. 2 sacramento de la Iglesia Católica que bendice la unión de un hombre y una mujer: *recibieron el sacramento del matrimonio.* **FAM.** matrimonial, matrimonialmente.

matutino, matutina *[adj.]* que se hace por la mañana: *todos los días da un paseo matutino.* **SIN.** matinal, mañanero. **FAM.** matinal.

maullar *[v.]* dar maullidos: *los gatos maúllan.* **SIN.** miar, mayar. **ACENT.** como *aullar**. **FAM.** maullido, maullador, maúllo.

maullido *[n.m.]* sonido que hacen los gatos con la garganta y que suena parecido a *miau*: *esta noche se oían maullidos.* **SIN.** mayido, maúllo.

mausoleo *[n.m.]* construcción grande y lujosa para guardar los restos de las personas fallecidas en familias de alto rango o dirigentes políticos, religiosos, etc.: *el rey visitó el mausoleo donde reposan los restos de sus familiares.* **AF.** panteón, sepulcro, tumba.

maxilar *[n.m.]* 1 cada uno de los dos huesos de la boca donde están insertados los dientes: *recibió un golpe en el maxilar inferior.* **SIN.** mandíbula, quijada. // **maxilar** *[adj.inv. en gén.]* 2 de estos huesos: *es un médico especialista en cirugía maxilar.*

máxime *[adv. de m.]* principalmente, sobre todo: *no quedó mal, máxime si era la primera vez que lo hacía.*

máximo, máxima *[adj.]* 1 que no puede ser más: *este es el tamaño máximo permitido.*

SIN. superior. **ANT.** mínimo. **OBS.** es la forma superlativa del adjetivo *grande*. 2 que tiene mucha importancia o se tiene con mucha intensidad: *tiene un trabajo de máxima responsabilidad; pon el máximo interés en aprender.* **SIN.** mucho. **ANT.** mínimo. TAMBIÉN *n.*: *ese grupo es lo máximo en música pop; exige el máximo de atención.* **FAM.** ***máxime*** (principalmente), máximemente.

maya *[adj.inv. en gén.]* del pueblo que vivía en lo que hoy es el sureste de Méjico y Guatemala cuando llegaron los españoles, a principios del siglo XVI: *cultura maya; pueblo maya.* TAMBIÉN *n.*: *los mayas.*

mayo *[n.m.]* quinto mes del año, que está entre abril y junio y tiene treinta y un días. **FAM.** mayear.

mayonesa *[n.f.]* salsa espesa que se hace en crudo, batiendo huevo, aceite, vinagre y sal. **SIN.** mahonesa.

mayor *[adj.inv. en gén.]* 1 que es más grande o tiene más edad que otro con el que se está comparando: *una estantería mayor que ésta; una bici mayor que la suya; su amigo es mayor que él.* **SIN.** más grande. **ANT.** menor, más pequeño. **GRAM.** es el comparativo de superioridad del adjetivo *grande*. 2 que, de todos, es el más grande, el más fuerte o el de más edad: *el Amazonas es el mayor río del mundo; ir a Egipto es su mayor ilusión; la hermana mayor.* **GRAM.** es el *superlativo relativo* del adjetivo *grande*. TAMBIÉN *n.*: *compró la mayor; se sentó con los mayores; es el mayor de doce hermanos.* 3 que tienen muchos años de edad: *una persona mayor; el perro ya es mayor.* // **mayores** *[n.m.pl.]* 4 conjunto de las personas que tienen muchos años de edad o que, respecto a otras, tienen más años: *este viaje es para los mayores* (**SIN.** anciano, viejo)*; el niño se aburre con los mayores.* ■ **mayor de edad**, que tiene mayoría* de edad. **ANT.** menor de edad. ■ **al por mayor**, en cantidades grandes. **FAM.** mayoría, mayoritario, mayoritariamente, mayordomo, mayúscula, mayúsculo, ***mayorista*** (persona que vende al por mayor), mayormente.

mayoral *[n.m.]* encargado de controlar el trabajo de un grupo de trabajadores agrícolas. **FAM.** mayor.

mayordomo *[n.m.]* hombre que tiene más autoridad entre los que trabajan atendiendo una casa y a sus dueños: *el mayordomo organizó los preparativos de la fiesta.* **AF.** criado. **AMPL.** cuando es una mujer se llama ***ama de llaves***.

mayoría *[n.f.]* cantidad grande de los que forman un grupo o un conjunto: *la mayoría de las calles está asfaltada; se lo ha dicho a la mayoría de los compañeros.* **SIN.** mayor parte. **ANT.** minoría. **OBS.** cuando hace de sujeto el verbo debe ir en tercera persona del singular y no del plural. ■ **mayoría de edad**, edad que marca la ley para considerar responsable de sus actos a una persona y tener ciertos derechos como votar, conducir coches, decidir el modo de vida, etc. ■ **ser mayoría**, ser, por lo menos, la mitad más uno del total de un grupo: *son mayoría los que quieren hacerlo.*

mayorista *[n.inv. en gén.]* persona que vende mercancías en grandes cantidades: *los propietarios de las tiendas compran los productos a los mayoristas.*

mayúscula *[n.f.]* tipo de letra que es más grande y algo distinta de la minúscula y se usa al comenzar un escrito, después de punto y en la primera letra de los nombres propios: *la inicial de los nombres de los mares se escribe con mayúscula; ESTO ESTÁ ESCRITO EN MAYÚSCULAS.* **SIN.** versal. **ANT.** minúscula. TAMBIÉN *adj.*: *letra mayúscula.* **AMPL.** la letra que, en un escrito, tiene forma de mayúscula pero es del tamaño de las minúsculas se llama ***versalita***: ESTO ESTÁ ESCRITO CON VERSALITAS.

mayúsculo, mayúscula *[adj.]* muy grande: *se llevaron un susto mayúsculo.* **SIN.** enorme*.

maza *[n.f.]* instrumento formado por un mango y una pieza grande y fuerte que sirve para golpear: *el bombo se toca con dos mazas; los herreros y los albañiles usan mazas.* **FAM.** mazo, mazazo, mazada.

mazapán *[n.m.]* dulce hecho con una masa de almendra molida y azúcar que se cuece al horno: *el mazapán es un dulce típico de Navidad.* **PL.** *mazapanes.*

mazazo *[n.m.]* golpe dado con un mazo o una maza: *clavó la estaca dándole varios mazazos.* **AF.** golpe, porrazo.

mazmorra *[n.f.]* celda de cárcel que está construida por debajo del nivel de la calle: *algunos castillos tienen mazmorras.* **SIN.** calabozo.

mazo *[n.m.]* 1 martillo grande de madera: *clavó la estaca con un mazo.* 2 conjunto de cosas iguales colocadas en un montón muy juntas: *un mazo de cartas.*

mazorca *[n.f.]* conjunto de granos muy juntos que salen en forma de espiga y es el fruto de algunas plantas: *desgranó las mazorcas de maíz.* **SIN.** majorca, panocha, espigón.

mazorca de maíz

me *[pron.]* 1 a mí. **GRAM.** puede tener función de complemento indirecto (*me lo ha dado; escríbeme una tarjeta*) o de complemento directo (*mírame; escríbeme cuando llegues; me despidieron en la estación*). 2 para mí: *me he comprado unos vaqueros.* **GRAM.** tiene función de complemento indirecto. 3 a mí mismo: *me ducho todos los días.* **GRAM.** es reflexivo y tiene función de complemento directo. 4 yo mismo: *me reí muchísimo; me he caído; me comí todo el pastel; me despedí de ellos.* **GRAM.** en este uso concreto no tiene función sintáctica, sino expresiva, pues refuerza el significado del verbo. 5 se usa para indicar que la persona que habla es la causa de lo que expresa el verbo (*se me cayó*) o se siente afectada por lo que expresa el verbo (*el niño se me ha puesto enfermo*). **GRAM.** en todos los casos es pronombre personal de primera persona de singular para masculino y femenino. **OBS.** cuando va con *se* debe ir después y no antes: *se me rompió.*

meada *[n.f.]* cantidad de orina que se expulsa de una vez.

meandro *[n.m.]* curva que forma el cauce de un río en las partes más llanas: *en esta zona el río forma muchos meandros.* **AF.** curva, sinuosidad.

mear *[v.]* expulsar la orina. **SIN.** orinar, hacer pis. **OBS.** e + e = ee: *meen.* **FAM.** meada, meón, meadero.

mecánica *[n.f.]* 1 parte de la física que estudia el movimiento y otros efectos que se producen en los cuerpos cuando están soportando alguna fuerza o presión. 2 ciencia que estudia el funcionamiento de las máquinas.

mecánico, mecánica *[adj.]* 1 que se puede hacer sin pensar: *pegar sellos en sobres es un trabajo mecánico.* **SIN.** maquinal. **AF.** rutinario. 2 que tiene algún mecanismo que lo hace funcionar: *los robots de juguete son mecánicos.* // **mecánico, mecánica** *[n.]* 3 persona que entiende de máquinas y sabe arreglarlas o construirlas: *el mecánico revisó el coche.* **FAM.** mecánicamente, mecánica, mecanismo, mecanizar, mecanización.

mecanismo *[n.m.]* conjunto de piezas que producen un movimiento: *el mecanismo de este reloj está estropeado.* **SIN.** maquinaria.

mecano *[n.m.]* juguete formado por varias piezas, tornillos y tuercas con las que se pueden armar distintas figuras: *con el mecano construyó una grúa.*

mecanografía *[n.f.]* técnica para escribir bien a máquina: *una secretaria debe saber mecanografía.* **SIN.** dactilografía. **FAM.** mecanografiar, mecanógrafo, mecanográfico, grafía.

mecanógrafo, mecanógrafa *[n.]* persona que sabe mecanografía y se dedica a escribir a máquina: *es muy buen mecanógrafo.* **SIN.** dactilógrafo.

mecedora *[n.f.]* silla de brazos cuyas patas están apoyadas en unos arcos para que pueda balancearse: *me marea el movimiento de las mecedoras.*

mecenas *[n.inv. en gén. y núm.]* persona rica y poderosa que da dinero a los artistas para que puedan dedicarse al arte: *la familia de los Medici (o Médicis) fue mecenas de varios artistas del renacimiento italiano.* **AF.** patrocinador, protector. **FAM.** mecenazgo.

mecer *[v.]* mover algo de un lado a otro, suavemente y con un cierto ritmo, sin que cambie de sitio: *mece la cuna para que el bebé se duerma.* **SIN.** balancear. **AF.** acunar, columpiar. **FAM.** mecedora, mecimiento.

mecha *[n.f.]* cuerda de algodón que arde con mucha facilidad: *esta vela tiene una buena mecha.* **SIN.** pabilo. **FAM.** mechero, mechón, mechar.

mechero *[n.m.]* aparato que tiene una mecha que se enciende por la chispa producida por el roce de una rueda con una piedrecita:

el pastor siempre lleva un mechero cuando va al campo. **SIN.** chisquero. TAMBIÉN se llama mechero a cualquier encendedor, aunque no sea de mecha: *un mechero de gas.*

mechón *[n.m.]* conjunto de pelos de la cabeza que tiene algo distinto que el resto o está separado de él: *es moreno pero tiene un mechón blanco; le caía un mechón sobre la frente.* **PL.** *mechones.*

medalla *[n.f.]* pieza plana de metal, normalmente redonda, ovalada o poligonal, con alguna figura en relieve o alguna inscripción: *una medalla de la Virgen del Carmen; el máximo premio de los deportistas olímpicos es una medalla de oro.* **FAM.** medallón, medallero, medallista.

medallón *[n.m.]* adorno ovalado o redondo hecho en relieve: *en la plaza Mayor de Salamanca hay medallones con la cara de los antiguos corregidores* (alcaldes). **PL.** *medallones.*

media *[n.f.]* prenda de vestir que cubre los pies, las piernas y parte del muslo: *medias de lana; medias de seda.* TAMBIÉN se llama *media* a los calcetines que llegan hasta la rodilla y a los leotardos de tejido fino.

mediado, mediada *[adj.]* que ha pasado o se ha gastado la mitad: *saldrán mediado el mes de agosto.*

medianera *[n.f.]* pared que separa dos edificios y forma parte de los dos.

mediano, mediana *[adj.]* que no es ni grande ni pequeño: *una camiseta de talla mediana.* **SIN.** medio, intermedio.

medianoche *[n.f.]* momento en que son las doce de la noche: *la fiesta comenzó a medianoche.*

mediante *[prep.]* por medio de: *consiguió el trabajo mediante enchufes.* **SIN.** con, a través de, gracias a.

mediar *[v.]* hablar con quien tiene que decidir sobre algo o alguien para que decida en su favor: *medió para que le resolvieran el problema enseguida.* **SIN.** interceder, abogar.

medicamento *[n.m.]* producto que se utiliza para curar las enfermedades o aliviar dolores: *los medicamentos deben estar siempre donde los niños no puedan cogerlos.* **SIN.** medicina, fármaco.

medicina *[n.f.]* **1** ciencia que estudia cómo evitar y curar las enfermedades: *la medicina ha avanzado mucho en este siglo.* **2** medicamento*: *no hay que tomar más medicinas que las que mande el médico.* **FAM.** medicinal, medicinar, medicinalmente.

medicinal *[adj.inv. en gén.]* que puede curar enfermedades o aliviar dolores: *algunas hierbas tienen propiedades medicinales.* **SIN.** curativo.

médico, médica *[n.]* **1** persona que ha estudiado medicina y puede atender enfermos: *el médico le recomendó reposo.* **SIN.** galeno, facultativo. // **médico, médica** *[adj.]* **2** de la medicina, de los medicamentos o de los médicos: *un análisis médico; una revisión médica; tratamiento médico.* ■ **médico de cabecera**, médico de medicina general que es al que va siempre un paciente. **FAM.** medicina, medicar, medicación, medicamento, medicamentoso, medicucho, medicastro.

medida *[n. f.]* **1** resultado de haber comparado una cosa con otra que se toma como unidad, para saber cuántas veces cabe en ella: *dime, en metros, la medida de la longitud de la fachada.* **2** cálculo de algo que se puede medir: *el altímetro es el aparato de medida de la altitud.* **SIN.** medición. ■ **a medida**, especialmente hecho para una persona, un espacio o una situación. ■ **a medida que**, según. ■ **en qué medida**, con qué grado o intensidad. **SIN.** hasta qué punto, de qué manera. ■ **tomar medidas**, hacer algo para resolver un problema o evitarlo. ■ **unidad de medida**, lo que se toma como unidad para saber cuántas veces cabe en lo que se quiere medir. **AF.** patrón, escala. (VER cuadro en p. 634.)

medieval *[adj.inv. en gén.]* de la Edad Media: *las murallas de Ávila son una construcción medieval; tipo de vida medieval.* **SIN.** del medievo. **AMPL.** llamamos Edad Media o ***medievo*** a la época de la Historia comprendida entre los siglos V y XV; para estudiarla, se considera dividida en dos etapas: la ***alta Edad Media***, que abarca desde el siglo V hasta el siglo X, y la ***baja Edad Media***, que va del siglo X al XV. **FAM.** medievo, medievalismo, medievalista, medio.

medio, media *[adj.]* **1** que es una mitad de la cosa que se dice: *medio millón; media.* // **medio** *[n.m.]* **2** punto de una cosa que está a la misma distancia de sus extremos o del

ESPECIALIDADES MÉDICAS			
especialista	***especialidad***	***se dedica a***	**PUNTOS**
CARDIÓLOGO	cardiología	el corazón	9
CIRUJANO	cirugía	cualquier parte del cuerpo, cuando hay que operar	8
DENTISTA/ODONTÓLOGO	odontología	la dentadura	5-9
DERMATÓLOGO	dermatología	la piel	9
ESTOMATÓLOGO	estomatología	la boca	10
FONIATRA	foniatría	el aparato fonador (cuerdas vocales, laringe)	9
GINECÓLOGO	ginecología	las enfermedades propias de la mujer	8
INTERNISTA	medicina interna	las enfermedades de los órganos internos del cuerpo	8
LOGOPEDA	logopedia	los trastornos del lenguaje	10
NEURÓLOGO	neurología	el sistema nervioso	10
ODONTÓLOGO	odontología	la dentadura	9
OFTALMÓLOGO/OCULISTA	oftalmología	los ojos	10-5
ONCÓLOGO	oncología	el cáncer	10
OTORRINOLARINGÓLOGO	otorrinolaringología	los oídos, la garganta y la nariz	9
PEDIATRA	pediatría	los niños	8
PSIQUIATRA	psiquiatría	las enfermedades mentales	8
RADIÓLOGO	radiología	diagnóstico con rayos X	7
TOCÓLOGO	tocología	embarazos y partos	9
TRAUMATÓLOGO	traumatología	lesiones por golpes (traumatismos)	9
URÓLOGO	urología	el aparato urinario	10

principio y el final: *dobló la cuerda por el medio; en el medio de la plaza hay un sauce; la noticia viene en la página del medio.* **SIN.** centro, mitad. **ANT.** extremo. 3 ambiente natural de algo o de alguien: *no está a gusto porque ese no es su medio; los peces necesitan un medio acuático; los coches contaminan el medio.* **SIN.** ambiente, hábitat. 4 todo lo que sirve (o que se necesita) para conseguir algo o hacer algo: *el dinero es un medio para vivir; un vehículo es un medio para ir de un sitio a otro; el teléfono es un buen medio de comunicación; medios de subsistencia; para investigar se necesitan medios.* // **medio** *[adv. de m.]* 5 no del todo: *medio asada; medio vestido.* **SIN.** a medias. ■ **a medias**, sin terminar. ■ **por todos los medios**, haciendo todo lo posible. **FAM.** media, mediano, medianamente, medianía, medianero, medio, ***mediar*** (interceder), ***medianera*** (pared que forma parte de dos edificios), medieval. **COMP.** mediodía, medianoche, inmediato, intermedio, promedio.

mediocre *[adj.inv. en gén.]* que no es bueno pero tampoco muy malo: *han construido la casa con materiales mediocres.* **SIN.** ordinario, corriente. **FAM.** mediocridad, mediocremente.

mediodía *[n.m.]* 1 momento en que el Sol está en el punto más alto, de manera que la sombra de cada cosa queda justo debajo de ella: *en verano, a mediodía hace mucho calor.* 2 espacio de tiempo entre la mañana y la tarde y que para cada uno suele depender del horario de trabajo y de la hora a que suela comer: *se vieron a mediodía, al salir del trabajo.*

medir *[v.]* 1 hacer lo necesario para saber cuántas veces cabe en una cosa otra que se toma como unidad: *con una cinta métrica midió la anchura de la habitación.* **SIN.** tomar la medida de. 2 tener una medida determinada: *la habitación mide 11 m² de superficie; Jesús mide 1,78 m de altura; la finca mide 5 hectáreas.* 3 servir para averiguar la medida de algo: *el termométro mide la temperatura, el cronómetro mide el tiempo y el higrómetro, la humedad del aire.* **CONJUG.** como *vestir**. **FAM.** medida, medi-

MEDIDAS							
magnitud	submúltiplos				múltiplos		
	: 1000	: 100	: 10	unidad	x 10	x 100	x 1000
LONGITUD	milímetro (mm)	centímetro (cm)	decímetro (dm)	metro (m)	decámetro (Dm)	hectómetro (Hm)	kilómetro (Km)
CAPACIDAD	mililitro (ml)	centilitro (cl)	decilitro (dl)	litro (l)	decalitro (Dl)	hectolitro (Hl)	kilolitro (Kl)
VOLUMEN	decímetro cúbico (dm³)			metro cúbico (m³)			decámetro cúbico (Dm³)
MASA	miligramo (mg)	centigramo (cg)	decigramo (dg)	gramo (g)	decagramo (Dg)	hectogramo (Hg)	kilogramo (Kg)
				kilogramo (Kg)		quintal métrico (Qm)	tonelada métrica (Tm)

	: 10.000	: 100	unidad	x 100	x 10.000
SUPERFICIE	centímetro cuadrado (cm^2)	decímetro cuadrado (dm^2)	metro cuadrado (m^2)	decámetro cuadrado (Dm^2) o área (a)	hectómetro cuadrado (Hm^2) o hectárea (Ha)

EQUIVALENCIAS			
CAPACIDAD	mililitro	litro	kilolitro
VOLUMEN	centímetro cúbico	decímetro cúbico	metro cúbico

SISTEMA SEXAGESIMAL			
TIEMPO	segundo (s)	minuto (min)	hora (h)
ÁNGULOS PLANOS	segundo (")	minuto (')	grado (º)

OTRAS MEDIDAS		
POTENCIA ELÉCTRICA	vatio (W)	kilovatio (Kw)
FUERZA ELECTROMOTRIZ	voltio (V)	
CARGA ELÉCTRICA	culombio (C)	
INTENSIDAD DE CORRIENTE ELÉCTRICA	amperio (A)	
CONSUMO ELÉCTRICO	kilovatio/hora (Kw/h)	
TRABAJO	julio (J)	kilojulio (Kj)
ENERGÍA TÉRMICA	caloría (cal)	kilocaloría (Kcal)
FUERZA	newton (N)	
POTENCIA	caballo de vapor (CV/HP)	

ción, medidor, medidamente. **COMP.** ***comedido*** (nada exagerado), comedimiento, ***desmedido*** (exagerado, excesivo).

meditar *[v.]* pensar en algo con detenimiento, fijándose uno en todos los detalles, en si es verdad o no, si tiene ventajas o inconvenientes, etc.: *tengo que meditar lo que me dices.* **SIN.** pensar en, recapacitar sobre, reflexionar sobre. **FAM.** meditación, meditabundo, meditativo. **COMP.** premeditación.

mediterráneo, mediterránea *[adj.]* del mar Mediterráneo: *Grecia, Turquía y Túnez son países mediterráneos; clima mediterráneo; pesca mediterránea.*

médula *[n.f.]* **1** sustancia grasa blanquecina que hay dentro de algunos huesos de los animales. **SIN.** tuétano. **2** parte más interna de los tallos y las raíces de algunas plantas. ■ **médula espinal**, parte del sistema nervioso que está en el interior de la columna vertebral, llega hasta la base del cerebro, y transmite los impulsos nerviosos del cerebro a otras partes del cuerpo y de éstas al cerebro. **FAM.** medular.

medusa *[n.f.]* animal que vive en el mar y tiene el cuerpo casi transparente, en forma de sombrilla con prolongaciones en los bordes.

megáfono *[n.m.]* aparato que sirve para aumentar la intensidad del sonido.

mejicano, mejicana *[adj.]* de Méjico, país situado al sur de los Estados Unidos de América y cuya capital es Ciudad de Méjico (que también se llama Méjico Distrito Federal): *Acapulco es una ciudad mejicana; una niña mejicana.* TAMBIÉN *n.*: *los mejicanos hablan español.* **OBS.** también se puede escribir *mexicano*, pero siempre se lee *mejicano.*

mejilla *[n.f.]* cada una de las dos partes más blandas de la cara que están debajo de los ojos y a cada lado de la nariz: *le dio un beso en la mejilla.* **SIN.** carrillo, moflete.

mejillón *[n.m.]* molusco marino de doble concha alargada de color negro azulado, que vive pegado a las rocas y es comestible: *en las rías gallegas se crían mejillones.* **PL.** *mejillones.*

mejor *[adj.inv. en gén.]* **1** que tiene más calidad o es más interesante, más conveniente, etc. que aquello con lo que se está comparando: *un libro mejor que otro; una casa mejor que otra.* **GRAM.** es el comparativo de *superioridad* del adjetivo *bueno.* **2** que es (o le parece a uno) el más bueno, más interesante, más conveniente, etc. de todos: *consiguió la mejor calificación; es su mejor amigo; eligió el mejor coche del mercado; la mejor manera de hacerlo.* **GRAM.** es el *superlativo relativo* del adjetivo *bueno.* TAMBIÉN *n.*: *compró la mejor; trabaja con los mejores de su especialidad.* // **mejor** *[adv. de m.]* **3** de tal manera que resulta más bueno que aquello con lo que se está comparando: *este está mejor hecho que aquel; es mejor que te vayas.* **OBS.** es el *superlativo* del adverbio *bien.* **ANT.COM.** peor. **FAM.** mejorar, mejora, mejoría, mejoramiento, mejorable. **COMP.** inmejorable, desmejorar.

mejora *[n.f.]* cambio que hace que algo sea (o esté) mejor: *en la cara se le nota la mejora de su salud* (**SIN.** mejoría, mejoramiento)*; premiaron la mejora de su comportamiento* (**SIN.** avance)*; hizo algunas mejoras en el jardín* (**AF.** arreglo).

mejorar *[v.]* **1** hacer que algo quede mejor: *la pomada mejoró la herida; los arreglos han mejorado el aspecto de la casa.* **2** cambiar para ser (o estar) mejor que antes: *su salud ha mejorado; el tiempo mejorará mañana; la casa mejoró con las reformas.* **ANT.COM.** empeorar.

mejoría *[n.f.]* resultado de que algo haya mejorado: *la mejoría del tiempo los animó a ir de excursión; su salud ha experimentado una notable mejoría.* **SIN.** mejora, mejoramiento. **ANT.** empeoramiento.

melancolía *[n.f.]* sentimiento de mucha tristeza que impide sentir con intensidad cualquier ilusión y alegría y que puede tener quien echa mucho de menos algo o a alguien: *desde que murió su mujer vive en un estado de* *melancolía.* **SIN.** languidez, morriña*. **FAM.** melancólico, melancólicamente, melancolizar.

melancólico, melancólica *[adj.]* que tiene, demuestra o produce melancolía*: *una persona melancólica; carácter melancólico; una canción melancólica.* **SIN.** nostálgico. **AF.** triste.

melena *[n.f.]* **1** cabellera de pelo largo que cae sobre los hombros o casi llega a ellos: *una melena rubia.* **2** crines del león: *el león tiene melena y la leona no.* **FAM.** melenudo. **COMP.** desmelenar.

melenudo, melenuda *[adj.]* que tiene el pelo largo: *un chico melenudo; un perro melenudo.* TAMBIÉN *n.*: *lo vi con un melenudo.* **OBS.** esta palabra puede tener sentido despectivo si se refiere a quien lleva el cabello largo y descuidado.

melillense *[adj.inv. en gén.]* de Melilla, ciudad española situada en el norte de África, frente a Almería: *playas melillenses.* TAMBIÉN *n.*: *se casó con un melillense.*

mellizo, melliza *[adj.]* que ha nacido en el mismo parto que otro hermano: *tiene un hermano mellizo.* **SIN.** mielgo. TAMBIÉN *n.*: *es amigo de unos mellizos.*

melocotón *[n.m.]* fruta comestible muy carnosa y sabrosa, de color amarillo rojizo, con un hueso en el centro, piel cubierta de pelusilla y forma casi esférica. **AMPL.** es un fruto del tipo que se llama ***drupa****. **PL.** *melocotones.* **FAM.** melocotonar, melocotonero.

melocotonero *[n.m.]* árbol cuyo fruto es el melocotón.

melodía *[n.f.]* parte principal de una composición musical, que se graba en la memoria al oírla, no incluye el acompañamiento y es la que se canta cuando se trata de una canción: *una melodía muy pegadiza.* **AF.** música. **FAM.** melódico, melódicamente, melodioso, melodiosamente.

melodioso, melodiosa *[adj.]* que resulta suave y agradable al oído: *voz melodiosa.* **SIN.** melódico. **AF.** armonioso, armónico, dulce.

melón *[n.m.]* fruto de una planta que se llama igual y cuyos tallos crecen extendiéndose sobre la tierra, y que es ovalado, de cáscara verde o amarilla, carne blanda y jugosa y muchas pepitas colocadas en filas en un hueco del centro. **PL.** *melones.* **FAM.** melonar, melonero.

membrana *[n.f.]* lámina blanda y elástica que recubre, envuelve o une algunas partes de los seres vivos: *el tímpano y el diafragma son membranas; algunas aves tienen los dedos unidos por una membrana.* **FAM.** membranoso, membranáceo.

membranoso, membranosa *[adj.]* **1** que tiene alguna membrana: *los murciélagos tienen alas membranosas.* **2** que parece una membrana: *aspecto membranoso.*

membrete *[n.m.]* datos de una persona, un empresa o una institución que están impresos en la cabecera de algunos escritos: *en el membrete pone el nombre, la dirección y el número de teléfono; la carta lleva el membrete del Ministerio de Cultura.*

membrillero *[n.m.]* árbol cuyo fruto es el membrillo. **SIN.** membrillo.

membrillo *[n.m.]* **1** fruta de forma parecida a la de las peras pero de tamaño mucho mayor, piel delgada y amarilla, carne áspera y dura y olor fuerte y agradable: *los membrillos están maduros al final del verano.* **AMPL.** es un fruto del tipo que se llama ***pomo****. TAMBIÉN se llama *membrillo* al árbol que lo produce. **2** dulce que se hace cociendo la pulpa de esta fruta con mucho azúcar: *le gusta el queso con membrillo.* **SIN.** dulce de membrillo, carne de membrillo. **FAM.** membrillar, membrillero.

memorable *[adj.inv. en gén.]* que tiene algo importante, bueno o bonito que hace que sea digno de que se recuerde: *un día memorable; un discurso memorable.*

memoria *[n.f.]* **1** lo que nos permite retener y después recordar lo que se ha vivido, visto, oído, leído o estudiado: *ha perdido la memoria; tiene muy buena memoria.* **SIN.** retentiva. **AMPL.** la memoria es una ***capacidad*** de la mente. **2** recuerdo: *guardo intacta la memoria de aquel día; guardo su memoria con cariño.* **AMPL.** un escrito en el que se cuentan los recuerdos de alguien se llama ***memorias***; si lo ha escrito la persona que ha vivido lo que cuenta y recorre con ellos su vida (hasta ese momento) es una ***autobiografía***. **3** escrito donde se resume lo que se ha hecho o lo que ha pasado durante un tiempo determinado en alguna actividad concreta: *la memoria de un viaje; la memoria de un curso.* ■ **de memoria**, usando sólo la mente, sin tener que mirarlo o consultarlo en ningún sitio. ■ **en memoria**, en recuerdo. ■ **venir** algo **a la memoria**, recordarlo. ■ **hacer memoria**, hacer el esfuerzo de intentar recordar algo. ■ **refrescar la memoria**, hacer recordar algo. **FAM.** memorizar, memorización, memorión, memorial, memorístico, ***memorable*** (digno de ser recordado). **COMP.** desmemoriado, inmemorial, rememorar.

memorizar *[v.]* hacer que algo quede en la memoria para que no se olvide: *memoriza las capitales africanas.* **SIN.** aprender, meterse en la cabeza. **ANT.** olvidar. **OBS.** ante e, c: *memoricen.*

menaje *[n.m.]* conjunto de las cosas que se utilizan en las casas en la vida normal: *las cazuelas forman parte del menaje de cocina; menaje del hogar.* **AF.** ajuar, equipo.

mencionar *[v.]* decir el nombre de alguien o hablar de algo de pasada, sin detenerse en ello: *ni siquiera te mencionó; mencionó el día de la fiesta.* **SIN.** nombrar, citar, hacer mención de. **AF.** referirse a, aludir a. **FAM.** mención.

mendigar *[v.]* decirle a alguien que uno no conoce que le dé algo que no tiene por qué darle: *se vio obligado a mendigar para poder comer* (**SIN.** pedir, pedir limosna, limosnear)*; no mendigues favores* (**SIN.** limosnear). **OBS.** ante e, gu: *mendiguen.* **FAM.** mendigo, mendigante, mendicidad, mendicante, mendicación.

mendigo, mendiga *[n.]* persona que pide limosna: *le dio dinero a un mendigo.* **SIN.** pordiosero, limosnero, mendicante. **AF.** pobre, pedigüeño.

mendrugo *[n.m.]* trozo de pan duro: *guarda los mendrugos para los perros.*

menear *[v.]* mover algo varias veces seguidas o sin suavidad: *no mece al niño, lo menea* (**SIN.** dar meneos)*; el viento menea las hojas de los árboles* (**SIN.** mover, agitar). TAMBIÉN *prnl.: el farol se menea con el viento.* **OBS.** e + e = ee: *meneen.* **FAM.** meneo.

meneo *[n.m.]* acción por la que algo se mueve varias veces seguidas y con más o menos brusquedad: *le dio un meneo a la lámpara con la cabeza.* **AF.** movimiento, sacudida.

menestra *[n.f.]* guiso preparado con verduras y trocitos salteados de jamón o carne.

mengano, mengana *[n.]* persona que se nombra con esta palabra cuando uno no se refiere a ninguna concreta: *siempre andas con que si te pega fulano o te enfadas con mengano.* **SIN.** fulano, zutano, perengano.

menguante *[adj.inv. en gén.]* que está haciéndose más pequeño: *luna menguante; fase menguante.* **SIN.** decreciente. ■ **cuarto menguante**, fase de la luna en la que disminuye la parte iluminada que vemos desde la Tierra; comienza al final de la fase de *luna llena* y termina con la *luna nueva.*

menguar *[v.]* hacerse más pequeño, más corto o menos intenso: *el jersey de lana ha menguado al lavarlo; los días menguan cuando las noches crecen; el fuego fue menguando hasta extinguirse.* **SIN.** decrecer, disminuir, reducirse. **ANT.** aumentar, crecer. **OBS.** ante e, gü: *mengüen.* **FAM.** menguante, mengua, menguadamente.

menhir *[n.m.]* monumento prehistórico que es una piedra grande y alta puesta verticalmente en el suelo.

meninge *[n.f.]* cada una de las membranas que envuelven el encéfalo y la médula espinal: *la meningitis es la inflamación de las meninges.* **FAM.** meningitis, meníngeo.

menisco *[n.m.]* cartílago* que está en la articulación de la rodilla y facilita su movimiento: *una rotura de menisco.*

menor *[adj.inv. en gén.]* **1** que es más pequeño o menos importante, o tiene menos edad que otro con el que se está comparando: *su habitación es menor que la tuya; su hermana es menor que él.* **SIN.** más pequeño. **ANT.** mayor, más grande. **GRAM.** es el *comparativo de inferioridad* del adjetivo *pequeño.* **2** que, de todos, es el más pequeño, el menos importante o el que tiene menos edad: *Ciudad del Vaticano es el menor de todos los estados.* **GRAM.** es el *superlativo relativo* del adjetivo *pequeño.* TAMBIÉN *n.: eligió la menor; el menor de la clase.* ■ **menor de edad**, que no ha cumplido los años que la ley exige para tener mayoría* de edad. **FAM.** minoría, minoritario, minorista, minúscula, minúsculo, minorar, minoración, minorativo. **COMP.** aminorar, pormenor.

menorquín, menorquina *[adj.]* **1** de Menorca, isla española situada en el mar Mediterráneo y cuya capital es Mahón: *Mahón y Ciudadela son ciudades menorquinas; un niño menorquín.* TAMBIÉN *n.*: *los menorquines hablan catalán.* // **menorquín** *[n.]* 2 dialecto* catalán que se habla, además del español, en la isla de Menorca.

menos *[adv. de c.]* 1 en menor cantidad o intensidad, o menor número de personas, animales o cosas materiales o inmateriales: *ponle menos comida; hoy hay menos niñas; con menos mosquitos se estaría más a gusto; quiero menos papeles; así tienes menos posibilidades.* **ANT.** más. // **menos** *[adv. comp.]* 2 forma el grado *superlativo relativo* de los adjetivos *calificativos* (*el niño menos caprichoso*) y es primer término del *comparativo de inferioridad*, aunque no aparezca el segundo término (*esta lámpara da menos luz que aquella; hoy ha llovido menos que ayer*). // **menos** *[prep.]* 3 sin incluir o sin tener en cuenta lo que se dice: *te dejo todo menos la bici; le gustan todas las películas menos las de terror.* **SIN.** excepto, salvo, a excepción de. **ANT.** incluso. // **menos** *[n.m.]* 4 signo matemático de la resta, que se representa por *"–"*: *pon un menos.* ■ **los menos**, la minoría: *los que lo saben son los menos.* ■ **sus más y sus menos**, VER *más.* ■ **ni más ni menos**, VER *más.* ■ **menos mal**, ¡qué bien!: *menos mal que has venido.* ■ **al menos** o **por lo menos**, como mínimo, como poco: *esto cuesta, al menos, 350 euros.* ■ **más o menos**, VER *más.*

menospreciar *[v.]* no dedicarle a algo o alguien la atención, el cariño o el respeto que merece, por creer que tiene menos importancia o menos valor del que tiene en realidad: *estos niños menosprecian los juguetes porque tienen demasiados.* **SIN.** despreciar, desdeñar, hacer de menos. **AF.** subestimar, infravalorar. **ANT.** apreciar, valorar. **FAM.** menosprecio, menospreciable, menospreciablemente, precio.

mensaje *[n.m.]* 1 idea que se expresa, muchas veces con pocas palabras o pocas imágenes, para que alguien se entere: *los anuncios de productos en venta son mensajes publicitarios; en la manifestación llevaban pancartas con mensajes políticos; le dejó un mensaje en el contestador.* 2 escrito, palabras o imágenes con que se expresa una idea o se da un aviso: *ya recibí tu mensaje.* **AF.** nota, recado, aviso, comunicación. **FAM.** mensajero, mensajería.

mensajero, mensajera *[n.]* persona o animal que lleva mensajes o paquetes: *le envió el libro por un mensajero.* **SIN.** recadero. **AF.** correo. TAMBIÉN *adj.*: *paloma mensajera.*

menstruación *[n.f.]* sangre que expulsan por la vagina las mujeres y las hembras de algunos animales una vez al mes, y que procede de la maduración de los óvulos. **SIN.** mes, periodo, regla, menstruo. **FAM.** menstrual, menstruar, menstruante, menstruo.

mensual *[adj.inv. en gén.]* que dura un mes, vale durante un mes o se hace (o pasa) una vez al mes: *un abono mensual de autobús; hace un informe mensual sobre su trabajo; pago mensual.* **FAM.** mensualidad, mensualmente, mes. **COMP.** bimensual.

mensualidad *[n.f.]* dinero que se paga (o se cobra) una vez al mes por algún servicio o por algo que se ha comprado a plazos: *la mensualidad por el alquiler era de 25.000 pesetas (150,25 euros); pagó tres mensualidades.*

mensurar *[v.]* medir.

menta *[n.f.]* planta de hojas pequeñas que tiene un olor fuerte y agradable y se emplea como condimento, para hacer infusiones, para dar sabor a algunas bebidas, etc.: *toma té con menta.* **FAM.** mentol, mentolado.

mental *[adj.inv. en gén.]* de la mente (*una enfermedad mental; una proceso mental; fuerza mental; actividad mental*) o que se hace con la mente (*cálculo mental; análisis mental*).

mentalidad *[n.f.]* forma de pensar que tiene una persona o un grupo de personas sobre las cosas de la vida, y que influye en su comportamiento y en la manera de juzgar a los demás: *su familia tiene una mentalidad muy anticuada; mentalidad liberal, práctica, idealista...*

mente *[n.f.]* 1 conjunto de las actividades del cerebro: *es una persona de mente despierta; el razonamiento y la memoria son actividades de la mente humana.* **AF.** entendimiento, pensamiento. 2 conjunto de todas las cosas que uno sabe o ha pensado y de las que uno se da cuenta: *quítate esa idea de la mente; ¿te crees que puedes leer la mente de los demás?* **SIN.** pensamiento, cabeza. **FAM.** mental, mentalmente, mentalidad. **COMP.** demencia.

mentir *[v.]* decir algo que uno sabe que no es verdad, para que otros crean que lo es: *min-*

tió al decir que no había estado allí. **SIN.** faltar a la verdad. **AF.** engañar. **ANT.** decir la verdad. **CONJUG.** como *sentir**. **FAM.** mentira, mentiroso, mentirijillas, mentirosamente. **COMP.** desmentir.

mentira *[n.f.]* lo que se dice sabiendo que no es verdad: *no le gusta decir mentiras.* **SIN.** falsedad, embuste, trola, bola. **ANT.** verdad. **AMPL.** una ***patraña*** es una noticia inventada y un ***farol*** una mentira dicha para darse importancia.

mentiroso, mentirosa *[adj.]* que dice muchas mentiras: *no la creas porque es muy mentirosa.* **SIN.** embustero, trolero, bolero, falsario. TAMBIÉN *n.*: *nadie cree a los mentirosos.*

mentís *[n.m.]* algo que se dice o se hace y que demuestra claramente que algo es mentira. **PL.** mentís.

mentón *[n.m.]* parte de la cara que está debajo de la boca: *se golpeó el mentón con la mesa.* **SIN.** barbilla, mamola. **PL.** *mentones.*

menú *[n.m.]* conjunto de platos de cocina que se preparan para cada comida: *le gustó mucho el menú de la cena; un menú a base de verduras y carnes.* **AF.** comida, platos. ■ **menú del día**, conjunto de platos que ofrece un restaurante por un precio total que es inferior a la suma de cada uno de ellos por separado. **AMPL.** la ***carta*** es la lista de los platos que preparan en los restaurantes con el precio de cada uno. **PL.** *menús.*

menudo, menuda *[adj.]* 1 pequeño: *parte la cebolla en trozos menudos.* **SIN.** pequeño, chico. **INTENS.** diminuto, minúsculo. **ANT.** enorme. 2 en frases exclamativas indica mucha importancia, intensidad, tamaño, etc.: *¡menudo jaleo!; ¡menuda casa!* // **menudos** *[n.m.pl.]* 3 órganos internos de los animales que se cocinan para comer: *menudos de pollo.* **SIN.** menudillos. ■ **a menudo**, muchas veces. **SIN.** frecuentemente, con frecuencia. **FAM.** menudencia, menudillo, menudear, menudeo.

meñique *[n.m.]* dedo más pequeño de la mano: *lleva un anillo en el meñique izquierdo.* TAMBIÉN *adj.*: *dedo meñique.*

mequetrefe *[n.m.]* hombre de poca eficacia y seriedad, que no inspira confianza: *no le hagas mucho caso, que es un mequetrefe.* **SIN.** petimetre, chisgarabís, cantamañanas. **AF.** majadero.

mercader *[n.m.]* hombre que se dedica a comprar y vender mercancías: *un mercader de frutas.* **SIN.** comerciante.

mercado *[n.m.]* 1 reunión de vendedores en un sitio para vender sus mercancías: *los martes hay mercado de verduras.* **AMPL.** el mercado de ganado también se llama ***feria***. 2 sitio donde se ponen varios vendedores o donde están siempre los mismos vendedores de distintos productos: *siempre compra la fruta y la carne en el mercado.* **SIN.** plaza. **AMPL.** puede ser dentro de un edificio (*mercado de abastos*), en la calle (*mercadillo*) o en un recinto al aire libre (*mercado de ganado*); el mercado de pescado donde venden los pescadores cuando llegan del mar se llama ***lonja***. **FAM.** mercancía, mercader, mercadear, mercadería, ***mercar*** (comprar), mercantil, mercantilismo, mercantilista, mercantilizar, mercante, mercaduría.

mercancía *[n.f.]* cosas para vender: *vendió toda la mercancía que tenía en el almacén.* **SIN.** productos, género, artículos, existencias.

mercante *[adj.inv. en gén.]* que se dedica al transporte de mercancías o está relacionado con él: *un barco mercante; marina mercante.*

mercantil *[adj.inv. en gén.]* que se dedica a comprar y vender o está relacionado con estas actividades: *una sociedad mercantil; derecho mercantil.* **SIN.** comercial.

mercar *[v.]* comprar. **OBS.** ante e, qu: *merquen.* **FAM.** mercado.

mercería *[n.f.]* tienda donde se venden cosas relacionadas con la costura y ropa interior: *los hilos y los botones se compran en las mercerías.* **FAM.** mercero.

mercurio *[n.m.]* metal del color de la plata, que pesa mucho (más que el plomo) y a temperatura normal es líquido: *muchos termómetros marcan la temperatura con el nivel al que llega el mercurio que tienen dentro.* **OBS.** la palabra *mercurio*, como nombre propio (se escribe con mayúscula), es el nombre del planeta que está más cerca del Sol.

merecer *[v.]* ser tan bueno como para que valga lo que se dice a continuación: *su novela merecía el primer premio; no merece ni las gracias; la formación de los hijos merece todos los es-*

fuerzos que haya que hacer. **SIN.** ser digno de. **AF.** valer, ganarse. **ANT.** desmerecer. **CONJUG.** como *crecer**. **FAM.** merecido, merecimiento, merecedor, merecidamente, mérito. **COMP.** desmerecer, desmerecimiento.

merecido, merecida *[adj.]* 1 que uno se lo merece: *un castigo merecido; una merecida recompensa; vacaciones merecidas.* **AF.** justo. // **merecido** *[n.m.]* 2 castigo justo que uno se merece: *los ladrones recibieron su merecido.* **SIN.** castigo. **ANT.** premio.

merendar *[v.]* tomar algún alimento a media tarde: *meriendan cuando salen del colegio.*

CONJUGACIÓN DEL VERBO MERENDAR

Formas no personáles
Infinitivo: *merendar*. Gerundio: *merendando*. Participio: *merendado*.
Indicativo
Presente: *meriendo, meriendas, merienda, merendamos, merendáis, meriendan.*
Pretérito perfecto simple: *merendé, merendaste, merendó, merendamos, merendasteis, merendaron.*
Futuro: *merendaré, merendarás, merendará, merendaremos, merendaréis, merendarán.*
Condicional simple:
merendaría, merendarías, merendaría, merendaríamos, merendaríais, merendarían.
Subjuntivo
Presente: *meriende, meriendes, meriende, merendemos, merendéis, merienden.*
Pretérito imperfecto: *merendara/merendase, merendaras/merendases, merendara/merendase, merendáramos/merendásemos, merendarais/merendaseis, merendaran/merendasen.*
Futuro: *merendare, merendares, merendare, merendáremos, merendareis, merendaren.*
Imperativo:
merienda, meriende, merendemos, merendad, merienden.

merendero *[n.m.]* 1 lugar en el campo preparado con mesas y bancos (y a veces parrillas) para poder merendar: *paramos en un merendero junto al río.* 2 establecimiento público al aire libre donde se sirven comidas y bebidas: *hay un merendero junto a la carretera.*

merengue *[n.m.]* dulce blanco y suave que se hace batiendo mucho claras de huevo y poniéndole azúcar: *adornó la tarta con merengue.* **FAM.** merengado, merengar.

meridiano *[n.m.]* línea trazada del polo norte al polo sur de la Tierra. **AMPL.** los meridianos son líneas imaginarias; se ha tomado como *meridiano 0°* el que pasa por el observatorio de *Greenwich*, ciudad inglesa cercana a Londres; según se mira un globo terráqueo, lo que queda a la derecha, entre el meridiano *0°* y el meridiano *180°* se llama ***hemisferio este*** y lo que queda a la izquierda, ***hemisferio oeste***; los meridianos sirven para localizar un punto en la superficie de la Tierra (VER *ecuador*) y para marcar la diferencia de horario entre unos sitios y otros: el espacio que queda entre dos meridianos que están a *15°* se llama ***huso horario*** y en él todos los sitios tienen la misma hora porque el Sol pasa por ellos con poca diferencia de tiempo; cada 15 grados hacia el este se cuenta una hora más y cada 15 grados al oeste, una hora menos; la Península Ibérica se rige por el *meridiano 0°* y Canarias por el *meridiano 15° oeste* y por eso se dice siempre *"una hora menos en Canarias"*. **FAM.** meridional.

meridional *[adj.inv. en gén.]* del sur: *la España meridional es muy seca.* **SIN.** austral. **AF.** sureño. **ANT.** septentrional.

merienda *[n.f.]* lo que se come a media tarde: *una merienda a base de fruta.* **FAM.** merendar, merendero, merendola, merendona.

mérito *[n.m.]* 1 valor especial que tiene lo que demuestra mucho esfuerzo, inteligencia, ingenio, habilidad, creatividad, etc. y que no todo el mundo tiene o es capaz de dedicarle a algo: *trabajar, estudiar y atender una casa a la vez tiene mérito; el descubrimiento de la electricidad es un hecho de mucho mérito.* **SIN.** merecimiento, valor. **ANT.** demérito. 2 trabajos, estudios o servicios que tienen un valor determinado para conseguir algunos trabajos: *los años de servicio son un mérito para ascender en algunos puestos.* **FAM.** meritorio, meritoriamente, merecer. **COMP.** demérito.

merluza *[n.f.]* pez que vive en el mar, puede llegar a medir hasta un metro de largo, tiene la piel gris plateada, con escamas, y la carne blanca y suave. **FAM.** merluzo.

mermar *[v.]* hacerse más pequeño: *la carne merma cuando se asa* (**SIN.** reducirse, disminuir, menguar. **ANT.** aumentar, crecer)*; la lana merma si se lava con agua caliente* (**SIN.** menguar, encoger. **ANT.** estirarse, darse de sí). **FAM.** merma.

mermelada *[n.f.]* alimento que se prepara cociendo fruta con azúcar: *mermelada de fresa.* **AMPL.** la ***confitura*** se hace cociendo la fruta con azúcar y agua, la ***jalea***, que es casi transparente, cociendo sólo el zumo de la fruta hasta que queda como una gelatina; la ***compota*** se hace cociendo la fruta con agua y azúcar sólo hasta que se ablanda, y el ***dulce***, cociendo fruta y azúcar hasta que la fruta se deshace del todo y queda una pasta muy espesa que, al enfriarse, se hace sólida.

mero *[n.m.]* pez que vive en el mar, puede medir hasta un metro de largo, tiene el cuerpo ancho y ovalado, la piel fuerte, de color amarillo oscuro por arriba y blanco por debajo y la carne blanca: *dice el refrán que del mar el mero y de la tierra el cordero, porque las dos son carnes buenas.*

mes *[n.m.]* cada una de las doce partes en que dividimos el año: *enero es el primer mes del año y diciembre el último.* **FAM.** mesada, mensual. **COMP.** bimestral, trimestre, semestre.

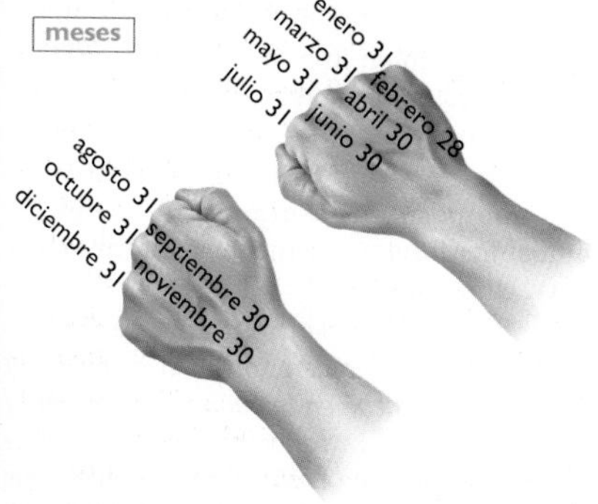

mesa *[n.f.]* mueble formado por una superficie lisa de cualquier material rígido que está apoyada en varias patas o en un pie: *una camilla es una mesa redonda con cuatro patas y un agujero abajo para colocar un brasero.* ■ **mesa redonda**, reunión de personas para hablar de algún tema concreto. ■ **poner la mesa**, colocar en la mesa las cosas necesarias para comer. **FAM.** mesilla, comensal, meseta, meseteño, mesetero, ***mesero*** (camarero que sirve las mesas). **COMP.** sobremesa.

mesero, mesera *[n.m.]* camarero que sirve las mesas.

meseta *[n.f.]* llanura situada a mucha altura sobre el nivel del mar: *Castilla está situada en una gran meseta de entre 600 y 700 metros de altitud.*

mesías *[n.m.]* **1** según las profecías de la Biblia, el que vendrá para salvar al mundo y establecer en él el reino de Dios. **2** persona capaz de solucionar los males de la humanidad o de una sociedad. **AF.** redentor. **FAM.** mesiánico, mesianismo.

mesón *[n.m.]* tipo de restaurante de estilo rústico donde se preparan comidas caseras. **PL.** *mesones.* **FAM.** mesonero.

mesonero, mesonera *[n.]* persona que es dueña de un mesón. **AF.** ventero, posadero.

mestizo, mestiza *[adj.]* **1** que sus padres son de distinta raza: *en Sudamérica hay mucha población mestiza; un niño mestizo de padre indio y madre blanca.* TAMBIÉN *n.*: *una mestiza.* **AMPL.** dependiendo de las razas de sus padres, el mestizo recibe distintos nombres: ***zambo***, si sus padres son uno negro y otro indio y ***mulato***, si son uno blanco y otro negro. **2** que es el resultado de la mezcla de dos culturas diferentes: *música mestiza.* **FAM.** mestizaje.

meta *[n.f.]* **1** sitio al que tienen que llegar los participantes de una carrera y que es donde la carrera acaba: *los atletas llegaron a la meta muy distanciados.* **SIN.** final, llegada. **2** portería de fútbol: *metió el balón en su propia meta.* **SIN.** portería. **3** cosa que se quiere conseguir: *se puso como meta acabar la carrera en tres años.* **AF.** objetivo, finalidad.

MESES DEL AÑO						
nombre	enero	febrero	marzo	abril	mayo	junio
nº de días	31	28 / 29	31	30	31	30
julio	agosto	septiembre	octubre	noviembre	diciembre	**nombre**
31	31	30	31	30	31	**nº de días**

metabolismo *[n.m.]* conjunto de las transformaciones que las células de los organismos vivos van haciendo con los alimentos para mantener la vida: *gracias al metabolismo el cuerpo asimila los alimentos y elimina los residuos.* **FAM.** metabólico.

metáfora *[n.f.]* lo que se hace al darle a una cosa el nombre de otra con la que tiene algún parecido: *en poesía se usan muchas metáforas para conseguir imágenes bonitas.* **SIN.** tropo. **AF.** imagen, figura poética. **AMPL.** una metáfora es como una comparación en la que no se explica que se está comparando, porque ya se entiende; por ejemplo, *su mirada iluminaba* puede querer decir que tenía los ojos tan brillantes como la luz y *ese chaval es una ardilla* significa que se mueve con tanta rapidez y agilidad como las ardillas; cuando al hablar se utilizan metáforas se dice que se habla en *sentido figurado* o con *lenguaje metafórico.* **FAM.** metafórico, metafóricamente, metaforizar.

metal *[n.m.]* cuerpo simple que está en la corteza terrestre, puro o mezclado con otras sustancias, y que se caracteriza por ser conductor del calor y la electricidad y por tener un brillo especial que no tienen los demás materiales: *el hierro y el plomo son metales.* ■ **metal precioso**, metal que no cambia de aspecto, es caro y se utiliza en la fabricación de joyas: *el oro y la plata son metales preciosos.* **FAM.** metálico, metalizar, metalurgia, metalúrgico, metalización, metalismo. **COMP.** bimetalismo.

metálico, metálica *[adj.]* de los metales (*brillo metálico*), hecho con un metal (*ventanas metálicas*) o que parece de metal (*aspecto metálico*). ■ **en metálico**, con dinero, en efectivo*.

metalurgia *[n.f.]* industria que se dedica a separar los metales de los minerales con los que están mezclados y a trabajar el metal para hacer cosas con ellos: *la metalurgia del hierro es muy importante en el norte de España.* **AMPL.** de extraer de la corteza terrestre los minerales con los que están mezclados los metales se encarga la *minería.*

metalúrgico, metalúrgica *[adj.]* que se dedica a la metalurgia (*empresa metalúrgica; sector metalúrgico*) o que está relacionado con ella (*técnicas metalúrgicas*). TAMBIÉN *n.*: *los metalúrgicos hicieron una huelga.*

metamorfosis *[n.f.inv. en núm.]* 1 conjunto de los cambios por los que pasan algunos animales en el desarrollo de su cuerpo, desde que nacen hasta que son adultos, que es cuando alcanzan su forma definitiva: *las polillas y las ranas sufren metamorfosis.* 2 cambio muy fuerte que se da en algo o en alguien, de manera que pasa a ser otra cosa o una persona de otro tipo: *una metamorfosis de varios años convirtió el pueblo de pescadores en una ciudad turística; su carácter ha sufrido una metamorfosis.* **SIN.** mutación, alteración, transformación, cambio. **FAM.** metamorfosear, metamórfico, metamorfismo.

meteorismo *[n.m.]* acumulación de gases en el intestino.

meteorito *[n.m.]* trozo de materia sólida que cae desde el espacio sobre la Tierra: *la caída de un meteorito formó un gran cráter en el desierto.* **SIN.** aerolito. **AMPL.** las ***estrellas fugaces*** son meteoritos que al chocar con la atmósfera se desintegran y forman una estela luminosa.

meteoro *[n.m.]* cualquier fenómeno de los que se producen en la atmósfera. **FAM.** meteorito, meteorología, meteorológico, meteorólogo, meteorización.

meteorología *[n.f.]* ciencia que estudia todo lo que pasa en la atmósfera, como los vientos, las lluvias, la nieve, las tormentas, etc. **AF.** climatología.

meter *[v.]* 1 poner dentro lo que está fuera: *mete el dedo en el agujero; metió el balón en la portería; mete al bebé en la cuna y al perro en la caseta.* **SIN.** poner, introducir. **ANT.** sacar. TAMBIÉN *prnl.: se metió en casa; el polvo se mete por todas las rendijas.* **SIN.** entrar, introducirse. **ANT.** salir. 2 hacer que haya algo o que alguien sienta algo: *deja de meter ruido* (**SIN.** producir, hacer)*; le metió miedo* (**SIN.** producir, provocar)*; no le metas prisas.* 3 estrechar o acortar una prenda de vestir o una parte de ella: *métele el bajo al pantalón.* // **meterse** *[v.prnl.]* 4 empezar a dedicarse a algo nuevo: *se metió fraile.* **SIN.** hacerse. 5 empezar a tomar parte en algo o ponerse a hacer algo: *se metió en la conversación y dijo cosas interesantes* (**SIN.** intervenir)*; se metió a arreglarlo y lo estropeó más* (**SIN.** ponerse)*; no te metas en lo que no te importa* (**SIN.** inmiscuirse, entrometerse). 6 hacer o decir algo para que alguien se enfade: *siempre se mete con los más pequeños.* **SIN.** picar. **AF.** molestar, incordiar. ■ **meter la pata**, confundirse, o hacer o decir algo que molesta o perjudica. ■ **meterse en camisas de once varas**, ponerse a hacer algo que uno no sabe hacer. ■ **meterse en harina**, empezar a trabajar en serio, concentrándose mucho. ■ **meterse en sí mismo**, dejar de tratar con los demás. ■ **a todo meter**, con mucha prisa o con mucho lujo. **FAM.** metedura, metimiento, meticón. **COMP.** entremeter, entrometido, arremeter, cometer, prometer, someter.

método *[n.m.]* 1 manera de hacer algo, siguiendo unas normas y un orden concretos y utilizando unos materiales, unos productos o unos aparatos determinados: *te resultará más fácil si siempre sigues el mismo método; un método de trabajo, educativo, de fabricación...* **SIN.** sistema, procedimiento. 2 libro, vídeo, etc. que enseña una materia siguiendo un orden determinado: *un método de inglés por correspondencia.* **FAM.** metódico, metódicamente.

metralleta *[n.f.]* arma de fuego portátil que dispara muchas balas seguidas, sin tener que cargarla entre un disparo y otro. **SIN.** ametralladora. **FAM.** metrallazo, metralla. **COMP.** ametralladora.

métrica *[n.f.]* estudio y normas que han de seguirse para hacer versos, medir sus sílabas, establecer su rima y formar los distintos tipos de estrofas: *en clase de literatura se estudia métrica.*

métrico, métrica *[adj.]* que está relacionado con el metro (unidad de medida): *sistema métrico decimal.*

metro *[n.m.]* 1 unidad de medida de longitud en el sistema métrico decimal. **AMPL.** antiguamente se definía como la diezmillonésima parte de un cuadrante de meridiano terrestre y se tomaba como referencia una barra metálica (de platino e iridio) que se llamaba ***metro patrón*** y se guardaba en el Museo de Pesas y Medidas de París; en la actualidad se define como la longitud recorrida en el vacío por un rayo de láser en un tiempo determinado (0,00000000333 segundos) porque los avances de la ciencia han exigido mayor rigor y precisión. 2 tren que va por debajo de las calles de una ciudad para llevar pasajeros de unos sitios a otros: *las estaciones de metro de Méjico son muy bonitas.* **SIN.** ferrocarril metropolitano, metropolitano. ■ **metro cuadrado**, unidad de superficie que se escribe *m^2* y que equivale a un cuadrado que mide un metro de lado. ■ **metro cúbico**, unidad de volumen que se escribe *m^3* y equivale a lo que ocupa un cubo que tiene un metro de largo, un metro ancho y un metro de alto. **FAM.** metraje, métrico. **COMP.** centímetro, decámetro, decímetro, hectómetro, kilómetro, milímetro, simetría.

metropolitano, metropolitana *[adj.]* 1 de la ciudad y sus barrios: *centro metropolitano.* // **metropolitano** *[n.m.]* 2 tren que va por debajo de las calles de las grandes ciudades. **SIN.** metro.

mexicano, mexicana *[adj.]* mejicano* (de Méjico). **OBS.** la *x* se pronuncia como si fuera una *j*.

mezcla *[n.f.]* unión de dos o más cosas cuyo resultado es otra cosa distinta: *la mezcla de azul y amarillo da verde.* **SIN.** unión, combinación. **AMPL.** la mezcla que se hace fundiendo metales se llama ***aleación***.

mezclar *[v.]* 1 poner juntas dos o más cosas para que quede otra distinta o para que queden en distinto orden: *mezcla en un tazón aceite, sal y vinagre* (**SIN.** unir)*; mezcla bien las cartas de la baraja* (**SIN.** entremezclar). 2 juntar o relacionar cosas o personas que tienen que estar separadas: *mezcló los periódicos con los papeles de la oficina; mezcla las ideas de tal manera que no entiende nada.* **SIN.** entremezclar. TAMBIÉN *prnl.: se mezcla con todo tipo de gente.* **FAM.** mezcla, mezcladamente, mezclador, mezclamiento.

mezquino, mezquina *[adj.]* que demuestra mucho egoísmo hasta en los detalles más pequeños, con tal de no perder nada que le interese y sin tener en cuenta cosas más importantes o que puedan interesarle a los demás: *una persona mezquina no sabe lo que es la generosidad; comportamiento mezquino; actitud mezquina.* **SIN.** ruin, miserable. **AF.** egoísta, interesado. **ANT.** generoso, desinteresado. **FAM.** mezquindad, mezquinamente.

mezquita *[n.f.]* templo construido para celebrar actos religiosos musulmanes: *la mezquita de Córdoba es una joya del arte árabe.*

mi *[adj.inv. en gén.]* 1 de la persona que habla: *mi padre; mi habitación.* **GRAM.** es forma apocopada del adjetivo posesivo de primera persona de singular para masculino y femenino, cuando se trata de un poseedor y un sólo objeto poseído; se usa siempre delante del nombre y tiene función de determinante. // **mi** *[n.m.]* 2 tercera nota de la escala musical: *dio un mi.* **OBS.** con acento (*mí*) sería pronombre personal.

mi

La nota mi en clave de sol y en clave de fa.

mí *[pron.]* pronombre personal de primera persona de singular invariable en género, que siempre va precedido de preposición y tiene función de complemento indirecto: *dámelo a mí; a mí no me gusta.* **OBS.** sin acento (*mi*) sería posesivo o nota musical.

mica *[n.f.]* mineral muy blando, formado por láminas delgadas, elásticas y brillantes: *el granito está formado por cuarzo, feldespato y mica.*

micra *[n.f.]* millonésima parte del metro.

micro- prefijo que significa *pequeño* o *millonésima parte.*

microbio *[n.m.]* ser vivo tan pequeño que sólo se puede ver a través de un microscopio: *las bacterias y los bacilos son microbios.* **SIN.** microorganismo. **FAM.** microbiano, microbiológico, microbiólogo.

micrófono *[n.m.]* aparato eléctrico o electrónico que sirve para aumentar la intensidad de los sonidos o para que los sonidos lleguen a aparatos que están lejos: *en la sala de las Cortes hay un micrófono para cada parlamentario; en los estudios de televisión se habla a través de micrófonos para que el sonido llegue a los televisores.* **SIN.** micro.

microondas *[n.m.inv. en núm.]* especie de horno que descongela, calienta y cocina los alimentos por medio de ondas electromagnéticas.

microscópico, microscópica *[adj.]* que es tan pequeño que sólo se puede ver a través de un microscopio*: *los glóbulos rojos son microscópicos.*

microscopio *[n.m.]* aparato que sirve para poder ver cosas tan pequeñas que no se pueden ver a simple vista ni con lupas normales: *a través de un microscopio se pueden ver los componentes de la sangre.* **FAM.** microscópico.

microscopio

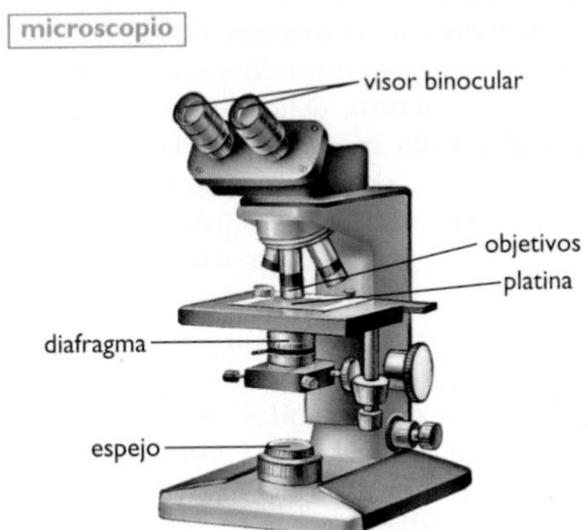

miedo *[n.m.]* 1 sensación angustiosa que siente quien piensa que puede pasar algo malo: *tiene miedo a la oscuridad; los sitios desconocidos le dan miedo; las personas muy severas le inspiran miedo.* **SIN.** temor*. 2 lo que siente quien cree que algo que le importa mucho puede salir mal: *tiene miedo de no saber hacerlo.* **AF.** desconfianza, recelo. **FAM.** miedoso, mieditis.

miedoso, miedosa *[adj.]* que tiene miedo de muchas cosas: *es tan miedoso que no va solo a ningún sitio.* **SIN.** miedica. **AF.** asustadizo.

miel *[n.f.]* sustancia muy dulce, espesa y pegajosa que producen las abejas: *endulza la leche con miel.* **SIN.** si se calienta mucho la miel y se mete enseguida en agua fría, queda una pasta correosa que se llama ***melcocha*** o ***arropía***. **FAM.** meloso, melero, melosidad.

miembro *[n.m.]* 1 cada una de las partes del cuerpo humano o animal que salen del tronco: *los brazos y las piernas son miembros del cuerpo.* 2 persona que pertenece a un grupo: *es miembro de un club de ciclismo.* **AF.** socio. 3 cualquiera de las expresiones matemáticas separadas por el signo igual: *en "3+7=10", el primer miembro es "3+7" y el segundo "10".* **SIN.** término. **FAM.** membrudo. **COMP.** desmembrar, desmembramiento.

mientras *[adv. de t.]* 1 durante el tiempo en que pasa lo que se dice: *mientras lo arreglas iré* *a la compra; lee el periódico mientras desayuna.* **SIN.** al mismo tiempo que, a la vez que. // **mientras** *[conj. temporal]* 2 hasta que pase lo que se dice: *lee un poco mientras yo termino esto.* **SIN.** entre tanto. TAMBIÉN se dice ***mientras tanto***. ■ **mientras que**, por el contrario, en cambio: *nosotros estudiaremos mientras que ellos irán al cine.*

miércoles *[n.m.inv. en núm.]* día de la semana que va entre el martes y el jueves.

miga *[n.f.]* 1 trocito pequeño de algo, sobre todo si es un alimento: *quita las migas de pan del mantel; una tortilla de migas de atún.* 2 parte blanda del pan: *le gusta más la miga que la corteza.* **SIN.** molledo. ■ **hacer buenas migas** con alguien, llevarse bien. **SIN.** congeniar, entenderse. **FAM.** migaja, migar, miguero. **COMP.** desmigar, desmigajar.

migaja *[n.f.]* trocito pequeño de algo que ya no vale o que uno no quiere: *échale unas migajas de pan a los pájaros.*

migración *[n.f.]* 1 movimiento de gente que se va a vivir y a trabajar a otro sitio, normalmente porque donde nació no encuentra el trabajo que necesita: *hay migración entre los países pobres y los ricos y entre los pueblos y las ciudades.* **AMPL.** cuando a un sitio va gente de otro, se dice que en él hay ***inmigración***; si la gente se va de él a otro, hay ***emigración***. 2 viaje que muchos animales hacen periódicamente buscando el clima que necesitan o para poner los huevos en un sitio determinado: *muchas aves comienzan la migración hacia el sur en otoño.* **FAM.** migratorio. **COMP.** emigrar, inmigrar, transmigrar.

mil *[num.]* es el numeral cardinal correspondiente al número 1.000. **FAM.** millar, milenio, milla, milenario, milésimo, miliario, millardo.

milagro *[n.m.]* 1 cosa que pasa (o hace alguien) sin que se cumplan las leyes de la naturaleza: *sería un milagro que un muerto resucitara; según la Biblia, Jesucristo hacía milagros.* 2 cosa que pasa aunque pareciera que no podía pasar: *fue un milagro que al caerse no se rompiera.* **SIN.** prodigio. ■ **hacer milagros**, hacer mucho más de lo que se puede. ■ **de milagro**, por muy poco, por los pelos. **FAM.** milagroso, milagrosamente, milagrero, milagrería.

milagroso, milagrosa *[adj.]* 1 que no se puede explicar con la razón y además resulta muy beneficioso: *curaciones milagrosas; remedios milagrosos.* **AF.** sobrenatural, mágico. 2 que pasa en el momento más apropiado y sin que uno se lo espere y resulta muy beneficioso: *su llegada, cuando nadie sabía qué hacer, fue milagrosa.*

milano *[n.m.]* ave grande, de pico corto y cola y alas muy largas, que tiene el plumaje rojizo en el cuerpo, gris claro en la cabeza y casi negro en las alas. **FAM.** ***amilanar*** (acobardar), amilanamiento.

milenario, milenaria *[adj.]* que tiene más de mil años: *el acueducto de Segovia es un monumento milenario.*

milenio *[n.m.]* periodo de tiempo de mil años: *estamos entrando en el tercer milenio de la era cristiana.*

milésimo, milésima *[num.]* es el numeral ordinal y fraccionario correspondiente al cardinal mil.

milicia *[n.f.]* 1 servicio militar obligatorio que tienen que hacer los varones de muchos países. **SIN.** mili. 2 actividad y profesión de los militares. **FAM.** miliciano.

miligramo *[n.m.]* cada una de las mil partes iguales en que se puede dividir un gramo.

mililitro *[n.m.]* cada una de las mil partes iguales en que se puede dividir un litro: *el litro es mayor que el mililitro porque contiene mil mililitros.*

milímetro *[n.m.]* cada una de las mil partes iguales en que se puede dividir un metro: *el milímetro es mil veces más pequeño que el metro.* **FAM.** milimétrico, milimétricamente, milimetrado, milimetrar, metro.

militante *[n.inv. en gén.]* 1 persona que vive de acuerdo con unas ideas y las defiende siempre que tiene oportunidad: *una militante del feminismo.* TAMBIÉN *adj.*: *un católico militante.* 2 persona que pertenece a un partido político: *hay partidos que tienen muchos militantes.* **SIN.** afiliado.

militar *[n.inv. en gén.]* 1 persona que forma parte de un ejército: *un coronel es un militar.* // **militar** *[adj.inv. en gén.]* 2 que es del ejército (*armas militares*), lo usa la gente del ejército (*uniforme militar; campamento militar*) o se ha hecho para el ejército (*música militar*). **SIN.** castrense. // **militar** *[v.]* 3 formar parte de un grupo de personas que defienden unas ideas determinadas: *milita en un partido político.* **FAM.** militarismo, militarista, militarizar, militarización, militarmente, militante. **COMP.** desmilitarizar.

milla *[n.f.]* 1 medida de longitud que equivale a 1.852 m y se utiliza para medir las distancias en el mar: *están a tres millas de la costa.* TAMBIÉN se llama ***milla marítima*** y ***milla marina***. **AMPL.** la velocidad de las embarcaciones se mide en ***nudos***, que equivalen a una milla por hora. 2 medida de longitud que equivale a 1.609 metros y se utiliza para medir distancias en la tierra: *los ingleses miden las distancias en millas y no en kilómetros.*

millar *[n.m.]* conjunto de mil unidades de algo: *un millar de ovejas; dos millares de personas.* **SIN.** mil.

millardo *[n.m.]* conjunto de mil millones: *la carretera costará un millardo.* **AMPL.** el millardo se representa con un 1 y nueve ceros (1.000.000.000).

millón *[n.m.]* conjunto de mil millares de unidades de algo: *un millón de euros; dos millones de besos; tres millones de personas.* **AMPL.** el número con el que se representa un millón es el formado por un uno y seis ceros (1.000.000). **FAM.** millonario, millonada, millonésimo.

millonario, millonaria *[adj.]* 1 que produce millones de euros, dólares, etc.: *acertó una quiniela millonaria; un negocio millonario.* 2 que tiene millones de euros, dólares, etc. o cosas que los valen: *una persona millonaria.* **AF.** rico. TAMBIÉN *n.*: *es un millonario.*

mimar *[v.]* 1 hacer caricias o cualquier demostración de cariño: *mímalo, que está triste.* 2 darle a alguien todo lo que quiere, aunque eso no sea bueno: *lo han mimado tanto que es un niño insoportable.* **SIN.** consentir, malcriar.

mimbre *[n.]* 1 arbusto de tallos amarillos y flexibles. **SIN.** vimbre, mimbrera. 2 tallo de esta planta, que se pela y se utiliza para hacer cestos y muebles: *un sillón de mimbre.* **OBS.** se usa como masculino o como femenino: *el mimbre; la mimbre.* **FAM.** mimbrear, mimbrera, mimbreño.

mimetismo *[n.m.]* característica que tienen algunos animales y plantas de cambiar la forma o el color y parecerse a otra especie, a una piedra, etc. para protegerse.

mímica *[n.f.]* conjunto de gestos que se hacen con el cuerpo, con la cara y con las manos: *no sabe idiomas, pero se entiende con mímica.* **SIN.** gesticulación. **FAM.** mimo, mímico, mimético, mimetismo.

mímico, mímica *[adj.]* que se hace con mímica: *lenguaje mímico; un espectáculo mímico.* **SIN.** gestual.

mimo *[n.m.]* 1 demostración de cariño: *quiere un poco de mimo; trata al niño con mucho mimo.* **AF.** ternura, caricias, cariño. 2 especial cuidado que se pone al manejar algo, para que no se estropee: *trata los libros con mimo.* **SIN.** cariño, delicadeza. 3 actor que interpreta a sus personajes con gestos y movimientos, sin decir ni una palabra: *en el parque actúa un mimo.* **OBS.** se dice *un mimo*, tanto si es un actor como si es una actriz. ■ **dar muchos mimos**, consentir todos los caprichos. ■ **hacer mimos**, hacer caricias, dar besos, etc., para demostrar cariño y comprensión. **FAM.** mimar, mimoso, mimosear, mimosamente.

mimoso, mimosa *[adj.]* que necesita que le demuestren cariño: *es tan mimoso que siempre quiere estar en brazos de su padre.*

mina *[n.f.]* 1 parte de la Tierra de donde el hombre saca los minerales y los metales que necesita: *una mina de oro; una mina de hierro.* **AMPL.** según donde se encuentren los minerales, el hombre construye distintos tipos de minas: para sacar los minerales que están en sitios muy profundos, hace minas ***de pozo***, excavando un túnel vertical que va desde la superficie hasta donde está el mineral; para sacar los minerales que están en lugares poco profundos, ***minas de galería***, que son túneles horizontales que van saliendo a la superficie; y para coger los minerales que están muy cerca de la superficie, minas ***a cielo abierto***, en las que se va retirando la tierra que está encima del mineral; los lugares de donde el hombre coge piedra (como mármol o granito) en grandes cantidades se llaman ***canteras***. 2 sitio en el que hay minerales: *han encontrado una mina de carbón.* **SIN.** yacimiento. **AMPL.** un ***filón*** es una masa de mineral o de metal que aparece rellenando una antigua grieta de las rocas. 3 barrita que va dentro de los lapiceros y los portaminas y que es lo que escribe: *afila la mina del lápiz.* **AMPL.** las minas que escriben de color negro son de un mineral que se llama ***grafito***. 4 bomba que se entierra en el suelo (o en el mar) y explosiona cuando se pisa o cuando un barco la toca: *el cuartel está rodeado de minas.* **AF.** bomba, explosivo. **AMPL.** también se llaman ***minas antipersonales***.

minar *[v.]* 1 poner explosivos en un sitio para destruir rocas o para que explosionen al pisarlas: *minaron la montaña para construir una carretera; han minado los alrededores del penal.* 2 ir destruyendo poco a poco: *las drogas minan la salud.* **SIN.** destruir, destrozar.

mineral *[n.m.]* 1 material *inorgánico* (sin vida) que forma parte de la corteza terrestre y que el hombre puede utilizar para distintas cosas: *el cuarzo, el mármol, el amianto, el diamante y la pirita son algunos de los muchísimos minerales que hay.* // **mineral** *[adj.inv. en gén.]* 2 de este tipo de materiales: *las rocas pertenecen al reino mineral; el organismo necesita vitaminas, proteínas y sustancias minerales.* **FAM.** mineralizar, mineralización, mineralogía, mineralógico, minar, mina, minero, minería.

minería *[n.f.]* 1 conjunto de actividades que forman parte del trabajo que consiste en extraer minerales de la corteza terrestre: *muchos pueblos viven de la minería.* 2 conjunto de las minas de una zona, de una región, de un país, etc.: *minería asturiana; minería leonesa.*

minero, minera *[adj.]* que tiene minas, que ocurre en las minas o que se dedica a la minería: *una región minera; un accidente minero; una familia minera.* TAMBIÉN *n.*: *los mineros usan cascos con potentes linternas para trabajar en las galerías.*

miniatura *[n.f.]* 1 pintura hecha con todo detalle sobre marfil, pergamino, chapas metálicas, etc., y que se caracteriza porque sus figuras son muy pequeñas: *la caja está decorada con miniaturas.* 2 cosa que representa, en tamaño muy pequeño, algo real: *colecciona miniaturas de muebles; los soldaditos de plomo son miniaturas.* ■ **en miniatura**, mucho más pequeño que el de la vida normal.

minifundio *[n.m.]* terreno pequeño dedicado a la agricultura de la que se puede sacar muy poca cosecha: *en Castilla hay muchos minifundios.* **ANT.** latifundio.

mínimo, mínima *[adj.]* 1 que mide poquísimo: *un coche mínimo; una mesa mínima.* **SIN.** diminuto, minúsculo. **ANT.** enorme. **OBS.** es la forma *superlativa* del adjetivo *pequeño.* 2 que tiene poquísima importancia: *una diferencia mínima; un interés mínimo.* **SIN.** insignificante, inapreciable, ínfimo. **ANT.** enorme. 3 que es lo más pequeño, menos importante o menos intenso que puede ser: *un cero es la calificación mínima; una iluminación mínima.* **ANT.** máximo. TAMBIÉN *n.m.: le pide un mínimo de respeto.* **SIN.** mínimum. **FAM.** mínimum, minimizar, minimización, miniatura, miniaturista, miniaturizar, minifundio, minifundista.

ministerio *[n.m.]* 1 cada una de las partes en las que un gobierno divide las distintas actividades de las que es responsable y que están a cargo de los ministros: *la sanidad, la educación, la justicia, la economía, las relaciones con otros países y la agricultura son responsabilidades de distintos ministerios.* TAMBIÉN se llama *ministerio* al edificio (o las oficinas) en que trabajan los responsables de cada ministerio (*te veré en el ministerio*) y al cargo de ministro (*le darán un ministerio*). 2 trabajo de algunas personas como los maestros y los sacerdotes: *lleva muchos años ejerciendo su ministerio en esta iglesia.* **SIN.** cargo, función.

ministro, ministra *[n.]* 1 persona elegida por el presidente del gobierno de un país para que dirija una parte de las actividades de gobierno: *fue ministro de Trabajo en la pasada legislatura.* // **ministro** *[n.m.]* 2 sacerdote: *ministro de Dios; ministro de una iglesia.* **FAM.** ministerio, ministerial, ministerialmente, ministrar, ministril. **COMP.** administrar, suministrar.

minorar *[v.]* aminorar, disminuir. **FAM.** menor.

minoría *[n.f.]* cantidad pequeña de un grupo o de un conjunto: *una minoría de los presentes prefirió marcharse; minoría de votos.* **ANT.** mayoría. ■ **minoría de edad**, la que tiene quien no ha cumplido la edad que exige la ley para tener ciertos derechos de independencia. ■ **ser minoría** o **estar en minoría**, ser menos de la mitad de un grupo. **FAM.** minorista, minoritario, menor.

minorista *[n.inv. en gén.]* persona que tiene una tienda en la que vende artículos en pequeñas cantidades. **AF.** comerciante, tendero.

minucia *[n.f.]* cosa que no es importante: *no merece la pena discutir por minucias.* **SIN.** nimiedad, nadería, insignificancia, pequeñez, tontería. **FAM.** minucioso, minuciosidad, minuciosamente.

minucioso, minuciosa *[adj.]* que hace las cosas con mucho cuidado, sin dejar pasar ningún detalle, para que todo quede perfecto: *una persona minuciosa.* **SIN.** meticuloso, escrupuloso. **AF.** detallista, perfeccionista. TAMBIÉN se dice que son *minuciosas* las cosas hechas así: *un trabajo minucioso; un estudio minucioso.*

minuendo *[n.m.]* en matemáticas, número al que se le resta otro más pequeño: *en "6-4=2", 6 es el minuendo y 4 el sustraendo.*

minúscula *[n.f.]* tipo de letra que se usa normalmente para escribir, y es más pequeña y algo distinta de la mayúscula: *estas palabras están escritas con minúsculas.* **ANT.** mayúscula. TAMBIÉN *adj.*: *letra minúscula.*

minúsculo, minúscula *[adj.]* muy pequeño: *en la oreja lleva un pendiente minúsculo.* **SIN.** diminuto*.

minusválido, minusválida *[adj.]* que no puede hacer alguna de las cosas normales de la vida porque tiene algún problema físico o psíquico: *el accidente lo dejó minusválido.* **AF.** inválido. TAMBIÉN *n.*: *hay que construir pensando en facilitar la vida de los minusválidos.*

minuta *[n.f.]* nota que un abogado, un notario o cualquier profesional* liberal presenta a un cliente para que sepa qué cantidad de dinero tiene que pagarle por un trabajo que le ha hecho: *le enviarán la minuta por correo.* **AF.** factura, cuenta. **AMPL.** la cantidad de dinero que cobran por su trabajo los profesionales liberales se llama ***honorarios***.

minutero *[n.m.]* en los relojes analógicos, aguja que marca los minutos: *el minutero es la aguja más larga.* **AF.** aguja, manecilla.

minuto *[n.m.]* cantidad de tiempo que es igual a 60 segundos y a cada una de las 60 partes iguales que forman una hora. **FAM.** minutero.

mío, mía de la persona que está hablando. **GRAM.** es posesivo para un sólo poseedor y un sólo objeto poseído, y puede ser pronombre (*el mío es rojo; la mía está más cerca*) o adjetivo (*un lápiz mío; la casa mía está a las afueras*); cuando es adjetivo tiene función de determinante y delante del nombre se sustituye por *mi*: *mi casa; mi libro.*

miope *[adj.inv. en gén.]* que tiene miopía*: *un chico miope; una chica miope.* **SIN.** corto de vista.

miopía *[n.f.]* defecto del ojo que hace que no se puedan ver claramente las cosas que están lejos: *lleva gafas porque tiene miopía.* **FAM.** miope.

míos, mías de la persona que está hablando. **GRAM.** es posesivo para un solo poseedor y varios objetos poseídos, y puede ser pronombre (*los míos son verdes; las mías están debajo*) o adjetivo (*los libros míos son tres*); cuando es adjetivo tiene función de determinante y delante del nombre se sustituye por *mis*: *mis cosas; mis hijos.*

mirada *[n.f.]* **1** acción con la que una persona o un animal mira algo o a alguien: *echó una mirada a los apuntes; dirigió la mirada a la televisión.* **AF.** ojeada, vistazo, vista. **2** forma de mirar que expresa algo: *una mirada de odio; tiene la mirada triste.*

mirado, mirada *[adj.]* que es considerado o prudente: *es muy mirado, no compra cualquier cosa; dice que los jóvenes de ahora son menos mirados que los de antes.*

mirador *[n.m.]* **1** parte de un edificio que sobresale de la fachada y está cerrada con cristales: *desde el mirador ve a los niños jugando en la plaza.* **2** lugar desde el que se puede contemplar muy bien un paisaje, una ciudad, etc.: *en la muralla hay un mirador sobre el río.*

miramiento *[n.m.]* respeto y cuidado en el trato: *los atendió con mucho miramiento; nos dejó solos sin ningún miramiento.* **AF.** consideración, atención, cortesía. **ANT.** desconsideración.

mirar *[v.]* **1** dirigir la vista hacia algo o hacia alguien: *miró a su madre; el conductor va mirando la carretera; miró en el cajón; si miras sin fijarte no verás los detalles.* **AMPL.** si se mira atentamente para enterarse de algo, también se dice ***examinar*** y ***observar*** (*miró al enfermo durante media hora*); si se mira disfrutando de lo que se ve, ***contemplar*** y ***admirar*** (*está mirando el paisaje*). 2 pararse a pensar en algo, en sus ventajas, sus inconvenientes, etc.: *tienes que mirar si te interesa esa carrera.* **SIN.** pensar, analizar, estudiar. TAMBIÉN se dice ***mirar a ver***: *mira a ver si te interesa.* 3 estar una cosa frente a algo o delante de algo: *la casa mira a la iglesia.* **SIN.** dar. ■ **mirar por**, estar pendiente de una persona o de una cosa, atendiéndola, protegiéndola, etc. **SIN.** interesarse por, preocuparse por. ■ **bien mirado**, después de haberlo pensado bien. ■ **mirar** algo **por encima**, mirarlo sin fijarse mucho. ■ **mirar** a alguien **por encima del hombro**, tratarlo con desprecio. ■ **de mírame y no me toques**, que se puede romper fácilmente. **FAM.** mirada, mirilla, miramiento, mirador, mirón, mira. **COMP.** admirar, remirar.

mirilla *[n.f.]* agujero que, hecho en una puerta a la altura de los ojos, permite ver lo que hay al otro lado: *antes de abrir, mira por la mirilla para saber quién llama.*

mirlo *[n.m.]* pájaro que vive en los bosques y en los parques, se alimenta de frutos, semillas e insectos y es fácil de domesticar. **AMPL.** el macho es de color negro con el pico amarillo y la hembra tiene las plumas y el pico marrón oscuro.

mirón, mirona *[n.]* persona que está mirando algo que hacen otros, sin participar en ello: *en los entrenamientos siempre hay algún mirón.* **SIN.** curioso. **AF.** espectador, observador.

misa *[n.f.]* ceremonia de la religión católica en la que se celebra la eucaristía*: *una parte de la misa es la comunión.* ■ **misa de campaña**, la que se celebra al aire libre, y no dentro de una iglesia. ■ **misa del gallo**, la que se celebra a las 12 de la noche del 24 de diciembre. **FAM.** misal, misero.

miserable *[adj.inv. en gén.]* 1 con mucho menos de lo necesario en cantidad, tamaño, importancia, preparación, cosas buenas, etc.: *una cantidad miserable; una casa miserable; un sueldo miserable; una vida miserable.* **SIN.** mísero. 2 muy tacaño consigo mismo y con los demás: *es tan miserable que se morirá de frío por no gastar en calefacción.* **SIN.** mísero, ruin, tacaño, mezquino. TAMBIÉN *n.*: *teniendo dinero suficiente vive mal porque es un miserable.* // **miserable** *[n.inv. en gén.]* 3 persona de muy malos sentimientos: *un miserable los atacó y los dejó heridos.* **SIN.** canalla*.

miseria *[n.f.]* 1 lo que hay donde se tiene mucho menos de lo necesario para vivir: *muchos pueblos del mundo viven en la miseria; es tanta su miseria que viven de limosnas.* **AF.** pobreza, escasez. **ANT.** abundancia, riqueza. 2 cantidad demasiado pequeña de algo: *con esta miseria no hay para todos.* **FAM.** miserable, miserablemente, mísero, míseramente.

misericordia *[n.f.]* lo que siente la persona a quien le da pena de alguien y lo ayuda: *ten misericordia de ese pobre ciego; lo perdonó por misericordia.* **SIN.** compasión, piedad. **AF.** pena, lástima. **FAM.** misericordioso, misericordiosamente.

misericordioso, misericordiosa *[adj.]* que ayuda a quien lo necesita porque le da pena: *siempre es misericordiosa con los pobres.* **SIN.** compasivo, misericorde. **ANT.** desaprensivo.

mísero, mísera *[adj.]* 1 con mucho menos de lo necesario: *un sueldo mísero; una vida mísera.* **SIN.** miserable. 2 muy tacaño consigo mismo y con los demás: *es tan mísera que no come por no gastar.* **SIN.** miserable, ruin, tacaño, mezquino. **ANT.** espléndido, desprendido. 3 muy pobre y desgraciado: *es un hombre mísero que vive solo en una choza.* **SIN.** desdichado, infeliz. **ANT.** dichoso, feliz.

mísil *[n.m.]* misil*.

misil *[n.m.]* bomba que se lanza con un mando a distancia desde un avión, un barco, una base militar, etc.: *los aviones de guerra llevan misiles.*

misión *[n.f.]* 1 lo que uno tiene que hacer, de manera que nadie más tenga que preocuparse de ello: *tiene la misión de cuidar a sus hermanos; la misión del cartero es repartir las cartas.* **SIN.** cometido*. 2 viaje que hace un grupo de personas para estudiar, investigar, ayudar a alguien, etc.: *la misión espacial ya está en órbita.* **AF.** expedición. 3 lugar en el que trabajan los misioneros: *en la misión hay escuela y hospital.* **FAM.** misionero, misional, misionar, ***misiva*** (carta).

misionero, misionera *[n.]* 1 persona que va a un sitio (normalmente países lejanos y pobres) a enseñar el Evangelio: *al Amazonas* *fueron muchos misioneros.* // **misionero, misionera** *[adj.]* 2 de los misioneros o de las misiones: *escuela misionera; ayuda misionera.* **SIN.** misional.

misiva *[n.f.]* carta.

mismo, misma *[adj.]* 1 que es el que se dice y no otro: *hablamos de la misma persona; "Paco" y "Francisco" son el mismo nombre; lo trajo ella misma.* TAMBIÉN *pron.*: *hablamos del mismo; devuélveme el mismo que te di.* 2 que es igual: *tienen el mismo color; usan la misma talla.* **AF.** igual, idéntico. **ANT.COM.** distinto. ■ **así mismo**, también: *ayer llovió y, así mismo, llueve hoy.* ■ **dar lo mismo**, no haber diferencia o no importarle a uno. **FAM.** mismamente, mismísimo. **COMP.** ensimismarse.

misterio *[n.m.]* 1 cosa que no se sabe o que no se puede entender: *el nombre del autor es un misterio para los periodistas; su desaparición es un misterio.* **SIN.** enigma, incógnita. **ANT.** evidencia. 2 conjunto de diez avemarías que se rezan separadas por un padrenuestro y que tiene un nombre que hace referencia a algún momento la vida de Jesucristo o de la Virgen: *un rosario de cinco misterios.* **AMPL.** se rezan en grupos de cinco formando el rezo que se llama ***rosario***, y cada uno de estos grupos tiene un nombre: ***misterios de gozo*** (o *gozosos*), ***misterios de dolor*** (o *dolorosos*) y ***misterios de gloria*** (o *gloriosos*). **FAM.** misterioso, misteriosamente.

misterioso, misteriosa *[adj.]* que actúa de manera extraña, que no se entiende o que no se puede entender: *un hombre misterioso; un comportamiento misterioso; los hechiceros hacen cosas misteriosas.* **SIN.** enigmático. **AF.** inexplicable, oscuro. **ANT.** claro, evidente.

mística *[n.f.]* parte de la teología que trata de la vida espiritual y el acercamiento a Dios a través de la meditación. **FAM.** místico, misticismo, místicamente, mistificar, mistificación.

mitad *[n.f.]* 1 cada una de las dos partes iguales en que se puede dividir una cosa: *me dio la mitad del bocadillo; ha leído la mitad del libro.* **AF.** medio. 2 cantidad o número que sumado a sí mismo da el que se dice: *15 es la mitad de 30.* **ANT.** doble. 3 punto de algo que está a la misma distancia del principio que del final o de sus extremos: *la mitad del libro está en la página 122; metió el gol desde la mitad del campo.* **SIN.** medio, centro. **ANT.** extremo.

mitigar *[v.]* suavizar, calmar: *estas pastillas mitigan el dolor.* **ANT.** intensificar. **OBS.** ante e, gu: *mitiguemos.*

mitin *[n.m.]* reunión de personas en la que se habla de temas políticos y, especialmente, en la que hay una o más personas que hacen discursos: *durante las campañas electorales se dan muchos mítines.* **PL.** *mítines.*

mito *[n.m.]* 1 historia inventada que, a veces, se confunde con la historia real de un pueblo o de un país y que llega a ser parte de su cultura y de su tradición: *el mito romano de Rómulo y Remo; Drácula es un mito; el mito de las sirenas.* **AF.** leyenda, fábula. **ANT.** historia, realidad. 2 persona o cosa que llega a ser tan famosa y a considerarse tan importante, que la gente cree que no puede haber otra igual: *Beethoven es uno de los grandes mitos de la música.* **AF.** ídolo. **FAM.** mítico, mitificar, mitología, mitológico, mitólogo.

mitología *[n.f.]* conjunto de las historias de los mitos* de un pueblo: *un libro de mitología.*

mixto, mixta *[adj.]* 1 que está formado por varias cosas distintas: *ensalada mixta.* **AF.** combinado. **ANT.** simple. 2 que está pensado para hombres y mujeres: *enseñanza mixta; un gimnasio mixto.* **ANT.** femenino o masculino. **FAM.** mixtura.

mobiliario *[n.m.]* conjunto de muebles de un tipo determinado o de un sitio determinado: *fabrican mobilliario de cocina; todo el mobiliario de la casa es moderno.* **SIN.** muebles.

mocasín *[n.m.]* zapato de piel sin cordones, con tacón bajo o sin tacón y con el empeine de una pieza, superpuesto y cosido por fuera al resto del zapato. TAMBIÉN *adj.*: *zapato mocasín.*

mochila *[n.f.]* bolso grande con dos tiras por detrás que se cuelgan de los hombros para llevarlo sobre la espalda: *lleva el saco de dormir en la mochila.*

mochuelo *[n.m.]* ave rapaz del tipo de la lechuza, que tiene las plumas de color marrón claro con pintas más oscuras en las partes superiores, el pico curvo y los ojos muy grandes y sale a cazar por las noche los reptiles y ratones con los que se alimenta. ■ **cargar con el**

mochuelo a alguien, hacer que alguien se encargue de algo que nadie quiere.

moco *[n.m.]* líquido un poco espeso que, a veces, segrega la nariz: *límpiate los mocos con un pañuelo.* **SIN.** mucosidad. ■ **llorar a moco tendido**, llorar mucho y sin parar. ■ **no ser** algo **moco de pavo**, ser muy importante o muy valioso. **FAM.** mocoso, moquear, moquero, moqueo, moquillo, mucoso, mucosidad.

mocoso, mocosa *[adj.]* **1** que tiene muchos mocos: *de pequeño era muy mocoso.* // **mocoso, mocosa** *[n.]* **2** para una persona, otra a la que considera demasiado joven para algo: *en la pandilla no admiten mocosos.*

moda *[n.f.]* **1** tipo de cosas que le gustan a la gente (o que hace mucha gente) en un momento determinado: *un traje de moda; ese peinado fue una moda pasajera; la moda de jugar a las canicas es propia del buen tiempo.* **2** conjunto de prendas de vestir de ese tipo: *una tienda de moda para la juventud; un desfile de moda femenina.* ■ **estar** algo **de moda**, ser lo que más se lleva, lo que más se usa, lo que hace más gente, etc. **SIN.** estar de actualidad, ser moderno. ■ **pasado de moda**, anticuado. **FAM.** modista, modisto, modistería.

modales *[n.m.pl.]* conjunto de las cosas que hace uno cuando habla, cuando está con los demás, cuando come, cuando se mueve, etc.: *los buenos modales hacen la convivencia agradable; esos modales son vulgares.* **SIN.** maneras*.

modalidad *[n.f.]* cada una de las distintas maneras que hay de hacer algo: *la braza es una modalidad de natación.* **AF.** clase.

modelar *[v.]* trabajar, con las manos, materiales blandos como arcilla, barro, plastilina, etc., para hacer figuras: *modeló un pastor de arcilla para el belén.* **AMPL.** hacer figuras o esculturas en piedra es ***esculpir*** y hacerlas con madera, ***tallar***. **FAM.** modelado, modelista, modelador, modelo, modélico, modélicamente.

modelo *[n.m.]* **1** persona, animal o cosa en la que uno se fija (o puede fijarse) para copiarlo, imitarlo, aprender, etc.: *hizo un trineo tomando el modelo de un catálogo; usan modelos de escayola para aprender dibujo artístico* (**SIN.** muestra)*; las hormigas son un modelo de laboriosidad* (**SIN.** ejemplo, patrón, paradigma). TAMBIÉN *adj.*: *una estudiante modelo; un chico modelo.* **2** cada una de las cosas iguales que forman parte de un conjunto que sale a la venta al mismo tiempo: *el primer modelo de Seat 600 se fabricó en 1956; un modelo de vestido; un modelo de zapatos.* **3** prenda de vestir con una forma determinada: *ese modelo lo llevó la reina en una fiesta.* **AF.** traje, vestido. // **modelo** *[n.inv. en gén.]* **4** persona que trabaja desfilando en público con las prendas de vestir que los fabricantes o diseñadores quieren que compre la gente: *las modelos lucían trajes de fiesta por la pasarela.* **SIN.** maniquí. **5** persona en la que se fija un pintor o un escultor para hacer un cuadro o una escultura: *Gala fue la modelo de Dalí.*

moderado, moderada *[adj.]* que está dentro de lo que es normal y no es ni mucho ni poco, ni lo mejor ni lo peor, ni lo más caro ni lo más barato, etc.: *un gasto moderado; un ruido moderado; una reacción moderada.* **AF.** razonable, módico, mesurado. **ANT.** excesivo, exagerado.

moderador, moderadora *[n.]* persona que se encarga de dirigir una charla, una tertulia o un debate, para que haya orden y no hablen todos a la vez: *el moderador le permitió hablar cuando llegó su turno.* **AF.** coordinador.

moderar *[v.]* **1** hacer que algo deje de ser exagerado o inapropiado: *moderar los gastos; moderar la velocidad; modera tu lenguaje y no insultes.* **AF.** frenar, disminuir, suavizar. **ANT.** aumentar. **2** encargarse de dirigir un debate para que haya orden: *moderó el debate entre los candidatos a la presidencia.* **AF.** coordinar. **FAM.** moderación, moderador, moderadamente, moderativo.

modernismo *[n.m.]* movimiento artístico y cultural español e hispanoamericano de finales del siglo XIX y principios del XX, que quería crear una nueva manera de hacer arte (escribir, pintar, construir, etc.) que fuera más refinada que la que había: *Gaudí en arquitectura y Rubén Darío en poesía son dos representantes del modernismo.*

modernizar *[v.]* cambiar algo para que quede más moderno: *han modernizado la estación del tren.* **AF.** actualizar, renovar. **OBS.** ante e, c: *modernicen.*

moderno, moderna *[adj.]* que se ha inventado o se usa en la época que se está viviendo y no en épocas pasadas: *a principios del siglo XX el cine era un invento moderno; lleva ropa muy moderna.* **SIN.** actual, novedoso. **AF.** nuevo, reciente. **ANT.** antiguo, pasado de moda. ■ **Edad Moderna**, época de las cuatro en las que se ha dividido la historia y que abarca desde el final de la Edad Media hasta finales del siglo XVIII. **FAM.** modernidad, modernamente, modernismo, modernista, modernizar, modernización, modernizador.

modestia *[n.f.]* lo que demuestran que tienen las personas a las que no les gusta presumir: *su modestia lo hace pasar inadvertido.* **AF.** humildad, reserva. **ANT.** inmodestia, presunción. **FAM.** modesto, modestamente. **COMP.** inmodestia, inmodesto.

modesto, modesta *[adj.]* 1 que no presume de lo que tiene o de lo que es: *es tan modesto que nadie conoce sus éxitos.* **SIN.** sencillo. **AF.** humilde. **ANT.** inmodesto, presumido. 2 que tiene lo justo para vivir, sin poder permitirse ningún lujo: *una familia modesta.* **SIN.** humilde, sencillo. **ANT.** rico, pudiente, opulento. TAMBIÉN se usa para hablar de cosas relacionadas con las personas que son así: *actitud modesta; un barrio modesto; una vida modesta.*

modificación *[n.f.]* cambio que se hace en algo: *hicieron algunas modificaciones en el contrato.* **SIN.** cambio, variación. **AF.** reforma, transformación.

modificar *[v.]* hacer cambios en algo: *han modificado el horario de trenes; modificó la manera de trabajar; el nuevo peinado modifica su aspecto.* **SIN.** cambiar* (acepción 3). **OBS.** ante e, qu: *modifiquen.* **FAM.** modificación, modificable, modificador, modificativo, modificatorio.

modismo *[n.m.]* grupo de palabras que siempre van juntas y tienen distinto significado que si se pensara en las mismas palabras por separado: *"sin venir a cuento" y "a toda pastilla" son modismos del lenguaje.* **SIN.** giro, expresión, locución, frase hecha.

modista *[n.f.]* mujer que se dedica a hacer ropa de mujer a medida. **AMPL.** quien hace trajes de hombre es un ***sastre***.

modisto *[n.m.]* hombre que trabaja diseñando modelos de prendas de mujer: *un modisto de alta costura.* **AMPL.** la mujer que se dedica a lo mismo es una ***diseñadora de moda***.

modo *[n.m.]* 1 manera*: *de ese modo tardarás mucho; habla de un modo muy raro.* // **modos** *[n.m.pl.]* 2 maneras*: *lo dijo con malos modos.* ■ **a modo de**, como si fuera: *usó un cuchillo a modo de destornillador.* ■ **de modo que**, así que. **FAM.** modal, modales, modalidad, modismo, ***modoso*** (sencillo y educado), modosidad.

modorra *[n.f.]* lo que se tiene cuando uno no está dormido pero siente sueño y casi no puede moverse, hablar, etc., aunque se entera de lo que pasa a su alrededor: *paré el coche porque me entró la modorra.* **SIN.** sopor, somnolencia. **AF.** sueño.

modoso, modosa *[adj.]* que es sencillo y educado: *cae bien porque es modoso.*

módulo *[n.m.]* cada una de las piezas completas pero independientes que forman parte de algo: *un sofá de tres módulos; el edificio está formado por varios módulos; los módulos de una nave espacial.* **SIN.** elemento. **FAM.** modular, modulación, modulador.

mofarse *[v.prnl.]* reírse de algo o de alguien: *no te mofes de las tradiciones de otros pueblos; si te mofas de él, es normal que se enfade.* **SIN.** burlarse. **FAM.** mofa, mofadura.

moflete *[n.m.]* mejilla, sobre todo si es gordita: *muchos bebés tienen los mofletes sonrosados.* **SIN.** carrillo, mejilla. **FAM.** mofletudo.

moho *[n.m.]* capa verdosa que le sale a algunas cosas cuando están estropeándose o por exceso de humedad: *el moho de los alimentos lo produce un hongo.* **FAM.** mohoso, mohecer, mohiento. **COMP.** enmohecer.

mohoso, mohosa *[adj.]* que tiene moho: *la pared de la bodega está mohosa.*

mojar *[v.]* entrar un líquido (o hacer alguien que entre) en el material de algo: *el vino que se cayó mojó la alfombra; mojó con alcohol un trocito de algodón; moja las galletas en leche.* TAMBIÉN *prnl.: se mojó porque llovía mucho.* **AMPL.** mojar un poco es ***humedecer***, mojar completamente, ***empapar*** o ***calar*** y hacer lo necesario para que algo quede mojado, ***impregnar***. **FAM.** mojadura, mojable. **COMP.** remojar.

mojón *[n.m.]* bloque de piedra que señala los límites de un terreno o la distancia que hay en caminos y carreteras. **PL.** *mojones.*

molar *[adj.inv. en gén.]* de las muelas: *pieza molar; dolor molar.* TAMBIÉN *n.m.: le falta un molar.*

molde *[n.m.]* objeto que se hace de un material apropiado para poder hacer uno o varios que tengan la misma forma que su parte de dentro o de fuera: *un molde de tarta; un molde de escayola para hacer una figura en bronce.* **AMPL.** los moldes con los que se hacen zapatos y sombreros también se llaman ***hormas***. **FAM.** moldear, moldeado, moldeable, moldeador, moldura. **COMP.** amoldarse.

mole *[n.f.]* persona, animal o cosa que es muy grande y pesada: *una persona de 150 kilos es una mole; ese edificio es una mole.* **FAM.** molicie, molécula, molecular.

molécula *[n.f.]* parte más pequeña que se puede separar de una materia sin que pierda sus propiedades: *una molécula está formada por varios átomos distintos unidos entre sí.*

moler *[v.]* **1** machacar algo hasta hacerlo polvo: *moliendo trigo se hace harina.* **AF.** triturar, machacar, pulverizar. **2** cansar muchísimo: *esta caminata me ha molido.* **SIN.** agotar* (acepción 2). **CONJUG.** como *volver**. **FAM.** moledor, moledura, molienda, molimiento, molino, muela, molar. **COMP.** demoler.

molestar *[v.]* **1** hacer que alguien esté incómodo: *el ruido la molesta mucho; me molesta que hablen a voces; deja de molestarlo con preguntas impertinentes.* **SIN.** incomodar, fastidiar, incordiar (uso familiar), jorobar (uso vulgar). **AF.** desagradar, importunar, disgustar. **ANT.** gustar, agradar. **2** hacer que alguien esté disgustado porque siente que lo han tratado injustamente: *lo molestó que no se lo prestaras.* **SIN.** parecer mal, ofender, doler, herir. **AF.** disgustar, incomodar. TAMBIÉN *prnl.: se molestó porque lo trataste como a un niño.* **SIN.** ofenderse, sentirse dolido, sentirse molesto, sentirse ofendido, sentirse herido, incomodarse, picarse (uso familiar). **AF.** disgustarse.

molestia *[n.f.]* **1** sensación desagradable: *las obras de la calle producen molestias.* **SIN.** incomodidad. **2** cosa que molesta: *para mí es una molestia tener que ir ahora.* **3** dolor poco fuerte: *todavía tiene molestias en la pierna golpeada.* **AF.** malestar. **FAM.** molestar, molesto, molestamente.

molesto, molesta *[adj.]* **1** que molesta: *un ruido molesto; una sensación molesta.* **SIN.** desagradable. **AF.** incómodo, fastidioso. **ANT.** agradable. **2** que no está a gusto: *no le duele nada pero está molesto porque tiene fiebre.* **SIN.** incómodo. ■ **estar molesto con alguien**, estar disgustado por algo que alguien ha dicho o ha hecho. **SIN.** estar dolido, sentirse herido, sentirse ofendido.

molienda *[n.f.]* cantidad de trigo, café, etc. que se muele de una vez. **FAM.** molino.

molinar *[n.m.]* sitio con varios molinos. **FAM.** molino.

molinero, molinera *[n.]* persona que trabaja en un molino moliendo el trigo y otros cereales.

molinillo *[n.m.]* aparato para moler café, pimienta, etc.

molino *[n.m.]* máquina (y construcción en la que está instalada) que sirve para moler el trigo y otros cereales: *en el molino se convierte el trigo en harina.* **AMPL.** los molinos movidos por la fuerza del agua de un río también se llaman ***aceñas***. **FAM.** molinero, molinillo, molinete, molinería, moler. **COMP.** remolino.

molusco *[n.m.]* animal de cuerpo blando protegido por una o dos conchas: *el caracol y el mejillón son moluscos.* (VER p. 654)

molleja *[n.f.]* parte del estómago de las aves en la que se trituran los alimentos.

moluscos

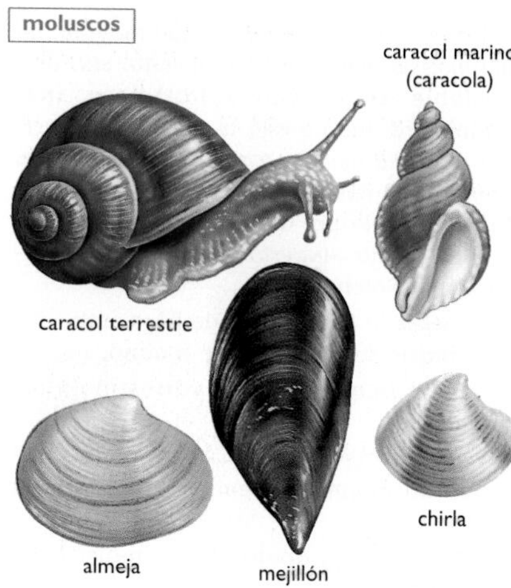

momentáneo, momentánea *[adj.]* que sólo dura un momento: *un apagón momentáneo.* **SIN.** instantáneo. **AF.** breve, fugaz, pasajero. **ANT.** eterno, duradero.

momento *[n.m.]* 1 período de tiempo muy pequeño: *estuvo sólo un momento.* **SIN.** instante. **ANT.** eternidad. 2 parte de algo que pasa, de algo que se celebra, etc., y que se recuerda especialmente: *el mejor momento del partido.* 3 mejor ocasión para hacer algo: *esperó el momento de salir.* **SIN.** oportunidad. 4 época que se está viviendo: *vendrán grandes personalidades del momento.* **AF.** actualidad. ■ **a cada momento**, cada muy poco tiempo. **SIN.** continuamente, constantemente. ■ **al momento**, enseguida. ■ **de momento**, por ahora. ■ **de un momento a otro**, a punto de llegar, de pasar, etc. ■ **por momentos**, poco a poco, pero sin parar. **FAM.** momentáneo, momentáneamente.

momia *[n.f.]* cadáver que se ha tratado con sustancias especiales para que no se pudra: *la momia de un faraón egipcio.* **FAM.** momificar, momificación.

monacal *[adj.inv. en gén.]* de los monjes o las monjas: *horario monacal; rezos monacales.* **FAM.** monje.

monada *[n.f.]* 1 gestos y movimientos de los monos. **SIN.** monería. 2 cosa que resulta graciosa y bonita: *esos pendientes son una monada; el bebé nos hace gracia con sus monadas.*

monaguillo *[n.m.]* chico que ayuda al cura en misa: *el monaguillo toca la esquila.* **SIN.** monago.

monarca *[n.m.]* rey: *el monarca presidió el desfile militar.* **SIN.** rey, soberano. **OBS.** es un error hablar de *monarcas* para referirse a un rey y una reina, porque la reina no lo es. **FAM.** monarquía, monárquico, monárquicamente, monarquismo.

monarquía *[n.f.]* forma política de un país en la que el jefe del Estado es un rey: *en España hay monarquía constitucional.* ■ **monarquía absoluta**, monarquía en la que el rey tiene todo el poder y está por encima de todas las leyes.

monasterio *[n.m.]* convento*: *un monasterio de monjes cistercienses.* **FAM.** monástico, monásticamente, monje.

monda *[n.f.]* piel de algunas frutas y hortalizas cuando se le ha quitado: *hecha a la basura las mondas de las patatas.* **SIN.** peladura, mondadura, mondaraja. ■ **ser la monda**, ser muy gracioso, muy listo, muy tonto, muy despistado, etc.

mondadientes *[n.m.inv. en núm.]* palillo que sirve para quitar los restos de comida que quedan entre los dientes. **SIN.** palillo.

mondar *[v.]* quitar la piel de algunas frutas y hortalizas: *mondar una naranja; mondar las patatas.* **SIN.** pelar. ■ **mondarse de risa**, reírse mucho. **FAM.** mondadura, mondador, mondaraja. **COMP.** mondadientes.

moneda *[n.f.]* 1 pieza plana de metal que equivale a una cantidad de dinero determinada y sirve para pagar: *una moneda de cien pesetas; una moneda de un dólar.* 2 unidad de medida de dinero que se usa en un país: *la moneda europea es el euro.* **FAM.** monedero, monetario, monetizar.

monedero *[n.m.]* bolso pequeño para llevar monedas: *un monedero de piel.*

monería *[n.f.]* monada*: *los monos hacen monerías.*

monetario, monetaria *[adj.]* de las monedas o del dinero: *un cambio monetario; beneficio monetario.*

monigote *[n.m.]* 1 muñeco o figura de trapo o de papel: *le puso un monigote en la espalda.* 2

dibujo mal hecho que a veces resulta gracioso: *pintó cuatro monigotes en el cuaderno.*

monitor, monitora *[n.]* 1 persona que se dedica a dar cursos deportivos, de trabajos manuales, etc.: *un monitor lo enseña a jugar al tenis.* **SIN.** instructor. **AF.** profesor. // **monitor** *[n.m.]* 2 aparato al que van directamente las imágenes que se filman o que crea un ordenador: *en los estudios de televisión hay varios monitores; el monitor del ordenador tiene 15 pulgadas.*

monja *[n.f.]* en la religión católica, mujer que ha prometido vivir las enseñanzas de Cristo dedicándose a los demás y siguiendo unas normas especiales aprobadas por el Papa: *las monjas no están casadas.* **SIN.** religiosa. **OBS.** para hablar de una monja o dirigirse a ella se usa la palabra *hermana* o *sor*: *he visto a la hermana Antonia; lo tiene sor Isabel.*

monje *[n.m.]* 1 en la religión católica, hombre que ha prometido vivir las enseñanzas de Cristo dedicándose a los demás y siguiendo unas normas especiales aprobadas por el Papa: *los monjes son solteros.* **SIN.** religioso. **OBS.** para hablar de un monje o dirigirse a él, se usa la palabra *hermano*: *el hermano Luis.* **AMPL.** hay algunos monjes que tienen el nombre especial de ***frailes***; la ropa que se ponen los monjes y las monjas que llevan ropa especial se llama ***hábito***; cuando un grupo de monjes o de monjas vive en la misma casa se dice que son una ***comunidad religiosa*** y la casa en la que viven se llama ***convento*** o ***monasterio***; el monje (o monja) que dirige un convento es el ***superior del convento***; en algunos conventos, el superior se llama ***abad*** o ***abadesa*** y entonces el convento se llama ***abadía***. // **monje, monja** *[n.]* 2 en otras religiones, persona que ha prometido dedicar su vida a pensar y a rezar: *un monje budista.* **FAM.** monja, monjil, ***monacal*** (de los monjes), monacato, monasterio.

mono- prefijo que indica *uno solo.*

mono *[n. m.]* 1 tipo de animal mamífero con el cuerpo cubierto de pelo y que es el que más se parece al ser humano: *los gorilas, los chimpancés y los titís son monos.* **SIN.** simio. 2 prenda de vestir de una sola pieza que cubre todo el cuerpo y tiene mangas largas y perneras hasta los tobillos: *siempre se pone un mono para pintar.* **AMPL.** la prenda enteriza de pantalón unido a una pieza que cubre el pecho y se sujeta con tirantes cruzados sobre la espalda se llama ***peto***. // **mono, mona** *[adj.]* 3 gracioso y bonito: *lleva un vestido muy mono.* **AF.** bonito, gracioso, lindo. **ANT.** feo, soso. **FAM.** monada, monería, monín, monear. **COMP.** ***amonarse*** (emborracharse).

monóculo *[n.m.]* cristal de aumento, como los de las gafas, que se pone delante de un ojo: *muchos hombres usaban monóculo.*

monólogo *[n.m.]* lo que hace uno al hablar sin que nadie lo escuche o sin dejar que nadie intervenga. TAMBIÉN se llama *monólogo* a las obras de teatro en las que un solo personaje se encarga de contar la historia: *"Cinco horas con Mario" es un monólogo escrito por Miguel Delibes.* **AMPL.** un ***soliloquio*** es lo que hace quien habla para sí mismo. **FAM.** monologar.

monopolio *[n.m.]* lo que hay cuando una sola empresa, sin otras que le hagan competencia, fabrica, vende o reparte algo: *los monopolios impiden la libertad de mercado en el sector al que se dedican.* **FAM.** monopolizar, monopolizador, monopolización, monopolista.

monosílabo, monosílaba *[adj.]* que tiene una sola sílaba: *"sí" es una palabra monosílaba.* TAMBIÉN *n.m.: "sí" es un monosílabo; contestó con monosílabos.* **FAM.** monosilábico, monosilabismo, sílaba.

monoteísmo *[n.m.]* creencia en un sólo Dios: *la doctrina cristiana se fundamenta en el monoteísmo.* **FAM.** monoteísta.

monotonía *[n.f.]* lo que hay por el hecho de que algo se repita muchas veces y siempre sea igual sin que cambie nada: *tanta monotonía aburre a cualquiera.* **AF.** rutina, uniformidad. **ANT.** variedad. **FAM.** monótono, monótonamente.

monótono, monótona *[adj.]* que se hace muchas veces, siempre igual, o que siempre es igual, sin ninguna variación: *una música monótona; un trabajo monótono; una vida monótona.* **SIN.** uniforme, invariable. **AF.** rutinario, aburrido. **ANT.** variado.

monstruo *[n.m.]* **1** personaje imaginario, grande, feo o deforme, que da miedo: *una película de monstruos.* **AF.** engendro. **2** persona que hace algo estupendamente: *es un monstruo jugando al tenis.* **SIN.** maravilla, prodigio, portento. **FAM.** monstruoso, monstruosidad, monstruosamente.

monstruoso, monstruosa *[adj.]* que es tan feo, tan deforme o tan malo que resulta antinatural y produce miedo o fuerte rechazo: *un ser monstruoso; una película monstruosa; es monstruoso abandonar a un bebé.* **SIN.** aberrante.

montacargas *[n.m.inv. en núm.]* ascensor que se usa para subir y bajar mercancías: *la casa tiene un ascensor y un montacargas.* **AF.** ascensor.

montaje *[n.m.]* lo que se hace al colocar en su sitio cada una de las piezas que forman una cosa: *el montaje del armario nos llevó mucho tiempo.* **AF.** instalación.

montaña *[n.f.]* **1** parte de un terreno que tiene muchísima más altura que el que la rodea: *la cima de la montaña está nevada.* **SIN.** monte, pico. **AMPL.** se suele llamar *monte* a la montaña cubierta de árboles; se llama ***cima*** a la parte de arriba de las montañas, ***ladera*** o ***falda*** a la superficie inclinada que hay entre la cima y la parte más baja, y ***base*** a esta parte baja; el conjunto formado por muchas montañas que están juntas o seguidas se llama ***cordillera***; un ***cerro*** es como una montaña, pero mucho más baja y una ***colina*** un cerro pequeño y redondeado. **2** cantidad grande de algo: *tiene una montaña de juguetes.* **SIN.** montón, pila. **AF.** infinidad. ■ **montaña rusa**, atracción de feria que tiene forma de montaña, en la que unos vagones, que van por una vía, suben y bajan muy deprisa. **FAM.** montañero, montañismo, montañoso, montañés.

montañero, montañera *[n.]* persona que practica el montañismo*: *los montañeros usan botas con clavos que se llaman "pies de gato".* **SIN.** alpinista, escalador.

montañés, montañesa *[adj.]* de la montaña o de una región montañosa: *perfil montañés; costumbres montañesas; fauna montañesa.*

montañismo *[n.m.]* deporte que consiste en subir a la parte alta de las montañas andando, ayudándose con cuerdas y clavos: *el montañismo tiene riesgos.* **SIN.** alpinismo, escalada.

montañoso, montañosa *[adj.]* con muchas montañas: *región montañosa; paisaje montañoso.* **SIN.** montuoso. **ANT.** llano.

montar *[v.]* **1** colocar, unidas y en su sitio, cada una de las piezas que forman algo: *montar un puzzle; montar un mueble.* **SIN.** armar. **AF.** instalar. **ANT.** desmontar, desarmar. **2** abrir un negocio, una tienda, etc.: *montó una empresa textil.* **SIN.** crear. **3** entrar en un vehículo o ponerse encima de una caballería y hacerla andar: *nunca he montado en barco; monta muy bien a caballo.* **AF.** subir. **ANT.** apearse, bajar. 4 batir clara de huevo o nata hasta que espese. **FAM.** montaje, montador, montante, montura, monta, monte. **COMP.** desmontar, remontar, montacargas.

monte *[n.m.]* 1 montaña*: *el lobo vive en el monte.* 2 terreno sin cultivar, en el que hay árboles o arbustos, formando una especie de bosque poco espeso: *alrededor del pueblo hay mucho monte.* ■ **monte bajo**, parte de un monte con arbustos, matas o hierbas. **FAM.** montículo, montés, montaraz, montería, montero, montuoso, montón, montar. **COMP.** desmonte, promontorio, amontonar.

montear *[v.]* perseguir la caza en el monte. **OBS.** e + e = ee: *monteemos.* **FAM.** monte.

montera *[n.f.]* gorro de torero que es rígido, de paño negro con cordones cosidos haciendo dibujos de adorno y con forma parecida a la de las mariposas que sujetan las ruedas de algunas bicis.

montera

montés *[adj.inv. en gén.]* que vive en el monte: *cabra montés; gato montés.* **OBS.** no tiene forma especial para el femenino. **PL.** *monteses.*

montículo *[n.m.]* 1 colina, loma*: *en lo alto del montículo hay un castaño.* 2 montón de algo con forma de montaña: *con la arena de la playa hicieron varios montículos; escarbando, el toro hizo un montículo.*

montón *[n.m.]* 1 conjunto de cosas colocadas unas encima de las otras: *un montón de ropa; un montón de libros.* **SIN.** pila. 2 cantidad de algo puesto en forma de montaña: *un montón de arena.* 3 cantidad grande de algo: *tiene un montón de trabajo; ganó un montón de dinero.* **SIN.** pila, montaña. **AF.** infinidad. ■ **del montón**, que no destaca por nada. **PL.** *montones.*

montura *[n.f.]* 1 conjunto de la silla y de las demás cosas que se ponen sobre un caballo para montarlo con más comodidad. **AF.** arreos. 2 armazón en el que se sujetan los cristales de las gafas. **SIN.** armadura.

monumental *[adj.inv. en gén.]* 1 que tiene monumentos o que tiene valor de monumento: *la zona monumental de una ciudad; un edificio monumental.* 2 muy grande o muy importante: *cayó una roca monumental de la montaña; tuvo un error monumental.* **SIN.** enorme*.

monumento *[n.m.]* 1 cosa que se hace o se pone en un sitio para recordar algo o a alguien: *el alcalde inauguró un monumento al soldado desconocido; el monumento a Miguel de Unamuno que hay en Salamanca es una escultura en bronce.* 2 construcción que tiene valor artístico o histórico: *la catedral es un monumento religioso y arquitectónico.* **FAM.** monumental, monumentalidad, monumentalismo, monumentalmente.

moño *[n.m.]* pelo recogido sobre la cabeza en un montón, con forma parecida a la de una rosquilla: *con el pelo corto no puedes hacerte un moño.* **AF.** rodete, castaña. ■ **estar hasta el moño**, estar muy harto.

moqueta *[n.f.]* tela fuerte que se pone cubriendo todo el suelo de un sitio o toda una pared: *la moqueta está pegada a los baldosines.* **FAM.** enmoquetar, enmoquetado.

mora *[n.f.]* 1 fruto del moral, que es pequeño, de color morado y sabor agridulce, formado por varios granitos jugosos. 2 fruto de la morera, que es muy parecido al del moral, pero más pequeño, dulce y de color amarillento. **FAM.** moral, morera, morado, moráceo.

morada *[n.f.]* (uso poético) sitio en que alguien vive: *el Olimpo es la morada de los dioses griegos.* **SIN.** casa, hogar. **FAM.** ***morar*** (vivir, habitar), morador.

morado, morada *[adj.]* que es del color de la piel de las berenjenas maduras: *una flor morada; un jersey morado; pintura morada.* TAMBIÉN *n.m.: el morado se consigue mezclando rojo y azul.* ■ **pasarlas moradas**, pasarlo muy mal.

moral *[n.f.]* 1 conjunto de las normas generales de comportamiento que tiene una persona o una sociedad y que establecen la diferencia entre lo que está bien y lo que está mal: *la moral impide robar, engañar y traicionar; en muchos aspectos, la moral cristiana es distinta de la islámica.* **AMPL.** la parte de la filosofía que estudia este tipo de normas se llama ***ética***. 2 fuerza espiritual que hace que una persona mantenga sus ideas, sus ilusiones y sus ganas de luchar hasta en los momentos más difíciles: *nunca gana, pero no pierde la moral.* **SIN.** ánimo, espíritu, aliento. // **moral** *[adj.inv. en gén.]* 3 que tiene en cuenta las normas sobre lo que está bien y lo que está mal: *un problema moral; el análisis moral de un comportamiento.* 4 de la parte inmaterial del ser humano: *tiene mucha fuerza moral; la traición le produjo un profundo daño moral.* **SIN.** psicológico, espiritual. // **moral** *[n.m.]* 5 árbol que alcanza los seis metros de altura, tiene la copa grande, el tronco grueso y derecho y las hojas con forma acorazonada y cuyo fruto se llama mora. **FAM.** moralidad, moraleja, moralizar, moralizador, moralmente, moralismo, moralista. **COMP.** amoral, inmoral, desmoralizar, desmoralización, desmoralizador.

moraleja *[n.f.]* lo que enseñan algunos cuentos y fábulas* que, con la forma de actuar de sus personajes, quieren servir de ejemplo o dar un consejo a los lectores: *"si quieres que te crean, di siempre la verdad" es la moraleja de "El pastor mentiroso".* **SIN.** enseñanza, lección.

morar *[v.]* vivir, habitar.

morcilla *[n.f.]* embutido grueso que se hace con sangre de cerdo cocida, a la que se puede añadir, arroz, cebolla, miga de pan, etc., y se come frita o cocida. **FAM.** morcillo, morcillero.

mordaza *[n.f.]* cualquier cosa que se use para tapar la boca de alguien de manera que no pueda hablar ni gritar: *usaron un pañuelo como mordaza.*

mordedura *[n.f.]* marca que dejan los dientes en lo que se ha mordido: *todavía se le nota en el brazo la mordedura del perro.*

morder *[v.]* clavar los dientes en algo: *se hizo daño al morder el pan duro.* **AF.** mordisquear, mordiscar. **CONJUG.** como *volver**. **FAM.** mordedura, muerdo, mordisco, mordiscón, mordisquear. **COMP.** remordimiento.

mordisco *[n.m.]* 1 lo que da uno al clavar los dientes en algo: *abrió la bolsa de pipas de un mordisco.* **SIN.** dentellada. **AMPL.** la ***mordedura*** es la marca que dejan los dientes en lo que se ha mordido. 2 trozo de algo que se muerde de una vez: *dio dos mordiscos al bocadillo.* **SIN.** bocado, muerdo.

mordisquear *[v.]* dar varios mordiscos pequeños en algo: *mordisqueó una galleta y la dejó.* **SIN.** mordiscar. **AF.** morder. **OBS.** e + e = ee: *mordisqueen.*

morena *[n.f.]* pez que vive en el mar, mide un metro de longitud, tiene los dientes fuertes y puntiagudos, es amarillento con manchas marrones, no tiene escamas y es comestible.

moreno, morena *[adj.]* 1 que tiene el pelo marrón oscuro o negro, o la piel oscura: *yo soy moreno y mi hermana rubia; los árabes tienen la piel morena y los ingleses blanca.* 2 que tiene el color que se consigue tomando el sol: *tiene la cara morena.* **SIN.** bronceado. TAMBIÉN *n.m.: tiene un moreno muy intenso.* **FAM.** morenearse, morenez, moro.

morera *[n.f.]* árbol muy parecido al moral, pero con el tronco más delgado y las hojas ovaladas (que son las que comen los gusanos de seda), y cuyo fruto se llama mora.

morfema *[n. m.]* parte de una palabra que aporta un matiz de significado o sirve para formar categorías gramaticales como el género, el número, la persona, etc.: la *s* es morfema de plural en la palabra *libros*; *-ito, -ico* son morfemas con que se forman diminutivos.

AMPL. un morfema es ***flexivo*** cuando expresa accidentes gramaticales y ***derivativo*** cuando sirve para formar nuevas palabras. **AF.** desinencia, prefijo, sufijo.

morfología *[n.f.]* parte de la gramática que estudia la forma de las palabras.

moribundo, moribunda *[adj.]* que está muriéndose: *en la cuneta había un perro moribundo.* **SIN.** agonizante.

morillo *[n.m.]* pieza de hierro sobre la que se pone leña en las chimeneas.

morir *[v.]* **1** acabársele a uno la vida: *murió a los 99 años; los perros mueren con menos edad que las personas.* **SIN.** fallecer, expirar, fenecer, perecer, finar. TAMBIÉN *prnl.: la planta se ha muerto por falta de riego.* **2** llegar algo al final de su camino: *el Ebro muere en el Mediterráneo.* **SIN.** desembocar. **ANT.COM.** nacer. ■ **morirse de** algo o **por** algo, sentir mucho de algo, o tener muchas ganas de algo. **CONJUG.** como *dormir**. **FAM.** moribundo, muerte.

moro, mora *[adj.]* **1** de la antigua Mauritania, que corresponde a lo que hoy es Marruecos y Argelia: *países moros; cultura mora.* TAMBIÉN *n.: muchos moros son musulmanes.* **AMPL.** los ***moriscos*** son los moros que, después de la Reconquista, se quedaron en España y se hicieron cristianos; los barrios en los que vivían se llamaban ***morerías***. **2** que practica la religión musulmana. TAMBIÉN *n.: guerras de moros y cristianos.* ■ **haber moros en la costa**, haber alguien a quien uno no quiere ver o que uno no quiere que lo vea. **FAM.** morisco, morería, moruno, moreno.

moroso, morosa *[n.]* persona que no paga lo que debe cuando tiene que pagarlo: *los morosos pueden hundir un negocio.* **FAM.** morosidad, morosamente.

morral *[n.m.]* bolsa en la que los cazadores guardan los animales que cazan y los pastores la comida que llevan al campo: *el cazador lleva el morral lleno de perdices.* **SIN.** zurrón.

morralla *[n.f.]* conjunto de cosas que no valen: *en el desván hay mucha morralla.*

morriña *[n.f.]* lo que siente quien echa mucho de menos algo o a alguien que está lejos: *tiene morriña por no estar con su familia.* **SIN.** nostalgia, melancolía, añoranza. **AF.** tristeza, languidez. **AMPL.** la palabra *morriña* viene del gallego. **FAM.** morriñoso. **COMP.** amorriñarse.

morro *[n.m.]* **1** parte de la cabeza de algunos animales en la que están la nariz y la boca: *morro de cerdo.* **SIN.** hocico, jeta. **2** labios de una persona: *cuando lo vio arrugó el morro.* **3** parte delantera de algunas cosas: *el morro de un coche; el morro de los aviones.* ■ **estar de morro**, estar enfadado. **FAM.** morral, ***morralla*** (conjunto de cosas que no valen), morrudo.

morsa *[n.f.]* animal del tipo de la foca, que tiene dos colmillos muy largos que le salen de la parte de arriba de la boca, se alimenta de peces, vive en las regiones cercanas al Polo Norte y pasa más tiempo en el mar que en la tierra.

morse *[n.m.]* alfabeto formado por puntos, rayas y espacios en blanco que se usa para mandar mensajes por telégrafo*: *en morse, "-" equivale a una "a".* TAMBIÉN *adj.: alfabeto morse; sistema morse de comunicación.*

mortadela *[n.f.]* embutido blando de color claro que se hace mezclando carne triturada de vaca y de cerdo con tocino.

mortaja *[n.f.]* sábana con la que se envuelve a los muertos: *le pusieron la mortaja y lo metieron en el ataúd.* **FAM.** amortajar, muerte.

mortal *[adj.inv. en gén.]* **1** que no dura siempre porque tiene que morir: *las personas, los animales y los vegetales son seres mortales.* **ANT.** inmortal. TAMBIÉN *n.*, refiriéndose a los seres humanos: *todos los mortales tenemos sentimientos.* **SIN.** persona, ser humano. **2** que puede hacer que alguien muera: *veneno mortal.* **SIN.** letal, mortífero. **FAM.** mortalmente, mortalidad, mortandad, mortecino, mortífero, mortuorio, muerte. **COMP.** inmortal.

mortalidad *[n.f.]* número de personas que mueren en un tiempo determinado, en un país determinado, etc.: *la mortalidad en los países pobres es muy alta.* **ANT.** natalidad.

mortero *[n.m.]* **1** recipiente de madera con forma de tazón en el que, con una especie de mazo que se llama *mano*, se machacan y se mezclan cosas (especialmente alimentos y especias): *machaca ajo y perejil en el mortero.* **AMPL.** un ***almirez*** es como un mortero pero de metal. **2** masa que se usa en la construcción y se prepara con agua, arena y algún producto que las una y que haga que al secarse se ponga muy dura. **AMPL.** el mortero preparado con cemento se llama ***cemento***, si además tiene piedras pequeñas, ***hormigón*** y si se prepara con cal, ***argamasa***.

mortífero, mortífera *[adj.]* que mata o que puede hacer que alguien muera: *la mordedura de algunas serpientes es mortífera.* **SIN.** mortal, letal.

mortificar *[v.]* hacer que alguien sufra mucho: *estos zapatos me mortifican; mortifica a su madre con continuas exigencias.* **SIN.** atormentar, torturar, martirizar. **OBS.** ante e, qu: *mortifiquen.* **FAM.** mortificación, mortificador, mortificante.

mosaico *[n.m.]* obra artística que se hace combinando trozos de piedras o de cristales de colores para formar un dibujo: *en la pared hay un mosaico que representa un paisaje.* TAMBIÉN se llamaban *mosaicos* las baldosas antiguas que tenían dibujos de colores: *la casa de mi abuela tenía suelo de mosaico.*

mosca *[n.f.]* insecto pequeño de color negro, con dos alas transparentes, la cabeza más ancha que larga y la boca como una trompa que le sirve para chupar los alimentos: *las moscas son molestas y abundan cuando hace calor.* ■ **por si las moscas**, por si acaso. ■ **parecer una mosquita muerta**, parecer una persona muy buena y tranquila, pero no serlo. ■ **tener la mosca detrás de la oreja**, desconfiar de algo o de alguien. **FAM.** moscardón, mosquito, mosquitera, moscón, mosconear, mosconeo, mosquear, mosqueo.

moscardón *[n.m.]* especie de mosca grande, de color pardo oscuro y el cuerpo cubierto de vello, que cuando vuela emite un zumbido desagradable. **AMPL.** el ***moscón*** es también como una mosca grande y que zumba, pero con las alas tirando a rojo. **PL.** *moscardones.*

moscatel *[n.m.]* **1** variedad de uva que es muy dulce y aromática. TAMBIÉN *adj.*: *uvas moscatel.* **2** vino dulce que se hace con esta variedad de uva: *pidió un moscatel.*

moscovita *[adj.inv. en gén.]* de Moscú, capital de Rusia: *el clima moscovita es muy frío; una niña moscovita.* TAMBIÉN *n.*: *los moscovitas.*

mosquetón *[n.m.]* **1** arma de fuego parecida a la escopeta, pero más corta. **2** sistema de enganche de forma alargada, que se abre y se cierra con un muelle oculto que separa, al apretar una palanca, las dos partes del eslabón en el que debe entrar lo que se engancha: *el cierre de la pulsera es un mosquetón.* **AF.** gancho, cierre. **PL.** *mosquetones.* **FAM.** mosquetero, mosquetazo.

mosquitera *[n.f.]* cualquier tela (de hilos o de alambres) por la que puede pasar la luz y que se pone en un sitio para que no entren mosquitos: *las ventanas tienen mosquiteras de tela metálica; la cama está rodeada de una mosquitera de gasa.*

mosquito *[n.m.]* insecto pequeño con dos alas transparentes, dos antenas en la cabeza, patas largas y muy finas y un aguijón que las hembras usan para picar y chupar la sangre de las personas y de otros animales: *al atardecer hay muchos mosquitos junto al río.*

mostaza *[n.f.]* planta de un metro de altura cuyo fruto tiene dentro unas semillas con la que se hace una salsa espesa que también se llama *mostaza* y se usa para dar sabor fuerte a algunas comidas: *mucha gente toma las salchichas con mostaza.* **FAM.** mostacera, mostazal.

mosto *[n.m.]* zumo de la uva antes de que fermente y se convierta en vino: *el mosto es dulce y no tiene alcohol.*

mostrador *[n.m.]* especie de mesa, normalmente larga, sobre la que se ponen los artículos de las tiendas para enseñárselos a los clientes cuando van a comprar: *puso varios jerseys encima del mostrador.*

mostrar *[v.]* **1** hacer que alguien vea algo que no ha visto: *le mostró su colección de sellos.* **SIN.** enseñar. **2** hacer que alguien se entere de cómo es algo o cómo se hace algo: *sobre un mapa le mostró el camino; les mostró el funcionamiento de la máquina.* **SIN.** indicar, enseñar. **3** hacer que se note un sentimiento: *mostrar alegría; mostrar descontento.* **SIN.** manifestar, expresar, exteriorizar. **ANT.** disimular, ocultar. TAMBIÉN *prnl.*: *se mostró satisfecho con el resultado.* **CONJUG.** como *contar**. **FAM.** muestra, mostrador. **COMP.** demostrar.

mota *[n.f.]* mancha muy pequeña o partícula de algo: *una mota de barro; una mota de polvo.* **FAM.** motear.

mote *[n.m.]* nombre, distinto del suyo propio, por el que se conoce a una persona o a una familia: *por sus ojos saltones le pusieron el mote de "el mochuelo"*. **SIN.** apodo*.

motel *[n.m.]* hotel que está al lado de una carretera, fuera de los pueblos o ciudades.

motín *[n.m.]* lo que se produce por el hecho de que un grupo de personas desobedezca y ataque a quien tiene autoridad sobre ellas: *mientras duró el motín el capitán estuvo preso*. **SIN.** revuelta. **AF.** rebelión, sublevación. **PL.** *motines*.

motivar *[v.]* **1** hacer que alguien tenga ilusión por hacer algo: *las buenas ventas lo motivaron para ampliar el kiosko*. **SIN.** animar a, alentar a, impulsar a. **2** hacer que pase algo o que se decida algo: *la lluvia motivó la suspensión del partido*. **SIN.** ocasionar*.

motivo *[n.m.]* **1** lo que hace que pase algo: *el motivo de su retraso fue el exceso de tráfico; no hay motivo para suspender la reunión*. **SIN.** causa, razón. **2** lo que hace que alguien haga algo: *lo llamó con motivo de su cumpleaños*. **SIN.** ocasión. **3** tema que se usa en uno o varios adornos: *una decoración con motivos infantiles*. **AF.** adorno. **FAM.** motivar, motivación, motivador.

moto- prefijo que significa *movido por motor*.

moto *[n.f.]* vehículo de dos ruedas, sin carrocería y con motor, en el que no pueden ir más de dos personas. **AMPL.** la pequeña (de menos de 50 centímetros cúbicos, que normalmente se puede arrancar haciéndola andar con los pedales) se llama ***motocicleta*** o ***ciclomotor***; la que tiene el motor atrás y deja libre la parte de delante del sillín para sentarse cómodamente se llaman ***scooter***. **FAM.** motocicleta, motociclismo, motociclista, motocros, motorista, motero, motor.

motocicleta *[n.f.]* VER *moto*.

motociclismo *[n.m.]* deporte que consiste en hacer carreras con motocicletas: *todos los años hay campeonato de motociclismo*. **SIN.** motorismo.

motociclista *[n.inv. en gén.]* persona que conduce una motocicleta. **SIN.** motorista.

motor *[n.m.]* máquina que, mediante alguna clase de energía, consigue la fuerza que se necesita para que algo se mueva o para que algo funcione: *hay motores eléctricos, de gasolina, diesel, etc.; todos los electrodomésticos tienen motor*. **FAM.** motorizar, motorización, motocicleta, mover. **COMP.** bimotor, trimotor, cuatrimotor.

motora *[n.f.]* barca pequeña con motor.

motorista *[n.inv. en gén.]* persona que conduce una motocicleta. **SIN.** motociclista.

motriz *[adj.inv. en gén.]* que es lo que mueve: *fuerza motriz; ruedas motrices*. **PL.** *motrices*.

mover *[v.]* **1** hacer que algo deje de estar donde estaba o como estaba: *moví la silla porque me daba el sol; movió la mano para saludarlo*. **SIN.** menear. **AF.** desplazar, agitar. **ANT.** inmovilizar, parar, detener. TAMBIÉN *prnl.: no te muevas mientras te hacen la foto; los coches se mueven gracias al motor*. // **moverse** *[v.prnl.]* **2** hacer todo lo posible por conseguir algo: *si no te mueves perderás la beca*. **SIN.** actuar. **AF.** movilizarse. **CONJUG.** como *volver**. **FAM.** movimiento, movedizo, movido, móvil, movilidad, movilizar, movilización, ***motriz*** (que mueve), motricidad, motor, mueble. **COMP.** conmover, promover, remover, inmóvil.

móvil *[n.m.]* **1** lo que hace que alguien haga algo o se decida a hacerlo: *¿cuál es el móvil de tus gestiones?; el único móvil que lo impulsa a trabajar es el dinero*. **AF.** motivo, estímulo, aliciente. **2** objeto formado por varias figuras de poco peso colgadas de unos hilos, y que se mueven por cualquier movimiento próximo, por un soplo, una corriente de aire, etc.: *han colgado sobre la cuna un móvil de colores*. // **móvil** *[adj.inv. en gén.]* **3** que puede moverse, que puede ser movido, o que puede ser llevado de un sitio a otro: *una pieza móvil; teléfono móvil; lámpara móvil*. **SIN.** movible. **ANT.** fijo.

movilizar *[v.]* **1** llamar a alguien para que vaya a hacer maniobras militares, a luchar en una guerra, etc.: *han movilizado a todo el cuartel para una misión humanitaria*. **AF.** reclutar. **ANT.** licenciar. **2** hacer que alguien deje lo que está haciendo para que haga algo que requiere actividad, tiempo y esfuerzo físico o mental: *el día de la mudanza movilizó a toda la familia*. **SIN.** poner en acción. TAMBIÉN *prnl.: todo el departamento se movilizó para terminar el proyecto*. **OBS.** ante e, c: *movilicen*.

movimiento *[n.m.]* **1** lo que se tiene por el hecho de no estar parado: *el movimiento de las agujas del reloj; el movimiento de los ojos*. **ANT.** inmovilidad, quietud. **2** lo que hay donde mucha gente trabaja o se divierte, se mueve, compra, vende, va y viene, etc.: *en el mercado hay mucho movimiento.* **SIN.** trajín*. 3 conjunto de actividades (y obras) de grupos de personas que tienen unas características determinadas o siguen unas determinadas ideas: *los movimientos artísticos reflejan el modo de entender la vida en cada época; hay un movimiento social en contra de la pena de muerte.* **AF.** tendencia.

mozo, moza *[n.]* 1 muchacho, o persona joven y soltera: *los mozos del pueblo fueron al baile.* 2 trabajador que en algunos sitios hace trabajos de poca responsabilidad: *en la tienda tienen un mozo para llevar pedidos; los mozos de estación se ofrecen para llevarte las maletas.* // **mozo** *[n.m.]* 3 chico joven que ha sido llamado para hacer el servicio militar pero que todavía no lo ha empezado a hacer: *ya sortearon los destinos de los mozos.* **SIN.** recluta. ■ **buena moza** o **buen mozo**, chica o chico alto y guapo. **FAM.** mozuelo, mozarrón, mocedad.

muchacho, muchacha *[n.]* persona que ha pasado la infancia pero todavía no es adulta: *todos los muchachos participaron en la fiesta; es una muchacha muy tímida; un muchacho hace los recados.* **SIN.** chico, adolescente, joven, chaval, mozo. **FAM.** muchachada, muchachería, muchachez, muchachil.

muchedumbre *[n.f.]* conjunto de muchas personas que están en un sitio: *la muchedumbre gritaba en el partido.* **SIN.** multitud, gentío.

mucho, mucha *[adj.]* 1 que es muy intenso, muy fuerte, muy largo, o lo hay en gran cantidad: *mucha alegría; mucho frío; lo hace con mucho gusto; hay muchas niñas; tiene mucho tiempo.* **SIN.** cuando se usa en singular: gran, fuerte, bien de; cuando se usa en plural: numerosos, múltiples, abundancia de, gran número de. **INTENS.** infinito, infinidad de, multitud de. **ANT.** poco, escaso. **GRAM.** es adjetivo indefinido que acompaña, como determinante*, a nombres abtractos o incontables en singular y a nombres concretos o contables en plural. **OBS.** para conseguir efectos expresivos se usa con frecuencia en singular delante de un nombre concreto o contable: *es mucha mujer; ése es mucho coche para mí; había mucho niño.* // **mucho, mucha** *[pron.]* 2 gran cantidad o intensidad de lo que se habla: *había muchos, pero quedan pocos; ¿tienes sed? sí, mucha; muchos de los presentes quisieron marcharse; muchas están estropeadas.* **AF.** bastantes. **ANT.** pocos. **GRAM.** es pronombre indefinido que en plural sustituye a nombres contables o concretos y en singular a incontables o abstractos: *mucha (paz); mucho (orden); muchas (manzanas).* // **mucho** *[adv. de c.]* 3 más de lo normal o de lo necesario: *habéis corrido mucho; sabe mucho a pimentón; llegó mucho más tarde de lo previsto; llueve mucho; ¿es grande?, mucho; éste es mucho más bonito.* **AF.** demasiado. **ANT.** poco. **FAM.** muchedumbre.

mucosa *[n.f.]* membrana que recubre los huecos del cuerpo que están comunicados con el exterior y produce moco: *la mucosa nasal.* **FAM.** moco*.

mucoso, mucosa *[adj.]* 1 que se parece al moco: *una sustancia con aspecto mucoso.* 2 que produce mucosidad: *glándula mucosa.* **FAM.** moco*.

mucosidad *[n.f.]* moco o sustancia parecida al moco: *nota mucosidades en la garganta.*

muda *[n.f.]* 1 conjunto de la ropa interior que uno lleva puesta de cada vez: *ha comprado cinco mudas; cámbiale la muda al bebé.* 2 cambio natural de algo que le pasa a algunos seres vivos: *la muda de la piel de las serpientes; la muda de las plumas de los pájaros; la muda de la voz de un muchacho.*

mudanza *[n.f.]* lo que se hace para llevar todos los muebles y las cosas que se tienen en un sitio, a otro que se usará para lo mismo: *en pocas horas hicieron la mudanza de la oficina.* **SIN.** traslado.

mudar *[v.]* 1 quitar una cosa y poner otra en su lugar: *muda las sábanas de la cama.* TAMBIÉN *prnl.: se muda de ropa todos los días.* 2 hacer que algo sea distinto de como era o que esté en distinto sitio: *mudar de aspecto; mudar de carácter; he mudado de pared el cuadro.* 3 perder naturalmente un ser vivo una cosa y ponérsele otra en su lugar: *las culebras mudan la piel y los muchachos la voz.* **SIN.COM.** cambiar. // **mudarse** *[v.prnl.]* 4 cambiarse de casa: *se mudaron a una casa de las afueras.* **SIN.** trasladarse. **FAM.** muda, mudanza, mudable, mudada, mudadizo. **COMP.** demudar, remudar.

mudo, muda *[adj.]* 1 que no puede hablar porque tiene algún problema físico: *una niña muda.* TAMBIÉN *n.: los mudos se comunican por* *señas.* 2 que está tan sorprendido, tan impresionado o tan asustado, que no le salen las palabras: *se quedó mudo cuando le dieron la noticia.* **AF.** callado, silencioso. **FAM.** mudez, mudamente. **COMP.** enmudecer.

mueblar *[v.]* amueblar.

mueble *[n.m.]* pieza que se construye con madera, hierro, plástico, etc., se puede cambiar de sitio y se coloca sobre el suelo llenando un espacio vacío para poder poner cosas, guardarlas dentro, sentarse, tumbarse, etc.: *las camas, las mesas, los armarios, los escritorios, las librerías y los sofás son muebles.* **AMPL.** el conjunto de los muebles que hay en un sitio o que son del mismo tipo se llama ***mobiliario*** y las cosas que se ponen en las calles de las ciudades para sentarse, poner anuncios, dar sombra, etc., ***mobiliario urbano***. **FAM.** mueblería, mueblista, mobiliario, moblaje, mover. **COMP.** amueblar, inmueble, guardamuebles.

mueca *[n.f.]* gesto que se hace con la cara y con la que se expresa una sensación o uno trata de burlarse de alguien o de hacer gracia: *al olerlo, hizo una mueca de asco; deja de hacer muecas, que pareces un payaso.* **AF.** gesto. **FAM.** muequear.

muela *[n.f.]* 1 cada una de las piezas de la dentadura que están a los lados de la boca, son más anchas que los dientes y sirven para masticar los alimentos: *las cuatro muelas del juicio salen cuando se es mayor.* **SIN.** molar. 2 piedra redonda, plana, dura y áspera: *las muelas de los molinos son enormes; una muela de afilador.* **FAM.** molar, moler. **COMP.** premolar.

muela

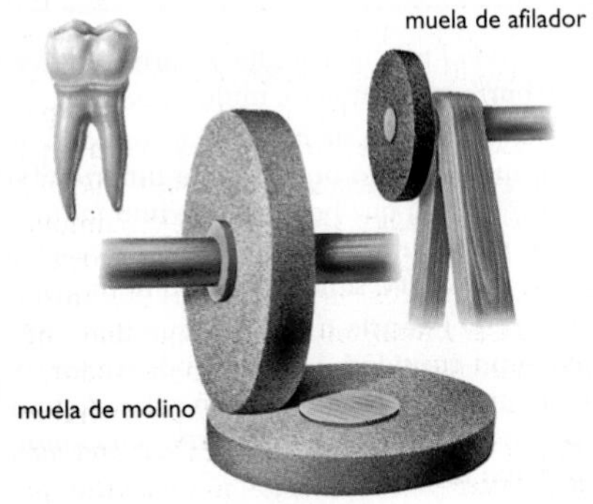

muelle *[n.m.]* 1 hilo rígido enrollado en espiral de manera que al tirar de un extremo se estira y al soltarlo vuelve a su posición inicial: *el muelle del bolígrafo permite sacar y ocultar la punta.* 2 suelo que queda a la altura del de los vehículos o de las pasarelas de los barcos, para que resulte fácil la carga y descarga de viajeros y mercancías: *en las estaciones, los puertos y muchas instalaciones industriales hay muelles de carga y descarga.* **FAM.** ***muellemente*** (cómodamente), mullir.

muellemente *[adv. de m.]* cómoda y fácilmente.

muerte *[n.f.]* 1 lo que le llega a un ser vivo en el momento en que deja de vivir: *encontró la muerte en un accidente de coche; hubo dos muertes por asfixia.* **SIN.** defunción, fallecimiento, óbito. **ANT.** nacimiento. **AMPL.** cuando una persona muere de vieja o por una enfermedad se dice que ha muerto de ***muerte natural***; si muere en un accidente, alguien la mata o se suicida, se dice que ha tenido una ***muerte violenta***. 2 figura humana, normalmente llevando una guadaña, con la que se representa la muerte: *en la última escena, el protagonista hablaba con la muerte.* **SIN.** parca. 3 final, desaparición o destrucción de algo: *la muerte de una amistad; la muerte de una empresa.* ■ **odiar a muerte**, odiar muchísimo. ■ **dar muerte**, matar. ■ **de mala muerte**, mal acondicionado (*es una taberna de mala muerte*) o de poco valor o importancia (*vive en una aldea de mala muerte*). ■ **de muerte**, muy intenso: *un susto de muerte.* **FAM.** muerto, mortaja, morir, mortal. **COMP.** amortiguar.

muerto, muerta *[adj.]* 1 que no tiene vida: *un árbol seco es un árbol muerto; había un perro muerto.* **SIN.** sin vida. **ANT.** vivo. 2 hablando de lenguas, la que ya no se habla, aunque haya dado origen a otras: *el latín es una lengua muerta.* // **muerto, muerta** *[n.]* 3 persona que ha muerto: *enterraron al muerto.* **SIN.** cadáver, difunto.

muesca *[n.f.]* marca o hendidura que se hace en la superficie de una cosa para encajar algo o para que sirva de señal: *el soporte del atril se apoya en una muesca de la base; la navaja tiene una muesca en la madera.*

muestra *[n.f.]* 1 cosa que sirve para que alguien sepa cómo es algo, qué modelos hay de algo o cómo hay que hacer algo: *la muestra de colonia viene en un frasquito; el vendedor llevó varias corbatas de muestra; tienes que escribirlo igual que está en la muestra.* **AF.** modelo, patrón. 2 lo que se hace para demostrar algo o lo que hace que se note algo: *un abrazo es una muestra de amor.* **SIN.** demostración* (acepción 3). **FAM.** muestrario, muestreo, mostrar.

muestrario *[n.m.]* 1 conjunto de las muestras que se enseñan para que uno elija un modelo o un producto: *un muestrario de colores; un muestrario de zapatos; un muestrario de tapicerías.* **AF.** catálogo, colección. 2 conjunto de cosas que deberían ser iguales y no lo son: *el salón de actos estaba amueblado con un muestrario de sillas.*

mugido *[n.m.]* ruido que hacen con la garganta las vacas y los toros: *un mugido suena parecido a muuu.* **FAM.** mugir, mugiente.

mugir *[v.]* dar mugidos*. **OBS.** ante a y o, j: *mujan.*

mujer *[n.f.]* 1 persona de sexo femenino cuando ya ha pasado la pubertad*. **AF.** hembra. 2 lo que es una mujer para el hombre con el que está casada. **SIN.** esposa, cónyuge, consorte. **ANT.** esposo, marido. **FAM.** mujeriego, mujeril, mujerilmente.

mula *[n.f.]* hembra del mulo*.

mulato, mulata *[adj.]* que es hijo de una persona blanca y otra negra: *una niña mulata.* TAMBIÉN *n.*: *los mulatos tienen la piel oscura.*

muleta *[n.f.]* 1 palo largo con un travesaño para agarrarlo y otro para apoyar la axila, que se apoya en el suelo y ayuda a andar cuando se tiene alguna dificultad para ello: *cuando estuvo escayolado andaba con muletas.* 2 trozo de tela roja que cuelga de un palo y que usan los toreros para ocultar la espada y dar unos pases antes de matar al toro. **FAM.** muletilla, muletazo, muletada, muletear.

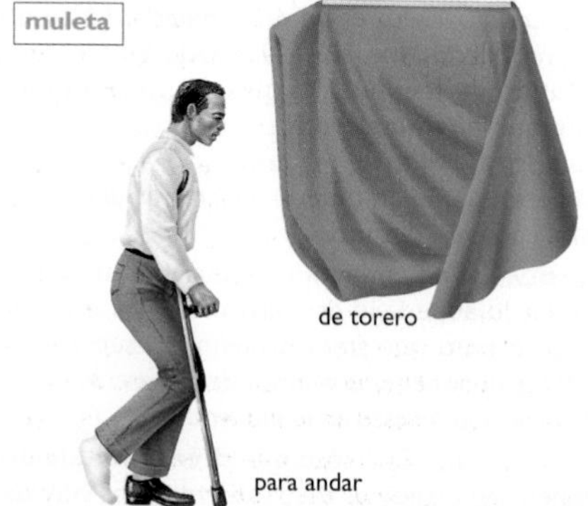

muletilla *[n.f.]* palabra o frase que uno repite innecesariamente, sin darse cuenta, cuando está hablando: *el empleo de muletillas empobrece la expresión; "o sea" es su muletilla más frecuente.*

mullir *[v.]* hacer que entre aire en algo que estaba apretado o aplastado, para que quede más blando o esponjoso: *golpea la almohada para mullir la lana.* **SIN.** ahuecar, esponjar. **ANT.** apelmazar, apretar. **FAM.** mullido, mullidor, muelle.

CONJUGACIÓN DEL VERBO MULLIR

Formas no personales
Infinitivo: *mullir.* Gerundio: *mullendo.* Participio: *mullido.*

Indicativo
Presente: *mullo, mulles, mulle, mullimos, mullís, mullen.*
Pretérito imperfecto: *mullía, mullías, mullía, mullíamos, mullíais, mullían.*
Pretérito perfecto simple: *mullí, mulliste, mulló, mullimos, mullisteis, mulleron.*
Futuro: *mulliré, mullirás, mullirá, mulliremos, mulliréis, mullirán.*

Condicional simple:
mulliría, mullirías, mulliría, mulliríamos, mulliríais, mullirían.

Subjuntivo
Presente: *mulla, mullas, mulla, mullamos, mulláis, mullan.*
Pretérito imperfecto: *mullera/ mullese, mulleras/ mulleses, mullera/ mullese, mulléramos/ mullésemos, mullerais/ mulleseis, mulleran/ mullesen.*
Futuro: *mullere, mulleres, mullere, mulléremos, mullereis, mulleren.*

Imperativo:
mulle, mulla, mullamos, mullid, mullan.

mulo *[n.m.]* hijo de caballo y burra o de yegua y burro. **FAM.** mulero, mular, mulada.

multa *[n.f.]* orden de pagar una cantidad de dinero que le da un agente de la autoridad a quien considera que ha cometido una falta: *el juez le puso una multa de 100.000 pesetas (601,01 euros).* **SIN.** sanción. **FAM.** multar.

multar *[v.]* decirle a alguien que tiene que pagar una cantidad de dinero por haber cometido una falta o un delito: *un policía la multó por ir en la moto sin casco.* **SIN.** sancionar, poner una multa.

multi- prefijo que significa *muchos.*

multicolor *[adj.inv. en gén.]* de muchos colores: *el arco iris es un arco multicolor.*

multicopista *[n.f.]* máquina para hacer en hojas de papel varias copias de un escrito o de un dibujo hecho en un cliché: *antes de que hubiera fotocopiadoras se usaban multicopistas.* **FAM.** multicopiar, copiar.

multimedia *[adj. inv. en gén. y núm.]* que es un programa informático que usa textos, imágenes, vídeo y sonido: *enciclopedia multimedia.* TAMBIÉN *n.m.inv. en núm.: los multimedia.* **PL.** *multimedia.*

múltiple *[adj.inv. en gén.]* **1** que tiene más de un producto, más de un efecto, más de un resultado, etc.: *un parto múltiple; dos partos múltiples.* // **múltiples** *[adj. en pl.]* **2** más de uno: *aquí tienes múltiples posibilidades de divertirte.* **SIN.** varios, distintos. **3** en gran cantidad: *hay múltiples maneras de resolverlo; tiene múltiples virtudes.* **SIN.** muchos, numerosos, abundancia de, gran número de, multitud de. **ANT.** pocos, escasos. **GRAM.** es adjetivo indefinido que se usa sólo en plural y funciona como determinante con nombres contables. **FAM.** multiplicidad, multiplicar, multiplicador, multiplicación, multiplicativo, múltiplo. **COMP.** submúltiplo.

multiplicación *[n.f.]* **1** operación de matemáticas que equivale a sumar varias veces el mismo número: *"2x3=6" es una multiplicación y es lo mismo que 2+2+2=6.* **ANT.** división. **2** lo que pasa cuando aumenta mucho la cantidad de algo: *ha habido una multiplicación del número de quejas.* **AF.** aumento, crecimiento. **ANT.** disminución, reducción.

multiplicador *[n.m.]* en una multiplicación, número que indica las veces que hay que sumarle a sí mismo el número que hay que multiplicar: *en "523 x 2 = 1.046", el 2 es el multiplicador, 523 el multiplicando y 1.046 el producto.*

multiplicando *[n.m.]* en una multiplicación, número que se multiplica por el multiplicador*.

multiplicar *[v.]* **1** hacer una multiplicación: *si multiplicas 12 por 12 te da 144.* **ANT.** dividir. **2** aumentar mucho la cantidad de algo: *así multiplicarás las ventas; se les ha multiplicado el trabajo; tener hijos multiplica la población.* **AF.** aumentar. **ANT.** disminuir, reducir. TAMBIÉN *prnl.: en verano se multiplica el número de insectos; los conejos se multiplican muy deprisa.* **OBS.** ante e, qu: *multipliquen.*

múltiplo *[n.m.]* número que está multiplicado por el que se dice, lo que significa que lo contiene varias veces: *el 16 es un número múltiplo de 2, de 4, y de 8.* **AMPL.** un número *múltiplo* de otro también es ***divisible*** por él porque, al dividirlo, el resto es 0.

multitud *[n.f.]* **1** conjunto de muchas personas que están en un sitio: *la multitud aplaudía a los reyes.* **SIN.** muchedumbre, gentío. **2** mucho de algo: *hay multitud de cosas que no entiendo.* **SIN.** gran cantidad, abundancia. **INTENS.** infinidad, un sinfín. **ANT.** escasez. **FAM.** multitudinario.

mundano, mundana *[adj.]* del mundo material y no de las cosas espirituales.

mundial *[adj.inv. en gén.]* **1** de todo el mundo: *una persona de fama mundial; un problema mundial.* **SIN.** universal. // **mundial** *[n.m.]* **2** competición en la que participan países de todo el mundo: *se celebra el mundial de ajedrez.*

mundo *[n.m.]* **1** planeta Tierra: *los astronautas vieron el mundo desde la nave espacial; en el mundo hay miles de millones de seres vivos.* **2** conjunto de las personas y las cosas relacionadas con algún tipo de actividad: *el mundo del trabajo; el mundo artístico; el mundo científico.* **AF.** sector. **3** lo que demuestra que tiene quien sabe muchas cosas, sabe tratar con la gente, sabe lo que hay que hacer en cada momento, etc., porque ha vivido mucho y tiene mucha experiencia: *es una mujer con mucho mundo.* **AF.** experiencia. **4** vida que los hombres hacen en sociedad: *se apartó del mundo y se fue a un convento.* **SIN.** sociedad. ■ **hundírsele** a uno **el mundo**, quedarse tan triste o angustiado que no se tienen ganas de hacer nada. ■ **todo el mundo**, mucha gente o todas las personas de la Tierra. ■ **tercer mundo**, conjunto de los países más pobres de la Tierra. ■ **venir al mundo**, nacer. ■ **no ser nada del otro mundo**, no tener nada especial, ser como muchos. **FAM.** mundial, mundología, mundano, mundanal, mundanamente.

munición *[n.f.]* balas, cartuchos, etc. que se usan para disparar las armas de fuego: *una* *pistola no dispara si no tiene munición.* **AF.** carga. **FAM.** municionero, municionar.

municipal *[adj.inv. en gén.]* 1 del municipio o que depende del municipio: *problemas municipales; servicios municipales; un teatro municipal; policía municipal.* // **municipal** *[n.inv. en gén.]* 2 persona que trabaja como policía para un ayuntamiento: *un municipal le puso una multa.* **SIN.** guardia, agente.

municipio *[n.m.]* territorio sobre el que un alcalde y sus concejales tienen autoridad: *aunque queda lejos, el lago pertenece a este municipio.* **SIN.** ayuntamiento, alcaldía, concejo. **FAM.** municipal, municipalidad, municipalización, municipalizar.

muñeca *[n.f.]* 1 parte en la que se unen el brazo y la mano: *lleva el reloj en la muñeca izquierda.* 2 juguete con forma de niña o de mujer: *esta muñeca habla, anda y toma el biberón.* **FAM.** muñeco, muñequera.

muñeco *[n.m.]* figura pequeña con forma de persona (*los soldaditos de plomo son muñecos*) o juguete con forma de niño o de hombre (*tiene un muñeco llorón y una muñeca andadora*).

muñequera *[n.f.]* cinta ancha, de tela o de cuero, que se pone apretada alrededor de la muñeca para que no se lesione o cuando ya está lesionada: *los tenistas usan muñequera.*

mural *[adj.inv. en gén.]* que se pone en la pared (*un reloj mural; un mueble mural; un adorno mural*) o que se hace sobre la pared (*una pintura mural; un mosaico mural*). TAMBIÉN *n.m.: el mural de la entrada es de un famoso pintor.*

muralla *[n.f.]* muro de piedra muy alto, que se levanta alrededor de una ciudad o un castillo para protegerlo de ataques desde el exterior: *Ávila esta rodeada de una muralla medieval.* **AF.** fortificación.

murciano, murciana *[adj.]* de Murcia, provincia y comunidad autónoma españolas y su capital: *la huerta murciana.* TAMBIÉN *n.: los murcianos celebran fiestas de moros y cristianos.*

murciélago *[n.m.]* animal con el cuerpo parecido al de un ratón, pero con dos alas grandes que van de los hombros a los pies y que usa para volar: *los murciélagos son mamíferos nocturnos y ciegos que se guían por unas ondas de ultrasonidos que emiten.*

murga *[n.f.]* grupo de músicos que van por las calles tocando y cantando: *hay muchas murgas animando las calles de Cádiz durante los carnavales.* **AF.** charanga, banda. ■ **dar la murga**, molestar, dar la lata*. **FAM.** murguista.

murmullo *[n.m.]* ruido continuo, monótono y poco fuerte en el que se no se distinguen sonidos concretos: *muchas personas hablando a la vez en voz baja producen un murmullo; a lo lejos se oía el murmullo del agua del río.* **AMPL.** un ***susurro*** es un murmullo muy suave. **FAM.** murmullar.

murmurar *[v.]* 1 hablar mal de una persona cuando ella no está delante: *es una mala costumbre murmurar de la gente.* **AF.** criticar. 2 protestar por algo en voz baja, de manera que los demás no entiendan lo que uno dice: *murmuró algo cuando lo castigaron.* **SIN.** rezungar, rezongar. **AF.** refunfuñar. **FAM.** murmuración, murmurador, murmureante.

muro *[n.m.]* pared alta y gruesa que rodea algo de manera que, desde fuera, no se vea lo que hay dentro: *levantaron un muro alrededor de la casa.* **AF.** tapia, muralla. **FAM.** mural, muralla, murallón, murar. **COMP.** amurallar.

mus *[n.m.]* juego de cartas de la baraja española, en el que se juega por parejas y consiste en hacer creer a los otros que se lleva mejor o peor juego, para hacerles subir o dejar las apuestas.

musa *[n.f.]* 1 mujer en la que se inspira un artista para hacer su obra: *fue la musa de sus poesías.* **SIN.** numen, inspiración. 2 cada una de las diosas de las antiguas Grecia y Roma que, según la mitología, protegían las ciencias y las artes.

musaraña *[n.f.]* animal pequeño parecido al ratón pero con el hocico más largo, que se alimenta de insectos y vive en las huertas. ■ **pensar en las musarañas**, pensar en algo que no tiene nada que ver con lo que ocurre alrededor.

muscular *[adj.inv. en gén.]* de los músculos: *ejercicios musculares; molestias musculares.*

musculatura *[n.f.]* conjunto de los músculos del cuerpo o de una parte de él: *los ciclistas tienen muy desarrollada la musculatura de las piernas.*

sistema muscular

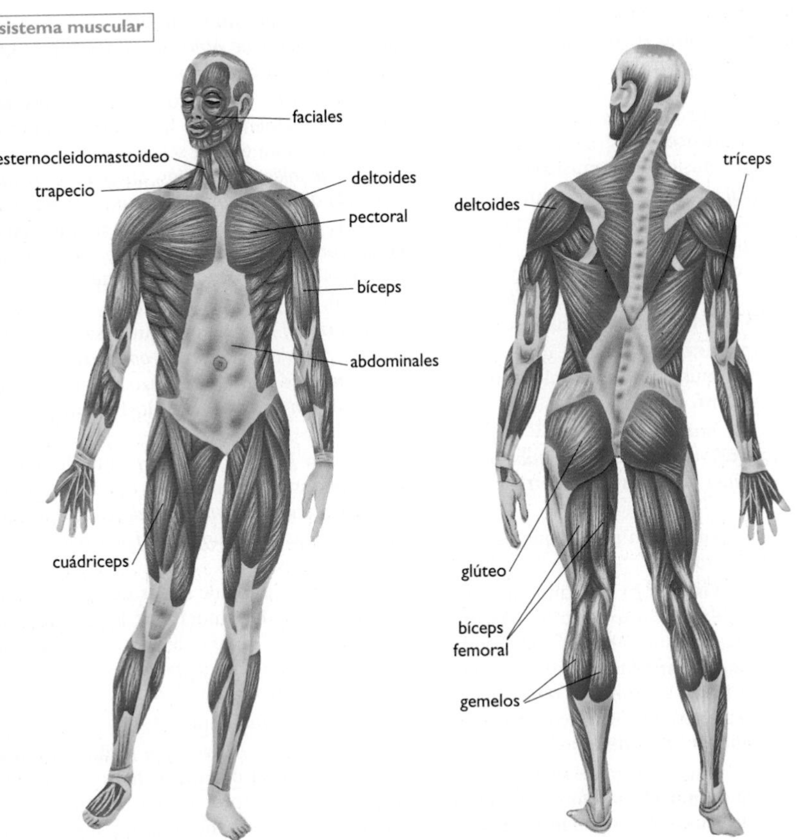

músculo *[n.m.]* conjunto de fibras que cubren los huesos y se estiran y se encogen para que las personas y los animales puedan moverse: *el bíceps es un músculo del brazo.* **FAM.** muscular, musculatura, musculoso. **COMP.** intramuscular.

musculoso, musculosa *[adj.]* que tiene los músculos muy grandes y fuertes: *un hombre musculoso; piernas musculosas.* **AF.** fuerte.

museo *[n.m.]* edificio (o parte de él) en el que se guardan, ordenados y de manera que se puedan ver, objetos, cuadros, esculturas, documentos o cualquier otra cosa que tenga valor artístico, cultural o histórico: *museo de cera; museo de pintura; museo de ciencias naturales.* **AMPL.** los museos de pintura también se llaman ***pinacotecas***. **FAM.** museología, museológico, museográfico, museografía, museólogo, museístico.

musgo *[n.m.]* conjunto de plantas muy pequeñas que crecen muy juntas a la sombra y en sitios húmedos, formando una especie de alfombra verde sobre piedras, en la corteza de los árboles, etc. **FAM.** musgoso.

música *[n.f.]* **1** arte, estudio y técnica de combinar los sonidos para conseguir belleza o efectos sorprendentes con la voz o con instrumentos especiales llamados instrumentos musicales: *últimamente se hace música muy rara.* **AMPL.** la música se escribe sobre cinco líneas paralelas que forman un ***pentagrama***; el papel así marcado se llama ***papel pautado*** y el conjunto de papeles pautados sobre los que se representa una pieza o composición es una ***partitura***. 2 conjunto de obras musicales de un autor, una época, un estilo, etc.: *la música de Albéniz; música barroca, religiosa, clásica, moderna...* **FAM.** músico, musical, musicalidad, musicalmente, musicología, musicólogo.

musical *[adj.inv. en gén.]* 1 de música (*una sinfonía es una obra musical*), para producir música (*instrumentos musicales*), o para oír música (*una cadena musical*). 2 tan agradable que suena a música: *los canarios emiten sonidos musicales.* **AF.** armonioso, melodioso.

músico, música *[n.]* persona que se dedica a componer música o a tocar algún instrumento musical. **AF.** compositor.

musitar *[v.]* hablar en voz muy baja, de manera que casi no se oiga: *le musitaba al oído palabras de amor.* **SIN.** susurrar. **ANT.** vocear, gritar.

muslo *[n.m.]* parte de la pierna que está entre la nalga y la rodilla.

mustio, mustia *[adj.]* 1 hablando de vegetales, que ha perdido su aspecto de frescura: *las flores del jarrón están mustias.* **SIN.** ajado, marchito, lánguido. **ANT.** fresco, lozano. 2 que está un poco triste: *está mustio desde que se quedó solo.* **AF.** triste, melancólico. **ANT.** contento. **FAM.** mustiar, mustiamente.

musulmán, musulmana *[adj.]* 1 de la religión fundada por el profeta Mahoma: *la religión musulmana se llama islamismo.* **SIN.** islámico. **AMPL.** Mahoma fundó y predicó una religión, el ***islamismo*** o ***mahometismo***, basada en la creencia en un solo Dios, *Alá*, y en el cumplimiento de estrictas normas morales que fueron recogidas en el libro llamado *Corán*; los templos de los musulmanes se llaman ***mezquitas*** y los hombres que recitan oraciones en ellas, ***imanes***. // **musulmán, musulmana** *[n.]* 2 persona que practica esta religión: *en el norte de África viven muchos musulmanes.* **SIN.** mahometano.

mutación *[n.f.]* cambio que se produce en algo o en alguien y que hace que tenga otra naturaleza (manera de ser, características): *a lo largo de millones de años, los seres vivos van sufriendo distintas mutaciones.* **SIN.** transformación. **AF.** cambio. **FAM.** mutable, mutabilidad. **COMP.** conmutar, ***inmutable*** (que no cambia), inmutabilidad, ***permutar*** (cambiar una cosa por otra), permuta, permutación.

mutilar *[v.]* hacer que alguien se quede sin alguna parte del cuerpo: *la onda expansiva de una bomba le mutiló un brazo.* **AF.** amputar, cercenar, cortar. **FAM.** mutilación, mutilado, mutilador.

mutismo *[n.m.]* comportamiento de una o varias personas que no dicen nada porque no quieren hablar: *el mutismo del acusado impide aclarar el caso; un largo mutismo reinó en la sala.* **SIN.** silencio.

mutua *[n.f.]* grupo de socios que pagan una cuota para poder solucionar los problemas que pueda tener alguno de ellos: *una mutua de automovilistas paga los desperfectos de los coches de los socios.* **SIN.** mutualidad.

mutualidad *[n.f.]* mutua*.

mutuo, mutua *[adj.]* que se da entre dos personas, de una a otra: *mutuo amor; mutua simpatía.* **SIN.** recíproco. **FAM.** mutuamente, mutua, mutualidad, mutualismo, mutualista.

muy *[adv.]* más de lo normal: *es muy listo; va muy despacio; muy bueno; muy tarde; muy triste; muy contento; muy fuerte.* **GRAM.** suele ir delante de adjetivos o de adverbios, pero también delante de un nombre adjetivado (que se usa como si fuera un adjetivo) para indicar que se le notan mucho las características propias de ese nombre: *es muy hombre; muy mujer.*

n *[letra consonante]* letra del abecedario español que ocupa el decimocuarto (14º) lugar y se llama *ene*. **AMPL.** en matemáticas se usa para indicar el número indeterminado de veces que se hace una operación: *10^n; n(a+b)= na+nb*; además, la n mayúscula (N) representa el conjunto de los números naturales: *N = 0, 1, 2, 3...*

nabiza *[n.f.]* hoja nueva del nabo.

nabo *[n.m.]* planta de huerta de alrededor de 60 centímetros de altura, con flores en espiga de color amarillo y la raíz carnosa y comestible, de color blanco, que se llama igual. **FAM.** nabal, nabar, naba, ***nabiza*** (hoja nueva del nabo).

nácar *[n.m.]* material que recubre la parte de dentro de las conchas de los moluscos. **AMPL.** tiene un brillo muy especial y, al ponerlo a la luz, se pueden ver reflejos de colores que se llaman ***irisaciones***. **FAM.** nacarado, nacarino. **COMP.** anacarado.

nacer *[v.]* 1 empezar a vivir en el mundo, a la vista de los demás, las personas, los animales y los vegetales: *nací hace 12 años; el cachorro de oso panda nació en el zoo.* **ANT.** morir, fallecer. 2 empezar a salir algo del cuerpo de los animales y de los vegetales: *ya están naciéndole las plumas al pájaro; al almendro le ha nacido una rama nueva.* **SIN.** salir, aparecer, brotar. **ANT.** caerse. 3 aparecer los astros en el cielo: *el Sol nace por el este.* **SIN.** salir. **ANT.** ocultarse, ponerse. 4 empezar a existir una cosa: *el cine nació a finales del siglo XIX.* **AF.** comenzar, surgir. 5 empezar a correr un río, un arroyo, etc.: *el río Duero nace en los Picos de Urbión.* **AF.** originarse, empezar. **ANT.** desembocar. ■ ***haber nacido para*** algo, poder hacerlo muy bien. ■ **volver a nacer**, librarse de la muerte cuando se ha estado cerca de ella. **FAM.** nacimiento, naciente, natal, natalidad, natalicio, nativo, natividad, nato. **COMP.** renacer, ***innato*** (de nacimiento), ***nonato*** (no nacido).

CONJUGACIÓN DEL VERBO NACER

Formas no personales
Infinitivo: *nacer*. Gerundio: *naciendo*. Participio: *nacido*.
Indicativo
Presente: *nazco, naces, nace, nacemos, nacéis, nacen.*
Pretérito imperfecto: *nacía, nacías, nacía, nacíamos, nacíais, nacían.*
Pretérito perfecto simple: *nací, naciste, nació, nacimos, nacisteis, nacieron.*
Futuro: *naceré, nacerás, nacerá, naceremos, naceréis, nacerán.*
Condicional simple:
nacería, nacerías, nacería, naceríamos, naceríais, nacerían.
Subjuntivo
Presente: *nazca, nazcas, nazca, nazcamos, nazcáis, nazcan.*
Pretérito imperfecto: *naciera/ naciese, nacieras/ nacieses, naciera/ naciese, naciéramos/ naciésemos, nacierais/ nacieseis, nacieran/ naciesen.*
Futuro: *naciere, nacieres, naciere, naciéremos, naciereis, nacieren.*
Imperativo:
nace, nazca, nazcamos, naced, nazcan.

naciente *[adj.inv. en gén.]* 1 que está naciendo o acaba de nacer o de crearse: *el Sol naciente; la naciente democracia.* // **naciente** *[n.m.]* 2 punto cardinal por el que nace el Sol: *los piratas se acercaron por el naciente.* **SIN.** este, oriente. **ANT.** poniente, oeste.

nacimiento *[n.m.]* 1 hecho de que nazca un ser vivo o de que empiece algo: *el nacimiento del niño será en febrero; el nacimiento del día.* **ANT.** muerte, fallecimiento. 2 escena de la vida de Jesucristo que representa un pueblo en el momento inmediato a su nacimiento: *las figuras de su nacimiento son de barro.* **SIN.** belén. 3 lugar en el que nace un río: *el río, en su nacimiento, parece un arroyo.* **ANT.** desembocadura.

■ **lugar de nacimiento**, ciudad o pueblo en que ha nacido una persona.

nación *[n.f.]* 1 personas y territorio que están bajo el mismo gobierno: *España es una nación de Europa; la nación española se extiende por gran parte de la Península Ibérica, islas Baleares, Canarias, Ceuta y Melilla.* **SIN.** país. **AMPL.** es un concepto político que para unos coincide con el de *estado* y para otros no; todo depende de las ideas políticas que cada uno defiende; así, los nacionalistas, por ejemplo, consideran que sus países son naciones sin estado y reclaman el derecho a tener su propio estado. 2 conjunto de personas que tienen un mismo origen histórico y comparten una misma lengua y unas mismas tradiciones, aunque no vivan en el mismo territorio: *la nación judía; la nación gitana.* **SIN.** pueblo. **FAM.** nacional, nacionalidad, nacionalmente, nacionalizar, nacionalización, nacionalismo, nacionalista. **COMP.** internacional.

nacional *[adj.inv. en gén.]* de la nación: *liga nacional de fútbol; equipo nacional.*

nacionalidad *[n.f.]* lo que da derecho a una persona a ser considerado ciudadano de un país porque ha nacido en él o porque el gobierno de ese país lo ha aceptado como tal: *quien nace en España tiene derecho a la nacionalidad española.* **AF.** ciudadanía. **AMPL.** cuando una persona que no ha nacido en un país determinado es aceptado como ciudadano de ese país y se le da la nacionalidad porque lleva años trabajando y viviendo en él se dice que se ha *nacionalizado* o *naturalizado* en ese país.

nacionalismo *[n.m.]* 1 sentimiento de amor y de defensa por todo lo que es del propio país o nación. **AF.** patriotismo. 2 forma de pensar de quienes defienden que su región no es una región sino una nación y hacen lo posible para independizarse: *los nacionalismos exagerados han provocado muchas guerras.* **SIN.** separatismo, independentismo.

nacionalista *[adj.inv. en gén.]* que está a favor del nacionalismo político: *un bosnio nacionalista.* TAMBIÉN *n.*: *los nacionalistas pedían la independencia.*

nacionalizar *[v.]* 1 hacer, un gobierno, que algo que es de propiedad privada pase a ser del Estado: *han nacionalizado una fábrica de coches.* **ANT.** privatizar. // **nacionalizarse** *[v.prnl.]* 2 conseguir una persona la nacionalidad* de un país que no es el suyo: *hay deportistas extranjeros que se han nacionalizado en España.* **OBS.** ante e, c: *nacionalicen.*

nada *[n.f.]* 1 el vacío absoluto: *más allá del universo está la nada.* // **nada** *[pron.]* 2 pronombre indefinido invariable en género y número y que se refiere a cosas materiales o inmateriales: *en la caja no hay nada; no hizo nada.* **SIN.** ninguna cosa. 3 poco o ningún tiempo, poca o ninguna cantidad o poca o ninguna importancia: *hace nada que se fue; no sabe nada de matemáticas; no te preocupes, que esto no es nada.* // **nada** *[adv. de c.]* 4 ni un poco o muy poco: *no es nada bonito; no anda nada.* **ANT.** muy, mucho. **OBS.** como pronombre y como adverbio siempre se construye con la negación *no.* ■ **casi nada**, muy poco. ■ **nada más**, hablando de tiempo, al poco tiempo de lo que se dice. ■ **nada menos que** se usa para que se note que uno le da mucha importancia a algo: *es nada menos que el campeón del mundo.* ■ **como si nada**, sin darle importancia, como si fuera fácil. ■ **de nada**, que vale muy poco. TAMBIÉN se utiliza como respuesta de cortesía a quien nos ha dado las gracias por algo. ■ **por nada del mundo**, pase lo que pase o me den lo que me den.

nadadero *[n.m.]* sitio para nadar. **FAM.** nadar.

nadador, nadadora *[adj.]* 1 que nada: *animales nadadores.* // **nadador, nadadora** *[n.]* 2 persona que practica la natación: *un nadador del equipo nacional.*

nadar *[v.]* mantenerse en el agua y avanzar por ella sin tener apoyo o ayuda de nadie ni de nada: *al nadar movemos los brazos y las piernas.* **AF.** flotar. **AMPL.** nadar debajo del agua es ***bucear***. ■ **nadar en** algo, tener mucho de algo. **ANT.** carecer de. ■ **nadar en la abundancia**, tener mucho dinero. **FAM.** nadador, natación, natatorio.

nadie *[pron.]* ninguna persona: *no había nadie en casa; nadie lo sabe.* **SIN.** ni una sola persona. **ANT.** alguien. **GRAM.** es pronombre indefinido invariable en género y número y concuerda con el verbo en 3ª persona de singular. ■ **no ser nadie**, no tener poder o autoridad para mandar sobre otros. ■ **ser un don nadie**, ser una persona poco importante.

naftalina *[n.f.]* sustancia que se usa para que la polilla* no anide en la ropa: *en verano, hay que poner naftalina en la ropa de lana.*

nailon *[n.m.]* tejido impermeable que se hace con fibras no naturales: *unas medias de nailon.* **SIN.** nilon, nylon. **AMPL.** *nailon* es la pronunciación española de la palabra inglesa *nylon.*

naipe *[n.m.]* carta de una baraja: *Fournier es un gran fabricante de naipes.* **SIN.** carta.

nalga *[n.f.]* cada una de las dos partes iguales del cuerpo que tienen forma redondeada y están entre la espalda y el muslo: *al sentarnos apoyamos las nalgas.* **SIN.** glúteo, trasero (si se habla del conjunto de las dos nalgas).

nana *[n.f.]* canción suave que se canta para que se duerman los niños pequeños. **SIN.** canción de cuna.

naranja *[n.f.]* 1 fruto del naranjo que es esférico, con la piel gruesa de color entre rojo y amarillo y la pulpa dividida en ***gajos*** que tienen mucho zumo y sabor agridulce. **AMPL.** las ***mandarinas*** son naranjas más pequeñas, que se pelan fácilmente sin ayuda de cuchillo. // **naranja** *[n.m.]* 2 color de la naranja: *el naranja es un color alegre.* TAMBIÉN *adj.inv. en gén.: una blusa naranja; un coche naranja.* **FAM.** naranjo, naranjada, naranjado, naranjal, naranjero. **COMP.** anaranjado.

naranjada *[n.f.]* bebida hecha con zumo de naranja, azúcar y agua.

naranjal *[n.m.]* terreno con muchos naranjos: *Valencia es el país de los naranjales.*

naranjo *[n.m.]* árbol, propio de climas mediterráneos, que da flores blancas que huelen bien y unos frutos comestibles que se llaman naranjas. **AMPL.** es un árbol de hojas ***perennes*** (no se caen en invierno) y pertenece a la familia de las ***rutáceas***, aunque en comercio la naranja y el limón se llaman ***cítricos***; la flor del naranjo se llama ***azahar***.

narciso *[n.m.]* 1 planta que se cultiva en jardines, tiene hojas largas y estrechas y da flores blancas o amarillas que huelen muy bien. 2 hombre que se cree muy guapo y se preocupa excesivamente por su belleza. **AF.** presumido, vanidoso. **FAM.** narcisismo, narcisista.

narcótico, narcótica *[adj.]* que produce sueño y hace perder sensibilidad, por lo que calma el dolor: *un medicamento narcótico.* TAMBIÉN *n.m.: el opio y el cloroformo son narcóticos muy fuertes.* **FAM.** narcotizante, narcotizar, narcotismo, narcotización.

nardo *[n.m.]* planta de jardín que da flores blancas muy olorosas con forma de espiga y se usa para fabricar perfumes.

narigudo, nariguda *[adj.]* que tiene la nariz muy grande: *las brujas de los cuentos son narigudas.* **SIN.** narigón, narizudo, narizón, narizotas. TAMBIÉN *n.: un narigudo como Cirano.*

nariz *[n.f.]* parte saliente de la cara que está encima de la boca y por la que se toma el aire para respirar. TAMBIÉN se dice *narices,* aunque se hable de la nariz de una sola persona: *tiene las narices irritadas por el constipado.* ■ **darse de narices con**, encontrarse, de repente, con alguien o algo. ■ **meter las narices en** algo, tratar de enterarse uno de lo que no le importa. ■ **por narices**, de la manera que sea, pase lo que pase. ■ **tocarse las narices**, estar sin hacer nada. **FAM.** narigón, narigudo, narizudo, narizota, narizotas. **COMP.** desnarigado.

narizota *[n.f.]* nariz muy grande: *tiene una hermosa narizota.* **SIN.** narizón, narizona.

narizotas *[adj. y n.]* narigudo*: *es un narizotas.*

narración *[n.f.]* 1 conjunto de las cosas que se dicen o se escriben para contar una historia real o inventada: *escucharon con atención la narración de su aventura.* 2 novela o cuento: *Isabel Allende es autora de magníficas narraciones.* **SIN.COM.** relato.

narrador, narradora *[n.]* persona que cuenta una historia o va explicando lo que pasa en una representación: *un narrador de cuentos.*

narrar *[v.]* contar una historia o algo que ha pasado: *la novela narra las aventuras de un niño.* **SIN.** contar, relatar. **FAM.** narración, narrador, narrativa, narrativo. **COMP.** inenarrable.

narrativa *[n.f.]* tipo de literatura (género literario) que incluye todas las obras escritas en prosa sobre una historia imaginada (novela o cuento): *la narrativa española tiene obras de prestigio mundial.*

narrativo, narrativa *[adj.]* que tiene que ver con el hecho de contar historias o con la manera de contarlas: *tiene un estilo narrativo muy ameno.*

nasal *[adj.inv. en gén.]* 1 de la nariz o cercano a ella: *tabique nasal; fosas nasales.* 2 que resuena en las fosas nasales, como la */n/* y la */m/*: *sonido nasal; letra nasal.* TAMBIÉN *n.*: *la m es una nasal.* **FAM.** nasalizar, nasalización, nasalidad.

nata *[n.f.]* sustancia blanca y espesa que tiene la leche y que, al enfriarse después de cocerla, queda arriba formando una capa: *antes de beber la leche le quito la nata.* **AF.** crema. **AMPL.** si se bate, llega a quedar como una crema suave y espesa que se llama ***nata montada***; si se bate mucho, se hace ***mantequilla***; cuando la leche está estropeada, al cocerla, la nata se separa en forma de grumos que se llaman ***requesón*** o ***naterón***. **FAM.** natillas, naterón. **COMP.** desnatar, desnatado, semidesnatado.

natación *[n.f.]* 1 actividad que consiste en nadar: *hace natación una vez a la semana.* 2 deporte que consiste en practicar y participar en pruebas en las que hay que nadar: *es campeona de natación.*

natal *[adj.inv. en gén.]* que es donde ha nacido alguien: *su tierra natal es Galicia; el pueblo natal.*

natalidad *[n.f.]* número de personas que nacen en un período de tiempo concreto en un sitio determinado: *la natalidad en España es muy baja.* **ANT.** mortalidad.

natatorio, natatoria *[adj.]* que sirve para nadar: *aletas natatorias; sistema natatorio.*

natillas *[n.f.pl.]* postre dulce que se hace mezclando huevo, leche y azúcar y poniendo todo al fuego hasta que la mezcla se espese un poco: *las natillas son de color amarillo claro.*

nativo, nativa *[adj.]* 1 que es propio, por nacimiento o por origen, de un lugar determinado: *costumbres nativas; lengua nativa; un profesor nativo.* **SIN.** autóctono. **ANT.** foráneo, extranjero, forastero. // **nativo, nativa** *[n.]* 2 persona que ha nacido en el país del que se habla: *los nativos de Haití son muy hospitalarios; una nativa da la clase de alemán.* **ANT.** extranjero. **AMPL.** un ***indígena*** es el *nativo* de un lugar cuyos antepasados vivieron siempre en él: *los indios de América son indígenas y los europeos que se instalaron allí en el siglo* XVIII, *colonos*; los ***aborígenes*** de un país son los *indígenas* que viven en él y se dice que es ***originaria*** u ***oriunda*** de un sitio, la persona cuyos padres son de ese sitio, aunque ella no haya nacido en él ni viva en él.

natural *[adj.inv. en gén.]* 1 que está en la naturaleza o es propio de la naturaleza, sin que nadie lo provoque: *el agua es un elemento natural; las tormentas son fenómenos naturales; la luz natural es la que recibimos del Sol.* **ANT.** artificial. 2 que está hecho con productos que están en la naturaleza o que produce la naturaleza: *el algodón es un tejido natural.* **ANT.** artificial, sintético. 3 que es el aspecto, el color, la forma, etc. que tenía cuando nació: *el color natural de su pelo es más claro.* **AF.** original. **ANT.** artificial. 4 que tiene naturalidad*: *una persona natural; un comportamiento natural; un trato natural.* **SIN.** espontáneo. **AF.** sencillo, llano. **ANT.** fingido, afectado. 5 que parece que hace las cosas sin esfuerzo, como si de verdad fuera lo que quiere parecer: *es un actor muy natural.* **ANT.** afectado, forzado. 6 que ha nacido donde se dice: *es natural de Albacete.* 7 que es (o pasa) porque las personas, los animales y las cosas son como son: *es natural que a los niños les guste jugar y que los leones cacen para alimentarse.* **SIN.** lógico, normal. **ANT.** antinatural. **FAM.** naturaleza, natura, naturalidad, naturalismo, naturalista, naturalizar, naturalización, naturalmente, naturismo, naturista. **COMP.** antinatural, connatural, desnaturalizar, sobrenatural.

naturaleza *[n.f.]* 1 conjunto de todas las cosas que hay en la Tierra y que no han sido hechas por los hombres: *los ríos, las montañas, los animales y las plantas forman parte de la naturaleza.* **OBS.** puede escribirse con mayúscula. 2 manera de ser: *es de tal naturaleza que lo aguanta todo.* 3 conjunto de las características de algo: *hablar es propio de la naturaleza humana.*

naturalidad *[n.f.]* lo que demuestran las personas cuando hacen las cosas como le salen, sin querer parecer lo que no son, ni darse importancia aunque hagan o digan cosas que tienen mucho mérito (*una persona de gran naturalidad; lo trata con naturalidad*) y lo que tienen las cosas hechas así (*me gusta la naturalidad de su comportamiento*). **AF.** sencillez, espontaneidad, llaneza. **ANT.** artificiosidad, afectación.

naufragar *[v.]* hundirse un barco que estaba navegando: *el barco naufragó cerca de la costa.* **OBS.** ante e, gu: *naufraguen.* **FAM.** naufragio, náufrago.

naufragio *[n.m.]* hecho de que un barco se hunda en el mar: *el naufragio del Titánic se produjo en abril de 1912.* **SIN.** hundimiento.

náufrago, náufraga *[n.]* persona que iba en un barco que se ha hundido y que queda perdida en el mar: *Robinson Crusoe es el náufrago más famoso de la literatura.*

náusea *[n.f.]* lo que se siente en la garganta y en la boca cuando se tiene necesidad de vomitar o cuando algo da mucho asco: *algunas embarazadas tienen náuseas; le dieron náuseas al ver tanta suciedad.* **AMPL.** el movimiento que hacen la boca y la garganta cuando se tienen náuseas se llama ***arcada***. TAMBIÉN se dice que *da náuseas,* aunque no las dé, algo que parece muy injusto, muy malo, muy inmoral, etc.: *me da náuseas su falta de honradez; es un programa de televisión que da náuseas.* **FAM.** nauseabundo.

nauseabundo, nauseabunda *[adj.]* que es tan desagradable que da náuseas: *un olor nauseabundo.* **SIN.** repugnante, asqueroso, vomitivo.

nauta *[n.m.]* hombre de mar, marinero. **FAM.** náutica.

náutica *[n.f.]* conjunto de los conocimientos que se necesitan para dirigir embarcaciones y navegar bien: *la náutica es una ciencia y un arte; una escuela de náutica.* **SIN.** marina. **AF.** navegación. **AMPL.** la ciencia de navegar por el aire se llama ***aeronáutica***. **FAM.** náutico. **COMP.** aeronáutica.

náutico, náutica *[adj.]* de (o para) la navegación en barco: *escuela náutica; mapa náutico.* **SIN.** naval.

navaja *[n.f.]* **1** instrumento para cortar formado por un mango y una hoja de acero afilada por uno de sus bordes, que se dobla sobre el mango para poder llevarlo en el bolsillo sin cortarse. **2** animal que vive en el mar y tiene el cuerpo protegido por dos conchas alargadas, de manera que se parece a una navaja cerrada. **FAM.** navajazo, navajada, navajero.

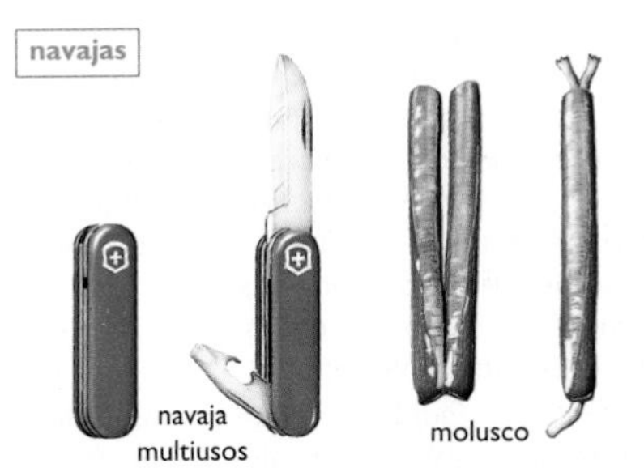

navajazo *[n.m.]* golpe, herida o corte que se ha hecho con una navaja: *de un navajazo cortó la rama; tiene un navajazo en la mano.* **SIN.** navajada.

naval *[adj.inv. en gén.]* de los barcos o de la navegación: *un ingeniero naval; escuela naval.* **SIN.** naútico.

navarro, navarra *[adj.]* de Navarra, provincia y comunidad autónoma españolas cuya capital es Pamplona: *fiestas navarras; Julián Gayarre era un tenor navarro.* TAMBIÉN *n.*: *las navarras.*

nave *[n.f.]* **1** barco: *la nave cruzó el Atlántico.* **AF.** barco, embarcación, buque, navío. **2** cada uno de los espacios amplios que hay entre dos paredes o entre filas de columnas en una iglesia, un palacio, etc.: *la catedral tiene dos naves laterales y una central.* **3** edificio grande (o es-

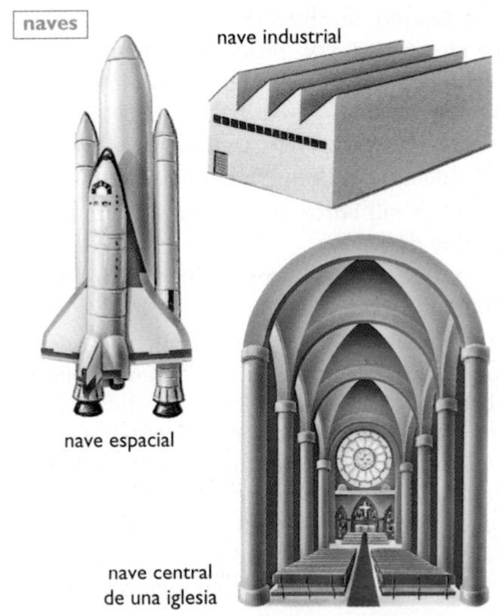

pacio grande dentro de un edificio), que no tiene divisiones en su interior y suele usarse como almacén, para montar una fábrica, etc.: *en esa zona hay muchas naves industriales; en la fábrica hay una nave de fabricación y otra de almacenaje.* ■ **nave espacial**, vehículo con el que se puede viajar por el espacio. **FAM.** naval, navío, naviero, naveta, navegar, navegable, navegante, navegación.

navegable *[adj.]* que tiene profundidad y anchura suficientes para que los barcos puedan navegar: *el Guadalquivir es un río navegable desde Sevilla.*

navegación *[n.f.]* 1 lo que hacen los barcos cuando van por el mar o los aviones cuando van por el aire: *la navegación aérea ha aumentado mucho en los últimos años.* 2 lo que hay que saber para poder pilotar un barco: *tiene muchos conocimientos de navegación.* **AF.** náutica, marina.

navegante *[n.inv. en gén.]* persona que tiene por oficio navegar: *Cristóbal Colón fue un gran navegante.* **AF.** marino, nauta, marinero.

navegar *[v.]* 1 ir en barco por el agua: *navegaron durante toda la noche.* 2 moverse un barco por el agua: *el barco navegaba hacia el puerto.* **OBS.** ante e, gu: *naveguen.*

navidad *[n.f.]* días de fiesta o de vacaciones en que se celebran el nacimiento de Jesucristo, el final de un año y el principio del siguiente y, en España, también el día de Reyes: *se reúnen en navidad.* **SIN.** pascuas. TAMBIÉN se dice ***navidades*** y puede escribirse con mayúscula. **FAM.** navideño.

navideño, navideña *[adj.]* de la Navidad: *adornos navideños; fiestas navideñas.*

navío *[n.m.]* barco grande: *en el puerto había un navío de guerra.*

nazca, nazcáis... formas irregulares de la conjugación del verbo *nacer*.*

nazi *[n.inv. en gén.]* 1 partidario del nacionalsocialismo, que fue el movimiento político creado por Hitler en 1933 y que duró hasta 1945: *los nazis provocaron la Segunda Guerra Mundial.* **AMPL.** la palabra *nazi* es la forma abreviada de nacionalsocialismo y se escribe con *z* porque en alemán es *nazionalsozialismus.* 2 persona de ideas racistas e intolerantes con quien no es como él o no piensa como él: *un nazi; una nazi.* TAMBIÉN *adj.*: *ideas nazis; comportamiento nazi.* **FAM.** nazismo.

nazismo *[n.m.]* conjunto de las ideas políticas basadas en la creencia de que la raza o la nación de uno son superiores y hay que despreciar a los que no pertenecen a ella: *el creador del nazismo fue Hitler.*

neblina *[n.f.]* niebla poco cerrada y que está muy cerca del suelo. **AF.** niebla, bruma. **FAM.** neblinoso, neblinear, niebla.

necesario, necesaria *[adj.]* 1 que hace falta para vivir: *el agua es necesaria.* **INTENS.** imprescindible*. 2 que es lo que hace falta para algo: *tiene los puntos necesarios para ganar el concurso.* **SIN.** preciso, suficiente. **ANT.** insuficiente. 3 que sin ello no se puede hacer lo que se dice: *un carné necesario para entrar.* **SIN.** obligatorio. **ANT.** voluntario, optativo. ■ **ser necesario**, hacer falta.

neceser *[n.m.]* bolso pequeño que se usa para guardar las cosas de aseo: *el neceser es útil cuando se está de viaje.*

necesidad *[n.f.]* 1 cosa que hay que hacer (o tener) para vivir o para estar bien: *dormir y comer son necesidades diarias; la higiene es una necesidad.* 2 situación de quien no tiene lo necesario para vivir: *muchos parados pasan necesidad.* **AF.** penuria. **INTENS.** pobreza, miseria. **ANT.** riqueza. ■ **de primera necesidad**, absolutamente necesario para vivir. ■ **por necesidad**, porque no hay más remedio. ■ **hacer** uno **sus necesidades**, hacer lo que se hace en el retrete. ■ **tener necesidad de** algo, necesitarlo. **FAM.** necesario, necesitar, necesitado, necesariamente, neceser. **COMP.** innecesario.

necesitado, necesitada *[adj.]* que no tiene lo necesario para vivir: *algunas personas necesitadas viven en asilos.* **SIN.** pobre. **INTENS.** indigente. **ANT.** rico. TAMBIÉN *n.*: *algunas organizaciones ayudan a los necesitados.*

necesitar *[v.]* estar en una situación o estado en que uno tiene que hacer algo (o tener algo) para resolver lo que se dice, encontrarse bien o estar como tiene que estar: *para vivir necesitamos comer; para entrar en casa necesito las llaves; cuando hace frío se necesita abrigo; todo el mundo necesita cariño; esta casa necesita una limpieza a fondo.* **SIN.** tener necesidad de, requerir.

necio, necia *[adj.]* 1 que hace las cosas sin pensar en las consecuencias: *el muy necio se metió por dirección prohibida.* **SIN.** tonto, bobo, estúpido, imbécil. **ANT.** sensato. TAMBIÉN se dice que es *necio* lo que dicen o hacen las personas así: *una respuesta necia; un comportamiento necio.* 2 ignorante*: *es un pobre necio que no sabe cosas elementales.* 3 majadero*: *hay que ser necio para hacer tantas bobadas.* **FAM.** necedad, neciamente.

nécora *[n.f.]* cangrejo de mar con el cuerpo en forma de elipse y cubierto por un caparazón, que tiene diez patas: *la nécora es un marisco muy apreciado.*

néctar *[n.m.]* sustancia dulce que tienen las flores: *las abejas chupan el néctar para hacer la miel.* **FAM.** nectarino, nectarina.

nectario *[n.m.]* glándula de las flores que segrega néctar.

nefasto, nefasta *[adj.]* muy malo porque perjudica mucho o tiene muy malas consecuencias: *he tenido un día nefasto; su comportamiento fue nefasto para el negocio.* **SIN.** pésimo, fatal, malísimo, funesto, aciago, infame. **AF.** desgraciado, desastroso, deplorable. **ANT.** extraordinario, estupendo.

negación *[n.f.]* 1 lo que se hace para negar algo: *su negación de los hechos de los que lo acusaban consistió en una declaración ante los periodistas.* **AF.** desmentido. **ANT.** confirmación. 2 palabra que se usa para negar: *"no" es una negación.* **ANT.** afirmación. ■ **ser la negación** de una cosa, no tener nada de ella: *es la negación de la simpatía.*

negar *[v.]* 1 decir que algo no es verdad o no es como se dice o de determinada manera: *negó que lo hubiera hecho él.* **ANT.** afirmar. 2 no darle a alguien algo que ha pedido: *le negaron la beca.* **SIN.** denegar. **ANT.** conceder. // **negarse** *[v.prnl.]* 3 decir que uno no va a hacer algo y no hacerlo: *se negó a salir de casa.* **AF.** oponerse. **ANT.** acceder a. **FAM.** negación, negativo, negativa, negativamente, negado, negable. **COMP.** innegable, denegar, renegar, abnegación.

negativa *[n.f.]* lo que dice una persona a otra para que se entere de que no quiere hacer algo: *le pedimos ayuda y nos despachó con una negativa.* **AF.** negación.

negativo, negativa *[adj.]* 1 que significa que no: *una respuesta negativa; un gesto negativo.* **ANT.** afirmativo. 2 que va en contra de lo que conviene: *la empresa da resultados negativos.* **SIN.** desfavorable. **ANT.** positivo. // **negativo** *[n.m.]* 3 en fotografía, película en la que se ven las imágenes con los colores cambiados respecto a lo que se fotografió: *en los negativos, los claros son oscuros y los oscuros claros.* 4 cualquier imagen que, respecto a otra igual, tiene los colores contrarios: *este dibujo es el negativo de aquel.* ■ **análisis** o **resultado negativo**, en medicina, el que indica que no existe la enfermedad que se creía que podía existir.

negligencia *[n.f.]* 1 característica que hace que se diga que alguien o algo es negligente*: *su negligencia le trae muchos problemas.* **SIN.** desidia, dejadez. 2 cosa que no se hace o se hace mal, teniendo obligación de hacerlo y de hacerlo bien: *una negligencia fue la causa del descarrilamiento.* **AF.** descuido.

negligente *[adj.inv. en gén.]* que demuestra falta del esfuerzo o de la atención necesaria para hacer bien lo que se tiene que hacer: *es muy negligente en su trabajo; conducta negligente.* **AF.** descuidado, dejado. **ANT.** diligente. **FAM.** negligentemente, negligencia.

CONJUGACIÓN DEL VERBO NEGAR

Formas no personales
Infinitivo: *negar*. Gerundio: *negando*. Participio: *negado*.

Indicativo
Presente: *niego, niegas, niega, negamos, negáis, niegan.*
Pretérito imperfecto: *negaba, negabas, negaba, negábamos, negabais, negaban.*
Pretérito perfecto simple: *negué, negaste, negó, negamos, negasteis, negaron.*
Futuro: *negaré, negarás, negará, negaremos, negaréis, negarán.*

Condicional simple:
negaría, negarías, negaría, negaríamos, negaríais, negarían.

Subjuntivo
Presente: *niegue, niegues, niegue, neguemos, neguéis, nieguen.*
Pretérito imperfecto: *negara/ negase, negaras/ negases, negara/ negase, negáramos/ negásemos, negarais/ negaseis, negaran/ negasen.*
Futuro: *negare, negares, negare, negáremos, negareis, negaren.*

Imperativo:
niega, niegue, neguemos, negad, nieguen.

negociación *[n.f.]* lo que se hace para negociar un tratado, un contrato o un pacto.

negociador *[n.]* persona que negocia un tratado, un contrato o un pacto.

negociante *[n.inv. en gén.]* persona que negocia para ganar dinero: *un negociante; una negociante.* **SIN.** comerciante.

negociar *[v.]* 1 hablar varias personas o los representantes de dos o más partes que no están de acuerdo en algo, hasta encontrar una solución buena para todos: *están negociando las condiciones de la paz.* **SIN.** discutir, tratar. **AF.** pactar. 2 comprar y vender para ganar dinero: *negocia con pisos y locales.* **SIN.** comerciar. **AMPL.** el que negocia un tratado o un pacto es un ***negociador*** y lo que hace es una ***negociación***; el que negocia para ganar dinero es un ***negociante*** y lo que hace son ***negocios***.

negocio *[n.m.]* lo que hace quien negocia para ganar dinero, y empresa que tiene para hacerlo: *tiene un negocio de muebles.* ■ **hacer negocio** con algo, conseguir dinero con ello. ■ **hacer un buen negocio** o **hacer un mal negocio**, resultar o no conveniente una cosa. ■ **ser negocio** algo, servir para conseguir dinero. **FAM.** negociar, negociación, negociante, negociado, negociador, negociable.

negra *[n.f.]* nota musical que dura la mitad de una blanca.

negro, negra *[adj.]* 1 que es del color del carbón: *humo negro; pintura negra.* **ANT.** blanco. TAMBIÉN *n.m.: el negro es el color más oscuro que hay.* 2 que está muy sucio: *tienes las manos negras.* **AF.** sucio. **ANT.** limpio. 3 que tiene la piel negra porque pertenece a la raza originaria de África: *su padre es blanco y su madre negra.* TAMBIÉN *n.: un negro; una negra.* ■ **ver** o **tener negro** algo, parecerle a uno que es muy difícil o poco bueno. **FAM.** negrear, negrero, negrura, negruzco, negrilla, negrita, negror, negritud, negroide. **COMP.** ennegrecer, ***denigrar*** (ir en contra de la dignidad), denigración, renegrecer, renegrido.

negrura *[n.f.]* característica que hace que algo sea negro o muy oscuro: *la negrura de las nubes es amenaza de tormenta.* **AF.** oscuridad. **ANT.** blancura.

negruzco, negruzca *[adj.]* de color oscuro que tira a negro: *la toalla está negruzca porque quedó mal lavada.* **OBS.** suele ser despectivo.

nene, nena *[n.]* niño o niña pequeño.

nenúfar *[n.m.]* planta que vive flotando en el agua, tiene las hojas grandes casi redondas y da flores blancas: *en el estanque hay nenúfares.*

neo- prefijo que significa *nuevo.*

neoclasicismo *[n.m.]* modo de pensar y estilo de los artistas, escritores e intelectuales de finales del siglo XVIII que querían volver al estilo clásico. **FAM.** neoclásico.

neófito, neófita *[n.]* persona que acaba de empezar en un oficio o que acaba de hacerse de una religión, de un partido político, etc. **SIN.** principiante, novato.

neolítico, neolítica *[adj.]* del Neolítico, que es última época de la Edad de Piedra, en la que el hombre se hizo *sedentario**: *hachas neolíticas.*

neologismo *[n.m.]* palabra nueva que se añade al vocabulario de una lengua, para nombrar algo que antes no existía o no se conocía: *la palabra alunizaje es un neologismo.* **FAM.** neológico, neologista, neólogo.

neón *[n.m.]* gas que produce una luz de color anaranjado y se usa para hacer letreros luminosos porque, mezclado con otros productos, pueden hacerse todos los colores: *los anuncios luminosos suelen ser de tubos de neón.*

neoyorquino, neoyorquina *[adj.]* de Nueva York, estado estadounidense y su capital: *Manhattan es un barrio neoyorquino.* TAMBIÉN *n.: los neoyorquinos son norteamericanos.*

nervio *[n.m.]* 1 cada uno de los conductos de fibras blanquecinas que transmiten al cerebro las sensaciones de cualquier parte del cuerpo y que llevan las órdenes del cerebro a todas estas partes: *el nervio óptico une el cerebro y el ojo; gracias a los nervios notamos el dolor, el calor y el frío.* 2 cada uno de los hilos abultados de las hojas de las plantas: *los nervios son las partes más duras de las hojas.* 3 lo que se dice que tienen las personas que se mueven mucho y hacen muchas cosas: *tiene tanto nervio que no para ni un momento.* **AF.** vitalidad, energía, vigor, fuerza. ■ **alterar los nervios**, poner nervioso. ■ **atacar los nervios** o **crispar los nervios**, hacer que uno se enfade mucho. ■ **tener** o **poner los nervios de punta**, estar o poner muy nervioso o asustado. **FAM.** nervadura, nervatura, nerviosismo, nervioso, nerviosamente, nerviosidad.

nerviosismo *[n.m.]* estado de quien no tiene la tranquilidad necesaria para encontrarse bien y hacer las cosas normalmente: *el nerviosismo le hizo decir bobadas.* **SIN.** excitación, intranquilidad*.

nervioso, nerviosa *[adj.]* 1 de los nervios del cuerpo: *la transmisión de sensaciones es una función nerviosa.* 2 que se altera, se enfada o se preocupa, aunque parezca que no hay motivos: *es una persona nerviosa que no soporta la impuntualidad.* 3 que no tiene la tranquilidad necesaria para pensar o actuar normalmente: *cuando tiene exámenes se pone muy nervioso.* **SIN.** intranquilo, inquieto. **ANT.** tranquilo, sosegado.

sistema nervioso

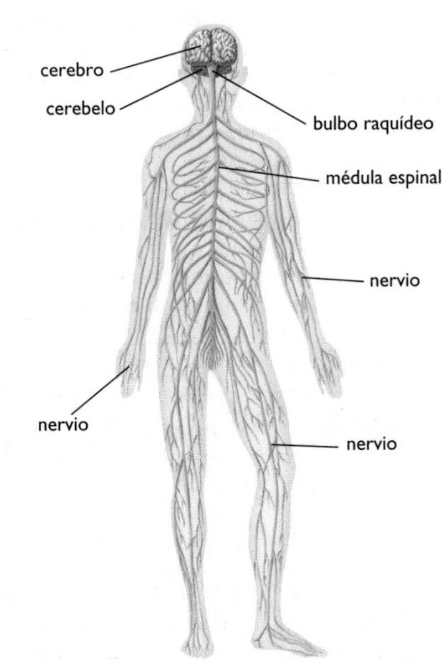

neto, neta *[adj.]* que queda de algo después de descontar todo lo que hay que descontar: *para hallar el peso neto hay que descontar lo que pesa el envase; la ganancia neta es la de los ingresos menos los gastos y los impuestos.* **AF.** limpio. **ANT.** bruto. TAMBIÉN *n.m.: el neto es siempre inferior al bruto.* **FAM.** netamente.

neumático, neumática *[adj.]* 1 que funciona con aire o que se llena de aire: *una colchoneta neumática.* // **neumático** *[n.m.]* 2 parte hueca y exterior de las ruedas de los vehículos, que es de goma y se llena de aire: *muchos neumáticos están formados por una cámara y una cubierta.*

neurología *[n.f.]* parte de la medicina que estudia y trata las enfermedades del sistema nervioso. **AMPL.** el médico especialista en neurología es el ***neurólogo***.

neutral *[adj.inv. en gén.]* que no está a favor de uno ni de otro: *los jueces y los árbitros deben ser neutrales.* **SIN.** imparcial. **ANT.** parcial.

neutro, neutra *[adj.]* 1 en gramática, género que no es masculino ni femenino: *"lo" es forma neutra del artículo determinado.* 2 que no está muy claro o definido o que tiene poca importancia, poca brillantez, etc.: *un color neutro; una actitud neutra.* **AF.** indefinido, indeterminado. **FAM.** neutrón, neutral, neutralidad, neutralismo, neutralizar, neutralización, neutralizable, neutralizante.

neutrón *[n.m.]* partícula del núcleo de un átomo que no tiene carga eléctrica. **PL.** *neutrones.*

nevada *[n.f.]* caída de nieve: *se esperan nevadas por toda la península.*

nevar *[v.]* caer nieve. **OBS.** es verbo irregular y defectivo* impersonal. **FAM.** nevera, nevoso, nivoso, nevero, neviza, nieve, níveo.

CONJUGACIÓN DEL VERBO NEVAR

Formas no personales
Infinitivo: *nevar*. Gerundio: *nevando*. Participio: *nevado*.
Indicativo
Presente: *nieva*.
Pretérito imperfecto: *nevaba*.
Pretérito perfecto simple: *nevó*.
Futuro: *nevará*.
Condicional simple:
nevaría.
Subjuntivo
Presente: *nieve*.
Pretérito imperfecto: *nevara/ nevase*.
Futuro: *nevare*.

nevera *[n.f.]* mueble muy bien aislado y con un motor que produce frío, para guardar y enfriar alimentos, bebidas, etc.: *en una nevera, los alimentos duran más.* **SIN.** frigorífico, refrigerador. **AMPL.** esta palabra viene de que antiguamente se llamaba *nevera* a una especie de bodega en la que se echaba nieve en invierno para poder conservar frescos los alimentos y las bebidas en verano; las habitaciones preparadas para estar a temperaturas bajas se llaman ***cámaras frigoríficas***.

nevero *[n.m.]* lugar de la montaña en el que se conserva la nieve durante mucho tiempo.

nexo *[n.m.]* 1 lo que hace que dos o más personas o cosas estén unidas o relacionadas entre sí: *el parentesco es un nexo familiar.* **SIN.** vínculo. **AF.** unión, conexión, enlace. 2 en gramática, palabra que no tiene significado propio y sirve de unión entre dos o más palabras o frases: *las preposiciones y las conjunciones son nexos.* **FAM.** anexionar, conectar.

NEXOS

PREPOSICIONES

a, ante, bajo, con, contra, de, desde, en, entre, hacia, hasta, para, por, según, sin, so, sobre, tras. Hay otras palabras que hacen a veces función de preposición: mediante, durante, ex, excepto, salvo, menos...

CONJUNCIONES

adversativas: mas, pero, sino, aunque, sin embargo
causales: pues, porque
concesivas: aunque, si bien, pese a
condicionales: si
consecutivas o ilativas: conque, luego
copulativas: y, e, ni, que, incluso, hasta, aun
distributivas: ora, ya, bien
disyuntivas: o, u
temporales: mientras, cuando

ni *[conj. cop.]* es un *nexo* que se usa para unir frases o palabras en oraciones negativas: *esto no es ni bueno ni malo; ni fuma ni bebe; no sabe ni quiere saber; no quiso hacerlo ni encargarlo.* ■ **ni que**, como si: *¡ni que no lo supieras!*

nicaragüense *[adj.inv. en gén.]* de Nicaragua, país centroamericano cuya capital es Managua: *playas nicaragüenses.* TAMBIÉN *n.*: *los nicaragüenses hablan español.* **SIN.** nicaragüeño.

nicho *[n.m.]* hueco hecho en el grosor de un muro para colocar algo: *en el cementerio hay tumbas y nichos; colocó la imagen en un nicho.* **AF.** oquedad. **AMPL.** los nichos especiales para imágenes también se llaman ***hornacinas***.

nicotina *[n.f.]* sustancia que está en el tabaco y es mala para la salud: *los cigarrillos tienen nicotina.* **FAM.** nicótico.

nidada *[n.f.]* conjunto de los huevos o de los pajaritos de un nido.

nidal *[n.m.]* sitio en el que las aves domésticas ponen los huevos: *el granjero recoge los huevos del nidal todos los días.* **FAM.** nido.

nido *[n.m.]* 1 lugar en el que las aves depositan sus huevos y crían a sus polluelos: *las cigüeñas hacen nidos en las torres de las iglesias.* 2 lugar donde se instalan algunos animales para tener a sus crías: *nido de serpientes, de avispas, de ratones...* **AF.** madriguera, guarida. 3 sitio en el que es fácil que haya algo, normalmente negativo: *un nido de suciedad; un nido de enemistades.* **FAM.** nidada, ***nidal*** (sitio en que las aves domésticas ponen los huevos). **COMP.** anidar.

niebla *[n.f.]* lo que hay cuando una nube está muy baja y no deja que se distingan bien las cosas que sin ella se ven perfectamente: *con niebla, se pierde visibilidad en la carretera; cuando la niebla levante, saldrá el sol.* **SIN.** calígine, boira. **AMPL.** cuando la *niebla* es poco densa se llama ***calina***, ***calima*** o ***neblina***; si es poco densa y grisácea, y está sobre la superficie de un lago o del mar se llama ***bruma***. **FAM.** nebladura, nebuloso, nebulosamente, nebulosidad, neblina.

nieto, nieta *[n.]* para una persona, hijo o hija de una hija o un hijo suyo: *el padre de mi*

padre es mi abuelo y yo soy su nieto. **ANT.** abuelo o abuela. **FAM.** bisnieto, biznieto, tataranieto.

nieve *[n.f.]* agua helada que cae de las nubes en forma de copos blancos.

nilón o **nylon** *[n.m.]* nailon*.

nimbo *[n.m.]* 1 círculo luminoso más o menos definido que rodea algo: *a veces, la luna está rodeada por un nimbo; a algunas imágenes de santos les ponen un nimbo.* **SIN.** corona, aura, aureola. 2 nube baja y oscura, típica de lluvias y tormentas.

ninfa *[n.f.]* personaje imaginario que es una especie de hada que vive en los bosques, los ríos, los montes, las fuentes, etc.: *sílfide, náyade, nereida y dríada son distintos nombres que se le dan a las ninfas.*

ningún *[adj.]* es siempre adjetivo indefinido y el apócope* de *ninguno**, que se usa delante de los nombres masculinos: *no tiene ningún balón; ningún niño.* **ANT.** algún.

ninguno, ninguna *[adj.]* 1 que no hay (es, está, se tiene, etc.) ni una sola persona, animal o cosa de las que se dicen: *no queda ninguna chocolatina; no tiene dolor ninguno; ningunas ganas; ninguna niña.* **GRAM.** es adjetivo indefinido y funciona como determinante; delante de nombre masculino singular se utiliza ***ningún***: *ningún día*; en plural se usa en casos muy concretos: *no tengo ningunas ganas de ir.* // **ninguno, ninguna** *[pron.]* 2 ni una sola persona, animal o cosa de las que se dicen: *se la pidió porque no tenía ninguna; no ha venido ninguno de sus hermanos.* **GRAM.** es pronombre indefinido y no se usa en plural. **AF.** ni uno, nadie, nada. **ANT.** alguno.

niña *[n.f.]* abertura redonda en el centro del ojo, por la que entra la luz: *cuando hay poca luz, la niña se agranda.* **SIN.** pupila.

niñería *[n.f.]* hecho o dicho propio de los niños, o realizado por niños o por adultos que se comportan como si fueran niños: *las discusiones por cosas sin importancia son niñerías.* **SIN.** niñada, puerilería, chiquillada.

niñero, niñera *[n.]* persona encargada de cuidar y atender a los niños de otros. **AMPL.** si además se encarga de su educación se llama ***institutriz***; si cuida niños de vez en cuando, se dice que hace de ***canguro***.

niñez *[n.f.]* etapa de la vida de las personas que va desde el nacimiento hasta la adolescencia: *tiene felices recuerdos de su niñez.* **SIN.** infancia.

niño, niña *[n.]* persona que todavía no ha llegado a la adolescencia: *los niños crecen y se hacen adultos; una niña está esperándote.* **AF.** nene, crío, chico, criatura. **FAM.** niñez, niñería, niñada, niñero. **COMP.** aniñado, aniñar.

nipón, nipona *[adj. y n.]* japonés*: *los nipones tienen los ojos rasgados.*

níquel *[n.m.]* metal muy duro del mismo color que la plata: *algunas monedas son de níquel.* **AMPL.** se usa para darle dureza a las aleaciones y para bañar objetos de otro metal; esto se llama ***niquelar*** y el baño de níquel, ***niquelado***. **FAM.** niquelado, niquelar, niquelador.

niqui *[n.m.]* prenda de vestir parecida a una camiseta pero con cuello y una pequeña abertura por delante que se abrocha con botones. **PL.** *niquis.*

níspero *[n.m.]* árbol de tronco retorcido y delgado, con ramas espinosas y flores blancas; su fruto se llama igual, es ovalado, de color anaranjado y con varios huesos oscuros y muy brillantes. **AMPL.** el árbol también se llama ***néspera*** y el fruto, además de *níspero*, ***níspola***.

nítido, nítida *[adj.]* que está muy claro o bien definido, sin que nada impida distinguirlo o entenderlo bien: *una foto nítida; un sonido* *nítido.* **SIN.** claro, preciso, definido. **ANT.** impreciso, borroso. **FAM.** nitidez, nítidamente.

nitrógeno *[n.m.]* gas que no tiene color, ni olor, ni sabor y es el componente principal del aire: *el aire está compuesto de oxígeno y nitrógeno.* **FAM.** nitrogenar, nitrogenado.

nivel *[n.m.]* **1** altura a la que está la superficie o la parte superior de algo: *el suelo del portal está por encima del nivel de la calle; ha bajado el nivel del agua del embalse.* **AF.** altura. **2** situación o altura alcanzada por alguien en algo: *tiene un buen nivel cultural; su nivel económico es bajo.* **3** instrumento pensado para comprobar si una superficie es perfectamente horizontal o vertical o está algo inclinada. ■ **paso a nivel**, lugar en el que la vía del tren cruza un camino o una carretera por la que pasan vehículos y personas. ■ ***nivel de vida***, grado de bienestar social. **FAM.** nivelar, nivelación, nivelador, niveladora. **COMP.** desnivel.

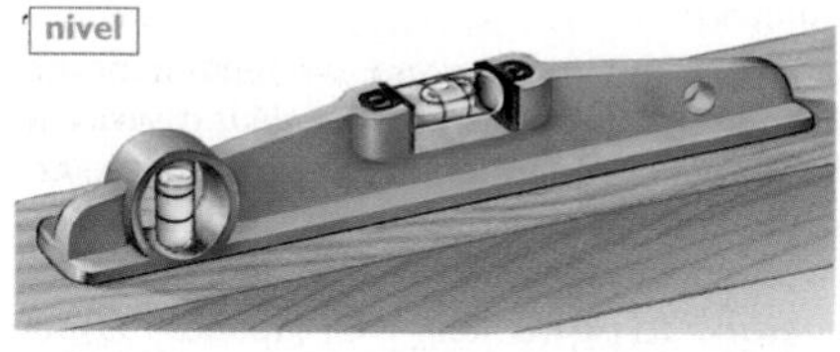

nivelación *[n.f.]* lo que se hace y lo que se consigue cuando se nivela algo: *la nivelación de un terreno; la nivelación de los platillos de una balanza.* **AF.** igualación.

nivelar *[v.]* **1** hacer que quede horizontal lo que estaba inclinado: *para jugar al billar hay que nivelar la mesa; nivelar terrenos.* **AF.** igualar, equilibrar, allanar. **ANT.** desnivelar. **2** hacer que dos o más cosas tengan la misma importancia o el mismo valor: *nivelar precios; nivelar salarios; nivelar situaciones de personas.* **SIN.** igualar, equiparar. **AF.** equilibrar. **ANT.** desnivelar, desigualar.

no *[adv. de neg.]* **1** se usa para negar: *no quiero salir; no hay nadie; no dijo nada.* **ANT.** sí. **2** en frases interrogativas puede expresar duda o extrañeza: *¿no tendrían que haber llegado ya?; ¿no te gusta la poesía?; ¿no decías que tenías la colección completa?* **3** también se emplea cuando uno cree que algo es de una manera, para que le digan que sí o que no: *ya has visto esa película ¿no?* ■ **no sin** se utiliza para reforzar la importancia de lo que se dice: *se fue, no sin antes expresar su agradecimiento.*

nobiliario, nobiliaria *[adj.]* **1** de la nobleza*: *asuntos nobiliarios.* // **nobiliario** *[n.m.]* **2** libro en el que figuran las familias nobles y sus genealogías. TAMBIÉN *adj.*: *libro nobiliario.* ■ **título nobiliario**, título* (acepción 3).

noble *[adj.inv. en gén.]* **1** que nunca engaña y no le importa decir verdades que puedan perjudicarlo con tal de que siempre esté todo claro: *una persona noble.* **AF.** honrado, honesto, sincero. **ANT.** innoble, ruin, indigno. **2** que es mejor que otros parecidos o que sirven para lo mismo, porque no se estropea y es más bonito: *el oro es un metal noble; el ébano es una madera noble.* **AF.** precioso. // **noble** *[n.inv. en gén.]* **3** persona que, por haber nacido en una familia que tiene título* nobiliario o por haber recibido ese título del rey, forma parte de la nobleza: *los duques, los condes y los marqueses son nobles.* **SIN.** aristócrata. **ANT.** plebeyo. **FAM.** nobleza, nobiliario, noblemente. **COMP.** innoble, ennoblecer.

nobleza *[n.f.]* **1** lo que demuestra quien nunca engaña ni traiciona aunque pueda salir perjudicado: *actuó con nobleza al reconocer su culpa.* **AF.** honestidad, honradez, sinceridad. **2** conjunto de personas y familias que tienen algún título* nobiliario: *condes y archiduques pertenecen a la nobleza.* **SIN.** aristocracia.

noche *[n.f.]* periodo de tiempo comprendido entre una puesta del Sol y su salida siguiente: *las noches de verano son más frescas que los días y más cortas que las de invierno.* ■ **de noche**, cuando ya no hay luz solar. ■ **a la noche**, durante la noche que sigue al día en el que estamos. **FAM.** noctámbulo, noctambulismo. **COMP.** anoche, anteanoche, pernoctar, nochebuena, nochevieja, anochecer, trasnochar.

nochebuena *[n.f.]* noche del 24 al 25 de diciembre, en la que la cultura cristiana celebra el nacimiento de Jesucristo: *se reúnen todas las nochebuenas.*

nochevieja *[n.f.]* noche del 31 de diciembre al 1 de enero, en que se celebra el final de un año y el principio del siguiente: *ha sido una nochevieja muy fría.*

noción *[n.f.]* **1** idea que se tiene de cómo es algo o alguien: *tienes una noción equivocada de sus intenciones.* **SIN.** idea, concepto. **2** conocimiento que se tiene de algo: *no tenía noción de lo ocurrido.* **SIN.** noticia, idea, conocimiento. **3** cada una de las cosas que se saben de algo: *tiene algunas nociones de arte.* **SIN.** conocimiento.

nocivo, nociva *[adj.]* que es malo para algo o para alguien: *el alcohol es nocivo para la salud.* **SIN.** dañino*. **FAM.** nocividad. **COMP.** ***inocuo*** (que no hace daño), inocuidad.

noctámbulo, noctámbula *[adj.]* que pasea por las noches o que le gusta acostarse tarde para poder hacer cosas por la noche: *un hombre noctámbulo.* **SIN.** nocherniego, trasnochador. TAMBIÉN *n.*: *es una noctámubla empedernida.*

nocturno, nocturna *[adj.]* de por la noche: *tren nocturno; viaje nocturno; vigilancia nocturna; clases nocturnas.* **ANT.** diurno. **FAM.** nocturnidad.

nodriza *[n.f.]* mujer que da de mamar a un niño que no es hijo suyo. **SIN.** ama de cría.

nogal *[n.m.]* árbol que puede alcanzar los quince metros de altura, tiene el tronco grueso y las ramas forman una copa redondeada: *el fruto del nogal es la* ***nuez***. **FAM.** nogueral, ***nogalina*** (colorante que se saca de la cáscara de las nueces), nuez.

nogalina *[n.f.]* colorante que se saca de la cáscara de las nueces. **FAM.** nogal.

nómada *[adj.inv. en gén.]* que va de un lugar a otro, sin quedarse a vivir en un sitio fijo: *los beduinos eran tribus nómadas; vida nómada; pueblos nómadas.* **AF.** trashumante, errante, ambulante. **ANT.** sedentario. TAMBIÉN *n.*: *los nómadas del desierto del Sahara se llaman* ***tuaregs***. **FAM.** nomadismo.

nombrar *[v.]* **1** pronunciar el nombre de una persona o de una cosa: *fue nombrando a sus alumnos por orden alfabético.* **SIN.** mencionar. **AF.** llamar. **2** hablar, de pasada, de algo o de alguien: *no nombre aquella horrible semana.* **SIN.** citar, hacer referencia a, mencionar. **3** darle a alguien un cargo, un trabajo, un título, etc.: *lo nombraron capitán del equipo; la han nombrado ministra.* **AF.** designar, elegir, proclamar. **ANT.** destituir, cesar.

nombre *[n.m.]* **1** palabra por la que se conoce a personas, animales o cosas para distinguirlas de las demás: *Juan, libro, alegría y casa son nombres.* **AMPL.** el nombre que se le pone al nacer a una persona se llama ***nombre de pila***: *Víctor es su nombre de pila.* **2** conjunto formado por el nombre de pila y los dos primeros apellidos de una persona: *pon en el remite tu nombre y tu dirección.* **3** en gramática, clase de palabras que sirven para llamar a las cosas por lo que son (niño, niña, gato, cuadro, río, monte) o para distinguirlas de las que son como ellas (Guillermo, Ana, Micifú, Maja Desnuda, Duero, Teide). **SIN.** sustantivo. **AMPL.** los nombres son el núcleo de los sintagmas nominales; se llama ***nombre común*** el que sirve para nombrar a todos los seres de la misma clase o especie (*gato y mesa son nombres comunes*) y ***nombre propio*** el que tiene cada persona, cosa o animal para distinguirse de las demás de su especie; un *nombre común* responde a la pregunta *¿qué es esto?*, y un *nombre propio* a la de *¿cómo se llama este niño, este gato, este cuadro...?* ■ **en nombre de** significa que una persona hace algo por otra u otras. ■ **no tener nombre** una cosa, merecer el desprecio de todos por ser imperdonable, indigno, cruel, etc. **FAM.** nombrar, nombramiento, nominal, nominación, nominalmente, nominativo, nómina. **COMP.** sobrenombre, pronombre, renombre, denominar.

NOMBRES

COMUNES:

concretos: los de cosas materiales (*avión, roca, mosquito, árbol, mujer*)

abstractos: los de cosas inmateriales (*alegría, amistad*)

individuales: los que nombran a una sola persona, animal o cosa (*oveja, soldado, toro, res*)

colectivos: los que nombran a un conjunto de personas, animales o cosas (*rebaño, ejército, manada*)

contables: los que nombran cosas que se pueden contar (*rebaño, ejército, manada, ganadería, casa, libro, niña*)

incontables: los que nombran cosas que no se pueden contar (*ganado, paz, agua*)

compuestos: los que están formados por la unión de dos o más palabras (*abrebotellas, nochevieja, portapapeles*)

PROPIOS:

Ana, Gabriel, Cervantes, Ebro, Teide, Pirineos, Júpiter, Perú, Cantabria, Orense, Biblia, Papa

nómina *[n.f.]* **1** lista con los nombres de las personas que intervienen en algo o que forman parte de algo: *la nómina de alumnos de un centro.* **2** recibo en el que figuran los datos de una persona y los ingresos y descuentos que le corresponden por su trabajo semanal, mensual, etc. en una empresa: *al cobrar hay que firmar la nómina.*

nominal *[adj.inv. en gén.]* del nombre, o que por su significado o su función parece un nombre. ■ **formas nominales del verbo**, son el participio, el gerundio y el infinitivo, porque tienen parecido, por su forma y función, con los nombres o con los adjetivos; también se llaman ***formas no personales***, porque no se conjugan en distintas personas como el resto del verbo.

nominar *[v.]* dar nombre a algo: *nominar una calle.*

nomo *[n.m.]* gnomo*, duende.

nonato, nonata *[adj.]* que no ha nacido naturalmente, sino que lo han sacado haciéndole a la madre la operación de la cesárea.

noray *[n.m.]* hierro en forma de gancho que hay en los muelles de los puertos para amarrar a él las embarcaciones.

nordeste *[n.m.]* punto del horizonte que está entre el norte y el este: *si miramos un mapa, el nordeste está arriba a la derecha.* TAMBIÉN se dice *noreste.*

nórdico, nórdica *[adj.]* del norte: *vientos nórdicos; bosques nórdicos; una niña nórdica.* TAMBIÉN *n.*: *los nórdicos.* **AMPL.** *nórdico* se refiere, con mucha frecuencia, a lo relacionado con los países que están en el norte de Europa (Suecia, Noruega, Finlandia e Islandia): *el clima nórdico es muy frío.*

noreste *[n.m.]* nordeste*.

noria *[n.f.]* 1 máquina que se coloca encima de los pozos para sacar agua, haciendo dar vueltas, a su alrededor, a un animal de carga. **AMPL.** está formada por dos ruedas, una horizontal (movida por el animal) y otra vertical de la que cuelgan unos recipientes llamados ***cangilones*** o ***arcaduces***, que al pasar por el fondo del pozo recogen el agua y al llegar arriba la vierten donde convenga. 2 aparato de feria o de parque de atracciones que es una rueda giratoria muy grande, colocada verticalmente, en la que hay colgados asientos para que la gente se monte: *desde lo alto de la noria se ve toda la ciudad.*

norma *[n.f.]* 1 lo que se acuerda, se dice o se escribe que hay que hacer, para que todos los que pertenecen a un mismo grupo o sociedad, hacen algo o usan algo, tengan el mismo tipo comportamiento y puedan así conseguir lo que quieren: *normas sociales; normas de juego; normas de uso.* **SIN.** regla, pauta. **AMPL.** el conjunto de *normas* o *reglas* forman una ***normativa*** o ***reglamento*** y las normas generales que da el Estado para que las cumplan todos los ciudadanos se llaman ***leyes***. 2 cosa que una persona o un grupo suele hacer y que procura tener siempre en cuenta: *siguiendo su norma, se acostó a las 11 en punto; hay que seguir la norma de no firmar ningún escrito sin haberlo leído detenidamente.* **AF.** costumbre. **FAM.** normativo, normativa, normativamente, normal, normalidad, normalmente, normalizar, normalización. **COMP.** anormal, subnormal.

normal *[adj.inv. en gén.]* 1 que es como la mayoría de las cosas o personas del mismo tipo y no tiene nada que llame la atención por ser distinto: *un niño normal; una familia normal; un comportamiento normal; una casa normal.* **SIN.** corriente. **AF.** común, ordinario. **ANT.** raro. 2 que le pasa a casi todo el mundo o que se hace casi siempre: *es normal que le guste estar con sus amigos; lo normal es trabajar para vivir.*

normalidad *[n.f.]* lo que hay cuando todo es o pasa como siempre, sin que nada llame la atención: *después de las vacaciones volverá la normalidad.* **AF.** rutina.

normalizarse *[v.prnl.]* volver a ser normal: *tras el accidente, se normalizó la circulación.* **SIN.** estabilizarse, regularse. **OBS.** ante e, c: *se normalicen.*

noroeste *[n.m.]* punto del horizonte que está entre el norte y el oeste: *si miramos un mapa, el noroeste es la parte que está arriba a la izquierda.*

norte *[n.m.]* 1 parte del horizonte que nos queda al frente cuando, para orientarnos, hacemos coincidir nuestro costado derecho con el lado por el que sale el Sol (VER *punto* cardinal*). 2 sentido que tiene quien sabe dónde está, qué necesita, hacia dónde debe ir, qué puede hacer, qué tiene que hacer, etc.: *la ambición de poder le hizo perder el norte.* **SIN.** orientación. // **norte** *[adj.inv. en gén.]* 3 que está situado en el espacio correspondiente a este punto cardinal u orientado hacia él: *la zona norte; en el lado norte no da el sol.* **FAM.** nórdico, norteño. **COMP.** nordeste, noroeste, nororiental, noroccidental, norteamericano, norteafricano.

norteamericano, norteamericana *[adj.]* de América del Norte: *Quebec y Washington son ciudades norteamericanas.* TAMBIÉN *n.*: *los norteamericanos.* **AMPL.** es un error pensar que sólo son *norteamericanos* los de Estados Unidos, porque en América del Norte, además de Estados Unidos está Canadá; los norteamericanos de Estados Unidos son ***estadounidenses*** y los de Canadá, ***canadienses*** (VER p. 684.)

noruego, noruega *[adj.]* de Noruega, país del norte de Europa cuya capital es Oslo: *bacalao noruego; una mujer noruega.* TAMBIÉN *n.*: *los noruegos.*

nos *[pron.]* es pronombre personal de primera persona del plural que puede hacer función de complemento directo (*nos enviaron a casa de los abuelos*) o de complemento indirecto (*nos enviaron una carta*). **AMPL.** pueden usarlo Papas o reyes para hablar de sí mismos y esto se llama ***plural mayestático***: *nos, que deseamos la paz del mundo...*

nosotros, nosotras *[pron.]* es pronombre personal de primera persona del plural y puede tener función de sujeto (*nosotros no vamos*) o de complemento circunstancial con preposición (*¿vienes con nosotros?*). **AMPL.** para complemento directo e indirecto se usa *nos**.

nostalgia *[n.f.]* lo que siente quien echa de menos algo o a alguien que está lejos: *los emigrantes sienten nostalgia de su tierra.* **SIN.** morriña*. **FAM.** nostálgico.

nota *[n.f.]* 1 papel en el que se escribe algo para que no se olvide: *en la nota pone lo que tengo que comprar.* 2 escrito breve para decirle algo a alguien: *no estaba y le dejé una nota para que me telefoneara.* **SIN.** mensaje. **AF.** recado, aviso, comunicación. 3 puntuación sobre lo que uno sabe o ha hecho: *espera sacar buena nota en el examen.* **SIN.** calificación, puntuación. 4 cada uno de los sonidos que forman la escala musical: *do, re, mi, fa, sol, la y si son las notas musicales.* ■ **tomar nota**, apuntar algo para que no se olvide, o pensar algo bien para tenerlo en cuenta en otra ocasión.

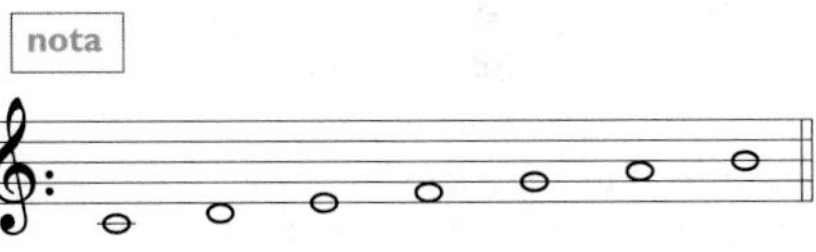

Las notas de la escala musical en clave de sol.

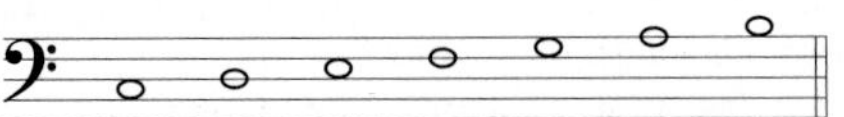

Las notas de la escala musical en clave de fa en cuarta.

notable *[adj.inv. en gén.]* 1 que destaca porque tiene de algo más que la mayoría: *un paisaje de notable belleza; tiene notables dotes para la música.* **SIN.** considerable, destacable. 2 que destaca porque sabe hacer algo mejor que la mayoría: *es un notable poeta.* **SIN.** destacado, importante. **ANT.** mediocre. // **notable** *[n.m.]* 3 nota superior al aprobado e inferior al sobresaliente: *sacó un notable en matemáticas.*

notar *[v.]* 1 tener una sensación determinada: *noto dolor en la muela.* **SIN.** sentir. **AF.** experimentar, percibir. 2 darse cuenta de algo: *notó que estaban preocupados; noto que aquí falta algo.* **SIN.** advertir, observar, reparar en, darse cuenta de, percatarse de, ver, percibir, caer en la cuenta de, apercibirse de. **FAM.** notable, notabilidad, notablemente.

notaría *[n.f.]* sitio en el que trabaja un notario*: *firmaron el contrato en la notaría.*

notario, notaria *[n.]* persona autorizada por el Estado para dar fe, con su firma, de acuerdos, declaraciones y contratos hechos por particulares. **AMPL.** ***dar fe*** significa que el notario certifica que lo que se dice es verdad porque quienes lo dicen lo han dicho delante

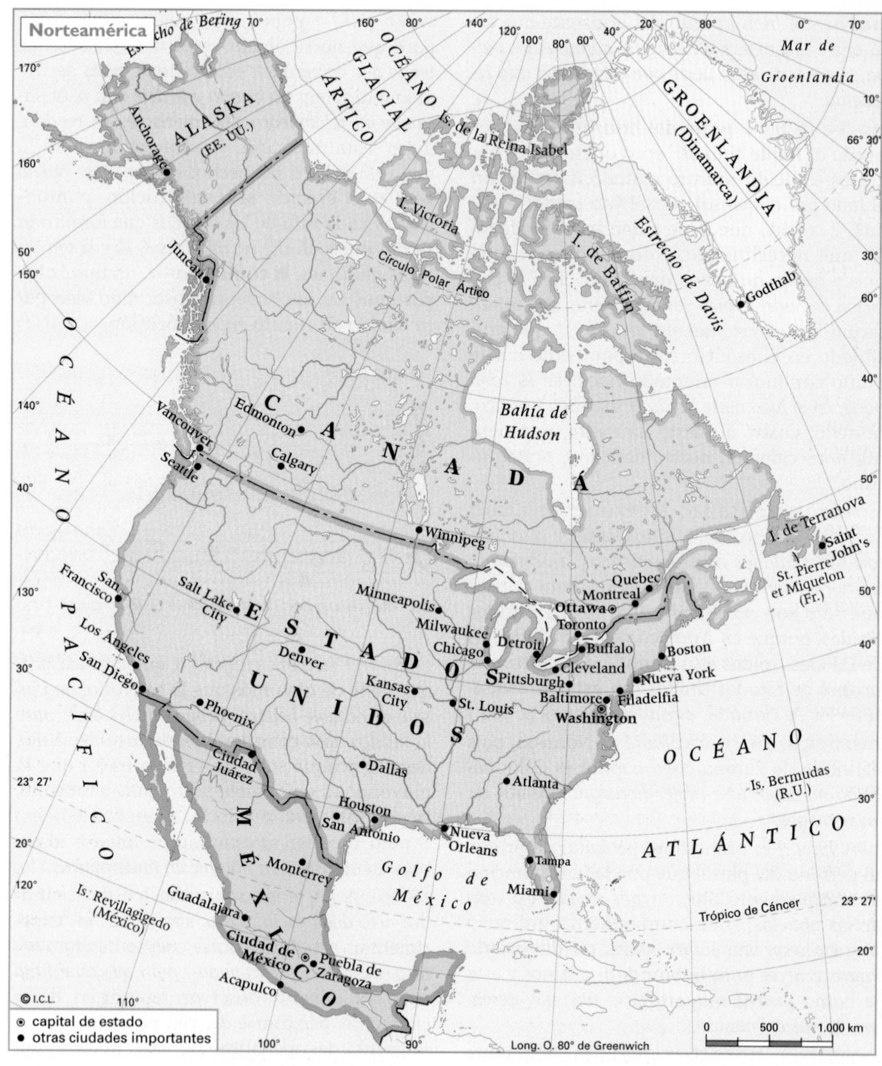

de él; los documentos que se firman ante notario cuando se crea una sociedad o se compra algo se llaman ***escrituras***. FAM. notaría, notariado, notarial.

noticia *[n.f.]* cosa que ha pasado, se ha descubierto o se ha inventado y que tiene interés para la gente: *se enteró de la noticia por el periódico*. FAM. noticiario, noticioso, noticiero, notición.

noticiario *[n.m.]* programa de televisión o de radio en el que se dan noticias, o parte de un periódico, de una revista, etc., dedicada a las noticias: *un noticiario deportivo*.

novatada *[n.f.]* broma que gastan los veteranos a los novatos: *en algunos sitios hacen novatadas insoportables*. ■ **pagar la novatada**, encontrarse con una dificultad o cometer un error, por no tener experiencia en algo.

novato, novata *[adj.]* recién llegado a un sitio o que hace algo por primera vez: *es un jugador novato.* **SIN.** nuevo, inexperto, principiante, neófito, novel. **ANT.** veterano, experto. TAMBIÉN *n.*: *los novatos están aprendiendo.*

novecientos, novecientas *[num.]* es el numeral cardinal correspondiente al número 900.

novedad *[n.f.]* **1** cosa nueva o nunca vista: *este tipo de ruedas de patines son una novedad.* **SIN.** innovación. **2** cosa que ha pasado y de la que uno no se ha enterado: *¿hay alguna novedad en su estado de salud?* **SIN.** cambio, variación.

novel *[adj.inv. en gén.]* que empieza a practicar un arte o una profesión, o tiene poca experiencia: *un escritor novel; una pintora novel.* **SIN.** novato, neófito, inexperto, principiante.

novela *[n.f.]* obra literaria en prosa en la que se cuenta una historia larga inventada: *Alejandro Dumas escribía novelas de aventuras.* **FAM.** novelista, novelesco, novelar, novelón, novelística.

novelesco, novelesca *[adj.]* que parece sacado de una novela porque da la impresión de que no puede ser real: *hay viajeros que llevan una vida novelesca.*

novelista *[n.inv. en gén.]* persona que escribe novelas: *Cervantes fue el primer novelista moderno; es una famosa novelista.*

novena *[n.f.]* rezo dedicado a un santo o a una advocación* de Jesucristo o de la Virgen y que se repite durante nueve días: *la novena a la Virgen del Carmen es del 8 al 16 de julio.*

noveno, novena *[num.]* es el numeral ordinal correspondiente al cardinal nueve. **SIN.** nono. **FAM.** novena, novenario.

noventa *[num.inv. en gén.]* es el numeral cardinal correspondiente al número 90.

noviazgo *[n.m.]* tiempo durante el que dos personas se tratan para conocerse mejor con la idea de casarse: *su noviazgo duró dos años.*

novicio, novicia *[n.]* persona que está en periodo de prueba antes de ser monje o monja: *los novicios están rezando.* TAMBIÉN *adj.*: *una monja novicia.* **FAM.** noviciado.

noviembre *[n.m.]* undécimo mes del año que está entre octubre y diciembre y tiene 30 días.

novillada *[n.f.]* corrida en la que se torean novillos.

novillero, novillera *[n.]* persona que torea novillos: *antes de ser torero fue novillero.*

novillo, novilla *[n.]* toro o vaca que tiene entre dos y tres años. ■ **hacer novillos**, no ir a clase cuando se tiene que ir, sin que haya un motivo serio. **FAM.** novillada, novillero.

novio, novia *[n.]* **1** persona que sale con otra para conocerse mejor y casarse: *es el novio de mi hermana.* **SIN.** prometido. **2** persona que acaba de casarse: *los novios se fueron de viaje a París.* **FAM.** noviazgo.

nubarrón *[n.m.]* nube oscura, grande y densa. **PL.** *nubarrones.*

nube *[n.f.]* **1** masa de vapor de agua que se forma en la atmósfera. **2** gran cantidad de algo, especialmente si se mueve por el aire: *una nube de polvo; una nube de humo; una nube de admiradores se acercó al cantante.* ■ **estar en las nubes**, no estar atento a lo que pasa donde uno está. ■ **estar por las nubes** una cosa, ser muy cara. ■ **poner por las nubes**, hablar muy bien de algo o de alguien. **FAM.** nuboso, nubosidad, nubarrón, nublar, nublado. **COMP.** anubarrado.

nublado, nublada *[adj.]* **1** que está tapado por nubes: *el cielo está nublado.* **SIN.** nuboso. **ANT.** despejado. **2** con nubes: *una tarde nublada.* // **nublado** *[n.m.]* **3** conjunto de nubes oscuras: *se acerca un nublado por el oeste.*

nublar *[v.]* hacer que algo no se vea bien o que pierda luz o brillo: *la niebla nubla el sol; las nubes nublan el cielo.* TAMBIÉN *prnl.*: *el cielo se nubló y comenzó a llover.* ■ **nublarse la vista**, no ver con claridad en un momento concreto.

nuboso, nubosa *[adj.]* con nubes: *una tarde nubosa.* **SIN.** nublado. **ANT.** despejado.

nuca *[n.f.]* parte en que se unen la cabeza con el cuello y la columna vertebral con el cráneo. **SIN.** cerviz, cogote. **FAM.** desnucar.

nuclear *[adj.inv. en gén.]* del núcleo y, especialmente, del núcleo de los átomos. ■ **energía nuclear**, energía que se consigue rompiendo el núcleo de un átomo* o uniendo núcleos de distintos átomos. **AMPL.** esta energía se logra por unión de dos núcleos (***fusión nuclear***) o por rotura de un núcleo (***fisión nuclear***); la fábrica donde se produce energía nuclear se llama ***central nuclear***; los ***residuos nucleares*** son lo que no se aprovecha de los materiales radiactivos utilizados.

núcleo *[n.m.]* 1 parte central de algunas cosas: *el núcleo de un célula; el núcleo de un átomo*; el núcleo de una cebolla.* 2 parte más importante de algo: *analicemos el núcleo del problema.* **SIN.** meollo. **FAM.** nuclear.

nudillo *[n.m.]* cada una de las articulaciones por las que se pueden doblar los dedos: *llamó a la puerta golpeando con los nudillos.*

nudismo *[n.m.]* lo que practica quien está desnudo en sitios públicos: *en algunas playas permiten hacer nudismo.* **FAM.** nudista, ***nudo*** (desnudo), desnudar.

nudo *[n.m.]* 1 lo que se hace al atar cuerdas, hilos, cordones, etc.: *si haces dos nudos no se desatará.* **AF.** lazada, lazo. 2 parte abultada de un tronco, una rama o un tallo, de la que salen hojas, otras ramas u otros tallos. 3 lugar donde coinciden varias vías de comunicación: *nudo ferroviario; nudo de comunicaciones.* 4 unidad en que se mide la velocidad de los barcos: *navegaban a veinte nudos.* **AMPL.** un nudo equivale a una ***milla marina*** por hora y cada *milla* equivale a 1.852 metros. 5 parte de una obra literaria en la que se complica el argumento, creando intriga y tensión. **AMPL.** la parte en la que se resuelve todo se llama ***desenlace***. **FAM.** nudoso, nudillo. **COMP.** anudar, desanudar, reanudar.

nudo, nuda *[adj.]* desnudo.

nuera *[n.f.]* para una persona, esposa de un hijo suyo: *mi mujer es nuera de mi padre y de mi madre.* **ANT.** suegro.

nuestro, nuestra de la persona que está hablando y de alguna más: *nuestro hijo; nuestra casa.* **GRAM.** es posesivo para varios poseedores y un sólo objeto poseído y puede ser pronombre (*el nuestro*) o adjetivo (*nuestra hija*).

nuestros, nuestras de la persona que está hablando y de alguna más: *nuestras cosas; nuestros amigos.* **GRAM.** es posesivo para varios poseedores y varios objetos poseídos y puede ser pronombre (*las nuestras*) o adjetivo (*nuestros libros*).

nueva *[n.f.]* noticia que no se había oído o dicho nunca. **SIN.** novedad. **AF.** primicia.

nueve *[num.inv. en gén.]* es el numeral cardinal correspondiente al número 9.

nuevo, nueva *[adj.]* 1 que aún no se ha usado o que está recién hecho: *coche nuevo; pintura nueva.* 2 que es distinto de lo que ya se conocía: *tengo nuevas razones para convencerlo.* 3 que está en buenas condiciones para su uso, porque está poco gastado: *esta falda está nueva.* **ANT.** estropeado, gastado, viejo. 4 que acaba de llegar, por primera vez, a una escuela, un trabajo o un sitio al que va a seguir yendo: *hay un jefe nuevo en la oficina.* 5 que acaba de nacer o de salir: *esta planta tiene varias hojas nuevas.* **OBS.** el adjetivo superlativo es ***novísimo***. ■ **de nuevas**, cuando (o de manera que) no se esperaba. ■ **de nuevo**, otra vez. **FAM.** ***novel*** (principiante), novísimo, nuevamente, novedad, novedoso, novato, novatada. **COMP.** innovación, renovar.

nuez *[n.f.]* 1 fruto del nogal, que tiene la cáscara dura, de madera, con arrugas y formada por dos partes cóncavas iguales unidas de tal modo que entre ellas queda un hueco en el que está la parte comestible. 2 bulto que tienen los hombres en la parte anterior del cuello: *al hablar, se te mueve la nuez.* **SIN.** bocado de Adán. **AMPL.** lo que forma ese bulto es el cartílago del *tiroides.* **PL.** *nueces.* **FAM.** nuecero, nogal.

nulidad *[n.f.]* característica que hace que algo o alguien sea nulo*: *la nulidad de un documento; como cocinero es una nulidad.*

nulo, nula *[adj.]* 1 que no vale o que ha perdido su valor: *el árbitro declaró nulo el primer saque.* **ANT.** válido. 2 que no sirve para algo porque lo hace muy mal: *es una persona nula para las matemáticas.* **SIN.** incapaz, inútil. **ANT.** hábil, valioso. **FAM.** nulidad, nulamente. **COMP.** anular.

numeración *[n.f.]* 1 acción de numerar o de hacer que cada cosa de una serie tenga un número: *la numeración de los alumnos la hizo el profesor.* 2 números que tienen las cosas de una serie: *los billetes de banco llevan numeración.* 3 conjunto de los signos que se utilizan para representar cantidades o números: *la numeración de este reloj está en relieve.* **AMPL.** los números que usamos normalmente pertenecen a la ***numeración arábiga***; la numeración que expresa cantidades con letras mayúsculas se llama ***numeración romana***, porque es la utilizaban los romanos; ahora se emplea la numeración romana para hablar de siglos y capítulos y para la numeración de reyes y papas que llevan el mismo nombre: *el siglo XXI; el papa Juan Pablo II.*

NUMERACIÓN			
romana	arábiga	romana	arábiga
I	1	XXI	21
II	2	XXX	30
III	3	XXXI	31
IV	4	XL	40
V	5	XLI	41
VI	6	L	50
VII	7	LX	60
VIII	8	XC	90
IX	9	C	100
X	10	CI	101
XI	11	CXCIX	199
XII	12	CC	200
XIII	13	CD	400
XIV	14	D	500
XV	15	DC	600
XVI	16	CM	900
XVII	17	M	1000
XVIII	18	MC	1.100
XIX	19	MCI	1.101
XX	20	MM	2.000

numerador *[n.m.]* **1** número que aparece en los quebrados sobre la raya de división o antes de ella, y que expresa el número de partes iguales de la unidad que contiene ese quebrado: *el numerador de 3/4 es 3.* **2** aparato para numerar.

numeral *[adj.inv. en gén.]* que expresa número o cantidad: *las palabras uno, dos, primero y segundo son numerales; hay muchos adjetivos numerales.* TAMBIÉN *n.m.: diecisiete es un numeral.* ■ **numeral cardinal**, nombre, pronombre o adjetivo con el que se expresa una cantidad: *uno, dos y mil son numerales cardinales; dame una; dos niños.* ■ **numeral ordinal**, nombre o adjetivo con el que se expresa número de orden: *primero y duodécimo son numerales ordinales; es la tercera vez.* ■ **numeral fraccionario**, nombre o adjetivo con el que se expresa cantidad inferior a la unidad, de una que se ha dividido en partes iguales: *un tercio; un doceavo; una milésima.* **GRAM.** cuando el fraccionario es adjetivo se usa siempre en femenino y acompaña al nombre *parte*: *la tercera parte del sueldo; te corresponde una onceava parte; paga dos doceavas partes.* ■ **numeral multiplicativo**, nombre o adjetivo que expresa una cantidad que es múltiplo de otra: *el quíntuple; doble ventana.* ■ **numeral colectivo**, nombre que expresa una cantidad formada por varias unidades: *dúo, trío y docena son numerales colectivos.* **OBS.** es un error usar como ordinal el fraccionario; por ejemplo, no se debe decir *el onceavo piso*, sino *el* **undécimo** *piso.* (VER cuadro en p. 688.)

numerar *[v.]* poner (o dar) a cada cosa o persona un número, para que tengan un orden: *han numerado los libros de la biblioteca.*

número *[n.m.]* **1** signo que representa una cantidad de unidades de algo que se puede contar: *el 7 es mi número favorito.* **AMPL.** cuando un número está formado por varios signos, cada signo se llama ***cifra*** o ***guarismo***: *el número 5.476 tiene cuatro cifras.* **2** cantidad que hay de algo: *este año ha aumentado el número de alumnos.* **SIN.** cantidad. **3** cada uno de los periódicos, fascículos, etc. que se publica cada cierto tiempo: *el último número de la revista salió ayer; tengo un ejemplar del primer número del periódico.* **4** cada una de las partes de un espectáculo en el que se hacen distintas cosas: *en el circo hicieron varios números de magia.* **5** en gramática, lo que indica si una palabra se refiere a una sola persona, animal o cosa (***número singular***) o a varias (***número plural***): *la palabra niño tiene número singular y la palabra niños, número plural.* **AMPL.** se dice que son ***invariables en número*** las palabras que no tienen esta característica o accidente gramatical: *crisis, salvavidas y abrebotellas son palabras invariables en número.* ■ **hacer números**, calcular la cantidad de dinero que va a costar algo y si se puede pagar o no. ■ **número primo**, número que sólo es divisible por sí mismo: *los números 3, 7, 11 y 13 son números primos.* ■ **número uno**, persona que es la mejor en algo. ■ **sin número**, que es tan abundante que no se puede contar: *dificultades sin número.* ■ **número romano**, letra mayúscula utilizada como número por los romanos. **FAM.** numeral, numérico, numéricamente, numerar, numeración, numerador, numerativo, numeroso, numerosamente, nu-

NUMERALES

cardinal	ordinal	fraccionario	cardinal	ordinal	fraccionario
un, uno, una	primer, primero, primera		cuarenta	cuadragésimo, cuadragésima	cuarentavo/ cuarentava parte
dos	segundo, segunda	medio, media	cincuenta	quincuagésimo, quincuagésima	cincuentavo/ cincuentava parte
tres	tercer, tercero, tercera	tercio/ tercera parte	sesenta	sexagésimo, sexagésima	sesentavo/ sesentava parte
cuatro	cuarto, cuarta	cuarto/cuarta parte	noventa	nonagésimo, nonagésima	noventavo/ noventava parte
cinco	quinto, quinta	quinto/ quinta parte	ciento/cien	centésimo, centésima parte	centavo/centésimo centava/centésima
seis	sexto, sexta	sexto/sexta parte	ciento uno, ciento una	centésimoprimero, centésimoprimera (4)	cientounavo/ cientounava parte
siete	séptimo, séptima	séptimo/séptima parte	ciento noventa y nueve	centésimo nonagésimo noveno, centésima nonagésima novena	
ocho	octavo, octava	octavo/octava parte	doscientos, doscientas	duocentésimo, duocentésima	doscientosavo/ doscientosava parte
nueve	noveno/nono, novena/nona	noveno/novena parte	cuatrocientos, cuatrocientas	cuadringentésimo, cuadringentésima	cuatrocientosavo/ cuatrocientosava parte
diez	décimo, décima	décimo/décima parte	quinientos, quinientas	quingentésimo, quingentésima	quinientosavo/ quinientosava parte
once	undécimo, undécima	onceavo/onceava parte	seiscientos, seiscientas	sexcentésimo, sexcentésima	seiscientosavo/ seiscientosava parte
doce	duodécimo, duodécima	doceavo/doceava parte	ochocientos, ochocientas	octingentésimo, octingentésima	ochocientosavo/ ochocientosava parte
trece	decimotercero, decimotercera (1)	treceavo/ treceava parte	novecientos, novecientas	noningentésimo, noningentésima	novecientosavo/ novecientosava parte
catorce	decimocuarto, decimocuarta	catorceavo/ catorceava parte	mil	milésimo, milésima	(una) milésima
quince	decimoquinto, decimoquinta	quinceavo/ quinceava parte	mil ciento/ mil cien	milicienmilésimo milicienmilésima	(una) milcienmilé-sima
dieciséis	decimosexto, decimosexta	dieciseisavo/ dieciseisava parte	dos mil	dosmilésimo, dosmilésima	(una) dosmilésima
veinte	vigésimo, vigésima	veinteavo/ veinteava parte	quinientos mil	quinientosmilésimo, quinientosmilésima	(una) quinientos-milésima
veintiuno, veintiuna	vigesimoprimero, vigesimoprimera (2)	veintiunavo/ veintiunava parte	un millón	millonésimo, millonésima	(una) millonésima
treinta	trigésimo, trigésima	treintavo/ treintava parte	un millardo		(una) millardésima
treinta y uno, treinta y una	trigesimoprimero, trigesimoprimera(3)	treintaiunavo/ treintaiunava parte	un billón	billonésimo, billonésima	(una) billonésima

(1) también decimotercio, decimotercia. (2) también: vigésimo primero, vigésima primera.(3) también trigésimo primero, trigésima primera. (4) también: centésimo primero, centésima primera. (5) también: milésimo primero, milésima primera.

merosidad. **COMP.** innumerable, sinnúmero, enumerar.

numeroso, numerosa *[adj.]* 1 formado por muchos: *un numeroso grupo de personas hacía cola en la taquilla.* **SIN.** abundante, cuantioso, nutrido, copioso. **ANT.** escaso, reducido, pequeño. 2 muchos: *numerosas personas; numerosos libros.* **ANT.** pocos.

numismática *[n.f.]* ciencia que trata de la descripción y la historia de las monedas: *le gusta la numismática y colecciona monedas antiguas.*

nunca *[adv. negativo de t.]* 1 ni una sola vez: *nunca he viajado en barco.* 2 no hasta ahora, ni de ahora en adelante: *nunca nos vencerán.* **SIN.** jamás. **ANT.** siempre.

nupcial *[adj.inv. en gén.]* de boda o propio de las bodas: *traje nupcial; ceremonia nupcial; marcha nupcial.*

nupcias *[n.f.pl.]* boda*. **FAM.** nupcial, nupcialidad.

nutria *[n.f.]* animal que se alimenta de peces y pequeños animales, vive a la orilla de los ríos y los arroyos y tiene la piel parda, de pelo largo y suave.

nutrición *[n.f.]* transformación y distribución de los alimentos que hace el organismo de los seres vivos para que las sustancias nutritivas lleguen a todas sus células.

nutrido, nutrida *[adj.]* formado por muchos: *un nutrido grupo de amigos.* **SIN.** numeroso* (acepción 1). ■ **bien** o **mal nutrido**, bien o mal alimentado.

nutrir *[v.]* dar al organismo lo que necesita para crecer y vivir: *los alimentos nutren el organismo.* **SIN.** alimentar. TAMBIÉN *prnl. refl.*: *es necesario nutrirse bien.* **FAM.** nutrición, nutrido, nutritivo. **COMP.** desnutrición.

nutritivo, nutritiva *[adj.]* que tiene sustancias (vitaminas, proteínas, minerales, etc.) de las que necesitan los seres vivos para vivir y desarrollarse: *la leche es una bebida nutritiva.* **SIN.** alimenticio.

nylon *[n.m.]* nailon*.

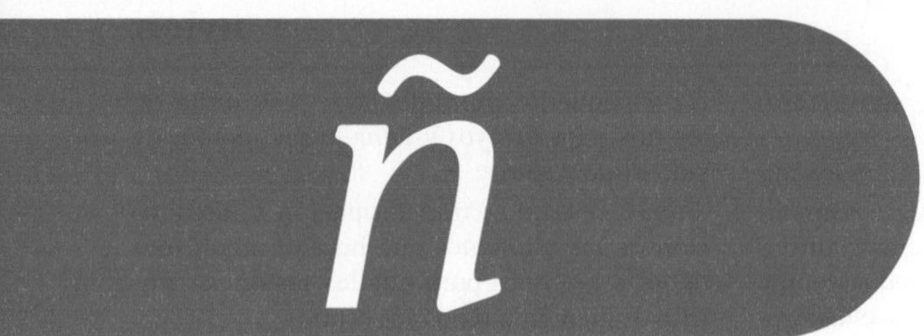

ñ *[letra consonante]* letra del abecedario español que ocupa el decimoquinto (15º) lugar y se llama *eñe*: *la ñ va después de la n y antes de la o.*

ñandú *[n.m.]* ave corredora del tipo del avestruz pero más pequeña, que tiene el tronco grueso y robusto y el cuello largo, las patas largas terminadas en tres dedos y las alas poco desarrolladas. **PL.** *ñandúes* o *ñandús.*

ñandú

ñoñería *[n.f.]* **1** ñoñez*. **2** cosa que demuestra que quien la hace o la dice es ñoño*: *es una ñoñería no querer que la vean en bañador.*

ñoñez *[n.f.]* característica que hace que digamos que algo o alguien es ñoño*: *su ñoñez le impide hablar con naturalidad de algunas cosas.* **SIN.** ñoñería.

ñoño, ñoña *[adj.]* que demuestra falta de naturalidad y sentimientos o ideas anticuadas y cursis: *un chiste ñoño; es una monja muy ñoña.* **SIN.** mojigato. **AF.** apocado, cursi. TAMBIÉN *n.*: *los ñoños son aburridos.* **FAM.** ñoñería, ñoñez, ñoñear.

ñora *[n.f.]* pimiento muy picante: *la salsa pica porque está hecha con ñoras.* **SIN.** guindilla.

ñu *[n.m.]* animal salvaje, con cuernos, barbas y crines parecidas a las de los caballos, que vive en rebaños en las praderas de África del Sur.

ñu

o *[letra vocal]* **1** ocupa el decimosexto (16º) lugar en el abecedario español. // **o** *[n.f.]* **2** nombre de esta letra: *la o está entre la ñ y la p.* **PL.** *oes.* // **o** *[conj. disyuntiva]* **3** es un *nexo* que se usa para relacionar dos o más posibilidades de elegir, decidir, etc.: *blanco o negro; ve a verlo, llámalo o escríbele.* **OBS.** delante de una palabra que empieza por **o**, se usa ***u***: *unos u otros.*

oasis *[n.m.inv. en núm.]* en el desierto, sitio en el que hay agua, árboles y plantas: *un oasis; varios oasis.* ■ **ser** un sitio **como un oasis**, tener mucha más tranquilidad que lo que hay a su alrededor.

obcecarse *[v.prnl.]* llegar uno a tener una idea tan fija que nadie puede hacerle cambiar de opinión: *se obcecó con comprar una casa que era demasiado cara.* **SIN.** ofuscarse. **AF.** obsesionarse, obstinarse. **OBS.** ante e, qu: se *obcequen.* **FAM.** obcecación, obcecadamente.

obedecer *[v.]* hacer lo que a uno le mandan: *obedecer a un jefe; obedecer una orden.* **AF.** acatar, cumplir. **ANT.** desobedecer, rebelarse. **CONJUG.** como *crecer**. **FAM.** obediente, obediencia, obedecimiento, obedientemente, obedecible. **COMP.** desobedecer.

obediencia *[n.f.]* lo que tiene o practica quien obedece: *la obediencia es una norma en el convento.* **AF.** disciplina, respeto. **ANT.** desobediencia, rebelión.

obediente *[adj.inv. en gén.]* que suele hacer todo lo que se le manda o que demuestra esa manera de comportarse: *un alumno obediente; una conducta obediente.* **AF.** disciplinado. **ANT.** desobediente, rebelde.

obelisco *[n.m.]* monumento en forma de columna muy alta y terminada en punta, que se pone en un sitio público de adorno o para que sirva de recuerdo de algo: *los antiguos egipcios ponían obeliscos de piedra a la entrada de sus templos.* **AMPL.** cualquier monumento que es una piedra grande se llama ***monolito***.

obenque *[n.m.]* cada una de las cuerdas muy gruesas con las que se sujetan, en los barcos, las cabezas de los mástiles: *los obenques van de la cabeza del mástil a la cubierta.*

obesidad *[n.f.]* enfermedad que hace que uno esté demasiado gordo: *haz deporte y come menos para no caer en la obesidad.* **FAM.** obeso.

obeso, obesa *[adj.]* que está demasiado gordo: *una persona obesa.* **SIN.** gordo, grueso. **ANT.** delgado, flaco.

obispo *[n.m.]* sacerdote que tiene la máxima autoridad religiosa en una región determinada: *el obispo de Sevilla celebró misa en la catedral.* **AMPL.** la región en la que manda un obispo se llama ***diócesis***; a las cosas relacionadas con el cargo de obispo las llamamos ***episcopales*** (*el obispo vive en el palacio episcopal*) y a las relacionadas con las diócesis, ***diocesanas***: *asuntos diocesanos.* **FAM.** obispado, obispalía, obispal, obispar. **COMP.** arzobispo.

objeción *[n.f.]* lo que uno dice que no le parece bien de algo: *puso muchas objeciones al plan.* **SIN.** reparo, pega. **AF.** observación, crítica, comentario.

objetar *[v.]* decir lo que a uno no le parece bien de algo: *si nadie tiene nada que objetar, empezaremos enseguida.* **AF.** contradecir, oponer. **ANT.** aceptar, aprobar. **FAM.** objeción, objetor, objetable, objetante.

objetivo *[n.m.]* **1** parte de las máquinas fotográficas, los microscopios, las cámaras de vídeo, etc. que sirve para enfocar la imagen. **AMPL.** lo que se pone delante del ojo para mirar lo que se enfoca se llama ***visor***. **2** cosa que se quiere conseguir cuando se hace algo: *su objetivo es ser un buen maestro; el objetivo de* *quien pone un negocio es ganar dinero.* **SIN.** finalidad. **AF.** meta, objeto. 3 sitio en el que se quiere que dé lo que uno dispara: *el objetivo del bombardeo era un recinto militar.* **SIN.** blanco. // **objetivo, objetiva** *[adj.]* 4 que habla de las cosas o las estudia como son o como han ocurrido, o juzga sin dejarse llevar por sus sentimientos o sus gustos: *un análisis objetivo de la realidad; una revista objetiva; un juez objetivo.* **SIN.** imparcial, neutral. **ANT.** parcial, subjetivo. 5 que nadie puede decir que no sea así, porque está dentro de la realidad: *aunque no te guste, el hambre en el mundo es un hecho objetivo.* **SIN.** real. **ANT.** subjetivo.

objeto *[n.m.]* 1 cualquier cosa material, de tamaño manejable, que no sea un ser vivo: *un cuaderno, una lámpara y una cuchara son objetos; objetos de escritorio.* **SIN.** cosa. 2 persona o cosa a la que se dirige algo: *el recién nacido es objeto de muchos cuidados.* 3 aquello por lo que se hace algo: *el objeto del viaje era hacer turismo.* **SIN.** motivo, finalidad, propósito. ■ **tener por objeto**, ser lo que se quiere conseguir. **FAM.** objetivo, objetivar, objetivación, objetividad, objetivamente, objetual.

oblea *[n.f.]* dulce delgado que se hace con una masa de harina, azúcar o miel y canela y que puede tener distintas formas. **AF.** barquillo, cucurucho.

oblicuo, oblicua *[adj.]* que no está ni vertical ni horizontal: *una rampa es una superficie oblicua; dos planos oblicuos.* **SIN.** inclinado. **FAM.** oblicuidad, oblicuamente.

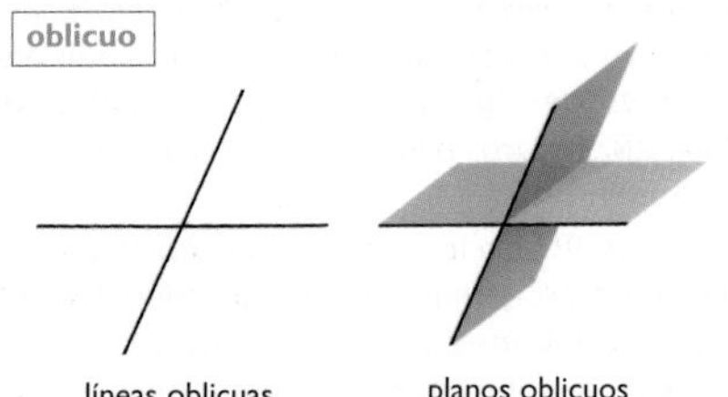

obligación *[n.f.]* cosa que uno tiene que hacer por ser ciudadano, trabajador, hijo, padre, etc.: *la obligación de los políticos es solucionar los problemas del país; cumple con tus obligaciones como estudiante.* **SIN.** deber, responsabilidad.

obligar *[v.]* 1 hacer, por tener uno autoridad o utilizar la fuerza, que alguien haga algo: *lo obligan a llegar a las 10; el atracador los obligó a darle el dinero.* **SIN.** forzar. 2 hacer que algo sea necesario: *su horario de trabajo la obliga a madrugar.* **OBS.** ante e, gu: *obliguen.* **FAM.** obligación, obligatorio, obligatoriedad, obligatoriamente.

obligatorio, obligatoria *[adj.]* que uno tiene que hacerlo aunque no quiera o no tenga ganas: *es obligatorio asistir a clase.* **SIN.** forzoso, obligado. **ANT.** voluntario, facultativo.

oboe *[n.m.]* instrumento musical formado por un tubo de madera con varios agujeros y varias llaves. TAMBIÉN se llama *oboe* a la persona que lo toca: *conozco a los cuatro oboes de esta orquesta.*

obra *[n.f.]* 1 lo que alguien o algo ha hecho: *la mancha de la alfombra es obra del pequeño; acompañar a un enfermo es una buena obra.* 2 trabajo artístico o literario: *en el Museo del Prado hay varias obras de El Bosco; han publicado un libro con todas las obras de Cervantes.* **SIN.** creación. **AMPL.** dependiendo del tipo de obra se llama ***obra pictórica*** o ***pintura*** (la de los pintores: cuadros, acuarelas, óleos, frescos, murales...), ***obra literaria*** o ***escrito*** (la de los escritores: ensayos, novelas, obras de teatro, poesías...), ***obra escultórica*** o ***escultura*** (la de los escultores: figuras, estatuas, relieves, bajorrelieves...), etc. 3 construcción, arreglo o reforma de un edificio, una nave, una casa, un puente, una carretera, etc.: *cien albañiles trabajan en la obra del nuevo hotel; están haciendo una obra en el 5º piso.* ■ **obra de caridad**, lo que se hace para ayudar a quien lo necesita sin querer nada a cambio. ■ **obra maestra**, obra artística, técnica o literaria que está muy bien hecha o resuelve problemas técnicos que no se habían resuelto hasta el momento de hacerla: *"Las Meninas" es una obra maestra de la pintura.* ■ **estar en obra** algo, no estar terminado de construir.

obrador *[n.m.]* especie de taller en el que se hace lo que se vende en pastelerías, bollerías, etc. **AF.** pastelería, bollería, confitería.

obrar *[v.]* 1 hacer que en algo o en alguien haya algún cambio: *el sol obra en el desarrollo de los vegetales.* **SIN.** actuar, influir. 2 hacer algo de una manera determinada o con alguna consecuencia concreta: *obrar bien o mal; obrar con precipitación; obrar en favor o en contra de* *algo.* **SIN.** actuar, proceder, comportarse, portarse. ■ **obrar** algo **en poder de alguien**, tenerlo. **SIN.** estar en poder de, tener. **FAM.** obra, obrero, obrador, operar.

obrero, obrera *[n.]* 1 persona que, a cambio de un sueldo, tiene un trabajo manual: *los obreros de una fábrica.* // **obrero, obrera** *[adj.]* 2 que tiene que ver con estas personas: *clase obrera; problemas obreros.*

obsceno, obscena *[adj.]* que va en contra de lo que se considera decente: *palabras obscenas; postura obscena.* **AF.** impúdico, indecoroso, indecente.

obscurecer *[v.]* oscurecer*.

obscuridad *[n.f.]* oscuridad*.

obscuro, obscura *[adj.]* oscuro*.

obsequiar *[v.]* 1 hacer un regalo a alguien: *lo obsequiaron con un ramo de flores.* **OBS.** la idea es la misma que la de *regalar* pero las frases se construyen de distinta manera: se *obsequia* ***con algo*** pero se *regala* ***algo***. 2 ofrecerle a una persona lo que se ha preparado para ella y dedicarle muchas atenciones: *lo obsequiaron con un homenaje.* **SIN.** agasajar. **AF.** dar, ofrecer. **FAM.** obsequio, obsequioso, obsequiosamente, obsequiosidad.

obsequio *[n.m.]* cosa que se le regala a alguien: *la guitarra es un obsequio de su padre.* **SIN.** regalo, presente.

observación *[n.f.]* lo que hace quien dice por qué le gusta o no algo: *tengo algunas observaciones que hacer sobre vuestro plan.* **SIN.** comentario. **AF.** objeción, pega, reparo, crítica.

observador, observadora *[adj.]* 1 que se fija en todo y se da cuenta de cosas que no nota una persona que no sea así: *no se le escapa ningún detalle porque es muy observadora.* // **observador, observadora** *[n.]* 2 persona encargada de estar en algunos actos para enterarse de lo que pasa, pero sin participar: *en las reuniones sobre la paz había varios observadores de la O.N.U.*

observar *[v.]* 1 fijarse en algo para enterarse de cómo es, cómo funciona, cómo se hace, etc.: *observaban cómo daban de comer a las focas; observa la lavadora y dime si pierde agua.* **SIN.** mirar. **AF.** contemplar, ver. 2 darse cuenta de algo: *he observado que no le gusta hablar de eso.* **SIN.** notar* (acepción 2). 3 actuar de acuerdo con una norma, una ley, una orden, etc.: *observa todas las reglas del juego.* **SIN.** respetar, cumplir. **AF.** acatar, obedecer. **ANT.** incumplir. **AMPL.** lo que hace quien actúa así se llama ***observancia*** de la ley, la norma, etc. **FAM.** observador, observación, observatorio, observancia.

observatorio *[n.m.]* sitio preparado con los telescopios, ordenadores y aparatos necesarios para poder ver bien el cielo y los astros que hay en él o estudiar los datos que envían los satélites sobre lo que ocurre en la atmósfera: *desde el observatorio* ***astronómico*** *se estudian los astros y en el* ***meteorológico*** *se hacen las predicciones del tiempo.*

obsesión *[n.f.]* idea o asunto en el que uno piensa con tanta frecuencia que acaba siendo una especie de manía: *obsesión por la limpieza; obsesión por los deportes.* **SIN.** fijación, manía.

obsesionar *[v.]* 1 ser algo tan importante para uno que está siempre pensando en ello: *lo obsesiona la presión del Estado sobre los ciudadanos.* **AF.** preocupar. // **obsesionarse** *[v.prnl.]* 2 llegar a tener uno tanto interés por algo que siempre está pensando en ello: *se obsesionó con la idea de ser astronauta.* **AF.** ofuscarse. **FAM.** obsesión, obsesivo, obseso, obsesivamente.

obstáculo *[n.m.]* 1 lo que hace que sea difícil o imposible pasar por un sitio o ver algo: *en hípica, los caballos tienen que saltar obstáculos; la niebla es un obstáculo para distinguir lo que no está cerca.* **SIN.** estorbo. 2 lo que hace que sea difícil o imposible conseguir algo: *tuvo que salvar obstáculos de todo tipo para poder montar la empresa.* **SIN.** dificultad, impedimento, inconveniente, traba. **ANT.** facilidad. **FAM.** obstaculizar, obstaculización.

obstante palabra que nada más aparece en la expresión conjuntiva ■ **no obstante**, a pesar de lo que se ha dicho. **SIN.** sin embargo, de todos modos.

obstinación *[n.f.]* lo que demuestra quien, por muchas razones que le den, sigue creyendo que su opinión es acertada: *su obstinación le impide ver que su plan es irrealizable.* **SIN.** ofuscación. **AF.** testarudez, cabezonería. **FAM.** obstinarse, obstinadamente.

obstinarse *[v.prnl.]* llegar uno a tener una idea tan fija que nada lo convence para cambiarla: *se obstinó en que lo mejor es dormir de* *día.* **SIN.** empeñarse, emperrarse, metérsele a uno en la cabeza.

obstruir *[v.]* 1 cortar el paso: *un camión volcado obstruía la carretera; una piedra obstruye la cañería.* // **obstruirse** *[v.prnl.]* 2 quedar cerrado un conducto, de manera que ya no puede pasar lo que tiene que pasar por él: *el desagüe del lavabo se ha obstruido.* **SIN.** atascarse, cegarse, obturarse, taponarse, tupirse. **ANT.** desobstruirse. **CONJUG.** como *huir**. **FAM.** obstrucción, obstructor, obstructivo. **COMP.** desobstruir.

obtención *[n.f.]* lo que se hace para conseguir algo y hecho de que alguien consiga algo: *la obtención de un permiso, de una beca...*

obtener *[v.]* 1 conseguir algo: *obtuvieron el dinero suficiente; ha obtenido muchos éxitos.* **SIN.** conseguir, lograr. **AF.** alcanzar. 2 sacar de algo las partes o las sustancias que pueden servir para algo: *la resina se obtiene de los árboles y la lana de las ovejas.* **SIN.** extraer, sacar. **CONJUG.** como *tener**. **FAM.** obtención, tener.

obtusángulo *[adj.m.]* hablando de triángulos, que uno de sus ángulos mide más de 90°.

obtuso, obtusa *[adj.]* 1 hablando de ángulos, que mide más de 90°: *un ángulo obtuso es mayor que un ángulo recto.* 2 que le cuesta entender las cosas: *una mente obtusa; una persona obtusa.* **SIN.** torpe. 3 redondeado: *un cuchillo de punta obtusa.* **SIN.** romo, chato. **ANT.** afilado, puntiagudo.

obús *[n.m.]* arma de fuego parecida al cañón pero más pequeña, y proyectil que se lanza con ella: *el obús es un arma de artillería.*

obviar *[v.]* no decir algo porque se da por sabido y no hace falta decirlo: *obvió su dirección creyendo que todos la sabían.*

obvio, obvia *[adj.]* que está tan claro que no hay que explicar nada: *es obvio que por la noche no luce el Sol.* **SIN.** indudable, claro, evidente. **FAM.** obviedad.

oca *[n.f.]* 1 ganso* (acepción 1): *las ocas son parecidas a los patos.* 2 juego de mesa en el que la ficha de cada jugador tiene que ir avanzando por un tablero en el que las casillas están seguidas formando una espiral y algunas de ellas tienen dibujada una oca.

ocasión *[n.f.]* 1 momento bueno para algo, o posibilidad de hacer algo: *mañana tendrás ocasión de verlo.* **SIN.** oportunidad, posibilidad. 2 momento en el que se hace algo: *en aquella ocasión no pudo averiguarlo.* **SIN.** momento. **AF.** vez. 3 motivo por el que se hace algo: *le hizo un regalo con ocasión de su boda.* ■ **de ocasión**, de oferta* (*ropa de ocasión*) o de segunda mano: *un coche de ocasión.* **FAM.** ocasionar, ocasional, ocasionalmente.

ocasionar *[v.]* hacer que pase algo o que se decida algo: *la tormenta ocasionó varios cortes de tráfico; la noticia ocasionó la suspensión de la fiesta.* **SIN.** originar, producir, causar, motivar, ser la causa de. **ANT.** evitar, impedir.

ocaso *[n.m.]* 1 momento del día en el que el Sol se oculta tras el horizonte y va dejando de dar luz: *el ocaso tiñó el cielo de rojos y amarillos.* **SIN.** puesta de sol, crepúsculo vespertino. **AF.** anochecer, atardecer. **ANT.** salida del Sol, alba, amanecer, aurora. 2 momento en el que algo se está acabando: *el ocaso de una carrera artística, de un imperio económico, de la vida...* **SIN.** caída, decadencia, final. **ANT.** auge, punto culminante.

occidental *[adj.inv. en gén.]* 1 del oeste*: *las costas occidentales de la Península Ibérica están bañadas por el océano Atlántico.* 2 de Occidente: *Suiza es un país occidental; cultura occidental.* **ANT.** oriental. TAMBIÉN *n.*: *muchos occidentales son cristianos.* **AMPL.** llamamos *Occidente* al conjunto que forman los países de América y del oeste de Europa, y se llama *occidental* a lo que está relacionado con esta zonas de la Tierra, porque se compara con otros países (los que nosotros llamamos ***orientales***) en los que hay otras razas y tienen costumbres, religiones y una manera de vivir y de entender las cosas completamente distintas (VER *Oriente*). **FAM.** occidente, occidentalizar, occidentalidad.

occidente *[n.m.]* el oeste: *el Sol se pone por occidente y sale por oriente.* **SIN.** poniente.

oceánico, oceánica *[adj.]* del océano: *clima oceánico; vientos oceánicos; peces oceánicos.*

océano *[n.m.]* cantidad enorme de agua salada que hay entre los continentes: *navegando por el océano Atlántico, Cristóbal Colón llegó a América.* **AMPL.** en la Tierra hay cinco océanos: el ***Atlántico*** separa Europa y África de América; el ***Pacífico***, América de Asia y Oceanía; Oceanía y el sur de Asia están separados de África por el océano ***Índico***; entre el norte de Europa y Asia y el norte de América está el océano ***Glacial Ártico***; el océano ***Glacial Antártico*** o ***Austral*** está alrededor de la ***Antártida*** (tierra que ocupa el Polo Sur y que todo el año está cubierta de nieve o hielo). **FAM.** oceánico, oceanográfico, oceanografía, oceanógrafo. **COMP.** transoceánico.

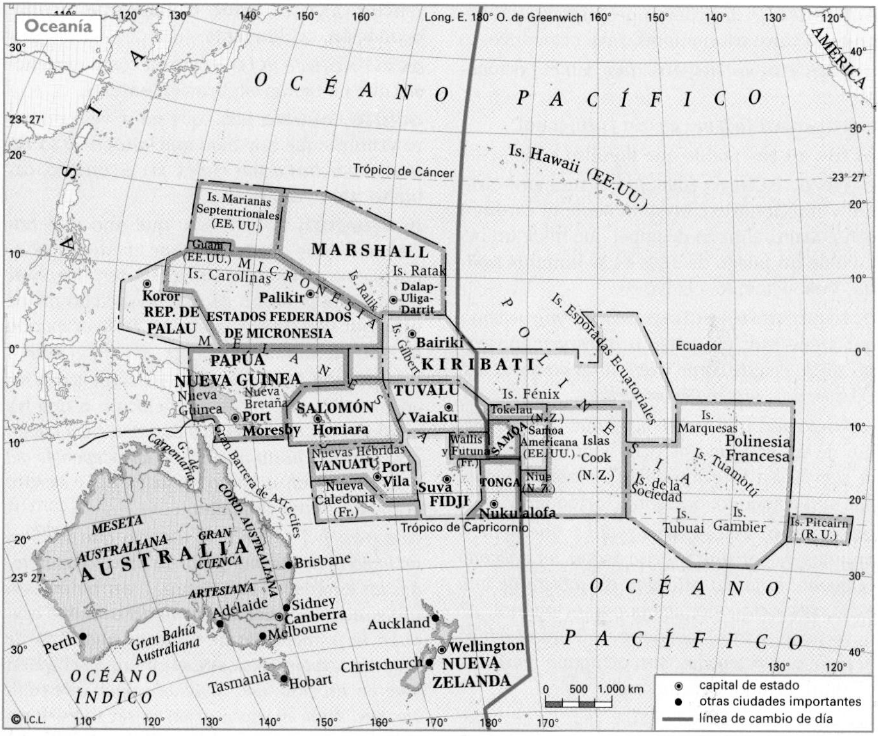

oceanografía *[n.f.]* ciencia que estudia el agua, el fondo, los animales y las plantas de los mares y los océanos.

ocelote *[n.m.]* animal del tipo del gato, que mide alrededor de metro y medio de longitud y tiene la cola corta y el pelo brillante con manchas alargadas en tonos grises o pardos.

ochenta *[num.inv. en gén.]* es el numeral cardinal correspondiente al número 80. **FAM.** ochentón.

ocho *[num.inv. en gén.]* es el numeral cardinal correspondiente al número 8.

ochocientos, ochocientas *[num.]* es el numeral cardinal correspondiente al número 800.

ocio *[n.m.]* tiempo en el que uno no tiene nada que hacer por obligación y puede dedicarse a lo que le gusta o a no hacer nada: *en sus ratos de ocio revela fotografías.* **SIN.** tiempo libre. **FAM.** ocioso, ociosidad, ociosamente, ociar.

ocioso, ociosa *[adj.]* que está sin hacer nada: *¿cómo puedes estar ocioso habiendo tanto trabajo?* **SIN.** desocupado, inactivo. **ANT.** ocupado.

ocre *[n.m.]* color amarillo tirando a rojo: *el ocre es un tipo de marrón claro.* TAMBIÉN *adj.inv. en gén.: pintura ocre.*

ocre

octaedro *[n.m.]* cuerpo geométrico que tiene ocho caras triangulares. **FAM.** octaédrico.

octágono, octágona *[adj. y n.m.]* octógono*.

octagonal *[adj.inv. en gén.]* octogonal*.

octo-, octa- prefijo que significa *ocho*.

octavo, octava *[num.]* es el numeral ordinal y fraccionario correspondiente al cardinal ocho. **AMPL.** el trozo de papel que mide un octavo de un pliego de 32 x 44 se llama ***octavilla***. **FAM.** octavilla, octavario.

octogenario, octogenaria *[n.]* persona que tiene más de ochenta años y menos de noventa: *en este barrio viven varios octogenarios.* TAMBIÉN *adj.*: *una mujer octogenaria.*

octogonal *[adj.inv. en gén.]* que tiene la forma de un polígono de ocho lados: *las señales de stop suelen ser octogonales; un tablero octogonal.* **SIN.** octágono, octagonal, octógono.

octógono, octógona *[adj.]* **1** que tiene 8 ángulos y, por tanto, ocho lados: *un polígono octógono; la forma octógona del tablero de una mesa.* **SIN.** octágono, octagonal, octogonal. // **octógono** *[n.m.]* **2** polígono de 8 lados: *dibujó hexágonos y octógonos.* **SIN.** octágono. **FAM.** octogonal, octágono, octagonal.

octosílabo, octosílaba *[adj.]* que tiene ocho sílabas: *palabra octosílaba; los versos de la copla son octosílabos.*

octubre *[n.m.]* décimo mes del año que está entre septiembre y noviembre y tiene 31 días.

ocular *[adj.inv. en gén.]* **1** de los ojos: *un problema ocular; una enfermedad ocular.* // **ocular** *[n.m.]* **2** lente que tienen algunos aparatos como los microscopios y los telescopios en la parte por la que se mira. **FAM.** oculista, ocularmente, ojo. **COMP.** monóculo, binóculo.

oculista *[n.inv. en gén.]* médico especializado en los problemas de los ojos y de la vista: *la oculista le recetó unas gafas.* **SIN.** oftalmólogo.

ocultar *[v.]* **1** poner algo de manera que no se vea: *ocultaron los regalos detrás de la cortina.* **SIN.** esconder. **ANT.** descubrir. **2** hacer que algo no se vea: *la cortina ocultaba los regalos; las nubes ocultan el sol.* **SIN.** tapar, cubrir. **3** hacer lo posible para que algo no se sepa: *le ocultó lo ocurrido para que no se disgustara.* **AF.** callar, silenciar. **ANT.** desvelar, contar. **FAM.** oculto, ocultación, ocultamente.

ocultismo *[n.m.]* creencia en cosas misteriosas que no tienen explicación natural.

oculto, oculta *[adj.]* que no se ve a primera vista porque hay algo que lo tapa: *el sol está oculto detrás de las nubes.* **AF.** escondido, cubierto. **ANT.** visible.

ocupación *[n.f.]* **1** cosa que uno está haciendo o tiene que hacer: *tiene tantas ocupaciones que no puede venir.* **SIN.** quehacer, tarea. **AF.** obligación. **2** hecho de que un ejército ocupe un lugar (VER *ocupar*, acepción 7): *la ocupación de París, de una emisora...*

ocupante *[n.inv. en gén.]* persona que vive en un sitio, que va en un vehículo o que ha ocupado un territorio: *las ocupantes del quinto piso estudian hasta muy tarde; los ocupantes del avión comieron a bordo.* TAMBIÉN *adj.*: *ejército ocupante; tropas ocupantes.*

ocupar *[v.]* **1** llenar el espacio que se dice: *un lapicero ocupa muy poco; los libros ocupan todas las estanterías.* **SIN.** llenar. **2** ser quien está utilizando un sitio: *la familia del cantante ocupaba la primera fila de butacas; una Caja de Ahorros ocupa el local.* **SIN.** estar en. **3** ser quien vive en un sitio: *diez familias ocupan este edificio.* **SIN.** vivir en, habitar en. **4** ser la persona que tiene un determinado trabajo en una empresa o una organización: *ocupa el cargo de ministro de economía.* **SIN.** tener. **5** hacer que alguien no esté sin hacer nada: *el cuidado del bebé me ocupa todo el día.* **6** hacer posible que alguien tenga trabajo: *esa tienda ocupa a cinco personas.* **SIN.** emplear, dar trabajo, dar empleo. **7** entrar en un sitio por la fuerza y quedarse en él mandando más que los gobernantes o los propietarios que había: *los alemanes ocuparon París durante la Segunda Guerra Mundial; los soldados ocuparon la emisora de radio.* **SIN.** tomar. **AMPL.** ***sitiar*** y ***asediar*** es ponerse alrededor de un sitio para no permitir que nadie entre o salga, meta comida, etc.; la palabra ***asaltar*** se refiere al momento en el que se entra por la fuerza en un sitio, ***invadir***, al hecho de que los asaltantes lleguen a estar por todas partes y ***ocupar***, al de hacerse con el mando o el gobierno: *el día 1 sitiaron la fortaleza y el 25 la asaltaron, la invadieron y la ocuparon*; ***conquistar*** es hacerse el dueño de un sitio, por la fuerza, sin quedarse a vivir en él. // **ocuparse** *[v.prnl.]* 8 encargarse de hacer algo: *se ocupa de atender todas las llamadas.* **SIN.** encargarse, dedicarse a. **FAM.** ocupación, ocupante, ocupado. **COMP.** desocupar, preocupar.

ocurrencia *[n.f.]* cosa que hace o dice alguien, sin haberse parado a pensarlo o que resulta gracioso, ingenioso o raro: *tuvo la ocurrencia de pintar de negro toda la habitación.* **SIN.** idea, salida. **AMPL.** si es algo que se dice de repente y hace gracia, también se llama ***golpe***.

ocurrente *[adj.inv. en gén.]* que suele tener ideas graciosas o ingeniosas: *un chico ocurrente; una chica ocurrente.* **AF.** gracioso, ingenioso.

ocurrir *[v.]* pasar algo: *los hechos ocurrieron a primera hora.* **SIN.** pasar* (acepción 1). ■ **ocurrírsele** algo a uno, venirle una idea a la mente. **OBS.** es verbo defectivo* unipersonal. **FAM.** ocurrencia, ocurrente, correr.

oda *[n.f.]* versos en los que se dice lo bueno de algo o de alguien: *una oda a la amistad.*

odiar *[v.]* 1 tener por alguien un sentimiento que hace que se le desee el mal: *odia a los sinvergüenzas.* **ANT.** amar, querer. 2 sentir mucha antipatía o rechazo por una cosa o un animal: *odia la injusticia; odia a los perros que ladran mucho.* **ANT.** encantarle a uno. **SIN.COM.** aborrecer, detestar. **FAM.** odio, odioso.

odio *[n.m.]* lo que siente quien odia algo o a alguien. **SIN.** aborrecimiento. **AF.** ojeriza, antipatía, manía, tirria, fobia. **ANT.** amor, cariño, simpatía.

odioso, odiosa *[adj.]* 1 que es tan malo, tan perjudicial o tan peligroso que se merece que lo odien: *un asesino odioso; la droga y la injusticia son odiosas.* **SIN.** detestable, aborrecible. **AF.** horrible. **ANT.** maravilloso. 2 que resulta muy antipático o muy molesto: *una obligación odiosa.*

odisea *[n.f.]* aquello que tiene muchas dificultades, inconvenientes o peligros para quien la hace: *llegar a la meta fue una odisea.*

odontología *[n.f.]* parte de la medicina que se dedica a estudiar y solucionar los problemas los dientes. **FAM.** odontólogo, odontológico.

odontólogo, odontóloga *[n.]* médico especializado en odontología*: *si te duelen las muelas, vete al odontólogo.* **SIN.** dentista.

odorífero, odorífera *[adj.]* que huele bien: *flores odoríferas.* **FAM.** olor.

oeste *[n.m.]* 1 parte del horizonte por donde el Sol desaparece al acabar el día: *a la habitación que mira al oeste le da el sol toda la tarde.* **SIN.** poniente, occidente. **ANT.** este, oriente, levante. // **oeste** *[adj.inv. en gén.]* 2 que está situado en el espacio correspondiente a este punto cardinal u orientado hacia él: *el lado oeste; la zona oeste.*

ofender *[v.]* 1 hacer que alguien esté disgustado porque siente que lo han tratado injustamente: *me ofende que pienses que he mentido.* **SIN.** molestar, doler, herir. **AF.** disgustar, incomodar. TAMBIÉN *prnl.: se ofendió porque lo trataste como a un niño.* **SIN.** molestarse, sentirse molesto, sentirse dolido, sentirse ofendido, sentirse herido, incomodarse, picarse (uso familiar). **AF.** disgustarse. 2 molestar mucho a algún sentido porque no gusta nada: *un cuadro tan feo ofende la vista.* **SIN.** molestar, desagradar. **ANT.** gustar.

ofendido, ofendida *[adj.]* que está disgustado por algo que alguien ha dicho o ha hecho: *se siente ofendido con ella porque no lo invitó.* **SIN.** dolido, molesto, herido.

ofensa *[n.f.]* cosa que se dice o se hace y que es como un ataque o un insulto para alguien o algo: *no te perdona la ofensa de haberlo llamado traidor; una ofensa a la bandera nacional.* **SIN.** agravio, afrenta. **INTENS.** ultraje, injuria. **AF.** insulto. **ANT.** alabanza, elogio. **FAM.** ofensivo, ofensor, ofender, ofensivamente. **COMP.** inofensivo.

ofensiva *[n.f.]* en la guerra, ataque al enemigo: *el general planeó la ofensiva para tomar la ciudad.* **FAM.** ofensa.

oferta *[n.f.]* 1 lo que se hace al decirle a alguien que puede hacer o recibir algo: *una oferta de trabajo, de ayuda...* **SIN.** propuesta, proposición. 2 hecho de que algo esté en venta a un precio más bajo de lo normal: *encontró una oferta de sábanas.* **AF.** ocasión. 3 productos o servicios que hay en venta o alquiler: *la oferta de pisos es más baja que la demanda.* **AMPL.** la ***demanda*** es la necesidad de la gente de productos o servicios: *en invierno hay poca demanda de helados.* ■ **de oferta** o **en oferta**, más barato de lo normal. **SIN.** de ocasión.

ofertorio *[n.m.]* parte de la misa en que se ofrecen el pan y el vino.

oficial *[adj.inv. en gén.]* 1 que se hace o se dice en nombre del Estado o de organismos relacionados con él, o que depende o es de él: *una noticia oficial; los ministros viajan en coche oficial.* // **oficial, oficiala** *[n.]* 2 en un oficio manual, trabajador que ya no es un aprendiz pero todavía no es maestro: *un oficial de peluquería; una oficiala de taller de costura.* // **oficial** *[n.inv. en gén.]* 3 militar que tiene graduación de alférez, de teniente o de capitán: *un oficial del ejército del aire.*

oficiar *[v.]* dirigir un acto religioso: *el sacerdote oficia la misa.* **FAM.** oficio.

oficina *[n.f.]* sitio en el que se llevan los papeles y las cuentas, se reciben pedidos o encargos, se escriben cartas, se hacen facturas y todo lo necesario para que la empresa o la organización a que pertenece funcione bien: *en las oficinas de Correos se organiza el reparto de todos los envíos.* **AF.** despacho. **FAM.** oficinista, oficinesco.

oficinista *[n.inv. en gén.]* persona que trabaja en una oficina: *un oficinista; una oficinista.* **AMPL.** las personas que trabajan en oficinas del Estado son ***funcionarios***.

oficio *[n.m.]* 1 trabajo al que se dedica una persona, especialmente si es un trabajo manual: *la carpintería, la fontanería y la peluquería son oficios; es ayudante de un pintor porque quiere aprender el oficio.* **SIN.** profesión, trabajo. 2 lo que una persona tiene que hacer cuando está trabajando: *tu oficio es informar a todas las personas que pregunten.* **SIN.** función, papel. **AF.** ocupación, tarea. ■ **tener oficio** una persona, tener mucha experiencia en un trabajo y saber hacerlo bien. **FAM.** oficial, oficialía, oficialidad, oficialmente, oficialismo, oficioso, ***oficiar*** (dirigir un acto religioso), oficiante.

oficioso, oficiosa *[adj.]* que no se ha dicho o se ha hecho de manera oficial pero se sabe que es cierto: *una noticia oficiosa.*

ofrecer *[v.]* 1 decirle a alguien que uno está dispuesto a darle algo, a que use algo de uno, a venderle algo, a pagar determinada cantidad, etc.: *le ofrecieron un trabajo de cajero; no quiso ofrecerle ayuda; me ofreció su apartamento para el verano; la inmobiliaria ofrece pisos muy caros; le ofrecí la mitad de lo que me había pedido por la lámpara antigua.* **AF.** proponer. 2 hacer algo por alguien o para alguien: *le ofrecieron una cena con motivo de su jubilación.* **SIN.** dar. **AF.** obsequiar con, agasajar con. // **ofrecerse** *[v.prnl.]* 3 decir que se está dispuesto a hacer algo: *se ofreció a ayudarlo; se ha ofrecido para ir con él.* **SIN.** brindarse. **CONJUG.** como *crecer**. **FAM.** ofrecimiento, oferta, ofertorio, ***ofrenda*** (ofrecimiento a Dios o a los santos), ofrendar, oferente.

ofrecimiento *[n.m.]* lo que se hace al decirle a alguien que uno está dispuesto a hacer algo, a darle algo, a permitirle que use algo, etc.: *mi ofrecimiento de ayuda sigue en pie.*

ofrenda *[n.f.]* ofrecimiento de algo a Dios o a los santos.

ofrezcan, ofrezco... formas irregulares de la conjugación del verbo *ofrecer**.

oftalmología *[n.f.]* parte de la medicina que estudia los ojos, sus enfermedades, sus problemas, etc. **FAM.** oftalmólogo, oftalmológico.

oftalmólogo, oftalmóloga *[n.]* médico especializado en oftalmología*: *el oftalmólogo le recetó unas gafas.* **SIN.** oculista.

ofuscarse *[v.prnl.]* llegar uno a tener una idea tan fija que nadie puede hacerle cambiar de opinión: *no te ofusques con una idea irrealizable.* **SIN.** obcecarse. **AF.** obsesionarse, obstinarse. **OBS.** ante e, qu: *se ofusquen.* **FAM.** ofuscación, ofuscamiento.

ogro *[n.m.]* personaje de cuento que es un hombre muy grande y feroz: *el ogro quería comerse a los niños.*

¡oh! *[interj.]* expresa pena por algo que no es como se esperaba, sorpresa, susto o admiración: *¡oh!, ¡qué lástima!; ¡oh!, ¡qué preciosidad!; ¡oh!, ¡qué bien te ha salido!*

oído *[n.m.]* 1 sentido del hombre y de algunos animales que permite percibir los sonidos: *el oído es uno de los cinco sentidos.* 2 parte interior de cada uno de los órganos que nos permiten oír: *cuando hace mucho frío le duelen los oídos.* **AMPL.** el órgano del oído tiene una parte externa (la ***oreja***) y una interna; en la in-

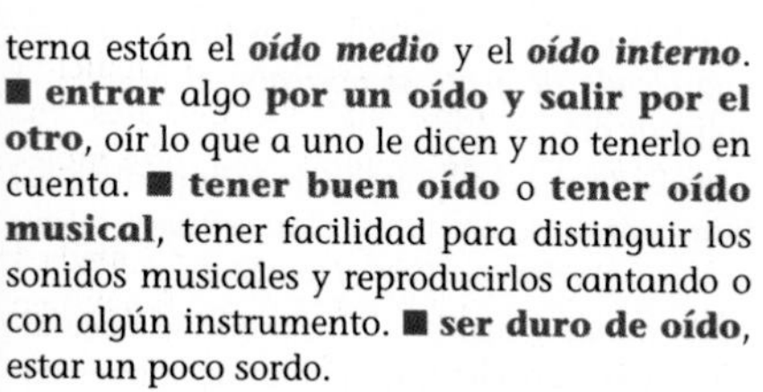

terna están el ***oído medio*** y el ***oído interno***. ■ **entrar** algo **por un oído y salir por el otro**, oír lo que a uno le dicen y no tenerlo en cuenta. ■ **tener buen oído** o **tener oído musical**, tener facilidad para distinguir los sonidos musicales y reproducirlos cantando o con algún instrumento. ■ **ser duro de oído**, estar un poco sordo.

oiga, oigo... formas irregulares de la conjugación del verbo *oír**.

oír *[v.]* percibir los sonidos a través del sentido del oído: *no oigo lo que dices porque hay mucho ruido.* **AMPL.** no debe confundirse *oír* con ***escuchar***, que es prestar atención para enterarse de lo que se oye: *oigo la radio del vecino pero no la escucho.* ■ **como quien oye llover**, sin hacer caso de lo que a uno le dicen. ■ **haber oído campanas y no saber dónde**, haberse enterardo mal de algo. **FAM.** oído, oyente, oídas, audición, acústica. **COMP.** desoír.

ojal *[n.m.]* corte hecho en una tela y rematado con hilo, por el que se puede pasar un botón: *la solapa de la chaqueta tiene un ojal de adorno.*

¡ojalá! *[interj.]* expresa que uno tiene muchas ganas de que pase algo: *¡ojalá pueda hacer el viaje!*

ojeada *[n.f.]* mirada rápida para ver algo sin fijarse en los detalles: *le echó una ojeada al periódico por si había alguna noticia interesante.* **SIN.** vistazo.

ojear *[v.]* mirar algo de prisa y sin fijarse en detalles: *ojear una revista.* **SIN.** echar un vistazo a, echar una ojeada a. **OBS.** e + e = ee: *ojeemos.*

CONJUGACIÓN DEL VERBO OÍR

Formas no personales
Infinitivo: *oír*. Gerundio: *oyendo*. Participio: *oído*.
Indicativo
Presente: *oigo, oyes, oye, oímos, oís, oyen.*
Pretérito imperfecto: *oía, oías, oía, oíamos, oíais, oían.*
Pretérito perfecto simple: *oí, oíste, oyó, oímos, oísteis, oyeron.*
Futuro: *oiré, oirás, oirá, oiremos, oiréis, oirán.*
Condicional simple:
oiría, oirías, oiría, oiríamos, oiríais, oirían.
Subjuntivo
Presente: *oiga, oigas, oiga, oigamos, oigáis, oigan.*
Pretérito imperfecto: *oyera/ oyese, oyeras/ oyeses, oyera/ oyese, oyéramos/ oyésemos, oyerais/ oyeseis, oyeran/ oyesen.*
Futuro: *oyere, oyeres, oyere, oyéremos, oyereis, oyeren.*
Imperativo:
oye, oiga, oigamos, oíd, oigan.

ojera *[n.f.]* cada una de las sombras oscuras que salen en la piel de debajo de los ojos: *si no duermo me salen ojeras.*

ojete *[n.m.]* agujero redondo y con el borde rematado con cosido o con metal, en una prenda, un zapato, etc.: *el cordón pasa por todos los ojetes de la bota.*

ojo *[n.m.]* 1 cada uno de los dos órganos del hombre y de algunos animales que permite percibir las luces, las sombras, los colores y las formas. AMPL. cuando se habla del color de los ojos uno se refiere sólo al ***iris***, que es la parte del ojo que tiene color: *tiene los ojos azules.* 2 agujero o espacio vacío que va de un lado a otro de una cosa: *el ojo de una aguja de coser; el ojo de la cerradura; los ojos de un puente.* AF. agujero, orificio. AMPL. el ojo de las agujas también se llama ***hondón***. 3 facilidad para descubrir cosas o darse cuenta de lo que más conviene: *tiene mucho ojo para los negocios.* SIN. intuición, olfato, instinto, vista. // **¡ojo!** *[interj.]* 4 se usa para que alguien se dé cuenta de algo o para amenazar a alguien: *¡ojo con el escalón!; ¡ojo con lo que haces!* SIN. ¡cuidado! ■ **a ojo**, sin exactitud, aproximadamente. ■ **ojo de buey**, ventana de los barcos de las que son redondas. ■ **costar un ojo de la cara**, ser muy caro. ■ **en un abrir y cerrar de ojos**, en muy poco tiempo. ■ **mirar** algo **con buenos** o **malos ojos**, parecer bien o mal porque a uno le apetece o le interesa o no. ■ **ver** algo **con buenos ojos**, parecer bien. ■ **no pegar ojo**, no dormir. ■ **tener mucho ojo**, estar atento para evitar los peligros. SIN. tener mucho cuidado. FAM. ojear, ojeada, ojera, ojeroso, ojal, ojalar, ojaladura, ojeriza, ojete, ocular. COMP. anteojo, bisojo, reojo.

ola *[n.f.]* 1 movimiento del agua del mar que hace que se formen ondas en la superficie y que el agua llegue hasta las costas con más o menos fuerza: *cuando el mar está agitado hay muchas olas.* 2 aparición de algo en gran cantidad o con mucha intensidad: *una ola de frío; a principio de temporada llega a la empresa una ola de pedidos.* ■ **romper las olas**, perder la forma al chocar el agua contra algo. FAM. oleaje, olear, oleada.

¡olé! *[interj.]* se usa para demostrar entusiasmo en algunos espectáculos y, sobre todo, en corridas de toros.

oleada *[n.f.]* 1 lo que hay cuando llegan muchas cosas o personas a un sitio a la vez: *una oleada de gente se acercaba al estadio.* 2 golpe de ola.

oleaje *[n.m.]* movimiento de la superficie del mar cuando se producen olas: *un fuerte oleaje hizo que el velero perdiera el rumbo.*

óleo *[n.m.]* 1 tipo de pintura que se hace disolviendo en aceite unos polvos de colores lla-

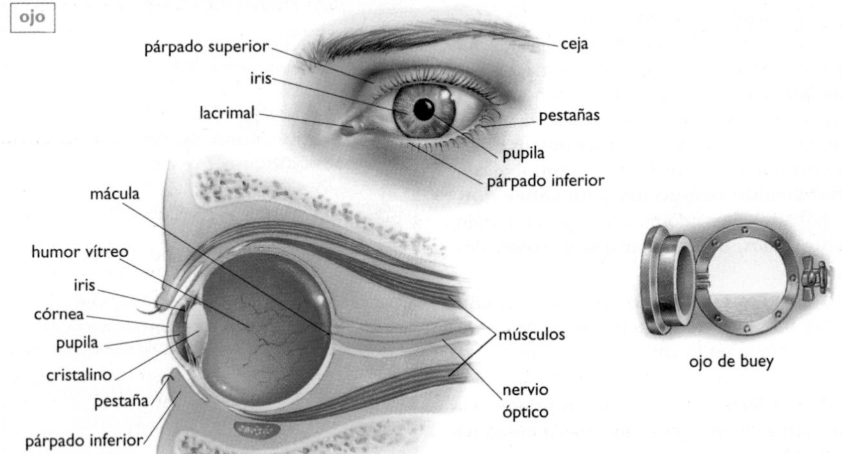

ojo de buey

mados pigmentos: *siempre pinta con óleo.* 2 cuadro pintado con ese tipo de pintura: *en Toledo hay varios óleos del Greco.* ■ **al óleo**, con óleo o pintado con óleo: *pinta al óleo; un cuadro al óleo.* **FAM.** oleoso, oleosidad, oleáceo, olear, oleoducto.

oleoducto *[n.m.]* tubería por la que se transporta petróleo o derivados del petróleo a grandes distancias: *hay oleoductos de muchos kilómetros de longitud.* **AMPL.** los oleoductos llevan el petróleo desde los yacimientos hasta las refinerías o hasta los puertos; en el puerto se carga en ***barcos petroleros*** para llevarlo a los países que lo compran; en los ***yacimientos*** se saca el petróleo de la tierra y en las ***refinerías*** se transforma en gasolina o en lo que haga falta; las tuberías por las que se transporta gas a grandes distancias se llaman ***gasoductos***.

oler *[v.]* 1 percibir los olores: *huelo el aroma del café.* 2 despedir olor: *¡qué bien huele el café!* ■ **olerle** a uno **a algo**, notar uno determinado olor: *me huele a quemado.* ■ **oler mal** algo, dar la impresión de que hay algo poco claro y que no es bueno: *me huele mal tanto misterio.* **FAM.** olor, olisquear, oliscar. **COMP.** maloliente.

CONJUGACIÓN DEL VERBO OLER

Formas no personales
Infinitivo: *oler*. Gerundio: *oliendo*. Participio: *olido*.
Indicativo
Presente: *huelo, hueles, huele, olemos, oléis, huelen.*
Pretérito imperfecto: *olía, olías, olía, olíamos, olíais, olían.*
Pretérito perfecto simple: *olí, oliste, olió, olimos, olisteis, olieron.*
Futuro: *oleré, olerás, olerá, oleremos, oleréis, olerán.*
Condicional simple:
olería, olerías, olería, oleríamos, oleríais, olerían.
Subjuntivo
Presente: *huela, huelas, huela, olamos, oláis, huelan.*
Pretérito imperfecto: *oliera/ oliese, olieras/ olieses, oliera/ oliese, oliéramos/ oliésemos, olierais/ olieseis, olieran/ oliesen.*
Futuro: *oliere, olieres, oliere, oliéremos, oliereis, olieren.*
Imperativo:
huele, huela, olamos, oled, huelan.

olfatear *[v.]* aspirar por la nariz fijándose bien para notar mejor los olores: *los perros olfatean para seguir el rastro de lo que buscan.* **SIN.** olisquear. **OBS.** e + e = ee: *olfateemos.*

olfato *[n.m.]* 1 sentido del hombre y de algunos animales que permite percibir los olores: *el olfato es uno de los cinco sentidos.* 2 facilidad para descubrir cosas o darse cuenta de lo que más conviene: *le falta olfato para hacer buenos negocios.* **SIN.** intuición, instinto, ojo, vista. **FAM.** olfatear, olfateo, olfativo, olfatorio.

olimpiadas *[n.f.pl.]* 1 conjunto de las competiciones deportivas que se celebran cada cuatro años y en las que participan los mejores deportistas del mundo representando a sus países. **SIN.** juegos olímpicos. // **olimpiada** *[n.f.]* 2 cada una de estas competiciones: *la olimpiada de atletismo.* **FAM.** olímpico, olímpicamente.

olímpico, olímpica *[adj.]* 1 de las olimpiadas: *un deportista olímpico; competición olímpica.* 2 que demuestra que no le importa la opinión de los demás, los peligros o las consecuencias: *siente desprecio olímpico hacia los burócratas.*

olisquear *[v.]* olfatear: *el perro olisquea todo lo que encuentra.* **OBS.** e + e = ee: *olisqueen.* **SIN.** olfatear. **FAM.** oler.

oliva *[n.f.]* fruto del olivo. **SIN.** aceituna.

olivar *[n.m.]* terreno en el que hay muchos olivos: *en Andalucía hay muchos olivares.*

olivarda *[n.f.]* ave parecida al halcón pero más pequeña que tiene el cuerpo de color verde amarillento como el de las aceitunas: *vieron una olivarda.*

olivo *[n.m.]* árbol cuyo fruto es la aceituna y tiene las hojas perennes, alargadas, brillantes por un lado y blanquecinas por el otro y flores pequeñas, de un solo pétalo de color blanco verdoso, que salen en grupos. **AMPL.** las aceitunas también se llaman ***olivas***. **FAM.** olivar, oliva, olivarero.

olla *[n.f.]* 1 cacharro de cocina con forma cilíndrica, dos asas y tapadera y que se puede poner al fuego. 2 comida preparada con garbanzos, patata, carne, legumbres, tocino y hortalizas: *una olla típica de los pueblos de Santander.* ■ **olla a presión** u **olla exprés**, tipo de olla que se cierra herméticamente, tiene una válvula que regula la salida del vapor y cuece los alimentos en menos tiempo que una olla normal. **FAM.** ollería, ollero.

ollar *[n.]* 1 piedra con la que en algunos sitios se hacen ollas. 2 cada uno de los dos orificios de la nariz de los caballos.

olmedo *[n.m.]* terreno en el que hay muchos olmos. **SIN.** olmeda.

olmo *[n.m.]* árbol grande y muy alto, de hojas caducas con forma acorazonada, ásperas por un lado y vellosas por otro: *a la orilla del río hay muchos olmos.* **FAM.** olmedo, olmeda.

olor *[n.m.]* lo que despiden algunos cuerpos y que se nota a través del olfato: *el olor de la tierra húmeda, de la hierba recién cortada...; muchas flores dan buen olor y todas las mofetas, mal olor.* **FAM.** oloroso, oliente, olorizar, oler, odorizar. **COMP.** inodoro, desodorante.

oloroso, olorosa *[adj.]* que despide olor: *un perfume demasiado oloroso.* **ANT.** inodoro. **AMPL.** decimos que es ***aromático*** o ***fragante*** lo que despide olor agradable, y ***pestilente, nauseabundo*** o ***hediondo*** lo que despide muy mal olor.

olvidadizo, olvidadiza *[adj.]* que se olvida fácilmente de las cosas: *apunta lo que tienes que hacer, que eres muy olvidadizo.* **SIN.** desmemoriado. **AF.** despistado.

olvidar *[v.]* no acordarse de algo: *olvida lo que te dijo; ha olvidado lo que aprendió el año pasado.* **AMPL.** las frases con este verbo se construyen de tres maneras distintas: *olvidar* **algo** (*olvidó felicitarlo*), *olvidar***se de algo** (**se** *olvidó* **de** *felicitarlo*) y *olvidár***sele a uno algo** (**se le** *olvidó felicitarlo*). **ANT.** acordarse, recordar. **FAM.** olvido, olvidadizo. **COMP.** inolvidable.

olvido *[n.m.]* lo que tiene uno al no acordarse de algo: *no acudió a la reunión por olvido; tuvo un olvido imperdonable.* **AF.** descuido, despiste. ■ **pasar** algo **al olvido** o **quedar en el olvido**, dejar de estar presente en la memoria de la gente.

ombligo *[n.m.]* punto en el vientre que queda cuando, al nacer, se corta el cordón umbilical por el que el bebé estaba unido a su madre durante el embarazo. **AMPL.** el ***cordón umbilical*** une el organismo de la madre con el del hijo y sirve para que éste se alimente mientras se forma. **FAM.** umbilical, ombliguero.

ombrigo forma incorrecta de decir *ombligo**.

omisión *[n.f.]* lo que hace uno al omitir* algo (*la omisión de datos dificulta el análisis de lo ocurrido*) y hecho de que algo haya sido omitido (*en esta lista hay varias omisiones.* **SIN.** falta, ausencia).

omiso, omisa *[adj.]* que no se ha puesto: *comprueba los párrafos omisos.* **SIN.** omitido. ■ **hacer caso omiso**, no hacer caso.

omitir *[v.]* 1 no decir o no escribir algo por olvido o descuido: *contó lo que vio sin omitir nada; al hacer la lista omitió varios nombres.* **SIN.** olvidar. 2 no decir o no escribir algo porque uno no quiere: *el acusado omitió algunos datos.* **SIN.** callar, ocultar. **FAM.** omisión, omiso, omitible, omisible.

omni- prefijo que significa *todo.*

omnipotente *[adj.inv. en gén.]* que tiene poder sobre todo y todos: *un rey omnipotente.* **SIN.** todopoderoso.

omnívoro, omnívora *[adj.]* que come toda clase de alimentos: *los osos son mamíferos omnívoros.* **AMPL.** los animales que sólo comen carne son ***carnívoros*** y los que sólo comen vegetales, ***herbívoros***.

omoplato *[n.m.]* omóplato*.

omóplato *[n.m.]* cada uno de los dos huesos anchos y casi planos que tienen las personas y algunos animales en la parte de arriba de la espalda, unidos a la articulación del hombro y el brazo.

O.M.S. siglas de *Organización Mundial de la Salud.*

once *[num.inv. en gén.]* es el numeral cardinal correspondiente al número 11. **FAM.** onceavo, undécimo, onceno, onzavo.

El ***onceavo*** es un trozo
de los ***once*** que has partido;
no partas al que hace el once
usando este partitivo.

onceavo, onceava numeral fraccionario correspondiente al cardinal once. **FAM.** once. (VER cuadro en *numeral.*)

onda *[n.f.]* 1 forma curva que tienen o toman algunas cosas flexibles con determinados movimientos o porque se le quiere dar esa forma: *al mover un extremo de la cuerda se hacen ondas; se ha hecho ondas en el pelo.* **SIN.** ondulación. **AMPL.** las ondas que se forman en la superficie del agua del mar se llaman también ***olas***. 2 vibración que se propaga a través de un metal, el agua, el aire, etc.: *el golpe del badajo hace vibrar el cobre de la campana y produce ondas sonoras que van por el aire hasta nuestros oídos; ondas magnéticas, eléctricas...* **FAM.** ondear, ondeante, ondeo, ondular, ondulación, ondulado, ondulante, ondulatorio.

Onda y *ola* son sin hache,
no debes armarte lío,
piensa que es la letra *o*
redonda como la *onda*
que hace la piedra en el río.

ondear *[v.]* moverse formando ondas: *la bandera del barco ondea al viento.* **OBS.** e + e = ee: *ondeen.*

ondulación *[n.f.]* onda* (acepción 1): *el papel tiene ondulaciones porque lo mojaste.*

ondulado, ondulada *[adj.]* con ondas: *pelo ondulado; cartón ondulado.*

ondulante *[adj.inv. en gén.]* que se mueve de un lado para otro con suavidad: *el movimiento de las serpientes es ondulante.* **SIN.** sinuoso.

ondular *[v.]* 1 hacer que algo se mueva formando ondas: *el viento hace ondular las sábanas tendidas.* 2 hacer ondas en algo: *le ondularon el pelo.* **ANT.** alisar.

O.N.G. siglas de *organización no gubernamental.*

onomástica *[n.f.]* día en que una persona celebra su santo.

onomatopeya *[n.f.]* palabra que suena como si imitara un sonido concreto: *kikirikí es la onomatopeya del canto del gallo.* **FAM.** onomatopéyico.

onubense *[adj.inv. en gén.]* de Huelva, provincia española y su capital, que pertenecen a la comunidad autónoma de Andalucía: *playas onubenses; una mujer onubense.* TAMBIÉN *n.*: *los onubenses.* **AMPL.** se dice *onubense* porque el nombre antiguo de Huelva era ***Ónuba***.

opaco, opaca *[adj.]* 1 que no deja pasar la luz: *un muro de piedra es un cuerpo opaco.* **ANT.** translúcido, transparente. 2 que no tiene brillo: *una superficie opaca.* **SIN.** mate. **ANT.** brillante. **FAM.** opacidad, opacamente, opacar.

ópalo *[n.m.]* mineral parecido al cristal que puede ser incoloro, negro, blanco lechoso o con irisaciones y se usa para hacer joyas: *un colgante de ópalo.* **FAM.** opalino.

opción *[n.f.]* 1 cada una de las cosas entre las que uno puede elegir: *tienes tres opciones: el coche blanco, el azul y el verde.* **SIN.** posibilidad, alternativa. 2 derecho que se tiene de hacer algo: *el ganador tendrá opción a un viaje a Canadá.* **SIN.** posibilidad, derecho. **FAM.** opcional, opcionalmente, optar.

opcional *[adj.inv. en gén.]* que si se quiere se hace y si no, no: *la excursión es opcional.* **SIN.** voluntario. **ANT.** obligatorio.

ópera *[n.f.]* obra de teatro en la que los actores representan su papel cantando con acompañamiento musical de una orquesta: *"El barbero de Sevilla" es una ópera con música de Rossini.* **AMPL.** la ópera nace de la colaboración entre un escritor que hace el ***libreto*** y un músico que hace la ***partitura***; los cantantes famosos, que hacen los papeles principales en las grandes representaciones, se llaman ***divos***; intervienen como mínimo un ***director de orquesta***, otro de ***coros*** y otro de ***escena*** y requiere normalmente un teatro con un gran ***escenario***, mucho espacio para ***decorados*** y ***tramoya***, y un ***foso*** de buenas dimensiones para que quepa la orquesta. **FAM.** operístico, opereta, operista.

operación *[n.f.]* 1 cada una de las cosas que hay que hacer para resolver o hacer algo: *serrar, clavar, lijar y barnizar son operaciones propias de la fabricación de muebles.* **SIN.** acción. 2 en matemáticas, lo que se hace con números para conseguir un resultado que no sabemos: *la suma es una operación.* **AF.** cuenta, cálculo. 3 en medicina, lo que hacen los médicos dentro del cuerpo, cortando, cosiendo, poniendo, quitando, sacando, etc., cuando está mal alguna parte interior: *una operación de apendicitis.* **SIN.** intervención. **AMPL.** también se llama ***operación quirúrgica*** o ***intervención quirúrgica***; la parte de la medicina especializada en este tipo de operaciones se llama ***cirugía***, los médicos especialistas en ellas son ***cirujanos*** y las salas preparadas para hacer estas operaciones se llaman ***quirófanos***. 4 compra, venta o cualquier otro intercambio en el que hay paso de dinero de una persona o una entidad a otra: *operación bancaria, comercial, financiera...*

operador, operadora *[n.]* 1 médico que hace una operación* (acepción 4): *el operador se quitó los guantes.* **SIN.** cirujano. 2 persona que se encarga de manejar una cámara de cine o de televisión o un equipo de proyección de imágenes.

operar *[v.]* 1 hacer una operación o hacérsela a alguien: *no sabe operar con números negativos; es cirujano y opera en un hospital; lo han operado de anginas.* 2 hacer uno su trabajo en el sitio o de la manera que se dice: *ese banco opera en todo el país.* **SIN.** actuar, obrar. **FAM.** operación, operador, operatorio, operario, operante, ***operativo*** (eficaz), obrar. **COMP.** posoperatorio.

operario, operaria *[n.]* persona que se dedica, en una fábrica, una empresa o un taller, a hacer un trabajo manual: *todos los operarios están trabajando.* **SIN.** obrero, trabajador.

operativo, operativa *[adj.]* que hace su efecto: *plan operativo; sin el sistema operativo un ordenador no sirve para nada.*

opérculo *[n.m.]* especie de tapadera que cierra las aberturas del cuerpo de algunos animales y plantas: *el opérculo de las branquias de los peces; las conchas de los caracoles están cerradas con un opérculo.*

opinar *[v.]* 1 tener una idea sobre algo o sobre alguien: *opino que es pronto para empezar.* **SIN.** creer, considerar, estimar. 2 decir lo que uno piensa sobre algo o alguien: *fueron opinando en el orden en el que estaban sentados.* **SIN.** dar una opinión, expresar la opinión. **AF.** hablar. **FAM.** opinión, opinable. **COMP.** inopinable.

opinión *[n.f.]* 1 idea que se tiene de algo o alguien: *le pedí su opinión sobre el asunto; tengo la opinión de que es una gran artista.* **SIN.** parecer, criterio. 2 idea que se tiene sobre si algo o alguien es bueno, malo, agradable, desagradable, etc.: *tiene muy buena opinión de él.* **SIN.** concepto, juicio. ■ **gozar de buena opinión**, tener buena fama. **SIN.** tener buena prensa, tener prestigio. **PL.** *opiniones.*

opio *[n.m.]* producto que se obtiene de una planta llamada *adormidera* y que cuando está seco se utiliza como droga. **FAM.** opiáceo.

oponer *[v.]* 1 hacer que una cosa haga difícil el paso o el efecto de otra: *los soldados opusieron sus armas a las de los enemigos.* // **oponerse** *[v.prnl.]* 2 decir que no se está de acuerdo con algo: *se opone a la compra porque le parece caro; algunos partidos se opusieron al proyecto de ley.* **AF.** rechazar, atacar. **ANT.** apoyar. 3 ir en contra de algo: *sus intereses se oponen a los nuestros.* **SIN.** enfrentarse, ser opuesto, ser contrario. **ANT.** favorecer. **CONJUG.** como *poner**. **FAM.** opuesto, oponente, oponible, oposición, opositar, opositor.

oportunidad *[n.f.]* momento bueno para algo o posibilidad de hacer algo: *tuvo oportunidad de hacerlo entonces.* **SIN.** ocasión, posibilidad.

oportuno, oportuna *[adj.]* 1 que pasa justo cuando viene bien: *la lluvia es oportuna cuando el campo necesita agua; habló en el momento oportuno.* **SIN.** conveniente, adecuado, apropiado. 2 que dice o hace algo conveniente en el mejor momento: *estuvo muy oportuno al sacar un tema interesante cuando nadie sabía qué decir.* **SIN.** acertado. **ANT.COM.** inoportuno. **FAM.** oportunidad, oportunismo, oportunista, oportunamente. **COMP.** inoportuno, importunar.

oposición *[n.f.]* 1 lo que hace algo o alguien al oponerse a algo: *la oposición a un proyecto.* **SIN.** rechazo. **ANT.** apoyo. 2 conjunto de los partidos políticos que representan ideas contrarias a las del partido que gobierna: *los partidos de la oposición votarán en contra del proyecto de ley.* 3 examen para conseguir un puesto de trabajo en un organismo público: *los exámenes de oposición constan de varias pruebas.* TAMBIÉN se usa en plural, que es más frecuente: *han convocado oposiciones para cubrir el puesto de arquitecto municipal.* **AMPL.** presentarse a un examen de este tipo es ***opositar*** y la persona que se presenta es un ***opositor***.

opositor, opositora *[n.]* persona que se presenta a una oposición: *se presentaron quinientos opositores para cubrir cincuenta plazas de bibliotecario.* **FAM.** oposición.

opresión *[n.f.]* 1 situación que se crea por el hecho de que alguien abuse de su autoridad o su fuerza para que se haga lo que él quiere: *los campesinos sufrían la opresión de los señores feudales.* **SIN.** tiranía. **ANT.** libertad. 2 lo que se hace para apretar algo o lo que se nota cuando algo aprieta: *siente opresión en el pecho y respira con dificultad.* **AF.** presión.

oprimir *[v.]* 1 hacer fuerza sobre algo: *si oprimes la nariz del muñeco se le mueven los brazos.* **SIN.** apretar, presionar, empujar. 2 abusar de la autoridad o de la fuerza para que alguien haga lo que uno quiere: *el Estado oprime a los ciudadanos exigiéndoles demasiados impuestos.* **AF.** dominar, esclavizar. **FAM.** opresión, opresivo, opresor, opresivamente, presión. **COMP.** comprimir, deprimir, imprimir, exprimir, reprimir.

optar *[v.]* decidir, cuando uno puede elegir entre dos más cosas, cuál de ellas prefiere: *optó por el coche rojo.* **SIN.** decidirse. **AF.** escoger, elegir. **FAM.** optativo, optativamenete, optante, opción.

optativo, optativa *[adj.]* que uno puede decidir si lo quiere o no, porque no es obligatorio: *a los dieciocho años estudiar es optativo; una asignatura optativa.*

óptica *[n.f.]* 1 parte de la física que estudia la luz y las lentes: *para construir un catalejo hay que saber óptica.* 2 tienda donde venden aparatos para ver mejor: *en las ópticas venden gafas, lentillas y prismáticos.*

óptico, óptica *[adj.]* 1 de los ojos, la vista, la luz y los aparatos para ver mejor: *nervio óptico; aparatos ópticos.* // **óptico, óptica** *[n.]* 2 persona especializada en óptica* o que fabrica o vende aparatos para ver mejor.

optimismo *[n.m.]* sentimiento que hace que uno suela fijarse en la parte buena de las cosas y pensar que todos los problemas tienen solución: *ve el futuro con optimismo.* **ANT.** pesimismo.

optimista *[adj.inv. en gén.]* que tiene o demuestra optimismo*: *un hombre optimista; la visión optimista de un problema.* **ANT.** pesimista.

óptimo, óptima *[adj.]* que es tan bueno que no puede ser mejor: *un trabajo óptimo; condiciones óptimas.* **SIN.** insuperable, inmejorable, buenísimo, excelente. **AF.** estupendo. **ANT.** pésimo. **FAM.** óptimamente, optimizar, optimizable, optimismo, optimista.

opuesto, opuesta *[adj.]* 1 que significa lo contrario o que es tan distinto que no puede estar a la vez en el mismo sitio o ser de la misma persona: *palabras opuestas; sus gustos son opuestos a los tuyos; opiniones opuestas; temperamentos opuestos.* **SIN.** contrario. 2 que cree que algo es perjudicial o no es conveniente: *una persona opuesta a la legalización de la droga.* **SIN.** enemigo de, contrario. 3 que está en el sitio más alejado de donde se dice: *su habitación está en el lado opuesto de la casa.* **SIN.** contrario.

opulencia *[n.f.]* gran cantidad de dinero o de bienes: *vivir con opulencia.* **SIN.** riqueza, abundancia. **ANT.** escasez, miseria, pobreza.

oquedad *[n.f.]* espacio vacío dentro de una cosa: *el nido está en una oquedad del tronco.* **SIN.** hueco, cavidad. **AF.** agujero, concavidad.

oración *[n.f.]* 1 cosas que se dicen o se piensan cuando se está rezando: *el padrenuestro es una oración.* **SIN.** rezo, plegaria. 2 palabra o conjunto ordenado de palabras que expresan una idea de acción, estado, situación, etc. con significado completo: *"¡corre!", "está riéndose" y "los pájaros saben volar" son tres oraciones.* **AF.** frase, proposición, cláusula.

TIPOS DE ORACIONES GRAMATICALES

SIMPLE: sólo tiene un predicado (ver cuadro).

COMPUESTA: está formada por dos o más oraciones simples.

- **coordinada:** dos o más oraciones simples unidas por una conjunción: *llegó, lo dijo y se fue.*
  - **coordinada adversativa:** *estaba, pero no dijo nada.*
  - **coordinada causal:** *vino porque lo avisaron.*
  - **coordinada consecutiva:** *no lo sabes, pues no hables.*
  - **coordinada copulativa:** *ni quiere ni puede; llegó y habló.*
  - **coordinada disyuntiva:** *¿lo sabes o no?*
- **subordinada:** está formada por una ***principal*** (que expresa la idea fundamental) y una ***subordinada*** (que depende de la principal).
  - **subordinada adjetiva** o **de relativo:** la subordinada hace de complemento del sujeto (*el hombre, que estaba sorprendido, no dijo ni una palabra*) o de otro complemento de la principal (*han vendido la casa que te gustaba*).
  - **subordinada adverbial:** la subordinada hace de complemento circunstancial de la principal: *llegaron diciendo bobadas.*
  - **subordinada sustantiva:** la subordinada hace de sujeto (*estudiar literatura le gusta mucho*), de complemento directo (*el hombre dijo que estaba sorprendido*) o de complemento indirecto (*prepáralo para quien lo necesite*) de la principal.

TIPOS DE ORACIÓN SIMPLE

Teniendo en cuenta el sentido de la frase

ENUNCIATIVA: *hace sol; hay cinco árboles; tengo hambre.*
INTERROGATIVA DIRECTA: *¿hace frío?; ¿cuántos hay?*
INTERROGATIVA INDIRECTA: *necesito saber cuántos hay.*
NEGATIVA: no llueve; nunca bebe vino; tampoco quiere.
EXCLAMATIVA: *¡qué frío hace!; ¡cuántos árboles!*
IMPERATIVA: *dámelo; cuidad al niño; no comas tanto.*

Teniendo en cuenta la construcción sintáctica

ACTIVA
La que tiene el verbo en voz activa: *madruga mucho; come demasiado; ha vendido la casa.*

PASIVA
La que tiene el verbo en voz pasiva y puede llevar dos sujetos, uno que realiza la acción (**sujeto agente**) y otro que la recibe (**sujeto paciente**): *la casa ha sido vendida por su dueño a un forastero* o *la casa ha sido vendida.*

PASIVA REFLEJA
Equivale a la pasiva, pero se construye con el pronombre *se*: *la casa se ha vendido por su dueño* (que equivale a *la casa fue vendida por su dueño*).

Teniendo en cuenta la naturaleza del predicado

COPULATIVA O ATRIBUTIVA
Se construye con predicado nominal, es decir, con verbos que, como *ser* y *estar*, no expresan acción: *está cansado; es estudiosa; fue muy famoso; parecía contenta; llegó entusiasmado; lo considero conveniente.*

PREDICATIVA
Se construye con predicado verbal, es decir, con verbos que expresan acción: *así te cansarás; ha estudiado mucho; buscaba la fama; lee con entusiasmo; esto nos conviene.*

Teniendo en cuenta el sujeto

Casos especiales:

UNIPERSONAL
El verbo sólo puede ir en tercera persona de singular: *nieva; hace calor.*

IMPERSONAL
No se expresa el sujeto. Se construye con el pronombre *se* y el verbo en tercera persona de singular o de plural (*aquí se habla de todo; se vende esta casa; se dicen muchas bobadas*), o con el verbo en tercera persona del plural (*dicen que va a llover*).

REFLEXIVA
La acción del verbo recae en quien la realiza, representado por un pronombre (el verbo tiene forma pronominal y el pronombre hace de complemento directo): *me he duchado; se ha hecho daño.*

RECÍPROCA
Hay varios sujetos y la acción del verbo va de unos a otros: *nos despedimos ayer* (uno de otro); *se quieren mucho* (uno a otro); *no congenian* (uno con otro).

Teniendo en cuenta los complementos

TRANSITIVA
Tiene complemento directo: *di algo; te lo dejé ahí; me ha llamado; tiene dos pájaros; comprará un coche.*

INTRANSITIVA
No tiene complemento directo: *habló claro; ha madrugado; nació ayer.*

orador, oradora *[n.]* 1 persona que habla para muchas personas: *el orador habló de asuntos de interés general.* AF. disertador, conferenciante, predicador. 2 persona que sabe hablar para muchas personas, expresándose bien y sin ponerse nerviosa: *es una buena oradora.*

oral *[adj.inv. en gén.]* que se hace o se da hablando, y no por escrito: *un mensaje oral; le hicieron una prueba oral y una escrita.* SIN. verbal. AMPL. hay cosas que sabe la gente sin haberlo leído nunca, porque las personas mayores van contándoselas a las jóvenes; esta manera de aprender se llama ***tradición oral***. ■ **por vía oral**, por la boca. FAM. oralmente.

orangután *[n.m.]* mono grande que puede llegar a medir dos metros de altura (las hembras, menos de metro y medio) y tiene el pelo marrón o rojizo y los brazos tan largos que llegan hasta el suelo cuando está derecho. PL. *orangutanes.*

orar *[v.]* dirigirse, hablando o con el pensamiento, a Dios, a la Virgen o a algún santo, para pedirle algo, ofrecerle algo o agradecerle algo: *los monjes oraban en la capilla.* SIN. rezar. FAM. oración, orador, ***oratoria*** (arte de hablar bien), orante, ***oratorio*** (sitio para rezar).

oratoria *[n.f.]* arte de hablar bien.

oratorio *[n.m.]* sitio destinado a rezar: *el oratorio de un convento.* SIN. capilla. FAM. orar.

órbita *[n.f.]* 1 recorrido de un astro o un satélite alrededor de algo: *la Tierra describe una órbita elíptica alrededor del Sol.* AF. trayectoria. 2 cada uno de los huecos de la cara en los que están los ojos. SIN. cuenca, cavidad. FAM. orbital, orbitario. COMP. ***desorbitante*** (exagerado), desorbitar, exorbitante.

orca *[n.f.]* animal marino parecido al delfín, de color negro con manchas blancas, que puede medir hasta diez metros de largo y tiene la cabeza pequeña y el hocico ancho.

orden *[n.m.]* 1 lo que hay cuando cada cosa está en su sitio: *el orden es necesario.* AF. colocación, organización. ANT. desorden. 2 manera de poner o de estar las personas o las cosas siguiendo unas normas o un criterio determinado: *orden alfabético; orden numérico; se colocaron en orden de mayor a menor.* SIN. ordenación, colocación, disposición. 3 manera de hacer las cosas, pensando en las que hay que hacer antes y después para que todo quede bien hecho: *hay que trabajar con orden.* **AF.** organización, método, sistema. 4 en ciencias naturales, grupo de seres vivos que tienen algunas características comunes que los distinguen de otros que pertenecen a la misma clase: *el lobo pertenece a la clase de los mamíferos y al orden de los* ***carnívoros****, y la ardilla a la clase de los mamíferos y al orden de los* ***roedores****.* 5 cada una de las formas distintas que le daban los antiguos griegos a algunas partes de los edificios que construían: *los órdenes arquitectónicos griegos son el dórico, el jónico y el corintio.* **AF.** estilo. **AMPL.** cada uno de estos órdenes (que también se llaman ***órdenes arquitectónicos***), responde a una serie de reglas fijas que seguían al construir. 6 sacramento por el que una persona se hace sacerdote: *el orden sacerdotal.* **SIN.** sacramento. // **orden** *[n.f.]* 7 lo que se dice para que alguien que tiene que obedecer haga algo: *el capitán dio la orden de que saliera inmediatamente.* **SIN.** mandato. 8 grupo de personas que han prometido vivir las enseñanzas de Cristo siguiendo unas normas especiales aprobadas por el Papa: *los monjes benedictinos son de la orden de San Benito.* **AF.** hermandad, comunidad. **AMPL.** la persona a la que se le ocurre crear una orden y dice las normas que deben seguir los que quieran vivir de esa manera es el ***fundador de la orden***; los hombres que son de una orden religiosa se llaman ***monjes*** o ***religiosos*** y las mujeres que son de una orden se llaman ***monjas*** o ***religiosas***. ■ **orden del día**, lista de las cosas de las que hay que hablar en una reunión. ■ **orden mundial**, manera en que está organizado el mundo. ■ **orden público**, lo que hay en la calle por el hecho de que la gente haga las cosas normales sin meterse con nadie ni estropear cosas. ■ **¡a la orden!** es una expresión de saludo que usan los militares con sus superiores para indicar que están dispuestos a hacer lo que le manden. ■ **del orden de**, más o menos, aproximadamente: *había del orden de 20 personas.* ■ **en orden**, ordenado. ■ **estar a la orden del día**, estar de moda. **SIN.** ser muy frecuente, ser habitual. ■ **poner en orden**, poner cada cosa en su sitio. **SIN.** ordenar, colocar. **FAM.** ordenar, ordenado, ordenadamente, ordenanza, ordenamiento, ordenación, ordenada, ordinal, ordenador. **COMP.** desorden, contraorden, coordinar, subordinado.

ordenada *[n.f.]* línea que va de arriba a abajo en un eje de coordenadas y es perpendicular a la abscisa: *en la ordenada se representan los valores de* y *y en la abscisa los de* x.

ordenado, ordenada *[adj.]* 1 que tiene cada cosa en su sitio: *una habitación ordenada* (**SIN.** colocado, en orden)*; una persona ordenada.* **AF.** organizado. **ANT.** desordenado. 2 que está según un orden determinado: *tiene los libros ordenados por autores.* **SIN.** colocado, organizado.

ordenador *[n.m.]* aparato que consta de un teclado, un monitor y un conjunto de conexiones y circuitos electrónicos, en el que se pueden almacenar datos y, con los programas adecuados, trabajar la información. **SIN.** computadora.

ordenanza *[n.inv. en gén.]* 1 persona que trabaja en una oficina o en una empresa haciendo recados o trabajos de ayuda: *el ordenanza hace las fotocopias.* **SIN.** conserje. **AMPL.** el ordenanza de los centros de enseñanza se llama ***bedel***; quien tiene que encargarse de abrir, cerrar y cuidar un edificio es un ***conserje*** y quien está al cuidado de una portería, un ***portero***; la persona que hace recados y lleva maletas en los hoteles se llama ***botones*** y la que hace recados y lleva los pedidos de una tienda, ***recadero***. 2 norma que dan las autoridades y que deben cumplir los ciudadanos, los subordinados, etc.: *según las ordenanzas municipales, los edificios de esta calle no deben tener más de cinco plantas.* **SIN.** disposición, norma, regla, precepto.

ordenar *[v.]* 1 poner las cosas de manera que haya orden o sea fácil utilizarlas o encontrarlas: *ordena la ropa del armario; ordenó los papeles por fechas.* **SIN.** colocar, organizar. **ANT.** desordenar. 2 decirle, a quien tiene que obedecer, que haga algo: *el capitán le ordenó al soldado que saliera inmediatamente de allí.* **SIN.** mandar. **ANT.** obedecer.

ordeñadora *[n.f.]* aparato pensado para ordeñar*: *la ordeñadora ahorra trabajo y tiempo.*

ordeñar *[v.]* sacar la leche de una hembra de animal exprimiendo las ubres*: *el pastor or-*

deña las ovejas todos los días. **FAM.** ordeño, ordeñadora, ordeñadero.

ordinal *[adj.inv. en gén.]* que indica qué lugar ocupa algo o alguien en una serie ordenada: *primero, cuarto y décimo son numerales ordinales.*

ordinariez *[n.f.]* 1 cosa que se hace o se dice y demuestra falta de buen gusto o mala educación: *decir tacos es una ordinariez.* **SIN.** chabacanería*. 2 característica que se nota en las personas que demuestran mal gusto o mala educación y en las cosas de poca calidad o mal hechas: *no soporto la ordinariez de sus modales; la ordinariez de un mueble, de un material...* **SIN.** vulgaridad. **PL.** *ordinarieces.*

ordinario, ordinaria *[adj.]* 1 que no es bueno o no está bien hecho: *el aglomerado de madera es un material ordinario; el mueble tiene un acabado muy ordinario.* **SIN.** corriente, vulgar. **AF.** mediocre. **ANT.** selecto. 2 que demuestra mal gusto o falta de educación: *una persona ordinaria; modales ordinarios.* **SIN.** chabacano*. 3 que se hace (o que pasa) siempre o casi siempre: *nunca falta a la ordinaria tertulia de los jueves.* **SIN.** cotidiano, habitual. **AF.** normal, regular. **ANT.** extraordinario. **FAM.** ordinariamente, ordinariez.

orear *[v.]* poner algo al aire libre para que se refresque, se le quite el olor o se seque: *antes de hacer la cama conviene orear la ropa.* TAMBIÉN *prnl.: cuando hace viento, la ropa se orea enseguida.* **SIN.** airear, ventilar. **OBS.** e + e = ee: *oreemos.* **FAM.** oreo, aire.

orégano *[n.m.]* planta de cerca de 60 centímetros de altura, hojas ovaladas y flores rosadas o blanquecinas que dan buen olor: *el orégano se pone en algunos guisos.*

oreja *[n.f.]* cada una de las partes que sobresalen a ambos lados de la cabeza y que son la parte externa del órgano del oído. ■ **calentar las orejas**, pegarle a alguien. ■ **con las orejas gachas**, con actitud humilde por haber fracasado o por haber sido derrotado, reñido, etc. **FAM.** orejera, orejudo, orejón, orejuela.

orensano, orensana *[adj.]* de Orense, provincia española y su capital, que pertenecen a la comunidad autónoma de Galicia: *productos orensanos; una niña orensana.* TAMBIÉN *n.: muchos orensanos hablan gallego y español.*

orfanato *[n.m.]* lugar donde viven los niños huérfanos que no tienen familia que los cuide: *los niños del orfanato están atendidos por monjas.* **SIN.** orfelinato, hospicio, casa cuna. **FAM.** orfandad, orfelinato, huérfano.

orfandad *[n.f.]* situación de quien ha perdido a su padre, a su madre o a los dos: *debido a su orfandad debe cuidar a sus hermanos pequeños.*

orfebre *[n.inv. en gén.]* persona que hace objetos artísticos trabajando oro, plata y otros metales preciosos: *un orfebre; una orfebre.* **AMPL.** el arte de trabajar estos metales llama ***orfebrería***. **FAM.** orfebrería.

orfelinato *[n.m.]* orfanato*: *algunos niños sin padres viven en orfelinatos.*

orfeón *[n.m.]* conjunto de personas que cantan juntas sin acompañamiento musical: *el orfeón de la catedral ensaya los jueves.* **SIN.** coro, coral. **PL.** *orfeones.* **FAM.** orfeonista.

orgánico, orgánica *[adj.]* 1 de los seres vivos y de lo que producen: *una manzana es materia orgánica.* **SIN.** vivo. **ANT.** inorgánico, inerte. 2 de los organismos: *ley orgánica de un estado.*

organillo *[n.m.]* aparato musical que funciona dándole vueltas a una manivela para que gire un cilindro con púas que hacen sonar unas cuerdas afinadas.

organismo *[n.m.]* 1 conjunto de los órganos de un ser vivo: *el organismo humano necesita que sus células se oxigenen constantemente.* 2 organización encargada de alguna función necesaria o conveniente para los ciudadanos: *las universidades son organismos dedicados a la enseñanza y los ayuntamientos, organismos en-*

cargados de solucionar los problemas de las ciudades. **SIN.** corporación*. ■ **organismo público** u **organismo oficial**, el que depende del Estado, de un ayuntamiento, de una comunidad autónoma, etc.: *la Seguridad Social y los institutos de enseñanza secundaria son organismos públicos.*

organista *[n.inv. en gén.]* persona que se dedica a tocar el órgano: *es organista de la catedral.*

organización *[n.f.]* 1 conjunto de personas que trabajan, cada una en lo que le toca, para conseguir un objetivo: *las empresas, las cofradías y los partidos políticos son organizaciones.* 2 lo que permite que cada uno haga lo que le toca, que cada cosa se haga cuando hay que hacerla, que cada cosa esté donde tiene que estar, etc.: *la organización es muy importante a la hora de trabajar.* **SIN.** planificación. **AF.** método, orden. **ANT.** desorganización.

organizado, organizada *[adj.]* 1 que hace las cosas pensando en las que hay que hacer antes y después para que todo quede bien hecho, no haya que perder tiempo, etc.: *un estudiante organizado.* **AF.** metódico, sistemático. **ANT.** desorganizado. 2 que está según un orden determinado: *tiene los papeles organizados por tamaños.* **SIN.** ordenado, colocado.

organizador, organizadora *[n.]* persona encargada de organizar* algo: *la organizadora distribuyó las tareas entre sus compañeros.* **AF.** coordinador.

organizar *[v.]* 1 decidir qué hay que hacer y cuándo, quién tiene que hacer cada cosa y cómo hay que hacerla para que lo que se hace o se está preparando salga bien: *organizar una fiesta, una empresa, el trabajo...* **SIN.** planificar, proyectar. **AF.** preparar, programar, planear. TAMBIÉN *prnl.: gana poco pero sabe organizarse para tener lo necesario.* **SIN.** administrarse. 2 ordenar* (acepción 1): *organizar la ropa, los apuntes...* **OBS.** ante e, c: *organicen.*

órgano *[n.m.]* 1 parte del cuerpo de los seres vivos que hace algo concreto dentro del organismo: *el corazón es el órgano que activa la circulación de la sangre.* **AMPL.** el conjunto de los órganos y los demás elementos que trabajan para el mismo fin forman un ***sistema*** o un ***aparato***: *el corazón es el órgano central del sistema circulatorio; el estómago forma parte del aparato digestivo.* 2 instrumento musical de viento que tiene varios tubos de distinta longitud y anchura que suenan al apretar las teclas y llegar a ellos el aire producido por unos fuelles. **FAM.** organista, organillo, organillero, orgánico, organismo, organizar, organización, organizador, organizadamente. **COMP.** inorgánico, desorganizar, reorganizar.

orgía *[n.f.]* fiesta en la que se come y se bebe mucho y en la que la gente hace todo lo que se le antoja para pasárselo bien: *organizan orgías una vez al mes.* **SIN.** bacanal. **FAM.** orgíaco, orgiástico.

orgullo *[n.m.]* 1 lo que siente quien está orgulloso de algo o de alguien: *mira a su hijo con orgullo.* **SIN.** satisfacción. **AF.** alegría. 2 lo que tienen las personas que se creen superiores a los demás, por creerse así: *su orgullo le impide pedir perdón.* **SIN.** soberbia*. **FAM.** orgulloso, orgullosamente. **COMP.** enorgullecer.

orgulloso, orgullosa *[adj.]* que se cree superior a los demás y nunca reconoce sus errores: *es tan orgulloso que no habla con nadie.* **SIN.** soberbio, engreído. **AF.** altanero, arrogante, altivo. **ANT.** modesto, humilde. ■ **estar** o **sentirse orgulloso**, estar muy contento con algo o con alguien relacionado con uno, porque le parece que tiene mérito, es bueno, etc.

orientación *[n.f.]* 1 lo que hace que uno sepa dónde está, qué dirección debe seguir, cómo es algo, qué posibilidades tiene, etc.: *tus consejos me sirvieron de orientación.* **AF.** guía. 2 sentido que tiene quien sabe dónde está o hacia dónde debe ir: *en el desierto, sin brújula, se pierde la orientación.* **SIN.** norte. **ANT.** desorientación.

orientador, orientadora *[adj.]* que sirve para orientar: *una flecha orientadora; un cartel orientador.* **SIN.** orientativo. **AF.** indicador. **ANT.** desorientador.

oriental *[adj.inv. en gén.]* 1 del este: *la costa oriental de España está bañada por el mar Mediterráneo.* 2 de Oriente: *países orientales; los chinos son orientales.* **ANT.** occidental. TAMBIÉN *n.: muchos orientales practican la religión hindú.* **AMPL.** llamamos *Oriente* a la parte del mundo correspondiente a Asia y el noreste de África; para nosotros, es ***Oriente Próximo*** la región que está en el noreste de África y al suroeste de Asia (Turquía, Siria, Egipto, Israel, Líbano y Jordania), ***Oriente Medio***, la situada en torno al Golfo Pérsico (Arabia, Irak e Irak) y ***Lejano Oriente*** o ***Extremo Oriente***, la del este de Asia (China, Japón, Corea, etc.). VER *occidental* (acepción 2).

orientar *[v.]* 1 hacer que alguien sepa dónde está, hacia dónde debe ir, qué posibilidades tiene, cómo es algo, etc.: *los orientaron hacia la carretera de Cádiz; la orientó sobre el funcionamiento de la empresa.* **SIN.** servir de orientación. **ANT.** desorientar. TAMBIÉN *prnl.: no sabe orientarse porque no conoce la ciudad.* **SIN.** situarse, ubicarse. 2 colocar algo mirando en una dirección determinada: *orientó la antena parabólica.* **AF.** situar, colocar.

oriente *[n.m.]* 1 el este: *el Sol sale por oriente y se pone por occidente.* **SIN.** naciente, levante. 2 viento que sopla desde el este: *mañana soplará oriente.* **SIN.** levante. **FAM.** oriental, orientalismo, orientar, orientación, orientativo. **COMP.** desorientar, reorientar.

orificio *[n.m.]* agujero*: *las gateras son orificios hechos en las puertas para que puedan pasar los gatos.*

origen *[n.m.]* 1 lugar en que algo empieza, donde algo nace o de donde alguien viene: *el origen de esta fruta es Murcia; es americano pero tiene origen español.* **SIN.** procedencia. 2 momento en que algo empieza: *el origen del universo tuvo lugar hace quince mil millones de años.* **SIN.** principio. 3 lo que ocurrió antes y es motivo de lo que ocurre después: *el origen del universo fue una gran explosión de materia; la informalidad es el origen de su fracaso profesional.* **SIN.** causa, motivo. **AF.** raíz, germen. 4 clase social en la que alguien ha nacido: *origen humilde; origen aristocrático.* **SIN.** procedencia, ascendencia, cuna. ■ **dar origen a**, ser la causa de algo. ■ **lugar, país, punto geográfico,** etc. **de origen**, aquel en que nació alguien o de donde procede algo. ■ **denominación de origen**, VER *denominación.* **PL.** *orígenes.* **FAM.** originar, originario, originariamente.

original *[adj.inv. en gén.]* 1 que no está copiado de otro: *un cuadro original de Miró.* 2 que es distinto de lo que se suele ver: *un peinado, un comportamiento, una película... original.* **SIN.** poco común, singular, peculiar. **AF.** extraño, raro, estrafalario. 3 que es o está como era o como estaba al principio o antiguamente: *arreglarán la plaza para que recobre su aspecto original; color original.* // **original** *[n.m.]* 4 lo que se ha usado de modelo o se ha copiado: *el escultor tiene el original, en barro, de las copias en bronce; guarda el original y entrega la fotocopia.* **FAM.** originalidad, originalmente.

originar *[v.]* hacer que pase algo o que haya algo: *la noticia originó gran revuelo.* **SIN.** causar, crear, ocasionar, producir, generar, provocar. TAMBIÉN *prnl.: se originó gran revuelo a raíz de la noticia.* **SIN.** surgir, producirse, formarse, armarse.

originario, originaria *[adj.]* 1 que apareció o se hizo en el sitio que se dice: *el latín es una lengua originaria de la antigua Roma; productos originarios de zonas tropicales.* **SIN.** procedente. 2 hablando de personas, que sus padres o sus abuelos nacieron en el sitio que se dice: *es originario de Holanda.* **SIN.** oriundo.

orilla *[n.f.]* parte en que acaba una cosa: *la orilla de una piscina, de una mesa...; merendaron a la orilla del lago.* **SIN.** borde. **AMPL.** la orilla de un río o de un lago también se llama ***ribera*** y la del mar, ***costa*** o ***litoral***. **FAM.** orillar, orillero.

orillo *[n.m.]* remate de los bordes de una pieza de tela.

orina *[n.f.]* líquido amarillento que eliminan las personas y los animales: *el perro manchó la alfombra de orina.* **SIN.** pis, orines. **AMPL.** la orina se forma en los ***riñones***, al pasar la sangre por ellos, va hasta la ***vejiga*** a través de los ***uréteres*** y se elimina por la ***uretra***; el conjunto de las partes del cuerpo que intervienen en esta función se llama ***aparato urinario*** y el médico especializado en él, ***urólogo***. **FAM.** orinar, orinal, orines, urinario.

orinal *[n.m.]* recipiente donde se recoge la orina para tirarla después: *el niño está sentado en el orinal.* **SIN.** bacín, perico, dompedro.

orinar *[v.]* 1 eliminar la orina*. **SIN.** hacer pis, mear. TAMBIÉN *prnl.: se ha orinado en los pañales.* 2 eliminar algo como se elimina la orina: *algunos enfermos orinan sangre.*

oriundo, oriunda *[adj.]* originario* (acepción 2).

ornamental *[adj.inv. en gén.]* que adorna: *planta ornamental.* **SIN.** decorativo. **FAM.** ornar.

ornar *[v.]* adornar*: *ornaron el altar para la ceremonia.* **FAM.** ornamentación, ornamento, ornamental, ornamentar, ornato. **COMP.** adornar.

ornitología *[n.f.]* parte de la zoología que estudia las aves: *son biólogos expertos en ornitología.*

oro *[n.m.]* **1** metal muy brillante de color amarillo, fácil de fundir y el más dúctil (pueden hacerse hilos con él) y maleable (pueden hacerse láminas) de todos los metales. **AMPL.** puede reducirse a láminas finísimas llamadas ***pan de oro*** que se utilizan en arte para revestir imágenes, columnas, retablos de altares, etc. // **oros** *[n.m.pl.]* **2** palo de la baraja española que tiene dibujos de monedas de oro: *as de oros; sota de oros.* ■ **oro negro**, petróleo. ■ **a precio de oro**, exageradamente caro. ■ **el oro y el moro**, muchas cosas buenas: *le prometieron el oro y el moro.* ■ **hacerse de oro**, hacerse muy rico. **FAM.** áureo, aurífero, aureola, dorar.

orquesta *[n.f.]* grupo de músicos que tocan distintos instrumentos dirigidos por un director. **AMPL.** los grupos de música moderna se llaman ***conjuntos***, los formados por unos cuantos instrumentos clásicos que tocan en fiestas y bailes ***orquestinas***, los formados por gran número y variedad de instrumentos de viento y alguno de percusión (bombo, platillos y tambor) se llaman ***bandas***; los que están formados básicamente por guitarras, bandurrias y laúdes son ***rondallas***, ***estudiantinas*** o ***tunas***; los formados por instrumentos de cuerda como violines, violas, violonchelos y contrabajos ***orquestas de cámara*** y las orquestas grandes que dan conciertos de música clásica ***orquestas sinfónicas***. **FAM.** orquestación, orquestal, orquestar.

distribución de los instrumentos de la orquesta

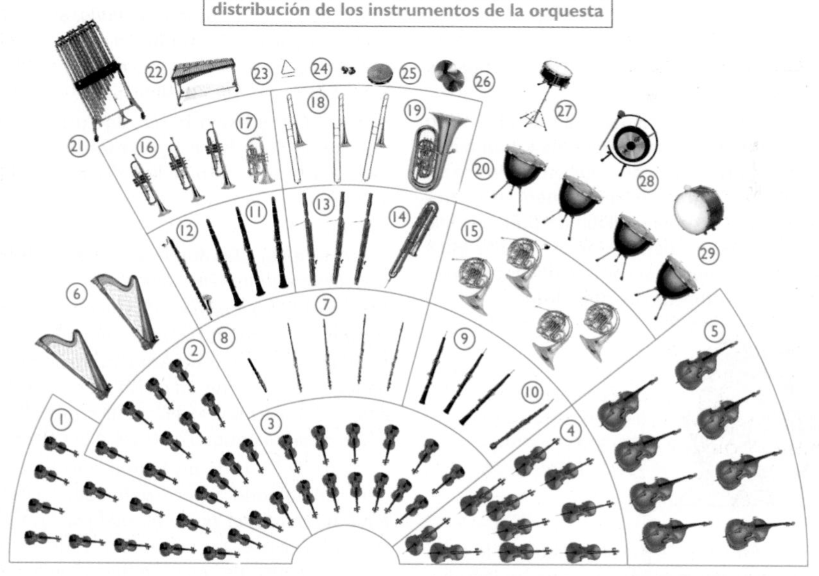

1. primeros violines
2. segundos violines
3. Violas
4. Violoncelos
5. Contrabajos
6. Arpas
7. Flautas traveseras
8. Piccolo o flautín
9. Oboes
10. Corno inglés
11. Clarinetes
12. Clarinete bajo
13. Fagots
14. Contrafagot
15. Trompas
16. Trompetas
17. Cornetín
18. Trombones de varas
19. Tuba
20. Timbales
21. Campanas
22. Xilófono
23. Triángulo
24. Castañuelas
25. Pandereta
26. Platillos
27. Tambor o caja
28. Gong
29. Bombo

orquídea *[n.f.]* planta cuyas flores, que se llaman igual, tienen sólo tres pétalos y uno de ellos mirando hacia abajo y se da mucho en los bosques húmedos tropicales. **FAM.** orquidáceo.

ortiga *[n.f.]* planta que mide entre cincuenta centímetros y un metro y tiene las flores verdosas y las hojas ovaladas o con forma de punta de lanza, con los bordes en zig-zag y que, si se toca, pica mucho y la piel se pone roja. **FAM.** ortigal.

ortodoncia *[n.f.]* parte de la odontología que trata de corregir los defectos de los dientes *(odontólogo especialista en ortodoncia)* y tratamiento para corregir estos defectos *(aparato de ortodoncia)*.

ortografía *[n.f.]* estudio y conocimiento del modo de escribir correctamente una lengua. **FAM.** ortografiar, ortográfico, ortográficamente, grafía.

ortográfico, ortográfica *[adj.]* de la ortografía: *normas ortográficas; errores ortográficos; la coma es un signo ortográfico y la tilde un acento ortográfico.*

ortopedia *[n.f.]* 1 ciencia que estudia cómo sustituir las partes del cuerpo que faltan o que no funcionan bien y cómo deben ser las cosas y los tratamientos que solucionen estos problemas: *para hacer una pierna artificial hay que saber ortopedia.* 2 tienda donde venden estas cosas: *en la ortopedia venden plantillas para pies planos.* **FAM.** ortopédico, ortopedista.

Si te pones a escribir
tienes derecho a dudar,
pero no a escribirlo mal...
¿Quién te impide consultar?

ortopédico, ortopédica *[adj.]* de la ortopedia* (*estudios ortopédicos*) o que ha sido hecho para solucionar un problema relacionado con los miembros del cuerpo o para sustituir uno que falta (*plantillas ortopédicas; un brazo ortopédico*).

oruga *[n.f.]* 1 gusano con doce anillos que se alimenta de hojas de plantas y puede ser de colores distintos según el tipo de oruga que sea: *una oruga es una larva de mariposa.* **AMPL.** las orugas salen de los huevos de distintos tipos de mariposas y luego se convierten en la mariposa que sea; tanto las orugas como los demás bichos que tienen una forma distinta de la que tendrán cuando acaben de formarse se llaman ***larvas***. 2 especie de cadena hecha con grandes piezas de metal rectangulares, que se pone alrededor de cada dos ruedas laterales de un vehículo para que pueda avanzar por terrenos muy irregulares, con mucha arena, con mucho barro, etc.: *los tanques llevan orugas.*

os *[pron.]* es pronombre personal de segunda persona del plural que puede hacer función de complemento directo (*os enviarán a casa pronto*) o de complemento indirecto (*os he escrito una carta*).

osadía *[n.f.]* 1 lo que demuestra quien se atreve a hacer algo muy arriesgado: *se necesita osadía para escalar esa montaña.* **SIN.** audacia*. 2 lo que demuestra quien se atreve a hacer algo que no debería hacer: *tuvo la osadía de pedirle dinero.* **SIN.** insolencia*.

osar *[v.]* atreverse a hacer algo arriesgado o que no se debe hacer: *¿no osarás escalar la montaña tú solo?; osó pedirle dinero.* **SIN.** atreverse a, tener la osadía de. **FAM.** osadamente, osadía.

osario *[n.m.]* sitio donde se almacenan huesos: *el osario de un cementerio.*

oscense *[adj.inv. en gén.]* de Huesca, provincia española y su capital, que pertenecen a la comunidad autónoma de Aragón: *tradiciones oscenses; Pirineo oscense; un periodista oscense.* TAMBIÉN *n.*: *las oscenses.* **AMPL.** se dice *oscense* porque el nombre antiguo de Huesca era ***Osca***.

oscilar *[v.]* 1 ir de un lado a otro una cosa que está colgada o poco apoyada: *oscilar un farol, un móvil, un barco movido por las olas...* **SIN.** balancearse. **AF.** mecerse, vacilar. 2 subir y bajar, dentro de unos límites, el valor o la intensidad de algo: *el precio oscila entre los 500 y los 600 euros; oscilar las temperaturas.* **SIN.** fluctuar, variar. **FAM.** oscilación, oscilante, oscilatorio.

oscurecer *[v.]* 1 ir desapareciendo la luz natural porque está acabando el día y empezando la noche: *oscurece cuando el Sol se esconde* *tras el horizonte.* **SIN.** anochecer, hacerse de noche. **ANT.** clarear, amanecer. 2 hacer que algo quede oscuro o más oscuro de lo que estaba: *oscureció la habitación bajando las persianas; las nubes oscurecen el cielo; el exceso de negro oscurece el dibujo.* **SIN.** ensombrecer. **ANT.** iluminar, aclarar. TAMBIÉN *prnl.: el cielo se ha oscurecido.* **CONJUG.** como *crecer**.

oscuridad *[n.f.]* 1 lo que hay en un sitio por el hecho de que falte luz: *con luna nueva, la oscuridad en el campo es total* (**SIN.** falta de luz)*; no se puede leer en la oscuridad* (**SIN.** sitios oscuros). 2 característica que hace que digamos que algo es o está oscuro*: *la oscuridad de un discurso, de un asunto...* **ANT.COM.** claridad.

oscuro, oscura *[adj.]* 1 que no tiene luz o claridad o que resulta poco iluminado: *una noche oscura; un rincón oscuro.* 2 que se ve con dificultad o no destaca cuando hay poca luz, o que tiene algo de color negro: *verde oscuro; ropa oscura.* 3 que no se entiende con facilidad (*un razonamiento oscuro*), que parece poco bueno (*un futuro oscuro*) o que tiene algo poco honrado o que alguien quiere ocultar (*oscuras intenciones; un asunto oscuro*). **SIN.** confuso, turbio, poco claro, dudoso. **ANT.COM.** claro. **FAM.** oscurecer, oscuridad, oscuramente, oscurecimiento.

óseo, ósea *[adj.]* de los huesos o que es de hueso: *el esqueleto es la parte ósea del cuerpo.* **FAM.** osamenta, ***osario*** (sitio donde se almacenan huesos), hueso. **COMP.** desosar.

osezno, osezna *[n.]* cachorro de oso: *los oseznos maman.*

oso *[n.m.]* animal cuadrúpedo grande que tiene mucho pelo, la cabeza grande, los ojos pequeños y cinco dedos en cada pie con uñas muy fuertes: *los osos polares son blancos.* ■ **oso hormiguero**, animal con el cuerpo cubierto de pelo y las uñas muy largas, que tiene el morro y la lengua muy largos y estrechos, por lo que puede meterlos dentro de un hormiguero para comerse a las hormigas. **FAM.** osa, osera, osezno, osuno.

ostentación *[n.f.]* lo hace alguien para que los demás se enteren de que vive con lujo o es rico, o de que está orgulloso de algo: *la ostentación de riqueza provoca envidia y desprecio.* **SIN.** alarde, ostensión. **AF.** presunción. ■ **hacer ostentación de** algo, hacer que los demás se enteren de algo por lo que uno se siente superior o de lo que uno está orgulloso. **SIN.** ostentar de, presumir de, alardear de.

ostentar *[v.]* 1 tener un cargo, un poder, un derecho, etc.: *el rey ostenta la jefatura del Estado; ostenta el título de marqués.* **SIN.** tener. 2 hacer ostentación* de algo: *no le gusta ostentar.* **FAM.** ostensible, ostentación, ostensivo, ostentoso, ostentosamente, ostensión, ostentativo.

ostra *[n.f.]* animal marino que mide de siete a diez centímetros, se pega a las rocas y tiene dos conchas redondeadas, una más abultada que otra, que son ásperas y oscuras por fuera y blancas y lisas por dentro. **AMPL.** las ostras que forman perlas en su interior se llaman ***ostras perleras*** o ***madreperlas***. ■ **aburrirse como una ostra**, aburrirse muchísimo. **FAM.** ostral, ostrero.

O.T.A.N. siglas de *Organización del Tratado del Atlántico Norte*, que es una organización militar internacional.

otear *[v.]* mirar desde un sitio alto: *el vigía otea desde la torre del castillo.* **OBS.** e + e = ee: *oteemos.*

otero *[n.m.]* en una llanura, parte de terreno más alta que el resto sin llegar a ser tan alto como una colina. **SIN.** loma.

otitis *[n.f.inv. en núm.]* inflamación del oído: *la otitis le produce dolor de oídos.*

otoñal *[adj.inv. en gén.]* de otoño: *meses otoñales.*

otoño *[n.m.]* estación del año que va después del verano y antes del invierno. **FAM.** otoñada, otoñal, otoñar, otoñizo.

otorgar *[v.]* dar algo quien tiene poder o autoridad para ello: *otorgar un premio, un indulto, una autorización...* **SIN.** conceder, dar. **OBS.** ante e, gu: *otorguen.* **FAM.** otorgamiento, otorgador, otorgante.

otorrinolaringología *[n.f.]* parte de la medicina que trata las enfermedades de oído, nariz y garganta. **AMPL.** el médico especialista en otorrinolaringología se llama ***otorrinolaringólogo***.

otro, otra *[adj.]* 1 que no es aquel del que se estaba hablando: *díselo a otro compañero; que venga otra niña; quiere otro perro para tener dos; iré otro día.* **GRAM.** es adjetivo indefinido y funciona como determinante*. // **otro, otra**

[pron.] 2 es pronombre indefinido y puede referirse a personas, animales o cosas: *díselo a otro; quiere otra; enséñame otros.*

ovación *[n.f.]* conjunto de aplausos y gritos de apoyo que un grupo de personas le da a un artista, a alguien que ha hecho algo de mucho mérito, etc.: *el público le dedicó cinco minutos de ovación.* **AF.** aclamación, aplausos, vítores, hurras, vivas. **FAM.** ovacionar.

oval *[adj.inv. en gén.]* con forma de óvalo*.

ovalado, ovalada *[adj.]* con forma de óvalo*: *un portarretratos ovalado; una bandeja ovalada.* **SIN.** oval.

óvalo *[n.m.]* figura geométrica que tiene forma parecida a la del corte longitudinal (hecho a lo largo) de un huevo. **FAM.** oval, ovalado, ovalar, ***ovoide*** (cosa con forma de huevo).

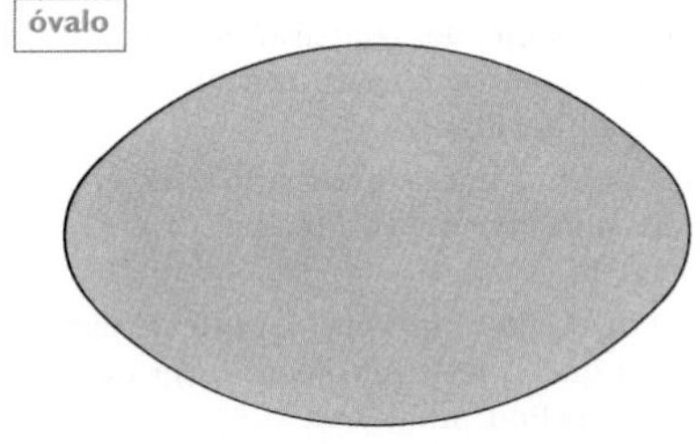

ovario *[n.m.]* 1 parte del cuerpo de las hembras de los mamíferos en la que se forman los óvulos para que pueda nacer un nuevo ser: *las mujeres tienen dos ovarios.* 2 parte de las flores en la que está el embrión de la semilla para que la planta pueda reproducirse: *el ovario es la parte inferior del pistilo.* **FAM.** ovárico.

oveja *[n.f.]* animal de sexo femenino, de alrededor de medio metro de altura y con el cuerpo cubierto de lana: *las ovejas comen hierba.* **AMPL.** la *cría* de la oveja, hasta que tiene un año de edad, se llama ***cordero***; mientras está mamando, ***cordero lechal*** o ***cordero recental***; desde que cumple el año hasta que tiene dos años, ***cordero*** o ***borrego***. ■ **ser** uno **la oveja negra**, ser considerado el peor de un grupo o una familia. **FAM.** ovejero, ovejuno, ovino.

ovetense *[adj.inv. en gén.]* de Oviedo, ciudad española que es la capital de la provincia de Asturias: *calles ovetenses; un niño ovetense.* TAMBIÉN *n.*: *las ovetenses.*

ovillo *[n.m.]* bola formada al enrollar un hilo largo y flexible alrededor de sí mismo: *un ovillo de lana; un ovillo de cuerda.* **AMPL.** cuando se enrolla alrededor de dos cosas separadas que luego se quitan, se forma una ***madeja***; si es alrededor de un tubo o algo parecido, una ***bobina***. ■ **hecho un ovillo**, muy arrugado, como formando una bola, algo que debería estar estirado (*las sábanas estaban hechas un ovillo*), o tumbado y encogido, con las piernas o las patas cerca de la cara (*el gato se puso junto a la chimenea, hecho un ovillo*). **FAM.** ovillar. **COMP.** desovillar.

ovino, ovina *[adj.]* que tiene el cuerpo cubierto de lana: *las ovejas y los carneros son animales ovinos; ganado ovino.* **SIN.** lanar.

ovíparo, ovípara *[adj.]* hablando de animales, que sus hembras ponen huevos: *las aves y los reptiles son animales ovíparos.*

ovni *[n.m.]* cualquier cosa que va volando y no se sabe lo que es. **AMPL.** es una palabra formada a partir de las siglas de *objeto volador no identificado*; estas palabras formadas a partir de siglas se llaman ***acrónimos***.

ovoide *[n.m.]* cosa con forma de huevo: *un ovoide de carbón.*

ovoideo, ovoidea *[adj.]* que tiene forma de huevo: *una piedra ovoidea.*

óvolo *[n.m.]* en arquitectura, adorno con forma de huevo.

óvulo *[n.m.]* célula que se forma en las mujeres y las hembras de los animales y a la que se puede unir un ***espermatozoide*** (célula masculina) para formar un nuevo ser. **AMPL.** el óvulo se forma cada cierto tiempo en los ***ovarios***; si se le une un *espermatozoide*, el óvulo queda ***fecundado*** y se convierte en ***embrión***; el embrión va desarrollándose hasta que está completamenete formado y nace la ***cría*** del animal o el ***bebé***; los *embriones* de los mamíferos (el hombre también es mamífero) se desarrollan dentro de la madre, en la parte que se llama ***útero***; desde que el *embrión* empieza a tener forma (en el primer momento es microscópico) hasta que nace, se llama ***feto***; el tiempo que tarda en formarse el nuevo ser dentro del *útero* de la madre se llama ***embarazo*** o ***preñez*** y su duración depende de la especie de animal: por ejemplo, en las mujeres es de nueve meses y en las ovejas de cinco. **FAM.** ovulación.

oxidar *[v.]* formar una capa de óxido* sobre la superficie de un metal: *la humedad oxida el hierro.* **SIN.** herrumbrar, picar. TAMBIÉN *prnl.: el hierro se ha oxidado con la humedad.*

óxido *[n.m.]* **1** capa que se forma en la superficie de los metales porque el agua, la humedad y el aire van destruyendo el metal: *la barandilla de la terraza tiene óxido.* **AMPL.** según el metal que sea, el óxido es de un color u otro: el del hierro es marrón rojizo y el del cobre verdoso; el óxido que se forma sobre el hierro también se llama ***ferruje, orín*** o ***herrumbre***. **2** en química, compuesto formado por la unión de un elemento cualquiera con el oxígeno: *óxido de sodio; óxido de hierro.* **FAM.** oxidar, oxidable, oxidación, oxidante. **COMP.** inoxidable, desoxidar, dióxido.

oxigenarse *[v.]* aspirar mucho oxígeno respirando aire puro: *el organismo se oxigena paseando por el campo.* **AF.** airearse.

oxígeno *[n.m.]* gas incoloro e inodoro que está en el agua y en el aire. **FAM.** oxigenarse, oxigenación. **COMP.** desoxigenar.

oye, oyeron... formas irregulares de la conjugación del verbo *oír**.

oyente *[n.inv. en gén.]* **1** persona que está oyendo algo: *hay programas de radio que tienen muchos oyentes; una oyente dio su opinión por teléfono.* **2** alumno que va a una clase sin estar matriculado, para aprender, pero sin tener que examinarse y, por tanto, sin que le den un título.

ozono *[n.m.]* gas de color azulado y olor característico que se encuentra en la atmósfera. **AMPL.** la ***capa de ozono*** filtra las radiaciones del sol y protege a los organismos vivos.

p *[letra consonante]* letra que ocupa el decimoséptimo (17º) lugar del abecedario español y se llama *pe*.

pabellón *[n.m.]* 1 cada uno de los edificios que forman parte de un conjunto: *en una Exposición Universal, cada país tiene un pabellón; en la academia militar hay un pabellón para los oficiales.* 2 bandera de un país: *el pabellón español es rojo y amarillo.* 3 tienda de campaña con forma de cono, sujeta por un poste que va del vértice al suelo: *el general duerme en su pabellón.* **PL.** *pabellones.*

pabilo *[n.m.]* mecha de una vela. TAMBIÉN se dice *pábilo.*

paca *[n.f.]* paquete hecho con algodón, lana o paja: *el camión iba cargado de pacas de algodón.*

pacense *[adj. y n.]* badajocense*.

pacer *[v.]* comer hierba en el campo los animales herbívoros: *las ovejas pacen en el prado.* **SIN.** pastar. **CONJUG.** como *nacer**. **FAM.** pacedura. **COMP.** apacentar.

paciencia *[n.f.]* lo que demuestra que tiene quien sabe esperar con tranquilidad, sin ponerse nervioso, o que soportar bien los momentos malos, aburridos, etc.: *esperó con paciencia a que lo ascendieran; ten paciencia y no te enfades por tan poca cosa.* **FAM.** paciente, pacientemente, pacienzudo. **COMP.** impaciencia.

paciente *[adj.inv. en gén.]* 1 que tiene paciencia*: *un maestro paciente; una madre paciente.* // **paciente** *[n.inv. en gén.]* 2 persona enferma que es atendida por un médico, una enfermera, en un hospital, etc.: *es la primera paciente del día; los pacientes de esta clínica están bien atendidos.*

pacificar *[v.]* poner fin a una guerra: *la intervención de la ONU pacificó el territorio.* **OBS.** ante e, qu: *pacifiquen.*

pacífico, pacífica *[adj.]* que, por su forma de ser, trata de no intervenir en discusiones y procura evitar las situaciones violentas: *una persona pacífica; tiene un carácter muy pacífico.* **AF.** apacible, tranquilo, sosegado.

pacifismo *[n.m.]* manera de entender la vida de las personas que se oponen a usar la violencia y defienden la paz por encima de todo: *Gandhi y Luther King fueron abanderados del pacifismo.* **ANT.** belicismo.

pacifista *[n.inv. en gén.]* 1 persona que piensa que la violencia no debe utilizarse nunca. **AMPL.** esta filosofía o manera de entender la vida se llama ***pacifismo***. // **pacifista** *[adj.inv. en gén.]* 2 del pacifismo o de las personas que lo defienden: *una manifestación pacifista; una protesta pacifista.* **SIN.** antibelicista. **ANT.** belicista. **OBS.** no se debe confundir *pacifista* con *pacífico**.

pactar *[v.]* tomar varias personas una decisión, comprometiéndose todas a cumplir lo que se ha decidido: *los enemigos de guerra pactaron la paz; los empresarios pactan con los empleados las condiciones de trabajo.* **SIN.** acordar, concertar, convenir. **FAM.** pacto.

pacto *[n.m.]* 1 lo que hacen varias personas al llegar a un acuerdo y comprometerse a cumplirlo: *hicieron un pacto sobre la manera de repartir los bienes.* **SIN.** acuerdo, trato. **AF.** contrato. **AMPL.** los pactos que hacen los empresarios y trabajadores se llaman ***convenios*** y los que firman dos o más países, ***tratados***. 2 lo que se comprometen a cumplir los que han pactado algo: *llegando tarde has incumplido el pacto.* **SIN.** compromiso.

padecer *[v.]* 1 vivir las malas consecuencias de algo: *padeció en su infancia los efectos de la guerra.* **AF.** soportar. 2 tener mal alguna parte del organismo: *padece del riñón.* **SIN.COM.** sufrir. **CONJUG.** como *crecer**. **FAM.** padecimiento.

padrastro *[n.m.]* lo que es para una persona el hombre que está casado con su madre y no es padre suyo: *su padrastro lo trata como a un hijo.* **ANT.** hijastro.

padre *[n.m.]* 1 hombre o macho que ha tenido algún hijo: *hace dos meses que es padre; es cinco veces padre.* 2 para una persona o un animal, hombre o macho del que es hijo: *mi padre es también el padre de mi hermano; los toros son los padres de los terneros.* **SIN.** progenitor. **ANT.** hijo. 3 sacerdote, cura: *el padre los bendijo al acabar el rosario.* 4 persona que ha creado, ha inventado o ha descubierto lo que se dice: *Newton es el padre de la ley de la gravedad.* **AF.** inventor, creador. **AF.** pionero. // **padres** *[n.m.pl.]* 5 conjunto formado por el padre y la madre de alguien: *vive con sus padres.* **FAM.** padrazo, padrastro, paterno, padrino, padrinazgo, parricidio, parricida. **COMP.** compadre, empadrado, apadrinar, apadrinamiento.

padrino *[n.m.]* 1 hombre que acompaña a alguien a recibir algunos sacramentos tomando parte en la ceremonia: *padrino de boda; padrino de bautismo.* **ANT.** ahijado. **AMPL.** la mujer que hace lo mismo se llama ***madrina*** y el conjunto formado por el padrino y la madrina son ***los padrinos***. 2 persona que favorece a otra para que consiga algo concreto que otros también están intentando conseguir: *le darán el trabajo a él porque tiene muchos padrinos.* **AF.** influencia, enchufe.

padrón *[n.m.]* lista en la que están apuntados los datos (nombre, dirección, edad, etc.) de las personas que viven en una ciudad o un pueblo. **PL.** *padrones.* **FAM.COMP.** empadronar, empadronamiento.

paella *[n.f.]* plato de cocina que se hace con arroz y carne, legumbres, pescado, marisco, etc.: *la paella es típica de Valencia.* **AMPL.** en algunos sitios también se llama *paella* al recipiente en el que se hace este plato. **FAM.** paellera.

paellera *[n.f.]* recipiente de hierro poco profundo y con dos asas, apropiado para hacer paellas.

paga *[n.f.]* 1 dinero que se le da alguien por el trabajo que ha hecho: *el día treinta dan la paga mensual.* **AF.** sueldo, salario, jornal. 2 dinero que los padres suelen dar a los hijos, cuando son pequeños, para que tengan algo para gastar y aprendan a administrarse: *le da la paga todos los domingos.* **SIN.** propina.

pagano, pagana *[adj.]* de alguna religión que adora a varios dioses: *costumbres paganas.* TAMBIÉN *n.*: *muchos paganos se convirtieron al cristianismo.*

pagar *[v.]* 1 dar el dinero que cuesta lo que se compra o el trabajo de alguien: *pagó el mueble cuando se lo llevaron a casa; ya le ha pagado al fontanero.* **SIN.** abonar. 2 hacer algo para corresponder a lo que le han hecho a uno: *los favores no se pagan con dinero.* 3 cumplir un castigo: *ha pagado sus delitos en la cárcel.* **OBS.** ante e, gu: *paguen.* **FAM.** paga, pago, pagaré, pagador, pagaduría, pagano, paganismo, paganizar. **COMP.** impagado, impago, sobrepago.

página *[n.f.]* cada uno de los lados de una hoja de un libro, un cuaderno, una revista, etc.: *cada hoja tiene dos páginas.* **SIN.** cara, plana. **FAM.** paginar, paginación.

pago *[n.m.]* 1 lo que se hace al pagar algo: *los pagos se hacen el día treinta* (**SIN.** abono); *el respeto y el agradecimiento de los demás son el pago a su dedicación* (**SIN.** premio, recompensa). 2 cada una de las cantidades de dinero que se van pagando hasta completar lo que cuesta algo que se compra: *le faltan dos pagos para terminar de pagar la casa.* **SIN.** plazo, entrega.

pagoda *[n.f.]* templo dedicado a Buda y a otros dioses orientales en China, Japón y la India.

pagoda

paipay *[n.m.]* especie de abanico con forma de pala redondeada y mango. **PL.** *paipáis*.

país *[n.m.]* personas y territorio que están bajo el mismo gobierno: *España es un país de Europa; países árabes.* **SIN.** nación. **FAM.** paisano, paisanaje, paisaje, paisajista, paisajismo, paisajístico.

paisaje *[n.m.]* 1 conjunto de las cosas que se ven y que hacen que un territorio o una población tenga el aspecto que tiene: *paisaje gallego; paisaje asturiano; paisaje urbano.* **AF.** vista, panorama, panorámica. 2 pintura, dibujo o fotografía de un lugar al aire libre: *en una exposición de paisajes no hay interiores ni retratos.*

paisano, paisana *[n.]* 1 persona del mismo país, la misma provincia o el mismo pueblo que otra: *en Londres me encontré a muchos paisanos.* **AF.** conciudadano, compatriota. 2 persona que vive en un pueblo o en el campo: *el domingo los paisanos vienen a la ciudad.* **SIN.** aldeano. 3 persona que no pertenece al ejército: *a la ceremonia asistieron militares y paisanos.* **SIN.** civil. ■ **de paisano**, sin uniforme.

paja *[n.f.]* 1 trocito de cualquier hierba seca: *se le metieron pajas en los zapatos.* 2 tallo seco de algunas plantas, o conjunto de ellos: *un sombrero de paja; una choza con tejado de paja; la paja de la avena sirve para alimentar a algunos animales.* **AMPL.** después de la siega, la paja se recoge en paquetes que se llaman ***pacas***. 3 lo que no sirve para nada porque no es importante ni aporta nada nuevo: *en el discurso había mucha paja.* **AF.** morralla. **ANT.** miga, sustancia, contenido. ■ **por un quítame allá esas pajas**, por algo sin importancia. ■ **ver la paja en el ojo ajeno y no ver la viga en el nuestro**, fijarse en los pequeños defectos de los demás sin darse cuenta de que uno tiene alguno grande. **FAM.** pajar, pajizo, pajoso, pajería.

pajar *[n.m.]* lugar donde se guarda la paja: *algunas casas de pueblo tienen pajar.* **SIN.** cija.

pajarera *[n.f.]* jaula grande para guardar pájaros: *tiene una pajarera llena de loros.* **SIN.** jaula.

pajarería *[n.f.]* tienda donde se venden pájaros, peces de acuario y otros animales de compañía: *en la pajarería compraron una tortuga para su sobrina.*

pajarita *[n.f.]* 1 figura que se hace doblando un papel de una forma determinada para que tenga forma parecida a la de un pájaro. 2 especie de corbata que, en lugar de quedar sobre el pecho, queda entre los picos del cuello de la camisa con forma de lazo.

pájaro *[n.m.]* ave que puede volar, no es muy grande, tiene tres dedos hacia adelante y uno hacia atrás y puede piar o cantar: *los estorninos, los canarios y los loros son pájaros.* ■ **tener la cabeza a pájaros**, tenerla llena de ideas sin importancia, de cosas que vuelan, sin asiento ni madurez. **FAM.** pajarera, pajarería, pajarita, pájara, pajarero, pajarraco.

pajaza *[n.f.]* lo que sobra de la paja larga que comen los caballos: *el mozo limpia la pajaza del establo.*

paje *[n.m.]* criado de la gente que pertenecía a la nobleza, acompañaba a los señores y se encargaba de sus cosas personales: *los pajes solían llevar trajes elegantes.* **AF.** criado, sirviente, lacayo.

pala *[n.f.]* 1 herramienta formada por un mango al que hay unida una plancha de metal, redondeada o rectangular, que sirve para coger tierra y otros materiales sueltos: *mezcla el cemento y la arena con una pala.* 2 cualquier utensilio con forma de pala: *el panadero mete el pan en el horno con una pala de madera.* **FAM.** palada, paleta, palear, paletilla, paleto, paletada, palazo.

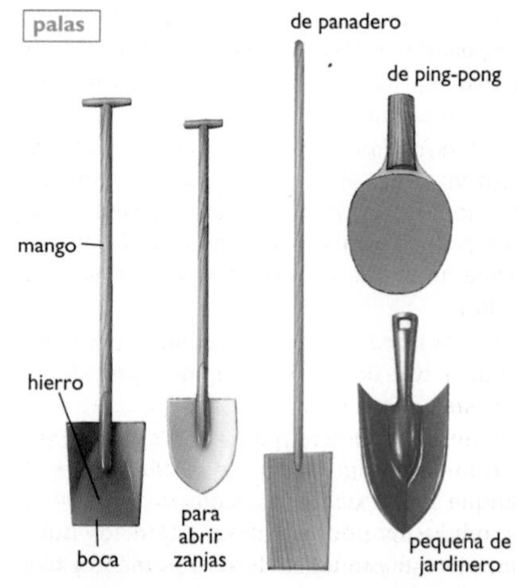

palabra *[n.f.]* 1 sonido o conjunto de sonidos que representan una idea: *casa, alegría y niño son palabras.* **SIN.** vocablo, término, voz, dicción. **AMPL.** en la escritura, una palabra es un conjunto de letras que se escriben juntas y se separan de otras por espacios en blanco; es la unidad de una lengua que más fácilmente se reconoce en la práctica, aunque definirla con precisión es muy difícil; por eso la lingüística ha creado los conceptos de ***fonema*** y ***morfema***, que son unidades menores que la palabra, el de ***lexema***, que a veces coincide con el de palabra, y el de ***oración gramatical*** que es la unidad mayor con sentido independiente. 2 capacidad de hablar que diferencia a los seres humanos de los demás animales: *el don de la palabra; facilidad de palabra.* **AF.** lengua, lenguaje, verbo. ■ **tener la última palabra**, tener el poder de decidir una cosa. ■ **dar** uno su **palabra**, prometer o jurar. ■ **medir las palabras**, hablar con mucho cuidado para no equivocarse o no ofender a nadie. ■ **dejar** a alguien **con la palabra en la boca**, marcharse sin esperar a que termine de hablar. ■ **dirigir la palabra** a alguien, ponerse a hablar con él. ■ **pedir la palabra**, pedir que lo dejen hablar a uno. ■ **quitar** a alguien **la palabra de la boca**, decir lo mismo que estaba a punto de decir otra persona. **FAM.** palabrota, palabreo, palabrero, palabrear. **COMP.** apalabrar.

palabrota *[n.f.]* palabra o frase que se considera de mala educación: *no me gusta que digas palabrotas.* **SIN.** taco. **AMPL.** una palabrota contra algo sagrado se llama ***blasfemia***.

palacio *[n.m.]* edificio grande y muy lujoso, con muchas salas y con jardines, construido para vivienda de reyes, emperadores, nobles, etc.: *los presidentes de gobierno españoles viven en el palacio de la Moncloa, en Madrid.* **FAM.** palacete, palaciego, palacial, ***palatino*** (del palacio).

paladar *[n.m.]* 1 parte de arriba del interior de la boca: *chasqueó la lengua contra el paladar.* **SIN.** cielo de la boca. 2 capacidad para diferenciar sabores: *el catarro hace perder paladar.* **SIN.** sentido del gusto. **AMPL.** se dice así porque en el paladar tenemos muchas de las glándulas que nos permiten captar los sabores; estas glándulas se llaman ***papilas gustativas***. 3 sabor de las comidas y las bebidas: *un vino con buen paladar.* ■ **velo del paladar**, parte de atrás del paladar, que está junto a la garganta. **FAM.** paladear, paladeo, palatal.

paladear *[v.]* tomar muy despacio pequeñas cantidades de comida o bebida, fijándose mucho en su sabor: *le gusta paladear el helado.* **SIN.** saborear, degustar. **OBS.** e + e = ee: *paladeen.*

palafito *[n.m.]* casa de los hombres primitivos construida sobre unas estacas de madera, dentro de un lago o pantano.

palanca *[n.f.]* barra dura que no se dobla y que al apoyarla sobre un punto transmite y aumenta la fuerza que se haga sobre ella: *ese hierro servirá de palanca.* ■ **hacer palanca**, apoyar una barra rígida en un punto y empujarla por un extremo cuando se ha metido el otro debajo de algo pesado que se quiere mover o levantar. **FAM.** palanqueta, palancada. **COMP.** apalancar, apalancamiento.

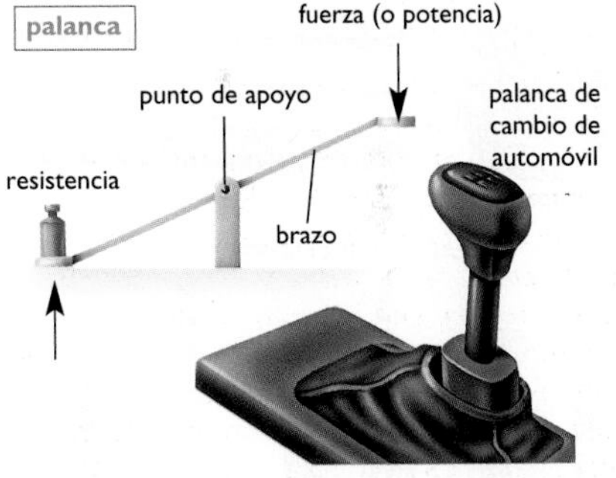

palancana forma incorrecta de decir *palangana*.*

palangana *[n.f.]* recipiente redondo, ancho, poco profundo y sin asas, pensado para lavarse la cara y las manos: *un lavabo antiguo con palangana de porcelana.* **SIN.** jofaina. **FAM.** palanganero.

palatino, palatina *[adj.]* del palacio o de los palacios: *costumbres palatinas.* **SIN.** palaciego, cortesano.

palco *[n.m.]* especie de balcón independiente y con asientos, que hay en algunos sitios en los que se hacen espectáculos: *en las plazas de toros hay un palco reservado para las autoridades; los palcos de un teatro.* **AMPL.** la sala pequeña que hay en algunos teatros entre el palco y el pasillo por el que se llega a él se llama ***antepalco***.

palentino, palentina *[adj.]* de Palencia, provincia española y su capital, que pertenecen a la comunidad autónoma de Castilla y León: *productos palentinos; una pianista palentina.* TAMBIÉN *n.*: *los palentinos.*

paleolítico, paleolítica *[adj.]* del Paleolítico, que es la primera época de la Edad de Piedra, desde que aparece la especie humana hasta que empieza el *Neolítico*: *en Atapuerca se han encontrado restos humanos paleolíticos.*

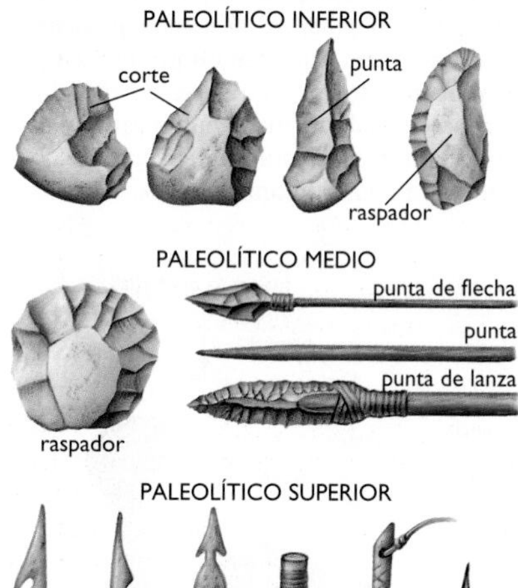

palestino, palestina *[adj.]* de Palestina, región del oeste de Asia, en el extremo este del mar Mediterráneo, en la que viven actualmente musulmanes y judíos: *territorios palestinos.* TAMBIÉN *n.*: *los palestinos tienen problemas territoriales con los judíos de Israel.*

paleta *[n.f.]* 1 utensilio de madera que usan los pintores para poner y mezclar los colores cuando están pintando, y que es una tabla redondeada con un agujero por donde se mete el dedo pulgar para sujetarla mejor. 2 herramienta triangular con un mango en ángulo recto, que usan los albañiles para coger el cemento, el yeso, etc. y echarlo donde necesitan.

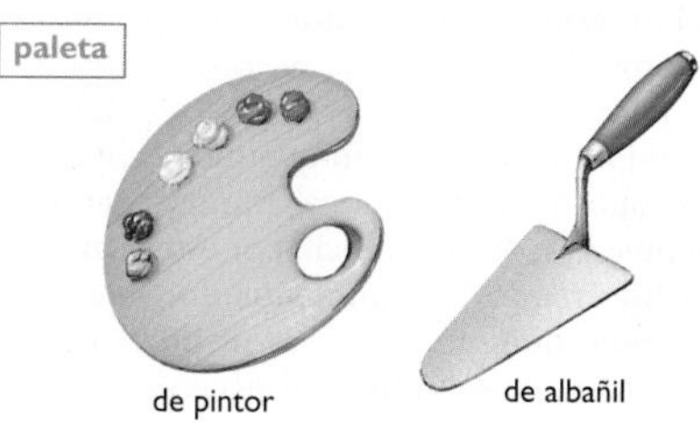

paletilla *[n.f.]* cada uno de los dos huesos planos y casi triangulares que están en la espalda y unen las clavículas con los huesos del brazo. **SIN.** omóplato.

paliar *[v.]* hacer que las consecuencias malas de algo sean menores o menos graves: *el cinturón de seguridad puede paliar los efectos de un accidente.* **SIN.** atenuar, disminuir, mitigar. **ANT.** aumentar, acentuar. **FAM.** paliativo, paliación, paliatorio.

paliativo *[n.m.]* cosa que hace que algo sea menos grave. ■ **andar con paliativos**, poner disculpas.

palidecer *[v.]* 1 perder el color natural y quedarse más blanco: *al oír la mala noticia palideció.* 2 ir desapareciendo o debilitándose algo poco a poco: *el color de la hamaca ha palidecido con el sol* (**SIN.** desvaírse, decolorarse, empalidecer)*; su fama fue palideciendo y nadie se acuerda de él* (**SIN.** disminuir). **ANT.** intensificarse. **CONJUG.** como *crecer**.

palidez *[n.f.]* lo que se nota en las personas y las cosas cuando su color tiene menos intensidad de la normal o de la que tenía: *la palidez de un enfermo, de los colores a la luz de la Luna...* **AF.** desvaimiento. **ANT.** intensidad, fuerza.

pálido, pálida *[adj.]* que tiene un color muy poco intenso o menos intenso de lo normal: *una falda verde pálido* (**SIN.** claro. **AF.** desvaído)*; está pálido desde que se puso enfermo* (**SIN.** lívido, macilento). **FAM.** palidez, palidecer, paliducho.

palillero *[n.m.]* 1 recipiente pequeño para poner los palillos. 2 parte de las plumas de escribir por la que se agarraban y que tenía una ranura en un extremo para meter la plumilla.

palillo *[n.m.]* 1 palito con los extremos acabados en punta, que se usa para pinchar trocitos de comida y quitarse restos de comida que quedan entre los dientes. **SIN.** mondadientes. 2 cada uno de los dos palos que acaban en una bola y sirven para tocar algunos instrumentos musicales como el tambor y el xilófono. **AMPL.** los palillos con que se toca el tambor también se llaman ***baquetas***. 3 cada uno de los dos palos delgados y largos que usan para comer en algunos países orientales: *los chinos utilizan los palillos como nosotros los cubiertos.*

palique *[n.m.]* conversación sobre asuntos que no tienen importancia: *tanto palique me aburre; están de palique y no atienden a quien llega.*

paliza *[n.f.]* 1 conjunto de golpes dados a una persona o un animal: *le dieron tal paliza que acabó en el hospital.* **SIN.** zurra, tunda. **AF.** vapuleo. **AMPL.** la palabra *paliza* se refería al conjunto de golpes dados con palos, pero después se extendió su significado a cualquier montón de golpes como puñetazos, patadas, azotes, etc. 2 gran esfuerzo realizado durante un tiempo seguido: *fue una paliza mover tantas cajas llenas de libros.* 3 derrota muy grande: *perder por cinco goles es una buena paliza.* ■ **darse una paliza**, dedicar mucho tiempo seguido y mucho esfuerzo a hacer algo, de manera que se acaba muy cansado. ■ **dar la paliza**, insistir mucho en algo, de manera que se llega a resultar pesado. ■ **ser** alguien **un palizas**, ser tan pesado y molesto que quien está con él termina tan cansado como si hubiera hecho un gran esfuerzo.

palma *[n.f.]* 1 parte de la mano hacia la que se doblan los dedos: *al caer se apoyó en las palmas.* 2 palmera*: *una palma datilera.* 3 hoja de la palmera*. // **palmas** *[n.f.pl.]* 4 conjunto de sonidos que se hacen chocando las palmas de las manos una contra otra: *en la música flamenca se acompaña al cantaor con palmas* (**SIN.** palmadas)*; el torero recibió vítores y palmas* (**SIN.** aplausos). ■ **llevarse la palma**, ser el mejor en algo. **FAM.** palmada, palmar, palmotear, palmeado, palmera, palmero, palmeral, palmito, palmiforme, palmípedo, palmesano, palmense.

palmada *[n.f.]* 1 golpe que se da con la palma de la mano: *lo saludó con una palmada en la espalda.* 2 golpe que se da chocando una palma de la mano contra la otra, normalmente para atraer la atención: *dio una palmada y todos nos callamos.*

palmense *[adj.inv. en gén.]* de Las Palmas de Gran Canaria, que es la capital de la isla española de Gran Canaria y de la provincia de Las Palmas: *música palmense; productos palmenses.* TAMBIÉN *n.*: *las palmenses.* **OBS.**: los habitantes de Palma de Mallorca se llaman ***palmesanos*** y los de la isla canaria de La Palma, ***palmeros***.

palmera *[n.f.]* árbol que no tiene ramas, al que las hojas le salen directamente del tronco formando un penacho en el extremo superior y las flores, que son amarillas, salen formando racimos: *el cocotero y la datilera son palmeras.* **SIN.** palma. **AMPL.** las hojas de las palmeras se llaman ***palmas***, pueden tener hasta cuatro metros de longitud y tener forma de abanico (se llaman ***palmeadas***) o forma de espina de pescado (***pinnadas***).

palmeral *[n.m.]* terreno en el que hay muchas palmeras. **SIN.** palmar.

palmero, palmera *[n.]* 1 persona que cuida de un palmeral. 2 persona que acompaña con palmas a un cantaor flamenco: *es palmera de un famoso cantaor.* // **palmero, palmera** *[adj.]* 3 de La Palma, isla española del archipiélago canario: *paisaje palmero.* TAMBIÉN *n.*: *conoció a una palmera muy simpática.* **OBS.** los habitantes de Palma de Mallorca se llaman ***palmesanos*** y los de Las Palmas de Gran Canaria, ***palmenses***.

palmesano, palmesana *[adj.]* de Palma de Mallorca, capital de la isla de Mallorca: *sobrasada palmesana.* TAMBIÉN *n.*: *los palmesanos.*

OBS. los habitantes de la isla de La Palma (en Canarias) se llaman ***palmeros*** y los de Las Palmas de Gran Canaria, ***palmenses***.

palmípedo, palmípeda *[adj.]* que tiene una membrana entre los dedos: *las aves palmípedas viven junto a lagunas y charcas.* TAMBIÉN *n.*: *muchas palmípedas están protegidas.*

palmo *[n.m.]* distancia entre el extremo del dedo pulgar y el del meñique, con la mano totalmente abierta, y que equivale a unos 21 centímetros: *le saca un palmo de altura.* ■ **con un palmo de narices**, muy sorprendido. **FAM.** palmar, palmario.

palo *[n.m.]* **1** trozo de madera más o menos redondeado y mucho más largo que grueso. **AMPL.** si es delgado y flexible también se llama ***vara***. **2** poste al que está sujeta una bandera, de manera que pueda ondear: *izaron la bandera hasta lo alto del palo.* **SIN.** mástil, asta, astil. **3** madero colocado perpendicularmente a la quilla de un barco y que sujeta una vela: *los balandros son veleros de un solo palo.* **SIN.** mástil. **4** cada uno de los cuatro tipos de cartas que hay en una baraja. **5** golpe que se da con un palo: *le dio un palo al ladrón.* **AF.** bastonazo, estacazo. **FAM.** palote, palitroque, palillo, palillero, paliza, palizón. **COMP.** empalizada, apalear.

los palos de la baraja

baraja española

baraja francesa

paloma *[n.f.]* ave con la cabeza y el pico pequeños, que mide unos 30 centímetros y es de color blanco, gris o marrón. **AMPL.** las crías de las palomas domésticas se llaman ***pichones*** y las de las palomas salvajes, ***palominos***; las ***palomas mensajeras*** tienen la particularidad de que saben volver al palomar desde grandes distancias y por eso se utilizaban para mandar mensajes; la ***paloma torcaz*** anida en el campo en los árboles altos; la imagen de una paloma blanca es el símbolo de la paz. **FAM.** palomar, palomo, palomilla, palomino, palomero.

palomar *[n.m.]* sitio preparado para criar palomas: *en los campos de Castilla hay muchos palomares de adobe.*

palomino *[n.m.]* cría de la paloma salvaje.

palomita *[n.f.]* grano de maíz tostado y abierto en forma de flor: *cuando va al cine nunca se olvida las palomitas.*

palomo *[n.m.]* macho de la paloma.

palpar *[v.]* **1** tocar algo por fuera para sentir con las manos lo que está dentro: *la frutera palpó el melón; palpó el paquete; el médico le palpó el bulto del pie.* **AF.** tocar. **2** moverse en la oscuridad tocando todo con las manos para no chocar: *llegó hasta la cama palpando, porque no se veía nada.* **SIN.** andar a tientas. // **palparse** *[v.prnl.]* **3** notarse algo: *se palpaba la tensión producida por el enfrentamiento de los reunidos.* **SIN.** percibirse, notarse. **FAM.** palpable, palpablemente, palpación, palpamiento, palpo. **COMP.** impalpable.

palpitación *[n.f.]* **1** cada uno de los golpecitos que se notan en la piel de algunas partes del cuerpo (las sienes, las muñecas, etc.) producidos por el movimiento de la sangre impulsada por el corazón. **SIN.** pulsación. **AF.** latido. **AMPL.** el conjunto de estos golpecitos se llama ***pulso***. **2** movimiento interno e involuntario de cualquier parte del cuerpo: *a veces noto palpitaciones en los párpados.*

palpitar *[v.]* **1** moverse las paredes del corazón, contrayéndose y dilatándose, para empujar la sangre y que se mueva por todo el cuerpo: *si el corazón deja de palpitar, uno se muere.* **SIN.** latir. **2** temblar una luz, especialmente si es de una llama: *la llama de la vela palpitaba con el viento.* **SIN.** titilar. **FAM.** palpitación, palpitante.

paludismo *[n.m.]* enfermedad transmitida por un tipo de mosquito que se llama *anofeles*, que produce mucha fiebre y es propia de zonas tropicales. **SIN.** malaria, fiebre palúdica. **FAM.** palúdico.

pampa *[n.f.]* terreno grande y llano de América del Sur, que no tiene árboles sino que está sólo cubierto con matorrales y hierba: *en la pampa argentina se cría mucho ganado vacuno.* **AF.** llano, sabana.

pamplonés, pamplonesa *[adj.]* de Pamplona, ciudad española que es la capital de la provincia de Navarra: *un recuerdo pamplonés; una mujer pamplonesa.* **SIN.** pamplonica. TAMBIÉN *n.: los pamploneses.*

pan *[n.m.]* alimento que se hace con harina de cereal (trigo, cebada, centeno, etc.) amasada con agua y levadura y cocido en el horno. **AMPL.** la parte de fuera de una pieza de pan se llama ***corteza*** y es más dura y oscura que la parte de dentro, que se llama ***miga*** y es blanca y esponjosa. ■ **pan ázimo**, el que se hace sin poner levadura y es más pastoso que el normal. ■ **pan integral**, el que se hace sin quitarle la cascarilla a los granos del cereal con el que se hace la harina (esta harina se llama ***harina integral***). ■ **ser** uno **un pedazo de pan**, ser muy buena persona. **FAM.** panadería, panadero, panera, panificar, panificadora, panificación, panal. **COMP.** empanar, empanada, apanarrar.

pana *[n.f.]* tela hecha de tal manera que por el lado del derecho salen muchísimos hilos cortados con la misma longitud y muy juntos, a veces con hendiduras paralelas que forman una especie de surcos: *los hombres del campo solían usar pantalón y chaqueta de pana.*

panadería *[n.f.]* tienda donde se vende (y a veces se hace) pan.

panadero, panadera *[n.]* persona que trabaja en una panadería vendiendo o haciendo pan.

panal *[n.m.]* conjunto de celdillas de cera que fabrican las abejas y donde ponen la miel que también fabrican ellas.

panameño, panameña *[adj.]* de Panamá, país centroamericano y su capital: *costumbres panameñas.* TAMBIÉN *n.: los panameños hablan español.*

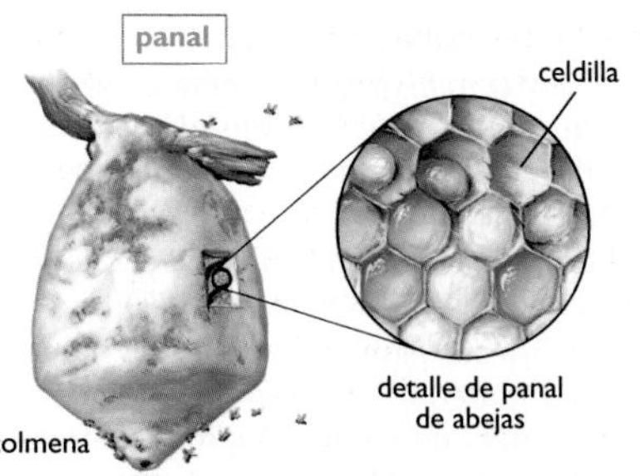

pancarta *[n.f.]* tela o cartón con un mensaje escrito en letras grandes, que se utiliza en las manifestaciones para que la gente se entere de lo que los manifestantes están pidiendo o por qué están protestando. **AF.** cartel.

páncreas *[n.m.inv. en núm.]* glándula* del cuerpo que está junto al intestino delgado y produce los jugos que se necesitan para hacer la digestión de la comida. **AMPL.** también produce ***insulina***, que es una sustancia necesaria para regular la cantidad de glucosa (azúcar) que lleva la sangre. **FAM.** pancreático.

panda *[n.m.]* 1 animal mamífero parecido al oso pero más pequeño, que es blanco con manchas negras y vive en el Himalaya y en el Tíbet: *el panda come mucho bambú.* TAMBIÉN *adj.: oso panda.* 2 pandilla*.

pandereta *[n.f.]* instrumento musical de percusión formado por un aro de madera cubierto por un lado con una piel lisa, muy delgada y muy tensa y que tiene unos agujeros alargados en los que van una especie de platillos de metal: *un tuno tocaba la pandereta.* **SIN.** pandero. **AMPL.** los platillos de metal se llaman ***sonajas*** y van de dos en dos en cada agujero del aro. **FAM.** pandero, panderetero, panderazo, panderetear.

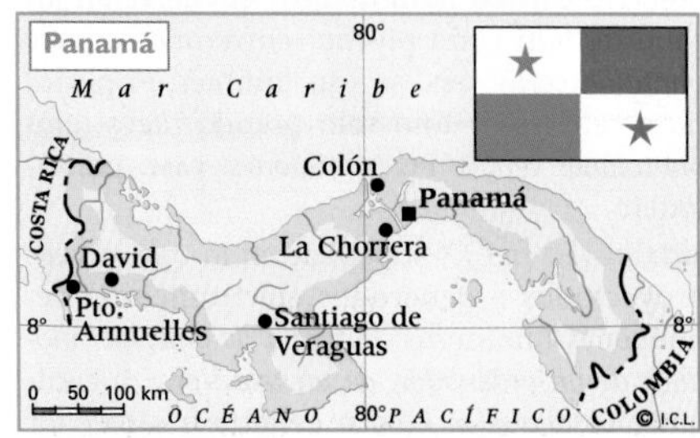

a b c d e f g h i j k l m n ñ o p q r s t u v w x y z

pandero *[n.m.]* pandereta*.

pandilla *[n.f.]* grupo de amigos que siempre andan juntos: *son de la misma pandilla.* **SIN.** panda, cuadrilla, peña. **FAM.** panda, pandillero. **COMP.** apandillar.

panegírico *[n.m.]* discurso en el que se elogia a una persona. **SIN.** apología, elogio.

panel *[n.m.]* plancha delgada de madera o de otro material: *la trasera del armario es un panel.* **AMPL.** un ***contrachapado*** es un panel que se hace pegando, unas encima de otras, varias chapas muy delgadas de madera, de manera que las vetas de cada una queden en distinto sentido. ■ **panel de mando**, tablero donde están los indicadores y los interruptores que sirven para manejar un aparato o una máquina.

panera *[n.f.]* 1 habitación apropiada para guardar cereales (trigo, avena, cebada, etc.), harina o pan. **SIN.** troje. **AMPL.** la construcción de mucha altura hecha para guardar gran cantidad de cereales se llama ***silo***. 2 cestillo (o recipiente pequeño de cualquier material) que se usa para poner el pan en la mesa.

pánico *[n.m.]* miedo muy grande: *al ver al asesino se quedó paralizado por el pánico.* **SIN.** terror, pavor, espanto.

panificadora *[n.f.]* fábrica en la que se hace pan. **AF.** panadería.

panorama *[n.m.]* 1 parte de una ciudad o de un territorio que se ve desde un sitio determinado a cierta distancia: *desde aquí podemos observar el panorama de la sierra.* **SIN.** panorámica, vista. **AF.** paisaje. 2 conjunto de circunstancias de un momento determinado: *menudo panorama, coger la gripe cuando tengo tantísimo que hacer.* **SIN.** situación. **FAM.** panorámico.

pantalón *[n.m.]* prenda de vestir que cubre desde la cintura para abajo y envuelve en un tubo de tela cada pierna: *en verano se pone pantalón corto.* **OBS.** se usa también el plural para referirse a una sola prenda: *lleva unos pantalones verdes.* **PL.** *pantalones.* **FAM.** pantalonero.

pantalla *[n.f.]* 1 superficie en la que se ven, proyectadas o generadas electrónicamente, imágenes luminosas: *pantalla de cine, del monitor de un ordenador, de un televisor...* 2 cualquier cosa que se coloca delante o alrededor de un foco luminoso para atenuar la luz, aumentarla o dirigirla hacia algún punto concreto: *la pantalla de una lámpara.*

pantano *[n.m.]* 1 parte hundida de un terreno, donde se detiene o se estanca el agua. **SIN.** pantanal, lodazal, ciénaga. **AMPL.** los pantanos suelen tener el fondo de ***limo*** (barro pegajoso) y en ellos abundan los insectos. 2 parte de un río donde se acumula mucha agua, porque se ha construido una presa que impide que todo el caudal del agua del río siga su curso. **SIN.** embalse. **FAM.** pantanoso, pantanal. **COMP.** empantanar.

pantanoso, pantanosa *[adj.]* que tiene el suelo de barro y frecuentemente está inundado de aguas que se quedan detenidas: *un terreno pantanoso.*

panteón *[n.m.]* sepultura donde se entierra a varias personas, normalmente de la misma familia. **PL.** *panteones.*

pantera *[n.f.]* leopardo*.

pantógrafo *[n.m.]* instrumento formado por cuatro varillas unidas entre sí de manera que pueden moverse y graduarse según las necesidades y que sirve para copiar un dibujo o un plano con el mismo tamaño o con tamaño mayor o menor.

pantorrilla *[n.f.]* parte de atrás y más abultada de la pierna que está debajo de la corva. **AMPL.** los músculos que forman la pantorrilla se llaman ***gemelos***. **FAM.** pantorrilludo.

pantufla *[n.f.]* zapatilla sin talón que suele usarse para estar en casa. **SIN.** pantuflo. **FAM.** pantuflo.

panza *[n.f.]* 1 barriga que abulta mucho: *tiene tanta panza que no alcanza a abrocharse los zapatos.* 2 parte saliente y convexa (curvada hacia fuera) de algo: *los cántaros son recipientes con panza.* **SIN.COM.** barriga. **FAM.** panzada, panzón, panzudo. **COMP.** despanzurrar, despanzurramiento.

panzada *[n.f.]* golpe que se da uno al caer sobre la barriga: *se dio una panzada al tirarse a la piscina.* **SIN.** barrigazo. ■ **darse una panzada**, comer mucho de algo (*darse una panzada de fruta*), o hacer algo durante mucho rato y con mucha intensidad (*darse una panzada a estudiar*).

panzudo, panzuda *[adj.]* que tiene la barriga muy gorda: *es tan panzudo que le cuesta moverse.* **SIN.** barrigudo.

pañal *[n.m.]* tela o celulosa absorbente con la que se envuelve a los bebés de la cintura a la entrepierna. ■ **estar** algo **en pañales**, estar poco adelantado porque se sabe poco de ello. ■ **estar** alguien **en pañales**, saber muy poco de una profesión, un trabajo, etc.

paño *[n.m.]* 1 tela gruesa, especialmente de lino o de lana: *un abrigo de paño.* 2 trozo de tela con un uso determinado: *limpia la mesa con un paño; un paño de cocina; puso en la bandeja un paño bordado.* ■ **en paños menores**, sólo con la ropa interior. **FAM.** pañal, pañero, pañería, pañuelo, pañoleta, pañolón, pañolería. **COMP.** empañar.

pañuelo *[n.m.]* 1 trozo cuadrado de tela fina o de papel que se lleva en el bolso o en el bolsillo y que se utiliza para lo que haga falta (limpiar las gafas, sonarse los mocos, etc.). TAMBIÉN se llama *pañuelo de bolsillo.* **SIN.** moquero. 2 trozo cuadrado de tela, más grande que el de bolsillo, que se pone alrededor del cuello o sobre la cabeza atado bajo la barbilla.

papa *[n.f.]* 1 papilla*: *le dio al bebé una papa de frutas.* 2 patata: *las papas cocidas con mojo picón son típicas de Canarias.* // **papa** *[n.m.]* 3 papá*. 4 hombre que tiene la máxima autoridad en la Iglesia Católica y es obispo de Roma: *a lo largo de la historia ha habido muchos papas.* **SIN.** pontífice, sumo pontífice. **OBS.** cuando se habla de un papa, sin decir el nombre, se suele escribir con mayúscula: *el Papa dijo misa en la plaza de San Pedro.* **FAM.** papilla, paparrucha, paparruchada, papar, papo // papaíto // papal, papado, papista, papisa. **COMP.** antipapa.

papá *[n.m.]* palabra que se usa como diminutivo de *padre*: *se lo diré a mi papá.* **SIN.** padre, papa, papi.

papagayo *[n.m.]* ave de unos 30 centímetros de largo, con el pico curvado, la lengua carnosa, la cola larga y las plumas de colores muy vivos. ■ **hablar como un papagayo**, hablar mucho y sin inteligencia. **FAM.** papagaya.

papal *[adj.inv. en gén.]* de los papas o de un papa (jefe supremo de la Iglesia Católica): *sotana papal; misa papal.*

papaya *[n.f.]* fruta de carne anaranjada y dulce con pepitas negras redondas, parecida por fuera al melón, que es el fruto de un árbol que se llama ***papayo***.

papel *[n.m.]* 1 material delgado que se puede rasgar y arrugar con las manos y que sirve para escribir sobre él, envolver, limpiar, etc.: *en la tienda nos dieron una bolsa de papel.* **AMPL.** el papel se fabrica con una pasta que se llama ***celulosa*** y que normalmente se hace con la madera de algunos árboles, aunque también se puede hacer con paja o trapos. 2 hoja o trozo de este material: *sacó un papel del bolsillo.* 3 hoja de este material con los datos que se necesitan para algo: *no pudo matricularse porque le faltaba un papel.* **SIN.** documento. 4 parte de una obra de teatro o de una película que representa cada actor: *la actriz sabía su papel de memoria.* 5 lo que tiene que hacer cada uno en la vida, en el trabajo, etc.: *el papel de los profesores es muy importante para los niños.* **SIN.** función, tarea, cometido. ■ **ser** algo **papel mojado**, no servir para nada. **FAM.** papelería, papeleo, papeleta, papelera, papelero, papelorio, papiro. **COMP.** empapelar, empapelado, traspapelarse.

papeleo *[n. m.]* conjunto de documentos o impresos que hay que rellenar, enviar, etc. para resolver algún asunto: *para conseguir la beca tuvo que hacer mucho papeleo.*

papelera *[n.f.]* 1 recipiente para echar los papeles que ya no sirven: *junto a la mesa de trabajo tiene una papelera.* **SIN.** cesto de los papeles. 2 fábrica de papel.

papelería *[n.f.]* tienda donde se vende papel y otros objetos o materiales que se usan para escribir, dibujar, etc.: *en las papelerías venden compases.*

papeleta *[n.f.]* 1 hoja pequeña de papel: *depositó en la urna la papeleta con su voto; venden papeletas para una rifa.* 2 lo que hay que hacer pero resulta difícil de resolver: *es una papeleta tener que hacerlo en tan poco tiempo.* **SIN.** problema.

paperas *[n.f.pl.]* enfermedad contagiosa que hace que se inflamen unas glándulas que están en el cuello, debajo de los oídos, y que produce dolor y fiebre: *no fue a clase porque tenía paperas.*

papilla *[n.f.]* comida espesa y suave que se da a los bebés o a las personas enfermas que no pueden masticar: *papilla de cereales; papilla de fruta.* **SIN.** papa. **AF.** puré, crema. ■ **echar la papilla**, vomitar, devolver. ■ **hacer papilla**, hacer mucho daño físico o moral.

papiro *[n.m.]* 1 planta que crece junto al agua, tiene el tallo de hasta tres metros de altura y las hojas le salen arriba del todo, formando un penacho con aspecto de paraguas. 2 lámina que se saca de los tallos de esta planta, en la que se escribía antes de inventarse el papel: *en el museo hay papiros con jeroglíficos egipcios.*

paquete *[n.m.]* 1 cosa (o conjunto de cosas) envuelta en papel, tela, cartón, etc.: *envió por correo un paquete de libros; compró un paquete de cigarrillos.* 2 conjunto de objetos de la misma clase atados juntos o envueltos. **AMPL.** un ***fardo*** es un paquete de ropa, papeles, etc. envueltos y atados; una ***paca***, un paquete hecho con lana, algodón o paja; una ***bala***, un paquete grande de ropa, paja, algodón o papel, bien apretado y atado; llamamos ***bulto***, en general, a cualquier paquete, caja o maleta que se transporta. **FAM.** paquetería, paquetero. **COMP.** empaquetar.

par *[adj.]* 1 hablando de números, que al dividirlo por 2 el resto es 0: *el 438 es un número par.* **ANT.** impar, non. // **par** *[n.m.]* 2 conjunto de dos cosas, personas o animales: *vino a la fiesta con un par de amigos; compró tres pares de calcetines.* **SIN.** pareja. ■ **a la par**, al mismo tiempo, a la vez. ■ **abierto de par en par**, abierto del todo. ■ **sin par**, que no se puede comparar con nada porque es lo máximo de lo que se dice. **FAM.** parear, paridad. **COMP.** aparear, impar, ***dispar*** (distinto), disparidad.

para *[prep.]* indica dirección (*iba para casa*), el motivo por el que se hace algo (*estamos aquí para aprender*), el uso que se le puede dar a algo (*un jarabe para la tos*), lo que puede o no puede hacer una persona (*no está preparado para el trabajo*), el tiempo que va a durar algo (*tenemos tarea para un mes*), relación de comparación (*es muy bueno para lo que cuesta*), que algo está a punto de ocurrir (*está para llover*) y la persona, animal o cosa a quien se destina o se dirige algo (*lo estoy haciendo para ti; habla para todos*).

parábola *[n.f.]* 1 historia inventada que se cuenta para que alguien se dé cuenta de lo que se debe hacer, de lo que está bien o mal, etc.: *Jesucristo enseñaba a los apóstoles contándoles parábolas.* 2 curva abierta como la que hace en el aire algo que se tira de manera que caiga a cierta distancia: *la bala del cañón describe una parábola en el aire.* **FAM.** parabolizar, parabólico, parabólicamente.

parabrisas *[n.m.inv. en núm.]* cristal o plástico transparente que tienen los automóviles en la parte delantera: *una piedra le rompió el parabrisas; venden pocos parabrisas.* **FAM.COMP.** limpiaparabrisas.

paracaídas *[n.m.inv. en núm.]* tela o plástico con forma parecida a la de un paraguas pero con cuerdas en lugar de varillas, que se sujeta al cuerpo y sirve para tirarse desde lo alto y caer poco a poco: *se lanzó en paracaídas desde un avión; fabrican muchos paracaídas.* **AMPL.** el paracaídas que tiene forma rectangular y se utiliza para hacer prácticas deportivas se llama ***parapente***. **FAM.** paracaidista, paracaidismo.

paracaidista *[n.inv. en gén.]* persona que se lanza con un paracaídas como deporte o por profesión: *un paracaidista del Ejército del Aire.*

parachoques *[n.m.inv. en núm.]* cada una de las partes de un vehículo que sobresalen en la parte de abajo, por delante y por detrás, y que sirve como protección en caso de golpe: *rompió el parachoques delantero al chocar contra un árbol.*

parada *[n.f.]* 1 hecho de que una persona, animal o cosa deje de moverse: *el autobús hizo una parada de diez minutos.* 2 sitio donde paran algunos medios de transporte público para que los pasajeros puedan subir o bajar: *una parada de taxis, de autobús...* 3 lo que se hace en algunos juegos para que el balón se detenga: *el portero hizo una magnífica parada.*

paradero *[n.m.]* sitio donde está una persona o una cosa: *si quieres algo de mí ya sabes mi paradero.* **OBS.** esta palabra se utiliza, sobre todo, cuando no se sabe cuál es ese sitio: *¿alguien conoce el paradero de mis llaves?*

paradigma *[n.m.]* 1 cualquier persona, animal o cosa que sirve como modelo o ejemplo de algo: *el perro es el paradigma de la fidelidad.* 2 conjunto de formas que sirven como esquema o modelo de una conjugación, de una declinación o de cualquier otro sistema de formas lingüísticas: *"amo, amas, amare, amavi, amatum" es el paradigma de la conjugación de un verbo latino.*

parado, parada *[adj.]* 1 que no se mueve: *el coche estaba parado.* **SIN.** inmóvil, quieto. 2 que no tiene trabajo: *lleva un año parado.* **SIN.** desempleado, sin empleo. TAMBIÉN *n.*: *ha aumentado mucho el número de parados.* 3 que es poco activo, tarda en reaccionar y no se le ocurre nada cuando hay que hacer o resolver algo. **SIN.** apocado. **AF.** alelado, lelo, pasmado. **ANT.** vivo, espabilado.

paradoja *[n.f.]* 1 lo que hay en la vida cuando pasan o existen a la vez dos cosas contradictorias: *es una paradoja "que ya no me quieras nada y al verme ya se te ponga la carita iluminada"; "quien bien te quiere te hará llorar" parece una paradoja.* **AF.** contrasentido, contradicción. 2 figura literaria que consiste en juntar frases en apariencia contradictorias: *quien dijo "gracias a Dios soy ateo" hizo una paradoja porque, si los ateos no creen en Dios, no tiene sentido que un ateo diga "gracias a Dios".* **FAM.** paradójico.

parador *[n.m.]* hotel que pertenece al Estado español y depende del Ministerio de Turismo: *en Galicia hay muy buenos paradores.* **AF.** hotel.

paraguas *[n.m.inv. en núm.]* artilugio portátil formado por un bastón y una tela sujeta a unas varillas que se abren y se cierran y que sirve para protegerse de la lluvia: *un paraguas con empuñadura de madera; han vendido muchos paraguas.* **FAM.** paragüero, paraguazo, paragüería.

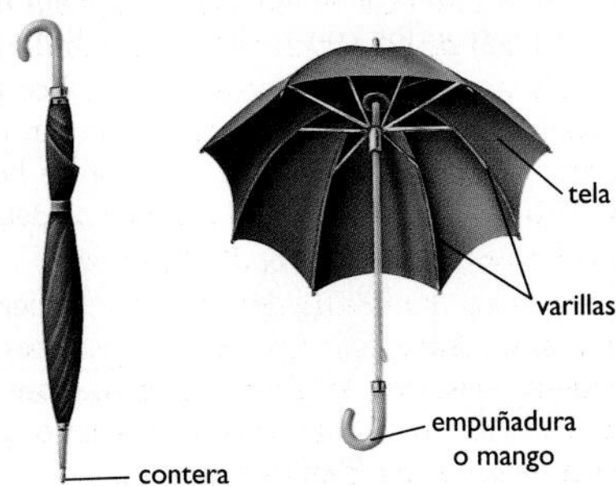

paraguaya *[n.f.]* fruta de carne blanca, jugosa y sabrosa, piel verde o rojiza cubierta de pelusilla, un hueso central y forma de esfera aplastada. **AMPL.** es un fruto del tipo que se llama ***drupa****.

paraguayo, paraguaya *[adj.]* de Paraguay, país suramericano cuya capital es Asunción: *costumbres paraguayas.* TAMBIÉN *n.*: *los paraguayos hablan español.*

paragüero *[n.m.]* 1 recipiente o parte de un mueble pensado para poner paraguas. // **paragüero, paragüera** *[n.]* 2 persona que trabaja fabricando, vendiendo o arreglando paraguas.

paraíso *[n.m.]* 1 para los creyentes, lugar al que van las personas buenas después de la muerte. **SIN.** cielo, gloria. **ANT.** infierno. 2 lugar muy bonito, agradable y tranquilo, donde se está muy a gusto: *este sitio es un paraíso.* 3 según el Antiguo Testamento, lugar en el que Dios creó a Adán y Eva y donde vivieron felices hasta que pecaron y fueron expulsados. TAMBIÉN se llama *paraíso terrenal.* **SIN.** edén. **FAM.** paradisiaco, paradisíaco.

paraje *[n. m.]* sitio al aire libre: *les gusta explorar parajes desconocidos.* **SIN.** lugar, sitio, zona.

paralelas *[n.f.pl.]* aparato que se usa para hacer gimnasia y está formado por dos barras paralelas horizontales fijadas al suelo por otras verticales y en las que se puede variar la altura de cada una pero nunca la distancia entre ellas.

paralelo, paralela *[adj.]* 1 que siempre está a la misma distancia en todos sus puntos y por mucho que se prolongara nunca estaría más cerca ni más separado: *dos planos paralelos; las vías del tren son dos raíles paralelos.* **ANT.** convergente o divergente. // **paralelo** *[n.m.]* 2 línea paralela al ecuador que rodea la Tierra y va cruzándose con los distintos *meridianos.* **AMPL.** los paralelos son líneas imaginarias que, junto con los ***meridianos***, sirven para localizar puntos en la superficie de la tierra: *Castellón de la Plana está en el paralelo 40° latitud norte.* 3 paralelismo*. **FAM.** paralelismo, paralepípedo, paralelogramo, paralelamente.

paralelo

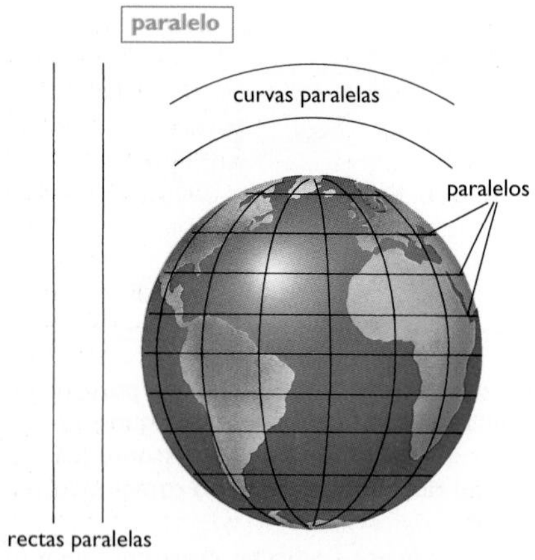

paralelismo *[n.m.]* relación que hay entre dos o más cosas distintas por algo que tienen en común: *hay cierto paralelismo entre el trabajo de una fábrica y el de una colmena.* **SIN.** parecido, relación.

paralelogramo *[n.m.]* figura geométrica de cuatro lados que son paralelos dos a dos: *el rectángulo es un paralelogramo.*

parálisis *[n.f.inv. en núm.]* problema físico que hace que quien lo tiene no pueda moverse o no pueda mover una parte del cuerpo porque los miembros no responden a las órdenes del cerebro: *el accidente le produjo parálisis en las dos piernas.* **AMPL.** las parálisis pueden ser ***parciales*** (se pueden hacer algunos movimientos con la parte afectada, pero no todos) o ***totales*** (no se puede hacer ningún movimiento).

paralítico, paralítica *[adj.]* que no puede mover el cuerpo o alguna parte del cuerpo: *un chico paralítico.* TAMBIÉN *n.*: *muchos paralíticos se desplazan en silla de ruedas.* **SIN.** inválido, impedido.

paralizar *[v.]* 1 hacer que algo o alguien no pueda moverse: *la enfermedad le paralizó la mitad de la cara.* **SIN.** inmovilizar. 2 hacer que algo no siga funcionando con normalidad: *la huelga paralizó el país.* **AF.** detener, parar. **OBS.** ante e, c: *paralicen.* **FAM.** paralizador, paralizante, paralización, parálisis, paralítico.

páramo *[n.m.]* extensión de terreno un poco elevada, muy seca y con poca vegetación. **AMPL.** ***paramera*** es la región donde abundan los páramos.

parar *[v.]* 1 dejar de moverse, o hacer que algo o alguien deje de moverse: *¡para el coche!* **SIN.** detener, frenar. 2 dejar de hacer lo que se estaba haciendo: *quien para de hablar se queda callado.* **SIN.** dejar, cesar. **ANT.** continuar, seguir. 3 quedarse en algún sitio como huésped*: *parará en casa de unos parientes.* **SIN.** alojarse, hospedarse. 4 pasar mucho tiempo en un sitio por costumbre: *suele parar en el bar Central.* ■ **ir a parar**, llegar hasta un determinado sitio o a determinada situación. **FAM.** parada, paradero, paraje, parado, parador, paro. **COMP.** imparable, amparar, comparar, disparar, reparar, pararrayos.

pararrayos *[n.m.inv. en núm.]* barra metálica que se coloca en lo alto de algunos edificios para protegerlos contra los rayos: *Benjamín*

paralelogramos

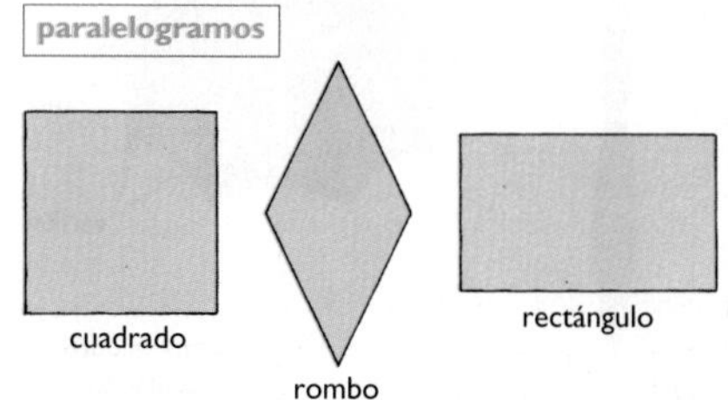

Franklin inventó el pararrayos en 1752; venden muchos pararrayos.

parásito, parásita *[adj.]* 1 que vive y se alimenta gracias a otro animal o vegetal: *la pulga es un insecto parásito.* TAMBIÉN *n.m.: este perro tiene parásitos.* **AMPL.** el animal o vegetal que tiene parásitos es el ***huésped***. // **parásito** *[n.m.]* 2 persona que vive a costa del trabajo de otra: *es un parásito y no se molesta en buscar empleo.* **AF.** gorrón, aprovechado. **FAM.** parasitario, parasitismo, parasitar. **COMP.** antiparasitario, antiparásitos

parcela *[n.f.]* parte de un terreno: *cada hermano se quedó con una parcela de la finca; compró una parcela de la urbanización.* **SIN.** terreno. **FAM.** parcelar, parcelación, parte.

parcial *[adj.inv. en gén.]* 1 que se refiere solamente a una parte de algo: *un plano parcial de la ciudad; un examen parcial.* **SIN.** fraccionario. **ANT.** global, completo. 2 que no analiza las cosas o las situaciones por cómo son en realidad, sino guiado por sus gustos o preferencias: *un árbitro parcial; los jueces no deben ser parciales.* **SIN.** arbitrario, subjetivo. **ANT.** imparcial, objetivo. **FAM.** parcialidad, parcialmente, parte. **COMP.** imparcial.

parche *[n.m.]* 1 trozo de tela, papel, goma o cualquier otro material que se coloca sobre algo que está roto o gastado: *tiene los pantalones llenos de parches.* **SIN.** remiendo. 2 arreglo que se hace de cualquier manera y que queda mal o no soluciona nada de forma definitiva: *nada de parches, este motor necesita un arreglo a fondo.* **SIN.** chapuza. 3 trozo de tela, papel o plástico con medicamento, que se coloca sobre una parte del cuerpo para que el medicamento vaya pasando a través de la piel: *el médico le puso un parche en el golpe.* **SIN.** emplasto, cataplasma. **FAM.** parchear, parcheado.

parchís *[n.m.]* juego de mesa en el que los jugadores tienen que recorrer todo el tablero con cada una de sus cuatro fichas, haciéndolas avanzar según el número que salga al tirar los dados. **PL.** *parchises.*

pardo, parda *[adj.]* 1 que es del color de la tierra mojada: *un perro de piel parda.* 2 que ha perdido parte de su color original y ha quedado feo: *con tantas lavadas, la camiseta azul se ha puesto parda.* **SIN.** pardusco, parduzco. **FAM.** pardillo, parduzco, pardear, pardusco.

parecer *[n.m.]* 1 manera de ver las cosas: *tienen distintos pareceres respecto a este asunto.* **SIN.** punto de vista, opinión, criterio. // **parecer** *[v.]* 2 tener aspecto de lo que se dice: *parece simpático.* 3 darle a uno la impresión de que algo es o será como se dice: *le pareció que podría hacerlo; me parece que no vendrá.* **AF.** creer, opinar, considerar. // **parecerse** *[v.prnl.]* 4 tener algo (o mucho) casi igual: *se parece al tuyo; los dos hermanos se parecen.* **SIN.** asemejarse, ser parecido. **CONJUG.** como *crecer**. **FAM.** parecido. **COMP.** aparecer, comparecer.

parecido, parecida *[adj.]* 1 que tiene algo (o mucho) casi igual: *tu casa es parecida a la mía; tienen gustos parecidos.* **SIN.** similar*. // **parecido** *[n.m.]* 2 lo que hay entre las personas o las cosas que se parecen, por el hecho de parecerse: *tiene mucho parecido con su madre.* **SIN.** semejanza, similitud. **ANT.** diferencia. ■ **bien parecido**, guapo, de buena presencia.

pared *[n.f.]* 1 construcción vertical hecha con ladrillos, piedra o con otro material de albañilería, que se hace para cerrar un espacio, separar uno de otro o sujetar tejados o cubiertas. **AMPL.** las paredes que separan espacios dentro de una construcción, pero no soportan peso también se llaman ***tabiques***; las que separan espacios exteriores, ***tapias*** o ***muros***. 2 ladera muy empinada, casi vertical, de una montaña. ■ **pared maestra**, pared que, a diferencia de los tabiques, soporta el tejado o los pisos que tiene encima. ■ **pared medianera**, la que pertenece a las dos propiedades que separa. **SIN.** mediana. ■ **estar entre cuatro paredes**, estar mucho tiempo en un sitio, sin salir de él. ■ **subirse por las paredes**, estar muy enfadado. **FAM.** paredón. **COMP.** emparedar, emparedado, emparedamiento.

pareja *[n.f.]* 1 conjunto de dos seres vivos de la misma especie pero de distinto sexo (*una pareja de jabalíes; una pareja de hombre y mujer*), o cada uno de ellos respecto al otro (*esta golondrina es la pareja de aquella.* **SIN.** compañero). 2 conjunto de dos cosas iguales o de dos personas o animales que hacen algo juntos (*pareja de ases, de guantes, de juego, de baile, de bueyes...* **SIN.** par), o cada uno de ellos respecto al otro (*no encuentro la pareja de este*

PARENTESCOS			
	de mi...	*es mi...*	PUNTOS
el hermano	abuelo /abuela	tío abuelo	7
el hermano	madre	tío materno	6
el hermano	marido	cuñado	8
el hermano	mujer	cuñado	8
el hermano	padre	tío paterno	6
el hijo	biznieto /biznieta	tataranieto	7
el hijo	hermano /hermana	sobrino	7
el hijo	hijo /hija	nieto	6
el hijo	madre, pero no de mi padre	hermanastro	6
el hijo	madre y mi padre	hermano	5
el hijo	nieto /nieta	biznieto	6
el hijo	padre, pero no de mi madre	hermanastro	6
el hijo	tío /tía	primo	5
la hermana	abuelo /abuela	tía abuela	7
la hermana	madre	tía materna	6
la hermana	marido	cuñada	8
la hermana	mujer	cuñada	8
la hermana	padre	tía paterna	6
la hija	biznieto /biznieta	tataranieta	7
la hija	hermano /hermana	sobrina	7
la hija	hijo /hija	nieta	6
la hija	madre, pero no de mi padre	hermanastra	6
la hija	madre y mi padre	hermana	5
la hija	nieto /nieta	biznieta	6
la hija	padre, pero no de mi madre	hermanastra	6
la hija	tío /tía	prima	5
el marido	hermana	cuñado	8
el marido	hija	yerno	10
el marido	madre, pero no padre mío	padrastro	6
el marido	madre y padre mío	padre	5
el padre	abuelo / abuela	bisabuelo	6
el padre	bisabuela / bisabuelo	tatarabuelo	7
el padre	hermano / hermana y yo	padre	5
el padre	hermano / hermana, pero no mío	padrastro	6
el padre	madre	abuelo materno	5
el padre	marido	suegro	9
el padre	mujer	suegro	9
el padre	padre	abuelo paterno	5
el padre	primo / prima	tío	6
la madre	abuela / abuelo	bisabuela	6
la madre	bisabuelo / bisabuela	tatarabuela	7
la madre	hermano / hermana y yo	madre	5
la madre	hermano / hermana, pero no mía	madrastra	6
la madre	madre	abuela materna	5
la madre	marido	suegra	9

CONTINÚA →

calcetín; es mi pareja cuando jugamos al mus. **SIN.** compañero). ■ **pareja de novios**, la formada por dos personas que piensan casarse. ■ **jugar de parejas o por parejas**, jugar de dos en dos. ■ **vivir en pareja**, vivir juntos como viven los matrimonios. **FAM.** parejo. **COMP.** emparejar.

parentesco *[n.m.]* lo que hay entre varias personas por pertenecer a la misma familia: *entre padres, hijos, nietos y primos hay parentesco.* **SIN.** consanguinidad.

paréntesis *[n.m.inv. en núm.]* signo ortográfico que se usa para hacer una aclaración sobre lo que se acaba de escribir, sin cortar del todo la frase que se estaba escribiendo: *puso entre paréntesis el nombre de la provincia; es un escrito con demasiados paréntesis.* **AMPL.** el paréntesis también se usa en matemáticas para indicar que una operación afecta a varias cantidades; por ejemplo, en la expresión *(5a + 4b -1) x 12*, el paréntesis indica que hay que multiplicar 12 por 5a, por 4b y por -1.

pariente *[n.inv. en gén.]* persona que pertenece a la misma familia que otra: *su único pariente es un sobrino que vive en Buenos Aires.* **SIN.** familiar, allegado. **FAM.** parentesco, parentela. **COMP.** emparentar.

parietal *[n.m.]* cada uno de los dos huesos de forma más o menos rectangular que forman los lados y la parte de arriba del cráneo. TAMBIÉN *adj.inv. en gén.: hueso parietal; zona parietal.*

parir *[v.]* hacer una madre lo necesario para que nazca el hijo que lleva dentro: *la gata parió tres preciosos gatitos.* **SIN.** alumbrar. **AMPL.** cuando se habla de mujeres también se dice ***dar a luz***. **FAM.** ***paritorio*** (sala preparada para los partos), parida, paridera.

parisino, parisina *[adj.]* de París, que es la capital de Francia: *La Sorbona es una universidad parisina; niñas parisinas.* TAMBIÉN *n.: los parisinos.* **SIN.** parisién, parisiense.

paritorio *[n.m.]* sala de un hospital o de una clínica preparada para los partos. **FAM.** parir.

parking *[n.m.]* aparcamiento público: *en los parkings se paga por horas.* **AMPL.** es una palabra inglesa; la letra P es el símbolo internacional que indica donde hay un aparcamiento. **PL.** *parkings.*

parlamentar *[v.]* hablar para intentar llegar a un acuerdo sobre algún asunto: *los presidentes de los dos países están parlamentando*

PARENTESCOS CONTINUACIÓN

	de mi...	es mi...	PUNTOS
la madre	mujer	suegra	9
la madre	padre	abuela paterna	5
la madre	primo / prima	tía	6
la mujer	hermano	cuñada	8
la mujer	hijo	nuera	10
la mujer	padre y madre mía	madre	5
la mujer	padre, pero no madre mía	madrastra	6
el padre de .... el marido de mi hija.... es mi .... consuegro			12
el padre de .... la mujer de mi hijo ..... es mi .... consuegro			12
la madre de .... el marido de mi hija ... es mi .... consuegra			12
la madre de .... la mujer de mi hijo ..... es mi .... consuegra			12
mi marido .... es mi .... cónyuge			9
mi mujer .... es mi .... cónyuge			9
mi esposo .... es mi .... cónyuge			9
mi esposa .... es mi .... cónyuge			9

para conseguir la paz. **SIN.** dialogar, negociar, conversar.

parlamentario, parlamentaria *[adj.]* 1 del parlamento, en el parlamento o con parlamento: *reuniones parlamentarias; el sistema político español es una monarquía parlamentaria.* // **parlamentario, parlamentaria** *[n.]* 2 persona que forma parte de un parlamento: *los parlamentarios son elegidos por los ciudadanos.*

parlamento *[n.m.]* conjunto de personas, elegidas por los ciudadanos, que hace y aprueba las leyes de un país o un territorio: *la nueva ley será aprobada por el parlamento.* **AMPL.** el parlamento español está formado por dos grupos de personas: los *diputados*, que forman las ***Cortes*** o ***Congreso de Diputados***, y los *senadores*, que forman parte del ***Senado***. **FAM.** parlamentar, parlamentario, parlamentarista, parlamentarismo, parlamentariamente.

parlanchín, parlanchina *[adj.]* que habla mucho: *una niña parlanchina.* **SIN.** hablador, charlatán. **ANT.** callado. TAMBIÉN *n.*: *no me gustan los parlanchines en clase.* **FAM.** ***parlar*** (hablar), parlante, parlotear, parlador, parladuría.

parlar *[v.]* hablar. **ANT.** callar.

paro *[n.m.]* 1 situación en la que está quien no tiene trabajo: *está en paro desde hace seis meses.* 2 conjunto de las personas que no tienen trabajo: *los gobiernos deben tomar medidas para que no haya paro.* **SIN.** desempleo. 3 lo que hay cuando una actividad se interrumpe durante algún tiempo o para siempre: *el paro de las máquinas duró varias horas.* **SIN.** detención, parada. **ANT.** activación.

parodia *[n.f.]* imitación graciosa y exagerada de una persona, de una cosa o de una situación: *los humoristas hicieron una parodia de los políticos.* **AF.** caricatura. **FAM.** parodiar, paródico, parodista.

parónimo *[n.m.]* palabra que es tan parecida a otra que puede confundirse con ella: *absorber y absolver son parónimos.* **FAM.** paronimia, paronímico, paronímicamente.

parpadear *[v.]* 1 cerrar y abrir rápidamente los ojos una o varias veces: *el flas de la cámara me hizo parpadear.* **SIN.** pestañear. 2 encenderse y apagarse una luz varias veces en muy poco tiempo: *la bombilla parpadea.* **SIN.** oscilar, titilar, palpitar. **OBS.** e + e = ee: *parpadeen.*

parpadeo *[n.m.]* hecho de que alguien o algo parpadee: *su parpadeo se debe a un tic nervioso* (**SIN.** pestañeo); *el parpadeo de la bombilla me produjo dolor de cabeza* (**SIN.** titileo, oscilación).

párpado *[n.m.]* piel que cubre y protege los ojos y se mueve al abrirlos y cerrarlos: *tiene tanto sueño que se le cierran los párpados.* **FAM.** parpadear, parpadeo, parpadeante.

parque *[n.m.]* 1 lugar al aire libre, normalmente con césped y árboles, a donde la gente va a pasear, a descansar o a divertirse. **SIN.** jardín. 2 especie de mueble formado por una plataforma rodeada por una barandilla o una red, donde se pone a los niños pequeños para que estén sin peligro: *el parque del bebé está lleno de juguetes.* 3 edificio donde se guardan los vehículos y el material necesario para algún servicio público: *el parque de bomberos ha cambiado de sitio.* ■ **parque infantil**, lugar al aire libre con aparatos para que jueguen los niños. ■ **parque móvil**, conjunto de vehículos que se utiliza para un servicio público. ■ **parque de atracciones**, lugar donde hay varias instalaciones de diversión como la noria, los caballitos y la montaña rusa. ■ **parque natural**, espacio de la naturaleza que se considera importante por su paisaje o por su riqueza ecológica (animal y vegetal). **AMPL.** si el parque natural pertenece al Estado, recibe ayuda y protección del gobierno y se llama ***Parque Nacional***.

parqué *[n.m.]* conjunto de tablillas finas de madera que se unen formando dibujos o figuras geométricas y que se usa para cubrir el suelo: *pusieron parqué en todas las habitaciones.*

parquímetro *[n.m.]* aparato en el que se mete dinero para poder tener aparcado un vehículo en un sitio durante cierto tiempo: *saca un tique del parquímetro.*

parra *[n.f.]* vid (planta que da uvas) que se ha dejado crecer tendiendo sus ramas sobre un soporte, normalmente horizontal, colocado en lo alto: *la parra da sombra a todo el patio.* **FAM.** parral, parrilla. **COMP.** emparrado.

párrafo *[n.m.]* cada una de las partes de un escrito que está separada del resto por un punto y aparte: *siempre se pone letra mayúscula al empezar un párrafo.* **SIN.** parágrafo. **FAM.** parrafada, parrafear.

parricida *[n.inv. en gén.]* persona que mata a su madre, a su padre o a un hijo suyo. **AF.** homicida, asesino, criminal. **FAM.** parricidio, padre.

parrilla *[n.f.]* rejilla de hierro en la que se ponen los alimentos para asarlos al fuego o a la brasa. **AF.** barbacoa. ■ **parrilla de salida**, sitio en el que se colocan los vehículos al comienzo de una carrera. **FAM.** parrillada, parra. **COMP.** emparrillar, emparrillado.

párroco *[n.m.]* cura que se encarga de una parroquia: *escucharon el sermón del párroco.* **AF.** sacerdote, padre. TAMBIÉN *adj.*: *cura párroco.*

parroquia *[n.f.]* 1 zona de una ciudad o de un pueblo que tiene su propia iglesia y su propio cura: *este domingo son las fiestas de la parroquia.* TAMBIÉN se llama *parroquia* a la iglesia de una parroquia (*van a misa a la parroquia*) y al conjunto de personas que pertenecen a una parroquia; estas personas se llaman, además, ***parroquianos*** o ***feligreses***. 2 conjunto de los clientes habituales de una tienda: *hay que atender bien a la parroquia.* **SIN.** parroquianos, clientela. **FAM.** párroco, parroquiano, parroquial.

parsimonia *[n.f.]* excesiva lentitud al hacer algo: *habla con parsimonia.* **FAM.** parsimonioso, parsimoniosamente.

parte *[n.f.]* 1 cada uno de los trozos que quedan cuando algo se divide en varios: *dividieron la empanada en cuatro partes iguales.* **SIN.** porción, trozo, fragmento, fracción. 2 cada una de las divisiones que se pueden hacer de algo o de alguien por ser de determinada manera o por tener algo concreto: *vive en la parte sur del pueblo; en esta parte de la casa da el sol; el ecuador es la parte más calurosa de la Tierra; me duele la parte derecha.* **SIN.** zona, área, región. 3 cada una de las divisiones de un libro, formada por varios capítulos: *la novela está dividida en dos partes y cada una de ellas en diez capítulos.* 4 punto del espacio o de un sitio: *no encuentro mis gafas en ninguna parte.* **SIN.** sitio, lado, lugar. // **parte** *[n.m.]* 5 información, hablada o escrita, que se da sobre algún asunto: *un parte médico; un parte meteorológico.* **SIN.** informe. ■ **parte de la oración**, cada clase de palabras que se dice que hay, teniendo en cuenta lo que significan y el papel o función que tienen dentro de la oración. **AMPL.** tradicionalmente se dice que en español son nueve (*artículo, adjetivo, nombre o sustantivo, pronombre, verbo, adverbio, preposición, conjunción e interjección*) aunque algunas gramáticas modernas proponen algunos cambios y la interjección no se considera parte, porque forma una oración completa. ■ **de parte** de alguien, en nombre de alguien o por encargo de alguien. ■ **de parte de**, a favor de. ■ **formar parte de**, ser una parte o un componente de algo. ■ **tomar parte en**, hacer algo relacionado con una actividad en la que intervienen varios. **FAM.** partícula, partir, participar, particular, parcela, parcial. **COMP.** apartar, departamento, bipartito, tripartito, cuatripartito.

partera *[n.f.]* enfermera que ayuda en los partos. **SIN.** matrona, comadrona. **FAM.** parto.

participación *[n.f.]* 1 lo que se hace al participar* en algo: *le dieron gracias por su participación en el programa.* **SIN.** intervención, colaboración. 2 parte que alguien juega en un número de lotería: *compró varias participaciones de la lotería de Navidad.* **AF.** billete, décimo.

participante *[n.inv. en gén.]* persona que toma parte en algo: *los participantes de un concurso.* **SIN.** interviniente. TAMBIÉN *adj.*: *los equipos participantes.*

participar *[v.]* formar parte de un grupo de personas que hacen lo mismo para conseguir una cosa (*participar en un concurso, en una competición, en una carrera..*) o que, entre todas, quieren conseguir algo (*cuanta más gente participe, menos tardaremos en hacerlo*). **FAM.** participante, participación, partícipe, participativo, participio, parte.

participio *[n.m.]* forma de la conjugación de los verbos con la que se construyen los tiempos compuestos: *el participio de "leer" es "leído"*. **AMPL.** es una ***forma nominal**** del verbo que muchas veces coincide con la forma masculina del adjetivo: *he leído cinco libros; pon en la estantería los libros leídos*; otras veces el participio tiene dos formas (una regular y otra irregular) y la que coincide con la forma del adjetivo suele ser la irregular; por ejemplo, se puede decir *he imprimido un folio* o *he impreso un folio*, pero sólo se puede decir *un folio impreso*.

partícula *[n.f.]* 1 parte muy pequeña de algo: *en el aire siempre hay partículas de polvo.* 2 palabra invariable que no tiene significado por sí misma y suele servir para relacionar otras palabras u oraciones: *las preposiciones y las conjunciones son partículas.*

particular *[adj.inv. en gén.]* 1 que sólo es de una persona (o de varias) y no para toda la gente: *no viajan en tren, sino en su coche particular.* **SIN.** privado, personal. **ANT.** público. 2 que no es para todos, sino sólo para las personas que pagan: *este médico tiene consulta particular; va a clases particulares de inglés.* **SIN.** privado. **ANT.** público, oficial. 3 que no es como lo de la mayoría de la gente: *tiene una forma muy particular de bailar.* **SIN.** característico, peculiar, singular. **ANT.** normal, común. ■ **en particular**, más que otras cosas o personas. **SIN.** especialmente. **FAM.** particularidad, particularizar, particularmente, parte.

particularidad *[n.f.]* característica especial que hace algo o a alguien diferente de los demás. **SIN.** singularidad, peculiaridad.

partida *[n.f.]* 1 lo que se hace para irse de un sitio en el momento en que uno se va: *la partida será a las seis de la mañana.* **SIN.** marcha, salida. **ANT.** llegada. 2 documento en el que aparecen los datos del nacimiento, el bautismo, la confirmación, el matrimonio o el fallecimiento de una persona: *pidió en el archivo una copia de su partida de nacimiento.* **SIN.** certificado. 3 conjunto de personas que se han unido para hacer algo: *una partida de ladrones asaltó el centro comercial.* **SIN.** grupo, banda, cuadrilla. 4 conjunto de productos que se envían para vender: *llegó al almacén una nueva partida de muebles.* **SIN.** remesa, envío. 5 lo que hacen quienes participan en un juego de mesa siguiendo unas reglas hasta que alguien gana o hasta que quedan empatados: *echaron una partida de cartas; habrá una partida de ajedrez.* ■ **punto de partida**, sitio del que sale quien se va de un lugar.

partidario, partidaria *[adj.]* que defiende o apoya una idea, una actitud o a una persona: *los pacificistas son partidarios de la paz.* **SIN.** defensor, amigo. **ANT.** enemigo, contrario a. TAMBIÉN *n.*: *los partidarios de salir al amanecer que levanten la mano.*

partido, partida *[adj.]* 1 que no está entero, sino dividido en dos o más trozos: *una tarta partida en tres partes* (**SIN.** dividido)*; une los pedazos del jarrón partido* (**SIN.** roto). // **partido** *[n.m.]* 2 lo que se celebra cuando dos equipos deportivos juegan a algo siguiendo unas reglas, hasta que uno gana o quedan empatados: *un partido de baloncesto.* **SIN.** encuentro, competición. ■ **partido judicial**, conjunto de los pueblos que tienen el mismo juez y los mismos funcionarios para resolver asuntos relacionados con el Estado; de entre ellos, el pueblo donde los funcionarios trabajan se llama ***cabeza de partido***. ■ **partido político**, conjunto de personas que se unen porque opinan lo mismo sobre cómo debe de ser la vida social de un país y cuyos jefes intentan conseguir el poder del Estado. **SIN.** agrupación política. ■ **sacar partido**, conseguir algo bueno de algo. ■ **tomar partido por**, decidirse a favor de algo o de alguien y en contra de lo demás.

partir *[v.]* 1 hacer que algo quede dividido en dos o más partes: *partió el queso por la mitad.* **SIN.** dividir, fraccionar, cortar, seccionar. **ANT.** unir. 2 hacer que algo se rompa: *de un pelotazo partió el jarrón.* **SIN.** romper. 3 marcharse de un sitio hacia otro que está lejos: *partieron sin que nadie los viera.* **SIN.** marcharse, ponerse en camino, irse, salir. **ANT.** llegar. ■ **partir**, desde: *a partir de mañana...* ■ **partirse de risa**, reírse tanto que parece que va uno a romperse. **FAM.** partición, partible, partitivo, partido, partidario, partidista, partidismo, partida, partitura, parte. **COMP.** repartir, compartir, impartir.

partitura *[n.f.]* composición musical escrita con los signos que en música se utilizan para representar los sonidos, el tiempo, el compás etc.: *Mozart escribió muchas partituras de ópera; no necesita ver la partitura porque la sabe de memoria.* **AMPL.** las partituras se escriben sobre ***papel pautado*** en que vienen ya marcadas las cinco líneas horizontales de los ***pentagramas***.

parto *[n.m.]* lo que pasa una madre en el momento en que nace un hijo suyo: *durante el* *parto, el padre del niño acompañó a su mujer.* **SIN.** alumbramiento. **FAM.** parturienta, ***partera*** (comadrona).

párvulo, párvula *[n.]* niño de entre tres y seis años de edad que va a algún centro escolar: *los párvulos están aprendiendo a contar.* **FAM.** parvulario, parvulista.

pasa *[n.f.]* uva seca: *las pasas de Málaga son famosas.* TAMBIÉN *adj.*: *uva pasa.*

pasable *[adj.inv. en gén.]* que no está mal, pero tampoco muy bien: *la actuación del protagonista fue pasable.* **SIN.** aceptable, tolerable. **ANT.** inaceptable.

pasacalle *[n.m.]* música parecida a la marcha con ritmo rápido: *los artistas del circo desfilaron al ritmo de un pasacalle.*

pasada *[n.f.]* lo que se hace cada vez que se pasa algo sobre una superficie para pintarla, coserla, limpiarla, etc.: *dale otra pasada con la fregona al suelo de la cocina.* ■ **de pasada**, rápidamente, sin detenerse en detalles. ■ **jugar una mala pasada**, hacer algo que perjudica a alguien.

pasadizo *[n.m.]* pasillo estrecho y con poca altura que comunica dos sitios: *en los castillos medievales había muchos pasadizos secretos.* **AF.** corredor, pasaje.

pasado *[n.m.]* **1** tiempo anterior al que se está viviendo: *no le gusta recordar el pasado.* **SIN.** ayer. **ANT.** futuro, porvenir, mañana. **2** tiempo de verbo que indica que la acción de la que se habla ocurrió antes del momento en el que se está hablando: *puso la oración en pasado; el pretérito perfecto simple y el pretérito imperfecto son tiempos de pasado.* **SIN.** pretérito. **ANT.** futuro. // **pasado, pasada** *[adj.]* **3** que ya pasó: *hechos pasados.* **SIN.** pretérito. **4** que es el último que pasó: *la semana pasada; el año pasado.* **SIN.** anterior. **ANT.** siguiente. **AMPL.** también se puede decir ***próximo pasado*** para indicar que se refiere al *último pasado* y no a otros anteriores: *el 5 de marzo próximo pasado recibí una carta de ustedes...* **5** que ya no se puede comer o beber porque no es reciente y no está en buen estado: *estas golosinas están pasadas.* **AF.** rancio, estropeado. **ANT.** fresco, reciente.

pasador *[n.m.]* cosa que va de una parte a otra de algo: *el pasador de un cerrojo; un pasador de pelo.*

pasaje *[n.m.]* **1** tarjeta, papel, etc. que hay que comprar para poder viajar en barco o en avión: *un pasaje de avión para la India.* **SIN.** billete. **2** pasillo cubierto que comunica dos calles o dos plazas, o calle pequeña hecha para que se pueda entrar a los edificios que dan a ella y que está cerrada por uno de sus extremos. **AF.** calleja, callejón, paso. **3** conjunto de personas que viajan en un barco o en un avión: *la azafata recibió al pasaje a la puerta del avión.* **SIN.** pasajeros, viajeros. **4** parte de un libro, un película o una obra musical que se diferencia claramente del resto y de la que se habla para destacar algún aspecto: *este es el pasaje más aburrido de la novela.* **SIN.** episodio, fragmento, parte.

pasajero, pasajera *[adj.]* **1** que se pasa en poco tiempo: *un dolor pasajero; una situación pasajera.* **SIN.** temporal. **AF.** breve, corto. **ANT.** duradero, permanente. // **pasajero, pasajera** *[n.]* **2** persona que viaja en un medio de transporte, pero que no lo conduce ni forma parte de la empresa de transportes: *la tripulación del avión saludó a los pasajeros; en el coche iban el conductor y dos pasajeros.* **SIN.** viajero.

pasamanería *[n.f.]* cordones o cintas que se cosen sobre la ropa para adornarla.

pasamanos *[n.m.inv. en núm.]* pieza larga y estrecha que hay sobre la pared o sobre la barandilla de una escalera y que sirve para agarrarse al subir o bajar: *un pasamanos de madera; todos los pasamanos del edificio son iguales.*

pasamontañas *[n.m.inv. en núm.]* prenda que cubre toda la cabeza excepto los ojos, y que sirve para protegerse del frío: *ponte un pasamontañas para esquiar; han vendido muchos pasamontañas.*

pasaporte *[n.m.]* documento que se necesita para viajar a algunos países: *los españoles no pueden entrar en Rusia si no llevan pasaporte.* **FAM.** pasaportar.

pasar *[v.]* **1** haber algo en el tiempo y en el espacio: *han pasado muchas cosas desde que te fuiste; ¿qué pasó ayer?; todo pasó muy deprisa; pase lo que pase, avísame.* **SIN.** suceder, ocurrir, acontecer, acaecer, tener lugar, producirse. 2 ir, uno detrás de otro, los segundos, los minutos, las horas, los días, las semanas, los meses, los años, etc: *ha pasado mucho tiempo; las horas pasaron deprisa.* **SIN.** transcurrir, discurrir. TAMBIÉN *prnl.: el tiempo se pasa volando.* 3 ir de un lado a otro de algo: *pasaron el río por el puente.* **SIN.** atravesar, cruzar. 4 ir por un sitio determinado: *todos los días pasa por esta calle; se fue el agua y pasó por debajo de la puerta.* 5 hacer que algo se mueva por un sitio: *le pasó el cepillo por el pelo; pasa la mano por aquí.* 6 entrar en un sitio: *pasa y siéntate.* **SIN.** entrar. 7 llevar algo de un sitio a otro: *pasa tus cosas a la otra habitación.* **SIN.** trasladar, cambiar, llevar. 8 estar en un sitio durante un tiempo determinado: *pasó el fin de semana en el pueblo.* **SIN.** estar, permanecer. 9 estar de determinada manera durante un tiempo: *pasarán juntos tres días; lo pasaron muy bien.* 10 hacer que alguien llegue a tener una enfermedad que uno tiene: *le pasó el sarampión a su hermano.* **SIN.** contagiar, transmitir, pegar. 11 sentir lo que se dice: *pasar calor; pasar hambre.* **SIN.** tener, sentir. 12 dar algo a alguien o ponerlo cerca, para que pueda cogerlo: *pásame la sal, por favor.* **SIN.** acercar, alcanzar, dar. 13 ser más alto o ser mejor en algo: *crece tan deprisa que pronto pasará a su padre; te pasa en capacidad de trabajo.* **SIN.** superar. 14 sacar nota suficiente: *no pasó la asignatura.* **SIN.** aprobar, superar. **ANT.** suspender. 15 poner algo en televisión o en el cine: *anoche pasaron una buena película.* **SIN.** proyectar, poner. // **pasarse** *[v.prnl.]* 16 dejar de pertenecer a un grupo, a un partido, etc. e irse a otro que es enemigo o rival: *era del Betis y se pasó al Real Madrid.* 17 cocerse demasiado: *si no apagas el fuego se pasarán los macarrones.* 18 estropearse un alimento con el paso del tiempo: *come las peras antes de que se pasen.* **SIN.** pudrirse, estropearse. 19 no recordar algo en el momento necesario: *se le pasó comprar el pan.* **SIN.** olvidar, olvidarse de. 20 ir más allá de lo que es necesario o de lo que conviene: *puedes decir lo que quieras, pero no te pases.* **SIN.** excederse, propasarse. **FAM.** pasa, pase, pasable, pasada, pasado, pasador, pasarela, paso, pasajero, pasajeramente, pasaje. **COMP.** pasamanos, pasatiempo, pasamontañas, repasar, sobrepasar, traspasar, propasarse, antepasado.

pasarela *[n.f.]* 1 puente por el que sólo se puede pasar andando: *cruzaron la autopista por una pasarela; subimos al barco por la pasarela.* 2 espacio largo y estrecho, situado un poco en alto respecto al público, por donde pasean los modelos en los desfiles de moda.

pasatiempo *[n.m.]* 1 lo que hace uno para distraerse cuando tiene tiempo libre: *mi pasatiempo favorito es oír música.* **SIN.** entretenimiento, distracción, afición. 2 juego de inteligencia que sirve para entretenerse: *los crucigramas y los jeroglíficos son pasatiempos.*

pascua *[n.f.]* 1 fiesta con la que los judíos celebran varios hechos importantes y buenos de su historia. 2 fiesta cristiana en memoria de la muerte y resurrección de Jesucristo. // **pascuas** *[n.f.pl.]* 3 fiestas de navidad: *le gusta pasar las pascuas con la familia.* **SIN.** navidad, navidades. ■ **hacer la pascua**, molestar mucho (*los zapatos me aprietan y están haciéndome la pascua*), o hacer una faena (*si no cumples lo pactado me haces la pascua*). **FAM.** pascual, ***pascuilla*** (domingo siguiente al de Resurrección).

pascual *[adj.inv. en gén.]* de la pascua: *tiempo pascual; fiesta pascual.*

pascuilla *[n.f.]* domingo siguiente al de Resurrección.

pase *[n.m.]* 1 documento que permite entrar en un sitio o viajar en un vehículo sin pagar o pagando menos: *con este pase entrarás gratis en el teatro.* **AF.** autorización, licencia. 2 en algunos deportes, hecho de de que un jugador le pase el balón a otro de su equipo: *marcó el gol gracias al pase de su compañero.* ■ **pase de modelos**, desfile con prendas de moda.

pasear *[v.]* 1 salir a pie, en bicicleta, en coche, a caballo, en barca, etc. sólo como distracción o para hacer ejercicio: *es agradable pasear por el parque; llevo a mi madre a pasear en barca.* **SIN.** dar una vuelta. 2 llevar a la calle, para que camine o para que le dé el aire, a una persona o un animal: *hay que pasear al bebé todos los días.* **OBS.** e + e = ee: *paseen.*

paseíllo *[n.m.]* paseo que los toreros dan por el ruedo antes de empezar a torear. **FAM.** paseo.

paseo *[n.m.]* 1 lo que se hace al pasear: *dimos un paseo por la ciudad; salieron de paseo.* **SIN.**

vuelta. 2 calle o camino por el que es agradable pasear o que se llama así: *a la orilla del río hay un bonito paseo.* AF. bulevar, avenida.

pasillo *[n.m.]* espacio alargado en un edificio o en una casa, hecho para pasar por él, y no para estar: *el servicio está al final del pasillo.* AMPL. un pasillo largo y ancho también se llama ***corredor*** y si tiene muchas ventanas al exterior, ***galería***.

pasión *[n.f.]* 1 lo que siente la persona que quiere con mucha intensidad o a la que algo le gusta muchísimo y que hace que se vuelque en ello: *la quiere con pasión; tiene pasión por la música; trabaja con pasión; se besaron con pasión.* 2 conjunto de ofensas y sufrimientos físicos que alguien soporta: *la pasión de Cristo.* SIN. padecimiento. PL. *pasiones.* FAM. pasional, pasionaria. COMP. apasionar, compasión, impasible.

pasivo, pasiva *[adj.]* que no demuestra ningún interés por lo que ocurre y no hace nada cuando sí habría que hacerlo: *una persona pasiva; un comportamiento pasivo; una actitud pasiva.* SIN. inactivo, apático. ANT. activo, dinámico. ■ **voz pasiva**, en gramática, construcción verbal formada por el verbo ser + el participio pasado de un verbo activo, que suele ir acompañada por un sujeto paciente (que normalmente se coloca delante) y un sujeto agente (que normalmente va a continuación): *las joyas fueron robadas por una banda de ladrones.* FAM. pasividad, pasivamente.

pasmado, pasmada *[adj.]* 1 tan asombrado, que no sabe cómo reaccionar: *el número de los leones dejó pasmados a los pequeños.* SIN. perplejo*. 2 que, por alguna impresión brusca, no puede moverse: *pasmado de miedo; pasmado de frío.* SIN. tieso, aterido. FAM. pasmo, pasmar, pasmarote, pasmoso, pasmosamente.

paso *[n.m.]* 1 lo que se da cuando se mueve un pie hacia adelante o hacia atrás: *se levantó y dio unos pasos.* 2 conjunto de señales que quedan cuando se pasa por un sitio: *seguimos sus pasos en la arena.* SIN. pisada, huella. 3 espacio por el que se puede pasar: *por este paso de la montaña llegaremos al río; una puerta es un paso.* SIN. acceso. AF. entrada, camino, senda. 4 cada una de las cosas que hay que hacer para resolver un asunto o para conseguir algo: *ha seguido todos los pasos para que le den la beca.* AF. trámite, diligencia, gestión. 5 movimiento que se hace con los pies cuando se baila: *sabe algunos pasos de sevillanas.* 6 hecho de que algo vaya pasando: *aprendió mucho con el paso de los años.* SIN. transcurso, discurrir. 7 lo que hace que algo mejore: *algunos descubrimientos recientes suponen un gran paso en la historia de la medicina.* SIN. adelanto, avance. AF. logro. ANT. retroceso, regresión. 8 escultura que representa alguna escena de la pasión de Jesucristo: *los pasos que salen en las procesiones de Semana Santa están en el museo.* AF. imagen. ■ **a este paso**, de esta manera. ■ **a buen paso**, deprisa. ■ **de paso**, aprovechando que se está haciendo algo o que se pasa por algún sitio. ■ **paso de cebra**, parte de la calle que está pintada con rayas anchas paralelas para indicar que es por donde deben cruzar los peatones y, si no hay semáforo, los vehículos deben pararse para que ellos pasen. ■ **paso a nivel**, lugar en el que se cruzan, a la misma altura, una vía de tren y una carretera o un camino. FAM. pasadizo, pasillo, pasito, pasear, paseo, paseante, paseíllo, pasar. COMP. pasodoble.

pasodoble *[n.m.]* tipo de música y baile español: *en las corridas de toros la orquesta toca pasodobles.*

pasta *[n.f.]* 1 masa húmeda que se consigue machacando o mezclando distintos ingredientes: *mezclando harina y agua se obtiene una pasta pegajosa que se llama engrudo.* SIN. masa. 2 conjunto de alimentos hechos con masa de harina de trigo y agua, que se deja secar y se presenta en distintas formas: *los macarrones y la lasaña son dos tipos de pasta.* 3 especie de galleta dulce que tiene más ingredientes que la galleta normal: *le sirvieron un café con pastas de almendra.* AF. dulce. ■ **pasta de dientes** o **pasta dentífrica**, la que se pone en el cepillo para lavarse los dientes. FAM. pastoso, pastilla, pastosidad. COMP. empastar.

pastar *[v.]* comer hierba en el campo los animales: *las ovejas pastaban en el prado.* SIN. pacer.

pastel *[n.m.]* 1 tipo de dulce hecho con masa de harina, huevos y otros ingredientes, al que se añade chocolate, nata, carne, etc.: *cada uno puede tomar dos pasteles.* AMPL. los pasteles pequeños que casi caben en la boca de una vez se llaman ***bocaditos***; una especie de pastel grande del que salen varias raciones es una ***tarta***. 2 barra de color hecha con una sustancia pastosa y que se usa para pintar sobre papel o sobre tela: *un cuadro pintado con pasteles*. TAMBIÉN se llama *pastel* al tipo de pintura (*un cuadro al pastel*) y a los cuadros pintados con este tipo de pintura (*hay una exposición de pasteles*). // **pastel** *[adj.]* 3 hablando de colores, que es pálido o muy suave: *una pared de color azul pastel*. **FAM.** pastelería, pastelero, pasteleo.

pastelería *[n.f.]* sitio donde se hacen o se venden pasteles y otras clases de dulces: *en la pastelería venden tartas*. **AF.** confitería, bollería. **AMPL.** la actividad y el oficio de hacer pasteles, tartas y dulces se llama ***repostería***.

pastelero, pastelera *[n.]* persona que hace pasteles o que los vende. **SIN.** repostero.

pasterizar o **pasteurizar** *[v.]* hacer que desaparezcan los microbios* del algunos líquidos como la leche, el vino y la cerveza, calentándolos a 80° y enfriándolos enseguida según el método inventado por Louis Pasteur: *en las centrales lecheras pasterizan la leche*. **OBS.** ante e, c: pastericen. **FAM.** pasterizado, pasterización, pasterizador.

pastilla *[n.f.]* pieza de algo hecha en un molde con una pasta que queda sólida: *pastilla de jabón, de chocolate...; algunos medicamentos vienen en pastillas que se toman por vía oral*. **SIN.** tableta. **AMPL.** una ***pastilla*** medicinal es una porción pequeña de pasta hecha mezclando el medicamento con alguna sustancia (*pastillas para la garganta*); la que se hace moliendo el medicamento y prensándolo es un ***comprimido***; la ***gragea*** es un *comprimido* recubierto de alguna sustancia azucarada; las ***píldoras*** son *grageas* en forma de bolita; una ***perla*** es una esfera pequeñita y hueca de alguna sustancia transparente que tiene dentro un medicamento líquido o aceitoso, y una ***cápsula*** es como un estuche cilíndrico y pequeñito con el medicamento dentro en forma de polvo; las pastillas se toman dejándolas disolver en la boca; los *comprimidos* se tragan enteros o machacados y disueltos en agua; las *grageas*, las *píldoras*, las *perlas* y las *cápsulas* se tragan enteras, bebiendo a la vez algún líquido.

pasto *[n.m.]* 1 hierba que come el ganado en el campo: *en esta montaña hay abundante pasto*. **SIN.** forraje. 2 lugar donde crece la hierba que come el ganado: *Galicia es una región con buenos pastos*. **SIN.** pastizal, prado, pradera. **FAM.** pastar, pastizal.

pastor, pastora *[n.]* persona encargada de cuidar el ganado en el campo: *un pastor de ovejas*. **AMPL.** los pastores muy jóvenes también se llaman ***zagales***; un pastor de cabras es un ***cabrero*** y uno de vacas, un ***vaquero***. **FAM.** pastorear, pastoril, pastoral, pastoreo.

pata *[n.f.]* 1 cada una de las partes del cuerpo de los animales que sujeta el cuerpo cuando está apoyado en los pies, y que le permite desplazarse de un sitio a otro: *las arañas tienen ocho patas*. **SIN.** extremidad. 2 cada una de las piezas que soportan el peso de un mueble: *se tropezó con la pata de la silla*. **AMPL.** cuando el soporte de un mueble es una sola pieza se llama ***pie***: *una mesa de cristal con pie de mármol*. 3 hembra del pato*. ■ **mala pata**, mala suerte. ■ **meter la pata**, hacer o decir algo que no conviene. ■ **patas arriba**, muy desordenado. **FAM.** patada, patear, patalear, pataleo, pataleta, patilla, patoso. **COMP.** metepatas, despatarrarse.

patada *[n.f.]* golpe que da una persona con el pie o un animal con la pata: *se peleaban dándose patadas*. **AMPL.** la patada que da una persona también se llama ***puntapié*** y la que da un animal, **coz**. ■ **a patadas**, en gran cantidad. ■ **tratar a patadas**, tratar muy mal, sin cuidado, respeto o delicadeza.

patalear *[v.]* 1 mover con fuerza las piernas en el aire varias veces seguidas: *el bebé pataleaba de contento*. 2 dar patadas en el suelo porque se está enfadado o para protestar por algo: *este niño llora y patalea en cuanto le llevan la contraria*. **OBS.** e + e = ee: *pataleen*.

pataleo *[n.m.]* lo que se hace al patalear: *con el pataleo del niño era imposible ponerle la vacuna*. ■ **derecho al pataleo**, derecho a protestar para desahogarse cuando se sabe que no se puede conseguir nada.

patata *[n.f.]* raíz comestible de la planta que también se llama *patata*, que tiene forma redondeada y color blanquecino o amarillento, cubierta por una piel marrón o rojiza: *pela las patatas antes de cocerlas*. **AMPL.** en algunos lugares de España y en América también se llama ***papa***. **FAM.** patatal, patatar, patatero.

paté *[n.m.]* pasta hecha con hígado de pato o de cerdo, o con carnes o vegetales, que normalmente se come untada sobre el pan: *hay patés de distintos sabores.*

patear *[v.]* **1** andar mucho, normalmente para conseguir algo: *pateó todo el barrio buscando a su amigo.* **SIN.** recorrer a pie. **2** dar patadas a algo: *no patees el sofá.* **SIN.** pisotear. **OBS.** e + e = ee: *pateen.*

patente *[adj.inv. en gén.]* **1** que se nota o se ve con facilidad: *una mentira patente; llegó de patente mal humor.* **SIN.** evidente*. // **patente** *[n.f.]* **2** documento que permite que una única persona o empresa pueda fabricar o vender un nuevo producto durante un tiempo determinado: *la patente de un invento.* **FAM.** patentizar, patentemente, patentar, patentable.

paternal *[adj.inv. en gén.]* que es del estilo del comportamiento o de los sentimientos que suelen tener los padres hacia sus hijos: *sentía un cariño paternal por su ahijado; actitud paternal.*

paternidad *[n.f.]* relación de parentesco que tiene un padre respecto a su hijo: *la paternidad exige mucha responsabilidad.*

paterno, paterna *[adj.]* del padre (*amor paterno; apellido paterno; autoridad paterna*) o por parte del padre de uno (*tu abuela paterna es la madre de tu padre*). **FAM.** paternidad, paternal, paternalmente, paternalista, paternalismo, padre.

patíbulo *[n.m.]* sitio elevado en que el verdugo ejecutaba a los condenados a muerte. **SIN.** cadalso. **FAM.** patibulario.

patilla *[n.f.]* **1** conjunto de los pelos que se dejan crecer por delante de las orejas: *hace años se llevaban mucho las patillas.* **2** varilla de las gafas cuyo extremo se apoya en la unión de la oreja con la cabeza.

patín *[n.m.]* plataforma con ruedas o con cuchillas que se adapta a la suela del zapato y sirve para deslizarse sobre el suelo o sobre el hielo: *los patines de cuchilla son para patinar sobre hielo.* ■ **patín de agua**, especie de barquito con dos flotadores y pedales para desplazarse sobre el agua. **PL.** *patines.* **FAM.** patinar, patinaje, patinador, patinazo, patinete, patineta. **COMP.** monopatín.

patinador, patinadora *[n.]* persona que patina por diversión o como deporte: *una pareja de patinadores ganó la competición.*

patinaje *[n.m.]* juego y deporte que consiste en deslizarse con patines: *el patinaje sobre hielo se practica en el norte de Europa desde hace siglos.*

patinar *[v.]* **1** deslizarse con patines, por diversión o como deporte: *no sabe patinar.* **2** deslizarse sin control sobre una superficie: *las ruedas patinaron y el coche se metió en los sembrados.* **SIN.** resbalar.

patinazo *[n.m.]* **1** lo que pasa cuando algo o alguien se desliza sobre el suelo sin control: *el camión dio un patinazo y volcó; pegué un patinazo con la arena.* **SIN.** resbalón. **2** equivocación que se comete de forma tonta: *¡vaya patinazo! le pregunté por su mujer y está soltero.* **SIN.** planchazo, metedura de pata, desliz.

patinete *[n.m.]* juguete que consiste en una tabla con dos ruedas y un manillar alto, que se mueve dando impulsos con un pie contra el suelo mientras el otro está sobre la tabla.

patio *[n.m.]* lugar descubierto y rodeado por paredes, dentro de una casa o de un edificio: *las ventanas de la cocina dan al patio.* ■ **patio de butacas**, planta baja de un teatro, llena de asientos, frente al escenario.

pato *[n.m.]* ave que tiene el cuello y las patas cortas, el cuerpo rechoncho y el pico ancho y plano, y que puede estar en el agua, nadando: *en el corral hay gallinas y patos.* **FAM.** pata.

patoso, patosa *[adj.]* que se mueve (o hace las cosas) sin gracia ni habilidad: *se te ha caído el vaso porque eres muy patoso.* **SIN.** torpe, desmañado, inhábil. **ANT.** hábil.

patraña *[n.f.]* noticia inventada: *lo que cuenta son patrañas.* **AF.** mentira.

patria *[n.f.]* país en el que uno ha nacido: *regresó a su patria después de veinte años en el extranjero.* **SIN.** país, nación. **FAM.** patriota, patriotismo, patriotero, patriotería, patriótico, patrióticamente. **COMP.** compatriota, ***apátrida*** (sin patria), repatriar, ***expatriar*** (echar a uno de su patria), expatriación.

patriota *[adj.inv. en gén.]* que quiere mucho a su patria, le preocupa que las cosas vayan bien en ella, se alegra de los éxitos que consigue, defiende sus intereses y la defiende ante los demás: *un soldado muy patriota; una escritora patriota.* TAMBIÉN *n..inv. en gén.*: *los patriotas lucharon contra los invasores.*

patriótico, patriótica *[adj.]* de la patria o del amor y la defensa de la patria: *sentimientos patrióticos; un himno patriótico.*

patriotismo *[n.m.]* sentimiento de quien se siente patriota*: *le dieron una medalla por su valentía y patriotismo.*

patrocinar *[v.]* pagar (o ayudar a pagar) los gastos de una actividad, de un proyecto, de un programa, etc., normalmente para conseguir publicidad para sí mismo: *una famosa marca de ropa patrocina la carrera.* **SIN.** financiar, subvencionar. **FAM.** patrocinio, patrocinamiento, patrocinador.

patrón, patrona *[n.]* 1 santo al que un pueblo, una iglesia, un país o un conjunto de personas con alguna característica común le tiene especial devoción y considera que lo protege: *santa Cecilia es la patrona de los músicos y la Virgen de Loreto la de la aviación.* **SIN.** protector, patrono. 2 dueño de una casa en la que hay huéspedes: *la patrona lo echó por no pagar la habitación.* **SIN.** casero. 3 persona que tiene trabajadores a su cargo: *los empleados se quejaron al patrón.* **SIN.** jefe, empresario. // **patrón** *[n.m.]* 4 persona que dirige la navegación de un barco: *mi hermana tiene el título de patrón de barco.* 5 dibujo hecho y recortado en papel que se usa como orientación para hacer una prenda de vestir: *hizo un vestido siguiendo el patrón de una revista.* **AF.** plantilla. **FAM.** patrono, patronato, patronal, patronazgo.

patrulla *[n.f.]* grupo de personas, de coches, de barcos o de aviones encargados de vigilar una zona o de realizar alguna misión determinada: *una patrulla de la policía se presentó en el lugar de la disputa.* **AF.** destacamento. ■ **coche patrulla**, coche de policía que hace la vigilancia de una zona. ■ **de patrulla**, en una misión normalmente de vigilancia. **FAM.** patrullar, patrullero.

patrullar *[v.]* recorrer en grupo una zona, un edificio, etc. para asegurarse de que no hay ningún problema o peligro: *la policía patrulla por las calles.* **SIN.** hacer ronda.

patrullero, patrullera *[adj.]* que recorre una zona para vigilarla y resolver los problemas que puedan surgir: *los barcos patrulleros vigilan la playa.* TAMBIÉN *n.*: *los patrulleros descubrieron a los contrabandistas.*

pausa *[n.f.]* lo que se hace al dejar de hacer algo durante un rato: *hicieron una pausa en el trabajo para tomar un café.* **SIN.** parada, descanso. **AF.** interrupción. ■ **sin prisa pero sin pausa**, con calma pero sin pararse. **FAM.** pausar, pausado, pausadamente.

pausado, pausada *[adj.]* que actúa (o se hace) con lentitud: *habla de forma pausada para que te entendamos.* **SIN.** lento, tranquilo, calmoso.

paupérrimo, paupérrima *[adj.]* muy pobre.

pavimentar *[v.]* cubrir el suelo con un material duro (o que se pone duro) como piedra, adoquines, baldosas, asfalto, cemento, etc., para que quede liso y firme: *en el pueblo hay algunas calles sin pavimentar.* **AF.** asfaltar, empedrar, adoquinar, embaldosar, etc.

pavimento *[n.m.]* material con el que se cubre el suelo para que quede liso y firme: *hay que arreglar el pavimento de la carretera.* **SIN.** firme, piso. **FAM.** pavimentar, pavimentado, pavimentación.

pavo *[n.m.]* 1 ave doméstica que tiene la cabeza y el cuello sin plumas y una especie de bolsa que le cuelga debajo del pico. 2 persona muy simple e ingenua, que no tiene ninguna picardía y piensa que toda la gente es como ella. ■ **edad del pavo**, adolescencia. ■ **subirse el pavo**, ruborizarse, ponerse colorado. ■ **pavo real**, ave que tiene una gran cola verde, azul y dorada que abre en forma de abanico para atraer a la hembra. **FAM.** pavero, pavada, pavonearse.

payasada *[n.f.]* 1 lo que hacen los payasos para hacer reír. 2 lo que hace o dice quien quiere llamar la atención con cosas que hagan gracia pero que no la hacen: *estamos hartos de sus payasadas.* **SIN.** tontería.

payaso *[n.m.]* 1 persona que trabaja haciendo cosas graciosas para divertir a los demás: *los payasos del circo visten ropas graciosas y se pintan la cara.* **SIN.** bufón, cómico. // **payaso, payasa** *[adj.]* 2 que le gusta llamar la atención haciéndose el gracioso, aunque no venga a cuento: *es simpático pero un poco payaso.* **SIN.** bufón, mamarracho. **AF.** ganso, zángano. TAMBIÉN *n.*: *no le gusta tratarla porque es una payasa.* **FAM.** payasada.

paz *[n.f.]* **1** lo que hay o lo que se siente cuando todo está tranquilo, sin ruidos, sin discusiones, etc. y uno está a gusto: *para poder trabajar necesito paz.* **SIN.** tranquilidad, calma, sosiego. **ANT.** alboroto o intranquilidad. **2** lo que hay en un país cuando sus ciudadanos no están en guerra entre sí o con otros países: *todos deseamos que haya paz en el mundo.* **AF.** concordia, armonía. **ANT.** guerra, violencia. **3** acuerdo que se hace para acabar con una guerra: *por fin los dos países firmaron la paz.* ■ **hacer las paces**, dejar de estar enfadado con alguien. **FAM.** pacificar, pacificación, pacificador, pacifismo, pacifista, pacífico, pacíficamente. **COMP.** apaciguar, apacible.

peaje *[n.m.]* cantidad de dinero que hay que pagar para poder circular por algunas autopistas, carreteras o puentes: *el peaje depende del número de kilómetros que se hacen.* TAMBIÉN se llama *peaje* el sitio en que hay que parar para pagar esa cantidad.

peatón, peatona *[n.]* persona que va por la calle a pie: *los automovilistas deben respetar a los peatones.* **SIN.** transeúnte, viandante. **FAM.** peatonal, peatonalizar, pie.

peca *[n.f.]* mancha pequeña de color oscuro que sale en la piel, principalmente en la cara: *tiene la nariz llena de pecas.* **AF.** lunar. **FAM.** pecoso.

pecado *[n.m.]* para los creyentes, lo que no se debe hacer porque va contra las leyes de Dios: *matar es pecado.* **ANT.** virtud.

pecador, pecadora *[n.]* persona que comete pecados. **ANT.** virtuoso, santo.

pecar *[v.]* para los creyentes, hacer algo que va en contra de las leyes de Dios. **SIN.** ofender a Dios. ■ **pecar de**, ser lo que se dice más de lo que conviene. **OBS.** ante e, qu: *pequen.* **FAM.** pecado, pecador, pecaminoso. **COMP.** impecable.

pecera *[n.f.]* recipiente de cristal o de plástico transparente, normalmente con forma de esfera cortada por arriba, en el que se meten peces pequeños: *¿has echado en la pecera la comida de los peces?* **AMPL.** el ***acuario*** es un recipiente para lo mismo, pero suele ser más grande y tener aparatos especiales para que el agua se mantenga siempre a la temperatura que necesitan los peces que se meten. **FAM.** pez.

pechera *[n.f.]* parte de una camisa o de un vestido que cubre el pecho: *derramó el café y se manchó la pechera.* **SIN.** delantera.

pecho *[n.m.]* **1** parte del cuerpo que está entre el cuello y el estómago: *el futbolista paró la pelota con el pecho.* **AF.** tronco, tórax, torso. **2** parte del cuerpo de la mujer con la que puede dar de mamar a sus bebés. **SIN.** seno, teta, mama. ■ **tomarse** algo **muy a pecho**, darle más importancia de la que tiene. **FAM.** pechera, pechuga, peto. **COMP.** antepecho, repecho.

pechuga *[n.f.]* parte delantera de un ave, que queda entre el cuello y las patas.

pecíolo *[n.m.]* rabillo que sostiene la hoja de una planta. TAMBIÉN *peciolo.*

pecoso, pecosa *[adj.]* que tiene pecas: *un niño pecoso; cara pecosa.* **FAM.** peca.

pedagogía *[n.f.]* ciencia que trata de cómo se debe enseñar y educar a los niños: *los buenos maestros saben mucha pedagogía.* **FAM.** pedagogo, pedagógico, pedagógicamente. **COMP.** antipedagógico.

pedagogo, pedagoga *[n.]* persona que ha estudiado para saber cómo se debe enseñar y educar a los niños: *en este colegio hay estupendos pedagogos.* **SIN.** educador.

pedal *[n.m.]* pieza que, al empujarla con el pie, pone en marcha un mecanismo: *las bicicletas tienen dos pedales.* **FAM.** pedalear, pedaleo, pedalada, pie.

pedalear *[v.]* mover los pedales con los pies: *le duelen las piernas de tanto pedalear.* **OBS.** e + e = ee: *pedaleen.*

pedante *[adj.inv. en gén.]* que le gusta presumir de lo que sabe para impresionar a los demás, y para ello habla de forma muy rebuscada: *un hombre pedante; una escritora pedante.* **SIN.** petulante. **AF.** sabiondo. **ANT.** sencillo, natural. TAMBIÉN *n.*: *es un pedante insoportable.* **FAM.** pedantería, pedantemente, pedantear, pedantesco, pedantescamente.

pedazo *[n.m.]* parte de una cosa que se ha cortado o que se ha roto: *cortó la carne en tres* *pedazos.* **SIN.** trozo, fragmento, cacho. ■ **ser** una persona **un pedazo de pan**, ser muy buena.

pedestal *[n.m.]* objeto sobre el que se pone algo para que quede en alto: *la estatua del parque está sobre un pedestal de mármol.* **SIN.** peana. **AF.** base, podio. ■ **tener** o **poner** a alguien **en un pedestal**, admirarlo mucho.

pedestre *[adj.inv. en gén.]* que se hace a pie: *carrera pedestre.* **FAM.** pie.

pediatra *[n.inv. en gén.]* médico especializado en atender niños: *el pediatra le miró la garganta; es una pediatra con mucha experiencia.* **FAM.** pediatría, pediátrico.

pediatría *[n.f.]* parte de la medicina que se ocupa de las enfermedades de los niños y de su tratamiento.

pedicuro, pedicura *[n.]* persona que soluciona problemas externos de los pies, como callos, uñeros, etc. **FAM.** pie.

pedido *[n.m.]* conjunto de cosas que se encargan a una tienda, a una fábrica o a un vendedor: *han traído el pedido del supermercado; el comerciante hizo un pedido de telas.* **SIN.** encargo.

pedigrí *[n.m.]* conjunto de los antepasados de un animal y documento en el que están registrados: *le regalaron un perro con pedigrí; el pedigrí del caballo es inmejorable.*

pedigüeño, pedigüeña *[n.]* persona que tiene la mala costumbre de estar siempre pidiéndole cosas a los demás: *no te daré nada porque eres un pedigüeño.* TAMBIÉN *adj.*: *una niña pedigüeña.*

pedir *[v.]* **1** decirle a alguien que si quiere darnos (o hacer) algo: *le pidió un disco; pídele un poco de paciencia, que ya falta poco; te ha pedido ayuda; me pidió que se lo llevara.* **AF.** solicitar, demandar, requerir. **2** decir lo que uno quiere que le den a cambio de algo, especialmente si no es algo que tenga precio fijo: *pedían un alquiler muy alto; me pidió veinte euros por el jarrón; pídele el balón a cambio de los patines.* **3** decirle a alguien que uno no conoce que le dé algo de dinero: *es triste ver a los niños pidiendo por la calle.* **SIN.** mendigar, limosnear. **FAM.** pedido, petición, pedigüeño, pedida.

pedo *[n.m.]* aire que sale por el ano: *el bebé se tiró un pedo.* **AF.** ventosidad. **FAM.** pedorro, pedorreta.

pedrada *[n.f.]* golpe dado con una piedra.

pedregal *[n.m.]* terreno totalmente cubierto de piedras sueltas. **SIN.** pedriscal.

pedregoso, pedregosa *[adj.]* que tiene muchas piedras: *es un terreno demasiado pedregoso para una huerta.*

pedrusco *[n.m.]* trozo de piedra grande y al que no se le ha dado forma: *había un pedrusco en mitad del camino.* **SIN.** piedra.

pedúnculo *[n.m.]* rabillo que sostiene las flores o los frutos.

pega *[n.f.]* **1** lo que hace que algo sea más difícil de hacer, de conseguir o de solucionar: *le dieron el trabajo sin ponerle ninguna pega.* **SIN.** dificultad, obstáculo, inconveniente. **ANT.** facilidad. **2** pájaro blanco y negro al que también se llama *urraca.* ■ **de pega**, que no es lo que parece, sino que tiene truco o lleva sorpresa.

pegadizo, pegadiza *[adj.]* que se queda en la mente sin que uno quiera: *una canción pegadiza.* **FAM.** pegar.

pegajoso, pegajosa *[adj.]* **1** que se queda pegado a lo que toca: *los caracoles sueltan una baba pegajosa; la miel es un alimento pegajoso.* **SIN.** pringoso. **2** que resulta molesto porque está demasiado tiempo con uno o se pone de-

CONJUGACIÓN DEL VERBO PEDIR

Formas no personales

Infinitivo: *pedir.* Gerundio: *pidiendo.* Participio: *pedido.*

Indicativo

Presente: *pido, pides, pide, pedimos, pedís, piden.*

Pretérito imperfecto: *pedía, pedías, pedía, pedíamos, pedíais, pedían.*

Futuro: *pediré, pedirás, pedirá, pediremos, pediréis, pedirán.*

Condicional simple:

pediría, pedirías, pediría, pediríamos, pediríais, pedirían.

Subjuntivo

Presente: *pida, pidas, pida, pidamos, pidáis, pidan.*

Pretérito imperfecto: *pidiera/ pidiese, pidieras/ pidieses, pidiera/ pidiese, pidiéramos/ pidiésemos, pidierais/ pidieseis, pidieran/ pidiesen.*

Futuro: *pidiere, pidieres, pidiere, pidiéremos, pidiereis, pidieren.*

Imperativo:

pide, pida, pidamos, pedid, pidan.

masiado cerca de uno: *¡qué chico más pegajoso!* **SIN.** pesado, empalagoso.

pegamento *[n.m.]* pasta o líquido que sirve para que dos cosas queden pegadas: *pega los cromos con pegamento.* **SIN.** adhesivo. **AF.** cola, goma.

pegar *[v.]* **1** unir una cosa con otra por medio de pegamento o cola, de manera que no se pueda separar, o que para separarla haya que tirar con fuerza, romperla, mojarla, etc.: *pegó los sellos en el sobre.* **SIN.** adherir, fijar. **ANT.** despegar. TAMBIÉN *prnl.: se me pegó un chicle a la suela del zapato.* **2** poner una cosa tan cerca de otra que quedan tocándose: *no pegues la silla a la pared, que se roza.* **SIN.** arrimar, juntar. **ANT.** separar. **3** hacer que alguien llegue a tener una enfermedad o una costumbre que uno tiene: *le han pegado la gripe.* **SIN.** contagiar, transmitir, pasar. **4** dar golpes o bofetadas a una persona o un animal: *le pegó al perro con el periódico porque había mordido la alfombra.* **SIN.** golpear, zurrar. TAMBIÉN *prnl. rec.: estos chicos están todo el día pegándose.* **SIN.** pelearse. **5** dar un golpe, un tiro, un salto, un grito, un susto, etc.: *pegó un puñetazo en la pared.* **6** quedar bien una cosa cerca de otra, porque forman un conjunto agradable: *son los zapatos que mejor pegan con el vestido.* **SIN.** combinar, casar, entonar. **ANT.** desentonar. // **pegarse** *[v.prnl.]* **7** estar demasiado tiempo con uno, aunque a uno no le guste: *es un pesado que siempre se me pega.* ■ **no pegar ojo**, no dormir porque uno no lo consigue. **OBS.** ante e, gu: *peguen.* **FAM.** pega, pegajoso, pegamento, pegatina, pegadizo, pegote. **COMP.** despegar, apego.

pegatina *[n.f.]* trozo pequeño de papel o de plástico que se pega sobre una superficie sin tener que ponerle pegamento o cola porque ya lo tiene. **SIN.** adhesivo.

pegote *[n.m.]* **1** montón pequeño de alguna materia que se pega: *un pegote de chicle; un pegote de pegamento.* **2** cosa que no queda bien donde está porque hace feo o porque no tiene sentido: *una casa moderna junto a varias construcciones antiguas es un pegote; ese capítulo de la novela es un pegote que no viene a cuento.*

peinado *[n.m.]* cada una de las distintas formas de arreglarse el pelo.

peinar *[v.]* pasar el peine o el cepillo por el pelo para que quede ordenado o para ponerlo de una forma determinada: *la peinan en la peluquería.* **AF.** desenredar, cepillar. **ANT.** despeinar. TAMBIÉN *prnl.: ya sabe peinarse solo.* **FAM.** peine, peinado, peineta, peinador. **COMP.** despeinar.

peine *[n.m.]* objeto con púas pensado para meterlas entre el pelo y que quede desenredado y ordenado: *un peine de púas finas.*

peineta *[n.f.]* especie de peine que se usa para sujetar el pelo y adornar la cabeza: *las bailaoras flamencas suelen llevar peinetas de colores vivos.*

peladilla *[n.f.]* almendra pelada y envuelta en una capa de masa de azúcar.

pelado, pelada *[adj.]* **1** que no tiene piel, pelo, cáscara ni nada que cubra o envuelva su superficie: *cacahuetes pelados; una naranja pelada; una cabeza pelada.* **2** que no tiene vegetación: *este monte está pelado desde que se incendió.* **AF.** árido, seco. **ANT.** frondoso.

peladura *[n.f.]* piel de una fruta o una hortaliza que se ha separado de ella: *tira a la basura la peladura del plátano; peladuras de patata.* **SIN.** monda, mondadura.

pelaje *[n.m.]* conjunto del pelo que cubre el cuerpo de un animal: *el tigre tiene el pelaje liso, de color amarillo y rayas negras.* **FAM.** pelo.

pelar *[v.]* **1** quitar la piel, la cáscara o la corteza de algo: *pelar naranjas; pelar nueces; el corcho se obtiene pelando los troncos de los alcornoques.* **SIN.** mondar, descascarillar o descortezar. **2** dejar sin pelo: *antes de la operación le pelaron la cabeza.* **SIN.** rapar, rasurar, afeitar. **3** quitarle a un ave las plumas: *una máquina de pelar pollos.* **SIN.** desplumar. // **pelarse** *[v.]* **4** caérsele a uno trocitos de piel estropeada por el exceso de sol, cuando debajo de ella ha salido piel nueva: *si no te pones crema protectora te pelarás.* **FAM.** peladura, peladilla, pelado, piel, pelo.

peldaño *[n.m.]* cada una de las partes de una escalera en las que se apoyan los pies para subir o bajar: *se sentó en el último peldaño.* **SIN.** escalón.

pelea *[n.f.]* lo que hay cuando se lucha o cuando se discute con violencia: *hubo una pelea y alguien llamó a la policía.* **AF.** bronca, altercado, trifulca, enfrentamiento. **FAM.** pelear, peleón, peleador.

pelear *[v.]* 1 atacar y defenderse dos o más personas o animales entre sí: *los boxeadores pelean con los puños; los ejércitos enemigos pelean en el campo de batalla.* **SIN.** luchar, combatir, contender. 2 hacer lo necesario para conseguir lo que también quieren otros: *los deportistas pelean por el primer puesto.* **SIN.** enfrentarse, luchar, competir, contender, pugnar. 3 hacer lo posible por conseguir algo o para acabar con algo, cuando esto cuesta esfuerzo, tiempo, disgustos, etc.: *peleó durante meses para que le reconocieran sus derechos; pelear contra la droga.* **SIN.** luchar, batallar. 4 discutir violentamente: *se pasan el día peleando.* **SIN.** discutir, reñir. TAMBIÉN *prnl.: se pelea con su hermano por cualquier tontería.* // **pelearse** *[v.prnl.rec.]* 5 darse golpes: *¿queréis dejar de pelearos?* **SIN.** pegarse. 6 hacer que se acabe una relación normal con alguien: *se ha peleado con su familia.* **SIN.** enemistarse, reñir. **OBS.** e + e = ee: *peleen.*

peletería *[n.f.]* tienda donde se venden o se hacen prendas de piel: *en la peletería venden abrigos de piel.* **AMPL.** la persona que fabrica o vende prendas de piel se llama ***peletero***.

pelícano *[n.m.]* ave que vive cerca de los lagos, los ríos y el mar, mide alrededor de 130 centímetros de largo y tiene el pico muy largo y ancho del que cuelga una especie de bolsa rojiza en la que va poniendo los alimentos que coge para dárselos a sus polluelos.

película *[n.f.]* 1 cualquier cosa muy delgada que cubre algo: *sobre la sopa se formó una película de grasa.* **AF.** lámina, capa. 2 conjunto de imágenes que se muestran en una pantalla de cine o de televisión y que cuentan una historia: *una película de miedo; una película de amor.* **SIN.** film. **AMPL.** las películas que se hacen especialmente para ponerlas en televisión también se llaman ***telefilmes***. 3 lámina larga y estrecha que se pone en una cámara de fotos o de vídeo para que las imágenes queden grabadas en ella. **FAM.** peliculero, pelicular, piel.

peligrar *[v.]* estar de tal manera que puede romperse, estropearse o acabarse: *el jarrón peligra en el borde del mueble; aislados en la nieve, sus vidas peligraban.*—

peligro *[n.m.]* 1 lo que hay cuando es muy posible que pase algo malo: *no se puede encender hogueras porque hay peligro de incendio; aquí podéis nadar sin peligro.* **SIN.** riesgo. **ANT.** seguridad. 2 persona o cosa que puede hacer que ocurra algo malo: *fumar es un peligro para la salud.* **SIN.** amenaza, riesgo. **FAM.** peligrar, peligroso, peligrosamente, peligrosidad.

peligroso, peligrosa *[adj.]* que, por ser como es, puede ser la causa de que pase algo malo: *un camino estrecho y peligroso; es peligroso escalar si no se toman medidas de seguridad.* **AF.** arriesgado. **ANT.** seguro.

pelirrojo, pelirroja *[adj.]* que tiene el pelo de color rojizo: *las personas pelirrojas suelen tener la piel clara y pecosa.*

pelliza *[n.f.]* chaquetón de piel que por dentro tiene lana o pelo.

pelma *[n.inv. en gén.]* persona que siempre está molestando o haciendo o diciendo cosas que aburren a los demás: *son unos pelmas; no quiero ir con esa pelma.* **SIN.** pelmazo, pesado, plasta. TAMBIÉN *adj.: una persona pelma.* **FAM.** pelmazo. **COMP.** apelmazar.

pelo *[n.m.]* 1 lo que crece entre los poros de la piel de las personas y de algunos animales y que es muy delgado y más o menos largo: *a los chicos le salen pelos en la barbilla; los conejos tienen el pelo suave.* 2 conjunto de pelos que crecen en la cabeza de las personas: *se lava el pelo todos los días.* **SIN.** cabello, cabellera. 3 hilo que sobresale en algunos tejidos: *la lana de angora tiene pelo.* ■ **caérsele el pelo** a alguien, recibir un fuerte castigo. ■ **ponérsele** a alguien **los pelos de punta**, asustarse mucho. ■ **tomar el pelo**, engañar a alguien por diversión o para aprovecharse. ■ **no tener un pelo de tonto**, ser listo. **FAM.** pelón, peludo, pelar, peluquería, peluquero, peluca, peluquín, pelusa, pelambrera, pelambre, pelaje, peluche, piloso. **COMP.** pelirrojo, depilar.

pelón, pelona *[adj.]* que tiene poco pelo en la cabeza: *me encantan los bebés pelones.* **AF.** calvo. **ANT.** melenudo.

pelota *[n.f.]* 1 objeto hueco con forma de esfera que puede botar y se usa en muchos juegos: *una pelota de goma, de tenis, de golf...* **AMPL.** una pelota grande de goma es un ***pelotón***. 2 bola que se hace con cualquier material blando: *hizo una pelota con el papel y lo tiró a la papelera.* **SIN.** bola. ■ **hacer la pelota** a una persona, hacer o decir cosas que le gustan para conseguir algo de ella. ■ **pelota vasca**, deporte en el que los jugadores lanzan una pelota contra un frontón especial, utilizando una especie de pala o con las manos. **AMPL.** los jugadores de pelota vasca se llaman ***pelotaris***. **FAM.** pelotazo, pelotón, pelotillero, pelotari, pelotera. **COMP.** apelotonarse.

pelotillero, pelotillera *[adj.]* que hace lo posible por agradar a alguien para conseguir algo de él: *el profesor está harto de los niños pelotilleros.* **AF.** zalamero, adulador.

pelotón *[n.m.]* **1** pequeño grupo de soldados que está a las órdenes de un sargento o de un cabo: *el pelotón recibió orden de marchar.* **2** grupo de personas que avanzan juntas en una carrera, especialmente si se trata de ciclistas: *Induráin iba a gran distancia del pelotón.* **3** pelota grande de goma: *con un pelotón se puede jugar a muchas cosas.* **PL.** *pelotones.*

peluca *[n.f.]* cabellera artificial que cubre la cabeza para que parezca el pelo de uno o para disfrazarse: *llevaba peluca y gafas de sol para que no la reconocieran.* **SIN.** postizo, cabellera postiza. **AF.** bisoñé, peluquín.

peluche *[n.m.]* tela muy suave con pelos más o menos largos: *un osito de peluche.*

peludo, peluda *[adj.]* que tiene muchos pelos: *tiene las piernas peludas.* **SIN.** velludo, velloso. **AMPL.** si tiene muchos pelos en la cabeza y muy largos se dice ***melenudo***.

peluquería *[n.f.]* sitio al que uno puede ir para que le laven el pelo, se lo corten, se lo arreglen o le hagan un peinado.

peluquero, peluquera *[n.]* persona que trabaja en una peluquería cortando y arreglando el pelo.

peluquín *[n.m.]* peluca que no cubre toda la cabeza: *lleva un peluquín porque está quedándose calvo.* **SIN.** bisoñé, postizo. **PL.** *peluquines.*

pelusa *[n.f.]* **1** conjunto de pelos cortos, muy finos y suaves: *nació con la cabeza cubierta de una pelusa rubia.* **2** conjunto de bolitas suaves y ligeras que se forman por el polvo y la suciedad: *hay mucha pelusa detrás del armario.* **SIN.** tamo. **3** hilos finos y muy cortos que sueltan algunos tejidos: *esta toalla suelta pelusa.*

pelvis *[n.f.]* espacio que queda al final del tronco de las personas y de algunos animales, rodeado por un conjunto de huesos que forman una especie de circunferencia deformada y en el que están el final del tubo digestivo, la vejiga urinaria y, en las hembras, algunos órganos genitales. **FAM.** pélvico, pelviano.

pellejo *[n.m.]* **1** piel que se separa del cuerpo de un animal: *compraba los pellejos para fabricar bolsos.* **SIN.** piel, cuero. **2** recipiente de cuero hecho con la piel entera de un animal y que se usa para meter vino o aceite. **SIN.** odre, cuero. **FAM.** pellejería, pellejero, piel. **COMP.** despellejar.

pellizcar *[v.]* **1** coger un poco de piel y de carne con los dedos índice y pulgar y apretar: *le pellizcó cariñosamente la mejilla.* **2** comer un poco de algo: *estuvo pellizcando en la cocina y ahora no tiene hambre.* **SIN.** picar, picotear. **OBS.** ante e, qu: *pellizquen.* **FAM.** pellizco, piel.

pellizco *[n.m.]* **1** lo que se da cuando se pellizca: *me dio un pellizco y me hizo daño.* **2** cantidad pequeña de algo que se coge con los dedos índice y pulgar: *cogió un pellizco del bocadillo para probarlo.* **SIN.** pizca*.

pena *[n.f.]* **1** castigo que se le impone a alguien por haber cometido una falta o un delito: *hay penas muy duras por conducir borracho.* **SIN.** castigo, condena, sanción. **ANT.** recompensa, premio. **2** lo que se siente cuando se está triste por alguna desgracia: *la pena no lo deja vivir.* **SIN.** tristeza*. **3** lo que siente uno por la desgracia de otro y que hace que le entren ganas de ayudarlo: *esa pobre gente da mucha pena.* **SIN.** lástima, compasión. **AF.** misericordia. **4** lo que siente uno ante algo que le gustaría que fuera de otra manera: *le da pena no poder hacerlo.* **SIN.** lástima. **AF.** disgusto. **ANT.** satisfacción. **5** lo que es distinto de como a uno le gustaría que fuera: *es una pena que no puedan venir.* **SIN.** lástima. ■ **valer la pena o merecer la pena**, ser algo tan bueno que compensa algún esfuerzo. **FAM.** penal, penalista, penado, ***penar*** (sufrir), penoso, penosamente, penalizar, penalización. **COMP.** apenar, apenas.

penal *[n.m.]* **1** edificio en el que se encierra a quien tiene que cumplir una pena por haber cometido algún delito. **SIN.** cárcel, prisión, penitenciaría, presidio. // **penal** *[adj.inv. en* *gén.]* 2 relacionado con los castigos que se le imponen a quien ha cometido algún delito: *para ser abogado hay que estudiar derecho penal.*

penalti *[n.m.]* falta que comete un jugador de fútbol en su propia área y que se penaliza dándole al equipo contrario la oportunidad de lanzar la pelota directamente a la portería para intentar marcar un gol.

penar *[v.]* sufrir.

pender *[v.]* estar colgado: *la lámpara pende del techo.* **SIN.** colgar. **FAM.** pendiente, péndulo, pendular. **COMP.** depender, suspender.

pendiente *[adj.inv. en gén.]* 1 que está colgando: *este botón está pendiente de un hilo.* 2 que está sin hacer o sin resolver: *tengo un asunto pendiente con vosotros; un trabajo pendiente de hacer.* // **pendiente** *[n.f.]* 3 terreno inclinado: *subieron por una pendiente muy pronunciada.* **SIN.** cuesta, declive. // **pendiente** *[n.m.]* 4 objeto de adorno para las orejas: *unos pendientes de oro.* **AF.** arete, zarcillo.

péndulo *[n.m.]* objeto pesado que cuelga de un punto y oscila de un lado a otro movido por su propio peso: *este reloj de pared funciona con un péndulo.*

pene *[n.m.]* parte del cuerpo del hombre que sirve para orinar y para reproducirse. **SIN.** falo.

penetrar *[v.]* entrar a través de un material, o en un sitio cuando hay obstáculos o dificultades: *el agua penetró en la madera y la estropeó; penetraron en la selva con mucho esfuerzo.* **SIN.** entrar, meterse, introducirse. **FAM.** penetración, penetrante, penetrabilidad, penetrantemente. **COMP.** compenetrarse, impenetrable.

penicilina *[n.f.]* medicamento que sirve para tratar muchas infecciones: *la penicilina es el primer antibiótico que se conoció.*

península *[n.f.]* territorio rodeado de agua excepto por una parte que va unida al continente: *en la Península Ibérica están España y Portugal.* **FAM.** peninsular, peninsularidad.

peninsular *[adj.inv. en gén.]* que tiene que ver con las penínsulas porque está en una península, es de una península o suele darse en las penínsulas: *España es un país peninsular; costumbres peninsulares.* TAMBIÉN *n.*: *los peninsulares.*

penitencia *[n.f.]* 1 sacramento por el que, en la religión católica, el sacerdote perdona los pecados de quien se los confiesa, se arrepiente de ellos y se compromete a cumplir lo que él le impone. 2 lo que manda el sacerdote cuando uno se confiesa, como castigo por los pecados: *me puso tres padrenuestros de penitencia.* 3 lo que uno tiene que hacer o soportar sin que le apetezca: *andar con zapatos pequeños es una penitencia.* **AF.** castigo. **INTENS.** tormento, suplicio, calvario. **ANT.** placer. **FAM.** penitencial, penitenciario, penitenciaría, penitente. **COMP.** ***impenitente*** (que no se arrepiente de sus errores).

penoso, penosa *[adj.]* que da pena porque está muy mal: *la paliza lo dejó en un estado penoso; su situación económica es penosa.* **SIN.** deplorable, lamentable, lastimoso.

pensador, pensadora *[adj.]* persona que dedica mucho tiempo a pensar sobre temas importantes de la vida, de la sociedad, de los problemas mundiales, etc. y a escribir o hablar sobre cómo ve las cosas y cómo cree que podrían solucionarse: *Rousseau fue un gran pensador.* **SIN.** filósofo, intelectual.

pensamiento *[n.m.]* 1 cada una de las imágenes que van pasando por la mente cuando se está despierto y que uno puede ir relacionando con otra: *pensamientos agradables, tristes, alegres...* **SIN.** idea. 2 conjunto de todas las cosas que se tienen en la mente y de las que uno se da cuenta: *no lo puedo apartar de mi pensamiento.* **SIN.** mente, cabeza. 3 lo que uno opina sobre algo: *respeta los pensamientos de los demás aunque no coincidan con los tuyos.* **SIN.** opinión, idea, creencia. 4 manera de pensar una persona o un grupo de personas: *pensamiento práctico, romántico, cristiano...* **AF.** filosofía. 5 frase corta que resume alguna idea: *un libro de pensamientos de personas famosas.* **SIN.** sentencia, aforismo, máxima.

pensar *[v.]* 1 relacionar con la mente ideas o imágenes para entretenerse o para llegar a alguna conclusión: *¿podrán pensar los recién nacidos?; estoy pensando en la manera de solucionar el problema; piensa en las ventajas e inconvenientes.* **SIN.** reflexionar, razonar, discurrir, meditar, cavilar. **GRAM.** todos los sinónimos se unen al complemento directo con las preposiciones *sobre* o *acerca de*: *reflexiona acerca de las ventajas e inconvenientes.* 2 formar ideas o imágenes en la mente: *le gusta pensar* *que será un éxito; no pienses cosas tristes.* **AF.** imaginar. 3 tener decidido hacer algo: *piensan ir de viaje.* **CONJUG.** como *acertar**. **FAM.** pensamiento, pensativo, pensador, pensante. **COMP.** impensable.

pensativo, pensativa *[adj.]* que está pensando algo y no se da cuenta de otras cosas: *algo le pasa, porque está muy pensativo.*

pensión *[n.f.]* 1 hotel pequeño o casa donde pueden vivir huéspedes pagando cierta cantidad de dinero por comer y dormir: *durante el curso vive en una pensión.* **SIN.** fonda, casa de huéspedes. 2 dinero que se paga por vivir en una fonda, en un colegio, etc.: *debe la pensión de tres meses.* 3 cantidad de dinero que el Estado o una empresa le paga regularmente a una persona que ya no trabaja, para que pueda vivir: *los jubilados cobran una pensión del Estado.* **AF.** subsidio, ayuda, jubilación, retiro. ■ **pensión completa**, derecho a tener habitación y todas las comidas del día en un hotel, una fonda, un colegio, etc. ■ **media pensión**, derecho a habitación, desayuno y una comida, en un hotel, una fonda, un colegio, etc. **PL.** *pensiones.* **FAM.** pensionista, pensionado, pensionar.

pensionista *[n.inv. en gén.]* 1 persona que cobra una pensión del Estado: *un viaje organizado para pensionistas.* **SIN.** jubilado, retirado. 2 persona que paga una pensión por hospedarse en una fonda, en un colegio, etc.: *en este colegio se admiten pensionistas.* **SIN.** interno. **AMPL.** los que comen en un colegio, pero duermen en casa se llaman ***medio pensionistas***.

pentagonal *[adj.inv. en gén.]* que tiene forma de pentágono: *un edificio pentagonal.*

pentágono *[n.m.]* polígono que tiene cinco lados y los correspondientes cinco ángulos. **FAM.** pentagonal.

pentagrama *[n.m.]* conjunto de cinco líneas horizontales, paralelas y a la misma distancia unas de otras, sobre el que se escriben las notas y todos los signos con los que se representa una composición musical.

pentatlón *[n.m.]* competición deportiva que consta de cinco pruebas de atletismo, saltos, carreras y lanzamientos de disco y de jabalina. **PL.** *pentatlones.*

penúltimo, penúltima *[adj.]* que va antes del último: *noviembre es el penúltimo mes del año; la penúltima fila.*

penumbra *[n.f.]* lo que hay en un sitio por el hecho de que le llegue poca luz: *al atardecer, con las lámparas apagadas, la sala está en penumbra.* **FAM.** penumbroso.

peña *[n.f.]* 1 piedra muy grande que sobresale del suelo: *desde aquella peña se ve el río.* **SIN.** roca, peñasco, piedra. 2 grupo de personas que se reúnen de vez en cuando porque tienen intereses o gustos comunes: *una peña de fútbol; una peña de amigos.* **AF.** pandilla, círculo, club. **FAM.** peñón, peñasco. **COMP.** despeñadero.

peñasco *[n.m.]* peña muy grande y alta en la tierra o en el mar: *el acantilado está formado por enormes peñascos.* **SIN.** roca, peña.

peñón *[n.m.]* peña tan grande que llega a formar una montaña: *en el sur de la Península Ibérica está el peñón de Gibraltar.* **PL.** *peñones.*

peón *[n.m.]* 1 pieza del ajedrez que tiene menos posibilidades de movimiento: *cada jugador tiene ocho peones.* 2 persona que realiza un trabajo para el que no se necesita una preparación especial: *un peón de albañil.* 3 juguete de forma parecida a la de un higo, de madera y con punta de metal, que se lanza enrollándolo con una cuerda y soltándolo para que dé vueltas sobre sí mismo. **SIN.** trompo, peonza. **AMPL.** la punta de hierro se llama ***rejón*** y hacer girar el peón es ***bailarlo***. **PL.** *peones.* **FAM.** peonada, peonaje, peonza.

peonía *[n.f.]* planta silvestre que también puede cultivarse en jardines y cuyas flores, grandes, rojas, rosadas o blancas, bonitas pero sin perfume, también se llaman *peonías.*

peonza *[n.f.]* 1 juguete de madera con forma de cono, que se hace bailar sobre el vértice, girando con fuerza una especie de rabito que tiene en la parte opuesta a él, agarrándolo con los dedos índice y pulgar. **SIN.** perindola. 2 peón* (acepción 3): *enrolló la cuerda e hizo bailar la peonza.* 3 juguete parecido a un peón pero sin punta de metal, que se hace girar golpeándolo con un látigo.

peor *[adj.inv. en gén.]* 1 que no es tan bueno como algo con lo que se está comparando: *un libro peor que otro; una casa peor que otra.* **ANT.** mejor. **GRAM.** es el comparativo de *superioridad* del adjetivo *malo*. 2 que es (o le parece a uno) el menos bueno, menos interesante, menos conveniente, etc. de todos: *tuvo las peores notas de la clase; es su peor traje; el peor precio*. **GRAM.** es el *superlativo relativo* del adjetivo *malo*. TAMBIÉN *pron.*: *eligió el peor porque era más barato*. // **peor** *[adv. de m.]* 3 de tal manera que no resulta tan bueno como algo con lo que se está comparando: *ayer te salió peor que hoy; este está peor rematado*. **GRAM.** es el *superlativo* del adverbio *mal*. **FAM.COMP.** empeorar, empeoramiento.

pepinillo *[n.m.]* variedad de pepino que es un fruto pequeño y se mete en vinagre para que se conserve. **FAM.** pepino, pepinar.

pepino *[n.m.]* planta de huerta y su fruto, que es una especie de cilindro alargado, verde por fuera y blanco por dentro y normalmente se come crudo.

pepita *[n.f.]* 1 cada una de las semillas casi siempre alargada y a veces plana, que tienen dentro algunas frutas como las peras, las sandías, las calabazas, etc. **SIN.** pipa. 2 trozo muy pequeño de algún metal, que se encuentra con forma parecida a la de las pepitas: *pepitas de oro*. **FAM.** pepitoso. **COMP.** despepitar.

peplo *[n.m.]* prenda de vestir sin mangas, amplia y abrochada sobre los hombros, que usaban las mujeres en la antigua Grecia. **SIN.** túnica.

pequeñez *[n.f.]* 1 lo que hace que digamos que una cosa es pequeña: *la pequeñez de una moneda*. 2 cosa sin importancia: *no discutamos por pequeñeces*. **SIN.** minucia*. **PL.** *pequeñeces*.

pequeño, pequeña *[adj.]* 1 que mide poco: *un coche pequeño; una casa pequeña; una mujer pequeña; un pueblo pequeño*. **SIN.** chico. **INTENS.** diminuto, minúsculo. **ANT.** grande. 2 que tiene poca importancia: *una pequeña ayuda; una pequeña cantidad de algo*. **INTENS.** insignificante, inapreciable, desdeñable. **ANT.** grande, importante, considerable. **OBS.** el superlativo es ***mínimo***. 3 que dura poco tiempo: *hicieron un pequeño viaje de fin de semana*. **SIN.** corto, breve. **ANT.** largo, prolongado. 4 que hace pocos años que ha nacido: *tiene dos hijos pequeños*. **SIN.** menor. **ANT.** mayor, adulto. // **pequeño, pequeña** *[n.]* 5 persona que está en la niñez: *este programa le encanta a los pequeños*. **SIN.** niño, chiquillo, chaval. **ANT.** mayor, adulto. **FAM.** pequeñez. **COMP.** empequeñecer.

pequinés, pequinesa *[adj.]* 1 de Pequín, que es la capital de China: *calles pequinesas*. TAMBIÉN *n.*: *los pequineses son orientales*. 2 de una raza de perros que se llama así y es de origen chino, tamaño pequeño, pelo largo, patas cortas, ojos saltones y hocico corto: *perro pequinés*. TAMBIÉN *n.*: *tiene un pequinés*.

pera *[n.f.]* fruto del peral, que es una fruta jugosa, verde o amarilla por fuera y blanca por dentro, que es estrecha cerca del tallo y ancha y redondeada en el extemo opuesto. **AMPL.** las peras son un fruto del tipo que se llama ***pomo****. **FAM.** peral, perilla, peruco, peraleda.

peral *[n.m.]* árbol que da peras: *en el huerto hay perales y manzanos*.

perca *[n.f.]* pez de color verdoso con rayas oscuras, que vive en los ríos y en los lagos de Europa y Asia y puede medir hasta 30 centímetros de longitud.

percance *[n.m.]* cosa desagradable pero no muy grave que pasa de forma inesperada: *una caída sin malas consecuencias puede ser un percance gracioso*.

percatarse *[v.prnl.]* darse cuenta de algo: *nadie se había percatado del peligro*. **SIN.** notar* (acepción 2).

percebe *[n.m.]* marisco muy apreciado por su sabor, que tiene forma alargada, piel dura y áspera y un caparazón blanco, pequeño y en forma de uña en un extremo.

percha *[n.f.]* 1 objeto con forma parecida a la de la parte superior de la espalda, pensado para colocar en él prendas de vestir y colgarlo de una barra: *cuelga la chaqueta en una percha del armario.* 2 objeto sujeto a una pared, en el que se pueden colgar bolsos, prendas de vestir por la parte correspondiente al cuello, etc.: *en la clase hay una fila de perchas para los abrigos de los niños.* **FAM.** perchero. **COMP.** empercharr.

perchero *[n.m.]* objeto o mueble con varias perchas: *un perchero con forma de árbol; este perchero tiene perchas, una repisa para los sombreros y un sitio para los paraguas.*

percibir *[v.]* 1 recibir dinero por algo: *percibirán una buena cantidad por este trabajo; el Estado percibe muchos millones de impuestos.* **SIN.** cobrar. **AF.** recaudar, ganar. **ANT.** pagar, abonar. 2 darse cuenta de algo por medio de los sentidos: *percibir olores, sonidos...; percibir con el tacto la aspereza de un material.* **SIN.** captar, apreciar. 3 darse cuenta de una idea o de una situación: *nadie percibió la gravedad del asunto.* **SIN.** comprender, notar* (acepción 2). **FAM.** percepción, perceptible, perceptivo, perceptiblemente, perceptor, perceptibilidad. **COMP.** imperceptible.

percusión *[n.f.]* lo que se produce al golpear algo. ■ **instrumento de percusión**, instrumento musical que suena al golpearlo. **FAM.** percusionista, percutir, percutor. **COMP.** repercutir. (VER fig. p. 750.)

percusionista *[n.inv. en gén.]* persona que toca un instrumento de percusión.

percutir *[v.]* dar varios golpes seguidos con rapidez.

perdedor, perdedora *[n.]* 1 persona que pierde en una competición, unas elecciones, un concurso, una pelea, etc.: *el perdedor recibió un premio de consolación.* **SIN.** derrotado, vencido. **ANT.** ganador, vencedor. TAMBIÉN *adj.*: *equipo perdedor.* 2 persona que queda en peor situación que otra: *fue el perdedor en el reparto.* **SIN.** perjudicado, dañado.

perder *[v.]* 1 llegar a no saber dónde está algo que uno tenía: *perdió el paraguas; perder un libro.* **SIN.** extraviar. **ANT.** encontrar. 2 quedarse sin algo que se tenía: *perdió mucho dinero en el juego.* **ANT.** ganar, conseguir. 3 dejar de aprovechar algo: *no pierdas el tiempo hablando con ellos, que no conseguirás nada.* **SIN.** malgastar, despediciar. 4 conseguir menos puntos o menos tantos que otros en un juego, una competición, etc.: *siempre pierde jugando al parchís.* **ANT.** ganar. 5 quedarse sin una persona querida porque se ha muerto: *perdió a sus padres en un accidente.* 6 hacerse peor en algún aspecto: *este pueblo ha perdido mucho desde que cerraron la estación.* **SIN.** decaer, empeorar. **ANT.** mejorar, ganar. // **perderse** *[v.]* 7 no saber uno dónde está exactamente o por dónde tiene que ir para llegar a donde quiere: *la niña lloraba porque se había perdido.* **AF.** desorientarse. 8 dejar de estar a la vista: *el avión se perdió entre las nubes.* **SIN.** desaparecer. **ANT.** aparecer, surgir. ■ **perder el respeto**, dejar de tratar a alguien con educación o consideración. ■ **perder la razón**, volverse loco. **FAM.** perdedor, pérdida, perdición, perdidamente, perdulario. **COMP.** imperdible, desperdiciar.

CONJUGACIÓN DEL VERBO PERDER

Formas no personales

Infinitivo: *perder.* Gerundio: *perdiendo.* Participio: *perdido.*

Indicativo

Presente: *pierdo, pierdes, pierde, perdemos, perdéis, pierden.*

Pretérito imperfecto: *perdía, perdías, perdía, perdíamos, perdíais, perdían.*

Pretérito perfecto simple: *perdí, perdiste, perdió, perdimos, perdisteis, perdieron.*

Futuro: *perderé, perderás, perderá, perderemos, perderéis, perderán.*

Condicional simple:

perdería, perderías, perdería, perderíamos, perderíais, perderían.

Subjuntivo

Presente: *pierda, pierdas, pierda, perdamos, perdáis, pierdan.*

Pretérito imperfecto: *perdiera/ perdiese, perdieras/ perdieses, perdiera/ perdiese, perdiéramos/ perdiésemos, perdierais/ perdieseis, perdieran/ perdiesen.*

Futuro: *perdiere, perdieres, perdiere, perdiéremos, perdiereis, perdieren.*

Imperativo:

pierde, pierda, perdamos, perded, pierdan.

pérdida *[n.f.]* 1 hecho de que se deje de tener algo que se tenía y que se apreciaba: *la pérdida de libertad es algo terrible.* **SIN.** privación, desaparición. **ANT.** obtención, adquisición. 2 hecho de que muera una persona a la que se quiere: *sufrió mucho por la pérdida de sus seres queridos.* **SIN.** desaparición, fallecimiento, muerte. 3 lo que hay cuando se gasta más dinero del que se gana: *la empresa ha tenido mu-*

instrumentos de percusión

chas pérdidas. **ANT.** ganancias, beneficios. **4** lo que hay cuando algo disminuye: *su pérdida de peso es preocupante.* **SIN.** reducción, disminución, mengua. **ANT.** aumento, incremento. ■ **no tener pérdida**, ser fácil de encontrar.

perdigón *[n.m.]* **1** cada una de las bolitas de plomo con las que se cargan algunas escopetas. **2** cría de la perdiz. **PL.** *perdigones.*

perdiguero, perdiguera *[adj.]* que caza perdices, especialmente si es un animal: *un perro perdiguero; un águila perdiguera.*

perdiz *[n.f.]* ave con plumaje de color pardo con manchas blancas, cuerpo rechoncho y cola corta, muy apreciada por los cazadores. **FAM.** perdiguero, perdigón, perdigonazo. **COMP.** desperdigar.

perdón *[n.m.]* **1** lo que se le pide a quien se ha ofendido (o creado algún problema), para que sepa que uno lo siente y le gustaría no haberlo hecho: *pidió perdón a sus padres por su mal comportamiento.* **SIN.** disculpas. **AF.** clemencia. TAMBIÉN se usa esta palabra para dar a entender que uno siente tener que molestar: *¡perdon!, no quería interrumpir pero...* **2** lo que se da a alguien al permitirle no cumplir un castigo o una obligación: *consiguió el perdón de la deuda; el gobierno concedió el perdón al condenado.* **AMPL.** si las autoridades conceden el perdón de una pena a una persona, también se llama ***indulto*** y si es a muchas personas a la vez, ***amnistía***. **FAM.** perdonar. **COMP.** imperdonable, perdonavidas.

perdonavidas *[n.inv. en gén. y núm.]* persona que presume de lo que no es, se las da de valiente y trata a los demás como si fueran seres inferiores: *no seas perdonavidas.* **SIN.** fanfarrón.

perdonar *[v.]* **1** dejar de tenerle en cuenta a alguien algo malo que ha hecho: *te perdonaré por lo que dijiste; el sacerdote perdona los pecados.* **AF.** disculpar, excusar, olvidar. **ANT.** castigar. **2** dejar que alguien no cumpla una obligación o un castigo, o que no pague una deuda: *me perdonó el dinero que le debía.* **AF.** eximir de, dispensar de.

perdurar *[v.]* seguir pasando o seguir existiendo durante mucho tiempo: *hay costumbres que perduran durante siglos; su recuerdo perdurará para siempre en nuestra memoria.* **SIN.** permanecer, persistir, durar. **ANT.** desaparecer. **FAM.** perdurable, perdurabilidad, perdurablemente, durar.

peregrinar *[v.]* ir a un lugar sagrado andando, de rodillas, o de otra forma, por devoción o por otro motivo religioso: *los enfermos peregrinaron a Lourdes.*

peregrino, peregrina *[n.]* **1** persona que viaja a un lugar santo por un motivo religioso: *durante el Año Santo Compostelano miles de peregrinos hacen el camino de Santiago.* **AF.** viajero, caminante. // **peregrino, peregrina** *[adj.]* **2** que va de un lugar a otro en las distintas épocas del año, buscando el clima apropiado: *las cigüeñas y las golondrinas son aves peregrinas.* **SIN.** migratorio. **3** que se sale de lo normal y no tiene mucho sentido: *tiene ideas peregrinas.* **AF.** raro, extraño, singular. **FAM.** peregrinar, peregrinación, peregrinaje, peregrinamente.

perejil *[n.m.]* planta que tiene las hojas pequeñas y recortadas y que se usa para dar sabor a algunas comidas o para adornar algunos platos: *le puso a los filetes ajo y perejil.* **FAM.COMP.** ***emperejilar*** (arreglar a alguien adornándolo mucho), emperejilamiento.

perenne *[adj.inv. en gén.]* **1** que permanece verde durante el invierno, sin caerse o sin perder las hojas: *los pinos son árboles de hoja perenne; una planta perenne.* **ANT.** caduco. **2** que nunca deja de existir: *la belleza de las obras de arte es perenne; un conflicto perenne.* **SIN.** eterno, permanente. **ANT.** pasajero, perecedero. **FAM.** perennidad, perennemente.

pereza *[n.f.]* lo que tiene uno cuando no le apetece moverse ni hacer nada: *tengo tanta pereza que me pasaría la tarde mano sobre mano.* **SIN.** vaguería, desgana, holgazanería. **AF.** apatía. ■ **dar pereza** algo, no apetecerle a uno hacerlo. **FAM.** perezoso, perezosamente. **COMP.** desperezarse, emperezar.

perezoso, perezosa *[adj.]* **1** que no hace lo que tiene que hacer porque le molesta trabajar y nunca tiene ganas de esforzarse: *se levanta tarde porque es muy perezoso.* TAMBIÉN *n.*: *es una perezosa.* **SIN.** vago, holgazán. **AF.** zángano. **ANT.** trabajador, activo. **2** que en un momento determinado no tiene ganas de hacer ningún esfuerzo: *hoy está perezoso.* **SIN.** vago, desganado. **ANT.** activo, diligente. // **perezoso** *[n.m.]* **3** animal sin dientes, parecido a un mono, que se mueve muy despacio y vive en los árboles de América Central y América del Sur.

perfección *[n.f.]* lo que tienen las cosas cuando son tan buenas o tan bonitas o están tan bien hechas que no tienen ningún defecto: *el artista quiere conseguir la perfección en su obra.* **ANT.** imperfección. ■ **hacer** algo **a la perfección**, hacerlo de tal manera que no podría hacerse mejor.

perfeccionamiento *[n.m.]* lo que se hace para mejorar la calidad o el estilo de algo: *sabe nadar pero va a clases de perfeccionamiento.* **SIN.** mejora. **ANT.** empeoramiento.

perfeccionar *[v.]* **1** hacer que algo que está bien o es bueno, llegue a estar o a ser mejor: *es buen jugador pero debe perfeccionar su técnica.* **SIN.** mejorar, afinar. **ANT.** empeorar, estropear. **2** hacer lo último que hay que hacer para que algo quede bien: *la novela está terminada pero falta perfeccionarla.* **SIN.** perfilar, rematar, retocar, dar los últimos toques.

perfecto, perfecta *[adj.]* que es tan bueno que no podría ser mejor: *un trabajo perfecto; una obra perfecta.* **SIN.** inmejorable, impecable. **ANT.** imperfecto, defectuoso. **FAM.** perfectamente, perfección, perfeccionar, perfeccionamiento, perfeccionista, perfeccionismo. **COMP.** imperfección, desperfecto.

perfil *[n.m.]* **1** lo que se ve cuando se mira algo de manera que sólo se ve una de sus mitades laterales: *la nariz respingona le da gracia a su perfil.* **2** forma de algo, especialmente cuando se distinguen sus bordes pero no los detalles: *al anochecer se ve a lo lejos el perfil de los edificios.* **SIN.** contorno, silueta. **3** conjunto de las características que tiene una persona o una cosa, y que da una idea de cómo es: *a través de su conversación fue trazando un perfil muy completo de su amigo.* **4** remate de los bordes de algo, que puede estar trabajado en la misma pieza o añadido aparte, como reborde: *el perfil de un dibujo; los perfiles de una estantería.* ■ **de perfil**, colocado de tal manera que sólo se ve un lado de la cara o del cuerpo. **FAM.** perfilar, perfilamiento, perfiladamente, perfilador.

perfilar *[v.]* **1** hacer lo último que hay que hacer para que algo quede bien: *la novela está terminada pero falta perfilarla.* **SIN.** perfeccionar* (acepción 2). **2** definir los contornos o los rasgos generales de algo: *perfilar un dibujo; perfiló el proyecto, sin entrar en detalles.*

perforación *[n.f.]* lo que se hace para agujerear algo (*la perforación de las orejas ya no es dolorosa*) y hoyo profundo o agujero que queda (*un pozo de petróleo es una perforación en la superficie de la Tierra*). **PL.** *perforaciones.*

perforar *[v.]* agujerear*: *hicieron un pozo perforando el suelo.* **FAM.** perforación, perforamiento, perforador.

perfumar *[v.]* hacer que algo o alguien huela bien: *este jazmín perfuma todo el patio.* **SIN.** aromatizar. TAMBIÉN *prnl.*: *le gusta perfumarse antes de salir.*

perfume *[n.m.]* **1** característica que hace que algo huela de forma agradable: *el perfume de las rosas.* **SIN.** aroma, fragancia, olor. **2** líquido con buen olor muy concentrado, que uno se pone en pequeñas cantidades para oler bien: *este frasquito de perfume es carísimo.* **AF.** colonia, esencia. **FAM.** perfumar, perfumería, perfumador, perfumero.

perfumería *[n.f.]* tienda en la que se venden perfumes, colonias y otros productos para arreglarse: *en las perfumerías venden cremas bronceadoras.*

pergamino *[n.m.]* piel de cordero, de cabra o de carnero, sin pelo y bien limpia, seca y estirada, sobre la que se escribía antiguamente y con la que se encuadernaban libros: *en la biblioteca hay pergaminos muy antiguos.* **AMPL.** su nombre se debe a que se fabricó por primera vez en la ciudad de Pérgamo (Italia). **FAM.** pergamíneo. **COMP.** apergaminar, empergaminar.

peri- prefijo que significa *alrededor.*

pericia *[n.f.]* conocimientos y habilidad para hacer o manejar algo muy bien: *tiene mucha pericia al volante de coches de carreras; en sus novelas se nota su pericia como escritor.* **SIN.** destreza, maestría. **AF.** habilidad, maña. **ANT.** torpeza. **FAM.** pericial, pericialmente, perito. **COMP.** impericia.

periferia *[n.f.]* parte que está alrededor de una ciudad, alejada del centro: *vive en un barrio de la periferia.* **SIN.** afueras, alrededores, cercanías. **ANT.** centro. **FAM.** periférico, periféricamente.

perilla *[n.f.]* pelos que se dejan crecer en la barbilla. ■ **de perillas**, estupendamente, porque llega justo cuando se necesita.

perímetro *[n.m.]* medida del borde de una superficie o de una figura: *el perímetro de un polígono se calcula sumando las medidas de todos los lados.* **FAM.** perimétrico, perimetral, perimetralmente.

periódico, periódica *[adj.]* 1 que ocurre o que se hace cada cierto tiempo: *el dentista le hace revisiones periódicas.* // **periódico** *[n.m.]* 2 conjunto de hojas de un papel especial (que se llama *papel de periódico*) que contiene noticias, artículos, anuncios, etc. y que se publica cada cierto tiempo: *compra el periódico todas las mañanas; en la universidad publican un periódico semanal.* **SIN.** rotativo; diario o semanario.

periodismo *[n.m.]* 1 carrera que estudian las personas que quieren ser periodistas. 2 trabajo que realizan los periodistas: *se dedica al periodismo internacional.*

periodista *[n.inv. en gén.]* persona que trabaja para un periódico, para una revista o para una emisora de radio o de televisión, informando de lo que ocurre en el mundo, haciendo reportajes, escribiendo artículos, etc.: *una periodista entrevistó al presidente.* **AMPL.** el periodista que se dedica a hacer reportajes es un ***reportero*** y el que trabaja en una ciudad o un país distinto del del periódico o la revista para la que trabaja, ***corresponsal***.

periodo *[n.m.]* 1 espacio de tiempo en el que ocurre o en el que se hace alguna cosa determinada: *la infancia es un periodo de la vida.* **SIN.** época, etapa. 2 tiempo que tarda un proceso o un fenómeno físico en recorrer todas sus fases y comenzar a repetirse: *el periodo lunar es de 28 días.* **AF.** ciclo. 3 grupo de cifras decimales que se repiten en el mismo orden e indefinidamente, sin dejar de repetirse nunca. 4 pérdida de sangre por la vagina que tienen las mujeres y las hembras de algunos animales todos los meses: *tuvo el periodo por primera vez a los trece años.* **SIN.** regla, menstruación. TAMBIÉN se dice *período.* **FAM.** periodicidad, periódico, periódicamente, periodismo, periodista, periodístico, periodísticamente.

período *[n.m.]* periodo*.

peripecia *[n.f.]* cosa inesperada y normalmente divertida que le ocurre a alguien: *los niños se divertían con las peripecias de su héroe.* **SIN.** aventura.

periquito *[n.m.]* pájaro del tipo del loro pero más pequeño: *algunos periquitos saben repetir palabras.* **FAM.** perico, periquete, pericón.

periscopio *[n.m.]* aparato formado por un tubo que termina en ángulo recto y tiene dentro un juego de espejos, por el que se puede ver lo que está encima de uno, fuera del alcance de la vista: *el periscopio permite ver la superficie del mar desde un submarino sumergido.* **FAM.** periscópico.

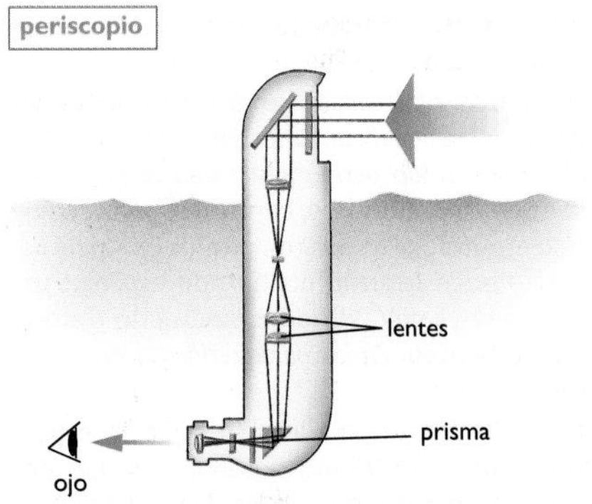

perito, perita *[n.]* 1 persona que entiende mucho de algo concreto: *es un perito de las finanzas.* **SIN.** experto, entendido. **ANT.** inexperto, desconocedor. 2 que tiene un título de ingeniería técnica: *perito industrial; perito agrícola; perito mercantil.* **FAM.** peritar, peritación, peritaje, pericia.

perjudicar *[v.]* producir algún daño en algo o en alguien: *las drogas perjudican la salud* (**SIN.** dañar, estropear, deteriorar)*; no estudiar te perjudica.* **ANT.** beneficiar. **OBS.** ante e, qu: *perjudiquen.*

perjudicial *[adj.inv. en gén.]* que es malo para algo o para alguien: *comer demasiado es perjudicial para la salud; un hábito perjudicial; una actividad perjudicial.* **SIN.** dañino*.

perjuicio *[n.m.]* daño que se le causa a algo o a alguien: *los incendios forestales producen perjuicios irreparables* (**SIN.** daño, deterioro)*; la pérdida de tiempo es un perjuicio para ti* (**SIN.** mal, daño). **ANT.** beneficio. **FAM.** perjudicar, perjudicante, perjudicial, perjudicialmente.

perla *[n.f.]* bolita que se forma dentro de las conchas de algunos moluscos, normalmente ostras, y que se usa mucho para hacer joyas: *un collar de perlas.* **FAM.** perlado, perlino, perlero.

permanecer *[v.]* **1** estar en un sitio durante un tiempo determinado: *no puede permanecer en el país.* **SIN.** estar, quedarse. **ANT.** irse, marcharse. **2** estar de una determinada manera, sin cambiar: *se cuida mucho para permanecer joven durante más tiempo.* **SIN.** mantenerse, seguir. **3** seguir existiendo: *aunque se vaya, permanecerá en nuestro recuerdo.* **SIN.** perdurar. **ANT.** desaparecer, desvanecerse. **CONJUG.** como *crecer**. **FAM.** permanente, permanentemente, permanencia.

permanente *[adj.inv. en gén.]* **1** que no desaparece: *ese medicamento tiene efectos permanentes; un ruido permanente; una molestia permanente.* **SIN.** duradero, constante. **ANT.** pasajero, temporal. // **permanente** *[n.f.]* **2** peinado que se hace usando un líquido especial que mantiene el pelo rizado u ondulado durante mucho tiempo: *en las peluquerías hacen permanentes.*

permeable *[adj.inv. en gén.]* que si se pone en contacto con algún líquido, se moja, porque es de tal manera que puede ser atravesado por él: *un tejido permeable no sirve para hacer chubasqueros; un terreno permeable.* **SIN.** absorbente. **ANT.** impermeable. **FAM.** permeabilizar, permeabilización, permeabilidad. **COMP.** impermeable.

permiso *[n.m.]* **1** lo que una persona le da a otra al dejarle hacer algo: *no le dieron permiso para salir.* **SIN.** autorización. **AF.** consentimiento, aprobación, licencia. **ANT.** prohibición. **2** documento oficial que se da a una persona para que pueda hacer algo: *está en el país con un permiso de trabajo.*

permitir *[v.]* **1** no estar en contra de que alguien haga algo: *el profesor permite hablar en clase.* **SIN.** dejar, autorizar a, consentir. **AF.** admitir. **ANT.** prohibir. **2** hacer que algo sea posible: *su trabajo le permite conocer a mucha gente.* **SIN.** posibilitar. **ANT.** impedir, dificultar, obstaculizar. **FAM.** permiso, permisivo, permisible, permisión. **COMP.** impermisible.

permutar *[v.]* cambiar una cosa por otra: *permutó el piso por una casa en el campo.*

pernicioso, perniciosa *[adj.]* que es muy malo o muy peligroso para algo o para alguien: *esas extrañas amistades pueden resultar perniciosas para él.* **SIN.** nefasto, malísimo. **AF.** dañino, perjudicial, nocivo. **ANT.** beneficioso, bueno. **FAM.** perniciosamente.

pernil *[n.m.]* pierna de cerdo.

pero *[conj. advstva.]* es un *nexo* que indica que algo que se va a decir no contradice lo que se dijo antes, aunque sea distinto: *muchas gracias, pero no quiero; es delgado pero muy fuerte.* **SIN.** mas.

perol *[n.m.]* recipiente abombado, casi semiesférico, más alto que ancho y con dos asas paralelas a la base en el borde de la boca, que se puede poner al fuego para cocinar: *un perol lleno de lentejas.* **FAM.** perola, perolada.

perola *[n.f.]* perol* pequeño.

peroné *[n.m.]* hueso de la pierna que está detrás de la tibia, entre la rodilla y el tobillo.

perpendicular *[adj.inv. en gén.]* que se cruza con lo que se dice formando un ángulo recto: *una calle perpendicular a otra; dos ejes perpendiculares; dos líneas perpendiculares.* **FAM.** perpendicularidad, perpendicularmente.

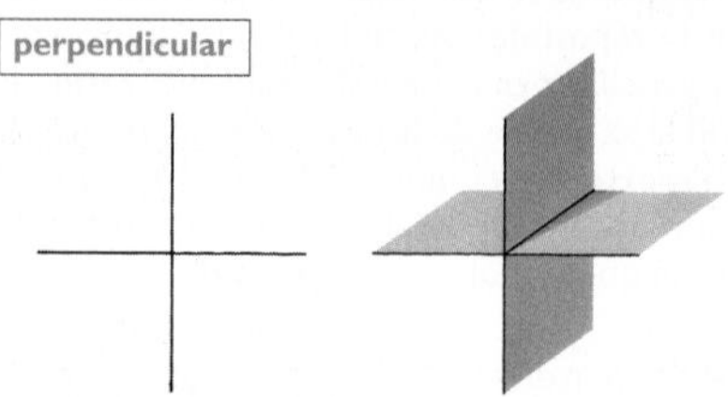

perpetuo, perpetua *[adj.]* que es para toda la vida: *lo condenaron a cadena perpetua; tiene un cargo perpetuo.* **AF.** vitalicio. **ANT.** temporal. **FAM.** perpetuidad, perpetuar, perpetuamente, perpetuamiento.

perplejo, perpleja *[adj.]* que se ha quedado tan sorprendido que no sabe qué hacer o qué decir: *el discurso nos dejó perplejos.* **SIN.** estupefacto, atónito, desconcertado, confuso, pasmado, alucinado, boquiabierto. **FAM.** perplejidad, perplejamente.

perra *[n.f.]* **1** hembra del perro. **2** moneda de poco valor: *la perra chica valía cinco céntimos de peseta y la perra gorda diez.* **3** lo que tiene quien se ha obsesionado con algo y está todo el rato hablando de ello: *¡qué perra has cogido con el dichoso patinete!* **AF.** manía, obsesión. ■ **no te-**

ner una perra, no tener nada de dinero. **SIN.** estar sin blanca, no tener un duro.

perrera *[n.f.]* 1 sitio donde se guardan los perros que no tienen dueño: *quería un perro y fue a buscarlo a la perrera municipal.* 2 caseta que se le hace a los perros para que no pasen frío: *la perrera está a la entrada del jardín.*

perro *[n.m.]* animal mamífero cuadrúpedo, normalmente doméstico, que tiene especialmente desarrollado el sentido del olfato: *el perro es un buen amigo del hombre.* **SIN.** can, chucho. ■ **estar como el perro y el gato**, estar todo el tiempo discutiendo. ■ **tratar como a un perro**, tratar a alguien mal, como si no fuese una persona. ■ **creer que atan los perros con longanizas**, creer que hay mucho de todo y se puede derrochar. **FAM.** perra, perrera, perrería, perrada, perruno. **COMP.** emperrarse, aperrear, aperreadamente.

persa *[adj.inv. en gén.]* de Persia, antiguo país asiático que hoy se llama ***Irán***: *arte persa; imperio persa; una mujer persa.* TAMBIÉN *n.*: *los persas.* **FAM.** pérsico, persiano.

persecución *[n.f.]* lo que hace quien va detrás de alguien que está escapándose, para alcanzarlo y cogerlo: *detuvieron al criminal después de una larga persecución por el bosque.* **AF.** acoso.

perseguidor, perseguidora *[n.]* persona o animal que intenta alcanzar algo o a alguien que se escapa: *los ladrones consiguieron engañar a sus perseguidores.*

perseguir *[v.]* 1 ir detrás de alguien o de algo para alcanzarlo: *el gato perseguía al ratón; perseguir un balón.* **AF.** acosar. 2 hacer todo lo posible por conseguir algo: *sólo persiguen el bien de todos.* **SIN.** pretender, buscar, aspirar a. 3 estar continuamente con alguien sin dejarlo en paz: *la persiguen los acreedores; lo persiguen los remordimientos.* **AF.** atormentar, torturar, acosar. **CONJUG.** como *seguir**. **FAM.** persecución, perseguidor, persecutorio.

persiana *[n.f.]* objeto formado por tablillas horizontales unidas, que se pone en las ventanas para graduar la cantidad de luz que se quiere que entre, enrollándolo y desenrollándolo. **FAM.** persianista.

persicución forma incorrecta de decir *persecución**.

persimonia forma incorrecta de decir *parsimonia**.

persistir *[v.]* 1 seguir existiendo: *en algunos pueblos persisten costumbres muy antiguas.* **SIN.** permanecer, perdurar. **ANT.** desaparecer. 2 continuar con una idea, con una acción, una actitud, etc., sin cambiar de opinión: *los empleados persisten en sus quejas.* **SIN.** insistir, perseverar. **ANT.** desistir, renunciar a, abandonar. **FAM.** persistencia, persistente, persistentemente.

persona *[n.f.]* 1 ser humano: *las mujeres, los hombres y los niños son personas.* 2 categoría gramatical (o accidente) propia de pronombres y verbos con la que se expresa una referencia a quien habla (***primera*** persona), a quien escucha (***segunda*** persona) o a aquel de quien se habla (***tercera*** persona): *yo, tú y él son pronombres de primera, segunda y tercera persona del singular.* **FAM.** personaje, personal, personalidad, personalmente, personalizar, personificar, personificación, personificante, personarse. **COMP.** impersonal, despersonalizar, despersonalizadamente.

personaje *[n.m.]* 1 persona imaginada que aparece en un libro, en una película o en una obra de teatro: *D. Quijote es el personaje principal de la novela "El ingenioso hidalgo don Quijote de la Mancha".* 2 persona muy conocida por la gente por algo concreto: *un personaje del mundo del cine.* **SIN.** figura.

personal *[adj.inv. en gén.]* 1 que sólo es de una persona y no de todos: *expuso su opinión personal; tiene un estilo muy personal.* **SIN.** particular, individual. **ANT.** general. // **personal** *[n.m.]* 2 conjunto de personas que trabajan en un sitio: *el personal de un supermercado.*

personalidad *[n.f.]* 1 manera de ser de cada persona: *tiene una personalidad muy especial.* **SIN.** carácter, naturaleza. 2 persona muy importante en algo: *es una personalidad en el mundo científico; varias personalidades políticas asistieron a la inauguración.* **SIN.** figura. ■ **tener personalidad**, ser uno de tal manera que actúa y piensa según sus razonamientos y sus gustos, sin dejarse influir por los demás.

personarse *[v.]* aparecer una persona en un sitio, sobre todo si va a hacer algo o si la han llamado para algo concreto: *se personó en la comisaría para poner la denuncia; debe perso-*

narse en el juzgado. **SIN.** presentarse, comparecer, ir a.

personificar *[v.]* 1 ser algo o alguien quien mejor representa algo por ser un ejemplo claro de ello: *Platón personifica la filosofía ateniense.* **SIN.** representar, encarnar, simbolizar. 2 hablar de una cosa o de un animal como si fuera una persona, dirigirse a ellos, etc.: *algunos poetas personifican la Luna.* **OBS.** ante e, qu: *personifiquen.*

perspectiva *[n.f.]* 1 método que se utiliza al dibujar o pintar para representar los objetos del mundo real de manera que se vean las formas, las proporciones y las distancias tal y como se ven en la realidad. 2 parte de algo que se ve desde un punto determinado: *desde mi balcón veo una bella perspectiva de la montaña.* **AF.** panorama, vista. 3 lo que parece que va a pasar con un negocio, una persona, una empresa, etc.: *tiene buenas perspectivas de trabajo.* **SIN.** posibilidad.

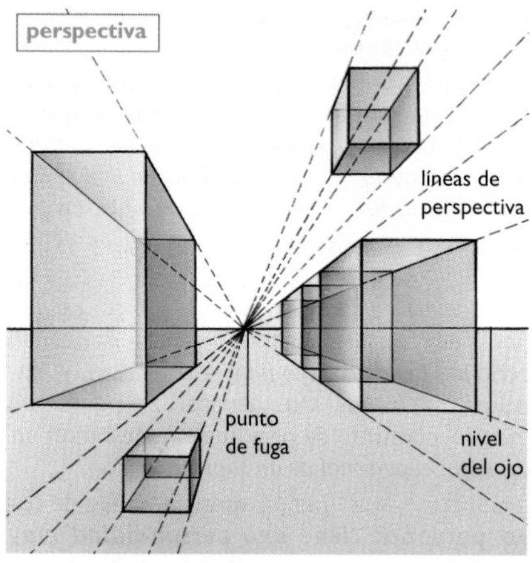

persuadir *[v.]* hacer que una persona haga algo que no pensaba hacer o no quería hacer: *lo persuadieron para que se quedara.* **SIN.** convencer. **ANT.** disuadir. **FAM.** persuadido, persuasivo, persuasión, persuasivamente, persuasor, disuadir.

persuasivo, persuasiva *[adj.]* que es capaz de convencer a alguien para que haga o crea algo que no quería hacer o creer: *un discurso persuasivo; palabras persuasivas.* **SIN.** convincente. **AF.** elocuente.

pertenecer *[v.]* 1 ser de quien se dice: *estas tierras pertenecen a mi familia.* 2 formar parte de algo: *este libro pertenece a la biblioteca del colegio.* **CONJUG.** como *crecer**. **FAM.** perteneciente, pertenencia, pertinente. **COMP.** impertinente.

pértiga *[n.f.]* vara muy larga, delgada y flexible que se usa para impulsarse en algunos saltos deportivos, para impulsar balsas, etc.: *es atleta de salto con pértiga.* **AF.** palo, vara.

peruano, peruana *[adj.]* de Perú, país suramericano cuya capital es Lima: *música peruana.* TAMBIÉN *n.*: *los peruanos hablan español.*

perverso, perversa *[adj.]* con muy malos sentimientos y astucia para hacer daño a los demás: *la bruja de "Blancanieves" es un personaje perverso; una acción perversa; un comportamiento perverso.* **SIN.** depravado, diabólico, malévolo, ruin, vil. **AF.** monstruoso, inhumano. **ANT.** bueno, bondadoso.

pervertir *[v.]* hacer que alguien vaya en contra de lo que se cree que es bueno y natural: *los malos ambientes pueden pervertir a nuestros hijos.* **SIN.** corromper, depravar, malear. **FAM.** pervertido, pervertidor, pervertimiento, perverso, perversidad, perversión, perversamente.

pesa *[n.f.]* 1 pieza de metal que tiene un peso determinado y se pone en uno de los platillos de las balanzas para calcular el peso de lo que se pone en el otro: *el paquete pesa un kilo porque la balanza queda equilibrada con una pesa de medio kilo y dos de un cuarto.* 2 pieza de metal que cuelga de una cadena y que sirve para poner en movimiento el mecanismo de algunos relojes: *las pesas del reloj hacen que no se pare.* // **pesas** *[n.f.pl.]* 3 aparato de gimnasia formado por una barra de metal que tiene discos muy pesados en los extremos: *es campeón de levantamiento de pesas.* **AMPL.** el deporte de levantamiento de pesas se llama ***halterofilia***.

pesabebés *[n.m.inv. en núm.]* báscula para pesar bebés.

pesadez *[n.f.]* 1 lo que no apetece hacer porque es muy aburrido o porque no resulta interesante: *pelar a mano 20 kilos de patatas es una pesadez.* **SIN.** aburrimiento, rollo. 2 sensación de peso que se nota en la cabeza o en el estómago: *si comes demasiado tendrás pesadez de estómago.* **AF.** malestar, molestias. 3 lo que hace que nos demos cuenta de que algo pesa mucho: *la pesadez del mueble le impidió levantarlo.* **SIN.** peso. **ANT.** ligereza.

pesadilla *[n.f.]* 1 sueño desagradable o que da miedo: *se despertó gritando porque tuvo una pesadilla.* 2 situación muy desagradable o preocupante que dura mucho y hace que uno piense constantemente en ella y le parezca que no va a solucionarse nunca: *estar sin trabajo fue una pesadilla para él.* **AF.** obsesión, angustia, desasosiego.

pesado, pesada *[adj.]* 1 que tiene mucho peso: *los camiones pueden con cargas pesadas.* **ANT.** ligero, liviano. 2 que hace que alguien se aburra, se moleste o se enfade: *el niño se puso tan pesado que tuvieron que irse.* **SIN.** impertinente, molesto, cargante. **ANT.** agradable, divertido. 3 hablando de la manera de dormir, que se tiene tan profunda que uno no se entera de nada ni se despierta con facilidad: *no oyó el timbre porque tiene el sueño muy pesado.* **SIN.** profundo. **ANT.** ligero. 4 que necesita mucho esfuerzo físico: *el médico le prohibió hacer trabajos pesados.* **SIN.** duro, fatigoso. **ANT.** suave, ligero, cómodo. 5 que es difícil de digerir: *las comidas muy pesadas pueden producir dolor de estómago.* **ANT.** ligero, suave. ■ **broma pesada**, broma que no tiene gracia porque es de mal gusto y molesta mucho. ■ **peso pesado**, boxeador que pesa más de 85 kg.

pésame *[n.m.]* palabras que se usan para decirle a alguien que uno siente mucho que se le haya muerto un ser querido: *le dieron el pésame por la muerte de su padre; fue un pésame sincero.* **AF.** condolencia.

pesar *[v.]* 1 poner algo en una báscula o en una balanza para saber su peso: *el tendero pesó las patatas.* TAMBIÉN *prnl. refl.*: *se pesa una vez al mes.* 2 tener el peso que se dice: *el recién nacido pesa cuatro kilos.* 3 dar pena o disgusto haber hecho o haber dejado de hacer algo: *me pesa habérselo dicho.* **GRAM.** el sujeto de estas oraciones es la cosa que pesa y no la persona a la que le pesa; por ejemplo, en *le pesa no haber estudiado* el sujeto es *no haber estudiado* **SIN.** apenar, disgustar. **AF.** sentir, lamentar, arrepentirse de. **ANT.** alegrar. // **pesar** *[n.m.]* 4 lo que siente quien está triste por haber tenido un disgusto: *tiene mucho pesar por lo que hizo.* **SIN.** tristeza*. ■ **a pesar de**, aunque haya algo que esté en contra. **FAM.** pesó, pesa, pesado, pesadez, pesadamente, pesadilla, pesadumbre, pesaroso, pésame. **COMP.** compensar, contrapeso, ***sopesar*** (comparar para decidir).

pesca *[n.f.]* 1 actividad que consiste en sacar del agua los peces y otros animales que viven en ella: *es aficionada a la pesca; la pesca puede ser un oficio o un deporte.* **AMPL.** la ***pesca de altura*** es la que se practica en alta mar y la ***pesca de bajura***, la que se hace cerca de la costa; la que se practica en los ríos se llama ***pesca fluvial***. 2 peces y otros animales que se sacan del agua: *la pesca se lleva al mercado todas las mañanas.* **SIN.** pescado.

pescadería *[n.f.]* sitio en el que se vende el pescado y otros animales sacados del agua: *en las pescaderías venden truchas, pulpo y gambas.* **AMPL.** las pescaderías en las que sólo se venden mariscos se llaman ***marisquerías***.

pescadero, pescadera *[n.]* persona que se dedica a vender pescado en una pescadería.

pescadilla *[n.f.]* pez comestible de color plateado que vive en el mar. **AMPL.** la pescadilla es una merluza adulta (no es una cría) pero pequeña.

pescado *[n.m.]* pez que ya se ha sacado del agua y que se puede comer: *el pescado es un alimento muy nutritivo.* **AMPL.** el ***pescado azul***, como las sardinas, los boquerones, el salmón y las truchas, tiene más grasa y más sabor que el ***pescado blanco*** (merluza, pescadilla, lenguado, etc.), que es más suave.

pescador, pescadora *[n.]* persona que se dedica a pescar porque es su oficio o por deporte: *las barcas de los pescadores salieron de madrugada.*

pescar *[v.]* **1** coger peces u otros animales que viven en el agua: *sabe pescar con caña.* **2** ver a alguien haciendo algo que no debe o que no quiere que los demás sepan: *lo pesqué rebuscando en mis cajones.* **SIN.** pillar, sorprender, coger. **3** coger alguna enfermedad: *pescaste un buen resfriado.* **SIN.** agarrar, pillar. **OBS.** ante e, qu: *pesquen.* **FAM.** pesca, pescadería, pescadero, pescadilla, pescado, pescador, pesquero, pescante. **COMP.** repescar, repesca.

pescuezo *[n.m.]* parte del cuerpo de las personas y de algunos animales que une la cabeza al tronco: *agarró al gallo por el pescuezo.* **SIN.** cuello. **OBS.** se considera más apropiado decir *cuello*, y no *pescuezo*, cuando se habla del de las personas. **FAM.** pescozón, pescozudo, pescozada.

pesebre *[n.m.]* **1** cajón de madera, pila de piedra, etc. que se usa para poner la comida de los animales a los que atiende el hombre: *el pesebre de las vacas ya está vacío.* **SIN.** comedero. **2** adorno navideño que representa el portal de Belén en el momento inmediato al nacimiento de Jesucristo: *pusieron un árbol y un pesebre.* **AF.** belén, nacimiento.

peseta *[n.f.]* unidad monetaria propia de España, antes del euro: *cambió los dólares por pesetas.* **AMPL.** la abreviatura de *peseta* es ***pta.*** y la de *pesetas*, ***ptas.*** **FAM.** pesetero, peso.

pesimismo *[n.m.]* manera de ver y de sentir la vida cuando sólo se fija uno en las cosas malas que pasan o pueden pasar: *su pesimismo le impide disfrutar de las cosas buenas.* **AF.** desánimo, desaliento. **ANT.** optimismo.

pesimista *[adj.inv. en gén.]* que sólo ve el lado malo de las cosas o que cree que todo va mal y nunca le sale nada bien: *una persona pesimista; la visión pesimista de un asunto.* **SIN.** derrotista. **ANT.** optimista, animoso.

pésimo, pésima *[adj.]* que es tan malo que no puede ser peor: *hace un tiempo pésimo.* **SIN.** malísimo, infame, fatal, nefasto, desastroso, deplorable. **ANT.** óptimo, buenísimo, estupendo. **GRAM.** es el superlativo absoluto del adjetivo *malo.* **FAM.** pesimismo, pesimista, pésimamente.

peso *[n.m.]* **1** fuerza hacia abajo que hacen todas las cosas que hay en el mundo porque son atraídas hacia el centro de la Tierra por la gravedad: *es un arcón con demasiado peso para levantarlo uno solo.* **AMPL.** el peso de cada cosa depende de la materia de que esté hecha, del volumen y de la distancia al centro de la Tierra: *un centímetro cúbico de plomo tiene más peso que un centímetro cúbico de paja.* **2** cualquier cosa que pese bastante: *a mi abuela no le conviene cargar pesos.* **3** bola de hierro o de acero que pesa algo más de siete kilos y que se lanza con una mano en una prueba de atletismo que se llama *lanzamiento de peso.* **4** unidad monetaria que se usa en Argentina, en Colombia, en Chile, en Uruguay, en la República Dominicana, en Filipinas, en Méjico y en Guinea-Bissau y que tiene distinto valor en cada uno de estos países: *con pesos mejicanos no se puede comprar lo mismo que con pesos filipinos.* ■ **quitarse un peso de encima**, dejar de estar preocupado por algo. ■ **tener peso** algo, ser importante para alguien.

pespunte *[n.m.]* cosido que se hace empezando una puntada donde acaba la anterior, de manera que no queda ningún espacio entre una y otra: *los vaqueros llevan pespuntes amarillos.* **FAM.** pespuntear, pespunteado, punto.

pesquero, pesquera *[adj.]* **1** de pesca o para pescar: *Vigo tiene un gran puerto pesquero; una barca pesquera.* // **pesquero** *[n.m.]* **2** barco de pesca: *un enorme pesquero se acerca a la costa.*

pestaña *[n.f.]* **1** cada uno de los pelos que salen del borde de los párpados: *las pestañas protegen los ojos del exceso de luz y del polvo.* **2** pequeño saliente de cualquier cosa: *una pestaña de cartón sirve para abrir la caja.* **FAM.** pestañeo, pestañear.

pestañear *[v.]* cerrar y abrir rápidamente los ojos: *pestañea porque se le ha metido algo en un ojo.* **SIN.** parpadear. ■ **sin pestañear**, prestando mucha atención a lo que se está haciendo. **OBS.** e + e = ee: *pestañeen.*

pestañeo *[n.m.]* lo que se hace cuando se abren y se cierran los ojos rápidamente. **SIN.** parpadeo.

peste *[n.f.]* **1** enfermedad contagiosa muy grave que produce la muerte de muchas personas o animales: *a lo largo de la historia ha habido muchas pestes.* **2** cualquier enfermedad que se extiende rápidamente y de la que muere mucha gente: *el sida es la peste del siglo XX.* **3** olor muy desagradable: *¡menuda peste echa el pescado podrido!* **SIN.** tufo, hedor, pestilencia. ■ **echar pestes**, decir cosas desagradables contra alguien o algo. **FAM.** pestilencia, pestilente, pestífero. **COMP.** apestar.

pestillo *[n.m.]* barra de metal que va de la puerta o la ventana al marco y queda enganchada para que la puerta no se pueda abrir: *antes de acostarse corrió el pestillo de la puerta.* **AF.** cerrojo. **FAM.** apestillar.

petaca *[n.f.]* **1** estuche plano, que ocupa poco, es fácil de llevar y sirve para guardar tabaco: *le quedaban dos cigarros en la petaca.* **SIN.** pitillera. **2** botella pequeña y plana de metal o de cristal, que se usa para llevar en el bolsillo alguna bebida alcohólica: *llenó la petaca de whisky.*

pétalo *[n.m.]* cada una de las hojas de color que forman la corola de las flores y que muchas veces huele muy bien: *con pétalos de rosas se hace el agua de rosas.* **FAM.COMP.** apétalo, monopétalo, dipétalo.

petanca *[n.f.]* juego en el que hay que lanzar unas bolas de hierro para acercarlas lo más posible a otra mucho más pequeña.

petardo *[n.m.]* cilindro de cartón que está lleno de pólvora y tiene una mecha para prenderlo y que estalle haciendo mucho ruido: *la noche de San Juan se tiran muchos petardos.* **FAM.** petardear, petardero, petardista.

petición *[n.f.]* lo que se hace al pedir algo: *el director no hizo caso de la petición de los alumnos.* **SIN.** demanda, solicitud.

petirrojo *[n.m.]* pájaro pequeño que tiene el cuello, el pecho y la frente de color rojo y que hace los nidos en el suelo.

peto *[n.m.]* parte de una prenda de vestir que sólo cubre el pecho: *el peto del pantalón se sujeta con tirantes cruzados sobre la espalda.* TAMBIÉN se llama *peto* a la prenda de vestir que tiene un peto: *se compró un peto vaquero.*

pétreo, pétrea *[adj.]* de piedra o parecido a la piedra: *dureza pétrea; aspecto pétreo.* **FAM.** piedra.

petrificar *[v.]* **1** dejar a una persona tan sorprendida o tan asustada que no sabe reaccionar: *ver al ladrón en casa lo petrificó.* **SIN.** paralizar, helar. // **petrificarse** *[v.]* **2** convertirse en piedra: *estos esqueletos se petrificaron hace miles de años.* **SIN.** fosilizarse. **OBS.** ante e, qu: *petrifiquen.*

petróleo *[n.m.]* líquido aceitoso de color negro que se encuentra en el interior de la Tierra y que se refina para obtener varios productos: *la gasolina es un producto derivado del petróleo.* **FAM.** petrolero, petrolífero, petrolear.

petrolero, petrolera *[adj.]* **1** del petróleo: *industria petrolera.* // **petrolero** *[n.m.]* **2** barco grande especialmente preparado para transportar petróleo: *un petrolero llegó al puerto.*

petrolífero, petrolífera *[adj.]* que contiene petróleo o produce petróleo: *en la costa del golfo Pérsico hay importantes yacimientos petrolíferos.*

petunia *[n.f.]* planta anual (que muere en invierno) de jardín, que tiene unas bonitas flores de distintos colores en forma de campanilla: *la petunia florece durante todo el verano.* TAMBIÉN se llama *petunia* a la flor.

pez *[n.m.]* **1** animal vertebrado de sangre fría que vive en el agua, respira por branquias*, suele tener aletas para nadar y muchas veces el cuerpo cubierto de escamas: *los peces se reproducen por huevos.* // **pez** *[n.f.]* **2** sustancia pastosa y de color oscuro que se obtiene de resinas o de minerales: *el interior de las botas de vino está recubierto de pez.* **AF.** alquitrán, brea. ■ **estar como pez en el agua**, estar en el ambiente en el que uno se encuentra muy a gusto. ■ **estar pez en** un tema o un asunto, no saber nada de él. **PL.** *peces.* **FAM.** pecera.

pezón *[n.m.]* parte que sobresale en el centro de la mama y por donde sale la leche cuando se está dando de mamar. **PL.** *pezones.*

pezuña *[n.f.]* conjunto de los dedos con sus uñas correspondientes de cada una de las patas de los animales que tienen los dedos sin separar: *los toros y los caballos tienen pezuñas.* **AMPL.** los animales que tienen los dedos sin separar se llaman ***de pata hendida***.

piadoso, piadosa *[adj.]* 1 que cree muy profundamente en su religión y lo demuestra en su forma de vivir o de comportarse: *una persona piadosa.* **SIN.** devoto, religioso, creyente, pío. 2 que no juzga a los demás con dureza, sino que intenta comprender y perdonar: *sé piadoso con ellos y no los castigues.* **SIN.** compasivo, benévolo, benigno, caritativo. **ANT.** despiadado, cruel.

pianista *[n.inv. en gén.]* persona que se dedica a tocar el piano: *acompaña a la cantante un excelente pianista; es una importante pianista de conciertos.*

piano *[n.m.]* instrumento musical formado por un mueble en el que hay unas teclas que, al pulsarlas, mueven unos tacos de madera que golpean una cuerdas de metal. **AMPL.** los tacos que golpean las cuerdas se llaman ***macillos*** y la parte del mueble en la que están la cuerdas se llama ***caja de resonancia***; dependiendo del tamaño y la forma hay pianos de varios tipos: *piano de cola* (mide entre 2,13 y 2,74 m de largo), *piano de tres cuartos* (entre 1,83 y 2,13), *colín* (entre 1,70 y 1,80) y *piano vertical.* **FAM.** pianista, pianola.

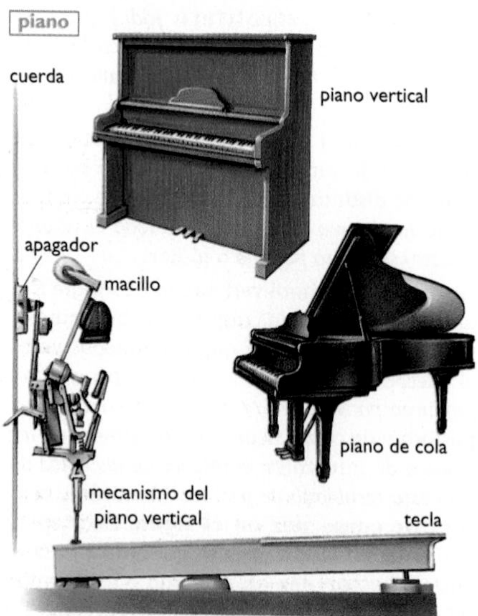

piar *[v.]* hacer con la voz algunas aves, sonidos que recuerdan a la palabra *pío*: *los pájaros pían por la mañana.* **ACENT.** como *fiar**. **FAM.** piante, piada.

piara *[n.f.]* grupo de animales de la misma especie y que están juntos, especialmente si son cerdos: *llevó la piara a la pocilga.*

pica *[n.f.]* 1 palo que mide más que un hombre, acaba en una punta de metal y antiguamente se usaba como arma. **SIN.** vara, lanza. **AMPL.** la pica de 4 metros de largo que llevan los picadores en el toreo también se llama ***puya*** o ***garrocha***; la que usan los rejoneadores, que mide metro y medio, se llama ***rejón***. 2 palo de la baraja francesa: *un siete de picas.*

picador *[n.m.]* 1 persona que trabaja domando y adiestrando caballos: *trabaja de picador en una finca.* 2 persona que trabaja en una mina arrancando el mineral a golpe de pico: *el oficio de picador es muy duro.* 3 persona que, montada a caballo, pica al toro con una pica*, antes de que entre el torero a torearlo: *una corrida con picadores.* **AMPL.** el ***rejoneador*** es el que torea a caballo usando un ***rejón***.

picadura *[n.f.]* lo que queda en la piel cuando un insecto clava su aguijón o cuando muerde una serpiente: *está lleno de picaduras de mosquito.* **SIN.** mordedura (si es de serpiente).

picante *[adj.inv. en gén.]* 1 que produce picor: *una salsa picante; chorizo picante; pimientos picantes.* // **picante** *[n.m.]* 2 cualquier condimento que pique: *la cocina mejicana utiliza muchos picantes.*

picapedrero *[n.m.]* persona que trabaja dándole forma a las piedras para utilizarlas en la construcción: *el oficio de picapedrero está desapareciendo.* **SIN.** cantero.

picaporte *[n.m.]* 1 pieza por la que se agarran las puertas y las ventanas para abrirlas y cerrarlas. **AMPL.** cuando es una pieza larga y estrecha se llama ***manilla***; si es una esfera o una media esfera, ***pomo***. 2 llamador* de una puerta: *un picaporte con forma de mano.*

picar *[v.]* 1 cortar en trozos muy pequeños: *este aparato sirve para picar cebolla.* **AF.** triturar, desmenuzar. 2 clavar el aguijón los insectos, morder los reptiles o trizar con el pico las aves: *una avispa le picó en el brazo.* 3 producir alguna parte del cuerpo (o alguna cosa) una sensación desagradable que se alivia arrascando, frotando o con algún líquido fresco: *me pica la piel; con el humo me pican los ojos; este chorizo pica.* **AF.** escocer. 4 romper algo golpeándolo con un pico: *los obreros picaron el suelo para meter las tuberías.* **AF.** perforar, cavar. 5 hacer que alguien se enfade: *deja de picar a tu hermano.* **SIN.** provocar, pinchar. TAMBIÉN *prnl.: se picó porque creía que se reían de él.* **SIN.** ofenderse, molestarse. 6 hacer que algo se estropee: *la humedad pica el hierro* (**SIN.** herrumbrar, oxidar)*; el aire puede picar el vino* (**SIN.** agriar)*; las bacterias pican la dentadura* (**SIN.** cariar). TAMBIÉN *prnl.: la barandilla se picará si no se pinta; el vino se picó porque la botella estaba mal cerrada; se le ha picado una muela.* 7 dar el sol demasiado calor: *en verano, el sol de mediodía pica mucho.* 8 morder el anzuelo un pez: *hoy no pican las truchas.* 9 herir al toro con una pica*. **SIN.** pinchar. 10 apretar las espuelas contra el caballo. **SIN.** espolear. 11 comer pequeñas cantidades de algo: *no tiene hambre porque ha estado picando.* **SIN.** picotear, tapear. **OBS.** ante e, qu: *piquen.* **FAM.** picor, picante, picazón, picadura, pica, picador, piquete, pico, picotazo, picotear, picudo, piqueta, picadillo, picado, pique, picajoso. **COMP.** picapedrero, picaporte, repicar.

picardía *[n.f.]* 1 doble intención de algo o de quien quiere divertirse o conseguir algo sin que los demás se den cuenta: *un chiste con mucha picardía; tuvo la picardía de esconderlo; es un niño inocente, sin ninguna picardía.* **AF.** astucia, malicia, engaño. **ANT.** ingenuidad, candidez. 2 camisón muy corto y con tirantes.

picaresca *[n.f.]* género literario en que se cuentan cosas de pícaros: *el "Lazarillo de Tormes" pertenece al género de la picaresca.*

pícaro, pícara *[n.]* persona que se las arregla para conseguir lo que quiere de los demás sin que ellos se den cuenta: *el pícaro más famoso de la literatura es el Lazarillo de Tormes.* **SIN.** pillo. **ANT.** ingenuo, cándido. TAMBIÉN *adj.: un niño muy pícaro.* **FAM.** picardía, pícaramente, ***picaresca*** (género literario en que se cuentan cosas de pícaros). **COMP.** apicararse.

picazón *[n.f.]* mezcla de picor y hormigueo. **AF.** picor, comezón. **PL.** *picazones.* **FAM.** picor.

pichón *[n.m.]* cría de la paloma doméstica: *en el palomar hay algunos pichones.* **PL.** *pichones.*

pico *[n.m.]* 1 parte exterior y dura de la boca de las aves: *el loro parte las pipas con el pico.* 2 parte saliente y en punta de alguna cosa: *se dio un golpe contra el pico de la mesa.* **SIN.** punta, esquina. 3 parte de arriba de una montaña o de un monte: *clavaron su bandera en el pico de la montaña.* **SIN.** cima, cúspide, cumbre. TAMBIÉN se llama *pico* a una montaña muy alta: *el pico más alto de España es el Teide.* 4 herramienta formada por un trozo alargado y grueso de metal con las puntas afiladas y en cuya parte central se engancha un mango de madera: *los albañiles trabajaban con picos y palas.* 5 cantidad pequeña que sobra de un número redondo: *el libro le costó mil y pico pesetas hace diez años; es la una y pico.*

picor *[n.m.]* sensación desagradable en alguna parte del cuerpo, que se alivia arrascándola, frotándola o con algún líquido fresco: *picor de pies, de ojos, de garganta...* **AF.** escozor, picazón, comezón.

picotazo *[n.m.]* 1 movimiento que hacen con el pico las aves, con el aguijón los insectos o con la boca los reptiles para coger o chupar algo: *el loro le dio un picotazo.* 2 señal que deja este movimiento en la superficie de lo que pica: *el pan estaba lleno de picotazos del gallo.*

picudo, picuda *[adj.]* que tiene un extremo más delgado y alargado que el resto: *algunos perros tienen el hocico picudo.* **SIN.** puntiagudo. **ANT.** romo, redondeado, chato.

pie *[n.m.]* 1 parte del cuerpo que está en el extremo inferior de cada pierna y que va desde el tobillo y el talón hasta la punta de los dedos: *le duelen los pies porque le aprietan los zapatos.* 2 parte en la que se apoya un objeto: *el pie de la lámpara se puede desmontar.* **SIN.** base, soporte. 3 espacio en blanco al final de una hoja de papel: *en el pie del documento hay varias firmas.* ■ **a pie**, caminando. ■ **al pie de**, junto a. ■ **a los pies de**, en la parte que está al lado opuesto al que normalmente se usa para poner la cabeza. ■ **al pie de la letra**, exactamente igual que está escrito o tal como alguien lo ha dicho. ■ **con buen pie** o **con mal pie**, con buena o con mala suerte o con buenos o malos resultados. ■ **dar pie**, hacer posible que pase algo. ■ **de pie** o **en pie**, apoyado en los pies. ■ **hacer pie**, llegar con los pies al suelo estando en el agua. ■ **no tener pies ni cabeza**, no tener ningún sentido. **FAM.** peatón, peatonal, pedal, peana, pedestal, peaje, pedúnculo, podólogo, podología, pedicuro. **COMP.** apearse, tropezar, bípedo, traspiés, trípode.

piedad *[n.f.]* 1 lo que siente la persona a quien le da pena que alguien esté pasándolo mal y quiere hacer algo para ayudarlo: *sintió piedad de él; lo ayudó por piedad; golpeó al perro sin piedad.* **SIN.** compasión, misericordia. **AF.** lástima, pena. **ANT.** crueldad, impiedad. 2 lo que vive y demuestra quien siente mucho las cosas religiosas: *reza con piedad.* **SIN.** devoción, fe. **FAM.** piadoso, piadosamente, pío. **COMP.** apiadarse, despiadado, impiedad.

piedra *[n.f.]* 1 mineral más o menos duro y sólido que no se parece ni a la tierra ni a los metales: *le dio con una piedra en la cabeza y le hizo una brecha.* **AF.** peña, roca. 2 cada uno de los trozos de roca cortados y preparados que se utilizan en la construcción: *la fachada de la catedral es de piedra.* 3 granizo* grueso: *una tormenta de piedra estropeó la cosecha.* 4 lo que se forma en algunos órganos del cuerpo cuando se acumulan sustancias sólidas que ya no necesita y no puede eliminar: *piedras en la vesícula; piedras en el riñón.* **SIN.** cálculo. ■ **piedra preciosa**, la que se valora mucho porque es fina, dura y translúcida o transparente y se puede tallar. **FAM.** pedrada, pedregal, pedregoso, pedrea, pedrusco, pedrisco, ***pétreo*** (de piedra), petrificar, petrificación. **COMP.** apedrear, empedrar.

piel *[n.f.]* 1 tejido natural que recubre el cuerpo de las personas y de los animales: *la mayor parte de los africanos tiene la piel negra; se cayó al suelo y se levantó la piel de la rodilla.* **AMPL.** la piel está formada por dos capas: la de fuera se llama ***epidermis***, la segunda, que es más gruesa, ***dermis***; la capa que está justo debajo de la piel se llama ***hipodermis***; la piel de las personas también se llama ***tez*** y la de la cara de las personas, ***cutis***. 2 piel de algunos animales que el hombre prepara y utiliza para fabricar bolsos, abrigos, zapatos y otras cosas parecidas: *una cartera de piel.* **AMPL.** ***curtir*** la piel de un animal es prepararla para poder usarla en la fabricación de algo; la piel gruesa como la de toro o de vaca, sin pelo, también se llama ***cuero***: *un cinturón de cuero.* 3 capa que recubre algunos frutos y tubérculos: *la piel del melocotón; la piel de la pera.* **AMPL.** la piel que se ha quitado se llama ***monda*** o ***peladura***: *echó a la basura las mondas de las patatas*; la capa dura y leñosa que recubre algunos frutos y semillas (como las pipas de girasol o las almendras) se llama ***cáscara***. **FAM.** pielero, peletería, peletero, película, pellizcar, pellejo, pelar, pelliza.

pienso *[n.m.]* alimento para el ganado que se hace generalmente con cereales molidos.

pierna *[n.f.]* 1 cada una de las dos extremidades del cuerpo humano que empiezan en la cadera y terminan en el pie: *las piernas son las extremidades inferiores y los brazos las superiores.* **AF.** extremidad. 2 parte de esta extremidad que está entre la rodilla y el pie: *los calcetines le llegan por media pierna.* 3 muslo de las aves y de los animales que tienen cuatro patas: *pierna de ternera; pierna de cordero.* **FAM.** pernera, pernada, ***pernil*** (pierna de cerdo).

pieza *[n.f.]* 1 cada una de las unidades que componen un conjunto de algo: *una vajilla de cuarenta y ocho piezas.* 2 cada una de las partes que se pueden hacer o coger de una cosa: *partió el melón y le dio la pieza más grande.* 3 lo que se caza o se pesca: *el galgo recogió en la ca-*

cería dos piezas: una liebre y una perdiz. 4 trozo de tela o de otro material que se usa para arreglar algo: *para ensanchar el vestido le puso una pieza.* **AF.** parche. 5 moneda: *dos piezas de cincuenta tienen el mismo valor que una de cien.* 6 obra de teatro, composición musical y, en general, cualquier creación artística que tenga unidad: *una pieza dramática en dos actos; la orquesta tocó varias piezas clásicas; este cuadro es una pieza única.* **AF.** obra. 7 cada una de las fichas de algunos juegos: *el ajedrez tiene piezas blancas y piezas negras.* **SIN.** ficha. **FAM.COMP.** despiezar, despiece.

pigmento *[n.m.]* lo que da color a las células de las personas, de los animales y de las plantas (*el pigmento de las plantas verdes se llama clorofila*) o que puede darlo a cualquier cosa (*preparó pintura con pigmento amarillo.* **SIN.** colorante). **FAM.** pigmentar, pigmentación.

pijama *[n.m.]* prenda de vestir, formado por chaqueta con botones y pantalón, que se usa para dormir. **AMPL.** el pijama de tela de punto, cerrado, con elásticos en los puños y en las perneras se llama ***esquijama***; la prenda de vestir para dormir y que es de una pieza, como un vestido o una túnica, es un ***camisón***.

pila *[n.f.]* 1 recipiente hondo de piedra o de otro material que está fijo en un sitio y tiene en el fondo un desagüe para vaciarlo: *en la terraza hay una pila de lavar ropa y en la cocina otra para fregar cacharros.* 2 conjunto de cosas colocadas unas encima de las otras: *una pila de cajas; una pila de libros.* **SIN.** montón. 3 invento que produce energía eléctrica suficiente para que funcionen pequeños aparatos: *muchos juguetes funcionan con pilas.* **FAM.** pilón, pileta, pilar, pilastra, pilote. **COMP.** apilar, ***compilar*** (reunir escritos), compilación.

pilar *[n.m.]* pieza de construcción en la que se apoyan techos, vigas, etc. y que soporta su peso y lo que tenga encima: *el porche del jardín está construido sobre cuatro pilares.* **SIN.** columna*.

pilastra *[n.f.]* columna de base cuadrada pegada a la pared.

píldora *[n.f.]* medicamento en forma de bola que se traga entera.

pilotar *[v.]* dirigir o conducir algunos vehículos como aviones, barcos y coches o motos de carreras: *pilota aviones de pasajeros.* **AF.** conducir, dirigir, guiar.

pilote *[n.m.]* pieza gruesa y larga con un extremo acabado en punta, que se clava en la tierra para reforzar construcciones: *construyeron la cabaña sobre pilotes de madera.* **AF.** pilar, poste.

piloto *[n.inv. en gén.]* 1 persona que conduce aviones, barcos, motos, coches de carreras etc.: *un piloto de avión; es una piloto experta en coches de carreras.* **AF.** conductor. // **piloto** *[n.m.]* 2 lucecita que sirve para avisar de algo: *la máquina tiene un piloto verde y otro rojo.* **FAM.** pilotar, pilotaje. **COMP.** copiloto.

pillar *[v.]* 1 coger algo o a alguien que se buscaba o se perseguía: *la policía pilló al asesino.* **SIN.** agarrar, atrapar, coger. **ANT.** dejar, soltar. 2 llevarse por delante un vehículo a una persona o un animal: *lo pilló un coche.* **SIN.** atropellar, arrollar. 3 ver a alguien haciendo algo que no debe o que no quiere que los demás sepan: *la pilló escondiendo los regalos.* **SIN.** pescar, sorprender, coger. 4 coger algo, apretando o haciendo daño: *la puerta le pilló el vestido.* **SIN.** trizar. TAMBIÉN *prnl.: se pilló un dedo.* **FAM.** pillada, pillo, pillaje, pillería, pillastre.

pillo, pilla *[n.]* persona que se las arregla para conseguir lo que quiere de los demás sin que ellos se den cuenta: *es un pillo muy ingenioso.* **SIN.** pícaro. **ANT.** ingenuo, cándido. TAMBIÉN *adj.: una niña muy pilla.*

pimentón *[n.m.]* polvillo que se obtiene moliendo pimientos rojos secos y que se usa como condimento: *hay pimentón dulce y pimentón picante.*

pimienta *[n.f.]* semillas del fruto de un árbol llamado *pimentero* y que tienen forma de bolita, color oscuro y sabor picante: *el salchichón tiene pimienta.*

pimiento *[n.m.]* planta de huerta que da un fruto también llamado pimiento: *el pimiento está hueco y en su interior tiene muchas semillas blancas, pequeñas, redondas y planas.* **FAM.** pimentón, pimental, pimienta, pimentero.

pimpón *[n.m.]* ping-pong*: *una mesa de pimpón.*

pinacoteca *[n.f.]* edificio preparado para guardar y exponer pinturas *El Prado es una pinacoteca extraordinaria.* **AF.** museo.

pinar *[n.m.]* sitio donde hay muchos pinos.

pincel *[n.m.]* instrumento para pintar formado por un mango delgado, más o menos largo, que tiene sujetos en uno de sus extremos pelos duros pero flexibles. **FAM.** pincelada, pincelar.

pincelada *[n.f.]* mancha que se hace cada vez que se pasa un pincel con pintura por una superficie: *con cuatro pinceladas hizo el retrato.* **AF.** brochazo, toque, trazo.

pinchar *[v.]* **1** hacer un agujerito (o sujetar algo) con alguna cosa de punta afilada: *pincha el papel con la punta del compás; pinchó el globo; pincha las aceitunas con un palillo.* **2** poner una inyección: *la enfermera vino a pincharlo.* **3** hacer o decir algo para que otro conteste o se enfade: *estuvo pinchando a su hermano hasta que saltó.* **SIN.** picar, provocar. **4** tener un pinchazo en la rueda de un vehículo: *con la bici por ese camino puedes pinchar.* TAMBIÉN *prnl.: la rueda se ha pinchado.* **FAM.** pincho, pinchazo, pinchadura, pinche.

pinchazo *[n.m.]* **1** agujerito que se ha hecho, con algún objeto acabado en punta, en algo lleno de aire: *el balón tiene un pinchazo.* **2** pequeña herida que se hace con algo puntiagudo (*se dio un pinchazo con la aguja de coser*), dolor que produce (*sintió el pinchazo de la inyección*) y sensación parecida en alguna parte del cuerpo (*siente pinchazos en la sien*).

pincho *[n.m.]* **1** cualquier cosa, natural o artificial, de punta afilada: *los tallos de las rosas están llenos de pinchos.* **2** parte o trozo de un alimento que se suele tomar antes de las comidas, como aperitivo, y que generalmente se coge con un palillo: *un pincho de carne; un pincho de tortilla.* **SIN.** tapa.

pingar *[v.]* gotear algo que está empapado en algún líquido: *cuidado que el paraguas pinga.* **OBS.** ante e, gu: *pinguen.*

ping-pong *[n.m.]* juego que se practica sobre una mesa rectangular dividida por una red, y que consiste en pasar una pelota pequeña y de poco peso, golpeándola con una paleta de madera, de un lado a otro de la red siguiendo unas reglas. **SIN.** pimpón, tenis de mesa.

pingüino *[n.m.]* ave con el cuerpo cubierto de plumas cortas y muy juntas que lo protegen del frío y son blancas por el vientre y negras en el resto, que camina con el cuerpo erguido y no puede volar porque sus dos alas están convertidas en aletas para nadar. **SIN.** pájaro bobo.

pinitos *[n.m.pl.]* primeros trabajos, ejercicios, movimientos, etc. que hace quien está aprendiendo algo (*ya hace algunos pinitos con la guitarra*) y primeros pasos de quien está aprendiendo a andar. **AF.** progresos.

pino *[n.m.]* árbol de tronco rugoso, generalmente alto y grueso, con hojas en forma de agujas que salen unidas en grupos y se man-

pino piñonero

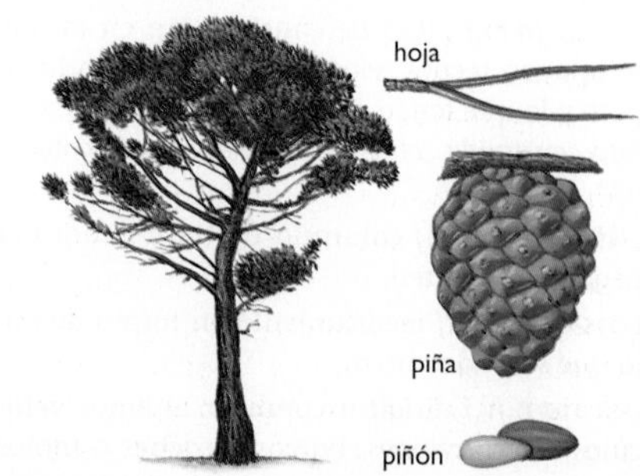

tienen verdes durante el invierno. **AMPL.** el pino produce resina y su fruto, que se llama ***piña***, está lleno de piñones. ■ **hacer el pino**, apoyar las manos en el suelo y levantar los pies de manera que quede el cuerpo vertical y la cabeza hacia el suelo. **FAM.** pinar, pineda, pinito, pinaza, pineal.

pino, pina *[adj.]* muy derecho.

pinta *[n.f.]* 1 mancha pequeña que puede tener el pelo o el plumaje de algunos animales y también las que tienen algunos minerales: *una vaca con pintas negras; el granito tiene pintas blancas, negras y de otros colores.* **SIN.** mancha, mota. 2 lo que se ve de una persona o una cosa y que hace que los demás lo valoren de alguna manera: *por la pinta parece que no se lava desde hace tiempo; este pastel tiene muy buena pinta.* **SIN.** aspecto, apariencia.

pintalabios *[n.m.inv. en núm.]* barra hecha con un producto pastoso apropiado para pintarse los labios o darles brillo: *hay pintalabios de distintos colores.*

pintar *[v.]* 1 hacer, con colores, líneas o figuras sobre una superficie: *le han pintado el coche con garabatos rojos; pintó en el techo estrellas fosforescentes; Picasso pintó varios arlequines.* 2 hacer una obra pictórica: *Picasso pintó el cuadro titulado "Acróbata y joven arlequín".* 3 cubrir algo con pintura: *pintar un coche; pintar las paredes.* 4 hablar de algo de manera que se nota lo que uno opina de ello: *tal y como la pintas, parece una película aburrida.* **AF.** contar, describir. 5 estar en un sitio por algún motivo o para hacer algo: *¿qué pinta este jarrón en la cocina?; si aquí no pinto nada, me voy.* **FAM.** pinta, pintura, pinturero, pintor, pintoresco, pintorescamente, pintoresquismo, pintada, pintarrajear, pintarrajeo. **COMP.** pintalabios, pintaúñas, despintar.

pintarrajear *[v.]* hacer garabatos, mezclar colores y pintar mal sin un fin concreto: *el pequeño pintarrajeó las paredes.* **AF.** emborronar, garabatear. **OBS.** e + e = ee: *pintarrajeen.*

pintaúñas *[n.m.inv. en núm.]* pintura especial para darle a las uñas color, brillo o las dos cosas. **SIN.** esmalte.

pintor, pintora *[n.]* 1 persona que se dedica a pintar cuadros: *Antogonza es un magnífico pintor contemporáneo.* 2 persona que trabaja pintando paredes, puertas, ventanas y otras cosas: *llamó a los pintores para que pintaran la fachada.*

pintoresco, pintoresca *[adj.]* 1 que es tan bonito, típico o interesante que merece la pena pintarlo o fotografiarlo: *un rincón pintoresco; un paisaje pintoresco.* **AF.** atractivo, típico. 2 que llama la atención porque tiene algo que resulta raro: *tiene una forma de hablar muy pintoresca.* **SIN.** curioso. **AF.** característico, original, peculiar.

pintura *[n.f.]* 1 producto líquido o pastoso que se da sobre las cosas para cambiarles el color: *en la droguería venden botes de pintura.* 2 actividad que consiste en pintar: *la pintura es un arte y una técnica.* 3 obra pintada: *le regaló una pintura impresionista.* **AF.** cuadro, mural.

pinza *[n.f.]* 1 instrumento que sirve para coger cosas y está formado por dos piezas cuyos extremos se juntan o se separan según convenga: *los pasteles se sirven con pinzas; pinzas de la ropa; pinzas de depilar.* 2 parte final de las patas de algunos animales, como el cangrejo o el alacrán, que está formada por dos piezas con las que agarran las cosas y atacan a sus enemigos. 3 doblez que se hace en la ropa y se cose total o parcialmente, para que se ajuste o tenga una determinada forma: *los pantalones con pinzas quedan amplios.* **AF.** pliegue, frunce, tabla. **FAM.** pinzar, pinzamiento.

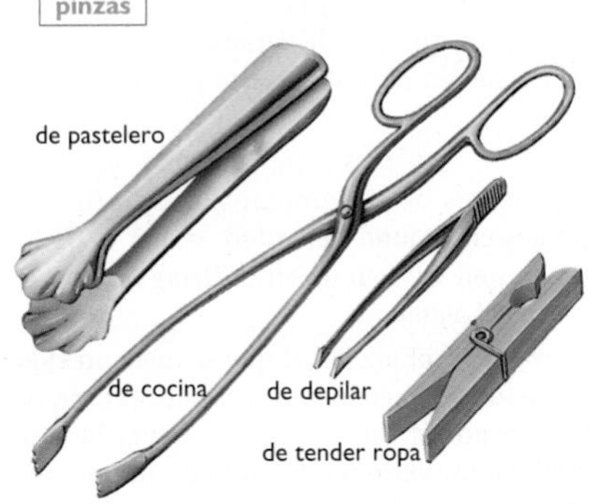

piña *[n.f.]* 1 fruto del pino, del abeto, del cedro y de otros árboles parecidos, que está formado por varias filas de escamas superpuestas de madera que tienen debajo una o dos semillas llamadas *piñones.* 2 fruta tropical grande, de pulpa jugosa, algo ácida y de color amarillo claro y cuya piel, marrón, forma abultamientos que recuerdan las escamas del fruto de los pinos: *la piña en conserva está cortada en rodajas con un agujero en el centro.* ■ **como una piña**, muy unidos. **FAM.** piñón, piñonero. **COMP.** apiñonado, empiñonar, apiñarse.

piñón *[n.m.]* 1 semilla comestible del pino que se halla bajo las hojas de la piña: *me gustan los dulces con piñones.* 2 rueda pequeña con dientes alrededor que encajan con los de otras ruedas y sirven para que algo funcione o se mueva: *la cadena de la bici se engancha en el plato y en el piñón.* **PL.** *piñones.*

pío, pía *[adj.]* que es muy religioso y reza con frecuencia: *los hombres píos respetan y cumplen lo que manda su religión.* **SIN.** devoto, piadoso. ■ **no decir ni pío**, no decir nada o no quejarse. **FAM.** píamente, piedad. **COMP.** impío.

piojo *[n.m.]* insecto de unos dos milímetros de longitud, con el cuerpo achatado de color oscuro amarillento, que vive entre el pelo de algunos mamíferos y puede llegar a causar algunas enfermedades: *en tiempos de guerra hay plagas de piojos.* **AMPL.** es un ***parásito*** (vive en otro ser vivo). **FAM.** piojoso, piojera, piojillo. **COMP.** despiojar, despiojamiento.

piojoso, piojosa *[adj.]* que tiene piojos o que parece que puede tenerlos por lo sucio que es: *cabeza piojosa; aspecto piojoso; persona piojosa.*

pionero, pionera *[n.]* persona que hace los primeros descubrimientos o los primeros trabajos en alguna actividad, o que es de los primeros en vivir en un sitio: *Henry Ford fue un pionero del automóvil.*

pipa *[n.f.]* 1 objeto en el que se mete un cigarrillo o tabaco picado y se usa para fumar, aspirando por el otro extremo. **AMPL.** la pipa que tiene un extremo doblado en ángulo recto y con forma de cacito para poner el tabaco también se llama ***cachimba***. 2 semilla de algunas plantas: *el melón está lleno de pipas.* **SIN.** pepita. **FAM.** pipeta, pipería. **COMP.** ***apiparse*** (comer o beber mucho).

pique *[n.m.]* lo que hay entre dos o más personas que se tienen envidia o celos: *tienen tanto pique que enseguida discuten.* **AF.** celos, envidia, resentimiento. ■ **irse a pique**, hundirse una embarcación o fracasar una idea, un proyecto, etc.

piqueta *[n.f.]* herramienta en forma de T que tiene el mango de madera y un extremo plano y otro afilado: *los albañiles usan mucho la piqueta.*

piqueta

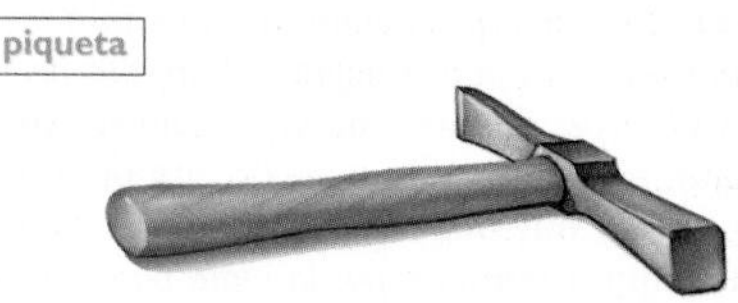

piragua *[n.f.]* embarcación larga, estrecha, de poco peso, con quilla, hecha de una sola pieza y que se mueve con remos. **FAM.** piragüista, piragüero.

piragua

pirámide *[n.f.]* 1 cuerpo geométrico que tiene como base un polígono cualquiera y varias caras triangulares. 2 construcción hecha con esta forma: *las pirámides de Egipto son construcciones funerarias.* **FAM.** piramidal, piramidalmente.

piraña *[n.f.]* pez de río de cuerpo aplastado y cabeza grande, con muchos dientes puntiagudos y fuertes.

pirata *[n.m.]* 1 persona que asalta y roba barcos en alta mar y a veces en las costas: *Sir Francis Drake fue un famoso pirata inglés del siglo* XVI. TAMBIÉN *adj.*: *barco pirata; expedición pirata.* **AMPL.** los piratas que tenían permiso de su país para atacar barcos de otro también se llamaban ***corsarios*** y los que se dedicaban a atacar barcos españoles, ***bucaneros***. // **pirata** *[adj.inv. en gén.]* 2 que actúa o se hace fuera de la ley: *emisora pirata; disco pirata; edición pirata.* **FAM.** piratear, piratería, pirático.

pirenaico, pirenaica *[adj.]* de los Pirineos, que son la cordillera situada en el sur de Francia y el norte de España: *paisaje pirenaico.* TAMBIÉN *n.*: *los pirenaicos están acostumbrados al frío.*

pirita *[n.f.]* mineral brillante de color amarillo: *los incas hacían espejos de pirita.*

piropo *[n.m.]* palabras agradables que se le dicen a alguien. **AF.** galantería. **ANT.** insulto, ofensa. **FAM.** piropear, piropeo.

pirueta *[n.f.]* vuelta que da uno sobre sí mismo o saltando: *los acróbatas hacen arriesgadas piruetas.* **AF.** cabriola, salto, voltereta. **FAM.** piruetear.

pisada *[n.f.]* **1** marca que dejan los pies o los zapatos en una superficie al andar o al pisar sobre ella: *el ladrón dejó muchas pisadas en el camino.* **SIN.** huella. **2** lo que hace uno cada vez que apoya un pie para andar: *dio una mala pisada y se cayó.* **SIN.** paso.

pisapapeles *[n.m.inv. en núm.]* objeto pesado que se pone sobre los papeles para sujetarlos: *colecciona pisapapeles.*

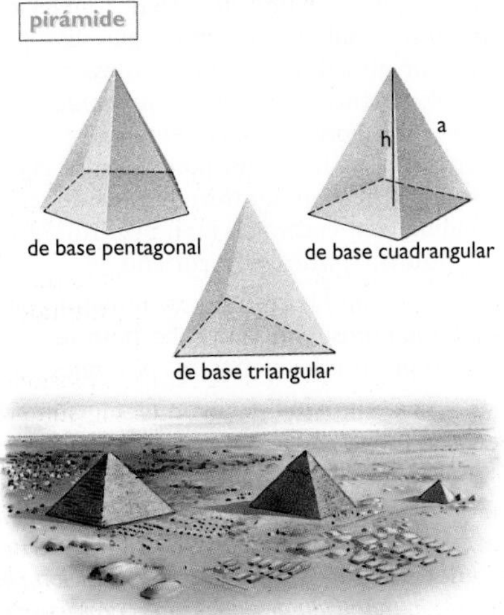

B = área de la base
h = altura
P = perímetro de la base
a = arista

$$V = \frac{B \cdot h}{3}$$

$$S = \frac{P \cdot a}{2} + B$$

pisar *[v.]* **1** poner el pie sobre algo o sobre alguien, o apoyarlo de una manera determinada al andar: *no pises las flores del jardín; pisó un insecto y lo mató; pisó el freno; pisa mal porque tiene un callo.* **2** perjudicar a alguien para conseguir algo: *llegó a director pisando a sus compañeros.* **FAM.** pisada, piso, pisotear, pisotón, pisoteado. **COMP.** pisapapeles, apisonadora.

piscina *[n.f.]* sitio grande y profundo que se llena de agua para nadar, bañarse y hacer deportes acuáticos: *los campeonatos de natación de invierno se celebran en piscina cubierta.* ■ **piscina olímpica**, la que tiene las medidas reglamentarias de 21 metros de ancho y 50 de largo.

piscis *[n.inv. en gén. y núm.]* persona que ha nacido entre el 19 de febrero y el 20 de marzo: *es una piscis del 10 de marzo; conozco a varios piscis.*

piso *[n.m.]* **1** suelo que pisamos en la calle, en casa, etc.: *el piso está mojado y resbala.* **SIN.** suelo. **2** espacio que hay entre cada dos separaciones horizontales de un edificio que están comunicadas entre sí por escaleras: *el despacho está en el primer piso.* **SIN.** planta. **3** cada una de las viviendas que hay en un edificio de varias plantas: *en la segunda planta hay dos pisos.* **SIN.** vivienda. **4** parte del calzado que se apoya al andar: *unos zapatos con piso de goma.* **SIN.** suela.

pisón *[n.m.]* instrumento formado por un mango largo sujeto a una pieza grande, muy pesada, con forma de tronco de cono, que sirve para apretar tierra, piedras, etc. **PL.** *pisones.*

pisotear *[v.]* **1** pisar algo una y otra vez hasta estropearlo: *tiró los papeles al suelo y los pisoteó.* **AF.** aplastar, pisar. **2** tratar mal a alguien: *no se puede consentir que los funcionarios pisoteen a los contribuyentes.* **OBS.** e + e = ee: *pisoteen.*

pisotón *[n.m.]* lo que se hace al poner el pie, con fuerza, sobre el pie de otro o sobre otra cosa: *sin querer le dio un pisotón.* **PL.** *pisotones.*

pista *[n.f.]* **1** cualquier señal, dato o detalle que sirve para averiguar algo: *el ladrón dejó muchas pistas.* **AF.** huella, rastro, señal, indicio. **2** sitio especialmente preparado para hacer sobre él algo concreto: *una pista de tenis, de* *circo, de baile...; pistas de aterrizaje y despegue.* **FAM.COMP.** autopista, despistar.

pistilo *[n.m.]* órgano femenino de las plantas que está en el centro de las flores: *el pistilo tiene forma de botella.* **AMPL.** el pistilo está compuesto de ***ovario***, ***estilo*** y ***estigma***; el órgano masculino de las flores se llama ***estambre****.

pistina forma incorrecta de decir *piscina**.

pistola *[n.f.]* **1** arma de fuego corta que se dispara con una sola mano apretando el gatillo: *las pistolas se cargan con balas.* **2** aparato que se llena de algún producto líquido o pastoso para que salga de él, al apretar un gatillo, pulverizado o en chorro: *pinta las paredes con pistola; aplica la silicona con una pistola.* **FAM.** pistolera, pistolero, pistoletazo.

pistolera *[n.f.]* funda para guardar una pistola: *lleva la pistolera colgada del cinturón.*

pistolero, pistolera *[n.m.]* persona que usa pistola para atacar y cometer delitos: *una banda de pistoleros atracó el banco.* **AF.** atracador, bandido, delincuente, malhechor.

pistón *[n.m.]* **1** pieza cilíndrica que, al subir y bajar, produce el movimiento de los motores: *un coche de seis cilindros tiene seis pistones.* **SIN.** émbolo. **2** pieza que tienen algunos instrumentos de viento para conseguir las distintas notas al apretar con los dedos o soltar: *los pistones de una trompeta.* **SIN.** llave. **PL.** *pistones.* **FAM.** pistonudo.

pitar *[v.]* **1** hacer que suene un pito, una bocina, un claxon, etc.: *el guardia pitó para que se pararan; no pites, que molestas a los vecinos.* **2** hacer ruidos o silbar para protestar por algo: *pitan porque el cantante no ha llegado.* ■ **irse, marcharse** o **salir pitando**, hacerlo muy deprisa. **FAM.** pitido, pitada, pito.

pitera *[n.f.]* agujero muy pequeño: *la manguera tiene una pitera.*

pitido *[n.m.]* sonido agudo como el que se hace soplando con los labios o con un silbato: *el público protestaba con pitidos; la radio tenía un pitido.* **SIN.** silbido, pitada, silbo.

pitillera *[n.f.]* estuche o caja para guardar los cigarrillos: *una pitillera de piel.* **FAM.** pitillo, pito.

pitillo *[n.m.]* cigarrillo*.

pito *[n.m.]* **1** silbato*: *el árbitro tocó el pito al finalizar el partido.* **2** bocina de algunos vehículos, especialmente si produce un sonido agudo. **AF.** claxon. **3** cigarrillo. **FAM.** pitar, pitón, pitonazo, ***pitorro*** (pitón de botijo), pitorrearse, pitorreo. **COMP.** empitonar.

pitón *[n.m.]* **1** cuerno que está saliéndole a un animal joven (*el ternero ya tiene pitones*) y punta del cuerno de un toro (*el toro se rompió un pitón*). **2** en botijos y recipientes parecidos, parte más fina y con forma cilíndrica o cónica por la que se puede beber a chorro: *bebe el vino por el pitón del porrón.* **SIN.** pitorro. // **pitón** *[n.f.]* **3** serpiente muy grande y gruesa, que tiene parte de la cabeza cubierta de pequeñas escamas y que puede llegar a medir más de 10 metros. TAMBIÉN *adj.*: *serpiente pitón.* **PL.** *pitones.*

pitorro *[n.m.]* tubo cilíndrico o cónico de un recipiente que sirve para beber a chorro: *el pitorro de los botijos.* **SIN.** pitón.

pituitaria *[n.f.]* membrana que cubre el interior de las fosas nasales y en la que está el sentido del olfato.

pizarra *[n.f.]* **1** roca de color gris o negro azulado que está formada por capas planas y delgadas que se separan fácilmente: *un tejado de pizarra.* **2** cualquier superficie que sirve para dibujar o escribir en ella mientras se dan clases, conferencias, etc.: *el conferenciante escribió con rotuladores de color sobre una pizarra blanca.* **AMPL.** se llama así porque antes se escribía con tiza sobre un trozo grande de pizarra pulida. **SIN.** encerado. **FAM.** pizarral, pizarrero, pizarrín, pizarroso, pizarrería.

pizarrín *[n.m.]* barrita de un mineral poco duro y algo graso, que se usaba para escribir sobre las pizarras pequeñas. **PL.** *pizarrines.*

pizca *[n.f.]* cantidad pequeña de algo, como la que se puede coger con la punta de los dedos índice y pulgar: *una pizca de sal.* **SIN.** pizco, pellizco. **AF.** chispa. **FAM.** pizcar, pizco.

placa *[n.f.]* **1** pieza delgada y plana de un material duro: *una placa de hierro, de hielo...; la placa de la matrícula de un coche.* **2** parte superior de las cocinas, por donde sale el calor y sobre la que se ponen los cacharros que se usan para cocinar: *una placa eléctrica; una placa vitrocerámica.* **FAM.** plaqueta.

pláceme *[n.m.]* felicitación.

placentero, placentera *[adj.]* que resulta agradable y tranquilo: *un viaje placentero.* **SIN.** plácido, apacible, grato.

placer *[n.m.]* **1** sensación agradable: *causa placer terminar un buen trabajo; viajar es un placer.* **SIN.** gusto, satisfacción. **ANT.** dolor. // **placer** *[v.]* **2** dar gusto, producir satisfacción: *siempre hace lo que le place; me place veros.* **SIN.** gustar, agradar. **ANT.** disgustar. **CONJUG.** como *nacer**. **FAM.** placentero, placenteramente, plácido, plácidamente, placidez, ***pláceme*** (felicitación). **COMP.** complacer.

plácido, plácida *[adj.]* agradable y tranquilo: *una plácida tarde.* **SIN.** placentero.

plafón *[n.m.]* lámpara plana que va pegada al techo y lleva ocultas las bombillas: *en la cocina hay un plafón ovalado.* **PL.** *plafones.*

plaga *[n.f.]* abundancia de algo malo o molesto: *una plaga de mosquitos; una plaga de suicidios.* **FAM.** plagar, plagado.

plagar *[v.]* llenar o cubrir un sitio con algo malo, molesto o desagradable: *es tan inculto que plaga sus cartas de faltas de ortografía.* **SIN.** llenar. TAMBIÉN *prnl.: el campo se plagó de maleza; la ciudad se plagó de delincuentes.* **OBS.** ante e, gu: *plaguen.*

plan *[n.m.]* **1** cosa que se quiere hacer (*tiene muchos planes para las vacaciones*) y manera pensada para hacerla (*según el plan, saldremos a las 8*). **2** conjunto de las cosas y acciones que se ha pensado que son necesarias para hacer o conseguir algo: *el plan de trabajo requiere mucha organización.* **SIN.** proyecto. **FAM.** planificar, planificación, planificador.

plana *[n.f.]* cada una de los dos caras de una hoja de papel: *llenó dos planas con la muestra de caligrafía; el nombre del periódico aparece en la primera plana.* **SIN.** página. ■ **de primera plana**, muy importante: *noticia de primera plana.*

plancha *[n.f.]* **1** trozo plano y delgado de cualquier material: *una plancha de acero; una plancha de madera.* **SIN.** lámina, chapa, hoja. **2** aparato con forma triangular y un asa para agarrarla y manejarla con una mano que, calentándolo, sirve para quitarle las arrugas a la ropa: *en la actualidad las planchas funcionan con electricidad.* **3** equivocación o error que deja a alguien en ridículo: *¡vaya plancha!, me saludó efusivamente y yo no recordaba quién era.* **AF.** error, ridículo, torpeza. ■ **a la plancha**, manera de cocinar alimentos sobre una plancha de metal caliente. ■ **en plancha**, con el cuerpo horizontal. **FAM.** planchar, planchador, planchazo.

planchar *[v.]* pasar una plancha caliente sobre la ropa, para quitarle las arrugas. **AF.** alisar, estirar.

plancton *[n.m.]* conjunto de animales y de vegetales muy pequeños que están en el agua del mar y en la de los lagos y ríos: *en el plancton hay seres vivos microscópicos.*

planear *[v.]* **1** pensar en lo que hay que hacer, y en qué orden, para que algo salga como uno quiere: *planear una excursión; planear un robo.* **SIN.** programar. **AF.** organizar, proyectar. **2** volar aprovechando las corrientes de aire y la superficie de las alas: *las aves planean para descansar; el ala delta baja planeando.* **OBS.** e + e = ee: *planeen.* **FAM.** planeador, planeo.

planeta *[n.m.]* cuerpo celeste, sólido, sin luz propia, que gira alrededor de un sol o de otra estrella: *Mercurio es el planeta de nuestro sistema solar que está más cerca del Sol.* **FAM.** planetario. **COMP.** interplanetario. (VER p. 770.)

planicie *[n.f.]* terreno grande y llano: *desde esta montaña se ve una extensa planicie.* **SIN.** llano, llanura.

planificar *[v.]* **1** decidir qué hay que hacer y cuándo, quién tiene que hacer cada cosa y cómo hay que hacerla para que lo que se hace o se está preparando salga bien: *planificar un viaje, un trabajo, la urbanización de una zona, la distribución de un edificio...* **SIN.** organizar, proyectar. **AF.** planear, programar. **2** hacer los planos para una obra o una construcción: *el arquitecto planifica el nuevo edificio.* **AF.** proyectar. **OBS.** ante e, qu: *planifiquen.*

planisferio *[n.m.]* mapa de la esfera de la Tierra o del Universo (VER *Apéndice. Planisferios*: físico, relieve marino, celeste; pp. 1041-1047).

plano, plana *[adj.]* **1** que tiene la misma altura en todos los puntos de su superficie: *un terreno plano; un sitio plano.* **SIN.** liso, raso, llano. **ANT.** irregular, accidentado. // **plano**

planeta

ÓRBITAS

PLANETAS A ESCALA

Mercurio
venus
La Tierra
Marte
Júpiter
Saturno
Urano
Neptuno
Plutón

[n.m.] 2 dibujo que representa, vista desde arriba, la distribución de los espacios y las piezas o los objetos de un aparato, una construcción, una o varias calles o una población: *los planos de una máquina; el plano de una casa; un plano de Santander.* ■ **de plano**, totalmente, de lleno. ■ **primer plano**, en fotografía y cine, toma que se hace de lo que hay a muy poca distancia del objetivo. **FAM.** plana, planicie. **COMP.** aplanar, explanada.

plano

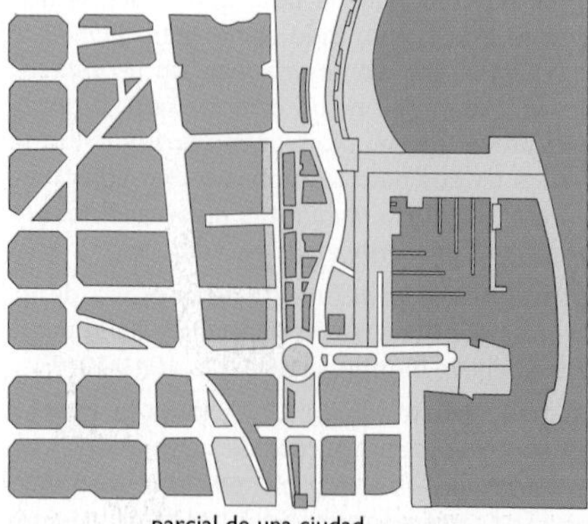

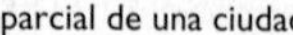

parcial de una ciudad

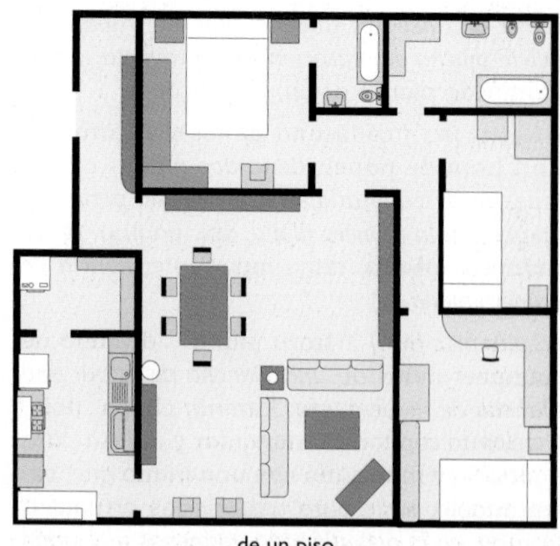

de un piso

planta *[n.f.]* 1 vegetal* (acepción 1): *hay plantas terrestres y plantas acuáticas.* 2 parte inferior del pie, sobre la que nos apoyamos al andar. 3 espacio que hay entre cada dos separaciones horizontales de una construcción que están comunicadas entre sí por escaleras: *en la tercera planta venden ropa infantil.* **SIN.** piso. 4 figura que forman los cimientos de un edificio: *una casa de planta rectangular; la iglesia tiene planta en forma de cruz.* ■ **buena planta,** buena presencia física.

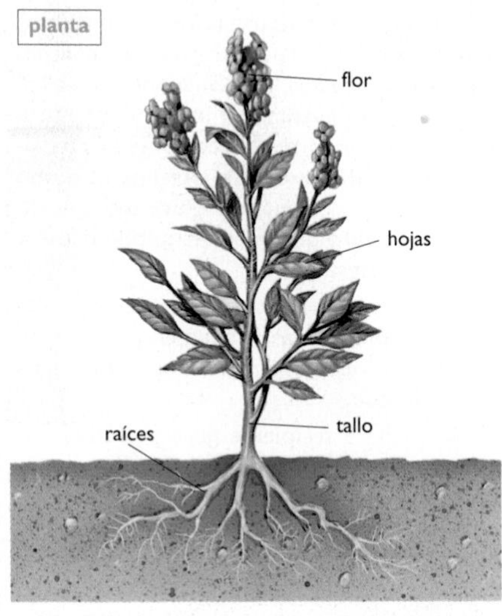

plantación *[n.f.]* 1 terreno en que se cultivan muchas plantas de un mismo tipo, y conjunto de todas ellas: *una plantación de lechugas, de algodón, de patatas...* **AF.** explotación, finca. 2 lo que se hace para plantar algo: *está programada la plantación de muchos pinos.*

plantar *[v.]* 1 poner dentro de la tierra una planta o una parte de ella, para que críe raíces y crezca: *ha plantado varias acacias.* 2 colocar algo o a alguien en un sitio, o en un sitio en el que no queda bien o en el que molesta a alguien: *plantaron un escenario en el medio de la plaza; plantó la cazuela en la mitad de la mesa del salón; han plantado dos vigilantes a la puerta de los grandes almacenes.* **AF.** poner, situar. TAMBIÉN *prnl.: se plantó en la puerta para no dejar pasar a nadie.* 3 romper una relación: *plantó a su novia y no volvieron a verlo.* **SIN.** abandonar, dejar plantado. // **plantarse** *[v.prnl.]* 4 llegar a un sitio en poco tiempo: *si los semáforos están abiertos, me planto en el trabajo en diez minutos.* **FAM.** planta, plantación, plantilla, plantígrado, plantón, plantío, plantear, planteamiento, planteo. **COMP.** implantar, replantar, suplantar, trasplantar.

plantear *[v.]* 1 decir (o pensar) los datos que se tienen sobre algo que se quiere resolver, para empezar a buscar una solución: *me plantearon el asunto pero no supe qué decir; plantear un problema de matemáticas.* **AF.** exponer. // **plantearse** *[v.prnl.]* 2 pensar en algo para ver si resultaría conveniente, si es posible, qué problemas habría y si estos problemas tendrían solución: *el gobierno se ha planteado la posibilidad de cambiar la Constitución.* **SIN.** considerar. **OBS.** e + e = ee: *planteen.*

plantígrado *[n.m.]* animal de cuatro patas que al andar apoya en el suelo toda la planta del pie y las manos: *el oso es un animal plantígrado que se levanta con facilidad sobre sus patas traseras.*

plantilla *[n.f.]* 1 pieza que cubre el interior del calzado en la parte que está en contacto con la planta del pie, o que tiene esa forma y se puede poner y quitar: *si te quedan grandes las botas ponle una plantilla de esponja.* 2 pieza plana con una forma determinada que se usa como guía para dibujar, cortar o hacer otra igual: *usa una plantilla para dibujar el contorno del mapa.* **AF.** patrón. 3 lista de las personas que trabajan fijas en una oficina, en una fábrica, en un servicio público, etc.: *la plantilla de profesores de un centro escolar; la plantilla de un equipo de fútbol.*

plantón *[n.m.]* arbolito nuevo preparado para plantarlo en el sitio definitivo: *han repoblado el bosque con plantones.* ■ **dar un plantón,** no ir al lugar en el que se había quedado con alguien o hacerlo más tarde de lo acordado.

plasma *[n.m.]* sustancia líquida de la sangre. **FAM.** plasmático.

plástico, plástica *[adj.]* 1 que es blando y se le puede cambiar la forma con facilidad: *el barro es un material plástico.* **SIN.** moldeable. // **plástico** *[n.m.]* 2 material resistente y ligero elaborado con procedimientos químicos al que, por medio de presión o de calor, se le pueden dar diferentes formas: *una bolsa de plástico; un juguete de plástico.* ■ **artes plásticas**, las que se basan en la combinación de formas y colores: *la pintura y la escultura son artes plásticas.* **FAM.** plasticidad, plásticamente, plastificar, plastificación.

plastificar *[v.]* proteger un documento, mapa, carnet, etc. con una lámina de plástico de manera que quede completamente cerrado: *plastificar el carnet de la biblioteca.* **OBS.** ante e, qu: *plastifiquemos.*

plata *[n.f.]* 1 metal blando, de color blanco o gris muy brillante, considerado metal precioso de menor categoría que el platino y el oro: *un anillo de plata.* 2 en América, dinero: *tiene mucha plata.* **FAM.** platero, platería, plateresco, platear, plateado, plateador, platino, platinado, platinar, platina.

plataforma *[n.f.]* 1 tablero grande en posición horizontal que está más elevado que el suelo: *los músicos se situaron en una plataforma.* 2 parte de un autobús, tren, etc. que no tiene asientos: *iba en la plataforma de atrás.*

platanal *[n.m.]* platanar*.

platanar *[n.m.]* plantación de plátanos: *en Cuba hay enormes platanares.*

platanero, platanera *[n.]* 1 árbol que llega a medir hasta tres metros, tiene hojas grandes formando un penacho que es la copa y frutos que salen en grupos: *una plantación de plataneros.* **SIN.** plátano, banano. 2 persona que trabaja cultivando o vendiendo plátanos. // **platanero** *[n.m.]* 3 barco especial para transportar plátanos. // **platanero, platanera** *[adj.]* 4 de plátanos: *la producción platanera es muy importante en Canarias.* **SIN.COM.** bananero.

plátano *[n.m.]* 1 platanero* (árbol): *los plátanos crecen en regiones tropicales y subtropicales.* 2 fruto de este árbol, que es alargado y un poco curvo y tiene la piel gruesa, lisa y amarilla cuando está maduro, y la carne blanca y dulce: *plátanos de Canarias.* **SIN.** banana. 3 árbol de sombra, de madera clara jaspeada, que puede medir hasta veinte metros de altura y tiene la copa grande y el tronco cilíndrico de corteza lisa: *una fila de plátanos da sombra al paseo.* **FAM.** platanar, platanal, platanero. **COMP.** aplatanar.

platea *[n.f.]* zona de la planta baja de un cine o teatro en la que se sienta el público: *las entradas de platea suelen ser las más caras.* **SIN.** patio de butacas. ■ **palco de platea**, el que está alrededor y un poco más alto que la platea.

plateado, plateada *[adj.]* 1 que está cubierto por una capa de plata: *una bandeja plateada.* 2 de color y brillo como los de la plata: *un bolso plateado.*

platillo *[n.m.]* 1 objeto pequeño con forma de plato que puede usarse para distintas cosas menos para servir comida: *puso las monedas en un platillo de latón; los platillos de una balanza.* // **platillos** *[n.m.pl.]* 2 instrumento musical de percusión formado por dos platos metálicos. ■ **platillo volante**, objeto con forma de plato o de disco que hay quien dice que ha visto en el cielo y que puede estar pilotado por seres extraterrestres.

platino *[n.m.]* metal duro y resistente del color de la plata, que se emplea en joyería y en muchos otros usos: *el platino es un metal precioso.* **SIN.** platina.

plato *[n.m.]* 1 recipiente poco profundo con el borde horizontal o algo inclinado, que se usa para poner los alimentos que se van tomar: *plato hondo, plato llano, plato de postre.* 2 comida que se sirve en ese recipiente: *ha tomado dos platos de sopa.* 3 alimento cocinado y preparado para comer: *la fabada es un plato típico de Asturias.* **SIN.** comida. 4 pieza de las balanzas donde se pone lo que se quiere pesar o las pesas. **SIN.** platillo. **FAM.** platillo, platina. **COMP.** escurreplatos, lavaplatos, friegaplatos.

plató *[n.m.]* lugar cubierto en el que se preparan los escenarios para rodar películas o grabar programas de televisión: *para la siguiente escena hay que cambiar de plató.* **AF.** escenario.

playa *[n.f.]* orilla del mar, de un río, de un lago, etc., que es plana y está cubierta de arena: *en la playa del lago alquilan patines de pedales.* **FAM.** playero, playera. **COMP.** explayarse.

playero, playera *[adj.]* 1 de playa, que está en la playa o que es apropiado para la playa: *arena playera; costas playeras; vestido playero.* // **playera** *[n.f.]* 2 calzado de lona con el suelo de goma y cordones, que suele usarse en verano.

plaza *[n.f.]* 1 lugar ancho, espacioso y abierto, rodeado de casas y al que van a dar varias calles: *las campanadas del reloj de la plaza se oyen en todo el pueblo.* 2 sitio que puede ocupar alguien o algo: *un autocar de cincuenta plazas; una plaza de garaje.* 3 puesto de trabajo que ocupa alguien o que puede ocupar: *hay libre una plaza de secretaria.* **AF.** puesto. 4 mercado* (acepción 2): *va a la plaza un día a la semana.* ■ **plaza de toros**, lugar redondo, sin cubrir, donde se celebran las corridas de toros. **FAM.** plazoleta, plazuela. **COMP.** desplazar, reemplazar, emplazar, emplazamiento.

plazca, plazcan... formas irregulares de la conjugación del verbo *placer**.

plazo *[n.m.]* 1 tiempo en el que hay que hacer una cosa: *tienes un plazo de una semana para presentar los documentos.* **SIN.** tiempo. 2 cada parte de una cantidad que se paga de cada vez: *pagó el coche en varios plazos.* **AF.** cuota, pago. ■ **a plazos**, pagando una cantidad cada cierto tiempo, en vez de todo junto. **ANT.** al contado. ■ **a largo plazo**, cuando haya pasado bastante tiempo. **FAM.** aplazar, emplazar.

plazoleta *[n.f.]* plaza pequeña o que está dentro de un parque.

plazuela *[n.f.]* plaza pequeña: *vive en una plazuela muy bonita.* **SIN.** plazoleta.

pleamar *[n.f.]* subida del agua del mar hasta el nivel más alto en que llega a estar (*con la pleamar se ve menos arena en la playa*) y tiempo que tarda en subir (*salieron a pescar durante la pleamar*). **SIN.** plenamar. **ANT.** bajamar.

plebeyo, plebeya *[n.]* en la Edad Media, persona que no pertenecía a la nobleza o al clero. **AF.** villano.

plegable *[adj.inv. en gén.]* que se puede plegar o doblar: *los paraguas son plegables; una cama plegable.*

plegar *[v.]* 1 doblar una cosa una o varias veces para que ocupe menos: *pliega el plano de la ciudad.* **SIN.** doblar. **ANT.** desplegar, extender. // **plegarse** *[v.prnl.]* 2 hacer o aceptar algo porque otro quiere, porque no hay más remedio o porque es lo mejor: *tuvo que plegarse a las exigencias de su socio; hay que plegarse a las necesidades del momento.* **SIN.** someterse. **ANT.** rebelarse. **CONJUG.** como *negar**. **FAM.** plegable, pliego, pliegue, plegado, plegamiento, plegadora. **COMP.** replegar, repliegue, desplegar.

pleito *[n.m.]* desacuerdo entre dos o más personas que se lleva ante un juez o un tribunal para que, aplicando la ley, diga quién tiene razón. **FAM.** pleitear, pleiteador. **COMP.** picapleitos.

plenamar *[n.f.]* pleamar*.

plenilunio *[n.m.]* fase de la Luna en que desde la Tierra se ve completamente redonda. **SIN.** luna llena.

plenitud *[n.f.]* momento mejor o más perfecto de algo: *la plenitud de una carrera profesional; la plenitud de la vida.*

pleno *[n.m.]* 1 reunión de todas las personas responsables de un organismo público de gobierno: *en el pleno del ayuntamiento se decidió la construcción de un parque; en los plenos del Congreso se debaten asuntos de Estado.* **AF.** asamblea, sesión. // **pleno, plena** *[adj.]* 2 que está lleno de algo: *una vida plena de felicidad.* **SIN.** lleno, completo. **AF.** colmado, saturado. **ANT.** vacío. 3 que está en el momento central o en el de mayor desarrollo o actividad de algo: *pleno verano; pleno invierno; en plenos exámenes de fin de carrera.* ■ **en pleno**, todos. **FAM.** plenitud, plenario, plenamente.

pleura *[n.f.]* tejido que recubre cada uno de los dos pulmones. **FAM.** pleural, pleuritis, pleuresía, pleurítico.

pliego *[n.m.]* hoja grande de papel doblada por la mitad: *compró un pliego de papel de regalo; un pliego mide lo mismo que cuatro folios.* **AMPL.** las medidas del pliego tradicional son 64 × 88 centímetros, pero en papelería se llama *pliego* al doble folio sin cortar y doblado por la mitad.

pliegue *[n.m.]* parte por la que se dobla o se deja doblado un material flexible: *se rompió el mapa por uno de los pliegues; el abrigo lleva un pliegue en la espalda.* **SIN.** doblez.

plinto *[n.m.]* aparato de gimnasia formado por varios cajones superpuestos y una tapa almohadillada.

plinto

plomada *[n.f.]* pieza de plomo o de otro metal que, atada a una cuerda, sirve para ver si algo está vertical o no: *los albañiles usan plomada.*

plomada

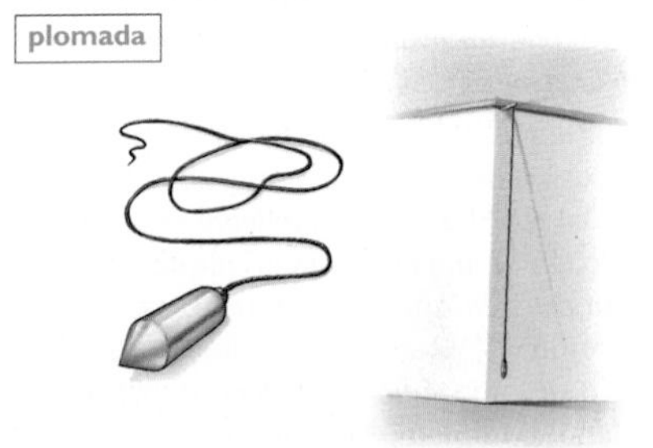

plomo *[n.m.]* **1** metal muy pesado, blando, de color gris azulado: *el plomo es fácil de fundir y muy venenoso.* **2** persona o cosa pesada, molesta o aburrida. ■ **con pies de plomo**, con mucho cuidado. **FAM.** plomada, plomífero, plomizo, plomoso, ***plúmbeo*** (de plomo). **COMP.** desplomarse, aplomo, emplomar.

pluma *[n.f.]* **1** cada una de las piezas que cubren y protegen la piel de las aves: *el plumaje de un ave está formado por muchas plumas; antiguamente, se escribía con plumas de ganso.* **2** instrumento formado por un mango y una pieza delgada, curva y acabada en punta, que se usaba para escribir, untando esta punta en tinta. **AMPL.** el mango se llama ***palillero*** o ***portaplumas*** y la pieza metálica, ***plumín*** o ***plumilla***. ■ **pluma estilográfica**, estilográfica*. **FAM.** plumífero, plumón, plumoso, plumaje, plumero, plumazo, plumilla, plumín, plumier. **COMP.** desplumar, emplumar.

plumaje *[n.m.]* conjunto de plumas que cubren el cuerpo de un ave: *tiene un plumaje muy vistoso.*

plúmbeo, plúmbea *[adj.]* de plomo.

plumero *[n.m.]* utensilio formado por un conjunto de plumas que, sujetas en el extremo de un palo, sirven para quitar el polvo: *un plumero de plumas de avestruz.*

plumier *[n.m.]* estuche o caja para guardar lápices, pinturas, gomas y otras cosas parecidas, necesarias para hacer trabajos escolares. **SIN.** estuche.

plumilla *[n.f.]* parte de la pluma que es una pieza delgada de metal y acabada en punta que se untaba en tinta para escribir.

plural *[adj.inv. en gén.]* que está formado por cosas, personas o animales que son muy distintos entre sí por su forma, su estilo, su modo de ser, su origen, etc.: *una sociedad plural es aquella en la que conviven gentes de distintas opiniones, razas, religiones, etc.* ■ **número plural**, forma de las palabras que indica que éstas se refieren a varias personas, animales o cosas y no a una sola: *coches tiene número plural y coche, número singular.* VER ampl. en *número* (acepción 5). ■ **plural mayestático**, forma de pronombre personal que usan los reyes y los papas para referirse a sí mismos, cuando dicen *nos* en lugar de *yo*. **FAM.** pluralidad, pluralizar, pluralismo, pluralización.

pluri- prefijo que significa *varios.*

plumas

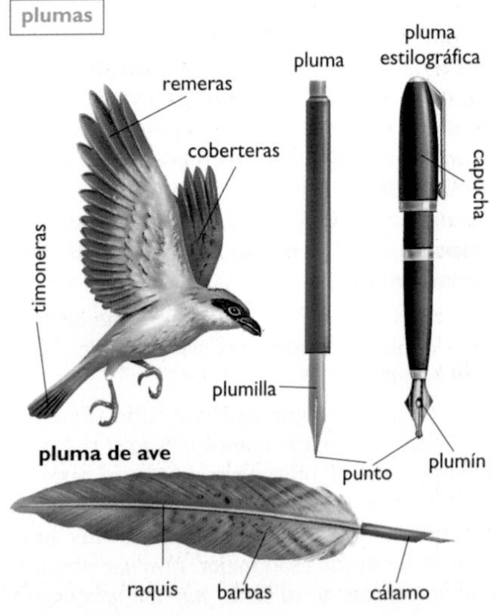

pluriempleo *[n.m.]* situación de quien tiene más de un trabajo a la vez. **FAM.** pluriempleado, pluriemplearse, empleo.

pluriempleado, pluriempleada *[adj.]* que tiene varios empleos a la vez: *una persona pluriempleada.* TAMBIÉN *n.*: *los pluriempleados suelen acabar el día muy cansados.*

pluscuamperfecto *[n.m.]* tiempo de verbo con el que se expresa que una acción ya ha acabado en el momento en que se produce otra con la que se relaciona. **AMPL.** al decir *"cuando tu llegaste, yo ya había cenado"*, ponemos en relación dos acciones pasadas respecto al momento en que se habla y una de ellas ya acabada (*había cenado*) cuando se produce la otra (*llegaste*).

pluviómetro *[n.m.]* aparato que sirve para medir la cantidad de agua de lluvia que cae en un lugar en un tiempo determinado.

población *[n.f.]* 1 conjunto de las personas que viven en un lugar: *Bogotá es una ciudad con mucha población.* **SIN.** habitantes, pobladores. 2 conjunto de edificios, calles y otras cosas donde vive la gente: *Sevilla es una de las poblaciones más importantes de España.* **SIN.** localidad, lugar. **AMPL.** las poblaciones tienen otros nombres, dependiendo de la importancia o el tamaño: ***aldea*** y ***burgo*** son poblaciones pequeñas que dependen de otra mayor; se llama ***pueblo*** a la población pequeña con ayuntamiento propio o a la que no es capital de provincia; ***ciudad*** es cualquier población con ayuntamiento propio: *Gijón es una ciudad marítima*; la ciudad en la que está el gobierno de una provincia, una comunidad autónoma o un país es una ***capital***: *Vitoria es la capital de Álava, Barcelona la de Cataluña, Madrid la de España y Lima la de Perú*; se llama ***urbe*** o ***metrópoli*** a las ciudades grandes, como Madrid, París, Londres, Nueva York o Buenos Aires; algunas poblaciones reciben el nombre de ***villa*** por motivos históricos: *la villa de Madrid*; ***villorrio*** y ***poblacho*** son formas despectivas.

poblado, poblada *[adj.]* 1 que viven en él personas, animales o plantas: *es una ciudad poblada por gente de muchos sitios; el bosque está poblado de árboles.* 2 que está lleno de alguna cosa o que tiene mucho de lo que lo forma: *una barba poblada.* **AF.** espeso. // **poblado** *[n.m.]* 3 conjunto pequeño de construcciones preparadas para que vivan personas en ellas: *la tribu construyó el poblado en el centro de la selva.* **AF.** aldea.

poblador, pobladora *[n.]* persona que puebla un lugar o que vive en él: *los indios fueron los primeros pobladores de Estados Unidos.* **SIN.** habitante.

poblar *[v.]* estar viviendo en un sitio, o ir a uno en el que no vive nadie y quedarse a vivir en él: *varios millones de personas pueblan Ciudad de Méjico; los romanos poblaron la Península Ibérica.* **SIN.** habitar, ocupar. **ANT.** despoblar. **OBS.** cualquier ser vivo puede poblar un lugar: *los pinos pueblan las laderas de las montañas; los animales salvajes pueblan las selvas.* **CONJUG.** como *contar**. **FAM.** población, poblado, poblador, poblamiento, pueblo. **COMP.** repoblar, despoblar.

poblema forma incorrecta de decir *problema**.

pobre *[adj.inv. en gén.]* 1 que no tiene dinero ni lo necesario para vivir: *una familia pobre; un hombre pobre.* **SIN.** necesitado, menesteroso. **INTENS.** indigente. **ANT.** rico, pudiente. TAMBIÉN *n.*: *había dos pobres pidiendo en la calle.* 2 que le pasa algo malo: *el pobre muchacho no sabe cómo resolver la difícil situación.* **INTENS.** desgraciado, desdichado, infeliz. 3 que no tiene lo necesario para ser bueno del todo (*has hecho un examen pobre*) o que tiene poco de lo que se dice (*una comida pobre en vitaminas*). **GRAM.** el superlativo de *pobre* es ***paupérrimo***. **FAM.** pobreza, pobremente, pobrete, pobretón. **COMP.** empobrecer.

pobreza *[n.f.]* 1 situación en que está quien no tiene lo necesario para vivir: *el despilfarro produce pobreza.* **SIN.** necesidad. **INTENS.** miseria. **ANT.** riqueza, opulencia. 2 falta de algo necesario: *pobreza de medios; pobreza de expresión.* **SIN.** carencia, escasez, falta. **ANT.** riqueza. ■ **voto de pobreza**, compromiso de vivir con lo mínimo necesario.

pocilga *[n.f.]* 1 cuadra para los cerdos: *las pocilgas deben limpiarse con frecuencia.* **SIN.** zahúrda, porqueriza, gorrinera, cochiquera. 2 lugar muy sucio y desordenado: *viven en una pocilga.*

pócima *[n.f.]* 1 bebida medicinal que se hace cociendo vegetales: *el curandero le preparó* *una pócima.* 2 bebida de mal sabor: *para él, las bebidas alcohólicas son pócimas.*

pocho, pocha *[adj.]* que está podrido o ha empezado a pudrirse y ya no se puede comer: *las manzanas del frutero se han puesto pochas.* **SIN.** podrido, descompuesto.

poco, poca *[adj.]* 1 que no es suficiente: *50 euros es poco dinero para comprar un coche; tiene pocas ganas de trabajar.* **AF.** escaso. **ANT.** mucho. 2 que es una cantidad pequeña: *tiene pocos folios; hay poca comida en la nevera.* **ANT.** mucho, abundante, abundancia de. // **poco** *[n.m.]* 3 cantidad pequeña de algo: *con muchos pocos llenarás la hucha; un poco de cariño.* // **poco** *[adv. de c.]* 4 en pequeña cantidad o menos de lo necesario o de lo normal: *este invierno ha llovido poco; come muy poco; la escuela le gusta poco.* **ANT.** mucho. ■ **poco a poco**, despacio, lentamente. ■ **poco más o menos**, alrededor de, aproximadamente. ■ **por poco**, casi. **FAM.** poquito, poquedad. **COMP.** apocado.

poda *[n.f.]* lo que se hace al cortar las ramas innecesarias de una planta para que crezca después mejor y con más fuerza: *a algunas plantas se le hacen dos podas al año.*

podadera *[n.f.]* herramienta con el corte curvo y el mango de madera o de hierro, que sirve para podar: *afila la podadera antes de podar los árboles.*

podar *[v.]* cortar o quitar las ramas innecesarias de las plantas para que crezcan luego con más fuerza: *las viñas hay que podarlas todos los años.* **FAM.** poda, podadera, podadura.

poder *[v.]* 1 tener lo necesario para hacer algo: *puedo comprarlo porque tengo el dinero para ello; puedo llevantar 50 kilos porque tengo fuerza suficiente; puedo tocar el violín porque he aprendido a hacerlo.* 2 tener autorización: *puedo conducir porque tengo carnet de conducir; puedo salir al extranjero si llevo el pasaporte.* 3 tener más fuerza o ser más fuerte en algo: *te puedo; no quiero discutir con él porque me puede.* 4 estar a punto de ocurrir algo o darse las circunstancias para que ocurra: *puede que ganemos el partido; puede que llueva mañana.* // **poder** *[n.m.]* 5 autoridad o fuerza moral o física sobre los demás: *poder de persuasión; poder mental; el ejército tiene mucho poder porque tiene armas.* 6 situación de las personas que ocupan los puestos más importantes de una organización, una empresa, un estado, una religión, etc.: *los que están en el poder deciden nuestro futuro.* **AMPL.** se llama ***poder legislativo*** el que tienen los encargados de elaborar leyes, ***poder ejecutivo*** al que debe encargarse de cumplirlas y obligar a cumplirlas, y ***poder judicial*** el que debe juzgar y castigar a quien no las cumple. ■ **poder espiritual**, el de la Iglesia. ■ **poder público**, el del Estado, los municipios, etc. ■ **poder notarial**, documento que se firma ante un notario y por el que una persona autoriza a otra para que haga algo en su lugar. ■ **obrar** o **estar algo en poder de** alguien, tenerlo quien se dice. **FAM.** poderío, poderoso, poderosamente, pudiente, potencia. **COMP.** apoderarse.

CONJUGACIÓN DEL VERBO PODER

Formas no personales
Infinitivo: *poder.* Gerundio: *pudiendo.* Participio: *podido.*

Indicativo
Presente: *puedo, puedes, puede, podemos, podéis, pueden.*
Pretérito imperfecto: *podía, podías, podía, podíamos, podíais, podían.*
Pretérito perfecto simple: *pude, pudiste, pudo, pudimos, pudisteis, pudieron.*
Futuro: *podré, podrás, podrá, podremos, podréis, podrán.*

Condicional simple:
podría, podrías, podría, podríamos, podríais, podrían.

Subjuntivo
Presente: *pueda, puedas, pueda, podamos, podáis, puedan.*
Pretérito imperfecto: *pudiera/ pudiese, pudieras/ pudieses, pudiera/ pudiese, pudiéramos/ pudiésemos, pudierais/ pudieseis, pudieran/ pudiesen.*
Futuro: *pudiere, pudieres, pudiere, pudiéremos, pudiereis, pudieren.*

Imperativo:
puede, pueda, podamos, poded, puedan.

poderoso, poderosa *[adj.]* 1 que tiene mucho poder: *un país poderoso; una mujer poderosa.* **AF.** influyente. TAMBIÉN *n.*: *los poderosos dirigen los destinos de los países.* 2 que es muy eficaz en algo: *un medicamento poderoso; un poderoso detergente.* **SIN.** potente, enérgico. **ANT.** ineficaz. 3 que es muy importante: *poderosos motivos; razones poderosas.* **SIN.** importante. **ANT.** débil.

podio *[n.m.]* especie de cajón o tarima sobre la que se suben los ganadores de una competición, el director de una orquesta o cualquier persona que tenga que destacar en un acto: *el rey escuchó el himno nacional desde un podio.* **AF.** pedestal. **PL.** *podios.*

podium *[n.m.]* podio*. **PL.** *podios.*

podólogo, podóloga *[n.]* médico especialista de los pies.

podrido, podrida *[adj.]* hablando de alimentos, frutos, etc. que está estropeado y no se puede comer: *las naranjas están podridas.* **SIN.** pocho, descompuesto.

poema *[n.m.]* composición literaria larga, escrita en verso: *"La Atlántida" es un poema en 10 cantos de Jacinto Verdaguer.* **SIN.** poesía.

poemario *[n.m.]* libro de poemas.

poesía *[n.f.]* **1** manera de expresar sentimientos e ideas en verso: *escribe sus obras en poesía y en prosa.* **SIN.** verso. **AF.** lírica. **ANT.** prosa. **2** composición literaria en verso de poca extensión: *me gustan las poesías de León Felipe.* **AMPL.** antes se llamaba *poesía* a la obra corta en verso y ***poema*** a la obra larga, pero ahora se usa más la palabra *poema* para referirse a cualquier composición poética en verso, aunque sea corta: *"Una noche en el caballo de Troya" es un libro de poemas de Antonio Cillóniz.* **FAM.** poeta, poetisa, poetastro, poético, poéticamente, poetizar, poetización, poema, poemario, poemático.

poeta *[n.m.]* persona que escribe poesía: *Manuel Machado fue un gran poeta.* **OBS.** el femenino es ***poetisa***, pero cada vez se usa más la palabra *poeta* para los dos géneros: *un poeta, una poeta.*

poético, poética *[adj.]* que tiene poesía o está expresado con poesía: *un libro poético; sentimiento poético.*

poetisa *[n.f.]* mujer que escribe poesía: *Rosalía de Castro fue una gran poetisa.*

polaco, polaca *[adj.]* **1** de Polonia, país del este de Europa cuya capital es Varsovia: *se alegró mucho al pisar suelo polaco.* **SIN.** polonés. TAMBIÉN *n.*: *los polacos son personas que han nacido en Polonia.* // **polaco** *[n.m.]* **2** lengua que se habla en Polonia.

polar *[adj.inv. en gén.]* de los polos de la Tierra: *regiones polares; oso polar; frío polar.* ■ **estrella polar**, estrella que indica la dirección del polo norte.

polea *[n.f.]* rueda que gira alrededor de un eje y que tiene un canal o hendidura en el canto por el que pasa una cuerda o una cadena, y se utiliza para levantar cosas pesadas sin mucho esfuerzo: *subieron los muebles por el balcón con una polea.*

polémica *[n.f.]* discusión entre dos o más personas que tienen opiniones distintas sobre algo: *empezó la polémica cuando dijo que no le gustaba el libro.* **SIN.** controversia. **AF.** debate, discusión. **ANT.** acuerdo.

polémico, polémica *[adj.]* que causa polémica o discusión: *un asunto polémico; una persona polémica.* **FAM.** polémica, polemista, polemizar, polémicamente.

polen *[n.m.]* polvillo que tienen las flores y que abunda mucho en primavera: *hay mucha gente que tiene alergia al polen.* **AMPL.** el polen está formado por muchos granitos diminutos que se forman en las ***anteras***, que son unas bolsitas que tienen en la punta los ***estambres*** de la flor; algunos granos de polen, arrastrados por el viento o por el agua o llevados por los insectos, consiguen llegar hasta el ***pistilo*** de otras flores realizándose así la fecundación que da lugar al fruto, en el que están las semillas de las que puede nacer una nueva planta. **FAM.** polinización, polinizar, polínico.

poli- prefijo que significa *muchos.*

policía *[n.f.]* **1** organización, generalmente armada, dependiente de los poderes públicos (el Estado, el Ayuntamiento, etc.) que se encarga de mantener el orden, de hacer cumplir la ley y de cuidar de la seguridad de los ciudadanos: *si te han robado en casa tendrás que denunciarlo a la policía.* // **policía** *[n.inv. en gén.]* **2** persona que trabaja manteniendo el

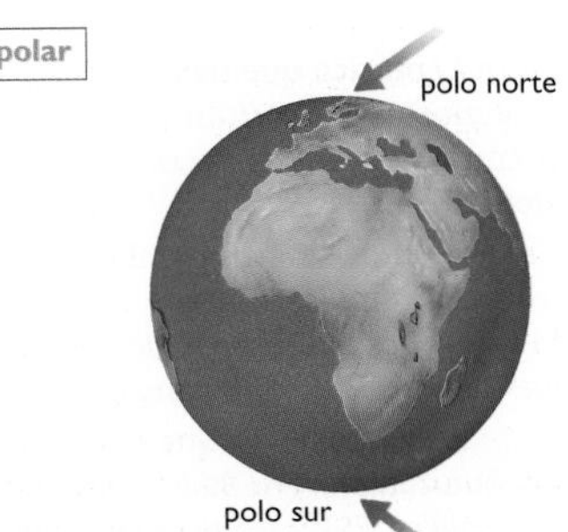

orden público y cuidando de la seguridad de los ciudadanos: *le preguntó a una policía por la calle que buscaba.* **SIN.** agente, guardia. **FAM.** policiaco, policíaco, policial, policialmente.

policiaco, policiaca *[adj.]* de la policía o sobre la policía: *un asunto policiaco; una película policiaca.* **SIN.** policial.

policíaco, policíaca *[adj.]* policiaco*.

policial *[adj.inv. en gén.]* de la policía o que lo hace la policía: *investigación policial.*

polideportivo *[n.m.]* lugar en el que hay varias instalaciones, pistas y aparatos para practicar distintos deportes: *en cada ciudad debería haber, al menos, un polideportivo.*

poliedro *[n.m.]* figura geométrica formada por cuatro o más caras: *la pirámide, el cubo y el prisma son poliedros.* **FAM.** poliédrico.

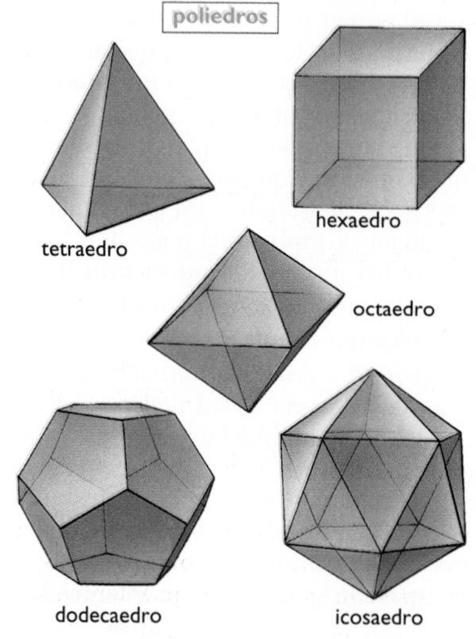

polifonía *[n.f.]* música que tiene varias partes que se entrelazan y especialmente la escrita para ser cantada a varias voces. **FAM.** polifónico, sinfonía.

poligamia *[n.f.]* situación del hombre que está casado con varias mujeres o de la mujer que está casada con varios hombres: *las leyes europeas no permiten la poligamia.* **FAM.** polígamo.

políglota *[adj.inv. en gén.]* **1** que está escrito en varias lenguas: *la primera Biblia políglota se imprimió en Alcalá en 1517; tengo sobre mi mesa varios diccionarios políglotas.* // **políglota** *[n.inv. en gén.]* **2** persona que habla varias lenguas: *en esta obra trabaja un equipo de políglotas.* TAMBIÉN *adj.*: *hay muchos suizos políglotas.* **OBS.** lo más frecuente es usar esta palabra como esdrújula y acabada en *a* para masculino y femenino, aunque algunos diccionarios admiten también la forma llana y la diferencia entre masculino y femenino *poligloto, poliglota, polígloto, políglota.* **FAM.** polígloto, poligloto, poliglotía.

poliglota *[adj.inv. en gén.]* políglota*.

polígono *[n.m.]* figura geométrica formada por una línea quebrada y cerrada que da lugar a tres o más lados y al mismo número de ángulos: *el pentágono es un polígono de cinco lados y cinco ángulos.* **AMPL.** los polígonos son ***regulares*** si tienen todos sus lados y ángulos iguales e ***irregulares*** si los tienen desiguales. ■ **polígono industrial**, lugar que suele estar a las afueras de las ciudades, donde hay fábricas, empresas u otras cosas parecidas. **FAM.** poligonal.

polilla *[n.f.]* mariposa pequeña de color ceniza que vuela por las noches, y cuya larva se alimenta de tejidos, papel, pieles, etc.: *el alcanfor ahuyenta a las polillas.*

polinización *[n.f.]* transporte del polen de una flor desde el estambre hasta el pistilo para la reproducción: *el viento y los insectos intervienen en la polinización.* **PL.** *polinizaciones.* **FAM.** polen.

politeísmo *[n.m.]* creencia de los que piensan que hay más de un dios: *los antiguos griegos practicaban el politeísmo.* **ANT.** monoteísmo. **FAM.** politeísta.

política *[n.f.]* **1** actividad que desarrollan las personas que gobiernan o dirigen un país o que quieren gobernarlo: *dejará la política si su partido no gana; prefiero no hablar de política.* **2** forma de actuar o de hacer algo: *su política es ser amable con todos.*

político, política *[n.]* **1** persona que gobierna o dirige un país o que quiere dirigirlo y trabaja para conseguirlo: *en el Parlamento hay políticos de diferentes partidos.* // **político, política** *[adj.]* **2** de la política o de los políticos: *partido político; programa político; ideas políticas.* **3** que no es pariente por tener la misma sangre, sino porque se ha casado con alguien de la familia: *es tu primo político porque es el marido de tu prima.* **FAM.** política, politicastro, políticamente, politiquear, politiqueo, politiquería, politiquero. **COMP.** apolítico.

polizón *[n.m.]* persona que viaja en un barco, un tren, un avión, etc. escondido y sin pagar: *nadie vio embarcar al polizón.* **OBS.** se dice *un polizón* aunque sea una mujer. **PL.** *polizones.*

polo *[n.m.]* 1 cada uno de los dos extremos del eje imaginario sobre el que da vueltas la Tierra: *del polo norte al polo sur hay 12.700* km por el interior de la Tierra y 20.000 km por la superficie. **AMPL.** llamamos ***Polo Norte***, ***Círculo Polar Ártico*** o ***Ártico*** a la zona de la superficie de la Tierra que está alrededor del extremo del eje situado al norte y ***Polo Sur***, ***Círculo Polar Antártico*** o ***Antártida*** la que está alrededor del extremo situado al sur. 2 trozo de hielo que se fabrica con distintos sabores y va clavado en un palo para poder agarrarlo y chuparlo: *los polos se hacen con molde.* 3 cada uno de los dos extremos de un cuerpo magnético o de una pila, entre los que circula una corriente: *si enfrentas dos imanes por el mismo polo, no se atraen sino que se repelen.* 4 deporte a caballo en el que los jugadores golpean la pelota con una maza de mango muy largo para meterla en la portería contraria: *para jugar al polo hay que ser un buen jinete.* **FAM.** polar, polaridad, polarizar, polarización. **COMP.** despolarizar, despolarización.

polonés, polonesa *[adj.]* polaco*.

polución *[n.f.]* suciedad en el aire, el agua o el medio ambiente en general: *la polución se forma por los gases y los humos de las calefacciones, las industrias y los coches, y por los residuos y basuras.* **SIN.** contaminación. **FAM.COMP.** ***impoluto*** (limpísimo).

polvareda *[n.f.]* gran cantidad de polvo que se levanta de la tierra por el viento o por otras causas: *antes de comenzar la tormenta se levantó una gran polvareda.*

polvo *[n.m.]* conjunto de partículas muy pequeñas de cualquier cosa, y especialmente las que flotan en el aire y se van depositando sobre los objetos: *polvo de chocolate; polvos de maquillaje; un mueble sucio de polvo.* **AMPL.** una partícula de polvo es una ***mota***. ■ **en polvo**, molido. **FAM.** polvareda, polvoriento, polvera, pólvora, polvorín, polvorón, polvoroso, pulverizar, pulverización. **COMP.** empolvar, espolvorear.

pólvora *[n.f.]* mezcla de varias sustancias que se inflama y explosiona con facilidad y se usa para fabricar balas, cohetes, etc.: *es muy peligroso jugar con pólvora.*

polvoriento, polvorienta *[adj.]* que tiene mucho polvo: *un camino polvoriento; una mesa polvorienta.* **AF.** sucio.

polvorín *[n.m.]* lugar o edificio preparado para almacenar la pólvora, las municiones y otros explosivos: *los soldados vigilan el polvorín.* **PL.** *polvorines.*

polvorón *[n.m.]* dulce pequeño hecho con harina, manteca y azúcar que se vende envuelto en papel y que al abrirlo se desmorona: *en España, el polvorón es un producto típicamente navideño.* **PL.** *polvorones.*

pollería *[n.f.]* lugar donde se venden pollos, huevos, gallinas y otras aves.

pollo *[n.m.]* 1 cría de gallina cuando tiene pocos días o semanas. 2 cría que sale de cada huevo de un ave: *un pollo de canario; un pollo de codorniz.* **FAM.** pollería, pollero, pollino, pollada, polla. **COMP.** empollar.

Pollo, ***gallo*** y ***gallina***
siempre se escriben con ***elle***...
¡Son los palos de esta letra
las patas con que caminan!

pomada *[n.f.]* pasta o crema grasa que se pone en la piel y se usa como medicamento: *una pomada para los granos.* **AF.** ungüento, crema.

pomelo *[n.m.]* 1 fruto comestible, redondo, de color amarillo, con forma parecida a la naranja pero más grande y con sabor un poco amargo. **SIN.** toronja. 2 árbol que da este fruto.

pomo *[n.m.]* 1 pieza con forma redondeada, de metal, de madera o de otro material, que se pone en puertas, cajones, etc. para tirar de ella y poder abrirlos: *en lugar de manilla, la puerta tiene un pomo.* 2 tipo de fruto carnoso que tiene varias semillas en el centro, envueltas en un corazón algo más duro que su carne, como la manzana y la pera. **FAM.** poma, pomáceo.

pompa *[n.f.]* 1 bola de aire, especialmente las que se hacen con jabón y agua o con chicle: *si pones agua y jabón en un vaso y soplas con un tubito salen pompas.* **AF.** burbuja. 2 lujo con que se hacen algunas cosas, sobre todo las celebraciones: *celebraron la fiesta del bautizo con mucha pompa.* **SIN.** lujo, ostentación. **ANT.** discreción, sencillez. **FAM.** pomposo, pomposamente, pomposidad.

pómulo *[n.m.]* 1 parte de la cara que sobresale a los lados de la nariz y por debajo de los ojos. 2 cada uno de los huesos que hay en esa zona a ambos lados de la cara.

ponche *[n.m.]* 1 bebida que se hace mezclando algún licor, normalmente ron, con agua, azúcar y limón. 2 bebida hecha a base de leche, azúcar y huevo que se suele tomar caliente. **FAM.** ponchera.

poncho *[n.m.]* prenda de abrigo que es una pieza rectangular con un agujero en el centro por la que se mete la cabeza: *en Méjico se usan mucho los ponchos.*

poner *[v.]* 1 hacer que algo o alguien esté en un sitio, que esté con algo o con alguien o de una manera determinada, que algo se vea o se oiga, o que un aparato empiece a funcionar: *puso la cartera en su armario; la gallina pone los huevos sobre la paja; lo pusieron con su hermano en la primera mesa* (**SIN.** colocar, situar, ubicar)*; le puso demasiada pimienta* (**SIN.** echar, añadir)*; ponen en la tele una buena película* (**AF.** proyectar, retransmitir, representar)*; pon la televisión* (**SIN.** conectar, encender. **ANT.** apagar)*; no pongas mala cara; lo puso de mal humor.* 2 preparar una cosa con todo lo necesario para algo en concreto: *poner la mesa.* **SIN.** disponer, preparar. **ANT.** quitar. 3 hacer todo lo necesario para que un negocio empiece a funcionar: *puso un taller de reparaciones.* **SIN.** abrir, montar. 4 estar escrito en un sitio: *¿qué pone en este papel?* 5 decidir cómo va a llamarse alguien: *sus padres lo pusieron Enrique.* 6 hacer que alguien tenga que hacer algo o cumplir algo: *le pusieron un castigo; han puesto normas muy rígidas.* **SIN.** imponer. // **ponerse** *[v.prnl.]* 7 llegar uno a estar en un sitio (*me pongo ahí en dos minutos; se puso en la segunda fila*), de una manera determinada (*al verlo se puso muy contento; no te pongas de mal humor*), haciendo algo (*se puso a trabajar cuando llegó.* **SIN.** comenzar, empezar. **ANT.** dejar de), o con algo encima (*se puso los zapatos.* **ANT.** quitarse). 8 dejar de verse en el cielo el Sol o la Luna: *en invierno el Sol se pone muy pronto.* **SIN.** ocultarse. **ANT.** aparecer, nacer, salir. ■ **poner en claro**, explicar con claridad. ■ **ponerse al corriente**, enterarse de algo. **FAM.** puesto, postura, puesta, posición, ponedero, poniente, ponedor. **COMP.** anteponer, apuesto, proponer, pospuesto, posposición, reponer, suponer, supositorio, componer, contraponer, exponer, yuxtaponer, interponer, imponer, oponer, deponer, disponer, sobreponer, superponer, superpuesto.

CONJUGACIÓN DEL VERBO PONER

Formas no personales
Infinitivo: *poner.* Gerundio: *poniendo.* Participio: *puesto.*

Indicativo
Presente: *pongo, pones, pone, ponemos, ponéis, ponen.*
Pretérito imperfecto: *ponía, ponías, ponía, poníamos, poníais, ponían.*
Pretérito perfecto simple: *puse, pusiste, puso, pusimos, pusisteis, pusieron.*
Futuro: *pondré, pondrás, pondrá, pondremos, pondréis, pondrán.*

Condicional simple:
pondría, pondrías, pondría, pondríamos, pondríais, pondrían.

Subjuntivo
Presente: *ponga, pongas, ponga, pongamos, pongáis, pongan.*
Pretérito imperfecto: *pusiera/ pusiese, pusieras/ pusieses, pusiera/ pusiese, pusiéramos/ pusiésemos, pusierais/ pusieseis, pusieran/ pusiesen.*
Futuro: *pusiere, pusieres, pusiere, pusiéremos, pusiereis, pusieren.*

Imperativo:
pon, ponga, pongamos, poned, pongan.

póney *[n.m.]* poni*.

poni *[n.m.]* caballo pequeño, de poca altura y pelo largo, ágil y fuerte: *los ponis son mansos y fáciles de domar.*

poniente *[n.m.]* parte del horizonte por donde el Sol desaparece al acabar el día. **SIN.** oeste, occidente.

pontevedrés, pontevedresa *[adj.]* de Pontevedra, provincia española y su capital, que pertenecen a la comunidad autónoma de Galicia: *fiestas pontevedresas.* TAMBIÉN *n.*: *los pontevedreses.*

pontífice *[n.m.]* persona que tiene la máxima autoridad en la Iglesia Católica y es obispo de Roma: *Juan XXIII fue un pontífice muy querido.* **SIN.** papa. TAMBIÉN se llama *sumo pontífice.* **OBS.** cuando se habla de un pontífice, sin decir el nombre, se suele escribir con mayúscula: *el Pontífice ha escrito un catecismo.* **FAM.** pontificio, pontificar, pontificado, pontifical, pontificialmente.

popa *[n.f.]* parte trasera de un barco: *se navega mejor con el viento en popa.* **ANT.** proa. **FAM.** apopar, empopar.

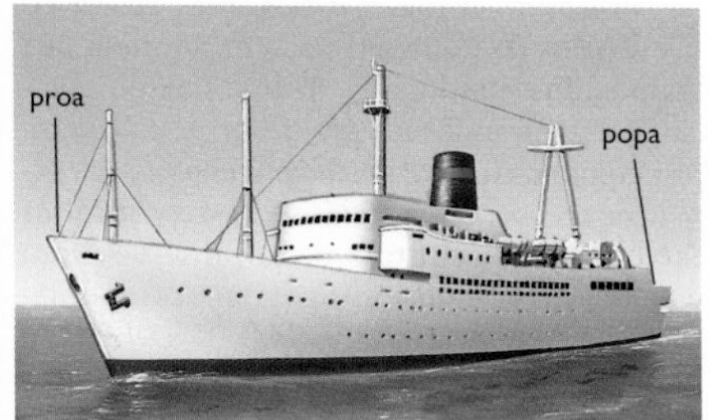

popular *[adj.inv. en gén.]* **1** que está al alcance de todos porque es sencillo, barato o fácil de entender: *bailes populares; costumbres populares; precios populares.* **AF.** común, público. **ANT.** culto, elitista. **2** que es muy conocido por la gente: *una cantante popular.* **SIN.** célebre, famoso. **ANT.** desconocido. **FAM.** popularidad, popularmente, populacho, populoso, popularizar, popularización, pueblo. **COMP.** impopular.

popularidad *[n.f.]* lo que tienen las personas que son conocidas por la mayoría de la gente, por el hecho de serlo: *ser presentador de televisión da mucha popularidad.* **SIN.** fama, celebridad.

populoso, populosa *[adj.]* que tiene mucha población o mucha gente: *vive en un barrio muy populoso.* **AF.** habitado, poblado. **ANT.** despoblado.

por *[prep.]* **1** a través de lo que se dice o sobre lo que se dice: *cruzó por el llano; el tren va por la vía.* **2** en la zona que se dice o en el tiempo que se dice: *vive por la plaza Mayor; ocurrió por el verano.* **3** utilizando el medio que se dice: *le habló por señas; lo llamó por teléfono.* **4** con el motivo o el fin que se dice: *vino por ver si estabas.* **5** en busca de, a llevar o a traer (cuando va después de los verbos *ir* o *venir*): *fue por los paquetes que estaban en el coche.* **OBS.** en este caso a veces se dice *a por*, aunque las gramáticas lo consideran incorrecto: *vete a por pan.* **6** a cambio de: *lo compró por mil pesetas.* **7** a cada (en expresiones de reparto o distribución): *dieron diez puntos por concursante.* **8** considerado como: *todos lo tienen por buena persona.* **OBS.** se usa además en expresiones matemáticas para indicar la multiplicación de dos números (*dos por dos son cuatro*) y en las oraciones pasivas para formar el sujeto o complemento agente (*El Escorial fue mandado construir por Felipe II*). ■ **por qué** se utiliza para preguntar la razón o el motivo de algo: *¿por qué has hecho eso?* ■ **estar por** (+ infinitivo), estar sin (+ lo que signifique el infinitivo): *ese trabajo está por hacer.*

porcelana *[n.f.]* **1** barro blanco fino, duro, frágil y de acabado brillante, que se usa para fabricar vajillas, objetos de adorno y aparatos para cuartos de baño: *vajilla de porcelana; una figura de porcelana.* **SIN.** china. **AF.** loza. **2** figura, jarrón u objeto hecho con este material: *en el aparador hay varias porcelanas chinas.* **FAM.** porcelanista.

porcentaje *[n.m.]* lo que hay de una cosa por cada cien unidades de otra: *de las cien personas que había, un porcentaje muy bajo eran hombres.* **SIN.** tanto por ciento. **FAM.** porcentual, porcentualmente, ciento.

porcentual *[adj.inv. en gén.]* que está expresado en tantos por ciento. **FAM.** porcentaje.

porche *[n.m.]* espacio cubierto por arriba, normalmente de la altura de una planta, que está pegado a la fachada de un edificio y que ocupa, a lo largo, toda o parte de ella: *sobre el porche hay una terraza.* **AF.** cobertizo, marquesina.

porcino, porcina *[adj.]* del cerdo o para los cerdos: *peste porcina; ganado porcino; producto porcino; piensos porcinos.* **SIN.** porcuno.

porción *[n.f.]* cada una de las partes en que se ha dividido algo: *una porción de tarta; queso en porciones.* **SIN.** fragmento, parte, pedazo, trozo. **FAM.** porcionadora. **COMP.** proporción.

porcuno, porcuna *[adj.]* porcino*.

pordiosero, pordiosera *[n.]* persona que vive de la caridad de los demás, pidiendo limosna por las calles: *las calles céntricas de las*

a b c d e f g h i j k l m n ñ o p q r s t u v w x y z

ciudades son las oficinas de los pordioseros. **SIN.** mendigo*. **FAM.** pordiosear, pordioseo, pordiosería, pordioseramente, dios.

pormenor *[n.m.]* cosa que forma parte de algo pero que no tiene mucha importancia: *le relató todos los pormenores de su viaje.* **SIN.** detalle. **ANT.** generalidad. **FAM.** pormenorizar, pormenorización, pormenorizadamente, menor.

poro *[n.m.]* cada uno de los orificios microscópicos que tienen la piel y los materiales que no son impermeables: *los poros de la piel facilitan la eliminación del sudor.* **FAM.** poroso, porosidad.

poroso, porosa *[adj.]* que tiene poros: *los botijos son de barro poroso.*

porque *[conj. causal]* es un *nexo* que indica la causa o el motivo por el que se hace algo: *confesó porque no soportaba el remordimiento.*

porqué *[n.m.]* razón por la que se hace o se dice algo: *nos explicó el porqué de su retraso.* **SIN.** causa, motivo, razón.

Por qué, dice el que pregunta,
separado y con acento.
Porque, sin acento y junto,
le responde el que contesta.

porquería *[n.f.]* **1** suciedad: *el coche está lleno de porquería.* **2** cosas de mala calidad: *en la tele ponen mucha porquería.*

porra *[n.f.]* **1** barra de madera, goma o cualquier otro material duro que usa la policía contra la gente: *la policía atacó a los manifestantes con porras y pelotas de goma.* **AF.** garrote, cachiporra. **2** churro grueso: *desayuna café con leche y porras.* **FAM.** porrazo, porrada, porrillo. **COMP.** aporrear.

porrazo *[n.m.]* **1** golpe fuerte que se da alguien al caerse o al chocarse: *se dio un porrazo al caerse de la cama.* **SIN.** batacazo*. **2** golpe dado con una porra, un palo o algo parecido. **SIN.** garrotazo*.

porrón *[n.m.]* recipiente de cristal o de otro material, que tiene el cuello largo, la barriga muy ancha y un pitorro largo que sale de ella y acaba en punta, que se usa para beber a chorro: *beber del porrón a pulso no es fácil.* **PL.** *porrones.*

portaaviones *[n.m.inv. en núm.]* barco de guerra, con una cubierta muy grande y preparado para llevar aviones y que puedan despegar y aterrizar: *un portaaviones salió del puerto.*

portada *[n.f.]* **1** página de una publicación, colocada al principio de ella, en la que aparecen el título y el nombre de los autores, la editorial y a veces la fecha de la edición. **OBS.** la portada es la primera página de un libro, folleto, revista o periódico, es siempre del mismo papel que el interior, y no se debe confundir con la ***cubierta***, que en los libros suele ser de cartulina, cartón, plástico, piel, etc., y en las revistas de papel un poco más grueso que las páginas interiores. **2** fachada de un edificio que tiene adornos alrededor de la puerta principal: *la catedral de Zamora es románica pero tiene una portada neoclásica.* **FAM.** ***portadilla*** (hoja con sólo el título de la parte del libro que va a continuación), puerta. **COMP.** anteportada, contraportada.

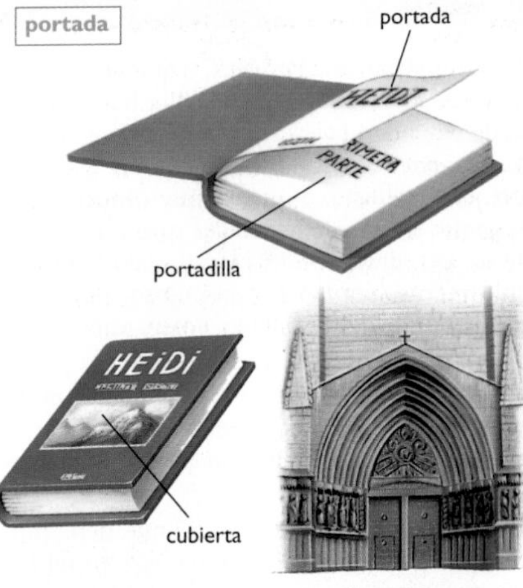

portadilla *[n.f.]* hoja con sólo el título de la parte del libro que va a continuación.

portador, portadora *[n.]* **1** persona que, aunque esté sana, tiene virus o bacterias de una enfermedad y puede contagiarla: *un portador del sida.* TAMBIÉN *adj.*: *una persona portadora de un virus.* **2** persona que lleva o que trae algo: *el portador de tan agradable noticia fue muy bien recibido.*

portaequipajes *[n.m.inv. en núm.]* parte de un vehículo en que se llevan las maletas y otras cosas: *el portaequipajes del coche va lleno.* **AMPL.** el ***maletero*** es un portaequipajes cerrado, que forma parte del vehículo, y la ***baca*** es un portaequipajes abierto, que suele colocarse sobre el techo y que si está pensado para llevar esquís se llama ***portaesquís***; también hay bacas especiales para llevar bicicletas.

portaestandarte *[n.inv. en gén.]* persona que lleva el estandarte en un desfile o una procesión.

portafolios *[n.m.inv. en núm.]* cartera en la que se pueden llevar libros, papeles, etc.: *tiene todos los apuntes en el portafolios.* **AF.** cartera, carpeta.

portal *[n.m.]* parte de un edificio que está después de la puerta principal y por donde entran todos los vecinos para ir cada uno a su piso: *los buzones están en el portal.* **AF.** entrada. **FAM.** portalón, portalada, puerta. **COMP.** soportal.

portalada *[n.f.]* puerta grande de entrada al patio de casas señoriales. **FAM.** puerta.

portalámparas *[n.m.inv. en núm.]* pieza en la que se sujeta una bombilla y que tiene las conexiones necesarias para que funcione: *los portalámparas antiguos son de porcelana.* **SIN.** casquillo. **AMPL.** lo más frecuente es que la bombilla se enrosque, pero hay unos portalámparas llamados ***de bayoneta*** en los que se engancha con unos topes o pivotes.

portalámparas

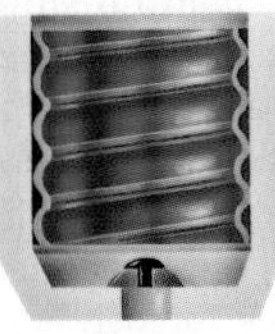

de rosca

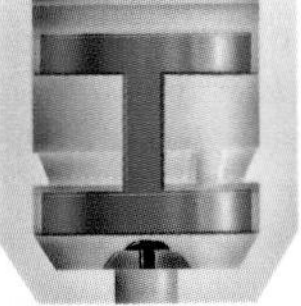

de bayoneta

portaminas *[n.m. inv. en núm.]* utensilio para escribir, de madera, plástico o metal en el que se meten minas. **AF.** lapicero.

portar *[v.]* 1 traer o llevar algo: *el campeón portaba la camiseta del triunfo.* // **portarse** *[v.prnl.]* 2 tener una conducta o actuar de una determinada manera: *el niño se portó muy bien.* **SIN.** comportarse. **AF.** actuar, obrar, proceder. **FAM.** portador, portátil. **COMP.** aportar, comportar, deportar, depositar, soportar, importar, exportar, reportar, transportar, portaequipajes, portafolios, portalámparas, portarretratos, portavoz.

portarretratos *[n.m.inv. en núm.]* marco que sirve para colocar fotografías y retratos: *los portarretratos tienen algún sistema para poder quitar y poner las fotos.*

portátil *[adj.inv. en gén.]* que se puede llevar con facilidad de un sitio a otro: *un ordenador portátil.* **AF.** transportable, manejable.

portavoz *[n.inv. en gén.]* persona que habla representando a un grupo para informar de sus asuntos y de sus decisiones: *la portavoz de la familia habló con los periodistas.* **SIN.** representante. **AF.** delegado. **PL.** *portavoces.*

portazo *[n.m.]* ruido y golpe fuerte que da una puerta al cerrarla con fuerza o al cerrarse por algo: *al salir dio un portazo.*

portento *[n.m.]* 1 persona que hace algo mucho mejor que los demás: *esta chica es un portento en los estudios.* **SIN.** genio, prodigio. **ANT.** desastre. 2 lo que es muy raro, por bueno o por malo, y que llama mucho la atención: *un elefante de cinco patas sería un portento de la Naturaleza.* **FAM.** portentoso, portentosamente.

portería *[n.f.]* 1 sitio en la entrada de un edificio donde está el portero. **AF.** conserjería, entrada. 2 en algunos deportes, sitio en el que los jugadores tienen que meter la pelota o el balón para hacer tantos o goles: *portería de fútbol; el balonvolea y el tenis no tienen portería.* **AF.** meta.

portero, portera *[n.]* 1 empleado que está a la entrada de un edificio y se encarga de controlar quién entra y quién sale y de hacer otros trabajos en el edificio: *vi al portero limpiando la escalera.* **AF.** bedel, conserje, ordenanza. 2 jugador que está en la portería* de su equipo y la defiende para que no le metan goles. **SIN.** guardameta. ■ **portero automático**, mecanismo electrónico que sirve para abrir la puerta del portal de un edificio desde cada una de las viviendas y por el que se puede hablar con la persona que llama.

porticado, porticada *[adj.]* que tiene soportales: *la plaza Mayor es una plaza porticada.*

pórtico *[n.m.]* espacio cubierto por arriba, unido a una fachada por detrás y con columnas por delante, sobre todo si está en una iglesia o un edificio importante: *se encontraron con sus amigos, por casualidad, en el pórtico de la catedral.*

portillo *[n.m.]* puerta pequeña abierta en una muralla o en una tapia.

portorriqueño, portorriqueña *[adj. y n.]* puertorriqueño*.

portuario, portuaria *[adj.]* del puerto: *obras portuarias; actividad portuaria.*

portugués, portuguesa *[adj.]* **1** de Portugal, país europeo situado en la Península Ibérica y cuya capital es Lisboa: *los fados son canciones portuguesas.* TAMBIÉN *n.*: *los portugueses son buenos marineros.* **SIN.** lusitano. // **portugués** *[n.m.]* **2** lengua que se habla en Portugal y en otros países: *en Angola se habla portugués.* **AMPL.** es una lengua románica derivada del latín que se hablaba en la parte noroeste de la Península Ibérica; en la actualidad se habla también en Brasil y en algunas antiguas colonias portuguesas, como Angola y Mozambique (África) o Goa y Ceilán (India, Asia).

porvenir *[n.m.]* tiempo que todavía no ha llegado y cosas que pueden pasar: *le espera un buen porvenir en la empresa.* **SIN.** futuro. **ANT.** pasado.

pos- prefijo que significa *detrás* o *después.*

posada *[n.f.]* nombre que se daba antiguamente a las casas de los pueblos en las que se podía parar a comer, dormir, etc. y que a veces tenían también sitio para los caballos: *José y María no encontraron posada en Belén.*

posar *[v.]* **1** apoyar con suavidad: *posó las manos sobre el piano y comenzó a tocar.* **AF.** colocar, poner. **2** hacer de modelo de un pintor, escultor o fotógrafo: *posa todos los días para un famoso escultor.* // **posarse** *[v.prnl.]* **3** apoyarse las aves o los insectos en algún sitio cuando dejan de volar: *las moscas se posaban sobre la mermelada.* **AF.** detenerse, reposar. **4** quedarse en un sitio las cosas sólidas que hay en un líquido o en el aire: *el polvo se posa en los muebles; los posos del vino se posan en el fondo de la botella.* **AF.** depositarse. **FAM.** pose, poso, posada, posadero. **COMP.** reposar, aposentar.

posdata *[n.f.]* lo que se añade al final de una carta después de tenerla ya escrita y firmada: *se me olvidaba una cosa y se la conté en una posdata.* TAMBIÉN se dice *postdata.*

pose *[n.f.]* **1** manera de poner una persona su cuerpo, especialmente si no es natural, sino preparada para algo: *la modelo del fotógrafo adopta poses muy estudiadas.* **SIN.** postura. **2** manera de comportarse cuando se intenta aparentar algo: *su actitud de persona honrada no es más que una pose.*

poseer *[v.]* tener: *posee inteligencia y simpatía; posee muchas riquezas.* **ANT.** carecer de. **CONJUG.** como *leer*.* **FAM.** poseedor, posesión, posesivo, posesivamente, poseso.

posesión *[n.f.]* cada una de las cosas que uno tiene: *un coche y una casa son todas sus posesiones.* **SIN.** propiedad.

posesivo, posesiva *[adj.]* que procura que todo el mundo esté a su disposición en cualquier momento, para cumplir sus deseos, sus órdenes o sus caprichos: *su novio es un hombre muy posesivo; una madre posesiva.* **SIN.** absorbente. **AF.** dominante, mandón. ■ **pronombre** o **adjetivo posesivo**, el que indica posesión: *en la frase "tengo mi llave pero he perdido la tuya", "mi" es un adjetivo posesivo y "tuya" un pronombre posesivo.* VER CUADRO.

posguerra *[n.f.]* época que vive un país después de una guerra y en la que la gente lo pasa muy mal porque falta ropa, trabajo, comida, etc.: *en los años cuarenta España vivió una posguerra.*

posibilidad *[n.f.]* momento o situación buena para conseguir algo: *si tienes la posibilidad de viajar, aprovéchala.* **AF.** oportunidad. ■ **posibilidades económicas**, dinero suficiente para algo.

posible *[adj.inv. en gén.]* que puede ser, que puede hacerse o que puede suceder: *es posible que hoy no vaya; haz todo lo posible por conseguirlo; una situación posible; un asunto posible.* **AF.** factible, realizable. **ANT.** imposible. **FAM.** posibilidad, posibilitar, posiblemente. **COMP.** imposible.

posición *[n.f.]* **1** manera de estar colocado alguien o algo: *en la cama estamos en posición horizontal.* **SIN.** postura. **2** lo que piensa y defiende alguien sobre un asunto concreto: *su*

POSESIVOS					
		un solo objeto poseído		varios objetos poseídos	
		adjetivo o pronombre	sólo adjetivo	adjetivo o pronombre	sólo adjetivo
un poseedor	1ª	**mío, mía**	**mi**	**míos, mías**	**mis**
	2ª	**tuyo, tuya**	**tu**	**tuyos, tuyas**	**tus**
	3ª	**suyo, suya**	**su**	**suyos, suyas**	**sus**
varios poseedores	1ª	**nuestro, nuestra**		**nuestros, nuestras**	
	2ª	**vuestro, vuestra**		**vuestros, vuestras**	
	3ª	**suyo, suya**	**su**	**sus**	**sus**

posición ante el problema es que lo mejor es esperar. **SIN.** actitud, postura. **AF.** idea, juicio, opinión. 3 sitio en el que está alguien o algo respecto a lo que lo rodea: *el soldado indicó la posición del campamento* (**SIN.** situación, ubicación)*; en la carrera iba en segunda posición* (**SIN.** puesto). 4 situación económica o social de una persona: *tiene mucho dinero y una buena posición en la ciudad.* **FAM.** posicionar, posicional, poner. **COMP.** preposición.

positivo, positiva *[adj.]* 1 que es bueno o útil para algo o alguien: *sería positivo que se tomara unas vacaciones.* **AF.** favorable, beneficioso. **ANT.** negativo, perjudicial. 2 que intenta colaborar en todo, ser práctico y ver el lado bueno de las cosas: *una persona positiva sabe enfrentarse a los problemas.* **AF.** optimista, práctico. **ANT.** negativo. ■ **número positivo**, cualquiera de los números que son mayores que 0: *cuatro es un número positivo.* ■ **respuesta positiva**, respuesta afirmativa. **FAM.** positivismo, positivista, positividad.

poso *[n.m.]* polvo o trocitos diminutos de algo que hay en los líquidos y que se van al fondo cuando el líquido no se mueve: *en la taza hay posos de café.*

posponer *[v.]* dejar algo para más tarde: *pospusieron el viaje porque se les estropeó el coche.* **SIN.** aplazar, retrasar, postergar. **ANT.** adelantar, anticipar. **CONJUG.** como *poner**.

post prefijo que significa *detrás* o *después.*

postal *[adj.inv. en gén.]* 1 de correos o que se envía por correo: *servicio postal; tarjeta postal; giro postal.* // **postal** *[n.f.]* 2 cartulina con un paisaje, una fotografía, etc. por un lado y que está en blanco por el otro, para poder escribir en ella y enviarla por correo sin meterla en un sobre: *desde Granada le mandé una postal de la Alhambra.* **SIN.** tarjeta, tarjeta postal.

postdata *[n.f.]* posdata*.

poste *[n.m.]* 1 pieza recta y larga, clavada en el suelo para sujetar algo: *la tienda de campaña tiene un poste central; muchos postes de cables de teléfonos eran troncos de árbol.* **AMPL.** para los cables de alta tensión se utilizan estructuras de hierro que se llaman ***torres***. 2 cada uno de los dos palos verticales de las porterías de algunos deportes. **AMPL.** el palo horizontal se llama ***larguero***.

postergar *[v.]* 1 dejar una cosa o a una persona en el olvido, o darle menos importancia de la que tiene: *encontró nuevos amigos y postergó a los de toda la vida.* **SIN.** relegar. 2 dejar algo para hacerlo más tarde: *postergaron la reunión para el día siguiente.* **SIN.** posponer*.

OBS. ante e, gu: *posterguen*. **FAM.** postergación, postergamiento.

posteridad *[n.f.]* tiempo que viene después de que uno haya muerto, y personas que viven en él: *la posteridad dirá si ha sido un buen escritor*. **AF.** futuro.

posterior *[adj.inv. en gén.]* **1** que está detrás: *se sentó en la butaca posterior a la mía*. **2** que pasa después de lo que se dice: *la posguerra es la etapa posterior a la guerra*. **AF.** siguiente. **3** de atrás: *en la parte posterior del cuerpo está la espalda*. **ANT.COM.** anterior. **FAM.** posterioridad, posteriormente, posteridad.

postguerra *[n.f.]* posguerra*.

postizo, postiza *[adj.]* que no es natural: *se puso un bigote postizo*. **AF.** artificial, falso. **ANT.** natural, verdadero. TAMBIÉN *n.m.: lleva un postizo tapando la calva*.

postrarse *[v.prnl.]* ponerse de rodillas delante de alguien o de algo: *se postró ante él y le pidió perdón*. **FAM.** postración.

postre *[n.m.]* fruta, golosina, queso, etc. que se toma como final de una comida: *de postre, arroz con leche*. **FAM.** ***postrero*** (último), postreramente.

postrero, postrera *[adj.]* último: *postrero adiós*. **FAM.** postre.

postrimerías *[n.f.pl.]* última etapa de algo: *las postrimerías del siglo XX*. **FAM.** postre.

postura *[n.f.]* **1** manera de estar colocado alguien o algo: *por dormir en una mala postura tiene tortícolis*. **SIN.** posición. **2** lo que piensa y defiende alguien sobre un asunto concreto: *¿cuál es tu postura ante la nueva situación política?* **SIN.** posición, actitud. **AF.** idea, juicio, opinión. **FAM.** postural, poner.

potable *[adj.inv. en gén.]* que se puede beber: *el agua potable es la que no contiene nada que pueda hacer daño al organismo*. **FAM.** potabilidad, potabilizar, potabilización.

potaje *[n.m.]* **1** comida que se hace cociendo en la misma cacerola legumbres, verduras y otros ingredientes: *el potaje lleva garbanzos*. **2** mezcla desordenada de cosas distintas: *¡vaya potaje de cuadernos!*

pote *[n.m.]* recipiente metálico muy abombado y rematado en la boca con un cilindro en el que encaja la tapadera, que tiene tres patas, un asa grande central y a veces dos laterales pequeñas y sirve para cocinar poniéndolo sobre el fuego de las cocinas bajas. **FAM.** potingue.

potencia *[n.f.]* **1** posibilidad de hacer algo con eficacia que tiene alguien o algo: *el motor de estos coches tiene mucha potencia; con su potencia intelectual puede dedicarse a cualquier investigación*. **AF.** capacidad, fuerza, poder. **2** país fuerte y rico, con poder sobre otros: *las grandes potencias ayudarán a los países pobres*. **AF.** estado, nación. **3** en matemáticas, número que indica el número de veces que se ha de multiplicar un número por sí mismo: *3 elevado a la tercera potencia es 3 x 3 x 3 y el resultado es 27*. ■ **en potencia**, que puede llegar a ser lo que se dice: *quien juega a la lotería es ganador en potencia*. **SIN.** potencial. **FAM.** potencialidad, potencialmente, potencial, potente, potentado, potentemente, potenciar, poder. **COMP.** prepotencia, prepotente, prepotentemente, superpotencia, impotencia.

potenciar *[v.]* **1** aumentar la potencia o la fuerza de algo: *potenciar un motor*. **2** hacer lo posible para que aumente la importancia, la cantidad o la intensidad de algo: *hay que potenciar el uso del transporte público; potenciar la industria; potenciar el deporte*. **SIN.** impulsar.

potente *[adj.inv. en gén.]* que tiene mucha fuerza, mucho poder, mucha intensidad, etc.: *coche potente; luz potente; países potentes; voz potente; partido político potente*. **SIN.** fuerte, poderoso. **ANT.** débil.

potingue *[n.m.]* **1** producto especial para la piel, como cremas, aceites, polvos, etc.: *se da demasiados potingues en la cara*. **2** cualquier bebida que se ha preparado mezclando varios productos y que tiene aspecto, olor y sabor desagradables: *le recetaron un potingue para el catarro*.

potro *[n.m.]* **1** caballo al que todavía no le han salido los dientes definitivos. **2** aparato que se usa en gimnasia para saltar por encima de él y está formado por un cuerpo y cuatro patas. **FAM.** potra, potrero, potranca. **COMP.** empotrar.

pozo *[n.m.]* agujero muy profundo que se hace en el suelo para sacar agua o petróleo: *riegan la huerta con agua del pozo*. **FAM.** poza, pocero, pozal.

práctica *[n.f.]* 1 facilidad que tiene una persona para hacer algo sin tener que pensarlo mucho, porque ya lo ha hecho muchas veces: *sabe conducir, pero le falta práctica.* **SIN.** experiencia. **ANT.** inexperiencia. 2 cada uno de los ejercicios que tiene que hacer quien está aprendiendo algo para aplicar lo que ha aprendido: *prácticas de química; prácticas de conducir.* ■ **en la práctica**, en la realidad. **FAM.** practicar, practicante, práctico, prácticamente, practicón, practicable. **COMP.** impracticable.

practicante *[adj.inv. en gén.]* 1 que cree y defiende una religión, unas ideas, etc. y las practica: *un católico practicante.* // **practicante, practicanta** *[n.]* 2 persona que se dedica a poner inyecciones, a curar pequeñas heridas y a otras cosas relacionadas con la medicina: *el practicante le tomó la tensión.*

practicar *[v.]* 1 hacer algo muchas veces para aprender a hacerlo mejor: *sabe escribir a máquina, pero tiene que practicar.* **SIN.** ejercitarse. 2 vivir teniendo en cuenta las normas de una religión, unas teorías, etc.: *practica el judaísmo.* ■ **practicar una operación**, hacerla. **OBS.** ante e, qu: *practiquen.*

práctico, práctica *[adj.]* 1 muy útil: *a pesar de lo que se diga, el coche es muy práctico.* 2 que sabe vivir sin crearse problemas: *una persona práctica.* 3 que tiene que ver con lo que se hace o con lo que hay que hacer, más que con lo que se piensa o con las teorías que explican el porqué de las cosas: *sabe mucha mecánica práctica, pero no podría dar clases teóricas.*

pradera *[n.f.]* campo llano y con hierba: *se tumbaron a descansar en una pradera.*

pradería *[n.f.]* conjunto de varios prados. **FAM.** prado.

prado *[n.m.]* terreno húmedo, llano y en el que se deja crecer hierba para que paste el ganado. **SIN.** prados, pastizal. **FAM.** ***pradería*** (conjunto de prados), pradera.

pre- prefijo que significa *antes* o *superior.*

precaución *[n.f.]* 1 lo que demuestra quien hace algo con el cuidado necesario para evitar un daño, un problema o alguna otra cosa mala: *cruza la calle con precaución; habló con precaución para no molestar a nadie.* **SIN.** prudencia*. 2 cosa que se hace con esa intención: *tuvo la precaución de cerrar el gas; no andes a los aparatos sin tomar la precaución de desenchufarlos.* **FAM.** precavido, precavidamente, precaver, cauto.

precavido, precavida *[adj.]* que hace todo lo que se le ocurre para evitar problemas, accidentes, etc.: *una persona precavida desconecta la electricidad antes de andar con los cables de la luz.* **SIN.** cauteloso, prudente. **AF.** previsor. **ANT.** imprudente.

precedente *[n.m.]* cosa que ha pasado o se ha hecho y sirve de ejemplo para ocasiones parecidas: *la llegada a la Luna fue un hecho histórico sin precedentes.* **AF.** antecedente.

preceder *[v.]* ir antes o delante de alguien o de algo: *su padre lo precedió en el cargo; la mañana precede a la tarde.* **SIN.** anteceder. **AF.** anticipar. **ANT.** suceder. **FAM.** precedente, precedencia, ceder.

precepto *[n.m.]* norma que da una autoridad para que la cumplan los subordinados. **AF.** regla, disposición.

preceptor, preceptora *[n.]* persona que va a casa de un niño de familia importante y se encarga de su educación: *fue preceptor del príncipe.* **AF.** instructor, educador, maestro, institutriz. **FAM.** ***precepto*** (norma), preceptivo, preceptuar.

precintar *[v.]* ponerle precinto a algo: *en la fábrica precintan los frascos de conservas.* **FAM.** precinto, cinta.

precinto *[n.m.]* papel de pegar, cinta adhesiva, lacre o cualquier cosa que se le pone a un sobre, a una caja, a una botella, etc. para que cuando llegue a manos de quien la tiene que abrir sepa que nadie la ha abierto antes: *el precinto de la botella de vino es una especie de capucha de plomo ajustada a la boca.*

precio *[n.m.]* 1 cantidad de dinero que hay que pagar por algo: *esa casa tiene un precio muy alto.* **AF.** coste, costo, valor. 2 lo que hay que hacer para conseguir algo: *el precio del éxito es el esfuerzo.* **FAM.** preciado, precioso, preciosidad, preciosamente, preciosismo. **COMP.** apreciar, despreciar, menospreciar, depreciación.

preciosidad *[n.f.]* persona, animal o cosa que es muy bonita: *este libro es una preciosi-*

dad; algunas flores son verdaderas preciosidades. **AF.** belleza, hermosura. **ANT.** fealdad.

precioso, preciosa *[adj.]* 1 que gusta mucho porque es muy bonito: *un pueblo precioso.* **AF.** bello, bonito. **ANT.** feísimo. 2 que tiene mucho valor: *metales preciosos; piedras preciosas.* **AF.** caro, costoso, inestimable.

precipicio *[n.m.]* corte del terreno que tiene una gran caída: *a los lados de las carreteras de montaña hay grandes precipicios.* **SIN.** abismo. **AF.** barranco.

precipitación *[n.f.]* lo que demuestra quien hace las cosas con prisa y sin pararse a pensar: *la precipitación nos lleva a cometer errores.* **AF.** prisas. ■ **precipitaciones** o **precipitaciones atmosféricas**, agua que cae del cielo en forma de lluvia, granizo o nieve.

precipitar *[v.]* 1 hacer que algo pase (o se haga) antes de lo que se esperaba o se tenía previsto: *el mal tiempo precipitó su regreso.* **SIN.** adelantar, anticipar. **AF.** acelerar. **ANT.** retrasar, posponer. // **precipitarse** *[v.prnl.]* 2 caer desde un lugar alto: *se precipitó desde el 5º piso.* 3 hacer algo sin pensarlo mucho: *se precipitó al responder y la respuesta fue errónea.* **AF.** apresurarse. 4 ir muy deprisa a un sitio: *al ver el fuego todo el mundo se precipitó hacia la puerta.* **FAM.** precipicio, precipitación, precipitado, precipitadamente.

precisar *[v.]* 1 tener necesidad de algo: *este enfermo precisa muchos medicamentos.* **SIN.** necesitar. 2 explicar algo de forma clara y exacta: *le contó su viaje precisando todos los detalles.* **AF.** concretar, determinar.

precisión *[n.f.]* 1 lo que tienen las cosas que funcionan exactamente como tienen que funcionar: *un reloj de gran precisión.* **SIN.** exactitud. 2 lo que se dice para que algo se entienda exactamente como uno quiere: *hizo algunas precisiones sobre el proyecto.* **SIN.** aclaración. **AF.** explicación. 3 manera de expresarse de quien utiliza las palabras que significan exactamente lo que quiere decir y de quien se explica con detalle: *habla con mucha precisión.* **AF.** exactitud, propiedad. **FAM.** preciso, precisar, precisamente. **COMP.** imprecisión.

preciso, precisa *[adj.]* 1 que es exactamente lo que hace falta: *éste es el medicamento preciso para bajar la fiebre; le dio unas normas muy precisas sobre lo que debía hacer.* **ANT.** inapropiado, inadecuado. 2 que coincide exactamente con lo que se dice o que se corresponde exactamente con algo: *dile el lugar preciso al que tiene que ir; se fue en el preciso momento en que yo llegué; quiero una explicación precisa de lo ocurrido.* **ANT.** impreciso, inexacto. **SIN.COM.** exacto, justo. ■ **ser preciso**, ser necesario.

precoz *[adj.inv. en gén.]* que llega, se hace o empieza muy pronto o antes de lo que es normal: *tratamiento precoz del cáncer; nacimiento precoz.* **AF.** prematuro, temprano. **ANT.** retrasado. ■ **niño** o **niña precoz**, el que hace cosas que no son normales a su edad. **PL.** *precoces.* **FAM.** precocidad, precozmente.

predecir *[v.]* decir lo que va a pasar: *los adivinos predicen el futuro.* **SIN.** pronosticar. **AF.** adivinar, prever. **CONJUG.** como *bendecir** en todos los tiempos y personas menos el participio pasado, que es ***predicho***. **FAM.** predicción, decir.

prédica *[n.f.]* sermón.

predicado *[n.m.]* palabra o grupo de palabras con las que en una frase se dice algo del sujeto: *en la oración "todos los amigos merendaron chocolate con churros en la cafetería", el predicado es "merendaron chocolate con churros en la cafetería".* **GRAM.** el núcleo del predicado siempre es un verbo (en el ejemplo, *"merendaron"*); si el verbo es ***ser*** o ***estar***, el *predicado* se llama ***predicado nominal*** y si es un verbo que indica acción, ***predicado verbal***.

predicar *[v.]* decir cosas a los demás para recordarles los principios de una religión, doctrina, una idea que uno defiende, etc.: *el sacerdote predica las enseñanzas evangélicas.* **OBS.** ante e, qu: *prediquen.* **FAM.** predicado, predicante, ***prédica*** (sermón), predicación.

predicción *[n.f.]* cosa que alguien dice que va a pasar: *en el periódico viene la predicción del tiempo.* **SIN.** pronóstico. **AF.** presagio, presentimiento.

predilección *[n.f.]* lo que se tiene por alguien o algo que a uno le gusta más que los demás o le parece mejor: *tiene predilección por los colores claros.* **SIN.** preferencia. **FAM.** predilecto.

predilecto, predilecta *[adj.]* que a uno le parece mejor o le gusta más que los demás: *amigo predilecto; comida predilecta.* **SIN.** favorito, preferido.

predispuesto, predispuesta *[adj.]* que ya tiene alguna idea que hará que se decida o no por algo, o que juzgue de una manera o de otra: *después de escucharla, estaba predispuesto en contra del proyecto.* **FAM.** predisposición, predisponer, disponer.

predominar *[v.]* haber más número de un tipo de personas o de cosas que de otros: *en la manifestación predominaban las personas mayores; en esta tela predominan los tonos verdes.* **SIN.** dominar, ser predominante. **AF.** reinar, imperar. **FAM.** predominio, predominancia, predominante, dominar.

predominio *[n.m.]* **1** mayor fuerza, poder, riqueza, etc. que algo o alguien tiene sobre otros: *continúa el predomino del primer equipo de la clasificación.* **SIN.** dominio, superioridad. **ANT.** inferioridad. **2** mayor cantidad de algo: *en esta clase hay predominio de niños.*

prefabricado, prefabricada *[adj.]* que ya está hecho y sólo hay que montarlo: *viviendas prefabricadas; una maqueta de piezas prefabricadas.* **FAM.** prefabricar, prefabricación, fábrica.

prefacio *[n.m.]* parte que va al principio de una película, un libro, etc. y sirve para presentarlo y explicar algo sobre él: *en el prefacio cuentan que la novela está basada en un hecho real.* **SIN.** introducción, preámbulo, presentación. **ANT.** epílogo. **AMPL.** el prefacio de un libro también se llama ***prólogo***.

preferencia *[n.f.]* **1** derecho que tiene uno a disfrutar de algo antes que los demás. **SIN.** prioridad. **2** lo que se tiene por alguien o algo que a uno le gusta más que los demás o le parece mejor: *tiene preferencia por su sobrino mayor.* **SIN.** predilección.

preferible *[adj.inv. en gén.]* que es lo más conveniente: *si no te apetece, es preferible que no vayas.* **SIN.** mejor.

preferir *[v.]* gustarle a uno más (o parecerle mejor) una cosa o una persona que otras: *prefiere empezar ya, y no dejarlo para otro día.* **CONJUG.** como *herir**. **FAM.** preferencia, preferible, preferente, preferiblemente, preferentemente.

prefijo *[n.m.]* **1** clase de afijo* que va siempre unido por delante a algún lexema para formar palabras: *enamoramiento es una palabra formada por el prefijo en-, el lexema -amor- y el sufijo -miento.* **2** números que hay que marcar antes del número telefónico de alguien, cuando se llama a otra provincia o a otro país: *Barcelona tiene el prefijo 93.* **FAM.** prefijar, prefijación, fijar.

pregón *[n.m.]* discurso hecho por alguien de cierta fama para anunciar y elogiar unos actos que se van a celebrar: *el alcalde hizo el pregón de la Semana Santa desde el balcón del ayuntamiento.* **AF.** apertura, presentación. **PL.** *pregones.* **FAM.** pregonar, pregonero.

pregonar *[v.]* **1** anunciar algo a voces para que todo el mundo se entere: *con un megáfono pregonaron la llegada del circo.* **SIN.** vocear, anunciar. **2** contarle a los demás algo de lo que uno se ha enterado, especialmente si debía mantenerlo en secreto: *no se le puede contar nada porque todo lo pregona.* **SIN.** divulgar.

pregunta *[n.f.]* palabra o frase que uno le dice a alguien para que le informe sobre algo que no sabe o para saber si lo sabe el otro: *no pude contestar a su pregunta porque no sabía nada del asunto.* **AF.** interrogación. **ANT.** respuesta, contestación. **AMPL.** las preguntas se distinguen en el habla por el tono de la voz y por la presencia de palabras interrogativas como *qué, cuál, dónde*; en la escritura, por estas mismas palabras y por los signos de interrogación.

preguntar *[v.]* hacer preguntas: *le preguntó si te había visto.* **AF.** interrogar acerca de. **ANT.** contestar, responder. **FAM.** pregunta, preguntón.

preguntón, preguntona *[n.]* persona que pregunta mucho: *este niño es un preguntón.* TAMBIÉN *adj.*: *ha venido un individuo muy preguntón.*

prehistoria *[n.f.]* periodo de la historia del ser humano sobre la Tierra del que no se tienen documentos escritos y que, por tanto, se estudia a partir de restos de construcciones, pinturas, utensilios, huesos, etc.: *el paleolítico y el neolítico son distintos periodos de la prehistoria.* **FAM.** prehistórico, historia. (VER p. 790.)

prehistoria

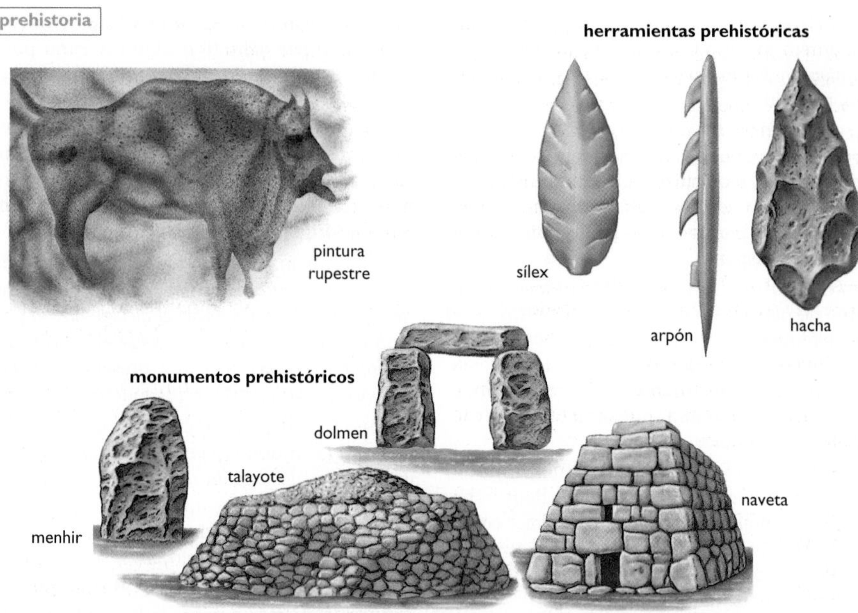

prejuicio *[n.m.]* idea que tiene de algo quien lo juzga sin haberse parado a pensarlo ni a analizar si hay razones o no para tener ésa y no otra.

prejuzgar *[v.]* pensar que algo es de una manera sin haberlo visto o estudiado antes: *antes de prejuzgarlo, entérate bien de lo que pasó.* **OBS.** ante e, gu: *prejuzguen.* **FAM.** prejuicio, prejuicioso, juzgar.

prematuro, prematura *[adj.]* 1 que ha nacido antes de que termine el tiempo normal de embarazo: *un niño prematuro.* 2 que pasa (o se hace) antes de lo normal o antes de lo conveniente: *una primavera prematura; sería prematuro decidir ahora las vacaciones de dentro de dos años.* **AF.** precoz, temprano. **FAM.** prematuramente, maduro.

premeditación *[n.f.]* hecho de pensar mucho algo y prepararlo bien antes de actuar: *los atacó con premeditación, no por un impulso repentino.* **FAM.** premeditar, premeditadamente, meditar.

premiar *[v.]* dar un premio o resultar muy satisfactorio: *premiaron al ganador con un viaje a Bali; el éxito en el experimento premió sus muchas horas de trabajo y estudio.* **AF.** gratificar, recompensar. **ANT.** castigar, sancionar.

premio *[n.m.]* lo que recibe alguien por haber hecho algo bien o mejor que otros, por haber acertado algo, etc.: *el ganador de la carrera recibió un trofeo como premio* (**AF.** galardón, recompensa)*; un premio de lotería; el premio de un concurso; un premio literario.* **ANT.** castigo, sanción. **FAM.** premiar, premiador.

premura *[n.f.]* prisa: *salieron con premura; la premura con que se publicó la noticia impidió que se corrigiera.*

prenda *[n.f.]* 1 cada una de las piezas de tela con que nos vestimos y que está hecha especialmente para la parte del cuerpo sobre la que uno se la pone: *las camisas, los pantalones, los calcetines y los jerseys son prendas.* TAMBIÉN se llama *prenda de vestir.* **AMPL.** el conjunto de prendas de vestir se llama ***ropa***. 2 lo que se da a alguien como prueba de que cumplirá un compromiso: *no pagó, pero dejó en prenda un anillo de oro.* **FAM.** prendar, prendería.

prender *[v.]* 1 detener la policía a alguien para llevarlo ante el juez o a la cárcel: *los guardias prendieron al ladrón.* **SIN.** arrestar*. 2 hacer que algo empiece a arder: *prende la leña, que ya hace frío; un cortocircuito prendió las cortinas.* 3 empezar a arder: *los papeles prendieron rápidamente.* 4 sujetar una cosa a otra con alfileres, hilo, etc.: *prendió la cola del vestido con imperdibles.* **SIN.** sujetar. 5 echar raíces una planta en la tierra y empezar a crecer: *los geranios prendieron enseguida.* **SIN.** agarrar, enraizar. **FAM.** prendimiento, prendedor, preso, presa. **COMP.** aprender, comprender, desprender, reprender, sorprender.

prensa *[n.f.]* 1 conjunto de los periódicos y las revistas: *lee la prensa a primera hora de la mañana.* 2 conjunto de empresas y negocios dedicados a hacer periódicos y revistas (*trabaja en la prensa*) y de las personas que trabajan en ellos (*reunió a la prensa para explicar lo sucedido*). **AMPL.** la prensa, la radio y la televisión, en conjunto, son ***medios de comunicación***. 3 máquina que hace presión sobre las cosas que se ponen en ella: *una prensa de uvas; una prensa de imprimir.* ■ **tener buena** o **mala prensa**, tener buena o mala fama. ■ **rueda de prensa**, reunión de una o más personas con varios periodistas que le preguntan distintas cosas sobre un asunto. **FAM.** prensar, prensado, prensador.

preñada *[adj.]* embarazada: *una perra preñada.* **OBS.** es normal usar la palabra *preñada* si se habla de animales y vulgar si se habla de mujeres. **FAM.** preñar, preñez.

preocupación *[n.f.]* 1 falta de tranquilidad que produce un problema que uno no sabe cómo resolver y en el que piensa constantemente: *la preocupación no lo deja dormir; creo que no hay motivo de preocupación.* **SIN.** intranquilidad*. 2 cosa que produce intranquilidad: *no puede dormir porque tiene muchas preocupaciones.* **AF.** problema.

preocupar *[v.]* 1 causar preocupación: *su enfermedad preocupa a toda la familia.* **SIN.** intranquilizar, inquietar. **INTENS.** angustiar. **ANT.** tranquilizar. TAMBIÉN *prnl.: la gente se preocupa por su futuro.* // **preocuparse** *[v.prnl.]* 2 ocuparse de algo: *yo me preocuparé de sacar los billetes; preocúpate de tener todo listo.* **SIN.** encargarse, ocuparse. **ANT.** despreocuparse. **FAM.** preocupación, preocupante, ocupar. **COMP.** despreocuparse.

preparación *[n.f.]* 1 conjunto de cosas que se hacen para que otra salga como se quiere: *la preparación de un viaje, de un examen...* 2 conjunto de conocimientos que uno necesita para defenderse en la vida o en una profesión: *los centros de enseñanza dan preparación académica; para ser director de orquesta hace falta una profunda preparación musical.* **SIN.** formación. 3 ejercicios que se hacen para estar en forma o para participar en algún deporte: *el ciclista tuvo una preparación muy dura.* **AF.** entrenamiento.

preparar *[v.]* 1 hacer lo necesario para que salga bien algo que se va hacer (*lleva varios meses preparando las oposiciones*) o para que algo resulte cómodo y eficaz (*prepara las herramientas antes de empezar a trabajar*). TAMBIÉN *prnl.: está preparándose para ganar la carrera.* 2 enseñar a alguien para que sepa algo o para que haga bien algo: *los prepara un buen profesor de matemáticas.* **FAM.** preparación, preparado, preparativo, preparatorio, preparador.

preparativo *[n.m.]* cada una de las cosas que se hacen cuando se está preparando algo: *los preparativos de la boda lo tienen muy ocupado.*

preposición *[n.f.]* clase de palabras invariables que sirven para unir y relacionar unas palabras con otras. **AMPL.** en las oraciones, las preposiciones y las conjunciones funcionan como ***nexos****. **FAM.** preposicional, prepositivo, posición.

prepotencia *[n.f.]* abuso de poder. **FAM.** potencia.

presa *[n.f.]* 1 animal que se ha cazado o se ha pescado: *después de la cacería repartieron las presas.* **AF.** captura, pieza. 2 muro alto y fuerte que se construye de orilla a orilla de un río para detener y acumular agua: *la presa se rompió e inundó los pueblos del valle.* **AF.** dique. **AMPL.** las presas tienen unas ***compuertas*** que se abren y se cierran para regular la cantidad de agua que se acumula y, muchas veces (en las *centrales hidroeléctricas*), para que la caída del agua mueva una ***turbina*** y produzca electricidad; el agua que se acumula detrás de una presa forma un ***embalse*** o ***pantano*** y no debe llamarse *presa* porque son dos cosas distintas. ■ **ser presa de**, pasar o sufrir lo que se dice: *fue presa de los nervios.* **FAM.** represar, represa, prender.

presagio *[n.m.]* lo que hace que se pueda pensar que va a pasar algo: *el nerviosismo de los animales es presagio de tormenta.* **SIN.** señal, signo. **FAM.** presagiar, presagioso.

prescindir *[v.]* dejar de utilizar (o de tener en cuenta) algo, o de tener la ayuda, la amistad, etc. de alguien: *ha prescindido del gas y sólo usa cosas eléctricas; contó su historia prescindiendo de los detalles; el entrenador prescindió del mejor jugador del equipo.* **AF.** desprenderse, deshacerse. **OBS.** siempre va seguido de la preposición *de*. **FAM.** prescindibilidad. **COMP.** imprescindible.

prescribir *[v.]* decir lo que hay que hacer: *el médico le prescribió reposo.* **OBS.** participio irregular, ***prescrito***. **FAM.** escribir.

presencia *[n.f.]* 1 hecho de que alguien esté en un sitio: *contamos con la presencia de muchos amigos.* **SIN.** asistencia. **AF.** concurrencia. **ANT.** ausencia. 2 lo que se ve exteriormente en una persona o en una cosa: *un muchacho con buena presencia.* **AF.** aspecto.

presenciar *[v.]* ver algo o estar en un sitio en el que pasa (o se hace) algo: *a la salida del colegio presenció una pelea; miles de personas presenciaron el partido.* **SIN.** asistir a. **ANT.** ausentarse, faltar.

presentación *[n.f.]* 1 lo que se hace al reunir a varias personas y darles a conocer un nuevo producto: *los invitaron a la presentación del nuevo coche.* 2 manera de estar preparado algo para que tenga un aspecto determinado: *los regalos suelen tener buena presentación.*

presentador, presentadora *[n.]* persona encargada de comentar, explicar, preguntar, etc. lo necesario en un programa de televisión, radio u otra cosa parecida: *el presentador del concurso llamó a los participantes.*

presentar *[v.]* 1 entregarle algo que se ha hecho a quien lo encargó o a quien lo tiene que recibir: *presentó los documentos en el ayuntamiento.* 2 decirle a una persona quién es otra que está con uno, para que la conozca: *le presentó a su hermano.* 3 dar a conocer un nuevo invento, un nuevo coche, un libro, etc.: *mañana presentará su libro a la prensa.* 4 dirigir las actuaciones de un programa de televisión, un espectáculo, etc. y decir quién actúa en cada momento: *presentará la fiesta de fin de curso.* // **presentarse** *[v.prnl.]* 5 ir alguien a un sitio a hacer algo, porque ha sido llamado o porque le interesa estar: *presentarse a un examen; presentarse a un concurso.* **SIN.** acudir. 6 aparecer en un sitio: *se presentó en la fiesta sin tener invitación.* **FAM.** presentador, presentación, presentable, presente, presencia, presenciar, presencial. **COMP.** representar, impresentable.

presente *[adj.inv. en gén.]* 1 que está: *votarán los parlamentarios presentes en el Congreso.* **AF.** asistente. **ANT.** ausente. 2 que está pasando en el tiempo en que uno habla: *los presentes acontecimientos pasarán a la historia.* **SIN.** actual. **ANT.** futuro o pasado. // **presente** *[n.m.]* 3 tiempo del verbo con el que se expresa lo que pasa en el momento en que se está viviendo, hablando o escribiendo. 4 tiempo que se está viviendo: *hay que vivir el presente sin olvidar el pasado.* **ANT.** pasado o futuro. 5 cosa que se regala: *los presentes de los Reyes Magos fueron oro, incienso y mirra.* **SIN.** regalo, obsequio.

presentimiento *[n.m.]* sensación que tiene una persona de que va a ocurrir algo: *tuvo el presentimiento de que llegarían por sorpresa.* **SIN.** corazonada, intuición. **AF.** predicción, presagio.

presentir *[v.]* tener la sensación de que va a pasar algo: *presiento que el disco será un éxito.* **AF.** prever, sospechar. **FAM.** presentimiento, sentir.

preservar *[v.]* hacer lo posible para evitar robos, accidentes, enfermedades, etc.: *el casco preserva la cabeza de posibles golpes.* **SIN.** proteger. **AF.** resguardar, amparar, defender. **ANT.** exponer a. **FAM.** preservador, preservativo, preservativamente.

presidencia *[n.f.]* cargo y lugar que ocupa la persona que preside algo (*hay varios candidatos a la presidencia de la empresa; ha sonado el teléfono de presidencia*), y tiempo que dura este cargo (*queda un mes para que acabe su presidencia*).

presidente, presidenta *[n.]* persona que preside, y a veces también dirige, un grupo, una asociación, un gobierno, etc.: *el presidente del gobierno es responsable de la marcha del* *país; la presidenta de la empresa se reunió con el gerente.* **AF.** jefe.

presidiario, presidiaria *[n.]* preso*: *los presidiarios salieron al patio.*

presidio *[n.m.]* cárcel*: *entrar en presidio; salir de presidio.* **SIN.** cárcel, penal, prisión.

presidir *[v.]* ocupar el puesto más importante de una reunión, de una sociedad, de un gobierno, etc.: *preside la asociación de vecinos; los novios presidieron el banquete de boda.* **FAM.** presidencia, presidente, presidencial, presidencialismo, presidencialista. **COMP.** vicepresidente.

presión *[n.f.]* 1 fuerza que se hace contra algo: *hizo presión sobre la vena para que no saliera más sangre; los gases y los líquidos hacen presión sobre las paredes del recipiente que los contiene.* 2 lo que se hace para conseguir algo de otras personas: *sus amigos hicieron presión para que lo admitieran.* ■ **presión atmosférica**, peso del aire de la atmósfera y fuerza que hace sobre cada uno de los cuerpos que hay en la Tierra. ■ **presión sanguínea**, la que hace la sangre sobre las paredes de las venas y las arterias. **FAM.** presionar. **COMP.** opresión.

presionar *[v.]* 1 hacer fuerza contra algo: *al bajar del coche, presionó la puerta para dejarla bien cerrada.* **SIN.** apretar, empujar. **ANT.** soltar. 2 hacer todo lo posible para que alguien haga lo que uno quiere, aun en contra de su voluntad: *su padre lo presionó para que entrara en el negocio.* **AF.** forzar a, obligar a.

preso, presa *[n.]* persona que está en una cárcel cumpliendo condena: *varios presos se amotinaron.* **SIN.** presidiario, recluso. **AF.** prisionero. **FAM.** prisión, prisionero, presidio, presidiario, prender. **COMP.** apresar, aprisionar.

prestamista *[n.inv. en gén.]* persona que presta dinero con la condición de que le devuelvan una cantidad mayor: *ya hay pocos prestamistas porque ese negocio lo llevan los bancos.* **AF.** acreedor.

préstamo *[n.m.]* dinero o cosa que se presta a alguien: *en las bibliotecas hacen préstamos de libros y en los bancos de dinero.*

prestar *[v.]* 1 dejar algo a alguien para que lo use durante un tiempo y luego lo devuelva: *les prestó el balón por una tarde; el dinero que prestan los bancos hay que devolverlo con intereses.* **SIN.** dejar. // **prestarse** *[v.prnl.]* 2 ofrecerse voluntariamente para algo: *se prestó a traerme en su coche.* ■ **prestar atención**, atender. ■ **prestar ayuda**, ayudar. **FAM.** préstamo, prestamista, prestación, prestador, prestatario.

prestidigitador, prestidigitadora *[n.]* persona que hace juegos de manos y trucos, para divertirse o porque es su trabajo: *la mano del prestidigitador es más rápida que nuestro ojo.* **SIN.** ilusionista, mago. **FAM.** prestidigitación.

prestigio *[n.m.]* fama que tienen algunas personas, negocios o instituciones de hacer las cosas bien: *un abogado de prestigio; un restaurante con mucho prestigio.* **FAM.** prestigiar, prestigioso, prestigiosamente. **COMP.** desprestigio, desprestigiar.

presumido, presumida *[n.]* 1 persona que exagera las cosas para que los demás crean que es superior a ellos: *se las da de rica porque es una presumida.* **SIN.** chulo, creído. 2 persona que se arregla mucho porque le gusta ir bien y parecer más guapo: *se pasa horas ante el espejo porque es muy presumido.* **AF.** vanidoso, presuntuoso. **ANT.** sencillo, natural. TAMBIÉN *adj.*: *una persona presumida.*

presumir *[v.]* 1 creerse superior a los demás en algo y estar siempre intentando demostrarlo: *presume de ser el más fuerte; presume de fuerza.* **SIN.** alardear, jactarse, fanfarronear. **AF.** alabarse. 2 pensar que algo es de una manera determinada o que va a pasar como uno se imagina, aunque no sepa muy bien por qué: *presumo que no va a venir.* **SIN.** sospechar. **AF.** suponer, creer. **FAM.** presumido, presumible, presunción, presuntuoso, presuntuosamente, presuntuosidad, presunto, presuntamente.

presunto, presunta *[adj.]* que se supone que ha hecho o dicho algo, pero no está demostrado: *han detenido al presunto asesino.* **AMPL.** legalmente se usa esta palabra para referirse a las personas que están acusadas de algo pero todavía no han sido juzgadas ni condenadas.

presuntuoso, presuntuosa *[n.]* que se cree el mejor y presume mucho por ello: *ese chico es un presuntuoso insoportable.* **SIN.** engreído, pretencioso. **AF.** presumido. **ANT.** humilde, sencillo.

presupuesto *[n.m.]* 1 cantidad de dinero que piensa gastar una persona, una empresa o una institución en algo determinado o en un periodo de tiempo: *los presupuestos de los estados son muy altos; tienes 20 euros de presupuesto para comprar el regalo.* 2 cálculo de la cantidad de dinero por la que una persona o una empresa está dispuesta a hacerle un trabajo a otra: *el carpintero hizo el presupuesto de las puertas.* **AMPL.** cuando el presupuesto incluye diversos trabajos, etapas y materiales se suele dividir en partes que se llaman ***partidas***. **FAM.** presupuestar, presupuestario, presuponer, suponer.

presuroso, presurosa *[adj.]* que se hace con rapidez: *un andar presuroso.* **AF.** rápido, ligero. **ANT.** lento. **FAM.** presurosamente, prisa. **COMP.** apresurarse.

pretender *[v.]* 1 querer conseguir algo: *pretende ser presidente.* **SIN.** querer, desear, aspirar a. **INTENS.** anhelar, ambicionar, ansiar. 2 hacer lo posible para conseguir algo: *¿qué pretendes con tantas gestiones?* **SIN.** procurar, intentar. 3 querer una persona que otra sea su novio o su novia: *la pretende desde hace años.* **FAM.** pretensión, pretendiente, pretencioso, tender.

pretendiente, pretendienta *[n.]* 1 persona que intenta conseguir algo: *los pretendientes a un puesto de trabajo; el pretendiente a la corona.* **SIN.** aspirante, candidato. 2 persona que intenta casarse o tener relaciones con otra: *tiene muchas pretendientes.* **AF.** enamorado.

pretérito, pretérita *[adj.]* 1 que pasó hace tiempo: *en épocas pretéritas no había motos.* **SIN.** pasado. **ANT.** futuro. // **pretérito** *[n.m.]* 2 en gramática, tiempo del verbo en el que se expresa lo que ya ha pasado en el momento en que se habla. **SIN.** pasado. **ANT.** futuro.

pretexto *[n.m.]* lo que se dice, sea verdad o no, para justificar que algo no se ha hecho o para no tener que hacer algo: *se inventó un pretexto para no ir a la reunión.* **SIN.** disculpa, excusa. **AF.** cuento, mentira. **FAM.** pretextar.

pretil *[n.m.]* barandilla de un puente: *miraba el río apoyado en el pretil.* **SIN.** barandilla*.

prevalecer *[v.]* tener más fuerza o influencia que otras cosas, especialmente si es después de un tiempo: *en este pueblo prevalecen las costumbres rurales sobre las urbanas.* **AF.** predominar, reinar, imperar. **CONJUG.** como *crecer**.

prevención *[n.f.]* hecho de prevenir* algo: *prevención de accidentes; prevención de enfermedades.*

prevenir *[v.]* 1 darse cuenta de que algo puede ocurrir y hacer lo posible para que no ocurra: *hay que prevenir el mayor número posible de accidentes laborales.* 2 decirle a alguien que puede pasar (o haber) algo, para que lo tenga en cuenta al decidir algo: *nos previnieron de los peligros de la escalada.* **AF.** advertir, avisar. **CONJUG.** como *venir**. **FAM.** prevención, prevenido, prevenidamente, preventivo, preventivamente, preventorio, venir. **COMP.** desprevenido.

prever *[v.]* llegar a la conclusión de que es muy posible que pase algo: *preveo que no se pondrán de acuerdo.* **AF.** presentir, sospechar, pronosticar. **OBS.** se conjuga como ***ver****, no como *leer.* **FAM.** previsible, previsiblemente, previsor, previsión, ver. **COMP.** imprevisto.

No cometas el error de hacer que el verbo ***prever*** se conjugue como leer, porque *prever*, como ***ver***, va con una sola e.

previo, previa *[adj.]* anterior: *el ensayo general es previo a la representación.* **FAM.** previamente.

previsión *[n.f.]* lo que se supone o se piensa que va a pasar: *llegarán pronto si se cumplen todas las previsiones.* **AF.** cálculo.

previsor, previsora *[adj.]* que cuando va a hacer algo tiene en cuenta las necesidades que puedan surgirle y se prepara para afrontarlas: *una persona previsora no cierra la puerta sin asegurarse de que lleva las llaves.* **AF.** precavido.

prieto, prieta *[adj.]* que está fuerte y compacto (*los atletas tienen carnes prietas*), o que aprieta (*la ropa prieta resulta incómoda*). **AF.** apretado. **ANT.** flojo. **FAM.** apretar.

prima *[n.f.]* dinero que recibe una persona por un mérito especial: *en algunas empresas le dan una prima al vendedor más eficaz.*

primario, primaria *[adj.]* que hay que satisfacerlo antes que otras cosas porque es muy necesario: *comer y dormir son necesidades primarias.* **AF.** básico. **ANT.** secundario. ■ **enseñanza primaria**, primera enseñanza obligatoria. ■ **colores primarios**, los que no se consiguen mezclando otros y sí sirven para formar otros: *el azul, el rojo y el amarillo son colores primarios.*

colores primarios

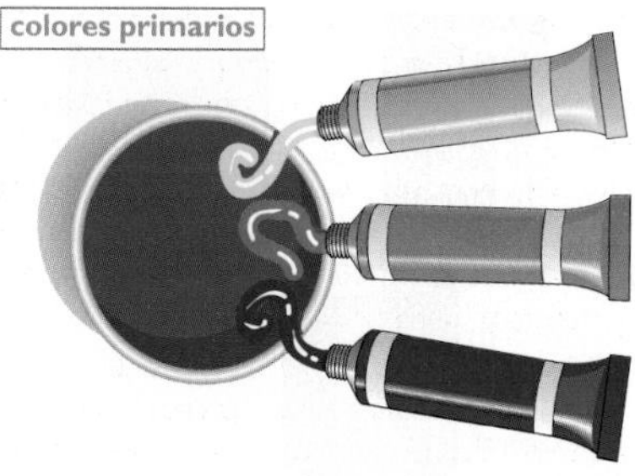

primate *[n.m.]* animal que, como el hombre y los monos, anda sobre dos piernas y tiene manos de cinco dedos con las que puede agarrar cosas, y el cerebro grande.

primavera *[n.f.]* 1 estación del año que va después del invierno y antes del verano: *en primavera los días son cada vez más largos.* 2 planta pequeña, con flores generalmente amarillas, hojas grandes y tallos rectos: *las flores de la primavera tienen forma de sombrilla.* **FAM.** primaveral.

primaveral *[adj.inv. en gén.]* de la primavera: *temperaturas primaverales; alergia primaveral.*

primer *[adj.]* forma apocopada de *primero**, que se utiliza delante de nombres masculinos: *es su primer cumpleaños.*

primero, primera *[num.]* 1 es el numeral ordinal correspondiente al cardinal uno. **AMPL.** delante de nombre masculino se usa el apócope ***primer***: *primer año.* // **primero** *[adv. de t.]* 2 antes que todo lo demás: *primero haces el trabajo y después lo que quieras.* **SIN.** en primer lugar, antes. ■ **a primeros**, en los primeros días del periodo de tiempo que se dice. **FAM.** primer, primogénito, primogenitura, primario, primerizo, primordial, primordialmente, primeramente, primitivo, primitivismo, primitivamente.

primicia *[n.f.]* noticia, cuando se da por primera vez: *el periódico local publicó la primicia del suceso.*

primitivo, primitiva *[adj.]* 1 poco civilizado o de una civilización muy antigua que no conoce las máquinas, las industrias, etc.: *los hombres primitivos cazaban para comer.* 2 que es del tipo de los primeros que se hicieron, y no como los modernos: *esta máquina tiene mecanismos muy primitivos.* **AF.** antiguo. **ANT.** moderno, revolucionario.

primo, prima *[n.]* lo que es, para uno, quien es hijo de un hermano o una hermana de su padre o de su madre: *son primas porque sus padres son hermanos.* **FAM.** primado, primazgo.

primogénito, primogénita *[n.]* primer hijo que nace de un matrimonio: *el primogénito del rey heredó la corona.* TAMBIÉN *adj.*: *hija primogénita.*

primordial *[adj.inv. en gén.]* muy importante: *para no dañar los ojos es primordial leer con buena luz.* **SIN.** fundamental, esencial, básico. **AF.** importante.

primoroso, primorosa *[adj.]* muy bonito y hecho con cuidado, delicadeza y mucho detalle: *el mantel está adornado con primorosos bordados.* **SIN.** fino, exquisito, delicado. **FAM.** primor, primorosamente.

princesa *[n.f.]* 1 hija de un rey o una reina que por derecho heredará el trono. 2 mujer de un príncipe.

principal *[adj.inv. en gén.]* que es lo primero o lo que tiene más importancia: *en un resumen se anotan las ideas principales; el asunto principal de un negocio.* **ANT.** secundario.

príncipe *[n.m.]* hijo de un rey o una reina que por derecho heredará el trono. **AMPL.** los hermanos del príncipe son ***infantes*** e ***infantas***. **FAM.** princesa, principado, principesco, principio.

principiante, principianta *[adj.]* que hace algo por primera vez y no tiene experiencia: *un trabajador principiante.* **SIN.** novato. **AF.** inexperto. **ANT.** veterano, experto. TAMBIÉN *n.*: *este principiante aprende con rapidez.*

principio *[n.m.]* 1 lo primero de una cosa: *está escribiendo el principio de un cuento; al nacer, uno está al principio de la vida.* **SIN.** comienzo, inicio. **ANT.** final, fin, término. 2 cada una de las ideas más importantes que tiene una persona sobre cómo hay que comportarse: *es* *contrario a mis principios hacer daño a alguien.* **AF.** convicción, creencia. **3** cada una de las ideas o de las teorías fundamentales que tiene una ciencia: *este problema se resuelve por un principio de física.* **AF.** ley, teoría. ■ **a principios**, en los primeros días del periodo de tiempo que se dice. ■ **en principio**, según lo que se tiene pensado y si no surge ningún imprevisto. ■ **por principio**, por el modo de ser de uno. **FAM.** principiante, principiar, principal, principalidad, principalmente, príncipe.

pringar *[v.]* manchar con grasa o con algo difícil de quitar: *se pringó el jersey con mermelada.* **OBS.** ante e, gu: *pringuen.* **FAM.** pringoso, pringue, pringada.

pringoso, pringosa *[adj.]* que está sucio de grasa o de algo que puede manchar a quien lo toque: *la cuchara está pringosa de miel.* **SIN.** pegajoso.

pringue *[n.m.]* suciedad grasienta o pegajosa: *tiene el mono lleno de pringue del taller.* **AF.** grasa, suciedad.

prioridad *[n.f.]* **1** derecho que tienen unas personas por encima del de otras: *cuando el semáforo de los coches está verde, pasan porque tienen prioridad sobre los peatones.* **SIN.** preferencia. **2** lo que tienen para uno las cosas que le parecen más importantes: *durante el curso le da prioridad al estudio y en vacaciones a la diversión.* **FAM.** prioritario, prioría, priorato.

prioritario, prioritaria *[adj.]* que tiene prioridad* porque es más importante: *ahora, estudiar es prioritario para mí.* **ANT.** secundario.

prisa *[n.f.]* rapidez con que se hace algo, o necesidad de hacerlo pronto por falta de tiempo: *hizo el trabajo con mucha prisa y le salió mal.* **AF.** rapidez, velocidad. **ANT.** calma, lentitud, tardanza. ■ **darse prisa**, hacer algo con rapidez. ■ **de prisa y corriendo**, sin dedicarle el tiempo necesario. **FAM.** aprisa, deprisa, presuroso.

prisión *[n.f.]* cárcel*: *dos presos se escaparon de la prisión.* **SIN.** penal, presidio. **PL.** *prisiones.*

prisionero, prisionera *[n.]* persona que está en poder de alguien que la priva de libertad: *un prisionero de guerra; el secuestrado es prisionero de los terroristas.* **SIN.** cautivo. **AF.** preso. TAMBIÉN *adj.*: *un militar prisionero.*

prisma *[n.m.]* cuerpo geométrico que tiene dos bases iguales y paralelas y tantas caras como lados tenga el polígono de sus bases: *la lavadora es un prisma cuadrangular.* **FAM.** prismático, prismáticos.

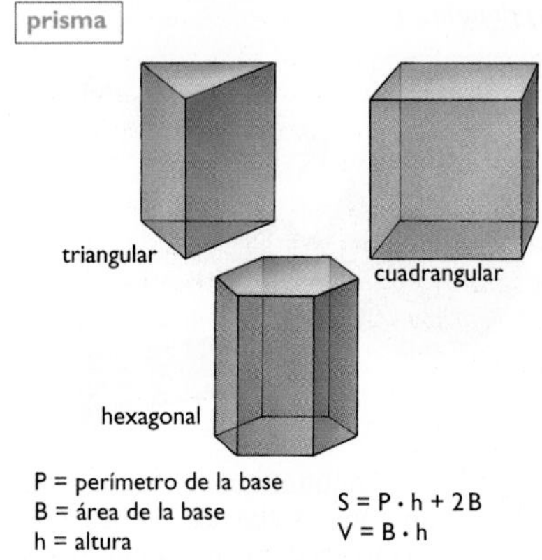

prismáticos *[n.m.pl.]* objeto que está formado por dos tubos unidos en forma de H, cerrados por ambos lados por lentes especiales y que sirve para ver más cerca las cosas que están lejos. **SIN.** anteojos, gemelos.

privación *[n.f.]* lo que sufre quien se queda sin algo que le gusta o necesita: *la privación de libertad es un castigo terrible.* ■ **pasar privaciones**, no tener ni siquiera lo más necesario para vivir.

privado, privada *[adj.]* **1** que es de (o para) una persona o un grupo de personas, y no para todo el mundo: *a una piscina privada no se puede ir si no se conoce al dueño; un colegio privado.* **AF.** particular. **ANT.** público. **2** que sólo le interesa a la persona de la que se trata: *no te metas en su vida privada.* **SIN.** íntimo, personal. **AF.** particular. **ANT.** público.

privar *[v.]* **1** hacer que alguien se quede sin algo que tenía o que podía llegar a tener: *lo privaron del cariño de su hermano cuando los separaron.* **AF.** despojar, desposeer. // **privarse** *[v.prnl.]* **2** no hacer algo que a uno le gusta o le interesa, porque lo ha decidido así: *se priva de comer golosinas porque engordan.* **SIN.** abstenerse, renunciar a. **FAM.** privado, privación, privadamente, privativo, privativamente.

privilegiado, privilegiada *[adj.]* 1 que tiene algún privilegio*: *una persona privilegiada debe ser considerada con los demás.* TAMBIÉN *n.*: *muchos privilegiados económicamente no se dan cuenta de que mucha gente lo pasa mal.* 2 que tiene ventajas que no tiene la mayoría: *es un lugar privilegiado para construir una casa.* **AF.** excelente, excepcional, extraordinario. 3 que, por naturaleza, es muy superior a la mayoría: *tiene una inteligencia privilegiada.* **AF.** aventajado. **ANT.** inferior.

privilegio *[n.m.]* derecho especial o situación ventajosa que tiene alguna persona y no tiene la mayoría: *un país en el que los políticos tienen privilegios es un país injusto.* **FAM.** privilegiar, privilegiadamente.

pro *[n.m.]* conveniencia de una cosa: *antes de decidir, estudia los pros y los contras.* ■ **en pro**, en favor. ■ **persona de pro**, la que es seria, honrada, buena profesional, etc.

proa *[n.f.]* parte delantera de un barco que va cortando el agua. **ANT.** popa.

probabilidad *[n.f.]* hecho de que algo sea posible: *tiene muchas probabilidades de que le den ese trabajo.* **SIN.** posibilidad. **ANT.** improbabilidad.

probable *[adj.inv. en gén.]* 1 que puede pasar: *es probable que llegue tarde.* **SIN.** posible. **ANT.** imposible. 2 que se puede demostrar: *lo que dices es fácilmente probable.* **SIN.** demostrable, comprobable. **ANT.** indemostrable.

probado, probada *[adj.]* que se ha demostrado: *es un hecho probado que él es el ladrón.* **SIN.** demostrado, comprobado.

probador *[n.m.]* habitación pequeña o cabina que hay en las tiendas para probarse la ropa: *se metió en el probador de caballeros.*

probar *[v.]* 1 hacer funcionar una cosa para saber si está bien: *prueba el bolígrafo, a ver si escribe.* 2 hacer ver a alguien que algo es verdad: *eso que dices tendrás que probarlo.* **SIN.** demostrar. 3 poner una prenda de vestir para ver qué tal queda: *pruébale los patucos al bebé.* TAMBIÉN *prnl. refl.*: *se probó el vestido.* 4 comer o beber un poco de algo para saber cómo es: *prueba la carne y dime si te gusta.* **SIN.** degustar. **AF.** saborear, paladear. ■ **no probar**, no comer o beber algo. **FAM.** prueba, probador, probeta, probable, probabilidad, probablemente. **COMP.** aprobar, comprobar, improbable.

probeta *[n.f.]* tubo alargado de cristal, cerrado por un lado y abierto por el otro, que se usa en los laboratorios para hacer pruebas y experimentos: *en el laboratorio de química hay muchas probetas.*

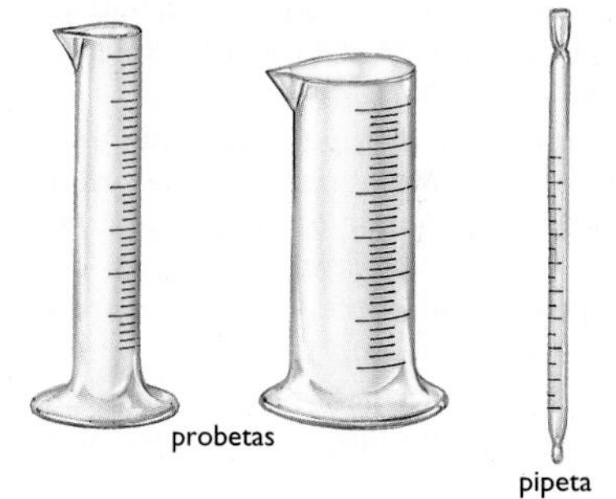

problema *[n.m.]* 1 cualquier dificultad que se encuentra uno en la vida y que tiene que resolver: *tuvo muchos problemas para entrar en el instituto.* 2 entretenimiento o ejercicio que consiste en encontrar la solución de lo que se pregunta con los datos que a uno le dan: *un problema de matemáticas; un problema de ajedrez.* **FAM.** problemático, problemáticamente, problematizar.

problemático, problemática *[adj.]* que tiene problemas, que produce algún problema o que uno no sabe cómo resolverlo porque hace dudar: *las relaciones internacionales a veces son problemáticas; un negocio problemático.* **AF.** complejo, difícil, dificultoso. **ANT.** sencillo, fácil.

procedencia *[n.f.]* lugar, familia o grupo social del que se viene o en que uno nace: *¿qué procedencia tiene el avión que acaba de aterrizar?; es de procedencia humilde.* **SIN.** origen.

proceder *[v.]* 1 haber salido del lugar que se dice (*ese tren procede de Pamplona*) o haber nacido en el sitio que se dice o en una familia determinada (*procede de una familia humilde*). **SIN.** venir, provenir. 2 hacer las cosas de una determinada manera: *en asuntos delicados hay que proceder con mucho cuidado.* **SIN.** actuar, obrar. 3 empezar a hacer algo: *en unos minutos procederán a la entrega de premios.* // **proceder** *[n.m.]* 4 manera de comportarse o de hacer algo: *nadie entendió su violento proceder.* **SIN.** comportamiento, conducta. **FAM.** procedencia, procedente, procedimiento, proceso.

procesar *[v.]* 1 hacer un juicio a quien se cree que ha cometido un delito o ha ido contra la ley: *lo procesaron por asesinato.* **SIN.** juzgar. 2 aplicar una serie de operaciones a un conjunto de datos metidos en ordenador: *procesando los datos de una encuesta se sacan conclusiones estadísticas.*

procesión *[n.f.]* grupo de personas que van en fila y con orden, por las calles, normalmente acompañando a una imagen: *los que iban en la procesión llevaban velas.* **AF.** desfile. **FAM.** procesional, procesionalmente, ***procesionaria*** (tipo de oruga).

procesionaria *[n.f.]* tipo de oruga que se mueve formando largas filas, como si fuera una procesión.

proceso *[n.m.]* 1 serie de fases por las que pasa el desarrollo o la realización de algo: *la metamorfosis es un proceso por el que una larva llega a ser insecto adulto; la fabricación de coches sigue un proceso muy complicado.* 2 lo que se hace ante un juez o un tribunal para juzgar a alguien: *el proceso terminó con la declaración de inocencia.* **SIN.** juicio. **AF.** pleito. **FAM.** procesar, procesamiento, procesal, proceder.

proclamar *[v.]* 1 decir algo para que se entere la gente: *los periódicos proclamaron la noticia con grandes titulares.* **AF.** publicar, divulgar. 2 darle a alguien un cargo, un premio, un título, etc.: *cuando su padre murió lo proclamaron rey; fue proclamado ganador.* **SIN.** nombrar, declarar. TAMBIÉN *prnl. refl.*: *cuando acabó la guerra se proclamó jefe del Estado.* **FAM.** proclamación, proclama, proclamamiento, clamar.

procrear *[v.]* tener hijos: *la vaca es vieja y ya no puede procrear.* **SIN.** engendrar. **AF.** parir. **OBS.** e + e = ee: *procreen.* **FAM.** procreación, procreador, crear.

procurar *[v.]* 1 hacer lo posible para conseguir algo: *procura terminar a tiempo.* **SIN.** intentar, tratar de. 2 buscar algo para alguien y dárselo porque lo necesita: *como tenía frío me procuró un jersey.* **SIN.** proporcionar, facilitar. **FAM.** procurador, curar.

prodigio *[n.m.]* 1 persona o cosa que es muy buena o mejor que otras del mismo tipo: *es un prodigio de las letras.* **SIN.** portento. 2 cosa que pasa aunque pareciera que no podía pasar: *fue un prodigio que saliera vivo del accidente.* **SIN.** milagro. ■ **niño** o **niña prodigio**, el que hace cosas que no pueden hacer los de su edad. **FAM.** prodigioso, prodigiosamente, prodigiosidad.

producción *[n.f.]* 1 lo que dan los animales, los árboles y los campos de forma natural: *producción de cereales; producción lechera.* 2 cosas que hace el ser humano a partir de otras que ya existen o de su imaginación: *producción de automóviles; un escritor de gran producción literaria.*

producir *[v.]* 1 hacer que haya algo: *los escritores producen obras literarias y los pintores obras pictóricas* (**SIN.** crear)*; esta fábrica produce coches* (**SIN.** fabricar, hacer)*; los olivos producen aceitunas y las ovejas, leche* (**SIN.** dar). 2 hacer que alguien tenga algo: *el no dormir le produjo dolor de cabeza* (**SIN.** causar)*; un negocio debe producir beneficios* (**SIN.** dar, rendir). 3 tener una consecuencia determinada: *la estabilidad económica produce estabilidad social.* **SIN.** proporcionar* (acepción 2). // **producirse** *[v.prnl.]* 4 pasar lo que se dice: *se han producido varios hechos sorprendentes.* **SIN.** pasar* (acepción 1). **CONJUG.** como *conducir**. **FAM.** producción, producto, productivo, productividad, productor. **COMP.** reproducir, contraproducente, coproducción, superproducción, improductivo, subproducto.

productividad *[n.f.]* capacidad de producir mucho o poco que tiene una persona, una fábrica, un campo, etc.: *alta productividad; baja productividad.*

productivo, productiva *[adj.]* que produce mucho de lo que se quiere: *una finca productiva; un negocio productivo.* **SIN.** fecundo, fértil, fructífero. **AF.** provechoso, rentable. **ANT.** estéril, inútil.

producto *[n.m.]* 1 cosa que da la naturaleza o que hace el hombre: *las hortalizas son productos de la tierra y la miel un producto de las abejas; una tienda de productos de alimentación.* 2 cosa que se llega a tener como consecuencia de algo: *su preparación musical es producto de muchas horas de estudio; la situación actual es producto de la mala gestión de sucesivos gobiernos.* **SIN.** resultado, consecuencia. 3 cantidad que resulta de hacer una multiplicación: *el producto de 4 × 4 es 16.* **SIN.** resultado.

productor, productora *[adj.]* 1 que produce lo que se dice: *un país productor de petróleo.* TAMBIÉN *n.*: *los productores de tomates se quejan de la política agrícola.* 2 persona o conjunto de personas que ponen el dinero necesario para hacer una película, un disco, una obra de arte, etc.: *el director se puso de acuerdo con el productor.* **AF.** empresario.

proeza *[n.f.]* cosa para la que se necesita mucho valor y esfuerzo: *fue una proeza llegar hasta la cima con tan mal tiempo.* **SIN.** hazaña. **AF.** heroicidad.

profanar *[v.]* hacer daño en lugares o cosas sagradas: *profanar una iglesia; profanar una tumba.* **AF.** violar.

profano, profana *[adj.]* 1 que no es religioso: *música profana; costumbres profanas.* **ANT.** religioso, sacro. 2 que sabe muy poco o nada de algo: *es profana en asuntos informáticos.* **AF.** ignorante. **ANT.** experto. **FAM.** profanar, profanación, profanador, profanamente.

profecía *[n.f.]* lo que dicen que pasará al cabo de un tiempo las personas llamadas profetas: *en el Antiguo Testamento hay muchas profecías sobre la llegada del Mesías.*

profesión *[n.f.]* trabajo al que se dedica una persona para ganar el dinero que necesita para vivir: *la carpintería y la abogacía son profesiones.* **SIN.** trabajo, oficio. **AF.** actividad. **FAM.** profesional, profesionalismo, profesionalizar, profesionalmente, profesionalidad.

profesional *[adj.inv. en gén.]* 1 de la profesión*: *la vida profesional le va muy bien; se dedica a la pintura como actividad profesional.* // **profesional** *[n.inv. en gén.]* 2 que tiene la preparación necesaria para trabajar en una determinada profesión y vivir de ella: *es un profesional del fútbol; una profesional de la enseñanza.* ■ **profesional liberal**, persona que trabaja sin depender de otra y no tiene un trabajo manual: *los médicos, los abogados y los arquitectos son profesionales liberales.*

profesor, profesora *[n.]* persona que se dedica a dar clases: *un catedrático es un profesor que ha aprobado las oposiciones a cátedra.* **AF.** maestro, educador, instructor. **FAM.** profesorado, profesoral.

profesorado *[n.m.]* conjunto de todos los profesores de un centro escolar, una especialidad, un país, etc.: *el profesorado se reunió con el director; el profesorado de derecho; el profesorado argentino.*

profeta, profetisa *[n.]* 1 persona que, por inspiración divina, dice lo que va a pasar en el futuro: *Isaías, Jeremías, Ezequiel y Daniel son profetas importantes; Mahoma es el profeta del islamismo.* **AF.** mensajero. 2 persona que dice lo que va a pasar y acierta. **SIN.** vaticinador, adivino. **FAM.** profecía, profético, profetizar, profetisa, proféticamente, profetizador.

profetisa *[n.f.]* femenino de *profeta**.

profetizar *[v.]* decir lo que va a pasar: *algunos hombres profetizaron grandes guerras en el mundo.* **SIN.** predecir, vaticinar. **AF.** anunciar, pronosticar. **OBS.** ante e, c: *profeticen.*

prófugo, prófuga *[n.]* 1 persona que se ha escapado y huye para que no la detengan: *lo buscan porque es un prófugo de la justicia.* **SIN.** fugitivo. 2 persona que huye o se esconde para no ir o no estar en el ejército: *el capitán ordenó que buscaran al prófugo.* **SIN.** desertor.

profundidad *[n.f.]* 1 lo que mide una cosa desde la superficie hasta el fondo: *la piscina tiene 3 metros de profundidad.* **AF.** hondura. 2 lo más hondo de algo: *el submarino salió de la profundidad del mar.*

profundizar *[v.]* 1 pensar algo con mucho detalle y atención para llegar a conclusiones a las que no se puede llegar con un conocimiento superficial: *para saber y entender bien algunas cosas, hay que profundizar en ellas.* **SIN.** ahondar, penetrar. **AF.** analizar, examinar, investigar. 2 hacer que algo tenga profundidad: *para hacer el pozo tuvieron que profundizar en el suelo.* **OBS.** ante e, c: *profundicen.*

profundo, profunda *[adj.]* 1 hondo*: *una piscina muy profunda; siente un profundo amor por su mujer.* 2 que es importante y serio: *estuvieron hablando de temas muy profundos.* **SIN.** trascendente. **ANT.** superficial, frívolo. ■ **voz profunda**, voz de tono muy bajo o grave. **FAM.** profundidad, profundizar, profundamente.

progenitor, progenitora *[n.]* padre o madre de una persona: *nuestros progenitores* *nos han dado la vida.* **AF.** ascendiente. **ANT.** hijo. **FAM.** progenie, progenitura, generar.

programa *[n.m.]* 1 conjunto de las cosas que se van a hacer o a tratar o que se quieren hacer: *programa de fiestas; el programa de una reunión; el programa de una asignatura; el programa de un político.* **AF.** plan, proyecto. 2 espacio de radio o televisión que se presenta bajo un título: *sus programas favoritos son los concursos.* 3 conjunto de órdenes y datos que se meten en un ordenador para que pueda hacer unas cosas determinadas: *con este programa se hacen dibujos tridimensionales.* **FAM.** programar, programación, programador, programático.

programar *[v.]* 1 pensar en lo que hay que hacer, y en qué orden, para que algo salga como uno quiere: *programar un trabajo; programar un viaje.* **SIN.** planear. **AF.** organizar, planificar. 2 poner en la televisión un determinado programa o en el cine, una película: *la televisión programará más películas la próxima temporada.* **SIN.** poner, proyectar. 3 dejar preparada una máquina para que haga algo: *programó el vídeo para que grabara el partido.* 4 hacer programas para los ordenadores o darle las órdenes e instrucciones necesarias para que hagan algo concreto.

progresar *[v.]* ir mejorando en algo: *progresa mucho en sus estudios.* **SIN.** mejorar, prosperar, adelantar, avanzar. **ANT.** retroceder.

progresista *[adj.inv. en gén.]* que demuestra que a uno no le gusta cómo son las cosas y quiere cambios en la sociedad para que sea cada vez mejor: *gobierno progresista; una persona progresista.* TAMBIÉN *n.: es una progresista que lucha por la igualdad.*

progresivo, progresiva *[adj.]* que se hace, llega o se da poco a poco y sin interrupción: *un crecimiento progresivo.* **AF.** paulatino.

progreso *[n.m.]* 1 cualquier cosa que hace que algo sea mejor que antes: *algunos progresos científicos son sorprendentes; ha hecho muchos progresos en su preparación para el campeonato.* **SIN.** avance, adelanto, mejora. **AF.** perfeccionamiento, superación. **ANT.** retroceso. 2 desarrollo natural de la humanidad hacia mejores formas de vida: *sus ideas van contra el progreso.* **FAM.** progresar, progresismo, progresista, progresivo, progresión, progresivamente.

prohibir *[v.]* decir, quien tiene autoridad o poder, que algo no se puede hacer: *le prohibieron salir por la noche; el Ayuntamiento ha prohibido la circulación por algunas calles.* **AF.** impedir, privar de. **ANT.** autorizar, permitir. **FAM.** prohibición, prohibitivo, prohibido. **OBS.** es verbo regular pero tiene acentuación especial.

ACENTUACIÓN DEL VERBO PROHIBIR

Presente de indicativo:
prohíbo, prohíbes, prohíbe, prohibimos, prohibís, prohíben.
Presente de subjuntivo:
prohíba, prohíbas, prohíba, prohibamos, prohibáis, prohíban.
Imperativo:
prohíbe, prohíba, prohibamos, prohibid, prohíban.

prójimo *[n.m.]* conjunto de todos los seres humanos sin contarse uno mismo: *ayudar al prójimo; amar al prójimo.* **SIN.** los demás, la gente.

prole *[n.f.]* conjunto de los descendientes de una persona, y especialmente el de todos sus hijos: *tiene una numerosa prole.* **AF.** descendencia, familia.

proletario, proletaria *[n.]* obrero que vive del sueldo que gana y no tiene otras propiedades ni rentas: *ni todos los proletarios son comunistas, ni todos los comunistas son proletarios.* **SIN.** trabajador*. **FAM.** prole, proletariado, proletarizar, proletarización.

prologar *[v.]* hacer o escribir un prólogo* para un libro: *su amigo le prologó la novela.* **OBS.** ante e, gu: *prologuen.*

prólogo *[n.m.]* escrito que va al principio de un libro y sirve para presentarlo y explicar algo sobre él, su contenido, la intención del autor al escribirlo, etc.: *en el prólogo cuenta cómo se conocieron el autor y la prologuista.* **SIN.** prefacio, introducción. **AF.** preámbulo, presentación. **ANT.** conclusión, epílogo. **FAM.** prologar, prologuista, prologal.

prolongar *[v.]* hacer que algo dure más tiempo o que tenga más longitud: *prolongaron el plazo de matriculación; han prolongado la avenida hasta el parque.* **SIN.** alargar. **ANT.** acortar. TAMBIÉN *prnl.: la reunión se prolongó hasta media noche.* **OBS.** ante e, gu: *prolonguen.* **FAM.** prolongación, prolongamiento, prolongadamente.

promedio *[n.m.]* lo que resulta al calcular la cantidad aproximada de algo que se hace o se usa en un tiempo determinado: *el médico hace un promedio de veinte visitas a la semana; gasta un promedio de tres litros de aceite al mes.* **FAM.** promediar, medio.

promesa *[n.f.]* **1** lo que hace quien promete algo: *le hizo la promesa de atender a sus hijos.* **AF.** juramento. **2** persona que tiene muchas posibilidades de hacer algo bien o de tener éxito en algo: *este niño es una promesa como actor.*

prometer *[v.]* **1** decir que uno va a hacer algo y sentirse obligado a cumplirlo: *prometió venir; te prometo que te ayudaré.* **AF.** asegurar, jurar. **2** tener las cualidades necesarias para llegar a ser muy bueno en lo que se dice: *esta chica promete como deportista.* // **prometerse** *[v.prnl.]* **3** decidir casarse: *se han prometido y se casarán en octubre.* **SIN.** comprometerse. **FAM.** promesa, prometido, prometedor, promisión, meter. **COMP.** comprometer.

prometido, prometida *[n.]* lo que es, para una persona, otra con la que va a casarse: *es su prometida desde el lunes pasado.* **SIN.** novio.

promoción *[n.f.]* **1** conjunto de cosas que se hacen para que la gente conozca un producto y se venda mucho: *durante la campaña de promoción lo vendían a mitad de precio.* **2** conjunto de personas que acaban a la vez unos estudios determinados: *son de la misma promoción de arquitectura; los compañeros de promoción se reúnen cada cinco años.*

promontorio *[n.m.]* terreno que está a más altura que el que lo rodea. **SIN.** loma*.

promover *[v.]* hacer todo lo necesario para que una idea propia o de otro se haga realidad: *él promovió y organizó el viaje por Europa.* **CONJUG.** como *volver**. **FAM.** promotor, promovedor, promoción, promocionar, promocional, mover.

pronombre *[n.m.]* clase de palabras que pueden ir en lugar de un nombre y hacer las mismas funciones que él: *"tú" es un pronombre personal.* **AMPL.** los ***pronombres personales*** se refieren a las personas que intervienen en la conversación (1ª y 2ª persona) y a las personas, animales o cosas de las que se habla (3ª persona); los ***posesivos***, a las relaciones de propiedad o proximidad que existen entre las personas que hablan y aquello de que se habla; los ***demostrativos*** señalan la situación o distancia relativa a que se hallan las cosas respecto de quienes hablan; los ***relativos*** evi-

PRONOMBRES

(no acompañan al nombre)

PERSONALES:

yo, mi, me, conmigo, nosotros, nosotras, nos (1ª persona)

tú, ti, te, contigo, usted, vosotros, vosotras, ustedes (2ª persona)

él, ella, ello, lo, la, le, sí, se, consigo, ellos, los, las, les (3ª persona)

RELATIVOS:

que, cual, quien, cuanto, cuanta

cuales, quienes, cuantos, cuantas

INDEFINIDOS:

uno, una, unos, unas

alguno, alguna, algo, algunos, algunas

mucho, mucha, muchos, muchas

ninguno, ninguna, ningunos, ningunas

otro, otra, otros, otras

alguien, nadie, nada

bastante, bastantes

todo, toda, todos, todas

cualquiera, cualesquiera

tanto, tanta, tantos, tantas

INTERROGATIVOS y EXCLAMATIVOS:

qué, quién, quiénes

cuánto, cuánta, cuántos, cuántas

cuál, cuáles

DEMOSTRATIVOS:

éste, ésta, esto, éstos, éstas

ése, ésa, eso, ésos, ésas

aquel, aquella, aquello, aquellos, aquellas

POSESIVOS:

mío, mía, míos, mías, nuestro, nuestra, nuestros, nuestras

tuyo, tuya, tuyos, tuyas, vuestro, vuestra, vuestros, vuestras,

suyo, suya, suyos, suyas

NUMERALES:

uno, dos, tres...; primero, segundo, tercero... (VER numeral)

tan que se repita el nombre de una persona, animal o cosa de la que se ha hablado antes, cuando tiene que formar parte de una nueva frase u oración; los ***interrogativos*** se utilizan para formular preguntas, directa o indirectamente, sobre algo o alguien; los ***indefinidos*** o ***indeterminados*** se usan para referirse a personas, animales o cosas cuando no se sabe o no se quiere decir exactamente quién o qué es, o la cantidad, el momento, etc. y los ***numerales*** expresan cantidad, orden o parte. **FAM.** pronominal, pronominalidad, pronominalmente, nombre.

FUNCIONES DE LOS PRONOMBRES PERSONALES

de **sujeto:**

yo, tú, usted, él, ella, ello, nosotros, nosotras, vosotros, vosotras, ustedes, ellos, ellas: *tú lo sabes; ella salió ayer; nosotros no estábamos; ellos están dispuestos.*

de **complemento directo:**

me, te, lo, la, se, nos, os, los, las: *me ayudarán; te duchaste; díselo; lo quiere mucho; dámela; te la doy; se ayudan; nos lo contaron; nos esperan; os ayudaré; los asustó; las quiere todas.*

de **complemento indirecto:**

me, te, le, se, nos, os, les: *dámela; te la doy; le tiene miedo; díselo; se lo pongo; nos lo contó; os lo enseño; les dirá todo.*

de **complemento con preposición:**

mí, ti, usted, él, ella, ello, sí, nosotros, nosotras, vosotros, vosotras, ustedes, ellos, ellas, conmigo, contigo, consigo: *dímelo a mí; va hacia usted; es para ella; depende de ello; va contigo; lo lleva consigo.*

USO DE LOS PRONOMBRES PERSONALES

COMPLEMENTO DIRECTO

masculino

Siempre **lo** o **los** (si se usa *le* se comete *leísmo*): *llámalo por teléfono; díselo* (lo que sabes); *los pegó* (los sellos) *en el sobre; avísalos* (a tus amigos).

femenino

Siempre **la** o **las** (si se usa *le* se comete *leísmo*): *la llamo por teléfono; dásela* (la cuchara); *escúchalas* (a las niñas); *las pegó* (las etiquetas) *en el paquete.*

COMPLEMENTO INDIRECTO

masculino

Siempre **le** o **les** (si se usa *lo* se comete *loísmo*): *le digo* (a él) *que venga; le pegó* (a él) *una paliza; les doy* (a ellos) *el balón; les dio* (a ellos) *el aviso.*

femenino

Siempre **le** o **les** (si se usa *la* se comete *laísmo*): *le digo* (a ella) *que venga; le doy* (a ella) *la cuchara; les hizo* (a ellas) *los vestidos; les pegó* (a ellas) *una paliza.*

Nota: La Real Academia admite el uso de *le* y *les* en lugar de *lo* y *los* para complemento directo masculino cuando se trata de personas, pero no es conveniente porque da origen a confusiones.

pronominal *[adj.inv. en gén.]* de pronombre o que lleva pronombre: *"tú" es una forma pronominal y "despertarse" un verbo pronominal.* VER CUADROS EN *verbo* y *oración.*

pronosticar *[v.]* decir qué cree uno que va a pasar, teniendo en cuenta algunas cosas que ya se saben: *pronosticó que acabarían casándose.* **SIN.** predecir. **AF.** prever, adivinar. **OBS.** ante e, qu: *pronostiquen.* **FAM.** pronóstico, pronosticador, pronosticación, pronosticable.

pronóstico *[n.m.]* **1** lo que se dice que va a pasar, teniendo en cuenta algunas cosas que ya se saben: *un pronóstico meteorológico.* **SIN.** predicción. **2** lo que piensa el médico sobre la enfermedad de una persona, teniendo en cuenta lo que ve y los conocimientos que él tiene: *según su pronóstico, se curará en una semana.* **AF.** juicio, opinión.

prontitud *[n.f.]* rapidez al hacer algo: *resolvió todos los asuntos pendientes con prontitud.* **SIN.** rapidez, velocidad, presteza. **AF.** prisa. **ANT.** lentitud, tardanza.

pronto *[adv. de t.]* **1** dentro de poco tiempo: *dijo que llegaría pronto.* **2** antes del momento en que se suele hacer algo o se espera que pase algo: *se levanta pronto; acabó pronto y tuvo que esperarlo.* **SIN.** temprano. **ANT.** tarde. // **pronto, pronta** *[adj.]* **3** que pasa en poco tiempo o se hace enseguida: *la herida tuvo una pronta cura; le hizo descuento por pronto pago.* // **pronto** *[n.m.]* **4** ataque repentino de rabia o de locura: *le dio un pronto y se puso a gritar.* **SIN.** arrebato, arranque. ■ **de pronto**, repentinamente, sin que uno lo espere. ■ **por lo pronto** o **por de pronto**, de momento. ■ **tan pronto como**, inmediatamente, en el momento que. **FAM.** prontitud, prontamente.

prontuario *[n.m.]* escrito con lo más importante de una ciencia, un arte, una materia, etc.

pronunciar *[v.]* 1 decir los sonidos que forman una palabra: *se nota que es extranjero en que no pronuncia bien.* **AF.** articular, silabear. 2 hablar para la gente en voz alta: *el alcalde pronunció un discurso.* // **pronunciarse** *[v.prnl.]* 3 decir uno si está a favor o en contra de algo: *se pronunció a favor del proyecto.* **FAM.** pronunciación, pronunciamiento, anunciar. **COMP.** impronunciable.

propaganda *[n.f.]* lo que se hace para que una cosa se conozca y aumente el número de sus compradores o defensores: *los políticos se hacen propaganda para ganar votos.* **SIN.** publicidad, difusión.

propagar *[v.]* hacer que algo llegue a muchas personas o a muchos sitios: *tratan de propagar la afición a la lectura; los medios de comunicación propagan las noticias.* **SIN.** difundir. **AF.** divulgar. TAMBIÉN *prnl.: el fuego se propagó en pocos minutos.* **OBS.** ante e, gu: *propaguen.* **FAM.** propagador, propagativo, propaganda, propagandista, propagandístico.

propenso, propensa *[adj.]* que tiene tendencia a algo: *es propenso a acatarrarse.*

propiedad *[n.f.]* 1 derecho que tiene uno sobre una cosa por el hecho de que sea suya (*tiene la propiedad de dos pisos*) y cosa que es de uno (*tiene varias propiedades en el pueblo*). 2 cada uno de los rasgos, aspectos, defectos o virtudes que tiene algo o alguien y que lo hace distinto de otros del mismo tipo: *una de las propiedades del hierro es su dureza.* **AF.** característica, cualidad. 3 manera de expresarse de quien utiliza las palabras teniendo en cuenta su significado exacto: *cuando habla lo hace con propiedad.* **AF.** precisión, exactitud.

propietario, propietaria *[n.]* persona que tiene propiedad sobre lo que se dice, porque es suyo: *es la propietaria de la casa donde él vive en alquiler; es propietario de varias fincas.* **SIN.** dueño, amo.

propina *[n.f.]* dinero que da uno porque quiere, para agradecer algo o para quedar bien: *dale una propina al taxista por llegar tan rápido.* **AF.** gratificación. **FAM.** propinar, propinación.

propio, propia *[adj.]* 1 que es de quien se dice, y no de otros, porque le pertenece, porque se encarga de ello o porque forma parte de su manera de ser: *tiene coche propio; cada barrio tiene su propia parroquia; el egoísmo es propio de la naturaleza humana.* **ANT.** ajeno. 2 que va bien para algo: *un traje propio para ir de fiesta.* **SIN.** apropiado, adecuado, idóneo. **ANT.** impropio, inadecuado. 3 que es la misma persona o la misma cosa que se dice: *me lo dijo mi propio hermano.* **SIN.** mismo. ■ **nombre propio**, VER *nombre* (acepción 3 y cuadro). **OBS.** los nombres propios siempre se escriben con mayúscula. **FAM.** propiamente, propietario, propiedad. **COMP.** copropietario, apropiado, impropio, expropiar.

proponer *[v.]* 1 decir algo a alguien para ver si está de acuerdo o si quiere hacerlo: *le propuso hacer un viaje.* // **proponerse** *[v.prnl.]* 2 pensar algo e intentar hacerlo: *se ha propuesto no comer dulces.* **AF.** intentar, procurar. **CONJUG.** como *poner**. **FAM.** propuesta, propósito, proposición, proponente, poner.

proporción *[n.f.]* 1 cantidad de una cosa respecto a otra: *aumenta la proporción de cemento para que el hormigón quede bien.* **AF.** porcentaje. 2 relación equilibrada entre las distintas partes de una cosa o entre unas cosas y otras: *no hay proporción entre los componentes del dibujo.* **SIN.** equilibrio, armonía. // **proporciones** *[n.f.pl.]* 3 lo que mide algo: *un mueble de pequeñas proporciones.* **SIN.** tamaño, dimensiones. 4 lo mucho o poco importante que llega a ser algo: *el incendio alcanzó grandes proporciones.* **FAM.** proporcionado, proporcional, proporcionalidad, proporcionalmente, proporcionar, porción. **COMP.** desproporción, desproporcionado.

proporcionado, proporcionada *[adj.]* que todas sus partes tienen las medidas adecuadas para que el conjunto resulte armonioso: *un cuerpo bien proporcionado.* **AF.** armonioso, equilibrado. **ANT.** desproporcionado.

proporcional *[adj.inv. en gén.]* que guarda una relación equilibrada con otra cosa y no resulta grande, pequeño, fuerte, débil, exagerado, excesivo, insuficiente, etc.: *el esfuerzo debe ser proporcional a lo que se quiere conseguir; un sueldo proporcional al trabajo que se hace.* **SIN.** equilibrado.

proporcionar *[v.]* 1 hacer lo necesario para que alguien tenga algo que necesita o que quiere: *la Cruz Roja proporciona medicinas a los* *refugiados.* **SIN.** facilitar. **AF.** conseguir, suministrar. 2 ser la causa de algo o tener una consecuencia determinada: *los hijos proporcionan muchas satisfacciones.* **SIN.** producir, reportar, traer consigo, causar, ocasionar, originar, dar. **AMPL.** si la consecuencia es algo negativo también se dice ***acarrear***: *ésto te acarreará problemas.*

proposición *[n.f.]* lo que se le dice a alguien para que, si quiere, lo haga: *no aceptó la proposición de ir al cine.* **SIN.** propuesta. **AF.** ofrecimiento, sugerencia.

propósito *[n.m.]* lo que uno piensa hacer e intenta conseguir: *tiene el propósito de viajar por toda España.* **SIN.** intención. ■ **a propósito**, adrede, intencionadamente.

propuesta *[n.f.]* proposición*: *escuchó su propuesta pero no le interesó.*

propugnar *[v.]* proponer y defender algo inmaterial: *propugnan la creación de servicios sociales.*

propulsión *[n.f.]* lo que hace que algo se mueva hacia adelante expulsando gases u otras cosas parecidas hacia atrás: *algunos vehículos funcionan por propulsión.* **FAM.** propulsar, propulsor, propulsivo, pulsar.

prórroga *[n.f.]* periodo de tiempo que se suma a otro para que algo dure más: *le dieron una semana de prórroga para acabar el trabajo.* **AF.** aplazamiento.

prorrogar *[v.]* dar más tiempo del que se había dado para algo: *prorrogar un plazo.* **OBS.** ante e, gu: *prorroguen.* **FAM.** prórroga, prorrogable, prorrogación.

prosa *[n.f.]* forma normal de hablar o escribir sin que haya que tener en cuenta la rima, ni el número de sílabas de las palabras, ni el ritmo que habría que tener en cuenta para escribir en verso: *un libro en prosa; un discurso en prosa.* **ANT.** verso. **FAM.** prosaico, prosificar, prosista, prosístico, prosaicamente, prosaísmo.

proseguir *[v.]* seguir algo que se había interrumpido: *después del recreo las clases prosiguen; prosigue con tu trabajo.* **SIN.** continuar, seguir. **CONJUG.** como *seguir**. **FAM.** proseguimiento, seguir.

prospecto *[n.m.]* papel en que se explica qué tiene algo, para qué sirve, cómo se utiliza, etc.: *lee el prospecto antes de tomar un medicamento.* **SIN.** folleto.

prosperar *[v.]* mejorar la situación o la vida de alguien: *ha prosperado mucho desde que encontró trabajo.* **SIN.** progresar, mejorar. **ANT.** empeorar. **FAM.** prosperidad, próspero, prósperamente.

prosperidad *[n.f.]* lo que disfruta una persona, un país, etc. cuando las cosas le van bien: *la prosperidad va unida a la situación social y económica.* **AF.** bienestar, progreso.

próspero, próspera *[adj.]* que va bien y produce lo que tiene que producir: *un negocio próspero; un año próspero en cosechas.* **SIN.** floreciente.

protagonista *[n.inv. en gén.]* 1 personaje principal de una película, una novela o cualquier historia: *la protagonista murió de vieja.* **AF.** héroe. 2 persona o cosa que es el centro de atención o el más importante de algo: *el niño fue el protagonista de la reunión.* **FAM.** protagonismo, protagonizar.

protección *[n.f.]* todo lo que hace que algo o alguien no sufra daños, incomodidades, etc.: *los niños necesitan protección; el paraguas es una protección contra la lluvia.* **SIN.** amparo. **AF.** defensa.

protector, protectora *[adj.]* que sirve de protección* o que da protección: *los puentes tienen una barandilla protectora; las leyes deben ser protectoras de los ciudadanos.* TAMBIÉN *n.*: *los protectores naturales de los niños son los padres.*

proteger *[v.]* 1 hacer todo lo posible para que algo o alguien no sufra daños: *un guarda protege lo que guarda; los animales protegen a sus cachorros.* 2 servir de defensa ante situaciones de peligro o evitar riesgos inútiles o incomodidades: *las vacunas protegen contra las enfermedades; algunas cremas protegen la piel de la acción del sol.* **SIN.** resguardar. **AF.** librar de. **OBS.** ante a y o, j: *protejan, protejo.* **FAM.** protección, protector, protectorado, proteccionismo, proteccionista.

protegido, protegida *[adj.]* que lo protege alguien o algo: *la ballena es una animal protegido; la foca está protegida del frío por una capa de grasa.* TAMBIÉN *n.*: *es la protegida de su abuela.*

prótesis *[n.f.inv. en núm.]* pieza artificial que se pone en el cuerpo cuando por cualquier motivo se ha perdido el órgano o la pieza natural: *una dentadura postiza es una prótesis dental.* **AF.** postizo. **FAM.** protésico.

protesta *[n.f.]* lo que se hace o se dice para demostrar que no se está de acuerdo con algo: *la protesta de los agricultores consistió en ir andando hasta la capital.* **AF.** demanda, reclamación.

protestante *[n.inv. en gén.]* 1 seguidor del protestantismo*: *los protestantes siguen doctrinas de Lutero.* TAMBIÉN *adj.*: *una mujer protestante.* **AMPL.** los protestantes se llaman así porque protestaron contra el papa romano en 1529. // **protestante** *[adj.inv. en gén.]* 2 del protestantismo*: *religión protestante; ideas protestantes; sacerdote protestante.*

protestantismo *[n.m.]* rama de la religión cristiana fundada por Lutero en el siglo XVI, y que no rinde culto a los santos ni a la madre de Cristo y considera que cada uno debe interpretar libremente la Biblia: *es un defensor del protestantismo.*

protestar *[v.]* decir que algo molesta, que no gusta o que parece mal: *protestó mucho cuando lo llevaron al dentista.* **SIN.** quejarse. **AF.** oponerse. **ANT.** aguantarse. **FAM.** protesta, protestante, protestantismo.

protomártir *[n.m.]* primer mártir.

protón *[n.m.]* partícula más importante del núcleo del átomo que tiene carga eléctrica positiva. **PL.** *protones.*

prototipo *[n.m.]* primer modelo que se fabrica de una máquina, utensilio, objeto... y que sirve de modelo para los demás: *en la exposición estaba el prototipo del coche que empezarán a fabricar el próximo año.* **FAM.** tipo.

provecho *[n.m.]* utilidad, beneficio o ventaja que se saca de algo: *saca provecho a todo lo que lee.* **SIN.** beneficio, ventaja. ■ **de provecho**, útil para uno y para los demás. **FAM.** provechoso, provechosamente. **COMP.** aprovechar.

provechoso, provechosa *[adj.]* que es útil o bueno para alguien: *todo lo que le enseñó su padre le fue provechoso.* **SIN.** beneficioso, útil, de provecho. **ANT.** inútil.

proveedor, proveedora *[n.]* persona o establecimiento que se encarga, normalmente, de que alguien o algo tenga lo que necesita: *es el proveedor de refrescos del bar.* **SIN.** suministrador. **AF.** repartidor.

proveer *[v.]* hacer que alguien tenga lo que necesita: *el colegio proveyó a los alumnos de los libros necesarios.* **SIN.** abastecer, dotar, surtir. **AF.** suministrar. **ANT.** desproveer. **FAM.** proveedor, provisión, provisional, provisionalidad, provisionalmente, provisto, provisor, providencia, providencial. **COMP.** desprovisto, aprovisionar.

CONJUGACIÓN DEL VERBO PROVEER

Formas no personales
Infinitivo: *proveer.* Gerundio: *proveyendo.* Participio: *provisto.*

Indicativo
Presente: *proveo, provees, provee, proveemos, proveéis, proveen.*
Pretérito imperfecto: *proveía, proveías, proveía, proveíamos, proveíais, proveían.*
Pretérito perfecto simple: *proveí, proveíste, proveyó, proveímos, proveísteis, proveyeron.*
Futuro: *proveeré, proveerás, proveerá, proveeremos, proveeréis, proveerán.*

Condicional simple:
proveería, proveerías, proveería, proveeríamos, proveeríais, proveerían.

Subjuntivo
Presente: *provea, proveas, provea, proveamos, proveáis, provean.*
Pretérito imperfecto: *proveyera / proveyese, proveyeras / proveyeses, proveyera / proveyese, proveyéramos / proveyésemos, proveyerais / proveyeseis, proveyeran / proveyesen.*
Futuro: *proveyere, proveyeres, proveyere, proveyéremos, proveyereis, proveyeren.*

Imperativo:
provee, provea, proveamos, proveed, provean.

provenir *[v.]* haber salido del lugar donde se dice (*proviene de un lejano país*) o haber nacido en el sitio que se dice o en una familia determinada (*proviene de un pueblo del norte*). **SIN.** venir, proceder. **CONJUG.** como *venir**. **FAM.** proveniente, venir.

proverbio *[n.m.]* frase corta que contiene alguna enseñanza o consejo: *según un proverbio, "no pidas a quien pidió ni sirvas a quien sirvió".* **SIN.** máxima, sentencia. **AF.** dicho, refrán. **FAM.** proverbial, proverbialmente.

provincia *[n.f.]* parte del territorio de un país formada por un conjunto de pueblos que tienen una capital común: *Bilbao es la capital de la provincia de Vizcaya.* **AMPL.** la provincia es una *división administrativa* y en su capital están las delegaciones de los servicios del Estado; varias provincias forman una división administrativa mayor que, según los países, se llaman *regiones, cantones, estados* o *comunidades autónomas.* **FAM.** provinciano, provincial, provincianismo, provincialismo.

provincial *[adj.inv. en gén.]* de la provincia o que depende de una provincia: *asuntos de interés provincial; una carretera provincial; organismos provinciales.*

provinciano, provinciana *[adj.]* que tiene ambiente y costumbres de provincia y no de capital: *la vida provinciana es más tranquila que la de las grandes ciudades.* TAMBIÉN *n.*: *es un provinciano feliz.*

provisión *[n.f.]* parte o cantidad de algo que se tiene para cuando haga falta o para ir cubriendo necesidades: *lleva una gran provisión de medicinas, por si acaso.* **AF.** abastecimiento, suministro. **ANT.** desabastecimiento.

provisional *[adj.inv. en gén.]* que no es para siempre: *hizo un arreglo provisional hasta que llegara el fontanero.* **SIN.** temporal. **ANT.** definitivo, duradero.

provocador, provocadora *[n.]* que provoca algo o a alguien: *los provocadores del incendio salieron corriendo.* TAMBIÉN *adj.*: *es un hombre provocador que siempre busca pelea.*

provocar *[v.]* 1 ser una cosa causa de otra cosa: *su comportamiento provocó el enfado de los presentes; una colilla provocó el incendio.* **SIN.** causar, producir. 2 decir o hacer algo que obliga a los demás a contestar o a actuar: *tanto la provoqué que me dio una torta.* **AF.** incitar, excitar. **OBS.** ante e, qu: *provoquen.* **FAM.** provocación, provocador, provocativo, voz.

provocativo, provocativa *[adj.]* que llama la atención de las personas de otro sexo por el comportamiento o la forma de vestir: *va siempre muy provocativa; un gesto provocativo.*

proximidad *[n.f.]* 1 poca distancia en el tiempo o en el espacio entre personas, cosas, hechos, etc.: *la proximidad de las vacaciones me obliga a trabajar deprisa; tu proximidad lo pone nervioso.* **AF.** cercanía. **ANT.** lejanía. // **proximidades** *[n.f.pl.]* 2 lugares que hay cerca de otro: *en las proximidades del pueblo hay un gran lago.* **SIN.** cercanías, alrededores.

próximo, próxima *[adj.]* 1 que está cerca en el tiempo o en el espacio: *Madrid y Toledo son ciudades próximas.* **SIN.** cercano. **ANT.** lejano. 2 que va a continuación del momento o el sitio del que se habla: *el próximo lunes; cuando llegue al próximo árbol mirará para atrás.* **AF.** siguiente. **FAM.** proximidad, próximamente. **COMP.** aproximar.

proyección *[n.f.]* lo que se hace al proyectar algo: *una proyección de diapositivas.* **AF.** exhibición, pase.

proyectar *[v.]* 1 hacer que, por efecto de una luz, se vean imágenes sobre una superficie: *en los cines proyectan películas; cuando hace sol se proyectan las sombras en el suelo.* 2 pensar una cosa y la forma de hacerla: *ha proyectado una excursión; los arquitectos proyectan edificios.* **AF.** idear, planear. 3 echar algo desde dentro, con fuerza: *los calamares proyectan tinta para defenderse; la linterna proyecta un rayo de luz.* **AF.** lanzar, arrojar. **FAM.** proyecto, proyección, proyector, proyectil, proyectista. **COMP.** anteproyecto.

proyectil *[n.m.]* objeto que se lanza con un arma: *las balas, las bombas y las flechas son proyectiles.*

proyectista *[n.inv. en gén.]* persona que se dedica a hacer proyectos para otros: *trabaja como proyectista en una tienda de decoración de interiores.*

proyecto *[n.m.]* 1 cosa que se quiere hacer (*tiene el proyecto de sacar el carnet de conducir*) y conjunto de las cosas y acciones que se ha pensado que son necesarias para hacer o conseguir algo (*un proyecto de ayuda a los refugiados*). **SIN.** plan. 2 dibujos, cálculos e instrucciones que indican cómo llevar a cabo una idea: *el proyecto del estadio olímpico lo hizo un arquitecto japonés.* **AF.** planos.

proyector *[n.m.]* máquina que sirve para proyectar* imágenes sobre una pantalla por medio de un foco de luz: *proyector de cine; proyector de diapositivas.*

prudencia *[n.f.]* lo que demuestra quien hace las cosas con cuidado para no perjudicarse ni perjudicar a nadie: *actuar con prudencia; hablar con prudencia.* **SIN.** precaución, cuidado. **AF.** cautela, sensatez, moderación. **ANT.** imprudencia, alocamiento. **FAM.** prudencial, prudencialmente, prudente, prudentemente. **COMP.** imprudencia.

prudente *[adj.inv. en gén.]* que tiene prudencia*: *es muy prudente conduciendo; una respuesta prudente.* **SIN.** precavido. **AF.** sensato, cauteloso, moderado. **ANT.** imprudente, insensato, alocado.

prueba *[n.f.]* **1** lo que se hace para ver si algo está bien o si funciona: *antes de vender algo hay que someterlo a varias pruebas.* **AF.** ensayo, comprobación. **2** lo que demuestra si algo es verdadero o falso: *Santo Tomás estableció pruebas de la existencia de Dios.* **3** ejercicio que se hace para ver si uno sabe algo, si puede hacer algo, quién es mejor en algo, etc.: *antes de darle el trabajo le hicieron varias pruebas; una prueba de literatura* (**SIN.** examen, ejercicio)*; ganó en la prueba de atletismo* (**SIN.** competición). ■ **a prueba**, para ver si interesa o no.

psico- prefijo que significa *alma.*

psicología *[n.f.]* **1** ciencia que estudia la forma de ser y el comportamiento de las personas: *estudia psicología en la universidad.* **2** manera de ser de una persona: *es mayor pero tiene la psicología de un niño.* TAMBIÉN se puede decir ***sicología***. **FAM.** psicólogo, psicológico. **COMP.** parapsicólogo, parapsicología, parapsicológico.

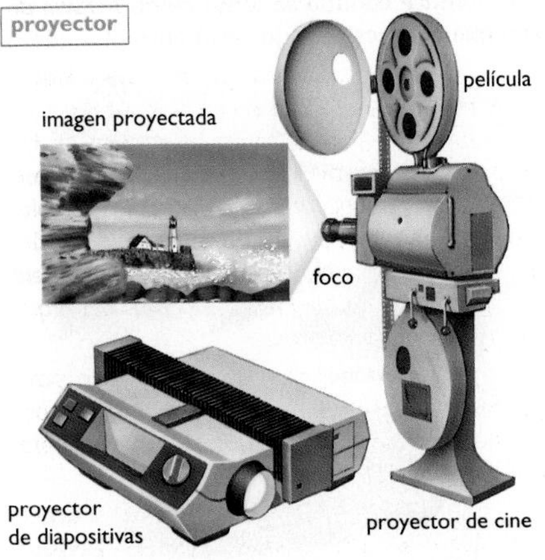

psicólogo, psicóloga *[n.]* persona que ha estudiado psicología y trabaja analizando el comportamiento de las personas y ayudándoles a superar problemas: *trabaja de psicóloga infantil en un hospital.* TAMBIÉN se puede decir ***sicólogo***.

psiquiatra *[n.inv. en gén.]* médico que ha estudiado psiquiatría y trabaja intentando curar las enfermedades mentales. TAMBIÉN se puede decir ***siquiatra***. **FAM.** psiquiatría, psiquiátrico.

psiquiatría *[n.f.]* parte de la medicina que estudia las enfermedades de la mente: *es doctor en psiquiatría.* TAMBIÉN se puede decir ***siquiatría***.

púa *[n.f.]* **1** cualquier cosa alargada, acabada en punta y de material rígido: *las púas de un erizo; las púas de un peine.* **2** objeto pequeño, plano y triangular, de chapa, plástico o hueso, que se usa para tocar algunos instrumentos musicales de cuerda: *la bandurria y el laúd se tocan con púa.* **SIN.** plectro.

pubertad *[n.f.]* época de la vida de las personas en la que dejan de ser niños o niñas para hacerse mayores: *en la pubertad cambia la voz, crece el vello y el cuerpo se desarrolla para poder tener hijos.* **SIN.** adolescencia. **FAM.** púber. **COMP.** impúber.

pubis *[n.m.inv. en núm.]* parte baja del vientre del cuerpo humano que forma un triángulo entre las dos piernas: *durante la pubertad el pubis se cubre de vello.* **FAM.** pubiano, púbico.

publicación *[n.f.]* conjunto de las acciones necesarias para publicar* algo, y cosa que se imprime y se difunde para que pueda ser visto o leído por muchas personas: *la publicación de un libro de fotografías es distinta de la de una novela; las revistas, los periódicos y los libros son publicaciones.*

publicar *[v.]* 1 hacer muchos ejemplares de un escrito, dibujo, fotografía, etc., por medios técnicos e industriales, para que pueda verlo o leerlo el mayor número de personas: *ya ha publicado su novena novela.* **AF.** editar, imprimir. 2 hacer lo necesario para que mucha gente se entere de algo: *el alcalde ha publicado un bando.* **SIN.** hacer público, divulgar, difundir, dar publicidad a. **ANT.** callar, ocultar. **OBS.** ante e, qu: *publiquen.*

publicidad *[n.f.]* anuncios o medios que se emplean para dar a conocer algo a todo el mundo: *interrumpen los programas de televisión para poner publicidad.*

público, pública *[adj.]* 1 que puede usarlo quien quiera: *un teléfono público; las tiendas son establecimientos públicos; una piscina pública.* **ANT.** particular, privado. 2 que depende de algún organismo del Estado: *colegio público; empresa pública.* **AF.** nacional, estatal. **ANT.** privado. 3 que todo el mundo lo conoce: *los cantantes son personajes públicos.* // **público** *[n.m.]* 4 conjunto de personas que van a un espectáculo, una conferencia, etc., y que no tienen que actuar: *lo vi en el cine, entre el público.* **AF.** espectador, asistente. 5 conjunto de personas que entran en un sitio abierto para ello: *el cajero del banco atiende al público; en la exposición hubo mucho público.* **SIN.** clientes, clientela. ■ **en público**, delante de los demás. ■ **hacer público** algo, hacer que la gente se entere de ello, lo conozca, etc. **FAM.** publicar, publicación, publicador, publicable, publicidad, publicista, plublicitario, publicitariamente, públicamente.

puchero *[n.m.]* recipiente más alto que ancho, abombado, con dos asas y tapadera, que sirve para cocinar. ■ **hacer pucheros**, hacer gestos que indican que uno va a empezar a llorar. **FAM.** pucherazo.

pudiente *[adj.inv. en gén.]* que tiene mucho dinero: *un chico pudiente; una familia pudiente.* **SIN.** rico*.

pudor *[n.m.]* sentimiento que hace que uno no quiera que se sepan sus cosas personales o que se vean sus partes íntimas: *el pudor le impidió contarnos lo que le había pasado; el pudor es una de las razones por las que uno se viste.* **SIN.** decoro. **AF.** reparo, vergüenza, timidez. **ANT.** descaro, desvergüenza. **FAM.** pudoroso, púdico. **COMP.** impudor, impúdico.

pudrir *[v.]* hacer que algo se ponga en mal estado, de manera que cambia de aspecto, de olor, de color, de naturaleza, etc.: *el agua ha podrido.* **SIN.** descomponer, corromper. **AF.** estropearse. TAMBIÉN *prnl.*: *el melón se pudrió por exceso de calor.* **OBS.** el participio pasado, que es irregular, es ***podrido***; la conjugación de los demás tiempos es regular. **FAM.** pudridero, podredumbre, ***putrefacto*** (podrido), putrefacción, pudrimiento, podrido.

pueblo *[n.m.]* 1 conjunto de personas, casas, calles, etc., que forman una población, especialmente si la gente vive de productos de la naturaleza, y no de la industria: *viven en el pueblo y trabajan en el campo; un pueblo pesquero; un pueblo minero.* 2 conjunto de personas que no dirigen un país pero que viven en él: *el pueblo se queja porque no lo gobiernan con justicia.* 3 conjunto de las personas que tienen un mismo origen histórico y comparten una misma lengua y unas mismas tradiciones, aunque no vivan en el mismo territorio: *el pueblo judío; el pueblo gitano.* **SIN.** nación. **FAM.** pueblerino, poblacho, poblar, popular. **COMP.** apueblado, apueblar.

puente *[n.m.]* 1 construcción que se hace sobre un desnivel de la tierra para pasar con facilidad de un lado a otro: *para construir un puente se necesitan conocimientos de ingeniería.* 2 parte de un barco que está más alta que la cubierta y desde la que se dan órdenes. 3 lo que se hace cuando se toma como festivo un día que no lo es pero que está entre dos que sí

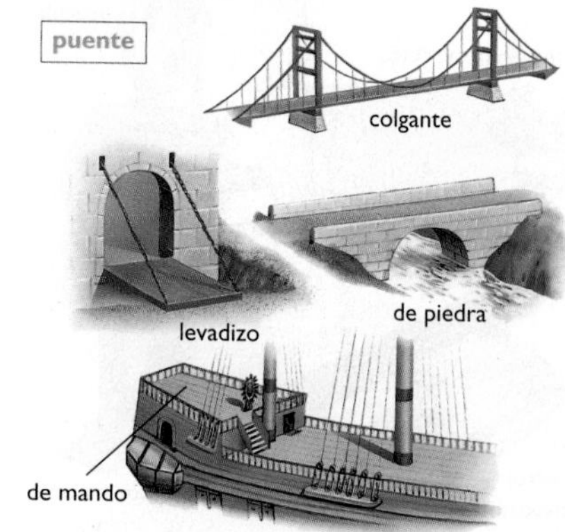

lo son: *si el martes es fiesta, el lunes se hace puente.* ■ **puente aéreo**, servicio de aviones muy frecuente entre dos ciudades. ■ **puente colgante**, el que está sujeto por medio de cables, cadenas o hierros, y no apoyado sobre pilares. ■ **puente levadizo**, el que se puede bajar y subir, como los de los castillos o los que hay en algunos ríos, para que puedan pasar barcos por debajo.

puerco, puerca *[n. y adj.]* cerdo*: *hizo chorizos con el puerco que compró; no seas puerco y usa la servilleta; este suelo está muy puerco.* ■ **puerco espín**, animal mamífero, con el cuerpo redondo, patas cortas, uñas fuertes y pinchos o espinas en la parte de arriba. **FAM.** puercamente, porcino, porquero, porqueriza, porquería, porcuno. **COMP.** ***emporcar*** (ensuciar), emporcamiento.

puericultor, puericultora *[n.]* persona especializada en puericultura*.

puericultura *[n.f.]* ciencia que estudia los cuidados que hay que dar a los niños en los primeros años de su vida para que tengan buen desarrollo y una buena salud: *estudios de puericultura; servicio de puericultura.* **FAM.** puericultor, ***pueril*** (infantil), puerilidad.

pueril *[adj.inv. en gén.]* que es o que parece más de niños que de mayores: *comportamiento pueril.* **SIN.** infantil.

puerro *[n.m.]* planta larga y estrecha de color blanco con un extremo verde, que se cultiva en las huertas. **AMPL.** el puerro es un *bulbo**.

puerta *[n.f.]* **1** abertura o hueco que hay en una pared desde el suelo hasta una altura determinada y que sirve para pasar de un sitio a otro: *este mueble no cabe por la puerta.* **AF.** entrada, acceso. **2** pieza que se utiliza para cerrar esta abertura: *al salir, cierra la puerta.* ■ **a las puertas de**, cerca de algo. ■ **cerrársele** a uno **todas las puertas**, quedarse sin posibilidades de hacer algo, sin amigos, sin ayuda, etc. ■ **darle** a uno **con la puerta en las narices**, no aceptarlo o no darle lo que pide. ■ **ir de puerta en puerta**, ir a muchos sitios para conseguir algo o pedir algo. **FAM.** portal, portada, portero, portería, portazo, portón, portezuela, portillo. **COMP.** antepuerta, compuerta.

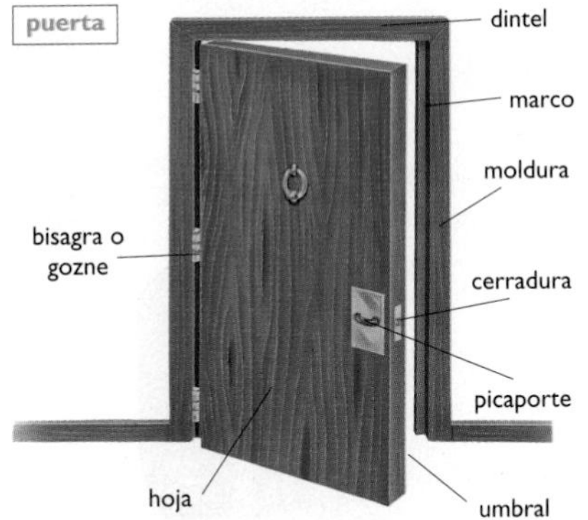

puerto *[n.m.]* **1** lugar, natural o construido por el hombre, que hay en las costas o en las orillas de algunos ríos y que se usa para que los barcos carguen y descarguen mercancías o pasajeros: *un puerto mercante; un puerto deportivo.* **2** sitio por el que se puede pasar para ir, por arriba, de un lado a otro de una montaña: *para evitar el puerto fueron por el túnel; cuando nieva, por muchos puertos no se puede circular.* **FAM.** portuario, portazgo.

puertorriqueño, puertorriqueña *[adj.]* de Puerto Rico, isla del mar Caribe cuya capital es San Juan: *playas puertorriqueñas.* TAMBIÉN *n.*: *los puertorriqueños hablan español e inglés.*

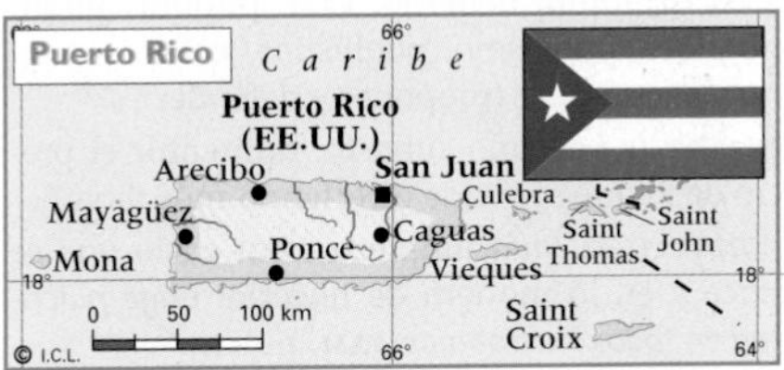

pues *[conj. caus.]* es un *nexo* que indica que lo que se dice en una oración es consecuencia de lo que se dice en la otra: *no lo espero más, pues ya he esperado bastante.*

puesta *[n.f.]* lo que hace un ave al poner un huevo: *en el gallinero, la puesta es siempre a la misma hora.* ■ **puesta de sol**, espacio de tiempo en que el Sol va desapareciendo en el horizonte. **SIN.** atardecer, crepúsculo, ocaso.

puesto, puesta *[adj.]* **1** que está preparado: *deja la mesa puesta.* **SIN.** dispuesto, preparado. **2** bien vestido: *siempre va muy puesto.* **AF.** arreglado, peripuesto. // **puesto** *[n.m.]* **3** conjunto determinado de tareas y responsabilidades que, dentro de una organización, tiene que llevar una persona: *está libre el puesto de subdirector*. **SIN.** cargo. **AF.** empleo, trabajo, plaza. 4 número de orden en que está alguien o algo dentro de un conjunto: *¿qué equipo ocupa el primer puesto de la liga?* **SIN.** lugar, sitio. 5 especie de tienda pequeña que se pone en la calle o está dentro de un mercado: *hay un puesto de churros en la feria, un puesto de verduras*. // **puesto** *[forma de verbo]* 6 participio irregular del verbo *poner*. ■ **puesto que**, por el motivo que se dice. **SIN.** ya que, pues, porque. **FAM.** puestero, poner.

puf *[n.m.]* asiento bajo, sin respaldo ni patas, generalmente blando y que suele usarse para poner los pies cuando se está sentado en otro sitio.

púgil *[n.m.]* persona que se dedica profesionalmente a luchar, y especialmente a boxear: *los dos púgiles ya están en el ring*. **SIN.** boxeador, pugilista.

pugilista *[n.m.]* púgil*.

pugna *[n.f.]* intento de conseguir, dos o más personas, países o equipos, algo que quieren todos y sólo puede ser para uno: *la pugna por el primer puesto fue muy reñida*. **SIN.** lucha, contienda, disputa. **AF.** enfrentamiento, pelea. **ANT.** armonía, acuerdo. **FAM.** pugnar, púgil, pugilato, pugilismo, pugilístico. **COMP.** repugnar, ***propugnar*** (proponer y defender).

pujar *[v.]* en una subasta, aumentar el precio de lo que se vende ofreciendo más dinero.

pulcritud *[n.f.]* limpieza total en lo que se hace y en la manera de hacerlo: *exige pulcritud en todos los trabajos*. **FAM.** pulcro.

pulcro, pulcra *[adj.]* que tiene mucha limpieza, orden y cuidado: *es muy pulcro trabajando*. **AF.** impecable. **ANT.** chapucero, desordenado, sucio. **FAM.** pulcritud.

pulga *[n.f.]* insecto de color marrón oscuro, pequeño y sin alas, que tiene las patas de atrás largas y vive sobre algunos animales, alimentándose de la sangre que les chupa: *el perro lleva un collar contra las pulgas*. ■ **tener malas pulgas**, tener mal humor o mal carácter. **FAM.** pulgón, pulgoso.

pulgada *[n.f.]* medida aproximada de la falange de un pulgar, que equivale a unos 23 milímetros. **FAM.** pulgar.

pulgar *[n.m.]* dedo más gordo de los cinco de cada mano. **FAM.** ***pulgada*** (medida aproximada de la falange de un pulgar).

pulgón *[n.m.]* insecto muy pequeño que vive en algunas plantas y puede llegar a producirle enfermedades o a matarla. **PL.** *pulgones*.

pulidora *[n.f.]* máquina que sirve para pulir*: *pasó la pulidora por el suelo*.

pulimentar *[v.]* pulir* (acepción 1).

pulir *[v.]* 1 dejar lisa y brillante una cosa o una superficie: *cuando se corta un cristal hay que pulir el canto para que no corte*. **SIN.** pulimentar. 2 quitar lo malo o lo feo de algo para que quede lo más perfecto posible: *tienes que pulir tu manera de hablar y no decir tacos*. 3 gastar alguien todo lo que tiene: *pulió en un día el dinero del mes*. **FAM.** pulidora, pulido, pulimentar, pulimentación, pulimento, pulidamente. **COMP.** repulir, repulido.

pulmón *[n.m.]* órgano del cuerpo humano y del de algunos animales que está a la altura del pecho, protegido por las costillas, y es esponjoso y esencial en la respiración: *los seres humanos tenemos dos pulmones*. **PL.** *pulmones*. **FAM.** pulmonar, pulmonía.

pulmonar *[adj.inv. en gén.]* de los pulmones: *enfermedad pulmonar; tejido pulmonar*.

pulmonía *[n.f.]* enfermedad que produce inflamación de los pulmones: *si no te abrigas puedes coger una pulmonía*.

pulpa *[n.f.]* parte de la fruta que está entre la piel y las semillas y es blanda: *la pulpa de las naranjas está dividida en gajos*. **AF.** carne. **FAM.** pulposo.

púlpito *[n.m.]* especie de balcón pequeño que hay en algunas iglesias y desde donde ha-

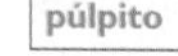
púlpito

blaba el sacerdote: *los púlpitos casi no se usan porque ahora, en las iglesias, se habla a través de micrófonos.*

pulpo *[n.m.]* 1 animal de mar, comestible, con los ojos muy grandes, y una especie de cabeza redonda de donde le salen ocho brazos o tentáculos llenos de ventosas: *en el Pacífico hay pulpos enormes con tentáculos de ocho o diez metros.* 2 conjunto de tiras elásticas unidas por un extremo, que se usan para sujetar equipajes.

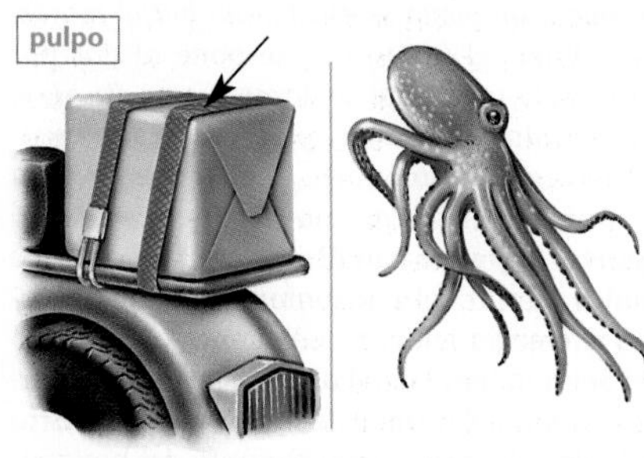

pulsar *[v.]* apretar con el dedo el botón de algún aparato, un interruptor, las cuerdas de una guitarra, etc.: *pulsa el timbre de la puerta.* **AF.** oprimir, presionar, apretar, tocar. **FAM.** pulsador, pulsada, pulsativo, pulso, pulsación, pulsera. **COMP.** expulsar, impulsar, propulsión, ***repulsa*** (rechazo, asco), repulsión, repulsivo.

pulsera *[n.f.]* 1 adorno que se pone alrededor de la muñeca: *una pulsera de oro.* **AF.** brazalete. 2 tira o cadena con la que se sujeta el reloj a la muñeca. **AF.** correa, cadena.

pulso *[n.m.]* 1 movimiento de la sangre bombeada por el corazón, que se nota en las arterias de las muñecas, las sienes, el cuello, las ingles, etc. **SIN.** pulsaciones, palpitaciones, latidos. 2 lo que mantiene la mano firme y sin temblor cuando se hace algo: *los cirujanos necesitan muy buen pulso.* ■ **hacer** algo **a pulso**, hacerlo con las manos, sin apoyar los brazos en ningún sitio.

pulverizador *[n.m.]* aparato que sirve para echar líquido en gotitas muy pequeñas y abundantes, como si fuera polvo: *un pulverizador de colonia.*

pulverizar *[v.]* 1 dejar algo en forma de polvo: *la piedra se pulveriza para hacer cemento.* **AF.** moler, triturar, machacar. 2 convertir un líquido en gotitas pequeñas para echarlo sobre algo: *el espray pulveriza los desodorantes.* 3 cubrir una cosa con gotitas de un líquido o llenar un ambiente de un líquido echado así: *pulveriza las plantas con insecticida; pulverizó el ascensor con desodorante.* **AF.** fumigar, sulfatar. **OBS.** ante e, c: *pulvericen.* **FAM.** pulverizador, pulverización, polvo.

puma *[n.m.]* animal mamífero, parecido a un tigre y con el pelo suave, de color amarillento oscuro, que vive solo y se alimenta de los animales que caza: *el puma vive sobre todo en América.*

punta *[n.f.]* 1 parte que es el principio o el final de una cosa, sobre todo si es más delgada que el resto: *la punta del lápiz; la punta del pie; agarra la cuerda por las dos puntas.* **SIN.** extremo. 2 lo que sobresale de algún objeto en forma de pico o de ángulo. 3 barrita de metal que puede ser de diferentes tamaños, tiene un extremo afilado y en el otro un ensanchamiento (llamado *cabeza*) sobre el que se golpea para clavarla donde se necesita: *sujetó las tablas con unas puntas.* **SIN.** clavo. ■ **de punta**, muy derecho y con la punta hacia arriba o hacia abajo. ■ **sacar punta** a algo, dejarle la punta a la vista (*saca punta al lapicero*) o ver en las cosas aspectos negativos que no tienen (*le saca punta a los detalles más insignificantes*). **FAM.** puntera, punto, puntal, puntilla, ***puntilloso*** (quisquilloso). **COMP.** puntapié, puntiagudo, apuntar, despuntar, apuntalar, apuntillar, apuntillamiento.

puntada *[n.f.]* 1 cada una de las veces que se pasa el hilo de un lado a otro de una tela o de otra cosa cuando se cose: *las costureras pasan la vida dando puntadas.* 2 hilo que va de un agujero a otro de un cosido: *para hilvanar se dan puntadas largas.*

puntal *[n.m.]* pieza larga y fuerte, de hierro o madera, que se pone contra un muro para evitar que se caiga: *la pared estaba sujeta por dos puntales.*

puntapié *[n.m.]* patada que se da con la punta del pie.

puntear *[v.]* 1 ir poniendo puntos junto a los nombres o números de una lista al ir comparándola con algo para asegurarse de que no falta nada o no hay errores: *puntearon los recibos impagados.* 2 tocar las cuerdas de un instrumento musical, una por una, para que se oigan por separado las distintas notas. **OBS.** e + e = ee: *punteen*.

puntera *[n.f.]* parte delantera de los calcetines, las medias o los zapatos, que al ponérselos queda sobre los dedos del pie.

puntería *[n.f.]* facilidad para dar en el blanco cuando se tira con algo o se dispara: *acertó de lleno porque tiene mucha puntería.* **SIN.** tino. **AF.** destreza.

puntero, puntera *[adj.]* 1 que va por delante en investigación, adelantos o importancia: *tecnología puntera; industria puntera; investigador puntero.* **SIN.** destacado, avanzado, vanguardista. // **puntero** *[n.m.]* 2 palo largo con el que se señala algo en los mapas, gráficos, láminas, murales, etc.: *con el puntero se evita tapar el dibujo y se llega a sitios a los que no se llegaría con el dedo.*

puntiagudo, puntiaguda *[adj.]* que tiene la punta muy delgada y afilada: *los niños no deben usar tijeras puntiagudas.* **SIN.** picudo. **ANT.** romo, redondeado, chato.

puntilla *[n.f.]* 1 tira estrecha hecha de encaje y con un remate en forma de ondas o picos, que se cose sobre otra para adornarla: *el escote del vestido esté rematado con una puntilla.* **SIN.** encaje. **AMPL.** la tira parecida, pero de tela y con bordados y a veces calados formando dibujos, se llama ***tira bordada***. 2 puñal corto y con la punta muy afilada que sirve para acabar de matar a algunos animales: *el torero remató al toro con la puntilla.* ■ **andar de puntillas**, andar apoyándose sólo en los dedos de los pies. ■ **de puntillas**, con mucho ciudado, sin que se note, o sin darle importancia.

puntilloso, puntillosa *[adj.]* que se molesta por cualquier cosa, aunque no tenga ninguna importancia: *una persona puntillosa.* **SIN.** susceptible, quisquilloso.

punto *[n.m.]* 1 señal que se hace al pintar sobre un papel poniendo el lapicero de punta y sin moverlo y que, dependiendo de con qué se haga, puede ser más o menos grande: *la jota minúscula lleva un punto.* 2 parte del espacio: *punto de salida; punto de encuentro; dos rectas no paralelas se cruzan en un punto.* 3 cada una de las unidades con las que se valoran algunas cosas y que se van sumando hasta tener el resultado de la valoración: *consiguió 200 puntos en el concurso.* **SIN.** tanto. 4 cada una de las puntadas que se dan al coser una herida: *se cayó y le dieron cuatro puntos en la ceja.* 5 cada una de las maneras de trabajar con los hilos para coser o bordar (*un bordado con punto de cruz*), o tejido que se hace entrelazando hilos de manera que quedan cadenas enlazadas entre sí (*un vestido de punto*). 6 signo de puntuación que indica que uno termina con la idea que estaba exponiendo: *la palabra siguiente a un punto se escribe con inicial mayúscula.* **AMPL.** el punto que se pone al dar por terminado un escrito se llama ***punto final***; el que termina una frase, pero uno sigue escribiendo en la misma línea, ***punto y seguido***; si después de él se cambia de línea, ***punto y aparte***. ■ **punto cardinal**, cada uno de los cuatro puntos del horizonte que se toman como referencia teniendo en cuenta el recorrido del Sol a lo largo del día. **AMPL.** para orientarnos, si nos colocamos de manera que nuestro lado derecho mire hacia el punto del horizonte por donde sale el Sol (que es el *este*), sabremos que el norte está frente a nosotros, el sur detrás de nosotros y el oeste a nuestra izquierda; al mirar un mapa, el *este* está a nuestra derecha, el *norte* arriba, el *sur* abajo y el *oeste* a nuestra izquierda: *España está al este de Portugal, al norte de África, al sur de Francia y al oeste del Mediterráneo; Portugal está en el oeste de la Península Ibérica.* ■ **punto de vista**, opinión, manera de pensar. ■ **punto y coma**, signo de puntuación (;) que indica una pausa mayor que la coma. ■ **puntos suspensivos**, signo de puntuación (...) que se utiliza para indicar que la frase queda sin terminar. ■ **dos puntos**, signo de puntuación (:) que se pone antes de una enumeración, una explicación o una cita textual. ■ **en punto**, exactamente. ■ **hasta cierto punto**, en parte. **FAM.** puntera, puntería, puntual, puntualidad, puntualmente, puntuar, puntuación, puntear, punteado, punteo, puntero, pespunte, puntada, punzón, punzada, punzante, punzar, punzadura.

puntuación *[n.f.]* 1 suma de todos los puntos que se han conseguido en un examen, en un concurso o en otra cosa: *gana quien consigue la puntuación más alta.* **SIN.** calificación, nota. 2 conjunto de los signos que se ponen entre las frases de un texto para que sea fácil leerlo: *sin puntuación, la mayoría de los escritos sería incomprensible.* ■ **signo de puntuación**, cada uno de los signos que se ponen en un escrito para que, al leerlo, sea fácil interpretar la entonación, las pausas, etc. que uno piensa al escribir: *el punto y coma es un signo de puntuación.* **SIN.** signo ortográfico.

puntual *[adj.inv. en gén.]* **1** que llega o hace algo a la hora convenida: *una persona puntual.* // **puntual** *[con valor adverbial]* **2** a la hora convenida: *llegó puntual.* **SIN.** puntualmente.

puntualidad *[n.f.]* lo que demuestra quien llega exactamente a la hora convenida: *agradezco su puntualidad.*

puntuar *[v.]* **1** decir, asignando puntos, si algo le parece a uno que está bien, mal o regular: *el jurado del concurso puntúa de 1 a 10.* **SIN.** calificar, evaluar. **2** poner signos ortográficos en un escrito: *puntúa bien la redacción para que tenga sentido.* **ACENT.** como *actuar*.*

punzante *[adj.inv. en gén.]* que acaba en punta muy afilada: *maneja con mucho cuidado los objetos punzantes.*

punzón *[n.m.]* objeto de material duro y un extremo acabado en punta muy afilada, que sirve para hacer agujeros, marcas, etc.: *con el punzón agujereó la correa de la mochila.* **AF.** pincho, punta, buril.

puñado *[n.m.]* **1** cantidad de algo que se puede coger de una vez con una mano: *un puñado de pipas.* **2** cantidad pequeña de algo: *fue recibido por un puñado de admiradores.*

puñal *[n.m.]* especie de cuchillo que tiene el mango con la forma del interior de la mano para que se pueda coger bien, y la hoja bien afilada y puntiaguda: *lo amenazaron con un puñal.*

puñalada *[n.f.]* golpe dado con un puñal, cuchillo o navaja, y herida que se hace: *le dieron una puñalada en la pierna.*

puñetazo *[n.m.]* golpe que se da con el puño.

puño *[n.m.]* **1** mano cerrada: *tu puño es más grande que el mío.* **2** parte de la manga de una prenda de vestir que va sobre la muñeca: *los puños del jersey son elásticos.* **3** parte por donde se agarran algunas cosas: *el puño de un paraguas; el puño de un bastón.* **SIN.** empuñadura, mango. ■ **verdades como puños**, grandes verdades. **FAM.** puñado, puñetazo, puñal, puñalada, puñalero. **COMP.** empuñar, empuñadura, apuñar, apuñalar.

pupa *[n.f.]* herida pequeña.

pupila *[n.f.]* parte central del ojo que es una abertura en el iris por la que llega la luz hasta la retina: *con la luz se contrae la pupila.* **SIN.** niña.

pupilo, pupila *[n.]* **1** persona que está bajo la protección de otra: *trata a su pupilo como si fuera su hijo.* **2** persona que vive en la casa de otra, donde le dan cama y comida a cambio de dinero: *tiene en su casa dos pupilos.* **FAM.** pupila, pupilar, pupilaje.

pupitre *[n.m.]* **1** especie de mesa con el tablero inclinado para escribir más cómodamente. **AF.** escritorio. **2** cajón con una tapa inclinada que se pone sobre una mesa para escribir.

pupitre

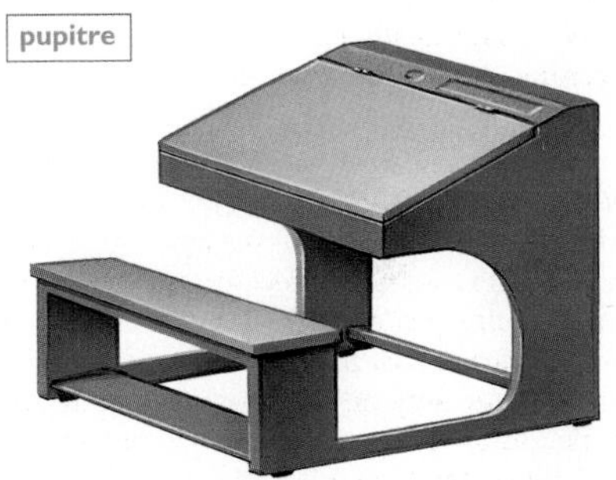

puré *[n.m.]* comida que se hace triturando uno o varios alimentos cocidos: *puré de patatas.* **AF.** papilla.

pureza *[n.f.]* característica que hace que digamos que algo o alguien es puro*: *la pureza del agua limpia; la pureza de un metal; pureza de sentimientos.*

purgante *[n.m.]* medicina que hace que se limpie el intestino y expulse los residuos de la digestión. **SIN.** laxante. **FAM.** purga, purgar, purgatorio, purgación, purgativo.

purificar *[v.]* quitar lo que hace que algo no sea puro*: *purificar el agua.* **SIN.** limpiar, depurar. **OBS.** ante e, qu: *purifiquen.*

puritano, puritana *[adj.]* amante de lo que se consideran buenas costumbres y tradiciones: *presume de puritano y deja mucho que desear.* TAMBIÉN *n.*: *los puritanos no suelen comportarse con espontaneidad.*

puro, pura *[adj.]* 1 que está limpio y no se ha mezclado con otras cosas: *oro puro; aire puro.* **ANT.** impuro. 2 que tiene buenas intenciones: *sentimientos puros; fe pura.* **SIN.** sincero, auténtico, honesto. **ANT.** falso. // **puro** *[n.m.]* 3 cigarro hecho con hojas de tabaco enrolladas: *mi abuelo fuma un puro grande después de comer.* **FAM.** pureza, purismo, puramente, puridad, purificar, purificación, purificador, purificante, purificativo, puritano, puritanismo. **COMP.** depurar, depuradora, impuro.

púrpura *[n.m.]* color rojo oscuro: *mezclando rojo con un poco de azul sale púrpura.* TAMBIÉN *adj.inv. en gén.*: *un manto púrpura; los cardenales visten de color púrpura.* **FAM.** purpurina, purpúreo, purpurado, purpurear.

purpurina *[n.f.]* 1 polvo fino y brillante que puede ser de diversos colores: *adornaron el disfraz con purpurina.* 2 pintura dorada o plateada: *antiguamente se pintaban los radiadores con purpurina.*

pus *[n.m.]* sustancia amarillenta que se forma debajo de la piel cuando se infecta una herida: *si no te cuidas la cortadura se te formará pus.* **FAM.** purulencia, purulento. **COMP.** supurar, supuración, supurante.

putrefacto, putrefacta *[adj.]* podrido, pocho, descompuesto: *carne putrefacta.* **FAM.** pudrir.

pútrido, pútrida *[adj.]* podrido, pocho, descompuesto. **FAM.** pudrir.

q

q *[letra consonante]* letra que ocupa en el abecedario español el decimoctavo (18º) lugar. **AMPL.** se llama *cu* y siempre va seguida de una *u* y una *e* o una *i*: *querer; quiso.*

que *[conj. cop.]* **1** es un *nexo* que se usa para establecer comparaciones (*tengo un hambre que me comería cualquier cosa*) o para introducir oraciones subordinadas que hacen de sujeto o de complemento directo de la principal, es decir, sustantivas (*dijo que no vendría*). // **que** *[pron.]* **2** es pronombre relativo invariable en género y número y puede referirse a personas, animales o cosas: *la mujer que lo dijo es su madre.* **GRAM.** puede formar oraciones subordinadas adjetivas (*los zapatos que se compró le quedan pequeños*) o sustantivas (*dame lo que quieras*), en cuyo caso, el relativo va precedido de artículo determinado. **OBS.** con acento (*qué*) sería interrogativo o exclamativo.

qué *[pron.]* es invariable en género y número y puede ser interrogativo (*¿qué llevas?; ¿a qué ha venido?; dime qué te pasó*) o exclamativo (*¡qué maravilla!; ¡qué sed tengo!; ¡qué cosas pasan!; ¡qué niño!*). **OBS.** con estas funciones es siempre forma tónica y se escribe y se pronuncia con acento; sin acento sería pronombre relativo.

¿**Qué** me dices **que** te han dicho...?
Que me tienes intrigado
por saber **qué** es lo **que** cuentan
y **qué** es lo **que** te han contado.

quebradizo, quebradiza *[adj.]* que es duro pero fácil de romper si se presiona o si se hace fuerza como si se quisiera doblar: *las hojas y las ramas secas son quebradizas.* **AF.** frágil.

quebrado *[n.m.]* **1** manera de expresar que un número está dividido en varias partes iguales: *10/2, 12/5 y 6/4 son quebrados.* **SIN.** fracción. **ANT.** entero. TAMBIÉN *adj.*: *un número quebrado.* **AMPL.** es también una de las maneras de expresar una división: *1/2 quiere decir que 1 está dividido entre 2; 16/4 = 4.* // **quebrado, quebrada** *[adj.]* **2** hablando de líneas, que no es recta ni curva, sino que forma distintos ángulos: *un zigzag es una línea quebrada; los polígonos son líneas quebradas.*

quebrantar *[v.]* hacer algo que va en contra de una ley o una norma, o no tener en cuenta un compromiso: *quien roba quebranta la ley; no quebrantes tu promesa.* **SIN.** violar, incumplir, transgredir.

quebrar *[v.]* **1** romper algo que es quebradizo* o frágil: *el fuerte viento quebró la rama; de un golpe quebró el cristal.* **SIN.** romper, partir. TAMBIÉN *prnl.*: *la rama se quebró.* **2** tener que cerrar un negocio porque da menos dinero del que se necesita para pagar los gastos: *¿cómo no va a quebrar con una tienda de paraguas en el desierto?* **SIN.** arruinarse, fracasar, hundirse. **OBS.** el sujeto de la frase también puede ser el negocio: *la tienda de paraguas quebró por falta de clientes.* **CONJUG.** como *cerrar**. **FAM.** quiebra, quiebro, quebradizo, quebrado, quebradero, quebrantamiento, quebrantar, quebranto. **COMP.** resquebrajarse, requebrar, inquebrantable, ***requiebro*** (piropo).

quedar *[v.]* **1** haber todavía parte de algo que se ha gastado, que se ha estropeado, etc.: *quedan tres pasteles; después del incendio sólo quedaron las paredes.* **AF.** haber, restar. **2** seguir en un sitio cuando otros ya no están: *quedan pocas personas en el cine.* **SIN.** haber, permanecer. **3** seguir de una manera determinada: *han quedado tres bolsas sin empezar; de la taza rota sólo queda entera el asa.* **4** llegar al final de algo de una manera determinada: *en el campeonato quedó el segundo; quedamos muy cansados.* **SIN.** acabar, terminar. **ANT.** empezar. 5 tener que pasar un tiempo determinado: *quedan dos horas para que lleguen; queda un mes de curso; queda una hora de viaje.* **SIN.** faltar, restar. TAMBIÉN si se habla de espacio: *quedan tres kilómetros para llegar a Cáceres.* 6 ponerse de acuerdo sobre algo: *quedamos en que él se lo diría; quedaron en verse otro día.* **SIN.** acordar, pactar. **AF.** decidir. 7 ponerse de acuerdo dos o más personas en la hora y el sitio en el que van a encontrarse: *quedó con ellos a las diez en el cine.* **SIN.** citarse. // **quedarse** *[v.prnl.]* 8 estar en un sitio el tiempo que se dice, o seguir en el sitio en el que se está: *llegará mañana a Toledo y se quedará una semana; se quedó en la playa hasta la hora de cenar.* **SIN.** permanecer. **ANT.** irse, marcharse. 9 llegar a tener una persona algo que no era suyo: *se quedó con mi balón.* ■ **quedarse en blanco**, no poder pensar o no ser capaz de recordar algo. ■ **quedarse tan fresco**, no importarle a uno algo que ha pasado.

quehacer *[n.m.]* cada una de las cosas de las que tiene que ocuparse una persona: *entre todos se encargan de los quehaceres de la casa.* **SIN.** tarea, trabajo, labor, faena.

queja *[n.f.]* 1 lo que uno dice o hace para que alguien se entere de que algo no le gusta o le parece mal: *el alcalde escuchó las quejas de los vecinos.* **SIN.** protesta. 2 quejido*.

quejarse *[v.prnl.]* 1 decir uno que algo le molesta, que no le gusta o que le parece mal: *se queja porque no tiene lo que necesita para trabajar bien.* **SIN.** protestar. **AF.** oponerse, reclamar, renegar de. 2 hacer con la garganta algún ruido que expresa dolor o pena: *cuando está enfermo se queja mucho.* 3 decir uno que le pasa algo: *se queja de dolor de oídos; se quejaba de falta de tiempo.* **SIN.** lamentarse. **FAM.** queja, quejido, quejumbroso, quejica, quejoso, quejosamente.

quejica *[adj.inv. en gén.]* que se queja por todo y sin motivo: *un niño quejica.* TAMBIÉN *n.*: *es un quejica.*

quejido *[n.m.]* sonido que le sale de la garganta a quien tiene algún dolor: *desde el pasillo se oyen los quejidos del enfermo.* **SIN.** lamento, gemido, queja, ay.

quejoso, quejosa *[adj.]* que está molesto o enfadado por algo que le parece mal: *está quejoso del trato recibido.* **FAM.** queja.

quema *[n.f.]* 1 lo que hace quien prende algo para que arda: *la quema de las fallas en Valencia se llama "cremá".* **SIN.** incineración. 2 lo que pasa cuando algo arde: *hay que evitar la quema de los bosques.* **SIN.** incendio.

quemadura *[n.f.]* herida hecha con fuego o con algo muy caliente: *se hizo una quemadura con la plancha.*

quemar *[v.]* 1 hacer que algo se convierta en ceniza: *se calentaron quemando leña; el fuego quemó el bosque.* **SIN.** incinerar. TAMBIÉN *prnl.*: *el bosque se ha quemado.* **SIN.** arder. 2 producir dolor algo que está muy caliente, o hacer una quemadura: *una plancha encendida puede quemar la piel.* **SIN.** resquemar (se usa poco). TAMBIÉN *prnl.*: *si tocas la plancha te quemarás.* **INTENS.** abrasarse. 3 estar demasiado caliente: *no empieces a beber la leche, que quema.* **FAM.** quema, quemadura, quemazón, quemador. **COMP.** requemar, quemarropa.

quemarropa palabra que nada más aparece en la expresión adverbial ■ **disparar a quemarropa**, disparar desde muy cerca.

quemazón *[n.f.]* lo que siente quien tiene una herida o una quemadura que le pica y le escuece tanto que le produce nerviosismo. **SIN.** comezón, ardor. **AF.** escozor, picor.

quepamos, quepo... formas irregulares de la conjugación del verbo *caber**.

querella *[n.f.]* lo que se hace al decirle a un juez o a un tribunal que alguien ha cometido un delito: *presentó una querella contra los estafadores.* **FAM.** querellarse, querellante.

querencia *[n.f.]* sentimiento que se tiene por echar de menos un sitio al que uno le tiene cariño y al que le gusta (o le gustaría) ir: *después de tantos años, le tiene querencia a aquella casa.* **AF.** cariño, afecto.

querer *[n.m.]* 1 amor: *las cosas del querer son muy complicadas.* **SIN.** amor, cariño. **ANT.** odio. // **querer** *[v.]* 2 tenerle cariño a una persona o a un animal: *quiere mucho a sus hijos.* **SIN.** sentir cariño por, tenerle cariño a, amar. **ANT.** odiar, tener manía, detestar, aborrecer. 3 tener ganas de algo: *quiere salir de paseo; quiere tener un coche.* **SIN.** desear, apetecerle a uno, tener ganas de. ■ **sin querer**, sin tener la intención de hacerlo. **SIN.** involuntariamente. **ANT.** adrede, intencionadamente. **FAM.** querencia, querido. **COMP.** malquerencia, malquerer.

CONJUGACIÓN DEL VERBO QUERER

Formas no personales
Infinitivo: *querer*. Gerundio: *queriendo*. Participio: *querido*.
Indicativo
Presente: *quiero, quieres, quiere, queremos, queréis, quieren.*
Pretérito imperfecto: *quería, querías, quería, queríamos, queríais, querían.*
Pretérito perfecto simple: *quise, quisiste, quiso, quisimos, quisisteis, quisieron.*
Futuro: *querré, querrás, querrá, querremos, querréis, querrán.*
Condicional simple:
querría, querrías, querría, querríamos, querríais, querrían.
Subjuntivo
Presente: *quiera, quieras, quiera, queramos, queráis, quieran.*
Pretérito imperfecto: *quisiera/ quisiese, quisieras/ quisieses, quisiera/ quisiese, quisiéramos/ quisiésemos, quisierais/ quisieseis, quisieran/ quisiesen.*
Futuro: quisiere, *quisieres, quisiere, quisiéremos, quisiereis, quisieren.*
Imperativo:
quiere, quiera, queramos, quered, quieran.

querido, querida *[adj.]* que se le tiene cariño: *mi querida familia.* **SIN.** amado, estimado, apreciado. **ANT.** odiado, aborrecido, detestado.

queroseno *[n.m.]* líquido espeso que se saca del petróleo y se usa como combustible para los aviones y los helicópteros y para algunas estufas: *el queroseno es más barato que la gasolina.*

querube *[n.m.]* querubín*.

querubín *[n.m.]* en la Biblia, ángel de los importantes. **SIN.** ángel, serafín, ser celestial. ■ **ser** o **parecer** uno **un querubín**, ser muy guapo y tener cara de bueno. **PL.** *querubines.*

quesera *[n.f.]* conjunto de un plato y una tapadera de cristal o de porcelana con la forma y el tamaño apropiados para guardar un queso entero.

quesero, quesera *[n.]* persona que hace o vende quesos.

queso *[n.m.]* alimento que se hace cuajando leche. **AMPL.** *cuajar* la leche es hacerla sólida y para eso se le añade una sustancia que se llama ***cuajo***; una vez cuajada, se prensa para que salga el líquido sobrante, que es amarillento y se llama ***suero***, y se deja un tiempo para que *se cure* (se seque); dependiendo del tiempo de curación, el queso queda más fuerte o más suave. **FAM.** quesera, quesero, quesería. **COMP.** requesón.

quicio *[n.m.]* parte de las puertas y de las ventanas en la que están las bisagras. **SIN.** quicial. ■ **sacar de quicio**, hacer que alguien se enfade tanto que se pone muy nervioso y no controla lo que hace o lo que dice. **FAM.** desquiciar, desquiciamiento.

quiebra *[n.f.]* lo que pasa por el hecho de que un negocio no pueda seguir funcionando porque no da dinero suficiente para pagar los gastos que tiene: *la quiebra de la empresa dejó en el paro a muchos trabajadores.* **SIN.** ruina, bancarrota.

quien *[pron.]* es siempre pronombre relativo invariable en género y se refiere a personas. **GRAM.** concuerda con el verbo en 3ª persona y puede hacer de sujeto (*su padre es quien lo lleva a la escuela; quienes lo necesiten que lo pidan*), de complemento directo (*sus hermanos, a quienes viste ayer...*) o de cualquier otro complemento, pues admite todas las preposiciones (*dáselo a quien quieras; su hija, de quien ya te he hablado; díselo a quienes deben saberlo*). **OBS.** con acento (*quién*) sería interrogativo o exclamativo. **PL.** *quienes.*

quién *[pron.]* es invariable en género y siempre se refiere a personas. **GRAM.** concuerda con el verbo en 3ª persona y puede ser interrogativo (*¿quién está ahí?; ¿quiénes lo saben?; ¿con quién has quedado?; dime quién es*) o exclamativo (*¡quién pudiera hacer ese viaje!*). **OBS.** con estas funciones es siempre forma tónica y se escribe y se pronuncia con acento. **PL.** *quiénes.*

quietismo *[n.m.]* quietud: *tanto quietismo le pone nervioso.*

quieto, quieta *[adj.]* **1** que no se mueve: *permaneció quieto y en silencio; la superficie del mar está quieta.* **SIN.** parado, inmóvil. **ANT.** en movimiento. **2** que no tiene actividad: *por la noche, la ciudad está quieta; sólo está quieto cuando duerme.* **SIN.** tranquilo, en calma, sosegado, inactivo. **ANT.** activo. **FAM.** quietud, quietamente, quietismo. **COMP.** inquietar.

quietud *[n.f.]* **1** lo que hay en un sitio por el hecho de que en él no haya ruidos, violencia, actividad, etc.: *le gusta disfrutar de la quietud del campo.* **SIN.** tranquilidad, sosiego, calma, paz. **ANT.** bullicio, actividad, movimiento. **2** estado de las personas o las cosas que no se mueven nada: *consigue tanta quietud que parece una estatua.* **SIN.** inmovilidad. **ANT.** movimiento.

quijada *[n.f.]* cada uno de los huesos de los animales vertebrados en los que están los dientes. **SIN.** mandíbula, maxilar.

quijote *[n.m.]* persona que siempre está procurando ayudar a los demás y luchando contra la injusticia, a costa de ponerse en peligro y aunque no tenga posibilidad de éxito: *es un quijote.* **AF.** soñador, idealista. **AMPL.** el significado de esta palabra viene del personaje de la novela *El ingenioso hidalgo don Quijote de la Mancha*, escrita por el español Miguel de Cervantes Saavedra y publicada a principios del siglo XVII (1605 la primera parte y 1616 la segunda), cuyo protagonista, don Quijote, es un caballero andante que se dedica a defender a los débiles y a luchar contra las injusticias. **FAM.** quijotesco, quijotescamente, quijotismo, quijotería.

quilo *[n.m.]* kilo*.

quilla *[n.f.]* pieza larga y curva que llevan los barcos por debajo, de delante a atrás, y es en la que se sujeta todo el armazón: *chocó contra las rocas y se le rompió la quilla.*

quilla

quimera *[n.f.]* cosa que uno se imagina y cree que es real, pero que no se puede realizar: *tus viajes en un caballo volador son una quimera.* **SIN.** ilusión, utopía, sueño. **ANT.** realidad. **FAM.** quimérico, quiméricamente.

química *[n.f.]* ciencia que estudia las propiedades y componentes de las sustancias que forman la materia y las reacciones y compuestos que se producen al mezclar unas con otras: *gracias a la química sabemos que el agua está formada por hidrógeno y oxígeno.* **FAM.** químico, químicamente.

químico, química *[adj.]* **1** de la química* o de los componentes de las sustancias: *elemento químico; laboratorio químico; experimento químico.* // **químico, química** *[n.]* **2** persona que se dedica a la química: *los químicos investigan y fabrican nuevos materiales.*

quimo *[n.m.]* masa en la que, por acción de los jugos gástricos, se transforman los alimentos cuando llegan al estómago.

quimono *[n.m.]* vestido tradicional japonés que es largo, cruzado, se cierra sujetándolo con un cinturón y tiene las mangas largas y muy anchas.

quimono

quince *[num.inv. en gén.]* es el numeral cardinal correspondiente al número 15. **FAM.** quincenal, quincena.

quincena *[n.f.]* período de tiempo de quince días: *faltó a clase durante una quincena.*

quincenal *[adj.inv. en gén.]* que pasa (o que aparece) cada quince días, o que dura quince días: *una revista quincenal; un cursillo quincenal de natación.*

quincuagésimo, quincuagésima *[num.]* es el numeral ordinal correspondiente al cardinal cincuenta.

quiniela *[n.m.]* lo que se hace al rellenar un impreso apostando una cantidad de dinero a que los resultados de los partidos de fútbol, de las carreras de caballos, etc., serán los que uno ha escrito: *todas las semanas hace la quiniela futbolística.* **FAM.** quinielista.

quinientos, quinientas *[num.]* es el numeral cardinal correspondiente al número 500.

quinqué *[n.m.]* lámpara que funciona con petróleo o con aceite y tiene un tubo de cristal para proteger la llama. **AMPL.** también se llaman así las lámparas eléctricas que tienen la misma forma.

quinquenio *[n.m.]* periodo de tiempo de cinco años: *una década es lo mismo que dos quinquenios.* **SIN.** lustro. **FAM.** quinquenal, año.

quinta *[n.f.]* 1 conjunto de las personas que han nacido el mismo año: *todos los compañeros son de la quinta del 70.* 2 casa de campo para pasar las vacaciones, especialmente si hay alguien que trabaja la tierra y le da al dueño una parte de lo que produce.

quinto, quinta *[num.]* 1 es el numeral ordinal y fraccionario correspondiente al cardinal cinco. // **quinto** *[n.m.]* 2 muchacho al que le toca hacer el servicio militar, desde que lo llaman hasta que empieza a hacerlo: *le hicieron a los quintos del pueblo una fiesta de despedida.* **SIN.** mozo. **AMPL.** mientras está haciendo el servicio militar se llama ***recluta***.

quíntuple *[adj.inv. en gén.]* quíntuplo*.

quintuplicar *[v.]* hacer que una cantidad sea cinco veces más grande. TAMBIÉN *prnl.: en 100 años la población se ha quintuplicado.* **OBS.** ante e, qu: *quintupliquen.*

quíntuplo, quíntupla *[adj.]* que está multiplicado por cinco o que es cinco veces más grande: *25 es una cantidad quíntupla de 5; un número quíntuplo.* **SIN.** quíntuple. TAMBIÉN *n.m.: le pidió el quíntuplo de lo que le había ofrecido.* **FAM.** quintuplicar, quintuplicación, quíntuple.

quiosco *[n.m.]* construcción pequeña y aislada, normalmente situada en las aceras de las calles, y en la que se venden periódicos, revistas, golosinas, etc. **AF.** puesto, caseta. TAMBIÉN se puede escribir ***kiosco***. **FAM.** quiosquero.

quirófano *[n.m.]* sala de un hospital especialmente preparada para poder hacer operaciones de cirugía (ver *operación*, acepción 3): *para evitar infecciones, los quirófanos deben estar esterilizados.*

quiromancia *[n.f.]* lo que estudian las personas que tratan de adivinar el futuro mirando las líneas de las palmas de las manos: *dice que la quiromancia es una ciencia.* **FAM.** quiromántico.

quirúrgico, quirúrgica *[adj.]* de las operaciones que hacen los médicos cirujanos para solucionar, utilizando instrumentos, algún problema del interior del cuerpo: *instrumental quirúrgico; una operación quirúrgica de estómago.*

quisquilla *[n.f.]* animal marino, comestible, parecido a la gamba pero mucho más pequeño y con las antenas muy largas. **SIN.** camarón, esquila. **FAM.** quisquilloso, quisquillosidad, quisquillero.

quisquilloso, quisquillosa *[adj.]* que se molesta por cualquier cosa: *es tan quisquilloso que no acepta ni una broma.* **SIN.** puntilloso, susceptible.

quiste *[n.m.]* especie de bola de grasa o de otra materia que se forma en alguna parte del cuerpo, normalmente debajo de la piel: *lo operaron de un quiste que le había salido en la espalda.* **FAM.** enquistar.

quitamanchas *[n.m.inv. en núm.]* producto para limpiar manchas sin tener que lavar la prenda: *un quitamanchas; varios quitamanchas.*

quitar *[v.]* 1 hacer que una cosa deje de estar donde estaba: *quitó la mancha del mantel;*

quiosco

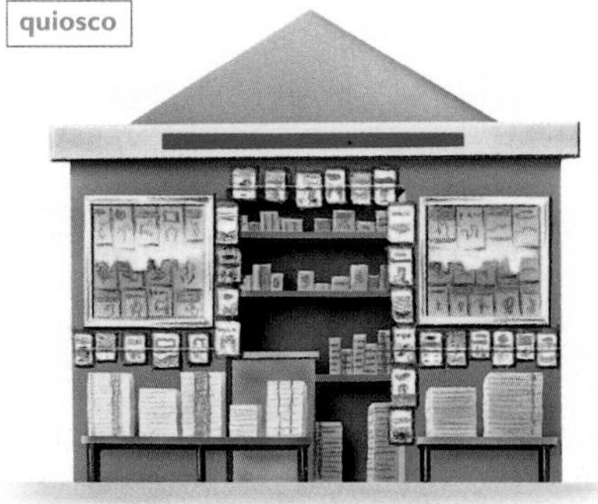

quita las fotos antiguas de ese álbum. **ANT.** poner, añadir. **2** coger algo que es de otro y quedarse con ello sin su permiso: *me han quitado la cartera.* **SIN.** robar, hurtar. **3** no dejar que algo sea como tenía que ser o no dejar que alguien haga algo: *la niebla quita visibilidad; no lo quites de salir con sus amigos.* **AF.** obstaculizar, dificultar, impedir. **ANT.** facilitar, ayudar, favorecer. // **quitarse** *[v.prnl.]* **4** irse o separarse de donde uno está: *me quité de allí para no estorbar.* **SIN.** apartarse, separarse, alejarse. ■ **de quita y pon**, que no está fijo y se puede quitar y poner. ■ **quitarse de encima** algo o a alguien, conseguir librarse de algo o de alguien que molesta. **FAM.** quite. **COMP.** desquitarse.

quivi *[n.m.]* fruta comestible de piel delgada, marrón y cubierta de pelusa áspera, y pulpa verde con muchas semillas pequeñitas y sabor ácido, que es el fruto de un arbusto que también se llama *quivi.*

quizá *[adv. de d.]* sin que sea seguro, pero sí posible: *si acabo pronto, quizá vaya a veros.* **SIN.** acaso, tal vez, posiblemente, a lo mejor.

quizás *[adv. de d.]* quizá*.

r *[letra consonante]* letra que en el abecedario español ocupa el decimonoveno (19º) lugar y se llama *erre*. **AMPL.** cuando va a principio de palabra tiene sonido fuerte (*rato, ruido*) y si va entre dos vocales, sonido débil (*ahora, dinero*); entre dos vocales, el sonido fuerte se consigue con dos erres (*perro*).

rabaniza *[n.f.]* semilla del rábano. **FAM.** rábano.

rábano *[n.m.]* planta que se cultiva en huertas por su raíz, que es comestible, de color rosa intenso por fuera y blanco por dentro y con forma de peonza pequeñita. ■ **importarle** a uno **un rábano** algo, no importarle nada, darle igual. **FAM.** rabanero, ***rabaniza*** (semilla del rábano).

rabí *[n.m.]* sabio religioso o director espiritual de una comunidad judía. **SIN.** rabino.

rabia *[n.f.]* 1 enfermedad que ataca a algunos animales, especialmente a mamíferos, como perros, conejos, gatos y lobos y que a través de la mordedura se la pueden transmitir al hombre y resultarle mortal: *es obligatorio vacunar a los perros contra la rabia.* **SIN.** hidrofobia. 2 lo que siente quien está enfurecido o muy enfadado por tener que aguantar algo que le molesta muchísimo: *da rabia pagar multas injustas; pataleaba con rabia.* **SIN.** ira*. ■ **tener rabia a** alguien, tenerle manía, no soportarlo. **FAM.** rabiar, rabioso, rabieta, rabiosamente, rábico. **COMP.** enrabiar, enrabietar, antirrábico.

rabiar *[v.]* 1 tener el mal de la rabia*: *el perro estaba rabiando.* 2 expresar con irritación el dolor que produce algo: *rabiar de dolor; está que rabia.* ■ **a rabiar**, muchísimo, exageradamente.

rabieta *[n.f.]* enfado muy fuerte que dura poco y se manifiesta a veces escandalosamente: *cogió una rabieta porque nadie le daba la razón.* **SIN.** berrinche. **AF.** pataleta.

rabillo *[n.m.]* especie de tallo que sostiene la hoja o el fruto: *el rabillo de las cerezas, de las uvas, de un trébol...* **SIN.** rabo, rabito. **AMPL.** se llama ***peciolo*** si es el rabo de la hoja, y ***pedúnculo*** si es el de las flores o frutos. ■ **rabillo del ojo**, extremo exterior del ojo, donde se juntan los dos párpados.

rabino *[n.m.]* maestro religioso de los judíos: *el rabino explicaba las escrituras.* **FAM.** rabínico.

rabioso, rabiosa *[adj.]* 1 que tiene la enfermedad de la rabia*: *los animales rabiosos no soportan ver agua.* **SIN.** hidrofóbico. 2 que está lleno de rabia*, muy irritado: *se puso rabioso discutiendo.* **SIN.** colérico*.

rabo *[n.m.]* 1 prolongación de la columna vertebral de algunos animales de cuatro patas: *rabo de toro; rabo de lagartija.* **SIN.** cola. 2 parte estrecha y alargada, a modo de tallo, que une el fruto o la hoja con la rama: *el rabo de una pera, de una hoja...* **SIN.** rabillo, rabito. **FAM.** rabear, rabadilla, rabillo, rabón, rabudo, rabotear, raboteo.

racha *[n.f.]* 1 golpe de viento: *las fuertes rachas les impidieron embarcar.* **SIN.** ráfaga. 2 periodo de tiempo que se caracteriza porque todo lo que ocurre se parece en algo: *ya se le pasó la mala racha.* **SIN.** etapa, periodo. **AF.** fase. **FAM.** racheado.

racial *[adj.inv. en gén.]* que tiene que ver con las razas: *en algunos países hay discriminación racial.* **SIN.** étnico.

racimo *[n.m.]* conjunto de flores o de frutos unidos alrededor de un eje y que es mucho más ancho en un extremo que en el otro: *un racimo de uvas; flores en racimo.* **FAM.COMP.** arracimarse.

raciocinio *[n.m.]* 1 posibilidad de razonar, relacionando ideas y conocimientos para llegar a una conclusión: *los juegos de lógica y las adivinanzas obligan a desarrollar el raciocinio.* **SIN.** entendimiento, juicio. **AF.** razón, inteligencia, intelecto. **AMPL.** el raciocinio es una ***facultad*** o ***capacidad*** del ser humano. 2 utilización de esta capacidad de razonar: *un raciocinio incorrecto conduce al error.* **SIN.** razonamiento. **AF.** argumentación.

ración *[n.f.]* 1 cantidad de comida que corresponde a una persona o animal: *ya le di su ración de tarta.* **SIN.** porción, parte. 2 cantidad de comida que se da en los bares por un precio determinado: *tomamos dos raciones de pulpo.* **AF.** tapa, pincho. **FAM.** racionar, racionamiento.

racional *[adj.inv. en gén.]* 1 que puede razonar porque tiene la facultad de la razón*: *los seres humanos son animales racionales.* **ANT.** irracional. 2 lo que se puede comprender con la razón, razonando: *los afectos, las manías, algunos miedos y muchos otros sentimientos no son racionales.* **SIN.** lógico, razonable. **ANT.** irracional, ilógico. 3 que somete todos sus actos a la razón, no suele actuar sin pensar y no se deja llevar por intuiciones, afectos o caprichos: *una manera racional de trabajar.* **AF.** objetivo, práctico. **ANT.** visceral, intuitivo, sentimental.

racionar *[v.]* controlar el gasto de algo porque hay poco o porque es muy costoso: *racionamos el agua durante el viaje; nos tiene racionado el uso de la fotocopiadora.* **ANT.** despilfarrar, derrochar, descontrolar.

racismo *[n.m.]* desprecio de unas razas hacia otras: *el racismo es un problema con consecuencias desastrosas.* **SIN.** xenofobia.

racista *[adj.inv. en gén.]* que desprecia a alguna raza en concreto o a todas las razas que no sean la suya: *todavía hay leyes racistas.* **SIN.** xenófobo.

rada *[n.f.]* parte de la costa con forma parecida a una U o a una V, que es especialmente buena para que los barcos puedan pararse sin que el viento los perjudique; bahía; ensenada.

radar *[n.m.]* aparato que emite ondas para localizar objetos a distancia: *el radar es importante para la navegación.*

rádar *[n.m.]* radar*.

radiación *[n.f.]* lo que emiten o despiden algunos cuerpos en forma de ondas invisibles de energía o en forma de partículas de materia que se propagan por el espacio: *una radiación de rayos X.*

radiactividad *[n.f.]* propiedad que tienen algunos cuerpos y que consiste en que sus átomos* se desintegran espontáneamente, desprendiendo partículas o radiaciones electromagnéticas que pueden ser peligrosas para la salud: *la radiactividad se utiliza en medicina para algunos tratamientos.* **FAM.** radiactivo, radio.

radiactivo, radiactiva *[adj.]* que tiene la propiedad de la radiactividad y emite, por tanto, ondas radiactivas: *las centrales nucleares usan materiales radiactivos y sus residuos son radiactivos.*

radiador *[n.m.]* aparato que irradia o transmite al exterior el calor que tiene, porque lo ha generado él o porque lo ha recibido de una instalación a la que pertenece: *esta calefacción funciona con radiadores de agua; el radiador del coche refrigera el motor.*

radiante *[adj.inv. en gén.]* 1 que emite ondas o rayos de algo: *un sistema de calefacción radiante; las bombillas tienen un hilo radiante.* 2 lleno de luz: *una mañana radiante.* **SIN.** luminoso, resplandeciente, reluciente. **ANT.** apagado, mate. 3 que está tan contento que desprende o irradia felicidad: *estaba radiante el día de su cumpleaños.* **SIN.** resplandeciente, feliz. **AF.** alegre, contento, satisfecho. **ANT.** triste, apagado.

radiar *[v.]* 1 enviar al espacio sonidos en forma de ondas que se pueden recoger en los receptores de radio*: *radiaron el concierto.* **SIN.** emitir, transmitir, retransmitir. 2 despedir rayos de luz o de energía, o partículas de materia que se propagan a través del espacio: *el Sol radia calor.* **SIN.** irradiar*. 3 aplicar algún tipo de radiación como tratamiento médico: *el fisioterapeuta radió la rodilla del futbolista.* **FAM.** radiante, radiación, radiador, radio. **COMP.** irradiar.

radical *[adj.inv. en gén.]* 1 de la raíz o las raíces de las plantas: *el sistema radical de este árbol es muy extenso.* 2 que tiene que ver con la base, el origen o lo más importante de algo, no sólo con su apariencia o superficie: *entre ellos hay una diferencia radical; necesita un cambio radical.*

SIN. fundamental, básico, absoluto, profundo. 3 que aplica con rigidez las ideas, las normas o los modos de entender la vida: *un partido político radical; es muy radical en sus decisiones; las personas radicales no admiten términos medios.* **SIN.** extremista, tajante. **AF.** exigente. **ANT.** moderado, flexible. TAMBIÉN *n.*: *los radicales ganaron las elecciones.* **FAM.** radicalismo, radicalista, radicalmente, radicalizar, raíz.

radicar *[v.]* tener algo su origen, su raíz o su centro donde se dice: *le empresa radica en Nueva York; el problema radica en la falta de espacio.* **SIN.** estar, hallarse, encontrarse. **OBS.** ante e, qu: *radiquen.* **FAM.** radicación, raíz. **COMP.** ***erradicar*** (arrancar de raíz o hacer desaparecer del todo), erradicación.

radio *[n.m.]* 1 línea recta que une el centro de una circunferencia con cualquier punto de ésta. 2 cada una de las varillas de acero de algunos tipos de ruedas: *muchas bicis tienen ruedas con radios.* 3 hueso del brazo que va desde el codo hasta la muñeca: *al caerse se rompió el radio.* **AMPL.** el otro hueso que une el codo con la muñeca es el ***cúbito***. 4 elemento químico metálico de color blanco brillante y muy radiactivo. // **radio** *[n.f.]* 5 aparato que capta las ondas acústicas del espacio y las transforma en sonidos: *oigo música en la radio.* **SIN.** radiorreceptor. **FAM.** radial, radialmente, radiación, radiar, radiactividad, radiactivo. **COMP.** radiodifundir, radioyente, radiodifusión, radiodifundir, radiodifusor, radioescucha, radiocasete.

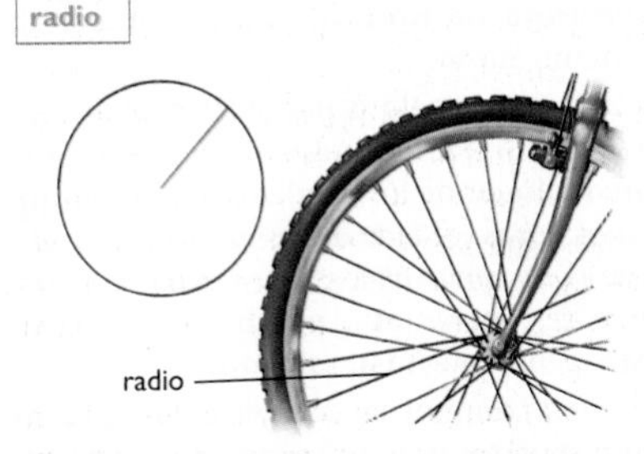

radiocasete *[n.m.]* aparato formado por un receptor de radio y un grabador-reproductor de cintas magnetofónicas: *escuchan cintas de inglés en un radiocasete.*

radiodifusión *[n.f.]* conjunto de técnicas que permiten la transmisión de sonidos por radio: *en España hay muchas empresas de radiodifusión.*

radioescucha *[n.m.]* radioyente, sobre todo el que atiende un receptor-transmisor de una red.

radiografía *[n.f.]* fotografía obtenida por rayos X: *en las radiografías se ve la forma y la situación de los huesos.* **FAM.** radiografiar, radiográfico.

radioyente *[n.m.]* persona que oye la radio: *el programa cuenta con varios millones de radioyentes.* **SIN.** radioescucha.

ráfaga *[n.f.]* 1 golpe de viento o de luz que dura poco: *el viento soplaba en ráfagas de distinta dirección.* **AF.** racha. 2 conjunto de proyectiles disparados por un arma automática: *las ráfagas de ametralladora dejaron las paredes agujereadas.* **AF.** descarga.

raigambre *[n.f.]* conjunto de las raíces de una planta unidas entre sí. **FAM.** raíz.

raíl *[n.m.]* barra de metal o hendidura de una superficie que guía el movimiento de algo que va encajado en ella: *el tren va por raíles; la cortina se ha salido del raíl.* **SIN.** riel, carril, guía.

raíz *[n.f.]* 1 parte de las plantas que no tiene hojas y le sirve para absorber el agua y los elementos nutritivos del suelo o del aire: *la raíz tiene unos pelitos por donde absorbe las sustancias del suelo.* **AF.** raigón, radícula. 2 parte que mantiene algo sujeto en su sitio: *la raíz de un diente o de una muela.* 3 parte de una palabra que le da el significado fundamental y que se completa con los prefijos, sufijos, y otros tipos de terminaciones o morfemas : *la raíz de las palabras cantar, canto y canción es "can-".* **AMPL.** las palabras que tienen la misma raíz pertenecen a la misma familia. 4 causa u origen de algo: *la raíz del problema es su vagancia.* 5 número que, multiplicado por sí mismo una o más veces, da como resultado la cantidad de la que decimos que es raíz: *la raíz cuadrada de nueve es tres.* **AMPL.** si se tiene que multiplicar por sí mismo una sola vez se llama ***raíz cuadrada***, si dos veces ***cúbica***, etc. **PL.** *raíces.* **FAM.** radical, radicalismo, radicalmente, radicalizar, radicar, raigambre. **COMP.** enraizar, arraigar.

raja *[n.f.]* **1** abertura o rotura larga y estrecha: *la puerta estaba llena de rajas* (**SIN.** grieta, rajadura); *la falda lleva una raja en un costado* (**SIN.** abertura). **AF.** hendidura, hendedura, rendija. **2** trozo de algo que se ha cortado de forma uniforme y más o menos estrecha: *raja de melón.*

rajar *[v.]* **1** hacerle una raja a algo o cortarlo en rajas: *rajó la cartulina al cortar sobre ella el papel; rajar una sandía.* // **rajarse** *[v.prnl.]* hacérsele rajas a algo: *la caja de madera se rajó al caerse.* **SIN.** abrirse. **AF.** resquebrajarse. **FAM.** raja, rajadura. **COMP.** rajatabla.

rajatabla palabra que nada más aparece en la expresión adverbial ■ **a rajatabla**, muy rígidamente o con mucho rigor.

ralea *[n.f.]* se usa, en sentido despectivo, en lugar de raza, clase o linaje*: *a este local va gente de baja ralea.* **SIN.** pelaje, calaña, estofa.

rallador *[n.m.]* utensilio, normalmente de cocina, que está lleno de agujeros o de rajas y sirve para partir algo en trozos muy pequeños y finos: *rallador de pan, de zanahoria, de patatas; con el rallador hizo ralladura de cáscara de limón.* **AF.** raspador.

rallar *[v.]* pasar varias veces una cosa por un utensilio apropiado para convertirlo en trocitos pequeños o tiras delgadas: *el queso se ralla con el rallador; la pintura se ralla con la espátula.* **AF.** raspar, desmenuzar. **AMPL.** lo que sale al rallar algo se llama ***ralladura***. **FAM.** rallador, ralladura.

Quien **ralla** el queso, con **elle**,
lo hace trocitos pequeños...
También quien **ralla** los techos
para quitar la pintura
va dejando sobre el suelo
virutitas de color
como llovidas del cielo.

rally *[n.m.]* carrera de automóviles por un terreno difícil o por una pista con fuertes curvas y pendientes: *participó en el rally de la sierra.* **PL.** *rallys.*

rama *[n.f.]* **1** cada una de las prolongaciones del tronco de los árboles y arbustos en las que brotan las hojas, las flores y los frutos: *esta rama tiene muchas manzanas.* **AF.** ramo. **2** parte de una ciencia, de una familia, de un arte, etc. que comparte con las demás un tronco común de parentesco, ideas, origen, conocimientos, etc.: *una rama de mi familia proviene de Santander; el álgebra es una rama de las matemáticas y la cirugía una rama de la medicina.* **SIN.** parte. **AF.** sección, subdivisión, especialidad. ■ **andarse uno por las ramas**, no centrarse en lo importante de lo que se está tratando. **FAM.** ramaje, ramal, ramificar, ramificación, ramo, ramillete. **COMP.** enramado.

ramaje *[n.m.]* conjunto de las ramas de una planta.

ramal *[n.m.]* **1** cuerda que se ata a la cabeza de un animal para tirar de él o dirigirlo: *el caballo se soltó del ramal.* **2** camino secundario que nace de uno principal: *esta carretera se bifurca en dos ramales.* **SIN.** ramificación.

rambla *[n.f.]* **1** calle ancha con un paseo en el centro y calzada a los dos lados de él: *las ramblas de Barcelona.* **SIN.** bulevar. **AF.** paseo, avenida. **2** parte hundida de un terreno por la que corre el agua cuando llueve mucho: *con las lluvias se desbordó la rambla.* **SIN.** torrentera, barranco. **FAM.** ***arramblar*** (arrastrar).

ramillete *[n.m.]* ramo de flores pequeñas: *un ramillete de violetas.*

ramo *[n.m.]* **1** conjunto de flores colocadas con sus tallos juntos. **AF.** ramillete. **2** cada una de las partes en que se divide la actividad de un país, ya sea dentro de la industria, el comercio, el arte o la ciencia: *las tiendas de ropa pertenecen al ramo textil.* **SIN.** sector, grupo. ■ **domingo de Ramos**, primer domingo de la Semana Santa.

rampa *[n.f.]* suelo o plataforma inclinada que se utiliza para unir dos niveles de distinta altura en lugar de las escaleras, o para lanzar algunas cosas: *al lado de las escaleras hay una rampa para minusválidos; una rampa de lanzamiento de cohetes.* **SIN.** plano inclinado. **AF.** cuesta, pendiente. **FAM.** rampante.

rana *[n.f.]* animal sin cola y con las patas de atrás dispuestas para saltar o nadar, que tiene la piel húmeda, los ojos redondos y saltones, vive en charcas y ríos y se alimenta de insectos: *las ranas saltan muy bien.* ■ **salir rana**, no resultar como uno había pensado que era.

ranchera *[n.f.]* canción típica mejicana: *Jorge Negrete cantaba rancheras.* TAMBIÉN *adj.*: *canciones rancheras.*

ranchero, ranchera *[n.]* persona que tiene un rancho o trabaja en él: *unos rancheros de Texas.*

rancho *[n.m.]* 1 propiedad en el campo destinada a la cría de ganado mayor como caballos, vacas y toros. **AMPL.** es el nombre que reciben en parte de Estados Unidos y Méjico; en América del Sur se suelen llamar ***haciendas*** o ***estancias***, en España ***dehesas*** y tienen también cultivos en grandes extensiones; las ***granjas*** son más bien de ganado menor y los ***cortijos*** andaluces son, sobre todo, de labranza. 2 comida que se hace para muchas personas: *en los campamentos se come rancho.* **FAM.** ranchero, ranchera.

rancio, rancia *[adj.]* 1 que con el tiempo ha llegado a tener distintas características y distinto sabor: *las patatas fritas están rancias; la mantequilla se puso rancia; el aceite sabe rancio; un vino rancio.* **AMPL.** si con el tiempo se ha estropeado, se suele decir que *está rancio*, ***pasado***, ***revenido*** y a veces ***añejo***, pero si ha mejorado se dice que *es rancio*, ***curado***, ***viejo*** *o* ***añejo***. 2 de costumbres rutinarias y difíciles de cambiar: *una persona muy rancia; ideas rancias.* **FAM.** ranciedumbre. **COMP.** enranciar.

rango *[n.m.]* cada uno de los niveles o categorías que se establecen al ordenar o clasificar algo de mayor a menor importancia: *el capitán tiene un rango inferior al de comandante; gente de alto rango.* **SIN.** categoría, nivel. **AF.** importancia, graduación.

ranura *[n.f.]* 1 canal largo y estrecho que se hace en una pieza de madera, hierro, piedra, etc., para encajar otra pieza: *el cajón de la mesa encaja en una ranura.* **SIN.** hendedura o hendidura, guía, canaleta. **AF.** raíl, riel. 2 espacio que queda entre dos superficies que no están perfectamente unidas: *mira por la ranura de debajo de la puerta; no cerré del todo la ventana, dejé una ranura para que pudieras coger las llaves.* **SIN.** abertura, rendija. 3 abertura estrecha que se hace en un objeto para meter algo y no poder sacarlo: *el buzón tiene una ranura para meter las cartas y la hucha una para meter las monedas.*

rapar *[v.]* cortar el pelo muy corto: *en la mili te rapan al cero; raparon a los caballos.* **SIN.** rasurar. **FAM.** rape, rapadura, rapamiento.

rapaz *[n.f.]* 1 ave carnívora que se alimenta principalmente de roedores y otros mamíferos pequeños y tiene el pico y las garras fuertes y curvados para poder cazar, matar y transportar a sus presas. **SIN.** ave de rapiña. TAMBIÉN *adj.*: *ave rapaz.* // **rapaz** *[n.m.]* 2 muchacho de corta edad: *los rapaces se subían a los árboles.* **SIN.** muchacho, chico, chaval, mozo. **PL.** *rapaces.* **FAM.** rapacería, rapazuelo, rapazada.

rape *[n.m.]* pez marino de carne blanca muy apreciada, que mide alrededor de un metro de longitud y tiene la cabeza grande y aplastada, la boca grande y los ojos en la parte superior de la cabeza. **SIN.** pejesapo. ■ **al rape**, muy corto o cerca de la raíz.

rapidez *[n.f.]* característica que hace que se diga que alguien o algo es rápido*: *es una persona muy ágil y se mueve con rapidez.* **SIN.** velocidad, celeridad, ligereza. **AF.** deprisa. **ANT.** lentitud. **FAM.** rápido, rápidamente.

rápido, rápida *[adj.]* 1 que hace las cosas (o muchas cosas) en poco tiempo: *es muy rápido para todo.* **SIN.** veloz, raudo, ligero. **ANT.** lento. 2 que dura poco tiempo: *una visita rápida.* **SIN.** breve, fugaz. **ANT.** largo.

rapiña *[n.f.]* robo que se hace abusando del poder con descaro y avaricia y sin correr ningún riesgo: *después de la batalla se cometieron actos de rapiña; los vencedores se dedicaron a la rapiña.* **SIN.** saqueo, pillaje, expoliación. ■ **ave de rapiña**, ave carnívora y de fuertes garras y pico curvado, del tipo de las águilas, búhos, buitres y halcones. **FAM.** rapiñar, rapiñador.

raptar *[v.]* llevarse a una persona y retenerla contra su voluntad, especialmente si es menor de edad o se hace con fines sexuales: *la raptaron de su casa.* **AF.** secuestrar, retener, aprehender, apresar.

rapto *[n.m.]* 1 acción y delito que consiste en raptar a una persona: *está acusado de rapto.* **AF.** secuestro, retención, apresamiento. 2 sentimiento intenso y repentino que nos empuja a hacer o decir algo: *en un rapto de generosidad les regaló todo.* **SIN.** arranque, impulso, arrebato. **FAM.** raptar, raptor.

raqueta *[n.f.]* pala o paleta ovalada con el borde y el mango de madera, metal o plástico, que está cubierta en el interior por un enrejado de cuerdas y se utiliza en algunos juegos de pelota como en el tenis. **FAM.** raquetero.

raquetas

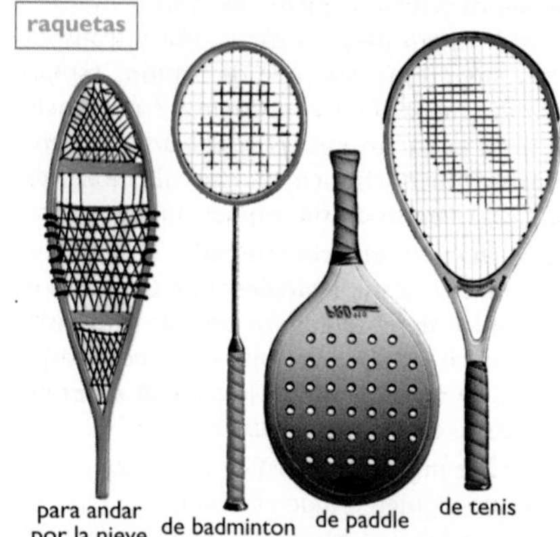

raquis *[n.m.inv. en núm.]* columna vertebral.

raquítico, raquítica *[adj.]* **1** que por falta de alimentación o vitaminas no tiene un desarrollo normal y conveniente. **AF.** anémico, enclenque, flaco, delgado. **2** que es más pequeño de lo que debería ser: *el abrigo le queda raquítico; esta habitación es muy raquítica.* **FAM.** raquitismo, ***raquis*** (columna vertebral), raquídeo.

raquitismo *[n.m.]* enfermedad producida por falta de vitaminas y buena alimentación.

rareza *[n.f.]* cosa o suceso que es diferente del resto de las cosas de su tipo o que ocurre, se ve, se dice o se hace muy pocas veces: *este sello es una rareza, guárdalo y pregunta a los entendidos; es una rareza que nieve aquí; este chico tiene unas rarezas que no hay quien las entienda.* **AF.** curiosidad, extravagancia, manía.

raro, rara *[adj.]* **1** que no es como la mayoría de las cosas o personas del mismo tipo, sino que tiene algo distinto que llama la atención: *una persona rara; un comportamiento raro; una familia rara; en ese bar hay un ambiente muy raro.* **2** que no suele pasar o que abunda poco: *aquí son raras las inundaciones; los osos panda son raros en el mundo.* **ANT.** abundante. **SIN.COM.** extraño, atípico, fuera de lo normal, inusual, infrecuente. **INTENS.COM.** insólito, excepcional, extraordinario. **ANT.COM.** normal, corriente, habitual. **FAM.** rareza, raramente. **COMP.** enrarecer.

ras *[n.m.]* superficie, parte superior o borde de una cosa: *lo llenó hasta el ras.* ■ **al ras**, casi tocando. ■ **a ras de**, al mismo nivel que. **FAM.** rasante, rasar, rasero, raso. **COMP.** arrasar.

rascacielos *[n.m.inv. en núm.]* edificio de muchos pisos y gran altura: *la Torre Latina es un rascacielos de Méjico.* **AF.** torre.

rascadera *[n.f.]* instrumento para rascar.

rascador *[n.m.]* utensilio que sirve para quitar pintura o suciedad de una superficie, raspándola. **SIN.** raspador, raedera. **AF.** rasqueta, espátula.

rascar *[v.]* **1** frotar una superficie dura con algo áspero o cortante para limpiarla: *tuvo que rascar para quitar las manchas del suelo.* **SIN.** raspar, frotar. // **rascarse** *[v.prnl.]* **2** arrascarse*. **OBS.** ante e, qu: *rasquen.* **FAM.** rascador, rascadura, rascadera.

rasgar *[v.]* romper una superficie que no es muy rígida sin ayuda de ningún instrumento: *da un corte al principio de la tela y después la rasga; rasgar un papel.* TAMBIÉN *prnl.: el póster se rasgó al descolgarlo.* **AF.** desgarrar. **OBS.** ante e, gu: *rasguen.* **FAM.** rasgo, rasguño, rasgón, rasgadura.

rasgo *[n.m.]* **1** línea que forma las letras o que une unas letras con otras en la escritura de cada persona: *en los rasgos de su escritura se nota decisión y energía.* **SIN.** trazo. **AMPL.** los rasgos de la escritura los estudia la ***caligrafía*** y su relación con el carácter de la persona la ***grafología***. **2** cada una de las cualidades o características que tiene algo: *el tigre y el gato tienen rasgos comunes; el tocino y la velocidad no tienen ningún rasgo en común.* **SIN.** característica o cualidad, atributo, aspecto, propiedad, peculiaridad, particularidad. **3** detalle por el que se nota que alguien tiene una virtud o un defecto: *un rasgo de generosidad.* **SIN.** signo. // **rasgos** *[n.m.pl.]* **4** líneas del rostro que definen las facciones de una persona: *rasgos gitanos, africanos, orientales...; tiene los rasgos muy marcados.* **SIN.** facciones. **AF.** fisonomía. ■ **a grandes rasgos**, sin entrar en los detalles. **SIN.** resumidamente.

rasguño *[n.m.]* herida pequeña y poco profunda que se ha hecho con las uñas o al rozarse con algo áspero: *se cayó, pero sólo se hizo unos rasguños.* **SIN.** arañazo, raspón.

rasilla *[n.f.]* ladrillo hueco y delgado.

raso, rasa *[adj.]* 1 sin nada que rompa la uniformidad de color o de nivel de una superficie: *desde la torre se ve el campo raso; el sol lucía en un cielo raso, sin nubes.* **SIN.** limpio, despejado. 2 lleno hasta el borde, pero sin pasar de él: *una cucharada rasa de azúcar.* // **raso** *[n.m.]* 3 tejido que tiene un cierto brillo porque lleva seda mezclada con algodón o fibra: *una blusa de raso; un pantalón de raso.* ■ **al raso**, al aire libre, sin protección. **SIN.** al relente, a la intemperie. ■ **cielo raso**, techo plano y liso en el interior de los edificios. ■ **hacer tabla rasa**, no tener en cuenta las diferencias. ■ **soldado raso**, soldado que no es más que soldado, porque no ha ascendido a otro rango superior. ■ **vuelo raso** o **vuelo rasante**, a poca altura del suelo y paralelo a él.

raspa *[n.f.]* 1 cáscara del grano de los cereales: *los productos que llamamos integrales se hacen sin quitar la raspa.* 2 espina dorsal de un pescado. 3 loncha muy delgada de un alimento, cortada con cuchillo: *corta unas raspas de queso para probarlo; échale una raspa de jamón al guiso.*

raspar *[v.]* 1 limpiar una superficie frotándola con algo áspero o pasándole algo cortante: *raspó las gotas de pintura con una espátula.* **SIN.** rascar, rallar. **AF.** lijar, limar. 2 llegar casi a tocarse una cosa con otra o llegar casi a alcanzar algo: *el coche le pasó raspando; anduvo raspando el primer puesto.* **SIN.** rozar, pasar al ras. **AF.** tocar. 3 producir una cosa sensación de aspereza o irritación: *ese vino raspa el paladar; ese jersey raspa la piel.* **AF.** rascar, rozar, irritar, picar. **FAM.** raspa, rasposo, raspadura, raspado, raspador, raspón, rasponazo, raspamiento.

raspón *[n.m.]* 1 señal o marca poco profunda que queda en lo que ha sido raspado con algo: *tiene el coche lleno de raspones; se hizo un buen raspón en el brazo.* **SIN.** arañazo*. 2 sin que sobre nada, en el límite de algo: *un aprobado raspón.* **SIN.** justo, pelado. **PL.** *raspones.*

rastrear *[v.]* buscar detenidamente rastros o señales de algo: *rastrearon la zona y encontraron huellas; el perro rastrea con el olfato.* **SIN.** buscar, indagar, investigar. **AF.** explorar, batir. **OBS.** e + e = ee: *rastreen.*

rastrero, rastrera *[adj.]* 1 que está por el suelo, tocándolo o arrastrándose por él: *el fresal es una planta rastrera; vuelo rastrero.* 2 que no tiene dignidad o nobleza o que tiene un nivel moral muy bajo: *comportamiento rastrero.* **SIN.** despreciable, bajo, ruin, vil, indigno.

rastrillar *[v.]* pasar el rastrillo para quitar hierbas, hojas caídas, etc. o para extender uniformemente arena, abono, etc.: *rastrilló el campo para cubrir las semillas con la tierra.*

rastrillo *[n.m.]* utensilio de agricultura y jardinería formado por un mango largo y un peine de púas metálicas que se pasa sobre el suelo ligeramente para arrastrar o extender algo: *con el rastrillo amontonó la hierba recién cortada.* **SIN.** rastro, rastrilla.

rastrillo

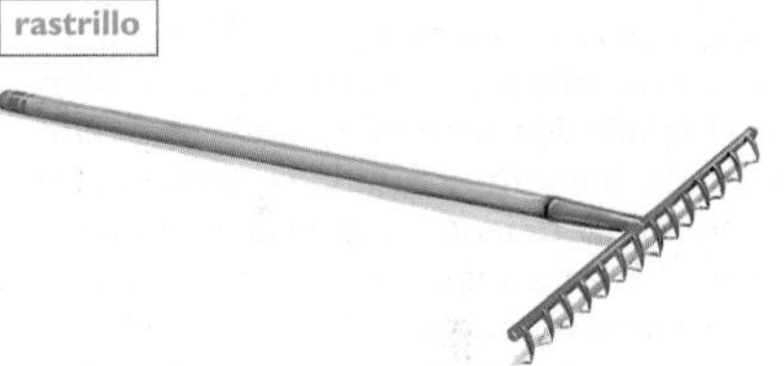

rastro *[n.m.]* 1 señal que queda en un lugar, por la que se puede notar que por allí ha estado o ha pasado algo o alguien: *se fueron sin dejar ni rastro; aquí hay rastros de conejos.* **SIN.** huella, señal. **AF.** pista, vestigio, indicio. 2 lugar en el que hay muchas tiendas y puestos que se dedican a comprar y vender objetos usados: *compra muchos libros antiguos en el rastro.* **FAM.** rastrear, rastrillo, rastrillar, rastrillada, rastrilla, rastreramente, rastreo, rastreador, rastrero. **COMP.** arrastrar.

rastrojo *[n.m.]* resto de la paja del cereal que queda en el campo después de haberlo segado: *el agricultor encontró un nido de perdices entre los rastrojos.*

rasurar *[v.]* afeitar*. **FAM.** rasuración, rasura.

rata *[n.f.]* animal parecido al ratón, pero mucho más grande y peligroso para el hombre, que tiene la cabeza pequeña, el hocico puntiagudo, el cuerpo grueso, las patas cortas, larga cola y pelo gris oscuro: *la basura atrae a las ratas.* **FAM.** ratón, ratona, ratonera, ratonero, ratonil, ratero, ratería, rateramente, raticida. **COMP.** desratizar, desratización.

ratero, ratera *[n.]* ladrón que roba cosas de poco valor: *unos rateros le quitaron el monedero.* **SIN.** caco, ladrón, chorizo.

ratificar *[v.]* volver a afirmar algo que ya se ha dicho antes: *ratificó ante el juez lo que había declarado en comisaría.* **SIN.** corroborar, reafirmar. **AF.** confirmar, certificar. **ANT.** desdecirse. TAMBIÉN *prnl.: se ratificó en su decisión de dejar el trabajo.* **SIN.** reafirmarse. **OBS.** ante e, qu: *ratifiquen.* **FAM.** ratificación, ratificador, ratificatorio.

rato *[n.m.]* periodo de tiempo indeterminado, menor que una mañana o una tarde, pero sin determinar exactamente cuánto dura: *espérame un rato.* ■ **a ratos**, que no es (o está) siempre igual. ■ **a ratos perdidos**, cuando sobra tiempo. ■ **pasar el rato**, entretenerse con algo.

ratón *[n.m.]* **1** animal pequeño, de larga cola, hocico afilado y pelo negro, gris o blanco: *en el sótano hay ratones; el gato come ratones.* **AMPL.** la hembra del ratón se llama ***ratona***. **2** mando de ordenador que puede sustituir al teclado en muchas cosas: *utiliza el teclado más que el ratón.* **PL.** *ratones.*

ratonera *[n.f.]* **1** trampa para cazar ratones: *hemos puesto queso en una ratonera.* **SIN.** cepo, trampa. **2** nido de ratones o agujero por el que entran y salen los ratones: *el gato persiguió a los ratones hasta la ratonera.* **AF.** madriguera.

ratonera

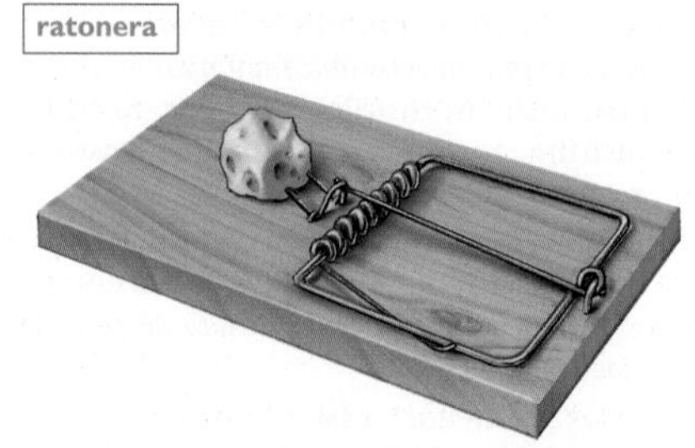

raudal *[n.m.]* gran cantidad de algo que brota con fuerza: *manaba de la fuente un raudal de agua; tiene un raudal inagotable de energía; es un raudal de alegría.* ■ **a raudales**, en gran cantidad. **FAM.** raudo, raudamente.

raya *[n.f.]* **1** línea larga y estrecha: *los niños dibujaron unas rayas en la pizarra; usa cuadernos de dos rayas.* **SIN.** línea. **AF.** trazo. **2** línea que se marca en el pelo para peinarse y que lo separa en dos partes: *lleva la raya a la izquierda.* **AMPL.** cada una de las dos partes en que queda dividido el pelo se llama ***crencha***. **3** límite imaginado entre dos cosas o dos territorios: *está en la raya de Portugal; es difícil decir dónde está la raya entre el bien y el mal.* **SIN.** límite, linde, frontera. **4** pez marino, ancho, muy aplanado, con forma de rombo y la cola larga y estrecha: *compró una raya y la hizo al horno.* ■ **a raya**, muy controlado o con mucha disciplina. ■ **pasarse de la raya**, ir más allá de lo que se debe. **FAM.** rayar, rayado, rayano. **COMP.** subrayar.

rayado, rayada *[adj.]* **1** que tiene rayas dibujadas: *papel rayado para escribir.* // **rayado** *[n.m.]* **2** conjunto de rayas de una tela, un papel o cualquier superficie: *el rayado vertical en los vestidos hace más delgado.*

rayar *[v.]* **1** dibujar rayas sobre la superficie de algo: *rayaron el papel para no torcerse al escribir.* **2** estropear con marcas o rayas una superficie que estaba bien pintada o bien pulida: *ese estropajo raya los vasos.* TAMBIÉN *prnl.: el disco se ha rayado.* **3** estar en el límite: *su actitud raya en la grosería.* ■ **rayar el alba** o **rayar el día**, amanecer.

Quien con **rayas** y **rayones**,
marcada una cosa deja,
ha de **rayar** con y griega
para evitar confusiones.

rayo *[n.m.]* **1** línea de luz que procede de un cuerpo luminoso: *los rayos del Sol atraviesan la atmósfera.* **2** descarga eléctrica de gran intensidad que se produce en las tormentas: *el rayo cayó en un árbol y lo partió.* ■ **rayos X**, conjunto de líneas de energía que pasan fácilmente a través de muchos materiales y puede fijarse en placas fotográficas la imagen de los que no son atravesados por él.

rayuela *[n.f.]* juego infantil que consiste en ir empujando una china con un pie, saltando a la pata coja, sobre unas casillas que se han marcado en el suelo y sin pisar las rayas de estas casillas. **SIN.** castro.

raza *[n.f.]* grupo de seres humanos, animales o plantas cuyos individuos tienen en común una serie de caracteres (color de la piel, forma o fisonomía, talla, etc.) que se transmiten por herencia genética: *el mastín es una raza de perro.* **FAM.** racial, racismo, racista.

razón *[n.f.]* 1 lo que tienen las personas para poder pensar y darse cuenta de cómo es el mundo en general y las cosas en particular: *la razón es la base del progreso.* **SIN.** intelecto, inteligencia. **AF.** raciocinio, entendimiento, juicio. **AMPL.** la razón es una ***facultad*** o ***capacidad*** del ser humano. 2 idea que se dice para defender, demostrar o explicar algo: *dame una razón para no ir; expón tus razones, y después expondré yo las mías.* **SIN.** argumento, razonamiento. **ANT.** sinrazón. 3 lo que hace que pase algo o que haya algo: *la razón del retraso fue una avería.* **SIN.** motivo, causa, porqué. 4 lo que nos empuja a hacer algo: *la única razón por la que trabaja es que tiene que ganarse la vida.* **SIN.** motivación. ■ **tener razón**, estar en lo cierto. ■ **dar la razón**, decir a alguien que está en lo cierto. ■ **perder la razón**, volverse loco. ■ **entrar en razón** o **atenerse a razones**, admitir la realidad y entender cómo son las cosas. ■ **a razón de**, a tanto por cada uno. **FAM.** razonar, razonamiento, razonadamente, razonador, razonable, razonablemente, racional, racionalmente, racionalidad, racionalizar, racionalización, raciocinio. **COMP.** sinrazón, irracional.

razonable *[adj.inv. en gén.]* 1 que actúa y piensa siguiendo una lógica, sin contradicciones ni exageraciones (*una persona razonable*) o que demuestra este tipo de pensamiento (*una decisión razonable; un planteamiento razonable; un precio razonable*). **AF.** lógico, juicioso, sensato. **ANT.** irracional, desproporcionado. 2 cosa que se puede entender o explicar con la razón: *es razonable que si no está a gusto quiera irse.* **AF.** normal, natural, lógico, comprensible.

razonamiento *[n.m.]* lo que se hace al ir relacionando ideas y conocimientos para entender algo o sacar conclusiones: *el razonamiento es un proceso mental; lo decidió tras un serio razonamiento.*

razonar *[v.]* 1 utilizar la mente para ir relacionando los conocimientos que se tienen sobre algo, obtener nuevas ideas y llegar a una conclusión: *Galileo, razonando, se dio cuenta de que la Tierra giraba alrededor del Sol; para entenderlo, sólo tienes que razonar un poco.* **SIN.** pensar, discurrir. **AF.** meditar, reflexionar. 2 decir uno por qué ha llegado a una conclusión determinada: *razona tu respuesta, no basta con decir sí o no.* **SIN.** explicar, argumentar.

re *[n.m.]* segunda nota de la escala musical.

La nota re en clave de sol y en clave de fa.

reacio, reacia *[adj.]* que no le gusta algo y procura evitarlo: *es reacio a viajar los fines de semana.* **SIN.** remiso. **AF.** contrario, opuesto.

reacción *[n.f.]* 1 lo que sucede, se hace o se dice como respuesta a algo: *quitar la mano si te quemas es una reacción instintiva.* 2 cambio o alteración de una sustancia química al juntarse con otra u otras: *la oxidación del hierro es una reacción química producida por el contacto con el oxígeno del aire, la humedad, etc.* ■ **reacción en cadena**, conjunto de reacciones sucesivas, en el que cada una de ellas produce la siguiente. **FAM.** reaccionar, reactor, reaccionario, reacio, acción.

reaccionar *[v.]* 1 hacer o decir algo en respuesta a otra cosa: *al ver el ratón reaccionó gritando; el organismo reacciona ante el suministro de medicamentos.* 2 alterarse, cambiar o formar una nueva sustancia, al entrar en contacto dos sustancias químicas: *el revelado de fotografías se consigue gracias a reacciones fotoquímicas.*

reaccionario, reaccionaria *[adj.]* que está en contra de que haya cambios en la sociedad: *un grupo reaccionario; hacen política reaccionaria.* TAMBIÉN *n.*: *los reaccionarios se opusieron al proyecto de ley.* **ANT.** progresista.

reactor *[n.m.]* aparato que pone en marcha alguna reacción: *el avión tiene cuatro reactores; el reactor nuclear está blindado.*

real *[adj.inv. en gén.]* 1 que existe o ha existido en la realidad: *los personajes de los cuentos pertenecen a la fantasía y las personas al mundo* *real.* **AF.** existente, auténtico, verdadero. **ANT.** irreal, ficticio. 2 que coincide con la realidad: *la novela está basada en un hecho real.* **SIN.** verídico, verdadero, cierto. **ANT.** irreal. 3 del rey: *familia real; decreto real.* **SIN.** regio. **FAM.** realidad, realmente, realizar, realizable, realización, realizador, realista, realismo, realistamente, realeza, realengo. **COMP.** irreal, hiperrealismo, irrealizable.

realidad *[n.f.]* 1 conjunto de los seres y los hechos que existen o pasan en el universo, y no sólo en nuestra mente: *percibimos la realidad a través de los sentidos; su sueño se convirtió en realidad; en la película, el protagonista murió pero en la realidad, el actor sigue vivo.* **SIN.** mundo real. **ANT.** irrealidad, fantasía, ficción, ilusión, quimera. ■ **realidad virtual**, conjunto de sensaciones que se producen artificialmente creando un mundo que parece real pero no lo es. 2 cosa que pasa, aunque a uno le parezca que no o no se dé cuenta de ello: *aunque no lo notes, que la Tierra gira alrededor del Sol es una realidad.* **SIN.** hecho real, hecho objetivo, certeza. ■ **en realidad**, en verdad. **SIN.** realmente.

realismo *[n.m.]* 1 lo que tienen las cosas o las acciones que imitan tan bien la realidad que parecen reales: *cuenta las cosas con mucho realismo; sus cuadros tienen tanto realismo que parecen fotografías.* **ANT.** idealismo, abstracción. 2 corriente artística que imita o describe la realidad: *Galdós pertenece al realismo español.*

realista *[adj.inv. en gén.]* 1 que refleja la realidad: *novela realista; una descripción realista.* 2 que ve claramente la realidad, sin confundirla con sus deseos o ilusiones: *es muy realista y nunca se compromete a nada que no pueda cumplir.* **AF.** objetivo, práctico. **ANT.** idealista, soñador, iluso.

realizable *[adj.inv. en gén.]* que puede llegar a ser una realidad porque no es imposible hacerlo: *es un trabajo difícil pero realizable.* **SIN.** ejecutable, factible. **ANT.** irrealizable, quimérico, utópico.

realizador, realizadora *[n.]* hablando de cine y de televisión, persona que hace una película o un programa.

realizar *[v.]* 1 hacer lo que se dice: *realizó varias pruebas antes de patentar el invento; realizar un viaje; realizar un trabajo.* **SIN.** hacer, efectuar, llevar a cabo. 2 hacer que algo pase de ser una idea a ser una realidad: *al fin realizó su sueño de viajar a Egipto.* **SIN.** llevar a cabo, hacer realidad. **OBS.** ante e, c: *realicen.*

realzar *[v.]* hacer que algo se note más o llame más la atención: *este vestido realza su figura.* **SIN.** destacar, resaltar. **AF.** subrayar, remarcar. **OBS.** ante e, c: *realcen.* **FAM.** realce, realzadamente, alzar.

reanimar *[v.]* hacer que alguien recupere las fuerzas: *en el hospital reanimaron al enfermo; un caldo te reanimará.* **SIN.** reconfortar, entonar, restablecer. **AF.** fortalecer. **ANT.** debilitar. TAMBIÉN *prnl.: con la medicina se reanimará enseguida.* **FAM.** reanimación, reanimador, animar.

reanudar *[v.]* volver a ponerse a hacer algo que se había dejado sin terminar: *después de un descanso reanudaron la tarea; reanudarán las conversaciones sobre el desarme.* **SIN.** continuar, seguir con, proseguir con. **FAM.** reanudación, anudar.

reaparecer *[v.]* volver a verse, a estar, a salir, etc.: *en otoño, las castañeras reaparecen en las calles.* **FAM.** reaparición, aparecer.

reaparición *[n.f.]* hecho de volver a verse, a estar, a salir, etc.: *su reaparición ante el público produjo sorpresa.* **AF.** vuelta, regreso.

reavivar *[v.]* hacer que algo recupere fuerza o intensidad: *reavivó las llamas con el fuelle; sus palabras reavivaron la discusión.* **SIN.** reactivar, vivificar. **FAM.** reavivar, reavivación, avivar.

rebaja *[n.f.]* 1 parte de una cantidad que se descuenta de otra: *le hicieron una rebaja del 10 por ciento.* **SIN.** descuento. // **rebajas** *[n.f.pl.]* 2 época en la que una tienda (o la mayoría de ellas) vende más barato: *compró un abrigo en las rebajas de enero; durante las rebajas se vende mucho.*

rebajar *[v.]* 1 cambiar una cantidad establecida por otra más pequeña: *rebajar un precio; rebajar los sueldos; rebajar una condena.* **SIN.** disminuir, bajar. **AF.** descontar. **ANT.** aumentar, subir, elevar. 2 quitar parte del material de algo para que quede más bajo, más delgado, etc.: *rebajar un terreno; rebajar una puerta.* 3 poner a alguien en una situación (o empleo) de menos importancia o consideración:

lo rebajaron de categoría profesional. **SIN.** degradar. TAMBIÉN *prnl.: para él, que es muy soberbio, pedir disculpas es rebajarse.* **SIN.** humillarse. **FAM.** rebaja, rebaje, rebajamiento, bajar.

rebanada *[n.f.]* trozo del mismo grosor en toda su extensión, que se corta de una pieza de algo: *corta el pan en rebanadas.* **FAM.** rebanar, rebanado.

rebañar *[v.]* coger todo lo que queda de algo en un sitio, sin dejar nada: *rebañó la comida del plato; rebaña bien la pintura del bote.* **SIN.** arrebañar. **AF.** apurar, aprovechar. **FAM.** rebañadura, rebañador. **COMP.** arrebañar.

rebaño *[n.m.]* grupo de animales de la misma especie que van juntos: *un rebaño de ovejas.*

rebasar *[v.]* pasar un límite: *esto rebasa mi paciencia; el agua rebasó el borde del lavabo* (**SIN.** rebosar, desbordar)*; lo multaron por rebasar el límite de velocidad* (**SIN.** traspasar, superar, sobrepasar). **FAM.** rebasadero.

rebatir *[v.]* decir algo para demostrarle a otro que no tiene razón o que en algo hay un error: *fue rebatiendo, con varios argumentos, los fallos de la teoría.* **SIN.** refutar, echar por tierra. **AF.** contradecir, invalidar. **FAM.** rebatible, rebatimiento. **COMP.** irrebatible.

rebeca *[n.f.]* prenda de punto que cubre el tronco, tiene manga larga y se abrocha por delante. **SIN.** chaqueta de punto.

rebeca

rebelarse *[v.prnl.]* **1** ir en contra de lo que dice quien tiene autoridad sobre uno, o no respetar normas, costumbres, etc.: *se rebeló contra su padre y no fue; rebelarse contra una prohibición.* **AF.** desobedecer. **2** participar en una rebelión: *el pueblo se rebeló contra la tiranía del dictador.* **SIN.** sublevarse, alzarse, levantarse. **FAM.** rebelión, rebelde, rebeldía, rebeldemente.

Rebelarse contra alguien es con *be* como escribir, y ***revelar*** una foto con *uve* como vivir.

rebelde *[adj.inv. en gén.]* **1** que participa en una rebelión*: *las tropas rebeldes se atrincheraron en las montañas.* TAMBIÉN *n.: los rebeldes tomaron el edificio del Congreso.* **2** que es difícil de manejar o dominar: *tiene un cabello muy rebelde; los muchachos rebeldes suelen tener problemas con los profesores.* **AF.** contestatario. **ANT.** sumiso, dócil.

rebeldía *[n.f.]* **1** sentimiento que hace que uno no quiera ser dominado o manejado: *actuaba con rebeldía; su rebeldía lo llevó a perder el empleo.* **2** delito que consiste en no presentarse a la citación de un juez: *está acusado de rebeldía.*

rebelión *[n.f.]* hecho de que un conjunto de personas utilice la violencia en contra del poder establecido: *en algunos países hay continuas rebeliones.* **SIN.** sublevación, insurrección, levantamiento, alzamiento. **AF.** motín, revuelta.

reblandecer *[v.]* hacer que algo esté más blando: *el papel se reblandece con la humedad.* **SIN.** ablandar, emblandecer. **ANT.** endurecer. **FAM.** reblandecimiento, reblandecido, blando.

rebobinar *[v.]* enrollar una cinta en el sentido contrario: *rebobina la casete para volver a escuchar esa canción.* **FAM.** rebobinado, rebobinador, bobina.

reborde *[n.m.]* parte que sobresale del borde de algo: *quítale los rebordes a la tarta; la solapa lleva un reborde blanco.* **FAM.** rebordear, borde.

rebosante *[adj.inv. en gén.]* que rebosa los límites de algo: *el plato está rebosante de sopa; estaba rebosante de alegría.* **SIN.** repleto, lleno, a tope, desborbante.

rebosar *[v.]* **1** salirse un líquido por los bordes de un recipiente en el que no cabe: *el agua rebosa la bañera; los pantanos están a punto de rebosar.* **SIN.** desbordar. **2** tener un sentimiento tan intenso que uno lo transmite a los demás: *rebosaba alegría; rebosa satisfacción.* **SIN.** irradiar. **FAM.** rebosante, rebosadero, rebosamiento.

rebotar *[v.]* salir despedido en dirección contraria, después de chocar con algo: *el balón rebotó en el larguero.* **AF.** botar. **FAM.** rebote, rebotadura, botar.

rebote *[n.m.]* 1 cada uno de los botes que da algo después del primero: *la pelota dio un rebote y se desvió.* 2 golpe que da el balón de baloncesto contra el aro o el tablero. ■ **de rebote**, como consecuencia del primer bote o de otra cosa, pero sin haberlo pretendido.

rebozar *[v.]* recubrir un alimento con harina y huevo batido: *reboza la merluza antes de freírla.* **AMPL.** recubrir con pan rallado y huevo es ***empanar***. **OBS.** ante e, c: *rebocen.* **FAM.** rebozo, rebozado.

rebuscar *[v.]* buscar algo con mucho empeño, o buscar en un sitio a ver si hay algo que a uno le interese: *busca y rebusca hasta que lo encuentres; rebuscaba entre los montones de ropa de las rebajas.* **SIN.** buscar. **AF.** hurgar. **OBS.** ante e, qu: *rebusquen.* **FAM.** rebuscado, rebuscamiento, rebuscador, rebusca, buscar.

rebuznar *[v.]* dar uno o varios rebuznos*.

rebuzno *[n.m.]* ruido que hacen los burros con la garganta. **FAM.** rebuznar, rebuznador.

recadero, recadera *[n.]* persona que tiene por oficio hacer recados y llevar paquetes: *la tienda ha contratado un nuevo recadero.* **AF.** mensajero.

recado *[n.m.]* 1 cosa que se le dice a alguien para que sepa algo de otro que está relacionado con sus planes: *me dieron el recado de que no vendrían.* **AF.** mensaje, aviso. 2 cosa que uno tiene que hacer, yendo a uno o varios sitios, para solucionar algo, comprar algo, etc.: *su madre lo mandó a hacer varios recados.* **AF.** gestiones. **FAM.** recadero.

recaer *[v.]* 1 volver a tener una enfermedad porque no se había curado bien. 2 ser alguien la persona o la cosa a la que le toca algo o de la que se piensa algo: *recayó sobre él la responsabilidad de organizar el viaje; el acento recae sobre la sílaba tónica; el premio ha recaído en un pueblo de Lugo; sobre ella recayeron las sospechas.* **SIN.** caer. **CONJUG.** como *caer**. **FAM.** recaída, caer.

recalcar *[v.]* decir algo más lentamente y con una entonación especial, para que se entienda bien y todo el mundo se entere, porque se considera muy importante: *recalcó que era urgente.* **SIN.** subrayar, resaltar, enfatizar, poner el acento en. **AF.** insistir en. **OBS.** ante e, qu: *recalquen.* **FAM.** recalcadamente, calcar.

recalzar *[v.]* poner tierra alrededor de una planta. **OBS.** ante e, c: *recalcen.*

recambio *[n.m.]* pieza o parte de algo que sirve para sustituir a otra que se ha estropeado o se ha gastado: *necesita un recambio para la pluma.* **SIN.** repuesto. **FAM.** recambiar, recambiable, cambiar.

recapacitar *[v.]* pensar detenidamente sobre lo que se ha hecho o se va a hacer: *recapacita antes de actuar.* **SIN.** meditar, reflexionar.

recapitular *[v.]* hacer un repaso de lo que se ha dicho o se ha escrito para recordar lo más importante.

recargar *[v.]* 1 cargar algo que se ha descargado: *recarga la batería del coche.* **SIN.** cargar. 2 poner tantos adornos o tantas cosas en algo, que no resulta bonito o cansa: *si sigues poniendo muebles y figuras, recargarás el salón.* **SIN.** abigarrar. 3 hacer que una cantidad sea mayor de lo que podría ser: *los envases lujosos recargan el precio de las cosas.* **AF.** aumentar, incrementar. **OBS.** ante e, gu: *recarguen.* **FAM.** recarga, recargado, recargo, cargar.

recauchutar *[v.]* cubrir de caucho una rueda desgastada. **FAM.** caucho.

recaudación *[n.f.]* 1 recogida del dinero que dan varias personas: *una recaudación con fines benéficos.* **SIN.** colecta, cuestación. 2 cantidad que se ha recaudado: *la recaudación de impuestos municipales ha sido muy elevada.* **SIN.** recaudo.

recaudar *[v.]* conseguir una cantidad de dinero con la suma de lo que dan o se le exige a varias personas: *Hacienda ha recaudado este año más dinero que el pasado; recaudaron bastante para comprar el regalo.* **FAM.** recaudación, recaudador, recaudo, recaudamiento, caudal.

recelar *[v.]* no fiarse de algo o de alguien: *las personas desconfiadas recelan de todo.* **SIN.** desconfiar, dudar, sospechar. **ANT.** confiar, fiarse. **FAM.** recelo, receloso, recelosamente.

recental *[n.m.]* cordero o ternero que todavía mama. TAMBIÉN *adj.*: *cordero recental.*

recepción *[n.f.]* 1 hecho de recibir una cosa o de atender y saludar a quien llega: *la recep-*

ción de paquetes se hace en una ventanilla de correos. **SIN.** recibimiento, recogida. **AF.** aceptación, admisión. 2 lugar de un hotel o una empresa en el que se recibe a los clientes: *dejó el recado en recepción.* **AF.** portería, conserjería. 3 fiesta de etiqueta en casa de alguien importante: *el embajador dio una recepción con motivo de su nombramiento.*

receptáculo *[n.m.]* lugar para meter algo pero que no se puede llevar de un sitio a otro: *una piscina es un receptáculo de agua.*

receptividad *[n.f.]* posibilidad que uno tiene de darse cuenta de las cosas, de su importancia, de su valor, etc.: *los niños aprenden rápidamente porque tienen mucha receptividad; le falta receptividad hacia los problemas sociales.* **SIN.** sensibilidad, capacidad de captación.

receptor *[n.m.]* 1 persona que recibe algo: *el receptor del paquete debe firmar en el libro de entregas.* 2 aparato que sirve para recibir señales eléctricas, telegráficas, telefónicas, radiofónicas o televisivas: *un receptor de radio; un receptor de televisión.* **FAM.** receptivo, receptivamente, receptividad, recepción, recibir.

receta *[n.f.]* 1 papel en el que un médico escribe el nombre de los medicamentos que alguien debe tomar: *para comprar algunos medicamentos es necesaria la receta.* 2 explicación de la manera de preparar una sustancia farmacéutica, un plato de cocina, etc.: *un libro de recetas de cocina.* **AF.** fórmula. **FAM.** recetar, recetario.

recetar *[v.]* decir o escribir un médico lo que un paciente debe hacer o tomar: *le recetaron un jarabe para la tos.* **SIN.** prescribir.

recetario *[n.m.]* libro de recetas de cocina, de medicina, etc. **FAM.** receta.

rechazar *[v.]* 1 no aceptar algo, rehusar*: *rechazar un regalo; rechazar un trabajo; rechazó la posibilidad de ir, porque no le parecía conveniente.* 2 no hacer caso de algo o de alguien: *rechazaron su solicitud de beca; lo rechazaron cuando quiso entrar en el equipo.* 3 alejar algo o a alguien que viene hacia uno: *rechazó a los periodistas a empujones; rechazaban las flechas con escudos.* **SIN.** rehuir, repeler, deshacerse de. **ANT.** atraer, acoger. **OBS.** ante e, c: *rechacen.* **FAM.** rechazo, rechazador.

rechazo *[n.m.]* 1 lo que se hace al rechazar* algo: *el rechazo de su regalo lo ofendió mucho; el rechazo de las acusaciones que le hicieron fue rotundo.* **SIN.** oposición, negación, impugnación, renuncia, desprecio. **ANT.** admisión, aceptación. 2 sentimiento y reacción en contra de algo o de alguien: *el cambio de horario provocó el rechazo de la gente; siente rechazo hacia los mentirosos.* **SIN.** oposición. **INTENS.** repulsión, repulsa, odio. **ANT.** atracción, adhesión. **SIN.** rebote, choque.

rechinar *[v.]* producir un ruido agudo, como de entrechocarse chinas, al frotarse o chocar dos cosas: *a veces, la tiza rechina en el encerado; le rechinaban los dientes.* **AF.** chirriar, crujir. **FAM.** rechinante, rechinamiento, china.

rechistar *[v.]* empezar a decir algo en contra de algo: *haz lo que te digo y sin rechistar; no lo deja ni rechistar.* **AF.** protestar. **SIN.** chistar. **OBS.** suele usarse en frases negativas. **FAM.** chistar.

rechoncho, rechoncha *[adj.]* que tiene formas redondeadas y da la impresión de que es, en proporción, más ancho que largo: *dibuja personajes rechonchos.* **AF.** regordete, achaparrado. **ANT.** esbelto. **FAM.** rechonchez.

rechupete palabra que nada más aparece en la expresión adverbial ■ **de rechupete**, muy sabroso. **SIN.** exquisito, delicioso. **ANT.** repugnante, asqueroso.

recibidor *[n.m.]* habitación o zona de la casa que está justo a la entrada y es donde se recibe a quien llega: *tus amigos esperan en el recibidor.* **AF.** sala de espera.

recibimiento *[n.m.]* conjunto de actos y gestos que se hacen para recibir a alguien: *tuvo un cariñoso recibimiento; le hicieron un recibimiento de compromiso.* **AF.** acogida, bienvenida.

recibir *[v.]* 1 recoger lo que a uno le llega: *ha recibido una carta; el Duero recibe el agua de muchos afluentes; recibió una buena noticia.* **AF.** tomar, recoger 2 atender a quien llega: *recibió tres visitas; fue al aeropuerto a recibir a su amigo.* **AF.** acoger. 3 pasar por algo, normalmente malo: *recibir un golpe; recibir un disgusto.* **SIN.** sufrir, llevarse. **FAM.** recibo, recibidor, recibimiento, recipiente, receptor.

recibo *[n.m.]* papel firmado que se da como resguardo de haber entregado algo: *al pagar la* *matrícula me han dado un recibo.* **SIN.** justificante, comprobante.

reciclaje *[n.m.]* 1 proceso que se sigue para reciclar* algo: *una industria de reciclaje de vidrio; el reciclaje de papel evita la tala de muchos árboles.* **SIN.** aprovechamiento, reciclado, reciclamiento, reutilización. 2 hecho de que alguien se ponga al día en los nuevos conocimientos o técnicas de su profesión: *asiste a un curso de reciclaje para maestros.* **SIN.** actualización. **FAM.** reciclar, reciclamiento, reciclado, ciclo.

reciclar *[v.]* hacer lo necesario para poder volver a utilizar los materiales de algo que ya se ha usado y no sirve para lo que había sido hecho: *hay que reciclar la mayor cantidad posible de materiales de desecho.* **SIN.** aprovechar, reutilizar.

recién *[adv. de t.]* que se ha hecho o ha sucedido hace muy poco tiempo: *recién llegado; recién hecha; recién asado; recién pintada.* **GRAM.** sólo se usa delante de adjetivos con forma de participio.

reciente *[adj.inv. en gén.]* que se acaba de hacer o acaba de pasar: *pan reciente; la apertura del supermercado es reciente.* **FAM.** recién, recientemente, ***recental*** (cordero o ternero que todavía mama).

recinto *[n.m.]* lugar que tiene unos límites claramente marcados: *en el recinto del instituto hay un edificio, un campo de deportes y una zona ajardinada.* **AF.** ámbito.

recio, recia *[adj.]* 1 con mucha fuerza y vitalidad: *la encina es un árbol muy recio; los atletas son personas recias.* **SIN.** fuerte, vigoroso, robusto. 2 difícil de destruir: *una recia muralla.*

RECIPIENTES PARA TRABAJOS CASEROS

se llama...	*el recipiente...*		*de...*	*para...*	PUNTOS
PALANGANA	más ancho que alto	sin asa	porcelana, plástico, etc.	lavarse las manos y la cara (antecesora del lavabo)	6
BARREÑO	más ancho que alto	sin asa	barro originalmente, pero ahora también de plástico, cinc, etc.	lavar cacharros de cocina, preparar masas, embutidos, etc.	9
BAÑO	más ancho que alto	con dos asas	cinc, plástico, etc.	lavar cosas grandes (antecesor de la bañera)	8
CALDERO	más ancho que alto	con un asa central	hierro o cobre	poner o colgar sobre el fuego de la cocina baja	10
CUBO	más alto que ancho	con un asa central	cinc, plástico, etc.	transportar agua	6
BALDE	más alto que ancho	con un asa central	lona o cuero, más ancho en el fondo que en la boca	trabajos en la cubierta de los barcos	8
HERRADA	más alto que ancho	con un asa central	madera con aros de hierro, más ancho en el fondo que en la boca	trabajos en la cubierta de los barcos	10

SIN. duro, consistente, fuerte, robusto. **ANT.COM.** débil, endeble. **FAM.** reciamente, reciedumbre. **COMP.** arreciar.

recipiente *[n.m.]* objeto en el que se puede meter algo: *pon el aceite en un recipiente de cristal; las cajas, las cazuelas, los tarros y las botellas son recipientes.* **AF.** receptáculo, contenedor. **AMPL.** un lugar para meter algo pero que no es un objeto transportable es un ***receptáculo***: *las piscinas son receptáculos de agua.*

recíproco, recíproca *[adj.]* que se da a la vez entre dos personas, animales o cosas, desde una a otra y desde ésta a la primera: *el intercambio de correspondencia fue recíproco; sienten una antipatía recíproca, ninguno de los dos aguanta al otro.* **SIN.** mutuo. **FAM.** reciprocidad, recíprocamente.

recitación *[n.f.]* lo que se hace al decir o leer en voz alta un texto literario, teniendo cuidado de entonar bien, hacer los gestos apropiados, etc.: *hizo una bonita recitación del poema.* **SIN.** declamación. **FAM.** recital, recitar, recitador, recitativo.

recitador, recitadora *[n.]* persona que recita.

recital *[n.m.]* **1** acto en el que uno o varios músicos o cantantes interpretan piezas musicales: *un recital de violín.* **SIN.** concierto. **2** acto en el que uno o varios poetas o recitadores leen poemas: *un recital de poesía.*

recitar *[v.]* decir en voz alta, muchas veces de memoria, un poema o un texto literario: *recita muy bien a Lorca.*

reclamación *[n.f.]* lo que se hace al pedir o exigir algo a lo que se tiene derecho y que alguien ha impedido que uno tenga: *escribió su queja en la hoja de reclamaciones del hotel; hizo una reclamación porque en correos le perdieron un paquete.* **SIN.** reivindicación, queja, protesta. **AF.** requerimiento, exigencia. **AMPL.** una reclamación por escrito ante un organismo oficial se llama ***recurso***.

reclamar *[v.]* **1** pedir algo a lo que se tiene derecho: *reclaman el sueldo que no les han pagado.* **SIN.** reivindicar. **AF.** pedir, requerir, exigir. **2** ser algo muy necesario: *esta situación reclama una solución urgente; reclamaron la presencia de la policía.* **SIN.** necesitar, requerir, clamar, exigir, pedir a gritos. **3** llamar a quien uno quiere que esté con él: *te reclama porque está enfermo.* **SIN.** requerir. **FAM.** reclamo, reclamación, reclamante, clamar.

reclinarse *[v.prnl.]* apoyarse en algo, inclinando alguna parte del cuerpo: *se reclinó sobre la barandilla.* **AF.** recostar, inclinar. **FAM.** ***reclinatorio*** (mueble para arrodillarse), reclinación, inclinar.

reclinatorio *[n.m.]* mueble pensado para arrodillarse: *en las capillas hay reclinatorios.*

recluir *[v.]* **1** encerrar a alguien en un sitio del que no pueda salir: *lo recluyeron en la cárcel; lo han recluido en un hospital.* // **recluirse** *[v.prnl.]* **2** encerrarse en un sitio para apartarse de algo o de alguien: *se recluyó unos días para estudiar; se ha recluido en un convento.* **CONJUG.** como *huir.*

reclusión *[n.f.]* encierro forzoso o voluntario (*la condenaron a seis meses de reclusión; lleva un mes de reclusión estudiando las oposiciones*) y sitio en el que alguien está encerrado (*la cárcel es una reclusión que nadie desea*). **SIN.** encierro*. **FAM.** recluir, recluso, reclusorio.

recluso, reclusa *[n.]* persona que está en la cárcel. **SIN.** preso, prisionero.

recluta *[n.m.]* muchacho que está haciendo el servicio militar: *los reclutas del cuartel salieron con permiso.* **SIN.** soldado. **AMPL.** desde que lo llaman hasta que empieza a hacerlo se llama ***quinto*** o ***mozo***.

reclutar *[v.]* buscar gente que quiera hacer algo que hay que hacer entre varios: *están reclutando colaboradores para una O.N.G.; reclutan ciudadanos para luchar.* **FAM.** recluta, reclutamiento.

recobrar [v.] 1 volver a tener lo que se había tenido: *recobraron las joyas robadas; ya ha recobrado la salud.* SIN. recuperar. // **recobrarse** [v.prnl.] 2 volver a estar bien: *tras el accidente, se recobró rápidamente.* SIN. recuperarse, restablecerse, reponerse. AF. mejorar. FAM. recobramiento, cobrar.

recodo [n.m.] punto de una cosa larga en el que cambia de dirección: *la casa está justo en el recodo del camino; la tubería hace un recodo.* AF. ángulo, curva.

recogedor [n.m.] utensilio para recoger la basura que se ha amontonado al barrer. SIN. cogedor.

recoger [v.] 1 quitar algo de donde no debe estar, y especialmente si se ha caído o está en el suelo: *recogió la basura; recógelo, que tú lo has tirado.* SIN. coger. 2 coger algo que se ha dejado antes o que está guardado para uno: *recogió los zapatos en el zapatero; recoge las cartas del buzón.* 3 hacer la recolección de la cosecha: *están recogiendo la remolacha.* SIN. recolectar, cosechar. 4 ordenar o guardar lo que se dice, para que haya orden o para que quede protegido: *recoge tu habitación* (SIN. ordenar, colocar)*; recoge los papeles de la mesa; recoge la ropa tendida* (SIN. quitar, retirar)*; el pastor recogió el rebaño muy pronto* (SIN. guardar, encerrar). 5 hacer que ocupe menos lo que está extendido: *recoge el mapa, el metro, la cuerda, la pantalla, las velas del barco...; las horquillas recogen el pelo y el cordón el vuelo de las cortinas.* AF. doblar, plegar, enrollar, replegar. ANT. extender. TAMBIÉN *prnl. refl.*: *se recoge el pelo en una trenza.* SIN. sujetarse. 6 ir juntando algo que procede de distintos sitios o personas, o que está extendido: *recogieron mucho dinero con la venta de papeletas* (SIN. recaudar, conseguir, reunir)*; recoge información para hacer un estudio sobre las necesidades de la población; están recogiendo firmas contra el proyecto de ley* (SIN. conseguir, reunir, recopilar)*; el río recoge el agua de tres arroyos* (SIN. recibir, tomar, coger)*; el Ayuntamiento recoge los muebles viejos* (SIN. retirar)*; recogen la uva en otoño* (SIN. recolectar). 7 encargarse de que alguien tenga dónde estar: *han recogido a un mendigo.* SIN. acoger, albergar, dar asilo. 8 ir a donde está alguien para acompañarlo en su camino hacia otro sitio: *fue a recoger al niño al colegio; paso a recogerte a las 10.* SIN. buscar. 9 tener en cuenta: *las leyes recogen los derechos y deberes de los ciudadanos.* SIN. considerar, incluir. // **recogerse** [v.prnl.] 10 irse a casa si se está en la calle: *esta noche me recogeré pronto.* SIN. retirarse. 11 aislarse de los demás: *se recoge en un monasterio para meditar.* SIN. aislarse, retirarse. OBS. ante a y o, j: *recojan; recojo.* FAM. recogedor, recogimiento, recogida, recogidamente, coger.

recogida [n.f.] 1 recolección, cosecha: *trabaja en la recogida de la aceituna.* 2 lo que se hace al coger cosas de un sitio y de otro, o de una gente y otra: *los sábados no hay recogida de basuras; la recogida de firmas será el domingo.*

recogido, recogida [adj.] 1 que está ordenado (*la casa recogida es más agradable*), sujeto, enganchado o prendido con algo (*una cortina recogida; tiene el pelo recogido con coleta; llevas la falda recogida*), o guardado (*el rebaño recogido no corre peligro*). 2 hablando de sitios, que resulta tranquilo porque está lejos de aglomeraciones, barullos, etc.: *tiene una casa en un lugar muy recogido.*

recolección [n.f.] lo que se hace para recoger lo que da la tierra: *ha terminado la recolección de la naranja.* SIN. cosecha, recogida. AMPL. la recolección de la uva se llama ***vendimia***. FAM. recolectar, recolector, colecta.

recolectar [v.] recoger la cosecha: *este año han recolectado poco maíz.* SIN. recoger, cosechar.

recomendable [adj.inv. en gén.] que a uno le parece que es bueno para algo o alguien: *es recomendable darse crema protectora para tomar el sol; es una persona muy recomendable para este trabajo.* SIN. aconsejable. AF. bueno, conveniente. ANT. desaconsejable.

recomendación [n.f.] 1 cosa que se le dice a alguien para que la tenga en cuenta, porque uno cree que le conviene: *le hizo varias recomendaciones antes de que saliera de viaje.* AF. sugerencia, advertencia, indicación, consejo. 2 lo que se dice de alguien a otra persona, para que lo atienda bien o lo favorezca en algo: *lo seleccionarán a él porque tiene muchas recomendaciones; le dio una carta de recomendación para el director.* SIN. enchufe. AF. influencia.

recomendado, recomendada *[n.]* persona de la que otra ha dicho algo para que sea bien atendida o sea seleccionada entre varias: *el recomendado por el jefe es mal visto por los demás.* **SIN.** enchufado, apadrinado.

recomendar *[v.]* **1** decir algo bueno sobre una persona, para que otra la favorezca: *te recomendaré al director para ese trabajo.* **SIN.** enchufar. **2** aconsejar*: *te recomiendo que no seas impulsivo durante la entrevista; me recomendó una película muy interesante.* **CONJUG.** como *merendar**. **FAM.** recomendable, recomendación, recomendablemente, recomendatorio.

recompensa *[n.f.]* lo que uno recibe como premio o reconocimiento de algo que ha hecho: *le dieron una recompensa por entregar al forajido; muchas veces, la recompensa a un esfuerzo es la satisfacción del trabajo bien hecho.* **SIN.** premio, gratificación, compensación. **AF.** agradecimiento. **ANT.** castigo, sanción.

recompensar *[v.]* dar algo a alguien, como reconocimiento del valor que tiene algo que ha hecho: *la recompensaron con una medalla; recompensarán con dinero a quien encuentre los documentos.* **SIN.** premiar, gratificar. **FAM.** recompensa, recompensación, recompensable, compensar.

reconciliarse *[v.prnl.]* volver a llevarse bien dos o más personas después de un enfado o una discusión: *se ha reconciliado con los vecinos; los novios se reconciliaron enseguida.* **SIN.** avenirse. **FAM.** reconciliar, reconciliación, reconciliador, concilio. **COMP.** irreconciliable.

recóndito, recóndita *[adj.]* que está alejado de cualquier lugar habitado y es difícil llegar hasta él: *vive en un lugar recóndito del bosque; algunos recuerdos están en lo más recóndito de nuestra memoria.* **SIN.** escondido. **AF.** alejado, reservado.

reconfortar *[v.]* hacer que alguien recupere la fuerza espiritual o física que había perdido: *tu visita lo reconfortó mucho* (**SIN.** consolar, confortar, animar. **ANT.** desanimar, desconsolar)*; un baño y un caldo caliente te reconfortarán* (**SIN.** reanimar, entonar, fortalecer. **ANT.** debilitar). **FAM.** reconfortante, reconfortable, confortar.

reconocer *[v.]* **1** darse cuenta de quién es alguien a quien uno ya conocía, o acordarse de que uno ya había visto algo: *al verla pasar la reconocí; después de un rato reconoció el lugar.* **SIN.** identificar. TAMBIÉN *prnl. rec.*: *se reconocieron en cuanto se vieron.* **2** darse uno cuenta de los aspectos buenos que tiene algo que está criticando, o de los propios errores, y admitirlo ante alguien: *reconoció que se había equivocado; reconozco que tiene algunas ventajas.* **SIN.** aceptar, admitir. **AF.** confesar, conceder. **ANT.** negar, ignorar. **3** mirar algo atentamente para saber cómo es o cómo está: *los cazadores reconocieron el terreno; el médico lo reconoció para dar un diagnóstico.* **SIN.** explorar*. // **reconocerse** *[v.prnl.]* **4** sentirse uno de una determinada manera y admitirlo ante los demás: *se reconoció incapaz de hacer el trabajo.* **CONJUG.** como *conocer**. **FAM.** reconocido, reconocible, reconocimiento, reconocidamente, conocer. **COMP.** irreconocible.

reconocible *[adj.inv. en gén.]* que se puede reconocer: *es una casa fácilmente reconocible por sus 7 chimeneas.* **ANT.** irreconocible.

reconocido, reconocida *[adj.]* que siente agradecimiento hacia alguien: *te estoy muy reconocido por lo que me ayudaste.* **SIN.** agradecido.

reconocimiento *[n.m.]* **1** conjunto de observaciones y pruebas que se hacen para conocer el estado o la situación de algo: *el reconocimiento de un terreno; un reconocimiento médico.* **SIN.** examen, observación, exploración. **2** lo que se hace para demostrar que uno aprecia lo que otro ha hecho: *le hicieron un homenaje en reconocimiento a sus años de dedicación a la cultura.* **3** agradecimiento*: *en reconocimiento a su ayuda le envió un ramo de flores.*

reconquista *[n.f.]* hecho de recuperar algo que se había tenido: *te costará tiempo la reconquista de su confianza en ti.* **SIN.** recuperación, readquisición. **ANT.** pérdida. **FAM.** reconquistar, reconquistador, reconquistable, conquistar.

reconquistar *[v.]* volver a conquistar algo que se había perdido: *los soldados reconquistaron la fortaleza; reconquistó su cariño.* **SIN.** recuperar, recobrar.

reconstituyente *[n.m.]* cualquier cosa que sirve para recobrar las fuerzas: *este jarabe es un reconstituyente; el aire y el sol muchas veces son los mejores reconstituyentes.* **SIN.** tónico, vigorizante. TAMBIÉN *adj.inv. en gén.: medicamento reconstituyente.* **FAM.** reconstituir, reconstitución, constitucional.

reconstrucción *[n.f.]* lo que se hace al reconstruir* algo: *han iniciado la reconstrucción de la iglesia; la policía hizo una reconstrucción de los hechos; las ruinas de antiguas ciudades romanas permiten la reconstrucción de la vida de aquella época.*

reconstruir *[v.]* **1** volver a construir algo que estaba total o parcialmente destruido, para dejarlo igual o muy parecido a como se hizo la primera vez: *han reconstruido el tejado de la casa.* **SIN.** reedificar. **AF.** arreglar, reparar, restaurar. **ANT.** demoler, destruir, derribar. **2** ir poniendo, imaginando o haciendo cosas de una manera determinada, para tener una idea clara de cómo era o cómo pasó algo sobre lo que se tienen algunos datos: *con fotografías y documentos reconstruyó lo más importante de la vida de su abuelo; su información fue útil para reconstruir lo ocurrido la noche del crimen.* **CONJUG.** como *huir**. **FAM.** reconstrucción, reconstructivo, construir.

reconvenir *[v.]* reñir, reprender, regañar: *los reconvino por su mal comportamiento.* **CONJUG.** como *venir.*

recopilar *[v.]* juntar cosas de un mismo tipo pero que proceden de personas o sitios distintos: *recopila datos sobre los inicios del ferrocarril; está recopilando discos con canciones de la época de sus padres.* **SIN.** compendiar, recoger, reunir. **ANT.** dispersar. **FAM.** recopilación, recopilador.

récord *[n.m.]* mejor marca o resultado que se ha obtenido en una competición deportiva o en cualquier otra actividad: *el nadador batió el récord de los 100 metros libres; el viajante batió su récord de ventas.* **SIN.** marca. **PL.** *récords,* que se suele pronunciar */récors/.*

recordar *[v.]* **1** llegar a tener en el pensamiento o en la memoria algo que se sabe o se ha vivido: *recuerda perfectamente todo lo que pasó.* **SIN.** acordarse de. **ANT.** haber olvidado. **2** traer a la mente o decir alguien algo del pasado en un momento determinado: *pasamos la tarde recordando el veraneo; no quiero recordarlo.* **SIN.** rememorar, evocar. **AF.** revivir. **3** decir algo para que alguien no se olvide de ello: *te recuerdo que hemos quedado a las 7.* **4** parecerse una cosa a otra, o asociar alguien en su mente una cosa con otra: *su aspecto recuerda a los magos; esto me recuerda que mañana tengo que arreglarlo.* **AF.** evocar, sugerir. **FAM.** recuerdo, recordatorio.

CONJUGACIÓN DEL VERBO RECORDAR

Formas no personales
Infinitivo: *recordar.* Gerundio: *recordando.* Participio: *recordado.*

Indicativo
Presente: *recuerdo, recuerdas, recuerda, recordamos, recordáis, recuerdan.*
Pretérito imperfecto: *recordaba, recordabas, recordaba, recordábamos, recordabais, recordaban.*
Pretérito perfecto simple: *recordé, recordaste, recordó, recordamos, recordasteis, recordaron.*
Futuro: *recordaré, recordarás, recordará, recordaremos, recordaréis, recordarán.*

Condicional simple:
recordaría, recordarías, recordaría, recordaríamos, recordaríais, recordarían.

Subjuntivo
Presente: *recuerde, recuerdes, recuerde, recordemos, recordéis, recuerden.*
Pretérito imperfecto: *recordara/ recordase, recordaras/ recordases, recordara/ recordase, recordáramos/ recordásemos, recordarais/ recordaseis, recordaran/ recordasen.*
Futuro: *recordare, recordares, recordare, recordáremos, recordareis, recordaren.*

Imperativo:
recuerda, recuerde, recordemos, recordad, recuerden.

recordatorio *[n.m.]* **1** estampa en la que se inscribe la fecha de un determinado acontecimiento: *nos mandaron un recordatorio de su primera comunión.* **2** señal o escrito que se hace para recordar algo: *cambiarse el reloj de muñeca le sirve de recordatorio.* **AF.** aviso, advertencia.

recorrer *[v.]* ir, uno después de otro, a distintos sitios de un lugar: *recorrió las tiendas de la zona buscando un abrigo.* TAMBIÉN *prnl.: se recorrió Europa en tren.* **FAM.** recorrido, correr.

recorrido *[n.m.]* conjunto de sitios por los que se va pasando: *haremos un recorrido por la sierra; se ha establecido el recorrido del maratón.* **SIN.** itinerario, ruta. **AF.** trayecto.

recortar *[v.]* **1** cortar lo que sobra de algo para que tenga la forma que se quiere, o lo que está en un sitio para separarlo de él: *recortó los vestidos de las mariquitas; recorta los* *bordes del flan; le recortó un poco el bigote; recorta el anuncio del periódico.* **SIN.** cortar. **AF.** perfilar. 2 hacer que algo sea más pequeño: *han recortado el presupuesto municipal.* **SIN.** disminuir. **ANT.** aumentar. **FAM.** recorte, recortable, recortadura, cortar.

recorte *[n.m.]* trozo cortado y separado de algo: *hizo un cojín con recortes de tela; guarda recortes de prensa con artículos interesantes.* **SIN.** trozo, pedazo.

recostar *[v.]* apoyar, inclinada, alguna parte del cuerpo: *recostó la cabeza sobre un cojín.* **AF.** apoyar, reclinar. TAMBIÉN *prnl.: se recostó sobre los almohadones.* **CONJUG.** como *contar**. **FAM.** recostadero, costado.

recoveco *[n.m.]* lugar escondido, rincón: *es una casa grande y antigua con muchos recovecos.*

recrear *[v.]* 1 describir detalladamente y en el mundo de la ficción algo que ya existe o que ha sucedido: *la película recrea las costumbres y vestuarios de principios de siglo; la lámina recrea el paisaje castellano.* **SIN.** reproducir, describir. // **recrearse** *[v.prnl.]* 2 fijarse uno en todos los detalles de algo que le gusta mucho, o pensar con calma y minuciosamente en algo que ha vivido, disfrutando intensamente de ello: *le gusta recrearse en la observación de los insectos; se recrea contando recuerdos del pasado.* **SIN.** deleitarse. **AF.** gozar, disfrutar. **AMPL.** si uno se recrea en algo negativo, disfrutando con el sufrimiento propio o ajeno, también se dice ***regodearse***. **OBS.** e + e = ee: *recreen.* **FAM.** recreo, recreación, recreativo, crear.

recreativo, recreativa *[adj.]* que resulta divertido: *pintar con los dedos es muy recreativo.* **SIN.** divertido, expansivo, gozoso. **ANT.** aburrido. ■ **máquina recreativa**, aparato en el que aparecen imágenes de mundos o actividades concretas, para que uno juegue, con los mandos de la máquina, como si viviera cosas de ese mundo.

recreo *[n.m.]* 1 tiempo que se dedica a descansar de algo que se está haciendo: *en las escuelas hay un rato de recreo a media mañana; nos tomaremos un tiempo de recreo.* **SIN.** descanso, tiempo libre, ocio, asueto, pausa. 2 cosa que se hace para entretenerse durante el tiempo libre: *organiza las actividades de recreo de la residencia.* **SIN.** esparcimiento, entretenimiento.

recriminar *[v.]* decir a alguien que ha hecho algo que no debería o que no ha hecho lo que debía: *le recriminaron su falta de interés en el trabajo.* **SIN.** reprochar, echar en cara. **AF.** reprender. **ANT.** elogiar. **FAM.** recriminación, recriminatorio, recriminativo, recriminador, crimen.

recta *[n.f.]* línea que une dos puntos por el camino más corto, por lo que tiene todos sus puntos en el mismo plano: *dos rectas que se cortan formando ángulos de 90° son perpendiculares.*

rectangular *[adj.inv. en gén.]* que tiene forma de rectángulo: *un marco rectangular; esa caja de zapatos es un prisma de base rectangular.*

rectángulo *[n.m.]* 1 figura geométrica con cuatro ángulos rectos y lados iguales dos a dos. TAMBIÉN *adj.: polígono rectángulo.* // **rectángulo** *[adj.]* 2 que tiene uno o varios ángulos rectos: *triángulo rectángulo; el cuadrado es un cuadrilátero rectángulo.*

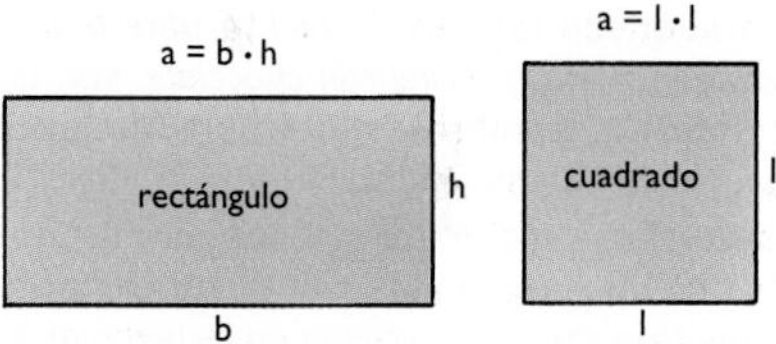

rectificar *[v.]* cambiar lo que estaba mal en algo, para que quede bien: *rectifica las cuentas, que hay dos errores.* **SIN.** corregir, enmendar. **AF.** modificar, subsanar. **OBS.** ante e, qu: *rectifiquen.*

rectitud *[n.f.]* lo que demuestra quien se comporta siempre honestamente y cumple con sus obligaciones y compromisos, aunque prefiriera hacer otra cosa: *su rectitud no le permite apoyar una ley que le dé privilegios.* **SIN.** honestidad, integridad. **AF.** firmeza, seriedad, formalidad.

recto, recta *[adj.]* 1 que no tiene ángulos ni curvas, o que no está torcido o inclinado, él mismo o respecto a algo: *una carretera recta; un árbol de tronco recto; un cuadro recto queda paralelo al marco de las puertas.* **SIN.** derecho. **ANT.** curvo o torcido. 2 que actúa con rectitud*: *una persona recta no acepta chantajes ni sobornos.* **SIN.** honesto*. 3 que es la forma de llegar a un sitio recorriendo la menor distancia posible: *los atajos son los trayectos más rectos.* **SIN.** directo, seguido, corto. **AF.** rápido. // **recto** *[n.m.]* 4 parte final del intestino grueso, que va desde el colon hasta el ano. ■ **ángulo recto**, ángulo que mide noventa grados. **FAM.** rectitud, rectamente, rectal, rectificar, rectificación, rectificable, rectificador, rectificativo. **COMP.** rectángulo, rectangular.

rector, rectora *[n.]* persona que dirige una universidad: *el rector inauguró el curso de la facultad de Letras.* **FAM.** rectorado, rectoría, rectoral.

recuadro *[n.m.]* línea cerrada, rectangular o cuadrada, que limita un espacio dentro de una superficie mayor, y espacio que queda dentro de ella: *en el segundo recuadro vienen los verbos irregulares; hazle un recuadro para que destaque el texto.* **AF.** casilla, encuadre, cuadro, marco. **FAM.** recuadrar, cuadro.

recubrir *[v.]* poner algo sobre toda la superficie interna o externa de una cosa, de manera que quede tapada: *la piel recubre todo el cuerpo; recubrió el pastel con chocolate.* **SIN.** cubrir, tapizar, revestir. **ANT.** descubrir, destapar. **FAM.** recubrimiento, cubrir.

recuento *[n.m.]* lo que se hace para llegar a saber cuántos elementos hay en un conjunto, de qué tipo son, etc.: *hicieron un recuento de los animales del parque natural; un recuento de votos.* **SIN.** cómputo. **AF.** escrutinio. **FAM.** recontar, contar.

recuerdo *[n.m.]* 1 cosa que uno recuerda: *tiene muchos recuerdos de su época de estudiante.* **ANT.** olvido. 2 objeto relacionado con algo o con alguien y que hace que uno lo recuerde: *tiene la casa llena de recuerdos suyos; recuerdos de un viaje, de un día, de una ciudad...* // **recuerdos** *[n.m.pl.]* 3 saludos que se envían a alguien a través de otra persona: *nos dieron recuerdos para ti.* **SIN.** saludos.

recuperable *[adj.inv. en gén.]* que se puede volver a tener o a utilizar: *no te preocupes, que vuestra amistad es recuperable; se ha estropeado pero es recuperable.* **AF.** aprovechable, superable. **ANT.** irrecuperable.

recuperación *[n.f.]* 1 acción necesaria para recuperar* algo: *la recuperación de un cuadro robado; la recuperación de los restos de un avión accidentado; hay industrias de recuperación de vidrio usado; la recuperación de la salud le llevó varios meses.* 2 oportunidad que se da al alumno para aprobar un examen o una evaluación suspensa: *examen de recuperación.*

recuperar *[v.]* 1 volver a tener lo que se había tenido: *recuperó la agenda perdida; durmiendo recuperará las fuerzas; ha recuperado la salud; recuperará el primer puesto en la vuelta ciclista.* **SIN.** recobrar. 2 conseguir algo que había desaparecido: *recuperaron el tesoro del fondo del mar.* **SIN.** rescatar. 3 hacer que algo que no se usaba, estaba olvidado, se había desechado o no servía, vuelva a ser útil: *recuperó un jarrón de la basura; se dedica a recuperar canciones populares antiguas; ha recuperado un telar mecánico.* **AF.** reciclar, aprovechar, reutilizar, rehabilitar. // **recuperarse** *[v.prnl.]* 4 volver a estar bien: *en pocos minutos se recuperó del susto; la actividad económica se está recuperando.* **SIN.** recobrarse, restablecerse, reponerse. **AF.** mejorar. **FAM.** recuperación, recuperable, recuperador. **COMP.** irrecuperable.

recurrir *[v.]* 1 usar algo o pedir ayuda a alguien para solucionar un problema en un determinado momento: *recurrió a la improvisación porque se le había olvidado el guión; recurrió a su padre para saldar la deuda; recurrieron a los tribunales porque no se ponían de acuerdo.* **SIN.** acudir a, valerse de. 2 presentar un recurso* contra una decisión de la Administración o las autoridades: *recurrir una sentencia; recurrir una multa.* **SIN.** apelar, interponer un recurso. **FAM.** recurso, recurrente, recurrible.

recurso *[n.m.]* 1 escrito que se presenta para exponer las razones por las que uno cree que no tiene que hacer algo que las autoridades o la Administración quieren que haga: *presentó un recurso contra la multa.* **AF.** apelación, demanda. 2 cosa de cualquier tipo que uno puede usar o puede hacer para solucionar algo: *sólo se le ocurrió el recurso de llamar al cerrajero; tiene suficientes recursos económicos para arreglar la casa.* **SIN.** medio, posibilidad. **AF.** manera, solución, salida.

recusar *[v.]* no aceptar algo o a alguien: *el abogado defensor recusó al jurado.* **FAM.** acusar.

red *[n.f.]* 1 tejido que se hace entrelazando hilos de material flexible, de manera que queden espacios vacíos entre unos y otros, y cosa hecha con este tipo de tejido: *se le ha roto la red* *a la raqueta* (**SIN.** malla, retícula)*; las sardinas se pescan con red; la trapecista trabajaba sin red.* **AMPL.** una ***rejilla*** es una red de material más o menos rígido, normalmente metálico o de madera. **2** conjunto de tuberías, cables o vías de comunicación distribuidas por distintos sitios y comunicadas entre sí: *están reparando la red de gas; R.E.N.F.E. son las siglas de Red Nacional de Ferrocarriles Españoles.* **AF.** entramado. **3** conjunto de establecimientos, servicios y personas que trabajan en distintos sitios para una misma empresa: *llegó a tener una red de ventas muy amplia; se ha desarticulado una red de tráfico de armas.* **SIN.** cadena, organización. **FAM.** redada, redil, redecilla, ***reticular*** (en forma de red), retícula. **COMP.** enredar.

red

redacción *[n.f.]* **1** manera de expresarse por escrito (*tiene una redacción muy infantil*), y escrito que se hace sobre algún tema, como ejercicio para aprender a redactar (*hicieron una redacción sobre la primavera*). **SIN.** composición, escrito. **2** conjunto de personas que trabajan, escribiendo, en una editorial o medio de comunicación (*la redacción está de vacaciones*), y lugar donde trabajan estas personas (*la redacción del periódico estaba vacía*). **FAM.** redactar, redactor.

redactar *[v.]* contar o decir algo por escrito: *redacta con mucha soltura; redactó una carta para la prensa.*

redactor, redactora *[n.]* persona que trabaja en una editorial o medio de comunicación, redactando noticias, libros, enciclopedias, etc.: *es redactora de noticias sobre economía.* **AF.** articulista, cronista.

redada *[n.f.]* **1** cada una de las veces que se lanza una red, y conjunto de animales que caen dentro de ella: *hicieron tres redadas y regresaron al puerto; una redada de miles de boquerones.* **2** lo que hace la policía para detener de una vez a varias personas en un mismo sitio o a varias personas relacionadas entre sí y con un delito: *en la redada del bar detuvieron a cinco traficantes de droga.* **SIN.** batida.

redentor, redentora *[n.]* **1** persona que libera o redime realmente a alguien. **2** persona que, normalmente sin que nadie se lo pida, se propone ayudar inoportunamente a alguien: *no te metas a redentor, que nadie te ha llamado.*

redil *[n.m.]* lugar cerrado con algún tipo de valla para guardar el ganado: *un redil de tablones de madera; ya metió las ovejas en el redil.* **SIN.** aprisco. **AF.** corral.

redimir *[v.]* librar a una persona, pueblo o país de una pena o de una situación especialmente difícil: *a Cervantes lo redimieron los mercedarios cuando estuvo cautivo en Argel.* **FAM.** redención, redentor.

redoblar *[v.]* **1** darle a algo el doble de intensidad, fuerza, cantidad, etc.: *redobló sus esfuerzos para terminar el trabajo a tiempo; en poco tiempo redoblaron el precio.* **SIN.** duplicar, doblar. **AF.** aumentar. **2** sonar un tambor al golpearlo con los palillos deprisa y muchas veces seguidas: *redoblan los tambores acompañando a la trompeta.* **FAM.** redoble, doblar.

redoble *[n.m.]* sonido del tambor cuando redobla. **FAM.** doblar.

redonda *[n.f.]* nota musical cuya duración llena un compasillo.

redondeado, redondeada *[adj.]* que no acaba en punta o que predominan las formas redondas: *tiene las esquinas redondeadas; la carrocería del coche es redondeada.* **SIN.** curvo, achatado. **ANT.** recto, picudo.

redondear *[v.]* **1** hacer que una cosa tenga forma más o menos redonda, quitándole los salientes y las formas agudas: *redondeó las esquinas del tablero.* **SIN.** curvar, achatar. **2** igualar el largo de una prenda, dejando todo el borde exactamente a la misma altura: *redondeó el bajo de la falda.* **3** aumentar o disminuir un poco una cantidad, para que quede sin decimales o resulte un número fácil de memorizar, de pagar, etc.: *redondeando, las 708 pesetas se quedaron en 700.* **OBS.** e + e = ee: *redondeen.*

redondel *[n.m.]* línea cerrada de forma circular: *trazó un redondel en el suelo para jugar al clavo; dibujando un redondel grande y tres pequeños dentro, queda una cara.* **AF.** circunferencia.

redondez *[n.f.]* forma redonda de algo: *la redondez de la Tierra era desconocida por los antiguos.* **AF.** esfericidad. **PL.** *redondeces.*

redondilla *[n.f.]* estrofa de cuatro versos de ocho sílabas que riman el primero con el cuarto y el segundo con el tercero.

redondo, redonda *[adj.]* 1 que tiene forma circular o esférica: *las pelotas y los aros son redondos.* **SIN.** esférico o circular. **ANT.** cuadrado. 2 que sale como uno quería que saliera: *la fiesta resultó redonda.* **SIN.** perfecto. 3 que es una cantidad a la que se le ha añadido o restado otra pequeña para simplificarla: *en números redondos, cuesta cincuenta euros.* **FAM.** redonda, redondear, redondeado, redondel, redondez, ***redondilla*** (tipo de estrofa*).

redondón *[n.m.]* círculo muy grande. **PL.** *redondones.*

reducido, reducida *[adj.]* 1 que resulta pequeño, está formado por pocos elementos, abulta poco, etc.: *es una habitación muy reducida; un número reducido de personas; lleva un equipaje reducido.* **SIN.** pequeño. **AF.** limitado. **ANT.** grande o voluminoso. 2 que es igual que otro pero de menor tamaño o con menos cosas: *una fotocopia reducida; es una versión reducida de la enciclopedia.*

reducir *[v.]* 1 hacer que algo sea más pequeño, menos numeroso, menos importante, etc.: *la poda reduce el tamaño de los árboles; han reducido el número de empleados; la maquinaria agrícola reduce el trabajo de los agricultores.* **SIN.** disminuir. **AF.** restringir, empequeñecer. **ANT.** aumentar. 2 hacer que una cosa quede como otra distinta, más pequeña, de menos importancia o de menor valor: *en una mañana redujeron la casa a escombros; la informática ha reducido muchos trabajos lentos a tareas sencillas.* **SIN.** convertir en. 3 hacer, usando la fuerza, que alguien obedezca: *el ejército redujo a los sublevados.* **SIN.** dominar, someter. **AF.** vencer. 4 en vehículos de motor, pasar a una velocidad más corta: *cuando vio la curva, redujo a segunda.* **CONJUG.** como *conducir*.* **FAM.** reducido, reducción, reducto, reductor. **COMP.** irreducible, irreductible.

redundancia *[n.f.]* lo que se dice insistiendo en lo que ya se ha dicho sin que aporte nada nuevo: *decir "persona humana" es una redundancia.* **SIN.** repetición de ideas. **AMPL.** las redundancias intencionadas, para dar gracia o expresividad a la frase se llaman ***pleonasmos***: *"está muerto y bien muerto" es un pleonasmo.* **FAM.** redundar, redundante, redundantemente.

reembolso *[n.m.]* cantidad de dinero que se devuelve a quien lo había entregado antes: *le hicieron el reembolso de la cantidad cobrada por error.* **SIN.** reintegro, devolución. ■ **contra reembolso**, manera de enviar mercancías que alguien ha comprado para que las pague al recibirlas. **FAM.** reembolsar, reembolsable, embolsar.

reemplazar *[v.]* 1 quitar una cosa y poner otra en su lugar: *hay que reemplazar la lavadora.* **SIN.** sustituir. 2 ocupar el lugar de otra persona o cosa: *reemplazó al portero del equipo; este sofá reemplazará al que se rompió.* **SIN.** sustituir, suplir. **OBS.** ante e, c: *reemplacen.* **FAM.** reemplazo, reemplazable, plaza.

referencia *[n.f.]* 1 lo que hace uno cuando habla de algo o de alguien sin nombrarlo o sin decir claramente que está hablando de ello: *al hablar de la Antártida hizo una breve referencia a los pingüinos; la novela está llena de referencias a su pueblo natal.* **SIN.** alusión. **AF.** mención. 2 cosa en la que uno se fija para orientarse o para decidir o hacer algo: *en el desierto, tomaban como referencia la estrella Polar al navegar; al dibujar varios objetos en la misma proporción, toma como referencia el tamaño de uno* (**SIN.** guía)*; para organizar los libros, cada uno tiene un número de referencia.* // **referencias** *[n.f.pl.]* 3 conjunto de cosas que se le dicen a una persona sobre otra, para que se haga una idea de cómo es, cómo trabaja, etc.: *la contrataron porque tenían buenas referencias de ella.* **SIN.** informes.

referéndum *[n.m.]* votación pública sobre un asunto importante del gobierno, y en la que los votantes deben decidir si sí o no: *se sometió a referéndum la entrada de España en la O.T.A.N.* **SIN.** consulta, votación, sufragio. **PL.** *referendos.*

referente *[adj.inv. en gén.]* que se refiere a lo que se dice: *no habrá cambios en lo referente al horario; un estudio referente al Quijote.* **SIN.** relativo, concerniente. **ANT.** ajeno.

referir *[v.]* 1 contar algo que ha pasado: *nos refirieron todas las anécdotas de su viaje.* **SIN.** contar, relatar, describir, narrar. // **referirse** *[v.prnl.]* 2 relacionar algo o a alguien con lo que se está hablando, o tener que ver con lo que se dice: *se refirió a ti al hablar de falta de puntualidad; me refiero a lo ocurrido ayer; el trabajo se refiere a la tercera salida de D. Quijote.* **SIN.** aludir, hacer referencia. **AF.** mencionar, nombrar, citar, pensar en. **CONJUG.** como *herir**. **FAM.** referencia, referéndum, referente.

refilón palabra que nada más aparece en la expresión adverbial ■ **de refilón**, de lado o de pasada y no de frente o detenidamente. **SIN.** de soslayo, superficialmente. **ANT.** de plano, de lleno.

refinado, refinada *[adj.]* 1 elegante y bien educado: *una persona refinada; modales refinados.* **SIN.** distinguido* (acepción 2). 2 que se le ha quitado algo o se ha sometido a algún proceso para que quede más fino o suave: *azúcar refinado; aceite refinado.* **ANT.** entero, virgen. // **refinado** *[n.m.]* 3 proceso que se sigue para que un producto quede más fino o suave: *el refinado del petróleo se lleva a cabo en refinerías.* **SIN.** refinación, depurado, depuración.

refinar *[v.]* 1 separar de una materia prima sus distintos componentes, quitarle las impurezas y transformar los componentes para darles utilidad: *la gasolina se obtiene al refinar el petróleo.* **SIN.** purificar, depurar. **AF.** transformar. 2 hacer que algo o alguien sea más fino: *refina tus modales; el trato con mucha gente lo ha refinado.* **SIN.** pulir. **ANT.** vulgarizar, embrutecer. TAMBIÉN *prnl.: se ha refinado mucho desde que trabaja en la ciudad.* **FAM.** refinado, refinería, refinamiento, refinación, fino.

refinería *[n.f.]* instalación industrial donde se transforma una materia prima que está tal y como se ha extraído de la tierra: *en Tarragona hay una refinería de petróleo.*

reflector *[n.m.]* aparato que refleja la luz de un foco luminoso en una determinada dirección: *los focos de los campos de fútbol tienen potentes reflectores.*

reflejar *[v.]* 1 devolver una superficie parte de la luz, el calor o el sonido que llega hasta ella, cambiándole la dirección en que iba: *el cristal reflejaba la luz y producía destellos.* **SIN.** proyectar, devolver, reflectar (se usa poco). **AF.** irradiar, desviar. **ANT.** retener, absorber. 2 producir una superficie brillante la imagen de algo: *el espejo refleja parte de la habitación.* TAMBIÉN *prnl.: la ciudad se refleja en el río.* 3 hacer que se note algo: *su cara refleja tranquilidad; las notas reflejan que ha progresado.* **SIN.** manifestar, evidenciar, traslucir, hacer patente. **ANT.** ocultar.

reflejo *[n.m.]* 1 luz o imagen que se ve en una superficie porque otra se refleja en ella: *el reflejo del sol en los cristales nos deslumbró; se ve sobre el lago el reflejo de la ciudad.* **SIN.** destello, brillo. 2 cosa o acción en la que se nota otra: *su alegría es un reflejo de que las cosas le van bien.* 3 reacción rápida y automática ante algo imprevisto: *para jugar al tenis hay que tener buenos reflejos.* // **reflejo, refleja** *[adj.]* 4 que se hace sin haberlo pensado, como respuesta automática a un estímulo: *estornudar es un acto reflejo.* **SIN.** automático. **AF.** inconsciente, involuntario. **ANT.** consciente, premeditado. **FAM.** reflejar, reflectar, reflector, reflectante, reflexión, reflexionar, reflexivo, reflexividad, reflexivamente. **COMP.** irreflexivo, irreflexivamente, irreflexión.

reflexión *[n.f.]* 1 lo que se hace al reflexionar* sobre algo: *la reflexión es necesaria antes de decidir algunas cosas.* **SIN.** meditación, recapacitación. **ANT.** irreflexión. 2 idea que uno tiene o explica de algo, después de reflexionar sobre ello: *sus reflexiones sobre el tema fueron muy acertadas.* **SIN.** consideración, juicio. 3 cambio de dirección de las ondas luminosas o sonoras al chocar contra una superficie: *la reflexión de la luz es un fenómeno físico.* **AMPL.** las superficies y los materiales que reflejan la luz son ***reflectantes***.

reflexionar *[v.]* pensar en algo con detenimiento, fijándose uno en todos los detalles, en si es verdad o no, si tiene ventajas o inconvenientes, etc.: *reflexiona antes de decidirlo; reflexionaré sobre lo que dices.* **SIN.** meditar, pensar en, recapacitar sobre.

reflexivo, reflexiva *[adj.]* que piensa mucho las cosas antes de actuar o de juzgar: *una* *persona reflexiva.* **ANT.** irreflexivo, impulsivo. ■ **verbo reflexivo**, el pronominal que expresa una acción que recae en el sujeto: *lavarse es un verbo reflexivo.*

reforma *[n.f.]* cambio que se hace en algo para intentar mejorarlo: *la reforma de una casa; la reforma de una ley.* **SIN.** transformación, modificación, cambio. **AF.** mejora, renovación.

reformar *[v.]* hacer lo necesario para que algo sea distinto, con la intención de que quede mejor, sea más útil o más bonito, etc.: *han reformado el sistema de enseñanza; reformaron la plaza poniéndole árboles.* **SIN.** cambiar, modificar, transformar. **AF.** renovar. TAMBIÉN *prnl.: desde que nació su hermano se ha reformado y ahora es más cariñoso.* **FAM.** reforma, reformatorio, reformador, reformista, reformismo, reformativo, forma.

reformatorio *[n.m.]* lugar donde el Estado mete a los delincuentes menores de edad: *el reformatorio dispone de instalaciones deportivas.* **SIN.** correccional.

reformista *[adj.inv. en gén.]* que defiende las reformas sociales, políticas o religiosas: *un partido político reformista; una persona reformista.* TAMBIÉN *n.inv. en gén.: los reformistas apoyaron el proyecto de ley.* **FAM.** reforma.

reforzar *[v.]* **1** hacer que algo sea más fuerte: *reforzó los codos del jersey con unas coderas; hay que reforzar los cimientos de la casa.* **SIN.** fortalecer. **ANT.** debilitar. **2** hacer que algo sea mayor o más eficaz: *para la visita del Rey reforzaron los sistemas de seguridad.* **SIN.** aumentar, intensificar. **ANT.** disminuir. **CONJUG.** como *forzar*.* **FAM.** refuerzo, reforzamiento, fuerza.

refrán *[n.m.]* frase popular repetida tradicionalmente siempre de la misma manera y que refleja cosas que el ser humano ha ido aprendiendo y le parecen grandes verdades: *"perro ladrador, poco mordedor" y "a quien madruga Dios le ayuda" son refranes.* **SIN.** dicho. **AF.** proverbio, máxima, sentencia. **FAM.** refranero, refranista.

refranero *[n.m.]* conjunto de refranes: *el refranero español es muy amplio.*

refrenar *[v.]* hacer que algo sea menos intenso o violento: *refrena tus impulsos agresivos.* **SIN.** contener, moderar. **AF.** reprimir. **ANT.** estimular. **FAM.** refrenable, frenar*. **COMP.** irrefrenable, irrefrenablemente.

refrescante *[adj.inv. en gén.]* que alivia el calor o la sed: *un baño refrescante; una bebida refrescante.* **ANT.** sofocante.

refrescar *[v.]* **1** hacer que algo pierda calor, poniéndolo en contacto con algo más frío: *el agua del arroyo refrescará la sandía.* **SIN.** enfriar. **ANT.** calentar. TAMBIÉN *prnl.: nos refrescamos en la fuente.* **2** bajar la temperatura del aire: *al caer el sol, refresca.* ■ **refrescar la memoria**, hacer que alguien recuerde lo que había olvidado o no quería recordar. **OBS.** ante e, qu: *refresquen.* **FAM.** refresco, refrescante, fresco.

refresco *[n.m.]* bebida sin alcohol que se toma fría para aliviar el calor o la sed: *una limonada es un refresco; para él, el mejor refresco es el agua de botijo.*

refrigeración *[n.f.]* hecho de que algo pierda temperatura o no la gane: *el radiador del coche sirve para la refrigeración del motor; en muchos sitios hay sistemas que consiguen la refrigeración del aire.* **AF.** ventilación, enfriamiento. **ANT.** calentamiento. **FAM.** refrigerar, refrigerador, refrigerante, refrigerio, frío.

refrigerador *[n.m.]* aparato o instalación cuya función es enfriar: *no saques el helado del refrigerador* (**SIN.** frigorífico, nevera)*; la máquina lleva un refrigerador en la parte posterior.* **ANT.** calentador. // **refrigerador, refrigeradora** *[adj.]* **2** que tiene algún sistema de refrigeración: *camión refrigerador; cámara refrigeradora.*

refrigerio *[n.m.]* comida y bebida ligeras que se toma entre horas: *a media tarde tomamos un refrigerio.* **SIN.** piscolabis, tentempié.

refuerzo *[n.m.]* **1** lo que se pone en algo para que quede fuerte o más fuerte: *las rodilleras son refuerzos en los pantalones.* **AF.** remiendo, contrafuerte. **2** lo que ayuda o favorece algo que ya había: *la instalación del regadío supuso un refuerzo para la economía de la región; enviaron refuerzos de tropas y armamento para defender la ciudad.* **SIN.** apoyo, ayuda.

refugiado, refugiada *[n.]* persona a la que acogen en un país temporalmente, porque ha tenido que irse del suyo por razones políticas o porque había guerra: *las organiza-*

ciones humanitarias ayudan a los refugiados. **AF.** exiliado, expatriado.

refugiar *[v.]* poner a una persona o un animal en un sitio para que quede protegido de algo: *durante la tormenta, refugió a los niños en una cueva.* TAMBIÉN *prnl.: se refugiaron de la lluvia en los soportales.*

refugio *[n.m.]* **1** lo que sirve para proteger de peligros o incomodidades a personas o animales: *buscaron refugio durante el tiroteo; cuando llueve, los portales son un buen refugio para los peatones sin paraguas.* **SIN.** abrigo, cobijo. **2** construcción en la que uno se refugia: *los pastores construyen refugios en la sierra.* **AF.** albergue. **3** lo que le sirve a alguien de alivio o consuelo: *eres el refugio de mis penas; buscó refugio en la religión.* **FAM.** refugiado, refugiarse.

refunfuñar *[v.]* decir cosas en voz baja, de manera que casi no se entiendan, para demostrar que uno está enfadado: *se fue a la cama refunfuñando.* **AF.** murmurar, rezongar, protestar. **FAM.** refunfuño, refunfuñón.

regadera *[n.f.]* recipiente pensado para regar, que tiene un asa y un tubo largo con el extremo ensanchado y agujereado para que el agua salga en forma de chorritos.

regadío *[n.m.]* instalaciones de agua que permiten un riego regular y frecuente de los campos, y que suelen ser canales y acequias que dirigen el agua desde un río o un pantano. ■ **de regadío**, que hay que regarlo con regularidad, porque no tiene suficiente con el agua de lluvia: *el maíz es una planta de regadío.* **ANT.** de secano.

regalar *[v.]* darle algo a alguien, sin esperar nada a cambio y con el deseo de que le guste: *le regaló una bici.* **SIN.** obsequiar con. **FAM.** regalo, regaladamente.

regaliz *[n.m.]* planta medicinal de cuyas raíces, que son palos de color pardo con el interior amarillo y se pueden masticar, se extrae un jugo dulce y aromático con el que se preparan pastillas o barritas que se toman como golosina: *hizo una infusión de menta y regaliz; masca palo de regaliz.* **SIN.** palo dulce, orozuz, paloduz, regaliza. **AMPL.** las raíces también se llaman *regaliz.*

regalo *[n.m.]* **1** cosa que alguien recibe sin que quien se lo da quiera nada a cambio: *le trajeron varios regalos.* **SIN.** obsequio, presente. **2** cosa que hace que uno disfrute a través de algún sentido: *esa música es un regalo para el oído.*

regañadientes palabra que nada más aparece en la expresión adverbial ■ **a regañadientes**, de mala gana.

regañar *[v.]* **1** decirle muy seriamente a alguien que ha hecho algo mal: *su abuelo lo regañó por haber llegado tarde.* **SIN.** reprender*. **2** mostrar enfado al discutir dos o más personas: *estos chicos están siempre regañando.* **AF.** pelearse, discutir, enfrentarse. **FAM.** regañina, regañón. **COMP.** regañadientes.

regañina *[n.f.]* lo que se le dice a alguien al regañarlo: *recibió una regañina de su padre.* **SIN.** amonestación, riña. **INTENS.** reprimenda, bronca.

regar *[v.]* **1** echar agua para mojar el suelo o las plantas: *riega los tomates de la huerta; en verano riegan las calles por la noche.* **AF.** mojar, irrigar. **2** suministrar agua un río a una determinada zona: *el Duero riega la vega de Toro.* **3** ir dejando cosas por distintos sitios: *ha regado el suelo de montoncitos de cromos.* **CONJUG.** como *negar**. **FAM.** regadera, riego, reguero, regadío, regata, regato, regable. **COMP.** irrigar.

regata *[n.f.]* **1** competición deportiva de pequeñas embarcaciones: *las regatas del Támesis son famosas.* **2** surco que se hace para conducir el agua de riego: *esta regata lleva el agua a los frutales.* **SIN.** reguero, regato.

regate *[n.m.]* movimiento con el que se esquiva o se evita el choque de algo o alguien: *se libró de la embestida del toro con un ágil regate.* **SIN.** quiebro, quite. **FAM.** regateo, regatear, regateador.

regatear *[v.]* **1** discutir sobre el precio de algo para intentar comprarlo más barato: *en el rastro de Madrid se suele regatear.* **2** participar en una regata (competición deportiva). **3** hacer regates*. **SIN.** sortear, esquivar. **OBS.** e + e = ee: *regateen.*

regazo *[n.m.]* hueco que forma la falda entre la cintura y las rodillas cuando la persona que la tiene puesta está sentada: *sentó al niño en su regazo.*

regencia *[n.f.]* mandato temporal de una persona en lugar del rey, mientras éste es me-

a b c d e f g h i j k l m n ñ o p q **r** s t u v w x y z

nor de edad o sufre alguna incapacidad: *María Cristina de Borbón ostentó la regencia de España entre 1833 y 1840, en sustitución de su hija Isabel II.* **AF.** administración, gobierno.

regenerar *[v.]* hacer que algo o alguien vuelva a tener las características naturales (físicas o psicológicas) que había perdido: *la pomada le regeneró la piel en poco tiempo; el tratamiento lo regeneró de su adicción a las bebidas alcohólicas.* **SIN.** recuperar, rehabilitar. **ANT.** degenerarse. TAMBIÉN *prnl.: se le regeneró la piel en una semana.* **FAM.** regeneración, regenerador, regenerativo, generar.

regentar *[v.]* encargarse de dirigir un establecimiento, una empresa, un departamento, una institución, etc.: *regenta un hotel de cinco estrellas; regentó un ministerio durante cuatro años.* **SIN.** regir, gobernar, dirigir. **AF.** administrar.

regente *[n.inv. en gén.]* persona que gobierna un país en sustitución temporal de su legítimo gobernante: *la regente recibió a los embajadores extranjeros.* **AF.** gobernante.

régimen *[n.m.]* sistema que se sigue al gobernar algo o al hacer algo, y en el que se basan las normas, las leyes y las actividades de quienes están bajo él: *la república es un tipo de régimen político; está en un colegio en régimen de internado; un régimen alimenticio a base de vegetales.* **SIN.** sistema.

regimiento *[n.m.]* cada una de las unidades en que se divide un arma del ejército, a cuyo frente está un coronel, y que está formada por varios batallones: *un regimiento de infantería.*

región *[n.f.]* 1 territorio con unas características naturales, históricas o políticas determinadas: *una región montañosa; Galicia es una región lluviosa; Levante es una región mediterránea.* **SIN.** zona, territorio. 2 cada una de las partes en las que se divide en anatomía el cuerpo de las personas o de los animales: *tiene dolores en la región abdominal.* **SIN.** zona, parte. **PL.** *regiones.* **FAM.** regional, regionalismo, regionalista, regionalmente.

regional *[adj.inv. en gén.]* de una comarca o una región: *una línea de autobuses regional; bailes regionales.*

regir *[v.]* 1 encargarse de mandar y decidir sobre los asuntos importantes de un país, una empresa o cualquier organización: *los gobiernos rigen los destinos de sus países.* **SIN.** dirigir, gobernar. 2 ser válida una norma, una disposición o una ley: *el toque* de queda rige, a partir de las ocho de la tarde, en la ciudad asediada; desde el sábado rige el horario de verano.* **AF.** funcionar, estar en vigor, ser válido. // **regirse** *[v.prnl.]* 3 seguir un determinado modelo o conjunto de normas: *esa empresa se rige por el horario de comercio oficial.* **FAM.** régimen, regimiento, regidor, regencia, regente, regentar, rey.

CONJUGACIÓN DEL VERBO REGIR

Formas no personales
Infinitivo: *regir.* Gerundio: *rigiendo.* Participio: *regido.*
Indicativo
Presente: *rijo, riges, rige, regimos, regís, rigen.*
Pretérito imperfecto: *regía, regías, regía, regíamos, regíais, regían.*
Pretérito indefinido: *regí, registe, rigió, regimos, registeis, rigieron.*
Condicional simple:
regiría, regirías, regiría, regiríamos, regiríais, regirían.
Subjuntivo
Presente: *rija, rijas, rija, rijamos, rijáis, rijan.*
Pretérito imperfecto: *rigiera/ rigiese, rigieras/ rigieses, rigiera/ rigiese, rigiéramos/ rigiésemos, rigierais/ rigieseis, rigieran/ rigiesen.*
Futuro imperfecto: *rigiere, rigieres, rigiere, rigiéremos, rigiereis, rigieren.*
Imperativo:
rige, rija, rijamos, regid, rijan.

registrador, registradora *[n.]* 1 persona que se dedica a registrar oficialmente contratos, compras y ventas de terrenos o edificios, creación de empresas, etc., para que se pueda comprobar cuando sea necesario: *un registrador de la propiedad.* // **registrador, registradora** *[adj.]* 2 que sirve para registrar o medir determinados fenómenos u operaciones: *el sismógrafo es un aparato registrador de seísmos; la caja registradora registra las cantidades que se cobran en un establecimiento comercial.*

registrar *[v.]* 1 mirar con atención un sitio o una cosa para enterarse de lo que tiene dentro o para encontrar algo: *la policía registró la casa del asesino en busca de pruebas; he registra-*

do todos los cajones y no encuentro las llaves. **AF.** inspeccionar, reconocer, examinar. **AMPL.** si se registra la ropa que lleva puesta una persona también se dice ***cachear***. 2 apuntar algo en un sitio para que se pueda comprobar cuando haga falta: *ha registrado todos los libros de la biblioteca; en los ayuntamientos registran los nombres de quienes van a vivir al pueblo; registró el nombre de la empresa para que nadie más pudiera utilizarlo.* **AF.** inscribir, apuntar. **AMPL.** si se registra un invento para que nadie más pueda comercializarlo, se usa el verbo ***patentar***. 3 ir anotando o marcando la medida de algo, las cosas que pasan o los fenómenos que se producen: *el termómetro registró 30° de temperatura.* **SIN.** marcar. **OBS.** se usa mucho en construcciones de pasiva refleja para indicar que ha habido lo que se dice: *se registraron olas de tres metros; se registraron dos casos de meningitis; no se han registrado alteraciones de orden público.* 4 apuntar, inscribir*: *registra a la niña en la guardería.* **FAM.** registro, registrador.

registro *[n.m.]* 1 lo que se hace al registrar* algo (*la policía efectuó un minucioso registro del edificio; el registro de los libros le llevó varias semanas*) y documento o documentos en que queda registrado (*consultó el registro de nacimientos del año 56*). 2 lugar o institución dedicada a registrar algo oficialmente: *en el registro de la propiedad se inscriben las fincas que se compran, y en el registro civil los nacimientos, defunciones, bodas y divorcios.* **AF.** archivo.

regla *[n.f.]* 1 objeto pensado para pasar junto a él algo que escriba y poder trazar líneas rectas: *esta regla no está numerada.* 2 norma*: *las reglas sociales facilitan la convivencia; las reglas del parchís son sencillas; sigue la regla de no enfadarse nunca.* 3 menstruación*, periodo: *a los catorce años tuvo la primera regla.* ■ **por regla general**, generalmente, habitualmente. **FAM.** reglazo, reglar, reglado, regladamente, reglaje, reglamento, reglamentar, reglamentario, reglamentación, reglamentariamente. **COMP.** arreglar.

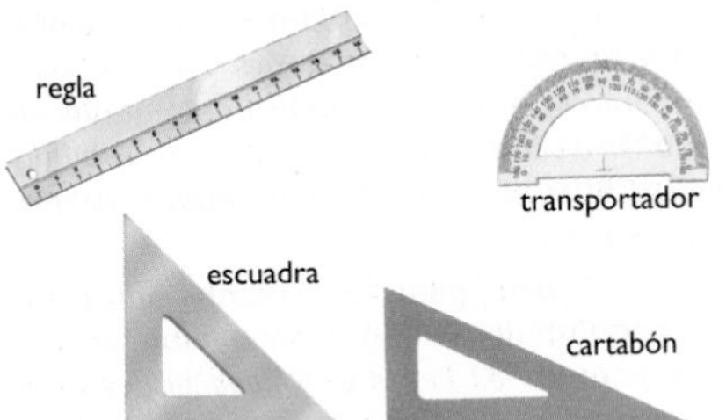

reglamentario, reglamentaria *[adj.]* que es como dicen las reglas que debe ser: *los futbolistas juegan con un balón reglamentario.* **AF.** normalizado, legal. **ANT.** antirreglamentario.

reglamento *[n.m.]* conjunto de reglas que regulan una determinada actividad: *el reglamento del hospital prohíbe las visitas nocturnas.* **SIN.** normativa.

regocijar *[v.]* hacer que alguien sienta regocijo*: *la visita de sus amigos regocijó al niño.* **AF.** alegrar, animar. TAMBIÉN *prnl.: se regocija pensando en las próximas vacaciones.* **FAM.** regocijo, regocijante, regocijadamente, gozar.

regocijo *[n.m.]* mucha alegría que se manifiesta con risas y alboroto: *los juguetes suelen producir regocijo en los niños pequeños.* **SIN.** alegría, júbilo.

regordete, regordeta *[adj.]* un poco gordo y bajo: *una muñeca regordeta; un niño regordete.* **AF.** rollizo, rechoncho, achaparrado. **ANT.** esbelto.

regresar *[v.]* ir a un sitio del que uno se había marchado: *regresaron a casa después de un largo viaje.* **SIN.** volver, retornar. **ANT.** marcharse, irse. **FAM.** regreso, regresión, regresivo.

regresión *[n.f.]* 1 vuelta a una situación o estado anterior, que es peor del que se tiene: *ha sufrido una regresión en su enfermedad; ha habido una regresión en el número de turistas.* **SIN.** retroceso, involución. 2 fenómeno psicológico que consiste en vivir como si se estuviera en una edad anterior: *algunos ancianos sufren una regresión a la infancia.*

regreso *[n.m.]* lo que se hace al ir a un sitio del que uno se había ido: *el regreso de las golondrinas anuncia la primavera; no nos avisó de su regreso a la ciudad.* **SIN.** vuelta, retorno. **ANT.** ida, marcha.

reguero *[n.m.]* 1 cualquier cosa que está esparcida formando una línea sobre una superficie: *fue dejando un reguero de cemento al arrastrar el saco; hizo un reguero de pólvora y puso la* *mecha al final.* 2 regata* (acepción 2): *el reguero de la huerta está lleno de agua.*

regular *[adj.inv. en gén.]* 1 que pasa, se hace, actúa o funciona siempre de la misma manera, o que es igual o muy parecido en toda su extensión: *este cultivo necesita un riego regular; una conducta regular; una línea de transportes regular; una superficie regular.* **SIN.** uniforme. **AF.** estable, continuado. **ANT.** irregular, desigual. 2 que no es ni bueno ni malo, ni grande ni pequeño, etc.: *un trabajo regular; notas regulares; calidad regular.* **AF.** mediano, intermedio, mediocre, corriente. // **regular** *[v.]* 3 decidir las normas que deben seguirse en algo: *han regulado los horarios comerciales.* **SIN.** reglamentar, reglar. **ANT.** liberalizar. 4 hacer que algo tenga la cantidad o la medida que hace falta, o que cada uno haga lo que tiene que hacer cuando hay que hacerlo: *las compuertas regulan la salida del agua de la presa* (**SIN.** regularizar, graduar)*; la altura de la mesa se puede regular con esta palanca* (**SIN.** graduar)*; hay que regular el cometido de cada una de las personas que trabajan en este departamento.* ■ **polígono regular**, el que tiene todos los lados y los ángulos iguales. ■ **verbo regular**, el que, al conjugarlo, no cambia la raíz en ninguna de sus formas. **FAM.** regulación, regulable, regulador, regularidad, regularmente, regularizar, regularización. **COMP.** irregular.

rehabilitación *[n.f.]* lo que se hace para poder volver a usar algo que no servía, que no funcionaba bien, etc.: *hay un programa de rehabilitación de casas rurales; con ejercicios de rehabilitación de la pierna podrá volver a andar.* **SIN.** recuperación. **AF.** restablecimiento. **FAM.** rehabilitar, habilitar.

rehabilitar *[v.]* 1 hacer lo necesario para que algo que ya no sirve o no funciona bien pueda volver a usarse: *han rehabilitado el viejo caserón* (**SIN.** restaurar, reparar. **AF.** reconstruir)*; con ejercicios rehabilitará el brazo lesionado.* 2 hacer que alguien pierda un hábito que lo perjudica y le impide hacer vida normal y sana: *hay centros especiales para rehabilitar drogadictos.* TAMBIÉN *prnl.: con el tratamiento adecuado se rehabilitará en poco tiempo.*

rehacer *[v.]* 1 hacer algo otra vez, del todo o aprovechando lo que vale: *tuvo que rehacer el mueble porque las puertas no cerraban.* **AF.** repetir. // **rehacerse** *[v.prnl.]* 2 volver a sentirse bien después de haber sufrido una desgracia: *le costó rehacerse tras la muerte de su hijo.* **AF.** reponerse, recobrarse, recuperarse. **CONJUG.** como *hacer**.

rehén *[n.m.]* persona que alguien coge como prisionera para obligar a otros a cumplir las condiciones que les exige: *a cambio de los rehenes pedía que lo sacaran del país.* **AF.** prisionero. **ANT.** secuestrador. **PL.** *rehenes.*

rehuir *[v.]* hacer lo posible por no encontrarse con alguien o no tener que hacer algo o cumplir algo: *rehúye a su vecino porque es muy maleducado* (**SIN.** esquivar, evitar)*; no rehúyas tus compromisos* (**SIN.** eludir, soslayar). **ANT.** afrontar. **CONJUG.** como *huir** pero algunos tiempos tienen acentuación distinta.

CONJUGACIÓN DEL VERBO REHUIR en los tiempos cuya acentuación es distinta de la de huir

Indicativo
Presente: *rehúyo, rehúyes, rehúye, rehuimos, rehuís, rehúyen.*
Subjuntivo
Presente: *rehúya, rehúyas, rehúya, rehuyamos, rehuyáis, rehúyan.*
Imperativo:
rehúye, rehúya, rehuyamos, rehuid, rehúyan.

rehusar *[v.]* no aceptar uno lo que se le ofrece, lo que puede usar o lo que se le encarga: *rehusaron sus servicios; rehusó la posibilidad de contestarle; rehusa comprometerse porque no tiene tiempo.* **SIN.** rechazar, desestimar. **ANT.** aceptar, admitir. **AMPL.** si se rehúsa algo con desprecio, también se dice ***desdeñar*** o ***despreciar***. **ACENT.** como *aullar**.

reina *[n.f.]* 1 mujer que reina en una monarquía: *Isabel II, hija de Fernando VII y Mª Cristina de Borbón, fue reina de España entre 1833 y 1868.* 2 pieza de ajedrez de la que sólo hay una para cada jugador y que se puede mover en todas las direcciones y tantas casillas como se quiera. 3 hembra de algunas sociedades de insectos cuya función es la de poner los huevos: *las abejas alimentan a su reina con jalea real.*

reinado *[n.m.]* periodo de tiempo durante el que reina un determinado rey o reina: *durante el reinado de los Reyes Católicos se descubrió América.*

reinar *[v.]* 1 ser rey o reina de un país durante un determinado tiempo: *Carlos III, hijo de Felipe V e Isabel de Farnesio, reinó en España de 1759 a 1788.* **ANT.** abdicar. 2 ser muy importante o notarse mucho algo: *en esta zona reina la tranquilidad.* **AF.** imperar, predominar.

reincidir *[v.]* volver a cometer un error, una falta, un delito, etc.: *al salir de la cárcel reincidió como delincuente.* **FAM.** reincidente, reincidencia, incidente.

reincorporar *[v.]* volver a poner algo o a alguien donde había estado: *han reincorporado el latín al programa de estudios; lo reincorporaron a su antiguo puesto.* TAMBIÉN *prnl.: se reincorporó al trabajo después de una larga enfermedad.* **FAM.** reincorporación, incorporar.

reino *[n.m.]* 1 territorio sobre el que un rey o una reina tiene legalmente poder: *el reino de Suecia.* 2 cada uno de los tres grandes grupos en que se ha dividido la naturaleza: *reino animal, reino vegetal y reino mineral.*

reintegrar *[v.]* 1 devolver algo que se había quitado o que se había pedido prestado a alguien: *el Ayuntamiento no nos ha reintegrado lo que nos cobró de más; reintegró a la biblioteca los libros que se había llevado.* **SIN.** restituir, devolver, reponer. // **reintegrarse** *[v.prnl.]* 2 volver a participar en algo: *tras un periodo de baja se reintegró a su puesto de trabajo.* **SIN.** reincorporarse, regresar. **ANT.** abandonar. **FAM.** reintegro, reintegración.

reír *[v.]* 1 hacer movimientos con la cara y el diafragma emitiendo sonidos producidos por la alegría o la diversión: *reían a carcajada limpia.* **AF.** sonreír, carcajear. **ANT.** llorar. TAMBIÉN *prnl.: nos reímos muchísimo con los chistes.* 2 reaccionar con risa a lo que hace alguien precisamente para provocar la risa: *los niños ríen las gracias de los payasos.* **SIN.** celebrar, aplaudir, festejar. // **reírse** *[v.prnl.]* 3 burlarse de alguien: *se reían de él.* **SIN.** mofarse. **FAM.** risa. **COMP.** sonreír.

CONJUGACIÓN DEL VERBO REÍR

Formas no personales
Infinitivo: *reír*. Gerundio: *riendo*. Participio: *reído*.

Indicativo
Presente: *río, ríes, ríe, reímos, reís, ríen.*
Pretérito imperfecto: *reía, reías, reía, reíamos, reíais, reían.*
Pretérito perfecto simple: *reí, reíste, rió, reímos, reísteis, rieron.*
Futuro: *reiré, reirás, reirá, reiremos, reiréis, reirán.*

Condicional simple:
reiría, reirías, reiría, reiríamos, reiríais, reirían.

Subjuntivo
Presente: *ría, rías, ría, riamos, riáis, rían.*
Pretérito imperfecto: *riera/ riese, rieras/ rieses, riera/ riese, riéramos/ riésemos, rierais/ rieseis, rieran/ riesen.*
Futuro: *riere, rieres, riere, riéremos, riereis, rieren.*

Imperativo:
ríe, ría, riamos, reíd, rían.

reiterar *[v.]* repetir algo o insistir en ello: *reiteró su protesta contra la nota del examen.* **SIN.** confirmar, repetir, insistir, mantenerse en. TAMBIÉN *prnl.: me reitero en mi opinión.* **FAM.** reiteración, reiterativo, reiteradamente.

reivindicar *[v.]* 1 reclamar aquello a lo que se considera que se tiene derecho o que uno se merece: *reivindicaron una jornada laboral más corta.* **SIN.** exigir, pedir, reclamar. 2 decir, una organización criminal, que ha cometido un delito para que se le tenga miedo: *la mafia reivindicó el asesinato del abogado.* **OBS.** ante e, qu: *reivindiquen.* **FAM.** reivindicación, reivindicativo, reivindicatorio, reivindicable.

reja *[n.f.]* 1 protección, hecha con barrotes entrecruzados de hierro o de otro metal, que se coloca delante de las ventanas y las puertas de las casas para que no se entre con facilidad y en las cárceles para que no se salga: *una reja de hierro forjado.* **AMPL.** si la reja separa o rodea un espacio se llama ***verja***. 2 hierro triangular del arado que se hunde en la tierra: *la reja abre los surcos.* **FAM.** rejilla, rejería, rejón, rejoneo, rejonear, rejonazo, rejoneador. **COMP.** enrejado.

rejilla *[n.f.]* red de alambre, madera, mimbre o cualquier otro material, que se coloca cubriendo una abertura: *el asiento de la silla es de rejilla.*

rejoneador, rejoneadora *[n.]* torero a caballo que hiere al toro con una vara larga que tiene la punta de hierro y que se llama *rejón.*

rejuvenecer *[v.]* sentirse uno más joven o tener un aspecto más joven: *los colores vivos rejuvenecen.* **ANT.** envejecer. **CONJUG.** como *crecer**. **FAM.** rejuvenecedor, rejuvenecimiento, joven.

relación *[n.f.]* 1 lazo de unión de cualquier tipo entre dos o más personas: *la relación entre ellos es de amistad; una relación de compañerismo, amorosa, afectiva, fraternal, maternal, familiar...* **SIN.** vínculo. **ANT.** desconexión, independencia. 2 lo que tienen que ver dos cosas entre sí: *no existe relación entre el tocino y la velocidad; la relación entre la longitud de la circunferencia y su diámetro es el "número pi".* **SIN.** conexión, interconexión. **AF.** dependencia, interdependencia. 3 trato entre personas: *relación comercial; relación profesional; poca relación; mucha relación.* 4 serie escrita de nombres de cualquier clase de cosas: *me envió una relación detallada de todos sus libros.* **SIN.** lista, catálogo, índice, enumeración, inventario. 5 lo que cuenta quien ha vivido o presenciado un suceso: *el testigo hizo la relación de lo ocurrido; relación del primer viaje a América.* **SIN.** relato, narración. **FAM.** relacionar, relativo, relativamente, relatividad, relativismo, relativista. **COMP.** correlación.

relacionar *[v.]* 1 pensar en dos cosas, personas, situaciones o ideas y ver si tienen algo en común, si una influye en la otra y cómo, si una es causa de la otra, etc.: *en el estudio que hicieron, relacionaron la producción de cada país con su número de habitantes* (**AF.** comparar); *relacionaron el accidente con la falta de visibilidad* (**SIN.** vincular). **ANT.** desvincular. 2 hacer una lista de cosas: *en el testamento relaciona todas sus propiedades.* **SIN.** catalogar, inventariar. // **relacionarse** *[v.prnl.]* 3 tener algún tipo de trato con alguien, o tenerlo dos o más personas, grupos de personas, sociedades, países, etc.: *se relaciona con mucha gente; se relaciona comercialmente con Brasil; muchos vecinos no se relacionan.* **SIN.** tratar.

relajar *[v.]* 1 hacer que algo deje de estar tenso o que alguien deje de estar nervioso: *los baños templados relajan el cuerpo; el yoga ayuda a relajar la mente; pasear relaja.* **AF.** calmar, tranquilizar, descansar. **ANT.** contraer, tensar. TAMBIÉN *prnl.: dio un paseo para relajarse; se relaja viendo la tele.* 2 hacer que algo necesite menos esfuerzo o atención: *el nuevo director relajó la disciplina del colegio.* **SIN.** distender. **ANT.** endurecer, recrudecer. TAMBIÉN *prnl.: se han relajado mucho las costumbres familiares.* **FAM.** relajación, relajante, relajamiento, relajo.

relamer *[v.]* 1 chupar repetidamente algo: *el gato no para de relamer el plato.* // **relamerse** *[v.prnl.]* 2 chuparse los labios para disfrutar del sabor de algo: *se relamía comiendo el helado.* 3 disfrutar con el recuerdo de algo: *se relamía contándonos lo bien que lo había pasado durante las vacaciones.* **FAM.** relamido, lamer.

relámpago *[n.m.]* 1 luz muy brillante y de corta duración, producida por una descarga eléctrica de la atmósfera, que se ve en el cielo cuando hay tormenta: *los relámpagos iluminaban la carretera.* **SIN.** resplandor, destello. 2 cualquier cosa muy breve o rápida: *hizo una visita relámpago.* **GRAM.** cuando, como en este caso, un nombre se usa junto a otro nombre, casi como si fuera un adjetivo, se dice que *están **en aposición****. **FAM.** relampaguear, relampagueante, relampagueo.

relampaguear *[v.]* producirse varios relámpagos naturales o de luz artificial: *vámonos, que está relampagueando; los flases relampaguean.* **OBS.** e + e = ee: *relampaguee.*

relampagueo *[n.m.]* iluminación brillante e instantánea producida por los relámpagos naturales o por luces artificiales: *el relampagueo de la tormenta iluminaba la noche; le molesta el relampagueo de los flases.*

relatar *[v.]* contar algo que ha ocurrido o que alguien se ha imaginado: *limítese a relatar los hechos.* **SIN.** contar, narrar, referir. **ANT.** callar, omitir. **FAM.** relato, relator.

relativo, relativa *[adj.]* 1 que se refiere a algo o a alguien: *me interesan los temas relativos a Japón.* **SIN.** relacionado, tocante a, referente. **ANT.** ajeno, extraño. 2 que se puede interpretar, entender o valorar de muchas maneras porque depende de varios factores o condiciones: *lo que dices es relativo porque no siempre es así.* **SIN.** dependiente, condicionado. **ANT.** absoluto, incondicional, independiente. ■ **pronombre relativo**, ver *pronombre.* ■ **oración de relativo** o **relativa**, VER cuadro en *oración.*

relato *[n.m.]* 1 hecho de relatar algo: *durante el relato del testigo, el policía tomaba nota de lo que oía.* **SIN.** exposición. 2 escrito en que se cuenta una historia corta, real o imaginada: *hace tiempo que no publica ningún libro de relatos.* **AF.** cuento, fábula, narración.

releer *[v.]* volver a leer algo: *lee y relee todo para enterarse bien.* **CONJUG.** como *leer*.*

relevar *[v.]* poner o ponerse una persona en el puesto o lugar que ocupaba otra: *el hijo relevó al padre en la dirección de los negocios; lo han relevado del cargo; el entrenador relevó a tres jugadores durante el partido; los del segundo turno relevan a los del primero.* **SIN.** sustituir, reemplazar, suplir. **FAM.** relevo, relevista, relieve, relevante, relevancia.

relevo *[n.m.]* sustitución de una o varias personas por otra u otras en un puesto de trabajo, lugar u ocupación, ya sea para siempre o para un turno determinado: *una generación es el relevo de la anterior; han llegado los del relevo de las ocho.* **SIN.** cambio, sustitución, reemplazo. ■ **carrera de relevos**, competición deportiva en que cada atleta de un mismo equipo recorre una parte del recorrido total y entrega a quien lo sustituye para hacer el siguiente tramo un palo o testigo que ha de llevarse hasta el final.

relicario *[n.m.]* sitio o estuche en que se guardan reliquias. **FAM.** reliquia.

relieve *[n.m.]* 1 lo que en una superficie sobresale de un determinado plano: *el retablo del altar mayor tiene relieves tallados.* **SIN.** saliente, realce. **AMPL.** en escultura, si el relieve sobresale del plano más de la mitad de su volumen se llama ***altorrelieve*** y si sobresale del plano menos de la mitad de su volumen se llama ***bajorrelieve***. 2 conjunto de altos y bajos que tiene la superficie de la Tierra: *relieve montañoso.* **AMPL.** las distintas formas que produce el relieve forman parte de los ***accidentes geográficos*** y se estudian en la parte de la geografía llamada ***orografía***. 3 importancia que tiene una persona o una cosa: *al congreso asistieron profesores de mucho relieve; es un problema de poco relieve.* **AF.** significación, envergadura, alcance, trascendencia. ■ **poner de relieve**, hacer saber la importancia que tiene algo.

religión *[n.f.]* conjunto de creencias que tiene una persona o un grupo de personas sobre cuestiones importantes que no se pueden estudiar científicamente (como la existencia de un ser supremo, la vida después de la muerte, etc.), y prácticas o ritos que simbolizan estas creencias. **SIN.** fe, doctrina, creencia, culto. **PL.** *religiones.*

religioso, religiosa *[adj.]* 1 de la religión: *ceremonia religiosa; creencia religiosa.* 2 persona que vive sus creencias religiosas con mucha intensidad y siente un profundo respeto hacia ellas: *un hombre muy religioso; una mujer muy religiosa.* // **religioso, religiosa** *[n.]* 3 persona que ha realizado votos y pertenece a alguna determinada orden o congregación de la Iglesia Católica: *en el convento viven 13 religiosos.* **SIN.** sacerdote, cura, fraile o monja. **ANT.** seglar, laico. **FAM.** religiosidad, religiosamente, religión. **COMP.** antirreligioso, irreligiosidad.

relinchar *[v.]* emitir relinchos: *el caballo relincha y el burro rebuzna.*

relincho *[n.m.]* sonido que produce el caballo con la garganta. **FAM.** relinchar, relinchador.

reliquia *[n.f.]* 1 lo que queda de algo que prácticamente ha desaparecido: *esta cicatriz me quedó como reliquia del accidente; guardo este exprimelimones como reliquia de la casa de mi abuela; este arado es una reliquia, ya no queda prácticamente ninguno.* **SIN.** restos. 2 resto de algo que perteneció a un santo o tuvo que ver con él: *en el convento guardan unas reliquias de Santa Teresa.* **FAM.** relicario.

rellano *[n.m.]* parte amplia y plana que separa dos tramos distintos de una misma escalera: *ante la puerta de cada piso hay un rellano.* **SIN.** descansillo. **FAM.** llano. **COMP.** arrellanarse.

rellenar *[v.]* 1 volver a llenar una cosa o llenarla más de lo normal: *rellena la jarra, que se está acabando el agua; rellenando bien el camión pueden caber todos los muebles.* **SIN.** llenar, completar, colmar. **ANT.** vaciar. 2 escribir sobre los espacios en blanco de un impreso, completando los datos que en él se piden: *rellenó el impreso de matrícula.* **SIN.** cumplimentar, completar. 3 meter una cosa dentro de otra que la envuelve: *rellenó la almohada con lana; rellena los pimientos con gambas.* **FAM.** relleno, llenar.

relleno, rellena *[adj.]* 1 que tiene algo dentro: *pimientos rellenos; carne rellena; una almohada rellena de plumas.* **ANT.** vacío. // **relleno** *[n.m.]* 2 lo que se pone dentro de otra cosa para rellenarla: *ponle a la hombrera un relleno de algodón; ¿qué relleno llevan los pimientos?*

reloj *[n.m.]* aparato que sirve para medir el tiempo y para saber la hora que es en cada momento: *hasta hace poco los relojes eran de cuerda, ahora son casi todos de cuarzo.* ■ **funcionar como un reloj**, funcionar muy bien, con precisión y regularidad. ■ **contra reloj**, con el tiempo contado, sin que sobre nada de tiempo. **FAM.** relojería, relojero.

relojería *[n.f.]* 1 técnica e industria de fabricar relojes: *los suizos son expertos en relojería.* 2 taller y tienda donde se reparan y venden relojes.

relojero, relojera *[n.]* 1 persona que se dedica profesionalmente a la relojería, fabricando, arreglando o vendiendo relojes. // **relojero, relojera** *[adj.]* 2 de los relojes o de la relojería: *industria relojera; maestro relojero.*

reluciente *[adj.inv. en gén.]* que brilla mucho: *dejó los zapatos relucientes.* **SIN.** resplandeciente, brillante. **ANT.** apagado, mate.

relucir *[v.]* reflejar o producir rayos de luz: *el oro reluce; los ojos de los gatos relucen en la noche.* **SIN.** brillar, relumbrar. **ANT.** apagar, oscurecer. ■ **sacar a relucir**, sacar a la conversación algo que no le gusta a alguien. **OBS.** ante a y o, zc: *reluzcan.* **FAM.** reluciente, lucir.

relumbrar *[v.]* brillar mucho o dar mucha luz. **SIN.** resplandecer, relucir. **FAM.** relumbrante, relumbroso, relumbre, ***relumbro, relumbrón*** (rayo de luz fuerte y breve), lumbre.

relumbre *[n.m.]* luz muy fuerte. **FAM.** relumbrar.

relumbrón *[n.m.]* rayo de luz intensa que dura poco. **PL.** *relumbrones.* **FAM.** relumbrar.

remangar *[v.]* recoger hacia arriba las mangas, las perneras de los pantalones, la falda o el vestido: *le remangó los pantalones para que cruzara el río.* **SIN.** arremangar. **AF.** subir, recoger. TAMBIÉN *prnl. refl.*: *se remangó para meter las manos en el estanque; los curas de antes se remangaban la sotana para jugar al fútbol.*

remanso *[n.m.]* 1 parte de un río en que las aguas corren despacio o llegan a detenerse. **ANT.** rápido, corriente. 2 sitio muy tranquilo: *la tumba es un remanso en el que por fin descanso.* **FAM.** remansarse, manso.

remar *[v.]* mover los remos, haciendo palanca sobre el agua, para mover una embarcación: *se rema mejor con piragua que con barca.* **SIN.** bogar, paletear.

rematar *[v.]* 1 acabar de matar a alguien que está herido: *remató al toro con la puntilla.* 2 terminar una cosa que ya está hecha, dándole el último toque para que quede mejor: *tenemos que rematar el trabajo antes de irnos.* **SIN.** completar. **ANT.** comenzar, empezar. 3 vender a bajo precio lo que queda de algo: *el comerciante remató todas sus mercancías en las rebajas.* **SIN.** agotar, terminar, vender, liquidar. 4 en deportes, coger el balón cerca de la portería, meta o línea de gol contraria y marcar el tanto o los puntos que correspondan. **FAM.** remate, rematadamente.

remate *[n.m.]* 1 parte o pieza que se añade al borde o al final de algo para completarla, adornarla o dejarla mejor acabada: *el vestido tiene un remate bordado; el remate de la mesa es de haya.* 2 en deportes, hecho de rematar. 3 final de algo: *el remate de la fiesta fue un baile de disfraces.* ■ **de remate**, completamente.

remediar *[v.]* hacer lo necesario para solucionar un problema, arreglar algo estropeado o corregir un error: *para remediar su situación económica se puso a trabajar.* **SIN.** solucionar, arreglar, salvar. **ANT.** empeorar.

remedio *[n.m.]* 1 solución: *intentaremos poner remedio a este desastre; el que la sopa esté sosa tiene fácil remedio.* 2 cualquier cosa que sirva para resolver una situación, arreglar algo estropeado, curar a un enfermo, etc.: *tengo un remedio para la mancha del mantel; el eucalipto es un remedio contra la tos.* **SIN.** recurso, medio. ■ **no tener más remedio**, estar obligado a algo. **FAM.** remediar, remediable. **COMP.** irremediable.

rememorar *[v.]* traer a la memoria épocas o situaciones pasadas: *le gusta rememorar la infancia.* **SIN.** recordar, evocar. **FAM.** rememoración, rememorativo, remembranza, memoria.

remendar *[v.]* reparar algo roto o gastado por el uso, tapando el agujero con un trozo del mismo material o cosiéndolo: *los pescadores remiendan las redes y las velas.* **SIN.** zurcir, recoser, repasar. **CONJUG.** como *merendar**.

remesa *[n.f.]* lo que se envía a un sitio, especialmente el conjunto de paquetes, bultos o cosas iguales que van juntos en un mismo envío: *hemos recibido una remesa de alfombras; una remesa de ocho bultos; se lo enviaré en la próxima remesa.* **SIN.** envío, expedición, partida.

remiendo *[n.m.]* 1 trozo de tela, cuero, paño, etc., que se pone cosido o pegado para tapar un roto o una parte muy gastada de algo: *tiene el pantalón lleno de remiendos.* **SIN.** parche, pieza. 2 arreglos parciales de algo que no acaban de solucionar un problema: *déjate de andar con remiendos y soluciónalo de una vez por todas.* **SIN.** chapuza, parche. **FAM.** remendar, remendón.

remilgo *[n.m.]* gesto o reparo con que alguien demuestra que no le gusta algo o que no lo quiere: *no tengas tantos remilgos para aceptar ese trabajo, que no es tan malo; deja ya de hacer remilgos y come, que está muy bueno.* **AF.** asco, reticencia, escrúpulo, criquería. **FAM.** remilgado, remilgoso, remilgadamente.

reminiscencia *[n.f.]* 1 restos de cosas que ya no existen y que quedan en el recuerdo o en la costumbres: *las fiestas cristianas tienen reminiscencias paganas.* 2 detalle en que se nota que una cosa se parece a alguna de otras épocas, de otras personas o de otros lugares: *en su forma de vestir se notan reminiscencias cubanas; el estilo de Gaudí tiene reminiscencias góticas.* **SIN.** resto, influencia. **OBS.** se utiliza sobre todo al hablar de obras artísticas, plásticas, musicales o literarias.

remiso, remisa *[adj.]* que no le gusta algo y procura evitarlo: *es remiso a hacer declaraciones en público.* **SIN.** reacio.

remitente *[n.m.]* persona que envía algo a alguien: *pon en el sobre el nombre del remitente.* **SIN.** expedidor. **ANT.** destinatario.

remitir *[v.]* 1 enviar algo a alguien: *remitió cartas a varios amigos.* **SIN.** enviar, mandar. **AF.** expedir. **ANT.** recibir. 2 disminuir la fuerza de algo: *comienza a remitir la enfermedad; ha remitido el temporal.* **SIN.** ceder, disminuir, reducirse, bajar. **ANT.** aumentar. 3 mandar a un lector a otro sitio de la misma obra que está leyendo o consultando: *en la página diez remite a la dos.* // **remitirse** *[v.prnl.]* 4 recordar a los demás algo que ya se ha dicho o hecho y aprovecharlo para demostrar o defender lo que se dice ahora: *se remitió al artículo 23 del código penal para defender al acusado; me remito a los hechos para demostrar quién tenía razón.* **SIN.** acogerse, apoyarse en. **AF.** apelar, invocar, atenerse. **FAM.** remitente, ***remiso*** (reacio*), remesa, remisión. **COMP.** irremisible, irremisiblemente.

remo *[n.m.]* 1 instrumento alargado, con uno de sus extremos en forma de mango y el otro en forma de pala que se usa como palanca en pequeñas embarcaciones para hacerlas avanzar: *pasearon por el río en una barca de remos.* **AF.** pala. 2 deporte náutico que se practica con una embarcación movida por estos instrumentos: *k-1, k-2, kayak y trainera son distintas especialidades de competición a remo.* **FAM.** remar, remero, remador.

barca de remos

remojar *[v.]* dejar una cosa en agua durante un tiempo para que se ablande: *pon a remojar los garbanzos.* **AF.** bañar. **ANT.** secar. **FAM.** remojo, remojón, mojar.

remojón *[n.m.]* el mojar, mojarse o resultar mojado en poco tiempo: *lo lavó con un simple remojón; me doy un remojón y me voy; se cayó al río y se dio un remojón.* **SIN.** chapuzón. **AF.** mojadura. **PL.** *remojones.*

remolacha *[n.f.]* planta de tallo grueso de cuya raíz, carnosa y comestible, se extrae el azúcar: *han descargado un camión de remolacha en la azucarera.* **AMPL.** también se cultiva como alimento para el ganado, por lo que se distinguen dos clases de remolacha: la ***azucarera*** y la ***forrajera***. **FAM.** remolachero.

remolacha

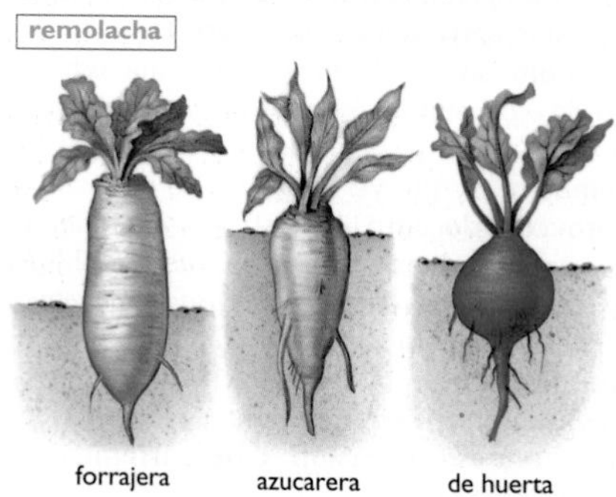

forrajera azucarera de huerta

remolcador *[n.m.]* barco con mucha potencia que se utiliza para arrastrar a otros: *el transatlántico atracó en el puerto ayudado por un remolcador.*

remolcar *[v.]* arrastrar un vehículo a otro que no puede moverse por sí mismo: *el coche averiado fue remolcado hasta un taller; remolcó el barco hasta el puerto.* **SIN.** toar, atoar. **AF.** tirar de. **OBS.** ante e, qu: *remolquen.* **FAM.** remolque, remolcador.

remolino *[n.m.]* **1** movimiento circular muy rápido producido por la agitación del agua o del aire: *el viento levantaba polvo, haciendo remolinos.* **AF.** torbellino. **2** pelos que salen de tal forma que parece que giran en torno a un punto y que al peinarlos quedan de punta: *tiene un remolino en la coronilla.* **3** multitud de personas moviéndose desordenadamente: *se formó un remolino de gente en la plaza.* **AF.** revoltijo, aglomeración. **FAM.** remolinar, molino. **COMP.** arremolinarse.

remolón, remolona *[adj.]* que hace las cosas con desgana, se retrasa o procura no hacerlas: *siempre se hace el remolón a la hora de pagar.* **AF.** perezoso, gandul, holgazán, rezagado. **FAM.** remolonear, remoloneo.

remolque *[n.m.]* vehículo sin motor que es arrastrado por otro y que se utiliza para transportar cosas: *esta mañana han traído un remolque lleno de trigo.*

remontar *[v.]* **1** ir hacia arriba o pasar por encima de algo que está alto: *el pájaro remontó el vuelo; los excursionistas remontaron la cima y pasaron al otro valle.* **SIN.** subir, ascender por. **ANT.** bajar **2** salir de una mala situación, superar una dificultad: *remontó la enfermedad.* **AF.** mejorarse. // **remontarse** *[v.prnl.]* **3** referirse a una época muy anterior: *el historiador se remontó a la Edad Media.* **FAM.** remonte, remontamiento, montar.

remordimiento *[n.m.]* sentimiento de culpa que tiene el que se da cuenta de que ha hecho algo malo: *tengo remordimientos por haberlo reñido tan duramente.* **AF.** pesar, arrepentimiento. **FAM.** remorder, morder.

remoto, remota *[adj.]* que está muy lejos del lugar o del momento en que se habla: *país remoto; época remota; en tiempos remotos los hombres vivían en cavernas; posibilidades remotas.* **SIN.** lejano, distante. **ANT.** próximo, cercano. **FAM.** remotamente.

remover *[v.]* **1** mover mucho algo, cambiar las cosas de lugar: *remover la tierra para buscar algo; remueve el café; remueve constantemente los papeles.* **AF.** agitar, revolver, menear, escarbar, hurgar. **2** volver a tratar o plantear un tema o un asunto: *es preciso remover lo de la estafa para aclarar la verdad.* **CONJUG.** como *volver**. **FAM.** removimiento, remoción, mover.

remuneración *[n.f.]* lo que se paga por un trabajo o por prestar o emplear el dinero en un negocio: *este empleo tiene una buena remuneración; el dinero da poca remuneración en el banco.* **SIN.** paga, salario, sueldo, retribución. **AF.** rendimiento. **FAM.** remunerar, remunerable, remunerador, remunerativo, remuneratorio.

renacer *[v.]* **1** volver a nacer o a crecer algo: *renace la hierba en el prado.* **2** volver a haber algo perdido: *renace la alegría en esta casa.* **SIN.** resurgir, rebrotar, reaparecer. **AF.** revivir. **CONJUG.** como *nacer**. **FAM.** renacentista, renacimiento, nacer.

renacimiento *[n.m.]* **1** hecho de tomar nuevas fuerzas algo que está poco vivo, parado o casi olvidado: *en el siglo XIX se produjo un renacimiento de la literatura catalana y de la gallega.* **AF.** retorno, reaparición. **ANT.** decadencia, ocaso. **2** período histórico de Occidente que comprende los siglos XV y XVI, en el que se produce un gran interés por la época antigua de Grecia y Roma y que favorece un extraordinario desarrollo de las artes y las ciencias.

renacuajo *[n.m.]* **1** cría de rana que tiene cola y patas y no se parece al animal adulto: *he cogido un renacuajo en la charca.* **2** forma cariñosa o despectiva de llamar a los niños: *encontré fumando a dos renacuajos.*

renal *[adj.inv. en gén.]* del riñón o de los riñones: *ha tenido un cólico renal.* **SIN.** nefrítico.

rencor *[n.m.]* sentimiento de odio que se tiene durante mucho tiempo contra alguien: *sentía rencor contra los que lo traicionaron.* **SIN.** resentimiento, deseo de venganza. **FAM.** rencoroso, rencorosamente.

rencoroso, rencorosa *[adj.]* que no perdona, que suele sentir rencor: *es tan rencoroso que no olvida las ofensas.* **SIN.** vengativo, resentido.

rendido, rendida *[adj.]* muy cansado: *después de la carrera acabé rendido.* **SIN.** agotado, extenuado, exhausto, cansadísimo, baldado, destrozado. **AF.** cansado, fatigado. **ANT.** descansado.

rendija *[n.f.]* abertura larga y estrecha que se produce al romperse un material sólido o entre dos materiales que no ajustan perfectamente: *observaba por una rendija los movimientos de sus secuestradores.* **AF.** raja, fisura, grieta, ranura.

rendir *[v.]* **1** hacer que alguien tenga algo, u obtener algún resultado positivo: *sus negocios rinden pocos beneficios* (**SIN.** producir, dar, rentar)*; es una persona que rinde mucho en el trabajo* (**SIN.** dar de sí). **2** producir mucho cansancio: *subir andando a un décimo piso rinde a cualquiera.* **SIN.** agotar* (acepción 2). // **rendirse** *[v.prnl.]* **3** aceptar la derrota, dejar de pretender algo por sentirse sin fuerzas o sin posibilidades de conseguirlo: *acabaron rindiéndose al enemigo; se rindió y dejó los estudios.* **SIN.** sucumbir* (acepción 1). **CONJUG.** como *pedir**. **FAM.** rendición, rendidamente, rendimiento.

renegar *[v.]* **1** dejar de creer en algo, de defender algo o de ser fiel a algo: *Galileo fue obligado por la Inquisición a renegar de sus ideas; renegó de su patria.* **AF.** apostatar, abjurar. **2** estar muy molesto con alguien o algo y protestar por ello: *los criados renegaban del patrón.* **AF.** quejarse. **CONJUG.** como *negar**. **FAM.** renegado, renegón, negar.

renglón *[n.m.]* **1** cada una de las líneas horizontales que se forman al escribir: *me mandó una nota de tres renglones.* **SIN.** línea. **2** cada una de las líneas que tienen algunos cuadernos y papeles para escribir sin torcerse. **PL.** *renglones.*

reno *[n.m.]* animal herbívoro de gran cornamenta y algo parecido al ciervo, que vive domesticado en los países fríos, se utiliza como tiro de los trineos y proporciona carne y leche para el consumo humano: *los renos sirven para lo mismo que las vacas.*

renombre *[n.m.]* fama: *un científico de gran renombre.* **SIN.** prestigio. **FAM.** nombre.

a b c d e f g h i j k l m n ñ o p q r s t u v w x y z

renovación *[n.f.]* sustitución de una cosa por otra nueva: *la renovación del mobiliario era necesaria; se produjo una renovación de las costumbres y de las ideas.*

renovador, renovadora *[adj.]* que renueva o que quiere renovar*: *un político renovador; propuestas renovadoras.* **SIN.** reformador.

renovar *[v.]* **1** sustituir una cosa por otra nueva o más moderna: *han renovado la decoración del bar; renovaron el equipo de jugadores.* **SIN.** modernizar, actualizar. **AF.** reemplazar, cambiar. **2** volver a existir, cobrar actualidad o aumentar la fuerza de algo que ya existe: *renovaron su amistad al volver a verse.* **AF.** actualizar, restaurar, restablecer, reanudar, recuperar, reavivar. **CONJUG.** como *contar**. **FAM.** renovar, renovador, renovable, renuevo, nuevo.

renta *[n.f.]* **1** dinero que se recibe por prestar el que se tiene o tenerlo empleado en negocios u otras cosas: *vive de las rentas.* **AF.** ingresos, beneficio, rendimiento. **2** cantidad de dinero que cuesta alquilar algo: *todos los meses pago la renta del piso.* **SIN.** alquiler. **FAM.** rentar, rentabilidad, rentable, rentero, rentista.

rentable *[adj.inv. en gén.]* que produce un beneficio económico: *su inversión ha sido muy rentable.*

rentar *[v.]* producir beneficios un negocio, el dinero o las propiedades: *cambió sus inversiones por otras que le rentaban más.* **SIN.** producir, rendir.

renunciar *[v.]* **1** dejar de intentar algo porque resulta imposible conseguirlo: *renunció al viaje porque tenía demasiado trabajo.* **SIN.** desistir de. **AF.** abandonar. **2** decidir una persona no aprovecharse de algo beneficioso o que le pertenece: *renunció al cargo que le ofrecían; renunció a la herencia; renunció a sus derechos.* **AF.** rechazar, prescindir de, ceder. **FAM.** renuncia, renunciamiento, renunciación, renuncio, anunciar.

reñido, reñida *[adj.]* **1** que está enfadado con otro: *están reñidos y no se tratan.* **SIN.** enemistado, enfadado, enojado, peleado. **2** con mucho enfrentamiento: *el torneo de ajedrez estuvo muy reñido; una sesión muy reñida.* **AF.** disputado. ■ **estar reñido con** algo, no combinar bien, no armonizar o tener efectos contrarios. **SIN.** ser incompatible.

reñir *[v.]* **1** mostrar enfado al decirle a alguien que ha hecho algo mal: *me lo dijo riñéndome.* **SIN.** reprender*. **2** hablar sin atenerse a razones y con los nervios alterados dos o más personas: *cuando eran pequeños reñían mucho.* **SIN.** pelearse, discutir. **FAM.** riña, reñido, reñidamente.

CONJUGACIÓN DEL VERBO REÑIR

Formas no personales
Infinitivo: *reñir.* Gerundio: *riñendo.* Participio: *reñido.*

Indicativo
Presente: *riño, riñes, riñe, reñimos, reñís, riñen.*
Pretérito imperfecto: *reñía, reñías, reñía, reñíamos, reñíais, reñían.*
Pretérito perfecto simple: *reñí, reñiste, riñó, reñimos, reñisteis, riñeron.*
Futuro: *reñiré, reñirás, reñirá, reñiremos, reñiréis, reñirán.*

Condicional simple:
reñiría, reñirías, reñiría, reñiríamos, reñiríais, reñirían.

Subjuntivo
Presente: *riña, riñas, riña, riñamos, riñáis, riñan.*
Pretérito imperfecto: *riñera/ riñese, riñeras/ riñeses, riñera/ riñese, riñéramos/ riñésemos, riñerais/ riñeseis, riñeran/ riñesen.*
Futuro: *riñere, riñeres, riñere, riñéremos, riñereis, riñeren.*

Imperativo:
riñe, riña, riñamos, reñid, riñan.

reo, rea *[n.]* persona que está acusada de cometer algún delito: *el reo escuchó impasible la sentencia del juez.* **AF.** culpable, convicto.

reojo palabra que nada más aparece en la expresión adverbial ■ **de reojo**, sin fijar directamente la vista, sino de forma casual o disimulada.

reparación *[n.f.]* hecho de arreglar o dejar arreglado algo que estaba estropeado: *acabaron los trabajos de reparación; la reparación del frigorífico ha sido muy sencilla.* **SIN.** arreglo, compostura.

reparar *[v.]* **1** hacer que algo que estaba estropeado o roto vuelva a funcionar correctamente o recupere su estado normal: *he llevado a reparar el tocadiscos; repararon una silla rota.* **SIN.** arreglar, componer. **AF.** restaurar. **ANT.** estropear. **2** hacer algo que compense el daño o perjuicio que se ha causado: *repara las consecuencias de tu error.* **SIN.** subsanar. **AF.** enmendar. **3** darse cuenta de algo: *reparó en que la ventana estaba abierta y la cerró.* **SIN.** notar* (acepción 2). ■ **sin reparar en gastos**, sin que a uno le importe lo que cueste. **FAM.** reparación, reparador, reparo. **COMP.** irreparable.

reparo *[n.m.]* 1 razonamiento en contra de algo: *puso muchos reparos para casarse con ella.* **AF.** inconveniente, traba, impedimento, dificultad, disculpa, objeción. 2 falta de atrevimiento: *le dio reparo desnudarse ante el médico.* **SIN.** apuro, vergüenza.

repartición *[n.f.]* operación o resultado de repartir* o dividir algo en partes: *la repartición del territorio ha sido desigual.* **AF.** reparto, distribución, división.

repartidor, repartidora *[adj.]* que reparte: *trabaja como repartidor de bebidas.* **AF.** distribuidor.

repartir *[v.]* 1 distribuir un conjunto por unidades o dividiéndolo en partes: *repartieron las cartas; hemos repartido la tarta.* **AF.** distribuir, partir. 2 llevar las cosas a su destino: *la empresa de transporte reparte los paquetes a domicilio.* **AF.** distribuir. **FAM.** reparto, repartidor, repartición, partir.

reparto *[n.m.]* 1 hecho de repartir* algo entre varias personas o cosas: *el reparto del correo; el reparto de una herencia.* **SIN.** distribución. 2 conjunto de actores que participan en una obra teatral o en una película: *la película tiene un buen reparto.*

repasar *[v.]* 1 volver a ver algo que se ha hecho para asegurarse de que no hay errores, defectos u olvidos: *he repasado las cuentas; repasaron el equipaje.* **AF.** examinar, verificar, comprobar, supervisar, revisar. 2 volver a leer algo o a pensar en algo, para recordarlo o aclarar dudas: *repasar una lección.* **AF.** releer. **FAM.** repaso, pasar.

repaso *[n.m.]* actividad que consiste en repasar*: *dio un repaso a la lección; hizo un repaso a su vida.* **AF.** relectura, revisión, examen, verificación, comprobación, supervisión.

repatriar *[v.]* devolver a alguien a su país de origen: *han repatriado a los exiliados políticos.* **AMPL.** si se devuelve a alguien porque lo reclama la justicia de su país, se usa el verbo ***extraditar***. **FAM.** repatriación, patria.

repelente *[adj.inv. en gén.]* 1 que repele, que resulta desagradable estar cerca de él: *un olor repelente.* **SIN.** repulsivo, ahuyentador. **ANT.** atractivo. 2 que resulta antipático porque se cree más listo: *es un niño repelente.* **AF.** sabelotodo, repipi, empalagoso, pedante, ñoño, engreído.

repeler *[v.]* 1 hacer que algo se aleje o no se acerque: *los imanes del mismo polo se repelen; hay cremas para repeler los insectos.* **AF.** rechazar. 2 causar repugnancia: *me repele la hipocresía.* **AF.** repugnar, asquear. **ANT.COM.** atraer. **FAM.** repelencia, repelente, repelentemente.

repente palabra que nada más aparece en la expresión adverbial ■ **de repente**, sin que nadie lo esperara. **SIN.** súbitamente.

repentino, repentina *[adj.]* que se produce rápidamente y sin esperarlo: *una enfermedad repentina.* **FAM.** repentinamente, repente.

repercutir *[v.]* 1 influir una cosa en otra: *las lluvias repercutieron favorablemente en la agricultura.* 2 transmitirse las vibraciones y el sonido que se producen al golpear algo: *los martillazos repercutían en toda la casa.* **AF.** resonar, retumbar. **FAM.** repercusión, percusión.

repertorio *[n.m.]* 1 conjunto de obras musicales o teatrales que una compañía o un artista tienen preparadas para representarlas ante el público: *la orquesta tiene un amplio repertorio.* 2 conjunto de cosas que son diferentes pero que tienen algo en común por lo que se pueden clasificar u ordenar: *conoce un repertorio muy grande de refranes; está haciendo un repertorio de palabras que se usan mal.* **AF.** colección, recopilación, lista, serie, relación, catálogo.

repetición *[n.f.]* realización de la misma cosa dos o más veces: *el público pidió la repetición de la última canción.*

repetidor, repetidora *[adj.]* 1 que repite, que vuelve a hacer lo mismo. // **repetidor** *[n.m.]* 2 aparato electrónico que recibe las señales de radio o televisión y las vuelve a transmitir aumentadas: *cerca de casa hay un repetidor de televisión.*

repetir *[v.]* 1 volver a hacer o decir lo que ya se ha hecho o dicho: *repetimos varias veces los ensayos de la obra de teatro.* **AF.** reiterar, iterar. 2 volver a notar en la boca, durante la digestión, el sabor de lo que se ha comido o bebido: *las sardinas me repitieron toda la tarde.* **CONJUG.** como *pedir**. **FAM.** repetición, repetidor, repetidamente.

repicar *[v.]* tocar las campanas con insistencia y ritmo rápido en señal de alegría: *las campanas repicaron durante toda la mañana.* **AF.** tañer, redoblar, repiquetear. **OBS.** ante e, qu: *repiquen.* **FAM.** repique, repiquetear, repiqueteo, repiqueteante, picar.

repipi *[adj.inv. en gén.]* que habla con poca naturalidad para dar la impresión de que sabe mucho: *un niño repipi.* **AF.** sabelotodo, pedante, repelente, cursi.

repiquetear *[v.]* golpear con fuerza e insistencia sobre algo, produciendo sonidos: *el martillo repiquetea sobre el yunque; el pájaro carpintero repiqueteaba en el árbol.* **OBS.** e + e = ee: *repiqueteen.*

repique *[n.m.]* hecho de repicar*: *un repique de campanas.* **AF.** tañido, redoble, golpeteo.

repisa *[n.f.]* superficie horizontal estrecha y alargada que está a mayor altura que el suelo y sirve para colocar cosas sobre ella: *las repisas de una librería; una repisa en la pared.* **SIN.** balda, estante, anaquel.

repleto, repleta *[adj.]* que está muy lleno o totalmente lleno: *la iglesia estaba repleta de gente.* **AF.** lleno, abarrotado, atestado, atiborrado. **ANT.** vacío. **FAM.** repletar.

réplica *[n.f.]* 1 reacción en contra de lo que ha dicho o hecho alguien: *recibió muchas réplicas a sus declaraciones; se salieron de la sala en réplica a sus declaraciones.* **AF.** contestación, respuesta. 2 cualquier cosa que se hace imitando a otra que es anterior y original: *los romanos hicieron réplicas de las esculturas griegas.* **AF.** copia, reproducción.

replicar *[v.]* reaccionar en contra de algo que ha dicho o hecho alguien: *siempre replica a lo que dice el jefe; los obreros replicaron contra las medidas del gobierno haciendo huelga.* **SIN.** responder, contestar. **OBS.** ante e, qu: *repliquen.* **FAM.** réplica, replicón.

repoblación *[n.f.]* lo que se hace cuando se vuelven a llevar a una zona determinada seres vivos que habían desaparecido por motivos diversos: *la repoblación forestal ha sido beneficiosa.*

repoblar *[v.]* aumentar mucho la población donde es escasa, o volver a poblar un territorio con personas, animales o plantas: *en el siglo XVI, expulsados los moriscos, la Alpujarra granadina fue repoblada por leoneses, castellanos y gallegos; repoblaron el monte con pinos.* **CONJUG.** como *contar*.* **FAM.** repoblación, repoblamiento, poblar.

repollo *[n.m.]* especie de col en forma de bola, con hojas muy juntas y carnosas, que se da en los climas fríos y se cultiva para el consumo humano.

reponer *[v.]* 1 volver a poner a alguien o algo en el sitio o el puesto del que lo habían quitado: *han repuesto al presidente en su cargo.* **AF.** restituir. 2 volver a tener algo que se tenía y no se tiene porque se ha vendido, usado, etc.: *hay que reponer cervezas y refrescos.* 3 volver a representar una obra de teatro o a poner en el cine una película ya estrenada: *esta temporada están reponiendo obras de la temporada anterior.* **AF.** reestrenar. 4 responder a algo: *al preguntarle repuso que no sabía nada.* **SIN.** responder, contestar. // **reponerse** *[v.prnl.]* 5 volver a estar como antes, recuperar la salud o salir de una situación mala: *para reponerse fue a pasar unos días en un balneario.* **SIN.** restablecerse, recobrarse, recuperarse. **CONJUG.** como *poner*.* **FAM.** repuesto, reposición, repostar, poner.

reportaje *[n.m.]* informe periodístico que muestra imágenes, testimonios y datos tomados de la realidad: *un reportaje sobre el hambre en el mundo.* **AF.** crónica, documental.

reportar *[v.]* 1 producir una consecuencia: *el trabajo le ha reportado muchos quebraderos de cabeza; es un negocio que reporta muchos beneficios.* **SIN.** proporcionar* (acepción 2). 2 dar información a alguien: *no reportaron ningún dato nuevo.* **SIN.** aportar, comunicar, informar de. **FAM.** reportaje, reportero, reportación, portar.

reportero, reportera *[n.]* persona que se dedica a realizar reportajes, gráficos o escritos. **SIN.** periodista.

reposado, reposada *[adj.]* 1 que transcurre con tranquilidad: *un periodo reposado de la historia; un viaje reposado.* 2 que hace las cosas despacio y le gusta la tranquilidad: *una persona reposada; un carácter reposado.* **SIN.COM.** tranquilo, sosegado, apacible, relajado, sereno. **ANT.COM.** intranquilo, agitado.

reposar *[v.]* 1 estar quieto o dejar quieto algo: *dejó reposar el café.* **SIN.** descansar 2 descansar: *no hagáis ruido, que hay gente reposan-*

do. **SIN.** descansar, dormir. 3 estar enterrado: *aquí reposan sus antepasados.* **SIN.** yacer, descansar. 4 apoyar: *reposó la cabeza sobre la almohada.* ■ **reposar la comida**, descansar después de comer, para hacer la digestión. **FAM.** reposo, reposado, reposadamente, posar.

reposo *[n.m.]* descanso o tiempo normalmente dedicado a descansar: *tómate un reposo; una hora de reposo; estudia durante el reposo.* **AF.** pausa. ■ **en reposo**, quieto, sin moverse. **SIN.** inactivo.

repostar *[v.]* llenar de combustible el depósito de un vehículo: *durante el viaje paramos a repostar.* **AF.** abastecerse, reponer.

repostería *[n.f.]* 1 sitio donde se hacen y se venden pastas y otros dulces. 2 conjunto de estas pastas y dulces.

reprender *[v.]* decirle con enfado a alguien que no debe volver a hacer lo que ha hecho porque no está bien hecho: *su padre lo reprendió por llegar tarde.* **SIN.** reñir, regañar, amonestar, echar una reprimenda. **AF.** recriminar. **FAM.** reprensión, reprensor, prender.

represar *[v.]* detener en un sitio agua corriente. **AF.** estancar. **FAM.** presa.

representación *[n.f.]* 1 actuación de una o varias personas en nombre de otras: *el delegado habló en representación de los alumnos.* **SIN.** nombre. 2 interpretación de una obra de teatro: *una representación de Hamlet.* **SIN.** función. 3 imagen o signo que es una descripción, con cualquier tipo de lenguaje, o cualquier cosa que significa, describe, sustituye o representa a otra: *las letras son representaciones de sonidos y las palabras son representación de cosas.* **AF.** evocación, significación.

representante *[n.inv. en gén.]* persona que tiene autorización de una empresa o de otra persona para vender, hacer contratos o actuar en su nombre: *el artista y su representante viajaron juntos; es un representante de comercio.* **AF.** apoderado, vendedor, viajante, agente.

representar *[v.]* 1 ser una cosa signo, señal o símbolo de otra: *gracias a las palabras podemos representar ideas en la lengua; la cruz representa a Cristo.* 2 describir por medio de la narración, la escenificación teatral, la pintura o la música una cosa o un hecho real o imaginario: *el cuadro de "Las lanzas" de Velázquez representa la rendición de Breda.* **AF.** interpretar. 3 hacer una representación* teatral: *hoy representan "La zapatera prodigiosa".* 4 actuar como representante de alguien: *el presidente representa a la comunidad de vecinos.* **FAM.** representación, representable, representante, representativo, presentar.

represión *[n.f.]* falta de libertad para expresar lo que se siente o se piensa: *la represión es propia de las dictaduras; no es buena la represión de los sentimientos.* **AF.** contención.

reprimir *[v.]* no dejar que alguien se exprese o se comporte libremente: *la policía reprimió a los manifestantes; no le reprimas las ganas de llorar.* **AF.** contener, refrenar, aplacar. TAMBIÉN *prnl.: se reprime mucho.* **FAM.** represión, represor, represivo, represivamente, reprimenda, oprimir.

reprochar *[v.]* decir a alguien que está mal algo que hace o ha hecho: *siempre le han reprochado su falta de limpieza.* **SIN.** censurar, criticar, reprobar, echar en cara. **FAM.** reproche, reprochable. **COMP.** irreprochable, irreprochabilidad, irreprochablemente.

reproche *[n.m.]* lo que se le dice a alguien para señalarle un defecto: *le hicieron reproches por su falta de puntualidad.* **SIN.** crítica, censura, reprobación, acusación.

reproducción *[n.f.]* 1 hecho de multiplicarse los seres vivos produciendo otros como ellos: *la reproducción de las plantas; reproducción sexual.* **SIN.** procreación. **AF.** multiplicación, propagación. 2 lo que se hace al copiar una cosa de otra que es anterior y original: *la reproducción de un documento, de una escultura, de un cuadro.* **SIN.** copia, réplica.

reproducir *[v.]* 1 hacer una o muchas cosas iguales que otra que ya existe: *quien hace una fotocopia reproduce un escrito o un dibujo.* **SIN.** copiar. **AF.** grabar. // **reproducirse** *[v.prnl.]* 2 volver a producirse, volver a suceder, volver a pasar lo mismo: *se reprodujo la situación anterior; se le reprodujo la enfermedad.* **AF.** repetirse, renacer, reavivarse. 3 producir hijos: *los conejos se reproducen con facilidad.* **SIN.** multiplicarse, procrear, parir, engendrar, propagar, criar. **CONJUG.** como *conducir**. **FAM.** reproducción, reproductor, reproducible, reproductivo, producir.

reptar *[v.]* andar o moverse arrastrando el cuerpo por el suelo: *los lagartos y las culebras reptan; los soldados reptaban para atravesar las alambradas.* **FAM.** reptil, reptante.

reptil *[n.m.]* animal que anda o se desplaza arrastrándose por el suelo: *las serpientes y los lagartos son reptiles.*

república *[n.f.]* forma de gobierno en la que el jefe de Estado no es un rey, sino un presidente, elegido por los ciudadanos, que ejerce el cargo durante un período de tiempo determinado: *Francia y Alemania son repúblicas.* **ANT.** monarquía. **FAM.** republicano, republicanismo.

republicano, republicana *[adj.]* **1** de la república: *la época republicana; gobierno republicano.* **2** que es partidario de la república: *partido republicano; ideas republicanas.* TAMBIÉN *n.*: *los republicanos celebraron su congreso anual.*

repuesto, repuesta *[adj.]* **1** que ha recuperado el estado anterior o la salud: *una persona repuesta de su enfermedad.* **SIN.** restablecido, recuperado. // **repuesto** *[n.m.]* **2** pieza o parte de algo que sirve para sustituir a otra que se ha estropeado o gastado: *repuestos de automóvil; repuesto de papel para un bloc.* **SIN.** recambio. // **repuesto** *[forma de verbo]* **3** participio del verbo *reponer.* ■ **de repuesto**, preparado para sustituir a otro cuando haga falta.

repugnancia *[n.f.]* sentimiento que producen las cosas que no gustan nada y que hace que uno quiera alejarse de ellas: *los escarabajos le causan repugnancia.* **SIN.** repulsión, asco. **AF.** aversión, repulsa. **FAM.** repugnar, repugnante, pugna.

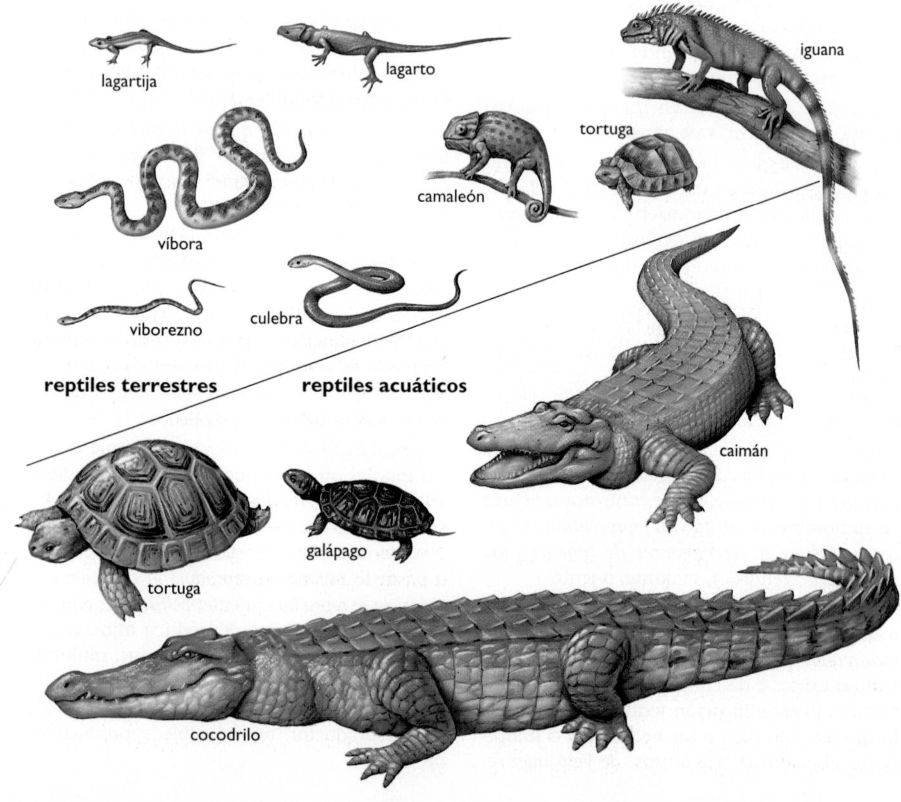

repugnante *[adj.inv. en gén.]* que produce repugnancia*: *el vertedero despide un olor repugnante.* **SIN.** repulsivo, asqueroso. **AF.** nauseabundo, apestoso.

repulsa *[n.f.]* rechazo, asco: *manifestación de repulsa contra la violencia doméstica.* **ANT.** aceptación, aprobación.

reputación *[n.f.]* opinión que se forman los demás sobre alguien o sobre algo: *es una persona con mala reputación.* **SIN.** fama.

requerir *[v.]* **1** tener necesidad de algo: *las plantas requieren luz para desarrollarse.* **SIN.** necesitar. **2** decir el juez u otra autoridad algo que quiere o que alguien haga lo que se le pide: *el fiscal requirió la presencia de los testigos; fue requerido para entregar una documentación.* **AF.** exigir, pedir, llamar. **CONJUG.** como *herir**. **FAM.** requisito, requerimiento, requirente, requeridor, requisición, requisitorio.

requesón *[n.m.]* masa blanca que se hace cuajando la leche y dejando que escurra el suero: *tomaron requesón con miel.* **PL.** *requesones.*

requiebro *[n.m.]* piropo: *requiebro amoroso.* **FAM.** quebrar.

requisito *[n.m.]* lo que se considera imprescindible para algo: *pedían como requisito para el trabajo tener cumplido el servicio militar.* **SIN.** condición, exigencia.

res *[n.f.]* animal herbívoro doméstico destinado al consumo humano y que se pastorea en rebaños: *las vacas y las ovejas son reses.* **SIN.** cabeza de ganado. **AMPL.** se llama así a los animales de ciertas especies domésticas como la lanar (ovejas, corderos, carneros), la vacuna (vaca, toro, buey...), la caprina (cabra, macho cabrío) y más raramente a algunas especies salvajes que se cazan, como venados, jabalíes y corzos.

resaca *[n.f.]* **1** empuje que hacen las olas hacia el interior del mar: *prohibieron bañarse en la playa porque había resaca.* **2** sensación de malestar que se tiene por haber tomado bebidas alcohólicas en exceso: *se levantó con resaca.* **FAM.** resacoso.

resaltar *[v.]* **1** llamar la atención sobre algo: *los titulares resaltan las noticias más importantes.* **2** notarse más que lo demás: *ese color rojo resalta mucho sobre el fondo gris.* **SIN.** destacar. **FAM.** resaltamiento, resaltadamente, saltar.

resbaladizo, resbaladiza *[adj.]* que resbala o se resbala fácilmente sobre él: *el suelo estaba resbaladizo por la nieve.* **AF.** deslizante, escurridizo.

resbalar *[v.]* **1** correr una persona, animal o cosa por encima de otra sin posibilidad de quedarse quieto o fijo: *resbalaron varios coches sobre una mancha de aceite; la lava resbalaba por la ladera de la montaña; resbaló al pisar un plátano.* **SIN.** deslizarse. **AF.** escurrirse. TAMBIÉN *prnl.: se resbaló en la bañera.* **2** ser una superficie poco segura para andar o moverse sobre ella, porque es muy fina o porque tiene alguna sustancia que no permite sujetarse bien: *el suelo resbala porque hay hielo.* **AF.** patinar. **FAM.** resbalón, resbaladizo, resbalina, resbaladura, resbalamiento.

resbalón *[n.m.]* **1** el hecho de resbalar: *se rompió el brazo por un resbalón.* **SIN.** patinazo. **2** pieza de una cerradura que resbala sobre el marco de la puerta y, empujada por un muelle, queda encajada en un hueco del marco al cerrar la puerta de golpe: *echa la llave, que sólo está cerrado con el resbalón.* **AF.** pestillo, picaporte, cerrojo. **PL.** *resbalones.*

rescatar *[v.]* **1** sacar a alguien de una situación de peligro (*han rescatado a los montañeros con un helicóptero*) o conseguir que dejen libre o devuelvan a alguien que está secuestrado por delincuentes o capturado por un ejército enemigo. **SIN.** salvar, liberar. **2** volver a tener algo que estaba perdido, robado o no disponible: *rescató los libros prestados.* **SIN.** recuperar, recobrar. **FAM.** rescate, rescatador.

rescate *[n.m.]* **1** el hecho o la operación de rescatar: *el rescate de los montañeros fue rápido.* **SIN.** salvamento. **2** lo que se paga como precio de un secuestro: *los secuestradores han pedido un rescate que no puede pagar.*

resecar *[v.]* secar demasiado una cosa: *el sol reseca la madera.* **OBS.** ante e, qu: *resequen.* **FAM.** reseco, resecación, secar.

reseco, reseca *[adj.]* que está demasiado seco o no tiene la humedad que necesita: *no habían regado el jardín y las plantas estaban resecas.*

resentirse *[v.prnl.]* 1 sentir dolores o molestias como consecuencia de una antigua lesión o enfermedad: *todavía se resiente de su vieja lesión.* **AF.** dolerse. 2 sentir rencor* y enfado. **OBS.** se usa mucho más ***estar resentido***: *está muy resentido por el desprecio de su hermano.* **CONJUG.** como *sentir**. **FAM.** resentimiento, resentido, sentir.

reserva *[n.f.]* 1 parte que se guarda de algo para que sirva en otro momento: *hizo reserva de alimentos para el invierno; un vino de reserva.* 2 encargo que se hace de alguna cosa que se vende o alquila para que no se la vendan o alquilen a otro: *hemos hecho la reserva de las habitaciones en el hotel.* 3 cuidado que se pone en que no se entere nadie de lo que se hace o habla: *actuaron con reserva en las primeras negociaciones.* **AF.** discreción, cautela, prudencia. 4 territorio donde viven, en Estados Unidos y Canadá, los pocos indios que quedan: *los apaches viven en una reserva próxima a la de los cheyenes.* 5 zona o territorio en el que hay mucho de algo que escasea fuera de él y sobre todo si está destinado al cuidado y protección de ciertas especies de fauna y flora: *la Sierra de la Culebra es una de las reservas más importantes de aves rapaces y reptiles de España.* 6 persona que, en deportes, sólo juega cuando es necesario sustituir a otro jugador: *está en el equipo como reserva.*

reservado, reservada *[adj.]* 1 que no le gusta hacer comentarios ni que los demás se enteren de sus cosas: *es muy reservado en sus opiniones.* **SIN.** callado, comedido. **AF.** prudente. **ANT.** chismoso. 2 que está destinado a ser usado en otro momento (*este vestido está reservado para el día de la fiesta*) o por alguien que lo ha pedido con anterioridad (*estas butacas están reservadas*). **SIN.** guardado. // **reservado** *[n.m.]* 3 habitación privada que hay en algunos locales donde sólo tienen permitida la entrada algunas personas: *nos hemos reunido en el reservado del casino.*

reservar *[v.]* 1 guardar algo para usarlo más adelante: *reserva algo de fruta para la cena.* **AF.** almacenar. 2 pedir alguien que le guarden algo o lo tengan a su disposición: *he reservado mesa en el restaurante, una entrada para el teatro, una habitación en un hotel.* **SIN.** encargar. 3 guardar o tener algo a disposición de quien lo pide: *dile al pescadero que me reserve una merluza; en este hotel no reservan habitaciones.* // **reservarse** *[v.prnl.]* 4 no decir de momento lo que se piensa sobre algo: *el presidente se reservó su opinión; se reservó el derecho de actuar más adelante.* **SIN.** callar. 5 guardarse uno sus fuerzas o sus capacidades para mejor momento y no intervenir ni actuar: *resérvate hasta el final del partido.* **FAM.** reserva, reservado, reservadamente.

resfriado *[n.m.]* enfermedad leve que se produce al coger frío y se caracteriza por síntomas como estornudos, tos o mucosidad abundante y, en algunas ocasiones, fiebre. **SIN.** constipado, catarro.

resfriarse *[v.prnl.]* enfermar de resfriado: *se resfrió por no estar bien abrigado.* **SIN.** constiparse, acatarrarse. **FAM.** resfriado, resfriamiento, frío.

resguardar *[v.]* poner algo a salvo o protegido de un peligro, un daño, o cualquier cosa que resulte molesta: *la tapia nos resguarda del viento y de la vista de la gente; resguardó las ovejas bajo el cobertizo.* **SIN.** proteger, amparar. **AF.** defender, refugiar. TAMBIÉN *prnl.: se resguardó de la lluvia en un soportal.* **FAM.** resguardo, resguardadamente, guardar.

resguardo *[n.m.]* 1 papel que sirve como justificante de algo: *el resguardo de la matrícula; guarda los resguardos de todos los envíos certificados; tengo el resguardo de la tintorería.* **AF.** comprobante, justificante, tique. 2 cualquier cosa que sirve de protección: *el paraguas sirve de resguardo cuando llueve.* **SIN.** protección, amparo, defensa.

residencia *[n.f.]* 1 lugar donde habitualmente vive o reside una persona: *mi residencia es la casa de mis padres; tiene su residencia en Pontevedra.* **SIN.** domicilio, vivienda, hogar, morada. 2 edificio donde viven personas que tienen algo en común y son atendidas a cambio de un pago mensual, anual, etc.: *residencia de estudiantes; residencia de ancianos.*

residencial *[adj.inv. en gén.]* que está preparado para vivir personas o para construir viviendas: *zona residencial; complejo residencial.* **AMPL.** suele referirse a las zonas un poco apartadas de las grandes ciudades en que hay viviendas unifamiliares con jardines, para distinguirlas del ***centro***, de las zonas ***comer-***

ciales o ***industriales*** y de los bloques de viviendas apartados que se llaman ***ciudades dormitorio***.

residente *[adj.inv. en gén.]* que vive en el sitio de que se habla o al que se hace referencia: *los médicos residentes viven en el mismo hospital.* TAMBIÉN *n.: este aparcamiento es sólo para residentes.*

residir *[v.]* **1** vivir en un lugar determinado: *normalmente reside en el extranjero.* **SIN.** vivir, habitar, morar. **2** ser la causa, el origen o la explicación de algo: *su éxito reside en su constancia.* **FAM.** residencia, residencial, residente.

residuo *[n.m.]* lo que queda o sobra de algo después de haber usado la parte más aprovechable: *los residuos industriales deben reciclarse.* **SIN.** desperdicio, resto. **FAM.** residual, residualmente.

resignación *[n.f.]* sentimiento de conformidad ante las contrariedades: *aceptó su enfermedad con resignación.* **SIN.** paciencia, conformidad. **FAM.** resignarse, resignadamente.

resignarse *[v.prnl.]* aceptar algo que no gusta, no convence o perjudica: *se resignó a cambiar de profesión.* **SIN.** conformarse.

resina *[n.f.]* sustancia semilíquida y casi transparente que se obtiene de algunos vegetales y que se hace sólida y dura en contacto con el aire. **FAM.** resinero, resinoso.

resistencia *[n.f.]* **1** fuerza que tienen las personas, animales o cosas para aguantar pesos, empujes, esfuerzos, o situaciones difíciles: *tiene mucha resistencia física; la resistencia del dique contuvo la inundación.* **SIN.** fortaleza, aguante. **AF.** fuerza, vigor. **2** capacidad que tiene un material para conservar su forma y estado ante determinados fenómenos físicos o químicos: *hay plásticos con mucha resistencia a romperse pero con poca a deformarse por el calor; el vidrio tiene mucha resistencia ante las sustancias químicas pero muy poca a los golpes y vibraciones.* **AF.** estabilidad, firmeza, solidez, aguante. **3** hilo o material por el que pasa con mucha dificultad la corriente eléctrica y produce calor: *las resistencias de una estufa eléctrica.*

resistente *[adj.inv. en gén.]* que resiste o tiene mucha resistencia: *el acero es un material muy resistente; un carácter muy resistente.*

resistir *[v.]* **1** ser una persona, animal o cosa capaz de aguantar la fuerza o la acción de otras personas, animales o cosas que podrían destruirla o alterarla: *el oro resiste la acción del agua y del aire sin oxidarse; las velas del barco resistieron el temporal.* **SIN.** aguantar, soportar. **2** no ceder ante las ganas o la tentación de hacer algo: *la oferta era tentadora, pero consiguió resistir; resistió mucho tiempo sin fumar.* **SIN.** aguantar. **3** ser capaz de hacer un último esfuerzo o de tolerar un sufrimiento sin abandonar lo que se está haciendo: *lo dejó porque ya no resistía más; aunque le dolía la cabeza resistió hasta el final de la competición.* **SIN.** aguantar, soportar. **AF.** poder. // **resistirse** *[v.prnl.]* **4** no querer hacer algo a lo que otros pretenden obligar: *el acusado se resistió a hablar; los ocupas se resistían a abandonar el edificio.* **FAM.** resistencia, resistente. **COMP.** irresistible.

resolución *[n.f.]* decisión que se toma después de analizar o estudiar una situación: *tomó la resolución de casarse.* **SIN.** decisión.

resolver *[v.]* **1** encontrar el modo mejor de hacer algo, la solución de un problema o el resultado de una operación matemática: *tardó más en plantear el problema que en resolverlo.* **SIN.** solucionar. **2** tomar decisiones: *los montañeros resolvieron acampar.* **SIN.** decidir, determinar. **3** hacer que algo se aclare: *hemos resuelto nuestras diferencias.* **SIN.** aclarar. **CONJUG.** como *volver**. **FAM.** resolución, resuelto, resueltamente, resolutivo, resolutivamente, resolutorio, resolutoriamente. **COMP.** ***irresoluble*** (que no se puede resolver), ***irresoluto*** (indeciso).

resonancia *[n.f.]* **1** forma de transmitirse un sonido que se va reflejando al chocar contra las paredes o techos de un lugar cerrado: *esta iglesia tiene una buena resonancia.* **AF.** eco, reverberación. **2** interés que demuestra la gente por una noticia o por un suceso: *su éxito tuvo poca resonancia; el primer viaje a la Luna tuvo mucha resonancia.* **SIN.** repercusión. **AF.** difusión, eco, divulgación.

resonar *[v.]* **1** aumentar el volumen de un sonido al reflejarse en algún sitio: *el sonido de la guitarra resuena en la madera de su caja.* **SIN.** sonar. **2** tener el recuerdo de algo que se ha oído: *aún resuenan sus palabras en mi cabeza.* **CONJUG.** como *contar**. **FAM.** resonancia, resonante, sonar.

respaldar *[v.]* dar protección a alguien o apoyarlo en algo: *en los negocios lo respalda su padre.* **SIN.** proteger, ayudar, apoyar.

respaldo *[n.m.]* 1 parte de un mueble de sentarse sobre la que se apoya la espalda: *estas sillas tienen el respaldo tapizado.* 2 ayuda moral o económica que presta una persona a otra: *siempre tuvo el respaldo de su hermano.* **SIN.** colaboración, apoyo. **AF.** consejo, aval, garantía. **FAM.** respaldar, espalda.

respectivo, respectiva *[adj.]* que relaciona a cada uno con lo que le corresponde o le toca: *se colocaron en sus respectivos lugares.* **SIN.** correspondiente. **FAM.** respectivamente, respecto.

respecto *[n.m.]* aquello de lo que se está hablando: *no dijo nada a ese respecto.* ■ **respecto a**, con relación a lo que se dice.

respetable *[adj.inv. en gén.]* 1 que se respeta, merece respeto o debe respetarse: *las opiniones de un experto son siempre muy respetables; una persona respetable.* 2 que es muy grande o de mucha importancia: *una distancia respetable; un trabajo respetable.* **SIN.** considerable. 3 público que asiste a un espectáculo: *el respetable abucheó a los jugadores por la derrota.* **OBS.** se usa a veces en tono de broma.

respetar *[v.]* 1 tener en cuenta a las personas, animales y cosas para no molestar, abusar, ni hacer daño: *respeto tu opinión aunque no la comparto; a todos nos gusta que nos respeten.* **AF.** considerar, tolerar, aceptar. 2 tener en cuenta lo que hay que hacer para cumplirlo: *respetar las leyes; respetar un contrato, un acuerdo.* **AF.** acatar, obedecer, atenerse a.

respeto *[n.m.]* sentimiento y actitud de quien tiene en cuenta a los demás, cumple sus obligaciones y reconoce los derechos de los otros: *el respeto facilita la convivencia; trata con respeto a todo el mundo.* **FAM.** respetar, respetabilidad, respetable, respetuoso, respetuosamente, respetuosidad. **COMP.** irrespetuoso.

respetuoso, respetuosa *[adj.]* que tiene respeto y consideración con los demás: *es un niño muy respetuoso con los mayores.* **AF.** educado, cortés. **ANT.** irrespetuoso.

respingón, respingona *[adj.]* que sobresale curvado hacia arriba: *nariz respingona.* **FAM.** respingo, respingar.

respiración *[n.f.]* proceso por el que los seres vivos toman, del aire o del agua, el oxígeno que necesitan para vivir. **AMPL.** el aire se toma durante la ***inspiración*** y se expulsa durante la ***espiración***; los verbos correspondientes son ***inspirar*** o ***aspirar*** y ***espirar***; la mayor parte de los animales terrestres tienen respiración ***pulmonar*** y los acuáticos respiración ***branquial***; se llama respiración ***cutánea*** a la de algunos animales que respiran a través de la piel; existe también la respiración ***anaerobia***, o sin oxígeno, que es propia de algunas bacterias.

respiradero *[n.m.]* pequeño agujero que se hace en lugares cerrados o en recipientes para que entre el aire o se comunique con el exterior.

respirar *[v.]* 1 hacer que entre y salga el aire de los pulmones: *respira hondo para aprovechar el aire de la montaña.* 2 quedarse tranquilo después de superar una dificultad o una época de mucho agobio o trabajo: *respiró cuando vio que no había pasado nada grave.* **FAM.** respiro, respiración, respiratorio, respiradero, respirador. **COMP.** irrespirable.

respiratorio, respiratoria *[adj.]* de la respiración: *técnicas respiratorias; ejercicios respiratorios.*

sistema respiratorio

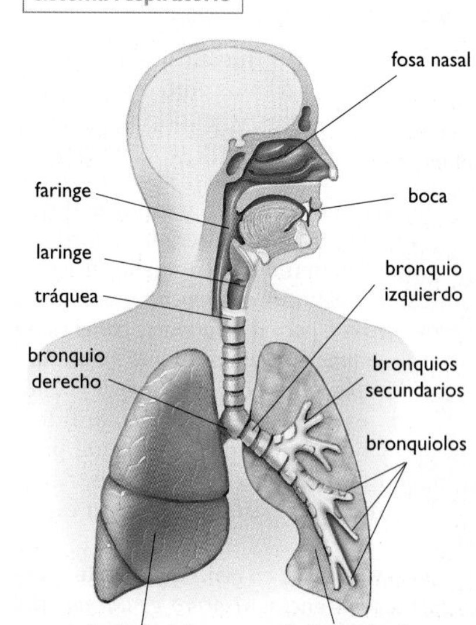

respiro *[n.m.]* 1 tiempo que se toma para descansar en el trabajo: *a media mañana se tomó un respiro.* **SIN.** descanso, pausa. **AF.** tregua. 2 tranquilidad que produce el haber superado una dificultad o un peligro: *es un respiro saber que de momento no suben los impuestos.* **SIN.** alivio, descanso.

resplandecer *[v.]* 1 producir o reflejar luz: *las estrellas resplandecen en la oscuridad.* **SIN.** lucir, iluminar, brillar, relumbrar. 2 mostrar en la cara alegría, satisfacción o bienestar interior: *resplandece de felicidad.* **CONJUG.** como *crecer**. **FAM.** resplandor, resplandeciente.

resplandeciente *[adj.inv. en gén.]* 1 que emite rayos de luz o brilla por lo limpio que está: *una llama resplandeciente; un coche resplandeciente.* **SIN.** relumbrante, reluciente. 2 que se le nota en el aspecto el buen estado de salud o de ánimo: *estás resplandeciente.* **SIN.** reluciente. **AF.** deslumbrante.

resplandor *[n.m.]* luz reflejada o producida por algo: *el resplandor de la hoguera iluminaba la plaza; veíamos a lo lejos un resplandor.* **AF.** brillo, fulgor, destello, aureola.

responder *[v.]* 1 dar una respuesta*, contestando a una pregunta, llamada, carta, o algo similar: *responde a lo que te preguntan; llamaron tres veces, pero no respondió nadie.* 2 reaccionar ante algo que nos interesa o afecta: *no respondió a los insultos.* 3 hacerse responsable de algo o encargarse de ello: *respondo de su buen comportamiento; respondió de sus delitos con la cárcel; no te preocupes, yo respondo de que mañana esté todo preparado.* **SIN.** responsabilizarse. **AF.** respaldar. 4 dar las cosas el resultado que se espera de ellas: *respondió al tratamiento de fisioterapia; es un coche que responde.* **FAM.** respuesta, respondón. **COMP.** corresponder.

responsabilidad *[n.f.]* 1 actitud de quien procura hacer las cosas bien y cumplir sus compromisos: *actuó con mucha responsabilidad; no sabe lo que es la responsabilidad.* **AF.** obligación, deber. **ANT.** irresponsabilidad. 2 obligación que tiene una persona de dar cuenta de lo que hace ante sus superiores, ante otras personas o ante la ley, especialmente si ha perjudicado a alguien: *la responsabilidad de lo sucedido corresponde al jefe; tiene demasiadas responsabilidades.*

responsable *[adj.inv. en gén.]* 1 que tiene la responsabilidad* o la obligación de hacer algo: *el portero es responsable de saber quién entra y sale.* **SIN.** encargado. **ANT.** irresponsable. 2 que tiene la culpa de algo que ha sucedido y la obligación de solucionar los problemas o daños que ha causado: *el responsable de la ruina del edificio es el arquitecto.* **SIN.** culpable. **ANT.** irresponsable. 3 que se preocupa de hacer las cosas bien y de cumplir sus compromisos: *un joven responsable.* **ANT.** irresponsable. **FAM.** responsabilidad, responsabilizar, responsablemente, responsabilización. **COMP.** irresponsable.

respuesta *[n.f.]* 1 contestación a una pregunta, llamada, escrito, etc.: *su respuesta solucionó mis dudas; escribió una carta pero no tuvo respuesta.* **SIN.** contestación. 2 reacción o forma de actuar ante algo que sucede: *su respuesta a los insultos fue callarse; los camioneros hicieron una huelga como respuesta a la subida del gasóleo.* **SIN.** contestación, réplica.

resquebrajarse *[v.prnl.]* llegar a tener grietas: *la madera se resquebrajó al secarse.* **SIN.** agrietarse, rajarse, abrirse, cuartearse. **FAM.** resquebrajadura, resquebrajadizo, resquebrajamiento.

resquemar *[v.]* producir algún alimento o bebida picor en la boca.

resta *[n.f.]* operación matemática que consiste en hallar la diferencia entre dos cantidades. **SIN.** sustracción. **AF.** deducción.

restablecer *[v.]* 1 volver a dejar una cosa como estaba o donde estaba: *el nuevo director restableció las antiguas normas del colegio.* **AF.** reponer, restaurar, restituir, devolver. // **restablecerse** *[v.prnl.]* 2 volver a tener buena salud: *se restableció en un balneario.* **SIN.** mejorarse, curarse, recuperarse. **FAM.** restablecimiento, establecer.

restante *[adj.inv. en gén.]* que falta, sobra o queda: *el dinero restante te lo daré después; la madera restante se utilizó como leña; el tiempo restante lo emplearemos en hacer comentarios.* **AF.** sobrante.

restar *[v.]* 1 hacer una resta*. **SIN.** sustraer. **AF.** deducir, quitar. **ANT.** sumar, añadir. 2 hacer que algo o alguien tenga menos de eso que tiene: *las protestas continuas le restaron au-*

toridad; hay que restarle importancia a este asunto. **SIN.** disminuir, rebajar. **ANT.** aumentar. **FAM.** resta, resto, restante. **COMP.** contrarrestar.

restaurante *[n.m.]* establecimiento dedicado a hacer y servir comidas: *la boda se celebró en un restaurante de tres tenedores.*

restaurar *[v.]* 1 hacer que algo recupere su estado original o que vuelva a estar en buenas condiciones: *han restaurado los frescos de la Capilla Sixtina; esta casa hay que restaurarla.* **SIN.** reparar. **AF.** arreglar. 2 volver a poner o a establecer algo que había sido suprimido o que había quedado en desuso: *ha sido restaurada la monarquía; restauraron la celebración de los carnavales.* **AF.** restituir, recuperar, restablecer. **FAM.** restauración, restaurador, restaurante.

restituir *[v.]* 1 devolver lo que se ha robado: *los ladrones restituyeron parte de las joyas robadas.* 2 reparar el daño que se ha hecho: *no le restituyeron las pérdidas que le causaron.* 3 poner o establecer de nuevo algo que se quitó o suprimió: *se restituyó la democracia.* **SIN.** restaurar, restablecer, devolver, reponer. **AF.** reintegrar. **CONJUG.** como *huir**. **FAM.** restitución, restituible, restituidor.

resto *[n.m.]* 1 lo que falta, sobra o queda de algo: *el resto te lo pagaré después; el resto lo dejó de propina; hemos cenado los restos de la comida del mediodía.* **AF.** sobras, despojos, migajas. 2 lo que resulta de restar o deducir una cantidad de otra: *diez menos cuatro da como resto seis.* **SIN.** diferencia. ■ **restos mortales**, cuerpo de una persona fallecida. **SIN.** cadáver.

restregar *[v.]* frotar o rozar con fuerza un objeto sobre otro: *lo restregaba con un cepillo para limpiarlo.* **SIN.** refregar, frotar. TAMBIÉN *prnl.: se restregaba contra la pared.* **CONJUG.** como *negar**. **FAM.** restregón, restregamiento.

restri<u>cc</u>ión *[n.f.]* disminución del uso de algo debida a la escasez o a cualquier otra causa: *cuando hay sequía suele haber restricciones de agua; el médico me recomendó la restricción de bebidas alcohólicas.* **SIN.** limitación. **AF.** reducción, recorte.

restringir *[v.]* hacer restricciones, limitando el uso o el consumo de algo: *en esta carretera se restringirá el paso de vehículos pesados.* **SIN.** limitar. **AF.** reducir, recortar. **OBS.** ante a y o, j: *restrin<u>j</u>an; restrin<u>j</u>o.* **FAM.** restringente, restricción, restrictivamente, restrictivo.

resu<u>c</u>itar *[v.]* 1 devolver la vida a un muerto: *Jesucristo resucitó a Lázaro.* **SIN.** revivir. 2 volver uno a la vida: *Jesucristo resucitó al tercer día.* **SIN.** revivir, renacer. **OBS.** se usa mucho en sentido figurado: *el buen vino resucita a un muerto; los románticos resucitaron costumbres muy antiguas.*

resuelto, resuelta *[adj.]* 1 que se ha solucionado: *este asunto está resuelto.* **SIN.** solucionado, despachado, zanjado. **AF.** terminado, acabado. 2 que tiene capacidad y decisión para solucionar las cosas o hacerlas bien: *una persona muy resuelta para los negocios.* **SIN.** decidido. **AF.** atrevido. **INTENS.** arrojado, audaz, intrépido. **ANT.** indeciso, timorato.

resultado *[n.m.]* 1 cantidad que se obtiene al hacer una operación matemática. **SIN.** solución. 2 lo que se consigue de verdad después de hacer todo lo posible por conseguir algo: *a pesar de tantas discusiones, no se llegó a ningún resultado; el resultado de sus desvelos fue sacar la oposición.* 3 lo que se produce como consecuencia de algo: *el resultado de la sequía fue una mala cosecha.* **AF.COM.** conclusión, producto, fruto, consecuencia, solución, desenlace, final. 4 funcionamiento o duración de algo: *el coche dio buen resultado; no sé qué resultado dará esta máquina.* **AF.** rendimiento, fruto.

resultar *[v.]* 1 ser una cosa consecuencia o resultado* de otra: *lo que resulta de lo dicho es que no vienen.* 2 ser algo como se dice o se cuenta que ha sido: *el viaje resultó muy divertido; los esfuerzos resultaron inútiles; resultó premiado en la lotería.* **FAM.** resultado, resultante.

res<u>u</u>men *[n.m.]* lo que se hace cuando se dice o se escribe en pocas palabras lo más importante de algo que se sabe o que se ha visto, leído o estudiado: *hizo un resumen del tema.* **AF.** síntesis, extracto, esquema, sinopsis. **PL.** *res<u>ú</u>menes.*

resumir *[v.]* hacer un resumen*: *resumió las diez lecciones en dos folios.* **AF.** sintetizar, extractar, abreviar. **FAM.** resumen, resumidamente, sumir.

resurgir *[v.]* 1 volver a tener fuerza o importancia una cosa: *resurgió la amistad entre ellos.* 2 volver a aparecer algo que ha estado oculto u olvidado durante un tiempo: *las flores resurgen en la primavera.* **SIN.COM.** reaparecer, renacer, rebrotar. **OBS.** ante a y o, j: *resurjan; resurjo.* **FAM.** resurgimiento, surgir.

resurrección *[n.f.]* el hecho de volver a estar vivo alguien que ha muerto: *el domingo de Pascua se conmemora la resurrección de Jesucristo.* **AF.** renacimiento. **FAM.** resucitar.

retablo *[n.m.]* conjunto de figuras, talladas o pintadas, con las que se representa una historia real o inventada y especialmente las que adornan los altares de las iglesias con escenas de la vida de Cristo o de los santos: *el retablo del altar mayor es del siglo XV.* **AF.** tabla.

retablo

retaguardia *[n.f.]* parte de un ejército que está situada detrás del frente o primera línea y territorio que ocupa: *después del primer ataque se retiraron a la retaguardia.*

retal *[n.m.]* material que sobra (tela, chapa, madera) después de hacer un trabajo o de cortar una pieza grande: *con unos retales de tela hemos hecho un cojín.* **AF.** recorte, retazo.

retar *[v.]* decirle a alguien si es capaz de hacer algo, especialmente luchar o competir, intentando que se comprometa a hacerlo: *el subcampeón retó al campeón a disputarse de nuevo el título.* **SIN.** desafiar. **FAM.** reto, retador.

retener *[v.]* **1** impedir que alguien o algo se mueva o salga de donde está: *el atasco nos retuvo durante media hora; le retuvieron el dinero en el banco; estos muros retienen la humedad.* **AF.** detener, inmovilizar, contener, mantener, parar, conservar, guardar, sostener. **2** guardar en la memoria: *retén estos datos; retiene fácilmente todo lo que estudia.* **SIN.** memorizar, recordar. **ANT.** olvidar. **CONJUG.** como *tener**. **FAM.** retén, retención, retenidamente, retentiva, retentivo, tener.

retentiva *[n.f.]* capacidad o facilidad para memorizar: *tiene mucha retentiva visual.* **SIN.** memoria.

reticular *[adj.inv. en gén.]* que tiene forma de red.

retirada *[n.f.]* **1** vuelta hacia atrás, hacia el sitio de donde se viene o a una situación anterior: *la retirada del ejército era inevitable; nos vamos de retirada.* **AF.** huida, repliegue, retroceso. **2** el hecho de retirarse, no continuar o dejar de intentar algo: *el atleta anunció su retirada de la competición.* **SIN.** abandono, retiro.

retirado, retirada *[adj.]* **1** que está aparte, fuera o lejos de los demás: *vive en una casa retirada del pueblo; lleva una vida retirada y solitaria.* **SIN.** apartado, distante, alejado, separado. **ANT.** cercano. **2** que ha dejado de trabajar por haber cumplido la edad que marca la ley o porque el Estado le ha reconocido la invalidez para el trabajo: *mi abuelo es un funcionario retirado.* **SIN.** jubilado.

retirar *[v.]* **1** poner algo aparte, lejos o a cierta distancia de un sitio o de donde están los demás: *retiré los muebles; retiré el dinero.* **AF.** sacar, quitar, separar, apartar, alejar. // **retirarse** *[v.prnl.]* **2** irse o ponerse lejos o a cierta distancia: *se retiró del grupo.* **SIN.** apartarse, irse, separarse, alejarse, distanciarse. **3** dejar de trabajar por cumplir la edad determinada o por invalidez: *se retiró a los cincuenta años.* **SIN.** jubilarse. **FAM.** retirada, retirado, retiro, retiradamente, tirar.

retiro *[n.m.]* **1** lugar apartado de la gente: *el monasterio de Yuste fue el lugar de retiro de Carlos V.* **2** costumbre religiosa que consiste en dejar unos días los trabajos normales para hacer meditación: *han hecho un retiro de tres días.* **AF.** meditación. **3** situación de la persona que ha dejado de trabajar por razones de edad o invalidez, y dinero que recibe por estar en esa situación: *no le han concedido el retiro.* **SIN.** jubilación; pensión (el dinero que cobra).

reto *[n.m.]* el hecho de retar* a alguien o retarse uno mismo: *dejar de fumar es un reto personal; se enfrentaron en un reto a muerte.* **SIN.** desafío. **AF.** apuesta, compromiso, provocación, enfrentamiento.

retocar *[v.]* dar los últimos toques, haciendo pequeños arreglos, cambios o correcciones en un trabajo ya acabado: *retocó sus escritos antes de mandarlos a la imprenta.* **AF.** arreglar, corregir, restaurar. **OBS.** ante e, qu: *retoquen.* **FAM.** retoque, tocar.

retoque *[n.m.]* pequeño cambio o mejora de algún detalle que se hace antes de dar por acabada una obra: *faltan los últimos retoques para estrenar la casa.* **AF.** toque, arreglo, modificación, corrección.

retorcer *[v.]* **1** torcer algo varias veces dándole vueltas sobre sí mismo sin mover uno de los extremos: *escurrió la toalla retorciéndola.* **SIN.** torcer. **AF.** enrollar, enroscar. **2** interpretar malintencionadamente algo dándole un sentido diferente: *retorció los hechos con interpretaciones extrañas.* **AF.** tergiversar. // **retorcerse** *[v.prnl.]* **3** dejar de estar derecho o en la posición normal: *el hierro se ha retorcido; se retorcía de dolor.* **CONJUG.** como *cocer*.* **FAM.** retorcedura, retorcido, retorcimiento, retortijón, torcer.

retorcido, retorcida *[adj.]* que busca razones raras para explicar lo que ocurre o piensa que las cosas se hacen con mala intención: *una persona retorcida; una mente retorcida; pensamientos retorcidos.* **AF.** avieso, maquiavélico, perverso.

retornar *[v.]* **1** volver a un sitio en que ya se ha estado o a una situación anterior: *retornó a su pueblo; retornó a la pobreza.* **SIN.** volver, regresar, tornar. **2** devolver algo a su dueño o poner algo donde estaba antes: *retornaron el cuadro al museo.* **SIN.** devolver, restituir, reponer. **FAM.** retorno, ***tornar*** (volver).

retortijón *[n.m.]* dolor breve y agudo de vientre o estómago. **PL.** *retortijones.*

retractarse *[v.prnl.]* decir alguien públicamente que se ha equivocado: *Galileo tuvo que retractarse, pero no era él quien se equivocaba.* **AF.** desdecirse, rectificar. **ANT.** ratificar, confirmar. **FAM.** retractación.

retráctil *[adj.inv. en gén.]* que puede encogerse para ocultarse: *las uñas de los gatos son retráctiles.*

retraer *[v.]* **1** encoger: *el gato retrajo las uñas cuando pasó el peligro.* // **retraerse** *[v.prnl.]* **2** apartarse y no relacionarse con otras personas por timidez: *se retrae cuando está entre desconocidos.* **CONJUG.** como *traer.*

retraído, retraída *[adj.]* que tiene dificultad para comunicarse o participar en actividades con los demás: *como es muy retraído, siempre está solo en el patio.* **AF.** tímido, introvertido. **FAM.** retraimiento, ***retraer*** (encoger), retracción, ***retráctil*** (que puede encogerse para ocultarse, como las uñas de los gatos), retractilidad, traer.

retransmisión *[n.f.]* hecho de retransmitir* por televisión o radio algo que está sucediendo: *han suspendido la retransmisión del partido de tenis.* **AF.** emisión, transmisión.

retransmitir *[v.]* hacer que se vea o se oiga directamente a través de la televisión o de la radio algo que está sucediendo: *retransmiten la entrega de los premios.* **AF.** emitir, transmitir. **AMPL.** se dice así porque hay siempre un equipo que *transmite* desde el lugar de los hechos a la emisora central y ésta *retransmite* lo que recibe. **FAM.** retransmisión, retransmisor, transmitir.

retrasado, retrasada *[adj.]* **1** que se desarrolla más despacio de lo normal: *este niño está retrasado en su crecimiento.* **SIN.** atrasado. **ANT.** adelantado. **2** que tiene poca inteligencia: *los niños retrasados necesitan educación especial.* **SIN.** atrasado. **3** que llega más tarde de lo que debería: *el tren va retrasado.*

retrasar *[v.]* **1** cambiar el día o la hora de algo que hay que hacer para después de cuando se había pensado: *han retrasado la llegada una hora.* **SIN.** atrasar, aplazar, posponer. **ANT.** adelantar. **2** hacer que alguien o algo no llegue a tiempo, vaya más despacio o se desarrolle más lentamente de lo normal: *el mal tiempo retrasó la llegada del tren.* // **retrasarse** *[v.prnl.]* **3** llegar tarde o ir más despacio de lo normal: *no vieron la película entera porque se retrasaron; te estás retrasando en el trabajo.* **SIN.** atrasarse, demorarse. **ANT.** adelantarse. **FAM.** retrasado, retraso, tras.

retraso *[n.m.]* **1** tiempo que se aplaza o se retrasa algo: *empezó con una hora de retraso; siempre viene con retraso; el retraso de la primavera.* **SIN.** atraso, demora. **ANT.** adelanto.

2 desarrollo más lento de lo que se desea o de lo que es normal: *el retraso industrial.* **SIN.** atraso, subdesarrollo.

retratar *[v.]* 1 hacer un retrato*. **SIN.** describir, pintar. 2 hacer una fotografía. **SIN.** fotografiar. TAMBIÉN *prnl.: se retrató con toda la familia.* **FAM.** retrato, retratista. **COMP.** autorretrato.

retrato *[n.m.]* 1 fotografía, dibujo, pintura, o escultura que reproduce la imagen de una persona: *un retrato al óleo.* 2 palabras con las que se describen los rasgos más característicos de una persona, de una sociedad, o en general de algo vivo que pueda tener rasgos particulares o característicos: *retrato del pueblo español; el orador hizo un retrato de su antecesor en el cargo; un retrato de la sociedad moderna.*

retrete *[n.m.]* habitación de una casa o de un establecimiento que se usa exclusivamente para hacer las necesidades fisiológicas: *procura ir al retrete antes de salir de casa.* **SIN.** váter, servicio, aseo, excusado.

retribución *[n.f.]* lo que se paga por un trabajo o por prestar o emplear el dinero en un negocio: *este empleo tiene una buena retribución; los bancos dan muy poca retribución por el dinero que se deposita en cuentas corrientes.* **AF.** rendimiento, remuneración, pago, paga, salario, sueldo.

retribuir *[v.]* dar una retribución*: *retribuye bien a sus empleados.* **AF.** pagar, remunerar, rendir. **CONJUG.** como *huir**. **FAM.** retribución, retributivo, retribuyente.

retro- prefijo que significa *hacia atrás.*

retroceder *[v.]* ir hacia atrás: *retrocedió al ver que no podía pasar.* **SIN.** recular **AF.** desandar, volverse, replegarse, regresar. **ANT.** avanzar. **FAM.** retroceso, ceder.

retroceso *[n.m.]* 1 hecho de retroceder, ir hacia atrás o volver a una situación anterior: *el retroceso económico; un retroceso en la negociación de la paz.* **AF.** regreso, regresión, retorno, vuelta atrás. 2 movimiento brusco y hacia atrás que hacen las armas de fuego al dispararlas: *los cañones tienen un fuerte retroceso.*

retrógrado, retrógrada *[adj.]* que es propio de una época anterior o que va contra el progreso: *un planteamiento retrógrado; unas ideas retrógradas.* TAMBIÉN *n.: este hombre es un retrógrado.* **SIN.** anticuado, conservador, carca, reaccionario. **ANT.** progresista.

retrovisor *[n.m.]* espejo que se utiliza en los vehículos para que se pueda ver lo que hay detrás sin tener que volver la cabeza: *miró por el retrovisor.*

retumbar *[v.]* ser un ruido tan fuerte que hace vibrar las cosas: *los truenos retumbaron en las montañas.* **AF.** resonar, repercutir, rebotar. **FAM.** retumbante, retumbo.

reúma *[n.m.]* enfermedad que provoca dolores en las articulaciones o en los músculos: *su abuela tiene reúma.* **SIN.** reumatismo. **FAM.** reumático, reumatismo.

reuma *[n.m.]* reúma*.

reunión *[n.f.]* coincidencia de varias personas o cosas a la vez, sobre todo si es de personas que se juntan en un sitio para tratar de algún asunto: *una reunión de vecinos; la nieve se produce por la reunión de varios factores meteorológicos.* **AF.** junta, congreso, asamblea, encuentro.

reunir *[v.]* 1 estar o hacer que estén en un mismo lugar varias personas o cosas: *reunió a todos sus amigos.* **SIN.** juntar, agrupar. TAMBIÉN *prnl.: se reunieron todos los amigos; todas las aguas de la cuenca de un río se reúnen en la desembocadura.* 2 ir juntando poco a poco cosas del mismo tipo para llegar a tener una colección: *reúne cromos, sellos y monedas.* **SIN.** coleccionar. **AF.** recopilar. 3 tener o llegar a tener al mismo tiempo una serie de cualidades, condiciones, objetos, etc.: *debe reunir ciertos requisitos; no consiguió reunir el dinero que necesitaba.* **FAM.** reunión, unir.

ACENTUACIÓN DEL VERBO REUNIR

Indicativo
Presente: *reúno, reúnes, reúne, reunimos, reunís, reúnen.*
Subjuntivo
Presente: *reúna, reúnas, reúna, reunamos, reunáis, reúnan.*
Imperativo:
reúne, reúna, reunamos, reunid, reúnan.

revalorizar *[v.]* hacer que algo tenga más valor que antes: *la construcción del parque ha revalorizado los pisos de la zona.* TAMBIÉN *prnl.: las antigüedades se revalorizan con el paso del*

a b c d e f g h i j k l m n ñ o p q r s t u v w x y z

tiempo. **AF.** encarecerse. **OBS.** ante e, c: *revaloricen.* **FAM.** revalorización, valor.

revancha *[n.f.]* ocasión que se tiene (o se busca) para pagar un daño con otro daño, una derrota con otra derrota, etc.: *perdió la partida y ahora busca la revancha.* **SIN.** desquite, resarcimiento. **AF.** venganza, represalia. **FAM.** revanchismo, revanchista.

revelación *[n.f.]* 1 hecho de revelar* algo, contando un secreto a alguien y también aquello que se cuenta: *las revistas del corazón viven de las revelaciones de los famosos.* **AF.** manifestación, descubrimiento. 2 alguien que destaca por sus méritos de forma rápida y sorprendente: *ha sido la revelación del año.* **AF.** descubrimiento, novedad.

revelar *[v.]* 1 dar a conocer algo que no se sabía: *las excavaciones arqueológicas revelaron nuevos conocimientos; unas huellas revelaron quién era el ladrón; revelar un secreto.* **AF.** manifestar, descubrir, decir, divulgar, delatar. **ANT.** ocultar. 2 hacer visible la imagen de una película o papel fotográfico mediante un proceso químico: *he mandado a revelar las fotos.* **FAM.** revelación, revelado, revelador, velar.

reventar *[v.]* romper o romperse algo violentamente por la fuerza que hace lo que lleva dentro: *el niño reventó el globo; la helada reventó las cañerías; la rueda reventó por exceso de presión.* **SIN.** estallar, explotar. TAMBIÉN *prnl.: se reventó la tubería.* **CONJUG.** como *acertar**. **FAM.** reventón.

reverdecer *[v.]* volver a ponerse verde: *el césped reverdece con el riego; los campos y los árboles reverdecen en primavera.* **AF.** rejuvenecer, reavivarse, renovarse, vigorizarse, renacer, revivir. **CONJUG.** como *crecer**. **FAM.** reverdecimiento, verde.

reverencia *[n.f.]* 1 muestra de respeto o saludo que se hace inclinando el cuerpo hacia delante o arrodillándose: *le hizo la reverencia al rey; hizo una reverencia al pasar frente al altar.* 2 respeto y veneración con que se tratan las cosas que tienen una significación religiosa: *en la iglesia se habla con reverencia.* 3 tratamiento que se da a las autoridades religiosas: *asistió su reverencia el señor obispo.* **FAM.** reverenciar, reverencial, reverendo, reverente. **COMP.** irreverencia, irreverente.

reversible *[adj.inv. en gén.]* 1 que se puede darle la vuelta y usar por los dos lados: *una gabardina reversible.* 2 que se puede solucionar o corregir: *un error reversible.* **SIN.** reparable. **ANT.** irreversible. **FAM.** reverso, reversibilidad, revertir.

reverso *[n.m.]* cara de un objeto plano opuesta a la principal: *escribió unas letras en el reverso de la postal.* **SIN.** envés, dorso. **ANT.** anverso.

revertir *[v.]* volver al estado o situación que se tenía antes. **CONJUG.** como *sentir.*

revés *[n.m.]* 1 parte interior de una prenda de vestir: *el revés de este abrigo es de tela de raso.* 2 dificultad imprevista que retrasa, entorpece o estropea un plan: *ha tenido un revés en el trabajo; un día lleno de reveses.* **SIN.** contratiempo, contrariedad. 3 golpe que se da de izquierda a derecha con la mano derecha o de derecha a izquierda con la mano izquierda: *dio un revés con la raqueta.* ■ **al revés,** al contrario. ■ **del revés**, del lado contrario al normal.

revestir *[v.]* cubrir una superficie con algún material: *revestir una pared de azulejos.* **CONJUG.** como *vestir.*

revisar *[v.]* 1 volver a ver algo que se ha hecho para asegurarse de que no hay errores, defectos u olvidos: *he revisado las cuentas.* **AF.** repasar, comprobar, verificar, supervisar. 2 mirar con atención una cosa para ver si está bien: *el técnico revisó la instalación del gas.* **SIN.** examinar, inspeccionar.

revisión *[n.f.]* hecho de revisar*: *revisión médica; la revisión de los documentos; revisión de las cuentas.* **SIN.** repaso, comprobación, verificación, supervisión, examen, inspección, reconocimiento, control. **FAM.** revisar, revisor, revista, revistero.

revisor *[n.m.]* persona que revisa o está encargada de revisar*: *el revisor del tren; actúa como un revisor.* **AF.** inspector, supervisor, controlador.

revista *[n.f.]* 1 publicación periódica (semanal, quincenal, mensual...) que está especializada en determinados temas y frecuentemente tienen ilustraciones: *una revista de cine; una revista científica.* 2 espectáculo teatral de entretenimiento para adultos en el que se mezclan números musicales cantados y bailados con diálogos de humor. ■ **pasar revista**, ver o mirar detenidamente algo para comprobar si está bien, o inspeccionar las tropas militares.

revivir *[v.]* 1 resucitar o volver a tener vida algo que parecía muerto, apagado o sin fuerza: *el campo revive en primavera; revivió la alegría.* **SIN.** renacer, rebrotar, reanimarse. 2 reproducir una situación o un ambiente en la realidad o en el recuerdo: *las zarzuelas reviven el Madrid de antaño; el recuerdo revive momentos pasados.* **SIN.** recordar, rememorar, evocar.

revocar *[v.]* anular una orden o una ley: *revocó el permiso que le había concedido.* **OBS.** ante e, qu: *revoquemos.*

revolcar *[v.]* 1 hacer que alguien caiga al suelo dando vueltas o rodando: *el toro revolcó al banderillero.* **AF.** voltear, derribar, tirar por tierra. // **revolcarse** *[v.prnl.]* 2 tumbarse en un sitio y dar vueltas sobre los costados y la espalda: *los niños jugaban revolcándose en la hierba; los elefantes se revuelcan en el barro.* **CONJUG.** como *volcar**. **FAM.** revolcón, revuelco, volcar.

revolcón *[n.m.]* 1 caída en que el que se cae acaba rodando por el suelo: *tropezó y se dio un buen revolcón.* **OBS.** se usa mucho hablando de cogidas aparatosas, pero leves, de toreros. 2 vueltas que da uno estando tumbado: *les gusta jugar dándose revolcones en la hierba.* ■ **dar un revolcón** a alguien, vencerlo en una discusión. **PL.** *revolcones.*

revolotear *[v.]* volar haciendo giros y movimientos rápidos o ir una cosa por el aire dando vueltas: *los pájaros revoloteaban en los árboles; los papeles revoloteaban empujados por el viento.* **OBS.** e + e = ee: *revoloteen.* **FAM.** revoloteo, volar.

revoltijo *[n.m.]* conjunto de cosas mezcladas o amontonadas sin orden: *un revoltijo de ropa; un revoltijo de chismes.* **SIN.** revoltillo, lío, barullo, desorden, mezcolanza, batiburrillo.

revoltoso, revoltosa *[adj.]* 1 que no se está quieto, hace travesuras o no deja tranquilos a los demás: *los niños revoltosos cambian todas las cosas de lugar.* **SIN.** travieso, alborotador, enredador. **ANT.** tranquilo. 2 que participa en una revuelta o rebelión: *los revoltosos fueron detenidos.* **SIN.** rebelde, alborotador, agitador, insurrecto.

revolución *[n.f.]* 1 lucha contra los que tienen el poder para derribarlos y conseguir un cambio radical del orden político y social: *Fidel Castro encabezó la revolución comunista de Cuba.* **AF.** revuelta, subversión. 2 cambio importante e histórico que se produce en algún sector del saber o de la actividad humana (en las costumbres, en las artes, en las ciencias, etc.): *la revolución industrial; la penicilina causó una revolución en la medicina.* 3 vuelta o giro completo, de 360°, que da un cuerpo, una pieza mecánica, etc. sobre su eje: *un motor de 3.000 revoluciones por minuto.* **AMPL.** este movimiento se llama de ***rotación***.

revolucionar *[v.]* cambiar el orden normal de las cosas, las costumbres, las rutinas, etc. por un rato, por un tiempo o para siempre: *el paso de la vuelta ciclista revolucionó la ciudad; la televisión revolucionó los hábitos de la gente; las comidas preparadas han revolucionado la alimentación.* **AF.** modificar, variar, alterar, alborotar, agitar.

revolucionario, revolucionaria *[adj.]* 1 de la revolución o que va en favor de la revolución: *las consignas revolucionarias pedían la huelga general; una actitud revolucionaria; medidas revolucionarias.* **ANT.** conservador, reaccionario. TAMBIÉN *n.*: *los revolucionarios tomaron el poder.* 2 que es o tiene algo tan nuevo que puede cambiar la ciencia, o el arte, o las costumbres, etc.: *la televisión fue un invento revolucionario.* **SIN.** innovador, nunca visto. **ANT.** normal, corriente, vulgar.

revolver *[v.]* 1 cambiar las cosas de sitio produciendo desorden: *el aire revolvió los papeles; no me revuelvas la mesa.* **SIN.** alborotar, desordenar, descolocar. 2 darle vueltas a algo líquido o semilíquido: *revuelve bien la mezcla.* **SIN.** agitar, remover. **ANT.** dejar reposar, asentar. 3 producir malestar en el cuerpo: *la manzanilla me revolvió el estómago; montar en la noria me revuelve las tripas.* **SIN.** descomponer. 4 alterar el orden o los ánimos de un grupo de personas: *es un chico que revuelve a toda la clase.* // **revolverse** *[v.prnl.]* 5 reaccionar violentamente en contra de alguien: *se revolvió contra nosotros.* 6 cambiar el estado normal o bueno de una cosa: *se revolvió el tiempo; se revolvió el ambiente.* **CONJUG.** como *volver**. **FAM.** revuelto, revoltijo, revoltillo, revoltoso, revoltosamente, revuelta, revolución, revolucionario, revolucionar, volver.

revólver *[n.m.]* arma corta de fuego, parecida a una pistola pero que tiene un tambor giratorio que le sirve para almacenar las balas y colocarlas en la posición adecuada para el disparo.

revuelo *[n.m.]* inquietud y desorden que se produce entre la gente por algo que pasa: *se produjo un gran revuelo cuando dieron la noticia.* **SIN.** alboroto, agitación. **AF.** desorden.

revuelta *[n.f.]* jaleo y desorden en que la gente protesta contra quienes mandan o gobiernan: *en mayo del 68 se produjo una famosa revuelta de estudiantes en París.* **AF.** motín, rebelión.

revuelto, revuelta *[adj.]* **1** que está en desorden: *este armario está revuelto.* **SIN.** desordenado, alborotado. **ANT.** ordenado. **2** que está mezclado con otra u otras cosas: *había libros revueltos con documentos y postales; huevos revueltos con champiñones.* **3** que se mueve mucho o cambia de estado o de ánimo con frecuencia: *el tiempo está revuelto; desde que vino de la mili está un poco revuelto; la tarde está muy revuelta y amenaza lluvia.* **SIN.** inestable, alborotado, alterado; intranquilo, nervioso (sólo para personas). **4** turbio porque el movimiento ha mezclado el líquido con la tierra, el barro o los posos: *vino revuelto; aguas revueltas; café revuelto.* **SIN.** turbio, removido.

rey *[n.m.]* **1** hombre que, por pertenecer a una determinada familia, hereda un título que le da derecho a ser jefe de un Estado: *Don Juan Carlos I es el rey de España.* **SIN.** monarca, soberano. **AMPL.** si el heredero de estos derechos es una mujer se llama ***reina***, nombre que recibe también la esposa de un rey; el hijo de un rey que va a heredar el trono se llama ***príncipe*** o ***princesa*** y los demás hermanos ***infantes*** o ***infantas***; antiguamente había también ***emperadores*** que eran reyes que reinaban sobre varios estados por haberlos heredado o por haberlos conquistado y que tenían como vasallos a otros reyes. **2** pieza principal del juego del ajedrez: *el rey se puede mover un cuadro en todas las direcciones.* **3** persona, animal o cosa que destaca por encima de todos los demás: *el rey de la informática; el rey de la casa; el rey del mambo; el rey de la selva.* ■ **a cuerpo de rey**, con toda clase placeres y de lujos. **FAM.** reino, reinado, reinante, reina, reinar, regio, regiamente, regicida, regir.

reyerta *[n.f.]* enfrentamiento violento entre dos o más personas: *en una reyerta callejera hubo varios heridos.* **SIN.** riña, pelea, trifulca.

rezagarse *[v.prnl.]* quedarse atrás. **OBS.** se dice más ***quedarse rezagado***: *los niños se quedaron rezagados durante la caminata.* **SIN.** retrasarse, atrasarse. **ANT.** adelantarse. **OBS.** ante e, gu: *se rezaguen.* **FAM.** zaga.

rezar *[v.]* **1** decir oraciones religiosas: *en la procesión rezaron la Salve.* **SIN.** orar. **2** estar escrito lo que se dice en el sitio que también se dice: *el nombre del autor reza en la cubierta del libro.* **OBS.** ante e, c: *recen.*

rezo *[n.m.]* palabras que se dicen al rezar a Dios: *bendecimos la mesa con un rezo.* **SIN.** oración, plegaria. **FAM.** rezar.

ría *[n.f.]* zona de la costa en la que desembocan uno o más ríos, formando un profundo y ancho cauce en el que se juntan las aguas de los ríos y las del mar: *las rías gallegas.*

riachuelo *[n.m.]* río pequeño y estrecho, de poco caudal. **SIN.** arroyo, regato.

riada *[n.f.]* inundación que se produce cuando un río aumenta tanto su caudal que se sale de su cauce*: *en Valencia se producen grandes riadas.* **SIN.** avenida.

ribera *[n.f.]* **1** orilla del mar o de un río: *en la ribera había barcas amarradas.* **SIN.** orilla, riba, ribazo. **2** terrenos próximos a los ríos: *en las riberas del Duero se producen muy buenos vinos.* **FAM.** ribereño.

ribete *[n.m.]* tira de tela, piel, etc. que se cose en el borde de otra tela como adorno, remate o protección: *un ribete en la solapa; una manta o una alfombra con ribete.* **FAM.** ribeteado, ribetear.

rico, rica *[adj.]* **1** que tiene mucho dinero y propiedades: *un hombre rico; una mujer rica.* **SIN.** adinerado, pudiente, acaudalado, potentado, opulento. **ANT.** pobre. **2** que tiene mucho de algo bueno o produce mucho de algo que se busca o se necesita: *tierras ricas; un mineral rico; un lenguaje rico.* **OBS.** si hace falta precisar en qué está la riqueza suele decirse **rico en**: *un mineral rico en cobre; una tierra rica en pastos.* **SIN.** abundante. **3** de buen sabor: *una comida muy rica.* **SIN.** sabroso, apetitoso, delicioso. 4 que inspira ternura o simpatía por su aspecto o por su forma de ser: *es una niña muy rica.* **AF.** gracioso, bonito. **FAM.** riqueza, ricura, ricamente, ricacho, ricachón. **COMP.** enriquecer.

ridiculizar *[v.]* poner en ridículo a alguien, haciendo que los demás se rían de él: *la oposición procura ridiculizar al gobierno siempre que puede.* **SIN.** burlarse, mofarse. **OBS.** ante e, c: *ridiculicen.* **FAM.** ridiculización, ridículo, ridiculez, ridículamente.

ridículo, ridícula *[adj.]* 1 que provoca risa por ser feo, torpe, demostrar poca cordura o ser ignorante: *dijo algo ridículo.* **SIN.** grotesco, cómico. 2 que no tiene importancia o es muy pequeño: *discuten por cuestiones ridículas; le dio una cantidad ridícula.* **SIN.** insignificante, nimio, irrisorio. // **ridículo** *[n.m.]* 3 situación en que uno siente vergüenza porque los demás pueden reírse de él: *hizo el ridículo; lo puso en ridículo.*

riego *[n.m.]* en general, acción de regar y en particular, conducción o transporte del agua o de la sangre hasta las plantas o las células del cuerpo que las necesitan: *sistemas de riego; es la encargada del riego; riego sanguíneo; riego de los campos y jardines.* **AF.** irrigación.

riel *[n.m.]* barra con una ranura central o un reborde por donde corren los soportes de una puerta o de una cortina. **SIN.** raíl, carril.

rienda *[n.f.]* correa que sirve para dirigir una caballería. **OBS.** suele usarse en plural: *sujetar las riendas.* **AF.** ramal, brida. ■ **llevar las riendas**, dirigir algo. ■ **aflojar las riendas**, exigir menos de lo normal. ■ **dar rienda suelta**, dar libertad.

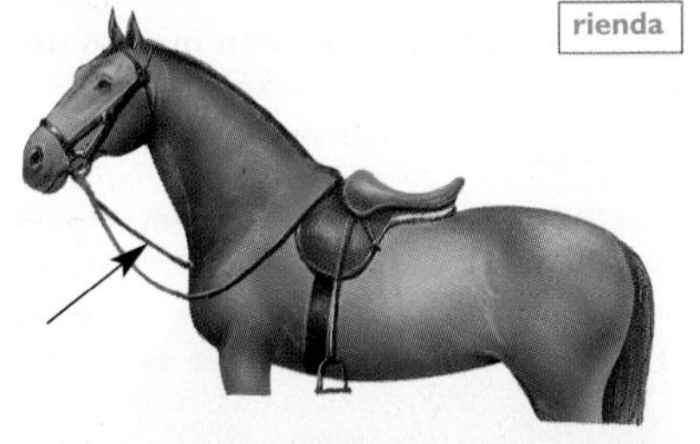

riesgo *[n.m.]* posibilidad de que algo salga mal o produzca daños: *el alpinismo es un deporte con mucho riesgo.* **SIN.** peligro.

rifa *[n.f.]* juego que consiste en rifar algo: *rifa benéfica* **SIN.** sorteo.

rifar *[v.]* dar o vender papeletas con un número, sacar luego de un bombo uno o varios números y darle un premio a quien tenga las papeletas correspondientes: *se rifa un televisor.* **SIN.** sortear. **FAM.** rifa.

rifle *[n.m.]* arma de fuego personal con un cañón largo que tiene rayas o estrías en su interior: *un rifle americano.* **AF.** escopeta, fusil.

rígido, rígida *[adj.]* 1 que no se dobla con facilidad o que si se dobla se rompe: *el hierro es menos rígido que el cristal.* **SIN.** inflexible, recio. **ANT.** flexible. 2 que cumple rigurosamente las normas o las hace cumplir a los demás: *un profesor muy rígido.* **SIN.** inflexible, severo, riguroso, duro. **FAM.** rigidez, rígidamente.

rigor *[n.m.]* 1 exactitud, seriedad y cuidado que se pone en hacer algo: *su investigación carece del rigor necesario; hacer las cosas con rigor; dicho con todo rigor.* **SIN.** exactitud, precisión, seriedad. **AF.** pulcritud, perfección. 2 dureza del clima o exigencia excesiva en los castigos y en el cumplimiento de la normas: *los rigores del invierno; castigó con mucho rigor.* **SIN.** severidad, dureza, crudeza. ■ **de rigor**, que hay que hacerlo. **FAM.** riguroso, rigurosamente, rigurosidad.

riguroso, rigurosa *[adj.]* que tiene mucho rigor*: *una persona rigurosa; un invierno riguroso; una investigación rigurosa.* **AF.** severo, rígido, duro, exacto, preciso, meticuloso.

rima *[n.f.]* 1 repetición de sonidos iguales o muy parecidos en varios de los versos de un poema. **AMPL.** normalmente la rima se produce haciendo coincidir los sonidos del final de los versos a partir de la última sílaba acentuada; se llama rima ***asonante*** o ***imperfecta*** cuando se repiten sólo los sonidos vocálicos y rima ***consonante*** o ***perfecta*** cuando se repiten los sonidos vocálicos y los consonánticos; si esa coincidencia no se produce al final de los versos, sino en algunas sílabas interiores de ellos, se llama ***rima interna***. 2 poesía en versos rimados: *rimas de Garcilaso.* **SIN.** poesía, verso. **FAM.** rimar.

rimar *[v.]* tener o poner rima*: *cuidado rima con enamorado.*

rimbombante *[adj.inv. en gén.]* que usa palabras rebuscadas y formas de expresión poco naturales: *un discurso rimbombante.* **SIN.** ostentoso, ampuloso, grandilocuente, pretencioso. **FAM.** rimbombancia.

rincón *[n.m.]* **1** espacio interior de un ángulo formado por dos bordes de algo o por dos paredes: *coloca la planta en un rincón del salón.* **ANT.** esquina. **2** lugar escondido: *una casa llena de rincones; conoce todos los rincones de la ciudad.* **SIN.** recoveco. **PL.** *rincones.* **FAM.** rinconada, rinconera. **COMP.** arrinconar.

rinconera *[n.f.]* mueble de planta triangular hecho para colocarlo en un rincón.

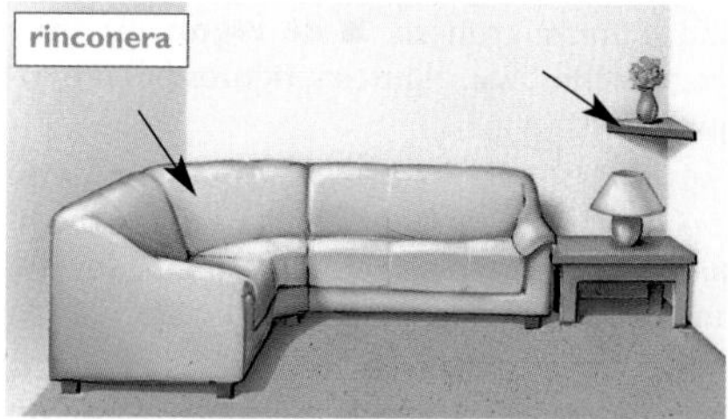

ring *[n.m.]* cuadrilátero con suelo de lona, cercado por cuatro postes y tres filas de cuerdas, en el que se celebran los combates de boxeo. **AF.** cuadrilátero, lona, cancha.

rinoceronte *[n.m.]* animal mamífero de gran tamaño, de piel muy gruesa, cuerpo enorme y patas cortas, que se caracteriza por tener uno o dos cuernos en la nariz y ser muy agresivo y que puede pesar de una a cuatro toneladas, según las especies.

riña *[n.f.]* discusión violenta, en la que se dicen insultos y amenazas, que puede acabar en pelea. **SIN.** disputa, bronca, trifulca. **AF.** pelea, reyerta.

riñón *[n.m.]* cada uno de los dos órganos que, situados en la parte de atrás del abdomen, a ambos lados de la columna vertebral, sirven para eliminar los residuos del organismo a través de la orina. ■ **costar algo un riñón**, costar mucho dinero o mucho esfuerzo. ■ **tener cubierto el riñón**, tener dinero de sobra para vivir. **PL.** *riñones.* **FAM.** renal, riñonada. **COMP.** arriñonar, desriñonar, suprarrenal.

río *[n.m.]* corriente natural de agua que desemboca en el mar, en un lago, o en otro río: *el Tajo es el río más largo de la Península Ibérica.* **FAM.** ría, riada, riachuelo, riacho.

riojano, riojana *[adj.]* de La Rioja, provincia y comunidad autónoma española cuya capital es Logroño: *productos riojanos; una niña riojana.* TAMBIÉN *n.*: *los riojanos son buena gente.*

riqueza *[n.f.]* **1** gran cantidad de dinero y bienes que tienen las personas: *ha acumulado una gran riqueza; posee mucha riqueza.* **SIN.** fortuna. **ANT.** pobreza. **2** gran cantidad de bienes naturales, recursos o productos que tiene un país, un lugar o una cosa: *la riqueza de colores de un paisaje; la riqueza forestal del Brasil; la riqueza en minerales del agua.* **SIN.** abundancia, profusión.

risa *[n.f.]* gestos de la cara y sonidos con los que una persona manifiesta que algo le ha hecho mucha gracia: *los chistes no siempre producen risa.* **AF.** carcajadas. ■ **morirse de risa**, reírse mucho. **SIN.** desternillarse, partirse de risa. ■ **tener** o **estar** algo **muerto de risa**, tener una cosa sin usar durante mucho tiempo. **FAM.** risueño, risotada, risible, risibilidad, reír. **COMP.** ***irrisorio*** (pequeño, ridículo), irrisoriamente.

risco *[n.m.]* peñasco alto y con muchos desniveles.

risueño, risueña *[adj.]* 1 que tiene expresión de risa o se ríe con facilidad: *tiene una cara muy risueña.* AF. alegre. 2 que parece que va a ser bueno: *un futuro risueño.* SIN. feliz, prometedor.

rítmico, rítmica *[adj.]* que mantiene una relación de tiempo entre sus distintos sonidos o movimientos: *gimnasia rítmica.*

ritmo *[n.m.]* 1 repetición de un movimiento o sonido cada cierto periodo o intervalo de tiempo: *ritmo cardíaco; golpeaba las campanas con un ritmo lento.* 2 en música, ordenación de los sonidos en el tiempo, de modo que se atengan a una medida y orden constantes: *ritmo de vals; ritmo de pasodoble.* AMPL. el ritmo musical depende de cómo se agrupen las notas en los compases, del número de tiempos que tiene cada compás y de cómo se acentúen los tiempos de cada compás. 3 combinación de sílabas que producen un efecto parecido al ritmo musical: *su poesía no tenía el ritmo adecuado.* SIN. paso. 4 velocidad con la que se hace algo: *trabajan a buen ritmo.* FAM. rítmico. COMP. arritmia, arrítmico.

rito *[n.m.]* 1 acto religioso que consta siempre de las mismas partes o movimientos y se repite por tradición siempre de la misma manera: *los ritos de los cristianos ortodoxos son distintos de los católicos.* SIN. ceremonial, culto, ritual. 2 cualquier acto que se repite y se convierte en costumbre: *fumar un cigarrillo después de cenar es un rito para algunas personas.* SIN. costumbre, hábito. FAM. ritual, ritualidad, ritualismo, ritualista.

rival *[adj.inv. en gén.]* persona, animal o conjunto de personas que se enfrenta a otro porque los dos quieren lo mismo y sólo puede conseguirlo uno: *dos equipos que quieren ser campeones son rivales entre sí.* SIN. adversario, contrincante, competidor, oponente. ANT. aliado. FAM. rivalidad, rivalizar.

rivalidad *[n.f.]* relación entre rivales: *la rivalidad de los competidores hizo que se batiera un nuevo récord.* SIN. competencia.

rivalizar *[v.]* enfrentarse dos personas, animales o grupos por querer conseguir algo. OBS. ante e, c: *rivalicen.*

rizar *[v.]* hacer rizos, ondas o bucles o dar una forma retorcida a algo: *le rizaron el pelo; rizar un alambre.* SIN. ondular, acaracolar, ensortijar. AF. encrespar. ■ **rizar el rizo**, hacer algo más complicado de lo necesario. OBS. ante e, c: *ricen.* FAM. rizo, rizado, rizador, rizoso. COMP. desrizar.

rizo *[n.m.]* 1 mechón de pelo retorcido: *su pelo tiene rizos naturales.* SIN. bucle, caracol. 2 pirueta que se hace en aeronáutica consistente en realizar giros de 360° en un plano vertical: *la avioneta hizo tres rizos seguidos.* 3 tela o paño con pelo rizado: *compró un juego de toallas de rizo americano.*

róbalo *[n.m.]* lubina* (pez de mar).

robar *[v.]* 1 quitarle a alguien lo que es suyo. SIN. apropiarse de lo ajeno, hurtar, sustraer. 2 adueñarse de algo en sentido figurado o metafórico: *le robó el corazón; tiene una simpatía que roba el alma.* 3 en algunos juegos de cartas, coger una carta del montón que no es de nadie. SIN. coger. FAM. robo. COMP. antirrobo.

roble *[n.m.]* árbol parecido a la encina y al alcornoque, pero de mayor altura y de madera muy dura, que da como fruto una bellota. ■ **hecho un roble** o **como un roble**, muy sano. FAM. robleda, robledo, robledal.

roble

robleda *[n.f.]* sitio en el que hay muchos robles. SIN. robledo, robledal. FAM. roble.

robledal *[n.m.]* robledo de gran extensión. SIN. robledo, robleda. FAM. roble.

robledo *[n.m.]* lugar poblado de robles. SIN. robledal, robleda. FAM. roble.

robo *[n.m.]* hecho de que alguien robe algo y delito que comete el que roba: *ha habido un robo; está acusado de un robo.* SIN. atraco, hurto, sustracción, latrocinio.

robot *[n.m.]* 1 máquina capaz de hacer cálculos y realizar su trabajo de acuerdo con los datos que recibe: *los robots sustituyen a las personas en muchos trabajos.* **AMPL.** esta palabra la usó por primera vez un escritor checo en una obra de teatro a principios del siglo XX y lo concebía como una máquina con forma de hombre; pero los robots que se fabrican ahora son máquinas que no se parecen al hombre y todos los muñecos mecánicos con forma humana que se han hecho a través de la historia se llaman ***autómatas***, no robots. 2 persona que actúa de una forma automatizada, como sin pensar. **SIN.** autómata. **PL.** *robots.* **FAM.** robótica.

robusto, robusta *[adj.]* que aguanta bien los pesos, los golpes, la enfermedades, las dificultades, el paso del tiempo, etc.: *la casa se asentaba sobre unos robustos pilares; el roble es un árbol robusto.* **SIN.** fuerte, sólido. **ANT.** débil, enclenque. **FAM.** robustez, robustecer, robustecimiento.

roca *[n.f.]* 1 parte dura y compacta de la corteza terrestre, formada por varios minerales: *la casa está asentada sobre la roca.* **AMPL.** los principales componentes de la roca son *carbonatos* como la cal, *sílices* como el cuarzo y *silicatos* como la mica o el feldespato; las rocas pueden ser ***eruptivas***, que proceden del interior de la Tierra, ***metamórficas*** que son las que se han ido transformando por la presión o la temperatura y las ***sedimentarias***, las más externas, que se han ido formando por la acumulación de materiales. 2 trozo más o menos grande de esta materia: *había una roca junto al camino.* **AF.** peña, peñasco, pedrusco, risco, escollo. **FAM.** rocoso, roquedal, ***rocalla*** (adorno de plantas y piedras).

rocalla *[n.f.]* adorno hecho en el suelo con plantas y piedras: *junto a la rocalla del parque pusieron un banco.* **FAM.** roca.

rocambolesco, rocambolesca *[adj.]* que es tan raro, complicado o sorprendente que resulta difícil de creer o imaginar: *una situación rocambolesca; un personaje rocambolesco.* **AF.** extravagante, exagerado, grotesco, estrafalario, estrambótico.

roce *[n.m.]* 1 toque ligero entre dos personas o cosas en el que a veces se produce un pequeño desgaste de la superficie: *está desgastado por el roce; se hizo un roce en la piel.* **SIN.** rozamiento, fricción. 2 trato normal entre personas: *con el roce hemos acabado haciéndonos buenos amigos.* **SIN.** trato, relación. 3 problema entre personas que no están de acuerdo en algo: *hubo muchos roces entre ellos.* **AF.** fricción, discusión, diferencia, encontronazo.

rociar *[v.]* salpicar algo con gotas muy finas de agua, o de otro líquido, esparciéndolas por su superficie: *antes de planchar, rocía la ropa con agua.* **SIN.** salpicar, asperger. **AF.** esparcir. **FAM.** rocío, rociada, rociamiento.

rocío *[n.m.]* gotas de agua muy finas que se forman en las plantas, por la condensación de la humedad, al bajar la temperatura por la noche: *las plantas amanecen cubiertas de rocío.* **AF.** escarcha.

rocoso, rocosa *[adj.]* de roca* o que tiene muchas rocas: *un material rocoso; un paisaje rocoso;* **AF.** peñascoso, pedregoso.

rodaja *[n.f.]* trozo redondo y plano de algo que se ha cortado: *los embutidos se cortan en rodajas.* **AMPL.** se producen al dar *cortes transversales* a un cuerpo cilíndrico. **AF.** rebanada, loncha.

rodaje *[n.m.]* 1 acción y tiempo que se dedica a tomar imágenes para hacer una película: *se retrasó el rodaje por problemas de iluminación.* 2 primeros kilómetros que hace un coche hasta que se suaviza el motor y llega a funcionar normalmente: *no pases de cien por hora durante el rodaje.*

rodar *[v.]* 1 tomar imágenes con una cámara de cine para hacer una película: *están rodando una película en este castillo.* **SIN.** filmar. 2 desplazarse un vehículo de ruedas: *no se debe rodar a una velocidad excesiva.* 3 caerse por algún sitio, dando vueltas como una rueda: *bajó rodando por las escaleras.* **CONJUG.** como *contar**.

rodear *[v.]* 1 dar un rodeo*, yendo de un lugar a otro por un camino más largo del normal: *hemos ido rodeando la finca.* **AF.** bordear. 2 dejar algo cercado o dentro de un círculo o pasar alrededor de algo: *la carretera rodea el pueblo.* **SIN.** circundar, cercar, acorralar, acordonar, sitiar. // **rodearse** *[v.prnl.]* 3 tratar a la gente que se dice o buscar su compañía, ayuda y colaboración: *se rodea de gente mayor* *que él.* **AF.** relacionarse, codearse, alternar. **OBS.** e + e = ee: *rodeen*.

rodeo *[n.m.]* **1** aumento de recorrido que se hace cuando un camino pasa alrededor de algo en vez de cruzarlo: *fuimos dando un rodeo; esa carretera da un rodeo.* **SIN.** vuelta. **2** lo que se dice con poca claridad o indirectamente en lugar de ir directamente a lo que se quiere o al tema del que se trata: *dilo claramente, no me vengas con rodeos.* **AF.** evasiva, divagación, preámbulo, indirecta, insinuación. **3** fiesta típica de algunas zonas de América en que se hacen demostraciones de doma de caballos y reses, del uso del lazo o de las boleadoras, etc.

rodilla *[n.f.]* articulación que se forma en la unión de los huesos del muslo con los de la pierna y parte anterior y saliente de esta articulación. ■ **de rodillas**, posición que consiste en estar apoyado en el suelo con las rodillas. **SIN.** arrodillado. **FAM.** rodillera, rodillazo, rodillada. **COMP.** arrodillarse.

rodillazo *[n.m.]* golpe violento que se da con la rodilla: *le dio un rodillazo en el vientre.*

rodillera *[n.f.]* cualquier tipo de protección que se pone en las rodillas directamente o cosida en las prendas de vestir: *usa rodilleras para patinar; unos pantalones con rodilleras.*

rodillo *[n.m.]* cualquier cuerpo cilíndrico que se hace girar sobre su eje para hacer algo: *el rodillo de cocina es de madera y sirve para amasar; el rodillo de pintor está cubierto de esponja y sirve para pintar; las apisonadoras llevan un rodillo muy grande y pesado.*

roedor *[n.m.]* animal que, como los ratones, las ardillas, las musarañas, los castores y las marmotas, posee dos dientes incisivos en la parte delantera de cada una de sus mandíbulas con los que roe sus alimentos.

roer *[v.]* desmenuzar o agujerear algo desgastándolo con los dientes: *los ratones han roído una chaqueta.* **FAM.** roedor, roedura. **COMP.** corroer.

rogar *[v.]* pedir algo sin exigencia: *te ruego que me perdones.* **SIN.** pedir, solicitar. **INT.** suplicar, implorar. **FAM.** ruego, rogativa. **COMP.** arrogancia.

roiga, roigan... formas irregulares de la conjugación del verbo *roer**.

CONJUGACIÓN DEL VERBO ROER

Formas no personales
Infinitivo: *roer*. Gerundio: *royendo*. Participio: *roído*.

Indicativo
Presente: *roo* (o *roigo* o *royo*), *roes, roe, roemos, roéis, roen.*
Pretérito imperfecto: *roía, roías, roía, roíamos, roíais, roían.*
Pretérito perfecto simple: *roí, roíste, royó, roímos, roísteis, royeron.*
Futuro: *roeré, roerás, roerá, roeremos, roeréis, roerán.*

Condicional simple:
roería, roerías, roería, roeríamos, roeríais, roerían.

Subjuntivo
Presente: *roa* o *roiga, roas* o *roigas, roa* o *roiga, roamos* o *roigamos, roáis, roan* o *roigan.*
Pretérito imperfecto: *royera/ royese, royeras/ royeses, royera/ royese, royéramos/ royésemos, royerais/ royeseis, royeran/ royesen.*
Futuro: *royere, royeres, royere, royéremos, royereis, royeren.*

Imperativo:
roe, roa (o *roya* o *roiga*), *roamos* (o *royamos* o *roigamos*), *roed, roan* (o *royan* o *roigan*).

rojizo, rojiza *[adj.]* de un color parecido al rojo: *al atardecer el cielo se puso rojizo.* **AF.** encarnado, bermejo, colorado.

rojo, roja *[adj.]* que tiene el mismo color que la sangre humana y el tomate maduro: *un coche rojo; una flor roja.* **SIN.** encarnado, co-

CONJUGACIÓN DEL VERBO ROGAR

Formas no personales
Infinitivo: *rogar*. Gerundio: *rogando*. Participio: *rogado*.

Indicativo
Presente: *ruego, ruegas, ruega, rogamos, rogáis, ruegan.*
Pretérito imperfecto: *rogaba, rogabas, rogaba, rogábamos, rogabais, rogaban.*
Pretérito perfecto simple: *rogué, rogaste, rogó, rogamos, rogasteis, rogaron.*
Futuro: *rogaré, rogarás, rogará, rogaremos, rogaréis, rogarán.*

Condicional simple:
rogaría, rogarías, rogaría, rogaríamos, rogaríais, rogarían.

Subjuntivo
Presente: *ruegue, ruegues, ruegue, roguemos, roguéis, rueguen.*
Pretérito imperfecto: *rogara/ rogase, rogaras/ rogases, rogara/ rogase, rogáramos/ rogásemos, rogarais/ rogaseis, rogaran/ rogasen.*
Futuro: *rogare, rogares, rogare, rogáremos, rogareis, rogaren.*

Imperativo:
ruega, ruegue, roguemos, rogad, rueguen.

lorado, bermejo. TAMBIÉN *n.m.*: *el rojo es un color cálido.* ■ **al rojo**, con la luz propia que produce el fuego. ■ **al rojo vivo**, en un momento de violencia y nerviosismo. **FAM.** rojez, rojizo, rojura. **COMP.** sonrojar, enrojecer.

rollo *[n.m.]* lo que se forma al envolver una cosa larga, dando vueltas sobre sí misma a partir de un extremo: *un rollo de alambre; un rollo de tela.* **AF.** carrete. **FAM.** rollizo. **COMP.** arrollar, enrollar, desarrollar.

romana *[n.f.]* balanza que tiene un brazo largo del que cuelga un platillo o, directamente, lo que se quiere pesar, y una pesa que se cambia de sitio hasta que el brazo queda horizontal: *pesaron el cordero con una romana.*

romance *[n.]* 1 composición poética formada por versos octosílabos con rima asonante en los versos pares y sin rima en los impares: *oímos recitar unos viejos romances.* 2 relación amorosa: *tiene un romance con una chica del pueblo.* **SIN.** idilio. **AF.** amorío, aventura amorosa. 3 lengua derivada del latín: *los romances hablados en Europa dieron origen a las lenguas románicas.* TAMBIÉN *adj.*: *lenguas romances.* **FAM.** romancero, romancista.

románico *[n.m.]* 1 estilo artístico europeo de la Edad Media. **AMPL.** en arquitectura se caracteriza por sus edificios bajos, muy sencillos, con arcos de ***medio punto***, ***bóvedas de cañón*** y muros muy gruesos con ***contrafuertes***; va del siglo X a comienzos del XIII que es cuando comenzó el nuevo estilo llamado ***gótico***. TAMBIÉN *adj.*: *una iglesia románica; estilo románico.* 2 que es una lengua derivada del latín: *estudia lenguas románicas.*

romano, romana *[adj.]* de Roma, capital del antiguo Imperio Romano y de la actual Italia: *costumbres romanas; productos romanos.* TAMBIÉN *n.*: *la época de los antiguos romanos; los romanos actuales son italianos.* ■ **a la romana**, rebozado con huevo y harina. **FAM.** románico, romanizar, romanismo, romanización, romanizante, romanista.

romanticismo *[n.m.]* movimiento cultural y literario que se produjo en Occidente en la primera mitad del siglo XIX y que se caracteriza por dar mucha importancia a los sentimientos y a la libertad individual y por abandonar las rígidas reglas de los clásicos.

romántico, romántica *[adj.]* 1 del romanticismo: *escritor romántico, teatro romántico.* 2 que se deja llevar por los sentimientos y los deseos más que por la razón o por el interés práctico de las cosas: *una persona muy romántica; un planteamiento romántico de la vida.* 3 amoroso y sentimental: *una historia romántica.* **SIN.** sentimental, soñador. **AF.** apasionado. **FAM.** romanticismo, romanticista, romantizar, románticamente.

rombo *[n.m.]* figura geométrica que tiene cuatro lados iguales, paralelos dos a dos, los ángulos opuestos iguales, también dos a dos y las diagonales perpendiculares. **FAM.** romboidal, romboide, romboedro.

romería *[n.f.]* fiesta religiosa y popular que se celebra en los alrededores de una ermita o santuario y camino que se recorre hasta ese lugar: *el Rocío es una romería muy popular en Andalucía.* **AF.** peregrinación. **FAM.** romero.

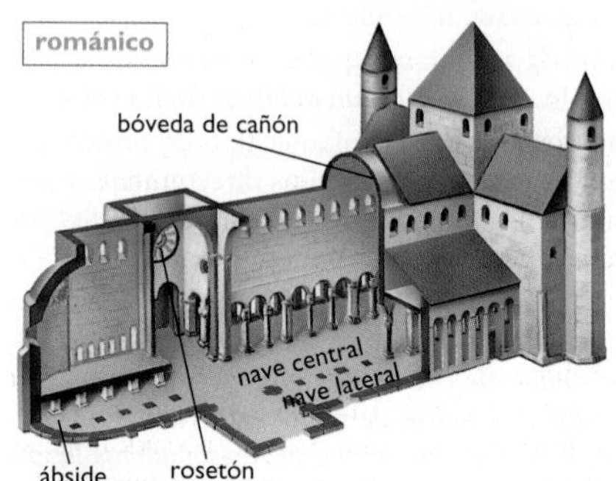

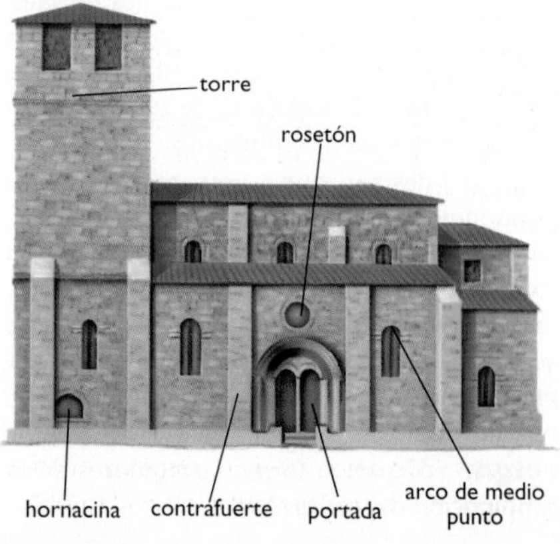

romero, romera *[adj.]* 1 el que asiste a una romería. // **romero** *[n.m.]* 2 arbusto muy abundante en el monte que huele muy bien, tiene hojas estrechas (blanquecinas por un lado) y flores de color azulado; se utiliza en perfumería y farmacia.

romero

rompecabezas *[n.m.inv. en núm.]* 1 juego formado por muchas piezas con las que hay que componer una figura: *un rompecabezas de mil piezas.* **SIN.** puzzle. 2 asunto difícil de resolver.

rompehielos *[n.m. inv. en núm.]* buque preparado para navegar por mares en los que hay hielo, rompiéndolo y facilitándole el paso a otros barcos.

rompeolas *[n.m.inv. en núm.]* muro de piedra construido para proteger un puerto de mar o una bahía: *el mar batía con fuerza contra el rompeolas.*

romper *[v.]* 1 convertir en trozos una cosa o producir en ella grietas o desperfectos: *rompió en mil pedazos la figura de porcelana.* **SIN.** partir, fracturar. **AF.** rajar, rasgar. TAMBIÉN *prnl.: se le han roto los zapatos; el cristal se rompe con los golpes.* **AF.** abrirse, partirse, rajarse. 2 hacer que no continúe algo: *romper unas relaciones; romper el silencio.* **AF.** cortar, suspender, interrumpir. ■ **romper a**, empezar a hacer lo que se dice después. ■ **al romper**, al comenzar, al empezar. **SIN.** al empezar, al iniciarse, al abrir. **OBS.** el participio pasado, que es irregular, es ***roto***; la conjugación de los demás tiempos es regular. **FAM.** roto, rotura, ruptura, rompedor, rompiente. **COMP.** irrompible, irrumpir, corromper, interrumpir.

ron *[n.m.]* bebida alcohólica que se obtiene fermentando el zumo de la caña de azúcar: *ron cubano.*

roncar *[v.]* 1 hacer ruido al respirar, cuando se duerme: *ronca porque tiene un problema respiratorio.* 2 dormir profundamente: *se pasa el día roncando.* **OBS.** ante e, qu: *ronquen.* **FAM.** ronquido, roncador.

roncha *[n.f.]* pequeño bulto rojizo que sale en la piel como consecuencia de un roce, de picaduras de insectos o de alguna enfermedad como las alergias: *los mosquitos le hicieron ronchas por todo el cuerpo.* **AF.** sarpullido, erupción, cardenal, moratón.

ronchar *[v.]* hacer ruido al comer un alimento crujiente.

ronco, ronca *[adj.]* 1 que tiene la garganta mal y le sale una voz áspera y desafinada: *se quedó ronco de tanto gritar.* **SIN.** afónico. 2 de tono grave y timbre desagradable: *un sonido ronco.* **FAM.** ronquera, roncamente, ronquear. **COMP.** enronquecer.

ronda *[n.f.]* 1 hecho de rondar* y personas que rondan: *los tunos iban de ronda* (**SIN.** serenata)*; una ronda de vigilantes.* 2 conjunto de consumiciones que toma un grupo de personas cada vez que piden en un bar o cafetería: *pagó una ronda de vinos.* 3 carretera que rodea a una ciudad: *los camiones pasan por la ronda para molestar menos.* **AF.** circunvalación. **AF.** vuelta, turno. **FAM.** rondar, rondante, ***rondalla*** (orquesta de instrumentos de cuerda), rondador.

rondalla *[n.f.]* 1 orquesta de instrumentos de cuerda. 2 cuento.

rondar *[v.]* 1 andar de un lado para otro vigilando alguna cosa: *la policía ronda esta zona.* **SIN.** vigilar, patrullar, hacer guardia. 2 andar por la calle un grupo de personas cantando o tocando instrumentos para divertirse y dedicar sus canciones a la gente: *los tunos rondan a las muchachas.* 3 andar cerca o alrededor: *¿qué hacéis rondando por aquí?; le está rondando la suerte.* **AF.** merodear. 4 tener una idea dando vueltas por la cabeza: *le rondaba la idea de casarse.*

ronquera *[n.f.]* mal estado de las cuerdas vocales o de la garganta que impide hablar en voz alta o con normalidad y produce un sonido ronco: *no pudo hablar porque tenía ronquera.* **AF.** afonía.

ronquido *[n.m.]* sonido fuerte que producen algunas personas al respirar, mientras duermen: *sus ronquidos se oían en toda la casa.*

ronroneo *[n.m.]* 1 ruido que hace el gato con la garganta cuando está a gusto. 2 ruido ronco parecido al que hace el gato: *el ronroneo de la aviación nos ponía nerviosos.* **FAM.** ronronear, ronroneante.

roñoso, roñosa *[adj.]* 1 que tiene suciedad de mucho tiempo: *una tapicería roñosa.* **SIN.** sucio, mugriento. 2 que no le gusta gastar, ni dar nada a nadie: *¡es un tío roñoso!* TAMBIÉN *n.*: *es un roñoso de mucho cuidado.* **SIN.** tacaño*. **FAM.** roña, roñica, roñería, roñosería.

ropa *[n.f.]* todo lo que se hace con tela, especialmente las prendas de vestir y las de uso personal como las toallas, las sábanas, etc.: *ropa de cama; ropa de trabajo.* **AF.** vestimenta, ropaje, indumentaria, prenda. ■ **ropa interior**, prendas que se usan directamente sobre la piel. ■ **a quemarropa** a muy poca distancia. ■ **nadar y guardar la ropa**, participar en algo sin arriesgarse. **FAM.** ropero, ropaje, ropería. **COMP.** arropar, guardarropa, guardarropía.

ropero *[n.m.]* armario o cuarto para guardar la ropa.

rosa *[n.f.]* 1 flor del rosal, de aroma suave y generalmente del color del mismo nombre: *en el jardín hay rosas rojas, amarillas y blancas; la rosa azul es el símbolo de lo imposible.* // 2 **rosa** *[n.m.]* color rojo suave, como el de la rosa común, que resulta de mezclar el rojo con el blanco: *el rosa es un color muy delicado.* TAMBIÉN *adj.*: *una falda rosa; color rosa.* **SIN.** rosado, rosáceo. ■ **como una rosa**, con buen aspecto. ■ **de color de rosa**, con ilusión y sin malicia. ■ **rosa de los vientos**, representación gráfica en forma de estrella que indica los treinta y dos rumbos en que se divide el horizonte. **FAM.** rosal, rosaleda, rosado, rosáceo, rosario. **COMP.** sonrosar.

rosáceo, rosácea *[adj.]* de color parecido al rosa: *le han salido una manchas rosáceas en la piel.*

rosado, rosada *[adj.]* 1 del color de la rosa: *tonos rosados.* 2 se dice del vino que tiene un color más claro que el tinto, al que también se le llama clarete: *no me gustan los vinos rosados.* TAMBIÉN *n.*: *compró varias botellas de rosado.*

rosal *[n.m.]* arbusto con tallos espinosos que da unas flores aromáticas, muy apreciadas en jardinería, llamadas rosas.

rosaleda *[n.f.]* lugar donde hay muchos rosales: *en el parque hay una rosaleda.*

rosario *[n.m.]* 1 rezo católico que consta de varios grupos de diez avemarías y un padrenuestro, entre los cuales se recuerda un momento de la vida de la Virgen María o de Jesucristo. **AMPL.** el rosario completo consta de 15 ***misterios*** y ciento cincuenta avemarías, pero suele rezarse cada vez una sola parte (es decir cinco misterios, cincuenta avemarías y cinco padrenuestros más una ***letanía*** en honor de la Virgen). 2 objeto formado por unas bolitas perforadas y atravesadas por un hilo que se usa para llevar la cuenta de las oraciones en este rezo: *un rosario de plata.* 3 serie de cosas, dichas una detrás de otra: *le respondió con un rosario de tonterías.* **AF.** sarta, ristra, retahíla.

rosario

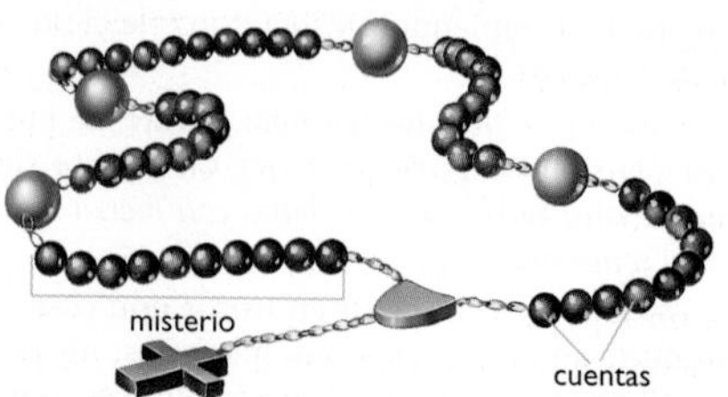

rosca *[n.f.]* 1 surco en forma de espiral que tienen los tornillos alrededor y las tuercas por dentro y que sirve para que se acoplen y giren uno dentro del otro. 2 cualquier cosa que forma un círculo dejando un hueco en el medio: *compró una rosca de pan.* **AF.** rosquilla, aro, rueda. ■ **hacer la rosca** a alguien, halagar a alguien para conseguir algo. **FAM.** rosco, roscón, rosquilla. **COMP.** enroscar.

roscón *[n.m.]* bollo grande en forma de rosca. **PL.** *roscones.*

rosquilla *[n.f.]* dulce pequeño con forma de rosca: *rosquillas de nata.*

rostro *[n.m.]* 1 pico de las aves: *un ave de rostro curvado.* 2 cara de las personas: *un rostro serio.* **SIN.** semblante, faz. **FAM.** ***arrostrar*** (dar la cara).

rotación *[n.f.]* 1 movimiento que hace un cuerpo al girar sobre alguno de sus ejes interiores: *la rotación de la Tierra da lugar a las noches y los días.* **AF.** giro, vuelta, revolución. **AMPL.** según el eje sobre el que gire se produce un movimiento de rotación ***centrado*** (si gira sobre un eje que pasa por el centro) o ***excéntrico*** (si gira sobre un eje que no pasa por el centro). 2 forma de organizar una serie de cosas de manera que una no vuelva a aparecer o intervenir hasta que hayan pasado todas las demás: *distribuyeron las guardias del hospital por rotación.* **SIN.** turno, ciclo, vuelta, ronda. **FAM.** ***rotar*** (dar vueltas, girar), rotor, rotativa, rotativo, rotatorio.

rotar *[v.]* dar vueltas, girar: *la Tierra rota alrededor del Sol.*

rotativa *[n.f.]* máquina que imprime con rodillos sobre papel enrollado en una bobina.

roto, rota *[adj.]* 1 que no está entero, sino en trozos, o tiene alguna grieta o desperfecto. **SIN.** partido. 2 que no continúa: *relaciones rotas; quedó rota la comunicación.* **AF.** cortado, suspendido, interrumpido, cerrado. // **roto** *[n.m.]* 3 parte de material que le falta a una cosa y que no debería faltarle o abertura que no debería tener: *tiene un roto en la camisa.* **SIN.** rotura. **AF.** agujero, corte.

rotonda *[n.f.]* 1 parte circular o semicircular de un edificio o de un espacio: *el restaurante ocupa toda la rotonda.* 2 plaza redonda: *al llegar a la rotonda tuerza a la derecha.*

rótula *[n.f.]* hueso de la rodilla que tiene forma de disco y está entre el fémur y la tibia para evitar que la pierna se doble hacia delante. **FAM.** rotular.

rotulador *[n.m.]* utensilio para escribir o dibujar que tiene una barra de fibra impregnada de tinta.

rotular *[v.]* dibujar o colocar un rótulo: *rotuló la furgoneta con el nombre de la empresa.* **FAM.** rótulo, rotulador, rotulación.

rótulo *[n.m.]* cualquier cosa escrita de manera resumida y llamativa que se coloca en un lugar destacado para anunciar o advertir algo: *el rótulo luminoso de la gasolinera.* **AF.** anuncio, inscripción, letrero, cartel.

rotundo, rotunda *[adj.]* 1 total: *tuvo un rotundo fracaso en los negocios.* **AF.** completo, absoluto. **AF.** evidente, entero, indudable. 2 que esta dicho con total claridad y no admite discusión: *dijo un rotundo no; una negativa rotunda.* **SIN.** contundente, claro, tajante. **FAM.** rotundamente, rotundidad.

rotura *[n.f.]* 1 el hecho que se rompa algo o esté roto: *una rotura de fémur.* **SIN.** fractura. **AF.** ruptura, quiebra. 2 parte rota, abierta o rajada de algo: *por la rotura de la puerta se veía el interior.* **SIN.** raja, fisura.

roulotte *[n.f.]* remolque grande que está preparado para poder vivir en él y se transporta arrastrado por un vehículo de motor para hacer turismo al aire libre: *algunos turistas viajan siempre con su roulotte.* **SIN.** caravana. **AMPL.** es palabra francesa que se pronuncia ***rulot***.

roya, royamos... formas irregulares de la conjugación del verbo *roer**.

rozadura *[n.f.]* señal que queda en las cosas cuando se rozan y, especialmente, herida de la piel producida por algo que la roza: *el mueble tiene algunas rozaduras.* **SIN.** rasguño, raspadura, arañazo, raspón.

rozar *[v.]* 1 pasar una persona, animal o cosa junto a otra tocándose, sobre todo si al tocarse se produce en alguna de ellas un daño: *el freno de la bicicleta roza con la rueda; el coche se rozó contra la pared.* **AF.** tocar, raspar. // **rozarse** *[v.prnl.]* 2 relacionarse o tener trato entre sí las personas: *siempre fueron buenos amigos y ahora ni se rozan.* **OBS.** ante e, c: *rocen.* **FAM.** roce, rozadura, rozamiento.

rubeola *[n.f.]* enfermedad parecida al sarampión que se produce por un virus, es contagiosa, ataca sobre todo a los niños y se reconoce por una erupción de la piel.

rubéola *[n.f.]* rubeola*.

rubí *[n.m.]* mineral rojo, brillante y apreciado como piedra preciosa, que se utiliza en joyería. **PL.** *rubíes.*

rubio, rubia *[adj.]* de color amarillo dorado o con el pelo de ese color: *pelo rubio; un niño rubio.* **SIN.** jaro, güero. **FAM.** rubiáceo, rubiales.

rublo *[n.m.]* unidad monetaria de Rusia, que se divide en 100 *kopeks.*

ruborizar *[v.]* poner rojo de vergüenza a alguien: *es un caradura, no hay quien lo ruborice.*

TAMBIÉN *prnl.*: *no se ruboriza por nada.* **SIN.** avergonzar, sonrojar. **OBS.** ante e, c: *ruboricen.* **FAM.** rubor, ruboroso, ruborosamente.

rúbrica *[n.f.]* rayas y rasgos que se hacen al firmar y que, normalmente, van con el nombre y apellidos de quien firma: *tiene firma y rúbrica de su puño y letra.* **FAM.** rubricar.

rudimentario, rudimentaria *[adj.]* muy simple y primitivo, poco desarrollado: *trabajaba con utensilios muy rudimentarios; tiene conocimientos rudimentarios de química.* **SIN.** elemental, primario, básico. **FAM.** rudimento, rudimental.

rudo, ruda *[adj.]* que no es fino, elegante ni educado en el trato: *un hombre rudo.* **SIN.** grosero, tosco, basto, descortés. **ANT.** cortés, educado. **FAM.** rudeza, rudamente.

rueda *[n.f.]* **1** pieza redonda, en general, y especialmente aquella sobre la que se apoyan ciertas cosas, como un vehículo o una puerta corredera, para que se muevan con facilidad: *la rueda fue un invento revolucionario de la antigüedad; rueda de molino; rueda de reloj.* **2** corro de personas colocadas así para algún juego: *los niños se cogían de la mano formando una rueda.* **3** grupo de personas que van interviniendo por turno, normalmente una por una, en cualquier actividad: *rueda de candidatos; rueda de reconocimiento.* ■ **rueda de prensa**, VER *prensa.* ■ **rueda dentada**, la que tiene los bordes con picos o dientes que encajan en otra pieza con la que forma parte de un mecanismo. **FAM.** rodar, rodear, rodeo, rodante, rodamiento, rodaje, rodillo, rodaja, ruedo.

ruedo *[n.m.]* parte de una plaza de toros que ocupa el centro, tiene forma circular y está cubierta de arena: *los toreros dieron la vuelta al ruedo.* **SIN.** arena, albero, redondel.

ruego *[n.m.]* hecho de rogar* o pedir algo por favor: *después de muchos ruegos consiguió lo que quería.* **SIN.** súplica, petición, imploración.

rufián *[n.m.]* persona que hace negocios sucios y engaña a quien puede para conseguir beneficios: *es una desgracia para un país que un rufián llegue al poder.* **SIN.** sinvergüenza, bribón, canalla. **PL.** *rufianes.* **FAM.** rufianada, rufianería, rufianesco.

rugby *[n.m.]* deporte derivado del fútbol en el cual está permitido empujar, agarrar, etc. para conseguir el balón, que tiene forma ovoide, y llevarlo hasta la línea de gol del equipo contrario o para evitar que lo hagan los del otro equipo. **FAM.** rugbístico.

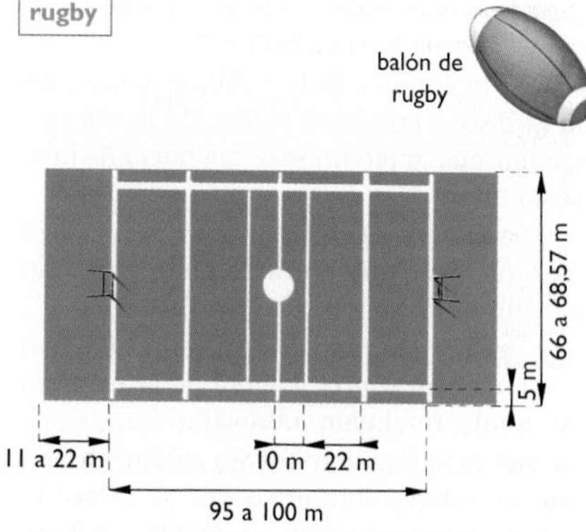

rugido *[n.m.]* **1** ruido que hace el león con la garganta. **2** ruido que produce inquietud porque parece que anuncia peligros: *el rugido del viento; el rugido de las tempestades.* **3** cualquier ruido desagradable que no es uniforme ni continuo: *una cosa es vocear y otra pegar rugidos.* **AF.** grito.

rugir *[v.]* producir rugidos: *ruge el mar; rugen las tempestades; le rugen las tripas; rugían las cañerías.* **OBS.** ante a y o, j: *rujan; rujo.* **FAM.** rugido, rugiente.

rugoso, rugosa *[adj.]* que no es liso: *la naranja tiene una superficie rugosa.*

ruido *[n.m.]* sonido que resulta desagradable para el oído: *en las ciudades hay mucho ruido.* **AMPL.** un ruido muy fuerte que se oye de repente, se llama ***estrépito*** o ***estruendo***; un ***zumbido*** es un ruido continuado y monótono; un ***chirrido*** es un ruido agudo; un ***crujido*** es el ruido que hacen las cosas al contraerse los materiales de que están hechas; un ***rugido*** es el ruido natural e inquietante que parece que amenaza con peligros y el ***fragor*** es un ruido ensordecedor y prolongado. **FAM.** ruidoso, ruidosamente.

RUIDOS DE ANIMALES

el ruido que hacen...	se llama...	verbo	PUNTOS
soplando por la nariz	**bufido**	bufar	7
al mover las alas (abejas, moscardones...)	**zumbido**	zumbar	6
con la garganta, teniendo la boca cerrada (el gato)	**ronroneo**	ronronear	7
con la garganta, teniendo los dientes apretados (el perro, el oso... cuando están enfadados)	**gruñido**	gruñir	6
con el pico, las cigüeñas	**crotoreo**	crotorar	10

ruidoso, ruidosa *[adj.]* que hace ruido: *una moto muy ruidosa; un friegaplatos poco ruidoso.*

ruin *[adj.inv. en gén.]* 1 que se plantea la vida con tanto egoísmo que no es capaz de ver los beneficios que proporciona una buena convivencia y todo lo hace buscando su beneficio inmediato, aunque para ello tenga que mentir, traicionar, etc.: *un hombre ruin; un pensamiento ruin.* **SIN.** vil, bajo, rastrero. **ANT.** digno, noble. 2 tacaño* hasta consigo mismo: *es muy ruin, no come por no gastar.* **SIN.** miserable, mísero, mezquino. **ANT.** generoso.

ruina *[n.f.]* 1 hecho de arruinarse o destruirse algo: *la explosión de gas provocó la ruina del edificio.* **SIN.** destrucción, hundimiento. 2 restos de una construcción o ciudad destruida: *una catástrofe convirtió en ruinas la ciudad.* 3 situación en la que se encuentra quien ha perdido todo lo que tenía: *esta familia está en la ruina.* **SIN.** quiebra, bancarrota. **FAM.** ruinoso, ruinosamente, ruin, ruindad, ruinmente. **COMP.** arruinar.

ruinoso, ruinosa *[adj.]* 1 que está total o parcialmente destruido: *el ruinoso caserón amenaza con desplomarse.* 2 que produce pérdidas económicas: *se metió en un negocio ruinoso.*

ruiseñor *[n.m.]* pájaro de color pardo rojizo que canta de forma muy agradable.

rular *[v.]* dar vueltas, rodar.

ruleta *[n.f.]* 1 rueda con la que se decide por pura suerte quién es el ganador de una apuesta o de un sorteo. 2 juego de azar en el que se hacen apuestas por un número, un color, etc. y la suerte se decide con una ruleta especial numerada del 0 al 36.

rulo *[n.m.]* 1 rodillo de amasar. 2 cilindro hueco que se usa para ondular o rizar el pelo: *salió a abrir la puerta con los rulos puestos.* **AF.** tubo. **FAM.** ruleta.

rulot manera de pronunciar la palabra francesa *roulotte**.

rumano, rumana *[adj.]* 1 de Rumanía, país del este de Europa cuya capital es Bucarest: *personajes rumanos; gentes rumanas.* TAMBIÉN *n.*: *los rumanos son generosos.* // **rumano** *[n.m.]* 2 idioma que se habla en Rumania. **AMPL.** es una lengua derivada del latín, influida en su vocabulario por lenguas geográficamente próximas (como el ruso, el turco, el polaco o el búlgaro), pero muy claramente latina; la hablan cerca de veinticinco millones de personas.

rumba *[n.f.]* 1 ritmo musical y baile originarios de Cuba: *en la fiesta bailamos una rumba.* 2 variedad del cante flamenco: *rumba gitana.*

rumbo *[n.m.]* 1 dirección hacia la que va alguien o algo: *navegaba rumbo al sur; salió de casa sin rumbo fijo.* 2 sentido que tienen las cosas no materiales: *su nuevo trabajo ha cambiado el rumbo de su vida.* **SIN.** orientación, dirección. **FAM.** rumboso, rumbón, rumba, rumbero.

rumiante *[n.m.]* animal que tiene la particularidad de que come mucho de un golpe, lo almacena en la *panza* y luego, cuando está tranquilo, lo devuelve a la boca donde lo mastica mejor y lo pasa a otra parte del estómago para digerirlo: *la vaca y la jirafa son rumiantes.* **AMPL.** tienen cuatro cámaras en el estómago, una de "almacenaje", llamada ***panza***, y tres de digestión llamadas ***redecilla***, ***libro*** y ***cuajar***.

rumiar *[v.]* 1 volver a masticar el alimento: *en el establo rumiaban los bueyes.* 2 pensar insistentemente y con detenimiento una cosa: *estuvo rumiando su decisión toda la semana.* **SIN.** darle vueltas. **FAM.** rumiante, rumiador.

rumor *[n.m.]* 1 algo que se dice que ha pasado y que no se sabe muy bien si es verdad, porque no se ha comprobado ni se ha reconocido oficialmente: *casi todos los rumores acaban siendo verdad.* **SIN.** chisme, enredo, habladurías. 2 ruido constante y poco claro, como el que hace el mar, el viento, etc.: *el incesante rumor del viento lo inquietaba.* **SIN.** murmullo, susurro. **FAM.** rumorear, rumoroso.

rumorear *[v.]* comentar la gente cosas que no se sabe con seguridad si son verdad o no: *la gente rumorea de todo.* **GRAM.** se usa mucho en oraciones impersonales con el pronombre *se* y sólo se conjuga en 3ª persona: *se rumorean cosas que no son ciertas.* **SIN.** correr rumores, comentarse, hablarse, decirse. **OBS.** e + e = ee: *rumoreen.*

rupestre *[adj.inv. en gén.]* de las rocas o que está sobre las rocas: *arte rupestre; pintura rupestre.* **AMPL.** se llama así a las pinturas prehistóricas que están pintadas sobre piedra.

ruptura *[n.f.]* fin de una relación que existía entre personas, sociedades, países, etc. o incumplimiento de un compromiso: *la ruptura de una amistad; la ruptura de una promesa.*

rural *[adj.inv. en gén.]* del campo: *el paisaje rural contrasta con el urbano.* **SIN.** campestre, rústico. **FAM.** ruralidad, ruralmente.

ruso, rusa *[adj.]* 1 de Rusia, que es el país más grande del mundo, está al norte de Asia y su capital es Moscú: *la estepa rusa; un niño ruso.* **AF.** soviético. TAMBIÉN *n.*: *los rusos, las rusas.* // **ruso** *[n.m.]* 2 idioma que se habla en Rusia. **AMPL.** es lengua de origen eslavo, no latino, y se escribe con un alfabeto distinto que se llama ***alfabeto cirílico***, por lo cual tenemos que *transcribir* las palabras que proceden de esa lengua.

rústico, rústica *[adj.]* 1 propio del campo o que está en el campo: *decoración rústica; finca rústica.* **AF.** campestre, rural, agrario, agrícola. **ANT.** urbano. 2 poco refinado: *mobiliario rústico; ademanes rústicos.* **SIN.** tosco, basto, rudo. ■ **encuadernación rústica**, la más sencilla, que tiene las cubiertas de cartulina o simple papel. **FAM.** rústicamente, rusticidad.

ruta *[n.f.]* camino que se hace o se sigue, pasando intencionadamente por distintos sitios: *una ruta turística; la ruta de un repartidor.* **SIN.** itinerario, recorrido.

rutina *[n.f.]* lo que se hace una y otra vez, siempre de la misma manera: *el trabajo se convirtió en una rutina.* **SIN.** monotonía, hábito. **ANT.** novedad. **FAM.** rutinario, rutinariamente.

rutinario, rutinaria *[adj.]* que se repite siempre de la misma manera y muchas veces llega a aburrir: *no soporta los trabajos rutinarios.* **SIN.** monótono.

s *[letra consonante]* ocupa el vigésimo (20º) lugar en el abecedario español y se llama *ese*. **AMPL.** en las zonas de *seseo* y de *ceceo*, la distinción ortográfica entre *ce*, *zeta* y *ese* supone un problema para el que no puede darse una norma, sólo saber que los sufijos con *ce* (*-ción*, *-cía*, *-ecer*) son mucho más frecuentes que los sufijos con *ese* y el sufijo *-anza* es siempre con *zeta*.

sábado *[n.m.]* día de la semana que va después del viernes y antes del domingo: *el sábado es el día que los judíos dedican a Dios*. **FAM.** sabático, sabatino.

sabana *[n.f.]* zona llana de grandes praderas, con algunos arbustos y muy pocos árboles: *los elefantes, los rinocerontes y las jirafas viven en las sabanas*. **FAM.** sabanero.

sábana *[n.f.]* cada una de las dos piezas de tela fina, entre las que se mete uno al acostarse en la cama: *un juego de sábanas de algodón*. **FAM.** sabanilla.

sabanilla *[n.f.]* 1 sábana de cuna. 2 tela con que se cubre el altar.

sabelotodo *[n.inv. en gén.]* sabiondo*; persona que habla de lo que no sabe como si supiera mucho de ello: *contestó la sabelotodo y metió la pata*. **SIN.** sabihondo, sabiondo, marisabidillo, listillo.

saber *[n.m.]* 1 conjunto de las cosas que se saben: *el saber no ocupa lugar*. **SIN.** conocimientos. **ANT.** ignorancia. // **saber** *[v.]* 2 estar enterado de algo: *fue el último en saberlo*. **ANT.** ignorar. 3 entender de algo: *sabe informática*. 4 ser capaz de hacer algo bien: *sabe nadar; sabe estar callado cuando le explican algo*. **AF.** poder. 5 haber aprendido algo: *¿ya sabes la lección?* TAMBIÉN *prnl.*: *se sabe la tabla de multiplicar*. 6 tener sabor: *el agua no sabe a nada; este caramelo sabe a café; esta comida sabe mal*. ■ **saber a poco**, quedarse uno con ganas de más. **FAM.** sabio, sabiduría, ***sapiencia*** (sabiduría), sapientísimo, sabedor, sabiondo, sabihondo, sabiendas. **COMP.** consabido, sabelotodo.

Dice el locutor pedante
"conozcamos cómo ha sido..."
¡Ay madre que desatino!,
ante cómo, de qué modo o por qué
nunca se usa este verbo,
se usa el verbo saber.

CONJUGACIÓN DEL VERBO SABER

Formas no personales
Infinitivo: *saber*. Gerundio: *sabiendo*. Participio: *sabido*.
Indicativo
Presente: *sé, sabes, sabe, sabemos, sabéis, saben*.
Pretérito imperfecto: *sabía, sabías, sabía, sabíamos, sabíais, sabían*.
Pretérito perfecto simple: *supe, supiste, supo, supimos, supisteis, supieron*.
Futuro: *sabré, sabrás, sabrá, sabremos, sabréis, sabrán*.
Condicional simple:
sabría, sabrías, sabría, sabríamos, sabríais, sabrían.
Subjuntivo
Presente: *sepa, sepas, sepa, sepamos, sepáis, sepan*.
Pretérito imperfecto: *supiera/ supiese, supieras/ supieses, supiera/ supiese, supiéramos/ supiésemos, supierais/ supieseis, supieran/ supiesen*.
Futuro: *supiere, supieres, supiere, supiéremos, supiereis, supieren*.
Imperativo:
sabe, sepa, sepamos, sabed, sepan.

sabiduría *[n.f.]* lo que tienen las personas que saben mucho, por el hecho de saberlo: *la experiencia de tantos años le ha dado mucha sabiduría*. **SIN.** sapiencia, conocimientos. **ANT.** ignorancia, incultura.

sabiendas palabra que nada más aparece en la expresión adverbial ■ **a sabiendas**, con pleno conocimiento. SIN. sabiendo.

sabihondo, sabihonda *[n.]* sabiondo*.

sabio, sabia *[n.]* 1 persona que sabe mucho y resuelve las cosas con inteligencia: *tuvieron que consultar a un sabio para resolver el problema.* AF. erudito. ANT. ignorante. // **sabio, sabia** *[adj.]* 2 que tiene o demuestra sabiduría: *una persona sabia; un sabio consejo; una sabia decisión.* SIN. cuerdo, juicioso, sensato.

Es una mujer muy **sabia**,
(con **be** del verbo *saber*);
lo es por lo mucho que sabe...:
siempre dice "*no sé nada*"
y eso es mucho saber.

sabiondo, sabionda *[n.]* persona que habla de lo que no sabe como si supiera mucho de ello: *es un sabiondo insoportable.* SIN. sabelotodo, marisabidillo, listillo. TAMBIÉN *adj.*: *una niña sabionda.* OBS. también se puede escribir *sabihondo.*

sablazo *[n.m.]* 1 golpe que se da con un sable, o herida que se ha hecho con un sable: *partió la cuerda de un sablazo; venía con un sablazo en el hombro.* 2 lo que hace quien consigue que le presten un dinero que no piensa devolver, o quien cobra por algo mucho más de lo que vale: *le dio un sablazo aprovechándose de que era un antiguo conocido; en algunos restaurantes dan sablazos.* AF. estafa.

sable *[n.m.]* arma blanca, parecida a la espada, que tiene la punta curvada y sólo está afilada por uno de los lados: *el militar vestía traje de gala con sable.* FAM. sablear, sablista, sablazo.

sabor *[n.m.]* 1 sensación que producen las cosas en la boca y se nota gracias al sentido del gusto: *el sabor del agua del mar es salado.* OBS. los cuatro sabores básicos que puede distinguir una persona son: dulce, ácido, salado y amargo. 2 sensación que produce cualquier cosa: *la discusión me dejó mal sabor de boca; un paisaje con sabor tropical.* FAM. saborear, saboreo, sabroso, sabrosamente. COMP. sinsabor.

saborear *[v.]* 1 disfrutar del sabor de algo: *come tan deprisa que no saborea la comida.* SIN. disfrutar. AF. paladear. 2 dedicarse a disfrutar de algo que gusta: *saborean cada minuto que pasan juntos.* SIN. recrearse en, gozar, deleitarse en. OBS. e + e = ee: *saboreen.*

sabotaje *[n.m.]* lo que hace quien, sin ser visto y tratando de que parezca un accidente, estropea el trabajo de otro, no deja que algo siga adelante, etc.: *un sabotaje en los frenos le impidió acabar la carrera.* FAM. sabotear, saboteador.

sabroso, sabrosa *[adj.]* que tiene mucho sabor y éste es agradable: *el jamón es muy sabroso.* SIN. rico. INTENS. delicioso, suculento. ANT. insípido, soso.

sabueso, sabuesa *[n.]* 1 tipo de perro que se distingue por su buen olfato y se usa para cazar porque puede encontrar a las presas siguiendo su rastro: *el sabueso llevó al cazador hasta los conejos.* TAMBIÉN *adj.*: *un perro sabueso.* 2 persona que resuelve fácilmente los asuntos misteriosos porque sabe encontrar las pistas que llevan a la solución: *este policía tiene fama de sabueso.*

saca *[n.f.]* saco grande de tela fuerte usado para el transporte del correo: *un empleado de correos recoge las sacas en la estación todos los días.*

sacacorchos *[n.m.inv. en núm.]* objeto pensado para quitar los tapones de corcho de las botellas. SIN. abridor, descorchador.

sacapuntas *[n.m.inv. en núm.]* objeto pensado para dejar al aire la mina y afilar la punta de los lápices: *los sacapuntas recortan la madera y dan forma puntiaguda a la mina.* SIN. afilalápices.

sacar *[v.]* 1 poner fuera lo que está dentro: *sacó la ropa del armario.* SIN. extraer. AF. apartar. ANT. meter, introducir. 2 llegar a tener un resultado determinado: *ha sacado un sobresaliente; espera que saque la cuenta; les sacó diez minutos de ventaja.* SIN. conseguir, obtener. 3 hacer una cosa a partir de otra: *el vino se saca de la uva.* SIN. extraer, obtener. 4 agrandar a lo ancho o a lo largo una prenda de vestir: *sácale un poco de ancho.* ANT. meter. 5 tomar algo de la realidad y reproducirlo en imágenes o en una narración: *sacó la catedral en una* *fotografía; en la novela saca a muchos personajes de su pueblo.* **AF.** retratar. 6 en deportes o juegos, hacer la primera jugada: *sacó el capitán del equipo; siempre saca quien tiene las blancas.* **SIN.** salir. ■ **sacar adelante**, conseguir que algo vaya bien o progrese. ■ **sacar en claro** o **en limpio**, entender algo de lo que se dice, o conseguir algo de provecho de lo que se hace. ■ **sacar de quicio**, hacer que alguien se ponga muy nervioso. **FAM.** saque. **COMP.** entresacar, resaca, sonsacar, sacacorchos, sacapuntas.

sacarina *[n.f.]* sustancia dulce que se usa en alimentación: *los diabéticos y los que no quieren engordar utilizan sacarina.*

sacerdote, sacerdotisa *[n.]* persona que ha elegido dedicar su vida a un dios y dirige las ceremonias religiosas y la vida espiritual de sus seguidores: *un sacerdote egipcio; un sacerdote católico.* **FAM.** sacerdotal, sacerdocio.

saciar *[v.]* hacer lo necesario para que desaparezca un deseo o una necesidad: *saciaron su hambre comiendo hasta hartarse.* **SIN.** aplacar, satisfacer, calmar, colmar. TAMBIÉN *prnl.: se saciaron de golosinas.* **FAM.** saciedad. **COMP.** insaciable.

saco *[n.m.]* bolsa grande y sin asas, de material flexible (como tela, papel o plástico), que se usa para meter y transportar productos en polvo, en grano o de poco tamaño: *compró un saco de cemento; trajo dos sacos de trigo; metió las patatas en sacos.* ■ **saco de dormir**, especie de saco de tela acolchada en el que cabe una persona y que se usa para dormir en tiendas de campaña. ■ **no echar en saco roto** algo, tenerlo en cuenta y no olvidarlo. **FAM.** saca, saquero, saquear, saqueo, saqueador.

sacramento *[n.m.]* acto sagrado por el que, mediante una ceremonia religiosa en la que normalmente participa un sacerdote, el cristiano se reafirma en su religión o contrae ciertos compromisos y recibe la gracia santificante de Cristo: *el bautismo y la confirmación son sacramentos.*

sacrificar *[v.]* 1 matar un animal para ofrecerlo a los dioses o para que sirva de alimento a las personas: *los griegos sacrificaban palomas a los dioses; en el matadero se sacrifican terneras todos los días.* 2 perder algo bueno que se tiene, a cambio de otra cosa que se considera más necesaria: *sacrificó parte de las vacaciones porque tenía mucho trabajo.* **SIN.** renunciar a, privarse de. // **sacrificarse** *[v.prnl.]* 3 no hacer algo que a uno le gusta, y hasta pasarlo mal, por ayudar a otras personas: *se sacrifica todos los días para ir a cuidar ancianos.* **OBS.** ante e, qu: *sacrifiquen.* **FAM.** sacrificio, sacrificado, sacrificante, sagrado.

sacrificio *[n.m.]* 1 lo que se hace al sacrificar un animal: *los romanos ofrecían sacrificios a los dioses* (**SIN.** inmolación, ofrenda)*; fue necesario el sacrificio del caballo herido para que dejara de sufrir.* 2 sufrimiento o pérdida de algo querido por lo que se pasa intencionadamente para conseguir algo que se considera más importante: *no comer dulces era un sacrificio para él* (**SIN.** privación)*; hacen sacrificios para conseguir el perdón de sus pecados.*

sacrilegio *[n.m.]* pecado contra algo sagrado.

sacristán, sacristana *[n.]* persona encargada de limpiar y de cuidar una iglesia: *el sacristán apagó las velas del altar.*

sacristía *[n.f.]* sala de las iglesias en la que se guardan las cosas sagradas y se viste el sacerdote.

sacro, sacra *[adj.]* que está dedicado a Dios o que se usa en actos religiosos: *música sacra.* **SIN.** sagrado.

sacudida *[n.f.]* movimiento muy fuerte que llega de repente y dura un momento: *notó una fuerte sacudida al producirse la explosión.* **SIN.** meneo. **AF.** temblor.

sacudir *[v.]* 1 mover una cosa bruscamente de un lado a otro: *sacudió la toalla para quitarle la arena.* **SIN.** agitar, zarandear. 2 pegarle a una persona: *¡deja eso o te sacudo!* **FAM.** sacudida, sacudidor, sacudimiento.

sádico, sádica *[adj.]* que disfruta haciendo sufrir a otros: *no entiendo que haya personas sádicas.* **AF.** cruel, salvaje. TAMBIÉN *n.: unos sádicos torturaron al gato.* **FAM.** sadismo.

saeta *[n.f.]* 1 flecha pequeña formada por una caña delgada y una punta afilada de hierro, que se dispara con arco: *disparaban saetas sobre una diana.* **SIN.** venablo. **AF.** dardo. 2 copla flamenca de tema religioso que se canta en Andalucía mientras pasan las procesiones de Semana Santa: *cantó una saeta a la*

Virgen. **FAM.** saetear, saetero, sagitario, ***sagital*** (con forma de saeta). **COMP.** asaetear.

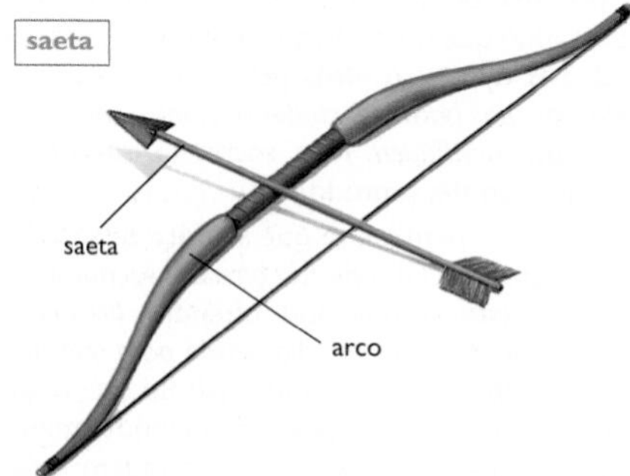

saetín *[n.m.]* clavo pequeño sin cabeza: *los zapateros que arreglan zapatos usan saetines*. **PL.** *saetines*.

safari *[n.m.]* viaje que se organiza para cazar, observar o fotografiar animales salvajes que viven en libertad: *durante el safari vieron leones y elefantes*.

sagaz *[adj.inv. en gén.]* que entiende todo rápidamente y no se le escapa nada de lo que pasa a su alrededor: *fue muy sagaz y no se dejó engañar*. **SIN.** agudo, astuto, perspicaz. **ANT.** ingenuo. **PL.** *sagaces*. **FAM.** sagacidad, sagazmente.

sagital *[adj.inv. en gén.]* que tiene forma de saeta*.

sagitario *[n.inv. en gén. y núm.]* persona que ha nacido entre el 22 de noviembre y el 21 de diciembre: *es una sagitario del 24 de noviembre; conozco a varios sagitario*.

sagrado, sagrada *[adj.]* **1** que está dedicado a Dios o que se usa en actos religiosos como un símbolo de Dios: *el cáliz es un objeto sagrado*. **SIN.** sacro. **AF.** santificado, bendito. **ANT.** profano. **2** que se le da mucha importancia y merece mucho respeto: *para él, la familia es sagrada*. **FAM.** sagrario, sagradamente, sacro, ***sacrilegio*** (pecado contra algo sagrado), sacrílegamente, sacrílego, sacramento, sacramental, sacristía, sacristán, sacristanía, sacrificar. **COMP.** consagrar.

sagrario *[n.m.]* especie de caja o de armario pequeño que hay cerca del altar mayor en las iglesias católicas y sirve para guardar las hostias consagradas.

saharaui *[adj.inv. en gén.]* del Sahara Occidental, país africano situado al sur de Marruecos: *territorio saharaui; una niña saharaui*. TAMBIÉN *n.*: *muchos saharauis viven en tiendas de campaña llamadas **jaimas***.

sahariano, sahariana *[adj.]* del desierto del Sahara, que ocupa gran parte del norte de África: *clima sahariano*. **AMPL.** los habitantes del desierto del Sahara se concentran en torno a los ***oasis***, en los que encuentran agua y vegetación suficiente para poder vivir. **OBS.** no hay que confundir *sahariano* con *saharaui**.

sal *[n.f.]* **1** sustancia mineral blanca que se usa, entre otras cosas, para condimentar las comidas y conservar carnes y pescados. **AMPL.** su nombre técnico es ***cloruro sódico***; la ***sal común*** se obtiene dejando que se evapore el agua del mar en unos estanques naturales o preparados por el hombre y que se llaman ***salinas***; la ***sal gema*** es la que se encuentra en rocas que están en el interior de la tierra y para extraerla se construyen minas. **2** cosa que da interés, gracia o alegría a algo: *sus comentarios fueron la sal de la reunión*. **SIN.** salsa. **FAM.** salero, saleroso, salado, salazón, saladero, salar, salina, salino. **COMP.** ensalada, salpimentar.

sala *[n.f.]* espacio independiente dentro de una construcción, que se dedica a algo concreto: *sala de exposiciones; sala de juicios; sala de espera; la sala de estar de una casa*. **FAM.** salita, salón. **COMP.** antesala.

salado, salada *[adj.]* **1** que sabe demasiado a sal: *el filete está salado*. **SIN.** *salobre**. **AF.**

sabroso. ANT. soso, desabrido. 2 gracioso: *una niña muy salada.* SIN. ocurrente, simpático. ANT. soso, aburrido.

salamandra *[n.f.]* 1 animal de unos veinte centímetros de largo que tiene la piel lisa, de color negro con manchas amarillas. 2 estufa de hierro en la que se quema leña o carbón para calentar una habitación.

salamandra

salar *[v.]* echar sal a una comida para que no esté sosa o echársela a carnes y pescados para conservarlos: *salar jamones.* AF. condimentar, sazonar.

salario *[n.m.]* cantidad fija de dinero que cobra una persona por trabajar para otra o para una empresa: *cobran el salario a fin de mes.* SIN. sueldo, paga. AF. jornal. FAM. salarial. COMP. asalariado.

salchicha *[n.f.]* embutido alargado y delgado hecho con carne picada de cerdo que se consume fresco o frito. FAM. salchichería, salchichero, salchichón.

salchichón *[n.m.]* embutido hecho en tripa gruesa con carne de cerdo, trozos de tocino, sal y pimienta en grano y que se deja secar para comerlo crudo. PL. *salchichones.*

saldo *[n.m.]* 1 cantidad de dinero que queda después de sumar el que se tenía y el que se ha cobrado y de descontar el que se debe y el que se ha pagado: *el saldo de este mes es negativo.* AF. remanente, resto. 2 venta, a precios muy rebajados, de los productos que están defectuosos o anticuados o que son restos de temporada: *en esa tienda se encuentran muchos saldos.* AF. ganga, ocasión, oportunidad. FAM. saldar.

salero *[n.m.]* 1 recipiente que sirve para tener la sal o para llevarla a la mesa: *el salero de mesa es más pequeño que el de cocina.* 2 forma graciosa y más bien rápida de moverse, de hablar, etc.: *una niña con mucho salero.* AF. gracia. 3 atrevimiento que demuestra quien hace o dice algo difícil o complicado: *tuvo el salero de invitarnos a todos.* SIN. valentía.

saleroso, salerosa *[adj.]* que tiene una forma graciosa de ser o de moverse: *escogió para el baile al más saleroso.* SIN. garboso, salado. ANT. soso, simple.

salida *[n.f.]* 1 parte por donde se sale de un sitio: *la salida está en la fachada norte; los grandes almacenes tienen varias salidas.* ANT. entrada. 2 lo que hace quien se va de un sitio para volver al poco rato: *para resolverlo tuvo que hacer varias salidas.* AF. escapada, viaje. 3 principio de un viaje, una carrera, etc.: *la salida es a las diez en Atocha; bajó el banderín para dar la salida a los corredores.* SIN. partida. ANT. llegada. 4 primer movimiento que se hace en un juego: *en ajedrez, la salida la hacen siempre las blancas.* 5 momento en que acaba una actividad y se sale del sitio donde se realiza: *a la salida iré a verte.* ANT. entrada. 6 manera de resolver algo: *una situación sin salida.* SIN. escapatoria, solución. 7 cosa graciosa o ingeniosa que hace o dice alguien: *los niños tienen salidas inesperadas.* SIN. ocurrencia*.

saliente *[adj.inv. en gén.]* que sobresale de algo: *tiene la barbilla un poco saliente.* TAMBIÉN *n.m.: se tropezó con un saliente de la acera.*

salina *[n.f.]* 1 lugar preparado con agua de mar, para que se evapore hasta poder extraer la sal: *en la costa de Almería hay muchas salinas.* 2 mina de sal.

salir *[v.]* 1 moverse de dentro a fuera: *que vayan saliendo; salió a la calle; sal de ahí.* ANT. entrar. 2 estar representado o ser nombrado algo o alguien donde se dice: *saliste en la foto; salió en la conversación; sale en la novela; ha salido en los periódicos.* SIN. aparecer. 3 llegar a haber una cosa a partir de otra: *el azúcar sale de la remolacha y el queso de la leche.* AF. sacarse, extraerse, obtenerse. 4 tener un resultado determinado: *salió como querían; las cuentas le salen enseguida; sale a cien euros.* 5 parecerse una persona a otra: *esta niña ha salido a su tío.* 6 hacer el primer movimiento en un juego: *sale el que tenga el dos de oros.* 7 producirse una cosa por sí misma o por casualidad: *en el jardín salen muchas malas hierbas; tiró los dados y salió el seis.* // **salirse** *[v.prnl.]* 8 dejar de estar una cosa donde debía estar: *el agua se sale de la bañera; las patatas se salieron por el aguje-*

ro del saco. **SIN.** irse, derramarse. ■ **salirse uno con la suya**, conseguir lo que quería. ■ **salir pitando**, irse corriendo. **AF.** escapar, huir. ■ **salir adelante**, conseguir uno solucionar sus problemas y mejorar su forma de vida. **FAM.** salida, saliente, salido, salimiento. **COMP.** sobresalir, sobresaliente.

CONJUGACIÓN DEL VERBO SALIR

Formas no personales

Infinitivo: *salir*. Gerundio: *saliendo*. Participio: *salido*.

Indicativo

Presente: *salgo, sales, sale, salimos, salís, salen.*

Pretérito imperfecto: *salía, salías, salía, salíamos, salíais, salían.*

Pretérito perfecto simple: *salí, saliste, salió, salimos, salisteis, salieron.*

Futuro: *saldré, saldrás, saldrá, saldremos, saldréis, saldrán.*

Condicional simple:

saldría, saldrías, saldría, saldríamos, saldríais, saldrían.

Subjuntivo

Presente: *salga, salgas, salga, salgamos, salgáis, salgan.*

Pretérito imperfecto: *saliera/ saliese, salieras/ salieses, saliera/ saliese, saliéramos/ saliésemos, salierais/ salieseis, salieran/ saliesen.*

Futuro: *saliere, salieres, saliere, saliéremos, saliereis, salieren.*

Imperativo:

sal, salga, salgamos, salid, salgan.

saliva *[n.f.]* líquido incoloro que producen las glándulas salivales que hay en la boca, para humedecerla y ablandar los alimentos antes de tragarlos. **FAM.** salival, salivación, salivoso, salivazo.

salmantino, salmantina *[adj.]* de Salamanca, provincia española y su capital, que pertenecen a la comunidad autónoma de Castilla y León: *Alba de Tormes es un pueblo salmantino; plaza Mayor salmantina; un profesor salmantino.* TAMBIÉN *n.: los salmantinos.*

salmo *[n.m.]* canto de alabanza: *entonaron salmos a Dios.*

salmón *[n.m.]* **1** pez de carne rosada que puede llegar a medir más de un metro de longitud y a pesar 25 kilos. // **salmón** *[adj.inv. en gén.]* **2** que es de un color parecido al de la carne de este pez: *color salmón; unas cortinas salmón.* **PL.** *salmones.* **FAM.** salmonete, salmonado, salmonera, salmónido. **COMP.** asalmonado.

salmonete *[n.m.]* pez que vive en el mar, es de color rojizo por arriba y blanco en el vientre, puede medir hasta veinte centímetros de longitud y abunda en el mar Mediterráneo.

salón *[n.m.]* habitación más grande de la casa que se usa para estar cómodo, recibir a los visitantes, etc.: *pasaron la tarde charlando en el salón.* **SIN.** sala. ■ **salón de actos**, sala preparada con butacas para el público, que se usa para hacer reuniones, debates, charlas, algún espectáculo, etc. **PL.** *salones.*

salpicadero *[n.m.]* parte delantera del interior de los vehículos en la que están los indicadores de velocidad, los mandos de las luces, el radiocasete, etc.

salpicadura *[n.f.]* mancha que se hace al salpicar un líquido o una sustancia espesa sobre algo: *la gabardina tiene salpicaduras de barro.*

salpicar *[v.]* **1** caer o echar, esparcidas sobre algo, gotas de un líquido o de una sustancia espesa: *el agua de lluvia salpica la ventana.* **AF.** rociar. TAMBIÉN *prnl.: se salpicó la cara con agua fresca.* **2** añadir pequeñas cosas sueltas y separadas a algo, para que no resulte monótono: *salpicó su discurso con anécdotas graciosas.* **SIN.** saltear. **OBS.** ante e, qu: *salpiquen.* **FAM.** salpicadura, salpicadero, salpicón.

salsa *[n.f.]* **1** sustancia líquida o un poco espesa que se hace al cocinar un alimento o que se prepara expresamente para acompañarlo: *carne en su salsa* (**SIN.** caldo, jugo)*; salsa mayonesa.* **2** cosa que da interés, gracia o alegría a algo: *las bailaoras fueron la salsa de la fiesta.* **SIN.** sal. **FAM.** salsera, salsero.

salsera *[n.f.]* recipiente que se utiliza para servir salsas.

salsicha forma incorrecta de decir *salchicha**.

saltador, saltadora *[adj.]* que salta: *canguros saltadores.* **AF.** saltarín. TAMBIÉN *n.: los saltadores del circo ya están preparados.*

saltamontes *[n.m. inv. en núm.]* insecto de cuatro patas, cortas las de delante y largas y fuertes las posteriores, que puede dar grandes saltos: *en el trigal había muchos saltamontes.* **SIN.** saltón.

saltar *[v.]* 1 moverse dando un fuerte impulso para alcanzar más altura o llegar más lejos: *saltaba para coger las uvas de la parra; saltó de piedra en piedra para no mojarse.* **SIN.** brincar. 2 pasar por encima de algo: *saltó la valla; saltó del quinto puesto al primero.* 3 empezar a funcionar un resorte o un mecanismo automático: *ha saltado la alarma.* **SIN.** dispararse. 4 reaccionar bruscamente: *en cuanto le llevan la contraria, salta.* // **saltarse** *[v.prnl.]* 5 no tener en cuenta algo: *se salta las reglas del juego* (**SIN.** no respetar, ignorar)*; se saltó una página* (**SIN.** omitir). ■ **saltar a la vista**, verse con toda claridad, sin que haya lugar a dudas. **FAM.** salto, saltador, saltarín, saltimbanqui, saltón, saltear, salteador. **COMP.** saltamontes, asaltar, resaltar, sobresaltar.

saltarín, saltarina *[adj.]* que se mueve dando saltos: *parece una rana saltarina.*

salteador, salteadora *[n.]* ladrón que asalta y roba a las personas que pasan por caminos y por lugares despoblados: *unos salteadores le robaron en el bosque.* **FAM.** saltar.

saltear *[v.]* asaltar y robar en caminos y sitios despoblados. **OBS.** e + e = ee: *salteen.* **FAM.** saltar.

saltimbanqui *[n.inv. en gén.]* persona que se dedica a hacer ejercicios de salto y equilibrio en un circo o un espectáculo parecido: *el saltimbanqui apareció dando vueltas en el aire.* **SIN.** titiritero, volatinero. **AF.** acróbata, equilibrista.

salto *[n.m.]* 1 lo que se hace para saltar: *subió a la barca de un salto; daba saltos en el sofá; ganó una medalla en salto de longitud.* **SIN.** brinco. **AF.** bote. 2 cambio muy grande: *es un gran salto pasar de pobre a multimillonario.* 3 desnivel por el que cae una corriente de agua: *en los ríos de montaña hay muchos saltos.* **SIN.** cascada. **AMPL.** el hombre construye ***presas*** para acumular agua a una altura tal que en su caída mueva unas turbinas y éstas los generadores que producen la electricidad; estas instalaciones se llaman ***centrales hidroeléctricas*** porque convierten la energía *hidráulica* (del agua) en energía *eléctrica.* 4 lo que se hace al pasar de una cosa a otra sin seguir un orden, dejando algo en medio: *aquí hay un salto de dos páginas.* **SIN.** omisión.

saltón, saltona *[adj.]* 1 que está más fuera de lo normal: *tiene ojos saltones.* **SIN.** abultado, protuberante. **ANT.** hundido. // **saltón** *[n.m.]* 2 saltamontes.

salubre *[adj.inv. en gén.]* que es bueno para la salud: *respirar aire limpio es salubre.* **SIN.** saludable, beneficioso, sano. **ANT.** perjudicial, insano, insalubre, dañino.

salud *[n.f.]* buen estado en que se halla una persona, animal o vegetal cuando no tiene enfermedades: *la salud es importante para poder trabajar.* **AF.** vitalidad. **AMPL.** de quien tiene salud se dice que está ***sano***; si con frecuencia está enfermo, se dice que tiene ***mala salud***; la salud del cuerpo se llama ***física*** y la de la mente ***psíquica*** o ***mental***. ■ **¡salud!**, expresión que se usa para desear a alguien que todo le vaya bien o para brindar por algo. ■ **curarse en salud**, poner los medios para evitar que pase algo que no se desea. **FAM.** saludable, saludablemente, ***salubre*** (saludable), salubridad, saludar, saludo. **COMP.** insalubre, insalubridad.

saludable *[adj.inv. en gén.]* 1 que tiene buena salud: *da gusto verla tan saludable.* **SIN.** sano. **ANT.** enfermo. 2 que es bueno para la salud: *respirar aire limpio es saludable.* **SIN.** beneficioso, sano, salubre. **ANT.** perjudicial, insano, dañino.

saludar *[v.]* dar muestras de amistad con gestos o con palabras: *lo saludó en la calle; la telefoneó para saludarla.* **SIN.** cumplimentar.

saludo *[n.m.]* palabras o gestos que se dicen o se hacen para saludar a alguien: *hizo un saludo levantando la mano.*

salvación *[n.f.]* 1 lo que se consigue al librarse (o librar a alguien) de un peligro: *vio cerca su salvación cuando llegaron los bomberos.* **AF.** salvamento, liberación. 2 medio por el que se consigue librarse de un peligro: *que vinieran los bomberos fue su salvación.* 3 lo que, según algunas religiones, consigue quien muere sin pecado al librar el alma del infierno. **SIN.** redención. **ANT.** condenación.

salvador, salvadora *[n.]* persona que salva algo o a alguien de un peligro: *homenajearon a sus salvadores; se cree el salvador de la patria.* **AF.** liberador. TAMBIÉN *adj.*: *es su héroe salvador.*

salvadoreño, salvadoreña *[adj.]* de El Salvador, país de América Central cuya capital es San Salvador: *un recuerdo salvadoreño.* TAMBIÉN *n.*: *los salvadoreños hablan español.*

salvajada *[n.f.]* cosa que se hace o se dice con tanta violencia o crueldad que nos parece propio de salvajes: *el canibalismo es una salvajada.* **SIN.** atrocidad* (acepción 1).

salvaje *[adj.inv. en gén.]* **1** que tiene una forma de vida primitiva: *una tribu salvaje.* **ANT.** civilizado. TAMBIÉN *n.*: *los salvajes cazaban con flechas.* **AMPL.** llamamos *primitivas* a las culturas que no conocen la escritura, por lo que se considera que es anterior a la civilización. **2** que vive libremente lejos de las personas: *hay pocos caballos salvajes.* **SIN.** montés, bravío. **ANT.** doméstico. **3** que crece en el campo, sin que lo cultive el hombre: *las amapolas son flores salvajes.* **SIN.** silvestre. **ANT.** cultivado. **4** que no está habitado ni cultivado por el hombre: *en África abundan las tierras salvajes.* **SIN.** agreste. **5** poco civilizado o muy cruel: *ritos salvajes; costumbres salvajes.* **SIN.** bárbaro. **ANT.** civilizado. **FAM.** salvajada, salvajismo.

salvajismo *[n.m.]* **1** tipo de vida muy primitiva que tienen los pueblos a los que no ha llegado la civilización: *no entiende el salvajismo de sus costumbres.* **2** lo que demuestra quien hace cosas brutales, con tanta violencia o crueldad, que nos parece propio de salvajes: *denunció el salvajismo con que lo torturaron.* **SIN.** barbarie, crueldad, bestialidad. **ANT.** civismo.

salvamanteles *[n.m.inv. en núm.]* objeto que sirve para proteger el mantel del calor que desprenden las cazuelas que se colocan sobre él: *al poner la mesa no olvides el salvamanteles.*

salvamento *[n.m.]* lo que se hace o lo que se organiza para salvar a alguien que está en peligro: *en el salvamento de los heridos participó la Cruz Roja.* **SIN.** rescate.

salvar *[v.]* **1** conseguir librar algo o a alguien de un peligro: *salvó a un niño que estaba a punto de ahogarse.* **AF.** socorrer. TAMBIÉN *prnl.*: *se salvaron del naufragio.* **2** pasar los obstáculos que se encuentren: *salvó ríos y montañas.* **SIN.** superar, franquear. **FAM.** salvación, salvador, salvamento, salvo, salvedad. **COMP.** insalvable, salvamanteles, salvavidas, salvoconducto.

salvavidas *[n.m.inv. en núm.]* objeto pensado para que una persona no se hunda en el agua: *en el barco llevan varios salvavidas.* **AF.** flotador. TAMBIÉN *adj.*: *chaleco salvavidas; bote salvavidas.*

salvo, salva *[adj.]* **1** que se ha librado de algún peligro. **SIN.** salvado. // **salvo** *[prep.]* **2** sin incluir o sin tener en cuenta lo que se dice: *se llevó todos, salvo el más grande; está toda la familia, salvo el hijo menor.* **SIN.** excepto, con excepción de, menos. **ANT.** incluso, incluido, inclusive. ■ **a salvo**, en un lugar seguro, en el que no hay peligro. ■ **sano y salvo**, vivo y sin heridas, después de haber pasado un peligro.

salvoconducto *[n.m.]* permiso que las autoridades conceden a una persona para que pueda entrar en un lugar o en un país: *para entrar en la zona militar se necesita un salvoconducto.* **AF.** visado, pasaporte.

san *[adj.m.]* forma apocopada de *santo*, que se usa cuando va delante de un nombre propio masculino: *San Antonio; San Esteban.* **OBS.** esta norma no se cumple en el caso de Santo Tomás, Santo Tomé, Santo Toribio y Santo Domingo.

sanar *[v.]* volver a estar sano: *sanarás antes si haces lo que dice el médico.* **SIN.** curarse, restablecerse. **ANT.** enfermar. **FAM.** sanatorio, sanador. **COMP.** ***subsanar*** (corregir).

sanatorio *[n.m.]* hospital en el que los enfermos están ingresados el tiempo que necesita el tratamiento de su enfermedad: *fue al sanatorio para curarse la tuberculosis.* **AF.** hospital, clínica. **AMPL.** los sanatorios están especializados en tratar sólo determinadas enfermedades y se diferencian de los *hospitales* en que en éstos se trata a los enfermos de todo tipo.

sanción *[n.f.]* castigo que se pone a quien no ha respetado una ley o una norma: *perder un libro de la biblioteca tiene una sanción.* **SIN.** multa, penalización. **ANT.** premio, recompensa. **FAM.** sancionar, sancionador.

sancionar *[v.]* poner una sanción: *lo sancionaron por tirar basura en la calle.* **SIN.** multar, penalizar. **AF.** castigar. **ANT.** premiar, recompensar.

sandalia *[n.f.]* calzado abierto y ligero que sólo tiene la suela y unas tiras que sujetan el pie: *en verano siempre usa sandalias.*

sandez *[n.f.]* cosa ridícula o sin sentido: *se preocupa por una sandez y olvida lo importante; no dijo más que sandeces.* **SIN.** bobada*. **PL.** *sandeces.* **FAM.** sandio.

sandía *[n.f.]* planta que en verano da un fruto comestible del mismo nombre, redondo y grande, con la cáscara dura y de color verde y la parte comestible roja, de sabor dulce, con mucha agua y muchas pepitas negras que son las semillas. **FAM.** sandial, sandiar.

sándwich *[n.m.]* especie de bocadillo hecho con pan de molde: *un sándwich de jamón y queso.*

sanear *[v.]* poner algo en buenas condiciones: *sanearon las instalaciones poniendo tuberías nuevas.* **OBS.** e + e = ee: *saneen.*

sangrante *[adj.inv. en gén.]* que echa sangre: *una herida sangrante.*

sangrar *[v.]* salir sangre o echarla por alguna parte del cuerpo: *le sangraba la herida; sangraba por la nariz.*

sangre *[n.f.]* 1 líquido rojo que circula por todo el cuerpo a través de las venas y de las arterias de las personas y de los animales vertebrados: *la sangre transporta el oxígeno a las células.* **AMPL.** la sangre está compuesta por un líquido que se llama ***plasma***, en el que flotan los ***glóbulos rojos***, los ***glóbulos blancos*** (o ***leucocitos***) y las ***plaquetas***. 2 lo que une a las personas que son de la misma familia: *se ayudan porque tienen la misma sangre.* **AF.** linaje, parentesco. ■ **de sangre azul**, que pertenece a una familia real o a la nobleza. **SIN.** aristócrata, noble. ■ **sangre fría**, tranquilidad en situaciones difíciles. ■ **a sangre fría**, sin sentir pena por hacer daño. ■ **helarse la sangre**, quedarse muy impresionado por algo. **FAM.** sangrar, sangrante, sangriento, sangría, sanguijuela, sanguinario, sanguinariamente, sanguíneo, sanguinolento. **COMP.** ensangrentar, desangrarse, consanguinidad, consanguíneo.

sangría *[n.f.]* 1 bebida refrescante que se hace generalmente con vino, agua, azúcar, limón y, a veces, trozos de fruta: *preparó una sangría para la fiesta.* **SIN.** limonada (en algunos sitios). 2 recogida de la resina o la savia de un árbol haciéndole un pequeño corte en el tronco: *hicieron una sangría a los pinos.* **SIN.** sajadura. 3 extracción o pérdida de sangre: *antiguamente se usaban sanguijuelas para hacer sangrías.*

sangriento, sangrienta *[adj.]* 1 que tiene sangre o está manchado de sangre: *manos sangrientas.* **SIN.** ensangrentado. 2 que produce heridos o muertos: *batalla sangrienta.* **SIN.** cruento. **ANT.** incruento.

sanguíneo, sanguínea *[adj.]* de la sangre: *flujo sanguíneo; vaso sanguíneo.*

sanidad *[n.f.]* conjunto de los servicios y de las personas que, en un país, una ciudad, etc., se dedican a atender a las personas en asuntos relacionados con la salud: *la sanidad es deficiente en los países subdesarrollados.*

sanitario, sanitaria *[adj.]* 1 que está relacionado con la sanidad o con las instalaciones higiénicas: *personal sanitario; los servicios sanitarios analizaron el agua; una bañera es un aparato sanitario.* **AF.** higiénico. // **sanitario, sanitaria** *[n.]* 2 persona que forma parte de la sanidad* de un país, un hospital, etc.: *un sanitario le puso la vacuna.*

sano, sana *[adj.]* 1 que no padece ninguna enfermedad: *en la revisión médica le dijeron que estaba sano.* **ANT.** enfermo. 2 que es bueno para la salud: *el aire de la montaña es muy sano.* **SIN.** saludable, salubre. **ANT.** insano, insalubre. 3 que no está roto ni estropeado: *no dejó ni un juguete sano.* **SIN.** intacto, entero. **ANT.** roto. 4 que dice lo que piensa y hace las cosas sin mala intención: *da gusto tratarlo porque es muy sano.* ■ **cortar por lo sano**, acabar con una situación molesta. **FAM.** sanamente, sanear, saneamiento, sanidad, sanitario. **COMP.** insano.

sanseacabó *[interj.]* expresión que se dice para dar por terminado un asunto: *dijo sanseacabó y se fue.* **SIN.** basta ya, punto final, hasta aquí hemos llegado.

santanderino, santanderina *[adj.]* de Santander, ciudad española que es la capital de Cantabria, provincia y comunidad autónoma del norte de España: *el Sardinero es una playa santanderina.* TAMBIÉN *n.*: *las santanderinas.*

santero, santera *[adj.]* 1 que es devoto de muchos santos: *este torero es muy santero, tiene su habitación llena de estampas de santos.* // *[n.]* 2 persona que se encarga de cuidar un santuario.

santiamén palabra que nada más aparece en la expresión adverbial ■ **en un santiamén**, en muy poco tiempo. **SIN.** en un instante, en un periquete, en un abrir y cerrar de ojos.

santidad *[n.f.]* conjunto de virtudes que se le atribuyen a los santos: *es una persona admirada por su santidad.* ■ **Su Santidad**, tratamiento que se le da al Papa.

santificar *[v.]* 1 llegar a reconocer la Iglesia Católica que una persona tuvo en su vida las virtudes necesarias para ser santa: *el Papa santificó a un fraile español.* **SIN.** canonizar. 2 dedicar algo a Dios o hacer sagrada una cosa: *santifican las fiestas no trabajando; el Papa santificó una reliquia de Santa Teresa.* **OBS.** ante e, qu: *santifique.*

santiguarse *[v.prnl.]* hacer con la mano derecha la señal de la cruz, llevando los dedos desde la frente hasta el pecho y del hombro izquierdo al derecho: *se santigua al entrar en la iglesia.* **AMPL.** cuando se hacen cruces sobre la frente, la boca y el pecho se usa el verbo ***persignarse***.

santo, santa *[n.]* 1 persona de la que el Papa ha reconocido que está en el cielo por haber hecho algún milagro, ser mártir o ser perfecto y ejemplar en su vida moral y espiritual: *rezan a un santo.* 2 persona que tiene muchas virtudes, sobre todo, paciencia y dedicación a los demás: *su madre es una santa.* TAMBIÉN *adj.*: *una persona santa.* 3 dibujo, pintura o estatua de un santo: *han llevado a restaurar los santos de la iglesia.* **SIN.** imagen. // **santo, santa** *[adj.]*. 4 tratamiento que se le da a quien está considerado oficialmente santo por la Iglesia Católica: *santa Teresa.* **OBS.** delante de un nombre propio masculino se usa la forma apocopada ***san***, menos delante de Tomás, Tomé, Toribio y Domingo. 5 que, según las leyes religiosas, es sagrado y merece el máximo respeto: *los santos Evangelios; los santos lugares.* 6 que es muy bueno o parece que tiene alguna de las virtudes propias de un santo, como ser milagroso, etc.: *un santo remedio; una santa costumbre.* **OBS.** también se usa para reforzar el significado de la palabra que va detrás o para formar locuciones adverbiales sin estar relacionado con las cualidades de santo: *hace su santa voluntad; esperó todo el santo día; se sentó en el santo suelo.* // **santo** *[n.m.]* 7 día del año que la Iglesia dedica a un determinado santo y que celebran las personas que se llaman igual que él: *el santo de José es el 19 de marzo.* **SIN.** onomástica. **AMPL.** el santo, la virgen o el cristo al que un sitio le dedica un día al año es el ***patrón*** de ese sitio y las fiestas que se celebran en su honor se llaman ***fiestas patronales***: *Santiago Apóstol y la Virgen del Pilar son los patrones de España.* ■ **Semana Santa**, días que van desde el Domingo de Ramos al Domingo de Resurrección y que la Iglesia Católica ha declarado santos para recordar la Pasión, Muerte y Resurrección de Jesucristo. ■ **¿a santo de qué?**, hablando de algo que no se entiende, ¿por qué motivo? ■ **llegar y besar el santo**, conseguir en muy poco tiempo lo que se quería. **FAM.** santoral, santidad, santamente, santificar, santificación, santificador, santificante, santuario, santurrón, santurronería, santero, santería, santón.

santón, santona *[n.]* persona con mucha autoridad y prestigio en un campo determinado: *un santón de la investigación.* **FAM.** santo.

santoral *[n.m.]* 1 calendario que dice los santos que se celebran cada día del año: *según el santoral, san Blas es el 3 de febrero.* 2 libro que cuenta vidas de santos: *buscó en un santoral la historia de san Ignacio.*

santuario *[n.m.]* templo construido en honor a un santo, una virgen o un cristo: *visitaron el santuario de la Virgen de Covadonga.*

sapiencia *[n.f.]* sabiduría: *una persona de gran sapiencia.* **FAM.** saber.

sapo *[n.m.]* animal parecido a la rana pero con el cuerpo más grueso y la piel entre verde y marrón y llena de verrugas.

saporífero, saporífera *[adj.]* que tiene o que da sabor. **FAM.** sabor.

saque *[n.m.]* primer lanzamiento que se hace para empezar un juego o una jugada en los deportes de pelota: *el saque se hace desde el centro del campo; hizo el saque desde la esquina del frontón.* **AF.** lanzamiento.

saquear *[v.]* robar todo lo que hay de valor en un sitio: *los ladrones saquearon la caja fuerte; las tropas saquearon la ciudad.* **SIN.** expoliar. **FAM.** saqueador, saqueo, saqueamiento, saco.

sarampión *[n.m.]* enfermedad contagiosa, muy frecuente en los niños, que se caracteriza por producir manchas rojas en la piel y fiebre alta: *hay una vacuna contra el sarampión.*

sarcasmo *[n.m.]* cualquier cosa que se dice con intención de reírse de alguien: *le molestó tanto tu sarcasmo que se echó a llorar.* **SIN.** burla, mordacidad. **FAM.** sarcástico, sarcásticamente.

sarcófago *[n.m.]* caja de piedra o de madera, o hueco excavado en piedra, para meter un cadáver: *en el museo hay un sarcófago; los sarcófagos egipcios son de madera policromada.* **AF.** ataúd, féretro, tumba, sepulcro, sepultura, nicho, enterramiento.

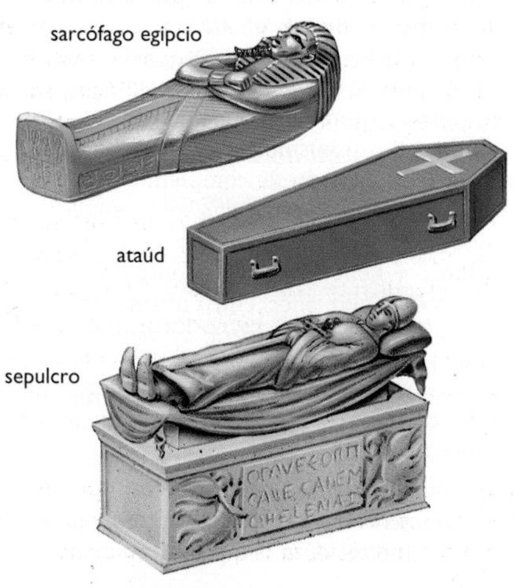

sardana *[n.f.]* música y danza típicas de Cataluña que se baila formando corros. **AMPL.** el conjunto de músicos que tocan sardanas se llama ***cobla***.

sardina *[n.f.]* pez pequeño de color azul oscuro plateado. ■ **como sardinas en lata**, muy apretados. **FAM.** sardinero.

sardo, sarda *[adj.]* **1** de Cerdeña, isla italiana del mar Mediterráneo: *Cagliari es la capital sarda.* TAMBIÉN *n.*: *los sardos son italianos.* // **sardo** *[n.m.]* **2** lengua hablada en Cerdeña.

sargento *[n.m.]* **1** entre los militares, categoría de suboficial que tiene grado superior al cabo 1º y puede mandar en un pelotón. **2** persona antipática a la que le gusta mucho mandar a los demás: *su tía es un sargento.* **SIN.** mandón. **FAM.** sargenta, sargentón.

sarmiento *[n.m.]* rama nueva de la vid de donde nacen las hojas.

sarpullido *[n.m.]* conjunto de manchas rojas o de granitos pequeños y muy juntos que salen en la piel: *le salió un sarpullido porque tocó una ortiga.* **SIN.** erupción.

sarro *[n.m.]* sustancia amarillenta pegada a los dientes.

sartén *[n.f.]* cacharro de cocina con paredes bajas y un mango largo, que se usa para freír. ■ **tener la sartén por el mango**, ser uno el que manda, por lo que los demás no pueden hacer nada aunque haya algo que no les gusta. **PL.** *sartenes.* **FAM.** sartenazo, sartenero, sartenada.

sastre, sastra *[n.]* persona que se dedica a hacer trajes de hombre a medida. **AMPL.** la mujer que hace ropa para mujer es una ***modista*** y la que se dedica a diseñar modelos, una ***diseñadora de moda***. **FAM.** sastrería.

sastrería *[n.f.]* oficio de los sastres y taller de sastre: *se dedica a la sastrería; pasó por la sastrería para probarse un traje.*

satánico, satánica *[adj.]* que demuestra tanta maldad que parece de Satán: *una idea satánica.* **AMPL.** Satán es uno de los nombres que se le dan al diablo*. **FAM.** satanismo.

satélite *[n.m.]* cuerpo celeste sin luz propia que gira alrededor de un planeta: *la Luna es el satélite de la Tierra.* ■ **satélite artificial**, especie de pequeña nave espacial sin tripulación, que se lanza desde la Tierra para que permanezca en el espacio girando a su alrededor; va equipada con instrumentos científicos y tiene como misión estudiar los planetas, facilitar la información del tiempo que hará en la Tierra, mejorar las comunicaciones telefónicas, etc.

satén *[n.m.]* tela fina de seda o de algodón parecida al raso pero menos brillante: *el abrigo tiene el forro de satén.* **FAM.** satín, ***satinado*** (ni brillante ni mate), satinar.

satín *[n.m.]* satén*.

satinado, satinada *[adj.]* que no es ni brillante ni mate: *una superficie satinada.*

sátira *[n.f.]* obra literaria en la que se critica o se pone en ridículo algo o a alguien.

satírico, satírica *[adj.]* que critica y ridiculiza: *comentario satírico; poesía satírica.*

satisfacción *[n.f.]* **1** sensación que tiene uno cuando hace algo que le gusta: *trabaja con satisfacción.* **SIN.** gusto, agrado. **ANT.** disgusto. **2** sentimiento que se tiene cuando uno está muy contento con algo o con alguien: *pasea a su nieto con satisfacción.* **SIN.** orgullo. **3** sentimiento que tiene uno cuando pasa algo que le gusta y le produce alegría: *¡qué satisfacción ver a todos reunidos!* **SIN.** alegría, gozo. **INTENS.** felicidad. **ANT.** pena, pesar.

satisfacer *[v.]* **1** dar gusto o hacer lo que a alguien le gusta: *satisfacer a los amigos.* **SIN.** complacer, agradar. **2** tener algo todo lo que a uno le parece que tiene que tener: *es un coche que satisface al más exigente.* **AF.** convencer, contentar, gustar. **3** hacer que desaparezca un deseo o una necesidad: *bebiendo agua se satisface la sed.* **SIN.** saciar, colmar, aplacar, calmar. **4** pagar lo que se debía: *ha satisfecho la cantidad de 1000 euros.* **SIN.** abonar. **CONJUG.** como *hacer**. **FAM.** satisfacción, satisfactorio, satisfactoriamente, satisfecho. **COMP.** insatisfecho, insatisfacción, insatisfactorio.

satisfactorio, satisfactoria *[adj.]* que es como uno quiere que sea, tiene lo que tiene que tener, o causa el efecto que tiene que causar: *un resultado satisfactorio; un producto satisfactorio para la mayoría de los consumidores; un tratamiento satisfactorio.* **AF.** bueno, aceptable. **ANT.** insatisfactorio, insuficiente.

satisfecho, satisfecha *[adj.]* que está contento porque tiene algo que le gusta del todo o le parece suficientemente bueno o apropiado: *una persona satisfecha con su trabajo.* **SIN.** complacido. **AF.** conforme. **ANT.** insatisfecho, descontento.

saturado, saturada *[adj.]* que tiene mucho de lo que se dice: *el aire estaba saturado de humedad.* **SIN.** cargado. **ANT.** escaso. **FAM.** saturar, saturación.

saturar *[v.]* **1** llenar: *saturar el mercado de productos.* TAMBIÉN *prnl.* : *el mercado se ha saturado.* **2** haber demasiada cantidad de una cosa en otra: *saturar el agua de sal.* TAMBIÉN *prnl.*: *el agua se ha saturado de sal.*

sauce *[n.m.]* árbol que puede llegar a alcanzar 20 metros de altura y tiene el tronco grueso y muchas ramas delgadas y largas que caen hacia abajo. **FAM.** sauceda, saucedal.

savia *[n.f.]* líquido que circula por el interior de las plantas y transporta el agua y las sales minerales que le sirven de alimento: *la savia asciende desde la raíz hasta las hojas.*

saxofón *[n.m.]* instrumento musical de viento que es un tubo metálico con forma de S: *el saxofón es un instrumento típico de la música de jazz.* **SIN.** saxo. **PL.** *saxofones.* **FAM.** saxofonista

sazonar *[v.]* echar sal y otras especias y condimentos a la comida para darle el sabor que se quiere que tenga: *sazonó la ensalada.* **SIN.** condimentar, aderezar. **FAM.** sazón, sazonador. **COMP.** ***desazón*** (inquietud), desazonar.

se *[pron.]* **1** a él, a ella, a ellos o a ellas: *díselo a tu madre; enséñasela a todos; se lo ha explicado.* **GRAM.** tiene función de complemento indirecto. **2** para sí mismo: *se han comprado un coche.* **GRAM.** tiene función de complemento indirecto. **3** a sí mismo: *se lava.* **GRAM.** es reflexivo y tiene función de complemento directo. **4** uno a otro: *se quieren mucho; se escriben en navidad; se despidieron ayer.* **GRAM.** es recíproco y tiene función de complemento directo. **5** él (o ella, ellos, ellas) mismo: *se ha enfadado; se cayó; se romperá; se alegró mucho.* **GRAM.** en este uso concreto no tiene función sintáctica, sino que forma parte del infinitivo del verbo. **GRAM.** en todos los casos es pronombre personal de tercera persona para masculino, femenino o neutro, singular o plural; además de tener función de complemento directo o indirecto, se usa para formar oraciones* impersonales (*se dicen muchas bobadas*) y oraciones en voz pasiva refleja (*la finca se vendió por poco dinero*). **OBS.** cuando va con *me, te* o *le* debe ir antes y no después: *se me cayó; se te hará caso; se le ha olvidado.*

sé primera persona de singular del presente de indicativo del verbo *saber* y segunda de singular del imperativo del verbo *ser*.

sebo *[n.m.]* grasa sólida que se acumula en algunas zonas del cuerpo de los animales herbívoros: *el carnicero quita el sebo a la carne de ternera.* **FAM.** sebáceo, seboso.

secado *[n.m.]* lo que se hace para secar algo o proceso por el que algo llega a secarse: *el secado de la pintura es muy lento.*

secador *[n.m.]* **1** aparato que se usa para secar: *un secador de manos.* // **secadora** *[n.f.]* **2** electrodoméstico parecido a la lavadora que sirve para secar la ropa.

secano palabra que aparece en la expresión adverbial ■ **de secano**, que no se riega y sólo recibe el agua de lluvia. **ANT.** de regadío.

secante *[adj.inv. en gén.]* **1** que sirve para secar: *papel secante; aceite secante.* **AF.** absorbente. **ANT.** humectante. TAMBIÉN *n.m.: absorbió la tinta derramada con un secante.* **2** hablando de líneas, figuras o planos, que corta a otro: *una recta secante a una circunferencia; un plano secante a una esfera.*

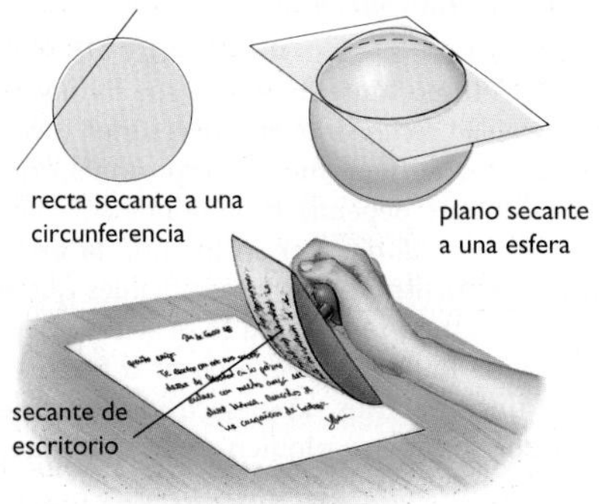

secar *[v.]* **1** quitarle a algo todo el líquido o la humedad que tiene: *seca los platos con un paño de cocina.* **ANT.** mojar, humedecer. TAMBIÉN *prnl.: se secó la cara con una toalla; el pozo se ha secado; ya se secó la ropa.* // **secarse** *[v.prnl.]* **2** morirse un vegetal: *se han secado las flores del jardín.* **SIN.** agostarse, marchitarse. **OBS.** ante e, qu: *sequen.* **FAM.** secado, secadero, secador, secante, seco, secano, sequía, sequedad, secamente. **COMP.** desecar, desecación, resecar.

sección *[n.f.]* **1** corte real o imaginario que divide una cosa en dos partes y que permite ver su interior (*hizo varias secciones en la sandía.* **SIN.** corte) y conjunto de lo que se ve (*en la sección de un huevo cocido se ve la yema en el centro; la sección vertical del edificio muestra las plantas y los tabiques*). **2** cada una de las partes en que se divide o se organiza algo, para agrupar en cada una de ellas las cosas que tienen las mismas características: *está en las páginas de la sección provincial; los balones están en la sección de deportes; esta sección de la empresa se ocupa de informar al público.* **AF.** división, departamento. **FAM.** seccionar, seccionamiento. **COMP.** intersección.

seco, seca *[adj.]* **1** que no tiene nada de humedad (*la toalla estaba seca; la tierra del tiesto está seca; las avellanas son frutos secos; el cauce del río está seco*) o que tiene menos líquido del que debería tener (*estas patatas están muy secas.* **SIN.** reseco. **ANT.** caldoso). **2** hablando de vegetales, que tiene falta de agua o está muerto: *un árbol seco; un rosal seco.* **AF.** mustio, agostado. **ANT.** verde, lozano. **3** que tiene pocas lluvias: *la estación más seca del año; esta región es muy seca.* **ANT.** húmedo, lluvioso. **4** de trato desagradable y poco cariñoso: *es muy seco con los vecinos.* **SIN.** huraño*. **5** hablando de vinos o licores, que no es dulce: *vino seco; champán seco.* **ANT.** dulce. ■ **a secas**, solo, sin otra cosa. ■ **en seco**, de golpe, bruscamente.

secretaría *[n.f.]* parte de cualquier establecimiento dedicada a recibir y mandar cartas o facturas, a organizar los papeles o a cualquier cosa relacionada con la administración: *trabaja en la secretaría del instituto.* **SIN.** oficina.

secretario, secretaria *[n.]* **1** persona encargada de una secretaría: *es el secretario del colegio.* **2** persona que trabaja en una oficina como ayudante de un jefe y se encarga de la correspondencia, de contestar las llamadas telefónicas, etc.

secreter *[n.m.]* mueble cerrado que tiene dentro una superficie para escribir y cajones y compartimentos para guardar papeles.

secreto, secreta *[adj.]* 1 que no se sabe o que no se le dice a nadie: *el tesoro está en un lugar secreto; tendrá razones secretas para no aceptar el trabajo.* **SIN.** oculto, desconocido. **ANT.** conocido, sabido, público. // **secreto** *[n.m.]* 2 cosa que no se sabe o no se le dice a nadie: *lo que hay en ese paquete es un secreto; bajo las ruinas se esconden muchos secretos; no ha contado a nadie su secreto.* **AF.** misterio. ■ **en secreto**, tratando de que no se entere nadie. **FAM.** secreteo, secretamente, secretario, secretaría, secretariado, secretismo, ***secreter*** (mueble cerrado para escribir). **COMP.** subsecretario, subsecretaría.

secta *[n.f.]* organización religiosa formada por un grupo de personas que tienen las mismas creencias, celebran ceremonias propias y tienen normas de comportamiento muy estrictas que influyen en su manera de vivir: *la secta de los cátaros data de la Edad Media.* **FAM.** sectario, sectarismo, seguir.

sector *[n.m.]* 1 parte de un círculo o de una esfera que queda entre dos radios. 2 cada una de las distintas zonas en las que las autoridades dividen una ciudad: *ha habido un atraco en el sector norte.* **SIN.** distrito. 3 cada uno de los conjuntos en que se puede agrupar a las personas según su actividad, sexo, edad, etc.: *sector estudiantil; sector empresarial; sector joven de la población; sector judío.* **AF.** grupo. **FAM.** sectorial.

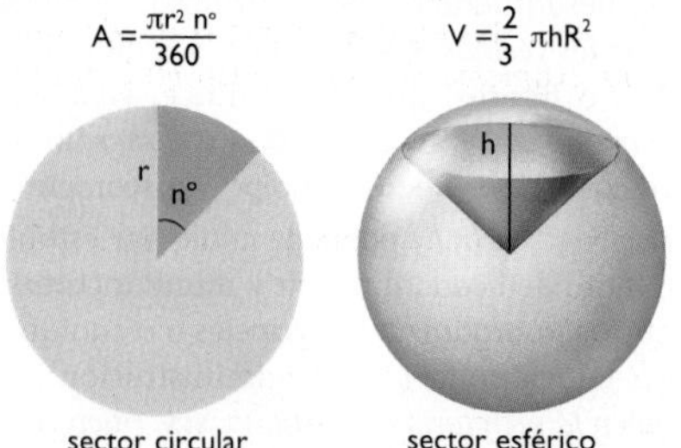

sector circular
sector esférico

secuela *[n.f.]* destrozo, daño o molestia que deja algo que ya ha pasado: *estas ruinas son secuelas de la guerra; los dolores de huesos son una secuela del accidente que tuvo.* **SIN.** efecto, consecuencia.

secuencia *[n.f.]* 1 conjunto de cosas que van seguidas teniendo en cuenta una relación determinada: *6, 8, 10, 12 es la secuencia de los números pares comprendidos entre el 5 y el 13.* 2 cada una de las partes de una película que se refiere, sin interrupción, a una cosa concreta: *en la última secuencia se ve el descubrimiento del tesoro.* **SIN.** pasaje. **FAM.** secuencial, secuencialmente, seguir.

secuestrador, secuestradora *[n.]* persona que ha cometido un secuestro: *los secuestradores pidieron un rescate.* **ANT.** liberador, rescatador.

secuestrar *[v.]* cometer o decidir un secuestro*: *secuestraron un avión; secuestraron al millonario para pedir dinero por su liberación* (**ANT.** liberar)*; el juez secuestró la revista por tener contenidos racistas.* **FAM.** secuestro, secuestrador.

secuestro *[n.m.]* 1 lo que hace quien, por la fuerza, obliga a que alguien o algo esté en un sitio determinado o vaya donde él dice: *el secuestro de un empresario, de un avión...* 2 dar una autoridad la orden de que algo no se venda o circule entre el público: *el juez ordenó el secuestro del libro.*

secular *[adj.inv. en gén.]* de muchos siglos: *una costumbre secular.*

secundar *[v.]* ayudar y apoyar a alguien en lo que hace: *sus compañeros secundan su candidatura a director del colegio.*

secundario, secundaria *[adj.]* 1 que no es lo más importante de una cosa: *el color del coche es algo secundario.* **SIN.** accesorio* (acepción 1). 2 que tiene menos importancia que otro de lo que depende o de donde sale: *una carretera secundaria.* **ANT.** principal. ■ **enseñanza secundaria**, estudios oficiales que se realizan cuando se termina la enseñanza primaria y de la que se puede pasar a hacer estudios universitarios. **FAM.** secundariamente, ***secundar*** (apoyar a alguien en lo que hace), segundo.

secuoya *[n.f.]* árbol de América del Norte que puede alcanzar hasta 150 metros de altura y 10 de diámetro. TAMBIÉN *sequoia* o *secoya.*

sed *[n.f.]* sensación que produce el tener necesidad de beber: *los alimentos salados dan mucha sed.* **FAM.** sediento.

seda *[n.f.]* hilo muy fino, brillante y muy resistente que segregan los gusanos de seda (*los gusanos forman capullos con la seda*) y tela fina y suave que se fabrica con estos hilos (*un pañuelo de seda*). ■ **seda artificial**, tejido que se fabrica con sustancias artificiales y que es parecido y más barato que la seda natural. **SIN.** rayón. ■ **como la seda**, muy suave y fácil de manejar. **FAM.** sedoso, sedería, sedal, sedero.

sedal *[n.m.]* hilo delgado y transparente, que aguanta mucho peso y es difícil de romper: *el sedal se ata a la punta de la caña de pescar y de él se cuelga el anzuelo.*

sedante *[n.m.]* medicamento o cualquier otra cosa que calma los nervios: *pidió un sedante para tranquilizarse.* **SIN.** tranquilizante, relajante. **ANT.** excitante. TAMBIÉN *adj.*: *una infusión sedante; música sedante.*

sedar *[v.]* calmar los nervios con alguna sustancia sedante: *lo sedaron para que pudiera dormir.* **ANT.** excitar, estimular. **FAM.** sedante, sedativo, sedación.

sede *[n.f.]* **1** oficina principal o residencia oficial de un organismo, institución, empresa, asociación, etc.: *la sede de la Cruz Roja española está en Madrid; la sede de la diócesis es Astorga.* **2** ciudad en la que se celebra algún acontecimiento especial: *París será la sede del festival de este año.* **FAM.** sedentario.

sedentario, sedentaria *[adj.]* **1** que siempre vive en el mismo sitio: *el hombre se hizo sedentario cuando empezó a dedicarse a la agricultura.* **ANT.** nómada, errante, trashumante. **2** que uno lo hace moviéndose muy poco: *los trabajos de oficina son sedentarios; está harto de la vida sedentaria que hace.* **ANT.** movido, activo.

sediento, sedienta *[adj.]* que tiene sed: *después de la carrera estaba sediento.*

sedimento *[n.m.]* sustancia sólida que hay en un líquido y que se deposita en el fondo: *si se mueve el aceite empiezan a subir los sedimentos.* **SIN.** poso.

sedoso, sedosa *[adj.]* suave como la seda: *piel sedosa.* **SIN.** fino. **ANT.** áspero.

seducir *[v.]* hacer sentir un deseo muy fuerte de algo o hacer que alguien se enamore: *lo sedujo la idea de hacerse rico buscando oro; le gusta seducir a todas las mujeres.* **SIN.** cautivar, fascinar, hechizar, enamorar. **ANT.** repeler. **CONJUG.** como *conducir**. **FAM.** seducción, seductor, seductivo.

seductor, seductora *[adj.]* **1** que le resulta muy fácil enamorar y gustar a otros: *una mujer seductora.* **SIN.** atractivo, conquistador. **ANT.** repugnante. TAMBIÉN *n.*: *un seductor le rompió el corazón.* **2** que parece tan bueno que resulta muy difícil rechazarlo: *una oferta seductora.* **SIN.** tentador, atrayente.

segador, segadora *[n.]* **1** persona que hace el trabajo de segar: *los segadores trabajaban en cuadrillas.* // **segadora** *[n.f.]* **2** máquina que sirve para segar: *después de muchos años compró una segadora.* **AF.** cortadora.

segar *[v.]* cortar la hierba o los cereales de los campos para recolectarlos: *antes de trillar el trigo hay que segarlo.* **SIN.** cortar. **CONJUG.** como *negar**. **FAM.** segador, siega, segadora.

seglar *[adj.inv. en gén.]* que no es sacerdote, ni monja, ni pertenece a ninguna orden religiosa (*cristianos seglares*) o que no tiene que ver con la Iglesia o con la religión (*enseñanza seglar; un colegio seglar*). **SIN.** laico. **ANT.** religioso. TAMBIÉN *n.*: *en este convento está prohibida la visita de seglares.* **FAM.** seglarmente.

segmento *[n.m.]* **1** en una línea, parte comprendida entre dos puntos (*un arco de circunferencia es un segmento de una línea curva*), en un círculo, parte que queda entre un arco de circunferencia y una cuerda, y en una esfera, parte que queda fuera de un plano que la corta o entre dos planos que la cortan. **2** cada una de la partes en que se puede dividir una cosa: *un segmento de la población está en des-*

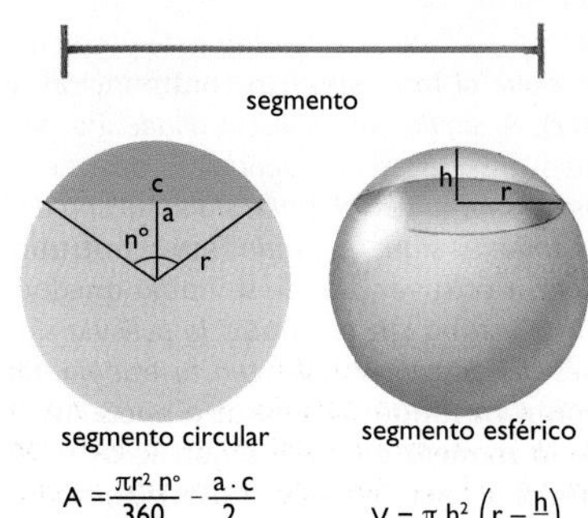

segmento circular

$$A = \frac{\pi r^2 n^\circ}{360} - \frac{a \cdot c}{2}$$

segmento esférico

$$V = \pi h^2 \left(r - \frac{h}{3}\right)$$

acuerdo. **SIN.** sector, parte. **FAM.** segmentar, segmentación, segmentario.

segoviano, segoviana *[adj.]* de Segovia, provincia española y su capital, que pertenecen a la comunidad autónoma de Castilla y León: *el tostón asado es un plato típico segoviano; una actriz segoviana.* TAMBIÉN *n.*: *los segovianos.*

segregacionista *[adj.inv. en gén.]* que quiere que las distintas razas vivan separadas: *un partido político segregacionista.* TAMBIÉN *n.*: *se opusieron a los segregacionistas.*

segregar *[v.]* **1** separar o dejar fuera una o varias cosas que formaban parte de otra más grande: *segregó una parte de la finca para venderla.* **SIN.** separar, desmembrar. **ANT.** anexionar. **2** producir una sustancia líquida o semilíquida: *los caracoles segregan baba; los pinos segregan resina.* **OBS.** ante e, gu: *segreguen.* **FAM.** segregación, ***segregacionista*** (que quiere que las distintas razas vivan separadas), segregacionismo.

seguido, seguida *[adj.]* que va detrás de otro, sin que haya nada en medio: *lleva tres días seguidos sin comer; hay varias casas seguidas del mismo color.* **SIN.** sucesivo. **AF.** continuado. **ANT.** discontinuo, alterno. ■ **en seguida**, dentro de un momento. TAMBIÉN se puede escribir *enseguida.*

seguidor, seguidora *[n.]* **1** persona que está muy pendiente de su preferido en el deporte, la música, el cine, etc.: *los seguidores del equipo celebraron la victoria.* **SIN.** partidario, hincha. **AF.** aficionado, admirador. **2** persona que está de acuerdo con las ideas o las teorías de otra que las ha creado, y las defiende: *las teorías de este profesor tienen muchos seguidores.* **SIN.** discípulo, epígono.

seguir *[v.]* **1** ir detrás de algo o de alguien: *el cuatro sigue al tres.* (**SIN.** ir a continuación de, suceder)*; lo siguió para saber a dónde iba.* **ANT.** preceder. **2** estar en el mismo sitio o haciendo lo mismo que antes: *el jarrón sigue encima de la mesa; todavía sigue jugando.* **SIN.** continuar. **3** empezar otra vez, donde se había quedado, algo que estaba sin terminar: *la película sigue después del descanso; sigue con tu trabajo.* **SIN.** proseguir, continuar. **4** pensar o hacer las cosas de la manera que dice alguien: *los cristianos siguen a Jesucristo* (**SIN.** imitar)*; para instalarlo, sigue las instrucciones del manual.* **5** estar haciendo o practicando algo: *sigue el último curso de inglés; sigue un régimen de comidas muy estricto.* **6** estar atento a algo o a lo que hace alguien: *sigue las explicaciones del profesor; desde pequeño sigue a ese equipo de fútbol.* **AF.** interesarse por. **FAM.** siguiente, seguimiento, seguidor, secuaz, secuencia, séquito, secuela, secta, segundo, seguido, seguidilla, seguidamente. **COMP.** consecuencia, conseguir, perseguir, proseguir.

CONJUGACIÓN DEL VERBO SEGUIR

Formas no personales
Infinitivo: *seguir*. Gerundio: *siguiendo*. Participio: *seguido*.

Indicativo
Presente: *sigo, sigues, sigue, seguimos, seguís, siguen.*
Pretérito imperfecto: *seguía, seguías, seguía, seguíamos, seguíais, seguían.*
Futuro: *seguiré, seguirás, seguirá, seguiremos, seguiréis, seguirán.*

Condicional simple:
seguiría, seguirías, seguiría, seguiríamos, seguiríais, seguirían.

Subjuntivo
Presente: *siga, sigas, siga, sigamos, sigáis, sigan.*
Pretérito imperfecto: *siguiera/ siguiese, siguieras/ siguieses, siguiera/ siguiese, siguiéramos/ siguiésemos, siguierais/ siguieseis, siguieran/ siguiesen.*
Futuro: *siguiere, siguieres, siguiere, siguiéremos, siguiereis, siguieren.*

Imperativo:
sigue, siga, sigamos, seguid, sigan.

según *[prep.]* **1** de acuerdo con lo que se dice o lo que dice o piensa alguien: *según mis noticias, están a punto de llegar; según él, todo el mundo es bueno.* // **según** *[adv. de m.]* **2** teniendo en cuenta lo que pase o lo que está pasando: *saldrá o no, según se encuentre de salud; según hablaba se iba enfadando; se colocaron según fueron llegando.*

segundero *[n.m.]* aguja de los relojes analógicos que marca los segundos: *este reloj no tiene segundero.*

segundo, segunda *[num.]* **1** es el numeral ordinal correspondiente al cardinal dos. // **segundo** *[n.m.]* **2** cada una de las sesenta partes iguales en que se divide un minuto: *el tren va con unos segundos de retraso.* ■ **en un segundo**, en un momento. **SIN.** inmediatamente. **FAM.** segundero, segundón, secundario.

seguridad *[n.f.]* 1 lo que se tiene al estar convencido de que algo es como uno piensa: *tiene la completa seguridad de que lo dijo.* **SIN.** certeza, convencimiento. **ANT.** duda. 2 lo que demuestra quien no tiene miedo a equivocarse y cree que puede hacer las cosas bien: *no se presentó al concurso porque le faltaba seguridad.* **SIN.** aplomo, confianza en sí mismo. **AF.** autodominio. **ANT.** inseguridad. 3 lo que hay cuando algo o alguien no está en peligro o no puede producir ningún daño: *la policía vela por la seguridad de los ciudadanos* (**SIN.** invulnerabilidad)*; lo que más le importa de los coches es la seguridad.* **ANT.** inseguridad, peligro. ■ **seguridad social**, organismo de la administración pública que se ocupa de la protección de los trabajadores y sus familias en caso de enfermedad, jubilación, desempleo, etc.

seguro, segura *[adj.]* 1 que tiene seguridad*: *sólo habla si está seguro de que lo que dice es cierto; se siente muy segura de sí misma; en el banco el dinero está seguro; este puerto es muy seguro para los barcos; hay coches muy seguros.* // **seguro** *[n.m.]* 2 mecanismo que tienen algunas máquinas y armas para que no puedan funcionar o dispararse sin querer: *lleva la escopeta con el seguro puesto.* 3 contrato que se hace con una empresa para que se encargue de solucionar determinados problemas en el caso de que se produzcan: *hizo un seguro contra incendios por si algún día se le quemaba la casa; el seguro le paga el arreglo del coche.* // **seguro** *[adv. de m.]* 4 sin ninguna duda: *seguro que este cuadro es auténtico; lo sabe seguro.* **SIN.** con seguridad. **FAM.** seguridad, seguramente. **COMP.** asegurar, inseguridad.

seis *[num.inv. en gén.]* es el numeral cardinal correspondiente al número 6.

seiscientos, seiscientas *[num.]* es el numeral cardinal correspondiente al número 600.

seísmo *[n.m.]* sacudida brusca de la corteza terrestre, que se produce por causas naturales: *en Japón hay frecuentes seísmos; un seísmo devastó la zona.* **SIN.** movimiento sísmico. **AMPL.** si el seísmo se produce en el mar se llama ***maremoto*** y si se produce en la tierra, ***terremoto***; el aparato que mide la intensidad de un seísmo se llama ***sismógrafo*** y la ciencia que estudia los seísmos, ***sismología***.

selección *[n.f.]* 1 lo que se hace para elegir, de un conjunto de cosas o personas, las mejores, las que sirven, las que son de una determinada manera, etc.: *el profesor hizo la selección de los libros de texto.* **SIN.** elección. **AF.** clasificación. 2 conjunto formado por las personas o cosas que se han elegido entre otras: *el disco es una selección de sus mejores canciones.*

seleccionar *[v.]* hacer una selección*: *se presentaron 20 y seleccionaron a tres.* **SIN.** elegir, escoger. **FAM.** selección, seleccionador, selecto, selectivo, selectividad, selector. **COMP.** preseleccionar, preselección.

selectividad *[n.f.]* prueba (o pruebas) que se hace para decidir quiénes pueden ingresar en un centro, una institución, etc.: *tuvo que hacer exámenes de selectividad para entrar en la universidad.*

selectivo, selectiva *[adj.]* que hace selección* o sirve para hacerla: *una persona selectiva no se hace amiga de cualquiera; una prueba con carácter selectivo.*

selecto, selecta *[adj.]* que es de los mejores o que ha sido seleccionado buscando lo mejor: *un postre selecto; gente muy selecta.* **SIN.** escogido. **ANT.** ordinario, vulgar.

sellar *[v.]* 1 poner un sello o marcar algo con un sello: *selló la carta y la echó al buzón* (**SIN.** franquear, timbrar)*; le sellaron la quiniela.* 2 cerrar totalmente una cosa para que no le entre aire o para que no pueda abrirse fácilmente: *sellaron la tumba con cemento.* **AF.** precintar. **ANT.** destapar.

sello *[n.m.]* 1 trocito de papel que editan los estados y se pega en las cartas y en los paquetes que se mandan por correo: *hace colección de sellos de España.* **SIN.** estampilla, timbre. 2 objeto que se usa para imprimir o grabar una marca sobre cualquier cosa (*se hizo un sello con su nombre; puso la fecha en el documento con un sello*), y marca que queda (*en el pasaporte tengo varios sellos; el toro lleva el sello de la*

sello de correos

sello de caucho

ganadería). **FAM.** sellar, sellador, selladura. **COMP.** matasellos.

selva *[n.f.]* zona con muchísima vegetación y árboles muy grandes, que crecen sin que nadie los cultive: *la selva del Amazonas está en América del Sur.* **SIN.** jungla. **ANT.** desierto. **FAM.** selvático.

semáforo *[n.m.]* señal de luz que se usa para regular el tráfico de vehículos y peatones en las ciudades: *no se puede cruzar con el semáforo en rojo.*

semana *[n.f.]* 1 conjunto de siete días seguidos que en unos sitios empieza el lunes y acaba el domingo y en otros empieza el domingo y acaba el sábado: *la primera semana de mayo.* 2 periodo de tiempo que dura siete días seguidos: *este trabajo duró una semana.* ■ **entre semana**, en los días que se trabaja, normalmente cualquier día menos el sábado o el domingo. **FAM.** semanal, semanalmente, semanario. **COMP.** bisemanal.

semanal *[adj.inv. en gén.]* que dura una semana o se hace una vez por semana: *un cursillo semanal; hace una visita semanal a sus abuelos.*

semanario *[n.m.]* revista, periódico, etc. que sale a la venta una vez cada semana: *en el kiosco le reservan un semanario de noticias.*

semántica *[n.f.]* parte de la lingüística que estudia el significado de las palabras.

semblante *[n.m.]* expresión que tiene la cara de una persona y que deja ver cómo se siente: *parece contento porque trae el semblante risueño.* **FAM.** semblanza.

sembrado *[n.m.]* tierra de cultivo que ya está sembrada: *no piséis los sembrados.* **ANT.** barbecho.

sembrador, sembradora *[n.]* 1 persona que siembra los campos: *los sembradores echaban las semillas a voleo.* // **sembradora** *[n.f.]* 2 máquina que sirve para sembrar: *compró una sembradora para ahorrarse trabajo.* **SIN.** sembradera.

sembrar *[v.]* 1 echar o enterrar las semillas en los campos: *sembrar trigo; sembrar la tierra.* **SIN.** sementar. 2 dejar muchas cosas tiradas por algún sitio: *sembró de papeles la habitación.* **SIN.** regar. **AF.** desparramar, esparcir, diseminar. **ANT.** recoger. **CONJUG.** como *cerrar**. **FAM.** sembrado, sembrador, siembra, sembradera.

semejante *[adj.inv. en gén.]* 1 que se parece mucho: *se llevan bien porque tienen gustos semejantes.* **SIN.** similar*. 2 tan malo, tan grande, tan feo, tan pequeño, etc. que no sirve: *¿cómo se te ocurrió semejante idea?; ni se te ocurra traer a casa semejante trasto.* **SIN.** tal. // **semejantes** *[n.m.pl.]* 3 conjunto de todos los demás seres humanos: *siempre respeta a sus semejantes.* **SIN.** prójimo. **FAM.** semejanza, semejar, semejantemente. **COMP.** asemejarse.

semejanza *[n.f.]* lo que hay entre las personas o las cosas que se parecen entre sí: *su obra tiene muchas semejanzas con la de su maestro; el color anaranjado se llama así por su semejanza con el color de la piel de la naranja.* **SIN.** parecido, similitud. **ANT.** diferencia.

semen *[n.m.]* sustancia un poco espesa, segregada por los órganos sexuales masculinos de los hombres y de los animales, que contiene los espermatozoides. **SIN.** esperma. **FAM.** semental, seminal, semilla. **COMP.** diseminar, diseminación.

semestral *[adj.inv. en gén.]* que dura seis meses o que se hace cada seis meses: *un contrato semestral; exámenes semestrales.*

semestre *[n.m.]* periodo de tiempo que dura seis meses: *un año tiene dos semestres.* **FAM.** semestral, semestralmente, mes.

semi- prefijo que significa *mitad.*

semicircular *[adj.inv. en gén.]* que tiene la forma de la mitad de un círculo: *una mesa semicircular; un jardín semicircular.*

semicírculo *[n.m.]* medio círculo: *dividió la tarta en dos semicírculos.* **SIN.** hemiciclo. **FAM.** semicircular, círculo.

semicircunferencia *[n.f.]* media circunferencia: *al partirse el aro quedaron dos semicircunferencias.* **FAM.** circunferencia.

semicorchea *[n.f.]* nota musical que dura la mitad de una corchea.

semifinal *[n.f.]* cada una de las dos competiciones o de los dos partidos de un campeonato cuyos ganadores disputarán la final: *se celebró la segunda semifinal de baloncesto.* **FAM.** semifinalista, final.

semifusa *[n.f.]* nota musical que dura la mitad de una fusa.

semilla *[n.f.]* 1 parte del fruto de algunas plantas que, si se siembra, produce una nueva planta: *las pepitas de la sandía son sus semillas.* SIN. simiente. 2 lo que hace que nazca o que se produzca algo: *la injusticia es la semilla de la rebelión.* SIN. motivo, causa, origen. FAM. semillero, seminario, seminarista, semen.

semillero *[n.m.]* lugar donde se siembran plantas y se espera a que nazcan y crezcan un poco, para trasplantarlas a otro sitio: *el semillero de lechugas está en un sitio soleado.* SIN. vivero.

seminario *[n.m.]* 1 clase especial en la que participan un grupo de alumnos y un profesor para realizar juntos trabajos de investigación o tratar a fondo un tema determinado: *participa en un seminario de lengua española.* 2 centro de enseñanza religiosa en el que estudian los que quieren ser sacerdotes: *el edificio del seminario es muy antiguo.*

semirrecta *[n.f.]* cada una de las dos partes en que queda dividida una línea recta cuando se la corta por un punto cualquiera.

sémola *[n.f.]* 1 trigo sin corteza de una clase especial que se llama candeal. 2 harina poco molida que se obtiene al machacar los granos de arroz, trigo o cualquier otro cereal para hacer sopa.

senado *[n.m.]* 1 órgano legislativo formado por personas de diferentes partidos políticos elegidas por los ciudadanos que se encarga de aceptar, rechazar o cambiar las leyes que se aprueban en el Congreso de Diputados. SIN. Cámara Alta. 2 edificio donde se reúnen los senadores.

senador, senadora *[n.]* persona que forma parte del Senado: *los senadores españoles son elegidos cada cuatro años.* AMPL. el Senado o ***Cámara Alta*** es el órgano de los países democráticos encargado de aceptar, cambiar o rechazar las leyes que se aprueban en el Congreso de Diputados o ***Cámara Baja***. TAMBIÉN se llama *senado* el edificio en el que se reúnen los senadores (*lo vio a la puerta del senado*). FAM. senado, senatorial, senaduría.

sencillez *[n.f.]* característica a la que nos referimos para destacar que algo o alguien es sencillo*: *lo mejor de este vestido es su sencillez* (SIN. simplicidad. ANT. complejidad, complicación); *la sencillez de una persona* (SIN. llaneza, naturalidad. ANT. afectación).

sencillo, sencilla *[adj.]* 1 que resulta fácil de entender, de hacer o de resolver: *un problema sencillo; un trabajo sencillo; un vestido sencillo de hacer.* SIN. fácil, simple. ANT. difícil, complicado. 2 que está formado por pocos elementos: *un aparato sencillo; la palabra pan es más sencilla que otorrinolaringólogo.* SIN. simple, elemental. ANT. complicado, complejo. 3 que no le gusta darse importancia o presumir, o que no está hecho para llamar la atención: *a pesar de su fama es una persona muy sencilla* (SIN. natural, llano)*; un vestido sencillo.* ANT. pretencioso. FAM. sencillez, sencillamente.

senda *[n.f.]* camino estrecho que se hace al pisar muchas veces por el mismo sitio: *bajaron hasta el río por una senda.* SIN. sendero, vereda, camino. FAM. sendero, senderismo.

sendero *[n.m.]* senda*.

sénior *[n.m.]* categoría de las competiciones deportivas en la que participan los deportistas que tienen más de 21 años: *el año que viene competirá en sénior.* TAMBIÉN *adj.: un equipo sénior; categoría sénior.* PL. *séniors.*

seno *[n.m.]* 1 órgano femenino con el que las madres producen la leche y dan de mamar a sus hijos durante los primeros meses de vida: *es una niña con los senos todavía poco desarrollados.* SIN. pecho, teta, mama. 2 parte hundida de algo, que forma un hueco: *una huevera con seis senos; un fregadero de dos senos.* SIN. hueco, cavidad, concavidad. 3 interior de algo que, entre otras cosas, guarda, ayuda o protege: *al nacer se abandona el seno materno.* SIN. claustro. ■ **en el seno de**, en, dentro de. FAM. sinuoso, sinusitis. COMP. coseno.

sensación *[n.f.]* lo que uno nota a través de los sentidos: *el dolor y el olor son sensaciones físicas; la buena música produce sensaciones agradables; el paseo por la sierra me produjo sensación de soledad.* SIN. impresión. AF. percepción, efecto. ■ **causar sensación** o **producir sensación**, impresionar mucho.

sensacional *[adj.inv. en gén.]* que es tan bueno que produce sensación: *es una persona sensacional; una película sensacional; hay ofertas sensacionales.* SIN. estupendo*.

sensatez *[n.f.]* característica que hace que alguien o algo resulte sensato*: *es un chico con mucha sensatez; fue una respuesta llena de sensatez.* **SIN.** cordura, juicio, seso. **AF.** madurez. **ANT.** insensatez, locura.

sensato, sensata *[adj.]* que piensa bien las cosas y las consecuencias que puede tener lo que hace (*no hace tonterías porque es una persona sensata*) o que demuestra que está bien pensado (*un consejo sensato; una decisión sensata*). **SIN.** juicioso, cuerdo, sesudo. **AF.** maduro. **ANT.** insensato, alocado, irreflexivo. **FAM.** sensatez, sensatamente. **COMP.** insensato.

sensibilidad *[n.f.]* posibilidad o capacidad de tener sensaciones (*no tiene sensibilidad en los dedos; tiene mucha sensibilidad para la música*), de tener sentimientos (*la preocupación por los demás es una muestra de sensibilidad*) o de notar cualquier cambio (*es una báscula con mucha sensibilidad*). **ANT.** insensibilidad.

sensible *[adj.inv. en gén.]* 1 que tiene sensibilidad*: *los perros tienen el olfato mucho más sensible que las personas; es una persona sensible a los problemas de los demás; una báscula muy sensible.* **ANT.** insensible. 2 que le perjudica mucho algo (*es una planta muy sensible al frío*) o le afectan mucho las cosas (*no le hables en ese tono, que es una persona sensible*). **SIN.** delicado, sentido. **ANT.** insensible. 3 que se nota fácilmente: *el enfermo experimentó una sensible mejoría.* **SIN.** apreciable, notable, perceptible, manifiesto. **ANT.** inapreciable, imperceptible. **FAM.** sensibilidad, sensibilizar, sensibilización, sensiblemente, sensitivo, sensiblería, sensiblero, ***sensual*** (de los sentidos), sensualismo, sensualmente, sentir. **COMP.** insensible.

sensorial *[adj.inv. en gén.]* de la sensibilidad: *la piel es un órgano sensorial.*

sensual *[adj.inv. en gén.]* de los sentidos: *placer sensual.*

sentar *[v.]* 1 poner a alguien en un sitio, apoyado sobre las nalgas: *sienta al niño en la silla.* **ANT.** levantar. TAMBIÉN *prnl.*: *se sentó en un banco.* 2 decidir cómo será algo: *sentaron las normas de comportamiento de los socios; sentar las bases de la política económica.* **SIN.** establecer, fijar, determinar. **CONJUG.** como *calentar**. **FAM.** sentada. **COMP.** asentar.

sentencia *[n.f.]* 1 lo que dice el juez al final del juicio para declarar al acusado inocente o culpable. **SIN.** fallo. 2 castigo que recibe un acusado cuando se le declara culpable: *cumplirá su sentencia en esta cárcel.* **SIN.** condena, pena. 3 frase corta que contiene alguna enseñanza o consejo: *"en martes ni te cases ni te embarques" es una sentencia popular sin ningún fundamento.* **SIN.** proverbio, máxima. **AF.** refrán, dicho. **FAM.** sentenciar, sentencioso, sentenciosamente.

sentenciar *[v.]* dictar el juez una sentencia*: *lo sentenció a un año de prisión.* **SIN.** condenar. **ANT.** absolver.

sentido *[n.m.]* 1 parte de un organismo vivo que está especializado en recibir señales físicas y trasmitirlas al cerebro para que éste las transforme en sensaciones como color, sonido, olor, sabor, etc.: *la vista, el oído, el olfato, el gusto y el tacto son los cinco sentidos que tenemos.* 2 capacidad de razonar o de darse uno cuenta de lo que está haciendo, de lo que pasa a su alrededor, etc.: *se cayó y se quedó sin sentido; es una persona con muy poco sentido.* **SIN.** conocimiento, entendimiento, consciencia. 3 capacidad especial para darse cuenta de las cosas relacionadas con algo concreto: *admiro tu sentido del humor; le falta el sentido de la orientación; tiene mucho sentido de la responsabilidad.* 4 cada una de las maneras en las que se puede entender algo: *lo dijo en el buen sentido de la palabra; hay que entenderlo en sentido figurado.* **SIN.** significado. 5 manera de moverse o de estar colocada una cosa, en relación a lo demás: *la bicicleta venía en sentido contrario; pon el cuadro en sentido vertical.* // **sentido, sentida** *[adj.]* 6 que se hace con sentimiento: *lo agradeció con palabras muy sentidas.* **SIN.** sincero. 7 que le afectan mucho las cosas: *es tan sentido que llora si lo riñes.* **SIN.** sensible, delicado. **ANT.** insensible. ■ **sentido común**, el que debe tener todo el mundo para darse cuenta de las cosas normales y lógicas. ■ **poner los cinco sentidos**, prestar mucha atención. ■ **de sentido común**, que es lógico y no hay buscarle una explicación rara.

sentimental *[adj.inv. en gén.]* 1 que se refiere a los sentimientos amorosos: *no quiere hablar de su vida sentimental.* **SIN.** amoroso. **AF.** romántico. 2 que se emociona fácilmente:

aunque se haga el duro, en el fondo es muy sentimental. **SIN.** emotivo. **AF.** sensible. **ANT.** insensible, duro.

sentimiento *[n.m.]* cada una de las cosas que uno siente en su interior, sin necesidad de los sentidos físicos: *el amor, el odio, el miedo y la pena son sentimientos; no podía ocultar sus sentimientos hacia él.*

sentir *[v.]* 1 tener una sensación (*siente frío; sentí un ruido*) o un sentimiento (*siente amor*). **SIN.** notar, tener. **AF.** experimentar, percibir. 2 estar triste o disgustado por algo: *siento mucho lo que ocurrió.* **SIN.** lamentar. **ANT.** alegrarse de. // **sentirse** *[v.prnl.]* 3 estar de una determinada manera: *me siento muy bien; se siente incómodo.* **SIN.** encontrarse, hallarse. **FAM.** sentido, sentimiento, sentimental, sentimentalismo, sentimentalmente, sensible, sensiblería, sensación, sensacional, sensacionalismo, sensacionalista. **COMP.** contrasentido, disentimiento, presentir, consentir, resentirse, asentir.

CONJUGACIÓN DEL VERBO SENTIR

Formas no personales
Infinitivo: *sentir.* Gerundio: *sintiendo.* Participio: *sentido.*

Indicativo
Presente: *siento, sientes, siente, sentimos, sentís, sienten.*
Pretérito imperfecto: *sentía, sentías, sentía, sentíamos, sentíais, sentían.*
Pretérito indefinido: *sentí, sentiste, sintió, sentimos, sentisteis, sintieron.*
Futuro imperfecto: *sentiré, sentirás, sentirá, sentiremos, sentiréis, sentirán.*

Condicional simple:
sentiría, sentirías, sentiría, sentiríamos, sentiríais, sentirían.

Subjuntivo
Presente: *sienta, sientas, sienta, sintamos, sintáis, sientan.*
Pretérito imperfecto: *sintiera/ sintiese, sintieras/ sintieses, sintiera/ sintiese, sintiéramos/ sintiésemos, sintierais/ sintieseis, sintieran/ sintiesen.*
Futuro imperfecto: *sintiere, sintieres, sintiere, sintiéremos, sintiereis, sintieren.*

Imperativo:
siente, sienta, sintamos, sentid, sientan.

seña *[n.f.]* 1 gesto que se hace para que alguien entienda algo: *me hizo una seña para que me callara.* **SIN.** indicación, señal. // **señas** *[n.f.pl.]* 2 conjunto de los datos que indican dónde vive una persona: *no puedo escribirle porque no tengo sus señas.* **SIN.** dirección.

señal *[n.f.]* 1 cualquier cosa que se hace o que se pone en un sitio para que alguien entienda algo: *los indios se comunicaban con señales de humo; una señal de tráfico triangular y con el borde rojo significa peligro; los semáforos son señales luminosas.* 2 cualquier cosa que hace pensar que hay otra o que algo es de una manera determinada: *el llanto del bebé es señal de que no está a gusto.* **SIN.** síntoma*. 3 cantidad de dinero que se da como demostración de que uno se compremete a comprar algo: *encargó el vestido y dejó diez euros de señal.* **AF.** garantía, depósito. **FAM.** señalar, señalizar, señalización, seña, señuelo. **COMP.** contraseña, reseña, reseñar.

señalar *[v.]* hacer una señal sobre algo o hacer que alguien se dé cuenta de algo o se entere de algo: *señale la respuesta correcta con un círculo; señaló con el dedo el vestido que quería; una flecha señalaba el camino.* **SIN.** indicar, marcar.

señalización *[n.f.]* conjunto de señales que sirven para orientar y dar información en los lugares públicos, como calles, carreteras, estaciones, aeropuertos, hospitales, etc.: *la señalización del tráfico es igual en todo el mundo.*

señalizar *[v.]* poner las señales necesarias para que algo se use o funcione correctamente: *señalizando bien los cruces se evitan accidentes de tráfico.* **OBS.** ante e, c: *señalicen.*

señor, señora *[n.]* 1 persona adulta: *no conozco a ese señor; le preguntó a una señora vestida de rojo.* **SIN.** hombre o mujer. TAMBIÉN se usa como *tratamiento*, delante del primer apellido: *buenos días, señor López; la señora García está esperando.* **OBS.** delante del nombre propio debe usarse ***don*** o ***doña***: *don Gabriel; doña María*; las formas abreviadas de señor y señora son ***Sr.*** y ***Sra.***: *el Sr. López; la Sra. García.* 2 persona que dirige o que manda: *quiero hablar con la señora de la casa.* **SIN.** dueño, amo, jefe. **ANT.** criado, sirviente, subordinado. 3 persona muy educada y elegante: *siempre se comporta como un señor.* **SIN.** caballero o dama. // **señora** *[n.f.]* 4 mujer con la que un hombre está casado: *vinieron a la cena con sus señoras.* **SIN.** esposa, mujer. **AF.** cónyuge. **ANT.** marido, esposo. **FAM.** señorito, señorita, señoría, señorío, señorial, señorialmente. **COMP.** ***enseñorearse*** (hacerse el dueño).

señoría *[n.f.]* palabra que se usa para dirigirse a jueces, diputados y senadores: *la presidenta del Congreso se dirigió a sus señorías.* **AMPL.** la abreviatura es ***usía***.

señorial *[adj.inv. en gén.]* que tiene aspecto de ser bueno, rico o de gente con elevada posición social: *vive en un barrio señorial.* **ANT.** humilde, pobre.

señorita *[n.f.]* 1 mujer que no está casada: *es una señorita muy amable.* TAMBIÉN se usa como *tratamiento*: *les presento a la señorita María Ferrero.* **OBS.** la forma abreviada es ***Srta.***: *Srta. Ferrero.* 2 mujer joven.

señorito, señorita *[n.]* 1 hijo del señor o joven perteneciente a una familia rica y con poder: *el señorito no vendrá a cenar; la señorita ya está en casa.* 2 persona que no trabaja y vive del dinero de la familia, o al que le gusta vivir con mucho lujo: *estos señoritos no saben lo que es trabajar.* TAMBIÉN *adj.*: *es tan señorita que sólo va a hoteles de cinco estrellas.* **SIN.** sibarita.

señuelo *[n.m.]* 1 cualquier cosa que sirve para atraer a las aves: *cazan patos con un señuelo.* 2 engaño que se usa para llamar la atención: *el premio era un señuelo, lo que en verdad querían era vender.* **SIN.** reclamo.

seo *[n.f]* catedral.

sépalo *[n.m.]* cada una de las hojas de color verde que salen, al final del tallo de las flores, alrededor de las de colores. **AMPL.** el conjunto de los sépalos de una flor se llama ***cáliz***, las hojas de colores, ***pétalos*** y el conjunto de pétalos, ***corola***. **FAM.COMP.** asépalo.

separación *[n.f.]* 1 espacio que hay entre dos o más cosas que no están completamente juntas: *deja una pequeña separación entre el sofá y la pared.* 2 hecho de que dos o más personas dejen de estar cerca o de vivir cerca (*en vacaciones se produce la separación de los compañeros de curso.* **SIN.** alejamiento, distanciamiento) o de que un matrimonio deje de serlo (*la separación de sus padres fue amistosa*). **ANT.** unión, acercamiento.

separar *[v.]* 1 hacer que dejen de estar juntas dos o más cosas o personas: *la separaron de su familia cuando era pequeña.* **SIN.** apartar, alejar. **ANT.** juntar, reunir. 2 estar (o poner) algo entre dos o más cosas o personas, de manera que no estén juntas: *un río separa los dos pueblos; los separan 200 kilómetros de distancia.* **ANT.** unir, acercar. 3 sacar algo de un conjunto y ponerlo en otro sitio: *separar la paja del trigo; separó del grupo a los que tenían 18 años.* **SIN.** apartar. **ANT.** juntar, unir. // **separarse** *[v.]* 4 dejar de estar juntos, de hacer algo juntos, de vivir juntos, etc.: *al llegar a la esquina se separaron; los socios de la empresa se han separado; sus padres se han separado.* **ANT.** juntarse, unirse. **FAM.** separación, separadamente, separador, separatismo, separatista. **COMP.** inseparable.

separata *[n.f.]* publicación suelta de un artículo que ya había aparecido en un libro o una revista.

sepia *[n.f.]* 1 animal parecido al calamar que mide unos 30 centímetros de largo, tiene diez tentáculos y una especie de hueso blando y plano dentro del cuerpo. **SIN.** jibia. // **sepia** *[adj.]* 2 de color pardo rojizo: *una fotografía de color sepia.*

septentrional *[adj.inv. en gén.]* del norte: *Asturias y Cantabria están en la parte septentrional de España.* **SIN.** norteño.

septiembre *[n.m.]* noveno mes del año, que va después de agosto y antes de octubre y tiene treinta días. **FAM.** septembrino.

séptimo, séptima *[num.]* es el numeral ordinal y fraccionario correspondiente al cardinal siete. ■ **el séptimo arte**, el cine.

septuagésimo, septuagésima numeral ordinal correspondiente al cardinal 70: *el abuelo cumple el martes su septuagésimo aniversario.*

septuplicar *[v.]* multiplicar por siete. **OBS.** ante e, qu: *septupliquen.*

sepulcro *[n.m.]* construcción, normalmente de piedra, hecha para enterrar a los muertos: *en la iglesia del convento está el sepulcro del fundador de la orden.* **SIN.** sepultura*. **FAM.** sepulcral.

sepultar *[v.]* **1** meter a un muerto en una sepultura*: *lo sepultaron en el cementerio de su pueblo.* **SIN.** enterrar, inhumar. **2** hacer que algo quede debajo de la tierra, de la nieve, del agua, etc.: *el derrumbamiento sepultó varios coches.* **AF.** enterrar, ocultar. **FAM.** sepultura, sepulturero, sepultador. **COMP.** ***insepulto*** (sin enterrar).

sepultura *[n.f.]* hueco, en la tierra o en una pared, en el que se entierra a los muertos: *todos los años visita la sepultura de su abuelo.* **SIN.** tumba, sepulcro. **AF.** mausoleo, panteón. ■ **dar sepultura**, enterrar. ■ **recibir sepultura**, ser enterrado.

sequedad *[n.f.]* **1** falta de humedad: *el exceso de sol produce sequedad en la piel.* **ANT.** humedad, hidratación. **2** característica a la que nos referimos para destacar que alguien es poco amable o de pocas palabras: *la sequedad de su carácter le impide tener amigos.* **SIN.** aspereza, brusquedad. **ANT.** amabilidad, simpatía.

sequía *[n.f.]* falta de agua que hay en una zona porque hace mucho tiempo que no llueve: *la sequía está perjudicando las cosechas.*

séquito *[n.m.]* grupo de personas que acompaña a otra que se considera más importante: *llegó el rey acompañado de su séquito.* **SIN.** comitiva, cortejo.

ser *[n.m.]* **1** todo lo que existe: *un animal es un ser vivo y una cosa un ser inanimado.* **AF.** ente. // **ser** *[v.]* **2** tener lo que se dice después del verbo como característica permanente o para siempre: *la leche es blanca; no es un hombre alto; las manzanas de este montón son reinetas.* **3** estar entre las cosas que alguien tiene: *ese coche es de mi primo.* **SIN.** pertenecer. **4** estar hecho con el fin que se dice: *este cuchillo es para cortar pan.* **SIN.** servir para. **AF.** valer. **5** formar parte de un conjunto: *es de los más altos del pueblo; son de la misma pandilla; esta camisa es de aquel montón.* **6** haber nacido o haberse producido algo en el sitio que se dice: *somos de Sevilla; esa manzana es de aquel árbol; los canguros son de Australia.* **SIN.** proceder. **7** estar hecho del material que se dice: *es de barro; somos de carne y hueso.* **8** pasar algo en el momento o lugar que se dice: *la boda fue hace dos años; la cena será en su casa.* **GRAM.** tiene dos funciones principales: como ***verbo copulativo*** une un sujeto a un predicado para afirmar o negar algo acerca de ese sujeto y forma parte del *predicado nominal* (*es amable*); como ***verbo auxiliar*** sirve para formar la voz pasiva de cualquier otro verbo (*el programa será visto por millones de personas*). **OBS.** como verbo copulativo afirma o niega la *existencia* o una *cualidad permanente* (*la leche es blanca*) y en eso se diferencia, por su significado, del verbo *estar* que suele afirmar o negar cualidades *no permanentes* (*el agua está blanca*). ■ **ser humano**, persona. ■ **ser supremo**, Dios. ■ **como sea**, de cualquier manera (*da igual, hazlo como sea*) o pase lo que pase (*hay que conseguirlo como sea*). **FAM.** enseres.

CONJUGACIÓN DEL VERBO SER

Formas no personales
Infinitivo: *ser.* Gerundio: *siendo.* Participio: *sido.*
Indicativo
Presente: *soy, eres, es, somos, sois, son.*
Pretérito imperfecto: *era, eras, era, éramos, erais, eran.*
Pretérito perfecto simple: *fui, fuiste, fue, fuimos, fuisteis, fueron.*
Futuro: *seré, serás, será, seremos, seréis, serán.*
Condicional simple:
sería, serías, sería, seríamos, seríais, serían.
Subjuntivo
Presente: *sea, seas, sea, seamos, seáis, sean.*
Pretérito imperfecto: *fuera/ fuese, fueras/ fueses, fuera/ fuese, fuéramos/ fuésemos, fuerais/ fueseis, fueran/ fuesen.*
Futuro imperfecto: *fuere, fueres, fuere, fuéremos, fuereis, fueren.*
Imperativo:
sé, sea, seamos, sed, sean.

serenar *[v.]* hacer que alguien deje de estar nervioso o que algo deje de estar alterado, violento, etc.: *una taza de tila logró serenarlo; su explicación serenó los ánimos de los allí reunidos.* **SIN.** tranquilizar, calmar, sosegar. TAMBIÉN *prnl.: tomó un calmante para serenarse; después de la tormenta el mar se serenó.*

serenata *[n.f.]* canción de amor que se canta en la calle, por la noche, para que la oiga una chica que está dentro de casa: *los tunos cantan serenatas.*

serenidad *[n.f.]* 1 característica a la que uno se refiere cuando dice que alguien es (o está) sereno*: *en los momentos difíciles sabe mantener la serenidad; habló con mucha serenidad.* **SIN.** tranquilidad, calma, sosiego. **ANT.** nerviosismo, intranquilidad. 2 característica que demuestra (y sensación que produce) lo que está sereno*: *había una gran serenidad en el ambiente; la serenidad de la noche invita a a pasear.* **SIN.** paz, quietud, tranquilidad. **ANT.** agitación.

sereno, serena *[adj.]* 1 que está tranquilo o que no se pone nervioso en situaciones difíciles: *durante el interrogatorio se mantuvo sereno.* **SIN.** tranquilo, calmado, sosegado. **ANT.** nervioso, intranquilo. 2 sin nada que produzca nerviosismo, ruido, violencia, incomodidad, etc.: *un ambiente sereno; tiempo sereno; una tarde serena.* **SIN.** apacible, tranquilo. **ANT.** agitado. 3 que no está borracho: *para conducir hay que estar sereno.* **SIN.** sobrio. **ANT.** ebrio, bebido. // **sereno, serena** *[n.]* 4 persona cuyo trabajo consiste en vigilar las calles por la noche y tiene las llaves de los portales de las casas: *los serenos se iban a su casa al amanecer.* **AF.** vigilante nocturno. ■ **al sereno**, al aire libre y por la noche. **FAM.** serenar, serenamente, serenidad.

serie *[n.f.]* 1 conjunto de cosas que son de la misma clase o están relacionadas entre sí, y que pueden ordenarse de alguna manera: *una serie de nombres y números de teléfono; hay una serie de cosas que no me gustan; es el último de la serie.* **AF.** sucesión, lista, colección. 2 programa de televisión o de radio que se emite por capítulos: *el domingo por la mañana hay una serie infantil.* **SIN.** serial. ■ **en serie**, todos a la vez, de la misma forma o con el mismo sistema. ■ **fuera de serie**, que se sale de lo normal por ser mejor que los demás. **FAM.** seriar, serial.

seriedad *[n.f.]* aspecto al que nos referimos para destacar que alguien o algo es serio*: *la seriedad del problema exige una solución inmediata* (**SIN.** gravedad, importancia, trascendencia. **ANT.** insignificancia, intrascendencia)*; la seriedad es necesaria en el ejercicio profesional* (**SIN.** formalidad, rectitud. **ANT.** informalidad).

serio, seria *[adj.]* 1 que es de tal manera que no se puede tomar a broma o no darle importancia: *una enfermedad seria; están tratando un asunto muy serio.* **SIN.** grave, importante, severo. **ANT.** insignificante, baladí. 2 que siempre cumple sus obligaciones y compromisos: *me gusta trabajar con personas serias.* **SIN.** formal. **AF.** honesto, recto. **ANT.** informal. 3 que se nota que está preocupado o disgustado y sin ganas de bromas: *está muy serio desde que discutió con ella.* 4 que no tiene adornos para no llamar la atención: *siempre se viste con trajes serios.* **SIN.** sobrio. ■ **en serio**, sin engaños ni bromas. **FAM.** seriedad, seriamente.

sermón *[n.m.]* 1 lo que dice un sacerdote, en la misa, para explicar el evangelio: *el párroco pronunció un sermón sobre la caridad.* **SIN.** homilía, prédica. **AF.** discurso, plática. 2 lo que se hace cuando se riñe a alguien, dándole muchos consejos: *le echaron un sermón por llegar tarde.* **AF.** bronca, amonestación, reprimenda. **PL.** *sermones.* **FAM.** sermonear, sermoneo, sermoneador.

sermonario *[n.m.]* colección de sermones.

serpentear *[v.]* moverse (o ir) de un lado a otro, haciendo "eses", como las serpientes: *hizo serpentear una cuerda por el suelo; la carretera serpentea por la montaña.* **SIN.** zigzaguear, culebrear. **OBS.** e + e = ee: *serpenteen.*

serpentín *[n.m.]* tubo largo, estrecho y enrollado: *el serpentín es una pieza de los alambiques.* **PL.** *serpentines.* **FAM.** serpiente.

serpentina *[n.f.]* tira de papel larga y estrecha que está enrollada en forma de disco y se lanza al aire para que se desenrolle: *en la fiesta tiraron confetis y serpentinas de colores.*

serpentino, serpentina *[adj.]* de las serpientes: *lengua serpentina.* **FAM.** serpiente.

serpiente *[n.f.]* animal de cuerpo cilíndrico y muy largo, con la piel cubierta de escamas, que no tiene patas y se mueve arrastrándose. **AMPL.** *serpiente* es el nombre que se le da a las más de 2.000 especies de reptiles que son más grandes que una culebra; muchas especies son venenosas como la *víbora*, la *serpiente de cascabel* y la *cobra* y otras cazan a sus presas enrollándose alrededor de ellas hasta que las asfixian, como hacen la *pitón* y la *boa constrictor.* **FAM.** serpentina, serpentear, serpenteo, serpenteante, ***serpentín*** (tubo largo, estrecho y enrollado).

serranía *[n.f.]* terreno con montañas. **FAM.** sierra.
serrano, serrana *[adj.]* de la sierra, de la montaña: *se crió en un pueblo serrano.*
serrar *[v.]* cortar con una sierra o con un serrucho: *serró madera para hacer una mesa.* **SIN.** aserrar. **CONJUG.** como *cerrar**. **FAM.** serrería, serrín, serrucho, sierra. **COMP.** aserrar.
serrín *[n.m.]* polvo o trocitos muy pequeños de madera que se desprenden al serrarla: *echó serrín en el suelo para que absorbiera la humedad.*
serrucho *[n.m.]* herramienta de carpintería que se usa para cortar la madera y consiste en una hoja de hierro, ancha, delgada, con dientes muy afilados en uno de los bordes y sujeta a un mango.
servicial *[adj.inv. en gén.]* que hace lo posible por ser útil y ayudar a los demás. **AF.** complaciente, diligente, atento.
servicio *[n.m.]* 1 conjunto de personas y de instalaciones que intervienen en un actividad estatal de interés público: *el servicio de correos.* 2 beneficio que proporciona una cosa sirviendo o siendo útil para algo: *esta bolsa me ha hecho mucho servicio.* **AF.** utilidad. 3 habitación con lavabo y retrete: *fue a orinar al servicio.* **SIN.** aseo, retrete. ■ **estar de servicio**, estar trabajando, sobre todo si se habla de profesiones en las que se hacen turnos como las de policía, médico, vigilante, etc. ■ **servicio doméstico**, persona o personas que trabajan en las tareas normales de una casa como limpiar, lavar, cocinar, etc. ■ **servicio militar**, dedicación de un tiempo determinado por la ley a servir al ejército del país los que no son militares profesionales. **SIN.** mili.
servidor, servidora *[n.]* persona que está al servicio de otra. **SIN.** sirviente, criado. **AF.** siervo. **OBS.** esta palabra se usa, siguiendo antiguas normas de educación, para referirse a uno mismo con humildad: por ejemplo, a la pregunta *¿quién es Juan?*, Juan contesta *"servidor"*.
servidumbre *[n.f.]* 1 conjunto de las personas que trabajan como sirvientes o criados en una casa: *en esa casa tienen mucha servidumbre.* **SIN.** servicio doméstico. 2 relación que tiene lo que depende de algo o está dominado por algo o por alguien: *para la agricultura, el clima es una servidumbre; se liberó de la servidumbre de los jefes trabajando por su cuenta.* **SIN.** dependencia. **ANT.** dominación, dominio. ■ **servidumbre de paso**, obligación de dejar pasar a otros por el terreno de uno.
servilleta *[n.f.]* pieza de tela o de papel que se utiliza durante las comidas para limpiarse los labios o las manos: *las servilletas hacen juego con el mantel.* **FAM.** servilletero.
servilletero *[n.m.]* objeto pensado para poner una o varias servilletas.
servir *[v.]* 1 poder usarse para lo que se dice: *el lápiz sirve para escribir; el agua sirve para muchas cosas; esto no sirve para nada.* **SIN.** valer. 2 estar a las órdenes de alguien, para prestarle los servicios que necesite: *los criados servían a los señores.* 3 ponerle a alguien comida o bebida: *de postre nos sirvieron tarta de manzana.* 4 hacer el servicio militar: *sirvió en Melilla.* ■ **servirse de**, usar algo o a alguien para hacer algo o para conseguir algo. **CONJUG.** como *pedir**. **FAM.** servidor, servidumbre, sirviente, servicio, servicial, servicialmente, siervo. **COMP.** inservible.
sesear *[v.]* pronunciar la *c* ante *e* o *i* y la *z* como si fueran una *s*: *muchísimas personas que hablan español sesean.* **FAM.** seseo.
sesenta *[num.inv. en gén.]* es el numeral cardinal correspondiente al número 60. **FAM.** sesentón.
sesión *[n.f.]* 1 cada una de las veces que se repite una película, una obra de teatro, etc.: *veremos la película en la última sesión.* **AF.** pase, representación. 2 reunión de personas a la que asisten para ver, oír, estudiar o informarse de algo: *estudiaremos este asunto en tres sesiones; ha sido una sesión muy larga; se está celebrando una sesión en el Parlamento.* **SIN.** reunión. **AF.** asamblea, junta.
sesos *[n.m.pl.]* cerebro del hombre o de los animales. ■ **devanarse los sesos**, pensar mucho. **FAM.** sesada, sesera, sesudo.
seta *[n.f.]* planta que pertenece a la familia de los hongos y tiene forma de sombrilla o de paraguas: *el champiñón y el níscalo son setas comestibles.*
setecientos, setecientas *[num.]* es el numeral cardinal correspondiente al número 700.
setenta *[num.inv. en gén.]* es el numeral cardinal correspondiente al número 70. **FAM.** setentón.

seto *[n.m.]* separación hecha con arbustos o con plantas trepadoras: *un seto divide nuestros jardines.*

seudónimo *[n.m.]* nombre que utilizan algunas personas, distinto del suyo real, para que no se sepa quiénes son: *algunos escritores firman sus obras con un seudónimo.* **SIN.** sobrenombre.

severo, severa *[adj.]* **1** que exige mucho, no se conforma con cualquier cosa y castiga con dureza el incumplimiento de las normas: *una profesora severa.* **SIN.** riguroso, exigente, duro, estricto. **ANT.** benevolente, indulgente, tolerante. **2** serio* (acepción 1): *tiene una enfermedad severa.* **FAM.** severidad, severamente.

sevillano, sevillana *[adj.]* **1** de Sevilla, provincia española y su capital, que es, además, la capital de la comunidad autónoma de Andalucía: *tengo algunos amigos sevillanos.* TAMBIÉN *n.*: *una sevillana de Granada.* // **sevillana** *[n.f.]* **2** música y baile típicos de Sevilla: *sabe bailar sevillanas.*

sexagésimo, sexagésima numeral ordinal correspondiente al cardinal 60: *el corredor llegó a la meta en sexagésima posición.*

sexismo *[n.m.]* cualquier modo de pensar que valore más a las personas de un sexo que a las del otro: *sexismo y racismo son siempre actitudes injustas.*

sexo *[n.m.]* **1** aspecto al que nos referimos para indicar si alguien es varón o mujer en el caso de las personas, y macho o hembra en el caso de los animales y las plantas: *la gata parió gatitos de los dos sexos: dos machos y tres hembras.* **OBS.** el ***sexo*** es una característica o diferencia biológica y el ***género*** es una diferencia gramatical; no hay que confundir estos conceptos: *las yeguas* son las hembras de los caballos, pero *yegua* no es el femenino de caballo; para serlo, la palabra tendría que estar formada sobre la misma raíz o lexema y con la desinencia o morfema de femenino como *perr-o, perr-a* o *gat-o, gat-a.* **2** conjunto de los órganos que intervienen en la reproducción de los seres vivos. **SIN.** aparato reproductor, órganos sexuales. **AMPL.** en los hombres y los machos mamíferos, los principales órganos sexuales son el pene y los testículos, y en las mujeres y las hembras, la vagina, el útero y los ovarios. ■ **sexo femenino**, las mujeres y las niñas. ■ **sexo masculino**, los hombres y los niños. **FAM.** sexual, sexualidad, sexólogo. **COMP.** ***asexual*** (sin sexo), bisexual, heterosexual, homosexual.

sexto, sexta *[num.]* es el numeral ordinal y fraccionario correspondiente al cardinal seis. **FAM.** sexteto.

sexual *[adj.inv. en gén.]* del sexo* o sobre asuntos relacionados con él: *vida sexual; educación sexual.*

sexualidad *[n.f.]* conjunto de cosas que tienen que ver con el sexo: *la sexualidad forma parte de nuestra personalidad; sexualidad animal.*

sheriff palabra inglesa que en español suele escribirse *chérif**.

short *[n.f.]* palabra inglesa que significa *pantalón muy corto.*

si *[conj.]* **1** en el caso de que pase lo que se dice: *saldremos si acabamos el trabajo.* **2** expresa duda entre dos o más posibilidades (*no sé si ir o no*), deseo (*¡si pudiera ir!*), seguridad en lo que se dice (*¡mira si lo sabía!*) o confirmación de algo (*¡pero si ya te lo había dicho!*). // **si** *[n.m.]* **3** séptima y última nota de la escala musical, que va detrás del *la*: *el si es la nota más aguda de cada escala.* **OBS.** con acento (*sí**) sería adverbio o pronombre personal.

La nota si en clave de sol y en clave de fa.

sí *[adv. de afirmación]* **1** se usa para responder afirmativamente a una pregunta, decir que algo es cierto, o que uno está de acuerdo con algo: *sí, soy español.* **ANT.** no. // **sí** *[pron.]* **2** la persona (o personas) de la que se está hablando y que es el sujeto de la oración: *sólo piensa en sí misma; lo quieren para sí.* **GRAM.** es tercera persona del pronombre personal, invariable en género y número y con función de complemento, por lo que siempre va acompañado de preposición (*no da más de sí; trabaja para sí mismo*); si la preposición es *con*, se dice *consigo*: *hablaba consigo misma.* // **sí** *[n.m.]* **3** lo que se dice para que alguien se entere de que uno acepta algo: *después de insistir me dio el sí.* **PL.**

síes. **OBS.** sin acento (*si**) sería conjunción o nombre de una nota musical.

siamés, siamesa *[adj.]* **1** de Siam, nombre antiguo de Tailandia, país del sureste de Asia cuya capital es Bangkok: *los gatos siameses tienen las patas, el rabo, las orejas y la cara más oscuras que el resto del cuerpo, y los ojos azules.* **SIN.** tailandés. TAMBIÉN *n.*: *la moneda que usan los siameses se llama baht.* **2** que ha nacido unido a un hermano gemelo por alguna parte del cuerpo: *para separar a los hermanos siameses hay que hacer una operación quirúrgica.* // **siamés** *[n.m.]* **3** lengua hablada en Tailandia.

sida *[n.m.]* enfermedad que destruye los mecanismos de defensa del organismo contra otras enfermedades y se transmite por la sangre y por las relaciones sexuales. **AMPL.** se puede escribir también con mayúsculas (SIDA) porque esta palabra viene de las siglas que se forman con su nombre técnico (Síndrome de Inmuno-Deficiencia Adquirida).

siderurgia *[n.f.]* industria que se dedica a sacar el hierro de los minerales que lo contienen y prepararlo para ser utilizado en otras industrias. **AMPL.** las fábricas en las que se trabaja el hierro se llaman ***altos hornos***. **FAM.** siderúrgico.

sidra *[n.f.]* bebida alcohólica que se obtiene haciendo fermentar zumo de manzanas. **AMPL.** ***escanciar*** es dejar caer la sidra en el vaso desde la máxima altura posible. **FAM.** sidrería.

siega *[n.f.]* trabajo que consiste en cortar la hierba o los cereales para recolectarlos: *la siega del trigo se hace en verano.* TAMBIÉN se llama *siega* al tiempo en que se hace esta faena agrícola.

siembra *[n.f.]* trabajo que consiste en sembrar* las semillas de una planta: *la siembra del trigo se hace en otoño.* **SIN.** sementera. TAMBIÉN se llama *siembra* al tiempo en que se siembra.

siempre *[adv. afirmativo de t.]* **1** durante todo el tiempo (*siempre vivió sola*) o todas las veces que se hace o que ocurre algo (*siempre acaba lo que empieza*). **2** al menos: *no gané, pero siempre podré decir que lo intenté.* **SIN.** en todo caso, por lo menos. **ANT.COM.** nunca, jamás. ■ **para siempre**, durante toda la vida. **SIN.** eternamente, perpetuamente.

sien *[n.f.]* parte lateral exterior de la cabeza que está al lado de cada ojo: *las sienes son muy sensibles a los golpes.*

sierra *[n.f.]* **1** herramienta que tiene una hoja de metal con dientes afilados en uno de sus bordes y que sirve para cortar madera, metales u otros materiales: *cortaron el árbol con una sierra eléctrica.* **2** conjunto de montañas que están una junto a la otra, y que tiene menos

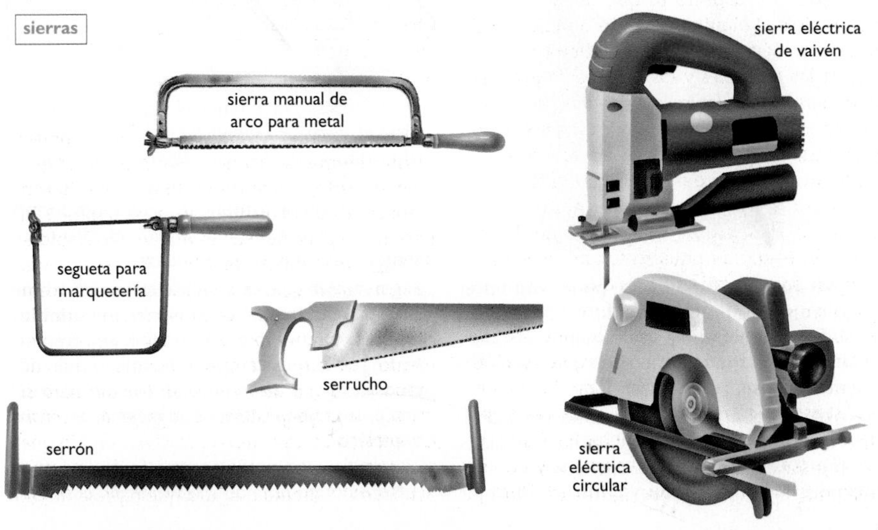

extensión que lo que llamamos cordillera: *fueron de excursión a la sierra.* **FAM.** ***serranía*** (terreno con montañas), serrano, serrar.

siervo, sierva *[n.]* persona que en la Edad Media trabajaba las tierras de un señor, que era su amo, y al que tenía que darle una parte de la cosecha que recogía. **AF.** vasallo. **FAM.** servilismo, servilmente, servir.

siesta *[n.f.]* sueño corto que se echa después de comer: *en verano duerme siesta.* **FAM.** sestear.

siete *[num.inv. en gén.]* **1** es el numeral cardinal correspondiente al número 7. // **siete** *[n.m.]* **2** roto que se ha hecho en un material flexible, al rasgarse en ángulo recto, de manera que parece un 7: *se hizo un siete en el pantalón.* **FAM.** séptimo, septuplicar. **COMP.** sietemesino.

sietemesino, sietemesina *[adj.]* que nació a los siete meses de embarazo, y no a los nueve meses como la mayoría de los niños: *un niño sietemesino.* TAMBIÉN *n.*: *los sietemesinos pesan poco al nacer.* **AF.** prematuro.

sifón *[n.m.]* botella de cristal grueso, preparada para contener agua carbónica y con un mecanismo especial por donde sale, a presión, el agua mezclada con el gas: *tiene dos sifones antiguos.* TAMBIÉN se llama *sifón* al agua que contienen las botellas de este tipo: *le gustaba el vino con sifón.* **PL.** *sifones.*

sifón

sigilo *[n.m.]* cuidado que se pone para hacer algo sin meter nada de ruido y haciendo lo posible para que nadie se dé cuenta: *el ladrón entró en la casa con mucho sigilo.* **FAM.** sigilosamente, sigiloso.

siglas *[n.f.pl.]* conjunto formado por las letras iniciales escritas en mayúscula y seguidas de punto, del nombre de una organización, un país, etc., que se usan para hacerlo más corto y que, cuando se puede, se pronuncian juntas como una sola palabra: *E.S.O. son las siglas de Enseñanza Secundaria Obligatoria.* **OBS.** cuando las palabras que están representadas por siglas están en plural, se pone dos veces la letra inicial de cada una: *SS.MM. son las siglas de Sus Majestades.* **AMPL.** cuando con las siglas se forma una palabra que se escribe con minúscula y sin puntos se llama ***acrónimo***: *ovni es el acrónimo de O.V.N.I. (objeto volador no identificado).*

siglo *[n.m.]* período de tiempo que dura cien años: *esta casa tiene un siglo.* **SIN.** centuria. **FAM.** ***secular*** (de muchos siglos).

significado *[n.m.]* lo que quiere decir un signo*, una palabra o una frase. **AF.** sentido, acepción.

TIPOS DE PALABRAS, SEGÚN SU SIGNIFICADO

CON SIGNIFICADO PLENO E INDEPENDIENTE:
- Nombres*
- Verbos*
- Adjetivos calificativos
- Adverbios*

SIN SIGNIFICADO O CON SIGNIFICADO DEPENDIENTE DE OTRA:
- Pronombres*
- Determinantes*
  - Artículos*
  - Adjetivos determinativos
- Nexos*
  - Preposiciones
  - Conjunciones

significar *[v.]* **1** tener el significado que se dice: *el signo "=" significa "es igual a".* **2** tener algo una consecuencia determinada: *esa lesión significa veinte días de reposo.* **SIN.** suponer, traer consigo. **AF.** implicar. **3** tener importancia: *el amor significa mucho para él.* **SIN.** representar. **OBS.** ante e, qu: *signifique.*

significativo, significativa *[adj.]* **1** que tiene mucha importancia por lo que significa: *recibió un premio muy significativo.* **SIN.** relevante, importante. **ANT.** insignificante. **2** que indica algo con mucha claridad: *que esté alegre es una prueba significativa de su mejoría.* **AF.** claro, expresivo.

signo *[n.m.]* **1** todo aquello que tiene un significado. **2** dibujo o figura que representa una cosa imitando su forma: *los signos del zodíaco; la señal de curva peligrosa tiene en el centro el signo de una curva.* **SIN.** icono. 3 cualquier cosa que hace pensar que hay otra o que algo es de una manera determinada: *los coches caros son signos de riqueza.* **SIN.** síntoma*. 4 cada una de las letras, palabras, marcas o señales que tienen un significado concreto, porque se ha decidido que lo tenga: *la coma, los puntos suspensivos y el punto y coma son signos de puntuación; el signo "+" es el signo de la suma.* ■ **signo ortográfico** o **de puntuación**, VER *signo de puntuación**. **FAM.** signar, significar, significado, significación, significante, significativo, significativamente. **COMP.** insignificante, persignarse, asignar, consigna, designar.

siguiente *[adj.inv. en gén.]* 1 que, siguiendo un orden, va después de otro, que es el anterior: *el día siguiente al domingo es el lunes.* **AF.** posterior. **ANT.** anterior. 2 que viene a continuación: *el reportaje siguiente fue rodado en América.* **AF.** próximo.

sigún forma incorrecta de decir *según**.

sílaba *[n.f.]* sonido o grupo de sonidos de una palabra que se pronuncian de una sola vez: *la palabra "yo" tiene una sílaba y "patata" tiene tres.* **AMPL.** cuando en una sílaba hay dos vocales forman ***diptongo*** y si hay tres, ***triptongo***; según el número de sílabas, las palabras pueden ser *monosílabas* (de una sola sílaba), *bisílabas* o *disílabas* (de dos), *trisílabas* (de tres) y *polisílabas* (de cuatro o más) VER *acento*. **FAM.** silabario, silabear, silabeo, silábico, silábicamente. **COMP.** monosílabo, disílabo, bisílabo, trisílabo, polisílabo.

silbar *[v.]* dar silbidos o producir un sonido muy agudo, ya sea con la boca o con cualquier instrumento como un silbato o algo parecido: *el público del teatro silbó a los actores porque eran malos; silbó para llamarlo, porque estaba lejos.* **SIN.** pitar, chiflar. **FAM.** silbido, silbato, silbo, silbador, silbante.

silbato *[n.m.]* instrumento hueco que al soplar a través de él produce un sonido agudo: *los guardias y los árbitros utilizan silbatos.* **SIN.** pito.

silbido *[n.m.]* sonido agudo que se hace soplando con los labios o con un silbato: *avisó a sus amigos con un fuerte silbido.* **SIN.** pitido, pitada, silbo.

silencio *[n.m.]* lo que hay en un sitio por el hecho de que no se oigan ruidos ni sonidos de ningún tipo: *necesito silencio para estudiar.* ■ **romper el silencio**, dejar de estar callado, o hablar sobre algo de lo que nunca se había querido hablar. **FAM.** silenciador, silenciar, silencioso, silenciosamente.

silencioso, silenciosa *[adj.]* 1 que no tiene ruidos o no produce ruidos, o que tiene o produce menos ruido que la mayoría: *es una calle silenciosa porque no pasan coches; ¡qué motor más silencioso!* **SIN.** silente. 2 que está callado: *estuvieron silenciosos durante toda la comida.* **ANT.** hablador, locuaz.

silente *[adj.inv. en gén.]* silencioso.

silla *[n.f.]* mueble con respaldo y sin brazos que sirve para que se siente una sola persona: *alrededor de la mesa hay seis sillas.* ■ **silla de montar**, asiento especial que se coloca encima del caballo para que la persona que lo monte vaya más cómoda y segura. **SIN.** montura, arnés. ■ **silla eléctrica**, la que, en algunos países, se usa para quitarle la vida a las personas condenadas a muerte y que funciona con una gran descarga eléctrica. **FAM.** sillería, sillín, sillón, silletín. **COMP.** ensillar, telesilla.

sillar *[n.m.]* piedra labrada colocada en fila en una construcción.

sillería *[n.f.]* 1 conjunto de sillas y sillones que hacen juego. 2 tienda o lugar donde se fabrican sillas. 3 construcción a base de sillares.

silletín *[n.m.]* banqueta para apoyar los pies. **PL.** *silletines.*

sillín *[n.m.]* asiento pequeño que tienen las bicicletas y las motocicletas. **PL.** *sillines.*

sillón *[n.m.]* mueble con respaldo y brazos que sirve para que se siente una sola persona: *en el salón hay un sofá y dos sillones.* **SIN.** butaca. **PL.** *sillones.*

silo *[n.m.]* granero* (sitio cerrado y sin humedad, destinado a guardar y proteger el grano recolectado).

silueta *[n.f.]* 1 línea que se podría hacer alrededor de una cosa para que se vea la forma que tiene: *esa chica tiene una silueta bonita; al atardecer, se destaca en el horizonte la silueta de las montañas.* **SIN.** figura, contorno. 2 figura o dibujo en el que sólo se distingue el borde de lo que representa, como si fuera su sombra: *recortó la silueta de un muñeco y se lo pegó en la espalda; con las manos delante de una lámpara forma siluetas de animales sobre la pared iluminada.* **FAM.** siluetear.

silvestre *[adj.inv. en gén.]* que crece de forma natural, sin ser cultivado por el hombre: *hizo un ramillete de flores silvestres.* **SIN.** salvaje. **FAM.COMP.** asilvestrado.

simbiosis *[n.f. inv. en núm.]* asociación de animales o vegetales de distintas especies que viven y se desarrollan juntos: *la simbiosis entre árboles y hongos.* **FAM.** simbiótico.

simbólico, simbólica *[adj.]* que tiene un significado concreto o que representa algo: *para los cristianos, una cruz es un objeto simbólico.*

símbolo *[n.m.]* dibujo, objeto, señal o, en general, cualquier cosa que tiene un significado porque se ha decidido que lo tenga, aunque no guarde ninguna otra relación con él: *una paloma blanca es el símbolo de la paz; las banderas son símbolos; Au es el símbolo del oro como elemento químico.* **FAM.** simbólico, simbolismo, simbolizar, simbolización, simbólicamente.

simetría *[n.f.]* relación que hay entre las distintas partes de algo (o entre varias personas o cosas), cuando la distancia entre ellas o la manera de estar colocadas es igual respecto a algo: *entre los brazos del cuerpo humano hay simetría; la colocación de los platos guarda simetría respecto al centro de la mesa.* **ANT.** asimetría. **FAM.** simétrico, simétricamente, metro. **COMP.** asimetría, asimétrico, disimetría.

simétrico, simétrica *[adj.]* que tiene simetría* respecto a algo: *los extremos de un diámetro de circunferencia son simétricos respecto al centro.* **AF.** equidistante.

simiente *[n.f.]* semilla*: *sembró simientes de tomates y obtuvo una tomatera.*

símil *[n.m.]* comparación: *"blanco como la nieve" es un símil.*

similar *[adj.inv. en gén.]* que se parece mucho: *los dos niños tienen el carácter similar.* **SIN.** parecido, semejante, análogo, parejo. **ANT.** diferente, distinto. **FAM.** similitud, ***símil*** (comparación). **COMP.** asimilar, ***disímil*** (distinto), disimilitud.

simio *[n.m.]* mono* (acepción 1): *los chimpancés son unos simios muy inteligentes.*

simpatía *[n.f.]* **1** característica que hace que digamos que algo o alguien es simpático: *su simpatía llamó la atención de los comensales.* **AF.** encanto, gracia. **ANT.** antipatía. **2** lo que se siente hacia algo que a uno le gusta o hacia alguien que le cae bien: *tu padre siempre me tuvo mucha simpatía.* **AF.** afecto, cariño, estima. **ANT.** antipatía, manía, ojeriza. **FAM.** simpático, simpatizar, simpatizante.

simpático, simpática *[adj.]* que resulta agradable y gracioso: *una persona simpática; una situación simpática; un ambiente simpático.* **ANT.** antipático, desagradable.

simpatizante *[n.inv. en gén.]* persona que, sin comprometerse del todo, cree que algo o alguien tiene cosas buenas y que puede merecer la pena apoyarlo: *un simpatizante de determinadas teorías; los simpatizantes de un partido político.*

simpatizar *[v.]* sentir simpatía por algo o alguien: *nunca ha simpatizado con ese vecino tuyo.* **OBS.** ante e, c: *simpaticen.*

simple *[adj.inv. en gén.]* **1** que resulta fácil: *la solución es muy simple.* **SIN.** sencillo. **2** que está formado por pocos elementos: *una máquina simple.* **SIN.** sencillo, elemental. **ANT.** complicado, complejo. **3** que tiene una forma de ser y de pensar poco complicada: *es tan simple que no se da cuenta de muchas cosas.* **AF.** ingenuo, incauto. **ANT.** profundo, sagaz. **FAM.** simpleza, simplemente, simplicidad, simplón, simplismo, simplista, simplificar, simplificación, simplificable.

simplicidad *[n.f.]* característica a la que nos referimos para destacar que algo es simple: *la simplicidad de la máquina facilita su manejo.* **SIN.** sencillez. **ANT.** complejidad.

simplificar *[v.]* **1** hacer que algo sea más fácil: *con menos papeleo se simplificaría el trabajo.* **SIN.** facilitar. **ANT.** complicar, dificultar. **2** convertir expresiones matemáticas en otras del mismo valor pero con términos más sencillos: *para simplificar 12ax=72 dividimos los dos términos por 12 y obtenemos ax=6.* **OBS.** ante e, qu: *simplifiquen.*

simulacro *[n.m.]* lo que se hace cuando se finge que se está en una situación peligrosa y se actúa como si realmente se estuviera para aprender lo que hay que hacer si pasa de verdad: *un simulacro de incendio; los soldados ensayaron un simulacro de ataque enemigo.*

simular *[v.]* hacer creer a los demás, con palabras, gestos, etc., una cosa que no es verdad: *simuló que le dolía la cabeza.* **SIN.** fingir, aparentar. **FAM.** simulación, simuladamente, simulador. **COMP.** disimular.

simultáneo, simultánea *[adj.]* que pasa (o se hace) al mismo tiempo: *hubo un fallo simultáneo en los dos ascensores.* ■ **traducción simultánea**, la que se hace al mismo tiempo que habla la persona a quien se traduce. **FAM.** simultáneamente, silmuntaneidad, simultanear.

sin- prefijo que significa *falta de.*

sin *[prep.]* indica que no hay, no está, no tiene, le falta algo o no se hace lo que se dice: *sin buen tiempo no apetece bañarse; un trabajo sin terminar; un piso sin calefacción; se fue sin despedirse.* **GRAM.** introduce complementos circunstanciales de modo.

sinagoga *[n.f.]* templo* en el que se reúnen los judíos para rezar o para estudiar su religión: *el rabino es el jefe espiritual de la sinagoga.*

sinceridad *[n.f.]* característica a la que nos referimos para destacar que algo o alguien es sincero: *habla con sinceridad; no dudo de tu sinceridad; son palabras llenas de sinceridad.* **SIN.** franqueza, veracidad. **ANT.** falsedad, hipocresía.

sincero, sincera *[adj.]* **1** que dice la verdad: *no me mientas, sé sincero conmigo; una carta sincera.* **SIN.** franco, veraz. **ANT.** hipócrita, falso. **2** que se siente o se piensa de verdad: *amor sincero; amistad sincera.* **SIN.** verdadero, auténtico. **ANT.** fingido, falso. **FAM.** sinceridad, sinceramente, sincerarse.

sincronía *[n.f.]* estudio de algo en un momento determinado. **ANT.** diacronía.

sindical *[adj.inv. en gén.]* del sindicato*: *una reunión sindical; un representante sindical.*

sindicato *[n.m.]* asociación de trabajadores de un mismo sector para defender sus derechos laborales y mejorar sus condiciones de trabajo: *es un labrador afiliado al sindicato agrario.* **FAM.** sindical, sindicalismo, sindicalista.

sinfonía *[n.f.]* composición musical larga, escrita para ser tocada por una gran orquesta: *Beethoven compuso varias sinfonías.* **FAM.** sinfónico, sinfonista. **COMP.** polifonía.

singular *[adj.inv. en gén.]* que no hay otro igual: *tiene una casa singular.* **SIN.** único, sin par. **AF.** original, peculiar, raro. **ANT.** normal, corriente. ■ **número singular**, forma de las palabras que indica que éstas se refieren sólo a una persona, un animal o una cosa, y no a varias. VER AMPL. en *número* (acepción 5). **FAM.** singularizar, singularmente, singularidad.

siniestro, siniestra *[adj.]* **1** que da miedo: *la bruja tenía una mirada siniestra.* **INTENS.** aterrador, espeluznante. **2** que está a la izquierda: *estaban por todas partes, a diestra y siniestra.* **ANT.** diestra. // **siniestro** *[n.m.]* **3** daño y destrucción causado por accidente: *los incendios y las inundaciones pueden producir siniestros muy graves.* **AF.** catástrofe, desastre. **FAM.** siniestrabilidad, siniestramente.

sinnúmero *[n.m.]* cantidad muy grande de algo: *había un sinnúmero de cosas.* **SIN.** infinidad, sinfín, multitud.

sino *[conj. advstva.]* **1** se usa para aclarar en una segunda frase lo que se ha negado en la primera: *no es para ti, sino para tu hermano.* // **sino** *[n.m.]* **2** lo que, según algunos, hace que pasen las cosas como pasan, sin que haya posibilidad de evitarlo: *vivió en la pobreza convencido de que ése era su sino.* **SIN.** destino, suerte, hado.

Fíjate bien, si yo digo:
"No son cuatro, *sino* cinco"
sino es una palabra,
conjunción adversativa,
nunca la escribas partida.

Pero, en cambio, si yo digo:
"***Si no*** vienes no te veo"
hay un *si* condicional
y un adverbio negativo,
dos palabras diferentes
que se deben separar.

sinónimo, sinónima *[adj.]* que significa lo mismo que la otra cosa con la que se compara: *"blanco" y "albo" son palabras sinónimas.*

a b c d e f g h i j k l m n ñ o p q r **s** t u v w x y z

TAMBIÉN *n.m.: "albo" es un sinónimo de "blanco".* **AF.** afín, semejante, parecido, equivalente. **ANT.** antónimo, contrario. **FAM.** sinonimia, sinonímico, sinonímicamente.

sintagma *[n.m.]* grupo de palabras que aparecen juntas y cumplen, dentro de una oración, una función determinada (de nombre, de verbo, de adjetivo o de adverbio): *"más tarde" es un sintagma adverbial, "azul claro", un sintagma adjetivo y "el pasado martes" un sintagma nominal.* **AMPL.** cada sintagma tiene una palabra esencial que se llama ***núcleo*** y otras que completan su significado; el núcleo de los *sintagmas verbales* siempre es un verbo y el de los *sintagmas nominales*, un nombre.

sintaxis *[n.f.inv. en núm.]* parte de la lingüística que estudia las oraciones gramaticales y el orden y las funciones que las palabras desempeñan dentro de ella: *sujeto, predicado y complemento son términos que se usan en sintaxis.* **FAM.** sintáctico, sintácticamente, sintagma, sintagmático.

síntesis *[n.f.inv. en núm.]* **1** lo que se hace para estudiar o explicar algo teniendo sólo en cuenta lo que es importante y que sirve para sacar una conclusión: *para no cansarlos, haré una rápida síntesis del tema.* **SIN.** resumen, sinopsis, extracto. **ANT.** análisis. **2** procedimiento químico por el que dos o más elementos se unen en una sola partícula dando lugar a una materia nueva. **FAM.** sintético, sintéticamente, sintetizar, sintetizable, sintetizador, tesis.

sintético, sintética *[adj.]* **1** que sólo tiene en cuenta lo más importante: *una explicación sintética.* **SIN.** resumido. **2** que se hace artificialmente, por la síntesis de varios elementos químicos, o con sustancias artificiales que imitan un producto natural: *un tejido sintético; un bolso de piel sintética.* **SIN.** artificial. **ANT.** natural.

síntoma *[n.m.]* cualquier cosa de la que se puede deducir otra, porque es consecuencia de ella o depende de ella: *la fiebre es uno de los síntomas de la gripe.* **SIN.** señal, indicio, signo. **AF.** demostración, prueba. **FAM.** sintomático, sintomatología.

sintonía *[n.f.]* **1** lo que hay entre dos o más personas que se entienden bien: *entre ellos hubo sintonía desde el día que se conocieron.* **2** música con la que empieza un programa de radio o de televisión: *aún recuerda la sintonía de "Bonanza".*

sintonizar *[v.]* **1** encontrar en un aparato de radio o de televisión una determinada emisora o una determinada cadena: *sintonizó una emisora de música clásica.* **2** entenderse bien con alguien: *no te cases con una persona con la que no sintonizas.* **SIN.** armonizar. **OBS.** ante e, c: *sintonicen.* **FAM.** sintonía, sintonización, sintonizador, tono.

sinuoso, sinuosa *[adj.]* que tiene muchas curvas o que da muchas vueltas: *bajamos al río por un camino sinuoso.* **SIN.** ondulante, tortuoso. **ANT.** recto, derecho. **FAM.** sinuosamente, sinuosidad, seno.

sinvergüenza *[n.inv. en gén.]* persona a la que no le importa, con tal de conseguir lo que quiere, hacer cosas que sabe que no debería hacer: *no respeta a nadie porque es un sinvergüenza.* **AF.** descarado. **FAM.** sinvergonzonería, sinvergüencería, vergüenza.

siquiera *[adv. de c.]* por lo menos: *quédate siquiera un ratito; enséñale siquiera lo más importante.* **SIN.** por lo menos, tan solo, aunque sea, aunque sólo sea. ■ **ni siquiera** se usa para dar más importancia a una negación: *ni siquiera me habla.*

sirena *[n.f.]* **1** personaje imaginario que de la cintura para arriba es una mujer y de la cintura para abajo un pez: *en algunos cuentos aparecen bellas y dulces sirenas.* **2** aparato que produce un sonido fuerte que sirve como aviso de algo: *la sirena del barco suena cuando sale del puerto.* **AF.** alarma.

sirviente, sirvienta *[n.]* persona que trabaja haciendo las tareas domésticas en casa de otra: *como era muy rico tenía muchos sirvientes.* **SIN.** criado, servidor.

sísmico, sísmica *[adj.]* de los seísmos*: *Japón es una zona de gran actividad sísmica.* **FAM.** seísmo, sismógrafo, sismograma, sismología, sismológico, sismólogo.

sismo *[n.m.]* seísmo.

sistema *[n.m.]* 1 manera de hacer algo, especialmente si se sigue un plan, unas normas, un orden, etc.: *un sistema de trabajo bien pensado puede ahorrar mucho tiempo.* **SIN.** método, procedimiento. 2 conjunto de los elementos que intervienen en la misma función: *la nariz forma parte del sistema respiratorio; se ha estropeado el sistema de alarma.* ■ **sistema solar**, conjunto formado por un sol y todos los planetas que giran a su alrededor. **FAM.** sistemático, sistemáticamente, sistematizar, sistematización. **COMP.** asistemático.

sitial *[n.m.]* asiento para ceremonias: *el obispo se sentó en el sitial.* **FAM.** sitio.

sitiar *[v.]* ponerse un ejército enemigo alrededor de un sitio para que nada ni nadie pueda entrar o salir: *las tropas enemigas sitiaron la ciudad.* **SIN.** asediar, cercar. **FAM.** sitiador, sitio.

sitio *[n.m.]* 1 punto o zona en el espacio: *este es un sitio muy tranquilo; ponlo en un sitio seguro.* **SIN.** lugar. 2 asiento o posición que le corresponde a una cosa o a una persona: *cada uno se sentó en su sitio.* **SIN.** puesto. 3 espacio que ocupa o que puede ocupar una cosa o una persona: *no queda sitio para él en el coche.* **SIN.** espacio. 4 lo que se hace al sitiar* una ciudad, un territorio, etc.: *hay romances que cuentan el sitio de Zamora por Sancho II en el siglo XI.* **SIN.** cerco, asedio. **FAM.** ***sito*** (situado), situar, situación.

sito, sita *[adj.]* que está donde se dice: *el palacio, sito en la capital, es visitado por muchos turistas.* **SIN.** situado. **FAM.** sitio.

situación *[n.f.]* 1 conjunto de cosas relacionadas con algo o con alguien que pasan en un momento concreto y hacen que esté de una manera determinada: *con su comportamiento provocó una situación desagradable; una situación favorable para algo; su situación económica es buena; la situación familiar de muchos emigrantes es penosa.* **AF.** panorama, condiciones, circunstancias. 2 relación que hay entre un sitio y otros que se toman como referencia: *comunicaron la situación del barco para que fueran a auxiliarlos; la situación de la casa, próxima al colegio, les resulta cómoda.* **SIN.** ubicación.

situar *[v.]* 1 poner algo o a alguien en un sitio determinado: *situó la silla junto a la pared.* **SIN.** ubicar*. 2 indicar el lugar en el que está algo o alguien: *sitúa los ríos en el mapa mudo.* **SIN.** localizar. // **situarse** *[v.prnl.]* 3 saber uno donde está: *no se sitúa, porque acaba de llegar a la ciudad.* **SIN.** orientarse, ubicarse. 4 llegar a tener un trabajo: *no fue fácil, pero logró situarse bien.* **SIN.** colocarse. **AF.** emplearse.

sobaco *[n.m.]* hueco que queda debajo del brazo, donde se une al tronco: *los adultos tienen vello en el sobaco.* **SIN.** axila. **FAM.** sobaquillo, sobaquera.

sobado, sobada *[adj.]* que está sucio de tanto usarlo o tocarlo: *la camisa tiene el cuello sobado.* **SIN.** manoseado.

sobar *[v.]* tocar mucho algo con las manos: *deja de sobar el sombrero, que lo ensucias.* **SIN.** manosear. **FAM.** sobadura, sobón.

soberano, soberana *[adj.]* 1 que no depende de nadie: *España es un estado soberano; el pueblo soberano.* **AF.** independiente. 2 muy grande, muy importante, muy fuerte, muy intenso, etc.: *se dio un soberano golpe; dijo una soberana tontería; cayó una soberana nevada.* **AF.** considerable, solemne. // **soberano, soberana** *[n.]* 3 persona que tiene la máxima autoridad y no depende de nadie, especialmente si es un rey: *los soberanos saludaban a sus súbditos.* **AF.** monarca. **FAM.** soberanía, soberanamente.

soberbia *[n.f.]* lo que demuestra quien se cree más importante o mejor que los demás, no admite que nadie le lleve la contraria y nunca reconoce sus errores: *la soberbia es su peor defecto.* **SIN.** orgullo, inmodestia, engreimiento. **AF.** altanería, altivez, arrogancia. **ANT.** humildad, modestia. **FAM.** soberbio, soberbiamente. **COMP.** ensoberbecer.

soberbio, soberbia *[adj.]* 1 que tiene soberbia*: *no tiene amigos porque es muy soberbio.* **SIN.** orgulloso*. 2 muy bueno: *el cantante tuvo una actuación soberbia; es un edificio soberbio.* **SIN.** estupendo*.

sobornar *[v.]* dar dinero o cualquier otra cosa a alguien a cambio de que preste un favor que está prohibido por la ley o que perjudica a otras personas: *sobornaron a los vigilantes para que los dejaran escapar.* **AF.** corromper. **FAM.** soborno, sobornador. **COMP.** insobornable.

soborno *[n.m.]* delito que cometen el que soborna y el que se deja sobornar*: *un político no debe admitir sobornos.* **AF.** corrupción.

sobrado *[n.m.]* parte de una casa que está entre el techo de la última planta y el tejado y a veces se usa para guardar cosas: *guardaron la cuna en el sobrado.* **SIN.** desván. **AF.** buhardilla. **AMPL.** un sobrado que se usa para guardar cereales se llama ***algorfa***.

sobrante *[adj.inv. en gén.]* que ha sobrado: *recoge la comida sobrante.* TAMBIÉN *n.m.: muchos sobrantes son aprovechables.*

sobrar *[v.]* **1** haber (o tener) más de lo que hace falta: *aquí lo que sobra es agua; les sobra comida.* **ANT.** faltar, escasear. **2** quedar sin usar una parte de algo: *ha sobrado pan; sobrará mucha tela; sobraron tres botellas.* **3** no hacer falta: *cuando todo está claro, sobran las explicaciones.* **SIN.** holgar. // **sobrarse** *[v.prnl.]* **4** valerse uno por sí mismo: *me sobro yo solo para levantar esta piedra.* **SIN.** bastarse. **FAM.** sobras, sobrado, sobrante, sobradamente.

sobras *[n.f.pl.]* lo que queda después de gastar lo necesario: *el gato se comió las sobras de pescado; con las sobras de cartulina adornó la carpeta.* **SIN.** restos, sobrante. ■ **de sobra**, más de lo que hace falta.

sobre- prefijo que significa *además de* o *por encima de.*

sobre *[prep.]* **1** encima de: *el vaso está sobre la mesa.* **ANT.** debajo de. **2** en relación con: *es un libro sobre medicina.* **SIN.** de, acerca de. **3** más o menos lo que se dice o cuando se dice: *tiene sobre cinco años; volverá sobre las tres.* **SIN.** alrededor de, aproximadamente. // **sobre** *[n.m.]* **4** bolsa plana de papel que se cierra con una solapa y se usa para guardar o mandar por correo cartas, papeles, etc.: *mete la carta en un sobre.*

sobrealimentar *[v.]* dar a alguien más alimento del que necesita: *el médico recomendó no sobrealimentar al niño.* **FAM.** sobrealimentación, alimentar.

sobrecarga *[n.f.]* más carga, peso, uso o esfuerzo del que algo o alguien puede soportar: *la sobrecarga hizo que el puente se hundiera; no pudo comunicar con él porque había sobrecarga en las líneas telefónicas.*

sobrecargar *[v.]* poner en algo o en alguien más carga o más peso del que puede soportar (*si sobrecargas el coche no podrá subir la cuesta*) o hacer que alguien tenga que hacer más esfuerzo del que puede (*sobrecargó de trabajo a su ayudante*). **AF.** recargar. **OBS.** ante e, gu: *sobrecarguen.* **FAM.** sobrecarga, ***sobrecargo*** (aumento de precio), cargar.

sobrecargo *[n.m.]* hombre que forma parte de la tripulación de un avión y se encarga de supervisar distintas funciones auxiliares.

sobrecogedor, sobrecogedora *[adj.]* que asusta tanto o es tan triste o preocupante que impresiona muchísimo: *oyeron un ruido sobrecogedor; la escena del terremoto era sobrecogedora.* **SIN.** estremecedor. **INTENS.** espantoso. **ANT.** tranquilizador.

sobrecoger *[v.]* asustar o impresionar mucho algo que da miedo, que pasa de repente, que es muy triste o preocupante, etc.: *la escena los sobrecogió.* **SIN.** estremecer. **AF.** asustar. TAMBIÉN *prnl.: se sobrecogió al oír la alarma.* **OBS.** ante a y o, j: *sobrecojan, sobrecojo.* **FAM.** sobrecogedor, coger.

sobreentender *[v.]* entender algo que no se ha explicado claramente porque se da por supuesto o se puede deducir fácilmente: *se sobreentiende que son muy amigos porque, si no, no se tratarían así.* **SIN.** deducir. **AF.** suponer. TAMBIÉN se puede escribir ***sobrentender***. **CONJUG.** como *tender**.

sobreesdrújulo, sobreesdrújula *[adj.]* que lleva el acento en una sílaba anterior a la antepenúltima: *"caliéntatelo" es un término sobreesdrújulo.* TAMBIÉN *n.: todas las sobreesdrújulas deben acentuarse.* TAMBIÉN se puede escribir *sobresdrújulo.* **FAM.** esdrújulo.

sobremanera *[adv. de m.]* mucho: *trabaja sobremanera.*

sobremesa *[n.f.]* tiempo que se pasa, después de haber comido, charlando o tomando café: *en verano hacemos la sobremesa en la terraza.* ■ **de sobremesa**, pensado para colocar sobre una mesa.

sobrenatural *[adj.inv. en gén.]* que no se puede explicar porque parece que no cumple las leyes de la naturaleza: *dicen que hace milagros porque tiene poderes sobrenaturales.* **ANT.** natural. **FAM.** sobrenaturalmente, natural.

sobrentender *[v.]* sobreentender*.

sobrepasar *[v.]* 1 ir, estar o hacer algo más allá de un límite, de un sitio o de cualquier cosa que sirva de referencia: *el precio de esta joya sobrepasa el millón; sobrepasó la línea de meta.* **SIN.** superar, rebasar. TAMBIÉN *prnl.: si te sobrepasas comiendo, la comida te sentará mal.* **SIN.** excederse, pasarse. 2 ponerse por delante: *lo sobrepasó en la curva.* **SIN.** adelantar, pasar.

sobresaliente *[adj.inv. en gén.]* 1 que está por encima de lo normal: *una persona sobresaliente en su oficio.* **SIN.** destacado, excepcional. 2 que se sale fuera de una superficie, de un límite, o de un tope: *la casa tiene los balcones muy sobresalientes hacia la calle.* // **sobresaliente** *[n.m.]* 3 nota máxima que se puede conseguir en un examen: *tuvo tres sobresalientes y dos notables.*

sobresalir *[v.]* 1 estar más fuera que el resto o que otra cosa: *los balcones sobresalen en la fachada; en la estantería, el libro grande sobresale entre los demás.* 2 ser, en algo, mucho mejor o mucho peor que los demás: *sobresale entre los arquitectos por su originalidad.* **SIN.** destacar, distinguirse. **ANT.** pasar desapercibido. **CONJUG.** como *salir**.

sobresaltar *[v.]* producir, dentro del pecho, una sensación brusca y desagradable por algo que uno no se esperaba: *el ruido lo sobresaltó.* **SIN.** asustar, darle a uno un susto. **INTENS.** estremecer. TAMBIÉN *prnl.: se sobresaltó al oír el timbre.* **FAM.** sobresalto, saltar.

sobresalto *[n.m.]* lo que nota uno por el hecho de sobresaltarse: *sintió un sobresalto al oír el golpe.* **INTENS.** estremecimiento. **AF.** susto.

sobresdrújulo, sobresdrújula *[adj.]* sobreesdrújulo*.

sobretodo *[n.m.]* prenda de vestir larga y ancha que se pone sobre la ropa cuando hace frío. **SIN.** abrigo, gabán.

sobrevenir *[v.]* llegar de repente algo inmaterial: *le sobrevino un ataque de tos.* **CONJUG.** como *venir.*

sobrevivir *[v.]* vivir más que otro (*no quiere sobrevivir a sus hijos*) o lograr seguir vivo (*sobreviven como pueden; los que sobrevivieron aún se acuerdan de la guerra*). **FAM.** sobreviviente, vivir.

sobrino, sobrina *[n.]* lo que es de una persona el hijo o la hija de su hermano o de su hermana: *soy sobrino de la hermana de mi padre.* **ANT.** tío o tía.

socavar *[v.]* cavar por debajo de algo: *socavar una bodega en una casa.* **FAM.** cavar.

socavón *[n.m.]* hoyo que se ha hecho en una calle o una carretera al hundirse una parte del suelo. **AF.** bache. **PL.** *socavones.* **FAM.** ***socavar*** (cavar por debajo de algo), cavar.

social *[adj.inv. en gén.]* de toda la sociedad* (*el paro es un grave problema social*) o de la sociedad de la que se está hablando (*el domicilio social de la empresa está en Huesca*). **FAM.** socialmente, socialismo, socialista, socializar, socialización, socio.

socialismo *[n.m.]* conjunto de ideas políticas que dan más importancia a los intereses de la sociedad que a los intereses de cada persona: *el socialismo, como doctrina política, nació en el siglo XIX.*

socialista *[adj.inv. en gén.]* que defiende las ideas del socialismo o toma parte de ellas: *partido socialista.* TAMBIÉN *n.: los socialistas perdieron las elecciones.*

sociedad *[n.f.]* 1 conjunto formado por todas las personas relacionadas entre sí por la forma de vida, las costumbres, el trabajo, la cultura, la política, etc.: *se apartó de la sociedad y vive solo en el monte; formamos parte de la sociedad española.* 2 modelo legal que adoptan algunas empresas o asociaciones para desarrollar su actividad: *es de una sociedad que se dedica a construir pisos; una sociedad protectora de los animales.*

socio, socia *[n.]* 1 persona que comparte la propiedad de un negocio con otra o con otras: *es socio de Telefónica; son socios del taller en el que trabajan.* **AF.** accionista. 2 persona que pertenece a una asociación, a un club, etc.: *los socios de la biblioteca pagan una pequeña cuota.* **SIN.** miembro, asociado. **FAM.** sociedad, sociable, sociabilidad, social, sociología, sociólogo, sociológico. **COMP.** insociable, insociabilidad, asociar.

sociología *[n.f.]* ciencia que estudia la sociedad humana, su organización y las relaciones que existen entre las personas que la forman.

sociólogo, socióloga *[n.]* persona que se dedica a la sociología*: *un sociólogo hablará sobre el racismo.*

socorrer *[v.]* ayudar a quien está en peligro o no tiene lo necesario para vivir: *gritó para que alguien fuera a socorrerlo.* **SIN.** auxiliar, asistir, ayudar. **ANT.** abandonar, desamparar. **FAM.** socorro, socorrido, socorrismo, socorrista, sucursal.

socorrismo *[n.m.]* conjunto de conocimientos necesarios para atender bien a quien necesita ayuda por haber tenido un accidente, haber estado a punto de ahogarse, etc.: *en un curso de socorrismo aprendió a hacer la respiración boca a boca.*

socorrista *[n.inv. en gén.]* persona que trabaja vigilando para que no ocurran accidentes y socorriendo a los que están en peligro o necesitan ayuda: *los socorristas vigilan a los niños en la piscina.*

socorro *[n.m.]* ayuda que necesita quien está en peligro: *levantaron los brazos para pedir socorro.* **SIN.** auxilio. **AF.** asistencia, ayuda.

soda *[n.f.]* bebida preparada con agua y ácido carbónico y que al contacto con el aire produce burbujas de gas: *pidió un whisky con soda.* **SIN.** agua de Seltz, seltz, sifón.

sofá *[n.m.]* mueble tapizado y mullido, con respaldo y brazos, en el que pueden sentarse varias personas a la vez. **AMPL.** parecidos al sofá son la ***otomana***, que no tiene respaldo pero sí dos brazos altos y curvados, el ***diván***, que sólo tiene un brazo alto en la cabecera, el ***canapé***, que es una especie de banco con respaldo y asientos mullidos y el ***escaño***, que es de madera y sin mullidos; el conjunto formado por un sofá y dos sillones se llama ***tresillo***. **PL.** *sofás.*

soflama *[n.f.]* 1 llama débil. 2 discurso apasionado que pretende llevar a un grupo de personas a realizar una acción determinada.

sofocante *[adj.inv. en gén.]* que no deja respirar bien: *hace un calor sofocante.* **SIN.** asfixiante.

sofocar *[v.]* 1 no dejar respirar con normalidad: *subir escaleras lo sofoca.* **AF.** asfixiar, ahogar. TAMBIÉN *prnl.: se sofoca si sube la escalera muy deprisa.* 2 conseguir que algo se acabe, pierda intensidad o no se note: *el ejército sofocó la revuelta; los bomberos sofocaron el incendio; el ruido de los coches sofocó la música de la fiesta.* **SIN.** amortiguar, apagar. **INTENS.** extinguir. **ANT.** avivar. **OBS.** ante e, qu: *sofoquen.* **FAM.** sofoco, sofocante, sofocón, sofocador, sofoquina.

sofocón *[n.m.]* nerviosismo o disgusto muy fuerte que se tiene de repente por algo concreto (*no le dio la mala noticia para evitarle el sofocón*) o cansancio que altera la respiración normal (*le dio un sofocón al subir las escaleras*). **PL.** *sofocones.*

soga *[n.f.]* cuerda gruesa y muy resistente hecha con fibras vegetales: *subieron el armario atado a una soga.* ■ **con la soga al cuello**, en una situación muy difícil, sin escapatoria.

soja *[n.f.]* planta de flores pequeñas, de color violeta o blanco y de fruto parecido a la judía, cuyas semillas se utilizan para hacer harina y aceite: *la soja es un alimento muy utilizado en la cocina china.*

sol *[n.m.]* 1 astro con luz propia alrededor del cual giran varios planetas: *cada sol es el centro de un sistema planetario.* **OBS.** cuando se habla del sol que es el centro del sistema planetario del que forma parte la Tierra, se escribe con mayúscula: *el Sol nos da luz y calor.* 2 luz y calor que recibe la Tierra del Sol: *es una habitación con mucho sol; si tienes frío ponte al sol.* **OBS.** en este sentido, siempre se escribe con minúscula. 3 quinta nota de la escala musical, situada entre *fa* y *la.* ■ **de sol a sol**, desde que amanece hasta que oscurece. **FAM.** solear, solar, solana, ***solario*** (sitio para tomar el sol), ***solarium*** (solario). **COMP.** solsticio, insolación.

La nota sol en clave de sol y en clave de fa.

solamente *[adv. de c.]* nada más que lo que se dice: *bebe solamente agua; solamente compra lo que necesita; tengo solamente una hermana.* **SIN.** sólo, únicamente, exclusivamente.

solana *[n.f.]* sitio en el que da el sol. **SIN.** solanera. **FAM.** sol.

solano *[n.m.]* 1 viento que sopla desde el este. 2 viento caliente y sofocante.

solapa *[n.f.]* parte de algo que se dobla (o está doblada) sobre otra: *cierra el sobre doblando la solapa; en la solapa de la cubierta del libro hay una foto del autor; la solapa de un abrigo, una chaqueta, etc.* **FAM.** ***solapar*** (disimular), solapadamente.

solapar *[v.]* hacer lo posible para que no se vea o se note algo: *solapar la verdad de un asunto; solapó sus intenciones.* **SIN.** disimular. **FAM.** solapa.

solar *[adj.inv. en gén.]* 1 de un sol o del Sol: *sistema solar; energía solar.* // **solar** *[n.m.]* 2 dentro de una ciudad, terreno vacío en el que se puede construir: *entre las dos casas hay un solar de trescientos metros.*

solario *[n.m.]* sitio preparado para tomar el sol.

solárium *[n.m.]* solario*.

soldada *[n.f.]* paga del soldado.

soldadesco, soldadesca *[adj.]* 1 del soldado. // **soldadesca** *[n.f.]* 2 conjunto de soldados. **SIN.** tropa.

soldado *[n.m.]* persona que forma parte de un ejército, aunque no sea militar de profesión, y que tiene el grado más bajo: *hizo la mili como soldado.* **FAM.** soldadesco, ***soldadesca*** (tropa), ***soldada*** (paga del soldado).

soldar *[v.]* hacer que dos cosas queden pegadas al fundirse el material del que están hechas: *el fontanero soldó la cañería con un soplete; hay aparatos para soldar envases de plástico.* **CONJUG.** como *contar**. **FAM.** soldador, soldadura.

soledad *[n.f.]* 1 falta de compañía (*para trabajar a gusto necesita soledad.* **AF.** aislamiento) o falta de gente (*la soledad del desierto*). 2 sentimiento del tipo de la tristeza que se puede tener por estar solo cuando a uno le gustaría estar acompañado: *siente mucha soledad desde que murió su mujer.* **AF.** tristeza, melancolía.

solemne *[adj.inv. en gén.]* que se hace de manera que se note mucho que es algo extraordinario, serio y muy importante: *celebraron la boda con una ceremonia solemne en la catedral; palabras solemnes.* **SIN.** ceremonioso. **ANT.** sencillo, corriente. TAMBIÉN se usa con ciertas palabras para darle más fuerza a su significado: *dijo una solemne tontería; es un solemne majadero; le dio un solemne tortazo.* **FAM.** solemnidad, solemnemente, solemnizar.

soler *[v.]* tener por costumbre (*suelo levantarme temprano*) o pasar muchas veces (*aquí suele nevar*). **SIN.** acostumbrar a. **OBS.** es verbo irregular y ***defectivo***.

CONJUGACIÓN DEL VERBO SOLER

Formas no personales
Infinitivo: *soler*. Gerundio: *soliendo*. Participio: *solido*.
Indicativo
Presente: *suelo, sueles, suele, solemos, soléis, suelen.*
Pretérito imperfecto: *solía, solías, solía, solíamos, solíais, solían.*
Subjuntivo
Presente: *suela, suelas, suela, solamos, soláis, suelan.*
Pretérito imperfecto: *soliera/ soliese, solieras/ solieses, soliera/ soliese, soliéramos/ soliésemos, solierais/ solieseis, solieran/ soliesen.*

solfa *[n.f.]* sistema de escritura musical. **SIN.** solfeo. ■ **poner** algo **en solfa**, ponerlo en ridículo.

solfeo *[n.m.]* lectura de las notas musicales escritas en una partitura, cantándolas, marcando el compás y siguiendo el ritmo. **FAM.** ***solfa*** (sistema de escritura musical), solfear.

solicitar *[v.]* 1 pedir algo: *solicitó mi ayuda.* 2 presentar los documentos necesarios para que a uno le concedan algo: *solicitó un préstamo en el banco.* **FAM.** solicitud, solicitante, ***solícito*** (con intención de ayudar).

solícito, solícita *[adj.]* que demuestra intención de ayudar: *en información los atendió una chica muy amable y solícita.* **FAM.** solicitar.

solicitud *[n.f.]* 1 documento o gestión que sirve para pedir algo de forma oficial: *para pedir la beca tienes que rellenar esta solicitud y presentarla en secretaría.* **AF.** instancia. 2 actitud de quien quiere ayudar y ser útil: *se interesó por el problema con solicitud.*

solidaridad *[n.f.]* sentimiento que hace que uno quiera ayudar a quien tiene algún problema que podría haber tenido uno mismo: *mostraron su solidaridad con los afectados por la catástrofe.*

solidez *[n.f.]* característica que hace que digamos que algo es sólido: *el arquitecto está seguro de la solidez de los cimientos.* **SIN.** resistencia, firmeza, consistencia. **ANT.** fragilidad, inconsistencia.

solidificarse *[v.]* pasar del estado líquido al estado sólido: *el agua se solidifica, convirtiéndose en hielo, al llegar a cero grados.* **OBS.** ante e, qu: *solidifiquen.*

sólido *[n.m.]* **1** cuerpo que tiene una forma determinada sin necesidad de estar en un recipiente: *los sólidos se pueden coger con la mano.* // **sólido, sólida** *[adj.]* **2** que tiene las características de un sólido: *los recién nacidos no toman alimentos sólidos.* **3** que está hecho de tal manera que no es fácil que se rompa, se estropee o se desarme: *una mesa sólida; los cimientos de un edificio deben ser sólidos.* **SIN.** resistente, fuerte, consistente, recio. **ANT.** frágil, endeble. **FAM.** solidificarse, solidificación, solidez, sólidamente, solidaridad, solidario, solidariamente, solidarizarse. **COMP.** consolidar.

soliloquio *[n.m.]* lo que hace quien habla en voz alta para sí mismo. **AF.** monólogo.

solista *[n.inv. en gén.]* persona que, en una interpretación musical, hace los solos* (acepción 4) de voz o del instrumento que toca: *el solista cantó un aria de Verdi; una solista de violín.*

solitaria *[n.f.]* parásito que vive en el intestino humano y produce anemias y otras enfermedades. **SIN.** tenia.

solitario, solitaria *[adj.]* **1** que pasa mucho tiempo sin compañía (*una vida solitaria; un chico solitario*) o que le gusta estar solo (*tiene un carácter solitario*). **ANT.** sociable. TAMBIÉN *n.*: *es un solitario que no trata con nadie.* **2** hablando de sitios, que está sin gente: *una calle solitaria.* **SIN.** vacío, desierto. **AF.** deshabitado, despoblado. **ANT.** concurrido. // **solitario** *[n.m.]* **3** juego pensado para un solo jugador: *cuando se aburre hace solitarios con las cartas.*

sollozar *[v.]* llorar mucho y con mucha tristeza, suspirando y haciendo ruidos de vez en cuando: *sollozaba tapándose la cara.* **SIN.** llorar.

sollozo *[n.m.]* respiración ruidosa de quien está sollozando: *me contó entre sollozos lo que le había pasado.* **FAM.** sollozar, sollozante.

solo, sola *[adj.]* **1** sin compañía: *vive él solo; le apetece estar sola.* **ANT.** acompañado. **2** que no hay más que uno: *no tengo ni un solo euro.* **SIN.** único. **3** sin añadirle nada: *me gusta la leche sola.* // **solo** *[n.m.]* **4** obra musical (o parte de una obra musical) interpretada por una sola persona: *el artista interpretó un solo de piano.* ■ **a solas**, sin que haya nadie más. ■ **sentirse solo**, estar uno triste por no tener a nadie que lo acompañe, que lo entienda o que lo ayude, aunque sí haya gente cerca. **OBS.** con acento (*sólo*) sería un adverbio que significa *solamente.* **FAM.** soledad, solitario, solitariamente, solista, solitaria, sólo, solamente.

sólo *[adv.]* solamente*: *sólo quiere vivir tranquilo.* **OBS.** sin acento (*solo**) sería adjetivo o nombre masculino.

solomillo *[n.m.]* pieza de carne de vaca o de cerdo que está por debajo del lomo por el lado interior de las últimas costillas.

solsticio *[n.m.]* cada una de las dos posiciones del Sol, opuestas respecto al eje de la Tierra, que producen el día más largo y el más corto del año. **AMPL.** esto ocurre dos veces al año, que es cuando el Sol está más lejos del ecuador; con el primero (entre el 21 y el 22 de junio), que se llama ***solsticio de verano***, empieza el verano en el hemisferio norte y el invierno en el hemisferio sur; el segundo (entre el 21 y el 22 de diciembre) se llama ***solsticio de invierno*** y con él empieza el invierno en el hemisferio norte y el verano en el hemisferio sur.

soltar *[v.]* **1** dejar de sujetar algo o de hacer fuerza sobre algo: *soltó la mano del niño.* **ANT.** sujetar, presionar. **2** dejar libre a una persona o un animal: *los atracadores soltaron a los rehenes; el niño soltó el pájaro.* **SIN.** liberar. **ANT.** apresar. **3** hacer algo que resulta brusco o repentino: *le soltó un montón de insultos; al verlo, soltó una carcajada.* // **soltarse** *[v.prnl.]* **4** empezar a hacer bien algo que no se sabía hacer: *se soltó a andar al cumplir los 10 meses.* **5** dejar de estar sujeto o unido a algo: *la hebilla del reloj se ha soltado.* **SIN.** desprenderse. **FAM.** soltura, suelto, sueltamente, soltero, soltería.

soltero, soltera *[adj.]* que no se ha casado: *estuvo soltero hasta los 55 años.* TAMBIÉN *n.*: *los solteros del grupo prepararon la fiesta.*

soltura *[n.f.]* lo que demuestra quien sabe hacer algo bien y con rapidez: *con sólo dos años ya habla con soltura; maneja las herramientas con mucha soltura.* **SIN.** desenvoltura. **AF.** habilidad, seguridad. **ANT.** torpeza.

soluble *[adj.inv. en gén.]* hablando de sustancias, que al echarlas en un líquido se deshacen y pasan a formar parte de él: *el azúcar y la sal son solubles en agua.*

solución *[n.f.]* 1 lo que resuelve un problema (*la solución para abrir la puerta es encontrar las llaves*) y lo que resulta de resolverlo (*la solución del problema nos dio tranquilidad*). **AF.** respuesta, remedio. 2 sustancia que resulta al disolver algo en un líquido, de manera que pase a formar parte de él: *se lavó la herida con una solución de agua y sal.* **SIN.** disolución, mezcla. **FAM.** solucionar, soluble, solubilidad, solubilizar. **COMP.** ***insoluble*** (que no tiene solución o que no se puede disolver), insolubilidad, ***indisoluble*** (insoluble), indisolubilidad, disolver.

solucionar *[v.]* hacer lo necesario para que algo que es problema deje de serlo (*ya solucionó la difícil situación*) o averiguar el resultado correcto de un problema (*ha solucionado los tres ejercicios de matemáticas*). **SIN.** resolver.

sombra *[n.f.]* 1 sitio en el que la luz del Sol no da directamente, porque hay algo entre ellos: *iban paseando por la sombra.* **ANT.** sol. 2 forma oscura que hace un cuerpo en una superficie al no dejar pasar la luz: *al caminar iba mirando su sombra.* **AF.** silueta. ■ **a la sombra**, en la cárcel. ■ **hacer sombra**, destacarse de manera que algo o alguien parezca menos importante. **FAM.** sombrear, sombrío, sombrilla, sombrajo, sombrero, sombrerería, sombrerera, sombrerero, ***umbrío*** (sombrío). **COMP.** ensombrecer, asombrar.

sombrear *[v.]* pintar las sombras en un dibujo o una pintura: *remató el dibujo sombreándolo.* **OBS.** e + e = ee: *sombreen.*

sombrerera *[n.f.]* caja para guardar un sombrero.

sombrero *[n.m.]* prenda para la cabeza, con ala: *una chistera es un sombrero.*

sombrilla *[n.f.]* objeto con forma de paraguas que se usa para dar sombra: *colocó la silla bajo la sombrilla.* **SIN.** parasol, quitasol.

sombrío, sombría *[adj.]* 1 que tiene poca luz o que le da poco el sol: *un bosque sombrío.* **SIN.** umbrío. **AF.** oscuro, en penumbra. **ANT.** claro, luminoso, soleado. 2 que no es (o no está) alegre: *una mirada sombría.* **SIN.** triste, melancólico, apagado. 3 que se ve con problemas difíciles de resolver: *un futuro sombrío.* **SIN.** difícil, negro. **ANT.** esperanzador, prometedor, brillante.

someter *[v.]* 1 obligar a los demás a hacer lo que uno quiere: *somete a la familia a sus caprichos; los países ricos someten a los pobres.* **SIN.** dominar, subyugar. **ANT.** liberar. 2 dejar que otros digan o decidan lo que hay que hacer en algo que interesa a todos: *sometió su propuesta a la aprobación de los demás.* **SIN.** exponer. // **someterse** *[v.prnl.]* 3 hacer o aceptar algo porque no hay más remedio, porque otro quiere o porque es lo mejor: *se sometió a varias operaciones* (**AF.** soportar, sufrir)*; los ciudadanos se someten a la ley; los labradores tienen que someterse a las circunstancias climáticas* (**SIN.** plegarse. **ANT.** rebelarse). **FAM.** sometimiento, sometido, sometidamente, sumiso, meter.

somier *[n.m.]* pieza que forma parte de la cama y sobre la que se coloca el colchón: *su cama es un somier con patas.*

somnífero, somnífera *[adj.]* que produce sueño: *una sustancia somnífera.* TAMBIÉN *n.m.*: *no conviene abusar de los somníferos.*

sombreros

somnolencia *[n.f.]* sensación que produce la necesidad de dormir: *si te entra somnolencia, deja de conducir.* **SIN.** sueño, sopor, modorra.

son *[n.m.]* sonido agradable: *bailamos al son de la orquesta.* **AF.** ritmo, música.

sonajero *[n.m.]* juguete de bebé que hace ruido al moverlo.

sonámbulo, sonámbula *[n.]* persona que, cuando está dormida, se levanta y anda sin darse cuenta de que lo hace: *los sonámbulos no se acuerdan de nada cuando se despiertan.* TAMBIÉN *adj.*: *un chico sonámbulo; una persona sonámbula.*

sonar *[v.]* 1 hacer ruidos o sonidos: *sonó la sirena; las campanas suenan; el timbre no suena porque está estropeado.* 2 estar oyéndose lo que se dice: *suena la música; ha sonado un ruido.* 3 parecerle a uno que ya ha visto o ha oído lo que se dice: *me suena su cara, pero no sé de qué; esa música me suena.* // **sonarse** *[v.prnl.]* 4 echar aire por la nariz para limpiarse los mocos. **SIN.** mocar (se usa poco). **CONJUG.** como *contar**. **FAM.** son, sonido, sónico, sonoro, sonoridad, sonajero, sonaja. **COMP.** ultrasonido, ultrasónico, supersónico, malsonante, resonar.

sonda *[n.f.]* 1 cuerda con un peso en un extremo para medir la profundidad del agua y explorar el fondo. 2 instrumento médico para explorar heridas y las cavidades del cuerpo.

sondear *[v.]* 1 echar la sonda para medir la profundidad del agua y explorar el fondo. 2 tratar de averiguar algo haciendo preguntas, investigando, etc.: *sondearán a los ciudadanos para saber si están contentos con la nueva alcaldesa.* **OBS.** e + e = *ee*: *sondeen.*

soneto *[n.m.]* tipo de poesía formada por 14 versos agrupados en dos estrofas de cuatro y dos de tres. **AMPL.** en las estrofas de cuatro versos, que se llaman ***cuartetos***, riman el primer verso con el cuarto y el segundo con el tercero; en las de tres (***tercetos***), los versos pueden rimar de distintas formas. **FAM.** sonetista.

sonido *[n.m.]* sensación que se nota a través del sentido del oído: *un silbido es un sonido agudo.* **AMPL.** cuando una cosa roza o choca contra otra, produce una vibración que se transmite en forma de ***ondas sonoras***; el oído recibe estas ondas sonoras, envía la información al cerebro y éste la transforma en ***sensación sonido***; dependiendo del tipo de ondas sonoras, los sonidos pueden ser entre ***graves*** (como el de los tambores) o ***agudos*** (como el de los silbatos); un ***ruido**** es un sonido desagradable al oído humano, el sonido que producen las campanas se llama ***tañido*** y la ***música*** es un conjunto de sonidos agradables bien relacionados entre sí; los sonidos que no puede percibir el oído humano pero sí el de algunos animales se llaman ***ultrasonidos***.

sonoro, sonora *[adj.]* que produce sonidos: *una campana es un objeto sonoro.* **AF.** ruidoso. **ANT.** silencioso. ■ **banda sonora** de una película, música de una película.

sonreír *[v.]* hacer, con la cara y con la boca, un gesto especial que expresa que algo nos hace gracia o nos produce alegría: *le sonrió a su abuelo al verlo llegar; su ocurrencia lo hizo sonreír.* **CONJUG.** como *reír**. **FAM.** sonriente, sonrisa, reír.

sonriente *[adj.inv. en gén.]* que está sonriendo o que suele sonreír: *una cara sonriente; un niño sonriente.*

sonrisa *[n.f.]* gesto que se hace al sonreír*: *esa chica tiene una sonrisa bonita.*

sonrojar *[v.]* hacer que a alguien se le ponga la cara más roja de lo normal por estar pasando vergüenza: *su mal comportamiento me sonroja.* **SIN.** ruborizar, poner colorado. TAMBIÉN *prnl.*: *se sonroja porque es tímido.* **FAM.** sonrojar, sonrojo, rojo.

sonrosado, sonrosada *[adj.]* de color rosa: *mejillas sonrosadas.* **SIN.** rosado, rosáceo. **FAM.** sonrosar, rosa.

soñador, soñadora *[adj.]* que le gusta quedarse pensando en cosas agradables o que le gustaría conseguir, e imaginarse lo que pasaría si ya las hubiera conseguido: *una persona soñadora.* **SIN.** romántico. **ANT.** realista, práctico.

soñar *[v.]* 1 pensar, ver, oír o vivir cosas cuando uno está dormido, teniendo la sensación de que está despierto: *soñó que viajaba en un barco de papel.* 2 imaginar, cuando se está despierto, que pasa algo que a uno le gustaría que pasara: *sueña con ser astronauta.* **AF.** fantasear, imaginar. **FAM.** soñador, soñoliento, sueño, somnolencia, somnoliento, ***somnífero*** (que produce sueño), sonámbulo, sonambulismo. **COMP.** ensueño, insomnio.

sopa *[n.f.]* alimento con mucho líquido, que se prepara cociendo en agua verduras, carne, fideos, etc., y se come con cuchara. **AF.** caldo, sopicaldo. ■ **hasta en la sopa**, en todas partes. **FAM.** sopera, sopero, sopeteo.

sopera *[n.f.]* recipiente grande, con asas y tapadera, que sirve para llevar la sopa a la mesa: *una sopera de porcelana.*

sopero, sopera *[adj.]* 1 que es para tomar sopa o para servir sopa: *una cuchara sopera; un plato sopero.* 2 que le gusta mucho la sopa: *es un chico muy sopero.*

sopesar *[v.]* comparar las ventajas y los inconvenientes de algo, para decidir sobre ello. **FAM.** pesar.

sopetón palabra que nada más aparece en la expresión adverbial ■ **de sopetón**, sin que uno se lo espere y con brusquedad. **SIN.** de golpe, de repente.

soplar *[v.]* 1 echar hacia afuera el aire que uno (o algo) tiene dentro: *apagó las velas soplando con fuerza; avivó el fuego soplando con el fuelle.* **AF.** espirar, insuflar. 2 moverse el aire con fuerza: *si no sopla el viento no vuelan las cometas.* **FAM.** soplido, soplo, soplón, soplillo.

soplete *[n.m.]* aparato que lanza una llama corta y delgada, a mucha temperatura, y se usa para fundir, soldar y cortar metales, o para calentar algo con mucha precisión: *el fontanero suelda la tubería de plomo calentándola con el soplete.*

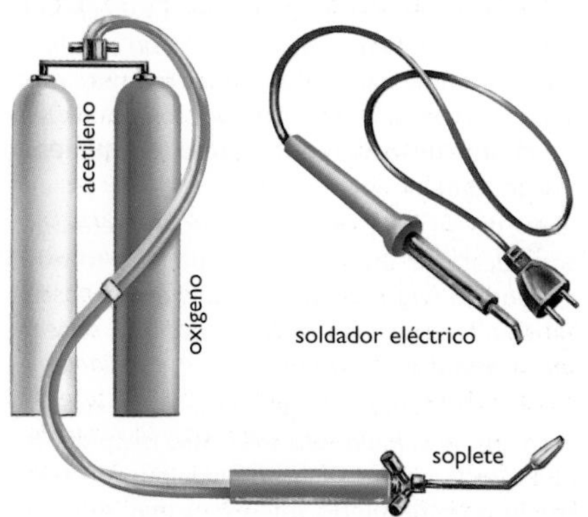

soplido *[n.m.]* soplo*: *apagó las velas de un soplido.*

soplillo *[n.m.]* instrumento con forma de pala redondeada y mango que se utiliza para avivar el fuego.

soplo *[n.m.]* 1 cada una de las veces que se sopla: *apagó la cerilla de un soplo.* **SIN.** soplido. 2 información que se da a escondidas para descubrir al culpable de algo: *le dieron un soplo a la policía y detuvieron al ladrón.* **SIN.** chivatazo. ■ **como un soplo** o **en un soplo**, en muy poco tiempo. ■ **soplo de corazón**, fuga que se produce en alguna de las válvulas del corazón, al no cerrarse con suficiente presión.

soplón, soplona *[n.]* persona que acusa a otra o que cuenta algo que sirve para descubrir al culpable: *un soplón le dijo al policía quién había sido.* **SIN.** chivato, delator.

soportales *[n.m.pl.]* parte de la calle, con techo, que queda entre las fachadas de los edificios y una fila de columnas: *los domingos hay mercadillo de filatelia en los soportales de la plaza.*

soportar *[v.]* 1 estar sirviendo de apoyo a algo: *unas pocas vigas soportan todo el edificio.* **SIN.** sostener, sustentar, aguantar. 2 pasar el sufrimiento o la incomodidad que produce algo, sin ponerse nervioso, enfadarse o quejarse: *soporta la enfermedad con mucha paciencia; no soporta las injusticias; soporta a su vecino por educación.* **SIN.** aguantar, tolerar, resistir. **FAM.** soportable, soporte, portar. **COMP.** insoportable.

soporte *[n.m.]* lo que soporta o sirve de apoyo a algo: *los cimientos son el soporte de la casa.* **SIN.** apoyo, sustento, sostén.

sor tratamiento que se da a algunas monjas: *sor María es la superiora del convento.*

sorber *[v.]* hacer que una pequeña cantidad de líquido entre en la boca, aspirando con los labios un poco cerrados: *el niño hace ruido al sorber la sopa.* **SIN.** absorber, succionar. **AF.** chupar, libar. **FAM.** sorbo, sorbible. **COMP.** absorber.

sorbete *[n.m.]* helado muy batido hecho con leche y otros ingredientes y que queda muy cremoso: *un sorbete de fresa y nata.*

sorbo *[n.m.]* lo que se hace al sorber (*toma la sopa dando sorbos*) y lo que se puede sorber de cada vez (*le queda un sorbo de limonada*).

sordera *[n.f.]* problema físico que se nota en que quien lo tiene no oye o no oye bien: *la sordera le impide tomar parte en las conversaciones.*

sordo, sorda *[adj.]* que no oye nada o casi nada, porque tiene algún problema físico: *no se enteró de la explosión porque está sordo; una persona sorda.* TAMBIÉN *n.*: *los sordos no oyen.* **AMPL.** muchos sordos saben ***leer los labios***, que es enterarse de lo que está diciendo una persona, fijándose en cómo mueve los labios al hablar. ■ **sordo como una tapia**, tan sordo, que no puede oír absolutamente nada. **FAM.** sordamente, sordera, sordez. **COMP.** ensordecer, sordomudo.

sordomudo, sordomuda *[adj.]* que no puede oír ni hablar, porque tiene algún problema físico: *un chico sordomudo; una persona sordomuda.* TAMBIÉN *n.*: *los sordomudos se entienden con un lenguaje especial.*

soriano, soriana *[adj.]* de Soria, provincia española y su capital, que pertenecen a la comunidad autónoma de Castilla y León: *tierra soriana; un hombre soriano.* TAMBIÉN *n.*: *las sorianas.*

sorprendente *[adj.inv. en gén.]* que causa sorpresa*: *un hecho sorprendente; contestó de una manera sorprendente.* **SIN.** asombroso. **INTENS.** pasmoso. **AF.** desconcertante.

sorprender *[v.]* **1** causar sorpresa*: *me sorprende verte vestida de torero.* **SIN.** asombrar. **INTENS.** pasmar. TAMBIÉN *prnl.*: *me sorprendo de que puedas hablar japonés tan fácilmente; se sorprendió cuando se lo dije.* **2** ver a alguien haciendo algo que no quería que se viera, o darse cuenta de algo que otro quería ocultar: *lo sorprendió con el dedo en la nariz; la sorprendí en una mentira.* **SIN.** descubrir, coger, pillar. **FAM.** sorprendente, sorpresa, sorprendentemente, prender.

sorpresa *[n.f.]* **1** sensación que se tiene cuando pasa algo que no suele pasar, que tiene mucho mérito, que a uno le resulta raro o difícil de entender, o que uno no se espera: *se llevó una sorpresa al verla vestida de torero; ¡qué sorpresa! no sabía que hablabas japonés.* **2** cosa que uno no espera: *le tenían preparada una sorpresa.* ■ **por sorpresa**, sin que nadie se lo espere. **SIN.** inesperadamente.

sortear *[v.]* **1** hacer un sorteo*: *lo sortearon y te tocó a ti; hoy se sortean los premios de la lotería.* **SIN.** echar a suertes, hacer un sorteo, rifar. **2** librarse de los obstáculos o resolver las dificultades: *fueron todo el camino sorteando baches; tuvieron que sortear todo tipo de peligros.* **SIN.** salvar. **AF.** evitar, esquivar, eludir. **OBS.** e + e = ee: *sorteen.* **FAM.** sorteable, sorteo.

sorteo *[n.m.]* método que se emplea para elegir algo dejando que decida la suerte (*distribuyeron las tareas por sorteo*) y juego con el que se pone en práctica este método (*mañana es el sorteo de la lotería*). **SIN.** rifa.

sortija *[n.f.]* anillo con adornos o con piedras preciosas: *la sortija tiene un diamante.* **AF.** anillo, alianza, sello, solitario. **FAM.COMP.** ensortijar.

S.O.S. llamada que usan los barcos, los aviones, etc. de todo el mundo, para pedir auxilio: *al verse en peligro, enviaron un S.O.S.*

sosegado, sosegada *[adj.]* **1** que decide las cosas con calma y no se pone nervioso fácilmente: *una persona sosegada.* **ANT.** nervioso, irritable. **2** que no tiene nada que altere su tranquilidad: *un ambiente sosegado; un carácter sosegado.* **SIN.COM.** tranquilo, calmado, sereno.

sosegar *[v.]* **1** quitar el nerviosismo: *lo que le dijiste lo sosegó bastante; sus explicaciones sosegaron los ánimos de los reunidos.* **SIN.** tranquilizar, serenar, calmar, apaciguar, relajar. **ANT.** irritar, excitar. // **sosegarse** *[v.prnl.]* **2** recuperar la tranquilidad: *se sosegó escuchando música; tras la tormenta, la tarde se ha sosegado.* **SIN.** tranquilizarse, calmarse, serenarse. **CONJUG.** como *negar**. **FAM.** sosiego, sosegadamente. **COMP.** desasosiego, desasosegar, desasosegadamente.

sosiego *[n.m.]* aspecto al que nos referimos para destacar que algo o alguien es (o está) sosegado*: *una persona con mucho sosiego; habló con sosiego; para trabajar necesita sosiego.* **SIN.** tranquilidad, calma, paz.

soso, sosa *[adj.]* **1** que tiene poco sabor o poca sal: *la comida está sosa.* **SIN.** insípido, insulso. **ANT.** sabroso o salado. **2** que no tiene gracia o no despierta interés: *es muy soso con-*

tando chistes (**SIN.** insulso, sosaina, patoso, soseras. **ANT.** saleroso)*; dice que la pesca es una actividad muy sosa* (**SIN.** insulso). **FAM.** sosaina, sosamente, soseras, sosería.

sospecha *[n.f.]* idea que uno tiene sobre algo, basada en algún detalle, pero que no se puede demostrar: *tuvo la sospecha de que querían estafarlos; según mis sospechas, el asesino es el mayordomo.* **AF.** presentimiento, intuición, conjetura. **FAM.** sospechar, sospechoso, sospechosamente. **COMP.** insospechado.

sospechar *[v.]* **1** tener una sospecha*: *sospecho que vendrá; sospecho que necesita ayuda; sospechan que él es el ladrón.* **SIN.** presumir. **AF.** suponer, creer. **2** creer que alguien puede ser el culpable de algo: *sospechan de él porque lo vieron cerca del lugar del crimen.*

sospechoso, sospechosa *[n.]* **1** persona de la que se piensa que puede ser el autor de un delito (*han detenido a varios sospechosos*) o de cualquier otra cosa (*alguien se ha comido los pasteles, pero no hay sospechosos*). // **sospechoso, sospechosa** *[adj.]* **2** que es la persona de la que se sospecha: *hay varias personas sospechosas de asesinato; es sospechoso de haberse comido los pasteles.* **3** que, por comportamiento extraño o porque no se sabe a lo que se dedica, uno se imagina que tiene malas intenciones: *es un individuo sospechoso.* **4** que hace pensar que está pasando algo o que alguien ha hecho algo: *oyó un ruido sospechoso y llamó a la policía; la detuvieron porque tenía un comportamiento sospechoso.*

sostén *[n.m.]* **1** prenda interior femenina que sujeta y cubre los pechos: *no le gusta usar sostén.* **SIN.** sujetador. **2** cosa que sirve para sostener* algo: *las columnas son el sostén del edificio* (**SIN.** apoyo, soporte)*; un huerto y algunos animales eran el sostén de la familia* (**SIN.** sustento). **PL.** *sostenes.*

sostener *[v.]* **1** ser lo que lleva el peso de algo: *las columnas sostienen el edificio; las muletas sostienen al herido.* **SIN.** soportar, aguantar, sustentar. **2** dar a alguien lo que necesita para vivir: *sostiene a sus padres desde que se jubilaron.* **SIN.** sustentar, mantener. **3** tener una idea o una opinión sobre algo, aunque los demás no estén de acuerdo: *Galileo sostenía que la Tierra giraba alrededor del Sol.* **SIN.** mantener, defender. **AF.** asegurar, afirmar. // **sostenerse** *[v.prnl.]* **4** seguir en el mismo sitio o de la misma manera, a pesar de las dificultades: *se sostiene en el cargo porque tiene amigos influyentes.* **SIN.** mantenerse. ■ **sostenerse en pie**, no caerse. **CONJUG.** como *tener**. **FAM.** sostén, sostenimiento, sostenedor, tener.

sota *[n.f.]* figura de la baraja española en la que viene dibujado un paje y que tiene el número 10: *la perejila es la sota de oros.*

sotana *[n.f.]* prenda de vestir propia de los clérigos católicos, que es un vestido de una sola pieza, de manga larga, abierto por delante con muchos botones y que llega hasta los tobillos.

sotana

sótano *[n.m.]* parte de un edificio que está construida por debajo del nivel de la calle: *en el sótano de esta casa hay trasteros.* **SIN.** subterráneo.

soviético, soviética *[adj.]* de la Unión de Repúblicas Socialistas Soviéticas, también llamada U.R.S.S., que fue una unión de países comunistas que se creó en 1917, tras la revolución rusa, y se disolvió en 1990: *el pueblo soviético; una ciudad soviética.* TAMBIÉN *n.*: *los soviéticos.* **FAM.** sovietización, sovietizar.

spray *[n.m.]* envase que contiene un líquido y un gas que produce presión en el interior para que, al apretar una válvula, el líquido salga empujado por el gas: *un spray de desodorante; un spray de espuma de afeitar.* **AF.** vaporizador, pulverizador. **OBS.** es palabra inglesa que en español se pronuncia /espray/. **PL.** *sprays.*

stop *[n.m.]* palabra inglesa que en los telegramas se usa para separar las frases y en las señales de tráfico indica la obligación de parar: *es peligrosísimo saltarse un stop.* **OBS.** esta palabra se usa en todo el mundo y en español se pronuncia /estop/.

su *[adj.inv. en gén. y núm.]* de él, de ella, de ellos, de ellas, de usted o de ustedes: *su casa; su hijo.* **GRAM.** es forma del adjetivo posesivo para uno o varios poseedores y un sólo objeto poseído, se usa siempre delante del nombre y tiene función de determinante.

suave *[adj.inv. en gén.]* 1 que tiene la superficie blanda y sin asperezas, de manera que resulta agradable tocarla: *tiene la piel muy suave; la espuma de jabón es suave; un cabello suave.* **SIN.** fino. **AF.** delicado, liso. 2 que no es intenso, muy marcado, brusco o violento: *un color suave; una curva suave; música suave; se lo dijo de una forma suave.* **FAM.** suavemente, suavidad, suavizante, suavizar.

suavidad *[n.f.]* característica a la que nos referimos para indicar que algo es suave*: *la suavidad de su voz me relaja.* **AF.** dulzura, delicadeza.

suavizante *[adj.inv. en gén.]* que suaviza o sirve para suavizar*: *un producto suavizante.* TAMBIÉN *n.m.: un suavizante para la ropa.*

suavizar *[v.]* hacer que algo sea menos áspero (*suavizar la ropa, el pelo o la piel*), menos intenso (*suavizar un color*) o menos violento (*suavizar el tono de las palabras*). **OBS.** ante e, c: *suavicen.*

subasta *[n.f.]* venta que se hace de manera que las cosas no tienen precio fijo, sino que los compradores dicen lo que están dispuestos a pagar, y las compra el que más pague por ellas: *una subasta de obras de arte.* **AMPL.** en una *subasta*, el ***subastero***, que es el encargado de vender las cosas, ofrece lo que quiere vender y dice cuál es el ***precio de salida*** (lo mínimo que hay que pagar para comprarlo); a continuación, los compradores o ***postores***, comienzan a ***pujar*** diciendo cada uno lo que está dispuesto a pagar; el ***mejor postor*** es el que ofrece más dinero. **FAM.** subastar, subastero.

subastar *[v.]* poner a la venta algo en una subasta*.

subcampeón, subcampeona *[n.]* deportista (o equipo deportivo) que queda segundo o detrás del campeón en una competición: *el subcampeón se llevó la medalla de plata.* **FAM.** subcampeonato, campeón.

subdirector, subdirectora *[n.]* persona que ayuda al director a dirigir una empresa o una institución y que ocupa su lugar cuando él no está: *el subdirector comunicó a los empleados la decisión de la directora.* **FAM.** subdirección, dirección.

súbdito, súbdita *[n.]* 1 persona que está bajo el gobierno de un monarca o un señor feudal y al que debe obedecer: *los súbditos han jurado obediencia a su señor.* **AF.** vasallo. 2 ciudadano de un país que, por serlo, tiene que cumplir las leyes que rigen en él: *un súbdito alemán.*

subestimar *[v.]* darle a algo menos importancia o menos valor del que tiene: *como es tímido subestiman su inteligencia.* **SIN.** infravalorar. **AF.** menospreciar, desestimar, tener a menos. **ANT.** sobrestimar, sobrevalorar.

subida *[n.f.]* 1 movimiento que se hace al ir de abajo a arriba: *mucha gente contempló la subida del globo; la subida a la cima fue agotadora.* **SIN.** ascenso, ascensión. **ANT.** bajada, descenso. 2 cambio que se ha producido al aumentar una cosa o una cantidad: *una subida de la fiebre; una subida de precios.* **SIN.** aumento, incremento. **ANT.** bajada, descenso. 3 inclinación del terreno hacia arriba, vista desde un punto más bajo: *de este pueblo al otro hay tres subidas.* **SIN.** cuesta, pendiente.

subido, subida *[adj.]* que es más alto de lo que debería ser: *un precio subido.* **SIN.** alto.

subir *[v.]* 1 ir a un sitio que está más arriba: *subió al quinto piso.* **SIN.** ascender. **ANT.** bajar. 2 hacerse mayor una cosa o una cantidad: *la temperatura sube en verano; los precios han subido.* **SIN.** aumentar, ascender, elevarse, incrementarse. **ANT.** bajar, descender. 3 montar en algo que puede moverse: *subió al tren; ha subido al caballo; sube a la bicicleta.* **SIN.** montar en. **ANT.** bajar, descender, apearse. TAMBIÉN *prnl.: se subió al tren; se ha subido al caballo; súbete a la bicicleta.* // **subirse** *[v.prnl.]* 4 ponerse en un sitio alto: *si no alcanzas, súbete en la silla.* **FAM.** subida, ***subido*** (alto: *precio subido*).

súbito, súbita *[adj.]* muy rápido y sin que nadie se lo espere: *un cambio súbito de la situación; una súbita decisión.* **SIN.** repentino, brusco, inesperado, imprevisto. ■ **de súbito**, de repente. **FAM.** súbitamente.

subjefe, subjefa *[n.]* persona que trabaja a las órdenes del jefe y lo sustituye cuando él no está: *es el subjefe de la sección de electrodomésticos.* **FAM.** subjefatura, jefe.

subjuntivo *[n.m.]* modo verbal con el que se expresa duda, deseo o posibilidad: *fuera, hubiese y haya son formas del modo subjuntivo.*

sublevación *[n.f.]* hecho de que un conjunto de personas utilice la violencia en contra del poder establecido: *la sublevación de los campesinos dio lugar a una guerra.* **SIN.** rebelión*.

sublevar *[v.]* **1** hacer que alguien se enfade tanto que llega a utilizar la violencia contra la autoridad o el poder: *los abusos del rey sublevaron al pueblo.* **SIN.** alzar, rebelar. **AF.** amotinar. TAMBIÉN *prnl.: el pueblo se sublevó contra el rey.* **2** hacer que alguien llegue a enfadarse muchísimo: *me subleva que sea tan informal.* **SIN.** indignar*. TAMBIÉN *prnl.: se subleva ante la falta de formalidad.* **FAM.** sublevación.

submarinista *[n.inv. en gén.]* **1** persona que bucea o va por debajo del agua, con fines deportivos, científicos o militares: *es una experta submarinista.* // **submarinista** *[adj.inv. en gén.]* **2** que tiene relación con las actividades que se realizan bajo el agua: *prácticas submarinistas.*

submarino, submarina *[adj.]* **1** que está bajo la superficie del mar: *el comandante Cousteau estudió el mundo submarino.* // **submarino** *[n.m.]* **2** vehículo especialmente preparado para navegar por debajo del agua: *el primer submarino atómico, construido en 1955, se llamó Nautilus.* **FAM.** submarinismo, submarinista, marino.

subnormal *[adj.inv. en gén.]* que es inferior a lo normal. **AMPL.** se aplica especialmente a aquellas personas que padecen una deficiencia mental que las incapacita para valerse por sí mismas. TAMBIÉN *n.: hay una asociación provincial de subnormales.* **FAM.** subnormalidad, normal.

subordinada *[adj.]* en gramática, tipo de oración cuyo significado depende de otra oración principal: *en "compré un pollo para comer", "para comer" es una oración subordinada.*

subordinado, subordinada *[n.]* respecto a una persona, otra que está a sus órdenes: *el director trata muy mal a sus subordinados.* **SIN.** subalterno. **ANT.** jefe, superior. **FAM.** subordinación, subordinar, orden.

subrayado, subrayada *[adj.]* que tiene por debajo una raya horizontal para que uno se fije más: *una frase subrayada.*

subrayar *[v.]* **1** trazar una línea horizontal por debajo de las letras, palabras o frases que se quieren destacar en un escrito: *subrayé la palabra albarda porque no la conocía.* **2** decir algo de una manera determinada para que todo el mundo se dé cuenta de que es muy importante: *al contárnoslo, subrayó "muy peligroso", pronunciándolo enérgicamente.* **SIN.** recalcar*. **FAM.** subrayado, raya.

subsanar *[v.]* corregir, enmendar: *subsanar un error.* **FAM.** sanar.

subsistir *[v.]* seguir viviendo: *los animales carnívoros cazan para subsistir.* **FAM.** existir.

subsuelo *[n.m.]* capa de la corteza terrestre que está debajo de la superficie de la Tierra: *el subsuelo de esta comarca es de granito.*

subterfugio *[n.m.]* excusa inventada: *se libró del castigo con subterfugios.*

suburbio *[n.m.]* barrio alejado del centro de la ciudad, que tiene menos comodidades y es más pobre: *los emigrantes suelen vivir en los suburbios.* **SIN.** arrabal, barriada. **AF.** extrarradio. **FAM.** suburbial, urbe.

subterráneo, subterránea *[adj.]* que está por debajo de la tierra o del suelo: *la línea de metro es una construcción subterránea.* TAMBIÉN *n.m.: vive en un subterráneo.* **SIN.** sótano. **FAM.** subterráneamente, tierra.

subvención *[n.f.]* dinero que una institución le da a alguien para ayudar a costear los gastos de algo que considera necesario o bueno para la sociedad: *la Junta ha concedido una subvención al colegio para hacer un laboratorio.* **FAM.** subvencionar.

subvencionar *[v.]* dar una subvención*: *el Estado subvenciona las residencias para ancianos.*

subyacer *[v.]* 1 estar debajo de otra cosa: *bajo este pueblo subyacen los restos de antiguas civilizaciones.* 2 no verse una cosa por estar tapada por otra: *tras su cara tan seria subyace una persona buena y amable.* **FAM.** yacer.

subyugar *[v.]* dominar por la fuerza: *los dictadores subyugan a los ciudadanos.* **SIN.** someter, avasallar, sojuzgar. **OBS.** ante e, gu: *subyuguen.*

sucedáneo, sucedánea *[adj.]* que se usa como si fuera otra cosa, porque se parece a ella y es más barato: *la achicoria se usaba como sucedáneo del café.*

suceder *[v.]* 1 pasar algo: *sólo sucedió una vez; entonces sucedió algo inesperado.* **SIN.** pasar* (acepción 1). 2 ir a continuación, después o detrás, o ser el siguiente: *el miércoles de ceniza sucede al martes de carnaval; a Carlos III lo sucedió en el trono su hijo Carlos IV.* **AF.** seguir. **ANT.** preceder, anteceder. **FAM.** sucesor, suceso, sucesión, sucesorio, sucesivo, sucesivamente, sucedáneo, ceder.

sucesión *[n.f.]* 1 conjunto de cosas que pasan unas a continuación de las otras: *una sucesión de acontecimientos.* **SIN.** serie. 2 cambio que se produce cuando una persona ocupa el puesto que ocupaba otra: *la sucesión de un rey.*

sucesivo, sucesiva *[adj.]* que va detrás de otro, sin que haya nada en medio: *es una serie de hechos sucesivos; va a clase en días sucesivos.* **SIN.** seguido. **AF.** continuado. **ANT.** discontinuo, alterno. ■ **en lo sucesivo**, de ahora en adelante.

suceso *[n.m.]* cualquier cosa que ha ocurrido y que tiene algún interés: *un incendio es un suceso trágico.* **SIN.** acontecimiento, hecho. ■ **sección de sucesos**, información de los medios de comunicación sobre las noticias relacionadas con accidentes y delitos.

sucesor, sucesora *[n.]* que ocupa el puesto que ocupaba otro, a continuación de él: *es el sucesor del antiguo director.*

suciedad *[n.f.]* 1 falta de limpieza: *la suciedad puede producir enfermedades.* 2 conjunto de todo lo que tiene algo y que hace que no esté limpio: *en la casa abandonada había mucha suciedad.* **SIN.** porquería. **AMPL.** la ***roña*** es la suciedad pegada y acumulada durante mucho tiempo.

sucio, sucia *[adj.]* 1 que tiene manchas, grasa, polvo o cualquier cosa que hace que no esté limpio: *los zapatos están sucios de barro; tiene la cara sucia de chocolate; el suelo está muy sucio.* 2 que se ensucia con facilidad: *el blanco es un color muy sucio.* 3 que no se preocupa de ir limpio o de tener sus cosas limpias: *le molestan las personas sucias.* **INTENS.** cerdo*. 4 hecho con mala intención, trampas, falta de honradez o de legalidad, etc.: *un comportamiento sucio; juego sucio; negocios sucios.* **ANT.** limpio. ■ **jugar sucio**, hacer trampas en el juego o actuar sin honradez. ■ **en sucio**, sin tener cuidado de que quede con buena presentación. **FAM.** suciedad, suciamente. **COMP.** ensuciar.

suculento, suculenta *[adj.]* hablando de comida, que está muy buena y alimenta mucho: *pescado suculento.* **AF.** rico, delicioso, apetitoso.

sucumbir *[v.]* 1 dejar de luchar contra algo o alguien, al ver que es imposible ganar o conseguir lo que uno quería: *Cartago sucumbió al ataque de Roma; sucumbió ante los problemas y cerró el negocio.* **SIN.** rendirse, capitular, darse por vencido, doblegarse. **AF.** desistir, someterse, entregarse. 2 perder la vida: *muchos sucumbieron en la batalla.* **SIN.** morir, perecer, caer. **ANT.** sobrevivir.

sucursal *[n.f.]* establecimiento que depende de otro que pertenece a la misma institución o empresa y está situado en distinto lugar: *esta tienda es una sucursal de la que está en Valencia.* **SIN.** filial.

sud- prefijo que significa *sur.*

sudadera *[n.f.]* prenda parecida a un jersey que se usa para el calentamiento o para no enfriarse rápidamente después de hacer un esfuerzo y haber sudado.

sudafricano, sudafricana *[adj. y n.]* de la República de Sudáfrica, que está situada en el extremo sur de África y cuya capital es Pretoria: *una ciudad sudafricana.* TAMBIÉN *n.*: *los sudafricanos tienen problemas raciales.*

sudamericano, sudamericana *[adj. y n.]* suramericano*.

sudar *[v.]* 1 eliminar sudor por los poros de la piel: *la piel suda cuando hace calor.* **SIN.** transpirar. 2 trabajar mucho o hacer muchos esfuerzos: *para lograrlo tendrás que sudar.* **SIN.** esforzarse. 3 mojar con sudor la ropa que se lleva puesta: *sudó la camisa de tanto bailar.* **FAM.** sudadera, ***sudario*** (tela que cubre a un difunto), sudor, sudoroso, sudorosamente, ***sudorífero*** (que hace sudar).

sudario *[n.m.]* tela que cubre la cara o el cuerpo de un difunto.

sudeste *[n.m.]* sureste*.

sudoeste *[n.m.]* suroeste*.

sudor *[n.m.]* líquido que se segrega por los poros de la piel y que regula la temperatura del cuerpo.

sudorífero, sudorífera *[adj.]* que hace sudar.

sudoríparo, sudorípara *[adj.]* que segrega sudor: *glándulas sudoríparas.*

sudoroso, sudorosa *[adj.]* que está sudando mucho: *el caballo ganador llegó sudoroso a la meta.*

sueco, sueca *[adj.]* de Suecia, país del norte de Europa cuya capital es Estocolmo: *la constitución sueca data de 1809.* TAMBIÉN *n.*: *los suecos son de piel muy clara.* ■ **hacerse el sueco**, hacer como que uno no oye o no entiende lo que le dicen.

suegro, suegra *[n.]* para una persona, padre o madre de aquella con la que está casada: *mi suegra es la madre de mi marido.*

suela *[n.f.]* pieza del calzado situada en la parte de abajo para resistir el roce con el suelo. **SIN.** piso. ■ **no llegar a la suela de los zapatos** de alguien, ser muy inferior a él.

sueldo *[n.m.]* cantidad fija de dinero que cobra una persona por trabajar para otra o para una empresa: *tiene un sueldo bastante alto.* **SIN.** paga, salario. **FAM.COMP.** sobresueldo.

suelo *[n.m.]* 1 parte de un espacio que está abajo y sobre la que se pisa al andar, se ponen muebles, etc.: *la casa tiene el suelo de madera; las sillas se apoyan en el suelo; siempre juega sentado en el suelo.* **SIN.** piso. 2 capa superficial de la Tierra: *este suelo es muy bueno para la agricultura.* **SIN.** tierra, terreno. 3 parte del mundo que pertenece a un país y está limitado por sus fronteras: *después de cruzar la aduana estaremos en suelo español.* **SIN.** territorio. **FAM.** solar, solado, solador, suela. **COMP.** entresuelo, subsuelo.

suelto, suelta *[adj.]* 1 que no está sujeto, encerrado, guardado, vigilado, atado, etc.: *tienes un botón suelto; la gata anda suelta por el jardín; llevas los cordones sueltos.* **AF.** libre. 2 que es una parte o una pequeña cantidad separada del conjunto: *aquí hay un calcetín suelto; dinero suelto; quedan varias localidades sueltas para el teatro.* // **suelto** *[n.m.]* 3 dinero en monedas: *cambió un billete porque no tenía suelto.*

sueño *[n.m.]* 1 estado en el que uno está cuando duerme. **ANT.** vigilia. 2 ganas de dormir o necesidad de dormir: *tengo sueño; está que se cae de sueño.* 3 conjunto de las cosas que uno piensa, ve, oye o vive cuando está dormido, teniendo la sensación de que está despierto: *tuve un sueño en el que podía volar.* **SIN.** ensueño, ensoñación. 4 cosa que a uno le apetece muchísimo pero que parece irrealizable: *su sueño es ser astronauta.* **AF.** aspiración, deseo, ilusión. ■ **quitar el sueño**, preocupar mucho. ■ **conciliar el sueño**, conseguir dormirse.

suero *[n.m.]* 1 líquido formado básicamente por agua esterilizada y sal y que se usa mucho en medicina, normalmente añadiéndole otras sustancias: antibióticos (si se quiere quitar una infección), proteínas, hidratos de carbono y minerales (si es para alimentar a quien no puede comer), etc. 2 sustancia clara que es parte de un líquido orgánico como la sangre o la leche: *para hacer queso se cuaja la leche y se le quita el suero.*

suerte *[n.f.]* 1 lo que hace que, sin que nadie intente nada, las cosas pasen de una manera y no de otra: *la suerte decidió que le pasara a él y no a mí.* **SIN.** casualidad, azar, fortuna. 2 lo que se dice que tiene una persona por el hecho de que las cosas que no dependen de ella le salgan bien: *tiene tanta suerte que siempre le toca la lotería.* **AF.** buena estrella. TAMBIÉN se dice ***buena suerte*** y, cuando no se tiene, ***mala suerte***. **FAM.** suertudo.

suficiente *[adj.inv. en gén.]* 1 que es lo que se necesita para algo: *hay suficiente comida para hoy; ¿tienes suficientes folios?* **SIN.** bastante. // **suficiente** *[adv. de c.]* 2 indica que la cantidad de la que hablamos es la que se necesita: *ha dormido suficiente* **SIN.** bastante. // **suficiente** *[n.m.]* 3 calificación escolar que vale lo mismo que un aprobado. **FAM.** suficientemente, suficiencia. **COMP.** insuficiente.

sufijo *[n.m.]* clase de afijo* que va siempre unido por detrás a algún lexema para formar palabras: la palabra *enamoramiento* está formada por el prefijo *en-*, el lexema *-amor-* y el sufijo *-miento*. **FAM.** sufijar, sufijación, fijar.

SUFIJOS

PARA FORMAR ADJETIVOS:

- **-al**: *mural, empresarial, numeral.*
- **-ado, -ada:** *afrutado, redondeado.*
- **-áneo, -ánea**: *coetáneo, foráneo.*
- **-ante**: *alucinante, sofocante.*
- **-ble**: *deseable, flexible, irrompible.*
- **-dor, -dora**: *aleccionador, emprendedor.*
- **-ente**: *coherente, elocuente.*
- **-ero, -era**: *quinceañero.*
- **-esco, -esca**: *libresco, principesco.*
- **-ivo, -iva**: *comprensivo, formativo.*
- **-ico, -ica**: *geológico, numérico, geográfico.*
- **-ista**: *comunista, renacentista.*
- **-oso, -osa**: *amoroso, primoroso.*
- **-udo, uda**: *zancudo, narigudo.*

PARA FORMAR ADVERBIOS:

- **-mente**: *rápidamente, alegremente.*

PARA FORMAR NOMBRES:

De profesión o actividad

- **-grafo, -grafa**: *geógrafo, topógrafo.*
- **-ato**: *literato, campeonato.*
- **-or, -ora**: *constructor, esquiador.*
- **-ero, -era**: *zapatero; frutero.*
- **-ista**: *violinista, lingüista.*
- **-logo, -loga**: *geólogo, neurólogo.*

De tendencia ideológica o artística

- **-ismo**: *comunismo, idealismo, barroquismo.*

De acción

- **-ado**: *secado, resultado.*
- **-aje**: *aterrizaje, bandidaje.*
- **-azo**: *correazo, manotazo.*
- **-ción**: *persecución, separación.*
- **-miento**: *nacimiento, tratamiento.*
- **-tivo**: *indicativo, donativo.*

De ciencia

- **-grafía** o **-logía**: *geografía, geología.*

De cualidad

- **-cia**: *coherencia, elocuencia.*
- **-dad**: *brevedad.*
- **-ez**: *robustez, rapidez.*
- **-eza**: *pobreza, destreza.*
- **-ia**: *maestría.*
- **-ilidad**: *flexibilidad.*
- **-itud**: *lentitud.*

De función

- **-dor** o **-dora**: *secador, lavadora.*
- **-ería**: *zapatería, tintorería.*
- **-ero**: *salero, cenicero.*

De estado

- **-azgo**: *noviazgo, liderazgo.*
- **-dad**: *viudedad.*
- **-itis**: *otitis, apendicitis.*
- **-osis**: *apoteosis, tuberculosis.*

De conjunto

- **-aje**: *correaje, varillaje.*

PARA FORMAR AUMENTATIVOS

- **-ón, -ona**: *grandón, simplón.*
- **-aza**: *bocaza.*
- **-ote, -ota**: *grandote, manota.*

PARA FORMAR DIMINUTIVOS

- **-ecillo, -ecilla**: *pececillo, grandecillo.*
- **-ico, -ica**: *mesica, redondico.*
- **-illo, -illa**: *platillo, listillo.*
- **-ito, -ita**: *arregladito, dinerito.*

PARA FORMAR DESPECTIVOS

- **-aco, -aca**: *bicharraco, pajarraco.*
- **-arro, -arra**: *caminarro, chinarro.*
- **-ucho, -ucha**: *delgaducho, carreterucha.*
- **-ajo, -aja**: *chiquitajo, latinajo.*
- **-astro, -astra**: *politicastro, poetastro.*

sufrido, sufrida *[adj.]* 1 que sufre sin que se le note, porque aguanta todo y no se queja: *es tan sufrida que nadie se enteró de su enfermedad.* 2 que se estropea poco o se ensucia poco aunque se use mucho: *un color sufrido; la pana es una tela sufrida.* **ANT.** delicado.

sufrimiento *[n.m.]* conjunto de sensaciones y sentimientos que le producen a uno los dolores, los problemas, los disgustos, las enfermedades, los desprecios, las desgracias, etc., y que le quitan la alegría y las ganas de hacer cosas: *las quemaduras y las muertes de seres queridos producen mucho sufrimiento.* **SIN.** dolor, padecimiento. **INTENS.** tormento, suplicio.

sufrir *[v.]* 1 tener un dolor físico o psíquico: *está sufriendo porque le duelen las muelas; sufre por estar separado de su familia.* **SIN.** penar. 2 tener una enfermedad, un problema, etc.: *sufre insomnio; sufre de la espalda.* 3 tener que pasar algo difícil, doloroso, perjudicial, o cualquier cosa que produce sufrimiento: *llevan años sufriendo la escasez de agua; sufrían toda clase de injusticias.* **SIN.COM.** padecer. **ANT.COM.** disfrutar, gozar. **FAM.** sufrimiento, sufridamente, sufridor.

sugerencia *[n.f.]* idea que una persona le da a otra para que piense si le interesa tenerla en cuenta: *le hizo varias sugerencias sobre la mejor manera de trabajar.* **AF.** propuesta, consejo.

sugerir *[v.]* **1** hacer una sugerencia*: *te sugiero que leas El Lazarillo de Tormes.* **AF.** aconsejar, proponer, insinuar. **2** hacer que alguien tenga una idea: *su discurso me sugirió la posibilidad de dedicarme a la arqueología.* **CONJUG.** como *herir**. **FAM.** sugerencia, sugerente, sugeridor, sugestivo, sugestión, sugestionar, sugestionable.

sugestivo, sugestiva *[adj.]* que a uno le da la impresión de que es muy interesante y atractivo: *una idea sugestiva; un proyecto sugestivo.* **AF.** interesante, atractivo. **INTENS.** tentador.

suicida *[n.inv. en gén.]* **1** persona que se quita la vida o que lo intenta: *el suicida se lanzó por la ventana.* // **suicida** *[adj.inv. en gén.]* **2** que actúa (o se hace) arriesgando la vida: *un comportamiento suicida; ir en una autopista por el carril contrario es una acción suicida.*

suicidarse *[v.prnl.]* quitarse la vida: *se suicidó tirándose desde el puente.*

suicidio *[n.m.]* hecho de que alguien se quite la vida: *el suicidio está considerado como un delito.* **FAM.** suicida, suicidarse.

suizo, suiza *[adj.]* **1** de Suiza, país de Europa central cuya capital es Berna: *son famosos los relojes suizos; una niña suiza.* TAMBIÉN *n.*: *los suizos son centroeuropeos.* // **suizo** *[n.m.]* **2** bollo hecho con masa de harina de trigo, huevo y azúcar y cocido en el horno.

sujetador *[n.m.]* prenda interior femenina que sujeta y cubre los pechos. **SIN.** sostén.

sujetar *[v.]* **1** hacer lo necesario para que alguien o algo no se mueva, no se vaya, no se caiga, etc.: *sujeta al perro para que no escape; la abrazadera sujeta la goma a la cañería.* **AF.** coger, sostener, agarrar. **ANT.** soltar. **2** dominar a alguien: *a este niño no hay quien lo sujete.* **FAM.** sujetador, sujeto, sujeción.

sujeto *[n.m.]* **1** palabra que en una frase u oración gramatical representa a la persona, animal o cosa de la que se dice algo y que realiza la acción representada por el verbo. **AMPL.** el sujeto es siempre un sintagma nominal (normalmente un nombre acompañado de determinantes o adjetivos) y con él concuerda el verbo en persona y número. **2** cualquier hombre desconocido para el que habla: *era un sujeto alto de unos treinta años.* **SIN.** individuo. // **sujeto, sujeta** *[adj.]* **3** unido a algo, sin que pueda soltarse, moverse, caerse, etc.: *pon la estantería sujeta a la pared; lleva los pantalones sujetos con tirantes.* **AF.** agarrado, fijo. **4** que depende de algo (*estoy sujeto a su decisión*) o que tiene la obligación de obedecer o someterse a algo (*estamos sujetos a la ley*). **SIN.** supeditado.

sulfatado *[n.m.]* acción que se lleva a cabo para sulfatar*: *el sulfatado de las huertas es un trabajo peligroso porque se utilizan productos venenosos.*

sulfatar *[v.]* echar sobre las plantas un producto hecho a base de sulfato de cobre o de hierro, como insecticida o para combatir enfermedades: *hay que sulfatar los frutales.* **FAM.** sulfatado, sulfato.

sultán *[n.m.]* **1** título musulmán de mayor importancia después del príncipe. **AMPL.** los príncipes musulmanes se llaman ***califas***. **2** emperador del antiguo Imperio Otomano, cuyo centro era Turquía: *los soberanos de Turquía ostentaban el título de sultán.*

sultana *[n.f.]* esposa del sultán.

suma *[n.f.]* **1** operación que consiste en sumar cantidades (*haz una suma*) y resultado de esta operación (*dos es la suma de uno más uno*). **SIN.** adición. **ANT.** resta. **2** conjunto de cosas que intervienen, se añaden o coinciden en una situación: *el resultado se debió a una suma de acontecimientos inesperados.* **SIN.** acumulación, cúmulo, serie. **3** gran cantidad de dinero: *ha gastado importantes sumas en la lotería.* ■ **en suma**, en resumen.

sumando *[n.m.]* cada una de las cantidades que se suman: *en la suma 15 + 10 = 25, los sumandos son 15 y 10.*

sumar *[v.]* **1** hacer una operación matemática para expresar en una sola cantidad el resultado de tener en cuenta varias a la vez. // **sumarse** *[v.prnl.]* 2 ponerse a hacer lo que ya están haciendo otros o a defender lo que otros defienden: *los obreros se sumaron a la huelga; se sumó a la opinión de la minoría.* **SIN.** unirse. **FAM.** suma, sumando, ***sumario*** (resumen o índice), sumarial, ***sumo*** (máximo), sumamente.

sumario *[n.m.]* resumen o índice: *al final de las noticias dicen el sumario.*

sumergir *[v.]* 1 meter un cuerpo sólido dentro de la masa de un líquido: *sumergió toda la pieza para darle un baño de plata.* **SIN.** introducir, meter. TAMBIÉN *prnl.: los submarinistas se sumergen a mucha profundidad.* // **sumergirse** *[v.prnl.]* 2 concentrarse uno tanto en lo que está haciendo, que no se entera de lo que pasa a su alrededor: *cuando se sumerge en la lectura no oye a nadie.* **SIN.** abstraerse, enfrascarse, concentrarse, zambullirse, meterse de lleno. **FAM.** sumergible.

sumidero *[n.m.]* agujero en el suelo o en el fondo de un recipiente, normalmente conectado a la red del alcantarillado, para que pueda irse por él todo el líquido que llegue a contener: *el sumidero del lavabo está atascado; por el sumidero del patio desagua el agua de lluvia.*

suministrar *[v.]* entregarle a alguien lo que necesita, vendiéndoselo o regalándoselo: *suministraron comida y medicamentos a los refugiados.* **SIN.** surtir de, proveer de, abastecer de, dotar de. **AF.** proporcionar, facilitar. **FAM.** suministro, suministrador, ministro.

sumir *[v.]* 1 hacer que alguien llegue a estar tan afectado por algo que no puede salir de ello: *el fracaso lo sumió en la desesperación.* **SIN.** hundir. **AF.** llevar a. TAMBIÉN *prnl.: se ha sumido en una profunda tristeza.* 2 coger algo y meterlo en lo más hondo o lo más oculto. **FAM.** sumidero. **COMP.** consumir, resumir, asumir.

sumiso, sumisa *[adj.]* muy obediente y fácil de manejar por los demás: *es tan sumiso que nunca protesta.* **SIN.** dócil*. **FAM.** sumisión, sumisamente, someter.

sumo, suma *[adj.]* que es el más grande, el más alto, etc.: *lo hizo con sumo cuidado.* **SIN.** máximo, supremo. **ANT.** mínimo. **FAM.** sumar.

suntuoso, suntuosa *[adj.]* lujoso, fastuoso: *celebración suntuosa.*

super- prefijo que significa *encima, abundancia* o *alto grado* de algo.

superación *[n.f.]* hecho de superar una prueba o una dificultad, o de llegar uno a ser mejor: *la superación de los exámenes le permitió conseguir un puesto de trabajo; estaba empeñado en su propia superación.*

superar *[v.]* 1 salir bien de una prueba, una dificultad, un problema, etc.: *superar un examen; superar una enfermedad.* **AF.** salvar, solucionar, resolver, vencer. 2 tener más de algo que otro con quien se compara: *este modelo de coche supera a todos en velocidad; los supera en altura.* **SIN.** aventajar, ganar. // **superarse** *[v.prnl.]* 3 llegar uno a ser mejor, o hacer (o saber) algo mejor que otras veces: *quiere superarse para poder ayudar a los demás; se ha superado en conocimientos de historia.* **FAM.** superación. **COMP.** insuperable.

superficial *[adj.inv. en gén.]* 1 que está en la superficie o a poca profundidad: *una herida superficial.* **SIN.** externo. **ANT.** profundo, hondo. 2 que no entra en detalles: *un análisis superficial de la situación.* **SIN.** somero. **ANT.** profundo, detallado. 3 que es poco serio y se toma las cosas a la ligera, sin darle la importancia que tienen: *una persona superficial.* **SIN.** frívolo*.

superficie *[n.f.]* 1 parte externa y visible de las cosas: *la superficie del mar; lijó la superficie inferior del tablero de la mesa.* 2 cantidad de espacio que ocupa un plano o la parte externa y visible de las cosas: *la medida de la superficie de un polígono es su área; la superficie del solar es de trescientos metros cuadrados.* **FAM.** superficial, superficialidad, superficialmente.

superfluo, superflua *[adj.]* que no hace falta o que no sirve para nada: *son palabras superfluas; un esfuerzo superfluo.* **SIN.** innecesario, inútil. **ANT.** necesario, imprescindible*. **FAM.** superfluidad, superfluamente.

superior *[adj.inv. en gén.]* 1 que está situado más arriba que lo demás: *vive en el piso superior.* **ANT.** inferior. 2 que tiene más cantidad, más calidad, más importancia, etc. que otro con el que se compara: *su equipo de trabajo es superior al nuestro.* **SIN.** mejor. **ANT.** inferior. // **superior, superiora** *[n.]* 3 para una persona, otra que tiene más categoría o autoridad: *recibe órdenes de su superior.* **SIN.** jefe. **ANT.** subordinado. 4 persona que más manda en una comunidad religiosa: *es la superiora del convento.* TAMBIÉN *adj.*: *lo decidirá el padre superior.* **FAM.** superioridad, superiormente.

superioridad *[n.f.]* 1 cualidad a la que nos referimos para indicar que una cosa es superior a otra: *demostró su superioridad en todas las pruebas.* **ANT.** inferioridad. 2 conjunto de las personas que tienen más autoridad en una comunidad, un grupo, etc.: *habrá que comunicárselo a la superioridad.* **SIN.** jefes.

superlativo, superlativa *[adj.]* 1 hablando de características de algo, que las tiene en un grado muy alto: *la bomba atómica es un peligro superlativo.* // **superlativo** *[n.m.]* 2 tipo de adjetivo que expresa el más alto grado de la cualidad a la que se refiere: *"mejor" es el superlativo de "bueno".* **GRAM.** en español, existe un ***superlativo absoluto*** y un ***superlativo relativo***; el primero se forma con el sufijo *-ísimo, -ísima* (buenísimo, buenísima), con el sufijo *-érrimo,a* (paupérrimo, paupérrima), anteponiendo un adverbio como *muy* u otro parecido (muy bueno, extraordinariamente guapa), o con ciertos prefijos como *re-, archi-, extra-, requete-, super-*, etc. (extrafino, archifamoso); el *superlativo relativo* se forma con ayuda del comparativo de superioridad o de inferioridad, precedido del artículo determinado: *la más rica del mundo.* **FAM.** superlativamente.

supermercado *[n.m.]* tienda grande donde el cliente se sirve él mismo los productos expuestos al público en estanterías, y paga en las cajas situadas a la salida: *los primeros supermercados aparecieron en Estados Unidos en 1932.*

supersónico, supersónica *[adj.]* que se mueve a mayor velocidad que la del sonido, es decir, a más de 340 metros por segundo: *el Concorde es un avión supersónico.*

superstición *[n.f.]* creencia, no basada en el razonamiento ni en las leyes físicas, de que algunas cosas traen mala o buena suerte: *que ver un gato negro trae mala suerte es una superstición.* **FAM.** supersticioso, supersticiosamente.

supersticioso, supersticiosa *[n.]* persona que tiene supersticiones: *algunos supersticiosos creen que los amuletos alejan de ellos las desgracias.*

supervisar *[v.]* estar atento a cómo se hace algo para asegurarse de que se hace bien y las cosas están (o son) como deben estar: *el encargado supervisa el trabajo de los obreros.* **SIN.** comprobar, revisar. **AF.** inspeccionar. **FAM.** supervisión, supervisor.

supervivencia *[n.f.]* hecho de mantenerse vivo, especialmente cuando para ello hay que superar muchos problemas: *la supervivencia en la selva es difícil; instinto de supervivencia.* **FAM.** superviviente, vivir.

superviviente *[n.inv. en gén.]* persona que logra salvar su vida en una situación peligrosa, en una guerra, en una catástrofe, etc.: *en los accidentes aéreos suele haber pocos supervivientes.*

suplantar *[v.]* hacerse pasar por otra persona: *se presentó en el hotel suplantando al científico secuestrado.* **FAM.** suplantación, suplantador, plantar.

suplemento *[n.m.]* páginas (o revista o libro) que se añaden, sueltas, a la edición habitual de una publicación o que se edita para completar su información: *el periódico trae un suplemento de medicina; cada cinco años, la editorial publica un suplemento de la enciclopedia.*

suplente *[adj.inv. en gén.]* que hace lo que tendría que hacer otro, cuando éste no puede: *una profesora suplente; un portero suplente.* **SIN.** sustituto. TAMBIÉN *n.*: *ha llegado el suplente.*

suplicar *[v.]* pedir algo con humildad y dando a entender que se desea intensamante: *le suplicó que lo perdonara.* **AF.** rogar. **OBS.** ante e, qu: *supliquen.* **FAM.** súplica, suplicante, suplicatorio.

suplicio *[n.m.]* 1 cualquier cosa que produce tanto sufrimiento físico o moral que resulta insoportable: *la incertidumbre sobre el paradero del niño fue un suplicio; debe de ser un suplicio andar con una chincheta clavada en la planta del pie.* **SIN.** calvario*. 2 hecho de que alguien pase por un sufrimiento tan intenso: *la Inquisición sometió a suplicio a mucha gente.* **SIN.** tortura, tormento. **AF.** martirio. **ANT.COM.** placer, deleite.

suplir *[v.]* 1 hacer (o usar) algo para no echar de menos una cosa que se necesita y no se tiene: *suple la falta de vinagre con limón.* **AF.** sustituir, reemplazar. 2 hacer lo que tendría que hacer otro cuando éste no puede: *si el director no está, el subdirector lo suple en sus fun-*

ciones. **SIN.** sustituir, reemplazar. **FAM.** suplemento, suplementario, suplente, suplencia, supletorio.

suponer *[v.]* 1 creer que algo es de determinada manera, porque parece posible y razonable, aunque uno no esté seguro de ello: *supongo que estarán en casa.* **SIN.** figurarse, imaginarse. TAMBIÉN *prnl.: me supongo que será puntual.* 2 tener algo una consecuencia determinada: *esa lesión supone veinte días de reposo; el descubrimiento supuso un gran avance para la medicina.* **SIN.** traer consigo, significar. **AF.** implicar. 3 no poder ser una cosa sin otra, porque siempre van unidas: *el robo supone riesgo de cárcel.* **SIN.** implicar. **AF.** incluir. **CONJUG.** como *poner**. **FAM.** suposición, supuesto, supuestamente, poner. **COMP.** presupuesto.

suposición *[n.f.]* idea que se considera posible y razonable pero que no se puede demostrar: *fue una suposición errónea.* **AF.** hipótesis, supuesto. **AMPL.** los razonamientos que van haciéndose para llegar a una suposición son ***conjeturas***.

supositorio *[n.m.]* medicamento sólido, en forma de barrita con un extremo puntiagudo, que se administra por vía anal o vaginal.

supremo, suprema *[adj.]* que tiene la más alta categoría o es el mejor de los de su clase: *jefe supremo; suprema calidad; grado supremo.* **SIN.** máximo, sumo. **FAM.** supremacía, supremamente.

suprimir *[v.]* hacer que algo desaparezca o deje de existir, o que no se incluya en un conjunto de cosas: *han suprimido los concursos de belleza; suprime mi nombre de la lista.* **SIN.** eliminar, quitar. **AF.** omitir, excluir, anular. **FAM.** supresión, supresor.

supuesto, supuesta *[adj.]* 1 que parece que es lo que se dice, pero no se tiene seguridad de ello: *el supuesto asesino; las supuestas autoras.* **SIN.** presunto, probable. // **supuesto** *[n.m.]* 2 idea, no comprobada, de la que se parte para llegar a una conclusión: *en el problema hemos partido de varios supuestos; en el supuesto de que sea como dices, podremos solucionarlo.* **SIN.** hipótesis. **AF.** suposición. // **supuesto** *[forma de verbo]* 3 participio pasado del verbo *suponer.* ■ **por supuesto**, sin duda.

supurar *[v.]* echar pus: *supurar una herida.* **FAM.** pus.

sur *[n.m.]* 1 parte del horizonte sobre el que se ve el Sol cuando ha pasado la mitad del día. **SIN.** mediodía. // **sur** *[adj.inv. en gén.]* 2 que está situado en el espacio correspondiente a este punto cardinal u orientado hacia él: *la zona sur; el lado sur; el ala sur de un palacio.* **SIN.** meridional. **FAM.COM.** sureste, suroeste, suroriental, suramericano, surafricano.

surafricano, surafricana *[adj.]* propio del sur de África: *una planta surafricana; clima surafricano.*

suramericano, suramericana *[adj.]* de América del Sur, que es la parte sur del continente americano. TAMBIÉN *n.: la mayoría de los suramericanos hablan español.* TAMBIÉN se dice ***sudamericano***. **AMPL.** América del Sur también se llama *Suramérica* y *Sudamérica*.

surco *[n.m.]* hendidura alargada que se hace (o aparece) en una superficie: *aran la tierra haciendo surcos; el barco navegaba formando un surco en el agua; los surcos de su piel indican que es muy anciano.* **FAM.** surcar.

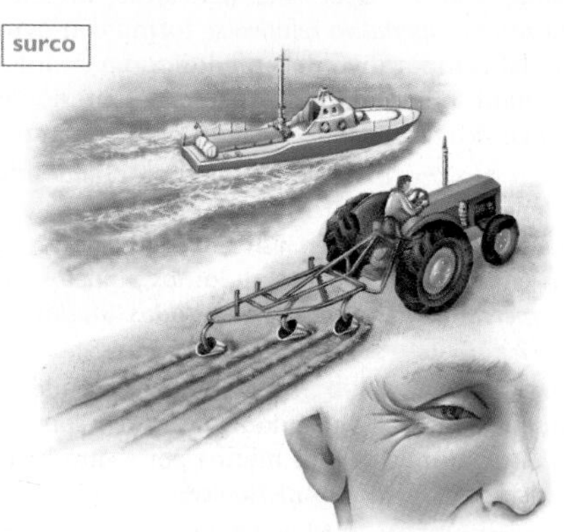

sureño, sureña *[adj.]* del sur: *ciudad sureña.* **FAM.** sur.

sureste *[n.m.]* espacio comprendido entre el *sur* y el *este*: *Almería está en el sureste de España.* TAMBIÉN *adj.: la costa sureste.* **AMPL.** su abreviatura es *SE.* TAMBIÉN se dice ***sudeste***.

surgir *[v.]* 1 empezar a verse (o a notarse) algo o alguien, de repente o cuando nadie se lo espera: *no pudo acabar porque surgió un problema; hazlo cuando surja una oportunidad; el* *oso surgió entre la niebla.* **SIN.** aparecer. **2** salir un líquido hacia arriba: *en una fuente natural, el agua surge por sí misma.* **SIN.** brotar, manar, salir. **OBS.** ante a y o, j: *surjan; surjo.* **FAM.** surgimiento. **COMP.** resurgir.

suroeste *[n.m.]* espacio comprendido entre el *sur* y el *oeste*: *Huelva se encuentra en el suroeste de España.* TAMBIÉN *adj.*: *la costa suroeste.* **AMPL.** su abreviatura es *SO.* TAMBIÉN se dice ***sudoeste***.

surtido, surtida *[adj.]* **1** que está formado por cosas distintas pero de la misma clase (*una docena surtida de pasteles*) o que forma parte de un conjunto de este tipo (*una docena de pasteles surtidos*). // **surtido** *[n.m.]* **2** conjunto de cosas distintas pero de la misma cla-

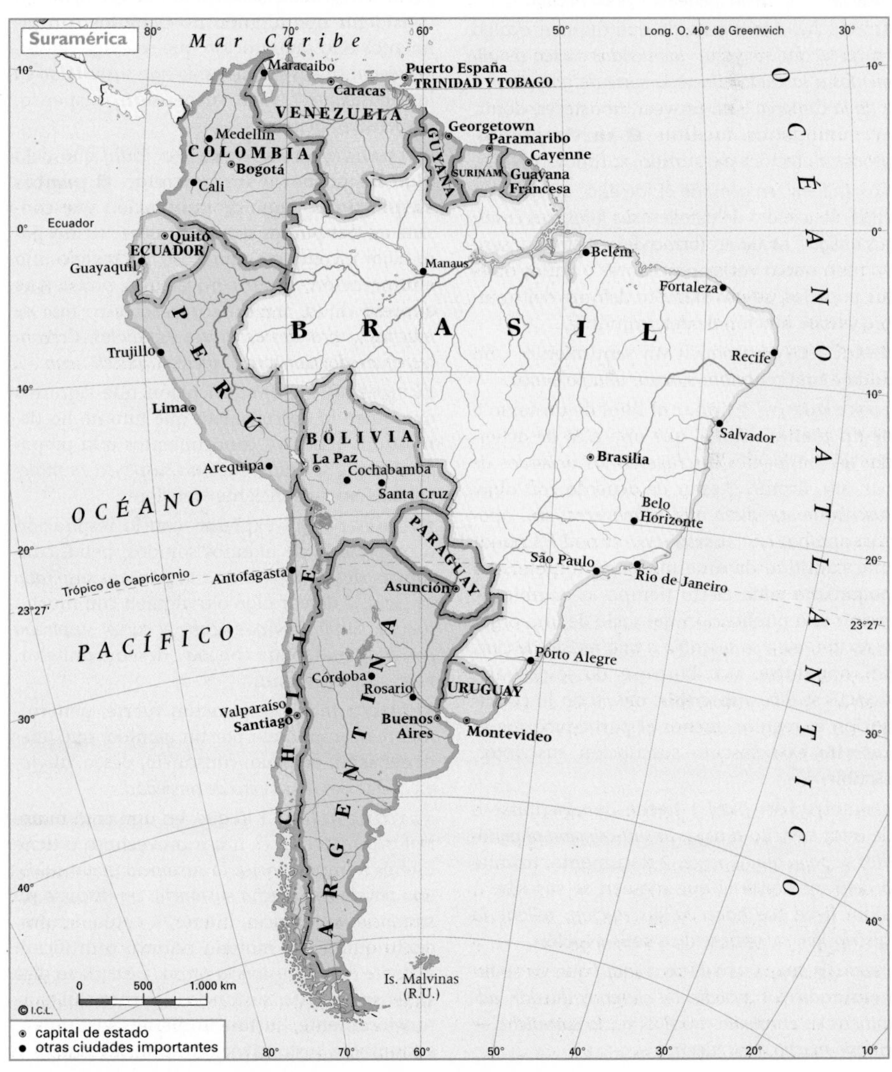

a b c d e f g h i j k l m n ñ o p q r s t u v w x y z

se: *compró un surtido de bombones; le enseñó un surtido de corbatas.*

surtidor *[n.m.]* 1 aparato que se usa para extraer un líquido de un depósito y servirlo de forma adecuada: *repostamos en un surtidor de gasolina; antes, en las tiendas de comestibles había surtidores de aceite; un surtidor de cerveza.* 2 chorro de agua que brota hacia arriba: *el surtidor de la fuente tiene muy poca presión.*

surtir *[v.]* encargarse de que alguien o algo tenga lo que necesita: *las tiendas surten de alimentos a la ciudad; la vega surte de hortalizas a toda la comarca.* **SIN.** proveer, abastecer, dotar. **AF.** suministrar, facilitar. ■ **surtir efecto**, producir efecto. **FAM.** surtido, surtidor.

sus *[adj.inv. en gén.]* de él, de ella, de ellos, de ellas, de usted o de ustedes: *sus hijas; sus cosas; sus amigos.* **GRAM.** es forma del adjetivo posesivo para uno o varios poseedores y varios objetos poseídos, se usa siempre delante del nombre y tiene función de determinante.

suscitar *[v.]* producir un sentimiento, una duda o una reacción: *suscitar una polémica.*

suscribir *[v.]* 1 firmar al final de un texto o de un contrato con el que uno está de acuerdo: *los presidentes suscribieron los acuerdos de paz.* **SIN.** firmar. 2 estar de acuerdo con algo: *suscribo lo que dicen mis compañeros.* **SIN.** apoyar, aprobar. // **suscribirse** *[v.prnl.]* 3 pagar una cantidad de dinero o comprometerse a pagar una cada cierto tiempo, a cambio de recibir una publicación, ser socio de una organización, etc.: *se suscribió a una revista de cine.* **SIN.** apuntarse. **ANT.** borrarse, darse de baja. TAMBIÉN se dice ***subscribir***. **OBS.** toda la conjugación es regular, menos el participio, que es ***suscrito***. **FAM.** suscrito, suscripción, suscriptor, escribir.

suscripción *[n.f.]* 1 hecho de suscribirse o de estar suscrito a algo: *la subscripción al periódico se paga anualmente.* 2 documento, trámite o acto mediante el que alguien se suscribe a algo: *tiene que hacer la suscripción; rellene la suscripción.* TAMBIÉN se dice ***subscripción***.

susodicho, susodicha *[adj.]* que ya se ha nombrado: *los susodichos alumnos quedan admitidos en el colegio.* TAMBIÉN *n.*: *la susodicha se enfadó mucho.* **FAM.** decir.

suspender *[v.]* 1 colgar una cosa en alto: *suspendió el jamón de una viga.* 2 dejar de hacer una cosa por un tiempo o definitivamente: *suspendieron las obras por falta de dinero; la actuación fue suspendida porque se puso a llover.* **SIN.** interrumpir. 3 quitarle a alguien un derecho, generalmente como castigo: *lo suspendieron de empleo y sueldo por falsificador.* 4 no superar un prueba (*suspendió dos exámenes*) o considerar que alguien no tiene los conocimientos o la preparación que se exige (*lo suspendieron en dos exámenes; la han suspendido en las oposiciones*). **FAM.** suspensión, suspenso, suspensivo, pender.

suspensivo, suspensiva *[adj.]* que deja algo sin acabar o sin concretar. ■ **puntos suspensivos**, signo de puntuación que consiste en tres puntos seguidos. **AMPL.** se usa para dejar incompleta una frase, un texto o una enumeración, o para hacer una pausa que expresa duda, temor, sorpresa, etc.: *mal de muchos...; grandes escritores españoles: Cervantes, Quevedo, Góngora...; ¡pero... si es él!*

suspenso *[n.m.]* calificación que significa que quien la da considera que uno no ha demostrado tener los conocimientos o la preparación que se exige: *sacó un suspenso en matemáticas.* **SIN.** insuficiente, deficiente.

suspirar *[v.]* 1 expresar, con la respiración acompañada de algunos sonidos, pena, cansancio, deseo, alivio, etc.: *la princesa suspiraba de pena.* 2 desear algo o a alguien con mucha fuerza: *suspira por que acabe el curso; suspiraba por ella.* **SIN.** soñar con. **AF.** desear, anhelar. **FAM.** suspiro, espirar.

suspiro *[n.m.]* respiración fuerte, generalmente acompañada por un gemido, que puede ser señal de pena, cansancio, deseo, alivio, etc.: *se le oyó un suspiro de ansiedad.*

sustancia *[n.f.]* 1 lo que, en una cosa material o inmaterial, es útil o provechoso o tiene interés o importancia: *la sustancia de un caldo; una novela con mucha sustancia; un discurso sin sustancia.* **AF.** esencia, interés. 2 cualquier producto químico o materia natural o artificial: *el aceite es una sustancia grasa.* TAMBIÉN se dice ***substancia***. **FAM.** sustancioso, sustancial, sustanciosamente, sustancialmente, sustantivo, sustantivar, sustantivación, sustantividad.

sustantivo *[n.m.]* clase de palabras con las que se nombran los objetos físicos, psíquicos o las ideas: *coche, amor y aire son sustantivos.* **SIN.** nombre. VER AMPL. en *nombre* (acepción 3). TAMBIÉN se puede decir ***substantivo***.

sustituir *[v.]* 1 quitar una cosa y poner otra en su lugar: *sustituyeron la silla rota por una nueva.* **SIN.** reemplazar. 2 hacer lo que tendría que hacer otro cuando éste no puede: *cuando estuvo enfermo lo sustituí en su puesto.* **SIN.** suplir, reemplazar. TAMBIÉN se dice ***substituir***. **CONJUG.** como *huir**. **FAM.** sustitución, sustituto, sustitutivo. **COMP.** insustituible.

sustituto, sustituta *[n.]* persona que ocupa el lugar de otra en un trabajo, un cargo o cualquier actividad: *el sustituto del profesor titular empieza mañana.*

susto *[n.m.]* sensación brusca que nota uno dentro del pecho ante algo que no espera y le produce miedo o preocupación: *se llevó un susto al verme, porque no me había oído llegar; se lo dijo tan de repente, que le dio un susto.* **AF.** sobresalto.

sustraendo *[n.m.]* cantidad que se resta de otra: *en la resta 6 – 2 = 4, el sustraendo es 2 y el minuendo 6.*

sustraer *[v.]* 1 coger para uno, sin permiso, lo que es de otro: *le sustrajo la cartera sin que él se diera cuenta.* **SIN.** robar. 2 restar una cantidad de otra o separar una cosa del resto: *sustrae 5 de 28.* **CONJUG.** como *traer**. **FAM.** sustraendo, sustracción, traer.

susurrar *[v.]* 1 hablar en voz muy baja, de manera que sólo puede oír quien está al lado: *le susurró al oído palabras de amor.* 2 hacer un ruido suave el aire, un río, etc.: *el viento susurraba entre los árboles.* **FAM.** susurro, susurrante.

susurro *[n.m.]* ruido muy suave producido por alguien que habla en voz muy baja o por el aire, un río, los árboles movidos por el viento, etc.: *oyó el susurro de una conversación; es agradable el susurro del agua del río.* **SIN.** murmullo. **AF.** cuchicheo.

sutil *[adj.inv. en gén.]* 1 que pesa muy poco, abulta muy poco o es muy suave: *llevo un pañuelo tan sutil que ni lo siento.* **SIN.** liviano, ligero. 2 que demuestra ingenio y facilidad para darse cuenta de cosas que no se notan a simple vista: *siempre es muy sutil en sus comentarios; lo dio a entender de una forma sutil.* **SIN.** agudo, sagaz, fino. **FAM.** sutileza, sutilmente, sutilidad, sutilizar.

sutura *[n.f.]* cosido que se hace en una herida: *le dieron tres puntos de sutura.* **FAM.** suturar.

suyo, suya de él, de ella, de ellos, de ellas, de usted o de ustedes. **GRAM.** es posesivo para uno o varios poseedores y un sólo objeto poseído, y puede ser pronombre (*dame la suya*) o adjetivo (*el libro suyo es éste*); cuando es adjetivo tiene función de determinante y delante del nombre se sustituye por *su*: *su casa; su libro.*

suyos, suyas de él, de ella, de ellos, de ellas, de usted o de ustedes. **GRAM.** es posesivo para uno o varios poseedores y varios objetos poseídos, y puede ser pronombre (*usa los suyos*) o adjetivo (*son cosas suyas*); cuando es adjetivo tiene función de determinante y delante del nombre se sustituye por *sus*: *sus cosas; sus hijos.*

a b c d e f g h i j k l m n ñ o p q r s t u v w x y z

t *[letra consonante]* letra que ocupa el vigesimoprimer (21er) lugar del abecedario español y que se llama *te*.

tabaco *[n.m.]* 1 planta tropical con hojas grandes que, una vez preparadas, se emplean para hacer cigarros puros y cigarrillos: *el tabaco es una planta originaria de América.* 2 hojas de esta planta ya preparadas: *el tabaco de pipa es distinto del de los puros.* **FAM.** tabacal, tabaquero, tabacalero, tabaquería, tabaquera.

tábano *[n.m.]* insecto de color oscuro parecido a una mosca pero que mide más de dos centímetros y suele picar a los animales, sobre todo a las vacas y los caballos: *los tábanos pueden trasmitir infecciones con sus picaduras.* **FAM.** tabanera.

tabaquera *[n.f.]* caja (o mueble) preparada para guardar tabaco y que no se estropee.

tabarra *[n.f.]* cosa o persona que molesta y cansa: *la música del vecino es una tabarra.* **AF.** rollo, lata, pesadez. ■ **dar la tabarra**, molestar a alguien haciendo o diciendo algo que resulta pesado.

taberna *[n.f.]* sitio en el que se venden y se sirven bebidas alcohólicas y, a veces, algo de comer: *en esta taberna ponen un buen vino.* **SIN.** bodega, tasca, cantina. **FAM.** tabernero.

tabernería *[n.f.]* oficio de tabernero. **FAM.** taberna.

tabernero, tabernera *[n.]* persona que trabaja vendiendo y sirviendo bebidas en una taberna. **SIN.** bodeguero, cantinero.

tabique *[n.m.]* 1 pared delgada que sirve para separar unas habitaciones de otras: *tiraron un tabique para ampliar el salón.* 2 cualquier división plana y delgada que separa dos huecos o espacios: *tabique nasal.* **FAM.** tabicar, tabicado, ***tabiquería*** (conjunto de tabiques).

tabiquería *[n.f.]* conjunto de tabiques.

tabla *[n.f.]* 1 pieza de madera plana, delgada y rectangular: *con unas cuantas tablas hizo una estantería.* 2 pieza delgada de otros materiales: *una tabla de surf.* 3 lista de cosas puestas en orden: *una tabla de resultados; una tabla de multiplicar; una tabla de precios.* 4 conjunto de dos dobleces hechos en una tela o una prenda y sujetos por un extremo, de manera que queda sobre ella un adorno con forma de tabla: *el delantero de la falda tiene tres tablas.* **AMPL.** cuando es sólo un doblez o dos que se juntan en la parte exterior de la prenda se llama ***pliegue***. ■ **quedar en tablas** o **hacer tablas** en un juego, acabar la partida sin que gane ni pierda ninguno de los jugadores. **AF.** empatar. ■ **tener tablas**, tener mucha experiencia en algo porque se ha hecho muchas veces: *tener tablas un actor, un cantante, un abogado...* **FAM.** tablón, tablero, tablilla, tablado, tablao, tablazón, tablear, tableado, ***tabular*** (con forma de tabla), tableta, ***tabletear*** (hacer ruido chocando tablas), tableteo, tableteado. **COMP.** entablar, entablillar, retablo.

tablado *[n.m.]* suelo de tablas construido encima de un armazón, de manera que queda más alto que el suelo de la sala en la que está: *el conferenciante subió al tablado* (**AF.** plataforma, tarima)*; los bailaores suelen actuar sobre un tablado* (**AF.** escenario). **AMPL.** un tablado en el que se canta o se baila flamenco se llama ***tablao***.

tablear *[v.]* hacer tablas de un tablero o hacerlas en una tela: *tablear una tela para hacer una falda.* **OBS.** e + e = ee: *tableemos.* **FAM.** tabla.

tabletear *[v.]* hacer ruido chocando tablas. **OBS.** e + e = ee: *tableteemos.* **FAM.** tabla.

tablero *[n.m.]* 1 objeto de madera plano, grande y rectangular, de una sola pieza o formado por varias tablas o tablones unidos por los cantos: *usaron el tablero que encontraron como encimera de la cocina.* 2 plancha rígida de cualquier material, que forma la superficie de una mesa: *el tablero de la mesa del comedor es de cristal.* 3 objeto plano de material duro con dibujos en su superficie, pensado para jugar a determinados juegos colocando fichas sobre él: *un tablero de ajedrez; un tablero de parchís.*

tableta *[n.f.]* pieza de algo hecha en un molde con una pasta que queda sólida: *una tableta de chocolate; tabletas que alivian el picor de garganta.*

tablón *[n.m.]* 1 tabla de madera larga y gruesa: *un andamio hecho con tablones.* 2 pieza plana que se cuelga en la pared para sujetar en ella mensajes, notas o cualquier información para que la gente la vea: *un tablón de anuncios.* **PL.** *tablones.*

tabú *[n.m.]* asunto del que no conviene hablar porque puede haber a quien le moleste por su manera de pensar o por su religión: *para algunas personas, la muerte es un tabú.* **PL.** *tabúes* o *tabús.*

tabular *[adj.inv. en gén.]* que tiene forma de tabla: *iceberg tabular.* **FAM.** tabla.

taburete *[n.m.]* asiento sin brazos ni respaldo para una sola persona.

tacaño, tacaña *[adj.]* que hace todo lo posible por no gastar ni dar nada a nadie: *gente tacaña.* **SIN.** roñoso, roñica. **INTENS.** miserable, ruin, mísero, mezquino. **ANT.** generoso. TAMBIÉN *n.: no los invitó porque es un tacaño.* **FAM.** tacañería, tacañamente, tacañón.

tacha *[n.f.]* falta, defecto: *un trabajo sin tacha.* **FAM.** tachar.

tachadura *[n.f.]* raya (o rayas) que se hace sobre algo escrito para que se sepa que no vale: *no le gustan las tachaduras en los cuadernos.* **SIN.** tachón.

tachar *[v.]* hacer rayas o borrones sobre algo escrito, para que se sepa que no vale: *no te confundas o te tocará tachar.* **FAM.** tachadura, ***tacha*** (falta, defecto), tachón. **COMP.** ***intachable*** (perfecto), intachablemente.

tachón *[n.m.]* 1 tachadura*. 2 tachuela* grande. **PL.** *tachones.*

tachuela *[n.f.]* 1 clavo corto con la cabeza ancha: *la tapa del baúl está adornada con tachuelas doradas.* 2 semiesfera metálica que se coloca junto a otras de un lado a otro del pavimento de algunas calles, para que los coches no puedan ir deprisa: *en algunas zonas escolares ponen tachuelas.* **FAM.** tachón, tachonar, tachonado.

taco *[n.m.]* 1 trozo corto y grueso de cualquier cosa que se pueda cortar así: *un taco de madera; pusieron como aperitivo unos tacos de queso.* 2 pieza de plástico que se mete en un agujero del mismo tamaño hecho en la pared y que, al clavar en él una punta, una escarpia, un tornillo, etc., se abre por el extremo opuesto para que no pueda salirse de la pared: *pon un taco para colgar el cuadro.* 3 palo largo, más grueso por un extremo que por el otro, que se usa para golpear las bolas en el juego del billar. 4 montón de papeles: *un taco de folios; un taco de apuntes; un taco de cromos.* 5 palabra que suena mal: *es de mala educación decir tacos.* **SIN.** palabrota. **FAM.** tacón, taconear.

tacón *[n.m.]* pieza rígida que va sujeta debajo del calzado, en la parte de atrás, y sobre la que se apoya el talón del pie: *con zapatos de tacón alto no puede andar bien.* **PL.** *tacones.*

taconear *[v.]* dar golpes contra el suelo, haciendo ruido con el tacón de los zapatos, sobre todo si se hace siguiendo un ritmo: *para bailar bien flamenco hay que saber taconear.* **AF.** zapatear. **OBS.** e + e = ee: *taconeen.*

táctica *[n.f.]* plan que se hace para que algo salga o funcione como uno quiere: *tácticas militares; una táctica de juego.* **SIN.** estrategia.

táctil *[adj.inv. en gén.]* del sentido del tacto*: *el médico le hizo un reconocimiento táctil del vientre.*

tacto *[n.m.]* 1 sentido del cuerpo que nos permite notar la suavidad o la aspereza, la dureza o la blandura, el calor o el frío, la sequedad o la humedad y otras características de las cosas, al tocarlas. 2 lo que demuestra que tiene quien trata a los demás con delicadeza y procurando no herirlos u ofenderlos cuando tiene que hablar de algo desagradable: *le hizo ver su error con mucho tacto; procura darle la noticia con tacto, para que le impresione menos.* **SIN.** delicadeza. **AF.** habilidad, tiento, diplomacia. **ANT.** brusquedad, rudeza. **FAM.** táctil. **COMP.** intacto.

taiga *[n.f.]* bosque de pinos, abetos y otros árboles parecidos, típico del norte de Rusia.

tajada *[n.f.]* trozo de un alimento que se ha cortado de una pieza mayor: *una tajada de carne.* **SIN.** pedazo, porción, trozo.

tajar *[v.]* cortar de un golpe con un instrumento cortante.

tajo *[n.m.]* 1 corte profundo hecho con un instrumento cortante: *al cortar el melón se hizo un tajo en el dedo.* 2 trozo grueso de madera o de fibra dura que se usa para partir y picar carne sobre él: *en las carnicerías parten la carne sobre un tajo.* 3 desnivel alto y casi vertical en un terreno, que da la impresión de que es así porque se ha cortado. 4 tabla con hendiduras paralelas sobre la que se restregaba la ropa al lavarla. **FAM.** tajada, tajante, tajantemente, ***tajar*** (cortar). **COMP.** atajar.

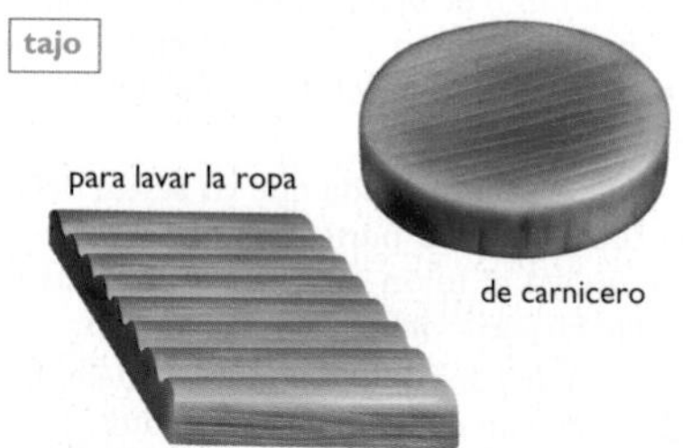

tal *[adj.inv. en gén.]* 1 que tiene mucho de las características de lo que se dice: *¿cómo puedes decir tales disparates?; había tal cantidad de gente que no pude encontrarlo.* 2 que es la persona o cosa de la que se habla, y no otra: *¿dónde has oído tal cosa?; lo arregló de tal manera que ha quedado perfecto; el tal Romualdo no sabía nada del asunto.* // **tal** *[adv. de m.]* 3 igual o muy parecido: *es tal como nos lo habían descrito.* ■ **un tal** o **una tal**, una persona de la que uno sólo sabe el nombre: *firmó una tal Ana Rodríguez.*

taladradora *[n.f.]* máquina que sirve para hacer agujeros: *la taladradora de papel hace dos agujeros a la vez; con una taladradora eléctrica puedes taladrar madera, ladrillos, paredes, etc.* **SIN.** taladro.

taladrar *[v.]* hacer uno o varios agujeros: *taladró el tablón para encajar el tubo.* **SIN.** perforar, agujerear, horadar.

taladro *[n.m.]* 1 taladradora*. 2 agujero hecho con una taladradora: *has hecho cuatro taladros y ninguno vale.* **FAM.** taladradora, taladrar.

talar *[v.]* cortar árboles por la base: *talaron los árboles secos.* **FAM.** tala, talador.

talco *[n.m.]* mineral muy blando, suave y brillante que no se puede fundir, está formado por muchas láminas y suele tener color blanco verdoso: *el talco en forma de polvo se usa en farmacia y en cosmética para el cuidado de la piel.*

talento *[n.m.]* 1 facilidad para hacer o entender bien las cosas en general o alguna en particular: *el chico tiene talento; ha demostrado mucho talento para la música.* **SIN.** capacidad, aptitud, dotes. **AF.** inteligencia. **ANT.** ineptitud. 2 persona que sabe hacer o entender algo mucho mejor que la mayoría: *Cervantes es un talento de la literatura; un talento de las matemáticas.* **SIN.** genio. **OBS.** también se dice *un talento* cuando se habla de una mujer: *tu vecina es un talento.* **FAM.** talentoso.

talismán *[n.m.]* objeto que se cree que trae buena suerte: *su talismán es un trozo de cuarzo.* **SIN.** amuleto. **AF.** fetiche. **PL.** *talismanes.*

talón *[n.m.]* 1 parte de atrás de la planta del pie. 2 parte del zapato, del calcetín, de la media, etc., que se pone sobre esta parte del pie: *tiene un roto en el talón de los leotardos.* 3 papel que uno firma para que el banco en el que tiene dinero le entregue a la persona que lo presenta la cantidad que uno ha escrito en él: *pagó el equipo de música con un talón.* **SIN.** cheque. **PL.** *talones.* **FAM.** talonario, talonera.

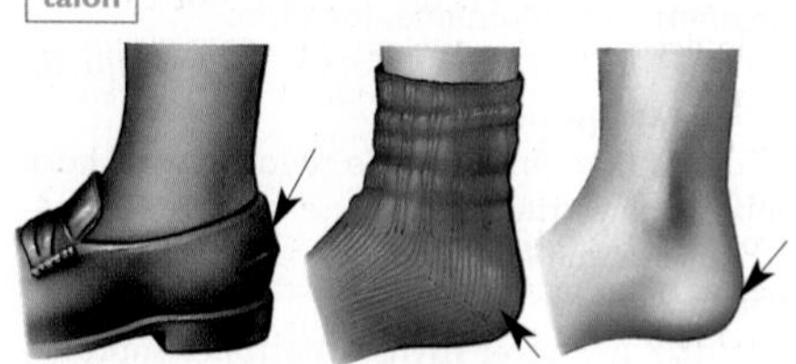

talonario *[n.m.]* cuadernillo de varios impresos que se van arrancando a medida que se necesitan: *un talonario de recibos; un talonario de cheques.* **AMPL.** la parte del talonario que queda al arrancar las hojas y que sirve de justificante se llama ***matriz***.

talud *[n.m.]* inclinación de un terreno o un muro: *cayeron rodando al intentar bajar por el talud.* **SIN.** inclinación, pendiente.

talla *[n.f.]* 1 altura de una persona: *es el jugador de mayor talla del equipo.* **SIN.** estatura. 2 cada una de las medidas que tienen las prendas de vestir que se venden: *sólo le quedan pantalones de la talla pequeña; una falda de la talla 40.* 3 figura que se ha hecho quitándole a una pieza de piedra o de madera, con algún instrumento apropiado como un cincel o una navaja, los trozos necesarios para que llegue a tener la forma que tiene: *en la catedral hay varias tallas del siglo* XVII; *el "Moisés" de Miguel Ángel Buonarroti es una preciosa talla en mármol blanco.*

tallar *[v.]* 1 medir a una persona para saber su estatura. 2 darle forma a un trozo de madera o de piedra, o grabar algo, quitándole trozos con algún instrumento apropiado: *ha tallado un perro en una rama de roble.* **AF.** esculpir. **AMPL.** las herramientas apropiadas para tallar la madera son ***gubias, formones, escoplos, macetas de talla,*** etc. y para tallar el mármol, ***cinceles, escofinas***, etc. **FAM.** talla, tallista, tallado.

taller *[n.m.]* lugar donde se hace algún trabajo manual como fabricar algo, arreglar algo o hacer alguna obra artística: *un taller de carpintería; un taller mecánico; un taller de escultura.*

tallo *[n.m.]* parte de las plantas que sale en dirección contraria a la raíz y que sostiene las hojas, las flores y los frutos: *el tallo de los árboles es el tronco.* **FAM.** talludo.

tamaño *[n.m.]* conjunto de las medidas de algo, que hace que ocupe una cantidad de espacio determinado: *para que una cosa quepa en el interior de otra, su tamaño debe ser menor.* **SIN.** dimensiones. **AF.** volumen.

tambalearse *[v.prnl.]* moverse de un lado a otro por falta de equilibrio y como si fuera a caerse: *el borracho se tambaleaba al andar; al mover la mesita, el jarrón se tambaleó.* **OBS.** e + e = ee: *se tambalee.* **FAM.** tambaleante, tambaleo.

también *[adv. de afirmación]* 1 indica que una cosa es en algo igual que otra que ya se ha dicho: *yo también pienso irme de vacaciones.* **ANT.** tampoco. 2 además de lo que se ha dicho: *fueron al parque de atracciones y también al zoo.*

tambor *[n.m.]* 1 instrumento musical con forma de cilindro y tapado por los lados con una piel muy estirada, que se golpea con palillos: *el tambor es un instrumento de percusión.* 2 objeto que, igual que el tambor, tiene forma de cilindro: *el tambor de una lavadora; el tambor de un revólver.* **FAM.** tamboril, tamborilero, tamborileo, tamborilear.

tamboril *[n.m.]* tambor pequeño que se toca con un solo palo y se usa en las fiestas populares.

tamiz *[n.m.]* utensilio formado por un armazón en el que va tensada una tela metálica (o de otro material) con los agujeros muy pequeños, por la que se hace pasar algo para separar las partes finas de las gruesas: *a través del tamiz pasa la arena fina.* **SIN.** cedazo, criba, cernedor. **FAM.** tamizar.

tampoco *[adv. de neg.]* se utiliza para negar una cosa después de haber negado otra: *yo no iré y él tampoco.* **ANT.** también.

tampón *[n.m.]* almohadilla mojada con tinta en la que se mancha la superficie de los sellos de marcar para que, al ponerlos sobre una superficie, la figura o las letras que tienen quede impresa en ella: *mojó el tampón con tinta roja.* **PL.** *tampones.*

tan *[adv. de c.]* 1 forma abreviada del adverbio *tanto*, que se usa delante de adjetivos y adverbios para dar más fuerza a su significado: *no he visto nada tan bonito; ya es tan tarde que no creo que venga.* // **tan** *[adv. comp.]* 2 con *como*, indica igualdad entre una cosa y otra u otras: *es tan alto como tú.*

tanda *[n.f.]* cada uno de los grupos de personas, animales o cosas que hacen algo o van (o están) en orden, uno detrás de otro: *la primera tanda de trabajadores llega a las 8; le hizo varias tandas de preguntas.* **AF.** serie.

tangible *[adj.inv. en gén.]* que se puede tocar: *una mesa es un objeto tangible.* **ANT.** intangible.

tango *[n.m.]* baile típico de Argentina, y también su música y su letra: *el tango se baila en parejas.*

tanque *[n.m.]* 1 vehículo grande, blindado y armado, que se mueve sobre dos cintas articuladas de hierro y puede ir por terrenos con muchos desniveles. 2 recipiente o depósito grande, normalmente cerrado, que sirve para guardar o transportar líquidos o gases: *un tanque de agua; un tanque de gasoil.* **FAM.COMP.** antitanque.

tantear *[v.]* 1 fijarse en cómo es algo para luego actuar de una u otra manera, según convenga: *tantea el terreno para ver si podemos pasar; antes de proponérselo, tantéalo un poco para saber qué piensa.* **SIN.** sondear. 2 calcular algo aproximadamente: *tanteando, creo que puede medir unos diez metros.* **OBS.** e + e = ee: *tanteen.* **FAM.** tanteador, tanteo, tanto.

tanto, tanta *[adj.]* 1 que no se sabe exactamente qué cantidad (o intensidad) es, pero se entiende que puede ser alta: *iré tantas veces como haga falta; con tanta gente hablando a la vez, aquí no hay quien se entienda; tiene tanto frío que no se separa de la chimenea.* **GRAM.** es adjetivo indefinido y tiene función de determinante. // **tanto, tanta** *[pron. indef.]* 2 cantidad de algo que se entiende que es grande: *si tiene mucho dinero pero se lo gasta, ya no tendrá tanto.* // **tanto** *[adv. de c.]* 3 en la cantidad (o con la intensidad) determinada de la que se está hablando: *no comas tanto; de tanto reírse le duele la cara.* // **tanto** *[adv. comp.]* 4 con *como*, indica igualdad entre una cosa y otra u otras: *eso es tanto como decir que no quieres hacerlo; mañana trabajará tanto como hoy.* // **tanto** *[n.m.]* 5 punto que se consigue en un juego: *ha ganado por cinco tantos.* 6 cantidad de algo que no se dice cuál es exactamente: *me dio un tanto del dinero que había conseguido.* ■ **por tanto**, en consecuencia. ■ **entre tanto** o **mientras tanto**, mientras.

tañer *[v.]* tocar un instrumento musical de percusión o de cuerda o hacer sonar una campana.

tapa *[n.f.]* 1 tapadera*: *ponle la tapa a la cazuela.* 2 cada una de las dos cubiertas de cartón o de otro material que tienen los libros: *un libro con tapas azules.* **SIN.** cubierta. 3 pequeña cantidad de comida que se pone como aperitivo para acompañar una bebida: *una tapa de tortilla; en ese bar tienen muy buenas tapas.* 4 cada una de las capas que forman el tacón o la suela del calzado y sobre todo la que está por fuera: *ponle tapas nuevas.*

tapacubos *[n.m.inv. en núm.]* tapa que cubre el centro de las llantas* de las ruedas de los vehículos: *los tapacubos ocultan los tornillos de las ruedas.*

tapadera *[n.f.]* pieza que cubre del todo la boca, y por lo menos el borde de la boca, de un recipiente o un hueco: *la tapadera de un bote, de un frasco, de una caja, de un contenedor, de una cazuela, del objetivo de una máquina de fotos, etc.; para poner las pilas hay que quitar la tapadera.* **SIN.** tapa.

CONJUGACIÓN DEL VERBO TAÑER

Formas no personales
Infinitivo: *tañer*. Gerundio: *tañendo*. Participio: *tañido*.

Indicativo
Presente: *taño, tañes, tañe, tañemos, tañéis, tañen.*
Pretérito imperfecto: *tañía, tañías, tañían, tañíamos, tañíais, tañían.*
Pretérito perfecto simple: *tañí, tañiste, tañó, tañimos, tañisteis, tañeron.*
Futuro: *tañeré, tañerás, tañerá, tañeremos, tañeréis, tañerán.*

Condicional simple:
tañería, tañerías, tañería, tañeríamos, tañeríais, tañerían.

Subjuntivo
Presente: *taña, tañas, taña, tañamos, tañáis, tañan.*
Pretérito imperfecto: *tañera/tañese, tañeras/tañeses, tañera/tañese, tañéramos/tañésemos, tañerais/tañeseis, tañeran/tañesen.*
Futuro: *tañere, tañeres, tañere, tañéremos, tañereis, tañeren.*

Imperativo:
tañe, taña, tañamos, tañed, tañan.

tapar *[v.]* 1 poner (o estar) en un sitio por el que puede pasar algo, una cosa que lo impida: *tapa la gaseosa; la roca tapaba la entrada de la cueva; hay un tronco tapando la carretera.* **SIN.** cerrar. **AF.** cubrir. 2 poner (o estar) una cosa delante de otra, de manera que no se pueda ver: *tápame, que no me vea; los árboles nos tapan el prado.* **SIN.** ocultar. 3 poner ropa sobre alguien para protegerlo del frío: *lo tapó con la manta.* **SIN.** abrigar, arropar. **ANT.** desarropar, destapar. TAMBIÉN *prnl.: en las noches de invierno se tapa hasta la cabeza.* **FAM.** tapa, tapadera, tapadura, tapón, taponar, taponazo, taponero. **COMP.** destapar, tapacubos, destaponar.

tapete *[n.m.]* pieza de algún tejido que se pone encima de una mesa o de un mueble para que adorne o para que lo proteja: *un tapete de ganchillo.*

tapia *[n.f.]* pared construida alrededor de un terreno para separarlo del exterior: *la tapia del patio de la cárcel es muy alta.* **AF.** valla, cerca. **FAM.** tapiar, tapial.

tapiar *[v.]* 1 construir una tapia alrededor de algo: *ha tapiado la finca para que no entre nadie.* **AF.** cercar. 2 hacer una pared que tape un hueco: *tapiaron las ventanas de la fábrica abandonada.* **SIN.** cegar.

tapicería *[n.f.]* 1 sitio en el que se forran muebles con tela (*lleva las butacas a la tapicería*), tela que se usa para forrar muebles o paredes (*se le cayó el café sobre la tapicería del sillón*) y oficio de forrar muebles y paredes con tela (*toda la familia se dedica a la tapicería*). 2 arte de hacer tapices: *asiste a un curso de tapicería.*

tapicero, tapicera *[n.]* 1 persona que trabaja forrando con tela muebles o paredes. 2 persona que hace tapices.

tapir *[n.m.]* animal parecido a un jabalí pero con las patas más largas y la nariz en forma de trompa hacia abajo, que vive en Sudamérica y en Asia.

tapiz *[n.m.]* tela gruesa, grande y con dibujos, que se cuelga sobre las paredes para adornarlas: *un tapiz del siglo* XVIII. **PL.** *tapices.* **FAM.** tapizar, tapizado, tapicería, tapicero.

tapizar *[v.]* forrar con tela o con piel un mueble, una parte de él o una pared: *tapizó el sofá.* **OBS.** ante e, c: *tapicen.*

tapón *[n.m.]* 1 pieza que encaja en el agujero de un recipiente o se ajusta alrededor de la boca si es pequeña, de modo que no le entre nada y lo que haya en su interior no pueda salirse o evaporarse: *los tapones de las botellas de buen vino son de corcho; el tapón de la bañera; un tapón de rosca.* 2 cualquier cosa que tapa un conducto o un sitio de paso, de manera que lo impide o lo hace más difícil: *tiene un tapón de cera en el oído; a esa hora, en la autopista se forman tapones.* **PL.** *tapones.*

taponar *[v.]* 1 poner un tapón: *tapona la botella.* **SIN.** tapar, cerrar. 2 estar en un sitio impidiendo o dificultando el paso: *la manifestación taponaba la calle.* **SIN.** obstruir.

taquigrafía *[n.f.]* método para escribir muy deprisa utilizando, en lugar de escritura normal, ciertos signos y abreviaturas: *asiste a clases de taquigrafía.* **FAM.** taquígrafo, taquigráfico, taquigrafiar, taquigráficamente, grafía.

taquígrafo, taquígrafa *[n.]* persona que trabaja escribiendo lo que otros dicen, utilizando ciertos signos y abreviaturas en lugar de escritura normal: *un taquígrafo tomó nota de todo lo que se dijo en el juicio.*

taquilla *[n.f.]* 1 ventanilla donde se venden entradas o billetes para un espectáculo, un medio de transporte, etc.: *la taquilla de un teatro; la taquilla de una estación.* 2 armario pequeño e individual que hay en algunos sitios para que uno pueda dejar cosas: *las taquillas de un gimnasio; las taquillas de un cuartel; las taquillas de un vestuario.* **FAM.** taquillaje, taquillero.

taquillero, taquillera *[n.]* 1 persona que trabaja vendiendo entradas o billetes en una taquilla. // **taquillero, taquillera** *[adj.]* 2 que produce mucho dinero porque va mucha gente a verlo: *una película taquillera; un actor taquillero.*

tara *[n.f.]* 1 defecto que hace que la persona o la cosa que lo tiene no sea como la mayoría o como debería ser: *su cojera es una tara de nacimiento; las telas con tara son más baratas.* **SIN.** defecto, deficiencia. **AF.** falta, fallo. 2 peso de un vehículo de transporte de mercancías cuando está vacío: *para saber lo que pesa la carga, se pesa el camión cargado y se descuenta la tara.* **FAM.** tarado, tarar.

tarántula *[n.f.]* araña venenosa, negra y con rayas blancas, que vive entre las piedras y en los agujeros: *la picadura de la tarántula es venenosa pero no mortal.*

tararear *[v.]* hacer como que se canta, pero sin pronunciar palabras y con sonidos parecidos a *ta-ra-ra*: *si no sabes la letra, tararea la música.* **OBS.** e + e = ee: *tararee*. **FAM.** tarareo.

tardanza *[n.f.]* hecho de que pase mucho tiempo (o más del previsto) antes de que ocurra algo o se haga algo: *¿a qué se debe la tardanza del tren en salir?; su tardanza en acabar el proyecto nos impidió presentarlo a tiempo.* **AF.** retraso.

tardar *[v.]* pasar un tiempo hasta que ocurre algo, o emplear el tiempo que se dice en hacer algo: *este invierno ha tardado mucho en llover; tarda muy poco en ducharse; tardó un mes en hacer el trabajo.* **FAM.** tarde, tardío, tardíamente, tardón, tardanza, ***tardo*** (lento) **COMP.** retardar, atardecer.

tarde *[n.f.]* 1 parte del día que va desde el mediodía hasta el anochecer: *meriendan a la seis de la tarde.* 2 tiempo que pasa entre el momento en que uno termina de comer y el anochecer: *estudia durante toda la tarde.* // **tarde** *[adv. de t.]* 3 a una hora avanzada del día o de la noche: *se levantó muy tarde; no te acuestes tarde.* **ANT.** temprano, pronto. 4 cuando ya ha pasado el momento apropiado: *llegó tarde a clase; ya es tarde para disculparse.* **ANT.** pronto.

tardío, tardía *[adj.]* 1 que llega (o se hace) después del momento apropiado: *una ayuda tardía; un esfuerzo tardío.* 2 hablando de frutos, que madura más tarde de lo normal: *melones tardíos; patatas tardías.* **ANT.** temprano.

tardo, tarda *[adj.]* lento, torpe. **FAM.** tardar.

tarea *[n.f.]* 1 cosa concreta entre las que una persona tiene que hacer: *una de sus tareas en la granja es dar de comer a los pollos; limpiar, cocinar, lavar y planchar son tareas domésticas.* **SIN.** faena, labor, trabajo, quehacer, ocupación. **AF.** función. 2 conjunto de cosas que uno tiene que hacer: *saldré tarde porque tengo mucha tarea.* **SIN.** trabajo. **FAM.COMP.** atareado.

tarifa *[n.f.]* 1 cada uno de los precios que tiene un servicio y que puede depender de la época del año o del día en que se use, de la edad de quien lo use, etc.: *el notario le cobró la tarifa mínima; en los billetes de avión, los niños tienen tarifa reducida.* 2 lista de precios: *la fábrica de muebles envía un catálogo anual con la tarifa correspondiente.* **FAM.** tarifar.

tarima *[n.f.]* especie de cajón de madera grande, pero de poca altura, puesto boca abajo en una zona de una sala para que el suelo de esa zona quede más alto que el del resto: *subió a la tarima para escribir en la pizarra.* **AF.** plataforma, tablado. **AMPL.** una tarima preparada para un acto solemne se llama ***estrado***. **FAM.COMP.** entarimar, entarimado.

tarjeta *[n.f.]* trozo pequeño y rectangular, de cartulina o de plástico, que puede usarse para distintas cosas: *una tarjeta de visita; una tarjeta de crédito; las tarjetas amarilla y roja de un árbitro de fútbol; una tarjeta de identificación.* **FAM.** tarjetón, tarjetero.

tarraconense *[adj.inv. en gén.]* de Tarragona, provincia española y su capital, que pertenecen a la comunidad autónoma de Cataluña: *una artista tarraconense.* TAMBIÉN *n.*: *los tarraconenses.*

tarro *[n.m.]* recipiente de barro, de vidrio o de porcelana con boca ancha y normalmente con tapadera o tapón, que sirve para guardar cosas: *un tarro de miel; los tarros de las farmacias antiguas eran muy bonitos.*

tarta *[n.f.]* pieza redonda o rectangular de alguna masa dulce, de tamaño apropiado para varias raciones y que puede estar rellena o cubierta de distintos ingredientes: *tarta de manzana; tarta de queso.* **FAM.** tartera.

tartamudear *[v.]* hablar entrecortadamente y repitiendo palabras o sílabas: *tartamudea cuando se pone nervioso.* **OBS.** e + e = ee: *tartamudeen*. **FAM.** tartamudez, tartamudo, tartamudeo, mudo.

tartamudez *[n.f.]* problema que hace que quien lo tiene hable entrecortadamente y repitiendo palabras o sílabas, porque no puede hacerlo con fluidez: *la tartamudez se puede corregir.*

tartamudo, tartamuda *[adj.]* que habla entrecortadamente y repitiendo palabras o sílabas: *una persona tartamuda.* TAMBIÉN *n.*: *los tartamudos hablan peor si se ponen nerviosos.*

tartera *[n.f.]* recipiente para meter alimentos, con tapadera que se ajusta perfectamente para que no se salga nada y se conserve bien: *pon la comida en la tartera y vámonos al campo.* **SIN.** fiambrera.

tarugo *[n.m.]* **1** trozo de madera corto y grueso. // **tarugo, taruga** *[n.]* **2** persona que no entiende bien las cosas, no se fija en lo que tendría que fijarse, etc.: *lo hace mal porque es un tarugo.* **AF.** bruto. **ANT.** listo, espabilado. **FAM.** ***atarugar*** (sujetar con tarugos).

tasa *[n.f.]* **1** dinero que se le paga al Estado por usar algún servicio que presta a los ciudadanos: *se pagan tasas por estudiar en la universidad.* **2** número que nos dice la cantidad que hay de algo en relación con un conjunto: *la tasa de natalidad ha bajado en los países occidentales; la tasa de crecimiento de una economía; la tasa de paro indica el porcentaje de parados entre las personas en edad de trabajar.*

tasar *[v.]* examinar algo un experto y decir el valor que tiene: *las compañías de seguros tasan las cosas antes de asegurarlas; el joyero tasó el anillo en muy poco dinero.* **SIN.** valorar. **FAM.** tasa, tasación, tasador. **COMP.** retasar.

tasca *[n.f.]* local donde se venden y se sirven bebidas alcohólicas y, a veces, algo de comer. **SIN.** taberna*.

tatarabuelo, tatarabuela *[n.]* abuelo o abuela de un abuelo o una abuela de uno: *mi tatarabuelo es el bisabuelo de mi madre.* **FAM.** abuelo, bisabuelo.

tataranieto, tataranieta *[n.]* nieto o nieta de un nieto o una nieta de uno: *mis tataranietos vivirán parte del siglo veintidós.* **FAM.** nieto, bisnieto, biznieto.

tatuaje *[n.m.]* dibujo que se hace metiendo colorantes debajo de la capa más externa de la piel de alguien (*lleva un tatuaje en el brazo*) y operación que consiste en hacer este tipo de dibujos (*el tatuaje del brazo le llevó varias horas*). **FAM.** tatuar, tatuado.

taurino, taurina *[adj.]* que tiene al toro como protagonista (*las corridas de toros son espectáculos taurinos; un festival taurino*) o que es propio de las corridas de toros (*cada una de las cosas que el torero hace con el toro se llama lance taurino*).

tauro *[n.inv. en gén. y núm.]* persona que ha nacido entre el 21 de abril y el 21 de mayo: *es una tauro del 15 de mayo; conozco a varios tauro.*

taxi *[n.m.]* coche con conductor que se alquila y tiene un aparato para marcar el precio según los kilómetros y tiempo empleados: *si un taxi lleva encendida la luz verde, es que está libre.* **FAM.** taxista, taxímetro.

taxímetro *[n.m.]* aparato que llevan los taxis y que, a medida que va pasando el tiempo o los kilómetros, va marcando el dinero que tienen que pagar los pasajeros en cada momento: *paró el taxímetro al llegar a su destino.*

taxis manera incorrecta de decir la palabra *taxi**.

taza *[n.f.]* **1** recipiente pequeño, con un asa, que sirve para beber líquidos: *las tazas de desayuno son más grandes que las de café y las de té.* **AMPL.** los recipientes pequeños con asa que son cilíndricos y de metal se llaman ***canecos***. **2** lo que cabe en uno de estos recipientes: *bebió una taza de manzanilla; para hacer la masa hace falta una taza de harina.* **FAM.** tazón.

tazón *[n.m.]* **1** recipiente de alrededor de medio litro de capacidad, casi semiesférico, sin asas y con base bajita, que sirve para beber líquidos: *sirvió el desayuno en un tazón.* **2** cantidad de algo que cabe en él: *añade un tazón de agua a la sopa.* **PL.** *tazones.*

te *[pron.]* **1** a ti. **GRAM.** puede tener función de complemento indirecto (*ya te lo dije; ¿te ha es-*

crito una carta?; si no te gusta, déjalo; cómpratelo; lávate las manos; te dolerá un poco) o de complemento directo (*no sabía que te había escrito*). 2 para ti: *cómprate lo que necesites.* **GRAM.** tiene función de complemento indirecto. 3 a ti mismo: *lávate; te harás daño.* **GRAM.** es reflexivo y tiene función de complemento directo. 4 tú mismo: *te ríes a carcajadas; te caíste por despistada; no te enfades; despídete de ellos.* **GRAM.** en este uso concreto no tiene función sintáctica, sino expresiva, pues refuerza el significado del verbo. 5 se usa para indicar que la persona a quien se habla es la causa de lo que expresa el verbo (*se te romperá si no lo cuidas*) o se siente afectada por lo que expresa el verbo (*¿se te ha estropeado?*). **GRAM.** en todos los casos es pronombre personal de segunda persona de singular para masculino y femenino. **OBS.** cuando va con *se* debe ir después y no antes: *se te caerá.*

té *[n.m.]* 1 planta cuyas hojas, largas y estrechas, se usan para hacer una infusión: *el té es originario de la China.* 2 hojas de esta planta (*ponen el té a secar*) o infusión que se hace con ellas, normalmente cuando están secas (*un té te sentará bien*). **FAM.** tetera.

teatral *[adj.inv. en gén.]* de teatro o que se dedica al teatro: *una representación teatral; un actor teatral.* **SIN.** dramático.

teatro *[n.m.]* 1 arte que consiste en representar en público, con movimientos y diálogos, alguna situación real o inventada: *los actores de teatro son muy expresivos.* 2 construcción que tiene lo necesario (escenario, patio de butacas, camerinos...) para hacer este tipo de representaciones: *han restaurado el viejo teatro.* 3 tipo de obra literaria pensada para ser representada en público: *Lope de Vega escribió mucho teatro.* **AMPL.** un escritor de obras de teatro es un ***dramaturgo***. ■ **echar, hacer** o **tener teatro**, actuar de forma exagerada y poco natural. **FAM.** teatral, teatralidad, teatralmente, teatrero. **COMP.** anfiteatro.

tebeo *[n.m.]* revista infantil que, con dibujos en forma de viñetas, cuenta historietas o aventuras: *Mortadelo y Filemón son protagonistas de un tebeo.* **SIN.** cómic, historieta. **AMPL.** se llaman así porque una de las primeras revistas de historietas que apareció en España se llamaba TBO.

tecla *[n.f.]* cada una de las piezas que hay que apretar para que se ponga en marcha algún mecanismo, cuando en un aparato hay varias piezas juntas que ponen en marcha mecanismos distintos: *las teclas de un piano, de un acordeón, de una máquina de escribir, de un ordenador, de una calculadora, de un teléfono.* **FAM.** teclear, teclado, teclista, tecleo.

teclado *[n.m.]* conjunto de teclas de un instrumento musical o un aparato: *los pianos y las calculadoras tienen teclado.*

teclear *[v.]* apretar con los dedos distintas teclas de un aparato: *teclea su número de teléfono.* **OBS.** e + e = ee: *tecleen.*

tecleo *[n.m.]* 1 hecho de que alguien apriete las teclas de un aparato. 2 ruido que se hace con ello: *el tecleo del ordenador no lo deja concentrarse.*

teclista *[n.inv. en gén.]* persona que trabaja tecleando un aparato o un instrumento: *el teclista de un grupo musical.*

técnica *[n.f.]* 1 método (o conjunto de métodos) que se utiliza en la práctica de una ciencia, un arte o una profesión: *la técnica de la acuarela es distinta de la de la pintura al óleo; la extracción de petróleo requiere una técnica determinada.* 2 ciencia que se dedica a la creación de máquinas: *el avance de la técnica es espectacular.* **FAM.** técnico, ***tecnicismo*** (palabra especial de una profesión, ciencia, etc.), técnicamente.

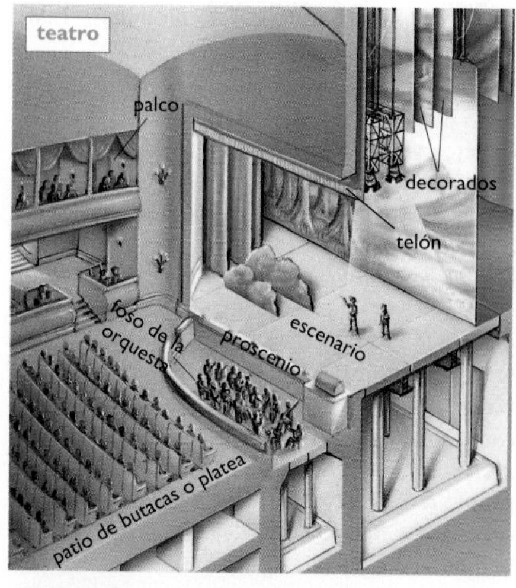

tecnicismo *[n.m.]* palabra especial de una profesión, ciencia, etc.: *"amigdalitis" es un tecnicismo médico; "quanta" es un tecnicismo físico.*

técnico, técnica *[adj.]* **1** propio de una ciencia, de un arte o de un oficio: *el científico explicó el experimento con palabras técnicas.* **2** de la técnica o que tiene algo que ver con ella: *un problema técnico; hablaban de temas técnicos que yo no entendía.* // **técnico, técnica** *[n.]* **3** persona que sabe mucho sobre una ciencia, un arte o un oficio: *un técnico en informática; un técnico electricista.* **SIN.** experto, especialista.

tecnología *[n.f.]* conjunto de conocimientos, instrumentos y métodos industriales de una ciencia, oficio o arte: *buena parte del progreso material de la humanidad se basa en los avances de la tecnología.*

techo *[n.m.]* **1** parte de dentro de lo que cubre por arriba cualquier cosa edificada: *el techo de una habitación; el techo de una cabaña; el techo de una cueva.* VER *tejado.* TAMBIÉN se llama *techo* a la pieza que cubre por arriba los vehículos, tanto considerada desde fuera como desde dentro: *el techo de un coche.* **2** lugar donde vivir o protegerse del mal tiempo: *es tan pobre que no tiene ni un techo que lo cobije; sólo quiero un techo hasta que pase la tormenta.* **AF.** casa, refugio, cobijo. ■ **tocar techo**, llegar al límite máximo al que se puede llegar. **FAM.** techumbre, techar, techado.

techumbre *[n.f.]* estructura que cubre una construcción.

teja *[n.f.]* cada una de las piezas de barro cocido, con forma generalmente curva, que se ponen encima de la cubierta de una construcción de manera que por ellas escurra el agua de lluvia. **FAM.** tejado, ***tejar*** (poner tejas o fábrica de tejas), ***tejera*** (fábrica de tejas y ladrillos), tejo. **COMP.** retejar, destejar.

teja

tejado *[n.m.]* parte inclinada de una construcción, que la cubre por arriba: *muchos tejados están cubiertos de tejas pero también los hay de placas de pizarra, de planchas de uralita, de ramas de brezo, etc.* **SIN.** cubierta. **AF.** techumbre. **OBS.** no es lo mismo que *techo*, que es la parte de dentro y de arriba de las habitaciones; cuando lo que cubre por arriba un edificio no es inclinado, sino plano, se llama ***terrado*** o ***terraza***.

tejado

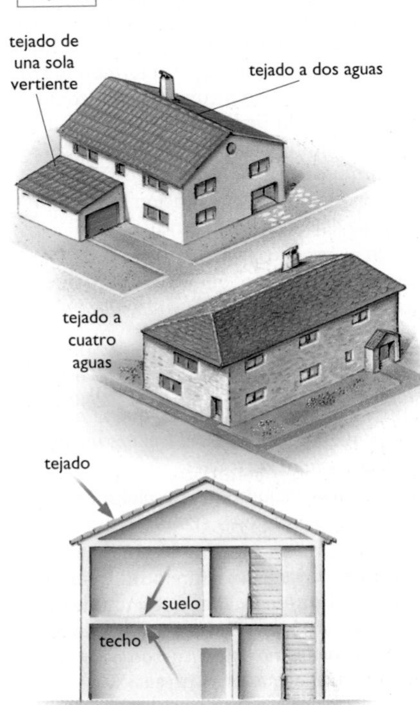

tejar *[v.]* **1** poner tejas: *tejar una casa.* // *[n.m.]* **2** fábrica de tejas. **SIN.** tejera. **FAM.** teja.

tejedor, tejedora *[n.]* persona que trabaja haciendo telas, esterillas o tramas similares, entrelazando hilos de materiales como el algodón, la lana, el lino, el esparto, etc.: *los tejedores manejaban los telares de la fábrica textil.*

tejer *[v.]* 1 entrelazar hilos de algodón, lana, lino, esparto, etc., de manera que formen una tela, una esterilla u otra trama similar: *tejió, a mano, un jersey para el bebé; tejiendo mimbre hizo un cestillo; Penélope tejía y destejía un enorme velo, esperando la vuelta de Ulises.* **ANT.** destejer. 2 hacer algunos animales, como la araña y los gusanos de seda, sus telas o capullos. **FAM.** tejedor, tejido, textil. **COMP.** retejer, destejer.

tejera *[n.f.]* fábrica de tejas y ladrillos. **SIN.** tejar. **FAM.** teja.

tejido *[n.m.]* 1 pieza formada por hilos entrelazados (*un tejido de seda*) y tipo de material que resulta al entrelazar hilos de una manera determinada (*las alfombras tienen un tejido muy fuerte*). **AMPL.** en un tejido, los hilos que van a lo ancho de la pieza forman la ***trama*** y los que se cruzan con ellos, horizontal u oblicuamente, la ***urdimbre***; los tejidos flexibles y delgados también se llaman ***telas***. 2 conjunto de células del mismo tipo y que, juntas, realizan alguna función del organismo: *tejido muscular; tejido nervioso.*

tejo *[n.m.]* piedra pequeña, o trozo de teja o de otro material duro, que se usa para lanzarlo en algunos juegos: *están en la calle jugando al tejo.*

tejón *[n.m.]* animal mamífero pequeño, de cuerpo alargado y de color gris, con franjas blancas y negras en la cabeza, que se alimenta de pequeños animales: *el tejón es un animal común en España.* **PL.** *tejones.*

tejuelo *[n.m.]* cuadradito de piel o de papel con un rótulo, puesto en el lomo de un libro.

tela *[n.f.]* 1 material flexible y de poco grosor, formado por hilos entrelazados de algodón, lana, lino, seda, alambre muy delgado, etc.: *con un trozo de tela hizo unas servilletas; por la tela de alambre no pasan los mosquitos.* **AF.** tejido. 2 redecilla que construyen las arañas y otros insectos con el hilo que ellos mismos fabrican: *tela de araña.* **FAM.** telar, telón, telonero. **COMP.** entretela, telaraña.

telar *[n.m.]* máquina para tejer hilos de algodón, lana, lino, etc., y hacer telas, tapices, alfombras, etc.: *cada vez hay menos telares manuales.*

telaraña *[n.f.]* redecilla que construyen las arañas con el hilo que ellas mismas fabrican: *el desván está lleno de telarañas.* **SIN.** tela de araña.

tele- prefijo que significa *a distancia.*

telecomunicación *[n.f.]* lo que hay cuando se transmite a distancia alguna información con sonidos, imágenes u otras señales: *el telégrafo, el teléfono y la emisión por radio son sistemas de telecomunicación.*

telediario *[n.m.]* programa de noticias que retransmite la televisión todos los días.

teleférico *[n.m.]* sistema formado por un cable que va por lo alto y cabinas que cuelgan y se mueven a lo largo de él y que se usa para llevar personas de un sitio a otro, cuando entre los dos hay una gran diferencia de altura o un gran desnivel intermedio.

telefilme *[n.m.]* película hecha especialmente para ponerla en televisión.

telefonazo *[n.m.]* manera informal de decir *llamada telefónica: cuando llegues, dame un telefonazo.*

telefonear *[v.]* llamar por teléfono. **OBS.** e + e = ee: *telefonee.*

telefónico, telefónica *[adj.]* del teléfono o por medio del teléfono: *línea telefónica; una avería telefónica; un mensaje telefónico; una llamada telefónica.*

telefonista *[n.inv. en gén.]* persona que trabaja recibiendo las llamadas de teléfono y poniéndolas en comunicación con los teléfonos a los que se llama.

teléfono *[n.m.]* 1 sistema formado por varios aparatos situados a distancia y entre los que se transmite el sonido, de manera que varias personas pueden hablar a través de él: *el inventor del teléfono fue Bell.* 2 cada uno de esos aparatos que forman el sistema y con los que se puede hablar: *al teléfono se le ha soltado una tecla.* 3 número que hay que marcar en uno de estos aparatos para comunicarse con otro determinado: *apúntate mi teléfono.* **FAM.** telefonía, telefonear, telefónico, telefonista, telefónicamente, telefonazo.

telegrafiar *[v.]* comunicar un mensaje por medio del telégrafo: *telegrafió al capitán en alta mar.* **ACENT.** como *fiar**.

telegráfico, telegráfica *[adj.]* del telégrafo* o por medio de él: *líneas telegráficas; un mensaje telegráfico.*

telegrafista *[n.inv. en gén.]* persona que trabaja enviando y recibiendo telegramas.

telégrafo *[n.m.]* 1 sistema formado por varios aparatos situados a distancia y unidos por cables eléctricos y entre los cuales, por medio de esos cables, pueden mandarse ciertas señales especiales para enviar mensajes a distancia: *el primer telégrafo fue el de Morse.* 2 cada uno de esos aparatos que forman el sistema y con los que se pueden emitir y recibir esas señales. **FAM.** telegrafía, telegrafiar, telegráfico, telegráficamente, telegrafista, telegrama.

telegrama *[n.m.]* 1 mensaje que se envía por el telégrafo y en el que suelen saltarse las palabras menos importantes como las preposiciones, etc.: *puso un telegrama a sus padres.* 2 papel donde se escribe el mensaje recibido para dárselo a su destinatario: *el cartero trajo un telegrama.*

telepatía *[n.f.]* lo que hay entre dos personas cuando una capta los pensamientos o los sentimientos de la otra a través de la mente. **FAM.** telepático, telepáticamente.

telescopio *[n.m.]* instrumento formado por un tubo y unas lentes, que agranda las imágenes de las cosas, de manera que a través de él pueden verse los astros y otras cosas lejanas: *los astrónomos utilizan telescopios muy potentes.* **FAM.** telescópico.

telesilla *[n.m.]* sistema formado por un cable que va por lo alto y asientos que cuelgan y se mueven a lo largo de él, pensado para transportar personas a lugares más altos en las montañas: *los esquiadores suben a la cima en telesilla y bajan la montaña esquiando.*

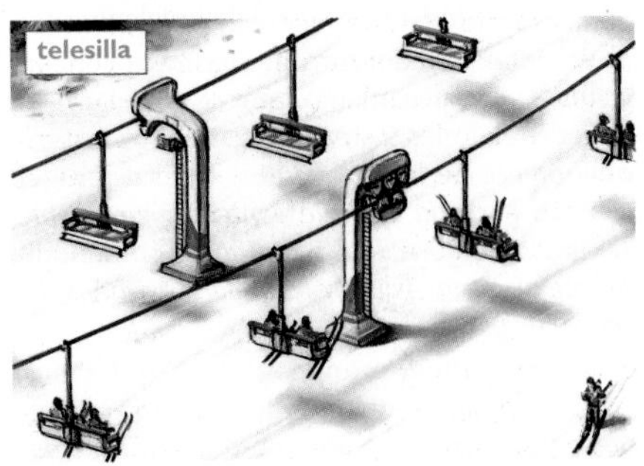

telespectador, telespectadora *[n.]* persona que ve la televisión. **SIN.** televidente.

telesquí *[n.m.]* sistema formado por un cable que va por lo alto y barras acabadas en un gancho, que cuelgan y se mueven a lo largo de él, pensado para arrastrar a los esquiadores con los esquís puestos hasta la parte de arriba de las pistas: *los telesquís estaban parados porque había tormenta.* **SIN.** arrastre. **PL.** *telesquís* o *telesquíes*.

televidente *[n.inv. en gén.]* persona que ve la televisión. **SIN.** telespectador.

televisar *[v.]* transmitir por televisión algún suceso, acto, espectáculo, programa, etc.: *televisaron las pruebas de atletismo; televisarán la llegada del presidente.*

televisión *[n.f.]* 1 sistema formado por un aparato emisor que envía por la atmósfera imágenes en forma de ondas y uno o varios aparatos receptores, situados a distancia (televisores), que reciben esas ondas y las transforman otra vez en imágenes: *la televisión fue un invento revolucionario.* 2 empresa e instalaciones (o conjunto de empresas e instalaciones) dedicadas a hacer emisiones de ese tipo: *le ha puesto un pleito a una televisión privada; trabaja de presentador en la televisión.* 3 televisor*. **FAM.** televisor, televidente, televisar, televisivo, ***televisual*** (de la televisión). **COMP.** telespectador.

televisivo, televisiva *[adj.]* de la televisión o que tiene algo que ver con ella: *un programa televisivo; un éxito televisivo.*

televisor *[n.m.]* aparato que recibe las ondas de televisión emitidas por las emisoras y las transforma en imágenes para que podamos verlas: *ponlo sobre el televisor.* **SIN.** televisión.

televisual *[adj.inv. en gén.]* de la televisión.

télex *[n.m.]* 1 conjunto de aparatos con un teclado y un mecanismo, que se conecta a la línea de teléfonos y sirve para mandar instantáneamente mensajes escritos: *antes del fax, el télex nos permitía estar en contacto permanente con nuestros proveedores.* 2 mensaje mandado por ese sistema: *pon un télex para avisarlos del cambio de planes.*

telón *[n.m.]* tela grande, en una o dos piezas, que se coloca delante del escenario de un teatro y se cierra o se abre para ocultarlo o dejarlo a la vista: *al acabar la representación, bajaron el telón.* **PL.** *telones.*

tema *[n.m.]* idea principal de la que trata cualquier exposición de ideas o expresión artística: *el tema de una conversación; el tema de una conferencia; el tema de un programa de radio; el tema de un cuadro.* **FAM.** temario, temático.

temblar *[v.]* 1 moverse una cosa, o alguna parte del cuerpo involuntariamente, en una y otra dirección y con movimientos muy cortos y rápidos: *el terremoto hizo temblar el edificio; te tiemblan las piernas; estás temblando de frío.* 2 ponerse muy nervioso o sentir miedo por algo: *tiembla cada vez que le preguntan lo que no sabe.* **CONJUG.** como *cerrar**. **FAM.** temblor, tembloroso, temblorosamente, tembleque, temblón, ***tremolar*** (moverse en el aire).

temblor *[n.m.]* conjunto de movimientos muy cortos y rápidos, en una y otra dirección, que por distintas causas puede sufrir algo o alguien involuntariamente: *al pasar el tren se nota un temblor en la pared; la fiebre le producía temblores.* ■ **temblor de tierra**, terremoto de poca intensidad. **AF.** seísmo, sacudida.

tembloroso, temblorosa *[adj.]* que está temblando: *llegó tembloroso de fiebre.*

temer *[v.]* 1 sentir miedo de algo o de alguien: *Juan Sin Miedo no temía nada ni a nadie.* // **temerse** *[v.prnl.]* 2 sospechar algo, si ese algo es malo, inconveniente, etc.: *me temo que ya no viene.* **FAM.** temor, temeroso, temible, temerosamente. **COMP.** atemorizar.

temerario, temeraria *[adj.]* que no se para a analizar las situaciones, de manera que no se da cuenta de los peligros y actúa exponiéndose mucho a ellos: *un conductor temerario; conducta temeraria.* **SIN.** arriesgado, imprudente. **ANT.** prudente. **FAM.** temeridad, temerariamente.

temeroso, temerosa *[adj.]* 1 que tiene miedo: *caminaba temeroso por el oscuro bosque.* **AF.** asustado. 2 que da miedo: *a veces, las tormentas son temerosas.* **SIN.** temible.

temible *[adj.inv. en gén.]* que da miedo: *un temible aullido lo sobresaltó.* **SIN.** temeroso. **INTENS.** terrorífico, aterrador.

temor *[n.m.]* sensación de nerviosismo que se tiene cuando se cree que puede pasar algo malo: *le tiene temor a las alturas.* **SIN.** miedo. **INTENS.** pavor, pánico, espanto, horror, terror.

temperamento *[n.m.]* característica de la manera de ser de las personas que se manifiesta en la forma más o menos enérgica de actuar y de reaccionar ante las distintas situaciones: *temperamento fuerte; temperamento débil; tiene mucho temperamento; no tiene temperamento para enfrentarse a ese tipo de problemas.*

temperatura *[n.f.]* nivel de frío o de calor que tiene algo: *la temperatura normal del cuerpo humano es de alrededor de 36° centígrados; las temperaturas (del aire) subirán a mediados de semana.* **FAM.** temperamento, temperamental, temperamentalmente. **COMP.** intemperancia, ***atemperar*** (templar, apaciguar).

tempestad *[n.f.]* tormenta muy fuerte con mucho viento: *la tempestad provocó olas de gran altura.* **SIN.** temporal.

templado, templada *[adj.]* ni frío ni caliente: *el agua de la piscina está templada; temperaturas templadas.* **SIN.** tibio.

templar *[v.]* 1 quitarle la frialdad o el exceso de calor a algo, sin dejar que llegue a estar caliente o frío: *la estufa ha templado la habitación; templa la leche de la cazuela echándole un poco de fría.* **SIN.** entibiar. 2 hacer que algo sea menos intenso, violento, brusco, etc.: *es tan impulsivo que debería templar su carácter; sus razonamientos templaron los ánimos de los manifestantes.* **SIN.** temperar, atemperar, tranquilizar, serenar, apaciguar. **AF.** moderar. **ANT.** alterar. **FAM.** templado, templanza, temple. **COMP.** destemplar, destemple.

temple *[n.m.]* capacidad de una persona para no dejarse llevar por ciertos sentimientos como el miedo, el nerviosismo o el enfado y superar las situaciones difíciles: *su gran temple le permitió mantener la calma en todo momento.*

templo *[n.m.]* construcción en la que se celebran actos religiosos: *un templo católico; un templo musulmán.* **AMPL.** se llaman ***iglesias**** los templos de las religiones cristianas; los judíos celebran los actos religiosos en las ***sinagogas*** y los templos de los musulmanes se llaman ***mezquitas***; los templos dedicados a dioses orientales se llaman ***pagodas***. **FAM.** templete.

temporada *[n.f.]* espacio de tiempo de varios días, meses o años, a lo largo de los cuales pasa algo determinado o se hace (o se puede hacer) algo: *vivieron allí durante una temporada; la temporada de lluvias; temporada de esquí; temporada de fútbol.* **SIN.** época. **AF.** periodo, etapa.

temporal *[n.m.]* 1 tormenta muy fuerte con mucho viento (*los barcos regresaron a tierra porque había un fuerte temporal.* **SIN.** tempestad) o tormenta en la que el viento, la lluvia o la nieve son extraordinariamente intensos (*un temporal de nieve*). // **temporal** *[adj.inv. en gén.]* 2 del tiempo: *la cuarta dimensión es la dimensión temporal.* 3 que sólo dura un tiempo: *un trabajo temporal; una solución temporal.*

temporero, temporera *[n.]* trabajador temporal: *contrató temporeros para la vendimia.* **FAM.** tiempo.

temporizar *[v.]* adaptarse a los gustos o las ideas de otros. **SIN** contemporizar. **OBS.** ante e, c: *temporicen.* **FAM.** tiempo.

tempranal *[adj.inv. en gén.]* que es una tierra en la que crece pronto lo que se planta.

tempranero, tempranera *[adj.]* 1 madrugador. 2 que llega muy pronto, antes del tiempo en que suele llegar: *fruta tempranera; este año llegó la nieve tempranera.* **SIN.** temprano. **ANT.** tardío. **FAM.** tiempo.

temprano *[adv. de t.]* 1 antes del momento en que se suele hacer algo o se espera que pase algo: *salió de casa muy temprano; es muy temprano para irse a la cama; este año las aves migratorias han pasado temprano.* **SIN.** pronto. **ANT.** tarde. // **temprano, temprana** *[adj.]* 2 que llega al principio o incluso antes del momento en que suele pasar o se espera que pase: *nieves tempranas; uno de los ciclistas realizó una escapada temprana.* **ANT.** tardío. **FAM.** ***tempranero*** (madrugador), tempranamente.

tenaz *[adj.inv. en gén.]* 1 que aunque se encuentre con dificultades no deja de intentar conseguir lo que se ha propuesto: *una persona tenaz en su trabajo; un deportista tenaz.* 2 que es difícil de quitar o que dura demasiado: *una mancha tenaz; lluvias tenaces.* **SIN.** persistente, pertinaz. **PL.** *tenaces.* **FAM.** tenacidad, tenazmente, tenazas, tenazazo, tenacero. **COMP.** atenazar.

tenazas *[n.f.pl.]* 1 herramienta formada por dos barras cruzadas unidas por un punto alrededor del que pueden girar para abrirse y cerrarse de manera que pueden usarse para sujetar, apretar o cortar algo: *utiliza las tenazas para quitar clavos y para cortar cables.* 2 parte final de las patas de algunos animales como el cangrejo, formada por dos piezas que pueden abrirse y cerrarse: *las tenazas de los crustáceos les sirven de defensa.* **SIN.** pinza.

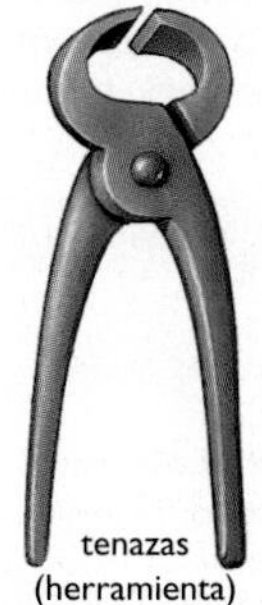
tenazas (herramienta)

tenazas de crustáceo

tendedero *[n.m.]* 1 terraza, patio o cualquier otro sitio destinado a poner la ropa lavada para que se seque: *en el tendedero hay una caja con pinzas.* 2 armazón al que van sujetos alambres o cuerdas y que se usa para poner la ropa a secar: *un tendedero de plástico.*

tendencia *[n.f.]* 1 ganas o facilidad que tienen las personas, los animales y las cosas para hacer algo o para que les pase algo, incluso sin querer: *tiene tendencia a dejar lo que ha empezado ante el más mínimo problema; todos los cuerpos tienen tendencia a caer por la fuerza de gravedad; las plantas tienen tendencia a crecer* *hacia la luz; la comunicación es una tendencia natural en los seres humanos.* **SIN.** propensión, inclinación. 2 dentro de un arte, una ciencia, una religión, etc., conjunto de las ideas de cada uno de los grupos de artistas, científicos, etc., que los diferencian de otros grupos: *hay tendencias artísticas que no entiendo.* **AF.** movimiento.

tender *[v.]* 1 poner algo extendido o colgado: *tendió la toalla en el suelo para tomar el sol; tiende la sábana sobre la cama* (**SIN.** extender. **AF.** desplegar, desdoblar)*; tendió la ropa en la terraza* (**SIN.** colgar). 2 poner a alguien tumbado: *tendió al niño sobre el sofá.* **SIN.** tumbar. TAMBIÉN *prnl.: se tendió en la cama.* 3 poner algo más cerca de alguien, para que pueda cogerlo: *le tendió la mano.* 4 tener determinada tendencia*: *aunque a veces se contenga, cuando lo criticas tiende a insultarte; las plantas tienden hacia la luz.* 5 poner o construir algo entre dos puntos: *tender una cuerda; tender un puente.* ■ **tender una trampa**, hacer que alguien caiga en un engaño. **FAM.** tendedero, tendencia, tendente, tendencioso, tendenciosamente, tendido, ***tenderete*** (puesto pequeño), tendón, tendonitis, tensión, tensar, tenso, tensamente, ***tensor*** (cosa que sirve para tensar), tender. **COMP.** atender, ***distender*** (aflojar), distendido, extender, pretender, intención, distensión.

tenderete *[n.m.]* puesto pequeño: *en ese tenderete venden avellanas.*

tendero, tendera *[n.]* persona que se dedica a vender cosas en una tienda: *el tendero mayor es el dueño y el joven, un empleado.*

tendón *[n.m.]* conjunto de fibras duras y fuertes en las que terminan los músculos y que sirven para unirlos a los huesos: *cuando cerramos las manos, se notan los tendones.* **PL.** *tendones.*

tenebroso, tenebrosa *[adj.]* que tiene poca luz y resulta misterioso o temible: *una casa tenebrosa.* **SIN.** tétrico. **FAM.** tenebrosidad, tenebrosamente. **COMP.** entenebrecer.

tenedor *[n.m.]* instrumento que sirve para pinchar los alimentos sólidos: *para la sopa la cuchara y para la carne el tenedor.*

teneduría *[n.f.]* oficio y oficina del contable. **FAM.** tener.

tener *[v.]* 1 ser el dueño de algo: *tiene un gran coche.* 2 estar sujetando algo o con algo puesto: *lo tiene en la mano; tiene una flor en el ojal.* 3 ser algo personal como se dice (*tener el pelo rubio*), ser de uno lo que se dice (*tener her-*

CONJUGACIÓN DEL VERBO TENDER

Formas no personales

Infinitivo: *tender*. Gerundio: *tendiendo*. Participio: *tendido*.

Indicativo

Presente: *tiendo, tiendes, tiende, tendemos, tendéis, tienden.*

Pretérito imperfecto: *tendía, tendías, tendía, tendíamos, tendíais, tendían.*

Pretérito perfecto simple: *tendí, tendiste, tendió, tendimos, tendisteis, tendieron.*

Futuro: *tenderé, tenderás, tenderá, tenderemos, tenderéis, tenderán.*

Condicional simple:

tendería, tenderías, tendería, tenderíamos, tenderíais, tenderían.

Subjuntivo

Presente: *tienda, tiendas, tienda, tendamos, tendáis, tiendan.*

Pretérito imperfecto: *tendiera/ tendiese, tendieras/ tendieses, tendiera/ tendiese, tendiéramos/ tendiésemos, tendierais/ tendieseis, tendieran/ tendiesen.*

Futuro: *tendiere, tendieres, tendiere, tendiéremos, tendiereis, tendieren.*

Imperativo:

tiende, tienda, tendamos, tended, tiendan.

CONJUGACIÓN DEL VERBO TENER

Formas no personales

Infinitivo: *tener*. Gerundio: *teniendo*. Participio: *tenido*.

Indicativo

Presente: *tengo, tienes, tiene, tenemos, tenéis, tienen.*

Pretérito imperfecto: *tenía, tenías, tenía, teníamos, teníais, tenían.*

Pretérito perfecto simple: *tuve, tuviste, tuvo, tuvimos, tuvisteis, tuvieron.*

Futuro: *tendré, tendrás, tendrá, tendremos, tendréis, tendrán.*

Condicional simple:

tendría, tendrías, tendría, tendríamos, tendríais, tendrían.

Subjuntivo

Presente: *tenga, tengas, tenga, tengamos, tengáis, tengan.*

Pretérito imperfecto: *tuviera/ tuviese, tuvieras/ tuvieses, tuviera/ tuviese, tuviéramos/ tuviésemos, tuvierais/tuvieseis, tuvieran/ tuviesen.*

Futuro: *tuviere, tuvieres, tuviere, tuviéremos, tuviereis, tuvieren.*

Imperativo:

ten, tenga, tengamos, tened, tengan.

manos), o estar pasando o haber pasado lo que se dice (*tener una enfermedad; tener fiebre; tener una edad determinada*). 4 haber algo dentro de lo que se dice: *este piso tiene cuatro habitaciones.* 5 estar uno con la sensación o el sentimiento que se dice: *tener calor; tener miedo; tener alegría.* **SIN.** sentir. ■ **tener por**, pensar que algo o alguien es de una manera determinada. ■ **tener que hacer** algo, ser necesario que uno lo haga. ■ **tener que ver con** algo, haber una relación con ello. ■ **no tenerse en pie**, no poder estar de pie por estar muy cansado, enfermo, etc. **FAM.** tenedor, teniente, tenencia, ***teneduría*** (oficio y oficina del contable). **COMP.** atenerse, contener, detener, entretener, abstenerse, obtener, mantener, sostener, retener.

teniente *[n.m.]* entre los militares, oficial de grado superior al de alférez e inferior al de capitán y cuya divisa está formada por 2 estrellas de 6 puntas. ■ **teniente coronel**, jefe de grado superior al del comandante e inferior al de coronel, y cuya divisa son un sable y un bastón cruzados y 2 estrellas de 8 puntas. ■ **teniente general**, general de grado superior al del general de división e inferior al de capitán general, y cuya divisa está formada por un sable y un bastón cruzados y 3 estrellas de 4 puntas.

tenis *[n.m.]* deporte que se juega entre dos o cuatro jugadores separados por una red sobre la que se lanza, con una raqueta, una pelota: *el tenis se juega en una pista rectangular.* ■ **tenis de mesa**, ping-pong*. **FAM.** tenista, tenístico.

cancha de tenis

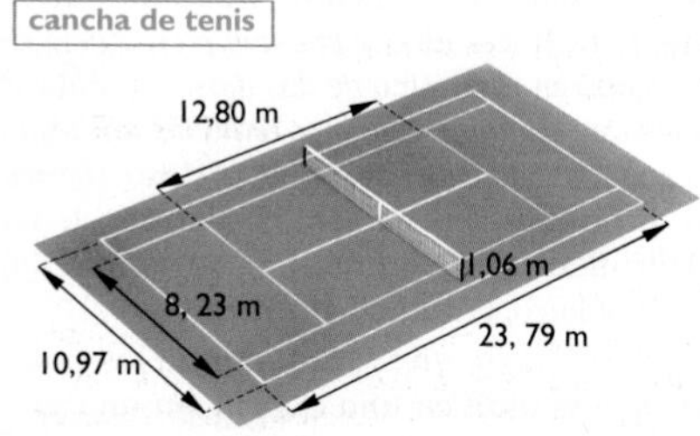

tenista *[n.inv. en gén.]* persona que juega al tenis.

tenor *[n.m.]* cantante que tiene el tipo de voz que alcanza las notas más altas o agudas entre las voces de hombre: *los tenores pueden ser protagonistas de óperas y zarzuelas.*

tensar *[v.]* poner algo muy tirante o estirado: *hay que tensar las cuerdas de los instrumentos musicales; tensar un cable.*

tensión *[n.f.]* 1 lo que tiene alguien o algo (o lo que hay entre dos o más personas) y que hace que digamos que está tenso*: *el sonido de las cuerdas de la guitarra depende de la tensión con que estén sujetas; en esa oficina hay mucha tensión; la tensión entre los dos amigos puede terminar en pelea.* **SIN.** tirantez. **ANT.** distensión. 2 cantidad de carga eléctrica: *un cable de alta tensión.* **SIN.** voltaje. ■ **tensión arterial**, cantidad de presión que lleva la sangre al pasar por las venas. ■ **en tensión**, tenso*.

tenso, tensa *[adj.]* 1 que está tan estirado que, si se suelta, puede saltar bruscamente: *la cuerda de la guitarra está demasiado tensa.* **SIN.** tirante. **ANT.** flojo. 2 que resulta incómodo y desagradable porque tiene mucho nerviosismo o violencia: *habían discutido y estaban muy tensos; después de la pelea el ambiente era tenso.* **SIN.** tirante. **ANT.** distendido, relajado.

tensor *[n.m.]* objeto, mecanismo, aparato... que sirve para tensar: *necesita un tensor para las cuerdas de la guitarra.* **FAM.** tensión.

tentación *[n.f.]* cosa que a uno le apetece aunque no sea buena o conveniente o no sea un momento apropiado: *los dulces son una tentación cuando se quiere adelgazar.* ■ **tener la tentación de**, apetecerle a uno algo que no conviene.

tentáculo *[n.m.]* parte blanda, flexible, móvil y saliente del cuerpo de algunos animales que les sirve para agarrar, moverse, etc.: *el pulpo y el calamar tienen tentáculos.*

tentadero *[n.m.]* sitio en el que se prueba la bravura de los becerros.

tentador, tentadora *[adj.]* que tienta o que apetece mucho: *un plan tentador; una idea tentadora.* **SIN.** apetecible. **AF.** sugestivo, atractivo.

tentar *[v.]* 1 tocar una cosa para reconocerla o examinarla, normalmente con las manos: *se fue la luz y tuvo que salir tentando las paredes; tentó el paquete para averiguar lo que había dentro.* **SIN.** palpar, tantear. 2 hacer que a alguien le apetezca hacer algo: *lo tentó para* *que no trabajara y se fuera al cine; la idea de dedicarme a eso me tienta mucho.* **AF.** atraer. **CONJUG.** como *acertar**. **FAM.** tentación, tentáculo, tentador, ***tentativa*** (intento), tiento, tientas, tienta, tentadero. **COMP.** atentar.

tentativa *[n.f.]* intento: *en su segunda tentativa consiguió llegar a la cima del Everest.* **FAM.** tentar.

teñir *[v.]* dar a una cosa un color distinto del que tenía: *teñir el pelo; teñir una prenda de vestir.* **CONJUG.** como *reñir**. **FAM.** teñido, teñidura, tinte. **COMP.** desteñir.

teología *[n.f.]* ciencia que trata de Dios y la religión. **FAM.** teólogo, teologal, teológico, teológicamente.

teorético, teorética *[adj.]* del conocimiento o que va dirigido al conocimiento.

teoría *[n.f.]* 1 conjunto de conocimientos que forman una ciencia o una materia: *todas las ciencias tienen una parte de teoría y otra de práctica.* **ANT.** práctica. 2 conjunto de ideas y razonamientos con los que se explica algo: *tiene una teoría muy curiosa sobre este asunto.* ■ **en teoría**, sin haber probado si vale o no. **FAM.** teórico, teorizar, teóricamente, teorizante.

teórico, teórica *[adj.]* 1 de la teoría y no de la práctica: *un planteamiento teórico.* // **teórico, teórica** *[n.]* 2 persona que sabe mucho de la teoría de alguna ciencia y que se dedica a profundizar en ella: *es un gran teórico de la lingüística.*

terapia *[n.f.]* conjunto de cosas que se le hacen a alguien para curarle una enfermedad: *en el hospital le aplican la terapia necesaria.* **SIN.** tratamiento. **FAM.** terapéutico, terapéuticamente, terapeuta.

tercer *[adj.]* apócope de *tercero**, que se usa delante de nombres masculinos: *el tercer coche; el tercer año.*

tercero, tercera *[num.]* es el numeral ordinal correspondiente al cardinal tres. **OBS.** ante nombre masculino se usa *tercer.* ■ **a la tercera va la vencida** significa que algo se puede conseguir al tercer intento. **FAM.** tercer, terciario.

tercio *[n.m.]* numeral fraccionario correspondiente al cardinal tres: *le dio un tercio de su dinero.* **SIN.** tercera parte. **FAM.** terciar, terciador.

terciopelo *[n.m.]* tela que tiene, por un lado, una especie de pelo muy junto, corto y suave, agradable al tacto: *una chaqueta de terciopelo negro.* **FAM.COMP.** aterciopelado.

terco, terca *[adj.]* que, si piensa que algo es de una manera o quiere hacer algo, aunque se le den razones contrarias no cambia de opinión: *tiene ideas fijas porque es muy terca.* **SIN.** testarudo, cabezota, tozudo, cabezón. **AF.** obstinado. **ANT.** flexible, razonable. **FAM.** terquedad, tercamente.

térmico, térmica *[adj.]* del calor o de la temperatura: *datos térmicos; un efecto térmico.*

terminación *[n.f.]* momento, estado, situación o parte de algo con que se acaba: *la terminación de la obra está retrasándose.* **SIN.** fin, final, término. **ANT.** comienzo, principio, inicio.

terminal *[adj.inv. en gén.]* 1 que hace ver que está acabándose: *el invierno está en su fase terminal.* // **terminal** *[n.f.]* 2 primera o última parada de un medio de transporte público: *cogió el metro en la terminal.*

terminante *[adj.inv. en gén.]* que no se puede discutir: *una orden terminante; las palabras del profesor fueron terminantes.* **SIN.** definitivo, indiscutible. **ANT.** ambiguo, indeciso.

terminar *[v.]* acabar*: *terminó de trabajar a las 10 de la noche; ya terminaron las fiestas; la manga termina en un puño.* **FAM.** terminación, terminal, término, terminante, terminantemente. **COMP.** interminable, determinar, exterminar.

término *[n.m.]* 1 momento en que acaba algo: *queda poco para el término de nuestro viaje.* **SIN.** terminación*. 2 tiempo máximo que se tiene para hacer algo: *tiene que presentarse en el juzgado en el término de dos días.* 3 palabra* (acepción 1): *habla con unos términos tan técnicos que nadie lo entiende.* ■ **en último término**, si no hay otra manera de hacer o de resolver algo. **FAM.** terminar // terminología, terminológico, terminológicamente.

terminología *[n.f.]* conjunto de las palabras que se usan en una ciencia, en una profesión, etc.: *terminología médica.* **SIN.** léxico, vocabulario.

termita *[n.f.]* insecto pequeño que se come la madera y vive en grandes grupos. **FAM.** termitero.

termo *[n.m.]* recipiente cerrado o con cierre hermético en el que se mantiene la temperatura de lo que tiene: *calientan el agua de la casa con un termo eléctrico; puso la papilla del bebé en un termo.* **FAM.** térmico, térmicamente, termómetro, termométrico, termometría.

termometría *[n.f.]* ciencia que estudia la medición de la temperatura.

termómetro *[n.m.]* instrumento pensado para medir la temperatura de un cuerpo o de un ambiente: *cada vez hay menos termómetros de mercurio; el termómetro de la plaza marca 5° bajo cero.*

termostato *[n.m.]* aparato que se conecta a una estufa, calefactor, aire acondicionado, etc. para que la temperatura no suba o baje de los grados que se han programado.

ternero, ternera *[n.]* 1 cría de la vaca. 2 carne de esos animales: *compró un kilo de ternera.*

ternura *[n.f.]* 1 sentimiento que demuestra quien trata a alguien con mucho cariño, cuidado, delicadeza, etc.: *coge al bebé con mucha ternura; lo miró con ternura.* **AF.** amor, cariño, dulzura. 2 sentimiento de amor y deseos de protección que despiertan ciertas personas, situaciones, etc.: *los niños le inspiran ternura.*

terquedad *[n.f.]* testarudez*: *su terquedad lo hace estar siempre discutiendo.*

terrado *[n.m.]* terraza: *en la casa no hay tejado, dejaron un terrado para tomar el sol, tender la ropa, etc.*

terraplén *[n.m.]* 1 terreno inclinado entre dos que están a distinta altura: *a uno de los lados de la carretera hay un terraplén.* 2 tierra que se pone en un terreno para darle más altura o ponerlo al mismo nivel que otro. **PL.** *terraplenes.*

terráqueo, terráquea *[adj.]* del planeta Tierra: *globo terráqueo.*

terrario *[n.m.]* recipiente o sitio con tierra para tener y cuidar reptiles: *le encanta visitar el terrario del zoológico.*

terrateniente *[n.inv. en gén.]* persona que es dueña de muchas tierras.

terraza *[n.f.]* 1 en un edificio, zona al aire libre, sin cerrar: *se asoma a la terraza para entretenerse viendo la calle; tienden la ropa en la terraza del edificio.* **AF.** azotea, balcón. 2 zona de la calle con sillas y mesas, donde la gente se sienta y es atendida por el personal de un bar, un restaurante, etc. que suele estar cerca.

terremoto *[n.m.]* movimiento de la superficie de la Tierra, producido por fuerzas que hay en su interior: *el terremoto destruyó muchos edificios.* **SIN.** seísmo. **AMPL.** los terremotos que se producen bajo el agua del mar se llaman ***maremotos***.

terrenal *[adj.inv. en gén.]* de las cosas materiales de la vida, y no de las espirituales; de la tierra, no del cielo: *paraíso terrenal; vida terrenal.* **FAM.** tierra.

terreno *[n.m.]* 1 trozo de tierra: *hicieron un huerto en su terreno.* **SIN.** parcela. 2 espacio libre: *aquí hay terreno de sobra para hacer una casa.* 3 todo lo que tiene que ver con una actividad, un arte, una ciencia, etc.: *en el terreno de la cirugía es una experta.* **SIN.** ámbito, campo. ■ **terreno de juego**, espacio en el que se realiza algún deporte. ■ **preparar el terreno**, hacer lo necesario para tener buenas condiciones para algo.

terrestre *[adj.inv. en gén.]* de la vida en la Tierra o de los componentes de la Tierra: *los animales terrestres no pueden vivir en el agua; corteza terrestre; superficie terrestre.*

terrible *[adj.inv. en gén.]* que da mucho miedo, es muy feo, muy perjudicial, muy molesto o mucho y malo, o que está lleno de disgustos, produce desgracias, etc.: *le contó una historia terrible; tuvo una tarde terrible; cayó una nevada terrible; un incendio terrible.* **SIN.** horrible*. **FAM.** terriblemente, terribilidad.

terrícola *[n.inv. en gén.]* ser que vive en la Tierra: *somos terrícolas.* TAMBIÉN *adj.*: *un animal terrícola.*

territorial *[adj.inv. en gén.]* de uno o varios territorios: *división territorial; acuerdo territorial.*

territorio *[n.m.]* 1 espacio o superficie de tierra que pertenece a una nación, a una provincia, a una región, etc.: *territorio indio; territorio español.* 2 lugar donde viven algunos animales: *los animales salvajes defienden su territorio.*

terrón *[n.m.]* 1 bloque pequeño de azúcar: *le gusta el café con dos terrones.* 2 bloque de tierra amazacotada que se deshace con facilidad al darle un golpe, pisarla, etc.

terror *[n.m.]* miedo muy intenso: *la oscuridad le produce terror.* **SIN.** pánico, horror, pavor. **FAM.** terrorífico, terrorismo, terrorista. **COMP.** aterrar.

terrorífico, terrorífica *[adj.]* que da muchísimo miedo: *una película terrorífica.* **SIN.** espeluznante, escalofriante.

terrorismo *[n.m.]* lo que hace quien trata de imponer sus ideas por medio de la violencia, las amenazas, el chantaje o el asesinato: *la gente está en contra del terrorismo.*

terrorista *[n.inv. en gén.]* persona que practica el terrorismo*: *los terroristas no respetan la vida ajena.* TAMBIÉN *adj.*: *organización terrorista; grupo terrorista; atentado terrorista.*

terroso, terrosa *[adj.]* que tiene aspecto de tierra: *color terroso.* **FAM.** tierra.

terso, tersa *[adj.]* completamente liso y estirado, sin arrugas, pliegues o dobleces: *piel tersa.* **SIN.** liso. **FAM.** tersura, tersar.

tertulia *[n.f.]* reunión de personas que se juntan para hablar de un tema determinado o de temas de actualidad: *varios amigos han organizado una tertulia semanal; una tertulia literaria; tertulias radiofónicas.* **AF.** debate. **AMPL.** quienes asisten a una tertulia son los ***contertulios*** o ***tertulianos***.

tesis *[n.f.inv. en núm.]* 1 opinión, idea o conclusión que alguien tiene sobre algo y que defiende con razonamientos y argumentos: *su tesis sobre el problema no convenció a nadie.* 2 trabajo que se hace después de acabar una carrera universitaria y que se expone delante de un grupo de profesores para conseguir el título de doctor: *preparar la tesis doctoral le llevó varios años.* **FAM.** tesina. **COMP.** antítesis, síntesis.

tesorero, tesorera *[n.]* persona que guarda y administra el dinero de un grupo de personas y lleva las cuentas: *el tesorero recoge el dinero para el viaje de fin de curso.*

tesoro *[n.m.]* 1 conjunto de objetos de mucho valor: *robaron varias piezas del tesoro de la catedral.* 2 cosa que tiene mucho valor: *este libro es un tesoro* (**SIN.** joya, alhaja, maravilla)*; la salud es un tesoro.* ■ **tesoro público**, todos los bienes, posesiones, dinero, etc., que tiene un país. **FAM.** tesorería, tesorero. **COMP.** atesorar.

test *[n.m.]* 1 tipo de ejercicio en el que hay que marcar la respuesta correcta entre unas cuantas que dan: *de cada tres respuestas propuestas en el test, dos son falsas.* **AF.** prueba. 2 ejercicio que hace alguien para que un entendido pueda averiguar algunas cosas personales: *test de inteligencia; test de personalidad.* **PL.** *tests.*

testa *[n.f.]* cabeza.

testar *[v.]* hacer testamento.

testamento *[n.m.]* papel escrito o declaración de palabra con la que una persona dice lo que hay que hacer con sus cosas cuando muera: *a los 50 años hizo testamento.* **FAM.** testamentería, testamentario, ***testar*** (hacer testamento).

testarudez *[n.f.]* lo que demuestra que tiene quien siempre quiere que le den la razón aunque no la tenga y nunca acepta los razonamientos de los demás: *no soporta la testarudez de su vecino.* **SIN.** terquedad, cabezonería, cerrazón. **FAM.** testarudo, testarudamente, ***testa*** (cabeza).

testarudo, testaruda *[adj.]* terco*: *es tan testarudo que no atiende a razones.*

testículo *[n.m.]* cada uno de los dos órganos sexuales masculinos en los que se producen los espermatozoides (células reproductoras).

testifical *[adj.inv. en gén.]* de los testigos: *declaración testifical.* **FAM.** testificar.

testificar *[v.]* 1 hablar en un juicio, como testigo: *testificó a favor del acusado.* **SIN.** declarar. 2 demostrar algo por medio de testigos o de documentos: *testificó que no había mentido.* **SIN.** probar, demostrar. **OBS.** ante e, qu: *testifiquen.*

testigo *[n.inv. en gén.]* 1 persona que en un juicio dice lo que sabe del asunto que se está juzgando: *el fiscal preguntó a la testigo si conocía al acusado.* 2 persona que ha visto u oído algo, especialmente si se trata de algo sobre lo que se está hablando: *todos fueron testigos de su comportamiento.* 3 especie de palo pequeño que un corredor del equipo de una carrera de relevos pasa a otro para que siga corriendo en su lugar. **FAM.** ***testifical*** (de los testigos), testificante, testificativo testificar, testificación. **COMP.** atestiguar.

testimonio *[n.m.]* 1 lo que dice alguien sobre algo que ha visto o conoce: *el testimonio de los vecinos facilitó la localización del ladrón.* 2 cualquier cosa que demuestra otra: *estas* *huellas son el testimonio de que alguien ha estado aquí.* ■ **dar testimonio de** algo, demostrarlo. **FAM.** testimonial, testimoniar.

teta *[n.f.]* parte del cuerpo de las hembras de los mamíferos que produce leche cuando tienen crías: *el cachorro se alimenta de la teta de la madre.* **FAM.** tetilla. **COMP.** ***destetar*** (dejar de dar de mamar definitivamente), destete.

tetera *[n.f.]* recipiente para hacer y servir el té: *una tetera de porcelana.*

tetilla *[n.f.]* **1** parte del pecho de los machos de los mamíferos que equivale a la teta de las hembras pero no está desarrollada. **2** pieza de goma que imita una teta y sirve de cierre a los biberones para que el bebé o el cachorro chupe por ella.

textil *[adj.inv. en gén.]* de telas o de tejidos: *fábrica textil; los telares son maquinaria textil; industria textil.*

texto *[n.m.]* conjunto de palabras escritas: *redactaron un texto sobre la naturaleza.* ■ **libro de texto**, el que utilizan todos los de cada clase para estudiar una asignatura. **FAM.** textual, textualmente. **COMP.** contexto.

textual *[adj.inv. en gén.]* que repite las mismas palabras que ha dicho o escrito alguien, sin cambiar nada: *palabras textuales de su padre; copia textual.* **SIN.** literal, fiel, al pie de la letra.

textura *[n.f.]* característica de las cosas en la que uno se fija para notar el tipo de material con el que están hechas y el aspecto y el tacto que tienen: *esta tela tiene una textura muy áspera.*

ti *[pron.]* pronombre personal de segunda persona de singular invariable en género que siempre va precedido de preposición y tiene función de complemento indirecto: *te lo dije a ti; para ti es lo mejor; lo hace por ti.* **OBS.** nunca lleva acento.

tibia *[n.f.]* hueso de la pierna que une, por delante, los huesos de la rodilla con los del pie: *la tibia está junto al peroné.*

tibio, tibia *[adj.]* ni frío ni caliente: *un baño de agua tibia.* **SIN.** templado. **FAM.** tibieza, tibiamente. **COMP.** entibiar.

tiburón *[n.m.]* pez de mar grande, con el cuerpo alargado, boca con dientes muy afilados, piel muy áspera y una aleta en forma de triángulo en la parte superior: *los tiburones son carnívoros.* **PL.** *tiburones.*

tic *[n.m.]* movimiento rápido de una parte del cuerpo que uno hace sin darse cuenta y repite con frecuencia: *tiene el tic de torcer la boca.*

tic tac *[n.m.]* ruido que hace un reloj cuando está funcionando.

tiempo *[n.m.]* **1** sucesión continua de momentos en la que pasa todo, y cada uno de estos momentos: *el tiempo vuela; aprovecha el tiempo para hacer cosas útiles; pasa el tiempo asomado a la ventana; a este edificio ya se le nota el paso del tiempo.* **AMPL.** el tiempo que tarda la Tierra en dar una vuelta sobre sí misma es un ***día*** y lo que tarda en darla alrededor del Sol, un ***año***. **2** parte de esta sucesión de momentos referida a algo concreto, con un principio y un fin, pero sin determinar exactamente su duración: *algunas películas duran más tiempo de lo normal; me faltó tiempo para acabarlo; hace mucho tiempo que no la veo; dentro de poco tiempo estará aquí.* **AMPL.** tomando como punto de partida el momento en que estamos hablando, ordenamos en el tiempo todo lo que existe y sucede en un *antes*, un *aho-*

PERIODOS DE TIEMPO		PUNTOS
un minuto	60 segundos	5
una hora	60 minutos	5
un día	24 horas	5
una semana	7 días	5
una quincena	15 días	6
un mes	28, 29, 30 o 31 días	5
un bimestre	2 meses	8
un trimestre	3 meses	7
un cuatrimestre	4 meses	7
un semestre	6 meses	7
un año	12 meses	5
un bienio	2 años	7
un trienio	3 años	7
un cuatrienio	4 años	7
un lustro/quinquenio	5 años	9-8
un sexenio	6 años	8
un septenio	7 años	8
un decenio/ una década	10 años	7-8
un siglo/ una centuria	100 años	8-9
un milenio	1000 años	8

ra y un *después* (***pasado***, ***presente*** y ***futuro***); cuando se habla de poco tiempo sin determinar, usamos las palabras ***rato***, ***momento*** o ***instante***. 3 cada una de las partes en que se divide la duración de algo: *el primer tiempo terminó en empate; el compás de compasillo se divide en cuatro tiempos.* 4 época concreta en la que ha sucedido algo o que se caracteriza por algo: *una escultura del tiempo de los romanos; añora el tiempo que pasó en América; el tiempo de las cerezas es corto.* **SIN.** período, época, temporada. 5 cantidad de tiempo adecuada para algo: *metió el gol fuera de tiempo; llegó a tiempo para verlos.* 6 temperatura, humedad, nubosidad, viento, etc. que hay en un lugar en un momento determinado: *el tiempo está revuelto; ¿qué tal tiempo hace?* **SIN.** condiciones atmosféricas, estado de la atmósfera. 7 edad de las personas y los animales o lo que lleva una cosa existiendo: *¿qué tiempo tiene el niño?; este edificio ya tiene mucho tiempo.* ■ **tiempo verbal**, forma que tienen los verbos para expresar la relación entre el momento en que ocurren las cosas y el momento en que se vive o se habla (presente, pasado o futuro): *"cantará" es una forma de verbo en tiempo futuro.* ■ **a un tiempo** o **al mismo tiempo**, a la vez, simultáneamente. ■ **del tiempo**, a la temperatura del ambiente, sin haberlo enfriado o calentado (*agua del tiempo*) o, hablando de frutos, que es de los que maduran en esa época del año (*fruta del tiempo*). ■ **ganar tiempo**, hacer lo que se pueda para acabar antes con lo que hay que hacer. ■ **hacer tiempo**, dejar pasar el rato hasta que llegue el momento que uno espera. ■ **perder el tiempo**, emplearlo en cosas aburridas o inútiles. ■ **todo el tiempo**, continuamente, sin parar. **FAM.** temporada, temporal, temporalmente, temporalidad, tempestad, tempestuoso, tempestuosamente, ***temporero*** (trabajador temporal). **COMP.** destiempo, contratiempo, contemporáneo, entretiempo, ***extemporáneo*** (impropio de su tiempo).

tienda *[n.f.]* local en el que se venden al público unas cosas determinadas: *una tienda de deportes.* **SIN.** comercio, establecimiento. **AMPL.** si en lugar de un sitio cerrado es al aire libre, se llama ***puesto***. ■ **tienda de campaña**, especie de caseta formada por una estructura y una lona y que se monta y se desmonta fácilmente. **FAM.** tendero.

tienta *[n.f.]* corrida que normalmente se hace en una plaza pequeña, en la que se torean vaquillas en lugar de toros y quien torea no tiene que ser torero, sino la gente que la ha organizado. **SIN.** capea.

tientas palabra que nada más aparece en la expresión adverbial ■ **a tientas**, tocando o palpando para orientarse (*entró a tientas*), o sin estar uno seguro de lo que tiene que hacer.

tierno, tierna *[adj.]* 1 que está recién hecho: *pan tierno.* **SIN.** reciente. 2 que no se ha secado o está sin curar: *pintura tierna; queso tierno.* **SIN.** fresco. 3 que está blando: *filetes tiernos.* 4 que tiene o demuestra sentimientos de ternura: *un tierno abrazo; una mirada tierna; es una persona muy tierna.* **AF.** afectuoso, cariñoso, dulce. **ANT.** arisco, hosco. **FAM.** ternura, ternero, ternilla, tiernamente. **COMP.** enternecer.

tierra *[n.f.]* 1 parte del planeta Tierra que no está cubierta de agua: *en nuestro planeta hay tres cuartas partes de agua y una cuarta parte de tierra; hizo un largo viaje por tierra.* **SIN.** tierra firme. **AMPL.** la Tierra está rodeada por la ***atmósfera*** (capa de gases que evita que se caliente o se enfríe demasiado y la protege de los rayos dañinos del Sol); realiza dos tipos de movimientos, uno sobre sí misma (***movimiento de rotación***: cada vuelta completa dura 24 horas y da lugar a los días y a las noches) y otro alrededor del Sol (***movimiento de traslación***: tarda 365 días y da lugar a las estaciones). **OBS.** cuando uno se refiere al planeta Tierra, siempre se escribe con mayúscula. 2 trozo de esta parte sólida de la Tierra: *tiene muchas tierras en el pueblo; esta tierra da muy buenas cosechas.* **AF.** terreno. 3 materia sólida de la Tierra que está suelta y no formando rocas: *juegan al fútbol en un campo de tierra; se le metió tierra en los zapatos; llenó la casa de tierra.* **AMPL.** cuando es fina, como la de las playas, se llama ***arena***. 4 para una persona, lugar en que ha nacido o ha pasado una época de la vida y al que se siente unido afectivamente: *cuando está fuera, se acuerda mucho de su tierra.* ■ **tomar tierra**, aterrizar un avión, una avioneta, un helicóptero, etc. **ANT.** despegar. ■ **echar por tierra**, estropear o conseguir que algo no sirva para nada. ■ **poner tierra**

por medio, marcharse lejos de algo o de alguien. **SIN.** alejarse. ■ **quedarse en tierra**, perder el autobús, el tren, etc. o no hacer el viaje que se tenía preparado. **FAM.** terreno, terráqueo, terrestre, terrícola, terrón, ***terrenal*** (de las cosas materiales de la vida), terraza, terrazo, territorio, territorial, territorialidad, terremoto, terraplén, ***terrateniente*** (dueño de muchas tierras), terroso, terrosidad, terruño, ***terrado*** (terraza), terrario. **COMP.** aterrizar, enterrar, subterráneo, desterrar, ***soterrar*** (enterrar).

tieso, tiesa *[adj.]* 1 que está (o es) tan duro que no se puede doblar: *cuando hay heladas, la ropa tendida se queda tiesa; el pescado congelado está tieso.* **SIN.** duro, rígido, inflexible. **ANT.** flexible. 2 completamente derecho, sin torcerse nada: *la cuerda tiene que quedar tiesa; lleva tiesa la espalda porque está escayolada.* **SIN.** derecho, erecto. 3 que es muy serio y no da confianza a los demás: *es tan tieso que no me atrevo a hablarle.* **SIN.** grave, circunspecto. **AF.** altanero. **ANT.** informal, campechano. ■ **dejar tieso**, hacer que alguien se quede rígido por alguna impresión muy fuerte o por haberlo matado. **FAM.COMP.** atiesar.

tiesto *[n.m.]* recipiente de barro o de plástico que tiene un agujero pequeño en la base para que salga el agua sobrante del riego y que, lleno de tierra, se usa para cultivar plantas: *compró varios tiestos para los geranios.* **SIN.** maceta. TAMBIÉN se llama *tiesto* al conjunto formado por el recipiente, la tierra y la planta.

tifón *[n.m.]* viento muy fuerte que, acompañado de grandes lluvias y tormentas, se mueve formando círculos, causa muchos destrozos y sopla en Japón y en el mar de la China. **PL.** *tifones.*

tigre *[n.m.]* animal cuadrúpedo que mide unos 2 metros de largo, pesa alrededor de 200 kilos y tiene el cuerpo cubierto de pelo corto de color amarillento con rayas negras: *el tigre de Bengala es uno de los más grandes.* **AMPL.** es un mamífero de la misma familia animal que el gato, la familia de los ***felinos***, y la hembra se llama ***tigresa*** o ***tigra***; el tigre americano se llama ***jaguar***. **FAM.** tigresa, tigra. **COMP.** atigrado.

tigre

tijeras *[n.f.pl.]* instrumento formado por dos cuchillas unidas por un eje que, al juntarse, cortan lo que se pone entre ellas: *unas tijeras de puntas redondas.* ■ **de tijera**, plegable: *escalera de tijera; silla de tijera.*

tila *[n.f.]* 1 flor del tilo, muy perfumada, de color blanco amarillento y que tiene cinco pétalos. 2 bebida o infusión que se hace con las flores y las hojas de este árbol y que es buena para calmar los nervios: *antes de examinarse se tomó una tila.* **FAM.** tilo.

tilde *[n.f.]* 1 rayita o signo que, siguiendo unas normas, se escribe sobre la sílaba acentuada de algunas palabras: *la palabra bombón lleva la tilde sobre la última sílaba.* **SIN.** acento ortográfico. 2 signo que lleva la *ñ* y que la distingue de la *n*. **FAM.** tildar. **COMP.** ***atildado*** (limpio y elegante), atildar, atildamiento.

timador, timadora *[n.]* persona que, haciendo creer lo que no es, engaña a otra para quedarse con algo suyo o con más de lo que le corresponde: *un timador le vendió un cuadro como si fuera antiguo.* **SIN.** estafador. **AF.** ladrón, embaucador.

timar *[v.]* engañar a alguien para robarle o cobrarle más de lo debido: *los timaron al comprar la casa.* **SIN.** estafar. **AF.** embaucar, robar. **FAM.** timo, timador.

timbal *[n.m.]* instrumento musical del tipo del tambor pero con caja semiesférica, que se toca a la vez que otro igual pero con distinto tono: *el concierto acabó con el sonido de los timbales.* **FAM.** timbalero.

timbrazo *[n.m.]* cada uno de los sonidos que emite un timbre cada vez que alguien lo toca, y hecho de que alguien presione un timbre una vez: *un timbrazo lo despertó.*

timbre *[n.m.]* 1 mecanismo eléctrico o manual que consiste en algún tipo de botón o resorte que, al ser apretado, empuja una pieza que choca contra algo y produce un sonido:

tocó el timbre de la puerta; en la escuela el timbre suena a la una; no oyó el timbre. 2 característica o cualidad de los sonidos que nos permite distinguir unos de otros: *tiene un timbre de voz muy agradable; el timbre de la flauta es mucho más dulce que el de la zambomba.* **AMPL.** el timbre, el **tono** (grave o agudo) y la ***intensidad*** (fuerte o débil) son las tres características principales de un sonido. 3 sello que se pega o que se graba con tinta en algunos documentos oficiales: *los timbres oficiales los fabrica el Estado.* **FAM.** timbrazo, timbrar, timbrador.

timidez *[n.f.]* característica de la manera de ser de una persona que hace que digamos que es tímida*: *su timidez le impide expresarse con claridad.* **SIN.** apocamiento. **AF.** vergüenza, inseguridad. **ANT.** atrevimiento, soltura.

tímido, tímida *[adj.]* que le cuesta mucho relacionarse con personas que no conoce y le da vergüenza hablar o hacer algo si hay gente mirándolo: *es tan tímido que se pone colorado por nada.* **SIN.** apocado. **AF.** vergonzoso, inseguro, retraído. **ANT.** desenvuelto. **FAM.** timidez, tímidamente.

timo *[n.m.]* 1 lo que comete quien engaña a alguien para robarle, cobrarle más de lo debido, darle menos de lo que le ofrece, etc.: *el trabajo que le prometieron era un timo.* **SIN.** estafa. **AF.** robo. 2 glándula del cuerpo humano situada en el tórax, detrás del esternón, que forma parte del sistema de defensa del organismo durante la infancia y la adolescencia y después va atrofiándose hasta desaparecer.

timón *[n.m.]* pieza con la que se conducen los barcos y los aviones: *el capitán se hizo cargo del timón durante la tormenta.* **AMPL.** la persona encargada de llevar normalmente el timón de un barco es el ***timonel***. ■ **llevar el timón**, dirigir. **PL.** *timones.* **FAM.** timonel, timonear.

tímpano *[n.m.]* membrana muy tensa del oído medio, que separa a éste del oído externo y recoge y transmite al cerebro la vibración del aire que producen los sonidos: *algunos sonidos, como el producido por una fuerte explosión, pueden romper el tímpano.*

tinaja *[n.f.]* recipiente grande de barro, sin asas, y con la base y la boca bastante más estrechas que el centro: *Alí-Babá metió a los ladrones en tinajas de aceite.* **SIN.** tina. **FAM.** tinajero, tinajería.

tinerfeño, tinerfeña *[adj.]* de Tenerife, isla y provincia españolas que pertenecen a la comunidad autónoma de Canarias: *Santa Cruz de Tenerife es la capital tinerfeña; productos tinerfeños; canciones tinerfeñas.* TAMBIÉN *n.*: *los tinerfeños.*

tinglado *[n.m.]* 1 cualquier cosa que se prepara con materiales sencillos y armados provisionalmente y, especialmente, escenario sencillo que se monta con unas cuantas tablas unidas: *los músicos actúan en un tinglado montado en la plaza.* **SIN.** instalache, tablado. 2 lío que se forma voluntaria o involuntariamente en un asunto: *montó un buen tinglado para salirse con la suya.* **SIN.** lío, enredo.

tinieblas *[n.f.pl.]* oscuridad muy intensa que puede producir inquietud: *de las tinieblas salía un aullido espeluznante.* **SIN.** oscuridad. ■ **en tinieblas**, sin nada de luz o claridad. **FAM.** tenebroso.

tino *[n.m.]* 1 buena puntería: *siempre da en el blanco porque tiene mucho tino.* **SIN.** puntería. **AF.** acierto, destreza. 2 habilidad o cuidado necesarios para hacer, decir o encontrar exactamente lo que conviene: *la profesión de cirujano exige mucho tino; tiene muy buen tino para salar las comidas.* **SIN.** tiento, habilidad, destreza. ■ **sin tino**, sin medida ni control. ■ **a tino**, al alcance de uno.

tinta *[n.f.]* 1 líquido de color que se usa para escribir o dibujar, directamente o a través de algún aparato de impresión: *se acabó la tinta del bolígrafo; hace dibujo técnico con tinta china; tinta de serigrafía; una impresora de tinta; una mancha de tinta.* 2 líquido oscuro que sueltan algunos animales marinos para defenderse de los ataques de sus enemigos: *al coger el pulpo lanzó un chorro de tinta.* **FAM.** tinte, tinto, tintar, tintero, tintorería, teñir. **COMP.** entintar, destintar.

tinte *[n.m.]* 1 sustancia especial para dar color a algo y que penetra en el material, a diferencia de la pintura, que sólo cubre con una capa externa: *tinte de ropa; tinte de zapatos; tinte para el pelo.* 2 tintorería*: *llevó el pantalón al tinte.*

tintero *[n.m.]* recipiente que se llena de tinta de escribir y se usa para cargar algunos modelos de plumas o para mojar la punta del plumín, el tiralíneas, etc.: *en el cajón hay una pluma y un tintero.*

tintinear *[v.]* producir un sonido suave, parecido a "tin, tin": *las campanillas, los cascabeles y los objetos de cristal al chocar entre sí tintinean.* **OBS.** e + e = ee: *tintinee.* **FAM.** tintineo, tintín.

tintineo *[n.m.]* sonido suave que suena como "tin, tin": *mientras fregaba se oía el tintineo de los vasos.*

tinto, tinta *[adj.]* de color rojo muy oscuro: *uva tinta; vino tinto.*

tintorería *[n.f.]* establecimiento que se dedica a limpiar, planchar y teñir ropa: *lleva a la tintorería la ropa de hogar.* **SIN.** tinte.

tío, tía *[n.]* 1 lo que es para alguien un hermano o una hermana de su padre o de su madre: *tiene tres tíos porque su padre tiene dos hermanos y su madre uno.* 2 (uso vulgar) persona que no se conoce o de la que no se quiere decir el nombre: *en el portal se cruzaron con unos tíos.* **SIN.** tipo, individuo, sujeto, hombre o mujer.

tiovivo *[n.m.]* aparato mecánico que gira, en el que se monta la gente para divertirse en las ferias y parques de atracciones: *daba vueltas como un tiovivo; los niños se divierten en el tiovivo.* **SIN.** caballitos, carrusel.

típico, típica *[adj.]* que se reconoce como especial y propio de una persona, de un país, de un pueblo, etc.: *la paella es un plato típico valenciano; estas bromas son típicas de ella.* **SIN.** característico. **AF.** representativo. **ANT.** atípico. **FAM.** tipismo, tipificar, tipificación. **COMP.** ***atípico*** (que se sale de lo normal).

tipo *[n.m.]* 1 forma que tiene el cuerpo de una persona: *tiene muy buen tipo; los embarazos cambian el tipo de las mujeres.* **SIN.** figura. **AF.** físico. 2 conjunto de cosas que se parecen entre sí por tener algunas características comunes y que se distinguen de otros: *tenemos patines de varios tipos; quiere un camión tipo volquete; no le gusta ese tipo de bromas.* **SIN.** clase, género. 3 cada uno de los elementos de un conjunto con unas características determinadas y que puede servir como modelo: *es el tipo de persona que nunca llega tarde; ése no es mi tipo.* **AF.** modelo, ejemplar, prototipo. 4 hombre que no se conoce o que se conoce poco: *ha visto a unos tipos sospechosos; parece un tipo simpático.* **SIN.** individuo, sujeto, hombre. 5 en ciencias naturales, grupo de seres vivos que tienen algunas características comunes muy generales, por las que se distinguen de otras del mismo reino: *los lobos pertenecen al tipo de los **cordados** y el mejillón al de los **moluscos**.* **SIN.** filum, tronco. **AMPL.** cada tipo está dentro de un ***reino*** y está formado por una o más ***clases***. **FAM.** tipología, tipológicamente, tipejo, tiparraco. **COMP.** prototipo.

tira *[n.f.]* trozo largo y estrecho de cualquier material: *hizo una corona con una tira de cartulina.* **AF.** cinta, franja, banda. ■ **la tira**, mucho.

tirachinas *[n.m.inv. en núm.]* objeto con forma de Y que lleva una goma atada a los extremos de arriba y se usa para lanzar piedras pequeñas: *entre las ramas secas encontró una horquilla para hacer un tirachinas.* **SIN.** tirador.

tirada *[n.f.]* 1 cada una de las veces que se tira o se lanza algo como un dado, un balón, etc.: *cada uno hace tres tiradas seguidas.* 2 distancia que separa un sitio de otro: *hay una buena tirada desde su casa hasta el trabajo.* **SIN.** tramo, trecho, recorrido. 3 conjunto de todos los ejemplares de un libro, de una revista, etc. que se imprimen de una vez y salen a la venta al mismo tiempo: *es el periódico de mayor tirada.* ■ **de una tirada**, de una vez, sin parar.

tirador, tiradora *[n.]* 1 persona que tira o dispara algo como un arma de fuego, flechas, etc. // **tirador** *[n.m.]* 2 pieza que tienen las puertas, ventanas, cajones, etc. por donde se agarran para abrirlos o cerrarlos: *el armario tiene tiradores en forma de bola.* **AF.** asidero, agarrador, picaporte. 3 tirachinas*.

tiralíneas *[n.m.inv. en núm.]* instrumento de dibujo que es como un lapicero pero tiene la punta formada por dos piezas entre las que se pone tinta y que se unen o se separan para poder hacer líneas más o menos gruesas: *los delineantes usaban mucho el tiralíneas.*

tiralíneas

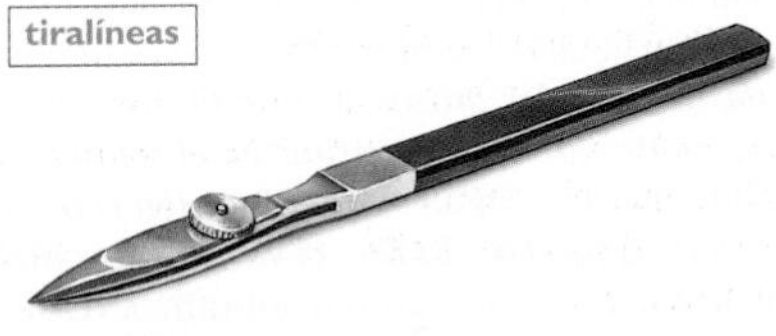

tiranía *[n.f.]* 1 sistema de gobierno en el que el poder se ha conseguido por la fuerza y se abusa de él suprimiendo casi todos los derechos de los ciudadanos: *las tiranías suponen mucha represión.* **AF.** dictadura. 2 abuso de poder que ejerce alguien, o dependencia que se tiene de algo: *se queja de la tiranía de sus superiores* (**SIN.** despotismo, opresión)*; vive bajo la tiranía de la moda.* **FAM.** tirano, tiranizar, tiránico, tiránicamente, tiranamente, tiranización.

tirano, tirana *[adj.]* 1 que abusa de su poder e impone a los demás lo que él quiere: *Nerón fue un emperador tirano; las personas tiranas son inaguantables.* **SIN.** déspota, opresor. // **tirano, tirana** *[n.]* 2 jefe de estado de un país cuya forma de gobierno es la tiranía*: *mientras gobernó el tirano la gente vivía con miedo.* **AF.** dictador.

tirante *[adj.inv. en gén.]* 1 que está tan estirado que, si se suelta, puede saltar bruscamente: *las cuerdas de la guitarra tienen que estar tirantes.* **SIN.** tenso. **ANT.** flojo. 2 que resulta incómodo y desagradable porque tiene mucho nerviosismo o violencia: *las relaciones entre los vecinos son muy tirantes.* **SIN.** tenso. **ANT.** distendido, relajado. // **tirante** *[n.m.]* 3 tira de cuero, de tela elástica, etc., o pieza de madera o de hierro que mantiene una tensión para sujetar algo: *se sujeta el pantalón con tirantes; los tirantes del tejado impiden la separación de las vigas.* 4 parte de las prendas de vestir que es una tira que, pasando por encima del hombro, une el delantero con la espalda: *una camiseta de tirantes; se rompió el tirante del bañador.*

tirantez *[n.f.]* malestar, incomodidad e inestabilidad que se da entre varias personas o países que no se llevan bien: *mientras haya tirantez entre ellos no dejarán de discutir por cualquier bobada.* **SIN.** tensión, violencia. **AF.** fricciones. **ANT.** distensión, entendimiento.

tirar *[v.]* 1 lanzar algo o a alguien en una dirección: *tiró el balón a la portería; tiraba piedras al agua; tira los dados; lo tiró al suelo de una patada; se enfadó y tiró el jarrón.* **SIN.** lanzar, arrojar. TAMBIÉN *prnl.: se tiró de cabeza a la piscina; se tiró a los brazos de su padre; al oír el disparo se tiró al suelo; si te tiras en el sofá romperás los muelles.* 2 hacer caer algo: *con el abrigo le dio a la botella y la tiró; el viento tiró varios árboles.* **SIN.** derribar, tumbar, abatir. **ANT.** levantar. 3 echar abajo una construcción: *tiraron la casa vieja.* **SIN.** demoler*. 4 echar a la basura, a la papelera, etc. lo que ya no interesa: *tiró los juguetes rotos.* **AF.** desechar. 5 disparar con algo: *tiró una foto a la catedral; el arquero tira flechas.* 6 utilizar algo sin sacarle el provecho que se le podía sacar: *tira el dinero comprando bobadas; tira el papel como si no costara hacerlo.* **SIN.** malgastar*. 7 imprimir o editar un libro, una revista, etc.: *de ese libro se han tirado diez mil ejemplares.* 8 resultar interesante o atractivo: *le tira más jugar que estudiar; le tira mucho su tierra; le tira la mecánica.* **SIN.** atraer. **ANT.** disgustar, repeler. 9 seguir una dirección: *tira por la segunda calle.* **SIN.** ir. 10 parecerse un poco a algo o alguien: *el niño tira a la familia del padre; ese rojo tira a naranja.* **AF.** asemejarse. 11 funcionar o mantenerse algo, o arder bien un fuego, un cigarro, etc.: *la chimeneas que tiran bien no hacen humo; este coche no tira como es debido; con este arreglo tirará unos meses.* **SIN.** funcionar. // **tirarse** *[v.prnl.]* 12 estar bastante tiempo haciendo algo o sucediendo algo: *se tiró todo la noche bailando; se ha tirado toda la semana lloviendo.* ■ **tirar de** algo o de alguien, sujetarlo y hacer fuerza hacia uno mismo para moverlo o para estirarlo. **ANT.** empujar. ■ **ir tirando**, vivir ni muy bien ni muy mal una persona, o seguir funcionando algo aunque no vaya muy bien. ■ **un tira y afloja**, situación en la que hay avances y retrocesos porque, para lograr un equilibrio, unas veces se cede y otras se fuerza a otro. **FAM.** tira, tirón, tirada, tirador, tirita, tirante, tirantez, tirantemente, tiro, tiroteo, tirotear. **COMP.** tirachinas, tiralíneas, atirantar, estirar, retirar.

tirita *[n.f.]* tira de tela o de plástico adhesivo que tiene en el centro un trocito de gasa y se utiliza para proteger las heridas pequeñas: *tapó la rozadura con una tirita.* **OBS.** es el nombre comercial que le dio una empresa a las que fabricaba, pero su uso se ha generalizado como nombre común.

tiritar *[v.]* temblar una persona o un animal, con movimientos involuntarios, cortos y repetidos, por causa del frío, el miedo o la fiebre: *pasó toda la noche tiritando.* **AF.** temblar, castañetear los dientes, estremecerse. **FAM.** tiritona, tiritera.

tiritera *[n.f.]* conjunto de temblores cortos y repetidos producidos por el frío, el miedo o la fiebre: *un baño caliente le quitó la tiritera.* **SIN.** tiritona.

tiritona *[n.f.]* tiritera*.

tiro *[n.m.]* **1** disparo hecho con un arma de fuego: *el cazador mató la liebre de un tiro; se oyeron tres tiros.* **SIN.** disparo. **2** cada una de las veces que se lanza algo: *al primer tiro no entró en la canasta; hizo tres tiros de arco.* **SIN.** lanzamiento. **AF.** tirada. **3** conjunto de animales que tiran de algo para moverlo: *cuatro caballos formaban el tiro de la carroza.* **4** corriente de aire que aviva el fuego, y entrada de aire que tienen las calderas, estufas o chimeneas y que puede abrirse o cerrarse para que se produzca esta corriente de aire: *el incendio se extendió porque el hueco de la escalera hacía de tiro; esta chimenea tiene mucho tiro; la caldera tiene el tiro cerrado.* ■ **a tiro**, que está cerca o al alcance de uno. ■ **ponerse de tiros largos**, vestirse muy elegantemente. ■ **salir el tiro por la culata**, obtener un resultado contrario al que se pretendía.

tiroides *[n.m.inv. en núm.]* glándula situada delante de la tráquea y de la laringe y que segrega sustancias muy importantes para la realización del metabolismo*.

tirón *[n.m.]* **1** movimiento brusco, corto y con fuerza que se hace para tirar de alguien o de algo: *dio un tirón para abrir la puerta atascada; de un tirón le robaron el bolso.* **2** dolor que entra de repente en un músculo porque se ha estirado demasiado: *en plena carrera le dio un tirón en la pierna izquierda.* ■ **de un tirón**, de una vez, sin parar. **PL.** *tirones.*

tirotear *[v.]* disparar muchas veces seguidas un arma de fuego contra algo o alguien. **OBS.** e + e = ee: *tiroteen.*

tiroteo *[n.m.]* conjunto de disparos de arma de fuego entre varias personas: *en el tiroteo murió un atracador.*

títere *[n.m.]* **1** muñeco que se mueve con hilos o metiendo una mano dentro de él y se usa como personaje en funciones de teatro: *está aprendiendo a mover títeres.* **SIN.** marioneta o muñeco de guiñol. **2** persona que hace siempre lo que otras quieren: *es un títere en manos de su amigo.* // **títeres** *[n.m.pl.]* **3** diversión o espectáculo que se hace, muchas veces en la calle, con estos muñecos: *fueron a ver los títeres de la plaza; un teatro de títeres.* ■ **no dejar títere con cabeza**, alterar todo, no dejar nada como estaba. **FAM.** titiritero, titerero.

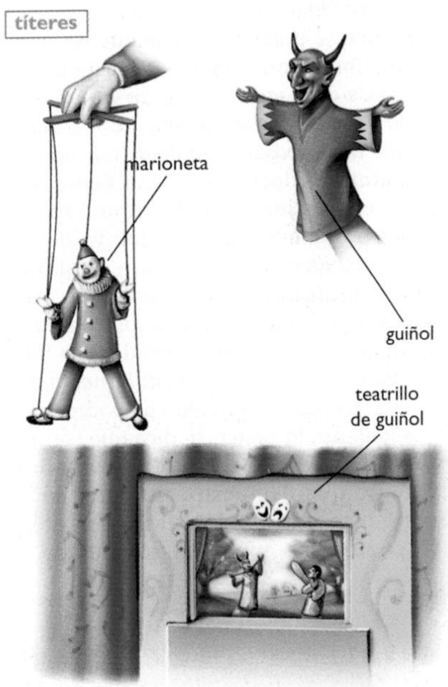

tití *[n.m.]* mono pequeño, de entre 15 y 30 centímetros, con el cuerpo cubierto de pelo suave y largo de color grisáceo y la cara blanca y sin pelo.

titiritero, titiritera *[n.]* persona que mueve los títeres.

titubear *[v.]* demostrar indecisión o inseguridad ante algo, porque no se sabe con certeza o porque se es tímido o se está nervioso: *dio la respuesta correcta sin titubear; antes de decidirse a comprarlo, titubeó mucho.* **SIN.** dudar, vacilar. **ANT.** decidirse. **OBS.** e + e = ee: *titubeen.* **FAM.** titubeante, titubeo.

titular *[adj.inv. en gén.]* **1** que está ocupando un puesto de trabajo porque ha sido nombrado para él: *el juez titular firmó la sentencia.* // **titular** *[n.inv. en gén.]* **2** persona que legalmente tiene puesto algo a su nombre, por lo que se considera dueño y responsable de ello: *es el titular de la moto; la titular de la cuenta del* *banco; el titular del teléfono.* // **titular** *[n.m.]* 3 frase que resume lo más importante de una noticia: *anunciaban la noticia en grandes titulares.* **AF.** título. // **titular** *[v.]* 4 poner título o nombre a una cosa: *no sabe cómo titular el libro que ha escrito.*

título *[n.m.]* 1 palabra o frase que da nombre a un libro, una canción, una película, una obra de arte, etc.: *el título de la novela no tiene nada que ver con el argumento; el título de un artículo de periódico; el título de un cuadro o una escultura.* 2 documento que demuestra que una persona ha terminado unos estudios o ha hecho algún mérito especial: *ya tiene el título de bachiller.* **AF.** certificado, diploma. 3 honor y distinción que conceden los reyes y los papas a personas o familias para agradecerles algún servicio muy especial: *tiene título de marqués.* TAMBIÉN se dice *título nobiliario.* **AMPL.** esta distinción se hereda de padres a hijos y de quienes la tienen se dice que son ***nobles*** o ***aristócratas.*** ■ **título de propiedad**, documento que demuestra que alguien es dueño de algo. **FAM.** titular, titulación, titulado. **COMP.** subtítulo, subtitular, subtitulado.

TÍTULOS NOBILIARIOS
(por categorías, de mayor a menor)

De realeza:
- **rey, reina**
- **príncipe, princesa** (en España, Príncipe de Asturias)
- **infante, infanta**

De nobleza:
- **grande de España** (sólo en España)
- **archiduque** (en España no existe)
- **duque**
- **marqués**
- **conde**
- **vizconde**
- **barón**
- **señor**

tiza *[n.f.]* barrita de yeso o de alguna otra sustancia que pinta y se utiliza para escribir en las pizarras: *hizo un dibujo con tizas de colores.*

tizón *[n.m.]* palo o trozo de leña quemado pero que todavía no se ha consumido y está completamente negro: *en la hoguera quedaban muchos tizones.* **PL.** *tizones.*

toalla *[n.f.]* pieza de tela de felpa que se utiliza para secarse: *toalla de lavabo, de playa, de baño.* **FAM.** toallero.

toallero *[n.m.]* objeto pensado para colgar toallas: *instaló toalleros con forma de aro.*

tobera *[n.f.]* 1 tubo por el que entra el aire en los hornos y fraguas o el combustible en los motores de reacción, o por el que salen los gases que se producen: *la tobera de salida del avión tenía una avería.* 2 abertura por la que entra aire: *en los coches, el aire de la calefacción entra por toberas.*

tobillo *[n.m.]* parte del cuerpo en la que la pierna se une con el pie, que corresponde al final de la tibia y del peroné: *el zapato le rozaba por debajo del tobillo.* **FAM.** tobillera.

tobogán *[n.m.]* aparato de entretenimiento que consiste en una superficie lisa e inclinada por la que uno se desliza desde la parte más alta, a la que se llega, desde atrás, por una escalera. **PL.** *toboganes.*

tocadiscos *[n.m.inv. en núm.]* aparato eléctrico que sirve para reproducir sonidos grabados en discos con microsurcos. **AMPL.** los *tocadiscos* sirven para discos de vinilo, que es una clase de plástico duro; el ***gramófono*** es un aparato mecánico (no eléctrico) para discos de pizarra y el ***compact-disc*** reproduce discos compactos por medio de rayos láser.

tocado *[n.m.]* cualquier prenda de vestir o de adorno que se pone en la cabeza: *los turbantes, los sombreros y las gorras son tocados.*

tocados

tocador *[n.m.]* especie de mesa estrecha y con un espejo encima, pensado para darse cremas y pintarse la cara, peinarse, etc.: *en los camerinos de los teatros hay tocadores.*

tocar *[v.]* 1 poner en contacto dos cosas, o una parte del cuerpo con algo o alguien: *tocó el bordillo con la rueda del coche; tocó la ropa y estaba mojada; no lo toques; le tocó la pierna con la punta del pie.* 2 estar una cosa al lado de otra sin que haya nada, ni siquiera espacio, entre ellas: *mi cuarto toca con el suyo; el respaldo de la silla está tocando la pared.* TAMBIÉN *prnl.: la mesa del profesor se toca con la suya.* 3 hacer sonar un instrumento musical o algún aparato que produzca sonido: *tocó el timbre; toca muy bien la guitarra.* 4 cambiar algo de aspecto, de sitio, de forma, de contenido etc.: *no lo toques que así está muy bien.* **SIN.** cambiar, modificar, alterar. 5 tratar en una reunión, en un libro, en un programa, etc. un tema, pero sin detenerse mucho en él: *este curso los quebrados ni se tocan; el conferenciante tocó ese tema pero no se detuvo a explicarlo.* 6 salir premiado en un sorteo: *le tocó el premio gordo de la lotería.* 7 pertenecerle algo a alguien como resultado de un reparto: *le tocaron los libros de su padre; le tocó la habitación más grande.* **SIN.** corresponder. 8 tener que hacer algo porque es el turno de uno, por no haberlo hecho antes o por haberlo hecho mal: *te toca tirar; le toca pagar; te toca poner la mesa; no lo hizo con cuidado y ahora le toca repetirlo.* **OBS.** ante e, qu: *toqué.* **FAM.** toque, tocado, tocador, tocante, toquetear, toqueteo, tocamiento. **COMP.** retocar, intocable.

tocayo, tocaya *[n.]* respecto a una persona, otra que tiene el mismo nombre que ella: *tiene un nombre tan raro que no conoce a ningún tocayo.*

tocino *[n.m.]* parte grasa del cerdo, que está debajo de la piel y es comestible: *siempre pone tocino en el cocido; el jamón tiene mucho tocino.* **FAM.** tocinería, tocinero. **COMP.** atocinar.

tocólogo, tocóloga *[n.]* médico especialista en embarazos y partos.

tocón *[n.m.]* parte de abajo del tronco de un árbol que, después de cortar el árbol, queda en tierra unido a la raíz: *el leñador se sentó a descansar en un tocón.* **PL.** *tocones.*

todavía *[adv. de t.]* 1 en este momento o en un momento determinado: *todavía está en clase; a las 7 todavía seguía lloviendo.* **SIN.** aún. // **todavía** *[adv. de m.]* 2 a pesar de todo: *gana millones y todavía le parece poco.* **SIN.** aún así. 3 refuerza la diferencia entre dos cosas que se comparan: *este castillo es todavía más antiguo que el otro; estaba todavía peor escrito que el otro; llegó todavía más tarde que ayer.*

todo, toda *[adj.]* 1 que el nombre a que se refiere es una unidad completa sin que falte o se excluya ninguna de sus partes: *se comió todo el pastel.* **SIN.** entero, íntegro, completo. TAMBIÉN *pron.: vi todo; todo vale.* // **todos, todas** *[adj. en pl.]* 2 que se refiere a la suma de los miembros de un conjunto sin que falte o se excluya ninguno de ellos: *todos los amigos tienen la misma edad.* **SIN.** cada uno de, la totalidad de. TAMBIÉN *pron.: compró todas; llegaron todos a la vez.* 3 uno tras otro, sin dejar ninguno: *todos los días viene a vernos.* **GRAM.** se suele poner delante del nombre y el nombre va siempre con artículo (*toda la vida; todas las personas*); con los nombres colectivos se usa en singular (*todo el mundo sueña de vez en cuando; toda la clase se puso en pie*) y cuando se usa con nombres que no son colectivos a los que se le quiere dar ese sentido colectivo se usa en singular y sin artículo (*todo hombre tiene derechos y deberes*). // **todo** *[n.m.]* 4 cosa entera, algo tomado como una unidad completa: *estúdialo como un todo para tener visión de conjunto; me refiero al todo, no a las partes.* **ANT.** parte, trozo, fracción. **GRAM.** siempre va precedido de artículo. ■ **ante todo**, antes que nada, lo primero. ■ **del todo**, por completo. **SIN.** completamente, totalmente. ■ **sobre todo**, lo que más o lo que es más importante.

todopoderoso, todopoderosa *[adj.]* que puede hacer todo lo que quiera: *el todopoderoso emperador mandó matar al traidor.* **SIN.** omnipotente. **OBS.** para los creyentes, *el Todopoderoso* es Dios, y se escribe con mayúscula.

toga *[n.f.]* prenda abierta por delante, larga y amplia, con mangas anchas, que se ponen

toga

encima del traje los jueces, fiscales y abogados para celebrar los juicios y los profesores universitarios en algunas ceremonias. **FAM.** togado.

toldo *[n.m.]* pieza de tela o de plástico sujeto a una estructura rígida, que se extiende o se recoge para proteger del sol balcones, terrazas, escaparates, etc.: *las ventanas orientadas al oeste tienen toldo.* **FAM.** toldar. **COMP.** entoldar, entoldamiento.

toledano, toledana *[adj.]* de Toledo, provincia española y su capital, que pertenecen a la comunidad autónoma de Castilla-La Mancha: *una espada típica toledana; una niña toledana.* TAMBIÉN *n.*: *los toledanos.*

tolerancia *[n.f.]* lo que demuestran con su comportamiento quienes saben respetar y aceptar opiniones y actos muy variados aunque sean distintos o contrarios a los suyos: *en esa casa se respira tolerancia; en las dictaduras no existe la tolerancia.* **AF.** respeto, consideración, flexibilidad. **ANT.** intolerancia, rigidez.

tolerar *[v.]* **1** aguantar algo que no gusta sin ponerse de mal humor: *no tolera que le tomen el pelo; no tolera que lo contradigan; tolera incluso bromas de mal gusto.* **SIN.** soportar, llevar bien, sobrellevar, resistir, aguantar. **2** dejar que alguien haga algo molesto o que a uno no le gusta: *sólo él le tolera sus manías; ¿cómo le toleras incluso que te grite?* **SIN.** permitir, consentir. **ANT.** prohibir. **3** poder tomar comidas, bebidas, medicinas, etc., o someter al cuerpo a distintas situaciones sin ponerse enfermo: *tolera bien el sol; no tolera la leche; toleró sin problemas la anestesia.* **AF.** admitir. **FAM.** tolerancia, tolerante, tolerabilidad. **COMP.** intolerante, intolerable.

toma *[n.f.]* **1** cantidad de comida, de bebida, de medicamento, etc. que se come o se bebe de una vez, y cada una de las veces que se hace: *la próxima toma será a las seis; reparte el jarabe en cinco tomas diarias.* **SIN.** dosis. **2** parte de una instalación de agua o luz de donde se puede sacar el agua o la luz: *acopló la manguera a la toma de agua; el salón tiene dos tomas de luz.* **3** cada una de las veces que se filma o se fotografía algo, y trozo de película que queda impresionado en esa filmación o fotografía: *esta toma la tuvimos que filmar muchas veces; hizo tres tomas diferentes del árbol, desde distintos ángulos.* **4** hecho de que alguien entre, por la fuerza, en una ciudad, pueblo o edificio y se adueñe de él: *las protestas acabaron en la toma del ayuntamiento; la toma de la emisora de radio por los rebeldes.*

tomar *[v.]* **1** coger algo o a alguien: *toma el paquete; la tomó en brazos.* **SIN.** coger. **AF.** agarrar, tener. **ANT.** soltar, dejar. **2** comer o beber algo o hacer que el cuerpo reciba algo exterior: *tomaron unos refrescos y unos bocadillos* (**SIN.** ingerir)*; tomar el aire; tomar el sol.* TAMBIÉN *prnl.: se tomaron un café; tómate un baño y dormirás a gusto.* **3** quedarse con lo que a uno le dan o le ofrecen: *éstas son las condiciones del trabajo, ¿lo tomas o lo dejas?* **SIN.** aceptar. **ANT.** rechazar, dejar. **4** hacer lo necesario para saber, tener, etc. lo que se dice: *toma las medidas de la habitación; en clase toma apuntes; tomó varias fotografías del puente romano.* **SIN.** coger. **5** montarse en un transporte público para hacer un viaje: *tomará el tren de las cinco.* **SIN.** coger. **6** marchar por un camino determinado o cambiar de camino para ir en otra dirección: *al llegar al cruce, tomó la calle de la izquierda.* **AF.** coger. **7** entrar en un sitio y apoderarse de él por la fuerza: *los soldados tomaron la ciudad.* **SIN.** adueñarse de, ocupar. // **tomarse** *[v.prnl.]* **8** entender algo de una manera determinada: *se lo tomó como un piropo; no te lo tomes por la tremenda; tómate en serio los problemas de salud.* **AF.** interpretar. **9** disponer de algo para uno mismo o como uno decida: *se tomó la tarde libre.* **SIN.** cogerse. ■ **tomar decisiones**, decidir. ■ **tomar medidas**, hacer lo que sea necesario para evitar algo o conseguir algo. ■ **tomar la palabra**, empezar a hablar mientras otros escuchan lo que uno dice. ■ **tomar por la palabra**, hacer al pie de la letra lo que otra persona ha dicho. ■ **tomarla con** alguien, molestarlo constantemente porque se le ha cogido manía. ■ **tomar el pelo** a alguien, hacerle bromas o engañarlo. ■ **tomarse la justicia por su mano**, reaccionar ante lo que se considera una injusticia resolviéndolo uno mismo, sin atender a las leyes ni recurrir a los tribunales. ■ **tomarse la libertad de**, VER *libertad.* **FAM.** toma, tomadura.

tomate *[n.m.]* **1** fruto de huerta que sale de la tomatera, es comestible, redondo, de piel fina y brillante y de color rojo fuerte cuando está maduro. 2 roto más o menos redondo en una prenda, por el que se ve la piel: *llevas un tomate en el calcetín.* ■ **tener tomate**, ser muy trabajoso o complicado. **FAM.** tomatera, tomatal, tomatero, tomatazo.

tomatera *[n.f.]* planta de huerta en forma de mata que tiene varios tallos y de la parte de abajo de cada uno le salen las hojas, que son ásperas: *el fruto de la tomatera es el tomate.*

tómbola *[n.f.]* lugar donde se sortean las cosas que tiene allí: *le tocó una muñeca en la tómbola.*

tomillo *[n.m.]* planta de hoja perenne en forma de arbusto pequeño y bajo, con tallo leñoso de color blanquecino y hojas y flores muy pequeñas y perfumadas: *echó un poco de tomillo al guiso.* **FAM.** tomillar.

tomo *[n.m.]* cada una de las partes que forman una obra literaria o científica y que pueden publicarse como libros independientes, encuadernados por separado: *ha publicado un tratado de matemáticas en cinco tomos.* **AF.** volumen, libro.

tonadilla *[n.f.]* tipo de canción popular española. **FAM.** tono.

tonalidad *[n.f.]* 1 tono musical mantenido a lo largo de una parte de una composición musical o en toda ella, que se basa en una nota a partir de la cual se forma la escala de esa tonalidad: *tonalidad de "do mayor".* **AMPL.** la tonalidad reúne los conceptos de ***tono*** (do, mi, re, etc.) y ***modo*** (mayor o menor) y la nota tomada como base se llama ***tónica***. 2 característica por la que un color se distingue de otros de la misma gama, basándose en la intensidad o en la luminosidad: *tonalidades claras, oscuras, chillonas, apagadas, etc.; es del mismo color pero de una tonalidad más clara.* **SIN.** tono.

tonel *[n.m.]* recipiente grande de madera o de metal, con las bases redondas y el cuerpo abombado, en el que caben más de 1.000 litros: *un tonel de vino.* **FAM.** tonelería, tonelero, tonelada, tonelaje.

tonelada *[n.f.]* 1 medida de masa que es igual a 1.000 kilogramos y cuyo símbolo es Tm: *el camión pesa una tonelada y media (1,5 Tm).* TAMBIÉN se dice *tonelada métrica.* 2 medida de capacidad que es igual a 2,83 metros cúbicos: *el camión hace 2 toneladas.*

tónica *[n.f.]* 1 primera nota de la escala musical de cada una de las tonalidades y que es la que da nombre a esa tonalidad. 2 bebida refrescante, transparente, con gas y sabor algo amargo: *pidió una tónica con hielo.* 3 lo que más se repite en algunas situaciones: *siguiendo la tónica de estas reuniones, todo el mundo habla y nadie escucha.*

tónico, tónica *[adj.]* 1 que sirve para dar energía: *un jarabe tónico.* **SIN.** tonificante, vigorizante. TAMBIÉN *n.m.: después de tanto esfuerzo necesita un buen tónico.* 2 hablando de sílabas o de vocales, que se pronuncia con más fuerza dentro de cada palabra: *en la palabra "calor", "-lor" es la sílaba tónica y "o", la vocal tónica.* **SIN.** acentuada. **ANT.** átona. // **tónico** *[n.m.]* 3 líquido que sirve para cerrar los poros de la piel: *después de afeitarse se da un tónico.* **AF.** loción.

tonificar *[v.]* hacer que alguien se sienta mejor, con más energía, o que algo esté mejor de lo que estaba: *un caldo caliente lo tonificará; un buen masaje tonifica y relaja los músculos.* **SIN.** entonar, reconfortar. **OBS.** ante e, qu: *tonifique.*

tono *[n.m.]* 1 característica de los sonidos por la que son más o menos graves o agudos: *la voz de bajo es de tono grave.* 2 altura con que se canta o interpreta una pieza musical: *el cantaor y el guitarrista deben coger el mismo tono.* 3 tonalidad* musical: *tono de "la mayor".* 4 distancia que separa una nota y la siguiente dentro de cada escala musical excepto entre *mi* y *fa* y *si* y *do*, que sólo están separadas por medio tono: *entre do y mi hay dos tonos; entre la y do hay tono y medio.* 5 característica por la que un color se distingue de otros de la misma gama: *quiere un tono de azul más claro; utiliza en sus cuadros tonos muy vivos.* **SIN.** tonalidad. 6 conjunto de distintas variedades de un mismo color: *utiliza tonos ocres, azules, amarillos.* **SIN.** color, gama, tonalidad. 7 manera de decir las cosas que depende de cómo se module la voz y que expresa la intención con la que se habla y el estado de ánimo del que habla: *tono autoritario, cariñoso, sumiso, de broma, triste, alegre, etc.* 8 pequeña cantidad de algo que se nota en una cosa y que hace que sea distinta de otras del mismo tipo: *la película, a pesar de ser de miedo, mantiene cierto tono de humor.* **SIN.** matiz* (acepción 2). ■ **a tono**, de manera adecuada para no llamar la atención, por ir de acuerdo o a juego con algo o con alguien. **SIN.** acorde, en armonía. ■ **fuera de tono**, sin que venga a cuento y con posibilidad de que alguien se moleste. ■ **darse tono**, darse importancia. **FAM.** tonalidad, tonificar, tonificación, tonificante, tónico, ***tonadilla*** (tipo de canción popular española), tonadillero, tonada, tonillo. **COMP.** átono, entonar, sintonizar.

tontear *[v.]* 1 hacer o decir cosas que no tienen sentido: *no hace nada y se dedica a tontear todo el día.* 2 hacer algo para llamar la atención y gustarle a alguien: *está en la edad de tontear con las chicas.* **SIN.** coquetear. **OBS.** e + e = ee: *tonteen.*

tontería *[n.f.]* 1 cosa que se hace o se dice y que no tiene ningún sentido: *hace tantas tonterías que nadie lo toma en serio; cuando está con ellos hace muchas tonterías para llamar la atención.* **SIN.** bobada*. 2 cosa que no tiene importancia: *discutieron por una tontería.* **SIN.** minucia*. 3 lo que demuestra quien actúa y piensa creyendo que son importantes cosas que no lo son: *tiene tanta tontería encima que sólo le importa el que dirán; tiene la cabeza llena de tonterías.* **SIN.** frivolidad, superficialidad.

tonto, tonta *[adj.]* 1 que es poco inteligente: *hay que ser tonto para hacer tan mal un trabajo tan fácil.* **SIN.** bobo, simple, necio, torpe. **ANT.** inteligente, listo, agudo. **OBS.** es una palabra que se usa mucho como insulto. 2 que piensa, hace o dice muchas cosas sin sentido. **SIN.** majadero*. 3 que no tiene ningún interés: *aburre con tantas preguntas tontas.* 4 que le preocupan cosas que no son importantes, o que lo que pretende es darse importancia: *hasta en los andares se nota lo tonto que es.* ■ **a tontas y a locas**, de cualquier manera y sin pensar. ■ **hacerse el tonto**, hacer creer a alguien que uno no se ha enterado de algo. **FAM.** tontería, tontear, tontaina, tontamente, tontada, tontedad. **COMP.** atontar, entontecer, entontecimiento.

topar *[v.]* encontrar algo o a alguien por casualidad, de repente y muy cerca de uno, de manera que no se puede esquivar: *topó con él al volver la esquina.* **AF.** chocar, tropezar. TAMBIÉN *prnl.: al girar se topó con un árbol.* **FAM.** tope, topetazo, topetón, topetada.

tope *[n.m.]* 1 objeto que actúa de freno al movimiento de algo: *puso un tope en la puerta para que no rozara la pared.* 2 pieza que llevan los vagones del tren para parar los golpes: *revisan los topes cada cierto tiempo.* 3 punto máximo del que no se puede pasar, porque está prohibido o porque es imposible: *ha llegado al tope de sus posibilidades económicas.* **SIN.** máximo, límite. TAMBIÉN *adj.: rebasó la velocidad tope.* ■ **a tope**, todo lo posible (*trabaja a tope*) o totalmente lleno.

topo *[n.m.]* 1 animal pequeño del tipo del ratón, con el hocico afilado, el cuerpo cubierto de pelo oscuro y suave, que casi ciego y vive bajo tierra: *esos montones de tierra los hacen los topos.* 2 en una tela u otro material, círculo de distinto color que el resto: *tiene un vestido de topos.* **SIN.** lunar.

toque *[n.m.]* 1 cada una de las veces que se toca cualquier cosa con alguna parte del cuerpo: *con la mano le dio un toque en el hombro; le dio los últimos toques al peinado.* 2 cada una de las veces que se hace sonar un instrumento o cualquier cosa que puede producir un sonido: *un toque de silbato; un toque de campana.* 3 pequeña cantidad de algo que se nota en una cosa y que hace que sea distinta de otras del mismo tipo: *no le veo ningún toque especial, es muy vulgar; el cuadro tiene un toque romántico; la música de Beethoven tiene un toque inconfundible.* **SIN.** matiz* (acepción 2). ■ **toque de atención**, aviso de que algo no va bien. ■ **toque final**, lo último que se hace para dar por terminado un trabajo. ■ **toque de queda**, norma que prohíbe andar por la calle a partir de cierta hora, en situaciones especiales como guerra, golpe de estado, etc. ■ **dar un toque**, ponerse en contacto con alguien.

toquilla *[n.f.]* prenda de abrigo que se pone sobre los hombros y cubre la espalda y el pecho, o que se usa para abrigar a los bebés envolviéndolos en ella: *mi abuela no se quita la toquilla ni en verano.*

torácico, torácica *[adj.]* del tórax*: *el corazón está dentro de la caja torácica.*

tórax *[n.m.inv. en núm.]* 1 parte delantera del cuerpo humano y de los animales vertebrados, desde el cuello hasta la cintura: *se cayó de la bici y se raspó el tórax.* **SIN.** pecho. **ANT.** espalda. **2** conjunto formado por las costillas, el esternón, el diafragma y el hueco que queda entre ellos: *los pulmones y el corazón están en el tórax; una radiografía de tórax.* **SIN.** caja torácica. **AF.** torso, tronco. **3** parte central de las tres que forman el cuerpo de los insectos, situada entre la cabeza y el abdomen: *el escarabajo tiene el tórax más ancho que largo.* **FAM.** torácico.

tórax

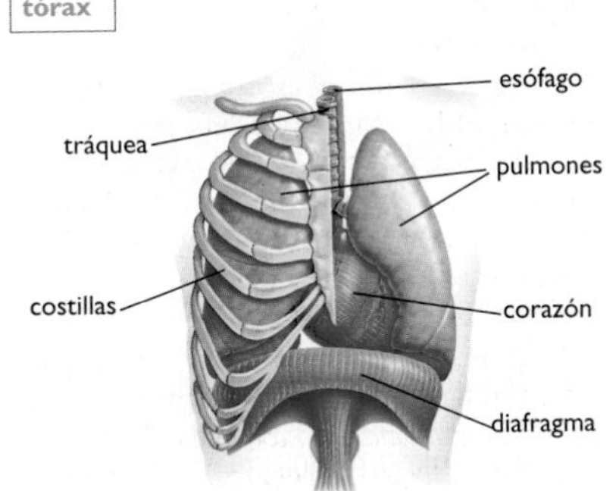

torbellino *[n.m.]* **1** movimiento del aire cuando es muy rápido y en círculo: *el torbellino levantó mucho polvo; los tornados y los ciclones son torbellinos.* **SIN.** remolino de viento. **2** persona muy nerviosa, que habla y actúa atropelladamente: *es un torbellino que no para en todo el día.*

torcer *[v.]* **1** doblar o hacer curvo lo que estaba derecho: *los herreros saben torcer barras de hierro.* **SIN.** doblar, combar, arquear. **2** hacer girar, a la vez, cada extremo de una cosa en un sentido: *tuerce la ropa antes de tenderla; torció una toalla para hacerse un turbante.* **SIN.** retorcer. **ANT.** enderezar. **3** cambiar la posición que tenía algo: *el golpe del coche torció la farola; torcer la boca; torció la cabeza hacia la izquierda.* **AF.** desviar, volver. **ANT.** enderezar. **4** cambiar de dirección: *en el cruce torció a la izquierda.* **SIN.** girar, virar, volver. // **torcerse** *[v.prnl.]* **5** hacerse daño en alguna parte del cuerpo por haberse girado en alguna dirección más de lo que se puede: *me he torcido el tobillo.* **6** no salir algo como uno esperaba: *cuando algo se tuerce es mejor volver a empezar.* **CONJUG.** como *cocer**. **FAM.** torcedura, torcimiento, torcidamente. **COMP.** retorcer, contorsión.

toquilla

torcido, torcida *[adj.]* que no tiene toda su extensión al mismo nivel o que, en relación con algo, no está paralelo a ello: *una raya torcida; una pared torcida; el cuadro está torcido.* **ANT.** recto, derecho.

tordo, torda *[adj.]* **1** hablando de caballos, que tiene el pelo blanco y negro: *montaba una yegua torda.* // **tordo** *[n.m.]* **2** pájaro pequeño que tiene el cuerpo grueso, las plumas grises por arriba y blancas en el vientre y el pico negro y fino. **SIN.** zorzal.

torear *[v.]* **1** ponerse delante de un toro con una capa en la mano para atraerlo hacia ella y esquivarlo con gracia: *le gusta torear vaquillas.* **SIN.** lidiar. **2** burlarse de alguien o no hacerle caso: *torean tanto al profesor que ya no sabe qué hacer.* **ANT.** respetar. **OBS.** e + e = ee: *toreen.*

toreo *[n.m.]* arte de torear: *el toreo a caballo se llama rejoneo.*

torera *[n.f.]* chaqueta ajustada al cuerpo que sólo llega hasta la cintura. ■ **saltarse a la torera**, no hacer algo o no cumplir con una obligación.

torero, torera *[n.]* **1** persona que, en una plaza de toros, se encarga de torear y dar muerte al animal: *el toro cogió al torero.* **SIN.** matador de toros, espada, diestro. **AMPL.** los que torean novillos en vez de toros porque todavía no han recibido la *alternativa** son ***novilleros*** y los que toreaban donde podían para aprender y conseguir algún contrato eran ***ma-***

letillas. // **torero, torera** *[adj.]* 2 del arte de torear: *traje torero; un pase torero.* **SIN.** taurino.

tormenta *[n.f.]* 1 agitación y descarga de la atmósfera en forma de relámpagos, rayos y truenos acompañados de lluvia, nieve o granizo muy fuerte: *antes de las tormentas, la atmósfera está muy cargada y los ruidos se oyen desde muy lejos.* 2 agitación de la atmósfera en forma de fuertes vientos que levantan olas en el mar, arenas en el desierto, etc.: *tormenta de arena; tormenta marítima.*

tormento *[n.m.]* 1 dolor físico o moral muy intenso y continuado, y cualquier cosa que lo produzca: *este ruido es un tormento.* **SIN.** calvario*. 2 hecho de que alguien pase por un sufrimiento tan intenso: *lo capturaron y lo sometieron a grandes tormentos.* **SIN.** tortura, suplicio. **AF.** martirio. **ANT.** placer, deleite. **FAM.** tormenta, tormentoso, tormentosamente. **COMP.** atormentar.

tormentoso, tormentosa *[adj.]* propio de tormenta: *chubascos tormentosos; un día tormentoso.*

tornadizo, tornadiza *[adj.]* que cambia fácilmente: *persona tornadiza.* **FAM.** torno.

tornar *[v.]* 1 volver, regresar: *tornará dentro de un mes.* 2 hacer que algo cambie de características o de aspecto: *el sol tornó pálidos los colores.* **SIN.** volver. TAMBIÉN *prnl.*: *los colores se tornaron pálidos.* **FAM.** torno.

tornado *[n.m.]* viento muy fuerte de América del Norte que avanza en círculo y formando embudos que aspiran lo que encuentran a su paso y puede durar desde unos pocos minutos hasta varias horas: *el tornado causó graves destrozos en la ciudad.*

tornear *[v.]* dar formas redondeadas a un objeto, especialmente si se hace con un torno: *el ebanista torneó las patas de la silla.* **OBS.** e + e = ee: *torneen.*

torneo *[n.m.]* 1 combate a caballo entre dos bandos, que se celebraba en la Edad Media y llegó a convertirse en un espectáculo en el que los participantes tenían que superar una serie de pruebas: *el caballero enmascarado ganó el torneo.* 2 cualquier competición en la que los participantes van jugando entre ellos o se van eliminando según un orden establecido: *un torneo de ajedrez; torneo nacional de tiro al blanco.* **SIN.** certamen.

tornillo *[n.m.]* pieza cónica o cilíndrica con cuerpo con rosca y una cabeza para poder hacerla girar, pensada para unir dos cosas o fijar con fuerza una a la otra: *a este tornillo le falta la tuerca; la estantería está sujeta con tornillos.* ■ **apretarle** a alguien **los tornillos**, obligarlo a que haga algo que debe hacer y no quiere. ■ **faltarle** a alguien **un tornillo**, estar loco.

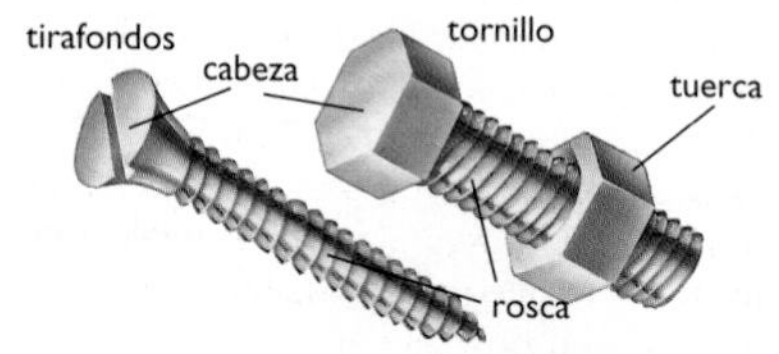

torniquete *[n.m.]* 1 venda o tela que se pone alrededor de un brazo o una pierna, por encima de una herida que está sangrando, retorciéndola para que quede muy apretada y cortar así la salida de sangre. 2 aparato que se pone en las entradas de lugares públicos para que sólo se pueda entrar de uno en uno y que consiste en un eje vertical con unas barras colocadas como aspas que giran alrededor de él.

torno *[n.m.]* 1 aparato que sirve para hacer girar sobre sí mismas las cosas que se colocan en él y que, manual o eléctricamente, puede alcanzar gran velocidad de giro: *los jarrones de barro se hacen con un torno de alfarero y los peones de madera con un torno de carpintería.* 2 plataforma giratoria que, puesta en un hueco de la pared, sirve para pasar cosas de un lado a otro sin ver a la persona que las pasa ni a la que las recoge al otro lado: *puso el paquete en el torno del convento.* ■ **en torno a**, alrededor de (*se sentaron en torno a la mesa*) o aproximadamente (*asistieron en torno a 5.000 personas*). **FAM.** tornear, torneado, ***tornar*** (volver, cambiar), ***tornadizo*** (que cambia fácilmente), torneo, tornillo, torniquete, tornado. **COMP.** contorno, entornar, retornar, trastornar, trastorno, atornillar, destornillador.

toro *[n.m.]* animal mamífero rumiante, grande y fuerte, con el cuerpo cubierto de pelo corto y duro y, en la cabeza, dos cuernos afilados: *la vaca es la hembra del toro; hay toros bravos y toros mansos.* **AMPL.** los toros que se crían para torearlos en las plazas son los toros bravos o toros ***de lidia***; un ***buey*** es un toro castrado. ■ **coger el toro por los cuernos**, enfrentarse a los problemas para solucionarlos. **FAM.** torear, toreo, torada, torero, toril, taurino, toreador, tauromaquia, tauro.

torpe *[adj.inv. en gén.]* 1 que no se le da bien hacer algo: *es muy torpe con el monopatín; llevo poco tiempo haciendo esto y me siento torpe.* **SIN.** patoso, inhábil, falto de soltura. **AF.** inexperto. **ANT.** hábil. 2 que demuestra falta de habilidad o soltura: *movimientos torpes; respuestas torpes.* 3 que le cuesta mucho trabajo entender las cosas: *es algo torpe, pero muy trabajador.* **SIN.** cerrado, bruto, lerdo. **ANT.** despierto, espabilado, listo, inteligente. **FAM.** torpeza, torpemente. **COMP.** entorpecer.

torpedo *[n.m.]* arma submarina de guerra, de forma alargada, que lleva una carga explosiva y explosiona al chocar contra una masa sólida: *el torpedo no alcanzó a darle al buque.* **AF.** proyectil. **FAM.** torpedeo, torpedero, torpedear.

torpeza *[n.f.]* 1 falta de habilidad, soltura o agilidad: *desde que se cayó se mueve con torpeza; habla inglés con mucha torpeza; su torpeza con las manos le impide ser un buen artesano.* **SIN.** dificultad. **AF.** lentitud, ineptitud. **ANT.** agilidad, facilidad, habilidad, soltura. 2 cosa que se hace sin darse uno cuenta de que tendrá alguna consecuencia negativa: *fue una torpeza preguntar eso delante de todos; es una torpeza ponerse las botas antes que los pantalones.* **SIN.** equivocación, desacierto, error, fallo, falta de previsión. **INTENS.** insensatez, imprudencia. **ANT.** acierto.

torre *[n.f.]* 1 parte más alta de algunos edificios que normalmente es más alta que ancha: *la torre de la iglesia; la torre del castillo.* **AF.** torreón, campanario, atalaya. 2 construcción alta y estrecha: *una torre petrolífera; una torre metálica para los cables de la luz; una torre de control aéreo.* 3 edificio mucho más alto que ancho: *esa torre tiene 48 pisos.* **SIN.** rascacielos. **AMPL.** en Cataluña, una *torre* es un chalet o casa de campo. 4 pieza del juego de ajedrez que representa la torre de un castillo: *comió el alfil con la torre.* **FAM.** torreón, torreta.

torrencial *[adj.inv. en gén.]* hablando de lluvias, que es tan fuerte que produce torrentes: *en el clima mediterráneo caen lluvias torrenciales.*

torrente *[n.m.]* corriente de agua que se mueve muy rápidamente y tiene tanta fuerza que arrastra lo que encuentra a su paso: *con tantas lluvias se han formado muchos torrentes.* **AMPL.** los torrentes se forman, cuando llueve mucho o hay mucho deshielo en las montañas, en partes más o menos hundidas del terreno que se llaman ***torrenteras***, ***barrancos*** o ***ramblas*** y que en épocas de sequía suelen estar secas. **FAM.** torrencial, torrentera.

torreón *[n.m.]* torre grande y muy sólida que se construía para defender de los enemigos una ciudad o un castillo: *del castillo medieval sólo queda un torreón.* **PL.** *torreones.*

torrija *[n.f.]* dulce que se hace mojando en leche o en vino una rebanada de pan, rebozándola en huevo batido y friéndola.

torso *[n.m.]* 1 parte del cuerpo humano que empieza al final del cuello y acaba en la cintura: *se quitó la camisa dejando el torso al aire.* **AF.** tronco, tórax. 2 escultura del tronco de una persona, sin cabeza ni brazos: *en el museo hay varios torsos de la antigua civilización griega.*

torta *[n.f.]* 1 dulce redondo, plano y más grande que una galleta, que se hace con una masa de harina, huevos, azúcar y mantequilla cocida en el horno o frita: *tortas con nata.* 2 golpe que se le da a alguien en la cara con la mano abierta: *le dio una torta por llorón.* **SIN.** cachete. **INTENS.** bofetada*. 3 caída o choque contra algo: *se dio una torta contra el cristal.* **INTENS.** batacazo*. ■ **ni torta**, nada. **FAM.** tortazo, tortilla.

tortazo *[n.m.]* 1 bofetada*: *se enfadó y le dio un tortazo.* 2 golpe muy fuerte que se da alguien al caerse o al chocarse contra algo: *se pegó un tortazo con el coche.* **SIN.** batacazo*.

tortícolis *[n.f.inv. en núm.]* dolor de cuello que no deja mover la cabeza hacia los lados: *se levantó con tortícolis.*

tortilla *[n.f.]* alimento que se hace con huevos batidos a los que se puede añadir patatas, gambas, jamón, etc. y se fríe con poco aceite en una sartén. **AMPL.** la tortilla que se hace sólo con huevos se llama *tortilla francesa* y la que se hace con huevos y patatas se llama *tortilla de patata* o *española*; las que se hacen añadiendo al huevo cualquier otro ingrediente reciben el nombre de éste: *una tortilla de espárragos.*

tórtola *[n.f.]* ave del tipo de la paloma, pero más pequeña y con las plumas de color gris rojizo, que vive en los bosques y hace el nido en los árboles. **FAM.** tórtolo.

tortuga *[n.f.]* animal que tiene el cuerpo cubierto por una concha o caparazón muy duro donde puede meter también la cabeza, la cola y las cuatro patas.

tortura *[n.f.]* 1 dolor físico o moral muy intenso y continuado, y cualquier cosa que lo produzca: *es una tortura aguantar sus continuas preguntas.* **SIN.** calvario*. 2 conjunto de daños físicos y morales que se le hace pasar a alguien para que diga algo o simplemente por odio y maldad: *el detenido confesó porque lo sometieron a tortura; la tortura va en contra de los derechos humanos.* **SIN.** tormento, suplicio. **AF.** martirio. **FAM.** torturar, torturador, torturante.

torturar *[v.]* 1 hacer que alguien sufra mucho: *lo tortura pensar que podía haberlo evitado.* **SIN.** atormentar, martirizar, mortificar. TAMBIÉN *prnl.: no te tortures, que todo tiene arreglo.* 2 causar dolor físico y moral a alguien, para que diga algo o simplemente por odio y maldad: *no se puede ni se debe torturar a nadie; deja ya de torturar al perro.* **SIN.** someter a tortura.

tos *[n.f.]* expulsión brusca, por la boca, de aire que viene de los pulmones y produce en la garganta un ruido característico: *tiene mucha tos.* **FAM.** toser.

tosco, tosca *[adj.]* 1 que no tiene detalle ni precisión, o es de poca calidad, poco suave o mal acabado: *formas toscas; un remate tosco; muebles toscos; barro tosco.* **SIN.** basto, ordinario, burdo. **ANT.** fino, delicado, pulido. 2 que demuestra poco cuidado o delicadeza o mala educación: *es un hombre muy tosco; lenguaje tosco; modales toscos.* **SIN.** rudo, basto, ordinario. **ANT.** refinado, educado, pulido. **FAM.** tosquedad, toscamente.

toser *[v.]* expulsar por la boca el aire de los pulmones de forma violenta y ruidosa: *tose porque tiene catarro.*

tostada *[n.f.]* rebanada de pan que se ha puesto al fuego o al calor: *desayuna tostadas con mantequilla.* **SIN.** tosta.

tostado, tostada *[adj.]* 1 que, porque se ha puesto al fuego o al calor, ya no está totalmente crudo y ha cogido un color dorado o parecido al marrón claro: *yema tostada; café tostado; pipas tostadas.* 2 que es de un color parecido al marrón claro: *un coche tostado.* TAMBIÉN *n.m.: el tostado es un color.*

tostador *[n.m.]* aparato que produce calor o que se pone al fuego o al calor y sirve para tostar el pan: *el tostador eléctrico se para automáticamente.*

tostar *[v.]* hacer que una cosa coja un color marrón claro dándole calor o poniéndolo al fuego: *has tostado la camisa con la plancha; las pipas están sin tostar.* TAMBIÉN *prnl.: el café está tostándose.* **CONJUG.** como *contar**. **FAM.** tostada, tosta, tostador, tostón, tueste, tostadero.

tostón *[n.m.]* 1 cochinillo (cerdo pequeño) asado. 2 cosa que resulta pesada y aburrida: *la charla fue un tostón.* **SIN.** rollo, lata. **PL.** *tostones.*

total *[adj.inv. en gén.]* 1 que es tan completo que no le falta nada: *satisfacción total; resultados totales.* **SIN.** pleno, absoluto, completo. **ANT.** parcial, incompleto. // **total** *[n.m.]* 2 cantidad final que resulta de echar las cuentas o de hacer el recuento de algo: *los gastos alcanzan un total de 700 euros; el total de los participantes en el sorteo es de 37.* **SIN.** suma, cifra total. 3 conjunto formado por todo o por todos los que pertenecen a un mismo grupo, sin que falte nada o nadie: *el total de los visitantes se mostró contento.* **SIN.** totalidad. **OBS.**: siempre va precedido del artículo *el.* // **total** *[adv. de m.]* 4 en resumen, en conclusión: *total, que os he contado todo lo que pasó.* **FAM.** totalidad, totalitario, totalmente, totalitarismo, totalizar.

totalidad *[n.f.]* todo o todos los que hay o los que son: *la totalidad de los alumnos se quejó del examen; la totalidad del pedido llegará mañana.* **SIN.** el total. **ANT.** parte. **OBS.** siempre va precedido del artículo *la.*

tóxico, tóxica *[adj.]* que es venenoso o malo para la salud: *los cigarrilos llevan productos tóxicos.* **FAM.** toxicidad, ***toxina*** (sustancia venenosa producida por los seres vivos), toxicomanía, toxicómano. **COMP.** intoxicar, antitoxina.

toxina *[n.f.]* sustancia venenosa producida por los seres vivos.

tozudo, tozuda *[adj.]* que si piensa que algo es de una manera o quiere hacer algo, aunque se le den razones contrarias no cambia de opinión: *es más tozudo que una mula.* **SIN.** terco*. **FAM.** tozudez, tozudamente.

traba *[n.f.]* obstáculo, impedimento, pega, dificultad: *le pusieron muchas trabas para abrir el negocio.* **FAM.** trabar.

trabajador, trabajadora *[adj.]* 1 que trabaja mucho: *una persona muy trabajadora.* **SIN.** laborioso. **ANT.** holgazán, vago. // **trabajador, trabajadora** *[n.]* 2 persona que cobra un sueldo por trabajar para alguien: *los trabajadores de la empresa llegaron pronto.* **SIN.** empleado, asalariado. **ANT.** empresario, patrón. **AMPL.** el trabajador que cobra por cada día de trabajo es un ***jornalero*** y el que hace un trabajo manual, un ***obrero*** u ***operario***; el obrero que trabaja en algo que no necesita una preparación especial, un ***peón*** y quien trabaja a las órdenes de un maestro para aprender un oficio, un ***aprendiz***; el obrero que sólo vive de su trabajo y no tiene propiedades ni rentas se llama ***proletario***.

trabajar *[v.]* 1 hacer lo que hay que hacer en un oficio, profesión o negocio para ganarse la vida: *trabaja en una oficina; trabaja en la enseñanza.* **ANT.** estar parado. 2 hacer algo que necesita un esfuerzo: *cuando tiene tiempo trabaja en su jardín.* **SIN.** dedicarse a, ocuparse de. 3 hacer, con una materia, lo necesario para transformarla o sacar provecho de ella: *los carpinteros trabajan la madera y los campesinos el campo.* **FAM.** trabajo, trabajador, trabajosamente, trabajoso.

trabajo *[n.m.]* 1 conjunto de las cosas que una persona hace normalmente para conseguir el dinero necesario para vivir: *su trabajo consiste en comprar y vender casas; tiene un buen trabajo.* **SIN.** empleo, ocupación, oficio. 2 esfuerzo que se hace para conseguir algo: *le costó mucho trabajo hacer la lámina de dibujo.* **SIN.** esfuerzo. 3 cosa que se hace, cuando ya está acabada: *es un buen trabajo de ebanistería; tienen que presentar dos trabajos de historia.* **AF.** obra. 4 conjunto de las cosas que uno tiene que hacer: *tiene mucho trabajo.* **SIN.** tarea. 5 lugar donde se trabaja: *va andando al trabajo.*

trabajoso, trabajosa *[adj.]* que exige mucho esfuerzo: *cambiar el armario de sitio ha sido muy trabajoso.* **SIN.** laborioso. **AF.** complicado, difícil. **ANT.** sencillo, fácil.

trabalenguas *[n.m.inv. en núm.]* palabra o conjunto de palabras que resultan difíciles de pronunciar si se hace deprisa y para no equivocarse, porque es fácil que la lengua se trabe: *"supercalifragilísticoespialidoso" y "tres tigres en un trigal comen trigo en un tris tras" son dos trabalenguas.*

trabar *[v.]* 1 sujetar con fuerza algo para que no pueda moverse: *la zapata frena la bici porque traba la rueda.* **AF.** agarrar, enganchar. 2 empezar una relación o una conversación: *trabaron amistad en la oficina.* // **trabarse** *[v.prnl.]* 3 perder algo posibilidad de movimiento porque se han entrelazado dos o más piezas o se ha enganchado en algún sitio: *se trabó el muelle y la máquina se paró; se trabó la cinta en el casete.* **SIN.** atrancarse. 4 no poder pronunciar seguido lo que se quiere: *siempre se traba al decir frigorífico.* **SIN.** trabucarse, atrancarse. **AF.** tartamudear. **FAM.** ***traba*** (obstáculo, impedimento), trabadura, trabazón. **COMP.** destrabar.

trabucar *[v.]* 1 desordenar, revolver: *trabucó las piezas y luego no encajaban en su sitio.* // **trabucarse** *[v.prnl.]* 2 confundirse: *se trabuca cuando habla en público.* **OBS.** ante e, qu: *trabuquen.* **FAM.** trabuco, trabucación.

trabuco *[n.m.]* arma de fuego antigua, más corta y más gruesa que una escopeta y con la boca del cañón más ancha que el resto, que se carga por la boca: *los bandoleros usaban trabucos.* **FAM.** trabucazo.

traca *[n.f.]* conjunto de petardos y cohetes colocados en fila para que estallen uno detrás de otro: *durante las fiestas estallaron muchas tracas.*

tracción *[n.f.]* fuerza que tira de algo para moverlo: *en los carros la tracción es animal y en los coches es mecánica.*

tractor *[n.m.]* vehículo de motor que tiene cuatro ruedas, las de atrás mucho más grandes que las de delante, preparado para moverse por el campo y al que se le pueden aplicar diferentes aperos (arado, abonadora, etc.) para los trabajos agrícolas: *un tractor tiraba del remolque lleno de uvas.*

tradición *[n.f.]* costumbre, creencia o cosa típica de un lugar o un grupo social, que se mantiene año tras año: *la costumbre navideña de preparar nacimientos es una tradición española.* ■ **tradición oral**, lo que se transmite de padres a hijos, de palabra, y que no está escrito en ningún sitio. **FAM.** tradicional, tradicionalismo, tradicionalista, tradicionalmente.

tradicional *[adj.inv. en gén.]* que forma parte de la historia y de las costumbres de un lugar, de una familia, de una época del año, etc.: *fiestas tradicionales; costumbres tradicionales; traje tradicional.* TAMBIÉN *n. neutro: aquí, lo tradicional es desayunar sopas de ajo el día de Viernes Santo.*

traducción *[n.f.]* lo que se hace para que algo que está escrito o hablado en una lengua quede escrito o dicho en otra distinta: *hizo una traducción del inglés al español; el congreso tiene traducción simultánea.*

traducir *[v.]* pasar algo escrito o hablado en una lengua a otra distinta, sin cambiar su significado: *traducen las películas extranjeras al español.* **CONJUG.** como *conducir**. **FAM.** traducción, traductor. **COMP.** intraducible.

traductor, traductora *[n.]* persona que se dedica a traducir libros, cartas, películas, etc. de una lengua a otra: *busca un traductor que sepa español y alemán.* **AMPL.** quien traduce lo que está diciendo una persona, a la vez que lo dice y para que se entere otra, es un ***intérprete***.

traer *[v.]* **1** llegar con algo (o llevando puesto lo que se dice) al sitio en el que está la persona que habla: *trajo caramelos para todos; trae el abrigo azul.* **SIN.** venir con. **ANT.** llevar. **2** tratar un libro, una revista, etc. un tema determinado: *el periódico trae toda la información sobre el caso; la revista trae las fotos de la inauguración.* ■ **traer consigo**, ser la causa de algo. **SIN.** proporcionar* (acepción 2). ■ **traer** o **traerse** algo **entre manos**, estar haciendo o planeando algo. **FAM.** tracción, tractor, tractorista. **COMP.** atraer, abstraer, contraer, distraer, extraer, retraído, sustraer, ***detraer*** (restar, desviar).

traficante *[n.inv. en gén.]* persona que se dedica a comprar y a vender productos que están prohibidos por la ley o, al menos, sin respetar las leyes del comercio oficial: *traficantes de drogas; traficantes de armas.* **AF.** contrabandista.

traficar *[v.]* comprar y vender cosas que están prohibidas por la ley o sin respetar las leyes del comercio oficial para así ganar más dinero: *trafican con armas.* **AF.** comerciar, negociar, trapichear. **OBS.** ante e, qu: *trafiquen.* **FAM.** tráfico, traficante.

tráfico *[n.m.]* **1** movimiento de personas, vehículos, mercancías, etc. por distintos tipos de rutas o caminos: *tráfico de mercancías por carretera, por tren, etc.; tráfico aéreo, peatonal, automovilístico; normas de tráfico; señales de tráfico.* **SIN.** circulación, tránsito. **AF.** paso. **2** comercio de mercancías prohibidas, o de mercancías permitidas pero sin seguir las normas del comercio oficial: *se dedica al tráfico de pieles; tráfico de marfil.* **SIN.** comercio ilegal.

tragaluz *[n.m.]* abertura en un techo o en la parte de arriba de una pared, que comunica con el exterior y da luz: *el trastero tiene un tragaluz.* **SIN.** lumbrera, lucerna. **AMPL.** los tragaluces que están en el techo también se llaman ***claraboyas*** o ***lucernarios***. **PL.** *tragaluces.*

CONJUGACIÓN DEL VERBO TRAER

Formas no personales

Infinitivo: *traer.* Gerundio: *trayendo.* Participio: *traído.*

Indicativo

Presente: *traigo, traes, trae, traemos, traéis, traen.*

Pretérito imperfecto: *traía, traías, traía, traíamos, traíais, traían.*

Pretérito perfecto simple: *traje, trajiste, trajo, trajimos, trajisteis, trajeron.*

Futuro: *traeré, traerás, traerá, traeremos, traeréis, traerán.*

Condicional simple:

traería, traerías, traería, traeríamos, traeríais, traerían.

Subjuntivo

Presente: *traiga, traigas, traiga, traigamos, traigáis, traigan.*

Pretérito imperfecto: *trajera/ trajese, trajeras/ trajeses, trajera/ trajese, trajéramos/ trajésemos, trajerais/ trajeseis, trajeran/ trajesen.*

Futuro: *trajere, trajeres, trajere, trajéremos, trajereis, trajeren.*

Imperativo:

trae, traiga, traigamos, traed, traigan.

tragaluces

lucerna
lucernario
claraboya

tragar *[v.]* 1 hacer que algo llegue desde la boca hasta el estómago, a través de la garganta: *cuando tiene anginas le cuesta tragar.* **SIN.** ingerir, deglutir. TAMBIÉN *prnl.: sin darse cuenta se tragó una canica.* 2 dejar pasar lo que debe pasar: *el desagüe no traga* (el agua) *porque está atascado.* // **tragarse** *[v.prnl.]* 3 creerse algo que no es verdad: *es tan ingenuo que se traga todo lo que le cuentan.* 4 aguantar algo que resulta pesado o aburrido: *se tragó todo el concierto aunque no le gustaba.* **SIN.** aguantar, soportar. ■ **no tragar a alguien**, caerle mal, no soportarlo. **OBS.** ante e, gu: *traguen.* **FAM.** trago, tragón, tragaderas. **COMP.** atragantarse.

tragedia *[n.f.]* 1 obra de teatro (o película) que termina mal y en la que los personajes sufren mucho porque el destino los coloca en situaciones sin otra salida que la desgracia: *la obra "Romeo y Julieta" es una tragedia.* **AMPL.** una obra con episodios tristes pero no graves es un ***drama*** y una en la que se distinguen con toda claridad los personajes buenos y los malos y se exagera el sentimentalismo es un ***melodrama***. 2 cosa que ocurre en la vida real y tiene consecuencias muy dolorosas que no se pueden solucionar: *el accidente fue una tragedia para la familia.* **SIN.** desgracia, desastre, drama, fatalidad. ■ **hacer una tragedia de algo**, vivir algo como si fuera una desgracia, cuando no lo es. ■ **terminar** algo **en tragedia**, terminar en una desgracia. **FAM.** trágico, trágicamente. **COMP.** tragicomedia, tragicómico.

trágico, trágica *[adj.]* 1 que trata de tragedias (*teatro trágico; obra trágica*) o se dedica a la tragedia en literatura y teatro (*un escritor trágico; actor trágico*). **ANT.** cómico. 2 que produce desgracia y mucha tristeza y no tiene solución: *un trágico accidente; una trágica noticia; un final trágico.* **SIN.** desgraciado, infortunado, dramático. **ANT.** afortunado, dichoso. 3 que demuestra que ve las cosas de la vida como si no tuvieran solución: *una persona trágica; actitud trágica.*

trago *[n.m.]* 1 parte de un líquido que se bebe de una sola vez: *tomó un trago de leche.* 2 copa de alguna bebida alcohólica: *fue al bar a tomar un trago.* ■ **pasar un mal trago**, vivir una situación difícil o triste.

tragón, tragona *[adj.]* que come mucho y muy deprisa: *está gordo porque es muy tragón.* TAMBIÉN *n.: los tragones pueden tener problemas digestivos.*

traición *[n.f.]* 1 lo que comete la persona que actúa en contra de otra que confiaba en ella, o que no respeta un compromiso: *nunca le perdonará su traición; divulgar un secreto es una traición.* **SIN.** deslealtad, infidelidad. **ANT.** lealtad. 2 delito grave que comete quien hace algo que va contra su país y ayuda a uno enemigo: *los militares lo acusaron de traición.* **FAM.** traidor, traicionar, traicionero, traidoramente.

traicionar *[v.]* 1 ir en contra de alguien que confiaba en uno o de una idea que uno defendía, o no respetar un compromiso: *traicionó a su amigo contando sus secretos; traicionó sus ideales por querer hacerse rico.* 2 no conseguir uno ocultar sus intenciones o dominar sus sentimientos en situaciones difíciles: *no quería que lo reconocieran, pero su risa lo traicionó; los nervios lo traicionaron en el examen.* **SIN.** jugar una mala pasada.

traicionero, traicionera *[adj.]* 1 que es capaz de ir en contra de quien le ha dado su confianza: *es un chico traicionero que te la juega en cuanto puede.* **AF.** traidor. 2 que parece bueno pero, en realidad, hace daño: *este sol tan suave puede ser traicionero y producir dolor de cabeza.*

traidor, traidora *[n.]* persona que actúa en contra de quien confía en ella: *un traidor contó los secretos de la empresa; un traidor a la* *patria.* TAMBIÉN *adj.*: *persona traidora; grupo traidor.*

tráiler *[n.m.]* 1 remolque de un camión, especialmente si es muy largo, y el camión que lleva este remolque. 2 escenas de una película que se ponen en televisión y en las salas de cine para hacer publicidad: *fueron a ver la película porque les gustó el tráiler.* **SIN.** avance. **PL.** *tráilers.*

traje *[n.m.]* 1 conjunto formado por una chaqueta y un pantalón o una falda, hechos con la misma tela: *algunos trajes tiene también chaleco.* **AMPL.** el traje de mujer con falda también se llama ***traje de chaqueta*** y si tiene pantalón, ***traje-pantalón***. 2 ropa especial que se usa para algún trabajo o para alguna actividad: *un traje de baño; traje de buzo.* ■ **traje de etiqueta**, el que es muy elegante y se usa en ocasiones importantes. ■ **traje de luces**, el que llevan los toreros para torear. **FAM.** trajear, trajeado.

trajín *[n.m.]* mucho movimiento de personas o de cosas de un lado para otro, o mucho trabajo y muy variado que tiene una persona en un periodo de tiempo corto: *durante las navidades, en las tiendas hay mucho trajín; no puede salir porque está de mudanza y tiene bastante trajín.* **SIN.** ajetreo, movimiento, actividad. **ANT.** inactividad, ocio. **FAM.** trajinar.

trajinar *[v.]* hacer muchas cosas, yendo de un lado a otro, llevando y trayendo cosas, etc.: *lleva todo el día trajinando en la nueva casa.* **AF.** trabajar.

trama *[n.f.]* 1 conjunto de hilos que se cruzan a lo ancho con los de la urdimbre* para formar una tela. 2 asunto sobre el que trata una novela, obra de teatro, etc. **SIN.** argumento, tema.

tramar *[v.]* preparar una broma, un engaño o algo que perjudica a alguien o que no se debe hacer: *están tramando una travesura.* **FAM.** tramo, trama. **COMP.** entramado, entramar, destramar.

tramitar *[v.]* hacer cada una de las cosas necesarias para tener los documentos que le exigen a uno para algo, o para tener resueltos determinados asuntos: *tramitar el pasaporte le llevó dos mañanas; tramitó la solicitud de la beca.* **AF.** gestionar.

trámite *[n.m.]* cada una de las cosas que hay que hacer con documentos y papeles para resolver determinados asuntos: *tuvo que hacer varios trámites para acceder a una vivienda subvencionada.* **AF.** gestión. **FAM.** tramitar, tramitación.

tramo *[n.m.]* cada una de las partes de algo que se tienen en cuenta, o en las que se divide algo largo o que lleva tiempo o esfuerzo: *hay obras en el primer tramo de la carretera; los tramos de la escalera están separados por descansillos.* **SIN.** parte, trecho. **AF.** segmento, trayecto.

tramoya *[n.f.]* conjunto de máquinas y aparatos con los que se hacen los cambios de decorado en los escenarios de un teatro.

trampa *[n.f.]* 1 cosa que se prepara para atrapar animales, engañándolos, o para que alguien haga (o diga) algo que no quiere porque no le conviene: *el ratón cayó en la trampa; la policía le tendió una trampa a los ladrones.* 2 lo que hace en el juego, saltándose las normas, quien engaña a los demás jugadores para ganar: *está prohibido hacer trampas.* 3 dinero que se debe: *le tocó la lotería y pagó todas las trampas que tenía.* **SIN.** deuda. **FAM.** tramposo, trampear, trampilla, trampero, trampista.

trampolín *[n.m.]* 1 construcción o tabla puesta en alto en el borde de una piscina, para tirarse al agua desde ella: *se tiró de cabeza desde el trampolín más alto.* 2 oportunidad que le sirve a uno de impulso para mejorar rápidamente en su trabajo, ser más famoso, ganar más dinero, etc.: *la televisión fue el trampolín de su carrera como cantante.* **PL.** *trampolines.*

tramposo, tramposa *[n.]* persona que hace trampas: *nadie quiere jugar con él porque es un tramposo.* TAMBIÉN *adj.*: *una mujer tramposa.*

tranca *[n.f.]* 1 madero que sirve, atravesado, como cierre de seguridad detrás de puertas y ventanas. 2 borrachera*. ■ **a trancas y barrancas**, con mucha dificultad. **FAM.** trancar, trancazo, tranco. **COMP.** atrancar.

tranquilidad *[n.f.]* lo que se nota en un sitio (o siente alguien) por el hecho de que no haya ruidos, violencia, nerviosismo, exceso de trabajo, ni nada que distraiga o altere el ánimo: *en este valle se respira tranquilidad; para trabajar a gusto necesita tranquilidad.* **SIN.** calma, sosiego, paz, placidez. **ANT.** intranquilidad, inquietud, agitación, excitación. **FAM.** tranquilo, tranquilizar, tranquilizador, tranquilamente, tranquilizante. **COMP.** intranquilo.

tranquilizar *[v.]* 1 hacer que alguien deje de tener nerviosismo o preocupación: *sus palabras lo tranquilizaron.* **ANT.** inquietar, intranquilizar. 2 hacer que deje de haber violencia o tensión: *consiguió tranquilizar los ánimos de los manifestantes.* **SIN.** apaciguar, aplacar. **ANT.** excitar, alterar. **SIN.COM.** serenar, calmar, sosegar, relajar. **OBS.** ante e, c: *tranquilicen.*

tranquilo, tranquila *[adj.]* 1 que no hay nada que pueda molestarlo o ponerlo nervioso, o que no es nervioso: *nunca se irrita, es muy tranquilo.* **AF.** impasible, pacífico, sosegado. **ANT.** impaciente, inquieto, intranquilo, nervioso. 2 que no tiene cosas que puedan molestar o poner nervioso: esta es una zona muy tranquila para vivir. 3 que está quieto, en calma: *el mar está tranquilo.* **AF.** calmado, reposado, apacible.

trans- prefijo que significa *al otro lado* (transbordar), *a través de* (transiberiano) y *cambio* (transformar). **OBS.** las palabras de las que forma parte pueden escribirse con la *n* y sin ella: *trasatlántico.*

transatlántico *[n.m.]* 1 barco de pasajeros muy grande, que hace largos viajes por mares y océanos: *el sobrecargo en los transatlánticos se ocupa de las mercancías y de atender a los pasajeros.* // **transatlántico, transatlántica** *[adj.]* 2 que se hace a través del océano Atlántico: *comercio transatlántico.*

transbordador *[n.m.]* barco que hace pequeños viajes de ida y vuelta por ríos, lagos, etc., para llevar personas, vehículos y mercancías: *un transbordador cruza el río varías veces al día.* **AF.** barco.

transbordar *[v.]* llevar personas o cosas de un lado a otro de un río, de un lago, etc.: *el barco transborda mercancías entre los dos países vecinos.* **AF.** transportar, trasladar. **FAM.** transbordador, transbordo, transbordar.

transbordo *[n.m.]* cambio que se hace al pasar de un vehículo a otro, o de un medio de tranporte a otro: *tuvo que hacer un transbordo en la estación de Medina; hizo transbordo del metro al tren y del tren al avión, para llegar a Pekín.*

transcribir *[v.]* escribir en un alfabeto determinado las letras de otro alfabeto o los sonidos que se oyen: *los rusos usan el alfabeto cirílico y nosotros transcribimos sus nombres al latino; los lingüistas transcriben al alfabeto fonético las palabras que oyen; Pekín y Beijín son dos formas de transcribir el nombre de la capital de China.* **FAM.** transcripción, escribir.

transcurrir *[v.]* pasar el tiempo: *trancurrieron varios días entre las dos visitas.* **SIN.** pasar, discurrir. **AF.** correr. **FAM.** transcurso, correr.

transeúnte *[n.inv. en gén.]* 1 cualquier persona que va andando de un lugar a otro, o que pasa por un sitio: *a esta hora, la calle se llena de transeúntes.* **AF.** peatón. 2 persona que está en un sitio en el que no vive normalmente: *es una ciudad turística con muchos transeúntes.* **SIN.** gente de paso. TAMBIÉN *adj.*: *población transeúnte.* **SIN.** de paso.

transfigurar *[v.]* cambiar el aspecto de algo: *el dolor le transfiguró la expresión de la cara.* TAMBIÉN *prnl.*: *se transfigura cuando escucha buena música.* **AF.** desfigurar.

transformación *[n.f.]* hecho de que algo o alguien cambie mucho, o una cosa se convierta en otra: *sufrió una gran transformación al pasar de la niñez a la adolescencia; la tranformación de números enteros en quebrados es una operación matemática.* **AF.** cambio, modificación, variación.

transformar *[v.]* 1 hacer que algo sea distinto, modificándolo o convirtiéndolo en otra cosa: *hizo unos arreglos y transformó su casa; transformó sus acciones en dinero, vendiéndolas; transformó el abrigo en una chaqueta.* **AF.** cambiar, modificar, convertir. **ANT.** mantener, conservar. 2 hacer que una persona sufra un cambio o se convierta en otra distinta: *el éxito lo transformó; el hada transformó el sapo en príncipe.* **SIN.** cambiar. // **transformarse** *[v.prnl.]* 3 convertirse una persona o una cosa en otra: *la bruja se transformó en águila.* **SIN.** convertirse. **FAM.** transformación, transformador, transformismo, forma.

transfusión *[n.f.]* lo que se hace al introducir sangre de una persona en el cuerpo de otra: *le hicieron varias transfusiones para salvarle la vida.*

transigir *[v.]* hacer o permitir lo que a uno le piden, cuando uno no quería: *transigió y lo dejó salir.* **SIN.** ceder.

transistor *[n.m.]* 1 aparato de radio de bolsillo, que funciona con pilas: *cuando va al campo lleva un transistor.* **AF.** radio. 2 pieza pequeña que se utiliza en electrónica para convertir los impulsos eléctricos.

transitar *[v.]* andar o moverse personas o vehículos de un lado a otro por un sitio: *por esta calle transitan muchos coches.* **SIN.** circular, pasar. **AF.** andar. **FAM.** tránsito, transitable, ***transitorio*** (pasajero), transeúnte, transitivo, transitoriedad, transitoriamente. **COMP.** intransitivo, intransitable.

transitivo, transitiva *[adj.]* que lleva complemento directo: *comprar, vender y decir son verbos transitivos porque, para que el significado de lo que expresan sea completo, necesitan complemento directo; "Guillermo estudia economía" es una oración transitiva en la que el complemento directo es "economía".* **ANT.** intransitivo.

tránsito *[n.m.]* paso de personas o vehículos por un sitio: *en esta autopista hay mucho tránsito de camiones.* **SIN.** circulación, tráfico, paso.

transitorio, transitoria *[adj.]* que no es para siempre: *una situación transitoria.* **SIN.** pasajero, temporal.

translúcido, translúcida *[adj.]* que deja pasar la luz pero no se puede ver bien lo que hay al otro lado: *cristales translúcidos.*

transmisor, transmisora *[adj.]* 1 que puede transmitir o contagiar algo: *algunos mosquitos son transmisores de enfermedades.* // **transmisor** *[n.m.]* 2 aparato que sirve para transmitir mensajes y señales a distancia: *el policía llamó a sus compañeros por el transmisor.* **AF.** radio. **ANT.** receptor.

transmitir *[v.]* 1 hacer llegar a alguien una noticia, un mensaje, un programa, etc. por cualquier medio: *les transmitió la enhorabuena por carta* (**SIN.** expresar, manifestar, comunicar)*; transmitieron por televisión un debate sobre el estado de la nación* (**SIN.** retransmitir, difundir). 2 hacer que alguien llegue a tener algo inmaterial que uno tiene: *le transmitió la varicela a su hermano* (**SIN.** contagiar, pasar, pegar)*; sabe transmitir alegría a quienes están con él* (**SIN.** comunicar). **FAM.** transmisión, transmisor, transmisible. **COMP.** retransmitir, radiotransmisor.

transparencia *[n.f.]* 1 característica propia de las cosas que, por ser como son, se puede ver a través de ellas: *la transparencia del agua del río permite ver el fondo.* **ANT.** opacidad. 2 manera de hacer o decir las cosas sin que nada quede oculto o poco claro: *lleva las cuentas con total transparencia.*

transparentarse *[v.prnl.]* 1 ser una cosa de tal manera que otras pueden verse a través de ella: *estas cortinas tan finas se transparentan.* 2 verse una cosa a través de otra: *por las mangas de tul se transparentan los brazos.* **FAM.** transparencia, transparente.

transparente *[adj.inv. en gén.]* 1 que deja ver lo que hay al otro lado: *un cristal transparente.* **ANT.** opaco. **OBS.** lo que sólo deja pasar la luz no es transparente, sino ***translúcido***. 2 forma de ser o de actuar de quien no oculta lo que hace o lo que piensa: *su gestión al frente de la empresa siempre ha sido transparente.*

transpirar *[v.]* dejar salir la humedad: *la piel transpira.*

transportador, transportadora *[adj.]* 1 que sirve para transportar lo que se pone encima: *en la fábrica hay cintas transportadoras de envases.* // **transportador** *[n.m.]* 2 utensilio de material duro, muchas veces transparente, que tiene forma de medio círculo y, marcados, números y grados para poder medir ángulos, dibujarlos o trasladarlos a otra parte del dibujo.

transportador

transportar *[v.]* llevar personas o cosas de un lugar a otro: *este vehículo transporta fruta.* **AF.** acarrear, llevar, trasladar. **FAM.** transporte, transportador, transportista, transportación, portar.

transporte *[n.m.]* 1 lo que se hace al llevar a personas o cosas de un lugar a otro: *el trans-*

porte de mercancías es caro. **AF.** traslado. 2 cualquier medio que sirve para llevar personas o cosas de un lugar a otro: *transporte público; transporte urbano; transporte aéreo.*

transportista *[n.inv. en gén.]* persona que trabaja llevando cosas de un lugar a otro: *el transportista dejó la carga del camión en el puerto.*

transversal *[adj.inv. en gén.]* que atraviesa o cruza a una cosa de un lado a otro: *línea transversal.*

tranvía *[n.m.]* vehículo para llevar viajeros por dentro de las ciudades, que es parecido a un autobús pero circula sobre raíles y funciona conectado a la red eléctrica de la ciudad: *el tranvía es un medio de transporte que no contamina la atmósfera.* **FAM.** tranviario.

trapecio *[n.m.]* 1 polígono de cuatro lados que es irregular y sólo tiene dos lados paralelos: *el corte longitudinal de un flan tiene forma de trapecio.* 2 aparato de gimnasia o de circo, parecido a un columpio, situado a gran altura para poder hacer acrobacias: *los ejercicios en el trapecio mantuvieron al público espectante y en silencio.* 3 uno de los huesos que hay en la muñeca de la mano: *el trapecio es un hueso pequeño.* 4 cada uno de los músculos situados en la parte de atrás del cuello, uniendo la nuca con cada uno de los omóplatos: *el trapecio nos permite mover el hombro y el cuello.* **FAM.** trapecista, trapezoide, trapezoidal.

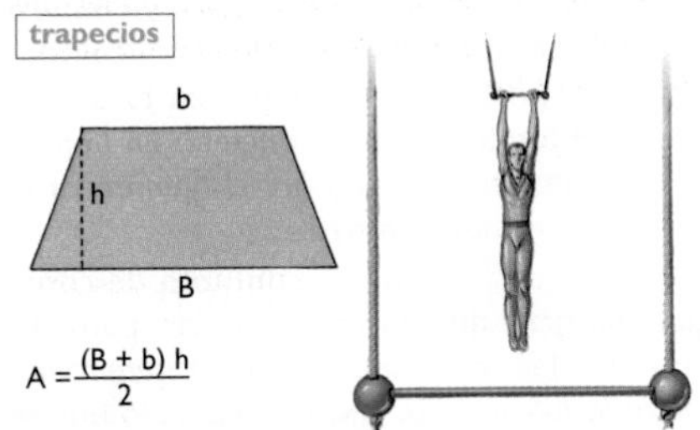

trapecista *[n.inv. en gén.]* artista que hace acrobacias en un trapecio: *en lo alto del circo, los trapecistas vuelan de un trapecio a otro.*

trapero, trapera *[n.]* persona que trabaja recogiendo, comprando o vendiendo ropa vieja y cosas usadas: *el trapero anunciaba su llegada vociferando, con un soniquete característico, "traperooo, vendo trapos viejos, metal y cobreee".*

trapo *[n.m.]* 1 trozo de tela viejo o roto: *puedes tirar ese trapo que ya no sirve.* 2 trozo de tela que se usa para limpiar cosas: *limpia los cristales con un trapo de algodón.* ■ **a todo trapo**, muy deprisa. ■ **trapos sucios**, cosas malas de alguien que no quiere que se sepan. **FAM.** trapero, trapería, trapío.

tráquea *[n.f.]* conducto que une la laringe con los bronquios y lleva a los pulmones el aire que respiramos. **FAM.** traqueal, traqueotomía.

tras- prefijo que se usa muchas veces en lugar de *trans-*.*

tras *[prep.]* 1 después de (*tras las noticias pondrán la película*) o detrás de (*colgó la chaqueta tras la puerta*). 2 para conseguir algo o a alguien: *estuvo un año tras una pieza de bronce del siglo XV; pasó el verano tras una chica que no le hacía caso.* **FAM.** trasero. **COMP.** atrás, retrasar.

trascendencia *[n.f.]* lo que tienen las cosas que son importantes, por el hecho de serlo: *esa reunión no tiene trascendencia para la empresa.* **SIN.** importancia. **ANT.** intrascendencia.

trascendental *[adj.inv. en gén.]* muy importante: *el resultado del partido es trascendental para pasar a la final.* **FAM.** trascender, trascendente, trascendencia, trascendentalmente, descender. **COMP.** intrascendente, intrascendencia.

trasero, trasera *[adj.]* 1 que está detrás: *siempre aparca el coche en la parte trasera del jardín.* **AF.** posterior. **ANT.** delantero, anterior. // **trasero** *[n.m.]* 2 parte posterior e inferior del cuerpo, que va desde el final del espinazo hasta el nacimiento de los muslos: *nos sentamos sobre el trasero.* **SIN.** nalgas, glúteos, culo, posaderas, pompis.

trashumancia *[n.f.]* hecho de trasladar los pastores el ganado desde los pastos de invierno a los de verano en la montaña y al contrario.

traslación *[n.f.]* movimiento por el que cualquier cosa cambia de sitio. **SIN.** desplazamiento. **AMPL.** el movimiento de traslación de la Tierra es el que hace alrededor del Sol.

trasladar *[v.]* 1 llevar algo o a alguien de un lugar a otro: *trasladaron los muebles a su* *nueva casa; trasladarán al enfermo a otra habitación.* **AF.** transportar, cambiar, mover. 2 cambiarle a alguien el lugar de trabajo o de residencia: *estaba en Correos y lo trasladaron a la Renfe.* TAMBIÉN *prnl.: se trasladaron de Córdoba a Oviedo.* **SIN.** mudarse. **FAM.** traslación, traslado, trasladable.

trasluz *[n.m.]* hecho de que al mirar algo no se distinga bien porque tiene por detrás más claridad que por delante: *en la fotografía ha salido un bonito trasluz.* ■ **al trasluz**, poniendo algo entre la luz y los ojos. **FAM.** translúcido, traslucir, luz.

trasnochar *[v.]* acostarse muy tarde: *los sábados le gusta trasnochar.* **AF.** velar. **FAM.** trasnochador, ***trasnochado*** (anticuado), noche.

traspapelarse *[v.prnl.]* perderse un papel entre otros. **FAM.** papel.

traspasar *[v.]* 1 pasar de una parte a otra o de un lado a otro: *la humedad traspasó la pared.* 2 cobrar una cantidad de dinero a quien va a quedarse en el local alquilado en el que uno tiene un negocio funcionando: *han traspasado la barbería.* 3 ir mas allá de lo que está permitido: *traspasó el límite de velocidad y le pusieron una multa.* **AF.** quebrantar, violar. **FAM.** traspaso, pasar.

trasplantar *[v.]* 1 sacar una planta, con las raíces, del lugar donde está y plantarla en otro distinto: *trasplantó el geranio a una maceta mayor.* 2 operar a una persona para sustituir un órgano o tejidos enfermos por otros sanos: *le trasplantaron un riñón; le han trasplantado piel del muslo a la cara.* **FAM.** trasplante, plantar.

trasplante *[n.m.]* lo que se hace al trasplantar algo: *hicieron varios trasplantes en el jardín; el trasplante de corazón le salvó la vida.*

trasquilón *[n.m.]* desigualdad que queda en el pelo al cortarlo mal. **PL.** *trasquilones.*

trastada *[n.f.]* travesura*.

trastazo *[n.m.]* golpe muy fuerte que se da alguien al caerse o al chocarse: *se dio un trastazo con la puerta.* **SIN.** batacazo*.

trastero *[n.m.]* cuarto destinado a guardar cosas que no se utilizan, que estorban, o que no caben en otro sitio: *los trasteros del edificio están en el sótano.*

trastienda *[n.f.]* parte de una tienda en la que se guardan cosas y no entran los clientes. **FAM.** tienda.

trasto *[n.m.]* 1 cualquier cosa que no vale o estorba: *en la casa abandonada hay muchos trastos.* // **trasto, trasta** *[adj.]* 2 que se mueve mucho y hace travesuras: *una niña muy trasta.* **SIN.** travieso*. ■ **tirarse los trastos a la cabeza**, discutir mucho o pelearse. **FAM.** trastada, trastazo, trastero, trastear, trasteo.

trastornar *[v.]* 1 hacer que alguien se vuelva loco: *la muerte de su hijo lo trastornó.* **SIN.** enloquecer, perturbar. TAMBIÉN *prnl.: al enterarse se trastornó.* 2 obligar a cambiar algo que se tenía pensado: *la lluvia trastornó nuestros planes.* **AF.** cambiar, alterar.

trastorno *[n.m.]* 1 cualquier cosa que obliga a cambiar algo o que crea algún problema: *fue un trastorno perder el tren.* **SIN.** contratiempo, revés. **AF.** contrariedad. 2 situación difícil producida por un cambio con el que no se contaba: *perder el tren le causó un serio trastorno.* **SIN.** problema. 3 pequeño problema de salud: *la comida en mal estado le produjo trastornos intestinales.*

tratado *[n.m.]* 1 documento firmado por los representantes de varios países, con el que se comprometen a respetar los acuerdos que figuran en él y a tratar de solucionar los problemas que puedan surgir: *se firmó un tratado para iniciar el desarme nuclear.* **AF.** acuerdo, convenio, pacto. 2 obra escrita en la que se estudia a fondo un tema concreto: *un tratado de filosofía; un tratado sobre el hambre en el mundo.* **AF.** estudio, ensayo.

tratamiento *[n.m.]* 1 conjunto de cosas que uno tiene que hacer, tomar, etc. para curarse de algo: *el médico le puso un tratamiento contra la tuberculosis.* **SIN.** terapia. 2 lo que se le hace a una cosa para mejorarla o evitar que se estropee: *con un tratamiento de minio se evita el óxido del hierro.* 3 palabra que se usa para dirigirse a una persona o hablar de ella, según su categoría, edad, profesión, etc.

tratante *[n.inv. en gén.]* persona que se dedica a comprar cosas o animales para venderlas y obtener un beneficio económico: *le compró el caballo a un tratante de ganado.*

TRATAMIENTOS				
Tratamiento	**apropiado para**	**uso**	**abreviatura**	**PUNTOS**
ALTEZA	príncipes e infantes	su alteza	S.A.	7
ALTEZA REAL	príncipes e infantes	su alteza real	S.A.R.	7
DOCTOR	hombres con doctorado	ante el apellido	Dr.	5
DOCTORA	mujeres con doctorado	ante el apellido	Dra.	5
DON	hombres con estudios	ante el nombre propio	D.	5
DOÑA	mujeres con estudios	ante el nombre propio	Dª.	5
EMINENCIA	cardenales	su eminencia	Emª.	9
EMINENTÍSIMO	cardenales	Emmo. Sr. D.	Emmo.	9
EXCELENTÍSIMO	instituciones	(Excmo. Ayuntamiento)	Excmo.	8
FRAY	frailes	ante el nombre propio	Fr.	8
HERMANA	algunas monjas	ante el nombre propio	Hª.	7
HERMANO	monjes	ante el nombre propio	Hº.	7
ILUSTRÍSIMA	obispos	su ilustrísima	S.Ilma.	9
ILUSTRÍSIMO	obispos y alcaldes	(Ilmo. Sr. alcalde)	Ilmo.	9
MADRE	algunas monjas	ante el nombre propio	M.	7
MAJESTAD	reyes y reinas	su majestad	S.M.	6
PADRE	sacerdotes	ante el nombre propio	P.	6
PROFESOR		ante el apellido	Prof.	6
REVERENDÍSIMO	cardenales y arzobispos	Rvdmo. Sr. D.	Rvdmo.	9
REVERENDO/ REVERENDA	sacerdotes y religiosos	(Rvdo. P. D. José Antonio Prieto; Rvda. madre sor María)	Rvdo./ Rvda.	9
SAN/SANTO	hombres canonizados	ante el nombre propio (S. Luis, Sto. Tomás)	S./Sto.	6
SANTA	mujeres canonizadas	ante el nombre propio	Sta.	6
SANTIDAD	el Papa	su santidad	S.S.	6
SEÑOR	hombres	ante el apellido	Sr.	5
SEÑORA	mujeres	ante el apellido	Sra.	5
SEÑORITA	mujeres solteras	ante el nombre propio o el apellido	Srta.	5
SEÑORÍA	jueces, parlamentarios y senadores	su señoría	Usía.	8
SOR	algunas monjas	ante el nombre propio		5

tratar *[v.]* **1** ver a una persona con frecuencia y hablar con ella: *trata mucho a los vecinos; en ese trabajo tiene que tratar con mucha gente.* **2** tener un comportamiento determinado con las personas, los animales o las plantas: *tu familia me trató estupendamente; en esa ganadería tratan con mucho mimo a sus animales.* **3** hablar con alguien utilizando un tratamiento determinado o de una manera determinada: *tratan a la profesora de tú; no lo trates de tonto porque no esté de acuerdo contigo.* **4** usar o tener una cosa de una manera determinada: *trata los libros con mucho cuidado.* **5** hablar de un tema determinado: *en la reunión trataron el problema de la sequía.* **6** decirle o recetarle a alguien las medicinas que tiene que tomar y las cosas que debe hacer para curarse: *el médico que lo trata es vecino tuyo.* **7** hacer lo necesario para eliminar las impurezas o evitar el deterioro de algo: *hay que tratar el agua del río an-*

tes de beberla. 8 ocuparse de un asunto: *ese programa de televisión trata de la vida de los animales salvajes.* ■ **tratar de**, hacer lo posible para que pase algo o para conseguir algo: *trataré de terminarlo.* **SIN.** intentar. **FAM.** trato, tratable, tratado, tratadista, tratamiento, tratante. **COMP.** contratar, intratable, maltratar.

trato *[n.m.]* 1 manera de comportarse con las personas, los animales o las cosas (*lo honra el buen trato que le da a todo el mundo; para que las cosas duren hay que darles un trato bueno*), o de dirigirse a alguien (*no sabe qué trato darle, si de tú o de usted*). 2 acuerdo, pacto*: *hicieron un trato sobre el horario de cada uno; según el trato, el día 20 tiene que entregarle las llaves.*

trauma *[n.m.]* sentimiento desagradable que le queda a uno después de recibir una impresión muy fuerte o de vivir una mala experiencia: *ver el accidente le causó un fuerte trauma; los malos tratos recibidos en la infancia le produjeron muchos traumas.* **AF.** impresión, trastorno. **FAM.** traumatizar, traumatismo, traumático, traumáticamente, traumatólogo, traumatología.

traumatismo *[n.m.]* lesión o herida producida por un golpe en alguna parte del cuerpo: *se está recuperando de un traumatismo craneal.*

traumatología *[n.f.]* parte de la medicina que trata las deformaciones, lesiones, etc. de los huesos y los músculos.

través palabra que aparece en la expresión adverbial de modo ■ **a través de**: 1 de un lado al otro: *la bala pasó a través del cristal.* 2 por medio de: *se enteró de su cese a través del periódico.* 3 entre lo que se dice: *pasó a través de la gente.* **FAM.** travesaño, travesía, traviesa, travieso, travesura. **COMP.** atravesar.

travesaño *[n.m.]* pieza de un armazón, un mueble, etc. que está colocada a lo ancho: *la escalera del desván tiene dos travesaños rotos; apoya los pies en el travesaño de la silla.*

travesía *[n.f.]* 1 viaje en barco o en avión: *hará una travesía por el Mediterráneo.* **AF.** crucero, viaje. 2 viaje en el que se atraviesa una zona extensa o de difícil acceso: *la travesía de los Alpes fue un auténtica odisea.* 3 calle que cruza otra más importante: *vive en una travesía de la calle Mayor.*

travesura *[n.f.]* cosa que hace alguien para entretenerse o divertirse y sin mala intención, pero que produce algún problema o alguna molestia: *fue una travesura quedarse mirando cómo se salía el agua de la bañera.* **SIN.** trastada, diablura.

traviesa *[n.f.]* cada una de las piezas de madera que están atravesadas entre los rieles de la vía del tren.

travieso, traviesa *[adj.]* que hace travesuras: *un niño travieso.* **SIN.** trasto. **AF.** revoltoso, inquieto, movido. **ANT.** tranquilo.

trayecto *[n.m.]* 1 espacio que hay que recorrer para ir de un sitio a otro: *de su pueblo al mío hay un trayecto muy corto.* **AF.** trecho, distancia, recorrido. 2 tiempo que se tarda en ir de un sitio a otro: *es un trayecto de diez minutos de autobús.* **AF.** recorrido, viaje. **FAM.** trayectoria.

trayectoria *[n.f.]* dirección que sigue algo al moverse hacia un sitio, desde el momento en que sale hasta que se para: *por la estela que deja en el cielo se ve la trayectoria del avión; la trayectoria de una piedra que se lanza.*

trazar *[v.]* 1 hacer algo que queda dibujado o marcado: *trazando cuatro líneas se puede formar un cuadrilátero.* **AF.** dibujar. 2 pensar la manera de hacer algo: *trazaron un plan para el fin de semana.* **AF.** idear, proyectar. **OBS.** ante e, c: *tracen.*

trazo *[n.m.]* cada una de las líneas que se trazan al escribir o al dibujar: *con pocos trazos dibujó el boceto de su nueva casa.* **AF.** línea, raya. **FAM.** trazar, trazado, traza.

trébol *[n.m.]* planta pequeña que tiene tres o cuatro hojas en forma de corazón y da flores blancas, amarillas o rosas que se cierran al oscurecer: *en el prado había muchos tréboles.* **FAM.** trebolar.

trebolar *[n.m.]* campo de tréboles.

trece *[num.inv. en gén.]* es el numeral cardinal correspondiente al número 13. ■ **seguir** uno **en sus trece**, no cambiar de opinión. **FAM.** treceavo, trecemesino.

trecho *[n.m.]* distancia que hay entre un sitio y otro: *en pocos minutos recorrió el trecho que separa las dos casas.* **SIN.** distancia, espacio. **AF.** tramo, trayecto. ■ **de trecho en trecho**, cada cierto tiempo o cada cierta distancia. **AF.** de vez en cuando, cada poco, a cada paso.

tregua *[n.f.]* 1 acuerdo entre dos partes que están en guerra para detenerla durante algún tiempo: *los dos países en conflicto firmaron una tregua de una semana.* 2 descanso que se toma en algún trabajo o en alguna actividad: *tómate una tregua y vamos al cine, que llevas muchas horas trabajando.* **SIN.** receso, descanso.

treinta *[num.inv. en gén.]* es el numeral cardinal correspondiente al número 30. **FAM.** treintena, treintavo, treintañero.

treintena *[n.f.]* conjunto de treinta unidades: *una treintena de pinturas.* **FAM.** treinta.

tremendo, tremenda *[adj.]* 1 que es muy grande, muy fuerte, muy intenso, etc.: *una casa tremenda; un tremendo dolor; un hambre tremenda.* **AF.** enorme, exagerado, colosal, espantoso, impresionante, temible. **ANT.** insignificante. 2 que llama la atención o hace cosas que llaman la atención: *una idea tremenda; un niño tremendo.* **FAM.** tremendismo, tremendista.

tremolar *[v.]* moverse en el aire: *las banderas tremolan movidas por el viento.* **AF.** ondear.

tren *[n.m.]* 1 vehículo formado por vagones unidos, uno tras otro, a una máquina o locomotora que los arrastra sobre vías de hierro y se usa para llevar personas y mercancías de un lugar a otro: *el Transiberiano es un tren que une Moscú y Vladivostok, cruzando toda Siberia.* 2 conjunto de trenes y servicio que prestan: *el tren es un medio de transporte.* **SIN.** ferrocarril. ■ **tren de aterrizaje**, conjunto de mecanismos que emplean los aviones para rodar por la pista durante el despegue y el aterrizaje. ■ **tren de vida**, forma de vivir de quien gasta mucho dinero. ■ **para parar un tren**, en gran cantidad.

trenza *[n.f.]* 1 forma de peinado que se hace entrecruzando alternativamente tres mechones de pelo largo. 2 cualquier otra cosa que tiene esta forma y se hace así: *una trenza de juncos.* **FAM.** trenzar, trenzado. **COMP.** destrenzar.

trenzar *[v.]* darle a algo forma de trenza: *trenzó hilos de colores para hacerse una pulsera.* **OBS.** ante e, c: *trencen.*

trepador, trepadora *[adj.]* 1 que puede subir, usando los pies y las manos o las patas, a lugares altos y de difícil acceso (*el gato es un animal trepador*), o que demuestra que uno puede hacerlo (*lució sus habilidades trepadoras subiendo a pulso por la cuerda*). 2 hablando de plantas, que crece hacia arriba pegándose y agarrándose a las paredes, a los árboles o a algo que haya cerca: *la hiedra es una planta trepadora.*

trepar *[v.]* 1 subir a un lugar alto, agarrándose con los pies y las manos o las patas: *treparon al árbol para recuperar el balón.* **AF.** ascender, escalar, subir. **ANT.** bajar, descender. 2 crecer una planta agarrándose a paredes, árboles o a otras cosas. 3 subir de categoría, en el trabajo, más rápidamente de lo normal. **FAM.** trepador, trepa.

tres *[num.inv. en gén.]* es el numeral cardinal correspondiente al número 3. **FAM.** tresillo, trescientos.

trescientos, trescientas *[num.]* es el numeral cardinal, correspondiente al número 300.

tresillo *[n.m.]* conjunto de muebles que sirven para sentarse formado por un sofá y dos butacas: *en este salón hay un tresillo.*

treta *[n.f.]* lo que se hace con habilidad y a veces con engaños para conseguir algo: *urdió una treta para colarse en el cine.* **SIN.** artimaña, truco, ardid.

tri- prefijo que significa *tres.*

triangular *[adj.inv. en gén.]* que tiene forma de triángulo: *un quesito triangular.*

triángulo *[n.m.]* 1 figura geométrica formada por tres lados y los tres ángulos correspondientes: *hay triángulos equiláteros, isósceles y escalenos; algunas señales de tráfico tienen forma de triángulo.* 2 instrumento musical metálico que tiene forma de triángulo: *el triángulo suena cuando se golpea con una varilla.* **FAM.** triangular.

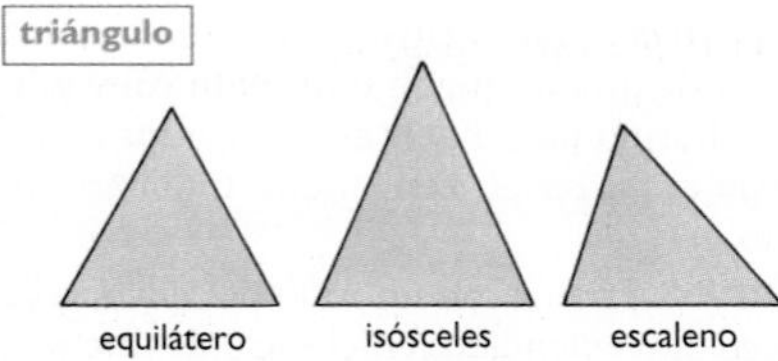

tribu *[n.f.]* conjunto de personas que tienen el mismo origen familiar, las mismas costumbres y conservan una cultura muy primitiva:

en las selvas americanas hay tribus indígenas. ■ **tribu urbana**, pandilla callejera compuesta por jóvenes de ambos sexos que a veces buscan diversión en la violencia. **FAM.** tribal.

tribuna *[n.f.]* 1 lugar más elevado que el suelo donde se colocan las personas para ver un espectáculo o un acto: *prepararon una tribuna para que las autoridades vieran la procesión.* 2 parte de algunos campos de deporte donde están los mejores asientos: *consiguió dos entradas de tribuna.* ■ **tribuna de oradores**, lugar elevado, pensado para que alguien hable en público. **FAM.** tribunal.

tribunal *[n.m.]* conjunto formado por personas que tienen que decidir si alguien es culpable o inocente, la puntuación que se merece cada participante en un concurso, si se aprueba a alguien en un examen, etc.: *un tribunal de oposiciones.*

tributar *[v.]* pagar impuestos* al Estado.

tributo *[n.m.]* impuesto*. **FAM.** tributar.

triciclo *[n.m.]* vehículo de tres ruedas que se mueve accionando unos pedales: *la niña ya tiene edad para montar en triciclo; repartía los helados en un triciclo.*

triclinio *[n.m.]* especie de cama estrecha en que los romanos se recostaban para comer.

tricolor *[adj.inv. en gén.]* que tiene tres colores distintos: *jersey tricolor; bandera tricolor.*

tricornio *[n.m.]* sombrero de tres picos.

triduo *[n.m.]* conjunto de oraciones para tres días.

trienio *[n.m.]* periodo de tiempo de tres años: *vivió en esta ciudad un trienio.* **FAM.** trienal, año.

trigal *[n.m.]* campo donde se siembra y crece el trigo: *los trigales sufrieron grandes daños con las tormentas.*

trigo *[n.m.]* planta cuyo fruto es una espiga repleta de granos que se usan para convertirlos en harina para hacer el pan y otras cosas: *el trigo es un cereal.* **FAM.** trigal, trigueño, triguero.

trillar *[v.]* pasar con un trillo por encima de los cereales extendidos en el suelo de una era, para que se abra la espiga y suelte el grano. **AMPL.** un ***trillo*** es una tabla ancha con un extremo curvado hacia arriba y muchas piedras afiladas clavadas en el lado que se pone sobre los cereales; una ***era*** es un espacio llano al aire libre, con suelo de cantos; la faena agrícola de trillar se llama ***trilla***; después de trillar, había que ***aventar***, que es tirar al aire lo que queda en la era para que el grano, que pesa más, caiga en un montón y la paja, llevada por el viento, en otro. **FAM.** trillo, trilla, trillado, trilladora.

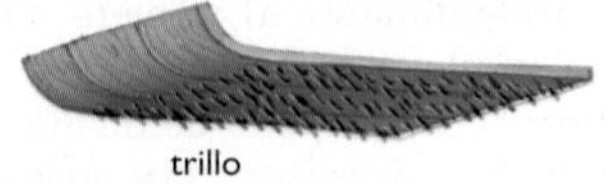

trillo

trilla

trillizo, trilliza *[n.]* cada uno de los tres hermanos que han nacido en el mismo parto: *las trillizas nacieron bien.* TAMBIÉN *adj.*: *uno de los niños trillizos está llorando.*

trimestral *[adj.inv. en gén.]* 1 que pasa o se repite cada tres meses: *pagos trimestrales; una revista de aparición trimestral.* 2 que dura tres meses o se hace durante tres meses: *una asignatura trimestral.* **FAM.** trimestre, trimestralmente, mes.

trimestre *[n.m.]* conjunto de tres meses seguidos.

trimotor *[n.m.]* avión con tres motores: *sobrevolaron el terreno con un trimotor.*

trinar *[v.]* cantar algunos pájaros. ■ **estar** alguien **que trina**, estar muy enfadado.

trinchera *[n.f.]* agujero o zanja grande donde se meten los soldados para disparar a los enemigos y quedar protegidos.

trineo *[n.m.]* vehículo cuya base son unos patines o unos esquís, y que sirve para moverse sobre la nieve o el hielo: *muchos esquimales usan trineos tirados por perros.*

trino *[n.m.]* canto de algunos pájaros. **FAM.** trinar.

trío *[n.m.]* 1 conjunto de tres personas, tres animales o tres cosas: *el pastor, el burro y el pe-*

rro formaban un trío inseparable. 2 conjunto de tres instrumentos musicales o de tres personas que cantan: *un trío de instrumentos de viento.*

tripa *[n.f.]* 1 parte del cuerpo entre el pecho y las piernas dentro de la cual están los intestinos: *le duele la tripa.* **SIN.** vientre, abdomen, barriga. 2 intestino* (parte del aparato digestivo): *los chorizos se hacen llenando de carne trozos de tripa de cerdo.* // **tripas** *[n.f.pl.]* 3 conjunto de los órganos que están dentro del cuerpo humano y del de algunos animales: *antes de guisar el pollo le sacó las tripas.* **SIN.** entrañas, vísceras. 4 conjunto de piezas y mecanismos que hay dentro de una máquina o un aparato: *desmontó el reloj para verle las tripas.* ■ **revolver** algo **las tripas**, dar mucho asco o resultar muy desagradable. ■ **hacer de tripas corazón**, hacer esfuerzos para aguantar algo muy penoso. **FAM.** tripudo, tripero, tripón. **COMP.** destripar.

triple *[adj.inv. en gén.]* 1 que está formado por tres iguales: *hizo un triple salto que asombró a todos; una ración triple.* 2 tres veces mayor que aquello con lo que se compara: *tiene una cantidad triple de sellos que ella.* TAMBIÉN *n.m.: tiene el triple de canicas que tú; el triple de 20 es 60.* **SIN.** triplo (poco usado). **FAM.** triplo, triplicar, triplicación, triplicidad.

triplicar *[v.]* 1 multiplicar por tres algo, o hacerlo tres veces mayor: *con el nuevo negocio triplicó su fortuna.* 2 tener tres veces más de algo: *triplica la edad de su hijo.* **OBS.** ante e, qu: *tripliquen.*

trípode *[n.m.]* aparato de tres patas que sirve para apoyar algo: *puso la cámara de fotos en un trípode.* **AMPL.** el que usan los pintores se llama ***caballete***.

triptongo *[n.m.]* conjunto de tres vocales seguidas dentro de una misma sílaba: *en la palabra "averiguáis" hay un triptongo.* **AMPL.** para que tres vocales juntas formen un triptongo, la vocal del medio tiene que ser una *a*, una *e* o una *o* y las otras, una *i* o una *u*.

tripulación *[n.f.]* conjunto de las personas que se encargan de manejar y atender un barco, un avión o una nave espacial durante un viaje: *las azafatas y el piloto forman parte de la tripulación de un avión.* **FAM.** tripulante, tripular.

tripulante *[n.inv. en gén.]* cada una de las personas que forma parte de la tripulación de un barco o de un avión: *los tripulantes del barco llevaban uniforme azul.*

tripular *[v.]* manejar o atender las necesidades de un barco, un avión, una nave espacial, etc. durante un viaje.

trirreactor *[n.m.]* avión con tres motores a reacción.

trisílabo, trisílaba *[adj.]* que tiene tres sílabas: *trompeta es una palabra trisílaba.*

triste *[adj.inv. en gén.]* 1 que no tiene ganas de divertirse, ni de trabajar, ni de hacer nada, y sólo piensa en cosas malas que han pasado o pueden pasar: *está triste por lo ocurrido.* **SIN.** apenado, afligido, abatido, deprimido. **AF.** disgustado, desanimado, melancólico. **ANT.** alegre, contento, feliz, satisfecho. 2 que da pena o produce tristeza: *es triste que haya en el mundo gente que no tiene suficientes alimentos; una noticia triste.* **SIN.** doloroso, penoso. **ANT.** alegre, divertido. 3 que demuestra tristeza: *una mirada triste.* **SIN.** apagado. **ANT.** alegre, vivo. 4 que falta, o es poco, escaso o pequeño: *en la estación no había un triste banco donde sentarse; gana un triste sueldo.* **SIN.** simple, mísero. **FAM.** tristeza, tristón. **COMP.** entristecer.

tristeza *[n.f.]* sentimiento que hace que uno esté triste*: *las guerras producen tristeza.* **SIN.** pena, pesar, aflicción, abatimiento. **AF.** amargura, dolor, melancolía, disgusto, desánimo. **INTENS.** desconsuelo. **ANT.** alegría, dicha, felicidad, gozo, júbilo.

tritón *[n.m.]* animal de unos doce centímetros de largo que tiene la cola larga, aplastada por los lados y con una especie de cresta, y tiene la piel rugosa y granulada, de color pardo con manchas negruzcas en el lomo y rojizas en el vientre.

triturar *[v.]* partir algo en trozos pequeños sin llegar a hacerlo polvo: *tritura las almendras en el mortero.* **AF.** machacar, moler. **FAM.** trituración, triturador.

triunfador, triunfadora *[n.]* persona que suele conseguir lo que se propone, y sobre todo en su vida profesional y de relaciones sociales: *lo consideran un triunfador.* **ANT.** perdedor.

triunfal *[adj.inv. en gén.]* que demuestra o expresa que ha habido un triunfo o se hace por esa razón: *los campeones hicieron una entrada triunfal en su pueblo; una mirada triunfal.*

triunfante *[adj.inv. en gén.]* que ha triunfado. **SIN.** victorioso. **ANT.** perdedor.

triunfar *[v.]* 1 conseguir lo que uno se ha propuesto (*triunfó en su intento*), o salirle a uno bien las cosas en la vida o en el trabajo (*ha triunfado en el mundo de la música*). **SIN.** tener éxito. **ANT.** fracasar. 2 ganar a quien luchaba contra uno o competía por lo mismo que uno: *triunfar en una batalla; triunfar en un campeonato.* **SIN.** ganar, vencer, conseguir el triunfo, conseguir la victoria. **ANT.** perder, salir derrotado.

triunfo *[n.m.]* 1 lo que se consigue al llegar a tener los resultados que uno quería en algo que intentaba, en una lucha, en una competición, en el trabajo o en la vida en general: *un triunfo científico; un triunfo deportivo; un triunfo económico; el triunfo como escritor le llegó a los 60 años.* **SIN.** éxito. **ANT.** derrota, fracaso, descalabro. 2 cosa que se consigue, cuando es lo que se quería: *la erradicación de la viruela fue un triunfo de la medicina.* **SIN.** logro, éxito, victoria. **ANT.** fracaso, descalabro. 3 palo completo de la baraja que en una partida se considera de más valor. **FAM.** triunfador, triunfar, triunfal, triunfante, triunfalmente.

trocear *[v.]* cortar algo en varios trozos: *trocea el pan antes de ponerlo en la mesa.* **SIN.** partir, cortar. **OBS.** e + e = ee: *troceen.*

trofeo *[n.m.]* 1 objeto que representa el triunfo en una competición y se entrega a los vencedores como recuerdo: *ganó el trofeo de pesca submarina.* **AF.** copa, galardón. 2 cualquier cosa que se le quita al enemigo vencido para demostrar y recordar la victoria: *un trofeo de guerra; una cabeza de jabalí disecada es su más apreciado trofeo de caza.*

troglodita *[n.inv. en gén.]* persona de los pueblos primitivos que vivía en las cuevas. TAMBIÉN *adj.inv. en gén.*: *un joven troglodita.* **SIN.** cavernícola.

trola *[n.f.]* mentira*: *deja de decir trolas.* **FAM.** trolero, trolear.

trompa *[n.f.]* 1 instrumento musical grande, de viento, que está formado por un tubo de metal enrollado, estrecho por la parte de la boca y muy ancho en el extremo opuesto, que forma en el centro un círculo. 2 prolongación de la nariz que tienen algunos animales y que les sirve para coger cosas o acceder a lugares difíciles: *el elefante levantó el tronco del árbol con la trompa; el oso hormiguero tiene trompa.* 3 miembro estrecho y muy largo que tienen algunos insectos y que les sirve para acceder al fondo de algunas flores y plantas: *la trompa de las mariposas les sirve para chupar el néctar de las flores.* **FAM.** trompazo, trompada, trompo.

trompazo *[n.m.]* golpe muy fuerte que se da alguien al caerse o al chocarse de narices contra algo o alguien. **SIN.** batacazo*.

trompeta *[n.f.]* 1 instrumento musical de viento que es un tubo de metal, estrecho por un extremo y ancho por el otro, con unos botones para graduar la salida de aire y conseguir las distintas notas. // **trompeta** *[n.inv. en gén.]* 2 persona que toca este instrumento. **FAM.** trompetilla, trompetero, trompetería, trompeteo.

trompicón *[n.m.]* paso irregular que uno da cuando se tropieza y va intentando no caerse: *dio varios trompicones por meter el tacón en la alcantarilla.* **SIN.** tumbo. **AF.** tropezón, traspiés. ■ **a trompicones**, con dificultad. **PL.** *trompicones.*

trompo *[n.m.]* juguete de forma parecida a la de un higo, de madera y con punta de metal, que se lanza enrollándolo con una cuerda y soltándolo para que dé vueltas sobre sí mismo. **SIN.** peón*.

tronar *[v.]* sonar truenos: *cuando hay tormenta suele tronar.* **CONJUG.** como *contar** y es verbo* *defectivo impersonal.* **FAM.** trueno, tronido, tronera, tronador. **COMP.** ***atronador*** (muy ruidoso).

tronco *[n.m.]* 1 parte fuerte y leñosa de los árboles y arbustos, que está fuera de la tierra y de la que salen las ramas: *por el tronco sube la savia.* 2 parte del cuerpo de la que salen las extremidades y sobre la que está la cabeza: *la cabeza, el tronco y las extremidades son partes del cuerpo humano.* **AF.** tórax, torso. 3 cualquier cosa de la que salen o a la que se unen otras menos importantes: *el latín es el tronco del que derivan lenguas como el castellano, el francés, el portugués, etc.* **AF.** origen. ■ **dormir**

como un tronco, dormir muy profundamente. **FAM.COMP.** entroncar, destroncar.

trono *[n.m.]* asiento de lujo para los reyes. ■ **ocupar un trono**, reinar. **FAM.COMP.** entronar, entronización, destronar, entronizar, desentronizar.

tropa *[n.f.]* 1 categoría militar de la que forman parte los soldados y los cabos. // **tropas** *[n.f.pl.]* 2 conjunto de personas que forma un ejército: *las tropas desfilaron ante el rey.* **AF.** ejército. **FAM.** tropel, tropelía.

tropel *[n.m.]* conjunto de muchas personas o muchos animales que van juntos: *un tropel de toros bravos.*

tropelía *[n.f.]* abuso grave que comete una persona contra otra: *los dictadores cometen muchas tropelías.* **SIN.** atropello.

tropezar *[v.]* 1 chocar con los pies en algo, de manera que se pierde el ritmo normal de andar y uno puede caerse: *tropezó con la tapa de una alcantarilla.* TAMBIÉN *prnl.: se tropezó pero no se cayó.* 2 encontrarse con algo que hace más difícil conseguir lo que uno quiere: *tropezó con muchos problemas cuando buscaba trabajo.* **AF.** chocar, topar. **CONJUG.** como *empezar**. **FAM.** tropezón, tropiezo, pie.

tropezón *[n.m.]* 1 golpe que uno se da en el pie al tropezarse con algo: *se dio un tropezón con la pata del armario.* 2 trozos pequeños de comida que uno se encuentra al tomar algo líquido o cremoso: *la sopa tenía tropezones de jamón y de carne.* **PL.** *tropezones.*

tropical *[adj.inv. en gén.]* de los trópicos o propio de los trópicos: *zona tropical; clima tropical; la piña es una fruta tropical.*

trópico *[n.m.]* cada una de las dos zonas de la Tierra situadas justo al norte y al sur del ecuador: *el trópico de Cáncer es el del norte y el de Capricornio, el del sur.* **FAM.** tropical.

tropiezo *[n.m.]* 1 problema o dificultad que uno se encuentra al hacer algo: *tuvieron varios tropiezos durante la organización del festival.* **AF.** obstáculo. 2 error que se comete y tiene malas consecuencias en algo importante: *tuvo un tropiezo que empañó su carrera.* **AF.** equivocación, fallo, error.

trotar *[v.]* 1 marchar una caballería a paso ligero, sin llegar a galopar, dando pequeños saltos: *los caballos jerezanos trotan con elegancia en el Rocío.* **SIN.** ir al trote. 2 ir sobre una caballería que lleva este paso. 3 ir a varios sitios, con prisas: *se pasó la mañana trotando por el centro para resolver cuatro cosas.* **FAM.** trote, trotador.

trote *[n.m.]* manera de marchar las caballerías, más rápido que *al paso* y menos que *al galope,* y dando pequeños saltos: *el trote del caballo es incómodo para el jinete que no monta bien.* ■ **de trote**, para el uso diario y para todo tipo de faenas, y no para ocasiones especiales. **SIN.** trotero.

trovador *[n.m.]* artista de la Edad Media que componía poemas y canciones.

trozo *[n.m.]* parte que se separa de algo, que está separada, o que se tiene en cuenta separada del resto: *un trozo de tarta* (**SIN.** pedazo, porción, cacho)*; pega los trozos del cenicero roto* (**SIN.** pedazo, fragmento, cacho)*; ese trozo de pared tiene muchas manchas* (**SIN.** parte, zona). **FAM.** trocear. **COMP.** destrozar.

truco *[n.m.]* 1 todo aquello que se utiliza en el cine, el teatro, y sobre todo en los espectáculos de magia, para dar una impresión distinta de la realidad: *los magos nunca dicen en qué consisten sus trucos.* 2 lo que se hace con habilidad, astucia o engaño para conseguir algo: *obtiene de su padre todo lo que quiere con el truco de los besos y las carantoñas.* **AF.** artimaña, treta, ardid. 3 cada uno de los pequeños detalles que se aprenden con la práctica y hacen que las cosas salgan cada vez mejor o con más rapidez: *los cocineros saben muchos trucos culinarios.* **FAM.** trucar.

trucha *[n.f.]* pez comestible que puede llegar a medir 80 cm, vive en los ríos y lagos de montaña de aguas limpias y tiene la piel de color verde oscuro con manchitas y la carne blanca o rosa.

trueno *[n.m.]* ruido fuerte que se produce en las nubes cuando hay una descarga eléctrica y que se oye después de verse el relámpago.

trueque *[n.m.]* cambio de una cosa por otra.

trufa *[n.f.]* 1 vegetal comestible que crece bajo tierra y es una especie de bola de entre tres y cuatro centímetros de diámetro y color negruzco por fuera y blanco o rojizo por dentro. 2 crema de chocolate, mantequilla y otras cosas, que se utiliza para hacer dulces y postres (*tarta de trufa*), y especie de bombón redondo que se hace con esta crema (*compró una caja de trufas*).

tu *[adj.inv. en gén.]* de la persona con la que uno está hablando: *tu habitación; tu cara; tu zapato.* **GRAM.** es forma del adjetivo posesivo para un solo poseedor y un solo objeto poseído, se usa siempre delante del nombre y tiene función de determinante. **OBS.** con acento (*tú*) sería pronombre personal.

tú *[pron.]* la persona con la que uno está hablando: *tú ya lo sabes.* **GRAM.** es pronombre personal de segunda persona para masculino y femenino.

tubérculo *[n.m.]* parte de la raíz o del tallo de una planta, que se desarrolla bajo la tierra y es más gruesa que el resto porque acumula muchas sustancias: *la patata, la cebolla y la zanahoria son tubérculos.*

tuberculosis *[n.f.inv. en núm.]* enfermedad infecciosa que produce mucha debilidad y puede atacar a cualquier órgano del cuerpo, pero suele afectar con más frecuencia a los pulmones: *el bacilo de Koch es el que produce la tuberculosis.* **FAM.** tuberculoso. **COMP.** antituberculoso.

tubería *[n.f.]* conjunto de tubos unidos unos a otros por las bocas y por donde pasan líquidos o gases. **SIN.** cañería. **AF.** conducto.

tubo *[n.m.]* **1** pieza hueca, larga y muchas veces con forma de cilindro: *una manguera es un tubo de goma o de plástico; los tubos fluorescentes dan luz blanca.* **2** recipiente cerrado por un lado y con tapón por el otro, que contiene algo: *un tubo de pastillas; un tubo de pegamento.* ■ **tubo de escape**, el que tienen todos los vehículos de motor para que salgan los gases. ■ **tubo de ensayo**, recipiente de cristal, más alto que ancho, con la base redondeada y que se usa en los laboratorios para hacer experimentos. **FAM.** tubería, tubular, tubulado. **COMP.** entubar, entubamiento.

Tengo un amigo que dice que es rara la ortografía porque ***tubo*** y *tubería* se escriben siempre con *be* y, sin embargo, es con *uve* ***tuvo*** del verbo tener.

tubular *[adj.inv. en gén.]* de tubo: *forma tubular.*

tucán *[n.m.]* ave tropical de color negro con algunas plumas de muchos y vivos colores, el pico arqueado, grueso y casi tan grande como el resto del cuerpo, y la cabeza pequeña, las alas cortas y la cola larga.

tuerca *[n.f.]* pieza que tiene un agujero en el centro y la cara interior con ranuras en forma de espiral, para poder enroscar en ella un tornillo.

tuerto, tuerta *[n.]* persona o animal que no ve por un ojo o que le falta un ojo. TAMBIÉN *adj.*: *un gato tuerto.*

tul *[n.m.]* tela hecha con hilos muy delgados de seda, de algodón o de hilo, formando un tejido de red y que se transparenta: *la novia llevaba un velo de tul sobre la cara.*

tulipán *[n.m.]* planta de hojas lisas que da una sola flor de seis pétalos sin perfume (*en Holanda hay muchísimas variedades de tulipán*), y su flor (*un ramo de tulipanes*). **PL.** *tulipanes.*

tumba *[n.f.]* lugar donde se entierra a un muerto: *los cementerios están llenos de tumbas.* **SIN.** sepultura*. ■ **ser** alguien **una tumba**, ser capaz de guardar un secreto.

tumbar *[v.]* **1** hacer caer algo o a alguien: *el boxeador tumbó a su rival.* **AF.** abatir, derribar, tirar. **2** poner en posición horizontal: *tumbó al bebé en el sofá.* **SIN.** echar, tender. **AF.** acostar. TAMBIÉN *prnl.*: *se tumbó en el suelo para hacer gimnasia.* **ANT.COM.** levantar. **FAM.** tumbona, tumbo.

tumbona *[n.f.]* mueble para tumbarse o sentarse parecido a la hamaca pero más resistente y que suele llevar encima una colchoneta: *se quedó dormido en la tumbona.*

tumor *[n.m.]* bulto anormal que sale en una parte del cuerpo o dentro de él. **AF.** bulto, quiste. ■ **tumor benigno**, el que no se extiende a otras partes del cuerpo. ■ **tumor maligno**, el que se extiende y, si no se trata, puede producir la muerte. **FAM.** tumoroso, tumoración, tumoral.

tumulto *[n.m.]* desorden o alboroto que producen muchas personas juntas aclamando a alguien o protestando por algo. **AF.** alboroto, confusión, disturbio. **ANT.** orden, tranquilidad. **FAM.** tumultuoso, tumultuosamente.

tuna *[n.f.]* grupo de estudiantes que va por las calles y los locales, vestidos con trajes de época y capa negra adornada con cintas de colores, cantando al son de algunos instrumentos de cuerda (guitarra, laúd o bandurrias) y una pandereta. **SIN.** estudiantina, rondalla. **FAM.** tuno, tunante.

túnel *[n.m.]* camino o paso hecho por el hombre bajo la tierra o debajo de algo: *el túnel del tren atraviesa la montaña; un túnel de lavado de coches.*

túnica *[n.f.]* prenda recta y amplia, con mangas o sin ellas, que cubre todo el cuerpo o sólo hasta medio muslo: *los antiguos romanos usaban túnicas.*

túnica

tuno, tuna *[n.]* persona que forma parte de una tuna*.

tupé *[n.m.]* pelo que se lleva muy peinado y levantado en la parte delantera de la cabeza: *se sujeta el tupé con gomina.*

tupido, tupida *[adj.]* que está muy apretado o muy junto: *una selva con tupida vegetación* (**SIN.** denso, espeso)*; la lana del jersey quedó tupida después de lavarla.* **FAM.** tupir.

turbante *[n.m.]* especie de gorro hecho con una tira de tela retorcida y enrollada alrededor de la cabeza, que usan muchos hombres en los países orientales.

turbante

turbar *[v.]* **1** dejar a una persona tan asombrada, nerviosa o avergonzada, que se queda sin saber qué hacer, qué decir o qué pensar: *la noticia lo turbó tanto que no fue capaz de reaccionar.* **SIN.** aturdir, desconcertar. **AF.** atolondrar, atontar, alterar. TAMBIÉN *prnl.: se turbó cuando le dijeron un piropo.* **2** cambiar la forma o el desarrollo normal de alguna cosa: *los gritos del vecino turban la paz del edificio.* **SIN.** alterar, perturbar. **AF.** interrumpir. **FAM.** turbación, turbadamente, turbamiento. **COMP.** disturbio, perturbar, perturbación.

turbina *[n.f.]* máquina que produce energía gracias a unas aspas o paletas que giran al pasar entre ellas algún líquido o algún gas: *en las centrales hidroeléctricas hay grandes turbinas.*

turbio, turbia *[adj.]* **1** que no está limpio o transparente como debería, porque está mezclado con algo: *el agua del grifo salía turbia de barro; el río viene turbio.* **SIN.** revuelto. **ANT.** cristalino, transparente, límpido. **2** que parece poco bueno (*un turbio porvenir*) o que tiene algo poco honrado o que alguien quiere ocultar (*un negocio turbio; un pasado turbio*). **SIN.** confuso, oscuro, poco claro, dudoso. **ANT.** claro. **FAM.** turbiedad, turbulento, turbulencia, turbidez, turbiamente. **COMP.** enturbiar.

turbulento, turbulenta *[adj.]* **1** muy turbio y con mucha fuerza: *un río turbulento; aguas turbulentas.* **AF.** turbio, revuelto, alborotado. **2** con desorden, problemas o complicaciones: *lleva una vida turbulenta; relaciones turbulentas.* **AF.** agitado. **ANT.** ordenado, tranquilo.

turco, turca *[adj.]* **1** de Turquía, país que está entre Europa y Asia: *un recuerdo turco; una niña turca; ciudades turcas.* TAMBIÉN *n.: los turcos.* // **turco** *[n.m.]* **2** lengua que se habla en Turquía y en algunas zonas de Asia Central. **FAM.** turquesa.

turismo *[n.m.]* **1** lo que se hace al viajar para conocer sitios nuevos o para pasar unas vacaciones: *le gusta hacer turismo rural.* **2** conjunto formado por las personas que hacen este tipo de viajes y de los hoteles, servicios y medios que se usan para atenderlos: *en las costas mediterráneas mucha gente vive del turismo.* **3** coche particular o de servicio público, de cuatro o cinco plazas: *por el puente romano sólo permiten la circulación de turismos.* **SIN.** coche. **FAM.** turista, turístico.

turista *[n.inv. en gén.]* persona que hace turismo*.

turístico, turística *[adj.]* del turismo o para los turistas: *servicios turísticos; actividad turística; interés turístico.*

turnarse *[v.prnl.]* encargarse de algo, cada cierto tiempo y siguiendo un orden, para que otro pueda dejar de hacerlo: *se turnan para atender a su abuela.* **SIN.** relevarse. **AF.** alternarse.

turno *[n.m.]* **1** manera ordenada de hacer algo entre varios, de modo que cuando uno lo deja, otro sigue con ello: *vigilan la entrada por turnos.* **2** momento en que le toca a alguien hacer algo siguiendo un orden: *espera su turno para decir lo que opina.* **AF.** vez. **FAM.** turnar.

turolense *[adj.inv. en gén.]* de Teruel, provincia española y su capital, que pertenecen a la comunidad autónoma de Aragón: *costumbres turolenses; productos turolenses; un niño turolense.* TAMBIÉN *n.*: *las turolenses.*

turquesa *[n.f.]* **1** piedra preciosa de color azul verdoso que se usa para hacer joyas y adornos: *un collar de turquesas.* // **turquesa** *[n.m.]* **2** color azul verdoso: *el turquesa te favorece.* TAMBIÉN *adj.inv. en gén.*: *un bañador turquesa.*

turrón *[n.m.]* dulce propio de navidad, presentado en forma de tabletas o tortas y hecho a base de almendras, miel y azúcar y, a veces, otros ingredientes como chocolate, frutas, yema de huevo, etc.: *el turrón es un producto típico de España.* **PL.** *turrones.* **FAM.** turronero, turronería.

tus *[adj.inv. en gén.]* de la persona con la que uno está hablando: *tus hijos; tus amigas; tus cosas.* **GRAM.** es forma del adjetivo posesivo para un solo poseedor y varios objetos poseídos, se usa siempre delante del nombre y tiene función de determinante.

tutear *[v.]* hablar o tratar a una persona de tú y no de usted: *es normal que lo tutees si tienes confianza con él.* TAMBIÉN *prnl. rec.*: *se tutean desde que se conocieron.* **OBS.** e + e = ee: *tuteen.* **FAM.** tuteo.

tutor, tutora *[n.]* **1** persona que está legalmente encargada de los asuntos personales y económicos de un menor o de una persona que no tiene capacidad legal: *es tutora de un niño huérfano.* **2** persona que se encarga, especialmente en un centro de enseñanza, de los asuntos de los alumnos de una clase: *el profesor de matemáticas es el tutor del 5º curso.*

tutoría *[n.f.]* **1** función a la que se dedica la persona que cuida, dirige o es tutor de otras: *este profesor es el encargado de la tutoría de mi clase.* **2** tiempo que el profesor o tutor dedica a hablar con sus alumnos o a desarrollar su función: *la tutoría es de seis a siete de la tarde.* **FAM.** tutor.

tuyo, tuya de la persona con la que uno está hablando. **GRAM.** es posesivo para un solo poseedor y un solo objeto poseído, y puede ser pronombre (*¿me prestas la tuya?*) o adjetivo (*el disco tuyo está aquí*); cuando es adjetivo tiene función de determinante y delante del nombre se sustituye por *tu*: *tu hermano; tu amiga.*

tuyos, tuyas de la persona con la que uno está hablando. **GRAM.** es posesivo para un solo poseedor y varios objetos poseídos, y puede ser pronombre (*los tuyos son más resistentes*) o adjetivo (*las cajas tuyas están en el altillo*); cuando es adjetivo tiene función de determinante y delante del nombre se sustituye por *tus*: *tus libros; tus amigas.*

u

u *[letra vocal]* 1 letra que ocupa el vigesimosegundo (22º) lugar en el abecedario español y se llama *u*. **AMPL.** cuando va detrás de la ***q*** sirve para completarla, porque en español no existe ninguna palabra en la que la *q* vaya sola: *querer, químico*; cuando la ***u*** va entre una ***g*** y una ***e*** o una ***i***, hace que el sonido de la *g* sea suave (como el que tiene en *gato, gota* y *gusano*): *guerrero, guitarra*; para que la ***u*** suene en las sílabas con ***g*** y ***e*** o ***i***, hay que ponerle ***diéresis***: *vergüenza, bilingüismo.* // **u** *[n.f.]* 2 nombre de esta letra: *la u está entre la t y la v.* **PL.** *úes.* // **u** *[conj. disyuntiva]* 3 es un *nexo* que sustituye a la conjunción ***o*** cuando va delante de una palabra que empieza por ***o*** o por ***ho***: *siete u ocho; posada u hotel.*

ubicar *[v.]* poner algo en el sitio que se dice: *ubicarán la estatua en el centro del parque; ubica las capitales en el mapa mudo.* **SIN.** poner, colocar, situar, emplazar. **OBS.** ante e, qu: *ubiquen.* **FAM.** ubicación, ubicuidad.

ubre *[n.f.]* cada uno de los órganos que producen la leche en las hembras de los animales mamíferos y terminan en una parte saliente, por donde la leche sale: *los terneros maman de las ubres de la vaca.* **SIN.** teta, mama.

úlcera *[n.f.]* especie de herida que se hace sola en la piel de alguna parte interior o exterior del cuerpo: *le ha salido una úlcera en el paladar; tiene úlcera de estómago.* **SIN.** llaga. **FAM.** ulceroso, ulcerar, ulceración, ulcerante.

ultimar *[v.]* hacer lo poco que falta para terminar algo: *está ultimando el proyecto.* **SIN.** rematar, dar los últimos toques a, finalizar, terminar. **ANT.** comenzar, empezar.

ultimato *[n.m.]* ultimátum*. **PL.** *ultimatos.*

ultimátum *[n.m.]* última posibilidad que se le ofrece a alguien de que cumpla una condición que se le pone y que no le gusta: *según el ultimátum que le han dado, o entregan a los prisioneros o comienza una guerra.* TAMBIÉN se dice *ultimato*, pero se usa menos que *ultimátum*. **PL.** *ultimátums.*

último, última *[adj.]* que no tiene nada o a nadie del mismo tipo detrás o después: *la última mesa de la clase; el último niño de la lista; el último día del mes; las últimas noticias.* **SIN.** postrero. **ANT.** primero. TAMBIÉN *n. neutro*: *lo último que hizo.* ■ **estar en la últimas**, estar algo a punto de acabarse o estar alguien a punto de morir. ■ **por último**, después de todo lo anterior. **SIN.** para finalizar. **FAM.** ultimar, ultimátum, últimamente, ultimato, ultimación. **COMP.** penúltimo, antepenúltimo.

ultrajar *[v.]* hacer o decir algo que es como un ataque o un insulto grave para alguien o algo: *ultrajaste su honor llamándolo ladrón.* **SIN.** injuriar. **AF.** agraviar, ofender, insultar. **FAM.** ultraje, ultrajante.

ultramarino, ultramarina *[adj.]* 1 que está (o viene) del otro lado del mar: *para los europeos, Argentina es un país ultramarino.* // **ultramarinos** *[n.m.pl.]* 2 alimentos o productos envasados que se conservan durante mucho tiempo sin estropearse: *una tienda de ultramarinos.* **FAM.** ultramar.

umbilical *[adj.inv. en gén.]* del ombligo: *cicatriz umbilical.* ■ **cordón umbilical**, conducto que une a la madre con el hijo que está formándose en su vientre, por el que éste recibe todo lo necesario para vivir y desarrollarse. **AMPL.** el ***ombligo*** es el punto por el que el cordón estaba unido al cuerpo.

umbral *[n.m.]* 1 en la entrada de una casa, pieza de piedra o escalón sobre el que está la puerta: *en el umbral hay un felpudo.* 2 parte del suelo sobre el que quedan las puertas cuando están cerradas: *se paró en el umbral.* 3 principio de una cosa inmaterial: *está en el umbral de su carrera profesional.* **SIN.** inicio, comienzo.

umbrío, umbría *[adj.]* que le da muy poco el sol o no le da nunca: *las laderas de las montañas que están orientadas al norte son umbrías.* **SIN.** sombrío.

un *[num.]* 1 es el numeral cardinal correspondiente al número 1, que es la forma apocopada de *uno* y se usa delante de nombres masculinos: *dame un libro y quédate con los otros.* // **un** *[artículo indeterminado]* 2 acompaña a los nombres de género masculino y número singular: *un coche es un vehículo con motor; un niño no debe beber vino.* **GRAM.** tiene función de determinante. **OBS.** se usa también cuando va delante de un nombre femenino que empieza por *a* o *ha* tónica: *un arca; un hada.* **PL.** *unos.*

una *[num.]* 1 es el numeral cardinal femenino correspondiente al número 1. // **una** *[artículo indeterminado]* 2 acompaña a los nombres de género femenino y número singular: *una casa es un lugar para vivir; una niña recién nacida no sabe andar.* **GRAM.** tiene función de determinante*. // **una** *[adj.]* 3 es adjetivo indefinido femenino singular y acompaña a nombres de personas, animales o cosas de las que no se sabe o no se quiere decir nada concreto: *lo dijo una vez que estuvo aquí; una mujer pregunta por ti.* **GRAM.** tiene función de determinante*. // **una** *[pron.]* 4 es pronombre indefinido femenino singular y puede referirse a personas, animales o cosas: *dame una; una habla y otra escucha.*

unánime *[adj.inv. en gén.]* que es de todos los que están, de todos los que intervienen, de todos los que se habla, etc.: *en la reunión se tomaron decisiones unánimes; un sentimiento unánime de solidaridad con los que sufren.* **FAM.** unanimidad, unánimemente.

unanimidad *[n.f.]* lo que hay por el hecho de que todas las personas de las que se habla estén de acuerdo en algo: *hubo unanimidad para elegir al capitán.* ■ **por unanimidad**, por acuerdo de todos, sin fallar ninguno. **AMPL.** cuando se decide algo porque más de la mitad están de acuerdo, se dice que se decide ***por mayoría***.

unas *[artículo indeterminado]* 1 acompaña a los nombres de género femenino y número plural: *venden unas bicicletas muy bonitas; unas señoras estaban trabajando.* **GRAM.** tiene función de determinante*. // **unas** *[adj.]* 2 es adjetivo indefinido femenino plural y acompaña a nombres de personas, animales o cosas de las que no se sabe o no se quiere decir nada concreto: *vendrá dentro de unas semanas.* **GRAM.** tiene función de determinante*. // **unas** *[pron.]* 3 es pronombre indefinido femenino plural y puede referirse a personas, animales o cosas: *había unas muy enfadadas; dame unas pocas.*

undécimo, undécima *[num.]* es el numeral ordinal correspondiente al cardinal once. **OBS.** no debe usarse en su lugar la palabra *onceavo*, que indica parte, no orden.

ungir *[v.]* untar con grasa o con óleos sagrados. **OBS.** ante a y o, j: *unjo, unjan.*

ungüento *[n.m.]* producto espeso especialmente preparado para aliviar algunos dolores untándose la piel con él: *se frotó con un ungüento especial para torceduras.* **AF.** linimento, pomada, bálsamo.

ungular *[adj.inv. en gén.]* de las uñas.

uni- prefijo que significa *uno.*

único, única *[adj.]* 1 que no hay otro de lo mismo o que no hay otro igual: *es el único ejemplar de la revista que me queda; la única vez que lo vi estaba contigo; los pintores hacen cuadros únicos; un diseño único; un mueble único.* 2 que llama la atención porque es poco frecuente, porque no se parece a nada o porque hace cosas que no hace nadie: *su sonrisa es única; un espectáculo único; un escultor único.* **AF.** extraordinario, raro. **ANT.** corriente, normal, común.

unidad *[n.f.]* 1 cada una de las cosas completas y aisladas que pueden formar parte de un conjunto: *había muchos balones y compró dos unidades.* 2 característica propia de las cosas que, si se dividen, dejan de ser lo que son: *la unidad de un país.* 3 el número 1: *cualquier cantidad dividida por la unidad es igual a sí misma.* 4 cantidad que se tiene en cuenta para pesar, contar o medir otras más grandes o más pequeñas, comparándolas con ella: *el gramo, el litro y el metro son unidades de medida.*

unificar *[v.]* hacer que varias cosas sean iguales o estén relacionadas de la misma manera: *unificar los precios; unificar los distintos* *planes de estudios.* **AF.** igualar. **ANT.** diversificar. **OBS.** ante e, qu: *unifiquen.*

uniformar *[v.]* 1 hacer que varias cosas tengan la misma forma: *hay que uniformar la estructura de todos los trabajos.* **SIN.** igualar. **ANT.** diferenciar. 2 hacer que todas las personas de un grupo vayan vestidas de la misma manera: *han uniformado a los empleados de la tienda.*

uniforme *[n.m.]* 1 ropa que llevan todas las personas de un grupo y que es distinta a la de los demás y a la de otros grupos: *a algunos colegios hay que ir con uniforme; uniforme militar; uniforme de policía.* // **uniforme** *[adj.inv. en gén.]* 2 que es igual o muy parecido siempre o en toda su extensión: *un comportamiento uniforme; una superficie uniforme.* **SIN.** regular. **ANT.** desigual, irregular.

unigénito, unigénita *[adj.]* hijo único.

unión *[n.f.]* 1 lo que hay entre dos o más personas o cosas por el hecho de que estén juntas, actúen juntas o tengan alguna relación: *es aconsejable la unión entre los miembros de la comunidad; unión familiar; unión matrimonial.* **ANT.** desunión, distanciamiento. 2 lo que se hace para unir dos o más cosas, personas o animales: *la unión de las piezas le llevó una hora.* 3 conjunto de personas o grupos que se organizan para ayudarse o para, entre todos, conseguir algo: *unión de campesinos; unión de países exportadores de petróleo.* **AF.** alianza, asociación, liga, confederación. **PL.** *uniones.*

unir *[v.]* 1 hacer que dos o más cosas queden como una sola: *unieron las mesas para estar todos juntos; para conseguirlo hay que unir los esfuerzos de todos; une con pegamento los trozos de la taza rota; uniendo el azul y el amarillo tienes el verde.* **SIN.** juntar. **AF.** mezclar, reunir. **ANT.** dispersar, separar. 2 hacer que haya relación entre dos o más cosas o dos o más personas: *la autopista unirá las dos ciudades; los une una gran amistad.* **SIN.** relacionar, comunicar. **ANT.** distanciar, alejar, separar. 3 hacer que dos o más personas actúen juntas para conseguir algo: *ciertos intereses comunes unen a distintos países.* **SIN.** aliar. **AF.** asociar. TAMBIÉN *prnl.: varios países se unieron para formar la Unión Europea; los vecinos se unieron para arreglar el portal.* // **unirse** *[v.prnl.]* 4 juntarse con otras personas o cosas: *se unieron al grupo de turistas.* **SIN.** sumarse, agregarse. **ANT.** separarse. ■ **unir** o **unirse en matrimonio**, casar o casarse.

unisex *[adj.inv. en gén.]* que sirve para hombres y para mujeres: *ropa unisex; peinado unisex.*

unísono, unísona *[adj.]* que tienen el mismo sonido o el mismo tono: *se oían las voces unísonas del coro.* ■ **al unísono**, a la vez, al mismo tiempo.

universal *[adj.inv. en gén.]* 1 de todo el mundo: *literatura universal; la conservación de la Tierra es un problema universal.* **SIN.** mundial. **ANT.** local, regional, nacional. 2 que es igual para todos o sirve para todos: *reglas universales.* **SIN.** general. **ANT.** particular.

universidad *[n.f.]* 1 centro de enseñanza en el que se pueden cursar estudios superiores: *la de Salamanca es la universidad más antigua de España.* **AMPL.** cada universidad está dividida en ***facultades***, que son las distintas organizaciones que se encargan de las distintas carreras universitarias: *facultad de medicina*; el ***rector*** es la persona encargada de dirigir una universidad y el ***decano*** la que dirige cada una de las facultades. 2 edificio o conjunto de edificios en los que se cursan estudios superiores: *la fachada de la universidad de Salamanca es de estilo plateresco.* **FAM.** universitario.

universitario, universitaria *[adj.]* 1 de la universidad o que tiene algo que ver con ella: *estudios universitarios; profesores universitarios; carrera universitaria.* 2 que estudia en una universidad o ha terminado una carrera hecha en una universidad: *un jefe universitario.* TAMBIÉN *n.: en las empresas trabajan muchos universitarios.*

universo *[n.m.]* conjunto de todas las cosas que existen: *el espacio, los astros y la Tierra forman parte del universo.* **SIN.** cosmos. **FAM.** universal, universalizar, universalidad, universalmente.

unívoco, unívoca *[adj.]* que sólo tiene un significado: *una frase unívoca.*

uno *[num.]* 1 es el numeral cardinal masculino correspondiente al número 1. **OBS.** delante del nombre se apocopa en ***un***: *un niño; un farol.* // **uno** *[pron.]* 2 es pronombre indefinido masculino singular y puede referirse a personas, animales o cosas: *uno decía que la había* visto; uno habla y otro escucha; dame uno.* **FAM.** único, únicamente, unidad, unicidad, unificar, unificación, unificador, unitario, unitariamente, uniforme, uniformidad, uniformemente, uniformar, uniformador, unir, unión, unido, unidamente, unísono, unisonancia, ***unívoco*** (que sólo tiene un significado). **COMP.** aunar, desunir, reunir.

unos *[artículo indeterminado]* **1** acompaña a los nombres de género masculino y número plural: *hace unos pasteles muy buenos; unos chavales estaban diciéndolo.* **GRAM.** tiene función de determinante*. // **unos** *[adj.]* **2** es adjetivo indefinido masculino plural y acompaña a nombres de personas, animales o cosas de las que no se sabe o no se quiere decir nada concreto: *estará aquí unos días; hay unos niños jugando en la plaza.* **SIN.** algunos. **GRAM.** tiene función de determinante*. // **unos** *[pron.]* **3** es pronombre indefinido masculino plural y puede referirse a personas, animales o cosas: *mientras unos duermen otros trabajan.*

untar *[v.]* **1** extender una crema, una pasta o algo graso sobre una superficie: *untó el pan con crema de chocolate; úntale bien la espalda con bronceador.* TAMBIÉN *prnl.: se untó con crema protectora.* **2** (uso vulgar) dar dinero u otra cosa a alguien para que haga algo que no debe hacer: *untaron al árbitro para que pitara a su favor.* **SIN.** sobornar. // **untarse** *[v.prnl.]* **3** mancharse con algo graso: *te has untado los pantalones con grasa del motor.* **FAM.** untuoso, untuosidad, unte, ***ungir*** (untar con grasa o con óleos sagrados), unción, ungüento.

uña *[n.f.]* **1** capa dura que crece en el extremo superior de los dedos de las personas y de algunos animales. **2** parte dura que rodea el extremo de la pata de algunos animales que no tienen dedos: *antes de ponerle la herradura le alisaron la uña.* **SIN.** casco, pezuña. ■ **de uñas**, muy enfadado. **FAM.** uñada, uñarada,

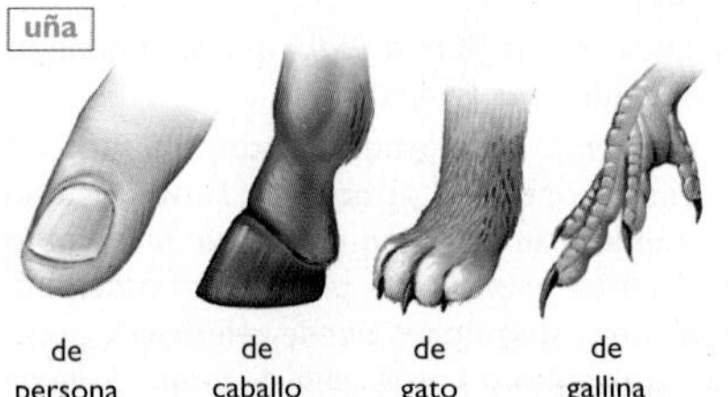

uñero, ***ungular*** (de las uñas). **COMP.** cortaúñas, pintaúñas.

uranio *[n.m.]* metal muy pesado, duro, de aspecto parecido al del hierro y que produce radiactividad.

urbanidad *[n.f.]* lo que demuestra quien se comporta ante los demás con educación, cortesía y buenos modales: *la urbanidad es necesaria para convivir.* **AF.** educación.

urbanización *[n.f.]* **1** conjunto de edificios y calles con todos los servicios necesarios para vivir, que se ha preparado a la vez y es como un barrio o un pueblo: *vive en una urbanización a las afueras de Málaga.* **2** lo que se hace para urbanizar* un terreno: *la urbanización de la zona es bastante cara.*

urbanizar *[v.]* hacer en un terreno todo lo necesario para que las casas que se construyan en él tengan los servicios de agua, luz, alcantarillado, calles, jardines, etc. que se necesitan para vivir: *antes de construir viviendas hay que urbanizar la zona.* **OBS.** ante e, c: *urbanicen.*

urbano, urbana *[adj.]* **1** de la ciudad, y no del campo: *población urbana; policía urbana.* **ANT.** rural. // **urbano, urbana** *[n.]* **2** miembro de la policía encargada del orden dentro de las ciudades: *pregúntale a un urbano.* **SIN.** guardia.

urbe *[n.f.]* ciudad: *en las grandes urbes mucha gente usa el metro como medio de transporte.* **FAM.** urbano, urbanidad, urbanismo, urbanístico, urbanizar, urbanización. **COMP.** interurbano, suburbano, suburbio.

urdimbre *[n.f.]* conjunto de hilos que se colocan a lo largo en un telar y que al cruzarles los de la ***trama****** hacen una tela.

uréter *[n.m.]* cada uno de los conductos por los que baja la orina desde los riñones a la vejiga.

uretra *[n.f.]* conducto del cuerpo de las personas y de algunos animales por donde sale la orina desde la vejiga el exterior.

urgencia *[n.f.]* **1** lo que tienen las cosas que son urgentes, por serlo: *la urgencia de un pedido.* **SIN.** apremio. **2** lo que tiene quien necesita algo enseguida, por el hecho de necesitarlo: *no corras, que no tengo urgencia.* // **urgencias** *[n.f.pl.]* **3** zona de los hospitales en la que se atiende a las personas que necesitan cuidados inmediatos: *se rompió una pierna y lo llevaron a urgencias.*

urgente *[adj.inv. en gén.]* que hay que hacerlo, resolverlo, entregarlo o contestarlo enseguida, sin perder nada de tiempo: *un trabajo urgente; una llamada urgente; un aviso urgente; un pedido urgente; una carta urgente.* **AF.** apremiante. **FAM.** urgencia, urgentemente, urgir.

urgir *[v.]* necesitarlo enseguida o tener que hacerlo enseguida: *le urgía el libro; me urge resolverlo ya; urge entregarlo.* **SIN.** correr prisa, ser urgente. **OBS.** ante a y o, j: *urjan; urjo.*

urinario, urinaria *[adj.]* **1** de la orina o que tiene algo que ver con ella: *composición urinaria; aparato urinario.* // **urinario** *[n.m.]* **2** lugar público en el que la gente puede orinar: *el urinario de caballeros está a la izquierda.* **FAM.** urología, urólogo, urológico, orina.

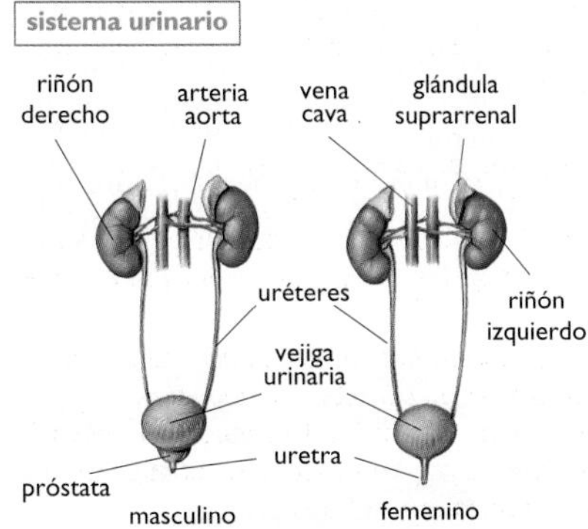

urna *[n.f.]* caja preparada para poner dentro los números de un sorteo, las papeletas con los votos en las elecciones, cosas de valor, etc.: *las urnas que se usan en las elecciones tienen una ranura; en la exposición, las joyas estaban en urnas de cristal.*

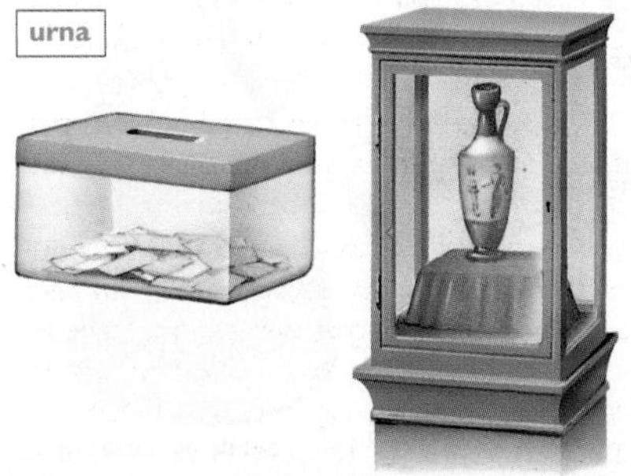

urología *[n.f.]* parte de la medicina que estudia los órganos del cuerpo que se encargan de filtrar la sangre, producir la orina, conducirla a la vejiga y eliminarla: *la urología trata las enfermedades de riñón.*

urólogo, uróloga *[n.]* médico especializado en urología*: *los problemas de vejiga los resuelven los urólogos.*

urraca *[n.f.]* pájaro con el pico, las patas y las alas negras, el vientre blanco y la cola muy larga, al que le gusta coger y guardar en su nido cosas pequeñas metálicas y brillantes: *las urracas a veces imitan el sonido de la voz humana.*

U.R.S.S. siglas de *Unión de Repúblicas Socialistas Soviéticas* (VER *soviético*).

urticaria *[n.f.]* alteración de la piel que se caracteriza porque salen manchitas rojas o granitos que pican mucho: *los alimentos en mal estado pueden producir urticaria.* **FAM.** urticante, urticáceo.

uruguayo, uruguaya *[adj.]* de Uruguay, país suramericano cuya capital es Montevideo: *una ciudad uruguaya; un niño uruguayo.* TAMBIÉN *n.*: *los uruguayos.*

U.S.A. siglas de *United States of America*, que es el nombre inglés de *Estados Unidos*.

usado, usada *[adj.]* que no está sin estrenar: *ha comprado un coche usado; recogen ropa usada.* **ANT.** nuevo.

usanza *[n.f.]* costumbre: *hizo la matanza del cerdo en el pueblo a la antigua usanza.*

usar *[v.]* 1 coger una cosa y hacer algo con ella: *usa el destornillador de estrella; no uses una cuchara para quitar la cámara de la bicicleta; usa el coche para ir a trabajar.* **SIN.** emplear, utilizar, servirse de. 2 tener la costumbre de llevar algo, por necesidad o por gusto: *usa gafas; no usa corbata; en verano usa pantalones cortos; siempre usa la misma colonia.* **SIN.** llevar, gastar, ponerse, utilizar.

uso *[n.m.]* 1 hecho de que se use algo: *la ropa envejece con el uso.* **SIN.** empleo, utilización. **ANT.** desuso. 2 manera de vivir o de hacer determinadas cosas: *se adaptó pronto a los usos del pueblo.* **SIN.** costumbre, hábito. 3 aquello para lo que sirve algo: *este aparato tiene varios usos; el uso del destornillador es quitar y poner tornillos.* **SIN.** aplicación, utilidad, función. **FAM.** usado, usar, ***usanza*** (costumbre), usual, usuario, usualmente. **COMP.** desuso, abusar.

usted *[pron.]* la persona a la que uno le habla: *usted estaba allí; se lo di a usted.* **AMPL.** se usa en lugar de *tú* como fórmula de respeto y su abreviatura es *Ud.* o *Vd.* **GRAM.** es singular invariable en género del pronombre personal de segunda persona.

ustedes *[pron.]* las personas a las que uno le habla: *ustedes ya lo saben; ¿se lo han enseñado a ustedes?* **AMPL.** se usa en lugar de *vosotros* como fórmula de respeto y su abreviatura es *Uds.* o *Vds.* **GRAM.** es plural invariable en género del pronombre personal de segunda persona.

usual *[adj.inv. en gén.]* que pasa casi siempre o que se hace casi siempre: *lo usual es trabajar para vivir; en él es usual llegar tarde.* **SIN.** habitual, normal, frecuente. **ANT.** anormal, extraño, raro.

usuario, usuaria *[n.]* persona que usa algo: *los usuarios del tren.*

usurero, usurera *[n.]* persona que se dedica a prestar dinero a otras que se encuentran en dificultades, cobrando por ello intereses abusivos: *los usureros se aprovechan de quien no tiene garantías en los bancos.* **FAM.** usura, usurario, usurería.

utensilio *[n.m.]* cosa que sirve para hacer algo, sobre todo si se usa con las manos: *uten-*

utensilios manuales de cocina

silios de cocina; utensilios de dibujo; una brocha es un utensilio de pintor y una hoz un utensilio para segar. **SIN.** útil, instrumento, herramienta.

útero *[n.m.]* órgano del cuerpo de las mujeres y de las hembras de algunos animales en el que se forma un nuevo ser: *el útero es una de las partes del aparato reproductor femenino.* **SIN.** matriz. **FAM.** uterino. **COMP.** intrauterino.

útil *[adj.inv. en gén.]* **1** que vale para algo: *un trabajo útil; un consejo útil; una ayuda útil.* **SIN.** beneficioso, provechoso. **AF.** bueno. **ANT.** inútil. // **útil** *[n.m.]* **2** cualquier cosa que sirve para hacer algo con más facilidad que si no se usara: *el ordenador es un útil necesario en muchos trabajos.* **SIN.** instrumento, utensilio, herramienta. **FAM.** utilidad, útilmente, utilitario, utilizar, utilización, utilizable, utensilio. **COMP.** inútil.

utilidad *[n.f.]* **1** característica que hace que algo sirva para algo: *no lo tires, que aún tiene utilidad; la utilidad de la energía eléctrica está sobradamente probada.* **2** aquello para lo que sirve algo: *este aparato tiene varias utilidades.* **SIN.** aplicación, uso, función.

utilitario *[n.m.]* coche pequeño que gasta poco y no es muy caro: *los utilitarios son prácticos para moverse por la ciudad.*

utilización *[n.f.]* hecho de que se use algo: *la utilización de maquinaria facilita las labores del campo.* **SIN.** empleo, uso.

utilizar *[v.]* usar*: *utiliza su habitación para dormir y estudiar; no utilices la toalla para limpiarte los zapatos.* **OBS.** ante e, c: *utilicen.*

utillaje *[n.m.]* conjunto de útiles, herramientas, máquinas... necesarios en una industria, oficio o para realizar alguna actividad. **FAM.** útil.

utopía *[n.f.]* idea muy buena que es imposible llevar a la práctica: *la paz mundial no debería ser una utopía.* **SIN.** sueño, ilusión, quimera. **FAM.** utópico, utopista.

uva *[n.f.]* fruto de la vid* y de la parra, que sale en racimos, es redondo u ovalado, de color verde o negro, tiene mucho zumo y la piel lisa y casi transparente: *el mosto es zumo de uva y el vino, mosto fermentado.* **AMPL.** la uva es un fruto del tipo que se llama *baya** y la piel se llama ***hollejo***. **FAM.** uvero, uval.

uve *[n.f.]* nombre de la letra *v*: *escribe una v.* ■ **uve doble**, nombre de la letra *w*.

v *[letra consonante]* letra que ocupa el vigesimotercer (23er) lugar del abecedario español y se llama *uve*. **AMPL.** como número romano, la *v* mayúscula (**V**) vale cinco. **OBS.** aunque el sonido de esta letra fue distinto del de la *b*, ahora es exactamente igual.

Si cada vez que no sabes si algo lleva **uve** o **be** consultas el diccionario, acabas por aprender

va, vais... formas irregulares de la conjugación del verbo *ir**.

vaca *[n.f.]* animal mamífero, hembra adulta del toro, de la que el hombre aprovecha la carne, la leche y la piel. **FAM.** vaquería, vaquero, ***vacada*** (grupo de ganado vacuno), vacuno.

vacaciones *[n.f.pl.]* tiempo en el que, durante cierto número de días al año, uno no tiene que trabajar o que asistir a clase porque se considera que hay que descansar. **AF.** descanso, tiempo libre. **FAM.** vacacional.

vacada *[n.f.]* grupo de ganado vacuno. **FAM.** vaca.

vacante *[adj.inv. en gén.]* que no está ocupado por nadie: *un asiento vacante; cuando se jubiló, su puesto de trabajo quedó vacante; una plaza de secretario vacante.* **SIN.** libre, disponible. **ANT.** ocupado. TAMBIÉN *n.f.: en la secretaría hay una vacante.*

vaciador, vaciadora *[n.]* persona que se dedica a afilar y arreglar cuchillos, tijeras, etc.

vaciar *[v.]* dejar una cosa sin nada dentro: *vaciar una piscina; vaciar una habitación; vaciar un vaso.* **ANT.** llenar. **ACENT.** como *fiar**. **FAM.** vacío, vaciado, vaciedad, ***vacuo*** (vacío), vacuidad.

vacilación *[n.f.]* lo que siente uno cuando no sabe qué tiene que decidir, hacer o decir: *con tanta vacilación perderás la oportunidad de conseguirlo; respondió sin vacilación.* **SIN.** indecisión, titubeo. **ANT.** decisión, firmeza.

vacilar *[v.]* **1** no tener claro lo que conviene decidir, hacer o decir: *vaciló antes de contestar.* **SIN.** dudar, titubear. **ANT.** estar seguro. **2** moverse hacia los lados por falta de seguridad o de práctica o por no estar bien sujeto: *al quitarle la escayola de la pierna vacilaba al andar; el barco vacila movido por las olas.* **SIN.** oscilar, tambalearse. **FAM.** vacilación, vacilante.

vacío, vacía *[adj.]* **1** que no tiene nada dentro: *un plato vacío; una caja vacía; una habitación vacía.* **ANT.** lleno. **2** sin nadie dentro: *por las mañanas, los teatros están vacíos; un asiento vacío.* **SIN.** desocupado. **ANT.** ocupado. **3** con poca gente o menos gente de lo que se quiere o de lo que es normal: *el pueblo se quedó vacío después de las vacaciones.* **ANT.** lleno. **4** que no tiene nada interesante: *palabras vacías; vida vacía.* **SIN.** hueco, vano, vacuo. // **vacío** *[n.m.]* **5** espacio que hay desde una gran altura hasta el suelo: *se rompió la barandilla del puente y el coche cayó al vacío.* **AF.** abismo. **6** lo que siente quien echa mucho de menos a alguien muy querido o algo importante: *cuando se fue, nos dejó un gran vacío; sin trabajo, nota tal vacío que no sabe qué hacer.* ■ **hacerle el vacío** a alguien, no tenerlo en cuenta o hacer como si no estuviera.

vacuna *[n.f.]* sustancia que se le administra a las personas o a los animales para que no cojan una enfermedad determinada: *la vacuna contra la viruela hizo que la enfermedad desapareciera; el veterinario le puso al perro la vacuna contra la rabia.*

vacunación *[n.f.]* lo que se hace para administrarle a alguien una sustancia que lo protege de una enfermedad determinada: *en los países desarrollados se sigue para los niños un estudiado calendario de vacunaciones.*

vacunar *[v.]* poner una vacuna*: *hay que vacunar a todos los niños.*

vacuno, vacuna *[adj.]* que es de la misma familia de animales que el buey, la vaca y el toro: *ganado vacuno; ganadería vacuna.* **SIN.** bovino, boyal. **FAM.** vaca, vacunar, vacunación, vacunador, vacuna.

vacuo, vacua *[adj.]* que no significa nada: *palabras vacuas.* **SIN.** vacío, huero.

vadear *[v.]* cruzar una corriente de agua andando, cabalgando o en algún vehículo: *los vaqueros vadearon el río por la parte menos profunda.* **OBS.** e + e = ee: *vadeen.* **FAM.** vadeable, vadeador, vado.

vado *[n.m.]* **1** parte de una corriente de agua donde cubre poco y que se puede vadear*: *pasó con los caballos por un vado del río.* **2** parte rebajada del bordillo y de la acera de una calle, que permite a los vehículos pasar fácilmente a los garajes: *delante de los vados suele estar prohibido aparcar.*

vagabundo, vagabunda *[adj.]* que va de un lugar a otro, sin rumbo fijo, normalmente porque no tiene casa: *no tiene trabajo y es un hombre vagabundo; un perro vagabundo.* TAMBIÉN *n.*: *debajo del puente duermen muchos vagabundos.*

vagar *[v.]* ir de un lugar a otro, sin rumbo fijo y sin saber qué hacer: *vagaron toda la noche porque no tenían dónde dormir.* **SIN.** vagabundear, errar, deambular, ambular. **OBS.** ante e, *gu*: *vaguen* **FAM.** vagabundo, vagabundear, vagabundeo, vagabundería, vago, vaguear, vagancia, vaguedad, vagamente. **COMP.** divagar, extravagante.

vagina *[n.f.]* parte del cuerpo de las mujeres (y de las hembras de algunos animales) que comunica el útero con el exterior: *la vagina es una de las partes del aparato reproductor femenino.* **FAM.** vaginal, vaginitis.

vago, vaga *[n.]* **1** persona que no hace lo que tiene que hacer porque le molesta trabajar y nunca tiene ganas de esforzarse: *estudia poco porque es una vaga.* TAMBIÉN *adj.*: *un hombre vago.* **SIN.** holgazán*. // **vago, vaga** *[adj.]* **2** que no tiene los detalles necesarios para que se vea bien o se entienda bien: *nos dio una explicación muy vaga de lo ocurrido.* **SIN.** impreciso*.

vagón *[n.m.]* cada uno de los vehículos de un tren que no tiene motor y es para llevar pasajeros o mercancías: *la locomotora arrastraba dos vagones de viajeros y uno de equipajes.* ■ **vagón de cola**, el que va el último. **PL.** *vagones.* **FAM.** vagoneta.

vagoneta *[n.f.]* vagón pequeño y sin techo que se usa para transportar cosas y que va sobre raíles: *un minero empujaba una vagoneta llena de carbón.*

vagoneta

vaguada *[n.f.]* parte más profunda de un valle por la que van los ríos o arroyos que bajan de las montañas.

vaho *[n.m.]* gotitas diminutas de humedad que, en determinadas condiciones, se depositan en un sitio formando una capa finísima: *si le echas el aliento, los cristales de las gafas se cubren de vaho.* **AF.** vapor. **FAM.COMP.** antivaho.

vaina *[n.f.]* **1** especie de funda vegetal, tierna y alargada, que tiene dentro las semillas de una planta: *la vaina de los guisantes.* **AF.** cáscara. **2** funda adecuada para llevar y guardar algunas armas y otros instrumentos cortantes: *no saques el sable de la vaina.* **SIN.** funda. **FAM.** vainilla, vainica. **COMP.** desenvainar, envainar.

vainilla *[n.f.]* planta aromática de América y Asia; de su fruto, en forma de vaina, se saca una sustancia del mismo nombre que se usa como condimento* y en perfumería: *helado de vainilla; perfume con olor a vainilla.* **FAM.** vaina.

vaivén *[n.m.]* movimiento de una cosa cuando se mueve de un lado a otro repetidamente: *el vaivén del tren; el vaivén de un péndulo.* **AF.** oscilación, balanceo. **PL.** *vaivenes.*

vajilla *[n.f.]* conjunto de todos los recipientes que se utilizan para servir la comida en la mesa: *los platos, la sopera y las fuentes forman parte de la vajilla.*

vale *[n.m.]* **1** papel que se puede cambiar por la cantidad de dinero que ponga o por la cosa cuyo nombre esté escrito en él: *podrás canjear el vale por cualquier cosa de diez euros; si ganas, te dan un vale de descuento para la entrada del teatro.* **2** papel firmado que demuestra que alguien ha recibido lo que pone en él: *firmó el vale cuando le entregaron el paquete.* **SIN.** recibo.

valencia *[n.f.]* número de enlaces con que puede combinarse un átomo.

valenciano, valenciana *[adj.]* **1** de Valencia, provincia, capital y comunidad autónoma españolas: *paella valenciana; un profesor valenciano.* TAMBIÉN *n.*: *los valencianos.* **AMPL.** la comunidad autónoma de Valencia está formada por las provincias de Castellón, Valencia y Alicante. // **valenciano** *[n.m.]* **2** variedad lingüística hablada, junto al español, en gran parte de la Comunidad Valenciana.

valentía *[n.f.]* lo que demuestra uno cuando se atreve a hacer cosas difíciles o peligrosas sin que le dé miedo: *para ser torero hace falta mucha valentía.* **SIN.** valor, coraje, bravura, arrojo, agallas, bizarría. **AF.** intrepidez, atrevimiento, osadía. **ANT.** cobardía.

valer *[v.]* **1** poder usarse para lo que se dice: *el papel vale para escribir en él, para envolver cosas, etc.; las herramientas valen para hacer con facilidad determinados trabajos; el oro vale para muchas cosas.* **SIN.** servir. **2** tener una persona las cualidades que se necesitan para hacer bien algo: *vale para los negocios; vale para estudiar.* **SIN.** servir, tener aptitudes. **3** tener un precio determinado: *unos coches valen más que otros.* **SIN.** costar, importar. **4** tener un valor determinado: *veinte duros valen cien pesetas.* **SIN.** equivaler a. **5** tener algún valor: *hay recuerdos que valen mucho para mí; la amistad vale mucho.* **SIN.** significar. **6** ser válido*: *este bonobús vale para diez viajes.* **7** ser la causa de algo bueno o malo: *su contestación le valió un castigo; las buenas notas le valieron unas vacaciones.* **8** ser para determinadas personas: *la nueva norma vale para todos los empleados.* **SIN.** afectar a. ■ **valerse por sí mismo**, poder hacer uno las cosas normales sin ayuda de nadie. **AF.** manejarse. ■ **valerse de algo o de alguien**, usar algo para lo que uno necesita o aprovecharse de algo o de alguien para lo que a uno le interesa. **SIN.** servirse de, usar, utilizar, emplear. **FAM.** vale, valor, valentía, valiente, valentonada, valentonería, valientemente, valía, valioso, validez, validación, válidamente, valedero, validar, ***valencia*** (número de enlaces con que puede combinarse un átomo), valedor, valeroso, valerosamente, valerosidad, ***valido*** (hombre de confianza de un rey), ***valuar*** (valorar). **COMP.** desvalido, inválido, equivaler, prevaler, envalentonarse, envalentonamiento, revalidar, reválida, convalidar.

CONJUGACIÓN DEL VERBO VALER

Formas no personales
Infinitivo: *valer*. Gerundio: *valiendo*. Participio: *valido*.

Indicativo
Presente: *valgo, vales, vale, valemos, valéis, valen.*
Pretérito imperfecto: *valía, valías, valía, valíamos, valíais, valían.*
Pretérito perfecto simple: *valí, valiste, valió, valimos, valisteis, valieron.*
Futuro: *valdré, valdrás, valdrá, valdremos, valdréis, valdrán.*

Condicional simple:
valdría, valdrías, valdría, valdríamos, valdríais, valdrían.

Subjuntivo
Presente: *valga, valgas, valga, valgamos, valgáis, valgan.*
Pretérito imperfecto: *valiera/ valiese, valieras/ valieses, valiera/ valiese, valiéramos/ valiésemos, valierais/ valieseis, valieran/ valiesen.*
Futuro: *valiere, valieres, valiere, valiéremos, valiereis, valieren.*

Imperativo:
val/ vale, valga, valgamos, valed, valgan.

valga, valgo... formas irregulares de la conjugación del verbo *valer**.

validez *[n.f.]* lo que tiene una cosa por el hecho de ser válida: *el carnet tiene validez durante diez años.*

valido *[n.m.]* hombre de confianza de un rey, que tenía mucho poder porque el rey le encargaba asuntos importantes.

válido, válida *[adj.]* que vale para lo que está hecho porque no le falta ni le sobra nada, no ha cambiado la ley, no se ha pasado el plazo o no se ha usado del todo: *los cheques sin firma no son válidos; estos bonobuses son válidos para diez viajes; una oferta válida durante un mes.*

valiente *[adj.inv. en gén.]* que demuestra que sabe enfrentarse a situaciones peligrosas o muy difíciles sin tener miedo: *un policía valiente; a las niñas valientes no les da miedo vacunarse; un comportamiento valiente.* **SIN.** valeroso, bizarro, gallardo. **AF.** intrépido. **ANT.** cobarde, miedoso.

valija *[n.f.]* 1 saco grande de cuero o de lona para llevar el correo: *el cartero sacó las cartas de la valija.* 2 maleta*.

valioso, valiosa *[adj.]* que tiene mucho valor: *las joyas son objetos valiosos; el cariño de los hijos es muy valioso para los padres.*

valla *[n.f.]* 1 separación de cualquier material que se pone alrededor de un terreno para que se sepa hasta dónde llega o para que quede cerrado y no pase quien uno no quiere: *la granja está rodeada por una valla.* **SIN.** cerca, cercado, vallado. **AMPL.** si la valla es maciza, de piedra, ladrillo o bloques de hormigón, se llama ***tapia***, si es de palos de madera, ***empalizada*** y si es de tela de alambre, ***alambrada***. 2 cada uno de los obstáculos que hay que saltar en algunas carreras deportivas: *el caballo saltó sin problemas todas las vallas del recorrido.* ■ **valla publicitaria**, superficie grande con anuncios de publicidad. **FAM.** vallar, vallado.

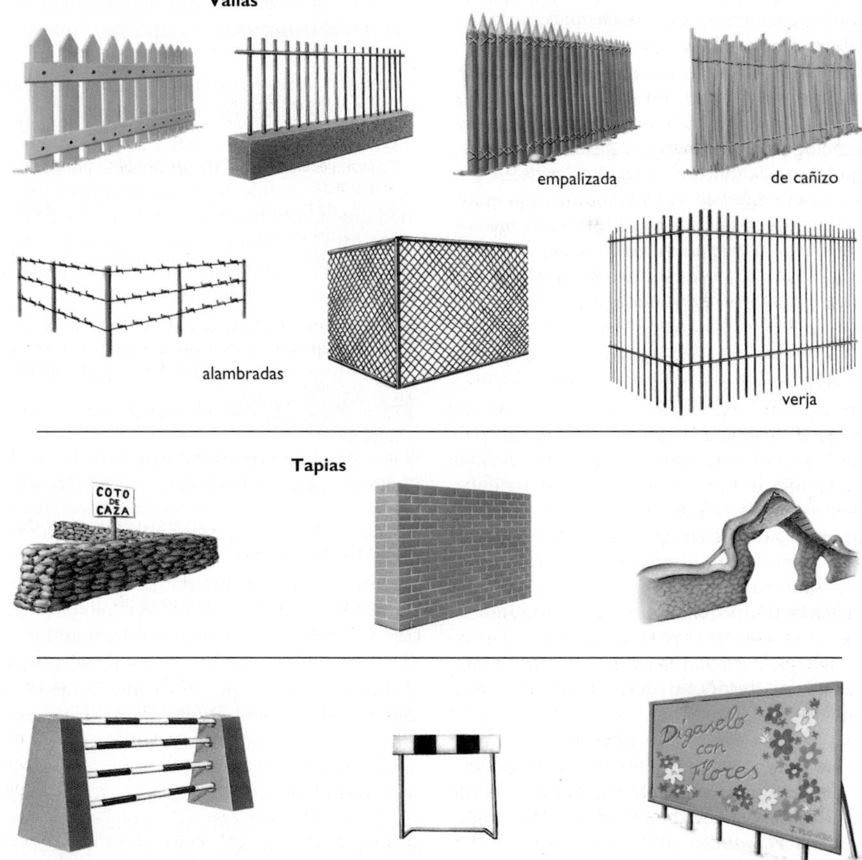

Es la **valla** empalizada
que con dos palos se escribe,
con ellos se agarra firme
sobre el terreno en que vive.

vallar *[v.]* poner una valla*: *vallaron la zona de la piscina para que no pasaran los niños pequeños.* **SIN.** cercar.

valle *[n.m.]* terreno llano entre montañas: *a lo largo del valle corre un río; en el valle hay varios pueblos.*

vallisoletano, vallisoletana *[adj.]* de Valladolid, provincia española y su capital, que pertenecen a la comunidad autónoma de Castilla y León: *tierras vallisoletanas; un chico vallisoletano.* TAMBIÉN *n.*: *las vallisoletanas.*

valor *[n.m.]* **1** lo que tienen las cosas cuando son útiles o tienen importancia, por ser así: *su trabajo tiene mucho valor para la empresa; es un cuadro de gran valor artístico.* **2** cosa buena que tiene algo o alguien: *el mayor valor de ese jarrón es su antigüedad; el espíritu de trabajo es un valor.* **SIN.** cualidad, mérito, virtud. **ANT.** defecto. **3** precio: *el valor de la casa era muy alto.* **SIN.** importe, precio. **4** valentía*. ■ **armarse de valor**, prepararse para hacer o decir algo que resulta difícil o peligroso. **FAM.** valorar, valorable, valoración, valorización, valer. **COMP.** desvalorización, devaluarse, revaluar, revalorizar, evaluar.

valoración *[n.f.]* lo que se hace para decidir lo que uno cree que vale algo: *la empresa aseguradora hizo una valoración de los daños.* **SIN.** evaluación, tasación, estimación.

valorar *[v.]* **1** decir lo que uno piensa que puede valer algo: *valoraron el coche en seis mil euros.* **SIN.** tasar, apreciar (se usa poco). **2** darse cuenta de lo bueno que tiene alguien o algo: *todos valoraron el esfuerzo que hizo; sus compañeros lo valoran mucho.* **SIN.** considerar, apreciar. **AF.** reconocer. **ANT.** despreciar, menospreciar.

vals *[n.m.]* **1** baile de origen alemán en el que las parejas bailan agarradas, girando sobre sí mismas: *los novios abrieron el baile con un vals.* **2** música de este baile: *un disco con valses de Strauss.* **PL.** *valses.*

valuar *[v.]* valorar. **FAM.** valer.

valva *[n.f.]* concha de los moluscos: *las almejas tienen dos valvas.*

válvula *[n.f.]* pieza que sirve para cerrar o abrir el paso de un líquido o de un gas por una abertura o por un conducto: *las válvulas de las cisternas regulan la salida de agua; las válvulas del corazón controlan el movimiento de la sangre.* **FAM.** valvular.

vampiro *[n.m.]* **1** murciélago del tamaño de un ratón que tiene dos dientes muy largos con los que chupa la sangre de los animales dormidos: *los vampiros suelen alimentarse de insectos.* **2** personaje de leyenda o de la imaginación popular de algunos países, que sale de su tumba por la noche para chupar poco a poco la sangre de la gente hasta matarla: *una película de vampiros.* **FAM.** vampiresa, vampirismo.

vanagloriarse *[v.prnl.]* presumir: *se vanagloria de haber sido el primero en llegar.*

vándalo, vándala *[adj.]* **1** de los vándalos*: *invasiones vándalas; un pueblo vándalo.* // **vándalo, vándala** *[n.]* **2** persona poco civilizada que no respeta nada y estropea o destruye las cosas sin motivo: *unos vándalos han roto las farolas de la plaza.* **SIN.** salvaje, bárbaro. **AF.** gamberro. **FAM.** vandálico, vandalismo.

vándalos *[n.m.pl.]* pueblo que venía del centro de Europa y ocupó algunas zonas del antiguo Imperio Romano: *los vándalos invadieron la Península Ibérica en el siglo* V.

vanguardia *[n.f.]* **1** conjunto de ideas artísticas, literarias o políticas distintas de las de su época y que resultan más avanzadas: *algunos pintores de vanguardia no fueron comprendidos en su tiempo.* **2** parte del ejército que va por delante de los demás y que es la primera en enfrentarse al enemigo: *la vanguardia iba abriendo camino por la selva.* **ANT.** retaguardia. **FAM.** vanguardismo, vanguardista, guardar.

vanidad *[n.f.]* sentimiento de la persona a la que le gustaría que los demás estuvieran siempre admirándola y elogiándola. **AF.** presunción. **ANT.** humildad, modestia.

vanidoso, vanidosa *[adj.]* que siempre está pensando en sus cosas buenas y en que los demás deben admirarlo y elogiarlo: *una persona vanidosa.* **AF.** presumido, engreído. **ANT.** humilde, modesto.

vano, vana *[adj.]* 1 que no sirve para nada: *los intentos para hacerlo mejor fueron vanos.* **SIN.** ineficaz, inútil, infructuoso. **ANT.** eficaz, útil. 2 que no tiene nada interesante: *palabras vanas; vida vana.* **SIN.** hueco, vacío, vacuo. 3 hablando de frutos, que no tiene nada dentro: *le salieron cinco almendras vanas.* ■ **en vano**, sin que sirva para nada. **SIN.** inútilmente. **FAM.** vanamente, vanidad, vanidoso. **COMP.** ***envanecerse*** (sentir vanidad), envanecimiento.

vapor *[n.m.]* 1 gas en el que se convierte un líquido al hervir o que desprenden algunos sólidos: *vapor de agua.* **AF.** vaho. 2 barco que funciona movido por vapor de agua: *pasearon por la costa en un vapor de principios de siglo.* **FAM.** vaporoso, vapora, vaporizar, vaporización, vaporizador. **COMP.** evaporar, ***evaporizar*** (vaporizar).

vaporizador *[n.m.]* 1 aparato que produce calor para convertir en vapor el líquido que tiene dentro: *el vaporizador restablece la humedad que se pierde con la calefacción.* 2 mecanismo que hace que el líquido de un recipiente salga en forma de una nube de gotitas diminutas: *un frasco de desodorante con vaporizador.* **SIN.** pulverizador. **AF.** spray.

vaporizar *[v.]* 1 convertir en vapor un líquido: *el calor vaporiza el agua.* TAMBIÉN *prnl.: el agua se vaporiza a los 100 °C.* **SIN.** evaporar. 2 echar un líquido en forma de gotitas diminutas: *vaporizó la habitación con un líquido matamoscas.* **OBS.** ante e, c: *vaporicen.*

vaporoso, vaporosa *[adj.]* 1 amplio y muy ligero: *una falda vaporosa.* **AF.** airoso. 2 muy suave y transparente: *el tul es un tejido vaporoso.*

vaquería *[n.f.]* lugar en el que se cuidan vacas: *en las vaquerías modernas hay ordeñadoras mecánicas.*

vaquero, vaquera *[n.]* 1 persona que se dedica a cuidar ganado vacuno*: *el vaquero sacó los terneros del establo.* // **vaquero, vaquera** *[adj.]* 2 con la forma o la tela típica de la ropa de los vaqueros del oeste americano: *una camisa vaquera; pantalones vaqueros; tela vaquera.* // **vaqueros** *[n.m.pl.]* 3 pantalones de tela de algodón muy fuerte, costuras marcadas con pespuntes que se ven y bolsillos plastones atrás. **SIN.** tejanos.

vara *[n.f.]* palo largo, derecho y delgado: *algunos patriarcas gitanos llevan una vara a modo de bastón; una vara de avellano.* **FAM.** varita, varilla, varillaje, varazo, varear, vareo, vareador, varapalo. **COMP.** envarar, envaramiento, envaradamente, envarado, envarillar.

varal *[n.m.]* vara gruesa. **FAM.** vara.

varapalo *[n.m.]* 1 golpe dado con una vara. 2 daño o perjuicio que sufre una persona: *perder el negocio fue un varapalo para la familia.*

varar *[v.]* 1 quedar parado un barco al chocar contra el fondo, rocas, etc. 2 sacar del agua un barco para arreglarlo, protegerlo del temporal, etc.

varear *[v.]* golpear con una vara: *varear los árboles para que caigan los frutos; antes se vareaban los colchones de lana.* **OBS.** e + e = ee: *vareen.* **FAM.** vara.

variable *[adj.inv. en gén.]* 1 que cambia o que puede cambiar: *temperaturas variables; horario variable.* **SIN.** cambiante. 2 que no siempre es (o está) de la misma manera: *humor variable; carácter variable.* **SIN.** voluble, inestable. **ANT.COM.** estable, invariable.

variación *[n.f.]* lo que hay cada vez que cambia algo: *variaciones de temperatura; hubo una variación en el horario de los trenes.* **SIN.** alteración, cambio.

variado, variada *[adj.]* formado por varias cosas distintas: *un programa variado.* **FAM.** vario.

variar *[v.]* 1 hacer que algo sea distinto: *varían el menú todas las semanas; el sol ha variado el color de la tela.* **SIN.** cambiar, modificar. 2 ser distinto: *sus opiniones varían cada poco tiempo.* **SIN.** cambiar, modificarse. 3 hacer (o llevar) algo de distinta manera: *le gusta variar de peinado; por variar, cada día pasean por un sitio.* **ACENT.** como *fiar**. **FAM.** variación, vario, variedad, variado, variable, variabilidad, variablemente, variante. **COMP.** desvariar, desvarío, invariable.

varicela *[n.f.]* enfermedad contagiosa que produce fiebre y granos pequeñitos por todo el cuerpo: *muchos niños pasan la varicela.*

variedad *[n.f.]* 1 lo que hay por el hecho de que en un conjunto de cosas del mismo tipo haya muchas distintas: *variedad de precios; variedad de gustos; variedad de colores; variedad de* *formas.* **SIN.** diversidad, disparidad. 2 cada una de las distintas clases de cosas de una misma especie: *la "reineta" es una variedad de manzana.* ■ **espectáculo de variedades**, espectáculo en el que participa mucha gente haciendo cosas distintas como cantar, bailar, contar chistes, etc.

varilla *[n.f.]* cada una de las piezas largas, delgadas y rígidas que forman el armazón de algunas cosas: *las varillas de un abanico; las varillas de una sombrilla.* **AMPL.** el conjunto de varillas de una cosa se llama ***varillaje***: *el varillaje del paraguas es de acero.*

varillaje *[n.m.]* conjunto de varillas de una cosa: *el varillaje del paraguas es de acero.* **FAM.** varilla.

vario, varia *[adj.]* 1 que no es el mismo: *hablaron de varias cosas; varios colores; varias clases de alimentos.* **SIN.** distinto, diferente, diverso. // **varios, varias** *[adj.]* 2 más de dos: *tiene varios libros de literatura.* **SIN.** algunos, unos cuantos. **GRAM.** es adjetivo indefinido en plural y funciona como determinante*.

variz *[n.f.]* vena que está más abultada de lo normal porque no circula bien la sangre. **PL.** *varices.*

varón *[n.m.]* persona de sexo masculino: *es un varón de 15 años.* **SIN.** hombre o niño. TAMBIÉN *adj.*: *tiene dos hijos varones.* **PL.** *varones.* **FAM.** varonil, varonilmente.

varonil *[adj.inv. en gén.]* propio de los varones y no de las mujeres: *la barba es una característica varonil; rasgos varoniles; aspecto varonil.* **SIN.** viril, masculino.

vasallo, vasalla *[n.]* persona que sirve, obedece y guarda fidelidad a otra más poderosa, a cambio de que ésta le dé protección: *los señores feudales tenían muchos vasallos a su servicio.* **ANT.** señor. **AMPL.** los vasallos tuvieron mucha importancia durante el ***feudalismo***, que era la organización política y social de la Edad Media. **FAM.** vasallaje. **COMP.** avasallar.

vasar *[n.m.]* estante hecho con ladrillos, escayola, etc., para vasos, vajilla y cacharros de cocina.

vasco, vasca *[adj.]* 1 del País Vasco, región geográfica del norte de la Península Ibérica y el sur de Francia: *Bilbao es una ciudad vasca; el pueblo vasco.* **SIN.** vascongado. TAMBIÉN *n.*: *los vascos suelen ser buenos cocineros.* **AMPL.** en vascuence*, el País Vasco se llama *Euskal Erría* o *Euzkadi.* // **vasco** *[n.m.]* 2 vascuence*: *el vasco es la lengua más antigua de la Península Ibérica.*

vascuence *[n.m.]* lengua que se habla en el País Vasco español, en el País Vasco francés y en algunos sitios del norte de Navarra: *tiene que estudiar vascuence.* **SIN.** eusquera, vasco.

vascular *[adj.inv. en gén.]* de los conductos por los que circulan los líquidos por el interior de los vegetales y del cuerpo de las personas y de algunos animales: *los mamíferos tienen circulación sanguínea vascular.*

vasija *[n.f.]* recipiente pequeño y manejable, para contener alimentos o líquidos: *los vasos, las cazuelas, los cuencos y los botijos son vasijas.*

vaso *[n.m.]* 1 recipiente sin asa, normalmente más alto que ancho y cilíndrico o con forma de tronco de cono, apropiado para beber por él o para contener líquidos: *un vaso para agua; el vaso de una batidora.* 2 líquido que cabe en uno de estos recipientes: *bebe un vaso de leche.* 3 cada uno de los conductos por los que pasan los líquidos en el interior de los vegetales o del cuerpo de las personas y de algunos animales: *las venas y las arterias son vasos sanguíneos.* **FAM.** vasija, ***vasar*** (estante para vasos y otras cosas), vascular. **COMP.** envasar, trasvasar, trasvase, transvasar, transvase.

Tiene el **vaso** forma de uve,
muy abierto por arriba,
muy cerrado por abajo...;
con uve se escribe vena,
que también se llama vaso,
y vascular, su adjetivo,
válido para este caso.

vástago *[n.m.]* ramo tierno de una planta o de un árbol.

vasto, vasta *[adj.]* 1 muy grande: *una vasta llanura.* **SIN.** dilatado, extenso. **ANT.** pequeño. 2 mucho: *vasta cultura; vastos conocimientos; vastos poderes.* **SIN.** amplio, extenso. **FAM.** vastedad.

váter *[n.m.]* retrete*.

vatio *[n.m.]* unidad de potencia eléctrica: *las bombillas de 25 vatios alumbran muy poco.* **AMPL.** el símbolo internacional es ***W***: *una bombilla de 100 W de potencia.*

¡vaya! *[interj.]* **1** expresa sorpresa, admiración o contrariedad: *¡vaya! ya tenemos que irnos.* // **vaya** *[forma de verbo]* **2** primera y tercera personas del singular del presente de subjuntivo y segunda del singular del imperativo del verbo *ir**.

vayan, vayáis... formas irregulares de la conjugación del verbo *ir**.

ve *[forma de verbo]* segunda persona del singular del imperativo del verbo *ir** (*¡ve tú!*) y tercera del singular del presente de indicativo del verbo *ver**.

vecinal *[adj.inv. en gén.]* de los vecinos: *gastos vecinales.*

vecindad *[n.f.]* **1** vecindario*: *se lleva bien con toda la vecindad.* **2** lo que hay entre las cosas que están cerca o entre las personas que viven o trabajan cerca: *la vecindad del colegio le ahorra mucho tiempo.* **SIN.** cercanía, proximidad. **3** conjunto de construcciones que están cerca: *compra en las tiendas de la vecindad.* **AF.** barrio.

vecindario *[n.m.]* conjunto de los vecinos de una casa, de una calle, de un barrio o de una población: *todo el vecindario está de acuerdo en que hay que arreglar el portal.* **SIN.** vecindad.

vecino, vecina *[n.]* **1** cada una de las personas que viven en el mismo edificio, en la misma calle, en el mismo barrio o en la misma población: *los vecinos del pueblo están de fiesta.* TAMBIÉN *adj.*: *un profesor vecino mío.* **2** que tiene casa en una población y paga al ayuntamiento los impuestos correspondientes: *el pueblo tiene 500 vecinos.* // **vecino, vecina** *[adj.]* **3** que está cerca: *casas vecinas.* **SIN.** cercano, próximo. **ANT.** distante, lejano. **4** que empieza donde acaba el otro: *Suiza y Austria son países vecinos; dos fincas vecinas.* **SIN.** limítrofe, colindante. **FAM.** vecinal, vecindad, vecindario. **COMP.** convecino, avecinarse, avecindar.

veda *[n.f.]* tiempo durante el que no se puede cazar o pescar. **AMPL.** cuando empieza la temporada de veda se dice que ***se abre*** la veda y cuando empieza el tiempo en el que se puede cazar o pescar se dice que ***se levanta*** la veda. **FAM.** vedar.

vedar *[v.]* prohibir una actividad o el uso de algo: *vedar la pesca en el río durante un tiempo; vedar el paso.*

vega *[n.f.]* tierras llanas a lo largo del recorrido de un río, gracias al cual son muy fértiles: *la vega del Segura.*

vegetación *[n.f.]* conjunto de los vegetales de un sitio o que se dan en un clima determinado: *la finca tiene abundante vegetación; vegetación tropical; vegetación mediterránea.*

vegetal *[n.m.]* **1** ser vivo que no puede cambiar de sitio por sí mismo y se alimenta de las sustancias nutritivas de la tierra o del agua donde vive y, en el caso de los carnívoros, de los insectos que captura: *los árboles, los arbustos y la hierba son vegetales.* **SIN.** planta. **AMPL.** hay miles de tipos de vegetales; para estudiarlos se han hecho clasificaciones agrupándolos por sus características en ***tipos*** o ***filos***, ***clases***, ***órdenes***, ***familias***, ***géneros***, ***especies*** y ***variedades***. // **vegetal** *[adj.inv. en gén.]* **2** de los seres vivos que son así o que está hecho con seres vivos de este tipo: *reino vegetal; grasas vegetales; alimentos vegetales; ensalada vegetal.* **FAM.** vegetación, vegetativo, vegetariano, ***vegetar*** (vivir inactivo como los vegetales).

vegetar *[v.]* vivir sin hacer nada, como viven los vegetales.

vegetariano, vegetariana *[n.]* persona que sólo come vegetales: *los vegetarianos no comen ni carne ni pescado.* TAMBIÉN *adj.*: *tiene una amiga vegetariana.*

vehículo *[n.m.]* **1** invento pensado para llevar en él personas o cosas de un sitio a otro: *las bicicletas, los aviones, los trenes y los barcos son vehículos.* **SIN.** medio de transporte. **2** lo que es de tal manera que permite el paso de cosas inmateriales como el sonido, la electricidad, las infecciones, las ideas, etc.: *el aire es vehículo de ondas sonoras; la falta de higiene es un vehículo de enfermedades.*

veinte *[num.inv. en gén.]* es el numeral cardinal correspondiente al número 20. **FAM.** veintena, veinteavo.

veintena *[n.f.]* conjunto de veinte unidades: *una veintena de años; una veintena de flores.*

vejez *[n.f.]* parte de la vida en la que se está cuando se tienen muchos años: *la vejez de las personas empieza después de los 70 años.* **SIN.** senectud, ancianidad. **AMPL.** la etapa anterior a la vejez se llama ***madurez***.

vejiga *[n.f.]* **1** especie de bolsa que tienen en el cuerpo las personas y algunos animales, en la que se queda el líquido que los riñones rechazan hasta que sale al exterior: *la vejiga es uno de los órganos del aparato urinario.* **2** especie de bolsa que se forma debajo de una superficie: *quedaron vejigas entre el papel pintado y la pared; la quemadura le produjo una vejiga en la piel.* **AMPL.** las vejigas formadas en cualquier superficie también se llaman ***burbujas***; aquellas que se forman debajo de la piel, ***ampollas***. **FAM.** vejicoso, vesical.

vela *[n.f.]* **1** barra de cera o de otro material graso con una mecha dentro que, encendida, sirve para dar luz: *antes del descubrimiento de la electricidad, mucha gente se alumbraba con velas.* **AMPL.** la mecha de las velas también se llama ***pabilo***; las velas largas y gruesas se llaman ***cirios***. **2** pieza grande de tela fuerte que se ata a los palos de una embarcación para que ésta se mueva empujada por el viento. **AMPL.** las embarcaciones que se mueven gracias a que el viento empuja sus velas se llaman ***de vela***. ■ **en vela**, sin dormir. **FAM.** velón, velero, velamen.

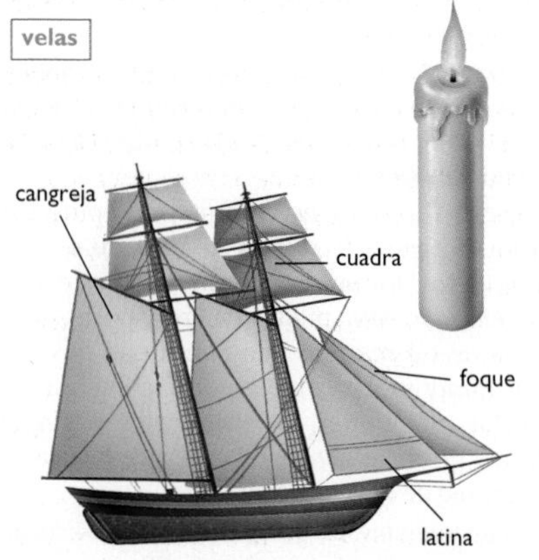

velada *[n.f.]* tiempo que pasan por la noche dos o más personas que se reúnen para entretenerse o para hablar de algo: *pasaron la velada jugando a las cartas; en la velada literaria estuvieron varios novelistas.*

velado, velada *[adj.]* en cosas relacionadas con fotografía, que le ha dado la luz antes del revelado y la imagen se ha perdido: *un carrete velado; si abres la cámara antes de tiempo, algunas fotos saldrán veladas.*

velamen *[n.m.]* conjunto de las velas de un barco. **PL.** *velámenes.* **FAM.** vela.

velar *[v.]* **1** estar por la noche sin dormir: *veló toda la noche porque no se encontraba bien.* **ANT.** dormir. **2** estar por la noche con un enfermo o donde está el cuerpo de una persona que acaba de morir: *durante la enfermedad, cada día lo velaba uno de sus hermanos.* **3** estar pendiente de una persona o de una cosa, atendiéndola y protegiéndola: *los padres velan por sus hijos; los guardias velan las joyas de la corona.* **AF.** cuidar de, vigilar, mirar por. // **velarse** *[v.prnl.]* **4** en fotografía, borrarse una imagen o parte de ella por exceso de luz: *velarse un carrete; velarse una fotografía.* **FAM.** velada, velatorio, velador, velorio, velo, velado, vela. **COMP.** desvelar, revelar.

velatorio *[n.m.]* **1** tiempo que se pasa, por la noche, en el sitio en el que está el cuerpo de una persona que acaba de morir: *en los velatorios, los amigos acompañan a los familiares.* **2** sitio en el que se pasa este tiempo o que está preparado para eso: *en el hospital hay varios velatorios.*

velero *[n.m.]* barco ligero que avanza cuando el viento hincha sus velas: *participa en una competición de veleros.* **SIN.** barco de vela.

veleta *[n.f.]* **1** pieza de metal que gira sobre un eje vertical movida por el viento e indica en qué dirección sopla éste: *en lo alto del edificio hay una veleta.* // **veleta** *[n.inv. en gén.]* **2** persona que cambia de opinión con mucha frecuencia, igual que las veletas movidas por el viento: *no le hagas mucho caso porque es un veleta.*

vellido, vellida *[adj.]* que tiene mucho vello. **SIN.** velludo. **FAM.** vello.

vello *[n.m.]* pelo que sale en algunas partes del cuerpo humano y que es más fino y más corto que el de la cabeza o la barba: *los hombres tienen en los brazos más vello que las muje-*

res. **FAM.** vellosidad, velloso, velludo, ***vellido*** (velludo).

velo *[n.m.]* **1** prenda de gasa o de otra tela muy fina y transparente que se lleva sobre la cabeza o sobre la cara: *antes, las mujeres se ponían un velo sobre la cabeza para entrar en la iglesia.* **AMPL.** el velo o pañuelo con el que las mujeres musulmanas se cubren la cara se llama ***chador***. **2** cualquier cosa ligera que no deja ver algo con claridad: *un velo de humo cubría la catedral.*

velocidad *[n.f.]* **1** proporción entre el espacio que se recorre y el tiempo que se tarda en recorrerlo: *la luz se mueve a una velocidad de 300.000 kilómetros por segundo; en bicicleta no se puede ir a mucha velocidad.* **2** cada una de las posiciones en las que se puede poner el cambio de los vehículos y que coloca los engranajes o los piñones que relacionan las vueltas del motor o de los pedales con las vueltas de las ruedas: *los coches modernos suelen llevar cinco velocidades.* **SIN.** marcha. ■ **a toda velocidad**, muy deprisa.

velocípedo *[n.m.]* vehículo antiguo parecido a la bicicleta.

velódromo *[n.m.]* lugar en el que hay una pista especialmente adecuada para hacer carreras de bicicletas: *las pistas de los velódromos son ovaladas.*

veloz *[adj.inv. en gén.]* que puede ir muy deprisa o que tarda poco en hacer algo: *los guepardos son animales muy veloces; el A.V.E. es el tren español más veloz; es muy veloz haciendo los deberes.* **SIN.** rápido. **ANT.** lento. **PL.** *veloces.* **FAM.** velocidad, velozmente, velódromo, velocímetro, ***velocípedo*** (vehículo antiguo de pedales).

vena *[n.f.]* **1** cada uno de los conductos por los que va hasta el corazón la sangre que ha circulado por las arterias: *la vena yugular pasa por el cuello.* **2** en un terreno o una roca, grieta rellena de otro mineral: *una vena de carbón.* **SIN.** veta. **FAM.** venoso, venal. **COMP.** intravenoso.

venado *[n.m.]* animal de los que se llaman *de caza mayor*, como el lobo, el jabalí y el ciervo: *en algunas zonas, la ley prohíbe la caza de venados.*

vencedor, vencedora *[adj.]* que ha vencido a alguien o que ha ganado algo: *el equipo vencedor; la concursante vencedora.* **SIN.** ganador. **ANT.** perdedor. TAMBIÉN *n.*: *el vencedor del campeonato de ajedrez recibió el premio.*

vencejo *[n.m.]* pájaro pequeño parecido a la golondrina que se alimenta de insectos y hace el nido en los aleros de los tejados.

vencer *[v.]* **1** conseguir más puntos o más tantos en un juego, una competición, etc.: *vencieron al equipo contrario.* **SIN.** ganar. **ANT.** perder. **2** ganar una guerra. **3** no hacer caso de un sentimiento, un deseo, una reacción, etc.: *venció la pereza y se puso a trabajar.* **SIN.** dominar, controlar. **ANT.** sucumbir a. **4** solucionar problemas, dificultades, etc.: *para conseguirlo tuvo que vencer muchos inconvenientes.* **SIN.** salvar. **AF.** superar, resolver. **5** acabarse el tiempo que hay para algo: *mañana vence el plazo de presentación de solicitudes.* **SIN.** acabar, expirar. **6** ser tan fuerte una necesidad o un deseo, que uno no puede actuar como si no lo tuviera: *lo venció el sueño; la venció el cansancio.* **OBS.** ante a y o, z: *venzan; venzo.* **FAM.** vencedor, vencido, vencimiento, vencida. **COMP.** convencer, invencible.

venda *[n.f.]* tira de tela con la que se rodea una parte del cuerpo en la que hay una herida o una lesión: *le puso una venda en el tobillo dolorido.* **FAM.** vendar, vendaje. **COMP.** desvendar.

vendaje *[n.m.]* venda o conjunto de vendas que rodean una parte del cuerpo: *todos los días le cambian el vendaje de la cabeza.*

vendar *[v.]* poner una o varias vendas: *le vendaron la rodilla.*

vendaval *[n.m.]* viento que sopla con mucha fuerza: *el vendaval voló las sombrillas.* **SIN.** ventarrón.

vendedor, vendedora *[n.]* persona que vende algo: *un vendedor de calzado; en algunas tiendas hay vendedores muy antipáticos; el vendedor y el comprador se pusieron de acuerdo en las condiciones de compraventa del piso.* **ANT.** comprador. **AMPL.** las personas que se encargan de atender al público en las tiendas también se llaman ***dependientes***.

vender *[v.]* **1** darle a alguien algo que es de uno a cambio de dinero: *le vendió su coche a buen precio.* **ANT.** adquirir, comprar. **2** cobrar dinero por decir algo de alguien que sale perjudicado: *Judas Iscariote vendió a Jesucristo por treinta monedas.* **AF.** delatar, entregar. // **venderse** *[v.prnl.]* **3** aceptar dinero u otra cosa por hacer algo que no se debe hacer: *el árbitro se vendió al equipo contrario y nos anuló un gol.* **FAM.** vendedor, vendible, venta, ventero, ventorro. **COMP.** revender, reventa.

vendimia *[n.f.]* lo que se hace para coger de la vid* las uvas maduras: *en la época de vendimia pasan el día en la viña.* **FAM.** vendimiar, vendimiador.

vendimiar *[v.]* recoger la uva de las viñas cuando está madura. **AF.** cosechar, recolectar.

vendimiador, vendimiadora *[n.]* persona que recoge la uva de la vid: *los vendimiadores vuelven de la viña cantando.*

vendrá, vendré... formas irregulares de la conjugación del verbo *venir**.

veneno *[n.m.]* **1** sustancia que, en poca cantidad, puede producir la muerte de una persona o un animal: *la cicuta es un veneno.* **2** cualquier cosa que es mala para la salud: *el tabaco es un veneno para los pulmones.* **FAM.** venenoso. **COMP.** envenenar.

venenoso, venenosa *[adj.]* que tiene veneno: *las cobras son serpientes venenosas.*

venezolano, venezolana *[adj.]* de Venezuela, país suramericano cuya capital es Caracas: *una ciudad venezolana; un niño venezolano.* TAMBIÉN *n.: las venezolanas.*

venga, vengo... formas irregulares de la conjugación del verbo *venir**. TAMBIÉN son formas regulares de la conjugación del verbo *vengar.*

venganza *[n.f.]* daño que se le hace, intencionadamente, a quien le ha hecho daño a uno: *fue una venganza cruel.* **AF.** revancha, desquite. ■ **deseo de venganza**, sentimiento de la persona que quiere hacerle daño a quien se lo ha hecho a ella. **SIN.** rencor, resentimiento. **ANT.** perdón.

vengar *[v.]* hacerle daño físico o moral a quien ha hecho algo que lo perjudica a uno: *quiso vengar la muerte de su padre.* TAMBIÉN *prnl.: se vengó haciéndole la misma trampa.* **AF.** desquitarse. **OBS.** ante e, gu: *venguen.* **FAM.** venganza, vengador, vengativo, vengativamente.

venidero, venidera *[adj.]* que todavía no ha llegado pero se sabe que llegará: *el tiempo venidero; las generaciones venideras.* **AF.** próximo. **ANT.** pasado.

venir *[v.]* **1** recorrer una persona, un animal o una cosa el camino que hay entre el sitio en el que está y el sitio en el que está la persona que habla: *venía de Murcia; el olor viene de la cocina.* **ANT.** marcharse, irse. **2** llegar a donde

CONJUGACIÓN DEL VERBO VENIR

Formas no personales

Infinitivo: *venir.* Gerundio: *viniendo.* Participio: *venido.*

Indicativo

Presente: *vengo, vienes, viene, venimos, venís, vienen.*

Pretérito imperfecto: *venía, venías, venía, veníamos, veníais, venían.*

Pretérito perfecto simple: *vine, viniste, vino, vinimos, vinisteis, vinieron.*

Futuro: *vendré, vendrás, vendrá, vendremos, vendréis, vendrán.*

Condicional simple:

vendría, vendrías, vendría, vendríamos, vendríais, vendrían.

Subjuntivo

Presente: *venga, vengas, venga, vengamos, vengáis, vengan.*

Pretérito imperfecto: *viniera/ viniese, vinieras/ vinieses, viniera/ viniese, viniéramos/ viniésemos, vinierais/ vinieseis, vinieran/ viniesen.*

Futuro: *viniere, vinieres, viniere, viniéremos, viniereis, vinieren.*

Imperativo:

ven, venga, vengamos, venid, vengan.

está la persona que habla: *¿ya vino el cartero?* **SIN.** llegar. **3** hablando de periodos de tiempo, ser el más próximo que todavía no ha llegado: *la semana que viene; el mes que viene.* **4** estar en el sitio que se dice: *la noticia viene en la primera página del periódico.* ■ **venir de**, tener la causa en lo que se dice. **FAM.** venida, venidero. **COMP.** avenida, desavenencia, intervenir, porvenir, prevenir, convenir, contravenir, ***sobrevenir*** (llegar de repente algo inmaterial), advenimiento, ***reconvenir*** (reñir).

venta *[n.f.]* **1** lo que hace uno cuando vende algo: *la venta de un piso; venta de productos de alimentación; hizo una buena venta.* **ANT.** compra. **2** nombre que se daba antiguamente a las casas que había en los caminos para que la gente pudiera parar a comer, dormir o descansar, y que solía tener sitio para los caballos: *a don Quijote lo armaron caballero en una venta.* **AMPL.** el dueño de una venta era el ***ventero***.

ventaja *[n.f.]* **1** característica que hace que una cosa o una persona sea más conveniente que otra: *el transporte público tiene sobre el privado ventajas ecológicas y económicas.* **ANT.** desventaja, inconveniente, pega. **2** diferencia favorable de tiempo, de espacio o de puntuación que consigue una persona sobre otra u otras: *le saca diez segundos de ventaja al ciclista que va detrás; lleva una ventaja de tres puntos; a la salida, le dieron algo de ventaja al más pequeño.* **FAM.** ventajista, ventajoso, ventajosamente. **COMP.** aventajar, desventaja.

ventajoso, ventajosa *[adj.]* que interesa porque tiene ventajas: *una situación ventajosa.* **SIN.** favorable.

ventana *[n.f.]* **1** hueco en una pared o un muro, normalmente cubierto con material translúcido, para que el interior tenga luz y ventilación. **AMPL.** en los edificios, las ventanas grandes también se llaman ***ventanales*** y las muy pequeñas, ***ventanos***; una ventana redonda se llama ***ojo de buey***; en los vehículos, las ventanas laterales se llaman ***ventanillas***, el cristal que cubre el hueco frontal, ***parabrisas*** y el que cubre el hueco trasero, ***luneta***. **2** armazón en el que va el cristal que cubre este hueco: *el edificio tiene ventanas de aluminio.* **3** cada uno de los agujeros de la nariz. **SIN.** orificio. **FAM.** ventanal, ventanilla, ventano, ventanuco, ventanaje. **COMP.** contraventana.

ventanaje *[n.m.]* conjunto de las ventanas de un edificio. **FAM.** ventana.

ventanal *[n.m.]* ventana grande: *por el ventanal del salón entra mucha luz.* **FAM.** ventana.

ventanilla *[n.f.]* **1** abertura pequeña en una pared de algunos sitios, desde donde los empleados atienden a los clientes que están al otro lado: *en la estación hay varias ventanillas de venta de billetes.* **2** cada una de las ventanas laterales de los vehículos: *las ventanillas de un coche; las ventanillas de un avión.*

ventano *[n.m.]* ventana muy pequeña. **FAM.** ventana.

ventero, ventera *[n.]* dueño de una venta (especie de hotel que había en los caminos). **FAM.** venta.

ventilación *[n.f.]* hecho de que en un sitio entre aire del exterior (*los dormitorios necesitan ventilación*), y posibilidad de que entre (*los trasteros no tienen ventilación*).

ventilador *[n.m.]* aparato con unas aspas giratorias que mueven el aire y refrescan el ambiente: *si tienes calor, enchufa el ventilador.*

ventilar *[v.]* **1** hacer que entre aire del exterior: *conviene ventilar la casa todos los días.* **SIN.** airear. **2** poner algo al aire libre para que se refresque, se le quite el olor o se seque: *antes de hacer la cama conviene ventilar la ropa.* **SIN.** airear, orear. **FAM.** ventilación, ventilador, ventilado.

ventisca *[n.f.]* viento muy fuerte acompañado de nieve: *en lo alto de las montañas suele haber ventiscas.*

ventisquero *[n.m.]* parte alta de las montañas en la que la nieve y el hielo no se derriten nunca. **SIN.** nevero. **FAM.** viento, ventisca.

ventosa *[n.f.]* **1** órgano que tienen algunos animales para poder pegarse a los sitios: *los calamares tienen ventosas en los tentáculos.* **2** pieza redonda y cóncava, de material elástico, que se queda pegada a una superficie lisa al apretarla contra ella porque se hace el vacío: *las flechas de juguete terminan en una ventosa para que no resulten peligrosas.*

ventosidad *[n.f.]* gases que salen del intestino. **FAM.** viento.

ventrículo *[n.m.]* cada uno de los dos huecos en que está dividida la parte inferior del corazón.

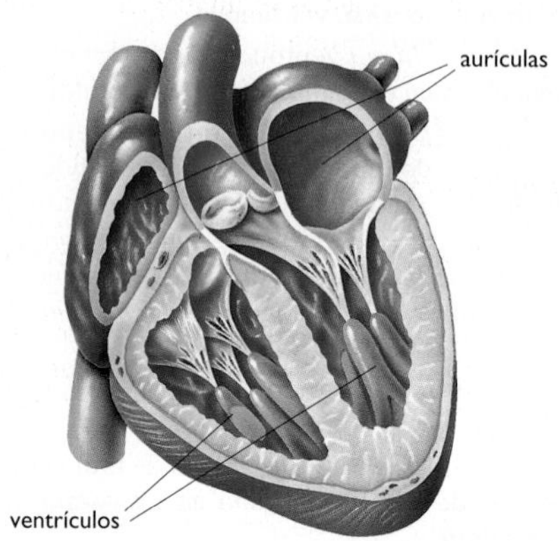

ventrílocuo, ventrílocua *[n.]* persona que puede hablar sin mover la boca, de manera que parece que no es ella la que habla: *los ventrílocuos tienen facilidad para imitar distintas voces.* **FAM.** ventriloquía.

ventura *[n.f.]* suerte, especialmente, buena suerte: *tuvo la ventura de salir ileso del accidente.* **SIN.** fortuna, buenaventura. **ANT.** desgracia, desventura, malaventura.

ver *[v.]* **1** darse cuenta, gracias al sentido de la vista, de la forma, el color y el aspecto de lo que uno tiene delante o de lo que hay donde uno está: *los ciegos no pueden ver; lo vio en la calle; te veo por el rabillo del ojo; si miras sin fijarte, no verás los detalles.* **2** darse cuenta de algo: *¿ves que es imposible?; vio que sería fácil.* **SIN.** comprender, percatarse de. **3** estar con una persona: *mañana verá al director.* **4** pensar que algo es o será de determinada manera, o que alguien tendrá que hacer algo: *ve muy mal la economía del país; te veo estudiando todo el verano.* // **verse** *[v.prnl.]* **5** estar en una situación determinada: *se vio en apuros.* ■ **ver bien** o **mal** algo, parecerle a uno bien o mal. ■ **a ver si...** es una expresión que indica deseo (*¡a ver si te toca la lotería!*) o posibilidad (*¡a ver si no viene!*). ■ **ir a ver** a alguien, visitarlo. ■ **no poder ver** algo o a alguien, no gustar nada. **SIN.** aborrecer, detestar. **FAM.** visión, vista, visual, ***vidente*** (que puede ver), ***videncia*** (capacidad para ver). **COMP.** entrever, evidente, prever, invidente, invidencia.

CONJUGACIÓN DEL VERBO VER
Formas no personales
Infinitivo: *ver*. Gerundio: *viendo*. Participio: *visto*.
Indicativo
Presente: *veo, ves, ve, vemos, véis, ven.*
Pretérito imperfecto: *veía, veías, veía, veíamos, veíais, veían.*
Pretérito perfecto simple: *vi, viste, vio, vimos, visteis, vieron.*
Futuro: *veré, verás, verá, veremos, veréis, verán.*
Condicional simple:
vería, verías, vería, veríamos, veríais, verían.
Subjuntivo
Presente: *vea, veas, vea, veamos, veáis, vean.*
Pretérito imperfecto: *viera/ viese, vieras/ vieses, viera/ viese, viéramos/ viésemos, vierais/ vieseis, vieran/ viesen.*
Futuro: *viere, vieres, viere, viéremos, viereis, vieren.*
Imperativo:
ve, vea, veamos, ved, vean.

vera *[n.f.]* orilla de un río, de un camino o de otra cosa parecida: *en la vera del sendero había muchas amapolas.* **SIN.** orilla, lado. ■ **a la vera de** algo o de alguien, a su lado. **SIN.** junto a, al lado de.

veracidad *[n.f.]* lo que tienen las cosas por ser verdad: *el juez confirmó la veracidad de las pruebas.*

veranear *[v.]* pasar el verano o las vacaciones de verano en un sitio donde no se vive normalmente: *veranean en un pueblo de montaña.* **OBS.** e + e = ee: *veraneen.*

veraneo *[n.m.]* hecho de pasar las vacaciones de verano en un determinado lugar: *van de veraneo a la montaña.*

veraniego, veraniega *[adj.]* del verano o para el verano: *tiempo veraniego; ropa veraniega.*

verano *[n.m.]* estación del año en la que las temperaturas son más altas: *los cereales se recogen en verano.* **FAM.** veraneo, veranear, veraneante, veraniego, veranillo.

veras palabra que nada más aparece en la expresión adverbial ■ **de veras**, con sinceridad. **SIN.** de verdad, en serio.

veraz *[adj.inv. en gén.]* **1** que siempre dice la verdad: *una persona veraz.* **AF.** sincero. **2** que expresa una verdad: *una frase veraz.* **SIN.** verdadero, verídico, cierto. **PL.** *veraces*. **FAM.** veracidad.

verbal *[adj.inv. en gén.]* **1** que se hace o se da hablando, y no por escrito: *un contrato verbal; comunicación verbal.* **SIN.** oral. **2** de los verbos: *tiempos verbales; formas verbales.*

verbena *[n.f.]* fiesta al aire libre, con baile, que se hace por la noche: *hay una verbena en la plaza del pueblo.* **FAM.** verbenero, verbenáceo.

verbo *[n.m.]* clase de palabras con las que se expresa una acción realizada por un sujeto o un estado que se le atribuye al sujeto y que permite, mediante ciertas variaciones de su forma, precisar el tiempo, el número, la persona, la voz y el modo gramaticales: *"amar" es un verbo de la primera conjugación.* **AMPL.** en español, los verbos terminados en *-ar* pertenecen a la *primera* ***conjugación***, los terminados en *-er* a la *segunda* y los terminados en *-ir*, a la *tercera*; los accidentes gramaticales del verbo son: ***persona*** (primera, segunda y tercera), ***número*** (singular y plural), ***tiempo*** (presente, pasado y futuro), ***voz*** (activa y pasiva) y ***modo*** (indicativo, subjuntivo, condicional e imperativo); en las oraciones, el verbo es el ***núcleo del predicado***. **FAM.** verbal, verbalmente, ***verbosidad*** (facilidad para expresarse), ***verborrea*** (verbosidad exagerada).

verborrea *[n.f.]* lo que demuestra quien habla mucho y deprisa, utilizando muchas más palabras de las que serían necesarias para expresar lo que dice.

TIPOS DE VERBOS

Por su conjugación

En cuanto a la raíz:

REGULAR
cuando todas las formas de la conjugación tienen la misma raíz y siguen uno de los tres modelos de conjugación establecidos para los acabados en *-ar, -er, -ir: amar, cantar, comer, temer, partir, percibir*, etc.

IRREGULAR
cuando no todas las formas de su conjugación tienen la misma raíz: *negar* (negó, niego), *tender* (tendió, tiende), *conducir* (conducía, condujera, conduzcan), etc.

En cuanto a los tiempos y las personas:

DEFECTIVO
no se conjuga en todos los tiempos o todas las personas: *abolir, nevar, ocurrir*, etc.

NO DEFECTIVO
se conjuga en todos los tiempos y todas las personas: todos los demás.

Por su función sintáctica

COPULATIVO
forma, con el atributo, el predicado nominal de la oración: *ser, estar, parecer*, etc.

AUXILIAR
sirve para formar tiempos compuestos o voz pasiva: *haber y ser.*

PREDICATIVO
todos los demás.

Por su construcción sintáctica

TRANSITIVO
necesita un complemento directo para completar el significado: *decir, estropear, comprar, mover, sacar, meter*, etc.

INTRANSITIVO
no tiene complemento directo: *hablar, reír, llorar, salir, entrar*, etc.

PRONOMINAL
todas las formas de la conjugación se construyen con el pronombre-complemento correspondiente a cada persona: *estropearse, alegrarse, morirse, caerse...* (expresan algo que le pasa al sujeto); *callarse, sentarse...* (expresan algo que hace el sujeto); *escribirse, tutearse...* (pronominales recíprocos*); *ducharse, peinarse...* (pronominales reflexivos*)

Por la relación de su significado con el sujeto

IMPERSONAL
no tiene sujeto (sólo se construye en 3ª persona del singular): *nevar, tronar, haber*, etc.

UNIPERSONAL
sólo admite sujeto en tercera persona del singular o del plural: *ocurrir, acontecer*, etc.

REFLEXIVO
la acción del verbo recae en el sujeto (se construye con el pronombre correspondiente a cada persona y éste hace de complemento directo): *lavarse, ducharse*, etc.

RECÍPROCO
hay varios sujetos que realizan la misma acción y ésta va de unos a otros; si es pronominal, el pronombre hace de complemento directo: *quererse, tutearse, escribirse, despedirse*, etc.; si no es pronominal, se construye con una preposición o con una oración de varios sujetos: *compartir* (lo comparto con ellos; comparten la habitación), *discutir, competir, congeniar*, etc.

SIN RELACIÓN ESPECIAL
todos los demás.

verbosidad *[n.f.]* facilidad para expresarse. SIN. verborrea. ANT. laconismo. FAM. verbo.

verdad *[n.f.]* lo que coincide con lo que pasa, con lo que ha pasado, con lo que es o con lo que se piensa: *es una verdad que la Tierra gira alrededor del Sol; el testigo dijo una verdad y una mentira.* ANT. falsedad; mentira o error. ■ **ser verdad**, coincidir con la realidad. SIN. ser cierto, ser verídico. FAM. verdadero, verdaderamente, verídico, verídicamente, verosímil, verosimilitud, verosímilmente, verificar, verificación, verificable, verificativo. COMP. inverosímil.

verdadero, verdadera *[adj.]* 1 que coincide con la realidad: *los cuentos de hadas no son historias verdaderas.* SIN. verídico, cierto, real. ANT. falso o irreal. 2 que tiene lo que tiene que tener para ser lo que se dice: *un verdadero amigo.* SIN. auténtico.

verde *[adj.inv. en gén.]* 1 que tiene el mismo color que la hierba en primavera: *color verde; luz verde; una tela verde.* TAMBIÉN *n.m.: el verde puede conseguirse mezclando azul y amarillo; un verde claro.* 2 que no ha perdido la humedad o el frescor: *leña verde.* ANT. seco. 3 que no está totalmente hecho o formado: *fruta verde.* ANT. maduro. 4 que no tiene todo lo que tenía que tener o que no sabe todo lo que tenía que saber: *este trabajo todavía está verde; está muy verde en matemáticas.* ■ **poner verde** a una persona, hablar mal de ella o insultarla. FAM. verdor, verdoso, verdusco, verdear, verdecer, verdín, verdinoso, verdura, verdulero, verdulería, verdugo. COMP. reverdecer, enverdecer.

verderón *[n.m.]* pájaro pequeño con las plumas verdosas. PL. *verderones.*

verdín *[n.m.]* capa verde que se forma por exceso de humedad en una superficie: *al final del invierno, el fondo de la piscina está cubierto de verdín.* OBS.: no se usa en plural.

verdor *[n.m.]* color verde que tienen los vegetales frescos: *desde la carretera disfrutamos del verdor del campo.* SIN. verde.

verdoso, verdosa *[adj.]* que tira a verde: *una fachada de color azul verdoso.*

verdugo *[n.m.]* 1 persona encargada de quitarle la vida a un condenado a muerte: *el verdugo tapó los ojos al condenado.* AMPL. el nombre viene de *verde*, porque antiguamente se azotaba a los castigados con una rama fina y verde. 2 gorro de lana que cubre la cabeza y el cuello.

verdugón *[n.m.]* rama cortada cuando está verde. PL. *verdugones.*

vergel *[n.m.]* jardín grande, bonito y con muchas plantas, flores y árboles frutales.

verdulero, verdulera *[n.]* 1 persona que se dedica a vender verduras. 2 persona maleducada que habla a gritos, insulta y dice palabras malsonantes: *no quiero hablar con verduleros como tú.*

verdura *[n.f.]* plantas comestibles de huerta, especialmente si tienen hojas de color verde y se comen cocidas: *la berza y la coliflor son verduras.* AMPL. todas las plantas de huerta, aunque no tengan hojas verdes y se coman crudas, se llaman ***hortalizas***.

vergonzoso, vergonzosa *[adj.]* 1 que siente vergüenza ante gente desconocida: *un niño vergonzoso.* SIN. tímido. 2 que da vergüenza o debería dar vergüenza, porque es malo y no debería pasar, pero pasa: *es vergonzoso que haya hambre en el mundo.* SIN. deplorable, lamentable.

vergüenza *[n.f.]* 1 lo que siente quien no está a gusto con alguien y no se atreve a decir o hacer algo, porque cree que haría el ridículo o quedaría mal: *le da vergüenza disfrazarse; si tuviera vergüenza no sería tan mal educado.* ANT. atrevimiento. 2 sensación desagradable de quien se da cuenta de que alguien se ha enterado de algo que no le gusta que se sepa: *pasó vergüenza cuando se cayó en la calle.* SIN. bochorno, apuro. 3 cosa que no debería pasar, pero pasa: *es una vergüenza que habiendo alimentos suficientes haya niños que mueren de hambre.* FAM. vergonzoso, vergonzosamente, vergonzante. COMP. avergonzar, desvergonzado, sinvergüenza.

verídico, verídica *[adj.]* que coincide con la realidad: *una historia verídica.* SIN. verdadero, cierto, real. ANT. falso o irreal.

verificar *[v.]* comprobar que algo es verdad o que algo está bien: *verifica que ya han llegado todos; verificó los datos del documento.* SIN. comprobar*. OBS. ante e, qu: *verifiquen.*

verja *[n.f.]* conjunto de barras de hierro que forman una puerta, una ventana o una cerca: *cierra la verja del jardín.*

vermú *[n.m.]* licor hecho con vino blanco y alguna sustancia que le dé aroma y sabor algo amargo. **AMPL.** la sustancia amarga suele estar hecha con ***ajenjo***, que es una planta medicinal que tiene este sabor.

vermut *[n.m.]* vermú*.

verosímil *[adj.inv. en gén.]* que se puede creer porque no tiene nada que haga pensar que no es posible: *una excusa verosímil; una historia verosímil.*

verruga *[n.f.]* bulto redondeado que se forma en la piel o en la superficie de una planta: *las verrugas no suelen ser dolorosas.* **FAM.** verrugoso.

versal *[n.f.]* letra mayúscula: *el título del libro está escrito con versales.* TAMBIÉN *adj.: escríbelo con letra versal.*

versalita *[n.f.]* letra mayúscula que es del mismo tamaño que la minúscula. TAMBIÉN *adj.: letra versalita.*

versículo *[n.m.]* párrafo numerado de algunos libros: *citó varios versículos de la Biblia.*

versificar *[v.]* decir o escribir algo en forma de verso: *ha versificado el discurso.* **OBS.** ante e, qu: *versifiquen.*

versión *[n.f.]* cualquiera de las posibles maneras que hay de contar una misma cosa, interpretar una partitura musical, una canción, una obra de teatro, etc.: *cada uno dio su versión del accidente; la versión cinematográfica de una novela; la versión inglesa de un libro escrito en alemán.* ■ **versión original**, primera forma en que aparece algo.

verso *[n.m.]* **1** palabra o conjunto de palabras que tienen medida y ritmo y están relacionadas con otras con las que forma un poema: *un soneto es un poema de 14 versos.* **AMPL.** se suele considerar un verso a cada una de las líneas que forman un poema; los versos que tienen más de ocho sílabas se llaman ***de arte mayor*** y si tienen menos de ocho sílabas, ***de arte menor***; en un poema, cada grupo formado por el mismo número de versos ordenados de la misma manera se llama ***estrofa****. **2** manera de expresar sentimientos e ideas con palabras relacionadas entre sí por una medida y un ritmo: *le gusta más el verso que la prosa.* **SIN.** poesía. **ANT.** prosa. **FAM.** versificar, versificación, versificador, ***versículo*** (párrafo numerado de algunos libros), ***versal*** (letra mayúscula), ***versalita*** (letra mayúscula del mismo tamaño que la minúscula).

vértebra *[n.f.]* cada uno de los huesos articulados entre sí que forman la columna vertebral: *las personas tenemos treinta y dos vértebras.* **FAM.** vertebrado, vertebral. **COMP.** invertebrado.

vertebrado *[adj.]* que tiene esqueleto formado por columna vertebral y cráneo, y sistema nervioso formado por médula espinal y encéfalo: *los mamíferos son animales vertebrados.* **ANT.** invertebrado. TAMBIÉN *n.m.: los vertebrados se clasifican en mamíferos, aves, reptiles, anfibios y peces.*

vertebral *[adj.inv. en gén.]* de las vértebras: *una lesión vertebral; discos vertebrales.* ■ **columna vertebral**, VER *columna.*

vertedero *[n.m.]* sitio en el que se tiran cosas que no valen: *un vertedero de basuras.* **AMPL.** los sitios destinados a tirar escombros se llaman ***vertederos de escombros*** o ***escombreras***.

verter *[v.]* **1** dejar caer algo en un sitio: *vierte la harina del paquete en el plato.* **SIN.** echar. **AF.** poner. **AMPL.** si se vierte una cosa sin querer, por descuido, también se usan los verbos ***tirar*** y ***derramar***: *ten cuidado, que vas a derramar la leche.* **2** pasar una corriente de agua a otro sitio: *el río Tajo vierte sus aguas en el océano Atlántico.* **AF.** desembocar. **CONJUG.** como *perder**. **FAM.** vertedero, vertiente, vertido. **COMP.** advertir, convertir, diversidad, divertir, invertir, extrovertido, extravertido.

vertical *[adj.inv. en gén.]* que está colocado de arriba a abajo, derecho, en la posición contraria a la del horizonte: *de pie estoy en posición vertical y tumbado, en posición horizontal.* **FAM.** verticalidad, verticalmente.

vértice *[n.m.]* **1** punto en el que se unen los dos lados que forman un ángulo*: *un cuadrado tiene cuatro vértices.* **AMPL.** la línea en la que se unen los dos planos que forman un ángulo se llama ***arista***. **2** parte más alta y puntiaguda de una montaña, una pirámide, un cono, etc. **SIN.** cúspide. **ANT.** base.

vertiente *[n.f.]* 1 cada uno de los lados de una montaña: *es peligroso escalarla por la vertiente norte.* 2 cada una de las partes inclinadas que forman un tejado: *un tejado con cuatro vertientes.* 3 cada uno de los aspectos que se pueden ver o entender de algo: *fíjate en la vertiente positiva del asunto y olvida la negativa.* **SIN.** aspecto, lado, parte.

vértigo *[n.m.]* lo que sienten las personas que, cuando están en un sitio alto, creen que van a caerse y se marean: *no se monta en la noria porque tiene vértigo.* **FAM.** vertiginoso, vertiginosamente, vertiginosidad.

vertir forma incorrecta de decir *verter**.

vesícula *[n.f.]* órgano del cuerpo humano y del de algunos animales, que está al lado del hígado. **AMPL.** es una bolsa musculosa y pequeña en la que se almacena la ***bilis***, que es el líquido que segrega el hígado. **FAM.** vesicular, vesiculoso.

vespertino, vespertina *[adj.]* que pasa por la tarde o que se hace por la tarde: *clases vespertinas.* **AMPL.** lo que pasa por la mañana es ***matutino*** y si es por la noche, ***nocturno***.

vestíbulo *[n.m.]* en un piso, una casa o un edificio, espacio al que da la puerta que comunica el exterior con el interior y del que se puede pasar a las otras zonas: *el vestíbulo de los hoteles suele ser muy amplio.* **SIN.** entrada, recibidor. **AMPL.** en las casas antiguas, si este espacio es grande y está al nivel de la calle se llama ***zaguán*** y si está al aire, sin tejado, ***patio*** o ***corral***; en los edificios con varias viviendas, este espacio se llama ***portal***.

vestido *[n.m.]* 1 prenda de vestir de mujer, con mangas o sin ellas y sin perneras, que cubre el tronco y, total o parcialmente, las piernas. 2 conjunto de la ropa que se usa para cubrir el cuerpo: *la vivienda, la alimentación y el vestido son algunas necesidades del hombre moderno.* **SIN.** ropa.

vestigio *[n.m.]* resto o señal que queda en un sitio, por lo que se puede notar que por allí ha estado o ha pasado algo o alguien: *al hacer la excavación se encontraron vestigios de un castro romano.* **SIN.** rastro, indicio.

vestimenta *[n.f.]* 1 conjunto de la ropa que se lleva puesta: *lleva una vestimenta muy original.* **SIN.** indumentaria, atuendo. 2 traje que se ponen los sacerdotes para los actos religiosos. **SIN.** vestidura.

vestir *[v.]* 1 ponerle a alguien la ropa o ayudarle a ponérsela: *dos amigas vistieron a la novia para la boda.* **ANT.** desvestir, desnudar. TAMBIÉN *prnl. refl.*: *se viste en su dormitorio.* 2 cubrir una cosa con otra para adornarla: *vistió la ventana con unas cortinas.* **SIN.** adornar, embellecer. 3 ir vestido de una manera determinada (*viste con traje y corbata*) o llevar puesta la ropa que se dice (*viste traje y corbata*). 4 tener la ropa lo necesario para que la persona que la lleve vaya elegante: *es un traje sencillo pero viste mucho.* // **vestirse** *[v.prnl.]* 5 comprar uno su ropa en el sitio que se dice: *se viste en tiendas muy caras.* **FAM.** vestido, vestuario, vestimenta, vestidura. **COMP.** desvestir, revestir, revestimiento, investir, investidura.

CONJUGACIÓN DEL VERBO VESTIR

Formas no personales

Infinitivo: *vestir.* Gerundio: *vistiendo.* Participio: *vestido.*

Indicativo

Presente: *visto, vistes, viste, vestimos, vestís, visten.*

Pretérito imperfecto: *vestía, vestías, vestía, vestíamos, vestíais, vestían.*

Futuro: *vestiré, vestirás, vestirá, vestiremos, vestiréis, vestirán.*

Condicional simple:

vestiría, vestirías, vestiría, vestiríamos, vestiríais, vestirían.

Subjuntivo

Presente: *vista, vistas, vista, vistamos, vistáis, vistan.*

Pretérito imperfecto: *vistiera/ vistiese, vistieras/ vistieses, vistiera/ vistiese, vistiéramos/ vistiésemos, vistierais/ vistieseis, vistieran/ vistiesen.*

Futuro: *vistiere, vistieres, vistiere, vistiéremos, vistiereis, vistieren.*

Imperativo:

viste, vista, vistamos, vestid, vistan.

vestuario *[n.m.]* 1 conjunto de toda la ropa que tiene una persona: *su vestuario es de gran calidad.* **SIN.** ropa. 2 conjunto de los trajes que llevan los actores en una representación: *el vestuario de la película es de la Edad Media.* **SIN.** ropa, indumentaria, vestidos, vestimenta. 3 sitio cerrado que hay en las piscinas, en los gimnasios, en los estadios, etc., para cambiarse de ropa: *después del partido, los futbolistas pasan al vestuario.*

veta *[n.f.]* 1 zona larga y estrecha de distinto color o de distinto material que el resto: *el ja-*

món tiene vetas de tocino; las vetas de la madera; un mármol negro con vetas blancas. 2 en un terreno o una roca, grieta rellena de otro mineral: *una veta de carbón.* **SIN.** vena. **FAM.** vetear, veteado.

veterano, veterana *[n.]* persona que lleva tiempo en un sitio y lo conoce bien: *los veteranos del colegio le explican cosas a los novatos.* **AF.** antiguo. **ANT.** novato. TAMBIÉN *adj.*: *un soldado veterano; una alumna veterana.*

veterinaria *[n.f.]* ciencia que estudia y trata las enfermedades de los animales: *estudia veterinaria en la universidad.*

veterinario, veterinaria *[adj.]* 1 de veterinaria o para enfermedades de animales: *clínica veterinaria; medicamento veterinario.* // **veterinario, veterinaria** *[n.]* 2 persona que ha estudiado veterinaria y se dedica a atender animales en lo relacionado con su salud: *el veterinario le puso una vacuna al perro.* **FAM.** veterinaria.

vez *[n.f.]* 1 cada una de las ocasiones en que pasa (o se hace) algo: *se ha caído dos veces; va a patinar una vez a la semana; es la tercera vez que se lo digo.* **SIN.** ocasión. 2 momento en que a una persona le toca hacer algo después de que lo haga otra: *no tienes la vez para hablar.* **SIN.** turno. ■ **a la vez**, en el mismo momento. **SIN.** al mismo tiempo, simultáneamente. ■ **a veces, alguna vez, de vez en cuando** o **algunas veces**, no mucho ni siempre, pero tampoco nunca. ■ **dar la vez**, decirle a alguien que le toca hacer algo después de uno. ■ **en vez de** indica que se hace, se dice o pasa una cosa y no la otra, o que una persona, y no otra, hace algo. **SIN.** en lugar de. **PL.** *veces.*

vía *[n.f.]* 1 lo que forman las dos barras de hierro paralelas sobre las que van las ruedas de los trenes: *por la estación pasan varias vías.* **AMPL.** cada una de las dos barras de hierro se llama ***raíl***; el sitio en el que se cruzan una vía y un camino o una carretera al mismo nivel, se llama ***paso a nivel***. 2 cualquier calle, avenida, carretera, etc. por la que pueden circular vehículos terrestres que no sean trenes: *han abierto una nueva vía de dos carriles.* **SIN.** vial. 3 camino que se sigue para ir a algún sitio: *por esta vía llegarás enseguida.* **SIN.** ruta, camino. 4 cada uno de los conductos del cuerpo de los animales por los que pasan la sangre, los alimentos, el aire, etc.: *las venas y las arterias son vías circulatorias.* **SIN.** conducto. ■ **Vía Láctea**, conjunto de millones de estrellas que, desde la Tierra, se ve como una gran franja de suave luz blanca. ■ **por vía oral**, por la boca. **FAM.** viable, viabilidad, viaducto, vial, viario. **COMP.** desviar, enviar, extraviar.

viable *[adj.inv. en gén.]* que se puede hacer porque no es imposible o no tiene demasiados inconvenientes: *un proyecto tan caro no es viable; medidas viables de lucha contra el paro.* **SIN.** factible. **ANT.** irrealizable.

viaducto *[n.m.]* puente que se construye sobre una gran hondonada para poder cruzarla con facilidad: *por algunos viaductos sólo pueden pasar vehículos.*

viajante *[n.inv. en gén.]* persona que viaja de ciudad en ciudad para vender a las tiendas los productos de una fábrica: *los viajantes pasan mucho tiempo en la carretera.*

viajar *[v.]* ir de una ciudad a otra o a otro sitio que no está tan cerca como para ir andando: *viaja en tren.*

viaje *[n.m.]* lo que hace quien va de una ciudad a otra o a otro sitio que no está tan cerca como para ir andando: *hicieron un viaje por España.* **FAM.** viajar, viajero, viajante.

viajero, viajera *[n.]* 1 persona que está viajando: *los viajeros llegaron cansados de tantas horas de autobús.* **AMPL.** si se habla de los viajeros que van en un vehículo también se dice ***pasajero***. // **viajero, viajera** *[adj.]* 2 que le gusta mucho viajar o que viaja mucho: *es una mujer muy viajera.*

víbora *[n.f.]* serpiente pequeña parecida a una culebra pero que es muy venenosa. **AMPL.** es un ***reptil*** y sus crías se llaman ***viboreznos***. **FAM.** viborezno, viperino.

vibración *[n.f.]* lo que se nota por el hecho de que algo se mueva como si temblara: *cuando pasa el tren se notan vibraciones en el suelo.* **SIN.** temblor.

vibrante *[adj.inv. en gén.]* que se hace (o se dice) con tanta fuerza e interés que consigue impresionar: *la vibrante defensa del abogado convenció al jurado.* **SIN.** ardiente, enérgico, vivo.

vibrar *[v.]* 1 moverse con rapidez pero sin cambiar de sitio: *la lavadora vibra cuando está funcionando.* **SIN.** temblar. 2 sentir mucho algo que gusta: *el público vibró con su música.* **SIN.** emocionarse, conmoverse. **FAM.** vibración, vibrante, vibratorio, vibrador, vibrátil.

vicepresidente, vicepresidenta *[n.]* persona que hace lo que tiene que hacer el presidente cuando él no está: *el vicepresidente de la asociación presidió la entrega de premios.* **FAM.** vicepresidencia, presidente.

viceversa *[adv. de m.]* igual en un sentido que en el contrario, o igual de una manera que de la contraria: *de izquierda a derecha y viceversa.* **SIN.** al contrario, al revés.

vicio *[n.m.]* lo que demuestra que tiene quien pasa demasiado tiempo haciendo algo que le gusta mucho porque no es capaz de dejarlo aunque le resulte perjudicial o inconveniente: *el vicio de jugar no le deja hacer otras cosas.* **AF.** manía. ■ **quejarse de vicio**, quejarse sin motivo. **FAM.** viciar, vicioso, viciosamente, viciado. **COMP.** enviciar.

vicioso, viciosa *[adj.]* que tiene algún vicio*: *una persona viciosa del juego.* TAMBIÉN *n.*: *son unos viciosos del alcohol.*

víctima *[n.f.]* persona que muere o que sufre daños en un accidente, en un robo, en un ataque, etc.: *en el accidente hubo tres víctimas mortales; la víctima del robo denunció a los ladrones.*

victoria *[n.f.]* lo que consigue quien gana una competición, un concurso, una batalla, etc.: *fue el más rápido y obtuvo la victoria.* **SIN.** triunfo. **ANT.** derrota. **FAM.** victorioso, victoriosamente, vitorear.

victorioso, victoriosa *[adj.]* que ha ganado alguna competición, lucha, etc.: *las tropas victoriosas entraron en la ciudad.* **SIN.** ganador, vencedor. **ANT.** perdedor, derrotado.

vid *[n.f.]* planta que tiene el tronco muy retorcido y los vástagos* largos, y cuyo fruto es la uva. **SIN.** cepa. **AMPL.** los terrenos en los que hay muchas vides se llaman ***viñedos*** o ***viñas***; las vides que trepan sujetándose a algún sitio especialmente preparado para eso se llaman ***parras***.

vida *[n.f.]* 1 lo que tienen los seres vivos desde que empiezan a formarse hasta que mueren, por el hecho de ser seres vivos: *los animales, los vegetales y las personas tienen vida pero las rocas, no.* 2 tiempo que vive un ser desde que nace hasta que muere, o tiempo que dura una cosa: *pasó trabajando la mayor parte de su vida; la vida de las tortugas es muy larga; la vida de los electrodomésticos depende de que se usen mucho o poco.* **SIN.** existencia. 3 fuerza que mantiene vivo a un ser: *es ya viejo pero tiene mucha vida.* **SIN.** energía, vitalidad. 4 manera de vivir: *lleva una vida muy solitaria.* 5 conjunto de las cosas que se necesitan para vivir: *la vida se ha puesto muy cara.* ■ **de por vida**, hasta que se muera. ■ **en la vida**, nunca. **SIN.** jamás, mientras viva. ■ **ganarse la vida**, conseguir una persona ganar el dinero que necesita para vivir. ■ **hacer la vida imposible**, causar tantos problemas a una persona, que no puede vivir tranquila. **FAM.** vidorra, vital, vitalidad, vitalicio, vitalizar, vitalista, vitalización.

videncia *[n.f.]* capacidad para ver.

vidente *[adj.inv. en gén.]* 1 que puede ver: *los murciélagos no son animales videntes.* **ANT.** invidente, ciego. // *[n.inv. en gén.]* 2 persona que adivina el futuro: *no cree en los videntes.* **SIN.** profeta, adivino.

vídeo *[n.m.]* 1 aparato eléctrico que sirve para grabar en una cinta imágenes y sonidos que salen por televisión, y para ver en un televisor imágenes grabadas en una videocinta. **SIN.** magnetoscopio. **AMPL.** el aparato que sólo

vid

sirve para poder ver lo grabado se llama ***reproductor de vídeo***; el que se usa para grabar imágenes y sonidos tomados de la realidad se llama ***videocámara*** o ***cámara de vídeo***. 2 videocinta. **FAM.COMP.** videojuego, videocinta, videocasete, videoconsola.

videocámara *[n.f.]* aparato que se usa para grabar imágenes y sonidos tomados de la realidad. **SIN.** cámara de vídeo.

videocinta *[n.f.]* cinta especial para grabar imágenes y sonidos y poder verlos en un televisor, a través de un aparato de vídeo*: *tiene varias videocintas de dibujos animados.* **SIN.** vídeo, videocasete.

videojuego *[n.m.]* disco o cinta parecida a las de vídeo, con un juego grabado para verlo en una pantalla y jugar desde los mandos o el teclado de un ordenador o de una consola.

vidriar *[v.]* hacer que algo tenga aspecto de vidrio: *al vidriar el barro queda muy brillante.* **FAM.** vidrio.

vidriera *[n.f.]* armazón con vidrios o cristales para cerrar puertas o ventanas y, especialmente, el que tiene cristales de colores formando dibujos: *a lo largo de la galería hay una vidriera por la que entra el sol; la catedral de León tiene preciosas vidrieras del siglo XIV.* **AMPL.** cuando los trozos de cristal están unidos entre sí por tiras de plomo se llama ***vidriera emplomada***.

vidrio *[n.m.]* 1 material translúcido, brillante y duro, fácil de romper y más o menos transparente: *una jarra de vidrio; la encimera de la mesa es una pieza de vidrio.* 2 pieza plana de este material: *los vidrios de las ventanas permiten el paso de la luz e impiden el del frío.* **SIN.COM.** cristal. **FAM.** vidriera, vidriería, vidriero, ***vidriar*** (dar aspecto de vidrio), vidriado, vidrioso, vidriosidad, ***vítreo*** (parecido al vidrio).

vieira *[n.f.]* animal marino comestible, que vive cerca de las costas del Atlántico; es un molusco de dos conchas, una plana y otra abombada.

viejo, vieja *[adj.]* 1 que tiene muchos años: *mis abuelos ya son viejos.* **SIN.** anciano. 2 que es de hace mucho tiempo: *esta avería del coche ya es vieja; las murallas de la ciudad son viejas.* **SIN.** antiguo. **INTENS.** vetusto. **ANT.** moderno, reciente, actual. 3 que se nota que se ha usado mucho o que ha sido tratado sin cuidado: *tira la mochila vieja.* **AF.** estropeado, ajado. **ANT.** nuevo. **FAM.** vejez, vejestorio, vejete, veterano, veteranía, vetusto. **COMP.** avejentar, envejecer.

viene, vienen... formas irregulares de la conjugación del verbo *venir**.

viento *[n.m.]* 1 lo que hay en un sitio exterior cuando se nota que el aire está moviéndose: *el viento te ha despeinado.* **AMPL.** el aparato que mide la velocidad del viento se llama ***anemómetro*** y la pieza giratoria de metal que se coloca en lo alto de los edificios y que indica la dirección que lleva el viento, ***veleta***. 2 cuerda o alambre que se pone tirante para mantener derechas algunas cosas: *la tienda de campaña se sujeta con varios vientos.* ■ **instrumento de viento**, instrumento musical que suena cuando se sopla o se le mete aire. ■ **a los cuatro vientos**, de manera que se entere todo el mundo. ■ **contra viento y marea**, sin que se cambie de opinión o de manera de actuar, aunque resulte muy difícil. **FAM.** ventoso, ventolera, ventarrón, ventear, ventisca, ventisquero, ventiscoso, ventosa, ***ventosidad*** (gases del intestino), ventosear. **COMP.** ***aventar*** (echar al viento los cereales trillados), aventador. (VER págs. 1020-1021.)

vientre *[n.m.]* parte del cuerpo de las personas y de los animales vertebrados en la que están el estómago, los intestinos, el aparato urinario y el aparato genital. **SIN.** abdomen, barriga, tripa.

viernes *[n.m.inv. en núm.]* día de la semana que va después del jueves y antes del sábado: *se reúnen los viernes.*

viga *[n.f.]* cada una de las piezas largas y gruesas, de madera, de hierro o de hormigón, que se colocan horizontalmente formando parte del armazón en el que se apoya una

construcción: *hicieron el tejado sobre vigas de hormigón.* **AMPL.** las partes verticales de este armazón son **pilares** o **columnas**. **FAM.** vigueta, viguería.

vigencia *[n.f.]* lo que tienen algunas cosas inmateriales durante el tiempo que valen: *la vigencia de una ley; algunas modas tienen vigencia durante varias temporadas.* **SIN.** validez, vigor. **FAM.** vigente.

vigente *[adj.inv. en gén.]* que vale, que se cumple o que hay que cumplirlo: *la moda de los pantalones vaqueros está vigente; cazar osos en España va contra la leyes vigentes.* **SIN.** en vigor.

vigésimo, vigésima *[num.]* es el numeral ordinal correspondiente al cardinal veinte. **FAM.** vigesimal.

vigía *[n.inv. en gén.]* **1** persona encargada de vigilar, desde un sitio alto, una zona del mar o del campo: *en el monte hay vigías para, si se produce algún incendio, avisar enseguida.* **AF.** vigilante, centinela, guarda. // **vigía** *[n.f.]* **2** torre muy alta desde la que se vigila lo que ocurre en una zona: *la vigía de un barco.* **SIN.** torre de vigía, torre, atalaya. **FAM.** vigiar.

vigilancia *[n.f.]* lo que hace quien está al cuidado de algo o de alguien, atento a todo lo que ocurra: *tres policías se encargan de la vigilancia del preso.* **SIN.** custodia.

vigilante *[n.inv. en gén.]* persona que se encarga de vigilar un sitio: *es vigilante de un banco.* **SIN.** centinela, guarda.

vigilar *[v.]* no perder de vista algo o a alguien y estar atento a todo lo que pasa a su

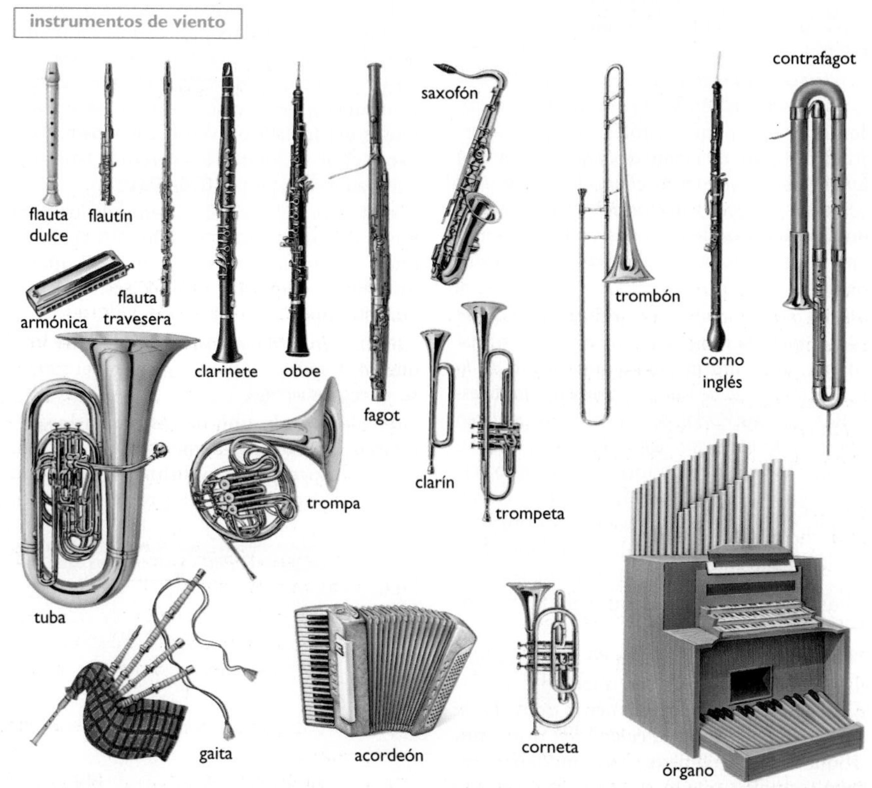

VIENTOS				
nombre	*es*	*sopla*	*propio de*	PUNTOS
ALISIOS		siempre en la misma dirección y en la misma época del año	zonas tropicales	7
BRISA	suave y agradable			6
CIERZO	muy frío	desde el norte		9
CICLÓN	muy fuerte; con intensas lluvias	formando círculos; produce grandes destrozos	zonas tropicales	9
HURACÁN	muy fuerte; con intensas lluvias	formando círculos; produce grandes destrozos	el Caribe	9
LEVANTE		desde el este		7
MEDIODÍA		desde el sur		7
MONZÓN	fuerte	en distinta dirección en invierno y en verano	el sur y el este de Asia	9
PONIENTE		desde el oeste		7
TEMPESTAD, TEMPORAL	muy fuerte; con truenos, lluvia o nieve			8
TIFÓN	muy fuerte; con intensas lluvias	formando círculos; produce grandes destrozos	Japón y el mar de la China	10
TORNADO	muy fuerte; con intensas lluvias	formando círculos; produce grandes destrozos	América del Norte	10
TRAMONTANA	muy frío	desde el norte		10
VENDAVAL	muy fuerte			7
VENTISCA	fuerte y con nieve			8

alrededor: *diez personas vigilaban el furgón del dinero*. **SIN.** guardar, custodiar. **AF.** cuidar. **FAM.** vigilancia, vigilante.

vigor *[n.m.]* energía, vitalidad*: *con estas vitaminas recuperarás el vigor perdido; los rosales están creciendo con vigor.* ■ **estar en vigor**, valer, porque no ha cambiado la ley, no se ha pasado el plazo o no se ha usado del todo. **SIN.** tener vigencia, ser válido, tener validez. **FAM.** vigoroso, vigorosidad, vigorizar, vigorizante, vigorosamente.

villa *[n.f.]* 1 casa de campo para pasar las vacaciones: *la villa está oculta entre árboles.* **SIN.** finca. **AMPL.** si además hay alguien que trabaja la tierra y le da al dueño una parte de lo que produce, se llama ***quinta***. 2 título o categoría que tienen algunos pueblos o ciudades, grandes o pequeños, porque en algún momento de la historia fueron importantes o porque en ellos pasó algo importante: *es una villa con castillo medieval.* **FAM.** villorrio.

villancico *[n.m.]* canción propia de la Navidad.

villano, villana *[n.]* 1 en la Edad Media, habitante de una villa o aldea que no era noble. 2 persona despreciable a la que no le importa hacer daño a los demás: *quien traiciona a un amigo es un villano.* **SIN.** vil, despreciable, ruin, miserable. TAMBIÉN *adj.*: *la traición es propia de personas villanas.* **FAM.** villanería, villanía, villanamente, villanesco.

vinagre *[n.m.]* líquido agrio que se consigue fermentando vino u otros líquidos de frutas y se usa para condimentar ensaladas, preparar salsas, etc.

vinagrera *[n.f.]* 1 recipiente para guardar el vinagre. // **vinagreras** *[n.f.pl.]* 2 conjunto de dos recipientes, uno para el aceite y otro para el vinagre, que se pone en la mesa para condimentar, a gusto de cada uno, las ensaladas y otros platos: *puso las vinagreras de cristal.* **AMPL.** los recipientes parecidos que se usan en la misa para servir el vino que se va a consagrar se llaman ***vinajeras***.

vinagreta *[n.f.]* salsa que se prepara con vinagre, aceite, sal y cebolla cruda picada: *espárragos con vinagreta.*

vinajera *[n.f.]* jarrita que se usa en la misa para servir el vino que se va a consagrar.

vincular *[v.]* hacer que haya algún tipo de relación entre dos o más personas o cosas: *no vincules tus problemas a la actuación de tu familia.* **SIN.** relacionar con. **ANT.** desvincular. TAMBIÉN *prnl.: se ha vinculado a un grupo de excursionistas.*

vínculo *[n.m.]* lo que hay entre personas o cosas por estar relacionadas por algo: *vínculos afectivos; vínculos laborales; vínculos familiares.* **SIN.** vinculación, relación. **FAM.** vincular, vinculación, vinculable. **COMP.** desvincular.

vine, viniera... formas irregulares de la conjugación del verbo *venir*.*

vinicultura *[n.f.]* arte de hacer vino: *hace años que se dedica a la vinicultura.*

vino *[n.m.]* bebida alcohólica que se hace dejando fermentar el zumo de uva. **FAM.** vinícola, vinatero, vinatería, vínico, vinagre, vinagrera, vinagrero, vinagrería, vinagreta, vinagroso. **COMP.** avinagrar, avinagrado.

viña *[n.f.]* terreno plantado de vides: *en la ribera del Duero hay muchas viñas.* **SIN.** viñedo. **FAM.** viñedo, viñador.

viñador, viñadora *[n.]* persona que se dedica a atender una o varias viñas: *es una familia de viñadores.*

viñedo *[n.m.]* viña*.

viñeta *[n.f.]* cada uno de los cuadros con dibujos y palabras que salen de la boca de los personajes, que forman una historieta o un cómic: *en esta viñeta está Mortadelo disfrazado de gamba.*

violación *[n.f.]* 1 lo que comete quien hace algo que va en contra de lo que se dice: *la tortura es una violación de los derechos humanos; una violación de la ley.* **SIN.** transgresión. 2 hecho de que una persona, usando la violencia, tenga una relación sexual con otra que no quiere tenerla: *está acusado de violación.*

violador, violadora *[n.]* persona que, usando la violencia, tiene relación sexual con otra que no quiere tenerla: *el violador acabó en la cárcel.*

violar *[v.]* 1 hacer algo que va en contra de lo que se dice: *el que comete un delito viola la ley.* **SIN.** infringir, quebrantar, transgredir. **ANT.** respetar, acatar. 2 usar la violencia para tener una relación sexual con una persona que no quiere tenerla: *está en la cárcel por violar a una mujer.* **SIN.** forzar. **FAM.** violación, violador. **COMP.** inviolable, inviolabilidad.

violencia *[n.f.]* lo que hay donde alguien usa la fuerza para ir contra algo o contra alguien: *ha aumentado la violencia en las calles.* **AF.** brutalidad. TAMBIÉN se usa para hablar del viento, del oleaje, de la lluvia, etc., cuando son tan fuertes que pueden causar daños: *la violencia de una tormenta.* **FAM.** violento, violentar, violentamente.

violento, violenta *[adj.]* 1 que usa su fuerza para atacar a otros: *una persona violenta.* **AF.** agresivo. **ANT.** pacífico, tranquilo. 2 que no está cómodo porque hay algo que no le gusta y no sabe cómo resolverlo o cómo comportarse: *me siento violento cuando se ponen a discutir.* **SIN.** molesto, incómodo.

violeta *[n.f.]* 1 flor y planta del mismo nombre que crece en los montes de España. **AMPL.** la flor es pequeña, de color morado y despide muy buen olor. // **violeta** *[n.m.]* 2 color morado claro como el de esta flor: *no le gusta el violeta.* TAMBIÉN *adj.inv. en gén.: color violeta; una tela violeta.* **FAM.** violáceo, violetera, violado.

violín *[n.m.]* instrumento musical de cuerda, de forma parecida a la de la guitarra pero bastante más pequeño, que se toca con arco y produce un sonido agudo y claro. **PL.** *violines.* **FAM.** violinista, violón, violonchelo, viola.

violinista *[n.inv. en gén.]* persona que toca el violín: *es violinista de una orquesta.*

violón *[n.m.]* 1 instrumento musical de cuerda muy parecido al violín pero mucho más grande, que se toca con arco y la persona que lo toca suele estar de pie y con el instrumento apoyado en el suelo. **SIN.** contrabajo. 2 persona que toca este instrumento: *es violón de una orquesta.* **PL.** *violones.*

violonchelista *[n.inv. en gén.]* persona que toca el violonchelo: *Pau Casals fue un famoso violonchelista.*

violonchelo *[n.m.]* instrumento musical de cuerda, más grande que el violín pero más pequeño que el violón, que produce un sonido más grave que el del violín. **SIN.** chelo. TAMBIÉN se puede escribir ***violoncelo***. **AMPL.** se toca sentado y con el instrumento apoyado en el suelo; la persona que toca el *violonchelo* se llama ***violonchelista***.

viraje *[n.m.]* lo que hace un vehículo cuando da un giro para cambiar la dirección o el sentido de la marcha: *un viraje brusco puede provocar un accidente.* **SIN.** giro.

virar *[v.]* cambiar la dirección o el sentido de la marcha un vehículo o su conductor: *el barco viró para no chocar contra las rocas; antes de llegar al pueblo viramos a la derecha.* **SIN.** girar, torcer. **FAM.** viraje. **COMP.** revirar, revirado.

virgen *[n.f.]* **1** imagen de la Virgen: *llevaban en procesión una virgen con manto azul.* **OBS.** la Virgen (con mayúscula porque es nombre propio) es, para los católicos, la madre de Dios. // **virgen** *[adj.inv. en gén.]* **2** persona que todavía no ha tenido relaciones sexuales. **3** que no ha sido tocado o modificado por el hombre: *nieve virgen; un bosque virgen; una isla virgen; el aceite virgen es el que sale al exprimir las aceitunas sin haberlas calentado.* **PL.** *vírgenes.* **FAM.** virginidad, virginal, virgíneo.

virginal *[adj.inv. en gén.]* que es como si fuera de la Virgen: *un aspecto virginal; mirada virginal.*

virgo *[n.inv. en gén. y núm.]* **1** persona que ha nacido entre el 22 de agosto y el 21 de septiembre: *es una virgo del 2 de septiembre; conozco a varios virgo.* **2** en las mujeres y las hembras de algunos animales, membrana que cierra parcialmente el conducto que va del exterior al útero. **FAM.COMP.** desvirgar.

virtud *[n.f.]* **1** cosa buena que tiene una persona en su manera de actuar y de portarse con los demás: *tiene la virtud de la generosidad; la capacidad de trabajo es una virtud.* **SIN.** cualidad. **AF.** mérito, valor. **ANT.** defecto, vicio. **2** característica buena o conveniente de una cosa: *la película tiene la virtud de entretener hasta el final; una virtud de las naranjas es su alto contenido de vitamina C.* **SIN.** valor, cualidad. **FAM.** virtuoso, virtuosamente, virtuosismo. **COMP.** desvirtuar.

virtuoso, virtuosa *[adj.]* **1** que tiene muchas virtudes: *una persona virtuosa.* **AF.** bueno, honesto. **ANT.** vicioso. // **virtuoso, virtuosa** *[n.]* **2** persona que hace algo tan bien que destaca sobre los demás: *es un virtuoso del ajedrez.*

viruela *[n.f.]* enfermedad contagiosa que hace que salgan muchos granos rojos infectados por todo el cuerpo que, al curarse, dejan marcas en la piel. **FAM.** virolento.

virus *[n.m.inv. en núm.]* ser vivo pequeñísimo que puede producir enfermedades contagiosas y vive en el interior de una célula.

viruta *[n.f.]* trozo muy delgado, estrecho y enrollado, que se suelta al serrar o trabajar un material: *virutas de madera; virutas de hierro.*

víscera *[n.f.]* cada uno de los órganos que están dentro del cuerpo humano y de algunos animales: *el corazón, el estómago y los riñones son vísceras.* **SIN.** entraña. **FAM.** visceral.

viscoso, viscosa *[adj.]* blando y pegajoso: *la grasa de motor es una sustancia viscosa.* **FAM.** viscosidad.

visera *[n.f.]* parte saliente de algunas gorras que hace sombra sobre los ojos, y pieza con esa forma que se sujeta a la cabeza con una cinta. TAMBIÉN se llama así a las gorras que la tienen.

visibilidad *[n.f.]* posibilidad de ver bien: *los días claros la visibilidad es buena.*

visible *[adj.inv. en gén.]* **1** que está a la vista: *poned el nombre en un sitio visible.* **AF.** perceptible, patente. **ANT.** invisible, oculto. **2** que se nota muy bien: *su mal humor era visible.* **SIN.** evidente, manifiesto, patente.

visillo *[n.m.]* especie de cortina de tela casi transparente y del tamaño del cristal sobre el que se pone: *un visillo de encaje cubre el cristal de la puerta del salón.*

visión *[n.f.]* **1** sentido que tienen las personas y algunos animales y que les permite ver: *las gafas corrigen ciertos defectos de la visión.* **SIN.** vista. **ANT.** ceguera. **2** manera que tiene una persona de ver o de entender algo: *su vi-*

sión de la vida es contraria a la mía. **SIN.** idea, concepto. 3 lo que tiene alguien al ver cosas que no existen en la realidad y llega a creer que son reales: *tuvo visiones muy raras.* **SIN.** ilusión, alucinación. **FAM.** visionario, visillo, visible, visibilidad, visiblemente, ver. **COMP.** invisible, revisión.

visita *[n.f.]* 1 lo que se hace al ir a un sitio a ver algo o a alguien: *hicieron una visita a la catedral; recibieron la visita de un amigo; en el hospital tuvo muchas visitas.* 2 persona que va a un sitio para ver a alguien: *no pudo salir porque tenía una visita.* 3 lo que hace un médico al ir a ver a un enfermo para examinarlo: *todos los días pasa visita en el hospital.* **AF.** examen, reconocimiento.

visitante *[n.inv. en gén.]* persona que va a un sitio para verlo: *al museo del Prado llegan todos los años muchos visitantes.* **SIN.** visita.

visitar *[v.]* 1 ir a un sitio para verlo, para ver algo o para ver a alguien: *visitaron una exposición de pintura; el alcalde visitó el barrio.* 2 ir el médico a ver a un enfermo: *el médico lo visitó por la mañana.* **FAM.** visita, visitante, visitador, visiteo.

vislumbrar *[v.]* 1 ver algo sin distinguirlo claramente, porque está muy lejos o porque hay poca luz: *desde el avión vislumbramos una ciudad.* **SIN.** entrever, atisbar. 2 pensar que va a pasar algo porque se empieza a ver cosas que llevan a pensarlo: *se vislumbra el final de la guerra.* **AF.** sospechar.

viso *[n.m.]* 1 sitio alto desde el que se ve mucho terreno. 2 apariencia de las cosas. **FAM.** vista.

visón *[n.m.]* animal mamífero parecido a la nutria, que se alimenta de pequeños animales que caza y tiene la piel muy suave y de color castaño. **PL.** *visones.*

visor *[n.m.]* parte de los aparatos de fotografía, vídeo, etc. por la que se mira y se ve lo que quedará grabado o fotografiado: *el visor de una cámara de vídeo.*

víspera *[n.f.]* día anterior al que se dice: *el martes es la víspera del miércoles; la víspera del día del examen estaba nervioso.* **FAM.COMP.** antevíspera.

vista *[n.f.]* 1 sentido que tienen las personas y algunos animales y que les permite ver: *el oculista le revisó la vista.* **SIN.** visión. **ANT.** ceguera. **AMPL.** decimos que una persona es ***corta de vista*** o ***miope***, cuando no ve bien las cosas que están lejos y que tiene ***presbicia*** o la ***vista cansada***, cuando ya es mayor y no ve bien las cosas que tiene cerca. 2 lo que se ve desde un sitio: *la vista desde el mirador es preciosa.* **SIN.** panorama. **OBS.** con el mismo significado se usa mucho en plural: *tiene vistas preciosas.* 3 lo que demuestra uno cuando decide algo que podría salir bien o mal, y acierta: *tuvo vista y eligió el mejor.* **SIN.** intuición, instinto, ojo, olfato. 4 juicio que se celebra ante un tribunal para que cada una de las partes dé su versión de los hechos: *en la vista no hubo periodistas.* **AF.** juicio. ■ **a primera vista**, guiado por la impresión que produce. ■ **conocer de vista** a una persona, haberla visto o haber coincidido con ella, pero no haberla tratado. ■ **hacer la vista gorda**, hacer como que uno no se ha enterado de algo inconveniente que ha hecho alguien. ■ **hasta la vista**, hasta la próxima vez que nos veamos. **FAM.** vistazo, visto, vistoso, vistosidad, vistosamente, visor, ver. **COMP.** avistar, entrevistar, retrovisor.

vistazo *[n.m.]* lo que se hace al mirar algo sin detenimiento para comprobar si está bien o para hacerse una idea de cómo es: *échale un vistazo a la comida, no vaya a quemarse; le dio un vistazo a la revista y no encontró ningún artículo que le interesara.* **SIN.** ojeada, mirada.

visto, vista *[adj.]* 1 que se ha usado o ha aparecido muchas veces: *una moda muy vista; un actor demasiado visto.* // **visto** *[forma de verbo]* 2 participio del verbo *ver.* ■ **lo nunca visto**, lo que no ha pasado nunca. ■ **dar el visto bueno**, decir que algo que se ha examinado está bien, o que se está de acuerdo con algo.

vistoso, vistosa *[adj.]* que llama la atención porque es bonito y original o porque es de colores muy alegres: *un disfraz vistoso; unas cortinas muy vistosas.* **AF.** llamativo, alegre, original, bonito.

visual *[adj.inv. en gén.]* del sentido de la vista: *agudeza visual; efecto visual.* **FAM.** visualidad, visualización, visualizar, visualmente, ver.

visualización *[n.f.]* hecho de ver algo en la realidad o con la imaginación: *la visualización* *de una película; la visualización de un concepto; las gráficas facilitan la visualización del conjunto de los datos.*

vital *[adj.inv. en gén.]* 1 que es tan importante en algo, que si le faltara no podría existir: *la comprensión es vital en la amistad.* **SIN.** imprescindible*. 2 que influye mucho en algo o en el resultado de algo: *es vital que los bomberos lleguen a tiempo.* **SIN.** decisivo*. ■ **necesidades vitales**, las que tienen que cubrir los seres vivos para no morir o para vivir con lo imprescindible.

vitalicio, vitalicia *[adj.]* que es (o se tendrá) durante toda la vida de uno: *un cargo vitalicio; un sueldo vitalicio.*

vitalidad *[n.f.]* salud, posibilidad y ganas de moverse y de hacer cosas las personas y los animales, y salud y frescura de los vegetales: *los niños tienen mucha vitalidad; las plantas pierden vitalidad si se las priva de luz.* **SIN.** energía, vigor, fuerza, fortaleza, brío. **AF.** dinamismo, salud, vida. **ANT.** debilidad.

vitalista *[adj.inv. en gén.]* que tiene mucha energía y ganas de vivir y de hacer cosas: *una persona vitalista.*

vitamina *[n.f.]* sustancia de un tipo determinado que está en algunos alimentos o que se consigue en los laboratorios y que es imprescindible, en pequeñas cantidades, para tener buena salud: *el médico le recetó unas vitaminas.* **FAM.** vitaminado, vitamínico. **COMP.** avitaminosis.

viticultura *[n.f.]* arte de cultivar la vid.

vitorear *[v.]* demostrar, aplaudiendo y gritando "¡viva!", que alguien es bien recibido o que gusta lo que hace o lo que ha hecho: *el público vitoreó a los artistas.* **AF.** aclamar, ovacionar. **ANT.** abuchear. **OBS.** e + e = ee: *vitoreen.* **FAM.** vítores, vitoreo, victoria.

vítreo, vítrea *[adj.]* 1 que es de vidrio: *un jarrón vítreo.* 2 que parece de vidrio: *aspecto vítreo.* **FAM.** vidrio.

vitrina *[n.f.]* mueble de cristal (o con las puertas de cristal) en el que se ponen cosas para que se puedan ver: *en los museos, los objetos valiosos están en vitrinas.*

viudez *[n.f.]* situación de una persona a la que se le ha muerto el marido o la mujer y no se ha vuelto a casar.

viudo, viuda *[n.]* persona a la que se le ha muerto su marido o su mujer: *pertenece a la asociación de viudas.* TAMBIÉN *adj.*: *un hombre viudo.* **FAM.** viudez, viudedad. **COMP.** enviudar.

¡viva! *[interj.]* se usa para expresar alegría: *¡Viva! ¡ha ganado!*

vivencia *[n.f.]* lo que se vive intensamente y se recuerda durante mucho tiempo o sirve para aprender algo importante: *cuenta las vivencias de sus años en el extranjero.* **SIN.** experiencia.

víveres *[n.m.pl.]* conjunto de alimentos: *los excursionistas llevaban víveres para una semana.* **SIN.** alimentos, comestibles, vituallas.

vivero *[n.m.]* 1 terreno en el que se cultivan plantas y árboles para llevarlos a otros sitios cuando hayan crecido un poco: *compraron varios árboles en un vivero.* **SIN.** criadero, semillero. 2 estanque que se hace en un río o en el mar para criar animales acuáticos: *en el vivero venden el marisco vivo.* **SIN.** criadero.

vívido, vívida *[adj.]* que es muy intenso: *un vívido recuerdo.* **SIN.** vivo. **ANT.** débil, flojo. **FAM.** vivo.

vividor, vividora *[n.]* persona que vive sin trabajar, preocupándose sólo de divertirse y de sacarle a los demás todo lo que puede: *se ha casado con un vividor.*

vivienda *[n.f.]* espacio preparado para que vivan personas: *un edificio con diez viviendas y dos locales comerciales.* **AF.** casa, piso, residencia.

vivíparo, vivípara *[adj.]* hablando de animales, que las hembras paren crías en la fase de fetos bien desarrollados: *los mamíferos son animales vivíparos.*

vivir *[v.]* 1 haber nacido y no haber muerto: *las personas, los animales y las plantas viven durante un tiempo determinado.* **SIN.** tener vida. 2 estar pasando la vida de la manera que se dice: *vive con poco dinero; vivían muy a gusto; vive peligrosamente.* 3 tener la casa en la que se hace la vida familiar en el sitio que se dice: *vive en una casa de campo.* **SIN.** residir, habitar, morar. 4 pasar momentos importantes: *vivieron una guerra que no olvidarán.* ■ **vivir** algo **en la memoria**, estar en la memoria. **FAM.** vivo, vivamente, viveza, vivacidad, vivaz, ***vívido*** (intenso), vivaracho, víveres, vivienda, vividor, vivencia, vivencial, vivero, viviente, vivales, vivificar. **COMP.** convivir, desvivirse, revivir, sobrevivir, supervivencia, avivar.

vivo, viva *[adj.]* 1 que tiene vida porque no se ha muerto: *el pez que pescaron aún está vivo.* **ANT.** muerto. TAMBIÉN *n.*: *los vivos recuerdan a los muertos.* 2 que tiene fuerza, energía o intensidad: *una luz viva; un discurso vivo; colores vivos; un recuerdo vivo.* **SIN.** intenso, vívido. **ANT.** débil, flojo. 3 que se da cuenta de todo y actúa con rapidez y eficacia: *es muy vivo y no se le escapa nada.* **AF.** activo, ágil. ■ **el mundo de los vivos**, conjunto de las personas que están viviendo. ■ **ser vivo**, tipo de ser que nace, crece, se reproduce y muere.

vizcaíno, vizcaína *[adj.]* de Vizcaya, provincia española que forma parte de la comunidad autónoma del País Vasco y cuya capital es Bilbao: *ciudades vizcaínas; un actor vizcaíno.* TAMBIÉN *n.*: *las vizcaínas.* **AMPL.** en vascuence se escribe *Bizkaia*.

vocablo *[n.m.]* palabra: *cuidado con la ortografía de los vocablos baca y vaca.* **SIN.** palabra, término, voz, dicción. **FAM.** vocabulario, voz.

vocabulario *[n.m.]* 1 conjunto de las palabras y expresiones de una lengua o que utiliza una persona o un conjunto de personas: *si no estudias más vocabulario, nunca sabrás bien inglés; tiene un vocabulario muy rico; el vocabulario de los médicos; vocabulario de medicina; vocabulario técnico.* **SIN.** léxico, terminología. 2 lista de las palabras de una lengua o que se utilizan al hablar de una materia determinada o en un ambiente determinado: *ha publicado un vocabulario de arquitectura.* **SIN.** léxico. **AMPL.** si junto a las palabras aparece su significado también se llama ***diccionario***.

vocación *[n.f.]* lo que siente uno por una profesión, por un arte, por un deporte o una manera de vivir que le gusta mucho y a la que le gustaría dedicarse y, a veces, se dedica: *su vocación es ser médico; tiene vocación de madre; vocación religiosa.* **FAM.** vocacional, vocativo, voz. **COMP.** advocación.

vocal *[n.f.]* 1 sonido que se produce al hablar cuando el aire que hace vibrar las cuerdas vocales sale directamente, sin encontrar ningún obstáculo. TAMBIÉN llamamos así a las letras que representan estos sonidos. **AMPL.** en español hay cinco vocales: una abierta (*a*) dos medias (*e, o*) y dos cerradas (*i, u*). // **vocal** *[adj.inv. en gén.]* 2 de la voz: *tiene irritadas las cuerdas vocales; los cantantes hacen ejercicios vocales.* **FAM.** vocálico, vocalizar, vocalización, vocalista, vocalizador, vocalmente, voz. **COMP.** intervocálico.

vocálico, vocálica *[adj.]* de vocal o de las vocales: *a veces, la "y" tiene sonido vocálico; el grupo vocálico "ai" forma diptongo.*

vocear *[v.]* hablar en voz muy alta: *si no voceas no te oirá.* **AF.** gritar. **ANT.** susurrar. **OBS.** e + e = ee: *voceen.*

vocero, vocera *[n.]* 1 persona que habla en nombre de otra. // **voceras** *[n.inv. en gén. y núm.]* 2 persona poco discreta que habla demasiado. **SIN.** bocazas. **FAM.** voz.

vociferar *[v.]* decir algo a gritos y con mala educación: *deja de vociferar, que se te oye en todo el barrio.* **AF.** vocear, gritar.

vodca *[n.m.]* vodka*.

vodka *[n.m.]* bebida alcohólica que se hace fermentando cereales, se parece al aguardiente y es típica de Rusia.

volador, voladora *[adj.]* que vuela: *casi todas las aves son voladoras.*

volante *[adj.inv. en gén.]* 1 que está volando: *platillo volante.* // **volante** *[n.m.]* 2 pieza circular y giratoria de los automóviles, con la que se dirige la dirección de las ruedas: *los coches y los camiones tienen volante y las bicicletas manillar.* 3 adorno que consiste en una tira de tela fruncida (con vuelo) cosida sobre una prenda: *los trajes de sevillanas llevan muchos volantes.*

volar *[v.]* 1 moverse por el aire sin tocar el suelo: *los aviones vuelan a mucha altura; los pájaros son animales que pueden volar.* 2 ir o moverse muy deprisa o llegar en muy poco tiempo: *ven volando, que pierdes el tren; las noticias vuelan.* 3 desaparecer de la vista o acabarse rápidamente: *el lapicero ha volado; en esta casa, el chocolate vuela.* **SIN.** desaparecer. 4 producir una explosión que destruye algo: *las tropas enemigas volaron el puente.* 5 sobresalir horizontalmente una parte de algo: *el tablero de la mesa vuela veinte centímetros sobre las patas.* **CONJUG.** como *contar**. **FAM.** vuelo, vueludo, volador, volante, volantazo, voladizo, volandas, voladura, ***volatilizar*** (convertir en gas), volátil, volatilidad, ***volear*** (golpear en el aire), volea, voleo. **COMP.** revolotear, revuelo, avolantado.

volatilizar *[v.]* convertir en vapor o en gas: *el calor volatiliza el agua.* TAMBIÉN *prnl.*: *volatilizarse la gasolina.* **OBS.** ante e, c: *si dejas el depósito abierto, puede que se volatilice la gasolina.*

volcán *[n.m.]* montaña con una abertura en la parte más alta, por la que en algunas ocasiones sale, del interior de la Tierra, fuego, lava* y piedras: *el Teide es un volcán que está en Tenerife; la erupción de un volcán causa muchos daños porque los materiales que arroja destruyen todo lo que encuentran a su paso (poblaciones, cosechas, etc.).* **AMPL.** el agujero por el que sale la lava de un volcán se llama ***cráter*** y el hueco por donde sube la lava a la superficie, ***chimenea***; cuando un volcán expulsa materia del interior de la Tierra, decimos que ***está en erupción***; llamamos ***volcán activo*** al que está en erupción o ha estado en erupción hace poco tiempo y ***volcán dormido*** al que hace muchos años que no entra en erupción pero que puede volver a entrar; un ***volcán extinguido*** es el que está apagado y nunca va a entrar en erupción; en la Tierra hay unos 500 volcanes activos. **PL.** *volcanes.* **FAM.** volcánico.

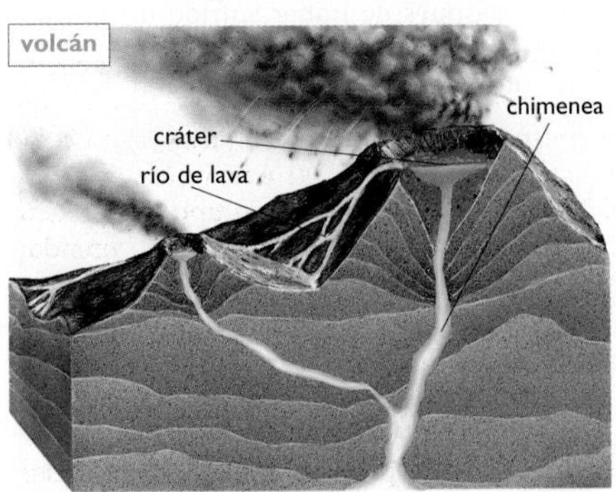

volcar *[v.]* **1** darle la vuelta a algo poniéndolo boca abajo, o de lado, de manera que se sale lo que había en su interior: *volcó el cajón de la mesilla.* **2** ponerse un vehículo sobre un costado o con las ruedas hacia arriba: *el coche se salió en una curva y volcó.* // **volcarse** *[v.prnl.]* **3** dedicarle mucho tiempo o esfuerzo a algo, o portarse muy bien con alguien, tratando de ayudarlo en lo que le haga falta y sin importarle dedicarle tiempo y esfuerzos: *se vuelca en su trabajo; sus amigos se volcaron con él cuando se quedó sin empleo.* **FAM.** vuelco, volquete. **COMP.** revolcar.

CONJUGACIÓN DEL VERBO VOLCAR

Formas no personales
Infinitivo: *volcar.* Gerundio: *volcando.* Participio: *volcado.*

Indicativo
Presente: *vuelco, vuelcas, vuelca, volcamos, volcáis, vuelcan.*
Pretérito imperfecto: *volcaba, volcabas, volcaba, volcábamos, volcabais, volcaban.*
Pretérito perfecto simple: *volqué, volcaste, volcó, volcamos, volcasteis, volcaron.*
Futuro: *volcaré, volcarás, volcará, volcaremos, volcaréis, volcarán.*

Condicional simple:
volcaría, volcarías, volcaría, volcaríamos, volcaríais, volcarían.

Subjuntivo
Presente: *vuelque, vuelques, vuelque, volquemos, volquéis, vuelquen.*
Pretérito imperfecto: *volcara/ volcase, volcaras/ volcases, volcara/ volcase, volcáramos/ volcásemos, volcarais/ volcaseis, volcaran/ volcasen.*
Futuro: *volcare, volcares, volcare, volcáremos, volcareis, volcaren.*

Imperativo:
vuelca, vuelque, volquemos, volcad, vuelquen.

volear *[v.]* golpear algo en el aire para darle impulso: *volear un balón.* **OBS.** e + e = ee: *voleemos.*

voleibol *[n.m.]* balonvolea*.

volframio *[n.m.]* metal gris, muy duro, muy denso y difícil de fundir. **SIN.** wolframio, wólfram, tungsteno.

volquete *[n.m.]* camión que tiene un remolque apoyado sobre un eje sobre el que puede inclinarse para descargar la mercancía: *transportan cereales en un volquete.*

voltaje *[n.m.]* cantidad de corriente que pasa por una red eléctrica o que necesita un aparato para funcionar: *el voltaje normal de las redes eléctricas españolas es de 220 voltios.*

voltereta *[n.f.]* juego de equilibrio que consiste en dar vueltas en el suelo o en el aire, enroscando y estirando el cuerpo: *salió al escenario dando volteretas.* **AF.** pirueta, cabriola, acrobacia.

voltímetro *[n.m.]* aparato que sirve para medir la cantidad de corriente que pasa por un sistema eléctrico. **FAM.** voltio.

voltio *[n.m.]* unidad de medida de la cantidad de corriente eléctrica que pasa por un sistema eléctrico o que necesita un aparato: *por este enchufe pasan 220 voltios.* **AMPL.** el símbolo del voltio es *V.* **FAM.** voltaje, voltímetro.

volumen *[n.m.]* 1 resultado de multiplicar la anchura, la altura y la longitud de un objeto y que indica la cantidad de espacio que el objeto ocupa: *el volumen de un cuerpo geométrico se mide en centímetros cúbicos o metros cúbicos.* **AF.** tamaño. 2 cantidad de líquido o de otra cosa que cabe dentro de algo: *el volumen del envase es de 200 centímetros cúbicos.* **SIN.** capacidad. 3 cada uno de los libros que, encuadernados por separado, forman parte de una colección o biblioteca: *una enciclopedia de diez volúmenes.* **SIN.** tomo. 4 intensidad de un sonido: *baja el volumen de la música.* **PL.** *volúmenes.* **FAM.** voluminoso, ***volumetría*** (medida de los volúmenes), volumétrico.

volumetría *[n.f.]* ciencia que estudia y mide los volúmenes. **FAM.** volumen.

voluminoso, voluminosa *[adj.]* que ocupa poco o mucho espacio (*un lápiz es un objeto poco voluminoso; llevaba un paquete muy voluminoso*) o que ocupa mucho (*un mueble voluminoso.* **SIN.** grande).

voluntad *[n.f.]* 1 lo que le permite a uno hacer lo que le parece o lo que quiere, sin que nadie lo obligue a hacerlo: *la voluntad es una capacidad del ser humano; lo acompañó por voluntad propia.* 2 fuerza interior que le permite a uno hacer las cosas que quiere aunque sean difíciles, o no hacer las que no quiere, aunque le apetezca mucho: *tiene voluntad suficiente para trabajar a fondo.* TAMBIÉN se dice ***fuerza de voluntad***. 3 lo que uno tiene al querer conseguir algo, por el hecho de quererlo: *fue a la entrevista con la voluntad de encontrar trabajo.* **SIN.** deseo, afán. 4 lo que pone una persona de su parte cuando trata de hacer bien algo: *puso voluntad pero le faltó suerte.* **SIN.** afán, interés. **ANT.** desinterés. ■ **voluntad de hierro**, la que tiene quien sabe muy bien lo que quiere y no cede ante nada. ■ **última voluntad**, lo que pide una persona antes de morir. ■ **de buena voluntad**, de buena gana. ■ **mala voluntad**, mala intención.

voluntario, voluntaria *[adj.]* 1 que si se quiere se hace y si no, no: *un examen voluntario para subir la nota.* **SIN.** opcional. **ANT.** obligatorio. // **voluntario, voluntaria** *[n.]* 2 persona que se presta a hacer algo porque quiere, sin que nadie lo obligue: *los voluntarios de la Cruz Roja ayudan sin cobrar; pidió un voluntario para borrar la pizarra.* **FAM.** voluntad, voluntarioso, voluntariamente, voluntariedad, voluntariosamente, voluntariado. **COMP.** involuntario.

volver *[v.]* 1 poner algo mirando para otro lado: *vuelve el folio y escribe por la otra cara; volvió la cabeza para ver lo que ocurría.* **SIN.** girar, voltear. TAMBIÉN *prnl.: se volvió para ver lo que ocurría.* 2 cambiar de dirección: *al llegar a la esquina, vuelve a la izquierda.* **SIN.** girar, torcer, virar. 3 ir a un sitio en el que ya se ha estado o en el que se estaba antes: *volverá a casa el próximo lunes; fue a buscarlo y volvió para enseñárnoslo.* **SIN.** regresar, retornar. **ANT.** marcharse. 4 hacer otra vez algo que se ha hecho antes: *volverá a trabajar cuando se recupere; vuelve a intentarlo.* 5 hacer que algo esté otra vez como estaba antes: *vuelve a poner el libro en la estantería.* // **volverse** *[v.prnl.]* 6 llegar a ser de otra manera: *se ha vuelto antipático; el agua se ha vuelto hielo.* **AF.** convertirse en, cambiar. ■ **volver en sí**, recuperar el conocimiento después de haber sufrido un mareo. ■ **volverse atrás**, no hacer uno lo que había dicho que haría. **FAM.** vuelto, vuelta, voltere-

CONJUGACIÓN DEL VERBO VOLVER

Formas no personales

Infinitivo: *volver.* Gerundio: *volviendo.* Participio: *vuelto.*

Indicativo

Presente: *vuelvo, vuelves, vuelve, volvemos, volvéis, vuelven.*

Pretérito imperfecto: *volvía, volvías, volvía, volvíamos, volvíais, volvían.*

Pretérito perfecto simple: *volví, volviste, volvió, volvimos, volvisteis, volvieron.*

Futuro: *volveré, volverás, volverá, volveremos, volveréis, volverán.*

Condicional simple:

volvería, volverías, volvería, volveríamos, volveríais, volverían.

Subjuntivo

Presente: *vuelva, vuelvas, vuelva, volvamos, volváis, vuelvan.*

Pretérito imperfecto: *volviera/ volviese, volvieras/ volvieses, volviera/ volviese, volviéramos/ volviésemos, volvierais/ volvieseis, volvieran/ volviesen.*

Futuro: *volviere, volvieres, volviere, volviéremos, volviereis, volvieren.*

Imperativo:

vuelve, vuelva, volvamos, volved, vuelvan.

ta, voltear, volteo, volteador, volvible. **COMP.** devolver, envolver, evolución, revolver.

vomitar *[v.]* salirle a uno, por la boca, lo que tenía en el estómago: *vomitó porque la comida le había sentado mal.* **SIN.** devolver. **FAM.** vómito, vomitivo, vomitona, vomitorio, vomitera.

vómito *[n.m.]* lo que tiene quien echa por la boca lo que tenía en el estómago: *la fiebre alta le produjo vómitos.*

voraz *[adj.inv. en gén.]* que es un animal que come mucho o una persona que come mucho y muy deprisa: *los cocodrilos son animales voraces.* **PL.** *voraces.*

vosotros, vosotras *[pron.]* las personas con las que se está hablando. **GRAM.** es pronombre personal de segunda persona del plural.

votación *[n.f.]* lo que se hace para que cada uno diga lo que cree sobre algo que hay que decidir: *el capitán del equipo se elige por votación.*

votante *[n.]* persona que vota para elegir algo o a alguien: *la mayoría de los votantes dijo que no.*

votar *[v.]* dar una persona su voto* o su opinión para decidir algo o para elegir a alguien: *votaron la hora de salida.* **FAM.** votación, votante, voto.

voto *[n.m.]* 1 opinión que da una persona y que se tiene en cuenta para decidir si se hace algo o para elegir a alguien (*hubo varios votos en contra del proyecto*), papel en el que uno expresa esta opinión (*cada uno introduce su voto en la urna*) y opinión favorable a un candidato (*dio su voto a un grupo ecologista*). 2 promesa que se hace respecto a algún aspecto de la vida y que uno se propone cumplir siempre: *algunas monjas tienen voto de pobreza.* **AF.** promesa, compromiso. ■ **tener derecho al voto**, tener derecho a votar.

Digo yo (no me hagas caso, si no lo quieres creer): "**voto** y **votar** son con uve porque el voto es un papel que se dobla en forma de uve y nunca en forma de be".

voy primera persona del singular del presente de indicativo del verbo *ir**.

voz *[n.f.]* 1 sonido que se oye cuando habla una persona o cuando un animal hace algún ruido con la garganta: *estaba emocionado y casi no le salía la voz.* **AMPL.** la voz se produce

VOZ HUMANA		
	de **hombre**	de **mujer** o de **niño**
aguda	tenor	soprano o tiple
media	barítono	mezzo-soprano
grave	bajo	contralto

VOCES DE ANIMALES			
animal	*voz*	*verbo*	PUNTOS
animales salvajes y toros bravos	bramido	bramar	9
becerro, ciervo	berrido	berrear	6
burro	rebuzno/ roznido	rebuznar/ roznar	5
caballería	relincho	relinchar	5
cerdo	gruñido	gruñir	6
elefante	barrito	barritar	10
gallina	cacareo	cacarear	6
gallo	canto	cantar	5
gato	maullido	maullar	5
león y otros animales salvajes	rugido	rugir	7
lobo	aullido	aullar	6
oveja	balido	balar	5
pájaros pequeños	gorjeo	gorjear	8
pájaros pequeños que cantan bien	trino	trinar	8
pájaros grandes (cuervo, grajo)	graznido	graznar	9
paloma	zureo/ arrullo	zurear/ arrullar	10
pato	graznido	graznar/ parpar	9
perdiz	cuchichí	cuchichiar	10
perro	ladrido	ladrar	5
pollos de algunas aves (de gallina, de pato...)	piído	piar	6
rana	canto	croar	7
serpiente	silbido	silbar	9
toro	mugido	mugir	6
vaca	mugido	mugir	6

cuando el aire que viene de los pulmones pasa entre las ***cuerdas vocales***, que están en la laringe, y las hace vibrar. 2 tipo de sonido que emite una persona al hablar: *voz ronca; voz cantarina; voz grave; voz aguda.* 3 derecho a dar uno su opinión cuando hay que decidir algo: *es miembro del consejo con voz pero sin voto.* 4 palabra*: *en este diccionario están definidas más de 15.000 voces y 25.000 acepciones.* ■ **hablar a voces**, hablar en voz muy alta. **SIN.** gritar. ■ **levantar la voz**, hablar a una persona sin respeto y a gritos. ■ **correr la voz**, hacer llegar una noticia a todas partes. **SIN.** divulgar, difundir. **PL.** *voces.* **FAM.** vozarrón, vocear, voceador, voceo, vocerío, vociferar, vociferador, vociferante, vociferación, vocablo, vocabulario. **COMP.** evocar, invocar, provocar, altavoz, portavoz.

vuelco *[n.m.]* lo que se produce al cambiar algo de posición, de manera que queda con lo de abajo para arriba o para un lado: *dale un vuelco al flan para que quede en el plato; en el vuelco del coche no hubo heridos.* ■ **darle** a alguien **un vuelco el corazón**, notar un movimiento dentro del pecho, por haberse asustado.

vuelo *[n.m.]* 1 hecho de que algo o alguien esté volando: *el vuelo de las águilas.* 2 viaje que se hace en un medio de transporte que va por el aire: *fue un vuelo muy agradable.* 3 parte de algo que sobresale horizontalmente sobre el resto: *el alero es el vuelo del tejado.* **SIN.** voladizo. 4 tela de la falda o de una prenda que no queda pegada al cuerpo o al resto de la prenda: *se hizo un vestido de mucho vuelo; los volantes tienen vuelo.*

vuelta *[n.f.]* 1 lo que se hace para que algo se mueva formando círculos (*para que el chocolate no se pegue hay que darle vueltas*) o para cambiar algo de posición (*dale la vuelta a la hoja del calendario*). 2 lo que se hace al ir por un sitio acabando el recorrido en el mismo sitio en el que se empezó: *han dado tres vueltas a la plaza.* 3 momento en el que alguien vuelve al lugar del que se había ido: *la vuelta de los excursionistas será a las 7.* **SIN.** regreso, retorno. **AF.** llegada. **ANT.** marcha, salida, partida. 4 dinero que devuelve el que cobra, cuando el que paga le ha entregado más de lo necesario: *tengo que darte 2 euros de vuelta.* **SIN.** cambio. 5 paseo: *salió a dar una vuelta.* 6 parte de atrás de una cosa: *pon el nombre a la vuelta del cuadro.* **SIN.** dorso, reverso, espalda. ■ **a la vuelta de la esquina**, muy cerca. ■ **darle vueltas a algo**, pensar mucho en ello, tratando de encontrar una solución, de descubrir algo, etc. ■ **dar cien vueltas** a una persona o una cosa a otra, ser mucho mejor que ella. ■ **no tener vuelta de hoja**, estar tan claro que no hay por qué discutirlo. ■ **vuelta de campana**, la que se da en el aire, sobre uno mismo.

vuestro, vuestra de la persona a la que uno está hablándole y de alguna más. **GRAM.** es posesivo para varios poseedores y un solo objeto poseído y puede ser pronombre (*la vuestra*) o adjetivo (*vuestro amigo*).

vuestros, vuestras de la persona a la que uno está hablándole y de alguna más. **GRAM.** es posesivo para varios poseedores y varios objetos poseídos y puede ser pronombre (*los vuestros*) o adjetivo (*vuestras cosas*).

vulgar *[adj.inv. en gén.]* 1 que no es bueno o no está bien hecho: *el aglomerado de madera es un material vulgar; el mueble tiene un acabado muy vulgar.* **SIN.** mediocre, corriente, ordinario. 2 que es de tal manera que resulta desagradable y demuestra mala educación: *lenguaje vulgar; una persona vulgar; hablar a voces es vulgar.* **SIN.** chabacano*. **FAM.** vulgaridad, vulgarismo, vulgarización, vulgarmente, vulgarizador, vulgarizar. **COMP.** divulgar.

vulgaridad *[n.f.]* 1 lo que se hace o se dice y demuestra falta de buen gusto o mala educación: *decir tacos es una vulgaridad.* **SIN.** ordinariez, chabacanería, grosería. **ANT.** delicadeza, elegancia. 2 característica que se quiere resaltar cuando se dice que algo o alguien es vulgar: *la vulgaridad de sus modales lo perjudica en el trato con los demás.*

vulgarismo *[n.m.]* palabra o frase muy usadas por la gente pero que no son correctas.

vulva *[n.f.]* parte más externa del aparato genital femenino que forma la abertura de la vagina*.

w *[letra consonante]* letra que ocupa en el abecedario español el vigesimocuarto (24º) lugar y se llama *uve doble*.

wagneriano, wagneriana *[adj.]* 1 de Wagner (músico alemán) o de sus obras: *música wagneriana; ópera wagneriana.* // **wagneriano, wagneriana** *[n.]* 2 persona muy aficionada a la música de Wagner o que la defiende frente a la de otros músicos. **OBS.** la *w* se pronuncia como si fuera una *v*, porque en alemán se pronuncia así.

walkie talkie *[n.m.]* cada uno de los dos aparatos iguales con los que pueden comunicarse directamente dos personas que están a cierta distancia, sin necesidad de cables, líneas telefónicas ni emisoras de radio.

washingtoniano, washingtoniana *[adj.]* de Wáshington, capital de los Estados Unidos: *calles washingtonianas.* TAMBIÉN *n.*: *los washingtonianos.*

water-closet palabra inglesa que ha dado lugar a la española *váter*, que significa *retrete**, y a la abreviatura **w.c.** con la que se indica, a veces, el sitio en el que están los servicios en los lugares públicos.

waterpolo *[n.m.]* deporte que se practica con una pelota, dentro del agua de una piscina: *pertenece a un equipo de waterpolo.* **FAM.** waterpolista.

western *[n.m.]* película cuya acción se desarrolla en el antiguo oeste americano y que cuenta las aventuras de los vaqueros o los colonos que se instalaron en aquellas tierras o la lucha de los indios por defender sus territorios cuando llegaron los soldados del ejército de los Estados Unidos. **SIN.** película del oeste.

whisky *[n.m.]* bebida alcohólica que se hace destilando cebada fermentada y es típica de Escocia y de Estados Unidos.

windsurf *[n.m.]* deporte que se practica en el mar, sobre una tabla grande con una vela que el deportista tiene que manejar para moverse sobre las olas impulsado por el viento y no caerse. **FAM.** windsurfista, windsurfing.

wolframio *[n.m.]* volframio*.

wólfram *[n.m.]* volframio*.

x *[letra consonante]* letra que ocupa en el abecedario español el vigesimoquinto (25º) lugar y se llama *equis*. **AMPL.** como número romano, la x mayúscula (**X**) vale 10.

xenofobia *[n.f.]* sentimiento de las personas a las que les molesta que los extranjeros vivan en su país, sobre todo si son pobres: *la xenofobia demuestra falta de solidaridad.* **FAM.** xenófobo.

xenófobo, xenófoba *[n.]* persona que odia a los extranjeros que viven en su país. TAMBIÉN *adj.*: *una persona xenófoba; comportamiento xenófobo.*

xilófago, xilófaga *[adj.]* hablando de insectos, que comen madera. TAMBIÉN *n.*: *las termitas son xilófagos de gran voracidad.*

xilófono *[n.m.]* instrumento musical formado por un armazón sobre el que están sujetas varias láminas de madera o de metal de distinta longitud, que se hacen sonar golpeándolas con unos palillos: *toca el xilófono en una orquesta.* **FAM.** xilofonista.

xilografía *[n.f.]* **1** arte de grabar en madera. **2** sistema de impresión en el que se utilizan tablas de madera grabadas. **FAM.** xilógrafo, xilográfico, grafía.

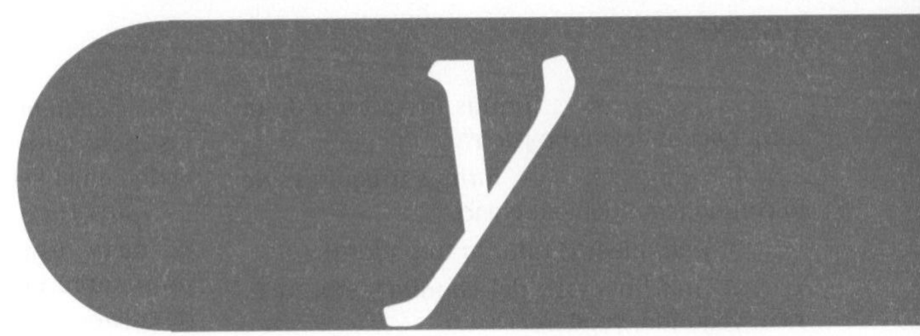

y *[letra consonante]* 1 letra que ocupa en el abecedario español el vigesimosexto (26º) lugar. **AMPL.** se llama *i griega* y, aunque a veces tiene sonido vocálico, existe en el abecedario sobre todo para representar un sonido consonántico que en muchas zonas se confunde con el de la *elle*, pero tiene mucha importancia en la ortografía. // **y** *[conj. cop.]* 2 es un *nexo* que indica que lo que dice el verbo se refiere a varios a la vez (*iremos ella, tú y yo*), que pasa igual en los distintos momentos de los que se habla (*duerme de noche y de día*) o que se hace una cosa a continuación de otra (*lo compré y se lo di*). **OBS.** cuando la palabra siguiente empieza por *i* o *hi*, se utiliza *e* en lugar de *y*: *María e Ignacio; aguja e hilo.*

ya *[adv. de t.]* 1 indica que lo que expresa el verbo ha pasado antes (*ya nos habíamos visto esta mañana*), que se ha hecho lo que se dice (*ya acabé de arreglarlo; ya se lo ha dicho*), que uno piensa hacer algo (*ya te lo diré*) o que uno hará algo enseguida (*ya salimos*). // **ya** *[conj. distributiva]* 2 es un *nexo* que indica que lo que expresan las palabras o las frases que la llevan delante es causa de lo que se dice (*ya sea por tu culpa, ya sea por la suya, siempre estáis discutiendo*) o que en los casos a que se refiere se cumple lo que se dice (*ya hable de toros, ya hable de matemáticas, siempre sabe lo que dice*).

yacente *[adj.inv. en gén.]* que está tumbado o muerto en posición horizontal: *un Cristo yacente.* **FAM.** yacer.

yacer *[v.]* 1 estar en posición horizontal sobre el sitio que se dice: *el enfermo yacía en la cama.* **SIN.** estar tumbado, estar tendido. 2 estar enterrado: *en la lápida pone «aquí yace un valeroso caballero».* **FAM.** yacimiento, ***yacente*** (que está tumbado). **COMP.** ***adyacente*** (que está al lado), adyacencia.

CONJUGACIÓN DEL VERBO YACER

Formas no personales

Infinitivo: *yacer*. Gerundio: *yaciendo*. Participio: *yacido*.

Indicativo

Presente: *yazco (o yazgo o yago), yaces, yace, yacemos, yacéis, yacen.*

Pretérito imperfecto: *yacía, yacías, yacía, yacíamos, yacíais, yacían.*

Pretérito perfecto simple: *yací, yaciste, yació, yacimos, yacisteis, yacieron.*

Futuro: *yaceré, yacerás, yacerá, yaceremos, yaceréis, yacerán.*

Condicional simple:

yacería, yacerías, yacería, yaceríamos, yaceríais, yacerían.

Subjuntivo

Presente: *yazca, yazcas, yazca, yazcamos, yazcáis, yazcan;* o *yazga, yazgas, yazga, yazgamos, yazgáis, yazgan;* o *yaga, yagas, yaga, yagamos, yagáis, yagan.*

Pretérito imperfecto: *yaciera/ yaciese, yacieras/ yacieses, yaciera/ yaciese, yaciéramos/ yaciésemos, yacierais/ yacieseis, yacieran/ yaciesen.*

Futuro: *yaciere, yacieres, yaciere, yaciéremos, yaciereis, yacieren.*

Imperativo:

yaz (o yace), yazca (o yaga o yazga), yazcamos (o yagamos o yazgamos), yaced, yazcan (o yagan o yazgan).

yacimiento *[n.m.]* zona de la Tierra en la que hay determinado mineral: *un yacimiento de carbón.*

yanqui *[adj.inv. en gén.]* de Estados Unidos: *una película yanqui; un niño yanqui.* **SIN.** estadounidense. TAMBIÉN *n.*: *los yanquis, las yanquis.*

yate *[n.m.]* barco de vela o de motor que se tiene para disfrutar navegando o para participar en regatas deportivas: *pasan las vacaciones en un yate.*

yaz segunda persona del singular del imperativo del verbo *yacer**.

yago, yagamos... formas irregulares de la conjugación del verbo *yacer**.

yazco, yazcáis... formas irregulares de la conjugación del verbo *yacer**.

yazgo, yazgamos... formas irregulares de la conjugación del verbo *yacer**.

yedra *[n.f.]* hiedra* (planta trepadora).

yegua *[n.f.]* hembra del caballo*. **SIN.** jaca. **FAM.** yeguada, yegüero.

yema *[n.f.]* **1** parte de los vegetales por la que empiezan a salir las hojas. **2** parte amarilla que forma parte del interior de los huevos. **3** parte de los dedos que está justo al otro lado de la uña.

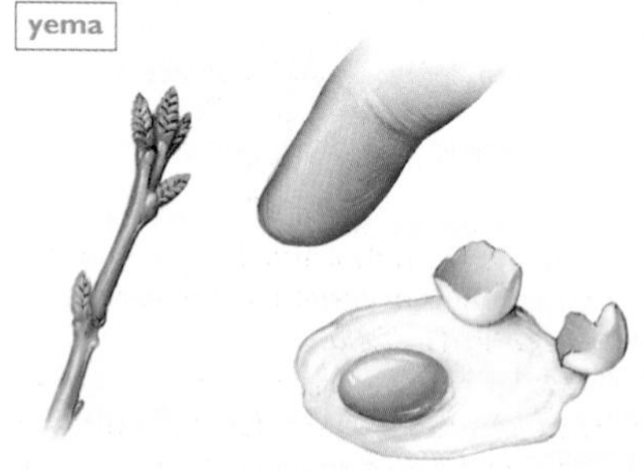

yendo gerundio del verbo *ir**.

yerba *[n.f.]* hierba*.

yergo, yerguen... formas irregulares de la conjugación del verbo *erguir**.

yerno *[n.m.]* para una persona, marido de una hija suya: *mi esposo es yerno de mis padres.* **ANT.** suegro.

yerro, yerres... formas irregulares de la conjugación del verbo *errar**.

yerro *[n.m.]* error*, equivocación, fallo.

yerto, yerta *[adj.]* que no puede moverse porque está rígido: *un animal yerto de frío; una persona yerta de miedo.*

yesero, yesera *[n.]* persona que fabrica o vende yeso. **AMPL.** la persona que da yeso en las paredes o donde haga falta se llama ***yesista***.

yesista *[n.inv. en gén.]* persona que trabaja dando yeso en paredes, techos... **FAM.** yeso.

yeso *[n.m.]* polvo blanco que, mezclado con agua, se convierte en una pasta que se usa mucho en la construcción y en escultura, y al secarse queda dura: *las paredes están cubiertas de una capa de yeso.* **FAM.** yesista, yesero, yesoso, yesería. **COMP.** enyesar.

yeyuno *[n.m.]* parte del intestino delgado de los mamíferos que empieza en el duodeno y acaba en el íleon.

yo *[pron.]* la persona que habla: *yo estoy leyendo.* **GRAM.** es primera persona de singular del pronombre personal y siempre tiene función de sujeto.

yodo *[n.m.]* sustancia de color gris oscuro, brillo metálico y olor fuerte que se encuentra en pequeñas cantidades en el agua del mar y se acumula en algunas algas. **AMPL.** disuelto en alcohol se obtiene la ***tintura de yodo***, que se usa para desinfectar heridas. **FAM.** yodado, yódico, yoduro.

yoga *[n.m.]* conjunto de ejercicios y técnicas que sirven para relajar el cuerpo y la mente: *el yoga nació en la India.* **FAM.** ***yogui*** (persona que practica yoga).

yogur *[n.m.]* alimento ácido que se hace fermentando leche y que queda como un bloque de la forma del recipiente en el que se ha hecho.

yóquey *[n.m.]* persona que tiene como profesión participar, como jinete, en carreras de caballos: *el yóquey conoce muy bien a su caballo.* **AF.** jinete. **PL.** *yoqueis.*

yoqui *[n.m.]* yóquey*.

yoyó *[n.m.]* juguete que consiste en dos piezas redondas unidas por el centro, entre las que va enrollado un cordón largo.

yuca *[n.f.]* planta que vive en zonas de clima tropical, tiene las hojas largas y gruesas y da flores blancas. **FAM.** yucal.

yudo *[n.m.]* deporte de lucha, originario de Japón, que practican parejas de luchadores tratando de derribarse. **AMPL.** las personas que practican yudo se llaman ***yudocas***. **FAM.** yudoca.

yugo *[n.m.]* **1** pieza de madera apropiada para ir sujeta sobre los pescuezos de una pareja de animales que tienen que tirar de algo a la vez: *los bueyes tiran del arado uncidos con un yugo.* **AMPL.** una pareja de animales sujetos a un yugo es una ***yunta***; cuando dos animales están sujetos a un yugo se dice que están ***uncidos***. **2** abuso de una persona o un pueblo sobre otro, aprovechándose de su fuerza o de su poder: *lucharon para liberarse del yugo de los invasores.* **SIN.** dominación, tiranía, opresión.

FAM. ***yugada*** (yunta). **COMP.** ***subyugar*** (someter, dominar), subyugador.

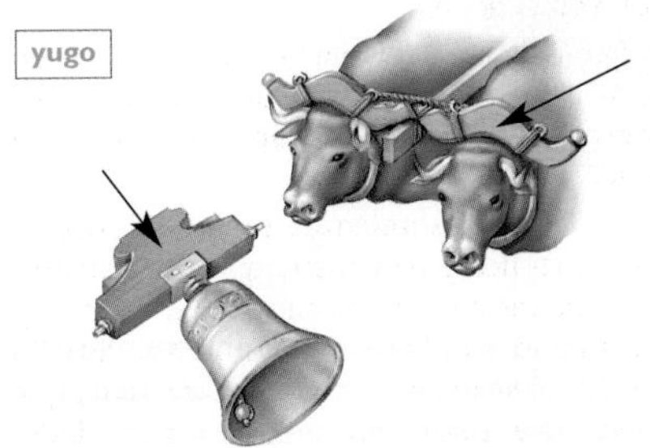

yugoslavo, yugoslava *[adj.]* de Yugoslavia, país del este de Europa: *la capital yugoslava era Belgrado.* TAMBIÉN *n.*: *los yugoslavos.*

yugular *[n.f.]* cada una de las dos venas que llevan la sangre del corazón al cerebro y pasan por el cuello: *cuando grita se le hinchan las yugulares.*

yúnior manera de pronunciar la palabra *júnior*.*

yunque *[n.m.]* **1** bloque grande de hierro con la forma apropiada para golpear sobre él las piezas de metal que están al rojo y poder darle forma: *en las herrerías hay yunques.* **AMPL.** el yunque pequeño, apropiado para trabajar la plata, el plomo y la hojalata se llama ***tas***. **2** hueso pequeñito que, junto a otros, está dentro del oído.

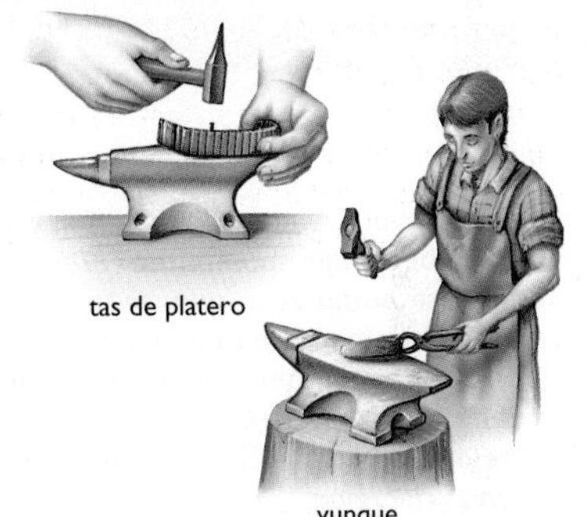

yunta *[n.f.]* pareja de animales que van unidos con un yugo*: *una yunta de bueyes arrastraba el carro lleno de alfalfa.*

yuntero, yuntera *[n.]* persona que labra la tierra con animales unidos por un yugo: *Miguel Hernández escribió un poema titulado "El niño yuntero".* **FAM.** yunta.

Z

z *[letra consonante]* letra que ocupa en el abecedario español el vigesimoséptimo (27º) y último lugar y se llama *zeta, ceta, zeda* o *ceda*. **AMPL.** normalmente se usa ante *a, u* y *o*, aunque algunas palabras que tienen una sílaba con vocal *i* o *e* y el sonido */z/* se escriben con *z* (*zigzag, zelandés*) y otras se pueden escribir con *c* o con *z*: *cinc, zinc*.

Al dudar si una palabra
acaba con zeta o de,
el plural nos da la pista
para averiguar con tino
la letra que hay que poner.
Si digo en plural **lombrices**
su singular es **lombriz**,
lo mismo que de **perdices**
su singular es **perdiz**.
No cometas desatinos,
que bien fácil es decir
en qué acaba una palabra
como *lombriz* o *perdiz*.

vez, sandez y **ajedrez,**
barniz, lápiz y **nariz,**
pez y **hoz, feliz** y **juez,**
voz, actriz y **antifaz,**
avestruz, cáliz y **cruz**
son palabras que se escriben
siempre en singular con zeta
y hacen el plural con *ce*.

zafiro *[n.m.]* piedra preciosa de color azul que se usa para la fabricación de joyas: *unos pendientes de oro con zafiros.* **FAM.** zafíreo, zafirino.

zaguán *[n.m.]* espacio cubierto al nivel de la calle, al que da la puerta que comunica el exterior con el interior de una casa y del que se puede pasar a las otras zonas. **PL.** *zaguanes.*

zalamería *[n.f.]* caricias o mimos exagerados: *su zalamería me hace pensar que va a pedirte algo.* **FAM.** zalamero.

zalamero, zalamera *[adj.]* que le hace a alguien demasiadas caricias o le dice demasiados piropos para que esté contento: *está muy zalamero con su abuelo.* **AF.** adulador, empalagoso. **ANT.** arisco, seco.

zamarra *[n.f.]* chaquetón de invierno poco elegante pero muy cómodo y que abriga mucho. **AMPL.** si es de piel con su lana o pelo también se llama ***pelliza***.

zambomba *[n.f.]* instrumento musical formado por un recipiente de barro o de madera con la boca tapada con una piel muy tirante que tiene en el centro un agujero en el que está metida una caña: *cantaron villancicos tocando la zambomba y la pandereta.* **FAM.** zambombazo.

zambullida *[n.f.]* lo que se da quien se tira al agua con fuerza: *la zambullida salpicó a los que estaban junto a la piscina.* **FAM.** zambullirse, zambullimiento.

zambullirse *[v.prnl.]* tirarse al agua: *se zambulló en la piscina para nadar un rato.* **AF.** sumergirse.

zamorano, zamorana *[adj.]* de Zamora, provincia española y su capital, que pertenecen a la comunidad autónoma de Castilla y León: *productos zamoranos; es famosa la Semana Santa zamorana; un cantante zamorano.* TAMBIÉN *n.*: *las zamoranas.*

zampar *[v.]* comer mucho y muy deprisa: *está todo el día zampando.* TAMBIÉN *prnl.*: *se zampó todos los pasteles.* **SIN.** devorar, engullir. **FAM.** zampón. **COMP.** ***zampabollos*** (comilón).

zanahoria *[n.f.]* planta que se cultiva en las huertas porque la raíz, que es alargada y de color naranja y también se llama *zanahoria*, es comestible.

zancada *[n.f.]* paso muy largo: *en pocas zancadas llegó a la plaza.*

zancadilla *[n.f.]* hecho de alguien ponga un pie en el camino de otro para que se caiga: *le puso la zancadilla.* ■ **poner zancadillas**, hacer lo posible para que alguien no consiga lo que quiere.

zanco *[n.m.]* palo largo con una parte ancha a media altura para poner el pie y que, junto con otro igual, puede usarse para andar sobre él: *durante las fiestas, varios payasos andaban con zancos.* **FAM.** zanca, zancudo, zancuda, zancada, zancadilla, zancadillear.

zancudo, zancuda *[adj.]* hablando de aves, que tiene las patas muy largas: *la cigüeña y la grulla son aves zancudas.*

zángano *[n.m.]* **1** macho de la abeja reina, que tiene las antenas más largas que las obreras y que la reina, no tiene aguijón y no fabrica miel. // **zángano, zángana** *[n.]* **2** persona que procura vivir sin trabajar, aprovechándose de los demás: *estoy harto de alimentar a zánganos como tú.* **AF.** gandul, vago, holgazán. **ANT.** trabajador. **3** persona que suele tener ocurrencias graciosas, incluso cuando se está tratando asuntos serios. **SIN.** ganso. **FAM.** zanganear, zanganería.

zanja *[n.f.]* hoyo largo y estrecho que se excava en la tierra: *abrieron una zanja a lo largo de la calle para meter las conducciones de gas.* **FAM.** zanjar.

zanjar *[v.]* **1** hacer zanjas. **2** hacer lo necesario para terminar un asunto, solucionar un problema, etc.: *zanjar una discusión; zanjemos el tema.* **FAM.** zanja.

zapatear *[v.]* golpear el suelo con los zapatos siguiendo el ritmo de la música: *los bailarines de flamenco suelen zapatear muy bien.* **AF.** taconear. **OBS.** e + e = ee: *zapateen.*

zapatería *[n.f.]* tienda en la que venden calzado, y taller donde lo arreglan.

zapatero, zapatera *[n.]* persona que arregla o vende zapatos.

zapatilla *[n.f.]* calzado blando y cómodo: *va a la piscina en zapatillas.*

zapato *[n.m.]* calzado que cubre sólo el pie, es de piel o de cuero y se usa para andar por la calle: *fue a la fiesta con zapatos de tacón.* **FAM.** zapatería, zapatilla, zapatero, zapatazo, zapatear, zapateado, zapateo.

ZAPATILLAS		P.
PLAYERA	de tela, con el piso de goma	5
BAMBA	de tela, con el piso de goma y con cordones	5
ALPARGATA	de tela, con el piso de esparto	6
BABUCHA	de piel, sin talón ni tacón	7
PANTUFLA, CHINELA	sin talón ni tacón; para andar por casa	8
CHANCLA, CHANCLETA	sin talón; hace ruido al andar	8
ZAPATILLA DEPORTIVA	tiene la plantilla con la forma de la planta del pie; piso grueso, de una pieza, de goma o fibra	5

ZAPATOS		P.
ZAPATO PLANO	sin tacón, o con tacón de no más de centímetro y medio	5
ZAPATO BAJO	con tacón de no más de 4 centímetros	5
ZAPATO DE TACÓN	con tacón de más de 4 centímetros; de mujer	5
ZAPATO ABOTINADO	cubre todo el empeine y se cierra con cordones; de mujer o de niño	7
MOCASÍN	con el empeine de una pieza y cosido por fuera al resto del zapato	6
NÁUTICO	mocasín con piso de goma y de una pieza	6
KIOVA	mocasín sin tacón y con el piso de piel, cosido por fuera	9

zar, zarina *[n.]* título de los reyes de Rusia: *el último zar de Rusia murió asesinado en 1917.* **FAM.** zarina, zarismo, zarista.

zaragozano, zaragozana *[adj.]* de Zaragoza, provincia española y su capital, que pertenecen a la comunidad autónoma de Aragón: *calles zaragozanas.* TAMBIÉN *n.*: *los zaragozanos.*

zarandear *[v.]* mover con fuerza de un lado a otro: *lo agarró por las solapas y lo zarandeó sin ningún respeto.* **AF.** agitar, sacudir. **OBS.** e + e = ee: *zarandeen.* **FAM.** zarandeo.

zarpa *[n.f.]* mano de los animales que no pueden mover los dedos por separado y que tiene uñas grandes y fuertes: *el león y el tigre tienen zarpas.* **FAM.** zarpazo, zarpada.

zarpar *[v.]* echar a andar un barco que estaba anclado: *zarpará del puerto a media noche.* **SIN.** partir, salir. **ANT.** atracar, arrivar.

zarpazo *[n.m.]* golpe dado con una zarpa: *el tigre mató una gacela de un zarpazo.*

zarza *[n.f.]* planta muy frecuente en España que tiene muchas espinas en forma de gancho y cuyo fruto es la zarzamora*. **FAM.** zarzal. **COMP.** zarzamora, zarzaparrilla, desenzarzar, enzarzar.

zarzal *[n.m.]* terreno con muchas zarzas.

zarzamora *[n.f.]* fruto de la zarza*: *hizo licor de zarzamora.* **OBS.** la mayor parte de la gente la llama también ***mora*** pero, propiamente, la *mora* es el fruto del *moral* y el de la *morera.*

zarzuela *[n.f.]* 1 obra de teatro musical que tiene unas partes cantadas y otras simplemente habladas o recitadas. 2 género teatral, literario y musical que incluye este tipo de obras. 3 plato que se hace con varias clases de pescado cocinado con una salsa. **FAM.** zarzuelero, zarzuelista.

zeda *[n.f.]* zeta*.

zepelín *[n.m.]* vehículo con forma de melón que va lleno de hidrógeno y se mueve en el aire, en sentido horizontal, impulsado por motores de gas y dirigido por timones: *en 1929, el zepelín llamado "Graf Zeppelin 127" dio la vuelta al mundo en 20 días.* **SIN.** dirigible. **PL.** *zepelines.*

zepelín

zeta *[n.f.]* nombre de la letra *z.* **SIN.** zeda, ceda. TAMBIÉN se puede escribir *ceta.* **FAM.** zeda.

zigzag *[n.m.]* línea con varios ángulos que miran cada uno a un lado: *el dibujo de un rayo tiene forma de zigzag.* **FAM.** zigzaguear, zigzagueo.

zodiacal *[adj.inv. en gén.]* del Zodiaco: *signo zodiacal.* **AMPL.** el Zodiaco es la zona del espacio por la que se mueven el Sol y los planetas que giran a su alrededor y que tardan un año en recorrer; se considera dividido en doce partes porque por él se mueven doce constelaciones; a cada parte le corresponde un signo que lleva el nombre de su constelación: ***Aries, Tauro, Géminis, Cáncer, Leo, Virgo, Libra, Escorpión, Sagitario, Capricornio, Acuario*** y ***Piscis***. **FAM.** Zodiaco.

zodiaco *[n.m.]* zona del espacio por la que se mueven el Sol y los planetas que giran a su alrededor y que tardan un año en recorrer. **OBS.** se suele escribir con mayúscula. VER AMPLIACIÓN en *zodiacal*.

zona *[n.f.]* terreno o parte de algo o de alguien que es de determinada manera o tiene algo concreto: *es una zona con mucha vegetación; vive en la zona norte de la ciudad; todos los dormitorios están en la misma zona del castillo; se hizo daño en la zona de la espalda; los distintos climas marcan distintas zonas de la Tierra; en la zona polar siempre hace frío.* **SIN.** parte, área, región. **FAM.** zonal.

zoo *[n.m.]* recinto en el que hay animales de distintas especies para que la gente vaya a verlos: *pasaron la tarde en el zoo.* **SIN.** zoológico, parque zoológico. **FAM.** zoología, zoológico, zoólogo.

zoología *[n.f.]* ciencia que estudia los animales: *tiene muchos libros de zoología.*

zoológico, zoológica *[adj.]* **1** de los animales: *hicieron un estudio zoológico de la región.* // **zoológico** *[n.m.]* **2** zoo*.

zoom *[n.m.]* objetivo especial que llevan algunas cámaras fotográficas que sirve para acercar o alejar la imagen. **OBS.** es una palabra inglesa y se pronuncia ***zum***.

zoquete *[n.m.]* persona a la que le resulta muy difícil entender las cosas. **SIN.** torpe, bruto. **ANT.** listo, inteligente. **FAM.** zoquetería.

zorrera *[n.f.]* cueva de zorros. **FAM.** zorro.

signos del Zodiaco

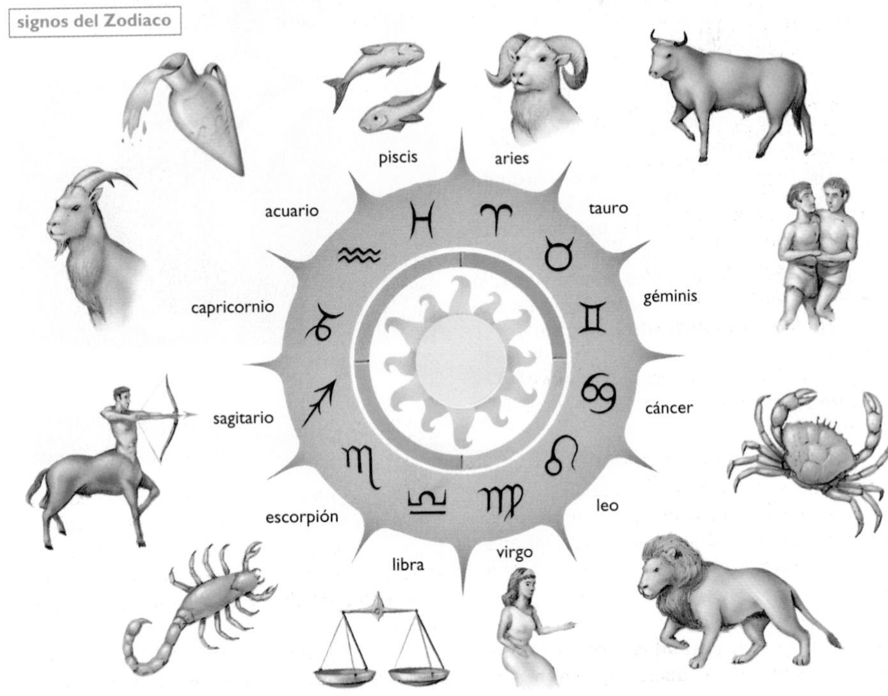

zorro, zorra *[n.]* 1 animal mamífero del tipo del perro, que mide alrededor de un metro de longitud y tiene la cola larga y muy peluda, el hocico largo, las orejas puntiagudas y el pelo muy abundante y de color marrón rojizo. 2 persona a la que no le importa engañar para conseguir lo que le interesa y sabe evitar que la engañen y dar la impresión de que es honrada. **SIN.** taimado. **AF.** astuto. **FAM.** zorrería, zorruno, zorrera.

zozobrar *[v.]* 1 hundirse un barco, naufragar. 2 perderse o hundirse.

zueco *[n.m.]* 1 calzado de madera, hecho de una pieza y con una especie de patas cortas, en el que se meten los pies con zapatos o zapatillas para andar por el barro o la nieve. **SIN.** zoco, almadreña. 2 calzado sin talón y con el piso de una pieza y más alto por detrás: *las enfermeras trabajan con zuecos.*

zumbar *[v.]* producir un sonido continuado y monótono que molesta: *el viento zumba entre las rendijas de la puerta.* **FAM.** zumbido, zumbón, zumbador.

zumbido *[n.m.]* sonido que hace algo al zumbar*: *los moscardones, al volar, producen un zumbido.*

zumo *[n.m.]* líquido que tienen algunas frutas: *el zumo de naranja es refrescante.* **FAM.** zumoso. **COMP.** rezumar.

zurcido *[n.m.]* cosido que se hace cruzando idas y vueltas de hilo sobre una tela, para rellenar el agujero de un roto o unir los bordes de un corte o un rasgón: *un buen zurcido con el mismo color que la tela casi no se nota.* **AMPL.** si se tapa un roto cosiendo encima de él un trozo de tela se llama ***remiendo*** o ***parche***.

zurcir *[v.]* hacer zurcidos (*ha aprendido a zurcir*) o hacerlos donde se dice (*pasó la tarde zurciendo calcetines*). **AF.** coser, remendar. **OBS.** ante a y o, z: *zurzan; zurzo.* **FAM.** zurcido, zurcidor.

zurda *[n.f.]* mano izquierda: *no sabe escribir con la zurda.* **SIN.** izquierda. **ANT.** derecha, diestra. **FAM.** zurdo, zurdear, zurdera.

zurdo, zurda *[adj.]* que maneja mejor la parte izquierda del cuerpo que la derecha: *los futbolistas zurdos golpean el balón con el pie izquierdo.* **SIN.** zocato. **ANT.** diestro. TAMBIÉN *n.*: *los zurdos comen con la mano izquierda.*

zurra *[n.f.]* paliza*: *le dieron una zurra.*

zurrar *[v.]* dar una paliza*: *salió corriendo porque querían zurrarle.* **SIN.** pegar. **FAM.** zurra, zurrador.

zurrón *[n.m.]* bolsa grande de cuero en la que los pastores llevan la comida cuando van con el ganado al campo. **SIN.** morral. **PL.** *zurrones.*

Apéndice. Planisferios

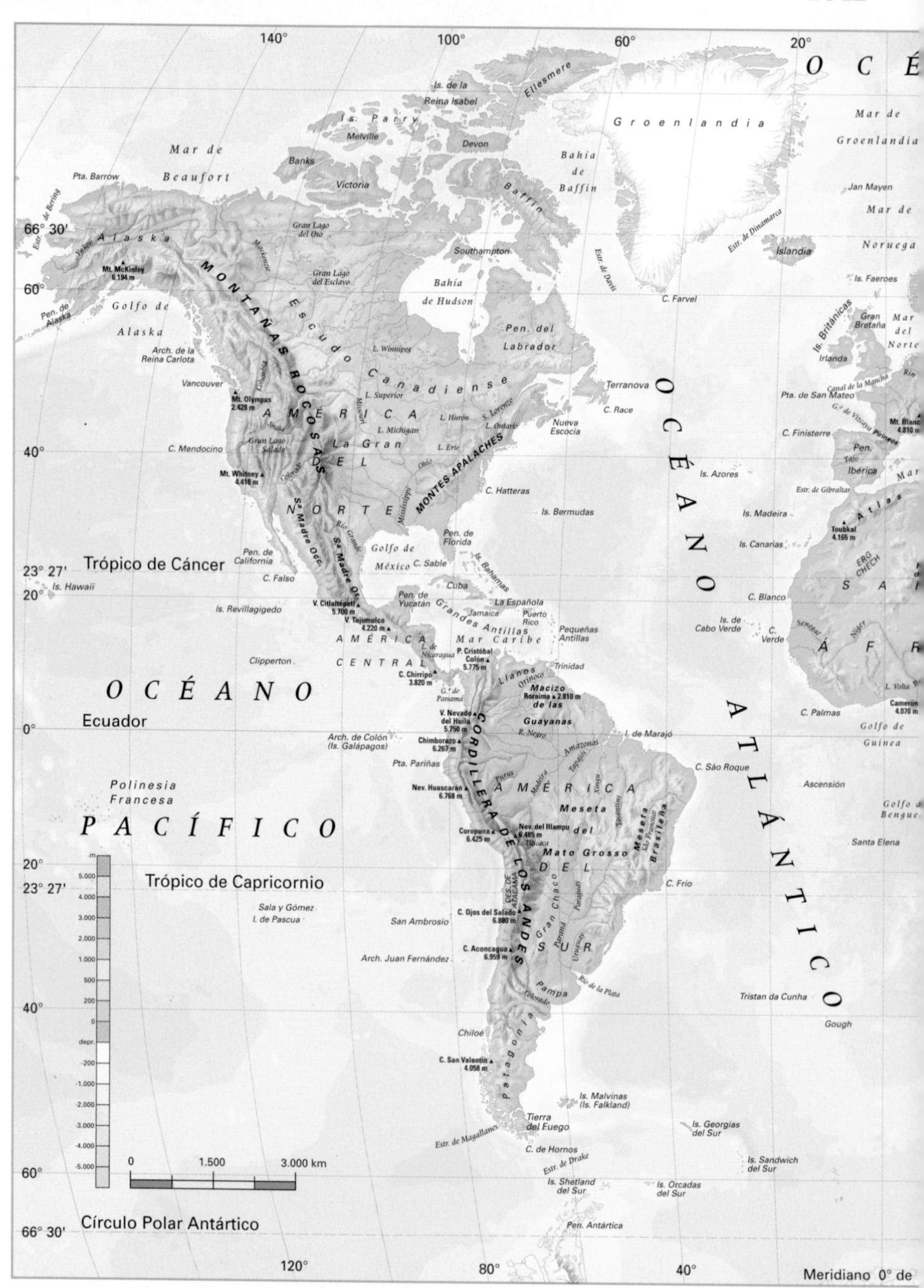

OCÉANO PACÍFICO
OCÉANO ATLÁNTICO
AMÉRICA DEL NORTE
AMÉRICA CENTRAL
AMÉRICA DEL SUR
MONTAÑAS ROCOSAS
MONTES APALACHES
CORDILLERA DE LOS ANDES
Escudo Canadiense
La Gran
Groenlandia
Alaska
Mar de Beaufort
Golfo de Alaska
Bahía de Hudson
Bahía de Baffin
Golfo de México
Mar Caribe
Grandes Antillas
Pequeñas Antillas
Trópico de Cáncer
Trópico de Capricornio
Ecuador
Círculo Polar Antártico
Meridiano 0° de
Mt. McKinley 6.194 m
Mt. Olympus 2.428 m
Mt. Whitney 4.418 m
V. Citlaltépetl 5.700 m
V. Tajumulco 4.220 m
C. Chirripó 3.820 m
P. Cristóbal Colón 5.775 m
V. Nevado del Huila 5.750 m
Chimborazo 6.267 m
Nev. Huascarán 6.768 m
Coropuna 6.425 m
Nev. del Illampu 6.485 m
C. Ojos del Salado 6.880 m
C. Aconcagua 6.959 m
C. San Valentín 4.058 m
Roraima 2.810 m
Mt. Blanc 4.810 m
Toubkal 4.165 m
Camerún 4.070 m
Macizo de las Guayanas
Meseta del Mato Grosso
Meseta Brasileña
Gran Chaco
Pampa
Patagonia
Llanos
Des. de Atacama
Tierra del Fuego
C. de Hornos
Estr. de Drake
Estr. de Magallanes
Estr. de Bering
Estr. de Davis
Estr. de Dinamarca
Is. de la Reina Isabel
Ellesmere
Is. Parry
Melville
Devon
Banks
Victoria
Baffin
Southampton
Pta. Barrow
Pen. de Alaska
Arch. de la Reina Carlota
Vancouver
C. Mendocino
Pen. de California
C. Falso
Is. Hawaii
Is. Revillagigedo
Clipperton
Arch. de Colón (Is. Galápagos)
Pta. Pariñas
Polinesia Francesa
Sala y Gómez
I. de Pascua
San Ambrosio
Arch. Juan Fernández
Chiloé
Is. Malvinas (Is. Falkland)
Is. Georgias del Sur
Is. Sandwich del Sur
Is. Shetland del Sur
Is. Orcadas del Sur
Pen. Antártica
Gran Lago del Oso
Gran Lago del Esclavo
L. Winnipeg
L. Superior
L. Michigan
L. Hurón
L. Erie
L. Ontario
Gran Lago Salado
Mackenzie
Yukon
Columbia
Snake
Colorado
Missouri
Mississippi
Ohio
S. Lorenzo
Río Grande
Sa. Madre Occ.
Sa. Madre Or.
Pen. de Yucatán
Pen. de Florida
C. Sable
Cuba
La Española
Jamaica
Puerto Rico
Is. Bahamas
L. de Nicaragua
G. de Panamá
Trinidad
Orinoco
R. Negro
Amazonas
Purus
Madeira
Tapajós
Xingu
Tocantins
São Francisco
Titicaca
Paraguay
Paraná
Uruguay
Río de la Plata
Colorado
I. de Marajó
C. São Roque
C. Frío
Pen. del Labrador
Terranova
C. Race
Nueva Escocia
C. Hatteras
Is. Bermudas
Is. Azores
C. Farvel
Islandia
Jan Mayen
Mar de Groenlandia
Mar de Noruega
Is. Faeroes
Is. Británicas
Gran Bretaña
Irlanda
Mar del Norte
Canal de la Mancha
Pta. de San Mateo
G.º de Vizcaya
Pirineos
C. Finisterre
Pen. Ibérica
Tajo
Estr. de Gibraltar
Is. Madeira
Is. Canarias
Atlas
ERG CHECH
C. Blanco
Is. de Cabo Verde
C. Verde
Senegal
Níger
L. Volta
C. Palmas
Golfo de Guinea
Ascensión
Golfo de Benguela
Santa Elena
Tristan da Cunha
Gough
ÁFRICA
140°
100°
60°
20°
120°
80°
40°
66° 30'
60°
40°
23° 27'
20°
0°
m
5.000
4.000
3.000
2.000
1.000
500
200
0
depr.
-200
-1.000
-2.000
-3.000
-4.000
-5.000
0
1.500
3.000 km

OCÉANO GLACIAL ÁRTICO
Tierra de Francisco José
Tierra del Norte
Is. Svalbard
Nueva Zembla
Mar de Barents
Mar de Kara
Mts. Birranga
Mar de Laptev
Is. de Nueva Siberia
Mar de Siberia Oriental
Wrangel
Meseta de Siberia Central
Siberia
Mts. de Cherski
Llanura de Siberia Occidental
Llanura de Europa Oriental
MONTES URALES
EUROPA
ASIA
Mar de Ojotsk
Pen. de Kamchatka
Pen. de Chukotka
S. Lorenzo
Mar de Bering
Is. Aleutianas
Sajalín
Is. Kuriles
L. Baikal
L. Baljash
Altai
Mongolia
Manchuria
DESIERTO DE GOBI
Tian Shan
Turkestán
Mar de Aral
Mar Caspio
Cáucaso
Elbrus 5.633 m
Ararat 5.165 m
Mar Negro
Cárpatos
Balcanes
Anatolia
Tauro
Chipre
Creta
Sicilia
Mediterráneo
Mts. Kuenlun
Meseta del Tibet
K2 8.611 m
Karakorum
HIMALAYA
Everest 8.848 m
Meseta del Irán
Mts. Zagros
G.º Pérsico
G.º de Omán
Península Arábiga
Mar Rojo
Mar Arábigo
Pen. de Indostán
Golfo de Bengala
Pen. de Indochina
Hokkaidō
Arch. Japonés
Honshū
Fujiyama 3.776 m
Mar del Japón
Pen. de Corea
Mar Amarillo
Mar de China Oriental
OCÉANO PACÍFICO
Formosa
Hainan
Luzón
Mar de Filipinas
Is. Filipinas
Mar de China Meridional
Is. Marshall
Micronesia
Is. Carolinas
Melanesia
Mindanao
Halmahera
Is. Andamán
Is. Nicobar
Ceilán
Is. Maldivas
Pen. de Malaca
Sumatra
Kalimantan (Borneo)
Sulawesi (Célebes)
Puncak Jaya 5.030 m
Nueva Guinea
Arch. de Bismarck
Is. Salomón
Indonesia
Mar de Java
Java
Bali
Flores
Timor
Mar de Arafura
Mar de Timor
C. York
OCEANÍA
Mar del Coral
Nuevas Hébridas
Is. Fidji
Nueva Caledonia
GRAN DESIERTO DE ARENA
DES. DE GIBSON
Australia
GRAN DESIERTO VICTORIA
L. Eyre
Gran Cordillera Divisoria
Mt. Kosciusko 2.230 m
C. Noroeste
C. Naturalista
Gran Bahía Australiana
Tasmania
Mar de Tasmania
I. del Norte
Nueva Zelanda
I. del Sur
OCÉANO ÍNDICO
Kerguelen
DESIERTO DE LIBIA
DESIERTO DE NUBIA
Tibesti
Emi Koussi 3.415 m
L. Chad
Hadramaut
Socotora
C. Guardafui
G.º de Adén
Pen. de Somalia
Macizo Etiópico
L. Turkana
Cubeta del Congo
Ruwenzori 5.194 m
Kenia 5.895 m
Kilimanjaro 5.895 m
L. Victoria
L. Tanganica
L. Malawi
Is. Seychelles
Is. Comores
C. d'Ambre
Mayotte
Madagascar
Canal de Mozambique
Mauricio
Reunión
C. Sta. María
DESIERTO DE KALAHARI
DRAKENSBERG
Kompasberge 2.505 m
C. Agujas
Greenwich
40°
80°
120°
160°
20°
60°
100°
140°
180°
80°
66° 30'
40°
23° 27'
20°
0°
60°

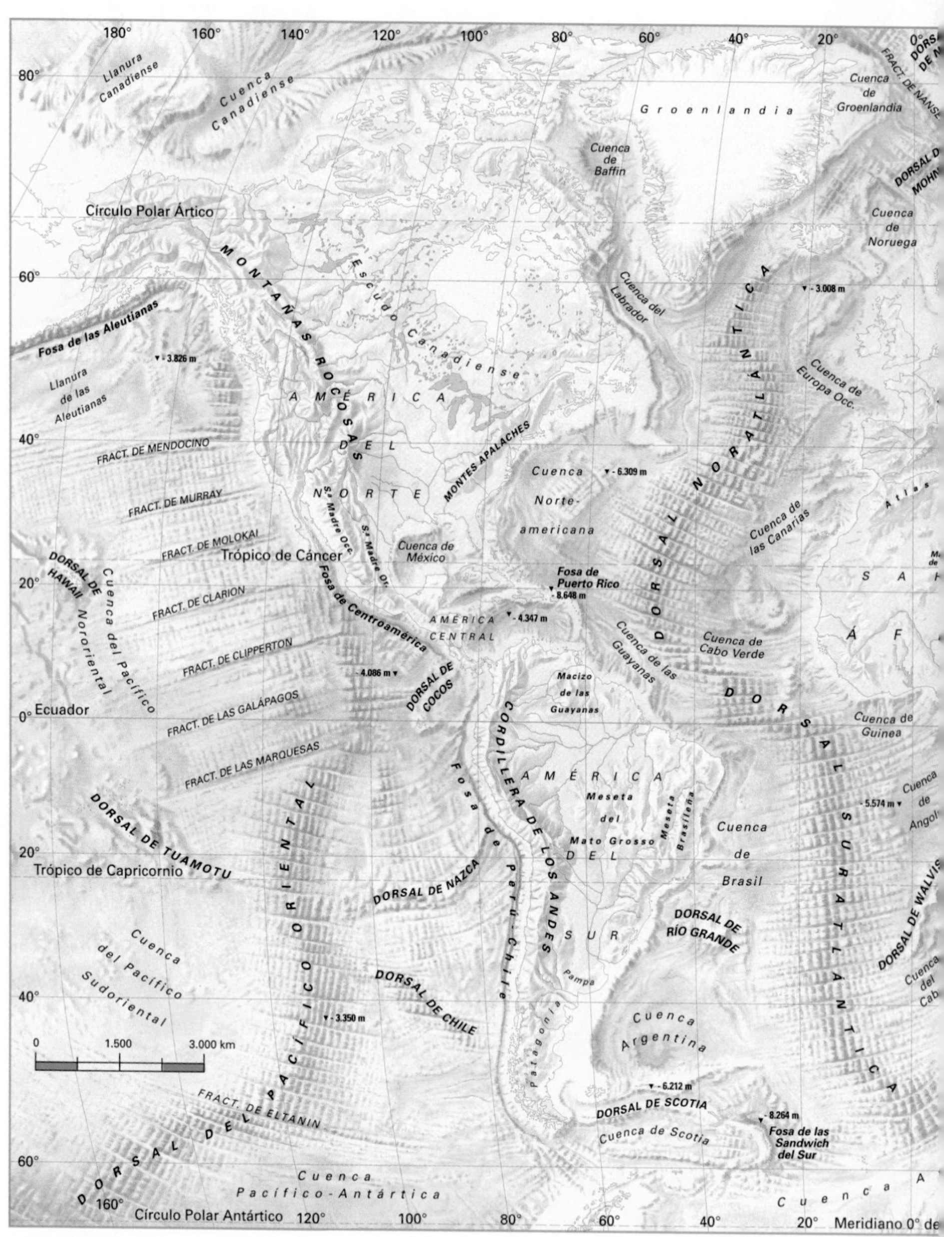
Llanura Canadiense
Cuenca Canadiense
Groenlandia
Cuenca de Groenlandia
Cuenca de Baffin
Círculo Polar Ártico
Cuenca de Noruega
MONTAÑAS ROCOSAS
Escudo Canadiense
Cuenca del Labrador
DORSAL NORATLÁNTICA
- 3.008 m
Fosa de las Aleutianas
- 3.826 m
Llanura de las Aleutianas
AMÉRICA DEL NORTE
Cuenca de Europa Occ.
FRACT. DE MENDOCINO
MONTES APALACHES
Cuenca Norte-americana
- 6.309 m
FRACT. DE MURRAY
Sª Madre Occ.
Sª Madre Or.
Cuenca de las Canarias
FRACT. DE MOLOKAI
Cuenca de México
Trópico de Cáncer
DORSAL DE HAWAII
Cuenca del Pacífico Nororiental
Fosa de Centroamérica
Fosa de Puerto Rico
- 8.648 m
FRACT. DE CLARION
AMÉRICA CENTRAL
- 4.347 m
Cuenca de las Guayanas
Cuenca de Cabo Verde
FRACT. DE CLIPPERTON
- 4.086 m
DORSAL DE COCOS
Macizo de las Guayanas
Ecuador
FRACT. DE LAS GALÁPAGOS
CORDILLERA DE LOS ANDES
Cuenca de Guinea
FRACT. DE LAS MARQUESAS
Fosa de Perú-Chile
AMÉRICA DEL SUR
Meseta del Mato Grosso
Meseta Brasileña
- 5.574 m
Cuenca de Angola
DORSAL DE TUAMOTU
DORSAL DEL PACÍFICO ORIENTAL
Cuenca de Brasil
Trópico de Capricornio
DORSAL DE NAZCA
DORSAL SURATLÁNTICA
DORSAL DE WALVIS
DORSAL DE RÍO GRANDE
Cuenca del Pacífico Sudoriental
Pampa
DORSAL DE CHILE
- 3.350 m
Patagonia
Cuenca Argentina
0 1.500 3.000 km
- 6.212 m
FRACT. DE ELTANIN
DORSAL DE SCOTIA
- 8.264 m
Fosa de las Sandwich del Sur
Cuenca de Scotia
Cuenca Pacífico-Antártica
Círculo Polar Antártico
Meridiano 0° de

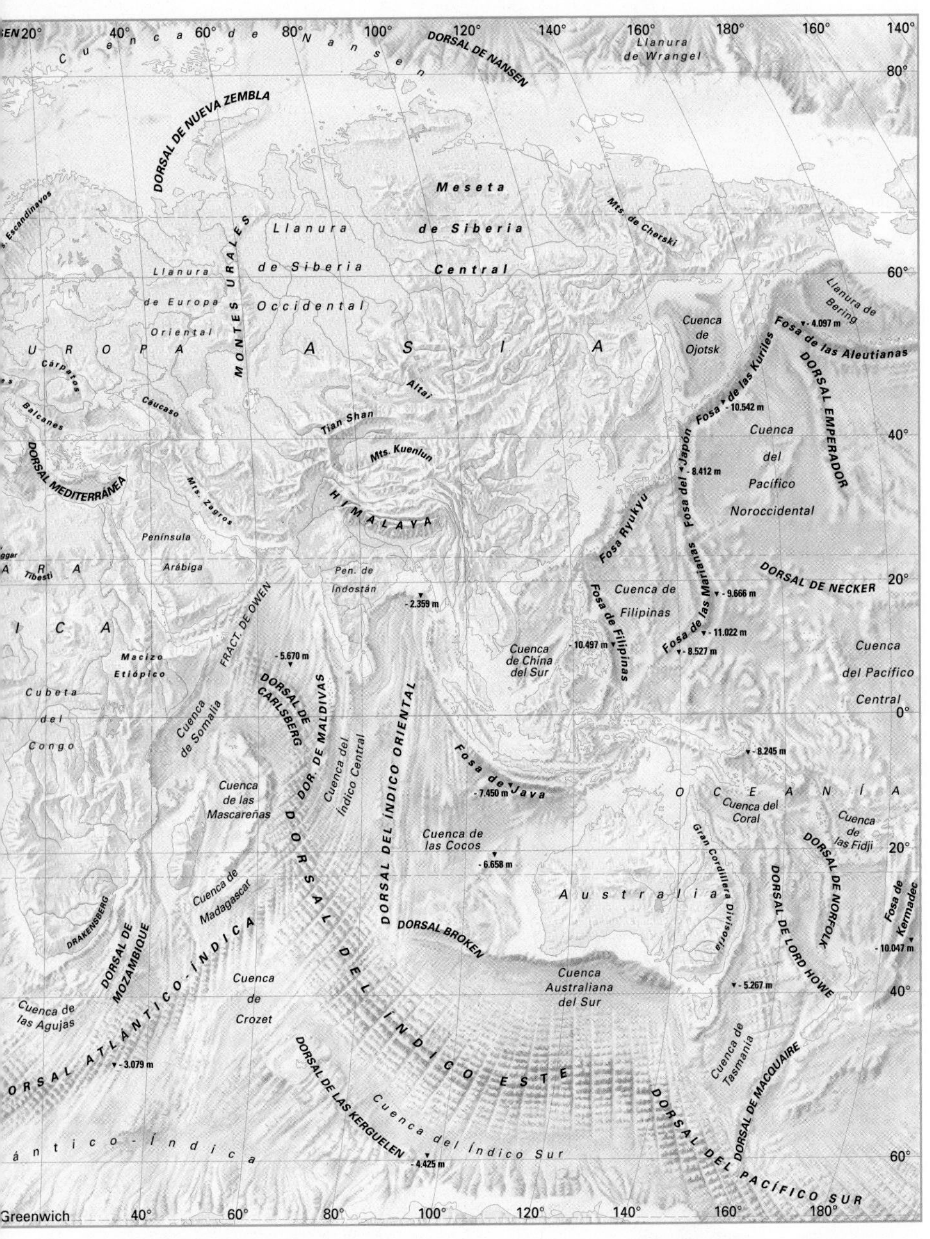

Cuenca de Nansen
DORSAL DE NANSEN
Llanura de Wrangel
DORSAL DE NUEVA ZEMBLA
Meseta de Siberia Central
Mts. de Cherski
Llanura de Siberia Occidental
MONTES URALES
Llanura de Europa Oriental
EUROPA
ASIA
Llanura de Bering
Cuenca de Ojotsk
Fosa de las Aleutianas
Fosa de las Kuriles
DORSAL EMPERADOR
Cárpatos
Cáucaso
Balcanes
Altai
Tian Shan
Mts. Kuenlun
HIMALAYA
DORSAL MEDITERRÁNEA
Mts. Zagros
Cuenca del Pacífico Noroccidental
Fosa del Japón
Fosa Ryukyu
Península Arábiga
Tibesti
Pen. de Indostán
Cuenca de Filipinas
Fosa de las Marianas
DORSAL DE NECKER
Fosa de Filipinas
FRACT. DE OWEN
Macizo Etiópico
Cuenca de China del Sur
Cuenca del Pacífico Central
Cubeta del Congo
Cuenca de Somalia
DORSAL DE CARLSBERG
DOR. DE MALDIVAS
Cuenca del Índico Central
DORSAL DEL ÍNDICO ORIENTAL
Fosa de Java
OCEANÍA
Cuenca de las Mascareñas
Cuenca del Coral
Cuenca de las Fidji
Cuenca de las Cocos
Gran Cordillera Divisoria
DORSAL DE NORFOLK
DORSAL DE LORD HOWE
Fosa de Kermadec
Cuenca de Madagascar
Australia
DRAKENSBERG
DORSAL DE MOZAMBIQUE
DORSAL BROKEN
DORSAL ATLÁNTICO-ÍNDICA
Cuenca de Crozet
Cuenca Australiana del Sur
DORSAL DEL ÍNDICO ESTE
Cuenca de las Agujas
Cuenca de Tasmania
DORSAL DE LAS KERGUELEN
DORSAL DE MACQUAIRE
Cuenca del Índico Sur
Atlántico-Índica
DORSAL DEL PACÍFICO SUR
- 4.097 m
- 10.542 m
- 8.412 m
- 9.666 m
- 11.022 m
- 8.527 m
- 10.497 m
- 2.359 m
- 5.670 m
- 8.245 m
- 7.450 m
- 6.658 m
- 10.047 m
- 5.267 m
- 3.079 m
- 4.425 m
Greenwich

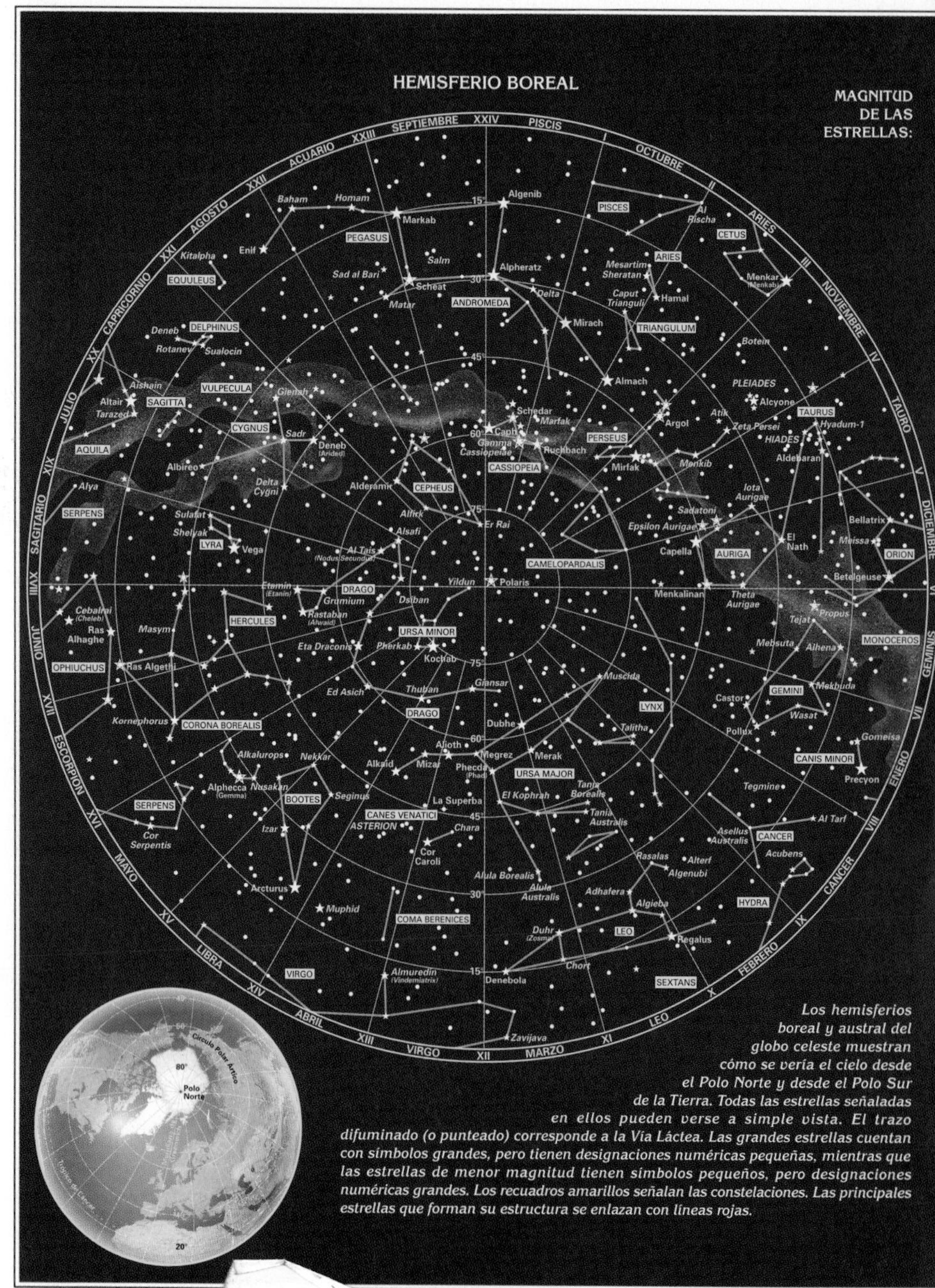

Los hemisferios boreal y austral del globo celeste muestran cómo se vería el cielo desde el Polo Norte y desde el Polo Sur de la Tierra. Todas las estrellas señaladas en ellos pueden verse a simple vista. El trazo difuminado (o punteado) corresponde a la Vía Láctea. Las grandes estrellas cuentan con símbolos grandes, pero tienen designaciones numéricas pequeñas, mientras que las estrellas de menor magnitud tienen símbolos pequeños, pero designaciones numéricas grandes. Los recuadros amarillos señalan las constelaciones. Las principales estrellas que forman su estructura se enlazan con líneas rojas.

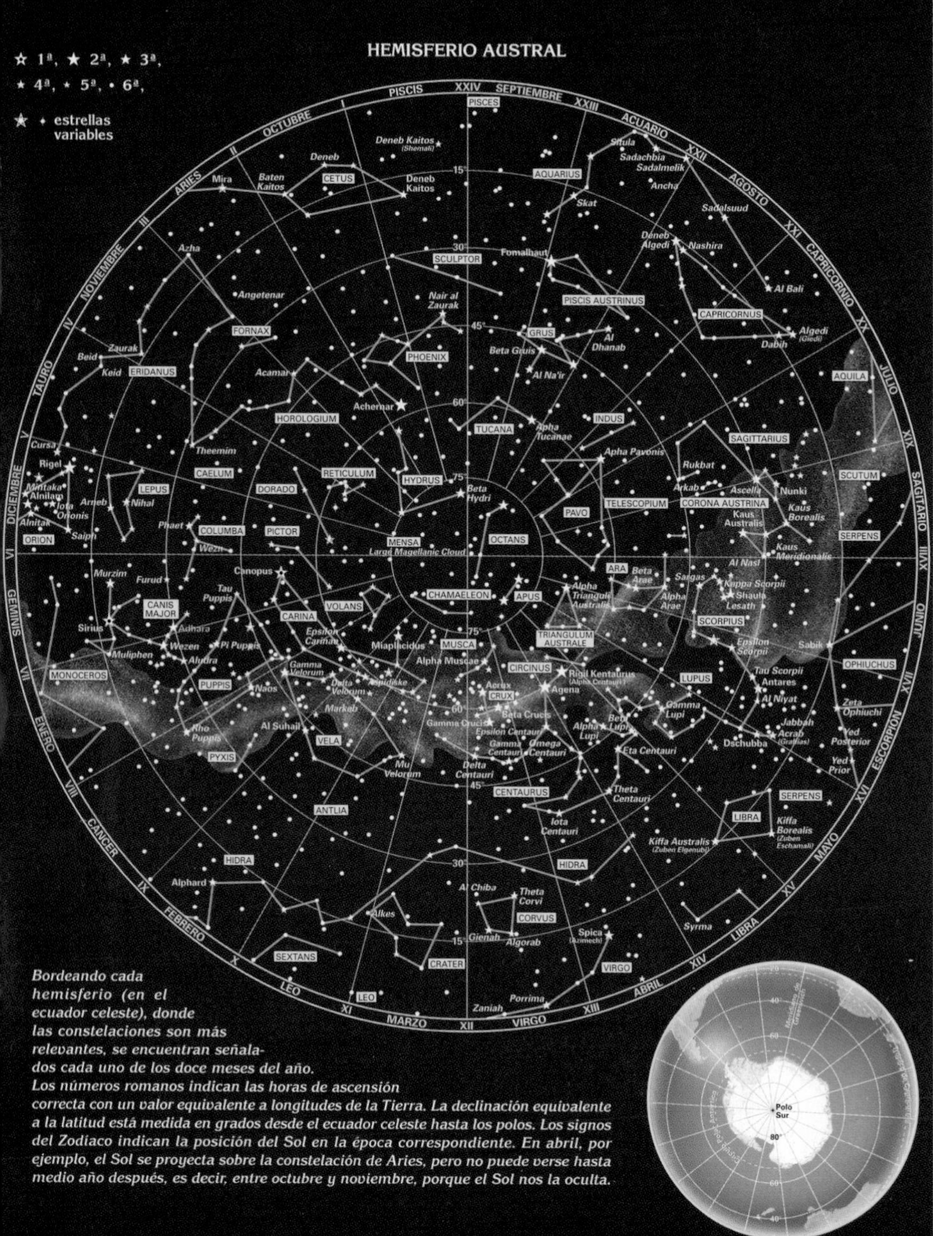

Bordeando cada hemisferio (en el ecuador celeste), donde las constelaciones son más relevantes, se encuentran señalados cada uno de los doce meses del año. Los números romanos indican las horas de ascensión correcta con un valor equivalente a longitudes de la Tierra. La declinación equivalente a la latitud está medida en grados desde el ecuador celeste hasta los polos. Los signos del Zodíaco indican la posición del Sol en la época correspondiente. En abril, por ejemplo, el Sol se proyecta sobre la constelación de Aries, pero no puede verse hasta medio año después, es decir, entre octubre y noviembre, porque el Sol nos la oculta.